JN440905

제34판

회사법강의

이 철 송 저

傳 英 社

제34판 머리말

이 책은 매년 개정판을 내고 있지만, 작년에는 두 번에 걸쳐 상법 회사편이 개정되었으므로 더욱 개정작업이 불가피하였다. 두 차례의 법 개정 모두 지난해 6월 민주당 정부가 들어서면서 회사지배구조의 투명성을 높이고 소액주주의 지위를 강화한다는 선거공약의 이행으로 이루어진 것이었다. 법 개정의 배경이 그러하다 보니 법이념적인 접근을 요하는 사항이 많아 자연 수정한 곳도 많고, 책의 분량도 늘어났다.

지배구조의 투명성과 소액주주 지위의 제고는 자본시장에서는 당위적인 명제로 받아들이지만, 이를 제도화하는 방법론에 따라서는 꼭 바람직한 결론만 생산되는 것은 아니다. 이번 개정에서는 입장을 달리하는 당사자들 간에 극명한 대립을 보인 만큼 제도의 형평성에 의문이 제기되는 점이 있고, 전체적으로 학리적인 타당성을 놓고도 많은 비판이 따랐다. 그리하여 향후 운영단계에서 많은 쟁점이 생겨나고 해석자들의 부담이 늘어날 것으로 예상된다. 하지만 국내의 자본시장에서는 개정법을 계기로 그간 한국기업의 저평가의 원인이 되었던 기업지배구조의 문제점이 해소될 것이라는 순기능이 부각되어 주식시장을 호황으로 이끌었다. 정부로서는 이번의 상법개정이 집권 초기의 큰 정치적 성과를 이룬 것이다. 새 제도들이 정부와 시장이 기대하는 대로 안착하기를 바라지만, 이를 위해서는 법운영과정에서 모순되거나 과격한 제도의 역기능이 돌출되지 않도록 법학자들이 슬기로운 해석론을 전개해야 할 것이다.

큰 폭의 개정작업이다보니 꽤 많은 시간과 노력이 필요했는데, 예년과 같이 집필 과정에서 李雄暎 박사(가천대학교 법과대학 대우교수)의 도움을 크게 받았다. 李 박사가 이 책 전반에 걸쳐 내용과 표현의 오류, 모순된 서술을 바로잡아 주었고, 동료 학자들의 저술을 빠짐없이 검색하여 반영함으로써 이 책의 신뢰도와 효용성을 높여 주었다. 그리고 건국대학교 법학전문대학원을 졸업한 姜多律 양이 수험준비에 바쁜 중에도 지난 여름 틈을 내어 이 책에 인용된 국내 해설서의 신판에서 달라진 페이지를 반영해 주었고, 변호사 시험 후에는 이 책의 교정을 도와주어 저자에게 큰 힘이 되었다. 박영사에서는 수십 년째 金善敏 이사가 이 책의 편집을 맡아 주고 있는데, 매년 金 이사의 손을 빌려 이 책의 품격이 한결 높아지는 것을 확인하고 있다. 끝으로 최근 출판업의 불황 속에서도 굽힘 없이 良書를 개발하는 박영사 安鍾萬 회장의 노고에 경의를 표한다.

2026년 2월

著 者 識

차　　례

제 1 장 서　　론 | 1

제 4 장 합자회사 | 187

제 5 장 유한책임회사 | 199

제 6 장 주식회사 | 219

제 9 장 벌　　칙 | 1291

법령 약어표

〔95 개정 전〕……1995년 개정 전 상법
〔2001 개정 전〕……2001년 개정 전 상법
〔2011 개정 전〕……2011년 개정 전 상법
〔공증〕……공증인법
〔舊商〕……舊상법(1963년 이전 상법)
〔舊증거(령)(규칙)〕……舊증권거래법(동 시행령, 동 시행규칙)
〔국기(령)〕……국세기본법(동 시행령)
〔국사〕……국제사법
〔금융지배구조〕……금융회사의 지배구조에 관한 법률
〔독규(령)〕, 〔공정거래법〕……독점규제 및 공정거래에 관한 법률(동 시행령)
〔민〕……민법
〔민소〕……민사소송법
〔민집〕……민사집행법
〔법세(령)〕……법인세법(동 시행령)
〔벤처기업법〕, 〔벤처(령)〕……벤처기업육성에 관한 특별조치법(동 시행령)
〔부등〕……부동산등기법
〔부칙〕……상법 부칙
〔비송〕……비송사건절차법
〔상등(규)〕……상업등기법(규칙)
〔상령〕……상법 시행령
〔상장규〕……유가증권시장상장규정(한국거래소)
〔상증〕……상속세 및 증여세법
〔소세(령)〕……소득세법(동 시행령)
〔신탁(령)〕……신탁법(동 시행령)
〔외감(령)〕, 〔외감법〕……주식회사 등의 외부감사에 관한 법률(동 시행령)
〔외자(령)〕……외국인투자 촉진법(동 시행령)
〔자금(령)(규칙)〕……자본시장과 금융투자업에 관한 법률(동 시행령, 동 시행규칙)
〔자본시장법(본문 중)〕……자본시장과 금융투자업에 관한 법률
〔전거〕……전자문서 및 전자거래 기본법
〔전등(령)〕……주식 · 사채 등의 전자등록에 관한 법률(동 시행령)
〔표준정관〕……한국상장회사협의회「상장회사 표준정관」
〔憲〕……대한민국헌법
〔형〕……형법
〔회파〕……채무자 회생 및 파산에 관한 법률
〔日民〕……일본 민법
〔日商〕……일본 상법
〔日會〕……일본 회사법
〔AktG〕(Aktiengesetz)……독일 1965년 주식법
〔Companies Act〕……영국 회사법
〔MBCA〕(Model Business Corporation Act)……미국 모범사업회사법
〔C. com.〕(Code de Commerce)……프랑스 2000년 상법

※ 괄호 속에 단지 숫자만 기재한 것은 상법의 조문을 뜻함.

주요 참고문헌 약어표

Ⅰ. 국 내 서

(1) 해 설 서

약 어	
〔강 · 임〕	姜渭斗 · 林載鎬, 商法講義(上)(第三全訂), 螢雪出版社, 2009.
〔강희갑〕	姜熙甲, 會社法講義, 책과 사람들, 2004.
〔권기범〕	權奇範, 現代會社法論(제 8 판), 三英社, 2021.
〔권종호〕	권종호, 기업지배구조의 법리, 피앤씨미디어, 2024.
〔김 · 노 · 천〕	김건식 · 노혁준 · 천경훈, 회사법(제 9 판), 박영사, 2025.
〔김동훈〕	김동훈, 회사법, 한국외국어대학교 출판부, 2010.
〔김정호〕	김정호, 회사법(제 8 판), 法文社, 2023.
〔김홍기〕	김홍기, 상법강의(제 9 판), 박영사, 2025.
〔김화진〕	김화진, 상법강의(제 3 판), 박영사, 2016.
〔서헌제〕	徐憲濟, 사례중심체계 商法講義(上), 法文社, 2007.
〔손주찬〕	孫珠瓚, 商法(上)(第15補訂版), 博英社, 2004.
〔손진화〕	손진화, 상법강의(제 8 판), 신조사, 2017.
〔송옥렬〕	송옥렬, 상법강의(제15판), 弘文社, 2025.
〔안택식〕	안택식, 회사법강의, 형설출판사, 2012.
〔양명조〕	양명조, 회사법(제 3 판), 法文社, 2014.
〔오성근〕	오성근, 회사법(제 4 판), 박영사, 2025.
〔이범찬(외)〕	李範燦 · 任忠熙 · 李榮鍾 · 金知煥, 會社法(제 2 판), 三英社, 2018.
〔이종훈〕	이종훈, 회사법(제 4 판), 박영사, 2024.
〔이 · 최〕	이기수 · 최병규, 회사법(상법강의Ⅱ)(제12판), 박영사, 2022.
〔임재연 Ⅰ, Ⅱ〕	임재연, 회사법 Ⅰ, Ⅱ(개정 9 판), 박영사, 2024.
〔임홍근〕	林泓根, 會社法, 法文社, 2000.
〔장덕조〕	장덕조, 회사법(제 7 판), 法文社, 2025.
〔정경영〕	정경영, 회사법학, 박영사, 2022.
〔정동윤〕	鄭東潤, 商法(上)(제 6 판), 法文社, 2012.
〔정준우〕	정준우, 주식회사법, 정독, 2024.
〔정진세〕	鄭鎭世, 判例演習 會社法, 삼우사, 2001.
〔정찬형〕	정찬형, 상법강의(상)(제27판), 박영사, 2025.
〔최기원〕	최기원, 신회사법론(제14대정판), 박영사, 2012.

〔최준선〕 최준선, 회사법(제20판), 三英社, 2025.
〔홍 · 박〕 홍복기 · 박세화, 회사법강의(제 8 판), 法文社, 2021.

〔이시윤〕 이시윤, 新民事訴訟法(제17판), 博英社, 2024.
〔한충수〕 한충수, 민사소송법(제 4 판), 박영사, 2025.
〔호문혁〕 호문혁, 민사소송법(제14판), 法文社, 2020.

⑵ 주 석 서

〔民法注解 Ⅰ, Ⅱ…〕 郭潤直(編輯代表), 民法注解, 博英社, 1992~2012.
〔註釋(5)－회사 Ⅰ, Ⅱ…〕 鄭東潤(編輯代表), 註釋 商法(第 5 版), 韓國司法行政學會, 2014.
〔주석－회사 1, 2…〕 권순일(편집대표), 주석 상법(제 6 판), 韓國司法行政學會, 2021.

⑶ 주요 논문집

〔人權〕 大韓辯護士協會, 「人權과 正義」
〔司法論集〕 法院行政處, 「司法論集」
〔裁判資料〕 法院行政處, 「裁判資料」
〔저스티스〕 韓國法學院, 「저스티스」
〔比較〕 韓國比較私法學會, 「比較私法」
〔商硏〕 韓國商事法學會, 「商事法硏究」
〔大系〕 한국상사법학회, 「株式會社法大系 Ⅰ, Ⅱ, Ⅲ」(제 4 판)
〔증권법〕 韓國證券法學會, 「증권법연구」
〔2008 법사위 검토보고〕 국회법제사법위원회(전문위원 권기율), 상법 일부개정법률안〔회사편〕(정부제출) 검토보고, 2008. 11.
〔법무부 해설〕 법무부, 상법 회사편 해설, 2012.
〔선진상사〕 법무부, 「선진상사법률연구」

⑷ 저자의 다른 저서

〔總則 · 商行爲〕 商法總則 · 商行爲(第17版), 博英社, 2026.
〔어음 · 수표법〕 어음 · 수표법(제15판), 博英社, 2022.
〔2011 改政商法〕 2011 改正商法 — 축조해설 —, 박영사, 2011.

Ⅱ. 日 書

〔相澤(上),(下)〕 相澤 哲, "「會社法」の解說,"(上)(下), 「法曹時報」 제58권 제 1 호, 제 2 호 (2006).
〔江頭〕 江頭憲治郎, 株式會社法(第 9 版), 有斐閣, 2024.

〔大隅・今井〕 大隅健一郎・今井宏, 會社法論(上)(中)(下), 有斐閣, 1991.
〔加美〕 加美和照, 會社法(第 5 版), 勁草書房, 1996.
〔河本〕 河本一郎, 現代會社法(新訂第 7 版), 商事法務研究會, 1992.
〔神田〕 神田秀樹, 會社法(第 9 版), 弘文堂, 2007.
〔北澤〕 北澤正啓, 會社法(新版), 青林書院新社, 2001.
〔近藤〕 近藤光男, 最新株式會社法(第 5 版), 中央經濟社, 2009.
〔坂田〕 坂田桂三, 現代會社法(第 3 版), 中央經濟社, 1995.
〔菅原〕 菅原菊志, 判例商法(上), 信山社, 1993.
〔鈴木・竹內〕 鈴木竹雄・竹內昭夫, 會社法(第三版), 有斐閣, 1994.
〔關〕 關 俊彦, 會社法概論, 商事法務, 2009.
〔竹內〕 竹內昭夫, 改正會社法解說(新版), 有斐閣, 1983.
〔竹內 Ⅰ〕 竹內昭夫, 會社法理論(Ⅰ), 有斐閣, 1984.
〔竹內 Ⅱ〕 竹內昭夫, 會社法理論(Ⅱ), 有斐閣, 1984.
〔龍田〕 龍田節, 會社法(第 5 版), 有斐閣, 1998.
〔田中(上)(下)〕 田中誠二, 三全訂 會社法詳論(上)(下), 勁草書房, 1982.
〔田中亘〕 田中亘, 會社法, 東京大學出版會, 2016.
〔永井〕 永井助文, 會社法, 有斐閣, 1996.
〔服部〕 服部榮三, 會社法 — 概說て基本判例(第 4 版), 文眞堂, 1993.
〔前田〕 前田庸, 會社法入門(第11版補訂版), 有斐閣, 2008.
〔元木伸〕 元木伸, 改正商法逐條解說, 商事法務研究會, 1981.
〔森本〕 森本滋, 會社法, 有信堂, 1993.
〔彌永〕 彌永眞生, 會社法(第11版), 有斐閣, 2007.
〔山口〕 山口正義, 株主權法理の展開, 文眞堂, 1991.
〔吉戒〕 吉戒修一, 平成五年・六年 改正商法, 商事法務研究會, 1986.
〔會社法コン〕 江頭憲治郎・森本滋 외, 會社法コンメンタール, 商事法務, 2008.
〔會社法大系〕 江頭憲治郎・門口正人, 會社法大系 1, 2, 3, 4, 青林書院, 2008.
〔基本法—會社法(1)(2)(3)〕 服部榮三(編), 基本法コンメンタール — 會社法(1)(2)(3), 日本評論社, 2001.
〔争点〕 浜田道代・岩原紳作(編), 會社法の争点(ジュリスト增刊), 有斐閣, 2009.
〔逐條(1),(2)〕 酒卷俊雄・龍田節 代表編, 逐條解說 會社法(1), (2), 中央經濟社, 2008.
〔日注釋〕 上柳克郎・鴻常夫・竹內昭夫外, 新版 注釋會社法 (1)~(14), 有斐閣, 1985~1990.

Ⅲ. 英 美 書

〔Cary & Eisenberg〕 Cary, William L./Eisenberg, Melvin A., *Corporations*, unabridged, 7th ed., The Foundation Press, Inc.(New York), 1995.
〔Clark〕 Clark, Robert C., *Corporate Law*, Little, Brown and Company(Boston),

1986.

〔Conard〕 Conard, Alfred-nauss/Robert-iegel Stanley, *Corporations*, 2nd ed., Foundation Press, 1982.

〔Easterbrook & Fischel〕 Easterbrook, Frank H./Fischel, Daniel R., *The Economic Structure of Corporate Law*, Harvard Univ. Press, 1991.

〔Eisenberg/Cox〕 Eisenberg, Meron A./Cox, James D. *Business Organizations−Cases and Materials*, 17th ed. Foundation, 2014.

〔Gower〕 Gower, L. C. B., *Principles of Modern Company Law*, 5th ed., Sweet & Maxwell, 1992.

〔Hamilton〕 Hamilton, Robert W., *Corporations*, 3rd ed., West Publishing Co., 1988.

〔Henn & Alexander〕 Henn, Harry G./Alexander, John R., *Laws of Corporations*, 3rd ed., West Publishing Co.(Minnesota), 1983.

〔in Anatomy〕 (Reiner) Kraakman/Paul Davies/Henry Hansmann/Gerald Hertig/Klaus Hopt/Hideki Kanda/Edward Rock, *The Anatomy of Corporate Law*, Oxford, 3rd., 2017.

〔Jennings & Buxbaum〕 Jennings, Richard W./Buxbaum, Richard M., *Corporations*, 5th ed., West Publishing Co., 1979.

〔Morse〕 Morse, Geoffrey, *Companies Consolidation Legislation 1985*, Sweet & Maxwell, 1995.

〔Palmer〕 Schmitthoff, Clive M., *Palmer's Company Law*(Ⅰ)(Ⅱ), Stevens & Sons, 1982.

〔Pinto&Branson〕 Pinto, Arthur/Branson, Douglas, *Corporate Law*, 4th ed., LexisNexis, 2013.

〔Romano〕 Romano, Roberta, *Foundations of Corporate Law*, 2nd ed., Foundation Press, 2010.

〔R. Pennington〕 Pennington, Robert R., *Company Law*, 4th ed., Butterworths(London), 1979.

〔Scanlan et.al.〕 Scanlan, Gary/Harvey, Andrew/Prime, Trence/Ogowewo, Tunde, *Companies Act 2006*, The Law Society, 2007.

〔Solomon〕 Solomon, Lewis D./Schwartz, Donald E./Bauman, Jeffrey D., *Corporations Law and Policy Materials and Problems*, 2nd ed., West Publishing, 1988.

〔W. Carney〕 Carney, William J., *Corporate Finance*, 2nd. ed., Foundation Press, 2010.

Ⅳ. 獨 書

〔Bayer/Habersack〕 Bayer/Habersack, Aktienrecht im Wandel, Bd. I, Bd. Ⅱ, Mohr

Siebeck, 2007.

〔Bürgers/Körber〕 Bügers/Köber (Hrsg.), Aktiengesetz, 3. Aufl., C. F. Müler, 2014.

〔Eisenhardt/Wackerbarth〕 Eisenhardt/Wackerbarth, Gesellschaftsrecht I, 15. Aufl., Verlag C.H.Beck, 2011.

〔Grigoleit〕 Grigoleit, Hans Christoph (Hrsg.), Aktiengesetz Kommentar, Verlag C.H.Beck, 2013.

〔Großomm AktG, 3. Aufl.〕 Barz/Klug/Mayer-andrut/Wiedemann/Brönner/Mellerowicz/Schlilling/Würdinger, Großkommentar zum Aktiengesetz, 3. neubearbeitete Aufl., Bd. Ⅰ (1973 ff.)-d. Ⅳ(1975), Walter De Gruyter

〔Großomm AktG, 4. Aufl.〕 Hopt/Wiedemann(Hrsg.), Aktiengesetz: Großommentar, 4., neubearbeitete Aufl., De Gruyter Recht, 1992 ff.

〔Großomm AktG, 5. Aufl.〕 Hirte/Mübert/Roth(Hrsg.), Großommentar zum Aktiengesetz, 5., neu bearb. Aufl., De Gruyter, 2015.

〔Happ/Groß〕 Happ/Groß Hrsg.), Aktienrecht: Handbuch-ustertexte-ommentar, 4. Aufl., Carl Heymanns Verlag, 2015.

〔Heidel〕 Heidel, Thomas(Hrsg.), Aktienrecht und Kapitalmarktrecht, 4. Aufl., Nomos, 2014.

〔Henn/Frodermann/Jannott〕 Henn/Frodermann/Jannott, Handbuch des Aktienrechts, 8., völlig neu bearb. und erw. Aufl., C. F. Müller, 2009.

〔Hölters〕 Höters, Wolfgang, Aktiengesetz Kommentar, 2. Auflage, Verlag Vahlen, 2014.

〔Koch〕 Koch, Jens, Aktiengesetz, 19. Aufl., C.H.Beck, 2025.

〔Kallmeyer〕 Kallmeyer, Harald, Umwandlungsgesetz, 5. Auflage, Verlag Dr. Otto Schmidt, 2013.

〔KK-UmwG〕 Dauner-ieb/Simon (Hrsg.), Kölner Kommentar zum UmwG, Carl Heymanns Verlag, 2009.

〔Kölner Komm. AktG, 1. Aufl.〕 Biedenkopf/Claussen/Geilen/Koppensteiner/Kraft/Kronstein/Lutter/Mertens/Zöllner, Kölner Kommentar zum Aktiengesetz, Bd. Ⅰ 1. Lieferung(1970)-Bd. Ⅲ 4. Lieferung (1981), Carl Heymanns Verlag

〔Kölner Komm. AktG, 3. Aufl.〕 Zöllner/Noack(Hrsg.), Kölner Kommentar zum Aktiengesetz, 3., neubearb. und erw. Aufl., Carl Heymanns Verlag, 2011 ff.

〔Kübler/Assmann〕 Kübler/Assmann, Gesellschaftsrecht: die privatrechtlichen Ordnungsstrukturen und Regelungsprobleme von Verbänden und Unternehmen, 6. Aufl., C.F.Müller, 2006.

〔Luther〕 Lutter, Umwandlungsgesetz Kommentar, 5. neu bearbeitete Auflage, Verlag Dr. Otto Schmidt, 2014.

〔Münchener Komm. AktG, 4. Aufl.〕 Goette, Wulf (Hrsg.), Münchener Kommentar zum Aktiengesetz, Bd. Ⅰ, Ⅱ, Ⅳ, Ⅴ 4. Aufl., C.H.Beck/Vahlen, 2014 ff.

〔Münchener Komm. AktG, 3. Aufl.〕 Goette, Wulf (Hrsg.), Münchener Kommentar zum Aktiengesetz, Bd. Ⅲ, Ⅵ, Ⅶ, 3. Aufl., C.H.Beck, 2008 ff.

〔MünchHdbGesR Ⅳ〕 Hoffmann-ecking, Michael(Hrsg.), Münchener Handbuch des Gesellschaftsrechts Bd 4: Aktiengesellschaft, 4. Aufl., 2015.

〔Raiser/Veil〕 Raiser/Veil, Recht der Kapitalgesellschaften, 6., neubearb. und erw. Aufl., Verlag Vahlen, 2015.

〔Reinhardt/Schultz〕 Reinhardt/Schultz, Gesellschaftsrecht, 2. Aufl., J. C. B. Mohr, 1981.

〔Schmidt/Lutter〕 Schmidt/Lutter(Hrsg.), Aktiengesetz Kommentar, 3., neu bearb. Aufl., Ottoschmidt, 2015.

〔Schwerdtfeger〕 Schwerdtfeger, Armin, Gesellschaftsrecht: Kommentar, 3. Aufl., Carl Heymanns Verlag, 2015.

〔Semler/Stengel〕 Semler/Stengel, Umwandlungsgesetz: mit Spruchverfahrensgesetz, 3. Aufl., C. H. Beck, 2012.

〔Spindler/Stilz〕 Spindler/Stilz, Kommentar zum Aktiengesetz, 3. Aufl., C. H. Beck, 2015.

〔Wachter〕 Wachter, Thomas, Kommentar zum Aktiengesetz, RWS Verlag Kommunikationsforum GmbH, 2012.

〔Wiedemann Ⅰ〕 Wiedemann, Herbert, Gesellschaftsrecht: Bd. 1., C. H. Beck, 1980.

〔Wiedemann Ⅱ〕 Wiedemann, Herbert, Gesellschaftsrecht: Bd. Ⅱ., C. H. Beck, 2004.

〔Windbichler〕 Windbichler, Christine, Gesellschaftsrecht, 23. völig neu bearb. Aufl., C. H. Beck, 2013.

〔Würdinger〕 Würdinger, Hans, Aktienrecht und das Recht der verbundenen Unternehmen, 4., neubearb. u. erw. Aufl., C. F. Müller, 1981.

Ⅴ. 佛 書

〔Cozian · Viandier〕 Cozian, Maurice et Viandier, Alain, Droit des sociétés, 11 éd., Litec, 1998.

〔Didier〕 Didier, Paulet Didier, Philippe, Les Sociétés Commerciales, Tome 2, Economia, 2011.

〔Ripert par Roblot〕 Ripert, Georges et Roblot, René, *Traité de Droit Commercial*, Tome 1.2.3, 15° éd., Librairie Generale de Droit et de Jurisprudence (Paris), 1996.

제 1 장
서 론

서　　론

제 1 절 현대사회와 회사

오늘의 자본주의 산업문명은 회사제도에 의해 시작되었고 이를 기반으로 유지되고 있다. 자본주의경제를 이끌고 나아가는 기업활동은 규모의 성장을 위해 필연적으로 공동기업의 형태를 취하는데, 그 중에서도 주식회사를 중심으로 하는 회사형태는 대중자본을 집중시키고 합리적인 경영조직을 제공함으로써 기업의 무한한 성장의 가능성을 마련해 준다. 나아가 공개회사의 출자자들에게는 증권시장을 통해 지분을 자유롭게 처분함으로써 투하자본을 회수하여 보다 이윤이 높은 기업에 투자할 수 있는 길이 열려 있으므로 회사제도는 금융자원의 효율적 배분이라는 거시적 경제효과도 가져온다. 그리하여 회사는 민간부문의 가장 효율적인 경제주체가 되어 높은 부가가치를 창출함으로써 사회의 부를 증진시키고, 고용을 창출하고 재화 · 용역의 생산 · 공급을 통해 사회자원을 분배하는 기능을 수행한다. 아울러 회사는 이른바 기업의 사회적 책임이라는 대중의 기대에 좇아 자선 · 복지 등의 활동을 통해 축적된 부의 일부를 사회에 환원하기도 한다. 자본주의란 최다수의 출자자(사원)가 최대한의 이윤을 향유하는 상태에 이르러 완성되는데, 회사야말로 그 실현을 위한 최적의 도구라 할 수 있다.

그러나 회사의 성장이 극으로 치달은 결과 야기되는 문제점 또한 허다하다. 회사는 영리추구를 유일한 목적으로 할 뿐이므로 자연인의 숭고한 도덕률이나 철학적 및 종교적 이념은 회사의 의사와 행동을 결정하는 가치기준이 되지 못한다. 회사는 아무리 타인과 사회에 유해한 행위라도 자기의 영리실현에 필요한 행위라면 감행하도록 스스로를 설득하는 논리를 갖고 있는 것이다. 이는 회사조직의 속성을 이루어 그 종사자들마저 조직의 틀에 가두어 도구화시킨다. 그리하여 회사관련자들의 인간성은 파괴되고 정신문명의 황폐를 초래한다.

이같이 반가치적인 원리가 회사의 행동을 지배하므로 회사는 영리를 극대화하기 위하여 자연과 사회의 자원 그리고 시장을 독점함으로써 사회의 분배구조를 왜곡시키고, 극단적으로 이기적인 행동원리에 의해 환경을 파괴하고 공공의 자원을 고갈시킨다.[1] 이같은 과정으로 성장하여 회사의 규모가 방대해지다 보면 정부까지 움직일 수 있는 강대한 영향력을 구축하여 금융 등 사회의 가용자원을 과점하고 심지어는 稅制나 각종 경제법제를 자신에게 유리하게 개정하게 함으로써 사회 전체의 불평등을 야기한다. 그래서 회사를 현대의 리바이어던(Leviathan)이라 비유하기도 한다.[2]

회사 자체 내에서 야기되는 모순 또한 심각하다. 특히 대규모 공개회사의 경우 주식이 광범하게 분산되는 동시에 일부가 소수의 지배주주에 집중됨으로 인해 회사의 소유와 지배의 괴리를 낳고, 회사권력의 편재와 남용을 용이하게 하여 대주주 · 경영자 · 소액주주들간에 갈등을 야기한다.

이렇듯 회사는 자본주의사회의 발전에 기여하는 한편 그 역작용 또한 심각하므로 그 장점을 최대한 살리되, 그 폐해를 제도적으로 억제하도록 노력하는 것이 오늘날 회사법학에 주어진 과제이다.

제 2 절 기업조직의 형태와 회사

영리사업의 주체가 어떠한 형태의 기업조직을 선택할 것이냐는 것은 여러 가지 동기와 사정에 의해 결정될 문제이고, 그 선택의 대상 역시 다양한 기준에 의해 분류해 볼 수 있으나, 법적으로 가장 단순한 분류는 자연인 상인이 단독으로 영위하는 개인기업과 자본의 형성과 경영에 다수인이 참여하는 공동기업

1) 예링(Jhering)은 본문에서와 같은 회사의 폐해에 주목하여, 회사는 사회에 극단적으로 퇴폐적인 영향을 미치고 명예와 성실의 원리를 근본에 이르기까지 파괴하며, 어떤 천재지변이나 적군의 침입도 회사만큼 개인의 재산을 황폐하게 하지 못한다고 맹비난하였다(Rudolph von Jhering, Der Zweck im Recht, IB 4 Aufl. S. 173).

2) P. I. Blumberg, *The Megacorporation in American Society*, Prentice Hall, 1975, p. 1.

이다.

1. 個人企業의 한계

개인기업은 특정의 자연인이 사업에 필요한 자본을 단독으로 마련하고 스스로 경영을 담당하는 가장 단순한 기업형태로서, 소유 · 지배 · 경영 전부를 출자자인 개인이 장악한다. 그 결과 기업행동에 기동성이 발휘되는 장점은 있으나 다음과 같은 결점이 따른다.

첫째, 손익이 모두 기업주 자신에게 귀속되므로 기업의 실패에 따른 위험이 크다. 둘째, 기업이 가계로부터의 법적 독립성을 인정받지 못하므로 기업주가 기업의 채무에 대해 무한책임을 져야 한다. 셋째, 개인이 조달할 수 있는 자본에는 한계가 있어 소요자금의 상당부분을 차입자본에 의존할 수밖에 없으므로 원리금의 상환부담으로 인해 자산운용이 경직되고 기업이 영세성을 면할 수 없다. 넷째, 기업주 개인의 경영능력에는 한계가 있고 경영이 조직화될 수 없다. 다섯째, 기업의 존속이 기업주의 자연적인 생명에 의존하므로 항구적인 기업유지가 불가능하다.

이러한 흠은 기업의 성장에 숙명적인 한계를 설정하는 요인으로서, 이를 극복하고 우월한 경쟁력을 갖추고자 할 때에는 다음과 같이 공동기업형태를 택하여야 한다.

2. 共同企業의 법적 형태

하나의 기업에 다수인의 자본과 노력이 참여하고 기업위험도 다수인이 분담하는 공동기업에 이르러서는 개인기업의 단점이 크게 해소된다. 그 단점이 해소되는 방법과 정도는 공동기업의 형태에 따라 달라지는데, 기업주가 원하는 경영조직과 자본집중의 유형 그리고 기업의 규모 및 위험분산의 방법에 따라 그에 알맞은 형태를 선택할 수 있도록 실정법상 여러 가지의 공동기업형태가 마련되어 있다. 가장 단순한 공동기업형태로서는 민법상의 조합(민 703조~724조), 상법상의 익명조합(78조~86조), 합자조합(86조의2~86조의9)이 있고, 해상기업에 특유한 선박공유(756조~768조)가 있다.[1] 그러나 이러한 공동기업들은 극히 소규모의 자본집중이나 노력보충에 적합

1) 이용하기에 따라서는 신탁도 공동기업의 한 형태로 활용될 수 있다. 수탁자로 하여금 신탁재산을 기초로 사업을 하게 하는 신탁은 익명조합과 같은 효과를 누릴 수 있고, 다수의 신탁자가 같은 사업을 목적으로 동일한 수탁자에게 신탁을 하는 경우에는 주식회사처럼 소유와 경영이 분리된 공동사업체가 생겨난다(神田, 3면).

할 뿐이고 法人格도 주어져 있지 않으므로 개인기업의 단점을 완전히 제거하지 못한다. 그러므로 보다 완비된 형태의 공동기업을 원할 때에는 회사형태를 취해야 한다.

우리 상법상의 회사에는 합명회사 · 합자회사 · 유한책임회사 · 주식회사 · 유한회사의 다섯 종류가 있다(170조). 모두가 영리를 목적으로 하는 다수인의 결합체로서 법인격을 향유하며(169조), i) 다수인의 자본을 결합하거나 자본과 노력을 결합하고, ii) 경영이 조직화되고, iii) 기업위험이 분산 또는 제한되고, iv) 사업의 영속적 경영이 가능하고, v) 기업이 출자자의 가계로부터 독립되고, vi) 출자자가 자본이윤에 참여하고, 투하자본의 회수가 보장되는 등, 개인기업이나 회사 아닌 공동기업에서 볼 수 없는 우수성을 갖추고 있다.

그러나 출자자가 대외적으로 어떤 형태의 책임을 지느냐(기업위험을 분산하는 방법)는 것을 출발점으로 하여 회사의 구체적인 법률관계가 상이해지며, 이상의 여섯 가지 장점도 회사에 따라 정도를 달리한다(88면 이하 참조).

제 3 절 회사법의 성격

Ⅰ. 회사법의 의의

「회사법」은 보통 「실질적 의의의 회사법」과 「형식적 의의의 회사법」으로 구분한다.

「실질적 의의의 회사법」이란 회사라고 하는 형태의 공동기업의 조직과 경영을 규율하는 法을 두루 말한다. 다수인이 결합한 기업경영조직이 개개의 구성원으로부터 독립하여 기업거래상의 주체성을 갖게 될 때에는 특별한 법적 규율을 요한다. 첫째로 개인의 결합이 영리를 목적으로 한다는 점에서 민법의 비영리법인에 관한 법규와는 다른 특수한 규율을 요하며, 둘째로 회사는 공동기업의 경영방식의 하나라는 점에서 기업법으로서의 상법 가운데서도 특수한 규율을 요한다. 실질적 의의의 회사법은 명칭이나 존재양식에 불구하고 이러한 수요에 응하는 일체의 법질서를 뜻한다.

반면 「형식적 의의의 회사법」은 성문법전의 형식 또는 명칭으로 보아 회사법이라고 인식되는 것을 뜻하며, 그 규정의 실질이 회사에 고유한 것인가를 묻지 아니한다. 우리나라에서 제정된 「상법」(1962. 1. 20. 법률 1000호)이라는 이름의 법률 중 「제 3 편 會社」가 곧 우리의 형식적 의의의 회사법이다. 형식적 의의의 회사법은 주로 私法的 法規로 구성되어 있고 실질적 의의의 회사법과 대강에 있어 범주를 같이하나, 그 밖에도 여러 비송사건적 규정 · 소송법적 규정 · 벌칙규정을 포함하고 있다.

전통적으로 회사법의 연구대상은 사법적 성격을 가진 실질적 의의의 회사법을 중심으로 하고, 아울러 형식적 의의의 회사법 안에 존재하는 공법적 규정도 편의적으로 포함한다. 그러나 많은 공법적 규정이 사법적 규율의 실현에 불가결한 역할을 하며, 그와 같은 공법적 보장에 의해서만 사법적 관계가 유지되는 것이어서 양자가 불가분의 관련을 갖는다는 점을 감안하면 공법적 규정도 포괄하여 회사법의 영역을 구성하는 것으로 이해함이 타당하다. 한편 대중의 자본참여가 활발해짐에 따라 대중투자자를 보호하기 위한 자본시장법규가 제정되고, 기업의 경제적 기능이 확산됨에 따라 자원의 효율적 분배와 경제정의의 실현을 위한 법이 계속 제정되고 있는데, 이들은 형식적 의의의 회사법의 영역 외에 존재하며 공법적 색채가 농후한 법이지만 역시 회사법학의 중요한 연구대상이다.

Ⅱ. 회사법의 특색

회사법은 상법의 일부이지만, 회사라는 특수한 공동기업형태를 규율함을 목적으로 하는 법이라는 점에서 상법이 갖는 일반적인 특수성 외에 다음과 같은 특색을 가진다.

1. 團體法的 性質

회사법의 대부분은 회사라는 단체의 조직과 이를 중심으로 한 법률관계에 관한 규정으로 짜여져 있다. 예컨대 회사의 설립, 관리기구의 구성, 회사의 의사결정, 회사의 대외적인 책임, 사원과 회사의 권리의무 등이다. 이러한 법률관계는 다양한 계약 혹은 합의를 거쳐 형성되므로 미국의 법경제학자들은 회사를 포함하여 기업이란 「계약의 연결체」(nexus of contracts)라고 부르기도 한다. 그러나 회사의 법률관계는 회사의 사원을 비롯하여 회사의 이해관계자 모두에게 공통의 혹은 상호충돌하는 법적 이해를 가져온다. 가령 회사의 재산은 주주들의 출자를 기초로 형성되므로 주주들이 자유롭게 처분할 수 있을 듯이 생각되지만, 그같이 한다면 회사채권자들의 손실을 초래한다. 또 이해를 달리하는 당사자들이 회사조직의 상이한 지위에 놓임으로써 회사의 정보와 재산에 대한 접근의 기회를 달리한다. 그러므로 개인간의 대등한 지위를 전제로 하여 원칙적으로 당사자의 자유로운 처분을 허용하는 個人法과는 달리 회사법률관계에는 다수인의 법률관계를 집단적·획일적으로 형성하는 단체법원리가 지배한다. 그리하여 개인법상의 계약자유의 원칙이 크게 수정된 상태에서 적용될 수밖에 없고, 다수결원칙, 사원평등의 원칙 등과 같은 획일적·통일적인 원리에 의해 법률관계가 이루어진다. 따라서 이 범위에서 회사법은 대부분 강행법적 성격을 띠며, 때로는 공법적인 감독이나 벌칙이 따른다.

2. 去來法的 性質

회사법 중에는 회사와 제 3 자의 거래, 사원과 회사채권자의 관계와 같은 거래법적인 성질을 띠는 규정도 있다. 이러한 법률관계는 개인법상의 거래와 마찬가지로 사적자치, 거래안전의 보호와 같은 개인법상의 법원리가 지배한다. 예컨대 회사가 대표기관의 권한을 제한하더라도 선의의 제 3 자에게 대항하지 못하게 하는 것(예: 209조 2항·389조 3항), 대표자인 듯한 외관을 가진 자의 대표행위에 관해서는 회사가 책임을 지게 하는 것(395조) 등은 거래의 안전이라는 거래법적 이념에서 둔 제도이다.

한편 단일한 법률관계의 일부에는 거래법적 원리가 지배하고 일부에는 단체법적 원리가 지배하는 예도 있다. 주주가 주식을 양도할 때에 株券을 교부하게 하는 것, 주권의 점유에 권리추정력을 인정하는 것(336조)은 거래법적 성격을 가진 것이지만, 명의개서를 하지 않으면 회사에 대항하지 못하게 하는 것(337조)은 단체법적 원리에 기초한 것이다.

제 4 절 회사법의 法源

I. 종　류

회사법의 법원으로는 제정법·관습법·자치법규가 있다.

(1) 제 정 법

제정법에는 상법 제 3 편「회사」및 부속법령인 상법시행법(1962. 12. 12. 법률 1213호)과 상법시행령 그리고 각종 상사특별법령이 있다.

1) **상 법 전** 회사법의 법원 중 가장 중요한 자리를 차지하는 것은 상법전 내의 회사편이다. 상법은 1962년 1월 20일에 법률 제1000호로 제정되어, 1963년 1월 1일부터 시행되었으며 수차에 걸쳐 개정되었다(기타 상세한 연혁과 특징은 23면 이하 참조).

2) **특별법령** 특별법령에는 매우 많은 것이 있는데, 대체로 세 종류로 나누어 볼 수 있다.

첫째는 법령의 전부가 회사법의 법원을 이루는 것으로 담보부사채신탁법(1962. 1. 20. 법률 991호), 주식회사 등의 외부감사에 관한 법률(전문개정 2017. 10. 31. 법률 15022호)을 예로 들 수 있다.

둘째는 법령의 일부가 회사법의 법원을 이루는 것으로 자본시장과 금융투자업에 관한 법률(2007. 8. 3. 법률 8635호), 공공기관의 운영에 관한 법률(2007. 1. 19. 법률 8258호), 은행법(전문개정 1998. 1. 13. 법률 5499호), 보험업법(전문개정 2003. 5. 29. 법률 6891호), 상호저축은행법(1972. 8. 2. 법률 2333호), 새마을금고법(전문개정 2007. 5. 25. 법률 8485호), 여신전문금융업법(1997. 8. 28. 법률 5374호), 신용정보의 이용 및 보호에 관한 법률(전문개정 2009. 4. 1. 법률 9617호), 주식 · 사채 등의 전자등록에 관한 법률(2016. 3. 22. 법률 14096호), 외국인투자촉진법(1998. 9. 16. 법률 5559호), 독점규제 및 공정거래에 관한 법률(전문개정 2020. 12. 29. 법률 17799호), 산업발전법(전문개정 2009. 4. 1. 법률 9584호), 무역보험법(1968. 12. 31. 법률 2063호)이 대표적인 것들이다.

셋째는 특수회사법으로서 한국전력공사법(전문개정 1989. 3. 25. 법률 4093호), 한국가스공사법(전문개정 1986. 5. 12. 법률 3836호), 한국토지주택공사법(2009. 5. 22. 법률 9706호), 한국석유공사법(전문개정 1986. 5. 12. 법률 3837호), 대한석탄공사법(전문개정 1986. 5. 12. 법률 3835호), 한국도로공사법(전문개정 1986. 5. 12. 법률 3842호), 한국수자원공사법(1987. 12. 4. 법률 3997호), 한국은행법(전문개정 1997. 12. 31. 법률 5491호), 한국산업은행법(전문개정 2014. 5. 21. 법률 12663호), 한국자산관리공사 설립 등에 관한 법률(1997. 8. 22. 법률 5371호), 한국수출입은행법(1969. 7. 28. 법률 2122호), 한국농수산식품유통공사법(전문개정 1986. 12. 31. 법률 3887호), 중소기업은행법(1961. 7. 1. 법률 641호), 신용보증기금법(1974. 12. 21. 법률 2695호) 등을 들 수 있다.

(2) 관 습 법

관습법은 상법 일반의 법원으로서는 중요성을 갖지만, 회사제정법이 강행법적 성질을 가지고 있을 뿐만 아니라 자족적으로 규정되어 있는 까닭에 회사법의 법원으로서는 별 의의를 갖지 못한다. 드문 예의 하나로 상법에서 명문으로 보충적 효력을 규정하고 있는 기업회계관행을 들 수 있다(29조 2항 · 287조의32 · 446조의2).

(3) 자치법규

정관이 가장 대표적인 예이다. 회사의 정관은 이를 작성한 당사자뿐만 아니라 장래에 사원지위를 취득하는 자에 대하여도 구속력을 갖는다. 따라서 정관은 작성자들간의 계약이 아니라 자치법규이다(103면 참조). 정관의 수권에 의해 제정된 주식사무규칙 · 이사회규칙 · 주주총회의 의사규칙, 그 밖의 업무규정도 자치법으로서 작용한다.

Ⅱ. 법원적용의 순서

"특별법은 일반법에 우선한다"는 일반원칙에 따라 회사의 법률관계에는 회사관계 특별법령, 상법전의 순서로 적용되며, 성문법은 관습법에 우선한다는 원칙에 따라 관습법이 그 다음의 순위에 온다. 다만 정관은 자치법규이므로 強行法規에 위반하지 않는 한 상법 · 특별법령에 우선하여 적용된다. 그리고 민법과의 관계에 있어서는 상법 제 1 조에 "商事에 관하여 本法에 규정이 없으면 商慣習法에 의하고, 商慣習法이 없으면 民法의 규정에 의한다"고 규정된 바에 따라 상관습법이 민법에 우선하여 적용된다.

회사에 관한 상법의 규정은 자족적일 뿐만 아니라, 필요한 경우에는 명문으로 민법규정을 준용하고 있어(예: 195조 · 254조 4항 · 382조 2항) 회사에 특유한 법률관계에 근거규정 없이 민법의 규정이 보충적으로 적용될 경우는 흔치 않다. 단지 민법 중 私法人 일반에 공통되는 성질에 바탕을 두고 만들어진 규정이 상법에 따로 규정이 없을 경우 회사관계에 유추적용될 뿐이다.

그러나 상법의 회사편은 민법에서 이미 규정하고 있는 법률관계에 단체법적 가공을 하거나 민법의 개념을 그대로 차용하는 경우가 많다. 이 경우에는 민법의 개념이 그대로 적용된다. 예컨대 회사의 능력을 논할 때에 '능력'의 의미는 민법에서의 그것과 같고, 회사관계자들의 연대책임을 논할 때에 '연대책임'의 내용도 민법에서와 같이 이해해야 한다.

Ⅲ. 上場會社 특례규정의 지위

1. 의 의

상법 제 3 편 제 4 장(주식회사)의 규정들은 상장 · 비상장을 구분하지 않고 주식회사 일반에 적용할 것을 예정한 것인데, 상법 자체에서 상장회사에 적용할 특례를 두고 있고(542조의2~542조의13), 자본시장법에서도 상장회사에 대한 특례를 두고 있다(자금 165조의2~165조의20).

이 특례규정 중에는 일반규정에 비해 요건이 강화된 것도 있고 완화된 것도 있으므로 특례가 다루고 있는 사항에 관해 일반규정과 특례규정이 어떤 관계로 적용되느냐는 의문이 제기된다. 즉 특례규정이 적용될 사안의 경우, 일반규정은 적용될 수 없고 특례규정만 배타적으로 적용되느냐, 아니면 특례규정이 적용되는 외에 일반규정이 보충적이나 선택적으로 적용될 수 있느냐는 문제이다.

2. 우선적용의 의미

상법 제542조의2 제 1 항은 동조 이하에서 정하는 특례규정은 상장회사에 적용한다는 규정을 두고, 제 2 항에서는 "이 절(제13절 상장회사에 대한 특례)은 이 장(제 4 장 주식회사) 다른 절에 우선하여 적용한다"라고 규정하고 있다. 즉 상장회사특례규정은 주식회사 일반에 관한 규정들에 우선하여 적용한다는 뜻이다.

제542조의2는 구증권거래법의 규정이 상법으로 옮겨 오면서 신설된 규정인데, 신설된 이후 특히 제 2 항의 해석을 놓고, i) 동 규정은 상장회사 특례의 배타적 적용을 명문화하기 위해 두어진 규정으로서, 이에 의해 상법 제542조의2 이하의 특례가 정한 사항에 관해서는 회사에 관한 일반규정의 적용이 배척된다고 보는 견해(배타적 적용설)[1]와 ii) 동 규정은 단지 상장회사의 특례규정이 특별법의 지위에 있음을 밝힌 것으로, 개별특례규정의 목적과 취지의 해석을 통해 특례의 효력을 정해야 한다는 견해(개별규정 효력설. 저자)로 갈린다.

일반적인 용례에 비추어, 「우선적용」이란 특별법의 通有的 성격으로서, 특례규정을 「우선적용」한다고 해서 반드시 일반규정을 밀어내고 배타적으로만 적용함을 의미하는 것은 아니다. 상장회사의 특례를 구증권거래법에 두었던 시기에도, 同특례를 상법에 우선적용한다는 규정은 없었지만 구증권거래법은 상법의 특별법이므로 同특례가 상법에 우선적용된다는 점에 異說이 없었는데, 「우선적용」의 의미를 배타적인 뜻으로만 해석하지는 않았기에 후술하는 바와 같이 판례는 소수주주권에 관한 일반규정과 상장회사의 특례는 선택적으로 적용된다고 보았다(대법원 2004. 12. 10. 선고 2003다41715 판결).

이 문제와 같이 어느 사안에 대해 두 개의 법규범이 적용될 수 있는 경우(규범경합; Normenkonkurrenz), 적용규범의 선택은 그 규정들이 어떤 성격의 경합관계에 있느냐

---

1) 김교창, "上場會社의 特例에 관한 2009년 改正商法의 論點," 「人權」 제396호(2009. 8.), 61면, 69면; 정찬형, "2009년 改正商法中 上場會社에 대한 特例規定에 관한 意見," 「商硏」 제62호(2009), 271면, 274면.

에 따라 결정된다. 경합의 유형에는 "양자택일적 경합(alternative Konkurrenz)," "배제적 경합(verdrängende Konkurrenz)," "중첩적 경합(kummulative Konkurrenz)"의 세 가지로 구분해 볼 수 있다. 주어진 경합규정을 어느 쪽으로 분류할 것이냐는 것은 개별사례마다 해당 법규범의 목적과 적용대상인 법률관계의 성격, 특례자체의 특성과 입법취지, 그리고 특례와 일반규정의 양립가능성 등을 감안하여 정해야 한다.[1)]

가령 상법 제542조의8 제 2 항 제 5 호는 최대주주의 특수관계인은 독립(사외)이사가 될 수 없다고 규정하고 있는데, 사외이사의 자격에 관한 일반규정, 즉 상법 제382조 제 3 항에는 이러한 제한이 없다. 그렇다고 해서 상법 제542조의8 제 2 항 제 5 호에 의하지 않고 상법 제382조 제 3 항을 적용하여 최대주주의 특수관계인을 상장회사의 독립이사로 선임할 수 있다는 해석론은 성립할 여지가 없다. 왜냐하면 상법 제542조의8 제 2 항 제 5 호는 최대주주의 특수관계인이 상장회사의 독립이사로 취임하는 것을 막기 위해 둔 강행규정이기 때문이다. 즉 상법 제542조의8 제 2 항 제 5 호의 특성상 상법 제382조 제 3 항과는 양립할 수 없으므로 배제적 경합으로 보아야 하는 것이다. 상법이 정한 상장회사의 특례 중에는 이같이 배제적 경합으로 보아야 할 규정이 많다. 그러나 자본시장법이 정하고 있는 특례는 대부분 상장회사의 재무관리의 편의를 고려한 것이므로 상당수가 중첩적 규정이다(예: 자기주식의 취득. 자금 165조의3).

3. 소수주주권에 관한 특례의 성격

상장법인의 소수주주권에 관한 규정(542조의6)은 상법의 일반 소수주주권에 비해 두 가지 특례성을 지닌다. 하나는 전체적으로 소수주주권의 행사를 위한 持株要件을 완화한 것이고, 또 하나는 최소보유기간을 설정한 것이다. 상장법인에 있어서의 소수주주권을 활성화하기 위해 지주요건을 완화하는 한편, 완화의 결과 남용이 예상되므로 이를 차단하는 방법으로서 6월간의 계속보유를 요건으로 추가한 것이다. 입법목적이 이러하므로, 「6월간의 계속보유」는 소수주주권의 완화와 상계되는 기능을 가진다. 예컨대 상장회사에서의 주주제안의 경우, 일반규정이 요구하는 100분의 3(363조의2 1항)은 완화된 1,000분의 10(542조의6 2항)에 6월간의 보유(동조항)를 추가한 것과 等價의 요건을 의미하는 것이다.

---

1) Larenz/Canaris, *Methodenlehre der Rechtswissenschaft*, 3. Aufl., 1995, S. 87 ff.; Rolf Wank, Die Auslegung von Gesetzen, 2. Aufl., 2001, S. 111 ff.

(100분의 3) = (1,000분의 10 + 6월간 보유)

그러므로 양자는 성질상 양립가능한 요건으로서, 선택적(양자 택일적) 경합의 관계에 있으므로, 상법은 명문의 규정을 두어 상장회사의 주주는 일반규정이 요구하는 요건과 특례의 요건 중 어느 쪽이든 자신이 충족할 수 있는 것에 근거하여 소수주주권을 행사할 수 있게 하였다(542조의 6 10항).

연 혁

제542조의6 제10항은 "제 1 항부터 제 7 항까지는 제542조의2 제 2 항에도 불구하고 이 장의 다른 절에 따른 소수주주권의 행사에 영향을 미치지 아니한다"라고 규정함으로써 위와 같은 뜻을 분명히 하고 있다. 이 규정은 2020년말 개정에 의해 신설된 것인데, 과거 제542조의2 제 2 항의 해석론과 관련하여, 상장회사의 소수주주권에 관해 상법 제542조의6 제 1 항 내지 제 7 항의 특례규정이 배타적으로 적용되는지, 아니면 소수주주권에 관한 일반규정과 선택적으로 적용되는지에 관해 견해가 대립하고 판례도 엇갈렸으므로 선택적 적용설에 따르도록 명문으로 해결한 것이다(관련판례: 서울고법 2011. 4. 1.자 2011라123 결정(선택적 적용설); 서울고법 2019. 3. 21.자 2019라20280 결정(배타적 적용설)).

원래 상장회사의 소수주주권에 관한 특례는 구증권거래법에 있다가 2011년 상법으로 옮겨 온 것이다. 당시에는 상법 제542조의2 제 2 항에 해당하는 조문이 없었고, 특례규정의 성격에 관해 견해의 대립이 있었는데, 대법원판례는 선택적 적용설을 취했다(대법원 2004. 12. 10. 선고 2003다41715 판결).

제 5 절 회사법의 역사

Ⅰ. 회사제도의 발달

로마인들은 훌륭한 사법체계를 완성하였지만, 그 개인주의적 법사상으로 인해 고도의 집단적 성질을 갖는 회사제도를 알지 못했고, 또 노예를 포함하는 대가족제도를 가지고 있어, 회사와 같은 단체를 필요로 하지도 않았다. 중세의 봉건사회에서도 장원농업을 중심으로 하는 폐쇄적인 경제구조 때문에 역시 회사가 생겨날 여지가 없었다. 도시국가에서는 길드(Gilde)와 같은 상인단체가 생겨났으나, 이는 상인들의 권익보호단체이지 그 자체가 사업을 수행하는 것은 아니었다.[1)]

1) Gower, p. 20.

1. 공동기업의 기원

오늘날의 商事會社의 기원이라 할 만한 것을 더듬어 보면 10세기 이후 해상무역이 발달한 중세 도시국가에 이른다. 당시 해운업의 형태로 선박공유와 코멘다(commenda)계약이 자주 이용되었다. 선박공유는 상속에 의해 자동적으로 발생하기도 하고, 자본조달과 위험분산을 위해 수인이 특별한 계약을 체결함으로써 발생하기도 하였다. 그리고 코멘다는 자본주가 船主에게 자본 또는 상품을 위탁하여 이를 운용하게 하고 그 이윤을 분배하기로 하는 계약이었다. 따라서 두 가지 다 일시적인 계약관계에 지나지 않았고, 기업의 독립성과 영속성을 전제로 하는 오늘날의 회사와는 거리가 먼 것이었다. 그러나 코멘다가 accommendita와 participatio로 분화되어 각각 합자회사와 익명조합의 기원이 되었음은 회사발달사적으로 중요한 사실이다.

2. 가족적 계속기업의 등장

도시국가에서 무역의 발달로 상인의 지위가 점차 확고해지면서 자연 기업의 영속화가 요구되었다. 그리하여 15 · 16세기경 특히 독일의 북부도시를 중심으로 오늘날 합명회사의 기원이라 할 만한 가족중심의 계속적 기업형태가 생겨났다.

3. 주식회사의 생성

주식회사가 등장한 것은 훨씬 뒤의 일인데, 주식회사의 기원에 관해서는 정설이라 할 만한 것이 없다. 1407년에 이탈리아의 제노바에서 설립된 산 지오르지오(S. Giorgio)은행과 그 후 밀라노에서 설립된 산 암브로지오(S. Ambrogio)은행이 구성원의 출자가 분할되고 출자의무가 유한이며 지분을 자유로이 양도할 수 있다는 점에서 비교적 오늘날의 주식회사와 흡사한 기업이었다. 그러나 이보다는 17세기 초 서구의 식민회사에서 주식회사의 기원을 찾는 것이 일반적이다. 당시 식민지를 경략하기 위하여 영국(1600), 네덜란드(1602), 프랑스(1604)에 각각 동인도회사가 설립되었는데, 이 회사들은 社員의 유한책임과 업무집행기관, 주식 등의 제도를 갖추었기 때문이다(다만 주주총회를 두지 않았다).[1)]

그러나 이 회사들은 모두 국왕 또는 의회의 특허장에 의해 설립되었으며, 식민지에 대하여 공법적인 권력도 가졌던 까닭에 오늘날 순수한 민간단체로서 준

---

1) Reinhardt/Schultz, S. 175; Kübler/Assmann, S. 5.

칙주의에 의해 설립되는 주식회사와는 성질을 달리할 뿐만 아니라, 초기에는 일종의 당좌적 성격을 갖는 기업형태로서[1)]오늘날의 항구적 성격을 갖는 기업조직이 아니었다. 그 후 1807년의 프랑스상법이 주식회사를 일반 회사조직의 하나로 규정하였고 각국이 이에 따랐으며, 자본주의의 발전에 편승하여 주식회사제도는 순수 자본단체로서 급격한 발전을 보게 되어 오늘날은 가장 이용도가 높은 공동기업형태가 되었다.

유한회사는 독일학자들에 의해 인위적으로 창작되어(1892) 유럽 여러 나라에서 중소기업형태로 널리 이용되고 있다.

4. 자본단체의 폐단과 반성

주식회사는 자본주의의 원리에 가장 잘 부합하는 기업형태로서 양자는 서로의 발전을 촉진하였다. 그러나 동시에 부의 편재와 노사의 대립을 초래하였고, 가속화되는 기업집중현상은 재화의 공급과 노동의 수요에서 독점적 지배현상을 두드러지게 하였다. 이러한 점들은 현대 복지국가에서 새로운 배분의 과제로 등장하여 각국은 회사의 공공성을 강조하고 관련법제도 사회화 경향을 띠게 되었다. 1917년 프랑스의 노동자참가주식법, 1914년 미국의 반트러스트법, 1948년 영국의 독점 및 통제법, 1951년 독일의 공동결정법 등은 이러한 경향의 표현이라 하겠으며, 1937년 독일주식법, 1975년 유럽회사법안 등은 위 법들의 정신을 부분적으로 회사법 내로 수용한 예이다. 그리하여 장래의 회사법에서는 자유경쟁체제를 전제로 하는 영리성과 시대적 조류라 할 공공성 · 사회성을 어떻게 조화시켜 나가느냐는 것이 중요한 과제이다.

1) 영국의 동인도회사의 경우에는 동인도에서의 무역을 목적으로 하여 항해차별로 회사를 만들었다. 즉 1회차의 항해를 위해 회사를 설립하고 항해가 끝난 후 청산을 하여 손익을 정산하고, 다음 항해를 할 때에 다시 회사를 설립하는 방식이었다. 그러다가 크롬웰(Cromwell)의 시대에 이르러 비로소 회사를 항구적 기구로 만들었다(1657년). 이에 비해 네덜란드의 동인도회사는 처음부터 주주 전원에 대해 유한책임제를 실시했고, 출자 후 10년간은 주주의 퇴사를 금했으나 주식을 자유롭게 양도할 수 있게 한 점에서 다른 동인도 회사들에 비해 근대주식회사의 효시로 볼 여지가 더욱 크다고 할 수 있다(大隅健一郎, 「株式會社法変遷」, 有斐閣, 1953, 25면 이하; 大塚久雄, 「株式會社發生史論」, 有斐閣, 1938, 402면 이하).

Ⅱ. 각국 회사법의 현황

1. 독일法系

독일에서는 멀리 프로이센 일반란트법(Allgemeines Landrecht für die preußischen Staaten 1794: ALR)에도 단체에 관한 규정들이 산재해 있었으나(ALR I 17 §§ 169~310; ALR Ⅱ 6 §§ 1~202; ALR Ⅱ 8 §§ 614ff.), 회사조직에 관한 체계적 법제를 두게 된 것은 일반독일상법전(Allgemeines Deutsches Handelsgesetzbuch 1861: ADHGB)이었다(ADHGB § 85 이하).[1] 이것이 1870년 주식법(Aktienrechtsnovelle von 1870)과 1884년 주식법(Aktienrechtsnovelle von 1884)으로 발전하였다가 1892년 유한회사법(GmbHG 1892)[2]과 1897년 신상법(Handelsgesetzbuch 1897: HGB 1897)으로 집대성되었다.[3]

유한회사법은 현재까지 시행되고 있으며, 1897년 신상법은 합명회사·합자회사·주식회사·주식합자회사의 네 가지 유형의 회사를 규정하였으며, 이후 다른 독일법계 상법전의 모법이 되었다. 이어 1937년 나치정권하에서 HGB 중 회사부분을 분리하여 지도자원리(Führerprinzip)에 입각한「주식회사와 주식합자회사에 관한 법률」(보통 '1937년 주식법'이라 약칭)[4]을 제정하였으나, 2차대전 후 나치즘에 대한 반성의 여파로 주식법도 대폭 수정되어 1965년 9월 6일 새 주식법이 공포되었다.[5]

스위스는 1911년의 채무법(Obligationrecht)[6] 제 3 장 중에 회사법규를 두고 있고 따로이 단행회사법을 가지고 있지 않다. 1936년 개정을 거쳐 새로운 유한책임회사제가 채용되었으며, 그 내용은 대체로 독일의 것과 같다.

타이완은「公司法」이란 회사법전을 가지고 있는데(1929년 제정, 1983년 개정), 그간 수차의 개정을 통해 수권자본제 등 영미법의 제도를 많이 도입하였으나 여전히 독일법계에 속한다. 한편 중화인민공화국은 오랫동안 사회주의체제 하에서 오직 국영기업만을 허용하다가 1979년 시장경제체제로 전환함에 따라 서구화된 민간기업

---

1) ADHGB는 19세기 후반과 20세기 전반에 걸쳐 중부유럽 각국의 성문 상사법 제정의 모델이 되었다. 상세는 M. Lönig/S. Wagner, *Das ADHGB von 1861 als Gemeinsames Obligationrecht in Mitteleuropa*, Mohr Siebeck, 2018, S. 2.

2) Gesetz betreffend die Gesellschaften mit beschränkter Haftung vom 20. April 1892(RGBl. S. 477). 최근 개정은 2021. 8. 7.(BGBl. Ⅰ S. 3311).

3) Wiedemann Ⅰ, S. 25~28.

4) Gesetz über Aktiengesellschaften und Kommanditgesellschaften auf Aktien=Aktiengesetz 1937.

5) Aktiengesetz vom 6. Sept. 1965(BGBl Ⅰ S. 1089), 보통「1965년 주식법」(Aktiengesetz 1965)이라 약칭. 최근 개정은 2021. 8. 10.(BGBl Ⅰ S. 3436).

6) 스위스 연방민법전(Bundesgesetz betreffend die Ergänzung des Schweizerischen Zivilgesetzbuches)의 제 5 편이다.

조직을 필요로 하게 되었다. 그리하여 1993년 서구화된 회사법을 제정하여 시행 중에 있다.[1)]

日本은 주지하는 바와 같이 19세기 말에 모든 법령에 걸쳐 서구의 법제를 계수하였다. 민법은 프랑스 민법을 모범으로 하여 제정하였으나, 상법은 독일의 학자(Herman Rösler)가 기초하였던 탓에 독일법을 많이 참고하였다. 그리하여 회사편을 포함하여 제정한 상법(구상법)을 1891년부터 시행하였으나, 이 법전은 일본의 상거래 현실에 맞지 않는다 하여 곧 폐기하고 일본학자들이 주도하여 신상법을 만들어 1899년부터 시행하였다. 일본학자들이 주도하였지만, 체계나 내용에 있어 대부분 독일법을 따랐다.[2)] 그리고 1938년에 독일의 유한회사법을 본받아 유한회사법을 제정하였다. 이 법들은 바로 우리나라에서 1962년까지 시행되어 온 구상법, 구유한회사법이다. 신상법의 제정 이후 2003년까지 20여 차례에 걸쳐 개정이 이루어졌는데, 2차대전 후에는 미국의 회사법제를 대폭 수용하였으며(특히 1950년 개정법), 이후의 개정에서도 단편적으로 미국의 회사법제를 많이 받아들였다. 그러다가 2005년에는 상법에서 회사편을 분리하여 단행법으로서 회사법을 제정하였다(2005. 7. 26.). 동시에 유한회사 제도를 폐지한 것도 큰 변화이다.[3)]

2. 프랑스法系

앞서 본 바와 같이 회사는 이미 17세기에 등장하였으나, 회사를 사법적으로 규율하는 법규는 1807년의 프랑스 상법전에 처음 등장하였다(상법 제 1 편 제 3 장 18조~46조).[4)] 그러나 조문이 너무 단출하여 큰 실용성은 없었다고 한다. 이후 이 조문들을 상당기간 방치해 두다가, 1867년 단행법으로서 회사법을 제정하였다(Loi du 24 juillet 1867, sur les sociétés). 그리고 1925년 유한회사에 관해 단행법을 제정하였고, 1940년과 1943년에 또 중요한 회사법규를 수개의 단행법으로 제정하였다. 그 결과 회사법의 법원이 매우 산만해져 통일된 회사법의 제정이 요구되었다. 한편 1957년 3월 25일 로마조약에 의해 EEC를 창설하고 가맹국간의 회사법의 통일이 요구되어 다른 유럽국가의 회사법에 대한 비교법적 연구가 활발히 진행되었다. 그 결실로 1966년 7월

1) 中華人民共和國 公司法(1993. 12. 29.). WTO가입을 계기로 회사설립의 규제를 완화하고 국제적 기준의 지배구조를 도입하기 위해 2005년에 대폭 개정하였고, 2023년 말 회사 자본제도, 지배구조, 임원의 책임 등 회사법 전반에 걸쳐 전면 개정이 이루어졌다.

2) 상세는 「總則 · 商行爲」, 25면 이하 참조.

3) 단 기존의 유한회사는 종전의 유한회사법에 따라 존속을 허용하고 있다.

4) Raiser/Veil, S. 3.

24일 전문 509조의 회사법이 제정되었다. 이후 기업환경의 변화에 대처하고 EC 지침을 수용하기 위해 수차 개정해 오다가 2000년에는 독립된 회사법전을 없애고 상법전(Code de commerce)의 일부(LIVRE Ⅱ: Des sociétés commerciales et des groupements d'intérét économique)로 개편하여 시행중이다.[1)]

이탈리아는 1882년 상법 중 일부에 회사에 관한 규정을 두었다가 1942년 민법전에 흡수시켜 현재까지 시행중이며 수개의 특별법을 제정해 가며 내용을 보완해 가고 있다. 처음에는 프랑스법을 기초로 하였으나 현재는 독일의 영향을 많이 받고 있다. 이 밖에 스페인, 벨기에 등도 프랑스법계의 회사법을 가진 나라이다.

3. 영미法系

영국과 미국은 같이 보통법에 기초한 나라이지만 회사법분야에서는 판이한 법권을 형성할 정도로 다른 모습을 보인다. 영국에서는 17세기 초에 식민지 개척을 계기로 「남해회사」(The South Sea Company)[2)]와 같은 부실회사가 다수 출현하여 회사제도를 악용한 사기행각으로 경제적 혼란을 가져 왔으며, 당시 유한책임제도의 방만한 이용을 빗대어 '유한책임낙원'(Utopia Limited)이라는 풍자시까지 생겨났다.[3)] 그래서 「거품法」(Bubble Act 1720)이라는 명칭의 회사설립규제법이 제정되어 한동안 회사설립을 극단적으로 통제하였다.

그러나 19세기 중반 자유방임주의(laissez-faire)가 기본적인 경제이론으로 받아들여지면서 회사제도가 부흥할 계기가 마련되었다. 그 때 생겨난 회사법은 1844년의 합작주식회사법(Joint Stock Companies Act 1844)과 수개의 단행법들인데, 이 법들은 1862년 회사법(Companies Act 1862)으로 통합되었다가 그 후의 새로운 법령과 더불어 다시 1948년 회사법(Companies Act 1948)으로 통합되었다.

---

1) Ordonnance n° 2000-912 du 18 septembre 2000.

2) 1711년 영국에서 Robert Harry라는 자가 정부의 특허(남해회사법 제정)를 받아 만든 회사로서, 정부의 채무를 인수하는 대가로 스페인령 南美와의 무역독점권을 포함한 여러 이권을 정부로부터 얻었다. 그리고 연간 6%의 배당을 보장하며 주주를 모집하여 큰 성황을 이루자, 이를 모방한 민간 회사가 속출하여 온 나라에 투기가 확산되었다. 이에 정부가 유사회사를 금하는 법률을 제정하자, 유사회사에 투자했던 자들이 전부 파산하는 사태가 일어났다. 한편 남해회사가 얻은 이권이 원래 실속 없는 것이었는데, 이 사실이 알려지자 주가가 폭락하고, 결국 1720년에 파산하여 수많은 사람들이 도산하였다. 이 사건에서 south sea bubble이라는 숙어가 생겨났다(Wikipedia, "South Sea Company", http://en.wikipedia.org/wiki/South_Sea_Company).

3) Clive M. Schmitthoff, *Commercial Law in a Changing Economic Climate*, 2nd ed.(London: Sweet & Maxwell, 1981), pp. 34~36.

1948년 회사법은 영국이 EEC에 가입하면서 기존 가맹국들의 회사법과의 조화를 위해 수차 개정을 거치는 한편, 수개의 특별법이 추가로 제정되어 매우 산만하였으므로 1985년에 수개의 법령을 모아 통합회사법을 제정하였다. 이후 경제상황이 신속히 변화하고 EU와 각국의 회사제도가 빠르게 변화함에 따라 경쟁력 있는 회사법을 만들 필요성이 제기되어 다시 2006년 11월 8일에 기존법령을 전면개편한 2006년 회사법(Companies Act 2006)을 내놓았다. 이 법은 회사조직과 활동의 단순화와 저비용화, 현대화를 이루고, 회사의 운영에 주주의 참여를 확대하고 투자의 장기화를 유도한다는 목표하에 입법되었으며, 1,300개 조문과 16개의 Schedule로 이루어져 있다.

미국은 19세기 초까지만 하더라도 영국의 영향을 받아 회사설립을 통제하였으므로 그 수는 극히 적었다. 그러나 때마침 일기 시작한 산업혁명의 기운과 서부개척운동이 때를 맞추어 회사설립을 촉진하였으며, 풍부한 자원을 바탕으로 한 산업개발에 따른 수요로 무수한 회사가 생겨났다. 현재 세계에서 가장 많은 회사와 가장 진보적인 회사법을 가지고 있다. 미국은 州마다 회사법의 입법권을 가지고 있는데, 몇몇 보수적인 州를 빼고는 각 州가 가급적 많은 수의 회사를 유치하기 위하여 회사에 최대한의 자율성을 부여하는 경쟁을 벌이고 있다. 각 주가 앞다투어 회사법상의 규제를 완화하는 현상을 빗대어 학자들은 '바닥을 향한 경쟁'(race to the bottom)이라고 비판하고 있다.[1] 대표적으로 델라웨어州會社法(Delaware General Corporation Law)은 가장 현대적이고 자유주의적인 입법이라는 평을 받고 있으며, 미국의 500대 기업 중 60% 이상이 이 법에 준거하여 설립되었다.[2] 그리고 캘리포니아주회사법(California Corporations Code)(1975년 개정)과 뉴욕주회사법(New York Business Corporation Law)은 각각 10% 이상의 미국회사들의 준거법으로 이용되고 있는데, 전자는 특히 주주와 회사채권자의 보호를 두텁게 하고 있다. 한편 미국변호사협회가 각 주의 회사법을 통일적으로 조화시키기 위해 만든 모범사업회사법(Model Business Corporation Act)(1984년 전면개정(Revised MBCA). 2016년, 2024년 일부개정)은 30개 이상의 주가 전면적으로 혹은 중요부분을 채택하고 있다.[3]

---

1) W. Cary, "Federalism and Corporate Law: Reflections upon Delaware," 83 Yale L.J. 663 (1974).

2) Pinto & Branson, p. 16.

3) ABA, Model Business Corporate Act Annotated, 5th ed., Vol. 1. Preface.

4. 유럽會社와 EU 가맹국의 회사법개정

오늘날의 유럽연합(European Union: EU)의 모체이고 현재도 그 기간을 이루는 것은 유럽경제공동체(European Economy Community: EEC)이다. 1957년 EEC 결성 당시의 로마(제1)조약에서는 이른바 유럽공동시장(common market)의 형성을 위해 자유로운 인적·물적 교류에 장애가 되는 회원국들의 상이한 법제를 조화시킬 것을 규정하였고, 1987년에 공포된 EC 통합법에서 이를 거듭 다짐하였다. 이에 의해 여러 분야에서 회원국간의 법제의 조화가 진행되고 있으며, 회사법에 관해서도 매우 중요한 입법동향을 보이고 있다. 하나는 유럽회사의 설립이고, 다른 하나는 유럽공동체의 지침에 따른 가맹국들의 회사법개정이다.

(1) 유럽회사

유럽회사(Societas Europaea: SE)란 EU의 각 가맹국의 회사법에 준거하지 아니하고 공동의 준거법을 갖는 초국가적 기업형태(supernational business organization)이다. 이러한 회사가 구상된 것은 1950년대 중반까지 거슬러 올라가지만, 그 실현을 위한 법안은 1970년대에 이르러 네덜란드의 Pieter Sanders 교수가 주축이 되어 만들어졌으며, 수차에 걸친 수정 끝에 2001년 10월 8일 유럽위원회의 결의로 유럽회사의 근거법이 만들어져,[1] 2004년 10월 8일부터 시행되고 있다. 동법의 前文은 이 유럽회사의 목적을 공동체 전역에서 사업을 수행하는 회사들로 하여금 회원국법의 지역성과 충돌로 인한 한계를 벗어나 공동체 단위에서 회사를 설립하고 경영할 수 있도록 지원하기 위한 것이라고 선언하고 있다.

유럽회사는 다른 회원국에 속하는 2개 이상의 회사들이 합병을 하거나 지주회사를 만들거나, 자회사를 만들거나, 조직변경을 하는 방법으로 설립할 수 있으며(Art. 2 Regulation), 원래의 회사를 청산하지 아니하고 유럽회사를 설립할 수 있다. 유럽회사는 주식회사이고, 공개회사이며, 구성원이 유한책임을 지는 회사이다.[2]

2021년 1월 1일 현재 Allianz SE 등 3,358개의 회사가 이 법에 의해 유럽회사로 등기되어 있다.[3]

---

1) Council Regulation (EC) No. 2157/2001 of 8 October 2001 on the Statute for a European Company(SE).

2) 상세는 Adriaan Dorresteijin *et al.*, *European Corporate Law*, 2. ed., Kluwer, 2009, p. 105 *et seq.*

3) ecdb.worker-participation.eu.

(2) EU 회사법지침과 회원국의 회사법개정

EU 회원국간에 인적 · 물적 교류가 자유롭게 행해지기 위해서는 국민들이 서로 타국에서 자유롭게 기업활동을 할 수 있어야 하고, 그러기 위해서는 회원국들이 제각기 가지고 있는 기업조직법이 조화를 이루어야 한다(예컨대 A국에서 설립된 회사가 B국에서는 회사로 인정되지 않거나 A국법에 의해 선임된 회사대표가 B국법에 의해서는 대표성이 부인된다면, A국의 기업은 B국에서 원활한 기업활동을 할 수 없다). 그러므로 EC조약(the Treaty establishing the European Community: TEC) 제44조 제 2 항 (g)에서는 EC 위원회[1]와 EC 이사회[2]는 회원국의 회사와 기업활동에 관해 공통된 보호장치를 마련하도록 노력해야 한다는 규정을 두고 있으며, 이에 근거하여 수차에 걸쳐 회원국들의 회사법을 조화시키기 위한 회사법지침(Company Law Directive)[3]이 발해진 바 있다. 이 지침에 따라 EU 회원국들이 자국의 회사법을 개정함으로써 각국의 회사법이 통일되어 가므로 EU의 회사법지침은 27개 EU 회원국들의 회사법이 변화되어 가는 내용을 알려 주는 매우 중요한 자료라고 할 수 있다.

1977년 회사의 능력과 설립무효, 공시 등을 다룬 제 1 지침이 나온 이래 모두 13개의 지침이 만들어졌는데, 2017년에 이르러서는 그간의 지침을 일부 수정하여 3개 장(Title)에 총 168개조로 구성된 단일한 법전으로 만들었다.[4] 이 지침에 따라 EU 회원국들은 자국의 회사법을 계속 개정해 나가고 있으며, 또 앞으로도 계속 지침이 나오고 이에 따라 회사법들이 개정될 전망이므로 이로써 유럽국가들의 회사법은 점차 통일되어가는 추세에 있다고 할 수 있다.[5]

EMCA

유럽회사법과 EU회사법지침은 유럽공동체의 공식적인 입법활동의 산물이지만, 비공식적인 입법운동으로서, 유럽의 표준회사법(European Model Company Act)을 만들려는 움직임이 있다. EU회사법지침에 의해 각국의 회사법이 접근해 가기는 하지

1) The Commission of European Union. EU의 집행기관.
2) The Council of European Union. EU의 의결기관.
3) EU 지침(Directive): EU가 각 회원국 전부에 대해 발하는 명령으로서 EU 회원국들이 공통으로 추구해야 할 정책사항을 담고 있다. 이는 회원국들을 구속하며, 회원국들은 이 지침에 따라 국내법을 개정하는 등 필요한 조치를 해야 한다.
4) 2017년 회사법지침(Directive (EU) 2017/1132 of the European Parliament and of the Council of 14 June 2017 relating to certain aspects of company law).
제 1 장 일반규정 및 유한책임회사의 설립과 운영(1조－86조), 제 2 장 유한책임회사의 합병과 분할(87조－160조), 제 3 장 부칙(161조－168조).
5) EU 역내에서의 회사법 통일현상(Europäisierung)에 대하여는 *Grundmann/Möslein*, in Bayer/Habersack, Bd. Ⅱ, S. 31 ff.

만, 매우 완만한데다, 더욱이 공개회사를 대상으로 하는 입법이므로 비상장회사에 관한 각국의 회사법제는 다양한 모습으로 방치되어 있는 상태이다. 그 결과 EU역내에서의 국제적인 투자에 장애가 됨에 주목하여 미국의 MBCA처럼 통일회사법의 모델을 제시하고 각국이 채택하도록 권장한다는 취지이다. EMCA Group이라는 명칭으로 역내 법학자들이 추진하고 있는데, EU의 공식기구는 아니지만, EU의 지원을 받고 있으며, EU의 거의 모든 회원국의 대표법학자들이 참가하고 있다. 회사에 대한 규제를 단순화하고, 유연화하며, 대리비용을 축소하는 것을 모델의 기본방향으로 삼고 있으며,[1] 2015년 9월 10일과 11일에 걸쳐 오스트리아 비엔나에서 열린 국제학술회의에서(European Model Company Act Conference) 최종안이 공개되었다.

Ⅲ. 우리나라 회사법의 형성과 발전

1. 근대상법의 계수

오늘날의 우리 회사제도는 서구의 것을 본받은 것인데, 우리나라에 서구의 회사제도가 처음 선보인 것은 구한말이다. 당시 개항과 더불어 생겨난 특수한 사업을 영위할 서구식의 기업을 설립하기 위해 몇 개의 특별법을 만든 것이 그 효시이다. 1905년(光武 9년) 12월 8일 법률 제 6 호의 '私設鐵道條例', 1906년(光武 10년) 3월 21일 勅令 제12호 '銀行條例', 동 제13호 '農工銀行條例', 1908년(隆熙 2년) 8월 26일 법률 제22호 '東洋拓植株式會社' 등이 그것이다. 이 법령에서의 회사는 모두 주식회사를 지칭하므로 회사제도로서는 주식회사제도가 최초로 도입된 것이고, 위 '農工銀行條例'에 의해 설립된 농공은행이 최초의 주식회사이다.[2]

그러나 그 이전에도 회사라는 말이 사용되고 그 실체에 가까운 상공조직이 있었다. 1894년(高宗 31년) 7월 24일 의안 '미상(米商)회사설립에 관한 件', 1895년 4월 19일 농상공부고시 제 1 호 '각 회사로부터 관허장정과 상업빙표를 환수하는 건' 등의 법령에서 회사라는 말을 사용하였다.[3]

---

1) Paul Krüger Anderson, "14. The European Model Company Act(EMCA)-A New Way Forward," Ulf Bernitz/Wolf-Georg Ringe, *Company Law and Economic Protectionism*, Oxford, pp. 303-325(2010).

2) 우리나라가 근대상법을 계수하게 된 경위를 비롯하여 최근에 이르기까지의 상법개정에 관해 "임홍근 편저, 「한국 상법전 50년사」, 法文社, 2013"의 설명이 상세하다.

3) 舊韓末에 간행된 것으로 짐작되는 '李冕宇 講述「會社法」'이라는 책이 있다. 이 책은 당시 日本商法 중 회사편의 규정을 조문 순으로 설명한 것으로 서구회사제도가 일본회사법을 통해 우리에게도 소개되었음을 알 수 있다. 다만 이 책에서는 일본회사법의 용어들을 청나라의 용어로 대

한일합방 후 일본정부는 1911년 '朝鮮에 시행할 法令에 관한 法律'을 제정하여 우리나라의 법률은 조선총독부령(소위 '제령')으로 정한다는 것과 이 令에 의해 日本法律 중 우리나라에 시행할 법률을 지정한다는 것을 정하였다. 이에 근거하여 1912년 3월 '朝鮮民事令'(制令 7호)이 공포되었는데, 동령 제 1 조 제 8 호 및 제10호에 의해 日本의 商法·手形(어음)法·小切手(手票)法·有限會社法·기타 商法施行法 등이 우리나라에서 依用되게 되었다. 이 령에 열거된 상법은 일제의 통치기간 내에 우리의 상법으로 적용되었는데, 이를 흔히 빌려 온 법이라는 뜻으로 「依用商法」이라 부른다.

2. 商法의 制定

해방 후에도 미군정령 및 제헌헌법 제100조의 경과규정에 따라 의용상법이 계속 시행되어 오다가 1962년 1월 20일 법률 제1000호로 상법(신상법)이 제정되어 1963년 1월 1일부터 시행되었는데, 구법과 비교해 가장 크게 개정된 부분은 회사편이었다.

우선 종전의 별개 특별법에 의해 규율되던 유한회사를 상법으로 흡수하였고, 주식합자회사제도를 폐지하였다. 그리고 주식회사부분에서 수권자본제를 도입하고, 이사회제도를 둠과 동시에 주주총회의 권한과 감사의 권한을 축소하고 이사회의 권한을 강화하는 획기적인 개정을 하였다. 자본충실을 기하기 위해 주금의 전액납입주의를 취하고, 자금조달의 기동성을 위해 주식할인발행제도·상환주식제도를 신설하고 사채발행한도를 확대하였다. 주주총회의 권한이 약화됨에 따라 주주의 보호를 위해 유지청구제도, 대표소송제도, 주주의 회계장부열람권이 신설되었으며, 이 밖에도 많은 규정이 신설되거나 수정되었다. 이같이 개편된 내용은 대체로 일본이 제 2 차 세계대전에서 패전한 후 미국의 경제권에 편입

체하여 사용한 것이 의아하다. 예컨대 株式을 股本(고본)으로 대체하고, 이를 기본으로 하여 주식회사를 股本會社, 주주를 股主, 株金을 股金, 이사와 감사를 각각 總務員과 監督員이란 말로 바꿔 쓰고 있다(鄭熙哲, "(노우트) 股本會社," 「法學」(서울大) 제21권 제 1 호, 216~218면).

李冕宇가 어떤 사람인지는 이 책을 통해서도 알려진 바 없다. 하지만 '이종각'이 쓴 「자객 고영근의 명성황후 복수기」(동아일보사, 2009)라는 책의 247면을 보면, 민비시해사건의 주범의 하나인 우범선을 일본에서 살해한 고영근이라는 사람의 재판을 다룬 히로시마 항소원의 판결을 설명하면서, "이 날 재판엔 일본인 통역이 출석치 않고 이면우李冕宇라는 한국인 변호사가 판결내용을 고와 노에게 전해 주었는데 …"라는 대목이 나온다. 李冕宇라는 이름이 흔한 이름이 아닌데다 한자마저 일치하는 점을 보아서는 회사법의 저자와 동일인물이 아닌가 싶은데, 그렇다면 당시 한국인으로서는 드물게 일본에서 법률을 공부하고 활동하던 사람인 듯하다.

됨에 따른 필요에서, 그리고 점령군사령부의 압력에 따라 미국회사법의 여러 제도를 도입하여 대폭 개정한 일본상법(1950)을 본받은 것이었다.[1)]

3. 商法(회사편)의 개정

상법제정 후 수차 개정이 있었는데, 특히 회사편의 개정이 빈번하였다. 회사편은 2025년까지 15차례의 개정이 있었는데, 그간 우리나라에서 진행되어 온 경제여건의 변화를 반영한 것이라 할 수 있다. 회차별 개정사항은 아래와 같다.

(1) 1984년 개정

신상법의 회사편은 구법에 비해 크게 친기업적이라 할 수 있다. 그러나 상법제정 후 우리나라가 고도의 경제성장기에 들어서면서 상법과 기업현실에 큰 괴리가 생겼으므로 경제상황의 변화에 응해 그때그때 미봉책으로 회사법적 성격을 갖는 특별법을 만들어 대처해 왔다.

그리하여 1970년대 초부터 상법개정의 필요성이 거론되고 1984년 4월 주로 회사편을 대폭 개정한 상법개정법률이 만들어졌다. 그러나 이것도 몇 가지를 빼고는 1962년 상법제정시에 도입을 주저하였던 일본의 1950년 개정상법의 일부 규정과 그 이후 일본에서 1981년까지 개정된 내용들을 토대로 한 것이고, 그간에 국내에서 겪었던 문제점을 망라한 것은 아니었다.

이 때 개정된 사항으로 특기할 만한 것은 ① 주식회사의 최저자본제를 도입하고(329조 1항. 2009년 폐지), ② 監事에게 업무감사권을 부여하고(412조), ③ 주식배당제를 도입하고(462조 의2), ④ 주식을 株券의 교부만으로 양도할 수 있게 하고(336조), ⑤ 子회사에 의한 母회사주식의 취득을 금지시키는 한편(342조 의2), ⑥ 일정한 수의 상호주소유에 대해서는 의결권을 제한하는 불이익을 신설한 것(369조 3항) 등이다.

(2) 1995년 개정

1984년 개정법이 우리 경제사회의 수요를 만족시켜 주지 못하였으므로 오래지 않아 재차 개정논의가 일고, 이를 바탕으로 1995년에 큰 폭의 개정이 이루어졌다. 주요 개정사항으로는, ① 발기설립에 필수적이었던 검사인선임을 폐지하고(298조), 변태설립사항에 대해 요구되는 검사인의 조사를 감정인의 감정 또는 공증인의 조사로 대신할 수 있게 하였다(299조의2 · 310조 3항). ② 정관에 의해 주식의 양도

1) 당시 일본개정상법중 회사편의 개정은 주로 미국의 일리노이州(Illinois) 회사법을 참고하였다(崔埈璿, “한국과 일본의 미국 회사법 계수 과정에 관하여,” 「저스티스」 제111호(2009. 6.), 121면 이하).

를 제한할 수 있게 하였다(335조 1항 단). ③ 이전에는 주주총회의 보통결의는 발행주식 총수의 과반수 출석에 과반수 찬성을, 특별결의는 과반수 출석에 3분의 2 이상 찬성을 요하였으나, 개정법은 성립정족수(과반수 출석)의 요건을 폐지하고, 결의요건을 현행과 같이 개정하였다(368조 1항 · 434조). ④ 영업양도, 합병 등 소정의 특별결의사항이 가결된 경우 반대한 주주가 회사에 대해 주식매수를 청구할 수 있는 제도를 신설하였다(374조의2 · 522조의3 · 530조 2항). ⑤ 이전에는 주주총회결의의 취소 · 무효 · 부존재확인판결에 대해 소급효를 제한하였으나, 이 규정을 삭제하였다(376조 2항 · 380조 → 190조 본). ⑥ 감사의 임기를 2년에서 3년 전후로 연장하였고(410조), 이사로 하여금 회사에 현저한 손해가 미칠 사실을 발견한 때에는 감사에게 보고하게 하였으며(412조의2), 감사에게 임시주주총회의 소집청구권을 인정하였으며(412조의3), 子회사에 대한 조사권(412조의4. 현행 412조의5)을 인정하는 등 전체적으로 감사의 지위를 강화하였다. ⑦ 기타, i) 각종 문서의 작성자의 동일성의 표시에 기명날인을 요구하던 전통을 바꿔 서명으로도 가능하게 하였으며(179조 · 287조 1항 · 297조 등), ii) 주주총회의 결의내용이 정관에 위반한 때에는 개정 전에는 무효사유로 다루었으나, 개정법에서는 취소사유로 다루었으며(376조 1항), iii) 간이합병제도를 신설하였다(522조 1항 단. 현행 527조의2).

(3) 1998년 개정

1997년 11월의 외환위기를 시발로 하여 속칭 「IMF 경제위기」라는 경제난국이 시작되었다. 정부는 경제난국의 해결방안으로 여러 가지 경제법령의 개혁을 추진하면서, 그 일환으로 1998년 말에 상법(회사편)을 개정하였다(1998. 12. 28. 법률 5591호). 여러 가지 경제문제를 해결하기 위한 개정이었던 만큼 신설된 제도가 많았다.

1) **신설제도** 주식분할제도(329조의2), 주주제안제도(363조의2), 집중투표제(382조의2), 업무집행지시자의 책임제도(401조의2), 중간배당제도(462조의3), 소규모합병제도(527조의3), 회사분할제도(530조의2~530조의12)는 이 때에 신설된 제도들이다.

2) **기 타** 합병, 자본금감소 등에 있어 필요한 채권자의 이의기간을 종전의 2월에서 1월로 단축하였고(232조 1항), 주식의 최저액면가를 5,000원 이상에서 100원 이상으로 낮추었으며(329조 4항. 현행 동조 3항), 주주제안권과 집중투표청구권을 소수주주권으로 신설하는 한편, 종전에 발행주식의 100분의 5로 균일화되었던 소수주주권을 사안별로 차별화하는 동시에 현행과 같이 완화하였다. 그리고 이전에는 주식회사의 이사의 수를 회사의 규모에 관계없이 일률적으로 최소 3인으로 하였으나, 자본금이 소액(5억원 미만)인 회사의 경우에는 이 같은 제한을 없앴다(2009년 개정 전 383조 1항 단).

(4) 1999년 개정

1998년 개정에 이어 1년 만에 다시 상법을 개정하였다(1999. 12. 31. 법률 6086호). 이때에도 주식회사 부분이 주된 개정대상이었다. 1999년도 이른바 IMF 경제의 연장이라고 할 수 있어, 1998년 개정시와 마찬가지로 IMF와 IBRD 등 외국기관의 권고를 많이 받아들였으며, 주로 기업의 지배구조개선에 역점을 두었다. 주요 개정사항은 다음과 같다.

① 舊증권거래법에 도입된 주식매입선택권제도(舊증거 189조의4)를 주식매수선택권으로 이름을 바꾸어 상법에서 수용하였다(340조의2~340조의5). ② 주주총회의 의장의 선임방법에 관해 명문의 규정을 두는 동시에 구증권거래법에 있던 의장의 질서유지권을 상법상의 제도로 수용하였다(366조의2). ③ 주주의 의결권행사의 편의를 위해 서면에 의한 의결권행사를 허용하고(368조의3), 화상회의의 방법으로 이사회를 열 수 있게 하였다(391조 2항). ④ 이사의 책임규명을 명확히 하기 위하여 이사회의사록에 의안에 반대하는 자와 반대이유를 명기하게 하였으며(391조의3 2항), 이사회의사록의 공시의무를 현재와 같이 완화하였다(391조의3 3항·4항). ⑤ 이사회 내의 위원회제도를 신설하고(393조의2), 동시에 감사위원회제도를 신설하여 회사가 감사 또는 감사위원회를 선택하여 운영할 수 있도록 하였다(415조의2).

(5) 2001년 7월 개정

2001년에는 경제위기의 여파로 기업조직의 전반적인 개편이 요구되었던 바이므로 이를 위한 제도적인 뒷받침의 목적으로 상법이 개정되었다. 개정내용은 다음과 같다.

① 1인만으로 주식회사와 유한회사의 설립이 가능하도록 하였다(288조·543조 1항). ② 母子회사의 기준을 자회사의 발행주식총수의 100분의 40 초과소유에서 발행주식총수의 과반수소유(100분의 50 초과)로 바꾸었다(342조의2 1항). ③ 주식의 포괄적 교환과 포괄적 이전제도를 신설하였다(360조의2~360조의23). ④ 전자문서로 주주총회의 소집을 통지할 수 있게 하였다(363조 1항). ⑤ 이사회의 권한으로서 "중요한 자산의 처분 및 양도, 대규모 재산의 차입"을 추가하였으며(393조 1항), 이사로 하여금 업무집행상황을 3월에 1회 이상 이사회에 보고하도록 규정하였다(393조 4항). ⑥ 신주발행시 제3자배정의 사유를 예시적으로 열거하여 합리성에 관한 통제장치를 두고(418조 2항), 이를 전환사채와 신주인수권부사채에 관해 준용하였다(513조 3항 後·516조의2 4항 後). ⑦ 과거 총자산에서 부채를 공제한 잔액을 「순재산」으로 부르던 것을 기업회계의 용례를 따라 「순자산」으로 바꾸었다(462조 1항, 462조의3 2항~4항 등).

⑹ 2001년 말 개정

이 개정은 소폭에 그쳐, 합명회사와 합자회사의 업무집행사원에 대해 업무집행정지가처분 및 업무집행대행자 제도를 신설한 것뿐이다(183조의2 · 200조의2).

⑺ 2009년 1월 개정

2007년 8월 3일 제정된「자본시장과 금융투자업에 관한 법률」(이하 "자본시장법")이 구증권거래법을 대체하여 2009년 2월 4일부터 시행되었다. 구증권거래법 제 9 장 제 3 절에서는 上場會社에 관해 상법에 대한 각종의 특례규정들을 두고 있었는데, 이 규정들을 장차 상법에 옮겨 놓을 예정으로 자본시장법에서는 삭제하였다. 자본시장법의 시행과 더불어 구증권거래법은 폐지되므로 이로 인해 상장회사의 특례부분에 법의 공백이 생기지 않도록 상법개정을 통해 관련규정들을 상법으로 수용하였다(2009. 1. 30. 법률 9362호).

⑻ 2009년 5월 개정

2009년 5월에 또 상법이 개정되었는데(2009. 5. 28. 법률 9746호) 이때의 개정은 회사의 조직법적 사무에 전자적 방법을 활용할 수 있도록 하고, 소규모회사의 설립과 운영에 관한 절차, 기구를 간소화하는 것으로 요약할 수 있다.

① 이전에는 상법상 회사의 행위로서 전자문서의 사용이 허용되는 것은 주주총회의 소집이 유일하였으나, 개정법에서는 주식회사가 하는 공고(289조 3항), 주주명부의 작성(352조의2), 소수주주에 의한 주주총회의 소집청구(366조 1항), 의결권의 불통일행사를 위한 통지(368조의2 1항), 의결권의 행사(368조의4), 소수주주에 의한 집중투표의 청구(382조의2 2항)를 전자문서로 할 수 있게 하였다. ② 84년에 도입되어 시행해 오던 최저자본제를 폐지하였다(2011년 개정 전 329조 1항). ③ 소규모회사(자본금 10억원 미만의 회사)를 위한 특례로서, 창업을 용이하게 하기 위해 설립절차를 간소화하였으며(292조 단 · 318조 3항), 소집절차 없이 주주총회를 열 수 있게 하고, 서면결의로 주주총회를 갈음할 수 있도록 하였으며(363조 5항. 현행 동조 4항), 監事를 임의기구로 하였다(409조 4항).

⑼ 2011년 개정

2011년 4월 14일에 다시 상법이 개정되었다(법률 10600호). 상행위편에 합자조합이 신설되고 약간의 자구수정이 있은 것을 제외하고는 전부 회사편에 관한 것이다. 개정된 조문의 수도 많지만, 개정내용의 중요성과 변화의 크기로 보아 상법제정 이후 가장 큰 개정이었다.

2011년 개정법의 개요

1. 개정의 경위

2011년 개정법의 내용은 2008년 말에 정부안으로 국회에 제출한 상법개정안의 일부라고 할 수 있다. 2008년 개정법안은 2006년에 만들어진 개정시안을 母體로 한 것인데, 이에 대한 찬반논의가 정리되지 못해 그 자체로는 통과되지 못하다가, 이후 수차에 걸쳐 나누어 입법에 반영되었다. 2009년 2월에 주로 구증권거래법에 있던 상장회사에 대한 특례의 일부를 수정하여 상법에 옮겨오는 방법으로 2008년 개정법안의 일부가 반영되었고, 이어 2009년 5월에 최저자본제의 폐지를 비롯하여 다시 2008년 개정법안의 일부가 반영되었고, 2010년 5월에는 개정안 중 상법총칙과 상행위편을 입법에 반영하였다. 그리고 2011년에 2008년 개정법안 중 입법에 미반영된 나머지 항목들을 다소의 수정을 거쳐 반영함으로써 2008년 법안의 입법이 완료되었다.

2008년 개정안 및 그 모태가 된 2006년 시안은 법무부가 2005년에 수립한 중장기 상법개편계획의 1차적인 작업성과이다. 그러나 1년여의 단기간 내에 이같이 방대한 개정법안이 창의적으로 만들어질 수는 없으므로 다른 나라의 입법경험(주로 일본 회사법)을 참고할 수밖에 없었음은 부득이한 일이나, 입법을 서두른 탓에 숱한 입법착오를 안고 있는 것이 결정적인 흠이다. 일본에서 2001년, 2002년에 상법 중 회사편의 큰 개정이 있었고, 2005년에 상법에서 회사법을 분리하여 독립된 법전으로 만들면서 또 큰 개정을 하였는데, 우리의 2008년 개정법안, 즉 2011년 개정법의 대부분은 이 세 개의 개정법을 모델로 하여 만든 것이다.

2. 개정법의 기본방향

(1) 法文의 현대화와 한글화

현행 상법은 1962년에 제정된 것이므로 그 자체도 오래되었지만, 현행상법의 모태가 된 舊상법은 1899년에 제정되어 이후 간간히 개정된 일본상법을 번역하여 의용해 온 것이므로 법문의 표현이 매우 낡아 현대어로서는 어색한 표현과 용어가 많다. 특히 일상적인 용어까지 대부분 한자로 표기되어 있어(예: 境遇), 오늘날 문자생활의 현실과도 맞지 않아 개정법은 용어를 쉽게 하고 한글화하는 작업도 겸하였다. 다만 전반적으로 이같은 작업을 하지는 못하고 어차피 내용에 변화가 있어 수정이 필요한 조문에 한해 자구정리를 겸하였다.

(2) 경영자 편의주의

회사에는 다수의 이해관계자들이 있으므로 어느 쪽의 이익을 우선시킬 것이냐는 정책적 선택의 문제가 있는데, 개정법은 경영자의 편익을 위주로 설계되어 있다고 할 수 있다. 구체적으로 말하면, 개정법에 신설된 제도는 대부분 경영자의 입장에서 그 편익을 제고하는 제도이고, 기존의 제도를 개선하는 것도 같은 목표를 두고 이루어진 것이다. 이러한 경영자편의적인 입법방향을 후술하는 정관자치와 연결지어 보면, 경영자가 최적의 경영수단을 선택할 수 있도록 다수의 선택지를 제공하였다는 의미를 부여할 수 있다.

경영자의 편익을 도모해 준다는 것은 경영자 개인에게 이익을 부여하는 의미도 있지만, 기업의 경쟁력을 제고하는 효과가 있다고 할 수 있고, 또 이 점이 경영자편의주의의 정당화사유가 된다. 예컨대 개정법이 이사의 책임을 감경할 수 있도록 한 것은 경영자에게 온정을 베푼다는 의미보다는 경영자의 기업가적 모험을 허용한다는 의미가 있으므로 이로써 기업활동을 활성화하고 경쟁력을 제고하는 의미를 가질 수 있는 것이다.

개정법이 경영자편의주의를 기본방향의 하나로 삼은 것은 2006년 법무부가 상법 개정작업을 시작할 때 내걸었던, "기업하기 좋은 나라"라는 캐치프레이즈에서 짐작할 수 있듯이 기업이 격변하는 기업환경에 적절히 대응하고 경쟁력을 높일 수 있도록 법규제를 탄력적으로 운영하겠다는 정책의 표현이라 할 수 있다.

(3) 定款自治의 확대

국가가 회사를 관리 혹은 관여하는 정책은 회사에 어느 정도의 자율을 허용할 것이냐는 문제로 바꿔 말할 수 있다. 회사법이란 특히 주주의 유한책임을 기본원리로 하는 주식회사제도와 관련해서는 대부분 강행규정으로 이루어져 있으므로 회사의 자율을 허용하는 방법은 법률관계의 일부를 정관에 의해 정할 수 있게 함으로써 강행규정의 적용을 완화하는 것이다. 그러므로 법이 회사에 어느 정도의 자율을 허용할 것이냐는 것은 어느 정도의 범위에서 정관자치를 허용할 것이냐는 문제로 귀착된다.

2011년 개정법의 전체적 특징은 기업형태의 선택에서부터 자본구성방법, 지배구조, 재무관리 등 회사법의 세세한 부분에 이르기까지 회사의 자율을 폭넓게 허용한 것이라고 특징지을 수 있다. 즉 개별적인 법률관계의 형성에 있어 상법이 구체적인 내용을 정하지 않고 정관에 위임하거나, 상법에서 정하되 정관으로 변경할 수 있는 여지를 넓힌 것이다.

과거에는 유한책임제에 대한 반동적 대응으로서 회사법은 채권자보호를 중심적인 법논리로 삼아 구체적인 제도를 형성하였다. 현재도 채권자보호가 회사법리의 중심축을 이루는 것은 틀림없지만, 채권자보호의 기술적 방법론의 측면에서는 과거와 현저한 차이를 보인다. 즉 오늘날은 기업공시제도와 경영감시제도가 발달하고 자본시장이 적절히 기능하고 있으므로 과거의 재산주의적 사고에 입각한 채권자보호는 더 이상 큰 의미를 갖지 못한다. 현재는 회사가 계속기업으로서 성장을 촉진하는 것이 채권자를 비롯한 모든 이해관계자를 만족시키는 길이므로 企業의 自律이 새로운 기업법논리로 부상하고 이에 定款自治가 그 실천논리로서 기능한다.

3. 제도개선의 기술적 선택

개정법이 이상의 이념을 실천하는 기술적 수단으로서 선택한 제도의 개선을 다음과 같이 요약해 볼 수 있다.

1) 새로운 기업형태의 창설　非法人 기업형태로서 업무집행조합원(무한책임

조합원)과 유한책임조합원으로 구성되는 합자조합이라는 형태의 조합설립을 허용하였으며(86조의2~86조의9), 새로운 회사로서 사원 전원이 유한책임을 지는 유한책임회사의 설립을 허용하였다(287조의2~287조의45).

2) **지배구조의 보완** 회사의 지배구조를 개선하는 일환으로 집행임원제도와 준법지원인제도를 신설하였다.

i) 집행임원제도의 신설 종전의 대표이사를 갈음하여 업무를 집행할 수 있는 기구로서 집행임원을 신설하였다(408조의2~408조의9). 대부분의 상장회사에서 이사와는 별개로 집행임원을 두어 회사의 업무집행을 담당시키고 있는데, 이를 회사법적인 기구로 만들려는 시도이다. 그러나 제도의 도입 여부는 개별 회사가 자율적으로 선택할 수 있도록 하였다.

ii) 준법지원인 신설 일정 규모 이상의 상장회사를 선정하여 임직원이 그 직무를 수행할 때 따라야 할 준법통제에 관한 기준 및 절차를 마련하도록 하고, 이를 담당할 기구로서 준법지원인을 두도록 하였다(542조의13).

3) **이사의 책임감면제도 신설** 대표소송이 활성화되면서 이사·감사들이 과중한 손해배상책임을 지는 일이 빈번하고 따라서 임원의 취임에 큰 부담을 느끼는 실정이므로 경과실에 의한 손해배상책임을 경감해 줄 수 있는 제도를 신설하였다. 정관에 규정을 두어 임원의 연보수의 6배를 최저한으로 하여 임원의 손해배상책임을 감경할 수 있도록 하였다(400조 2항·415조).

4) **이사·회사의 이익충돌방지의 강화** 이사의 경업이나 자기거래를 통해 회사에 손해를 가하는 것을 방지하기 위하여 경업·겸직 그리고 자기거래는 이사회의 승인을 받도록 해 왔으나, 이익충돌을 보다 엄격히 차단하기 위하여 자기거래의 승인요건을 강화하고(398조), 경업 외에 「회사의 기회유용」이라는 개념을 신설하여 이사가 회사의 영리기회를 선취하는 것을 방지하고(397조의2), 자기거래의 제한대상을 이사만이 아니라 주요주주 및 그 특수관계인으로까지 넓혔다(398조).

5) **주식제도의 개편** 2011년 개정에서 가장 개정의 폭이 큰 부분이다.

i) 종류주식제도의 개편 시장 환경에 대응하여 효율적으로 자금을 조달할 수 있도록 하며, 기업이 경영권방어에 적절히 활용할 수 있도록 주식의 유형을 다양화하였다. 첫째, 의결권 없는 우선주제도(개정 전 370조)를 폐지하고, 대신 보통주식에 관해서도 의결권이 제한된 주식을 발행할 수 있도록 하고(344조 1항), 둘째, 의결권이 전반적으로 제한되는 주식만이 아니라 결의사항에 따라 부분적으로 제한되는 주식도 발행할 수 있게 하였으며(344조의3 1항), 셋째, 주주가 상환을 청구할 수 있는 주식(345조 3항), 회사가 전환권을 행사할 수 있는 주식(346조 2항)도 신설하였다.

ii) 자기주식의 규제완화 회사의 재무관리의 유연화를 위해 자기주식취득의 제한을 완화하는 것이 세계적인 추세임을 감안하여 배당가능이익의 범위에서는 제한없이 자기주식을 취득할 수 있게 하고(341조), 그 밖의 취득은 종전의 금지원칙을 유지하였다(341조의2). 이에 부수하여 배당가능이익에 의한 자기주식취득에 있어서의 주주간의 형평을 기할 수 있는 방법을 마련하였다(341조 1항 1호·2호).

iii) 주식소각제도의 폐지　이익소각제도를 폐지하고 이에 갈음할 수 있는 제도로서 자기주식의 소각제도를 신설하였다(343조의2 삭제. 343조 1항 단).

iv) 무액면주식제도의 신설　2011년 개정에서 가장 변화가 큰 부분이라고 할 수 있다. 회사는 액면주식 또는 무액면주식을 선택하여 발행할 수 있으며(329조 1항), 무액면주식을 발행하는 경우 회사의 자본금은 주식 발행가액의 2분의 1 이상의 금액으로서 이사회에서 자본금으로 계상하기로 한 금액의 총액으로 하고 나머지는 자본준비금으로 계상하도록 한다(451조 2항).

v) 전자증권제도의 도입　회사의 선택에 따라 주권과 사채권을 실물로 발행하지 아니하고 전자등록으로 갈음하는 제도를 도입하였으나(356조의2 및 478조 3항 신설), 동제도가 실제 시행된 것은 「주식·사채 등의 전자등록에 관한 법률」이 시행되기 시작한 2019년 9월 16일부터이었다.

6) 재무관련제도(회사의 계산)의 개정　회사의 계산에 관해서도 기업의 편의를 고려한 개정이 있었다.

i) 기업회계와의 조화　회사의 계산에 있어서는 일반적으로 공정타당한 기업회계관행을 따른다는 것을 선언하고(446조 의2), 기업회계관행과 큰 괴리를 보이고 있는 자산평가(452조) 및 이연자산(453조~457조의2)에 관한 규정을 폐지하였다. 「자본」이라는 용어도 회계의 용어를 따라 자본금으로 수정하였나.

ii) 이사회에 의한 재무제표 승인과 배당결정　자금운용의 효율을 높이고 투자자들이 조기에 주식가치를 평가할 수 있도록 소정의 요건을 구비할 경우 주주총회에 갈음하여 이사회가 재무제표를 승인할 수 있게 하였다(449조 의2). 이사회가 재무제표를 승인할 수 있는 회사의 경우에는 이익배당도 이사회가 결정할 수 있게 하였다(462조 2항).

iii) 현물배당의 허용　환가가능한 현물을 배당할 수 있게 함으로써 회사의 유동성관리를 충실히 하면서도 배당성향을 높이거나 일정 수준을 유지할 수 있게 하였다(462조 의4).

iv) 준비금감소제도의 신설　준비금의 운용을 유연하게 함으로써 과다한 준비금을 주주에게 분배할 수 있게 하는 등 재무관리의 편의성을 제고하기 위하여 준비금의 합계가 자본금의 150퍼센트를 초과하는 경우 그 초과액의 전부 또는 일부는 주주총회의 결의에 따라 배당이 가능한 미처분잉여금으로 용도를 변경할 수 있게 하였다(461조 의2).

7) 社債제도의 개선　종전에는 회사가 과중한 채무부담을 하지 않도록 사채의 발행한도 등 여러 각도에서 발행을 제한하였으나, 규제완화의 차원에서 제한을 폐지하고(470조~473조 삭제), 사채를 통한 자본조달을 촉진하기 위해 상장회사에 한해 인정하던 교환사채와 이익참가부사채를 상법이 수용하고, 파생상품연계 사채도 인정하였다(469조 2항). 나아가 사채관리회사제도를 신설(480조의2 이하)하여 이에 종전의 수탁회사가 사채

상환을 위해 갖던 권한을 이관하였다(484조).

8) **합병의 유연성 확보** 교부금합병(현금합병)에 대한 기업계의 수요를 받아들여 이를 허용하고, 교부금의 지급으로 인해 합병 후 존속회사의 유동성이 크게 감소하지 않도록 교부금을 금전 이외의 재산으로도 지급할 수 있게 하였다(523조 4호·523조의2). 그리고 존속회사가 합병으로 인해 발행하는 신주가 발행주식총수의 100분의 5 이하일 경우에 한해 허용하던 소규모합병을 100분의 10 이하일 것으로 요건을 완화하였다(527조의3).

9) **강제주식매도·매수청구제도 신설** 지배주주가 회사의 발행주식총수의 95% 이상을 확보하고 있는 상황에서, 타인소유인 잔여의 주식 때문에 소요되는 지배비용을 절감할 수 있도록 지배주주가 소수주주에 대해 주식의 매도를 청구할 수 있는 권리를 인정하는 한편(360조의24), 소수주주가 市場性을 상실한 자신의 소유주식을 환가할 수 있는 방법으로서 지배주주에게 주식의 매수를 청구할 수 있는 권리를 인정하였다(360조의25).

⑽ 2014년 5월 개정

2014년 5월 20일 무기명주식제도를 폐지하기 위한 개정이 있었다(법률 12591호). 그간 제도상으로만 존재하였고 실제 이용된 예가 없었으므로 실정에 맞게 관련 조문을 삭제한 것이다. 주된 조문은 제357조와 제358조이지만, 기명주식과 대칭을 이루며 곳곳에 관련조문이 자리하고 있었으므로 삭제된 규정은 상당수에 이른다.

⑾ 2015년 12월 개정

2015년 12월에 공포된 개정상법(2015. 12. 1. 법률 13523호)은 주로 기업조직개편에 관한 규정들을 개정대상으로 삼았다. 2011년 개정법은 상법 전반에 걸쳐 대개정을 하는 가운데, 기업조직개편에 관련해서는 흡수합병에서의 합병대가를 다양화하고 교부금합병을 허용하는 것에 주안점을 두었다. 흡수합병 외의 조직개편에서도 대가의 유연성은 역시 요구되는 바이므로 흡수합병에 국한했던 대가의 다양화를 다른 조직개편방법에도 확대적용하고, 그 밖에 과거 문제점으로 거론되어 오던 몇 가지 오류 내지는 미비점을 보완하였다. 구체적인 개정 사항은 다음과 같다.

1) **조직개편대가의 다양화** 2011년 개정법에서 흡수합병에 한해 교부금만에 의한 합병을 허용하고, 교부금은 금전 이외의 재산으로 갈음할 수 있게 하였으며, 특히 모회사의 주식으로 대가를 지급할 수 있도록 하였는데, 2015년 개정에서는 신설합병, 회사분할, 주식의 포괄적 교환 및 이전에 관한 규정들을 보완하여 원칙적으로 같은 법리가 적용되도록 하였다.

2) **회사분할에서의 책임제한범위의 명확화** 회사를 분할할 때, 분할회사가

가지고 있던 채무 전부에 관해 분할당사회사들이 연대책임을 지지만(530조의 9 1항), 채권자보호절차를 밟는 것을 전제로 분할당사회사들이 책임을 제한할 수 있다(530조의 9 2항·3항). 그러나 책임제한의 범위를 정한 법문이 불분명하여 해석에 혼란을 주었는데, 이번 개정에서 책임의 제한범위를 회사가 자유롭게 정할 수 있도록 하였다. 실무적 의의에 비추어 볼 때 매우 의미 있는 개정이다.

3) 과거 무의결권주식의 주주가 합병 등의 결의에 대해 반대주주의 주식매수청구권을 행사할 수 있느냐에 관해 명문의 규정은 없었으나, 해석론으로 인정해 왔다. 이번 개정에서 명문으로 인정하였다(360조의5 1항, 374조의2 1항, 522조의3 1항 등).

4) 소규모주식교환의 요건 완화 2011년 개정에서 소규모합병 및 소규모분할합병의 요건을 완화한 바 있는데, 이번 개정에서 소규모주식교환에도 같은 완화된 요건을 적용하도록 하였다(360조의10 1항).

5) 간이영업양도 등의 신설 영업양도·양수, 영업임대, 경영위임, 손익공통계약 등에도 간이합병과 같은 요건으로 일방회사의 총주주의 동의가 있거나, 일방회사의 발행주식의 90% 이상을 상대방회사가 소유하고 있는 경우 그 일방회사의 주주총회결의를 이사회결의로 갈음할 수 있는 간이영업양도 등의 제도를 신설하였다(374조의3).

6) 분할당사회사의 용어 정리 개정전에는 회사분할에 관련된 당사회사들을 개별적으로 지칭하는 용어가 없었는데, 개정법에서는 관련회사의 호칭을 명문화하였다(530조의4 등).

⑿ 2020년 12월 개정

2017년 민주당정부가 들어서면서, 이른바 「경제민주화」라는 슬로건하에 경제관련 제도에 관해 광범한 개혁이 추진되었는데, 회사법 분야에서도 대규모기업의 지배구조의 개선을 목표로 수십건의 법안이 제출되었으나, 2020년 12월말에 개정범위가 크게 축소되어 다음에 열거하는 사항이 개정되었다(2020. 12. 29. 법률 17764호).

1) 신구주 간의 균등배당 개정전 상법에서는 영업연도 중에 신주가 발행되는 경우 신주발행일로부터 영업연도 말까지의 일수가 영업연도 전체의 일수 중 차지하는 비율을 계산하여 구주의 배당액에 그 비율만큼만 배당받는 것(차등배당)이 원칙임을 전제로 정관에 규정을 두어 신구주를 균등하게 배당할 수 있도록 하였으나(350조 3항 후 및 이를 준용하는 423조 1항 후·461조 6항·462조의2 4항 후), 개정법에서는 신구주간에 차등을 두지 않는 것을 원칙으로 하여 관련조문을 정리하였다(제350조 제3항 및 이를 준용하는 조문들을 전부 삭제).

2) 다중대표소송 도입 모회사의 주주가 자회사의 이사, 감사 등을 상대

로 대표소송을 제기할 수 있도록 하였다(406조의 2 신설).

3) 감사위원회 위원의 분리선임 상장회사의 주주총회에서 이사 선임시 일반 이사와 감사위원회위원을 담당할 이사를 분리하여 선임하도록 하였다(542조의12 2항 단 신설).

4) 감사위원회 위원의 해임시의 의결권 제한 상장회사에서 사외(독립)이사인 감사위원회위원을 선임 · 해임할 경우에 발행주식총수의 3%를 초과하는 주식의 의결권을 제한하고, 사외(독립)이사가 아닌 감사위원회위원을 선임 · 해임할 경우에 주주가 최대주주인 경우에는 특수관계인 등의 소유 주식을 합산하며, 그 외 주주는 단순 3% 기준을 적용하도록 하였다(542조의12 4항 개정 및 7항 신설).

5) 소수주주권에 관한 상장회사특례의 효력 개정 전 상장회사의 소수주주권행사에 있어 일반규정에 비해 지주요건을 완화하는 대신 6개월의 보유기간을 정한 상법 제542조의6의 특례규정과 일반 회사에서의 소수주주권의 요건규정을 선택적으로 적용할 수 있는지, 특례규정만 배타적으로 적용해야 하는지에 관해 견해가 대립되었는데, 개정법에서 양자가 선택적인 적용관계에 있음을 명문으로 규정하였다(542조의6 10항 신설).

6) 전자투표 실시회사에서의 의결정족수 완화 전자투표제의 실시를 적극 장려하기 위하여 이를 실시하는 회사의 경우 감사 및 감사위원회위원 선임 시 주주총회 결의요건을 출석한 주주 의결권의 과반수만으로 하고 발행주식총수 4분의 1 이상의 요건을 적용하지 않도록 완화하였다(409조 3항 개정, 542조의12 8항 신설).

⒀ 2024년 9월 개정

2024년 9월 20일 공포된 개정에서는 등기제도가 크게 달라졌다(2025. 1. 31. 시행 법률 20436호), 개정법에서는 회사의 지점 등기부를 폐지하고 회사의 본점 소재지에서만 등기하도록 하고, 본점 또는 지점의 이전 시 등기절차를 간소화하였다. 그리고 외국회사가 대한민국에 영업소를 설치하는 경우 등기할 사항을 명확히 규정하였다.

⒁ 2025년 7월 개정

2025년에 다시 민주당 정부가 들어서면서 주주의 이익보호를 강화한다는 선거공약의 이행으로 다음과 같은 사항이 개정되었다(2025. 7. 22. 법률 제20991호).

1) 이사의 주주에 대한 충실의무의 명문화 주주에 대한 이사의 충실의무를 명문화하고, 일반원칙으로서의 주식평등의 원칙을 명문화하였다(382조의3).

2) 독립이사제 상장회사의 사외이사의 명칭을 독립이사로 바꾸고, 그 수를 이사의 3분의 1로 늘렸다(542조의8).

3) 감사위원 선임에서의 최대주주의 의결권제한 종전에는 독립이사인 감사위원과 독립이사 아닌 감사위원의 선임 · 해임에 있어 최대주주의 의결권제한 방법을 달리하였으나, 개정법에서는 어느 경우에나 통일적으로 특수관계인의 소유분을 합산하여 100분의 3으로 제한하였다(542조 의12).

4) 전자주주총회의 개최 상장회사는 정관에 의해 주주가 전자통신수단에 의해 출석할 수 있는 전자주주총회를 개최할 수 있도록 하고, 대규모회사의 경우에는 의무적으로 전자주주총회를 개최하도록 하였다(제542조 의14).

⒂ 2025년 9월 개정

2025년 9월에 다음과 같은 사항이 개정되었다(2025. 9. 9. 법률 제21044호).

1) 집중투표제의 강화 대규모상장회사에서는 집중투표제를 정관에 의해서도 배제할 수 없게 하였다(542조 의7 3항).

2) 주주총회에서 분리선임하는 감사위원의 수 종전의 1인에서 2인으로 늘렸다(542조의 12 2항).

제 6 절 회사법의 기본과제

회사법이란 무엇을 다루는 법률인가에 관해 설명한다. 이는 회사법의 전체를 개관해 보는 일이기도 한데, 회사법의 전체적인 구조와 기본적인 이념을 알아두면 회사법의 세부적인 내용을 이해하는 데에 도움이 될 것이다. 회사법이 중점적으로 다루고 있는 법적 문제는 다음과 같이 분류해 볼 수 있다.

⑴ 어떤 형태의 회사를 인정할 것인가?

회사라는 기업형태를 이용하는 이유는 개인기업에 비해 거액의 자본을 집중시킬 수 있고, 다수의 노력을 보충하며, 기업위험을 다수에게 분산시킬 수 있기 때문이다. 이러한 장점은 회사의 형태를 어떻게 할 것이냐에 따라 각기 발휘되는 모습이 상이하다. 상법은 합명회사, 합자회사, 유한책임회사, 주식회사, 유한회사라는 다섯 가지 형태의 회사를 제시하고 기업가들의 자유로운 선택을 허용한다.

⑵ 설립을 어떻게 할 것인가?

회사의 종류를 선택한 기업가들로 하여금 회사를 어떻게 설립하게 할 것이냐는 문제가 생기는데, 이에는 공공정책적 차원의 규제가 따른다. 회사라는 것은 인공적인 인격체이므로 자유롭게 설립을 허용해서는 부실한 모습으로 세상에 등장하여 시장을 교란하고 각종 사회비용을 유발할 수 있기 때문이다. 역사적으로 보더라도 회사는 초기에 각종 사기적 수단으로 이용되어 왔다. 그러므로 상법은 각종 회사의 종류별로 설립에 따르는 위험을 측정하고 그 위험을 최대한 축소시킬 목적에서 회사설립의 건전성을 확보하기 위한 규정을 두고 있다.

⑶ 대중자본을 어떻게 모을 것인가?

회사는 당초 다수인의 자본을 집중시키기 위해 생긴 기구이므로 타인의 자본을 어떻게 유치할 것인가라는 방법론의 문제가 생긴다. 설립단계만이 아니라 설립 후 기업활동을 수행하면서도 자금의 수요는 계속 발생한다. 그러므로 상법은 대중의 자본을 모으는 방법을 제시해 주고 있으나, 동시에 자본집중의 과정에서 피해자가 생길 수 있으므로 출자자의 보호수단도 마련하고 있다.

⑷ 누가 회사를 관리할 것인가?

회사는 의제적인 인격자이므로 스스로 업무를 집행할 능력을 갖지 못하고 자연인들이 업무를 대신 집행해 주어야 한다. 여기서 누가 회사의 업무를 관리할 것이냐는 문제가 생긴다. 출자자들은 회사에 대해 가장 깊은 利害를 가지므로 누구나 스스로 업무집행에 관여하고 싶어 할 것이다. 그러나 회사에는 출자자 외에도 채권자들이 중대한 이해를 갖는 바이고 이들을 출자자에 앞서 보호해야 하므로 출자자들의 업무집행을 당연히 허용할 수는 없다. 회사의 종류에 따라서는 출자자들의 업무집행이 허용되기도 하고 금지되기도 한다. 출자자의 업무집행이 허용되지 않을 경우에는 제 3 자를 업무집행자로 선임해야 하고 그의 적정한 운영을 유도해야 하므로 이를 놓고 매우 복잡한 법률관계가 전개된다. 주로 주식회사에서 이 문제가 중심과제로 등장한다.

⑸ 어떤 방법으로 회사의 意思를 결정할 것인가?

회사는 기본적으로 출자자들이 출연한 재산을 가지고 영업을 하며 또 회사의 존재목적이 출자자들의 영리목적을 실현시키기 위한 것이므로 회사가 주체가 되는 법률관계에는 출자자의 의사가 자주 반영된다. 출자자는 다수이므로 이들의 의사를 어떤 방법으로 수렴하여 하나의 의사를 만들어 낼 것이냐가 중요한 과제이다. 이는 출자자들이 지는 기업위험이 어떠하냐에 따라 달리 정해야 할 문제인데, 회사의 종류별로 출자자의 위험이 상이하므로 의사결정방법 역시 회사의 종류별로 달리한다.

⑹ 이윤의 배분을 어떻게 할 것인가?

회사의 영리활동으로 인해 생긴 이익을 다수 출자자들간에 어떤 기준으로 배분할 것이냐는 문제가 있다. 아울러 이윤의 배분과 관련하여 정책적으로 고려해야 할 사항이 있다. 채권자의 보호이다. 회사채권자에 대해서는 회사의 재산이 유일하거나 1차적인 책임재산을 이루므로 채권자들을 위해서는 출자자들에게 이윤을 배분하기에 앞서 채권자를 만족시킬 수 있는 재산을 확보해 두어야 할 것이다. 상법은 회사의 종류별로 채권자보호의 필요성의 강도에 따라 이윤배분의 통제의 수준을 달리하고 있다.

⑺ 투하자본을 어떻게 회수할 것인가?

출자자들은 회사로부터 이익을 배당받음으로써 투자자금을 순차로 회수하지만, 출자자에 따라서는 투자원본을 일시에 회수하려는 자도 있을 수 있다. 이는 당연히 허용해야 하지만 이로써 기업이 해체되는 위험이 생겨서는 안 되므로 기업의 존속에 지장을 초래하지 않는 방법으로 지분을 회수하도록 해야 한다. 상법은 이러한 관점에서 회사별로 달리하여 출자자가 투하자본을 회수할 수 있는 방법을 제시하고 있다.

⑻ 기업을 어떻게 종결지을 것인가?

투자자들의 목적을 달성하고 더 이상 기업을 유지할 의사가 없어지거나 영업이 실패하여 더 이상 기업이 존속할 가치가 없을 때에 어떤 방법으로 회사기업을 소멸시킬 것이냐는 문제가 있다. 또 경우에 따라서는 공익적인 이유에서 회사를 소멸시켜야 할 경우도 있다. 자연인의 사망과 같이 회사를 세상에서 소멸시키는 방법으로 「해산」이라는 제도가 있는데, 자연인과 달리 회사를 상속하는 자가 없으므로 대내외적인 법률관계를 모두 스스로 정리하고 소멸해야 한다. 이를 「청산」이라고 부른다. 해산과 청산은 대내외적인 법률관계에 큰 변동을 가져오는 중대한 문제이므로 상법은 해산사유와 청산방법을 자세히 규정하고 있다.

⑼ 기업의 채무를 누가 책임질 것인가(손실의 분담)?

회사는 영리를 실현하기 위해 끊임없이 대외활동을 하는데 그 과정에서 필연적으로 다수인에 대해 채무를 부담한다. 이는 회사의 재산으로 변제해야 하지만, 회사의 재산이 채무를 변제하기에 부족한 사태가 생길 수 있다. 이 경우 누가 그 채무에 대해 책임질 것이냐는 문제가 생긴다. 회사란 출자자들의 영리목적을 실현하기 위한 도구이지만, 그 자체가 하나의 사람(法人)이다. 전자에 중점을 둔다면 회사가 변제하지 못하는 채무는 출자자가 변제해야 한다고 말할 수 있고, 후자에 중점을 둔다면 회사와 출자자는 별개의 인격체이므로 회사가 변제하지 못하는 채무는 채권자의 손실로 종결지어야 한다고 말할 수도 있다. 그러므로 상법은 전자와 같은 책임구조를 갖는 회사도 허용하고 후자와 같은 책임구조를 갖는 회사도 허용한다. 전자에 속하는 것은 합명회사와 합자회사(단, 무한책임사원만 책임진다)이고, 후자에 속하는 것은 주식회사와 유한회사 및 유한책임회사이다. 출자자가 회사채권자에 대해 책임을 지느냐 않느냐는 것은 회사의 본질적 성격을 결정하는 중요한 문제로서 상법은 이 점에 착안하여 사원의 책임의 유무에 따라 회사의 모든 법률관계를 달리 정하고 있다.

(10) 회사를 再編하는 방법은?

오늘날 기업의 경영환경은 매우 빠르게 변화하고 있어 회사가 이에 탄력적으로 적응하기 위해서는 여건의 변화에 따라 최적의 모습으로 재편할 필요가 있다. 상법은 회사조직의 재편을 위한 방법의 하나로 회사의 종류를 변환시키는 조직변경을 인정하고, 타 회사와 합쳐 하나가 되는 합병을 허용하며, 반대로 하나의 회사가 수개로 나누어지는 회사분할을 허용한다. 그리고 두 개 이상의 회사가 완전모자관계로 결합하는 방법도 제시하고 있다. 모두 복잡한 절차를 요하고 다수인에게 중대한 이해를 초래하므로 상법은 그 절차와 이해관계인의 보호를 위한 규정을 두고 있다.

제 2 장
통　　칙

통　　칙

제 1 절 회사의 개념

상법 제169조는 「"회사"란 상행위나 그 밖의 영리를 목적으로 하여 설립한 법인을 말한다」라고 정의한다. 2011년 개정 전의 상법에서는 제169조에서 「會社는 商行爲 기타 營利를 目的으로 하는 社團을 이른다」라고 규정하고 제171조 제 1 항에서 「會社는 法人으로 한다」라고 규정하였으므로 「영리성」, 「사단성」, 「법인성」을 회사의 본질로 이해하였는데, 2011년 개정시에 「社團」을 지운 것이다. 후술하는 바와 같이 상법에서는 폭넓게 1인회사를 허용함에 따라 사단성은 이와 충돌된다고 보아 삭제한 것으로 이해된다.

그러면 현행법하에서의 회사는 사단이 아닌가? 1인회사란 입법정책적으로 허용하는 존재상황일 뿐이고, 회사란 복수의 사원이 人的 혹은 資本的으로 결합하는 방법으로서 인정되는 법인형태이므로 여전히 그 본질은 사단이라고 보아야 한다. 즉 회사란 「영리를 목적으로 하는 사단법인」을 뜻한다(同旨: 권기범 90; 임재연 I 34; 정찬형 470; 최준선 64; 김홍기(주석 – 회사 1) 181).

私法上 사람은 자연인과 법인으로 분류된다. 법인이란 법인격이 부여된 단체를 말하는데, 단체에는 재단과 사단이 있다. 한편 단체는 영리를 목적으로 하는 것과 비영리를 목적으로 하는 것이 있는데, 재단은 반드시 비영리이어야 하고, 사단에는 민법의 규율을 받는 비영리사단과 상법의 규율을 받는 영리사단이 있다. 이 영리사단이 바로 회사이다. 이에 터잡아 회사의 인격적 위상을 그려보

면 다음과 같다.

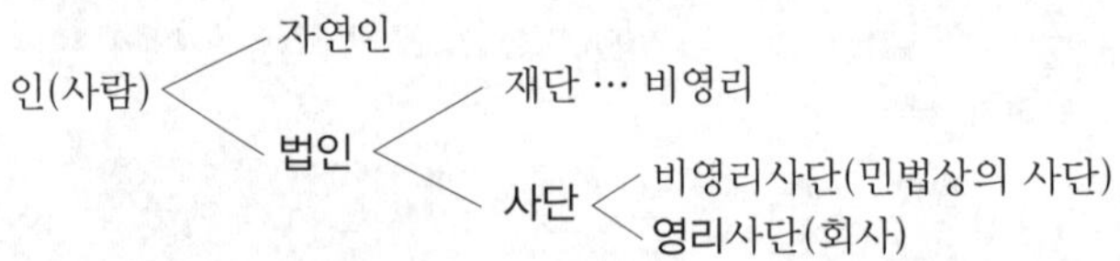

이하 회사의 개념요소를 사단성 · 법인성 · 영리성의 순으로 설명한다.

1인회사와 사단성의 양립

일본의 2005년 이전 상법에서는 회사를 사단으로 정의하였으나(동법 52조 1항), 2005년 회사법에서는 1인회사를 의식하고 이 규정을 이어받지 않았다. 우리 개정상법은 이 태도를 본받은 것이다. 하지만, 일본에서는 여전히 회사의 본질을 사단으로 설명하는 데에 異論이 없다.[1)] 우리의 2011년 개정 전 상법하에서는 회사를 사단으로 정의하면서도 주식회사와 유한회사의 1인설립과 존속을 허용했고 완전자회사의 존재를 허용했던 것을 보면(360조의2 · 360조의15), 1인회사와 회사의 사단성은 兩立할 수 없는 것이 아님을 알 수 있다.

Ⅰ. 社團性

사단이란 일정한 목적을 위해 결합된 사람의 단체를 이르는 말이다. 사단은 일반적으로 재단에 대한 상대개념인 동시에 조합에 대한 상대개념으로 인식된다.

이 두 가지의 상대개념을 염두에 두고 회사의 사단성을 살펴본다.

1. 財團과의 비교

사단은 「人的 결합체」로서 「재산의 집합체」인 재단과 구별된다. 상법상 회사조직을 이룰 수 있는 실체는 사람(자본가)의 결합체에 한정되므로 재단은 회사가 될 수 없다.

회사가 사단이어야 한다는 것은 회사라는 단체가 복수의 사람, 즉 사원에 그 존립의 기반을 두고 있음을 뜻한다. 그러나 회사는 영리실현을 위한 물적 기초로서 자본금을 요하므로 사원들은 예외없이 출자를 통해 물적 기초의 형성에 참여하여야 한다. 그러므로 회사는 비영리사단과 같은 순수한 인적 결합체만은 아니

1) 江頭憲治郎, "會社の社團性と法人性," 「爭點」, 8면; 關, 27면; 前田, 25면.

고 자본적 결합체의 성격을 아울러 가지고 있다.

주식회사는 특히 자본단체적 본질을 가지고 있으므로 회사의 거대화에 따른 이른바 소유와 경영의 분리현상(주주의 사채권자화)이 두드러진다. 그래서 과거에는 주식회사를 다른 종류의 회사와 똑같이 사원의 결합체로 보는 것이 비현실적이라는 이유에서 회사의 財團性 또는 目的財産性을 주식회사의 본질로 설명하는 견해도 있었다(주식회사 재단설).[1] 실정법상으로도 1人회사나 의결권 없는 주식과 같이 이른바 「社團的 法理」로 일관하여 설명하기 어려운 제도가 있다.

주식회사뿐만 아니라 모든 회사의 실체가 본래 자본과 경영, 노무와 시설이 결합하여 이루어진 사회적 구성체로서의 「기업」이지만, 상법은 이러한 기업의 실체에서 자본가적 결합의 측면을 특별한 법적 규율의 출발점으로 삼고 있다. 그러므로 주식회사는 기술한 자본단체적 성격에도 불구하고 여전히 사단성을 본질적 요소로 한다고 말할 수 있다.

2. 조합과의 비교

사람이 공동의 목적을 위해 결합한 단체에는 사단과 조합이 있다. 그러므로 수인이 공동으로 영리사업을 하고자 할 때 그 사업체의 법적 조직을 어떤 모습으로 할 것이냐는 문제가 제기되는데, 대별하여 우선 사단이냐 조합이냐는 두 가지 선택지를 갖는다. 일반적으로 어느 결합체의 단체성이 우월하여 구성원으로부터의 독립성이 인정될 때 이를 사단이라 하고, 그 결합체의 단체성보다는 구성원들의 개성이 뚜렷할 때 이를 조합이라 한다. 양자는 실정법상의 취급에서도 차이가 있어 사단은 단체법적인 조직원리에 의해 규율됨에 반해, 조합은 구성원들의 계약관계일 뿐이므로 기본적으로 구성원들의 합의 및 관련 계약법(민 703조 이하)에 의해 규율된다.

앞서 정의한 바와 같이 일단 상법에 의해 설립된 회사라면 모두 사단이라 하겠으나, 회사의 종류에 따라서는 조합적 실질을 갖는 것도 있다. 합명회사, 합자회사, 유한책임회사가 이에 해당한다. 이러한 회사의 법률관계를 규율함에 있어서는 형식적 사단성과 조합적 실질을 어떻게 조화하여 반영할 것이냐는 문제가 제기된다. 상법은 대외적인 문제에 있어서는 법형식적 社團性에 따라 법률관계를 규율하는 한편, 사원과 회사 및 사원 상호간의 법률관계에 있어서는 조합의 실질을 존중하여 조합적 원리에 입각한 법규율을 마련하고, 부족한 것은 민법의

1) 八木 弘, 「株式會社財團論」(有斐閣, 1963), 1면 이하.

조합의 법리에 의해 해결하도록 하고 있다(195조, 269조 → 195조, 287조의18 → 195조).

Ⅱ. 法人性

상법은 모든 회사에 법인격을 부여하고 있다(169조). 인격이란 본래 권리 · 의무의 귀속가능성을 뜻한다. 즉 회사는 권리능력을 가지므로 사원으로부터 독립하여 권리 · 의무를 취득할 수 있으며, 사원은 회사재산에 대하여 직접적인 권리를 갖지 못한다.[1)]

인격의 유무로 인해 수인이 공동사업을 목적으로 조합을 구성할 때와 회사를 설립할 때에는 그 법적 의미가 본질적으로 상이하다. 예컨대 A와 B가 甲이라는 조합 혹은 회사를 설립하여 대외적인 거래를 함에 있어, 조합의 경우에는 A와 B의 공동행위가 되나, 회사의 경우에는 A도 아니고 B도 아닌 甲이라는 법인, 즉 회사의 행위가 되는 것이다. 그리고 대외거래의 결과 취득하는 권리 · 의무도 조합의 경우에는 A와 B의 것으로 귀속하나, 회사의 경우에는 甲회사 자신의 것이 되는 것이다. 그러므로 거래상대방의 입장에서도 A와 B가 자신의 반대당사자로서 갖는 법적 의미가 상이해질 수밖에 없다.

「법인성」은 단지 권리 · 의무의 귀속방식의 문제이므로, 법인격을 부여할 것이냐의 여부는 입법정책의 문제이고, 그 단체의 사회학적 실체와는 무관하다.[2)] 따라서 「조합적」 결합체라도 법인이 될 수 있음은 당연하다. 그리고 조합적인 결합체가 법인이 된다면 이는 사단법인이 될 수밖에 없다. 합명회사, 합자회사, 유한책임회사와 같이 조합적 실체를 가진 단체를 법인으로 하였을 때에는, 그 단체의 모든 법률관계에 법인이론을 적용하는 것이 단체의 실질에 어긋나므로 이러한 회사의 법률관계는 대외적인 것과 대내적인 것을 구분하여 각각 인격의 형식의 문제와 단체의 실질의 문제로 구분하여 관리하고 있음은 기술한 바

---

1) 예컨대 주식회사의 주식 전부를 취득하였다 하더라도 주주의 자격에서 회사재산의 인도를 청구할 수 없으며(대법원 1959. 5. 7. 선고 4290민상496 판결), 주주나 합명회사 사원의 자격으로 회사재산을 불법점유하고 있는 자에 대하여 그 인도를 청구할 수 없다(대법원 1962. 5. 3. 선고 4294민상1590 판결).

2) 예컨대 우리나라와 일본, 프랑스는 실질이 조합에 불과한 합명회사와 합자회사를 法人으로 다루지만, 독일에서는 우리의 합명회사, 합자회사에 대응하는 offene Handelsgesellschaft(OHG), Kommanditgesellschaft(KG)에 대해서는 법인격을 인정하지 않으며(154면 참조), 영미에서도 물적회사인 company 내지는 corporation만 법인으로 인정하고 인적회사인 partnership과 limited partnership은 법인으로 인정하지 않는다.

와 같다.

Ⅲ. 營利性

회사는 「商行爲나 그 밖의 영리를 목적으로」 하는 사단법인이다(169조. 민 32조와 비교 참조). 회사가 기본적 상행위(46조)를 할 때에는 당연상인(4조)이지만 기본적 상행위를 하지 않더라도 그 영리성으로 인해 상인으로 본다(의제상인. 5조 2항). 따라서 회사에 대해서는 상법총칙과 상행위편이 일반적으로 적용된다.

회사가 영리를 목적으로 한다는 것은 회사가 단지 대외적으로 영리활동을 하는 것을 목적으로 한다는 뜻에 그치지 않고, 대외적인 수익활동을 통해 얻은 이익을 사원들에게 분배하는 것을 목적으로 한다는 뜻도 포함한다.[1] 재단법인이나 비영리사단법인도 수익사업을 영위할 수 있고 이는 분명 영리활동이지만 사원들에게 분배하기 위한 것이 아니므로 상법 제169조가 규정하는 영리목적을 충족하지 못한다. 한편 상호보험회사 · 중소기업협동조합 · 새마을금고 등은 사단법인이고, 잉여금을 구성원들에게 분배하지만(보험업법 63조, 새마을금고법 35조, 중소기업협동조합법 71조) 대외적인 수익활동을 하지 않으므로 역시 상법 제169조상의 영리목적을 갖지 않고 따라서 회사가 아니다.

사원들이 회사를 설립한 목적 그리고 출자를 한 목적이 영리의 실현에 있는 만큼, 영리성은 회사의 존재 및 행동의 최고 지도이념이 되고, 나아가 회사경영의 합목적성과 동시에 이사 등 관리자의 책임사유(399조 등)의 유무를 판단하는 가치기준으로 작용한다.

---

1) 落合誠一, “會社の營利性について,” 江頭憲治郎先生還曆記念 「企業法の理論(上)」, 2007, 21면. 日本회사법 제105조는 주주는 잉여금의 배당을 받을 권리와 잔여재산의 분배를 받을 권리를 가지며(1항), 주주에게 이 두 가지 권리 모두를 인정하지 않는 정관규정은 무효라고 규정하고 있다(2항. 즉 정관이 유효하기 위해서는 최소한 어느 하나라도 인정해야 한다). 우리 상법에는 이런 뜻을 규정한 바 없지만, 회사의 영리성이란 속성으로부터 당연히 도출되는 원리이다.

제 2 절 회사개념의 현대적 수정

Ⅰ. 1人會社

1. 社團性의 입법적 수정

회사는 사단이므로 수인의 구성원이 존재해야 함은 당연한 요건이다. 그러므로 합명회사·합자회사는 모두 2인 이상의 사원이 있어야 성립할 수 있으며(178조·269조), 사원이 1인으로 된 때에는 해산하게 된다(227조 3호·269조). 이들 회사에 있어서 2인 이상의 사원은 회사의 성립요건이자 존속요건이다.

그러나 주식회사의 경우에는 과거 설립시에 3인 이상의 발기인을 요구하였으므로[1] 설립시에는 명실공히 사단성을 구비하지만, 사원(주주)이 1인으로 된 때를 해산사유로 하지 않았던 까닭에(517조 참조) 학설·판례는 주주가 1인만이 존재하는 회사 즉 1인회사의 존재를 허용해 왔다(대법원 1966. 9. 20. 선고 66다1187·1188 판결).

한편 외국의 입법례를 보면 오래전부터 1인만에 의한 회사설립을 허용하는 것이 일반적이므로, 이같은 세계적인 추세를 받아들여 우리나라에서도 2001년 개정에 의해 주식회사의 설립에 필요한 발기인의 수에 관한 요건을 삭제하여 1인의 발기인만으로도 회사설립이 가능하게 하였고(288조), 유한회사 역시 1인의 사원만으로도 설립할 수 있게 하였다(543조 1항). 그리고 2011년에 신설된 유한책임회사 역시 1인만에 의한 설립이 허용된다(287조 의2). 그리하여 이들 회사의 경우 「사람의 단체」라는 의미에서의 사단성은 그 본질적 속성이라고 할 수 없고, 단지 회사는 재단과 달리, 「구성원을 갖는 단체이다」라는 형식적 의미에서의 사단성을 본질로 한다고 말할 수 있다.

주식·유한·유한책임회사에 관해 회사는 사람의 단체라는 전통적인 개념이 무너지게 된 것은 물적회사의 경우 인적결합이라는 인식보다는 영리수행을 위한 자본적 도구라는 인식이 강해진 탓이라고 할 수 있다.

2. 1人회사의 법률관계

다수의 주주를 전제로 한 회사법규정을 1인회사에 적용할 때에는 수정이 불가피해진다. 판례에 나타난 사례를 보면, 주로 주주총회의 소집과 운영에 관한

1) 1995년 개정 전에는 7인 이상의 발기인을 요건으로 하였고 2001년 개정 전에는 3인 이상의 발기인을 요구하였다.

것이다.

1) 주주총회의 운영 판례는 ① 주주총회의 소집에 관한 상법규정은 주주의 이익을 보호하는 데 목적이 있다는 전제 아래, 소집권한 없는 자가 소집하거나 소집결정을 위한 이사회결의에 하자가 있더라도 1인주주가 참석하여 이의 없이 결의한다면 적법한 주주총회의 결의가 있다고 본다(대법원 1966. 9. 20. 선고 66다 1187 · 1188 판결; 동 1968. 2. 20. 선고 67다 1979 · 1980 판결). ② 나아가 실제로 총회를 개최한 사실이 없고 1인주주에 의하여 결의가 있었던 것처럼 주주총회의사록이 작성되었더라도 특별한 사정이 없는 한 결의가 있었던 것으로 볼 수 있다고 한다(대법원 1976. 4. 13. 선고 74다1755 판결). ③ 또한 영업을 양도를 할 때 1인주주이자 대표이사인 사람의 동의가 있었다면, 영업양도에 있어 법(374조 1항 1호)이 요구하는 주주총회의 특별결의를 대신할 수 있다고 한다(대법원 1976. 5. 11. 선고 73다52 판결).

그러나 1인회사라 하여 주주총회의 조직규범을 완전히 무시하는 것은 허용될 수 없다. 해당되는 곳에서 후술한다(541면 이하 참조).

2) 1인회사와 이사의 자기거래 일부 학설은 1인회사에서는 이사의 자기거래는 이사회의 승인이 없더라도 1인주주의 동의가 있으면 유효하다고 본다(강 · 임 390; 정동윤 634; 최기원 52, 최준선 546). 그러나 이와 같이 해석하는 것은 기관의 분화를 본질로 하는 주식회사제도의 이념에 반하는 것으로 찬성하기 어렵다(同旨: 권기범 112; 김홍기 271; 서헌제 458; 손주찬 263; 이 · 최 72; 임재연 I 51; 장덕조 25; 정준우 14; 정찬형 472)(819면 이하 참조). 다만 이사가 1인 또는 2인인 회사의 경우 자기거래는 주주총회의 승인을 요하므로(383조 1항 단 · 4항) 1인주주 겸 이사인 자는 절차적 통제없이 자기거래를 할 수 있다.

3) 의결권의 제한 주주총회의 의안에 특별한 이해관계가 있는 주주는 의결권을 행사할 수 없지만(368조 3항), 1인회사에 이를 적용해서는 결의가 이루어질 수 없으므로 이 규정은 적용되지 않는다고 보아야 한다. 그리고 감사의 선임시에 100분의 3 이상을 가진 주주의 의결권은 100분의 3으로 제한되지만(409조 2항), 이를 적용한들 무의미하므로 역시 적용되지 않는다.

4) 주식양도의 제한 정관에 규정을 두어 주식의 양도는 이사회의 승인을 받도록 할 수 있다(335조 1항 단). 이 규정은 1인회사에도 적용되지만(권기범 112; 오성근 38; 정준우 14. 반대: 임재연 I 53; 장덕조 26; 정동윤 340; 최기원 54; 최준선 83; 김홍기(주석－회사 1) 194), 이사가 1인 또는 2인인 회사에서는 이사회의 승인에 갈음하여 주주총회의 승인을 받아야 하므로(383조 1항 단 · 4항) 1인주주는 임의로 주식을 양도할 수 있다(권기범 112).

5) 1인회사와 업무상 배임 · 횡령 과거 판례는 1인주주 겸 대표이사인 者가 범죄적인 방법으로 회사에 손해를 가한 경우에는 회사의 손해는 바로 1인주

주의 손해라고 보고, 회사에 손해를 가하려는 범의를 인정하지 않고 따라서 회사에 대한 배임죄의 성립을 부정하였다(대법원 1974. 4. 23. 선고 73도2611 판결). 그러나 주주의 유한책임으로 인해 회사의 재산은 회사채권자에 대해 유일한 책임재산을 구성하므로 1인주주라 하더라도 회사와 利害가 일치하는 것은 아니다. 다시 말해 회사의 손해는 주주의 손해일 뿐 아니라 채권자의 손해이기도 한 것이다. 따라서 현재는 1 인주주가 임무에 위배하여 회사에 손해를 가한 경우 배임죄의 성립을 인정하며(대법원 1983. 12. 13. 선고 82도2330 판결(전); 동 2005. 10. 28. 선고 2005도4915 판결), 1인주주가 회사재산을 영득한 경우 횡령죄의 성립을 인정한다(대법원 1989. 5. 23. 선고 89도570 판결; 동 2010. 4. 29. 선고 2007도6553 판결).

6) **법인격부인론과의 관계** 1인회사의 경우 법인격은 형해에 불과한 경우가 많을 것이다. 따라서 1인회사일 때에는 다음에 설명하는 법인격부인론을 적용할 소지가 크다.

Ⅱ. 法人格否認論

1. 유한책임의 남용과 규제

법인격부인(disregard of the corporate fiction; piercing the corporate veil)이란 회사가 사원으로부터 독립된 실체를 갖지 못한 경우에 회사와 특정의 제 3 자간의 문제된 법률관계에 한하여 회사의 법인격을 인정하지 아니하고 회사와 사원을 동일시하여 회사의 책임을 사원에게 묻는 것을 말한다. 예컨대 Y회사가 자기의 채무를 변제할 자력이 없고 소정의 요건을 구비할 경우, 채권자 Z는 Y의 존재를 부인하고 그 지배주주 X에게 책임을 묻는 것이다. 이것은 주로 주식회사에 있어서 주주가 유한책임제도를 악용함으로써 생겨나는 폐단을 해결하기 위하여 고안된 이론이다(따라서 여기서는 주로 주식회사에 관하여 설명하지만, 같은 원리가 합명회사를 제외한 기타 회사에도 적용될 수 있다).

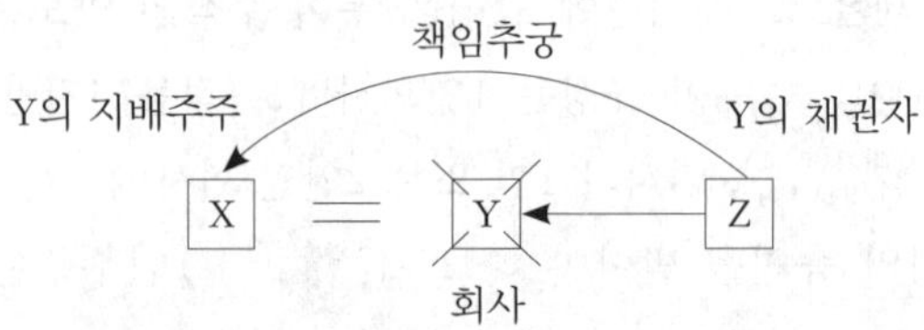

회사는 그 구성원(사원)과는 별개의 독립된 인격자이므로 사원은 무한책임사원이 아닌 한 회사의 거래에 관하여 책임질 바 아니며, 반대로 사원이 당사자

인 법률관계에 회사가 관여할 바도 아니다. 그러나 사업으로 인한 위험부담을 줄이기 위한 방편으로 회사의 형식만 빌렸을 뿐이고 실제 사업의 운영은 어느 주주 개인의 사업과 다름없는 경우, 회사의 법인격은 오로지 제 3 자에 대한 책임을 회피하는 데에만 이용되는 결과를 빚는다. 주주가 법인인 경우, 즉 母子회사간에도 같은 현상을 볼 수 있다. 회사가 자기의 사업 중 위험도가 큰 부분을 떼어 내 별도의 회사를 만들어 수행하게 함으로써 손실을 제한하는 것이다. 이는 회사제도의 목적에 어긋남은 물론이고, 정의와 형평의 관점에서도 묵과할 수 없는 일이다.

현행법의 테두리 내에서 이러한 현상을 단속하는 방법으로는, 부실한 회사의 설립을 강력히 억제하고 회사의 운영을 공법적 수단으로 감시하며, 회사의 해산명령제도를 널리 활용하는 것을 생각해 볼 수 있다. 하지만 이같은 극단적인 방법은 회사의 설립과 활동을 위축시킬 것이다. 그래서 회사의 존립 자체에는 영향을 주지 않고, 특히 문제된 법률관계에서만 법형식을 떠나 실질적인 책임의 주체를 확보하는 방법으로 법인격부인론이 생겨났다.

그러나 이 이론은 실정법에 근거한 것이 아니고, 또 주식회사의 기본질서인 유한책임제도의 기초를 위태롭게 하므로 현실적인 적용에 있어서는 적용요건과 적용범위 등의 확정에 큰 어려움을 겪게 되고, 그 이전에 현행법하에서 어떠한 근거로 동이론을 수용하느냐라는 문제를 맞게 된다.

외국의 법인격부인론

1) 미국의 법인격부인론 법인격부인론은 19세기 후반부터 美國의 판례에 의해 생성·발전한 이론으로, 법인격은 그것이 「공공의 편익을 해하거나, 위법을 정당화하거나, 사기를 비호하거나, 범죄를 옹호하기 위해」(to defeat public convenience, justify wrong, protect fraud, or defend crime) 이용되었을 때에는 부인되어야 한다는 것을 기본입장으로 하여 전개되어 왔다.[1)]

그러므로 미국에서는 同이론이 계약상의 책임문제뿐 아니라 불법행위로 인한 책임문제 또는 채권자를 사해하는 행위의 효력을 다투는 문제 기타 매우 광범한 경우에까지 적용되어 왔으며, 회사의 책임을 주주에게 묻기 위해서뿐만 아니라 역으로 주주의 책임을 회사에게 묻기 위하여도 적용되었다.

법인격부인의 이론적 근거에 대해 판례는 다양한 설명을 내놓았지만, 법인격부인론이 적용되어야 할 상황(요건)으로 인정하는 것은 대체로 공통적이다. 즉 ① 주식의 전부 또는 대부분을 특정 주주가 소유하고, 회사의 영업정책·재무·운영이 그 지배주주의 완전한 지배하에 이루어짐으로 인하여, 문제된 거래에서 회사가 자신의 독립

1) United States v. Milwaukee Refrigerator Transit Co., 142 F. 2d 247, 255.

된 의사와 존재를 갖지 못하고(complete domination), ② 이같은 지배력이 사기 기타 법상의 의무위반 또는 상대방의 권리를 침해하는 불공정한 행위를 하는 데에 이용되고(wrongful or inequitable conduct), ③ 이같은 지배력의 행사 및 위법·불공정한 행위와 상대방의 손해 사이에 인과관계가 있을 때(causal relationship to the plaintiff's loss)에 그 법인격을 부인한다.[1)]

2) 독일의 투시이론 독일에서는 미국의 법인격부인론과 같은 취지의 투시이론(Durchgriffslehre)[2)]이 1920년대부터 발전하였다. 주식회사설립에 準則主義가 도입되면서 20세기 초를 전후하여 1인회사가 생겨나고 심지어 처음부터 1인회사를 목적으로 회사를 설립하는 사례가 많았는데, 1920년에 제국최고법원이 회사와 1인사원의 법인격의 분리는 인정하나, 법적 구성 이전에 「생활의 현실, 경제적인 필요, 사실의 힘」(die Wirklichkeiten des Lebens, die wirtschaftlichen Bedürfnisse und die Macht der Tatsachen)을 고려하여 구체적인 법률관계에 있어서는 사원과 회사를 동일시할 수 있다는 판결을 하여 투시이론의 효시를 이루었다.[3)]

이후 같은 판례가 이어지고 이익법학파 학자들의 지지를 받았으나, 그 이론구성에 있어서는 혼미를 거듭하다가 1955년 제리크(Serick)가 「법인의 법형식과 실제」(Rechtsform und Realität juristischer Personen)라는 논문에서 투시이론을 체계적으로 정비하였다. 제리크는 법인의 「단일성개념」(Einheitsbegriff)[4)]에서 출발하여 法人의 법형식이 그 배후의 자연인에 의해 객관적으로 그리고 주관적으로 남용된 극히 예외적인 경우(예컨대 법률회피·계약회피·사해 등)에 한해 무시될 수 있다는 소위 주관적 남용론(Mißbrauchtheorie)을 전개하였다. 그러나 이에 대하여는 많은 비판이 따랐고, 1956년 연방법원의 판례도 투시이론의 적용에 법인격의 의도적 남용은 필요 없고, 법인격의 이용은 법질서의 목적에 합치되는 범위에서 허용될 수 있다는 취지의 판결을 함으로써 주관적 남용론을 배척하였다.[5)]

독일의 투시이론도 그 적용되는 상황(요건)은 대체로 미국의 그것과 유사하여 영역(재산과 책임)의 혼동(Sphärenvermischung), 타인(주주)의 경영조종(Fremdsteuerung), 유한책임제도의 남용(Institutsmißbrauch) 등을 요한다.[6)]

3) 일본의 形骸論 일본에서는 전후 법인격부인론이 여러 학자들에 의해 소개

1) Zaist v. Olson, 154 Conn. 563, 227 A, 2d 552(1967); Cary & Eisenberg, pp. 166~69; Blumberg, *ibid*., p. 114.
2) 이 용어는 Serick가 1920년대 이후 판례와 학설에 나타난 해당 이론을 통틀어 이와 같이 부른 데서 유래한다. 우리나라에서는 흔히 이 개념을 「책임실체파악이론」이라고 번역한다.
3) RG 22. 6. 1920, RGZ 99, 232, 234; 129, 50, 53 f.; BGHZ 22, 226, 230; 61, 380, 383.
4) 법인은 그에 내재하는 형태의 차이에 불구하고 자연인과 같은 가치를 인정받고, 따라서 1인회사라도 완전한 가치를 갖는 법주체로 인정된다는 것이다. 이 점이 객관적 남용이 있다는 것만 가지고 법인격을 부인할 수 없다는 근거가 된다.
5) BGHZ 20, 4, 14; 22, 226, 231; 68, 312, 315.
6) 상세는 *Brändel*, in Großkomm. AktG, 4. Aufl., § 1 Rn. 92 ff.

되어 오다가 1969년 최고재판소판결[1])이 이를 채택한 이래 회사법의 해석원리로 수용되었다. 그 적용요건 · 이론적 근거 등의 문제에 있어서는 아직 명확한 해결을 보지 못하고 있으나, 대체로 회사의 기관운영이 유명무실하고, 주주와 회사의 업무 · 재산이 혼융되고, 자본이 과소한 경우 회사가 「형해화」되었다 하여 법인격부인의 객관적 요건으로 삼는다. 판례는 이같은 객관적 요건이 구비되거나, 위법 · 부당한 목적으로 法人格을 이용하려는 주관적 의도가 갖추어졌을 때에 법인격을 부인할 수 있다고 한다. 그리고 동이론의 실정법적 근거로는 권리남용금지(日民 1조 3항)를 들고 있다.[2])

국내의 법인격부인론의 수용

우리나라에서는 1974년에 서울고등법원이 처음으로 법인격부인론을 적용한 판결을 내놓았으나,[3]) 상고심에서 배척되었고(대법원 1977. 9. 13. 선고 74다954 판결), 1988년에 이르러 법인격부인론을 적용한 대법원판례가 처음 등장하였다(판례 [1]). 사안을 보면, 해운업을 영위하는 홍콩인이 편의치적(flag of convenience)을 위해 리베리아에 세운 선박회사의 이름으로 화물선을 취득하고, 홍콩의 회사에게 선박관리를 위임하는 형식을 취해 실제 운항하도록 하였다. 운항중 고장이 나자 우리나라의 (株)현대미포조선에서 선박을 수리하였으나 대금지급을 게을리하므로 현대측이 선박을 가압류하자, 선박의 형식상 소유자인 리베리아 회사가 제 3 자이의의 소를 제기하였다. 이 사건에서 법원은 리베리아 회사의 법인격을 부인하고 홍콩회사를 선박의 실소유자로 보았다. 이어 1989년에 같은 현대미포조선이 역시 편의치적된 선박(키프러스에 선적회사를 설립하고 실소유자인 이탈리아 회사가 운행)의 수리비 때문에 동 선박을 가압류하자, 명의상 소유자인 키프러스회사가 제 3 자이의의 소를 제기한 사건에서 법원은 위 1988년 판례와 같은 취지로 판결하였다(대법원 1989. 9. 12. 선고 89다카678 판결). 이 두 건은 제 3 자이의의 소에서 다루어진 것이나, 이후 일반 판결절차에서 법인격부인론을 원용한 판례가 연이어 나왔다(판례 [2]~[4] 및 同旨판례).

2. 법인격부인론의 법리적 근거

법인격부인론은 성문법에 근거한 제도가 아니므로 어떠한 법리적 근거에서

---

1) 日最高裁 1969. 2. 27. 판결, 民集 23권 2호 511면. 동판례는 ① 법인격이 형해화하거나, ② 법인격이 법률적용을 회피하기 위하여 남용된 경우에 법인격이 부인되어야 한다고 판시하였다.

2) 日注釋(1), 75면 이하.

3) 서울고법 1974. 5. 8. 선고 72나2582 판결: 사업규모에 비하여 극히 적은 자본금을 가지고 주식은 친족간에 적당히 분산하고, 설립과정이나 회사운영에서 법소정의 절차를 밟지 않고 서류의 형식만 갖추어 놓고, 대주주가 기업운영을 개인재산과 구분하지 않고 임의로 행하다가 회사가 어음을 발행하고 지급하지 못하게 된 사건이다. 전형적인 법인격부인론의 적용대상이라 할 수 있어, 동판결은 이 회사가 법형식의 남용이며 형해에 불과하다고 하며 대주주에게 지급책임을 물었다. 그러나 1977년 이 사건의 상고심은 동사건의 사실관계가 법인격부인의 적용대상이 되지 않는다고 함으로써 법인격부인론의 수용 여부에 대한 판단은 유보하였다.

법인격부인을 정당화하느냐는 문제가 제기된다. 미국에서는 판례를 통해 회사가 주주의 대리인에 불과하기 때문이라는 대리이론(agency rule), 회사가 주주의 도구에 불과하기 때문이라는 도구설(instrumentality rule), 회사가 주주의 분신이기 때문이라는 분신이론(alter ego rule), 회사는 주주와 실질적으로 동일체이기 때문이라는 동일성설(identity rule) 등 다양한 이론이 제시된 바 있다.[1] 그러나 어느 것도 정설이라 할 만한 것은 못 되고, 비유적 표현에 불과하여 법인격부인론의 법적 이해에는 도움이 되지 않는다는 비판을 받고 있다.[2]

우리나라의 학자들은 대부분 권리남용금지와 신의칙에서 법인격부인론의 근거를 찾으며(강 · 임 37; 권기범 95; 김정호 19; 김홍기 267; 정동윤 346, 최기원 58; 최준선 68; 홍 · 박 34; 김홍기(주석－회사 1) 165),[3] 대법원판례도 「별개의 법인격을 가진 회사라는 주장을 내세우는 것은 신의성실의 원칙에 위반하거나 법인격을 남용하는 것」이라고 표현한 것으로 미루어 신의칙 또는 권리남용금지의 원칙에서 그 근거를 찾는 것으로 보인다(판례 [1]~[4]).

법인격부인의 준거법

법인격의 부인여부가 문제되는 회사가 외국회사이거나, 법률관계에 외국적 요소가 포함되어 있는 경우 어느 나라 법에 근거하여 법인격을 부인할 것이냐(혹은 부인하지 않을 것이냐)는 저촉법적 문제가 생긴다. 이러한 사건에서는 먼저 준거법을 결정한 후에 부인여부를 판단해야 할 것이나, 과거 외국회사를 대상으로 법인격부인론을 적용하면서, 준거법의 결정근거에 관한 언급은 전혀 없이 법정지법인 우리나라 법에 의해 법인격을 부인한 판례가 여러 건 있었다.[4]

그러나 최근의 판례에서는 법인격부인 여부를 위한 준거법을 검토하며 그 결정 기준도 제시하고 있다. 법인격부인 문제는 법인의 구성원이 법인의 채권자에 대하여 책임을 부담하느냐는 책임실체 파악의 문제로서 屬人法에 따를 사항이므로 국제사법 제30조 본문에 의해 설립준거법에 따라야 한다는 것이 다수설 · 판례의 입장이다(대법원 2025. 4. 3. 선고 2022다288836 · 288843 판결; 동 2025. 7. 3. 선고 2021다220741 판결).[5] · [6]

---

1) P. Blumberg, *The Law of Corporate Groups*, Little Brown and Company, 1987, pp. 105~32.

2) Easterbrook & Fischel, p. 54; Hamilton, p. 227.

3) 권리남용금지, 신의칙과 같은 실정법적 근거 외에 법질서의 바탕을 이루는 정의와 형평의 이념에서도 근거를 찾을 수 있다고 설명하기도 한다(김 · 노 · 천, 61면; 판례 [2]; 龍田, 58면).

4) 석광현, 「국제사법해설」, 박영사, 2013, 212면에서는 우리 판례가 준거법의 결정에 관한 검토 없이 외국회사에 대해 국내법을 적용하여 법인격을 부인하고 있음을 비판하고, 아울러 법인격부인에 관한 국제사법의 일반원칙을 소개하고 있다.

5) 두 건 다 중국회사의 채무에 관해 舊 중국회사법 제62조(현행 23조 3항: 1인주주가 회사의 독립성을 입증하지 못할 경우 회사채무에 관해 주주의 책임을 묻는 규정)를 적용하여 1인주주인 한국의 모회사에 책임을 물은 사건이다.

6) 다수설도 판례와 같지만, 법인격부인을 통해 실현하려는 채권을 발생시킨 계약 또는 불법행위

3. 적용요건

(1) 객관적 요건

법인격부인론은 객관적으로 회사가 독립된 법인격의 실체를 구비하지 못한 경우, 즉 이른바 형해화한 경우에 적용할 수 있다. 판례가 드는 법인격부인을 위한 객관적 요건(형해화)은 다음 세 가지인데, 외국의 판례이론에서도 공통적으로 요구되고 있다.

1) 支配의 完全性 회사가 그 자체의 독자적인 의사 또는 존재를 상실하고 지배주주가 자신의 사업의 일부로서 회사를 운영하고 있다고 할 정도로 완전한 지배력을 행사하고 있을 것이 요구된다(complete domination). 단지 지배주주 혹은 모회사로서 회사의 이사 선임 등 의사결정에 강한 지배력을 행사하는 것은 법적으로 정당한 지배이므로 이런 사실만으로는 법인격부인의 요건을 충족하지 못한다(판례 [4]). 판례 [2]가 지적하는 바와 같이 「피고가 실질적으로 발행주식을 전부 소유하고, 주주총회나 이사회의 법적 절차를 지키지 않고 피고 개인의 의사대로 회사를 운영하는」 등 회사가 독립된 인격체로서의 존재의의를 잃은 경우에 「지배의 완전성」이 충족된다.

2) 재산의 혼융 회사의 재산과 업무 및 대외적인 기업거래활동이 지배주주의 그것과 명확히 구분되지 않고 양자가 서로 혼융되어 있어 주체를 구분하기 어려워야 한다. 완전한 지배가 행해진다고 하더라도 거래와 재산의 주체가 분명히 구분된다면 회사의 이익이 독립적으로 추구되고 책임재산도 보존되기 때문이다. 판례 [2]에서 「회사가 지급받은 분양대금으로 피고가 자기명의의 부동산을 매입하는 데 사용하는 등 회사 재산과 피고의 재산이 구분되어 있지 않다」는 취지의 설시를 한 것은 재산의 혼융을 지적한 것이다.

과소자본(inadequate capital)의 취급

회사의 자본이 사업의 성질이나 규모에 비해 적정하지 못하면 채무변제능력이 취약하므로 과소자본은 법인격부인론을 적용해야 할 사태발생의 직접적인 원인이 된다고 할 수 있다. 그러나 어느 정도가 적정한 자본이냐에 관해 실정법상 정해진 바 없고 해석상으로도 객관적인 기준을 마련하기 어렵다. 그러므로 판례는 법인격을 부인하며 과소자본을 지적하기도 하지만(판례 [2]), 과소자본은 법인격부인여부의 보조적

의 준거법에 따라야 한다는 견해도 유력하고, 문제된 사안의 유형별로 연결원칙을 정해야 한다는 견해도 제시되고 있다(김태진, "법인격부인론에 관한 국제사법적 검토,"「국제사법연구」 제14호(2008. 12.), 209면 이하).

판단자료로 삼는 데 그치는 것으로 보인다.

미국의 판례도 일반적으로 사업의 규모에 비해 자본이 과소하다는 사실은 법인격을 부인하는 데 있어 법원이 고려해야 할 추가적인 요소(additional factor)이기는 하나 법인격부인의 자족적이고 충분한 근거(no single factor sufficient)는 될 수 없다고 본다.[1] 독일에서도 적정자본의 기준을 객관화하기 어려우므로 과소자본임이 객관적으로 증명되거나 문제된 지배주주가 납입부실 등으로 자본충실을 해한 경우에 한해 법인격부인의 대상으로 본다.[2]

하지만 미국의 판례는 회사채권자가 계약상의 채권자인 경우와 불법행위채권자인 경우를 구분하여 가치판단을 달리하기도 한다. 계약상의 채권자는 이른바 능동적 채권자(voluntary creditor)로서 회사와의 거래 여부를 선택할 수 있다. 따라서 채권자가 회사의 재무상태를 알 수 있었다면 자본의 과소를 가지고 법인격부인의 근거로 삼기는 어렵다. 이에 반해 불법행위채권자는 수동적 채권자(involuntary creditor)로서 채무자를 선택하여 채권을 취득하는 것이 아니므로 과소자본은 주주의 책임을 추궁하는 데 중요한 근거가 된다는 것이다.[3]

3) 회사의 無資力 법인격부인론이 회사로부터 변제받지 못한 채권자를 구제하려는 제도이므로 위 요건을 충족하는 외에 회사가 무자력하여 채무를 변제하지 못할 경우에 법인격부인론을 적용할 수 있음은 물론이다.

(2) 주관적 요건의 요부(선택적 요건성)

법인격을 부인하기 위해서는 이상과 같이 회사가 객관적으로 형해화한 상황에 더하여, 주주의 법인격남용의사를 요하느냐는 의문이 제기된다. 이 점에 관해 판례는 혼란스러운 모습을 보이는데, 대체로 다음과 같이 세 단계를 거쳐 변화해 온 것으로 정리해 볼 수 있다.

i) 법인격부인론을 적용한 초기의 판례는 회사가 형해화된 상황을 설시하고 이러한 상황에서 "주주가 회사의 법인격을 주장하며 자신의 책임을 부정하는 것은 법인격의 남용"이라는 식으로 판시하며(판례 [2]), 남용의사는 법인격부인의 요건

---

1) Carpentry Health & Welfare Fund of Philadelphia and Vincinity by Gray v. Kenneth R. Ambrose Inc., 727 F. 2d 279, 284(3rd cir. 1983); West v. Costen, 558 F. Supp. 564, 585(W. D. Va. 1983).

2) Fock, in Spindler/Stilz, § 1 Rn. 59 f.

3) Hackney & Benson, "Shareholder Liability for Inadequate Capital," 43 U. Pitt, L. Rev. 837(1982). 그러나 계약상의 채권자라 하더라도 회사의 재무상태를 정확히 파악하는 것은 불가능하므로 손실의 가능성은 불법행위채권자와 다를 바 없다는 점, 그러므로 과소자본에 대해 법인격부인론을 적용한다면 회사가 채권자에게 자본상태를 개시하도록 유인하는 효과가 있다는 이유를 들어 과소자본에 대해 일반적으로 법인격부인론을 적용해야 한다는 견해도 유력하다(Easterbrook & Fischel, p. 59).

으로 보지 않았다.

ii) 이후의 판례 중에는 법인격을 부인하기 위하여는 회사의 형해화에 더하여 주주에게 "회사의 법인격을 법률회피, 채무면탈 등의 위법한 목적을 위하여 남용하려는 주관적 의도 또는 목적"이 인정되어야 한다고 판시한 것이 있다(판례[4]; 대법원 2010. 2. 25. 선고 2007다85980 판결).

iii) ii)와 거의 같은 시기에 법인격의 형해화와 법인격의 남용을 선택적 요건으로 삼은 판례가 등장하였는데, 이후 몇 건의 판례에서 같은 표현이 되풀이되었다(대법원 2008. 9. 11. 선고 2007다90982 판결; 동 2010. 1. 28. 선고 2009다73400 판결; 2011. 6. 24. 선고 2009다35033 판결; 동 2013. 2. 15. 선고 2011다103984 판결). 이 판례들은 후술하는 일본의 최고재판소의 판례를 참고한 듯하지만, 남용여부는「법인격 형해화의 정도」및 기타 사정을 고려하여 판단해야 한다고 말하는 것을 보아서는 실제 형해화와 남용의사를 각각 독립적인 선택지로 삼은 것인지 의문이다.[1)]

iv) 가장 최근의 판례로, 남용 여부를 형해화와 연결시키지 않고, 법인격부인은「회사가 이름뿐이고 실질적으로는 개인기업에 지나지 않은 상태로 될 정도로 형해화된 경우와 회사의 법인격이 형해화될 정도에 이르지 않더라도 개인이 회사의 법인격을 남용하는 경우」에 적용할 수 있다고 한 것이 있다(대법원 2023. 2. 2. 선고 2022다276703 판결: 판례[5]의 同旨판례). 하지만 이는 일반론으로서 설시한 것이고, 사실인정에서는 대상회사의 형해화도 부정하고 남용의사도 부정하였으므로 아직 위 설시를 확립된 판례로 보기는 어렵다.

특정 주주가 회사를 완전히 지배하고 회사의 사업이 주주의 개인사업처럼 운영된다면, 그러한 사실 자체만으로도 회사제도의 이익(법인격에 따른 주주유한책임의 원칙)을 향유할 가치가 없다고 보아야 하며, 이 경우 회사채권자를 보호할 필요성은 주주의 남용의사와 무관하게 생겨난다. 따라서 주주의 남용의사는 불필요하다고 보는 것이 옳다(同旨: 정동윤 344; 최준선 70. 반대: 권기범 100; 김홍기(주석-회사 1) 171).

日本에서의 요건론

일본에서도 주관적 요건의 요부에 관해 논의가 있지만, 그 내용은 앞서 소개한 iii)의 판례와 같은 경향을 보인다. 일본의 판례는 회사가 형해화하거나, 법인격이 법률

1) 대법원 2013. 2. 15. 선고 2011다103984 판결:「…법인격이 형해화될 정도에 이르지 않더라도 그 배후에 있는 회사가 해당 회사의 법인격을 남용한 경우 그 해당 회사는 물론 배후에 있는 회사에 대하여도 해당 회사의 행위에 대한 책임을 물을 수 있으나, … 배후에 있는 회사가 법인제도를 남용하였는지 여부는 앞서 본 법인격 형해화의 정도 및 거래 상대방의 인식이나 신뢰 등 제반 사정을 종합적으로 고려하여 개별적으로 판단하여야 한다.」

의 회피를 위해 남용된 경우에 법인격이 부인된다고 본다. 즉 회사의 형해화라는 객관적 요건과 법인격의 남용이라는 주관적 요건을 각기 법인격부인의 선택적인 충분조건으로 보는 것이다.[1] 이에 대해 학자들의 견해는 양자가 구비되었을 때에 법인격을 부인해야 한다는 견해와 판례와 같이 선택적 요건으로 보는 견해로 갈려 있다.

최근 우리 판례가 일반론으로서 형해화와 법인격의 남용을 선택적 요건으로 설명하고 있음은 기술한 바와 같다.

⑶ 요건의 판단시점

이상의 법인격부인의 객관적 및 주관적 요건은 언제 구비하여야 하는가? 종전의 판례는 「문제가 되고 있는 법률행위나 사실행위를 한 시점을 기준으로 하여」 구비 여부를 판단해야 한다는 입장이었으나(대법원 2008. 9. 11. 선고 2007다90982 판결; 同 2013. 2. 15. 선고 2011다103984 판결), 최근의 판례에서는 법인격이 형해화되어 법인격을 부인하는 경우와 법인격을 남용하였음을 이유로 법인격을 부인하는 경우로 나누어 전자의 경우에는 문제가 되고 있는 법률행위나 사실행위를 한 시점을 기준으로, 후자의 경우에는 채무면탈 등의 남용행위를 한 시점을 기준으로 각 판단해야 한다고 설시하였다(대법원 2023. 2. 2. 선고 2022다276703 판결).[2] 그러나 법인격부인론을 적용할 명분은 완전한 지배와 재산의 혼융 등 요건적 행위를 통해 회사의 변제자력을 상실케 하였다는 것이므로 문제된 채권의 권리행사시점에 요건의 충족 여부를 판단해야 한다고 본다.

4. 적용범위

법인격부인론을 적용함은 성문법상의 기본질서를 비성문화된 법이론으로 부정함을 뜻하므로, 예측가능성을 무시하고 법률관계의 불안정을 초래한다. 그러므로 성문법국가인 우리나라에서 이 이론을 적용함에 있어서는 종래의 법이론으로 해결할 수 없는 극히 예외적인 법률관계에 한해 적용하여야 한다는 것이 일반적인 견해이다.

이와 관련하여 법인격부인론의 적용대상이 되느냐가 특히 문제되는 몇 가지 사항을 검토한다.

1) 日最高裁 1969. 2. 27. 판결, 民集 23권 2호 511면; 江頭, 45면.

2) 관련판지: 「… 회사의 법인격이 형해화되었다고 볼 수 있는지 여부는 원칙적으로 문제가 되고 있는 법률행위나 사실행위를 한 시점을 기준으로, 회사의 법인격이 형해화될 정도에 이르지 않더라도 개인이 회사의 법인격을 남용하였는지 여부는 채무면탈 등의 남용행위를 한 시점을 기준으로 각 판단하여야 한다.」

註: 밑줄 부분의 '남용행위'란 원고에 의해 남용행위라고 주장된 행위를 뜻한다.

1) 불법행위책임의 추궁 회사가 제 3 자에게 부담하는 거래상의 채무를 株主에게 귀속시키는 것은 법인격부인론의 본래의 취지에 속하는 문제이고, 앞서 설명한 내용도 이 점을 중심으로 한 것이다. 이와 달리 회사가 제 3 자에게 부담하는 불법행위책임도 법인격부인을 통해 주주에게 귀속시킬 수 있는가? 회사가 불법행위로 인한 손해배상책임을 지게 되었으나, 회사는 무자력하고 이 회사가 법인격부인의 다른 요건(완전한 지배 등)을 구비한 경우에 회사의 법인격을 부인하고 주주에게 손해배상책임을 물을 수 있느냐는 문제이다.

미국에서는 불법행위책임에 대해서도 광범하게 동이론을 적용하고 있으며 오히려 불법행위의 피해자야말로 수동적 채권자(involuntary creditor)이므로 법인격부인론의 적용대상으로서 보다 적격이라 한다. 우리나라에서도 불법행위책임의 추궁에 법인격부인론의 적용을 긍정하는 것이 통설이다(강 · 임 401; 권기범 105; 김 · 노 · 천 67; 김정호 30; 임재연 I 71; 정동윤 30; 정찬형 476; 최기원 60; 최준선 72; 김홍기(주석 – 회사 1) 174).

불법행위에 대한 적용논리

최근 자동차운송, 해운, 항공, 건설과 같이 타인을 가해할 위험이 상존하는 사업 또는 내형 공작물의 제조 · 사용과 같이 우발적 가해의 위험이 높은 사업이 증가하고 있고, 이러한 위험에 대한 일반인의 접촉이 일상화되어 있다. 그리고 이러한 사업자들이 손해배상책임으로 인한 손실을 제한하고자 영세한 자금만으로 사업을 영위하는 탓에 피해자에 대한 보상이 불충분한 경우도 흔히 볼 수 있다. 그러므로 불법행위책임의 추궁에 있어서도 법인격부인론을 적용할 필요성이 크다.

그렇지만 불법행위에 대한 적용에 있어서는 법인격부인의 근거론과 관련하여 다소의 이론적 검토를 요한다. 왜냐하면 우리는 법인격부인의 법적 근거를 신의칙이나 권리남용금지에서 구하는데, 신의칙을 강조할 경우에는 상대방의 신뢰보호라는 취지가 강하게 담겨 있으나 불법행위에서는 상대방의 신뢰라는 것이 있을 수 없기 때문이다.[1)]

그러나 법인격부인론은 채무의 발생이 아니라 회사의 無資力에 지배주주의 책임을 연결지으려는 제도이므로 불법행위에 동이론을 적용함에 무리가 없다고 본다.[2)] 한편 위험도가 높은 사업을 소자본의 회사로 수행하는 자에 대해서는 일반대중의 신뢰를 보호할 필요가 있다고 할 것이므로 법인격부인론을 적용하더라도 동이론이 신의칙을 근거로 삼는 것과 관련하여 모순이 없다고 생각된다.

---

1) 일본에서는 불법행위책임에 법인격부인론을 적용한 예가 매우 드물다고 한다(江頭, 47면. 會社法コン(1), 116면: 법인격부인론을 적용한 몇 건의 하급심판례가 소개되어 있다).

2) 同旨: 大系 I, 138면(김정호 집필).

법인격부인의 법경제학

미국의 학자들은 흔히 불법행위사건에도 법인격부인론을 적용해야 할 이유를 법경제학적 관점에서 설명한다. 한 예로, 뉴욕주의 택시사업을 하는 Carlton이라는 자가 10대의 택시를 운행하면서 택시 한 대마다 별도의 주식회사를 설립하여 운행하고, 법상 강제되는 최소액의 책임보험만을 가입하였다. 그 중 한 대가 행인을 치었으나 배상자력이 부족하여 피해자가 Carlton의 책임을 물은 사건이 있다.[1] 이 사건에서는 원고가 패소하였는데, 어느 학자는 다음과 같이 평석하였다. 이 경우 법인격부인론을 적용하여 Carlton의 유한책임을 부인한다면, Carlton은 자신이 충분한 배상능력이 있을 때에 비로소 택시사업을 하거나, 예상되는 배상에 충분한 보험에 가입하거나, 아니면 보다 많은 임금을 주고 보다 양질의 운전사를 고용할 것이라고 하며, 불법행위사건에서 법인격부인론을 적용하지 않는다면 결국 사업실패의 위험을 보상 없이 피해자들에게 전가하는 것이라고 지적하였다.[2]

2) 부인론의 역적용 미국에서는 주주의 채무를 회사로 하여금 이행시키기 위하여 법인격부인론을 적용한 예도 많다. 예컨대 채무자가 강제집행을 면탈하기 위해 회사를 설립하고 이에 출자한 경우 회사의 재산을 주주(채무자)의 재산으로 보는 것이다. 우리나라에서도 다수 학설이 부인론의 역적용을 시인하며, 최근 같은 입장의 판례도 등장하였다(김·노·천 68; 김정호 48; 송옥렬 714; 임재연 I 72. 판례 [5]). 그러나 법인격부인론 자체가 실정법에 근거한 제도가 아닌 터에 역적용까지 허용하는 것은 법적 안정이라는 관점에서 바람직하지 않다고 본다.[3] 이론적으로는 역적용이 가능한 상황이란 회사에 변제자력이 있음을 의미하고, 이로부터 주주가 무자력이 아니므로 법인격부인의 필요성이 없다고 추론할 수 있다. 왜냐하면 주주가 소유하는 주식이 채권자에 대한 책임재산으로 충분하기 때문이다(同旨: 김홍기 272; 오성근 47). 그리고 역적용은 결국 회사채권자에 우선하여 주주에게 출자를 환급해 주는 결과를 초래하므로 회사법의 가장 중요한 이념인 채권자보호의 원칙에 정면으로 반한다. 그러므로 판례도 「회사 설립과 관련된 개인의 자산 변동 내역, 특히 개인의 자산이 설립된 회사에 이전되었다면 그에 대하여 정당한 대가가 지급되었는지 여부, … 제 3 자에 대한 회사의 채무 부담 여부와 그 부담 경위 등을 종합적으로 살펴보아 … 설립 전 개인의 채무 부담행위에 대한 회사의 책임을 부인하는 것이 심

---

1) Walkovszky v. Carlton, Court of Appeals of New York, 1966, 18 N.Y. 2d 414, 276 N.Y.S. 2d 585, 223 N.E. 2d 6.
2) Halpern, Trebilcock & Turnbull, *An Economic Analysis of Limited Liability in Corporation Law*, 30 U. Toronto L.J. 117, 145~46(1980).
3) 독일의 통설·판례이다(BGHZ, DStR 1999, 1822; *Brändel*, in Großkomm. § 1 Rn. 140).

히 정의와 형평에 반한다고 인정되는 때」에 회사의 책임을 물을 수 있다고 하는데(판례 [5]), 이는 i) 주주가 회사설립 전에 부담한 채무이고, ii) 개인이 회사에 이전한 자산에 관해 회사가 정당한 대가 없이 부당한 이익을 누리고 있는 경우에 한해 역적용이 가능함을 시사하는 취지로 읽혀진다. 특히 제 3 자에 대한 회사의 채무 유무를 논하는 것은 앞서 말한 회사채권자의 보호를 의식한 대목이다.

Reverse piercing

미국 판례에서도 법인격부인론의 역적용(reverse piercing)은 특히 지배주주가 남용할 소지가 있음을 이유로[1] 매우 조심스럽게 다룬다. 그리하여 역적용을 허용한 판례에서도, i) 역적용은 매우 제한적으로 허용되어야 하며,[2] ii) 모든 이해관계자들에게 공평한 결과를 가져와야 하며, iii) 주주와 회사는 서로의 분신이어야 한다는 단서를 붙인다.[3]

3) **기판력 · 집행력의 확장문제** 회사를 상대로 한 소송에서 승소한 회사채권자가 법인격부인의 요건을 충족하는 당해 회사의 지배주주에 대해 기판력 · 집행력 등 판결의 효력을 미치게 할 수 있는가? 법인격부인을 위해서는 별도의 사실인정과 법해석이 필요하므로 회사에 대한 승소판결의 기판력이 지배주주에게 미친다고 볼 수 없음은 당연하다(대법원 1995. 5. 12. 선고 93다44531 판결). 같은 성격의 문제로, 지배주주를 회사의 승계인에 준하는 자로 보고(민집 31조 1항) 채권자가 법인격부인의 요건을 증명하여 집행문부여의 소를 제기함으로써 주주에 대한 승계집행문을 받을 수 있느냐는 의문이 제기된다. 이 역시 소송절차의 명확 · 안정의 요청에 어긋나므로 부정하는 것이 옳다.[4]

5. 법인격부인론의 확장(판례의 경향)

법인격부인론의 원래의 기능은 법인격이 남용된 회사의 지배주주에게 회사채무의 변제책임을 묻는 것이다. 판례 [2]의 사실관계가 대표적인 적용대상이라고 할 수 있고, 판례 [4] 역시 전통적인 관점에서 법인격부인론의 적용 여부가

---

1) 주주가 회사의 뒷문을 열고 들어가 재산을 소진하여 다른 채권자들을 빈손으로 만들 수 있다는 비유를 한다(Pinto&Douglas Branson, p. 68).

2) 회사채권자의 권리를 침해한다는 이유로 또는 회사에 지배주주외에 다른 주주가 있는 경우에는 그 다른 주주를 보호하기 위해 지배주주의 채권자를 위한 법인격부인의 역적용을 거부한 판례를 볼 수 있다(Cascade Energy & Metals Corp. v. Banks, 896 F.2d 1557(10th Cir. 1990)).

3) In re Phillips, 139 P.3d 639(Col. 2006); 375 N.W.2d 477(Minn. 1985).

4) 日最高裁 1978. 9. 14. 판결, 「判例時報」 906호 88면.

검토될 수 있는 사안이다. 그러나 판례 중에는 원래의 법인격부인론의 요건과는 무관한 상황에 법인격부인론을 적용한 예가 있다. 판례 [1]과 판례 [3]이다.

판례 [1]과 그 同旨판례는 공통의 주주 甲에 의해 완전히 지배되고 있는 A회사와 B회사를 대상으로 하여, A회사의 법인격을 부인하고 A의 명의로 된 재산(선박)을 B의 것으로 파악하였다. 채무의 변제책임에 관해서가 아니고 재산의 귀속관계를 정하기 위해 법인격부인론이 적용될 수 있느냐는 문제가 별도로 다루어져야 하겠으나, 그 가능성을 시인한다고 하더라도 판례 [1]의 논리성은 의문이다. A의 법인격을 부인하고 그 지배주주의 소유물로 인정하는 것도 아니고, A와 직접적인 지배관계로 연결되지 않는 B의 소유로 인정하는 것은 일반적으로 인정되는 법인격부인론의 요건과는 크게 괴리되기 때문이다.

판례 [3] 역시 같은 지배주주 甲 아래의 A회사와 B회사를 대상으로 하여, A회사의 채무를 면탈할 목적에서 B회사가 만들어졌다는 사실인정을 거쳐 A, B는 실질적으로 동일한 회사라는 결론에 도달하였다. 이 판결문만 보아서는 A, B가 「실질적으로 동일」하다고 인정하는 근거가 매우 모호한데, 이후에 나온 대법원 2006다24438 판결은 「실질적 동일성」을 인정하는 비교적 구체적인 기준을 내놓았다. 그 중의 하나로 「A로부터 B에게 자산이 이전되었는지, 이전된 자산에 정당한 대가가 지급되었는지」를 들고 있다. 즉 정당한 대가 없이 자산이 이전되었다면 실질적인 동일성을 인정할 수 있는 근거의 하나가 마련된다는 것이다. 그러나 판례가 제시하는 기준을 다 충족한다 하더라도 A와 B 중 어느 회사의 법인격을 부인하는 것인지 애매하다. 판례 [3]의 판결문에서는 B가 A와 별개의 법인격을 내세우는 것이 법인격의 남용이라 했으므로 B의 법인격을 부인한 것으로 이해되지만, 그 부인의 결과로 A의 채무를 B가 변제해야 한다고 결론내는 것은 논리의 비약이다. 판례 [3]의 사실관계라면 사해행위취소와 같은 기성의 법리에 의해 해결해야 할 것이고 법인격부인론의 적용대상은 아니라고 본다.

나아가 채무자인 기업이 채무의 발생 이전부터 설립되어 있는 계열회사에 자산을 이전하고 무자력이 된 경우에도 판례 [3]의 이론을 확장적용하여 채권자가 계열회사에 이행청구하는 것을 허용한 예가 있는데(판례 [3]의 [同旨판례(2), (3)]), 역시 같은 문제점을 지적할 수 있다.

6. 부인효과

법인격의 부인은 회사의 법인격을 일반적으로 부정하는 것이 아니고, 문제된 특정사안에 한하여 지배주주로부터 회사의 법적 독립성을 부정하는 것이다. 회사의 문제된 채무는 바로 주주의 채무로 인정되는 것이 법인격부인의 주된 효과이나, 공평의 원칙상 문제된 거래의 부수적인 효과도 모두 주주에게 발생한다고 보아야 한다. 그리하여 이행되지 않은 반대급부에 대한 회사의 권리도 주주가 취득하며 회사가 갖는 각종 항변권도 주주가 행사할 수 있다고 본다.

책임의 범위와 인과관계의 要否

앞서 소개한 대법원 2022다288836 · 288843 판결(2025. 4. 3. 선고)은 중국의 어느 회사가 과다한 채무를 부담한 상태에서 그 회사의 완전모회사인 한국회사가 자회사로부터 거액의 배당을 받음으로써 자회사의 채무변제가 어려워진 사안에서 법인격부인론을 적용하여 한국 모회사의 변제책임을 인정하였다. 그런데 동 판결은 모회사가 배당받은 금액에 한해 책임을 인정하였다. 동 금액의 배당을 받은 것이 자회사의 무자력과 인과관계가 있다고 본 것이다. 완전지배 등 요건을 충족하여 법인격을 부인한다면 회사의 채무 전체가 지배주주의 채무로 간주되는 것인데, 인과관계를 논하며 책임의 범위를 한정하는 것은 법인격부인의 법리와는 부합하지 아니한다.

법인격부인과 시효

채무자회사(A)의 법인격을 부인하고 그 채무의 이행을 주주 또는 관련회사(B)에 대신 구할 때, 원채무의 시효가 이미 완성한 경우에는 주주 또는 관련회사(B)의 책임도 소멸함은 물론이다. 그러나 원채무의 시효가 아직 완성하지 않은 상태에서는 주주 또는 관련회사의 책임은 시효가 진행하지 않는다고 것이 판례의 입장이다. 채무자회사(A)에 대한 소멸시효가 완성되지 않은 상태에서 주주 또는 관련회사(B)가 채무자회사와 별도로 자신에 대하여 소멸시효가 완성되었다고 주장하는 것은 별개의 법인격을 갖고 있음을 전제로 하는 것이어서 신의칙상 허용될 수 없기 때문이라고 한다(대법원 2024. 3. 28. 선고 2023다265700 판결).

판 례

[1] 대법원 1988. 11. 22. 선고 87다카1671 판결

「1. … 원고[회사명: 그랜드 하모니 인코포레이티드 몬로비아 리베리아: 著者註]는 … 리베리아회사로서 1981. 4. 1. 역시 리베리아회사로서 주사무소를 원고와 같이하는 소외 토우체스트 십핑 리미티드(Touchest Shipping Ltd.)와의 사이에 이 건 선박에 관한 선박관리계약을 체결하면서 원고를 대표하여 다니엘 푸치에 리가, 토우체스트 십핑 리미티드를 대표하여 데니스 푸핑 리가 각 서명하였고, 같은 날 토우체스트 십핑 리미티드는 같은 선박에 관하여 홍콩에 사무소를 둔 위 칩스테드 리미티드와 선박관리복대리계약을 체결하면서 토우체스트 십핑 리미티드를 대표하여 데니스 푸

핑 리가 칩스테드 리미티드를 대표하여 앞서 원고의 대표자로 서명한 다니엘 푸치에 리가 각 서명한 사실, 토우체스트 십핑 리미티드의 사실상의 주소지는 칩스테드 리미티드와 같을 뿐 아니라 전화번호 · 텔렉스 번호도 같으며, 토우체스트 십핑 리미티드의 회장은 데니스 푸핑 리, 사장은 원고회사의 총무이사인 다니엘 푸치에 리이고, 칩스테드 리미티드의 이사는 다니엘 푸치에 리와 데니스 푸핑 리이고, 원고의 사장은 데니스 푸핑 리이었는데, 이들 두 사람은 형제간인 사실, 이 건 선박의 선장인 추이 윙 첸은 칩스테드 리미티드의 홍콩 본사로부터 이 건 선박을 피고 현대미포조선소에서 수리하라는 지시를 받고 1985. 4. 1. 이 건 선박을 울산항에 입항시키면서 입항신고시 … 선박소유자를 칩스테드 리미티드로 기재하므로 위 피고는 이 건 선박을 칩스테드 리미티드의 소유로 알고 수리해준 사실, 국제외항해운에 종사하는 선박소유자나 기업은 자신이 소속된 국가 또는 실제로 선박의 운항에 관하여 기업의 중추가 되는 회사가 소재하는 국가와는 별도의 국가인 파나마 · 리베리아 등에 해운기업상 편의를 위하여 형식적으로 개인명의 또는 회사를 설립하여 그 명의로 선박의 적을 두고(이른바 편의치적(便宜置籍)) 그 나라의 국기를 게양하여 항해하며 실제 소유자는 이와는 별도의 명의로 위 이름뿐인 회사 등과 관리계약을 체결하여 마치 선박관리만을 담당하는 기업인 것처럼 행세함으로써 선박소유자가 자국과 선적국과의 사이에 발생하는 재무 · 노무 · 금융 등 각 부문의 수준차를 이용하고 기타 사회제조건의 차이 및 행정상의 법령 · 규칙 · 단속감독의 정도차를 이용하여 자유롭게 해운기업을 경영하는 방편으로 이용하는 경우가 많으며, 피고회사들뿐 아니라 다른 수리조선소나 기타 선박관련사업자들도 편의치적선의 경우 형식상의 소유자를 따지지 않고 실제의 소유자인 관리회사와 모든 계약을 체결하고 대금을 받는 것이 통례로 되어 있는 사실 ….

2. … 원고 및 토우체스트 십핑 리미티드와 칩스테드 리미티드는 외형상 별개의 회사로 되어 있으나 원고 및 토우체스트 십핑 리미티드는 이 건 선박의 실제상 소유자인 칩스테드 리미티드가 편의치적을 위하여 설립한 회사들로서 … 이러한 지위에 있는 원고가 …. 이 건 선박의 소유자라고 주장하여 이 건 가압류집행의 불허를 구하는 것은 선박의 편의치적이라는 일종의 편법행위가 용인되는 한계를 넘어서 채무면탈이라는 불법목적을 달성하려고 함에 지나지 아니하여 신의칙상 허용될 수 없다 ….」

[同旨판례] 대법원 1989. 9. 12. 선고 89다카678 판결

[2] 대법원 2001. 1. 19. 선고 97다21604 판결

「… 회사는 그 구성원인 사원과는 별개의 법인격을 가지는 것이고, 이는 이른바 1인 회사라 하여도 마찬가지이다. 그러나 회사가 외형상으로는 법인의 형식을 갖추고 있으나 이는 법인의 형태를 빌리고 있는 것에 지나지 아니하고 그 실질에 있어서는 완전히 그 법인격의 배후에 있는 타인의 개인기업에 불과하거나 그것이 배후자에 대한 법률적용을 회피하기 위한 수단으로 함부로 쓰여지는 경우에는 비록 외견상으로는 회사의 행위라 할지라도 회사와 그 배후자가 별개의 인격체임을 내세워 회사에게

만 그로 인한 법적 효과가 귀속됨을 주장하면서 배후자의 책임을 부정하는 것은 신의성실의 원칙에 위반되는 법인격의 남용으로서 심히 정의와 형평에 반하여 허용될 수 없다 할 것이고, 따라서 회사는 물론 그 배후자인 타인에 대하여도 회사의 행위에 관한 책임을 물을 수 있다고 보아야 할 것이다.

… 피고 이정수는 종전부터 욱일팔래스유통 주식회사, 전일산업 주식회사 등 여러 회사를 사실상 지배하면서 이들 회사를 내세워 그 회사 명의로 또는 자신의 개인 명의로 빌딩 또는 오피스텔 등의 분양사업을 하여 왔고, 피고 회사 주식은 모두 5,000주인데 현재 외형상 피고 이정수 등 4인 명의로 분산되어 있으나 실질적으로는 피고 이정수가 위 주식의 대부분을 소유하고 있고, 주주총회나 이사회의 결의 역시 외관상 회사로서의 명목을 갖추기 위한 것일 뿐 실질적으로는 이러한 법적 절차가 지켜지지 아니한 채 피고 이정수 개인의 의사대로 회사 운영에 관한 일체의 결정이 이루어져 온 사실, 피고 회사 사무실은 현재 폐쇄되어 그 곳에 근무하는 직원은 없고, 피고 회사가 수분양자들로부터 지급받은 분양대금 약 78억 원 중 30억 원 가량은 피고 이정수가 임의로 자신의 명의로 위 … 이 사건 건물의 부지인 이 사건 대지를 매입하는 자금으로 사용하였고 회사채권자들에 의한 강제집행에 대비하여 위 대지에 관하여 제 3 자 명의로 가등기를 경료하였다가 이를 말소하는 등 피고 회사의 재산과 피고 이정수 개인 재산이 제대로 구분되어 있지도 아니한 사실, 피고 회사가 시행하는 이 사건 공사는 공사 발주금액만도 166억 원 가량에 이르는 대규모 공사이고 이 사건 건물의 분양대금도 수백억 원에 이르는 데에 반하여 피고 회사의 자본금은 5,000만 원에 불과할 뿐만 아니라 이마저도 명목상의 것에 불과하고 위 분양대금으로 매수한 이 사건 대지는 피고 이정수 개인 명의로 소유권이전등기가 경료되어 있고 나머지 분양대금 역시 그 용도가 명확히 밝혀지지 아니한 채 모두 사용되어 버려 피고 회사의 실제 자산은 사실상 전혀 없다시피 한 사실을 인정할 수 있다.

이와 같은 …, 피고 이정수의 피고 회사에 대한 지배의 형태와 정도, 피고 이정수와 피고 회사의 업무와 재산에 있어서의 혼융 정도, 피고 회사의 업무실태와 지급받은 분양대금의 용도, 피고 회사의 오피스텔 신축 및 분양사업의 규모와 그 자산 및 지급능력에 관한 상황 등 제반 사정에 비추어 보면 피고 회사는 형식상은 주식회사의 형태를 갖추고 있으나 이는 회사의 형식을 빌리고 있는 것에 지나지 아니하고 그 실질은 배후에 있는 피고 이정수의 개인기업이라 … 할 것이다.

그런데 피고 이정수는 아무런 자력이 없는 피고 회사가 자기와는 별개의 독립한 법인격을 가지고 있음을 내세워 이 사건 분양사업과 관련한 모든 책임을 피고 회사에게만 돌리고 [있는]바, 이는 신의성실의 원칙에 위반되는 법인격의 남용으로서 심히 정의와 형평에 반하여 허용될 수 없다 할 것이고, 따라서 피고 회사로부터 이 사건 오피스텔을 분양받은 원고로서는 피고 회사는 물론 피고 회사의 실질적 지배자로서 그 배후에 있는 피고 이정수에 대하여도 위 분양계약의 해제로 인한 매매대금의 반환을 구할 수 있다.」

[3] 대법원 2004. 11. 12. 선고 2002다66892 판결

「기존회사가 채무를 면탈할 목적으로 기업의 형태·내용이 실질적으로 동일한 신설회사를 설립하였다면, 신설회사의 설립은 기존회사의 채무면탈이라는 위법한 목적 달성을 위하여 회사제도를 남용한 것이므로, 기존회사의 채권자에 대하여 위 두 회사가 별개의 법인격을 갖고 있음을 주장하는 것은 신의성실의 원칙상 허용될 수 없다 할 것이어서 기존회사의 채권자는 위 두 회사 어느 쪽에 대하여서도 채무의 이행을 청구할 수 있다고 볼 것이다.

피고 회사 [토탈미디어안건사]는 소외 주식회사 안건사와 상호, 상징, 영업목적, 주소, 해외제휴업체 등이 동일하거나 비슷한 점, 안건사와 일부 다른 피고 회사의 주요 이사진이나 주주 대부분이 안건사의 지배주주로서 대표이사였던 안용식의 친인척이거나 안건사에서 안용식의 직원이었던 점, 피고 회사는 대외적으로 영업 등을 하면서 안건사와 동일한 회사인 양 홍보하였으며, 위 안용식과 피고 회사의 대표이사인 김승수도 안건사에서의 직책대로 활동한 점, 그에 따라 피고 회사가 외부에서 안건사와 동일한 회사로 인식된 채로 공사 등을 수주한 점, 피고 회사 내부적으로도 여전히 안용식이 회장으로서 역할을 수행하고 있는 것으로 보이는 점, … 등 제반 사정에 비추어 보면, 피고 회사는 … 안건사와 실질적으로 동일한 회사로서 안건사의 채무를 면탈할 목적으로 안건사와 별개의 새로운 회사를 설립하는 형식만 갖춘 것이라 할 것이어서 피고 회사가 원고들에 대하여 안건사와 별개의 법인격임을 내세워 그 책임을 부정하는 것은 신의성실의 원칙에 반하거나 법인격을 남용하는 것으로서 허용될 수 없다 할 것이므로, 원고들은 안건사뿐만 아니라 피고 회사에 대하여도 임대차보증금의 지급을 청구할 수 있다.」

[同旨판례(1)] 대법원 2006. 7. 13. 선고 2004다36130 판결; 동 2024. 3. 28. 선고 2023다265700 판결(유사사안)

[同旨판례(2)] 대법원 2011. 5. 13. 선고 2010다94472 판결: A 건설회사가 甲이 일부를 소유하는 토지 위에 아파트를 건설·분양하기 위해, 아파트 완공 후 甲에게 아파트 1세대의 소유권을 대가로 주기로 약정하고 甲으로부터 해당 토지의 소유권을 이전받았으나, 아파트를 완공하기 전에 해당 토지의 소유권과 아파트 사업권을 B회사에 이전하고, B는 다시 C회사에 이전하고 C는 다시 D회사에 이전하였는데, 정당한 대가의 지급이 불분명하고, A, B, C, D는 동일인 乙의 사실상 지배를 받는 회사들이었고, 이 사건에서 주고 받은 토지 외에는 별 재산을 갖고 있지 않았다. 이에 甲이 위 2002다66892 사건에서 전개한 법인격부인론을 원용하며 D회사를 상대로 당초 A가 약속한 아파트 1세대의 소유권이전을 청구하였다. 이 사건의 원심은 B, C, D 회사가 A와 甲의 약정 이전에 이미 설립되어 있던 회사임을 들어 법인격부인론의 적용을 거부하였으나, 상고심에서는 위 2002다66892 사건에서 전개한 법리가 「어느 회사가 채무를 면탈할 목적으로 기업의 형태·내용이 실질적으로 동일한 이미 설립되어 있는 다른 회사를 이용한 경우에도 적용된다」는 일반론을 제시한 후, D가 甲의 이행청

구에 대해 A와 별개의 법인임을 주장하는 것은 신의칙에 어긋난다고 판시하였다.

[同旨판례(3)] 대법원 2019. 12. 13. 선고 2017다271643 판결: 개인 S가 A, B, C 등의 회사를 사실상 1인 주주로서 지배하고 있었다. 이들과 무관한 건축업자 P가 A회사로부터 건축공사를 도급받아 공사하던 중, A가 건축중의 건물을 비롯하여 자산 전부를 처분하였다. 그 중 일부는 B에게 이전하였고, 나머지는 G에게 유상양도하고 G는 C에게 다시 유상양도하였는데, C에게는 원래 자산이 없었으므로 그 양수대금은 A의 자산을 활용하였다. 이에 법원은 A가 P에 대한 채무를 면탈할 목적으로 C의 법인격을 남용한 것으로 보아 C로 하여금 P에 대한 A의 채무를 변제해야 한다고 판시하였다.

[참고판례] 대법원 2008. 8. 21. 선고 2006다24438 판결: A주식회사가 채무초과인 상태에서 그 지배주주가 B회사를 설립하였는데, 그 설립자금은 A회사와 관계없이 조달하였고, 이 자금으로 A회사의 주요자산을 경매를 통해 취득하였다. A회사의 채권자가 법인격부인론에 근거하여 B회사에 대해 A채무의 변제를 청구하였으나, 법원은 기본적으로는 판례 [3]과 같은 입장을 표명하되, B회사가 A회사와는 별도의 자금을 가지고 설립되었으므로 A회사의 채권자를 해하는 바 없다는 점을 들어 법인격부인론의 적용을 배척하였다. 이 사건의 사실인정을 계기로 다음과 같은 일반론을 추가하였다.

「기존회사의 채무를 면탈할 의도로 신설회사를 설립한 것인지 여부는 기존회사의 폐업당시 경영상태나 자산상황, 신설회사의 설립시점, 기존회사에서 신설회사로 유용된 자산의 유무와 그 정도, 기존회사에서 신설회사로 이전된 자산이 있는 경우 그 정당한 대가가 지급되었는지 여부 등 제반 사정을 종합적으로 고려하여 판단하여야 한다.」(同旨: 대법원 2010. 1. 14. 선고 2009다77327 판결)

[4] 대법원 2006. 8. 25. 선고 2004다26119 판결

「친자회사 사이에 있어서는 상호간에 상당 정도의 인적 · 자본적 결합관계가 존재하는 것이 당연하므로, 자회사의 임 · 직원이 모회사의 임 · 직원 신분을 겸유하고 있었다는 사정이나, 모회사가 자회사의 전 주식을 소유하여 그에 따른 주주권의 행사로서 이사 및 임원 선임권을 지닌 결과 자회사에 대해 강한 지배력을 가진 사정, 그 밖에 자회사의 사업 규모가 확장되었으나 자본금의 규모가 그에 상응하여 증가되지 아니한 사정 등만으로는 모회사가 자회사의 독자적인 법인격을 주장하는 것이 자회사의 채권자에 대한 관계에서 법인격의 남용에 해당한다고 보기에 부족하고, 적어도 자회사가 그 자체의 독자적인 의사 또는 존재를 상실하고 모회사가 자신의 사업의 일부로서 자회사를 운영한다고 할 수 있을 정도로 완전한 지배력을 행사하고 있을 것이 요구되며, 구체적으로는 모회사와 자회사 간의 재산과 업무 및 대외적인 기업거래활동 등이 명확히 구분되어 있지 않고 양자가 서로 혼용되어 있다는 등의 객관적 징표가 있어야 할 것이며, 무엇보다 여기에 더하여 자회사의 법인격이 모회사에 대한 법률 적용을 회피하기 위한 수단으로 함부로 사용되거나 채무면탈이라는 위법한 목적 달성을 위하여 회사제도를 남용하는 등의 주관적 의도 또는 목적이 인정되어야 할 것이다.」

[同旨판례] 대법원 2010. 2. 25. 선고 2007다85980 판결(특수목적회사(SPC)를 설립하여 지배 · 운영한 것을 법인격의 남용으로 볼 수 없다고 한 예).

[5] 대법원 2021. 4. 15. 선고 2019다293449 판결

[사실관계] B는 A로부터 부동산을 매수하고 매수대금은 일부만 지급하였다. B는 인쇄지함을 제조하는 개인사업체를 운영하다가 같은 업종의 C주식회사를 설립하고 자기 사업체의 모든 재산과 부채를 C에 이전하였다. A로부터 매수한 부동산도 C에 이전하였으나, A에 대한 매수대금채무는 이전하지 않았다. 자산의 이전대가로서는 C가 주식 50%를 B에게 발행해 주었고, 나머지 주식은 가족이 무상으로 인수하였다. C를 설립한 이후 B가 무자력상태가 되었으므로 A는 법인격부인론을 원용하며 C에게 변제를 구했던 바, 법원은 C의 설립이 A에 대한 채무를 면탈하기 위한 것이었다고 보고, 아래와 같은 이유설시를 통해 C에게 변제를 명하였다.

[判旨]「…개인이 회사를 설립하지 않고 영업을 하다가 그와 영업목적이나 물적 설비, 인적 구성원 등이 동일한 회사를 설립하는 경우에 … 그 개인과 회사의 주주들이 경제적 이해관계를 같이하는 등 개인이 새로 설립한 회사를 실질적으로 운영하면서 자기 마음대로 이용할 수 있는 지배적 지위에 있다고 인정되는 경우로서, 회사 설립과 관련된 개인의 자산 변동 내역, 특히 개인의 자산이 설립된 회사에 이전되었다면 그에 대하여 정당한 대가가 지급되었는지 여부, 개인의 자산이 회사에 유용되었는지 여부와 그 정도 및 제 3 자에 대한 회사의 채무 부담 여부와 그 부담 경위 등을 종합적으로 살펴보아 회사와 개인이 별개의 인격체임을 내세워 회사 설립 전 개인의 채무 부담행위에 대한 회사의 책임을 부인하는 것이 심히 정의와 형평에 반한다고 인정되는 때에는 회사에 대하여 회사 설립 전에 개인이 부담한 채무의 이행을 청구하는 것도 가능하다고 보아야 한다.」

[同旨판례] 대법원 2023. 2. 2. 선고 2022다276703 판결(일반론으로서는 역적용을 인정했으나, 당해 사건에서는 역적용의 요건을 구비하지 못했다고 본 예).

Ⅲ. 현대회사의 社會性(기업의 社會的 責任論)

1. 의 의

회사는 그 합리적인 경영구조로 인해 오늘날 엄청난 경제력을 축적하여 일개 상인의 지위를 벗어나 중요한 사회적 실체가 되었으므로 다소의 공공적 성격의 책임을 지울만하며, 또 회사의 극단적인 이윤추구는 부의 편재를 낳는 등 여

러 가지 병리적 현상의 원인이 되어 왔으므로 축적된 부의 일부를 사회에 환원하게 하는 등, 회사 스스로가 사회에 대하여 공익적 기여를 하게 해야 한다는 것이 사회적 책임론의 주된 취지이다.

그러나 기업의 사회적 책임이 법적 명제로서 거론된 것은 근래의 일로서 아직 명확히 정립된 개념도 아니며, 하물며 법에 표현된 개념도 아니다. 따라서 이 문제의 초점은 결국 사회적 책임이라는 것을 기업의 새로운 책임형태로서 입법에 반영할 것인가, 또는 기업의 법적 책임에 관한 해석상의 지도원리로 삼을 수 있는가라는 것이다.

여론적 의미의 사회적 책임

기업의 사회적 책임은 여론에서 빈번히 쓰는 말이다. 보통 기업의 지나친 영리적 행태를 비난하거나, 기업에 대해 공익적 행동을 촉구하면서 도덕적 책임의 주체성을 강조하는 의미로 쓴다. 그러므로 그 개념이나 정당성의 근거는 다음에 보는 바와 같이 모호할 수밖에 없다.

1) 개념의 모호성 i) 보통 기업의 사회적 책임을 논할 때의 기업이란 상당한 富를 축적한 대기업을 뜻한다. 따라서 기업의 형태는 문제되지 않지만 그래서는 책임의 논의가 명확해질 수 없다. 법적 과제로서의 기업의 사회적 책임문제에 있어서는 기업이란 「회사」를 뜻하며, 이 중에서도 특히 주식회사가 중심문제이다.

ii) 여론에서 기업의 사회적 책임이라 할 때에는 주로 기업이윤의 사회 환원이란 뜻에서의 각종 기부·자선과 공중을 위해 이윤추구를 자제하는 것 등의 기업윤리를 말한다. 이는 법규범과는 무관하고, 법적 의미에서의 사회적 책임이란 공익적 성격의 행동을 회사가 하도록 강요하는 형태로 표현되거나, 경영자가 회사의 재산으로 공익적인 행동을 하였을 때에 회사법상의 책임을 면해 주는 식으로 표현된다.

2) 책임부여의 실제적 정당성 회사는 순수한 이익단체로서 영리활동의 한 수단에 불과함에도 불구하고 기업에 대해 개인에게는 없는 특수한 사회적 책임을 부여하는 근거는 무엇인가? 대체로 다음과 같은 현대회사의 특성에 근거를 둔다고 할 수 있다.

i) 기업재산의 공공성 회사제도가 생긴 이래 기업활동에의 적합성이란 장점 때문에 그 부가 날로 축적되어 오늘날 법인기업의 소유재산은 국부에서 커다란 비중을 차지하게 되었다. 그래서 회사는 국민재산의 관리자라는 말까지 하지만, 이것이 기업의 공공성의 한 원인이 되며 이로 인해 사회적 책임론이 제기되는 것이다.

ii) 기업소유의 공공성 대기업들은 상당수 상장회사이다. 상장회사는 자금조달의 근원을 대중투자자들의 영세자금에서 찾는다. 그렇다면 기업의 소유라는 측면에서 볼 때 대다수의 지분을 갖는 일반공중이 귀속의 주체라 할 수 있으므로 기업의 공공성 내지 사회성이 거론된다.

iii) **이해관계의 사회성** 오늘날 대기업들은 일반공중을 소비자 또는 고객으로 하여 의식주에 있어 불가결한 일상용품 또는 서비스를 제공한다. 상당수는 독과점상태에 있다. 그리고 이들 대기업은 통상 수천·수만명의 근로자를 고용한다. 그러므로 대기업의 의사결정이나 기업활동은 사회의 일반공중 전체의 생활에 영향을 미친다. 그들의 생산결정과 판매활동은 곧 대중의 생활형태를 형성하고, 투자결정이 경제성장을 좌우하며 임금과 배당정책이 개인소득에 직접적으로 연결되며, 그들의 가격결정이 곧 물가를 결정하게 된다.

그러므로 대기업이 가지는 고객관계와 고용관계는 이미 이해관계의 등질성, 입장의 상호교환가능성을 상실하였으므로 공공적·사회적 성격의 법리가 개입하게 된 것이다.

iv) **기업이윤의 사회성** 대기업은 국가경제에 미치는 영향 때문에 정부의 보호를 받으며, 또한 기업재산이 갖는 영향력 때문에 정치권력과 유착하거나 정치권력에 대한 압력집단이 되어 기업 스스로가 과밀한 보호를 획득한다. 간단한 예로 개인이나 중소기업이 누릴 수 없는 과다한 세제상의 혜택과 금융지원을 얻을 수 있는 것을 들 수 있다. 이와 같은 보호와 육성, 이로 인한 이윤의 획득은 일반공중의 인내와 양보를 전제로 하므로 대기업이 얻는 이윤은 사회 전체의 생산성의 총합이라는 면이 더 두드러지게 나타나며, 여기에 기업의 사회적 책임을 물을 수 있는 근거가 마련된다.

사회적 책임론의 발전

1) 기업의 사회적 책임이 회사법학자들에 의해 거론되기 시작한 것은 1920년대 독일에서부터이다. 당시 「기업 자체(Unternehmen an sich)」라는 이론이 일부 학자에 의해 주장되면서 회사의 공공적 성격이 부각되었다.[1] 「기업자체」이론이란 기업(회사)을 그 법률적 지반인 사원으로부터 떼어 내 그 자체를 독립적인 이해주체로 파악하고, 사원 개개인의 이해관계를 떠나 국민경제의 입장에서 회사를 보호·유지하고 또 이에 상응하는 책임을 부여하여야 한다는 이론이다. 이 이론을 기초로 하여 1937년 舊독일주식법 제70조 제 1 항은 이사회는 "자기의 책임으로 기업과 종업원의 복지 및 국민과 국가의 공동의 이익이 요구하는 바에 따라 회사를 운영하여야 한다"[2]라고 규정하였다. 이 규정은 회사의 운영에 국가가 광범하게 개입하는 근거가 되었는데, 당시 나치정권하에서 풍미하던 전체국가적 단체법사상에 기초한 이른바 지도자이념

1) 이 사상은 Rathenau의 저서(Vom Aktienwesen, 1917, S. 41)에서 표현되었지만(Walther Rathenau, Vom Aktienwesen－Eine geschäftliche Betrachtung, Fischer Verlag, 1917, S. 41), 기업자체라는 용어는 Hassmann이 라테나우의 이론을 소개하면서 처음 사용하였다(Haussmann, Vom Aktienwesen und vom Aktienrecht, 1928, S. 27 ff. － Wiedemann Ⅰ, S. 30, 302).

2) "…unter eigener Verantwortung die Gesellschaft so zu leiten, wie das Wohl des Betriebes und seiner Gefolgschaft und der Gemeine Nutzen von Volk und Reich es gefordern."

(Führerprinzip)을 표현한 것이라고 비난받아 1965년의 주식법(현행법)에서는 삭제되었다. 그리고 이사회의 의무에 관한 규정은 위치를 바꾸어 제76조 제 1 항에 두었는데, 단지 "이사는 자기의 책임으로 회사를 운영하여야 한다"[1]라고만 규정하였다. 그러나 이 규정은 구규정과 본질적으로 다른 것은 아니라고 한다. 기업은 여전히 기업이익(Unternehmensinteresse)과 공공복리(Gemeinwohl)의 두 이념에 의해 운영되어야 한다는 점에서 사회적 책임(die soziale Verantwortung)을 진다고 이해하며, 다만 현행법은 이사가 공공복리를 회사의 영리성(Rentabilitätinteresse)에 우선시킬 법적 책무를 진다고 선언하지 않은 것에 큰 의의가 있다고 풀이하는 해석론도 유력하다.[2]

참고로 독일 주식법 제396조에서는 우리 상법 제176조 제 1 항 제 3 호에 의한 해산명령과 유사하게 회사의 업무집행기구(Verwaltungsträger)가 위법한 행위로 공익을 침해함에도 불구하고 주주총회나 감사회가 이를 해임하지 않을 때에는 법원이 해산판결을 내릴 수 있다고 규정하는데, 이 제도를 기업의 사회적 책임과 연결하여 풀이하는 것이 일반적이다.[3] 그리고 독일에서는 1951년 공동결정법[4]을 만들어 광산·철강업을 영위하는 기업은 근로자와 출자자를 같은 수로 하여 감사회를 구성하고 반드시 노무이사(Arbeitsdirektor)를 선임하도록 하였으며, 나아가 1976년의 공동결정법[5]에 의하여 근로자의 경영참여를 더욱 강화하였는데, 이 역시 회사법이 사회성에 의하여 영향을 받는 예이다.

2) 미국에서의 기업의 사회적 책임에 관한 논의는 미시간주 대법원이 1919년에 내린 포드자동차의 배당사건에 관한 판결에서 비롯되었다.[6] 58%의 주식을 소유하는 Henry Ford, 10%를 소유하는 Dodge 형제, 그 밖의 5명의 주주로 구성된 포드 자동차회사는 1903년에 설립된 후 영업이 순조로워 1908년부터 1915년까지 매년 120만불의 정규적인 이익배당을 해 왔다. 그리고도 이익은 계속 증가하여 1911년부터 1915년까지, 4,100만불의 특별배당을 하였다. 그러던 중 1916년 이사회를 장악하고 있던 Henry Ford는 기업이윤을 사회에 환원하는 방법의 하나로 보다 많은 종업원을

1) "Der Vorstand hat unter eigener Verantwortung die Gesellschaft zu leiten."(§76 Abs.1 AktG).

2) *Schmidt/Lutter*, S. 805.

3) Münchener Komm. AktG 5 Aufl. §70 Rn. 81-84.(Spindler).

4) Gesetz über die Mitbestimmung der Arbeitnehmer in den Aufsichtsräten und Vorständen der Unternehmen des Bergbaus und der Eisen und Stahl erzeugenden Industrie vom 21. 5, 1951(BGBl. I S. 347)(「광업과 철강업종의 기업에 있어서 감사회 및 이사회에서의 노동자의 공동결정에 관한 법률」, 1976년 共同決定法과 구별하여 Montan-Mitbestimmungsgesetz라고 부른다).

5) Gesetz über die Mitbestimmung der Arbeitnehmer(Mitbestimmungsgesetz: MitbestG) vom 4. Mai 1976(BGBl. I S. 1153).

6) 이 판결에서는 사회적 책임이라는 용어를 사용하지 않았으나, 후에 사회적 책임을 다룬 최초의 판결로 다루어지고 있다(Eisenberg/Cox, p. 253).

채용하고 그들의 복지를 강화하기 위해 향후 특별배당을 하지 않겠다고 선언하였다. 이 선언 당시 회사에는 1억 1,200만불의 잉여금이 있었다. 이에 Dodge 형제는 잉여금의 75%에 해당하는 배당을 청구하는 소를 제기하였다.

이 사건에서 법원은 회사도 자선 등의 공익적인 행위를 할 능력이 있고, 따라서 이사는 그러한 목적을 위해 회사재산을 사용할 권한이 있음을 시인하였으나, 상사회사의 일차적인 목적(primary purpose)은 주주들의 이익을 실현하는 데 있음을 강조하고, 공익적 목적이 이에 우선할 수는 없다고 설시하였다.[1] 이른바 주주우위론(shareholder primacy model)을 선언한 것으로 평가되고 있다.[2]

사회적 책임론은 이후 1930년대에 학자들 간에 본격적으로 논의되기 시작하였다. 1931~1932년에 벌리(Adolf A. Berle)와 도드(E. Merrick Dodd)라는 학자들이 「이사는 누구에게 의무를 지는가」라는 주제를 가지고 벌인 논쟁이 사회적 책임론의 출발점이 되었다.[3] 이어 1932년에 벌리(Berle)와 민즈(Means)가 공저로 발표한 「현대회사와 사유재산」(The Modern Corporation and Private Property)에서 현대의 대규모 공개회사는 주식의 광범한 분산으로 인해 소유와 경영이 분리되면서 사적 기업의 도구라는 단계를 넘어서 사회기구화했다는 점을 지적하였다.[4]

미국에서 사회적 책임론이 회사법에 반영된 예를 보면 주로 사회·국가에 대한 기부행위에 중점을 두고 있다. 1919년의 텍사스(Texas)州 회사법을 비롯하여 대부분의 州 회사법이 이에 관한 규정을 두었다. 예로 모범사업회사법은 회사가 「공공복지, 자선 및 과학과 교육을 위한 기부」를 할 수 있도록 규정하고(MBCA § 3.02(m)),[5] 델라웨어州 회사법은 이에 더하여 「전시 기타 국가긴급시에 이를 지원하기 위하여 기부할 능력이 있다」고 규정하고 있다(Del. Gen. Corp. Law § 122(9)). 이 규정들이 뜻하는 바는 경영자가 이러한 기부를 하더라도 회사에 대한 신인의무(fiduciary duty)를 위반하는 것이 아니라는 것이다.

---

1) Dodge v. Ford Motor Co., Supreme Court of Michigan, 204 Mich. 459, 170 N.W. 668(1919). 본문에서와 같은 이유설시와 함께 당시 회사가 보유하는 현금 잉여금의 50%(1,930만불)를 배당할 것을 명하였다.

2) Eisenberg/Cox, op. cit.

3) Berle, "Corporate Powers as Powers in Trust," 44 Harvard Law Review 1049(1931); Dodd, "For Whom are Corporate Managers Trustees?," 45 Harvard Law Review 1145(1932); Berle, "For Whom are Corporate Managers Trustees: A Note," 45 Harvard Law Review 1365(1932). 벌리는 이사의 권한은 주주의 이익을 위해 행사되어야 한다는 입장을 고수한 반면, 도드는 사회기여를 강조하였다.

4) 「회사의 관리자는 사회의 여러 집단의 주장을 저울질하여 사적 욕구보다는 공공정책의 견지에서 각 집단에게 소득의 흐름을 배분하는 중립적인 경영자로 교체되었다」고 표현하였다(Berle &Means, The Modern Corporation and Private Property, Commerce Clearing House, 1932, pp. 119~25, 356).

5) 같은 조문에서 「정부정책을 지원하기 위한 사업을 수행」할 수 있다는 규정도 두고 있다(§ 3.02(n)).

참고로 근래에는 공공의 이익을 창출함을 목적으로 하는 공익회사(benefit corporation)의 설립을 허용하는 입법례가 늘고 있다.[1] 2010년의 메릴랜드州를 효시로, 현재 30개 이상의 주가 공익회사의 설립을 허용하는 성문의 규정을 두고 있다.

3) 일본에서는 기업의 사회적 책임에 관해 독자적인 이론이 自生한 바는 없고, 주로 독일의 사회적 책임론과 1937년 주식법의 규정을 참고로 학설이 전개되어 왔다. 기업의 사회적 책임을 적극적으로 입법에 반영할 것을 주장한 학자도 있으나, 대부분의 학자들은 입법화에 소극적인데, 그 이유는 다음과 같다. i) 이사가 공동의 이익을 명분으로 하여 주주의 이익을 해칠 염려가 있고,[2] ii) 사회적 책임에 관한 규정을 두었을 때 이것은 훈시적·선언적 규정에 불과하므로 재판규범으로서의 실효성이 없으며,[3] iii) 사회가 극단적인 우익이나 좌익으로 기울었을 때(독일에서처럼) 정치적 권력에 악용될 우려가 있다는 것이다.[4] 그리하여 전후 수차의 상법개정이 있었고, 일본국회(중의원)에서 두 번에 걸쳐 기업의 사회적 책임을 입법에 반영토록 연구한다는 부대결의(1973. 7. 3.; 1981. 5. 13.)까지 하였으나 현재까지 입법이 시도된 바는 없다.[5]

후술하는 「야하따 사건」에 대한 최고재판소판결이 나온 이후로는 일본의 학계는 주로 이 판례를 소개하는데 중점을 두고 있고, 새로운 이론의 제시는 보기 어렵다.[6]

2. 사회적 책임론의 법적 수용 여부

우리나라에서는 1970년대에 기업의 사회적 책임론이 논의되기 시작하였지만, 대부분의 학자는 사회적 책임을 기업의 자율적인 이념적 행동원리로 제시할 뿐, 입법론으로 혹은 해석론으로서 사회적 책임을 인정하는 데에는 소극적인 입장이었다. 그러나 현재 대다수의 학자들은 이를 법적 책임으로 인정하거나 법적 책임으로 입법화하는 방안을 제시하고 있다. 대체로 회사는 주주 이외에도 근로자, 채권자, 소비자 등 모든 회사의 이해관계자(stakeholders)를 회사의 구성원(other constituencies)으로 보아 이들의 이익을 위해 행동해야 한다는 미국의 이해관계자 중심주의에 기초한 이론을 전개하고 있다.[7] 그러나 기업의 사회적 책임

---

1) "A benefit corporation shall have a purpose of creating general public benefit."(Model Benefit Corporation Legislation §201 (a)). "general public benefit"란 대체로 사회와 환경에 주는 긍정적인 영향을 뜻하는 것으로 이해되고 있다(Eisenberg/Cox, p. 259).

2) 鈴木竹雄, "歴史はくり返す," 「ジュリスト」 578호, 10~11면.

3) 前註 및 竹内昭夫, "會社法の根本的改正の問題點," 「ジュリスト」 593호, 19면.

4) 河本一郎, "企業の社會的責任," 「ジュリスト」 578호, 113면.

5) 中村一彦, 「現代的企業法論」(商事法務研究會, 1982), 135면.

6) 會社法コン(1), 87면 이하.

7) 구체적인 입법방안으로는 "주식회사는 사회적 책임을 부담한다"라는 식의 일반조항의 신설을 제안하거나, 사회적 책임론을 지배구조의 개선에 연결시켜 근로자의 경영참가방안을 제시하거나, 사회적 책임에 관련된 정보공시의 의무화 방안을 제시하는 등 다양하다. 학설의 현황은 李

을 이념적 행동원리를 넘어 실정법적 규범으로 수용하기에는 다음과 같은 법리적 문제점이 있다.

1) 회사의 본질과 사회적 책임론의 위험성 회사가 순수한 이익단체라는 것은 회사의 전통적이고도 고유한 본질이다. 회사의 사회적 책임을 회사법이 수용한다면, 자칫 회사법구조를 점차 공익적 성격으로 변색시켜 갈 것이며, 나아가 기업들이 富를 축적하는 것에 대한 일반대중의 반감에 정치권력이 영합하여 회사의 영리활동을 통제하는 구실이 될 수도 있다.

참고로 미국에서는 기업의 사회적 책임론과 관련하여 이사의 행위기준이 자주 논의되는데, 앞서의 포드판결에서 설시한 바와 같이 이사는 주주의 최대이익(maximization of shareholder welfare)을 위해 행동해야 한다는 것이 전통적인 이론(shareholder primacy)이다. 이에 대해, 이사는 주주 외에도 회사의 근로자, 소비자, 채권자, 사회공동체 등 다양한 이해관계자들의 이익을 조화하며 행동해야 한다거나(team production theory),[1] 나아가 소유와 경영의 분리하에서 독자적인 이사의 지위와 권한을 강조하는 이사 우위론(director primacy)[2]도 등장하였지만, 최근의 판례에서는 다른 이해관계자에 대한 고려는 주주의 이익에 합리적으로 연결됨으로써 정당화될 수 있다고 함으로써 회사의 행동기준은 궁극적으로 주주의 이익(우리의 개념으로는 회사의 영리)이 될 수밖에 없음을 밝히고 있다.[3] 밀톤 프리드만이 기업의 사회적 책임이 무엇이냐는 기자들의 질문에 대해「기업의 사회적 책임은 이윤을 증가시키는 것이다」라고 한 답변은 회사의 본질을 설명하기 위해 자주 인용되는 명언이다.[4]

2) 의무내용의 모호성 사회적 책임론은 그 의무의 내용이 무엇인지를 구체적으로 제시하지 못한다. 어떤 작위의무도 명확히 부여하는 바가 없기 때문에 행위규범으로서의 기능을 할 수 없다. 예컨대 회사가 공익, 공공성을 추구

哲松, "회사의 非營利的 出捐의 허용기준 —강원랜드사건을 소재로—,"「선진상사」제89호(2020. 1.) 참조.

1) Margaret Blair/Lynn Stout, "A Team Production Theory of Corporate Law," 85 Va.L. Rev.247(1999).

2) Stephen Bainbridge, "The Board of Directors as Nexus of Contracts," 88 Iowa L. Rev.1 (2002).

3) "A board may have regard of various constituencies in dischargeing its responsibilities, provided there are rationally related benefits accruing to the stockholders."(Revlon, Inc. v. McAndrews & Forbes Holdings, Inc., 506 A 2d 173, 176 (Del 1986)).

4) M. Friedman, "The Social Responsibility of Business is to Increase its Profits," New York Times Magazine, 1970. 9. 13.

해야 한다는 규정을 회사법에 신설하더라도, 이사는 무엇을 해야 하는지 판단할 수 없을 뿐 아니라, 판단한다 하더라도 공익에 관한 획일적인 판단기준이 있을 수 없으므로 결국은 이사에게 책임을 물을 수 없는 공허한 의무를 과하는 결과가 된다.[1)]

3) 의무대상의 부존재　　사회적 책임은 누구에 대해서 지는가? 누가 권리자로서 그 이행을 청구할 수 있는가? 현재까지의 사회적 책임론에 의하면 막연히 소비자, 일반대중, 회사가 속하는 사회 전체라는 식으로 표현한다. 그러나 이같은 막연한 집단이 현실적인 권리자로서 존재할 수는 없다. 권리남용금지 · 신의성실 등은 추상적인 일반규정이지만, 구체적인 법률관계에서 특정된 상대방에 대하여 지는 의무이다. 과연 私法에서 권리자 없는 의무가 존재할 수 있는가? 사회적 책임을 회사법상 실정규정으로 수용하는 데 있어 가장 큰 난점이 아닐 수 없다.

4) 명제의 非법률성　　이상 검토한 바와 같이 기업의 사회적 책임에서의 「책임」에는 법적 구속이라는 의미가 없다. 결국 기업의 사회적 책임이란 비법률적 개념일 수밖에 없는데, 이를 이사의 선관주의의무와 같은 평면에서 이해한다면 사회적 책임론의 규범적 가치를 오도할 뿐이다. 결국 사회적 책임론이란 회사법의 테두리 안에서 이해될 것은 아니고, 대기업이 대중 속에서 생존하기 위한 정치적 타협을 표현하는 수사학적 명제로 이해하면 족할 것이다.

3. 비영리적 출연의 정당화 논리

⑴ 정당화 논리의 필요성

미국과 일본에서는 기업의 「사회적 책임」이라는 것이 기업의 공익출연 등 비영리적 지출을 정당화하는 유력한 근거로 활용되지만, 앞서 논한 바와 같이 사회적 책임이 어떤 의무나 책임을 과하는 법적 개념 내지 근거가 될 수 없다고 보면, 비영리적 출연을 허용하는 근거로 원용하는 것 역시 부자연스러운 논리이다. 그렇다면 최근 회사가 자선, 문화, 정치, 교육 등 사회의 공익적 분야에 기부하는 것은 매우 흔한 일이 되었으며 공익목적이 아니더라도 비영리적 목적의 출연이 필요한 경우가 있는데, 이를 어떻게 정당화할 것인가?

비영리적 출연은 일응 회사의 영리목적에 정면으로 반하는 행위이고, 공익적 출연은 사회적으로는 선행으로 받아들여지고 적극 권장되기도 하지만, 이 역시 회사의 영리목적에 반한다. 영리목적에 반하는 것으로 인정되면, 그 출연행위

---

1) 關, 11면.

는 회사의 목적에 반하여 효력이 부정될 수 있으며, 출연을 결정하고 집행한 이사들의 책임을 묻게 되고(399조), 이사들의 배임죄가 문의될 수도 있다(형 355조 2항). 그러므로 비영리적 출연은 결국 회사의 영리목적과 연결하여 정당성의 유무를 논해야 회사의 본질에서 벗어나지 않는 규범적 평가가 가능해진다. 구체적으로 비영리출연의 정당성은 다음과 같은 회사의 장기적 영리론으로 설명할 수 있다.

(2) **長期的 營利論**

오늘날과 같은 고도의 산업사회에서는 다양한 변수에 의해 기업의 성패가 결정되므로 정관상의 목적에 충실한 영리활동 외에도 회사가 생존하기 위한 조건은 다수 존재한다. 우선 우수한 인재를 상시 확보하고 소비자의 광범한 신뢰를 얻어야 함은 물론이고, 지역사회나 종교계로부터 좋은 평판을 얻어야 하고, 각종 사회단체와 우호적인 관계를 유지해야 하며, 공공적으로 관리되는 이권을 획득하고 유지하기 위해서는 정부와 관료의 신망을 얻어야 한다. 이러한 관계들은 모두 기업에 대한 사회의 평가를 기초로 형성된다. 그러므로 공익적 지출을 포함하여 기업의 비영리적 출연은 단기적으로는 회사의 사업목적과 무관한 손실이지만, 장기적으로는 영리(long range benefit)의 실현을 위한 비용 내지는 장기적인 투자가 될 수 있다. 따라서 장기적으로 회사의 이익실현에 기여할 수 있는 지출로서 회사의 재무상태에 비추어 합리적인 범위 내의 금액이라면 비영리부문에 대한 출연이 허용된다고 보아야 한다. 2019년 5월 우리나라에서는 최초로 회사의 공익출연에 관한 이사의 책임을 묻는 사건을 다룬 판례가 나왔는데, 동판례에서도 장기적 영리론에 입각하여 공익출연의 허용여부에 관한 판단기준을 제시하고 있다(판례 [6]).

외국의 장기적 영리론

미국의 뉴저지州에 있는 어느 밸브 제조회사가 프린스턴 대학에 매년 장학금을 지급하였던바, 이것이 목적사업 외의 거래임을 이유로 주주들이 이사들에게 손해배상을 청구해온 데 대해 법원은 사회적 책임론과 아울러 위와 같은 장기적 영리론에 근거하여 이사의 책임을 부정하였다.[1)]

최근의 입법례에서는 장기적 영리론을 이사의 권한 내지는 의무로서 명문화하는 예를 흔히 볼 수 있다. 뉴욕州 회사법에서는 이사가 회사를 위한 행위를 함에 있어서는 그 행위가 회사 및 주주가 단기적 또는 장기적으로(in the short-term or in the

1) A. P. Smith MFG, Co. v. Barlow, Supreme Court of New Jersey, 1985, 13 N.J. 145, 98 A. 2d 581.

long-term) 갖는 이해 및 이들에 대해 미치는 효과를 고려할 권한이 있다고 규정하고 있으며,[1] 그 밖에 32개의 州가 이와 유사한 규정을 두고 있다. 그리고 2006년에 개정된 영국회사법에서는 이사는 구성원 전체의 이익을 위해 행동하되, "경영의사결정의 장기적 영향," "높은 수준의 기업행동을 한다는 평가를 계속 받기 위해 바람직한 행동방향"을 고려하라는 규정을 신설한 바 있다.[2]

판 례

[6] 대법원 2019. 5. 16. 선고 2016다260455 판결

[사실관계] 태백시에서 오락장 · 호텔 · 리조트업을 경영하는 「강원랜드(주)」에게 태백시가 폐광지역의 협력사업비로 150억원의 기부를 요청하였다. 이 자금은 태백시가 출자한 같은 지역의 리조트사업체(태백관광개발공사: "태백관광")의 경영난을 돕기 위한 것이었다. 강원랜드에서는 이사회를 열어 폐광지역의 경제진흥과 지역주민의 고용창출에 기여한다는 명분으로 기부를 결정하였고, 이 자금은 태백시를 통해 태백관광에 전달되었으나, 심한 부실로 회생절차에 들어갔다. 이후 강원랜드에 새로이 선출된 경영진은 기부결의에 찬성한 전 이사들을 상대로 임무해태로 인한 손해배상을 구하는 소송을 제기하였다. 법원은 공익출연의 허부에 관한 일반적인 판단기준을 제시하였는데, 원심의 판지가 상세하고, 상고심에서 이를 지지하였으므로 이하 원심의 판지를 소개한다.

[判旨] (서울고법 2016. 9. 23. 선고 2015나2046254 판결) 「기부행위의 경우 단기적으로 회사에게 기부액 상당의 손실을 초래하게 되나, 장기적인 관점에서 기부를 통하여 기업의 이미지와 지역사회의 신뢰를 제고하고 기업을 홍보하는 등의 간접적인 이익을 기대할 수 있으므로(A), 통상의 거래행위와 달리 이사가 기부행위로 인한 회사의 금전적 손실과 간접적, 장기적 이익을 충분히 비교, 고려하였는지를 기준으로 기부행위에 대한 선관주의의무 위반 여부를 판단하여야 한다(B).

구체적으로 ① 기부행위가 공익에 기여하기 위한 목적으로 이루어졌는지, ② 기부행위가 공익에 기여하기 위한 상당하고 적절한 방법으로 이루어졌는지, ③ 기부행위를 통하여 회사의 이미지 제고 등 간접적, 장기적인 이익을 기대할 수 있는지, ④ 기부금액이 회사의 재무상태에 비추어 상당한 범위 내의 금액인지, ⑤ 기부행위로 달성하려는 공익을 회사의 이익과 비교할 때 기부금액 상당의 비용지출이 합리적인 범위 내의 것이라고 볼 수 있는지, ⑥ 기부행위에 대한 의사결정 당시 충분한 고려와 검토를 거쳤는지 등을 고려하여 기부행위가 이사의 재량권 범위 내에서 이루어졌는지 등을 기준으로 선관주의의무 위반 여부를 판단하여야 한다」(A, B 및 밑줄은 저자가 추가)

---

1) N.Y. Bus. Corp. Law § 717(b).

2) s. 172 (1)(a)(e) Companies Act 2006: "the likely consequences of any decision in the long term," "the desirability of the company maintaining a reputation for high standards of business conduct."

[해설] 판지 A 부분은 비영리출연의 일반적 요건으로서의 장기적 영리론을 채택한 것이며, B 부분은 출연의 무상성이라는 특성을 감안하여 「현재의 손실과 장기적으로 기대되는 이익의 비교교량」을 추가적인 주의의무로 요구한 것이다.

이에 이어지는 "구체적으로…"라는 부분은 위 기준을 구체화한 각론적 기준이라 할 수 있다. ①, ②는 기부금의 용도의 공익성과 공익실현의 수단으로서의 적합성을 요구한 것인데, 공익성이란 교육, 자선 등 수혜의 범위가 사회일반의 이익에 미친다는 의미로서, 저자가 말하는 「비영리성」보다는 훨씬 좁은 개념이므로 용인되는 비수익적 지출의 범위 역시 상당히 좁아질 수밖에 없다. 이 사건의 경우 지역사회의 발전이라는 공익적 목적에 의한 지출이라는 점이 지출의 정당화 사유로 제시되었기 때문에 검토된 기준이지만, 장기적 영리론에 입각하여 출연의 정당성을 따진다면 반드시 이를 일반적인 출연의 요건으로 삼아야 될 이유는 없다고 본다.

③은 지출의 효용, 즉 장기적 영리성을 요구한 것으로 당연한 기준이다.

④, ⑤는 출연목적의 공익성에 추가하여 출연규모의 합리성을 요구한 것으로, 경제주체가 일반적으로 준수해야 할 모든 지출행위의 기준이 되는 收支의 균형을 말한 것이다. 특히 회사와 같은 영리단체의 경우 기업유지의 원칙상 당연히 준수해야 할 기준으로서 미국과 일본에서도 비영리적 지출이 정당화되기 위한 요건으로 제시해 오던 바이다.[1)]

⑥은 판례가 이사의 경영판단의 요건으로서 요구해 온, 사안에 대한 熟知(정보의 충분)와 의사결정의 신중을 가리킨 것으로 비영리지출에 별도로 요구되는 기준은 아니다.

당해 사건에서는 출연목적의 공익성과 출연규모의 적정성을 인정하였으나, 기부행위가 폐광지역의 공익 증진에 기여하는 정도와 원고에 주는 이익이 크지 않다는 점과 태백관광의 부실화가 심각하여(부채비율이 2,000%) 기부행위가 목적달성에 상당하지 않다는 점을 들어 기부결의가 임무해태에 해당한다고 판단하였다.

社會的 實在論

일본에서는 아래의 야하따제철 사건 이후에는 同판결에서 제시된 이른바 법인의 사회적 실재론에 의해 기업의 사회적 책임이나, 비영리적 출연의 정당성을 설명하는 것이 일반적인 경향이므로 참고로 同판례이론의 요체를 소개한다.

일본의 「八幡(야하따)製鐵」이라는 주식회사(현「日本製鐵」)가 1960년에 집권당인 자민당에 350만엔의 정치헌금을 한 사건을 계기로 비영리적 출연의 법적 정당성이 논의되었다. 야하따제철의 주주가 정치헌금은 동회사의 사업목적을 벗어나는 행위로서 이를 집행한 대표이사는 충실의무를 위반한 것이라 하여 대표이사를 상대로 손해배상을 청구하는 대표소송을 제기하였다.

1) 뒤에 소개하는 일본 최고재판소의 판결은 정치헌금의 금액은 「회사의 규모, 경영실적 기타 사회적 지위, 상대방 등 제반의 사정을 고려하여 합리적인 범위 내에서 정해져야 하며, 이 범위를 초과한 부적합한 기부는 이사의 충실의무위반을 구성한다」라고 판시하였다.

이 사건에서 일본 최고재판소는「회사활동의 중점은 정관 소정의 목적을 수행하는데 직접 필요한 행위에 두어져야 할 것이나, 한편 회사는 국가나 지역사회 등의 구성단위인 사회적 실재로서 사회적 작용을 부담하여야 하며, 일견 정관 소정의 목적과 무관하더라도 사회통념상 회사에 기대 내지 요청되는 것이라면 행할 수 있다. 정당활동은 의회민주주의의 불가결한 요소이며 국민의 지대한 관심사이므로 정치헌금 등을 통해 정당의 건전한 발전에 협력하는 것은 사회적 실재로서의 회사에 대해 당연히 기대되는 행위이다」라는 취지로 회사의 기부를 정당화하는 논리를 제시하였다.[1)]

회사가 법상 사회적 실재로서 인정된다는 것과 관리자의 재산처분행위에 대한 내부적인 규범평가가 필연적으로 연결되는 것은 아니므로 이 부분은 논리의 비약이라 생각되고, 또 사회적으로 기대되거나 요청된다고 해서 그에 부응한 무수익적 처분행위가 정당화되어야 한다는 것 또한 논리의 비약이라 할 수 있다. 그래서 일본 내에서도 "회사의 기부는 회사의 신용, 평판을 고양함으로써 회사의 사업수행에 유익한 범위에서 인정되어야 한다"는 취지로 이 판결을 비판한 견해도 있다.[2)]

참고로 미국에도 이와 비교해 볼 만한 사건이 있다. 미국에서는 회사가 정치적 선거에 어느 정도 관여할 수 있느냐는 문제가 지난 한 세기 내내 다투어진 바 있다. 1907년에 제정된 Tilman Act는 회사가 선거운동에 직접 기부하는 것을 금지하였고, 2002년도의 Bipartisan Campaign Reform Act는 선거운동에 대한 기부를 더욱 강하게 단속하였다. 그러나 2010년에 나온 연방대법원의 판결은 회사도 미국의 제 1 수정 헌법에 의한 자유(종교, 언론, 집회, 결사의 자유)를 누릴 수 있다고 판시하였다.[3)] 이 판결에 의해, 회사도 특정 후보자의 선출을 위한 것이 아닌 한, 개인과 마찬가지로 자유롭게 정치적 주제(political issue and campaign)를 위해 자금을 사용할 수 있게 되었다.

우리나라에서는 법인이 정치자금을 기부하는 것을 금지하므로(정치자금법 31조 1항) 회사의 정치헌금은 정당화될 수 없지만, 혹 법개정으로 정치헌금이 허용된다면 이 역시 앞서의 장기적 영리론에 입각하여 정당성이 평가될 수 있을 것이다.

사회적 책임론의 최근 동향

과거의 사회적 책임론은 개개의 기업에 있어서의 행동에 관해 논의되었던 것이나, 근래에는 각종 사회문제의 해결을 위해 원용되는 양상이다. 1997년 영국의 서스테이너빌러티社의 사장 John Elkington이 그의 저서(Cannibals with Forks: The Triple Bottom Line of 21st Century Business)에서 기업이 21세기에 생존하기 위해서는 경제성, 환경성, 사회성을 갖추어야 한다는, 이른바 세 가지 최소생존기준을 제시한 이

1) 日最高裁 1970. 6. 24. 판결, 民集 24권 6호 625면(岩原紳作외 編,「會社法判例百選」(第3版), 有斐閣, 2016, 7면 소재).

2) 鈴木竹雄, "八幡製鉄政治献金事件高裁判決について,"「商法研究 Ⅲ」, 有斐閣, 1971, 315면. 같은 반대입장으로 服部榮三, "會社の政治獻金,"「商法の判例」, 86면.

3) Citizens United v. Federal Election Commission, 558 U.S. 310 (2010).

래, 환경, 범죄, 차별, 빈곤 등 공통된 사회문제를 겪고 있는 나라들에 큰 반향을 불러 일으켰는데, 기업의 사회적 책임(CSR: corporate social responsibility)도 이러한 사회문제의 해결에 필요한 정책도구로 활용되는 경향이다. 예컨대 일본에서는 대기업들이 이른바 "CSR보고서"라 하여 각자가 친사회적 활동을 한 실적을 개시하는 운동이 일고 있고, 나아가 2005년에 제정된「환경배려촉진법」에서는 일정한 공공기업들은 환경보고서를 작성하여 매년 공표하도록 의무지우고 있다.[1)] 유럽에서도 같은 경향을 볼 수 있다. 2005년에 영국은 기업이윤을 공공의 이익을 위해 사용하는 이른바「공익회사」(Community Interest Company: CIC)의 설립을 촉진하고 지원하는 제도를 신설하였으며(2004년 회사법), 2006년 개정회사법에서는 회사 일반에 대해「근로자들의 이익을 고려하고, 고객, 하도급업자들과의 유대의 확장에 노력하고, 회사의 조업이 지역사회 및 환경에 미치는 영향을 고려하라」는 공익적 취지의 규정을 신설하였다(s. 172(1)(b)－(d) Companies Act 2006). 한편 EU는 2003년에 만든「회사의 현대화를 위한 지침」(Directive 2003/51/EC)에서 비재무적 정보의 개시를 위한 규정을 넣었는데, 이를 반영하여 독일의 2004년 개정상법에서는 소정의 대규모회사는 환경이나 종업원의 후생과 같이 회사의 영업현황 및 회사사정에 유의미한 비재무적 성과지표(nichtfinanziell Leistungsindikator)도 회사의 상황보고서(Lagebericht)에 반영하도록 규정하였다(§ 289 Abs. 3 HGB).

우리나라에서도 기업의 사회적 책임의 이행을 장려하기 위해 2007년에「사회적기업 육성법」이라는 이름의 법률을 제정하여 시행하고 있다. 취약계층에게 사회서비스 또는 일자리를 제공하거나 지역사회에 공헌함으로써 지역주민의 삶의 질을 높이는 등의 사회적 목적을 가지고 영업활동을 하는 기업으로서 정부의 인증을 받은 기업을 "사회적 기업"이라 부르며(동법 2조 · 7조), 정부로 하여금 이러한 기업의 설립 · 운영을 지원하도록 의무지우는 법률이다(동법 3조 등). 사회적 기업에 해당하는 상법상의 회사는 매년 배분가능한 이윤이 발생하면 그 3분의 2 이상을 사회적 목적을 위하여 사용해야 한다(동법 8조 1항 7호). 정부는 상시적으로 이들 기업의 지원을 위한 계획을 수립하여야 한다(동법 5조 · 5조의2). 구체적인 지원방법으로는, 사회적 기업의 설립 또는 운영에 필요한 부지구입비 · 시설비 등을 지원 · 융자하거나 국유 · 공유 재산 및 물품을 대부하거나 사용하게 하는 것(동법 11조), 공공기관이 사회적 기업이 생산하는 재화나 서비스를 우선 구매하도록 촉진하는 것(동법 12조 1항), 사회적 기업에 대해 법인세 등 국세 및 지방세를 감면하는 것(동법 13조) 등이 있다.

Business Roundtable

미국 주요 대기업 경영자들의 협의체인 Business Roundtable은 최근의 회합(2019. 8. 19.)에서 1997년 이래 지켜오던 주주우위(shareholder primacy)의 경영원칙을 폐기하고 모든 이해관계자의 이익을 경영목표로 삼는다고 선언하였다. 구체적으로, i)

1) 野村修也, "企業の社會的責任,"「争点」, 6면.

소비자의 기대를 더욱 충족시키고, ii) 종업원의 정당한 이익을 보상하고, iii) 납품업자를 사업의 동반자로서 공평하게 대우하고, iv) 사회구성원들을 존중하고 환경을 보호하며, v) 주주들의 장기적인 이익을 도모한다는 것이다.[1] 이는 법률적인 의미를 갖는 것은 아니고, 기업윤리에 대한 사회적 기대가 높아짐에 따른 대응전략으로서의 선언적 강령이라고 할 수 있다.

ESG

근래 사회적 책임론보다 확장된 기업이념을 담은 ESG 운동이 활발히 전개되고 있다. ESG란 Environmental(환경), Social(사회), Governance(지배구조)의 첫글자를 딴 용어로서, 기업의 비재무적 성과를 평가하는 지표이다. 즉 "E"는 기업이 생산활동에 있어서의 오염배출, 사용하는 에너지의 종류, 제품의 재활용가능성 등을 통해 지구환경에 미치는 영향을 평가하는 요소이다. "S"는 노사관계(근로자의 인권, 근로환경과 안전 등), 소비자 및 사회와의 관계를 평가하는 요소이다. 그리고 "G"는 이사회 구성의 독립성, 이사의 보수의 합리성, 주주의 보호 등을 평가하는 요소이다.

다양한 국제기구에서 ESG의 평가를 위한 국제적 표준을 발표하고 있고(예: 국제표준화기구의 ESG 관련 국제표준, UN의 책임투자원칙(UN Principles for Responsible Investment: UN PRI)), 국내에서도 금융위원회가 ESG 관련 정보공시의 의무화를 추진하고 있으며, 국민연금 등 기관투자자들이 ESG를 투자지표로 삼는 등 ESG가 중요한 기업활동의 가치기준이 되어 가고 있다.

ESG가 투자자들에 의해 기업에 대한 평가지표로 활용됨에 따라 ESG는 기업이 스스로 사회와 상생할 수 있는 장기적인 기업가치를 창출하도록 유도하는 기능도 수행하고 있다.

제 3 절 회사의 能力

I. 權利能力

회사는 법인이므로 일반적으로 권리 · 의무의 주체가 될 수 있는 능력, 즉 일반적 권리능력을 갖는다. 그러나 회사는 자연인이 아니라는 점, 법인격이 생래적으로 주어진 것이 아니고 법에 의해 인정된 것이라는 점, 또 회사는 그 목적과 관련하여 존재가치를 갖는다는 점으로 인해 개별적인 권리능력에 있어서는 다음과 같은 제한이 가해진다.

---

1) https://www.businessroundtable.org: Business roundtable redefines the purpose of a corporation to promote 'An Economy That Serves All Americans'.

1. 性質에 의한 제한

회사는 자연인임을 전제로 하는 친족권·생명권·신체상의 자유권·상속권 등을 향유할 수 없음은 물론이다. 수증자의 자격에는 제한이 없으므로 유증은 받을 수 있고, 명예권·상호권·사원권과 같은 인격권은 자연인에 한정된 것이 아니므로 회사도 향유할 수 있다.

회사는 육체적인 노무를 제공할 수 없으므로 지배인이나 그 밖의 상업사용인은 될 수 없으나, 대리인은 노무를 전제로 하지 않으므로 회사도 대리인이 될 수 있다.

회사가 주식회사의 이사가 될 수 있다는 주장도 있으나, 후술하는 바와 같이 이사란 회사에게 자연적 의사의 결정을 대신해 주는 기관이므로 자연인에 한하여 맡을 수 있다(683면 참조). 다만 회사는 후술하는 예외를 제외하고 다른 회사의 사원이 될 수 있으며, 주식회사의 발기인도 될 수 있다.

2. 法令에 의한 제한

회사의 법인격이 法에 의하여 부여된 이상 개별적인 권리능력이 법령에 의하여 법정책적으로 제한될 수 있음은 당연한 일이다(민 34조 참조).

1) 상법에서 회사는 다른 회사의 무한책임사원이 될 수 없다고 규정하고 있다(173조).[1)] 회사가 다른 회사의 무한책임사원이 되어 자기의 운명을 다른 회사의 운명에 의존케 하는 것은 각 회사의 독립운영을 전제로 한 회사법의 원칙에 반하기 때문이라는 것이 전통적인 설명이다. 한편 무한책임사원은 원칙적으로 회사의 업무집행기관이므로(200조·273조), 회사가 무한책임사원이 될 수 없게 한 것은 결국 회사가 다른 회사의 기관이 되는 것을 금하는 뜻도 있다.

2) 청산회사의 권리능력은 청산의 목적범위 내로 한정되며(245조·269조·287조의45·542조 1항·613조 1항), 파산회사도 파산의 목적범위 내에서 존속한다(회파 328조).

3) 특별법상 특별한 회사에 대해 일정한 행위를 금하는 수가 있는데(예컨대 은행법 38조 2호는 금융기관에 대해 업무용 이외의 부동산의 취득을 금하고 있다. 기타 보험업법 10조·11조, 상호저축은행법 18조의2 등), 그 위반행위의 효력을 법에서 명문으로 정한 경우도 있으나, 정함이 없는 때에는 금지규정의 목적과 의미에 비추어 해석론으로 효력을 정해야 한다(판례 [7]). 일반적으로 특정영업에 관한 특별법에서

---

1) 자본시장법에 예외가 있다. 집합투자기구의 하나인 투자합자회사는 합자회사의 형태를 취하는데, 무한책임사원인 업무집행사원은 집합투자업자(일정요건을 갖춘 금융투자업자)이어야 하므로 다른 회사도 이 회사의 무한책임사원이 될 수 있다(자금 214조 1항).

의 행위제한은 행정규제목적에 따른 단속법규로서 그 제한의 위반은 사법상의 효력에는 영향이 없다고 보아야 한다(권기범 126; 임재연 I 76; 정준우 33).[1)]

판 례

[7] 대법원 2010. 12. 23. 선고 2008다75119 판결

「… 금지규정이 이른바 공법에 속하는 것인 경우에는, 법이 빈번하게 명문으로 규정하는 형벌이나 행정적 불이익 등 공법적 제재에 의하여 그러한 행위를 금압하는 것을 넘어서 그 금지규정이 그러한 입법자의 침묵 또는 법흠결에도 불구하고 사법의 영역에까지 그 효력을 미쳐서 당해 법률행위의 효과에도 영향이 있다고 할 것인지를 신중하게 판단하여야 한다.

그리고 그 판단에 있어서는, 당해 금지규정의 배경이 되는 사회경제적·윤리적 상황과 그 추이, 금지규정으로 보호되는 당사자 또는 이익, 그리고 반대로 그 규정에 의하여 활동이 제약되는 당사자 또는 이익이 전형적으로 어떠한 성질을 가지는지 또 그 이익 등이 일반적으로 어떠한 법적 평가를 받는지, 금지되는 행위 또는 그에 기한 재화나 경제적 이익의 변동 등이 어느 만큼 반사회적인지, 금지행위에 기하여 또는 그와 관련하여 일어나는 재화 또는 경제적 이익의 변동 등이 당사자 또는 제 3 자에게 가지는 의미 또는 그들에게 미치는 영향, 당해 금지행위와 유사하거나 밀접한 관련이 있는 행위에 대한 법의 태도 기타 관계 법상황 등이 종합적으로 고려되어야 한다.

… 공인중개사 자격이 없는 자가 … 부동산중개업을 하면서 체결한 중개수수료 지급약정에 따라 수수료를 받는 행위는 투기적 · 탈법적 거래를 조장하여 부동산거래질서의 공정성을 해할 우려가 있다. 또한 … 국민 개개인의 재산적 이해관계 및 국민생활의 편의에 미치는 영향이 매우 커서 이에 대한 규제가 강하게 요청된다. … 따라서 중개사무소 개설등록에 관한 위와 같은 규정들은 공인중개사 자격이 없는 자가 중개사무소 개설등록을 하지 아니한 채 부동산중개업을 하면서 체결한 중개수수료 지급약정의 효력을 제한하는 이른바 강행법규에 해당한〔다.〕」

[참고판례] 대법원 2024. 6. 17. 선고 2020다291531 판결: 상호저축은행의 유가증권취득을 제한하는 상호저축은행법 제18조의2 제 1 항 제 1 호는 상호저축은행이 私

1) 일반론으로서는 본문에서의 설명이 타당하지만, 특별법상의 회사 중에는 그 특수성이 지나쳐 일반 영리회사에 관한 일반론을 적용하기 어려운 경우도 있다. 예컨대 「자산유동화에 관한 법률」에 의해 설립되는 「유동화전문회사」는 주식회사 또는 유한회사의 형태를 띠고 있으나(동법 17조 1항), 이 회사는 금융기관이 보유하는 채권을 증권화하여 대중자본과 연계시키는 역할(자산유동화)만을 위해 설립되는 회사로서, 회사가 할 수 있는 업무는 자산유동화에 관련된 일부 업무로 제한되어 있다(동법 22조). 이 법에서의 행위제한은 다른 특별법에서 관련 회사들의 경영의 건전성을 위해 행위를 제한하는 것과는 달리 유동화전문회사의 사회적 용도를 한정하겠다는 취지로 보아야 할 것이다. 같은 취지에서 자산유동화회사의 대외거래를 제한하는 동법 제22조는 회사의 권리능력을 제한하는 강행규정으로서 이를 위반한 거래는 상대방의 선의 · 악의를 불문하고 무효라고 판시한 하급심판결이 있다(서울중앙지법 2008. 9. 9. 선고 2008가합3898 판결 확정).

企業을 지배하는 것을 방지하고 상호저축은행의 부실화를 방지하기 위한 목적의 단속규정이라고 본 예.

3. 目的에 의한 제한

(1) 총 설

회사의 정관에는 목적을 기재하여야 하고(179조 1호 · 269조 · 287조의3 1호 · 289조 1항 1호 · 543조 2항 1호), 또 이는 등기사항이다(180조 1호 · 269조 · 287조의5 1항 1호 · 317조 2항 1호 · 549조 2항 1호). 회사는 일응 이 사업목적을 위하여 설립되고 사원은 이 목적에 따른 사업이 수행될 것을 예상하고 출자하며, 그 목적사업의 사회적 가치가 인정되어 법인격이 주어진다. 그리하여 회사는 사원의 출자와 법인격제도의 취지에 따라 정관 소정의 목적의 범위 내에서만 권리능력을 갖느냐는 의문이 제기된다.

민법 제34조는 「法人은 法律의 規定에 좇아 定款으로 정한 目的의 범위 내에서 權利와 義務의 主體가 된다」라고 규정함으로써 법인의 권리능력을 목적의 범위 내로 제한하고 있는데, 상법에서는 이와 같은 규정을 두지도 않고 또 민법 제34조를 명문으로 준용하지도 않으므로 이 점에 관해 학설이 대립한다.

목적에 의한 제한을 인정한다면 회사의 목적 외의 행위는 권리능력이 없는 자, 즉 실존하지 않는 자의 행위와 같으므로 절대적으로 무효이고, 제한을 부정한다면 목적 외의 행위라 하더라도 효력에 영향이 없다. 따라서 이는 회사와 주주, 그리고 거래상대방 모두에게 중요한 이해가 걸린 문제이다.

(2) 학설 · 판례

1) 학 설 학설은 거의 일치하여 목적에 의한 제한을 부정한다. 그 이유를 보면, ① 상법에 민법 제34조를 준용하는 명문의 규정이 없는 한 목적에 의한 제한을 받지 않는다고 보는 것이 해석상 자연스럽고, ② 비교법적으로 보더라도 대부분의 나라가 목적에 의한 제한을 철폐하는 추세이고, ③ 회사의 목적은 정관에 기재되고 등기되지만 거래시마다 제 3 자가 확인하는 것은 용이하지 않고, 또 확인했다 하더라도 어떤 행위가 목적범위 내인가라는 판단은 매우 어려워 분쟁의 소지가 있으므로 거래의 안전을 위해서는 목적에 의한 제한을 부정해야 한다는 것이다(이 점이 가장 중요한 이유이다). 그리하여 회사는 해산한 경우를 제외하고는 目的에 의한 제한을 받지 아니하고 어떠한 행위라도 할 수 있다고 한다.

2) 판 례 판례는 오래전부터 제한설의 입장을 유지하고 있다(판례 [9]). 그러나 「목적범위 내」의 행위란 정관에 명시된 목적 자체에 국한되는 것이 아니

고 그 목적을 수행하는 데 직접·간접으로 필요한 행위는 모두 포함한다고 함으로써 「목적범위」를 넓게 해석한다. 그리고 문제된 행위가 목적수행에 필요한 행위이냐를 판단함에 있어서도 행위자의 주관적 의사가 목적범위 내이었느냐, 현실적으로 목적수행에 필요했느냐는 것은 묻지 않고, 행위의 객관적 성질에 따라 추상적으로 판단할 것이라고 하는데, 이는 문제된 행위가 무효로 될 가능성을 줄이기 위한 것이다. 그러므로 판례 [8]에서 보는 바와 같이 구단기금융회사의 대표이사가 친지를 위해 어음보증을 한 사건에서, 타인의 채무를 보증하기 위한 어음배서는 단기금융회사의 정관상의 목적에 포함되어 있지 아니하고, 또 그 배서의 동기가 회사의 목적사업의 수행을 위한 것도 아니지만, 정관상의 목적이 「어음의 발행·매매·인수·보증, 어음매매의 중개」인 점에 비추어 객관적으로는 어음보증을 위한 배서도 목적수행에 필요한 행위라고 판단하였다.

판 례

[8] 대법원 1987. 9. 8. 선고 86다카1349 판결

「… 주식회사 광명건설의 대표이사 이수왕이 원고로부터 금원을 차용함에 있어서 그 담보로 약속어음을 발행하고 피고[정일두사금융주식회사: 著者註]의 대표이사 김회창이 위 차용금을 보증하기 위하여 피고명의로 배서하여 원고에게 교부하였고, … 원고가 지급기일에 지급을 위하여 제시하였으나 그 지급이 거절된 사실관계를 바탕으로 하여 … 배서인인 피고에 대하여 소구권에 기하여 어음금을 청구하였는바, … 피고는 단기금융업법에 의하여 설립된 회사로서 동법 제 2 조와 제 7 조에 규정된 어음의 발행·매매·인수 및 어음매매의 중개를 행할 수 있고 피고의 정관상 목적도 위 업무에 제한되고 있는 점 ….

회사의 권리능력은 회사의 설립근거가 된 법률과 회사의 정관상의 목적에 의하여 제한되나 그 목적범위 내의 행위라 함은 정관에 명시된 목적 자체에 국한되는 것이 아니고, 그 목적을 수행하는 데 있어 직접 또는 간접으로 필요한 행위는 모두 포함되며, 목적수행에 필요한지 여부도 행위의 객관적 성질에 따라 추상적으로 판단할 것이지 행위자의 주관적·구체적 의사에 따라 판단할 것은 아니다. 이 사건 피고가 단기금융업을 영위하는 회사로서 회사의 목적인 어음의 발행·할인·매매·인수·보증, 어음매매의 중개를 함에 있어서 어음의 배서는 행위의 객관적 성질상 위 목적수행에 직접·간접으로 필요한 행위라고 하여야 할 것이다.」

[同旨판례] 대법원 1988. 1. 19. 선고 86다카1384 판결; 동 1991. 11. 22. 선고 91다8821 판결; 동 1999. 10. 8. 선고 98다2488 판결; 동 2009. 12. 10. 선고 2009다63236 판결.

한편 목적범위 외의 행위라고 하여 무효로 본 사례는 다음과 같다(특히 주주총회의 결의가 있어

도 마찬가지라 고 한 점을 주의).

판 례

[9] 대법원 1975. 12. 23. 선고 75다1479 판결

「…피고회사 대표이사 서봉수가 피고회사를 대표하여 소외 김규환의 원고로부터의 극장위탁경영으로 인한 손해배상의무를 연대보증한 사실… 이는 피고회사의 사업목적범위에 속하지 아니하는 행위로서 피고회사를 위하여 효력이 있는 적법한 보증으로 되지 아니한다… 피고회사의 주주 및 이사들이 이 사건보증의 결의를 하였더라도 적법한 보증의 효력이 없〔다.〕」

비교법적 검토

1) 영 · 미　　영국에서는 19세기 후반에 「능력외이론」(ultra vires doctrine)[1]이 형성되어, 1862년 회사법에서는 목적을 기본정관에 기재하게 하고 그 변경도 금지시켰다. 그러나 이후 수차의 개정법에서 목적변경을 허용하였으며, 판례[2]는 선의의 상대방은 회사의 능력외행위의 유효를 주장할 수 있다는 법리를 제시하고, 1985년 회사법에서도 같은 취지의 규정을 두기에 이르렀다(현재는 Companies Act 2006, s. 39).[3]

미국에서도 초기에는 능력외이론을 따랐으나, 산업의 발달로 기업활동이 다양화함에 따라 점차 능력외이론의 적용이 완화되었다. 근래에는 묵시적 권한의 원칙(doctrine of implied powers)이 판례에 의해 받아들여져 회사의 활동범위를 넓혀주고 있다.[4] 묵시적 권한의 원칙이란 목적(purpose)으로 기재된 사업을 수행하기 위한 부수적인 거래는 명시적(explicit)으로 허용하지 않았더라도 이사회가 이를 할 묵시적 권한(implied powers)이 있고, 유효하게 다루어져야 한다는 원칙이다. 그리고 현재 대부분의 주회사법이 명문의 규정을 두어 목적 위반을 이유로 거래의 무효를 주장할 수 없도록 함으로써 예외적인 경우를 제외하고는 능력외이론을 배제하고 있다.[5]

2) 독　　일　　독일에서는 민법상의 비영리법인에 관해 목적에 의한 제한을 두지 않으며, 회사에 있어서도 이사는 대내적으로는 정관에 의한 제한을 준수할 의무를 부담하나(§ 82 Abs. 2 AktG) 대외적인 대표권은 제한할 수 없으므로(§ 82 Abs. 1 AktG) 목적에 의한 제한이란 처음부터 문제되지 아니한다.

3) E　　U　　EC회사법 제 1 지침(1968)에서는 회사기관의 행위가 목적범위에

---

1) ultra vires(beyond the power)란 정관이나 법상의 능력을 벗어나는 회사의 행위를 뜻하며, 이러한 능력범위 외의 행위는 회사의 행위로 인정할 수 없다는 것이 동이론의 내용이다.

2) International Sales and Agencies Ltd. v. Marcus[1982] 3 All E. R. 551(Morse, 6-48).

3) 1972년 유럽공동체법(European Communities Act 1972) 제 9 조 제 1 항에서 이미 능력외이론을 수정한 바 있다.

4) Cary & Eisenberg, pp. 108~12; Jennings & Buxbaum, pp. 118~19.

5) MBCA § 3.04; Del. Gen. Corp. Law § 124; Cal. Corp. Code § 208(a).

속하지 아니하더라도 회사는 이에 구속된다는 뜻을 정하고 회원국들의 국내법에 반영하도록 하는 한편, 회원국들의 자율적인 입법으로 회사가 상대방의 악의 또는 과실을 입증할 때에는 그 효력을 부인하는 것을 허용할 수 있다고 규정하고 있다(동 9조 1항. 2017년 지침 9조 1항).

4) 일 본 과거 일본 민법도 우리 민법 제34조와 같이 목적에 의해 권리능력을 제한하는 규정을 두었고(2006년 개정 전 日民 43조), 상법에 이를 준용하는 규정을 두지 않았으므로 같은 문제가 생겨났다. 다수설과 판례는 대체로 권리능력의 제한을 인정하되 앞에 소개한 우리 대법원판례와 같은 논리로 권리능력의 범위를 확장해서 이해하였다.[1] 2006년 일본민법의 개정으로 민법상의 능력규정(日民 34조)은 모든 법인에 적용되는 일반규정으로 자리잡게 되었으나, 종전과 같은 해석론으로 회사의 능력을 넓혀 해결하고 있다.[2]

(3) 현대회사의 기능과 定款上의 目的

오래전부터 정관에 목적을 기재하게 하는 현실적인 이유를 다음과 같이 설명하였다.

첫째, 출자자에게 자신의 자금이 투자되는 사업의 범위, 즉 위험부담의 한계를 알고자 하는 욕구를 충족시키고, 둘째, 이사 등 기업의 관리자들로 하여금 자신의 권한이 어떤 범위의 사업에까지 미치는지를 인식하도록 하며, 셋째, 회사와 거래하고자 하는 제 3 자로 하여금 그 거래가 회사사업의 영역 내인가를 확인하도록 한다는 것이다.[3]

연혁적인 배경만 생각하면 이 설명은 타당하다. 그러나 오늘날 회사가 그 사업영역을 부단히 확대해 나가고 있는 형편이며, 또 현대의 산업구조상 산업간의 연계성으로 인해 목적사업의 한계를 획정하는 것도 어려운 일이다. 회사의 영리활동이 빈번하고 신속하게 이루어지는 점을 생각하면 회사목적이 정관에 기재되고 등기되는 것만 가지고 외부의 이해관계인 모두에게 공시된 것으로 의제하는 것은 거래의 실정을 외면한 해석이다. 오늘날 기업환경이 부단히 변화하는 가운데 기업이 생존을 위해 다양한 영리의 기회를 추구하여야 하는 현실에서는 설립시의 「목적」으로 회사의 행동을 제약하는 것이 출자자의 기대에 부합한다고 볼 수도 없다. 그러므로 목적에 의한 제한은 부정하는 것이 회사의 이해관계인 모두를 위하여 바람직하다.

---

1) 日注釋(1), 98면 이하; 日最高裁 1955. 11. 29. 판결, 民集 9권 12호 1886면.
2) 逐條(1), 249면.
3) Ballantine, *Corporations*, p. 222.

그렇다면 정관상의 목적은 어떠한 의의를 갖는가? 목적은 회사내부에 있어서 이사, 이사회 기타 회사기관의 권한의 범위를 정한다고 보아야 한다(同旨: 강·임 412; 권기범 132; 김정호 75; 손주찬 449; 손진화 383; 임재연 I 78; 정동윤 357; 김홍기(주석-회사 1) 247). 그리하여 이에 위반하면, 인적회사에서는 업무집행(대표)사원의 권한상실선고사유(205조 1항·216조·269조·287조의17)·제명사유(220조 1항 3호~4호·269조·287조의27)가 되고, 물적회사에서는 이사의 손해배상책임(399조·567조)이 발생하며, 소수주주에 의한 이사의 해임청구(385조 2항·567조)·유지청구(402조·564조의2) 등이 가능하다.

(4) 상대방의 惡意와 효력

회사의 대표기관이 목적외의 행위를 하고 상대방이 이를 알고 거래하였을 때 어떠한 효력이 발생하느냐는 문제가 생긴다. 제한설을 취할 때에는 목적외의 행위는 선의·악의를 불문하고 무효가 되므로, 이것은 제한부정설을 취할 때에만 생기는 문제이다. 악의의 상대방이 거래의 유효를 주장하는 것은 권리남용(민 2조 2항)으로 보고, 회사가 악의의 상대방에 대해 대항할 수 있다고 보는 것이 일반적이다(757면 이하 참조).

Ⅱ. 意思能力과 行爲能力

회사의 의사는 사원(주주)총회, 대표이사 등과 같은 법정기구에 의해 결정되므로, 자연인의 그것과 같은 의미에서의 의사능력의 유무는 회사에 관한 한 문제되지 아니한다. 그리고 회사는 기관을 구성하는 자연인의 의사를 기초로 해서 스스로의 행위능력을 갖는다. 대표기관의 대외적 행위는 대표이며, 이는 대리와 구별된다. 대리는 본인·대리인·상대방이란 독립된 3인격자간의 법률관계임에 반해, 대표기관은 대외적으로 기능하는 회사조직의 일부로서 대표행위는 곧 회사의 행위이다. 따라서 가령 甲주식회사의 대표이사 乙이 甲회사의 대표자격으로 丙과 계약을 체결하였다면 甲 스스로 계약을 체결하는 것으로 의제되어 계약상의 채권·채무는 직접 甲에게 귀속한다.

이같이 「代表의 행위=회사의 행위」라는 등식이 성립하므로 본인과 대리인이 별개의 인격자라는 전제에서 의사표시의 하자·과실 등이 본인의 것과 대리인의 것으로 각각 분리되는 것과 같은 일(민 116조)이 대표의 경우에는 있을 수 없다. 다만 대표에 관한 법원리가 충분하지 못하고, 또 현실적으로는 독립된 인격자의 행위의 효과가 타인에게 귀속된다는 점에서 대리와 비슷하므로 대리에 관한 규정이 유추적용된다(민 59조 2항). 한편 회사도 대리인을 통해 법률행위를 할 수 있음은 물론이다. 실상 회사의 대표기관이 모든 대외업무를 직접 처리할 수는 없으므로 대부분의 대외적 행위는 실제로는 상업사용인과 같은 대리인이 처리하는 실정이다.

회사에는 제한능력제도가 없으므로 기관구성자가 제한능력자일지라도 회사 자체가 능력자임에는 변함이 없다. 따라서 회사에 관해서는 행위능력의 범위는 언제나 권리능력의 범위와 일치한다.

Ⅲ. 不法行爲能力

회사가 대표기관을 통해서 스스로의 행위능력을 갖는다면, 행위능력의 다른 측면이라 할 수 있는 불법행위능력도 갖는다고 보아야 할 것이다. 즉 대표기관의 불법행위는 회사 자신의 불법행위가 되어 회사가 손해배상책임을 부담하는 것이다. 이렇게 회사 자신의 불법행위능력을 인정하는 한 대표기관 개인의 불법행위는 이론상 성립할 여지가 없음에도 불구하고 상법은 회사를 대표하는 사원 또는 대표이사가 업무집행상 타인에게 손해를 가한 때에는 회사는 그 대표기관과 연대하여 배상할 책임이 있다고 규정하여(210조 · 269조 · 287조의 20 · 389조 3항 · 567조) 대표기관도 직접 제 3 자에 대해 책임을 지게 하고 있다. 회사와 대표기관의 연대책임이란 부진정 연대책임을 뜻한다. 대표기관의 책임은 불법행위책임이라기보다는 피해자를 두텁게 보호하기 위한 상법상의 특별책임이라고 보아야 한다. 이와 달리 판례는 대표기관이 회사와 공동불법행위책임을 진다고 한다(대법원 2003. 3. 11. 선고 2000다48272 판결; 동 2007. 5. 31. 선고 2005다55473 판결; 동 2025. 10. 16. 선고 2019다236385 판결). 법이론상 회사를 불법행위의 행위자로 보는 한, 회사의 도구적 성격에 불과한 대표기관이 독립적인 불법행위책임을 진다는 것은 논리적이지 않다.

대표기관 이외의 임원 또는 사용인이 회사의 업무집행과 관련하여 불법행위를 한 때에는 회사가 사용자배상책임(민 756조 1항)을 진다.

제 4 절 회사의 종류

Ⅰ. 人的會社와 物的會社

회사는 강학상 인적회사와 물적회사로 구별된다.

인적회사는 그 실질이 개인상인의 조합적 결합으로서 인적 신뢰관계에 있는 구성원만으로 이루어진 기업형태이다. 따라서 회사의 내부관계로서 회사와 사원 간의 관계와 아울러 사원 상호간의 법률관계가 성립할 실질적 기초를 가지며, 각 사원은 대등한 권리를 가지고 회사의 운영에 필요한 의사결정과 업무집행에 참여한다. 대외적으로는 회사가 변제하지 못하는 채무에 대해 사원이 직접 무한책임을 지므로 사원이 회사의 대외적 신용의 기초를 이룬다. 이러한 책임구조로 인해 물적회사에서 요구되는 자본충실이 인적회사에서는 큰 의의를 갖지 못하고, 출자에 있어서도 재산출자 외에 노무출자 · 신용출자가 인정된다.

물적회사는 각 사원이 단순히 출자를 매개로 하여 결합한 기업의 법적 형태로서 회사의 실질은 사원의 결합체라기보다는 사원이 제공한 자본의 집중체라 할 수 있다. 따라서 회사의 내부관계에서는 회사와 사원간의 관계가 있을 뿐 사원 상호간의 관계가 성립할 기초가 없다. 출자자는 단순히 자본과 이윤에의 참가만을 목적으로 하여 결합하며, 그 결과 기업의 소유와 경영은 분리되고, 기업지배의 형식도 인적회사에 있어서와 같은 두수주의에 의한 인적 지배형식이 아니라 출자액에 따른 물적 지배형식을 취한다. 사원은 회사채권자에 대하여 간접 · 유한의 책임을 지므로 회사재산이 대외적 신용의 유일한 기초가 된다. 그래서 출자의 종류도 환가성이 있는 재산출자에 한하고, 회사의 채무에 대한 책임재산의 확보를 목적으로 하는 이른바 자본충실의 원칙이 요구된다.

위와 같은 인적회사 · 물적회사의 특징에 비추어 보면 합명회사는 인적회사의 전형이고, 주식회사는 물적회사의 전형이다. 합자회사와 유한회사는 두 가지 특징을 아울러 지니고 있으나, 전자는 인적회사의 기초에 물적회사의 요소를 가미한 것이고, 후자는 물적회사의 기초에 인적회사의 요소를 가미한 것이다. 그리고 유한책임회사는 대내적인 법률관계에서는 합명회사와 같은 인적회사의 실체를 가지면서 사원의 대외적인 책임에 있어서만은 주식회사의 사원(주주)과 같이 유한책임을 지는 회사이다. 즉 대내적으로는 인적이고 대외적으로는 물적인 회사라고 할 수 있다.

Ⅱ. 商法典上의 분류

상법은 합명회사 · 합자회사 · 유한책임회사 · 주식회사 · 유한회사의 5종의 회사를 인정하고 있으며 또한 그에 한정하고 있다(170조). 이 다섯 가지의 분류는 기술한 인적회사와 물적회사의 구분을 기초로 하고 몇 가지 제도적 요소를 가미하여 세분한 것이라 할 수 있다. 법상 회사의 종류를 정한다는 것은 상인이 선택할 수 있는 법인격을 가진 기업형태의 유형을 제공해 회사와 거래하는 자에게 자신의 거래상대방의 인격적 실체에 관한 예측가능성을 부여해준다는 의미를 가진다.

1. 분류의 기준(사원의 책임형태)

어떠한 기준에 의해 회사의 종류를 정할 것인가? 회사의 법률관계에는 여러 가지 구성요소가 있다. 예컨대 사원이 어떤 책임을 지느냐, 지분을 양도할 수 있느냐, 업무집행을 누가 하느냐, 의사결정을 어떤 방법으로 할 것이냐는 것 등이다. 이러한 요소들에 대해 몇 가지씩의 선지를 주고 조합하면 수십, 수백 가지의 회사의 종류가 창출된다. 자유로운 기업활동을 보상한다는 이념에서라면 다양한 조합을 제공하고 기업자들이 자기에게 맞는 기업형태를 선택할 수 있게 하는 것이 바람직하다. 그러나 기업의 조직형태란 법인격을 가진 자의 대내외적 특성을 정하는 문제로서 출자자들의 선호의 문제에 그치는 것이 아니고, 대내외적으로 전개되는 단체적 이해를 관리하는 법기술의 문제이다. 그러므로 상법은 기업형태의 제반 요소를 서로 공평하고 합리적이며 효율적으로 연결하여 5개의 회사형태를 허용하고 있다.

사회에 회사라는 존재를 인정함에 있어 가장 중요한 정책적 고려사항은 회사가 부담한 채무를 스스로 변제할 수 없을 때에 어떻게 할 것이냐는 점이다. 즉 그 배후에 있는 출자자들로 하여금 책임지게 할 것이냐는 문제이다. 그래서 상법은 책임형태에 착안하여 사원의 책임을 기초로 회사를 분류하고, 다른 특성은 책임의 형태에 맞게끔 배치하는 방법으로 회사의 종류를 나누고 있다.

社員의 책임이란 광의에 있어서는 사원이 그 사원자격에 기초하여 부담하는 모든 지급의무를 뜻하며, 그 내용은 ① 회사에 대한 출자의무, ② 회사의 채무를 변제할 의무, ③ 사원 상호간의 손실분담의무, ④ 다른 사원의 출자미필액을 회사에 대하여 전보할 의무의 네 가지로 분류할 수 있다.

회사의 분류의 기준이 되는 책임(협의의 책임)은 이 중 ②를 말하며, 이 협의의 책임에 한계가 있느냐의 여부에 따라서 無限責任과 有限責任으로 갈라진다. 유한, 무한은 출자액을 기준으로 하는 말이다. 즉 유한책임이란 출자액을 한도로 회사의 채무를 변제할 책임을 진다는 뜻이고 무한책임이란 출자액을 초과해서까지 회사의 채무를 변제할 책임을 진다는 뜻이다. 합명회사는 2인 이상의 무한책임사원만으로 구성되는 회사이며(212조), 합자회사는 무한책임사원과 유한책임사원이 각 1인 이상씩으로 구성되는 회사이다(268조). 이에 반하여 주식회사의 사원, 즉 주주의 책임은 이른바 유한책임이다(331조). 유한회사의 사원의 책임도 유한책임이나(553조), 회사에 대한 자본전보책임(④)이 있다는 점에서 주식회사와 다르다(550조·551조). 그리고 유한책임회사도 유한책임사원만으로 구성된다(287조의7).

이상과 같이 합명·합자·주식회사는 사원의 책임구조에서 본질적인 차이를 보인다. 하지만 유한회사의 사원의 책임은 자본전보책임을 제외하고는 주식회사의 주주의 책임과 차이가 없다. 그리고 자본전보책임은 그것 때문에 회사의 종류를 달리해야 할 만큼 중요한 차이점은 아니다. 그럼에도 불구하고 주식회사 외에 유한회사라는 기업형태를 별도로 인정하는 이유는 주식회사가 대규모성·공개성을 전제로 한 기업형태인 데 반해, 유한책임의 편익은 그대로 누리면서 인적회사로서의 특성을 가미하여 소수의 출자자간에 폐쇄적으로 운영할 수 있는 회사형태를 제공하기 위함이다. 유한책임회사의 사원이 지는 책임 역시 주식회사의 주주와 같은 유한책임임에도 불구하고 별도의 기업형태로 인정하는 이유는 유한회사보다 더욱 인적회사로서의 특성을 지닌 기업형태를 제공하기 위함이다.

2. 회사별 특색

사원의 책임형태의 차이는 각 회사의 본질적인 차이점으로서 이를 출발점으로 하여 회사설립절차를 달리하고 사원지위의 이전에 난이도의 차이가 있으며, 업무집행기구의 구성을 달리하는 등 다음과 같은 여러 가지 상이점을 보인다.

1) 회사설립절차 정관을 작성하고 설립등기를 해야 함은 모든 회사의 공통된 설립절차이다. 그러나 주식회사, 유한회사 그리고 유한책임회사에서는 사원들이 유한책임을 지므로 회사채권자를 보호하기 위하여 설립 전에 미리 자본에 상응하는 순자산을 갖추게 할 필요가 있다. 또 후술하는 바와 같이 사원과 업무집행기관이 일치하지 않으므로 설립 후 공백 없이 회사가 활동하기 위해서는 설립 전에 업무집행기관(임원)을 구성해야 한다.

이에 대해 합명회사에서는 모든 사원이 무한책임을 지며 합자회사에도 무한책임사원이 존재하므로 설립 전에 특히 회사의 재산을 확보해야 할 필요는 없다. 또 합명회사에서는 사원들 자신이, 그리고 합자회사에서는 무한책임사원이 업무집행기관이 되므로 별도의 기관을 구성할 필요도 없다. 그러므로 합명 · 합자회사의 경우에는 정관작성 후 바로 설립등기를 함으로써 회사가 설립된다.

2) 사원의 변동 합명회사에서는 사원들이 연대하여 무한책임을 지므로 사원이 누구이냐는 것은 회사채권자에 대해서는 물론이고 사원 상호간에서도 중대한 이해가 걸린 문제이다(예컨대 1억원의 개인자산을 가진 A가 사원이 되느냐, 무일푼의 B가 사원이 되느냐에 따라 회사의 대외적인 신용이 달라지고, 회사가 채무초과상태가 되었을 때 다른 사원들의 손실부담이 달라진다). 그러므로 합명회사의 사원은 정관에 기재함으로써 특정해야 하고(179조 3호) 그 변동이 자유롭지 아니하다. 심지어는 사원지분의 상속도 원칙적으로 허용되지 아니한다. 退社, 즉 사원의 지위를 벗어나고 출자를 회수하는 것이 제한적으로 허용되지만, 회사채권자를 보호해야 하므로 퇴사원은 퇴사시점에서의 회사채무에 대해 일정기간(2년간) 다른 사원과 같이 이행책임을 진다(225조). 그리고 사원 상호간의 신뢰가 매우 중요하므로 영리단체로서는 이례적으로 제명에 의한 사원의 축출이 가능하다(220조).

합자회사의 무한책임사원은 합명회사의 사원과 같은 성격을 가지므로 위에 말한 점들은 합자회사의 무한책임사원에 대해서도 그대로 타당하다. 유한책임사원의 존재는 회사성립의 요건이므로 역시 그 성명 등을 정관에 기재해야 하지만(270조), 대내외적 신용에 있어 유한책임사원의 동일성은 별 중요한 뜻이 없으므로 그 변동은 무한책임사원에 비해 용이하다(276조).

이와 달리 주식회사의 사원, 즉 주주는 회사채무에 대해 유한책임을 지고, 그것도 설립 당시에 출자의무를 전부 이행함으로써 종결되는 간접책임이므로 회사존속중에 누가 주주이냐는 것은 회사채권자에 대해서나, 다른 주주에 대해서나 별 의의가 없다. 그러므로 주주의 성명은 정관의 기재사항이 아니며, 주주의 변동(즉 주식의 양도 · 상속)도 자유롭고 제명제도가 있을 수 없다(335조 1항). 다만 퇴사에 의한 출자회수를 허용한다면 주주가 회사채권자에 비해 우선변제를 받는 것과 같으므로 허용될 수 없다. 주주가 출자의 회수를 원한다면 회사로부터가 아니라 持分의 換價, 즉 제 3 자에게 주식을 양도하고 대가를 받는 방법으로 해결할 수 있다. 한편 자본금감소를 통해 퇴사와 유사한 효과를 얻을 수 있으나, 이 경우에는 회사채권자를 보호하기 위한 절차를 밟아야 한다.

유한회사의 사원도 전원 유한책임을 지므로 주식회사의 주주와 같은 성격으로 파악할 수 있다. 그러나 유한회사는 소수의 사원들이 폐쇄적으로 운영하기 위해 이용하는 회사조직이므로 주주와는 달리 사원의 개성이 중요하다. 그러므로 정관으로 사원을 특정하여야 하며(543조 2항 1호 → 179조 3호), 지분의 양도도 제한할 수 있다(556조 단).

유한책임회사의 사원은 전원 유한책임을 지므로 주식회사와 유한회사에서와 같이 그 동일성은 중요하지 않다고 할 수 있지만, 사원조직을 폐쇄적으로 운영하려고 만든 회사이므로 사원의 이동은 쉽지 않다. 기본적으로 사원의 가입, 탈퇴, 지분의 양도 등의 난이도는 합명회사에서와 같고, 다만, 업무집행자 아닌 사원의 지분의 양도는 합자회사의 유한책임사원과 난이도가 같다(287조 의8).

3) 업무집행(경영) 사원이 무한책임을 진다는 것은 회사의 경영이 실패할 경우 사원들이 개인재산을 가지고 회사채무를 변제해야 할 사태가 생길 수 있음을 뜻한다. 그 결과 합명회사에서의 업무집행이란 곧 사원의 개인재산을 관리하는 것과 等價의 위험부담을 야기하므로 제 3 자에게 위임할 사항이 못 되고 사원 스스로가 처리할 문제이다. 따라서 합명회사에서는 사원 각자가 업무집행의 권리 · 의무가 있고(소위 자기기관) 별도의 업무집행기구를 갖지 아니한다(200조). 다만 업무집행의 효율을 위해 일부의 사원(업무집행사원)에게 업무집행권을 집중시킬 수 있을 뿐이다(201조).

합자회사에는 합명회사의 사원과 같이 회사경영에 관해 무한한 위험을 부담하는 무한책임사원과 제한된 위험만을 부담하는 유한책임사원으로 구성되므로 무한책임사원이 업무집행권을 가져야 할 것은 당연하다. 그러나 유한책임사원 역시 자기의 출자재산에 관한 위험관리수단은 가져야 할 것이므로 그에게는 무한책임사원의 업무집행에 대한 감시권이 주어져 있다(277조).

주식회사는 유한책임을 지는 사원(즉 주주)만으로 구성되므로(331조) 합명 · 합자회사에서처럼 직접 경영에 임해야 할 필연적인 이유를 가진 사원이란 존재하지 아니한다. 오히려 주주의 유한책임으로 인해 반사적으로 위험부담이 커지는 회사채권자를 보호하기 위하여는 주주의 개인적인 이해로부터 회사재산을 분리하여 독립적으로 관리할 필요가 있다. 그러므로 주식회사에서는 주주자격과 별개의 독립적 지위를 갖는 이사를 선임하고 이들로 하여금 이사회를 구성하여 업무집행을 결정하게 한다(타인기관). 그리고 이사들의 업무집행의 적법성을 보장하기 위하여 상설적인 감시기구로서 감사(또는 감사위원회)를 두고 있다. 주식회사에서는 이같이 기관의 분화를 통해 경영의 전문화와 통제를 아울러 실현하고 있다.

유한회사도 유한책임을 지는 사원만으로 구성되므로 회사경영기관의 구성에 관한 기본사고는 주식회사와 같다. 다만 유한회사는 소규모성·폐쇄성을 특색으로 하므로 감사가 필수적이 아니고 이사 수도 1인이면 족하다(561조·568조).

유한책임회사는 유한책임사원만으로 구성되지만, 그 조합적 실질로 인해 소유와 경영의 분리가 강요되지 않고, 업무집행자 외에 별도의 기관을 갖지 않는다. 업무집행자 아닌 사원은 업무집행에서 소외되므로 합자회사의 유한책임사원처럼 감시권을 갖는다(287조의14 → 277조).

4) 사원들의 의사결정방법 회사는 복수의 사원들로 구성되므로 어떤 방법으로든 그 단체의사를 형성해야 한다. 그러면 그 의사결정에 있어 각 社員들의 영향력(즉 의결권)의 크기를 어떤 기준에 의해 정할 것인가? 회사의 의사결정에 있어서 각 사원이 영향력을 행사해야 할 이유는 사원이 회사의 사업에 대해 부담하는 위험을 관리하기 위함이다. 그러므로 사원의 의결권은 각 사원이 부담하는 위험의 크기에 비례하여 주어지는 것이 가장 합리적인 의사결정방법이라고 할 수 있다.

주식회사에서 주주는 출자액을 한도로 하는 유한책임을 지므로 그가 부담하는 위험은 바로 출자액, 즉 소유하는 주식수에 비례한다고 할 수 있다. 따라서 주주들은 1주 1의결권의 원칙에 의해 주식수대로 의결권을 갖는다(持分主義)(369조 1항).

유한회사도 기본적으로는 주식회사와 같으나, 인적회사로서의 요소를 가미하여 정관으로 이와 다른 원칙을 세울 수 있다(575조).

합명회사에서도 사원마다 출자액이 다를 수 있지만, 사원들이 무한책임을 지는 까닭에 출자액에 따라 위험부담이 비례한다는 의미는 없다. 굳이 위험부담의 비례를 논한다면 각자의 개인재산의 크기에 따라 비례한다고 할 수 있으나, 법률적으로 이것을 지분의 크기에 연결시킬 수는 없다. 합명회사의 사원은 각자 전 재산을 가지고 책임을 진다는 의미에서 사원이 회사의 사업에 대해 갖는 위험부담은 균등하다고 의제해야 하고, 영향력 행사의 필요성 역시 똑같다고 보아야 한다. 따라서 사원들은 각자 1개씩의 의결권을 갖는다(頭數主義)(200조 2항).

합자회사에서는 사원의 의사결정이란 주로 업무집행권을 갖는 무한책임사원들의 의사결정이 대부분이므로 그 결정방법은 합명회사와 같은 논리에 따른다. 유한책임사원도 예외적으로 의사결정에 참여하는 수가 있으나, 그 경우는 총사원의 동의를 요하는 경우뿐이므로 역시 출자액에 비례한 의결권을 가질 기회가 없다.

사원의 위험부담이란 관점에서는 유한책임회사의 의사결정은 지분주의 내지는 자본다수결의 원칙이 적용되어야 옳을 것이나, 내부관계를 조합과 같이 운영하려는 회사이므로 대부분의 의사결정에서 정관의 규정 내지는 총사원의 동의라는 合手性을 요구하고(287조의16 등 참조) 과반수의 동의를 요구하는 사안에서도 지분주의가 아니고 두수주의에 의한다(287조의11 등 참조).

3. 이용실태

우리나라의 회사이용실태를 보면 주식회사가 압도적이다. 기업가가 유한책임제도에 의해 사업손실을 제한할 수 있고, 회사의 자본구조와 경영조직이 개방적이라서 다수인의 출자가 용이한데다, 장차는 주식의 상장을 통해 대규모의 대중자본을 흡수할 수도 있기 때문이다. 그래서 현재 상장회사를 비롯한 대규모회사들은 예외 없이 주식회사이다. 구체적인 이용실태를 보면, 2025년 12월 말 현재 우리나라에서 등기되어 있는 회사의 총수는 1,523,388개사인데, 이 중 주식회사가 1,363,725개(89.52%), 유한회사가 137,035개(8.99%), 합자회사가 16,158개(1.06%), 합명회사가 2,541개(0.16%), 유한책임회사가 3,929개(0.25%)이다.[1] 등기되어 있는 회사의 수는 이와 같으나, 국세청이 세적을 관리하고 있는 회사는 2024년 말 현재 1,058,498개사(등기된 회사의 약 69%)에 불과하다.[2] 우리나라에서 설립된 회사의 약 3분의 1 정도는 과세청도 파악하고 있지 못한 휴면회사임을 뜻한다.

Ⅲ. 法源上의 분류

상법전을 근거로 하여 성립·존속하는 회사를 상법상의 회사 또는 일반법상의 회사라 하고, 상법규정 외에 특별법의 규율을 받는 회사를 특별법상의 회사라 한다. 특별법상의 회사는 다시 일반적 특별법에 의한 회사와 특수회사로 구별된다. 일반적 특별법에 의한 회사는 특정업종을 목적으로 하는 회사에 일반적으로 적용되는 특별법의 규제를 받는 회사로서, 은행(은행법), 보험회사(보험업법) 등을 예로 들 수 있다. 특수회사는 특정의 회사를 위해 특별히 제정된 특별법에 의하여 설립된 회사로서 한국토지주택공사(동법)·한국교육방송공사(동법)·한국도로공사

1) 대한민국법원 등기정보광장(https://data.iros.go.kr)/등기현황/법인등기/상법법인 현황(법인구분별).
2) 국세통계포털(tasis.nts.go.kr)/주요 국세통계/법인세 신고현황.

(동법) 등을 예로 들 수 있으며, 이들은 자본의 일부 또는 전액을 정부가 출자한 기업들인데, 흔히 公企業[1)]이라 부른다.

Ⅳ. 民事會社 · 商事會社

민법 제39조는 영리를 목적으로 하는 사단은 상사회사 설립의 조건에 좇아 이를 법인으로 할 수 있으며(동조 1항), 이 법인에는 상사회사에 관한 규정을 준용한다고 규정한다(동조 2항). 이로부터 상행위를 하는 상사회사와 상행위를 하지 아니하고 영리를 목적으로 하는 민사회사를 구분하는 것이 일반적인 설명이다. 그러나 민법 제39조는 입법착오에서 비롯된 것이고,[2)] 상법상의 회사는 영리를 목적으로 하면 족하고(169조) 상행위를 하든, 하지 않든 상인으로 보므로(5조 2항) 양자를 구별할 실익이 없다.

Ⅴ. 내국회사 · 외국회사 · 합작회사

우리나라의 법률에 의하여 설립된 회사가 내국회사이며, 상법상의 회사와 같은 실질을 가진 영리사단으로서 외국법에 의하여 설립된 회사를 외국회사라 한다. 외국에서 설립된 회사라도 우리나라에 그 본점을 설치하거나 우리나라에서 영업할 것을 주된 목적으로 하는 때에는 우리나라에서 설립된 회사와 동일한 규정에 의하여야 한다(617조)(1285면 이하 참조).

둘 이상의 회사가 특정 사업을 공동으로 수행하기 위하여 자금 또는 기술을 출자하여 설립한 회사를 합작회사라 한다. 오늘날은 주로 내국인이 외국인과 공동으로 출자하여 설립한 회사를 일컫는다.

Ⅵ. 公開會社 · 閉鎖會社

이는 실정법상의 구분이 아니고, 회사의 규모 · 운영실태에 따라 회사법의 일부 규정의 적용을 달리해야 할 것이라는 입법론적 착상에서 나온 구분이다. 대

1) 공공기관의 운영에 관한 법률에서는 「公企業」이란 용어를 동법에 의해 정부가 지정하는 「공공기관」의 한 유형으로 사용하고 있다.

2) 李哲松, "商法上의 立法錯誤의 是正을 위한 연구(1)," 「比較」 제31호(2005. 12.), 5면 이하 참조.

체로 미국의 publicly held corporation, closely held corporation, 그리고 영국의 public company, private company의 구분에 좇아 구별한다. 미국에서는 근래 「closely held corporation」을 「publicly held corporation」과 구별하여 개념을 규정짓고, 일반 회사법에 대한 몇 가지 특례를 인정하는 입법경향이 보인다(예: 노스캐롤라이나州 회사법, 델라웨어州 회사법).

델라웨어州 회사법의 구분에 따르면, ① 주주의 수가 30인을 넘지 않고, ② 주식의 양도가 제한되며, ③ 주식을 공모하지 않는 회사를 close corporation (closely held corporation)이라 한다.[1)]

Ⅶ. 上場法人 · 非上場法人

상장법인이라 함은 그 발행한 주식이 증권시장에서 거래될 수 있는 회사를 말하며(542조의 2 1항), 비상장법인은 그렇지 않은 회사이다. 자본시장법에서는 「상장법인」이라는 용어를 쓰지만, 상법에서는 「상장회사」라고 부른다(542조의 2 이하). 이 책에서는 양자를 편의에 따라 혼용한다.

「상장」이란 증권시장이 특정 증권에 대해 자신의 시장에서 매매대상이 될 수 있음을 인정하는 것을 말한다. 증권의 상장요건은 증권시장을 운영하는 거래소가 정하는데, 현재 유일한 거래소인 한국거래소가 정한 상장요건에 의하면, 상장예비신청일 현재 발행주식총수의 100분의 25 이상이 모집 또는 매출에 의해 분산되거나 소액주주에 의해 소유되어 있을 것을 요한다(상장규 29조 1항 3호). 한국거래소는 주식의 공개매매시장으로서 유가증권시장, 코스닥시장 및 코넥스시장을 개설하고 있는데, 유가증권시장은 비교적 규모가 크고 수익이 안정적인 회사를 다루고, 후자의 두 시장은 전자에 비해 규모가 작은 회사를 다룬다. 2025년 12월 말 현재 유가증권시장에는 847개사, 코스닥시장에는 1,827개사, 코넥스시장에는 115개사가 상장되어 있다(480면 참조).

상장주식의 유통과 상장법인의 관리에 관하여는 상법 외에 자본시장법과 기타 특별법이 적용된다.

대규모상장회사

상법이 정하는 상장회사에 관한 특례 중에는 회사의 규모에 따라 추가적인 특례를 두는 예가 있다. 상장회사에서의 소수주주권의 지주요건은 비상장회사에 비해 일반

---

1) Del. Gen Corp. Law § 342(a).

적으로 완화되어 있는데, 자본금이 1천억원이 넘는 회사의 소수주주권은 다시 상장회사의 지주요건의 2분의 1로 낮추어져 있다(542조의6 2항~5항, 상령 32조). 그리고 자산총액이 2조원이 넘는 회사에서는 감사위원회를 필수적으로 두어야 하고(542조의11 1항, 상령 37조 1항), 이사선임을 위한 집중투표의 청구를 위한 소수주주요건이 완화되고(542조의7 2항, 상령 33조), 감사위원의 선임을 주주총회에서 해야 하는 등 선임에 관해 몇 가지 특례가 적용된다(542조의12).

이 책에서는 자산총액이 2조원 이상인 회사를 「대규모상장회사」라고 부르기로 한다.

公共的 法人

「공공적 법인」이란 국가기간산업 등 국민경제상 중요한 산업을 영위하는 법인으로서 대통령령으로 정하는 상장법인을 말한다(자금 152조 3항). 1987년에 국영기업의 민영화계획을 시행하면서, 특히 공공성이 강한 기업들의 경영권을 보호하기 위해 도입한 개념이다(현재는 「한국전력공사」가 유일하다). 공공적 법인이 외국자본이나 특정인에 의해 지배되는 것을 방지하기 위하여 다음과 같은 특례가 마련되어 있다.

i) 당해 공공적 법인 이외의 타인은 주주들에게 의결권대리행사를 권유할 수 없으며(자금 152조 3항), ii) 1인의 주식소유가 발행주식총수의 100분의 3 이하로 제한되고(자금 167조 1항 2호), iii) 외국인의 주식취득을 정관으로 제한할 수 있다(자금 168조 2항). iv) 한편 공공적 법인은 이른바 「국민주」 개념에 입각하여 정부가 소유하는 주식에 대한 배당금을 근로자 등 저소득층의 주주에 대한 배당금으로 전용할 수 있으며(자금 165조의14 1항), 장기간 주식을 보유하는 자에게는 무상주(461조에 의해 발행하는 주식)를 발행할 수 있다(자금 165조의14 2항).

Ⅷ. 소규모회사

주식회사는 연혁적으로 대중자본을 유치하여 설립하는 대규모회사로 구상된 기업형태이므로 법이 요구하는 기업조직이 거대하고 운영 절차가 복잡하여 고액의 준수비용을 요한다. 그리고 상법은 소규모기업으로서 주식회사와 같은 유한책임의 편익을 누리고자 하는 기업을 위해서는 유한회사와 유한책임회사라는 기업조직을 제공하고 있다. 그러나 우리나라에서는 아무리 영세한 회사라 하더라도 주식회사를 선호하는 것이 현실인데(90%의 회사가 주식회사임을 상기할 것), 이들에게 대규모 주식회사를 위한 정식의 조직과 절차를 준수하도록 요구하는 것은 비현실적이고, 각종 변칙적인 준수방법을 유도할 따름이다. 그러므로 상법은 정상적인 주식회사의 조직과 절차를 이용할 경우 과다한 비용이 요구되는 부문에 있어서는 소규모의 주식회사는 *費用經濟的*인 조직과 절차로 대신할 수 있는 특례를 마련해 주고 있다. 여러 부문에 걸쳐 이러한 특례가 마련되어 있으므로 소규모회사는 상법상 매우 중요한 분류이다.

소규모회사를 위해서는 설립단계에서 정관의 인증제도, 주금납입제도에 대한 특례를 두고(292조 단·318조 3항), 주주총회의 소집절차를 간소화하는 동시에 서면결의 및 서면동의제도를 허용한다(363조 3항~5항). 가장 주목할 특례는 이사의 수를 1인 또는 2인만 둘 수 있도록 하고(원칙은 3인 이상), 감사를 임의기구로 한 것이다(383조 1항 단·409조 4항). 소정 인원의 이사와 감사를 두어야 하는 것이 가장 비용을 요하는 사항이기 때문이다.

상법에서는 「소규모회사」라는 용어를 쓰지 않고, 「자본금 총액이 10억원 미만인 회사」를 이러한 특례의 적용대상으로 삼고 있다(위 각 조항). 이 책에서는 「소규모회사」라 부른다.

제 5 절 會社設立의 일반론

Ⅰ. 설립에 관한 입법주의

회사발달의 초기부터 회사설립에 대한 국가의 수용자세는 그때그때의 사회적 배경에 따라 변화하여 왔다. 그간의 입법정책의 변천과정은 다음과 같이 요약할 수 있다.

1) 자유설립주의와 특허주의 자유설립주의란 회사설립에 있어 법적인 제한을 두지 않고 회사를 설립하고자 하는 자들이 모여 사단의 실체만 형성하면 회사가 성립한 것으로 다루는 주의이고, 특허주의(Oktroisystem)란 회사는 군주의 특허나 국가의 특별입법에 의해서만 설립하도록 하는 주의이다. 17세기 초 각국에는 「동인도회사」가 설립되었는데, 이들은 모두 국왕의 특허에 의해 설립된 것이었다. 하지만 이후 회사설립에 관한 규제가 없음을 틈타 동인도회사를 모방한 민간회사들이 남설되어 각종 사기나 불건전한 거래에 이용되는 등 사회적 문제를 야기하였다. 뿐만 아니라 국왕의 특허에 의해 설립된 「미시시피회사」[1)]

1) 미시시피회사(La Companie du Mississippi)란 1700년대 초 프랑스령 루이지아나를 관리하던 회사이다. 1716년 스코틀랜드 출신의 금융전문가인 John Law가 프랑스 왕실의 신임을 얻어 은행을 설립하고 지폐를 발행하여 정부의 재정난을 도와주다가, 미시시피회사를 인수하여 이 회사의 주식을 남발하였다. 미시시피지역에 매장된 金을 채굴한다는 사업목적을 선전하고 집시와 부랑자들을 모아 삽과 곡괭이를 들려 파리 시가를 행진시켰다. 이에 현혹되어 많은 사람들이 이 회사의 주식과 채권을 사들이는 투기열풍이 일어났으나 1720년에 이 회사가 파산하여 많은 피해자를 만들었다. 남해회사는 18면 註 2) 참조.

와 「남해회사」조차 대규모의 사기극을 벌이고 파산하자 회사로 인한 폐해가 극에 달했다. 그리하여 이 두 회사의 사건을 계기로 18세기 초에 각국은 모든 회사의 설립을 특허주의로 규제하기에 이르렀다.[1] 이후 다음에 설명하는 허가주의가 등장할 때까지 100여년간에 걸쳐 회사설립이 극도로 통제되었다. 오늘날에는 일반적으로 특수회사의 설립에 관해서만 이 주의를 취하고 있다(예: 한국은행법에 의한 「한국은행」, 한국조폐공사법에 의한 「한국조폐공사」).

2) **면허주의**(허가주의) 회사설립에 관한 성문법규를 두고 이에 근거한 면허 · 허가와 같은 행정처분을 회사설립의 요건으로 하는 주의(Konzessions-system)이다. 1807년 프랑스상법이 처음으로 면허주의를 취하였으며 1861년 독일의 일반상법전(ADHGB)도 이 주의를 취하였다.[2] 이 주의 아래에서는 행정관청이 설립에 관해 실질적 심사를 하므로 역시 회사설립에 제약이 된다.

3) **준칙주의** 특허주의와 허가주의는 국가 또는 행정관청이 선택한 일부 단체에 대해 특권을 부여하는 결과가 되어 근대자유주의 헌법하에서의 平等의 원칙, 직업선택의 자유와 상충한다. 그리하여 때마침 19세기에 증폭된 자본주의사상과 산업혁명에 따른 경제적 수요에 의해 회사설립에 관한 입법주의는 준칙주의(Normativbestimmung)로 이행하였다. 성문법규로써 일반적인 회사설립의 요건을 규정하고 이 요건을 구비하면 당연히 법인격을 취득하게 하는 주의이다. 따라서 이 주의에 의할 때 회사설립에 대한 국가의 관여는 법정의 설립요건을 구비하였느냐의 심사에 그치고, 설립인가 · 허가와 같은 별도의 처분은 요하지 않는다. 이는 회사설립을 널리 개방하되 회사로 하여금 사법상 책임주체로서의 실체를 갖추도록 강제하는 의미를 갖는다.[3] 1844년 영국의 합작주식회사법(Joint Stock Companies Act 1844)[4]에서 처음 도입하고 프랑스의 1867년 회사법, 독일의 1870년 주식법(Aktienrechtsnovelle von 1870)이 이를 따랐다.[5] 오늘날 대부분의 국가는 이 주의를 취하며,

---

1) Reinhardt/Schultz, S. 175.
2) Wiedemann I, S. 26.
3) 면허주의란 회사제도의 남용을 우려하여 정부가 회사의 운영을 감독하는 제도라 할 수 있다. 19세기 말 각국이 면허주의에서 준칙주의로 이행하게 된 배경에는 정부의 감독을 대신하여 주주가 회사의 운영을 충분히 감독할 수 있을 것이라는 신뢰가 있었다(19세기 주식회사의 법적평가에 대해 상세는 *Grossfeld*, Die rechtspolitische Beurteilung der Aktiengesellschaft im 19. Jahrhundert, in: Coing/Wilhelm(Hrsg.), Wissenschaft und Kodifikation des Privatrechts im 19. Jahrhundert, Band 4, S. 236 ff.).
4) Clive M. Schmitthoff, *op. cit.*, p. 34.
5) Wiedemann I, S. 26.

우리나라도 같다.

설립의 입법주의와 사업면허

사업의 종류에 따라 사업주체가 개인이든 법인이든 행정관청의 허가·면허 등을 요하는 경우가 많다. 이것은 특정한 행정목적에 의한 단속으로서 회사설립 자체의 규제와는 구별하여야 한다. 예컨대 보험업을 목적으로 하는 주식회사를 설립할 때 그 회사는 상법상의 요건을 갖추어 등기하면 설립되지만, 실제 보험업을 하기 위해서는 금융위원회의 허가를 받아야 한다(보험업법 4조 1항).

Ⅱ. 設立行爲의 개념과 성질

회사의 설립(incorporation; Gründung)이란 회사라는 법인을 성립시키기 위한 여러 가지의 행위와 절차를 동적·발전적으로 파악한 개념이다. 회사설립에 있어서 설립행위란 개념이 사용되는데, 이 설립행위란 구체적으로 무엇을 가리키는지, 그리고 그 법적 성질이 무엇인지는 설립의 효력과 관련하여 중요한 문제이다.

종래의 학설

통설은 설립행위란 정관작성 및 설립을 위해 행해지는 「사원」이 될 자의 법률행위를 가리키는 것이라고 설명한다. 그리하여 인적회사에서는 정관작성, 주식회사에서는 정관작성과 주식인수가 설립행위라고 한다(정찬형 502; 최기원 100). 그리고 설립행위의 성질에 관하여는 合同行爲라는 것이 다수설이지만(강·임 58; 손주찬 453; 최기원 100), 인적회사의 설립행위는 합동행위, 물적회사의 설립행위에는 합동행위와 계약이 병존한다는 설(정찬형 504), 일의적인 성격규정은 불가능하고 설립과정에 개재되는 개별 행위별로 그 법적 성격을 논해야 한다는 설(권기범 137; 정동윤 377)도 있다.

원래 회사설립행위의 성질론은 민법상의 사단법인 설립행위의 성질론에서 비롯된다. 민법학의 다수설은 사단법인 설립행위를 합동행위(Gesamtakt)라고 한다.[1)]

민법학에서의 합동행위설의 근거는 법률행위에는 계약과 단독행위 그리고 합동행위의 세 가지가 있다는 전제 아래, 합동행위는 같은 방향의 수인의 의사표시가 합쳐진 것이라고 개념을 규정하고, 사단법인 설립행위는 설립자 전체가 법인설립이라는 공동의 목적에 협력할 뿐 서로간에 채권·채무를 부담하는 것이 아니라는 이유로 합동행위라고 한다. 이에 대해 소수설은 설립행위는 단체적 효과의 발생을 목적으로 하

1) 民法注解 Ⅰ, 612면(洪日杓 집필).

는 특수계약이라고 한다.[1])

상법학자의 다수는 株式引受도 설립행위라고 하는 까닭에 주식인수의 성질론이 추가로 거론된다. 발기인의 주식인수는 거의 예외 없이 합동행위라고 하나, 모집주주의 주식인수는 설립중의 회사에의 入社契約이라고도 하고(손주찬 575; 정찬형 691), 장래 성립할 회사에의 입사계약이라고도 한다(정동윤 399).

1. 設立行爲의 개념

통설이 말하는 설립행위가 사원이 될 자의 「법률행위」를 뜻하는 것임은 틀림없다. 인적회사의 설립절차에서는 정관작성 외에 다른 법률행위가 없으므로 설립행위는 즉 정관작성이란 등식이 성립하고 별 문제는 없다. 그러나 주식회사에서는 정관작성 외에 발기인의 주식인수, 모집주주의 주식인수 등의 불가결한 법률행위가 따르므로 통설은 정관작성과 주식인수를 설립행위라고 한다. 그렇다면 설립행위라는 하나의 법률행위가 정관작성과 주식인수라는 두 개의 법률행위로 구성된다거나, 아니면 정관작성도 설립행위이고 주식인수도 설립행위라는 뜻이 된다. 전자의 뜻이라면 종래의 법률행위론으로써는 설명할 수 없는 것이다. 그리고 후자의 뜻으로 본다면 설립행위란 설립을 위해 행해지는 각종 법률행위의 통칭이며 그 자체 고유한 내용이나 효력은 주어질 수 없다. 또 통설이 설립행위의 성질을 합동행위라 하면서 발기인의 주식인수와 모집주주의 주식인수의 성질을 따로이 논함도 모순이다.

정관작성은 회사설립이란 목적 이외에는 아무런 목적이나 동기도 표시되지 않고 순수하게 설립의 의사만 표시하는 행위임에 반하여, 주식인수는 1차적으로는 주주지위의 취득을 목적으로 하며 이 점에서 근본적으로는 신주발행시의 주식인수와 다를 바 없다. 그렇다면 주식회사의 설립행위도 인적회사의 설립행위처럼 정관작성만을 뜻한다고 보아 설명에 통일을 기하는 것이 타당하다.

설립행위의 개념을 인정하는 실익은 행위의 단체성에 있다. 그리하여 설립행위에 흠이 있다면 회사설립 자체의 무효·취소로 연결된다는 점 때문에 설립행위의 범위가 중요한 뜻을 갖는 것이다. 주식인수는 주식인수인별로 행위가 완결될 뿐 아니라, 개개 주식인수의 흠은 법상 주식회사 설립의 흠으로 연결되지 않는다는 점(320조)(262면 참조)도 설립행위로 볼 수 없는 이유이다.

---

1) 金曾漢·金學東, 「民法總則」(第 9 版), 博英社, 1995, 175면; 李英俊, 「民法總則」(改訂增補版), 博英社, 2007, 181면; 李銀榮, 「民法總則」(第 5 版), 博英社, 2009, 338면.

2. 設立行爲의 성질

설립행위(정관작성)나 주식인수의 법적 성질에 관해서는 독일에서도 오랫동안 다투어졌었다. 합동행위설은 일찍이 Gierke에 의하여 주장된 것으로[1] 우리나라와 日本에서는 대다수가 이 입장을 좇고 있다. 그러나 오늘날 독일에서 회사설립행위에 관해 이 설을 취하는 학자는 없다. 주식법은 정관작성과 회사계약(Gesellschaftsvertrag)을 동의어로 사용함으로써 이를 계약의 일종으로 보며(§ 2 AktG), 대부분의 학자들도 정관작성이나 주식인수는 모두 계약이라고 설명한다. 다만 그 단체법적 특수성을 설명하기 위하여 채권법상의 계약은 아니고 사단법적 계약(körperschaftsrechtlicher Vertrag) 혹은 조직법상의 계약(Organisationsvertrag)이라고 설명한다.[2]

우리 상법학자들의 통설적인 견해를 보면, 인적회사의 설립행위는 정관의 작성에 의하여 나타난 의사표시의 합치이므로 사단창설을 목적으로 하는 합동행위이고, 주식회사의 설립행위는 정관의 작성에 의하여 표시된 의사표시와 주식인수라는 계약이 병존하므로 합동행위와 계약이 병존한다고 한다. 회사설립행위가 당사자 「상호간」에 권리의무를 갖게 하는 것은 아니므로 계약으로 파악하는 것이 적절치 않은 것은 사실이다. 그러나 합동행위라는 것 역시 설립행위의 특성을 모두 포섭하는 것도 아니며 다음에 분석하듯이 실익이 있는 것도 아니라서 설립행위의 성질론으로서는 부적합하다. 더욱이 현재는 회사의 1인설립이 가능해졌으므로 2인 이상의 참여를 전제로 하는 계약설이나 합동행위설로는 더 이상 설립행위를 설명할 수 없다. 종래의 법률행위분류론을 벗어나, 회사설립행위라는 별도의 법률행위의 유형을 시인해야 한다고 생각한다.

합동행위설의 실익

그러면 설립행위의 성질을 합동행위라고 할 때 어떤 실익이 있는가? 첫째, 설립자 일부의 의사표시에 결함이 있어 무효·취소되더라도 법률행위 전체를 소급적으로 무효로 하지 않는다는 점이다.[3] 그러나 상법은 인적회사와 유한회사에 관해 사원의 주관적 하자로 인한 무효·취소를 인정하고 다만 그 효력을 제한할 뿐이며(184조·190조·287조의

---

1) O. v. Gierke, *Deutsches Privatrecht I*, 1895, S. 150; Wiedemann Ⅰ, S. 160, 161.

2) *Arnold*, in Kölner Komm. AktG, 3. Aufl., § 23 Rn. 27; *Brändel*, in Großkomm AktG, 4. Aufl., § 2 Rn. 48.

3) 합동행위를 인정하는 학자 중 일부는, 합동행위를 구성하는 일부의 의사표시가 의사의 흠결이나 하자로 무효 또는 취소되더라도 다른 의사표시의 효력에 영향을 미치지 않는다는 점을 합동행위의 특성으로 설명한다(郭潤直, 「民法總則」(第 7 版), 博英社, 2005, 133면).

6·269조·552조), 주식회사에 관해서는 사원의 주관적 하자로 인한 무효·취소를 인정하지 않는 등 입법적으로 해결하고 있으므로 합동행위론은 회사설립에 관한 한 실익이 없는 설명이다. 둘째, 합동행위에도 「상대방」이 있는가라는 문제와 관련하여 상대방이 아는 비진의표시(민 107조 1항 단), 통정허위표시(민 108조 1항), 그리고 자기계약(민 124조)에 관한 규정들이 적용되느냐는 문제가 있다. 이에 관해 합동행위는 상대방이 없으므로 민법 제107조 제 1 항 단서와 제108조는 적용이 없다는 설과 당사자간에 의사의 합치를 요하는 것은 계약이건 합동행위건 마찬가지라는 이유로 적용이 있다(즉 무효원인이 된다)는 설이 있다(정동윤 377). 합동행위는 당사자간에 이해가 대립되지 아니하고 공통된다는 점에서 계약과 다를 뿐이지, 수인이 하나의 목적을 위해 의사표시를 하는 것인 만큼 당사자간에 의사의 합치가 필요하다는 점에서는 계약과 다를 바 없다.[1)]

그러므로 어느 한 사원의 의사표시가 진의 아님을 다른 사원들이 알았을 때, 그리고 사원들이 전혀 설립의 의사 없이 통정하여 설립행위를 하였을 때 이를 유효로 볼 수는 없으며, 무효라고 하더라도 회사설립의 무효는 소급효가 없으므로(190조 단) 제 3 자를 해하는 일이 없다. 후설이 타당하다. 그리고 설립행위에서 자기계약이란 있을 수 없으나 표현대리·무권대리로 설립행위에 가담하였을 때에는 다른 사원을 상대방으로 보아 이에 관한 민법규정을 적용해야 할 것이다. 따라서 표현대리에 의해 설립행위를 한 경우 민법 제125조 본문, 제126조, 제129조 본문의 요건을 충족시키는 한 유효로 보아야 하며, 무권대리의 경우 본인의 추인이 있으면 역시 유효로 보아야 한다(민 130조).[2)] 그러나 인적회사의 설립에서는 본인의 개성이 중시되는 결과, 민법 제135조 제 1 항(무권대리인의 이행책임)은 적용되지 않는다고 보아야 한다(同旨: 임영철(주석-회사 1) 322).

이상에서 보듯이 회사설립행위를 합동행위로 본다 하여 큰 실익이 있는 것은 아니다. 단지 의사형성의 모습이 계약과 구별되는 특색이 있음을 설명하는 정도의 의의를 부여할 수 있을 뿐이다.

Ⅲ. 定款의 性質과 效力

1. 정관의 의의와 성질

실질적인 의미에서의 정관은 사원들의 總意에 의하여 성립되어 회사의 단체법적 법률관계를 성문법의 보충적 또는 변경적 효력을 가지고 규율하는 규범을 총칭하는 것이나,[3)] 형식적으로는 그 규범을 기재한 서면을 뜻한다. 어느 회사이든 설립시에는 정관을 작성하여야 하며, 이 정관은 계속 회사의 법률관계를 구

1) 日注釋(1), 550면.
2) 前註, 551면.
3) Würdinger, S. 39.

속하고, 그 변경은 엄격한 법정절차에 의해서만 할 수 있다.

정관은 그것을 작성한 설립자 또는 발기인뿐 아니라 회사의 기관, 그리고 새로이 회사조직에 가입한 자까지 당연히 구속하므로 自治法規로서의 성질을 갖는다(자치법설. 통설; 대법원 2000. 11. 24. 선고 99다12437 판결).

소수설은 정관의 구속력은 사원의 자유로운 의사에 있는 것이어서 정관작성 후에 사원이나 기관이 되는 자는 정관의 내용에 승복하고 회사와 관련을 맺는 것이고, 그 구속을 벗어나고 싶을 때에는 언제든지 탈퇴하거나 지분(주식)을 양도하면 되므로 정관은 계약적 성질을 갖는다고 설명한다(계약설)(김정호 79; 정동윤 384). 정관의 성질론은 독일과 일본에서도 다투어지고 있는 문제인데, 독일에서는 계약설이 다수설이나[1] 일본에서는 자치법설이 통설이다.[2]

정관을 계약으로 볼 때의 실익은 민법의 계약에 관한 규정을 정관에 적용할 수 있다는 점이다. 그러나 독일에서 계약설을 주장하는 학자들도 이를 순수한 계약으로는 보지 않으며, 민법의 계약에 관한 규정이 전면적으로 적용된다고 주장하는 자도 없다. 모두 정관은 조직계약(Organisationsvertrag)으로서의 특성을 지니므로 민법의 계약규정을 제한적으로 또는 크게 수정해서 적용할 것을 주장한다.[3]

국내의 계약설도 각 조문이 가지는 의미를 음미하여 정관에 유추적용할 것인지를 결정해야 한다고 말한다(정동윤 385).

이와 같이 일반계약에 대한 예외를 크게 인정한다면 정관의 성질을 계약으로 보기도 어려울 뿐더러 계약으로 볼 실익도 없다. 계약설은 신입사원이 기존의 정관에 승복하는 것은 그의 자유의사에 기한 것이므로 계약이라 주장하나, 정관변경에 반대한 사원도 변경된 정관에 구속되는 이치는 계약설로써는 설명할 수 없다. 또 정관의 구속을 벗어나고 싶을 때에는 퇴사하거나 지분(주식)을 양도함으로써 벗어날 수 있다고 해서 정관의 법규성에 영향을 주는 것은 아니다(마치 한국법의 적용을 받기 싫을 때에는 한국법역을 떠날 수 있다고 해서 한국법의 법규성이 상실되는 것이 아님과 같다).

정관은 일단 그 구성원이 된 자에 대하여는 그 의사에 불구하고 보편적으로 구속력을 가지는 점, 구성원의 개별 의사에 불구하고 구성원의 일반의사에 의하여 변경될 수 있는 점, 정관을 작성하거나 변경한 사원들이 퇴사하거나 지분을 양도하여 인적 구성에 변화가 생기더라도 정관의 효력에는 영향이 없는 점 등은 명백히 법규성에 기인한 것이므로 정관은 자치법규로 보는 것이 옳다.

2. 정관의 효력

정관의 法規性으로 인해 정관을 작성한 사원이나 발기인은 물론이고, 그 이

---

1) *Brändel*, a.a.O., § 2 Rn. 48 ff.; *Pentz*, in Münchener Komm. AktG, 4. Aufl., § 23 Rn. 10.
2) 日注釋(2), 55면.
3) Wiedemann I, S. 160 ff.

후에 가입한 사원, 주주 그리고 회사기관도 당연히 정관의 구속을 받는다. 다만 自治法이란 강행법규의 테두리 안에서 효력이 인정되므로 강행법규에 어긋난 정관규정은 효력이 없다.

정관은 제 3 자도 구속하는가? 예컨대 정관에서 공동대표제를 두었기 때문에 회사와 거래하는 제 3 자가 반드시 대표자 전원과 거래하여야 하는 경우에는 마치 정관이 제 3 자도 구속하는 듯이 보인다. 그러나 이는 사원이나 기관이 정관에 구속되는 결과 제 3 자가 간접적으로 그 효과를 받는 데 지나지 않는다. 즉 정관이 제 3 자를 구속한다고 볼 것은 아니다(정동윤 385; 최기원 154).

정관에 위반한 회사의 대내외적 행위는 자치법규에 위반한 행위이므로 무효이다.[1] 다만 제 3 자의 보호를 위하여 무효의 주장이 제한될 경우가 있다(예: 209조 2항 · 389조 3항).

정관은 법규성을 가지므로 그 해석을 그르친 것은 법의 해석을 그르친 것이 되어 상고이유가 된다(민소 423조). 이같이 정관의 해석은 법의 해석이므로 이사회 또는 사원총회의 결의로 특정 정관규정에 관한 해석내용을 결정하였다 하더라도 이는 법원을 구속하지 못한다(대법원 2000. 11. 24. 선고 99다12437 판결).[2] 이에 대해 계약설의 입장에서는 정관의 해석을 계약의 해석으로 보므로 정관의 해석이 그릇되더라도 이는 사실인정의 문세에 그쳐 상고이유가 되지 아니한다.

3. 정관의 작성

정관의 작성은 요식의 서면행위로서 반드시 법 소정의 사항을 기재하고 작성자들이 기명날인(또는 서명)을 하여야 한다. 구체적인 기재사항은 회사의 종류마다 상이하므로 각 회사별로 후술한다.

Ⅳ. 회사법상의 登記

1. 등기제도의 의의

회사의 조직법적 법률관계의 많은 부분에 대해 제 3 자는 중대한 이해를 가진다. 예컨대 어떤 회사의 대표이사가 누구이냐는 것은 회사의 거래상대방으로

1) 계약설을 취한다면 정관위반을 채무불이행이라고 해야 논리적이나, 실제 계약설에서는 이같은 주장을 하지 않는다.

2) 이 판례는 비영리법인(사단법인 대한민국 헌정회)의 정관의 해석에 관한 판단이지만, 영리회사의 정관에 대해서도 같은 법리가 적용된다고 보아야 한다.

서는 거래의 실제 상대방을 누구로 할 것이냐는 의미를 가지므로 제 3 자가 알아야 할 중대한 사안이다. 하지만 회사의 조직법적 법률관계는 회사의 내부에서 형성되므로 제 3 자가 알기가 용이하지 않다. 그러므로 상법은 제 3 자와의 거래에 영향을 미칠 만한 사항은 대외적인 공시를 위해 등기하도록 한다. 구체적인 등기관리방법으로서 상법은 회사설립시에 등기할 사항을 규정하고(180조 · 181조 · 271조 · 287조의5 1항~2항 · 317조 2항 · 549조 2항), 그 등기사항에 변경이 생길 경우 소정기간 내에 변경등기를 하도록 하며(183조 · 269조 · 287조의5 4항 · 317조 4항 · 549조 4항), 설립당시에 등기하지 않은 새로운 등기할 법률관계가 창설될 때마다 등기하도록 규정하고 있다. 예컨대 주식회사의 자본금의 총액은 설립시부터 등기하여야 하고 설립 후 증감이 있을 때에는 변경등기를 하여야 하지만(317조 2항 2호), 주식회사가 전환사채를 발행할 때에는 새로운 사항으로서 등기하여야 하는 것이다(514조의2).

2. 등기의 효력

회사의 등기사항 중에는 창설적 효력이 있는 등기가 많음을 주의해야 한다. 창설적 효력이라 함은 등기를 해야 비로소 등기된 법률관계가 창설된다는 의미이다. 예컨대 회사는 본점소재지에서 등기를 함으로써 성립하므로(172조) 이는 창설적 효력을 갖는 등기이다. 설립 외에도 합병(234조 · 269조 · 287조의41 · 530조 2항 · 603조), 회사분할(530조의11 1항), 조직변경(243조 · 286조 3항 · 287조의44 · 606조 · 607조 5항), 주식의 포괄적 이전(360조의21)은 모두 등기에 의해 효력이 발생한다. 이러한 회사법률관계의 등기에 창설적 효력을 부여한 이유는 그 기초가 된 법률관계에는 다수인의 이해가 복잡하게 얽혀 있으므로 법률관계의 효력발생시기를 객관적 기준에 의해 획일적으로 규율할 필요가 있기 때문이다.

창설적 효력이 없는 등기사항은 등기 여부에 관계없이 행위시에 효력이 발생한다. 예컨대 이사의 선임, 신주의 발행 등은 등기사항이기는 하나 등기를 하지 않더라도 이사가 선임된 효과, 신주가 발행된 효과에는 영향이 없다. 하지만 상법은 이러한 비창설적 등기제도의 실효성을 확보하기 위하여, 이 등기를 게을리 한 경우 과태료를 부과한다(635조 1항 1호).

3. 未登記의 효력

회사에 관한 등기에도 상법총칙편의 등기에 관한 일반원칙이 적용된다. 따라서 등기할 사항을 등기하지 아니하면 선의의 제 3 자에게 대항하지 못한다(37조 1항). 예컨대 대표이사가 변경되었음에도 불구하고 변경등기를 하지 않은 때에는 구대표이사의 대표권을 신뢰하고 거래한 제 3 자에게 권한 없는 자의 대표행위임을 주장할 수 없는 것이다.

그러나 이 규정은 위의 창설적 효력이 있는 등기사항(예: 회사 설립등기)에는 적용되지 않는다. 창설적 효력이 있는 등기사항은 상대방의 선의·악의를 불문하고 오로지 등기에 의해 효력이 발생할 뿐이기 때문이다.

제 6 절 회사법상의 訴

Ⅰ. 의 의

회사가 주체가 되어 생기는 거래법적 법률관계에 관해 분쟁이 있을 경우에는 자연인이 주체가 된 경우와 마찬가지로 일반 민사소송법상의 소송절차에 의해 쟁송이 진행된다. 그러나 회사가 당사자가 되는 법률관계 중 조직법적인 법률관계에 관한 분쟁의 경우에는 다수의 이해관계인으로 구성된 다면적 법률관계에 변동을 가져오므로 단체법적인 해결방법이 필요하다. 그러므로 상법은 특히 다수인에게 영향을 미치는 일부 조직법적 법률관계의 소송에 관해 특칙을 두어 소절차, 판결의 효력 등 관련사항을 규율하고 있다.

Ⅱ. 회사법상의 訴의 종류

상법에서는 여러 가지 소에 관해 특칙을 두고 있는데, 일부의 소송은 구체적인 내용에 다소 차이가 있기는 하나 모든 회사에 공통되게 인정되며, 다른 일부의 소송은 인적회사 혹은 물적회사에 특유하게 인정된다. 회사법상의 소송은 특히 주식회사에 집중되어 있다.

1. 모든 회사에 공통되는 소송

1) 설립의 하자에 관한 소송 　합명회사, 합자회사, 유한책임회사, 유한회사의 설립에 관한 하자의 주장방법으로 설립취소의 소와 설립무효의 소를 인정하고 있다(184조·269조·287조의6·552조). 주식회사의 설립하자에 관해서는 설립무효의 소만 인정한다(328조).

2) 회사해산에 관한 소송 회사의 단체관계를 유지하기 어려운 사정이 있을 경우 사원들이 회사의 해산판결을 청구하는 소송이다. 모든 회사에 다 인정된다(241조 1항·269조·287조의42·520조·613조 1항).

3) 합병무효의 소 회사합병에 하자가 있을 경우 합병의 무효판결을 구하는 소송이다. 역시 모든 회사에 다 인정된다(236조·269조·287조의41·529조·603조).

2. 人的會社에 특유한 소송

1) 업무집행사원의 권한상실선고에 관한 소송 합명회사의 사원, 합자회사의 무한책임사원 또는 유한책임회사의 업무집행자가 업무집행에 현저히 부적임한 경우 그의 업무집행권한을 상실시키는 판결을 구하는 소송이다(205조·269조·287조의17).

주식회사와 유한회사에서는 사원자격과 업무집행기관자격이 분리되므로 사원의 업무집행이란 개념이 있을 수 없고 따라서 이러한 소송도 없다. 대신 업무집행기관인 이사의 직무를 정지시키기 위한 가처분제도를 두고 있다(407조·567조).

2) 사원의 제명에 관한 소송 합명회사, 합자회사, 유한책임회사에서 일부 사원을 제명하고자 할 때 제명의 판결을 구하는 소송이다(220조·269조·287조의27). 사원의 개성이 중시되지 않는 물적회사에서는 있을 수 없는 소송이다.

3. 物的會社에 특유한 소송

1) 총회의 의사결정의 하자에 관한 소송 주식회사에서 주주총회의 결의에 하자가 있을 경우 결의의 효력을 다투는 방법으로 결의취소의 소(376조), 결의무효확인의 소(380조), 결의부존재확인의 소(380조), 부당결의취소·변경의 소(381조)가 인정된다. 유한회사에서도 사원총회의 결의의 효력을 다투기 위하여 마찬가지로 네 가지 종류의 소송이 인정된다(578조).

2) 이사해임의 소 주식회사의 이사 또는 감사가 부정행위를 하였음에도 주주총회의 결의로 해임하지 않을 경우에는 소수주주가 법원에 해임판결을 청구할 수 있다(385조 2항·415조). 유한회사에서도 이사에 관하여 같은 소송이 인정된다(567조). 인적회사에는 사원이 아닌 업무집행자가 따로이 없으므로 이러한 소송이 없다. 유한책임회사의 업무집행자는 예외적으로 사원이 아닌 자가 될 수 있으나, 이에 대해서는 해임소송제도를 두고 있지 않다.

3) 대표소송 주식회사의 이사, 유한회사의 이사 그리고 유한책임회사의 업무집행자가 회사에 손해를 가하였음에도 불구하고 회사가 손해배상청구를

게을리할 경우 주주 또는 사원이 회사를 대표하여 이사 또는 업무집행자에게 손해배상을 청구하는 소송이다(287조의22 · 403조 · 565조). 주식회사에서는 이사 외에도 발기인 · 감사 등 다양한 지위에서 생기는 책임을 추궁하기 위해서도 대표소송이 인정되며(324조 · 415조 등), 모자회사의 경우 모회사의 주주가 자회사의 이사 등을 상대로 대표소송(다중대표소송)을 제기할 수도 있다(406조의2 등)(884면 이하 참조).

4) 신주발행무효의 소 주식회사의 신주발행(416조)이 위법하거나 불공정할 경우 신주발행의 무효판결을 구하는 소송이다(429조). 유한회사에서도 증자무효의 소가 인정된다(595조).

5) 減資無效의 소 주식회사 또는 유한회사의 자본금감소가 위법 · 불공정한 경우 자본금감소의 무효판결을 구하는 소송이다(445조 · 597조).

6) 위법배당반환청구의 소 유한책임회사, 주식회사, 유한회사에서 배당가능이익이 없이 배당한 경우 회사채권자가 그 배당을 회사에 반환할 것을 구하는 소송이다(287조의37 2항 · 462조 3항 · 583조 1항).

7) 회사분할무효의 소 주식회사의 분할 또는 분할합병의 무효판결을 구하는 소송이다(530조의11 1항 → 529조).

8) 주식교환무효의 소 · 주식이전무효의 소 주식회사에 있어서의 주식의 포괄교환에 의한 모자관계의 창설, 주식의 포괄이전에 의한 母會社의 설립의 무효판결을 구하는 소송이다(360조의14 · 360조의23).

訴 관련 법규정의 체계

상법에서는 회사를 당사자(피고)로 하는 形成의 訴를 다수 인정하는데, 관련되는 조문이 많고 산만하게 보인다. 하지만 전체적인 체계를 보면 매우 간단한 구조로 되어 있어 이해하기에 어렵지 않다. 각 소마다 제소권자, 소의 원인, 제소기간을 달리하지만, 관할 · 소절차 · 판결의 효력 등은 대부분 공통적이다. 그러므로 상법은 합명회사의 설립무효 · 취소의 소를 기본틀로 삼아 완결적인 규정을 두고, 다른 소송에 관해서는 각 소송별로 제소권자, 소의 원인, 제소기간에 관해서만 규정을 두고 기타 사항은 합명회사의 설립무효 · 취소의 소에 관한 규정을 준용하고 있다.

구체적인 규정을 가지고 설명한다. 우선 합명회사의 설립무효 · 취소의 소에 관한 규정은 다음과 같다.

제184조(제소권자, 제소기간) · 제185조(사해설립의 취소), 제186조(전속관할), 제187조(소제기의 공고), 제188조(병합심리), 제189조(재량기각), 제190조(판결의 효력, 본문: 판결의 대세적 효력, 단서: 판결의 장래효(소급효제한)), 제191조(패소원고의 책임), 제192조(무효, 취소의 등기), 제193조(판결의 효과: 청산).

이 중 제소권자와 제소기간에 관한 제184조와 제185조를 제외하고 나머지 조문은 전부 또는 대부분 다른 소에서 준용한다. 한 예로 주주총회결의 취소의 소에 관해 제376조 제1항이 제소권자와 제소기간을 정하고 제2항에서는 합명회사의 설립무효·취소의 소에 관한 제186조~제188조(전속관할, 소제기의 공고, 병합심리), 그리고 제190조 본문(판결의 대세적 효력), 제191조(패소원고의 책임)를 준용하고 있다.

어떤 경우에는 합명회사의 어느 소에 관해 설립무효·취소의 소에 관한 규정들을 준용한 것을 다른 소에 관해 재차 준용하기도 한다. 예컨대 상법 제240조는 합명회사의 합병무효의 소에 관해 합명회사 설립무효·취소에 관한 제186조 내지 제191조를 준용하는데, 상법 제530조 제2항에서 주식회사의 합병무효의 소에 관해 제240조를 준용함으로써, 결국 제186조 내지 제191조를 주식회사 합병무효의 소에 관해 재차 준용하고 있다.

Ⅲ. 訴의 특색

기술한 바와 같이 회사의 조직법적 법률관계에 관한 소는 그 조직에 관련된 이해관계인이 다수 존재하므로 소의 절차와 판결에 있어 통일적인 규율을 필요로 한다. 그러므로 일부 소송에 관해서는 전속관할 정도의 특칙만 두고 있기도 하지만, 대부분의 소송에 관해서는 절차와 판결에 관해 상세한 특칙을 규정하고 있다. 이하 사항별로 설명한다.

1. 訴의 성질

회사법상의 소 중 대표소송과 위법배당반환청구의 소는 이행의 소이지만, 나머지는 전부 형성의 소이다.[1)] 형성의 소라 함은 법률관계를 변동시키는 판결, 즉 형성판결을 구하는 소송을 말한다. 그러므로 문제된 법률관계의 효력은 오로지 소송에 의해서만 다툴 수 있으며, 원고의 청구를 받아들일 경우 법원의 판결에 의해 비로소 법률관계가 무효·취소되는 등 형성의 효력이 생긴다. 그러므로 이행의 소에 대한 이행판결, 무효확인의 소에 대한 확인판결은 있는 권리를 말해 주는 판결임에 대해, 형성판결은 있어야 할 권리를 만들어 주는 판결이라 할 수 있다.

회사법상의 소를 형성의 소로 하는 이유는 회사의 법률관계는 하나가 창설되면 이후 이를 토대로 다수의 법률관계가 누적적으로 축적되는 특성이 있기 때

1) 다만 주주총회결의무효확인의 소와 주주총회결의부존재확인의 소(380조)의 성질에 관해서는 견해의 대립이 있다(647면 이하 참조).

문이다. 즉 당초의 법률관계의 효력을 부정(무효, 취소)하면 이를 토대로 구축된 이후의 법률관계가 일거에 무너지므로 자유로운 주장에 의해 단체법률관계가 불안정해지는 것을 막기 위해 소로써만 효력을 다투게 하는 것이다.

2. 제소권자의 제한

결의무효확인의 소나 부존재확인의 소에는 제소권자에 관한 제한이 없으나, 다른 형성의 소송에 관해서는 제소권자를 법으로 정해 놓고 있다. 이는 각별한 이해관계가 없는 자의 소제기에 의해 이미 형성된 회사법률관계가 교란되는 것을 막고자 함이다.

3. 訴의 절차

1) 제소기간 　회사관계 형성의 소에 관해서는 제소기간을 단기로 법정하고 있다. 예컨대 결의취소의 소는 결의 후 2월 내에 제기해야 하고(376조), 신주발행무효의 소는 신주발행 후 6월 내에 제기해야 하며(429조), 설립의 무효 · 취소에 관한 소송은 설립 후 2년 내에 제기해야 하는 것(184조 · 269조 · 287조의6 · 328조 · 552조)과 같다. 제소기간을 이같이 단기간으로 법정하는 이유는 문제된 법률사실을 기초로 하여 단체법률관계가 누적적으로 형성되므로 분쟁가능상태를 신속히 종결짓고자 함이다.

2) 피 고 　제명에 관한 소송이나 대표소송 혹은 이익배당반환청구소송과 같이 회사 아닌 자가 피고인 예도 있지만, 회사관계 형성의 訴는 회사를 피고로 한다. 이 점 명문의 규정은 없으나 통설 · 판례는 회사를 피고로 해야 한다는 입장이다.[1] 소의 대상이 회사의 조직법적 법률관계인만큼 당연히 회사에 판결의 효력을 미치게 하여야 하기 때문이다. 또 회사를 피고로 함으로써 회사와 관련된 이해관계인 모두에게 효과를 미칠 수 있기 때문이기도 하다.

3) 관 할 　회사관련 형성의 소는 예외 없이 회사의 본점소재지를 관할하는 지방법원의 관할에 전속한다(186조 등). 대부분의 회사관계소송에서 회사가 피고가 되기 때문이기도 하지만, 동일 사안에 관해 다수의 법원에 소송이 계속되어 상이한 판결이 내려지는 것을 막기 위함이다. 그러므로 회사법상의 소에 관해서는 합의관할(민소 29조)이나 변론관할(민소 30조)이 허용되지 않는다.

특히 이행의 소에 관한 관할관련 규정에 특칙의 의미가 강하다. 대표소송이나 위법배당의 반환청구소송은 각각 이사나 감사 또는 주주를 피고로 하는 이행

---

1) 대법원 1982. 9. 14. 선고 80다2425 판결(전).

소송이지만, 피고의 보통재판적(민소 2조)을 무시하고 회사의 본점소재지의 지방법원에 전속관할을 인정한다(403조 7항·462조 4항).

4) **소제기의 공고** 회사관련 소가 제기되면 회사가 이 사실을 공고해야 한다(187조 등). 소가 제기된 사실을 이해관계인들에게 경고하여 판결에 따른 피해를 대비하게 하기 위함이다.

5) **소의 병합** 회사법률관계에는 이해관계인이 다수 존재하다보니 같은 회사의 동일 사안에 관해 수개의 소가 제기될 수 있다. 회사관계 형성의 소는 후술과 같이 대세적 효력을 가지므로 수인이 제소한 경우 전원에 대해 판결이 합일확정되어야 한다. 따라서 법원은 수개의 소를 하나의 소로 병합하여야 한다(유사필수적 공동소송)(188조).

4. 재량기각

1) **의 의** 상법은 대부분의 회사관련 형성의 소에서 원고의 청구가 이유 있더라도 법원으로 하여금 제반의 사정을 참작하여 재량으로 청구를 기각할 수 있도록 규정하고 있다. 회사법률관계의 무효·취소는 이미 형성된 단체법률관계를 무너뜨려 다수의 피해자를 생산하므로 공익적 견지에서 바람직하지 못하고, 기업유지의 관점에서도 당초 법률관계의 효력을 유지시키는 것이 바람직하기 때문이다.

이 제도를 적용함에 있어 법원은 원고 주장의 원인된 하자와 관련된 조직법적 正義의 중요성과 회사에서 이미 형성된 단체법률관계의 공익성을 비교교량하여 기각여부를 결정하여야 한다.

2) **관련 규정체계** 재량기각이 가능한 소송은 각종회사의 설립무효 또는 취소의 소(189조·269조·287조의6·328조 2항·552조 2항), 주식교환·이전 무효의 소(360조의14 4항·360조의23 4항), 주주총회결의취소의 소(379조), 신주발행무효의 소(430조), 감자무효의 소(446조), 합병무효의 소(240조→189조, 240조를 준용하는 269조·287조의41·530조 2항 및 603조), 분할무효의 소(530조의11 1항)이다. 그런데 재량기각을 다루는 상법의 규정체계에 주의를 요한다.

상법에서는 합명회사의 설립의 무효·취소의 소에 관해 「設立無效의 訴 또는 取消의 訴가 그 심리중에 원인된 하자가 보완되고 회사의 현황과 제반사정을 참작하여 설립을 무효 또는 취소하는 것이 부적당하다고 인정할 때에는 법원은 그 청구를 기각할 수 있다」는 규정을 두고(189조) 이를 주주총회결의취소의 소를 제외한 다른 소송에 준용하고 있다(위 각 소송 관련 규정). 그리고 주주총회결의취소의 소의 재량기각에 관해서는 다른 규정을 두고 있다. 상법 제379조는「결의취소의 소가 제기된 경우에 결의의 내용, 회사의 현황과 제반사정을 참작하여 그 취소가 부적당하다고 인정한 때에는 법원은 그 청구를 기각할 수 있다」라고 규정하고 있다.

제189조와 제379조를 비교해 보면 중대한 차이가 있음을 알 수 있다. 제189조에서는 재량기각을 위해서는 원인된 하자가 보완될 것을 요건으로 하지만, 제379조는 하자의 보완을 요건으로 하지 않는 것이다. 이에 의해 주주총회결의취소의 소를 제외한 나머지 무효·취소의 소는 하자가 보완될 경우에 이익교량을 거쳐 법원이 재량기각을 할 수 있는 반면, 주주총회결의취소의 소에서만은 하자가 보완되지 않았더라도 재량기각을 할 수 있음을 의미한다. 이 차이는 다른 소송의 원인된 하자는 시간의 경과에 따라 보완될 가능성이 있는 반면, 결의취소의 원인된 하자는 결의가 종결된 이상 역사적 사건이 되어 보완될 수 없으나 그래도 재량기각의 필요성은 다른 소송과 다름없다는 점에서 비롯된다.

여기서 결의취소의 소 외의 소송의 경우에 하자의 보완을 요하는 명문의 규정이 있음에도 불구하고, 하자가 보완되지 않은 상태에서 하자의 경미함을 들어 재량기각을 할 수 있느냐는 문제가 제기된다. 감자무효의 소에 있어서 하자의 보완 없이 법원의 재량기각을 인정한 판례가 있고(판례 [10]), 분할합병무효의 소에서 하자의 보완없이 재량기각을 인정한 판례도 있다(아래 同旨판례). 감자무효의 소나 분할합병무효의 소에 국한해서 이같이 해석할 이유는 없으니, 이 판례들은 모든 형성의 소에 관해 하자의 보완 없는 재량기각을 인정한 것이나 마찬가지인데, 명문의 규정을 사문화하는 결과를 초래하므로 무리한 해석이라 생각된다(판례 [10] 註의 私見 참조).

판 례

[10] 대법원 2004. 4. 27. 선고 2003다29616 판결

「… 피고 회사가 … 원고 등의 의결권의 대리권 행사를 부당하게 제한하여 이루어진 위 주주총회의 감자결의에는 결의방법상의 하자가 있고 이는 감자무효의 소의 원인이 된다고 할 것인바, 상법 제446조는 감자무효의 소에 관하여 상법 제189조를 준용하고 있고, 상법 제189조는 "… 심리중에 원인이 된 하자가 보완되고 … 법원은 그 청구를 기각할 수 있다"고 규정하고 있다.

따라서 법원이 감자무효의 소를 재량기각하기 위해서는 원칙적으로 그 소제기 전이나 그 심리중에 원인이 된 하자가 보완되어야 한다고 할 수 있을 것이지만, 이 사건의 하자와 같이 추후 보완될 수 없는 성질의 것으로서 자본감소 결의의 효력에는

아무런 영향을 미치지 않는 것인 경우 등에는 그 하자가 보완되지 아니하였다 하더라도 회사의 현황 등 제반 사정을 참작하여 자본감소를 무효로 하는 것이 부적당하다고 인정한 때에는 법원은 그 청구를 기각할 수 있다고 하여야 할 것이다.

… 피고 회사가 신분증의 사본 등이 첨부되지 아니한 위임장(단 팩스로 출력된 위임장 제외)에 대하여 그 접수를 거부한 하자는 이 사건 결의의 결과에 아무런 영향을 미치지 않았다고 본 것은 정당하〔다.〕」

[同旨판례] 대법원 2010. 7. 22. 선고 2008다37193 판결: 「… 법원이 분할합병무효의 소를 재량기각하기 위해서는 원칙적으로 그 소 제기 전이나 그 심리 중에 원인이 된 하자가 보완되어야 할 것이나, 그 하자가 추후 보완될 수 없는 성질의 것인 경우에는 그 하자가 보완되지 아니하였다고 하더라도 회사의 현황 등 제반 사정을 참작하여 분할합병무효의 소를 재량기각할 수 있다.」

[註] 판례 [10]에서는 회사가 주주총회일에 팩스로 도달한 의결권대리행사를 위한 위임장과 신분증의 사본이 첨부되지 않은 위임장의 접수를 거부하며 주주의 의결권 행사를 허용하지 않았다. 이에 법원은 팩스로 온 위임장의 거부는 정당하지만, 신분증이 첨부되지 않은 위임장을 거부한 것은 위법이라고 보았다. 하지만, 찬반 의결권을 계산해 본 결과 후자의 하자가 없었더라도(즉 관련주주들이 의결권행사를 했더라도) 감자결의에는 영향을 미치지 않았다고 인정하면서 감자무효의 소를 재량기각해야 한다고 판시하였다.

판례의 사안을 보면, 결론의 구체적 타당성은 시인할 수 있다. 그러나 다른 논리로도 같은 결론에 달할 수 있다. 이 사건에서 감자의 하자는 감자결의에서의 결의방법의 하자이다. 이는 주주총회의 결의취소사유인데, 결의취소의 소에서는 재량기각에 하자의 보완을 요하지 않는다(379조). 따라서 이 사건이 결의취소의 소였다면 하자의 보완과 무관하게 재량기각이 가능하다. 다만 소송법적 이유에서 감자무효의 소로 다루게 된 것인데, 소송형태가 다르더라도 결국 결의취소사유가 되는 하자를 원인으로 한다는 점에서는 다를 바 없으므로 이 하자는 결의취소소송에서와 같은 성격의 하자로 다루어 보완의 不要論에 이르는 것이 법효율의 측면에서 나은 방법이다.

5. 원고패소판결의 효력

원고가 패소한 경우에는 일반민사소송에서와 같이 당해 원고에 관해 형성요건의 부존재를 확인하는 것에 지나지 않으므로 판결의 효력은 제 3 자에게 미치지 않고, 따라서 다른 이해관계인이 다시 소를 제기할 수 있다. 그러나 회사법상의 소송은 대부분 제소기간을 단기로 정하고 있어, 원고가 패소했을 때에는 이미 다른 이해관계인이 소를 제기할 기회를 놓치게 된다.

회사관계 소송에서는 거의 예외없이 패소한 원고에게 악의 또는 중대한 과실로 회사에 초래한 손해를 배상할 책임을 지운다(191조가 각 소송에 준용된다). 무모하게 소를 제기하여 회사법률관계를 혼란시킨 책임을 묻는 동시에 남소를 사전에 방지하려는 취지에서 둔 규정이다. 악의 또는 중과실이란 원고가 주장하는 하자가 부존재함에 관해 악의이거나 중대한 과실로 알지 못한 경우를 뜻한다. 따라서 하자가 보완되어 법원의 재량으로 기각하는 경우에는 이러한 책임이 발생할 수 없다.

패소원고의 손해배상책임이 인정되는 소송은 각 회사의 설립무효 또는 취소의 소(191조 · 269조 · 287조의6 · 328조 2항 · 552조 2항), 주주총회결의취소의 소(376조 2항), 주주총회결의무효 · 부존재확인의 소(380조), 신주발행무효의 소(430조), 감자무효의 소(446조), 합병무효의 소(240조 → 191조, 240조를 준용하는 269조 · 287조의41 · 530조 2항 및 603조), 분할무효의 소(530조의11 1항 → 240조), 주식교환 · 이전 무효의 소(360조의14 4항 · 360조의23 4항) 등이다.

6. 원고승소판결의 효력

원고가 승소한 경우에는 일반민사소송에서의 원고승소판결과는 달리 다음과 같은 특수한 효과가 주어진다.

1) **對世的 효력** 민사소송에서 판결의 기판력은 당사자 사이에만 미치는 것이 원칙이다(민소 218조). 그러나 회사법률관계에는 다수의 이해관계인이 존재하므로 반드시 소를 제기한 자만이 판결에 이해관계를 갖는 것이 아니다. 그럼에도 불구하고 이 원칙을 회사법상의 소에 적용한다면 동일한 회사법률관계가 소를 제기한 자와 그렇지 않은 자 사이에 효력을 달리하는 모순이 생긴다. 예컨대 회사설립무효의 소를 제기한 사원에 대하여는 설립이 무효이고, 다른 사원들에게는 설립이 유효인 것과 같다. 그러므로 회사법상의 소 중 形成의 訴에서는 제 3 자에게도 판결의 효력이 미친다(대세적 효력)(190조 본 등).

2) **소급효의 제한** 일반 민사소송에서는 어떤 법률행위의 무효 · 취소를 선언하는 판결이 내려지면 그 법률행위는 당초 행해지던 시점에서부터 효력을 상실한다. 그러나 회사법상의 행위는 일단 행해지면 이를 토대로 많은 법률관계가 누적되므로 그 행위의 무효 · 취소판결에 일반민사소송에 대한 판결의 효과를 적용한다면 그 행위가 있던 때로 소급하여 무효가 되고, 그 행위를 토대로 형성된 후속의 많은 법률관계가 일시에 무너진다. 그러므로 상법은 회사법률관계의 안정을 기하고자 이들 소송에서는 판결의 소급효를 부인하고 장래에 향해서만 무효 · 취소의 효력이 미치게 한다.

원고승소판결의 소급효가 제한되는 소송은 각종회사의 설립무효 또는 취소의 소(190조 단, 269조 · 287조의6 · 328조 2항 · 552조 2항), 신주발행무효의 소(431조 1항), 감자무효의 소(446조),[1] 합병무효의 소(240조 → 190조 단, 240조를 준용하는 269조 · 287조의41 · 530조 2항 및 603조), 분할무효 또는 분할합병무효의 소(530조의11 1항 → 240조), 주식교환 · 이전 무효의 소(360조의14 4항 → 431조 1항 · 360조의23 4항 → 190조 단) 등이다.

Ⅳ. 회사소송에서의 假處分

1. 의 의

회사에서는 하나의 법률관계를 기초로 다른 법률관계가 축적되므로 어느 사건에 관해 소송이 제기되어 장차 원고가 승소하더라도 그 때는 이미 판결과 상치되는 법률관계가 상당히 진행되어 회복이 어려운 경우가 많다. 그러므로 회사소송에서는 가처분의 효용이 매우 크다. 회사소송에서 이용되는 가처분(이하 "회사가처분"으로 약칭)은 「임시의 지위를 정하기 위한 가처분」(민집 300조 2항)이 대부분이다. 상법에서는 주식회사의 이사 등 업무집행기관의 직무집행정지가처분과 직무대행자선임가처분(183조의2 · 269조 · 287조의5 5항 · 407조 · 415조 · 415조의2 7항 · 567조 · 570조)을 규정하고 있지만, 이에 국한하지 않고 모든 회사소송에서 가처분이 필요할 수 있고, 또 가처분을 얻어 낼 경우 다툼있는 법률관계에서 우위를 先取할 수 있으므로 회사소송에서 유용한 법정전술로 빈번히 활용되고 있다.

2. 保全의 必要性

(1) 일반원칙

기본적으로 가처분은 본안청구를 보전하기 위한 제도이므로 채권자가 본안의 청구로서 채무자에게 요구할 수 있는 범위에서만 허용된다.[2] 나아가 보전처분은 피보전권리를 보전할 필요에서 하므로 회사가처분의 허부를 재판함에 있어서도 보전의 필요성을 갖추었느냐는 것이 주요쟁점으로 등장한다.[3] 민사집행법 제300조 제 2 항은 임시의 지위를 정하는 가처분에서의 보전의 필요성을 「특히

1) 조문상으로는 소급효를 제한하는 규정이 없지만, 해석상 소급효가 없다고 보아야 한다(1012면 참조).
2) 서울북부지법 2012. 2. 2.자 2011카합1064 결정: 채무자로부터 의결권의 위임을 받을 권리가 있는 채권자가 채무자의 주주로서의 권리행사를 금지하여 줄 것을 청구하는 가처분신청을 배척한 예.
3) 대법원 2005. 8. 19.자 2003마482 결정: "보전처분에 있어서는 피보전권리와 보전의 필요성의 존재에 관한 소명이 있어야 하고, 이 두 요건은 서로 별개의 독립된 요건이기 때문에 그 심리에 있어서도 상호 관계없이 독립적으로 심리되어야 [한다.]"

계속하는 권리관계에 끼칠 현저한 손해를 피하거나 급박한 위험을 막기 위하여, 또는 그 밖의 필요한 이유가 있을 경우」라고 표현하는데(민집 300조 2항), 구체적인 사건에서 이 요건을 충족하는지를 판단하는 것은 용이하지 않다. 판례는 보전의 필요성을 판단하는 실천적 기준으로서「당해 가처분신청의 인용 여부에 따른 당사자 쌍방의 이해득실관계, 본안소송에 있어서의 장래의 승패의 예상, 기타의 제반 사정을 고려하여 법원의 재량에 따라 합목적적으로 결정하여야 할 것」이라는 일반론을 제시한다(대법원 1997. 10. 14.자 97마1473 결정; 동 1993. 2. 12. 선고 92다40563 판결).

보전의 필요성의 판단요소

판례가 제시하는 판단의 요소는, i) 쌍방의 이해득실관계, ii) 장래 승패의 예상, iii) 기타 제반사정으로 나누어 볼 수 있는데, 前 2자에 관해 보다 구체적인 기준을 제시하고 있다.

1) 쌍방의 이해득실(비례성의 고려) 형평성의 고려에서 가처분의 許·不許로 야기되는 채권자와 채무자의 이익·불이익을 비교교량하라는 취지로 이해된다.[1)]

민사집행법 제307조 제 1 항은 특별한 사정이 있을 때에는 담보를 제공하게 하고 가처분을 취소할 수 있다고 규정한다. 판례는 동조에서 말하는「특별한 사정」을 피보전권리가 금전적 보상만으로 종국의 목적을 달할 수 있거나 또는 가처분 집행으로 가처분채무자가 특히 현저한 손해를 받고 있는 사정을 말한다고 해석한다(대법원 2006. 7. 4.자 2006마164·165 결정). 그리하여, i) 금전보상이 가능한가의 여부는 장래 본안소송에 있어서의 청구의 내용, 당해 가처분의 목적 등 모든 사정을 참작하여 사회통념에 따라 객관적으로 판단하여야 하고, ii) 채무자가 특히 현저한 손해를 입게 될 사정이 있는지 여부는 가처분의 종류, 내용 등 제반 사정을 종합적으로 고려하여 채무자가 입을 손해가 가처분 당시 예상된 것보다 훨씬 클 염려가 있어 가처분을 유지하는 것이 채무자에게 가혹하고 공평의 이념에 반하는지 여부에 의하여 결정된다고 판시하였다(동 판례).

가처분의 취소사유가 가처분 당시에 현존한다면 가처분을 불허할 사정이 된다고 할 수 있다. 따라서 위 판례에 의하면, 가처분으로 인한 채무자의 불이익이 가처분으로 인한 채권자의 이익을 넘는 경우에는 가처분의 불허사유가 된다고 보아야 하고, 피보전권리가 금전보상으로 목적을 달할 수 있는 경우에는 담보제공을 조건으로 가처분을 불허해야 할 것이다.

2) 본안에서의 승패의 예상 가처분채권자가 신청 당시에 실체법상의 권리를 가지고 있다 하더라도 그 권리가 가까운 장래에 소멸하여 본안소송에서 패소판결을 받으리라는 점이 현재에 있어 충분히 예상되는 경우에는 임시의 지위를 정하는 가처분에 의한 응급적, 잠정적 보호를 부여할 필요성이 없다는 것이 판례의 입장이다(대법원

1) 李時潤,「新民事執行法(제 5 판)」, 박영사, 2009, 565면.

(1993. 2. 12. 선고 92다40563 판결). 본안소송의 승패는 아니지만, 단체의 대표자선임결의의 하자를 원인으로 하는 직무집행정지가처분 사건에 있어서 장차 신청인이 본안에 승소하여 적법한 선임결의가 있을 경우, 피신청인이 다시 대표자로 선임될 개연성이 있는지 여부도 가처분의 필요성 판단의 참작요소가 된다고 하였다(대법원 1997. 10. 14. 자 97마1473 결정).

(2) 만족적 가처분

만족적 가처분이란 본안판결을 통해 얻고자 하는 내용과 실질적으로 동일한 권리관계를 실현해 주는 가처분을 말한다(민집 309조 참조).[1] 예컨대 A회사에 의해 명의개서가 거부되고 있는 B가 주주지위의 확인을 구하는 청구를 본안으로 하여 주주총회에서의 의결권행사허용가처분을 얻어낸다면 B는 본안에서 승소한 것과 동일한 지위를 누리게 된다. 가처분의 임시적 성격에서 본다면 만족적 가처분은 매우 이례적인데, 판례는 만족적 가처분을 얻은 채권자가 본안소송에서 패소하면 채무자에게 손해배상청구권이 인정되는 등 법률적으로는 여전히 잠정적인 면을 가진다는 점을 근거로 만족적 가처분을 허용해 왔다(대법원 1999. 12. 21. 선고 99다137 판결: 주주의 회계장부열람청구권(466조)을 피보전권리로 하여 가처분으로 열람청구를 허용한 예). 그러나 가처분채권자가 패소할 경우 본안의 종국판결과 상이한 권리관계가 일응 형성되어 채무자의 불이익이 통상의 가처분에 비해 심각한 것은 사실이므로 보전의 필요성을 보다 신중하게 판단해야 하고(대법원 2003. 11. 28. 선고 2003다30265 판결), 보전의 필요성에 대한 신청인의 소명도 증명에 가까운 정도의 엄격한 소명이 요구된다(서울중앙지법 2008. 4. 28.자 2008카합1306 결정; 동 2017. 1. 9.자 2016카합80389 결정).[2]

민사집행법은 만족적 가처분으로 인해 채무자에게 회복할 수 없는 손해가 발생할 것을 염려하여 가처분의 집행을 정지하거나 취소할 수 있는 제도를 두고 있다(민집 309조 1항).

피보전권리의 명백성

만족적 가처분에 관하여는 보전의 필요성에 판단을 신중히 해야 하고, 엄격한 소명을 요구한다는 것은 일응 가처분결정에 임하는 법관에 대한 훈계의 효과는 있겠지만, 판단의 실질적인 기준을 제시하지는 못한다. 어느 하급심판결에서, 「본안소송에 의하지 않더라도 그 피보전권리의 존재가 명백하여 가처분의 집행으로 인하여 정당한 권리가 침해될 우려가 거의 없는 반면, 본안소송에 의할 경우 권리실현의 지연으로 신청인이 회복하기 어려운 현저한 손해를 입게 되거나 소송의 목적을 달성하기 어려운 염려가 있는 예외적인 경우에 한하여 가처분이 발령될 수 있다」(서울남부지법 2011. 3. 8.자

1) 권창영, 「민사보전법」, 유로, 2010, 254면; 전세정, 「민사집행법」, 박영사, 2010, 704면.
2) 李時潤, 前揭書, 588면.

(2011카합 113 결정)라는 기준을 제시한 바 있는데, 보다 구체적이고 실천적이라 생각된다.

의결권행사허용가처분

주주권의 귀속에 관한 다툼이 생겼을 때, 명의주주의 의결권행사금지가처분을 명하는 예는 자주 볼 수 있지만, 실질주주의 의결권행사를 허용하는 가처분은 전형적인 만족적 가처분이므로 그 예는 흔치 않다. 동가처분을 허용한 하급심판례가 있는데, 보전의 필요성에 관한 판단이 주목할 만하다.

A회사의 대주주이자 대표이사인 B가 C에게 주식을 양도하였지만, A회사가 C의 명의개서를 거부하였다. 이에 C는 명의개서이행을 구하는 소송을 제기하고, 그 후에 있을 A회사의 정기주주총회에서 의결권행사를 허용하는 가처분을 신청하였는데, 법원은 다음과 같은 점에 근거하여 C의 의결권행사를 허용하는 가처분을 명하였다(서울고법 2005. 7. 14. 자 2005라263 결정). i) 회사가 명의개서를 계속 거부하므로 차기 총회에서도 C의 의결권이 침해될 가능성이 농후한 점, ii) B의 임기가 정기총회시에 만료되는데, B가 계속 의결권을 행사하면 B가 대표이사의 지위를 유지하게 될 것인 점, iii) C가 B의 직무집행정지 가처분을 신청하였으나, 이는 B의 이사해임의 訴를 전제로 하고, 이 訴는 A의 주주총회에서 B의 해임결의가 부결될 것을 전제로 하는데, 이는 다시 의결권이 누구에게 귀속하느냐는 것을 관건으로 한다는 점이다.

3. 회사가처분의 특성과 한계

1) 가처분의 본질과 단체법률관계의 특성 임시의 지위를 정하는 가처분은 본안소송에 있어서 종국적인 재판에 이르기까지의 사태의 추이, 변동에 의해 생길 염려가 있는 어떤 위험으로부터 당사자를 보호하는 제도로서 당사자간의 관계를 잠정적, 가정적으로 규율하는 방법이다.[1] 따라서 가처분에 의해 주어지는 법적 지위의 특성도 가정성, 잠정성으로 표현하는데, 이는 가처분이 본안소송에 대해 갖는 부수성에서 비롯되는 기능으로서, 가처분이 본안에 의한 구제와 대등하거나 그를 넘는 구제를 채권자(신청인)에게 주어서는 안 된다는 것을 의미한다.[2]

한편 회사에서 개개의 법률관계는 상호 연관되어 누적되고 이후 전개되는 법률관계의 기초가 된다(단체법적 특성). 예컨대 S의 의결권행사의 허부는 이사의 선임, 선임된 이사의 업무집행, 대외적인 거래의 형성 등 다단계의 후속적인 법률관계의 형성에 영향을 미친다. 이같은 회사법률관계의 특성을 감안하면, 회사법적 지

1) 上村明宏, "保全處分の第三者に関する効力," 鈴木忠一 · 三ヶ月章, 「新實務民事訴訟法講座 14(保全訴訟)」, 日本評論社, 141면.

2) 前註.

위에 관한 가처분에 있어서는 가처분의 가정성, 잠정성이 더욱 강하게 지켜져야 한다고 말할 수 있다.

2) 본안화의 문제점 가처분의 임시성에도 불구하고 당사자들이 본안소송의 목적 자체를 보전소송을 통해 달성하려는 욕구를 보임으로 인해 기능적으로 통상의 소송인 본안소송과 같아지는 현상이 생기고 있다. 이를「保全訴訟의 本案化」라고 부른다. 특히 회사법상의 각종의 권한 내지는 지위와 관련한 임시의 지위를 정하는 가처분, 특히 그 중에서도 만족적 가처분에 있어 이러한 현상이 두드러진다. 본안소송에서라면 엄격한 증명을 요할 사항이 보전소송에서는 소명 정도로 허용되고, 본안에서의 신중한 변론절차가 보전소송에서는 생략되는 점을 감안하면 보전소송의 본안화는 분쟁을 비정상적인 절차로 종결지음을 의미하여 바람직하지 않다.

특히 회사법률관계의 단체적 특성으로 인해 일단 가처분에 의해 실질적인 권리의 변경이 생기면 후에 가처분과 다른 종국판결이 내려지더라도 채무자의 권리회복이 어려워지므로 본안화의 폐해가 더욱 심각하다. 그러므로 회사가처분에 의한 권리구제는 가처분의 가정성, 잠정성을 벗어나지 않는 범위에 그쳐야 하고, 후일 본안에 의해 번복이 어려운 권리상태가 창출되지 않도록 유의해야 한다.[1)]

3) 경영간섭효과의 문제점 회사가처분은 대체로 경영권의 다툼이 있을 경우 본안판결 이전에 경영권을 선점하기 위한 전술적 수단으로 이용된다. 예컨대 의결권행사금지가처분 또는 허용가처분은 주주명부에 대해 법이 부여하고 있는 주주추정효(337조)를 부정하고, 주주구성을 재편하는 효과를 발휘한다. 이는 법원이 기업의 경영에 개입하는 것을 의미하므로 일본의 판례는 이같은 효과가 생기지 않도록 가처분결정의 방향을 제시한 바 있다.[2)]

회사가처분에서의 소명의 정도

회사가처분의 위와 같은 특성으로 인해 가처분을 위해 요구되는 보전의 필요성에

1) 일본에서 정설화된 설명이다. 新谷勝,「會社訴訟·假處分の理論と實務」, 民事法硏究會, 2007, 139면; 竹下守夫·藤田耕三,「會社訴訟·會社更生法(裁判實務大系 3)」, 青林書院, 1985, 129면; 松浦馨, "保全訴訟の本案化," 前註書, 57면 이하.

2) 日最高裁 1970. 1. 22. 판결, 民集 24권 1호 1면:「사원의 권리에 관한 가처분결정에 있어서, 법원은 동가처분에 의해 회사의 경영권쟁탈에 개입하지 않도록 엄중히 경계해야 함은 물론이고, 동가처분은 필요최소한도에 그쳐서만 인정되어야 한다. 그리고 이러한 종류의 가처분결정은 그 취지에 비추어 그 결정 중에 명시된 부분에 한하여 그 효력을 발휘한다.」

대해서는 아래 판시에서와 같이 일반가처분에서보다 더욱 높은 수준의 소명이 요구된다.

서울고등법원 1997. 5. 13.자 97라36 결정: 「경영권 분쟁 상황 하에서의 주주의결권행사금지 가처분은 일반 가처분과는 달리 단순한 집행보전에 그치는 것이 아니라 가처분으로 경영권의 귀속을 변동시켜 버리는 거의 종국적인 만족을 가져오는 것으로서 그 결과가 중대할 뿐만 아니라, 가처분 채무자에게는 원상으로의 회복이 곤란한 점으로 말미암아 보전의 필요성에 대한 더욱 강도 높은 소명을 요구하므로, 그와 같은 경우 보전의 필요성은 피보전권리의 존재로 사실상 추정될 수도 없고, 단순히 주주권 즉 지배적 이익이 계속 침해된다는 추상적 사유만으로도 부족하며, 더 나아가 본안판결의 확정 후에 비로소 경영권이 넘어와서는 본안판결의 의미가 거의 없게 되거나 혹은 그렇게 될 경우 신청인에게 회복하기 어려운 구체적 손해가 발생할 우려가 있다는 사정이 따로이 있어야 한다.」

4. 가처분결정의 회사에 대한 효력

주로 의결권행사금지가처분에 있어 제기되는데, 가처분의 효력이 회사에 미치느냐는 문제가 있다. 회사가 채무자가 아닌 경우(주주만을 채무자로 한 경우)에는 회사에 효력이 미치지 않는다는 설이 유력하지만,[1] 회사를 채무자로 한 경우에는 가처분결정의 효력이 회사에 미친다는 데에 이견이 없다. 하지만 이는 회사를 채무자로 하는 것이 정당할 경우에 국한된 설명이므로 가처분에서 회사를 채무자로 한 경우 그 적격성이 문제될 수 있다. 본안의 본질에 따라 결정할 문제이다. 의결권행사금지가처분의 본안이 되는 분쟁은, i) 문제가 된 주식의 存否에 관해 다툼이 있는 경우(예: 신주발행의 효력을 다투는 경우, 자본금감소의 효력을 다투는 경우 등), ii) 주식의 귀속에 관해 다툼이 있는 경우로 나누어 볼 수 있다.

i)의 경우 주식의 존부는 회사의 자본구성에 직접 영향을 미치고 주주와 제 3 자에게 대세적인 효력이 주어져야 할 사안이므로 회사가 본안의 피고가 되어야 하고, 따라서 그 존부를 전제로 한 가처분도 회사를 채무자로 하여야 한다. 그러나 ii)의 경우, 본안은 각자 주주라고 주장하는 자들간의 다툼으로서 그 판결의 효력은 회사와 무관하므로 가처분도 본안의 피고만을 채무자로 해야 한다. 이와 달리 회사를 채무자로 하여 의결권행사금지가처분이 내려진다면 본안판결의 효력은 소송당사자간에 상대적으로 머무는데, 이에 기한 가처분결정은 대세적 효력을 발휘하게 되어 본안의 성격에 부합하지 않기 때문이다.

1) 李石善, 「保全訴訟(下)」, 日新社, 1983, 346면.

가처분결정의 제 3 자에 대한 효력

가처분결정의 효력을 채권자가 아닌 자도 주장할 수 있는가? 예컨대 주주 A와 회사를 채무자로 하여 A의 의결권행사금지가처분이 내려졌음에도 불구하고 A가 의결권을 행사한 경우, 가처분채권자 B가 이를 이유로 결의취소의 소를 제기할 수 있음은 당연하지만, 다른 주주 C가 결의취소의 소를 제기할 수 있느냐는 문제이다. 누구나 가처분의 효력을 원용할 수 있다는 이론을 「절대적 효력설」, 채권자에 한해 원용할 수 있다는 이론을 「상대적 효력설」이라 부르기로 한다.

가처분의 제 3 자적 효력은 특히 처분금지가처분에 관하여 1900년대 초부터 일본에서 다투어져 왔다. 초기의 판례와 학설은 가처분결정에 위반한 행위는 절대적으로 무효라는 입장을 취했으나,[1] 이미 1920년대에 들어 상대적 효력설로 전환하여[2] 현재에 이르고 있다. 일본의 판례가 상대적 효력설로 전환하게 된 것은 독일민법 제135조 및 제136조의 영향이 컸다고 한다.[3] 독일민법 제135조 제 1 항 제 1 문은 「재산의 처분이 어느 특정인을 보호할 목적으로 설정된 법률적 처분금지(gesetzliches Veräusserungsverbot)에 위반하여 이루어진 경우 이 처분행위는 그 특정인에 대해서만 무효이다」라고 규정하고 있다. 동조문에서 말하는 「법률적 처분금지(Veräusserungsverbot)」는 법률이 명문으로 규정한 처분금지를 말한다. 이어 제136조에서는 「법원 또는 행정관청이 그 권한내에서 발한 처분금지는 제135조가 규정하는 법률적 처분금지로 본다」고 규정하는데, 이 규정의 처분금지는 가처분(einstweilge Verfügung, 독일민사소송법(ZPO) 935조, 938조) 등 각종의 소송상 처분금지(gerichtliche Verfügungsverbote)를 포함한다.[4] 요컨대 이 조문들에 의하면 가처분위반행위는 가처분채권자에 대한 관계에서만 무효가 되는 것이다.

나아가 1970년대의 일본의 판례는 가처분위반의 행위는 피보전권리에 관하여 대항할 수 없을 뿐이고, 가처분채권자에 대한 법률관계에서 전면적으로 부정되어야 하는 것은 아니라고 판시함으로써, 가처분의 「상대적 효력」이라는 개념에 가처분의 제 3 자에 대한 효력을 부정하는 의미만을 부여하는 것이 아니라, 가처분채권자와의 관계에서도 가처분의 효력을 被保全權利와 연관된 범위로 제한하는 의미를 부여하였다.[5]

일반적으로는 상대적 효력설이 타당하지만, 회사소송의 경우에는 가처분의 부수성과 회사소송의 특성상 다소의 이론수정이 필요하다.

가처분결정은 본안에 부수하는 결정이므로 동결정이 제 3 자에게 미치느냐는 문제

1) 日大審院 1907. 2. 10. 民錄 10輯 179면.
2) 日大審院 1921. 5. 21. 民集 2권 305면.
3) 上村明宏, 전게논문, 144면.
4) *Wolfgang Herfermehl*, Kommentar zum Bürgerlichen Gesetzbuch, Bd. 2, Verlag Kohhammer, § 135 Anm. 17.
5) 日最高裁 1970. 9. 8. 판결, 民集 24권 10호 1359면.

도 본안의 효력범위의 구속하에서 판단해야 한다. 즉 본안에서 구하는 판결이 대세적 효력을 갖는 것이라면 당연히 가처분결정에도 대세효를 인정해야 한다.[1] 예컨대 이사의 직무집행정지가처분(407조 1항)은 이사해임의 소 또는 이사선임결의취소의 소를 본안으로 하는데, 이에 대한 이사해임의 판결 또는 이사선임결의취소의 판결은 모두 형성의 소이고 대세적 효력이 있다. 그런데 직무집행정지가처분이 대세적 효력을 갖지 않는다면, 장차 본안판결이 무의미해지는 결과를 예방하기 위해 본안판결을 일시적으로 실현한다고 하는 가처분의 목적을 거둘 수 없는 것이다.

그러나 본안판결이 민사소송법 제218조가 규정하는 주관적 범위에서의 기판력을 가질 뿐이라면 관련된 가처분결정 역시 당사자간에만 효력을 미친다고 보아야 한다. 그렇지 않고 본안소송이 상대적 효력만을 갖는 판결을 구하고 있는데, 이를 피보전권리로 하는 가처분결정이 대세적 효력을 갖는다면, 본안소송으로도 실현하지 못하는 법적 지위를 가처분을 통해 성취할 수 있게 되어 가처분의 부수성에 반하기 때문이다.

제 7 절 合 併

I. 의 의

1. 합병의 법체계

합병에 관한 상법규정의 체계가 다소 산만하다. 회사편 제 1 장에서 합병의 가능성과 제한 및 신설합병시의 설립위원에 관한 두 개의 조문을 두고(174조·175조), 각 회사별로 합병절차를 규정하고 있다. 실무상 합병이라면 주로 주식회사에서 볼 수 있는 현상이나, 상법은 합명회사의 합병에 관해 그 효력발생시기, 효과, 무효판결의 효력 등의 상세한 규정을 두고(230조~240조) 주식회사의 장에서는 주식회사에 특유한 절차를 규정함과 아울러 합명회사의 합병에 관한 규정을 상당수 준용하며(522조~530조), 유한회사에 관한 장에서는 유한회사에 특유한 절차를 규정함과 아울러 합명회사와 주식회사의 합병에 관한 규정을 준용하고 있다(598조 이하). 그러므로 주식회사와 유한회사의 합병에 관한 법규정은 세 군데에 흩어져 있는 셈이다. 본 절에서는 합병에 관한 일반이론을 소개하고 주식회사의 합병에 특유한 문제에 관해서는 관련부분에서 따로이 설명하기로 한다.

---

1) 金祥源 · 鄭址炯, 「假押留 · 假處分」, 한국사법행정학회, 1999, 236면.

2. 개념과 종류

합병(merger; Verschmelzung)이란 상법의 절차에 따라 2개 이상의 회사가 그 중 1개의 회사를 제외하고 소멸하거나 전부 소멸하되 청산절차를 거치지 아니하고, 소멸하는 회사의 모든 권리 · 의무를 존속회사 또는 신설된 회사가 포괄적으로 승계하고 사원을 수용하는 회사법상의 법률사실이다. 합병에는 흡수합병과 신설합병의 두 가지 방법이 있다.

흡수합병(merger; Verschmelzung durch Aufnahme)이란 수개의 합병당사회사 중 하나의 회사만이 존속하고 나머지 회사는 모두 소멸하며, 존속회사가 소멸회사의 권리 · 의무를 포괄적으로 승계하고 사원을 수용하는 방법이다. 이에 대해 신설합병(consolidation; Verschmelzung durch Neubildung)은 당사회사 전부가 소멸하고, 이들에 의해 신설된 회사가 소멸회사의 권리 · 의무를 포괄적으로 승계하고 사원을 수용하는 방법이다. 그러나 합병계약의 내용에 따라서는 존속회사 또는 신설회사가 소멸회사의 사원을 승계하지 않을 수도 있다.

어느 방법이든 소멸회사의 권리 · 의무의 포괄적 승계와 사원의 수용이 이루어진다는 점에서는 같지만, 우리나라에서는 주로 흡수합병이 행해지고 신설합병의 예는 극히 드물다.[1] 합병 당사자간에 우열이 있어 우세한 쪽이 존속하기를 희망하기 때문이기도 하고, 경제적으로 대등한 회사간의 합병이라도 신설합병은 회사를 하나 설립해야 한다는 절차적 · 경제적 부담이 있는 데다 세제상으로도 크게 불리하기 때문이다.[2]

3. 경제적 의의

합병은 여타의 기업결합과 마찬가지로 규모의 경제(economies of scale)를 실현하기 위한 것이다. 그런데 기업의 경영자들은 기업을 확장함에 있어서 자기기업의 설비나 시장을 확대하는 쪽보다는 다른 기업을 인수하는 것, 즉 기업결합을

---

1) 1970년대에 있었던 정부출자기관인 충주비료(주)와 호남비료(주)의 합병이 신설합병이었고, 2001년 국민은행과 주택은행이 신설합병을 하여 현재의 「KB국민은행」이 설립되었다.

2) 법인세법에서는 존속회사 또는 신설회사가 소멸회사의 권리의무를 승계하는 것을 소멸회사가 자산을 존속회사에 양도하는 것으로 보고 양도차익을 계산하여 소멸회사의 법인세로 과세한다(법세 44조 1항). 그리고 소득세법에서는 소멸회사의 주주가 존속회사로부터 받는 주식 · 합병교부금의 가액에서 소멸회사의 주식을 취득한 가액을 뺀 잔액을 배당으로 의제하여 과세한다(소세 17조 2항 4호). 따라서 신설합병을 하면 합병당사회사 전부에 대해 이같은 과세문제가 생기는 것이다.

선호한다. 기업결합이 경쟁을 지양하고 기존의 기업조직과 활동을 이어받을 수 있으므로 훨씬 경제적이고 성장속도가 빠르기 때문이다.

기업결합에는 합병 외에도 기업간의 지배계약(§ 291 AktG), 임원겸임, 주식취득을 통한 모자관계형성 또는 계열화 등 여러 가지 방법이 있다. 이들 방법은 각 기업의 법적 독립성을 유지시킨 채 기업행동의 통일을 기하는 것임에 반해 합병은 기업들의 법적 독립성을 박탈하고 단일체로 만드는 것이다. 그러므로 합병은 가장 완전한 기업결합방법이다.

합병은 당사 회사의 경영적 측면에서는 조직을 통일적으로 정비함으로써 조직의 다원화로 인한 마찰과 비능률을 해소하고 사무비용을 절감하며, 생산·판매관리의 통합적 운영을 가능하게 하는 등 많은 장점을 가지고 있다. 그러므로 기업의 경쟁력을 지원하려는 산업정책의 일환으로 법에서 합병을 장려하는 경우도 있다.[1)]

그러나 합병은 경제력집중의 원인이 되며 독과점의 수단이 되는 등 부정적인 효과도 가지고 있다. 그래서 「독점규제 및 공정거래에 관한 법률」(공정거래법)에서는 독과점을 초래할 소지가 있는 일정한 회사간의 합병을 억제하고 있다(後述).

Ⅱ. 합병의 본질론

합병의 본질이 무엇이냐는 것은 독일의 HGB시절에 시작되어 일본을 거쳐 우리나라에까지 맥을 이어온 문제이다. 과거 무려 100년간에 걸쳐 회사법학의 가장 흥미있는 주제로 활발한 논쟁을 야기하였지만, 별 실용적인 의의가 없기 때문에 현재는 어느 나라에서나 학계의 관심을 벗어나 있다. 다양한 학설이 등장하였지만, 기본적으로는 人格合一說과 現物出資說의 대립이다.

인격합일설은 두 개 이상의 회사가 하나의 회사로 화하는 것이 합병의 본질이라고 한다. 여기서 2개 이상의 회사가 합하여 하나의 회사로 된다는 것은 단지 합병의 경제현상을 설명하고자 하는 것이 아니라, 합병에 의해 소멸회사가 그대로 존속회사 또는 신설회사에 포섭된다고 하는 인격의 합일화 내지는 인격합병을 말하는 것이다. 이에 의하면 합병으로 인해 하나가 되는 것은 회사 자신으로서, 회사재산의 이전·사원의 수용 등은 모두 인격합일의 결과이다. 이것이 우리

1) 예컨대 최근 국제적으로 금융기관이 대형화되는 추세에 맞추어 「금융산업의 구조개선에 관한 법률」에서는 금융기관 간의 합병을 장려하며, 간소한 절차를 마련해 두고 있다(동법 3조~9조).

나라와 일본의 통설이다.

현물출자설은 해산하는 회사의 영업 전부를 존속회사나 신설회사에 현물출자함으로써 이루어지는 자본증가(흡수합병의 경우) 또는 회사설립(신설합병의 경우)이 합병의 본질이라고 설명한다.[1] 합병으로 인한 재산의 이전과 주주의 수용은 내면적인 관련을 가진 것으로서, 소멸회사의 주주가 존속 또는 신설회사의 주식을 취득해 주주가 되는 것은 소멸회사의 주주는 회사재산의 실질적 소유자로서 소멸회사의 재산이 존속 또는 신설회사에 이전되는 데 대한 대가를 받는 것에 불과하다는 것이다.

기타의 說

현물출자설의 최대의 약점은 현물출자를 하는 者는 소멸회사인데, 사원지위를 취득하는 것은 소멸회사의 사원이라는 모순이다. 이를 극복하기 위해 합병의 본질은 소멸회사의 전주주(사원)가 그 주식(지분)을 존속회사 또는 신설회사에 현물출자하는 데 있다고 하는 이른바 사원현물출자설이 있으나 극소수설이다.[2]

현물출자설에서 합병의 본질이 재산의 이전에 있다고 하는 것은 합병의 경제적 동기와 목적에 부합하지만 이것을 합병의 「법적 본질」이라고 설명해서는 역시 재산의 이전을 초래하는 현물출자나 영업양도와 같은 여타의 법현상과의 법적 구분이 모호해진다.

합병을 여타의 법현상과 뚜렷이 구분짓는 특징은 피합병회사의 소멸, 권리 · 의무의 포괄적 승계, 그리고 사원(주주)의 수용이다. 현물출자설은 재산의 이전에 중점을 두지만, 합병의 경우 「재산」이 독립적인 원인에 의해 이전되는 것이 아니라, 피합병법인이 소멸하고 그 권리 · 의무를 존속법인이나 신설법인이 포괄적으로 승계함으로 말미암아 그 권리의 객체인 재산이 따라서 자동적으로 이전되는 것이다(235조 · 530조 2항 등). 즉 이전되는 재산은 그 주체의 신분변동과 결부시켜 생각하지 않을 수 없는 것이다. 따라서 합병의 본질은 인격의(실체의) 계승이라고 보아야 하므로 인격합일설이 타당하다.

Ⅲ. 합병과 합병계약

회사가 합병하는 과정에서 당사회사들의 대표기관에 의해 합병계약이 체결

1) 大隅健一郎, "會社合併の本質," 「會社法の諸問題」, 265~67면.

2) 服部榮三, "會社合併の基本的性質," 「民商法雜誌」 創刊 25周年記念論集(上), 290면.

되고, 이를 기초로 상법의 규정에 따라 여러 단계의 절차를 밟는다. 이 점 상법에 명문의 규정이 없지만 상법 제522조에서 합병계약서를 주주총회에서 승인하도록 규정한 것은 대표기관에 의한 합병계약이 선행하는 것을 전제로 한 것이고, 다른 종류의 회사에서도 논리적으로 이와 같은 합병계약이 선행되어야 함은 당연하다.

여기서 「합병」과 「합병계약」은 어떤 관계에 있는가라는 문제가 생긴다.

1. 학　설

합병과 대표기관간의 합병계약을 구분하지 않고 「합병계약이 즉 합병」이란 뜻으로 사용하는 견해도 있지만, 대부분은 양자를 구분하여 합병도 계약이고 대표기관간의 합병계약도 합병을 위한 계약이라고 설명한다. 그리고 양자의 관계에 대해서는 합병을 사단법상의 특별한 계약이라고 하거나(손주찬 459; 최기원 1102), 물권적 효력을 갖는 계약 혹은 준물권계약이라고 하며, 대표기관에 의한 합병계약은 대부분 사원총회 또는 주주총회의 합병결의를 정지조건으로 하는 합병의 예약(혹은 가계약) 또는 본계약이라고 설명한다(강 · 임 435; 손주찬 459; 정동윤 948; 최기원 1102; 김홍기(주석－회사 1) 264). 그리고 그 계약에 따라서 합병절차를 진행시킬 의무를 부담하므로 그 성질은 채권계약이라고 한다.

한편 대표기관간의 합병계약의 성질은 통설과 같이 보지만, 합병은 「여러 가지 행위로서 이루어지는 법률요건」이고, 합병계약은 「단체법상에서만 생길 수 있는 특별한 채권계약」이라고 설명하는 견해도 있다(권기범 155; 정찬형 521).

2. 私　見

⑴ 合併의 성질

합병을 계약으로 본다면 언제 당사자간에 합의가 이루어진 것으로 볼 것이냐는 의문이 제기되지만, 통설은 단지 계약이라고 할 뿐 이에 관하여는 설명하는 바 없다. 합병의 과정을 살펴보면 대표기관간의 합병계약에 의해 의사표시가 교환될 뿐이고 그 이상의 의사표시의 교환은 없다. 이같이 대표기관의 합병계약과 구분하여 따로이 계약으로 볼 만한 의사표시의 교환이 없으므로 계약설은 합병의 실제 절차와 부합하지 아니하는 주장이다.

또 합병을 계약으로 본다면 합병으로 인한 권리 · 의무의 포괄적 승계는 계약의 효력으로 이루어지는 것이라고 해야 할 것이다. 그러나 법인격의 소멸, 이로 인한 권리 · 의무의 포괄적 승계가 당사자의 합의에 의해 이루어질 수는 없다.

명문의 규정이 있듯이 법인격의 소멸은 합병을 해산사유로 정한 법규정(227조 4호 · 269조 · 287조의38 1호 · 517조 1호 · 609조 1항 1호)의 효과이며, 권리 · 의무의 승계도 합병의 효과를 정한 법규정(235조 · 269조 · 287조의41 · 530조 2항 · 603조)의 효과이다.

그러므로 합병은 단체법상의 특수한 법률사실이며, 이를 요건으로 하여 법소정의 효과가 발생하는 것이라고 설명하는 것이 합병의 법체계에 부합된다.

(2) 합병계약의 성질

합병당사회사의 대표기관간의 합병계약은 그에 의해 당사회사가 그 이후의 절차를 진행시켜야 할 의무를 부담한다는 점에서 채권계약이다. 그러나 그것은 단체법상의 계약으로서 개인법상의 일반 채권계약과는 구별하여야 한다(서헌제 59; 임홍근 786; 정동윤 948; 정찬형 521). 왜냐하면 첫째 합병계약의 내용결정에 있어 단체법적 제약이 많아 사적자치가 극도로 제한되고, 둘째 합병계약에 의하여 합병에 관한 제반 사항이 합의되지만 후에 사원(주주)총회의 결의가 있어야 하고, 채권자보호절차를 밟아야 하는 등 가변적인 요소가 많아 당사회사가 합병계약의 내용에 따른 이행을 할 구속을 받는다고 할 수 없고, 셋째 합병계약은 합병의 필수불가결한 요건으로서(당사자의 의사에 기해서가 아니라) 단체법적 규범에 따른 법효과가 주어지기 때문이다.

합병계약이 사원(주주)총회에서 부결될 경우 그 이행이 강제될 수 없는 점에 착안하여 다수의 학자는 이를 합병결의를 정지조건으로 하는 계약이라고 한다. 그러나 합병계약의 체결로 인해 당사회사가 사원(주주)총회를 소집하여 결의에 붙이는 것 자체가 합병계약의 이행이므로 「정지」 조건의 개념상 이에 부합하지 아니한다.

합병계약이 예약이라는 주장도 옳지 않다. 이를 예약이라고 하기 위해서는 후에 당사회사의 어느 쪽이 합병본계약의 청약을 하면 상대방이 승낙을 할 의무를 부담한다고 보거나(편무예약 혹은 쌍무예약), 아니면 당사자 일방 혹은 쌍방이 예약완결권을 행사하면 합병본계약이 성립한다고 보아야 하는데(일방예약 혹은 쌍방예약. 민 564조 1항 참조), 법상 청약 · 승낙, 예약완결권의 행사와 같은 의사표시를 요하지도 않고 합병계약 이후에 새로이 本契約으로 볼 만한 의사표시의 교환이 요구되지도 않는다.

독일에서는 합병계약을 재산법적 · 회사법적 영역에서 채권적 · 물권적 효력을 갖는 계약으로 보기도 하며,[1] 또 회사간의 계약으로 소멸회사의 사원이 존속회사나 신설회사의 사원이 되는 효과를 설명하기 위해 합병계약을 제 3 자를 위한 계약이라고

1) *Kraft*, in Kölner Komm, AktG, 1. Aufl. § 341 Rn. 2.

설명하기도 한다.[1)]

Ⅳ. 합병의 제한

회사는 합병할 수 있다(174조 1항). 합병할 수 있는 회사의 종류에 제한이 없으며, 목적이 다른 회사간에도 합병할 수 있다. 그러나 상법은 몇 가지 법정책적 이유에서 다음과 같은 제한을 두고 있다.

1) 종류가 다른 회사끼리도 합병할 수 있지만, 합병당사회사 중 일방 또는 쌍방이 주식회사, 유한회사 또는 유한책임회사인 때에는 합병 후 존속하는 회사 또는 신설되는 회사는 주식회사, 유한회사 또는 유한책임회사이어야 한다(174조 2항). 이것은 {합명 · 합자 · 유한책임 · 주식 · 유한회사} 중 어느 하나와 {주식 · 유한 · 유한책임회사} 중 어느 하나가 짝지어 합병할 경우 존속회사나 신설회사는 주식회사나 유한회사 또는 유한책임회사라야 한다는 뜻이다.

합명회사가 주식회사에 흡수합병될 경우 합명회사의 사원은 합병계약이 정하는 바에 의해 주식회사의 주주가 되는 것이고 합명회사에서 퇴사하는 것이 아니다. 따라서 사원이 지분환급청구권을 행사할 여지가 없다(대법원 2003. 2. 11. 선고 2001다14351 판결).

합병제한의 이유

주식, 유한, 유한책임회사 중 하나와 합명회사가 합병하며 합명회사를 존속회사(또는 신설회사)로 한다면 유한책임사원으로 하여금 무한책임사원이 되도록 강요하는 문제가 생기므로 합명회사를 존속회사 또는 신설회사로 할 수 없다. 주식, 유한, 유한책임회사와 합자회사가 합병을 하며 합자회사를 존속회사로 하더라도, 소멸회사의 사원들을 유한책임사원으로 하면 되므로 합명회사를 존속 또는 신설회사로 할 때와 같은 문제는 생기지 않는다. 하지만 합자회사의 유한책임사원의 지분은 주식, 유한, 유한책임회사의 주식 · 지분보다 열등한 권리로 파악해야 하므로 역시 소멸회사의 사원들에게 불리한 지위를 강요하게 된다.

2) 유한회사와 주식회사가 합병할 경우 주식회사가 사채의 상환을 완료하지 않으면 유한회사를 존속회사나 신설회사로 하지 못한다(600조 2항). 그렇지 않을 경우에는 존속 또는 신설회사인 유한회사가 사채상환의무를 부담해야 하는데, 이는 유한회사가 사채를 발행할 수 없다는 제한과 모순되기 때문이다. 사채상환을 완료하지 않은 주식회사를 유한책임회사가 흡수합병할 경우에도 같은 문제가 생기

1) RGZ 124, 355, 361.

므로 위 규정(600조 2항)을 유추적용해야 한다.

3) 유한회사와 주식회사가 합병하여 주식회사가 존속 또는 신설회사로 될 때에는 법원의 인가를 얻지 아니하면 합병의 효력이 없다(600조 1항). 주식회사의 설립과 증자(신주발행)에는 자본충실을 위한 감독 및 규제가 따르지만(변태설립의 검사, 주금납입은 행제도 등) 유한회사의 설립에는 이런 규제가 없으므로 주식회사가 존속회사 또는 신설회사로서 유한회사와 합병하는 것은 이러한 규제를 피해 주식회사를 설립 또는 증자하는 효과를 누릴 수 있기 때문이다.[1] 한편, 유한회사에서는 출자미필에 관해 사원이 납입책임을 지는데(551조), 주식회사와의 합병을 통해 이 책임을 면하는 것을 방지하려는 의도도 있다.

4) 해산 후 청산중에 있는 회사도 존립중의 회사를 존속회사로 하는 경우에는 합병할 수 있다(174조 3항).

공정거래법상의 합병제한

공정거래법은 기업독점을 억제하고 자유로운 경쟁을 촉진하기 위하여 일정한 거래분야에 있는 기업간의 결합은 경쟁제한의 우려가 있으므로 이를 제한한다. 일정한 거래분야에서 경쟁을 실질적으로 제한하는 효과를 가져오는 기업간의 합병은 금지된다(독규 9조 1항 3호). 경쟁제한의 효과가 있는 합병을 사전에 방지하기 위하여 공정거래법에서는 일정규모 이상의 기업이 합병을 하고자 할 경우 사전에 공정거래위원회에 신고하도록 하며 신고 후 30일(대기기간)이 경과한 후에야 합병등기를 하도록 한다(독규 11조 1항 4호 · 동조 6항~8항).

국제적 합병의 가능성

국내회사와 외국회사가 합병할 수 있는가? 합병을 하기 위해서는 당사회사들이 상대방회사와의 합병계약 및 대내적 절차, 효력발생(등기), 효력의 내용(포괄승계), 무효의 다툼 등에 관해 상법의 강행법규에 의한 규율을 받아야 한다. 그러므로 우리나라 회사와 합병하는 외국회사가 속한 나라가 합병에 관해 우리나라와 동일한 법규를 갖고 있지 않은 한, 실무적으로 합병은 실행하기 불가능하다. 예컨대 우리 상법상 회사가 합병을 한 때에는 본점소재지에서 2주일 내에 합병 후 존속하는 회사의 변경등기, 합병으로 인하여 소멸하는 회사의 해산등기, 합병으로 인하여 설립되는 회사의 설립등기를 하여야 한다(233조 · 528조 · 602조). 그리고 흡수합병의 경우에는 존속하는 회사가 그 본점소재지에서 변경등기를 한 때, 신설합병의 경우에는 신설회사가 그 본점소재지에서 설립등기를 한 때에 합병의 효력이 발생한다(234조 및 동조를 준용하는 530조 2항 · 603조 등). 이 등기는 국내의 상업등기법에 의한 등기를 의미한다. 그러므로 존속회사가 외국회사이거나, 외국

1) 日注釋(14), 470면.

회사를 신설회사로 하는 경우에는 이 회사들의 본점소재지에서 상법이 요구하는 등기를 한다는 일이 있을 수 없으므로 합병은 불가능하다. 반대로 국내회사가 존속회사이거나 신설회사인 경우에는 합병등기의 문제는 해결되겠지만, 쌍방회사가 모두 우리 상법상의 절차를 준수할 수 있어야 하고 합병반대당사자의 국가의 법률에서 당해 회사의 모든 권리의무가 우리나라 회사에 승계되는 것을 용인해야 하는데, 이러한 요건을 실제 구비하는 것은 현실적으로 불가능하다. 그래서 종래의 통설은 국내외 회사의 합병은 불가능한 것으로 이해해 왔으나, 최근 그 가능성을 추구하는 해석론도 보인다.[1)]

국내회사와 외국회사가 삼각합병을 이용할 수는 있다. 예컨대 외국의 A회사가 자기주식을 출자하여 한국에 B회사를 설립하고, B로 하여금 C회사를 흡수하며 합병대가로 A의 자기주식을 교부하게 하는 방식이다.[2)] 그 반대의 경우, 즉 한국의 X회사가 외국에 Y회사를 설립하여 같은 나라의 Z회사를 흡수하고자 하는 것은 당해 외국의 법률이 삼각합병을 허용하는 경우에 한해 가능하다.

그러나 삼각합병에서 모회사(위 예의A, X)는 법상 합병의 당사자가 아니므로 이를 두고 내·외국회사 간에 합병이 가능하다고 말할 수는 없다.

V. 합병의 절차

(1) 합병계약

합병당사회사의 대표기관에 의해 합병조건·합병방식 등 합병에 필요한 사항이 합의되어야 한다. 합병계약은 특별한 방식을 요하지 아니하나, 주식회사나 유한회사가 합병함에는 법정사항이 기재된 합병계약서를 작성하여야 한다(523조·524조·525조·603조 등)(이에 관해서는 주식회사의 합병부문에서 상설한다).

(2) 합병계약서 등의 공시

주식회사와 유한회사는 합병계약서 등을 작성하여 합병결의 등을 위한 주주(사원)총회 2주 전부터 합병 후 6월이 경과할 때까지 공시하여야 한다(522조의2·603조)(1156면 참조).

(3) 합병결의

합병은 회사의 구조적 변화를 초래하므로 사원의 중대한 이해가 걸린 문제이다. 따라서 어떤 종류의 회사에서나 합병에는 사원의 합병결의를 요하며, 그 결의요건은 정관변경의 결의요건과 같다. 합명회사나 합자회사, 그리고 유한책

1) 김태진, "회사의 국제적 조직변경," 「BFL」 제42호(2007), 20면 이하.
2) 윤영신, "삼각합병의 도입과 활용상의 법률문제," 「商硏」 제79호(2013), 14면의 예.

임회사에서는 총사원의 동의를 요하고(230조·269조·287조의41), 주식회사에서는 출석주식수의 3분의 2 이상의 다수 그리고 발행주식 총수의 3분의 1 이상(522조 3항·434조), 유한회사에서는 총사원의 반수 이상이며 의결권의 4분의 3 이상의 동의로 한다(598조·585조). 합병결의는 합병의 필수불가결한 요건으로서 어느 한쪽 회사에서라도 결의가 이루어지지 않을 경우 합병은 이루어질 수 없다.

주식회사에서는 합병으로 인하여 어느 종류의 주주에게 손해를 미치게 될 경우 별도로 종류주주총회의 결의를 요하며(436조→435조), 반대주주에게 주식매수청구권이 주어진다(522조의3).

(4) 채권자보호절차

합병에 관해 회사채권자도 주주 못지않게 중대한 이해를 가진다. 합병으로 인해 당사회사들의 재산은 모두 합일귀속되어 당사회사들의 총채권자에 대한 책임재산이 되는 까닭에 합병 전의 신용이 그대로 유지된다고 볼 수 없기 때문이다. 그러므로 소멸회사에서는 물론 존속회사에서도 채권자보호를 위한 절차를 밟아야 한다.

1) 이의제출의 공고·최고 회사는 합병결의가 있은 후 2주 내에 회사 채권자에 대하여 합병에 이의가 있으면 1월 이상의 일정한 기간 내에 이를 제출할 것을 공고하고, 알고 있는 채권자에 대하여는 따로따로 최고하여야 한다(232조 1항·269조·287조의41·527조의5 1항·603조).

2) 채권자의 범위 이의제출공고가 있기 전의 채권자는 물론이고 이의제출기간중에 발생한 채권의 채권자도 이의를 제기할 수 있다. 그러나 공고기간이 경과한 후에 발생한 채권의 채권자는 제도의 성질상 이의를 제기할 수 없다고 보아야 한다. 금전채권이 아닌 채권도 합병에 의해 이행이 어려워질 수 있으므로 이의제기가 가능한 채권이다.

3) 이의부제출의 효과 채권자가 위 기간 내에 이의를 제출하지 아니한 때에는 합병을 승인한 것으로 본다(232조 2항·269조·287조의41·527조의5 3항·603조).

4) 이의제출의 효과 이의를 제출한 채권자가 있는 때에는 회사는 그 채권자에 대하여 변제하거나, 상당한 담보를 제공하거나, 이를 목적으로 상당한 재산을 신탁회사에 신탁하여야 한다(232조 3항·269조·287조의41·527조의5 3항·603조).

주식회사에서 사채권자가 이의를 함에는 사채권자집회의 결의가 있어야 하며, 이 경우 법원은 이해관계인의 청구에 의해 이의기간을 연장할 수 있다. 이 기간연장은 사채권자만을 위해 효력이 있다(530조 2항→439조 3항).

5) 위반의 효과 회사가 채권자보호절차를 위반하여 채권자가 이의를 제출할 기회를 갖지 못하게 되거나, 이의제출한 채권자에게 변제 등 필요한 조치를 하지 않은 경우에는 채권자는 합병무효의 소를 제기할 수 있다(236조·529조 등).

(5) 신설합병에서의 설립위원선임

신설합병의 경우에는 합병결의와 동일한 방법으로 당사회사에서 설립위원을 선임하여야 하며(175조 2항), 정관작성 기타 설립에 관한 행위는 이 설립위원이 공동으로 하여야 한다(175조 1항). 「공동으로」 하여야 한다는 것은 전원의 합의를 요하며 전원의 이름으로 하여야 함을 뜻한다.

(6) 특별법상의 절차

특별법에서 합병의 절차에 관해 특칙을 정하는 예가 많다. 채무자 회생 및 파산에 관한 법률에서 회생회사가 회생계획의 일환으로 합병할 경우 회생계획에서 정해야 할 사항을 규정하고 있다(회파 210조 등). 그리고 일정한 특별법의 적용을 받는 업종을 영위하는 법인간의 합병에는 주무관청의 인가를 받도록 하는 경우가 많다(예: 보험업법 139조 등).

(7) 합병등기

이외 합병절차가 끝난 때에는 합병등기를 하여야 한다. 본점소재지에서 2주일 내에 하여야 하는데, 회사종류별로 起算點이 다르다(233조·269조·287조의41·528조 1항·602조).

등기의 내용은 존속하는 회사의 변경등기, 소멸회사의 해산등기, 신설회사의 설립등기이다.

(8) 합병의 효력발생시기

합병은 존속회사의 본점소재지에서 변경등기를 한 때 또는 신설회사의 본점소재지에서 설립등기를 한 때 그 효력이 발생한다(234조·269조·287조의41·530조 2항·603조).

Ⅵ. 합병의 효과

(1) 회사의 소멸과 신설

합병으로 인해 흡수합병의 경우에는 존속회사 이외의 당사회사, 신설합병의 경우에는 모든 당사회사가 소멸한다. 상법이 합병을 해산사유의 하나로 규정하고 있기 때문이다(227조 4호·269조·287조의38 1호·517조 1호·609조 1항 1호). 합병으로 해산한다 하더라도 법인격을 소멸시키는 데에만 그 목적이 있고, 존속회사 또는 신설회사가 그 권리·의무를 승계해야 하므로 청산절차를 밟지 아니한다.

신설합병의 경우에는 새로운 회사가 설립된다.

(2) 권리 · 의무의 포괄적 승계

존속회사 또는 신설회사는 소멸회사의 모든 권리 · 의무를 포괄적으로 승계한다(235조 · 269조 · 287조의41 · 530조 2항 · 603조). 승계되는 권리 · 의무에는 공법상의 권리 · 의무도 포함된다.[1)]

포괄승계이므로 개개의 재산에 대하여 이전행위를 따로이 할 필요가 없고 별도의 채무인수절차도 필요하지 않다. 다만 승계한 권리를 처분하기 위하여는 등기 · 등록 등 공시방법을 갖추어야 할 경우가 있으며(민 187조 단), 권리의 종류에 따라 제 3 자에게 대항하기 위하여는 대항요건을 갖추어야 할 경우가 있다(예: 합병재산에 다른 회사가 발행한 주식이 있는 경우, 그 타회사에 대항하기 위하여는 명의개서를 하여야 한다. 337조 1항).

(3) 사원의 수용

합병에 의해 소멸회사의 사원은 존속회사나 신설회사의 사원이 된다. 사원의 지위의 크기(지분 · 주식)는 합병계약에 따라 정해진다. 자세한 것은 주식회사의 합병과 관련하여 후술한다.

(4) 소송법상의 효과

소송당사자인 법인이 합병으로 인해 소멸할 경우 소송절차가 중단되고 존속법인 또는 신설법인이 소송절차를 수계하여야 한다(민소 234조).

Ⅶ. 합병무효의 訴

(1) 총 설

합병으로 인해 각종 단체법상의 효과가 발생하여 다수의 이해관계인이 생기므로 설혹 합병에 하자가 있다 하더라도 이해관계인에게 개별적인 무효주장을 허용한다면 단체법률관계의 불안정을 초래한다. 그러므로 이해관계인 모두의 권리관계를 획일적으로 확정하기 위하여 합병의 무효는 소에 의해서만 주장할 수

---

1) 대법원 1980. 3. 26. 선고 77누265 판결: 소멸법인이 특별법에 의해 소득공제를 받을 수 있는 권리를 존속법인이 승계한다고 인정한 예.
대법원 2019. 12. 12. 선고 2018두63563 판결: 소멸법인이 부과받은 공정거래법상의 이행강제금(독규 구 17조의3. 현 16조)의 납부의무를 존속법인이 승계한다고 인정한 예.
대법원 2022. 5. 12. 선고 2022두31433 판결: 소멸법인의 공정거래법 위반행위에 관해 존속법인에 내린 시정명령이 적법하다고 한 예(소멸법인의 법위반행위에 대한 책임을 존속법인이 승계한다고 본 것).

있다. 따라서 합병무효의 소는 형성의 소이다.

(2) 무효의 원인

합병이 무효로 되는 전형적인 예로는 ① 합병을 제한하는 법규정에 위반한 경우(예컨대 합명회사가 주식회사를 흡수하여 합병한 경우. 174조 2항), ② 합병계약서가 법정요건을 결한 경우(523조 · 524조 등), ③ 합병결의에 하자가 있는 경우, ④ 채권자보호절차를 위반한 경우 등을 들 수 있다. 그리고 합병에 있어 사원(주주)에게 가장 중요한 이해문제는 합병대가이다. 그러므로 합병대가가 불공정한 경우에는 무효로 보아야 한다(1166면 이하 참조).

대표기관간의 합병계약에서 무권대리 · 착오 · 사기 등 무효 · 취소의 원인이 있을 때 그것이 합병의 무효로 연결되는가? 합병계약의 무효 · 취소원인이 합병결의에도 이어질 경우에는 위 ③의 합병결의에 하자가 있는 경우에 해당되므로 합병의 무효원인이 된다.

(3) 제소권자

피고는 존속회사나 신설회사가 될 것이나, 제소권자는 회사마다 다르다(236조 1항 · 269조 · 287조의41 · 529조 1항 · 603조). 공정거래법에 위반하여 합병한 때에는 공정거래위원회가 합병무효의 소를 제기할 수 있다(독규 37조 2항).

(4) 소 질 차

합병무효의 소는 합병등기 후 6월 내에 제기하여야 한다(236조 2항 · 269조 · 287조의41 · 529조 2항 · 603조). 기타 관할, 소제기의 공고, 소의 병합심리, 하자가 보완된 경우의 재량기각판결, 패소원고의 책임 등은 회사설립무효의 소에서와 같다(240조 → 186조~191조, 240조를 준용하는 269조 · 287조의41 · 530조 2항 및 603조). 그리고 회사가 원고의 악의를 소명하여 담보를 제공하게 할 것을 청구할 때에는 담보제공을 명할 수 있다(237조 → 176조 3항 · 4항, 237조를 준용하는 269조 · 287조의41 · 530조 2항 및 603조).

(5) 무효판결의 효과

1) 합병무효의 등기　　합병무효의 판결이 확정된 때에는 본점소재지에서 존속회사는 변경등기, 소멸회사는 회복등기, 신설회사는 해산등기를 하여야 한다(238조 · 269조 · 287조의41 · 530조 2항 · 603조).

2) 대세적 효력과 소급효제한　　합병당사회사 및 이해관계인들간의 법률관계를 획일적으로 확정해야 하므로 여타의 회사법상의 소송에서와 같이 합병무효판결은 원 · 피고뿐 아니라 제3자에게도 효력이 미친다(240조 → 190조 본, 240조를 준용하는 269조 · 287조의41 · 530조 2항 및 603조). 따라서 무효판결이 확정된 후에는 누구도 새로이 그 효력을 다투지 못한다.

합병무효의 판결은 회사설립에 관한 소송에서와 같이 소급효가 제한되고 장래에 향해서만 효력이 있다(240조 → 190조 단, 240조를 준용하는 269조 · 287조의41 · 530조 2항 및 603조). 따라서 합병 이후 존속회사나 신설회사에서 이루어진 조직법적 행위(주주총회의 결의, 이사의 책임, 신주발행, 사채발행 등)나 대외적 거래행위는 모두 유효하고 그 회사주식의 양도도 유효하다. 그래서 회사설립무효의 判決이 확정되었을 때와 마찬가지로 합병 후 판결확정시까지 존속회사 또는 신설회사는 「사실상의 회사」로서 존재한다.

3) 회사의 분할　합병무효판결의 확정으로 당사회사들은 합병 전의 상태로 환원된다. 즉 흡수합병의 경우에는 소멸한 회사가 부활하여 존속회사로부터 분할되고, 신설합병의 경우에는 소멸한 당사회사들이 모두 부활하면서 분할된다(합병이 무효로 됨으로 인해 이루어지는 「회사의 분할」과 상법 제530조의2 이하에 의해 1개의 회사가 2개 이상의 회사로 분할되는 「회사의 분할」을 구별할 것). 그러므로 합병으로 인해 승계한 권리·의무 및 합병 후 취득한 재산과 부담한 채무의 처리에 관한 문제가 남는다.

(가) 합병으로 승계한 권리·의무　존속회사 또는 신설회사가 소멸회사로부터 승계한 권리·의무는 당연히 부활된 소멸회사에게로 복귀한다. 그러나 합병무효판결은 소급효가 없는 관계로 합병 이후 존속회사나 신설회사가 권리를 처분하였거나 의무를 이행한 때에는 그 가액에 따른 현존가치로 환산하여 청산하여야 할 것이다.

(나) 합병 후의 취득재산·채무　합병 후 존속회사나 신설회사가 부담한 채무에 관해서는 분할된 회사들이 연대책임을 진다(239조 1항, 239조를 준용하는 269조·287조의41·530조 2항 및 603조). 그리고 합병 후 존속회사나 신설회사가 취득한 재산은 분할된 회사들의 공유로 한다(239조 2항·239조를 준용하는 위 조항들).

이 경우 각 회사의 협의에 의해 연대채무에 대한 각자의 부담부분 및 공유재산에 대한 각자의 지분을 정하여야 할 것이나, 협의에 의해 정해지지 않을 경우에는 법원이 그 청구에 의해 합병 당시의 각 회사의 재산상태 기타의 사정을 참작하여 이를 정한다(239조 3항·239조를 준용하는 위 조항들). 이는 비송사건으로서 합병무효의 소에 관한 제 1 심 수소법원의 관할에 전속한다(비송 72조 2항).

제 8 절 조직변경

I. 의　의

組織變更(Formwechsel)이라 함은 회사가 그 인격의 동일성을 유지하면서 다른 종류의 회사로 전환되는 것을 말한다.[1] 조직변경을 전후해서 회사의 동일성이 그대로 유지되는 까닭에 어느 회사가 다른 회사의 권리 · 의무를 포괄적으로 승계하는 회사합병, 그리고 회사를 해산하여 청산절차를 밟고 그 사원과 그 재산으로 종류가 다른 회사를 신설하는 「사실상의 조직변경」(übertragender Formwechsel)과는 구별하여야 한다. 변경 전의 회사와 변경 후의 회사는 동일인인 까닭에 권리 · 의무가 승계되는 것이 아니고 같은 회사에 그대로 존속하는 것이다. 그러므로 변경 전 회사가 소유하던 부동산은 변경 후 회사 앞으로 이전등기를 할 것이 아니라 명의인표시의 변경등기(부등 52조)를 하면 된다.

법은 다섯 종류의 회사를 두고 있으므로 회사를 설립하고자 하는 자는 자기 사업의 성격에 따라 자유로이 종류를 선택할 수 있다. 그러나 사업의 전개에 따라 종전의 회사형태가 부적합해질 수도 있으므로 상황변화에 적응하여 보다 적합한 회사형태로 변환할 기회를 주기 위해 조직변경이 허용되는 것이다.[2]·[3] 물론 경제적으로는 해산과 신설을 통한 사실상의 조직변경에 의해서도 조직변경과 같은 효과를 얻을 수 있으나 회사를 해산하고 신설할 때의 제비용의 지출과 복잡한 청산절차를 감내하여야 하고, 또 법률상 동일인격의 계속이 불가능하므로 종전의 사업관계의 유지가 어렵다.

Ⅱ. 조직변경의 유형

인적회사와 물적회사는 사원의 책임과 내부조직이 전혀 다르므로 이들 상호간에 조직변경을 인정할 경우 그 동일성을 유지하는 데 무리가 있다. 그래서 상법은 인적회사 상호간, 물적회사 상호간에만 조직변경을 인정한다(242조 · 286조 · 604조 1항 · 607조 1항)

1) 同一性의 문제: 독일의 사업재편법은 조직변경의 경우 「조직을 변경하는 회사는 변경결의에서 정한 법형태로 존속한다」라는 규정을 두고 있다(§ 202 Abs. 1 Nr. 1 UmwG: Der formwechselnde Rechtsträger besteht in der in dem Formwechselbeschluss bestimmten Rechtsform weiter). 그러나 우리 상법에는 이런 직접적인 규정이 없고, 다만 동일성을 전제로 하였다고 볼 수 있는 규정들이 있을 뿐이나(244조 · 605조 1항), 제도의 유래(獨法의 계수)로 보아 동일성의 유지를 의심하는 견해는 없다.

2) Kübler/Assmann, S. 408, 409; Raiser/Veil, § 46 Rn. 11 ff.

3) 이같은 효용성 때문에 미국회사법에서도 유사한 제도를 볼 수 있다. 델라웨어州 회사법에서는 conversion이라는 제도를 두고 있는데(MBCA도 同), 조직변경과 같이 기업이 동일성을 유지하면서 해산절차 없이 다른 형태의 기업으로 변환하는 것이다. 조직변경보다는 훨씬 융통성이 있어, 법인기업과 비법인기업간에도 conversion이 가능하고, 심지어 영리기업과 비영리기업 간에도 conversion이 가능하다(Del. Gen. Corp. Law § 265, 266; MBCA § 9.30).

(대법원 1985. 11. 12. 선고 85누69 판결). 2011년 개정상법에 의해 신설된 유한책임회사는 인적회사와 물적회사로서의 성격을 겸비하고 있지만, 조직변경 허부의 최대 고려사항인 사원의 책임문제에 있어서는 물적회사와 같으므로 주식회사와의 상호 조직변경을 허용한다(287조 의43). 따라서 조직변경에는 ① 합명회사→합자회사, ② 합자회사→합명회사, ③ 주식회사→유한회사, ④ 유한회사→주식회사, ⑤ 유한책임회사→주식회사, ⑥ 주식회사→유한책임회사의 여섯 가지 경우가 있을 수 있다.

Ⅲ. 각 회사의 조직변경

(1) 합명회사에서 합자회사로

1) 방 법 합명회사는 총사원의 동의로 합자회사로 변경할 수 있으며, 그 방법은 일부 사원을 유한책임사원으로 하거나 새로이 유한책임사원을 가입시키는 것이다(242조 1항). 그리고 사원이 1인으로 되었기 때문에 새로 사원을 가입시켜 회사를 계속할 경우에는 동시에 조직변경을 할 수 있다(242조 2항 · 229조 2항).

2) 책임변경사원의 책임 조직변경으로 인해 종래 무한책임사원이 유한책임사원으로 된 경우에는 본점소재지에서의 조직변경 등기 이전에 생긴 회사채무에 대하여 등기 후 2년 내에는 무한책임사원으로서 책임을 져야 한다(244조). 퇴사한 무한책임사원의 책임(225조)과 같이 종전의 채권자를 보호하기 위함이다.

(2) 합자회사에서 합명회사로

합자회사는 유한책임사원을 포함한 사원 전원의 동의로 합명회사로 변경할 수 있다(286조 1항). 이에 의해 유한책임사원은 무한책임사원으로 된다. 또는 유한책임사원이 전원 퇴사한 경우에 잔존 무한책임사원 전원의 동의로 합명회사로 변경할 수 있다(286조 2항). 이 경우 무한책임사원이 1인인 때에는 물론 조직변경이 허용되지 아니한다. 이때에는 사원을 새로이 가입시켜 회사를 계속함과 동시에 조직변경이 가능하다(269조 · 242조 2항).

합자회사가 합명회사로 변경하였을 때는 변경 전보다 사원의 책임이 확대되므로(유한책임사원의 무한책임사원화) 채권자를 위한 배려는 필요치 않다.

(3) 주식회사에서 유한회사로

1) 절 차 주식회사는 총주주의 일치에 의한 주주총회의 결의로 유한회사로 변경할 수 있다(604조 1항). 이 결의에서는 정관변경 기타 조직변경에 필요한 사항을 정하여야 한다(604조 3항).

그러나 주식회사는 사채를 상환하기 전에는 유한회사로 변경하지 못한다(604조 1항 단). 유한회사는 사채를 발행할 수 없는 까닭이다.

2) 자본금의 제한 변경 전 회사(주식회사)의 순자산액보다 많은 금액을 변경 후 회사(유한회사)의 자본금의 총액으로 하지 못한다(604조 2항). 이에 위반하여 순자산액이 자본금의 총액에 부족할 때에는 조직변경의 결의 당시의 이사와 주주는 회사에 대하여 연대하여 부족액을 지급할 책임을 진다(605조 1항). 이사의 책임은 총사원의 동의로 면제할 수 있으나(605조 2항 · 551조 3항), 주주의 책임은 면제하지 못한다(605조 2항 · 550조 2항 · 551조 2항).

3) 채권자의 보호 조직변경을 함에는 채권자보호절차를 밟아야 하며(608조 · 232조), 종전의 주식에 대한 질권은 변경 후의 지분에 대하여 물상대위의 효력이 미친다(604조 4항 · 601조 1항).

(4) 유한회사에서 주식회사로

1) 절 차 유한회사는 총사원의 일치에 의한 사원총회의 결의로 주식회사로 변경할 수 있다(607조 1항). 결의시에 정관 기타 조직변경에 필요한 사항을 정하여야 함은 주식회사를 유한회사로 변경할 때와 같다(607조 5항 · 604조 3항). 유한회사에서 주식회사로 하는 조직변경은 법원의 인가를 얻지 않으면 그 효력이 없다(607조 3항). 엄격한 주식회사설립절차를 피하는 방법의 하나로서 조직변경을 이용하는 것을 막기 위함이다.

2) 자본금의 제한 조직변경시에 발행하는 주식의 발행가액의 총액은 회사에 현존하는 순자산액을 초과하지 못한다(607조 2항). 이에 위반하여 주식의 발행가액이 순자산을 초과할 때에는 조직변경결의 당시의 이사, 감사와 사원이 전보책임을 진다(607조 4항). 이사 · 감사의 책임은 총주주의 동의로 면제할 수 있으나 사원의 책임은 면제할 수 없다(607조 4항, 550조 2항, 551조 2항 · 3항).

3) 채권자의 보호 조직변경을 함에는 주식회사를 유한회사로 변경할 때와 같이 채권자보호절차를 밟아야 한다(608조 · 232조). 종전의 지분에 대한 질권은 새로이 발행되는 주식에 대하여 물상대위의 효력이 미치며(607조 5항 · 601조 1항), 지분의 등록질권자는 회사에 대하여 주권의 교부를 청구할 수 있다(607조 5항 · 340조 3항).

(5) 주식회사에서 유한책임회사로 또는 유한책임회사에서 주식회사로

주식회사는 총회에서 총주주의 동의로 결의한 경우에는 그 조직을 변경하여 유한책임회사로 할 수 있으며, 유한책임회사는 총사원의 동의에 의하여 주식회사로 변경할 수 있다(287조의43 1항 · 2항).

기타 주식회사가 유한회사로 조직변경할 때와 같은 절차가 적용되고, 자본금의 제한이 있으며, 채권자보호절차를 밟아야 하는 것도 같다(287조의44 → 232조 및 604조~607조).

입 법 론

위에 본 바와 같이 상법은 물적회사 상호간 및 인적회사 상호간에 한해 조직변경을 인정한다. 그 이유는 물적회사-인적회사 상호간의 조직변경을 인정할 경우 사원의 책임에 큰 변화가 생기고, 채권자의 이해에도 중대한 변화를 초래하므로 절차가 매우 복잡해지기 때문이다. 이같이 복잡한 절차를 취할 것이 아니라, 차라리 새로운 회사를 설립하여 영업양도나 합병을 하도록 하는 것이 간명하다는 취지이다. 그러나 영업양도나 합병을 하면 당사회사의 자산평가익이 일시에 실현되어 과세를 당하게 되는 부담이 생기고, 회사의 동일성이 유지될 수 없는 문제가 생긴다. 따라서 단순히 절차가 복잡하다는 이유로 조직변경의 범위를 제한할 일은 아니다.

상법이 조직변경을 위와 같이 제한하게 된 실제적인 이유는 우리가 계수한 일본상법이 이같은 제한을 두었기 때문이다. 그러나 일본은 2005년 회사법제정을 계기로 이러한 제한을 없애고, 주식회사와 지분회사(합명, 합자, 합동회사) 상호간의 조직변경을 허용하였다. 다른 입법례도 같은 경향을 볼 수 있다. 독일은 인적회사가 자본회사(주식회사, 유한회사)로 조직변경(Formwechsel)하거나(Umwandlungsgesetz: UmwG § 214), 자본회사가 인적회사 또는 일반 법인 심지어 조합으로 조직변경하는 것(UmwG § 226)도 허용한다. 프랑스상법도 유한책임회사가 합명회사, 합자회사로 조직변경하거나(la trasformation, C. Com. Art. L. 223-43), 주식회사가 이러한 인적회사로 조직변경하는 것(Art. L. 225-243)을 허용한다. 영국회사법(2006)에서도 유한책임회사가 무한책임회사로 변경하는 것(Companies Act 2006, S. 102), 무한책임회사가 유한책임회사로 변경하는 것(S. 105)을 허용한다(re-registration). 미국법에서도 책임이 다른 회사간의 조직변경(conversion)을 허용하는 것은 물론이고, 영리법인과 비영리법인간 또는 법인과 비법인간의 조직변경도 허용한다(모범사업회사법 § 9.30; 델라웨어주 회사법 §§ 265, 266). 이러한 입법례를 참고하여 인적, 물적회사간의 조직변경을 허용하는 등 제도를 보다 유연하게 정비할 필요가 있다.

Ⅳ. 등 기

조직변경을 한 때에는 본점 소재지에서 2주일 내에 변경 전 회사는 해산등기를 변경 후 회사는 설립등기를 하여야 한다(243조, 286조 3항, 287조의44, 606조, 607조 5항). 그러나 이는 실제 청산절차와 설립절차를 밟아야 한다는 뜻이 아니며, 인격의 동일성의 유지와는 무관하다.

Ⅴ. 조직변경의 효력발생

조직변경의 효력은 언제 발생하는가? 등기시라는 설(강 · 임 458; 권기범 256; 임재연 I 97; 정동윤 941; 정찬형 516; 최기원 1088; 최준선 118; 권창환(주석 – 회사 1) 527)과 현실적으로 조직이 변경되었을 때라는 설이 있다. 상법 제244조가 책임변경사원이 무한책임을 지는 기간의 기산점을 등기시로 잡고 있는 것은 등기시에 조직변경의 효력이 발생함을 전제로 한 것이라 볼 수 있고, 현실적으로 조직이 변경되었을 때라는 것은 그 시기가 불명확하므로 등기시설이 타당하다.

Ⅵ. 조직변경의 무효

조직변경의 무효에 관하여는 아무런 규정이 없으나, 이해관계인 간의 획일확정을 요하므로 회사설립의 무효 · 취소에 관한 소를 준용해야 할 것이다(통설).[1] 그러나 조직변경의 무효판결이 확정되면 회사설립의 무효와는 달리 해산에 준하여 청산을 할 것이 아니라, 변경 전의 회사로 복귀한다고 본다.[2]

제 9 절 해산명령과 해산판결

해산이란 법인격의 소멸을 가져오는 법률사실로서, 해산의 사유는 각 회사마다 다르다. 각 회사별로 독특하게 인정되는 해산사유는 해당되는 곳에서 설명하기로 하고, 여기서는 모든 회사에 공통적으로 설명할 수 있는 법원의 재판에 의한 해산사유, 즉 해산명령과 해산판결에 대해서만 설명한다.

Ⅰ. 解散命令

1. 의 의

상법은 회사통칙 부분에서 모든 회사에 공통적으로 적용될 해산사유로서 법원의 해산명령제도를 두고 있다(176조). 해산명령제도는 주로 公益的 理由(회사의 존재 또는 그 행위가 공익을 해하는 경우)에서 회사의 존속을 허용할 수 없을 때에 법원이 해산을 명할 수 있는

1) 日最高裁 1971. 6. 29. 판결, 民集 25권 4호 711면.
2) 日注釋(1), 460면.

제도로서, 이해관계인의 청구에 의해서 뿐만 아니라 검사의 청구나 법원의 직권에 의해서도 할 수 있다는 점에 특색이 있다. 회사설립에 관한 준칙주의로 야기되는 회사남설의 폐해를 사후에 시정하기 위한 제도이다.

2. 사 유

1) 회사의 설립목적이 不法한 것인 때(176조 1항 1호) 정관에 기재된 목적 자체가 불법한 경우에는 물론이고 설립의 배후 기도가 불법한 경우도 포함된다(예컨대 정관에 숙박업을 목적으로 기재하였으나 실은 도박업을 목적으로 하는 경우와 같다). 정관에 기재된 목적 자체가 불법한 때에는 설립무효사유에 해당하나 그 소가 제기되지 않을 때, 또는 소의 제기와 관계없이 해산을 명할 수 있다.

2) 회사가 정당한 사유 없이 설립 후 1년 내에 영업을 개시하지 아니하거나 1년 이상 영업을 休止하는 때(176조 1항 2호) 법인격을 취득하고도 장기간 사업을 수행하지 않는 회사에 계속 법인격을 유지시킬 가치가 없으며, 또 이를 장기간 방치한다면 법인격이 불건전한 목적[1)]을 위해 남용될 소지가 있으므로 법인격을 박탈하는 것이다. 다만 정당한 사유 없이 영업을 하지 않았을 경우에만 해산시킬 수 있으므로 「정당한 사유」의 유무를 판단하는 것이 중요한 해석문제이다. 사업용 기본재산에 분쟁이 생겨 1년 이상 영업을 하지 못한 경우에 판례는 회사가 승소하여 영업을 개시한 사건에서는 「정당한 사유」가 있다고 보고, 회사가 패소한 사건에서는 「정당한 사유」가 없다고 보고 있음은 주목할 만하다.[2)] 그리고 사업자금의 부족, 영업실적의 부진 등과 같이 회사 내부의 여건으로 영업을 하지 않은 때에는 정당한 사유가 있다고 할 수 없을 것이다. 반면 개업의 준비를 하는 데 1년 이상 소요되었고, 영업의 성질로 보아 장기간의 준비가 불가피하다면 정당한 사유가 있다고 보아야 한다(예컨대 유전개발을 목적으로 하는 회사가 시추작업을 하는 데 1년 이상 소요된 경우). 요컨대 영업의 성질상 또는 외부적 장애로 인해 영업을 하지 않더라도 「영업을 위한 의지와 능력」이 객관적으

---

1) 가장 흔히 볼 수 있는 「불건전한 목적에 남용하는」 사례로는 휴면회사의 명의로 어음이나 수표를 발행하여 타인으로부터 금전 또는 재산을 편취하는 것을 들 수 있다.

2) 대법원 1978. 7. 26.자 78마106 결정(정당한 사유가 있다고 한 예): 시장을 경영하는 회사가 상인들과의 사이에 시장건물의 소유권에 관한 분쟁에 말려 수년간 정상적인 활동을 하지 못하였으나, 결국 승소판결을 얻어 건물을 회복하고 정상적인 가동을 하게 된 예.
대법원 1979. 1. 31.자 78마56 결정(정당한 사유가 없다고 한 예): 광천개발회사가 영업재산의 근간을 이루는 광천의 소유권을 다투는 소송에 말려 수년간 영업을 하지 못하다가 결국 패소하여 광천을 상실한 예.

로 표현된 경우에는 정당한 사유가 있다고 보아야 할 것이다.[1)]

3) 이사 또는 회사의 업무를 집행하는 사원이 법령 또는 정관에 위반하여 회사의 존속을 허용할 수 없는 행위를 한 때(176조 1항 3호) 이사 또는 사원의 기관자격에서 한 경우에는 물론 그 지위를 남용하여 법령 또는 정관에 위반한 행위를 한 경우에도 이에 해당된다(예컨대 이사가 회사의 자산을 횡령하거나 회사의 업무와 관련하여 제 3 자에게 사기를 하는 것. 판례 [11] 참조). 그러나 해당 이사나 업무집행사원을 교체함으로써 시정할 수 있는 경우에는 「회사의 존속을 허용할 수 없는 때」에 해당한다고 볼 수 없다. 이사와 주주, 사원의 인적 구성을 보아 조직법적으로 위반행위를 견제하지 못하는 상황이라면 해산을 명할 수 있다고 본다.

판 례

[11] 대법원 1987. 3. 6.자 87마1 결정

「재항고인 회사(낙천관광 주식회사)는 1980. 1. 16. 자본금 10,000,000원으로 관광개발준비업을 목적으로 하여 설립된 회사로서, 설립 직후 당시 대표이사이던 신청 외 안정순 개인소유의 부산 남구 남천동 5의 3 대지와 그 지상의 미완성 호텔용 건축물 연건평 4,228평방미터 43을 양수하였으나, 위 안정순과 함께 대표이사가 되었던 신청 외 고재숙이 발기인으로서 주금납입을 가장하고 약정한 투자도 하지 않을 뿐 아니라 위 호텔용 건축물 공사에 따른 공사보증금까지 횡령하는 바람에 자본부실로 대표이사만 빈번하게 교체될 뿐 공사를 제대로 진척시키지 못하여 이렇다 할 영업실적을 갖지 못하고 있던 중 1981. 7. 15. 남부산세무서장으로부터 영업실적이 없다고 그 세적[稅籍]이 제적되기에 이르렀고, 그 후에도 대표이사로 있던 자들이 위 공사를 추진함에 있어 자본을 끌어들이는 과정에서 사기행위를 하여 형사처벌을 받는 등으로 공사를 중단하기도 하고 영업을 옳게 하지 못하고 있다가 1984. 8. 14에는 유일한 재산이던 위 대지와 건축물 중 대지는 강제경매에 의하여 제 3 자에게 경락되어 버리고, 건물도 1986. 8. 13. 제 3 자에게 양도함으로써 현재 아무런 자산을 갖고 있지 않으며, 앞으로도 전혀 갱생할 가능성이 없음을 인정할 수 있고 반증 없으므로 재항고인 회사는 정당한 사유 없이 설립 후 1년 이상 영업을 휴지하였을 뿐만 아니라 이사가 법령 또는 정관에 위반하여 회사의 존속을 허용할 수 없는 행위를 한 때에 각 해당하므로 재항고인 회사에 대하여 해산을 명한 제 1 심 결정〔은〕 정당하〔다.〕」

3. 절 차

1) 법원은 이해관계인이나 검사의 청구에 의하여 또는 「직권」으로 해산을

1) 회사가 영업을 양도하고 수차례에 걸쳐 신규사업에 진출하려고 하였으나, IMF경제위기를 맞아 사업성, 수익성이 불확실하여 포기한 사례에서 법원은 회사가 정당한 사유없이 영업을 휴지한 것으로 볼 수 없다고 판시하였다(대법원 2002. 8. 28.자 2001마6947 결정).

명할 수 있다(176조 1항 본). 「이해관계인」이라고 규정하고 있으므로 사원 · 임원뿐 아니라 회사채권자도 청구할 수 있고, 이사 등의 위법행위로 피해를 입은 자도 청구할 수 있다.

그러나 이해관계인이란 회사의 존립에 직접 법률상의 이해를 가진 자만을 뜻한다. 예컨대 어떤 상호('전자랜드'라는 상호)를 사용하려고 하나, 그 상호를 휴면회사가 이미 사용하고 있어 상호사용이 방해되고 있다는 사실만으로는 해산청구를 할 수 있는 이해관계인에 해당하지 아니한다(대법원 1995. 9. 12. 자 95마686 결정).

2) 이해관계인의 청구에 의하여 절차가 개시될 때 법원은 회사의 청구에 의하여 해산청구인인 이해관계인에게 상당한 담보의 제공을 명할 수 있다(176조 3항). 이것은 부당한 해산청구를 예방하기 위한 것이다. 이때 회사는 이해관계인의 청구가 악의임을 疎明(소명)하여야 한다(176조 4항). 「악의」라 함은 해산청구의 요건을 구비하지 못한 것을 알고 있는 것 외에 청구에 의해 회사를 해하게 됨을 아는 것을 뜻한다.

3) 해산명령청구사건은 非訟事件이다. 따라서 재판절차는 비송사건절차법에 의한다. 관할은 본점소재지의 지방법원 합의부에 속하며(비송 72조 1항), 재판은 이유를 붙인 결정으로써 한다(비송 90조 1항 →75조 1항). 법원은 결정을 하기 전에 이해관계인의 진술을 청취하고 검사의 의견을 들어야 한다(비송 90조 2항). 그러나 항고심절차에서는 반드시 변론을 거쳐야 하는 것은 아니므로 항고인에게 변론의 기회를 부여하지 아니하더라도 무방하다(판례 [11]).

회사 · 이해관계인 · 검사는 해산결정에 대하여 즉시항고할 수 있으며, 이 항고는 집행정지의 효력이 있다(비송 91조).

4) 해산명령은 공익상 행해지는 것이므로 다른 법령에 의하여 회사의 해산이 행정관청의 인가를 얻도록 되어 있더라도 법원은 이와 관계없이 해산을 명할 수 있다.[1)]

5) 해산명령의 청구가 있는 때에는 법원은 해산을 명하기 전일지라도 이해관계인이나 검사의 청구에 의하여 또는 직권으로 관리인의 선임 기타 회사재산의 보전에 필요한 처분을 할 수 있다(176조 2항).

---

1) 대법원 1980. 3. 11.자 80마68 결정: 자동차운수사업법 당시 제30조는 운수회사의 해산결의는 건설교통부장관의 인가를 얻어야 한다고 규정하나, 상법 제176조에 의해 법원이 해산명령을 하는 경우에는 인가가 필요없다고 판시하였다.

4. 효 과

해산명령재판의 확정에 의하여 회사는 해산한다(227조 6호 · 269조 · 287조의38 1호 · 517조 1호 · 609조 1항 1호). 그 이후의 절차는 다른 해산사유에 의해 해산하는 경우와 같다(181면 이하 참조).

Ⅱ. 解散判決

1. 의 의

해산판결은 해산명령과는 달리 사원의 이익을 보호하기 위하여 인정되는 제도이다. 회사는 사원의 이익을 위하여 존재하는 것인데, 회사의 존속으로 인한 단체적 구속이 오히려 사원의 이익을 해칠 때에는 회사를 해체함으로써 사원의 손실을 방지해 주자는 것이다.

2. 청구사유

1) **人的會社** 합명회사, 합자회사, 유한책임회사의 사원은 「부득이한 사유」가 있을 때에는 법원에 회사의 해산을 청구할 수 있다(241조 1항 · 269조 · 287조의42). 여기서 「부득이한 사유」란 인적회사의 특성을 고려하여 판단하여야 할 것이다. 예컨대 사원간의 불화가 극심하여 업무집행이나 회사대표에 있어 상호 신뢰할 수 없음에도 불구하고 퇴사, 제명, 지분의 양도 등과 같은 소극적인 방법이나 총사원의 동의에 의한 회사해산이 어려워 바람직하지 못한 인적 결합이 그대로 유지될 수밖에 없을 때를 뜻한다고 보아야 한다.

2) **物的會社** 주식회사와 유한회사에서는 ① 회사의 업무가 현저한 停頓狀態(정돈상태)를 계속하여 회복할 수 없는 손해가 생긴 때 또는 생길 염려가 있는 때, 혹은 ② 회사재산의 관리 또는 처분의 현저한 失當(타당성을 잃음)으로 인하여 회사의 존립을 위태롭게 한 때에 해당하고, 아울러 「부득이한 사유」가 있으면 발행주식총수의 100분의 10 이상의 주식을 가진 주주 또는 자본금의 100분의 10 이상의 출자좌수를 가진 사원(유한회사의 경우)은 법원에 회사의 해산을 청구할 수 있다(520조 · 613조 1항).

①은 이사 간 또는 주주 간의 대립으로 회사의 목적사업이 교착상태에 빠지는 등 회사의 업무가 정체되어 회사를 정상적으로 운영하는 것이 현저히 곤란한 상태가 계속됨으로 말미암아 회사에 회복할 수 없는 손해가 생기거나 생길 염려가 있는 경우를 말하는데(대법원 2015. 10. 29. 선고 2013다53175 판결), 해산판결이 사원의 이익을 보호하기

위한 제도임을 감안하면, 「회사의 회복할 수 없는 손해」는 부적절한 요건이다. 입법론적으로 재고를 요한다.[1)]

②는 이사가 중요한 회사재산을 부당히 유용하거나, 無收益的으로 처분하여 회사의 재무적 기반을 위태롭게 한 경우를 말한다. 이들 사유는 인적회사에서의 해산사유보다 훨씬 협소한 것으로 모두 회사경영자에 원인을 둔 경영정체 또는 경영파탄이 심각한 경우이다.

이상의 사정이 생기더라도 부득이한 사유가 없으면 해산청구를 할 수 없는데, 「부득이한 사유」란 위와 같은 사정이 있음에도 주주 또는 사원들의 극단적인 대립으로 의사결정이 교착상태에 빠져 회사를 해산하는 것 외에는 달리 주주의 이익을 보호할 방법이 없는 경우를 말한다(전게 판례). 위와 같은 사유를 초래한 임원들이 지배주주의 비호를 받고 있어 그들의 경질이 불가능한 경우가 전형적인 예이다. 해산판결은 기업유지의 원칙의 관점에서는 최후적 수단이므로 주주의 이익이 심각하게 침해되고 있을지라도 대표소송의 제기 등 소수주주권의 행사로 구제가 가능한 경우에는 해산청구는 불가능하다(서울지법 1999. 9. 7. 선고 99가합17703 판결).

타개책의 요건

위 하급심판례에서 보듯이 소수주주권의 행사 정도로 개선될 수 있다는 것과 같이 타개책이 존재한다면 해산이 부득이하다고 할 수 없다. 그러나 「그 타개책이라는 것은 어떤 수단이라도 족한 것은 아니고, 해산을 구하는 사원(주주)과 그에 반대하는 사원 쌍방간에 공정하고 상당한 수단이어야 한다.」 일본의 어느 합명회사에서 다수파가 경영을 전횡하여 소수파의 불이익이 항구화되므로 소수파사원이 해산청구를 한 사건에서, 회사가 소수파사원이 퇴사를 하여 지분환급을 받아나가면 회사를 해산하지 않더라도 분규가 해결될 수 있음을 주장하였으나, 법원은 위에 말한 일반론(「」 부분)을 제시하고, 소수파사원에게 특히 분규에 관해 귀책사유가 없는 터에 그들에게 권리실현에 장기간이 소요되는 지분환급청구권을 행사하도록 하는 것은 공정한 타개책이 될 수 없다는 점을 지적하며 해산청구를 인용하였다.[2)]

3. 청구권자

공익적 견지에서 인정되는 해산명령은 널리 이해관계인이 청구할 수 있으나, 해산판결은 사원의 이익을 보호하기 위한 제도이므로 사원(또는 주주)에 한하여 청구할 수 있다.

1) 江頭, 1050면: 같은 지적을 하고 있다.
2) 日最高裁 1986. 3. 13. 판결, 民集 40권 2호 229면, 「判例時報」 1190호 115면.

해산판결은 회사의 존속이 사원들의 단체적 결합의 목적에 기여할 수 없음을 사유로 하는 것이므로 위 해산청구의 사유에 책임이 있는 사원이라도 해산판결을 청구할 수 있다고 본다.[1)]

4. 절　　차

해산판결청구사건은 해산명령청구사건과는 달리 소송사건으로서 그 소는 형성의 소에 해당하며, 재판은 판결에 의한다. 소는 본점소재지를 관할하는 지방법원에 전속한다(241조 2항 → 186조, 269조 · 287조의42 · 520조 2항 · 613조 1항). 해산판결이 확정되면 회사는 해산하며 청산절차에 들어가게 된다. 원고가 패소한 경우, 악의 또는 중과실이 있는 때에는 회사에 대하여 연대하여 손해배상책임을 진다(241조 2항 → 191조, 269조 · 287조의42 · 520조 2항 · 613조 1항).

第10절 회사의 계속

Ⅰ. 의　　의

회사의 계속(Fortsetzung einer aufgelösten Gesellschaft)이란 일단 해산된 회사가 사원들의 자발적인 노력에 의하여 해산 전의 상태로 복귀하여 해산 전 회사와 동일성을 유지하면서 존립중의 회사로서 존속하는 것을 말한다. 회사가 해산명령을 받은 경우처럼 회사의 존속을 인정할 수 없는 객관적인 하자가 있는 경우에는 사원들이 회사의 존속을 원한다고 하더라도 해산 이후의 절차를 강행하여 법인격을 박탈해야 할 것이다. 그러나 정관에서 정한 「존립기간」이 만료한 경우와 같이 필연적으로 존립을 막아야 할 사유가 없이 회사가 해산한 경우에는 사원들이 회사의 존속을 원하는데도 청산을 강요하고 다시 회사를 설립하도록 하는 것보다는 사원들의 의사를 존중하여 회사계속을 허용하는 것이 기업유지의 이념에 부합할 것이다. 그러므로 상법은 해산원인 중에서 선별하여 일정한 원인에 의해 해산한 경우에는 사원들의 의사에 따라 회사를 계속하는 것을 허용한다.

---

1) 판례는 組合의 해산청구(민 720조)에 관한 사건에서 해산의 원인인 「부득이한 사유」에 有責한 조합원이라도 해산을 청구할 수 있다고 하였다(대법원 1993. 2. 9. 선고 92다21098 판결).

Ⅱ. 계속이 가능한 해산사유

1. 합명회사

합명회사가 다음과 같은 사유로 해산하게 된 때에는 회사를 계속할 수 있다.

1) 회사가 존립기간의 만료 기타 정관으로 정한 사유가 발생하여 해산한 때(229조 1항·227조 1호)와 총사원의 동의로 해산한 때(229조 1항·227조 2호)에는 사원의 전부 또는 일부의 동의로 회사를 계속할 수 있다(229조 1항 본). 일부의 동의란 다수결로 정함을 뜻하는 것이 아니라, 동의하는 사원만으로 회사를 계속한다는 의미이다. 일부의 동의로 계속할 경우에는 최소한 2인 이상의 동의가 있어야 하며, 동의하지 아니한 사원은 퇴사한 것으로 본다(229조 1항 단).

퇴사한 것으로 보므로 지분환급(222조), 퇴사원의 책임(225조) 등에 관한 규정이 적용된다.

일부 사원의 동의로 계속할 경우에는 사원에 변동이 생기므로 정관변경을 해야 한다. 합명회사의 정관변경은 사원 전원의 동의를 요하지만, 일부 사원의 동의만으로 회사를 계속하는 경우에는 해당 사원들의 동의만으로 정관변경이 가능하다(대법원 2017. 8. 23. 선고 2015다70341 판결. 합자회사에 관한 판결이나, 합명회사에도 같은 법리가 적용된다).

2) 사원이 1인으로 되어 해산한 때에는 새로 사원을 가입시켜서 회사를 계속할 수 있다(229조 2항). 이 때에는 유한책임사원을 가입시켜 합자회사로 조직변경을 할 수도 있다(242조 2항).

3) 회사설립의 무효 또는 취소판결이 확정된 경우에 무효 · 취소원인이 일부 특정한 사원에 한하는 것인 때에는 다른 사원 전원의 동의로써 회사를 계속할 수 있으며(194조 1항), 무효 · 취소원인이 있는 사원은 퇴사한 것으로 본다(194조 2항). 이때 잔존사원이 1인인 때에는 위 2)의 방법으로 회사를 계속할 수 있다(194조 3항).

4) 파산선고에 의하여 해산한 경우(227조 5호)에 파산폐지결정이 있으면 정관변경에 따라 회사를 계속할 수도 있다(회파 540조).

2. 합자회사

합자회사가 해산한 경우 합명회사에서 설명한 1) · 3) · 4)의 계속사유는 그대로 합자회사에도 적용된다(269조, 회파 540조). 그리고 합자회사는 무한책임사원과 유한책임사원으로 구성되는 회사이므로 어느 한 종류의 사원이 전원 퇴사하면 회사는 해산하는데(285조 1항), 이 경우 잔존한 사원들은 전원의 동의로 다른 종류의 사원을 새로 가입시키거나 일부 사원의 책임을 변경시켜 회사를 계속할 수 있다(285조 2항).

일부 사원만으로 회사를 계속하는 경우 정관변경 등 합명회사에 관해 설명한 것은 합자회사에도 적용된다.

3. 유한책임회사

합명회사의 계속사유 1) · 3) · 4)는 유한책임회사가 해산한 경우에도 적용된다(287조의40 → 227조 1호 · 2호 및 229조 1항 · 3항, 287조의6 → 194조, 회파 540조).

4. 주식회사

1) 주식회사가 존립기간의 만료 기타 정관에 정한 사유의 발생 또는 주주총회의 결의에 의하여 해산한 경우에는 주주총회의 특별결의에 의해 계속할 수 있다(519조). 또 5년 이상 등기한 사실이 없음으로 인해 해산이 간주된 휴면회사라도 3년 이내에는 주주총회의 특별결의에 의해 계속할 수 있다(520조의2 3항).

인적회사나 유한책임회사에서와 달리 주식회사에서는 일부의 주주만으로는 회사를 계속할 수 없다. 주식회사에는 임의청산제도가 없고 지분환급제도도 없으므로 계속에 동의하지 않는 주주에 대한 퇴사처리가 불가능하기 때문이다. 그러므로 회사계속이 가결된 경우 반대주주도 존속회사의 주주로 신분이 지속된다.

2) 합명회사와 마찬가지로 파산절차에서 파산폐지결정이 있을 때 계속할 수 있다(회파 540조). 이 경우 회사계속은 파산폐지의 결정에 의하여 효력이 발생한다.

5. 유한회사

유한회사는 존립기간의 만료 기타 정관에서 정한 사유의 발생 또는 사원총회의 결의에 의하여 해산한 경우에는 사원총회의 특별결의로써 회사를 계속할 수 있으며(610조 1항), 파산하여 해산한 경우의 계속은 다른 회사와 같다.

Ⅲ. 회사계속의 가능시기

회사의 계속은 잔여재산분배가 개시된 후에도 할 수 있는가? 잔여재산분배가 개시되면 계속결의를 할 수 없다는 설(서헌제 66; 최기원 113)과 청산종료시까지는 계속결의를 할 수 있다는 설(정동윤 818; 권창환 (주석－회사 1) 484)이 대립한다. 잔여재산을 분배하면 분배받은 사원(또는 주주)의 신분이 상실되므로 회사가 존속하더라도 회사의 정상적인 인적구성이 유지될 수 없고, 이 경우 회사계속을 하는 것이 회사를 신설하는 것보다 기업유지상 실익이 크다고도 할 수 없다. 따라서 잔여재산분배가 개시된 때에는 회사계속이 허용될 수 없다고 본다.

Ⅳ. 계속등기

해산등기를 한 후 사원 또는 주주의 결의에 의하여 회사를 계속할 경우에는 어느 경우에나 본점소재지에서 2주일 내에 계속등기를 하여야 한다(194조 3항 · 229조 3항 · 285조 3항 · 287조의40 · 521조의2 · 611조).

Ⅴ. 계속의 효과

회사계속으로 회사는 권리능력을 회복하고 해산 전의 상태로 복귀하여 존립하게 되나, 그렇다고 소급적으로 해산의 효과를 배제하는 것이 아니다. 따라서 회사가 계속하더라도 해산 후 청산인이 한 청산사무의 효력에는 영향이 없다.

제 3 장
합명회사

합명회사

제1절 총 설

I. 연 혁

합명회사(partnership; offene Handelsgesellschaft)는 중세의 이탈리아와 독일의 도시에서 행하여졌던 공동상속에 의한 가족공동체에서 발달한 것이라고 알려져 있다. 父의 사업을 수인의 子가 공동으로 상속한 경우에 각 상속인은 무한책임을 졌으며, 이것이 오늘의 합명회사의 기원이라는 것이다.[1)]

이탈리아에서는 이미 13세기경에 compagnia라고 하는 이러한 종류의 단체가 존재하였으며, 독일에서도 15·16세기의 도시법에 같은 종류인 Kumpanie라고 하는 단체에 관한 규정을 찾아볼 수 있다. 「合名」會社의 명칭은 1807년 프랑스상법전상의 société en nom collectif(SNC)[2)]에서 유래하는데, 이같이 부른 까닭은 상호진실주의에 따라 사원 전원의 이름을 회사의 상호로 하도록 했기 때문이다.[3)]

우리의 상법에는 이같은 구속이 없으므로(18조·19조 참조) 「합명회사」란 외국법을 계수하면서 편의상 붙인 명칭에 불과하다.

---

1) Kübler/Assmann, S. 5.
2) 「이름을 합친 회사」, 즉 합명회사라는 뜻이다.
3) 지금도 프랑스에서는 합명회사의 상호에는 사원의 일부 또는 전원의 이름을 표시하고 그 앞에 또는 뒤에 société en nom collectif라고 기재해야 한다(C. com. Art. L. 221-2).

Ⅱ. 특 색

합명회사란 회사의 채무에 관해 直接·連帶·無限責任을 지는 사원들로써 구성되는 회사이다. 각 사원이 연대·무한책임을 지는 결과 사원 개개인의 신용은 회사채권자와 사원 상호간에 중대한 영향을 미친다. 그러므로 합명회사에서는 사원이 고도의 신뢰관계를 바탕으로 결합하고, 따라서 사원의 변동이 용이하지 않다. 또 사원의 책임의 중대성에 비추어 경영의 전문성·합리성보다는 안전성이 우위에 놓이게 되어 사원이 직접 업무집행에 임하는 경영구조를 갖는다(자기기관). 사원의 책임이 무한인 결과 각 사원의 출자의 크기는 손익배분의 기준이 될 뿐이고, 회사의 의사결정 내지 지배에 있어서는 비례적 의의를 가질 수 없다. 그러므로 합명회사에서 사원의 총의를 형성할 때에는 持分主義에 의하지 아니하고 頭數主義에 의하게 된다.

위와 같은 특색으로 보아 합명회사의 법형식은 사단법인이나 그 실질은 조합으로서의 성격이 농후하다.[1)]

Ⅲ. 법률관계의 구조

상법은 합명회사에 관한 제 2 장의 제 2 절과 제 3 절에서 합명회사의 법률관계를 내부관계와 외부관계로 나누어 정하고 있는바, 이 점 주식회사·유한회사의 법률관계에 관한 규정체계와 크게 다르다. 주식회사의 법률관계는 자본(및 주식)과 회사의 기관을 중심으로 전개되는 데 반해, 합명회사는 조합의 실질과 사단법인의 형식을 갖는 까닭에 그 법률관계도 내부적인 운영의 측면(조합의 실질)과 대외적인 거래 및 책임의 측면(사단법인의 형식)으로 나누어 보는 것이 선명하고, 또 양자를 규율하는 법원리가 성질을 달리하기 때문이다. 이 책에서도 법전의 구분에 충실하고, 인적회사와 물적회사의 원리적 차이를 반영하기 위하여 내부관계와 외부관계로 나누어 살펴보기로 한다.

합명회사의 법률관계에서 회사와 사원간의 관계 및 사원 상호간의 관계를 내부관계(또는 대내적 관계)라 하고, 회사와 제 3 자간의 관계 및 사원과 제 3 자간의 관계를 외부관계(또는 대외적 관계)라 한다. 출자, 손익의 분배, 업무의 집행, 정관의 변경, 경업의

1) 그러므로 합명회사의 법인격의 유무는 나라마다 상이하다. 일본은 우리와 같고, 프랑스에서도 법인으로 다루지만(C.com. Art. L. 210-6), 독일에서는 합명회사에 법인격을 인정하지 않고 단지 부분적인 권리능력만을 가진 인적단체로 인정한다(§ 124 Abs. 1, § 161 Abs. 2 HGB).

금지, 지분의 변동 등이 내부관계에 속하며, 회사의 대표, 사원의 책임 등은 외부관계에 속한다.

내부관계는 사원상호간 및 사원과 회사의 법률관계로서 거래의 안전이나 기타 제 3 자의 이해에 영향을 주는 바가 없다. 따라서 상법은 내부관계에 관해서는 조합으로서의 실질을 존중하여 사원들의 자율적인 규율을 널리 허용한다. 그리하여 내부관계에 관한 상법규정의 상당수가 보충적 · 임의적인 것이어서 정관으로 이와 달리 정할 수 있다(예컨대 내부적으로는 특정 사원의 책임을 일정 한도로 줄일 수도 있다). 즉 내부관계에는 일차적으로 정관, 다음으로 상법의 규정이 적용되고, 정관 · 상법에 적용할 규정이 없으면 조합에 관한 민법의 규정을 준용한다(195조).

이와 달리 외부관계에 관한 상법규정은 채권자보호, 거래의 안전, 기타 사회적 이익에 관계되는 것이므로 대체로 강행규정에 속한다.

사원의 퇴사

상법 제 2 장은 내부관계와 외부관계를 절을 나누어 규정하고 이어 제 4 절에서 사원의 퇴사를 규정하고 있다. 사원의 퇴사는 사원과 회사의 관계이므로 내부관계에 속한다. 그러나 사원의 퇴사는 다른 내부관계와 달리 사원의 중요한 법적 지위에 관한 문제이므로 강행법적 규율이 필요하여 이를 내부관계와 구별하여 별도로 다루고 있다.

제 2 절 회사의 설립

I. 설립상의 특색

합명회사의 설립은 보통 설립자(사원이 될 자)들간에 회사설립을 목적으로 하는 조합계약이 성립되고, 그 이행으로서 설립절차가 행해진다. 그러나 사원과 출자는 정관에 의하여 확정되므로 이 조합계약은 회사법상의 구속력을 갖는 법률관계는 아니다.

합명회사는 전형적인 인적회사이며 사원이 무한책임을 진다는 점 때문에 설립절차에 있어 물적회사, 특히 주식회사와 비교할 때 큰 차이가 난다.

첫째, 사원의 인적 구성 자체가 대내외적으로 중요한 뜻을 가지므로, ① 사원이 정관에 의해 특정되며, ② 사원의 개성이 중시되므로 사원 개인의 주관적인 하자를 이유로 한 설립무효 · 취소의 소가 인정된다.

둘째, 사원이 무한책임을 지는 결과 회사채무는 사원 개인의 재산으로 담보되므로, ① 회사설립(등기) 전에 반드시 자본금을 납입할 필요가 없으며, ② 주식회사에서와 같은 자본충실의 원칙이 요구되지 않고 신용출자나 노무출자가 가능하고, ③ 따라서 법원에 의한 검사절차도 필요없다.

셋째, 사원 스스로가 업무를 집행하므로 설립 전에 업무집행기관을 구성할 필요가 없다.

그리하여 합명회사는 정관작성과 설립등기에 의해 간단히 설립된다.

Ⅱ. 설립절차

1. 정관작성

2인 이상의 사원이 공동으로 정관을 작성하여야 하고(178조), 총사원이 기명날인(또는 서명)[1]하여야 한다(179조). 이를 설립행위라 한다. 주식회사와 달리 공증인의 인증은 요하지 않는다(292조 참조).

1) 절대적 기재사항 상법이 정하는 최소한도의 기재사항으로서 그 내용은 ① 목적, ② 상호, ③ 사원의 성명 · 주민등록번호와 주소, ④ 사원의 출자의 목적과 그 가격 또는 평가의 표준, ⑤ 본점의 소재지, ⑥ 정관의 작성년월일이다(179조 1호~6호). 이 중 어느 것 하나라도 결하면 정관은 무효이며, 설립무효의 원인이 된다.

회사는 다른 회사의 무한책임사원이 되지 못하므로(173조), 사원은 모두 자연인이어야 한다.

2) 상대적 기재사항 기재 여부는 정관의 효력에 영향이 없으나 定款에 기재하지 않았을 때에는 그 사항 자체가 효력을 가질 수 없는 경우 이를 상대적 기재사항이라 한다. 예컨대 업무집행사원제도(201조 1항) · 회사대표제도(207조) · 공동대표제도(208조 1항) · 퇴사원인(218조 1호) · 해산사유(227조 1호) 등은 상대적 기재사항이다(이 밖에도 200조 · 217조 1항 · 247조가 있다).

3) 임의적 기재사항 강행법규나 사회질서 또는 합명회사의 본질에 반하지 않는 사항이라면 자치적 규율을 위해 정관에 기재할 수 있다.

---

1) 署名이란 自筆의 記名을 뜻한다.

2. 설립등기

회사는 설립등기에 의하여 설립된다(172조). 설립등기는 총사원이 공동으로 신청하며, 목적, 상호, 사원의 성명·주민등록번호와 주소, 본·지점의 소재지, 기타 소정사항을 기재해야 한다(180조). 다만 대표사원을 둔 때에는 그 밖의 사원의 주소는 등기할 필요가 없다(180조 1호 단). 등기사항이 변경된 때에는 본점소재지에서 2주일 내에 변경등기를 해야 한다(183조).

Ⅲ. 설립의 취소와 무효

정관기재사항의 미비 등 객관적인 요건의 흠결은 당연히 회사설립의 하자가 되고(객관적 하자), 합명회사에 있어서는 사원의 개성이 중시되는 결과 사원 개개인의 설립행위에 존재하는 하자도 바로 회사설립의 하자가 된다(주관적 하자). 객관적인 하자는 회사설립의 무효원인이 되나, 주관적인 하자는 그 내용에 따라 취소원인이 되는 하자가 있고 무효원인이 되는 하자가 있다. 그리하여 상법은 합명회사의 설립에 관해 하자의 유형에 따라 설립취소의 소와 설립무효의 소를 인정한다.

1. 설립의 取消

1) 취소원인 의사표시의 취소에 관한 일반이론이 그대로 적용된다. 미성년자 또는 피한정후견인이 법정대리인의 동의 없이 사원으로서 설립에 관한 의사표시를 하거나(민 5조·13조), 피성년후견인이 그 의사표시를 한 경우(민 10조), 착오(민 109조 1항), 사기·강박에 의해 같은 의사표시를 하거나(민 110조 1항), 사원이 자신의 채권자를 해할 것을 알고 설립에 관한 의사표시를 한 경우(185조)는 취소의 원인이 된다.

설립을 취소하는 판결은 소급효가 제한되므로(115면 이하 참조) 설립이 취소되더라도 제 3 자의 보호에는 문제가 없다. 따라서 선의의 제 3 자를 보호하기 위한 목적에서 취소권의 행사를 제한하는 규정(민 109조 2항·110조 3항)은 설립취소소송에는 적용되지 아니한다.

2) 주장방법 회사의 법률관계에는 다수인의 이해가 얽혀 있으므로 회사설립의 하자는 개인법상의 하자와 달리 소(형성의 소)로써만 주장할 수 있다. 이 점은 모든 회사의 설립취소 또는 무효 주장의 공통된 원칙이다.

3) 당 사 자 제소권자(원고)는 취소권 있는 자이다. 즉 제한능력자, 착오, 사기·강박에 의해 의사표시를 한 자와 그의 대리인 또는 승계인, 그리고 사

해행위를 한 사원의 채권자이다(184조, 민 140조 · 185조). 회사를 피고로 하지만, 사해행위로 인한 취소의 경우에는 회사와 사해행위를 한 사원이 공동으로 피고가 된다(185조).

4) 절　차　　회사성립 후 2년 내에 한하여 소를 제기할 수 있다(184조 1항). 관할은 본점소재지의 지방법원이며(186조), 소가 제기되면 회사는 지체없이 공고하여야 한다(187조). 수개의 무효 · 취소의 소가 제기된 때에는 병합하여야 한다(188조).

5) 판　결　　무효 · 취소의 판결에 의해 회사설립이 무효 또는 취소된다는 형성력이 발생한다. 무효판결이나 취소판결은 회사성립을 부정하는 점에서는 차이가 없다. 이 판결의 효력은 원고와 회사간에만 아니라 제 3 자에게도 미친다(190조 본). 따라서 판결확정 후에는 다른 이해관계인이 새로이 설립의 무효 · 취소를 주장할 필요가 없는 한편, 누구도 설립의 유효를 주장할 수 없다. 그러나 무효 · 취소의 판결에는 소급효가 없다(190조 단).

판결이 확정되면 본점소재지에서 이를 등기하여야 한다(192조). 회사는 해산의 경우에 준하여 청산하여야 한다. 무효 · 취소판결에 소급효가 인정되지 않는 결과이다. 이때 법원은 이해관계인의 청구에 의하여 청산인을 선임할 수 있다(193조).

설립이 무효 · 취소되더라도 무효 · 취소사유가 특정 사원에 한정된 경우에는 다른 사원 전원의 동의로 회사를 계속할 수 있다(194조 1항).

원고패소의 판결에는 대세적 효력이 없으며, 패소원고에게 악의 또는 중대한 과실이 있는 때에는 회사에 대하여 연대하여 손해배상의 책임을 진다(191조).

설립무효 또는 취소의 원인이 있더라도 심리중에 하자가 보완되고, 회사의 현황과 제반사정을 참작하여 설립의 무효 · 취소가 부적당한 때에는 법원은 설립무효 · 취소청구를 기각할 수 있다(189조). 이 경우 패소원고는 손해배상책임을 지지 않는다.

2. 설립의 무효

합명회사에 있어서는 정관의 무효 또는 설립등기의 무효 등과 같이 설립에 관한 객관적 하자뿐만 아니라 설립행위를 한 각 사원의 의사무능력, 상대방이 알고 있는 비진의표시(민 107조 1항 단), 허위표시(민 108조 1항) 등의 주관적 하자에 의하여도 설립의 무효를 주장할 수 있다. 설립취소에서와 같은 이유로 선의의 제 3 자 보호를 위한 규정(민 107조 2항 · 108조 2항)은 적용되지 아니한다. 설립행위가 합동행위임을 이유로 비진의표시, 허위표시에 관한 규정의 적용을 받지 않는 것으로 보는 견해가 있으나(최기원 1010) 찬성하기 어렵다(同旨: 권기범 140; 임영철(주석 – 회사 1) 184)(102면 참조). 설립무효의 소의 특색은 제소권자가 사원에 한정된다는 것뿐이고, 그 밖의 절차와 판결의 효력은 취소의 소와 같다(184조~194조).

3. 채권자에 의한 설립취소의 소

사원이 그 채권자를 해할 것을 알고 회사를 설립한 때에는 채권자는 그 사원과 회사에 대한 소로 회사의 설립취소를 청구할 수 있다(185조). 이는 다음과 같은 점에서 민법 제406조의 채권자취소의 소에 대한 특칙이다. i) 사해행위취소의 소에서는 수익자를 피고로 하지만, 설립취소의 소에서는 사원과 수익자(회사)를 피고로 한다. ii) 사행행위취소의 소에서는 수익자가 채권자를 해할 것을 알 것을 요하지만, 설립취소의 소에서는 이를 요건으로 하지 않는다. iii) 사해행위취소의 소는 취소원인을 안 때로부터 1년, 법률행위가 있은 때로부터 5년 내에 제기하여야 하지만, 설립취소의 소는 설립 후 2년 내에 제기하여야 한다. iv) 그리고 취소를 인정할 경우 사해행위취소의 소에서는 법률행위의 취소 또는 원상회복을 명하지만, 설립취소의 소에서는 설립이 취소되고 회사는 청산을 하게 된다(193조).

채무자가 사해행위로 회사를 설립하는 경우에는 민법 제406조의 요건을 충족하더라도 채권자는 동조에 의한 사해행위취소의 소를 제기할 수 없다. 이를 허용한다면 상법상의 訴가 아닌 방법으로 회사설립을 취소하는 것을 허용하는 결과가 되기 때문이다.

제 3 절 내부관계

Ⅰ. 법률관계의 성격과 법규범

기술한 바와 같이 내부관계에 관한 상법규정은 대부분 임의규정이므로 정관에 다른 규정이 있으면 정관이 우선 적용된다(195조). 한편 합명회사의 대내적인 법률관계의 본질은 組合이라 할 수 있으므로 정관과 상법에 규정이 없는 사항에 대하여는 민법의 조합에 관한 규정이 준용된다(195조).

Ⅱ. 출 자

(1) 의 의

사원은 정관에 의해 확정된 출자의무를 이행해야 한다(179조 4호). 출자란 사원이 회사의 목적사업을 운영하는 데 필요한 고유의 재산을 구성할 금전 기타 재산, 노무 또는 신용을 제공하는 것을 말한다. 출자의무는 설립행위, 즉 정관의 작성에 의하여 발생한다(179조 4호). 회사설립 후 입사하는 자에 대해서는 정관으로 그 자의 출자에 관해 새로이 정해야 하며, 기존 사원의 출자액을 변경할 때에도 정관변경의 절차를 밟아야 한다.

(2) 출자의 종류

합명회사에서는 사원의 무한책임이 대외적 신용의 기초가 되므로 회사재산의 충실·유지에 관해 법이 간섭하지 않는다. 그래서 재산출자 외에 노무·신용출자도 인정된다(222조). 노무출자는 정신노동이든 육체노동이든 어느 것이나 무방하며 임시적이건 계속적이건 묻지 아니하나, 그 노무에 대해 별도의 보수가 주어진다면 출자라 할 수 없다. 신용출자는 사원이 자기의 신용을 회사로 하여금 이용하게 하는 것인데, 회사의 채무를 보증한다든가, 어음에 배서를 한다든가, 그 사원의 이름을 회사의 상호에 사용하게 하는 것 등이 이에 속한다. 재산출자의 종류나 내용은 주식회사의 출자와 같으므로 후술한다.

(3) 출자의무의 이행

출자의무는 정관에 정해진 바에 따라 이행되어야 하며, 그 이행의 시기 및 방법은 정관에 정함이 있으면 그에 따라 하고, 정함이 없으면 업무집행의 방법으로 자유로이 결정한다(195조→민 706조). 출자의 이행은 사원평등의 원칙에 따라 청구해야 한다. 회사가 청산할 경우에 회사에 현존하는 재산이 회사채무를 완제하기에 부족할 때에는 청산인은 이행기가 도래하기 전이라 하더라도 사원에게 이행을 청구할 수 있다(258조).

출자이행의 방법은 출자의 종류에 따라 다르나 현물출자에 있어서는 재산권을 회사에 이전해야 하며, 민법상의 담보책임에 관한 규정이 준용된다(195조, 민 567조·570조 이하). 채권의 출자에 있어서는 출자한 채권이 변제기에 변제되지 아니할 때에는 이를 출자한 사원이 변제의 책임을 지고, 이자를 지급하는 것 외에 이로 인한 손해를 배상해야 한다(196조). 이는 출자의무에 따른 담보책임이므로 무과실책임이다.

출자의무의 불이행은 일반 채무불이행의 효과를 발생시키는 동시에 불이행한 당해 사원의 제명, 또는 업무집행권 내지 대표권상실의 원인이 된다(220조 1항 1호 · 205조 1항 · 216조).

Ⅲ. 업무집행

상법 제200조 이하에서 합명회사의 업무집행에 관한 규정을 두고 있다. 업무집행이란 회사조직을 유지하고 회사의 목적이 되는 사업을 수행하기 위해 하는 활동이며, 법률행위이거나 사실행위 또는 대내적 행위이거나 대외적 행위이거나를 묻지 아니한다. 그러나 업무집행이란 영업의 존재를 전제로 하여 통상의 영업상의 사무를 집행함을 뜻하므로 정관변경 · 영업양도 · 해산 · 조직변경 등 회사의 존립의 기초에 영향을 주는 행위는 제200조와 제201조의 적용대상이 아니다.

(1) **업무집행기관**

1) **각자기관** 합명회사는 그 소유와 경영이 분화되지 않으므로 정관에 다른 정함이 있거나(201조) 특히 업무집행권이 박탈(205조)되지 않는 한 각 사원은 회사의 업무를 집행할 권리 · 의무가 있다(200조 1항). 합명회사에서는 각 사원이 무한책임을 지는 관계로 그 위험관리의 필요에서 각 사원은 특별한 선임행위 없이 당연히 회사의 업무집행기관이 되는 것이다(이른바 자기기관). 정관의 규정이나 총사원의 동의가 있더라도 사원 아닌 자에게 업무집행을 맡길 수는 없다.

각 사원의 업무집행에 대해 다른 사원의 이의가 있는 때에는 곧 그 행위를 중지하고 총사원의 과반수의 결의에 의해 집행방법을 정한다(200조 2항).

2) **업무집행사원** 다수의 사원이 있는 경우에 사원 각자가 업무를 집행한다면 상호충돌이 불가피하고, 그때마다 다수결로 해결하는 것은 비능률적이므로 1인 또는 소수의 사원에게 업무집행권을 집중시키고, 나머지 사원들은 업무집행을 감시하게 하는 것이 효율적이다. 그러므로 정관에 규정을 두어 사원의 일부를 업무집행사원으로 정할 수 있다(201조 1항). 업무집행사원은 정관으로 직접 선정할 수도 있고, 그렇지 않은 경우에는 사원의 3분의 2 이상의 찬성으로 선정한다(195조 → 민 706조 1항).

업무집행사원을 2인 이상 선임한 경우에는 업무집행사원 각자가 업무를 집행할 수 있으나(201조 1항), 다른 업무집행사원이 이의를 제기할 때에는 그 행위를 중지하고 업무집행사원 과반수의 결의에 의하여 결정해야 한다(201조 2항). 이 점 사원 전원이 업무집행을 할 때와 같다.

3) 지배인선임의 예외 지배인을 선임하는 것도 업무집행의 일종이긴 하나, 지배인은 영업주(즉 회사)에 갈음하여 영업에 관한 모든 대리권을 가지므로 사실상 사원에 갈음하여 회사를 경영하는 중요한 지위이다(11조 1항). 따라서 이는 사원 각자가 선임할 것이 못 되며, 업무집행사원이 전권으로 행할 일도 아니다. 그러므로 지배인의 선임과 해임은 정관에 다른 정함이 없는 한, 업무집행사원을 선정한 경우에도 총사원의 과반수결의로 결정한다(203조).

4) 업무집행사원과 회사의 관계 업무를 집행하는 각 사원 또는 업무집행사원은 회사와의 관계에서 수임인의 지위를 가지고 선량한 관리자의 주의로서 회사의 업무를 집행해야 한다(195 → 민 707 → 민 681).

(2) 업무집행권의 제한

1) 각 사원은 업무집행권을 가지나, 정관으로 일부 사원의 업무집행을 제한하거나, 범위를 정하여 사원의 업무집행권을 제한할 수도 있다. 정관의 규정에 따라 업무집행사원을 정한 때에는(201조 1항) 다른 사원은 업무집행권을 갖지 못한다. 업무집행권이 없는 사원이라 할지라도 정관에 다른 정함이 없는 한 지배인의 선임과 해임의 결의에는 참가한다(203조).

2) 업무집행사원의 권한을 제한하는 방법으로 공동업무집행사원제도가 있다. 정관으로 수인의 사원을 공동업무집행사원으로 정한 때에는 그 전원의 동의가 없으면 업무집행행위를 하지 못한다(202조). 다만 지체할 염려가 있을 때에는 예외이다(동조 단).

(3) 업무집행권의 상실

사원이 업무를 집행함에 있어 현저하게 부적임하거나 중대한 의무에 위반한 행위가 있는 때에는 법원은 사원의 청구에 의하여 업무집행권의 상실을 선고할 수 있다(205조 1항). 이 청구는 사원 각자가 할 수 있다.[1] 판결이 확정된 때에는 본점 소재지에서 등기하여야 한다(205조 2항).

---

1) 이 규정의 母法은 2005년 이전 일본상법 제86조 제 2 항인데, 동조항에서는 사원의 과반수로 청구할 수 있도록 규정하였다(현행도 같음. 日會 860조). 우리 상법에서는 단지 「사원」이라고만 규정하므로 사원 각자가 청구할 수 있는 것으로 해석하면 족하고, 또 제도의 취지로 보더라도 각 사원의 권리로 보는 것이 타당하다.

업무집행권한상실선고제도의 성격

합명회사의 내부관계에는 조합에 관한 민법규정이 준용되므로 사원 전원의 동의로 업무집행사원을 해임할 수 있으며(민 708조), 또 정관으로 사원 또는 업무집행사원의 업무집행권을 박탈하는 사유를 정할 수도 있다. 정관으로 이같은 규정을 둘 경우 상법 제205조의 적용은 배제되는가? 합명회사의 내부관계에 관한 규정은 임의규정이라는 관점에서는 긍정할 수도 있다. 그러나 회사의 채무에 관해 연대·무한책임을 지는 합명회사의 사원은 부당한 업무집행에 관해 직접적인 이해를 가지므로 사원 각자의 힘으로 업무집행에 현저히 부적합한 사원 또는 업무집행사원을 업무집행에서 배제시킴으로써 자신의 책임을 예방할 필요가 있다. 업무집행권한상실제도는 이같이 사원 각자의 위험관리수단으로 마련된 제도이므로 합리적 근거 없이 정관이나 다수결로 제한할 수 없는 제도이다. 따라서 정관으로 사원 또는 업무집행사원의 업무집행권을 박탈하는 규정을 두는 경우 이는 사원들이 상법 제205조와 선택적으로 이용할 수 있는 제도라고 보아야 한다(대법원 2015. 5. 29. 선고 2014다51541 판결).

(4) 업무집행정지와 직무대행자[1]

상법 제183조의2와 제200조의2에서는 업무집행정지와 직무대행자를 선임하는 가처분에 관해 등기와 직무대행자의 권한의 범위에 관해 규정하고 있으나, 집행정지 사유와 본안소송에 관한 규정이 누락되어 있어 해석으로 보충해야 한다.

1) 본안소송과 보전의 필요성 이 역시 민사집행법 제300조 제 2 항이 규정하는 「임시의 지위를 정하기 위한 가처분」의 하나로 보아야 하므로, 보전의 필요성(민집 300조 2항 후)이 있어야 한다. 그러면 어떠한 본안소송이 필요한지 의문이다. i) 상법 제205조의 업무집행사원의 권한상실 선고를 본안으로 할 수 있음은 물론이고, ii) 사원의 제명선고를 청구한 경우(220조) 제명선고의 재판을 본안으로 할 수 있다고 보아야 하며, iii) 사원의 자격 또는 업무집행사원으로서의 자격이 다투어질 경우 그 다툼에 관한 소도 본안으로 할 수 있다고 본다.

급박한 사정이 있을 경우에는 일반원칙에 따라 본안소송의 제기 전에도 가처분을 구할 수 있다(407조 1항 단서의 유추적용).

2) 직무대행자 사원의 업무집행정지와 더불어 역시 가처분으로 직무대행자를 선임할 수 있다. 직무대행자는 가처분명령에 다른 정함이 있는 경우 그리

1) 이 제도는 2001년 개정시에 합명회사의 사원에 관해 주식회사의 이사의 직무집행정지가처분(407조, 408조)과 같은 제도를 마련하기 위해 신설되었는데, 같은 시기에 비영리법인의 이사의 직무집행정지, 직무대행을 다루는 민법 제52조의2와 제60조의2도 신설되었으며, 그 내용은 상법에서와 같다.

고 법원의 허가를 얻은 경우 외에는 법인의 통상업무에 속하지 아니한 행위를 하지 못한다(200조 의2 1항). 그러나 직무대행자가 이에 위반한 행위를 한 경우에도 선의의 제 3 자에게는 대항하지 못한다(200조 의2 2항).

3) 등 기 사원의 업무집행을 정지하거나 직무대행자를 선임하는 가처분을 하는 경우, 또는 그 가처분을 변경 · 취소하는 경우에는 본점이 있는 곳에서 등기해야 한다(183조 의2).

(5) 업무감시권

업무집행권 없는 사원이라도 업무집행의 결과에 대한 위험을 부담하므로 언제라도 회사의 업무 또는 재산의 상황을 검사할 권한을 갖는다(195조 → 민 710조). 감시권에 관한 규정은 비록 내부관계에 관한 규정에 속하나, 강행규정이므로 정관의 규정으로도 제한할 수 없다.

Ⅳ. 의사결정

1) 의사결정방법 회사의 단체적 의사는 사원들의 결의에 의해 형성된다. 일상적인 업무집행은 사원 각자 또는 업무집행사원 각자가 단독으로 할 수 있으나, 다른 사원의 이의가 있을 때에는 기술한 바와 같이 사원들의 결의를 요한다.

사원의 결의는 사원 전원의 과반수에 의함이 원칙이고(200조 2항, 195조 → 민 706조 2항) 또 일부 사안에 관해서는 주의적으로 명문화하고 있으나, 회사의 기본구조를 변동시키거나 사원들 전체에 중대한 이해관계가 있는 사안(지분양도의 승인, 정관변경, 해산 등)은 전원일치의 결의를 요한다(197조 · 204조 · 227조 2호 등).

2) 사원총회 상법의 합명회사 관계규정은 합명회사가 소수의 사원들로 구성될 것으로 예상하고 꾸며진 것이므로 사원총회를 요구하지 않는다. 그러므로 사원들의 의사결정시에는 각 사원의 의사를 파악할 수 있는 방법에 의하면 족하고 별도로 전원을 소집하여 회의를 열 필요는 없다(서울고법 1971. 11. 30. 선고 70나500 판결). 정관에 규정을 두어 사원총회를 운영할 수 있음은 물론이다.

3) 의 결 권 각 사원의 출자액이 다르더라도 모든 사원이 무한책임을 지는 까닭에 회사의 운영 결과에 대해 누구나 대등한 크기의 위험을 부담한다고 할 수 있다. 따라서 의결권은 사원의 지분의 크기에 비례하지 아니하고 1인 1의

결권주의에 의해 주어진다(두수주의).[1]

4) 의결권의 행사방법 사원총회가 없는 까닭에 의결권의 행사에 관해서도 정형화된 방법이 마련된 바 없다. 따라서 사원의 의사는 자유로운 방법으로 수집할 수 있으나, 이것도 정관에 별도의 방법을 마련하여 운영할 수 있다.

합명회사에서는 사원의 개성이 중시되므로 의사결정에서는 원칙적으로 의결권의 대리행사가 허용되지 아니한다.[2]

5) 의사결정의 하자 주식회사와는 달리 합명회사에는 사원의 결의의 하자를 다투는 소가 별도로 마련되어 있지 않다. 따라서 사원총회의 결의에 흠이 있다면 민사소송법상의 일반 무효확인소송에 의해 효력을 다투어야 할 것이다. 이 소는 회사를 상대로 제기하여야 한다(판례 [12]).

판 례

[12] 대법원 1991. 6. 25. 선고 90다14058 판결

「합명회사나 합자회사의 사원총회결의는 회사의 의사결정으로서 그로 인한 법률관계의 주체는 회사이므로 회사를 상대로 하여 사원총회결의의 존부나 효력유무의 확인판결을 받음으로써만 그 결의로 인한 원고의 권리 또는 법률상 지위에 대한 위험이나 불안을 유효적절하게 제거할 수 있는 것이고, 회사가 아닌 사원 등 개인을 상대로 한 확인판결은 회사에 그 효력이 미치지 아니하여 즉시 확정의 이익이 없으므로 그러한 확인판결을 구하는 소송은 부적법하[다.]」

Ⅴ. 회사와 사원의 이익충돌방지

상법은 사원과 회사의 이해충돌로 인해 회사가 손해를 입는 것을 방지하기 위하여 사원에게 다음 두 가지 행위를 제한한다.

1) 판례는 조합원의 3분의 2 이상의 찬성으로 조합의 업무집행자를 선임하고 조합원 과반수의 찬성으로 조합의 업무집행방법을 결정하도록 규정하고 있는 민법 제706조를 임의규정으로 보고, 이같은 의사결정을 조합원의 인원수가 아닌 그 출자가액 내지 지분의 비율에 의하도록 하는 등 그 내용을 달리 정할 수 있다고 보고 있다(대법원 2009. 4. 23. 선고 2008다4247 판결). 합명회사의 법률관계 중 상법이나 정관에 규정이 없는 사항에 대해서는 민법의 조합에 관한 규정이 준용되므로(195조) 이 판례이론에 상법 제195조를 연결시키면 합명회사의 업무에 관한 의사결정에 있어서도 정관에 규정을 두면 두수주의가 아닌 지분주의에 의할 수 있다는 결론에 이른다.

2) 日注釋(1), 228면.

(1) 경업금지의무

사원은 다른 사원의 동의가 없으면 자기 또는 제 3 자의 계산으로 회사의 영업부류에 속하는 거래를 할 수 없으며, 동종영업을 목적으로 하는 다른 회사의 무한책임사원 또는 이사가 되지 못한다(198조 1항). 이는 대표권 또는 업무집행권의 유무와 관계없이 모든 사원에게 적용된다. 정관으로 그 범위를 좁히거나 제한을 없앨 수도 있다. 경업금지의무에 위반한 행위를 했을 때에는 회사는 개입권을 행사할 수 있다(198조 2항~4항). 또는 회사는 다른 사원의 과반수의 결의로써 위반행위를 한 사원의 제명(220조 1항 2호)의 선고, 업무집행권 또는 대표권 상실의 선고(205조· 216조)를 법원에 청구할 수 있다.

경업금지의무의 취지와 내용은 대체로 주식회사에서의 이사의 그것과 같으므로 상세한 설명은 주식회사 부분으로 미룬다(800면 이하 참조).

(2) 자기거래제한

합명회사의 각 사원은 원칙적으로 업무집행권을 가지며, 그렇지 않은 경우에도 직·간접으로 회사의 업무집행에 영향력을 미칠 수 있으므로 사원이 회사의 상대방이 되어 거래할 때에는 회사에 불이익을 끼칠 우려도 있다. 따라서 상법은 거래의 공정을 위해 사원은 다른 사원 과반수의 결의가 있을 때에 한하여 자기 또는 제 3 자의 계산으로 회사와 거래를 할 수 있도록 한다(199조). 이 제한에 위반한 사원이 손해배상의 책임을 지는 외에 제명, 업무집행권 또는 대표권의 상실선고청구의 대상이 되는 것은 경업금지의무를 위반한 경우와 같다. 상세한 설명은 주식회사편으로 미룬다(812면 이하 참조).

Ⅵ. 손익분배

(1) 손익의 개념

대차대조표상 순자산의 총액(적극재산에서 소극재산을 공제한 것)이 자본금, 즉 사원의 재산출자액을 초과할 때 그 초과액이 이익이며, 부족할 때 그 부족액이 손실이다. 회사의 순자산액은 채권자를 위해 담보가치가 있는 재산에 한정시켜 계산해야 할 것이므로 신용출자와 노무출자는 포함시키지 않는 것이 옳다.[1] 같은 이유에서 자본금을 계산할 때에도 제외시켜야 한다.

---

1) 日注釋(1), 216면.

⑵ 손익의 분배

합명회사 사원의 책임은 연대 · 무한인바, 결국 회사의 대외적 신용의 기초는 사원 개인에게 있으므로 주식회사와는 달리 자본의 유지를 강제하지 않는다. 따라서 법정준비금제도(458조 이하 참조)도 없고, 이익이 없어도 배당할 수 있다. 이익이 없이 배당을 하더라도 회사채권자가 사원으로 하여금 배당금을 회사에 반환하게 할 수 없다(462조 3항 참조).

손익분배의 시기에 관해서는 정관에 정한 바가 있으면 그에 따르고, 없으면 회사는 매 결산기에 대차대조표를 작성하여야 하므로(30조 2항) 이 시기, 즉 결산기에 해야 할 것이다.

사원들이 무한책임을 지는 까닭에 각자의 위험부담은 대등하다고 의제할 수 있어 손익의 분배비율도 반드시 출자가액이나 지분의 크기에 비례할 필요는 없다. 그러므로 정관으로 분배비율을 자유로이 정할 수 있으며, 정관에 규정을 두지 않았을 때에는 민법의 조합에 관한 규정에 따른다. 즉 정관 또는 총사원의 동의로써 손익분배의 비율을 정하지 않았을 때에는 각 사원의 출자의 비율에 따르고(민 711조 1항), 만일 이익 또는 손실 가운데 한 가지에 대해서만 비율을 정하였을 때에는 그 비율이 양자에 공통한 것으로 추정한다(민 711조 2항).

이익의 분배는 정관에 특별히 정한 바가 없는 한 매 결산기에 금전으로 한다. 손실의 분담은 현실적으로 이행할 필요는 없고 각 사원의 지분의 평가액이 감소함에 그치나, 퇴사할 경우에는 손실분담액을 납입하여야 한다.

Ⅶ. 정관의 변경

정관은 회사의 본질 또는 강행규정에 위반하지 않는 한 자유로이 변경할 수 있다. 그러나 필요적 기재사항이건 임의적 기재사항이건 그 변경에는 총사원의 동의를 요한다(204조).

원래 사단법인에서의 정관변경은 사원총의에 의하여야 할 것이고, 그 총의는 사단의 성격상 주식회사와 같이 다수결에 의해 창출됨이 원칙이나, 합명회사가 조합적 실체를 가짐을 고려하여 사원의 총의형성에 총사원의 동의를 요하게 한 것이다. 그러므로 정관변경에 총사원의 동의를 요구하는 상법 제204조는 회사의 내부관계에 관한 임의규정이라 풀이할 것이며, 따라서 정관의 규정으로 그 요건을 완화할 수 있다고 본다(김동훈 556; 손주찬 494; 이 · 최 900; 임재연Ⅱ 962; 정동윤 896; 정찬형 600; 최기원 1047; 최준선 856; 임영철(주석－회사 1) 390). 다만 후술하는 바와 같은 사원의 변동에 관한 정관변경은 전원의 동의를 요한다고 본다.

정관의 기재사항이 사원의 의사에 관계없이 변경되는 경우나(주소지명, 도로명 주소의 변경 등) 법률상 기재사항의 변동이 당연히 일어나는 경우(사원의 퇴사·제명 등)에는 사원의 동의를 요하지 않는다. 기술한 바와 같이 합명회사에는 사원총회라는 기관이 없으므로 회의형식을 취하지 않고 개별적인 동의를 얻어도 무방하며, 동의는 요식행위가 아니므로 구두에 의하여도 무방하다.

변경사항이 등기사항일 때에는 변경등기를 요한다(183조). 정관변경의 효력은 결의된 때에 발생하나, 그 등기를 하지 아니하면 선의의 제 3 자에게 대항하지 못한다(37조).

Ⅷ. 持分 및 사원의 변동

1. 개 설

지분에는 두 가지의 뜻이 있다. 첫째로 「주식」과 마찬가지로 사원인 지위 또는 사원권을 뜻하며(예: 197조), 둘째로 사원이 퇴사하거나 회사가 해산하는 경우에 사원자격에 기하여 회사로부터 환급받거나(적극지분) 회사에 지급할(소극지분) 재산상의 수액을 말한다(통설).

인적회사의 지분은 각 사원에게 오직 1개가 있고(持分單一主義), 다만 그 크기가 각 사원의 출자에 따라 다른 것으로 인식된다(195조→ 민 711조). 이 점은 주식회사 및 유한회사에 있어서 사원의 지위가 균등한 비례적 단위로 구성되어 있는 것(지분복수주의, 329조 2항·554조)과 대조되는 특징이다.

사원의 자격은 기본적으로는 회사설립에 의해 생기고 해산에 의해서 소멸하나, 이 밖에 입사, 지분의 양수, 회사합병, 상속 등의 사유로 사원자격을 취득하며, 지분 전부의 양도·퇴사 등에 의해 사원자격을 상실한다.

사원은 정관의 절대적 기재사항이고(179조 3호) 등기사항이므로(180조 1호), 그 변동은 정관의 변경을 뜻하고 변경등기를 요한다(183조).

사원의 변동은 정관의 변동을 수반한다는 사실만으로도 합명회사에 있어 매우 중대한 사건임을 알 수 있지만, 사원은 회사의 대외적인 신용의 기초를 이루며, 사원상호간에도 고도의 신뢰관계를 이루므로 사원의 변동은 개개인의 자유로운 의사만에 의해 이루어질 수는 없고, 총사원의 동의를 요하거나 기타 법정의 사유를 요한다.

2. 入 社[1)]

회사성립 후에 출자하여 사원자격 즉 지분을 원시적으로 취득하는 것이 입사이므로 이는 입사하려는 자와 회사간의 입사계약에 의하여 이루어진다. 입사는 정관의 절대적 기재사항의 변동을 가져오므로 정관변경절차, 즉 총사원의 동의를 요한다. 입사에 대한 총사원의 동의가 있으면 이로써 정관이 변경된다고 보아야 하므로 입사한 자는 바로 사원의 지위를 취득한다(대법원 1996. 10. 29. 선고 96다19321 판결). 새로운 사원의 입사는 회사채권자의 입장에서 볼 때에는 책임재산의 증가를 뜻하므로 회사채권자를 보호하기 위한 절차는 따로이 필요하지 않다. 신입사원은 입사 전에 생긴 회사채무에 대하여 종전의 사원과 동일한 책임, 즉 직접 · 연대 · 무한의 책임을 진다(213조).

3. 지분의 양도

지분의 양도는 사원인 지위, 즉 사원권을 계약에 의하여 이전하는 것이다. 지분을 전부 양도할 경우에는 양도인은 사원 자격을 잃고, 양수인이 사원일 때에는 그의 지분이 커지고 사원이 아닐 때에는 사원으로 입사한다. 상법은 지분의 일부 양도도 인정하고 있다(197조). 사원들간에 지분의 일부가 양도된 경우에는 지분의 분량적 증감만 있을 뿐이나, 사원 아닌 자가 지분의 일부를 양수하면 양수인이 사원으로 입사하게 된다.

지분의 양도는 당사자간의 개인법적인 계약에 의하여 이루어지나, 양도의 당사자를 제외한 다른 사원 전원의 동의를 요한다(197조). 합명회사에서는 회사의 경영과 책임의 분담에 있어 사원의 개성에 기초한 인적 구성이 중시되므로 사원의 변동은 모든 사원들에게 본질적인 이해가 걸린 문제이기 때문이다. 사원간에 지분의 일부를 양도할 때에는 입사 · 퇴사를 수반하지 않으므로 인적 구성에 변동이 없으나 장차 그 중 일부가 퇴사할 때에는 지분환급의 범위가 달라지게 되고, 또 정관으로 정하기에 따라서는 지분의 크기가 내부운영에 영향을 줄 수 있

---

1) 「入社」란 회사성립 후에 사원의 지위를 취득하는 것을 총칭하는 뜻으로도 사용되나(광의), 여기서는 사원지위의 원시적 취득만을 뜻하며(협의. 213조), 지분의 양수인 또는 상속인이 취득하는 것(승계취득)은 포함하지 않는다.

으므로 역시 다른 사원의 이해가 걸린 문제이다. 사원의 성명은 정관기재사항이므로 지분의 양도로 인해 입사·퇴사가 이루어질 때에는 정관변경이 당연히 따라야 한다. 그러나 입사에 관해 설명한 바와 같은 이유로 지분양도의 동의는 정관변경결의를 포함하는 것으로 보아야 할 것이다(同旨: 송옥렬 1318; 정찬형 588; 최기원 1026; 임영철(주석 – 회사 1) 359).

지분의 양도에 다른 사원 전원의 동의를 요구하는 상법 제197조를 임의규정으로 보고 정관으로 완화할 수 있다(예: 과반수 결의로 하는 것)는 것이 다수설이다(김동훈 544; 손주찬 488; 송옥렬 1317; 정경영 983; 정동윤 886; 정찬형 587; 최기원 1026). 그러나 이는 법적 근거가 없을 뿐 아니라, 지분의 양도는 다른 사원의 책임에 영향을 주므로 일부 사원의 동의도 생략해서는 안 될 사안이다(同旨: 김홍기 889).

지분의 2중양도

무한책임사원의 지분이 2중으로 양도되는 경우, 즉 무한책임사원 A가 총사원의 동의를 얻어 지분을 B에게 양도하였으나 아직 등기를 하지 않은 상태에서 다시 A가 총사원의 동의를 얻어 지분을 C에게 양도하고 등기한 경우, B와 C 중 누가 지분을 취득하는가? 판례는 이 경우 상법 제37조 제 1 항의 문제로 본다. 즉 B는 등기할 사항을 등기하지 아니하여 지분취득을 선의의 제 3 자에게 대항할 수 없으므로 C가 선의라면 C가 지분을 취득한다는 것이다(대법원 1996. 10. 29. 선고 96다19321 판결). 이 문제는 지분의 양도는 언제 효력이 발생하느냐는 것과 같은 성격의 문제이다. 지분이 양도되면 사원이 변동하니 정관변경이 이루어진 것으로 보아야 하고, 정관기재사항 중 사원의 성명·주소는 등기할 사항이므로(180조 1호) 판례와 같이 상법 제37조의 문제로 볼 수도 있다. 그러나 이같이 본다면 정관변경이 있더라도 등기하지 않으면 변경된 정관은 효력을 발생하지 못한다는 결론에 이르러 부당하다. 법이 지분양도에 별도의 성립요건이나 대항요건을 요하고 있지 않은 이상 지분의 양도는 총사원의 동의를 얻은 순간 효력을 발생한다고 보아야 할 것이다. 이같이 본다면 A가 총사원의 동의를 얻어 B에게 지분을 양도한 때에 지분은 B에게 이전하고, A가 C에게 양도할 때에는 이미 사원이 아니므로 타인의 지분을 양도한 것이 되어 무효로 보아야 할 것이다. 다만 A의 퇴사, B의 입사를 등기하지 않은 결과 회사채권자가 아직 A가 사원인 것으로 믿었다면 A의 무한책임을 물음에 있어서는 상법 제37조에 따라 A의 지분양도사실을 가지고 채권자에게 대항하지 못한다고 해야 할 것이다.

4. 지분의 상속

합명회사에서는 사원의 인적 동일성이 중시되므로 원칙적으로 지분의 상속은 인정되지 아니한다. 사원의 사망은 퇴사의 원인이 되며(218조 3호), 상속인은 다만 사망한 사원의 지분환급청구권을 상속할 뿐이다. 단 정관으로 지분을 상속할 수 있음을 정한 때에는 상속인이 사원지위를 승계할 수 있다. 이 경우 상속인은 상속의 개시를 안 날로부터 3월 내에 회사에 대하여 승계 또는 포기의 통지를 발송하여야 한다(219조 1항). 통지를 발송함이 없이 3월을 경과한 때에는 상속을 포기한 것으로 본다(219조 2항).

그러나 청산중에 사원이 사망한 경우에는 당연히 지분을 상속한다(246조). 청산중에는 사원의 개성이 문제되지 않으며, 또 회사재산은 채무변제 등 청산절차에 따라 처분되어야 하므로 상속인에게 지분환급을 해 줄 수 없기 때문이다.

5. 퇴　　사

(1) 의　　의

退社란 회사의 존속 중에 특정 사원이 그 사원으로서의 지위를 절대적으로 상실하는 것을 말한다. 따라서 회사의 소멸에 의해 사원의 지위가 소멸하거나 또는 지분을 전부 양도한 자가 사원의 지위를 상실하는 것은 상법이 말하는 「퇴사」가 아니다. 퇴사는 주식회사나 유한회사에는 없는 제도인데, 합명회사의 사원에 대해서 퇴사가 인정되는 이유는, i) 사원은 원칙적으로 업무집행의 의무와 무한책임을 지는 까닭에 그의 뜻에 반하여 항구적으로 사원으로 매어 두는 것은 개인의 자유를 구속하는 것이며, ii) 지분의 양도가 제한되어 있어 자본회수의 방법이 퇴사 이외에 달리 있을 수 없고, iii) 사원 상호간의 신뢰를 바탕으로 운영되는 합명회사에 있어서 신뢰의 기초를 흔들리게 한 원인이 되는 사원을 배제할 필요가 있으며, iv) 일신상의 이유에 의한 퇴출도 허용하여야 할 것이기 때문이다. 한편 퇴사제도는 일부의 사원에게 회사를 계속하지 못할 사유가 생기더라도 이로 인해 해산에 이르지 않고 기업유지를 가능케 한다는 뜻도 갖는다.

(2) 퇴사원인

퇴사는 사원의 자유로운 의사에 의해서 하는 경우도 있고(임의퇴사), 사원의 의사와 관계없이 법정의 사유가 발생하면 당연히 퇴사하게 되는 경우(당연퇴사)도 있으며, 기타 회사채권자가 퇴사시키는 경우와 회사계속과 관련하여 퇴사가 간주되는 경우도 있다.

1) 임의퇴사 　정관으로 회사의 존립기간을 정하지 아니하거나 어느 사원의 종신까지 존립하도록 한 경우에는 사원의 자유를 속박하지 않도록 사원의 자유의사에 의해 퇴사할 수 있음을 규정하고 있다(217조 1항 본). 따라서 다른 사원의 동의는 필요치 않다. 원칙적으로 영업연도 말에 한하여 퇴사할 수 있으며, 6월 전

에 회사에 대해 예고하여야 하나(217조 1항 단), 「부득이한 사유」가 있을 때에는 언제든지 퇴사할 수 있다(217조 2항). 「부득이한 사유」란 사원으로 계속 회사에 관여하기 어려운 개인사정(예: 갑작스런 질병)을 말하며, 회사사업의 부진과 같이 통념상 사원이 감수해야 할 사정은 포함되지 아니한다.[1]

2) **당연퇴사** 사원에게 다음 사유가 발생하면 (퇴사)사원의 의사에 관계없이 퇴사하게 된다.

(가) **정관에 정한 사유의 발생**(218조 1호) 조건 · 기한(예: 정년) · 자격상실사유 등을 정관에 정한 경우 이에 따라 퇴사하게 된다. 정관에 상법에 열거되지 아니한 퇴사원인을 규정할 수 있지만, 그 퇴사원인은 강행법규 및 공서양속에 반하지 않아야 한다.[2]

(나) **총사원의 동의**(218조 2호) 어느 사원이 퇴사하고자 할 때 총사원의 同意가 있으면 부득이한 사유가 없더라도 퇴사할 수 있다는 뜻이며, 본인의 의사에 반하여 퇴사한다는 뜻이 아니다.

(다) **사원의 사망**(218조 3호) 다만 정관으로 상속할 수 있음을 정할 수 있다(既述).

(라) **사원의 성년후견개시**(218조 4호)

(마) **파산**(218조 5호)

(바) **제명**(218조 6호)

3) 除 名

(가) **취 지** 제명이란 어느 사원의 자격을 그 의사에 반하여 강제적으로 박탈하는 다른 사원들의 자치적 의사결정을 말한다. 합명회사는 사원간의 고도의 신뢰관계를 바탕으로 하는 회사이므로 신뢰를 기대할 수 없는 사원을 다른 사원들의 단합에 의해 축출하여서라도 회사존속을 도모하게 함으로써 기업유지의 이념을 실현하려는 제도이다. 따라서 순수한 자본단체인 물적회사에서는 있을 수 없는 제도이다.

이같이 제명은 회사의 존속을 전제로 하므로 제명의 결과 해산사유가 발생하여서는 안 된다. 예컨대 사원이 2인뿐인 회사에서 1인을 제명하는 것은 후술하는 「다른 사원 과반수」의 결의가 있을 수 없기도 하려니와, 회사의 해산사유(사원이 1인으로 된 때)가 될 것이므로 불가능하다(이설 없음).

(나) **사유 · 절차** 제명의 실체는 타인의 의사에 반하여 그의 재산권을 박탈

1) 日注釋(1), 307면.
2) 前註, 310면.

하는 것이므로 다수에 의해 소수가 부당히 희생되는 경우를 방지하기 위하여 상법은 제명사유를 한정하고, 또 제명에 의한 퇴사절차도 엄격하게 규정하고 있다.

제명사유는 사원이 ① 출자의무를 이행하지 아니한 때(220조 1항 1호), ② 경업금지의무를 위반한 때(220조 1항 2호), ③ 회사의 업무집행 또는 대표행위에 관하여 부정한 행위가 있는 때 혹은 권한 없이 업무를 집행하거나 회사를 대표한 때(220조 1항 3호), ④ 기타 중요한 사유가 있는 때(220조 1항 4호)이다. 「기타 중요한 사유」라 함은 적어도 ①~③과 같은 정도로 신뢰관계를 파괴하는 경우로 해석해야 할 것이다.[1)]

상법이 정하는 제명사유를 정관의 규정으로 완화하거나 강화할 수 있는가? 이를 임의법규로 보아 완화 또는 강화할 수 있다고 보는 설(최기원 1043), 강행법규로 보아 완화 또는 강화할 수 없다고 보는 설(손주찬 509; 정경영 994; 정동윤 899; 정찬형 604; 최준선 863; 권창환(주석-회사 1) 450)이 있다. 제명이란 私人이 다른 私人의 의사에 반하여 그의 재산권을 제한하는 것을 허용하는 제도이고 보면, 사적자치에 맡겨 그 범위를 확대하는 것을 허용할 것은 아니다. 그러나 정관에 의해 제명의 사유를 강화하는 것은 이러한 타인의 권리침해를 스스로 억제하려는 것이므로 불허할 이유가 없다고 본다.

제명이 해당 사원에게 주는 불이익이 지대함을 감안하면, 형식적으로 법정사유에 해당하는 사실이 발생하였다고 하더라도 기업유지를 위해 불가피한 경우에 한하여 제명을 허용하여야 할 것이다(부산지법 동부지원 1991. 8. 16. 선고 90가합3057 판결).[2)]

위와 같은 사유가 있을 때, 다른 사원의 과반수의 결의에 의하여 법원에 제명의 선고를 청구할 수 있다(220조 1항). 수인을 제명할 때에는 제명할 사원 개개인에 대하여 다른 사원 과반수의 결의가 있어야 한다(판례 [13](반대: 정동윤 899; 최기원 1044)). 이 訴는 본점 소재지의 지방법원의 관할에 전속한다(220조 2항 → 206조 → 186조). 법원의 제명선고절차는 제명사원의 권리를 보호하기 위한 강행규정으로서, 이 절차 없이 사원의 결의만으

1) 대구지법 1991. 3. 8. 선고 90가합13042 판결: 甲이 乙합자회사에 토지를 양도하고 잔대금의 수령을 확보하기 위하여 잔대금지급시까지 시한부로 乙합자회사의 무한책임사원으로 재임하였는데, 제 3 자가 乙합자회사를 상대로 동 토지의 소유권반환청구소송을 제기하여 승소하였던바, 이같은 상황이라면 상법 제220조 제 1 항 제 4 호의 「기타 중요한 사유」에 해당하여 甲을 제명할 수 있다고 판시하였다.

2) 判旨: 「사원의 제명은 그 요건과 절차가 상법에 엄격히 규정되어 있지만 사원의 제명이 당해 사원의 의사에 반하여 사원자격을 박탈하는 것이어서 사원의 이익에 미치는 영향이 매우 크므로 형식적으로는 제명의 요건에 해당된다 하더라도 당해 사원의 개인적 특질을 고려하여 그와 같이 회사를 존속하는 것이 경제상이나 신용상 곤란하리라고 보이는 사정이 있고, 회사내부조직을 공고히 하고 사업수행을 용이하게 하기 위하여 불가피한 경우에 한하여 제명할 수 있다고 보아야 하고, 이를 판단함에 있어서는 그 제명으로 인하여 상실케 될 당해 사원의 이익과 그를 제명함으로써 얻게 될 회사의 이익을 비교하는 등 그 결과도 합리적으로 고려하여야 한다.」

로 제명이 가능하도록 규정한 정관 규정은 무효이다(춘천지법 2009. 5. 13. 선고 2008가합481 판결).

판 례

[13] 대법원 1976. 6. 22. 선고 75다1503 판결

「… 원고회사의 유한책임사원인 김상조, 이영수는 나머지 2명의 사원인 무한책임사원 피고 최용식, 유한책임사원 이복순에 대하여 위 제명사유로 타의 사원의 동의 여부의 기회도 주지 않고 일괄제명 의결방법으로 제명결의하고 있음이 분명한바, 제명은 원래 개인적인 것이고 제명사유에 해당한다 하여 당연히 제명이 되는 것이 아니고 당해 사원의 개인적 특질을 고려한 다음 결정되는 것이므로 같은 취지에서 피제명 각인에 대하여 타의 사원의 동의 여부의 기회를 주어 개별적으로 그 제명의 당부를 나머지 다른 사원의 과반수의 의결로 결의하여야 하는 것인데, 본건 결의는 적법한 제명결의라 할 수 없〔다.〕」

㈐ **제명의 효과** 법원의 판결에 의하여 제명의 효과가 발생하고 퇴사하게 된다. 그러나 제명된 사원과 회사간의 지분환급을 위한 계산은 제명의 訴를 제기한 때의 회사재산의 상태에 따라서 하며, 그 때로부터 법정이자를 붙여야 한다(221조). 제명된 사원을 보호하기 위한 규정이다. 판결이 확정되면 본점소재지에서 등기하여야 한다(220조 2항→ 205조 2항).

4) 채권자에 의한 퇴사 사원의 지분을 압류한 채권자(사원의 채권자)는 회사와 채무자인 사원에 대하여 6월 전에 예고하고 그 사원을 영업연도 말에 퇴사시킬 수 있다(224조 1항).

i) 사원의 채권자는 사원의 지분을 압류함으로써 그 사원에 대한 이익배당으로부터 변제를 받을 수 있지만, 이익배당만으로 채권 전액을 만족시킬 수 없는 경우에는 지분을 환가하는 절차를 밟아야 한다. 하지만, 지분의 환가를 위해서는 다른 사원 전원의 동의를 얻어야 하므로(197조) 환가가 자유롭지 않을 수도 있다. 채권자가 이러한 제약을 피하고 채권을 회수하는 방법으로서, 사원을 퇴사시키고 지분을 환급받아 채권을 변제받을 수 있도록 한 제도이다.[1)]

ii) 제도의 취지가 이같이 인적회사에서의 지분의 폐쇄성에서 비롯되는 채권회수의 어려움을 해소하기 위한 것이므로 채권자가 하는 퇴사의 예고(224조 1항 단)는 퇴사의 「청구」를 뜻하고, 형성권이라고 이해해야 한다. 그러므로 채권자는 영업연

1) 이같이 사원의 지분은 사원의 채권자에 대해 책임재산을 이루므로 持分이 사원의 의사에 반하여 양도된 것으로 등기되어 있다면 사원의 채권자는 사원을 代位하여 등기의 말소를 청구할 수 있다(대법원 1971. 10. 25. 선고 71다1931 판결).

도 말에 다시 새로운 의사표시를 할 필요가 없으며, 영업연도 말의 경과로 당연히 사원(채무자)이 퇴사하는 효과가 생긴다고 보아야 한다(대법원 2014. 5. 29. 선고 2013다212295 판결).

iii) 그러나 채무자인 사원이 변제를 하거나 상당한 담보를 제공한 때에는 그 예고는 효력을 잃는다(224조 2항). 채권의 변제가 확실해지는 한 사원의 지위를 박탈해서는 안 될 것이기 때문이다. 여기서 담보를 제공한다는 것은 채무변제에 충분한 담보물권을 설정하는 것 외에 채권자의 승낙하에 제 3 자가 채무를 인수하거나 보증을 하는 것도 포함한다(대법원 1989. 5. 23. 선고 88다카13516 판결).

iv) 채무자의 변제 또는 담보제공은 퇴사가 예고된 영업연도 말 이전에 이루어져야 한다. 기술한 바와 같이 퇴사의 예고는 형성권으로서 영업연도 말의 경과로 퇴사의 효과가 발생하기 때문이다. 따라서 영업연도 말 이후에 변제하더라도 퇴사의 효력에는 변동이 없으며, 채권자도 예고를 철회할 수 없다(전게 2013다212295 판결).

5) 기타의 퇴사원인 특정한 사원의 설립행위에 무효 · 취소의 원인이 있어 설립의 무효 · 취소판결이 확정된 때에는 다른 사원 전원의 동의로 회사를 계속할 수 있는데(194조 1항), 이때 무효 · 취소의 원인이 있는 사원은 퇴사한 것으로 본다(194조 2항). 또한 회사가 해산하였으나 사원 일부의 동의로 회사를 계속하는 경우 동의하지 않은 사원은 퇴사한 것으로 본다(229조 1항 단).

(3) 퇴사의 효과

퇴사에 의하여 사원의 지위는 절대적으로 소멸한다. 이에 따라 ① 회사채권자에 대한 관계 및 ② 회사에 대한 관계에 있어서 다음과 같은 효과가 있다.

1) 회사채권자에 대한 관계 퇴사원은 본점소재지에서 퇴사등기를 하기 전에 생긴 회사채무에 대하여는 등기 후 2년 내에는 다른 사원과 동일한 책임을 진다(225조 1항). 퇴사가 사원의 무한책임을 면탈하거나, 회사채권자에 우선하여 출자를 회수하는 방법으로 악용됨을 막기 위함이다. 지분의 전부 양도로 사원자격을 상실한 者도 회사채권자에 대해서 퇴사원과 같은 책임을 진다(225조 2항).

2) 회사에 대한 관계

(가) 상호변경 청구권 회사의 상호 중에 퇴사원의 성명이 사용된 경우에는 그 사원은 회사에 대하여 그 사용의 폐지를 청구할 수 있다(226조).

(나) 지분의 계산 지분의 계산은 회사의 내부관계이므로 자세한 것은 정관에 정할 수도 있으나, 상법 및 정관에 별단의 규정이 없으면 조합에 관한 민법의 규정에 의한다(195조 → 민 719조). 그래서 지분의 계산은 퇴사일 현재의 회사의 재산상태에 따라 하게 된다. 다만 제명의 경우에는 제명의 소를 제기한 날 현재의 재산

상태에 따라서 하며, 그 때부터 법정이자를 붙인다(221조).

(다) **지분환급청구권** 퇴사원은 회사에 대하여 지분환급청구권을 가지며, 정관에 다른 규정이 없는 한 노무 · 신용을 출자한 사원도 같은 권리를 갖는다(222조). 지분의 환급은 출자의 종류 여하에 불구하고 금전으로 할 수 있다(195조 → 민 719조 2항). 지분계산의 결과 자본지분이 적극(+)인 경우에는 환급을 청구할 수 있으나, 소극(−)인 경우에는 손실분담의무에 따라 회사에 대해서 그 전액을 납입하여야 한다. 지분환급청구권은 회사에 대한 일반채권자의 권리와 구별할 것이 아니므로 이에 대해서 나머지 사원은 당연히 연대 · 무한의 책임을 져야 한다.

6. 지분의 押留와 入質

1) **지분의 압류** 사원의 채권자가 강제집행으로 그 채무자인 사원의 지분을 압류하는 것은 가능하지만, 그 환가 또는 전부에 다른 사원 전부의 동의가 필요한 관계로 그 실효를 거둘 수 없다. 그래서 상법은 압류채권자를 보호하기 위하여 다음과 같은 방법을 마련하고 있다. ① 지분의 압류는 사원이 갖는 장래의 이익배당청구권 · 지분환급청구권에 대하여도 효력이 미친다고 규정하여(223조), 이러한 청구권을 행사할 수 있는 시기에 달할 때마다 채권자는 전부명령 또는 추심명령을 얻어 채권을 행사할 수 있도록 하고 있다. ② 그리고 임의청산시에는 압류채권자의 동의를 얻도록 하고 있다(247조 4항). ③ 나아가서 압류채권자는 회사 및 사원(채무자)에게 6월 전에 예고하고 영업연도 말에 그 사원을 퇴사시킬 수 있도록 하고(224조 1항), 퇴사로 인하여 생기는 지분환급청구권의 전부명령이나 추심명령을 얻음으로써 압류채권자가 채권의 만족을 얻도록 하고 있다(기술).

2) **지분의 입질** 지분도 민법의 일반규정에 따라 권리질의 목적이 될 수 있다고 본다(同旨: 손주찬 489; 정동윤 887; 정찬형 589; 최기원 1027; 최준선 851). 질권을 실행하면(경매) 사원이 교체되는 결과가 되므로 일부 학설은 지분의 입질도 지분의 양도에 준하여 총사원의 동의를 얻어야 한다고 주장한다(손주찬 489; 오성근 129; 이 · 최 893; 정찬형 589; 최기원 1027; 최준선 851).[1] 그러나 총사원의 동의를 강요하여 입질의 가능성을 억제하는 것보다는 입질을 자유롭게 허용하되, 합명회사의 지분의 성질상 질권의 효력은 이익배당과 지분환급청구권 및 잔여재산분배

---

1) 판례는 합자회사의 유한책임사원의 지분은 무한책임사원 전원의 동의(276조)를 얻어 입질할 수 있으며, 그 동의를 얻음으로써 별도의 대항요건을 갖출 필요없이 회사와 제 3 자에게 대항할 수 있다고 한다(대법원 2015. 4. 23. 선고 2014다218863 판결). 이 이론을 연장하면 합명회사의 무한책임사원의 입질에 대해서도 같은 설명을 하는 것이 논리적이나, 타당성은 의문이다(194면 참조).

청구에 한하여 미칠 뿐 경매권은 주어지지 아니한다고 풀이하는 것이 사원의 권리보호를 위해 합리적이다(同旨: 강·임 1065; 송옥렬 1319; 정동윤 887). 그리고 질권자는 앞서 본 채권자에 의한 퇴사제도를 활용할 수 있을 것이다.

제 4 절 외부관계

Ⅰ. 회사의 대표

(1) 총 설

회사의 대표는 회사의 대표기관인 자연인이 대외적으로 회사의 의사를 표시하거나 또는 회사에 대한 의사표시를 받는 것으로서, 그 기관의 행위가 회사 자신의 행위로 인정되고, 따라서 그 효력은 당연히 회사에 귀속한다. 합명회사에서는 각 사원이 회사를 대표할 수 있으나, 정관으로 업무집행사원을 정하였을 때에는 대표권에 관한 정함이 없더라도 당연히 업무집행사원이 회사를 대표한다(207조 1문). 업무집행과 대표는 표리의 관계에 있기 때문이다. 업무집행사원이 수인일 때 업무집행사원은 각자 단독으로 회사대표권을 가지나(207조 2문), 정관 또는 총사원의 동의로써 업무집행사원 중 특히 회사를 대표할 자를 정할 수 있다(207조 단). 이 경우 대표사원의 성명은 등기하여야 한다(180조 4호).

(2) 대표사원의 권한

회사의 대표사원은 회사의 영업에 관하여 재판상·재판 외의 모든 행위를 할 권한이 있다(209조 1항). 정관 또는 총사원의 동의로써 대표권에 제한을 가할 수 있으나, 그 제한은 선의의 제 3 자에 대항하지 못한다(209조 2항). 회사가 사원에 대하여 또는 사원이 회사에 대하여 소를 제기하였을 때에는 그 사원은 대표권이 없게 되므로 다른 사원 과반수의 결의로 회사를 대표할 자를 선정하여야 한다(211조).

(3) 공동대표

대표권을 견제하는 하나의 방법으로서 회사는 정관 또는 총사원의 동의로 수인의 사원이 공동으로 대표할 것을 정할 수 있다(208조 1항). 이 경우에 단독으로 한 행위는 권한 없는 대표행위가 된다. 그러나 회사에 대한 상대방의 의사표시(수동대표)는 대표사원 1인에 대하여 하더라도 회사에 대하여 효력을 갖는다(208조 2항). 공동대표도 등기사항이며(180조 5호), 등기하지 아니한 때에는 선의의 제 3 자에게 대항하지 못한다(37조 1항)(대법원 2014. 5. 29. 선고 2013다212295 판결)(763면 참조). 합명회사의 공동대표는 주식회사의 공동대표와 그 원리를 같이하므로 상세한 설명은 주식회사 부분으로 미룬다(761면 이하 참조).

⑷ **대표사원의 불법행위**

대표사원이 그 업무를 집행함에 있어 타인에게 손해를 가했을 때에는 회사는 그 사원과 연대하여 배상할 책임을 진다(210조). 대표는 불법행위에도 미치므로 회사가 책임을 지는 것은 당연하다 하겠으나, 대표사원과 연대책임을 지는 것은 회사와 거래한 제 3 자를 두텁게 보호하고자 하는 정책적 규정이라 해석해야 할 것이다(민 35조 1항 참조. 760면 참조).

⑸ **대표권의 상실**

업무집행권 없는 사원 또는 대표권상실의 선고를 받은 사원은 대표권이 없다(216조→205조).

Ⅱ. 社員의 責任

⑴ **의 의**

사원은 회사채권자에게 회사의 채무를 直接·連帶하여 변제할 책임을 진다(212조).

사원이 무한책임을 진다는 것은 합명회사의 법률관계가 갖는 모든 특성을 지배하는 본질적 속성이다. 사원의 성명·주소가 정관·등기에 의해 공시되고, 중요 사항의 결정에는 총사원의 동의를 요하는 형식으로 각 사원이 거부권을 갖고, 다수결에서도 두수주의를 취하며, 원칙적으로 각 사원이 업무집행권과 대표권을 갖는 것 등은 사원이 무한책임을 지는 데서 비롯되는 제도이다. 따라서 사원의 무한책임은 회사의 외부관계에 관한 강행규정으로서, 정관의 규정 또는 총사원의 동의로써도 이를 제한 또는 면제할 수 없다.

⑵ **책임의 요건**

i) 회사의 재산으로 회사의 채무를 완제할 수 없는 때에는 사원이 이를 변제할 책임을 진다(212조 1항). 즉 사원의 대외적 책임은 회사의 채무를 주채무로 하여 이와 내용을 같이하는 보충적 책임이다.

「회사의 재산으로 회사의 채무를 완제할 수 없는 때」란 회사의 부채총액이 회사의 자산총액을 초과하는 상태를 의미하는데, 이는 대차대조표상의 자산과 부채를 비교한 결과를 말하는 것이 아니라, 회사가 실제 변제해야 할 채무의 총액과 실제 가치로 평가한 자산의 총액을 비교한 결과를 의미한다. 따라서 회사의 장래의 수익력이나 영업권과 같이 존속기업의 가치로서는 평가할 수 있으나, 환가가 불가능한 자산은 위 규정이 말하는 「회사의 재산」에 포함되지 아니한다(대법원 2012. 4. 12. 선고 2010다27847 판결).[1] 파산선고를 받거나, 강제집행에 착수할 것을 요하지 않고, 단지 회사가 채무초과인 상태이면 상법 제212조 제 1 항의 요건을 충족한다.[2]

ii) 회사재산에 대한 강제집행이 주효하지 못한 때에도 사원이 변제할 책임을 진다(212조 2항). 계산상으로는 회사에 正(+)의 자기자본이 존재하여 위 i)의 요건에 해당하지 않더라도 실제는 환가가 불가능하거나 환가하더라도 채무의 완제가 불가능한 경우를 감안한 것이다. 그러므로 이 규정에 의해 사원의 책임을 묻기 위해서는 실제 회사재산에 대해 강제집행을 개시할 것을 요하고 그럼에도 불구하고 채권의 만족을 얻지 못할 것을 요한다(대법원 2011. 3. 24. 선고 2010다99453 판결). 집행이 주효하지 못함을 요하므로 사원이 회사에 변제의 자력이 있으며 집행이 용이한 것을 증명한 때에는 책임을 지지 아니한다(補充性. 212조 3항).

(3) 사원의 抗辯

사원은 회사가 갖는 항변(권리부존재 · 소멸, 농시이행 등)으로 회사채권자에 대항할 수 있다(부종성. 214조 1항). 다만 사원이 회사의 상계권 · 취소권 · 해제권을 행사하면 회사에 불이익을 주는 수도 있으므로, 이러한 항변권은 사원이 직접 행사할 수 없고, 이를 이유로 채권자에 대해 이행을 거절할 수 있을 뿐이다(214조 2항).

(4) 책임의 성질

사원의 책임은 直接 · 連帶 · 無限이다. 「직접」이라 함은 사원이 회사에 출연하고 회사로부터 채권자가 변제받는 것이 아니라 채권자가 회사를 거치지 아니하고 사원에게 변제를 청구할 수 있음을 뜻하고, 「연대」라 함은 사원들간의 연대(사원과 회사의 연대가 아님)를 말하며, 「무한」이라 함은 출자의무액에 그치지 않고, 채무 전액에 관해 책임지는 것을 말한다.

(5) 책임의 범위

사원의 책임의 대상이 되는 회사의 채무는 적극재산으로 변제해야 할 모든 채무이다. 계약상의 채무이든, 불법행위로 인한 손해배상책임과 같은 법정채무이든, 혹은 조세 등 공법상의 채무이든 발생원인을 묻지 아니하고 모든 채무가 포함된다. 다만 성질상 대체성이 있는 채무라야 한다(대법원 1956. 7. 5. 선고 56민상147 판결: 전화가입권의 이전을 목적으로 하는 청구

---

1) 同판결에서는 유상으로 취득하지 않았음을 이유로 영업권의 資産性을 부인했지만, 상법 제212조의 적용에 있어서는, 유상으로 취득하였다고 하더라도 환가불가능한 것은 재산으로 볼 수 없다.

2) 日注釋(1), 275면.

(에서 사원의 책임을 부정한 예). 그러나 대체성이 없는 채무라도 손해배상채무로 화한 경우에는 물론 사원의 책임이 미친다.

회사가 사원에 대해 부담하는 채무에 관해서는 다른 사원이 책임지지 아니한다고 함이 과거의 다수설이었다(손주찬 503). 그러나 사원지위와 무관하게 회사가 사원에 대하여 부담하는 채무에 관해서는 채권자인 사원을 포함하여 전 사원이 각자의 손실분담의 비율에 따라 책임지게 하는 것이 공평하다(권기범 343; 정동윤 893~894; 최기원 1037; 최준선 859).[1)]

(6) 책 임 자

사원으로서의 책임은 업무집행권·대표권의 유무에 관계없이 모든 사원이 진다. 그 밖에 상법은 신입사원(213조)·퇴사원(225조 1항)에 관해 특별한 규정을 두고 있으며(旣述), 지분을 양도한 사원은 퇴사원에 준하여 책임을 진다(225조 2항).

그리고 사원은 아니나 타인에게 자기를 사원이라고 오인시키는 행위를 한 자(자칭사원)는 그 오인으로 인하여 회사와 거래한 자에게 회사채무에 관하여 사원과 동일한 책임을 진다(215조). 외관주의에 따른 表見責任이다.

(7) 변제자의 지위

사원의 변제는 제 3 자의 변제로서 민법의 일반규정에 따라 회사에 대해 구상권을 갖고(민 425조 1항 유추), 또한 사원은 변제를 할 정당한 이익을 갖는 자이므로 회사채권자에 代位한다(민 481조). 변제를 한 사원은 다른 사원에 대해서도 그 부담부분에 관하여 구상권을 갖는다(민 425조). 부담부분은 손실분담의 비율에 따른다.

구상청구를 받은 사원은 회사에 자력이 있음을 이유로 이행을 거부할 수 없다는 것이 종래의 다수설이나(손주찬 505; 최기원 1038),[2)] 의문이다. 회사의 채무를 변제하는 사원이 회사에 변제의 자력이 있음을 항변하지 않은 채 변제하고 구상함에도 불구하고 다른 사원이 항변할 수 없다면, 변제한 사원이 다른 사원들의 이익을 포기할 수 있음을 뜻하기 때문이다.

(8) 책임의 성립과 소멸

1) 사원의 책임은 언제 성립하는가? 상법 제212조는 「회사의 재산으로 회사의 채무를 완제할 수 없는 때」 또는 「회사재산에 대한 강제집행이 주효하지 못

1) 회사가 사원의 지위와 무관하게 사원에게 부담하는 채무도 회사재산으로 변제하기 심히 곤란한 경우에 한해 다른 사원의 분담을 인정하는 견해가 있으나(정동윤(註釋(5)－회사 I), 257면), 그 기준을 설정하기 어렵고, 어차피 사원의 책임은 보충성을 가지므로(212조 1항) 특히 실익이 있는 주장도 아니다.

2) 일본에서의 통설이다(日注釋(1), 289면).

한 때」에 발생하는 듯이 규정하고 있다. 그러나 판례는 이 규정을 회사채권자가 이와 같은 경우에 해당함을 증명하여 무한책임사원에게 보충적으로 책임의 이행을 청구할 수 있다는 의미에서 책임이행(청구)의 요건을 정한 것으로 풀이하고, 회사의 채무가 성립하면 동시에 사원의 책임도 성립한다고 해석한다(대법원 2009. 5. 28. 선고 2006다65903 판결[1]; 동 2012. 4. 12. 선고 2010다27847 판결).

2) 사원의 책임은 해산의 경우에는 그 등기 후 5년, 퇴사 또는 지분양도의 경우에는 그 등기 후 2년이 경과함에 따라 소멸한다(267조 · 225조). 이 기간은 제척기간이다.

제 5 절 해산과 청산

Ⅰ. 해 산

해산이란 법인격의 소멸을 가져오는 조직법상의 법률사실이다. 합명회사의 경우 해산의 원인은 ① 존립기간의 만료 기타 정관으로 정한 해산사유의 발생, ② 총사원의 동의, ③ 사원이 1人으로 된 때, ④ 합병, ⑤ 파산, ⑥ 법원의 해산명령(176조) 또는 판결(241조)이 있다(227조).

물적회사는 회사재산이 채무초과인 경우 파산원인이 되지만, 인적회사는 사원이 무한책임을 지므로 채무초과라도 존립중에는 파산원인이 되지 않고 支給不能이 되어야 파산한다(회파 306조 2항). 그러나 청산중에 채무초과가 된 때에는 파산한다.

회사가 해산한 때에는 합병과 파산의 경우를 제외하고 해산사유가 있는 날로부터 2주일 내에 본점소재지에서 해산등기를 하여야 한다(228조). 해산의 등기는 제 3 자를 보호하기 위해 해산을 공시하는 것이고, 등기에 의해 해산의 효과가 생기는 것은 아니다. 해산사유의 발생에 의해 회사는 해산한다. ① · ② · ③의 사유로 해산한 경우에는 사원의 결의로 회사를 계속할 수 있음은 기술한 바와 같다(147면 이하 참조).

1) 합자회사가 발행한 약속어음의 만기가 도래하기 전에 (무한책임)사원이 자기의 소유부동산을 지인에게 부담하는 채무의 대물변제조로 양도하였으므로 회사 채권자가 이 거래의 사해행위취소소송을 제기하였다. 이 소송에서 피보전채권(즉 사원의 회사채권자에 대한 채무)이 존재하느냐가 쟁점이 되었던바, 법원이 본문에서와 같은 논리로 피보전채권이 존재한다고 보았다.

합병과 파산의 경우를 제외하고는 해산에 의해 청산절차에 들어가고 그 종결까지 청산의 목적범위 내에서 회사가 존속하나(245조), 해산 전의 회사와 동일한 회사이므로 종전의 법률관계는 해산에 의하여 변경되지 않으며, 또한 해산 전의 회사에 관한 법률의 규정도 청산의 목적에 반하지 않는 한 그대로 적용된다.

회사채권자에 대한 사원의 책임은 본점소재지에서 해산등기를 한 후 5년이 경과하면 소멸한다(267조 1항). 그러나 5년이 경과하더라도 분배하지 아니한 잔여재산이 있는 경우에는 회사채권자는 변제를 청구할 수 있다(267조 2항). 이때 사원의 책임은 분배하지 아니한 잔여재산을 한도로 한다고 보아야 할 것이다.

Ⅱ. 청 산

1. 의 의

회사가 해산하면 존립중에 발생한 일체의 대내적 · 대외적 법률관계를 종국적으로 처리하기 위해 청산을 해야 한다. 다만 합병을 원인으로 해산하는 경우에는 그 권리의무가 포괄적으로 신설 또는 존속회사에 승계되므로 청산을 요구하지 않으며, 파산의 경우에는 파산관재인이 채무자 회생 및 파산에 관한 법률의 규정에 따라 처리하므로 상법의 청산절차를 따를 여지가 없다.

합명회사의 청산에는 임의청산과 법정청산의 두 가지가 있다. 임의청산은 정관의 규정 또는 총사원의 동의로 정하는 방법에 따라서 회사재산을 처분하는 청산방법이고(247조 이하), 법정청산은 법률이 정한 절차에 의하여 회사재산을 처분하는 청산방법이다(250조 이하).

2. 임의청산

(1) 원 칙

청산방법은 임의청산을 원칙으로 한다. 즉 해산한 회사의 재산처분방법은 정관 또는 총사원의 동의로 정할 수 있다(247조 1항). 그러나 사원이 1인으로 되어 해산한 때와 법원의 해산명령 또는 해산판결에 의하여 해산한 경우에는 재산처분의 공정을 기대하기 어려우므로 임의청산이 허용되지 아니한다(247조 2항). 따라서 임의청산이 가능한 경우란 결국 정관에 정한 사유가 발생하여 해산한 때(227조 1호)와 총사원의 동의로 해산한 때(227조 2호)로 국한된다.

(2) 채권자보호

임의청산을 할 때에는 재산의 처분이 불공정하게 행해질 우려가 있으므로 상법은 특히 채권자보호절차를 밟을 것을 요구하고 있다.

1) 일반채권자의 보호　회사는 해산사유가 있는 날로부터 2주간 내에 재산목록과 대차대조표를 작성하여야 하며(247조 1항 후), 그 기간 내에 채권자에 대하여 이의가 있으면 1월 이상의 일정 기간 내에 이의를 제출할 것을 공고하고, 회사가 알고 있는 채권자에 대하여는 따로따로 이를 최고하여야 한다(247조 3항 → 232조 1항). 채권자가 그 기간 내에 이의를 제출하지 않을 때에는 임의청산을 승인한 것으로 본다(247조 3항 → 232조 2항). 이의를 제출한 채권자가 있을 때에는 회사는 그 채권자에 대하여 변제 또는 상당한 담보를 제공하거나 아니면 이를 목적으로 하여 상당한 재산을 신탁회사에 신탁하여야 한다(247조 3항 → 232조 3항).

회사가 이러한 절차에 위반하여 재산을 처분함으로써 회사채권자를 害한 때에는 회사채권자는 그 위반함을 안 날로부터 1년 내, 재산처분이 있는 날로부터 5년 내(248조 2항 → 민 406조 2항)에 재산처분의 취소를 법원에 청구할 수 있다(248조 1항). 처분취소판결의 효력은 모든 회사채권자의 이익을 위하여 효력이 있다(248조 2항 → 민 407조). 그러나 재산의 처분으로 인하여 이득을 받은 자나 전득한 자가 처분 또는 전득 당시에 회사채권자를 해함을 알지 못한 경우에는 취소가 허용되지 않는다(248조 2항 → 민 406조 1항 단). 이 취소의 소는 본점소재지의 지방법원의 관할에 전속한다(248조 2항 → 186조).

2) 지분압류채권자의 보호　사원의 지분을 압류한 채권자가 있을 경우에는 임의청산은 압류채권자의 동의를 얻어야 한다(247조 4항). 회사가 동의를 얻지 않고 재산을 처분한 때에는 압류채권자는 회사에 대하여 그 지분에 상당하는 금액의 지급을 청구할 수 있다(249조 전). 뿐만 아니라 회사채권자의 예에 따라 취소청구권을 행사할 수 있다(249조 후).

(3) 등　기

임의청산의 방법으로 재산의 처분을 완료한 때에는 2주일 내에 본점 소재지에서 청산종결의 등기를 하여야 한다(247조 5항).

3. 법정청산

(1) 사　유

임의청산을 할 수 없는 경우에는 법정청산절차에 의하여 청산하여야 한다. 즉 사원이 1인으로 되어 해산한 때와 해산명령 · 해산판결에 의하여 해산한 때에는 법정청산에 의한다. 그리고 정관이나 총사원의 동의로 해산하면서 재산의 처분방법을 정하지 아니한 때에도 법정청산에 의한다(250조).

(2) 청 산 인

1) 개　　념　　청산인이란 법정청산절차에서 청산사무를 집행하고 법이 정한 바에 따라 청산중의 회사를 대표하는 자를 말한다. 따라서 해산 전 회사에서의 업무집행사원에 대응하는 지위라 할 수 있다. 회사와 청산인간의 관계에는 위임에 관한 규정이 준용되며(265조→382조 2항), 청산인의 자기거래는 제한을 받으나(265조→199조) 경업금지의무는 지지 아니한다.

2) 선　　임　　청산인은 총사원 과반수의 결의로 선임하나(251조 1항), 사원들이 청산인을 선임하지 않은 때에는 업무집행사원이 청산인이 된다(251조 2항). 법원이 청산인을 선임하는 경우도 있다. 회사가 사원이 1인으로 되어 해산한 때와 해산명령 또는 해산판결에 의해 해산한 때에는 반드시 법원이 청산인을 선임한다. 이 경우 법원은 사원 기타의 이해관계인[1]이나 검사의 청구에 의하여 또는 직권으로 청산인을 선임한다(252조). 2인의 청산인 중 하나가 사망하여 청산인이 1인이 되거나 청산인이 있다 하더라도 직무를 행할 수 없는 경우에는 위 규정을 유추적용하여 법원이 청산인을 선임할 수 있다고 보아야 한다(서울민사지법 1971. 7. 9. 선고 66가6853 판결).

3) 자　　격　　사원 과반수의 결의로 청산인을 선임할 경우 그 청산인은 사원이 아니라도 무방하며 또 회사와 아무런 이해관계가 없는 자라도 무방하다.

4) 청산인의 권한　　청산인은 청산사무(254조 1항)를 집행하며, 청산인이 수인이면 과반수결의로 정한다(254조 2항). 회사를 대표하는 청산인은 청산사무에 관한 재판상 또는 재판 외의 모든 행위를 할 수 있다(254조 3항). 수인의 청산인이 있는 경우 각자 회사를 대표하나 총사원의 동의로 대표청산인을 정할 수 있고 또 공동대표청산인으로 할 수 있다(265조→207조 · 208조). 업무집행사원이 청산인으로 된 경우에는 종전의 정함에 따라 회사를 대표하며(255조 1항), 법원이 수인의 청산인을 선임하는 경우에는 회사를 대표할 者를 정하거나 수인이 공동하여 회사를 대표할 것을 정할 수 있다(255조 2항). 대표청산인의 권한에 대한 제한은 선의의 제 3 자에게 대항할 수 없다(265조→209조 2항).

5) 해　　임　　청산인이 그 직무를 집행함에 현저하게 부적임하거나 중

---

1) 회사채권자가 이해관계인이 됨은 물론이나, 사원의 채권자가 이해관계인이라 할 수 있느냐가 문제이다. 임의청산에서 사원의 채권자를 보호하는 절차를 마련하고 있는 취지에서 본다면 사원의 채권자도 이해관계인에 포함된다고 보아야 할 것이다.

대한 임무에 위반한 행위를 한 때에는 법원은 사원 기타의 이해관계인의 청구에 의하여 청산인을 해임할 수 있다(262조). 이런 사유가 없더라도 사원이 선임한 청산인은 총사원 과반수의 결의로 해임할 수 있다(261조).

6) 손해배상책임　청산인이 임무를 해태한 때에는 주식회사의 이사의 경우와 같이 회사 또는 제 3 자에 대하여 손해배상책임을 진다(265조 → 399조 · 401조). 또한 대표청산인이 사무집행으로 타인에게 손해를 가한 때에는 대표사원의 경우와 같이 회사와 연대하여 손해배상책임을 진다(265조 → 210조).

7) 등　기　청산인이 선임된 때에는 선임된 날로부터, 업무집행사원이 청산인이 된 때에는 해산한 날로부터 본점소재지에서 2주일 내에 등기하여야 한다. 등기할 사항은 ① 청산인의 성명, 주민등록번호와 주소, ② 회사를 대표할 청산인을 정한 때에는 그 성명, ③ 수인의 청산인이 공동으로 회사를 대표할 것을 정한 때에는 그 규정이다(253조 1항). 대표청산인을 정한 경우에는 다른 청산인의 주소는 등기사항이 아니다(253조 1항 1호 단). 청산인을 해임한 경우에는 변경등기를 하여야 한다(253조 2항 → 183조).

⑶ 청산사무의 집행

1) 사무의 개시　청산인은 취임 후 지체없이 회사의 재산상태를 조사하고 재산목록과 대차대조표를 작성하여 각 사원에게 교부하여야 한다(256조 1항).

2) 청산사무의 종류　상법은 청산인의 직무권한으로 현존사무의 종결, 채권의 추심과 채무의 변제, 재산의 환가처분, 잔여재산의 분배를 정하고 있다(254조 1항 1호~4호). 그러나 이것은 청산사무 중 중요한 대강을 예시한 것이고 청산인의 직무가 이에 한정되는 것은 아니다.

㈎ **현존사무의 종결**　회사의 영업은 물론이고 청산사무 이외의 모든 사무를 종결지어야 하며, 새로운 법률관계를 형성하는 행위를 하지 못한다. 사법관계이든 공법관계이든 불문한다. 그러나 해산 전부터 회사가 당사자가 되어 계속중인 소송은 대표청산인이 수계하여 수행하여야 할 것이다(민소 235조).

㈏ **채권의 추심**　청산인은 회사의 채권을 추심하여야 하나 그렇다고 회사채무자가 기한의 이익을 잃는 것은 아니다.

㈐ **채무의 변제**　청산인은 변제기에 이르지 아니한 회사채무도 변제할 수 있다(259조 1항). 기한의 이익이 채권자에게 있더라도 마찬가지이다. 이자가 없는 채무를 변제할 때에는 기한의 이익을 회사가 포기하는 셈이므로 회사는 채무액 전액이 아니라 변제기까지의 법정이자를 가산하여 채무액과 같아지는 금액만을

변제하면 된다(259조 2항).[1)]

이자부채무라도 이율이 법정이자보다 적은 경우에는 변제기까지의 그 차액에 해당하는 이자를 가산하여 채무액과 같아지는 금액을 변제한다(259조 3항). 그리고 조건부채무, 존속기간이 불확정한 채무 기타 가액이 불확정한 채무는 법원이 선임한 감정인의 평가에 따라 변제한다(259조 4항).

(라) **출자청구** 회사의 현존재산이 채무를 변제하기에 부족한 때에는 청산인은 변제기에 불구하고 각 사원에 대하여 각 사원의 지분의 비율로 출자를 청구할 수 있다(258조). 그러나 사원은 연대 · 무한의 책임을 지므로 자기의 지분에 비례하여 출자를 이행하였다고 하여 회사채권자에 대하여 회사채무에 관한 책임이 소멸하는 것은 아니다.

(마) **재산의 환가처분** 청산인은 채무변제와 잔여재산분배를 위하여 회사재산을 환가처분하여야 한다. 그 일환으로 영업의 전부 또는 일부를 양도할 수 있으나 총사원 과반수의 결의를 얻어야 한다(257조).

(바) **잔여재산의 분배** 청산인은 회사채무를 완제한 후에 한하여 사원에게 회사재산을 분배할 수 있으며, 다툼이 있는 채무가 있을 때에는 그 변제에 필요한 재산을 유보하고 분배하여야 한다(260조). 분배는 각 사원의 지분에 비례하여야 하며, 노무나 신용을 출자한 사원도 지분에 따라 분배를 받는다.

3) **청산의 종결** 청산이 종결된 때에는 청산인은 지체없이 계산서를 작성하여 각 사원에게 교부하고 승인을 얻어야 한다(263조 1항). 계산서를 받은 사원이 1월 내에 이의를 하지 아니한 때에는 그 계산을 승인한 것으로 본다(263조 2항 본). 그러나 청산인에게 부정행위가 있는 경우에는 이와 같은 효과가 생기지 않는다(263조 2항 단). 계산서에 관해 총사원이 승인한 때에는 청산인은 승인한 날로부터 2주일 내에 본점소재지에서 청산종결의 등기를 하여야 한다(264조).

---

1) 채무액이 a원이고 변제기가 n년 후라면 현재 변제해야 할 금액 x는 다음과 같이 계산한다. $x(1+0.06\times n)=a$(원), 단 0.06은 法定利子임. ∴ $x=a/(1+0.06n)$.

제 4 장
합자회사

합자회사

제 1 절 총 설

I. 연 혁

합자회사(Kommanditgesellschaft)는 10세기경부터 지중해의 해상무역을 위해 체결되던 commenda계약에서 비롯된 것으로 알려져 있다. 이 계약은 資本家(commendator)가 상품 또는 금전을 제공하여 영업자(tractator)로 하여금 그의 이름으로 해외무역을 영위하게 하고 그 대가로서 이익의 일부를 분배받는 것이었는데, 후에는 영업자가 노무만이 아니라 자본의 일부를 출자하기도 하였다(societas collegantia). 15세기에 이르러 그 형태는, ① 자본가가 공동기업자로서 외부에 나타나는 것(accommendita), ② 자본가는 내부에 숨어 있고 영업자가 대외적인 권리·의무의 주체로 되는 것(participatio)으로 나누어져, 전자가 합자회사로 발전하고 후자는 익명조합의 기원이 되었다.[1)]

1) Kübler/Assmann, S. 5 ff.

Ⅱ. 특　　색

합자회사는 무한책임사원과 유한책임사원으로 구성된 회사로서(268조) 소수의 機能資本家(무한책임사원)와 持分資本家(유한책임사원)의 결합체이다. 지분자본가는 기업활동에는 관여하지 않고 단지 기능자본가에 출자하고 그의 영업활동에서 얻은 이윤의 배분에 참가한다. 지분자본가는 이같이 기업경영에 참여할 수 있는 권리를 포기하고, 그 대가로서 책임의 有限性을 누린다. 기능자본가만의 결합인 합명회사에서는 조달되는 자본의 규모가 제한받을 수밖에 없지만, 합자회사에서는 기능자본가를 기업의 중심으로 삼아 지분자본가를 결합하는 2원적 방식으로 조직함으로써 보다 고액의 자본집중을 기할 수 있다.

이같이 보면 합자회사란 합명회사의 조직을 기초로 하여 여기에 유한책임사원을 추가한 것이므로 조직의 2원성에서 비롯되는 약간의 특별규정이 적용되는 것 외에는 일반적으로 합명회사의 규정이 준용된다(269조). 그러므로 이 장에서는 합명회사에 대한 합자회사의 특성만을 살피기로 한다.

투자합자회사

투자합자회사란 자본시장법이 집합투자를 수행하는 회사형 집합투자기구의 일종으로 인정한 상법상의 합자회사이다(자금 9조 18항 4호). 무한책임사원 1인과 유한책임사원이 정관을 작성하여 설립한다(자금 213조 1항). 사원은 회사에 출자를 하고 회사는 자산을 투자하여 얻은 결과를 사원에게 이익배당 또는 지분증권을 환매하는 방식으로 사원에게 이익을 분배한다. 투자합자회사도 상법상의 합자회사이므로 합자회사에 관한 상법규정의 적용을 받지만, 자본시장법에 의해 설립되므로 동법이 정한 특례가 우선적용된다. 그리하여 상법의 일부 규정의 적용이 배제되기도 하고, 상법에 없는 규율이 가해지기도 한다. 예컨대 사원의 출자는 금전출자만 허용되며(자금 213조 2항, 4항), 무한책임사원은 1인만 있을 수 있고, 업무집행사원은 무한책임사원이어야 한다. 그리고 업무집행사원은 집합투자자이어야 한다(자금 214조 1항). 또 투자합자회사에서는 상법상의 일반 합자회사와 달리 사원총회를 구성 · 운영하여야 한다(자금 215조).

제 2 절 회사의 설립

합자회사는 무한책임사원이 될 자 1인 이상과 유한책임사원이 될 자 1인 이상이 정관을 작성하고 설립등기를 함으로써 성립한다. 정관의 절대적 기재사항은 합명회사와 같으나(270조·179조), 그 밖에 각 사원별로 책임의 종류, 즉 무한책임 또는 유한책임을 기재하여야 한다(270조). 설립등기도 같은 요령으로 한다(271조·180조).

제 3 절 내부관계

Ⅰ. 출　　자

무한책임사원은 합명회사의 사원과 같이 금전출자나 현물출자 외에 노무출자와 신용출자도 할 수 있으나, 유한책임사원은 신용 또는 노무를 출자의 목적으로 하지 못한다(272조). 사원 전원이 유한책임을 지는 물적회사에서 자본충실이 강조되는 것과 같은 취지이다.

Ⅱ. 업무집행 · 감시

(1) 업무집행권

합자회사의 업무는 정관에 다른 규정이 없는 한 무한책임사원 각자가 집행할 권리와 의무가 있다(273조). 유한책임사원은 회사의 업무집행을 할 수 없다(278조). 지배인의 선임도 무한책임사원 과반수의 결의에 의하고 유한책임사원은 그 결정에 관여할 수 없다(274조).

회사의 업무집행은 내부관계에 불과하고, 따라서 이에 관한 규정은 임의규정이므로 정관 또는 총사원의 동의로 유한책임사원도 업무집행권을 가질 수 있다는 것이 통설이다(권기범 370; 김정호 1161; 김동훈 598; 손주찬 526; 송옥렬 1326; 서헌제 738; 임홍근 917; 이 · 최 907; 정동윤 910; 정경영 1005; 정찬형 617; 최기원 1061). 그러나 합명회사에서 정관의 규정이나 총사원의 동의로도 사원 아닌 자에게 업무집행권을 부여할 수 없다고 함이 정설인데, 같은 업무집행에 관한 규정을 하나는 강행규정으로 보고 다른 하나는 임의규정으로 본다는 것은 모순이다. 또 통설은 유한책임사원의 업무집행을 긍정하면서도 대표권만큼은 유한책임사원이 가질 수 없다고 설명하는데(권기범 372; 김정호 1161; 손주찬 529; 송옥렬 1321; 이 · 최 908; 임홍근 917; 정동윤 912; 정경영 1005; 정찬형 621; 최기원 1064)(판례 [14] 참조), 업무집행과 대표는 원래 표리의 관계에 있으므로 이를 분리해 귀속시킴은 타당하지 않다. 유한책임사원을 업무집행과 회사대표에서 배제하려는 상법 규정은 기능자본가와 지분자본가의 결합체라는 합자회사의 본질에 충실하고, 또 회사재산의 보전과 나아가서는 회사채권자의 보호란 측면에서 볼 때 「유한책임」 사원에게 회사의 관리를 맡기는 것이 적절하지 못하다는 취지를 담고 있으므로 상법 제278조는 강행규정으로 다루는 것이 옳다(同旨: 최준선 875; 현낙희(주석-회사 1) 653).

(2) **권한상실선고**

업무집행사원의 권한상실선고는 유한책임사원도 청구할 수 있으며(대법원 2012. 12. 13. 선고 2010다82189 판결), 지분의 대소는 상관이 없다.[1] 그러나 무한책임사원이 1인인 경우에 그의 업무집행권을 박탈한다면 업무집행을 담당할 자가 없게 되므로 이 때에는 업무집행사원의 권한상실선고는 허용될 수 없다(판례 [14])(同旨: 김정호 1162; 정경영 1004; 정찬형 617; 최기원 1061; 최준선 876. 반대: 권기범 371; 정동윤 912). 그러나 무한책임사원 1인에게 권한상실선고가 내려지면 그 판결은 형성력을 발휘하므로 이후 나머지 무한책임사원 전원이 퇴사하여 선고를 받은 사원이 유일한 무한책임사원이 되었다 하더라도 권한상실선고가 당연히 실효하거나 그 무한책임사원의 권한이 부활하는 것은 아니다. 이 경우에는 나머지 유한책임사원의 총동의로 동 무한책임사원을 다시 업무집행사원(대표사원)으로 선임하는 경우에 한해 권한을 회복할 수 있다(대법원 2021. 7. 8. 선고 2018다225289 판결).

판 례

[14] 대법원 1977. 4. 26. 선고 75다1341 판결

「… 새로운 유한책임사원 또는 무한책임사원을 가입시켜 회사를 계속할 수 있다는 상법 제285조는 무한책임사원 또는 유한책임사원 전원이 퇴사한 경우를 규정한 것이므로 이러한 회사의 결과를 가져오지 않는 본건의 경우에는 이 규정이 적용될 수가 없고 본건에서 사원 전원의 동의로써 새로운 무한책임사원을 가입시킨다는 것은 결국 정관의 변경을 의미한다 할 것인바, 이는 결국 사원 전원의 동의로 인한 정관의 변경이 없는 한 회사를 계속할 수 없다는 결과가 되어 이러한 정관의 변경을 강요하면서까지 권한상실을 선고할 수는 없다 할 것이고, 또 유한책임사원의 업무집행이나 대표행위를 인정하지 않고 있는 상법 제278조에 불구하고 정관 또는 내부규정으로써 유한책임사원에게 업무집행권을 부여할 수 있는 것이라고 하더라도 유한책임사원에게 대표권까지 부여할 수는 없〔다.〕(대법원 1966. 1. 25. 선고 65다2128 판결 참조)

위와 같이 볼 때 업무집행사원의 권한상실선고제도는 합자회사에 있어 무한책임사원이 2인 이상 있는 경우를 전제로 한 것이라고 할 것이고, 따라서 본건에 있어서와 같이 무한책임사원이 한 사람뿐인 경우에는 이 제도가 적용될 여지가 없다. …」

---

1) 서울고법 1974. 1. 24. 선고 72나1588 판결: 출자지분이 1.3%에 불과한 유한책임사원이 제기한 무한책임사원의 권한상실선고의 청구를 인용하였다.

(3) 감 시 권

유한책임사원은 회사의 업무집행에서 배제되므로 무한책임사원의 전횡으로부터 스스로의 이익을 지키기 위하여 감시권을 행사할 수 있다. 즉 유한책임사원은 영업연도 말에 영업시간 내에 회사의 회계장부, 대차대조표, 기타의 서류를 열람할 수 있고 회사의 업무와 재산상태를 검사할 수 있다(277조 1항). 중요한 사유가 있는 때에는 위와 같은 시기적인 제약을 받지 않고 언제든지 법원의 허가를 얻어 열람과 검사를 할 수 있다(277조 2항). 「중요한 사유」란 회사의 업무에 상당한 부담이 될 것임에도 불구하고 시기적 제한이 없이 열람 · 검색을 인정해야 할 상황이 생겼음을 뜻한다. 구체적으로는 회사의 업무집행에 관하여 무한책임사원의 부정행위나 법령 · 정관의 중대한 위반을 의심할 만한 사유(467조 1항 참조)가 있음을 의미한다고 풀이한다.[1)]

Ⅲ. 경업 · 자기거래의 제한

유한책임사원은 업무집행권을 갖지 못하고 이윤의 분배에 참가하는 데 불과하므로 구태여 경업을 금지시킬 필요가 없다(275조). 그러나 회사와의 거래를 제한하는 규정(199조)은 경업금지와는 달리 유한책임사원에게도 적용된다(269조).

Ⅳ. 손익의 분배

정관에 다른 정함이 없으면 손익은 합명회사의 경우와 같이 출자액에 비례하여 분배한다(269조 → 195조 → 민 711조). 다만 유한책임사원은 출자액을 한도로 하여 손실을 분담한다.

Ⅴ. 지분의 양도와 사원의 변동

1) 지분의 양도　　무한책임사원의 지분의 양도에는 총사원의 동의를 요하므로(269조 → 197조) 유한책임사원의 동의도 필요하지만, 유한책임사원의 지분의 양도에는 무한책임사원 전원의 동의만 있으면 족하고 유한책임사원의 동의는 요하지 않는다(276조 전). 무한책임사원의 변동은 대외적인 책임주체와 업무집행자의 변동을 뜻하므로 유한책임사원도 이해를 갖지만, 유한책임사원 상호간에는 신분변동에

1) 日注釋(1), 628면.

이해를 갖지 않기 때문이다. 유한책임사원의 지분이 양도됨에 따라 정관을 변경해야 할 경우에도 같다(276조 후). 이 경우에는 예외적으로 무한책임사원의 전원동의만으로 정관이 변경되는 효과가 생긴다.

2) 입 사 새로운 유한책임사원이 입사할 경우에는 총사원의 동의를 얻어 정관을 변경하여야 한다(270조). 판례 중에는 유한책임사원의 입사절차에 완화된 입장을 취하여, 대표사원인 무한책임사원과 동업계약을 한 것을 유한책임사원으로 입사한 것이라 본 예가 있다.[1)]

3) 지분의 入質 무한책임사원의 지분의 입질에 관해서는 합명회사에서 다룬 바와 같다. 유한책임사원의 지분도 당연히 입질이 가능하다. 판례는 민법에서 권리질의 설정은 권리의 양도방법에 따르도록 함(민 346조)을 이유로 유한책임사원의 지분은 무한책임사원의 전원의 동의(276조)를 얻어 입질할 수 있다고 하며, 동의를 얻음으로써 별도의 대항요건을 갖출 필요없이 회사와 제 3 자에게 대항할 수 있다고 한다(대법원 2015. 4. 23. 선고 2014다218863 판결).[2)·3)]

상법 제276조가 정하는 무한책임사원의 동의는 유한책임사원의 지분의 「양도방법」이 아니고 「양도의 제한」이라고 보아야 하므로 이를 질권설정방법으로 원용하는 것은 옳지 않다. 판례는 주권발행전 주식을 지명채권양도의 일반원칙에 따라 당사자간의 의사표시에 의해 양도할 수 있다고 하며, 통지 · 승낙을 대항요건으로 본다(417면 참조). 주식과 지분은 사원권이라는 점에서 본질을 같이 하므로 유한책임사원의 지분의 양도방법과 대항요건도 지명채권의 양도방법에 따르도록 하는 것이 논리적이다. 그러므로 유한책임사원의 지분의 입질도 당사자의 의사표시에 의해 가능하고 대항요건으로서 회사에 대한 통지 또는 회사의 승낙을 요한다고 보아야 한다. 질권의 실행방법은 무한책임사원의 지분의 입질에 관해 설명한 것과 같다.

4) 퇴 사 유한책임사원의 사망은 퇴사원인이 아니며, 그 상속인이 지분을 승계하여 사원이 된다(283조). 또한 유한책임사원의 경우에는 성년후견개시

---

1) 대법원 2002. 4. 9. 선고 2001다77567 판결: 이 사건에서 법원은 설립 후 사원의 입사는 회사와 입사하려는 자와의 계약에 의해 이루어진다고 이론구성하고 무한책임사원이 회사를 대표하여 입사계약을 체결한 것으로 보았다.

2) 본문의 판례는 구 간접투자자산 운용업법(2009. 2. 4. 폐지)에 의해 설립된 「사모투자전문회사」의 유한책임사원의 지분의 입질을 다룬 것이다. 동회사에는 합자회사에 관한 규정이 적용되었으므로(동법 144조의2 4항) 이 판례는 합자회사의 유한책임사원의 지분의 입질에 관한 일반론을 설시한 것으로 볼 수 있다.

3) 일본에서의 통설이다(日注釋(1), 633면).

심판도 퇴사원인이 되지 않는다(284조). 이 역시 유한책임사원이 제한된 책임을 부담하고 업무집행권을 갖지 않는 점에서 비롯된 것이다.

하지만 제명의 의사결정에서는 무한책임사원과 유한책임사원이 등가의 지위를 가짐을 주의해야 한다. 어떤 종류의 사원을 제명하든 나머지 유한책임사원과 무한책임사원 전원의 과반수의 결의를 요한다(판례[15]). 그리고 무한책임사원이 없거나 유한책임사원이 없어지면 해산사유가 되므로 어느 종류의 사원 전원을 제명할 수는 없다(동판례).

5) 책임의 변경 무한책임사원 또는 유한책임사원에게 책임의 변경이 있을 경우(예컨대 무한책임사원이 유한책임사원으로, 유한책임사원이 무한책임사원으로 변동되는 것)에는 어떤 절차가 필요한가? 각 사원의 책임의 종류는 정관에 기재해야 하므로 사원의 책임변경은 정관변경사유가 되어 총사원의 동의가 있어야 한다(대법원 2010. 9. 30. 선고 2010다21337 판결).

판 례

[15] 대법원 1991. 7. 26. 선고 90다19206 판결

「상법 제220조 제 1 항, 제269조는 합자회사에 있어서 사원에게 같은 법조 소정의 제명사유가 있는 경우에는 다른 사원 과반수의 결의에 의하여 그 사원의 제명선고를 법원에 청구할 수 있다고 규정하고 있는바, 다른 사원 과반수의 결의란 그 문언상 명백한 바와 같이 제명대상인 사원 이외에 다른 사원 2인 이상의 존재를 전제로 하고 있으므로, 무한책임사원과 유한책임사원 각 1인만으로 된 합자회사에 있어서는 한 사원의 의사에 의하여 다른 사원의 제명을 할 수는 없다고 보아야 할 것이다.

그리고 유한책임사원과 무한책임사원의 2인만으로 된 경우에 그 1인의 제명은 상법 제285조 제 1 항에 의하여 회사가 해산되는 결과가 되는데, 상법 제220조 제 1 항에서 사원의 제명을 인정하는 이유가 회사를 해산상태로 몰고 가자는 것이 아니고 회사의 존속을 도모하여 회사의 해산 및 신설의 불이익을 면하도록 하는 데 있음을 감안하여 볼 때, 한 사람의 의사에 의하여 다른 사원을 제명하는 것을 인정하는 것은 위 취지에 어긋나고 또 제명이란 사원자격을 박탈하는 비상수단이므로 신중한 절차를 요하여야 할 것이라는 제도 자체의 성질에도 합치되며 그와 같이 해석하지 않으면 소수자에 의하여 회사내분이 야기될 위험성이 있게 될 것이다.」

제 4 절 외부관계

1. 회사의 代表

유한책임사원은 회사의 업무집행권을 갖지 못함과 동시에 대표권도 갖지 못한다(278조). 유한책임사원도 정관 또는 총사원의 동의로 업무집행권을 가질 수 있다고 하는 견해도 유한책임사원에게 대표권까지 부여할 수 없다는 데에는 異論이 없다(판례 [16]). 유한책임사원이 이 규정에 위반하여 회사를 대표한 행위는 무효이지만, 당해 대표행위는 상대방에 대해 불법행위를 구성하고, 회사가 사용자배상책임(민 756조)을 져야 할 경우도 있을 것이다.1)

판례

[16] 대법원 1966. 1. 25. 선고 65다2128 판결

「… 상법 제278조에 의하면 합자회사에 있어서 유한책임사원은 회사의 업무집행이나 대표행위를 하지 못한다고 규정하고 있고, 같은 법 제273조에 의하면 무한책임사원은 정관에 다른 규정이 없는 때에는 각자가 회사의 업무를 집행할 권리와 의무가 있다고 규정하는 바이므로 합자회사에 있어서는 정관 또는 총사원의 동의로써 회사대표자로 될 수 있는 자는 무한책임사원에 한할 것이고, 유한책임사원은 설사 정관 또는 총사원의 동의로써 회사대표자로 지정되어 그와 같은 등기까지 경유되었다 하더라도 회사대표권을 가질 수 없을 것이다.

그러므로 위와 같은 경우에는 회사대표에 관한 정관의 규정은 없는 것과 같은 결과가 될 것이며, 무한책임사원이 각자 합자회사를 대표할 권리와 의무를 가진다고 봄이 정당하다. …」

2. 유한책임사원의 책임

무한책임사원은 회사채무에 관해 합명회사의 사원과 같은 책임을 진다. 그러나 유한책임사원은 출자의무를 한도로 하여 책임을 진다(279조 1항). 따라서 회사에 대하여 이미 출자의무의 전부 또는 일부를 이행한 때에는 그 범위에서 회사채권자에 대한 책임을 면한다(동조 동항). 그러나 회사에 이익이 없음에도 불구하고 배당을 받았다면 변제책임을 정함에 있어 그 금액을 가산한다(279조 2항). 정관변경에 의하여 유한책임사원의 출자액이 감소하더라도 변경등기 이전에 생긴 회사채무에 대해

1) 프랑스에서는 회사를 대표한 유한책임사원은 대표행위로 인해 생긴 채무에 관해 무한책임사원과 연대하여 책임을 지도록 규정하는데(C. com. Art. L. 222-6 al. 2), 입법론으로 참고할 만하다.

〈표 4-1〉 무한책임사원과 유한책임사원의 지위비교

	무한책임사원	유한책임사원
노무 · 신용출자	可	不可(272조)
업무집행권	有(273조)	無(278조)
업무감시권	有(269조→195조→민 710조)	有(277조)
대표권	有(269조→207조)	無(278조)
업무집행의 이의제기	可(269조→200조 2항)	不可
경업금지의무	有(269조→198조)	無(275조)
지분양도	총사원의 동의要(269조→197조)	무한책임사원의 동의要(276조)
사원의 사망	퇴사의 원인(269조→218조 3호)	지분상속(283조)
사원의 성년후견개시	퇴사의 원인(269조→218조 4호)	퇴사하지 않음(284조)
책임	무한(269조→212조)	유한(279조)

서는 등기 후 2년간 책임을 면하지 못한다(280조).

그리고 유한책임사원이 타인에게 자기를 무한책임사원이라고 오인시키는 행위를 한 때에는 오인으로 인하여 회사와 거래를 한 자에 대하여 무한책임사원과 동일한 책임을 지며(281조 1항), 또 이와 마찬가지로 유한책임사원이 그 책임의 한도를 오인시킨 경우에도 오인시킨 범위에서 책임을 진다(281조 2항). 외관주의에 입각한 표현책임이다.

3. 책임의 변경

정관을 변경하여 유한책임사원이 무한책임사원으로 또는 반대로 무한책임사원이 유한책임사원으로 바뀔 수 있다. 전자의 경우에는 신입사원의 책임에 관한 상법 제213조가, 후자의 경우에는 퇴사원의 책임에 관한 상법 제225조가 각각 준용된다(282조).

제 5 절 회사의 해산 및 계속

합자회사는 합명회사와 같은 원인으로 해산하나, 합자회사는 무한책임사원과 유한책임사원의 2원적 조직이므로 어느 한쪽의 사원이 전원 퇴사했을 때에도 당연히 해산한다(285조 1항). 이 경우에 잔존한 무한책임사원 또는 유한책임사원 전원의 동의로 유한책임사원 또는 무한책임사원을 새로 가입시켜서 회사를 계속할 수도 있다(285조 2항). 또한 유한책임사원 전원이 퇴사했을 경우에는 무한책임사원 전원의 동의로 합명회사로 조직변경을 하여 계속할 수도 있다(286조 2항).

제 6 절 회사의 청산

청산절차와 방법은 합명회사의 경우와 같다. 청산인을 선임할 경우에 무한책임사원 과반수의 결의로 청산인을 선임하며, 유한책임사원의 동의는 요하지 않는다. 이를 선임하지 않은 때에는 업무집행사원이 청산인이 된다(287조).

제 5 장
유한책임회사

유한책임회사

제1절 총　　설

I. 의　　의

2011년 개정에 의해 신설된 유한책임회사는 내부적으로는 組合의 실체를 가진 人的會社이면서 대외적으로는 사원 전원이 유한책임의 이점을 누리는 회사이다. 인적회사의 속성과 유한책임이 결합한 기업조직으로서는 사원의 일부가 유한책임을 지는 합자회사가 있지만, 상법에서는 기본적으로 인적회사에는 무한책임사원이 불가결한 존재이고 회사의 업무집행은 무한책임사원만이 담당할 수 있다는 입법정책이 고수되어 왔다.

그러나 최근의 산업구조에서는 벤처기업과 같이 창의적인 인적 자산을 위주로 하는 사업이 번성하는데, 이러한 기업의 창업자들이 희망하는 기업형태는 i) 창업자가 단독으로 자유롭게 경영할 수 있거나, 타인과 같이 하더라도 구성원간에 강한 유대를 갖는 인적집단으로 운영할 수 있으며, ii) 기업실패로 인한 창업자들의 위험부담을 최대한 줄일 수 있는 기업조직이라고 할 수 있다. 2011년 개정 전까지 상법이 제공하는 합명, 합자, 주식, 유한회사라는 네 가지의 기업형태는 위 두 가지 욕구를 동시에 충족시키기에는 미흡하였으므로 개정상법은 이같은 새로운 기업형태에 대한 수요를 받아들여 사원들이 유한책임을 지면서도 인적회사와 같이 조합적인 방법으로 운영할 수 있는 유한책임회사(287조의 2 이하)를 신설하는 동시에, 조합의 방식으로도 같은 목적을 달성할 수 있도록 합자조합(86조의 2 이하)을 인정함으로써 기업조직에 관한 다양한 선택을 허용하였다.[1)]

유한책임회사는 미국에서 널리 이용되고 있는 limited liability company (LLC) 그리고 일본이 2005년에 미국의 LLC를 본받아 신설한 合同會社(日會 576조 4항)를 모델로 하여 구상된 것이나, 구체적인 규율에 있어서는 상이한 점이 많다.[2)]

유한책임회사의 실용성

유한책임회사는 개인기업과 다름없이 운영하면서도 유한책임의 이점을 누릴 수 있는 기업조직이므로 소규모의 영세상인들에게 매우 선호도가 높을 듯도 싶지만, 우리나라에서는 아무리 영세하더라도 주식회사에 대한 선호도가 절대적임을 감안하면 유한책임회사가 대안적인 소규모 기업형태가 될 수 있을지는 의문이다. 다만, 有限責任性과 組合性의 결합이라는 장점 때문에 합작기업, 기업매수를 위한 특수목적회사, 투자펀드 등의 용도로 유용할 것이다.[3)]

Ⅱ. 법률관계의 구조와 특색

상법은 유한책임회사의 법률관계를 내부관계와 외부관계로 분류한다. 내부관계로서는 사원의 책임, 업무집행 및 업무집행자의 행위제한, 지분양도, 정관변경 등을 다루고, 외부관계로서는 회사의 대표, 손해배상책임, 대표소송을 다루고 있다. 상법이 내부관계로 분류한 것 중 사원의 책임은 대외적인 책임을 말하므로 외부관계로 분류함이 옳고, 사원의 대표소송을 외부관계에서 규율하고 있지만, 이는 개념적으로는 내부관계로 분류하는 것이 바람직하다. 그리고 상법은 내부관계와 외부관계 이외에 「사원의 가입과 탈퇴」 및 「회계 등」을 별도의 절로 규정하고 있다. 이는 편의적인 구분이고 사원의 가입·탈퇴도 내부관계로 볼 수 있다.

유한책임회사는 사원들이 전부 유한책임을 지면서도 인적회사와 같이 조합적인 방법으로 운영할 수 있도록 구상된 회사이므로 합명회사를 기본틀로 하고 사원들을 유한책임사원으로 교체한 회사라고 비유할 수 있다. 이는 회사의 내부

1) 법무부 해설, 3면.
2) 미국의 LLC 와 日本의 合同會社의 비교에 관해서는 김재문, "일본의 LLC 입법과 미국의 LLC 입법의 비교,"「比較」 제15권 3호(2008), 437면 이하 참조.
3) 일본에서도 合同會社의 용도를 본문에서와 유사하게 설명하고 있다(會社法大系(1), 408면).

관계에 있어서는 유한책임회사는 합명회사와 동질적인 법리에 의해 규율되어야 함을 의미한다. 그러므로 상법은 유한책임회사의 내부관계에 관하여는 정관이나 상법에 규정된 사항을 제외하고는 합명회사에 관한 규정을 준용한다(287조의18).

제 2 절 회사의 설립

Ⅰ. 설립상의 특색

유한책임회사는 사원이 정관에 의해 특정되는 인적회사이다. 하지만 사원이 유한책임을 진다는 의미에서 사원의 인적 구성을 중심으로 한 사단성은 크게 퇴색되므로 주식회사 및 유한회사와 같이 1인의 사원만으로도 유한책임회사를 설립할 수 있다(287조의2).

사원이 유한책임을 지므로 합명회사나 합자회사와는 달리 채권자를 보호하기 위하여 설립당초부터 자본의 실체를 확보해야 할 필요가 있다. 그래서 설립시의 출자에 전액납입주의가 적용되고, 채권자를 위해서는 환가성이 있는 책임재산을 확보해야 하므로 노무나 신용출자가 제한되는 등 자본충실의 이념을 반영한 엄격한 규율이 적용된다(287조의4).

Ⅱ. 설립절차

(1) 정관의 작성

사원은 아래 사항을 기재한 정관을 작성하고 기명날인(또는 서명)하여야 한다(287조의3).

1) 목적 등　목적, 상호, 사원의 성명 · 주민등록번호 · 주소, 본점의 소재지, 정관의 작성연월일을 기재해야 함은 합명회사와 같다(287조의3 1호 → 179조 1호~3호 · 5호 · 6호).

2) 사원의 출자의 목적 및 가액

3) 자본금의 액　합명회사와 합자회사에서는 무한책임사원이 존재하므로 자본금이 중요한 의미를 갖지 못하지만, 유한책임회사에서는 사원이 전원 유한책임을 지는 까닭에 대외적인 책임이행능력의 표지로서 자본금이 중요한 역할을 한다고 볼 수 있어 정관의 기재사항으로 한 것이다.

4) 업무집행자의 성명(법인인 경우에는 명칭) 및 주소 합명회사와 합자회사에서는 원칙적으로 무한책임사원이 업무집행을 하지만, 유한책임회사에서는 후술과 같이 사원이 수행할 수도 있고 제 3 자로 하여금 수행하게 할 수도 있으므로 이를 정관에 명시하게 한 것이다. 업무집행자가 법인인 경우에는 명칭을 기재하라고 함은 법인도 업무집행자가 될 수 있음을 전제로 한 것이다.

(2) 출자의 이행

유한책임사원만으로 구성되는 유한책임회사에서는 주식회사에서와 마찬가지로 책임재산을 설립 전에 확보하여야 한다. 따라서 사원은 정관의 작성 후 설립등기를 하기 전에 출자를 전부 이행하여야 한다(287조의4 2항). 같은 이유에서 현물출자를 하는 사원은 납입기일에 지체 없이 유한책임회사에 출자의 목적인 재산을 인도하고, 등기, 등록, 그 밖의 권리의 설정 또는 이전이 필요한 경우에는 이에 관한 서류를 모두 갖추어 교부하여야 한다(287조의4 3항).

자본은 회사의 책임재산이 될 수 있는 자산으로 구성해야 할 것이므로 신용이나 노무는 출자의 목적으로 하지 못한다(287조의4 1항).

(3) 설립등기

유한책임회사는 본점의 소재지에서 등기함으로써 성립한다(287조의5). 사원은 등기사항이 아니다. 그러나 업무집행자의 성명, 주소 및 주민등록번호 그리고 대표자를 정한 경우 성명과 주소는 등기해야 한다. 유한책임회사를 대표할 업무집행자를 정한 경우에는 그 외의 업무집행자의 주소는 등기할 필요가 없다(287조의5 1항 4호 · 5호).

Ⅲ. 설립의 취소 · 무효

회사설립행위 또는 절차에 무효원인이 있거나 취소원인이 있을 때에는 합명회사에서와 마찬가지로 소만으로써 다툴 수 있다(287조의6). 다만 무효의 소는 사원만이 아니라 사원 아닌 업무집행자도 제기할 수 있으며, 취소의 소는 취소권 있는 자에 한하여 제기할 수 있다(287조의6 → 184조). 그 밖의 소송절차 및 판결의 효력은 합명회사의 설립무효 · 취소와 같다(287조의6 → 184조~194조).

제 3 절 내부관계

Ⅰ. 내부관계의 특색

유한책임회사는 합명회사의 조직을 바탕으로 하고 사원들만 유한책임사원으로 교체한 회사이므로 내부관계는 합명회사와 거의 같다고 함은 기술하였다. 그래서 유한책임회사의 내부관계에 관하여는 합명회사에 관한 규정이 일반적으로 준용되는데(287조의18), 이는 내부관계에 관한 한 폭넓은 정관자치 내지는 자율적 규율이 가능함을 의미한다. 그러나 사원 전원이 유한책임을 지므로 내부관계라 하더라도 채권자보호와 관련되는 문제에서는 정관자치와 자율적 운영이 제한될 수밖에 없다.

Ⅱ. 업무집행

1. 유한책임회사의 업무집행 방법론

회사의 업무집행권을 누가 행사하느냐 또는 업무집행자를 어떤 방법으로 선임할 것이냐는 것은 회사의 종류에 따라 다르지만(예컨대 주식회사에서는 이사라는 타인기관이 담당하고 합명회사에서는 사원 자신이 담당한다), 어느 경우에나 업무집행의 결정 자체 또는 업무집행기관의 선임은 회사의 존속에 직결되는 문제이므로 교착상태가 생기지 않도록 사원들의 과반수 결의에 의해 정해지도록 한다. 예컨대 주식회사의 이사선임은 주주총회의 과반수결의에 의하고(382조 1항), 합명회사의 업무집행은 사원 또는 업무집행사원의 과반수찬성으로 결정하는 것(200조 2항)과 같다. 요컨대 회사의 일상적인 업무집행은 사원들의 과반수의 의사에 근거를 갖는다고 할 수 있다. 다른 입법례에서도 그 경향은 같은데, 유한책임회사에 해당하는 회사의 경우 우리나라의 합명회사의 업무집행방법과 대체로 같다.

미국법에서는 유한책임회사(LLC)를 사원운영회사(member managed company)와 업무집행자운영회사(manager managed company)로 구분하고, 정관에 다른 규정이 없으면 회사는 사원운영회사가 된다고 규정한다(§ 407 (a) Revised Uniform LLC Act: ULLCA). 사원운영회사에서는 사원 각자가 회사의 상무를 집행할 권한이 있으며, 사원간에 이견이 있을 경우 사원의 과반수의 결의로 결정한다(§ 407 (b) ULLCA). 경영자운영회사는 사원의 과반수의 결의에 의해 선임되는 업무집행자가 회사를 운영한다(§ 407 (c) ULLCA). 어느 형태의 회사에서나 일상적이지 않은 업무는 사원전원의 동의를 요한다.

한편 우리의 유한책임회사에 해당하는 일본의 합동회사에서는 정관에 다른 정함이 없는 한 사원 각자가 업무를 집행할 권한을 가지며(사원운영회사), 이견이 있을 경우 과반수의 결의로 정한다(日會 590조). 다만 예외적으로 회사가 정관으로 업무집행사원을 선임하는 것을 선택할 수도 있다(日會 591조). 두 입법례를 보아서도 알 수 있듯이 유한책임회사 역시 회사의 일상적인 업무집행은 사원 과반수의 의사에 의해 궁극적으로 해결되는 것을 원칙으로 하고 있음을 알 수 있다.

상법상 유한책임회사에서 업무집행자를 두게 한 점에서는 미국의 경영자운영회사의 방법을 본받았다고 할 수 있으나, 업무집행자를 선임하는 방법에 있어서는 일본의 예외적인 선임방법을 본받았다고 할 수 있다.

2. 업무집행자의 선임

(1) 선임방법

유한책임회사에서는 정관으로 업무집행자를 정해야 한다(287조의12 1항). 업무집행자는 사원 중에서 정할 수도 있고 사원이 아닌 자로 정할 수도 있다. 주식회사와 유한회사에서는 사원이 유한책임을 지므로 소유와 경영이 분리되어야 하고, 같은 원리가 합자회사의 유한책임사원에도 적용되는 점을 감안하면 상법하에서는 사원의 「유한책임」과 「소유와 경영의 분리」는 표리관계로 연결되는 법리라 하겠다. 이러한 관점에서 보면 유한책임회사의 사원이 업무집행자가 되는 것을 허용하는 것은 파격적인 입법이라 할 수 있는데, 출자자의 입장에서는 이 점이 유한책임회사를 이용할 가장 큰 실익이라고 할 수 있다.

(2) 업무집행제도의 문제점

유한책임회사의 업무집행제도는 다음 두 가지 점에서 만족스럽지 못하다.

첫째, 업무집행자를 정관으로 정하여야 하므로 업무집행자를 교체할 때마다 정관을 변경해야 하는 불편이 따를 것이다. 물론 회사가 업무집행자를 정관으로 정하는 것을 막을 이유는 없을 것이나(일본의 예), 업무집행자를 정관에 의해서만 정하도록 하는 것은 유연성이 결여된 입법례이다.

둘째, 업무집행기구의 구성방법에 관해 회사의 자율을 허용하지 않은 흠이다. 유한책임회사의 내부관계의 모델이 된 합명회사에서도 사원 각자가 업무집행권을 갖는 방식과 업무집행자를 선정하는 방식을 선택하게 하는데(200조·201조), 유한책임회사에서는 오로지 업무집행자를 선정하는 방식만 허용함으로써 출자자

전원이 기능자본가가 되고자 하는 회사에는 부적합한 조직이 되고 만 것이다. 다만 유한책임회사에서도 사원 전원을 업무집행자로 선정함으로써 같은 효과를 거둘 수는 있을 것이다.

3. 사원운영회사의 가능성

우리 상법하에서도 유한책임회사가 합명회사에서처럼(200조 1항) 정관으로 업무집행자를 선정하지 않고 사원 전원이 업무를 집행하도록 할 수 있는가? 상법 제287조의8 제 2 항 단서에서 「다만, 업무를 집행하는 사원이 없는 경우에는…」이라는 상황을 설정하고 있는데, 이는 업무집행자를 두지 않고 사원 각자가 업무집행을 하는 것이 가능함을 전제로 한 것이 아니냐는 의문이 제기되는 것이다. 그러나 제287조의3 제 4 호 및 제287조의12 제 1 항의 법문은 업무집행자를 두어야 한다는 뜻이 확고하여 다른 해석을 상상하기 어렵다. 상법 제287조의8 제 2 항 단서는 후술하는 바와 같이 업무집행자가 사원이 아닌 때 또는 업무집행자인 사원이 사망, 제명 등으로 일시 결하거나 직무대행자가 선임된 경우를 뜻하는 것으로 이해해야 할 것이다.

4. 수인의 업무집행방법

1명 또는 둘 이상의 업무집행자를 정한 경우에는 업무집행자 각자가 회사의 업무를 집행할 권리와 의무를 가진다(287조의 12 2항 전). 이 경우 어느 업무집행자의 집행에 다른 업무집행자의 이의가 있는 때에는 그 행위를 중지하고 업무집행자 전원의 과반수의 결의에 의한다(287조의12 2항 후 → 201조 2항).

수인의 업무집행자를 정하고 이들을 공동업무집행자로 정할 수 있으며 이 경우에는 업무집행자 전원의 동의가 없으면 업무집행에 관한 행위를 하지 못한다(287조의 12 3항).

5. 법인인 업무집행자

합명회사의 사원 및 합자회사의 무한책임사원은 자연인이어야 하고, 주식회사나 유한회사에도 명문의 규정은 없지만 법인은 이사가 될 수 없다고 해석하는 것이 통설이다. 그러나 상법은 법인이 유한책임회사의 업무집행자가 되는 것을 명문으로 허용한다(287조 의15). 즉 유한책임회사는 상법상 법인이 업무집행을 할 수 있는 유일한 회사이다.

법인이 업무집행자가 된다고 하더라도 법인이 현실적인 업무집행을 담당할 수는 없으므로 업무집행자가 된 법인은 해당 업무집행자의 직무를 행할 자를 선임하고, 그 자의 성명과 주소를 다른 사원에게 통지하여야 한다(287조의15 1항). 이때 실제 업무집행자의 직무를 행할 자로 선임된 자의 업무집행에 관한 행위는 회사의 업무집행자의 행위로서 효력이 있다. 그리고 그가 임무를 해태하여 유한책임회사에 책임을 져야 할 경우에는 그를 선임한 법인인 업무집행자도 자신의 행위로서 책임을 져야 한다.

6. 직무대행자

법원의 가처분으로 유한책임회사의 업무집행자의 업무집행을 정지하거나 직무대행자를 선임할 수 있으며, 그 가처분 또는 그 변경·취소는 본점이 있는 곳의 등기소에서 등기하여야 한다(287조의5 5항). 이 가처분에 의해 선임된 직무대행자는 가처분명령에 다른 정함이 있는 경우 외에는 법원의 허가를 얻지 않는 한 법인의 통상업무에 속하지 아니한 행위를 하지 못한다(287조의13 → 200조의2).

7. 업무집행자의 권한상실선고

업무집행자가 업무를 집행함에 현저하게 부적임하거나 중대한 의무에 위반한 행위가 있는 때에는 합명회사에서와 같이 법원은 사원의 청구에 의하여 업무집행권한의 상실을 선고할 수 있다(287조의17 → 205조 1항).

8. 회사와 업무집행자의 이익충돌방지

업무집행자가 그 지위를 남용하여 회사와 이익이 상충하는 행위를 할 경우 회사의 손해가 예상되므로 아래와 같이 업무집행자의 경업, 자기거래를 제한한다.

1) 업무집행자는 사원 전원의 동의를 받지 아니하고는 자기 또는 제 3 자의 계산으로 회사의 영업부류에 속한 거래를 하지 못하며, 같은 종류의 영업을 목적으로 하는 다른 회사의 업무집행자·이사 또는 집행임원이 되지 못한다(287조의10 1항). 이에 위반한 경우 회사가 개입권을 갖고 업무집행자에 대해 손해배상청구권을 갖는 것 등은 합명회사의 사원이 경업금지를 위반한 경우와 같다(287조의10 2항 → 198조 2항~4항).

2) 업무집행자는 다른 사원 과반수의 결의가 있는 경우에만 자기 또는 제 3 자의 계산으로 회사와 거래를 할 수 있다(287조의11). 취지 등 구체적인 내용은 주

식회사의 이사의 자기거래제한과 같다.

9. 사원의 감시권

유한책임회사의 사원 중 업무집행자가 되지 못한 사원은 회사의 경영에서 소외된다는 점에서 합자회사의 유한책임사원과 유사한 입장에 놓인다. 그러므로 상법은 업무집행자 아닌 사원이 회사에서의 자신의 이익을 지킬 수 있도록 합자회사의 유한책임사원이 갖는 것과 같은 감시권을 부여하였다. 권한의 구체적인 내용은 합자회사에서 유한책임사원이 갖는 감시권과 동일하다(287조의14 → 277조).

10. 업무집행자의 책임

회사와 업무집행자의 관계는 명문의 규정은 없으나 위임으로 보아야 할 것이므로 업무집행자는 회사의 수임인으로서 선량한 관리자의 주의로 업무를 집행해야 하며(민 681조), 업무집행자가 임무를 해태한 경우 회사에 대해 채무불이행책임으로서 손해배상책임을 진다. 상법은 이를 전제로 사원이 업무집행자의 책임을 추궁하는 대표소송을 인정한다. 즉 사원은 회사에 대해 업무집행사원의 손해배상책임을 추궁하는 소의 제기를 청구할 수 있으며(287조의 22 1항), 회사가 소를 제기하지 않을 경우 사원이 회사를 대표하여 소를 제기할 수 있다. 이 소에는 주식회사의 대표소송에 관한 규정(403조~ 406조)이 제403조 제 1 항과 제 5 항(제소요건으로서의 소유주식수)을 제외하고 전반적으로 준용된다(287조의 22 2항).

Ⅲ. 의사결정

1. 결정방법

유한책임회사는 사원이 유한책임을 진다는 점에서 물적회사로서의 성격도 갖고 있지만, 의사결정에 있어서는 인적회사로서의 성격이 크게 부각된다. 의사결정의 유형은 다음과 같다.

i) 상당수의 중요경영사항은 정관으로 정하도록 하고, 그 밖에 약간의 사항을 정관 이외의 다수결로 정하도록 하고 있다. 구체적으로는 업무집행자의 선정(287조의 12 1항), 대표자의 선정(287조의19 2항 · 3항), 사원의 가입(287조 의23), 사원의 사망시 상속인의 권리의무 승계에 관한 사항(287조의26 → 219조), 제명의 결의방법(287조 의27), 잉여금의 분배(287조의 37 5항)는 定款의 규정으로 정하도록 한다.

ii) 업무집행자의 경업승인(287조의 10 1항), 대표자의 선정(287조의19 2항 · 3항), 자본금의 감소(287조의 36 1항)는 총사원의 동의로 정한다. 그런데 정관의 변경은 총사원의 동의로 하므로(287조 의16), 위의 정관에 의해 정하는 사항은 전부 총사원의 동의로 하는 것과 같다.

iii) 그리고 업무집행자의 자기거래 승인(287조 의11), 사원과의 소에서의 회사대표의 선정(287조 의21)은 사원의 과반수의 결의로 할 수 있다.

상법에서 정하고 있는 사원의 의사결정을 요하는 사안은 위와 같지만, 그 밖에 사원의 의사결정이 필요할 경우 조합의 운영원리에 따라 사원 전원의 과반수에 의한다(287조의18 → 195조 → 민 706조 2항). 하지만 유한책임회사에서는 합명회사에서와는 달리 사원들이 업무집행자가 되지 않는 한 직접 업무집행을 하는 것이 아니므로(287조의 12 · 200조 1항 참조) 과반수결의의 적용범위는 넓지 않다. 실제의 회사운영에서 가장 중요한 의사결정이라고 할 수 있는 업무집행자의 선임을 정관(실질적으로 총사원의 동의)에 의하도록 하므로 상법상의 인적회사들에 비해서도 합수성의 원리가 보다 크게 강조된다고 할 수 있다.

2. 의결권의 배분

사원들이 무한책임을 지는 인적회사에서의 의사결정은 두수주의에 의해, 그리고 사원들이 유한책임을 지는 물적회사에서의 의사결정은 자본다수결에 의하여 의결권을 배분하는 것이 논리적인 모습이라고 할 수 있다. 의사결정에 관해 사원들이 갖는 위험부담은 전자의 경우에는 무한책임으로 인해 균등한 데 반해, 후자의 경우에는 유한책임으로 인해 출자액에 비례하기 때문이다. 이 원리대로라면 유한책임회사에서의 의사결정은 자본다수결에 의하는 것이 원칙이라고 할 수 있다. 그러나 정관으로 정하는 사항이나 총사원의 동의를 얻어야 하는 사항은 의결권의 배분이라는 것이 무의미하고, 과반수결의에 의하는 사항에 관해 의결권의 배분방식이 문제되는데, 상법은 유한책임회사의 의결권은 두수주의에 의해 배분하고 있다(287조의11, 287조의18 → 195조 → 민 706조 2항).

3. 의사결정기구

유한책임회사에는 사원총회를 둘 필요가 없다. 어떤 방법이든 사원들 각자의 의사를 파악할 수 있으면 족하다. 그러나 자율적으로 사원총회 기타 의사결정을 위한 기구를 두는 것은 무방하다.

Ⅳ. 정관변경

기술한 바와 같이 유한책임회사에서 정관을 변경하려면 총사원의 동의가 있어야 한다(287조의16). 그런데 상법은 「정관에 다른 규정이 없는 경우」 정관을 변경하려면 총사원의 동의가 있어야 한다고 규정함으로써, 정관변경방법을 달리 정할 수 있는 여지를 두고 있다. 정관변경은 회사의 사원들간의 내부관계를 형성하는 문제이므로 총사원의 동의를 요하는 상법 제287조의16을 강행규정으로 해석할 필요는 없다. 이 점 합명회사의 정관에 관해 설명한 바와 같다(167면 참조). 따라서 정관에 보다 완화된 결의방법을 두어 그에 따라 정관을 변경할 수 있다고 본다.

Ⅴ. 회　　계

유한책임회사는 조합적 운영이 가능하도록 만든 회사이나, 사원들이 유한책임을 지므로 회사채권자를 보호할 장치가 필요하며, 이 점 법률이 강행적으로 관여할 계기가 된다. 그러므로 상법은 유한책임회사의 재무관리에 관해서는 주식회사에서와 같이 채권자의 보호를 실현하기 위한 규정을 두고 있다.

그리고 유한책임회사의 회계 역시 주식회사의 계산에서와 같이 일반적으로 공정하고 타당한 회계관행에 따라야 한다(287조의32).

1. 자 본 금

(1) 자본금의 의의

사원들이 무한책임을 지는 회사에서는 자본금이라는 것이 법적 관리대상으로서의 의미를 갖지 못하지만, 유한책임회사에서는 자본금이 회사자산의 사외유출의 통제항목이 되는 등 중요한 규범적 의미를 지닌다.

유한책임회사에서는 사원이 출자한 금전이나 그 밖의 재산의 가액을 자본금으로 인식한다(287조의35).

(2) 자본금의 증감

상법은 자본금감소에 관해서만 언급하고 있으나, 자본금의 증가도 있을 수 있음은 물론이다. 자본금의 증가란 사원들의 추가출자를 의미하는데, 자본금은 정관의 기재사항이므로(287조의3 3호) 자본금을 증가하기 위해서는 총사원의 동의가 있어야 한다(287조의16).

회사는 정관을 변경하여 자본금을 감소할 수 있다(287조의36 1항). 자본금감소는 회사채권자들의 책임재산을 감소시키므로 채권자보호절차(232조)를 밟아야 한다(287조의36 2항 본).

상법 제287조의36 제 2 항 단서는 자본금을 감소한 후 자본금의 액이 순자산액 이상인 경우에는 채권자보호절차를 밟을 필요가 없다고 규정한다. 「자본금의 액이 순자산액 이상」이라 함은 자본에 결손이 생긴 상태임을 의미한다.[1] 이는 「순자산액이 자본금의 액 이상」이어야 함을 오기한 것이므로 이 뜻으로 고쳐 읽어야 한다.

2. 재무제표의 작성과 보존

업무집행자는 결산기마다 대차대조표(재무상태표), 손익계산서, 그 밖에 유한책임회사의 재무상태와 경영성과를 표시하는 것으로서 시행령으로 정하는 서류[2]를 작성하여야 한다(287조의33).

업무집행자는 이 서류들을 본점에 5년간 갖추어 두어야 하고, 그 등본을 지점에 3년간 갖추어 두어야 한다(287조의34 1항). 사원과 회사의 채권자는 회사의 영업시간 내에는 언제든지 재무제표의 열람과 등사를 청구할 수 있다(287조의34 2항).

3. 잉여금의 분배

(1) 배당가능이익

유한책임회사는 대차대조표상의 순자산액으로부터 자본금의 액을 뺀 액(잉여금)을 한도로 하여 사원에게 분배할 수 있다(287조의37 1항). 주식회사에서는 자본금과 더불어 법정준비금을 공제항목으로 삼지만, 유한책임회사에서는 준비금의 적립을 요구하지 않는다.

(2) 분배기준 · 방법

잉여금은 정관에 다른 규정이 없으면 각 사원이 출자한 가액에 비례하여 분배하되, 정관으로 달리 정할 수 있다(287조의37 4항). 잉여금의 분배를 청구하는 방법이나 그 밖에 잉여금의 분배에 관한 사항은 정관에서 정할 수 있다(287조의37 5항).

---

1) 총자산에서 부채를 뺀 것이 순자산이다. {순자산>자본금}이면 자본금 외에 잉여금이 있음을 의미하고, {순자산<자본금}이면 순자산이 자본금에 못미친다는 것이니 적자상태임을 의미한다.

2) 시행령에서는 자본변동표 또는 이익잉여금처분계산서(또는 결손금처리계산서)를 선택적으로 제시하고 있다(상령 5조).

⑶ 압류채권자의 권리

사원의 지분의 압류는 잉여금의 배당을 청구하는 권리에 대하여도 그 효력이 미친다(287조의37 6항).

⑷ 위법배당

배당가능이익이 없이 잉여금을 분배한 경우에는 회사의 채권자는 그 잉여금을 분배받은 자에 대하여 회사에 반환할 것을 청구할 수 있다(287조의37 2항). 주식회사의 위법배당에 대한 회사채권자의 반환청구구권(462조 3항)과 같은 취지이다.

Ⅵ. 사원 및 지분의 변동

유한책임회사에서는 사원들이 유한책임을 지는 관계로 이론적으로는 사원의 변동에 관해 다른 사원들의 이해가 크지 않다고 할 수 있다. 그러나 거듭 말했듯이 유한책임회사는 사원의 책임형태에 불구하고 인적회사와 같은 폐쇄적 운영을 위해 만든 회사이므로 사원의 변동절차가 인적회사에서의 그것에 못지않게 엄격하다.

1. 입　　사

유한책임회사는 정관을 변경함으로써 새로운 사원을 가입시킬 수 있다(287조의23 1항). 사원은 정관의 기재사항이므로 새로운 사원의 가입은 당연히 정관변경을 요한다. 사원의 가입은 정관을 변경한 때에 효력이 발생하지만, 정관을 변경할 때까지 해당 사원이 출자를 이행하지 아니한 경우에는 그 이행을 마친 때에 사원이 된다(287조의23 2항). 입사하는 사원이 현물출자를 할 경우 그 절차는 회사설립시와 같다(287조의23 3항 → 287조의4 3항).

2. 지분의 양도

사원은 다른 사원의 동의를 받지 아니하면 그 지분의 전부 또는 일부를 타인에게 양도하지 못한다(287조의8 1항). 그러나 업무를 집행하지 않는 사원이 지분을 양도함에는 업무를 집행하는 사원 전원의 동의가 있으면 족하다(287조의8 2항 본). 업무를 집행하는 사원이 없는 경우에는 사원 전원의 동의를 받아야 한다(동조 항 단). 업무집행사원이 없는 경우란 업무집행자가 사원이 아닌 때 또는 업무집행자인 사원이 사망, 제명 등으로 일시 결하거나 직무대행자가 선임된 경우를 뜻한다.

지분의 양도에 관해서는 정관에서 위와 달리 정할 수 있다(287조의 8 3항). 즉 합명회사에 비해 양도제한을 완화할 수 있다.

3. 자기지분의 취득금지

사원의 유한책임으로 인해 유한책임회사는 자본단체로서의 성격을 겸유하므로 이론적으로는 자기지분의 취득이 가능하다고 볼 수 있다. 하지만 상법은 유한책임회사가 그 지분을 취득하는 것을 금지하고 있다(287조의 9 1항). 이에 위반하여 유한책임회사가 지분을 취득하는 경우에는 그 지분은 취득한 때에 소멸한다(287조의 9 2항). 지분이 소멸하더라도 자본금에는 영향이 없다고 보아야 한다.

4. 퇴　　사

사원이 유한책임을 지는 회사에서는 사원의 퇴사라는 제도를 두지 않음이 원칙이다. 퇴사는 사원이 회사채권자에 우선하여 출자를 회수하는 것을 의미하기 때문이다. 그러나 유한책임회사에서는 채권자의 보호를 배려하며 퇴사를 허용한다.

(1) 퇴사사유

사원은 합명회사의 사원과 같은 조건에 따라 임의로 퇴사할 수 있으며(287조의24 → 217조 1항), 정관으로 그 요건을 달리 정할 수도 있다. 합명회사 사원의 당연퇴사 원인(218조)을 그대로 유한책임회사 사원에도 준용하고 있으나(287조의25), 사원이 모두 유한책임을 지는 터이므로 사망(218조 3호)이나 성년후견개시(218조 4호)를 퇴사원인으로 할 이유가 없다. 입법의 부주의이다.

제명 역시 합명회사에서와 같은 사유와 절차에 의해 허용된다(287조의27 본 → 220조). 그러나 제명에 필요한 결의는 정관에서 달리 정할 수 있다(동조 단). 제220조가 정하는 제명에 필요한 결의는 사원의 과반수의 결의인데, 정관으로 이보다 완화된 요건을 정할 수는 없으므로 결의요건을 강화할 수 있다는 뜻으로 이해해야 한다.

사원의 지분을 압류한 채권자가 그 사원을 퇴사시킬 수 있는 것도 합명회사에서와 같다(287조의29 → 224조).

(2) 지분환급

퇴사하는 사원은 그 지분의 환급을 금전으로 받을 수 있다(287조의 28 1항). 환급금액은 퇴사시의 회사의 재산 상황에 따라 정하되, 구체적인 기준과 방법은 정관으로 정할 수 있다(287조의28 2항·3항). 회사에는 채권자를 위한 책임재산이 확보되어야 하므로 퇴사원에 대한 환급금은 순자산(총자산－부채)을 초과할 수 없다.

합명회사에 관해 상법은 사원의 지분을 압류한 채권자의 권리는 사원의 이익배당청구권과 지분환급청구권에 미친다는 규정을 두고 있다(223조). 유한책임회사의 이익배당에 관해서는 지분압류채권자의 권리가 미친다는 규정을 두고 있으나(287조의37 6항), 지분환급청구권에 대해서는 규정을 두고 있지 않다. 유한책임사원의 지분도 양도가 제한되어 지분압류채권자가 지분을 환가할 방법이 없으므로 제223조는 유한책임회사의 지분을 압류한 채권자에 대해 유추적용해야 한다.

(3) 채권자보호절차

퇴사하는 사원에게 환급하는 금액이 잉여금(287조의37)을 초과한 경우에는 회사의 채권자는 그 환급에 관하여 회사에 이의를 제기할 수 있다(287조의30 1항). 퇴사원의 환급청구는 다른 정함이 없는 한 회사의 순자산(총자산－부채)에 미친다고 해야 하므로 퇴사원에 환급하는 금액은 당연히 잉여금을 초과한다. 즉 이론적으로는 퇴사원이 순자산의 범위에서 환급을 받는 한 채권자의 이해는 미치지 않는다고 해야 하겠지만, 그럼에도 불구하고 이의를 인정하는 이유는 환급에 의해 회사의 유동성이 크게 감소하여 채권회수가 어려워질 수 있기 때문이다.[1]

이의제기에 관하여는 상법 제232조가 준용되므로 회사는 채권자에 대해 일정기간 내에 이의제기할 것을 공고하고, 채권자의 이의가 있을 경우 회사는 변제 또는 상당한 담보를 제공하거나 이를 목적으로 하여 상당한 재산을 신탁회사에 신탁하여야 한다(287조의30 2항 본 → 232조). 그러나 지분을 환급하더라도 채권자에게 손해를 끼칠 우려가 없는 경우에는 이러한 조치는 불필요하다(287조의30 2항 단). 채권자에게 손해를 끼칠 우려가 없는 경우란 예컨대 환급 후에도 회사는 채무변제에 충분한 유동자산을 확보하고 있다던가, 잔존재산의 유동화에 전혀 문제가 없는 경우이다.

(4) 퇴사원의 상호변경 청구권

퇴사한 사원의 성명이 유한책임회사의 상호 중에 사용된 경우에는 그 사원은 유한책임회사에 대하여 그 사용의 폐지를 청구할 수 있다(287조의31).

5. 지분의 상속

유한책임사원이 사망할 경우 퇴사원인이 되므로 원칙적으로는 지분의 상속

1) 예컨대 회사의 채무는 10억원이고 환급 후 남은 재산이 계산상으로는 12억원이지만, 대부분의 재산이 휴전선 부근의 임야라고 한다면 이를 환가해서 채무를 변제하기가 쉽지 않을 것이다.

이 허용되지 않는다(287조의25 → 218조 3호). 그러나 합명회사에서와 같이 정관으로 상속이 가 능함을 정할 수 있으며, 그 경우 지위의 승계 또는 포기절차는 합명회사에서와 같다(287조의26 → 219조).

제 4 절 외부관계

I. 회사의 대표

(1) 대표의 선정

업무집행자는 유한책임회사를 대표하며(287조의19 1항), 업무집행자가 둘 이상인 경우 정관 또는 총사원의 동의로 회사를 대표할 업무집행자를 정할 수 있다(287조의19 2항). 명문의 규정은 없으나, 정관 또는 총사원의 동의로 업무집행자가 아닌 자를 대표로 선정할 수 있다고 본다. 유한책임회사의 업무집행자는 사원이 아닐 수도 있으므로 대표 역시 사원이 아닌 자를 선정할 수도 있다.

(2) 공동대표

둘 이상의 대표가 있는 경우 정관 또는 총사원의 동의로 둘 이상의 업무집행자가 공동으로 회사를 대표할 것을 정할 수 있다(287조의19 3항). 공동대표는 등기를 해야 제 3 자에게 대항할 수 있다(287조의5 1항 7호 · 37조 1항).

공동대표를 선정하더라도 제 3 자가 회사에 하는 의사표시(수동대표)는 공동대표중 1인에 대하여 하면 족하다(287조의19 4항).

(3) 대표권의 범위

대표는 유한책임회사의 영업에 관하여 재판상 · 재판외의 모든 행위를 할 권한이 있으며, 그 권한의 제한은 선의의 제 3 자에게 대항하지 못한다(287조의19 5항 → 209조).

(4) 대표자의 불법행위

대표자가 그 업무집행으로 타인에게 손해를 입힌 경우에는 회사도 그 대표자와 연대하여 손해를 배상할 책임이 있다(287조의20).

(5) 회사와 사원의 소의 대표

회사가 사원 또는 사원이 아닌 업무집행자와의 사이에 제기된 소에서 회사를 대표할 사원이 없을 때에는 다른 사원 과반수의 결의로 소에서 회사를 대표할 사원을 선정하여야 한다(287조의21). 「회사를 대표할 사원이 없을 때」라 함은 대표자가 부재하는 경우만이 아니라 회사와 대표자간에 소가 제기된 경우를 포함하는 의미로 새겨야 한다. 즉 회사와 대표자간에 소가 계속된 경우에는 그 대표자가 회사를 대표할 수 없고, 별도로 소에서 회사를 대표할 자를 선정해야 하는 것이다.

Ⅱ. 사원의 책임

상법은 유한책임회사의 사원의 책임은 상법에 다른 규정이 있는 경우 외에는 그 출자금액을 한도로 한다고 규정한다(287조의7). 합자회사의 유한책임사원과 비교하여 회사채권자와의 관계에서 검토할 문제가 있다. 합자회사의 유한책임사원은 출자를 이행하지 않은 범위에서는 회사채권자에 대해 직접 책임을 진다(직접유한책임)(279조 1항). 합자회사에서는 설립시 사원들이 출자를 전액 이행해야 하는 것은 아니므로 설립 후 어느 사원의 출자가 미필인 부분이 있을 수 있고 그 범위에서 회사채권자에 대해 변제책임을 져야 하는 것이다.

그러나 유한책임회사에서는 설립시 설립등기이전에 출자를 완료해야 하며(287조의4 2항), 설립 후 가입하는 신입사원도 납입을 완납한 때에 사원이 되므로 합자회사에서와는 달리 회사채권자와의 관계에서 출자를 이행하지 않은 상태가 있을 수 없다. 따라서 유한책임회사에서의 사원의 유한책임이란 주식회사에서의 주식인수인의 책임(331조)과 같이 회사에 대한 출자이행의 책임만을 의미한다(간접유한책임).[1]

제 5 절 해산과 청산

유한책임회사의 해산사유는 한 가지를 제외하고는 합명회사와 같다(287조의38 1호). 합명회사에서는 사원이 1인으로 된 때가 해산의 원인이 되지만, 유한책임회사는 1인설립도 가능하므로 사원이 1인이 되더라도 해산하지 않고, 사원이 없게 된 경우에 해산한다(287조의38 2호).

유한책임회사가 해산한 경우에는 임의청산(247조~249조)이 허용되지 않는다(287조의45).

1) 일본에서도 우리의 유한책임회사에 해당하는 합동회사의 사원의 책임을 전액납입주의(日會 578조)를 근거로 간접유한책임으로 설명한다(會社法大系(1), 338면).

그러므로 회사가 해산하면 총사원의 과반수로 청산인을 선임해야 하며, 청산인을 선임하지 않은 때에는 업무집행자가 청산인이 된다(287조의45 → 251조). 기타 청산절차는 합명회사의 청산과 같다(251조~257조, 259조~267조).

제 6 장
주식회사

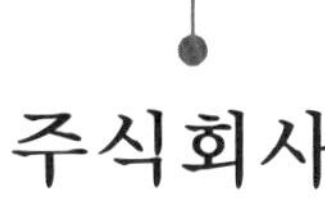

주식회사

제 1 절 주식회사의 의의와 본질

株式會社(corporation; Aktiengesellschaft; société anonyme)란 자본금이 주식으로 분할되어 주식의 인수를 통해 출자하거나 이미 발행된 주식을 취득함으로써 사원(주주)이 되며, 사원은 주식의 인수가액의 한도에서 출자의무를 질 뿐(유한책임) 회사의 채무에 대해서는 직접 책임을 지지 않는 형태의 회사를 뜻한다. 회사라는 제도가 생겨난 지 수백 년을 경과하면서 주식회사의 이용이 압도적으로 많았던 까닭은 자본금이 주식을 단위로 하여 구성된다는 독특한 자본구성방식을 가지고 있어 자본집중이 용이하며, 주주가 유한책임을 지므로 사업실패의 위험을 제한할 수 있어 공동기업의 목적을 가장 충실히 달성할 수 있기 때문이었다. 그러므로 「자본금」·「주식」·「주주의 유한책임」은 주식회사의 본질적 요소라고 부를 만하다. 주식회사는 전형적인 물적회사로서 사원의 개성이 중시되지 않는 순수한 자본단체인데, 이러한 성격은 자본금·주식·주주의 유한책임이라는 주식회사의 본질적 요소에서 비롯된다.

Ⅰ. 자 본 금

1. 의　　의

資本金(stated capital; Grundkapital)이란 액면주식을 발행하는 회사에서는 발행주식의 액면총액을 뜻하며(451조 1항), 무액면주식을 발행하는 회사에서는 주식의 발행가액 중 이사회가 자본금으로 계상한 금액을 뜻한다(451조 2항). 자본금은 회사·주주·회사채권자의 입장에서 각각 다음과 같은 뜻을 갖는다.

회사에 대하여는 성립의 기초가 되며, 존속중 자본충실을 위해 유지해야 할 순자산의 규범적 기준이 된다. 주식회사에서는 회사의 재산만이 회사채무의 담보가 되므로 목적사업을 위한 기본재산을 갖추어야 그 성립이 가능하다. 성립 후 사업의 계속중에도 자본금은 이익의 처분 기타 재산관리의 규범적 기준이 된다.

주주에 대하여는 출자액을 뜻하며 책임의 한계를 뜻한다. 한편 주주는 보유주식을 통하여 회사재산을 경제적으로 所有하고 支配하며 법적으로 각종 권리를 행사하는데, 그와 같은 권리의 크기는 주식의 소유를 통해 이루어지는 각자의 출자가 자본금에서 차지하는 비율에 의해 결정된다.

회사채권자에 대하여는 회사의 신용도를 공시하는 기능을 한다. 주식회사에서는 주주가 유한책임을 지므로 회사채권자를 위한 책임재산이 되는 것은 회사의 재산뿐이다. 재산이란 것은 증감변동이 심하고 결산기 이외에는 외부에서 쉽게 인식할 수 있는 것도 아니다. 그러나 자본금은 증감절차를 밟기 전에는 변하지 않고 회사가 보유하여야 할 기준재산이므로 자본금을 토대로 회사의 대강의 신용을 계량할 수 있으며, 또 결산기에는 자본금을 기준으로 이익 또는 손실이 산출되므로 수익성의 현황이나 전망도 판단할 수 있다.

2. 자본금의 3원칙

자본금은 회사를 중심으로 한 이해관계인들에게 위와 같은 중요한 뜻을 가지므로 자본금의 안정을 위해 다음과 같은 세 가지 원칙이 적용된다.

(1) 資本確定의 원칙[1)]

회사설립시에 자본금이 확정되고 그 자본금의 출자자, 즉 주식인수인도 확

---

1) 2011년 개정법에서는「자본」이라는 용어를「자본금」으로 대체하였으므로 자본확정의 원칙, 자본유지의 원칙, 자본충실의 원칙도「자본금」확정의 원칙 등으로 부르는 것이 정확하다고 할 수 있다. 그러나 용어의 사용은 관용의 문제이기도 하므로 종전부터 사용해 온 대로「자본확정의 원칙」,「자본유지의 원칙」,「자본충실의 원칙」으로 부르기로 한다.

정되어야 하는 것을 말한다. 이는 자본의 규모를 확정·공시함으로써 회사와 거래하는 자들에게 회사의 신용에 대한 예측가능성을 부여하기 위함이다.[1] 액면주식을 발행하는 경우 자본이란 발행주식의 액면총액을 말하는데(451조 1항), 상법은 정관에 「1주의 금액」과 「회사의 설립시에 발행하는 주식의 총수」를 기재해야 하고(289조 1항 4호·5호), 회사설립 전에 이 주식의 전부가 인수되어야 한다고 규정함으로써(295조 1항·305조) 자본확정의 원칙을 밝히고 있다. 무액면주식을 발행할 경우에도 정관에 기재하는 「설립시에 발행하는 주식의 총수」가 인수되어야 하는 것은 다름없고, 이사회가 주식의 발행가액과 자본금으로 계상하는 금액을 정해야 하므로 역시 자본확정의 원칙에 입각해 있다(451조 2항). 다만 회사설립 후 신주발행을 통해 자본금을 추가조달할 때에는 확정의 원칙이 적용되지 아니한다(416조·423조).

⑵ 資本維持의 원칙

회사는 자본금액에 상당하는 순자산을 실질적으로 유지하여야 한다는 원칙이다. 「자본금」이 단순히 계수상의 금액으로만 존재할 뿐 아니라 실질적으로도 보유되고 있어야 한다는 뜻에서 「자본충실의 원칙」이라고도 불린다. 자본금에 상당하는 순자산을 유지해야 한다고 하지만, 순자산이란 회사의 경영성과에 따라 항상 변동하는 것이고 회사의 의지에 의해 유지할 수 있는 것은 아니다. 그러므로 「자본유지」란 「자본거래」를 통해 회사의 재산이 부당히 유출되는 것을 금하는 뜻으로 이해해야 한다. 자본거래에 의해 유출된다면 주로 주주에게 유출되는 것이므로 자본유지의 원칙은 자본금이 주주에게 환류되는 것을 막는 방수벽(Stauschleuse)의 구실을 한다고 비유할 수 있다.[2]

자본유지의 원칙은 주주의 유한책임제도하에서 채권자보호를 위해 중요한 뜻을 지니므로 상법상 이 원칙을 반영한 규정이 매우 많다. 설립시에 주식의 발행가액이 전액 납입되어야 하고, 현물출자도 전부 이행되어야 하며(295조·303조·305조 등), 현물출자 등의 변태설립사항은 자본충실을 해할 우려가 있으므로 엄격한 절차를 밟아야 하고(299조·310조·313조·314조·422조), 발기인과 이사는 주식의 인수·납입담보책임을 지며(321조·428조), 회사설립시에는 주식의 액면미달발행이 금지되고 신주발행시에도 엄격한 제한을 받으며(330조·417조), 자기주식의 취득이 제한되고(341조·341조의2), 이익이 있더라

1) 「자본확정의 원칙」이란 舊상법(1963년 이전 상법)하에서부터 쓰던 용어로서, 원래는 자본금이 정관에서 정해지고 그 전액이 인수되어야 한다는 의미였다. 현행법은 수권자본제를 취하므로 이런 의미의 자본확정과는 무관하다.

2) Würdinger, S. 32.

도 법정준비금을 적립하는 등 소정의 요건을 갖추어야 배당이 가능한 것(458조·459조·462조) 등이 그 예이다.

자본충실의 원칙과 준칙주의

자본충실의 원칙은 연혁적으로는 1870년의 독일 주식법이 회사설립에 대한 국가의 개입원리를 허가주의(Konzessionsystem)에서 준칙주의(Normativbestimmung)로 바꾸면서 회사법의 기본원리로 등장하였다. 즉 유한책임을 요소로 하는 주식회사제도에서는 채권자의 보호가 가장 긴요한 입법정책인데, 허가주의하에서는 설립하고자 하는 회사의 재정적 충실도를 허가 심사에 반영하는 방식으로 정부가 통제할 수 있었으나, 준칙주의하에서는 이러한 통제가 불가능하므로 자본충실이라는 원리에 의해 회사 자체가 자기자본에 부합하는 자산을 확보하게 함으로써 채권자를 보호하도록 하는 것이다.[1]

(3) 자본불변의 원칙

자본유지의 원칙이 회사로 하여금 자본금액 이상의 순자산을 보유시키려는 것임에 대하여, 자본불변의 원칙은 자본유지의 기준이 되는 「자본금」의 금액을 법정의 절차를 밟지 않고서는 감소시키지 못하도록 억제하는 것이다. 이 원칙도 결국은 회사가 보유하는 자산의 유지에 그 뜻이 있으므로 자본유지의 원칙에 포함시켜 이해할 수 있다.

최저자본제

2009년 5월 개정 전에는 주식회사의 남설을 방지하기 위하여 주식회사의 자본은 최소 5,000만원 이상이 되도록 하였다(개정 전 329조 1항). 그러나 제도의 실효성에 회의가 있는 데다, 회사설립을 촉진한다는 명분이 더하여져 2009년 5월 개정시에 이 제도를 폐지하였다. 현행법상 주식의 액면가는 100원 이상이면 족하고(329조 3항), 발기인은 1인이면 족하므로(289조 1항) 이론적으로는 1인의 발기인만으로 발기설립하는 자본금 100원의 회사도 생길 수 있다.

Ⅱ. 株　　式

주식은 회사에게는 자본금의 구성요소이며, 사원(주주)에게는 출자의 단위가 된다. 이 때문에 사원과 자본금과의 관계에 있어 주식회사는 인적회사와 전혀

1) 자본충실의 원칙의 연혁에 관해서는 *Lieder*, in Bayer/Habersack, Aktienrecht im Wandel, Bd. 1, S. 342 ff.

다름을 주의해야 한다. 논리적으로 볼 때 인적회사에서는 사원이 선행하고 이들의 출자액이 정해지고 그에 따라 지분이 정해지는 순으로 전개되나, 주식회사에서는 자본이 정해지고 특정인이 주식을 인수함으로써(출자) 사원이 되는 순서로 전개된다. 이 점이 주식회사에 있어 사원의 몰개성을 초래하고 물적회사로서의 특성을 갖게 만드는 요인이다. 그래서 주식회사의 사원은 단지 「주식을 소유하는 자」라는 뜻에서 「株主」라고 부른다.

또한 주식은 等價的인 단위로서 각 주식간에 株式平等의 원칙이 지켜지므로 사원의 권리의 크기는 보유주식에 정비례하여 정해진다.

주식평등의 원칙

우선주·보통주와 같이 종류가 다른 주식이 있을 수 있으나, 같은 종류의 주식은 회사에 대해 동등한 권리를 갖는다는 의미의 평등의 원칙이 지켜진다. 이를 흔히 「주주평등」이라 부르지만, 주주 상호간의 인적 평등이란 뜻은 전혀 없고, 보유주식수에 비례한 平等이란 뜻이므로 산술적 의미에서 부른다면 「주식평등의 원칙」이 더 적합한 용어이다.

자본금을 주식으로 분할하는 이유는 자본의 조달을 용이하게 하기 위함이다. 즉 자본금을 소액의 단위로 분할함으로써 아주 영세한 자금을 가진 자도 출자에 참여시킬 수 있는 것이다. 주식제도는 요컨대 대중자본을 집중시키기 위한 수단으로 창안된 것이다. 나아가서 주식은 주권으로 증권화되어 자유롭게 양도되고 유통시장에서 거래되는데, 이는 주주의 투하자본의 회수를 용이하게 하고 결과적으로는 주주의 모집을 쉽게 한다. 이러한 점은 주식회사의 물적회사로서의 성격을 더욱 선명하게 하는 요소이다.

Ⅲ. 주주의 有限責任

1. 의 의

주주는 회사에 대하여 주식의 인수가액을 한도로 출자의무를 부담할 뿐(331조) 그 이상 회사에 출연할 책임을 부담하지 않는다. 그러므로 회사가 채무초과상태에 빠지더라도 주주는 회사의 채권자에게 변제할 책임을 지지 않는다. 이를 주주의 유한책임(limited liability; beschränkte Haftung)이라고 한다. 그런데 주식회사에서의 출자는 전액납입주의를 취하므로(305조·421조) 출자를 완료해야 주주가 된다. 그러므로 주주의 출자의무란 엄밀히는 주식인수인으로서의 의무이지 주주의 의무는 아니다. 납입을 이행하여 주주가 된 자 또는 주식을 승계취득한 자는 그 이상 아무런 책임을 지지 않고 오직 회사에 대하여 권리만을 가질 뿐이다. 그러므로 「책임」을 합명회사에서처럼 사원의 대외적인 지급책임을 의미하는 것으로 이해한다면 주주의 책임은 無責任이라고 할 수 있지만, 연혁적으로 회사의 채무에 대해 사원이 책임지는 것을 「무한책임」, 책임지지 않는 것을 「유한책임」(또는 間接有限責任)이라고 불러왔다.

역사적으로 주식회사라 해서 필연적으로 유한책임제를 취했던 것은 아니었으나,[1] 오늘날에는 유한책임은 주식회사의 본질적인 속성으로 인식되고 있으며, 상법상으로도 유한책임은 정관의 규정이나 주주총회의 결의 혹은 제 3 자와의 약정에 의해 달리할 수 없는 강행적 제도로 이해되고 있다.

2. 기　　능

주주의 유한책임은 「도마뱀의 꼬리」에 비유할 수 있다. 기업이 도산하더라도 주주는 출자한 돈만 포기하고 다른 재산으로 가계를 보전하고 새로운 사업도 시도할 수 있는 것이다. 그래서 주식회사의 출현을 보고 18세기의 영국인들은 유한책임의 낙원(Utopia Limited)[2]이라 부르며, 「창의적이고 대담한 창작」(imaginative and bold innovation)이라고 극찬하였다.[3]

유한책임제도에 힘입어 주식회사제도는 각종 모험적인 사업에 과감한 투자를 유도하여 오늘날의 산업발전의 원동력이 되었다. 그러나 그 악용으로 인한 폐단 또한 커서 심각한 사회문제로 등장하게 되었음은 앞서 말한 바와 같다.

유한책임은 계약상의 책임(예: 회사가 차입한 자금의 변제책임)과 더불어 불법행위책임도 제한한다. 그로 인한 폐해로서, i) 유한책임으로 인해 회사의 경영자들은 경영위험을 외부화할 수 있으므로 무모한 결정을 쉽게 내리며, ii) 사업에 필요한 보험을 충분히 확보하지 않고(58면의 Carlton 택시회사 사건 참조), iii) 장차 책임질지 모를 사회비용을 상품의 원가에 반영시키지 않는다(사회비용에 대한 책임을 대비하지 않는 것이다).[4]

---

1) 영국에서는 19세기 중엽까지 유한책임이 주식회사의 표준적인 형태는 아니었으며, 캘리포니아에서는 1931년까지 주주가 무한책임을 졌다고 한다(Kraakman, in *Anatomy*, p. 9).

2) Clive M. Schmitthoff, *op. cit.*, p. 35.

3) *Ibid.*, p. 34.

4) W. Carney, p. 312.

3. 正當性의 근거

주식회사는 독립된 인격을 갖춘 법인이라고 하지만 그 경제적 실체는 바로 주주들이다. 그러므로 유한책임제도는 주주들의 사업실패로 인한 손실을 사회에 전가하는 뜻(企業危險의 外部化: externalization of risk)이 있어 윤리적 차원에서의 비판이 따른다. 그리하여 미국에서는 주주들에게 지분에 비례한 무한책임을 지우자는 입법론이 제기된 바 있다.1)

그러나 기업위험의 사회전가는 개인기업이나 합명회사와 같이 무한책임사원들에 의해 수행되는 기업에서라 하더라도 기업주체가 충분한 재산을 갖추지 못한 경우에는 항상 제기되는 문제이므로 주주의 유한책임제도에 특유한 문제는 아니다.2)

이에 더하여 미국의 회사법학자들은 법경제학적인 접근으로 다양하게 유한책임제도의 존재이유를 설명하는데, 대표적인 설명은 다음과 같다.

유한책임제도가 없다면 주주들은 경영자를 감시하는 데 과도한 비용(감시비용: monitoring cost)을 지출해야 할 것이고, 나아가 다른 주주들의 자력을 조사해야 하는가 하면 주주의 변동에 대해서도 항시 관찰해야 한다. 다른 주주가 무자력하다면 회사채무에 대해 자신이 책임져야 할 금액이 커지기 때문이다. 또 증권시장을 통해 소량의 주식을 취득하는 자들도 무한책임의 위험이 따르므로 監視費用의 지출이 불가피하다. 소액의 투자를 할 경우에는 이 같은 감시비용은 극히 비경제적이므로 결국 기업을 스스로 지배할 수 있는 양의 투자를 할 수 없는 한 투자를 단념할 수밖에 없고 따라서 자본의 대중화는 불가능해질 것이다.3)

뿐만 아니라 유한책임은 회사의 법인성과 더불어 주주의 채권자와 회사의 채권자를 분담하여 보호하는 순기능을 수행한다. 즉 회사가 법인격을 가짐으로써 자신의 고유한 재산을 가질 수 있다는 것은 회사의 채권자에게는 주주의 채권자의 권리가 미치지 못하는 책임재산을 마련해 준다는 것을 의미하고, 유한책임은 주주의 채권자에게 회사의 채권자의 권리가 미치지 못하는 책임재산을 마련해 준다는 것을 의미한다.4)

회사의 채권자도 실질적으로는 주주의 채권자임을 감안하면, 유한책임제도

---

1) Hansman & Kraakman, *Toward Unlimited Shareholder and Liability for Corporate Torts-Romano*, pp. 75~80.
2) Easterbrook & Fischel, pp. 40~49.
3) *Ibid.*
4) Kraakman, in *Anatomy*, p. 10.

와 법인제도는 동일인에 의해 야기되는 거래의 위험을 분산시켜 관리하는 수단이라고도 볼 수 있다.

특별법에서 주주의 유한책임에 대한 예외를 둔 경우가 있다. 매우 중요한 예로, 회사(상장법인 제외)의 재산이 회사가 납부할 국세(및 가산세와 체납처분비)를 징수하기에 부족할 때에는 당해 국세의 납세의무성립일 현재의 과점주주는 그 부족액에 대하여 제 2 차 납세의무를 진다(국기 39조 2호). 과점주주란 발행주식총수(주식회사 이외의 회사는 출자총액)의 100분의 50을 초과하여 소유한 자를 뜻한다.

제 2 절 설 립

제 1 관 총 설

I. 설립절차의 특색

인적회사에서는 정관에 의하여 사원과 그 출자액이 확정되고 또 사원이 무한책임을 지므로 설립단계에서부터 서둘러 자본 등 회사의 실체를 갖출 필요도 없고 회사는 정관작성과 설립등기만으로 성립한다(156면 참조).

그러나 주식회사에서는 사원, 즉 주주가 정관에 의하여 확정되는 것이 아니므로(289조 1항 참조) 주주를 확정하는 절차(주식인수)가 필요하고, 회사재산은 회사채권자에 대해 유일한 책임재산이 되는 만큼 이를 설립 전에 확보(출자의 이행)할 필요가 있다. 또 인적회사에서는 사원이 직접 업무를 집행하므로(200조 참조) 별도의 업무집행기구를 구성할 필요가 없으나, 주식회사에서는 주주가 업무집행을 할 수 없고, 이사·감사와 같은 타인기관이 있어야 하므로 회사운영상의 공백을 없애기 위해 설립 전에 이들을 선임해야 한다. 그러므로 주식회사의 설립에 있어서는 정관작성 후 설립등기 이전에 사원·자본금·기관의 구성을 위한 제반의 절차가 필요한데, 이를 보통 「실체구성」이라 부른다.

주식회사에서는 발기인이 회사설립절차를 밟는데, 이것도 다른 회사에는 없는 제도이다.

설립의 유형(창업적 설립과 조직개편적 설립)

본절에서 말하는 회사설립은 하나 또는 다수의 출자자가 출연한 재산을 기초로 자본금을 구성해서 회사형태의 새로운 기업을 창설하는 것을 뜻한다. 통상 회사를 설립한다고 할 때에는 이러한 의미에서의 회사설립이다. 이와 달리 새로운 재산의 출연을 요하지 않고, 기존의 회사조직을 모체로 하여 새로운 회사를 창설하는 경우가 있다. 전자는 창업적 설립, 후자는 조직개편적 설립이라고 부르기로 한다.

조직개편적 설립은 기존회사의 조직에 변형을 가하여 기업의 효율성을 높이기 위해 행해진다. 신설합병(175조 1항), 회사의 신설분할이나 신설분할합병(530조 의2), 주식이전에 의한 모회사의 설립(360조 의15)이 이에 속한다. 「채무자회생 및 파산에 관한 법률」상의 회생계획의 일환으로 신회사를 설립하는 것도 같은 성격을 갖고 있다(회파 193조 2항 8호). 조직개편적 설립은 주주를 모집하거나 주식의 청약, 배정과 같은 자본구성을 위한 절차가 불필요하다는 점에서 본절에서 말하는 창업적 설립과 구분된다.

Ⅱ. 설립절차의 개관

상법이 규정하는 주식회사설립의 절차를 개관하면 다음과 같다.

우선 발기인이 정관을 작성하고(289조), 주식발행사항을 결정한다(291조). 그 결정 내용에 따라 다음과 같이 발기설립 또는 모집설립절차를 밟는다.

(1) **發起設立**

발기설립에서는 발기인들만으로 주주를 구성한다. 그리하여 발기인들이 주식 전부를 인수하고 인수한 조건에 따라 주식대금을 납입한다. 다음 단계로 이사와 감사를 선임하고, 선임된 이사·감사는 바로 설립의 경과를 조사하여 발기인에게 보고한다. 변태설립사항이 없는 한 검사인의 조사를 받을 필요가 없다. 끝으로 설립등기를 마침으로써 회사가 설립된다.

(2) **募集設立**

발기인들이 주식의 일부를 인수하고 나머지를 발기인 아닌 자, 즉 모집주주로 하여금 인수하게 한다. 모집주주가 주식을 인수하는 절차는 모집주주가 요식의 서면(주식청약서)으로 주식인수를 청약하고 이들이 인수할 주식을 발기인이 배정하는 것으로 이루어진다. 주식인수가 완료되면 주식인수인은 주금을 납입해야 한다. 납입 후에 바로 주식인수인들로 구성되는 창립총회를 소집하여 이사·감사를 선임하고 이들이 설립경과를 조사하여 창립총회에 보고한다. 끝으로 설립과정에서 정관을 변경하거나 설립을 폐지해야 할 사정이 없는 한 설립등기를 필함으로써 회사는 설립된다.

〈그림 6-1〉 설립절차 흐름도

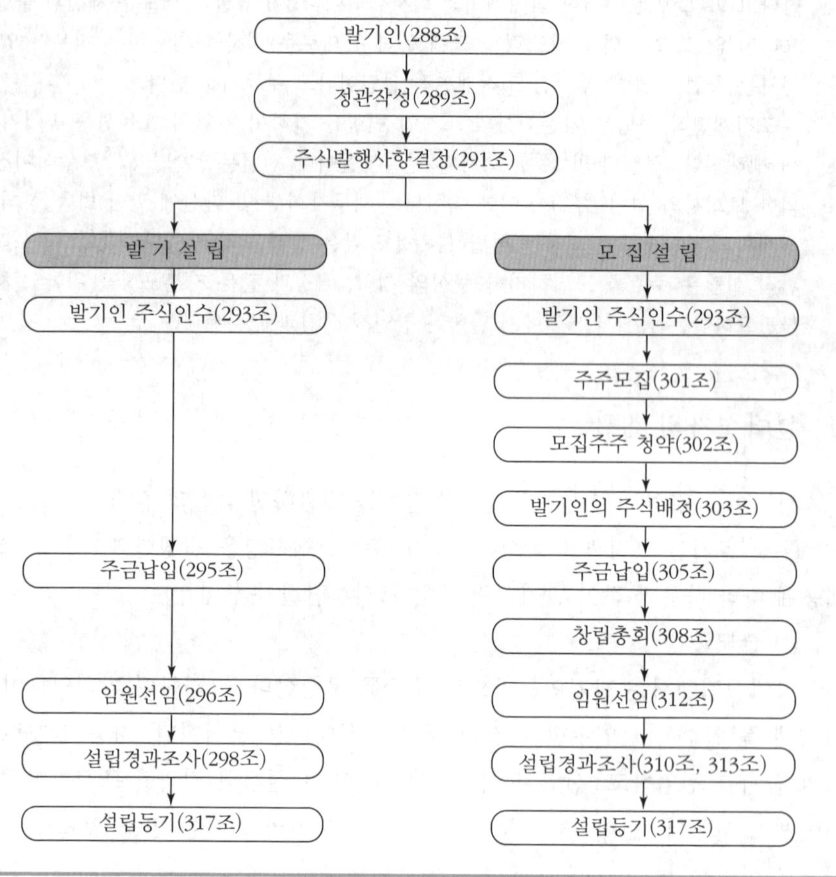

(3) 변태설립사항이 있는 경우

변태설립사항이 있는 경우에는 원칙적으로 이사(발기설립의 경우) 또는 발기인(모집설립의 경우)이 법원에 검사인의 선임을 청구하고(298조 4항) 이에 의해 선임된 검사인의 조사(299조)를 받아야 하나, 다음과 같은 대체방법이 있다.

변태설립사항이 발기인에게 특별한 이익을 부여하거나 보수를 주거나 기타 설립비용을 지출하는 것이라면(290조 1호·4호) 공증인의 조사·보고로 갈음하고, 현물출자나 재산인수를 변태설립사항으로 하는 경우에는(290조 2호·3호) 목적자산에 대한 감정인의 감정으로 대체할 수 있다(299조의2, 310조 3항). 그리고 현물출자나 재산인수의 가액이 소액인 경우 등 변태설립사항이 소정의 요건에 해당하면 검사인의 조사·보고를 생략할 수 있다(299조 2항).

〈그림 6-2〉 설립경과조사

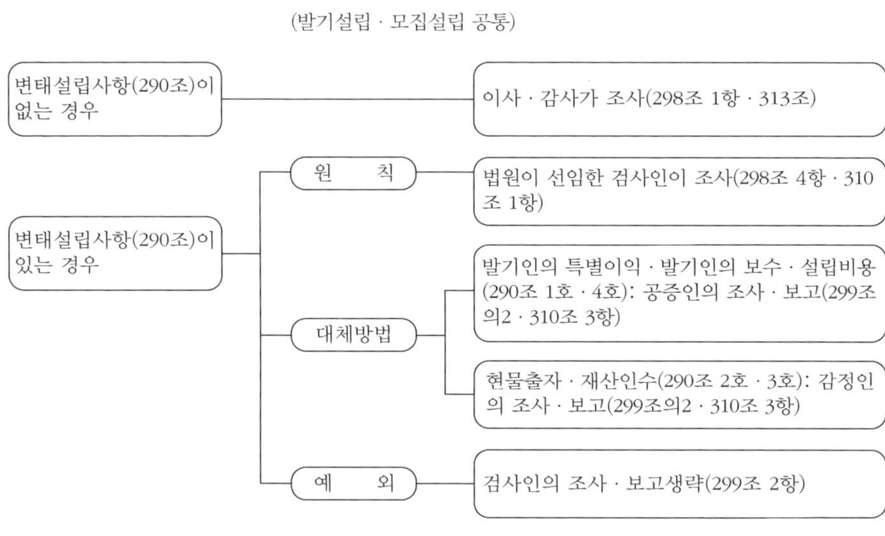

(4) 설립행위의 개념

주식회사의 설립에 있어서도 인적회사와 마찬가지로 설립행위라는 단체법상의 법률행위가 존재한다. 주식회사의 설립행위도 인적회사의 설립행위와 같이 정관작성을 뜻한다. 자세한 내용은 회사일반에 공통된 문제로 기술하였으므로 설명을 줄인다(100면 이하 참조).

Ⅲ. 발 기 인

1. 의　　의

발기인이란 회사설립을 기획하고 그 절차를 주관하는 자라고 할 수 있으나, 발기인으로서의 법적인 권한과 책임이 부여되는 것은 정관에 발기인으로서 기재되고 기명날인(또는 서명)한 자에 한하므로 법적인 개념으로 정의하자면 「정관을 작성하고 기명날인(또는 서명)한 자로서, 그 정관에 발기인으로 성명 · 주민등록번호 및 주소가 기재된 자」라고 해야 할 것이다(289조 1항 8호). 따라서 현실적으로 발기인의 존재는 모든 설립절차에 선행하나 이론상으로는 정관작성과 동시에 생겨난다. 실제 설립사무에 종사하느냐는 묻지 않는다.

주식회사에 유독 발기인을 두는 이유는 주식회사에서는 다른 회사와 달리 정관에 의해 사원이 확정되지 않으므로 실제 설립사무를 담당할 기구가 필요하고, 또 자본충실에 대한 책임을 지고 설립과정에서 제 3 자에게 가해진 손해에 대한 책임을 부담할 주체가 필요하기 때문이다. 또한 발기인에 대해 보수나 특별한 이익이 변태설립사항으로 주어질 수 있는 점을 감안하면(290조 1호·4호), 발기인제도는 간접적으로 주식회사의 설립을 촉진하는 의미도 있다.

발기인은 「설립중의 회사」의 기관으로서 설립사무를 관장하며, 회사가 성립된 경우 또는 성립되지 않은 경우를 달리하여 각종의 책임을 부담한다(후술).

2. 발기인의 자격과 수

발기인의 자격에는 제한이 없다. 법인도 발기인이 될 수 있으며, 제한능력자도 발기인이 될 수 있다. 발기인의 업무집행은 일신전속적인 것이 아니므로 이들의 능력은 대리·대표에 의해 보충될 수 있기 때문이다. 설립과정에서 발기인이 갖는 임무와 책임의 성질상 발기인의 지위는 양도될 수 없으며, 발기인이 사망하더라도 그 지위는 상속되지 아니한다.[1]

발기인은 1인만으로도 족하다(288조)(연혁에 관해 46면 참조). 발기인 전원이 사망·무자격(예: 발기인인 법인이 해산하는 경우)으로 없게 된 때에는 설립무효사유가 된다. 그러므로 이 경우에는 발기인을 충원하여 설립절차를 속행할 수 없고, 정관작성부터 다시 시작해야 한다.[2] 그러나 수인의 발기인 중 일부가 사망하거나 무자격이더라도 유효인원이 1인 이상이면 설립절차를 속행할 수 있다.

발기인의 존재는 언제까지 필요한가? 정관작성시부터 회사의 실체가 완성될 때까지로 봄이 타당하다. 즉 발기설립의 경우에는 설립경과에 관한 조사절차가 종료할 때까지이고, 모집설립의 경우에는 창립총회가 종료할 때까지이다. 그 이후에 생긴 발기인 개인에 관한 사유로 설립을 위한 다수인의 노력을 무의미하게 하는 것은 기업유지의 이념에서나 이해관계인의 보호를 위해 바람직하지 않기 때문이다.

3. 발기인조합

발기인이 2인 이상인 경우 발기인들간에는 회사설립을 궁극적인 목적으로

1) 그러나 독일에서는 발기인이 사망하면 그 상속인이 발기인의 지위를 승계하여 설립사무를 계속할 의무를 부담하는 것으로 이해하고 있다(*Pentz*, in Münchener Komm. AktG, 3. Aufl., § 28 Rn. 15).

2) 日注釋(2), 40면.

하여 그에 이르는 과정에 관한 합의가 있게 마련이다. 이로써 발기인조합이 성립한다. 발기인조합은 민법상의 조합으로서 조합에 관한 민법규정의 적용을 받으며, 정관작성 · 주식인수 등 설립에 필요한 발기인의 일련의 행위는 이 조합계약의 이행으로서 행해진다(통설).

주의할 점은 설립중의 회사와 구별해야 한다는 것이다. 설립중의 회사는 정관작성 이후, 또는 학설에 따라서는 주식인수 이후 설립시까지 존재하는 사단적 존재로서 회사법적 효력을 가지는 것임에 반해, 발기인조합은 발기인 상호간의 내부적인 계약관계로서 그 자체는 설립 후의 회사 또는 설립중의 회사와 법적인 연결을 갖지 못한다. 원래 발기인조합이란 개념을 인정하는 실익은 회사설립을 목적으로 하는 수인간의 합의에 개인법상의 구속력을 인정해 주고 그들이 설립사무를 진행함에 있어 그 업무집행방법을 규율하고, 대외적인 책임의 귀속형태를 분명하게 하는 데에 있다.

4. 발기인의 의사결정방법

발기인이 2인 이상인 경우 발기인이 업무집행은 각자 단독으로 할 사항도 있으나 회사법상 명문화되어 있는 업무는 전부 공동으로 해야 할 사항이다. 공동으로 해야 할 사항에 관한 의사결정은 조합의 의사결정의 일반원칙에 따라 발기인의 과반수로 해야 한다(민 706조 2항). 예컨대 모집설립에서의 모집주주에 대한 주식의 배정(303조) 같은 것은 과반수결의에 의한다.

그러나 정관작성(289조 1항), 주식발행사항의 결정(291조)은 명문으로 발기인 전원의 동의를 요구하며, 명문의 규정은 없으나 각 발기인이 인수할 주식의 배정(293조)도 성질상 전원의 동의를 요한다.

한편 발기설립시에 임원(이사와 감사)을 선임할 때에는 발기인이 인수한 주식에 대해 의결권을 부여하고 그 의결권의 과반수로 결정한다(296조). 이 경우에는 발기인으로서 업무집행을 하는 것이 아니라 출자자로서의 지분권을 행사하는 것이므로 자본다수결의 원칙을 적용하는 것이다.

Ⅳ. 설립중의 회사

1. 의 의

회사는 설립등기에 의해 성립하지만, 그 실체는 등기시에 돌연히 나타나는 것이 아니라 점차 조직이 생성 · 완성되어가는 모습을 보인다. 그 과정 중 회사설립에 착수하여 어느 정도 회사의 실체가 이루어졌을 때부터 설립등기에 이르기까지의 단계에 대해 사회적 실재성을 인정하고 강학상 이를 「설립중의 회사」라고 부른다. 이것은 장차 성립할 회사의 전신으로서 비록 법인격은 없더라도 제한된 범위에서 권리능력을 가지며 성립 후의 회사와 실질적으로 동일한 실체이다. 어느 회사에서나 설립등기 전에 설립중의 회사가 존재한다고 할 수 있으나, 특히 설립절차가 복잡하여 장기간이 소요될 수 있는 주식회사에 관해 논의의 실익이 있다.

설립중의 회사는 주로 주식회사의 설립과정에서 발기인이 회사설립을 위하여 취득한 권리 · 의무가 발기인 등 출자자에게 귀속되지 않고 성립 후의 회사에 귀속되는 관계를 설명하기 위하여 인정된다(판례 [17]).

설립중의 회사의 효용

설립중의 회사라는 개념이 없다면, 설립절차 중에 발기인이 회사를 위해서 취득한 재산(예컨대 납입된 주금, 이행된 현물출자재산)이 발기인의 재산으로 귀속되었다가 설립등기를 필한 후 발기인이 회사에 이전하는 절차를 밟아야 할 것이다. 이러한 절차가 비경제적이기도 하려니와, 회사에 출자한 재산이 발기인 개인의 채무에 관한 책임재산을 구성하여 그의 채권자의 강제집행에 복종하게 되는 문제가 생긴다. 또한 설립 전에 선임한 이사 · 감사가 별도의 절차 없이 성립 후의 회사의 기관이 되는 것도 설립중의 회사를 인정함으로써 무리 없이 설명할 수 있다.

2. 성 질

과거 설립중의 회사를 조합이라고 보는 설도 있었으나, 민법학에서 설립중의 사단법인을 권리능력 없는 사단이라고 보는 것과 같이 설립중의 회사도 권리능력 없는 사단이라고 설명하는 것이 지금의 통설이다. 근본규칙(정관)이 있고, 발기인 또는 주식인수인을 구성원으로 볼 수 있으며, 발기인을 집행기관으로 볼 수 있으므로 권리능력 없는 사단으로서의 요건을 갖추었다고 보는 까닭이다. 판례도 발기인을 설립중의 회사의 「기관」이라고 말한 점으로 미루어 같은 입장을 취하고 있는 것으로 보인다(판례 [17]).

특수단체설

독일의 학설 · 판례를 좇아 설립중의 회사는 조합도 아니고 권리능력 없는 사단도 아니며, 법인은 물론 아닌 특수한 성질의 단체, 독자적인 조직형태(eine Vereinigung sui generis; eigenständige Organisationsform)라고 설명하는 소수설이 있다(김정호 104; 정동윤 410).[1)·2)] 그 이유로는 조합이나 권리능력 없는 사단은 지속적이고 종국적인 목적의 달성을 꾀하는 것임에 반하여, 설립중의 회사는 회사라는 조직형태에 이르는 도중에 있는 법형상에 지나지 않기 때문이라고 한다.

설립중의 회사를 인정하는 이유는 발기인들이 취득한 권리 · 의무가 별도의 승계절차가 필요 없이 성립 후의 회사로 귀속하는 이치를 설명하기 위한 것이다. 사법상 법인 아닌 단체의 소유형태는 합유와 총유 외에는 인정되지 않는데, 소수설과 같이 설립중의 회사가 조합도 아니고 권리능력 없는 사단도 아니라고 한다면, 회사성립 전의 소유형태는 설명할 길이 없으며, 결국 설립중의 회사라는 개념을 부정하는 것과 같다.

3. 성립시기

회사를 설립하는 여러 단계의 과정에서 언제 설립중의 회사가 생겨나느냐에 관하여, ① 정관작성시라는 설, ② 발행주식 전부가 인수된 때라는 설, ③ 그 중간시점을 선택하여 발기인이 1주 이상 인수한 때라는 설이 대립한다. 설립중의 회사가 성립하는 시점이 언제이냐는 논쟁은 발기인이 수행한 대외적 행위의 효과를 어느 시점부터 설립중의 회사(나아가서는 설립 후의 회사)에 귀속시킬 수 있느냐를 정하는 실익이 있다.

②설은 독일주식법상 발기인이 발행주식 전부를 인수하였을 때에 회사가 「창립」(Errichtung, § 29 AktG)됨을 비교법적 근거로 삼고 있다(정동윤 410). 하지만 독일의 설립제도는 우리와 크게 다름에 주의해야 한다. 독일주식법에는 발기설립만이 있다. 그리고 정관은 공증인의 인증을 받아 확정되는데, 이때 각 발기인의 주식인수도 같이 확정된다(§§ 2, 23 Abs. 1, 2 AktG). 즉 발기인이 발행주식총수를 인수하는 시기는 바로 정관의 확정시기이다.[3)]

③설이 제시하는 이유는 대체로 정관작성만 가지고는 구성원의 일부도 확정되지 않았으므로 권리능력 없는 사단이라고 보기 어려운 데 반해, 발기인이 주식을 인수하면 구성원의 일부나마 확정되어 장차 주식회사로 발전할 단체의 형식이 갖추어지기 때문이라고 한다(강희갑 176; 권기범 439; 김정호 105; 김동훈 124; 김홍기 292; 손주찬 551; 이종훈 14; 임홍근 141; 장덕조 81; 정경영 133; 정찬형 673; 최기원 147; 송오섭(주

---

1) BGHZ 21, 242, 246; 45, 338, 347; 51, 30, 32(이상 판례는 유한회사에 관한 것임); Wiedemann I, S. 146.

2) 1인설립의 경우 재산소유관계를 總有라고 볼 수 없어 권리능력 없는 사단이론과 부합하지 않는다는 이유에서 특수단체설을 지지하는 견해도 있다(박상근, "「設立中의 會社」 理論의 再構成," 「法學」(서울大) 제35호(2005. 6.), 333면).

3) *Kraft*, in Kölner Komm. AktG, 1. Aufl., § 23 Rn. 8, 9; *Röbricht*, in Großkomm. § 23 Rn. 6. 따라서 이와 제도를 달리하는 우리 법의 해석에는 도움이 못 된다.

석-회사2) 131). 판례도 같은 입장을 취하고 있다(판례 [17] 참조).

③설과 같이 구성원의 일부나마 확정되는 것에 중점을 둔다면, 굳이 발기인이 1주 이상 인수한 때에 의미를 둘 필요는 없다. 「발기인이 주식을 1주 이상 인수한 때」라는 것은 발기설립의 경우에는 발기인이 주식을 전부 인수한 때이고, 모집설립의 경우에는 모집주주가 주식을 인수하기 전에 발기인이 주식의 일부를 인수한 때이다. 전자의 경우에는 발기인이 주식을 전부 인수함으로써 구성원 전원이 확정되나, 후자의 경우에는 발기인의 주식인수로 구성원의 일부만 확정된다. 그러나 구성원의 전부 또는 일부의 확정은 이미 정관작성시에 이루어진다는 점을 주의해야 한다. 상법상 발기인은 반드시 주식을 인수하여야 하며(293조), 발기인은 정관에 의해 확정되기 때문이다. 다만 아직 주식을 현실로 인수하지 않았다는 점, 인수할 주식의 수량이 未定이란 점만이 「발기인이 주식을 인수한 때」와 차이가 날 뿐이다. 구성원이 갖추어졌느냐는 판단에 있어 인수한 주식의 수량은 문제되지 않으며, 또 아직 주식을 인수하지 않았더라도 후에 실제로 인수하는 자와 인적 범위가 일치하므로 아직 주식인수가 이루어지지 않았다는 사실은 설립중의 회사의 사단성에 영향을 주는 바 없다.

설립중의 회사를 인정하는 실익이 설립등기 전 발기인의 활동에 의해 생긴 권리·의무가 설립 후의 회사에 귀속하는 관계를 설명하기 위한 것이라면, 이러한 필요성은 정관작성 후 발기인의 주식인수 전에도 존재하며(예: 정관에 변태설립사항을 기재하고, 발기인의 주식인수 전에 설립비용에 관한 채무를 부담하는 경우), 정관작성에 의해 바로 단체법적 규율이 개시되는 바이므로, 정관작성시에 설립중의 회사가 성립한다고 보는 것이 옳다(①설)(송옥렬 778; 오성근 195; 이·최 160; 이범찬(외) 112; 임재연 I 249; 정준우 50; 최준선 157).

판 례

[17] 대법원 1994. 1. 28. 선고 93다50215 판결

「… 설립중의 회사라 함은 주식회사의 설립과정에서 발기인이 회사의 설립을 위하여 필요한 행위로 인하여 취득하게 된 권리의무가 회사의 설립과 동시에 그 설립된 회사에 귀속되는 관계를 설명하기 위한 강학상의 개념으로서 정관이 작성되고 발기인이 적어도 1주 이상의 주식을 인수하였을 때 비로소 성립하는 것이고, 이러한 설립중의 회사로서의 실체가 갖추어지기 이전에 발기인이 취득한 권리, 의무는 구체적 사정에 따라 발기인 개인 또는 발기인조합에 귀속되는 것으로서 이들에게 귀속된 권리·의무를 설립 후의 회사에 귀속시키기 위하여는 채권양도나 채무인수 등의 특별한 이전행위가 있어야 할 것이〔다.〕」

[사실관계] 위 판례는 주식회사의 설립중에 발기인이 설립 후의 사업을 위해 필요한 토지를 자신의 이름으로 매수하고 회사설립 후 회사가 매도인에 대하여 동 토지의 소유권이전을 청구한 사건에 관한 것인데, 법원은 위 설시와 같은 이유로 회사는 매수인의 자격을 갖지 못한다고 판시하였다.

[同旨판례] 대법원 1985. 7. 23. 선고 84누678 판결; 동 2000. 1. 28. 선고 99다35737 판결 등

4. 설립중의 회사의 법률관계

(1) 권리능력 없는 사단이론의 적용범위

민법학에서는 흔히 권리능력 없는 사단의 법률관계를 내부관계와 외부관계로 나누고 각기 사단법리에 입각하여 설명한다. 그리하여 내부관계에서는 사원총회의 다수결에 의해 의사를 형성하고, 사원총회에 의해 선임되는 업무집행기관이 업무를 집행한다고 설명한다. 그리고 외부관계에서는 사단법인에 준하는 권리능력 · 행위능력 · 불법행위능력을 가지며, 대표기관에 의해 권리능력 없는 사단의 대외적 행위가 행해진다는 등으로 설명한다.

그러나 권리능력 없는 사단의 법률관계에 관한 이러한 이론은 설립중의 회사에 관한 한 거의 무의미하다. 상법은 설립중의 회사의 법률관계를 회사설립절차의 이행이라는 극히 제한적인 범위에서만 인정하고, 그에 필요한 사항을 자족적으로 규율하고 있기 때문이다. 즉 설립중의 회사의 업무집행에 관해서는 발기인의 업무집행에 관한 법규정을 통해 그 범위와 방법을 규율하고 있고, 사원총회에 해당하는 기관은 설립절차의 완결적 단계에 가서만 그 구성을 인정하고 일부 제한된 사항(예: 임원의 선임, 설립경과조사 등)에 관해 결의하도록 하고 있다. 따라서 일반적인 권리능력 없는 사단의 내부관계에 관한 법리는 설립중의 회사에 적용할 여지가 없다.

외부관계에서도 같다. 발기인이 설립중의 회사를 대표하여 할 수 있는 행위란 회사설립을 위한 행위에 국한되어, 설립중의 회사와 제 3 자와의 법률행위는 모집주주와의 주식인수계약, 납입금보관은행과의 예금계약 등 몇 가지로 제한되고 그 효과도 법정되어 있다. 특히 설립중의 회사가 부담할 수 있는 채무는 변태설립사항으로 설립비용 등을 정한 경우로 제한되고, 그것도 회사가 설립된 경우에 한하여 회사가 이행책임을 지며, 회사불성립으로 그치면 발기인 개인의 책임으로 돌아가고 설립중의 회사가 부담하는 일이 없다(326조). 따라서 외부관계에 있어서도 권리능력 없는 사단의 법리가 일반적으로 적용되는 것은 아니다.

그리하여 설립중의 회사의 법률관계란 발기인이 회사설립을 위해 수행한 행위로 인해 설립중의 회사가 권리 · 의무를 취득하고, 이것이 설립중의 회사에 총유적으로 귀속하였다가 회사가 성립하면 특별한 이전행위를 요하지 않고 회사에 귀속된다고 하는 것뿐이다. 이러한 효과가 발생하는 것은 발기인이 설립중의 회사의 기관으로서 한 행위에 한한다(통설). 발기인 개인의 행위, 발기인조합의 행위는 이러한 효과가 발생하지 않는다. 결국 설립중의 회사의 권리능력의 범위는 발기인이 회사설립을 위해 할 수 있는 행위의 범위와 일치한다.

(2) 발기인의 권한의 범위

발기인이 설립중의 회사의 기관으로서 할 수 있는 행위는 어떤 것인가? 다시 말하면 발기인이 설립중의 회사를 위해 한 행위로서 그 효과가 성립 후의 회사에 당연히 귀속되는 것은 어떤 범위의 행위인가라는 문제이다. 이에 관해 ① 회사설립 자체를 직접적인 목적으로 하는 행위에 국한된다는 설(오성근 198; 이범찬(외) 115; 정준우 47; 최기원 141), ② 회사설립을 위해 법률상 · 경제상 필요한 행위가 이에 포함된다는 설(권기범 446; 김동훈 126; 김정호 108; 손주찬 553; 임홍근 144; 정동윤 413), ③ 회사성립 후의 개업을 위한 준비행위도 포함된다는 설(서헌제 112; 송옥렬 780; 임재연 I 245; 정찬형 670; 송오섭(주석－회사 2) 140)이 있다. 발기인이 설립 후의 회사의 영업을 위하여 제 3 자와 맺은 자동차조립계약을 발기인의 권한 내의 행위로 보고 설립 후 회사의 책임을 인정한 판례가 있다(③설)(대법원 1970. 8. 31. 선고 70다1357 판결).

회사설립을 위한 법률상 · 경제상 필요한 행위란 그 범위가 모호하여 자칫 발기인의 권한남용을 초래하기 쉽다. 재산인수가 변태설립사항으로서 제한되는 취지로 볼 때 유사한 효과를 가져오는 개업준비행위는 정관에 근거가 없는 한 허용되지 않는다고 보아야 할 것이다. 원래 회사설립사무가 발기인의 고유한 기능이고, 발기인이 이러한 지위를 남용함을 억제하려는 뜻이 회사설립법제에서 뚜렷이 읽혀지는 바이므로 ①설이 타당하다. 또한 회사가 불성립으로 그친 경우에는 모든 대외적인 법률관계를 원상으로 회복해야 할 것인데, 그로 인한 혼란을 줄이기 위해서도 발기인의 행위 범위를 ①설과 같이 제한하는 것이 바람직하다.

발기인의 권한의 범위란 설립중의 회사의 권리능력의 범위를 뜻한다. 발기인의 권한이 ①설과 같이 제한되는 결과 설립중의 회사에는 불법행위능력이 인정되지 않는다.[1)]

---

1) 발기인이 회사설립중에 부동산을 임차하고 그 위에 타인의 기계 장비를 보관하고 있다가 회사설립 후 대표이사가 되어 그 재산을 처분한 사건에서 회사의 불법행위책임을 물은 판례가 있다(대법원 2000. 1. 28. 선고 99다35737 판결). 이 판례를 발기인의 행위에 대해 회사의 불법행위책임

(3) 소송당사자능력과 등기능력

민사소송법에서는 권리능력 없는 사단의 당사자능력을 인정하고(민소 52조), 부동산등기법에서는 등기능력을 인정하고 있다(부등 26조).

설립중의 회사는 주식인수인들이 출자를 이행하지 않을 경우 실권절차를 밟지 아니하고 출자이행을 訴求할 경우도 있으므로 당사자능력을 인정해야 할 것이다. 설립중의 회사가 부동산을 취득하는 경우란 부동산을 현물출자로 받을 때이고, 그 밖의 경우는 생각하기 어렵다(위 ①설 참조). 하지만 부동산을 현물출자하는 경우에는 단지 등기이전에 필요한 서류를 교부할 뿐이고 등기이전을 요하지 아니하며(295조 2항), 실제 등기를 하는 예도 보기 어렵다.

제 2 관 정관의 작성

주식회사설립의 첫단계로 발기인이 정관을 작성하고 기명날인 또는 서명한다(289조 1항). 정관의 기재사항에는 절대적 기재사항, 상대적 기재사항 및 임의적 기재사항의 세 가지가 있다.

「절대적 기재사항」이란 상법이 정관의 유효요건으로 정한 사항으로서 이를 결하거나 그 내용이 위법하면 정관이 무효가 되고 회사설립의 무효사유가 된다. 상법은 주주 등 이해관계인의 보호를 위해 설립 당초부터 확정해 두어야 할 사항들을 절대적 기재사항으로 규정하고 있다.

「상대적 기재사항」이란 정관에 기재하지 않아도 정관의 효력에는 영향이 없으나, 그 사항을 실행하기 위해서는 반드시 정관에 기재해야 하는 사항이다. 예컨대 정관에 현물출자에 관한 규정이 없더라도 무방하나, 정관에 정함이 없으면 현물출자를 할 수 없으므로 현물출자는 상대적 기재사항이다.

「임의적 기재사항」이란 정관에 기재하지 않아도 정관의 효력에 영향이 없고(이 점 상대적 기재사항과 같다), 정관에 기재하지 않더라도 관련 사항을 실행하지 못하는 것은 아니나(이 점 상대적 기재사항과 다르다), 정관이 갖는 구속력을 부여하고자 하여 정관에 기재한 사항을 말한다. 상법이 기재를 허용하는 경우(예: 이사의 보수결정)도 있고, 회사가 자율적으로 기재

을 물은 예로 인용한 문헌들이 있으나, 동판례에서는 설립 후 대표이사인 상태에서 타인의 재산을 처분한 것을 회사의 업무와 관련이 있다고 하여 회사에 불법행위책임을 물었을 뿐이고, 설립중의 회사의 불법행위능력을 인정하거나 발기인의 행위에 대해 성립 후 회사의 책임을 인정한 것은 아니다.

하는 경우(예: 이사의 정원)도 있다. 일단 정관에 기재하면 이와 상위한 규율을 원할 때에는 정관을 변경해야 한다.

설립시에 확정된 정관은 설립 후 소정의 절차에 의해 변경이 가능하다(433조, 434조). 정관의 법적 성질(自治法規)이나 그 작성행위의 성질(설립행위)은 기술한 바와 같다(100면 이하 참조).

영미법에서는 정관을 기본정관(certificate, charter, articles of incorporation)과 부수정관(by-laws)으로 구별한다. 전자는 상호 · 설립목적 · 자본 · 발기인 등 회사의 기본적인 사항을 규정하며 그 수정은 엄격한 법적 규제를 받는 데 대해, 후자는 총회 · 이사회의 소집 · 이익배당 등 주로 회사운영에 관한 사항을 규정하며 그 수정은 주주총회나 이사회의 결의로 용이하게 할 수 있다. 우리 상법상으로는 이러한 구별이 없으므로 모든 정관기재사항이 같은 효력을 가진다.

I. 절대적 기재사항과 수권자본제

1. 절대적 기재사항

주식회사 정관의 절대적 기재사항은 ① 목적, ② 상호, ③ 회사가 발행할 주식의 총수, ④ 액면주식을 발행하는 경우 1주의 금액, ⑤ 회사설립시에 발행하는 주식의 총수, ⑥ 본점의 소재지, ⑦ 회사가 공고하는 방법, ⑧ 발기인의 성명 · 주민등록번호 및 주소이다(289조 1항 1호~8호).

이하 각 사항을 상설한다.

(1) 目　　的

1) 「목적」이란 회사가 그 존재이유로 삼아 수행하고자 하는 사업을 말한다. 주주에게는 출자의 동기를 이루며, 이사에게는 자신이 수행해야 할 업무집행의 적극적 및 소극적 범위를 제시한다. 그리하여 이사가 목적을 벗어난 행위를 한 때에는 손해배상책임을 지고(399조), 해임사유(385조)가 되며, 유지청구(402조)의 대상이 된다. 한편 목적은 제 3 자에 대해서는, 회사를 상대로 거래함에 있어 회사에 대해 기대할 수 있는 반대급부의 범위를 예측하는 기준이 된다.

한편 회사의 권리능력이 목적범위 내로 제한된다는 입장을 취할 때에는 정관상의 목적은 회사의 권리능력의 범위를 정하는 기준이 된다(82면 참조).

2) 상법에서는 영업의 종류를 토대로 법적 규제를 하는 수가 많다. 예컨대 회사의 이사 · 상업사용인 등은 회사의 영업부류에 관해 경업금지의무를 지며

(17조·397조), 영업양도인은 동종영업에 관해 경업금지의무를 지고(41조), 타인이 등기한 상호는 동일지역에서 동종영업을 위한 상호로 등기할 수 없다(22조. 기타의 예: 53조·60조·61조·62조 등). 이러한 규정들을 회사에 적용할 때에는 회사의 목적을 기초로 영업범위를 판단한다.

3) 회사는 商行爲 기타 營利를 목적으로 하므로(169조) 목적사업은 영리성을 실현할 수 있는 것이어야 한다. 예컨대 「우리나라 전통문화의 연구·보급」이나 「영재의 교육」 등과 같이 영리와 무관한 것은 목적이 될 수 없다.

4) 영리를 실현할 수 있는 것인 한 그 범위에 제한이 없다. 그러나 불법하거나 사회질서에 반하는 행위를 목적사업으로 할 수 없음은 물론이다.

5) 위 1)에 말한 취지를 달성하기 위해서는 목적사업은 이해관계인들에게 예측가능성을 부여할 수 있을 정도로 구체성을 띠어야 한다.[1)]

예컨대 단지 「상업」·「서비스업」·「공업」 등과 같이 막연하게 규정하는 것은 허용되지 아니한다. 그러나 구체적인 목적사업을 제시하고 「기타 이에 부대하는 사업」이라 표현하는 것은 주된 목적에 의해 그 「부대사업」의 범위가 정해지므로 유효하다.

6) 목적사업은 여러 개라도 무방하다. 회사실무에서는 목적범위에 관한 시비를 예방하고 신사업에 투자할 때 정관을 변경해야 하는 번거로움을 덜기 위해, 처음부터 회사가 수행할 가능성이 있는 사업을 수십 가지로 열거하는 경향이 있다.

(2) 상 호

상호는 회사의 동일성을 표시하는 명칭이다. 자연인과 달리 회사는 상호가 없으면 자신을 표시할 방법이 없으므로 반드시 상호를 가져야 한다. 주식회사는 상호 중에 「주식회사」라는 문자를 삽입해야 하며(19조), 특별법에 의해 인·허가를 받은 영업은 상호에 업종까지 표시해야 하는 경우가 있다(예: 은행·보험·증권 등). 상호는 다른 회사, 다른 상인과 차별화될 수 있는 명칭을 포함해야 한다.[2)]

상호로 선정하고 설립등기에 이르기까지 상호권을 확보하는 방법으로 상호

1) 「동일상호의 판단 기준에 관한 예규」에서는 목적을 등기하기 위해서는 적격성이 있어야 하고, 영리성을 가져야 하며, 강행법규나 사회질서에 반하지 않아야 하고, 명확하고 구체적이어야 한다고 규정하고 있다(동예규 9조 1항~3항).

2) 前註의 예규에서는 상호에서 회사의 종류를 표시하는 부분을 제외하면 상호의 나머지가 업종을 표시하는 문자만으로 구성되는 경우(예: 「석유자원개발 주식회사」)에는 상호의 등기신청을 각하하도록 규정하고 있다(동예규 3조 8호).

의 가등기를 이용할 수 있다(22조의 2 1항).

(3) **회사가 발행할 주식의 총수**(후술)

(4) **1주의 금액**(액면가)

주식은 정관으로 정하기에 따라 액면주식 혹은 무액면주식으로 발행할 수 있다. 액면주식을 발행할 경우 주식은 1주당 자체의 금액을 가지며, 그 합계로서 자본을 구성한다(451조 1항). 그러므로 액면주식은 자본금의 분수적 지분으로서의 의미를 가진다. 이 같은 1주의 금액을 액면가라 하는데, 이는 정관에 기재되어야 하고 모든 주식에 대해 균일해야 한다(329조 2항). 따라서 액면가에 발행주식총수를 곱하면 자본금이 산출된다(451조).

액면가는 자본금의 구성단위가 된다는 의미에서의 추상적인 가격이므로, 실제 주식을 발행하면서 회사가 주식의 인수대가로 제시하는 발행가와는 구별해야 한다. 자본유지의 원칙상 주식은 액면가 이하로 발행하지 못한다(330조. 예외: 417조). 액면가를 초과해서 주식을 발행하는 경우 그 초과금액은 자본을 구성하지 아니하고 자본준비금이 된다(459조 1항).

무액면주식을 발행하는 경우(329조 1항) 1주의 금액이 있을 수 없음은 물론이다.

(5) **회사의 설립시에 발행하는 주식의 총수**(후술)

(6) **본점소재지**

본점은 주된 영업소를 뜻한다. 주된 영업소란 영업의 전체적인 지휘가 행해지는 장소를 말한다. 본점소재지는 정관에 기재해야 하는데, 때로는 정관에는 명목적인 장소만 기재해 놓고 실제 주된 영업은 다른 곳에서 하는 수가 있다.[1] 이 경우 법적으로 중요한 것은 실제의 주된 영업소가 아니라 정관상의 본점소재지이다. 법상 본점소재지를 연결점으로 전개되는 법률관계는 정관상의 본점소재지를 기준으로 삼기 때문이다.

본점소재지는 회사의 주소가 되며(171조), 회사가 받을 의사표시·통지의 수령지가 되며, 등기 및 각종 회사법상의 소에 있어서 관할의 표준이 되고(예: 328조 2항 → 186조), 주주총회의 소집지를 제약한다(364조). 그러므로 본점소재지는 국내에 있어야 하고,[2] 단일해야 하며, 최소의 행정구획단위와 도로명주소로 특정되어야 한다.[3]

1) 예컨대 지방세의 부담을 줄이기 위해 세율이 낮은 지방에 본점소재지를 정하고 실제 영업은 대도시에서 행하는 회사도 있다.

2) *Dauner-Lieb*, in Kölner Komm. AktG, 3. Aufl., § 5 Rn. 12; *Heider*, in Münchener Komm. AktG, 4. Aufl., § 5 Rn. 23.

3) 정관에 본점소재지를 「서울특별시」 정도의 행정구역으로 표기하는 것이 실무상의 관행이지만,

⑺ 회사가 공고를 하는 방법

회사의 법률관계 중에는 주주·채권자 등 이해관계인에게 공시해야 할 것이 많으므로(예: 주주명부의 폐쇄공고(354조 4항), 자본금감소의 공고(439조 2항)) 이해관계인이 공시사항을 적시에 인지할 수 있도록 공시매체를 정관에서 확정해야 한다. 공고는 서면의 매체를 이용할 수도 있고, 전자적 방법을 이용할 수도 있다.

1) 서면공고 회사의 공고는 원칙적으로 관보 또는 시사에 관한 사항을 게재하는 일간신문에 하여야 한다(289조 3항 본). 따라서 방송이나 일정한 장소에 게시하는 것은 공고방법이 될 수 없다.

2개 이상의 일간신문을 정하는 것은 무방하나 이를 선택적으로 이용해서는 안 된다. 일간신문이어야 하므로 주간지·격일발간지 같은 것은 공고의 매체가 될 수 없다.

「時事」를 게재하는 일간신문이어야 하므로 일간지라 하더라도 특수한 기술(예: 컴퓨터전문지), 오락·취미(예: 스포츠전문지), 특정산업이나 직종(예: 증권시장지·조세전문지·농수산업전문지)에 관한 기사를 다루는 신문이나 독자가 특정 단체구성원으로 제한되는 신문(예: 회사사보·동창회보)은 제외된다. 사회 일반인의 시사를 다루는 한, 신문의 판매가 일부 지역에 국한되더라도(지방지) 공고방법으로 무방하다.

2) 전자적 공고 회사는 공고를 정관으로 정하는 바에 따라 전자적 방법으로 할 수 있다(289조 3항 단).[1)]

「전자적 방법」이란 회사의 인터넷 홈페이지에 게재하는 것을 말한다(상령 6조 1항).

㈎ 전자적 공고의 요건 사전에 전자적 방법으로 공고할 수 있음을 정관에 규정해야 한다. 그리고 회사가 인터넷 홈페이지를 이용해 전자적 공고를 할 경우에는 인터넷 홈페이지의 주소를 등기하여야 한다(상령 6조 2항). 인터넷 홈페이지를 등기하지 아니하고 인터넷 홈페이지에 공고를 한 경우에는 등기할 사항을 등기하지 아니한 경우로서 선의의 제 3 자에게 공고의 효력을 주장하지 못한다(37조 1항). 정관에 전자적 방법으로 공고할 것을 규정했음에도 불구하고, 전산장애 또는 기타의 부득이한 사유로 전자적 방법에 의한 공고를 할 수 없는 경우에는 정관에서 정하는 관보 또는 시사에 관한 사항을 게재하는 일간신문에 공고하여야 한다(상령 6조 4항). 따라서 정관에는 전자적 공고로 갈음한다는 취지 외에 전자적 공고가 불

이는 잘못이다. 본점소재지는 회사의 「주소」가 되므로 주소로서의 동일성이 파악되도록 기재해야 한다(*Brändel*, in Großkomm AktG, 4. Aufl., § 5 Rn. 3; *Heider*, Ibid., § 5 Rn. 8).

1) 2009년 5월 개정에 의해 신설되었다.

가능할 경우 공고에 이용할 관보 또는 일간신문을 기재해 두어야 한다.

(나) **전자적 공고의 기능보완** 전자적 공고는 회사에게는 편리하지만 매체의 성격이 디지털적이라서 정보수령자의 입장에서는 의사전달의 확실성이 떨어지고, 사후에 공고내용의 증명이 어려워지는 흠이 있다. 이 흠을 보완하기 위해 상법은 다음 몇 가지 점을 배려하고 있다. i) 전자적 방법으로 공고할 경우에는 공고 후 3월 기타 사안별로 대통령령이 정하는 기간(상령 6조 5항)에 계속 공고해야 한다(289조 4항 본). 정보이용자에게 상당기간 정보접근의 기회를 보장하기 위함이다. 나아가 재무제표의 기재사항에 관해서는 2년간 이사의 책임해제여부가 현안을 이루므로(450조) 전자적 방법으로 공고할 경우에는 2년간 계속 공고하도록 한다(289조 4항 본). 공고는 공고기간중 지속되어야 함이 원칙이나, 공고기간중에 공고가 중단되더라도(불특정 다수가 제공받을 수 없게 되거나 그 공고된 정보가 변경 또는 훼손된 경우), 중단기간의 합계가 공고기간의 5분의 1을 초과하지 않으면 공고의 중단은 공고의 효력에 영향을 미치지 않는다(상령 6조 6항 본). 이는 공고가 불가항력적인 기술적 장애로 중단될 수 있음을 감안한 제도이므로, 회사의 고의·중과실로 공고가 중단된 경우에는 적용할 수 없다(동항 단). 즉 공고기간을 준수하지 않은 것으로 보아야 한다.

ii) 회사가 공고하는 사항은 상당기간이 경과한 후에도 증명자료 기타 유용한 정보로서 활용될 수 있다. 그러므로 전자적 공고를 하는 경우에는 공고기간이 만료된 이후에도 누구나 그 내용을 열람할 수 있도록 하여야 한다(289조 4항 단). 법문에서는 「누구나」 그 내용을 열람할 수 있도록 하라고 규정하지만, 공고의 대상이 제한되어 있는 경우(예: 채권자이의 제출공고. 439조 2항 → 232조)에는 공고의 효력이 미치는 자에 한해 열람하게 해도 무방함은 물론이다.

iii) 전자적 방법으로 공고를 할 경우에는 회사가 게시기간과 게시내용에 대하여 증명하여야 한다고 규정하는데(289조 5항), 서면의 공고를 하는 경우에도 공고사실과 그 내용은 당연히 회사가 증명하여야 하므로 이 규정이 특히 의미를 갖는 것은 아니다.

iv) 시행령에서는 공고의 내용이 되는 정보를 홈페이지 초기화면에서 쉽게 찾을 수 있게 하는 등 이용자의 편의를 위한 조치를 취하도록 규정하고 있다(상령 6조 3항). 그러나 반드시 초기화면에 공고내용이 모두 게시되도록 할 필요는 없고, 초기화면에서 쉽게 발견할 수 있는 접속점(메뉴)을 설치하고 이로부터 연결되는 2차 화면에서 공고내용 전부를 제공하는 것도 무방하다고 본다.

⑻ 발기인의 성명 · 주민등록번호 · 주소

발기인은 정관을 작성하고 기명날인 또는 서명하여야 하므로 기명날인 또는 서명한 발기인의 성명 · 주민등록번호 및 주소를 기재하는 것이다. 발기인이 법인인 경우에는 그 상호(비영리법인은 명칭)를 기재하면 된다.

발기인이 정관에 기재된 후에는 발기인은 역사적 존재이므로 설립 후 그가 사망하더라도 정관을 변경할 필요가 없고, 또 발기인의 성명 · 주민등록번호 · 주소는 정관변경의 대상이 되지 아니한다.

2. 수권자본제

정관에는 자본금을 표시하지 않고 단지 자본금과 관계되는 사항으로서 「① 회사가 발행할 주식의 총수(발행예정주식총수)(289조 1항 3호), ② 액면주식을 발행할 경우에는 1주의 금액(289조 1항 4호), ③ 회사의 설립시에 발행하는 주식의 총수(289조 1항 5호)」만을 기재하는데, 이는 중대한 의미를 가진다. 회사가 설립시에 실제 발행하는 주식의 수는 ③이다.[1] 그리고 자본금은 액면주식을 발행할 경우에는 발행주식의 액면총액이고(②×③. 451조 1항), 무액면주식을 발행한 경우에는 발행가액 중 이사회가 자본금으로 정히는 금액이다(451조 2항).

①은 무엇을 뜻하는가? 이것은 회사설립 후 정관을 변경하지 아니하고 발행할 수 있는 최대의 주식수를 뜻한다. 그러므로 설립 후 추가의 자본이 필요할 경우 {①-③}의 범위에서는 정관을 변경하지 아니하고 신주를 발행할 수 있다. 상법상 신주발행은 원칙적으로 이사회의 권한사항이므로(416조 본) 신규의 자금이 필요할 때에는 발행예정주식총수(①)의 범위에서라면 정관을 변경함이 없이 이사회가 기동성 있게 신주를 발행하여 자금을 조달할 수 있는 것이다. 정관을 변경하려면 주주총회의 특별결의를 거쳐야 하므로(434조), 「정관을 변경함이 없이」란 주주의 의사를 묻지 않고 이사회가 단독으로 신주발행을 결정할 수 있음을 의미한다. 하지만 이사회가 발행예정주식총수를 초과하여 주식을 발행하고자 할 때에는 먼저 정관을 변경하여(433조) 발행예정주식총수를 증가시켜야 한다. 요컨대 「발행예정주식총수」란 자본금의 규모 내지는 주식수의 규모를 설정함에 있어 주주가 이사회를 통제하는 장치인 것이다.

1) 과거 설립시 발행할 주식의 총수(③)는 발행예정주식총수(①)의 4분의 1 이상이어야 했으나(2011 개정 전 289조 2항), 2011년 개정에서 이 제한을 폐지하였다.

수권자본의 개념과 예시

미국에서는 회사를 설립할 때 기본정관 등 필요한 서류를 갖추어 州정부(주무장관; Secretary of State)에 제출하여 설립증명(certificate of existence; certificate of authority)을 받아야 한다. 즉 형식적으로는 설립허가주의로 운영되고 있다. 그리고 기본정관에는 회사가 발행하고자 하는 주식수를 기재해야 하므로 이에 의해 산출되는 자본금은 주정부로부터 수권된 자본금(authorized capital)이라는 뜻을 갖는다. 그러나 우리나라에서는 준칙주의를 취하므로 수권자본은 정관에 의해 이사회에 발행이 수권된 자본금으로 이해할 수 있다. 엄밀히는 발행예정주식총수에서 설립시에 발행하는 주식의 총수를 뺀 것이 이사회에 수권된 것이나, 보통 발행예정주식총수 자체를 수권자본이라고 부른다.

2024년 4월 1일 어느 회사가 설립되었는데, 이 회사의 발행예정주식총수는 40,000주, 1주의 금액은 5,000원, 회사설립시에 발행하는 주식총수는 10,000주라고 하자. 이 회사의 설립시의 자본금은 5,000(원)×10,000(주)=5,000만(원)이다. 그런데 이 회사가 2025년 4월 1일 추가로 1억 5천만원의 자금이 필요하여 신주를 발행한다고 하자. 그러면 발행예정주식총수 중 설립시에 발행하지 않고 남겨둔 30,000주를 새로이 발행하면 5,000(원)×30,000(주)=1억 5천만(원)이 조달된다. 그런데 이와 같이 新株를 발행하더라도 설립시에 발행한 주식 10,000주와 합해 40,000주, 즉 발행예정주식총수의 범위 내이고, 또 「현재」 발행한 주식수는 정관기재사항이 아니므로 이 추가의 발행을 위해 정관을 변경할 필요는 없다. 이사회의 결의만으로 발행할 수 있다.

그런데 2026년 4월 1일 1억원의 자금이 또 필요하여 신주 20,000주를 발행한다고 하자. 이때에는 이미 발행예정주식총수 전부를 활용하였으므로 먼저 정관을 변경하여 발행예정주식총수를 60,000주 이상으로 늘려 놓고 난 후에야 발행할 수 있다.

Ⅱ. 상대적 기재사항

1. 변태설립사항(290조)

상대적 기재사항은 상법의 각 부분에 산재되어 있으나, 특히 設立 당시에 발기인에 의해 남용되어 자본충실을 해칠 우려가 있는 사항으로서, ① 발기인에게 주어지는 특별한 이익, ② 현물출자, ③ 재산인수, ④ 설립비용과 발기인의 보수를 열거하고, 이를 「변태설립사항」이라 하여 정관에 기재할 것을 규정하고 있다. 이 사항들을 실행하고자 할 때에는 정관에 기재하여야 함은 물론 모집주주가 알 수 있도록 주식청약서에 기재하여야 하며(302조 2항 2호), 별도의 검사절차를 거쳐야 한다(298조 4항 · 299조 1항 · 299조의2 · 310조).

(1) 발기인의 특별이익

발기인이 받을 특별이익과 이를 받을 자의 성명은 변태설립사항이다(290조 1호). 이는 발기인이 회사설립의 실패에 따르는 위험을 부담하고 설립사무를 관장한 데 대한 공로로서 주어지는 채권적 권리를 말한다. 예컨대 회사설비이용의 특혜, 신주인수의 우선권, 회사와 계속적인 거래의 약속 같은 것이 이에 해당한다. 발기인이 소유하는 주식에 대한 확정이자의 지급, 납입의 면제, 무상주의 교부와 같이 자본충실에 반하는 이익이나 주주총회의 결의에 관한 특권, 우선적인 이익배당과 같이 주식평등의 원칙에 반하는 이익은 허용될 수 없다.[1] 뿐만 아니라 장차 이사·감사 등의 지위를 약속하는 것도 단체법적인 질서에 어긋나므로 허용될 수 없다.

(2) 현물출자

現物出資도 변태설립사항으로서, 출자자의 성명과 그 목적인 재산의 종류·수량·가격과 이에 대하여 부여할 주식의 종류와 수를 정관에 기재해야 한다(290조 2호).

1) 의 의 현물출자라 함은 금전 이외의 재산을 출자의 목적으로 하는 것을 말한다. 금전을 갖지 아니한 자가 출자를 위해 재산을 환가함으로써 생기는 차손을 피할 수 있고, 회사가 설립 후 어차피 구입해야 할 자산을 마침 출자자가 가지고 있다면 바로 그 재산을 출자받음으로써 출자자로부터 금전을 출자받아 다시 출자자로부터 재산을 구입하는 이중거래의 번거로움을 생략할 수 있다는 데에 이 제도의 장점이 있다. 그러나 출자된 재산은 금전으로 평가되어 주식이 발행되고 자본금으로 구성되는데, 이 과정에서 무가치한 재산이 출자되거나 출자재산이 과대하게 평가되어 자본충실을 해할 염려가 있다. 그러므로 현물출자의 경우 진정한 가치가 있는 재산이 출연되고, 그 가치에 부합하는 주식이 발행되어야 한다. 이같은 목적에서 상법은 현물출자를 변태설립사항으로 하여 추가적인 규율을 가함으로써 출자의 공정을 기하고 있다.

2) 성 질 현물출자의 성질을 대물변제, 매매, (주식과의) 교환 등으로 보는 설도 있으나 모두 정확한 설명은 아니다. 기존의 전형계약의 테두리에

1) *Arnold*, in Kölner Komm. AktG, 3. Aufl., § 26 Rn. 9f.; *Pentz*, in Münchener Komm. AktG, 4. Aufl., § 26 Rn. 13ff.; *Röbricht*/Schall, in Großkomm AktG, 5. Aufl., § 26 Rn. 18. 日注釋(2), 97면에서는 이익배당이나 잔여재산분배에서의 우선권을 발기인에게 부여할 수 있는 특별이익의 예로 들고 있으나, 이는 의문이다.

무리하게 맞추어야 할 필요는 없고, 상법이 정한 출자계약의 한 형태라고 하면 족하다. 그러므로 출자목적인 재산의 가액이 주식의 인수가를 초과함을 이유로 하여 이를 정산하기 위한 목적으로 현물출자자에게 금전을 지급하는 것은 허용될 수 없다.[1)]

현물출자에 의해 재산권은 회사에 귀속되며, 쌍무 · 유상계약의 성질을 가지므로 위험부담 · 하자담보책임 등에 관한 민법규정(민 537조 · 570조 이하)이 적용된다(통설).

차량지입계약

운수사업을 개인이 하는 데에는 제약이 많으므로 운수사업을 하고자 하는 영세 차주들이 모여 자기 차량을 현물출자하여 회사를 설립하거나 또는 기존의 회사에 현물출자를 하되, 출자한 차량은 차주가 계속 독립적으로 관리 · 수익하고 또 처분할 수 있으며, 차량을 양도하면 주주의 지위도 함께 양도되는 것으로 약정하는 예가 있다. 이를 흔히 지입제라 한다. 이러한 약정이 회사법상 구속력을 가질 수 없음은 물론이다. 판례도 같은 입장을 취하고 있다(대법원 1967. 6. 13. 선고 67다302 판결). 그러나 당사자간에 개인법상의 채권계약으로서는 유효하며, 회사법상 허용되지 않음으로써 생기는 문제점은 이에 의해 해결할 수 있을 것이다.

3) 출자의 목적 현물출자의 목적은 금전 이외의 재산으로서 양도 가능하고 대차대조표(재무상태표)의 자산의 부에 기재할 수 있는 것이면 무엇이든 가능하다. 동산 · 부동산, 債權, 債券 · 어음 등의 유가증권, 특허권 등의 무체재산권, 다른 회사의 주식은 물론이고 영업 자체, 영업권, 상호권 그리고 계약상의 권리도 출자의 목적으로 할 수 있다. 그러나 순수한 자본단체인 주식회사에서는 노무출자나 신용출자는 재산적 가치가 불분명하고 당장 실현될 수 없으므로 허용될 수 없다(이설 없음). 출자자의 자격에는 제한이 없다.

4) 현물출자의 부당평가 현물출자가 과대하게 평가된 경우에는 후술하는 현물출자에 대한 조사절차에 의해 시정될 것이지만, 시정되지 아니한 채 설립등기를 필한 경우, 그 효력은 부당평가의 정도에 따라 구체적 타당성 있게 해결하여야 한다. 부당평가의 정도가 경미하다면 발기인과 임원의 손해배상책임을 추궁하는 것으로 해결할 수 있을 것이나(322조 · 323조), 그 정도가 커서 자본구성에 발기인 · 임원의 책임추궁만으로 메우기 어려운 정도의 결함이 생겼다면 현물출자를 무효로 보아야 한다.

1) 田中(上), 188면.

5) 현물출자의 이행 현물출자를 하는 자는 납입기일에 지체 없이 현물출자의 이행을 하여야 한다(295조 2항·305조 3항). 이행이란 출자목적인 재산의 종류별로 고유한 권리이전방식에 의해 재산권을 이전함을 뜻한다. 예컨대 동산이라면 인도하여야 하고, 유가증권이라면 배서·교부 등의 방법을 취하고, 채권이라면 통지·승낙과 같은 대항요건도 갖추어야 한다. 부동산 기타 등기·등록할 재산은 설립중의 회사의 이름으로 등기·등록하여야 할 것이나, 회사성립 후에 다시 회사 앞으로 등기·등록하여야 하는 번거로움이 있고 회사성립이 확실한 것도 아니므로 상법은 등기·등록에 필요한 서류를 완비하여 교부하여야 한다고 규정하고(295조 2항·305조 3항) 이를 신주발행시에도 준용한다(425조). 인도·서류의 교부 등 이전행위는 발기인대표에게 하여야 한다.

서류 교부의 물권적 효력

일본에서도 현물출자에 필요한 등기·등록 등은 회사설립 후에 할 수 있도록 하고 있다(日會 34조 1항). 일본은 물권변동에 관해 의사주의를 취하므로(日民 176조) 서류를 교부할 때에 권리이전의 의사가 표시되어 물권은 설립중의 회사 앞으로 이전된다. 그러나 우리 민법은 形式主義를 취하므로(민 186조) 출자자가 교부한 서류를 가지고 설립중의 회사의 명의로 등기이전하든지, 발기인대표의 명의로 명의신탁을 하지 않는 한 설립중의 회사는 등기이전청구권을 취득할 뿐이라는 결과가 된다. 입법론적으로 재고의 여지가 있다. 그리고 등기·등록할 재산을 현물출자한 경우 그 권리이전에는 각종 비용이 소요된다(예컨대 부동산의 경우 등기 수수료와 등록세, 취득세 등). 이 비용을 회사가 부담해야 한다면 그만큼 자본충실을 해한다. 그러므로 이 비용은 출자자가 부담한다는 특약이 없는 한 현물출자의 목적물을 평가함에 있어 차감해야 한다.

설립시에 현물출자된 재산권은 일단 설립중의 회사에 귀속하고 회사성립 후에 특별한 절차 없이 회사의 재산이 된다.

현물출자가 이행불능인 경우 정관을 변경하여 설립절차를 속행할 수 있다. 이행지체의 경우 강제집행을 할 수 있음은 물론이나, 이행불능시와 같이 정관을 변경하여 설립절차를 속행할 수도 있다.

⑶ 재산인수

1) 의 의 발기인이 설립중의 회사를 대표하여 특정인과 회사성립 후 그 특정인으로부터 일정한 재산을 회사가 양수하기로 약정하는 것을 재산인수라 한다. 이 약정에 의해 성립 후 회사는 그 재산을 양수할 의무를 부담한다. 재산인수는 변태설립사항으로서 그 재산의 종류·수량·가격과 그 양도인의 성

명을 정관에 기재해야 한다(290조 3호).

원래 발기인은 회사설립을 위한 행위만을 할 수 있고, 성립 후의 회사의 활동범위에 속하는 행위는 할 수 없음이 원칙이나, 성립 후 공백 없이 목적사업을 수행할 수 있도록 준비할 필요도 있으므로 재산인수를 허용한다(바꾸어 말하면 290조 3호는 발기인에게 재산인수를 허용하는 뜻도 있는 것이다).

그러나 발기인이 설립중의 회사의 기관인 지위를 남용하여 不公正한 재산인수의 약정을 함으로써 성립 후의 회사에 경제적 부담을 주면서 私益을 추구할 우려가 있다. 뿐만 아니라 재산인수는 현물출자에 가해지는 제약을 피하면서 실질적으로는 현물출자의 목적을 달성하기 위한 회피수단으로 행해질 수도 있다.[1] 그러므로 상법은 이를 방지하기 위하여 재산인수도 현물출자와 같이 변태설립사항으로 하고, 또 검사인의 조사절차 또는 공인된 감정인의 감정을 거치게 한다(298조 4항 · 299조 · 299조의2 · 310조).

2) 당사자 · 목적 재산인수에서의 양도인에는 제한이 없다. 발기인 · 주식인수인은 물론이고 그 밖의 제 3 자도 양도인이 될 수 있다. 인수계약은 발기인이 설립중의 회사를 대표하여 체결한다. 설립 후에 대표이사가 체결하였거나, 설립 전이라도 발기인이 아니고 이사 또는 대표이사가 체결하였다면 이는 재산인수가 아니다(대법원 1989. 2. 14. 선고 87다카1128 판결).

현물출자의 경우와 같이 대차대조표에 계상할 수 있는 것이면 무엇이든 재산인수의 목적이 될 수 있다. 채무인수는 재산인수의 대상이 될 수 없음은 물론이나, 영업을 양수할 때와 같이 적극재산과 결부된 경우에는 허용된다.

3) 재산인수의 효력 재산인수가 정관에 기재되고 검사인의 조사 또는 감정인의 감정 등 법정절차를 경유한 때에는 설립중의 회사의 유효한 행위로서 성립 후의 회사가 계약상의 지위를 취득한다.

4) 위법한 재산인수의 효력 정관에 기재되지 않은 채 이루어진 재산인수는 무효이다(통설 · 판례(대법원 1994. 5. 13. 선고 94다323 판결)). 무효는 회사만이 아니라 재산인수계약의 상

---

1) 예컨대 A가 부동산을 현물출자하고자 하나, 현물출자를 하면 법원의 검사인에 의한 조사를 받거나 감정인의 감정을 받아야 하는 번거로움이 있다. 그래서 일단 A는 발기인과 합의하여 금전출자를 하고 회사성립 후 회사가 A의 부동산을 양수하면 결과적으로 A는 부동산을 현물출자한 것과 같다. 재산인수도 기술한 바와 같이 정관에 기재하고 조사 또는 평가절차를 거쳐야 하지만 이러한 요건을 구비하지 않더라도 설립등기에는 지장이 없으므로 과거에는 재산인수의 약정을 은닉하였다가 설립 후에 바로 실행하는 예가 많았다(판례 [94다323]의 사안 참조).

대방(재산의 양도인)도 주장할 수 있다(대법원 2015. 3. 20. 선고 2013다88829 판결).[1] 소수설과 판례는 정관의 규정 없이 한 재산인수를 발기인의 무권대리로 보아 민법 제130조 이하의 규정에 따라 추인할 수 있다고 보고, 성립 후의 회사는 사후설립(375조)에 준하여 특별결의로써 추인할 수 있으며 추인 후에는 상대방도 무효를 주장할 수 없다고 한다(김·노·천 124; 정찬형 686; 대법원 1992. 9. 14. 선고 91다33087 판결; 동 2015. 3. 20. 선고 2013다88829 판결).[2] 그러나 이와 같이 해석하는 것은 실정법상의 근거가 없을 뿐 아니라, 재산인수를 변태설립사항으로 규정한 상법 제290조의 취지를 무의미하게 하므로 찬성하기 어렵다.

다만 재산인수로서는 무효이나, 새로이 사후설립의 절차를 밟을 경우에는 사후설립을 원인으로 하는 유효한 재산이전행위가 될 수 있다.

(4) 설립비용 등

회사가 부담할 설립비용과 발기인이 받을 보수액도 역시 변태설립사항이다(290조 4호).

1) 설립비용 설립비용이란 회사설립절차의 실행에 소요되는 비용을 말한다. 예컨대 사무실의 차임, 통신비, 정관·주식청약서 등의 인쇄비, 주주모집을 위한 광고비, 사용인의 보수, 납입금 취급은행의 수수료 등이 이에 속한다. 성립 후의 회사사업상 필요한 공장·건물·집기 등의 구입비는 개업준비비로서 설립비용에 포함되지 않는다(통설). 또한 개업준비를 위한 금전차입도 여기 포함될 수 없다(대법원 1965. 4. 13. 선고 64다1940 판결). 설립비용은 회사의 조직을 만들기 위해 지출한 경비이므로 회사가 부담하는 것이 당연하다. 그러나 발기인이 권한을 남용하여 과다하게 지출할 위험이 있으므로 자본충실을 위해 변태설립사항으로 한 것이다. 그러므로 설립등기에 따르는 등록세와 같이 성질상 그 지출에 관해 발기인의 재량이 개재할 여지가 없는 비용은 정관의 기재 여부에 관계없이 회사가 부담해야 한다.

정관에 기재하지 않고 지출한 설립비용은 회사에 대하여 구상할 수 없고 발기인 개인이 책임을 져야 한다. 부당이득이나 사무관리의 규정에 의해서도 회사에 청구할 수 없다고 보아야 한다. 뿐만 아니라 회사도 그 지출을 추인할 수 없다. 주주총회의 승인이 있더라도 마찬가지이다.

---

1) 재산인수가 포함된 방법으로 회사가 설립된 후 양도인이 재산을 회사에 이전하고 경영에도 관여하였는데, 15년이 경과한 후에 양도인이 정관에 근거없이 이루어진 무효인 재산인수이었음을 이유로 자신이 이전한 재산의 반환을 청구한 사건에서, 법원은 재산인수의 양도인도 무효를 주장할 수 있음을 전제로 하고, 이 상황에서 무효를 주장함은 신의칙에 반한다는 이유로 양도인의 주장을 배척하였다.

2) 일본의 소수설이다(鈴木·竹內, 49면; 北澤, 104면).

정관에 기재된 범위 내의 설립비용은 설립중의 회사가 부담하며, 성립시까지 완제되지 아니한 비용은 성립 후의 회사가 변제할 책임을 진다. 그리고 발기인이 체당한 비용은 당연히 회사에 구상할 수 있다. 정관에 기재하였다고 하여 그 지출에 관해 발기인의 책임이 면제되는 것은 아니다. 지출이 위법·부당하다면 발기인이 손해배상책임을 진다(322조 1항). 그리고 정당하게 지출한 설립비용이라도 회사가 不成立으로 그친 경우에는 발기인이 부담한다(326조 2항).

설립비용을 정관에 기재하는 방식은 반드시 사항별로 지출내역을 적을 필요는 없고 전체금액만 표시하더라도 무방하다고 해석된다.

2) 발기인의 보수 발기인의 보수란 발기인이 설립사무를 위하여 제공한 노무의 대가를 말한다. 상법이 설립비용과 구분하여 규정하였으므로 설립비용에는 포함되지 않으며, 설립에 대한 공로로서 주어지는 「발기인이 받을 특별이익」(290조 1호)과도 다르다.[1] 발기인의 보수 역시 과다하게 지출되어 자본충실을 해할 염려가 있으므로 정관에 기재하도록 한 것이다.

2. 기타의 상대적 기재사항

상대적 기재사항으로 정관에 기재하여야 효력을 발생할 수 있는 것은 변태설립사항 외에도 많은 예가 있다. 무액면주식의 발행(329조 4항), 주식매수선택권의 부여(340조의 2 1항), 종류주식발행(344조 2항), 전환주식의 발행(346조 1항), 서면투표의 채택(368조의 3 1항), 감사위원회 등 이사회내부위원회의 설치(393조의2·415조의2), 이사임기의 총회종결까지의 연장(383조 3항), 자격주(387조), 대표이사를 주주총회에서 선임하는 것(389조 1항 단), 이사회소집기간의 단축(390조 3항 단), 신주발행사항의 결정(416조 단), 제 3 자의 신주인수(418조 2항) 등은 모두 상대적 기재사항이다.

Ⅲ. 정관의 효력발생

정관은 공증인의 인증을 받음으로써 효력이 생긴다(292조 본). 정관이 효력이 생긴다는 것은 정관 작성 이후에 정관의 규정에 근거하여 행해지는 회사설립 관련의 모든 행위가 유효해짐을 의미한다. 그러므로 공증인의 인증을 받지 못한 정관

1) 발기인의 보수는 설립중의 회사의 기관으로서 제공한 노무의 대가이므로 지급시기가 언제이든 설립 전에 그 원인이 발생하고 설립중의 회사가 부담해야 하는 것이나, 발기인이 받을 특별이익은 회사창설의 공로에 대한 보상으로 주어지는 것이므로 회사가 성립되었을 때 발생하고 성립 후의 회사가 그 채무를 부담하는 것이다.

은 회사설립의 근거가 될 수 없다.

그러나 소규모회사(97면 참조)를 발기설립하는 경우에는 발기인들이 제289조 제 1 항에 따라 정관을 작성하고 기명날인(또는 서명)함으로써 공증인의 인증 없이도 정관의 효력이 발생한다(292조 단, 공증 66조의2 1항 단). 규모가 영세한 회사의 경우 설립에 필요한 비용을 절감해 줌으로써 설립을 촉진하기 위한 특례이다.

제 3 관 자본금과 기관의 구성

주식회사는 정관작성 후 설립등기 이전에 출자자를 확정하여 그로부터 납입을 받아 회사의 자본금을 현실화시킴으로써 자본단체로서의 실체를 완비하고, 기관을 구성하여 활동의 기초를 마련하는 절차를 요한다. 자본금을 조달하는 방법으로서 발기설립과 모집설립이라는 두 가지 방법이 인정되는데, 전자는 발기인만이 발행주식을 전부 인수하는 방법이고, 후자는 발기인과 발기인 아닌 자가 더불어 주식을 인수하는 방법이다.[1)]

발기설립을 할 것이냐, 모집설립을 할 것이냐는 것은 정관에 기재해야 할 사항이 아니므로 발기인의 합의에 의해 임의로 선택할 수 있다. 사안의 성질상 발기인 전원의 합의를 요한다.

어느 설립방법을 취하든 먼저 주식의 발행사항을 결정하여야 한다.

Ⅰ. 주식발행사항의 결정

회사가 설립시에 발행하는 주식의 총수와 1주의 금액은 정관에서 정해지지만 주식발행을 실천하기 위하여는 발기인이 주식발행에 관한 구체적인 계획을 세워야 한다. 우선 발행할 주식의 종류와 수를 정해야 하고(291조 1호), 액면주식을 발행하는 회사의 경우 발행가를 액면 이상으로 할 경우에는 그 금액을 정해야 하고, 무액면주식을 발행하는 회사의 경우에는 발행가액 및 발행가액 중 자본금으로 계상할 금액을 정해야 한다(291조 2호 · 3호).

「주식의 종류와 수」는 회사가 우선주, 열후주 또는 의결권이 제한되는 주식이나 전환주식 혹은 상환주식 등을 발행할 때에 의미 있는 것이다. 이것들도 정

1) 설립방법에 관해서는 입법례마다 다르다. 예컨대 일본은 우리와 같고, 독일은 발기설립만을 인정한다(日會 25조 1항; § 29 AktG).

관에 기재되어 있는 경우에 발행할 수 있는 것이나(344조 2항 · 345조 1항 · 346조 1항 등), 그 구체적인 수량은 정관에 정한 범위 내에서 발기인이 정할 수 있다. 발행가액 역시 발기인의 재량으로 결정한다. 회사설립시에는 액면미달발행을 하지 못하나(330조) 액면초과발행은 자본충실의 이념상 오히려 바람직하다.

주식발행사항의 결정은 회사설립시의 자본형성의 첫단계라는 중요성 때문에 발기인 전원의 동의를 요한다(291조 본). 발기인 전원의 동의를 얻지 못한 때에는 설립의 무효사유가 된다. 동의는 발기인의 주식인수 전에 이루어져야 하겠지만, 설립등기 이전에 동의가 있으면 하자는 치유된다(통설). 발기인 전원의 동의가 있었음을 증명하는 정보는 설립등기시에 제공하여야 한다(상등규 129조 4호).

Ⅱ. 발기설립

1. 발기인의 주식인수

發起設立은 발기인만으로 주주를 구성하는 설립방법이므로 발기인이 설립시에 발행할 주식의 총수를 인수하여야 한다(295조 1항). 「주식의 引受」란 회사 이외의 자가 회사가 발행하는 주식을 유상으로 취득하는 법률행위이다. 주식의 인수는 서면으로 하며(293조), 설립등기 신청시에 주식의 인수를 증명하는 정보를 제공하여야 한다(상등규 129조 2호). 「서면으로 한다」고 함은 발기인 각자가 인수할 주식의 종류와 수 그리고 인수가액을 기재하고 발기인이 기명날인(또는 서명)하는 것을 말한다. 정관에 발기인의 기명날인이 들어가므로 정관에 발기인의 인수내용을 기재해도 무방하다. 서면에 의하지 않은 주식인수는 무효이다(통설).

(1) 법적 성질

발기인이 수인인 경우 발기인의 주식인수는 총발행주식의 안분을 전제로 하므로 발기인 전원의 합의가 있어야 한다. 통설은 발기인의 주식인수를 합동행위라고 설명하지만, 모집주주의 주식인수와 마찬가지로 入社契約이라고 보는 것이 옳다(100면 이하 참조).

주식인수와 관련된 발기인의 법률행위에는 두 가지가 있다. 하나는 발기인 각자가 인수할 주식의 종류와 수량을 안분하는 데 관해 발기인 전원이 합의하는 것이고, 다른 하나는 발기인이 현실로 주식인수인의 지위를 취득하는 행위이다. 통설은 전자의 합의가 즉 주식인수라고 보고 발기인의 주식인수는 합동행위라고 설명하는 듯하다. 그러나 전자의 합의 역시 계약이지만, 이 합의는 발기인조합의 조합원인 발기인 상호간의 내부적인 합의에 지나지 않으며, 그로부터 바로 주식인수인으로서의 지위를 취득한다는 단체법상의 효과가 나올 수는 없다. 주식인수인의 지위는 회사를 상대로 하는 법률행위로부터만 얻어질 수 있는 것이다. 그러므로 발기인의 주식인수란 정관작성 후 설립중의 회사를 상대로 하는 계약으로서 모집주주의 주식인수와 다를 바 없는 설립중의 회사에의 입사계약이라고 보아야 한다.

(2) 인수시기

다수설은 발기인의 주식인수는 정관작성 전이라도 무방하다고 한다(권기범 436; 서헌제 123; 손주찬 565; 송옥렬 765; 임홍근 120; 최기원 173; 최준선 180; 송오섭(주석－회사 2) 191). 그러나 정관작성 전에는 발기인이란 지위도 생기지 않고, 정관조차 작성되지 않았다는 것은 발행할 주식도 생겨나지 않았음을 뜻하는데, 이 단계에서 주식인수인의 지위를 취득하는 행위가 있을 수는 없다. 발기인의 주식인수는 정관작성 이후에 이루어져야 한다(同旨: 이범찬(외) 125; 이 · 최 183; 정동윤 394; 정준우 60; 정찬형 690).

2. 출자의 이행

발기인이 설립시에 발행하는 주식의 총수를 인수한 때에는 지체 없이 각 주식에 대하여 그 인수가액의 전액을 납입하여야 한다(전액납입주의, 295조 1항 전)(현물출자의 이행은 249면 참조). 발기인은 납입을 맡을 은행 기타 금융기관과 장소를 정하고 이곳에 납입해야 한다(295조 1항 후). 납입의 확실을 기하기 위함이다. 납입금보관자에게 납입하면 「납입금보관증명」을 발급해 주는데, 이 증명은 설립등기를 위한 구비서류이므로 이에 의해 납입의 부실이 방지된다. 납입금보관자는 자신이 보관을 증명한 금액에 관하여 반환할 책임을 진다(318조 2항). 소규모회사(97면 참조)를 발기설립하는 경우에는 납입금보관증명서를 은행이나 그 밖의 금융기관의 잔고증명서로 대체할 수 있다(318조 3항).

발기인이 주식을 인수하고 납입하지 않을 때에는 모집주주의 경우와는 달리 失權이란 제도가 없으므로 이행을 訴求하거나 아니면 회사불성립에 그칠 것이다. 그러나 이를 간과하고 설립등기가 이루어진 때에는 납입불이행 부분이 근소하면 발기인 전원이 연대하여 납입담보책임을 지고(321조 2항), 상당부분이 납입되지 않은 경우라면 설립무효의 사유가 된다.

3. 임원의 선임

발기인이 인수한 주식에 대하여 출자가 이행되면 발기인은 지체 없이 의결권의 과반수로 이사와 감사(감사위원회를 두는 경우에는 감사위원. 이하 같음)를 선임하여야 한다(296조 1항). 이 선임행위는 발기인으로서가 아니라 설립중의 회사의 구성원, 즉 출자자로서 하는 것이다. 따라서 의결권은 두수주의에 의하지 않고 持分主義에 의해 인수한 주식 1주에 대하여 1개씩 주어진다(296조 2항). 이 발기인의 결의는 모집설립에 있어서의 창립총회에 해당되는 것으로, 창립총회의 결의방법보다는 완화된 것이다. 발기인은 의사록을 작성하여 의사의 경과와 그 결과를 기재하고 기명날인 또는 서명하여야 한다(297조).

이사 · 감사가 선임되면 그때부터 발기인과 더불어 설립중의 기관이 되지만, 이사 · 감사의 임무는 설립경과의 조사에 관한 것으로 제한되고(298조 1항), 설립에 관한 업무집행은 여전히 발기인이 결정 · 집행한다. 설립등기와 더불어 이사 · 감사는 새로운 선임절차 없이 설립 후 회사의 이사 · 감사가 된다. 설립시에 선임하는 이사 · 감사의 임기도 설립 후에 선임하는 이사, 감사의 임기(383조, 410조)와 동일하지만, 정관이나 발기인의 선임결의에서 따로 정할 수도 있다. 이사 · 감사의 임기는 설립시에 개시된다고 보는 것이 일반적이다.[1)]

4. 설립경과의 조사

이사와 감사는 취임 후 지체 없이 회사의 설립에 관한 모든 사항이 법령 또는 정관의 규정에 위반되지 아니하는지의 여부를 조사하여 발기인에게 보고하여야 한다(298조 1항). 조사결과 설립에 관해 위법하거나 정관에 위반한 사항이 있을 경우에는 이를 시정하여 설립절차를 속행할 수 있고, 치유될 수 없는 흠이 있다면 會社不成立으로 그치게 된다.

이사와 감사 중 발기인이었던 자, 현물출자자 또는 회사성립 후 양수할 재산의 계약당사자(재산인수에서의 양도인)인 자는 이상의 조사 · 보고에 참가하지 못하며(298조 2항), 이사와 감사 전원이 이 제척사유에 해당하는 때에는 이사는 공증인으로 하여금 조사 · 보고를 하게 하여야 한다(298조 3항). 조사의 공정을 기하기 위함이다.

5. 변태설립사항의 조사

변태설립사항이 있는 경우에는 자본충실을 위해 보다 객관적인 조사가 필요하다. 그러므로 위의 임원에 의한 조사 외에 원칙적으로 법원이 선임한 검사인의 조사를 받아야 하되, 공증인의 조사 · 보고와 감정인의 감정으로 갈음할 수 있다. 발기인들은 예외 없이 보다 간편한 후자의 길을 택하므로 법원의 검사인제도는

1) 일본에서의 다수설이다(日注釋(2), 141면).

사실상 사문화된 것으로 보인다.

(1) 법원에 의한 조사

1) 검사인의 선임　변태설립사항이 있는 경우에는 이사는 이에 관한 조사를 위해 검사인의 선임을 법원에 청구하여야 한다(298조 4항 본). 검사인은 법원이 선임하므로 회사(설립중의 회사)와는 사법상의 위임관계가 없고 법원과 공법상의 위임관계가 있을 뿐이다. 따라서 검사인을 설립중의 회사의 기관으로 볼 것은 아니다(반대: 최기원 178).

2) 검사인의 조사 · 보고　검사인은 변태설립사항(290조)과 현물출자의 이행에 관한 사항(295조)을 조사하여 법원에 보고하여야 한다(299조 1항). 아울러 이 조사보고서의 등본을 각 발기인에게 교부하여야 한다(299조 3항).[1] 이 보고서도 설립등기시에 제공하여야 할 정보이다(상등규 129조 6호). 이 보고서에 사실과 상위한 사항이 있는 때에는 발기인은 그에 관한 설명서를 법원에 제출할 수 있다(299조 4항).

3) 법원의 변경처분　법원은 검사인의 조사보고서 또는 공증인의 조사보고서나 감정인의 감정결과와 발기인의 설명서를 심사하여 변태설립사항이 부당하다고 인정한 때에는 이를 변경하여 각 발기인에게 통고할 수 있다(300조 1항). 「부당하다」는 것은 자본충실을 해하는 것을 뜻하며, 「변경」이라 함은 예컨대 현물출자자에게 배정할 주식수를 삭감한다든가, 또는 회사가 부담할 설립비용을 감액하는 것과 같이 자본충실의 견지에서 변태설립사항의 내용을 조정함을 말한다. 발기인과 이사는 이 변경처분에 따라 정관을 변경하여 설립절차를 속행하든지, 아니면 즉시항고(비송 75조 3항)를 하거나 또는 설립을 포기할 수도 있다. 그리고 변경처분에 대하여 직접 이해관계를 가지는 자(예컨대 현물출자자의 변경에 대해 그 현물출자를 한 자)는 주식의 인수를 취소할 수 있는데, 이때에는 정관을 변경하여 설립절차를 속행할 수 있다(300조 2항). 법원의 통고가 있은 후 2주 내에 주식의 인수를 취소한 발기인이 없는 때에는 정관은 통고에 따라 변경된 것으로 본다(300조 3항).

(2) 공증인의 조사 · 보고와 감정인의 감정

변태설립사항이 발기인에게 특별한 이익을 부여하는 것이거나(290조 1호) 회사가 부담할 설립비용 또는 발기인의 보수를 정하는 것(290조 4호)인 때에는 「공증인」의 조사 · 보고로 법원의 검사인에 의한 조사를 대체할 수 있고, 변태설립사항이 현물출자 또는 재산인수에 관한 것(290조 2호 · 3호)인 때에는 공인된 「감정인」의 감정으로 대체할 수 있다(298조 4항 단 · 299조의2). 변태설립사항별로 조사자를 달리한 이유는 발기인의

1) 외국인투자 촉진법에 의해 외국투자자가 현물출자를 할 경우에는 관세청장의 출자완료확인서를 검사인의 조사보고서로 보므로(외자 30조 3항) 검사인의 조사절차가 생략된다.

특별이익이나 설립비용은 「法的 妥當性」의 안목에서 심사해야 하고, 현물출자나 재산인수는 「經濟的 合理性」이 심사대상이므로 각기 이에 적합한 전문가를 안배하기 위한 것이다.

공증인 및 감정인은 발기인이 선임하므로 설립중의 회사와 위임관계를 갖는다.

공증인 · 감정인의 조사로 대체하더라도 법원의 심사는 생략할 수 없다. 공증인의 보고, 감정인의 감정결과를 법원에 보고해야 하고(299조의2), 법원이 이를 심사하여 변태설립사항이 부당한 때에는 변경할 수 있다(300조).

(3) 조사를 결여한 변태설립사항의 효력

변태설립사항을 정관에 기재하지 아니하고 실행한 경우에는 무효이다. 그러면 정관에는 기재하되 위의 필요한 조사절차를 거치지 아니한 경우 그 효력은 어떠한가? 등기시에 조사에 관한 보고서나 감정서가 제출되어야 하므로(상등규 129조 6호) 실제 이러한 절차를 밟지 아니하고 등기를 필하는 예는 흔치 않을 것이다. 그러나 등기심사시에 조사절차가 결여된 것을 간과하거나 보고서 등이 위조된 경우도 생각해 볼 수 있다. 판례는 신주발행에 있어 검사인의 조사절차를 거치지 않은 현물출자도 당연무효는 아니라는 입장을 취하고 있다(대법원 1980. 2. 12. 선고 79다509 판결). 설립시의 현물출자에 관해서도 같은 입장일 것으로 짐작되고, 또 변태설립사항 중 자본충실에 가장 위협적인 것이 현물출자이고 보면, 이 해석은 다른 변태설립사항에 대해서도 적용될 수 있을 것이다. 검사인 · 공증인의 조사 또는 감정인의 감정은 절차적인 문제로서 그 자체가 변태설립사항의 효력을 좌우한다고 볼 것은 아니나, 그 내용이 부당한 경우에는 그 효력을 부정해야 할 것이다. 특히 현물출자가 부당한 경우에는 발기인의 손해배상책임이 발생하고 그 흠이 현저할 경우에는 출자 또는 설립의 무효로 연결될 수도 있다.

(4) 조사 · 보고의 면제

상법은 변태설립사항의 조사에 따른 부담을 경감해 주기 위해 자본충실을 해할 염려가 적은 경우를 열거하여 조사대상에서 제외하였다. i) 현물출자 또는 재산인수의 대상재산의 총액이 자본금의 5분의 1을 초과하지 아니하고 5천만원을 초과하지 아니하는 경우(상령 7조 1항), ii) 현물출자 또는 재산인수의 대상재산이 거래소에서 시세가 있는 유가증권이고 정관에 적힌 가격이 대통령령으로 정한 방법으로 산정된 시세[1]를 초과하지 아니하는 경우(상령 7조 2항. 단 대상재산에 물권적 또는 채권적 제한이나 부담이 설정된 경우에는 예외이다

1) 「대통령령으로 정한 방법으로 산정된 시세」란, i) 상법 제292조에 따른 정관의 효력발생일부터

(상령 7조 3항)), iii) 그 밖에 이에 준하는 경우로서 대통령령으로 정하는 경우에는 검사인의 조사·보고를 요하지 않는다(299조 2항).

법문상으로는 검사인의 조사·보고 대상에서 제외하므로(299조 1항의 예외), 이 경우에도 검사인의 선임은 청구(298조 4항)해야 하는 것처럼 읽을 소지가 있으나, 검사인의 조사·보고를 요하지 않는 사항에 관해 검사인을 선임하는 것은 무의미하므로 검사인의 선임 자체를 요하지 않는 것으로 읽어야 한다(298조 4항의 예외). 그리고 공증인과 감정인의 조사·보고 및 감정(299조의2)은 검사인의 조사·보고에 갈음하는 것이므로 검사인의 조사를 요하지 않는 현물출자와 재산인수는 감정인의 감정도 필요하지 않다.

6. 대표이사의 선임

대표이사는 설립등기시에 등기하여야 할 사항이므로(317조 2항 9호) 대표이사를 선임하여야 한다. 누가 대표이사를 선임하는가에 관해서는 명문의 규정이 없다. 존립중의 회사에서 원칙적으로 이사회가 대표이사를 선임하는 것과 같이(389조 1항 본) 설립중의 회사에서도 이사들이 선임한다고 할 것이나, 정관으로 달리 정할 수 있다고 본다(예컨대 발기인이 선임하는 것).

Ⅲ. 모집설립

모집설립에서는 발기설립에서와 달리 제 3 자(모집주주)가 주주로 가담한다. 발기인이 설립사무를 전담하므로 모집주주는 일종의 국외자(outsider)이다. 그러므로 모집설립절차에서는 모집주주의 보호가 중요한 과제이다. 상법은 모집주주에게 회사의 내용을 주지시키기 위해 주식청약시 소정사항을 기재한 주식청약서를 사용하도록 강제하고, 설립경과의 조사와 임원선임에 있어 모집주주의 이익을 보호하기 위해 창립총회의 개최를 요구하고 있다.

1. 발기인의 주식인수

발기인은 반드시 주식을 인수하여야 하므로(293조) 모집설립을 하더라도 발기인의 주식인수는 필요하다. 주식청약서에 「각 발기인이 인수한 주식의 종류와

소급하여 1개월간의 거래소에서의 평균 종가, 효력발생일부터 소급하여 1주일간의 거래소에서의 평균 종가 및 효력발생일의 직전 거래일의 거래소에서의 종가를 산술평균하여 산정한 금액 또는 ii) 효력발생일 직전 거래일의 거래소에서의 종가 중 낮은 금액을 말한다(상령 7조 2항).

수」를 기재하게 되어 있는 것으로 보아(302조 2항 4호) 발기인의 주식인수는 모집주주가 주식인수를 청약하기 이전에 이루어져야 한다.

2. 주주의 모집

발기인이 인수하고 남은 주식을 인수할 자를 모집하여야 한다. 발기인이 아닌 주식인수인을 보통 모집주주라 하는데, 그 수에는 제한이 없으므로 1인이라도 무방하며, 모집주주가 인수하여야 할 주식의 수에 관해서도 최저의 제한이 없으므로 1주라도 무방하다.

주주를 모집하는 방법은 공모이든 연고모집이든 관계없다. 다만 50인 이상의 다수인을 상대로 공모할 때에는 자본시장법의 적용을 받아 금융위원회에 증권신고를 하는 등 별도의 절차를 밟아야 한다(자금 9조 7항 · 119조 1항, 자금령 11조 1항 · 120조). 그러므로 대부분의 회사는 설립시에 연고모집에 의해 주주를 모집하는 실정이다. 어떤 경우에나 모집주주가 회사의 개황을 알도록 하는 것이 필요한데, 그 방법으로 상법은 발기인으로 하여금 정관의 절대적 기재사항과 변태설립사항 및 회사설립의 개요를 알 수 있는 사항을 기재한 주식청약서를 작성하게 하고(302조 2항), 모집주주는 이 주식청약서에 의해서만 주식인수를 청약할 수 있도록 하고 있다(302조 1항)(주식청약서주의).[1)]

3. 주식의 인수

1) 성　　질　　모집주주의 주식인수는 주식을 인수하고자 하는 자(모집주주)가 인수의 청약을 하고, 발기인이 이를 배정함으로써 이루어지는데, 통설 · 판례는 주식인수의 성질을 설립중의 회사에의 入社契約이라고 설명한다(대법원 2004. 2. 13. 선고 2002두7005 판결).[2)]

주식인수는 단체법상의 계약으로서 당사자의 의사를 존중하는 것보다는 회사법률관계의 안정에 중점을 두므로 후술하는 바와 같이 일반계약에 대해 여러 가지 예외가 인정된다. 그리고 주식인수는 일종의 부합계약이다.

---

1) 상법이 요구하는 주식청약서의 기재사항은 매우 간소하여 모집주주에게 제공하는 정보가 극히 제한적이다. 그래서 자본시장법에서는 다수의 투자자를 상대로 하는 증권의 모집에서는 보다 상세한 회사정보가 수록된 투자설명서(일정한 경우 간이투자설명서)를 작성 · 사용하도록 한다(자금 123조, 124조).

2) 일부 학설은 「장래 성립할 회사」에의 입사계약이라고 하는데(정동윤, 399면), 이 설은 인수인의 주관적 동기는 적절히 표현했으나 청약의 상대방이 현재 부존재하므로 법률적으로는 정확한 설명이 아니다.

2) 청 약 주식인수인이 되고자 하는 자가 인수의 청약을 하여야 한다(302조 1항). 발기인 쪽에서는 청약을 하지 못한다(한다면 청약의 유인이 있을 뿐이다. 이 점도 일반적인 계약과는 다른 점이다). 청약의 방식은 발기인이 소정의 사항을 기재하여 작성·교부한 주식청약서 2통에 모집주주가 인수하고자 하는 주식의 종류와 수 및 주소를 기재하고 기명날인 또는 서명하는 것이다(302조 1항). 이는 요식행위로서, 다른 방식에 의한 청약은 무효이다. 이같이 주식청약서에 의한 인수를 강제하는 이유는 주식의 인수는 모험이 수반되는 투자임을 감안하여 인수인에게 회사설립에 관한 충분한 정보를 알리고 인수인으로 하여금 신중한 판단을 거치도록 하기 위함이다.

3) 배 정 주식인수의 청약이 있으면 이에 대해 발기인이 배정을 한다(303조). 배정은 일반계약에 있어서의 승낙에 해당한다. 따라서 배정에 의해 주식인수가 성립한다. 발기인이 배정함에는 일반적인 계약에서의 승낙과 달리 청약된 수량과 달리 배정할 수 있으며, 모집주주 각자의 청약수량의 비율 등을 고려하지 않고 임의로 할 수 있다. 청약인은 청약한 수량과 다른 수량이 배정되더라도 이에 구속된다.[1] 발기인에게 配定自由를 인정하는 이유는 발기인은 인수인의 이행능력, 주주간의 보유주식수의 균형 등을 고려하여 배정할 필요가 있기 때문이다. 그러나 청약한 주식수보다 많은 수량을 배정하거나 청약한 주식과 종류가 다른 주식을 배정하는 것, 또는 청약한 인수가액보다 높은 발행가로 배정하는 것은 무효이다.

발기인이 배정하는 것은 설립중의 회사의 기관으로서 하는 것이다. 다시 말해 청약인의 거래상대방은 설립중의 회사인 것이다.

4) 주식청약인 및 인수인에 대한 통지·최고 발기인은 주식청약인 또는 주식인수인과 교신해야 할 일이 많다. 즉 주식청약인에 대한 배정결과를 통지하고, 주식인수인에 대해 납입을 최고하고, 창립총회의 소집을 통지해야 한다. 이때에는 주식인수증 또는 주식청약서에 기재된 주소 또는 청약인이나 인수인이 회사에 통지한 주소로 하면 된다(즉 이대로 하면 부도달의 불이익은 청약인·인수인이 부담한다)(304조 1항). 이 통지·최고는 보통 도달할 시기에 도달한 것으로 본다(304조 2항)(상세는 369면 참조).

5) 주식인수의 무효·취소

(가) 일반원칙의 적용 주식인수는 청약이라는 의사표시와 배정이라는 의

1) 예컨대 발행주식이 1,000주인 회사에서 A는 100주, B는 경영권을 장악할 목적으로 600주를 청약하였는데, 발기인이 A에게는 100주, B에게는 50주를 배정하였더라도 B는 이에 구속되어 주식인수인이 되고 이행의무를 부담하게 되는 것이다.

사표시로 이루어지는 법률행위이므로 법률행위와 의사표시의 무효 · 취소이론이 그대로 적용된다. 따라서 청약인측에 제한능력 · 착오 · 사기 · 강박 · 허위표시 · 무권대리 등의 사유가 있을 때에는 인수행위의 무효 · 취소를 주장할 수 있으며, 또 발기인이 작성하여 배부해 준 주식청약서의 요건에 결함이 있을 때(예컨대 우선주를 발행하면서 이를 청약서에 기재하지 않은 경우 등)에도 역시 무효를 주장할 수 있다. 발기인측에도 마찬가지의 무효 · 취소사유가 있을 수 있다(예컨대 10주를 청약하였는데 100주로 잘못 알고 100주를 배정한 경우(錯誤), 대리권 없는 자가 발기인의 대리인으로서 배정한 경우(無權代理) 등이다). 이런 경우에는 회사도 인수행위의 무효 · 취소를 주장할 수 있다.

(나) **무효 · 취소의 제한** 주식의 인수는 다수인이 관여하는 단체법상의 행위이기 때문에 의사표시자 개인의 보호에만 치중할 수 없다. 그러므로 상법은 단체법률관계의 안정과 기업유지의 이념에서 의사표시의 일반원칙에 대해 다음과 같은 두 가지 특칙을 두고 있다.

(a) 비진의표시의 특례 상대방이 아는 비진의표시에 관한 민법 제107조 제 1 항 단서의 적용을 배제한다(302조 3항). 따라서 청약인이 주식청약이 진의가 아님을 발기인이 알았다 하더라도 청약은 유효하다.

(b) 무효 · 취소 주장시기의 제한 회사성립 후 또는 주식인수인이 창립총회에 출석하여 권리를 행사한 후에는 주식인수인은 주식청약서의 요건의 결함을 이유로 하여 인수의 무효를 주장하거나 사기 · 강박 또는 착오를 이유로 하여 인수를 취소하지 못한다(320조). 「회사성립 후」란 설립등기를 필한 때를 말하고, 창립총회에서 권리를 행사한 때란 의결권을 행사한 때를 말한다(따라서 단지 출석한 것만으로는 무효 · 취소의 주장이 제한되지 않는다).

인수의 하자가 제한능력 · 무권대리인 경우에 관해서는 명문의 규정이 없다. 제한능력자가 주식을 인수한 경우에는 본인의 보호가 더 중요하므로 무효 · 취소의 주장이 제한되지 않는다고 보아야 하며, 무권대리의 경우에도 본인에게 귀책시킬 것은 아니다. 그러나 무권대리인이 주식을 인수한 후 본인이 창립총회에서 의결권을 행사한 경우에는 무권대리를 추인한 것으로 보아야 한다. 그리고 인수인이 주식청약서에 의하지 아니하고 인수하거나 주식청약서에 기명날인 또는 서명하지 않은 경우에는 인수행위 자체가 존재하지 않는 것으로 보아야 하므로 위 제한이 적용될 수 없다.

(다) **회사설립에 대한 영향** 주식인수가 무효 · 취소되더라도 원칙적으로 회사설립의 무효로 연결되지는 않는다. 주식회사에서는 사원(주주)의 개성이 중요하지 않으므로 인적회사와는 달리 주관적 하자는 설립상 문제되지 않고, 또 주식

인수가 무효 · 취소되면 발기인이 인수담보책임을 지므로(321조 1항) 자본구성에 지장이 없기 때문이다. 그러나 발기인이 현실적으로 책임을 이행하기 어려운 정도의 수량에 관해 주식인수가 무효 · 취소된다면 설립의 무효사유가 된다.

4. 출자의 이행

(1) 납입의무

주식인수인은 배정된 주식의 수에 따라 인수가액을 납입할 의무를 부담하며, 발기인은 주식의 총수가 인수된 때에는 지체 없이 주식인수인에 대하여 각 주식에 대한 인수가액의 전액을 납입시켜야 한다(전액납입주의 303조 · 305조 1항)(현물출자의 이행은 249면 참조).

납입은 회사에 실제로 금전을 제공하는 행위이어야 하므로 대물변제 · 경개 등은 허용되지 아니한다. 같은 이유에서 수표 · 어음 등으로 납입되었을 때에는 지급인에 의해 지급되어야만 유효하게 납입이 이루어졌다고 할 수 있다(대법원 1977. 4. 12. 선고 76다943 판결). 어음으로 납입하고 그 만기가 도래하기 전에 설립등기를 한다면 이는 현물출자를 받은 셈이므로 금전출자방식으로는 허용되지 아니한다.

(2) 납입금보관자

주금의 납입은 은행 기타 금융기관에서만 할 수 있다. 주금납입의 부실을 방지하기 위함이다. 그러므로 발기인은 납입금보관자를 정하여 이를 주식청약서에 기재해야 한다(302조 2항 9호). 납입금보관자 또는 납입장소의 변경은 법원의 허가를 얻어야 한다(306조). 납입금을 받아 보관하는 은행 기타 금융기관은 그 보관금액에 관한 증명서를 교부하여야 하는데(318조 1항), 이 증명서는 설립등기시에 제공하여야 할 정보의 하나이고(상등규 129조 12호), 납입금보관자는 그 증명한 보관금액에 관하여는 납입이 부실하거나 반환에 제한이 있음을 이유로 회사에 대항하지 못한다(318조 2항).

납입금보관자는 납입금을「회사설립 후」회사에 반환하여야 한다(실무도 같음).

(3) 납입불이행의 효과(실권절차)

주식인수인이 株金을 납입하지 않을 때에는 訴를 제기하여 강제집행을 할 수도 있으나, 그러자면 회사설립이 지체되므로 주식인수인의 지위를 박탈하고 새로 인수인을 구하는 실권절차가 인정된다. 즉 주식인수인이 납입하지 아니한 때에는 발기인은 일정한 기일을 정하여 그 기일 내에 납입하지 아니하면 인수인의 권리를 잃는다는 뜻을 기일의 2주간 전에 그 주식인수인에게 통지하여야 한다(307조 1항). 이 통지를 받은 주식인수인이 그 기일 내에 납입의 이행을 하지 아니한 때에는 그 권리를 잃으며, 발기인은 다시 그 주식을 인수할 주주를 모집할 수 있다(307조 2항). 즉 발기인이 인수계약의 해제의 의사표시를 할 필요가 없이 인수계약이 실효하는 것이다. 이러한 실권절차에 의하지 아니하고는 주금을 납입하지 않았다 하더라도 주식인수인의 권리는 상실되지 아니한다(서울고법 1979. 6. 21. 선고 78나3263 판결).

실권된 주식에 관하여는 다시 인수인을 모집할 수도 있고 발기인이 스스로 인수할 수도 있다. 그러나 모집주주 전원이 이행하지 않아 발기인이 전액을 인수한다면 결과적으로 발기설립이 된다. 실권절차와는 별도로 주식인수인에 대하여 손해배상을 청구할 수 있다(307조 3항).

5. 창립총회

1) 의 의 창립총회는 회사설립의 종결단계에서 주식인수인으로 구성된 설립중의 회사의 의결기관으로서 주주총회의 전신이라 할 수 있다. 따라서 소집절차, 의결권, 결의의 하자 기타 창립총회의 운영에 관하여는 주주총회에 관한 규정을 준용한다(308조 2항). 그러나 그 권한은 이사 · 감사의 선임 및 설립경과의 조사, 설립의 폐지 등 설립절차를 마무리하는 사항에 그친다.

2) 소 집 인수된 주식의 납입과 현물출자의 이행을 완료한 때에는 발기인은 지체 없이 창립총회를 소집하여야 한다(308조 1항).

3) 결 의 창립총회의 결의는 주주총회와는 달리 「출석한 주식인수인의 의결권의 3분의 2 이상」이며, 「인수된 주식의 총수의 과반수」에 해당하는 다수로 한다(309조). 이는 주주총회의 특별결의의 요건보다도 강화된 것인데, 회사설립의 최종단계에서 결의에 신중을 기하고 발기인의 영향력을 견제하기 위한 것이다.

의결권없는 주식의 의결권

의결권이 없거나 제한된 주식(344조의3)도 창립총회에서는 의결권이 있다고 보는 견해가 있으나(권기범 469; 이 · 최 200; 공도일(주석 – 회사 2) 290), 논거가 불명하다. 상법 제308조 제 2 항이 창립총회에 상법 제371조 제 1 항을 준용하고 있지 않다는 점을 간접적인 근거로 제시할 수도 있으나, 권리의 유무에 관한 논거로서는 취약하다.

참고로, 2005년 이전 일본상법 제180조 제 2 항(우리 상법 제309조와 같음)에 관해 일부 학설이 같은 해석론을 취하며, 그 근거로 의결권없는 주식은 경영참가를 제한하기 위해 발행하는 것인데, 창립총회는 설립절차에 관한 의사결정을 할 뿐, 경영참가와 무관하기 때문이라고 설명하였다(日注釋 (2) 242). 그러나 창립총회에서는 이사와 감사를 선임하므로 타당한 설명이 아니다. 그리하여 2005년 일본회사법에서는 주주총회에서 의결권이 제한되는 주식은 창립총회에서도 의결권이 제한되는 것으로 하되, 설립폐지에 관해서

만 의결권이 주어지는 것으로 명문의 규정을 두었다(日會 72조 2항, 3항).[1]

4) 기 능

㈎ 발기인은 주식인수와 납입에 관한 제반상황 및 변태설립사항에 관한 실태를 명확히 기재한 서면에 의하여 회사창립에 관한 사항을 창립총회에 보고하여야 한다(311조 1항 · 2항).

㈏ 창립총회에서는 이사와 감사를 선임하여야 한다(312조).

㈐ **설립경과의 조사** 이사와 감사는 취임 후 지체 없이 회사의 설립에 관한 모든 사항이 법령 또는 정관의 규정에 위반하지 아니하는지의 여부를 조사하여 창립총회에 보고하여야 한다(313조 1항). 이사와 감사가 발기인, 현물출자자 및 재산인수의 당사자인 때에는 이 조사 · 보고에 참가하지 못하며, 이사와 감사 전원이 이 제척사유에 해당될 때에는 이사는 공증인으로 하여금 설립경과를 조사 · 보고하게 하여야 한다(313조 2항 → 298조 2항 · 3항).

변태설립사항이 있을 때에는 발기인은 이에 관해 조사하기 위하여 법원에 검사인의 선임을 청구해야 하고, 검사인의 보고서를 창립총회에 제출하여야 한다(310조 1항 · 2항). 그러나 변태설립사항이 발기인의 특별이익, 보수 또는 설립비용인 때(290조 1호 · 4호)에는 공증인의 조사 · 보고로 갈음하고 현물출자 또는 재산인수인 때에는 감정인의 감정으로 갈음할 수 있다(310조 3항 → 298조 4항 단 · 299조의2). 이 점 발기설립시와 같다. 변태설립사항이 없을 때에는 이 절차는 생략된다.

모집설립시의 현물출자 · 재산인수

앞서 본 바와 같이 2011년 개정법은 제299조 제 2 항에서 발기설립의 경우 소정의 요건에 해당하는 현물출자와 재산인수는 검사인의 조사 · 보고를 변제하였는데, 이 규정을 모집설립에 준용하는 것을 잊었다(310조 3항 참조). 제299조 제 2 항에 따른 조사의 면제는 변태설립사항이 소액이거나 평가가 불공정할 염려가 없음을 이유로 하는 것인데, 이런 사유라면 모집설립이라 해서 적용하지 않을 이유가 없으므로 立法의 錯誤임이 분명하다. 하지만, 상업등기법에서 명문으로 검사인의 보고서를 등기신청에 제공할 정보로서 요구하고 있으며(상등규 129조 6호), 모집설립에서는 모집주주의 보호를 위해 조사절차를 엄격히 할 필요가 있다는 이유로 입법의 합리성을 변명할 소지도 있으므로 해석론으로 유추적용하기는 어렵다. 입법적 개선을 요한다.

㈑ **변태설립사항의 변경** 창립총회에서 변태설립사항이 부당하다고 인정한

1) 상세한 입법배경은 逐條(2), 444면 이하 참조.

때에는 이를 변경할 수 있다.「부당하다」고 함은 자본충실을 해한다는 의미이므로 그 변경은 현물출자자에 대한 배정주식수의 감소, 설립비용의 감액 등과 같이 회사의 부담을 축소시키는 것을 뜻한다. 이에 불복하는 발기인은 주식인수를 취소할 수 있으며, 또 정관을 변경하여 설립절차를 속행할 수 있음은 발기설립의 경우와 같다(314조 1항·2항 → 300조 2항·3항). 이 경우 손해가 있으면 별도로 발기인에 대하여 손해배상을 청구할 수 있다(315조).

(마) **정관변경·設立의 폐지** 창립총회에서는 정관변경 또는 설립폐지의 결의를 할 수 있으며(316조 1항), 소집통지서에 이런 뜻의 기재가 없는 경우에도 가능하다(316조 2항).

정관을 변경할 때 본점소재지 등 경미한 사항은 물론이고 발행예정주식총수 등 자본에 관한 사항도 변경할 수 있다고 해석되나,「목적」을 대폭 변경할 수 있느냐는 문제가 있다. 주식회사는 다수의 주식인수인으로부터 자금의 출연을 받아 성립하고 그 주식인수인들의 출연목적은 목적사업에 집중되어 있는데, 이를 변경한다면 반대하는 인수인에 대해서는 예상하지 못했던 구속을 주는 결과가 되기 때문이다. 이런 이유로「목적」의 변경은 허용될 수 없다는 설도 있으나, 회사성립 이후 언제든지 정관변경절차에 의해 목적을 변경할 수 있고(더욱이 정관변경을 위한 주주총회의 특별결의요건은 창립총회의 결의요건보다 완화되어 있다. 309조와 434조를 비교할 것), 설립 후 어차피 변경되어 분쟁을 일으키는 것보다는 차라리 설립 이전의 사정변경에 적응시키는 것이 나을 것이므로 허용하는 것이 합리적이다.

그러나 뜻하지 않은 목적변경으로 인한 주식인수인의 손해는 구제되어야 할 것이므로, 최초 사업목적의 설정에 발기인의 악의 또는 중대한 과실이 있을 때(예컨대 발기인의 부주의로 실제 수행이 불가능한 사업을 목적으로 설정한 경우)에는 이로 인해 손해를 입은 주식인수인이 발기인에 대하여 손해배상을 청구할 수 있다고 해야 할 것이다(322조 2항).[1)]

6. 대표이사의 선임

회사성립 전에 대표이사를 선임하여야 함은 발기설립의 경우와 같다.

---

1) 田代有嗣, "創立總會における定款變更," 河本·橋本 編,「會社法の基礎」, 19면.

제 4 관 설립등기

Ⅰ. 의 의

회사는 설립등기에 의하여 성립된다(172조). 설립등기제도의 목적은 첫째, 회사설립의 시기를 획일적으로 판단할 수 있고 대외적으로 공시 가능한 방법으로 결정하고자 함이고, 둘째, 회사설립에 관하여 준칙주의를 취하는 관계상 국가로 하여금 회사설립을 위한 법정요건의 구비 여부를 심사하게 하고자 함이다.

변태설립사항이 없는 한 설립과정에 국가가 관여하는 바가 없고 모든 절차의 이행이 설립자들의 자치에 맡겨져 있으므로 설립등기야말로 부실한 회사설립을 통제하는 유일한 장치이다.

Ⅱ. 등기시기

발기설립의 경우에는 이사·감사의 조사보고가 종료한 날, 변태설립사항이 있을 경우에는 그 조사절차 및 법원의 변경처분절차가 종료한 때로부터 2주간 내, 모집설립의 경우에는 창립총회가 종료한 날 또는 변태설립사항을 변경한 날로부터 2주간 내에 설립등기를 하여야 한다(317조 1항).

Ⅲ. 등기사항

설립시 등기하여야 할 사항은 ① 목적, 상호, 발행예정주식총수, 액면주식을 발행하는 경우에는 1주의 금액, 본점의 소재지, 회사가 공고하는 방법, ② 자본금의 액, ③ 발행주식의 총수, 그 종류와 각종 주식의 내용과 수, ④ 주식의 양도에 관하여 이사회의 승인을 얻도록 정한 때에는 그 규정, ⑤ 주식매수선택권을 부여하도록 정한 때에는 그 규정, ⑥ 지점의 소재지, ⑦ 회사의 존립기간 또는 해산사유를 정한 때에는 그 기간 또는 사유, ⑧ 주주에게 배당할 이익으로 주식을 소각할 것을 정한 때에는 그 규정, ⑨ 전환주식을 발행하는 경우에는 제347조 소정의 사항, ⑩ 사내이사, 사외이사와 그 밖에 상무에 종사하지 않는 이사 그리고 감사 및 집행임원의 성명·주민등록번호, ⑪ 회사를 대표할 이사 또는 집행임원의 성명·주민등록번호·주소, ⑫ 공동대표이사 또는 공동대표집행임원을 둘 때에는 그 규정, ⑬ 명의개서대리인을 둔 때에는 그 상호 및 본점소재지, ⑭ 감사위원회를 설치한 때에는 감사위원회 위원의 성명 및 주민등록번호이다(317조 2항). 지점의 설치, 본·지점의 이전도 등기사항이며, 위 사항 중 변경이 있는 때에는 변경등기를 하여야 한다(317조 4항 → 181조~183조).

설립등기시의 첨부서류

발기인이 회사설립에 관한 각종 요건의 준수를 증명하게 하고 등기수리시의 심사자료로 삼기 위하여 등기신청서에 다음 정보를 제공하도록 하고 있다. 즉 ① 정관, ② 주식의 인수를 증명하는 정보, ③ 주식의 청약을 증명하는 정보, ④ 발기인이 정한 주식발행사항(291조)을 증명하는 정보, ⑤ 상법 제298조 및 제313조에 따른 이사와 감사 또는 감사위원회 및 공증인의 조사보고에 관한 정보, ⑥ 상법 제299조, 제299조의2 및 제310조에 따른 검사인이나 공증인의 조사보고 또는 감정인의 감정에 관한 정보, ⑦ 제 6 호(⑥)의 검사인이나 공증인의 조사보고 또는 감정인의 감정결과에 관한 재판이 있은 때에는 그 재판이 있음을 증명하는 정보, ⑧ 발기인이 이사와 감사 또는 감사위원회 위원의 선임을 증명하는 정보, ⑨ 창립총회의사록, ⑩ 이사, 대표이사, 집행임원, 대표집행임원, 감사 또는 감사위원회 위원의 취임승낙을 증명하는 정보, ⑪ 명의개서대리인을 둔 때에는 명의개서대리인과의 계약을 증명하는 정보, ⑫ 주금의 납입을 맡은 은행, 그 밖의 금융기관의 납입금 보관을 증명하는 정보(다만, 자본금 총액이 10억원 미만인 회사를 상법 제295조 제 1 항에 따라 발기설립하는 경우에는 은행이나 그 밖의 금융기관의 잔고를 증명하는 정보로 대체할 수 있다)(상등규 129조 각호).

납입금보관증명과 잔고증명

2009년 5월 개정시에 소규모회사를 발기설립하는 경우에는 납입금보관증명서를 잔고증명서로 대체할 수 있다는 규정을 신설하였다(318조 3항 및 위 ⑫). 하지만 납입금보관증명서는 실체법적으로는 사용되는 일이 없고, 설립등기의 첨부서류의 하나로 사용할 뿐이다. 그러므로 상법에서 납입금보관증명서를 잔고증명서로 대체할 수 있다고 함은 등기절차법상의 대체를 의미한 것이다. 물론 납입금보관증명서를 작성하면 그 증명한 금액에 관해 납입금보관자가 절대적으로 반환책임을 지는데(318조 2항), 제318조 제 3 항의 법문상으로는 잔고증명서에도 이러한 효력이 있다고 해석할 수 있으므로 이 범위에서는 신설된 조문이 실체법적으로도 유의미하다고 할 수 있다.

Ⅳ. 설립등기의 효과

설립등기의 기본적인 효과는 설립중의 회사가 법인격을 취득하여 회사로 성립한다는 것이다(172조). 설립중의 회사는 설립등기와 더불어 소멸하고 설립중의 회사가 취득한 권리의무는 별도의 절차없이 설립 후의 회사로 승계된다. 그리고 주식인수인은 주주가 된다.

그 밖에 설립등기를 하여 회사가 성립하면 주식인수의 무효·취소의 주장이 제한되며(320조 1항), 권리주란 상태가 종식되므로 권리주의 양도제한에 관한 규정이 적용되지 않고(319조 참조), 회사는 주권을 발행할 수 있으며(355조 2항), 발기인 등의 자본충실책임·손해배상책임(321조·322조)의 문제가 제기될 수 있다.

제 5 관 가장납입(가장설립)

주금을 실제 납입함이 없이 납입된 것으로 가장하고 설립등기를 마치는 것을 假裝納入 또는 가장설립이라 한다. 앞서 설명한 납입금보관제도는 가장납입을 방지하기 위한 것이며, 아울러 가장납입을 한 경우에는 이사·발기인 등 관계자에게 형사제재를 가함으로써 가장납입을 예방하고 있다(납입가장죄. 628조 참조).

가장납입의 한 방법으로 발기인과 납입금보관은행이 통모하여 주금의 납입 없이(발기인이 납입금보관증명을 가지고 권리주장을 하지 않겠다는 약속하에) 은행이 납입금보관증명을 발급하여 발기인이 이를 가지고 설립등기를 필하는 사례가 있을 수 있다(이른바 「預合」). 상법은 이를 예상하여 납입금보관은행 기타 금융기관이 납입금보관증명을 발급하여 증명한 보관금액에 관하여는 납입의 부실 또는 그 금액의 반환에 제한이 있음을 이유로 하여 회사에 대항하지 못한다고 규정하고 있다(318조 2항). 즉 회사설립 후 대표이사가 보관금의 반환을 청구할 때 금융기관은 발기인과 통모한 내용을 들어 지급을 거절할 수 없는 것이다. 이같이 금융기관의 위험부담이 매우 크므로 이 방법은 현실로 행해지기 어렵다.

실제로 자주 일어나는 가장납입의 형태는 발기인이 타인으로부터 돈을 차입하여 납입하고 납입금보관증명을 받아 설립등기를 마친 후, 납입금보관은행으로부터 인출하여 변제하는 방법이다(이른바 「見金」에 의한 設立).[1] 가장납입이 있을 경우 실무적으로 다음과 같은 세 가지 쟁점이 생겨난다.

첫째, 회사설립의 효력이 어찌 되느냐이다. 見金에 의한 설립은 형식상으로는 주금의 납입이 있으나 실질적인 자금유입이 없으므로 학설은 대체로 설립이 무효라고 한다(통설)(반대: 김홍기 321; 서·정 327; 정경영 174; 정찬형 699; 송오섭(주석-회사 2) 205). 이에 반해 판례는 진실한 납입의

1) 「見金」이란 일본어로서(미세가네), 거래상대방이 "자신의 資力을 과시하기 위해 보여주는 돈"이라는 뜻이다.

사의 유무는 주관적인 문제에 불과하고 실제 돈의 이동에 따른 현실의 납입이 있으므로 유효라고 한다(판례 [18], [19]). 견금에 의한 가장설립은 회사설립이 완료된 상태에서 밝혀지는 사안이다. 이 경우 납입이 유효라고 한다면 후술과 같이 출자 없이 주주권을 유지하는 부당한 결과가 생기므로 통설과 같이 납입으로서의 효력이 없음은 물론, 주식인수 자체가 무효라고 하는 것이 옳다.

둘째, 見金설립을 주도한 발기인 등은 어떤 민사책임을 지느냐이다. 발기인은 상법 제321조 제 2 항에 의한 납입담보책임을 지고, 견금설립은 주로 발기인과 이사들의 공동불법행위로 이루어지므로 이들이 연대하여 회사에 대해 손해배상책임을 짐은 물론이고(대법원 1989. 9. 12. 선고 89누916 판결), 각자의 행위가 상법상의 책임요건을 충족하면 그에 따라 손해배상책임을 져야 한다(322조, 399조). 판례와 같이 견금설립의 경우에도 현실에 의한 납입이 있은 것으로 본다면, 납입은 이루어졌으되 납입금은 회사에 실재하지 않으므로 이는 회사가 주주의 납입금을 체당한 것으로 보고 회사가 주주에게 상환을 청구할 수 있는 것으로 보아야 할 것이다(대법원 2004. 3. 26. 선고 2002다29138 판결; 동 1985. 1. 29. 선고 84다카1823 · 1824 판결).

셋째, 견금설립에 관여한 발기인, 이사 등이 어떤 형사책임을 지느냐이다. 당초부터 주금납입의 의사가 없이 형식상 주금을 납입하는 외형을 갖추고 납입금보관증명서를 교부받아 설립등기를 거친 바이니 납입가장죄(628조 1항)와 공정증서원본부실기재죄(형 228조) 및 동행사죄(형 229조)에 해당한다. 견금설립의 경우에도 일단 주금으로 납입되면 회사의 재산을 구성한다고 볼 수 있으므로 과거의 판례는 위 죄 외에 별도로 업무상횡령죄(형 356조)를 구성하는 것으로 보았다. 그러나 납입가장죄란 실제 납입이 없었음을 전제로 하는 반면, 횡령죄는 납입되어 회사의 재산을 이루고 있음을 전제로 하므로 두 가지 죄를 동시에 인정하는 것은 모순된 죄책구성이다. 그래서 현재의 판례는 납입가장죄가 인정되는 한, 횡령죄에는 해당되지 않는다고 보고 있다.[1)]

---

1) 대법원 2004. 6. 17. 선고 2003도7645 판결(전): 「[견금설립은: 저자주] 실질적으로 회사의 자본을 증가시키는 것이 아니고 등기를 위하여 납입을 가장하는 편법에 불과하여 주금의 납입 및 인출의 전과정에서 회사의 자본금에는 실제 아무런 변동이 없다고 보아야 할 것이므로, 그들에게 회사의 돈을 임의로 유용한다는 불법영득의 의사가 있다고 보기 어렵다 할 것이고, 이러한 관점에서 상법상 납입가장죄의 성립을 인정하는 이상 회사 자본이 실질적으로 증가됨을 전제로 한 업무상 횡령죄가 성립한다고 할 수는 없다.」

판 례

[18] 대법원 1983. 5. 24. 선고 82누522 판결

「… 주금의 가장납입 소위「견금(見金)」에 의한 주금납입의 경우에도 금원의 이동에 따른 현실의 불입이 있는 것이고, 설령 그것이 실제로는 납입의 가장수단으로 이용된 것이라 하더라도, 이는 당해 납입을 하는 발기인 등의 주관적 의도의 문제에 불과하고 회사가 관여하는 바는 아니므로, 이러한 발기인 등의 내심적 사정에 의하여 회사의 설립이나 증자와 같은 집단적 절차의 일환을 이루는 주금납입의 효력을 좌우함은 타당하지 아니하다.」

[同旨판례] 대법원 1966. 10. 21. 선고 66다1482 판결; 동 2004. 3. 26. 선고 2002다29138 판결 외 다수

가장납입주식의 지위

판례와 같이 見金에 의한 가장납입을 유효하다고 본다면 가장납입을 한 주주(이하 '견금주주'라 한다)는 자신이 인출해 간 납입금을 회사에 반환할 채무를 지는 것은 별론하고, 여전히 주주의 지위를 갖는다(판례 [19]). 그 결과 다음과 같은 부당한 결과가 야기된다.

판례는 회사가 견금주주의 납입금을 체당해 준 것이므로 그에게 반환청구할 수 있다고 하지만 견금주주가 무자력일 때에는 반환채권을 실현시킬 길이 없다. 그 결과 견금주주는 회사에 일체 출자한 일이 없이 회사의 주주로서의 지위를 누리는 불합리를 허용하게 된다.

실제 빈번히 일어나는 사례를 보면 A와 B가 같이 출자하여 회사를 설립하기로 하고 A는 실제로 출자하였으나, B는 견금에 의한 출자를 하고 회사경영에는 관여하지 않다가, 추후 회사의 사업이 성공하면 B가 주주권을 행사하는 것이다. 아래 판례의 사안에서도 견금의 방법으로 납입한 주주가 상당기간이 경과한 후에 주주임을 주장하였던바, 법원은 견금주주의 주주권을 인정하였다.

이같은 불합리는 판례가 견금에 의한 납입도 유효하다고 본 데서 비롯된 것이다. 통설과 같이 견금납입을 무효라고 보고 나아가 주식인수도 무효라고 본다면 견금주주는 주식인수인의 지위를 상실하고 그가 인수했던 부분의 자본결함은 발기인들의 인수 · 납입담보책임(321조 1항 · 2항)에 의해 채워지게 된다.

한편 판례가 유효라고 하는 가장납입의 범위에 주의하여야 한다. 판례의 입장을 취하더라도 최소한 실제의 납입은 있어야 한다. 납입이 없이 납입증명서를 위조하여 설립등기를 필한 경우에는 아예 설립이 무효라고 해야 한다.

판 례

[19] 대법원 1998. 12. 23. 선고 97다20649 판결

「… 피고 회사 설립 당시 원래 주주들이 주식인수인으로서 주식을 인수하고 가장

납입의 형태로 주금을 납입한 이상 그들은 바로 피고 회사의 주주이고, 그 후 그들이 회사가 청구한 주금 상당액을 납입하지 아니하였다고 하더라도 이는 회사 … 에 대한 채무불이행에 불과할 뿐 그러한 사유만으로 주주로서의 지위를 상실하게 된다고는 할 수 없다.

또한 원고들이 피고 회사가 정한 납입일까지 주금 상당액을 납입하지 아니한 채 그로부터 상당 기간이 지난 후 비로소 피고 회사의 주주임을 주장하였다고 하여 신의성실의 원칙에 반한다고도 할 수 없다.」

[同旨판례] 대법원 1994. 3. 28.자 93마1916 결정

제6관 設立에 관한 책임

Ⅰ. 서 언

주식회사의 설립은 절차가 복잡하여 그 과정에 위법이 행해지기 쉽고, 때로는 당초 사기를 목적으로 설립되는 경우도 있으므로, 주식인수인 또는 회사채권자를 해칠 우려가 크다. 따라서 민법의 일반원칙에 의한 책임만 물어서는 이해관계인의 보호가 불충분하다고 보아 상법은 설립의 주역을 맡아 온 발기인, 그리고 설립의 종결단계에서 중요한 역할을 하는 이사·감사·검사인에 대하여 엄격한 책임을 추궁함으로써 준칙주의로 인해 야기되는 설립의 부실과 그에 따른 폐단을 시정하고 있다.

Ⅱ. 발기인의 책임

발기인의 책임은 회사가 성립한 경우(즉 설립등기를 마친 경우)와 不成立으로 그친 경우에 각기 내용을 달리한다.

1. 회사성립의 경우

(1) 회사에 대한 책임

1) 資本充實의 책임 발기인은 설립시에 발행하는 주식에 관해 인수담보책임과 납입담보책임을 진다. 원래 회사는 발행주식의 인수와 납입이 이루어지지 않으면 설립될 수 없는 것이나, 이를 간과하여 설립등기가 되었거나 또는 사후적으로 주식인수의 취소 또는 무효의 주장으로 자본구성에 결함이 생긴 경

우에는 발기인에게 이를 보완할 책임을 지운다. 이같이 하여 설립의 무효를 방지함으로써 기업유지를 도모하고, 회사설립에 대한 주주 등 이해관계인의 기대와 신뢰를 보호하는 것이다.

㈎ **인수담보책임** 회사설립시에 발행한 주식으로서 회사성립 후에 아직 인수되지 아니한 주식이 있거나 주식인수의 청약이 취소된 때에는 발기인이 이를 공동으로 인수한 것으로 본다(321조 1항).

(a) 책임의 발생원인 설립 후에도 주식인수가 안 된 경우는 매우 드문 일이겠으나 등기서류를 위조하여 설립등기를 필한 경우를 생각할 수 있다. 또 회사성립 후에는 착오 · 사기 · 강박에 의한 주식인수의 취소는 있을 수 없으나(320조 1항), 제한능력자가 한 주식인수가 취소되는 경우가 있을 수 있다. 법문에는 인수의 무효에 관한 언급이 없으나 의사능력이 없는 상태에서의 주식인수, 무권대리에 의한 주식인수 등이 무효가 됨은 당연하다. 법문에 「… 인수되지 아니한 주식이 있거나 …」라고 한 것은 이와 같은 사유로 무효가 된 경우도 포함하는 뜻이다. 이 경우 역시 발기인이 인수담보책임을 진다.

(b) 책임의 성질 인수담보책임은 손해배상책임이 아니고 자본충실을 위한 법정책임으로서 무과실책임이라는 데에 다툼이 없다. 따라서 주식이 인수되지 아니하거나 주식인수가 무효 · 취소된 점에 관해 발기인의 과실을 요하지 않는다.

(c) 책임의 형태 법문은 발기인이 「공동으로」 인수한 것으로 본다고 규정하므로 다수 발기인에 의한 인수의 법형태는 어떤 것인가라는 의문이 생긴다. 주식공유에 관한 상법 제333조 제 1 항이 이와 마찬가지로 「공동으로」 인수한다는 용어를 사용하는 점을 보아 발기인간에 법정인수된 주식이 공유적으로 귀속한다고 보아야 한다. 따라서 이 주식에 관한 발기인의 권리 · 의무에 관하여는 민법 제262조 이하의 공유 관계규정과 상법 제333조가 적용된다.

(d) 책임의 효과 발기인이 주식을 인수한 것으로 「본다」라고 함은 발기인의 의사에 관계없이 또 발기인의 인수행위를 별도로 요하지 않고 발기인이 주식을 인수한 것으로 의제함을 뜻한다. 그 결과 발기인은 바로 납입의무를 진다.

(e) 설립무효와의 관계 인수담보책임제도의 취지는 이미 진행된 설립절차를 존중하고 기업유지의 이념에서 자본의 흠결을 치유하고자 하는 것이다. 자본의 흠결이 경미하여 발기인의 책임이행으로 치유될 수 있는 경우라면 회

사의 존속에 지장이 없으나, 미인수 또는 인수의 취소·무효 부분이 매우 중대하여 소수의 발기인에게 전액 책임을 부담시키는 것이 현실적으로 불가능한 때에는 설립의 무효사유가 된다(통설). 다만 이러한 판단은 설립무효소송의 사실심변론종결시를 기준으로 하여야 한다. 따라서 사실심의 변론종결시까지 발기인의 인수책임이 이행되면 무효판결을 할 수 없다.

설립무효판결이 확정되더라도 발기인의 인수담보책임은 소멸하지 않는다(권기범 476; 정동윤 424; 공도일(주석-회사 2) 348). 무효판결의 효력은 장래에 향하여 생기므로 설립등기 후 판결시까지 사실상의 회사가 존재하는데, 사실상의 회사로 존속하는 동안에 생긴 법률관계를 청산하기 위하여는 역시 자본충실이 요구되기 때문이다.

(나) **납입담보책임** 회사성립 후 납입이 완료되지 않은 주식이 있는 때에는 발기인이 연대하여 납입하여야 한다(321조 2항).

(a) 책임의 발생원인 주식은 인수되었으나 납입이 안 된 부분이 있는 경우에 발생한다. 인수조차 되지 않은 경우에는 앞에 설명한 바와 같이 발기인이 공동으로 인수한 것으로 간주되고, 인수인으로서 납입책임을 진다.

현물출자가 이행되지 않은 경우에는 출자의 개성을 이유로 발기인의 납입담보책임을 부정하고 설립무효사유로 보는 것이 다수설의 입장이다(김·노·천 123; 손주찬 590; 이범찬(외) 142; 정경영 189; 정찬형 700; 최기원 209; 공도일(주석-회사 2) 353). 이와 달리 현물출자도 대체가능한 경우가 있고 또 대체불가능한 경우에도 그 가액에 해당하는 금전을 출자시켜 사업을 하는 것이 가능하다는 이유에서 발기인의 납입담보책임을 인정하는 설도 있다(권기범 476; 정동윤 425). 현물출자가 불이행된 경우에는 사업목적의 수행과 관련하여 그 효력을 다루는 것이 합리적이다(강·임 560; 이·최 207; 임재연 I 298; 임홍근 154; 정준우 78; 안성포(大系 I) 350). 현물출자의 목적재산이 목적사업의 수행에 불가결한 것이라면 설립무효사유로 보고(예컨대 부동산임대업을 목적으로 하는 회사에서 임대용부동산의 출자가 이루어지지 않은 경우), 그렇지 않다면 발기인이 그 부분의 주식을 인수하여 금전으로 납입할 수 있다고 보는 것이 기업유지를 위해 바람직하다(설립중에 현물출자가 불이행된 경우에 설립절차에 미치는 영향과는 다른 문제임을 주의).

한편 현물출자된 재산이 과대평가된 경우에는 다음에 설명하는 손해배상책임으로 해결하여야 할 것이다.[1]

(b) 책임의 성질 납입담보책임도 인수담보책임과 같이 자본충실을 위한 법정책임으로서 무과실책임이라는 데에 이설이 없다.

(c) 책임의 형태 연대채무이다. 발기인 각자의 부담부분은 균등한

1) 日本會社法에서는 발기인과 이사에게 과대평가부분에 대한 전보책임을 묻고 있다(日會 52조 1항).

것으로 추정해야 한다(민 424조).[1] 자기의 부담부분을 초과하여 담보책임을 이행한 발기인은 다른 발기인에 대하여 구상권을 행사할 수 있다(민 425조).

(d) 주식인수인과의 관계 발기인이 납입담보책임을 이행하더라도 주주가 되는 것은 아니고, 타인(주식인수인)의 채무를 이행한 결과가 된다. 그러므로 발기인은 주식인수인에 대하여 회사를 대위하여 변제를 청구할 수 있다(민 481조).

(다) 발기인이 인수담보책임과 납입담보책임을 지더라도 발기인에 대한 회사의 손해배상청구에는 영향을 미치지 아니한다(321조 3항 → 315조). 따라서 발기인의 임무해태로 인하여 인수되지 않은 주식이 생기거나 인수가 취소된 때, 또는 납입이 되지 않은 때에는 상법 제322조의 규정에 따라 이로 인해 회사에 생긴 손해를 배상하여야 한다.

2) 손해배상책임 발기인이 회사의 설립에 관하여 그 임무를 해태한 때에는 그 발기인은 회사에 대하여 연대하여 손해를 배상할 책임이 있다(322조 1항). 발기인의 손해배상책임은 계약상의 책임이나 불법행위책임이 아니고 상법이 인정하는 특수한 손해배상책임이다(통설).[2]

책임이 발생하기 위해서는 임무해태를 요하므로 과실책임이다. 설립을 위한 일체의 행위 중에 과실이 있으면 이로 인해 상당인과관계가 있는 모든 손해에 관해 배상책임을 진다. 예컨대 현물출자의 평가를 과대하게 하였다든지, 설립비용을 부당하게 지출하였다든지, 설립사무를 부적임한 자에게 일임하여 설립이 지체된 경우는 모두 이에 해당한다. 그러나 경기예측을 잘못하여 시의에 맞지 않은 사업목적을 설정하였다든지, 또는 발기인이 선임한 이사가 회사에 손해를 가한 경우 등은 발기인에게 책임을 돌릴 사항이 아니다(이사의 선임 자체에 과실 있는 경우는 별 문제이다).

판례는 소위 견금에 의한 회사설립을 현실의 납입이 있었다고 하여 유효로 보는데, 그렇다면 이 경우 자본충실은 주주에 대한 상환청구(판례 [18], [19] 참조)와 아울러 발기인의 손해배상책임으로 해결하여야 할 것이다. 하지만 이것이 합리적인 해결이 아님은 앞서 지적한 바와 같다.

변태설립사항에 관해서는 법원이 선임한 검사인 또는 공증인이나 감정인의

1) *Arnold*, in Kölner Komm. AktG, 3. Aufl., § 46 Rn. 58.

2) 발기인은 성립 후의 회사와 직접적인 책임관계를 갖지 아니하나, 설립중의 회사의 기관으로서 선량한 관리자의 주의의무를 지므로 이 의무에 위배하여 설립중의 회사에 손해를 가하였을 경우에는 설립중의 회사가 발기인에 대하여 손해배상청구권을 가지며, 설립 후의 회사가 이를 승계한다는 뜻을 명문화한 것으로 볼 수도 있다(同旨: 이 · 최, 208면; 최기원, 211면).

조사·감정을 받으므로 이를 통해 부당한 변태설립사항을 시정할 기회를 갖는다. 이 절차에서 혹 발기인의 임무해태를 간과하고 부당한 변태설립사항이 그대로 수용될 수도 있지만, 그렇다고 발기인의 손해배상책임이 면제되는 것은 아니다.

회사설립이 무효가 되더라도 사실상의 회사가 존재하므로 발기인의 손해배상책임은 없어지지 아니한다(同旨: 이·최 208; 최기원 211; 공도일(주석-회사 2) 359).

발기인의 손해배상책임은 일반 민사채권과 같이 10년의 소멸시효(민 162조 1항)에 걸린다고 보아야 한다(同旨: 최기원 211; 최준선 207)(852면 참조).

3) 책임의 추궁·면제 회사가 발기인의 인수 및 납입담보책임과 손해배상책임을 추궁하지 않을 때에는 발행주식총수의 100분의 1 이상에 해당하는 주식을 가진 주주는 발기인의 책임을 추궁할 소를 제기할 것을 회사에 대해 청구할 수 있으며, 이러한 청구에도 불구하고 30일 내에 회사가 소를 제기하지 않을 때에는 주주가 회사를 위하여 소를 제기할 수 있다(대표소송)(324조 → 403조~406조). 회사가 다른 회사의 자회사인 경우에는 모회사의 발행주식총수의 100분의 1 이상을 가진 주주도 발기인의 책임을 추궁할 수 있다(324조 → 406조의2).

발기인의 손해배상책임은 총주주의 동의로 면제할 수 있다(324조 → 400조). 그러나 인수담보책임과 납입담보책임은 회사의 존립을 위한 물적 기초를 확보하기 위해 과하는 책임이므로 총주주의 동의로도 면제될 수 없다(이설 없음).

(2) 제 3 자에 대한 책임

발기인이 회사의 설립에 관하여 악의 또는 중대한 과실로 인하여 그 임무를 해태한 때에는 그 발기인은 제 3 자에 대하여도 연대하여 손해를 배상할 책임이 있다(322조 2항).

1) 성 질 회사설립과 관련된 제 3 자의 보호를 강화하기 위하여 인정된 회사법상의 특수한 책임이다. 이는 이사의 제 3 자에 대한 책임(401조)과 성질을 같이 하는 문제이므로 상세한 설명은 그 부분으로 미룬다(855면 참조).

2) 책임의 요건 회사에 대한 임무해태가 있고 이로 인해 제 3 자에게 손해가 생겨야 한다. 그리고 발기인의 악의 또는 중과실은 임무를 해태한 점에 관해 있으면 족하고 제 3 자의 손해에 관해 있을 필요는 없다. 경과실을 배제한 것은 제 3 자에 대한 불법행위가 있는 것이 아님에도 불구하고 제 3 자의 보호를 위해 지우는 책임인데, 경과실까지 포함시키는 것은 발기인에 대해 가혹하기 때문이다.

3) 제 3 자의 범위 발기인이 책임져야 할 제 3 자란 회사 이외의 모든 자

를 가리키며, 따라서 주식인수인 · 주주도 이에 포함된다(통설). 발기인이 설립목적을 잘못 기재하여 그것을 믿고 주식인수인이 주식을 인수한 경우, 또는 회사설립이 무효가 됨으로 말미암아 주식이 유통성을 상실한 경우 등은 주식인수인과 주주가 발기인의 임무해태로 손해를 입은 예이다. 간접손해(회사가 손해를 입음으로써 그것이 그대로 주식의 재산적 가치에 반영된다는 뜻에서의 손해)를 입은 주주가 제 3 자의 범위에 포함되느냐에 관해 견해가 대립하는데, 이사의 제 3 자에 대한 책임과 성격을 같이 하므로 후술한다(857면 참조).

4) 회사설립이 무효가 되더라도 제 3 자에 대한 발기인의 책임이 존속함은 회사에 대해 손해배상책임을 지는 경우와 같다.

2. 會社不成立의 경우

회사가 성립하지 못한 경우에는 발기인이 그 설립에 관한 행위에 대하여 연대하여 책임을 지며(326조 1항), 회사설립에 관하여 지급한 비용은 발기인이 부담한다(326조 2항).

1) 「불성립」의 의의 회사의 「불성립」이라 함은 설립절차에 착수하였으나 설립등기에 이르지 못할 것으로 확정된 것을 말한다. 예컨대 창립총회에서 설립폐지를 결의한 경우(316조 1항)와 같이 불성립이 법률상 확정되거나, 발행주식의 대부분이 인수되지 아니하여 설립계획이 좌절된 경우와 같이 불성립이 사실상 확정된 경우를 말한다. 불성립의 사실상 확정 여부는 설립을 방해하고 있는 사유의 성격과 치유의 가능성 등을 종합해서 판단해야 한다. 발기인의 과실 유무는 무관하다.

불성립된 경우의 발기인의 책임은 후술하는 바와 같이 원래 설립중의 회사 또는 성립이 되었다면 설립 후의 회사에 귀속될 책임이 발기인에게 전가되는 것이므로 최소한 정관이 작성된 경우에 이 규정이 적용될 수 있다. 정관작성에도 이르지 못한 경우에는 발기인이란 존재도 없으려니와 회사설립을 의도한 사람들과 제 3 자와의 법률관계에는 개인법상의 책임원리가 적용될 것이기 때문이다. 설립등기 후 설립무효판결이 내려진 경우에는 앞에서 설명한 「회사가 성립한 경우」의 책임(322조)을 져야 한다.

2) 책임의 근거 이 책임을 발기인에게 귀속시키는 이유는 설립중의 회사와 거래관계를 가진 채권자 및 주식인수인의 손해가 발기인이 주관하는 설립절차에 기인하기 때문이다. 즉 회사가 성립하지 않은 경우에는 설립중의 회사가 목적부도달로 해산한 것이므로 본래는 주식인수인의 출연재산으로 청산을 하여

야 할 것이지만, 주식인수인과 회사채권자를 보호하기 위하여 법정책적으로 발기인에게 책임을 부담시키는 것이다(이 · 최 211; 정동윤 428; 정찬형 715; 공도일(주석 – 회사 2) 379). 이와 달리 회사가 성립하지 않은 경우에는 설립중의 회사가 법적으로는 처음부터 존재하지 않은 것으로 되어 발기인이 형식적으로나 실질적으로나 권리 · 의무의 주체가 되기 때문이라고 설명하기도 한다(강 · 임 565; 김동훈 120; 정경영 193; 최기원 214).

3) 책임의 성질 무과실책임이다. 즉 회사불성립에 관하여 발기인의 고의 · 과실을 요하지 않는다.

4) 책임내용 설립에 관한 행위에 대하여 연대하여 책임을 지며, 설립비용을 부담한다(326조 1항 · 2항). 「설립에 관한 행위」에 대한 책임이란 주로 주식인수인에 대한 납입금의 반환이 될 것이며, 「설립비용」은 변태설립사항으로 정관에 기재된 것에 한하지 않고 광고비 · 사무실 차임 · 인건비 등 설립을 위해 지출한 일체의 비용을 뜻한다.

5) 주식인수인의 책임 발기인의 책임에 관한 상법 제326조는 주식인수인이 설립중의 회사의 채무에 관해 출자자로서의 책임을 지지 않음을 밝힌 것이라는 점에 주의하여야 한다. 즉 설립중의 회사와 주식인수인간에는 사단과 구성원의 관계에서 생기는 책임관계가 존재하지 않으며, 주식인수인의 주식납입금은 설립중의 회사의 책임재산을 구성하지 아니함을 뜻한다.

Ⅲ. 기타 설립관계자의 책임

이사 및 감사가 설립절차에 관한 조사 · 보고의무를 게을리했을 때에는 회사 또는 제 3 자에게 손해배상책임을 지며, 발기인도 책임을 질 때에는 서로 연대하여 손해를 배상하여야 한다(323조). 제 3 자에 대한 책임은 발기인의 책임과의 균형상 악의 · 중과실이 있는 경우에 한한다고 본다(同旨: 강 · 임 566; 송옥렬 782; 이 · 최 213; 정동윤 429; 정찬형 714; 최기원 216. 경과실의 경우를 포함하는 견해: 공도일(주석 – 회사 2) 368).

법원이 선임한 검사인이 변태설립사항을 조사 · 보고함에 있어 악의 또는 중대한 과실이 있었을 때에도 회사 또는 제 3 자에게 손해를 배상할 책임이 있다(325조).

공증인이나 감정인이 변태설립사항을 조사 · 평가함에 있어 과실이 있는 경우에 관해서는 명문의 규정이 없다. 공증인과 감정인은 회사와 위임관계에 있으므로 그들의 고의 · 과실로 회사에 손해가 발생한 때에는 일반 채무불이행책임을 물을 수 있다. 그러나 그들의 고의 · 과실로 제 3 자가 손해를 입을 경우도 있을 것인데(예컨대 현물출자의 과대평가를 간과하여 주식인수인에게 손해를 입힌 경우), 발기인과 이사의 경우와는 달리 이들에게 제 3 자에 대한 책임을 묻는 규정이 없다. 입법의 불비이다. 하지만 공증인 또는 감정인의 고의 · 과실이 제 3 자에게 직접 불법행위를 구성할 경우에는 당연히 손해배상책임을 진다.

Ⅳ. 유사발기인의 책임

(1) 취 지

주식청약서 기타 주식모집에 관한 서면에 성명을 기재하고 회사의 설립에 찬조하는 뜻을 기재할 것을 승낙한 자는 발기인은 아니나 실질적으로 설립에 관여한 외관을 갖추었으므로 그 외관을 신뢰한 자를 보호하기 위하여 발기인과 같은 책임을 지도록 한다(327조). 이를 유사발기인이라 한다. 상법상 발기인의 개념은 정관을 작성하고 정관에 발기인으로 기재된 자로 제한되므로 실제로 회사설립에 관여하더라도 정관에는 기재되지 아니하여 발기인으로서의 책임을 면하는 자가 생길 수 있다. 또 주주의 모집을 용이하게 하기 위해 회사설립과 무관하나 지명도가 높은 사람의 이름을 빌려 허세를 꾸미는 경우도 있다. 이러한 예는 모집주주 등 이해관계인들의 판단을 그르쳐 과장된 신뢰를 유발하므로 그 외관창출에 대한 책임을 묻는 것이다.

(2) 책임요건

주식청약서 기타 주식모집에 관한 서면에 설립찬조의 뜻을 기재할 것을 승낙한 자가 책임을 진다. 주식모집에 관한 서면이란 주주모집광고 · 설립안내문 · 주식인수를 권유하는 서신 등 회사설립에 관해 이해관계인의 판단을 유도할 수 있는 서면을 두루 포함한다. 라디오 · TV · 인터넷을 통한 광고 · 안내 등은 「서면」은 아니나, 외관창출의 효과는 다를 바 없으므로 본조를 유추적용해야 한다.

「설립에 찬조」하는 뜻은 설립을 지지하는 뜻을 명시하거나 설립위원 · 고문 · 자문위원 등의 명칭을 사용해 간접적으로 지지하는 등 다양하게 표현될 수 있다. 그리고 「승낙」이란 자기의 이름을 서면에 사용한 것을 알고도 방치하는 것과 같은 묵시적 승낙도 포함한다. 제 3 자가 유사발기인의 책임을 추궁함에 있어 발기인으로 오인하는 것이 요건이 아님은 조문상 명백하다.

(3) 책임의 범위

유사발기인은 발기인과 동일한 책임을 진다. 그러나 유사발기인은 회사설립에 관한 임무가 있을 수 없으므로 임무해태를 전제로 한 상법 제315조 · 제322조의 손해배상책임은 지지 않는다. 따라서 유사발기인이 지는 책임은 자본충실책임(321조 1항 · 2항)과 회사불성립시의 청약증거금 또는 납입된 주금반환의무 및 설립비용에 관한 책임뿐이다(통설).

제 7 관 설립의 무효

I. 원　　인

설립절차에 흠이 있는데 이를 간과하고 설립등기가 되었을 경우 설립의 효력이 다투어질 수 있다.

주식회사에서는 주식인수인의 인수행위에 관한 무효 · 취소의 주장이 제한되며(320조), 인수행위가 취소되는 경우에도 인수인의 개성은 중시되지 않으므로 당해 인수행위가 효력을 잃는 것에 그치고 발기인의 인수담보책임에 의해 보완되어 회사설립 자체에는 영향을 주지 않는다. 발기설립의 경우에도 같은 식으로 해결된다. 그리고 발기인 각자의 설립행위, 즉 정관작성에 무효 · 취소의 원인이 있는 때에는 해당 발기인이 발기인에서 제거됨에 그치고, 그로 인해 발기인이 존재하지 않게 될 때에만 설립요건의 흠결로 연결된다.

그러므로 주식회사설립에 있어서는 인적회사에 있어서 본 바와 같은 설립취소나 주관적 무효원인은 인정되지 않고 설립절차에 관한 객관적 하자, 즉 강행규정의 위반 또는 주식회사의 본질에 반하는 하자를 원인으로 한 설립무효만이 문제된다. 구체적인 예를 들면, ① 설립목적이 위법하거나 사회질서에 어긋날 때, ② 발기인이 존재하지 않을 때, ③ 정관의 절대적 기재사항이 불비한 때, ④ 발기인의 기명날인(또는 서명) 또는 공증인의 인증이 없거나 무효인 때, ⑤ 주식발행사항(291조)의 결정이 없거나 또는 그 내용이 위법한 때, ⑥ 설립시 발행주식총수의 인수 또는 납입의 흠결이 현저하여 발기인의 인수 · 납입담보책임만으로 자본충실을 기할 수 없을 때, ⑦ 창립총회를 소집하지 않았거나 조사 · 보고를 하지 않은 때 또는 결의가 무효인 때 등이다.

Ⅱ. 무효의 소

회사설립의 무효는 성립의 날로부터 2년 내에 소로써만 이를 주장할 수 있다(328조 1항). 이 소의 원고는 주주, 이사 또는 감사이고 피고는 회사이다. 이 소의 관할, 소제기의 공고, 소송절차, 설립무효판결의 효력, 패소원고의 손해배상책임 등에 관해서는 앞서 모든 회사의 설립의 하자에 관한 공통문제로 다룬 바 있으므로 생략한다(107면 이하 참조).

사실상의 회사(de facto corporation; de facto Gesellschaft)

설립무효의 판결에 소급효가 제한되는 결과 판결의 확정 전에 회사가 유효하게 존재하였던 것과 같은 법률상태가 생긴다. 이와 같은 상태를 흔히 「사실상의 회사」라고 부른다. 설립무효판결의 소급효를 제한함으로써 사실상의 회사를 존재하게 하여 이해관계인을 보호하려는 것은 대륙법계국가의 공통된 입법이다. 일본회사법은 설립무효판결의 효력에 관해 우리 상법 제190조 단서와 같은 규정을 두고 있고(日會 839조), 독일도 회사의 이름으로 행해진 법률행위의 효력은 설립의 무효로 인해 영향을 받지 않는다는 규정을 두어(§ 277 Abs. 2 AktG) 역시 우리와 마찬가지 효과를 얻고, 프랑스도 회사가 무효선언을 받은 때에는 청산을 하는 제도를 두어(C. com. Art. L. 235-10) 역시 사실상의 회사를 인정한다.

한편 미국에서는 보통법상 사실상의 회사(de facto corporation)이론이 전혀 다른 각도에서 발전하여 왔다. 동이론에 의하면 발기인이 회사를 설립하기 위하여 단체(association)를 구성하였으나 설립을 위한 법정요건을 구비하지 못한 경우(주로 원시정관에 결함이 생긴 경우이다)에, ① 회사설립을 허용하는 법률이 존재하고, ② 현행법을 준수하여 회사를 설립하려는 성실한(in good faith) 노력이 행해졌고, ③ 회사의 권한을 사실상 행사하였을 경우에는 「사실상의 회사」가 존재한다고 보며, 사실상의 회사가 한 거래에 대하여는 회사가 책임을 지고 그 구성원이나 발기인이 책임지지 않는다는 것이 주요 내용이다.[1)]

그러나 모범사업회사법은 사실상의 회사의 존재를 부인하는 한편, 설립 이전의 행위에 대하여는 구성원 개인에게 책임을 귀속시키고 있고(MBCA §§ 2.03, 2.04), 이를 따르는 州의 회사법도 같은 취지의 규정을 두어 사실상의 회사의 이론을 배척하고 있다.

그리하여 최근의 판례도 점차 사실상의 회사의 거래 또는 불법행위로 인한 책임을 「마치 회사의 행위인 것처럼 행동한 개인들」에게 귀속시키는 경향을 보이고 있다.[2)]

1) Cantor v. Sunshine Greenery Inc., 165 N.J. Sup. 411, 398 A. 2d 571(1979); Cranson v. International Business Machines(Corp., 234 Md. 477, 200 A. 2d 33(1964)); Solomon, p. 134.
2) Timberline Equipment Co., Inc. v. Davenport, Supreme Court of Oregon 267 Or. 64, 514 p. 2d 1109(1973).

제3절 株式과 株主

제1관 주　　식

Ⅰ. 주식의 개념

주식회사에 있어서는 사원의 지위를 「주식」이라 부른다. 즉 주식은 인적회사에서 사원의 지위를 나타내는 지분과 뜻을 같이 한다. 그러나 주식은 인적회사의 지분과 달리 이른바 지분복수주의를 취한다. 주식회사에 있어서는 기업의 공동소유자로서의 지위가 주식이라는 균등한 단위로 나뉘어 주주의 출자액에 따라 소유되는 것이다. 그러므로 주주는 자신이 소유하는 주식의 수를 전체 발행주식수로 나눈 몫만큼 회사에 대해 비례적으로 권리를 갖는다고 말할 수 있다(상세는 225면 참조).

Ⅱ. 주식의 본질(社員權)

주식을 통해 주주가 갖는 각종 권리와 그 원천인 주식과의 관계에 대한 설명은 주식의 성질론에서 비롯되는데, 이에 관해 학설이 분분하다.

과거 주식회사의 본질을 조합으로 파악하였을 때에는 주식을 회사재산에 대한 권리의 단위로 보아 물권으로 파악하기도 했고(주식물권설), 주주가 회사에 대해 갖는 각종 청구권에 중점을 두어 채권이라고도 보았으나(주식채권설), 오늘날은 주식을 주주의 지위를 뜻하는 사원권으로 보는 것이 일반적이며(주식사원권설)(통설), 이를 株主權이라 부른다.[1] 그리고 주주권의 내용으로 이익배당청구권·잔여재산분배청구권 등의 자익권과 의결권·각종 소제기권 등의 공익권이 있으며, 이러한 권리는 주식이 양도·상속 등에 의해 이전될 때 더불어 포괄적으로 이전된다. 사원권설은 다시 주주권과 주주가 갖는 개개의 권리와의 관계에 대한 설명에서 학설이 갈리는데, 대체로 ① 주주권은 주주인 지위에서 갖는 권능과 의무가 합쳐져 단일의 권리를 이룬다는 설, ② 주주권은 주주인 지위에서 갖는 다수의 권리의 집합을 뜻하고 단일의 권리를 뜻하는 것이 아니라는 설, ③ 주주권은 주주의 권리를 생기게 하는 법률상의 지위 내지 자격을 뜻하며 주주의 권리

1) 주식의 성질론 및 연혁에 관해 서완석, 「기업지배구조와 주주의결권」, 디자인사람들, 2021, 143~190면이 상세하다.

는 주주권의 결과이지 그 내용 자체가 될 수 없다는 설로 나누어 볼 수 있다.

社員權 否定說

사원권 내지 주주권이란 개념을 부정하는 설도 있다. 구체적으로는 통설이 말하는 주주권 중 공익권은 주주가 회사의 기관인 주주총회의 구성원으로서 갖는 권한이며, 자익권은 주주가 사원인 지위에서 갖는 독립된 권리이므로 주식이 곧 주주권은 아니고 주주의 지위일 뿐이며 주주의 지위는 주식수에 관계없이 회사와의 관계에서(주주한 사람에게) 하나만이 존재한다는 설, 자익권은 이익배당청구권 및 이를 확보하기 위한 일단의 종된 권리로 이루어지는 사권이고, 공익권은 국가에 대한 참정권과 그 본질을 같이하는 일신전속권인 공권·인격권으로서 양자간에 관련성이 존재하지 아니한다는 설[1] 등이 있다. 또 주식회사를 영리재단으로 보는 설도 있다. 오늘날의 주식의 채권화현상에 착안한 것으로, 주식은 이익배당청구권과 잔여재산분배청구권을 내용으로 하는 금전채권이고(주식상의 권리), 기타의 권리는 모두 주주의 이익보호를 위해 법상 주어진 권리(주식법상의 권리)로서, 전자는 양도가 가능함에 반해 후자는 양도할 수 없다고 한다.[2] 어느 설이든 사원권부정설은 우리나라에서는 주장된 바 없다.

Ⅲ. 주식과 자본금(액면주식과 무액면주식)

1. 의 의

주식은 주식회사의 자본구성과 조달에 있어 매체의 역할을 하고 자본구성 후에는 주주권의 단위를 이룬다. 주식이 이같은 기능을 수행하는 구체적인 방법은 액면주식과 무액면주식에 따라 상이한 모습을 보인다.[3]

액면주식(par value stock)이란 1주당으로 정관에서 정해진 값(액면가)을 갖는 주식을 뜻한다. 1주의 금액은 100원 이상이어야 한다(329조 3항). 발행한 주식의 액면가는 자본금에 계입되며, 액면을 초과하여 발행하였을 때의 초과액은 자본준비금으로 적립해야 한다(451조 1항·459조 1항). 따라서 액면가에 발행주식총수를 곱한 금액이 자본금으로 인식된다(451조 1항).

무액면주식(no par value stock)이란 1주당의 금액을 갖지 않고 주권에는 주

1) 사원권의 개념을 인정할 것인가라는 문제는 일본에서 2차대전 전부터 다투어지던 문제인데, 본문에 설명한 것은 사원권부인론의 선구자였던 田中耕太郎의 학설이다(同人, 「改訂會社法概論」(上), 1945, 73면; 山口, 7면).

2) 八木 弘, 「株式會社財團論」, 53면, 85면.

3) 무액면주식은 2011년 개정에 의해 도입되었으나, 그전에도 예외로 자본시장법에 의해 설립된 투자회사는 무액면주식만 발행하도록 했다(자금 196조 1항).

식의 수만이 기재되는 주식이다. 액면가는 없고 주식을 발행할 때마다 회사가 정하는 발행가가 있을 뿐인데, 이 발행가 중 일부만을 자본금에 계상하고 잔액은 준비금으로 적립할 수 있다(451조 2항). 발행가는 수시로 변할 수 있고, 그 중 자본금에 계상되는 금액도 상이하므로 자본금과의 비교치 내지는 산출근거가 되는 주식의 가격이 존재하지 않는다. 따라서 주주의 비례적 지위는 회사의 발행주식총수에서 주주가 소유하는 주식수가 차지하는 비율만으로 인식된다.

2. 무액면주식의 기능

상법이 무액면주식을 도입하게 된 것은 무액면주식이 회사의 재무관리에 있어 여러 가지 장점을 가지고 있기 때문이다. 액면주식을 발행할 경우에는 자본금이 액면가에 의해 자동적으로 산출되므로 회사의 자본을 안정적으로 인식하고 관리할 수 있는 장점이 있지만, 자본금을 회사의 시장가치에 부합하는 방향으로 관리하는 것이 불가능하다는 경직성을 보인다. 예컨대 어느 회사의 주식의 액면가가 1,000원이지만, 시가가 700원이라고 할 때, 이 회사가 시가에 맞추어 발행가를 700원으로 하여 신주를 발행한다면 발행한 순간에 바로 1주당 300원씩의 결손이 생긴다. 이는 자본충실의 원칙에 반하므로 상법은 원칙적으로 액면미달 발행을 금한다(330조 · 417조). 이 제약을 피하려면 이 회사는 액면가대로 신주를 발행하여야 할 것이나, 시가보다 상회하는 가액으로 발행하였을 때 인수인을 구하는 것이 용이하지 않음은 물론이다.

무액면주식에는 액면가라는 개념이 존재하지 않으므로 얼마에 발행하든 이 같은 제약을 받을 일이 없다. 위 예에서 회사는 700원에 발행하여 납입된 700원 중 예컨대 500원은 자본금으로 계상하고 200원은 준비금으로 적립할 수 있다. 즉 회사는 주가의 변동에 탄력적으로 적응하면서 자본조달을 할 수 있는 것이다.

이외에도 무액면주식의 장점으로는 주식의 분할 · 소각이 용이함을 들 수 있다.[1] 즉 주식을 발행하여 발행가의 일부 또는 전부를 자본금에 계상한 후에는 주식의 수량은 자본금과 관련하여 하등의 구속을 받는 바가 없으므로 주식의 분할 · 소각이 자유로울 수 있는 것이다. 또 신주를 발행할 때를 제외하고는 자본금을 증감시킴에 있어 반드시 주식수의 증감을 수반할 필요가 없다는 것도 장점 중의 하나이다.

1) 일본에서는 이 점이 무액면주식제도를 채택하게 된 주된 동기라고 한다(江頭, 127면).

무액면주식의 유래

무액면주식은 원래 액면미달발행을 하였을 때 생길 수 있는 이사의 책임문제를 해소하기 위하여 1912년 미국 뉴욕주법에서 처음 채택된 제도인데, 위에 말한 장점 때문에 지금은 미국의 거의 모든 주가 무액면주식을 활용하고 있다.[1] 한편 일본에서는 1950년 상법 개정시에 미국회사법을 대거 계수하며 액면주식제도와 무액면주식제도를 병행하여 왔으나, 2001년 개정에 의해 액면주식을 없애고 무액면주식으로 통일하였다.

반면 유럽에서는 전통적으로 무액면주식을 반기지 않았다. 독일과 프랑스는 1998년에야 무액면주식을 허용하기에 이르렀으나 이용도는 높지 않고(독일주식법 8조 3항, 프랑스상법 228-8조), 영국은 아직도 특수한 회사를 제외하고는 무액면주식을 허용하지 않는다.[2]

3. 무액면주식의 발행

1) 발행주식의 선택 회사는 정관으로 정하는 바에 따라 액면주식 또는 무액면주식을 선택하여 발행할 수 있다(329조 1항 본). 액면주식과 무액면주식을 병행하여 발행하지는 못한다(329조 1항 단).

2) 무액면주식과 자본금 액면주식을 발행하는 경우 자본금은 발행주식의 액면총액을 의미하지만(451조 1항), 무액면주식을 발행한 경우에는 발행가의 총액 중 이사회가 정하는 금액을 자본금으로 계상한다(451조 2항 전). 신주발행을 주주총회의 결의로 정하기로 한 회사(416조 단)에서는 주주총회가 자본금을 정한다(451조 2항).

자본금으로 계상하는 금액은 발행가액의 2분의 1 이상이면 족하고,[3] 발행가액 중 자본금으로 계상하지 아니하는 금액은 자본준비금으로 계상한다(451조 2항 후).

4. 액면주식과 무액면주식의 전환

1) 의 의 회사는 정관으로 정하는 바에 따라 발행된 액면주식을 무액면주식으로 전환하거나 무액면주식을 액면주식으로 전환할 수 있다(329조 4항). 즉 액면주식을 발행하던 회사는 무액면주식으로 전환하여 발행할 수 있으며, 그 반

1) Cary & Eisenberg, p. 1438.

2) S. 542(1)(2) of Companies Act 2006: "무액면주식은 무효이다."

3) 무액면주식의 발행가액 중 자본준비금으로 계상하는 금액을 제한하는 것은 미국법에 유래한다. 무액면주식을 인정하던 초기의 州法에서는 대체로 발행가액의 4분의 1 이하의 범위에서 자본준비금으로 계상하는 것을 허용하다가 현재는 대부분 폐지하였다(Hamilton(Nutshell), p. 177). 하지만, 일본회사법은 아직 이런 제한을 유지하여, 준비금의 계상은 발행가의 2분의 1 이하의 범위에서만 허용한다(日會 445조 2항). 우리 개정법은 일본의 제도를 본받은 것이다.

대도 가능하고, 전환한 후에 재차 전환도 가능하다.

2) 전환의 절차 액면 · 무액면의 전환은 자본금의 구성방식에 변화를 가져오므로 정관변경 등 몇 단계의 절차를 요한다.

i) 정관변경 상법은 액면주식과 무액면주식 하나만을 허용하므로 회사는 정관에 규정을 두어 이를 선택해야 한다(329조). 그러므로 액면주식을 발행한 회사가 무액면주식으로 전환하거나 그 반대로 하는 것은 발행주식 전부의 유형을 교체함을 뜻하며, 이를 위해서는 정관을 변경해야 한다(289조 1항 4호). 즉 개별적인 주주의 청구에 의해 발행주식의 일부를 변경하는 것은 허용되지 않는다.[1)]

상법은 액면 · 무액면의 전환으로 인해 자본금에 변동이 생기는 것을 금하므로(후술) 전환결과는 회사채권자의 이해와 무관하다. 따라서 채권자를 보호하기 위한 절차는 불필요하다.

ii) 발행예정주식총수의 변경 회사설립시에 정관에 규정하였던「발행할 주식의 총수」(289조 1항 3호)는 그대로 유효하지만, 정관변경과 더불어 이를 변경하는 것은 무방하다. 발행예정주식총수의 범위 내에서라면 액면주식을 무액면주식으로 전환하면서 현재의 발행주식총수를 달리할 수 있다. 예컨대 전환 전의 액면주식의 발행주식총수는 100주였으나, 이를 무액면주식 150주로 증가하거나 50주로 감소해도 무방한 것이다. 이에 의해 액면주식과 전환으로 발행할 무액면주식 간의 교환의 비율이 정해질 것이다.

iii) 공 고 액면 · 무액면을 전환할 경우에는 株券의 기재사항이 달라져야 하고, 더욱이 등가전환이 아닌 경우에는 각 주주가 발행받을 주식의 수가 종전과 다를 수 있으므로 전환의 절차와 효력을 획일적으로 관리할 필요가 있다.

(a) 회사는 1월 이상의 기간을 정하여 액면주식을 무액면주식으로 또는 그 반대로 전환한다는 뜻과 그 기간 내에 주권을 회사에 제출할 것을 공고하고 주주명부에 기재된 주주와 질권자에 대하여는 각별로 같은 뜻을 통지하여야 한다(329조 5항→440조). 이는 전환으로 생기는 권리의 변동상황을 주주들에게 알리기 위함이므로 주권을 발행하지 않은 회사도 같은 공고를 해야 한다. 공고와 아울러 회사는 새

---

1) 2001년 개정전 일본상법에서는 한 회사가 액면주식과 무액면주식을 병행하여 발행하는 것을 허용하였으므로 주주의 청구에 의해 액면을 무액면으로 혹은 무액면을 액면으로 전환하는 것도 가능하였다(2001년 개정전 日商 213조 2항). 그러나 우리 상법에서는 한 회사가 액면주식과 무액면주식을 동시에 발행할 수는 없으므로 주주의 청구에 의해 액면을 무액면으로 혹은 무액면을 액면으로 전환하는 제도는 없다.

로 발행하는 주식을 발행받을 자를 미리 정하기 위해 주주명부폐쇄절차를 밟을 수 있다(354조).

(b) 신주권의 교부 주주가 제출한 액면주권에 갈음하여 새로운 무액면주권을, 또는 무액면주권에 갈음하여 액면주권을 교부하여야 한다. 구주권을 회사에 제출할 수 없는 자가 있는 때에는 이해관계인의 이의제출을 최고하는 소정의 공고를 거쳐 새 주권을 청구자에게 교부할 수 있다(329조 5항 → 442조 1항).

3) 전환의 효력발생시기 주식의 전환은 주주에 대한 공고기간이 만료한 때에 그 효력이 생긴다(329조 5항 → 441조 본). 기술한 바와 같이 액면·무액면간의 전환은 채권자보호절차를 요하지 않으므로 공고기간의 만료만으로 효력이 발생한다(329조 5항에서 441조 단서를 준용 제외). 전자등록된 주식을 액면과 무액면간에 전환할 때에는 주권의 제출과 교환을 요하지 않으므로 회사가 정한 일정한 날(전환기준일)에 액면·무액면간의 전환이 이루어진다(전등 65조 2항·3항).

공고기간의 만료에 의해 종전의 주식과 주권은 실효하고 주주는 전환된 액면 또는 무액면주식의 주주가 된다. 회사는 이와 달리 별도의 효력발생시기를 설정할 수 없다.

4) 자본금의 유지 액면주식을 무액면주식으로 전환하거나 무액면주식을 액면주식으로 전환하더라도 자본금은 변경할 수 없다(451조 3항). 액면과 무액면의 전환을 계기로 채권자보호절차 없이 자본을 감소하거나, 자산의 증가없이 자본을 증액하는 것을 막기 위함이다.[1)]

이는 어떤 주식을 어떤 주식으로 전환하느냐에 따라 다른 의미를 가진다. 액면주식을 무액면주식으로 전환할 때에는 자본금만 동일하게 유지하면 무액면주식 몇 주를 발행하든 무방하다. 예컨대 甲회사의 주식의 액면가는 5,000원, 발행주식총수는 10,000주이고, 자본금은 5,000만원이라 하자. 이를 무액면주식으로 전환한다면, 자본금은 5,000만원으로 유지해야 하지만, 발행주식총수는 종전과 같이 10,000주로 하거나 또는 그 이상, 그 이하로 변경하는 것도 가능하다. 반대로 무액면주식을 액면주식으로 전환할 때에는 자본금을 주어진 조건으로 하여, 액면가를 얼마로 하느냐에 따라 발행주식수가 결정된다. 예컨대 무액면주식이 50,000주, 자본금이 1,000만원인 상태에서 액면가 1,000원의 액면주식으로 전환한다면 자본금을 1,000만원으로 유지해야 하므로 발행주식총수는 10,000주이어

1) 이 규정의 연혁에 관해서는「2011년 改正商法」, 197면 참조.

야 하는 것이다.[1)]

5) 전환의 무효 액면주식을 무액면주식으로 전환하거나, 무액면주식을 액면주식으로 전환하는 데에 하자가 있는 경우 그 효력은 모든 주주들에게 획일 확정되어야 하고, 전환의 무효판결이 소급효를 가져서는 안 될 것이므로 신주발행무효의 소에 관한 규정을 유추적용해야 할 것이다(479면 참조).

Ⅳ. 종류주식

1. 개 설

(1) 定款自治와 株式의 다양성

주식은 주식회사가 자본을 제공할 주주를 모집하기 위해 제시하는 상품이라고 비유할 수 있다. 그 주식에 어떠한 권리를 부여하느냐에 따라 상품의 가치와 투자자의 호응도가 결정될 것이므로 주식의 내용은 기본적으로는 주주를 모집하고자 하는 회사가 정책적으로 결정할 사항이다. 주식에 내재된 권리와 같이 장기간에 걸쳐 주주의 이해를 이루는 사항은 정관에 의해 결정되어야 하므로 주식의 내용결정은 이른바 정관자치의 문제이다.

그러나 주식이 발행되면 시장에 유통되어 다수인의 이해를 창출하는데, 회사와 투자자간에 정보의 비대칭으로 인해 주식이 과대평가되어 피해자가 양산될 우려도 있고, 회사가 자금조달에 급급하여 비현실적인 권리를 담은 주식을 발행하여 투자자를 오도할 우려도 있다. 이러한 관점에서 주식의 내용결정은 공익적 관리를 요하는 문제로서 법적 감독이 요구되는 대상이기도 하다.

주식의 내용결정은 이같이 양면적 성격을 가지므로 어디까지 법적인 제약을 가하고 어디까지 정관자치를 허용할 것이냐는 입법적 선택의 문제로 전개된다. 어느 입법례에서나 공통된 입법방식은 투자자를 보호하기 위한 최소한의 규율을

---

1) 상법 제451조 제 3 항은 2001년 개정 전 일본상법 제284조의2 제 4 항을 옮겨 온 것인데, 이 규정의 법문은 「회사의 자본은 액면주식을 무액면주식으로 하거나 무액면주식을 액면주식으로 하는 바에 의해 변경되지 아니한다」라는 것이었다. 이는 자본금을 변경하지 말라는 명령규정이 아니고, 전환의 효과로서, 「자본금에는 변동 없음」이라는 객관적 사실을 설명하는 조문이었다. 전환으로 인해 자본이 변동되는지 여부의 논쟁이 생기는 것을 예방하기 위해 둔 조문이다(日注釋(8), 109면). 이를 우리 법에서는 회사에 대해 자본금을 변경시키지 말라는 명령규정으로 표현한 것인데, 이 표현방식을 존중한다면, 본문에서와 같이 회사는 자본금의 수치를 변경하지 못한다는 뜻으로 읽어야 한다.

법에 의해 정하고 그 틀 속에서 회사로 하여금 자율적으로 다양한 내용의 주식을 발행하도록 하는 것이지만, 입법정책에 따라 정관자치의 범위가 달라진다. 2011년 개정법은 기업활동의 편익제고를 기본정책으로 삼았는데, 이 정책은 주식의 유형을 정함에 있어 특히 돋보인다. 개정 전 상법에 비해 폭넓게 정관자치를 허용한 것이다.

(2) 종류주식의 개념

「종류주식」이란 소정의 권리에 관하여 특수한 내용을 부여한 주식을 말한다. 원래 주식이란 주식평등의 원칙에 의해 회사에 대한 주주의 권리를 균등하게 표현하는 지분이지만, 투자자들이 보이는 성향의 다양성과 회사가 추구하는 자본조달의 효율을 감안하여 주식이 표창하는 권리의 조합을 달리할 수 있도록 허용된 것이 종류주식이다. 상법이 인정하는 종류주식은 이익배당이나 잔여재산의 분배에 관한 종류주식(344조의2), 의결권의 행사에 관한 종류주식(344조의3), 상환에 관한 종류주식(345조), 전환에 관한 종류주식(346조)이 있다(344조 1항). 상법은 곳곳에서 「주식의 종류」(291조 1호 · 302조 1항 · 317조 2항 3호 · 352조 1항 2호 · 416조 1호 · 436조)라는 개념을 사용하는데, 바로 이 「'종류주식' 중 어떠한 것」이라는 의미이다. 이에 대해 주주권의 표칭방법이 다름에 불과한 액면주식 · 무액면주식은 종류주식이 아니다.

2011년 개정전에는 이익이나 건설이자(개정법에서 폐지)의 배당 또는 잔여재산의 분배에 관해서만 종류주식을 인정하였고, 상환주식 · 전환주식 · 무의결권주식은 종류주식으로 다루지 않았으나, 개정법에서는 이들 주식도 종류주식으로 분류한다(344조 1항). 종류주식을 이같이 다양화한 것은 기업측에 대해 자금조달의 편의를 제공하고, 투자자에게는 투자상품의 선택의 폭을 넓히고, 나아가 금융상품을 다양화함으로써 자본시장을 활성화시킨다는 정책의 표현이라 할 수 있다.[1)]

보통주식과 종류주식의 개념

2011년 개정을 전후하여 보통주식의 개념과 범위가 달라지게 되었다. 개정전 상법 제344조 제 1 항은 「회사는 이익이나 이자의 배당 또는 잔여재산의 분배에 관하여 내용이 다른 수종의 주식을 발행할 수 있다」라고 규정하였으므로 「주식의 종류」는 이익(또는 건설이자)의 배당 또는 잔여재산의 분배에 관해 상이한 내용을 담고 있는 주식의 분류를 위해 사용하는 개념이었고, 그 외연으로서 보통주식, 우선주식, 열후주식, 기타 보통주식과 다른 내용을 가진 주식을 들 수 있었다.

이와 달리 개정법에서는 종류주식이 보통주식에 대해 특수한 내용을 담고 있는 주

1) 법무부 해설, 126면.

식을 뜻한다. 제344조 제 1 항은「이익배당, 잔여재산의 분배, 의결권의 행사, 주식의 상환 및 전환에 관해 내용이 다른 종류의 주식(종류주식)을 발행할 수 있다」고 규정하므로 이익배당에 관한 여러 가지 종류, 즉 보통주식 및 보통주식과 다른 내용의 주식을 발행할 수 있고, 잔여재산분배, 상환, 전환에 관해서도 같은 식으로 보통주식 및 보통주식과 다른 내용의 주식을 발행할 수 있다는 취지로 읽을 수 있다. 이와 같이 읽으면 보통주식도 2011년 개정 전과 같이「종류주식」의 범주에 포섭된다. 그러나 제344조의3은 의결권이 없거나 제한되는 주식에 한하여 의결권에 관한 종류주식으로 표현하고 있고, 제345조는 상환가능한 주식을 종류주식으로, 제346조는 전환가능한 주식을 종류주식으로 표현하고 있다. 더욱이 제345조 제 5 항은 "제 1 항과 제 2 항에서 규정한 주식은 종류주식(…)에 한정하여 발행할 수 있다."라고 규정하고, 제346조 제 1 항은 "회사가 종류주식을 발행하는 경우에는 …"이라고 규정하는데, 이는 주식 중에는「종류주식」이라는 유형의 주식과 종류주식이 아닌 주식이 따로 있음을 전제로 한 표현이다. 따라서 제344조도 이와 균형을 맞추어 이익배당, 잔여재산분배에 관해 각각 특수한 내용이 있는 주식을 종류주식으로 표기한 것으로 읽어야 한다. 즉 개정상법은 보통주식이라는 개념을 종류주식이 아닌 주식을 지칭하는 용어로 의식하고, 종류주식은 이익배당이나 잔여재산분배에 관해 보통주식과 내용이 다른 주식, 의결권이 없거나 제한되는 주식, 상환주식, 전환주식을 포함하는 개념으로 사용하고 있는 것이다.[1]

개정상법이 보통주식을 종류주식에서 제외하였으므로 보통주식은 종류주식에 대해 인정되는 효력 내지 법적 지위를 누리지 못하게 되었는데, 이로 인해 다음과 같은 불합리한 결과가 야기될 수 있다.

i) 보통주식에 대해서는 제344조 제 3 항에 따른 특수한 정함을 할 수 없다.

ii) 보통주식의 주주가 주주총회에서 소수파라서 보통주식의 주주에게 불리한 결의가 이루어진 경우에도 종류주주총회의 개최가 불가능하다(435조 참조).

iii) 개정법은 개정전과 달리 상환주식이 우선주일 것을 요구하지 않지만, 종류주식으로 제한하고 있다(345조 5항). 그 결과 보통주식은 상환주식으로 발행할 수 없다.

iv) 개정법은 상환주식의 현물상환을 허용하는데, 종류주식으로 상환하는 것은 금하고 있다(345조 4항). 그 결과 상환주식인 우선주식을 발행하고 상환할 때 다른 종류주식으로는 상환이 불가능하지만, 보통주식으로는 상환이 가능하다. 이 역시 합리적인 이유를 궁리하기 어렵다.

v) 상법 제346조 제 1 항은 종류주식에서 다른 종류주식으로 전환하는 것만을 허용하는 뜻으로 전환주식의 발행을 규정하고 있다. 그 결과 종류주식으로 전환할 수

---

1) 보통주식도 종류주식이라는 견해도 있으나(임재연 I, 403면; 정동윤, "보통주와 종류주의 개념에 관하여,"「商硏」제31권 제 1 호(2012), 38면 이하), 이는 當爲論이고, 현행법의 문리해석으로 보기는 어렵다. 한편 종류주식을 광의의 종류주식과 협의의 종류주식으로 나누고, 보통주식은 전자에는 속하지만, 후자에는 속하지 않는다는 견해도 있다(권기범, 524면).

있는 보통주식을 발행하거나, 보통주식으로 전환할 수 있는 종류주식을 전환주식으로 발행하는 것은 허용되지 않는다.

보통주식을 종류주식에서 제외한 것은 일본의 2005년 회사법상의 종류주식제도를 부분적으로 도입하는 과정에서 생긴 입법착오인데(최준선 228), 이상의 불합리한 결과를 바로잡기 위하여는 궁극적으로 입법적인 해결을 요하지만, 현 상태에서도 사항별로 가능한 한 해석론으로 바로잡아야 할 것이다. 관련되는 곳에서 재론한다.

(3) 종류주식의 발행

1) 회사가 종류주식을 발행하기 위하여는 정관에 각 종류주식의 내용과 수를 정하여야 한다(344조 2항). 뿐만 아니라 종류주식을 발행할 때에는 등기하여야 하며(317조 2항 3호), 주식청약서, 주주명부, 주권에 기재하는 식으로 공시하여야 한다. 종류가 다른 주식을 발행한다는 것은 기존 주주나 장차 주주가 되려는 자들에게 중대한 이해관계가 걸린 문제이고, 경우에 따라서는 자본충실을 해할 염려도 있기 때문이다.

종류주식은 정관에 기재된 범위 내에서, 회사설립시에는 발기인이, 신주발행시에는 이사회가 종류와 수량을 정하여 발행할 수 있다(291조 1호·416조 1호).

2) 종류주식은 다양하게 인정되므로 종류주식을 중첩적으로 조합하여 발행할 수도 있다. 예컨대 우선주를 의결권이 없는 주식으로 발행하거나, 우선주를 의결권 없는 우선주로 하면서 상환주식으로 발행할 수도 있는 것이다.

(4) 종류주식에 관한 특칙

주주권의 변동을 초래할 회사의 자본거래는 株式平等의 원칙에 따름이 원칙이나, 종류주식을 발행한 때에는 정관에 다른 정함이 없는 경우에도 회사는 주식의 종류에 따라 신주의 인수(후술 참조), 주식의 병합·분할·소각 또는 회사의 합병·분할로 인한 주식의 배정에 관하여 특수하게 정할 수 있다(344조 3항). 예컨대 합병시 소멸회사의 보통주와 우선주에 대해 지주비율에 따르지 않고 차등을 두어 존속회사의 주식을 배정하는 것과 같다. 이와 같은 규정을 둔 취지는 종류주식은 보통주식과 경제적 가치가 다르므로 양자를 항상 株式平等의 원칙에 따라 일률적으로 취급한다면 오히려 실질적인 불평등을 가져오기 때문이다. 이 제도는 주식의 종류에 따른 실질적 평등을 실현하기 위한 것일 뿐, 주식평등의 원칙에 대한 예외를 설정한 것은 아니다.[1] 따라서 주식의 종류에 따른 「특수한 정함」이라

1) 정경영, 211면; 정지영(주석－회사 2), 636면. 상법 제344조 제 3 항에 해당하는 2005년 이전 일본상법 제222조 제 3 항도 이같이 해석하는 것이 통설이다(日注釋(3), 319면).

는 것은 주주간의 실질적 평등을 실현하는 범위 내에서 가능한 차별을 뜻하고, 주식평등을 파괴하는 내용으로 정해질 수는 없다.[1)]

「정관에 정함이 없는 경우에도」 할 수 있다는 것은 사안에 따라 이사회 또는 주주총회의 결의에 의하여 할 수 있음을 뜻한다. 특수한 정함 때문에 어느 종류의 주주에게 손해를 미치게 될 경우에는 이사회나 주주총회의 결의 외에 그 종류의 주주만의 총회(종류주주총회)의 결의를 다시 얻어야 한다(435조·436조)(대법원 2006. 1. 27. 선고 2004다44575·44582 판결). 그러므로 이상의 차별은 종류주식의 주주들의 호의적 양보를 전제로 한 것이다.[2)]

신주발행에 관한 입법오류

제344조 제 3 항은 2005년 이전 일본상법 제222조 제 3 항을 옮겨 온 것인데, 통상의 신주발행(416조)에 관한 한, 잘못 옮겨 온 것이다. 1950년 대폭 개정된 일본상법은 유상증자시에 주주의 신주인수권을 인정하지 않았으므로 신주를 발행하는 이사회의 결의에 의해 제 3 자배정으로 발행할 수도 있고, 주주배정으로 발행할 수도 있다. 그리하여 주주배정방식으로 발행하는 결의를 할 때에 종류별로 다른 정함을 할 수 있다는 것이 일본상법 제222조 제 3 항의 취지이다. 그러나 우리 상법은 1963년 제정시부터 주주에게 소유주식수에 비례하여 신주인수권을 부여하고 있으므로(418조 1항) 주주의 신주인수권은 주식의 종류를 막론하고 강행법적으로 주어지는 비례적 권리이다. 이같이 법률에서 부여한 권리를 이사회의 결의로 달리 정할 수 있다는 것은 법체계상 모순된 입법이다. 그러므로 상법 제344조 제 3 항의 「신주의 인수」 부분은 신주인수권 자체에는 영향을 주지 않는 다른 발행요소에 관해 다른 정함을 둘 수 있다는 취지로 해석해야 한다.

참고로 준비금의 자본전입으로 인한 신주(무상신주)의 발행도 상법 제344조 제 3 항의 적용대상이라고 설명하는 견해가 있으나(김·노·천 156; 정지영(주석-회사 2) 636), 이같이 해석할 명문의 근거가 없다.[3)] 뿐만 아니라 준비금의 자본전입은 이사회의 결의로 하지만, 그로 인해 발행하는 신주는 이사회가 배정하는 것이 아니라, 주주들에게 소유주식에 비례하여 자동적으로 배정되는 것이므로(461조 2항). 이사회가 달리 정할 여지가 없다.[4)]

---

1) 이와 달리 상법 제344조 제 3 항을 주식평등의 원칙에 대한 예외로 설명하는 견해도 있으나(송옥렬, 797면; 최준선, 242면), 이사회의 결의나 주주총회의 결의로 주식평등의 원칙에 대한 예외를 설정할 수 있다는 것은 옳은 설명이 아니다.

2) 前田, 116면: 원래는 불이익을 받을 종류주주들 각자로부터 허락을 받는 것이 원칙이나, 주주총회의 결의라는 단체법적 수단으로 완화한 것이라고 설명한다.

3) 제344조 제 3 항에서는 「신주의 '인수'」라고 규정하는데, 준비금의 자본전입에는 신주의 「인수」라는 행위가 없다.

4) 일본에서도 통설이다(日注釋(3), 321면).

(5) 준용규정

상법 제344조 제 4 항은 「종류주식 주주의 종류주주총회의 결의에 관하여는 제435조 제 2 항을 준용한다」라고 규정하고 있다. 제435조 제 2 항은 종류주주총회의 결의요건에 관한 규정이다. 종류주주총회의 결의는 제435조 제 1 항에 의해 요구되고 그 경우 제435조 제 2 항이 정하는 결의요건을 따라야 한다. 따라서 제344조 제 4 항이 종류주주총회에 제435조 제 2 항을 「준용」한다고 하는 것은 옳은 표현이 아니기도 하지만, 이 조문 자체가 불필요하다.

2. 이익배당에 관한 종류주식

(1) 의 의

회사는 이익의 배당 또는 잔여재산의 분배에 관해 내용이 다른 종류주식을 발행할 수 있다(344조의2 1항·2항). 「내용이 다르다」 함은 통상적으로는 이익배당 또는 잔여재산의 분배에 관해 보통주식에 대해 우선하는 권리를 부여하거나 후순위의 지위를 부여하는 것을 말하지만, 반드시 배당의 순서에 국한하여 내용을 달리해야 하는 것은 아니고, 배당금액, 배당재산의 종류에 관해 내용을 달리할 수도 있다.

(2) 정관으로 정할 사항

이익의 배당에 관한 종류주식을 발행하기 위하여는 정관에서 그 종류주식의 주주에게 교부하는 「배당재산」의 종류, 「배당재산」의 가액의 결정방법, 이익을 배당하는 조건 등 이익배당에 관한 내용을 정하여야 한다(344조의2 1항).

이익배당은 금전배당, 주식배당, 현물배당이 가능하므로 「배당재산의 종류」를 정하라고 함은 어떠한 재산으로 배당할지를 정관으로 정하도록 하고, 현물배당을 할 경우에는 배당재산의 가액을 결정하는 방법을 명시하라는 취지이다. 또 이익배당을 함에 있어 보통주주와의 관계에서의 순위 및 배당의 내용에 관해 정관에 규정을 두어야 한다.

잔여재산의 분배에 관한 종류주식을 발행하기 위해서도 상법은 정관에 잔여재산의 종류, 잔여재산의 가액의 결정방법, 그 밖에 잔여재산분배에 관한 내용을 정하라고 규정하고 있다(344조의2 2항). 하지만 잔여재산의 분배에 있어서는 주식으로 분배하는 일이 있을 수 없고, 현물분배를 할 수 있는 근거가 없으므로(538조 참조) 잔여재산의 종류와 가액의 결정방법을 정관으로 정하라 함은 무의미한 규정이다.[1)]

1) 잔여재산을 분배함에 있어서도 환가비용을 절약하기 위해 현물로 분배할 수 있다고 보고, 정관에 잔여재산의 종류, 잔여재산의 가액의 결정방법을 정하는 것은 유의의하다는 견해가 있으나

잔여재산의 분배에도 주식배당이나 현물배당이 가능한 것으로 착각한데서 빚어진 입법의 착오이다. 잔여재산분배에 관하여는 다만 종류주식에 대한 분배의 순위와 내용에 관해 명시해야 할 것이다.

(3) 유 형

이익배당이나 잔여재산분배에 관해 내용이 다른 주식을 발행할 때 그에 대해 표준이 되는 주식을 보통주식이라 하고, 이와 다른 내용의 주식은 기술한 바와 같이 다양하게 발행할 수 있으나, 실무상으로는 다음과 같이 유형화할 수 있다.

1) **보통주**(common share; Stammaktie) 이익배당이나 잔여재산분배에 있어 어떠한 제한이나 우선권도 주어지지 아니한 주식이다. 보통주에 대한 배당금액은 주주총회의 결의(또는 이사회결의)에 의하여 결정되며, 회사에 이익이 있다고 하여 반드시 배당해야 하는 것도 아니고, 주주가 배당을 청구할 수 있는 것도 아니다. 그러나 보통주는 회사에 이익이 있는 한 무제한의 배당가능성이 주어지는 開放的(open-ended) 持分이다.[1] 보통주의 주주는 회사채권자와 우선주의 주주가 권리행사를 하고 난 후 비로소 회사재산에 대해 권리를 가진다는 의미에서 「잔여의 권리」(residual claim)를 갖는다고 표현한다. 상법에서는 「보통주」라는 개념을 명문화하여 쓰고 있지 아니한데, 이는 보통주가 주식의 원형(prototype)임을 전제로 하기 때문이다. 이같이 보통주는 우선주나 후배주에 대한 상대적인 개념만은 아니므로 회사가 보통주를 발행하지 아니하고 우선주나 후배주만을 발행할 수는 없다.

2) **우선주**(preferred share) 2011년 개정 전에는 이익배당에 관한 종류주의 하나로 「이익배당에 관하여 우선적 내용이 있는 종류의 주식」(우선주)을 명문으로 규정하였고, 이 우선주는 의결권없는 주식으로도 발행할 수 있도록 하였다(2011 개정 전 344조 · 370조). 현행법에서는 우선주를 별도로 규정하고 있지 않으나, 이익배당이나 잔여재산분배에 관한 종류주식의 하나로 개정 전과 같은 우선주를 발행할 수 있음은 물론이고, 실무상으로도 가장 흔히 이용되는 종류주식이다.

i) 개 념 「우선주」란 보통주식보다 앞선 순위로 소정의 이익배당

(임재연 I, 409면), 청산시의 잔여재산을 미리 특정하여 정관에 관련된 규정을 두기는 현실로도 어려울 것이다. 청산과정에서 주주들과의 합의를 통해 현물의 잔여재산을 분배하는 것은 가능하지만, 이는 대물변제이고, 본문에서의 현물분배는 아니다.

1) Hamilton, p. 253.

또는 잔여재산분배를 받을 수 있는 주식이다. 그 후 잔여가 있으면 보통주가 배당 또는 분배받을 수 있다. 실제는 배당금에 관한 우선주가 주로 발행된다(예컨대 어느 결산기에 x원이라는 배당가능이익이 생겼을 때 우선주에 대해 확정배당금 y원을 지급하고 그 잔여, 즉 [x−y]원을 보통주에 배당하거나 배당하지 않는 것). 우선적 배당은 통상 액면가에 대한 비율(액면주식의 경우) 또는 1주당의 금액으로 표시된다. 예컨대 「1주당 액면가의 15%를 배당한다」 혹은 「1주당 750원을 배당한다」라는 식이다.

ii) 누적적 우선주 · 비누적적 우선주 　우선주라 하더라도 「이익 없으면 배당 없다」는 원칙에 어긋날 수는 없으므로 이익이 없거나 적은 결산기에는 소정의 배당금을 충족시키지 못할 수도 있다. 이때 부족한 배당금을 이월시켜 이후의 결산기의 배당금에 합산하여 받게 할 수도 있는데, 이를 누적적 우선주(cumulative preference share)라 하고 당기의 배당이 부족하더라도 이월시키지 않는 것을 비누적적 우선주라고 한다.

iii) 참가적 우선주 · 비참가적 우선주 　회사의 영업실적이 좋아 이익이 많이 생겼을 때에는 오히려 우선주가 보통주보다 불리할 수도 있다. 예컨대 액면가의 10%를 우선 배당받는 우선주를 발행한 회사에서 어느 결산기에 모든 주주에게 20%씩 배당할 수 있는 배당가능이익이 발생하였다면, 보통주의 배당에는 제한이 없으므로 우선주는 10%, 보통주는 20%의 배당을 받을 수도 있다. 이럴 경우를 고려하여 우선주는 자신의 소정의 배당을 받고, 다시 잔여이익의 배당에 참가하게 할 수도 있다. 이러한 우선주식을 참가적 우선주(participating preference share)라고 하고, 보통주의 자격으로 배당에 참가할 수 없는 우선주를 비참가적 우선주라고 한다. 참가형태는 다양하게 정할 수 있으나, 보통은 우선주의 배당을 초과하는 보통주의 배당과 동률의 배당을 받게 한다.[1)]

누적 여부 · 참가 여부를 서로 조합하여 예컨대 누적적 · 비참가적 우선주라는 식으로 발행할 수도 있다.

또 우선주가 항구적으로 존속한다면 회사가 무리한 재정부담을 영구히 안게 되므로, 우선주의 우선권이 일정한 조건의 성취나 기한의 도래로 소멸하게 하여 우선주가 자동적으로 보통주로 전환되게 하는 예도 있다.[2)]

3) 기타 배당에 관한 종류주식 　이익배당이나 잔여재산분배에 있어 보통주보다 불리하게 차등을 두는 後配株(deferred share), 어떤 권리에 있어서는 우선

1) 표준정관 제 8 조의2 제 3 항.
2) 표준정관 제 8 조의2 제 7 항; (주)KB금융지주 정관 제10조 제 6 항; (주)신한은행 정관 제 8 조 제 6 항; 삼성전자(주) 정관 제 8 조 제 5 항 외 다수.

적 지위를 갖고, 다른 권리에 있어서는 열후적 지위를 갖는 혼합주(이익배당에서는 우선하고, 잔여재산분배에 있어서는 열후한 것과 같다) 등이 있으나 실제 발행되는 예는 드물다.

우선주란 다른 주식보다 선순위로 소정의 배당을 받는 주식을 뜻하지만, 이와 달리 보통주보다 많은 배당을 받는 종류주식(예컨대 보통주의 배당금에 x원을 추가로 배당하는 것)도 발행할 수 있다.[1)]

tracking stock

회사분할을 하지 않고 내부적으로 사업부문을 분리하거나 또는 사업부문을 신설하여 그 특정사업부문을 독립채산으로 운영하고, 그 사업부문에서 생긴 이익에 관해 배타적으로 이익배당청구권을 부여하는 주식을 tracking stock이라 하는데, 미국에서 많은 회사들이 발행하고 있다. 예컨대 어느 철강회사가 벤처사업에 진출하였는데, 철강은 이익이 저조하지만 벤처부문은 고수익이 예상된다고 하자. 하지만 벤처부문의 이익은 철강부문의 이익과 혼융되어 벤처부문에 투자한 자에게 높은 배당을 할 수 없으므로 벤처부문의 투자자를 모집하는 데에 애로가 있다. 그리하여 주주에 대한 배당의 재원을 구분하여 철강부문의 이익은 구주주들에게, 벤처부문의 이익은 벤처부문의 투자자에게 배타적으로 배당하기로 하는 조건의 주식을 발행하여 주주를 모집하는 것이다. 이 같은 배당재원의 차별화는 주주평등의 원칙에 어긋나는 문제점이 있지만, 이 점은 상법 제344조 제 1 항이 정하는 「종류주식」의 하나로 봄으로써 해소할 수도 있다. 그러나 이익이란 회사 전체의 재무상태에서 산출되는 것이므로 철강부문에 결손이 나면 벤처부문의 이익으로 이를 전보하고 나머지만을 배당할 수 있으므로 당초 벤처부문에 대한 고율배당의 계획이 지켜지기 어려워 배당재원의 차별화에 실익이 없을 수도 있다.

3. 의결권제한에 관한 종류주식

(1) 의 의

모든 주식에 대해서는 1주당 1개씩의 의결권이 주어지는 것이 원칙이나(369조 1항), 회사는 의결권이 없는 종류주식이나 의결권이 제한되는 종류주식을 발행할 수 있다(344조의 3 1항). 근래 주식투자가 자산증식수단으로 부각됨에 따라 회사의 경영에는 관심이 없고, 오직 배당이나 양도차익과 같은 투자수익만을 바라는 대중투자자

1) 1980년대에 유행했던 속칭 「1% 우선주」가 좋은 예이다. 당시 「보통주의 배당금에 액면가의 1%에 해당하는 금액을 더한 금액을 배당한다」라는 식의 우선주가 유행하였다. 당시 우선주에 한해 의결권없는 주식을 발행할 수 있었으므로 우선주의 흉내를 내며 의결권을 없이 하기 위해 발행한 편법의 주식이다. 이는 우선주가 아니므로 의결권을 없이 하는 것은 위법이었지만, 현행법하에서는 무의결권주식을 우선주와 연결함이 없이 발행할 수 있으므로 이런 주식을 무의결권주식으로도 발행할 수도 있다(同旨: 법무부 유권해석 2012. 2. 16. 상사법무과-446).

와 기관투자자가 늘어나고 있다. 이러한 주주들로부터 자금을 조달할 때에는 의결권을 없이 하더라도 주주모집이 가능하고, 따라서 의결권이 없는 주식은 회사의 경영자 또는 지배주주로서는 그의 지배력을 감소시키지 않고 활용할 수 있는 자본조달수단이 된다. 더욱이 우선주식을 의결권 없는 주식으로 발행할 경우에는 해당 주주에게는 별 효용이 없는 의결권을 포기하는 대신 우선적 배당이라는 안정적인 이득이 주어지므로 회사의 이해관계자 모두에게 고루 매력 있는 주식이다. 그리하여 무의결권주식은 현대회사의 소유와 경영의 분리를 재촉하는 요인이 되고 있다. 한편 주식이 널리 분산된 상장회사에서는 주주총회에 참석할 실익이 없는 소액주주들(無機能株主)[1]에게 무의결권주식을 제공하여 정족수계산에서 제외시킴으로써 정족수 미달로 인한 주주총회의 불성립을 예방하는 효과도 기대할 수 있다(371조 1항 참조).

의결권관련 주식의 2011년 개정

2011년 개정에서 의결권과 관련한 주식에 관하여 큰 폭의 개정이 있었다.

1) 개정 전에는 의결권이 없다는 점은 우선주식에 부착된 별개의 특약으로 보고 주식의 종류로 보지 않았으나, 개정법은 의결권의 행사에 관한 종류주식을 발행할 수 있다고 규정하였다(344조 1항).

2) 개정 전에는 이익배당에 관한 우선주에 한해 의결권 없는 주식을 발행할 수 있었다(2011 개정 전 370조). 그러나 개정법에서는 이익배당의 우선 여부에 관계없이 의결권을 제한하는 주식을 발행할 수 있게 하였다. 이에 의해 개정전 상법하에서의 의결권 없는 우선주제도는 폐지되었다(370조의 삭제).[2]

3) 개정 전의 의결권 없는 주식은 우선배당을 받는 한에서는 의결권이 전면적으로 제거되는 것이었으나, 개정법에서는 의결권을 부분적으로만 제한하는 것도 발행할 수 있으며, 해석에 따라서는 의결권에 관해 보다 폭넓은 내용을 부여할 수 있는 주식을 발행할 수 있다는 주장이 제기될 소지도 남겼다.

의결권박탈의 정당화근거

의결권은 투자위험의 관리수단으로서 주주의 본질적인 권리임에도 불구하고 일정한 주식에 대해 의결권을 부여하지 않을 수 있는 근거는 무엇이냐는 의문이 제기된

1) 關, 39면.

2) 개정법은 원칙적으로 법시행전에 생긴 사항에 대해서도 적용되지만, 개정전의 상법규정에 따라 생긴 효력에는 영향을 미치지 않으므로(부칙 ③) 개정전 상법 제370조에 의해 발행된 의결권 없는 우선주는 그대로 유효하다. 뿐만 아니라 개정법하에서도 개정전 제370조 제 1 항이 규정하는 것과 같은 의결권 없는 우선주도 제344조의3 제 1 항이 규정하는 「의결권이 없는 종류주식」의 하나로 발행할 수 있다. 즉 개정전에 발행된 우선주는 개정법하의 우선주로서도 효력을 가진다.

다. 2011년 개정 전에는 배당우선주에 한해 의결권을 없이 할 수 있었는데, 우선주는 보통주에 앞서 확정률의 배당을 받으므로 그 지위가 회사채권자에 준하고 보통주주처럼 회사의 경영성과에 대한 위험을 부담하지 않기 때문이라고 설명하였다.

그러나 현행법에서는 보통주에 대해서도 의결권을 배제 또는 제한할 수 있으므로 종전의 논리를 유지하기는 어렵다. 개정법은 오늘날 자본시장의 기능이 변화하는데 따라 주주의 투자성향도 다양하여 양도차익을 주된 투자목적으로 하는 주주의 경우 의결권은 이미 주주의 본질적인 권리로서의 의미를 상실했음을 감안하여 의결권의 유무를 정관자치의 영역에 속하는 문제로 다루었다고 설명할 수 있다(344조의3 1항 · 2항).

(2) 의결권제한 종류주식의 내용

의결권에 관한 종류주식은 의결권에 관해 어떠한 특수한 내용을 부여할 수 있는가? 상법 제344조 제 1 항과 제344조의3에서의 법문의 표현이 상이하여 해석상 혼란을 준다.

제344조 제 1 항에서는 단지 「의결권의 행사에 관한 종류주식」이라 표현하므로 의결권을 제한하는 것만이 아니라 의결권에 관한 특권을 부여하는 내용의 종류주식도 생각해 볼 수 있다. 그러나 제344조의3에서는 「의결권이 없는 종류주식」 그리고 「의결권이 제한되는 종류주식」이라고 표현하고 있어 동조의 법문에 의한다면 의결권에 변형을 가할 수 있는 것은 의결권을 없애거나 의결권을 제한하는 것뿐으로 이해된다. 그러면 제344조 제 1 항의 법문에 근거하여 제344조의3이 규정하지 않는 의결권에 관한 종류주식도 발행할 수 있는가?

의결권은 주주의 가장 기본적인 권리로서 주식평등의 원칙이 준수되어야 할 표본적인 대상이다. 따라서 구체적인 명문의 규정이 없이 이에 관한 예외를 설정하는 것은 허용될 수 없다. 「의결권의 행사에 관한 종류주식」이라는 표현으로부터 특권적인 의결권의 창설이 해석에 의해 도출될 수는 없다고 본다. 따라서 의결권에 관한 종류주식이란 상법 제344조의3이 명문으로 정하는 「의결권이 없는 주식」, 「의결권이 제한되는 주식」만을 의미하는 것으로 해석해야 한다.

1) 의결권 없는 주식 상법 제344조의3 제 1 항은 의결권에 관한 종류주식으로서 「의결권이 없는 종류주식」과 「의결권이 제한되는 종류주식」으로 한정하고 있다. 양자의 법문을 연결해 볼 때, 의결권이 없는 종류주식이란 의결권이 전면적으로 제한되는 주식을 말하는 것으로 이해된다. 개정 전과 달리 이익배당에 관한 보통주식도 의결권 없는 종류주식으로 발행할 수 있다고 함은 기술한 바와 같고, 개정 전과 같이 우선주식을 의결권이 없는 주식으로 할 수 있음은 물론

이다.

2) **의결권이 제한되는 주식** 개정법 제344조의3 제 1 항의 法文 중 「의결권이 제한되는 종류주식을 발행하는 경우」는 이에 이어지는 「정관에 의결권을 행사할 수 없는 사항」과 더불어 읽어야 온전한 의미가 파악된다. 즉 의결권이 제한되는 종류주식이란 결의의 일부 안건에 관해 의결권이 없는 주식을 의미하며, 이러한 주식을 발행하려면 정관에 의결권을 인정하지 않는 의안을 열거하라는 취지이다. 예컨대 이사선임에 관해서만 의결권이 없다거나, 정관변경에 관해서만 의결권이 없다는 식으로 규정하는 것이다.

「의결권의 제한」이라는 어의에서만 본다면 의결권의 수량을 축소하는 주식도 발행이 가능한 것으로 생각할 수 있으나(예컨대 2주에 1개의 의결권을 부여), 법문의 전체에서 나오는 의미는 의안에 따라 의결권이 없어지는 주식을 뜻하므로[1] 수량적 제한은 상법이 예상하는 의결권이 제한되는 종류주식이 아니다.

거부권부 주식

주주총회의 특정의 결의사항(예: 정관의 특성소항의 변경)에 관하여 주주총회의 결의가 있은 외에 특정 종류주식의 주주들의 결의가 있어야 효력을 발휘할 수 있도록 하는 경우 그 특정종류주식을 거부권부 주식이라고 하는데,[2] 이는 상법 제344조의3 제 1 항이 규정하는 의결권의 배제, 제한에 포섭되지 않으므로 상법상 발행이 불가능하다(권기범 538).

3) **의결권의 행사 또는 부활의 조건** 상법 제344조의3 제 1 항은 「회사가 의결권이 없는 종류주식이나 의결권이 제한되는 종류주식을 발행하는 경우에는 정관에 의결권을 행사할 수 없는 사항과, 의결권행사 또는 부활의 조건을 정한 경우에는 그 조건 등을 정하여야 한다」라고 규정한다. 이는 i) 의결권이 없는 종류주식을 발행할 경우에는 그 뜻을 정관에 기재해야 하고, ii) 의결권이 제한되는 종류주식을 발행할 경우에는 의결권을 행사할 수 없는 사항을 정해야 하고, iii) 의결권이 없는 종류주식 또는 의결권이 제한되는 주식에 대해 조건을 정해 의결권 행사 또는 부활을 허용할 경우에는 정관에 그 조건을 정하라는 뜻이다.

「행사의 조건」이란 의결권을 배제 또는 제한한 종류주식의 주주에게 특정 주주총회 또는 특정 의안에 대해 의결권의 행사를 허용할 수 있는 소정의 조건을 의미하는 것으로 해석된다. 예컨대 의결권이 없는 우선주를 발행하되, 주주가 우

1) 법무부 해설, 137면.
2) 일본회사법에서는 이러한 종류주식의 발행이 허용된다(日會 108조 1항 8호).

선배당을 포기하는 경우에는 의결권을 행사할 수 있다는 것과 같다.[1] 의결권의 「부활의 조건」이란 전체적으로 의결권이 배제된 종류주식 또는 소정 의안에 관해 의결권이 배제된 종류주식이 의결권을 회복할 수 있는 조건을 의미하는 것으로 이해된다. 예컨대 개정 전 상법에서는 의결권 없는 우선주라도 우선배당을 받지 못하게 될 경우 의결권이 부활하도록 규정하였는데(개정 전 370조 1항 단), 현행법하에서도 같은 식의 조건을 붙여 의결권을 부활시킬 수 있고, 기타 다양한 조건을 붙일 수 있다.

(3) 정관의 규정

의결권이 배제 또는 제한되는 종류주식을 발행할 경우에는 정관에 그 규정을 두어야 한다. 정관으로 정할 사항은 의결권이 배제 또는 제한되는 주식의 수 및 그 내용이다. 전면 배제하는 경우에는 그 뜻을 기재하면 족하지만, 일부 의결권을 제한할 경우에는 제한되는 의안을 구체적으로 규정해야 한다(344조 2항 · 344조의3 1항). 기술한 바와 같이 의결권의 행사 또는 부활의 조건은 반드시 규정해야 하는 것은 아니지만, 정관에 규정하지 않은 경우에는 행사 또는 부활은 허용되지 않는다.

(4) 의결권의 배제 · 제한 종류주식의 발행한도

의결권이 없거나 제한되는 종류주식의 총수는 발행주식총수의 4분의 1(상장회사는 2분의 1: 자금 165의15 2항)을 초과하지 못한다(344조의3 2항).[2] 이 같은 제한을 두지 않을 경우 과소한 수량의 의결권 있는 주식으로 회사를 지배하는 폐단(출자와 지배의 괴리)이 야기되기 때문이다. 이러한 제도의 취지에서 볼 때, 의결권이 없는 주식과 의결권이 제한되는 주식은 합산하여 4분의 1 이하가 되어야 한다고 해석한다.

이에 위반하여 의결권이 배제 · 제한되는 종류주식이 발행주식총수의 4분의 1을 초과하여 발행된 경우, 상법은 「회사는 지체 없이 그 제한을 초과하지 아니하도록 하기 위하여 필요한 조치를 하여야 한다」라고 규정하고 있다(344조의3 2항). 이미 한도를 초과한 상태를 두고 「초과하지 아니하도록」 필요한 조치를 하라고 함은 논리적인 모순이지만, 발행주식총수의 4분의 1 이하가 되도록 필요한 조치를 취하라는 뜻으로 읽어야 한다.[3] 이는 한도를 초과하여 발행된 의결권 없는 또는

1) 前田, 100면.
2) 예외로 정부가 부실금융기관에 출자하는 경우 무의결권주식의 발행이 무제한 가능하다(금융산업의 구조개선에 관한 법률 13조).
3) 이 조문은 일본회사법 제115조를 옮겨 온 것인데, 원문은 「…제한이 있는 종류주식의 수가 발행주식총수의 2분의 1을 초과한 때에는 회사는 즉시 의결권제한주식의 수를 발행주식총수의 2분의 1 이하가 되도록 필요한 조치를 하여야 한다」라는 것이다.

제한된 종류주식도 무효가 아님을 전제로 한 것이다(同旨: 송옥렬 802; 임재연 I 411; 정동윤 451; 정지영(주식－회사 2) 653). 「필요한 조치」란 예컨대 의결권 없는 또는 제한된 주식의 일부를 소각하거나, 추가로 의결권이 있는 주식을 발행하여 의결권 없는 또는 제한된 종류주식의 비율을 4분의 1 이하로 떨어뜨리는 것을 말한다.[1)]

4. 주식의 상환에 관한 종류주식

(1) 의 의

주식의 償還에 관한 종류주식, 즉 상환주식(redeemable stock; callable stock)이란 주식의 발행시부터 장차 회사가 스스로 또는 주주의 청구에 의해 이익으로써 상환하여 소멸시킬 것이 예정되어진 주식이다(345조). 회사가 상환할 수 있는 주식과 주주가 상환을 청구할 수 있는 주식은 각기 기능을 달리한다. 전자는 회사가 주식을 발행하여 우선 자금을 조달하고, 장차 자금사정이 호전되면 그 주식을 상환함으로써 종전의 소유구조를 회복하는 수단으로 활용할 수 있다. 특히 우선주를 상환주식으로 할 때 회사의 자금조달의 편익이 돋보인다.[2)] 우선주를 상환주식으로 발행하여 우선 자금조달을 용이하게 하고 장차 회사의 자금사정이 호전되었을 때 상환함으로써 경영권의 안정을 꾀할 수 있다. 또는 금리가 하락하여 사채발행 기타 자금의 차입에 의존하는 쪽이 배당보다 경제적일 때에는 우선주를 상환하고 다른 조달방법을 택함으로써 재무관리를 유연하게 할 수 있다. 요컨대 상환주식이란 회사의 內部者(insider)가 자금조달을 위해 局外者(outsider), 즉 경영권 밖에 있는 투자자를 주주로 끌어들인 후에 자금사정이 호전되면 그를 축출하여 회사의 경영권을 안정시키는 방법이다.[3)]

후자(주주가 상환청구할 수 있는 주식)의 상환주식의 경우에는 주주가 상환기간 내에 회사의 경영상황을 탐색하고 투자를 용이하게 회수할 수 있으므로 그만큼 주식투자로 인한 위험을 축소시킬 수 있어 주주에게 매력있는 상품이라 할 수 있고, 이 점을 이용해 회사는 용이하게 자금을 조달할 수 있다.

일시적인 자금조달수단이 된다는 점에서 상환주식은 사채와 같은 기능을 한다고도 할 수 있지만, 상환주식은 自己資本이고 사채는 他人資本이라는 본질적인 차이가 있는 외에, 상환주식의 상환은 이익을 가지고만 할 수 있으므로 이익

1) 前田, 100면.
2) 상환주식은 미국의 제도를 본받은 것이다. 미국에서는 우선주를 발행할 때에는 거의 예외 없이 상환조항(redemption clause)을 붙여 이사회가 상환 여부를 선택할 수 있도록 한다.
3) Cary & Eisenberg, pp. 1138~39.

이 없으면 상환이 언제까지나 지연될 수 있는 반면, 사채는 이익의 유무에 불구하고 상환해야 한다는 차이가 있다.

상환주식의 2011년 개정

2011년 개정법에서는 상환주식제도도 크게 개정되었다. 중요한 개정사항은 다음 세 가지이다.

1) 개정 전에는 우선주만 상환주식으로 발행할 수 있었으나, 개정법에서는 우선주 아닌 종류주식(예: 의결권 없는 보통주식)도 상환주식으로 발행할 수 있다.

2) 개정 전에는 회사가 상환할 권리를 갖는 주식(이하 "회사상환주식")만 발행할 수 있었으나, 개정법에서는 주주가 상환할 권리를 갖는 주식(이하 "주주상환주식")도 발행할 수 있다.

3) 개정 전에는 상환주식은 우선주식에 상환조항이 부가된 것에 불과하다고 하여 주식의 종류로 보지 않았으나, 개정법은 상환주식을 별도의 종류주식으로 다루고 있다(344조 1항). 따라서 상환주식을 소유한 주주의 종류주주총회도 가능하다.

(2) 상환주식의 대상과 유형

1) 기술한 바와 같이 개정법하에서는 개정 전과 달리 우선주에 국한하지 않고, 상환주식과 전환주식을 제외한 다른 종류주식에 대해서도 상환주식으로 발행할 수 있다(345조 5항). 즉 이익배당(또는 잔여재산분배)에 관한 종류주식 및 의결권의 배제 또는 제한에 관한 종류주식이 그 대상이 되는 것이다. 효율적인 재무관리 등 다양한 경영상의 목적을 달성하기 위하여 기업은 종류주식의 다양화를 요구해 왔는데, 상환주식을 개정 전과 같이 제한적으로만 허용해서는 경영상의 목적을 충족시키는 데에 한계가 있다[1]는 점을 고려하여 발행대상을 확대한 것이다. 그러나 종류주식에 국한하여 상환주식으로 할 수 있으므로 보통주식은 상환주식으로 할 수 없다. 이는 보통주식을 상환주식으로 발행함으로써 사실상 경영권방어를 위한 포이즌필로 활용하는 것을 방지하기 위한 것이라 한다.[2] 그러나 배당에 관한 보통주식도 의결권 없는 또는 의결권이 제한된 주식일 경우에는 제345조 제 5 항이 말하는 종류주식이므로 상환주식으로 발행할 수 있다.

2) 상환주식과 전환주식을 제외한 종류주식이란 이익배당 또는 잔여재산분배에 관한 종류주식과 의결권의 제한에 관한 종류주식을 말하고, 상환주식에는 회사상환주식과 주주상환주식이 있으므로(345조 1항 · 3항) 상환주식의 대상이 되는 주식의 종류와 조합을 이루면, i) 회사가 상환할 수 있는 이익배당 또는 잔여재산분

1) 박철영, "종류주식의 다양화를 위한 법적 연구," 성균관대 박사학위논문, 2004, 151면.
2) 權鍾浩, "2006년 회사법개정시안의 주요내용,"「商硏」제51호(2006), 322면.

배에 관한 종류주식, ii) 회사가 상환할 수 있는 의결권이 없거나 제한되는 종류주식, iii) 주주가 상환청구를 할 수 있는 이익배당 또는 잔여재산분배에 관한 종류주식, iv) 주주가 상환청구를 할 수 있는 의결권이 없거나 제한되는 종류주식이 만들어질 수 있다.

잔여재산분배에 관한 종류주식은 현실로 발행되는 일이 없고, 회사의 입장에서 발행할 실익이 크고 상품성도 있는 상환주식이란, i)의 종류주식 중 우선주인 상환주식이 될 것이고, iii), iv)는 상환가액에 따라 주주의 입장에서 투자가치가 있을 것이다. ii)의 상환주식은 회사가 의결권이 없고 배당에 부담도 없는 주식을 굳이 상환할 필요가 있느냐는 의문이 제기되므로 현실로 발행되는 일은 상상하기 어렵다.

3) 회사상환주식은 상환조항을 정하기에 따라 주주의 의사와 무관하게 회사가 반드시 상환하는 주식도 가능하고(강제상환), 상환을 원하는 주주의 것만 상환해 주는 주식도 가능하다(임의상환).

주주상환주식은 임의상환이 있을 수 없고, 주주의 상환청구가 있으면 회사는 반드시 상환해야 한다.

(3) 발 행

상환주식은 정관에 규정을 두어야 발행할 수 있다. 주식의 상환은 다른 주주의 배당가능이익을 감소시키므로 정관에 의한 명문의 수권이 있을 때에 한해 허용하는 것이다. 발행예정주식총수의 범위 내이어야 함은 물론이다. 정관에 규정해야 할 사항은 회사상환주식의 경우 회사가 이익으로써 소각할 수 있다는 뜻을 기재하고, 상환가액, 상환기간, 상환의 방법과 상환할 주식의 수를 정하여야 한다(345조 1항). 주주상환주식을 발행할 때에는 정관에 주주가 회사에 대하여 상환을 청구할 수 있다는 뜻, 상환가액, 상환청구기간, 상환의 방법을 정하여야 한다(345조 3항). 이를 償還條項이라고 한다.

1) 「상환가액」이란 주식을 상환하는 대가로서 회사가 주주에게 지급하는 금액을 말한다. 특정한 금액으로 정할 수도 있고, 액면가액, 발행가액 또는 상환시점에서의 시가 등과 같이 가액의 산정기준을 정할 수도 있다. 주주에게 배당할 이익으로써 상환하므로 얼마를 상환하든 회사의 자본충실과 무관하다는 생각에서 상법은 상환가액에 대한 제한은 두지 않았지만, 지나치게 고액일 경우에는 다른 주주들의 이익배당청구권을 해하게 되므로 당해 상환주식의 발행무효사유가 될 수 있다(429조 참조).

2) 「상환기간」이란 상환이 이루어져야 할 기간을 말한다. 始期와 終期를 정하는 것이 통례이지만, 회사측으로서는 상환주식의 발행을 통해 상당기간 자금을 활용한다는 목적이 있으므로 시기의 설정이 중요한 뜻을 갖는다. 예컨대 「발행 후 2년 이후 5년 내에 상환한다」는 것과 같다. 종기는 상환의무를 이행해야 할 기한을 의미하지만 후술과 같이 항상 강제성이 인정되는 것은 아니다.

주주상환주식의 경우에는 「상환청구기간」을 정해야 한다. 이 기간에 상환청구를 하지 않으면 원칙적으로 상환청구권이 소멸하지만, 상환청구를 하더라도 후술과 같이 상환이 불가능할 수도 있다.

3) 「상환방법」으로 생각할 수 있는 것은 회사상환주식의 경우, 강제상환으로 할지 임의상환으로 할지, 일시에 상환하는 것으로 할지, 분할로 상환할지 등이다. 개정법은 현물상환을 허용하므로 어떠한 재산으로 상환할지도 상환방법으로서 정관에 정하여야 한다(후술).

이상의 상환조항은 주식청약서에 기재하고(302조 2항 7호·420조 2호), 등기하여야 한다(317조 2항 6호).

정관에 상환주식의 발행이 규정되어 있는 한, 일반 신주발행절차에 따라 이사회의 결의로 발행할 수 있다(416조).

4) 상환주식의 상환으로 인해 회사의 발행주식수가 감소하고 재산이 유출된다. 그러나 배당가능이익으로만 상환하므로 자본에 영향이 없고 채권자보호에도 문제가 없다. 따라서 발행시에는 물론 상환시에도 자본금감소절차(438조)나 채권자보호절차(232조)를 밟을 필요가 없다.

(4) 상　　환

1) 상환의 결정 　상환의 결정은 회사상환주식과 주주상환주식에 있어 절차를 달리한다.

i) 회사상환주식 　회사상환주식의 상환은 정관의 규정에 따르는 한, 다른 절차 없이 이사회의 결의만으로 할 수 있다. 그러나 상환에 사용할 자금은 이익처분안에 포함시켜 주주총회의 승인을 얻어야 하므로(449조 1항, 462조 2항) 그 범위에서는 주주총회의 의사결정이 필요하다.

ii) 주주상환주식 　주주상환주식의 경우에는 주주의 청구가 있어야 한다. 주주가 상환을 청구하면 그 자체로 회사를 구속하므로 회사의 의사결정이나 승낙은 불필요하고 단지 회사는 상환에 응할 의무를 질 뿐이다. 일종의 형성권이다. 그러나 주주의 청구로 즉시 상환이 실행될 수 있는 것은 아니다. 회사에 상환

자금으로 사용할 수 있는 배당가능이익이 있어야 하기 때문이다.

2) **주주에 대한 통지 · 공고** 회사상환주식의 상환을 결정하는 경우에는 상환대상인 주식의 취득일부터 2주 전에 그 사실을 「그 주식의 주주」 및 「주주명부에 적힌 권리자」에게 따로 통지하여야 한다(345조 2항 본).

「주식의 취득일」이란 후술하는 상환의 효력발생일을 뜻한다.

통지는 공고로 갈음할 수 있다(345조 2항 단). 「그 주식의 주주」란 주주명부상의 주주를 의미한다고 보아야 하고, 「주주명부에 적힌 권리자」란 등록질권자를 뜻하는 것으로 이해해야 한다.

> 일반적으로 회사가 주주를 상대로 일정한 의사전달을 해야 할 경우 주식의 특성상 회사가 주주명부를 통해 인식가능한 주주 · 질권자에게는 통지를 하는 것을 원칙으로 하고, 다만 명의개서미필자나 기타 주식거래자를 위해 공고를 하도록 하는 것이 상법의 기본정책이다(예: 418조 · 419조 · 440조). 따라서 주주명부로 파악되는 상환주식의 주주와 질권자는 당연히 통지의 대상인데, 이를 쉽게 공고로 갈음할 수 있게 한 것은 합리성이 결여된 입법이다.

3) **상환재원** 상환은 이익으로써만 할 수 있다(345조 1항). 법문에서는 「이익」이라고만 규정하고 있으나, 이는 배당가능이익(462조 1항)을 뜻한다. 배당가능이익은 결산에 의해 확정되고 결산은 정기주주총회에서 가능하므로 상환재원이 되는 이익도 직전결산기의 대차대조표상의 배당가능이익 중 미처분이익잉여금을 뜻한다. 회사채권자를 위한 책임재산이 되고 회사영업의 기반이 되는 기본재산에 영향이 가지 않도록 상환의 재원을 배당가능이익으로 제한한 것이다(자본유지의 원칙).

상법 제345조 제 1 항에서는 회사상환주식의 경우 상환주식을 이익으로써 소각할 수 있는 주식이라고 표현하면서, 동조 제 3 항에서는 주주상환주식을 규정하면서 그 재원에 관해 언급하고 있지 않다. 그 결과 문리적으로는 주주상환주식의 상환은 회사의 기본재산으로도 할 수 있는 것처럼 해석할 소지가 있으나, 이같이 하려면 자본금감소절차(438조 이하)를 밟아야 하므로 상환주식제도를 두는 의의가 없어진다. 회사상환주식과 주주상환주식을 차별할 이유는 없으므로 주주상환주식도 이익으로써만 소각할 수 있다고 해석해야 한다.

무액면주식은 발행 후에는 자본과 무관하므로 상환하더라도 당연히 자본에 영향이 없고, 액면주식도 배당가능이익으로 상환하므로 자본에 영향을 주지 아니한다.

4) 상환시기 회사상환주식의 경우에는 정관에 정해진 상환기간 내에, 주주상환주식의 경우에는 주주가 청구한 때에 상환하여야 하지만, 이익이 없으면 상환할 수 없으므로 지연될 수도 있다. 이익이 없어 지연되더라도 회사나 이사의 손해배상책임(399조·401조)은 발생하지 아니한다. 다만, 회사가 상환주식의 발행단계에서 상환능력에 관해 투자자를 기망하거나 부실한 정보를 제공한 경우에는 회사는 불법행위책임을, 이사는 상법 제401조에 의한 책임을 질 수 있다.

5) 現物償還 개정법은 현물상환을 허용한다. 즉 회사는 주식의 상환의 대가로 현금 외의 유가증권이나 그 밖의 자산을 교부할 수 있다(345조 4항 본).

i) 현물상환이란 미리 정관에서 정한 바에 따라 금전에 갈음하여 상환가액에 상응하는 다른 재산을 교부하는 것을 말한다. 정관에 정함이 없이 회사가 상환을 결정한 단계에서 혹은 주주의 상환청구를 받은 단계에서 주주와의 협의를 통해 현물로 급부하는 것은 대물변제이지, 상법 제345조 제 4 항이 규정하는 현물상환이 아니다.

ii) 금전 외의 다른 종류의 주식을 제외한 「유가증권이나 그 밖의 자산」으로 교부할 수 있다고 하므로 상환에 사용할 수 있는 현물의 범위는 발행회사의 종류주식을 제외하고는 제한이 없다. 하지만, 불규칙한 금액으로 다수의 주주에게 나뉘어져 있는 상환주식의 대가로 지급하려면 소규모로 단위화되어 있는 자산이어야 할 것이므로 현물자산이라고 하지만 실제는 유가증권이 대부분일 것이다. 발행회사의 사채, 母회사 또는 子회사 그리고 계열회사의 주식이나 사채가 이에 해당한다. 발행회사의 종류주식만 제외하므로 自己株式인 보통주식으로 상환하는 것은 허용된다. 신주발행의 방식으로 보통주식을 상환대가로 교부한다면 이는 전환주식이므로 당초 전환주식의 발행절차를 밟아야 할 것이다.

iii) 명문의 규정은 없으나, 상환가액의 일부는 금전으로, 일부는 다른 재산으로 급부하는 것도 무방하다고 본다. 상환금액에 따라 일정액 이상은 다른 재산으로 상환하고, 일정액 이하의 상환가액은 금전으로 하는 방법도 가능하다.

상법 제345조 제 4 항 단서는 상환에 사용하는 「자산의 장부가액이 제462조에 따른 배당가능이익을 초과하여서는 아니 된다」라고 규정하고 있다. 상환가액은 정관에 의해 정해지고 장부가액 역시 이미 정해진 자산가격이므로 이 규정에 의해 상환가액이 통제받는 것은 아니다. 상환은 배당가능이익의 범위에서 이루어져야 하므로 현물상환을 하더라도 배당가능이익을 초과하는 상환이 이루어지지 않도록 하려는 취지이다. 예컨대 배당가능이익이 1,000원에 불과한데, 장부가액 1,200원인 유가증권을 사용하여 1,200원만큼 상환해서는 안 된다는 것이다. 상법 제345조 제 1 항에서 이미 상환은 배당가능이익의 범위에서 가능함을 선언하였고, 현물상환이라고 해서 이 원칙을 벗어날 수는 없으므로 불필요한 규정이다.

6) 주금액의 일부에 대한 상환은 인정될 수 없다(주식불가분의 원칙). 그리고 강제상환이든 임의상환이든 무방하나 상환주식 상호간에는 주식평등의 원칙이 적용되어야 한다. 지주수에 비례한다면 평등의 원칙에 따른 것이라 하겠다.

7) 임의상환을 하면 회사가 상환을 원하는 주주로부터 개별적으로 주식을 취득하여야 하고, 강제소각을 할 때에는 명문의 규정은 없으나, 모든 주주에게 획일적인 처리가 필요하므로 자본금감소에서의 주식병합절차에 관한 규정을 준용하여야 할 것이다(440조 · 441조 본. 채권자보호절차가 필요하지 않으므로 441조 단서는 제외).

⑸ 상환의 효과

1) 임의상환의 경우에는 회사가 상환을 위해 주주로부터 주식을 취득한 때, 그리고 강제상환의 경우에는 제440조를 준용하여 회사가 설정한 주권제출기간이 경과한 때(441조 본)에 각각 상환의 효력이 발생한다고 보아야 한다.[1] 상환의 효력이 발생한다는 것은 주식이 소멸함을 뜻한다. 그러므로 회사는 즉시 주주에게 상환금을 지급하여야 하고, 상환절차가 종료되었더라도 상환금이 지급될 때까지는 주주의 지위가 유지된다는 것이 판례의 입장이다(대법원 2020. 4. 9. 선고 2017다251564 판결).

상환과 동시에 주식이 소멸하므로 상환을 위해 회사가 자기주식을 취득 · 보유하는 일은 없다.[2]

2) 주식을 상환함으로 인해 발행예정주식총수의 미발행부분이 증가한다. 이 부분을 활용해 다시 상환주식을 발행할 수 있는가? 통설은 재차 발행을 인정한다면 2중의 수권이 되며, 다른 주주의 권리(이익배당을 받을 권리)를 해치게 되므로 허용될 수 없다고 하지만, 재발행을 허용하는 것이 옳다고 본다. 이 문제는 주식의 소각 또는 자본금감소 후에 감소된 주식을 재발행할 수 있느냐는 것과 더불어 소각된 주식을 재발행할 수 있느냐는 문제로 一般化시켜 논해야 할 것이므로 후에 일괄해서 다룬다(473면 이하 참조).

1) 日注釋(3), 331면.

2) 그러나 상환의 회계처리는 자기주식의 취득 · 소각으로 다룬다. 다음 두 단계를 거친다(일반기업회계기준 제15장 '자본'의 부록, 실무지침 15.2).

1 단계: (차) 자기주식 ××× (대) 현금 및 현금성자산 ×××

2 단계: (차) 상환주식상환액 ××× (대) 자기주식 ×××

5. 주식의 전환에 관한 종류주식

(1) 총 설

1) 의 의 주식의 轉換에 관한 종류주식, 즉 전환주식(convertible share)이란 주주가 다른 종류의 주식으로 전환할 수 있는 권리가 부여된 주식 또는 회사가 다른 종류의 주식으로 전환할 수 있는 권리가 부여된 주식을 말한다(346조 1항). 예컨대 우선주를 보통주로, 또는 보통주를 우선주로 전환함과 같다. 「전환」이란 주식의 종류를 교체함을 뜻하므로 액면주식을 무액면주식으로 바꾸는 것은 전환주식의 전환이 아니다. 정관의 규정으로 일정한 기한의 도래, 조건의 성취에 의해 다른 종류의 주식으로 자동전환되는 주식도 발행할 수 있다고 해석되나, 이것은 상법상의 전환주식이 아니다(임재연 I 430; 정동윤 457; 정찬형 745; 정지영(주석-회사 2) 676).[1]

전환주식의 전환의 범위

2011년 개정에 의해 상법이 쓰고 있는 종류주식이란 용어는 보통주가 아닌 주식을 지칭하는 뜻이 되었다(344조 1항). 이 용법에 의할 때, 전환주식의 전환은 다른 종류주식으로 전환하는 것을 뜻하므로(346조 1항), 보통주식으로 전환할 수 있는 주식은 발행하지 못하는 것으로 이해할 수도 있다. 2011년 개정전 제344조 제 1 항의 법문의 표현도 현행과 같이 「다른 종류의 주식으로 전환」한다는 표현을 썼지만, 당시 「종류」의 의미가 지금과 달랐으므로 보통주로 전환하는 것도 허용하는 뜻으로 해석했고, 실무에서도 보통주식으로 전환할 수 있는 우선주식을 전환주식의 표본적인 예로 삼았다.[2] 전환의 대상에서 보통주식을 특히 제외해야 할 이유는 없으므로 현행 규정은 종류주식의 의미가 2011년 개정에 의해 달라진 것을 간과하고 과거의 표현을 답습한 것으로 보인다. 이는 입법착오이므로 현행법상의 다른 종류의 주식으로 전환할 경우의 「다른 종류」는 구 규정에서와 같이 보통주를 포함하는 뜻으로 읽어야 한다. 이유는 달리 제시하지만, 보통주가 포함된다는 것이 일반적인 설명이다(권기범 545; 김정호 163; 송옥렬 809; 임재연 I 432; 정찬형 746; 최준선 233; 정지영(주석-회사 2) 677).

2) 기 능 i) 주주전환주식(주주가 전환을 청구할 수 있는 전환주식. 이하 같음)은 주식시세의 변동이나 회사의 배당능력의 변화에 따라 주주가 소유주식의 가치를 보존 또는 향상시키는 수단이 된다. 예컨대 우선주를 보통주로 전환할 수 있되, 우선주 1주에 대

---

1) 우선주식을 발행하면서, 발행 후 10년 등 일정기간 후에 자동으로 보통주식으로 전환된다는 규정을 두고 있는 회사를 흔히 볼 수 있다(예: 삼성전자주식회사 정관 제 8 조 제 5 항).

2) 일본에서도 2005년 이전 상법 제222조의2(우리 상법 제346조와 동일)의 종류주식을 같은 뜻으로 해석하였다(日注釋(3), 338면).

해 보통주 1.2주를 발행해 준다고 하자. 현재 회사의 경영실적이 좋지 않고 주식 시세도 낮다면 우선주를 소유하여 배당을 우선적으로 받는 것이 유리하다. 그러나 훗날 주가가 상승하고 배당여력이 커지면 보다 많은 수량의 보통주를 가지는 것이 배당면에서나 주식을 환가하는 면에서나 유리할 수 있다. 그러므로 전환주식은 회사의 전망과 주가에 대한 예견을 주식인수인에게 맡긴 채 주식의 가치보존 또는 증식의 기회라는 또 하나의 투자유인동기를 제공함으로써 자금조달을 용이하게 하는 제도이다.

전환주식도 미국법을 본받은 것이다. 과거 미국에서는 우선주를 보통주로 전환(downstream conversion)하는 것만 허용하고 보통주를 우선주로 전환(upstream conversion)하는 것은 금지하는 州法이 많았으나,[1] 우리 상법에는 이런 제한이 없으므로 어느 쪽이든 가능하다.

ii) 회사전환주식(회사가 전환할 권리를 가진 주식. 이하 같음)의 경우에는 기술한 주주전환주식의 주주와 반대의 입장에서 회사의 자금조달을 용이하게 하고 재무관리를 탄력적으로 할 수 있으며, 또 이익배당 외의 종류주식에 관해서도 전환주식으로 할 수 있으

〈그림 6-3〉 전환주식과 신주식의 조합

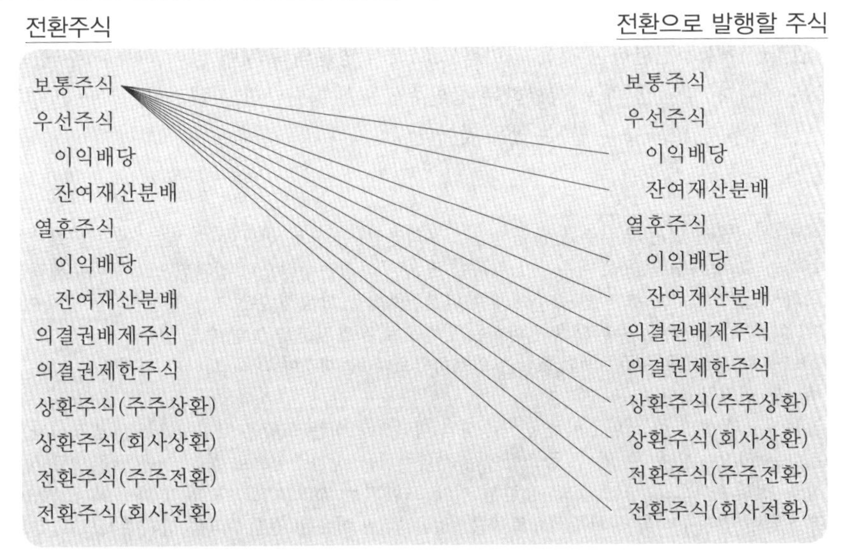

1) MBCA Official comment to § 6.01.

므로 경영권의 방어수단으로도 활용하는 등 다양한 용도로 이용할 수 있다.[1)·2)]

전환주식의 활용도의 증대

2011년 개정법에서는 종류주식의 범위가 넓어졌고, 회사가 전환권을 갖는 주식도 발행가능하므로 전환주식과 전환으로 인해 발행하는 주식의 조합이 다양해졌고, 따라서 개정 전에 비해 전환주식의 용도는 크게 넓어졌다고 할 수 있다.

위 그림에서 보듯이 왼쪽의 모든 주식을 오른쪽의 같은 주식 외의 모든 주식으로 전환할 수 있는 전환주식을 발행할 수 있다.

예: 보통주식 → {우선주식(이익배당에 관한 우선주, 잔여재산분배에 관한 우선주), 열후주식, 의결권배제주식, 의결권제한주식, 회사상환주식, 주주상환주식, 회사전환주식, 주주전환주식}.

이익배당 또는 잔여재산분배에 관한 종류주식을 우선주와 열후주만 있다고 가정하면, 위 식에서처럼 주식의 종류는 11가지이다. 전환주식의 전환으로 인하여 발행할 주식의 경우는 10가지이므로 10×11의 경우가 생기고, 다시 주주가 전환권을 갖는 전환주식과 회사가 전환권을 갖는 주식으로 나눌 수 있으니, 10×11×2=220개의 경우의 수가 나온다. 즉 개정법하에서 220가지의 전환주식을 발행할 수 있는 것이다.[3)]

사채전환주식의 발행가능성

미국에서는 사채로의 전환이 가능한 주식(이하 "사채전환주식")도 발행할 수 있다.[4)] 우리 상법은 전환사채는 허용하지만(513조), 사채전환주식에 관해서는 명문의 규정을 두고 있지 않다. 액면주식을 사채로 전환한다면 자본금감소를 초래하므로 허용될 수 없고, 무액면주식을 사채로 전환하는 것도 회사재산에 대해 후순위인 권리(주식)를 선순위인 권리(사채)로 전환하는 것을 의미하므로 역시 명문의 규정이 없이 허용할 수 있는 것은 아니다. 다만 사채로 상환하는 상환주식을 발행한다면 사채전환주식을 발행하는 것과 유사한 효과를 누릴 수 있을 것이다.

---

1) 예컨대 의결권 있는 우선주를 발행하면서 무의결권주식으로 전환할 수 있는 권리를 회사가 갖는다면 그 주식을 적대적 매수자가 취득할 경우 무의결권주식으로 전환함으로써 매수세력을 무력화시킬 수 있고, 우호적인 주주에게 무의결권주식을 발행해 두었다가 경영권다툼이 벌어졌을 때, 이를 의결권 있는 주식으로 전환하는 방법으로 우호지분을 늘릴 수도 있다.

2) 2011년 개정 전에는 주주전환주식만 인정하였으나, 동개정에 의해 회사가 전환권을 갖는 전환주식도 인정하였다.

3) 본문에서의 설명 중 상환주식을 전환주식의 대상으로 하는 조합은 상법 제345조 제5항과 충돌된다는 시각이 있을 수 있다. 동조항에서 전환주식을 상환주식으로 하는 것을 금하므로 상환주식을 전환주식으로 하는 것도 당연히 이에 포함되는 것으로 볼 수 있기 때문이다. 제345조 제5항이 전환주식을 상환주식으로 하는 것을 막는 이유는 전환주식을 상환주식으로 할 경우 전환권이 무의미해질 수 있기 때문인데, 반대로 상환권의 유무를 전환의 대상으로 하는 것은 이 입법취지와는 무관하여 허용된다고 보아야 한다.

4) 예: MBCA § 6.01(c)(2)(ii).

(2) 발 행

1) 정관의 규정 전환주식은 정관에 전환의 조건, 전환의 청구기간(또는 전환의 기간), 전환으로 인하여 발행할 주식의 수와 내용을 정한 경우에 한해 발행할 수 있다(346조 1항 · 2항). 이 점 개정전후에 차이가 없다.

회사전환주식의 경우에는 정관으로 정하는 사유가 발생한 때에 한해 전환할 수 있으므로 정관에 전환의 사유를 정해 두어야 한다(346조 2항).

이상의 내용이 정관에 정해져 있는 한, 전환주식의 발행은 상법 제416조의 통상의 신주발행이므로 이사회의 결의만으로 발행할 수 있다.

2) 공 시 전환주식을 발행할 때에는 주식청약서 또는 신주인수권증서에, ① 주식을 다른 종류의 주식으로 전환할 수 있다는 뜻, ② 전환의 조건, ③ 전환으로 인하여 발행할 주식의 내용, ④ 전환을 청구할 수 있는 기간(또는 전환의 기간)을 기재하여야 하고(347조), 이상의 사항을 등기하여야 하며(317조 2항 7호), 주주명부와 주권에도 동일한 사항을 기재하여야 한다(352조 2항).

개정법에서는 회사전환주식의 경우 정관으로 정하는 일정한 사유가 발생한 때에 한해 전환권을 행사할 수 있다고 규정하면서, 주식청약서 또는 신주인수권증서에 기재할 사항 그리고 등기할 사항에서는 누락하였다(317조 2항 7호 · 347조 참조). 회사가 전환권을 행사할 수 있는 사유는 주주로서는 매우 중대한 이해가 걸린 문제이다. 그러므로 명문의 규정이 없더라도 회사가 전환권을 행사할 수 있는 사유는 주식청약서, 신주인수권증서, 등기에도 기재해야 한다고 해석한다.

3) 발행할 주식수의 확보 전환주식이 전환되면 다른 종류의 주식(348조: 전환으로 인하여 발행할 주식)이 발행된다. 이를 위해 회사는 종류별 발행예정주식총수 중 「전환으로 인하여 발행할 주식」에 해당하는 종류 및 수의 부분은 전환청구기간 내에는 발행을 유보하여야 한다(346조 4항). 장차 정관을 변경하여 발행예정주식수를 늘릴 것을 계획하고 전환주식을 발행하는 것은 허용되지 않는다.

(3) 전환절차

1) 주주전환주식의 전환절차 주주전환주식의 경우에는 주주의 轉換請求로 절차가 개시된다.

i) 전환주식의 전환을 청구하고자 하는 주주는 청구서 2통에 전환하고자 하는 주식의 종류 · 수와 청구연월일을 기재하고 기명날인(또는 서명)한 후 주권을 첨부하여 회사에 제출하여야 한다(349조 1항 · 2항). 주주명부의 폐쇄기간중에도 전환청구가 가능하다.

ii) 전환청구기간은 법상 아무런 제한이 없으므로 정관에서 자유로이 정할 수 있다. 시기와 종기를 함께 정하는 것이 원칙이다. 예컨대 「2025년 7월 1일부터 2026년 6월 30일까지」라는 식이다. 종기에 제한을 두지 않을 수 있는가? 종기를 두지 않을 경우 회사는 장기간 불안정한 자본구조를 갖게 되므로 전환청구기간을 무기한으로 하거나 통념상 무기한이나 다름없는 장기로 하는 것은 허용될 수 없다고 본다.

iii) 주주의 전환청구권은 형성권으로서 전환청구를 한 때에 전환의 효력이 발생한다(350조 1항). 즉 회사의 승낙이나 신주발행절차를 요하지 않고 주주는 전환으로 인하여 발행하는 신주의 주주가 되는 것이다. 전환의 청구와 동시에 구전환주식은 소멸하고 구주권은 실효하므로 주주는 이를 회사에 제출하여야 한다(349조 1항).

iv) 전환청구는 주주의 권리이지 의무는 아니므로 전환청구를 하지 않을 수도 있다.

2) 회사전환주식의 전환절차 회사전환주식의 경우에는 회사의 전환결정으로 절차가 개시된다.

i) 轉換事由의 발생 회사전환주식의 경우에는 정관으로 정하는 사유가 발생한 때에 한해 전환할 수 있다. 2011년 개정법은 이 제도를 신설하면서 정관으로 정할 사유의 내용에 관해서는 언급하지 않았고, 또 해석으로 제한할 필요가 있는 사항도 아니므로 특별히 불합리하지 않는 한 어떠한 사유이든지 정할 수 있다고 본다.[1)] 회사가 전환권을 행사할 만한 사유로는 기술한 바와 같이 회사가 적대적 매수의 대상이 되어 경영권의 방어가 필요한 경우를 예로 들 수 있다. 우선주를 보통주로 바꾸는 전환주식이라면 회사의 재무적 상황을 사유로 할 수도 있을 것이고, 기타 전환주식의 유형별로 필요한 사유를 정하면 족하다.

ii) 전환의 결정 전환사유가 발생했다고 해서 반드시 전환해야 하는 것은 아니므로 회사의 의사결정을 요한다. 상법 제346조 제 3 항에서 「이사회」가 주주 등에게 전환사실을 통지하라고 규정하는데, 이는 이사회가 통지의 주체가 되라는 의미보다는 이사회가 전환의 결정을 하라는 취지로 읽어야 한다.

iii) 전환의 통지 회사가 전환할 것을 결정하면 전환주식의 주주 및 주주명부상의 권리자에게, ① 전환할 주식, ② 2주 이상의 일정한 기간 내에 그 주권을 회사에 제출하여야 한다는 뜻, ③ 그 기간 내에 주권을 제출하지 아니할 때에는 그 주권이 무효로 된다는 뜻을 통지하여야 한다(346조 3항 본). 이 통지는 공고로 갈

---

1) 김순석, "주식제도의 개선－종류주식을 중심으로－", 「商硏」 제64호(2009), 160면: 확정성, 객관성, 명확성이 인정된다면 적법한 사유로 인정된다고 풀이하고 있다.

음할 수 있다(346조 3항 단). 이 규정상의 통지와 공고에는 앞서 상환주식에 관해 말한 것과 같은 문제점이 있다(305면 참조).

주권제출기간 내에 주권을 제출하지 않을 경우 무효로 되는 것은 株券에 그치고, 주주가 전환에 의해 발행되는 신주식에 관한 권리를 잃는 것이 아님은 물론이다.

전환의 효력은 주권제출기간이 끝난 때에 발생한다(350조 1항).

회사가 전자등록제도를 채택한 경우에는 위 ②와 ③은 적용할 수 없다. 이 경우에는 회사가 정한 일정한 날(전환기준일)에 전자등록된 종류주식이 다른 종류주식으로 전환된다는 뜻을 공고하고, 주주명부에 주주, 질권자, 그 밖의 이해관계자로 기재되어 있는 자에게 통지하여야 한다(전등 64조 1항). 전환의 효력은 전환기준일에 발생한다(동조 2항).

(4) 신주식의 발행가액

상법 제348조는「전환으로 인하여 신주식을 발행하는 경우에는 전환 前의 주식의 발행가액을 신주식의 발행가액으로 한다」고 규정한다. 이 규정은 전환주식의「총」발행가액과 신주식의「총」발행가액이 동액이어야 한다는 뜻으로 읽어야 한다. 만일 전환주식 1주와 신주식 1주의 발행가액이 동액이어야 한다는 뜻으로 해석하면 전환조건은 항상 1 : 1이 될 수밖에 없기 때문이다.

총발행가액이 동액이어야 함은 무엇을 뜻하는가? 예를 들어 설명한다.

액면가가 5,000원인 우선주를 발행가 6,000원에 100주를 발행하였다고 하자. 전환은 보통주로 할 수 있으며 신주식의 주당 발행가액은 y, 전환주식 대 신주식의 전환율은 1 : x로 하면, 이때 전환으로 인하여 발행할 주식의 수는 100x주가 된다. 다음 표와 같다.

	전환주식(우선주)	신주식(보통주)
액면가	5,000(원)	5,000(원)
전환조건	1	x
발행가	6,000(원)	y(원)
발행주식수	100(주)	100x(주)
총발행가	600,000(원)	600,000(원)

위 표와 같이 전환주식의 총발행가액은 6,000(원) × 100(주), 즉 600,000원이므로 신주식의 총발행가액도 600,000원이어야 한다. 이때 예컨대 x가 1.5라 하면 신주식의 발행가(y)는 4,000원이 된다. 이것은 액면미달발행이 되므로 상법이

정한 경우(417조)가 아니면 허용될 수 없다. 그러므로 신주식이 액면미달발행이 되지 않으려면(즉 y가 5,000원 이상이 되려면) 신주식의 발행주식수(100x)는 120주를 넘어서는 안 된다. 즉 전환비율이 1 : 1.2 이상이 되지 않도록 하여야 한다.

결국 총발행가가 서로 동액이어야 한다는 것은 전환조건을 통제하는 의미를 갖는다. 이사회가 자금조달에 급급하여 무모한 조건으로 전환주식을 발행함으로써 자본충실을 해하는 것을 막기 위한 것이다.

상법 제348조는 이와 같이 액면미달발행의 금지에 연결지어 전환조건을 통제하는 제도이므로 무액면주식에 대해서는 동조를 적용해도 전환조건을 통제하는 의미는 없다.

(5) 전환의 효과

1) 자동전환 전환청구를 한 때(주주전환의 경우) 또는 주권제출기간이 끝난 때(회사전환의 경우)에 자동적으로 전환의 효력이 발생하는 결과 전환주식의 주주는 바로 전환된 신주식을 가지고 주주권을 행사할 수 있다. 그러나 주주명부의 폐쇄기간중에 전환이 이루어진 경우에는 주주는 신주식을 가지고 의결권을 행사할 수 없다(350조 2항). 즉 전환 전의 구주식을 가지고 의결권을 행사할 수 있을 뿐이다. 주주명부를 폐쇄함은 폐쇄전의 주주명부를 기준으로 주주를 고정시키기 위함인데, 폐쇄기간중에 전환청구를 한다면 예상하지 못한 주주구성의 변화가 생기기 때문이다.

연 혁

영업연도 중간에 전환권을 행사하여 신주식이 발행되는 경우에는 당해 영업연도의 결산을 통한 이익배당을 실시함에 있어서는 전환전의 주식이 아니라 신주식을 기준으로 배당액이 정해진다. 예컨대 12월말 결산을 하는 회사에서 전환주식인 우선주를 2025년 7월 1일에 보통주로 전환할 경우 2025년 12월 31일을 기준일로 하여 2025년도 결산기의 이익배당을 할 때에는 배당의 대상은 전환전 주식인 우선주가 아니라 전환으로 인한 신주식, 즉 보통주이다. 이익배당은 배당기준일의 모든 주식에 대해 균등하게 배당하므로(464조 본) 전환으로 인한 신주식은 같은 종류의 다른 주식과 균등하게 배당받는다.

개정전 상법에서는 영업연도 중에 전환주식을 전환하는 경우 전환이 영업연도 말에 이루어진 것으로 의제함으로써 신주식에 대한 배당은 전환전주식을 기준으로 이루어짐을 원칙으로 하고(350조 3항 전), 정관에 규정을 두어 직전 영업연도 말에 전환된 것으로 볼 수 있도록 함으로써 신주식을 기준으로 배당이 이루어질 수 있도록 하였다(350조 3항 후). 개정법에서는 제350조 제 3 항을 삭제하였다. 원래 이익배당은 배당기준일 현재의 주식을 대상으로 하여 실시하는 것이 원칙이므로 이 규정을 삭제한 것은 이 일반원칙에 따라 언제 전환되든 항상 신주식을 기준으로 배당하도록 한 것이다.

2) **자본금의 증감** 액면주식의 경우 전환조건이 1 : 1인 경우를 제외하고는 전환으로 인해 자본금의 증감을 가져온다. 전환조건이 1 : 1을 초과할 때에는 발행주식수가 증가하여 자본금이 증가하는 결과를 가져오고, 역으로 전환조건이 1 : 1에 미달할 때에는 발행주식수가 감소하여 자본금이 감소하는 결과를 가져온다. 그러나 회사의 순자산이 유출되는 것은 아니므로 결손전보를 위한 자본감소에 관한 규정(438조 2항, 439조 2항 단)을 유추적용하여 주주총회의 특별결의와 채권자보호절차를 요하지 않는다고 보아야 한다.[1]

3) **발행예정주식총수** 전환으로 인해 구주식의 종류에 관해서는 전환된 주식수만큼 발행예정주식총수 중 미발행부분이 증가한다. 이 부분에서 다시 신주를 발행할 수 있느냐는 의문이 생긴다. 재발행을 인정하더라도 이사회에 대한 수권주식의 한계는 준수되므로 발행할 수 있다고 본다(통설). 그러나 그 발행은 종전의 전환 전 주식의 종류에 한정되며 재차 전환주식으로 할 수 없다.

4) **질권의 효력** 전환주식에 설정된 질권의 효력은 전환으로 인한 신주식에 미친다(339조).

5) 전환을 청구한 날 또는 주권제출기간이 끝난 날이 속하는 달의 마지막 날로부터 2주 내에 본점소재지에서 전환으로 인한 변경등기를 하여야 한다(351조).

제 2 관 주주 · 주주권

Ⅰ. 의 의

주식회사의 사원을 주주(shareholder; Aktionär)라 부른다. 주식회사에서는 다른 회사와는 달리 출자를 함으로써 사원이 된다기보다는 자본금의 구성단위인 주식을 취득함으로써 사원이 된다고 함이 정확한 표현이다. 주식의 취득이 주주자격의 전제가 되는 것이다. 이에 대한 예외는 있을 수 없으며, 이와 다른 약정은 무효이다.[2] 그리고 주주가 회사에 대해 갖는 사원권으로서의 지위는 주주가 회

1) 결손전보를 위한 자본감소의 특례(438조 2항, 439조 2항 단)가 생기기 전에는(2011년 개정이전) 자본감소의 절차(주주총회의 특별결의, 채권자보호절차)를 밟아야 한다고 해석하였으나, 同특례가 생긴 후에는 결손전보용 자본금감소와의 균형상 본문에서와 같이 해석한다.

2) 대법원 1967. 6. 13. 선고 67다302 판결: 발기인간의 다른 약정을 무효로 본 사례.

사에 대해 갖는 개개의 권리의 원천을 이루는데, 이를 주주권이라 한다.

주주가 되는 자격에는 제한이 없으므로 자연인·법인을 묻지 않으며, 또 행위능력의 유무도 가리지 않는다.

Ⅱ. 株主의 權利

1. 의 의

주주는 주주권을 원천으로 하여 회사에 대해 여러 가지 권리를 갖는다. 상법이 인정하는 개개의 구체적 권리를 주주의 사원권적 지위를 포괄적으로 나타내는 주주권과 구별하여 「주주의 권리」라고 표현한다. 주주의 권리는 주주의 지위를 전제로 생겨나는 것이기 때문에 주식의 취득 아닌 별개의 원인에 의해서 취득될 수 없고, 또 그 자체로서는 독립적으로 양도되거나 담보의 목적이 될 수 없으며, 시효에도 걸리지 아니한다.

그러나 주주의 권리가 구체적인 사안에서 채권적 권리로 특정된 경우에는 주주의 지위에서 분리되어 독립적으로 양도될 수 있고 압류의 대상이 되며, 시효에도 걸린다. 회사에 대한 권리행사의 순위에 있어서도 일반채권과 다를 바 없다. 예컨대 주주가 회사의 이익배당에 참가할 수 있다는 추상적 의미의 이익배당청구권은 주주권의 일부를 구성하지만, 특정 영업연도에 주주총회가 이익배당안을 승인함으로써 개개의 주주에게 발생한 구체적인 이익배당청구권은 주주의 지위로부터 분리된 금전채권으로서, 독립적으로 양도·압류의 대상이 된다.

2. 권리의 근거와 제한

주주의 권리는 법률에 의해 주어지므로 정관의 규정이나 주주총회의 결의 혹은 이사회의 결의로 제한할 수 없다. 예컨대 정관으로 주주총회의 결의 또는 이사회의 결의로 주주의 의결권을 제한할 수 있다거나, 주주간에 배당률을 달리 정할 수 있다고 정한다면 이 정관규정은 무효이다. 다만 신주인수권의 제한(418조 2항)과 같이 상법이 유보하는 경우에는 예외이다. 이 같은 규정에 의해 주주의 권리를 제한하더라도 그것은 주식평등의 원칙에 따라 모든 주주의 권리를 일반적으로 제한하는 것이어야 하며, 특정 주주의 권리를 박탈하거나 제한할 수는 없다. 요컨대 주주의 권리는 다수결에 의한 의사결정의 대상이 아니다.

3. 권리의 분류

주주의 권리는 흔히 다음과 같이 분류한다.

(1) **공익권 · 자익권**

회사의 운영에 참가하는 것을 목적으로 하거나 이와 관련하여 행사하는 권리를 共益權이라 하고, 주주가 회사로부터 경제적 이익이나 기타 편익을 받는 것을 목적으로 하는 권리를 自益權이라 한다. 바꿔 말해 공익권의 행사효과는 회사와 주주 전체에 귀속하나, 자익권의 행사효과는 그 권리를 행사한 주주에게만 귀속한다.

공익권으로는 주주총회소집청구권(366조), 설립무효의 소 등 각종 소제기권(328조 · 376조 · 380조 · 429조 · 445조 · 529조 등), 의결권(369조), 이사의 위법행위유지청구권(402조), 대표소송의 제기권(403조), 회계장부열람권(466조), 이사 · 감사의 해임청구권(385조 · 415조), 회사의 업무 및 재산상태의 검사청구권(467조), 해산판결청구권(520조) 등이 있다.

자익권으로는 이익배당청구권(462조), 주권교부청구권(355조), 주식전환청구권(346조), 명의개서청구권(337조), 신주인수권(418조), 잔여재산분배청구권(538조) 등이 있다.

(2) **단독주주권 · 소수주주권**

1) 少數株主權 일반 주주의 권리는 단 1주만을 가진 주주에게도 인정됨이 원칙이다. 이 원칙이 적용되는 권리를 단독주주권이라 한다. 자익권은 모두 단독주주권이다. 공익권도 원칙적으로 단독주주권이지만, 개중에는 발행주식총수의 일정 율에 해당하는 주식을 갖는 주주에 한하여 행사할 수 있는 권리도 있다. 이를 소수주주권이라 한다. 예컨대 주주제안권(363조의2 1항) · 주주총회소집청구권(366조) · 집중투표청구권(382조의2 1항) · 이사해임청구권(385조 2항) · 회계장부열람권(466조 1항) · 업무, 재산상태검사청구권(467조 1항)은 발행주식총수의 100분의 3 이상을 요하고, 유지청구권(402조) · 대표소송제기권(403조)은 발행주식총수의 100분의 1 이상을 요하며, 해산판결청구권(520조)은 100분의 10 이상을 요한다.

소수주주권의 내용은 대부분 「소유와 경영의 분리」의 원칙에 반하여 주주에게 경영간섭을 허용하는 것이다. 상법이 이같이 소수주주권이라는 형태로 주주의 경영간섭을 허용한 것은, 한편으로는 다수결의 원칙하에서의 다수파주주의 전횡을 막고, 다른 한편으로는 단독주주권으로 했을 경우 예상되는 개별 주주에 의한 주주권의 남용을 막자는 뜻이 있다. 또 권리의 성질상 지나치게 영세한 주주에게는 인정할 실익이 없으므로 제도의 효율을 위해 소수주주권으로 한 경우도 있다(예컨대 발행주식 총수의 0.1% 정도를 가진 주주라면 주주총회를 소집해 보아야 자신의 목적대로 결의를 유도할 힘이 없다).

2) **上場會社의 특례** 상장회사에서는 주식이 널리 분산되어 있으므로 위의 일반적인 소수주주요건을 그대로 적용한다면 소수주주권의 행사는 매우 어려워 유용한 경영통제수단이 되지 못한다. 그러므로 상장회사에 대해서는 특례를 두어 소수주주권의 행사요건을 크게 완화하였다(542조의6 · 542조의7 2항).

(가) **요건의 완화** 상장회사의 경우 소수주주권의 요건은 전체적으로 완화되어 있다. 다음 대비표와 같다. 나아가 상장회사 중 자본금 1천억원 이상인 會社의 경우 위 요건은 다시 2분의 1로 완화되어 있다(542조의6, 상령 32조). 상장회사의 경우 제도의 실효성을 높이기 위해서는 요건을 완화하는 것이 바람직하나, 소수주주권의 종류별로 요건을 불필요하게 세분화한 흠이 있다. 뿐만 아니라 「금융회사의 지배구조에 관한 법률」은 소정의 금융회사에 대해서는 다시 소수주주권의 행사요건을 낮추고 있어 소수주주권제도가 매우 혼란스러운 모습을 보이고 있다(금융지배구조 33조). 단순화를 위한 정비가 필요하다.

(나) **持株要件의 계속성** 비상장회사에서의 소수주주권의 행사를 위한 지주비율은 소수주주권을 행사하는 시점에서 갖추면 충분하지만, 상장회사의 경우에는 행사시점에서 소급하여 일정기간(6월간) 보유할 것을 요구한다. 예컨대 대표소송은 소송제기시점의 6월 전부터, 발행주식총수의 1만분의 1 이상을 계속 보유하여 온 주주에 한해 제기할 수 있다(542조의6 6항). 이는 상당기간 주식을 보유함으로써 회사와의 이해관계가 定着되어 있는 주주에 한해 소수주주권의 행사를 인정할 실익이 있다는 전제 아래, 소수주주권만을 행사하기 위하여 주식을 취득하는 남용사례를 예방하기 위한 취지이다.

상장회사의 주주이더라도 일반 소수주주의 지주요건을 구비한 자는 보유기간에 관계없이 소수주주권을 행사할 수 있음은 앞서 설명한 바와 같다(542조의6 10항)(13면 참조).

3) **정관에 의한 요건완화** 상장회사는 정관에 규정을 두어 소수주주의 요건주식수를 상법에 정해진 것보다 적게 할 수 있고, 보유기간도 6월보다 단기로 할 수 있다(542조의6 8항). 반대로 요건주식수를 늘리거나 보유기간을 장기로 하는 것은 소수주주권의 행사를 어렵게 하므로 정관의 규정으로도 허용되지 않는다. 이는 비상장회사에 있어서도 마찬가지이다.

4) **지주요건의 구비 방법** 소수주주의 요건주식수는 1인의 주주가 보유해야 할 주식수를 가리키는 것으로 해석해서는 안 된다. 수인의 소유주식을 합쳐

〈표 6-1〉 소수주주권의 요건에 관한 일반규정과 특례규정의 대비표

사 항	일반규정	특례규정
주주제안권	100분의 3(363조의2)	1,000분의 10(542조의6 2항)
대표소송제기권	100분의 1(403조 · 408조의9 · 415조)	1만분의 1(542조의6 6항)
이익공여관련대표소송	100분의 1(467조의2)	1만분의 1(上同)
불공정인수관련대표소송	100분의 1(424조의2)	1만분의 1(上同)
발기인책임추궁대표소송	100분의 1(324조)	1만분의 1(上同)
청산인책임추궁대표소송	100분의 1(542조)	1만분의 1(上同)
다중대표소송	100분의 1(406조의2 1항)	1만분의 50(542조의6 7항)
집중투표청구권	100분의 3(382조의2)	100분의1(542조의7 2항)
이사 · 감사해임청구권	100분의 3(385조 2항 · 415조)	1만분의 50(542조의6 3항)
청산인해임청구권	100분의 3(539조 2항)	1만분의 50(上同)
유지청구권	100분의 1(402조 · 408조의9 · 542조)	10만분의 50(542조의6 5항)
회계장부열람권	100분의 3(466조)	1만분의 10(542조의6 4항)
주주총회소집청구권	100분의 3(366조)	1,000분의 15(542조의6 1항)
총회검사인 선임청구권	100분의1(367조 2항)	−
업무검사권	100분의 3(467조)	1,000분의 15(542조의6 1항)
해산판결청구권	100분의 10(520조)	−

요건주식수를 충족하면 그 수인의 이름으로 소수주주권을 행사할 수 있다고 보아야 한다. 소수주주권을 인정하는 기준은 관련 사안에 관한 이해의 크기에 있으므로 소수주주권행사에 동원된 주식이 몇 주이냐가 중요할 뿐, 1인의 주주가 가진 주식수에 큰 의미가 있는 것은 아니기 때문이다.

상법 제542조의6 제 9 항은 요건주식수를 "「보유한 자」란 주식을 소유한 자, 주주권행사를 위임받은 자, 2명 이상의 주주의 주주권을 공동으로 행사하는 자를 말한다"고 규정하는데, 이는 바로 소수주주의 요건주식수는 주주가 몇 명이든 소수주주권 행사에 사용될 주식의 수를 의미한다는 뜻이지만 상장회사에만 이같은 원칙이 적용될 것은 아니고, 명문의 규정이 없이도 도출되는 해석이므로 불필요한 규정이다.

소수주주권제도의 문제점

소수주주권은 지나치게 영세한 주주에게는 인정할 실익이 없을 뿐 아니라, 남용의 우려가 있으므로 어느 정도 수량의 주식을 소유한 주주에게만 제한적으로 인정하는 것이 부득이하다. 그러나 대표소송을 반드시 소수주주권으로 해야 하느냐는 점은 의문이다. 대표소송은 회사의 권리를 실현하기 위해 제기하는 것이므로 주주가 회사에

대해 갖는 영향력의 크기에 관계없이 행사할 수 있다고 해야 옳을 것이고, 또 주주가 우선 자신의 비용으로 소를 제기하고 그 결과는 법원의 판결에 의해 얻어지는 바이므로 남용의 소지도 크지 않다. 뿐만 아니라 유지청구권(402조)도 이사의 위법행위로 인해 회사에 회복할 수 없는 손해가 발생할 것을 요건으로 하는데, 이 요건에 해당되는 사태가 발생한다면 소유주식수에 관계없이 모든 주주가 결정적인 이해를 가질 것이므로 이 역시 소수주주권으로 함은 적당치 않다. 또 이사해임청구권(385조 2항)도 이사의 부정행위를 이유로 하고 법원의 판결을 구하는 절차이므로 역시 주주가 남용할 가능성은 크지 않다. 따라서 이들 권리는 단독주주권으로 하여 주주 일반에 대해 허용해야 할 것이다.[1)] 참고로 미국과 일본에서도 대표소송은 단독주주권으로 하고 있다(MBCA § 7.40; 日會 847조).

(3) 비례적 권리 · 非비례적 권리

주주의 권리 중에는 소유주식수에 비례하여 권리의 내용이 양적으로 증감하는 것이 있고, 1주 이상 또는 소정의 주식수 이상(소수주주권의 경우)에 대해서는 주식수의 다과를 불문하고 균등하게 주어지는 것이 있다. 전자를 비례적 권리, 후자를 非비례적 권리라 부를 수 있다. 전자의 예로는 이익배당청구권(462조), 의결권(369조), 잔여재산분배청구권(538조), 신주인수권(418조), 준비금의 자본금전입시의 신주배정청구권(461조) 등이 있고, 각종 소제기권 등 기타 권리는 모두 비비례적 권리이다. 비례적 권리는 주로 출자에 대한 대가적 의미를 갖는 권리로 구성되고, 비비례적 권리 권리는 성질상 출자액의 다과에 불구하고 모든 주주가 균등한 이해를 가지는 탓에 차등이 불가능한 권리로 구성된다.

주식평등의 원칙을 적용함에 있어 비례적 권리에 대해서는 비례적 평등이 지켜져야 하나, 非비례적 권리에 대해서는 산술적(절대적) 평등에 의해 일정 요건(1주 이상의 주주 또는 소수주주)을 갖춘 주주에게는 균등한 내용의 권리가 주어져야 한다. 예컨대 재무제표의 열람청구권(448조 2항)은 정관에 의해서도 특정 주주 또는 일정수 이상의 주식 소유자에게만 인정할 수는 없다.

고유권 · 비고유권

주주의 개별적인 동의 없이는 정관 또는 주주총회의 결의로써도 박탈할 수 없는 주주의 권리를 고유권이라 한다. 그러나 주주권의 부여에 관한 규정은 모두 강행법규로서, 다른 주주 전원의 일치로써도 이를 박탈할 수 없으므로 고유권 · 비고유권에 관한 논의는 실익이 없다.

---

1) 상세는 李哲松, "現代會社의 所有構造의 變化와 會社法論理의 再定立," 「法經濟研究 Ⅱ」(韓國開發研究院, 1995), 75면 이하 참조.

4. 회사의 재산 · 거래에 관한 주주의 지위

회사는 주주로부터 독립된 인격체이므로 주주는 회사의 재산 또는 대외적인 거래에 관하여 사실상, 경제상 그리고 일반적 · 추상적인 이해만을 가질 뿐, 구체적이고 법률적인 이해를 갖지 아니한다. 그러므로 주주가 회사의 재산권을 행사하거나, 회사와 제 3 자간의 거래관계에 주주가 직접 개입하여 이행을 구하거나 계약의 무효를 주장하는 일은 있을 수 없다(판례 [20]). 주식을 과점하고 있는 회사의 지배주주나 1인 주주라 하더라도 같다.

판 례

[20]

대법원 1978. 4. 25. 선고 78다90 판결: 주주는 회사가 제 3 자에 대해 가지는 특정물에 관한 물권적 청구권이나 등기청구권을 代位行使할 수 없다고 한 예.

대법원 1979. 2. 13. 선고 78다1117 판결; 동 2022. 6. 9. 선고 2018다228462 · 228479 판결: 주주가 주주총회의 특별결의가 없었음을 이유로 영업양도계약의 무효확인을 구한 데 대해 주주가 확인의 이익을 갖지 못한다고 한 예.

대법원 2001. 2. 28.자 2000마7839 결정: 주주가 주주총회결의의 부존재확인의 소를 제기하면서 이를 피보전권리로 하는 가처분이 허용되는 경우라 하더라도, 주주총회에서 이루어진 결의 자체의 집행 또는 효력정지를 구할 수 있을 뿐이고 회사와 제 3 자의 별도의 거래행위에 직접 개입하여 이를 금지할 권리는 갖지 못한다고 한 예.

Ⅲ. 株式平等의 원칙(주주의 비례적 이익)

1. 절대적 평등과 비례적 평등

주식평등의 원칙이란 주주가 회사와의 법률관계에서 평등하게 권리를 가짐을 말한다. 주식평등의 원칙을 주주의 입장에서 표현하여 흔히 「株主平等」의 원칙이라 부른다. 주주의 입장에서 평등을 논하자면 어떠한 방법으로 평등을 실현하느냐에 따라 절대적 평등과 비례적 평등(또는 상대적 평등)으로 나누어 볼 수 있다. 절대적 평등이란 모든 주주에게 그 소유주식수에 상관없이 동등한 권리를 부여하는 뜻에서의 평등이고, 비례적 평등이란 소유주식수에 비례하여 권리를 부여하는 뜻에서의 평등이다. 기술한 非비례적 권리에 대해서는 절대적 평등의 원칙이 적용되고, 비례적 권리에는 비례적 평등의 원칙이 적용된다.

절대적 평등은 주식회사의 社團性에서 비롯된다고 할 수 있다. 이에 반해 비례적 평등은 주주의 유한책임제도를 바탕으로 하는 자본단체적 성격에서 비롯된다고 할 수 있다(225면 참조).

자본단체적 성격이 농후한 주식회사에서는 주주에게 있어 비례적 권리가 보다 본질적이고, 이를 통해 주주의 이해가 강하게 표출된다. 이에 반해 非비례적 권리는 대체로 비례적 권리를 확보하는 수단으로서의 의미가 강하다. 그러므로 주주평등의 원칙은 주로 비례적 권리에 관해 논할 실익이 있다. 그런 의미에서는 「주식」평등의 원칙이 보다 적합한 용어라 할 수 있다.

2. 타당근거

주식평등의 원칙은 18세기를 풍미한 정치적 · 법적 평등사상이 동시대에 태어난 주식회사에도 영향을 미쳐 탄생시킨 것인데, 이 원칙은 주주에 대한 기회와 위험(Chance und Risiko)[1]의 비례적 배분을 제도화한 것이라 할 수 있다.

합명회사에서는 사원이 무한책임을 지므로 각 사원의 위험부담이 출자액에 비례하지 아니하고, 따라서 각 사원이 누려야 할 기회 역시 출자액에 비례할 필요가 없다. 의결권행사에 있어서는 頭數主義에 의하며, 이익의 분배에 있어서도 출자액은 별다른 정함이 없을 때 보충적인 기준이 될 뿐이다. 그러나 주식회사에서는 주주가 유한책임을 지는 결과 각자의 위험부담은 주식수로 표현되는 출자액 그 자체이고 이에 비례한다. 따라서 주주가 누리는 기회 역시 출자액, 즉 주식수에 비례하여 주어지는 것이 위험부담의 지분에 대응하여 공평하다고 할 수 있다.

입 법 례

주식평등의 원칙을 명문으로 반영한 입법례도 있다. 미국 모범사업회사법은 주식을 「회사에 대한 소유지분을 분할한 단위」[2]라고 정의하며, 독일주식법 제53a조에서는 「주주는 동일한 조건하에서는 평등하게 취급된다」[3]라고 규정하고, 일본회사법도 같은 취지에서 「주식회사는 주주를 그 소유하는 주식의 내용 및 수에 따라 평등하게 취급하여야 한다」(日會 109조 1항)라고 규정하고 있다.

---

1) Würdinger, S. 49.
2) MBCA § 1.40: "share" means the unit into which the proprietary interests in a domestic or foreign corporation are divided).
3) § 53a AktG: Aktionäre sind unter gleichen Voraussetzungen gleich zu behandeln.

3. 주식평등원칙의 규범적 성격

상법은 과거 이익배당 등 주요 권리에 관해 주식평등의 원칙을 선언하고 있을 뿐, 앞서의 입법례와 같이 포괄적인 규정은 두지 않았으나, 2025년 주주의 보호를 강화한다는 새정부의 선거공약을 이행하기 위해 포괄적으로 주식평등을 선언하는 규정을 신설하였다. 상법 제382조의3 제 2 항에서 "이사는 그 직무를 수행함에 있어 총주주의 이익을 보호하여야 하고, 전체 주주의 이익을 공평하게 대우하여야 한다"라고 규정하는데, 후단의 구절이 주식평등을 규정한 것으로 해석한다. 주식평등의 원칙은 주식회사가 자본금을 구성함에 있어서 유한책임제와 더불어 출자자에게 제시하는 권리부여의 규범적인 기준인 까닭에 회사법상의 公理的 법원리라 할 수 있다.[1] 그러므로 주식평등의 원칙은 회사와 주주와의 법률관계에 관한 해석의 기준이 되는 동시에, 법이 명문으로 규율하지 아니한 모든 사항에 적용되는 一般條項的인 최고원리이므로 이에 반하는 정관의 규정, 주주총회의 결의, 이사회의 결의, 업무집행 또는 회사가 체결하는 약정은 무효이다.[2] 판례 역시 후술하는 2023년도 판례가 나오기 전에는 종전의 통설에 따라 주식평등의 원칙을 강행적인 회사법 원리로 받아들이는 입장을 견지해 왔나(대법원 2007. 6. 28. 선고 2006다38161 · 38178 판결; 동 2018. 9. 13. 선고 2018다9920 · 9937 판결; 동 2020. 8. 13. 선고 2018다236241 판결).

4. 내용과 예외

주식평등의 원칙은 기본적으로 회사의 수익(earnings), 순재산(net assets), 그리고 회사지배(control)에 대한 비례적 이익(권리)으로 구체화된다.[3] 수익에 대한 비례적 이익은 이익배당에서의 평등을 뜻하고(464조 본), 순재산에 대한 비례적 이익은 잔여재산분배에 있어서의 평등을 뜻한다(538조 본). 그리고 회사지배에 있어서의 비례적 이익은 의결권의 평등(1주 1의결권의 원칙)을 뜻한다(369조 1항). 주주의 권리는 이 밖에도 여러 가지가 있으나, 대체로 위 세 가지 비례적 이익에서 파생하거나 이를 유지 또는 실현하기 위한 것이다.

주식평등의 원칙도 법에 명문의 규정을 두어 배제하거나 제한할 수 있다. 예

---

1) 주식평등의 원칙의 연혁과 규범적 성격에 관해서는 李哲松, "株式平等의 원칙의 公理性," 「기업법연구」 제38권 제 4 호(2024), 23면 이하 참조.

2) 주식평등의 원칙의 최고성과 강행성은 이미 의용상법 시절에 형성된 이론으로 현재까지 통설로 이어지고 있다(일본상법 제정 이후 초기 문헌의 예로서 片山義勝, 「株式會社法論」(第4版), 中央大學, 1917, 364－367면 참조).

3) Henn & Alexander, p. 396.

컨대 종류주식(344조), 감사의 선임(409조), 소수주주권(366조 등), 단주의 처리(443조) 등에 관한 규정은 주식평등의 원칙에 대한 예외를 설정한 것이다. 그러나 법상 예외를 이루는 것들도 모두 주식평등의 원칙을 실질적으로 실현하기 위한 기술적 · 방법론적 표현을 달리한 것에 불과하고, 주식평등과 무관한 원리를 설정한 것은 아니다. 그러므로 합리적인 사유 없이 또는 합리성이 인정되지 않는 내용으로 정관에 주식평등에 어긋나는 종류주식을 발행하거나 기타 주주간에 차별적인 권리를 창설하는 규정을 둔다면 이는 무효로 다루어야 한다.

예외에 해당되는 주식 상호간에도 역시 평등의 원칙이 지켜져야 한다. 예컨대 종류가 다른 주식이 발행되었을 때라 하여도 동일종류의 주식 사이에는 여전히 주식평등의 원칙이 적용된다.

5. 자율적 차별의 가능성

주식평등의 원칙은 강행법적 원리이므로 이에 반하는 차별행위가 무효임은 기술한 바와 같다. 그러나 최근 주식평등의 원칙의 절대성을 완화하여 회사의 필요성에 의한 자율적 차별을 허용해야 한다는 주장이 있고,[1] 2023년에 이를 지지하는 판례가 4건이나 생성된 바 있다. 모두 회사가 투자를 유치함에 있어 투자자에게 회사의 일부 운영사항에 관한 동의권을 부여하고 회사가 이 약정을 위반한 경우 투자금을 반환한다는 약정의 효력이 다투어진 예이다.

이 판례들은 종전과 같이 주주평등원칙의 강행법적 성격에 대한 판단은 유지하되, 그 예외로서 주주간에 차별적 취급을 정당화할 수 있는 특별한 사정이 있는 경우에는 차별적 취급이 허용된다는 일반론을 통일된 문장으로 제시한 점이 주목된다. 이 판례들은 아래에서 보듯이 허용되는 예외의 판단기준으로서 지나치게 많은 판단요소를 제시하고 있어 행위 및 재판기준으로서의 실용성이 의문인데, 문장의 구조로 보면 요컨대, 「차등적 취급을 허용할 수 있는지 여부는, 회사의 제반 사정을 고려하여, 차등 취급하는 것이 주주와 회사 전체의 이익에 부합하는지를 따져서 판단하여야 한다」라고 축약할 수 있다.

---

1) 예컨대 김태진, "주주평등원칙에 관한 소고," 「기업법연구」 제22권 제 3 호(2008), 14면; 정준혁, "주주평등원칙의 발전적 해체와 재정립," 「상사판례연구」 제35권 제 4 호(2022), 222면; 천경훈, "회사와 신주인수인간의 투자자보호약정의 효력: 주주평등원칙과의 관계를 중심으로," 「商硏」 제40권 제 3 호(2021), 117면.

판 례

[21] 대법원 2023. 7. 13. 선고 2021다293213 판결

「주주평등 원칙이란, 주주는 회사와의 법률관계에서 그가 가진 주식의 수에 따라 평등한 취급을 받아야 함을 의미한다. 이를 위반하여 회사가 일부 주주에게만 우월한 권리나 이익을 부여하기로 하는 약정은 특별한 사정이 없는 한 무효이다(대법원 2018. 9. 13. 선고 2018다9920 · 9937 판결, 대법원 2020. 8. 13. 선고 2018다236241 판결 등 참조). 다만 회사가 일부 주주에게 우월한 권리나 이익을 부여하여 다른 주주들과 다르게 대우하는 경우에도 법률이 허용하는 절차와 방식에 따르거나 그 차등적 취급을 정당화할 수 있는 특별한 사정이 있는 경우에는 이를 허용할 수 있다.··· 차등적 취급을 허용할 수 있는지 여부는, 차등적 취급의 구체적 내용, 회사가 차등적 취급을 하게 된 경위와 목적, 차등적 취급이 회사 및 주주 전체의 이익을 위해 필요하였는지 여부와 정도, 일부 주주에 대한 차등적 취급이 상법 등 관계 법령에 근거를 두었는지 아니면 상법 등의 강행법규와 저촉되거나 채권자보다 후순위에 있는 주주로서의 본질적인 지위를 부정하는지 여부, 일부 주주에게 회사의 경영참여 및 감독과 관련하여 특별한 권한을 부여하는 경우 그 권한 부여로 회사의 기관이 가지는 의사결정 권한을 제한하여 종국적으로 주주의 의결권을 침해하는지 여부를 비롯하여 차등적 취급에 따라 다른 주주가 입는 불이익의 내용과 정도, 개별 주주가 처분할 수 있는 사항에 관한 차등적 취급으로 불이익을 입게 되는 주주의 동의 여부와 전반적인 동의율, 그 밖에 회사의 상장 여부, 사업목적, 지배구조, 사업현황, 재무상태 등 제반 사정을 고려하여 일부 주주에게 우월적 권리나 이익을 부여하여 주주를 차등 취급하는 것이 주주와 회사 전체의 이익에 부합하는지를 따져서 정의와 형평의 관념에 비추어 신중하게 판단하여야 한다.」

[同旨판례] 대법원 2023. 7. 13. 선고 2022다224986 판결; 동 2023. 7. 13. 선고 2023다210670 판결; 동 2023. 7. 27. 선고 2022다290778 판결

다수결에 의한 주주차별의 가능성

기술한 바와 같이 주식평등의 원칙은 단체법의 條理的인 원칙이므로 다수결에 의해 희생시킬 수 있는 원리가 아니다. 그러나 일본에서 공개매수의 표적이 된 회사가 이에 대항하여 매수자인 주주에게만 특히 불이익을 주는 방어방법(新株豫約權; 이른바 poison pill)을 허용하는 내용으로 정관을 변경한 데 대해, 공개매수자가 그 효력을 다툰 사건('불독 소스'사건)이 있었는데, 최고재판소는 다음과 같은 파격적인 법리를 전개하였다.

「주주평등의 원칙은 개개의 주주의 이익을 보호하기 위해 회사에 대해 주주를 그가 갖는 주식의 내용 및 수에 응하여 평등하게 취급할 것을 의무지우는 것이지만, 개개 주주의 이익은 일반적으로는 회사의 존립, 발전이 없이는 생각할 수 없는 것이므로 특정의 주주에 의한 경영지배권의 취득에 수반하여 회사의 존립, 발전이 저해될 염려가 생기는 등 회사의 기업가치가 훼손되고, 회사의 이익 나아가서는 주주의 공동

의 이익이 침해되는 것과 같은 경우에는 그 방지를 위해 당해 주주를 차별적으로 취급하였더라도 그 취급이 형평의 이념에 반하거나 상당성을 결하는 것이 아닌 한, 이를 바로 주주평등의 원칙의 취지에 반하는 것이라고 할 수는 없다. 그리고 특정의 주주에 의한 경영지배권의 취득에 수반하여 회사의 기업가치가 훼손되는지, 회사의 이익 나아가서 주주의 공동의 이익이 훼손되는지 아닌지는 최종적으로는 회사의 이익의 귀속주체인 주주 자신에 의해 판단될 것이므로 주주총회의 절차가 적정을 결하였다거나, 판단의 전제가 되는 사실이 실제로는 존재하지 않았다거나, 허위이었다는 등 판단의 정당성을 잃게 하는 중대한 하자가 존재하지 않는 한, 당해 판단은 존중되어야 한다」.[1]

마치 주주의 공동의 이익을 위해서는 다수결에 의해 일부 주주를 차별적으로 취급할 수도 있다는 뜻으로 오해할 만한 설시이다. 그러나 이같이 일반화시킬 수 있는 이론은 아닌 듯하고, 사실관계에 연결지어 협의로 이해한다면, 「주주총회에서 특정 주주의 경영권 장악이 주주들의 공동의 이익을 해친다고 판단하여 그 특정 주주를 차별적으로 취급하는 결의를 하는 것은 유효하다」라는 명제로 설명할 수 있다. 그러나 이같이 좁게 이해하더라도 다음과 같은 이유에서 찬성하기 어려운 이론이다.

첫째, 특정주주가 경영권을 장악하는 것이 주주공동의 이익을 해한다는 것은 인적회사에서나 가능한 판단이다. 순수한 자본단체를 본질로 하는 주식회사에서는 각 주주의 행동은 다른 주주의 이해에 중립적이라 보아야 하므로 특정주주가 경영권을 장악함으로써 주주공동의 이익을 해한다는 것은 주식회사에서는 참이라 할 수 없는 명제이다.

둘째, 어느 주주에게나 경영권 장악의 기회는 균등히 주어져 있다. 그러므로 특정주주가 다른 주주들의 공동의 이익을 해한다면 다른 주주들은 이 균등한 기회를 활용한 방어수단을 택할 수 있다. 예컨대 주식을 경쟁적으로 매집한다든지, 위임장을 확보하여 의결권의 수를 늘이는 것과 같다. 이러한 수단이 있음에도 불구하고 다수결에 의해 다른 주주의 경영권 경쟁을 차단하는 수단을 마련한다는 것은 명백히 株式平等의 원칙에 반한다.

주주우대제도

회사가 주주에게 잉여금처분에 관한 요건과 절차(462조)에 의하지 않고 경제적 이익을 부여하는 것은 원칙적으로 자본충실에 반하고, 주주의 보유주식수에 비례하지 않고 일률적으로 혹은 다른 기준에 의해 부여한다면 주식평등의 원칙에도 반한다(464조). 그러나 사회통념상의 의례적인 수준의 선물, 접대 또는 영업상 우대를 하는 것은 허용된다고 볼 여지가 있고 또 실제 많은 회사들이 실행하고 있다. 이러한 주주에 대한 이익제공의 허용여부는 목적의 정당성과 수단의 상당성이 판단의 기준이 되어야 할

1) 日最高裁 2007. 8. 7. 결정, 「商事法務」 제1809호(2007. 9. 5.), 16면 이하.

것이다.[1] 예컨대 회사가 배당에 관한 규제를 회피하기 위해 배당금에 상응할 만한 가치의 선물을 대주주에게 제공한다면 이는 위법배당이고 주식평등의 원칙에도 반한다. 또 회사가 제시하는 안건에 찬성하는 주주에 한해 고가의 선물이나 금품을 제공한다면 목적이나 수단을 정당화하기 어려워 주식평등의 원칙에 어긋날 뿐 아니라 주주권의 행사와 관련한 이익공여(467조의2)에도 해당하여 위법하다(대법원 2014. 7. 11. 자 2013마2397 결정). 하지만 주주들의 주주총회참석을 독려하기 위해 총회의 참석주주에게 간단한 선물을 일률적으로 제공하는 것은(엄밀히 말하자면 불참하는 주주와 차별하는 의미도 있고, 주주들을 일률적으로 취급하므로 주식평등에 반한다고 볼 여지도 있지만) 목적이 정당하고 수단도 상당하다고 보아야 한다. 또 회사의 영업상 주주우대제도를 두는 것(일본에서 흔히 볼 수 있다), 예컨대 항공사가 주주들에게 탑승권의 가격을 할인해 주는 것, 또는 소매업을 하는 회사가 주주들에게 상품권을 주거나 가격을 할인하는 행사를 하는 것 등은 그 이익이 과도하지 않은 한, 대중주주의 투자를 촉진한다는 자본조달정책 그리고 주주를 선도적인 소비자로 확보한다는 영업정책 등으로 설명한다면 주식평등의 규범적 의의를 벗어나는 행동은 아니라고 볼 수 있다.[2]·[3]

Ⅳ. 株主의 義務

1. 출자의무

주주는 회사에 대하여 출자의무를 부담한다. 그러나 출자의무는 주식의 인수가액을 납입할 의무로 구체화되는데, 납입은 회사설립 전 또는 신주발행 전, 즉 주주가 되기 전에 전액 이행하여야 하므로(295조·303조·421조) 출자의무란 정확히 말하면 「주식인수인」의 의무이지 주주의 의무가 아니다. 다만 상법 제331조의 표현과 일반적인 용례에 따라 여기서도 「주주」의 의무라 부르기로 한다. 이 출자의무가 주주의 의무의 전부이고(331조), 주주는 그 밖의 어떠한 의무도 지지 아니한다. 이는 유한책임제를 취하는 주식회사의 본질적인 요소로서 정관이나 주주총회의 결의로써도 달리 정할 수 없다. 파산상태에 이른 회사를 회생시키기 위해 주주의 전원 또는 일부가 자발적으로 회사채무를 분담하기로 합의하는 예를 더러 볼 수 있으나, 이는 주주의 유한책임과 무관하게 행해지는 개인법적 약정으로서 유효

---

1) 大杉謙一, "新会社法における株主平等の原則,"「会社法と商事法務」, 商事法務, 2008, 15면.

2) 일본에서도 대체로 같은 취지로 설명한다(田中亘, 39면; 逐條(2), 114면).

3) 우리나라에서의 실례로서 2008년 우리은행이 소정의 자사주를 보유한 주주를 "프리미엄 등급"으로 분류해 소정의 수수료 등을 면제하는 방식으로 우대하는 프로그램을 도입한 바 있다고 한다(김태진, "주주평등원칙에 관한 소고,"「기업법연구」 제22권 제 3 호(2008), 43면). 그리고 많은 골프장(주식회사)들이 이른바 「회원제」라 해서 주주들에게 골프장 이용시 이용료와 예약상의 혜택을 부여하고 있다.

한 거래이다.[1)]

출자는 재산출자에 한정되며, 금전출자가 원칙이고 금전 이외의 재산출자, 즉 현물출자는 엄격한 절차에 따라서 예외적으로 인정된다(290조 2호 등). 인적회사에서 허용되는 노무출자나 신용출자는 환가성이 없고 자본충실을 해할 우려가 있어 주식회사에서의 출자방법이 될 수 없다.

2. 支配株主의 책임

주주는 의결권 등 주주권의 행사와 관련하여 어떤 책임도 지지 아니한다. 이 점은 지배주주라 해서 다를 바 없다. 지배주주는 다른 주주들보다 비례적으로 많은 권리를 가질 뿐이지 권리의 질에서 다른 것은 아니기 때문이다. 그러나 현실적으로 지배주주의 지위는 「支配權」이라는 사회학적인 힘이 가세하여 보통의 주주에 비해 우월성을 보인다. 이 우월성을 이용하여 지배주주는 다른 주주들이 접근할 수 없는 기회를 누릴 수 있다. 예컨대 지배주주는 자신이나 친지를 이사로 선임하여 회사로부터 보수를 받을 수 있다. 이 같은 기회의 차등은 불가피한 것으로 회사법이 감수하는 바이다. 지배주주는 나아가 그 우월성을 남용하여 각종 불공정한 기회를 누리는 예가 빈번하다. 예컨대 회사에 상품을 공급하는 지위를 독점하거나, 회사로부터 저리로 자금을 차입하는 등 회사재산을 사익을 위해 이용하는 것과 같다. 이같이 지배주주가 누리는 혜택은 지배력에 기초한 「私的利益」(private benefit of control)으로서, 다른 주주들의 비용으로 전가되므로 불공정한 이익이다.[2)]

오늘날 주주총회가 허구화하고 실효적인 경영감시체제가 결여되어 지배주주의 사익추구가 방만히 이루어지므로 이를 어떻게 예방하느냐는 것이 회사법의 중대한 과제로 등장하였다. 상법은 제401조의2에서 이사에게 업무집행을 지시한 자의 책임을 묻는 제도를 두고 있는데, 이는 특히 지배주주에게 지위남용의 책임을 묻기 위한 제도이다. 상세는 이사의 책임과 관련하여 후술한다(859면 이하 참조).

1) 삼보상호신용금고라는 회사에서 대표이사의 부외거래로 인해 회사가 거액의 채무를 부담하게 되자 대주주 4인이 사태수습을 위해 회사채무를 분담하기로 약정하였는데, 후에 그 중 1인이 이 같은 약정이 주주유한책임에 어긋남을 이유로 무효를 주장한 데 대해 대법원은 본문과 같이 판결하였다(대법원 1989. 9. 12. 선고 89다카890 판결).

2) Enriques/Hansmann/Kraakman/Pargendler, in *Anatomy*, p. 79.

지배주주

상법에서는 유일하게 제360조의24 내지 제360조의26에서 「지배주주」라는 용어를 쓰고 있다. 이 규정에서의 지배주주는 발행주식총수의 100분의 95를 가진 주주를 지칭하므로 매우 제한된 의미를 가지고 있고, 소수주주에 대한 주식매수청구 및 소수주주의 주식매도청구와 관련하여서만 사용되므로 용도도 제한적이다. 통상 회사를 지배하는 주주라는 의미로 사용하는 용어로서의 支配株主란 어느 회사의 전체적인 주주구성과 주식의 분산도를 감안할 때 그 회사의 주요 의사결정과 일상적인 업무집행에 결정적인 영향을 미칠 수 있는 주주를 뜻하는 사회학적인 개념이다. 회사의 의사결정은 주주총회와 이사회에서 이루어지므로 완전한 지배권을 장악하자면 주주총회의 특별결의요건을 충족시킬 수 있는 주식수, 즉 발행주식총수의 3분의 2 이상을 가져야 할 것이다. 하지만 발행주식총수의 과반수만 갖더라도 보통결의는 자신의 의사대로 지배할 수 있고 이사를 자신이 추천하는 자로 구성함으로써 일상적인 경영의사의 결정을 지배할 수 있다. 나아가 상장회사에서는 주식이 영세한 주주들에게 널리 분산되므로 주주총회의 출석률이 낮아 실제는 발행주식총수의 과반수보다 훨씬 적은 수의 주식을 가지고도 주주총회의 의사결정을 지배할 수 있다. 그리하여 통상 상장회사들의 지배주주로 인식되는 주주들을 보면 특수관계인의 지분을 포함하여 대략 발행주식수의 20~30% 정도의 지분을 장악하고 있다.

주주의 충실의무

미국의 판례법에서는 이사에게 인정되는 信認義務(fiduciary duties)의 개념을 지배주주에게도 인정하여 지배주식을 양도할 경우 다른 주주의 이익을 고려할 의무를 부여하고 있다. 그리고 독일에서도 근래 회사의 구조조정계획에 반대하여 회사를 파산에 이르게 한 주주의 행동이 주주의 충실의무(Treupflicht des Aktionärs)에 반한다고 한 판례가 나온 바 있다.[1] 이 영향을 받아 국내에서도 일부 학자들이 주주, 특히 지배주주에게 충실의무를 인정해야 한다고 주장하고 있다(김홍기 358; 권기범 506; 정동윤 462; 최기원 287; 홍·박 243). 이러한 의무를 인정한다면 주주의 일정한 행동이 충실의무에 위반하므로 무효라거나 손해배상책임을 져야 한다는 등 사법적 효과를 가지고 주주의 행동을 제약하는 방향으로 운영되어야 할 것이다. 그러나 아무런 실정법적 근거 없이 이같은 사법적 효과를 인정할 때 회사법적 생활관계는 매우 불안정해지는 문제가 있다. 구체적으로 말하자면 주주들에게 제시하는 행동기준이 매우 불투명하고 또 그 충실의무에 위반하는 행동의 사법적 효과에 관한 법리가 확립된 것도 아니므로 예측가능성을 부여할 수 없는 것이다. 따라서 주주의 충실의무론은 향후 입법론의 방향제시로서의 의미는 인정할 수 있되, 현행법의 해석론으로는 위험한 시도이다.

---

1) Grimes 사건: BGH WM 1995, 882.

V. 株式不可分과 주식의 共有

(1) 共有의 원인

주주권은 1개의 주식을 최소의 단위로 하므로 1개의 주식을 다시 수인이 분할하여 소유하는 것은 불가능하다(株式不可分의 원칙). 그러나 주식을 수인이 공유(준공유)하는 것은 가능하다. 주식의 공유는 주로 주식의 공동인수, 공동상속(대법원 2023. 12. 21. 선고 2023다221144 판결) 또는 공동양수 등을 원인으로 생길 것이나, 수인이 각자 소유하던 상태가 주주들 상호간의 약정에 의하여 공유관계로 바뀌는 수도 있다. 회사법적 원인으로는 발기인 또는 이사가 미인수주식에 관해 인수담보책임을 짐으로써 그들간에 공유관계가 생겨난다(321조 1항·428조 1항).

(2) 공유관계의 특칙

주식공유의 법률관계에 대해서는 민법 제262조 내지 제270조의 규정이 준용되나(준공유, 민 278조), 이 규정들은 주로 공유자간의 내부관계를 다루고 있을 뿐이므로 이 규정들만으로는 공유자들과 회사의 관계를 충분히 해결하지 못한다. 그러므로 공유자와 회사와의 관계에서 제기되는 다음 문제에 관해서는 상법과 자본시장법에 특칙을 두고 있다.

1) 수인이 공동으로 주식을 인수한 때에는 연대하여 납입할 책임을 진다(333조 1항).

2) 주식의 共有者는 주주의 권리를 행사할 자 1인을 정하여야만 한다(333조 2항). 이에 따라 이익배당청구권 · 의결권 · 각종 소제기권 등 주주권을 행사함에는 공유자 각자가 공유지분에 의해 행사할 수 없고, 그 대표자를 통해 행사하여야 한다. 대표자를 정하지 않았거나 기타 사유로 주주의 권리를 행사할 자가 없는 때에는 공유자에 대한 통지나 최고는 그 중 1인에 대하여 하면 된다(333조 3항).

3) 자본시장법에 의해 주식을 예탁결제원에 예탁한 예탁자 및 그의 투자자는 예탁한 주식의 종목별로 예탁한 수량에 따라 공유지분을 가지는 것으로 추정된다(자금 312조 1항). 그러나 예탁결제원은 그 실질주주의 명단을 발행회사에 통보하고, 그에 기해 발행회사는 실질주주명부를 작성한다. 그러면 예탁자와 투자자는 공유관계로 주주권을 행사하는 것이 아니라 각자 예탁한 주식의 수량대로 단독으로 주주권을 행사한다(자금 315조 1항).

(3) 특칙의 적용범위

주식이 조합의 명의로 주주명부에 등재되어 있는 경우 권리행사는 어떤 방법으로 하여야 하는가? 상법 제333조 제 2 항은 주식의 「공유」에 관해 규정하므로 조합의 소유형태인 合有에 대해서는 적용되지 않는다는 주장도 가능하다. 그러나 동조가 동일한 주식에 관해 수인이 권리를 행사함으로 인해 생기는 단체법률관계의 혼란을 막기 위한 것이고 보면, 조합의 명의로 등재되어 있는 경우에도 조합원이 공유하는 것으로 보고 상법 제333조 제 2 항에 의해 권리행사할 자를 정해야 하는 것으로 해석하는 것이 타당하다(同旨: 양민호(주석-회사 2) 449).[1]

한편 권리능력 없는 사단이 소유하는 주식은 어떻게 되는가? 주주명부에 대표자의 개인 명의로 등재되어 있다면 회사와의 관계에서는 그 대표자가 주주권을 행사할 수 있음에 의문이 없으나(337조), 사단 자체의 명의로 등재되어 있는 경우의 취급이 문제이다. 민법의 총유에 관한 규정(민 275조 이하) 역시 사단의 내부관계에 관한 규정들로서 해결수단이 아니다. 이 경우에도 조합의 경우와 마찬가지로 상법 제333조를 준용하는 것이 타당한 해결방법이다.[2]

(4) 공유주식의 양도

공유하는 주식을 분할(공유물분할, 민 268조)하기 전에는 공유자 1인이 주식을 양도한다는 일이 있을 수 없고(민 264조), 다만 공유지분을 양도할 수 있을 뿐이며, 그 지분의 이동에 따라 명의개서를 할 수 있다(서울민사지법 1968. 9. 5. 선고 68가7597 판결). 회사에 대해 공유관계를 주장하려면 공유자 전원의 성명 · 주소와 공유관계가 주주명부에 등재되어야 한다(최기원 264).

Ⅵ. 타인명의에 의한 주식인수의 법률관계

1. 총　　설

주식을 인수하는 자가 타인으로부터 빌린 이름으로 인수하거나, 허락받지 않고 타인의 이름을 사용하여 혹은 허무인의 이름을 사용하여 인수한 경우에는, i) 주금을 납입할 의무를 누가 지느냐라는 문제와, ii) 회사는 누구를 주주로 다투어야 하느냐는 문제가 생겨난다. 상법은 i) 문제의 해결을 위한 조문을 두고 있으나(332조), 후술하는 바와 같이 실무에서 i) 문제는 거의 생겨나지 않고, ii)만이 현실적 의미가 있는 문제이다.

---

1) 日注釋(3), 53면.

2) 日注釋(3), 52면에서는 권리능력 없는 사단 자체의 소유로 취급하는 방법을 제시한다. 이 방법을 취한다면 상법 제368조 제 2 항을 준용하여 대표자로 하여금 서면으로 대표권을 증명하게 해야 할 것이다.

2. 납입의무

상법 제332조는 타인의 명의로 주식을 인수한 경우를「① 가설인명의를 사용하거나 타인의 승낙 없이 그 명의를 사용한 경우, ② 타인의 승낙을 얻어 그 명의를 사용한 경우」로 구분하여 각각의 경우의 납입의무에 관해 규정하고 있다. ①의 경우에는 실질적인 주식인수인만이 주식인수인으로서의 책임(즉 납입책임)을 지고 (332조 1항), ②의 경우에는 명의를 대여한 자와 실질적인 주식인수인이 연대하여 납입할 책임을 진다(332조 2항).

상법 제332조가 타인의 명의로 주식을 인수한 경우의 납입의무에 관해 규정하고 있는 것은 타인의 명의에 의한 주식인수도 유효함을 전제로 한 것이라 할 수 있다. 그러므로 발기인과 이사의 인수담보책임(321조 1항 · 428조 1항)은 생기지 않는다.

연 혁

舊상법하에서는 회사설립시에 株金의 4분의 1만 납입하고 나머지는 분할납입이 허용되었으므로(舊商 171조 2항) 주주들이 회사의 사업이 부진할 경우 나머지 주금의 납입을 회피할 목적으로 당초 가설인이나 타인의 이름으로 주식을 인수하는 일이 흔했다. 그리고 과거의 판례는 사망자나 타인의 이름으로 한 주식의 청약은 발기인이 이를 알았는지를 묻지 않고 무효라는 입장을 취했으므로,[1] 주식인수에 가설인의 이름이나 차용된 명의가 이용되더라도 주금의 납입을 확보할 목적에서 제332조(舊商 201조)를 두게 되었다. 그러나 주금의 납입에 관하여 전액납입주의를 취하고 또 주식인수의 청약을 받을 때에 청약대금의 100%를 납입보증금으로 받는 것이 관행화되어 있는 현재는 상법 제332조는 존재의의를 상실하였다. 그러므로 일본은 회사법을 제정하면서 舊상법에 있던 이 조문(일본 舊상법 201조)을 삭제하였다. 하지만 주식인수에서는 다른 목적이나 동기에 의해 아직도 명의차용이 흔하고 차용한 후에 명의대여자와 명의차용자간에 주주권을 둘러싼 다툼이 종종 일어나므로 다음에 언급하는 주주권의 귀속에 관한 문제는 아직 실익이 있는 쟁점이다.[2]

3. 주주의 확정

(1) 문제의 소재

타인의 명의로 주식을 인수하면 주주명부에는 명의대여자가 주주로 표시된다. 초기에 명의대여의 계기가 되었던 명의대여자와 명의차용자간의 신뢰가 깨어지면 주주권의 귀속을 놓고 분쟁이 생기게 된다. 주주권의 귀속은 당사자간의

1) 大審院 1934. 6. 11. 民集 13권 13호 980면.

2) 神作裕之, "他人名義による株式の引受け," 別冊ジュリスト「會社法判例百選」No. 180, 20면.

재산권의 분쟁이므로 대여자와 차용자간의 개인법적인 법정다툼으로 이어지고 그 결과에 따라 명의차용자의 소유로 굳어지든지, 대여자의 소유로 밝혀지게 될 것이고, 회사와의 주주인정문제도 해결된다. 문제는 그 이전 주주명부에 주주가 명의대여자의 이름으로 기재되어 있는 상태에서 名義상의 주식인수인(명의대여자)과 實質的인 주식인수인(명의차용자) 중 누가 주주의 권리(예컨대 이익배당청구권, 의결권, 소제기권 등)를 행사할 수 있는가, 그리고 회사는 누구를 주주로 다루어야 하는가라는 것이다.

가설인의 명의로 혹은 타인의 승낙없이 그 명의로 주식을 인수한 경우에는 대립하는 이해관계인이 없으므로 이와 같은 문제가 생기지 않고(대법원 2017. 12. 5. 선고 2016다 265351 판결), 타인의 승낙을 얻어 인수한 경우에 문제된다.

(2) 학설 · 판례

종래 통설은 실질적인 주식인수인을 주주라고 보아 왔다(실질설. 강 · 임 534; 권기범 488; 이종훈 57; 정경영 265; 정동윤 399; 정찬형 750; 최기원 186; 최준선 234). 행위의 명의자가 누구이냐에 관계없이 사실상 행위를 한 자가 권리 · 의무의 주체가 되어야 한다는 意思主義를 바탕으로 한 견해이다. 판례도 일관되게 실질설의 입장에서 실질적인 주식인수인만이 주주가 된다고 하며, 회사도 적극적으로 실질주주를 파악할 의무가 있다고 하였다(대법원 1998. 9. 8. 선고 96다 45818 판결; 동 2011. 5. 26. 선고 2010다22552 판결 외 다수). 이에 대해 단체법률관계의 명확성과 확실성을 위해 명의상의 주식인수인을 주주로 보아야 한다는 형식설이 있었으나 소수설에 그쳤다(손주찬 575; 저자).[1)]

그러나 2017년 대법원은 전원합의체판결을 통해 판례를 변경하여 명의주주만을 주주로 보아야 한다는 입장을 취함으로써 이 논쟁을 일단락지었다(대법원 2017. 3. 23. 선고 2015다 248342 판결(전)). 명의개서미필주주에 대해서도 같은 논리가 적용되므로 상세한 이론은 동주주의 지위에 관한 설명에서 같이 다룬다(387면 이하 참조).

Ⅶ. 주주간 계약

1. 의 의

「주주간 계약」이란 회사법의 규정에 근거하지 않고 이루어지는 주주간의 합의로서, 주주의 회사법상의 권리를 변경 또는 제약하거나 법에 정해진 회사의 운영방법을 변형하는 주주들간의 합의를 뜻한다. 다수의 출자자를 모아 설립하거나, 1인회사라 하더라도 추가의 출자자가 가담하는 경우에는 대부분 공동설립자간에 또는 신구 주주들간에 회사운영이나 자신들의 주주권행사에 관한 합의가

1) 이 책 제25판, 322면 이하 참조.

이루어진다. 그리고 어떤 주주가 이 합의를 위반하여 분쟁이 생길 경우 주주간 합의가 어떤 효력을 갖느냐는 일반화된 문제가 제기된다. 그간 학설·판례에 의해 표준화된 설명은 주주간 계약은 당사자간에 債權的 효력은 있으나, 회사에 대해서는 효력이 없다는 것이다.

그러나 미국에서는 주주간 합의를 회사법적 법률사실로 다루고, 최근의 판례와 州法은 폐쇄회사의 경우에는 회사의 운영에 관한 주주간 합의까지 존중해 주는 경향을 보이고 있고, 일본에서는 合作會社에서의 주주간 합의에 관한 한 회사법적 효력을 인정하자는 주장이 유력설로 대두되고 있다. 우리나라에서도 근래 주주간 합의에 관한 분쟁(소송 및 중재사건)이 늘어남에 따라 많은 학자들이 깊이 연구하고 있고, 개중에는 미국과 일본의 법제 혹은 학설의 영향을 받아 같은 방향의 이론을 구축하는 노력을 보이기도 한다.[1)]

2. 주주간 계약의 목적

주주간 계약은 2인 이상의 주주간에 대립하는 이해를 사전에 조정하기 위한 수단으로 체결된다. 특히 주주들의 지분이 大小로 나뉘는 경우, 즉 경영권을 장악한 지배주주가 존재하는 상황에서 소액투자자가 자본참여를 하는 경우에는 소액주주가 대주주의 전횡을 통제하려는 목적에서 주주간 계약을 체결한다. 그 밖에 利害의 내용이나 주주들이 추구하는 목적에 따라 다양한 모습을 보이는데, 논자에 따라 여러 가지 기준에서 분류한다.[2)] 어느 유형의 주주간 계약이든 회사법에 의해 주어지는 권리를 변형시키는 것을 목적으로 하므로, 주주간 계약은 획일화된 회사법상의 권리배분기준에만 의존해서는 이루어지기 어려운 자본결합을 가능하게 하는 기능을 수행한다고 평가할 수 있다.[3)]

---

1) 상세는 이철송, "株主間契約의 會社法的 效力論의 동향," 「선진상사」 제86호(2019), 1면 이하 참조.

2) 실무자들이 분류하는 예로, (i) 회사의 지배구조에 관한 사항, 구체적으로는 주주총회와 관련한 사항(주주총회 개최지, 주주총회 소집 빈도, 통지 기간 및 방법, 정족수, 주주총회 특별결의사항 등), 이사회와 관련한 사항(이사 총수, 이사선임권, 정족수, 통지 기간 및 방법, 주주로서 의결권 행사약정, 이사회 특별결의사항 등), 대표이사 선임에 관련한 사항 등, (ii) 지분의 양도제한과 관련한 사항, 구체적으로는 지분양도에 상대방의 동의를 요하는 것(lock-up), 우선매수권(right of first refusal)이나 우선청약권(right of first offer), 동반매도참여권(tag-along right), 동반매각청구권(drag-along right) 등, (iii) 해지 및 해지의 효과에 관한 사항, (iv) 경업금지, 자금조달, 배당정책 등이 있다(이동건·류명현·이수균, "주주간계약의 실무상 쟁점," 「BFL」 제67호 (2014. 9.), 78면 참조).

3) 전주 논문, 78면.

3. 주요 합의사항

주주간 계약은 당사자가 추구하는 목적에 따라 다양한 내용을 담겠지만, 가장 흔한 합의는 i) 각 주주가 가진 주식의 양도를 일정기간 제한하거나 상대방을 제한하는 것(상세는 410면 참조), ii) 각 주주가 가진 의결권을 주주간에 미리 약속한 바에 따라 행사하기로 하는 것(상세는 576면 참조), iii) 향후 회사의 구체적인 업무집행을 주주들이 합의한 바대로 하도록 약속하는 것을 들 수 있다.

i), ii)는 각기 관련되는 곳에서 상설하고 여기서는 난을 바꾸어 iii)에 관해 설명한다.

4. 이사의 직무수행에 관한 합의의 효력

합작기업을 포함한 폐쇄회사에서는 주식양도나 의결권에 관해서만이 아니라 다양한 사항에 걸쳐 주주간에 합의를 하는데, 어느 범위까지 주주간의 합의가 가능하냐는 문제가 있다. 주로 문제되는 것은 이사의 직무수행에까지 주주가 합의할 수 있느냐는 문제이다. 예컨대 A 주주와 B 주주가 각기 2인과 3인의 이사를 추천하고 이들이 선임되도록 의결권행사를 공동으로 하고, 각 이사에 대한 각 주주의 영향력을 이용하여 이사회의 결의사항 또는 대표이사의 업무집행에 속하는 문제에 관해서도 이사들이 공동으로 찬성 혹은 반대하도록 A와 B가 합의할 수 있느냐이다(예컨대 이사회에서 대표이사를 선임할 때 이사들로 하여금 B가 추천하는 자를 선임하도록 한다는 합의).

이사의 직무수행은 회사의 수임인으로서의 주의의무가 따르는 행위로서 이사는 그 행위에 관해 독자적인 책임을 지므로 주주간의 합의로 정할 수 있는 사항이 아니다(793면 참조). 따라서 이사의 권한과 책임에 속하는 사항에 관해 주주간의 합의가 있더라도 회사법상 구속력도 발휘할 수 없으며(주주가 이사라도 같다), 이사도 이 합의를 따라 행동했다고 해서 책임이 조각될 수는 없다(판례 [22], [23]).

그렇다면 이사의 직무에 관한 합의를 위반한 자에게 손해배상책임을 과하는 등 채권적 효력은 발휘할 수 있느냐는 의문이 생긴다. 이러한 합의는 합의당사자들의 의사와 행위만 구속하는 것이 아니라 타인의 의사와 행위까지 구속하는 내용을 담고 있으므로 공서양속(민 103조)에 반해 채권적 효력조차 없다고 보아야 한다.

입 법 례

미국에서도 전통적으로 회사의 경영에 관해 합의하는 주주간 계약은 법에 의해 부여된 이사회의 재량과 이사의 권한을 제약하므로 무효라고 보아 왔다.[1)] 특정 이사로 하여금 특정의 행동을 하도록 하는 주주간 약정은 이사의 신인의무에 관계되는 범위에서는 지켜질 수 없다고 보는 것이다.[2)]

그러나 최근에는 이 원칙을 크게 완화하여, 주주들이 이사의 권한을 제한하는 약정을 유효하다고 보는 판례가 늘고 있으며,[3)] 이러한 약정을 명문으로 허용하는 주법도 늘고 있다.[4)] 물론 단체법과 개인법을 엄격히 구분하는 우리 법체계에서는 참고하기 어려운 입법례이다.

판 례

[22] 대법원 2013. 9. 13. 선고 2012다80996 판결

「… 주주간 협약은 원·피고들의 주주로서의 권한을 제한하는 효력을 가진다고 볼 수 있을 뿐 이사로서의 권한을 제한하는 효력을 가진다고 볼 수 없고, 이는 원·피고들이 주주의 지위를 가지면서 동시에 이사의 지위를 가진다고 하더라도 마찬가지〔이다.〕 … 피고 A가 2010. 8. 13.자 등 이사회에서 원고들의 의사와 달리 의결권을 행사하였고, 2010. 9.경 원고들의 임시주주총회 등 소집요구를 거절하였으며, 2010. 11. 8.자 주주총회에서 감사 C의 해임안 및 원고 甲의 감사 선임안에 반대한 행위에 대하여, 이 사건 협약의 효력이 미치지 아니하거나 이 사건 협약의 주된 목적인 원·피고들의 공동경영권을 확보하는데 장애가 되었다고 볼 수 없다 …」

[23] 서울중앙지법 2013. 7. 8.자 2013카합1316 결정

「… 신청인과 피신청인이 이 사건 주주간 계약을 통해 신청인을 이 사건 회사의 대표이사로 정하는 데에 합의하였다고 하더라도 피신청인은 이 사건 회사의 이사가 아니어서 위 합의만으로 피신청인이 신청인을 이 사건 회사의 대표이사로 선임할 법률적 권한을 가질 수 없을 뿐만 아니라, 이 사건 회사의 이사들은 이 사건 주주간 계약의 당사자가 아니고, 주식회사에 있어 이사의 직무수행은 회사의 수임인으로서 주의의무가 따르는 행위로서 이사는 그 행위에 관해 독자적인 책임을 지므로 주주간의 합의가 이사의 직무수행에 대한 구속력을 지닐 수는 없다고 할 것인바, 결국 이 사건 회사의 이사들이 이 사건 주주간 계약에 따라 신청인에 대한 대표이사 선임 의무를 부담한다고 할 수 없〔다.〕」

---

1) 대표적 판례로서 Burnet v. Word. Inc. 412 S.W. 2d 792(Tex. App. 1976).
2) The Corporate Law Committee of the Association of the Bar of the City of New York, "The Enforceability and Effectiveness of Typical Shareholders Agreement Provisions," 65 Bus. Law. 1154, p. 1163(2010). 이 문서는 미국의 뉴욕 변호사협회가 주주간 약정을 다루는 실무자들에게 지침을 주기 위해 만든 것이다.
3) Zion v. Kurtz, N.Y.S.2d 199, 405 N.E.2d 681(N.Y.1980).
4) 예컨대 뉴욕주회사법은 모든 주주가 합의하면 정관으로 이사의 권한을 주주들이나 그들이 지정하는 자가 행사하게 할 수 있다는 취지의 규정을 두고 있다(N. Y. Bus. Corp. Law § 620(b)).

Ⅷ. 투자계약의 회사법적 효력

회사가 투자를 유치하기 위해 투자자(즉 신주인수인. 이하 "투자주주"로 호칭)에게 다른 주주에게는 인정되지 않는 권리를 부여하는 예가 있다. 가장 흔한 모습은 i) 회사가 투자주주에게 회사의 중요 경영사항에 관한 동의권을 부여하는 것, ii) 회사가 i)의 약정에 위반하여 투자주주의 동의없이 경영사항을 실행할 경우 출자금(즉 신주인수대금)을 반환하기로 약정하는 것이다. 주로 창업투자에서 흔히 볼 수 있으며, 회사가 투자주주와 맺는 계약이지만, 회사의 지배주주가 그 이행의 보증을 위해 회사와 공동으로 계약당사자가 되는 경우가 대부분이다. 회사가 계약당사자이므로 투자주주는 회사에 이행을 청구하는데, 이러한 계약은 회사법상의 주요 법리와 충돌하므로 그 효력을 인정할 것이냐에 관해 다툼이 있다.

1. 동의권 부여약정의 회사법적 효력

과거 투자주주에게 주요경영사항에 관해 사전동의권을 부여하는 약정은 주식평등의 원칙에 반하여 무효라고 이해되어 왔으나,[1] 앞서 주식평등의 원칙에 관련하여 소개한 2023년의 4건의 대법원판결 중 일부는 회사에 반드시 필요한 투자유치를 위해 사전동의권의 부여가 불가피한 경우에는 사전동의권의 부여가 주주와 회사에 유익하므로 정당화할 수 있는 차등적 취급이라고 보아 유효하다고 판시하였다(대법원 2023. 7. 13. 선고 2021다293213 판결; 동 2023. 7. 13. 선고 2023다210670 판결).

그러나 사전동의권의 부여는 단지 주식평등의 원칙에 어긋날 뿐만 아니라, 회사기관의 독립성을 포기하는 행위이다. 회사기관의 독립성은 회사라는 법인의 독립성과 직결되는 문제로서, 법인기업의 사회적 가치를 결정짓는 중요한 요소이다. 회사의 독립성과 사회적 가치는 투자계약을 체결하는 회사의 대표이사나 이사회의 결정으로 포기할 수 있는 법익이 아닌 만큼 동의권의 부여는 회사의 본질에 반하여 무효라고 보아야 한다.

입 법 례

이사 내지는 경영자의 독립성은 외국의 법제에서도 쉽게 발견되는 법리이다. 앞서 말한 바와 같이 미국에서는 전통적으로 회사의 경영에 관해 합의하는 주주간 계약은 법에 의해 부여된 이사회의 재량과 이사의 권한을 제약하므로 무효라고 보아 왔으며

1) 서울고등법원 2021. 10. 28. 선고 2020나2049059 판결(본문에 소개된 신판례의 하나인 대법원 2023. 7. 13. 선고 2021다293213 판결의 원심이고, 동 상고심에서 파기되었다).

(335면 참조), 독일에서도 이른바 「비구속성」(Weisungsfreiheit)[1]의 원칙이라 하여 이사회는 다른 기관이나 주주의 지시를 받지 않고 자기의 책임하에 회사를 경영해야 한다는 원칙을 지키고 있다.[2]

2. 출자금반환약정의 효력

종전의 판례는 출자금 반환약정은 손실보전약정과 더불어 무효로 다루어 왔다(대법원 2007. 6. 28. 선고 2006다38161 · 38178 판결; 동 2018. 9. 13. 선고 2018다9920 · 9937 판결; 동 2020. 8. 13. 선고 2018다236241 판결). 주식평등의 원칙에 어긋나기도 할 뿐 아니라 자본충실의 원칙에도 어긋난다는 것이 주된 이유이다. 그러나 앞서 주식평등의 원칙에 관련하여 소개한 2023년의 4건의 대법원판결들은 출자금반환약정의 효력에 관해 두 갈래의 견해를 보였다. 그중 2건의 판결은 종전과 같이 자본충실의 원칙에 반하여 무효라는 입장을 고수하였으나(판례 [24]), 다른 두건의 판결은 손실보전이나 출자금반환이 허용될 수 없다는 종전의 입장은 유지하되, 당해사건에서의 출자금반환약정은 회사가 동의권약정을 위반한 데 대한 손해배상액의 예정을 한 것으로 보아 유효하다고 판단하였다(판례 [25]). 이는 이른바 보충적 의사해석의 방법으로 약정의 효력을 인정해 준 것이지만, 당사자의 약정이 명확하여 법률행위해석의 대상이 될 수 없고, 더욱이 손해배상액예정은 출자의 환급과 본질을 달리하는 탓에 보충적 해석에 필요한 당사자의 가정적 의사가 될 수 없다는 점도 판단의 문제점으로 지적할 수 있다.

판 례

[24] 대법원 2023. 7. 13. 선고 2022다224986 판결

[사실관계] X는 Y1 회사가 발행하는 상환전환우선주를 인수하되, 향후 X의 사전동의 없이 Y1이 회생절차 개시신청을 하거나 회생절차가 개시되는 경우에는 Y1은 X에게 주식인수대금과 소정의 이자를 지급하기로 약정하였고, Y1의 대주주 Y2는 이에 관해 연대책임을 지기로 하며 이 계약의 당사자로 참가하였다. 이후 Y1의 다른 주주가 X의 사전동의 없이 회생절차 개시신청을 하였으므로 X는 Y2에게 주식인수대금 및 약정한 이자를 청구하였다.

[判旨(요약)] 「… 회사가 신주를 인수하여 주주의 지위를 갖게 되는 사람에게 금전 지급을 약정한 경우, 그 약정이 실질적으로는 회사가 주주의 지위를 갖게 되는 자와 사이에 주식인수대금으로 납입한 돈을 전액 보전해 주기로 약정하거나, 상법 제

---

1) 지시(Weisung)로부터 자유롭다는 뜻.

2) *Koch*, Aktiengesetz, 18. Aufl., C.H. Beck, 2024, AktG § 76 Rn. 60−62. 독일 주식법 제76조 제 1 항: "이사회는 자기의 책임하에서 회사를 지휘(경영)한다."

462조 등 법률의 규정에 의한 배당 외에 다른 주주들에게는 지급되지 않는 별도의 수익을 지급하기로 약정한다면, 이는 회사가 해당 주주에 대하여만 투하자본의 회수를 절대적으로 보장함으로써 다른 주주들에게 인정되지 않는 우월한 권리를 부여하는 것으로서 주주평등의 원칙에 위배되어 무효이다. 이러한 약정은 회사의 자본적 기초를 위태롭게 하여 회사와 다른 주주의 이익을 해하고 주주로서 부담하는 본질적 책임에서조차 벗어나게 하여 특정 주주에게 상법이 허용하는 범위를 초과하는 권리를 부여하는 것에 해당하므로, 회사의 다른 주주 전원이 그와 같은 차등적 취급에 동의하였다고 하더라도 주주평등의 원칙을 위반하여 효력이 없다.」[1)]

[同旨판례] 대법원 2023. 7. 27. 선고 2022다290778 판결

[25] 대법원 2023. 7. 13. 선고 2021다293213 판결

[사실관계] X는 Y회사가 발행하는 상환우선전환주식을 인수하되, 향후 Y는 신주발행을 할 경우 X의 사전동의를 받아야 하고, 이를 위반할 경우 Y는 X에게 손해배상의 명목으로 X가 인수한 주식의 조기상환청구를 허용하는 외에 위약벌로 투자원금과 이에 연리 7%를 가산한 금액을 지급하기로 하는 약정을 체결하였다. 이후 Y는 X에게 사전에 통지하지 않고 Z에게 신주를 발행하였으므로 X는 Y를 상대로 약정에 따라 인수한 주식의 조기상환을 청구하는 동시에 위약벌로 정한 금액의 지급을 청구하였다.

[判旨(요약)] 「… 주주가 납입하는 주식인수대금이 회사의 존속과 발전을 위해 반드시 필요한 자금이었고 투자유치를 위해 해당 주주에게 회사의 의사결정에 대한 동의권을 부여하는 것이 불가피하였으며 … 회사와 주주가 … 동의권 부여 약정 위반으로 인한 손해배상 명목의 금원을 지급하는 약정을 함께 체결하였고 그 약정이 사전동의를 받을 의무 위반으로 주주가 입은 손해를 배상 또는 전보하고 의무의 이행을 확보하기 위한 것이라고 볼 수 있다면, 이는 회사와 주주 사이에 채무불이행에 따른 손해배상액의 예정을 약정한 것으로서 특별한 사정이 없는 한 유효하고, 일부 주주에 대하여 투하자본의 회수를 절대적으로 보장함으로써 주주평등의 원칙에 위배된다고 단정할 것은 아니다.」

[同旨판례] 대법원 2023. 7. 13. 선고 2023다210670 판결

---

1) 이 사건에서 원고는 회사(Y1)를 상대로 소송을 제기하지 않고 지배주주(Y2)에게 회사와의 연대책임을 물어 소송을 제기하였다. 법원은 이 약정이 Y1회사에 대해 무효라고 보았으므로 Y2가 회사의 채무를 연대보증한 것이라면 Y2의 보증행위 역시 무효이므로 책임이 없다고 해야 할 것이나, Y2는 연대보증을 한 것이 아니라 독립적인 연대책임을 부담한 것이라 의사해석을 하고, Y2의 책임을 인정하였다.

제 3 관 주식의 유체적 관리(株券 또는 전자등록 · 주주명부)

Ⅰ. 관리체계

인적회사에서는 사원이 정관에 기재되고 그 변동도 드문 일이지만, 주식회사에서는 주주가 주식을 인수하거나 기발행된 주식을 양수함으로써 그 지위를 취득할 뿐 주주가 정관에 기재되지도 아니하고 주식의 양도성으로 인해 그 이동도 잦다. 그러므로 대외적으로 주식이라는 권리를 확실하게 표창하고 이동을 안정적으로 공시할 필요가 있으며, 주주와 회사와의 관계에서는 주주가 빈번히 변동하는 가운데, 주주가 회사에 권리를 행사함에 있어 회사로 하여금 안정적인 방법으로 주주를 인식하게 할 수 있도록 해야 한다. 전자의 목적에 기여하는 것이 주권(또는 전자등록)이고 후자의 목적에 기여하는 것이 주주명부이다.

주권은 주식회사제도와 역사를 같이 하며 주식을 표창하는 전통적인 수단으로 이용되어 왔다. 그러나 최근 회사와 자본시장의 규모가 커짐에 따라 주식, 채권 등 유가증권의 관리에 상당한 비용이 소요되므로 이를 대체하는 수단으로서 유가증권의 전자등록제도가 개발되어 세계적으로 이용되고 있다. 우리나라도 주식 등의 전자등록제도가 2019년 9월 16일부터 시행됨에 따라 주식의 경우 그 권리의 표창방법은 「주권」 또는 「전자등록」으로 나뉘게 되었는데, 상장주식에 관하여는 전자등록이 강제되므로 향후 전자등록이 주식의 주된 표창방법으로 이용되리라 전망된다.

주식의 존재양식(記名株式 · 無記名株式)

주식은 회사가 주주를 인식하는 방법에 따라 기명주식과 무기명주식으로 구분된다. 기명주식(share certificate)은 주주의 성명이 株券에 표시되며 주주명부에도 기재되는 주식이고, 무기명주식(share warrant to bearer)은 주주의 성명이 주권에 표시되지 않고 주주명부에도 기재되지 않는 주식이다. 양자의 가장 큰 차이점은 무기명주식의 경우 주권의 소지만으로 주주권의 증명과 권리행사가 가능함에 대해, 기명주식의 경우 주주권을 행사하려면 주주명부의 등재를 요하므로 주주권의 보전과 관리가 안정적이라는 점이다. 그래서 과거 상법이 두 가지 방식의 주식을 다 허용하였음에도 불구하고, 무기명주식은 실제 발행되는 예가 없었다. 그리하여 2014년 5월 개정에 의해 무기명주식이 폐지되었다(개정전 357조 1항 참조). 발행사례가 없어 실용성이 의심스러운 데다, 발행될 경우 조세회피의 수단이 되고 지배구조의 투명성을 해한다는 것이 폐지 이유이다. 다수 국가에서 폐지하는 경향이 있는 것도 영향을 주었다(일본의 경우 1990년에 폐지).

Ⅱ. 株 券

1. 의 의

주권(share certificate; Aktie od. Aktienurkunde)이라 함은 주식을 표창하는 유가증권을 말한다.

주식회사에 주권이 필요한 이유는 다음 두 가지로 설명할 수 있다.

첫째, 주주권을 증명하는 수단으로서 필요하다. 합명회사에서는 사원의 성명이 정관에 기재되고 등기되므로 쉽게 사원권을 증명할 수 있으나, 주식회사에서는 주식의 인수와 납입만이 주주가 되었다는 증명이 될 뿐인데, 이는 재산권의 증명수단으로서는 매우 불안정하다. 그러므로 주주의 권리를 유가증권화하여 권리의 所在에 관한 증명을 확실하게 할 필요가 있는 것이다.

둘째, 자본집중수단으로서 필요하다. 주식회사는 주식투자를 매개로 하여 대중자본을 집중시키기 위해 만들어진 기구이다. 주식투자를 유도하기 위해서는 그 투하자본을 용이하게 회수할 수 있게 해 주어야 한다. 주식회사에는 합명회사에서와 같은 퇴사제도가 없으므로 통상적인 회수방법은 주식을 양도하는 것이다. 그러므로 주식의 양도성은 주식회사제도의 원만한 운영을 위해 본질적인 요건이 된다고 할 수 있는데, 주식의 양도를 위해서는 필히 공시방법이 마련되어야 한다.

주식을 하나의 재산적 권리로 파악하는 한, 채권양도의 방법에 준해서이든 기타 어떠한 방법으로든 그 자체만으로써 양도할 수 있게 하지 못할 바는 아니다. 그러나 이를 有體化하지 않은 상태에서는 미지의 다수인간에 원만히 전전유통되는 것을 기대할 수 없다. 그러므로 주식을 주권이란 형태로 유가증권화시켜 주식양도시에 주권의 교부로 공시하게 함으로써 流通性을 보장하고 있는 것이다.

그러나 주식의 처분을 원하지 않는 주주에게 있어서는 주권이 오히려 권리 상실의 위험을 높이는 존재가 되므로 이러한 주주는 주권을 소지하지 않을 수 있도록 하는 주권의 불소지제도가 있으며, 또 주식이 다량으로 거래될 때 주권의 현실적인 교부를 필수적인 이행방법으로 하는 것은 오히려 주식거래의 신속을 해하므로 예탁제도와 결부시켜 주권을 현실로 교부함이 없이 주식을 양도할 수 있는 증권예탁결제제도가 마련되어 있다. 나아가 2011년 개정상법은 주식을 보다 안전하고 간편하게 관리하는 방법으로서 주권을 발행하는 대신 주식을 전자등록할 수 있는 제도를 신설하였다(356조의2). 회사가 이 제도를 채택할 경우에는 주권을 발행하지 않는다.

2. 주권의 성질

주권은 유가증권이지만, 이미 존재하는 주식 내지는 주주권을 표창할 뿐이고 그의 작성·발행에 의하여 주식이 생기는 것이 아니므로 어음·수표와 같은 設權證券은 아니다. 따라서 회사가 주식을 인수하거나 양수하지 않은 자에게 주권을 발행하더라도 주주권이 창설되는 것은 아니며, 이러한 주권이 유통되더라도 선의취득이 성립할 여지가 없다. 결국 주권은 권리의 발생과는 무관하고, 권리의 이전에 주권을 필요로 하므로 불완전유가증권이다. 이 점을 기초로 해서 어음이나 수표와 같은 완전유가증권과 다음과 같은 차이가 있다.

첫째, 주권의 원인관계인 주식 내지는 주주권의 존부나 유·무효에 따라 주권의 효력도 영향을 받으므로 주권은 要因證券이다. 둘째, 주권에는 일정한 법정사항을 기재하고 대표이사가 기명날인(또는 서명)하여야 하므로(356조) 要式證券이지만, 그 기재사항이 본질적인 것이 아닌 한 이를 결하거나 사실과 다르더라도 실체적 법률관계가 존재하는 한 주권은 유효하다. 이 점에서 어음이나 수표보다는 요식성이 크게 완화된다. 셋째, 주식을 가지고 권리를 행사할 때에 주주는 주권이 아니라, 주주명부에 의해 인식되므로 주권은 提示證券이 아니다. 넷째, 주권은 주주의 권리행사에 계속적으로 필요하므로 주주권을 행사할 때에도 주권을 회사에 반환하지 않는다. 즉 相換證券이 아니다.

증권예탁증권(Depositary Receipts: DR)

「증권예탁증권」이라 함은 자본시장법에 의한 증권(자금 4조 2항 1~5호)을 예탁받은 자가 그 증권이 발행된 국가 외의 국가에서 발행한 것으로서 그 예탁받은 증권에 관련된 권리가 표시된 것을 말한다(자금 4조 8항). 주식을 예로 들자면, 외국에서 자국주식을 거래시킬 때에는 주권을 수송해야 하는 어려움이 있고, 주권의 양식·제도·관습이 달라 원활한 유통이 어렵다. 이러한 문제를 해소하기 위해 발행되는 것이 예탁증권이다. 발행 및 거래구조는 다음과 같다.

주권의 발행회사는 예탁기관(한국예탁결제원)과 예탁계약을 체결하고, 예탁기관은 보관기관(예탁결제원이 선임)과의 보관계약에 따라 주권을 보관시키고, 이 주권을 근거로 하여 동액의 예탁증서를 발행한다.[1] 그리고 이 예탁증서를 주식에 갈음하여 외국에서 유통시키는데, 발행회사와 예탁기관과의 계약에 따라 예탁증서소지자에게 주주로서

1) 증권예탁증권의 발행등에 관한 규정(예탁결제원 규정) 제 3 조.

의 권리를 인정한다. 그러나 주주명부에는 예탁기관을 단일 주주로 기재하고, 예탁증서소유자에 대한 배당금은 예탁은행을 통해 지급한다.

예탁증서는 1927년 미국의 Morgan Guaranty Trust Co.가 창안한 ADR(American Depository Receipt)에서 비롯된 것인데, 각국의 해외주식발행이 늘어나면서 널리 이용되고 있다. 우리나라에서도 기업의 해외자금조달에 있어 예탁증서의 발행이 활발히 이용되고 있다. 이에 대한 근거규정은 자본시장법과 금융위원회의 「금융투자업규정(2008. 8. 4. 제정)」에 들어 있다.

3. 주권의 발행

(1) 주권의 기재사항

주권은 요식증권으로서, 소지인의 권리(주식)를 특정할 수 있는 다음 사항과 번호를 기재하고 대표이사가 기명날인(또는 서명)하여야 한다(356조 1호~6의2호).

① 회사의 상호, ② 회사의 성립년월일, ③ 회사가 발행할 주식의 총수, ④ 액면주식을 발행한 경우에는 1주의 금액, ⑤ 회사의 성립 후 발행된 주식에 관하여는 발행년월일, ⑥ 종류주식이 있는 때에는 그 주식의 종류와 내용, ⑦ 주식의 양도에 관하여 이사회의 승인을 얻도록 정한 때에는 그 규정.

이 밖에 그 주권이 표창하는 주식의 수량(예컨대 10주권 · 100주권)을 기재하여야 하며,[1] 「기명」 주권의 속성상 주권에는 당연히 주주의 성명을 기재하여야 한다. 그러나 기명주식도 주권의 교부만으로 양도하고(336조 1항), 주권의 점유만으로 권리추정력이 주어지므로(336조 2항) 주주의 성명을 기재하는 것에 실제적인 의미는 없다. 따라서 주주의 성명이 기재되지 않은 주권이라 해서 무효로 볼 것은 아니다.

주권은 설권증권이 아니므로 주권의 요식성은 어음 · 수표처럼 엄격하지 않다. 따라서 대표이사의 기명날인(또는 서명)과 같이 본질적인 것이 아닌 한 기재사항을 일부 결하더라도 유효하다(대법원 1996. 1. 26. 선고 94다24039 판결: 주주명의와 발행일의 기재가 결여된 예). 또 표창된 주식 자체의 변동에 관한 것이 아닌 기재사항(예: 상호 · 발행예정주식총수)은 변동되더라도 주권의 효력에는 영향이 없다(최기원 298). 그러나 주권에 기재할 사항을 기재하지 아니하거나 부실한 기재를 한 때에는 과태료의 제재(635조 1항 6호), 이사의 책임(399조)이 따른다.

주권의 발행은 대표이사의 권한에 속하므로 이사회의 결의는 요하지 않는다

1) 보통 정관에 임의적 기재사항으로 주권의 발행단위를 정해 놓고 있지만(예컨대 10주권과 100주권만 발행한다는 식으로), 이와 다른 주권을 발행하더라도 무효는 아니다(대법원 1996. 1. 26. 선고 94다24039 판결). 또 주주도 이와 관계없이 주권의 분할이나 병합을 청구할 수 있으며, 이의 거부는 주식의 양도성에 저촉되므로 허용될 수 없다(335조 1항).

(대법원 1996. 1. 26. 선고 94다24039 판결).

(2) 주권의 발행강제와 제한

1) 발행강제 회사는 성립 후 또는 신주의 납입기일 후 지체 없이 주권을 발행하여야 한다(355조 1항). 주권이 없으면 원칙적으로 주식을 양도할 방법이 없으므로(336조 1항) 주식의 양도성(335조 1항)을 보장하기 위하여 주권의 발행을 강제하는 것이다. 따라서 이 규정은 회사성립시의 주식발행이나 신주발행의 경우(416조)뿐 아니라 주식배당을 하거나 준비금을 자본금전입하여 신주를 발행하는 경우 등 일체의 주식발행시(348조 · 442조 · 461조 · 462조의2 · 515조 · 523조 3호)에 적용된다.

회사의 주권발행의무에 대응하여 주주는 주권의 발행 및 교부청구권을 갖는다. 주주의 주권발행 · 교부청구권은 특히 일신전속적인 권리라고 볼 이유가 없으므로 주주의 채권자가 대위행사(민 404조 1항)할 수 있다(대법원 1982. 9. 28. 선고 82다카21 판결; 동 1981. 9. 8. 선고 81다141 판결).

이상의 설명과 달리, 전자등록제를 채택한 회사는 주권을 발행할 수 없다(356조의2).

2) 발행제한 회사성립 전이나 신주의 납입기일 전에는 주권을 발행하지 못한다(355조 2항). 권리주가 유가증권화하여 유통되면 투기를 조장할 우려가 있기 때문이다(413면 참조). 이에 위반하여 발행한 주권은 무효이다(355조 3항 본). 그러나 발행한 자에 대한 손해배상의 청구에 영향을 미치지 아니한다(355조 3항 단). 이는 그 무효인 주권을 취득한 자가 주권이 무효임으로 인해 생긴 손해에 관해 주권을 발행한 발기인 · 이사 · 집행임원 등에 대하여 상법 제322조 제 2 항 및 제401조에 기한 배상을 구하거나 불법행위책임을 물을 수 있음을 뜻한다. 또한 이를 발행한 발기인 · 이사 · 집행임원 등은 과태료의 제재를 받는다(635조 1항 19호).

회사성립 전 또는 신주의 납입기일 전에 발행한 주권의 무효는 회사성립 또는 납입기일의 경과로 치유되지 않는다. 회사가 그 효력을 인정할 수도 없다고 본다. 회사성립 또는 납입기일의 경과로 자동치유되거나 회사가 그 효력을 인정할 수 있다면 그 전에 이루어진 권리주의 양도가 소급적으로 유효해지기 때문이다. 그러므로 회사는 주식인수인에게 새로 주권을 발행해야 한다고 본다.

4. 주권의 효력발생시기

주권은 회사가 그 의사에 기해 주주에게 교부한 때에 주권으로서의 효력이 발생한다(교부시설)(통설. 판례 [26]). 그 이전에 주권의 법정사항을 기재하고 대표이사가 기명날인을 하면 주권으로서의 외양이 완성되지만, 아직 주권으로서의 효력이 없으므로 혹 이 주권이 회사의 의사에 반하여 유출되어 유통되더라도 선의취득이 불가능하다. 나아가 회사가 자신의 의사에 기해 주권을 교부하였더라도 주주가 아닌 자에게 교부하였다면 역시 주권으로서의 효력이 생기지 않으므로 그 취득자가 주식을 취득하지 못함은 물론이고 이로부터 양수한 자는 선의취득을 할 수가 없다. 요컨대 주권이 주주에게 교부되기 전에는 주권으로서의 모습을 갖추더라도 무용한 종이장에 불과하므로 이를 어떤 사정에 의해 제 3 자가 취득하더라도 선의취득이 성립할 수 없다. 따라서 주주는 여전히 회사에 대하여 주권의 발행 · 교부청구권을 가지며, 주주의 채권자는 이 주권의 발행 · 교부청구권을 압류할 수 있다.

다른 학설

1) 작성시설(창조설) 주권을 작성하면 그 시점에서 주주권을 표창하는 유가증권으로서 성립한다고 본다. 이 설에 의하면 주권이 회사의 의사에 반하여 주주 아닌 자에게 유출되더라도 선의의 제 3 자가 취득하면 선의취득이 성립할 수 있으며, 주주는 그 유출된 주권에 관해 제권판결을 받지 않으면 주권의 재발행을 청구할 수 없다.

2) 발행시설 교부시설과 작성시설의 절충적 입장으로 회사가 주권을 작성하고 자기의 의사에 기하여 누구에게든 교부하면 주권으로서의 효력이 생긴다고 한다. 예컨대 회사가 주권을 발행하기 전에 주식을 양수하였기 때문에 주주로 볼 수 없는 자(335조 3항 본)에게 주권을 교부한 경우(아래 [同旨판례] 86다카 982 · 983 판결의 사안) 또는 주권을 누군가에게 교부하기 위하여 우편, 택배 등 배달기관에 주권을 탁송한 경우에도 주권이 유효하게 발행된 것으로 보는 것이다.

판 례

[26] 대법원 1977. 4. 12. 선고 76다2766 판결

「… 상법 제355조 규정의 주권발행은 동법 제356조 소정의 형식을 구비한 문서를 작성하여 이를 주주에게 교부하는 것을 말하고, 위 문서가 주주에게 교부된 때에 비로소 주권으로서의 효력을 발생한다고 해석되므로 피고회사가 구주권을 표징하는 문서를 작성하여 이를 주주가 아닌 제 3 자에게 교부하여 주었다 하더라도 위 문서는 아직 피고회사의 주권으로서의 효력을 갖지 못한다고 보아야 할 것이〔다.〕」

[同旨판례] 대법원 1987. 5. 26. 선고 86다카982 · 983 판결; 동 2000. 3. 23. 선고 99다67529 판결

5. 주권의 不所持

(1) 취 지

주식을 양도하기 위해서는 주권이 필요하므로 회사로 하여금 반드시 주권을 발행하게 하는 바이지만, 주주의 회사에 대한 권리행사는 주주명부의 기재에 의하므로 주식을 장기간 보유하는 주주에게는 주권의 소지가 반드시 필요한 것은 아니다. 오히려 주권을 분실하거나 도난당할 경우에는 주권을 재발행받는 절차가 번거로울 뿐 아니라, 제 3 자의 선의취득으로 주주로서의 권리를 잃을 위험성이 크다. 그리하여 상법은 주주의 희망에 따라 주권을 소지하지 않을 수 있도록 하였다(358조의2). 이에 따라 주주는 정관에 다른 규정이 없는 한, 주권을 소지하지 않겠다는 뜻을 신고할 수 있다.

증권불소지는 특히 예탁결제원이 예탁받아 보관중인 주권에 관해 유용한 제도이다. 예탁결제원이 보관하는 주권의 상당량은 장기간 저장되어 있는 상태이므로 불소지제도를 이용하여 보관비용을 줄이고 있다. 2019년 9월 전자등록제도가 도입된 후 예탁결제원은 비상장주식만을 예탁받고 있는데, 2025년 11월말 현재 367억주의 예탁주식 중 233억주(63.56%)에 관해 불소지제도를 이용하고 있다.[1)]

(2) 불소지신고의 절차

1) **허용요건** 주주의 불소지신고는 정관에 이를 금하는 규정이 없어야 한다(358조의2 1항). 주권의 불소지제도는 회사에 사무의 번잡을 안겨 주므로 정관변경을 통한 주주들의 동의를 거쳐 이 제도를 채택하지 않을 수 있게 한 것이다.

2) **신고자격** 주주는 불소지신고를 할 수 있다(358조의2 1항). 예탁결제원의 이름으로 명의개서된 주식에 관해서는 예탁결제원도 불소지신고를 할 수 있다(자금314조 3항). 불소지신고는 주주명부에 기재하여야 하므로 주주명부상의 주주에 한하고, 명의개서를 하지 않은 주주는 불소지신고를 할 수 없다.

회사설립 중이나 신주발행의 효력발생 전의 주식인수인도 주권의 발행을 사전에 거절하기 위해서 불소지신고를 할 수 있다.

주식이 入質된 경우에는 주주가 주권을 회사에 제출할 수 없으므로 기술적으로 불소지신고가 불가능하기도 하지만, 질권자를 보호하기 위해서도 불소지신고를 허용할 수 없다.

3) **일부의 신고** 주주는 소유주식의 일부만에 대해서도 불소지를 신고

---

1) 증권정보포털(seibro.or.kr)/증권예탁통계/예탁증권보관현황.

할 수 있다. 소유주식을 구분해서 관리할 필요가 있을 수 있기 때문이다.

4) 신고의 상대방　　불소지신고는 회사를 상대로 하는 것이 원칙이지만, 불소지신고는 명의개서와 필연적으로 결부되는 일이므로 회사가 명의개서대리인을 둔 경우에는, 불소지신고도 명의개서대리인에게 하여야 한다.

5) 신고시기　　회사가 주권을 발행하기 전이든 후이든 신고할 수 있다. 주권불소지로 주주가 변동되는 것은 아니므로 주주명부의 폐쇄기간중이라도 신고할 수 있다.

6) 주권제출　　회사가 이미 주권을 발행한 후에 신고할 경우에는 주권을 회사에 제출하여야 한다(358조의 2 3항).

⑶ 주권발행전 신고의 효력

주주의 불소지신고가 있으면 회사는 지체 없이 주권을 발행하지 아니한다는 뜻을 주주명부와 그 복본에 기재하고, 그 사실을 주주에게 통지하여야 한다(358조의 2 2항 전). 이에 의해 회사는 불소지신고된 주식에 관해 주권을 발행하지 못한다(동조 동항 후). 주권을 발행하더라도 효력이 없으며, 그 주권이 유통되더라도 선의취득이 불가능하다.

주권발행이 금지되는 효력은 불소지신고가 있을 때에 발생하고 주주에게 통지한 때에 발생하는 것이 아니다.

⑷ 주권발행후 신고의 효력

이미 주권이 발행된 상태에서 주권불소지신고를 할 경우에는 회사는 주권을 무효로 하거나 명의개서대리인에게 임치하여야 한다(358조의 2 3항).[1] 어느 쪽이든 회사는 자유롭게 선택할 수 있다. 그런데 주권이 발행된 후에 주권불소지신고가 있을 경우 주주명부에 주권을 발행하지 않는다는 뜻을 기재해야 한다고 규정한 상법 제358조의2 제 2 항의 규정을 어떻게 적용해야 하느냐에 대해 명문의 규정이 없어 혼란을 주고 있다. 이 점은 다음과 같이 회사가 주권을 무효로 할 경우와 명의개서대리인에게 임치할 경우로 나누어 달리 해결해야 한다.

1) 주권의 무효처리　　법문에서는 「… 회사는 주권을 무효로 하거나 …」로 표현하고 있으나(358조의 2 3항), 회사의 의사결정으로 주권의 유·무효가 결정될 수 있는 것은 아니다. 이 규정은 주권을 폐기함과 아울러 주권발행 전에 불소지신고가 있은 경우와 같이 주주명부에 주권을 발행하지 않는다는 뜻을 기재해야 한다

1) 1995년 개정 이전에는 주권불소지신고와 함께 주권을 제출하면 그 주권은 무효로 하였으나, 1995년 개정법은 명의개서대리인에게 임치하는 방법을 추가하였다.

는 취지로 읽어야 한다. 이 기재에 의해 주권이 무효가 되는 것이다. 그렇지 않고 단지 주권을 폐기해야 한다는 뜻으로 읽는다면 회사가 주권을 제출받아 폐기하지 않고 그 주권을 유통시키거나, 주권을 폐기한 후 새 주권을 발행하여 유통시킨 경우 이를 취득한 자의 권리를 否定할 근거가 없기 때문이다.

주권을 발행하지 않는다는 뜻을 주주명부에 기재한 후에는 당연히 회사가 주권을 발행할 수 없다.

이미 발행된 주권이 무효가 되는 것은 주권이 회사에 제출될 것을 전제로 하므로, 주권의 제출 없이는 주권불소지신고를 할 수 없을 뿐 아니라, 설혹 회사가 주권을 회수함이 없이 주주명부에 주권불발행을 기재했다 하더라도 주권은 무효로 되지 않는다.

2) **주권의 임치** 회사가 주권을 명의개서대리인에게 임치하는 경우에는 그 주권은 계속 유효하므로 주주명부에 주권을 발행하지 않는다는 뜻을 기재해서는 안 된다. 주권이 유효한 결과 이 주권이 유통된다면 선의취득도 가능하다. 그러므로 불소지신고를 한 주주는 주권불발행을 통한 권리의 안정적 관리의 효과는 얻지 못하고 단지 주권을 보관하는 수고를 회사에 넘긴 효과만 누릴 뿐이다. 즉 명의개서대리인이 보관중인 주권이 유출되어 타인이 선의취득한 경우 주주는 단지 회사에 대해 손해배상을 청구할 수 있을 뿐 주권의 점유를 회복할 수 없는 문제점이 생기는 것이다.

명의개서대리인에의 임치는 회사와 명의개서대리인 간의 약정에 의한다. 그러므로 주주는 직접 명의개서대리인에 대해 주권의 반환을 청구할 수 없다.

주권의 무효처리와 임치가 회사의 자유에 맡겨진 이상 임치로 인한 비용은 회사가 부담하여야 한다.

⑸ 주권불소지와 주식의 양도성에 대한 영향

주권을 불소지하면 주식의 양도방법(주권의 교부, 336조 1항)을 갖출 수 없으므로 주식의 양도성이 박탈된다. 그러나 예탁결제원에 예탁된 주식은 예탁결제원이 불소지신고하더라도 여전히 유통될 수 있다. 이 경우에는 주식이 종류물로서 거래되고 양도행위의 성격은 목적물반환청구권의 양도이므로 주권의 교부를 요하지 않기 때문이다(485면 참조).

⑹ 주주의 주권발행청구

주주가 주권불소지를 신고하였더라도 주식을 양도하고자 할 경우에는 다시 주권이 필요하다. 그러므로 주주는 언제든지 회사에 대하여 주권의 발행 또는 반환을 청구할 수 있다(358조의 2 4항). 한편 회사가 주주명부에 株券不發行을 기재하기 전까지는 주주가 주권불소지신고를 철회할 수 있다고 보아야 한다.

현행법의 문제점

상법의 불소지신고제도는 1966년에 신설된 日本商法 제226조의2를 본받은 것이고, 불소지신고에 의해 제출된 주권을 명의개서대리인에게 임치할 수 있게 하는 것도 同法에 유래한다. 이는 주권을 무효화할 경우 주권의 폐기와 재발행에 따르는 불경제를 고려한 것이지만,[1] 주권 재발행의 불경제에 비견할 수 없는 모순을 안고 있는 제도이다.

주권불소지를 신고하는 주주의 의도는 절대적으로 안전한 주권점유의 방법으로 불소지제도를 선택한 것이라고 보아야 하는데, 회사의 일방적인 의사로 명의개서대리인에게 주권을 임치할 수 있다 함은 주주에게 등가치적인 대안이 될 수 없음을 간과한 입법이다.

그에 앞서 명의개서대리인에게 보관시키는 문제는 회사법에 끌어들일 사안이 아니다. 회사가 명의개서대리인에게 임치할 경우에는 주주가 주권을 보관하는 수고를 덜고자 스스로 은행이나 신탁회사 등에 보관시킨 경우와 실질적인 차이가 없다. 그렇다면 주권의 보관위탁은 원래 주주가 자기의 주권관리방법의 하나로, 자신의 책임하에 할 일이지 회사가 관여할 문제가 아니다. 참고로 2005년 일본회사법에서는 이 임치제도를 삭제하였다(日會 217조 참조).

6. 주권의 失效

(1) 개 설

주권은 주식이라는 권리가 표창된 물리적 존재이므로 표창된 권리의 소멸에 의해, 그리고 그 물리적 존재의 소멸에 의해 효력을 상실한다.

첫째, 주권은 설권증권이 아니므로 그것이 표창하는 주식, 즉 주주권이 소멸함으로써 실효한다. 예컨대 회사의 해산으로 인해 법인격이 소멸하거나, 주식의 소각(343조), 주식의 전환(346조)과 같이 주식이 소멸하는 경우에는 주권에 표창된 주주권 자체가 소멸하므로 주권도 당연히 실효한다.

둘째, 주권이 오손되어 회사에 구주권을 제출하고 이와 교환하여 신주권을 교부받는 경우, 자본금감소·합병 등을 위해 주식을 병합하는 경우 구주권은 실효하며, 주권불소지를 위해 제출된 주권도 실효한다.

셋째, 주권이 멸실되거나 상실된 경우 공시최고절차에 의하여 주권을 무효

---

1) 法務部, 상법개정공청회 자료(1994. 5. 25.), 41면 참조.

로 할 수 있다(360조 1항).

첫째와 둘째의 경우에는 주주가 주권을 회사에 제출하게 되어 있고, 또 그 제출은 주주가 새로이 주식 또는 주권을 취득하기 위한 요건을 이루므로 구주주권이 바로 실효되더라도 제 3 자의 권리와 충돌되는 문제는 생기지 아니한다. 그러나 셋째의 경우, 즉 주권이 상실된 경우에는 상실된 주권을 제 3 자가 선의로 취득할 수 있으며, 「멸실」도 객관적으로 증명되는 바 아니므로 멸실 · 상실이란 사유만으로 바로 주권을 실효시킬 수 없다. 한편 주주가 주권을 상실하면 주주권을 행사할 수단을 갖지 못하며, 상실한 주권을 제 3 자가 선의취득하면 주주는 주주권마저 잃게 된다. 그러므로 주권을 상실한 주주를 구제할 필요에서 종전의 주권을 실효시키고 주권을 재발행받을 수 있도록 하되, 상실된 주권을 둘러싸고 새로운 법률관계가 창설되는 것을 예방하기 위하여 공시최고절차를 두고 있으며, 한편 제 3 자의 권리가 관련되어 있을 가능성도 있으므로 회사가 임의로 주권을 재발행하는 것을 금하고 상실된 주권의 재발행은 제권판결을 얻은 후에만 하도록 한다(360조 2항).

(2) **공시최고**

멸실 · 상실된 주권을 무효로 하기 위한 공시최고절차는 민사소송법상의 증서의 無效宣言을 위한 공시최고절차에 관한 규정에 의한다(민소 492조 1항). 관할은 회사의 본점소재지를 관할하는 지방법원에 속한다(민소 476조 2항).

주권을 최후에 소지하였던 자가 공시최고절차를 신청할 수 있으며(민소 493조), 신청의 근거로서 증서(주권)의 등본을 제출하거나 증서의 존재 및 그 중요취지를 충분히 알 수 있게 함에 필요한 사항을 제시하고, 증서의 도난 · 분실 · 멸실과 공시최고절차를 신청할 수 있는 원인사실 등을 소명하여야 한다(민소 494조). 공시최고의 허부의 재판은 결정으로 하며(민소 478조), 공시최고의 신청을 허가한 때에는 법원이 공시최고를 하여야 한다(민소 479조 1항). 이 공시최고에서는 공시최고기일 내에 권리 또는 청구의 신고를 할 것과 증서를 제출할 것을 최고하고, 이를 해태하면 실권으로 증서무효의 선고가 있을 것을 경고하여야 한다(민소 495조). 그 기일은 공고종료일로부터 3월 후로 정하며(민소 481조), 이 기간 동안 신청인이 주장하는 권리를 다투는 자는 그 취지 및 자기의 권리를 신고하여야 한다. 공시최고기간 내에 신고가 없을 때에는 제권판결을 선고하고, 신고가 있을 때에는 그 권리에 관한 재판의 확정시까지 공시최고절차를 중지하거나 그 권리를 유보하고 제권판결을 한다(민소 485조).[1)]

1) 제권판결에 대해서는 상소하지 못하지만 거짓 또는 부정한 방법으로 제권판결을 받은 때 등 소

⑶ 除權判決의 효력

1) 신청인의 지위 제권판결에서는 주권의 무효를 선고하여야 한다(민소 496조). 그러므로 제권판결에 의하여 주권은 효력을 상실하고(제권판결의 소극적 효력), 신청인은 회사에 대하여 주권에 의한 권리를 주장할 수 있다(제권판결의 적극적 효력)(민소 497조). 그러나 제권판결은 주권의 점유에 대신하는 효력을 주는 데 그치고 실체적 권리관계까지 창설 또는 확정하는 효력은 갖지 못하므로 신청인이 정당한 소지인이라거나 주권 또는 그 표창하는 주식의 내용까지 확정하는 것은 아니다(통설, 대법원 1965. 7. 27. 선고 65다1002 판결; 동 1993. 11. 9. 선고 93다32934 판결; 판례 [27]). 그러므로 주주권의 내용이나 존재 자체 또는 신청인이 정당한 소지인인가의 여부는 별개의 訴로 다투어져야 하며, 선의취득자와 신청인의 지위가 다음과 같이 문제된다.

2) 선의취득자와 신청인의 지위 제권판결에 의하여 주권이 무효가 되므로 제권판결 이후에는 주권을 선의로 취득하더라도 보호받을 수 없다. 그러나 제권판결 전에 선의취득한 자는 공시최고에 의한 공고가 있다 하여 악의나 중과실이 의제되는 것은 아니므로 권리신고에 의해 당연히 보호받을 수 있다. 그러므로 회사는 주권에 의하여 명의개서를 청구하는 자가 있을 때 공시최고가 있었음을 이유로 하여 명의개서를 거절할 수 없다(이설 없음). 문제는 제권판결 전에 주권을 선의취득한 자가 권리신고를 하지 않았을 경우, 제권판결에 의해 권리를 잃느냐는 것이다. 이 점에 대해서는 학설의 대립이 있다.

i) 소수설은 선의취득자도 권리신고를 하지 않는 한 제권판결에 의하여 권리를 잃는다고 한다(김 · 노 · 천 190; 오성근 311; 임재연 I 456; 임홍근 228; 정준우 139; 최기원 313). 판례도 같은 입장이다.[1] 그 이유로서는 제권판결이 주권의 무효를 선언하고 신청인에 대하여 주권의 점유를 회복시켜 주는 것과 같은 효과를 갖는 이상 선의취득자는 주권을 반환한 것과 같은 상태가 되어 권리를 잃는다고 보아야 한다고 설명하기도 하고, 제권판결에 의하여 주권이 무효로 된 이상 선의취득자가 그 주권에 의하여 권리를 증명하는 것은 허용될 수 없기 때문이라고 설명하기도 한다.

ii) 다수설은 권리신고를 하지 않더라도 선의취득자는 권리를 잃지 않는다고

정의 경우에는 상소할 수 있다(민소 490조). 이 상소를 할 수 있는 이해관계인의 범위에는 주권의 실질적인 권리자는 물론 실질권리자가 아닌 주권의 소지인도 포함된다(대법원 2011. 11. 10. 선고 2009다73868 판결).

1) 대법원 1993. 11. 9. 선고 93다32934 판결: 이 사건은 수표의 제권판결에 관한 것이나, 제권판결의 법리는 어느 유가증권에 대해서나 동일하므로 주권의 제권판결에 관한 판례라고 보아도 무방하다.

한다(강 · 임 607; 권기범 665; 김정호 227; 김동훈 160; 김홍기 367; 손주찬 640; 이 · 최 267; 정경영 295; 정동윤 471). 그 이유로서는 공시최고에 의한 공고가 완전한 공지성을 갖기 어렵기 때문에 i)설과 같이 해석한다면 주권의 유통보호에 문제가 있으며, 또 제권판결의 효력이 신청인에게 형식적 자격을 부여하는데 그치므로 이로 인해 실체적 권리가 좌우되어서는 안 되기 때문이라고 한다.

제권판결 후에는 선의취득을 인정할 수 없다는 점에 관해서는 이설이 없는데, ii)설을 취하면 사실상 제권판결 이후에 취득한 자까지 선의취득자로 보호하게 되는 경우가 있을 수 있다. 취득자의 악의 · 중과실의 증명책임은 선의취득을 부정하는 상대방에게 전가되는데, 이를 증명하기는 매우 어렵기 때문이다. 또 신청인이 제권판결을 받아 그 효력으로서 주권을 재발행받고 다시 그 주권을 제 3 자에게 양도하였다면 그 양수인 역시 보호되어야 할 것이다. 그러므로 제권판결제도가 신청인의 보호와 유통성의 보장을 위한 타협적 수단으로서 공시최고절차, 즉 權利申告의 기회를 두고 있는 이상, i)설과 같이 해석하는 것이 제도의 취지에 부합한다고 생각된다.

(4) **주권의 再發行**

주권을 상실한 자는 제권판결을 얻지 아니하면 회사에 대하여 주권의 재발행을 청구할 수 없다(360조 2항). 주권을 상실한 경우에는 상실된 주권이 유통될 수도 있으므로 재발행을 한다면 동일한 주식에 기해 복수의 주권이 존재하여 권리가 충돌하기 때문이다. 따라서 주권을 상실한 주주가 재발행을 청구할 수 없을 뿐 아니라 회사가 이를 승인하여 재발행하는 것도 허용되지 않는다. 같은 이유에서 주주가 주권을 분실한 것이 아니고 회사가 주권을 보관하던 중 분실하였다 하더라도 역시 제권판결이 없는 한 주주는 재발행을 청구할 수 없다(대법원 1981. 9. 8. 선고 81다141 판결).

(5) **제권판결의 취소의 효력**

기술한 바와 같이 제권판결이 실체적인 권리를 새로이 부여하는 효력을 가진 것은 아니다. 그러므로 증서의 정당한 권리자는 제권판결에 대한 불복의 소를 제기할 수 있고, 그에 대해 제권판결을 취소하는 판결이 확정되면 제권판결은 소급하여 효력을 잃고 정당한 권리자가 소지하고 있던 증권 또는 증서도 소급하여 그 효력을 되찾는다. 따라서 제권판결에 기하여 기존 주권이 무효로 선언되고, 주권이 재발행되었다고 하더라도 제권판결을 취소하는 판결이 확정되면, 재발행된 주권은 소급하여 무효로 되고 그 주권의 선의취득도 인정될 수 없다(판례 [27]).

판 례

[27] 대법원 2013. 12. 12. 선고 2011다112247 · 112254 판결

「…증권이나 증서의 정당한 권리자는 제권판결이 있더라도 실질적 권리를 상실하지 아니하고, 다만 제권판결로 인하여 그 증권 또는 증서가 무효로 되었으므로 그 증권 또는 증서에 따른 권리를 행사할 수 없게 될 뿐이다. 그리고 민사소송법 제490조, 제491조에 따라 제권판결에 대한 불복의 소가 제기되어 제권판결을 취소하는 판결이 확정되면 제권판결은 소급하여 효력을 잃고 정당한 권리자가 소지하고 있던 증권 또는 증서도 소급하여 그 효력을 회복하게 된다. 그런데 위와 같이 제권판결이 취소된 경우에도 그 취소 전에 제권판결에 기초하여 재발행된 주권이 여전히 유효하여 그에 대한 선의취득이 성립할 수 있다면, 그로 인하여 정당한 권리자는 권리를 상실하거나 행사할 수 없게 된다. 이는 실제 주권을 분실한 적이 없을 뿐 아니라 부정한 방법으로 이루어진 제권판결에 대하여 적극적으로 불복의 소를 제기하여 이를 취소시킨 정당한 권리자에게 가혹한 결과이고, 정당한 권리자를 보호하기 위하여 무권리자가 거짓 또는 부정한 방법으로 제권판결을 받은 때에는 제권판결에 대한 불복의 소를 통하여 제권판결이 취소될 수 있도록 한 민사소송법의 입법 취지에도 반한다. 또한 민사소송법이나 상법은 제권판결을 취소하는 판결의 효력을 제한하는 규정을 두고 있지도 아니하다. 따라서 기존 주권을 무효로 하는 제권판결에 기하여 주권이 재발행되었다고 하더라도 제권판결에 대한 불복의 소가 제기되어 제권판결을 취소하는 판결이 선고 · 확정되면, 재발행된 주권은 소급하여 무효로 되고, 그 소지인이 그 후 이를 선의취득할 수 없다…」

Ⅲ. 주식의 전자등록

1. 의 의

주식의 전자등록제도란 주권의 발행 · 이전에 갈음하여 주식에 관한 권리변동의 정보를 법 소정의 전자기록으로 관리하는 것을 말한다. 전자등록에 의해 과거 주권을 통해 표상되던 주식에 관한 권리가 전자문서에 의해 공시된다. 이에 의해 전자등록이 주식에 관한 권리를 인식하는 근거가 되는 까닭에 주식의 양도 · 입질도 전자등록에 의해 하여야 한다.

유가증권은 무체적인 재산권의 유체적 표창방법으로 창안되어 동산에 갈음하는 확실한 공시수단으로서 우리 생활에 기여해 왔고 주권도 그 중의 하나이나, 그 증권의 발행부터 시작하여 보관 · 운송에 다대한 비용이 소요되고, 위조 · 분실 등 부수적인 거래비용을 야기한다. 이에 최근 정보기술의 발달에 힘입어 유가증

권을 전자화하여 無券化하는 방법이 주요 유럽국가와 미국에서 개발되었고, 현재는 세계 각국에서 주식과 사채, 기타 각종 파생증권에 관해 널리 실용되고 있다.[1] 이러한 추세를 반영하여 2011년 개정상법은 주식과 사채(356조의2·478조 3항), 그리고 신주인수권(420조의4·516조의7)에 관해 전자등록제를 도입하고 기타 유가증권에도 이용할 수 있도록 하였다(65조 2항).[2] 그러나 전자등록제는 많은 법기술적인 문제가 선결되어야 하므로 이 제도를 시행하기 위해 특별법으로 보다 구체적인 사항을 규정하도록 하였다(356조의2 4항). 그리하여 2016년 「주식·사채 등의 전자등록에 관한 법률」(법률 제14096호, 2016. 3. 22. 이하 "전자등록법")이 제정되었으나, 제도를 시행함에 필요한 기술적인 기반을 갖추는데 시간이 소요되어, 2019년 초 시행령이 마련되고 같은 해 9월 16일부터 시행되기에 이르렀다.[3]

예탁결제제도와의 관계

과거 상장주식을 상호간에 빈번하게 거래하는 금융투자업자들이 양도시마다 현물의 주권을 교부하는 대신, 한국예탁결제원에 주권을 예탁해 놓고 서로의 계좌간에 장부거래로 결제하였는데, 이 역시 주권 없이 주식을 거래한다는 점에서 주식의 전자등록제도와 흡사한 모습을 보인다. 그러나 예탁결제제도는 주권의 발행을 전제로 하고 그 주권의 실물을 교부하는 것에 갈음하는 방법으로서 이용되는 것이므로 아예 주권이 부존재함을 전제로 하는 전자등록제도와는 전혀 다른 제도이다. 그러므로 전자등록제가 적용되는 주식에 관해서는 증권예탁제가 적용될 여지가 없다.

비상장주식이나 기타 상장되지 않은 유가증권으로서 전자등록제를 이용하지 않는 증권은 증권을 발행해야 하므로 예탁제도를 이용할 수 있고, 예탁된 유가증권에 대해서는 여전히 자본시장법상의 예탁증권에 대한 특칙(양도방법, 실질주주제도 등)이 적용된다(484면 참조). 제도의 효율의 측면에서는 전자등록제도로 단일화하는 것이 바람직하다.[4]

---

1) 2017년 5월 현재 예탁기관이 존재하는 97개국 중 65개국, OECD 34개 국가 중 32개국에서 전자등록제도를 채택하고 있다고 한다(김병연, "주식·사채 등의 전자등록제도의 도입에 관하여," 「증권법」 제46호(2018), 39면).

2) 전자등록법의 제안서에서는 전자등록제도의 편의성과 경제성 외에 「조세회피 및 자금세탁 등 음성적 거래의 원천적 차단을 통해 증권거래 및 보유실명제를 도입하는 효과가 발생하는 것」을 입법이유의 하나로 들고 있다(주식·사채등의 전자등록에 관한 법률(대안) 제안서 2.).

3) 증권의 등록제도는 우리나라에서 완전히 새로운 것은 아니다. 1970년에 제정된 公社債登錄法(전자등록법의 제정으로 폐지)에 의해 공채와 사채 기타 소정의 유가증권이 債券의 발행에 갈음하여 등록에 의해 관리되어 왔다(동법 2조).

4) 김병연, 전게논문, 45면; 노혁준, "전자증권법의 상법상 쟁점에 관한 연구," 「比較」 제79호(2017), 1658면.

2. 전자등록의 관리구조

(1) 주식의 전자적 관리방식

증권적 권리의 전자적 관리에는 두 가지 방식을 생각해 볼 수 있다. 하나는 유가증권 자체의 존재양식을 電子化하는 「전자증권방식」이다. 즉 유가증권이 종이로 만들어지는 것이 아니라 전자적으로 존재하는 것이다. 이 방식에 의해 관리되는 유가증권의 양도는 전자적으로 존재하는 유가증권의 모습 그대로를 타인에게 옮기는 것이다. 우리나라의 전자어음의 발행 및 유통에 관한 법률에 의한 전자어음이 이 방식에 의해 관리되고 있다(동법 5조 이하 참조). 또 하나의 방식은 「전자등록방식」으로서, 유가증권이라는 개념을 지워버리고 권리의 내용을 전자적 방식으로 기록하여 이 기록에 공시적 기능을 부여하는 것이다. 따라서 주식을 전자화한다면 전자적 형태의 株券이 존재하는 것이 아니라, 주식의 내용이 전자적으로 기록되어 권리의 인식의 근거가 되고 그 이전을 법적으로 실행시켜 주는 공시적 근거가 되는 것이다. 개정법이 주식과 사채 등에 관해 채용한 전자화방식은 이 방식이다.[1)]

(2) 전자등록의 개념

상법 제356조의2 제 1 항은 전자등록을 「수권을 발행하는 대신 전자등록기관이 '전자등록부'에 주식을 등록」하는 것으로 정의하고 있지만, 전자등록법에서는 전자등록을 「주식등의 종류, 종목, 금액, 권리자 및 권리 내용 등 주식등에 관한 권리의 발생 · 변경 · 소멸에 관한 정보를 법소정의 '전자등록계좌부'에 전자적 방식으로 기재하는 것」이라고 정의하고 있다(전등 2조 2호). 이같이 전자등록법에서는 「전자등록부」란 용어를 사용하지 않고, 대신 「전자등록계좌부」라는 용어를 사용하며, 이는 전자등록기관의 계좌부만을 가리키는 것이 아니므로 상법에서의 정의는 전자등록법의 정의로 고쳐 읽어야 한다.

전자등록의 대상에는 주식만이 아니라 사채 등 다수의 권리가 있는데, 이들을 총칭할 때에는 「주식등」이라 부른다(전등 2조 1호). 여기서는 주식의 전자등록을 설명하므로 단지 주식이라 부르기로 한다.

(3) 관련기관과 전자등록계좌

1) 전자등록기관(이하 "등록기관") 전자등록제도의 운영체계에 있어 최상단에 위치하는 기관으로서 금융위원회와 법무부장관의 전자등록업허가를 받아 주식 등

1) 정완용, "회사법의 IT화 관련 개정사항에 관한 고찰," 「商硏」 제25권 2호(2006), 221면 이하 참조.

의 전자등록에 관한 업무를 수행한다(전등 5조). 전자등록업은 허가사업이지만, 전자등록제도의 시행을 위한 경과조치로서 전자등록법 공포 후 6월이 경과한 때로부터 한국예탁결제원이 전자등록기관의 허가를 받은 것으로 보므로(전등 부칙(2016) 8조 1항) 전자등록제도의 시행 후 당분간은 한국예탁결제원이 유일한 전자등록기관이다.

전자등록기관이 수행할 전자등록업무란 구체적으로는 후술하는 발행인관리계좌, 고객관리계좌 그리고 계좌관리기관등 자기계좌를 개설 · 폐지 및 관리하는 업무, 그리고 이들 계좌에 관한 장부인 발행인관리계좌부, 고객관리계좌부, 계좌관리기관의 자기계좌부를 작성 · 관리하는 업무를 말한다(전등 14조 1항).

2) 계좌관리기관 　계좌관리기관이란 후술하는 권리자를 자신의 고객으로 하여 이들의 전자등록 관련 계좌(고객계좌)를 관리하는 자를 말한다(전등 2조 7호). 전자등록된 주식의 일반권리자(계좌관리기관이 아닌 권리자)가 주식의 권리변동을 전자등록한다고 함은 이 계좌관리기관의 고객계좌부에 등록하는 것을 뜻한다. 자본시장법에 의해 증권을 매매하거나 중개하는 금융투자업자(통칭 증권회사)가 대표적인 계좌관리기관이고, 전자등록법은 그 밖에 계좌관리기관이 될 수 있는 자로서 은행, 한국은행, 보험회사, 외국전자등록기관 등을 열거하고 있다(전등 19조).

3) 발행인 　전자등록의 대상이 되는 주식을 발행한 자를 말한다(전등 21조). 주식의 경우에는 주식을 발행한 회사를 말한다.

4) 권리자 　전자등록된 주식등의 주주, 사채권자, 질권자 등 이해관계를 전자등록해야 할 당사자를 전자등록법에서는 「권리자」라는 용어로 총칭한다(전등 2조 5호). 전자등록계좌부는 이 권리자들의 권리의 변동을 기록하기 위한 것이다.

5) 전자등록계좌부 　주식등에 관한 권리의 발생 · 변경 · 소멸에 대한 정보를 전자적 방식으로 편성한 장부로서, 계좌관리기관이 작성, 관리하는 「고객계좌부」와 전자등록기관이 작성, 관리하는 「계좌관리기관등 자기계좌부」를 가리킨다. 전자등록기관이 작성, 관리하는 발행인관리계좌부, 고객관리계좌부는 주식등에 관한 권리의 발생 · 변경 · 소멸과 무관하므로 전자등록계좌부가 아니다.

3. 전자등록제도의 채택

(1) 제도의 임의성과 강행성

회사가 전자등록제도를 채택하기 위하여는 정관에 규정을 두어야 한다(356조의 2 1항). 상법상으로는 회사가 임의로 채택여부를 결정할 수 있고, 전자등록법에서도 임의적인 제도임을 원칙으로 하지만, 일정한 경우에는 채택(신규등록)을 강제한다. 특히 전자등록법은 상장주식은 대량 발행되고 유통이 빈번하여 무권화의 필요성이 크다고 보아 전자등록을 강제한다(전등 25조 1항 1호).[1)]

회사가 수종의 주식을 발행하는 경우 일부의 종류에 관해서만 전자등록제를 채택할 수 있는가? 주식거래의 안정을 위해 전자등록제는 단일한 회사에서는 모든 주식에 관해 통일적으로 적용되어야 한다고 본다.

(2) 발행인계좌의 개설과 신규등록 신청

특정의 주식등이 전자등록가능한 권리가 되기 위한 절차이다.

1) 발행인계좌 개설 주식의 발행인이 주식을 전자등록의 방법으로 발행하고자 하거나, 이미 발행된 주식을 주주등 권리자로 하여금 전자등록의 방법으로 보유하게 하려 할 때에는 신규 등록신청의 전제로서 등록기관에 발행인관리계좌를 개설하여야 한다(전등 21조 1항). 이에 의해 등록기관은 발행인관리계좌부를 작성하며, 동계좌부에는 i) 발행인의 명칭 등 발행인을 식별할 수 있는 소정의 정보, ii) 전자등록주식의 종류, 종목 및 종목별 수량 또는 금액(債券의 경우. 이하 같음) 등을 기재한다(동조 2항, 전등령 12조 3항·4항).

발행인관리계좌부에 기록된 전자등록주식의 종목별 수량 또는 금액이 주주명부의 기재와 다를 때에는 주주명부에 기재된 수량 또는 금액을 기준으로 한다(전등 21조 3항).

2) 신규 등록신청 발행인은 발행인계좌 개설과 함께 동계좌에 기재된 주식이 전자등록에 의해 유통될 수 있도록 신규의 전자등록신청을 한다. 이에 대해 관리기관은 주식의 양도가 법으로 금지되어 있는 등 소정의 사유가 있으면 등록을 거부하여야 한다(전등 25조 6항). 신규 전자등록은 회사가 최초로 전자등록제를 채택하기 위해서 할 뿐만 아니라, 신규 등록 후 신주를 발행할 경우에도 신주에 관해 신규 전자등록을 해야 한다(전등 25조 1항).

3) 신규 등록의 효력 신규 등록이 이루어지면 등록된 주식은 향후 전자등록에 의해 거래가 이루어지므로 주권을 발행하지 못한다(전등 36조 1항). 발행인이 주권을 발행하더라도 이는 무효이다(동조 2항). 이미 발행된 주식을 전자등록한 경우에는 이후 발행하는 신주도 전자등록을 해야 하고 주권을 발행할 수 없다. 따라서 주식인수인이나 주주는 회사에 주권의 발행을 청구할 수 없다(대법원 2024. 7. 25. 선고 2020다273403 판결).

이미 발행된 주권은 신규등록을 위해 정한 기준일로부터 효력을 잃는다(동조 3항). 주권의 상실로 인해 기준일 당시 공시최고절차가 계속 중인 주권은 그 주권에 대한 제권판결의 확정, 그 밖에 이와 비슷한 사유가 발생한 날부터 효력을

1) 주식·사채등의 전자등록에 관한 법률(대안) 제안서 3. 가.

잃는다(동조 항 단).

발행인계좌의 개설은 전자등록의 대상이 되는 주식을 특정하기 위함이고, 신규 등록은 기 발행된 주식이 전자등록에 의해 거래될 수 있도록 하기 위한 절차에 불과하므로 이로 인해 주식의 권리가 창설되거나 변경되는 것은 아니다.[1)]

(3) 전자등록전환시의 경과조치

이미 발행되어 있는 주식을 전자등록대상으로 전환할 경우에는 회사는 주주들이 주지하도록 해야 함은 물론, 기 유통되는 주권이 효력을 잃으므로 이를 회수하는 조치를 해야 한다. 그러므로 회사는 신규 전자등록을 하려는 날(기준일) 전일을 말일로 하여 1월간의 기간을 정하여 다음 사항을 공고하고 주주명부에 권리자로 기재된 자에게 같은 사항을 통지하여야 한다(전등 27조 1항). i) 기준일부터 주권이 그 효력을 잃는다는 뜻, ii) 권리자는 기준일의 직전 영업일까지 발행인에게 주식이 전자등록되는 고객계좌 또는 계좌관리기관등 자기계좌(이하 "전자등록계좌"라 한다)를 통지하고 주권을 제출하여야 한다는 뜻, iii) 발행인은 기준일의 직전 영업일에 주주명부에 기재된 권리자를 기준으로 제25조 제 1 항에 따라 전자등록기관에 신규 전자등록의 신청을 한다는 뜻.

4. 계좌개설

(1) 고객계좌 및 同계좌부

전자등록된 주식은 주권이 없이 전자등록으로 거래하여야 하므로 권리자들은 전자등록을 담당하는 기관에 계좌를 개설해야 한다. 계좌관리기관이 아닌 일반 권리자 또는 권리자가 되려는 자들은 계좌관리기관에 고객계좌를 개설해야 하고(전등 22조 1항) 개설되면 계좌관리기관은 권리자별로 고객계좌부를 작성해야 한다(동조 2항). 동계좌부에는 권리자를 특정할 수 있는 정보와 그가 가진 전자등록된 주식에 관한 권리내용을 기재한다. 구체적으로는, i) 권리자의 성명 또는 명칭 및 주소, ii) 발행인의 명칭, iii) 전자등록주식의 종류, 종목 및 종목별 수량 또는 금액, iv) 전자등록주식에 질권이 설정된 경우에는 그 사실, v) 전자등록주식이 신탁재산인 경우에는 그 사실, vi) 전자등록주식의 처분이 제한되는 경우에는 그에 관한 사항을 기재한다. 그리고 vii) 계좌부에 등록된 주식의 수량 또는 금액의 증감원인(매도, 매수 등)을 기재한다(동조항 각호 및 전등령 14조).

예컨대 A라는 투자자가 SK(주)의 주식을 취득하려고 한다. A는 먼저 어느

1) 노혁준, 전게논문, 1661면.

증권회사이든 선택하여 자신의 고객계좌를 개설해야 한다. 삼성증권(주)를 선택하여 계좌를 개설하고, 동증권사에 위탁하여 SK 보통주식 100주를 취득했다고 하자. 그러면 삼성증권이 관리하는 A의 고객계좌부에는 「A의 성명 및 그의 주소, SK(주)라는 발행인의 명칭, A가 취득한 SK 보통주식 100주」가 기재된다. A가 돈이 필요하여 이 주식을 담보로 제공하고 신한은행에서 100만원을 빌렸다고 하자. 그러면 위 사항에 추가하여 신한은행의 질권의 내용이 기재된다.

한편 A가 취득한 SK 주식은 다른 누구인가가 매각한 것이다. B가 대신증권(주)를 통해 처분했다고 하자. 그러면 대신증권이 관리하는 B의 고객계좌부에 기재되어 있던 SK 보통주식 100주가 차감되어 기재된다(〈그림 6-4〉 참조).

⑵ **고객관리계좌 및 동계좌부**

위 예에서의 B의 매도, A의 매수는 중앙관리기구인 등록기관에서 정산되어야 한다. 이를 위해 계좌관리기관은 등록기관에 자기 이름으로 고객관리계좌를 개설하고, 이에 의해 등록기관은 계좌관리기관별로 고객관리계좌부를 작성하여야 한다. 고객관리계좌부에는 i) 계좌관리기관의 명칭 및 주소, ii) 전자등록주식의 종류, 종목 및 종목별 수량 또는 금액, iii) 동주식의 수량 또는 금액의 증감원인을 기재한다(전등 22조 3항·4항, 전등령 15조).

예컨대 삼성증권에는 A 외에 A2라는 고객과 A3라는 고객이 있는데, A2는 SK 보통주식 200주와 LG 우선주식 300주를 소유하고 있고, A3는 LG 우선주식 100주를 소유하고 있다고 하자. 그러면 등록기관이 관리하는 삼성증권의 고객관리계좌부에는 다음과 같이 기록될 것이다.

삼성증권 고객관리계좌부
▣ SK 보통주식 100주 (○○년 ○월 ○일 매수, 매도인: 대신증권) SK 보통주식 200주 (△△년 △월 △일 매수, 매도인: △△증권) ▣ LG 우선주식 300주 (△△년 △월 △일 매수, 매도인: △△증권) LG 우선주식 100주 (□□년 □월 □일 매수, 매도인: □□증권)

위에서 보듯이 등록기관이 관리하는 계좌관리기관의 고객관리계좌부에는 계좌관리기관의 개별 고객의 권리에 관한 정보는 기재되지 않고, 계좌관리기관이 고객으로부터 등록받은 주식의 종목별 수량만 기재된다. 그러므로 계좌관리기관의 고객의 권리변동은 계좌관리기관의 고객계좌에서 완결되지만, 각 계좌관

리기관이 고객으로부터 위탁받아 보유하는 수량은 등록기관의 고객관리계좌부의 계좌간대체에 의해 정산되는 것이다. 예컨대 위 예에서 B가 매각한 SK보통주식 100주는 등록기관이 관리하는 대신증권의 고객관리계좌부에서 차감되고, 삼성증권의 고객관리계좌부에 가산되며, 대신증권이 관리하는 B의 고객계좌부에서 차감되고, 삼성증권이 관리하는 A의 고객계좌부에 가산되는 것이다.

〈그림 6-4〉 전자등록의 구조 1

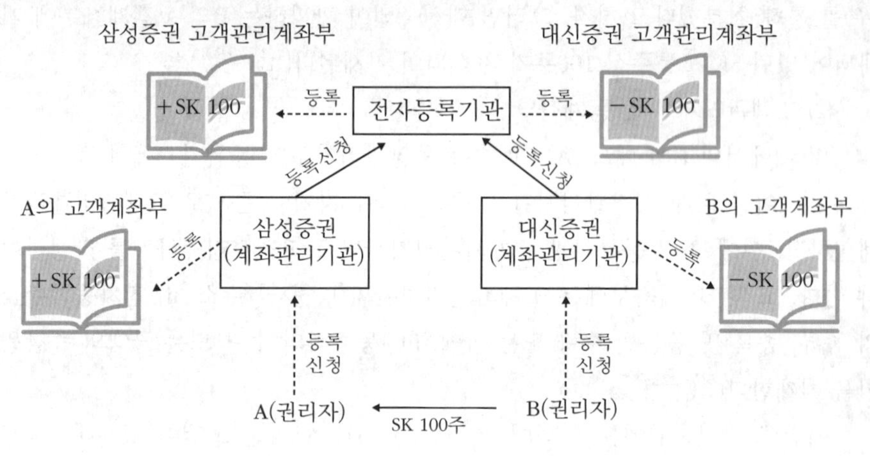

⑶ 계좌관리기관등 자기계좌

금융투자업자(계좌관리기관)는 고객의 위탁거래만 하는 것이 아니라 스스로의 계산으로 증권투자를 할 수 있다. 이 경우에는 계좌관리기관이 스스로 위 A나 B와 같은 권리자가 되는 것인데, 이 경우 이들이 가진 주식의 권리변동은 등록기관에서의 전자등록에 의해 이루어져야 한다. 그러므로 계좌관리기관 기타 법률에 따라 설립된 기금, 그 밖에 전자등록기관에 주식을 전자등록할 필요가 있는 자로서 시행령으로 정하는 자(법정기금관리법인 등. 전등령 16조)가 전자등록된 주식의 권리자가 되려는 경우에는 등록기관에 자기계좌를 개설한다(전등 23조). 이들에 의한 주식의 취득, 처분은 등록기관에서 직접 전자등록에 의한 계좌대체를 통해 이루어진다.

예컨대 P라는 투자자가 ㈜LG의 주식 300주를 가지고 있다가 삼성증권을 통해 처분하였고, 이를 대신증권이 취득하였다 하자. 삼성증권이 관리하는 P의 고객계좌부에서 LG 300주를 차감하고, 등록기관이 관리하는 삼성증권의 고객관리계좌부에서 LG 300주를 차감하는 것은 앞서 본 투자자 B가 SK 주식을 처분한 경우와 같다. 그러나 대신증권이 취득한 LG 300주는 등록기관이 관리하는 대신증권의 계좌관리기관등자기계좌부에 가산 기재함으로써 전자등록의 효과가 생기는 것이다(〈그림 6-5〉 참조).

〈그림 6-5〉 전자등록의 구조 2

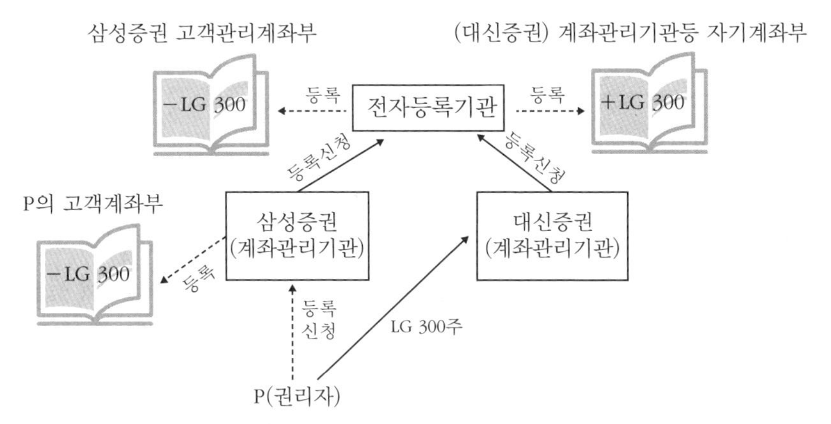

5. 전자등록된 주식의 권리변동

(1) 등록사유

전자등록부에 등록된 주식의 권리변동은 다음과 같이 전자등록에 의해 이루어진다(356조의2 2항).

1) 주식의 양도 전자등록된 주식의 양도는 양도인과 양수인 측에서 전자등록이 이루어져야 하므로 전자등록은 계좌간대체로 행해진다. 이 계좌간대체에 의해 양도의 효력이 발생한다(전등 35조 2항). 계좌간대체는 이를 원하는 자가 등록기관 또는 계좌관리기관에 신청하여 이루어진다(전등 30조).

전자등록된 주식은 다른 방식으로 양도할 수 없다. 예컨대 지명채권양도방식에 의한 양도는 무효이다.

2) 기 타 상속·합병과 같은 포괄승계, 법원의 판결 기타 법률의 규정에 의해 권리가 이전되는 경우에는 그 원인된 사실의 발생으로 권리가 이전되지만, 권리를 승계한 자가 처분하기 위해서는 자기명의의 전자등록이 필요하므로 이 역시 계좌간대체를 신청해야 한다(전등 30조 1항 2호). 질권의 설정도 전자등록으로

하여야 효력이 발생하며(전등 35조 3항), 신탁도 전자등록을 해야 제 3 자에게 대항할 수 있다(동조 4항). 질권 · 신탁의 표시를 말소할 경우에도 전자등록을 해야 한다(전등 31조 · 32조).

회사의 합병 · 분할, 주식의 전환, 회사의 청산 등으로 주식의 권리가 이미 소멸하거나 변동한 경우에도 권리의 기재를 말소하는 전자등록이 필요하다(전등 33조).

(2) **권리변동의 효력발생시기**

전자등록주식의 권리변동은 전자등록이 완료되어야 효력을 발생한다. 양도의 경우에는 계좌간대체의 전자등록이 완료되어야 한다. 그러면 양도를 위한 계좌간대체의 전자등록은 언제 완료되는가? 누가 보유하는 주식의 권리가 변동되느냐에 따라 다음과 같이 여러 경우의 수가 있다(전등령 25조 4항).

i) 계좌관리기관 간의 자기계좌에 의한 양수도인 경우 예컨대 삼성증권(A)이 자기계좌의 주식을 양도하고, 대신증권(B)이 자기계좌로 이 주식을 양수하는 경우이다. 이 경우에는 양도하는 계좌관리기관(A)의 신청에 의해 등록기관이 동계좌관리기관(A)의 자기계좌부에 해당수량의 주식을 감소등록하고, 양수하는 계좌관리기관(B)의 자기계좌부에 같은 수량을 증가등록한다(동조항 1호).

ii) 계좌관리기관의 자기계좌의 주식이 같은 계좌관리기관 내의 혹은 다른 계좌관리기관의 고객계좌로 이전되는 경우 예컨대 삼성증권(A)이 대신증권(B)의 고객(B′)에게 주식을 양도하는 경우이다. 이 경우에는 양도하는 계좌관리기관(A)의 신청에 의해 등록기관이 동기관(A)의 자기계좌부에 해당 수량의 주식을 감소등록하고, 양수인(B′)이 고객계좌를 개설한 계좌관리기관(B)의 고객관리계좌부에 같은 수량을 증가등록한 후 동계좌관리기관(B)에 이 사실을 통지한다. 그러면 동기관(B)은 자신이 관리하는 양수인인 고객(B′)의 고객계좌부에 같은 수량을 증가등록한다(동조항 3호).

iii) 고객계좌의 주식이 같은 혹은 다른 계좌관리기관의 자기계좌로 이전되는 경우 예컨대 대신증권(B)의 고객(B′)이 주식을 양도하고 이를 삼성증권(A)이 자기계좌로 양수하는 경우이다. 이 경우에는 양도인(B′)의 계좌관리기관(B)이 양도인(B′)의 고객계좌부에 감소등록을 하고 이를 등록기관에 통지하면, 등록기관은 동계좌관리기관(B)의 고객관리계좌부에 감소등록하고 양수인인 계좌관리기관(A)의 자기계좌부에 증가등록을 한다(동조항 4호).

iv) 서로 다른 계좌관리기관 내의 고객계좌 간에 주식이 양수도되는 경우 예컨대 삼성증권(A)의 고객(A′)으로부터 대신증권(B)의 고객(B′)에게 주식이 이전되는 경우이다. 이 때에는 양도인(A′)의 계좌관리기관(A)이 양도인의 고객계좌부에서 감소등록을 한 후 등록기관에 통지하고, 등록기관은 양도인(A′)의 계좌관리기관(A)의 고객계좌관리부에 같은 수량의 감소등록을, 양수인(B′)의 계좌관리기관(B)의 고객계좌관리부에 증가등록을 한 후 양수인의 계좌관리기관(B)에 통지한다. 양수인의 계좌관리기관(B)은 통지에 따라 양수인(B′)의 고객계좌부에 증가등록을 한다(동조항 5호).

v) 같은 계좌관리기관 내의 고객 간에 주식의 양수도가 이루어지는 경우 예컨대 삼성증권의 고객 A1이 다른 고객 A2에게 주식을 이전하는 경우이다. 이 경우에는 계좌관리기관은 양도인(A1)의 고객계좌부에 해당 주식의 수량을 감소등록하고, 양수인(A2)의 고객계좌부에 증가등록을 한다(동조항 2호). 이 경우에는 유일하게 등록기관이 관여하지 않고, 동일한 계좌관리기관의 고객계좌간의 대체로 전자등록이 완료된다.

이상의 각 경우에 따라 최종적으로 이루어지는 전자등록에 의해 계좌간대체가 완료되며 등록주식에 관한 권리변동의 효력이 발생한다.

6. 전자등록의 효력

1) **권리추정력** 전자등록계좌부에 주식을 보유하거나 질권을 취득한 것으로 등록된 자는 그 등록된 주식에 대한 권리를 적법하게 보유한 것으로 추정한다(전등 35조 1항). 주권에 대해 인정되는 권리추정력(336조 2항)과 같은 효력이다.

2) **선의취득** 권리추정력의 당연한 효과로서, 전자등록계좌부의 기록을 중대한 과실 없이 신뢰하고 전자등록된 주식의 권리를 취득하여 등록한 자는 양도인 또는 질권설정자가 무권리자이더라도 그 권리를 적법하게 취득한다(356조의2 3항, 전등 35조 5항). 역시 주권을 선의취득하는 것과 같다.

7. 주식의 권리행사

전자등록된 주식의 권리행사는 회사와 주주 전원 간에 권리행사가 이루어질 경우와 주주가 단독으로 주주권을 행사할 경우에 각기 방법을 달리한다.

(1) 집단적 권리행사의 경우

주주총회를 개최하거나 이익배당을 지급하는 등 주주 전원을 상대로 획일적으로 권리를 인정해야 할 경우에는 통상 회사가 주주명부를 폐쇄하거나 기준일을 정하여 권리행사할 주주를 특정하게 된다(354조 1항). 이 경우에는 발행인은 전자등록기관에 그 기준일을 기준으로 해당 주식의 소유자의 성명 및 주소, 소유자가 가진 주식의 종류 · 종목 · 수량 등을 기록한 명세를 요청하여야 한다(전등 37조 1항). 이 명세를 「소유자명세」라 부른다.

주주전원의 권리행사를 위한 경우가 아니더라도, 발행인이 법령 또는 법원의 결정 등에 따라 해당 전자등록주식의 소유자를 파악하여야 하는 경우, 발행인이 분기별로 해당 전자등록주식의 소유자를 파악하려는 경우(전등령 31조 1항), 발행인의 주식에 관해 공개매수신고서가 제출되어 그 주식의 소유상황을 파악하기 위하여 필요한 경우 등 소정의 경우에도 발행인은 등록기관에 대해 소유자명세를 요청할 수 있다(전등 37조 2항, 전등령 31조 4항).

등록기관이 소유자명세를 요청받은 경우, 등록기관은 권리자에 관한 정보를 갖고 있지 않으므로 계좌관리기관에 소유자명세의 작성에 필요한 사항의 통보를 요청할 수 있다. 그 요청을 받은 계좌관리기관은 그 사항을 지체 없이 전자등록기관에 통보하여야 하고 등록기관 역시 발행인에게 지체 없이 통보해야 한다(전등 37조 4항).

주식의 전자등록은 주권을 갈음하는 것이지 주주명부 및 명의개서를 갈음하는 것이 아니므로 전자등록된 권리자들이 주주로서 권리행사를 할 수 있도록 하기 위해서는(337조 1항) 발행인이 등록기관으로부터 통지받은 소유자명세를 바탕으로 주주명부를 작성 · 비치하여야 한다(전등 37조 6항).

(2) **개별적 권리행사의 경우**

주주가 소수주주권이나 주주총회결의에 관한 소제기 등 개별적인 권리를 행사하기 위해서는 앞서 말한 회사(발행인)가 정한 기준일 이외의 특정한 날에 주주임을 증명해야 할 필요가 있다. 주식의 소유자는 자신의 권리를 행사하기 위하여 등록기관에 소유자증명서의 발행을 신청할 수 있다(전등 39조 1항). 등록기관은 소유자에 관한 정보를 알지 못하므로 신청인은 자신이 고객계좌를 개설한 계좌관리기관을 통하여 신청해야 하고, 이 신청을 받은 계좌관리기관은 동신청인의 주식의 소유내용 및 행사하려는 권리의 내용, 기타 소정의 사항을 지체 없이 전자등록기관에 통지하여야 한다. 등록기관은 이에 기초하여 소유자증명서를 발행하고 동시에 발행인에게 지체 없이 통지하여야 한다(동조 1항~3항).

소유자증명서에는 i) 소유자의 성명 또는 명칭 및 주소, ii) 증명하려는 전자등록주식의 종류 · 종목 및 수량, iii) 행사하려는 권리의 내용, iv) 제출처 등이 기재되어야 한다(전등령 33조 2항). 이 정보 중 iii)과 iv)는 주식의 소유자가 증명서를 신청할 때에 소명하여야 할 정보들로서, 동증명서에 의한 권리행사의 범위를 제한하는 요소가 된다.

주식의 소유자는 이 소유자증명서를 발행인 기타 권리행사의 상대방(법원 등. 전등령 33조 6항)에게 제출하고 이에 의해 소유자로서의 권리를 행사할 수 있다(전등 39조 5항).

주주가 소유자증명서를 발급받아 권리를 행사하면서 주식을 바로 처분한다면 이는 이중으로 주주의 지위를 누리는 것이다. 그러므로 등록기관이 소유자증명서를 발행한 경우에는 계좌관리기관(계좌관리기관이 소유자인 경우에는 등록기관)은 고객계좌부(또는 계좌관리기관의 자기계좌부)에 그 소유자증명서 발행의 기초가 된 주식의 처분을 제한하는 전자등록을 해야 한다(동조 4항). 이후 소유자증명서가 반환된 때에는 그 처분을 제한하는 전자등록을 말소한다(동조 항).

소유자는 소유자증명서에 갈음하여 등록기관에 대하여 주식에 관한 자신의 소유내용을 발행인에게 통지해 줄 것을 청구할 수 있다(전등 40조). 소유자는 이 통지에 의해 발행인에게 전자등록된 주식의 소유 내용에 따라 권리를 행사할 수 있으며, 계좌관리기관이 이 통지의 기초가 된 동주식의 처분을 제한하는 전자등록을 해야 하는 것 등은 소유자증명서에 관해 설명한 바와 같다.

소유자증명서 및 등록기관의 소유내용통지에 따라 주주가 권리를 행사할 경우에는 명의개서를 요하지 아니함은 규정상 명백하다(전등 39조 5항, 40조 4항).[1]

(3) 등록기관에 의한 대리행사

전자등록된 주식의 권리자는 등록기관을 통하여 주식으로 인한 배당금 · 원리금 · 상환금 등의 수령, 그 밖에 주식에 관한 권리를 행사할 수 있다(전등 38조 1항). 이 권리행사는 계좌관리기관을 통하여 신청하여야 한다(동조 2항).

Ⅳ. 株主名簿

1. 의　　의

주주명부(stock transfer books, register of members; Aktienregister)란 주주 및 그 주식소유의 현황을 나타내기 위하여 상법의 규정에 의하여 회사가 작성 · 비치하는 장부이다(352조 1항, 396조 1항).[2]

합명 · 합자회사에서는 사원의 성명을 정관에 기재하여 누가 사원인지를 인식한다. 그러나 주식회사에서는 주주가 정관에 기재되지 않고 주식의 양도성으로 인해 주주가 수시로 변동될 수 있으므로 회사로서는 특정 시점에서 누가 주주

1) 김병연, 전게논문, 59면; 노혁준, 전게논문, 1686면.
2) 주주명부는 회사의 영업 및 재산의 상황을 보여 주는 것이 아니므로 상업장부는 아니다.

인가를 확정할 방법을 마련하여야 한다. 무기명주식의 경우는 주권의 소지만으로 주주임을 증명하여 권리를 행사할 수 있으므로 편리하지만, 반면, 권리상실의 위험이 크고 회사의 소유구조가 불투명해지는 단점이 있어 상법은 기명주식만 발행하도록 한다고 함은 기술한 바와 같다(340면 참조). 기명주식제도하에서는 부동산의 권리관계를 등기부로 관리하듯이 안정적인 방법으로 주주권의 귀속관계를 파악할 수 있다. 즉 회사가 주주를 상대로 하는 집단적 · 계속적인 법률관계를 처리함에 있어 주주를 정태적으로 파악하는 기술적 방법으로서 주주명부를 작성 · 비치하는 것이다. 회사는 이 주주명부에 기초하여 주주를 인식하면 되고, 주식을 양수한 자도 회사에 대한 관계에서 주주임을 주장하기 위하여는 후술하는 바와 같이 명의개서를 하여야 한다. 또한 주주명부는 주식을 양수하려는 자 기타 회사 이외의 자로 하여금 누가 주주인지를 인식할 수 있게 하는 공시적 기능도 부수적으로 수행한다.

그러나 주주명부는 그 기재에 의해 주주권 자체를 발생시키거나 확정시키는 것은 아니다. 즉 주주명부는 누가 진정한 주주이냐는 「權利所在의 근거」가 아니고, 누가 증명의 부담없이 주주권을 주장할 수 있느냐는 「形式的 資格의 근거」인 것이다.

2. 비치 · 공시

주주명부는 본점에 비치하여야 한다. 명의개서대리인을 두었을 때에는 대리인의 영업소에 주주명부 또는 복본을 둘 수 있으며(396조 1항 후), 주주명부(그 복본이 아니다)를 명의개서대리인의 영업소에 두기로 한 때에는 본점에 비치하지 않아도 된다. 주주 및 회사채권자는 영업시간 내에는 언제든지 주주명부 또는 그 복본의 열람 또는 등사를 청구할 수 있다(396조 2항). 열람목적을 소명하거나 그 정당성을 증명할 필요는 없다. 명의개서대리인을 둔 경우 同대리인은 회사의 이행보조자에 불과하므로 주주는 회사를 상대로 주주명부의 열람 · 등사를 청구할 수 있고, 명의개서대리인에게 직접 열람 · 등사를 청구할 수는 없다.[1)]

3. 기재사항(352조)

주주명부에는 ① 주주의 성명과 주소, ② 각 주주가 가진 주식의 종류 · 수,

---

1) 대법원 2023. 5. 23.자 2022마6500 결정: 명의개서대리인을 상대로 주주명부열람 · 등사가처분을 신청한 것은 위법하고 회사를 채무자로 하여 신청해야 한다고 한 예.

③ 각 주주가 가진 주식의 주권을 발행한 때에는 그 주권의 번호, ④ 각 주식의 취득년월일을 기재한다. 전자주주명부를 작성한 경우에는 ①의 주주의 성명과 주소에 더하여 전자우편주소를 기재해야 한다(352조의 2 2항). 상법에서는 별도의 정의 없이 「전자우편주소」라는 용어를 사용하는데, 이는 「인터넷주소자원에 관한 법률」 제 2 조 제 1 호가 규정하는 「인터넷주소」를 가리키는 말로 읽어야 한다.

이외에도 전환주식을 발행한 때에는 상법 제347조에 게기한 사항을 주주명부에 기재해야 하고(352조 2항), 등록질의 설정도 주주명부에 기재해야 하며(340조 1항), 주식을 신탁한 경우 주주명부에 기재해야 제 3 자에게 대항할 수 있다(신탁 4조 1항). 주주명부에 기재할 사항을 기재하지 아니하거나, 부실한 기재를 한 때에는 발기인·이사 등에게 벌칙이 적용된다(635조 1항 9호).

주주명부의 회사법적 효력은 어떠한가? 상법 제352조가 열거하는 것은 강행규정이기는 하나, 누락되거나 부실기재된 항목의 실체적 중요성을 감안하여 효력을 논해야 할 것이다. 주주의 성명과 소유주식수는 절대적으로 생략할 수 없는 기재사항이지만, 그 밖의 사항을 결하더라도 주주명부의 효력에는 영향이 없다고 보아야 한다(同旨: 수원지방법원 2006. 11. 21. 선고 2006가합923 판결; 의정부지방법원 2018. 1. 30. 선고 2016구합9553 판결; 대구지방법원 2018. 10. 4. 선고 2017가합209383 판결).

4. 주주명부의 효력

(1) 주주권행사의 요건

주주명부에 주주의 이름과 소유주식이 기재되는 것은 회사에 대해 주주권을 주장하기 위한 요건이 된다. 그러므로 적법한 원인과 방법(주권의 교부)을 갖추어 주식을 양수하였더라도 명의개서를 하지 아니하면 회사에 대해 주주권을 행사할 수 없다(337조 1항). 이 점이 주주명부의 가장 중요한 효력이라 할 수 있다.

기타 상세한 점은 명의개서의 대항력의 문제로 후술한다(382면 이하 참조).

(2) 자격수여적 효력(권리추정력)

주주명부에 주주로 기재된 자는 적법한 주주로 추정되므로 회사에 대하여 자신의 실질적인 권리를 증명할 필요 없이 단지 그 기재만으로써 주주임을 주장할 수 있다(또 등록질권자로 기재된 자는 적법하게 질권을 취득한 것으로 추정된다)(판례 [28], 판례 [29], 대법원 2014. 12. 11. 선고 2014다218511 판결). 주권을 제시할 필요도 없다. 이를 주주명부의 자격수여적 효력 또는 권리추정력이라 부른다. 주주명부에 기재된 자에 대해 자격수여적 효력을 인정한다는 명문의 규정은 없지만, 주권점유의 권리추정력(336조 2항)과 명의개서의 대항력(337조 1항)을 근거로 하여 주주명부의 자격수여적 효력이 인정된다. 즉 주주는 주권을 점유함으로써 적법한 주주로서의 자격이 추정되는 까닭에 실질적 권리를 주장·증명함이 없이 명의개서를 청구할 수 있고(336조 2항), 또 이같이 함으로써 회사에 대항할 수 있으므로(337조 1항의 반대해석) 주주명부에 기재된 자에게는 주주로서의 권리가 추정되는 것이다.

그러나 주주명부의 기재가 권리를 창설하는 효력이 있는 것은 아니므로, 실체법상 주식을 취득하지 못한 자가 명의개서를 하였다고 해서 주주권을 취득하는 것은 아니며, 반대로 명의개서가 이루어지지 않았다 해서 주주가 권리를 상실하는 것도 아니다(대법원 2020. 6. 11. 선고 2017다278385·278392 판결). 그러므로 명부상의 주주가 무권리자라는 사실이 증명되면 당연히 그의 주주권이 부인된다(판례 [28]). 다만 주주명부에 주주로 기재된 자의 주주권을 부인하는 자가 그 사실을 증명할 책임을 부담할 뿐이다(판례 [29]). 이같이 주주명부에 권리추정력이 인정되지만 주주명부에 주주로 등재되어 있다는 사실 자체는 주주권을 주장하는 자가 입증해야 한다(대법원 1993. 1. 26. 선고 92다11008 판결).

株券의 점유에 주어지는 자격수여적 효력(336조 2항)과 주주명부의 자격수여적 효력은 구별해야 한다. 주주명부에 의한 자격수여적 효력은 주주명부에 주주로 기재된 자가 회사에 대하여 실질적인 권리를 증명할 필요 없이 적법한 주주로 추정된다는 뜻이고, 주권의 점유로 인한 자격수여적 효력은 주권의 소지가 적법함이 추정된다는 뜻이다. 그러므로 주권을 소지한다고 하여 바로 회사에 대하여 주주권을 행사할 수 있는 것은 아니다. 주주권을 행사하기 위하여는 명의개서를 하여야 한다(337조 1항).

⑶ 면책적 효력

주주명부에 주어지는 자격수여적 효력의 반사적 효과로서 회사는 주주명부에 주주로 기재된 자를 주주로 보고 배당금청구권·의결권·신주인수권 등의 주주의 권리를 인정하면 설혹 주주명부상의 주주가 진정한 주주가 아니더라도 면책된다.

면책적 효력은 주주의 확정에 관해서뿐 아니라 주주의 주소 등 다른 기재사항에 관해서도 주어진다. 주주 또는 질권자에 대한 회사의 통지 또는 최고는 주주명부에 기재된 주소 또는 그 자로부터 회사에 통지한 주소로 하면 되고(353조 1항), 주소가 변경되거나 주주가 주소를 잘못 제출하여 주소가 사실과 다르고 이로 인해 주주가 통지를 받지 못하더라도 회사는 이에 대하여 책임을 지지 아니한다. 주식을 상속하였을 때에도 상속으로 인한 명의개서가 없는 한 통지 또는 최고는 피상속인에 대하여 하면 면책된다.[1)]

---

1) 大隅·今井(上), 408면; 鈴木, 137면.

⑷ 주권불발행기재의 효력

주주의 주권불소지신청에 의해 회사가 주주명부에 주권을 발행하지 아니한다는 뜻을 기재하면 주권을 발행할 수 없고, 주주가 제출한 주권은 무효가 된다(358조의 2 3항). 이 점 역시 주주명부의 효력으로 볼 수 있다.

판 례

[28] 대법원 1989. 7. 11. 선고 89다카5345 판결

「… 주주명부에 기재된 명의상의 주주는 실질적 권리를 증명하지 않아도 주주의 권리를 행사할 수 있게 한 자격수여적 효력만을 인정한 것뿐이지 주주명부의 기재에 창설적 효력을 인정하는 것이 아니므로 반증에 의하여 실질상 주식을 취득하지 못하였다고 인정되는 자가 명의개서를 받았다 하여 주주의 권리를 행사할 수 있는 것도 아니다.」

[29] 대법원 1985. 3. 26. 선고 84다카2082 판결

「… 피고회사의 주주명부에 원고가 주주로 등재되어 있다면 원고는 일응 그 회사의 주주로 추정된다 할 것인바 … 원고는 피고회사에게 동사가 적법히 발행한 7,500주의 신주식의 청약을 하였고, 주주명부상 그 주주로 등재되어 있음이 인정되므로 … 달리 그 주금을 납입한 입증이 없다고 원고의 주장을 배척한 것은 필경 주주권을 부인하는 측에 있는 입증책임을 원고에게 전도한 위법이 있다 할 것이[다.]」

⑸ 주소기재의 효력(도달주의에 대한 특칙)

주주(또는 질권자)에 대한 회사의 통지 또는 최고는 주주명부에 기재된 주소 또는 주주(또는 질권자)로부터 회사에 통지한 주소로 하면 된다(353조 1항). 그리고 회사의 통지 또는 최고는 보통 그 도달할 시기에 도달한 것으로 본다(353조 2항→ 304조 2항). 도달주의에 관한 민법 제111조의 적용에 있어, 판례는 내용증명으로 발송된 우편물은 통상 그 시기에 도달한 것으로 본다고 하므로(대법원 1981. 1. 15. 선고 79다1498 판결) 위 규정은 도달의 시기에 관해서는 민법의 도달주의를 벗어나지 않은 것으로 보이나, 사고로 도달하지 않은 경우에도 발신만 입증되면 도달이 의제된다는 취지로 풀이되므로 결국 발신주의를 취한 것으로 보아야 한다.[1] 다수의 주주를 상대로 하는 통지사무의 단체적 특성을 고려하여 회사에게는 통지사실의 증명책임만 과하고, 부도달의 위험은 주주가 부담하도록 한 것이다.

---

1) 日注釋(4), 26면.

5. 주주명부의 폐쇄와 기준일

(1) 의 의

주식이 유통됨에 따라 주주명부상의 주주가 수시로 변동되므로 이익배당이나 주주총회의 소집과 같이 주주권을 행사할 사안이 생겼을 때 주주권을 행사할 자를 시기적으로 특정시킬 필요가 있다. 이를 위한 기술적 방법으로서 일정 기간 주주명부에 권리변동의 기재를 금하는 「주주명부의 폐쇄」와 일정한 날의 주주를 그 이후의 변동에도 불구하고 주주권을 행사할 자로 확정하는 「기준일」이 있다.

주주명부의 폐쇄와 기준일제도는 그 실행이 강제되는 것은 아니고, 단지 회사가 주식사무의 편의를 위해 주주의 명의개서청구권 또는 주주권행사자를 시기적으로 제한할 수 있는 근거를 부여한 것이다. 그러나 일단 실시한다면 후술과 같이 상법의 규정에 따라 운용하여야 한다. 상장회사의 정관에는 흔히 영업연도 말일 다음 날부터 정기주주총회일까지 주주명부를 폐쇄한다는 규정을 두고 있다. 이같이 정관에 일정한 사항에 관해 일정 기간 주주명부를 폐쇄하거나 기준일을 설정하는 규정을 두었다면 당해 사안에 관하여는 반드시 주주명부를 폐쇄하고 기준일을 설정하여야 한다. 정관에 폐쇄 또는 기준일을 규정한 경우에는 주주명부의 폐쇄 또는 기준일을 공고할 필요가 없으므로(후술) 주주들은 정관에 의한 주주명부의 폐쇄 또는 기준일을 예상하고 주식을 거래할 것이기 때문이다.

(2) 주주명부의 폐쇄

주주명부의 폐쇄란 회사가 의결권을 행사하거나 이익배당을 받을 자 기타 주주 또는 질권자로서 권리를 행사할 자를 정하기 위하여 일정 기간 주주명부의 기재를 정지하는 것을 말한다. 주주명부를 폐쇄하면 명의개서가 금지되므로 폐쇄 당시 주주명부상에 주주로 등재되어 있는 자는 자동적으로 특정의 주주권을 행사할 주주로 확정된다. 예컨대 어느 회사가 2026년 3월 20일에 주주총회를 소집할 계획으로, 2026년 1월 1일부터 2026년 3월 20일까지 주주명부를 폐쇄하였다 하자. 한편 폐쇄 전부터 주주명부상 주주이던 A가 2026년 1월 10일에 B에게 주식을 양도하였다 하자. 그러면 주주총회 당일의 실제주주는 B이지만, 주주명부상으로는 A가 주주이므로 A가 의결권을 행사할 수 있는 것이다.

1) 주주명부의 폐쇄는 의결권행사 · 이익배당청구에 한하지 않고 신주인수권의 부여 등 주주권을 행사할 자를 정할 필요가 있을 경우에는 모두 허용되나, 주주권이 일시에 모든 주주에게 획일적인 기준으로 주어지는 경우에 한하고, 소수

주주권·각종의 소제기권과 같이 행사 여부가 주주의 개별적인 의사에 달려 있는 권리를 행사할 자를 특정하기 위해서는 인정되지 아니한다. 또 주주권을 행사할 자를 정할 필요가 있는 경우에 한하므로 주주권의 행사와 무관한 다른 사정(예: 회사의 담당직원의 휴가)이나 목적(예: 적대적 기업매수에 대한 경영권 방어)으로는 폐쇄할 수 없다.

2) 폐쇄기간중에는 명의개서가 금지됨은 물론이고, 질권의 등록이나 말소, 신탁재산의 표시나 말소 등 주주 또는 질권자의 권리를 변동시키는 기재는 할 수 없다. 그러나 권리변동과 무관한 기재사항의 변경(예: 주주의 주소변경)이나 訂正은 가능하다(통설).

3) 회사는 폐쇄기간중에는 폐쇄 전에 예측할 수 없었던 주주권의 변동을 야기하는 행위를 할 수 없다. 예컨대 정기총회를 이유로 1월 1일부터 2월 28일까지 주주명부를 폐쇄하고, 1월 15일을 기준일로 하여 신주를 발행한다면 이는 무효이다.[1]

4) 폐쇄기간중에 일부 주주 또는 질권자의 청구를 받아들여 회사가 임의로 명의개서 기타 기재를 할 수 있는가? 이는 주식평등의 원칙에도 반할 뿐 아니라 다른 주주의 권리를 침해할 수 있으므로 허용해선 안 된다(통설). 예컨대 이익배당을 받을 주주를 정하기 위해 주주명부를 폐쇄하였는데, 폐쇄기간중에 주식을 양도받은 양수인의 청구를 받아들여 회사가 명의개서를 해 주었다면 양도인이 받아야 할 이익배당을 양수인이 받게 되는 것이다.

그런데도 회사가 명의개서 등을 해 주었을 경우 그 효력은 어떠한가? 이를 무효라고 한다면 위 예에서 양수인은 폐쇄기간이 종료한 후에도 명의개서의 효력을 주장할 수 없고, 다시 똑같은 명의개서를 반복해야 되는 결과가 되어 무의미할 뿐더러, 다시 명의개서를 하기 전에 양수인에 대해 등록질권을 취득한 자의 권리보호에도 문제가 있다. 그러므로 명의개서 자체는 유효하나 폐쇄기간중에는 그 효력이 발생하지 않는다고 풀이하는 것이 합리적이다(통설. 무효설은 정동윤 226; 최기원 388).

5) 주주명부를 폐쇄하면 그 기간에는 주식이 양도되더라도 명의개서를 할 수 없으므로 사실상 유통에 제약을 준다. 그러므로 상법은 주주명부의 폐쇄에 관하여 그 기간을 제한하고, 주주에 대해 예고절차를 두고 있다. 폐쇄기간은 3월을 초과할 수 없으며(354조 2항), 폐쇄기간 개시 2주간 전에 이를 공고하여야 한다(354조 4항 본). 그 공고에는 폐쇄기간의 시기·종기·목적을 기재하여야 할 것이다. 정관에 폐쇄

1) 1월 15일을 기준으로 하는 신주발행이 유효하기 위해서는 주주명부폐쇄일의 2주간 전에 기준일을 공고해야 한다(418조 3항 단).

기간이 정해져 있을 경우에는 공고할 필요가 없다(354조 4항 단). 정관에는 반드시 구체적인 일자를 기재할 필요는 없고 기간을 특정할 수 있는 방법이면 족하다. 실무에서는 통상 「매년 1월 1일부터 1월 31일까지」 또는 「매년 1월 1일부터 그 결산기에 관한 정기주주총회종료일까지」라는 식으로 폐쇄기간을 정하고 있다.[1] 그리고 주주명부의 폐쇄는 주주에게 중대한 이해가 걸린 문제이므로 명문의 규정은 없으나, 이사회의 결의를 요하고 대표이사가 집행하여야 한다.

(3) 기 준 일

회사는 의결권을 행사하거나 배당을 받을 자 기타 주주 또는 질권자로서 권리를 행사할 자를 정하는 방법으로 일정한 날에 주주명부에 기재된 주주 또는 질권자를 그 권리를 행사할 주주 또는 질권자로 볼 수 있다. 이때의 「일정한 날」을 기준일이라고 한다(354조 1항). 예컨대 「2025 사업연도의 배당금은 2025년 12월 31일 17시 현재의 주주에게 지급한다」라는 것과 같다. 기준일은 주주명부의 기재를 정지하지 아니하고도 주주를 확정할 수 있다는 장점이 있다.

기준일은 주주 또는 질권자로서 권리를 행사할 날에 앞선 3월 내의 날로 정하여야 하고 2주간 전에 공고하여야 한다(354조 3항·4항 본). 공고시에는 그 목적도 기재하여야 한다. 정관에 기준일을 정한 때에는 공고할 필요가 없다(354조 4항 단). 그리고 주주명부의 폐쇄에서와 같이 이사회가 결의하고 대표이사가 집행하여야 한다.

(4) 양자의 병용

실무에서는 주주명부의 폐쇄와 기준일을 병용하는 예가 많다. 특히 주주총회의 소집과 배당금지급이 서로 다른 시기에 이루어지므로 정기주주총회에 참석하여 재무제표를 승인할 주주와 배당금을 받을 주주를 일치시키기 위해 양자를 병용하는 일이 많다(예컨대 어느 해 12월 말 결산법인이 2월 25일에 정기주주총회를 열고, 3월 25일에 배당금을 지급하는 경우 주주명부는 1월 1일부터 정기주주총회 종료일까지 폐쇄하고, 배당금은 2월 25일 현재(기준일)의 주주에게 지급한다면 정기주주총회에서 의결권을 갖는 주주와 배당금을 수령하는 주주가 일치하게 된다).[2] 또 주주명부폐쇄기간중에 신주가 발행될 때 이 신주의 주주를 주주총회결의에서 제외시키고자 한다면 주주명부의 폐쇄 외에 별도로 기준일을 설정하여야 할 것이다.

(5) 위법한 폐쇄 · 기준일의 효력

양 제도는 그 실행이 강제되는 것은 아니지만 주주에게 중대한 이해가 있으

1) (주)신한은행 정관 제17조 제 1 항.

2) 최근에는 주주명부의 폐쇄를 1개월 등 단기로 정하는 회사가 늘고 있다(예: DB손해보험(주) 정관 11조 1항). 이 경우에 결산기 말의 주주로 하여금 주주총회에서 의결권을 행사하도록 하기 위해서는 기준일을 병용하여야 할 것이다.

므로 실행한다면 반드시 상법의 규정에 따라야 한다(이설 없음). 이에 위반한 정관의 규정은 무효이다.

회사가 상법규정에 위반하여 주주명부를 폐쇄하거나 기준일을 정하였다면 그 효력은 어떻게 되는가? 이에 대해 일반적으로 상법규정에 어긋난 운용은 무효라는 견해도 있으나, 통설은 사항별로 주주명부의 법정폐쇄기간(3월)을 초과하여 기간을 정하였을 때에는 초과하는 일부 기간만 무효이고(강·임 612; 김동훈 219; 손주찬 645; 이범찬(외) 187; 임재연 I 548; 정찬형 778; 최기원 322; 최준선 274; 정지영(주석 - 회사 2) 710), 기준일이 권리를 행사할 날보다 3월 이전의 날로 정해진 경우, 폐쇄 및 기준일의 공고기간을 위반한 경우 폐쇄 또는 기준일은 무효라고 설명한다(손주찬 645; 임재연 I 548; 정경영 330; 최기원 322; 최준선 275).[1)]

폐쇄와 기준일설정이 상법규정에 위반하는 형태를 좀더 구체적으로 살펴보기로 한다. 우선 크게 ① 주주명부를 폐쇄하거나 기준일을 정할 사항이 아닌데도 폐쇄하거나 기준일을 정한 경우, ② 주주명부를 폐쇄하거나 기준일을 정할 사항이긴하나 그 밖에 세부적인 절차에 흠이 있는 경우로 나누어 볼 수 있다. ②는 다시 i) 이사회결의 없이 주주명부를 폐쇄하거나 기준일을 정한 경우, ii) 폐쇄기간이 3월을 초과한 경우, iii) 기준일을 권리를 행사할 날에 앞서 3월을 초과하는 날로 정한 경우, iv) 공고를 하지 않았거나 공고기간을 어겨 2주간이 못 되는 날에 공고한 경우, 또는 공고사항이 미비한 경우로 나누어 볼 수 있다.

이 중에서 주주명부의 폐쇄기간이 3월을 초과한 경우, 통설은 시기가 분명하다면 초과부분만이 무효이고 시기가 불분명하다면 전부가 무효가 된다고 하는데 거래의 안전을 위해 타당하다. 이사회결의 없이 폐쇄하거나 기준일을 정한 경우에는 내부적인 하자에 그치므로 효력에 영향이 없다고 보며(반대: 임재연 I 548; 정지영(주석 - 회사 2) 710), 그 밖의 경우에는 주주의 이익에 중대한 침해가 되는 위법이 있으면 무효로 보아야 하고, 폐쇄기간이나 공고기간의 경미한 위반, 공고사항의 경미한 미비의 경우에는 효력에 영향이 없다고 보는 것이 합리적이다.

주주명부의 폐쇄나 기준일이 무효라고 할 때 주주명부의 폐쇄나 기준일은 없었던 것이 되고, 폐쇄가 무효인 경우에는 명의개서를 거부당한 주주·질권자를, 그리고 기준일이 무효인 경우에는 권리를 행사할 날의 주주명부상의 주주·질권자(기준일의 경우)를 권리를 행사할 자로 보아야 할 것이다. 그 당연한 결과로 위법한

---

1) 일본에서는 공고가 없거나 공고일수가 부족한 폐쇄 또는 기준일설정의 효력에 관해 무효설, 효력에는 관계없고 회사가 손해배상책임을 질 뿐이라는 설, 기준일은 무효이나 주주명부의 폐쇄는 그대로 유효하고 손해배상책임문제가 생긴다는 설이 대립하고 있다(日注釋(4), 42면).

주주명부의 폐쇄와 기준일에 의해 권리행사를 할 자로 확정된 주주·질권자는 권리를 행사할 수 없다. 이러한 자가 주주총회에서 의결권을 행사하였다면 결의 방법에 하자가 있는 것이므로 그 정도에 따라 결의취소사유가 되거나 부존재사유가 될 것이며, 그에 대한 이익배당·신주배정도 무효이다.

6. 전자주주명부

1) 의 의 주주명부는 서면에 의해 작성하고 보존할 것이 예상되는 문서이다. 하지만 최근 정보기술이 발달하면서 전자문서가 종이문서를 대체하는 경향이 현저함에 따라 상법에서도 주주명부를 전자문서로 작성할 수 있게 하였다(이하 전자문서로 작성한 주주명부를 "전자주주명부"라고 부른다). 주주명부의 존재형태는 모든 주주의 이해가 걸린 문제이므로 주주명부를 전자문서로 작성할 경우에는 정관에 규정을 두어야 한다(352조의 2 1항).

2) 전자문서의 개념 상법에서는 전자문서에 관한 정의를 두고 있지 않으므로 「전자문서 및 전자거래 기본법」상의 전자문서의 개념을 원용한 것으로 보아야 한다. 동법에서는 전자문서를 「정보처리시스템에 의하여 전자적 형태로 작성·변환되거나 송신·수신 또는 저장된 정보를 말한다」고 규정한다(전거 2조 1호). 이는 작성·변환·송신·수신·저장된 때의 형태 또는 그와 같이 재현될 수 있는 형태로 보존되어 있을 것을 전제로 그 내용을 열람할 수 있는 것이어야 한다.

3) 전자주주명부의 효력 정관으로 정하는 바에 따라 "전자문서로 주주명부를 작성할 수 있다"(352조의 2 1항)라고 함은 주주명부의 정본을 전자문서로 작성할 수 있음을 말한다. 즉 정관에 규정을 두어 전자문서로 주주명부를 작성한 경우에는 그 문서가 유일한 주주명부로서의 효력을 지니는 것이다. 따라서 회사가 정관에 따라 전자문서로 주주명부를 작성하고 주주명부의 신중한 관리를 위해 동시에 서면으로 주주명부를 작성했는데, 그 내용이 상이하다면 전자주주명부의 내용이 주주명부의 내용이 되고 그 내용에 따라 자격수여적 효력이 생긴다.

전자주주명부를 작성하는 경우에는 주주의 주소 외에 전자우편주소를 기재하여야 한다(352조의 2 2항). 한편 주주 또는 질권자에 대한 회사의 통지 또는 최고는 주주명부에 기재된 주소 또는 그 자로부터 회사에 통지한 주소로 하면 회사는 면책되는데(353조 1항), 이 면책적 효력이 전자우편주소에 적용되느냐는 문제가 있다. 전자우편주소는 상법 제352조 제 1 항 제 1 호 및 제353조 제 1 항에서 말하는 주소는 아니므로 전자우편주소가 전면적으로 주소를 갈음한다고 해석할 수는 없다. 다만 주주가 자신이 통지받을 주소로서 전자우편주소를 회사에 통지하였다면 회사가 그 주소에 통지할 경우 제353조 제 1 항에 의해 면책된다고 보아야 한다.

4) 전자주주명부의 비치 · 공시　　주주명부는 회사의 본점 또는 명의개서 대리인의 영업소에 비치해야 하는데(396조 1항), 회사가 전자주주명부를 작성하고 그 내용을 주주 · 채권자가 서면으로 인쇄할 수 있으면 이를 상법 제396조 제 1 항에 따라 비치한 것으로 본다(상령 11조 1항).

주주와 채권자는 영업시간 내에 언제든지 전자주주명부에 기록된 사항을 서면 또는 파일의 형태로 열람 또는 복사를 청구할 수 있다(상령 11조 2항 전). 이 과정에서 다른 주주들의 개인정보가 유출될 수 있으므로 회사는 다른 주주의 전자우편주소가 열람 또는 복사되는 것을 차단하는 조치를 해야 한다(상령 11조 2항 후).

7. 실질주주명부

비상장주식의 주권을 한국예탁결제원(이하 "예탁결제원"이라 약칭)에 예탁한 경우, 예탁결제원은 이같이 예탁받은 주권을 가지고 자기의 이름으로 명의개서를 한다(자금 314조 2항). 그리고 예탁결제원은 그 주식의 실질주주의 명단을 발행회사에 통지하고, 발행회사는 이에 근거하여 실질주주명부를 작성해야 한다(자금 315조 3항 · 316조 1항). 이 실질주주명부에 기재되면 주주명부에 기재된 것과 동일한 효력이 있으므로(자금 316조 2항), 실질주주가 주주권을 행사하게 된다. 상법의 주주명부제도에 대한 중대한 예외이다(상세는 484면 이하 참조).

주식예탁증서(DR. 342면 참조)의 경우에는 해외예탁기관이 실질주주명부상의 주주로 기재되므로 자격수여적 효력, 면책적 효력은 이 해외예탁기관에 대해 발생하고, 주식예탁증서의 실질소유자에게는 미치지 않는다(대법원 2009. 4. 23. 선고 2005다22701 · 22718 판결).

제 4 관 주주권의 변동

Ⅰ. 株主權變動의 원인

1) 주주의 지위는 인적회사의 사원의 지위와는 달리 주식을 취득 · 상실함으로써 발생 · 소멸한다. 이것은 절대적인 원칙으로서 당사자의 약정이나 정관의 규정으로도 주식의 취득 · 상실이 아닌 방법으로 주주권이 취득 · 상실되게 할 수는 없다(대법원 1967. 6. 13. 선고 67다302 판결; 동 1963. 11. 7. 선고 62다117 판결).

주주의 제명

인적회사에는 사원을 제명할 수 있는 제도를 두고 있으나(220조·269조·287조의27), 주식회사에는 주주의 제명이란 제도가 없다. 이는 자본의 결합을 본질로 하는 물적회사로서의 특성에서 비롯된 입법으로서 강행규범이다. 따라서 주식회사에서 주주를 제명하고 그 주주에게 출자금을 환급하는 내용을 정관에 둔다면 이는 주식회사의 본질에 반하고 동시에 자기주식취득금지의 원칙(341조)에도 반하므로 무효이다(대법원 2007. 5. 10. 선고 2005다60147 판결).

2) 주식의 취득은 일반적인 권리변동과 마찬가지로 원시취득과 승계취득으로 나누어진다. 원시취득으로는 회사설립 또는 신주발행시의 주식인수와 준비금의 자본금전입으로 인한 신주의 발행, 주식배당, 전환사채의 전환 등과 같은 특수한 신주발행에 의한 주식취득을 들 수 있다. 승계취득은 포괄승계와 특정승계로 나누어 볼 수 있는데, 포괄승계에는 상속·회사합병·포괄유증을 원인으로 한 주식취득이 있고 특정승계에는 주식의 양도가 있다. 이 밖에 주식의 설정적 취득으로 담보취득이 있다.

주식을 상실하는 모습은 절대적 상실과 상대적 상실로 나누어진다. 절대적 상실은 주식 자체의 소멸을 뜻하므로 회사의 해산, 주식의 소각(자본금감소, 상환주식의 상환) 등이 이에 해당하고, 상대적 상실은 승계취득을 주식을 이전하는 자의 입장에서 본 것이다.

전환주식을 전환할 때와 주식을 병합할 때에는 주식의 상실과 취득이 동시에 일어나고, 회사합병시에는 소멸회사의 주주는 종전의 주식을 상실하는 동시에 존속회사 또는 신설회사의 주식을 취득하게 된다.

3) 주권은 요인증권이므로 주권이 멸실되거나 주주가 주권을 포기 또는 회사에 반환한다고 하여 주식이 소멸되거나 주주권을 상실하는 것은 아니며(대법원 1991. 4. 30.자 90마672 결정; 동 1999. 7. 23. 선고 99다14808 판결), 나아가 주주권을 포기하는 의사표시를 한다고 해서 주주권이 상실되는 것도 아니다(대법원 2002. 12. 24. 선고 2002다54691 판결).

4) 주주권에 시효제도가 적용될 수 있는가? 주주권을 취득시효의 대상이 되는 것으로 본 판례가 있으나,[1] 주주권의 시효취득을 인정한다는 것은 회사가 출

1) 대법원 1965. 1. 19. 선고 65다1437 판결: 「… 피고는 해방 이후 1963. 10. 25.까지 만 18년간이나 전력회사에 대하여 주주로서 주주권(재산권과 유사한 사원권적 지위)을 항상 행사하여 왔으므로 10년의 취득시효로 인하여 피고가 사원권적 재산권을 취득하였다고 항변하였음이 분명함에도 불구하고, 원판결은 이 점에 관하여 심리판단한 바 없으니 이는 판결에 영향이 있는 중요한 사항에 관하여 판단을 유탈한 경우〔이다.〕」

자를 받음이 없이 주식을 발행한 결과를 만들거나 출자를 통해 주식을 취득한 타인의 권리를 부정하는 결과를 초래하게 되는데, 어느 쪽도 허용될 수 없으므로 부정하는 것이 옳다. 그러므로 주식취득의 원인이 없이 장기간 회사에 대해 주주권을 행사하였다고 해서 주주가 되는 것은 아니다. 그리고 주주권은 주식을 보유함으로써 얻어지는 권리이므로 소유권과 마찬가지로 소멸시효에 걸리는 일도 없다.

5) 이상의 여러 가지 변동원인 중에서 가장 빈번히 행해지는 것은 주식인수와 주식의 양도이다. 주식의 담보거래 또한 자주 이루어진다. 주식인수는 회사설립, 신주발행과 관련하여 설명하고, 본절에서는 주식의 양도와 담보 거래를 다루기로 한다. 나머지의 취득·상실원인은 각기 관계되는 곳에서 설명한다.

Ⅱ. 주식의 양도

1. 주식양도의 개념

주식의 양도라 함은 법률행위에 의하여 주식을 이전함을 뜻한다.

1) 주식의 양도로 인해 양수인은 양도인으로부터 주주권을 승계한다. 주식의 양도로 인해 주주의 지위가 이전하므로 주주의 권리는 공익권이든 자익권이든 포괄적으로 양수인에게로 귀속한다. 그러나 주주의 지위로 인해 생긴 권리라 하더라도 이미 주주권으로부터 분리되어 구체화된 권리, 예컨대 주주총회에서의 배당결의에 의해 발생한 특정결산기의 배당금지급청구권과 같은 채권적 권리는 이전하지 아니한다. 한편 주식은 이익배당청구권·의결권 등 여러 가지 권리로 구성되나, 그 일부의 권리만 분리하여 양도할 수는 없다.

2) 주식양도의 효력으로 주주권이 종국적으로 이전되고, 다시 이행해야 하는 문제가 생기지 않으므로 주식의 양도는 준물권행위이다. 주식의 양도는 통상 매매·증여·교환과 같은 채권행위가 원인이 되어 그 이행으로써 행해지는데, 이 원인행위와는 구별해야 한다.

주식이전채무의 성격

주권을 교부하기로 하는 채무 또는 주식을 이전하거나 반환할 채무는 어떤 성질의 채무인가? 동일 회사의 동일 종류 주식 상호 간에는 그 개성이 중요하지 아니하므로 단지 "○○회사의 주식 XX주의 이전"이라고 특정된 채무라면 일반적으로는 종류물

채무로 보아야 한다(대법원 2015. 2. 26. 선고 2014다37040 판결).

주식양도의 경제적 의의

주식투자의 보편적 동기는 장차 주식을 양도하여 차익을 얻는 것, 그리고 이익배당을 받는 것이라고 할 수 있겠으나 주식거래의 양상에 따라 투자의 의미가 전혀 달라질 수 있다.

우선 상장주식의 거래와 비상장주식의 거래가 갖는 경제적 의의는 전혀 다르다. 상장주식은 공개시장(한국거래소)에서 가격이 경쟁적으로 결정되고 언제든지 매수·매도가 가능하다. 또 상장회사는 대외적 신용을 의식하여 이익이 발생하면 배당을 한다. 따라서 상장주식을 소유하면 배당금을 기대할 수 있고, 아무리 소량이라도 환금성이 있으므로 투자가치가 있다.

그러나 비상장주식은 그 거래를 위한 공개시장이 존재하지 않으므로 양도인과 양수인간의 개별적·직접적 거래에 의해 이전된다. 또 회사의 운영은 지배주주의 개인적 의사에 의존하므로 이익이 발생하더라도 반드시 배당하는 것은 아니고, 지배주주의 정책에 따라 사내유보·재투자 등으로 처리되기도 한다. 따라서 비상장주식은 그로 인한 배당금을 기대하기도 어렵고 소량일 경우에는 환금성도 거의 없으므로 회사를 완전히 지배할 수 있는 정도의 수량 또는 회사지배에의 동참이 가능한 수량이 아니면 거래되기 어려운 실정이다. 그리고 지배가능한 수량의 주식거래란 당사자간에서는 사실상 영업양도의 의미를 갖는 것이다.

상장주식의 거래도 거래량에 따라 의의가 다를 수 있다. 예컨대 발행주식총수 중 1%의 취득이라면 주가상승과 이익배당을 겨냥한 투자라 하겠지만 3, 40% 가량을 취득한다면 그것은 기업의 경영권의 인수를 목적으로 하는 것이며, 이 때의 양도는 이른바 지배권의 매각(transfer of control) 내지 경영권의 양도이다.

상법에서는 이같은 경제적 의의를 제도에 반영하지 않지만, 자본시장법이나 조세법 기타 특별법에서는 부분적으로 일정한 수량 이상의 주식거래에 특수한 의미를 부여하여 달리 규율하는 수가 있다.

경영권의 양도

회사를 지배할 수 있는 대량의 주식을 거래하면서 당사자들은 흔히 「지배권의 양도」, 「경영권의 양도」라는 용어를 사용한다. 지배권, 경영권은 실체가 있는 권리가 아니며 법률상의 용어도 아니다. 이는 특정인이 회사를 자신의 의사대로 운영할 수 있는 사실상의 힘을 나타내는 사회학적 용어에 불과하다. 보통은 최대주주로서 주주총회에서 과반수의 의사를 유도할 만한 수량의 주식(지배주식)을 소유하면 생기는 힘이고, 그래서 이러한 수량의 주식을 거래할 때 흔히 지배권의 양도, 경영권의 양도라는 용어를 쓴다. 이같이 경영권이 이전한다는 것은 지배주식을 양도함에 따르는 부수적인 효과에 불과하다(대법원 2014. 10. 27. 선고 2013다29424 판결). 그러므로 「경영권의 양도」라는 이름으로 계약을 했다 하더라도 주식의 이전과 별도로 「경영권」이라는 독립된 권리를 이전할 의무가 생기는 것은 아니고(동 판례), 그 대가로 교부되는 금원은 여전히 주식의 양도대가이다(대법원 1989. 7. 11. 선고 88누12011 판결; 동 2004. 2. 13. 선고 2001다36580 판결).

2. 주식의 讓渡性

주식회사는 물적회사로서 사원의 개성이 중요하지 않으므로 사원(주주)의 변동을 통제할 필요성이 인적회사에서처럼 강하지 않다. 그리고 주식회사란 원래 대중자본을 집중하기 위한 방안으로 창안된 기업형태인데, 대중자본의 집중은 출자의 회수가 용이함을 전제로 가능해진다. 주식회사에서는 퇴사와 출자의 환급이 인정되지 않으므로 주주가 출자를 회수할 길은 주식의 양도 이외에 별다른 방법이 없다. 요컨대 주식회사에 있어 주식의 양도가 인적회사의 지분의 양도보다 자유로워야 한다는 것은 투자자의 보호와 자본집중의 원활이라는 관점에서 필연적인 요청이다.

그러나 물적회사라 하더라도 주주는 업무집행자(이사)를 선임하는 등 회사지배의 주체가 되므로 그 인적 구성의 중요성을 전적으로 무시할 수는 없다. 이 점을 고려한다면 주식회사에서도 주식의 양도를 자치적으로 제한할 수 있도록 허용할 필요가 있고, 그리한다고 해서 주식회사의 본질을 해치는 것은 아니다. 그러므로 주식의 양도가 여타 회사의 지분의 양도보다 자유로워야 할 것임은 당연하나, 어느 정도로 양도의 자유를 인정하느냐 하는 것은 입법정책의 문제이다. 외국의 입법례를 보면 대체로 회사가 주식의 양도를 자치적으로 제한할 수 있는 길을 열어 놓고 있다. 우리 상법에서도 외국의 일반적인 예를 좇아 정관에 의한 자치적인 양도제한을 허용한다(상세는 398면 이하 참조).

주식의 양도는 주주가 투자를 회수하기 위한 처분행위로서 가치중립적이다. 그러므로 양도로 인한 후속적인 결과의 반규범성을 가지고 주식양도의 효력을 다툴 수는 없다. 회사와 경쟁적인 관계에 있으면서 회사의 경영에 간섭할 목적을 가진 자에게 주식을 양도했다고 하여 반사회질서적인 법률행위로 볼 수 없다는 판례가 있다(대법원 2010. 7. 22. 선고 2008다37193 판결).

3. 주식의 양도방법

주식의 양도는 준물권행위이므로 당사자간에 양도의 합의가 있어야 한다. 이는 특별한 방식을 요하지 않는다. 양도의 합의와 더불어 공시방법으로서, 주권을 발행하는 주식의 경우에는 주권이 교부되어야 하고, 전자등록하는 주식의 경우에는 양도사실을 전자등록하여야 한다.

(1) 주권의 교부

1) 의　　의　　전자등록의 대상이 아닌 주식의 양도는 양도의 합의 외에 주권의 교부를 요하고(336조 1항) 이로써 족하다. 주권의 교부는 주식양도의 대항요건이 아니라 성립요건이다. 상법 제336조 제 1 항은 강행규정이므로 정관으로도 달리 정하지 못한다. 무기명증권은 증권의 교부만으로 양도하고 기명증권은 배서·교부에 의해 양도하는 것이 유가증권의 일반법리이다(민 508조, 523조 참조). 그러나 주식은 기명증권임에도 상법은 교부만으로 양도할 수 있게 한다(336조 1항).[1] 그 결과, 주식은 회사에 대한 관계에서는 명의개서의 대항력으로 인해 「기명」성을 유지하지만, 주식의 유통에 있어서는 무기명증권화되었다고 할 수 있다.

2) 적용범위　　i) 상법 제336조 제 1 항은 주식의 「양도」에 대해서만 적용된다. 따라서 상속이나 합병과 같은 포괄승계에 있어서는 주권의 교부를 요하지 않는다. 다만 이러한 원인에 의하여 주식을 이전받은 경우에도 회사에 대항하기 위하여는 명의개서를 해야 한다.

> 주식의 양도계약이 해제된 경우에는 주권을 계속 소지하더라도 주식양수인은 주주의 지위를 상실한다(대법원 1994. 6. 28. 선고 93다44906 판결; 동 1995. 3. 24. 선고 94다47728 판결).[2] 그리고 타인에게 주식을 신탁하였다가 그 신탁계약을 해지한 경우에도 주주권이 바로 신탁자에게 회복되고 양도의 합의나 주권의 교부를 요하지 않는다(대법원 1992. 10. 27. 선고 92다16386 판결). 명의신탁을 해지하는 경우에도 같다(대법원 2013. 2. 14. 선고 2011다109708 판결). 그러나 이같이 회복된 주주권을 회사에 대해 대항하기 위해서는 명의개서를 하여야 한다.

ii) 주권불소지제도에 따라 주권을 소지하지 않은 자(358조의2)가 주식을 양도할 경우에도 상법 제336조 제 1 항이 적용된다. 따라서 주주는 회사에 주권의 발행 또는 반환을 청구하여 주권을 교부받아 이를 양수인에게 교부함으로써 양도할 수 있다. 다만 예탁결제원이 예탁받아 보관중인 주식은 예탁결제원이 불소지신고를 할 수 있고, 그 상태에서 계좌대체만으로 양도가 가능하다(자금 311조 2항·314조 3항). 주권 없이 주식을 양도하는 중대한 예외이다.

---

1) 1984년 개정 전에는 기명주식을 양도할 때에는 지시증권의 일반적인 양도방법(민 508조)에 따라 주권에 배서하여 교부하거나 양도인의 기명날인 있는 양도증서를 첨부하여 주권을 교부해야 했다.

2) 대법원 2002. 9. 10. 선고 2002다29411 판결: 주권발행 전 주식을 양도하였다가 해제한 사건에서도 같은 결론을 내렸다.

또 하나의 중요한 예외로, 전자등록제도를 채택한 회사의 주식의 양도나 입질은 전자등록부에 등록하는 방식으로 한다(356조의 2 2항).

iii) 회사가 주권을 발행하지 않았으나, 예외적으로 양도가 허용되는 경우(335조 3항)에는 주권이 없으므로 제336조 제 1 항이 적용되지 아니한다. 당사자간의 의사표시만으로 양도할 수 있다(후술).

iv) 주식의 압류 역시 주권의 점유에 의해 가능하다(대법원 1988. 6. 14. 선고 87다카2599 · 2600 판결).

3) 株券占有의 權利推定力 주권의 교부만으로 주식을 양도한다는 제도의 논리적 전제로서 주권의 점유를 권리의 외관으로 인정하지 않으면 안 된다. 그리하여 상법은 주권의 점유자를 적법한 소지인으로 추정한다(336조 2항).

i) 추정력의 결과 주권의 점유자는 자기가 권리자임을 달리 증명할 필요 없이 회사에 대하여 권리를 행사할 수 있다. 주식은 명의개서를 하지 아니하면 회사에 대항할 수 없으므로(337조 1항) 주주권의 행사가 불가능하다. 그러므로 주권의 점유만으로 회사에 대하여 적법한 소지인으로서 권리를 행사한다는 것은 주권을 제시하여 명의개서를 청구할 수 있다는 뜻이다.

ii) 주권을 점유하는 자는 적법한 소지인으로 「추정」받는 형식적 자격이 주어지는 네 불과하고 실질적 권리가 주어지는 것은 아니다. 그러므로 반대의 사실을 주장하는 자는 증명을 들어 그 추정을 깨뜨릴 수 있다.

iii) 회사가 주권의 점유자를 적법한 권리자로 보고, 그의 권리행사에 응하면 점유자가 적법한 권리자가 아니더라도 회사는 악의나 중대한 과실이 없는 한 책임을 면한다(면책적 효력).

iv) 주권의 점유에 위와 같은 추정력이 있으므로 이를 토대로 주권의 선의취득이 가능하다(395면 이하 참조).

4) 주권교부의 모습 주권의 교부는 주권을 인도하는 것, 즉 주권의 점유를 이전해 주는 것이다. 주권의 교부는 현실의 인도가 일반적이겠으나(민 188조 1항), 동산의 인도에서와 마찬가지로 간이인도(민 188조 2항), 점유개정(민 189조),[1] 목적물반환청구권의 양도에 의한 인도(민 190조)도 가능하다. 이 중 목적물반환청구권의 양도에 의한 인도의 중요한 예로 증권예탁결제제도(자금 311조 2항)가 있다(484면 이하 참조).

주권을 간접점유하는 자(A_1)가 그 주식을 양도할 경우에는 직접점유자(A_2)에 대한

---

1) 대법원 2014. 12. 24. 선고 2014다221258 판결: 원심에서 점유개정을 인정하지 않았으나, 이를 파기하고, 占有改定에 의한 주권의 교부가 가능함을 명시하였다.

반환청구권을 양수인(B)에게 양도하고 그 사실을 직접점유자(A_2)에게 통지하거나 그의 승낙을 받아야 한다. 나아가 직접점유자(A_2)가 다시 주권을 타인(A_3)에게 보관시킨 경우에도 양도인(A_1)은 자기의 점유매개자(A_2)에게만 통지하거나 그의 승낙을 받으면 되고, 제 3 의 직접점유자(A_3)에게까지 통지하거나 그의 승낙을 받을 필요는 없다(대법원 2012. 8. 23. 선고 2012다 34764 판결(판례 [38](460면 참조))).[1]

(2) 전자등록

전자등록된 주식을 양도할 경우에는 주권의 교부에 갈음하여 양도인과 양수인간의 계좌간대체의 전자등록을 하여야 한다(356조의2 2항, 전등 35조 2항). 이 역시 양도의 성립요건으로서, 전자등록된 주식은 다른 방식으로 양도할 수 없다. 예컨대 지명채권 양도방식에 의한 양도는 무효이다.

전자등록계좌부에 주식을 취득한 것으로 등록된 자는 그 등록된 주식에 대한 권리를 적법하게 보유한 것으로 추정되는 것(권리추정력, 전등 35조 1항)은 주권의 점유에 인정되는 효력과 같다.

4. 名義改書(주식양도의 對抗要件)

(1) 의 의

주주명부에는 주주의 성명과 주소, 각 주주가 가진 주식의 종류와 그 수, 주권의 번호, 각 주식의 취득년월일을 기재하는데(352조 1항 1호~3호), 주식의 이전으로 주주가 교체되었을 경우 그 취득자를 주주명부에 주주로 기재하는 것을 명의개서라고 한다. 주주명부상의 기재사항 중 주주의 동일성에는 관계없이 오기를 바로잡는 訂正, 주소의 변경 · 개명 등을 이유로 하는 변경기재, 주권불발행의 기재(358조의 2 2항)와 같은 것은 명의개서가 아니다.

주식의 명의개서제도는 주주와 회사의 권리관계를 안정적으로 유지 · 관리하기 위한 목적으로 둔 제도이다. 주식의 유통과정에서 사고나 분쟁이 있더라도 명의개서가 완충이 되므로 회사는 주주간의 분쟁에 중립적인 입장을 취하고 회사의 지배구조를 안정적으로 유지할 수 있는 것이다.

(2) 주식양도의 대항요건

1) 원 칙 주식의 이전은 명의개서를 하지 아니하면 회사에 대항하지 못한다(337조 1항). 따라서 주식이 양도되었더라도 양수인이 명의개서를 하지 않고

---

1) 간접점유하는 주식을 질권설정할 경우의 주권교부방법에 관한 판례이나, 주식양도의 경우에도 원리는 같다.

있다면 회사와의 관계에서는 여전히 양도인이 주주이다(대법원 1988. 6. 14. 선고 87다카2599 · 2600 판결). 주식의 양도뿐 아니라 상속 · 합병 · 포괄유증과 같은 포괄승계에 의하여 이전된 경우에도 같다. 또한 주식의 매매계약이 무효이거나 해제되더라도 매도인이 자기 앞으로 다시 명의개서를 하지 않는 한 회사에 대항하지 못한다(대법원 1963. 6. 20. 선고 62다685 판결; 동 2002. 12. 24. 선고 2000다69927 판결; 동 2015. 7. 23. 선고 2015다1871 판결). 명의개서는 주주의 소송법상의 지위를 승계하기 위해서도 필요하다.[1]

이와 같이 명의개서를 하지 아니한 양수인은 주주권을 행사할 수 없고 양도인이 권리를 행사할 수 있으며, 주식양도계약의 내용에 따라 양수인은 양도인에 대해 권리행사의 결과(예: 배당금, 신주 등)를 이전해 줄 것을 청구할 수 있는 채권자로서의 지위를 가질 뿐이다(대법원 1991. 5. 28. 선고 90다6774 판결).

2) 예 외 전자등록된 주식의 양수인은 등록기관으로부터 소유자증명서를 받아 이를 회사에 제출하거나, 등록기관으로 하여금 회사에 자신의 주식소유내용을 통지하게 함으로써 명의개서 없이 권리를 행사할 수 있다(전등 39조 5항, 40조 4항). 그리고 예탁결제원에 예탁된 주식의 실질소유자는 예탁결제원으로부터 자신이 주주임을 증명하는 실질주주증명서를 발급받아 회사에 제출함으로써 명의개서 없이 권리를 행사할 수 있다(자금 318조 1항 · 3항).

(3) 절 차

1) 주권이 발행되는 주식 주권이 발행되는 주식의 경우에는 원칙적으로 다음과 같이 주주의 청구에 의해 명의개서가 이루어진다.

i) 청구권자 명의개서의 청구는 주식의 양수인이 단독으로 할 수 있다(異說없음. 대법원 2019. 8. 14. 선고 2017다231980 판결). 양도인이 회사에게 양수인의 이름으로 명의개서해 줄 것을 청구하는 것은 유효한 명의개서청구가 아니다(대법원 2010. 10. 14. 선고 2009다89665 판결). 이 점 회사가 주권을 발행하지 않아 주권 없이 주식을 양도한 경우에도 같다(대법원 2019. 4. 25. 선고 2017다21176 판결).[2]

명의개서는 회사만이 할 수 있으므로 명의개서의 청구는 회사를 상대로 해야 하고, 양도인은 청구의 상대방이 될 수 없다.

ii) 주권의 제시 명의개서를 청구함에는 주권을 회사에 제시하여야 한

---

1) 예컨대 주주가 제기한 신주발행무효의 소를 그 주주로부터 주식을 양수한 자가 승계참가(민소 81조)하기 위해서는 명의개서를 하여야 한다(대법원 2003. 2. 26. 선고 2000다42786 판결).

2) 본문에서와 같이, 명의개서는 주식을 취득한 자가 단독으로 청구할 수 있으므로 주주명부상의 주주의 권리를 부정하고 자신이 주주임을 주장하는 자는 회사에 대해 주주의 확인을 구할 것이 아니라, 주권을 제시하거나 기타 실제 주주임을 증명하여 명의개서를 청구해야 한다(대법원 2019. 5. 16. 선고 2016다240338 판결).

다. 단지 회사에 대해 주식을 양수한 사실만 통지한 것은 명의개서를 청구한 것으로 볼 수 없다(대법원 1995. 7. 28. 선고 94다25735 판결). 그러나 상속 · 합병 등 포괄승계에 의해 권리를 승계한 자는 주권을 제시함이 없이 포괄승계의 사실을 증명하여 명의개서를 청구할 수 있다. 또 주권을 상실한 자는 제권판결문으로 주권의 제시에 갈음할 수 있다. 주권발행전 주식의 양도(유효할 경우)라면 주권의 제시는 원천적으로 불가능하므로 다른 방법으로 취득을 증명해야 한다(417면 참조).

iii) 승계원인의 증명요부 주권의 점유에 권리추정력이 인정되는 결과 명의개서를 청구함에 있어 회사에 대해 주식의 취득원인을 증명할 필요가 없음은 물론이다. 상속 · 합병에 의해 승계한 자가 주권이 없을 경우 상속 · 합병의 사실을 증명하여 명의개서를 할 수는 있으나, 제 3 자가 주권을 소지한다면 그의 명의개서 청구에 대항하지 못한다(상속인 등이 주권의 소지인에게 대항하기 위해서는 먼저 제권판결을 얻어 주권을 무효로 하거나 주권을 반환받아야 한다).

iv) 회사의 심사 주권을 점유한 자는 적법한 소지인으로 추정되는 까닭에 회사는 주권의 제시를 받아 주권 자체의 眞正 여부만 조사하고 명의개서를 해 주면 족하다. 설혹 점유자가 무권리자라 하더라도 회사가 이같은 형식적 심사의무를 다했다면, 악의 또는 중대한 과실이 없는 한 회사는 책임을 면하고 그 명의개서는 일응 적법한 것으로 보아야 한다(대법원 2019. 8. 14. 선고 2017다231980 판결).[1)]

회사는 주권의 점유자가 적법한 소지인이 아님을 증명하여 명의개서를 거절할 수 있으며 또 증명이 가능한 이상 거절하여야 하지만, 적법한 소지인이 아니라는 증명 없이 명의개서를 거절하거나 또는 점유자로 하여금 적법한 소지인임을 달리 증명하게 할 수는 없다. 설혹 회사에 주권의 도난 또는 분실이 신고되거나 공시최고가 있더라도 같다.[2)]

v) 주권상의 기재요부 주권을 최초로 발행할 때에는 주권에 주주의 성명을 기재한다. 그러나 주식이 이전될 경우에는 명의개서로 족하고 취득자의 성명을 주권에 표시할 필요는 없다. 주권의 점유만으로 권리추정력이 주어지므로 주권에 취득자의 성명을 기재하는 것은 무의미하기 때문이다.[3)]

vi) 명의개서요건의 强化不可 주식의 양수인은 기술한 내용대로 주권

1) 대법원 1974. 5. 28. 선고 73다1320 판결은 주권의 소지인이 상호변경을 이유로 명의개서를 청구한 사건에서 회사는 적법하게 상호가 변경되었는지를 조사하여야 하고, 이를 게을리하여 명의개서를 해 준 경우 중대한 과실이 있다고 하였다. 주주의 상호변경은 주주의 同一性에 관한 표시의 변경이므로 이 경우에는 명의개서가 아니라 「訂正」할 사유이다.

2) 日最高裁 1954. 2. 19. 판결, 民集 8권 2호 523면.

3) 石井照久, "記名株券の法的性質," 「商法論集」(勁草書房, 1974), 74면.

의 제시에 의해 혹은 기타 방법으로 주식취득 사실을 증명하면 족하다. 정관의 규정으로 명의개서 청구시에는 양도인의 인감증명을 요한다거나 기타 서류의 제출을 요하는 예가 있으나 이러한 제한은 구속력이 없다(대법원 1995. 3. 24. 선고 94다47728 판결).

2) **전자등록된 주식** 전자등록된 주식의 경우에는 회사가 주주 전원을 일시에 인식할 목적에서(354조 1항, 전등 37조 1항·2항) 전자등록기관에 소유자명세를 요구하여 이를 근거로 주주명부를 작성하는데(전등 37조 6항), 직전의 주주명부와 상위한 부분에 관해 명의개서가 이루어지는 것과 같은 효과가 생긴다.

전자등록된 주식을 양수한 자가 명의개서를 청구할 수 있는가? 양수인은 소유자증명서에 의해 자신이 주주임을 증명할 수 있으나, 주주명부에서 말소해야 할 양도인을 특정할 수 없으므로 현실적으로 명의개서의 청구가 불가능하다.

⑷ 명의개서의 효과

주식의 취득자는 명의개서를 함으로써 회사에 대하여 주주권을 행사할 수 있다(337조 1항). 그러나 명의개서를 한다고 해서 무권리자가 주주로 되는 설권적 효력이 생기는 것은 아니다. 기술한 바와 같이 명의개서를 하여 주주명부에 주주로 기재되면 적법한 주주로 추정되는 효력을 누릴 뿐이다. 그러므로 명의개서 후에라도 명의개서된 자가 무권리자임이 밝혀진다면 그간의 주주권행사는 소급해서 효력을 잃는다.

한편 회사가 주권을 제시하지 못하고, 합리적으로 주주임을 증명하지도 못하는 자에게 명의개서를 해 주었다면, 이는 명의개서로서의 효력이 없으며 종전의 명의주주가 계속 주주의 지위를 유지한다(대법원 2019. 8. 14. 선고 2017다231980 판결).

⑸ 명의개서의 부당거부

회사가 정당한 사유 없이 명의개서를 거부한 경우에 취득자는 명의개서에 갈음하는 판결을 구할 수 있고(민 389조 2항, 민집 263조 1항) 손해배상을 청구할 수 있으며, 이사 등 명의개서의 거부에 가담한 자에게는 벌칙이 적용된다(635조 1항 7호). 부당하게 명의개서를 거부당한 취득자는 명의개서 없이 주주권을 행사할 수 있는가? 信義則上 긍정해야 한다(김정호 302; 안택식 268; 이범찬(외) 208; 정동윤 512; 진상범(주석-회사 2) 513).[1] 따라서 취득자는 명의개서 청구 이후의 이익배당, 신주발행에 관해 권리를 주장할 수 있으며, 소집통지를 받지 못한 주주총회의 결의의 취소를 청구할 수 있다(판례 [30]). 회사가 과실로 명의개서를 거부한 경우에도 같다.[2]

---

1) 日最高裁 1967. 7. 28. 판결, 民集 20권 6호 1251면 등 일본의 다수설(日注釋(3), 173면).

2) 日最高裁 1966. 7. 28. 판결, 民集 20권 6호 1251면.

판례

[30] 대법원 1993. 7. 13. 선고 92다40952 판결

「… 위 양영록으로부터 주식을 양도받은 원고 김영조 등 4인이 1990. 8. 30 명의개서를 청구하였는데도 위 주식양도에 입회하여 그 양도를 승낙하였고 더구나 그 후 원고 김영조 등 4인의 주주로서의 지위를 인정한 바 있는 피고회사의 대표이사인 위 박기주가 정당한 사유 없이 그 명의개서를 거절하였던 것임을 알 수 있는바, 이와 같이 피고 회사가 정당한 사유없이 명의개서를 거절한 것이라면 그 명의개서가 없음을 이유로 그 양도의 효력과 주식양수인의 주주로서의 지위를 부인할 수는 없다고 할 것이〔다.〕」

[同旨판례] 대법원 2001. 12. 21.자 2001그121 결정

[註] 어느 회사의 발행주식총수 중 68%에 해당하는 주식을 양도·양수하면서, 동 회사가 주권을 발행하지 아니하였으므로 대표이사를 입회시킨 상태에서 양도계약을 체결하였는데, 추후 대표이사가 양수인의 명의개서청구를 거절하고 양수인에게 소집통지함이 없이 주주총회를 개최한 사건이다. 법원은 위 결정문에서와 같은 이유로 동 주주총회의 결의가 부존재한다(380조)고 판시하였다.

(6) 명의개서대리인

1) 의 의 명의개서는 회사가 함이 원칙이나, 정관이 정하는 바에 의하여 명의개서대리인을 둘 수 있다(337조 2항). 명의개서대리인이라 함은 회사를 위하여 명의개서사무를 대행하는 자이다.[1)]

다수의 주주를 가지고 있는 회사가 명의개서를 직접 처리하자면 사무가 번잡하여 상당한 비용을 치러야 한다. 명의개서대리인제도는 명의개서를 전문으로 하는 자에게 동업무를 위탁하여 주식사무의 능률을 기하기 위한 제도이다. 기명사채도 명의개서가 필요하므로 명의개서대리인제도는 기명사채에도 적용된다(479조 2항).

2) 명의개서대리인의 선임 정관으로 명의개서대리인을 특정할 필요는 없고, 그 결정은 회사의 업무집행에 속하므로 이사회결의로 한다. 회사와 명의개서대리인의 관계는 위임이다. 따라서 명의개서대리인의 선임은 쌍방의 계약에 의해 이루어지고(민 680조), 회사가 일방적으로 주식청약서에 기재하거나 명의개서대

1) 법문은 명의개서 「대리인」이란 용어를 사용하나 이것은 미국법상의 transfer agent, 일본의 구 명의개서대리인제도(2005년 개정 전 日商 206조 2항. 현재는 "주주명부관리인"이라 부른다(日會 123조))를 본받아 붙인 명칭이고 私法上의 「代理人」은 아니다. 왜냐하면 명의개서란 법률행위가 아니므로 代行이 있을 뿐이기 때문이다. 자본시장법에서는 「명의개서대행」이라는 용어를 쓰고 있다(자금 365조).

리인을 등기한다고 하여 명의개서대리인이 선임되는 것은 아니다.

명의개서대리인은 회사와 주주의 편익을 위해 두는 것일 뿐, 선임이 강제되는 것은 아니다. 회사가 명의개서대리인을 둘 경우에는 그 상호 그리고 본점소재지를 등기하여야 하며, 주식청약서와 사채청약서에도 기재하여야 한다(317조 2항 11호 · 302조 2항 10호 · 420조 2호 · 474조 2항 15호). 주주, 사채권자 및 그 양수인이 누가 명의개서대리인인지를 알아야 하기 때문이다. 명의개서대리인을 둔 때에는 주주명부나 사채원부를 회사의 본점에 비치하는 대신 그 명부나 원부 또는 복본(사본이 아니다)을 명의개서대리인의 영업소에 비치할 수 있다(396조 1항 후).

명의개서대리인의 자격은 한국예탁결제원 및 자본시장법에 따라 금융위원회에 등록한 주식회사에 한해 주어진다(부칙(1984) 8조 2항, 상령 8조, 자금 365조 1항 · 2항). 현재 예탁결제원, 하나은행 그리고 국민은행이 동업무를 수행하고 있다.

3) 명의개서대리인의 업무 자본시장법상으로는 명의개서대리인(명의개서대행회사)이 명의개서의 대행 외에 배당, 이자 및 상환금의 지급을 대행하는 업무와 증권의 발행을 대행하는 업무를 영위할 수 있다(자금 366조). 이 업무를 위하여는 회사로부터 별개의 수권이 있어야 한다.

4) 명의개서대행의 효과 명의개서대리인을 둔 경우에는 명의개서대리인이 취득자의 성명과 주소를 주주명부의 복본에 기재한 때에 회사의 주주명부에 명의개서를 한 것으로 본다(337조 2항 후). 따라서 취득자는 이로써 회사에 대하여 대항력을 갖추게 되며, 회사는 원부에 기재되지 않았다는 등의 사유로 주주권행사를 거부할 수 없다.

5) 명의개서대리인의 지위 명의개서대리인은 회사의 이행보조자로서의 지위를 갖는다. 그러므로 명의개서를 부당히 거부하는 등 명의개서대리인의 부주의가 있다면 회사가 이해관계인에 대해 손해배상책임을 져야 한다(민 391조 참조). 그러나 명의개서청구의 법적 상대는 회사이므로 주주가 소송이나 가처분으로 명의개서를 청구할 때에는 회사를 피고나 채무자로 표시하여야 하고, 명의개서대리인을 피고나 채무자로 표시해서는 안 된다(366면 참조).

5. 명의개서 미필주주의 지위

(1) 쟁 점

회사가 명의개서를 부당하게 거부한 경우에는 주주가 명의개서를 청구한 때에 명의개서가 이루어진 것과 같은 효력을 인정해야 함은 기술한 바와 같다. 그러면 주주 측의 사정에 의해 주주명부상의 주주와 실제의 주주가 상이한 경우에는 누가 주주권을 주장할 수 있고 또 회사는 누구를 주주로 인정할 것인지 문제된다. 주주명부상의 주주가 사실과 다른 경우는 두 가지로 나누어 볼 수 있다. 하나는 회사설립이나 신주발행시에 타인의 명의를 빌려 주식을 인수하는 경우이고, 다른 하나는 주식을 양도하였으나 양수인이 명의개서를 게을리하여 여전히 양도인이 주주명부에 주주로 기재되어 있는 경우이다.

(2) 종전의 학설 · 판례

타인의 명의로 주식을 인수하는 경우에는 과거 상법 제332조 제 2 항의 해석문제로 다루어 왔고, 통설 · 판례는 실질설의 입장에서 실질주주가 주주권을 행사할 수 있다고 보아 왔으나, 최근의 판례변경으로 주주명부상의 주주가 주주권을 행사할 수 있게 되었음은 기술한 바와 같다(332면 참조).

주식을 양수하고도 명의개서를 하지 않은 양수인은 제337조 제 1 항에 의해 회사에 대해 주주임을 주장하지 못한다는 데에는 異說이 없다. 문제는 회사가 명의개서를 하지 않은 상태의 양수인을 주주로 인정할 수 있느냐인데, 이 점은 제337조 제 1 항의 해석론으로 논쟁이 전개되어 왔다. 즉 상법 제337조 제 1 항은 명의개서를 하지 않으면 「… 會社에 對抗하지 못한다」라고 규정하는데, 이에 의해 양수인이 주주임을 주장하지 못할 뿐이고 회사가 스스로 양수인, 즉 실질주주를 주주로 인정하는 것은 무방하다고 하는 편면적구속설(권기범 601; 김동훈 193; 손주찬 673; 송옥렬 844; 이종훈 69; 임홍근 300; 정경영 390; 정동윤 512; 정찬형 826)과 양수인이 주주임을 주장하지 못할 뿐 아니라 회사도 양수인을 주주로 인정하지 못한다는 쌍방적구속설(서헌제 651; 최기원 398; 저자[1])이 대립한다.[2]

편면적구속설은 주주의 인정은 진실한 권리관계에 부합되게 이루어져야 한다는 전제하에서, 주주명부의 기재로부터 생기는 주주의 자격은 주권의 점유가 갖는 권리추정력의 반영에 지나지 않으므로 주주명부에 기재된 주주와 다른 주권의 점유자가 나타나면 주주명부의 효력은 부정되는 것이 옳으며, 상법 제337조 제 1 항의 입법취지가 회사의 주주관련 사무의 편의를 위한 것이므로 회사가 스스로 그 편익을 포기하는 것을 막을 이유는 없다고 주장한다.

---

1) 이 책의 제25판, 358면 이하 참조.

2) 일본에서도 오래전부터 견해가 대립되어 왔는데(日注釋(3), 172면), 판례는 편면적구속설을 취하고 있다(日最高裁 1955. 10. 20. 판결, 民集 9권 11호 1657면). 한편 독일주식법은 「회사와의 관계에서는 주주명부에 주주로 기재된 자만을 주주로 본다」고 규정하며(§ 67 Abs. 2 AktG), 이 규정에 의해 회사도 주주명부상의 주주와 실질주주가 다름을 알더라도 주주명부상의 주주만 주주로 인정할 수 있다고 해석되고 있다(Bayer, in Münchener Komm. AktG, 4. Aufl., § 67 Rn. 51).

쌍방적구속설은 편면적구속설에 의할 경우, 회사가 주주명부상의 주주와 실질주주 중 누구를 주주로 인정할지 선택의 자유를 갖게 되어 부당하고, 주주명부상의 주주에게는 실질주주가 아니라고 권리를 부인하고, 실질주주에게는 명의개서를 하지 않았다고 권리를 부인할 수도 있다는 모순을 지적하며, 단체법률관계의 획일성과 안정을 위해 쌍방적 효력을 주장한다.

(3) 신 판 례

과거의 판례 중에는 쌍방적구속설을 취한 예도 있으나(대법원 1988. 6. 14. 선고 87다카2599 · 2600 판결), 대체로 편면적구속설을 취해 왔다(대법원 1989. 10. 24. 선고 89다카14714 판결 외 다수). 그러나 2017년 대법원은 전원합의체 판결을 통해 새로운 해석론을 제시하였다(판례 [31]).[1] 기본적으로 주식을 인수하는 경우와 주식이 양도되는 경우를 구분하지 않고, 形式說(쌍방적구속설)의 입장에서 주주명부의 기재에 따라 주주를 판정해야 한다는 입장을 취하였다. 과거의 판결은 意思主義에 입각한 것으로 볼 수 있으나, 신판례는 이같은 개인법적 사고를 버리고 회사의 분쟁을 단체법적 법리에 의해 해결해야 한다는 원칙을 천명한 것이다.[2]

회사의 법률관계는 다수인의 이해가 집단적으로 교착하는 특색을 지니므로 상법(회사편)은 회사법률관계를 획일적 · 강행적으로 해결하는 단체법적 법원리를 채택함으로써 다수인의 이해를 안정적으로 관리하려는 법정책을 취하고 있다. 신판례는 이러한 회사법의 단체법원리를 확인한 것이다.

형식설은 주주명부가 적법하게 작성되었음을 전제로 하는 것이다. 적법하게 작성되었다고 함은, 주식을 발행하는 경우에는 주식의 인수가 이루어지고 인수인이 주금을 납입하여 회사가 인수인을 주주로 주주명부에 기재하는 것을 의미하고, 주식이 양도되는 경우에는 양수인의 청구에 따라 회사가 형식적 심사의무를 다하여 명의개서를 하는 것을 뜻한다(대법원 2024. 6. 13. 선고 2018다261322 판결). 그리고 주주명부의 기재는 적법하게 이루어진 것이 추정되므로(367면 참조) 회사가 기재사실의 적법성과 진정성을 증명할 필요는 없고, 거짓 기재임을 주장하는 자가 이를 증명하여야 한다.

---

1) 동판례의 해설은 李哲松, “회사분쟁의 단체법적 해결원칙의 제시,” 「선진상사」 제78호(2017. 4.), 229면 이하 참조.

2) 주주명부에 의해 주주를 판단해야 함은 강행규범이므로 주주명부상의 주주와 제 3 자간에 혹은 주주와 회사간에 주주명부상의 주주가 아닌 자를 주주로 인식하거나 주주권을 행사하게 하는 약정을 하더라도 무효이다(대법원 2025. 2. 20. 선고 2022다282746 판결).

판 례

[31] 대법원 2017. 3. 23. 선고 2015다248342 판결(전)

[사실관계] 이 사건의 원고는 강○○라는 지인으로부터 자금을 공급받아 신일산업주식회사(이하 "신일")라는 상장회사의 주식을 자신의 증권회사 계좌를 통해 매수하고, 자본시장법 제316조 제 2 항에 의해 작성된 실질주주명부에 등재되었다. 이후 원고가 신일의 어느 주주총회결의에 하자가 있음을 이유로 주주총회결의취소의 소를 제기하였던 바, 신일(피고)은 원고가 실질주주가 아니고 명의주주에 불과하다는 이유로 제소자격을 다투었다(즉 상법 제376조 제 1 항이 정하는 「주주」에 해당하지 아니한다는 주장).

원심은 실질설의 입장에서 원고의 주주자격을 부정하고 소를 각하하였으나, 대법원은 원고의 주주자격을 시인하고 원심을 파기하였다.

[判旨](알파벳기호는 저자가 추가. 그 이하의 문장을 대표함)

「… (2) (A) 상법이 주주명부제도를 둔 이유는, 주식의 발행 및 양도에 따라 주주의 구성이 계속 변화하는 단체법적 법률관계의 특성상 회사가 다수의 주주와 관련된 법률관계를 외부적으로 용이하게 식별할 수 있는 형식적이고도 획일적인 기준에 의하여 처리할 수 있도록 하여 이와 관련된 사무처리의 효율성과 법적 안정성을 도모하기 위함이다. 이는 회사가 주주에 대한 실질적인 권리관계를 따로 조사하지 않고 주주명부의 기재에 따라 주주권을 행사할 수 있는 자를 획일적으로 확정하려는 것으로서, 주주권의 행사가 회사와 주주를 둘러싼 다수의 이해관계인 사이의 법률관계에 중대한 영향을 줄 수 있음을 고려한 것이며, (B) 단지 해당 주주의 회사에 대한 권리행사 사무의 처리에 관한 회사의 편의만을 위한 것이라고 볼 수 없다.

… (C) 주주명부에 명의개서를 한 경우에 회사와의 관계에서 대항력을 인정하고, 주주명부상 주주의 주소로 통지를 허용하며, 회사가 정한 일정한 날에 주주명부에 기재된 주주에게 신주인수권 등의 권리를 귀속시킬 수 있도록 하고 있다. 이는 주식의 소유권 귀속에 관한 회사 이외의 주체들 사이의 권리관계와 주주의 회사에 대한 주주권 행사국면을 구분하여, 후자에 대하여는 주주명부상 기재 또는 명의개서에 특별한 효력을 인정하는 태도라고 할 것이다.

… (3) (D) 회사에 대하여 주주권을 행사할 자가 주주명부의 기재에 의하여 확정되어야 한다는 법리는 주식양도의 경우뿐만 아니라 주식발행의 경우에도 마찬가지로 적용된다.

(E) 주식양도의 경우와 달리 주식발행의 경우에는 주식발행 회사가 관여하게 되므로 주주명부에의 기재를 주주권 행사의 대항요건으로 규정하고 있지는 않으나, 그럼에도 상법은 주식을 발행한 때에는 주주명부에 주주의 성명과 주소 등을 기재하여 본점에 비치하도록 하고(제352조 제 1 항, 제396조 제 1 항), 주주에 대한 회사의 통지 또는 최고는 주주명부에 기재한 주소 또는 그 자로부터 회사에 통지한 주소로 하면 되도록(제353조 제 1 항) 규정하고 있다. 이와 같은 상법 규정의 취지는, 주식을 발행하는 단계에서나 주식이 양도

되는 단계에서나 회사에 대한 관계에서 주주권을 행사할 자를 주주명부의 기재에 따라 획일적으로 확정하기 위한 것이라고 보아야 한다. 다수의 주주와 관련된 단체법적 법률관계를 형식적이고도 획일적인 기준에 의하여 처리해야 할 필요는 주식을 발행하는 경우라고 하여 다르지 않고, …

(4) (D) 주식을 양수하였으나 아직 주주명부에 명의개서를 하지 아니하여 주주명부에는 양도인이 주주로 기재되어 있는 경우뿐만 아니라, 주식을 인수하거나 양수하려는 자가 타인의 명의를 빌려 회사의 주식을 인수하거나 양수하고 그 타인의 명의로 주주명부에의 기재까지 마치는 경우에도, 회사에 대한 관계에서는 주주명부상 주주만이 주주로서 의결권 등 주주권을 적법하게 행사할 수 있다.

… (F) 또한, 언제든 주주명부에 주주로 기재해 줄 것을 청구하여 주주권을 행사할 수 있는 자가 자기의 명의가 아닌 타인의 명의로 주주명부에 기재를 마치는 것은 적어도 주주명부상 주주가 회사에 대한 관계에서 주주권을 행사하더라도 이를 허용하거나 받아들이려는 의사였다고 봄이 합리적이다.

그렇기 때문에 주주명부상 주주가 그 주식을 인수하거나 양수한 사람의 의사에 반하여 주주권을 행사한다 하더라도, 이는 주주명부상 주주에게 주주권을 행사하는 것을 허용함에 따른 결과이므로 그 주주권의 행사가 신의칙에 반한다고 볼 수 없다.

(5) (G) 주주명부상의 주주만이 회사에 대한 관계에서 주주권을 행사할 수 있다는 법리는 주주에 대하여만 아니라 회사에 대하여도 마찬가지로 적용되므로, 회사는 특별한 사정이 없는 한 주주명부에 기재된 자의 주주권 행사를 부인하거나 주주명부에 기재되지 아니한 자의 주주권 행사를 인정할 수 없다.

상법은 … 회사로 하여금 주주명부에 주주의 성명과 주소, 각 주주가 가진 주식의 수와 종류 등을 기재하고 이를 회사의 본점에 비치하여 주주와 회사채권자가 열람할 수 있도록 하고 있다(제352조 제 1 항, 제396조). 이는 회사가 발행한 주식에 관하여 주주권을 행사할 자를 확정하여 주주명부에 주주로 기재하여 비치·열람하도록 함으로써 해당 주주는 물론이고 회사 스스로도 이에 구속을 받도록 하기 위한 것이다. 회사가 상법의 규정에 따라 스스로 작성하여 비치한 주주명부의 기재에 구속됨은 당연한 논리적 귀결이며, 주주명부에 기재되지 않은 타인의 주주권 행사를 인정하는 것이야말로 회사 스스로의 행위를 부정하는 모순을 초래하게 되어 부당하다. 주식양도의 경우에는 주식발행의 경우와는 달리 회사 스스로가 아니라 취득자의 청구에 따라 주주명부의 기재를 변경하는 것이기는 하나, 회사가 주식발행시 작성하여 비치한 주주명부에의 기재가 회사에 대한 구속력이 있음을 전제로 하여 주주명부에의 명의개서에 대항력을 인정함으로써 주식양도에 있어서도 일관되게 회사에 대한 구속력을 인정하려는 것이므로, 상법 제337조 제 1 항에서 말하는 대항력은 그 문언에 불구하고 회사도 주주명부에의 기재에 구속되어, 주주명부에 기재된 자의 주주권 행사를 부인하거나 주주명부에 기재되지 아니한 자의 주주권 행사를 인정할 수 없다는 의미를 포함하는 것으로 해석함이 타당하다.

주주권에 터 잡아 회사에 대하여 의결권 등의 권리를 행사하는 것은 단체법적 규율에 따른 것이므로, 동일한 주식에 기초하여 경합하는 주체들 중 누군가가 권리를 행사하면 다른 사람은 권리를 행사할 수 없는 관계에 있다. (H) 그럼에도 만일 회사가 이러한 속성이 있는 주주권을 행사할 주체를 정함에 있어 주식의 소유권 귀속에 관한 법률관계를 내세워 임의로 선택할 수 있다고 한다면, 주주권을 행사할 자를 획일적으로 확정하고자 하는 상법상 주주명부제도의 존재이유 자체를 부정하는 것이고, 주주 사이에 주주권의 행사요건을 달리 해석함으로써 주주평등의 원칙에도 어긋난다. 또, 회사가 주주명부상 주주와 주주명부에 기재를 마치지 아니한 주식인수인이나 양수인 중 누구에게 권리행사를 인정할 것인가에 대하여 선택권을 가지게 되는 불합리한 점이 있을 뿐만 아니라, 주주명부상 주주에게는 실질적인 권리가 없다는 이유로, 주주명부에 기재를 마치지 아니한 주식인수인이나 양수인에게는 주주명부에 기재를 마치지 않았다는 이유로, 양자의 권리행사를 모두 거절할 수도 있게 되어 권리행사의 공백이 생길 수 있다. … 무엇보다 다수의 주주를 상대로 사무를 처리하여야 하는 회사가 일일이 주주명부상 주주의 배후에서 주식을 인수하거나 양수하고자 하였던 자를 조사하여 주주명부상 주주의 주주권 행사를 배제하고 주식인수인 또는 양수인의 주주권 행사를 인정하는 것은 사실상 불가능하고 바람직하지도 않다.

(6) 따라서 특별한 사정이 없는 한, 주주명부에 적법하게 주주로 기재되어 있는 자는 회사에 대한 관계에서 그 주식에 관한 의결권 등 주주권을 행사할 수 있고, (I) 회사 역시 주주명부상 주주 외에 실제 주식을 인수하거나 양수하고자 하였던 자가 따로 존재한다는 사실을 알았든 몰랐든 간에 주주명부상 주주의 주주권 행사를 부인할 수 없으며, 주주명부에 기재를 마치지 아니한 자의 주주권 행사를 인정할 수도 없다.

(J) 주주명부에 기재를 마치지 않고도 회사에 대한 관계에서 주주권을 행사할 수 있는 경우는 주주명부에의 기재 또는 명의개서청구가 부당하게 지연되거나 거절되었다는 등의 극히 예외적인 사정이 인정되는 경우에 한한다.

(K) 자본시장법에 따라 예탁결제원에 예탁된 상장주식 등에 관하여 작성된 실질주주명부에의 기재는 주주명부에의 기재와 같은 효력을 가지므로(자본시장법 제316조 제 2 항), 이 경우 실질주주명부상 주주는 주주명부상 주주와 동일하게 주주권을 행사할 수 있다.

… 앞에서 본 법리에 의하면, (L) 주식을 인수하거나 양수하려는 자가 타인의 명의를 빌려 회사의 주식을 인수하거나 양수하면서 그 타인의 명의로 주주명부에 기재까지 마치는 경우, 주주명부상 주주 외에 실제 주식을 인수하거나 양수하고자 하였던 자가 따로 존재한다는 사실이 증명되었다고 하더라도 회사에 대한 관계에서는 주주명부상 주주만이 주주권을 행사할 수 있[다.]」

[同旨판례] 대법원 2019. 2. 14. 선고 2015다255258 판결; 동 2025. 6. 5. 선고 2024다296763 판결

[註] (판례해설)

1) **명의개서제도의 취지** 신판례는 주주명부제도가 주주의 구성이 계속 변화하는 단체법적 법률관계의 특성을 고려하여 회사로 하여금 주주의 실질적인 권리관계를 조사함이 없이 주주권을 행사할 자를 획일적으로 확정하도록 하는 제도라는 점을 논리전개의 출발점으로 삼고 있다(판지 중 (A) 이하 부분 참조. 이하 같은 요령). 그리하여 주식의 소유에 관한 권리관계와 주주의 회사에 대한 주주권 행사국면을 구분하여, 전자의 국면은 재산법적 원리로 규율하고, 후자의 국면에서는 단체법적 원리에 의해 명의개서에 특별한 효력을 인정하여 명의개서를 한 자에게 권리를 귀속시키는 것이라 설명한다(C).

2) **쌍방적 구속의 당위성** 신판례는 명의개서제도가 단지 주주 관련 사무의 처리에 있어 회사의 편의를 위한 것만이라고 볼 수 없다는 점을 강조하는데(B), 이는 상법 제337조는 회사의 편익을 위한 제도이므로 회사가 그 편익을 포기하고 실질주주를 주주로 취급해도 무방하다는 편면적구속설을 반박하는 취지이다. 이에 부연하여, 상법이 회사로 하여금 주주명부를 작성 · 비치하여 주주와 회사채권자의 열람에 공하게 하는 것은 해당 주주는 물론이고 회사도 이에 구속받도록 하기 위한 것으로, 회사가 스스로 작성 · 비치한 주주명부에 기재되지 않은 자를 주주로 인정하는 것은 스스로의 행위를 부정하는 모순이라고 지적하였다(G). 나아가 신판례는 편면적구속설에 의할 경우의 모순된 실무적 결과를 적시하였다(H).

3) **第337조 제 1 항의 적용범위** 신판례는 회사에 대하여 주주권을 행사할 자는 주주명부의 기재에 의하여 확정된다는 법리의 보편성을 강조하여, 주식양도의 경우뿐만 아니라 주식발행의 경우에도 같은 법칙이 적용된다고 하였다(D, E).[1)]

4) **위험과 책임의 균형배분** 쌍방적구속설에 따르면 실체법적인 권리를 결여한 자가 실질적인 권리자를 제치고 권리를 행사하는 모순이 생기지만, 신판례는 이러한 결과는 주주권의 귀속에 관해 실질과 형식의 괴리를 창출한 명의차용인이 부담해야 할 위험과 불이익이라는 점을 명시하였다(F).

5) **명의개서의 창설적 효과** 결론으로서, 신판례는 회사가 주주명부상의 주주 외에 실제의 주식인수인 또는 양수인이 존재함을 알았든 몰랐든, 또 이들의 존재가 증명된다 하더라도, 회사에 대한 관계에서는 주주명부상의 주주만이 주주권을 행사할 수 있다고 판시하였다(I, L). 이는 상법 제337조 제 1 항이 단지 주주권의 소재에 관한 증명책임의 배분을 정한 것이 아니고, 명의개서에 의해 회사와의 관계에서 주주권이 창설되는 효과가 있음을 선언한 것이다.

6) **예 외** 신판례는 주주명부의 기재 또는 명의개서청구가 부당하게 지연

1) (E) 부분의 판지 중 "주식양도의 경우와 달리 주식발행의 경우에는 … 주주명부에의 기재를 주주권 행사의 대항요건으로 규정하고 있지는 않으나"라고 설시한 것은 상법 제337조가 그 법문상으로는 주식의 양도에만 적용된다는 점을 전제로 한 판단이다. 제337조 제 1 항의 법문이 "주식의 이전은 … 회사에 대항하지 못한다"로 구성되어 있으므로 이같은 풀이가 가능할 수도 있겠으나, 주식의 발행 후 최초의 양도이전까지 주주명부가 갖는 효력과 이후의 효력이 달라진다는 결과가 되어 옳은 설명이 아니다.

되거나 거절되는 등의 사정이 인정되는 경우에는 주주명부에 기재를 마치지 못한 주주가 회사에 대한 관계에서 주주권을 행사할 수 있다고 판시하는데(J), 이는 당연한 법리로서 주의적인 설명이다.

7) **실질주주명부에의 효력** 자본시장법에 따라 예탁결제원에 예탁된 주식에 관해 작성하는 실질주주명부의 기재는 주주명부에의 기재와 같은 효력을 가지므로(자금 316조 2항), 실질주주명부상의 기재에도 쌍방적구속설이 적용됨을 역시 주의적으로 판시하였다(K).

실질주주의 단체법적 권리실현방법

실질관계와 주주명부가 상이한 경우 전자는 재산권의 귀속의 문제로 다루고 단체법적으로는 주주명부의 기재대로 권리를 인정한다는 것이 신판례의 취지이다. 그러므로 실질주주가 회사와의 관계에서 주주권을 실질에 일치시키고자 한다면 먼저 주주명부의 권리추정력을 부정할 수 있는 증명을 하여야 한다. 한편 회사와 주주간에 주주권의 귀속에 관한 실체법적 다툼이 있어 회사가 주주명부상의 주주의 지위를 부정하는 경우에는 회사가 명의주주에게 실체법상의 권원이 없음을 증명하여 주주명부의 권리추정력을 깰 수 있다(대법원 2020. 6. 11. 선고 2017다278385 · 278392 판결).[1]

명의개서지체중의 이익귀속관계

주식양수인이 명의개서청구를 게을리하여 주식양수 후에 발생한 이익배당청구권이나 신주인수권 등 自益權을 행사하지 못하고 양도인이 이러한 권리를 행사하는 경우가 있다(이 경우의 주식을 失念株 또는 失期株라고도 한다). 이 경우 회사와의 관계에서는 양도인이 권리행사를 하는 것이 주주명부상의 형식적 자격에 부합하나, 양도인과 양수인간의 관계에서 누구에게 권리행사의 효과가 귀속될 것인지 문제된다. 따라서 이는 양도인 · 양수인간의 개인법적 문제이고 회사법상의 문제는 아니다.

양도인과 양수인 사이에 그 권리의 귀속에 관해 별개의 합의가 없는 경우 당사자간에는 이미 주주권이 양수인에게 이전되었다고 할 것이므로 그 권리는 양수인에게 귀속되어야 할 것이다(통설). 그 법적 근거로서는, 양도인이 법률상원인 없이 이득을 얻었다고 보고 부당이득반환의 법리에 의해 그 이득을 양수인에게 반환하여야 한다고 설명하는 설(정경영 391; 정동윤 513),[2] 양도인을 準事務管理의 관리자로 보고 이에 따른 의무를 부

---

1) A 회사의 설립시부터 주주명부에 B가 10,000주의 주주로 기재되어 있는데, 그 중 2,000주는 실제 주식을 인수한 것이고, 8,000주는 장차 B가 소정액의 투자자를 유치할 경우 그에 대해 배정할 주식을 명의신탁한 것이다. 추후 A 회사 스스로가 소정액의 투자자를 유치하였으므로 A회사는 B의 8,000주는 투자자에게 귀속되어야 하고 B의 주식이 아니라는 취지에서 B의 주주권부존재 확인의 소를 제기하였던 바 법원이 이를 받아들여 B의 주주권이 부존재한다고 판시하였다.

2) 大隅 · 今井(上), 487면; 鈴木 · 竹內, 160면.

담한다고 설명하는 설(김동훈 191; 김정호 304; 손주찬 675; 송옥렬 846; 이범찬(외) 209; 이 · 최 285; 최기원 401),[1)·2)] 양도인을 사무관리의 관리자로 보아 같은 의무를 인정하는 설(정찬형 827)이 있다.

6. 주권의 선의취득

(1) 의 의

주식을 양도한 자가 무권리자라 하더라도 일정한 요건하에서 양수인이 선의로 주권을 교부받으면 양수인은 적법하게 주권을 취득하고 나아가 주주의 지위를 취득하게 되는데, 이를 주권의 善意取得이라 한다(359조).

자본집중을 요하는 주식회사에 있어서 주식의 유통성 강화는 필연적인 요청이다. 그러자면 주식의 양수인이 양도인의 실질적 권리의 유무를 조사할 필요 없이 양도인이 갖춘 권리의 외관만을 신뢰하고 주식을 양수할 수 있어야 한다. 그러므로 상법 제359조는 주권에 관해 수표법 제21조를 준용함으로써 주권의 선의취득을 허용하지만, 한편 주권의 선의취득은 주권의 점유에 인정되는 권리추정력(336조 2항)으로부터의 당연한 논리적 귀결이기도 하다.

전자등록된 주식의 경우에는 전자등록에 대해 주권의 점유와 마찬가지로 권리추정력이 인정되고, 권리추정력의 당연한 효과로서, 전자등록계좌부의 기록을 중대한 과실 없이 신뢰하고 전자등록된 주식의 권리를 취득하여 등록한 자는 양도인 또는 질권설정자가 무권리자이더라도 그 권리를 적법하게 취득한다(356조의2 3항, 전등 35조 5항).

(2) 요 건

1) 주권의 유효와 주식의 처분가능성 주권의 선의취득은 유효한 株券을 취득할 경우에만 인정된다. 따라서 위조된 주권, 실효된 주권, 아직 발행되지 아니한 예비주권은 선의취득의 대상이 될 수 없다. 주주가 주권불소지를 신고하고 회사에 제출하여 무효가 된 주권도 같다(358조의2 3항). 그리고 언제 주권의 효력이 발생한다고 보느냐에 따라 선의취득이 가능한 시기가 달라지게 됨은 기술한 바와 같다(344면 참조).

주식의 특성이나 취득자의 신분에 의해 취득이 금지된 주식은 선의취득의

1) 北澤, 230면; 管原菊志, "失念株をめぐる問題,"「商事法務」192호, 18면.

2) 민법학자들간에는 準事務管理의 개념을 인정할 것이냐에 관해 학설의 대립이 있다(民法注解 XVII, 93면(崔秉祚 집필) 이하 참조).

대상이 아니다.[1] 선의취득은 양도인의 무권리를 치유해주는 데 그치는 제도이므로 취득 자체가 금지된 거래라면 선의취득으로 치유될 하자가 아니기 때문이다.

그러나 법률에 의한 제한이 단속규정에 불과할 때에는 선의취득이 인정된다. 은행법, 자본시장법 등 경제관련 특별법에서 규정하는 주식취득제한은 대부분 단속규정으로서 그에 위반하여 취득하더라도 벌칙이 적용되는 것은 별론하고 취득행위 자체의 효력에는 영향이 없다.

2) 무권리자로부터의 양수 양도인이 무권리자이어야 한다.

i) 상법 제359조에 의해 준용되는 수표법 제21조는 「어떤 사유로든 수표의 점유를 잃은 자가 있는 경우에 …」라고 규정하는데, 이는 무권리자인 양도인이 주권을 취득하게 된 사유 그리고 그 이전에 진정한 권리자가 주권을 잃게 된 사유는 어떠한 것이라도 선의취득에 영향을 주지 않음을 뜻한다. 즉 도품 · 유실물을 습득한 자로부터 주식을 양수하더라도 선의취득이 가능하므로 선의취득이 허용되는 범위는 동산의 선의취득보다 넓다(민 250조 참조).

ii) 양수인과 무권리자인 양도인의 거래행위 자체는 유효하여야 한다.

iii) 양도인이 무권리자가 아니고 적법한 권리자이지만, 그가 제한능력자이거나 의사표시에 하자가 있어 취소한 때 또는 무권대리인에 의한 양도이므로 무효인 때에도 양수인이 선의이며 중대한 과실이 없다면 선의취득을 인정할 것인가? 이 문제는 주로 어음 · 수표의 선의취득에 관하여 다투어지고 있다. 다수설은 양도인이 무권리자인 경우에 한하여 선의취득이 가능하다고 함에 대해, 소수설은 유권리자의 양도행위가 무효 · 취소된 때에도 선의취득이 가능하다고 한다.[2] 판례는 무권대리인으로부터 양수받은 사안에서 소수설과 같이 선의취득이 가능한 것으로 본 예가 있다(대법원 1997. 12. 12. 선고 95다49646 판결). 그러나 선의취득제도란 원래 권리의 외관을 신뢰한 자를 보호하기 위해 양도인의 無權利를 치유하는 제도이므로 양도인이 무권리자인 경우에만 적용하는 것이 타당하다.

3) 양도에 의한 취득 선의취득은 거래의 안전을 보호하기 위한 제도이므로 주식의 양도에만 있을 수 있다. 따라서 상속이나 회사합병에 의해 취득하는 경우에는 선의취득이 있을 수 없다. 무권리자로부터 상속 · 합병에 의해 취득한 자가 다시 양도한 경우 그 양수인이 선의취득을 할 수 있음은 물론이다(광주고법 1979. 1. 26. 선고 78나395 판결).

1) 대법원 1978. 7. 25. 선고 76다2990 판결.
2) 상세는 「어음 · 수표법」, 374면 이하 참조.

4) 양도방법의 구비 주식의 양도 자체는 적법하게 이루어져야 하므로 양수인에게 株券이 교부되어야 한다. 통상의 양도에서 주권의 교부는 현실의 인도뿐 아니라 간이인도, 목적물반환청구권의 양도, 점유개정에 의해서도 행해질 수 있으나, 점유개정은 외관상 종전의 권리상태에 아무런 변화도 가져오지 않으므로 통설과 판례는 점유개정에 의한 동산의 선의취득을 부정한다(대법원 1964. 5. 5. 선고 63다775 판결). 주식거래에서는 동산물권의 거래에서보다 더욱 외관주의가 강하게 요청되므로 점유개정에 의한 선의취득은 부정하는 것이 옳다.

그리고 목적물반환청구권의 양도에 의하여 주권의 선의취득에 필요한 요건인 주권의 점유를 취득하였다고 하려면, 양도인이 그 제 3 자에 대한 반환청구권을 양수인에게 양도하고 지명채권양도의 대항요건(통지 또는 승낙, 민 450조)을 갖추어야 한다(대법원 1999. 1. 26. 선고 97다48906 판결; 동 2000. 9. 8. 선고 99다58471 판결).

명의개서는 주식의 취득 자체와는 무관하고 회사에 대한 대항요건에 불과하므로 선의취득의 요건이 아니다.[1)]

5) 양수인의 주관적 요건 양수인은 주식을 취득할 당시 선의이며 중대한 과실이 없어야 한다(359조 → 수표법 21조 단). 선의란 양도인이 無權利者임을 양수인이 알지 못함을 뜻하며, 알지 못한 데 대해 중대한 과실이 없어야 한다. 중과실은 거래상 필요한 주의를 현저하게 결한 것을 의미하는데, 당사자의 직업(예: 증권업자인지 여부), 목적물의 성격(상장주식인지 여부), 거래의 규모, 거래방법 등에 따라 요구되는 주의의 정도가 달라질 것이다. 예컨대 주권을 취득하면서 통상적인 거래기준으로 판단하여 볼 때 양도인이 무권리자임을 의심할 만한 사정이 있음에도 불구하고 이에 대하여 상당하다고 인정될 만한 조사를 하지 아니한 채 만연히 주권을 양수한 경우에는 양수인에게 중대한 과실이 있다고 보아야 한다(대법원 2018. 7. 12. 선고 2015다251812 판결).[2)]

---

1) *Lutter/Drygala*, in Kölner Komm. AktG, 3. Aufl., § 67 Rn. 42 ff.

2) 언론사인 A(포커스신문사)는 다른 언론사 B(서울경제신문사)를 인수하려고 하였다. B의 지배주주 C1은 C2에게 B 발행주식을 명의신탁하고 있었는데, A는 이 사실을 알고 수탁자인 C2를 상대로 인수교섭을 하다 실패하고 7개월 뒤 C2가 지배주주로부터 주식을 양수하였다고 말하므로 그 주식을 10억여원을 지급하고 양수하였다. 그러나 C1이 C2에게 주식을 양도한 사실은 없고, C2는 주권을 점유하고 있는 것을 기화로 권한없이 양도한 것이었다. 그리하여 A가 B에 대해 명의개서를 청구하였으나, B가 양도인이 무권리자이었음을 이유로 A의 권리를 부인하며 명의개서를 거절하므로 A가 명의개서를 구하는 소를 제기하였다. 법원은 거액의 주식거래인 점에 주목하며, A가 당초 주식이 C2에 명의신탁되었음을 알고 있었으므로 그의 처분권한을 의심할 만했고, C2가 C1으로부터 실제 주식을 양수하였는지도 그 지인을 통해 쉽게 알아 볼 수 있었음에도 불구하고 이를 게을리 하였으므로 중과실이 있다고 판단하였다.

[참고] 대법원 2000. 9. 8. 선고 99다58471 판결: A의 주권을 보관하고 있는 B로부터 동주권을

주식의 양도방법을 갖춘 경우에는 적법한 소지인으로 추정되는 효력이 있으므로(336조 2항) 선의취득을 부인하는 자가 양수인의 악의·중과실을 증명하여야 한다(異說 없음).

(3) 선의취득의 효과

선의취득자는 적법하게 주권을 취득하고 나아가 주주권을 취득한다. 반사적으로 원래의 권리자는 주주권을 잃으며, 이에 따른 질권 등의 담보권 역시 소멸한다. 질권 기타 주권을 담보로 하는 권리도 상법 제359조에 따라 선의취득할 수 있음은 물론이다.

Ⅲ. 정관에 의한 株式讓渡의 制限

(1) 의 의

대중자본의 집중을 위한 도구로 마련된 주식회사의 특성상 주식은 자유롭게 양도할 수 있음이 원칙이다(335조 1항 본). 그러나 주식회사의 대부분은 비상장회사인데, 비상장회사란 대체로 소수의 인원으로 구성되어, 이론적으로 인식되는 주식회사의 본질과는 달리 인적회사에 못지 않은 인적 유대를 기초로 운영되는 실정이므로 주식회사의 이론적인 모형을 기준으로 주식양도의 자유를 절대적으로 관철함은 비현실적이다. 그리하여 상법은 정관에 규정을 두어 주식의 양도시에 이사회의 승인을 요구하도록 할 수 있게 함으로써(335조 1항 단), 폐쇄적인 주주의 구성을 유지하고자 하는 회사들이 자율적으로 주식의 양도를 제한할 수 있는 길을 열어 주는 한편, 이로 인해 주주의 투자자산이 환금성을 상실하지 않도록 환가방법을 마련해 주고 있다.

입 법 례

대부분의 입법례가 회사의 자율에 의한 주식의 양도제한을 허용하고 있다. 예컨대 일본회사법은 우리와 거의 같은 제도를 두고 있고(日會 2조 17호, 107조 1항 1호), 독일은 양도제한이 불가능한 무기명주식을 원칙적인 형태로 하면서도 예외적으로 기명주식의 발행을 허용하고 그 양도를 제한할 수 있게 한다(§ 68 Abs. 2 AktG). 미국에서도 폐쇄회사(close corporation)에 있어서는 주식양도를 '합리적으로'(reasonably) 제한할 수 있다는 것이 판례의 입장이며, 많은 주법이 정관에 의한 양도제한을 허용한다(MBCA § 6. 27; Del. Gen. Corp. Law

C가 무상으로 이전받으면서 B의 처분권을 증명하는 서면을 교부받지 않고, A의 양도의사를 확인하지 않은 것은 중대한 과실이라고 한 예.

§ 202; Cal. Corp. Code §§ 204, 418).

(2) 양도제한의 법구조

회사가 주식의 양도를 제한하는 방법은 정관에 규정을 두어 양도시에 이사회의 승인을 받게 하는 것이다. 정관에 이같은 규정을 둔 경우에는 주식을 양도하는 주주는 이사회의 승인을 청구해야 한다. 이사회는 자유롭게 승인 또는 거부를 결정할 수 있다. 이사회의 승인을 요구하는 기본취지는 회사의 경영자들이 주주의 인적 구성을 폐쇄적으로 유지할 수 있게 하기 위함이다.

그러나 이러한 경영자들의 욕구를 충족시키기 위해 주주가 투하자본을 회수하는 것이 봉쇄되어서는 안 될 것이므로 이사회가 승인하지 않을 경우에도 주주가 주식을 환가할 수 있는 방법은 마련해 주어야 한다. 주주가 주식을 환가하는 방법으로서 상법은 두 가지 길을 열어 주고 있다. 하나는 회사에 대해 당초 예정된 양수인에 갈음하여 주식을 양수할 자를 지정해 줄 것을 청구하는 것이고, 둘째는 회사가 대신하여 주식을 매수하여 줄 것을 청구하는 것이다.

한편 상법은 이사회의 승인거부에 상대적 효력만을 부여하여 이사회의 승인 없이 양도하는 것도 가능하되, 이 경우에는 양수인이 양수의 승인절차를 밟도록 하였다. 이사회의 승인 없이 양수한 자는 이사회에 양수의 승인을 구하고 승인하지 않을 경우 새로운 양수인을 지정해 줄 것을 청구하거나 회사에 주식매수를 청구할 수 있도록 한 것이다. 이 점은 주식거래에 있어 중대한 의미를 가진다. 즉 회사의 양도제한이 있음을 모르고 주식을 취득하거나 양도제한 사실은 알되 승인될 것으로 믿고 주식을 취득한 자도 이사회의 승인거부로 인해 취득행위가 무효로 되는 충격을 피하고 자기의 투자자산을 회수할 수 있는 기회를 갖게 되는 것이다.

(3) 양도제한의 要件

1) 정관의 규정 　주식의 양도제한은 주주의 권리에 대한 중대한 團體法的 拘束이므로 반드시 정관에 규정을 두어야 한다(335조 1항 단).[1] 정관은 주주들의 의사에 의해 작성·변경되는 자치법의 성격을 가지므로 정관의 규정에 의해 주식의 양도를 제한함은 주주들의 합의에 의한 자치적인 구속이라는 의미를 갖는다.

설립시의 정관에 양도제한을 규정할 수 있음은 물론, 회사의 존속중에 정관

1) 서울고법 2005. 7. 14.자 2005라263 결정: 주식의 양도에 이사회의 승인을 얻도록 하는 뜻이 정관에는 없고, 단지 회사가 발행한 주권의 표면에만 기재되어 있는 경우에는 이사회의 승인을 주식양도의 효력요건으로 볼 수 없다고 한 예.

변경을 통해 새로이 양도를 제한할 수도 있다.[1)]

상장주식은 상장을 폐지하지 않는 한 양도를 제한할 수 없다고 본다.[2)]

2) 양도제한의 공시 주식의 양도제한은 주주 및 그와 주식을 거래하는 자들에게 중대한 이해를 야기하므로 다수인에게 양도제한 사실을 공시하는 것이 중요하다. 그러므로 주식의 양도제한은 등기하여야 한다(317조 2항 3의2호). 정관에 규정을 두었더라도 등기를 하지 않은 경우에는 선의의 제 3 자에게 대항하지 못한다(37조 1항). 정관에 규정을 둔 경우에는 등기를 하지 않더라도 양도인이 양도제한 사실을 알지 못하는 경우는 생각하기 어려우나, 양수인은 모를 수 있다. 양수인이 제한사실을 알지 못한 경우 양도인이 이를 알았다 하여 양도의 효력을 부인할 수 없다.

양도제한 사실은 주식의 인수 당시부터 공시되어야 할 것이므로 주식청약서에 기재해야 하고(302조 2항 5의2호), 주권에도 기재해야 한다(356조 6의2호). 회사설립시의 주식청약서에 기재할 것은 명문의 규정을 두고 있으나(302조 2항 5의2호) 신주발행시의 주식청약서에 관해서는 명문의 규정을 두고 있지 않다(420조 참조). 입법의 불비이다. 신주발행시의 주식청약서에도 기재해야 한다고 해석해야 한다. 신주발행시에 신주인수권을 표창하는 신주인수권증서에 관해서도 명문의 규정이 없는데 이 역시 입법의 불비로서 마찬가지로 해석해야 한다(同旨: 정찬형 800).

주식청약서에 양도제한을 기재하지 않은 경우에는 주식청약서의 요건흠결로서 인수의 무효주장사유가 된다(320조 · 427조). 설립 또는 신주발행 후에는 무효주장이 제한되지만, 주식청약서에 기재가 흠결됨으로 인해 주주가 주식의 양도시에 양도제한 사실을 알지 못할 수가 있다. 이 경우에는 양도제한 사실을 알지 못한 정당한 사유가 있다고 보아야 하므로 주주에게 등기의 효력으로 대항할 수 없다고 보아야 한다(37조 2항). 주권에 기재하지 않은 경우에는 주로 양수인이 양도제한 사실을 알지 못한 정당한 사유(37조 2항)를 구성하게 될 것이다. 이 경우에도 회사는 양수인에 대해 양수의 무효를 주장할 수 없다고 보아야 한다.

전환사채나 신주인수권부사채는 장차 주식으로의 전환 또는 주식인수로 연결되는 권리이므로 주식의 양도제한 여부는 장차의 주식의 가치 및 사채 자체의

1) 정관변경에 의해 양도를 제한함은 기존의 주주들에게는 예상하지 못했던 권리의 제한이므로 다른 입법례에서는 정관변경에 반대하는 주주에게 주식매수청구권을 인정하나(日會 106조 1항 1호), 우리 상법에서는 이러한 경과적 보호장치를 두고 있지 않다.

2) 한국거래소의 유가증권시장상장규정에서는 주식의 상장요건으로서, 정관에 주식의 양도를 제한하는 규정이 없을 것을 요구하며(상장규 29조 1항 7호), 회사가 주식의 양도제한을 위한 정관변경을 할 경우 이를 상장폐지사유로 규정하고 있다(상장규 48조 1항 13호).

가치를 결정하는 요소가 된다. 그러므로 전환사채와 신주인수권부사채의 청약서, 債券, 사채원부 그리고 신주인수권부사채에 대해 발행하는 신주인수권증권에도 양도제한 사실을 기재해야 한다(514조 1항 5호 · 516조의 4 4호 · 516조의5 2항 5호).

(4) 양도제한의 방법(이사회의 승인)

1) 제한방법의 한계　상법이 허용하는 주식의 양도제한방법은 주식양도에 대해 이사회의 승인을 얻게 하는 것이다(335조 1항 단).[1] 그 밖의 다른 제한방법은 허용되지 않는다. 예컨대 특정주주의 승인을 받게 한다든지 대표이사의 승인을 받게 하는 것은 무효이다. 또 일정 기간 주식의 양도를 금지하는 것도 무효이다.

이사회의 승인에 관련하여 상법에 규정된 주식매수청구, 매수인의 지정청구 기타 주주의 권리에 관한 규정은 강행규정이므로 이러한 권리를 제한하는 것은 정관에 규정을 두더라도 무효이다.

2) 제한의 보편성　양도제한은 모든 주식에 대해 보편적으로 적용되어야 한다. 예컨대 특정 주주의 주식에 국한해서, 혹은 특정 수량의 주식에 국한해서 양도시 이사회의 승인을 요하게 하는 것은 무효이다(통설). 그러므로 「주식의 양도는 이사회의 승인을 받아야 한다」는 식의 포괄적인 제한이 일반적인 형태가 될 것이다.

그러나 주주 일반에 대해 보편성이 지켜지는 한 양도제한사유를 특정화하는 것은 무방하다. 예컨대 외국인에게 주식을 양도할 경우에는 이사회의 승인을 얻어야 한다든지, 기존의 주주(혹은 종업원) 이외의 자에게 양도할 때에는 이사회의 승인을 얻어야 한다고 규정하는 것은 무방하다(권기범 611; 손주찬 650; 정경영 341; 정동윤 482; 정찬형 800; 최기원 331; 최준선 317; 양민호(주석－회사 2) 461).[2] 하지만 그 내용은 합리성이 인정되어야 한다. 예컨대 특정 대주주 이외의 자에게 양도할 경우에는 이사회의 승인을 얻어야 한다든지, 특정인(예: 경쟁회사)에게 양도할 경우에는 이사회의 승인을 얻어야 한다고 정하는 것은 무효이다. 특정주주 또는 특정부류의 주주에 국한하여 양도를 제한하는 것은 주식평등의 원칙에 어긋나므로 무효이나,[3] 특정 종류의 주식(예: 보통주 혹은 우선주)의 양도에 이사회의 승인을 받

1) 미국에서는 다양한 방법으로 주식의 양도를 제한하고 있는데, 대체로 ① 제 3 자에게 주식을 양도하고자 할 때는 먼저 제 3 자가 제시한 조건대로 회사 또는 다른 주주가 양수할 기회를 주도록 하거나, ② 회사나 다른 주주가 특정시점의 일정 가격에 따라 選買權(option right)을 행사할 수 있도록 하거나, ③ 이사회 또는 다른 주주의 동의가 없으면 주식을 양도할 수 없다는 약정을 하는 것 등의 세 가지가 주종을 이룬다. Cary & Eisenberg, p. 475.

2) 日注釋(3), 66면.

3) 실무상 종업원지주제에 의한 종업원소유주식 또는 외국합작투자자가 인수한 주식의 양도에 이사회의 승인을 얻게 할 수 있느냐가 거론되고 있으나, 이러한 제한은 주식평등의 원칙에 어긋나

게 하는 것은 유효하다(同旨: 김 · 노 · 천 206; 송옥렬 856; 정동윤 482; 정준우 207; 최기원 331; 최준선 317. 반대: 임재연 I 466; 정찬형 811; 윤영신(大系 I) 849).[1)]

(5) **적용범위**

정관의 양도승인규정은 주식의 「양도」에 한해 적용된다. 그러므로 상속 · 합병과 같은 포괄승계에 대해서는 적용되지 아니한다. 정관으로 양도를 제한한 경우 동주식의 入質은 어떤 제한을 받는가? 양도를 제한하는 취지는 폐쇄적인 주주구성을 유지하기 위함인데, 주식에 질권을 설정한다고 해서 질권자가 주주권을 행사하는 것은 아니므로 이를 제한할 이유는 없다.[2)] 그리고 질권을 실행하는 단계에서도 경락인이 회사에 대해 승인을 청구하고 거절당할 경우 매수인의 지정 또는 매수청구를 할 수 있다. 따라서 株式質의 설정 및 실행은 이사회의 승인을 요하지 않는다고 보아야 한다. 같은 이유에서 주주의 채권자가 주식을 압류할 때에도 이사회의 승인을 요하지 않는다.

양도제한된 주식도 무권리자로부터 양수한 경우 선의취득의 대상이 됨은 물론이다. 그러나 주식의 양도제한 사실을 알지 못했다는 것은 보호받지 못한다. 이때 선의취득자는 양도가 제한되는 주식을 선의취득한 것이고, 주주가 되기 위해서는 이사회의 승인을 얻어야 한다.

(6) **승인 없는 양도의 효력**(相對的 無效)

정관의 규정에 반하여 이사회의 승인 없이 주식을 양도한 경우에는 회사에 대하여 효력이 없다(335조 2항). 「회사에 대하여 효력이 없다」는 규정이 회사와의 관계에서 양도가 무효임을 뜻한다는 데에 의문의 여지가 없다. 그러면 양도당사자간에 있어서의 효력은 어떠한가? 상법 제335조의7에서 주식의 양수인도 회사에 대해 그 취득의 승인을 청구할 수 있고 승인거절시 양도상대방의 指定 또는 주식의 매수를 청구할 수 있음을 규정하고 있는데, 이는 당사자간에는 양도가 유효함을 전제로 한 것이다(상대적 무효설)(통설. 대법원 2008. 7. 10. 선고 2007다14193 판결).

(7) **승인청구자**(事前請求와 事後請求)

양도인은 물론이고 양수인도 승인을 청구할 수 있다(335조 의7). 양도인의 승인청

기도 하지만, 그 주식을 특정할 수가 없어 양도제한을 실현하는 것이 불가능하다.

1) 일본회사법에서는 양도제한주식을 주식의 종류로 하는 것이 허용되므로(日會 2조 17호, 108조 1항 4호), 발행주식의 일부만 양도제한주식으로 발행할 수 있다. 우리 법에서는 이런 제도를 두지 않으므로 일부 주식만 양도제한주식으로 발행할 수는 없으나, 특정 종류주식에 관해 양도를 제한하는 규정을 두는 것은 해석상 허용할 수 있다고 본다(鈴木 · 竹內, 148면).

2) 日注釋(3), 190면. *Bayer*, in Müner Komm. AktG, 4. Aufl., § 68 Rn. 111; *Cahn*, in Spindler/Stilz, § 68 Rn. 35.

구는 양도 전에 하는 것이다. 그리고 양수인의 승인청구는 당사자간에 양도를 종결지은 후에 하는 것이다. 그러므로 양도인의 승인청구는 특정인에게 양도하는 것을 승인해 달라는 의미를 가지는 데 대해, 양수인의 승인청구는 주주로부터 양도받은 사실을 승인해 달라는 의미를 갖는다. 회사가 승인을 한다고 가정하면 양도인이 하는 승인청구와 양수인이 하는 승인청구는 실질적인 효과에서 차이가 없다. 그러나 이사회가 승인을 거절한다고 가정하면 양자 사이에는 중대한 차이가 있다.

양도인의 청구가 거절된 경우 양도인은 세 가지 선택지를 갖는다. 첫째는 이사회에 대해 양도상대방을 지정해 줄 것을 청구하는 것이고, 둘째는 회사가 주식을 매수해 줄 것을 청구하는 것이다(335조의 2 4항)(후술). 이 두 가지에 의해 양도인은 양도에 의해 환가하는 것을 포기하고 회사가 지정한 자의 매수 또는 회사의 매수로 주식대금을 회수하게 된다. 그리고 셋째는 이사회의 거절에도 불구하고 양도하는 것이다. 또는 처음부터 이사회에 승인을 청구함이 없이 양도할 수도 있다. 물론 양수인이 이사회의 승인이 없음에도 불구하고 기꺼이 양도받고자 할 경우에 가능할 것이다. 셋째 방법을 취하면 양도인은 양도에 의해 주식을 환가하고 양수인이 대신하여 승인청구를 하게 되는데(335조의 7 1항), 거절당하면 양수인은 주주의 지위를 갖지 못하고 이사회에 양도상대방을 지정해 줄 것 또는 회사가 주식을 매수해 줄 것을 청구해야 한다. 양수인은 실제 주식을 적법하게 취득한 자이어야 한다(대법원 2014. 12. 24. 선고 2014다221258 판결).[1] 이에 의해 양수인은 회사의 주주가 되는 것은 포기하고 양수한 주식의 환가만을 실현하는 것이다. 물론 양수인이 이에 대신하여 재차 주식을 양도할 수 있고 그 제 2 의 양수인은 양수인과 같은 절차를 되풀이한다. 그러므로 승인 없이 이루어지는 주식의 양도의 실질은 회사가 지정하는 자에게 매도하거나 회사의 매수에 의해 환가할 수 있는 권리를 양도한다는 뜻을 갖는다.

(8) 승인청구 및 승인절차

1) 승인청구 주식을 양도하고자 하는 주주는 회사에 대하여 양도의 상대방 및 양도주식의 종류와 수를 기재한 서면으로, 또는 양수인이 양수한 주식의 종류와 수를 기재한 서면으로 승인을 청구할 수 있다(335조의2 1항 · 335조의7 1항). 기술한 바와 같이 양도인의 승인청구는 사전청구이므로 이미 양도한 경우에는 양도인이 청구

1) 주식양도담보계약서를 작성하였을 뿐, 주권을 교부한 바 없는 양도계약의 양수인이 회사에 양수도승인을 청구하였다가 거절당하자 주식매수를 청구한 데 대해, 법원은 본문에서와 같은 이유로 양수인의 매수청구권을 부정하였다.

할 수 없다. 그러나 회사가 이를 승인하면 양수인에 대해 승인한 효과가 있다고 보아야 한다. 특정인이 주주가 됨에 대한 회사의 허부결정이 중요한 것이고 누구에게 그 의사표시를 하느냐가 본질적인 것은 아니기 때문이다.

주주나 주식의 양수인 중에는 주식의 양도를 승인받기보다는 회사의 매수에 의해 환가하기를 선호하는 자도 있을 수 있다. 그러나 회사가 승인을 거절하기 전에는 매수인의 지정이나 회사의 매수를 청구할 수 없다.

2) 승 인 회사는 위 청구에 대해 1월 이내에 주주 또는 주식양수인에게 서면으로 승인 여부를 통지하여야 한다(335조의2 2항 · 335조의7 2항). 이 기간 내에 통지하지 아니한 때에는 주식의 양도를 이사회가 승인한 것으로 본다(335조의2 3항 · 335조의7 2항). 상법 제335조의2 제 3 항의 법문이 「통지하지 아니한 때에는」이라고 되어 있어 발신주의로 오해할 소지를 두었으나 이를 발신주의로 해야 할 이유가 없다. 이 통지는 도달주의로 이해해야 한다(정동윤 483; 정찬형 812; 양민호(주석 – 회사 2) 474).[1] 그러므로 1월 내에 거부의 통지가 주주 또는 양수인에게 도달하지 않을 경우에는 양도를 승인한 것으로 간주한다. 양도를 승인한 것으로 보는 결과 회사는 양수인의 명의개서청구를 거절하지 못한다.

승인의 여부는 이사회의 결의로 정한다. 승인 여부는 이사회의 재량으로서, 어느 쪽으로 결정하든 승인청구를 한 주주 또는 양수인과의 관계에서 합리성이나 공정성 등을 요구하지 않는다. 그러나 승인 또는 승인거절에 관해 이사는 주의의무를 부담한다. 예컨대 회사의 이익을 해할 자에게 양도하는 것을 승인한 경우, 또는 특히 승인을 거절할 이유가 없는데 승인을 거절하여 주식매수청구를 받게 된 경우에는 회사에 대한 관계에서 책임문제가 발생할 수 있다(399조). 그리고 명문의 규정은 없으나, 정관으로 승인거절 사유를 규정할 수 있다고 본다.[2]

이사회의 결의 없이 승인하거나 승인결의가 무효인 경우에는 어떤 효과가 생기는가? 우선 이사회의 결의 없이 대표이사가 양도승인의 통지를 하는 경우를 생각할 수 있다. 이 경우 양도 · 양수인 모두 이사회의 결의가 없거나 하자가 있음에 대해 선의라면 승인은 유효하다고 보아야 한다. 그리고 양도인은 악의이나 양수인이 선의라면 양수인의 보호를 위해 승인의 효과가 있다고 해야 한다. 반대로 양도인은 선의이나 양수인이 악의인 경우에는 양수인에 대해서는 승인의 효과가 없고 그는 회사에 대해 양수의 승인을 청구해야 한다고 해석된다(송옥렬 857; 정찬형 812; 양민호(주석 – 회사 2) 474).

1) 日注釋(3), 99면.
2) § 68 Abs. 2 Satz 4 AktG(정관으로 승인을 거절할 수 있는 사유를 정할 수 있다).

이사회의 결의 없이 또는 하자 있는 결의에 의해 양도를 거절한 경우에는 기술한 통지기간 내에 다시 적법한 거부의 통지가 없는 한 양도를 승인한 것으로 간주해야 한다(335조의2 3항 · 335조의7 2항).[1)]

3) 승인거부의 후속절차 양도승인의 거부통지를 받은 양도인 또는 양수인은 통지를 받은 날로부터 20일 내에 회사에 대하여 양도상대방의 지정 또는 주식의 매수를 청구할 수 있다(335조의2 4항 · 335조의7 2항). 이 청구 역시 도달주의로 이해해야 한다. 양도인 또는 양수인이 이 청구기간의 준수를 게을리한 경우에는 어찌 되는가?[2)] 당해 승인거절로 인해 양도인 또는 양수인에게 발생한 양도상대방 지정청구권 또는 매수청구권은 소멸하지만, 양도인 또는 양수인은 다시 승인을 청구하고 거절시에는 양도상대방의 지정청구 또는 매수청구를 할 수 있다고 본다. 이와 달리 청구기간이 경과하면 양도인 혹은 양수인은 재차 양도승인청구가 불가능한 것으로 해석하는 견해가 있다(정동윤 484; 정찬형 814). 이같이 해석하면 이들은 양도가 절대불가능한 주식을 항구적으로 보유해야 하는 결과가 되는데, 이러한 해석은 책임과 위험의 합리적 비례를 의미하는 自己責任의 원리에 반한다.

(9) 양도상대방이 지정청구

1) 지정청구 회사가 양도승인을 거부한 경우 양도인 또는 양수인(이하 이들을 '지정청구인'으로 칭함)은 회사에 대하여 양도상대방의 지정을 청구할 수 있다. 청구기간은 기술한 바와 같다. 이 청구는 서면으로 할 것을 요하지 않으므로 구두로도 청구가 가능하다(정동윤 484; 정찬형 814). 다만 청구사실 및 기간준수의 사실은 청구인이 입증하여야 한다.

2) 양도상대방의 지정 양도상대방의 지정청구가 있을 경우에는 이사회의 결의로 이를 지정하여야 한다(335조의3 1항). 이사회에서 양도상대방을 지정하는 데에는 어떤 明文의 기준도 없다. 그러므로 누구를 양도상대방으로 선정하든 이사회의 재량이라고 해석할 소지가 있지만, 양도상대방의 지정에 대해 기존의 주주들이 갖는 이해를 고려하면, 이사회는 각 주주에게 소유주식수에 비례하여 양수할 기회를 부여해야 한다고 풀이한다.

양도상대방의 지정과 주주의 이해

양도상대방의 지정에 있어 이사회가 재량권을 남용하여 다른 주주의 이익을 해칠

---

1) 日注釋(3), 92면.

2) 日本會社法에서는 회사가 승인을 거절할 경우 매수인을 지정하여 통지하게 되어 있으므로 본문에서와 같은 문제는 생겨나지 않는다(日會 140조 1항).

가능성을 배제할 수 없다.[1] 예컨대 발행주식총수 100주 중 주주 甲, 乙, 丙이 각기 40주, 40주, 20주씩 가지고 정립하고 있던 중, 丙이 자기의 주식을 양도하고자 하여 이사회가 이 주식의 매수인으로 甲을 지정하였다 하자. 그러면 이 회사의 주주구성은 甲 60주, 乙 40주로 되어 乙은 소수자주주로 전락하고 만다. 이같이 이사회가 자의적으로 회사의 지배구조를 변경시켜서는 안 되므로, 같은 제도를 가지고 있는 일본에서는 이사회가 주식양도제한의 취지에 입각하여 충실의무에 따른 판단을 통해 상대방을 선택해야 한다고 해석하고 있다.[2] 사안의 중요성으로 보아 이는 명문의 규정으로 해결했어야 마땅하나, 규정이 결여되어 있으므로 해석으로 보완할 수밖에 없다. 신주발행시에 주주는 가지고 있는 주식수에 비례하여 신주인수권을 갖는데(418조 1항), 이는 비단 신주인수에 국한된 것이 아니라 주주가 회사에 대해 갖는 比例的 持分을 유지할 일반적인 권리가 있음을 선언한 규정으로 이해할 수 있다. 따라서 정관에 양도상대방지정의 방법에 관한 규정이 없는 한 주주는 가지고 있는 주식수에 비례하여 양도상대방이 될 수 있는 권리가 있다고 해석해야 한다. 이같이 해석하면 이사회는 현재의 주주들을 각자의 주식수에 비례하여 양수할 주식을 按分한 채 양도상대방으로 지정해야 할 것이다(반대: 권기범 614; 최기원 336).

3) 지정통지 회사는 양도상대방의 지정을 청구받은 날로부터 2주간 내에 청구인 및 양도상대방으로 지정된 자에게 서면으로 통지하여야 한다(335조의3 1항 · 335조의7 2항). 이 기간도 도달주의로 이해해야 한다. 양도상대방의 지정을 위해서는 이사회를 소집해야 하고, 이사회의 소집을 위해서는 원칙적으로 1주간 전에 소집해야 함을 고려하면 2주간 내에 통지가 도달하도록 발송한다는 것은 실무적으로 무리한 일정이 아닐 수 없다. 신중하지 못한 입법이다.

이 기간 내에 청구인에게 양도상대방 지정의 통지를 하지 않은 때에는 주식의 양도에 관하여 이사회의 승인이 있는 것으로 본다(335조의3 2항).

4) 지정매수인의 매도청구권(株式先買權) 이사회의 결의에 의해 양도상대방으로 지정된 자(이하 '지정매수인'으로 칭함)는 지정통지를 받은 날로부터 10일 내에 지정청구인에 대해 서면으로 당해 주식을 자기에게 매도할 것을 청구할 수 있다(335조의4 1항 · 335조의7 2항). 일종의 先買權(preemptive right)이라 할 수 있다. 이 권리는 형성권으로 해석된다(정경영 345; 정동윤 484; 정찬형 815; 최기원 337). 따라서 지정청구인의 승낙을 요하지 않으며 지정청구인은 지정매수인에게 주식을 양도해야 할 의무를 부담한다.

지정매수인이 매도청구권을 포기할 수 있음은 물론이다. 지정매수인이 매

---

1) 문제점의 상세는 李哲松, "會社法改正論理의 檢討," 「商法改正에 관한 硏究」(證券業協會, 1994), 115면 이하 참조.

2) 日注釋(3), 98면 참조(2005년 개정 전 日商 204조의2 2항의 해석).

도청구권의 포기 기타 사정으로 이 기간 내에 지정청구인에게 통지(역시 도달을 의미)하지 못한 경우에는 매도청구권을 상실하고 회사가 양도를 승인한 것으로 간주한다(335조의4 2항). 지정매수인과 회사간에 지정의 원인을 이루는 합의가 있을 수 있는데, 지정매수인이 매도청구권 행사를 게을리하여 양도승인으로 간주될 경우 회사에 대해 지정매수인의 책임문제가 발생할 수 있다.

5) **매수가격의 결정** 지정매수인이 매도청구권을 행사할 경우 매수가격을 결정해야 한다. 매수가격은 지정청구인과 지정매수인간의 협의에 의해 결정하나(335조의5 1항), 30일 내에 협의가 이루어지지 않는 경우에는 법원에 매수가격의 결정을 청구할 수 있다(335조의5 2항 → 374조의2 4항). 법원이 매수가격을 결정할 때에는 회사의 재산상태, 그 밖의 사정을 참작하여 공정한 가액을 산정하여야 한다(335조의5 2항 → 374조의2 5항).

⑽ 회사에 대한 매수청구

1) **매수청구** 주식의 양도인 또는 양수인(이하 이들을 '매수청구인'이라 칭함)은 회사에 대해 양도상대방의 지정 또는 당해 주식의 매수를 청구할 수 있다(335조의2 4항 · 335조의7 2항). 회사는

〈그림 6-6〉 양도승인절차 흐름도

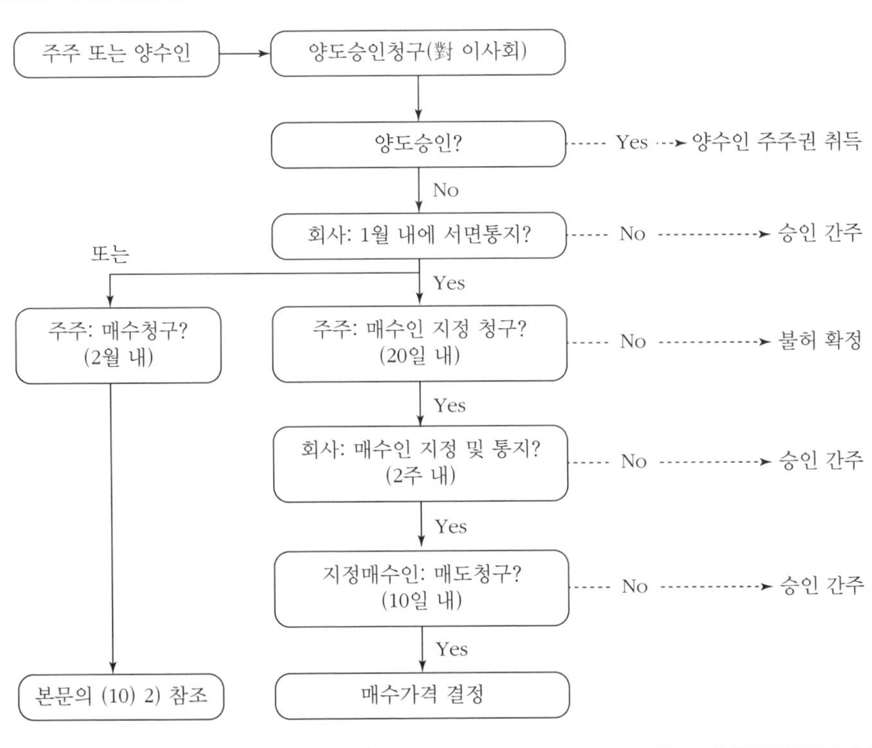

청구기간(승인거부통지 후 20일)이 경과한 날로부터 2월 이내에 그 주식을 매수하여야 한다(335조의6 → 374조의2 2항).

2) 매수청구선택권의 문제 상법 제335조의2 제 4 항은 거부통지를 받은 주주는 회사에 대하여「양도의 상대방의 지정 또는 그 주식의 매수」를 청구할 수 있다고 규정한다. 그러면「양도상대방의 지정」과「주식의 매수」가 선택지를 이루는데, 그 선택을 주주가 하느냐 회사가 하느냐는 의문이 제기된다. 즉「주주는 회사에 대해 양도상대방의 지정을 청구할 수도 있고 주식매수를 청구할 수도 있다」로 읽느냐, 아니면 주주는 회사에 대해「양도상대방을 지정해 주든지 또는 주식을 매수해 줄 것을 청구할 수 있다」로 읽느냐이다.

i) 文理的 解釋 법문상으로는 전자로 읽는 것이 자연스럽다. 그리고 제335조의3 제 1 항은 주주가 선택권을 가진 것을 전제로 하여 주주가 상대방의 지정을 청구해 온 경우의 절차를 규정하고 있으며, 제335조의6에서 제374조의2 제 2 항을 준용함으로써 회사는 청구기간이 경과한 후 2월 내에 매수하라고 규정하므로 당초 전자의 뜻으로 입법되었음을 알 수 있다. 그리하여 판례는 주식매수청구권을 양도인 또는 양수인에게 인정되는 형성권으로 보아 이를 행사하면 회사의 승낙 여부와 관계없이 주식에 관한 매매계약이 성립한다고 풀이한다(대법원 2014. 12. 24. 선고 2014다221258 판결).

ii) 目的論的 解釋 상법이 양도제한과 관련하여 주식매수청구권을 인정한 것 자체가 적지 않은 실수인데, 전자의 뜻으로 해석하면 회사법상 용납할 수 없는 문제를 야기한다.[1)]

주식매수청구의 결과 회사는 自己株式을 취득하는데, 이 자체도 자본충실을 해하지만, 주주가 출자금을 회수해 가는 합법적인 수단으로 악용될 소지가 크다. 예컨대 전망이 어두운 회사의 대주주 C가 이사회에 대해 주식의 양도승인을 청구하는 동시에 내면적으로는 승인을 거부하도록 지시하고, 거부당한 후 회사에 대해 매수청구를 한다면 이 대주주는 회사채권자들에 앞서 출자금을 환급받는 방법으로 주식매수청구권을 활용할 수 있다. 그 결과 채권자들을 위한 책임재산이 현저히 감소하더라도 이를 저지할 수단이 없다는 데에 문제가 있다. 뿐만

1) 주식양도승인제도는 일본상법을 본받은 것인데, 당초 일본상법에는 승인하지 않은 주식의 매수청구제도를 두지 않았다. 2001년 자기주식의 취득을 널리 허용하면서 회사의 매수를 허용하였으나, 이는 회사가 선택할 수 있도록 하였으며(日會 140조 1항 · 4항), 회사가 매수할 경우 본문에서 말한 위험이 있으므로 주주총회의 결의에 의하도록 하고 있다(日會 140조 2항).

아니라, 이같이 대주주가 이사들과 결탁하여 주식매수를 청구하는 경우 주식의 평가도 임의로 과대하게 할 수 있어 다른 주주에게도 피해를 줄 수 있다. 매우 부주의한 입법이다.

굳이 양도인에게 양도상대방의 지정과 주식매수청구의 선택권을 부여할 이유는 없다.[1] 양도인의 목적은 투하자금을 회수하는 것이므로 어떤 방법으로든 주식을 환가하면 그의 목적은 달성되기 때문이다. 그러므로 양도상대방의 지정이냐, 혹은 주식의 매수이냐는 것은 회사가 선택할 수 있다고 해석해야 한다(위 후자의 해석. 반대: 권기범 614; 김홍기 405; 송옥렬 859; 장덕조 413; 정경영 347; 정동윤 485; 정찬형 815; 최기원 340; 홍·박 263). 무엇보다도 자본충실을 기하고 나아가서 회사채권자와 다른 주주를 보호하기 위해서 이같이 해석하여야 한다. 주식매수는 실질적으로 자본의 환급이자 자본의 감소인데 채권자보호절차(439조 2항 참조)를 두고 있지 아니하여 특히 채권자의 보호가 절실하기 때문이다.[2] 그렇다면 회사가 선택권을 갖는다고 하여 그 선택의 임의성을 허용할 것은 아니다. 후술과 같이 양도상대방을 지정할 수 있는 한 주식을 매수할 수 없다고 보아야 한다.

3) 매수가격의 결정 매수청구인과 회사간에 주식의 매수가격을 결정하여야 한다. 매수가격의 결정은 매수청구인과 회사의 협의에 의하되(335조의6 → 374조의2 3항), 30일 내에 협의가 이루어지지 않은 경우에는 회사 또는 매수청구인은 법원에 대하여 매수가격의 결정을 청구할 수 있다(335조의6 → 374조의2 4항).

4) 理事의 주의의무 주식매수제도는 자본충실을 해할 우려가 크므로 이사에게 고도의 주의를 요구하는 방향으로 운용되어야 한다. 특히 다음과 같은 사항에 이사의 주의를 요한다.

첫째, 이사회가 주식양도의 승인을 거절하여 주주가 양도상대방의 지정 또는 주식매수를 청구해온 경우에는 사안의 중대성으로 보아 그에 대한 결정 역시 이사회의 결의를 요한다고 본다. 그리고 그 결정에 있어 양도상대방을 지정할 수 있는 경우에는 주식을 매수할 수 없다고 해석해야 한다. 양도상대방을 지정하기 어려운 경우라도 주식매수의 결과 채무초과상태가 된다면 주식을 매수할 수 없다고 해야 한다.[3] 이 경우 이사회는 주식의 양도를 승인해야 할 것이다.

---

1) 同旨: 김병연, "정관에 의한 주식양도의 제한과 문제점," 「比較」 제 7 권 2호(2000), 660면.
2) 합병이나 영업양도 등으로 인한 주식매수(374조의2)에도 채권자보호의 문제가 야기되나, 합병의 경우에는 채권자보호절차(527조의5)가 마련되어 있어 큰 문제가 없다.
3) 일본 회사법에서는 이같은 경우 무과실의 증명책임을 이사에게 지우며 이사로 하여금 주식의 취득가의 범위에서 결손액을 회사에 배상하도록 한다(日會 465조 1호). 우리의 중간배당에 관한 책임(462조의3 4항)과 같은 방식이다.

둘째, 매수가격의 결정이다. 양도승인의 거부, 양수인의 지정 등은 이사회의 결의로 하지만, 매수청구에 응할 경우 매수가격의 결정을 위해 이사회의 결의를 요한다는 규정이 없다. 그러나 주식매수가 회사재산에 미치는 효과를 감안하면 매수가격의 협의는 이사회의 결의를 요한다고 해석해야 한다. 매수가격의 결정에 관해 이사의 임무해태가 있을 경우(예컨대 매수가격을 과다하게 합의한 경우) 회사에 대해 손해배상책임을 지고(399조), 혹 회사의 재산을 감소시켜 회사채권자에게 손해를 가했다면 제 3 자에 대하여도 책임져야 한다(401조).

Ⅳ. 주주간의 讓渡制限 約定

1. 의 의

주주간에 주식의 양도를 제한하는 합의를 하는 예를 볼 수 있다. 특히 내외국인의 합작회사나 판례 [32]에서 보듯이 다수 기업의 출자로 이루어진 내국회사에서 주주의 구성을 폐쇄적으로 유지하기 위해 주식의 양도를 제한하는 예는 매우 흔하다. 예컨대 주주간의 합의로 일정기간 양도금지기간을 설정하거나, 양도시에는 특정 주주에게 우선매수권을 부여하는 것과 같다.[1)] 이 경우 계약당사자인 주주가 약정을 위반하여 양도금지기간 내에 처분하거나 우선매수권을 가진 주주 아닌 제 3 자에게 처분하는 경우, 반대의 이해를 갖는 주주가 회사에 대해 양도의 무효를 주장하거나 회사가 양도제한약정을 들어 양도의 효력을 부정(예컨대 명의개서의 거부)할 수 있는가(회사법적 효력), 혹은 위반한 주주를 상대로 자신의 손해를 배상하도록 청구할 수 있는가(채권적 효력)라는 문제가 제기된다.

2. 약정의 회사에 대한 효력

주식의 양도를 단체법적 효력을 가지고 제한할 수 있는 방법으로서는 상법 제335조 제 1 항 단서가 규정하는 바에 따라 정관에 규정을 두어 이사회의 승인을 얻게 하는 것이 유일하다. 그러므로 주주간의 양도제한약정으로 회사에 대해 그 효력을 주장하거나, 회사가 그 효력을 원용할 수 없다. 예컨대 양도제한약정의 당사자인 어느 주주가 약정을 위반하여 주식을 양도하였을 때 다른 주주가 양도인 또는 양수인에 대해 무효를 주장하거나, 회사에 대해 양도의 무효를 주장하

1) 大系 Ⅰ, 863면 이하(윤영신 집필)에서 주식양도제한약정의 유형에 관한 설명이 상세하다.

며 명의개서의 거절을 요구할 수 없음은 물론이고, 회사도 양수인의 명의개서청구를 거절할 수 없다. 양수인의 선의·악의를 묻지 않는다. 회사가 양도제한약정의 당사자가 되었다 하더라도 역시 회사에 대해 약정은 효력이 없고, 회사도 그 효력을 주장하지 못한다.

양도제한약정을 하며 흔히 약정에 위반하여 주식을 양수할 경우 양수인에게도 양도금지약정의 효력이 미친다거나 양수인은 일체의 권리를 갖지 못한다는 취지를 약정서에 기재하기도 하지만(판례 [32]의 양도제한약정 참조), 이러한 약정으로 양수인에게 대항할 수는 없다.

3. 약정의 채권적 효력

양도제한약정이 투하자본의 회수가능성을 전면적으로 부정하거나 사회질서(민 103조)에 반하지 않는 한, 주주간에 債權的 效力은 있다는 것이 통설·판례이다(대법원 2008. 7. 10. 선고 2007다14193 판결; 동 2013. 5. 9. 선고 2013다7608 판결; 동 2022. 3. 31. 선고 2019다274639 판결). 채권적 효력이 있다고 함은 당사자가 약정에 위반하여 양도할 경우 다른 당사자인 주주는 양도인 또는 양수인과 회사에 대해 무효를 주장할 수 없으나, 양도인(위약한 주주)을 상대로 손해배상청구를 할 수 있다는 뜻이다.

양도제한약정이 채권적 효력을 갖기 위해서는 양도제한내용이 주주의 투하자본회수의 가능성을 전면적으로 부정하는 것이 아니고, 공서양속에도 반하지 않아야 한다.

어떤 경우에 투하자본의 회수가능성을 전면적으로 부정한 것으로 볼 것인가? 예컨대 주주들이 영구적으로 또는 회사가 존속하는 중에는 주식을 양도하지 않을 것을 약정하는 것이 투하자본의 회수가능성을 부정하는 것임은 물론이지만, 이에 이르지 않더라도 지나치게 오랜 기간 처분을 금지하는 것은 투하자본의 회수를 사실상 불가능하게 한다고 보아야 한다. 이와 달리 합리적인 기간에 걸친 양도제한은 유효하다고 보아야 한다. 어느 정도의 기간이면 합리적인 제한인가? 주식양도를 제한하는 목적은 회사의 폐쇄성을 유지하려는 것이므로 양도제한을 통해 당사자들이 얻는 이익, 양도제한을 위반함으로 인해 생기는 다른 당사자들의 불이익 등을 감안하여 폐쇄성의 유지가 필요하다고 인정되는 기간의 양도제한은 유효하다고 보아야 한다. 판례 [32]에서는 5년간의 양도제한이 주주의 투하자본의 회수가능성을 전면적으로 부정한 것이라고 판단하였으나, 최근의 판례에서는 13년간에 걸친 양도제한을 합리적이라 하므로(대법원 2022. 3. 31. 선고 2019다274639 판결) 기준을 가

름하기 어렵다.

어떤 경우에 양도제한이 公序良俗에 반한다고 볼 것인가? 통설은 주주의 투자회수를 사실상 불가능하게 하는 경우를 공서양속에 반하는 예로 들고 있다(강·임 636; 권기범 605; 송옥렬 860; 임재연 I 474; 최기원 341). 공서양속에 반한다는 것은 이보다 넓은 개념이므로 다양한 예가 있을 수 있다. 예컨대 주주들이 양도제한을 약정하며 위반시의 위약벌을 정하기도 하는데, 이 위약벌이 과다할 경우에는 투하자본의 회수를 실질적으로 제한하므로 공서양속에 반하는 것으로 다루어야 한다(윤영신(大系 I) 879). 양도제한의 방법이 공서양속에 반할 수도 있다. 예컨대 주식을 양도할 때에 다른 주주들의 동의를 얻도록 하는 것은 일반적으로 허용된다고 보아야 하지만, 동의 여부가 특정인(특정 대주주, 대표이사)의 恣意에 달려 있고 주주의 투하자본회수가 전적으로 그 동의여부에 달려 있는 경우에는 공서양속에 반한다고 보아야 한다. 그러나 신주를 발행하면서 법령이 정한 주주구성의 일정한 요건(예: 자본시장법에 따른 私募의 요건. 자금 9조 7항·8항)을 충족시키기 위하여 일정기간 회사의 동의를 얻게 하는 바와 같이 회사나 주주 전원의 이익을 위해 동의가 필요한 경우에는 합리적인 제한으로 보아야 한다. 또 특정인의 동의를 요하도록 하되, 동의하지 않을 경우에는 그 특정인에게 매수청구를 할 수 있다면 합리적인 제한이라고 보아야 한다. 양도상대방을 제한하는 예도 흔하다. 예컨대 회사와 경쟁관계에 있는 자가 주식을 취득하는 것을 막기 위하여 특정인 또는 특정의 부류에 속하는 자에게 주식을 양도하는 것을 금하는 약정을 흔히 볼 수 있다. 이 역시 주주의 환가가능성과 관련하여 합리성을 판단하여야 할 것인 바, 예컨대 제한하는 방법으로서 계약당사자의 일부에게 先買權을 행사하게 하는 것은 환가가능성을 보장하므로 합리적인 제한이라고 보아야 한다.

판 례

[32] 대법원 2000. 9. 26. 선고 99다48429 판결

[사실관계] 90년대 중반 5개의 회사가 공동출자하여 「신세기통신」이라는 회사를 설립하였다. 이 5개의 법인주주들간에 신세기통신 주식의 전부 또는 일부를 5년간 다른 당사자 또는 제 3 자에게 양도할 수 없으며, 5년이 경과한 후 매각할 경우에는 5개 주주 중 특정의 주주에게 우선매각하도록 하는 약정을 하였으며, 이 제한에 위배하여 주식이 양도된 경우 그 주식양수인은 위 계약들에 따른 어떠한 권리와 이익도 가지지 아니한다는 합의를 하였다. 이 계약에는 신세기통신의 대표이사도 합의당사자로서 기명날인하였다.

그러나 일부 주주가 이 약정을 어기고 제 3 자에게 주식을 양도하였고, 그 양수인

이 회사에 명의개서를 청구하였던바, 회사는 위 약정을 들어 명의개서를 거부하였다. 이에 양수인은 회사를 상대로 명의개서를 청구하는 소송을 제기하였다.

[判旨] 「… 이와 같은 내용은 … 정관으로 규정하였다고 하더라도 이는 주주의 투하자본회수의 가능성을 전면적으로 부정하는 것으로서 무효라고 할 것이다. 그러므로 그와 같이 정관으로 규정하여도 무효가 되는 내용을 나아가 회사나 주주들 사이에서, 혹은 주주들 사이에서 약정하였다고 하더라도 이 또한 무효라고 할 것이다. 그리고 이 사건 약정 가운데 주주 전원의 동의가 있으면 양도할 수 있다는 내용이 있으나, 이 역시 상법 제335조 제 1 항 단서 소정의 양도제한요건을 가중하는 것으로서 상법 규정의 취지에 반할 뿐 아니라, 사실상 양도를 불가능하게 하거나 현저하게 양도를 곤란하게 하는 것으로서 실질적으로 양도를 금지한 것과 달리 볼 것은 아니다. 그러므로 이 사건 양도제한약정은 무효라고 할 것이고, 피고는 그와 같은 무효인 양도제한약정을 들어 이 사건 명의개서청구를 거부할 수는 없는 것이다.」

[註] 이 판례는 주식양도제한약정의 일반적 효력론과 관련하여 혼란을 준다. 이 사건의 피고(회사)가 명의개서를 거부한 것은 양도제한약정의 회사법적 효력을 주장한 것이므로 양도제한약정의 채권적 효력만 인정하는 통설 · 판례의 입장에 선다면 동약정이 주주의 투하자본회수의 가능성을 전면적으로 부정하는 것이라는 설명은 사족에 불과하고, 단지 "동약정이 회사법적 효력을 갖지 못하므로 명의개서를 이행하라"라는 판시로 충분하다. 그런데 이 판례가 투하자본의 회수가능성을 운운하였으므로, 그렇다면 투하자본의 회수가능성을 전면적으로 부정하지 않고, 공서양속에도 반하지 않는 양도제한약정이라면 회사도 구속한다고 판단할 것이냐는 의문이 제기되는 것이다. 그러나 앞서 인용한 판례들(대법원 2008. 7. 10. 선고 2007다14193 판결; 동 2013. 5. 9. 선고 2013다7608 판결)은 이 판결 후에 나온 것이고, 두 차례나 거듭된 것이므로 위에 말한 채권적 효력론은 현재 굳혀진 판례이론이라고 보아도 좋을 것이다.

V. 法令에 의한 주식양도의 제한

정관으로 제한하지 않는 한, 원칙적으로 주식은 자유롭게 양도할 수 있으나, 법정책적 이유에서 주식의 양도를 법으로 제한하는 예가 많다. 상법상 권리주와 株券發行 전의 주식의 양도를 금지하고, 회사에 의한 자기주식의 취득을 엄격히 제한하며, 그 밖에 주식의 양도를 제한하는 특별법규정이 다수 있다.

1. 權利株의 양도제한

1) 제한내용 상법 제319조는 회사설립시의 「株式의 引受로 인한 권리의 양도는 회사에 대하여 효력이 없다」라고 규정하고, 이를 新株發行에 관하여

준용한다(425조 1항).

회사설립시 설립등기를 하기까지는 주주란 있을 수 없고 다만 주식인수인이 있을 따름이고, 또 신주발행시 주주가 되는 것은 납입기일의 다음 날부터이므로(출자의 이행을 한 경우에 한해) 그 때까지는 신주인수인으로서의 지위를 가질 뿐이다. 이러한 주식인수인의 지위를 권리주라 하는데, 상법은 이 권리주의 양도를 금하는 것이다. 나아가 상법은 이 양도금지의 실효성을 확보하기 위하여 권리주인 상태에서는 주권을 발행하지 못하게 한다(355조 2항).[1)]

2) **제한이유** 권리주란 아직 단체법적 권리로서 완성된 것이 아니므로 유통성을 인정하기에는 매우 불안정한 지위에 불과하고, 특히 회사설립시의 권리주의 유통은 회사불성립으로 인한 피해를 확산시킬 우려가 있다는 점이 양도를 제한하는 주된 이유이다. 그 밖에 아직 사업이 개시되기도 전에 단기차익을 노리는 투기적 행위를 억제하고, 회사설립절차나 신주발행절차가 권리주의 양도로 인해 혼잡해지는 것을 방지한다는 뜻도 있다. 한편 상법은 주식의 양도방법을 주권의 교부로 정하고 있는데, 권리주는 그 양도방법을 제도화하기 어렵다는 것도 실제적인 이유의 하나이다.

3) **양도의 효력** 권리주의 양도가 양도당사자간에 채권적 효력을 갖는다는 데에는 이설이 없다. 회사와의 관계에 있어서는 상법이 명문으로 「… 會社에 대하여 效力이 없다」라고 규정하므로 양수인이 회사에 대하여 양도의 효력을 주장하거나 양수인이 주주권을 행사할 수 없음은 물론이나, 나아가 회사가 그 양도를 승인하더라도 무효라는 것이 통설·판례이다(대법원 1965. 12. 7. 선고 65다2069 판결).

유 효 설

권리주의 양도를 제한하는 주된 이유가 주식인수인이 교체될 때 생기는 설립절차 또는 신주발행절차의 번잡과 정체를 방지하고자 하는 데 있다고 보고, 회사가 불편을 감수하며 권리주의 양도를 스스로 인정하는 것을 금할 이유가 없다는 소수설도 있다(강·임 616; 권기범 618). 그러나 권리주의 양도를 금하는 데에는 투기와 회사불성립으로 인한 피해가 일반공중에 확산되는 것을 막으려는 공익적 이유가 보다 강하며, 공시방법이 불완전한 채로 양도됨으로 인해 생기는 혼란(예: 2중양도의 가능성, 양도시기의 불명 등)은 회사가 양보할 수 있는 법익의 문제가 아니다. 통상 권리주는 일시적으로 생기는 현상이므로 그 양도를 허용할 필요가 크지 않고, 무효이더라도 당사자간에서는 채권적 효력으로 거래효과

1) 그러나 거래계에서는 흔히 주금납입영수증 또는 청약증거금영수증에 백지위임장을 첨부하여 교부하는 방법으로 권리주를 양도한다.

를 누릴 수 있으므로 통설과 같이 해석하더라도 실제 거래에 있어서의 불편은 크지 않다.[1]

2. 株券發行前 주식의 양도제한

(1) 개 념

「주권발행 전의 주식」이란 회사설립시에는 설립등기를 필한 때로부터 주권을 발행할 때까지, 그리고 신주발행시에는 신주발행의 효력발생일, 즉 납입기일의 다음 날(423조 1항)로부터 주권을 발행할 때까지의 상태에 있는 주식을 뜻한다.

(2) 입법취지

상법 제335조 제 3 항은 「株券發行前 주식의 양도는 회사에 대하여 효력이 없다. 그러나 회사성립 후 또는 新株의 납입기일 후 6월이 경과한 때에는 그러하지 아니하다」라고 규정한다. 주권발행전 주식의 양도를 원칙적으로 금지하는 이유는 상법상 주식의 양도에는 주권의 교부가 필요하므로 주권이 발행되기 전에는 적법한 양도방법이 있을 수 없고, 적절한 公示方法이 없어 주식거래의 안전을 기할 수 없기 때문이다.

주권발행전 주식의 양도를 금하는 것은 회사가 상법의 규정대로 성립 후 또는 신주발행 후 지체 없이 주권을 발행한 경우(355조 1항)에 한해 정당성을 갖는다. 그러나 非上場會社의 경우 상당수의 회사는 회사성립 후 수년이 경과하도록 주권을 발행하지 않는 실정이고, 때문에 양도증서만 작성하고 주식을 양도하는 것이 관행화되어 있다. 이러한 현실하에서 주권발행전 주식의 양도를 항상 무효라고 한다면, 주주가 투하자본을 회수할 길이 없고, 주식을 양도한 후에 양도인이 무효를 주장하고 다시 주주권을 탈환할 수 있는 불합리가 생기므로 오히려 구체적 정의에 반한다. 그러므로 상법은 장기간 주권을 발행하지 않은 회사의 주주에게도 환가의 기회를 부여하고 그 주식을 양수받은 자를 보호하기 위하여 회사의 성립 후 또는 신주납입기일 후 6월간 주권을 발행하지 않은 경우에는 주권 없이도 유효하게 양도할 수 있게 한다(335조 3항 단).[2]

---

1) 권리주가 양도된다는 것은 당해 권리주에 고도의 유통성이 있음을 뜻하므로 보통 상장회사가 신주를 발행할 경우에 볼 수 있다. 그런데 상장회사가 신주를 발행하는 실태를 보면 납입기일은 보통 청약일의 익일로 정하고 있으므로 시간상으로 보아 권리주양도가 흔한 일은 아니고, 청약증거금영수증에 백지위임장을 첨부하여 양도되는 것은 대부분 다음에 설명할 주권발행전 주식의 양도이다.

2) 주권의 발행을 게을리하고 있는 회사는 대개 가족회사이거나 1인회사에 가까운 소규모의 폐쇄회사들로서, 이들은 비록 주식회사이지만 그 실체는 조합이나 인적회사처럼 구성원의 인적 신

(3) 적용범위

회사성립 후 또는 통상의 신주발행(416조)뿐 아니라, 전환주식 또는 전환사채의 전환(350조 · 515조), 준비금의 자본금전입으로 인한 신주발행(461조), 주식배당으로 인한 신주발행(462조의2), 신주인수권부사채권자의 신주인수권행사로 인한 신주발행(516조의9), 회사합병으로 인한 신주발행(523조 3호) 등 신주를 발행하는 모든 경우에 본조가 적용된다.

그러나 전자등록된 주식에 관해서는 주권을 발행하지 않으므로 동주식은 본조와 무관하다. 그 결과 전자등록대상인 주식의 발행인이 신주를 발행하고 6월 이상 등록하지 않은 경우에도 양도는 불가능해지는 문제가 생긴다(335조 3항 단서의 부적용).[1] 이 점 입법적 보완을 요한다.

(4) 6월 경과 전 주권발행전 양도의 효력

회사성립 후 또는 신주의 납인기일 후 6월이 경과하기 전에는 주권발행전 주식의 양도는 회사에 대하여 효력이 없다(335조 3항 본).

1) 효　　력　　6월이 경과하기 전의 주권발행전 양도의 효력은 절대무효이다. 이 점 권리주의 양도와 같다. 즉 회사가 양도를 승인하고 명의개서까지 하더라도 무효이고, 양수인은 회사에 대해 주권의 발행 · 교부를 청구할 수 없다(대법원 1981. 9. 8. 선고 81다141 판결). 뿐만 아니라 회사가 양수인에게 주권을 발행하더라도 이는 주권으로서의 효력이 없다(대법원 1987. 5. 26. 선고 86다카982 · 983 판결. 주권의 효력발생시기에 관한 교부시설). 그 결과 양수인이 주주총회에 참석하여 의결권을 행사하였다면, 주주 아닌 자가 의결권을 행사한 것이 되므로 그 정도에 따라 결의취소 또는 부존재의 원인이 된다.

회사에 대해 무효인 주권발행전 양도도 당사자간에 채권적 효력은 있다(통설 및 대법원 2012. 2. 9. 선고 2011다62076 · 62083 판결). 그러므로 장차 회사가 양도인에게 주권을 발행하면 양수인은 양도인에 대하여 주권의 교부를 청구할 수 있고, 계약의 내용에 따라서는 양수인이 손해배상을 청구할 수도 있을 것이다(예컨대 양수인이 주권발행전인 사실을 알지 못한 경우).

2) 무효의 치유　　주식의 양도는 6월 경과 전에 이루어졌으나, 6월이 경과하도록 회사가 주권을 발행하지 않은 경우에는 6월 경과 전에 이루어진 양도의 하자가 치유된다는 것이 통설 · 판례이다(대법원 2002. 3. 15. 선고 2000두1850 판결; 전게 2011다62076 · 62083)(同旨: 김동훈 172; 이 · 최 299; 정경영 354; 정동윤 489; 정찬형 786. 반대: 강 · 임 619; 최기원 345; 양민호(주석－회사 2) 467).

뢰관계가 강한 조직으로서 주권의 불발행에 의해 사실상 주식의 양도를 제한하고 폐쇄성을 유지한다.

1) 노혁준, 전게논문, 1665면.

(5) 6월 경과 후 주권발행전 양도의 효력

회사성립 후 또는 신주의 납입기일 후 6월이 경과하도록 회사가 주권을 발행하지 않을 경우에는 주권 없이 주식을 양도할 수 있다(335조 3항 단). 「6월」은 회사가 주권을 발행 · 교부하는 데 필요한 합리적 기간으로 보고 입법상의 편의로 설정한 기간이다.

1) 효　　력　　주권 없이 한 양도도 당사자간에는 물론이고 회사에 대하여도 유효하다. 따라서 회사에 대해 명의개서를 청구할 수 있다. 그러나 주권의 발행은 명의개서를 한 후에 청구할 수 있다. 주주명부의 대항력 때문이다. 그러므로 양수인이 명의개서를 하기 전에 회사가 양도인에게 주권을 발행한다면 이 주권은 유효하고 양수인은 명의개서를 청구할 기회조차 잃게 된다. 양수인은 양도인에 대하여 주권의 인도를 청구하는 방법으로 권리를 확보해야 할 것이다.

회사가 6월이 경과하도록 주권을 발행하지 않았다고 하더라도 주식의 양도일 현재 주권이 발행된 상태라면 주권 없이 주식을 양도할 수 없음은 물론이다(대법원 1993. 12. 28. 선고 93다8719 판결).

2) 양도방법　　상법은 주권발행전 주식의 양도방법을 정하지 않았으므로 지명채권양도의 일반원칙에 따라 당사자의 의사표시에 의해 양도할 수 있다(통설, 대법원 1988. 10. 11. 선고 87누481 판결; 동 2003. 10. 24. 선고 2003다29661 판결 외 다수). 그 결과 양도시기가 불분명하고 2중양도가 가능해지는 것은 불가피한 현상이다. 주권발행전 상태에서 주식의 양도를 청구하는 소송에서 주식의 양도를 명하는 판결은 양도인의 의사표시에 갈음할 판결(민 389조 2항)이다(대법원 2021. 7. 29. 선고 2017다3222 판결).

6월이 경과하면 양도가 가능하므로 질권설정도 가능하다. 다만 이 경우 주권이 없으므로, 상법 제338조 제 1 항의 방법으로는 입질할 수 없고, 권리질설정의 일반원칙인 민법 제346조 및 제349조에 따라 설정하여야 한다(즉 질권설정의 합의 외에 회사에 대한 통지를 요한다)(대법원 2000. 8. 16. 자 99그1 결정).

3) 대 항 력　　주권발행 전에는 주권이 없는 관계로 주권의 교부에 의해 양수받는 자가 누리는 適法性의 推定(336조 2항)이 있을 수 없다. 그러므로 양수인이 회사와의 관계에서 대항력을 갖추기 위하여는 채권양도에 준하여 회사에 대한 양도인의 통지 또는 회사의 승낙을 요한다(민 450조 1항). 회사에 대한 대항력이란 회사에 대해 적법한 양수인임을 주장하며 명의개서를 청구할 수 있음을 말한다. 주식의 2중의 양수인, 양도인의 채권자 등과 같은 제 3 자에 대한 대항력을 구비하기 위해서는 통지 · 승낙이 確定日字 있는 증서에 의해 이루어져야 한다(민 450조 2항). 확정

일자를 받은 통지 · 승낙의 서면은 원본이 아닌 사본이라도 무방하다(대법원 2006. 9. 14. 선고 2005다45537 판결). 2중양도로 인해 확정일자에 의한 통지가 수개인 경우에는 회사에 최초로 도달한 통지가 우선한다(전게 2005다45537 판결).[1] 주식의 양수인과 동일주식에 대한 압류채권자 사이에서도 확정일자에 의한 양도통지(또는 승낙)와 압류명령의 송달일시의 선후에 의해 우열이 정해진다(대법원 2018. 10. 12. 선고 2017다221501 판결).

회사에 대해서는 확정일자 없이도 통지 · 승낙만으로 대항할 수 있는데, 2중으로 양도받은 2인 이상의 양수인이 모두 확정일자 없이 회사에 대한 통지 · 승낙의 요건을 구비한 경우에는 회사에 먼저 통지하거나 승낙을 받아 명의개서를 한 자가 우선한다(대법원 2010. 4. 29. 선고 2009다88631 판결).

확정일자 없는 증서로 양도통지를 한 후 다시 확정일자에 의한 통지를 하는 경우에는 제 3 자에 대한 대항력을 구비하지만, 대항력은 확정일자에 의해 재차 통지를 한 때에 생기는 것이고 당초의 통지시로 소급하는 것은 아니다(전게 2009다88631 판결).[2]

4) 名義改書請求 회사에 대해 명의개서를 청구할 때 주권이 없으므로 권리추정력을 인정받을 수 없다. 그러므로 양수인은 양수사실을 달리 증명하여야 한다. 그러나 주식의 양수사실을 증명하는 한 단독으로 명의개서를 청구할 수 있다(대법원 1991. 8. 13. 선고 91다14093 판결; 동 1992. 10. 27. 선고 92다16386 판결; 동 1995. 5. 23. 선고 94다36421 판결). 양도사실을 회사에 대항하기 위하여는 회사에 통지하거나 승낙을 받아야 하므로 결국 양수사실을 증명한다는 것은 회사에 대해 통지하거나 승낙한 사실을 증명하는 것을 뜻한다.

주권발행 전 주식양도의 경우 지명채권양도절차만 밟으면 양수인은 「명의개서 여부와 관계없이」 회사의 주주가 된다고 설시한 판례가 있으나(판례 [33]), 이는 옳지 않다. 주권발행 전 주식의 양도를 위한 지명채권양도절차는 주권발행 후 주식양도에 있어서의 「주권의 교부」에 갈음할 뿐, 주권에 의한 양도에도 인정되지

1) 과거 판례는 부동산을 2중양도하는 행위 및 채무자가 양도담보의 목적물인 동산, 주식 등을 처분하는 행위는 배임죄에 해당하는 것으로 다루어 왔으나, 최근의 판례는 채무자가 담보로 제공한 동산이나 주식을 처분하는 것은 배임죄에 해당하지 않는다고 변경하였고(대법원 2020. 2. 20. 선고 2019도9756 판결(전)), 이어서 주권발행전 주식을 2중으로 양도하더라도 배임죄가 성립하지 않는다는 판결도 내려졌다(대법원 2020. 6. 4. 선고 2015도6057 판결).

2) 同判旨: 「확정일자 없는 증서에 의한 양도통지나 승낙 후에 그 증서에 확정일자를 얻은 경우에는 그 일자 이후에는 제 3 자에 대한 대항력을 취득하는 것이나 … 대항력취득의 효력이 당초 주식양도통지일로 소급하여 발생하는 것은 아니[다.]」

이 판결에서는 마치 확정일자 없이 통지한 후에 同통지문에 확정일자를 얻으면 대항력을 구비하는 듯한 오해를 주는데, 확정일자는 통지한 시점을 증명하는 데에 의의가 있으므로 단지 확정일자를 얻은 것으로는 대항력이 생길 수 없고, 확정일자를 얻은 문서를 재차 통지해야 대항력이 생긴다.

않는 「명의개서에 갈음하는 효과」를 가질 수는 없다. 명의개서는 문자 그대로 주주명부상의 주주명의를 변경하는 것을 뜻하므로 양수인이 별도로 청구하여야 한다.

5) 양도 후 주권발행의 효력 6월이 경과한 후에 주식의 양도가 이루어지고 통지 또는 승낙이 이루어지면 회사에 대해서도 주식양도의 효력이 있으므로 회사는 그 양수인에게 주권을 발행해야 하며, 당초의 양도인 기타 양수인 아닌 제 3 자에게 주권을 발행하더라도 그 주권은 무효이다(판례 [33]). 단, 양수인이 주권을 발행받기 위해서는 앞서 말한 바와 같이 명의개서를 해야 한다.

판 례

[33] 대법원 1996. 8. 20. 선고 94다39598 판결

「주권발행 전의 주식양도라 하더라도 회사성립 후 6월이 경과한 후에 이루어진 때에는 회사에 대하여 효력이 있으므로 그 주식양수인은 주주명부상의 명의개서 여부와 관계없이 회사의 주주가 되고, 그 후 그 주식양도 사실을 통지받은 바 있는 회사가 … 그 주식에 관하여 주주가 아닌 제 3 자에게 주주명부상의 명의개서절차를 마치고 나아가 그에게 기명식 주권을 발행하였다 하더라도, 그로써 그 제 3 자가 주주가 되고 주식양수인이 주주권을 상실한다고는 볼 수 없다.」

[同旨판례] 대법원 2000. 3. 23. 선고 99다67529 판결

3. 자기주식 취득의 제한

(1) 자기주식의 편의성과 위험성

자기주식이란 회사가 발행한 주식을 회사 자신이 소유하고 있는 상태에서 부르는 호칭이고, 자기주식의 취득이란 회사가 주주로부터 주식을 양수하는 것을 뜻한다. 주식은 재산권이고, 재산의 취득 · 처분은 회사의 일상적인 행위이고 보면, 자기주식의 취득을 특별히 규제할 이유가 없다고 생각할 수도 있다.

그러나 회사가 자기주식을 취득하면, ① 회사로서는 자기가 자기의 구성원이 된다는 논리적 모순을 범하고, ② 그 유상취득은 회사의 자산을 감소시키므로 다른 주주 및 채권자의 이익을 해할 뿐 아니라, 사실상 특정 주주에 대해 출자를 환급하는 결과가 되며, ③ 자기주식의 취득과 처분을 결정할 이사들은 회사의 기업내용에 정통하므로, 가장 유력한 내부자에 의한 투기거래(자금 172조 · 174조 참조)를 유발할 우려가 있으며(또한 그 거래로 인한 회사의 이득은 반대 당사자인 주주의 손실을 전제로 한 것이다), ④ 만일 자기주식에 의결권이 부여된다면 그것을 행사할 자는 대표이사일 것인바, 출자 없는 회사지배가 행해

진다는 것이 자기주식의 폐단을 설명하는 전통적인 논리이다.[1)]

자기주식의 이러한 문제점은 회사의 경영자의 입장에서는 오히려 자기주식의 편의성으로 여길 수 있고, 그 편의성은 흔히 자기주식의 순기능으로 설명된다. 가장 큰 이점은 적대적 매수에 대비한 경영권의 방어효과이다. 회사가 자기주식을 취득하면 주식의 유통량을 감소시켜 적대적 매수자의 취득을 어렵게 하는 한편, 의결권 있는 주식수가 줄어들어(자기주식은 의결권이 없다. 369조 2항) 대주주의 지배력은 상대적으로 강화된다. 나아가 자기주식을 장차 현 경영자의 특수관계인에게 처분함으로써 우호지분을 확보할 수 있다. 한편 株價가 크게 하락할 경우 자기주식을 취득하여 유통수량을 줄임으로써 주가를 지지할 수 있으며, 반대로 주가가 급등할 경우 자기주식을 방출하여 주가를 진정시킬 수도 있다. 그러므로 상장회사에서는 회사에 유동자산이 풍부할 경우 자기주식을 취득하는 것을 좋은 재무전략으로 삼고 있을 정도이다.

자본충실과 자기주식취득

회사가 자기주식을 취득함으로 인해 현금 기타 실물자산이 줄어드는 대신 유가증권을 취득하므로 회사의 총자산에는 변동이 없다고 할 수도 있다. 그러나 주식이 가치를 갖는 것은 기본적으로 회사가 보유하는 순자산 때문이며, 이 사실은 궁극적으로 회사가 해산할 경우 잔여재산을 분배함으로써 현실화된다. 그런데 자기주식은 회사가 해산할 경우 환가가 불가능하므로 무가치하다. 이런 이유로 자기주식의 취득은 회사의 자본충실을 해하는 거래로 인식하는 것이다.

더욱이 지배주주가 자기주식취득을 악용할 때에는 매우 심각한 문제가 생긴다. 예컨대 전망이 어둡고 재무구조가 부실한 회사에서 지배주주가 회사로 하여금 자신의 주식을 취득하게 하여 투하자본을 회수해가면, 그 지배주주는 여타의 주주·채권자의 희생 아래 출자를 우선적으로 회수하는 결과가 된다.

(2) 입법정책

후술하는 바와 같이 미국은 오래전부터 자기주식취득을 관대하게 다루었던데 반해, 대륙법계국가는 자기주식이 자본충실에 미치는 폐해를 강조하여 자기주식의 취득을 엄격히 제한하는 전통을 유지해 왔으며, 우리나라와 일본도 같은 입장을 취해 왔다. 즉 상법은 제정 이래로 대륙법계의 전통을 따라 자기주식의 폐해에 대한 일반예방적 견지에서 자기주식의 취득은 원칙적으로 금지하고, 부득이하거나 폐해가 현실화되지 않는 경우에 한해 예외적으로 허용해 온 것이다.

1) *Oechsler*, in Münchener Komm. AktG, 4. Aufl., § 71 Rn. 18-25.

그러나 기업이 자기주식을 취득할 수 있을 경우 재무관리가 크게 유연해지고, 이 점은 기업의 대외적 경쟁력을 강화한다는 명분이 되어 대륙법계의 국가들에서도 기업계는 자기주식의 취득제한을 완화하는 입법을 요구해 왔다. 기업활동에 관해 미국과 경쟁관계에 있는 대륙법계 국가들은 이같은 기업의 요구를 받아들여 근래는 자기주식취득을 널리 허용하는 추세이다.

우리나라에서는 상법은 자기주식의 취득을 엄격히 제한해 왔으나(2011 개정 전 341조), 상장회사를 대상으로 해서는 특별법으로 1994년부터 배당가능이익으로 자기주식을 취득할 수 있는 길을 열어주었다(舊증거 189조의2, 2013년 개정 전 자금 165조의2 참조). 이어 상법도 세계적인 추세를 따라 2011년 개정에 의해 배당가능이익의 범위에서 자기주식취득을 허용하는 방향으로 입법정책을 선회하였다. 그러나 배당가능이익 외의 다른 재원으로 취득하는 것에 대해서는 종전의 금지원칙을 유지하고 있다(341조 의2).

입 법 례

독 일 독일에서는 자기주식취득을 출자의 환급과 동일하게 보므로[1] 출자의 환급을 금지하는 것(§ 57 Abs. 1 AktG)과 같은 이유로 자기주식취득을 원칙적으로 금지한다. 또 자기주식을 담보로 취득하는 것도 제한하며(§ 71e Abs. 1 AktG), 우회적인 취득을 방지하기 위하여 회사가 제 3 자로 하여금 자기주식을 취득할 수 있도록 자금지원 또는 보증을 하는 행위도 무효로 한다(§ 71a Abs. 1 AktG). 취득규제와 예외의 주요내용은 다음과 같다.

회사는 직접적이고 중대한 손해를 피하기 위해서라든지, 기타 몇 가지 예외적인 경우를 제외하고는 원칙적으로 자기주식을 취득하지 못한다(§ 71 Abs. 1 AktG). 그러나 EU 제 2 지침에 따라 제한을 완화하여 주주총회가 사전에 취득기간(5년 이내), 가격의 범위 등을 정하여 승인한 때에는 특별한 목적 없이도 자기주식을 취득할 수 있는 예외를 두었다(§ 71 Abs. 1 Nr. 8 AktG). 자기주식의 총계는 자본의 10%를 초과하지 못하지만, 자기주식의 취득대금에 해당하는 금액을 특별적립금으로 적립할 수 있을 경우에는 그 이상의 취득도 가능하다(§ 71 Abs. 2 AktG). 그리고 자기주식의 취득과 처분은 주식평등의 원칙(§ 53a AktG: Gleichbehandlung der Aktionäre)에 따라 이루어져야 하는데, 증권거래소를 통한 취득·처분은 同원칙을 준수한 것으로 본다. 다만 처분의 경우, 주주총회의 승인을 얻어 다른 방법으로 처분할 수 있다(§ 71 Abs. 1 Nr. 8 AktG).

영 국 영국에서는 주로 자기주식취득이 증권시장의 질서를 문란케 한다

---

1) 독일법에서 자기주식취득을 금지하는 규정은 1870년 1차 주식법(Aktienrechtsnovelle vom 1870)에 처음으로 등장하였으며(동법 215조 3항), 이후의 1897년 新상법, 1937년 주식법을 거쳐 1965년 주식법 제71조로 이어져 오고 있다(*Oechsler*, in Münchener Komm. AktG, 4. Aufl., § 71 Rn. 26 ff.).

는 이유에서 오래전부터 普通法상 자기주식취득을 금지하여 왔다.[1] 지금도 회사는 원칙적으로 자기주식을 취득 또는 인수할 수 없으나(Companies Act 2006, ss. 658, 662) 정관에 규정이 있을 경우 자기주식을 취득할 수 있도록 하고(s. 690) 취득절차와 취득자금에 대해 상세한 규정을 두고 있다(ss. 690~708). 자기주식은 원칙적으로 잉여금으로만 취득할 수 있으나, 폐쇄회사(private company)의 경우 자본으로 취득할 수 있는 예외를 인정한다(s. 692).

프 랑 스 프랑스 역시 전통적으로 자기주식의 취득을 제한해 온 나라이다. 자기주식의 인수는 명문으로 금지하며(C. com. Art. L. 225-206 I), 자기주식의 취득도 주식을 소각하기 위한 때, 종업원에게 이익을 분여하는 목적으로 주식을 교부하기 위한 때 등 제한된 6가지 경우를 제하고는 원칙적으로 금지한다(C. com. Art. L. 225-206 II). 다만 2005년에 독일과 같이 EU지침을 받아들여, 주주총회의 수권을 받아 발행주식총수의 10%의 범위에서 자기주식을 취득할 수 있도록 개정한 바 있다(C. com. Art. L. 225-209).

미 국 미국에서는 1930년대까지만 해도 영국의 보통법상의 자기주식취득금지의 원칙이 그대로 적용되어 왔다.[2] 그러나 오늘날 회사가 주주에게 이익을 분배하기 위한 목적으로 자기주식을 취득하는 경향이 있는데, 각 州회사법에서는 이를 긍정적으로 받아들여 자기주식취득을 이익배당과 마찬가지로 재무건전성의 이유에서만 규율하는 경향을 보이고 있다. 그리하여 현재는 자기주식취득이 ① 이로 인해 회사가 채무초과(insolvent)상태가 되지 않고(따라서 잉여금으로만 자기주식을 취득할 수 있다), ② 성실히(in good faith) 이루어지고, ③ 다른 주주와 채권자의 이익을 해하지 않는다(no-prejudice doctrine)는 요건이 지켜지는 한 허용되고 있으며, 다만 자기주식의 의결권만이 제한될 뿐이다(MBCA § 6.31 (1); N.Y. Bus. Corp. Law § § 513, 515; Del. Gen. Corp. Law § 160(a)).[3] 그리고 자기주식취득을 배당의 변형으로 보는 시각을 가지고 있으므로 주식을 매수할 때에는 다른 주주와 채권자들의 이익을 해하지 않을 것을 요구한다. 아울러 주식매수를 집행하는 이사 그리고 회사에 주식을 양도하는 지배주주는 신인의무에 입각하여 다른 주주에게도 대등한 매수의 기회를 주어야 한다는 것이 판례의 태도이다.[4]

일 본 일본은 대륙법계의 전통에 따라 법정의 사유 외에는 일체의 자기주식취득을 금지하는 입장을 취하였으며, 이 정책은 1980년대 초까지 유지되었으나, 산업계로부터 재무전략상의 필요에서 자기주식취득규제를 완화해달라는 요청이 강하여 1984년과 1991년 두 차례의 개정을 거쳐 현재와 같은 모습의 자기주식법제를 마련하였다(日會 155조 이하 참조).[5] 현행제도는 配當可能利益 外의 재원으로 자기주식을 취득하는 것은 종전과 같이 원칙적으로 제한하되, 배당가능이익으로 취득하는 것은 자유

1) Trevor v. Withworth(1887), 12 App. Cas. 409; Michael C. Wyatt, *Company Acquisition of Own Shares*, 3rd. ed., Longman, 1989, p. 5.

2) *Ibid.*

3) Cary & Eisenberg, pp. 1375~83; Jennings & Buxbaum, p. 952 *et. seq.*

4) Donahue v. Rodd Electrotype Co., Supreme Judicial Court of Massachusetts, 367 Mass. 578, 328 N.E. 2d 505(1975)(폐쇄회사에 대해 본문에서와 같은 법리를 적용하였다).

5) 江頭, 251면 이하; 前田, 145면 이하.

롭게 허용하는 것으로 요약할 수 있다(취득재원 및 취득과 처분의 절차에 관한 규제가 있다).

(3) 취득금지의 원칙

개정상법이 자기주식취득의 규제를 크게 완화하기는 했지만, 이론적으로는 여전히 취득금지를 원칙으로 한다(341조 1항·341조의2 본). 즉 자기주식의 취득은 일반적으로 금지되며, 다만 배당가능이익을 가지고 취득하는 것과 상법 제341조의2 각호에서 열거하는 취득이 허용되는 것이다. 이 취득금지원칙의 적용범위는 다음과 같다.

1) 취득의 명의와 계산 2011년 개정 전에는 회사는 「自己의 計算으로」 자기주식을 취득할 수 없다고 규정하였다(개정전 341조). 개정법에서 이 표현은 없어졌으나(341조 의2), 회사가 제 3 자의 명의로 자기주식을 취득하더라도 회사의 계산으로 취득하는 것은 역시 금지된다고 해석해야 한다(341조 본 참조). 누구의 명의로 취득하든 회사의 계산으로 취득하는 한 자본충실을 해하는 결과는 다를 바 없기 때문이다. 같은 이유에서, 취득한 자기주식의 명의개서 여부는 문제되지 아니한다.

회사가 직접 자기 주식을 취득하지 아니하고 제 3 자의 명의로 취득하였을 때, 그것이 회사의 계산으로 취득한 것에 해당하기 위해서는 그 주식취득을 위한 자금이 회사의 출연에 의한 것이고 그 주식취득에 따른 손익이 회사에 귀속되어야 한다(대법원 2011. 4. 28. 선고 2009다23610 판결).

2) 담보취득 자기주식을 질권의 목적으로 받는 것도 원칙적으로 금지한다(예외는 후술). 質取는 주식을 소유하기 위하여 취득하는 것은 아니나, 자기주식과 마찬가지로 자본충실을 해할 염려가 있기 때문이다. 자기주식을 양도담보의 목적으로 받는 것이 금지됨은 물론이다(오히려 양도담보의 목적으로 받는 것은 소유를 위한 취득으로 보아 당연히 금지된다고 해석해야 한다). 그러나 약정담보의 취득만 금지되고 법정담보권(유치권)을 취득하는 것은 가능하다고 본다.

3) 신주인수 상법 제341조의2는 신주인수에도 적용되는가? 명문의 규정은 없으나 회사가 자기주식을 인수하는 것은 일종의 가장납입이므로 본조와 무관하게 당연히 금지된다(판례 [34]).[1]

4) 신주인수권증서·신주인수권증권의 취득 회사가 자기가 발행한 신주인수권증서(420조 의2) 또는 신주인수권증권(516조 의5)을 취득하여 신주인수권을 행사하는 것도 통상의 신주인수와 마찬가지로 금지된다. 회사가 신주인수권을 행사하지

---

1) 독일주식법 회사가 자기의 신주를 인수할 수 없음을 명문으로 밝히고 있다(§ 56 Abs. 1 AktG).

아니한다 하더라도 同증서 · 증권의 취득은 자기주식의 취득과 같은 위험이 있으므로 그 취득 자체도 금지된다고 본다.

5) 신주인수권부사채 · 전환사채의 취득 자기사채는 자기주식과 달리 자유롭게 취득할 수 있으므로 회사는 자기가 발행한 신주인수권부사채 · 전환사채도 취득할 수 있다. 그러나 이를 가지고 신주인수권 · 전환청구권을 행사하면 결국 자기주식을 인수하게 되므로 사채를 취득하더라도 신주인수권이나 전환청구권은 행사할 수 없다고 보아야 한다.

6) 유 · 무상취득 자기주식취득을 위한 거래가 회사에 설혹 유리하다 하더라도 대가가 지급되는 한 금지된다. 순수한 무상취득이라면 회사의 자본적 기초를 위태롭게 하는 바 없으므로 무방하나(대법원 1989. 11. 28. 선고 88누9268 판결), 부담 있는 증여를 받는 것은 실질적으로 유상취득과 같으므로 금지된다.

7) 자기의 주식을 취득하는 제 3 자에 대한 자금지원 회사가 자기가 발행하는 주식을 인수하려는 자 또는 이미 발행한 주식을 취득하려는 자에게 금전을 대여하거나 보증을 하는 경우가 있다. 비상장회사의 경우 회사가 신주를 발행할 때 대주주가 회사로부터 자금을 차입하여 신주를 인수하는 예가 허다하며, 금융기관이 신주를 발행하고 거래기업으로 하여금 이를 인수토록 하기 위하여 대출을 해 주는 사례도 있다. 또 회사의 支配株式을 양수하는 자가 주식대금을 바로 양수대상이 된 회사의 자산을 가지고 치르는 예도 있다. 독일, 프랑스, 영국의 회사법에서는 이 같은 행위들을 자기주식취득의 탈법행위로 보고 명문으로 금지한다(§ 71a Abs. 1 AktG; C. com. Art. L. 225-216; Companies Act 2006, s. 678).[1]

상법에는 위와 같은 명문의 규정이 없으므로 자기주식을 취득하는 자에 대한 자금지원을 바로 자기주식취득으로 보기는 어렵다. 기술한 바와 같이 판례는 자금지원을 하더라도 주식취득으로 인한 손익이 회사에 귀속되지 않으면 자기주식의 취득으로 보지 않는다(대법원 2011. 4. 28. 선고 2009다23610 판결)(판례 [34]는 손익이 회사에 귀속된 것으로 본 예이다).

그러나 신주인수에 대한 자금지원의 경우, 가장납입으로 보아 신주발행이 무효라고 해야 한다. 이러한 유형의 신주인수 중에는 인수인이 회사에 환매청구

1) 영국에서는 회사의 지배권을 매수하려는 자가 회사의 재산을 인출하여 주식대금을 치름으로써 회사를 무자력으로 만드는 예가 많아 본문에서와 같은 행위를 금하게 되었다(M. Wyatt, *op. cit.*, p. 107). 그런데 2006년 회사법에서는 종전의 규제를 공개회사에만 적용하도록 개정되었다. 구제도는 폐쇄회사에 대해서는 지나친 비용을 야기하는 규제인데, 자금지원으로 인한 폐해는 다른 방법으로 규제가 가능하다는 것이 개정이유이다(Scanlan et. al., p. 141). 참고로 「회사활동의 低費用化」는 2006년 회사법의 이념 중의 하나이다.

권을 행사하여 회사대출금과 환매대금을 상계하기로 약정하는 경우가 있는데, 이같이 주식인수의 손익이 모두 회사에 귀속되는 경우에는 자기주식의 취득으로 보아야 한다(판례 [34]).

한편 입법이유는 다르지만, 은행법에서는 은행이 자기가 발행하는 주식을 타인에게 인수시키기 위해 대출하는 것을 금지한다(은행법 38조 5호).

판 례

[34] 대법원 2003. 5. 16. 선고 2001다44109 판결

「… 대한종합금융 주식회사(이하 '대한종금')의 제안에 따라 원고는 원고 또는 그가 지정하는 자의 이름으로 대한종금의 유상증자에 참여하기로 하되, 100억 원을 대한종금으로부터 대출받아 이를 신주인수의 청약대금으로 대한종금에 납입하고, 인수한 주식 전부를 대한종금에 담보로 제공하며, 대한종금이 영업정지를 받는 등의 사유가 발생하는 경우에는 그 전 일자로 대한종금에 대하여 원고가 위 주식의 매수(환매)를 청구할 수 있는 권리가 발생한 것으로 간주하고 그 매수가격을 발행가액으로 하여 원고의 위 대출금채무와 상계된 것으로 보고 이자 등 일체의 채권에 대하여 대한종금의 권리가 상실되는 것으로 계약을 체결하였다는 것인바, 이는 결국 원고가 청약하는 신주인수대금을 대한종금이 대출의 형식으로 제공하여 납입하게 하지만 원고에게는 그 대여금 상환의 책임을 지우지 아니하고 그 주식인수에 따른 손익을 대한종금에 귀속시키기로 하는 내용의 계약이라고 할 것이고, 따라서 이 계약의 실질은 … 대한종금 스스로 발행하는 신주를 인수하여 취득하는 것을 목적으로 하는 것으로서, … 자기주식의 취득이 금지되는 유형에 해당한다고 할 것이므로, 위 계약은 대출약정을 포함한 그 전부가 무효라고 할 것이고, 그 계약에 따라 원고가 대한종금의 대여금으로 신주대금을 납입한 것 역시 무효라고 할 것이다.」

[同旨판례] 대법원 2007. 7. 26. 선고 2006다33609 판결

(4) 배당가능이익에 의한 취득의 自由

1) 입법이유 자기주식의 대표적인 폐단은 *資本充實*의 저해이다. 회사의 유동자산이 자기주식과 바뀌어 유출됨으로 인해 회사의 지급능력을 저하시키고 나아가서 회사채권자들의 이익을 해하기 때문이다. 그러나 배당가능이익은 어차피 주주들에게 사외유출이 허용된 자산이므로 이를 재원으로 하여 자기주식을 취득할 경우에는 이같은 폐단이 생기지 않는다. 그리하여 배당가능이익으로 자기주식을 취득하는 것은 제한하지 않는 것이 근래의 입법추세이므로 2011년 개정법도 이 예를 따랐다.

2) 요건(배당가능이익) 상법은 회사가 취득할 수 있는 자기주식의 취득

가액의 총액은 직전결산기의 대차대조표상의 순자산액에서 제462조 제 1 항 각 호의 금액을 뺀 금액, 즉 배당가능이익을 초과하지 못한다고 규정한다(341조 1항 단). 이는 단지 자기주식의 취득가액의 금액이 배당가능이익의 금액을 넘지 말라는 뜻으로 이해해서는 안 되고, 배당가능이익을 사용해서 취득해야 함을 뜻하는 것으로 풀이해야 한다.[1] 그리고 배당가능이익을 사용한다고 함은 회사가 별도로 보관하고 있는 특정한 현금을 의미하는 것이 아니라, 배당가능이익을 자기주식취득가액만큼 감소시키라는 뜻이다. 그러므로 자기주식대금의 지급을 위한 자금을 조달하는 방법에는 제한이 없다. 예컨대 금융기관에서 자금을 차입하여 자기주식을 취득할 수도 있다(대법원 2021. 7. 29. 선고 2017두63337 판결). 하지만 회사의 목적실현에 지장을 초래하거나 재무건전성을 해하는 방법으로 자금을 조달한다면 자기주식의 취득을 정당화하기 어려울 것이므로 이사의 책임을 추궁할 사유가 될 것이다(예컨대 중요한 자산을 처분하여 영업에 어려움이 생기거나, 이자의 부담으로 회사의 자금운영이 어려워지는 경우).

3) **주주총회의 결의** 배당가능이익으로 자기주식을 취득하려면 주주총회의 결의로, a) 매수할 주식의 종류 및 수, b) 취득가액의 총액의 한도, c) 자기주식을 취득할 수 있는 기간을 정하여야 한다(341조 2항 본).

i) 취 지 주주총회의 결의는 보통결의에 의한다. 자기주식취득의 재원이 되는 배당가능이익의 금액 및 처분은 정기총회에서 확정되므로(449조 1항·462조 2항) 실무적으로 자기주식취득의 결의도 정기총회에서 하는 것이 편하지만, 미처분잉여금이 있는 한 영업연도 중간에 임시총회를 열어 결의할 수도 있다.

자기주식의 취득은 이같이 잉여금의 처분을 뜻하기 때문에 주주총회의 결의를 요하는 것이므로 이익배당을 이사회 결의로 실행할 수 있는 회사(462조 2항 단)라면 이사회의 결의로 족하다(341조 2항 단).

ii) 취득가액의 총액의 한도 주주총회에서는 자기주식을 취득할 수 있는 가액의 한도를 정해야 한다. 그 한도가 배당가능이익을 초과할 수 없음은 물론이다. 상법은 취득가액의 한도나 취득할 주식수에 관해 제한을 두고 있지 않으므로 이론적으로는 배당가능이익에 여유가 있다면 1주를 제외한 발행주식총수

---

1) 2011년 개정 전 상법 제343조의2 제 3 항이 이익소각을 허용하는 요건으로 둔 규정의 표현도 개정법 제341조 제 1 항 단서와 똑같았지만, 본문에서와 같이 배당가능이익을 가지고 소각하라는 뜻으로 풀이했다. 기업의 회계실무에서는 자기주식을 재무상태표(대차대조표)의 자산의 부에 계상하지 않고, 배당가능이익을 계산할 때 자본조정을 하지 않은 상태의 자본금 전체를 차감함으로써 배당가능이익을 자기주식취득금액만큼 줄인다. 이에 의해 배당가능이익으로 자기주식을 취득한 효과를 누린다. 일본에서도 자기주식의 장부가액(취득가액)을 배당가능이익에서 차감함으로써 같은 효과를 누린다(日會 461조 2항 3호).

전부를 취득하는 것도 무방하다. 이 점 입법적 보완을 요한다(前述 독일, 프랑스 입법례 참조).

iii) 취득기간의 제한　　주주총회는 자기주식의 취득기간을 정하되 결의 후 1년을 초과하지 않는 기간으로 정해야 한다. 예컨대 2025년 7월 1일 임시총회에서 자기주식취득을 결의하였다면 이 결의에서 정할 취득기간은 2026년 7월 1일 이내가 되어야 하는 것이다. 취득기간을 정했다 하더라도 그 기간 내의 회사의 재무상황의 변화로 자기주식의 취득이 불가능해질 수도 있다. 위 예에서 2025년 7월 1일의 총회에서 1년의 기간을 정하여 자기주식의 취득을 결의하였지만, 2025 영업연도(1. 1.-12. 31.)의 결산을 해보니 결손이 나거나 잉여금이 산출되지 않을 수도 있고, 총회(예컨대 2026년 3월 20일)에서 다른 용도로 처분하는 결의(예: 배당결의)를 하여 잉여금이 소진될 수도 있기 때문이다.

iv) 취득명의와 계산　　상법 제341조 제 1 항은 「…자기의 명의와 계산으로 자기의 주식을 취득할 수 있다」고 규정한다.[1] 이는 제341조의2가 누구의 명의로 하든 자기의 계산으로 취득할 경우에 적용된다고 해석했던 것과는 달리, 회사가 취득명의와 계산 모두를 자신의 것으로 할 것을 요구함을 주의해야 한다. 제341조는 자기주식취득의 요건으로서 주주총회의 결의와 엄격한 취득절차 등을 요구하는데, 이는 법적으로 회사가 취득주체가 됨을 전제로 한 것이기 때문이다. 따라서 명의와 계산의 일치는 제341조에 의한 취득의 요건을 이루며, 회사의 계산으로 하더라도 제 3 자의 명의로 취득할 경우에는 제341조의 적용을 받지 못하고, 제341조의2의 적용대상이 된다.

4) 취득의 실행　　주주총회(또는 이사회)의 결의가 있으면 회사는 총회결의로 정한 기간 내에 자기주식을 취득할 수 있다. 취득에 관해 다음과 같은 점을 주의하여야 한다.

i) 취득의 임의성　　주주총회에서 자기주식취득을 결의했다고 해서 이사가 이에 구속되어 반드시 취득해야 하는 것은 아니다. 오히려 후술하는 바와 같이 취득해서는 안 되는 경우가 있다. 주주총회가 자기주식취득을 결의한다는 것은 이사의 취득행위를 허용하는 의미를 가질 뿐이고, 이사는 회사의 재무현황과 주식의 시세 등을 고려하여 취득의 여부, 취득의 시기 등을 신중하게 결정하여야 한다.

자기주식은 1회에 취득해야 하는 것은 아니고 주주총회가 정한 범위 내에서

---

1) 이는 과거 배당가능이익에 의한 자기주식취득을 처음 허용하였던 구증권거래법(2008년 이전) 제189조의2 제 1 항의 표현을 가져온 것이다.

는 수차에 걸쳐 취득하더라도 무방하다.

ii) 취득의 실행결정 후술하는 취득방법 중 거래소를 통해 취득하는 경우 또는 공개매수에 의해 취득하는 경우에는 주주총회의 결의가 있은 후 바로 대표이사가 취득행위를 실행하면 족하지만, 비공개균등조건취득방법으로 취득할 경우에는 그 구체적인 방법을 이사회의 결의로 정하여야 한다(상령 10조. 후술).

iii) 취득가격 이사는 주주총회가 정한 취득할 주식의 총수와 취득가액총액의 범위 내에서 취득하여야 한다. 취득할 주식의 총수와 취득가액의 총액이 미리 정해지는 까닭에 이론적으로는 1주당의 취득가액도 정해진다고 할 수 있다. 하지만 법에서 주주총회로 하여금 취득가액의 「총액」을 정하도록 함은 그 총액의 범위에서 개별적인 주식의 가액은 주식의 시세에 따라 이사가 재량으로 정할 수 있도록 하는 취지로 이해된다. 취득 당시의 공정한 시장가치를 초과하지 않도록 해야 함은 물론이다.

5) 취득방법(株式平等의 원칙) 회사가 어떤 방법으로 자기주식을 취득하느냐에 따라 주주간에 불공평이 생길 수 있다. 즉 회사가 일부의 주주를 선정하여 자기주식을 취득한다면 그 선정에서 소외된 주주들은 투자를 회수하거나 투자수익을 실현할 수 있는 기회에 참여하지 못하는 불공평이 생기고, 또 자기주식의 취득가격을 정하기에 따라서는 주주간에 이윤배분을 차별하는 결과가 될 수도 있다. 그러므로 상법은 이러한 불평등이 생기지 않도록 취득방법을 다음과 같이 제한하고 있다.

i) 去來所에서의 매수(341조 1항 1호) 거래소에 상장된 주식은 시세가 형성되므로 가격형성의 면에서 공정하고 또 어떤 주주나 매도에 참여할 수 있으므로 상법은 거래소를 통한 취득을 자기주식취득방법의 하나로 제시한다(341조 1항 1호). 상법 제341조 제 1 항 제 1 호의 法文상으로는 상장회사의 자기주식은 반드시 거래소를 통해서만 취득해야 하는 것으로 해석될 소지가 있다. 그러나 다음에 설명하는 「기타 방법」이 거래소를 통한 취득보다 더 공정할 수도 있고, 거래소 외에서의 취득이 회사에 더 유리할 수도 있으므로 상장회사라 하더라도 기타 방법으로 취득할 수 있다고 보아야 한다.

그리고 거래소를 통한 거래는 모든 주주에게 이론적인 기회는 공평하게 부여하지만, 실제는 거래기법을 발휘하기에 따라서는 일부 주주의 주식만 집중적으로 매수할 수도 있다. 그러므로 거래소를 통한 방법으로 취득하더라도 그 형식을 준수하는 것만으로는 족하지 않고, 주주들에게 실질적으로 공평한 기회를 주는 것을 원칙으로 삼고 준수해야 한다고 해석한다. 다음에 설명하는 기타 방법으로 취득할 경우에도 같은 원칙에 입각해야 한다.

ii) 기타 방법(341조 1항 2호: 각 주주가 가진 주식 수에 따라 균등한 조건으로 취득하는 것으로서 시행령이 정한 방법) 시행령에서는 a) 회사가 모든 주주에게 자기주식 취득의 통지 또는 공고를 하여 균등한 조건으로 주식을 유상으로 취득하는 방법(이하 '비공개균등조건취득방법'), b) 자본시장법 제133조 이하에 따른 공개매수의 방법을 제시하고 있다(상령 9조 1항 1호 · 2호).

이상의 방법 외의 방법, 특히 회사가 특정 주주만을 선택하여 거래하는 방법으로 자기주식을 취득하는 것은 허용되지 않는다(341조 1항의 반대해석).[1)]

공개매수의 방법(b)에 의할 경우에는 자본시장법상의 절차를 따라야 할 것이고, 비공개균등조건취득방법(a)에 관해서는 상법 시행령에서 다음과 같이 상세한 규정을 마련하고 있다.

비공개균등조건취득방법

1) **이사회의 결의** 비공개균등조건취득방법으로 취득하고자 할 경우 이사회는 자기주식 취득의 목적, 취득할 주식의 종류 및 수, 1주당 취득할 대가로 교부할 금전이나 재산의 내용과 산정 방법, 주식 취득의 대가로 교부할 금전 등의 총액, 20일 이상 60일 내의 범위에서 주주가 주식양도를 신청할 수 있는 기간(양도신청기간), 양도신청기간이 종료하는 날부터 1개월의 범위에서 양도의 대가로 금전 등을 교부하는 시기 및 기타 주식 취득의 조건을 정해야 한다(상령 10조 1호).

2) **주주에 대한 통지 및 공시** 회사는 양도신청기간이 시작하는 날의 2주 전까지 각 주주에게 회사의 재무 현황, 자기주식 보유 현황 및 위 이사회결의사항을 서면으로 통지해야 한다. 각 주주의 동의가 있을 경우 전자문서로 갈음할 수 있다(상령 10조 2호). 이 통지는 주주들에게 양도신청을 최고하는 의미를 가진다.

3) **주주의 양도신청** 회사에 주식을 양도하고자 하는 주주는 양도신청기간이 종료하는 날까지 양도하고자 하는 주식의 종류와 수를 기재한 서면으로 주식양도를 신청하여야 한다(상령 10조 3호).

4) **취득계약의 체결** 이사회는 주주가 주식양도를 신청하는 경우 양도신청기간이 종료하는 날에 회사와 그 주주 사이에 주식 취득을 위한 계약이 성립하는 것으로 정해야 한다(상령 10조 4호). 체결된 계약의 내용은 회사가 통지한 조건에 따라 주주가 양도를 신청한 종류와 수의 주식을 회사가 취득하는 것이다. 주주가 신청한 주식의 총수가 회사가 결의하여 통지한 취득할 주식의 총수를 초과하는 경우에는 각 주주가 신

---

1) 일본회사법에서는 특정주주로부터의 취득도 가능하다(日會 160조 1항). 그러나 이 경우에는 나머지 주주들도 같은 조건으로 매도에 참가할 수 있으므로(동조 3항) 결국 모든 주주에게 매도의 기회를 주는 것과 같다.

청한 주식수에 비례하여 안분한 수량에 관해 계약이 체결되는 것으로 정해야 한다.[1)]

자기주식취득계약은 매수인(회사)이 계약의 내용을 일방으로 정하는 부합계약이다. 주주들의 주식양도의 신청이 청약에 해당하고, 이에 대해 회사가 승낙을 함으로써 계약이 성립된다고 보아야 하는데, 성립시기가 특이하다. 위에 설명한 시행령 규정에 따라 회사는 양도신청기간이 끝나는 날에 계약이 성립한다는 뜻을 계약내용의 하나로 정하여 주주에게 통지하고, 주주가 이에 응하여 신청함으로써 신청기간이 종료한 날에 회사의 승낙이 의제되어 계약이 성립하는 구조이다.

6) 공 시 주식을 취득한 회사는 지체 없이 취득 내용을 기재한 자기주식 취득내역서를 본점에 6월간 비치하여야 한다. 주주와 채권자는 이 서류를 열람할 수 있다(상령 9조 2항).

7) 취득의 제한 이익이란 회사의 재무상황에 따라 그 유무와 규모가 수시로 변동되므로 어느 시점에서 산출된 배당가능이익을 근거로 자기주식의 취득을 결의했더라도 이후 실행단계에서는 실질적으로 회사가 결손상태일 수도 있고, 자기주식취득을 원인으로 해서 당해연도에 결손이 생길 수도 있다. 그러므로 상법은 자본금의 결손을 초래할 수 있는 자기주식취득을 금지한다. 즉 회사는 해당 영업연도의 결산기에 대차대조표(재무상태표)상의 순자산액이 제462조 제 1 항 각 호의 금액의 합계액에 미치지 못할 우려(즉 결손이 날 우려)가 있는 경우에는 자기주식을 취득해서는 아니 된다고 규정한다(341조 3항). 결손 여부는 결산을 해야 확인할 수 있는 것이므로 이 규정은 결손이 예측될 경우에는 자기주식을 취득하지 말라는 취지이다. 그러므로 이사는 결손이 나지 않는다는 것을 확신한 경우에 한해 자기주식을 취득할 수 있다.

8) 이사의 자본충실책임

i) 책임의 근거 해당 영업연도의 결산기에 대차대조표상의 순자산액이 제462조 제 1 항 각 호의 금액의 합계액에 미치지 못함(즉 결손임)에도 불구하고 회사가 자기주식을 취득한 경우 이사는 회사에 대하여 연대하여 그 미치지 못한 금액을 배상할 책임이 있다(341조 4항 본). 결손이 인식되는 것은 회사가 자기주식을 취득한 날이 속하는 영업연도의 결산이 확정되는 날이다. 즉 자기주식의 취득일은 결손이 인식되는 시기보다 선행한다. 따라서 상법 제341조 제 4 항 본문이 "대차대조표상의 순자산액이 제462조 제 1 항 각 호의 금액의 합계액에 미치지 못함에도

---

1) 회사가 취득할 주식의 총수를 주주들이 신청한 주식의 총수로 나눈 숫자에 각 주주가 신청한 주식의 수를 곱한 수(단수는 버린다)에 관해 각 주주와 회사간에 계약이 성립한 것으로 다루는 것이다(상령 10조 4호).

불구하고 자기주식을 취득한 경우"라고 함은 결손을 예측하지 못하고 자기주식을 취득했음을 뜻하는 것이고, 그 「예측하지 못함」을 비난의 근거로 삼아 책임을 묻는 것이다. 그러나 이사에게 무과실책임을 지우는 것은 불합리하므로 이사의 증명책임하에 과실이 없으면 면책시킨다. 즉 이사가 결손이 날 우려가 없다고 판단하는 때에 주의를 게을리하지 아니하였음을 증명한 경우에는 책임을 지지 아니한다(341조 4항 단). 이 점 중간배당에 관한 이사의 책임과 같다(462조의3 4항).

ii) 책임의 범위와 액　이사가 책임져야 할 요건이 충족된 경우에도 상법규정에는 책임의 범위에 관해 해석론으로 수정해야 할 점이 있다. 중간배당의 결과 결손이 난 경우에는 이사에게 결손금액에 해당하는 손해배상책임을 지우는데, 배당금액이 결손금액보다 작으면 손해배상액은 배당금액으로 제한된다(462조의3 4항). 즉 이사의 손해배상책임은 중간배당과 인과관계가 있는 결손금으로 제한되는 것이다. 자기주식의 취득으로 인한 손해배상책임에도 같은 원리가 적용되어야 할 것이나, 상법 제341조 제 4 항은 자기주식취득의 가액과 무관하게 결손금 전부에 관해 손해배상책임을 지우고 있다. 이는 자기책임의 원칙에 어긋나므로 상법 제462조의3 제 4 항을 유추적용하여 이사는 자기주식취득금액을 한도로 하여 결손금에 관해 책임진다고 해석해야 한다(1053면의 예를 자기주식 취득으로 바꿔 생각할 것).

iii) 자기주식의 처분과 면책　결산을 하기 전에 자기주식을 처분하고 처분손실이 발생하지 않은 경우에는 이후 결손이 나더라도 자기주식의 취득과는 무관하니 본조의 책임은 물을 수 없다고 보아야 한다.

(5) 특정목적을 위한 취득

상법 제341조의2는 배당가능이익을 재원으로 하지 않더라도 특정한 목적을 위해 부득이하게 취득을 허용해야 할 경우를 다음과 같이 열거하고 있다. 이 경우에는 자기주식으로 인한 폐해가 없다는 점도 고려한 것이다.

> 이 규정은 2011년 개정 전 제341조가 취득제한의 예외로서 열거했던 사항 중 「주식을 消却하기 위한 때」(개정 전 341조 1호)만 삭제하고 나머지를 가져 온 것이다. 개정전에 「주식을 소각하기 위한 때」란 이익소각을 하는 경우, 자본금감소를 위해 주식을 소각하는 경우 그리고 상환주식을 상환하는 경우를 지칭하는 것으로 해석하였는데, 개정법에서는 이익소각을 폐지하였고, 자본금감소와 상환주식의 상환은 각각의 근거에 의해 행해지므로 굳이 자기주식취득의 예외로서 열거할 필요가 없다고 본 것이다.[1)]

1) 실은 본문에 열거한 세 가지 소각의 경우에는 법률상 회사가 주식을 「취득」한다는 현상이 생기지 않는다. 주주가 소유하는 단계에서 각각의 원인과 절차에 의해 바로 소멸하기 때문이다.

1) 회사의 합병 또는 다른 회사의 영업전부의 양수로 인한 때(341조의2 1호) 합병의 경우 소멸회사의 재산 중에 존속회사의 주식이 포함되어 있으면 존속회사가 자기주식을 취득하게 되고, 존속회사가 소멸회사의 주식을 가지고 있을 경우 이 주식에 대해 존속회사의 주식을 배정해야 하므로(1149면 참조) 역시 존속회사가 자기주식을 취득하게 된다. 그리고 영업양도의 경우 양도목적인 영업재산 중에 양수회사의 주식이 포함되어 있으면 양수회사가 자기주식을 취득하게 된다.

2) 회사의 권리를 실행함에 있어 그 목적을 달성하기 위하여 필요한 때(341조의2 2호) 일반적으로 회사의 권리실행을 위한 최후적 방법으로 자기주식취득이 부득이한 경우를 뜻한다.[1)] 회사가 채권을 실행하려 하나 채무자에게 자사가 발행한 주식 이외의 다른 재산이 없으므로 이를 대물변제로 받는 것이 전형적인 예이다.[2)] 따라서 채무자의(자기주식을 제외한) 무자력이 자기주식취득의 허용요건이다.

3) 단주의 처리를 위하여 필요한 때(341조의2 3호) 주주가 회사로부터 원시취득한 주식에 단주가 있을 경우 이를 환가하여 주주에게 대금으로 지급하기 위하여는 회사가 단주를 취득하여야 한다. 그러나 자본금감소, 합병, 준비금의 자본금 전입, 주식배당 등과 같이 단주의 처리방법이 법정되어 있는 경우(443조 1항 · 530조 3항 · 461조 2항 · 462조의2 3항)에는 그에 따라야 하고 회사가 취득할 수 없다. 따라서 이 규정의 적용대상은 통상의 신주발행(416조)이나 전환주식 · 전환사채의 전환 및 신주인수권부사채권자의 신주인수권행사로 인한 신주발행과 같이 단주처리방법이 법정되어 있지 않은 경우이다.

4) 주주가 주식매수청구권을 행사한 때(341조의2 4호) 회사가 주식의 양도를 승인하지 아니하고 주식을 매수할 경우(335조의6), 회사는 자기주식을 취득한다. 법문에는 주주가 매수청구한 경우만을 들고 있으나 주식의 양수인이 매수청구를 한 경우에도 자기주식취득이 불가피하다(335조의2 4항 · 335조의7 2항). 그리고 주식의 교환 · 이전, 영업양도 등, 합병, 분할의 승인결의에 반대하는 주주가 주식매수청구권을 행사하는 경우(360조의5 · 360조의22 · 374조의2 · 522조의3 · 530조의11 2항)에도 자기주식을 취득한다.

5) 질 취 회사는 발행주식총수의 20분의 1의 범위에서 자기주식을

1) Raiser/Veil, § 19 Rn. 18: "주식법 제71조 제 1 항에 따라 다음과 같은 경우 자사주식의 취득이 허용된다. a) 회사가 직면한 심각한 직접적 손해를 피하기 위하여 자기주식의 취득이 불가피한 경우. 예컨대 자기주식을 제공받지 않고는 회사가 자기의 채권을 변제받을 수 없는 경우이다. …"

2) 자기주식이 경매될 때 이를 경락받는 것을 제341조의2 제 2 호에 포함되는 취득으로 본 판례가 있으나(대법원 1977. 3. 8. 선고 76다1292 판결), 의문이다. 이는 새로운 유상취득이므로 전형적인 금지대상이다.

질권의 목적으로 받을 수 있다(341조의3 본). 그러나 합병으로 인해 존속회사가 소멸회사가 가지고 있던 자기주식에 대한 질권을 승계하는 경우 또는 다른 회사의 영업 전부를 양수함으로 인해 양도회사가 가지고 있던 양수회사의 주식에 대한 질권을 승계하는 경우(341조의2 1호의 경우) 그리고 회사의 권리를 실행함에 있어 목적달성을 위해 필요한 경우(341조2의 2호의 경우)에는 그 한도를 초과하여 질권을 취득할 수 있다(341조의3 단).

(6) 해석상의 허용

다음과 같은 경우에는 해석상 자기주식취득이 허용된다. ① 무상으로 취득하는 경우, ② 위탁매매업자가 위탁자의 계산으로 자기주식을 매수하는 경우(예컨대 투자매매업자·투자중개업자가 고객의 위탁을 받아 자기주식을 매수하는 경우),[1)] ③ 신탁회사가 자기주식의 신탁을 인수하는 경우 등이 이에 해당한다.

이같이 회사의 자본적 기초를 위태롭게 하지 않음이 유형적으로 명백한 것이 아닌 한, 부득이한 사정, 예컨대 회사 또는 주주나 채권자에게 생길 중대한 손해를 회피하기 위하여 필요한 경우라도 자기주식의 취득은 허용되지 않는다는 것이 판례의 태도이다(대법원 2003. 5. 16. 선고 2001다44109 판결(판례 [34])).

(7) 위법한 자기주식취득의 효력

2011년 개정전 상법하에서는 상법 제341조(개정법 제341조의2에 해당)가 열거하지 않은 목적을 위한 취득이 위법한 취득의 대표적인 모습으로 생각되었으나, 개정법에서는 배당가능이익에 의한 취득제도가 생겼으므로 위법성의 태양도 다양해졌다. 제341조의2가 열거하지 않은 목적을 위해 자기주식을 취득하는 것이 위법한 것은 종전과 같고, 제341조의 명분으로 자기주식을 취득하는 경우, i) 배당가능이익이 없음에도 자기주식을 취득하는 것, ii) 주주총회(또는 이사회)의 결의 없이 취득하는 것, iii) 주주총회 또는 이사회가 결의할 사항이 적법하지 않은 것(예컨대 취득기간을 2년으로 정한 것), iv) 제341조 제 1 항 제 1 호 및 제 2 호가 열거하지 않은 방법으로 취득하거나 또는 취득방법이 주식평등의 원칙에 어긋나는 것, v) 취득가격이 현저히 불공정하여 회사의 자본충실을 해하는 것 등을 생각해 볼 수 있다.

이상의 위법사항이 있을 경우 자기주식취득에 관여한 이사, 집행임원, 감사 등에 위법사항의 내용에 따라 벌칙이 적용될 수 있고(625조·625조의2), 이로 인해 회사에 손해가 발생하면 이사 등이 회사에 손해배상책임을 지게된다(399조 1항). 주주들에게

---

1) 독일주식법에서도 무상으로 취득하거나, 금융기관이 위탁매매로 자기주식을 취득하는 것은 허용한다(§ 71 Abs. 1 Nr. 4 AktG).

매도의 기회를 차별하였을 때에는 기회를 얻지 못한 자는 제401조에 의한 책임을 물을 수 있을 것이다.

그리고 자기주식취득에 위법한 요소가 있을 경우, 취득행위의 효력이 어떻게 되느냐에 관해 종래 견해가 대립해 왔다.

1) 채권행위의 효력 자기주식취득의 원인행위로서 회사와 주주간에 매매 · 교환 등 채권적 합의가 이루어질 수 있는데, 이러한 채권행위는 강행법규에 반하는 것으로 무효라고 보아야 한다. 이는 처음부터 이행이 불가능한 것을 목적으로 한 때문이다.[1)·2)]

그리고 자기주식취득을 전제로 하여야만 이행이 가능한 계약도 강행법규위반 또는 원시적 불능으로서 무효이다. 그러나 자기주식을 취득하지 아니하고도 이행할 수 있다면 회사의 부담으로 제 3 자로 하여금 자기주식을 취득케 하는 약정 같은 것은 유효하다(물론 회사의 부담에는 반대의 대가가 있어야 한다). 예컨대 회사가 자기주식을 이사에게 공로주로 교부하기로 약정한 경우, 회사가 자기주식을 취득하지 아니하더라도 기존주주에게 대가를 지급하고 그 주주로부터 직접 이사에게 주식을 양도하게 할 수 있으므로 유효하다(대법원 1963. 5. 30. 선고 63다106 판결; 동 2021. 10. 28. 선고 2020다208058 판결).

2) 취득행위의 효력 상법 제341조(및 341조의 2 · 341조의3)에 위반하여 자기주식을 취득 또는 질취한 경우 그 효력에 관하여 다음과 같이 학설이 대립한다.

(가) 무 효 설 자본충실의 저해 기타 자기주식취득으로 인한 위험의 방지에 중점을 두어 자기주식취득은 상대방(양도인)의 선의 · 악의를 불문하고 무효라고 한다(김정호 260; 김동훈 178; 송옥렬 879; 장덕조 198; 정동윤 496; 정찬형 793; 최기원 362; 최준선 308; 진상범(주석－회사 2) 570). 판례도 자기주식취득은 무효이며, 이를 화해의 내용으로 하였을 경우 그 화해조항도 무효라고 한다(대법원 1964. 11. 12. 자 64마719 결정; 동 2021. 10. 28. 선고 2020다208058 판결). 이 설에 의하면 자기주식취득으로 인한 폐단은 저지될 것이나 거래의 안전을 해하게 된다.

(나) 유 효 설 상법 제341조는 일종의 명령적 규정으로서 그에 위반하였을 때에는 이사 등의 책임을 추궁하는 데 그치고, 취득 자체의 효력에는 영향이 없다고 한다(서헌제 238). 이 설에 의하면 거래의 안전을 기할 수 있으나, 이사의 책임

---

1) 독일주식법 역시 자기주식취득에 관한 채권행위는 무효로 다룬다(§ 71 Abs. 4 Satz 2 AktG).

2) 대법원 2022. 7. 14. 선고 2019다271661 판결: 회사가 투자자와 합의한 소정의 사항을 위반한 경우 투자자가 인수한 주식을 회사가 환매수하기로 한 계약은 자기주식을 취득하기 위한 채권적 합의이므로 무효라고 판시한 예. 한편 전게 대법원 2001다44109 사건(판례 [34])에서는 대한종금의 신주인수와 관련하여 신주인수인과 대한종금이 맺은 대출약정, 주식인수약정, 환매약정, 상계약정 등 일체가 무효라고 판시하였다.

추궁만으로 과연 자기주식취득제한의 실효를 거둘 수 있을지 의문이다. 또 상대방이 악의일 때도 자기주식취득은 유효하게 되어 부당하다.

(다) **부분적 무효설** 위 두 설의 문제점을 해소하기 위한 절충설로서, 원칙적으로는 무효이지만, 회사가 타인명의로 취득한 경우에는 상대방이 선의인 한 유효라고 하는 설이다(강·임 626; 김·노·천 710; 임홍근 259).[1] 상대방의 악의는 무효를 주장하는 자가 증명하여야 할 것인데, 통상 선의·악의의 증명이 어려움을 감안할 때, 회사가 타인명의로 취득한 경우에는 거의가 유효하다는 결론에 이른다. 이는 회사가 우회적·탈법적 방법으로 자기주식을 취득하는 것을 방지하고자 하는 해석 및 입법상의 노력(즉 타인명의를 통한 취득을 자기주식취득과 마찬가지로 금지하는 것)을 무의미하게 만든다.

한편 일부 학설은 자기주식취득은 무효이지만, 상법 제341조에 의해 보호받아야 할 자는 회사·회사채권자·주주라는 점을 이유로 양도인은 선의·악의를 불문하고 무효를 주장하지 못하고, 한편 거래안전의 고려에서 회사·회사채권자·주주도 양도인에게 악의가 없는 한 무효를 주장하지 못한다고 풀이한다(권기범 630; 임홍근 259).[2] 결국 원칙적으로 유효하고, 양도인이 악의인 경우에 한해 회사·주주·회사채권자만이 무효를 주장할 수도 있고, 또 주장하지 않을 수도 있다는 뜻이다. 유효설이 갖는 단점을 그대로 지니고 있다.

(라) **사 견**(상대적 무효설) 위법한 자기주식취득의 효력을 어떻게 다룰 것이냐는 것은 입법정책의 문제이다.[3]

유효설과 부분적 무효설은 주로 양도인의 보호를 의식하고 있다. 그러나 실은 자기주식취득이 무효라고 해서 양도인의 이익을 해치지는 않는다. 왜냐하면 양도인은 대금을 받고 주식을 처분한 자이니 무효라 하더라도 대금을 반환하고 주권을 반환받으므로 뜻하지 않은 손해를 보는 일은 드물 것이기 때문이다. 다만 양도시에 비해 주가가 하락함으로 인해 손해를 보는 일은 있을 수 있으나, 그것은 회사에 대한 손해배상청구로 전보될 수 있다.

오히려 염려해야 할 것은 자기주식취득이 무효라고 할 때, 회사가 다시 자기주식을 처분하여 이를 전득한 자 및 그 이후의 취득자들이 주주권을 잃게 되는 점 및 주식을 압류한 채권자가 권리를 잃게 되는 점이다. 그러므로 자기주식취득

1) 일본의 다수설이다(日注釋(3), 245면).
2) 北澤, 209면.
3) 독일주식법은 이를 유효하다고 하고 있으나(§ 71 Abs. 4 Satz 1 AktG), 일본회사법은 명문의 규정을 두지 않고 학설에 맡겼으므로 우리와 같이 학설이 대립한다.

은 양도인의 선의 · 악의를 묻지 않고 무효이나, 다만 선의의 제 3 자(전득자 · 압류채권자 등)에게 대항하지 못한다고 풀이하는 것이 타당하다(일부 同旨: 임재연 I 514).

양도인의 무효주장

자기주식의 취득이 무효라 함은 회사의 자본충실과 주주간의 평등을 위한 것이므로 양도인은 무효를 주장할 수 없다는 견해도 있다.[1] 그러나 회사에만 무효주장을 허용한다면 장기간 양도인의 지위가 불안정해지고, 회사가 가장 유리한 시기를 타서 무효를 주장할 경우 양도인은 불측의 손해를 볼 수 있다. 그러므로 양도인도 조속히 법률관계를 매듭짓기 위해 무효를 주장할 수 있다고 보아야 한다.

(8) 자기주식의 처분

1) 의　　의　　자기주식의 「처분」(342조)이란 주식을 타인에게 이전하거나 타인을 위한 권리를 설정하는 행위를 말한다. 매매, 교환, 대물변제와 같은 유상의 권리이전, 질권설정, 신탁과 같은 권리설정도 포함한다. 상법 제342조는 유상의 처분행위만을 의미하는 듯이 규정하고 있으나, 회사의 영리성의 관점에서 합리성이 인정된다면 무상의 처분도 제342조의 처분이 될 수 있다(예: 자기주식을 공익단체에 기부하는 것). 2011년 개정전에는 자기주식은 일시적인 보유만 허용했으나, 개정법하에서는 회사의 선택에 따라 취득한 자기주식을 계속 보유할 수도 있고 처분할 수도 있다.

자기주식을 누구에게 얼마에 처분하느냐는 것은 회사 자체의 이해에는 물론 기존 주주들의 이해에도 관련되는 문제이므로 어떤 방법으로 처분하게 할 것이냐는 입법정책의 문제가 제기되는데, 상법은 아래와 같은 처분방법을 규정하고 있다.

2) **처분주체**　　상법 제342조에서 특히 중요한 의의를 갖는 것은 이사회의 결정으로 자기주식을 처분할 수 있다는 것이다. 동조는 처분할 주식의 종류와 수 등 자기주식의 처분과 관련된 사항을 열거하고, 「정관에 규정이 없는 것은 이사회가 결정한다」고 규정하고 있다. 정관에 장차 취득할 자기주식의 처분에 관한 구체적인 사항을 예견하여 정하기는 어려울 것이므로 대부분 이사회의 결의로 결정하여 처분하는 것이 통례일 것이다.

개정의 의의

2011년 개정 전에도 자기주식의 처분은 통상의 損益去來로 취급하여 이사회나 대표이사의 업무집행으로 결정할 수 있다고 풀이해 왔으므로 개정법이 이사회의 결의

1) 일본에서의 유력설이다(江頭, 261면 참조).

로 처분할 수 있게 한 점에 큰 의의를 둘 필요가 없다고 생각할 수도 있다. 그러나 개정 전에는 자기주식의 취득이 극히 예외적으로 불가피한 경우에 한해 허용되었던 것과 달리, 개정법에서는 배당가능이익으로 자기주식을 자유롭게 취득할 수 있게 된 점에 유의하면 자기주식의 처분이 갖는 의미가 개정전후에 걸쳐 같을 수가 없다. 개정법하에서 이사회가 자기주식을 자유롭게 처분할 수 있다는 것은 이사가 회사의 소유구조에 변화를 가져올 수 있는 재량권을 가짐을 의미하기 때문이다. 후술하는 바와 같이 자기주식의 처분에 관한 다른 입법례와 비교해 볼 때, 자기주식처분의 공정성과 관련하여 개정의 중요성이 돋보인다.

3) 결정사항 자기주식을 처분할 경우 정관 또는 이사회의 결의로 다음 사항을 결정한다(342조).

i) 처분할 주식의 종류와 수

ii) 처분할 주식의 처분가액과 대가의 납입기일 자기주식을 처분하는 경우이므로 대가의 「납입기일」은 회사가 대가를 수령할 날을 의미한다. 처분가액이 공정한 주식가치를 반영하도록 정해져야 함은 물론이다.

iii) 주식을 처분할 상대방 및 처분방법 「처분할 상대방」이란 어의적으로는 자기주식의 매수인이 될 자를 의미하지만, 특정인을 정하는 것만이 아니라, 매수인을 선택하는 방법을 정하는 것도 포함하는 뜻으로 이해해야 한다. 매수인을 선택하는 방법의 구체적인 예로서는, 증권시장을 통해 매각하는 것, 모든 주주들에게 매수의 청약을 권유하는 것, 특정인을 정해 상대매매로 처분하는 것을 들 수 있다. 후술과 같이 자기주식의 처분에 관해 주주들이 갖는 이해를 고려한다면 매수인 선택방법의 객관성과 공정성이 중요하지만, 개정법은 매수인 선택에 있어 이런 고려를 하지 않고 이사회의 재량에 맡기고 있다.

「처분방법」이란 법문상 상대방과 구분하여 규정되어 있으므로 상대방을 정하는 것 외의 매매 및 이행의 요령을 의미한다.

4) 처분의 범위 회사가 취득한 자기주식은 상법 제343조에 의한 消却 또는 제342조에 의한 처분이라는 두 가지 용도에 제공된다고 할 수 있다. 그 밖의 사용은 불가능한가?

개정법은 상환주식의 상환, 이익배당, 합병교부금은 현물(유가증권 등 금전 이외의 재산)로도 지급할 수 있도록 규정하는데(345조 4항 · 462조의4 · 523조 4호), 이에 사용할 수 있는 재산에서 회사의 자기주식을 제외시킬 이유는 없다. 그러므로 자기주식을 상환주식의 상환, 이익배당, 합병교부금의 지급에 사용하는 것은 위 관련규정에 의해 직접 허용되고,

상법 제342조는 그 밖의 처분을 규정한 것이라고 해석해야 할 것이다. 자기주식을 담보로 제공할 수 있음은 물론이다.

自己株式의 취득과 처분의 공정성

상법이 정한 요건을 구비하여 자기주식을 취득하고 처분하더라도 가격과 상대방 선택에 있어 공정성이 문제될 수 있다.

i) 不公正의 要因 먼저 자기주식취득의 경우를 보면, 회사합병이나 영업전부의 양수로 인한 취득 등 특정목적을 위해 취득하는 경우(341조의 2 각호)에는 자기주식에 대해 개별적인 가격이 매겨지는 것이 아니고, 상대방의 선택도 이사가 임의로 선정하는 것이 아니므로 특히 공정성의 문제는 제기되지 않는다. 문제의 소지가 있는 것은 배당가능이익을 가지고 취득하는 경우(341조)인데, 개정법은 증권시장을 통하거나, 각 주주가 가진 주식수에 따라 균등한 조건으로 취득하는 것을 원칙으로 하므로 상대방의 선정이나 가격결정 모두 문제될 것이 없다. 문제는 자기주식을 처분할 때이다.

자기주식을 처분하는 경우 역시 가격결정의 공정성이 요구됨은 당연하고, 상대방 선택에 있어서는 취득시에 비해 더욱 예민하게 공정성이 문제된다. 배당가능이익을 가지고 취득한 주식은 물론이고, 합병 등 특정목적을 위해 취득한 주식이라도 처분시에는 가격결정이나 상대방의 결정 등을 이사회의 권한으로 다루고 있으므로 이사회의 재량이 폭넓게 허용되기 때문이다(342조 참조). 그리고 불공정으로 인해 야기되는 이해의 편차도 취득시보다 크다. 누구에게 처분하느냐에 따라 주주들의 비례적 지분관계 나아가 지배력의 균형에 변동이 생기기 때문이다. 따라서 자기주식의 처분시에도 모든 주주에게 매수의 기회를 주는 것이 주식평등의 원칙에 부합한다.[1)]

ii) 不公正한 취득 · 처분의 효력 과거 자기주식취득이 엄격히 금지되던 시기에는 그 처분에 관해 특별한 법적 규율이 불필요하였으나, 자기주식의 제한이 점차 완화되면서 취득과 처분에 있어서 특히 상대방 선택의 공정을 위한 법적 규율이 필요하게 되었다. 그래서 이에 관해 명문의 규정을 두는 입법례를 흔히 볼 수 있다. 독일주식법에서는 법정절차에 의하지 않는 자기주식의 취득과 처분은 주식평등의 원칙에 따를 것을 명문으로 규정하고 있다(§ 71 Abs. 1 Nr. 8 AktG). 그리고 일본회사법에서는 회사가 주주와의 합의에 의해 주식을 취득하는 경우에는 주주총회의 승인을 얻도록 하는 외에 모든 주주에게 매도의 청약의 기회를 주도록 하며(日會 156조 이하), 자기주식의 처분은 신주발행과 동일한 절차에 의하도록 하고(日會 199조 이하), 위법 · 불공정한 자기주식처분의 무효를 다투는 형성의 소를 인정하고 있다(日會 828조 1항 3호).

개정법에서도 자기주식의 취득에 있어서는 이러한 입법례를 본받아 각 주주가 가진 주식수에 따라 균등한 조건으로 취득하는 것을 원칙으로 삼고 있음은 기술한

---

1) *Bezzenberger*, in Schmidt/Lutter, § 71 Rn. 80; *Cahn*, in Spindler/Stilz, § 71 Rn. 116 ff.; *Oechsler*, in Münchener Komm. AktG, 4. Aufl., § 71 Rn. 247.

바와 같다(341조 1항 2호). 그러나 처분에 관해서는 구체적으로 처분방법을 제약하는 규정을 두고 있지 않으므로 불공정한 처분의 효력은 해석론으로 다룰 수밖에 없다. 우선 처분시의 가격의 불공정은 자본충실의 원칙에 반하므로 이사의 책임을 물을 대상이 되고(399조), 대표권의 남용으로 볼 수 있는 경우에는 회사가 무효를 주장할 수도 있다.

처분시의 상대방의 선택이 불공정한 경우에는 상황에 따라서는 주주간의 불평등이 크게 부각되지만, 문제는 상법이 자기주식의 처분을 단지 회사의 개인법적 거래로 다루고 있는 탓에 이론적으로는 상대방의 선택이 단체법적인 이해를 야기하는 바가 없고 회사의 이해에 영향을 주지 아니하여 주주간에 불평등하다고 하더라도 이를 회사법적인 무효로 다루기는 어렵다는 것이다. 자기주식의 처분은 법정절차에 의하는 예가 없으므로 처분시의 불평등은 전부 이와 같이 볼 수밖에 없다.[1]

2011년 개정전 상법하에서 상대방의 선택이 불공정한 자기주식의 처분의 효력에 관해 하급심판결이 엇갈렸는데,[2] 2010년에 자기주식의 취득과 처분으로 인해 생기는 주주들의 비례적 이익의 증감은 사실적 · 경제적 이익에 불과하다는 대법원판결이 나왔다(판례 [35]). 더욱이 제342조가 이사회의 처분권을 명문으로 규정한 이상 이 대법원 판결은 계속 유지될 것이라 짐작된다.

결국 자기주식의 처분에 있어서의 불공정은 방치되어 있는 셈인데, 이는 자기주식 취득을 허용하는 폭은 넓히면서 그에 따른 후속적인 입법을 소홀히 한 탓에 생긴 法의 欠缺이다. 이는 2011년 개정 전에도 숙지하던 문제점이었지만, 개정법에서 개선하지 않은 것은 자기주식의 처분에 관해서는 경영자의 자율성을 허용하려는 정책적 선택으로 보인다.

판 례

[35] 대법원 2010. 10. 28. 선고 2010다51413 판결

「주식회사 전북고속의 주주인 원고들이 전북고속의 대표이사가 대표권을 남용하여 자기주식을 피고들에게 매도하는 이 사건 주식매매계약을 체결하였다고 주장하며 전북고속과 피고들 사이의 이 사건 주식매매계약의 무효 확인을 구하는 소에 대하여, 자기주식이 제 3 자에게 처분되어 기존주주들의 회사에 대한 비례적 이익(의결권 등)이 감소되어 주식의 가치가 희석되는 것은 회사가 자기주식을 취득하여 기존주주들의 회사에 대한 비례적 이익이 증가하는 것과 마찬가지로 사실적 · 경제적 이

1) 상세는 李哲松, "不公正한 自己株式去來의 效力 — 株式平等의 原則과 관련하여 —," 「증권법」 제 7 권 2호(2006. 12.), 1면 이하 참조.

2) 서울서부지법 2006. 3. 24.자 2006카합393 결정: 불공정한 자기주식의 처분에 신주발행무효의 소에 관한 상법 제429조를 유추적용해야 함을 전제로 자기주식을 취득한 자에 대해 의결권금지가처분을 내린 예. 반대의 예: 수원지법 성남지원 2007. 1. 30.자 2007카합30 결정; 서울북부지법 2007. 10. 25.자 2007카합1082 결정.

익에 불과할 뿐이라 할 것이어서, 원고들이 제 3 자인 전북고속과 피고들 사이에 체결된 이 사건 주식매매계약의 무효 확인을 구할 이익이 없다 …」

[註] 서울고법 2015. 7. 16.자 2015라20503 결정: 2015년 제일모직과 삼성물산이 합병할 때에 삼성물산이 자기주식을 우호적인 거래처(KCC)에 처분하고 그 거래처가 합병안에 찬성하여 합병이 성사되었으므로 자기주식의 처분의 적법성이 문제된 사건에서 위 대법원 판결과 같은 논리로 처분의 적법성을 시인한 판결.

(9) 自己株式의 지위

회사는 유효하게 취득한 자기주식을 가지고 주주권을 행사할 수 있는가? 독일 주식법에서는 「회사는 자기주식을 가지고 어떤 권리도 행사하지 못한다」고 규정하나(§ 71b AktG), 상법은 제369조 제 2 항에서 「회사가 가진 自己株式은 議決權이 없다」는 규정만 두고 있다.[1] 자기주식은 의결정족수의 계산상 발행주식의 총수에서도 제외된다(371조 1항). 의결권 이외의 주주권에 대하여는 明文의 규정이 없어 해석상 문제되고 있다. 그 중에서 소수주주권이나 각종 소제기권 등과 같은 공익권은 성질상 인정될 수 없다는 점에 異論이 없다.

자익권에 관해서도 통설은 전반적으로 자기주식의 권리가 휴지된다고 하나, 일부 다른 견해도 있다. 과거 자기주식으로 이익배당청구권, 잔여재산분배청구권, 신주인수권(418조 1항)을 행사할 수 있다는 소수설이 있었으나, 합리적인 이유를 제시하지 못하므로[2] 현재는 이 권리들에 관해서는 같은 견해를 찾기 어렵고, 준비금의 자본전입으로 인한 신주의 인수권에 관해서만 견해가 갈릴 뿐이다.

준비금의 자본전입으로 인한 신주발행시에 회사의 인수권을 인정하는 견해(권기범 1228; 이범찬(외) 195; 임재연 I 790; 정경영 374; 최기원 359; 최준선 312)가 있으나, 이를 인정한다면 자기주식의 증대를 초래하고 또 준비금의 자본금전입은 그 실질이 이익배당과 같이 잉여금의 처분이므로 자기주식의 권리를 인정해서는 안 될 것이다(同旨: 김정호 262; 송옥렬 876; 장덕조 200; 정동윤 495; 정준우 242; 정찬형 799).[3]

---

1) 이 점은 모든 입법례가 공통적이다. 자기주식취득을 광범하게 허용하는 미국에서도 자기주식에 대해서는 의결권을 부여하지 않는다(MBCA § 7.21(b); Del. Gen. Corp. Law § 160(c)).

2) i) 자기주식에 배당을 하여 회사의 수익으로 계상하는 것은 자기주식에 배당하지 않고 同배당금을 회사에 유보하는 것과 차이가 없으므로 자기주식에 대한 배당은 무의미한 작업이고, 자기주식의 취득은 실질이 출자의 환급이라고 볼 때 자기주식에 대한 배당은 가공의 자본금에 대해 배당하는 것과 같다. 주식배당도 그 본질은 이익배당이므로 금전배당과 달리 볼 것은 아니다. ii) 잔여재산분배청구권을 갖는다면 곧 법인격이 소멸할 회사가 재차 재산을 취득하게 되어 무의미하다. iii) 신주발행시 자기주식에 의한 인수를 허용한다면 새로운 자기주식취득을 허용하고(341조의 위반), 또 회사가 자기의 자금으로 신주의 납입을 하므로 가장납입에 지나지 않는다.

3) 법무부의 유권해석에서도 자기주식에 대해서는 준비금의 자본금전입으로 인한 신주를 배정할 수 없으며, 이익배당청구권, 잔여재산분배청구권도 휴지된다고 밝힌 바 있다(법무부 법심

긍정설은 자기주식의 비례적 가치의 보존을 이유로 들지만, 원래 회사가 자기주식을 보유하는 것은 정상적인 상태가 아니고 예외적으로 인정되는 데 불과하므로 정상적인 주주에게 인정되는 비례적 이익을 자기주식에까지 확장해서 인정할 것은 아니다.[1] 회사가 신주인수 및 준비금의 자본금전입으로 인한 무상주교부에 참가하지 못함으로 인해 일실하는 이익은 주주들에게 비례적으로 귀속하는데, 이것이 오히려 자연스런 현상이다.[2]

그러나 주식분할(액면분할)은 종전의 주주권에 증폭을 가져오는 것이 아니고 동일성을 유지하며 보다 작은 단위로 세분되는 것에 불과하므로 자기주식도 분할에 의해 당연히 증가하게 된다.

주식분할 이외의 권리에 관하여는 개별적으로 제시한 이유 외에도 일반론으로서 회사가 스스로에 대해 구성원으로서의 권리를 행사한다는 것 자체가 모순임을 지적할 수 있다.[3] 이상과 같은 권리행사의 제한은 회사가 자기주식을 제 3 자의 명의로 보유하는 경우 및 회사가 모회사주식을 소유하는 경우에도 마찬가지로 적용된다(이설 없음).

권리행사의 제한은 주식 자체의 속성이 아니므로 자기주식이 회사로부터 제 3 자에게 이전되면 모든 권리는 부활한다. 즉 자기주식에 기한 주주권은 소멸하는 것이 아니라 행사가 정지되는 것이다.

4. 相互株所有의 규제

(1) 의 의

「상호주소유」(cross-ownership; wechselseitige Beteiligung)란 좁게는 2개의 독립된 회사가 서로 상대방회사에 대하여 출자하고 있는 상태를 가리키는데(단순상호주), 넓게는 3개 이상의 회사간의 순환적인 출자(고리형 상호주; circular-ownership; ringförmige Beteiligung)도 포함한다. 후자의 예로는 A사가 B사에, B사가 C사에, C사가 다시 A사에 출자하는 것을 들 수 있다. 또 양자가 결합되어 A,

---

2301-1386, 1990. 2. 2.).

1) 주식의 비례적 가치란 주주간의 대립적인 이해관계에서 인정되는 것인데, 회사가 주주를 상대로 대립된 이해를 갖는 것은 아니므로 비례적 가치를 누리게 해야 할 이유가 없다.

2) 독일주식법에는 자기주식으로 인한 일체의 권리를 부정하는 제71b조의 예외로 자기주식도 준비금의 자본금전입으로 인한 신주를 배정받을 수 있음을 규정한다(§ 215 Abs. 1 AktG). 그러나 이 규정에 논리적 타당성이 결여되어 있음을 이유로 입법론적 비판을 가하는 견해도 있다(*Lutter*, in Kölner Komm. AktG, 2. Aufl., § 215 Rn. 2).

3) *Barz*, in Großkomm AktG, 3. Aufl., § 71 Anm. 41.

B, C … N회사들간에 A가 B, C, …, N의 주식을, B가 A, C, …, N의 주식을, C가 A, B, …, N의 주식을 소유하는 이른바 행렬식(matrix)의 상호주도 볼 수 있다.

합명회사를 제외하고는 어떤 회사형태에서나 두 개 이상의 회사들끼리 서로 출자하는 일이 있을 수 있으므로 정확하게는 「상호자본참가」 또는 「상호출자」라고 해야 할 것이나, 보통 주식회사간에서 생겨나는 현상이므로 통상 상호주소유라고 하며, 서로간에 소유하는 상대방의 주식을 「相互株」라고 한다.

상호주는 최소한의 자본으로 강력한 기업결합효과를 가져오므로 우리나라에서는 계열기업의 확장을 위해 상호주를 이용하는 경향이 있고, 한편 경영권쟁탈에 대한 방어용의 안정주를 확보하기 위해 계열기업 또는 동맹적 관계의 기업간에 상호주를 소유하는 일이 많은데, 이 점은 상호주소유를 합리화하는 최대의 명분이기도 하다.[1)]

(2) 상호주의 自己株式性

주식의 경제적 의의를 회사재산에 대한 지분이라고 생각한다면 상호주소유는 본질적으로 자기주식의 취득이다.[2)] 예컨대 A사가 B사의 주식을 60%, B사가 A사의 주식을 40% 가지고 있다면, A사는 B사의 모든 재산에 대하여 60%의 지분을 가지고 있는 셈이니 A사는 B사가 가진 A주식 40%에 대해서도 60%의 지분을 갖는 셈이고, 따라서 A사는 40(%)×60/100=24(%)의 자기주식을 갖는 것이다. 상호주는 이 같은 자기주식성을 토대로 하여 회사법적으로 다음과 같은 구체적인 폐해를 야기한다.

1) 社團性의 파괴　　회사는 사단이므로 어떠한 회사이든지 궁극적으로는 자연인들의 구성으로 연결되어야 한다는 것이 당연한 논리적 귀결이다. 法人이 출자자라 하더라도 그 출자법인의 출자자, 이 역시 법인이 출자자라면 또 그 출자자 … 라는 식으로 추급하여 가면 궁극적으로는 자연인출자자에 연결된다. 그런데 상호주는 전혀 자연인 출자자에 기반을 두지 않는 공허한 持分이다. 극단적인 예로, A사에 대해 B · C사가 각기 50%씩의 주식을 가지고 있고, B사에 대해 A · C사가, C사에 대해 A · B사가 각기 50%씩의 주식을 가지고 있다면, A · B · C 회사는 법적 구성원의 기반을 상실한 회사들로서 해산을 하더라도 잔여재산분배

1) 李哲松, “相互株에 관한 硏究,” 서울大 博士學位論文(1983. 8.), 43~48면.

2) Bruno Kropff, “Die wechselseitige Beteiligung nach dem Entwurf eines Aktiengesetzes,” *Der Betrieb*(DB), 1959, S. 15; Amtl. Begr. RegE(Amtliche Begründung zum Regierungsentwurf eines Aktiengesetzes), Zum § 18.

조차 할 수 없는 회사들이다. 그러므로 상호주는 「所有者를 떠난 회사 자체」(vom Eigentümer gelösten Unternehmen an sich)를 낳게 되는데,[1] 이는 회사의 법적 본질인 사단성을 파괴하고 회사의 실체를 財團化하는 소치이다.

2) 회사지배의 왜곡 상호주를 소유하는 회사의 경영자들은 서로 상대방 회사의 주주총회에서 의결권을 행사하므로 상호주가 상대방회사를 지배하기에 충분한 규모라면 쌍방의 경영자의 지위는 서로 상대방의 의사에 달려 있다. 그래서 쌍방의 경영자가 서로의 연임에 협력하면 영구적인 경영자지배가 가능해진다. 그리하여 경영자는 진정한 출자자를 제쳐놓고 출자 없이 간접적으로 자기회사의 주주총회를 지배하게 되며(Herrschaft ohne Mittel),[2] 이 경영자는 누구에게도 속하지 아니하고 누구에게도 책임지지 않는 자기영속적인 존재가 된다.[3]

3) 자본충실의 저해 상호주는 그 본질이 자기주식이니만큼 사실상 출자의 환급이란 효과를 가져오므로 회사의 자본충실을 저해한다.[4] 그리고 회사들 간의 상호 주식인수는 출자의 부메랑효과를 가져온다. 예컨대 A사가 1,000만원을 증자한 데 이어 B사가 1,000만원을 증자하고 이를 서로 인수하여 준다고 가정하자. 양 회사의 자본금은 합계 2,000만원이 증가하나, 인수자금은 B사로부터 A사에게, 다시 A사로부터 B사에게 되돌아가므로 출자의 왕복이 있었을 뿐[5] 순자산은 전혀 증가하지 않는다. A사는 B사에 대해 출자를 환급해 준 셈이 되며, B사도 A사에 대해 출자를 환급해 준 셈이 된다. 그러므로 상호주를 보유하는 회사를 하나의 경제적 단일체로 본다면 양 회사는 상호주의 합계만큼 자본금의 공동이 생기는 것이다. 극단적인 예로 Iduna 사건[6]에서와 같이 거의 100%에 가까운 상

---

1) Kropff, *a.a.O.*, S. 15.

2) *Harold Rasch*, Deutsches Konzernrecht, Carl Heymanns Verlag, 1968, S. 170; *Heinz Winter*, Die Wechselseitige Beteiligung von Aktiengesellschaften, Verlag Dr. Otto Schmidt KG, 1960, S. 50.

3) *Kayser-Eichberg*, Die wechselseitige Beteiligung nach dem deutschen Aktienrecht als Leitlinie einer europäischen Harmonisierung, Inaugural-Diss. Köln, 1969, S. 1.

4) 예컨대 A회사가 B회사의 주주 β로부터 B회사주식을 양수하고, B회사가 A회사의 주주 α로부터 A회사주식을 양수하여 A · B사가 상호주를 소유하게 되었다면 A는 B의, B는 A의 은폐된 대리인(verdeckte Stellvertreter)으로서 상대방 주주에게 출자를 환급해 준 셈이고, $\alpha \cdot \beta$는 결국 자기회사로부터 출자를 환급받은 셈인데, $\alpha \cdot \beta$가 同一人이라면 이 효과는 더욱 뚜렷하다(*Manfred Hettlage*, "Darf sich eine Kapitalgesellschaft durch die Begründung einer wechselseitigen Beteiligung an der Kapitalaufbringung ihrer eigenen Kapitalgeber beteiligen?" Die Aktiengesellschaft (AG), 1967, S. 249).

5) Kropff, *a.a.O.*, S. 15; Godin/Wihelmi, § 19 Anm. 2.

6) Iduna Fall v. 29. 11. 1935, RGZ 149, 305. 이 사건은 독일의 두 회사가 서로 94.7%와 94.6%의

호주를 보유한다면 양 회사는 종이장(papier croisé)[1])을 보유하는 것에 지나지 않는다.

이상과 같은 상호주의 문제점은 자기주식에서 야기되는 문제점과 동질적인 것이므로 상호주소유는 자기주식취득의 규제와 같은 이유에서 규제할 필요가 있다. 다만 상호주가 자기주식과 법적으로 동일한 모습을 보이거나 동일한 폐해를 야기하는 것은 아니므로 규제방법 역시 다를 수밖에 없다.

상호주와 재무구조의 개선

상호주가 출자의 왕복에 불과하다는 것은 새로운 자금을 투입함이 없이도 상호주를 통해 외형상 재무구조를 개선하는 효과를 얻을 수 있음을 뜻한다. 좋은 예로, 2013년 경영난에 봉착한 금호그룹이 재무구조를 개선하는 방법으로 계열회사들간의 상호출자를 계획한다는 보도가 있었다. 금호산업이 아시아나 항공에 출자하고 아시아나 항공은 금호터미날에 출자하고, 금호터미날이 다시 금호산업에 출자하는 순환출자구조이다(한겨레(2013. 8. 16.), 16면).

상호주규제의 입법례

형태는 다르지만, 다수의 입법례에서 상호주를 규제함을 볼 수 있다.

독일에서는 일정한 종류의 회사가 서로 상대방의 자본의 4분의 1을 초과하는 지분을 가지고 있을 때 이를 상호출자기업(wechselseitig beteiligte Unternehmen)이라 부르며(§ 19 Abs. 1 AktG), 4분의 1을 초과하여 지분을 취득할 때에는 상대방 회사에 통지할 의무(§ 21 Abs. 1 Satz 1 AktG)를 과하는 동시에, 이 통지의무의 이행 여부 및 상호출자사실의 지득 여부에 따라 상대방회사에 대한 권리행사를 제한한다(§ 328 AktG).

프랑스에서는 어느 회사가 타회사에 대해 10%를 초과하는 출자를 하면 피출자회사는 출자회사의 주식을 취득하지 못한다(C. com. Art. L. 233-29, al. 1). 그리고 출자를 하면 상대방 회사에 출자 사실을 통지하도록 한다(C. com. Art. L. 233-6).

이탈리아는 일체의 상호주식인수를 금한다(伊民法 2360조).

일본은 주식회사 중에서 상호출자가 있을 때에 독일에서와 같이 발행주식총수의 4분의 1을 기준으로 하여 이에 미달하게 출자하는 회사는 이를 초과하여 출자하는 회사에 대해 의결권을 행사하지 못하도록 한다(日會 308조 1항).

(3) 상법상 상호주규제의 개요

1) 다른 입법례를 보면 상호주를 크게 자회사가 모회사주식을 소유하는 경

상호주를 가지고 있던 중, 한 회사가 상대방의 주주총회에서 의결권을 행사하였던바, 다른 주주가 결의의 효력을 다툰 사건이다.

1) André Moreau, *La Société Anonyme*, tome Ⅱ, p. 1082.

우와 모자관계가 아닌 회사끼리 상호 주식을 소유하는 경우로 나누어, 전자는 자기주식취득의 일종으로 보아 보유 자체를 제한하고, 후자는 보유는 허용하되 권리행사를 제한하는 것이 일반적이다. 상법도 이 예를 따라 자회사가 모회사주식을 취득하는 것은 자기주식의 취득과 같이 보유를 금지하고(342조의2), 非모자회사간의 상호주는 의결권을 제한한다(369조 3항).

2) 합명회사를 제외하고는 다른 종류의 회사에서도 상호출자가 가능하지만, 우리나라의 상호주로 인한 폐해는 주로 주식회사에서 보여지므로 주식회사간의 상호주만을 규율대상으로 삼는다. 그래서 아래와 같이 규제를 회피하는 현상이 생길 수 있다.

주식회사와 다른 종류의 회사간 상호주

2013년 4월 주식회사 한라건설이 특수관계자와 같이 주식회사 만도의 발행주식의 30%를 보유하고 있는 상태에서 만도로부터 출자를 받기를 원했다. 그러나 이같이 하면 상호주가 되므로 만도가 100% 자회사인 주식회사 마이스타에 출자하고, 마이스타로 하여금 한라건설에 출자하여 발행주식총수의 15%를 소유하게 하였다(한라-(30%) → 만도-(100%) → 마이스타-(15%) → 한라건설). 이 역시 상호주가 되어 한라건설의 만도에 대한 의결권과 마이스타의 한라건설에 대한 의결권이 모두 없어진다(450면의 〈그림 6-12〉). 그래서 상법 제369조 제 3 항의 요건을 피하는 방법으로 마이스타가 유한회사로 조직변경을 하였다(이후 만도는 「주식회사 한라홀딩스」로, 마이스타는 「한라 마이스타(유)」로 상호를 변경하였다).

3) 상법에서는 단순상호주만을 규제한다(369조 3항 참조). 고리형상호주는 입법기술적으로 규율대상을 조문화하기 어렵고, 법적 규제의 필연성을 설명하기 어렵기 때문이기도 하다. 그러나 2014년 1월에 개정된 공정거래법에서는 고리형상호주도 금지한다(독규 22조).

(4) **母會社株式의 取得제한**

1) **자기주식취득과의 同質性** 자회사(subsidiary)와 모회사(parent company)의 경제적 일체성을 감안할 때, 자회사가 모회사의 주식을 취득하면, 쌍방 회사에 대해 자본의 空洞化를 초래하고, 특히 모회사는 자회사에 대한 영향력을 통해 자신의 주식을 취득·보유하게 함으로써 법상의 금지를 회피하며 자기주식을 취득하는 것과 동일한 효과를 누릴 수 있다. 때문에 외국의 입법례에서도 이를 자기주식취득과 동일하게 취급하는 것이 보통이다.[1)]

1) 독일(§ 71d AktG)·영국(Companies Act 2006, S. 136)·프랑스(C. com. Art. L. 233-29)·유럽회사법(동법 46조 1항)·일본(日會 135조)은 자회사의 모회사 주식취득을 자기주식취득과 같이

2) **母子관계 인정기준** 두 회사가 어떤 관계에 있을 때 모자관계를 인정하느냐 하는 것은 중요한 입법정책의 문제이다. 상법은 다른 회사(S)의 발행주식총수의 100분의 50을 초과하는 주식을 가진 회사를 모회사(P), 그 다른 회사(S)를 자회사로 본다(342조의 2 1항 본). 나아가서 상법은 모자관계를 더 넓혀 자회사가 다른 회사(S2)의 발행주식총수의 100분의 50을 초과하는 주식을 갖거나, 모회사와 자회사가 각기 가지고 있는 다른 회사(S2)의 주식을 합산하여 100분의 50을 초과할 때, 그 다른 회사(S2)를 모회사(P)의 자회사로 본다(342조의 2 3항). 이를 편의상 「손회사」라 부르기로 한다.[1)]

상법은 「발행주식총수」의 과반수소유를 母子관계의 인정기준으로 삼고 있으나, 모자간의 지배력에 근거한다면 「의결권 있는 주식」의 과반수소유를 기준으로 삼는 것이 논리적이다.[2)] 그러나 자회사가 모회사주식을 취득함으로 인해 생기는 자본충실의 저해를 염려하여 주식취득을 금지하는 관점에서는 과반수 출자(즉 발행주식총수의 과반수 소유)를 기준으로 삼는 것이 입법목적에 부합한다(권기범 379).

3) **주식취득제한** 모자회사에 해당되면 자회사가 모회사주식을 취득하는 것이 제한되며, 그 밖에 임원의 자격(382조 3항, 411조), 의결권의 행사(369조 3항), 자기거래의 제한(398조 4호) 등 각종 행위규제에 있어서의 규제대상을 파악하는 기준이 된다. 여기서는 자회사에 의한 모회사의 주식취득금지만 다룬다.

(가) **원 칙** 자회사는 모회사의 주식을 취득할 수 없다(342조의 2 1항 본). 명문의 규정은 없으나 자기주식과 마찬가지로 누구의 이름으로 취득하든 자회사의 계산으로 취득하는 한 금지된다고 보아야 한다(권기범 644; 최기원 369). 따라서 명의개서 여부는 묻지 않는다.

다수설은 질권취득에 관해서는 명문의 규정이 없음을 이유로 자회사가 모회사의 주식을 質取할 수 있다고 하지만(권기범 644; 손주찬 666; 이·최 311; 정동윤 499), 자회사가 모회사주식을 질취하는 것은 자기주식의 질취와 동질적이므로 제341조의3의 적용을 받는다고

원칙적으로 금지하며, 미국에서는 자회사가 취득한 모회사주식에 대하여 자기주식과 마찬가지로 의결권을 인정하지 아니한다(MBCA § 7.21(b); N.Y. Bus. Corp. Law § 612(b)).

1) 자회사의 범위를 손회사의 자회사 또는 모·자·손회사가 더불어 100분의 50을 초과하여 소유하는 회사(증손회사) 및 그 이하의 같은 관계에 있는 회사로까지 넓히는 견해가 있다(최기원 368면). 상법 제342조의2에 위반할 경우 벌칙이 적용되고 주식취득이 무효가 되는 등 규제효과가 중대하므로 법문의 근거 없이 자회사의 범위를 넓히는 것은 옳은 해석이 아니다(同旨: 정찬형, 807면).

2) 의결권의 과반수소유가 모자관계의 표준적인 기준이다(독일(§ 17 Abs. 2 AktG), 미국(MBCA § 7.21(b); N.Y. Bus. Corp. Law § 612(b)), 프랑스(C. com. Art. L. 233-1)).

보아야 한다(同旨: 정준우 245; 최준선 327; 최기원 406)(§§ 71e, 71d AktG 참조).

자기주식에 관해 설명한 바와 같은 이유로 모회사의 신주인수도 금지되며, 신주인수권부사채를 가지고 신주를 인수하는 것, 전환사채를 주식으로 전환하는 것, 그리고 신주인수권증서나 신주인수권증권을 취득하는 것도 금지된다고 본다(423면 이하 참조).

B회사가 이미 A회사의 주식을 50% 이하로 갖고 있던 중 A회사가 B회사의 주식을 50% 초과하여 취득함으로써 사후적으로 자회사(B)가 모회사(A)의 주식을 소유하게 된 경우는 본조의 적용 밖이다. 그러나 제342조의2 제 2 항에 준하여 자회사는 모회사의 주식을 처분해야 할 것이다.[1)]

모회사가 주식취득의 사실을 자회사에 통지하지 아니하여 자회사가 모자관계의 존재를 알지 못한 채 모회사의 주식을 50%를 초과하여 취득한 결과 쌍방이 모자관계가 된 경우도 있을 수 있고, 두 회사가 동시에 서로의 주식을 50%를 초과해서 취득하여 모자관계가 된 경우도 있을 수 있다. 이 경우에는 쌍방이 50% 이하가 되도록 주식을 처분해야 할 것이다.

㈏ **예 외** ① 주식의 포괄적 교환·이전에 의해 자회사가 모회사의 주식을 갖게 되는 경우[2)] 그리고 자회사가 모회사주식을 가지고 있는 다른 회사를 흡수합병하거나 영업 전부를 양수하는 경우, ② 회사의 권리를 실행함에 있어 그 목적을 달성하기 위하여 필요한 경우에는 모회사의 주식을 취득할 수 있다(342조의2 1항 1호·2호). 그리고 ③ 흡수합병시에 존속회사가 소멸회사의 주주에게 합병의 대가로 자기의 모회사주식을 제공하려 할 때에는 사전에 모회사주식을 취득할 수 있다(523조의2). 그 밖에 자기주식취득에서와 같이 신탁회사나 위탁매매인(회사)이 영업상 모회사의 주식을 취득하는 것은 허용된다고 해석한다.

자회사의 모회사주식취득을 금하는 이유는 그 취득이 쌍방회사에 대해 자기주식과 같은 폐해를 가져오기 때문이므로 국내회사가 외국의 모회사주식을 취득하는 것도 본조의 적용대상이라고 보아야 한다. 국내회사의 외국 자회사가 모회

---

1) 元木 伸, 54면.

2) 包括的 交換에 의해 자회사가 모회사의 주식을 취득하는 경우로는 B가 A의 주식을 가지고 있던 중 포괄적 교환에 의해 B가 A의 자회사가 된 경우를 생각할 수 있고, 株式移轉에 의한 경우로는, B_1의 자회사 C가 B_2의 주식을 소유하는 중 B_1과 B_2가 주식이전에 의해 모회사 A를 설립하는 경우를 생각할 수 있다. 이 주식이전에 의해 C는 A의 자회사(손회사)가 되는데, 자신이 소유하던 B_2주식의 몫으로 A주식을 배정받으므로 결과적으로 모회사의 주식을 취득하게 되는 것이다.

사주식을 취득하는 것도 금해야 옳지만, 외국 자회사에 대해서는 상법의 효력이 미치지 못하므로 이를 실효적으로 금지할 수는 없다. 다만 모회사의 주주들의 의결권의 행사는 모회사의 법률관계이므로 외국 자회사는 국내모회사의 주주총회에서 의결권을 행사할 수 없다고 보아야 한다.[1)]

4) 처 분 이상의 예외에 해당하여 자회사가 모회사주식을 취득하더라도 6월 내에 처분하여야 한다(342조의 2 2항).

모회사주식을 처분할 때까지는 자기주식과 마찬가지로 모회사 주식에 관한 일체의 권리행사가 휴지된다고 해석해야 한다(통설)(§§ 71d, 71b AktG). 특히 의결권의 경우, 자회사가 가진 모회사주식은 상법 제369조 제 3 항의 상호주에 해당하므로 자회사는 의결권을 행사할 수 없다.

> 모회사의 주식을 6월 내에 처분하라는 것은 2011년 개정 전에 자기주식을 적법하게 취득한 경우에도 상당한 시기에 처분하도록 했던 제도(개정 전 342조)와 균형을 이루며 타당성을 가졌다. 그러나 2011년 개정법에서는 자기주식의 처분을 독려하지 않으므로 모회사주식만 단기간에 처분해야 한다는 것이 설득력을 가질 수 없다. 입법적 시정을 요한다.

5) 위반의 효과 자회사의 모회사주식취득의 효력을 자기주식취득의 효력과 구별하여 전자의 경우 취득 자체는 유효하고, 다만 조속히 처분해야 한다고 설명하는 견해도 있으나, 양자의 효력을 동일시하는 것이 일반적이다. 그러므로 자기주식취득의 효력에 관해 견해의 다툼이 있었던 것과 같이 유효설·무효설·부분적 무효설·상대적 무효설의 대립이 있다. 자기주식취득에 관해 설명한 바와 같은 이유에서 자회사의 모회사 주식취득은 상대방의 선의·악의를 불문하고 무효이나 선의의 제 3 자(전득자·압류채권자 등)에게 대항하지 못한다고 해석한다(상대적 무효설).

자회사가 취득한 모회사주식으로 의결권을 행사할 수 없음은 물론이다. 예외에 해당하여 적법하게 취득한 모회사 주식도 같다(369조 3항).

취득금지에 위반하여 자회사가 모회사주식을 취득하거나 처분하지 아니한 경우 이사와 감사에게 벌칙이 적용된다(625조의2).

(5) 非母子會社간의 相互株規制

1) 규제의 기본방향 회사(A_1), 모회사(A_1) 및 자회사(A_2) 또는 자회사(A_2)가 다른 회사(B)의 발행주식총수의 10분의 1을 초과하는 주식을 가지고 있는 경

1) 日注釋(3), 273면.

우, 그 다른 회사(B)가 가지고 있는 회사(A_1) 또는 모회사(A_1)의 주식은 의결권이 없다(369조 3항).

자회사가 모회사주식을 취득하는 것은 금지하면서, 非모자회사간의 상호주는 의결권만 제한하는 이유는 양자가 초래하는 폐해의 성격이 상이하기 때문이다. 전자는 자기주식성이 강하여 자본충실을 해하는 정도가 심하다. 자본충실의 저해는 채권자의 이익을 침해하고, 이는 주식취득의 폐해가 外部化함을 의미하므로 공익적 시각의 규제가 필요하다고 보아 취득을 금지하는 것이다. 이에 반해 후자는 자본충실의 저해보다는 출자없는 지배라는 폐해가 돋보이는데, 이는 경영자와 주주간의 내부문제이므로 회사의 지배에 활용할 수 없게만 하면 폐해가 시정된다고 보아 의결권을 제거하는 것이다.

2) **규제내용** 어느 회사(이하 「출자회사」라 한다)가 다른 회사(이하 「피출자회사」라 한다)의 발행주식총수의 10분의 1을 초과하여 소유한 경우, 피출자회사가 가진 출자회사의 주식은 의결권이 없다.

왜 상호주의 규제기준을 발행주식의 10분의 1로 하는가? 10분의 1 정도의 소유만으로는 물론 회사를 지배할 수 없다. 그러나 이 정도면 회사의 운영에 적극적인 관심을 가지게 되고, 소수주주권의 행사 등을 통해 회사에 대한 영향력행사에 노력할 것이다. 그러므로 大株主가 이사를 선임하거나 기타 원하는 의안을 가결시키는 데 있어 그의 협력이나 최소한 침묵을 구해야 하는 등 회사지배에 주변적으로 참가할 수 있다는 점에서 이를 규제의 기준으로 삼은 의의를 찾을 수 있다.[1] 참고로 상법과 자본시장법에서는 10분의 1 이상을 가진 주주를 主要株主라 부르며, 회사에 대해 상당한 영향력이 있음을 전제로 그 남용을 억제하기 위한 규율을 가하고 있다(542조의8 2항 6호, 자금 9조 1항, 금융지배구조 2조 6호).

㈎ 10분의 1이란 발행주식총수에 대한 비율이고 의결권 있는 주식에 대한 비율이 아니다. 그러나 규제방식을 취득금지가 아니라 의결권제한으로 하는 이상 의결권 있는 주식을 기준으로 함이 논리적이다.

㈏ 출자회사의 소유주식을 계산할 때에는 출자회사 자신이 가진 주식과 그 子회사가 가진 주식을 합산한다. 그러므로 ① 출자회사가 단독으로 피출자회사의 주식을 10분의 1을 초과하여 가진 경우(〈그림 6-7〉), ② 출자회사의 자회사가 피출자회사의 주식을 10분의 1을 초과하여 가진 경우(〈그림 6-8〉), ③ 출자회사가 가진 피

1) 菱田政宏, "株式の相互保有と會社支配,"「現代商法學の課題」(鈴木先生古稀記念論文集)(中), 784면에서는 이러한 정도의 영향력을 '支配參加'라 표현한다.

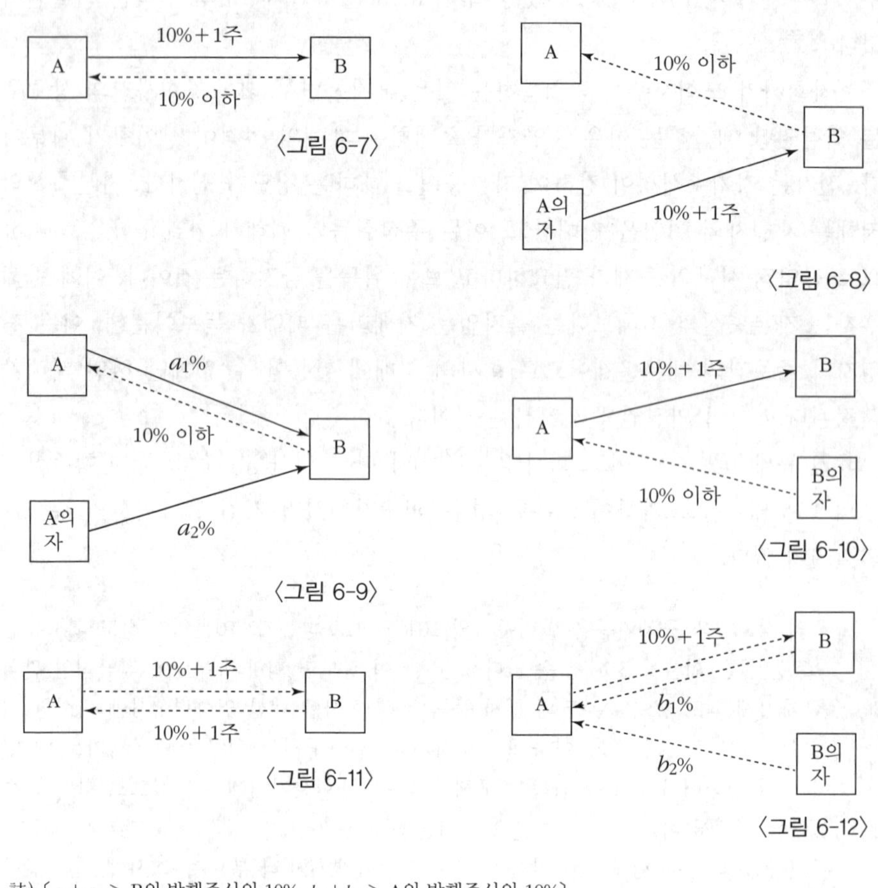

註) 〔$a_1 + a_2$ > B의 발행주식의 10%, $b_1 + b_2$ > A의 발행주식의 10%〕
──► 는 의결권이 있는 주식소유,
┈┈► 는 의결권이 없는 주식소유를 뜻한다.

출자회사의 주식과 출자회사의 자회사가 가진 피출자회사의 주식을 합해 피출자회사의 발행주식의 10분의 1을 초과하는 경우(〈그림 6-9〉)와 같은 세 가지 경우가 생긴다. 자회사는 2개 이상 있을 수 있고 제342조의2 제 3 항에 의해 孫회사도 모회사의 자회사로 보므로 손회사가 가진 피출자회사의 주식도 출자회사의 소유주식으로 본다. 어떤 경우이든 피출자회사가 가진 출자회사의 주식은 의결권이 없다. 그러면 피출자회사의 자회사가 가지고 있는 출자회사의 주식의 의결권은 어찌 되는가? 피출자회사 및 피출자회사의 자회사가 가지고 있는 출자회사의 주식이 출자회사의 발행주식총수의 10분의 1 이하일 경우에 생기는 문제이다(초과하는 경우는 후술).

상법 제369조 제 3 항은 피출자회사가 소유하는 출자회사의 주식의 의결권에 관해서만 언급하므로 文理解釋으로는 피출자회사의 자회사가 가진 주식의 의결권에는 영향이 없을 듯하다. 그러나 자회사의 의결권행사는 모회사의 지휘에 따르는 것이 일반적이므로 피출자회사의 자회사의 의결권행사를 허용하면 그 모회사(피출자회사)의 의결권행사를 허용할 때와 동일한 폐단이 생길 것이 자명하고, 또 피출자회사의 자회사가 소유하는 출자회사의 주식은 출자회사의 피출자회사에 대한 의결권을 제한하는 여부를 판단하는 요인이 되는 바이므로 그 주식의 출자회사에 대한 의결권도 제한된다고 해석하는 것이 공평하다.[1] 그러므로 피출자회사와 그 자회사는 일체를 이룬다고 보고, 자회사의 주식에 대해서도 제369조 제 3 항을 유추적용하여 의결권이 제한된다고 해석한다(〈그림 6-10〉).[2]

(다) 출자회사(및 그 자회사와 손회사)가 가진 피출자회사의 주식은 100분의 50 이하이어야 한다. 100분의 50을 초과하면 출자회사와 피출자회사는 모자회사가 되므로 피출자회사는 출자회사의 주식을 소유할 수 없다(342조의2).

(라) 피출자회사의 의결권만이 없어지는 것은 피출자회사가 가진 출자회사의 주식이 10분의 1 이하인 경우이다. 10분의 1을 초과하면 서로가 출자회사인 동시에 피출자회사가 되므로 쌍방이 의결권을 행사하지 못한다(〈그림 6-11〉). 취득시기의 선후는 문제되지 아니한다. 그러므로 피출자회사가 종전의 출자회사의 영향력을 배제하기 위하여 출자회사의 주식을 10분의 1을 초과하여 취득하려는 사례가 생겨날 수도 있다(후술 "레이디가구 사건" 참조).

이 문제와 관련하여 피출자회사가 가진 출자회사의 주식수를 계산할 때 피출자회사에 자회사가 있는 경우에는 자회사가 가진 출자회사의 株式은 피출자회사의 소유주식으로 계산해야 한다(〈그림 6-12〉). 〈그림 6-9〉에 관해 설명한 것과 같은 이유에서이다.

(마) 주식보유현황을 논하는 목적이 출자회사에 대한 피출자회사의 의결권행사를 차단하기 위한 것이므로 출자회사 및 피출자회사의 주식보유현황은 출자회사의 주주총회일을 기준으로 판단해야 한다. 그리고 총회일 현재의 주주명부를 기준으로 삼는 것이 합리적이나, 판례는 실제의 보유현황을 기준으로 삼는다(판례 [36]).

즉 A회사가 B회사의 발행주식의 11%를 가지고 있으나 명의개서는 하지 않았고, B는 A회사의 발행주식의 11%를 취득하고 명의개서를 마친 상태에서, A회

1) 일본에서는 자회사와 모회사의 一體性을 이유로 같은 해석을 한다(日注釋(5), 254면).
2) 同旨: 日注釋(5), 234면.

사의 주주총회가 열렸을 때 B가 의결권을 행사할 수 있느냐는 문제에서, 판례는 B에 대한 A의 지분은 실질로 판단해야 하므로 B에게는 의결권이 없다는 것이다. 그렇다면 A에 대해 B가 주주이냐(즉 의결권을 갖느냐)는 판단은 주주명부를 기준으로 하고, B에 대해 A가 주주이냐는 판단은 실질을 기준으로 하는 셈인데, 동일한 문제에 2중의 잣대를 사용하는 것이므로 타당한 해석이 아니며, 이러한 해석은 회사가 주주를 인식하는 것은 오로지 주주명부에 의해 하여야 한다는 최근의 전원합의체판결(대법원 2017. 3. 23. 선고 2015다248342 판결(전))의 취지에도 어긋난다.

판 례

[36] 대법원 2009. 1. 30. 선고 2006다31269 판결

「… 상법 제369조 제 3 항은 … 모자회사 관계가 없는 회사 사이의 주식의 상호 소유를 규제하는 주된 목적은 상호주를 통해 출자 없는 자가 의결권 행사를 함으로써 주주총회결의와 회사의 지배구조가 왜곡되는 것을 방지하기 위한 것이다. 한편, 상법 제354조가 규정하는 기준일 제도는 일정한 날을 정하여 그 날에 주주명부에 기재되어 있는 주주를 계쟁 회사의 주주로서의 권리를 행사할 자로 확정하기 위한 것일 뿐, 다른 회사의 주주를 확정하는 기준으로 삼을 수는 없으므로, 기준일에는 상법 제369조 제 3 항이 정한 요건에 해당하지 않더라도, 실제로 의결권이 행사되는 주주총회일에 위 요건을 충족하는 경우에는 상법 제369조 제 3 항이 정하는 상호 소유 주식에 해당하여 의결권이 없다. 이때 회사, 모회사 및 자회사 또는 자회사가 다른 회사 발행주식 총수의 10분의 1을 초과하는 주식을 가지고 있는지 여부는, 앞서 본 '주식 상호 소유 제한의 목적'을 고려할 때, 실제로 소유하고 있는 주식수를 기준으로 판단하여야 할 것이며 그에 관하여 주주명부상의 명의개서를 하였는지 여부와는 관계가 없다.」

3) 효 과 피출자회사가 소유한 출자회사주식의 의결권이 박탈되는 결과 출자회사는 피출자회사에 주주총회의 소집통지를 할 필요가 없다. 또 피출자회사는 의결권뿐 아니라 의결권을 전제로 한 권리(예컨대 소수주주에 의한 총회소집권)도 행사할 수 없다고 해석된다. 아울러 피출자회사의 소유주식은 출자회사의 정족수계산에서도 제외된다(371조 1항 참조). 그러나 종류주주총회에서의 의결권은 갖는다고 본다. 그 밖의 주주권은 명문의 규정이 없는 한 자익권이든 공익권이든 제한되지 아니한다(同旨: 최기원 372).

피출자회사가 상법 제369조 제 3 항에 위반하여 의결권을 행사한 경우 결의 취소사유(376조 1항)가 된다.

피출자회사의 소유주식에 대한 의결권제한은 주식 자체의 속성에서 비롯된 것이 아니므로 출자회사의 피출자회사에 대한 지주율이 10% 이하로 낮아지거나, 피출자회사가 소유주식을 양도한 때에는 의결권이 부활함은 물론이다.

레이디가구 사건

1997년에 타회사의 지배를 벗어나려는 목적에서 타회사의 주식을 역취득한 사례가 발생하였다. 그 해 8월 (주)중원이 레이디가구(주)의 경영권매수를 선언하고 주식매수를 시작, 10.97%를 취득하였다. 레이디가구는 이에 대항하여 (주)중원이 소유하는 주식의 의결권을 소멸시킬 목적으로 같은 해에 (주)중원의 주식을 10% 이상 역취득하였다(조선일보(1997. 11. 4.), 12면). 결국 쌍방이 의결권행사를 못하게 되자, 쌍방의 합의하에 각자 주식을 처분하였다.

국제적 상호주보유의 효과

한국회사와 외국회사가 상호주를 보유할 경우 상법 제369조 제 3 항이 적용될 수 있는가? 미국의 A회사와 한국의 K회사가 서로의 주식을 10% 초과하여 보유할 경우, A에 대한 K의 의결권 행사는 상법 제369조 제 3 항에 따른 제한을 받지 아니함은 물론이다. A의 주주총회에서 누구의 의결권이 어떤 이유로 제한되느냐라는 것은 미국법에 의해 정해질 문제이고 한국법이 적용될 사안이 아니기 때문이다. 반대로 K의 주주총회에서의 의결권행사는 한국법에 의해 규율되어야 하므로 A는 상법 제369조 제 3 항에 따라 의결권을 행사할 수 없다고 볼 수도 있으나,[1] 이는 다음과 같은 이유로 타당한 결론이라 보기 어렵다.

첫째, 상법이 상호주에 대해 의결권을 제한하는 이유는 관련회사들이 출자의 상승(相乘)을 일으켜 자본의 空洞을 초래하고, 출자 없는 지배를 야기하는 폐해를 방지하려는 것인데, 외국회사에 대해 이러한 입법목적을 관철할 이유는 없다. 둘째, 위 예에서 보듯이 같은 상호주 상황에서 일방국가 회사의 의결권행사는 자유로운데, 타방국가의 의결권행사가 제한된다는 것은 국제적인 자본거래의 형평을 저해하는 문제가 있다.[2]

(6) 公正去來法상의 상호주규제

공정거래법에서는 자산총액이 10조원 이상인 기업집단(상호출자제한기업집단)에 속하는 회사들이 계열회사와 상호출자하는 것을 금지한다(독규 21조 1항. 예외 있음). 대규모 기업집단

1) 구판에서는 이 설을 취했으나, 본문에서와 같은 이유로 개설한다.
2) 이 점에 관해 입법례가 갈린다. 일본 회사법에서는 외국회사도 규율대상에 포함시키지만(일본 회사법 규칙 67조 3항), 독일 주식법에서는 내국회사의 상호주에 한해 의결권을 제한한다(§19 Abs. 1 AktG).

의 경제력이 집중되는 것을 방지하기 위한 것이라 하나, 합리성을 인정하기 어렵다.[1] 「계열회사」라 함은 2 이상의 회사가 동일한 기업집단[2]에 속하는 경우에 이들 회사가 서로 상대방을 가리키는 말이다(독규 2조 12호). 따라서 동일기업집단에 속하지 않는 회사와 상호주를 소유함은 무방하다. 이 제한에 위반하여 상호출자를 한 경우 벌칙이 적용되고(독규 124조 1항 7호), 공정거래위원회가 시정조치를 명할 수 있다(독규 37조 1항). 시정조치를 명한 경우에는 해당 주식은 의결권이 없어진다(독규 39조 1항).

나아가 2014년 1월 개정 공정거래법에서는 고리형상호주를 규제하는 규정을 신설하였다. 동법에서는 이를 '순환출자'라 부르며, 상호출자제한기업집단에 속하는 회사들을 대상으로 순환출자를 금지한다(독규 22조 1항 본). 상호출자제한에서와 같은 예외를 두고 있으며(동조항 각호), 벌칙이 적용되고, 공정거래위원회가 시정을 명할 수 있으며, 순환출자에 관련된 주식 전부가 의결권을 상실하는 것도 상호출자에서의 규제와 같다(독규 37조·39조 1항·124조). 고리형상호주를 규제하는 유일한 입법례인데, 상호출자의 금지에 비해 더욱이나 합리성을 납득하기 어려운 규제이다.

5. 특별법상의 주식거래제한

(1) 내부자거래의 제한

자본시장법에 규정하는 내부자거래제한(자금 174조)은 상장주식의 거래에 있어서 중요한 제약요소이다. 이는 주식의 유통시장과 관련하여 후술한다(490면 이하 참조).

(2) 지주회사의 제한

공정거래법에서는 지주회사를 설립하거나 지주회사로 전환할 경우 공정거래위원회에 신고하도록 하며(독규 17조), 자회사 이외의 회사의 주식을 지배목적으로 소유하는 것 등 타회사의 주식소유를 제한하고 있다(독규 18조). 지주회사란 주식의 소유를 통하여 국내 회사의 사업내용을 지배하는 것을 주된 사업으로 하는 회사를 말한다(독규 2조 7호). 구체적으로는 기업지배를 목적으로 소유하는 타회사의 주식의 장부가액이 회사의 총자산의 100분의 50 이상일 것이 지주회사의 요건이다(독규령 3조 2항).

(3) 경쟁을 제한하는 주식취득의 제한

공정거래법 제 9 조는 경쟁관계에 있거나 경쟁관계가 성립할 수 있는 일정 규모 이상의 회사가 경쟁을 제한하기 위하여 기업결합을 하는 것을 금지한다. 이 규정에서 정하는 기업결합은 주식취득, 합병, 영업의 양수, 새로운 회사의 설립

1) 상세는 李哲松, "경제력집중억제제도의 법리적 반성," 한국경제연구원(1995) 참조.
2) 기업집단이란 동일인이 사실상 사업내용을 지배하는 2개 이상의 회사를 말한다(독규 2조 11호).

등인데(독규 9조 1항 1호~5호), 의결권 없는 주식을 제외한 발행주식총수의 100분의 20(상장법인은 100분의 15) 이상을 취득하거나 신설회사의 최대출자자가 되는 때에는 30일 내에 공정거래위원회에 신고하여야 한다(독규 11조 1항 1호·5호, 동조 6항). 특수관계인을 통하여 주식을 취득·인수하는 것도 같은 방법으로 제한된다(독규 9조 1항, 독규령 14조).

⑷ 외국인의 주식취득제한

외국인이 대한민국의 법인체기업의 주식지분을 인수 또는 소유하고자 할 때에는 일반적으로 산업통상자원부장관에게 사전에 신고하여야 한다(외자 5조).

외국인이 상장회사가 발행한 주식을 취득함에는 별도로 자본시장법상의 제한을 받는다(자금 168조). 금융위원회는 외국인이 상장주식을 취득하는 데 대해 주식의 종류·업종·종목 등에 관하여 제한을 할 수 있다(자금 168조, 자금령 187조 1항). 과거 증권관리위원회(현 금융위원회의 전신)의 규정으로 외국인의 취득한도를 통제하였으나, 현재는 공공적 법인의 발행주식에 관해서만 제한을 두고 있을 뿐 그 밖의 상장주식에 관해서는 외국인의 소유를 제한하고 있지 않다(자금령 187조 1항, 금융투자업규정 6-2조 1항). 그러나 금융위원회는 공익 또는 증권시장의 안정과 투자자 보호를 위하여 필요한 경우에는 취득한도를 제한할 수 있다(자금령 187조 2항).

한편 국내 거주자와 비거주자간에 국내에 있는 증권의 매매 등 거래를 함에는 외국환거래법의 규제를 받는다(동법 18조 참조).

⑸ 은행주의 소유제한과 은행의 주식취득제한

은행법은 특정인에 의한 금융독점을 예방하려는 취지에서 은행주의 소유상한을 규정하는 한편, 금융자본의 산업지배를 예방하기 위하여 은행이 타회사의 주식을 소유하는 것을 역시 제한한다.

1) 은행주의 소유제한

㈎ 동일인이 은행의 의결권 있는 발행주식총수의 100분의 10을 초과하는 주식을 소유할 수 없다(은행법 15조 1항 본). 동일인이라 함은 주주 1인과 그의 일정한 친족 또는 일정한 출자관계로 연결된 법인을 말한다(은행법 2조 8호, 동령 1조의4). 따라서 이들이 소유한 주식을 모두 합산하여 기준초과 여부를 따진다. 지방은행의 경우에는 취득한도가 100분의 15로 완화되어 있다(은행법 15조 1항 2호).

㈏ 100분의 10 혹은 100분의 15를 초과하여 소유하더라도 그 취득행위 자체의 사법상의 효력에는 영향이 없다. 그러나 이에 위반한 주주는 지체 없이 이 한도에 적합하도록 처분 등 기타 조치를 하여야 하고, 그 동안 의결권은 의결권 있는 발행주식총수의 100분의 10으로 제한된다(은행법 16조).

2) **은행의 주식취득제한** 은행은 다른 회사 등의 지분증권을 의결권 있는 지분증권의 100분의 15를 초과하여 매입하거나 항구적으로 소유하지 못한다(은행법 37조 1항). 이는 금융자본의 산업지배를 막기 위한 동시에 은행의 자산운용의 안정성을 고려한 것이다.[1)]

(6) 금융회사 등의 대주주 승인

금융회사의 지배구조에 관한 법률(금융지배구조 31조 1항)에서는 은행 등 금융회사의 소정의 대주주가 되거나, 대주주가 변경될 경우 금융위원회의 승인을 받도록 한다.

(7) 기　　타

특수한 사업을 영위하는 회사의 경우 공익적 이유에서 1인의 주식소유한도를 설정하는 예가 있다. 예컨대 방송법인의 경우 발행주식총수의 100분의 40을 초과하여 1인(특수관계자가 소유하는 주식을 포함하여)이 소유할 수 없다(방송법 8조 2항).

6. 주식취득의 통지의무

(1) 입법취지

어느 회사가 다른 회사의 주식을 그 발행주식총수의 10분의 1을 초과하여 취득한 때에는 지체 없이 그 다른 회사에 통지하여야 한다(342조 의3).[2)] 이 제도는 다음 두 가지의 목적을 가지고 있다.

1) **모자회사 및 상호주제도의 운영조건** 자회사의 모회사주식취득금지(342조의 2 1항) 그리고 상호주의 의결권제한(369조 3항)은 자회사 또는 10분의 1을 초과하여 소유당하고 있는 회사가 자신이 자회사인 사실 또는 10분의 1 이상을 소유당했다는 사실을 알고 있음을 전제로 한 것이다. 그러므로 모회사가 된 회사는 자회사에 대해 母子관계의 성립을 알리도록 하며, 10분의 1을 초과하여 소유하는 회사는 소유당하는 회사에 대하여 주식취득 사실을 알리도록 하는 것이다.

2) **支配競爭의 기회균등** 통지제도는 회사들이 서로 지배경쟁을 함에 있어 대등한 기회를 부여하자는 취지도 갖고 있다. 甲회사가 乙회사의 주식을 다량 취득한다면 乙회사는 甲회사의 지배에 복종하여야 한다. 여기서 乙회사가 甲회사의 지배를 받지 않는 방법은 乙회사가 역으로 甲회사의 주식을 10분의 1을 초과하여 취득하는 것이다. 쌍방이 서로 10분의 1을 초과하여 취득하면 쌍방의 의

---

1) 같은 취지에서 동일 금융지주회사에 속하는 자회사간에는 주식을 취득하지 못하도록 한다(금융지주회사법 48조 1항 2호).

2) 1995년 개정법에 의해 신설된 제도이다.

결권이 없어지기 때문이다(369조 3항). 이같이 乙회사가 甲회사의 지배를 극복할 기회를 갖기 위해서는 甲이 자신의 주식을 취득한 사실을 알아야 한다. 그렇지 않으면 甲회사가 乙회사의 주식을 취득한 후 乙회사의 주주총회에서 기습적으로 의결권을 행사하여 임원을 교체함으로써 乙회사가 방어할 기회조차 갖지 못할 것이기 때문이다.

독일법에서는 타회사의 발행주식총수의 4분의 1을 초과하여 취득하는 것을 자본출자(Beteiligung)라 하며 출자회사로 하여금 주식취득사실을 그 피출자회사에 통지하도록 한다(§ 20 Abs.1 AktG). 이 통지의무를 이행하지 않는 한 출자회사는 피출자회사에 대해 일체의 주주권을 행사할 수 없다(§ 20 Abs.7 AktG). 자본의 4분의 1을 기준으로 삼은 이유는 독일법에서는 특별결의요건이 자본의 4분의 3이므로 4분의 1을 초과한 취득을 회사지배력에 영향을 미치는 중대한 주주구성의 변화라고 볼 수 있기 때문이다(또한 독일에서는 상호주의 의결권 제한기준이 자본의 4분의 1을 초과하여 상호보유하는 것이다). 독일에서는 무기명주식이 일반적이므로 이 통지의무가 특히 중요한 뜻을 지닌다.

과거 프랑스회사법은 우리와 같이 타회사의 주식을 10분의 1을 초과하여 취득할 경우 통지의무를 과하며, 통지시기와 통지방법을 명시했는데, 현행법은 우리 자본시장법상의 대량주식보유 공시제도(자금 147조)와 같은 취지에서 통지의무를 과한다. 취득수량을 단계별로 세분하여, 자본 또는 의결권총수의 5%, 10%, 15%, 20%, 25%, 3분의 1, 50%, 3분의2, 90%, 95%를 취득할 때마다 상대방회사에 통지하도록 한다(C. com. Art. L. 233-7 I). 통지의무를 위반할 경우 무려 2년간이나 의결권을 제한한다(C. com. Art. L. 233-14). 독일에서도 유사한 규정을 증권거래법에 두고 있다.[1]

상법은 독일, 프랑스 등의 제도를 본받아 통지의무제도를 두고 있으나 통지시기·방법·위반효과 등에 관해 침묵하고 있어 운영상의 애로를 야기하고 있다.

(2) 통지방법 · 시기

통지방법에 대해서는 제한이 없으므로 어떠한 방법으로든 상대회사에게 주식취득 사실을 알려주면 족하다. 통지에 관련한 입증책임은 주식을 취득한 회사가 부담한다고 해석된다. 통지해야 할 사항은 취득한 주식의 종류와 수이다.

통지의무는 10분의 1을 초과하여 취득함과 동시에 생겨난다. 본조는 상호주규제의 실효성을 확보하기 위한 것이므로 발행주식총수의 10분의 1을 계산할 때에는 子회사가 소유하는 것도 합산해야 한다.

---

1) 의결권 있는 주식의 3%, 5%, 10%, 15%, 20%, 25%, 30%, 50%, 75%에 각 달할 때마다 통지하도록 한다(§ 21 (1) Gesetz über den Wertpapierhandel: WpHG. 증권거래법)(의결권제한은 최대 6월).

취득회사가 명의개서를 하지 않더라도 통지의무는 이행해야 한다. 名義改書請求는 통지의 한 방법으로 볼 수 있다.

법문에서 '지체 없이' 통지하라고 하는데 어느 정도의 시간을 가지고 통지해야 하는지 의문이라서 적기에 통지하였느냐에 관해 분쟁의 소지가 있다. 이 제도는 기습적인 의결권행사를 막자는 것이므로 취득한 주식을 가지고 권리행사를 하는 시기로부터 역산하는 방식으로 해석해야 할 것이다. 입법목적에 비추어 본다면 피취득회사가 취득회사의 주식을 逆取得하여 명의개서를 할 수 있는 시간을 주고 통지하라는 뜻으로 해석해야 한다. 그렇다면 최소한 취득회사의 주주명부폐쇄의 공고일 이전에는 통지해야 한다고 해석해야 할 것이다.[1)]

(3) 위반의 효과

통지의무를 게을리할 경우 어떤 효력이 주어지느냐에 대해서는 명문의 규정이 없다. 입법의 불비이다. 통지를 하지 않는다고 해서 주식취득의 효력에 영향이 있는 것이 아님은 물론이다. 당초 입법목적이 기습적인 의결권행사의 방지에 있는 만큼, 통지를 게을리한 경우에는 의결권을 행사할 수 없다고 해석해야 한다.

(4) 적용범위

i) 앞서 말한 입법취지에 비추어 볼 때, 어느 회사가 단독으로 타회사의 주식을 취득하였을 때뿐만 아니라, 그 자회사와 더불어 취득하였을 때에도 통지의 필요성은 같다. 그러므로 제342조의3은 어느 회사가 자회사를 통해 또는 자회사와 더불어 타회사의 주식을 취득하는 경우에도 적용되는 것으로 해석한다.

ii) 본조는 기습적인 의결권행사를 방지하기 위한 것이므로 주식을 담보로 취득한 경우에는 적용되지 아니한다. 그러나 타인의 주식을 신탁받은 경우에는 의결권의 행사가 가능하므로 통지대상이다. 그리고 주주들로부터 의결권의 대리권을 취득한 경우에도 본조를 유추적용해야 할 것이다. 판례는 특정 주주총회에 한정하여 각 주주들로부터 개별안건에 대한 의견을 표시하게 하여 의결권을 위임받아 대리행사하는 경우에는 통지의무의 적용대상이 아니라고 하는데(판례 [37]), 이는 의결권의 대리권의 취득도 원칙적으로는 본조의 적용대상임을 전제로 한 설시라 이해된다.

---

1) 그러나 판례는 상법 제369조의 상호주 상태에 해당하는지 여부는 명의개서와 관계없이 주주총회를 개최하는 날 현재의 쌍방의 실제 소유상태를 기준으로 판단하므로(판례 [36]) 이 기준에 따른다면 통지는 취득회사의 주주명부 폐쇄와 관계없이 피취득회사의 주주총회 이전에 피취득회사가 취득회사의 주식을 역취득할 수 있는 시간을 두고 이루어져야 한다고 풀이해야 할 것이다.

판 례

[37] 대법원 2001. 5. 15. 선고 2001다12973 판결

「… 상법 제342조의3[은] 회사가 다른 회사의 발행주식 총수의 10분의 1 이상을 취득하여 의결권을 행사하는 경우 경영권의 안정을 위협받게 된 그 다른 회사는 역으로 상대방 회사의 발행주식의 10분의 1 이상을 취득함으로써 이른바 상호보유주식의 의결권 제한 규정(상법 369조 3항)에 따라 서로 상대 회사에 대하여 의결권을 행사할 수 없도록 방어조치를 취하여 다른 회사의 지배가능성을 배제하고 경영권의 안정을 도모하도록 하기 위한 것으로서, 특정 주주총회에 한정하여 각 주주들로부터 개별안건에 대한 의견을 표시하게 하여 의결권을 위임받아 의결권을 대리행사하는 경우에는 회사가 다른 회사의 발행주식 총수의 10분의 1을 초과하여 의결권을 대리행사할 권한을 취득하였다고 하여도 위 규정이 유추적용되지 않는다.」

[註] 참고로 자본시장법에서 상장법인의 발행주식총수의 5% 이상을 보유하게 된 대량보유자에 대해 신고의무를 과하는데, 이때 5% 여부를 따질 때에는 共同保有者가 가진 주식도 합산하며, 공동보유자는 대리인과 본인의 관계도 포함한다(자금 147조, 동령 141조 2항).

Ⅵ. 주식의 담보 · 대차

1. 서 설

주식은 재산적 가치를 가지며 양도가능하므로 당연히 채권의 담보가 될 수 있다. 주식은 부동산이나 동산보다 담보설정이 신속 · 간편하고, 특히 상장주식은 언제든지 환가가 가능하므로 금융거래의 유용한 담보수단으로 이용되고 있다. 그러므로 주식의 담보거래는 주식양도에 못지않게 거래의 안전이 요구되는데, 상법은 주로 담보권자의 권리확보에 관심을 가지고 규율하고 있다.

주식을 담보로 하는 방법으로서는 상법에 제도화되어 있는 입질이 있고, 관습상으로 양도담보가 이용되고 있다.

2. 주식의 入質

상법이 정하는 바에 따라 주식을 질권의 목적으로 할 수 있다. 민법에서 이미 權利質에 관해 상세한 규정을 두고 있으므로(민 345조 이하) 주식의 입질도 민법으로 규율할 수 있다. 그러나 주식에는 일반 지시채권이나 유가증권과는 다른 특성이 있어 그 입질에 관해서도 몇 가지 특별한 고려를 요한다. 첫째, 주식은 양도방법과 권리의 공시방법이 주권의 교부, 명의개서와 같은 특수한 수단으로 관리되므로 질권설정에도 이를 반영할 필요가 있다. 둘째, 주식을 담보로 한 경우 주식의

소각 등 회사의 資本去來에 의하여 담보가치가 변동되므로 이와 관련하여 특별한 물상대위를 인정하는 등 질권자의 이익을 보호할 필요가 있다.

주식의 입질의 성질에 관하여는 권리질이라는 설, 채권질이라는 설, 유가증권의 입질이라는 설 등이 있으나 입질의 방식과 효력에 관한 규정이 자족적으로 마련되어 있으므로 별 실익이 없는 논의이다.

(1) 질권설정방법

질권에는 약식질과 등록질이라는 두 가지 유형이 있는데, 효력과 설정방법을 달리한다. 그리고 주권을 발행하는 경우와 전자등록을 하는 경우에 각기 설정방법이 다르다.

가. 주권을 발행하는 경우

1) 약 식 질 질권설정의 합의와 주권의 교부에 의해 성립한다(338조 1항). 주권의 교부는 현실의 인도뿐 아니라 간이인도나 목적물반환청구권의 양도에 의한 인도로도 가능하다. 다만 점유개정에 의한 인도는 민사질에 관해 이를 금하는 민법의 규정(민 332조)에 의해 허용되지 않는다.

질권자는 주권을 계속 점유하지 아니하면 회사를 포함하여 제 3 자에게 대항하지 못한다(338조 2항). 즉 주권의 점유 없이는 질권설정자, 질권설정자의 채권자 등과의 관계에서 후술하는 물상대위, 우선변제권을 주장할 수 없다. 그러나 주권의 점유를 상실한다 하여 질권을 상실하는 것은 아니므로 질권자가 다시 주권의 점유를 회복하면 제 3 자에게 대항할 수 있다.

간접점유하는 주권의 교부방법

주권을 간접점유하는 자(A_1)가 그 주권에 질권을 설정하고자 할 경우에는 직접점유자(A_2)에 대한 반환청구권을 질권자(B)에게 양도하고 그 사실을 직접점유자(A_2)에게 통지하거나 그의 승낙을 받아야 한다. 나아가 직접점유자가 다시 주권을 타인(A_3)에게 보관시킨 경우에도 질권설정자(A_1)는 자기의 매개자인 A_2에게만 통지하거나 그의 승낙을 받으면 되고, 제 3 의 직접점유자 A_3에게까지 통지하거나 그의 승낙을 받을 필요는 없다(판례 [38]).

판 례

[38] 대법원 2012. 8. 23. 선고 2012다34764 판결

「… 주권을 제 3 자에게 보관시킨 경우 주권을 간접점유하고 있는 질권설정자가 반환청구권의 양도에 의하여 주권의 점유를 이전하려면 질권자에게 자신의 점유매개자인 제 3 자에 대한 반환청구권을 양도하여야 하고, 이 경우 대항요건으로서 그

제 3 자의 승낙 또는 질권설정자의 그 제 3 자에 대한 통지를 갖추어야 한다(대법원 2000. 9. 8. 선고 99다 58471 판결 참조). 그리고 이러한 법리는 그 제 3 자가 다시 타인에게 주권을 보관시킴으로써 점유매개관계가 중첩적으로 이루어진 경우에도 마찬가지로 적용된다고 할 것이므로, 최상위의 간접점유자인 질권설정자는 질권자에게 자신의 점유매개자인 제 3 자에 대한 반환청구권을 양도하고, 그 대항요건으로서 그 제 3 자의 승낙 또는 그 제 3 자에 대한 통지를 갖추면 충분하며, 직접점유자인 타인의 승낙이나 그에 대한 질권설정자 또는 제 3 자의 통지까지 갖출 필요는 없다.」

2) 등 록 질 등록질은 질권설정의 합의, 주권의 교부와 더불어 회사가 질권설정자의 청구에 따라 질권자의 성명과 주소를 주주명부에 덧붙여 쓰고 그 성명을 주권에 적음으로써 성립한다(340조 1항). 약식질과 등록질의 설정방법에 차이가 나는 것은 양자가 권리내용을 달리하기 때문이다. 약식질은 주식의 교환가치만을 장악하고자 하므로 주식의 양도방법(교부)을 설정방법으로 하면 족하지만, 등록질은 주주가 회사에 대해 갖는 권리에까지 효력을 미치려는 목적을 가지므로 회사에 대한 대항요건으로서 주주명부에의 기재를 요하는 것이다.

(a) 법문이 주권에 질권자의 성명을 기재할 것을 요구하나, 그 기재 없이도 질권은 성립한다고 해석함이 일반적이다(손주찬 684; 정동윤 518; 정찬형 845; 최기원 409; 최준선 329).[1)]

(b) 등록질권자는 회사에 대한 관계에서는 주권을 제시하거나 그 밖의 방법으로 권리를 증명할 필요 없이 질권자로서의 권리를 행사할 수 있다(주주명부의 자격수여적 효력).

3) 이상과 같이 주권이 발행된 주식의 입질은 어느 경우에나 주권의 교부를 요하므로 권리주, 주권불소지신고된 주식은 입질할 수 없다. 다만 예탁결제원에 예탁된 주식은 불소지신고가 되었더라도 계좌대체로 질권설정이 가능하다(자금 311조 2항). 주권발행전 주식도 주권이 없으므로 입질할 수 없다. 그러나 회사설립 후 또는 신주발행 후 6월이 경과하도록 주권을 발행하지 않으면 양도가 가능하므로 그 때는 입질도 가능하다. 다만 이 경우에는 일반 권리질의 설정방법(민 345조)에 의하여야 한다(대법원 2000. 8. 16. 자 99그1 결정).

4) 정관에 의해 양도가 제한된 주식(335조 1항 단)도 이사회의 승인 없이 입질이 가능함은 기술한 바와 같다(402면 참조).

1) 그러나 주권에 성명을 기재하지 않으면 질권자가 주권의 점유를 잃었을 때 제 3 자에 의한 선의취득이 용이하여 질권자는 권리를 잃게 되는 위험이 따를 것이다. 왜냐하면 주권을 취득한 자가 주식의 선의취득 또는 질권의 선의취득을 주장하고 회사에 대하여 명의개서 또는 질권의 표시를 청구해 올 때 주권점유의 권리추정력(336조 2항)으로 인해 회사가 이를 거절할 수 없기 때문이다(三東三司, "株式質と繼續占有," 河本 · 橋本, 「會社法の基礎」, 56면 참조).

나. 전자등록을 하는 경우

1) 약 식 질　　전자등록된 주식의 질권설정은 당사자의 합의가 있어야 함은 물론이고, 다만 주권의 교부에 갈음하여 질권설정의 전자등록을 함으로써 효력이 발생한다(전등 31조 1항·35조 3항 전). 질권설정의 등록은 질권설정자가 주식이 전자등록된 전자등록기관 또는 계좌관리기관에 신청해야 하지만, 질권설정자가 동의한 경우에는 질권자가 질권설정자의 동의서를 첨부하여 질권 설정의 전자등록을 신청할 수 있다(전등령 26조 1항). 질권의 말소는 질권자의 신청으로 하지만, 이 역시 질권자의 동의서를 첨부하여 질권설정자가 말소의 등록을 신청할 수 있다(동조 2항).

질권설정의 전자등록이란 질권설정자의 전자등록계좌부에 해당 주식이 질물이라는 사실과 질권자를 기재하는 것을 말한다(전등 31조 2항).

2) 등 록 질　　전자등록된 주식의 등록질도 주권의 교부에 갈음하여 질권설정의 전자등록을 해야 하는 것은 약식질과 같다. 그리고 주권을 발행한 주식의 등록질과 마찬가지로 주주명부에 질권설정을 기재해야 한다(340조 1항). 다만, 주권에 등록질권자의 성명을 기재하는 것은 전자등록계좌부에 등록하는 것으로 갈음한다(전등 35조 3항 후).

(2) 질권의 효력

주식질에는 권리질에서와 같은 효력이 주어질 것이나, 상법은 물상대위와 우선변제에 관해 특칙을 두고 있다.

1) 物上代位

(가) 범　　위

(a) 질권 일반　　상법은 질권의 물상대위의 일반원칙(민 342조)에 대한 특례를 두고 있다. 질권자는 주식의 소각·병합·분할·전환이 있는 때에는 이로 인하여 종전의 주주가 받을 금전이나 주식에 대하여도 종전의 주식을 목적으로 한 질권을 행사할 수 있다(339조). 이들 주식이나 금전은 담보된 주식의 대표물 내지는 대상적 자산(代償的 資産)이라 할 수 있기 때문이다. 같은 이유에서 상법은 질권이 설정된 주식에 기하여 발생하는 다음과 같은 개별적인 주식이나 금전에 대해서도 물상대위를 인정한다.

i) 포괄적 주식교환·이전으로 인해 자회사의 주주가 받는 모회사의 주식(360조의11 2항, 360조의22), ii) 준비금의 자본금전입에 의해 발행되는 신주(461조 6항), iii) 신주발행의 무효판결이 확정되어 주주에게 환급하는 주식납입금(432조 3항), iv) 합병시에 존속법인 또는 신설법인이 소멸법인의 주주에게 교부하는 합병교부금·신주·자기주

식 · 기타재산(530조 4항), v) 주식의 포괄적 교환 · 이전의 무효판결이 내려져 자회사의 주주에게 반환되는 자회사 주식(360조의14 4항 → 339조 · 360조의23 4항 → 339조).

그리고 회사회생절차에 의한 권리변경으로 주주가 받을 금전 · 주식 · 물건 · 채권 등에 대해서도 질권의 효력이 미친다(회파 252조 2항),

(b) 등 록 질 　등록질은 이에 추가하여 주주가 회사로부터 받을 이익의 배당, 잔여재산의 분배 그리고 주식배당에 대해 그 효력이 미친다(340조 1항 · 462조의2 6항). 이같이 등록질의 권리는 약식질의 그것보다 범위가 넓다.

(c) 이상 상법에 명문화되어 있는 것 외에 질권의 효력이 미치는지 여부에 관해 해석상 다툼이 있는 부분이 있다.

① 이익배당청구권 　상법은 등록질에 대해서만 이익배당청구권에 효력이 미친다는 규정을 두고 있기 때문에 약식질도 이익배당청구권에 효력이 미치는가에 대해 견해가 대립한다. 긍정설은 이익배당이 주식의 과실에 준하는 것으로 보고 과실에도 질권의 효력이 미친다는 일반원칙에 따라 약식질의 효력이 이익배당청구권에 미친다고 주장한다(김정호 306; 김동훈 166; 이 · 최 358; 임홍근 309; 정동윤 521; 최기원 413; 최준선 329). 이에 대해 부정설은 약식질이 회사와 무관하게 이루어지고, 단지 주식의 교환가치만을 담보로 한 것이기 때문에 이익배당청구권에 질권의 효력이 미치게 하는 것은 적당치 않다고 설명한다(강 · 임 671; 서헌제 256; 손주찬 686; 임재연 I 571; 장덕조 215; 정준우 145; 정찬형 844).

긍정설도 약식질권자가 이익배당청구권에 대해 권리를 행사하려면 배당금을 지급하기 전에 압류하여야 한다고 하므로, 회사의 사무처리에 혼란을 주지는 않는다. 그렇다면 문제는 어느 쪽으로 해석하는 것이 통상의 당사자의 의사에 부합하며 질권자 이외의 일반채권자의 보호에 소홀함이 없느냐는 것이다.

이익배당청구권에 대한 권리가 명문으로 보장되어 있고 압류조차 필요 없이 우선변제를 받을 수 있는 등록질을 피하고 약식질을 택하는 질권자는 이익배당청구권에까지 권리를 행사할 의사가 없다고 보는 것이 합리적이다. 거래의 실정을 보더라도 주로 상장주식을 대상으로 질권거래가 이루어지는데, 주식의 시가를 기준으로 담보가치를 정하고 이익배당에 관하여 질권자가 권리행사를 하는 예는 없으며, 기관투자가들간의 담보거래에 있어서도 이익배당청구권에까지 권리행사를 할 의사라면 등록질을 택하고 있다.

또 긍정설을 취한다면 약식질권자는 이익배당에 관한 한 전혀 공시되지 않은 권리를 가지고 일반채권자에 우선하여 변제를 받게 되는데, 債權者平等의 원칙을 해하는 것이 아닐 수 없다.

② 新株引受에 대한 효력 신주인수권의 행사로 취득한 신주(416조·418조 1항)에는 질권의 효력이 미치지 않는다는 것이 통설이나, 시가보다 낮은 가격으로 신주가 발행된 경우에는 입질된 주식의 담보가치를 감소시키므로 신주에 대해서도 질권의 효력이 미친다고 보는 소수설이 있다(이·최 358; 정동윤 522).[1)]

그러나 신주인수권은 별도의 유상계약에 의해 대가를 치르고 행사되므로 종전 주식의 대표물이나 변형물이라고 볼 수는 없다. 그런데도 신주인수권에까지 질권의 효력이 미치게 한다면 질권설정자에게 추가의 담보를 강요하는 것과 같다. 또 주주가 신주인수권을 포기할 수도 있는데, 설정자의 의사여하에 따라 담보권의 효력이 달라지는 것도 기이하다. 그러므로 신주인수권에는 질권의 효력이 미치지 않는다고 보는 것이 옳다.

③ 잔여재산분배청구권 상법 제340조는 잔여재산분배청구권에 대하여 등록질권만이 그 효력이 미치는 것으로 규정하고 있다. 그러나 잔여재산분배청구권이야말로 전형적인 주식의 대표물 내지는 변형물이므로 약식질권의 효력도 당연히 그에 미치는 것으로 보아야 한다(통설). 잔여재산이 주주에게 분배된 이후의 주식이란 일푼의 가치도 없기 때문이다.

④ 기 타 이 밖에 명문의 규정은 없으나, 회사분할시에 분할회사의 주주에게 교부되는 신설회사의 주식 또는 교부금(530조의5 1항 4호·5호), 주식양도의 승인이 거부된 주주나 영업양도 등의 결의에 반대한 주주가 주식매수청구권을 행사하여 받는 주식의 대금(335조의2 4항·360조의5·374조의2 1항·522조의3 등), 주식의 교환·이전에 의해 자회사의 주주가 받는 모회사의 주식 또는 교부금(360조의3 3항 2호 및 4호·360조의16 1항 2호 및 4호)도 질권의 효력이 미치는 것으로 보아야 한다.

(나) 물상대위권의 행사절차 등록질권자는 물상대위의 대상이 주식인 때에는 압류할 필요 없이 회사에 대해 그 주권의 교부를 청구할 수 있고(340조 3항), 금전인 때에는 역시 압류할 필요 없이 회사로부터 지급받아 직접 채권의 변제에 충당할 수 있다(340조 1항).

약식질권자의 물상대위권의 행사방법에 관해서는 상법에 명문의 규정이 없다. 통설은 민사질의 물상대위에 관한 일반원칙(민 355조→342조 후)에 따라 회사가 주주에

1) 竹內昭夫, "株式擔保の立法論的考察,"「裁判と法」(菊井先生獻呈論集)(下), 604면. 예컨대 시가 10,000원짜리 주식이 입질되어 있는데, 종전과 같은 수량의 신주가 발행되고 주주들이 1주당 5,000원씩에 신주를 인수한다면 주가는 이론상 7,500원이 되므로 입질된 주식의 가치는 저하되고 그 가치는 신주로 이전되므로 신주는 입질된 주식의 대표물로 보아야 한다는 것이다.

게 주권 또는 금전을 교부하거나 지급하기 전에 압류하여야 한다고 해석한다(김홍기 430; 서헌제 255; 손주찬 685; 이종훈 120; 임홍근 310; 정경영 403; 정찬형 844; 최기원 411; 최준선 328). 그 이유는 물상대위의 목적물이 주주의 일반재산에 혼입되고 나면 그 개성을 잃어버려 질권자로 하여금 추급하게 하는 것이 적당치 않고, 또 약식질은 회사와 관계없이 설정되므로 회사로서는 질권자의 식별이 어렵기 때문이라고 한다. 이와 같은 이유에서라면 일률적으로 압류를 요한다고 할 것이 아니라 물상대위의 목적물 중 주권과 교환해서 지급 또는 교부되는 것과 주주명부를 기초로 지급 또는 교부되는 것으로 나누어 전자의 경우에는 압류가 필요하지 않고 후자의 경우에만 압류가 필요하다고 하는 것이 합리적이다(同旨: 권기범 585; 송옥렬 899; 오성근 402; 이·최 357; 임재연 I 572; 정동윤 520; 정준우 146).[1] 전자의 경우에는 주주라도 株劵이 없으면 지급 또는 교부받을 수 없으므로 주주의 일반재산으로 혼입될 염려가 없고, 회사로서도 위험부담이 없기 때문이다.

그러므로 주식의 소각, 병합, 전환 및 주식매수의 경우에는 주권의 제출과 교환하여 금전 또는 주권이 지급 또는 교부될 것인바, 이들 금전이나 주권에 대한 눌상대위는 압류가 불필요하다고 보며, 준비금의 자본금전입으로 발행하는 신주는 주주명부를 기초로 배정될 것이므로 압류를 요한다고 본다.

2) 우선변제권

(가) **질물로부터의 우선변제권** 질권이 설정된 주식을 경매하여 우선변제를 받을 수 있음은 질권의 효력상 당연하다(민 355조 → 338조 1항). 경매를 요함은 약식질은 물론 등록질도 같다.

(나) **물상대위에 의한 우선변제권** 물상대위의 목적물이 금전일 때에는 그것을 가지고 우선변제에 충당할 수 있으며, 주식일 때에는 일반 유가증권질과 같이 경매해야 할 것이다. 이 점에서는 등록질과 약식질이 같으나 물상대위의 범위가 다르고, 압류의 요부에 차이가 있으며, 또한 등록질권자는 대위의 목적물이 금전인 경우에는 변제기에 이르지 아니한 때에도 회사에 대해 그 금전을 공탁하게 할 수 있고 공탁금에 대해 질권을 갖는다는 특칙이 있다(340조 2항 → 민 353조 3항).

3) 기 타

(가) **주주권의 귀속** 질권자는 주식의 교환가치를 장악하는 것이고 주주권을 취득하는 것이 아니므로[2] 의결권 등 주주의 권리를 행사하지 못한다. 물상대위가 미치는 권리도 질권자가 질권을 행사하는 것은 별론하고 주주에게 귀속됨

1) 竹內昭夫, 前揭論文, 185면; 河本, 137면; 前田庸, 前揭論文, 139면.
2) 田中(上), 425면.

은 물론이다.

(나) **회사의 통지의무** 상법은 질권자가 적시에 권리를 행사할 수 있도록 주식이 변형물화하여 물상대위할 사항이 발생할 경우에는 회사로 하여금 질권자에게 통지하도록 규정하고 있다(440조 · 461조 5항 · 462조의2 5항). 이 통지는 등록질권자에게만 하면 족하다. 약식질권자는 회사가 알지 못하기 때문이다. 약식질권자는 통지와 같이 하는 공고에 의해 물상대위할 사안을 알 수 있는데(예: 440조), 공고를 하지 않는 경우(예: 461조)도 있으므로 보호가 불완전함은 불가피하다.

3. 주식의 양도담보

(1) 성 립

주식의 양도담보는 담보실행의 편의성 때문에 주식의 입질보다 자주 이용되고 있다.

질권에 약식질과 등록질이 있듯이 양도담보에도 주권을 교부하고 명의개서는 하지 않는 약식양도담보와 명의개서까지 마치는 등록양도담보가 있다. 약식양도담보는 단순히 주권의 교부만으로 이루어지므로 약식질과의 구별이 외관상 어렵다. 물론 당사자의 의사에 좇아 입질이냐 양도담보이냐를 결정할 문제이지만, 당사자의 의사가 뚜렷하지 않을 경우에는 실정법상의 근거를 갖는 입질로 해석하는 것이 합리적인 이해조정이다.[1)]

(2) 담보권의 실행

양도담보에 의한 소유권이전은 이른바 「신탁형양도」로서 담보권자는 우선변제권을 가지나 항상 목적물을 환가하여 청산을 하여야 하고, 목적물의 소유권을 취득하는 *流擔保*는 허용되지 않는다는 것이 통설 · 판례이다(대법원 1971. 5. 24. 선고 71다669 판결; 동 1981. 7. 28. 선고 81다257 판결). 그러므로 주식의 양도담보도 그 실행을 위해서는 청산절차를 거쳐야 할 것이다. 다만 상행위로 인한 채권의 담보에 관해서는 유질계약이 허용되는데(59조), 양도담보에도 유추적용하여야 할 것이다.

(3) 양도담보권자의 지위

양도담보권자는 대외적으로는 주식의 소유자이다. 양도담보가 정산형으로서 담보실행 후 청산의무가 남아 있더라도 같다. 그러므로 명의개서를 마친 등록

---

1) 당사자의 의사가 불분명한 경우 일본의 다수설은 양도담보로 본다(江頭, 232면; 北澤, 232면; 前田, 207면). 국내의 양도담보설은 이 · 최, 355면; 정동윤, 519면; 정찬형, 847면; 최기원, 410면; 최준선, 333면.

양도담보권자는 모든 주주권을 행사할 수 있고, 약식양도담보권자는 명의개서를 하고 주주권을 행사할 수 있다(대법원 1992. 5. 26. 선고 92다84 판결; 동 2020. 6. 11.자 2020마5263 결정).

가등기담보법의 적용가능성

가등기담보 등에 관한 법률 제18조에서 동법 제 3 조 내지 제17조의 규정은 「등기 또는 등록할 수 있는 부동산소유권 외의 권리」의 취득을 목적으로 하는 담보계약에 준용한다는 규정을 두고 있다. 그래서 주식의 명의개서를 「등록」으로 보고, 주식의 등록양도담보에도 가등기담보 등에 관한 법률을 적용해야 한다고 오해할 소지가 있다. 그러나 동법에서 말하는 「등기 또는 등록」이란 소유권의 변동을 초래하는 등기 또는 등록을 의미한다. 주식의 경우 명의개서에 의해 주식이 이전되는 것은 아니므로 명의개서는 동법이 말하는 등록이 아니고 따라서 주식의 등록양도담보에는 동법이 적용되지 아니한다.

4. 주식담보의 특수문제

(1) 수권발행전 주식의 담보화

주권발행전 주식도 양도담보가 가능하다(대법원 1995. 7. 28. 선고 93다61338 판결). 이 경우 주권발행전 주식의 양도와 동일한 절차를 거쳐야 한다. 즉 당사자간에 주식을 양도한다는 합의가 있어야 하고 회사에 통지(또는 회사의 승낙)하여야 한다. 이 단계에 그칠 때에는 약식양도담보가 될 것이고, 명의개서까지 마친다면 등록양도담보가 될 것이다.

(2) 집중예탁주식의 입질

증권예탁제도에 의해 예탁된 주식을 담보로 제공하는 일이 많다. 주로 증권회사가 증권금융회사로부터 금융을 얻을 경우 예탁된 자기상품주식 또는 고객의 주식을 담보로 제공하는 것이다. 이때 주권의 교부는 계좌대체로 갈음한다. 이 경우의 담보는 계좌설정자가 보관주식에 대해 갖는 共有持分의 入質이라 할 것이다(485면 참조).

그리고 예탁주식에 대한 예치증을 담보로 제공하는 예도 있다. 이는 주권에 관한 목적물반환청구권을 입질하는 것이고, 예치증은 동 반환청구권을 증거하는 채권증서로서 민법 제347조에 따른 질권설정으로 볼 수 있다.

주식의 대차

주식의 대차는 주로 상장주식을 대상으로 하는데, 他人이 소유하는 주식을 매매의 목적물 또는 담보물로 활용하기 위하여 이루어진다. 주식을 「대차」하는 거래 가운데 가장 빈번하게 이루어지는 유형은 다음 두 가지이다.

첫째는 貸株라는 것으로 증권회사의 고객이 증권회사로부터 주식을 빌려 매도하고, 일정한 기간 내에 다시 동종·동량의 주식을 반환하는 것이다. 이때 주권의 실물은 이동하지 않고 고객과 증권회사의 장부거래로 이루어지므로 주권의 실물을 빌리고 갚는 것은 아니나, 점유개정에 의하여 증권회사로부터 고객에게 주권의 소비대차가 이루어졌다고 할 것이다. 대주의 실질은 금융거래이다. 이 거래는 금융위원회의 「금융투자업규정」에 의해 제도화되어 있고(동규정 제 5 편 제 7 장 5-25조 이하), 동 규정 및 이에 기초한 약관에 의해 규율된다. 개인끼리 주권을 대차하는 경우도 있을 수 있다. 이 때에는 실물의 인도가 따른다.

둘째는 수수료를 지급하고 현물의 株券을 빌리는 거래이다. 주로 사업회사가 보험회사나 연금기금 등 기관투자자가 보유하는 상장주식을 빌려 증권회사에 담보로 제공하고 금융을 얻는 형태로 이용된다. 이 때의 주권을 빌리는 행위는 당사자의 의사에 따라서 동종·동량의 주권을 반환하기로 한다면 주권의 소비대차로 보아야 할 것이고, 원래의 주권을 반환하기로 한다면 주권의 임대차(46조 2호)로 보아야 할 것이다.

투자신탁 등 집합투자기구가 집합투자자산의 운용의 방법으로서 위의 貸株 및 借株를 하기도 한다(자금 81조 1항 단, 동령 80조 1항).

Ⅶ. 주식의 消却·分割·併合

1. 총　　설

앞서 살펴본 주식의 양도, 상속·합병에 의한 승계, 선의취득 등은 주주가 교체될 뿐이고 주식 자체에 변동이 생기는 것은 아니다. 이와 달리 주식의 소각·분할·병합은 주주의 교체 없이 주식이 소정의 원인에 의해 수량적으로 소멸 또는 증감함으로써 주주권에 변동이 생기는 예이다.

2. 주식의 소각

(1) 의　　의

주식의 소각(redemption of shares; Einziehung von Aktien)이란 회사의 존속중에 발행주식의 일부를 소멸시키는 회사의 행위이다. 주식의 소각은 회사의 해산처럼 주식이 절대적으로 소멸하는 원인이 되나, 회사가 존속하는 중에 주식이 소멸한다는 점이 다르다. 또 주식 자체가 소멸한다는 점에서, 주식에는 영향이 없고 그를 표창하는 주권만 무효화시키는 제권판결과도 효과를 달리한다. 주식의 소각은 회사존속중의 유일한 주식의 소멸원인이다.

액면주식을 소각하면 필히 자본이 감소되므로 액면주식을 소각하는 기본적인 목적은 자본을 감소하기 위함이지만, 부수적으로는 유통주식수를 감소하기 위해서 혹은 합병을 앞두고 상대회사와의 합병비율을 조정하기 위해서 등 다양한 목적으로 행해진다. 무액면주식의 경우에는 주식의 소각 자체가 자본금감소를 수반하는 것은 아니므로 단지 주식의 수를 줄이기 위한 것이 그 목적이라 할 수 있다.

(2) 소각의 종류와 방법

상법 제343조 제 1 항에서는 주식의 소각은 자본금의 감소에 관한 규정에 따라서 소각할 수 있음을 원칙으로 하되(343조 1항 본), 자기주식의 소각은 이사회의 결의만으로 소각할 수 있다고 규정하고 있다(343조 1항 단). 이 규정에 근거해서 볼 때, 주식의 소각은 자기 주식의 소각과 기타의 소각으로 나누어지고, 후자의 소각은 자본감소의 절차에 의해야 하고, 전자의 소각은 이사회의 결의만으로 할 수 있다는 점을 각각의 특징으로 한다. 한편 액면주식과 무액면주식은 각자의 특성으로 인해 소각절차가 달라질 수밖에 없는데, 상법은 이 점을 고려하고 있지 않아 해석으로 보완해야 한다.

상환주식을 상환하는 것도 주식을 소각함을 의미하는데, 상환주식은 이익으로써만 소각할 수 있으므로 자본금감소절차를 따를 필요가 없고, 정관에 정해진 절차와 조건에 따라 소각하므로 자기주식의 소각과도 절차를 달리한다. 그러므로 여기서는 상환주식의 상환을 제외한 나머지 두 가지 소각에 관해서만 설명한다. 이하 설명에서 자기주식을 제외한 주식의 소각을 편의상 일반형 소각이라고 부르기로 한다.

소각제도의 변화

2011년 개정전 상법상의 주식소각은, i) 현행의 일반형 소각과 같이 자본금감소의 규정에 따라 소각하는 것(343조 1항 본)을 원칙으로 하고, ii) 상환주식을 소각하는 것(345조 1항), iii) 정관의 규정에 따라 주주에게 배당할 이익으로 소각하는 것(개정 전 343조 1항 단), iv) 주주총회의 특별결의에 의해 주주에게 배당할 이익으로 소각하는 것(개정 전 343조의2)이라는 네 가지 유형으로 나눌 수 있었다. 이 중 i)과 ii)는 개정법에 그대로 이어졌으나, iii)과 iv)는 폐지되고 이에 갈음하여 자기주식의 소각이 신설되었다(현 343조 1항 단).

(3) 일반형 소각

1) 관련규정과 적용범위 2011년 개정 전 상법하에서는 액면주식만이 있

었고, 액면주식을 소각하면 원칙적으로 자본금의 감소를 수반하므로(개정 전 451조, 현 451조 1항) 상법은 주주총회의 특별결의와 채권자보호 등의 자본금감소절차를 밟도록 하기 위해 자본금감소에 관한 규정에 따르는 것을 원칙으로 하였다(343조 1항 본). 이 규정을 개정법도 답습하였다.

그러나 현행법이 개정 전 상법 제343조 제 1 항 본문을 그대로 답습한 것은 무액면주식이 도입된 것을 간과한 입법착오이다. 무액면주식의 소각 자체는 자본금의 감소를 수반하지 않기 때문이다(후술). 그러므로 상법 제343조 제 1 항 본문이 규정하는「자본금감소에 관한 규정에 따라 해야 하는 주식의 소각」이란 액면주식의 소각만을 의미하는 것으로 풀이해야 하고, 무액면주식의 소각에는 동규정이 후술과 같이 수정되어 적용되어야 한다.

2) **액면주식의 소각절차** 액면주식의 일반형 소각은 자본금감소에 관한 규정에 따라서 해야 한다(343조 1항 본). 그러므로 i) 주주총회의 특별결의로 소각의 방법을 정해야 하고(438조·439조 1항), ii) 채권자보호절차를 밟아야 한다(439조 2항, 3항).「자본금감소에 관한 규정」이란 넓게는 제440조 이하의 주식병합에 관한 규정과 제445조의 감자무효의 소에 관한 규정도 포함하지만, 주식의 병합은 자본금의 감소와 무관하게 이루어질 수도 있으므로 제343조 제 2 항에서 별도로 주식병합에 관한 규정들(440조·441조)을 주식소각에 준용하고 있다. 그리하여 주식소각을 위해서는 앞의 i), ii)에 더하여 iii) 주주들로부터 주권을 회수하기 위해 주권제출을 공고해야 하고(440조), iv) 주식소각의 효력은 주권제출기간이 경과하고 채권자보호절차가 완료됨으로써 발생한다(441조).

주식의 소각에도 단주가 생길 수 있으므로 명문의 규정은 없으나, 제443조의 규정은 주식의 소각에 유추적용해야 한다.

3) **무액면주식의 소각절차** 무액면주식은 발행시에 발행가의 일부 또는 전부가 자본금에 계상된 후에는 자본금과 무관하게 존재하므로 이를 소각하더라도 자본금에는 영향이 없다. 물론 무액면주식을 소각하면서 자본금도 같이 감소시킬 수 있으나, 이는 무액면주식의 소각과 자본금감소라는 별개의 현상이 병행하는 것이지 양자가 인과론적으로 관련되는 것은 아니다. 그러므로 상법 제343조 제 1 항 본문은 무액면주식에 관하여는 다음과 같이 수정해서 적용되어야 한다.

상법 제343조 제 1 항 본문이 규정하는 자본금감소에 관한 규정 중 회사채권자의 보호에 관한 규정과 감자무효의 소에 관한 규정은 무액면주식의 소각에 적용할 이유가 없다. 그러므로 상법 제343조 제 1 항 본문이 정하는 「자본금감소에 관한 규정」이란 주주총회의 결의에 관한 규정만을 의미한다고 새긴다.

무액면주식을 소각할 때에도 주권을 제출받아야 하고 그 효력발생시기도 정해야 하므로 제343조 제 2 항은 그대로 적용된다.

(4) **自己株式의 소각**

1) **규정의 적용범위** 상법 제343조 제 1 항 단서는 자본금감소절차를 따르지 않고 이사회결의만으로 주식을 소각할 수 있는 예외를 설정할 목적에서 둔 규정이지만, 이는 무액면주식에 관해서만 타당하고 액면주식에 관해서는 적용할 수 없다. 우선 무액면주식에 관해 이 규정이 타당성을 갖는 이유를 설명한다. 무액면주식을 발행할 경우 주식의 발행가액의 일부 또는 전부를 자본금에 계상하고 난 후에는 자본금은 주식의 수와 연관을 갖지 않으므로 자기주식을 소각하더라도 자본금에는 영향이 없다. 또 자기주식을 소각할 경우 회사의 발행주식수가 감소하여 그 효과는 모든 주주에게 비례적으로 미치므로 주주의 새로운 이해문제를 일으키지 않고, 회사의 자산이 유출되는 것이 아니므로 회사채권자의 이해와도 무관하다. 물론 자기주식의 취득단계에서는 회사재산의 유출이 있을 수 있지만, 이미 취득한 주식을 소각하는 단계에서는 자본충실과 무관한 것이다.

그러나 액면주식을 발행한 경우에는 발행주식의 액면총액이 자본금을 구성하므로(451조 1항) 주식의 소각은 바로 자본금의 감소를 뜻한다. 자본금의 감소는 주주와 채권자의 이해에 직결되는 문제인데, 이를 이사회의 결의만으로 실행할 수는 없다. 그러므로 상법 제343조 제 1 항 단서는 자본금의 감소를 수반하지 않는 자기주식의 소각, 즉 무액면주식의 소각에만 적용되고 액면주식의 소각은 동조항 본문의 적용을 받아 자본금감소의 절차에 따라야 하는 것으로 해석해야 한다(同旨: 정준우 151).

제343조 제 1 항 단서의 입법착오

상법 제343조 제 1 항 단서는 일본 회사법 제178조를 옮겨 오며 생긴 입법의 착오이다. 일본 회사법에서는 무액면주식만 발행할 수 있으므로 동법 제178조가 자기주식을 이사회의 결의로 소각할 수 있다고 함은 무액면주식인 자기주식을 이사회결의로 소각할 수 있다고 하는 뜻임을 간과한 데서 비롯된 실수이다.

상법 제343조 제 1 항 단서의 문언에 집착하여, 동 규정은 이사회결의만으로 할 수 있는 자본금감소 방법을 인정하려는 입법정책에서 자본금감소절차(438조 이하)에 대한 특례를 둔 것이라고 해석하는 방법을 생각해 볼 수 있다(권기범 559; 정동윤 528). 그러나 자본금의 감소를 초래한다는 점에서 다른 주식의 소각과 똑같이 주주와 채권자의 이해를 야기하는데, 유독 자기주식의 소각만 이사회결의로 가능하게 할 타당근거가 없다는 점에서 입법정책의 문제로 돌릴 수도 없다.

제343조 제 1 항 단서의 적용범위를 좁혀, 상법 제341조에 의해 배당가능이익으로 취득한 주식에 한해 이사회의 결의만으로 소각할 수 있고, 제341조의2가 정하는 특정목적으로 취득한 주식은 제343조 제 1 항 단서의 적용대상이 아니고 자본금감소의 절차를 밟아 소각해야 한다는 해석론이 비교적 다수에 속한다(송옥렬 908; 임재연 I 600; 정찬형 803).[1] 그리 해석하자면 제341조에 의해 취득한 주식과 제341조의2에 의해 취득한 주식을 차별해야 하는데, 그 차별의 근거를 대기 어렵다. 비록 배당가능이익에 의해 취득했다고 하더라도 2011년 개정전의 이익소각과는 달리, 취득한 자기주식은 특정목적으로 취득한 자기주식(341조의2)과 마찬가지로 발행주식의 일부로서 존속하는 것이고, 이를 소각할 경우 그로 인한 자본금감소의 효과는 다른 주식소각과 다름이 없다. 결국 제343조 제 1 항 단서의 소각대상은 무액면주식에 한한다고 해석할 수밖에 없다.

2) 자기주식의 범위 무액면주식은 상법 제341조 제 1 항에 의해 배당가능이익으로 취득한 자기주식이든, 상법 제341조의2에 해당하여 기본재산으로 취득한 자기주식이든, 어느 것이나 이사회의 결의에 의해 소각할 수 있다.

3) 절차 · 효력발생 상법에서는 자기주식을 소각하기 위한 절차를 별도로 규정하고 있지 않다. 회사가 보유한 주식을 소각하는 것이므로 소각을 위한 공고(440조)나 채권자보호절차(441조 → 232조)도 불필요하다(즉 상법 343조 2항이 적용되지 않는다). 따라서 이사회가 소각할 주식의 종류와 수를 정하는 결의를 하고, 효력발생일을 정하여야 할 것이다. 후속조치로서 소각하는 주식이 유통되지 않도록 폐기하고 주주명부에서 말소하여야 한다. 예탁주식 혹은 전자등록이 된 주식이라면 동 예탁계좌부 및 등록부에서 말소해야 한다.

4) 소각의 효과 소각한 주식은 소멸하므로 발행주식총수는 그만큼 감소하지만, 기술한 바와 같이 무액면주식의 수는 자본금과 무관하므로 자본금은 감소하지 아니한다.

이익소각

2011년 개정 상법에서는 이익소각제도가 폐지되었다 함은 기술한 바와 같다. 이는 자기주식제도의 변화와 관계가 있다. 개정법 제341조에서 배당가능이익으로 자기주식을 취득하는 것을 허용하고, 상법 제343조 제 1 항 단서에서 자기주식의 소각을 허용

1) 同旨: 법무부 해설, 120면.

하므로 이 두 제도로서 개정 전의 이익소각을 대체할 수 있다고 본 것이다. 하지만 이 효과는 무액면주식에 관해서만 누릴 수 있는 것임은 기술한 바와 같다.

(5) 소각된 주식의 재발행

주식을 소각하면 현재의 발행주식총수가 감소하므로 발행예정주식총수의 미발행부분이 증가한다. 이 부분 즉 소각한 주식을 통상의 신주발행절차를 밟아 재발행할 수 있느냐는 문제가 있다. 같은 문제가 상환주식을 상환한 경우와 주식 소각 또는 병합의 방법으로 자본금을 감소한 경우에도 생겨난다.

통설은 정관에 정한 발행예정주식총수를 주주가 이사회에 발행을 授權한 주식수의 「누적적 최대치」로 이해한다. 그리하여 일단 이사회가 발행했던 주식수는 소각에 의해 소멸되었다 하더라도 그 부분에 관한 수권은 기능을 다한 까닭에 재활용이 불가능하다고 본다.[1] 즉 소각한 주식은 이미 활용이 완료된 수권주식이므로 미발행부분에서 제외해야 한다는 것이다(재발행 불가설). 그렇지 않고 재발행이 가능하다고 해석하면 이사회가 이를 남용하여 소각과 발행을 되풀이함으로써 주주들의 권리를 침해한다고 주장한다. 그리고 상환주식의 경우에는 배당가능이익으로 소각하므로 이를 재발행하면 주주들의 배당기회를 줄인다는 문제점도 제시한다.

그러나 발행예정주식총수란 회사가 발행할 수 있는 누적치로서의 주식수를 의미하는 것이 아니고, 회사가 현 시점에서 발행할 수 있는 주식수의 최대치를 의미하는 것이며(즉 스톡 개념으로서의 최대수량이다), 발행가능한 주식총수를 계산하기 위해 발행예정주식총수로부터 차감해야 할 「발행주식총수」란 역사적으로 발행한 적이 있는 주식의 총수를 의미하는 것이 아니고 현재 발행한 주식의 총수를 의미하는 것으로 이해해야 한다. 이같이 이해할 경우에는 소각된 주식은 당연히 발행예정주식총수 중 미발행주식수를 구성하고, 따라서 당연히 재차 발행이 가능해진다(재발행 가능설)(同旨: 김·노·천 239; 최준선 347).[2]·[3]

---

1) 鈴木竹雄, 「新版會社法」(弘文館, 1982), 93면 외.

2) 知澤恂, "株式の消却 — 特に償還株式について —," 「松本先生古稀記念 會社法の諸問題」(有斐閣, 1951), 384면; 菱田政宏, "償還株 — 其の二 —," 「關西大學 法學論集」 제12권 1호(1962), 52면 이하 외.

3) 상세한 논증은 李哲松, "消却한 株式의 再發行 可能性," 「증권법」 제11권 2호(2010), 1~25면 참조.

학설의 배경

이 문제는 현행상법의 제정시부터 논의되었는데, 일본이 1950년 개정상법에서 수권자본제를 도입하면서 제기된 논쟁이 우리나라 역시 신상법에서 수권자본제를 도입함에 따라 옮겨 온 것이다. 일본에서는 재발행불가설이 재발행가능설에 비해 약간 우세한 다수설이나, 우리나라에는 이 다수설이 도입되어 통설이 되었다. 하지만 우리 상법하에서는 오히려 재발행가능설이 보다 설득력이 있음을 주의해야 한다. 이는 수권자본제가 일본과 우리나라에서 갖는 의의가 상이하기 때문이다.

수권자본제가 도입됨으로 인해 개편된 자본구성방식은 회사법학과 실무에 있어 큰 충격을 가져오는 것이었다. 구제도하에서는 자본의 증가는 정관변경 즉 주주들의 총의(특별결의)에 의해서만 이루어질 수 있었던 것이나(舊商 348조), 신제도하에서는 자본의 증가가 신주발행이라는 槪念的 變換과 더불어 이사회의 권한으로 옮겨지고(416조) 주주는 다만 회사자본의 팽창한도(발행예정 주식총수)를 설정하는 거시적 방법으로만 자본구성에 자기의 의사를 반영할 수 있게 되었기 때문이다.

그런데 한국과 일본의 수권자본제는 기본구조에서는 동일하지만, 주주의 신주인수권의 유무로 인해 양자의 실질적 의미에 큰 괴리를 보인다. 일본에서는 수권자본제를 도입함과 동시에 주주의 신주인수권의 법적 권리성을 부정하였다. 이와 달리 우리나라에서는 舊法에서와 같이 주주의 신주인수권을 인정한다(418조 1항). 그 결과 수권자본 즉 발행예정주식총수(289조 1항 3호)에서 발행주식총수(289조 1항 5호)를 차감한 「미발행주식총수」가 주주에 대해 갖는 의미가 한국과 일본에서 상이해질 수밖에 없다. 한국에서는 미발행주식의 발행 자체는 이사회에 수권되어 있지만, 주주가 신주를 인수하므로 미발행주식의 발행에 의해 각 주주의 비례적 지분관계가 변동하는 바는 없고, 다만 소유주식의 절대적 수치가 증가한다는 의미를 가질 뿐이다. 이에 대해 일본에서는 미발행주식이 발행된다는 것은 기존 주주의 지분율이 저하되는 것을 의미한다. 그 결과 일본에서 소각된 주식을 재발행할 수 있느냐를 논하는 것은 주주 아닌 자에게 신주를 발행하고 그로 인해 주주의 지분율이 저하되는데 그래도 무방한지를 논하는 의미임에 반해, 우리나라에서는 소각된 주식을 주주들의 지분율에 비례하여 추가로 재발행하는데 주주의 보호에 어떠한 문제가 생기느냐를 논하는 것을 의미한다. 그 결과 일본과 우리나라에서는 소각된 주식을 재발행한 결과로서의 주주의 이해가 다음과 같이 현저하게 다를 수밖에 없다.

일본의 경우 수권자본제하에서 발행예정주식총수를 주주가 설정하는 의의는 현 주주들의 지분이 미치지 못하는 신주가 발행되어 자신의 의결권, 이익배당청구권 등 주주권에 관한 비례적 지위가 축소되는 사태를 예방한다는 데에 있다. 따라서 소각된 주식이 재발행된다면 주주가 우려하는 지분율의 저하가 현실화되므로 授權의 의미, 나아가서 발행예정주식총수의 의미를 엄격히 해석하고자 하는 노력에 설득력이 있다.

이에 반해 우리나라에서 발행예정주식총수를 주주가 설정한다는 제도에는 주주들이 자신의 지분을 이탈하는 신주가 발행되는 것을 염려하기 때문이라는 의미는 없다. 신주를 자신들이 인수하기 때문이다. 그러므로 우리나라에서는 소각된 주식의 재발행과 관련하여 주주의 보호라는 시각에서 볼 필요는 없고, 오히려 자본조달의 기동성, 원활성을 고려해야 하고 따라서 기술한 바와 같이 발행예정주식총수라는 것은 어느 시점에서든 이사회의 결의로 발행할 수 있는 주식의 최대치를 의미한다고 해석하면 족하다.

참고로 일본의 회사법제정 이후에는 기업이 자본시장의 변화에 신축적으로 대응하는 재무전략이 필요하다는 인식이 일반화되면서 재발행가능설이 통설화되고 있다.[1)]

3. 주식의 분할

(1) 의 의

주식의 분할이라 함은 자본금을 증가시키지 않으면서 발행주식수를 증가시키는 것을 말한다. 발행주식수에는 변동이 없이 1주권에 표창된 주식수를 세분하여 여러 매의 주권으로 만드는 주권의 분할과 구별해야 한다. 주식을 분할하면 모든 주주의 소유주식수가 비례적으로 증가한다. 순자산의 변동 없이 주식수만 증가하므로 1수당의 순사산가치는 주식의 증가와 역비례로 감소하지만, 주식의 단위가 세분화될수록 市場性이 높아지므로 특히 주가가 지나치게 높거나 주식의 유동성이 적을 경우 상장회사가 즐겨 실행한다.

주식분할은 액면주식과 무액면주식의 경우에 각기 의미를 달리한다.

액면주식의 분할이란 곧 액면분할을 뜻한다. 액면가를 일정비율로 감소시키고, 그 逆의 배수로 주식수를 늘리는 것이다. 예컨대 현재의 액면가 10,000원을 5,000원으로 변경하고 이에 따라 발행주식수를 2배로 늘리는 것이다. 무액면주식에는 액면이라는 것이 없으므로 무액면주식의 분할은 자본금, 자산과 관계없이 단지 회사가 발행한 주식의 총수를 증가시키는 것을 의미하지만, 종전의 주식수에 추가하여 증가하는 것이 아니고, 종전의 주식을 세분하는 것이다. 무액면주식을 발행한 회사의 경우에는 주식의 분할과 후술하는 준비금의 자본금전입 그리고 주식배당의 구분이 큰 의미를 갖지 못한다(후술).

(2) 요 건

1) 주주총회의 특별결의 주식분할을 하기 위해서는 주주총회의 특별결의를 요한다(329조의2 1항). 액면주식을 분할할 때에는 정관변경을 요하므로 어차피 주

---

1) 相澤哲編, "立法擔當者による新會社法の解說", 「商事法務」, 2006, 28면; 江頭, 272면; 神田, 101면; 杉井孝, 「會社法大系(2)」, 57면.

주총회의 특별결의를 요하지만, 무액면주식을 분할할 때에는 발행예정주식총수의 범위 내에서 이루어지는 한 굳이 주주총회의 결의를 요구할 이유는 없다. 그러나 상법은 양자를 구별하지 않고 주주총회의 특별결의를 요건으로 한다.

2) 정관변경　　액면주식을 분할하려면 액면가를 변경하여야 하고, 발행예정주식총수의 미발행분이 충분하지 않다면 발행예정주식총수도 늘려야 하므로 정관을 변경해야 한다. 상법에서는 단지 주주총회의 특별결의로 주식을 분할할 수 있다고 규정하므로(329조의2 1항 → 434조) 정관변경 없이 주식분할이 가능한 것처럼 해석할 소지가 있으나, 주식분할에 특별결의를 요건으로 하는 한 정관변경을 요하지 않는다고 할 실익이 없고, 또 정관상 사실과 다른 액면가의 기재를 유지하는 것도 바람직하지 않다. 그러므로 주식분할은 정관변경을 요한다고 해석해야 한다.

무액면주식을 분할할 경우에도 분할의 결과 발행주식수가 발행예정주식수(289조 1항 3호)를 초과하게 될 경우에는 정관변경을 요한다.

3) 분할의 한계　　상법은 주식분할의 결과 단주가 생기는 것을 허용하므로(329조의2 3항 → 443조) 단주가 생기는 비율로의 분할도 가능하다. 따라서 액면주식의 경우에는 액면가를 자유롭게 인하할 수 있다. 예컨대 500원에서 300원으로 인하하는 것과 같다. 그러나 액면가는 100원 이상이어야 하므로 그 이하로의 분할은 불가능하다.

⑶ 절　　차

1) 회사는 1월 이상의 기간을 정하여 주식분할을 한다는 뜻과 그 기간 내에 주권을 회사에 제출할 것을 공고하고 주주명부에 기재된 주주와 질권자에 대하여는 각별로 그 통지를 하여야 한다(329조의2 3항 → 440조). 이 공고는 주식분할에 의해 생기는 권리의 변동상황을 주주와 질권자들에게 알리기 위함이므로 주권을 발행하지 않은 회사도 같은 공고를 하여야 한다. 이 공고와 아울러 회사는 분할된 주식을 취득할 자를 미리 정하기 위해 주주명부폐쇄절차를 밟을 수 있다(354조).

전자등록된 주식을 분할할 때에는 주권제출을 위한 절차가 불필요하고, 회사가 일정한 날을 정하여 그 날에 분할의 효력이 생긴다는 뜻을 공고 및 통지한다(전등 65조 3항).

2) 액면주식의 경우 주식분할로 인해 주권의 기재사항이 달라지므로 주주가 제출한 주권에 갈음하여 새로운 주권을 교부하여야 한다. 구주권을 회사에 제출할 수 없는 자가 있는 때에는 이해관계인의 이의제출을 최고하는 소정의 공고를 거쳐 새 주권을 청구자에게 교부할 수 있다(329조의2 3항 → 442조 1항). 전자등록된 주식을 분할

할 때에는 액면주식이라도 이 절차가 불필요하다.

무액면주식을 분할할 경우에는 기존의 주주에게 분할로 인해 추가로 발행되는 주식의 수를 배정하면 족하고 주권상의 권리기재가 달라져야 하는 것은 아니므로 주권을 제출받을 필요가 없다. 상법 제329조의2 제 3 항은 액면, 무액면을 가리지 않고 주권제출을 요하는 뜻으로 규정되어 있으나(440조의 준용), 이 규정은 무액면주식이 도입되기 전의 것으로 액면주식에만 적용되는 것으로 읽어야 한다.

3) 단주가 생기는 경우에는 자본금감소에서와 같이 단주를 매각하여 그 대금을 단주의 주주에게 지급한다(329조의2 3항 → 443조 1항). 매각방법도 자본금감소에서와 같다.

⑷ 분할의 효력발생시기

1) 액면주식　주식의 분할은 주주에 대한 공고기간이 만료한 때에 그 효력이 생긴다(329조의2 3항 → 441조 본). 제329조의2 제 3 항은 채권자보호절차가 종료해야 주식병합의 효력이 발생한다는 뜻의 제441조 단서도 준용하므로 주식분할도 채권자보호절차가 종료해야 효력이 발생하는 듯이 오해할 소지가 있다. 그러나 주식분할은 회사채권자의 이해와 무관하여 채권자보호절차를 요하지 않으므로 공고기간의 만료만으로 효력이 발생한다. 전자등록된 주식은 회사가 정한 기준일에 분할의 효력이 생긴다(전등 65조 2항, 3항).

공고기간의 만료에 의해 종전의 주식은 실효하고 주주는 분할된 주식의 주주가 된다. 그러므로 공고기간 만료일은 주주에게 있어서는 권리변동의 기준일이 되는 셈이다. 회사는 이와 달리 별도의 기준일을 설정할 수 없다(329조의2 3항 → 440조~443조).

2) 무액면주식　상법 제329조의2는 액면주식과 무액면주식을 가리지 않고 제441조를 준용하므로 무액면주식도 주주에 대한 주권제출의 공고기간이 만료한 때에 효력이 생기는 것으로 오해할 소지가 있으나, 무액면주식의 분할에는 주권제출이 불필요하므로 제441조가 준용될 수 없다. 무액면주식을 분할할 때에는 이를 결의하는 주주총회에서 효력발생일을 정해야 할 것이다.[1)]

⑸ 효　과

주식분할의 결과 회사의 발행주식총수가 증가하고 같은 비율로 각 주주의 소유주식수도 증가하나, 회사의 자본금 · 재산에는 변동이 없고, 각 주주의 지분에도 실질적인 변동은 없다. 따라서 분할 전후의 주식은 동질성이 유지되므로 분할 전의 주식에 대한 질권은 분할 후의 신주식에 대하여 효력이 미친다(339조).

---

1) 일본회사법 제183조 제 2 항 제 2 호 참조.

(6) 분할의 무효

후술(479면 참조).

4. 주식의 병합

주식의 병합(Zusammenlegung von Aktien)이란 주식분할과는 반대로 여러 개의 주식을 합하여 그보다 적은 수의 주식으로 하는 회사의 행위이다. 예컨대 10주를 합하여 7주로 하는 것과 같다. 주식의 병합은 통상 단주를 발생시키고, 주식의 유통성을 줄여 각 주주의 이해에 영향을 줄 수 있으므로 예외적인 경우에 한해 인정된다. 자본금감소(440조)와 합병(530조 3항), 분할(530조의 11 1항)의 경우에 한해 병합할 수 있다.

주식의 병합에 관해서는 자본금감소 및 정관변경과 관련하여 후술한다(1002면 이하, 1014면 참조).

주식병합 · 소각의 무효의 소

1984년 상법개정으로 주식의 최저액면가가 500원에서 5,000원으로 인상되면서, 액면가가 5,000원 미만인 회사들은 주식병합의 방법으로 액면가를 5,000원 이상으로 만들어야 했다(동개정법 부칙 5조 2항). 이에 따른 주식병합의 효력이 다투어진 사건에서 판례는 이 사건의 「주식병합은 자본감소가 수반되지 않지만, 구주식이 실효하고 신주식이 발행되는 점에서는 자본감소를 위한 주식병합의 경우와 차이가 없다. 이와 같은 구주식과 신주식의 효력을 누구나 시기, 방법 등에서 아무런 제한없이 다툴 수 있다면, … 주식회사의 내부적인 안정은 물론 대외적인 거래의 안전도 해할 우려가 있다」라는 이유를 밝히며, 상법 제445조의 규정을 유추적용하여, 제소기간이 주식병합으로 인한 변경등기가 있는 날로부터 6월 내로 제한된다고 판시한 바 있다(대법원 2009. 12. 24. 선고 2008다15520 판결). 타당한 판결인데, 이 판지는 주식소각에도 적용할 필요가 있다.

자기주식을 소각하는 경우(343조 1항 단) 및 주식소각의 한 형태로서 상환주식을 상환하는 경우(345조 1항)에 소각절차가 주주간에 불공평하거나, 소각을 위한 이사회결의가 무효이거나, 이익 없이 주식을 상환하는 등 소각에 무효원인이 있을 수 있다. 자기주식의 소각이나 상환주식의 상환은 자본금감소는 아니지만, 발행주식수가 줄어든다는 점에서는 주식수의 감소에 의한 자본금감소와 흡사하고, 소각이 무효이면 감소된 주식이 부활해야 하는데 이로 인한 조직법적 혼란이 크다. 그러므로 일반 확인의 소에 의해 소각의 무효를 다투게 하는 것은 적당치 않고 형성의 소로 하여 대세적 효력을 부여하고 판결의 소급효를 제한할 필요가 있다. 그 구체적 방법으로서는 감자무효의 소에 관한 규정(445조)을 유추적용하는 것이 합리적이다.

주식분할무효의 소

주식분할을 위한 주주총회의 결의 및 기타 분할절차에 하자가 있는 경우 어떤 방법으로 다투어야 하는가? 명문의 규정이 없는 탓에 앞서 소개한 주식병합·소각의 무효에 관한 이론을 응용할 필요가 있다. 분할을 무효로 다루어야 할 경우에는 분할로 인해 발행한 주식 전부가 무효가 되어 분할 전의 상태로 되돌아가야 하므로 모든 주주들에게 획일확정이 요구되고, 분할 후에 형성된 법률관계를 소급해서 부정해서는 안 될 것이므로 소급효가 제한되는 형성의 소에 의해 다투게 해야 한다.[1] 따라서 신주발행무효의 소에 관한 제429조 이하의 규정을 유추적용하는 것이 합리적이다. 다만 주금의 반환에 관한 규정(432조)은 주식분할의 무효와는 무관하므로 유추적용해서는 안 된다.

제 5 관 資本市場(증권시장)

I. 서　설

(1) 총　설

주식은 자유로이 양도할 수 있는데다, 그 권리의 내용이 정형화되어 고도의 유통성을 가지므로 시장에서 거래되는 상품으로서의 적격성을 지니고 있다. 그래서 연혁적으로 볼 때 주식회사제도는 증권시장(유가증권의 매매가 불특정다수인간에 공개적으로 이루어지는 시장)과 함께 탄생하고 성장하였으며, 주식회사는 당초 증권시장을 통해 대중으로부터 자금을 집중시킬 목적으로 만들어진 제도이다. 오늘날 기업이 안정적으로 성장함에 따라 주식은 대중의 주된 자산관리수단으로 활용되고 있다. 이를 사회 전체로 보면 유휴자본을 축적하도록 유도하고 이를 다시 기능자본으로 전화시키는 수단이 되며, 또 증권시장에 투입된 자본은 단기적인 유동성을 가지므로 정부는 이를 유용한 유동성 관리의 수단으로 삼을 수 있다.

초기 증권시장에서는 주식이 주된 상품이었고, 채권이 이에 버금갔으나, 오늘날 금융기법의 발전과 더불어 다양한 증권이 개발되어 거래되고 있다(자금 3조·4조).

(2) 증권시장의 의의

경제학적인 의미에서의 증권시장이라면 널리 증권이 발행되어 거래되는 매개체를 뜻한다고 해야 할 것이나, 여기서 고찰하고자 하는 것은 상설공개시장을 통해 형성되는 유통구조이다(자금 373조 이하). 증권시장에서의 거래대상은 주식 외에도

1) 江頭, 301면 참조.

회사채, 국 · 공채 등 다양하지만, 여기서는 주식거래를 중점적으로 다룬다. 좁은 의미에서 증권시장이라 함은 이미 발행된 증권이 투자자들 사이에서 거래되는 유통시장만을 뜻하나, 넓게는 유통시장에 새로이 증권을 공급하는 과정에서 형성되는 발행시장도 포함한다.

대중자본의 집중수단이 되는 것은 발행시장이며 유통시장에서는 이미 자본집중의 사명을 마친 기발행주식이 부가가치의 생산 없이 이동될 뿐이다. 그러므로 유통시장은 투기의 장이 될 뿐, 기업의 자본조달에는 도움이 되지 않는다고 할 수 있다. 그러나 양도하는 것 외에는 달리 투자원금을 회수할 길이 없는 주식에 관한 한, 최초의 투자자(즉 주식 인수인)는 유통시장에서 처분할 수 있으리라는 기대하에서만 발행시장에 참여한다.[1] 일단 발행된 주식이 유통시장에서 수요와 공급의 자유로운 경쟁원리에 의해 재평가되어 가격이 결정되고, 이에 의해 주식인수인은 출자금을 회수할 수 있는 것이다.

그러므로 유통시장은 발행시장에 대해 목적에 대한 수단의 관계 및 공급에 대한 수요의 관계에 있으며, 따라서 유통시장은 발행시장에 있어서의 발행회사 및 인수인의 행동결정의 기준이 되는 것이다.[2]

(3) 증권시장의 개요

우리나라의 증권시장은 자본시장법에 의해 규율된다. 자본시장법에서는 증권시장을 「금융투자상품시장」이라 부르고, 금융투자상품시장을 운영하는 기구를 「거래소」라 부르는데(자금 8조의2 1항 · 2항), 거래소를 설립하기 위해서는 금융위원회의 허가를 받아야 한다(자금 373조 의2 1항). 금융투자상품시장에서는 다양한 상품이 거래될 수 있으므로 거래소는 취급하는 상품을 정해 그를 단위로 설립허가를 받는다(동조항). 2026년 1월말 현재는 한국거래소가 유일한 거래소이고, 유가증권시장, 코스닥시장, 코넥스시장을 개설하고 있다. 거래소는 동소가 정하는 일정한 요건(상장 요건)에 해당하는 회사의 주식을 선정하여 동시장 내에서 매매할 수 있게 하는데, 이를 「上場」이라 하며, 상장이 된 주식을 「上場株式」, 상장주식을 발행한 회사를 「上場法人」이라 한다(자금 9조 15항 1호)(상법에서는 「상장회사」라 표기하지만, 자본시장에 관련된 설명에서는 자본시장법상의 용어에 따라 「상장법인」으로 표기한다).

우리나라의 자본시장은 70년대 초반부터 급격히 성장하여 기업의 직접적인 자금조달에 크게 기여해 왔다. 한국거래소가 개설한 유가증권시장의 경우 2025년 12월 말 현재 상장법인 847개사, 상장주식 958종목, 상장주식수 635억주, 시

1) Jennings & Marsh, *Securities Regulations*, 4th ed.(The Foundation Press, Inc., 1977), p. 3.
2) *Ibid.*

가총액 3,477조원의 시장으로 성장하였다.[1)]

코스닥시장은 주식만을 취급하며, 유가증권시장과는 상장법인을 달리한다. 코스닥시장에서의 거래방법도 유가증권시장에서와 같다. 2025년 12월 말 현재 1,827개의 회사가 코스닥시장에 등록되어 있고 1,830개 종목, 549억주가 상장되어 있으며, 시가총액은 505조원이다.[2)]

장외시장

거래소를 통하지 아니하고 금융투자업자간에 또는 금융투자업자와 투자자간에 증권의 매매가 이루어지는 시장을 장외시장 또는 점두시장(over-the-counter market)이라 한다. 시장조직이나 구체적인 장소를 갖는 것이 아니므로 「장터 없는 시장」(a market without a marketplace)으로 비유한다. 주로 비상장증권이나 장외파생상품이 거래된다. 장외시장의 거래방법 · 결제방법 등은 자본시장법 시행령으로 정하도록 되어 있다(자금 166조, 자금령 177조).

Ⅱ. 발행시장

(1) 개 념

주식이 유통시장에 공급되기 위해서는 우선 일반대중에게 주식을 소유시키는 과정(기업공개)이 필요하다. 이같이 일반대중을 상대로 주식을 새로이 발행하거나 이미 발행된 주식을 매각하는 과정에서 형성되는 경제학적 의의의 시장을 「발행시장」이라 한다.

발행시장에서는 주식을 발행하는 회사 또는 다량의 주식을 소유하는 자(주로 기업을 공개하는 회사의 지배주주)가 불특정다수인에게 주식의 인수 또는 취득을 권유하는 행위가 행해진다. 다수인에 대하여 균일한 조건으로 신규로 발행되는 증권의 취득의 청약을 권유하는 것을 「증권의 모집」(자금 9조 7항)이라 하고, 다수인에 대하여 이미 발행된 증권의 매도의 청약을 하거나 매수의 청약을 권유하는 것을 「증권의 매출」(자금 9조 9항)이라 한다.

'발행'시장이라는 어의에 초점을 둔다면 주식의 발행시장은 신주발행을 위해 하는 「증권의 모집」만을 뜻한다고 할 수 있겠으나, 유통시장에 상품(주식)을 공급한다는 의미에서는 이미 발행된 주식을 공개하는 「증권의 매출」도 발행시

1) KRX정보데이터시스템(data.krx.co.kr)/간행물/발간자료/주식.
2) 前註. 이외에도 코넥스시장이 개설되어 있다(자금령 11조 2항).

장으로 보아야 한다.

증권의 모집·매출은 기업의 사정에 어두운 대중투자자를 상대로 하므로 투자자를 기망하는 불공정한 수단이 이용될 소지가 있다. 그래서 자본시장법에서는 모집·매출은 아래와 같은 절차를 밟도록 하는데, 50인 이상을 상대로 하는 청약의 권유를 모집·매출로 보고 자본시장법을 적용한다(자금 9조 7항·9항, 자금령 11조 1항).

상법상의 모집과 자본시장법상의 모집

상법은 주식회사의 설립방법으로 발기설립과 모집설립(301조)을 인정한다. 이 모집설립의 모집이라는 말과 자본시장법에서 말하는 모집은 전혀 다른 개념임을 주의해야 한다. 모집설립시의 모집이란 단순히 발기인이 아닌 자로 하여금 발행주식의 일부를 인수하게 한다는 뜻임에 대하여 자본시장법상의 모집이란 불특정다수인에게 주식취득의 청약을 권유하는 것을 말한다.

(2) 증권신고·공시제도

증권을 모집·매출하고자 할 때에는 발행인이 금융위원회에 신고서(증권신고서)를 제출하여야 한다(자금 119조). 이 신고서가 위원회에 수리되지 아니하면 모집·매출을 하지 못하며, 상장법인의 신주발행은 신고서의 효력이 발생한 후에야 할 수 있다(자금 121조 1항).

증권의 모집·매출은 기업의 사정에 어두운 대중투자자를 대상으로 하므로 투자자를 보호하기 위하여 기업내용의 정확한 공시가 선행되어야 한다. 모집·매출시에 발행인은 상법상의 주식청약서와는 별도로 투자설명서를 작성하여야 한다(자금 123조). 기업내용의 공시는 진실하고 정확해야 하므로 허위로 증권신고서·투자설명서를 작성한 때에는 발행인과 그 이사 등 관계인들에게 손해배상책임을 과하며(자금 125조) 과징금을 부과하고(자금 429조 1항) 벌칙을 적용한다(자금 444조 13호). 이에 관한 상세한 것은 신주발행 부분에서 설명한다(977면 참조).

Ⅲ. 유통시장

(1) 公開와 上場

주식이 상장되어 원활히 거래되기 위해서는 주식이 다수인에게 분산되어 있지 않으면 안 된다. 주식이 일부 대주주에게 집중되어 있다면 유통물량이 적어 적절한 수급이 이루어지기 어려우므로 공개시장에서의 상품성이 상실되기 때문이다.

그러므로 주식의 분산은 상장을 위해 절대적인 요청이라 하겠는데, 일정수준 이상의 주식분산을 흔히 「기업공개」라 한다. 거래소의 「유가증권시장 상장규정」은 상장하고자 하는 법인의 모집 또는 매출한 주식이 상장신청일 현재 발행주식총수의 100분의 25 이상이고, 동시에 의결권 있는 주식총수의 100분의 25 이상일 것을 요구한다(상장규 29조 1항 3호).

⑵ 시장에서의 매매거래

거래소에서의 매매거래는 거래소의 회원만이 할 수 있다(자금 388조 1항). 회원은 소정의 요건을 갖춘 금융투자업자(구 증권거래법상의 증권회사)이어야 한다. 이와 같이 매매당사자를 제한하는 이유는 증권의 매매는 고도의 기술과 신용을 요하므로 일반인에게 개방하기가 적당치 않기 때문이다.

거래소에서의 매매는 경쟁매매방법에 의한다(유가증권시장업무규정 22조 1항, 코스닥시장업무규정 17조 1항).

⑶ 위탁거래

일반투자자는 회원에게 거래소에서의 매매거래를 위탁하고, 그의 매매결과를 이행받는 식으로 증권시장에 참여한다. 이때 회원은 위탁매매인(101조)의 지위에 선다. 위탁거래는 거래소가 정하는 업무규정에 따라 정형적으로 이루어진다(자금 393조).

⑷ 공정거래질서의 유지

증권시장에는 거액의 유동자금이 모이므로 기회도 풍부하지만 부단한 가격변동 때문에 위험도 크므로 무엇보다도 공정한 질서하에서 거래가 이루어질 것이 요청된다. 공정질서의 유지를 위해 가장 중요한 것은 정확한 기업정보가 투자자에게 전달되어 그들이 균등한 기회를 가지고 투자판단에 임할 수 있도록 하는 공시제도이다. 그리하여 자본시장법은 상장법인으로 하여금 정기적으로 사업보고서를 공시하게 하며(정기공시: 자금 159조), 중요한 기업정보를 적시에 공시하도록 하고 있다(적시공시(timely disclosure): 자금 161조). 나아가 내부자의 독점적인 정보이용을 방지하기 위하여 내부자거래를 제한하며(자금 172조 · 174조), 사기적인 수법에 의해 부당하게 이득을 취하고 다른 투자자에게 손실을 주는 것을 막기 위해 각종 유형의 시세조종행위를 금지한다(자금 176조).

Ⅳ. 유통거래상의 특수문제

1. 총　　설

유통시장에서의 주식거래는 일반적인 주식의 양도·양수에 비해 이해관계인이 많고 대량적으로 신속하게 이루어진다. 자본시장법은 이러한 특수성을 감안한 규정을 다수 두고 있다. 상법상의 주식양도의 관련규정과 연결하여 특히 중요한 제도를 소개한다.

2. 예탁결제(특수한 交付)와 實質株主

(1) 총　　설

금융투자업자들과 같이 주식을 상호간에 빈번하게 거래하는 자들은 양도시마다 현물의 주권을 교부하는 대신, 한국예탁결제원(이하 '예탁결제원'이라 略함)에 주권을 예탁해 놓고 서로의 계좌간에 장부거래로 결제한다. 이 방법은 주식양도의 요건인 주권교부의 특수한 모습으로서 자본시장법에 의해 규율된다.

한편 주주들 중 상당수는 주권을 금융투자업자를 통해 예탁결제원에 보관시키고 있다. 자본시장법은 이와 같이 명의개서를 하지 아니한 실질주주를 법상의 개념으로 받아들이고, 이들이 직접 주주권을 행사할 수 있는 길을 열어 놓았으며, 아울러 실질주주의 관리를 위해 발행회사로 하여금 상법상의 주주명부 외에 별도로 실질주주명부를 작성하게 하였다. 이 제도는 주주들에게 명의개서의 번거로움을 생략하고 주주권을 행사할 수 있도록 편익을 제공하는 동시에, 한편 명의개서를 소홀히 하는 것이 습성화된 투자자들의 지위를 크게 강화시키는 뜻이 있다. 실질주주제도는 명의개서한 주주만이 주주권을 행사할 수 있는 상법상의 대원칙의 중대한 예외를 이룬다.

2019년 9월에 전자등록제가 도입되었고, 상장회사에 대해서는 전자등록이 강제되므로 상장주식은 예탁결제제도의 적용대상이 아니다. 따라서 이하의 설명은 비상장주식으로서 예탁결제제도를 이용하는 주식에 국한한 것으로, 그 대상이 과거에 비해 크게 축소되었다.

상장회사와 예탁결제 및 실질주주제도

상장주식의 주권은 과거 예외 없이 예탁결제원에 예탁되어, 주식의 매매는 예탁결제에 의해 이행되고, 실질주주제도가 활발하게 이용되었다. 그러나 현재는 상장주식의 주권은 전자등록으로 갈음하므로 예탁결제제도는 이용되지 않는다. 나아가 상장주식의 거래와 주주의 인식도 전자등록에 기초하여 이루어지므로 예탁결제제도에 따른 실질주주제도도 상장회사에는 적용되지 않는다(363면 참조).

(2) 증권예탁결제제도의 구조

1) 의 의 예탁결제란 주권의 양도당사자가 모두 공통의 보관기관(예탁결제원)에 계좌를 설정하여 주권을 예탁하고, 양도시에는 현물의 주권을 주고받는 대신 보관기관에 의뢰하여 계좌간의 장부거래로 결제하는 방법이다(자금 311조 참조). 즉 양도인의 계좌에서 양도된 수량만큼 차감기재하고 같은 수량을 양수인의 계좌에 가산기재하며, 보관기관은 예탁자의 청구가 있으면 동종·동량의 주권을 반환하는 제도이다. 양도거래만이 아니라 담보거래도 같은 방식으로 한다. 예탁결제를 위해 보관기관, 즉 예탁결제원은 예탁자계좌부를 작성·비치해야 한다(자금 309조 3항).

다량의 주식을 장기간 보유하는 주주에게 있어서는 주권의 실물의 이동이 불필요하기도 하지만, 대량의 주식거래에서 분실이나 계산착오로 생겨나는 위험을 방지하고 이행을 간편하게 하기 위해 이 방법을 사용한다. 그리하여 예탁주식에 관한 한 주권 없는 주식거래가 보편화되었다.

예탁결제는 주식뿐 아니라 회사채·국공채 같은 채권의 거래에도 이용되므로 이를 증권예탁결제라 부른다.

2) 예탁결제의 당사자 예탁결제업무는 예탁결제원만이 영위할 수 있다(자금 298조 1항). 예탁결제원은 거래소와 금융투자업자의 출자로 구성된 법정기관이다. 금융투자업자와 보험회사, 금융기관 등의 기관투자자들이 계좌를 개설하고 주식매매 및 담보설정의 수도결제에 이를 이용하고 있는데, 이들을 「예탁자」라고 부른다. 예탁자는 자기의 상품주식뿐만 아니라 고객의 위탁거래로 인한 주식도 고객의 동의를 얻어 자기의 명의로 예탁하고 있다(자금 309조 2항).[1] 이 경우 예탁자는 고객의 성명과 주소, 예탁증권의 종류와 수, 발행인의 명칭 등을 기재한 투자자계좌부를 작성·비치해야 한다(자금 310조 1항). 예탁결제원은 예탁자와 예탁받은 증권에 관해 예탁자의 자기소유분과 투자자 예탁분이 구분될 수 있도록 하여 예탁자계좌부를 작성하여야 한다(자금 309조 3항). 투자자계좌부와 예탁자계좌부에 기재된 자는 예탁증권을 점유하는 것으로 본다(자금 311조 1항).

3) 예탁주식의 소유관계 예탁결제원에 예탁한 주권은 다른 예탁자로부

---

1) 금융투자협회 매매거래계좌설정표준약관 제10조 참조.

터 예탁받은 주권과 종류 · 종목별로 혼합보관하고(자금 309조 4항), 반환청구가 있을 경우 예탁한 증권과 동일종목으로 동일수량을 반환한다. 그러므로 예탁주권의 보관방법은 혼장임치이며, 혼장임치의 성격상 예탁결제원은 예탁주권을 소유하지 못하고 주권은 예탁자와 예탁자의 투자자(예탁자의 고객)에게 공유적으로 귀속한다. 즉 예탁자와 예탁자의 투자자는 각각 예탁자계좌부와 투자자계좌부에 기재된 증권의 종류, 종목 및 수량에 따라 예탁증권에 대한 공유지분을 가지는 것으로 추정한다(자금 312조 1항).

여기서 주의할 점은 공유관계는 증권의 종목별로 성립한다는 것이다. 예컨대 A금융투자업자가 X 주식을 100주, Y 주식을 200주, 동시에 자기의 고객 a의 위탁으로 X 주식 200주, Y 주식 300주를 취득하여 보관하고 있고, B금융투자업자는 X 주식 300주를 소유하며, 동시에 자기의 고객 b의 위탁으로 Y 주식 400주를 취득하여 보관하고 있다고 하자. 그리고 A금융투자업자와 B금융투자업자는 자기가 소유하는 주권과 보관중인 고객의 주권을 모두 예탁결제원에 예탁하였으며, 예탁결제원이 보관중인 X와 Y 주식은 이것이 전부라고 하자. 그러면 A · a · B는 X 주식에 대해 각기 1/6 · 2/6 · 3/6의 공유지분을 가지며, A · a · b는 Y 주식에 대해 각기 2/9 · 3/9 · 4/9의 공유지분을 갖는다.

4) 예탁주권의 교부 예탁자의 반환청구권은 종류물채권으로 변하고, 양도인의 양수인에 대한 주권교부는 계좌대체로 이루어진다. 이것은 목적물반환청구권과 공유지분의 양도로 설명할 수 있다.[1] 예탁자계좌부와 투자자계좌부에 기재된 자는 각각 그 주권을 점유하는 것으로 보며(자금 311조 1항), 계좌대체, 즉 계좌에의 수량기입은 양도인과 양수인간에 주권의 교부가 있었던 것과 동일한 효력을 갖는다(자금 311조 2항).

(3) 실질주주의 의의

실질주주라 함은 「실질」이라는 용어를 통해 알 수 있듯이 주주명부상의 주주와 계산상의 주주가 분리되어 있음을 전제로 한다. 그러므로 예탁결제원에 주권을 예탁한 예탁자 또는 투자자가 주권을 반환받아 자신의 명의로 명의개서를 하면 「실질주주」와 명의주주가 일치하므로 실질주주라는 개념은 거론되지 아니하고, 예탁결제원이 예탁자 또는 투자자의 주식을 가지고 자기의 명의로 명의개서를 하였을 때에만 실질주주라는 지위가 생겨난다.

예탁결제원은 예탁증권에 대하여 자기명의로 명의개서를 할 수 있다(자금 314

1) 河本, 142면; Herbert Schönle, Bank- und Börsenrecht, C. H. Beck, 1971, S. 272.

(조 2항). 예탁결제원이 자기의 이름으로 명의개서를 함에는 예탁자나 투자자의 승낙을 요하지 아니한다. 한편 예탁결제원의 「증권등 예탁업무규정」(이하 「예탁업무규정」이라 약칭)에 의하면, 예탁증권 중 주권에 대하여는 예탁결제원의 명의로 명의개서를 하여야 한다고 규정하고 있다(동규정 47조). 이 규정은 보통약관의 성격을 갖는데, 이 규정대로 예탁결제를 운영한다면 예탁결제원에 주권을 예탁하는 자는 자기 이름으로 명의개서하는 것을 포기할 수밖에 없다.

법문에는 예탁결제원이 「자기명의로 명의개서를 청구할 수 있다」고 규정하므로 명의개서 여부는 예탁결제원의 임의인 듯이 보여진다. 그러나 예탁결제원은 실질주주가 주주권행사에 실기하지 않도록 지체 없이 자기명의로 명의개서를 청구해야 한다고 해석한다. 명의개서를 게을리하는 동안 前권리자(예탁자나 투자자에게 주식을 양도한 자)가 주주권을 행사한다면 예탁결제원이 예탁자와 투자자에게 손해배상을 하여야 할 것이다.

예탁결제원이 그 이름으로 명의개서를 한 경우, 그 주식에 대해 공유지분을 갖는 예탁자와 투자자가 실질주주가 된다. 앞의 예에서 X 주식에 대해 A · a · B가, Y 주식에 대해 A · a · b가 각기 실질주주가 된다.

(4) 실질주주의 주주권행사

예탁결제원의 이름으로 명의개서한 경우에는 주식에 관한 권리는 「주주명부 및 주권에 관한 권리」와 「기타의 주주권」으로 나뉘어 각기 행사자를 달리한다.

1) 주주명부 및 주권에 관한 권리 예탁결제원의 이름으로 명의개서된 주식에 대하여는 예탁자 또는 투자자의 신청이 없더라도 예탁결제원이 주주명부의 기재 및 주권에 관하여 주주로서의 권리를 행사할 수 있다(자금 314조 3항). 주권에 관한 권리라 함은 주권의 병합 · 분할의 청구, 회사합병 등으로 주권의 교체가 있는 경우 그 교체청구, 준비금의 자본금전입, 주식배당, 신주인수권의 행사 등에 의해 발행하는 주권의 수령, 주권상실시의 공시최고의 신청 등에 관한 권리를 말한다(예탁업무규정 49조 2항). 실질주주는 이러한 권리를 행사할 수 없다(자금 315조 2항 본). 이러한 권리는 성질상 주주명부상의 주주자격과 불가분의 관계에 있으므로 권리행사자를 분리시킬 경우 회사의 주식사무에 혼란을 주기 때문이다. 그러나 실질주주도 주주명부의 열람이나 등사의 청구는 할 수 있다(동조 동항 단).

또 예탁결제원은 실질주주의 의사에 관계 없이 발행회사에 대해 주권의 불소지(358조의2)를 신고할 수 있다(자금 314조 3항). 이는 다량의 주권을 보관하는 예탁결제원에 대해 주권보관의 불편과 위험을 덜게 해 주기 위한 것인데, 예탁결제원의 주권불소지신고는 주권보관의 한 방법으로 보아야 할 것이다. 예탁결제원이 불소지를 신고하여 주권을 소지하지 않는 중에도 예탁자간에 그 주식의 양도가 가능하므로 주권의 교부에 의해 주식을 양도하게 하는 상법상의 원칙(336조 1항)에 대해 주권 없이 주식을 양도할 수 있는 중대한 예외가 된다.

주권의 불소지신고도 실질주주가 행사할 수 있는 권리가 아니다(자금 315조 2항 본).

2) 기타 주주권의 행사 앞에 설명한 예탁결제원만이 행사할 수 있는 권리를 제외하고는 모든 주주권을 실질주주가 행사할 수 있다. 예컨대 의결권·이익배당청구권·신주인수권 등은 모두 실질주주의 몫이다. 이러한 권리도 실질주주인 예탁자 또는 투자자의 신청에 의해 예탁결제원이 행사할 수 있으나(자금 314조 1항), 신청하지 아니하면 당연히 실질주주가 행사한다(단 의결권은 예외. 후술).

주식이 수인의 공유에 속하는 때에는 공유자는 주주의 권리를 행사할 자 1인을 정하여야 한다(333조 2항). 예탁주식에 대해 실질주주들이 공유지분을 가지므로 실질주주들이 주주권을 행사하기 위하여는 그들 중에서 권리를 행사할 자 1人을 정하여야 한다는 결론이 나온다. 그러나 상호간에 연락 없이 존재하는 실질주주들이 대표자를 선정한다는 것은 비현실적이기도 하려니와 실질주주에게 주주권을 행사하게 하는 기본취지에도 어긋난다. 그러므로 자본시장법은 상법의 공유관계규정에 대한 특례규정으로서 예탁주권의 공유자는 주주로서의 권리행사에 있어서 각각 공유지분에 상당하는 주식을 가지는 것으로(즉 단독소유하는 것으로) 보고 있다(자금 315조 1항).

실질주주가 주주권을 행사하는 관계로 주주총회의 소집통지 등 주주에 대한 각종 통지는 실질주주에게 하여야 한다(자금 315조 2항 단).

(5) 실질주주의 인식

실질주주로 하여금 주주권을 행사하게 하려면 그 주식을 발행한 회사가 누가 실질주주이냐를 인식하여야 한다. 주주명부상으로는 예탁결제원이 주주로 등재되어 있으므로 주주명부를 가지고는 실질주주를 파악할 수 없다. 그러므로 달리 실질주주를 파악할 수 있는 방법이 모색되어야 한다. 그 방법으로 마련되어 있는 것이 실질주주의 통지와 실질주주명부이다.

1) 실질주주의 통지 예탁주권의 발행회사가 주주권을 행사할 자를 정하기 위하여 주주명부를 폐쇄하거나 기준일을 정한 때(354조)에는 예탁결제원은 폐쇄기간의 초일 또는 기준일의 실질주주에 관하여 일정한 사항을 지체 없이 주식의

발행회사(또는 그 회사의 명의개서대리인)에 통지해야 한다. 통지할 사항은 「실질주주의 성명과 주소, 실질주주가 갖는 공유지분에 상당하는 주식의 종류와 수」이다(자금 315조 3항 1호 · 2호). 한편 예탁결제원이 자신이 작성한 예탁계좌부에 의해 실질주주를 파악할 수 있는 것은 예탁자의 소유주식에 대해서 뿐이고, 예탁자의 투자자가 예탁자를 통해 예탁한 주권은 그 총량만 알 수 있고, 개별 실질주주는 알 수 없다. 투자자인 실질주주는 예탁자가 작성한 투자자계좌부에만 나타나기 때문이다. 그러므로 예탁결제원은 발행회사에 실질주주를 통지해 주기 위하여, 예탁자에 대해 실질주주에 관한 사항을 통보해 줄 것을 요청할 수 있으며, 이에 따라 예탁자는 지체 없이 통보하여야 한다(자금 315조 4항).

이 제도에 의해 발행회사가 정한 주주명부 폐쇄일 또는 기준일 현재 예탁결제원의 예탁계좌부에 기재된 예탁자 및 예탁자의 투자자계좌부에 기재된 투자자는 다음에 설명하는 실질주주명부와 연결됨으로써 발행회사가 정한 폐쇄일 또는 기준일에 발행회사의 주주명부에 주주로 기재된 것과 같은 효과를 누리고 주주권을 행사할 수 있다.

2) **실질주주명부** 예탁결제원으로부터 실질주주에 관한 사항을 통지받은 발행회사(또는 그 명의 개서대리인)는 그 통지를 받은 사항과 통지연월일을 기재하여 실질주주명부를 작성 · 비치하여야 한다(자금 316조 1항).

i) 실질주주명부의 효력 이 실질주주명부는 실질주주에 관한 한 주주명부와 같은 기능을 하는 것으로서 발행회사가 실질주주를 인식하는 근거가 된다. 아울러 법적 효력에 있어서도 실질주주명부에의 기재는 주주명부에의 기재와 동일한 효력을 가진다(자금 316조 2항). 그러므로 실질주주명부에의 기재는 주주명부의 명의개서와 같이 실질주주에 대해서는 자격수여적 효력을 부여하며, 회사에 대해서는 면책적 효력을 부여한다. 따라서 실질주주로 기재된 자는 그 실질적 권리를 증명함이 없이 주주권을 행사할 수 있으며, 회사는 이러한 자를 주주로 인정하면 면책된다.

한편 실질주주명부에의 기재는 실질주주가 회사에 대해 권리를 행사하기 위한 대항요건이기도 하다. 그러므로 실질주주는 회사에 대한 관계에서는 실질주주명부에 기재됨으로써 그 지위를 취득하지만, 그 기재의 효력은 실제로 실질주주명부에 기재된 때가 아니라 주주명부의 폐쇄일 또는 기준일로 소급하여 발생하는 것으로 이해하여야 한다. 그래야만 주주명부폐쇄일 또는 기준일 당시의 주주가 행사할 수 있는 권리를 행사할 수 있기 때문이다(회사가 실질주주명부에 기재하는 것은 이 날보다 후의 날임

(을 생각할 것).

ii) 불통일행사 주주 중에는 소유주식 중 일부는 자기가 주권을 보관하며 주주명부에 명의개서를 하고, 나머지는 예탁결제원에 예탁하여 두는 자도 있을 수 있다. 이러한 주주는 동일인이면서 주주명부와 실질주주명부에 나란히 주주와 실질주주로 기재되게 된다. 이 경우 회사는 주주명부에 기재된 자와 실질주주명부에 기재된 자가 동일인이라고 인정하는 때에는 주주로서의 권리행사에 있어서 주주명부의 주식수와 실질주주명부의 주식수를 합산하여야 한다(자금 316조 3항). 따라서 이 주주는 의결권의 불통일행사의 제한에 관한 상법 제368조의 2 제 2 항의 적용을 받는다. 회사의 주식사무의 편익을 위한 측면도 있으나, 주주가 합산을 청구하는 경우에는 합산하여야 한다는 뜻도 담겨 있다(소수주주권의 행사를 위해 합산할 필요가 있을 수 있다).

iii) 실질주주명부의 열람 상법 제396조는 회사로 하여금 주주명부를 비치하게 하고 주주·채권자들이 열람·등사를 청구할 수 있도록 규정하고 있다(동조 2항). 이 규정이 실질주주명부에도 적용되느냐는 문제가 있다. 이 점 다른 기업공시사항과 같이 후술한다(1070면 참조).

3. 內部者去來의 제한

(1) 총 설

1) 입법취지 자본시장법 제172조 내지 제175조에서는 상장법인의 임직원, 주요주주 등 회사의 內部情報에 용이하게 접근할 수 있는 자의 주식거래에 대해 거래의 금지, 차익반환 등의 법적 규제를 가하고 있다.

일반적으로 증권시장에서 신상품의 개발, 대량의 수주, 유·무상증자와 같은 기업정보는 투자판단에 있어 가장 중요한 자료로서 활용되며, 그것이 공개되었을 때에는 주가의 형성에 영향을 미친다. 이러한 기업정보에 쉽게 접근할 수 있는 해당 기업의 임직원, 주요주주, 기타 회사와의 밀접한 관계로 기업정보에 접근할 기회를 갖는 자를 內部者(insider)라고 부르며, 이 내부자가 자기의 지위로 인해 얻은 미공개의 정보를 이용하여 매매차익을 얻거나 손실을 면하기 위해 하는 주식거래를 내부자거래(insider trading)라고 한다.

주식시장에서의 거래는 고도의 불확실성에 대한 투자임을 본질로 한다. 미래에 어떻게 전개될지 알 수 없는 다양한 변수에 의해 주가가 형성되기 때문이다. 이러한 불확실성 속에서 투자자들은 자기의 판단과 위험부담하에 투자활동을 하는 것이다. 그러므로 모든 투자자들은 그 판단은 자기의 책임으로 하되 기회는 균등히 가져야 한다. 이 같은 기회의 형평성이야말로 자본시장법이 추구하는 가장 중요한 목적이라 할 수 있다. 기업정보는 투자의 불확실성을 감소시킨다. 그러므로 기업정보는 마땅히 공시되어 모든 투자자가 이를 균등하게 활용할 수 있어야 한다. 그렇지 않고 일부 내부자만이 기업정보를 독점하여 대중투자자를 앞지르는 판단을 함으로써 이익을 보거나 손실을 회피한다면, 이것은 대중투자자의 손실로 전가되어 불공정할 뿐 아니라 증권시장의 기본가설을 깨뜨리므로 용인될 수 없다.

요컨대 내부자거래의 제한은 내부자에 의한 기업정보의 불공정한 이용(unfair use of information)을 방지하고 나아가 일반대중 및 국외자인 주주(outside shareholders)를 보호하기 위한 제도로서,[1] 내부자는 기업정보를 개시하여야 하고 부득이 개시하지 못할 경우라면 증권거래를 단념해야 한다는 사고('disclose or abstain' rule)[2]를 바탕으로 한 것이다.

2) **내부자거래규제의 개요** 자본시장법에서 규정하는 내부자거래의 규제내용은 ① 내부자가 주식을 매도 또는 매수한 후 6월 내에 다시 매수 또는 매도하는 방법으로 단기간의 매매(short swing transaction)를 통해 차익을 얻은 경우 그 차익을 회사에 반환케 하고(자금 172조 1항), ② 내부자가 공개되지 아니한 기업정보를 이용하여 주식을 매도 또는 매수하는 것을 금지하는 것이다(자금 174조).

이 두 가지 규제내용에는 몇 가지 차이점이 있다. 우선 요건에 있어 ①은 일정한 내부자의 신분만 구비하면 실제 미공개정보를 이용하였느냐는 것을 묻지 않고 제한을 가하는 것이다. 그러나 ②는 내부자의 신분을 갖춘 자가 「미공개정보를 이용하여」 거래하였을 경우에 한해 규율하는 것이다. 그러므로 그 규제내용도 상이하다. ②는 미공개정보를 이용하였다고 하는 행위에 可罰的인 비난가능성이 있어 벌칙을 적용한다. 이에 대해 ①의 행위는 정보이용의 개연성에만 기초하여 규율하는 것이므로 범죄성을 인정할 수 없다. 그래서 단지 매매차익만을 반환하게 함으로써 거래를 무익하게 하는데 그친다. 이와 같이 ①은 정보이

1) Feder v. Martin Marietta Corp., 406 F. 2d 260(2nd Cir. 1969), *cert. denied* 396 U.S. 1036(1970).

2) Securities and Exchange Commission(SEC) v. Texas Gulf Sulphur Co. 401 F. 2d 833(2nd Cir., 1968) *cert. denied* 394 U.S. 976, 89 S. Ct. 1454, 22 F. Ed. 2d 756(1969); Shapiro v. Meril Lynch, Pierce, Fenner & Smith, Inc. 495 F. 2d 228(2nd Cir., 1974); Fridrich v. Bradford 542 F. 2d 307(6th Cir., 1976) *cert. denied* 429 U.S. 1053, 97 S. Ct. 767, 50 L. Ed. 2d 769(1977).

용의 개연성을 기초로, ②는 실제로 정보를 이용한 사실을 비난하는 것이므로 규제대상인 내부자의 범위를 달리한다. ①은 형식적인 기준에 의해 그 범위가 제한되고 ②는 정보접근의 가능성이 있는 자를 폭넓게 포함한다.

한편 자본시장법은 위와 같은 규제의 실효성을 확보하기 위한 부수적인 제도로서 ① 주요주주의 소유상황 및 변동을 공시하게 하고(자금 173조), ② 정보를 이용하여 매매를 한 때 그리고 공시의무를 위반한 때에는 벌칙을 적용하고(자금 443조 1항 1호 내지 3호 · 446조 31호), ③ 정보를 이용해 매매를 한 자로 하여금 그로 인해 손해를 입은 자에게 배상을 하게 한다(자금 175조).

3) 연　혁[1]　　자본시장법 제172조 및 제174조는 미국의 1934년 증권거래법(Securities Exchange Act of 1934) 제10조(b) · 제16조의 내부자거래제한 및 이를 본받은 일본 증권거래법(1948) 제189조와 제190조를 모범으로 한 것이다. 미국에서는 위 규정이 제정된 이래 내부자거래규제는 공시의무와 관련하여 매우 적용빈도가 높은 제도가 되었으며, 판례이론을 통해 그 내용을 보완해 왔다. 우리나라에서도 금융실명제가 도입된 93년 이후 내부자거래의 파악이 용이해짐에 따라 적용사례가 크게 늘고 있다.

내부자거래규제의 이론적 근거

1) 신인의무(fiduciary duty)　　미국의 학설 · 판례는 내부자거래규제의 이론적 근거를 보통법상의 신인의무에서 찾는다. 즉 일반적으로 임원 · 대주주 등의 내부자가 주식거래를 하는 주주들에게 회사의 정보를 알려야 할 의무는 없으나, 내부자가 취득한 기업정보는 결국 회사의 경제적 가치이므로 공개하지 못할 정보라면 그것은 회사의 사업과 주주 전부의 이익을 위해서만 이용해야 하고, 내부자의 사익을 추구하는 데 이용한다면 회사와 주주 전부에 대한 신인의무의 위반이라는 것이다. 그리고 공개해도 무방한 정보이고 내부자가 당사자가 되어 주식거래를 하는 상황에서라면 상대방(역시 다른 주주이다)에게 정보를 개시하여야 할 신인의무를 지닌다는 것이다(limited fiduciary duty).[2]

한편 내부자거래의 경제적 효용성을 옹호하고 그 규제에 반대하는 견해도 유력하다. 이른바 효용이론이다.

---

1) 내부자거래규제의 발전과 배경에 관해, 金正洙, 「資本市場法原論」(제 2 판), SFL그룹, 2014, 1201면 이하의 설명이 상세하다.

2) Victor Brudney, "Insiders, Outsiders, and Informational Advantage under the Federal Securities Laws," 93 Harv. L. Rev. 322(1979), p. 343 *et. seq.*; Strong v. Repide 213 U.S. 419, 29 S. Ct. 521, 53 L. Ed. 853(1909); Hobart v. Hobart Estate Co., 26 Cal. 2d 412, 433, 159 p. 2d 958, 970(1945); Fisher v. Pennsylvania Life Co., App. 3d 506, 138 Cal. App. 181(1977).

2) **효용이론**(efficiency theory) 내부자거래의 경제적 효용은 Henry Manne에 의해 처음 주장되었으며,[1] 상당수의 학자가 같은 입장을 취하고 있다. 그 요지는 다음과 같다.

내부자거래를 규제하면 내부자의 주식거래를 제지하는 데 그치지 않고 정보까지도 묻어버리는 결과가 된다.[2]

그래서 내부자거래의 규제가 내부정보의 공개를 유도하지 못할 바에는 차라리 내부자거래를 허용하면 내부자가 자기가 가진 정보의 내용에 따라 매매를 하고 이에 따라 주가는 그 알려지지 않은 정보가 반영되어 변동하게 된다. 이에 의해 기업정보는 간접적인 방법으로 시장에 알려지게 되고, 시장은 보다 활성적 · 효율적으로 움직이게 된다. 결론적으로 내부자거래는 내부의 기업정보를 주식시장에 전달함으로써 주식시장의 효율을 고양하는 데 반해, 내부자거래의 규제는 기업정보의 전달을 방해하고 시장의 효율을 저하시킨다.[3]

이상의 효용이론에 대해 전통적인 규제론자들은 효용이론이 내부자거래의 효용창출을 과대평가하고 있다고 비판한다. 오히려 내부자거래는 정보의 개시를 지연시킬 뿐이고, 자원의 배분을 저해하며, 내부정보에 접하기 어려운 국외거래자(outside trader)를 시장에서 축출할 뿐이라고 주장한다.[4]

또 규제론자들은 자본시장의 건전성과 공정성(integrity and fairness)을 지켜 투자자의 신뢰를 유지하고자 하는 증권법의 기본목적은 거래당사자의 一方은 알고 他方은 모르는 상태에서 이루어지는 거래가 방치되어서는 달성할 수 없음을 강조한다.[5]

효용이론이 정당화되기 위하여는 증권시장의 효율(market efficiency)이 완전하여 주가가 기업정보를 즉각 수용하여야 하나, 실제의 시장기능이 이를 따라가지 못하므로 효용이론은 기본전제에서 오류를 범하고 있다고 할 수 있다.

(2) 단기매매차익의 반환

상장법인의 임원 · 직원 또는 주요주주가 그 법인의 주권 등을 매수한 후 6월 이내에 매도하거나 그 법인의 주식을 매도한 후 6월 이내에 매수하여 이익을 얻은 경우에 당해 법인은 그 이익을 그 법인에게 반환할 것을 청구할 수 있다(자금 172조 1항).

이익의 반환을 요할 뿐이고, 거래 자체가 금지되거나 위법한 것은 아니다.

---

1) H. Manne, *Insider Trading and Stock Market*(1966).

2) Herman, "Equity Funding, Inside Information, and Regulations," 21 UCLA L. Rev. 1, 18(1973); Heller, "Chiarella, SEC Rule 14°-3 and Dirks; "Fairness" versus Economic Theory," 37 Bus. Law. 517, 538(1982).

3) Brudney, *op. cit.*, p. 341; Easterbook, "Insider Trading, Secret Agents, Evidentiary Privileges, and the Production of Information," 1981 Sup. Ct. Rev. 309, 329~30.

4) Brudney, *op. cit.*, p. 356.

5) Hetherington, "Insider Trading and Logic of the Law," Wis. L. Rev. 720, 733(1967); Ferber, *op. cit.*, p. 622; Brudney, *op. cit.*, p. 346.

1) 내부자의 범위와 판단

㈎ **내부자의 범위** 자본시장법 제172조는 상장법인의 임원·직원·주요주주를 내부자로 규정한다.

(a) 임 원 임원이란 원래 이사와 감사를 뜻하지만(자금 9조 2항), 내부자의 범위에 관련해서는 상법 제401조의2 제 1 항 각호가 규정하는 업무집행관여자를 포함한다(자금 172조 1항). 그리고 2011년 개정상법에 의해 신설된 집행임원(408조의2 1항)도 임원에 포함되는 것으로 풀이해야 한다. 상근·비상근을 가리지 않는다. 임원은 항상 회사의 업무를 집행하거나 회사재산 또는 회계에 접하는 자들이므로 내부자 중에서 가장 기업정보에 밝은 자들이라고 할 수 있다.

(b) 직 원 사용인 중에도 그 지위나 직무에 따라 특정의 정보에 정통한 자가 있을 수 있으므로 이들의 주식거래를 제한하기 위하여 내부자에 포함시킨 것이다(직원의 구체적인 범위는 자금령 194조 참조).

(c) 주요주주 주요주주란 누구의 명의로 하든지 자기의 계산으로 의결권 있는 발행주식총수의 100분의 10 이상을 소유하고 있는 주주 또는 임원의 임면 등의 방법으로 법인의 중요한 경영사항에 대하여 사실상의 영향력을 행사하는 주주를 말한다(자금 9조 1항, 금융지배구조 2조 6호). 주주는 자연인일 수도 있고 법인일 수도 있다.

100분의 10이란 수치는 미·일의 입법례를 본받았다는 연혁적인 배경 외에 주식이 널리 분산된 상장법인에서 10% 정도의 주식소유라면 회사에 대한 영향력을 행사하여 기업정보를 쉽게 얻을 수 있으리라는 데에서 그 타당성을 찾을 수 있다.[1)]

(d) 준내부자 이 밖에 내부자는 아니나 역시 일정한 지위로 인해 기업정보에 정통하고 이를 남용할 염려가 있는 자가 있을 수 있다. 준내부자라고 부르기로 한다.

자본시장법은 준내부자의 예로 주식의 모집·사모·매출을 인수한 투자매매업자를 들고 있다. 상장법인이 발행한 주식의 모집·사모·매출을 인수한 투자매매업자도 일정 기간(인수계약 후 3월간) 그 상장법인의 내부자로 보므로 단기매매차익을 회사에 반환하여야 한다(자금 172조 7항, 자금령 199조). 인수한 투자매매업자는 인수과정에서 발행회사의 기업정보에 접할 기회가 많으므로 그 남용을 방지하기 위한 것이다.

---

1) Reliance Electric Co. v. Emerson Electric Co., 404 U.S. 418, 92 S. Ct. 596, 30 L. Ed. 2d 575(1972).

기업정보를 일반투자자에 앞질러 접할 수 있는 준내부자는 이 밖에도 많이 있으나, 단기매매차익반환제도는 실제의 정보이용행위를 규율하는 것이 아니라 정보이용의 개연성에 기초하여 규율하는 것이므로 형식적인 명확성이 중요하여 내부자의 범위를 위와 같이 제한하고 있다.

tippee

내부자로부터 기업정보를 얻어 주식거래를 한 자도 내부자로 보고 자본시장법 제174조를 적용할 것인가? 원래 이 문제는 미국에서 1934년 증권거래법을 제정할 때 내부자가 제 3 자에게 정보를 제공하고, 그 제 3 자('tippee', 이에 대해 정보를 준 내부자를 'tipper'라 함)를 자기의 분신(alter ego)으로 활용하여 내부자거래를 할 수 있다는 점을 염려하여 이를 내부자거래의 한 유형으로서 명문화하려던 것이었다. 그러나 내부자거래제한규정(§ 16 (b))은 그 적용이 명확하고 자동적이어야 하고, 그 적용범위를 가급적 축소시켜야 한다는 요구에 따라 삭제하였다.[1] 판례도 tipper 및 tippee에 대해 증권거래법 제16조의 적용을 배척하여 왔다.[2] 다만, tippee가 ① 그에게 정보를 준 tipper가 정보를 흘림으로 해서 회사와 주주에 대한 신인의무(fiduciary duty)를 위반하였고, ② tippee가 tipper의 신인의무위반을 인식하였을 경우에 한해 내부자거래규제의 적용을 받으며, tipper는 그 정보의 제공으로 인해 직접 혹은 간접으로 자신의 이익을 취하였을 때 규제대상이 된다는 기준을 유지하고 있다.[3] 우리 자본시장법에서는 후술하는 내부자거래의 금지에 관해서는 tippee를 처벌하지만, 단기매매차익반환에 관해서는 tippee를 적용대상으로 삼고 있지 않다.

(나) 내부자 여부의 판단 내부자로서의 지위는 수시로 변동될 수 있으므로 자본시장법 제172조를 적용함에 있어 어느 시기에 내부자이어야 하느냐는 점이 문제된다.

매도와 매수 또는 매수와 매도라는 2개의 행위가 있어 선행행위의 직전과 직후, 후행행위의 직전과 직후라고 하는 4개의 시점이 판단대상이 된다. 특히 주요주주는 주식의 매도·매수에 의하여 신분의 득실이 생긴다. 자본시장법 제172조 제 6 항은 「제 1 항의 규정은 … 주요주주가 매도·매수한 시기중 어느 한 시기에 있어서 주요주주가 아닌 경우에는 이를 적용하지 아니한다」라고 규정하므로 선행행위와 후행행위의 양시기에 모두 내부자이어야 한다고 해석된다.

1) Richard S. Lincer, "Note, 'Beneficial Ownership under Section 16(b) of Securities Exchange Act of 1934," 77 Colum. L. Rev. 446(1977), p. 450.
2) Blau v. Lehman, 368 U.S. 403, 82 S. Ct. 451, 7 L. Ed. 2d 403(1962).
3) Dirks v. SEC, 103 S. Ct 3255(1983); Chiarella v. United States, 445 U.S. 222(1980).

그런데 문제는 매수와 매도 또는 매도와 매수가 모두 사전에 이미 내부자로서의 신분을 갖춘 상태에서 이루어져야 하느냐이다. 예컨대 甲이 4월 1일 11%의 주식을 매수하고, 다시 5월 1일 3%를 매수한 후 6월 1일에 5%를 매도하고, 7월 1일에 나머지 9%를 전부 매도하였다고 하자. 사전의 내부자신분을 필요로 한다면, 이 예에서 4월 1일의 11% 매수와 7월 1일의 9% 매도는 내부자로서의 신분이 아닌 상태에서 한 것이니 내부자거래에 해당하지 아니하고, 5월 1일의 3% 매수 및 6월 1일의 5% 매도만이 내부자거래에 해당할 뿐이다. 미국의 판례는 미국 1934년 증권법거래 제16조(b)(자금 172조 6항과 同)를 문리해석하여 이와 같이 보고 있다.[1)]

그러나 본 제도의 취지가 내부자에 의한 정보의 이용 및 그로 인한 단기차익의 실현을 저지하려는 데 있는 이상 10% 이상의 주주가 되는 순간부터 정보이용의 기회가 주어지며, 이것이 그 이후의 매도에 반영될 수 있다고 보아야 하므로 매수와 동시에 주요주주가 되는 경우의 매수(위 예의 4월 1일의 11% 매수)도 내부자거래에 포함된다고 해석해야 한다. 또한 매도의 경우도 법정기간인 6월 내에 행해지는 한, 하나의 처분계획에 의한 단일의 매도행위[2)]로 볼 수 있으므로 처분과정에 있어서의 신분상실은 고려할 필요가 없다고 본다. 따라서 먼저 매도하고 후에 매수하는 경우에 있어 그 주요주주가 수회에 걸쳐 매도하여 그 중간에 주요주주의 신분을 상실하고 수회에 걸쳐 매수함으로써 그 중간에 주요주주의 신분을 회복하였을 때에는 그 매도·매수가 6월 내에 이루어지는 한 모두 내부자거래가 된다고 보아야 한다.

임원·직원에 관하여는 주요주주와는 달리 자본시장법 제172조 제 6 항과 같은 규정이 없다. 따라서 매수·매도 또는 매도·매수의 어느 한 시점에서 임원 또는 직원이었다면 내부자거래에 해당한다고 해석해야 한다(대법원 2008. 3. 13. 선고 2006다73218 판결).

2) 단기매매의 요건

(가) 주식의 매매 내부자에 의해 6월 내에 매수와 매도 또는 매도와 매수

1) 미국의 판례는 과거 내부자 아닌 자가 주식의 매수와 동시에 내부자가 되는 경우도 내부자거래에 해당한다고 보았으나(Stella v. Graham-Paige Motors Corp.), 현재는 본문에서와 같이 매수·매도시 모두 내부자의 신분을 갖추고 있을 것을 요구한다. Reliance Electric Co. v. Emerson Electric Co., 404 U.S. 418, 92 S. Ct. 596, 30 L. Ed. 2d 575(1972); Foremost-Mckesson, Inc. v. Provident Securities Co., 423 U.S. 232, 96 S. Ct. 508, 46 L. Ed. 464(1976).

2) 前註의 Reliance v. Emerson 사건에서의 소수의견(Douglas 판사). "a single sale effected persuant to a plan of distribution conceived at the [same]time"이라고 표현하였다.

가 일어나야 한다. 장외거래에 의해 이루어지더라도 무방하다. 규제의 대상이 되는 것은 당해법인의 주식에 한하지 않고 전환사채 · 신주인수권부사채 · 신주인수권증서 · 이익참가부사채, 이러한 증권의 예탁증권, 이러한 증권과 교환할 수 있는 제 3 자 발행의 교환사채, 이러한 증권을 기초자산으로 하는 금융투자상품을 포함한다(자금 172조 1항, 자금령 196조). 그리고 법문에서는 「매수」와 「매도」라는 용어를 사용하나, 본조의 취지상 회사의 정보를 부당하게 이용할 가능성이 있는 경우에는 신주의 인수 · 교환과 같은 유상취득이나 처분도 포함되는 것으로 해석해야 한다(서울고법 2001. 5. 18. 선고 2000나22272 판결).

(나) **거래명의** 명문의 규정은 없으나, 매수 · 매도를 내부자의 계산으로 하는 한 누구의 이름으로 하든 같다고 해석한다. 이 점은 주요주주의 판단에 있어 소유명의를 묻지 않는 것으로부터 유추할 수 있다.

(다) **거래시기** 주식의 매매에서는 매매계약이 체결됨과 동시에 혹은 뒤의 다른 시점에서 주권의 교부가 이루어지고 이어 명의개서가 행해진다. 이 중 어느 시점에 매매가 있은 것으로 볼 것이냐는 의문이 제기된다. 「6월 내의 매매」에 해당되는지 여부와 관련하여 중요한 의미를 갖는 문제이다. 제도의 취지가 내부정보를 이용한 차익의 실현을 방지하려는 것인데, 정보의 이용이 있었다고 가정할 경우 그 시기는 계약체결시점이고 또 이 시기에 가격을 결정하므로 차익이 실현된다. 따라서 매매계약이 체결되는 시점에 매도 또는 매수가 있은 것으로 보아야 한다(대법원 2011. 3. 10. 선고 2010다84420 판결).

(라) **미공개정보의 지득과 이용 여부** 내부자가 6월 내에 거래한 사실만으로 족하고, 그 직무 또는 지위에 의하여 미공개정보를 지득하고 또 그 미공개정보를 거래에 이용하였는지 혹은 미공개정보를 이용하여 이득을 취하려는 의사가 있었는지는 묻지 않는다(대법원 2012. 1. 12. 선고 2011다80203 판결). 이 점이 후술하는 내부자거래의 금지(자금 174조)와 본질적으로 다른 점이다. 그러나 정보를 이용하지 않았음이 명백한 거래마저 본조의 적용대상으로 삼아서는 안 될 것이다. 그래서 자본시장법 제172조 제 6 항 및 시행령 제198조에서 비교적 정보이용의 가능성이 희박하다고 인정되는 거래는 예외로 열거하고 있다.[1] 이 예외사유는 한정적인 것으로 해석해서는

1) 자본시장법 시행령 제198조 제13호에서 증권선물위원회가 중요정보를 이용한 매매거래가 아니라고 인정하는 거래를 예외로 인정하고 있고, 금융위원회의 「단기매매차익 반환 및 불공정거래 조사 · 신고 등에 관한 규정」 제 8 조에서도 중요정보를 이용한 것으로 보지 않는 구체적인 예를 열거하고 있다.

안 된다. 이 사유에 해당하지 않는다고 하여 차익을 일률적으로 반환하게 한다면 헌법상의 최소침해성의 원칙(憲 37조 2항)에 반하기 때문이다(헌재 2002. 12. 18.자 99헌바105 · 2001헌바48 결정). 그리하여 헌법재판소와 대법원은 「내부자거래에 의한 주식거래가 아님이 명백한 경우, 즉 거래의 '유형상' 애당초 내부정보의 이용가능성이 객관적으로 없는 경우」에는 자본시장법 제172조 제 1 항이 적용되지 않는다고 판시하였다(전게 헌재 결정; 대법원 2004. 2. 13. 선고 2001다36580 판결; 동 2024. 5. 9. 선고 2020다202616 판결).[1)·2)]

자본시장법 제172조의 모체라 할 수 있는 미국 1934년 증권거래법 제16조(b)도 내부자에 의한 「정보의 불공정한 이용을 방지하기 위하여」(for purpose of preventing the unfair use of information …) 내부자거래를 제한하는 것으로 규정하고 있어 정보이용방지는 입법목적에 그치고, 내부자가 실제로 정보를 부당하게 이용하였는지 여부는 제16조(b)의 적용상 무관하게 되어 있다.

미국 1934년 증권거래법 제16조(b)가 이와 같은 입법방식을 취한 것은 입증의 어려움 때문이었다. 즉 내부자의 불공정한 정보이용이라는 주관적 의도의 입증이 어려움을 의식하고, 이의 객관적 입증수단(an objective measure of proof)으로서 6월이란 단기매매기간을 설정한 것이다.[3)] 다시 말해서 일정한 내부자가 6월이란 기간 내

---

1) 상세는 李哲松, "有價證券의 短期賣買差益返還과 情報利用의 要件性,"「증권법」 제 5 권 1호(2004), 181면 이하 참조.

2) 判旨의 이론은 미국판례의 비시장적 거래(unorthodox transaction)이론을 수용한 것으로 보인다. 미국에서는 1934년 증권거래법 제16조(b)의 요건이 경직화되어 있음으로 해서 정보이용의 여부에 불구하고 모든 내부자 거래에 무차별적으로 적용되는 문제점을 의식하고, 제16조(b)의 적용범위를 좁히려는 이론이 발전하였다. 시장에서 통상적으로 이루어지는 투자목적의 매매를 시장적 거래(orthodox transaction)라 부르고, 합병 등 자본거래와 같이 성질상 미공개정보의 이용이 불가능한 비전형의 거래를 비시장적 거래(unorthodox transaction)라고 부르며, 이러한 거래는 제16조(b)의 적용에서 제외해야 한다는 이론이다. 이에 관해 지침을 내린 판결의 예로서 Kern 사건을 들 수 있다(Kern County Land Co. v. Occidental Petroleum Corp. 411 U.S. 582(1973)). 이 사건은 공개매수를 통해 취득한 주식을 합병을 계기로 합병법인의 주식과 교환하거나 교부금을 받은 사안이다. 이 사건에서 법원은 제16조(b)의 해석방법으로서 실용적 해석론(pragmatic approach)과 객관적 해석론(objective approach)을 대립시키고, 실용적해석론이 보다 입법자의 목적에 충실할 수 있다는 일반론을 제시하였다. 그리고 본안에 대해서는 합병단계에서 내부자가 그 주식의 소유로 인해 내부정보를 얻고 이용하였으리라 보기 어렵다는 점, 아울러 합병으로 인한 주식의 교환은 내부자의 자의에 의해 이루어진 것이 아니라는 점(involuntary transaction)을 들어 합병으로 인한 주식교환은 매도가 아니라고 보았다.

위 헌법재판소의 결정문에서 Kern 판결 및 같은 취지의 일본판례(日本最高裁判所 2002. 3. 13., 平成12(オ)民集 1965, 1703)를 인용하며 앞서와 같은 결론을 낸 것을 보면, 미국의 비시장적 거래를 「거래의 유형상 내부정보의 이용가능성이 객관적으로 부존재하는 거래」로 명명하며 해석상의 예외로 제시한 것으로 짐작된다.

3) Reliance v. Emerson; Smolowe v. Delendo Corp., 136 F. 2d 231, 235~36(2d Cir. 1943), *cert. denied* 320 U.S. 751, 64 S. Ct. 56, 88 L. Ed. 446; Hearings before the Committee on

에 매수와 매도 또는 매도와 매수를 하였다면 정보의 불공정한 이용이 있었다고 보는 「경험칙」(crude rule of thumb)을 택한 것이다. 한편 6월 정도의 주가변동을 거치면 내부정보에 의한 거래가 무용해질 것이라는 계산도 작용한 것이다.[1)]

(마) **매매차익의 발생** 6월 내의 매매로 이익이 발생하여야 한다. 매매이익이 산출되기 위하여는 매수와 매도 또는 매도와 매수의 수량이 서로 일치하는 범위에서 차익을 계산하여야 할 것이므로, 결국 매수와 매도 중 작은 수량을 기준으로 하여 차익을 계산하여야 한다(예컨대 내부자가 5,000주를 매수하고 3,000주를 매도하였다면 3,000주에 대해서만 매도가에서 매수가를 빼는 방식으로 차익을 계산하는 것이다(자금령 195조 1항 1호)). 매도시점으로부터 6월 이전에 이미 주식을 보유하고 있던 중(1차 매수), 추가로 주식을 매수하고(2차 매수) 이로부터 6월 내에 주식을 매도한 경우에는 매수, 매도한 주식은 종류물로 이해해야 하므로 2차 매수와 매도의 수량이 일치하는 범위에서 단기매매가 성립한다(대법원 2023. 8. 31. 선고 2022다253724 판결).

6월 내에 수회의 매수와 수회의 매도가 이루어지고, 그 가액이 서로 다를 때에는 매도분과 매수분의 시기순으로 순차 매도단가와 매수단가를 대응시켜 계산한다(동조항 2호). 참고로 미국에서는 최저가매수와 최고가매도(lowest price in, highest price out)의 순으로 대응시키는 방법을 쓰고 있다.[2)]

이상은 매매차익에 대해서만 설명하였으나, 내부자인 기간중 결의된 이익배당도 내부자거래로 인해 얻은 이익으로 보아야 한다.[3)] 왜냐하면 내부자가 고율의 배당을 예견하고 주식을 매수하는 경우도 있을 것이기 때문이다.

3) **반환청구** 회사는 내부자에 대하여 이익의 반환을 청구할 수 있다(자금 172조 1항).

(가) **이익의 귀속** 매매차익을 회사에 반환하여야 한다. 회사는 내부자거래로 인한 직접적인 피해자가 아님에도 불구하고 그 이익을 회사에 귀속시키는 이유는 내부자의 정보취득은 결국 회사의 비용부담하에 이루어진다고 할 수 있

Banking and Currency on S. 84, 72d Cong., 2d Sess., and S. 56 and S. 97, 73d Cong., 1st and 2d Sess.

1) Hamilton, p. 1004.

2) Hamilton, p. 996; Smolowe v. Delendo Corp., 136 F. 2d 231(2d Cir. 1943), *cert denied* 320 U.S. 751. 이 방법은 매수나 매도분 중 적은 수량에 대해 매수를 위하여 지출한 대금의 총액과 매도로 인해 수입된 대금의 총액의 차이가 내부자거래로 인한 이익이란 뜻이다.

3) Jennings & Marsh, *op. cit.*, p. 1213; Western Auto Supply Co. v. Gamble-Skogmo, Inc., 348 F. 2d. 736(8th Cir., 1965), *cert. denied* 382 U.S. 987, 86 S. Ct. 556(1966); Adler v. Klawans, 267 F. 2d 840(2d Cir. 1959).

으며,[1] 한편 내부자거래로 인한 회사의 대외적 신용의 손상에 대한 보상의 의미를 가질 수 있기 때문이다.[2]

(나) 청구권자 회사가 반환청구권을 갖는다. 그 청구권의 행사에 의하여 비로소 반환의무가 생기므로 이 권리는 형성권이다. 따라서 회사의 일방적인 행사에 의하여 반환의무가 생겨난다.

반환청구권은 주주가 대위행사할 수 있다. 주주는 일단 회사에 대하여 반환청구권을 행사하도록 요구하고 회사가 2월 내에 청구를 하지 않을 때에는 대위하여 청구할 수 있다(자금 172조 2항). 주주의 자격에는 제한이 없다. 또 내부자거래 당시의 주주임을 요하지 않고 회사가 반환청구를 할 수 있을 당시의 주주이면 족하다.[3]

주주가 대위행사하여 승소한 때에는 소송비용과 기타 소송수행에 소비한 실비액을 회사에 대하여 청구할 수 있다(자금 172조 4항).

(다) 청구권의 행사 회사의 반환청구권의 행사는 회사의 一方的 意思表示로 하며, 반드시 소송에 의할 필요는 없다. 주주의 대위청구 역시 소송에 의하여서만 할 수 있는 것은 아니다.[4]

회사의 반환청구권 및 주주의 대위청구권은 내부자의 이익취득이 있은 날부터 2년 이내에 행사하지 않으면 소멸한다(자금 172조 5항). 이 기간은 제척기간으로서 재판상 또는 재판외의 권리행사기간이고, 출소기간은 아니다(대법원 2012. 1. 12. 선고 2011다80203 판결).[5] 이익의 취득이 있은 날이란 후행행위가 있은 날을 뜻한다.

(3) 내부자거래의 금지, 손해배상

1) 총 설 자본시장법 제174조는 미공개중요정보를 이용한 내부자거래를 금지하고, 제175조에서는 동거래로 인해 손해를 입은 자에게 손해배상청구권을 인정한다.

미국에서는 미공개정보를 이용한 거래를 사기행위로 평가하여, 증권관련 사기죄를 벌하는 1934년 증권거래법 제10조(b)로 다스리며, 아울러 피해자에게 민

---

1) Brudney, *op. cit.*, p. 344.
2) Diamond v. Oreamuno, 24 N.Y. 2d 494, 301 N.Y.S. 2d 78, 248 N.E. 2d 910.
3) 川村和夫, 「注解 證券取引法」(有斐閣, 1997), 1185면.
4) 前註.
5) 회사가 수년간 단기매매를 한 임원에게 차익금을 반환하라고 보낸 내용증명우편이 2008. 12. 9. 임원에게 도달하였는데, 청구한 차익금액 중 이 날로부터 소급하여 2년이 되는 날인 2006. 12. 10.부터 이 날(2008. 12. 9.)까지의 기간에 동임원이 얻은 차익에 대한 반환청구 부분은 제척기간이 준수되어 적법하다고 판단하였다(즉 이 기간중 소송을 제기하지 않고, 청구만 한 것도 적법하다는 뜻).

사상의 구제방법을 마련해 주고 있다. 자본시장법 제174조와 제175조는 미공개정보이용에 대한 미국법에서의 규범평가를 본받아 마련한 제도이다.

한편 내부자의 단기매매차익반환제도는 내부자거래의 실익을 없앰으로써 내부자거래를 예방하려는 제도이나, 이 제도하에서 내부자는 거래에 성공하면 횡재를 얻고 거래에 실패(적발되는 것)하더라도 차익의 반환에 그칠 뿐 더 이상의 적극적인 손실을 보지 않으므로 내부자거래의 기대수익은 항상 정(+)의 수치를 갖는다. 따라서 이론적으로 단기매매차익반환제도는 내부자거래를 예방하는 효과는 발휘하지 못한다고 할 수 있다. 그러므로 규제의 실효성을 확보하기 위해서는 내부자거래에 비용을 수반시켜야 한다(즉 기대수익을 부(−)로 하는 것). 이 점 역시 자본시장법 제174조와 제175조의 입법이유이다.

2) **내부자의 범위** 이 제도는 미공개정보를 실제로 이용한 행위를 벌하고자 하는 것이므로 내부자의 범위가 매매차익반환제도의 그것보다 훨씬 넓다. 당해 법인의 임직원과 주요주주는 당연히 포함되고, 당해 법인의 대리인, 당해 법인에 대해 법령상의 허가·인가·지도·감독 기타 권한을 가진 자, 당해 법인과 계약을 체결하고 있는 자, 이상에 해당하는 자의 대리인·사용인 기타 종업원이 두루 포함된다(자금 174조 1항). 그리고 이들로부터 미공개정보를 수령한 자(「tippee」)도 포함된다. 그러나 정보수령자로부터 재차 정보를 수령하여 정보를 이용한 자(정보의 전득자)는 이를 금지대상에 포함시키는 명문의 규정도 없으려니와 정보제공자와 공범관계도 성립될 수 없으므로(이른바 "대향범") 자본시장법 제174조의 적용대상이 되지 않는다(대법원 2002. 1. 25. 선고 2000도90 판결). 그러나 정보의 전득자도 2014년의 자본시장법 개정에 의해 신설된 시장질서교란행위금지 위반으로 처벌될 수 있다(자금 178조의2 1항).

3) **적용대상** 자본시장법 제174조에서 매매를 금지하는 증권은 단기매매차익반환의 대상이 되는 증권과 같다(자금 174조·172조 1항 각호). 그리고 이용이 금지되는 정보에는 공개매수의 실시·중지, 주식의 대량취득·대량처분의 실시·중지에 관한 미공개정보도 포함된다(자금 174조 2항·3항).

4) **未公開重要情報의 개념** 내부자가 이용해서는 안 될 미공개중요정보란 투자자의 투자판단에 중대한 영향을 미칠 수 있는 내부정보로서,[1)] 다수인에게 알려지기 전의 정보를 말한다(자금 174조 1항, 자금령 201조 2항). 이같이 미공개중요정보는 정보의

---

1) 법인의 업무 등과 관련하여 법인 내부에서 생성된 것이면 거기에 일부 외부적 요인이나 시장정보가 결합되어 있더라도 미공개중요정보에 해당한다(대법원 2017. 1. 25. 선고 2014도11775 판결; 동 2017. 10. 31. 선고 2015도5251 판결).

중요성 그리고 미공지성이라는 두 가지 요건을 구비하여야 한다. 자본시장법 시행령 제201조 제 2 항에서 정보가 공개되었다고 볼 수 있는 시기를 정하고 있는데, 그 시기의 이전 상태에 있는 것이 미공개정보이다.[1)]

5) 벌　　칙　　내부자가 미공개중요정보를 이용하여 증권을 거래한 경우에는 10년 이하의 징역 또는 소정의 벌금에 처하되, 거래로 인한 이득이 클 경우에는 형이 가중된다(자금 443조 1항 1호).

6) 손해배상　　내부자가 미공개중요정보를 이용하여 증권거래를 한 경우에는 그와 반대당사자가 되어 거래를 한 자는 물론이고 같은 시기에 반대의 거래를 한 자는 모두 손해를 입게 된다. 이들의 민사적 구제를 위해 내부자에게 손해배상책임을 과하고 있다(자금 175조 1항). 피해자의 손해배상청구권은 내부자의 거래가 있었던 사실을 안 날부터 2년 또는 내부자거래가 있었던 날부터 5년 내에 행사하지 않으면 시효로 소멸한다(자금 175조 2항). 이 손해배상청구권은 증권집단소송의 대상이 된다(증권관련 집단소송법 3조 1항 3호).

V. 經營權의 競爭

상장법인의 주식은 증권시장에서 불특정다수인간에 공개경쟁적으로 유통되는데, 이는 상장법인의 자본집중을 실현한다는 것을 의미하는 외에 경영권 역시 공개적인 경쟁의 대상이 됨을 의미한다. 즉 누구든 증권시장을 통하여 다량의 주식을 취득함으로써 주주총회의 다수의결권을 장악하고 이에 의해 자기 또는 自己의 세력하에 있는 자를 이사로 선임함으로써 경영권을 획득할 수 있는 것이다. 그리하여 상장법인에서는 종종 경영권의 공방전이 벌어진다.

1. 경영권분쟁의 배경

상장법인에서 경영권이 다투어지는 예를 보면, 종전에 협력관계에 있던 주주들간이나 주주와 경영자와의 사이에 내분이 생기고 이것이 경영권의 다툼으로 이어지는 경우도 있지만, 최근에는 자본시장의 규모가 커지면서 제 3 자가 경영권을 장악할 목적으로 증권시장에서 주식을 매집하고, 기존 지배주주 또는 경영자가 이에 대항하여 각종 방어수단을 동원하는 예를 흔히 볼 수 있다. 특히 증권시장에 외국자본가가 다수 진출하면서 유망한 한국기업을 매수하려는 시도도 볼

1) 미공개정보에 관해 상세는 이철송, 「내부자거래제한의 법리」, 자유기업원(2003), 79면 이하 참조.

수 있다. 이를 증권시장의 용어로는 「적대적 기업매수」(hostile merger and acquisition; hostile M&A)라고 부른다. 이러한 적대적 기업매수에서는 필히 법률적 쟁점이 생기는데, 가장 중요한 쟁점은 공격수단 또는 방어수단이 적법하고 공정하였느냐는 점이다.

경영권의 분쟁 그 자체는 이론적으로는 기업의 지배권이 보다 효율적인 방향으로 이동하기 위한 과정을 의미하므로 바람직한 측면도 있으나, 불공정한 수단이 동원될 경우에는 주주들의 이익을 침해하고 회사의 건전한 운영을 해할 수 있다. 그러므로 경영권의 경쟁이 공정하게 이루어지도록 합리적인 법적 규율을 하는 것도 회사법학의 중요한 과제라 할 수 있다.

기업의 적대적 매수를 둘러싼 법적 분쟁을 규율하기 위한 법규정으로는 자본시장법이 규정하고 있는 대량주식보유보고의무(자금 147조)와 공개매수제도(자금 133조 이하) 그리고 상법의 주식취득통지의무(342조 의3)를 들 수 있을 뿐, 충분한 법규정이 마련되어 있지 않다. 그러므로 회사법학은 기업의 적대적 매수에 관한 법규정을 정비할 입법론적 과제와 현행 규정의 해석을 통해 합리적 규율을 모색하는 해석론적 과제를 안고 있다. 이하 기술한 관련 자본시장법 규정을 소개하고 이어 기업이 흔히 동원하고 있는 각종 방어방법에 따른 법해석론적 과제를 소개한다.

2. 기업매수관련 규정

(1) 주식대량보유의 보고의무

어느 상장법인의 발행주식총수의 100분의 5 이상인 주식(신주인수권증서, 전환사채, 신주인수권부사채, 교환사채 포함. 자금 133조 1항, 자금령 139조 1호)을 보유하게 된 자는 취득일부터 5일 이내에 금융위원회와 거래소에 그 주식의 보유상황, 보유목적, 보유주식 등에 대한 계약내용 등을 보고하여야 한다(자금 147조 1항)('5% rule'). 아울러 그 보유주식비율이 당해 법인의 발행주식총수의 100분의 1 이상의 변동이 있을 때에도 역시 5일 이내에 같은 요령으로 보고하여야 한다(동조 동항). 금융위원회와 거래소는 이 보유상황을 일반인에게 열람가능하도록 비치 · 공시하여야 한다(자금 149조). 대량보유자가 이 보고의무를 게을리할 경우 벌칙이 적용되며, 보고의무를 위반한 당해 수량의 주식에 대해서는 일정기간 의결권이 제한된다(자금 445조 20호 · 150조).

이 제도는 상장법인의 주식을 기습적으로 대량취득함으로써 현재의 지배주주나 경영자가 방어할 기회를 주지 않고 경영권을 탈취하는 것을 막기 위함이다. 한편 이 제도는 투자자를 보호하기 위한 목적도 가지고 있다. 대량의 주식취득

또는 처분은 중요한 시장정보로서 투자판단에 영향을 미치므로 일반투자자에게 공시하도록 하는 것이다.[1)]

(2) 주식의 공개매수

공개매수(takeover bid; tender offer)란 불특정다수인을 상대로 증권시장 외에서 어느 상장주식 등을 매수할 것을 청약하거나 자기에게 매도의 청약을 할 것을 권유하는 것을 말한다(자금 133조 1항). 즉 자신이 매수하고자 하는 수량과 가격을 공개적으로 제시하여 이에 응하는 자의 주식을 매수함으로써 다량의 주식을 취득할 수 있는 것이다. 구미 각국에서는 공개매수가 기업의 경영권경쟁의 주요 무기로 이용되고 있고, 최근 우리나라에서도 경영권의 쟁취수단으로 활발하게 이용되고 있다. 공개매수는 현 경영자와 합의하에 그 협력을 받으며 하는 경우도 있고 현 경영자와 대립된 상태에서 하는 경우도 있다. 보통 전자를 우호적 공개매수(friendly takeover bid), 후자를 적대적 공개매수(hostile takeover bid)라고 한다.

공개매수 역시 하나의 주식거래이므로 그 진행이나 성패는 기본적으로 당사자들의 책임에 달린 문제이나, 거래의 집단성으로 인해 투자자보호의 배려가 필요하고 경영권의 경쟁이므로 공정성을 확보할 필요가 있다. 그러므로 자본시장법은 투자자의 보호와 경쟁의 공정성이라는 관점에서 절차와 방법을 규정하고 있다(자금 133조 이하).

3. 경영권방어의 법리

기업이 적대적 매수에 대항하는 수단은 공격적 주식매수에 임하여 이를 방어하는 행위를 하는 것과 사전에 적대적 매수에 대비한 방어수단을 강구해 두는 것으로 대별할 수 있다. 전자는 기업매수의 양태에 대응하여 각양각색의 모습을 보이므로 일의적으로 설명할 수 없고, 후자는 대강의 경향을 보이므로 유형화할 수 있다. 후자의 유형을 살펴보고 그에 관련하여 생길 수 있는 법적 문제점을 예시한다.[2)]

(1) 주식취득에 의한 방어

1) 경영권방어의 가장 단순한 방어방법은 현 경영자가 증권시장을 통해 주식을 추가로 취득하여 지분율을 늘이는 것이다. 회사와 무관한 자금으로 주식을

---

1) 대량보유보고의무제도의 이론적 분석은 李哲松, "大量保有報告制度의 嚴格解釋論," 「증권법」 제12권 제 2 호(2011), 181면 이하 참조.

2) 송종준, 「적대적 M&A의 법리」, 도서출판 개신, 2007, 144면 이하에서 경영권방어방법의 유형에 관한 설명이 상세하다.

취득하는 한 이는 회사외에서 행해지는 개인법적 거래에 불과하므로 회사법적 문제는 생기지 아니한다.

2) 회사가 기존의 경영자 또는 그에 우호적인 세력에게 제 3 자 배정방식으로 신주를 발행하거나(418조 2항), 전환사채 또는 신주인수권부사채를 발행하는 예를 흔히 볼 수 있다. 이른바 poison pill에 준하는 방어방법이다. 전환사채나 신주인수권부사채를 인수한 제 3 자는 인수 후 바로 전환권 혹은 인수권을 행사하여 주식을 확보하고 지배주주에게 우호적인 세력으로 가세한다.

신주 등의 제 3 자 발행이 가능하기 위해서는 일차적으로 정관에 근거가 있어야 하지만, 정관에 규정이 있더라도 실질적으로 제 3 자배정을 정당화할 수 있는 사유가 있느냐가 다투어질 수 있고(418조 2항 · 513조 3항 · 516조의2 4항), 제 3 자배정이 경영상의 합리적인 이유 없이 오로지 지배주주의 경영권방어만을 목적으로 이루어진 경우에는 신주발행 또는 전환사채(신주인수권부사채)발행의 무효로 이어질 수도 있다(429조)(961면, 1119면, 1127면 참조).

poison pill

poison pill이란 일반적으로 회사가 그 주주들에게 회사의 신주 또는 자기주식을 시가보다 저렴한 가격으로 매수할 수 있는 call option을 부여하는 것을 말한다. shareholder rights plan이라고 불리기도 한다. poison pill은 주식과 분리하여 이전될 수 없고, 경영권의 방어에 유용하게 쓰인다. 적대적 매수자가 회사의 경영권에 위협이 될 정도의 주식을 취득한 경우(triggering event. 예컨대 적대적 매수자가 회사의 지분을 20% 정도 취득한 경우)에는 poison pill을 부여받은 주주가 이를 행사하여 신주 또는 자기주식를 취득하는 것이다. 보통 poison pill을 발행할 때에는 적대적 매수자는 이를 행사할 수 없다는 조건을 붙이므로 다른 주주들만이 이를 행사함으로써 적대적 매수자의 지분율을 현저히 희석시킬 수 있고, 따라서 적대적 기업매수를 어렵게 만든다(현행법상 도입가능성은 958면 참조).

3) 회사가 자기주식을 다량 매집하는 것도 방어수단의 하나이다. 자기주식을 취득하더라도 의결권이 없으므로 경영권의 방어에 직접 도움이 되는 것은 아니나, 자기주식취득으로 인해 증권시장에서 유통될 수 있는 물량이 감소하여 가격이 상승하므로 공격자가 주식을 취득하는 데에 부담을 준다.

배당가능이익이 산출될 수 있는 한 자기주식의 취득이 폭넓게 허용되므로(341조, 자금 165조의3) 잉여금을 거액 확보하고 있는 상장법인은 자기주식을 다량 취득해 놓고 있다. 아직까지 상장법인의 자기주식취득을 놓고 법적 분쟁이 벌어진 적은 없지만, 회사가 자기주식을 취득할 정당한 사유가 있느냐는 시비가 생길 수 있다.

오로지 경영권방어만을 위해 자기주식을 취득하였다면 법적 정당성을 인정하기 어렵다. 회사의 재산이 특정주주의 이익을 위해 사용되었기 때문이다.

4) 적대적 매수를 시도하는 자 역시 상장법인일 경우에는 방어회사가 상호주를 이용할 수 있다. 쌍방이 상대방주식을 10% 초과하여 소유하면 쌍방의 의결권이 휴지되므로 공격자가 취득한 주식이 무력화되기 때문이다(453면 레이디가구 사건 참조).

(2) 간접적 방어방법

이상은 주식취득에 대해 역시 주식취득으로 대항하는 것이나, 간접적이거나 사전예방적인 방법으로 다음과 같은 수단을 사용한다.

1) 집중투표제를 실시하면 소액주주를 대변하는 이사가 선임될 수 있으므로 사전에 정관을 변경하여 집중투표제를 배제한다(382조의2). 집중투표제의 배제를 위한 정관변경이 불가능할 경우에는 이사의 수를 최소화하고 임기를 달리하여 (staggering)(이른바 '시차임기제', staggered board) 매년 1인의 이사만 선임하기도 한다(이사를 1인만 선임할 경우에는 집중투표제의 실시가 불가능함을 유의).

2) 설립시 또는 신주발행시에 지배주주 외의 자들에게 발행하는 주식에는 의결권이 없거나 제한되는 종류주식(344조의3 1항)을 포함시켜 회사경영에 대한 영향력을 약화시킨다. 의결권 없는 종류주식 또는 의결권이 제한되는 종류주식은 최대 발행주식총수의 4분의 1까지 발행할 수 있다(동조 2항).

3) 이 밖에 상대방이 경영권을 장악해 보아야 무익하게 만드는 방법으로서 다른 회사를 설립하여 회사의 핵심적인 영업이나 재산을 양도하거나, 핵심 인력을 이동시킨다.

영업을 양도할 경우에는 주주총회의 특별결의를 거쳐야 하고, 양도하는 핵심재산이 영업에 불가결한 중요재산일 때에는 역시 주주총회의 특별결의를 거쳐야 한다(374조 1항). 그러므로 회사가 방어전략으로서 주주총회의 결의 없이 핵심재산을 양도한 경우에는 그 효력이 다투어질 수 있다.

4) 역시 경영권의 장악을 무익하게 하기 위해 회사로 하여금 과중한 경제적 부담을 지게 한다. 예컨대 경영자에게 특별한 보수를 지급하거나 종업원의 인건비를 증액하는 것과 같다. 하지만 경영자의 보수를 증액하기 위해서는 주주총회의 결의가 필요하고 종업원의 인건비를 증액하면 현 경영자에게도 부담이 되므로 쉽게 사용할 수 있는 방법은 아니다. 그런데 경영자의 보수는 업무와 합리적 비례관계를 유지하는 것이 원칙이므로 특별한 보수를 지급하는 정관의 규정이나 주주총회의 결의는 무효의 원인이 될 수 있다. 더욱이 특별한 보수의 지급사유가 지배

주주의 교체나 적대적 기업매수라고 한다면 이는 특별한 보수를 지급하는 합리적 사유가 될 수 없으므로 그 규정 또는 결의의 효력이 다투어질 수 있다(209면 참조).[1)]

5) 정관변경을 통해 이사의 교체를 어렵게 한다. 즉 임기중의 이사를 해임시키는 데 과중한 결의요건을 요구하는 것과 같다.[2)] 그러나 일반적으로 초다수결의 결의를 요하는 정관의 규정은 무효로 보아야 하는데다가, 특히 과중한 결의요건의 사유로서 적대적 기업매수나 지배주주의 교체를 열거한다면 이는 주주권의 침해가 현저하고 사회질서(민 103조)에도 반하므로 무효라고 해야 한다(592면 이하 참조).

최근 증권시장에서 공격적인 기업매수가 빈번하므로 이상에 열거한 것 외에도 각종 방어수단을 신설하는 회사가 늘고 있다. 하지만 개중에는 현행법으로 허용하기 어려운 것도 많다. 관련되는 곳에서 설명한다.

이사의 방어행위의 정당성

이상은 적대적 기업매수에 대해 기존의 지배주주가 택하는 방어행위를 소개하였지만, 지배주주가 교체되면 경영진이 교체됨을 의미하므로 이사들 역시 방어적 행동을 보이기 마련이다. 미국에서는 확립된 이론이 있는 것은 아니나, 대표적인 판례는 적대적 기업매수에 임하여서 이사들은 동매수행위가 회사와 주주들에게 최선의 이익이 되는지를 판단할 의무를 지며, 이 판단에 기초한 방어행위는 경영판단의 원칙이 적용될 사안이라고 보고 있다.[3)]

그러나 우리 상법상으로는 이사가 회사와의 관계에서만 선관주의의무를 지므로 경영권분쟁에 따른 주주들의 이익을 고려해야 한다고 볼 여지가 없으며, 또 지배주주의 교체는 이론상 회사의 이해에 영향을 주는 바가 없으므로 이사에게 경영권의 분쟁에 개입할 의무와 권한을 인정하기는 어렵다. 오히려 이사는 중립을 지킬 의무를 진다고 보아야 할 것이다.[4)] 그러나 다음에 보듯이 경우에 따라 이사의 방어행위가 정당화될 수 있음을 판시한 하급심판례가 있다.

「신주발행의 주요목적이 기존 지배주주의 대상회사에 대한 지배권 및 현 이사회의 경영권 방어에 있고, 회사의 경영을 위한 기동성 있는 자금조달의 필요성 및 이를 위

1) [예] 주식회사 오리엔트정공 정관 제39조 제 3 항: 「이사가 적대적 인수 또는 합병으로 인하여 비자발적인 사임 또는 해임되는 경우에는 제 2 항에 의한 퇴직금 이외에 퇴직위로금으로 대표이사에게 50억원 이상, 이사에게 40억원 이상을 지급한다.」

2) [예] 주식회사 서희건설 정관 제33조: 「… 단, 회사의 이사 및 감사를 해임하는 경우, 정관을 변경하는 경우, 영업양수도, 합병, 분할, 해산결의를 하는 경우에 그 목적이 회사에 대한 적대적 M&A 목적일 때에는 출석한 주주의결권의 100분의 90 이상과 발행주식총수의 100분의 70 이상의 찬성으로 한다.」

3) Unocal Corp. v. Mesa Petroleum Co., Del. Sup. Ct. 493 A. 2d 946(1985); Revlon, Inc. v. MacAndrews & Forbes Holdings, Inc. Del. Sup. Ct. 506 A. 2d 173(1985).

4) EU 제13회사법지침에서도 공개매수에 임해 이사회가 중립을 지키도록 규정하고 있다(9조).

한 적합성을 인정하기 어려운 경우라도 적대적으로 기업취득을 시도하는 자본의 성격과 기업취득 의도, 기존 지배주주 및 현 경영진의 경영전략, 대상회사의 기업문화 및 종래의 대상회사의 사업내용이 사회경제적으로 차지하는 중요성과 기업취득으로 인한 종래의 사업의 지속 전망 등에 비추어 기존 지배주주의 지배권 또는 현 경영진의 경영권이 유지되는 것이 대상회사와 일반 주주에게 이익이 되거나 특별한 사회적 필요가 있다고 인정되고, 한편, 이러한 신주발행행위가 그 결의 당시의 객관적 사정에 의하여 뒷받침되고, 그 결의에 이르기까지의 과정에 대상회사의 경영권 분쟁 당사자인 기존 지배주주가 아닌 일반 주주의 의견과 중립적인 전문가의 조언을 듣는 절차를 거치는 등 합리성이 있는 경우라면 … 회사의 경영상 목적을 달성하기 위하여 필요한 경우에 해당한다고 보아 허용되어야 할 것이다」(수원지법 여주지원 2003. 12. 12.자 2003카합369 결정: '현대엘리베이터' 사건).

위 결정문 중 방어행위가 허용될 수 있는 실체적 사유에 관한 설시는 미국의 판례이론과 방향을 같이하는 경영판단이론이다. 그러나 우리 법하에서는 기술한 이사의 선관주의의무의 성격상 이 판례와 같이 이사의 경영권방어를 정당화하는 일반적 기준을 제시하기는 어렵고, 이사가 경영권방어를 위해 취한 개별적인 행동의 적법성을 판단할 수 있을 뿐이다. 더욱이 「일반주주나 전문가의 의견」을 들으면 정당화될 수 있다는 부분은 우리 법하에서는 도출하기 어려운 해석론이다.

제 4 절 株式會社의 기관

제 1 관 기관의 구조

Ⅰ. 機關의 의의와 分化

회사는 독립된 사회적 실재로서 이론적으로는 그 자체의 의사와 행위를 가지나, 실제의 자연적 의사를 결정하고 자연적 행위를 할 능력이 없으므로 그 의사와 행위는 회사조직상의 일정한 지위에 있는 자에 의해 대신하여 결정되고 실천된다. 이와 같이 회사의 의사를 결정하고 행위를 실천하는 회사조직상의 기구를 기관이라 한다.

합명회사와 같은 인적회사에서는 원칙적으로 각 사원이 업무집행권과 대표권을 가지며, 업무집행자와 대표자를 별도로 둔다 하더라도 사원 중에서 선임되어야 하므로 기관자격과 사원자격은 일치한다(자기기관). 그러나 주식회사에서는 기능별로 다음과 같이 수개의 기관으로 분화되어 있고, 그 중 주주총회 이외의 기관의 구성에는 주주로서의 자격을 전제로 하지 않는다(타인기관)는 점이 특색이다.

1) **주주총회** 주주들로 구성되며 이사 · 감사의 선임, 정관변경 등 법소정의 주요 사항에 관해 회사 내부의 최고의 의사결정을 한다(361조).

〈그림 6-13〉 주식회사의 기관구조

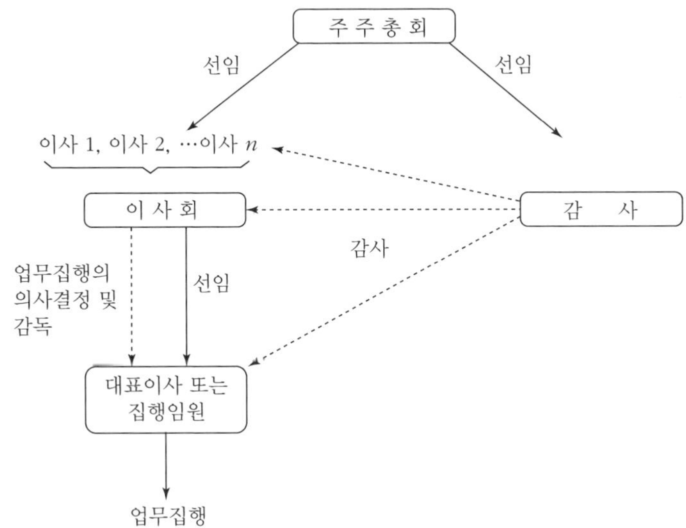

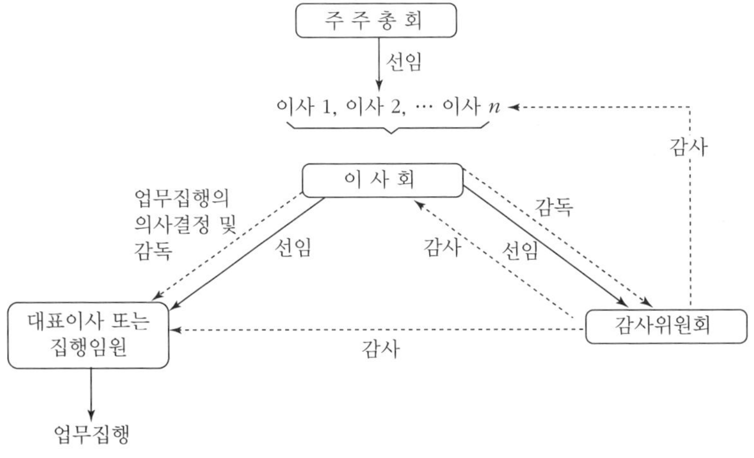

2) **이사 · 이사회 · 대표이사** 주주총회에서 수인의 이사를 선임하고 이들은 이사회를 구성한다. 이사회는 회사의 업무집행에 관한 의사결정권을 갖는다(393조 1항). 하지만 이사회는 수인의 이사로 구성되는 회의체기구이므로 현실적인 업무집행행위를 실행하기에는 부적당하다. 그러므로 업무집행에 관한 이사회의 권한은 「의사결정」에 그치고 현실적인 「집행행위」는 이사회(또는 정관의 정함에 따라 주주총회)가 선임한 대표이사(또는 집행임원 이하 같음)가 수행한다. 그리고 대표이사는 대외적으로 회사를 대표하여 조직법적 및 거래법적 법률관계를 형성한다(389조 3항 → 209조, 408조의5 2항). 그러나 업무집행의 결정은 궁극적으로 이사회의 권한이므로 이사회는 대표이사를 「감독」한다(393조 2항).

3) **감사기관** 상법은 이사회 및 대표이사의 업무집행을 감사하는 기관으로서 감사와 감사위원회를 제시하고, 회사가 어느 하나를 선택하도록 한다. 감사는 주주총회가 선임하는 독임제적 기관이고(409조), 감사위원회는 이사회 내부에 두며 이사들로서 구성하는 회의체기구이다(415조의2). 양자 모두 이사회 또는 대표이사를 감사한다는 동일한 권한을 갖지만, 감사는 이사회로부터 독립된 기관으로서 이사회나 대표이사의 입장으로서는 외부통제장치라고 할 수 있고, 감사위원회는 이사회의 감독하에서 기능하는 자기시정장치라고 할 수 있다.

Ⅱ. 기관구성의 論理

주식회사의 기관구조를 인적회사의 그것과 대비할 때 최대의 특징은 출자자(주주)로부터 독립된 지위를 갖는 자(이사)들이 회사의 경영기구를 구성한다는 점이다(소유와 경영의 분리). 주주총회와 감사의 존재도 인적회사에서 볼 수 없는 것이지만, 이는 이사가 경영을 담당하기 때문에 불가피하게 생겨난 기관이다.

1. 所有와 經營의 분리

(1) 有限責任과 責任財産의 객관적 관리

주식회사는 주주의 영리적 동기와 출연에 의해 창설되고 운영되며, 회사의 활동으로 인한 利害의 실질적, 궁극적인 귀속점은 주주이다. 그러므로 경제적인 의미에서 주주는 회사의 소유주라 할 수 있어 자기재산을 관리한다는 논리로 회사를 직접 경영할 명분을 찾을 수도 있다. 그러나 주주는 회사채무에 대해 유한책임을 지므로 회사에 현존하는 재산만이 회사채권자를 위한 책임재산을 이루고, 이 사실은 기업경영에 따른 위험을 회사채권자에게 전가시킴을 뜻한다. 그러므로 회사채권자를 보호하기 위해 회사재산을 건전하게 유지해야 한다는 것은 상법이 주주의 유한책임을 허용하면서 동시에 부여한 부관적 의미의 명제이다. 회사재산의 건전한 유지는 주주들의 이기적인 행동성향에 영향받지 않고 회사경영의 객관성을 유지하고 재산을 독립적으로 관리함으로써 가능하다. 이 점이 주식회사에서 소유와 경영이 분리되어야 할 가장 중요한 이유이다.

(2) 경영의 중립성확보

주식회사는 대중으로부터 자본을 집중시키기 위해 만들어진 기업형태이므로 다수의 주주가 존재하는 것이 원칙적인 모습이다. 다수의 주주가 집단적으로 경영에 참여한다는 것은 비효율적이기도 하지만, 주주가 직접 업무의 집행에 임한다면 일상적인 경영이 항상 자본다수결로 결정되어 대주주의 횡포가 우려되고, 때로는 의사의 분열로 경영이 정체될 수도 있다. 이는 결국 다른 주주와 채권자의 감시비용(monitoring cost)을 높여 투자수익을 감소시키고, 나아가 회사는 자본시장(투자자)의 신뢰를 잃게 되어 자본조달비용이 높아진다. 그러므로 자본다수결의 영향을 받지 않는 제 3 의 독립적인 경영기구를 두어 업무집행의 중립성을 유시할 필요에서 소유와 경영을 분리하게 된 것이다(경영의 객관화 · 중립화). 물론 이사는 주주총회의 다수결로 선임되므로 그 선임에는 대주주의 영향력이 미치지만, 일단 선임되면 회사의 수임인으로서 자기의 책임하에 업무를 집행할 법적 의무를 부담한다(382조 2항 · 399조 1항). 그리고 이사회에서의 의사결정은 人的會社의 업무집행과 같이 두수주의에 의해 행한다. 이 두 가지 제도는 주주의 불합리한 간섭을 차단함으로써 경영의 합리성을 보장하는 기능을 한다.

(3) 경영의 전문화

주주들이 유한책임을 지므로 경영성과로 인한 주주의 위험분담은 제한적이고 예견가능하다. 그러므로 인적회사에서처럼 주주가 직접 경영에 임해야 할 필연적인 이유는 없고, 주주의 이윤동기를 보다 만족스럽게 충족시켜 줄 경영기구가 있다면 그것이 더 바람직하다. 소유와 경영의 분리는, 상법의 직접적인 입법동기와는 무관하지만, 전문경영인에게 경영을 위임함으로써 경영의 효율을 기하고 나아가 주주들의 이윤동기를 보다 잘 충족시킬 수 있다는 부수적인 효과도 갖는다(경영의 전문화 · 효율화).

대리비용(agency costs)

소유와 경영의 분리는 법경제학적으로 보면, 주주와 채권자의 이른바 대리비용(경영이나 재산을 타인에게 맡겼을 때, 그 관리자의 무능·부정직으로 인해 소유자가 부담하는 위험: agency costs)과 이로 인해 높아지는 자본조달비용을 해결하는 수단이라 할 수 있다. 주주가 회사를 직접 경영한다면 회사채권자들은 주주에 의한 회사재산의 유출을 걱정해야 하고, 따라서 이를 감시하기 위한 비용을 지출해야 한다. 그러므로 회사채권자는 이 비용을 이자를 높이거나 기타의 방법으로 회사에 전가하려 할 것이고 그 결과 회사는 타인자본을 조달함에 있어 높은 비용을 부담해야 한다.

이 점은 주주간에도 같다. 경영에 임하는 주주들간에 의견의 불일치로 갈등이 생기고, 서로를 감시해야 하고, 회사재산을 늘 점검해야 하며, 이로 인한 경영의 비효율과 비용발생을 감수해야 한다(이른바 협력비용(coordination costs)). 그러므로 주주는 회사로부터 자신이 기대하는 수익과 이 비용을 보상할 만한 배당이 주어지지 않는 한 투자를 하려 하지 않을 것이다. 결과적으로 회사는 자기자본을 조달함에 있어서도 높은 비용을 부담해야 한다.[1)]

그러므로 어느 주주에 대해서도 중립적이고 전문적인 제3의 경영인에게 경영을 위임함으로써 이론적으로는 채권자와 주주의 대리비용을 해소하고 나아가 자본조달비용을 줄일 수 있는 것이다.

2. 주주의 보호와 경영통제

유한책임제도의 논리필연적인 귀결로서, 그리고 주주간의 감시비용을 줄이기 위한 방법으로서 소유와 경영을 분리하지만, 이로 인해 주주는 회사의 경영에서 소외되므로 주주는 스스로를 보호하기 위해 이사를 통제할 수단을 가져야 한다. 그리하여 상법은 첫째, 주주는 이사의 선임·해임권을 가지고 이사의 업무집행의 효율성과 적법성을 평가하도록 하며, 둘째, 회사에 중대한 변화를 가져오는 중요한 의사결정은 이사의 독단에 흐르지 않도록 후술과 같이 주주총회의 결의를 요건으로 하고, 셋째, 감사 또는 감사위원회와 같은 전문적인 감시기구를 두어 일상적으로 이사의 업무집행을 견제하도록 한다.

소유와 경영의 분리라고 하지만 이사는 기업의 소유자인 주주의 의사에 그 존재의 근거를 둘 수밖에 없다. 감사 역시 주주의 감시기능을 일부 대신하는 자이므로 주주가 선임해야 한다. 그 밖에도 회사에는 일상적인 경영의 수임자인

---

1) 경영감시비용에 관한 고전적인 문헌으로는, Michael Jensen & William Meckling, "Theory of the Firm: Managerial Behavior, Agency Cost and Ownership Structure," *Journal of Financial Economics*, Vol. 3(1976), pp. 305~60.

이사가 할 수 없는 처분적 업무(예: 정관변경 · 자본금감소 · 영업양도 · 해산 · 합병 · 결산승인 등)가 다수 있는데, 이 역시 주주들의 의사결정이 필요하다. 주식회사에서는 주주가 다수 존재하고, 소유주식수에 따라 각 주주의 의사의 영향력이 상이한 관계로 의사형성의 공정을 기하기 위해서는 절차의 형식성 · 엄격성이 요구된다. 그리고 이사 · 감사와 같은 기관적 조직에 대응하여 주주도 역시 조직화된 방법으로 단체적 의사를 형성할 필요가 있다. 그리하여 주주는 주주총회라는 기관을 구성하여 다수결의 방법으로 주주들의 단일화된 의사를 표시하는 것이다.

3. 기관운영의 理想

이상과 같은 기관분화 및 권한배분의 법논리는 한마디로 주주의 유한책임을 시발점으로 하여 제기되는 회사재산의 객관적 · 중립적 운영의 필요성을 충족시키고, 이를 보장하기 위해 기관간에 견제와 균형을 유지하는 것이라 하겠다. 그리하여 기관운영에 관한 법제는 대 · 소주주 및 회사채권자 그리고 사회적 실재로서의 회사 자체 등 모든 이해관계자들의 이익을 균형 있게 실현하는 것을 이상으로 삼는 바이다. 회사의 실제운영이 이러한 논리와 이상에 부합하도록 이루어져야 함은 물론이고, 회사운영에 관한 법규범 역시 같은 방향으로 해석되어야 한다.

Ⅲ. 意思決定의 논리

주식회사는 이상과 같이 복수의 기관으로 구성되는데, 어느 기관이든 자신의 권한과 의무를 수행하기 위해 의사결정을 하여야 한다. 감사와 대표이사는 (수인이 있더라도) 각자 독임제적 기구로서 자신의 독단으로 의사결정을 하고 그 공정성은 각자의 법적 책임으로 담보된다. 그러나 주주총회와 이사회는 복수의 인원으로 구성되어 합의적 방법으로 공동의 의사를 결정하여야 한다. 오늘날의 민주주의 사회에서는 입장을 달리하는 다수인의 의사를 민주적으로 수렴, 단일화하는 방법으로서 다수결원칙을 채택하고 있으며, 이것이 회사의 의사결정에도 적용된다. 다만 주주총회와 이사회는 법상 언제나 특정의 의제를 놓고 찬부를 묻는 방식을 취한다. 그러므로 주주총회와 이사회의 다수결이란 단순다수결이 아니고 원칙적으로 과반수결의의 형식을 취한다. 나아가 사안에 따라 결정의사의 대표성을 강화하기 위해 특별결의라는 형식으로 과반수보다 큰 다수(3분의 2 이상)를 요구하는 경우도 있으며 이사회도 의안에 따라 같은 요령으로 결의요건을 강화할 수 있다.

多數決은 주주총회와 이사회에서 그 의미를 전혀 달리한다. 주주총회는 출자자의 의사를 결정하는 기구이므로 다수결을 인식하는 기준은 출자에 따라 부담하는 위험의 크기에 두어야 한다. 그러므로 다수결의 전제로서의 意思決定力의 等價性은 주주총회를 구성하는 「사람」이 아니라 「출자액」에 있으며(자본다수결), 이것은 1주1의결권의 원칙으로 규격화되어 있다(369조 1항).

이사회에는 자본다수결이 적용되지 않는다. 이사는 출자와 무관한 자들로서 각자가 회사의 수임인으로서 등가의 법적 지위를 가지기 때문이다. 그러므로 이사회에서는 이사 개개인이 하나의 의결권을 가지고 결의에 임한다(391조 1항).

주주총회의 다수결제도가 타당성을 갖는 근거는 회사의 이익은 바로 주주 전원의 이익이 되는 까닭에 주주들은 주어진 의안에 대해 회사의 이익이 되는 방향으로 결정을 할 것이라는 가설이다. 그러나 이 가설은 주주총회가 단독으로는 지배적 영향력을 갖지 못하는 다수의 주주로 구성되고 의안에 따라 다수파가 가변적으로 형성된다는 점을 전제로 한 것이다. 이를 전제로 할 때 결의의 목적인 利害의 同質的인 平準化(homogene Interessenschichtung)가 가능하기 때문이다.[1] 그러나 실제는 대부분의 회사에 다수의 주식을 가지고 결의를 지배하는 대주주가 있어 지배력의 항구적 편재현상이 나타나고, 따라서 결의에 의해 성취된 이익이 편향적으로 귀속되는 예도 많다. 이 점은 이사회의 결의에서도 발견된다. 이사들은 법적으로는 회사의 수임인으로서 주주로부터 독립된 지위를 갖는다고 하지만, 이사들은 계속적인 지위의 보전을 위해 지배주주의 신임을 의식하지 않을 수 없어 대주주의 간접적 영향하에 편파적인 결의를 하는 예도 많다.[2]

이같이 다수결의 보편적 타당성이 깨어지는 일이 있으므로 다수결의 예외로서 소수자인 주주의 의사가 법적인 힘을 지원받아 보호되는 경우도 있다. 예컨대 결의취소나 무효 등의 소송을 제기하거나 소수주주권을 행사하는 것이 대표적인 예이고(376조·380조·385조 2항 등), 때로는 소수자인 주주가 집단으로서 그 의사를 형성하여 다수결의 효력에 대항하는 수도 있다(종류주주총회, 435조). 그러나 보편적 의사결정방법으로서 다수결이 갖는 한계는 이러한 제도만으로는 극복되지 않는다. 그러므로 立法과

1) Imenga, Die personalitische Kapitalgesellschaft, 1970, S. 262; 山口, 32면.

2) 다수결의 입법취지와 그 괴리에 대한 발달사적 설명으로는 大隅健一郎, 「株式會社法變遷論」(有斐閣, 1953), 294면 이하 참조.

해석론적 노력에 의해 다수결의 원론적 타당성을 회복하도록 노력해야 한다.

제 2 관 현대주식회사의 지배구조

현대회사법은 대체로 소유와 경영의 분리를 원칙으로 삼아 주주총회의 권한을 약화시키고 이사와 이사회에 경영권을 집중시키는 경향이 있다. 그리하여 이사의 선임권을 갖고 있는 주주총회의 결의를 자기 뜻대로 유도할 수 있는 주주는 회사를 궁극적으로 지배하게 되는데, 일반적인 경향으로서 대체 누가 주주총회의 결의를 지배하고 있느냐는 것이 커다란 관심의 대상이 아닐 수 없다. 폐쇄회사에는 지배주주의 존재가 뚜렷하지만, 대규모 공개회사는 결정적인 지배력이 없는 다수의 주주로 구성되는 경우도 있으므로 지배권의 귀속에 관한 보편적 경향을 찾기가 용이하지 않다. 이 문제는 벌리와 민즈(Berle & Means)에 의해 경영자지배론이 주장된 이후 많은 학자들에 의해 연구되어 왔다.

Ⅰ. 지배요건의 완화경향

현대회사에 공통된 지배론이 거론될 수 있게 된 것은 회사의 지배를 위해 필요한 요건이 일반적으로 완화되어 가는 경향을 보이기 때문이다.

회사지배의 가장 중요한 목적은 회사의 통상적인 경영권을 장악하는 것이므로 결국 회사지배란 이사를 선임하기 위한 보통결의에 족한 의결권을 확보함을 뜻한다. 이러한 뜻에서 가장 확실한 의결권의 확보는 발행주식총수의 과반수를 소유하는 것이다(368조 1항 참조). 그러나 다수의 주주로 구성된 회사에서 주주 전원의 출석이란 드문 일이며, 또 출석하더라도 각 주주의 의결권은 분산되어 행사되는 것이 일반적이므로 실제는 발행주식총수의 과반수에 달하지 않는 단순 다수만 가지고도 회사지배가 가능한 경우가 많다. 더욱이 현대회사에서는 주식이 광범하게 분산되면서, 사채권자화하여 주주총회에 참석할 실익이 없는 소액주주들을 다수 탄생시키므로 지배에 요하는 의결권수를 완화시켜 주고, 이들을 상대로 의결권의 위임을 효과적으로 권유하면 소액주주의 의결권은 권유자의 지배권에 가담하게 된다. 또 아예 투자목적의 주주를 회사지배에서 제도적으로 소외시킬 목적으로 무의결권주식을 발행하기도 한다. 이리하여 소량의 주식을 가지고도 회사지배가 가능해지고 있으며, 이 때문에 현대회사는 다음과 같은 지배구조상의 변화를 겪고 있다.

Ⅱ. 경영자지배론

벌리와 민즈는 1920년대 미국의 주요 대기업의 실태를 토대로 하여 현대주식회사의 지배구조를 분석하였다. 1932년에 출간된 그들의 저서, 「현대주식회사와 사유재산」(*The Modern Corporation and Private Property*)에서 대규모의 주식회사는 경제력의 집중으로 자본의 규모가 커짐에 따라 그 주식이 광범하게 분산되고, 이로 인해 기업의 소유는 세분화되어 어느 개인도 지배주주가 될 수 없다는 점을 지적하였다. 그리하여 소량의 주식을 소유한 경영자가 의결권대리(proxy) 제도를 활용하여 기업의 지배권을 장악하는, 이른바 경영자지배(management control)가 가능해지고, 그 결과 경영자는 회사지배에 관한 한 자기영속적인 존재(a self-perpetuating body)가 된다고 하였다.[1)]

> 벌리와 민즈는 이 이론의 검증을 위해 1929년에 금융업을 제외한 200대 기업의 주식분산실태를 조사하였는데, 그 중에서 65개 기업에서는 어느 단일 주주집단(a compact group)도 발행주식총수의 5% 이상을 소유하지 못하고 있으며, 불과 16개 정도의 회사에서 최대주주의 지분이 5~20%에 머문다는 사실, 그리고 전체적으로 44%의 회사가 경영자지배하에 있다는 사실을 밝혀냈다.[2)] 그 후 1963년에 로버트 라너(Robert Larner)가 200대기업의 지배구조를 조사한 바에 의하면 그 중 160개 기업에 10% 이상을 소유한 단일주주가 없다는 사실이 밝혀졌다.[3)] 그리고 라너는 200대기업 중 84%에 해당하는 167개 기업이 경영자지배하에 있는 기업이라고 하였는데,[4)] 이 수치는 1929년에 Berle와 Means가 조사한 것에 비해 배수로 증가한 것이다.

벌리와 민즈 이후에도 회사의 지배구조에 관해서는 많은 이론이 생산되었고 개중에는 경영자지배론을 반박하는 이론도 많지만,[5)] 경영자지배론은 여전히 주

---

1) Adolf A. Berle & Gardiner C. Means, *The Modern Corporation and Property*(New York: The Macmillian Co.), pp. 4~5, 66, 68.

2) Adolf A. Berle & Gardiner C. Means, *op. cit.*, pp. 69~74, 116.

3) Robert Larner, "Ownership and Control in the 200 Largest Nonfinancial Corporations, 1929 and 1963," 56 *American Economic Review* 777(1966).

4) Robert Larner, *Management Control and Large Corporation*(1970), p. 12, Table 1.

5) 경영자지배론의 기본적인 전제는, 주식이 다수의 대중주주에 분산되어 지배주주가 존재하지 않는다는 사실이다. 그러나 미국 회사의 90% 이상이 10명 미만의 주주로 구성되어 예외없이 지배주주가 존재하고, 초대형 회사들도 3분의 1 정도의 회사에는 10% 이상의 주식을 소유한 대주주가 존재한다는 사실을 지적하며 경영자지배란 보편성이 없는 이론이라고 비판하는 학자도 있

식이 널리 분산된 대기업의 지배구조를 설명함에 있어 가장 설득력이 있는 이론으로 인정되고 있다.

기관투자자의 행동경향

2차대전 후 대규모회사의 지배구조는 세계적으로 큰 변화를 겪어왔는데, 그 경향은 주식소유의 法人化로 특징지을 수 있다. 이는 주식소유가 기관투자자로 집중되고 기업결합이 활발하기 때문이다. 금융업이 성장하면서 연금기금, 은행, 보험회사, 투자신탁 등과 같은 기관투자자(institutional investor)로 자금이 집중되어 이들의 자산운용을 위한 주식투자가 늘어났다. 또 개인투자자의 능력으로는 기관투자자의 자금력이나 자산운용기술을 따라갈 수가 없기 때문에 개인투자자들이 점차 직접투자방식을 지양하고, 수익증권을 통한 간접투자방식을 택하면서 기관투자자로 주식소유가 집중하는 현상을 보였다.[1)]

벌리(Berle)는 2차대전 후 미국에서 기관투자자에게 주식이 집중되는 현상을 보고 미국기업의 지배구조는 所有者支配로부터 經營者支配로, 그리고 궁극적으로는 기관투자자에 의한 지배로 변모할 것이라고 예견하였으나,[2)] 아직까지는 기관투자자가 회사지배자로까지 등장한 예는 없다. 기관투자자는 간혹 채권자의 입장에서 거래기업의 중요한 경영문제에 간섭을 하는 예는 있으나, 그 공공성으로 인해 잠재적 권력을 자제하며, 타인의 예탁자산을 가지고 고율의 수익을 실현해야 하는 운용자산의 특수성 때문에 투자대상회사의 경영방침에 불만이 있을 때에는 회사 경영에 개입하는 것보다는 보유주식을 매각하는 쪽을 택한다고 한다. 이러한 행동경향을 소위 "wall street rule"이라 한다.[3)] 또 기관투자자는 포트폴리오의 원칙상 단독으로 기업지배가 가능하거나 지배권을 공유할 만큼 대규모의 지분은 갖고 있지 않은데, 그 상황에서 기관투자자(또는 그 펀드관리자)가 회사의 경영에 개입하고 감시할 유인동기가 없다는 점도 경영에 무관심한 요인으로 지적된다.[4)]

우리나라의 기관투자자 역시 외국의 기관투자자와 같은 속성을 지니므로 경영개입이나 기업감시에 무관심한 것이 당연하다고 할 수 있다. 일례로 국내 최대의 기관

다(M. A. Eisenberg, *The Structure of the Corporation-A Legal Analysis*, Little, Brown and Company, 1976, pp. 37~51).

1) 한 예로 미국의 경우 기관투자자의 주식소유가 1970년 16.1%이던 것이 1996년에는 45.6%로 늘어났으며, 일본에서는 같은 기간에 33.5%에서 42.4%로 늘어났다(강종만 · 최은경, 「한국기업의 지배구조개선」, 한국증권연구원, 1998, 123면 표 Ⅳ-3).

2) A. Berle, *Power Without Property*(New York: Harcourt, Brace and Co., 1959), pp. 52~56.

3) P. Blumberg, *op. cit.*, pp. 131~44; J. Brown, "Mutual Funds as Investors of Large Pools of Money," 115 U.Pa. L.Rev. 663, pp. 678~81(1967); Cary&Eisenberg, p. 213; SEC, Institutional Investor Study Report of the Securities and Exchange, vol. 5, p. 2766.

4) John Coffee, "Liquidity versus Control: The Institutional Investor as Corporate Monitor," 91Colum. L. Rev. 1318-1328(1991).

투자자인 국민연금은 2009년 1사분기에 348개의 주주총회에서 의결권을 행사했는데, 2,417개의 안건 중 111개의 안건에 대해 반대의사표시를 했다고 한다(4.59%).[1] 이는 기관투자자의 감시기능을 촉구하는 여론에 의해 종전 대비 기관투자자의 경영관여가 비교적 활성된 예로 인용될 수도 있지만, 경영에 대한 기관투자자의 관심이 여전히 저조한 예로 읽을 수도 있다.

Corporate Governance

Corporate Governance란 용어가 자주 쓰인다. 직역하자면 "회사통치" 또는 "회사지배"라는 말이 될 것이나, 대체로 회사의 조직운영에 있어서의 법적 구조와 실제의 힘의 흐름구조를 뜻한다. 즉 앞서 설명한 회사의 기관구조와 지배구조를 합한 용어로 이해하면 된다. 근래 세계적인 현상으로서, 회사의 규모가 커지고 감시장치가 제 기능을 하지 못하면서 경영자 또는 대주주에 의한 경영독주의 현상이 뚜렷해지고 아울러 그로 인한 부작용이 심화되면서 회사의 경영지배구조에서 문제의 요인을 찾고 이를 시정하기 위한 제안이 나오고 있다. 이를 통틀어 「Corporate Governance론」이라 칭할 수 있다. 미국의 법률가협회(the American Law Institute)가 「기업지배구조의 원칙」[2]을 공표함으로써 세계 각국에 반향을 일으켰으며, 대표적인 국제적 모델로서 OECD의 기업지배구조원칙(The OECD Principles of Corporate Govern-ance)을 들 수 있다. 우리나라에서는 사외이사와 감사위원회의 도입, 감사의 권한 및 소수주주권의 강화를 위한 입법론으로 그 모습을 보이고 있다.

제 3 관 株主總會

Ⅰ. 의　　의

주주총회(general meeting of shareholders; Hauptversammlung(HV))란 주주로 구성되는 필요적 상설기관으로서 법률 및 정관에 정하여진 사항을 결의하는 주식회사의 최고의사결정기구이다.

(1) **주주로써 구성**

주주총회는 의결권의 유무에 불과하고 주주 전원으로 구성된다(권기범 695; 서헌제 275; 이·최 531; 임재연Ⅱ 10; 최기원 421; 송옥렬(주석–회사 3) 28).[3] 주주만이 구성원이 될 수 있으므로 이사나 감사가 주주총

1) 장정애, "연기금의 기업지배적 역할의 활성화 방안," 「商事判例研究」 23집 1권(2010), 586면.

2) American Law Institute, *Principles of Corporate Governance: Analysis and Recommendation*, 1994. 이에 앞서 1982년에 제 1 시안을 내놓은 바 있다.

3) 의결권 없는 주주는 주주총회의 구성원이 아니라는 견해가 있다(정동윤, 536면; 정찬형, 894면).

회에 출석하더라도 이는 주주총회의 구성원이 아니며, 또 주주가 아닌 자가 의장으로서 사회를 할 수는 있겠으나 역시 주주총회의 구성원이 되는 것은 아니다. 이 점은 정관으로도 달리 정할 수 없다.

(2) 의사결정기관

주주총회는 주주들의 의사를 수렴하여 회사의 의사를 형성한다.

주주총회의 의사결정은 대내적인 것이고 직접 대외적인 법률관계를 형성하는 일은 없다. 그러나 주주총회의 결의를 요하는 대외적인 거래가 주주총회의 결의 없이 이루어졌을 때에는 거래 자체의 효력에 영향을 주므로(예: 영업양도, 374조) 그러한 점에서는 사실상 대외적인 구속력도 발휘한다고 볼 수 있다.

주식회사는 인적회사와는 달리 업무집행에 관해 타인기관(이사)을 갖는 관계로 주주총회는 주주가 회사의 경영에 관여하는 유일한 통로이다(주주가 대표소송을 제기하거나, 유지청구권을 행사하는 등 소극적인 면에서는 단독으로 관여하는 예가 있지만 적극적으로 회사경영에 참여하는 길은 주주총회에서 의결권을 행사하는 것뿐이다).

(3) 결의의 범위

주주총회는 법률 및 정관에 정해진 사항에 한해서만 결의하며(361조),[1] 한편 그 사항은 반드시 주주총회의 결의를 요하고 총회의 결의로도 다른 기관에 위임하지 못한다.

(4) 필요적 상설기관

회사는 사단으로서의 본질상 사원들의 총의를 수렴하는 제도를 반드시 구비하여야 한다. 합명 · 합자회사에서는 소수의 사원들로 구성되는 데다 원칙적으로 사원 각자가 회사에 상주하여 업무집행에 임하므로 사원총회란 것이 필수적이 아니고 자유로운 방식으로 사원 각자의 동의를 구하면 족하다. 그러나 주식회사의 주주는 소유와 경영의 분리원칙에 따라 업무집행에서 배제되어 국외적으로 존재하므로 보다 조직화된 의사결정방법을 요한다. 이러한 필요에서 설치되므로 주주총회는 주식회사의 필요불가결한 상설기관이다(통설).

(5) 최고기관

주주총회는 이념적으로 「회사의 소유자」들로 구성되는 기관이란 점에서 최고성을 부여할 수 있다. 한편 주주총회는 다른 기관의 구성원을 선임 · 해임하고, 주주총회의 결의는 다른 기관 전부를 구속한다는 점에서 법적으로도 회사 내에서의 최고성을 인정할 수 있다.

---

1) 상법 제361조는 「주주총회는 本法 또는 정관이 정하는 사항에 한하여 결의할 수 있다」고 규정하지만, 다른 법률에 의해 주주총회의 결의를 요할 수 있음은 물론이다.

Ⅱ. 주주총회의 權限

주식회사에서는 기관이 분화되어 있으나 기관간의 권한배분에 있어 자연법적인 원칙이 있는 것은 아니다. 각국의 입법례를 보면 「소유와 경영의 분리」를 실천원리로 삼아 점차 주주총회의 기능을 축소하고 이사회(또는 이사)의 기능을 확장하는 추세이다. 상법 제361조는 「주주총회는 本法 또는 定款에 정하는 사항에 한하여 決議할 수 있다」라고 규정하는데, 이 역시 이사회의 권한을 포괄적으로 설정한 가운데(393조 1항), 주주총회의 권한을 제한적으로 부여하려는 뜻으로 읽어야 한다.

1. 상법상의 권한

상법은 주주의 이해에 특히 중요한 영향을 미칠 사항들을 추려 주주총회의 권한으로 하고 있다. 대체로 i) 이사·감사의 선임(382조 1항·409조 1항)이나 재무제표의 승인(449조 1항) 등과 같이 성질상 출자자의 지위에서 당연히 행사하여야 할 것으로 볼 수 있는 사항, ii) 이사의 보수결정(388조)과 같이 이사의 자의를 막기 위한 감시적 기능에 관한 사항, iii) 주식의 포괄적 교환(360조의3)·포괄적 이전(360조의16)·영업양도(374조 1항 1호)·정관변경(433조 1항)·자본금감소(438조)·합병(522조)·분할(530조의3)·조직변경(604조 1항)·회사해산(518조)과 같이 회사의 기초 내지는 영업조직의 기본에 변화를 가져오는 사항들로 이루어져 있다.

한편 주주총회의 결의사항을 법적 기능에 착안하여 분류해 보면, 새로운 법률관계를 완결적으로 창설하는 효력이 있는 결의와 이사회의 결정이나 대표이사의 집행행위를 승인하는 효력이 있는 결의가 있다. 이사·감사의 선임결의와 해임결의(382조·385조·409조·415조), 해산의 결의(518조), 정관변경결의(434조), 이익배당 및 주식배당의 결의(462조 2항·462조의2 1항) 등은 전자의 예이고, 자기주식취득의 승인결의(341조 2항), 주식의 포괄적 교환·이전의 승인결의(360조의3 1항·360조의16 1항), 영업양도의 승인결의(374조 1항 1호), 자본금감소의 결의(438조), 회사합병의 승인결의(522조 1항), 회사분할의 승인결의(530조의3 1항), 배당을 제외한 재무제표의 승인결의(449조 1항·447조), 제 3 자에 대한 전환사채·신주인수권부사채발행의 승인결의(513조 3항·516조의2 4항) 등은 후자에 속한다. 전자의 결의는 이를 집행하는 행위를 별도로 요하지 않으나, 후자의 결의는 집행행위가 따라야 한다는 차이가 있다.

2. 특별법상의 권한

특별법상으로 주주총회의 결의를 요하는 경우가 있다. 예컨대 청산중인 회사나 파산선고 후의 회사가 회생절차개시의 신청을 함에는 주주총회의 특별결의로 회사계속을 결의하여야 한다(회파 35조 2항).

3. 정관에 의한 권한 확장

주주총회의 권한은 법률에 정한 사항 외에도 정관의 규정으로 추가될 수 있다(361조). 상법이 이사회의 권한으로 하면서도 명문으로 주주총회의 권한으로 변경할 수 있도록 정한 사항은 정관에 규정을 두어 주주총회의 결의사항으로 할 수 있음은 물론이다(예: 416조 단. 신주발행은 이사회가 결정하나, 정관으로 주주총회로 하여금 결정하게 할 수 있다). 이와 같은 권한 변경조항이 없는 사항(예: 사채발행, 469조)도 정관에 규정하여 주주총회의 권한으로 할 수 있느냐가 상법 제361조의 해석론상의 의문으로 제기된다. 다수설은 주주총회의 최고기관성 또는 권한배분의 자율성을 이유로 이를 긍정하고, 다만 이사회가 갖는 주주총회의 소집권(362조)만은 성질상 주주총회의 권한으로 할 수 없다고 설명한다(확장설)(권기범 701; 권종호 62; 김정호 324; 김동훈 231; 김홍기 459; 손수찬 700; 손신화 514; 송옥렬 921; 이 · 최 533; 임홍근 347; 정동윤 541; 최기원 435; 홍 · 박 338).

확장설에 따르면 주주총회가 이사회의 권한을 대폭 잠식할 수 있게 되어 소유와 경영의 분리를 기대하는 상법의 이념에 역행한다. 또한 확장설과 같이 상법의 근거 없이도 권한을 확장할 수 있다면, 본래 이사회의 권한에 속하는 사항을 정관에 규정함으로써 주주총회에서 결의할 수 있다고 한 명문의 조항(예: 389조 1항 · 416조)이 무의미해진다. 주주총회의 최고기관성이란 사회학적 힘에 기초한 평가이지, 법적으로 주주총회의 의사결정의 규범적 가치가 이사회의 의사결정에 비해 우월하다거나, 이사회의 권한이 주주총회의 권한에 부분집합으로 포섭되는 관계에 있다는 뜻이 아니다. 상법은 채권자보호라는 최고의 이념하에 회사재산을 객관적으로 관리할 수 있는 수단으로 소유와 경영의 분리라는 원칙을 설정하고 이사회에 업무집행을 맡기고 있으므로 이사회의 의사결정과 주주총회의 의사결정은 서로 본질을 달리하는 기능이고 상호 대체할 수 있는 것이 아니다. 나아가 이사회의 의사결정은 각 이사들의 책임에 의해 중립성과 합리성이 담보되지만(399조 2항) 주주총회의 결의에는 이러한 책임이 따르지 않으므로 그릇된 결정으로 회사에 손해가 생기더라도 책임을 추궁할 제도적 장치가 없다는 점도 확장설을 지지하기 어려운 이유이다. 요컨대 각 기관의 권한배분에 관한 제 규정은 유한책임제도하에서 회사의 독립적 기능을 확보하기 위한 강행규정으로서, 명문의 규정이 없는 사항에 관하여는 정관의 규정으로도 주주총회의 권한을 확장할 수 없다고 보아야 한다(제한설)(同旨: 강·임 710; 서헌제 282; 오성근 430; 장덕조 231; 정경영 452; 정준우 257; 정찬형 898)(724면 참조).

상법 제361조에서 「주주총회는 본법 또는 정관에서 정한 사항에 한하여 결의할 수 있다」고 한 것은 몇몇 이사회의 권한을 주주총회의 권한으로 변경할 수 있도록 규정한 것(389조 1항: 대표이사의 선정)과 체제상의 균형을 맞추기 위한 것에 불과하므로 이는 주주총회의 권한을 확장하는 근거가 될 수 없다. 확장설은 주주총회의 최고성을 근거로 삼지만, 주주총회의 최고성이란 출자자의 의사결정기구라는 의미, 그리고 주요 사항에 관해 궁극적인 효력의 근거가 된다는 의미일 뿐, 다른 기관의 권한을 유개념적으로 포섭하는 의미에서의 최고성은 아니다. 한편 일부학설은 상법에 명문으로 이사회의 권한사항으로 규정된 사항에 관해서는 저자와 같은 입장을 취하면서 상법에서 권한귀속을 정하지 않은 사항은 주주총회의 권한으로 할 수 있다는 절충적 입장을 보이고 있다(정찬형 887). 하지만 상법 제393조 제 1 항이 「회사의 업무집행은 이사회의 결의로 한다」라고 규정함은 회사의 업무집행은 다른 규정이 없는 한 포괄적으로 이사회의 권한으로 하겠다는 취지를 천명한 것으로서, 절충설이 말하는 「상법이 권한 귀속을 정하지 않은 사항」이란 법상 존재하지 않으므로 역시 찬성하기 어렵다.[1)]

4. 주주의 권한행사와 책임

법상 주주 개개인의 의사결정은 주주총회에서의 의결권의 행사에 그치고, 회사에 직접 구속력을 미치는 것은 주주 전체의 의사가 수렴된 주주총회의 결의라는 형식으로 표현된다. 그리고 주주들은 자신의 의결권행사에 관해 책임을 지는 일이 없다. 주주총회의 결의도 위법한 내용으로 이루어질 수 있고, 이는 결의에 찬성한 주주들의 과실이라고 할 수 있지만, 결의가 무효임에 그치고 역시 주주의 책임은 문제되지 아니한다. 결의 자체만으로는 집행력이 없고 그 내용은 이사회 또는 대표이사의 업무집행을 통해 실천되기 때문이다. 즉 주주총회의 결의에 위법한 요소가 있더라도 회사의 손해로 현실화되는 것은 이사회나 대표이사의 집행단계에 와서이므로 회사에 대한 손해배상책임을 지는 것은 그 집행에 관여한 이사들인 것이다. 이같이 주주가 회사의 의사결정에 책임을 지지 아니하는

1) 참고로 독일에서는 법상 이사회나 감사회(Aufsichtsrat)의 권한에 속하는 사항은 정관으로써도 주주총회의 권한으로 정할 수 없다고 해석하고 있다. 각 기관의 권한배분에 관한 규정은 강행규정이라고 보는 것이다(*Bungert*, in MünchHdbGesR Ⅳ, § 35 Rn. 10 f.; *Koch*, 12. Aufl., § 119 Rn. 10; *Kubis*, in Münchener Komm. AktG, 3. Aufl., § 119 Rn. 17; Kübler/Assmann, S. 218 f.; Raiser/Veil, § 16 Rn. 1; *Spindler*, in Schmidt/Lutter, § 119 Rn. 2).

회사법구조는 결국 소유와 경영의 분리에 따른 논리적 귀결이라 할 수 있다.

주주의 의결권행사와 결의가 회사에 대한 불법행위의 수단으로 이루어질 수도 있는데(예컨대 주주가 이사와 공모하여 회사의 중요한 재산을 염가로 처분하기 위해 승인결의를 하는 것), 이 경우에는 주주도 불법행위로 인한 손해배상책임을 진다. 하지만 그것은 불법행위의 전 과정 때문에 책임지는 것이지, 의결권행사로 인한 회사법적 책임을 지는 것은 아니다.

5. 권한의 專屬性

법률에 의해 주주총회의 권한으로 되어 있는 것은 반드시 주주총회에서 결의하여야 하고, 정관의 규정이나 주주총회의 결의에 의하더라도 다른 기관이나 제 3 자에게 위임할 수 없다(대법원 2020. 6. 4. 선고 2016다241515 판결). 예컨대 이사의 선임(382조 1항)을 대표이사의 결정에 위임한다거나, 이사의 보수(388조)를 이사회에서 결정하도록 위임하는 것은 무효이다. 하물며 주주총회 이외의 기관이나 개인의 의사결정을 가지고 주주총회의 결의가 있은 것으로 의제하거나 이에 갈음할 수는 없다.

대주주의 보수약속의 효력

대주주가 경영자에게 일정한 보수를 약속한 것이 주주총회의 결의를 대체하는 효력이 있는지를 다룬 판례가 몇 건 있다. 발행주식의 80%를 소유하는 주주인 대표이사가 특정 이사에게 보수를 지급하기로 한 약속의 효력이 다투어진 사건에서, 80%의 주주가 약속한 만큼, 주주총회가 열렸더라도 같은 결의가 있었을 것이므로 이 약속은 주주총회의 결의와 마찬가지 효력을 갖는다고 판단한 예가 있었으나(대법원 1978. 1. 10. 선고 77다1788 판결), 그 후 거의 같은 사안에서 상반된 결론을 취한 판례가 나왔다(판례 [39]).

판 례

[39] 대법원 1979. 11. 27. 선고 79다1599 판결

「… 이사인 원고의 보수에 관하여 주주총회의 결의가 없었다는 사실은 원고가 자인하는 바인 이상, 피고회사의 대표이사인 정○○이 피고회사의 전주식 3,000주 중 2,000주를 가지고 있다는 사실만으로써는 원고와 동 정○○간의 그 판시와 같은 보수 및 퇴직금에 관한 약정이 곧 피고회사에 대하여 효력이 있다고 할 수 없[다.]」

Ⅲ. 회의의 소집

1. 소집의 결정

(1) 통상의 소집 결정

주주총회의 소집은 상법에 다른 규정이 있는 경우 외에는 이사회가 이를 결정한다(362조). 이는 강행규정으로서, 정관의 규정으로도 달리 정할 수 없다(주주총회의 권한에 관한 확장설도 주주총회의 소집은 이사회의 고유권한이라 한다). 따라서 이사회의 소집결정 없이 소집된 주주총회의 결의는 하자 있는 결의이다(635면 이하 참조). 총회의 소집을 이사회(주주가 아니고)가 결정한다는 것은 경영에 관한 주주의 관여를 통제하는 의미를 가지므로 소유와 경영의 분리를 실질적으로 확보하는 장치로서의 의미를 갖는다.

이사회는 주주총회의 일시·장소·의안 등을 정하며, 그 소집결정의 집행은 업무집행권을 가진 대표이사가 한다. 다만 일시와 장소 등에 관해서는 이사회가 대강의 범위를 정하고(예컨대 「2월 1일에서 10일 사이에 종로구에서 개최하도록 한다」는 등), 구체적인 선정을 대표이사에게 위임하는 것은 무방하다.

소집에 관련된 사항들(시기, 장소, 참석주주의 확정 등)은 모두 주주의 의결권행사가 자유롭게 이루어지도록 정해야 하고, 그렇지 못한 내용을 결의할 경우 이사회의 결의는 무효이다.[1)]

(2) 소수주주의 소집청구

1) 취 지 상법 제366조는 소수주주의 청구에 의해 주주총회가 소집될 수 있음을 규정하고 있다. 주주의 정당한 의사형성을 방해하는 이사회의 전횡을 견제하고, 특히 지배주주의 지지를 받는 이사의 세력에 소액주주가 대항할 수단을 마련해 주기 위한 제도적 장치이며, 주주의 공익권 중의 하나이다.

주주의 요구로 주주총회가 열리게 하는 방법으로는 미국처럼 의결권 있는 주식의 10% 등 일정비율의 주식을 보유한 주주가 독립하여 주주총회를 열 수 있게 하는 방법(MBCA §7.02(a)(2); Cal. Corp. Code § 600(d)),[2)] 독일처럼 소집권 자체는 원칙적으로 이사회가 가지나 일정수(자본의 20분의 1) 이상을 가진 주주가 이사회에 소집을 청구할 수 있고 불응하면 법원의 허

---

1) 대법원 2011. 6. 24. 선고 2009다35033 판결: 「… 소유와 경영의 분리를 원칙으로 하는 주식회사에서 주주는 주주총회 결의를 통하여 … 회사의 기초 내지는 영업조직에 중대한 변화를 초래하는 사항에 관한 의사결정을 하기 때문에, 이사가 주주의 의결권행사를 불가능하게 하거나 현저히 곤란하게 하는 것은, 주식회사 제도의 본질적 기능을 해하는 것으로서 허용되지 아니하고, 그러한 것을 내용으로 하는 이사회결의는 무효로 보아야 한다.」

2) 영국에서는 주주가 서면결의안을 낼 수도 있다(Companies Act 2006, ss. 292, 303).

가를 얻어 소집할 수 있도록 하는 방법이 있는데(§ 122 AktG), 상법은 후자를 따르고 있다. 일본도 같다(日會 297조).

2) 소집청구의 요건과 절차

(가) **소수주주의 요건** 주주총회의 소집을 청구할 수 있는 주주는 발행주식총수의 100분의 3 이상을 가진 자(상장회사의 경우에는 1,000분의 15 이상을 6월전부터 계속 보유한 자)이다(366조 1항 · 542조의6 1항). 소집청구권을 단독주주권으로 하지 않고 소수주주권으로 한 이유는 총회결의에 거의 영향을 줄 수 없는 영세한 주주가 무익한 소집청구를 거듭하여 생기는 비효율을 방지하기 위함이다.

「발행주식총수의 100분의 3」을 계산함에 있어 「발행주식총수」와 「100분의 3」 속에 자기주식과 의결권 없는 주식은 포함되지 않는다(김정호 327; 손주찬 702; 임재연 Ⅱ 14; 정준우 265; 최준선 358)(반대: 권기범 707; 송옥렬 923; 이종훈 124; 이 · 최 535; 장덕조 234; 정경영 455; 정동윤 542; 최기원 447). 의결권 없는 주식을 가진 주주는 총회를 소집할 실익이 없다고 보아야 하기 때문이다. 이같이 소수주주의 의결권을 전제로 하는 소수주주권의 경우에는 그 요건으로서 상법이 규정하는 「발행주식총수」는 「의결권 있는 발행주식총수」를 의미하는 것으로 읽어야 한다(예: 363조의2 1항). 상장회사에서의 「발행주식총수의 1,000분의 15」(542조의6 1항)의 해석도 같다.[1)]

(나) **절 차** 소수주주는 회의의 목적사항과 소집의 이유를 기재한 서면 또는 전자문서를 이사회에 제출하여 임시총회의 소집을 청구할 수 있다(366조 1항). 회의의 목적사항이 주주총회의 권한에 속하는 결의사항이어야 함은 물론이다.[2)] 「소집의 이유」에 관해서는 결의의 필요성을 소명하면 되고, 이사의 부정이나 재무제표의 부당성과 같이 이사나 감사의 책임추궁에 한정되는 것은 아니다(467조와 비교참조할 것).

「전자문서」란 정보처리시스템에 의하여 전자적 형태로 작성 · 변환 · 송신 · 수신 · 저장된 정보로서 그와 같이 재현될 수 있는 형태로 보존되어 그 내용을 열람할 수 있는 것이어야 하고(374면 참조), 이같은 성질에 반하지 않는 한 전자우편은 물

1) 상법 제542조의6 제 1 항이 2009년 개정에 의해 상법에 신설되기 전에는 구증권거래법에 있었는데, 당시에는 명문으로 의결권없는 주식을 제외하였으나(舊증거 191조의13 5항), 상법으로 가져오면서 이 부분의 문언이 탈락되었다. 의도적으로 삭제할 이유는 없었으므로 입법의 착오로 보인다.

2) 정관에 대표이사를 주주총회의 결의로 선정한다는 규정을 두고 있지 않은 회사에서 주주들이 "대표이사의 선임 및 해임"을 목적으로 주주총회의 소집을 이사회에 청구하고 거절하자 법원에 소집허가를 받은 사안에서 이 소집청구와 법원의 소집허가는 위법하다고 판시한 예가 있다(대법원 2022. 4. 19.자 2022그501 결정).

론 휴대전화 문자메시지 · 모바일 메시지 등까지 포함된다(대법원 2022. 12. 16. 자 2022그734 결정).[1)]

소수주주의 청구가 있을 때에는 이사회는 지체 없이 주주총회소집의 절차를 밟아야 한다(366조 2항). 이때에도 이사회의 소집결정을 요한다. 소집이유의 타당성을 판단해야 하기 때문이다. 소집의 이유가 상당하지 못하면 소집절차를 밟을 필요가 없음은 물론이다. 「지체 없이」란 총회소집을 위해 소요되는 최소한의 시일 후 개최되도록 하여야 한다는 뜻이다.

3) **소수주주의 총회소집** 소수주주의 청구가 있음에도 불구하고 이사회가 소집절차를 밟지 않을 때에는 소집을 청구한 주주는 법원의 허가를 얻어 직접 총회를 소집할 수 있다(366조 2항). 이사회에 소집을 청구한 이유와 법원에 소집허가를 신청하며 제출한 소집이유는 동일하여야 한다(대법원 2022. 9. 7. 자 2022마5372 결정).

㈎ **소집허가** 법원은 소집을 청구한 주주의 지주요건 등 소집청구의 요건이 구비되었는지를 심사하여 허가여부를 결정하여야 한다. 소집의 이유가 부당하거나 명백한 권리남용에 해당할 경우에는 소집을 불허해야 한다.[2)·3)]

법원의 소집허가결정에 대하여는 불복하지 못한다(비송 81조 2항). 그러나 민사소송법 제449조에 의한 특별항고는 허용된다(대법원 1991. 4. 30.자 90마672 결정; 동 2001. 12. 21.자 2001그121 결정).

소수주주가 법원의 소집허가를 얻은 후, 그에 의한 총회의 성원을 저지하거나 무의미하게 만들기 위해 이사회가 소집을 결의하는 수가 있다. 그러나 소수주주가 소집허가를 얻은 이상 동일한 안건에 관해서는 소수주주가 소집권자이므로 이사회가 소집한 총회는 권한 없는 자가 소집한 것으로서 부존재하는 총회로 보아야 한다.[4)·5)]

㈏ **소집시기** 소집을 허가할 때에는 법원이 소집시기를 명기하는 것이

---

1) 본문에서와 같은 이유로 카카오톡 메시지에 의한 주주총회 소집청구를 적법하다고 보았다.

2) 일본의 통설이다. 권리남용의 예로서는 이사측이 의결권의 과반수를 장악하고 있어 소집청구의 목적인 결의를 이룰 가능성이 없음에도 소집을 청구하는 경우, 배당가능이익이 없음에도 배당결의를 위한 총회소집을 청구하는 경우 등 결의의 실익이 없거나 회사에 유해한 경우를 든다(日注釋(5), 116면).

3) 주주제안을 통해 총회에서 의안을 다루었으나, 부결된 안건을 3년 내에 다시 다루기 위해 총회소집을 청구한 것을 前註와 같은 이유에서 기각한 하급심판례가 있다(서울고법 2005. 5. 13.자 2004라885 결정. 539면 참조).

4) 日注釋(5), 117면.

5) 수원지법 2007. 8. 30.자 2007카합392 결정: 소수주주가 이사와 감사 전원을 해임하는 의안으로 주주총회소집허가결정을 얻자, 이사회가 동일한 의안으로 주주총회를 소집하여 일부 이사만 해임하고 나머지는 유임시키는 결의를 하였다. 이에 소수주주가 이 결의의 취소소송을 본안으로 하여 결의의 효력정지가처분을 구하였던바, 법원은 본문에서와 같은 이유로 하자 있는 결의임을 시인하고 결의의 효력을 정지시켰다.

바람직하지만, 법원이 시기를 정하지 않더라도 허가를 얻은 소수주주는 소집의 목적에 비추어 상당한 기간 내에 소집해야 한다. 총회에서 결의할 사항은 이미 법원의 허가시에 정해졌으므로 지체할 이유가 없고, 장시간이 경과하면 소집허가결정의 기초가 되었던 사정에 변경이 생길 수 있기 때문이다(대법원 2018. 3. 15. 선고 2016다275679 판결). 따라서 상당기간 소집을 게을리할 경우에는 소집허가에 따른 소수주주의 소집권한은 특별한 사정이 없는 한 소멸한다. 「상당한 기간」이 경과하였는지 여부는 총회소집의 목적과 소집허가결정이 내려진 경위, 소집허가결정과 총회소집 시점 사이의 기간, 소집허가결정의 기초가 된 사정의 변경 여부, 뒤늦게 총회가 소집된 경우 그 경위와 이유 등을 고려하여 판단하여야 한다(동판결).

㈐ **소집주주의 지위** 총회를 소집하는 소수주주는 회사의 일시적 기관으로서 주주총회를 소집한다고 보아야 한다. 따라서 소수주주는 기준일의 설정, 통지·공고 등 총회소집을 위해 필요한 절차를 모두 취할 수 있으며, 회사에 대하여 소집비용을 청구할 수 있다(김·노·천 303; 오성근 440; 정준우 269).

㈑ **의 장** 법원의 허가를 얻어 총회를 소집하는 경우 법원은 이해관계인의 청구에 의해 또는 직권으로 의장을 선임할 수 있다(366조 2항 후. 2011년 개정에 의해 신설). 이는 의장을 선임함에 있어 법원이 정관의 규정에 구속받지 아니함을 의미한다. 그러나 법원이 반드시 의장을 선임해야 한다고 해석할 필요는 없고, 소집된 총회에서 의장을 선임하도록 하는 것도 가능하다고 본다.

4) 검사인의 선임 소수주주의 청구에 의해 회사가 총회를 소집하거나 법원의 허가를 얻어 소수주주가 총회를 소집한 경우 그 총회는 회사의 업무와 재산상태를 조사하게 하기 위하여 검사인을 선임할 수 있다(366조 3항). 이 검사인의 선임결의는 소집통지에 의제로 기재하지 않아도 가능하고, 또 업무와 재산상태의 조사가 법원이 허가한 소집목적에 포함되지 않아도 무방하다.[1)]

⑶ 감사의 소집청구

감사 또는 감사위원회도 소수주주와 같은 방법으로 주주총회의 소집을 청구하고, 이사회가 소집을 게을리할 경우 법원의 허가를 얻어 직접 소집할 수 있다(412조의3·415조의2 7항)(상세는 918면 참조).

⑷ 법원의 명령에 의한 소집

상법 제467조 제 1 항에 의하여 소수주주가 회사의 업무와 재산상태를 조사하게 하기 위해 법원에 검사인의 선임을 청구한 경우, 이 검사인의 조사보고에

1) 日注釋(5), 119면.

의해 필요하다고 인정한 때에는 법원은 주주총회의 소집을 명할 수 있다(467조 3항). 이 경우에는 이사회의 소집결정을 요하지 않고 대표이사가 바로 소집하여야 한다(손주찬 702; 송옥렬 925; 정동윤 542; 정찬형 902; 최기원 449; 최준선 360).

2. 주주총회의 시기

총회는 정기총회와 임시총회로 나뉜다.

정기총회는 매결산기에 1회 일정한 시기에 소집한다(365조 2항). 결산기가 1년을 넘더라도 매년 1회는 반드시 소집해야 한다(365조 1항). 정기총회에서는 재무제표의 승인이 주된 의제이지만, 이 밖의 의안을 다루어도 무방하다. 정기총회의 소집시기는 보통 정관에서 정하지만, 정관에서 정하지 않았더라도 재무제표승인의 필요상 결산종료일 후 상당한 기간 내에 소집해야 한다. 정기총회도 이사회가 소집을 결정한다(통설). 정기총회의 소집시기가 다소 지연되더라도 정기총회의 성격을 상실하는 것은 아니지만 상당히 지연되어 소집되었을 경우에는 임시총회의 성격을 띤다. 그러나 여기서 재무제표가 승인되었다고 하여 무효로 볼 것은 아니다. 정기총회가 무단히 지연되는 경우에는 소수주주에 의한 소집청구가 가능하다(366조).

임시총회는 필요에 따라 수시로 소집할 수 있다(365조 3항). 임시총회와 정기총회는 그 소집시기가 다를 뿐, 그 권한이나 결의의 효력에는 차이가 없다.

3. 소집의 통지

주주총회를 소집하기 위하여는 회의일을 정하여 소집을 통지하여야 한다(363조 1항). 통지는 이사회의 소집결정을 집행하는 일이므로 대표이사가 행한다. 소집의 통지는 주주들에게 총회의 의사결정에 참가할 기회를 부여하는 뜻을 지니므로 총회운영에서 매우 중요한 절차이다.

1) 통지대상 명의개서된 주주에 한해 의결권을 행사할 수 있으므로 소집통지는 주주명부상의 주주에게 해야 하고, 어떤 사유로 주식을 취득하였든, 명의개서를 하지 아니한 주식양수인에게는 통지할 필요가 없다(대법원 2012. 6. 14. 선고 2012다20925 판결).

의결권 없는 주주에 대하여는 통지를 하지 아니한다(363조 7항). 여기서 의결권 없는 주주란 의결권이 배제되는 주식 또는 당해 총회의 의안에 관해 의결권이 제한되는 주식(344조의3 1항)뿐만 아니라 상호주(369조 3항) 기타 상법 또는 특별법에서 의결권을 제한하는 주식을 소유하는 주주를 모두 포함한다. 의결권 없는 주주라도 반대주주가 주식매수청구권을 행사할 수 있는 의안(360조의5 · 360조의22 · 374조의2 · 522조의3 · 530조의11)에 관해 주식매수청구는 할 수 있다. 그러므로 이러한 의안을 다루는 총회를 소집할 때에는 주식매수청구절차를 밟을 수 있도록 의결권 없는 주주에게도 소집통지를 하여야 한다(363조 7항 단).

2) 통지방법 주주에게 개별적으로 서면에 의해 통지를 발송하여야 한다(363조 1항). 주주의 동의가 있을 경우 전자문서에 의한 통지로 갈음할 수 있다(동조 동항). 이는 강행규정으로서 다른 방법은 허용되지 아니한다. 예컨대 구두로 알리거나 종업원주주에 대하여 문서로 회람하거나 안내방송 등에 의해 알리는 것은 허용되지 않는다.

상장회사가 주주총회를 소집함에 있어서는 의결권 있는 주식총수의 100분의 1 이하를 가진 주주에 대하여는 정관에 정하는 바에 따라 회일 2주 전에 총회소집의 뜻과 목적사항을 2개 이상의 일간신문에 각각 2회 이상 공고하거나, 전자적 방법으로 공고함으로써 소집통지에 갈음할 수 있다(542조의4 1항, 상령 31조 1항). 「전자적 방법의 공고」란 금융감독원 또는 한국거래소가 운영하는 전자공시시스템에 공시하는 것을 말한다(상령 31조 2항). 이같이 전자공고로 갈음하기 위해서는 반드시 정관에 규정을 두어야 한다(서울고법 2011. 6. 15. 선고 2010나120489 판결: 정관에 근거없이 전자공고로 소집통지한 것을 위법하다고 한 예).

3) 통지기간 통지는 회일 2주 전에 발송하여야 한다(363조 1항).[1] 총회의 소집통지는 대표적인 집단적 행위이므로 그 효력을 획일확정하기 위하여 發信主義를 취한 것이다. 그러므로 회일 2주 전에 통지가 발송되면 족하고 주주에게 도달되었는지 여부는 묻지 않는다. 부도달로 인한 불이익은 주주의 부담이다. 그러나 통지의 발신 및 기간 준수 여부에 관한 증명책임은 회사가 부담한다. 즉 회사가 주주명부상의 주소 또는 주주가 회사에 통지한 주소(353조 1항)로 소집통지를 발송하였음을 증명하여야 한다.

「2주 전에 … 발송」하라 함은 초일불산입의 원칙(민 157조)에 따라 발송일과 회일의 사이에 14일을 두어야 함을 뜻한다(3월 16일에 총회를 한다면 3월 1일에 발송). 이 기간은 늘일 수는 있

---

1) 민법상 기간의 말일이 토요일 또는 공휴일에 해당한 때에는 기간은 그 다음날로 만료한다(민 161조). 그러므로 이론적으로는 총회소집일의 2주 전에 해당하는 날이 공휴일이면 그 전날에 소집통지를 발송해야 한다고 해석할 소지도 있다(이같이 해석한 하급심판례도 있다. 서울북부지법 2007. 2. 28.자 2007카합215 결정). 그러나 민법 제161조는 기간에 의해 권리행사 또는 의무이행의 제약을 받는 자에게 공휴일로 인해 기간이 실질적으로 단축되는 부담을 주는 것을 막기 위한 것인데, 주주총회의 소집통지와 같이 역산해야 할 기간에 있어서는 민법 제161조의 입법취지에 따른 배려가 무의미하므로 단지 2주 전에 통지를 발송하면 된다고 해석해야 한다.

으나 줄일 수는 없다(통설).

전자문서에 의한 통지

전자문서를 이용하여 소집통지를 함으로써 소집통지의 물리적 비용이 줄고, 도달의 확실성이 높아지고, 주주들의 수령시기가 신속하고 주주별로 균등해지는 등 여러 가지 이점이 있다(전자문서의 개념은 374면 참조).

그런데 상법은 전자문서에 의한 통지의 구체적 방법을 규정하고 있지 않으므로, 발신주의와 관련하여 실무적으로 주의할 점이 있다. 전자문서로 할 경우 발신시기에 관하여는 상법에 규정이 없으므로 「전자문서 및 전자거래 기본법」을 유추적용해야 한다. 동법은 「전자문서는 작성자 또는 그 대리인이 해당 전자문서를 송신할 수 있는 정보처리시스템에 입력한 후 해당 전자문서를 수신할 수 있는 정보처리시스템으로 전송한 때 송신된 것으로 본다」고 규정하고 있다(전거 6조 1항). 이 규정대로라면 회사가 어떤 경위로든 주주의 정보처리시스템(예: e메일주소)을 알아내어 회일의 2주 전에 송신만 하면 상법 제363조 제 1 항의 발송의 요건을 충족한다는 결론에 이른다. 원래 발신주의란 상대방의 요지가능성을 전혀 고려할 필요 없이 발송만 하면 족하다는 뜻은 아니다. 통상 상대방이 요지할 것을 기대할 수 있을 때에 발신주의가 정당화될 수 있는 것이다.

우편에 의한 서면통지는 상대방이 수동적으로 수신하게 되지만, 전자문서에 의한 통지는 상대방이 적극적으로 수신하려는 노력을 기울여야 수신이 가능하다는 특성을 고려하여야 한다. 그러므로 상법 제363조 제 1 항에서 전자문서로 통지하기 위해서는 주주의 동의를 받으라고 함은 사전에 주주로부터 수신을 위한 정보처리시스템을 지정받는 것(전거 6조 2항 1호 본)을 포함하는 뜻으로 읽어야 한다.

4) 통지내용 회일, 총회장소(소집지), 회의의 목적사항을 통지하여야 한다.

상장회사의 특례

상장회사의 주주총회의 소집통지 · 공고에서 다룰 내용에 관해서는 특칙이 있다. 상장회사가 이사 · 감사의 선임을 목적으로 하는 주주총회를 소집통지 또는 공고하는 경우에는 이사 · 감사 후보자의 성명, 약력, 추천인, 그 밖에 후보자와 최대주주의 관계 등 대통령령으로 정하는 후보자에 관한 사항을 통지 또는 공고해야 한다(542조의4 2항, 상령 31조 3항). 또 상장회사는 독립이사의 활동내역과 보수에 관한 사항, 주요주주 등과의 거래내역, 영업현황 등 사업개요, 사업보고서 및 감사보고서도 소집통지 · 공고에 담아야 하는데, 통지 · 공고에 갈음하여 회사의 인터넷 홈페이지에 게재하고 소정의 방법으로 일반인이 열람할 수 있게 하는 것도 무방하다(542조의4 3항, 상령 31조 4항 · 5항).

5) 소집통지의 해태 회사가 총회소집의 통지를 게을리하거나 부적법하

게 한 때에는 소집절차가 법령 또는 정관에 위반한 것이 되어 결의취소사유가 되고(376조 1항), 이사에게는 벌칙이 적용된다(635조 1항 2호 · 22호).

6) 장기불참주주에 대한 소집통지의 생략

(가) **취 지** 회사가 주주에게 주주총회의 소집을 통지하는 등 각종의 의사통지를 하거나 최고를 할 경우에는 주주명부에 기재된 주소 혹은 주주가 회사에 통지한 주소로 하면 회사는 면책된다(353조 1항). 그러므로 주소가 변경되면 주주는 부도달의 불이익을 입지 않도록 회사에 바로 새 주소를 통지해야 할 것이다.

그러나 주주들 중에는 바뀐 주소의 통지를 게을리하는 자가 있고, 특히 상장회사의 소액주주들은 양도차익에만 관심을 두고 회사에 대한 권리(특히 공익권)행사에는 별 관심이 없으므로 변동된 주소를 회사에 신고하지 않는 주주들이 많다. 그리하여 회사가 옛주소로 계속 무익한 통지를 할 수밖에 없는 실정이다. 상법은 이러한 주주관리상의 낭비를 제거하고자 장기간(3년간)에 걸쳐 통지가 주주에게 부도달할 경우 회사의 통지의무를 면제하는 제도를 두고 있다(363조 1항 단).

(나) **요 건** 주주총회의 소집통지를 받는 것은 주주의 중요한 권리이므로 본조의 요건을 구비하지 못한 채 통지를 생략할 경우에는 주주가 총회결의의 취소를 주장하는 등 심각한 분쟁을 야기할 수 있다. 따라서 소집통지를 생략하고자 할 경우에는 다음과 같은 요건을 준수해야 한다.

(a) 발송주소 주주명부상의 주주의 주소로 통지를 하였어야 한다. 예탁결제원에 예탁된 주식의 실질주주에 관해서는 실질주주명부를 주주명부로 보므로(자금 316조) 실질주주에게는 실질주주명부상의 주소로 통지했어야 한다.

(b) 「3년간」의 부도달 3년간 계속 도달하지 않아야 한다. 3년간의 계속적인 부도달을 요건으로 하므로 3년 중 1회라도 도달하였다면 본조의 적용대상이 아니다. 몇 번을 통지하였느냐는 것은 묻지 않는다. 그리고 부도달된 통지는 「주주총회의 소집」에 관한 것이어야 한다. 다른 통지가 3년간 부도달하더라도 이를 근거로 주주총회의 소집통지를 생략할 수 없다.

「3년간」이란 최초의 부도달된 통지의 발송일로부터 최후의 부도달된 통지의 발송일까지의 기간을 뜻한다고 본다.

(c) 부 도 달 통지가 주주에게 도달하지 않았다는 사실은 통지의 반송에 의해 인식된다. 단지 주주가 통지를 받고 주주총회에 불참한 사실만으로는 도달하지 않았다고 볼 수 없다.

(d) 증명책임 위 요건충족에 대한 증명책임은 회사가 진다. 특히 3

년간 계속 부도달한 사실의 증명이 실무상 중요하다. 그러므로 본조에 의해 통지를 생략하려면 3년치의 반송우편을 보존해야 하는 부담이 있다.

(다) **기타 통지의 경우** 본 규정은 주주총회의 소집통지에만 적용된다. 따라서 신주인수권자(주주)에 대한 신주인수최고의 통지(419조 1항)나 준비금의 자본금 전입으로 인한 신주배정통지(461조 5항), 주식배당의 통지(462조의2 5항), 전환사채나 신주인수권부사채의 인수권자(주주)에 대한 사채인수최고의 통지(513조의3 1항 · 516조의3 1항) 등의 통지는 3년간 부도달하더라도 생략할 수 없다.

입 법 론

무익한 통지로 인한 회사의 부담은 주주총회의 소집통지에 국한된 것이 아니다. 그러므로 통지의 생략을 허용하려면 모든 통지사항에 대해 적용할 수 있는 일반규정을 설치하는 것이 바람직하다.[1] 물론 신주인수권에 관한 통지 같은 것은 주주의 재산권에 관한 문제이므로 일회적으로 권리행사가 종결되는 주주총회소집과 똑같이 취급하는 것은 주주보호의 차원에서 불가하다는 생각도 있을 수 있다. 그렇다고 하여 도달하지 않을 것이 확실한 통지를 해야 한다는 것은 주주보호라는 관점에서도 무의미하다. 그러므로 입법론으로서는 이러한 자익권의 행사에 관한 통지는 일괄하여 公告로 갈음하는 방법을 강구할 필요가 있다.

7) **소규모회사의 소집통지방법** 상법상의 주주총회의 소집 내지는 운영절차는 매우 엄격하여 영세한 회사로서는 준수비용이 상당한 부담이 되므로 소규모회사의 주주총회에 관해서는 다음과 같이 크게 간소한 방법으로 운영할 수 있도록 특례를 두고 있다(97면 참조).

i) 일반회사에 비해 소집통지와 주주총회일의 간격이 단축되어 있다. 소규모회사가 주주총회를 소집할 때에는 주주총회일의 10일 전에 통지를 발송하면 족하다(363조 3항).

ii) 주주 전원의 동의가 있을 경우에는 소집절차 없이 주주총회를 개최할 수 있다(363조 4항). 주주 전원의 출석이 있으면 소집절차의 흠이 치유된다는 것이 통설 · 판례의 입장이므로 이 제도가 소규모회사에 관해 특례의 의미를 갖는 것은 아니다.

---

1) 일본에서는 5년간 통지 · 최고 등이 부도달한 주주 · 질권자에게는 모든 통지 · 최고를 생략할 수 있다(日會 196조).

4. 회의일시 · 소집장소

회의일시 · 소집장소는 이사회에서 결정하여 주주에 대한 통지에 기재하여야 한다. 회의일시와 소집장소는 주주들의 참석의 편의를 고려하여 결정하여야 한다.

1) 소집지에 관하여 상법 제364조 제 1 항은 「총회는 정관에서 달리 정한 바가 없으면 본점소재지나 인접한 곳에 소집하여야 한다」라고 규정하고 있다. 동조에서의 「본점소재지」, 「인접한 곳」의 범위는 동일한 생활권을 이루는 행정단위로 파악해야 한다. 상법 제22조, 제41조 제 1 항, 제70조 제 3 항 등 다수 조문에서 「특별시, 광역시, 시, 군」을 상사거래의 동일생활권으로 제시하고 있으므로 「본점소재지」, 「인접한 곳」의 범위도 같은 요령으로 인식해야 할 것이다.[1] 이같이 인식되는 본점소재지 및 인접지를 벗어나 원거리에 있는 장소에서 소집한다면 위법이다.

본점소재지나 인접한 곳이라 하더라도 예컨대 입장료를 내야 하는 장소로 정하여 주주가 회의참석을 위해 비용을 부담하게 하거나, 위치를 파악하기 어려운 장소를 택하는 것은 소집절차가 현저하게 불공정한 경우(376조 1항)에 해당한다.

정관에 규정을 두어 소집지를 외국으로 할 수 있는가? 과거에는 한국법을 준거법으로 하여 설립된 이상 소집지는 한국으로 제한된다는 견해가 지배적이었다. 그러나 내외합작기업이 늘고 있는 상황이므로 탄력적인 해석이 필요하다. 원시정관에 규정을 두거나 총주주의 동의에 의해 소집지를 외국으로 하는 것은 무방하다고 본다.[2]

2) 회의일시에 관해서도 주주의 편의를 고려하여 건전한 상식에 따라 정할 일이다. 예컨대 특별한 사정 없이 공휴일에 소집하거나 새벽 또는 심야에 소집한다면 역시 소집절차가 현저하게 불공정한 경우(376조 1항)에 해당한다.

3) 소집통지에 기재된 회의일시 또는 소집장소가 실제의 회의일시 또는 장소와 상당한 괴리가 있어 사회통념상 통지된 대로 회의가 있었다고 보기 어려운 경우에는 소집통지가 없었던 것으로 보아야 한다. 판례는 이 경우 소집절차가 현저히 불공정하여 취소사유(376조 1항)가 된다고 보고 있다(판례 [40]).

---

1) 본점이 서울특별시 노원구에 있는 회사가 고양시에서 주주총회를 개최하였는데, 서울과 같은 대도시의 경우에는 「구」가 상법 제364조의 「본점소재지」에 해당한다고 보고 결의취소의 소를 제기한데 대해, 서울 전체를 본점소재지로 보아야 한다고 판시한 예가 있다(서울고법 2006. 4. 12. 선고 2005나74384 판결).

2) 日注釋(5), 89면 참조.

판 례

[40] 대법원 2003. 7. 11. 선고 2001다45584 판결

「주주총회의 개회시각이 부득이한 사정으로 당초 소집통지된 시각보다 지연되는 경우에도 사회통념에 비추어 볼 때 정각에 출석한 주주들의 입장에서 변경된 개회시각까지 기다려 참석하는 것이 곤란하지 않을 정도라면 절차상의 하자가 되지 아니할 것이나, 그 정도를 넘어 개회시각을 사실상 부정확하게 만들고 소집통지된 시각에 출석한 주주들의 참석을 기대하기 어려워 그들의 참석권을 침해하기에 이르렀다면 주주총회의 소집절차가 현저히 불공정하다고 하지 않을 수 없다. 또한, 소집통지 및 공고가 적법하게 이루어진 이후에 당초의 소집장소에서 개회를 하여 소집장소를 변경하기로 하는 결의조차 할 수 없는 부득이한 사정이 발생한 경우, 소집권자가 대체 장소를 정한 다음 당초의 소집장소에 출석한 주주들로 하여금 변경된 장소에 모일 수 있도록 상당한 방법으로 알리고 이동에 필요한 조치를 다한 때에 한하여 적법하게 소집장소가 변경되었다고 볼 수 있을 것이다.

… 소집통지된 시각 이후 언제 개회될지 알 수 없는 불확정한 상태가 지속되다가 12시간이 경과한 같은 날 22 : 15경 주주총회가 개회된 것이라면, 이미 사회통념상 당초의 개회시각에 출석하였던 주주들의 참석을 기대할 수 없어 이들의 참석권을 침해하였다 할 것이고, 또한 그나마 같은 날 22 : 15까지 개회를 기다리고 있던 일반 주주들에게 소집장소가 변경되었다는 통지마저 제대로 이루어지지 아니하였다는 것이므로, 이 사건 주주총회의 소집절차는 일부 주주에 대하여 주주총회 참석의 기회를 박탈함으로써 현저하게 불공정하였다 할 것이다.」

[사실관계] 舊국민은행에서 이사선임 등을 위해 주주총회를 소집하였으나, 회의장을 노조원들이 점거하여 12시간이 경과한 후 일부의 주주가 귀가한 상태에서 다른 방에서 주주총회를 열었던 사건이다.

5. 회의의 목적사항

1) 의 의 회의의 목적사항은 총회에서 결의할 의안을 뜻하는데, 주주가 회의참석 여부의 의사결정을 하는 데 가장 중요한 역할을 한다. 그러므로 통지서에 주주가 무엇을 결의하게 되는지를 알 수 있을 정도로 회의의 목적을 기재해야 하며, 또 그것으로 충분하다. 예컨대「이사 선임의 건」,「재무제표 승인에 관한 건」정도로 표시하면 된다. 다만 집중투표를 허용하는 회사의 경우에는 주주에게 집중투표를 청구할 수 있는 기회를 주어야 하므로(382조의 2 2항) 선임할 이사의 수를 소집통지에 기재해야 한다.[1)]

1) 서울고법 2010. 11. 15. 선고 2010라1065 결정(확정); 日注釋(5), 52면.

정관변경이나 자본금감소, 회사합병 등 특별결의사항을 다룰 주주총회를 소집할 때에는 「의안의 요령」도 기재하여야 한다(433조 2항 · 438조 3항 · 522조 2항 등).[1] 「의안의 요령」이란 결의할 사항의 주된 내용이다. 예컨대 정관변경을 의안으로 한다면 변경할 규정, 변경될 내용 등이 표시되어야 하며, 회사합병이라면 합병조건 등 합병계약의 주요 내용이 표시되어야 한다.

2) 회의목적과 결의의 범위 주주에게 통지된 회의의 목적은 당해 주주총회에서 결의할 사항의 범위를 제약한다. 즉 주주총회는 통지된 목적 이외의 사항을 결의할 수 없다. 소수주주에 의해 소집된 총회에서도 같다. 예컨대 재무제표승인을 위해 소집된 총회에서 이사를 선임한다든지, 정관변경을 위해 소집된 주주총회에서 자본금감소의 결의를 한다면 위법한 결의로서 취소사유가 된다. 목적 외의 결의는 설혹 참석한 주주 전원의 동의가 있더라도 허용될 수 없다(대법원 1979. 3. 27. 선고 79다19 판결).

3) 수정과 철회 회의의 목적사항의 일부 또는 전부의 철회가 가능하며, 수정도 목적의 동일성을 해하지 않는 한 가능하다고 본다(손주찬 706; 정동윤 545). 예컨대 이익배당의 결의(462조 2항 본)에서 배당금의 증감은 동일성이 유지되는 수성이다.

6. 주주제안권

1) 상법상의 의안상정제도 주주총회를 소집할 때에는 소집통지에 목적사항을 기재해야 하고(363조 2항), 이 통지에 의해 소집된 주주총회에서는 통지에 기재된 목적사항에 한해 결의할 수 있다. 그리고 주주총회의 소집은 이사회가 결정한다(362조). 이는 주주가 주주총회에 의안을 발의할 기회가 봉쇄되어 있음을 의미한다. 그러나 주주총회의 모든 의사결정의 효과는 궁극적으로 주주에게 귀속하므로 주주야말로 의사결정에 최대의 이해를 가진 자라 할 수 있는데, 주주가 의안을 제안할 기회조차 갖지 못한다는 것은 불합리하다. 또 이사회가 경영정책에 관한 의사결정의 주도권을 독점함으로 인해 생기는 폐해를 줄일 필요도 있다. 그리하여 상법은 경영에서 소외된 일반주주들에게 회사의 의사결정을 주도할 수 있는 기회를 줄 목적으로 주주제안제를 두고 있다.

외국의 입법례에서도 주주제안(shareholder's proposal)을 인정하는 예가 많다. 미국에서는 상장회사의 경우, 발행주식의 1%(또는 소정의 시가) 이상을 1년 이상 소유한 주주

1) 제438조(자본금감소결의) 제 3 항은 2011년 개정전에 「의안의 요령」이라 표현한 것을 「의안의 주요내용」이라 바꿔 표기하였는데, 이는 의안의 요령과 동일한 의미이다.

는 사전에 회사에 의안을 제출할 수 있고, 회사는 이 의안의 내용이 위법하거나 기타 부적절한 것이 아닌 한 총회 당일에 상정하여야 한다. 그리고 제안자는 회사에 청구하여 다른 주주들을 상대로 의결권대리행사를 권유하는 서면(proxy statement)에 이 제안내용을 기재하게 할 수 있다(미 SEC Securities Exchange Act of 1934 Rule 14a-8). 일본도 회사의 유형별로 요건을 달리하면서 주주에게 주주제안권을 인정하고 있다(日會 303조). 독일에서는 이와 취지가 다르지만, 주주가 회사의 의안에 대해 사전에 반대제안(Gegenantrag)을 할 수 있는 권리를 부여하고 있다(§ 126 AktG).

2) **주주의 요건** 주주제안은 의결권 있는 발행주식총수의 100분의 3 이상을 소유한 주주(상장회사의 경우에는 100분의 1(자본금 1,000억원 이상인 회사는 1,000분의 5) 이상을 6월 이상 계속 보유한 주주)에게 허용된다(363조의2 1항 · 542조의6 2항).

주주제안의 요건을 이루는 주식수를 계산함에 있어서는 기술한 바와 같이 의결권 있는 주식수만을 기준으로 함을 주의해야 한다. 주주제안은 제안자 자신이 의사결정에 참여할 수 있을 때에 실익이 있기 때문이다(소수주주의 요건에 관해 상세는 317면 이하 참조).

3) **제안의 내용** 주주제안은 이사회에서 정한 회의의 목적사항에 안건을 추가할 것을 요구하는 것이다. 주주제안은 두 가지 형태가 있을 수 있다. 하나는 총회의 의제(회의의 목적)로 삼을 사항(예컨대 이사를 선임하자는 안, 주식배당을 실시하자는 안 등)을 제안하는 것이고, 다른 하나는 이 같은 목적사항에 관해 의안의 요령, 즉 구체적인 결의안을 제출하는 것이다(예컨대 김○○을 이사로 선임하자는 안). 일본의 상법학자들은 전자를 「의제제안권」, 후자를 「의안제안권」이라 부른다.[1] 상법 제363조의2 제 2 항(및 제542조의6 제 2 항)에서 「… 주주가 제출하는 의안의 요령을 … 통지에 기재할 것을 청구할 수 있다」고 규정함은 바로 의제제안과 더불어 의안제안까지 허용하는 취지이다.

반대제안의 가능성

의안제안의 형태로서 일본에서는 반대의 제안이 허용되느냐는 논란이 있다. 순수한 반대의 제안은 물론이고, 회사의 제안에 대한 반대의 제안도 인정할 실익이 없다는 것이 다수설이다(예: 회사의 합병안에 대해 합병을 하지 말자는 제안을 하는 것). 이 경우에는 총회에서 실제로 찬반을 다투므로 따로 제안하는 것은 무의미하다. 그러나 반대제안이 수정안의 의미를 담는 경우(예: A와 합병하려는 회사의 제안에 대해 B와 합병할 것을 제안하는 것)에는 허용된다는 것이 통설이다.[2]

4) **제안내용의 제한** 주주제안을 함에는 동 제안의 필요성이나 합리성에 대한 증명 또는 소명이 필요하지 않다. 그러므로 주주의 제안권행사는 자칫 남용

1) 日注釋(5), 64면.
2) 日注釋(5), 73면.

되어 소유와 경영의 분리를 원칙으로 하는 회사법의 권한배분원리를 흐릴 수 있다. 그러므로 상법은 남용에 해당되는 주주제안에 대해서는 이사회가 이를 목적사항으로 하지 않을 수 있음을 규정하고 있다(363조의 2 3항).

상법은 주주제안의 내용이 법령 또는 정관에 위반하는 경우를 이사회가 거부할 수 있는 사유로 예시하고, 이에 추가하여 거부할 수 있는 사유를 시행령으로 정하도록 하는데, 그 구체적인 사유의 일부는 주주의 권리를 부당히 침해하는 문제점을 안고 있다.[1] 이하 시행령이 정하는 사유의 문제점을 검토한다.

(가) 주주총회에서 의결권의 100분의 10 미만의 찬성밖에 얻지 못하여 부결된 내용과 같은 내용의 의안을 부결된 날로부터 3년 내에 다시 제안하는 경우(상령 12조 1호) 주주총회에서 부결된 의안이라면 단기간 내에는 가결될 가망이 없음이 보통이므로 이를 거듭 제안함은 주주제안권의 남용이라고 보고 반복 제안을 금지한 것이다(日會 305조 4항 참조).

「의안의 同一性」은 실질적인 同一性을 뜻하므로(일본의 통설), 형식적으로 동일하더라도 실질적으로 다른 내용을 갖는다면 이는 「같은 내용의 의안」이 아니다. 예컨대 A를 이사로 선임하기 위한 제안을 하였으나 부결되었으므로 다음 총회에 다시 A를 이사로 제안하는 것은 임기가 상이한 만큼 같은 의안으로 보아 거부해서는 안 된다.[2] 또 A 이사를 해임하는 제안을 하였으나 부결되었으므로 이듬해의 총회에 다시 A 이사의 해임안을 제안하더라도 해임사유가 다르다면 같은 의안으로 보아서는 안 된다.

(나) 주주 개인의 고충에 관한 사항인 경우(동 2호) 주주의 개인적인 고충이라면 주주총회의 결의사항이 될 수 없으므로 불필요한 규정이다.

(다) 소수주주권에 관한 사항인 경우(동 3호) 소수주주권에 관한 사항을 주주제안의 대상으로 하지 못하게 한 것은 소수주주권으로 행사할 권리를 주주제안의 형식으로 행사함으로써 소수주주권의 요건을 잠탈하는 것을 방지하려는 취지이나, 소수주주권에 속하는 권리는 성질상 총회에서의 제안과 무관하게 행사되어야 하므로 당초 주주제안의 실익이 없다.

(라) 임기중에 있는 임원의 해임에 관한 사항인 경우(동 4호) 이 사유는 상장회사

---

1) 시행령이 정하는 주주제안이 허용되지 않는 사유들은 구증권거래법 제191조의14 제 3 항에 의해 구증권거래법 시행령 제84조의21 제 3 항에서 규정하였던 것인데, 2009년 상법개정시에 상법 시행령으로 옮겨 온 것이다.

2) 이를 같은 제안으로 보아 거부해야 한다면 직업선택의 자유(헌 15조)를 침해하는 것으로 보아야 한다.

(542조의 2 1항)에만 해당한다. 상법 제385조가 일반적으로 이사의 해임결의를 인정하고 있는 터이므로 상법 제363조의2 제 3 항에서 이를 배제하는 입법을 특정하여 위임하지 않은 이상 시행령으로 그 해임결의의 제안을 금지하는 것은 위임의 범위를 벗어난 것이다(憲 75조). 또 상장회사의 임원에 국한해 이런 특례를 두는 것은 비상장회사의 임원과 비교하여 명백히 평등의 원칙에 반한다(憲 11조 1항).

(마) **회사가 실현할 수 없는 사항 또는 제안 이유가 명백히 허위이거나 특정인의 명예를 훼손하는 사항인 경우**(동 5호) 「회사가 실현할 수 없는 사항」이란 법률적으로 실현불가능한 경우와 사실상 실현불가능한 경우로 나누어 볼 수 있다. 법률적으로 실현불가능한 경우란 상법 제363조의2 제 3 항에 의해 주주제안이 허용되지 않는 「法令·定款을 위반하는 경우」에 속하므로 여기서 말하는 실현불가능한 사항이란 사실상 실현불가능한 경우를 예상한 것으로 짐작된다. 가령 회사의 자산 규모로 보아 사실상 실현 불가능한 사업목적을 추가할 것을 제의하는 것과 같다. 그러나 사실상 실현불가능에 관해 정형화된 판단방법이 있을 수 없으므로 실현불가능을 이유로 회사가 주주제안을 거부할 경우, 불가능 여부에 관한 판단을 놓고 분쟁이 예상된다.

「제안이유가 명백히 허위인 사항」을 제외함은 주주제안에 이유를 붙일 것을 전제로 한 것이나, 기술한 바와 같이 주주제안은 합리성이나 필요성에 관한 소명 또는 증명을 요하지 않으므로 제안이유의 진실성에 터잡아 주주제안을 제한함은 입법의 착오이다.

주주제안으로 인해 「특정인의 명예가 훼손되는」 경우란 주주총회의 결의사항 일반에 대해 상상하기는 어렵고, 이사나 감사의 해임결의(385조 1항·415조)를 제안할 경우에 생각해 볼 수 있는 일이다. 해임이유를 설명하는 과정에서 이사나 감사의 부정 또는 부적임을 적시함으로써 이사나 감사의 명예가 훼손될 수 있겠으나, 이는 공공의 이익을 위한 것(형 310조 참조)이고 주주의 정당한 권리행사이므로 주주제안권을 박탈할 사유는 되지 못한다.

이상 본 바와 같이 시행령이 주주제안권의 예외사유로 규정하고 있는 것은 대체로 모법이 규정하는 법령·정관의 위반과는 무관한 사항들이므로 삭제하는 것이 옳다.[1)]

---

1) 鄭竣雨, "株主提案權의 行使要件과 그 問題點," 「商硏」 21권 3호(2002), 303면 이하에서도 같은 문제점을 지적하고 있다.

주주제안과 총회소집청구의 대체성

주주제안을 할 수 있는 주주와 총회의 소집청구를 할 수 있는 주주는 요건을 같이 하므로 동일한 주주가 이 두 가지를 대체수단으로 활용할 수 있느냐는 문제가 있다. 법령·정관에 위반하는 의안을 목적으로 하는 경우에는 어느 것도 받아들여질 수 없겠지만, 그 밖의 의안의 경우 주주제안으로서는 제한되지만 총회소집청구는 가능한 경우가 있다. 이 경우에는 총회소집청구에 의해 주주제안의 법적 제약을 회피하는 결과가 되므로 허용해서는 안 될 것이다. 주주제안을 통해 총회에 상정하였으나 부결된 안건을 다루기 위해 3년 내에 소수주주가 총회소집청구를 한 사건에서 같은 취지로 청구를 기각한 예가 있다(서울고법 2005. 5. 13.자 2004라885 결정: (주)SK에서 기존 대주주와 소버린이 경영권을 다툰 사건).

5) 제안의 절차 주주는 제안내용을 주주총회일의 6주 전까지 이사에게 서면 또는 전자문서로 제출하여야 한다(363조의2 1항). 그리고 주주가 의안제안을 할 경우에는 총회일의 6주 전에 서면 또는 전자문서로 회의의 목적으로 할 사항에 추가하여 당해 주주가 제출하는 의안의 요령을 총회의 소집통지에 기재할 것을 청구할 수 있다(363조의2 2항).

주주총회의 소집은 이사회가 결정하고 주주에게는 2주 전에 통지를 발송하므로 주주가 주주총회의 소집을 6주 전에 알 수는 없다. 그러므로 주주제안을 6주 전에 하라고 함은, 현실적으로는 주주가 제안을 하면 이를 6주 이후에 열리는 총회에서 다루어 달라는 의미를 갖는다. 다만 정기총회의 회일은 일정하여 예측이 가능하므로 주주는 특정 정기총회에 상정할 것을 목표로 제안할 수 있을 것이다. 상법에서도 제안주주의 편익을 위해 정기총회에서 다룰 안건의 제안은 직전 연도의 정기총회일에 대응하는 그 해의 해당일의 6주 전에 제출하도록 하고 있다(363조의2 1항 괄호부분).

주주의 제안이 있은 후 6주가 경과하기 전에 주주총회가 열린 경우 그 총회에서 제안을 다룰 의무가 없음은 물론이지만, 제안이 실효하는 것은 아니고 6주 경과 후에 열릴 총회를 위해 유효하게 존속한다.

상법에서는 명문으로 규정하지 않았으나, 주주제안은 주주총회의 소집청구를 포함하지 않는다. 주주의 제안은 장차 소집될 총회에서 의제로 삼아 줄 것을 청구하는 권리이기 때문이다. 그러므로 주주가 자신의 제안을 다루어 줄 총회의 소집을 요구할 셈이라면 상법 제366조의 소수주주에 의한 소집청구의 절차를 밟아야 한다.

6) 제안에 대한 회사의 조치 이사는 주주제안이 있을 경우 이를 이사회

에 보고하고, 이사회는 제안 내용이 법령 · 정관에 위반하는 등 주주제안의 제한 사유(상령 12조 각호)에 해당하지 않는 한 주주총회의 목적사항으로 상정하여야 하며, 제안한 자의 요청이 있을 경우에는 주주총회에서 당해 의안을 설명할 수 있는 기회를 주어야 한다(363조의 2 3항).

주주제안의 내용이 전단계의 의사결정을 전제로 하는 경우가 있을 수 있다. 예컨대 「현존하는 이사 외에 2인의 이사를 추가로 선임하되, A, B를 포함한 후보 중에서 집중투표의 방식으로 선임한다」라는 주주제안의 경우에는 1단계로 2인의 이사를 추가로 선임한다는 의사결정이 있음을 전제로 하거나 또는 이 자체를 1단계의 주주제안으로 하고, A, B를 포함한 후보 중에서 집중투표를 한다는 것을 2단계의 제안으로 한다고 볼 수 있다. 이 경우에는 의사결정을 분리하여 「2인의 이사를 추가로 선임한다」는 안을 다루고, 가결될 경우에 한해 이어 2단계의 제안을 다루어야 할 것이다.[1)]

7) 주주제안을 무시한 결의의 효력 회사가 주주의 의안제안을 무시한 채(즉 주주가 제안한 목적사항을 소집통지에 기재하지도 않고 의제로 상정하지도 않은 경우), 주주총회에서 제안된 의안과 상충하는 결의를 한 경우에는 그 결의는 결의방법에 하자가 있는 것으로 보아 결의취소사유가 된다고 보아야 한다.[2)] 예컨대 주주가 정관상의 사업목적을 금융업으로 변경할 것을 제안하였는데, 회사가 이를 소집통지에 기재하지 않고 주주총회에서는 도매업으로 변경하는 결의를 한 때에는 결의취소의 소의 대상이 되는 것이다.

그러면 회사가 주주의 의제제안을 무시한 상태에서 주주의 제안과 무관하게 이루어진 결의에는 어떤 효과가 주어지는가? 일본에서는 당해 총회에서 행해진 모든 결의의 취소사유가 된다는 설도 있으나, 주주가 제안한 의제를 무시한 경우에는 이와 대응한 어떤 결의도 없으므로 취소의 대상이 된다는 것은 합리적인 설명이 아니다. 다른 의안의 결의는 유효하고 단지 주주는 이사에 대해 손해배상을 청구할 수 있을 뿐이라고 풀이해야 한다.[3)·4)] 아울러 이사에게는 과태료의 제재

---

1) 이같이 처리한 것을 주주의 제안권을 침해한 것으로 판단한 하급심판결이 있다(서울고법 2015. 8. 28. 선고 2015나2019092 판결(확정)).

2) 일본의 통설(日注釋(5), 85면).

3) 前註.

4) 서울고법 2015. 8. 28. 선고 2015나2019092 판결: 정기총회를 목전에 두고 소수주주가 현 이사 외에 「추가로 2인의 이사를 선임하되 집중투표에 의해 할 것」을 제안하였다. 의장은 이를 「추가로 2인의 이사를 선임할지 여부」라는 안건으로 상정하였던바, 이 안은 부결되고, 통상의 다수결로 결원이 되는 이사 1인의 후임을 선임하였다. 이에 소수주주는 자신이 제안한 내용대로 의안을 다루지 않았다며 이 이사선임결의 취소를 구하는 소를 제기하였다. 법원은 이 의안처리가 주

가 있다(635조 1항 21호).

부당거부에 대한 가처분

회사법상의 분쟁에서 전술적 수단으로 가처분이 흔히 이용되는데, 주주제안이 부당하게 거부된 경우 제안주주가 이에 맞서 제안을 거부한 채 열리는 총회의 소집을 연기하는 가처분을 허용할 수 있는가? 동총회는 다른 목적을 가지고 열리는 것이고 이를 연기한다고 하여 주주제안의 목적을 달성할 수 있는 것은 아니므로 허용될 수 없다. 그러면 거부된 제안을 안건으로 상정할 것을 명하는 가처분 혹은 거부된 제안을 안건으로 다룰 주주총회의 소집을 명하는 가처분은 허용할 수 있는가? 이 역시 보전의 필요성을 인정하기 어렵다. 주주제안을 할 수 있는 주주와 요건을 같이 하는 소수주주는 주주총회의 소집을 청구할 수 있으므로(366조), 이 제도에 의해 제안주주의 목적을 달성할 수 있기 때문이다.

그러나 재판실무에서는 주주제안이 부당하게 거부된 경우 의안상정가처분을 흔히 허용한다. 어느 재판례에서 의안상정가처분을 위해 인정한 보전의 필요성은, ① 의안을 상정하더라도 피신청인(회사)에게 별다른 불이익이 없는 반면, 신청인으로서는 주주제안이 거부됨으로써 법률상 보장된 주주제안권의 행사가 원천적으로 봉쇄될 위기에 있는 점, ② 임시주주총회 소집청구절차를 취하는 것이 가능하다는 이유로 주주제안권 침해상태가 해소되는 것은 아니라는 점, ③ 의안의 상정을 위해 새로운 임시총회를 개최하는 것보다는 기왕 개최하기로 한 주주총회의 목적사항에 의안을 추가하는 것이 회사의 비용, 절차의 효율성의 측면에서도 더욱 타당하다는 점 등이다(서울북부지법 2007. 2. 28. 자 2007카합215 결정). 회사에 불이익이 없다거나 절차의 효율이 인정된다는 것이 보전의 필요성으로 인정될 수는 없고, 주주의 제안권이 봉쇄될 위기에 있다는 설명에는 설득력이 있지만, 주주제안이 왜 임시주주총회의 소집에 의해 대체될 수 없는지 의문이다. 이왕 소집된 총회에서의 의안상정가처분을 허용한다 하더라도, 새로운 의안을 주주들에게 알리기 위해서는 목적사항을 추가한 새로운 소집통지를 발송하여야 하므로(363조 2항), 소집통지기간(363조 1항)을 준수할 수 있는 경우에 한해 허용해야 할 것이다(즉 소집된 총회일의 2주 이전에 통지가 가능할 것).

7. 소집절차상의 하자의 치유

주주총회의 소집절차에 하자가 있더라도 주주가 동의하거나 이와 같이 볼 수 있는 사정이 있다면 하자가 치유되는 것으로 보아야 할 경우가 있다. 소집절차의 하자는 크게 이사회의 소집결정에 하자가 있는 경우와 그 이후의 통지절차에 하자가 있는 경우로 나누어 볼 수 있는데, 하자의 치유가능성은 별도로 검토

주제안권을 침해한 것이라 판단하였으나, 본문에서와 같은 이유로 이사선임결의의 취소청구를 배척하였다.

해 보아야 한다.

1) 통지절차에 관한 하자 소집통지절차는 주주 개개인의 주주총회 참석권을 보호하기 위한 것이다. 그러므로 통지에 하자가 있는 경우, 예컨대 통지기간을 준수하지 아니하였거나 아예 통지를 하지 않은 경우에는 그 하자가 일부 주주에 국한된 것이라면 당해 주주의 동의로 치유된다고 보아야 한다. 같은 논리에서 통지의 하자가 주주 전원에 대해 존재하는 경우에도(예: 주주 전원에게 통지기간을 준수하지 않은 경우, 전원에게 구두로 통지한 경우) 주주 전원의 동의로 치유된다고 보아야 한다(통설).[1] 그리고 사전에 주주가 서면통지의 수령권을 포기하고 전화나 구두에 의한 통지방법에 동의한 경우에는 서면통지를 생략하더라도 하자는 없다고 본다(통설).

2) 소집결의의 하자 이사회의 소집결의가 없거나 그 결의가 무효인 경우에도 통지의 하자와 같이 주주 전원의 동의로 치유될 수 있는가? 통설·판례는 이사회의 소집결정에 흠이 있거나, 소집결의가 전혀 없더라도 주주 전원이 출석한 경우(전원출석총회)에는 적법한 주주총회로 보며(대법원 1979. 6. 26. 선고 78다1794 판결; 동 2002. 7. 23. 선고 2002다15733 판결), 이 논리의 당연한 귀결로, 1인회사에서는 1인 주주의 출석으로 모든 하자가 치유된다고 본다. 심지어는 총회를 개최한 사실이 없더라도 1인주주가 결의한 것으로 의사록이 작성되어 있다면 주주총회의 결의가 있는 것으로 보고 있다(판례[41]). 나아가 의사록조차 없더라도 증거에 의해 주주총회의 결의가 있었던 것으로 볼 수 있다는 판례도 있다(대법원 2004. 12. 10. 선고 2004다25123 판결; 동 2020. 6. 4. 선고 2016다241515 판결). 이같이 해석하면 1인회사에서는 1인주주가 의사록만 작성하면 혹은 작성할 필요도 없이 언제든지 이사 전원을 교체하거나 기타 상법상의 모든 조직법적 행위를 할 수 있다는 결과가 되어 기관의 분화는 무의미해진다. 판례는 이 같은 해석의 근거로 1인회사의 경우에는 어차피 그 1인주주의 의사대로 결의될 것이 명백하기 때문이라고 한다. 다만 판례는 주식의 전부를 1인이 소유하는 법적 의미의 1인회사에 대해 이 이론을 적용할 뿐이고, 주식수의 다소를 막론하고 일부가 주주를 달리하는 경우에는 소집절차와 결의절차를 생략할 수 없는 것으로 보고 있다(판례[41]).

판례

[41] 대법원 2007. 2. 22. 선고 2005다73020 판결

「… 주식회사에 있어서 총 주식을 한 사람이 소유한 이른바 1인 회사의 경우 그 주주가 유일한 주주로서 주주총회에 출석하면 전원 총회로서 성립하고 그 주주의 의사

1) 대법원 1987. 5. 12. 선고 86다카2705 판결. 이 사건은 비영리사단법인(사단법인 한국권투위원회)의 총회소집에 관한 것이나, 주주총회에도 같은 원리를 적용할 수 있다.

대로 결의가 될 것임이 명백하므로 따로 총회소집절차가 필요 없으며, 실제로 총회를 개최한 사실이 없었다 하더라도 그 1인 주주에 의하여 의결이 있었던 것으로 주주총회 의사록이 작성되었다면 특별한 사정이 없는 한 그 내용의 결의가 있었던 것으로 볼 수 있고 …, 이 점은 한 사람이 다른 사람의 명의를 빌려 주주로 등재하였으나 총 주식을 실질적으로 그 한 사람이 모두 소유한 경우에도 마찬가지라고 할 수 있을 것이나(대법원 1992. 6. 23. 선고 91다19500 판결 등 참조), 이와 달리 주식의 소유가 실질적으로 분산되어 있는 경우에는 상법상의 원칙으로 돌아가 실제의 소집절차와 결의절차를 거치지 아니한 채 주주총회의 결의가 있었던 것처럼 주주총회 의사록을 허위로 작성한 것이라면 설사 1인이 총 주식의 대다수를 가지고 있고 그 지배주주에 의하여 의결이 있었던 것으로 주주총회 의사록이 작성되어 있다 하더라도 도저히 그 결의가 존재한다고 볼 수 없을 정도로 중대한 하자가 있는 때에 해당하여 그 주주총회의 결의는 부존재하다고 보아야 할 것이다.

… 소외 2 주식회사가 소외 1 회사 주식의 98%를 소유하고 있다고 하여도 … 결의 당시 실제의 소집절차와 결의절차를 거치지 아니한 채 주주총회의 결의가 있었던 것처럼 주주총회 의사록을 허위로 작성한 것인 이상 그…주주총회의 결의는 무효 내지 부존재하다고 한 원심의 판단은 정당하[다.]」

[同旨판례] 대법원 2020. 6. 4. 선고 2016다241515 판결; 동 2020. 7. 9. 선고 2019다205398 판결("주식회사에서 주주총회의 의결정족수를 충족하는 수식을 가진 주주들이 동의하거나 승인하였다는 사정만으로 주주총회에서 그러한 내용의 주주총회 결의가 있는 것과 마찬가지라고 볼 수 없다").

그러나 이사회의 소집결정의 흠결까지도 주주전원의 동의로 치유된다는 것은 다음과 같은 이유로 옳지 않다.[1)]

첫째, 이사회의 소집결정은 주주의 편익을 위한 절차가 아니고 총회를 소집할 수 있는 「권한의 소재」에 관한 문제로서, 타인기관으로서의 이사회에 소정의 전속적 권한을 부여하고 있는 현행제도상, 법정된 이사회의 권한(362조)은 존중되어야 한다.

---

1) 독일에서도 전원출석총회(Universalversammlung; Vollversammlung)나 1인회사(Einmanngesellschaft)의 경우에는 소집절차를 위반하더라도 전원이 출석하면 주주총회의 결의가 무효로 되지 아니한다는 점을 명문의 규정으로 해결하고 있고(§ 121 Abs. 6 AktG), 1인회사의 경우도 이와 마찬가지로 해석하며, 특히 1인주주가 공증인을 단독으로 방문하여 의사록을 작성하면 주주총회의 결의가 유효하게 이루어지는 것으로 해석한다(*Bungert*, in MünchHdbGesR Ⅳ, § 35 Rn. 71; *Kubis*, in Münchener Komm. AktG, 3. Aufl., § 121 Rn. 95; *Noack/Zetzsche*, in Kölner Komm. AktG, 3. Aufl., § 121 Rn. 198). 이는 다수설의 유력한 논거가 되는 입법례이기는 하나, 독일법상으로는 의사록의 작성과 공증인의 공증이 주주총회결의의 성립요건이므로 소집절차의 법적 의미가 우리 제도하에서와 같을 수는 없다(§ 130 Abs. 1 AktG).

둘째, 우리나라에는 1인 또는 소수의 주주로 구성된 폐쇄회사가 일반적이므로 판례 · 다수설의 해석은 회사법의 운영에 있어 적용범위가 매우 넓은 변칙을 허용하게 된다. 개인기업의 실체를 가지고 주식회사제도를 이용하는 것은 가급적 억제해야 한다는 것이 입법정책상의 요청인데, 이같은 해석은 주식회사가 개인기업과 같이 운영되는 것을 묵인하는 것과 같다.

셋째, 통설은 이사회의 소집결정권만은 정관으로도 주주총회의 권한으로 가져갈 수 없다고 하므로 이사회의 소집결정권은 정관으로써도 침해할 수 없는 강행법적 권한이라 하겠는데, 이를 주주의 의사로 생략할 수 있다고 함은 논리의 모순이다.

요컨대 이사회의 소집결정의 결여는 전원출석총회의 동의로도 치유될 수 없으며, 주주간의 사전합의로 이사회의 소집결정을 생략할 수도 없다고 본다.

8. 소집의 철회 · 변경

일반적으로 사단의 총회가 개최되기 전에는 그 총회의 소집이 필요하거나 가능하였던 기초사정에 변경이 생길 경우 특별한 사정이 없는 한 소집권자는 소집된 총회의 개최를 연기하거나 소집을 철회할 수 있다고 보아야 할 것이므로(대법원 2007. 4. 12. 선고 2006다77593 판결),[1] 주주총회 역시 이러한 사정이 생겼을 경우 철회 · 변경할 수 있다고 보아야 한다. 소집장소의 변경도 가능함은 물론이다. 다만, 소집의 철회 · 변경은 총회를 소집하는 경우에 준하여 이사회의 결의를 거쳐 대표이사가 그 뜻을 통지하여야 한다(대법원 2009. 3. 26. 선고 2007도8195 판결).[2]

소집을 철회하거나 연기할 때에는 소집의 경우에 준하여 대표이사가 그 뜻을 소집에서와 「같은 방법으로」 통지해야 한다고 본 판례도 있으나 의문이다(전게 2007도8195 판결).[3] 소집의 철회 · 변경은 반드시 당초 소집할 때와 동일한 방식으로 할 필요는 없고, 총회의 개최일 전에 모든 주주들에게 철회 · 변경이 있었음을 알리는 통지가 도달할 수 있는 방법을 취한 경우에는 철회 · 변경의 효력이 발생한다고 보아야 한다(대법원 2011. 6. 24. 선고 2009다35033 판결).[4] 다만 소집일을 변경하는 경우에는 당초 총회의

---

1) 대한불교조계종 소속의 범어사 주지후보를 선출하기 위한 산중총회를 소집하였다가 철회하였던바, 동철회의 효력이 다투어진 사건이다.

2) 日注釋(5), 56면.

3) 총회소집일 3일 전에 이사회가 주주총회의 연기를 결정한 후 휴대폰 문자메시지를 발송하고, 일간신문 및 주주총회장에 연기의 뜻을 공고하였으나, 소집통지와 같은 서면에 의한 우편통지가 아니라서 위법하다고 한 예이다.

4) 예정된 주주총회의 회의일 하루 전에 이사회를 소집하여 주주총회의 소집철회를 결의하고, 바

소집에서와 마찬가지로 변경된 회일의 2 주 전이라는 기간을 준수하여 주주들에게 통지하여야 한다.

소집의 철회가 적법하게 이루어진 경우에는 일부의 주주가 참석하여 결의를 하더라도 이는 결의부존재에 해당한다. 철회가 부적법한 경우에도 이를 신뢰하여 총회에 불참한 주주를 보호해야 하므로 철회는 유효하고 따라서 철회 후 이루어진 결의는 부존재한다고 본다.[1)]

9. 연기와 속행

1) 개 념 주주총회의 延期란 총회가 성립한 후 미처 의안을 다루지 못하고 회일을 후일로 다시 정하는 것이고, 續行이란 의안의 심의에 착수하였으나 결의에 이르지 못하고 회일을 다시 정하여 동일의안을 계속 다루는 것을 말한다. 어느 것이나 일단 총회가 성립한 후에 이루어지는 점에서 소집의 철회 · 변경과 다르다. 연기 · 속행에 따라 후일 다시 열리는 총회를 연기회 · 계속회라 한다. 가결이든 부결이든 일단 결의가 행해지면 연기 · 속행이란 있을 수 없다. 부결된 안건을 다시 다루고자 할 경우에는 총회의 소집절차를 새로이 밟아야 한다.

2) 결 의 총회에서 회의의 연기 또는 속행을 결의할 수 있다(372조 1항). 총회에서 결의해야 하며, 의장이나 이사회가 연기와 속행을 결정할 수는 없다.[2)]

3) 동 일 성 연기회 · 계속회는 의안의 동일성이 유지되는 한, 연기 · 속행을 결의한 총회의 연장이므로 동일한 총회로 다루어진다. 따라서 연기회와 계속회를 위해서는 통지와 같은 별도의 소집절차를 요하지 않는다(372조 2항). 그러므로 연기회 · 계속회의 일시와 장소를 연기 · 속행의 결의시에 정하지 아니하고 의장에게 일임한 때에는 출석주주에게만 통지하면 된다.[3)] 그리고 당초 총회의 의결권행사의 대리인은 연기회나 계속회에서도 새로운 수권 없이 대리권을 갖는다. 원래의 총회에 결석했던 주주라도 계속회 · 연기회에 출석할 수 있음은 물론이다.

로 주주들에게 퀵서비스를 통해 주주총회의 소집철회통지서를 보내는 한편, 전보와 휴대전화를 이용하여 모든 주주들에게 같은 취지의 통지를 한 사안인데, 법원은 소집이 적법하게 철회되었다고 판단하였다.

1) 日注釋(5), 56면.

2) 수원지법 2007. 6. 25.자 2007카합200 결정: 의장이 일방적으로 연회를 선언하고 퇴장하였으므로 나머지 주주들이 의장을 다시 선임하여 회의를 진행하고 결의를 하였던바, 이를 적법한 결의라고 판단하였다.

3) 南忠彦, “延會の決議と總會の同一性,” 河本 · 橋本, 「會社法の基礎」, 68면.

10. 검사인의 선임

주주총회에서는 이사가 제출한 서류와 감사의 보고서를 조사하기 위해 검사인을 선임할 수 있고(367조 1항), 총회의 소집절차나 결의방법을 조사하기 위해서도 검사인을 선임할 수 있다(367조 2항. 2011년 신설). 전자를 「서류검사인」, 후자를 「총회검사인」이라 부르기로 한다.

(1) 서류검사인

총회는 이사가 제출한 서류와 감사의 보고서를 조사하게 하기 위하여 검사인을 선임할 수 있다(367조 1항). 이는 총회가 이사와 감사로부터 제출받은 서류, 보고서 자체의 타당성과 정확성을 검증하거나 판단하는 데 있어서 전문가의 조력을 구하는 제도라 할 수 있다.

법문에는 「이사가 제출하는 서류와 감사의 보고서」라고 규정되어 있어 이사가 법절차에 따라 제출해야 하는 계산서류나 감사보고서 같은 것만을 지칭하는 듯이 읽히지만, 총회가 전문적 판단을 구하기 위해 필요한 경우라면 어떤 서류나 보고서라도 다 대상이 된다고 보아야 한다. 한편 법문이 명문으로 조사의 대상을 서류, 보고서로 규정한 이상, 검사인은 이에 국한하여 선임할 수 있고, 회사의 업무나 재산 일반에 대한 조사를 위해 선임할 수는 없다고 보아야 한다.[1] 이러한 목적의 검사인 선임은 별도로 엄격한 요건하에 허용되기 때문이다(467조 참조).

(2) 총회검사인

1) 의　　의　　회사 또는 발행주식총수의 100분의 1 이상에 해당하는 주식을 가진 주주는 총회의 소집절차나 결의방법의 適法性을 조사하기 위하여 총회 전에 법원에 검사인의 선임을 청구할 수 있다(367조 2항).

소유와 경영의 분리원칙하에서 주주총회는 주주가 회사의 운영에 관여하는 유일한 통로라 할 수 있으므로 총회의 공정하고 적법한 운영은 주주의 권리보호를 위한 대전제이다. 한편 소집결정을 비롯하여 구체적인 총회의 운영은 이사회와 대표이사가 주관하므로 총회의 공정성과 적법성의 실현여부는 이들에 달려있다고 할 수 있다. 총회검사인제도는 총회에 임하여 전문적인 식견을 가진 자로 하여금 총회운영의 적법성을 조사하게 함으로써, 첫째 이사에 대해 조사결과에 따른 조치를 경고함으로써 위법한 운영을 예방하는 효과를 거두고, 둘째 장차 결의에 관한 다툼을 예상하고 관련 증거를 보전하는 효과를 거두기 위한 목적에서

1) 日注釋(5), 174면.

둔 것이다. 최근에 회사법제가 경영자의 편익을 제고하는 기능주의적 방향으로 변천함으로 인해 주주총회의 형해화가 가속화되고 있음을 감안할 때, 주주총회의 건전한 운영을 위해 바람직한 제도라 할 수 있다.

총회검사인의 입법례

총회검사인제도는 직접적으로는 일본 회사법상의 같은 제도를 본받은 것인데(日會 306조), 일본의 同제도는 미국의 州회사법상의 표결검사인(inspectors of elections)제도를 본받은 것이다.[1] 미국에는 회사법에서 주주총회에서의 표결의 적법, 공정여부를 조사하기 위하여 표결검사인이라는 임시기구를 선임하도록 하는 주가 많다. 구체적인 내용은 주마다 상이하지만, 대체로 우리나라나 일본과는 달리, 법원이 아니라 회사가 선임하며, 상장회사에 대해서는 반드시 선임하도록 하지만, 비상장회사에 대해서는 선임을 강제하지 않는 것이 일반적이다.[2] 표결검사인은 회사의 의결권의 총수와 출석의결권수, 찬반표결의 수, 그리고 표결의 결과에 관한 의견(determination)에 관해 보고서를 제출하는 역할을 하는데, 그 의견은 특별한 사정이 없는 한 법원에 의해 진실한 것으로 존중된다고 한다.[3]

2) 선임청구의 요건 회사 또는 발행주식총수의 100분의 1 이상에 해당하는 주식을 가진 주주는 총회의 소집절차나 결의방법의 적법성을 조사하기 위하여 총회 전에 법원에 검사인의 선임을 청구할 수 있다(367조 2항).

(가) 청구권자 회사 또는 발행주식총수의 100분의 1 이상에 해당하는 주식을 가진 주주가 청구할 수 있다. 소수주주의 요건은 상장회사에서도 같다. 소유주식수의 요건은 검사인의 선임청구시에 갖추어야 함은 물론이나, 검사인을 선임한 후에는 이에 미달하더라도 선임의 효력에 영향이 없다고 보아야 한다.[4] 검사인의 직무는 청구를 한 주주 개인의 이익을 위한 것이 아니고, 회사와 주주 전체의 이익을 위한 것이므로 일단 적법하게 청구가 이루어진 이상 공익적 절차가 개시된 것이기 때문이다.

회사도 청구할 수 있다. 회사는 스스로가 총회의 적정한 운영을 위해 노력해야 하는 입장에 있으므로 청구적격에 의문이 있을 수 있지만, 장차 총회의 효력을 놓고 주주와 다툼이 생길 경우를 상정한다면 사실관계에 관한 증명수단을 확

---

1) 日注釋(5), 122면.
2) MBCA § 7.29.; Del. Gen. Corp. Law § 231. 주주가 법원에 대해 표결의 적법성에 관한 청문을 열어줄 것을 신청할 수 있는 제도를 둔 주도 있다(예: N.Y. Bus. Corp. Law § 619).
3) MBCA Comment to § 7.29.
4) 日注釋(5), 123면.

보해 놓을 필요가 있으므로 회사도 이 제도를 이용할 실익이 크다.

(나) **사전의 청구** 검사인의 선임은 총회 전에 하여야 한다. 검사인의 직무는 총회의 소집과 결의방법이 적법한지를 실시간적으로 관찰하는 것이므로 사전의 선임이 필요한 것이다. 검사인선임의 청구를 총회 전에 하는 것일 뿐, 검사인의 조사 자체는 총회중에도 진행되어야 한다.

3) **조사대상** 총회의 소집절차의 적법성 및 결의방법의 적법성이 검사인의 조사대상이다. 미국법에서는 표결의 적법성을 관찰하는 것이 검사인의 직무이지만, 우리 법에서는 표결만이 아니라 소집절차의 적법성도 포함하므로 미국법에서보다 조사범위가 넓다고 할 수 있다. 법문에서는 「적법성」이라고 표현하지만, 결의의 효력에 관한 다툼의 증거를 확보해 두는 것이 제도의 목적의 일부이고 보면 결의취소의 사유가 되는 소집절차나 결의방법이 「현저히 불공정한」 것도 조사대상이라고 보아야 한다(이종훈 138; 임재연 II 43; 정준우 309).

4) **후속효과의 문제** 기술한 바와 같이 미국에서는 검사인의 의견서(determination)를 포함한 서면의 보고서가 결의의 다툼에 관한 중요한 증거로 활용되고 있다. 일본 회사법 역시 검사인으로 하여금 법원에 서면으로 조사결과를 보고하도록 하며(日會 306조 5항), 이 보고서를 토대로 법원이 필요할 경우 이사로 하여금 주주들에게 검사인의 보고를 통지하게 하거나, 이사에게 주주총회의 소집을 명할 수 있도록 규정하고 있다(日會 307조).

그러나 상법은 일본 회사법의 동제도를 옮기면서 검사인의 선임을 청구할 수 있다는 서론적인 부분만 채택하였으므로 실용성이 크게 결여되어 있다. 우리 법하에서의 검사인의 조사결과는 단지 주주총회의 결의에 관한 다툼에서 법원의 자유심증하에 다른 총회 관련자들의 증언과 등가의 증명력을 갖는 데 불과하다. 미국, 일본의 입법례에서 검사인선임청구는 실용성을 바탕으로 한 제도임을 감안할 때 상법 제367조 제 2 항은 실용적 가치가 불만족스러운 제도이다.

11. 전자주주총회

(1) 의 의

주주총회는 총회일에 주주가 소집지에 직접 출석하는 방식으로 개최해야 한다(364조 2항). 즉 주주들이 물리적으로 대면하는 모습으로 회합해야 하는 것이다. 이를 「현실의 총회」라 부르기로 한다.

입법례에 따라서는 원격통신의 방법으로 주주총회를 개최하는 것을 허용하기도 한다.[1] 이러한 예를 참고하여 상법도 2025년 7월 개정에 의해 상장회사에 한해 주주가 원격지에서 전자적 방법으로 결의에 참가할 수 있는 방식의 총회를 개최할 수 있도록 하였다(542조의 14 1항). 이를 상법은 「전자주주총회」라 부른다.

전자주주총회는 후술하는 전자투표와 구별하여야 한다. 전자투표는 주주의 의결권의 행사방법으로서 의안에 대한 가부의 의사표시를 전자적 방법으로 하는 것임에 대해, 전자주주총회는 주주가 주주총회의 의사진행에 참여하여 발언, 의결권행사를 다른 주주와 동시에 할 수 있는 방식의 총회운영을 말한다.

(2) 채　　택

상장회사에 한하여 이사회의 결의로 전자주주총회방식을 채택할 수 있으며, 정관에 규정을 두어 이를 배제할 수도 있다(542조의 14 1항). 그러나 대규모회사의 경우에는 전자주주총회를 의무적으로 채택하여야 한다(542조의 14 2항).

(3) 현실의 총회와 전자주주총회의 병립운영

입법례에 따라서는 현실의 총회에 갈음하여 전자주주총회만을 개최할 수 있도록 하는 예도 있으나,[2] 상법은 현실의 총회는 강행적으로 개최하도록 하고 전자주주총회는 병행적으로 개최하도록 하고 있다. 즉 현실의 총회를 생략하고 전자주주총회만을 개최할 수는 없다. 따라서 「전자주주총회」라 해서 현실의 총회와 별도의 총회가 열리는 것은 아니고, 현실의 총회에 출석하지 않은 일부의 주주가 원격통신(전자적 통신)에 의하여 현실의 총회에 동시적으로 참가하는 것을 가리키는 개념이다. 따라서 상법이 이를 「전자주주총회」라 함은 적절한 명칭이 아니다.

(4) 전자주주총회의 효과

상장회사가 전자주주총회를 개최하는 경우 주주는 현실의 총회에 출석하는 방식과 전자주주총회에 출석하는 방식 중 어느 한 가지 방식에 의하여만 총회에 출석할 수 있다(542조의 14 3항).

전자주주총회에 출석한 주주는 현실의 총회에 직접 출석한 것으로 본다(542조의 14 4항). 따라서 현실의 주주총회에 출석한 주주와 마찬가지로 발언할 수도 있고, 표결에 동시에 참가한다. 따라서 전자주주총회에 출석한 주주의 의결권행사는 당연히 출석한 주주의 의결권(368조 1항, 434조)으로 계산된다.

1) 예컨대 § 211 Del. Gen. Corp. Law.
2) 전주.

(5) 전자주주총회의 운영

1) 상장회사가 전자주주총회를 개최하는 경우 소집통지에 전자주주총회를 개최한다는 뜻과 출석방법 등을 기재해야 하며(542조의 14 5항), 주주가 총회의 의사진행 및 결의에 실시간으로 참가할 수 있도록 총회를 적정하게 운영하여야 한다(542조의 15 1항).

2) 상장회사는 대통령령으로 정하는 바에 따라 전자주주총회를 관리하는 기관을 지정하여 전자주주총회의 의사진행 및 결의에 참가하는 절차의 운영을 위탁할 수 있다(542조의 15 2항). 상법은 「지정」이라 표현하지만, 회사가 일방적으로 지정하는 것은 아니고 회사와 적격의 사업자간의 계약에 의해 전자주주총회의 관리기관이 되는 것이다. 그 계약은 위임으로, 관리기관은 수임인으로서의 의무를 부담하는 외에 상법은 특히 전자주주총회 관리기관 및 그 임직원에 대해 직무상 알게 된 정보로서 외부에 공개되지 아니한 정보를 정당한 사유 없이 자기 또는 제 3 자의 이익을 위하여 이용하여서는 아니할 의무를 과하고 있다(542조의 15 3항).

주주는 이 관리기관이 제공하는 시설과 기술을 이용하여 전자주주총회에 출석하는데, 주주에 대한 관계에서 관리기관은 회사의 이행보조자로 보아야 할 것이다. 따라서 관리기관의 과실로 주주의 출석에 장애가 생겼다면 이는 회사 및 이사의 책임을 구성한다.

3) 전자주주총회를 개최하는 상장회사는 대통령령으로 정하는 바에 따라 전자주주총회의 개최에 관한 기록을 총회가 끝난 날부터 3개월간 본점에 비치해야 하고, 주주의 열람을 허용해야 하며(542조의 15 5항), 총회가 끝난 날부터 5년간 보존하여야 한다(542조의 15 4항).

Ⅳ. 議決權

주주총회가 소집되면 목적사항에 관해 의사결정을 해야 한다. 그 전에 제기되는 문제는 누가 그 의사결정에 참여할 수 있으며(의결권의 귀속), 누가 어느 정도의 영향력을 갖느냐(의결권의 수)는 문제이다. 다음 단계로, 주어진 의결권을 어떤 방식으로 행사해야 하느냐는 문제도 따르지만 이는 전 2자의 실질문제에 관한 원칙을 공정하게 실현하기 위한 절차문제이다.

1. 의결권의 귀속

의결권(voting right; Stimmrecht)이란 주주가 주주총회에서의 의사표시를 통해 주주 공동의 의사결정에 持分的으로 참가할 수 있는 권리이다. 회사에는 채권자, 근로자와 같은 다른 이해관계자가 있고, 이들도 노력의 제공과 자금의 제공을 통해 회사의 영리실현에 기여하며, 회사의 사정에 따라서는 이들의 기여도가 주주보다 더 클 수도 있지만 오직 주주만이 의결권을 갖는다. 이들은 이해관계의 본질을 달리하기 때문이다. 채권자는 채권의 원본과 이자, 그리고 근로자는 임금이라는 수치적으로 확정된 利害를 가지며 권리의 행사순서에 있어서 주주에 앞선다. 이에 대해 주주는 이들의 권리가 실행된 후에 잔여의 재산에 대해 분배의 기회를 갖는다(residual claimant). 채권자와 근로자들은 이같이 확정된 권리를 가지므로 이론적으로는 회사의 의사결정의 결과에 대해 직접적인 이해를 갖지 아니한다. 어떤 내용으로 의사결정을 하느냐에 대해 이해를 갖는 것은 바로 주주들이다. 그러므로 회사의 의사를 결정한다고 함은 바로 주주들이 위험을 부담해야 할 불확실한 기회에 대한 모험을 뜻하는 것이다. 어떤 의사결정이든지 그 결정으로 인해 위험을 부담하는 자가 결정권을 갖는다는 것은 조리상의 원칙이므로 여기서 주주만이 의결권을 가져야 할 당위성이 발견된다.[1] 그리하여 의결권의 배분은 자본시장에 참여하는 투자자들에게 출자로 인한 위험부담에 상응하는 영향력 행사의 기회를 줌으로써 투자자의 비례적 이익을 보호하고 기업에 대한 신뢰를 강화하는 기능을 한다.[2]

그러므로 의결권은 주주의 가장 중요한 共益權이며, 고유권의 일종으로서 정관의 규정으로도 이를 박탈하거나 제한할 수 없고, 주주도 주식과 분리하여 이를 포기하지 못한다(정설). 의결권은 이익배당청구권이나 신주인수권처럼 구체적 · 채권적 권리로 화할 수 없으므로 비록 특정 주주총회에서의 의결권이라 하더라도 주식과 분리하여 양도하는 것이 불가능하다. 다른 주주 또는 제 3 자가 의결권의 행사를 방해한 때에는 권리침해로서 불법행위를 구성하며(민 750조), 회사가 방해한 때에는 결의의 하자를 주장할 수 있으며(376조), 이사의 책임을 추궁할 수 있다(401조).

자격양도: 의결권신탁

독일에서는 주주가 타인으로 하여금 의결권을 행사하도록 권리를 양도하는 이른

1) Clark, p. 389; Easterbrook & Fischel, pp. 63~70.
2) *Dauner-Lieb*, in Kölner Komm. AktG, 3. Aufl., § 12 Rn. 5.

바 자격양도(Legitimationsübertragung)가 자주 행해지는데, 흔히 주주가 의결권에 대한 제한을 피하기 위하여 또는 회사에 대해 자기의 신분을 노출시키지 않고 의결권을 행사하려는 동기에서 행해진다.[1] 주식법에서는 이를 유효한 것으로 다루고 있다(§ 129 Abs. 3 AktG).

우리나라도 이런 류의 당사자의 약정을 무효로 볼 필요는 없지만, 의결권이 대리행사되는 것을 제외하고는 적어도 의결권행사 단계에서 주주와 의결권행사자가 일치하지 않으면 안 된다. 따라서 우리나라에서 자격양도와 같은 목적의 행위가 이루어지려면 주식을 명의신탁하는 형식을 취해야 할 것이다. 실제로 우리나라에서도 종종 주식의 신탁적 양도를 통해 경영권을 위임하는 사례가 있다. 특히 은행이 회사에 대한 대출채권을 확보하는 방법으로 지배주주로부터 주식을 신탁양도받아 경영에 참여하거나 감시하는 예가 많다.

한편 미국에서는 주주가 의결권을 서면계약에 의해 일정기간(보통 10년 이하) 타인에게 신탁·행사하게 하는 의결권의 信託(voting trust)이 널리 유행하고 있다. 신탁계약에 따라 주주는 수탁자에게 의결권 있는 주식을 양도하고 수탁자는 이와 상환하여 주주에게 의결권신탁증서(voting trust certificate)를 발행한다. 이 신탁증서는 주식처럼 주주명부에 등재되고 양도할 수 있으며, 그 소지인은 회사로부터 이익배당을 직접 수령한다. 의결권의 신탁은 채권자 혹은 새로이 출자하는 자가 현 경영자를 불신하여 주요 의사결정에서 현 경영자를 견제하는 수단으로 이용되기도 하고, 주식이 널리 분산된 회사에서 경영권의 유지를 위하여 경영자와 대주주가 소액주주들로부터 의결권을 신탁받기도 하는 등 여러 목적으로 이용된다.[2]

현재 대부분의 州에서 이를 회사법상의 제도로 명문화하였으며(예: MBCA § 7.30; Del. Gen. Corp. Law § 218; Cal. Corp. Code § 706 등) 이 밖에 의결권행사에 관한 주주간의 합의(voting agreement)가 다양하게 이루어지는데, 이것 역시 대체로 명문의 규정에 의해(MBCA § 7.31), 또는 해석상 유효한 것으로 인정된다(576면 이하 참조).

Empty Voting

주주의 자격양도나 의결권의 신탁은 주식의 소유로부터 의결권(회사지배)이 괴리된 예라 할 수 있는데, 근래 미국에서는 주식에 금융공학을 결합시켜 주주권을 의결권과 잔여의 재산적 권리로 분리하여 금융상품화하는 현상도 볼 수 있다. 이렇게 해서 확보되는 의결권을 흔히 empty voting이라고 하는데, 다양한 거래를 통해 만들어지지만, 주된 모습은 다음과 같다.

주주가 증권회사와의 계약에 의해 의결권만을 자신이 보유하고 나머지 권리는 전부 증권회사에 양도한다. 이로써 주주는 배당이나 기타의 재산적 가치는 포기하고 주가의 등락에 대해서도 아무 이해를 갖지 않고 단지 의결권만 확보한다. 나머지 재

1) Reinhard/Schultz, S. 217.
2) Henn & Alexander, pp. 528~34.

산적 권리는 증권회사에 의해 의결권이 없는 주식상품이 되어 별도로 거래된다. 증권회사가 주권을 보관하고 있는 주식을 원천으로 한 파생상품이 만들어지는 것이다. 재산권이 없는 의결권만의 주주권, 의결권이 없는 재산적 가치만의 주주권이 회사에 의해 승인되고 회사법적으로 수용될 수는 없으므로 empty voting은 어디까지나 증권회사를 딜러로 한 파생거래에서 채권적 효력을 가지고 만들어지고 거래되는 것이다. 우리 법하에서 생길 수 있는 거래의 모습을 상상해 보면, A주주가 증권회사에 X라는 주식을 양도하되 의결권은 증권회사의 위임을 받아 A가 계속 행사하기로 하고, 증권회사는 X주식에서 생기는 배당을 수령할 권리를 상품화하여 B라는 투자자에게 판매하는 방법이 있을 수 있다(B는 주식을 취득하는 것이 아니라, 단지 증권회사에 대해 X주식의 배당금을 채권적으로 청구할 수 있는 상품을 구입하는 것이다). 이 거래구조 중 배당에 관한 부분은 명의주주인 증권회사가 수령하여 B에게 전달하면 되니 별 문제 없겠지만, A주주의 의결권행사를 유효하게 다룰 수 있느냐는 문제가 생긴다.

empty voting의 또 다른 예로 주주총회를 위한 기준일을 전후한 주식의 양수도 또는 임대차를 들 수 있다. 어느 주주총회에서 의결권이 필요한 A가 주주인 B로부터 基準日 직전에 매수하여 자기 이름으로 명의개서를 하고 기준일이 경과한 직후 다시 B에게 매도하는 것이다. 여기서 매도·매수는 임대차로 갈음할 수도 있다. 이 경우는 실질적인 탈법이기는 하나 형식적으로는 주주권에 관한 회사법리를 위반하는 점은 없다.

2. 의결권의 수

의결권은 株式平等의 원칙에 따라 1주마다 1개만이 주어진다(one share one vote)(369조 1항). 따라서 특정 주식에 수개의 의결권을 인정하는 복수의결권(Mehrstimmrechte)은 허용될 수 없다. 다만, 후술하는 바와 같이, 소정의 벤처기업에 한해서는 복수의결권이 있는 주식을 발행할 수 있는 예외가 인정된다.

기술한 바와 같이 의결권은 출자자의 위험관리수단으로 주어지는 것이다. 주주 각자가 有限責任을 지는 주식회사에서 이 위험은 출자액, 즉 소유주식수에 비례하므로 위험관리수단 역시 이에 비례하여 행사되어야 한다. 1주 1의결권제도는 이와 같이 주주들의 위험부담과 회사에 대한 영향력간에 비례적 균등(Kongruenz zwischen Einfluß und Risiko)을 실현하고자 하는 배려에서 나온 것으로,[1] 주식회사의 자본단체적 본질에서 유래하는 제도이다. 따라서 1주 1의결권

---

1) *Dauner-Lieb*, in Kölner Komm. AktG, 3. Aufl., § 12 Rn. 5. 1주 1의결권원칙과 다른 원칙에 의해 10%의 주식을 소유한 S가 15%의 의결권을 행사한다고 하자. S는 회사의 의사결정의 결과인 수익에 대해 10%의 한계적 이해관계(marginal interest)를 가질 뿐이다. 그러므로 S는 5% 부분에 대해서는 이해관계 없는 의사결정권을 갖는 셈이다(Easterbrook & Fischel, p. 73).

에 관한 상법규정은 강행규정으로서 정관으로도 달리 정할 수 없으며, 이와 다른 주주간의 합의가 있더라도 무효이다(대법원 2009. 11. 26. 선고 2009다51820 판결).

후술하는 집중투표제는 1주 1의결권제도의 예외인 듯이 보이지만, 이는 1주 1의결권제도의 방법론적 변형이다. 상세는 이사선임과 관련하여 후술한다.

벤처기업의 복수의결권제

벤처기업 중에는 창의적이고 유망한 사업이지만, 창업주의 자금력이 취약하여 부득이 외부의 자본을 유치할 수밖에 없고, 그 결과 창업주가 경영권을 상실하는 예가 흔하다. 이에 2023년 5월 개정된 「벤처기업육성에 관한 특별조치법」(2023. 5. 16. 법률 19416호)에서는 창업주가 경영권 상실의 염려없이 창업에 전념할 수 있도록 다음과 같이 복수의결권주식을 발행할 수 있게 하였다.

1) 발행의 대상 복수의결권주식은 창업주의 경영권을 보호해 주기 위해 마련된 제도이므로 주식회사인 벤처기업의 창업주에게만 발행할 수 있다(벤처 16조의11 5항). 창업주는, i) 벤처기업 설립 당시 발기인(289조 1항)이어야 하며, ii) 주주총회에서 선임되고 회사의 상무에 종사하는 이사(382조 3항)이어야 하며, iii) 벤처기업 설립 당시부터 가장 나중의 투자를 받기 전까지 계속하여 의결권 있는 발행주식총수의 100분의 30 이상으로서 가장 많은 주식을 소유하여야 한다.

이상의 요건을 모두 갖춘 자가 둘 이상으로서 그들이 소유한 주식을 합산하면 벤처기업 설립 당시부터 가장 나중의 투자를 받기 전까지 계속하여 의결권 있는 발행주식총수의 100분의 50 이상으로서 가장 많은 주식을 소유한 경우 각각을 창업주로 본다(벤처 16조의11 6항). 창업주가 금고 이상의 실형을 선고받고 그 집행이 끝나지 않거나 면제된 날부터 2년이 지나지 아니하면 발행대상이 될 수 없다(벤처 16조의11 5항 각호).

2) 발행의 요건

가) 정관의 규정 벤처기업이 복수의결권주식을 발행하기 위해서는 정관에 규정을 두어야 한다. 정관으로 정할 사항은 i) 일정한 경우 복수의결권주식을 발행할 수 있다는 뜻, ii) 복수의결권주식을 받을 자의 자격 요건, iii) 복수의결권주식의 발행 절차, iv) 발행할 복수의결권주식의 총수, v) 복수의결권주식의 1주당 의결권의 수, vi) 복수의결권주식의 존속기간, vii) 일정한 경우 복수의결권주식은 보통주식으로 전환된다는 뜻이다(벤처 16조의11 2항).

정관에 복수의결권주식을 규정하기 위해 정관변경을 할 때에는 그 결의요건은 의결권 있는 발행주식총수의 4분의 3 이상의 수로 강화되어 있다(벤처 16조의11 4항).

나) 투자유치 창업 이후 소정의 특수관계인(상령 제34조 제 4 항 각호의 관계: 벤처령 11조의8 1항)에 해당하지 아니하는 자로부터 창업 이래 100억원 이상의 투자를 받았을 것을 요한다. 투자가 수차에 걸친 경우에는 가장 나중에 받은 투자가 50억원 이상이어야 한다(벤처 16조의11 1항 1호, 벤처령 11조의8 2항 · 3항).

다) 창업주 지분의 감소 벤처기업이 투자를 받음에 따라 창업주의 소유주식이 발행주식총수의 100분의 30 미만이 되어야 한다(벤처 16조의11 1항 2호).

라) 주주총회의 결의 이상의 요건이 구비되어 실제로 복수의결권주식을 발행하고자 할 때에는 주주총회의 결의로 i) 복수의결권주식을 발행받을 자의 성명, ii) 복수의결권주식을 받을 자에 대하여 발행할 수량, iii) 복수의결권주식 1주의 금액, iv) 복수의결권주식의 납입에 관한 사항을 정하여야 한다(벤처 16조의11 3항). 이 결의는 의결권 있는 발행주식총수의 4분의 3 이상의 수로써 하여야 한다(벤처 16조의11 4항).

“복수의결권주식 1주의 금액”라 함은 복수의결권주식의 액면가를 뜻하는 것이 아니라 발행가를 뜻하는 것으로 이해해야 한다. 액면가는 정관에 이미 정해져 있고 한 회사의 액면가는 균일해야 하므로(329조 2항) 복수의결권주식의 액면가를 달리 정할 수 없기 때문이다.

3) 발행시기 복수의결권주식의 발행을 위한 주주총회의 결의는 언제 할 수 있는가? 벤처기업법은 창업주의 지분이 외부의 투자로 인해 발행주식총수의 100분의 30 미만이 될 것을 복수의결권주식 발행의 요건으로 규정하므로(벤처 16조의11 1항 2호) 투자가 이루어져 창업주의 지분이 감소한 후에 주주총회가 발행을 결의할 수 있다고 해석해야 할 것이다. 그렇다면 결의요건(총 의결권의 4분의 3 이상)과 감소된 창업주의 지분율을 연결해 볼 때 총회에서 창업주에 대한 복수의결권주식의 발행이 가결될 가능성은 희박하다고 보는 것이 자연스럽다. 그러므로 현실적으로는 사전에 외부투자자와 창업주의 주주간 계약(투자약정)에서 소정 수량의 복수의결권주식의 발행을 합의한 경우에 발행이 가능해질 것이다. 이후 외부투자자가 이 약정을 지키지 않더라도 회사에 발행을 강제할 수는 없으므로 다분히 분쟁의 소지가 있는 제도이다.

4) 주금의 대용납입 복수의결권을 인수한 창업주는 주주총회에서 총주주의 동의를 얻어 주금을 보통주식으로 납입할 수 있다(벤처 16조의11 8항). 이로 인해 회사는 자기주식을 취득하게 되지만, 상법 제341조와 제341조의2의 제한을 받지 않는다(동조항). 이는 현물출자이지만, 벤처기업법은 현물출자에 필요한 검사절차(422조)를 면해주고 있다(벤처 16조의11 8항).

5) 복수의결권의 내용 복수의결권주식의 의결권의 수는 1주마다 1개를 초과하고 10개 이하인 범위에서 정관으로 정하여야 한다(벤처 16조의11 7항). 복수의결권은 항구적인 것이 아니고, 10년의 범위에서 정관으로 존속기간을 정하여야 한다(벤처 16조의11 1항 본). 복수의결권은 의결권의 일반원칙에 비해 이례적인 특혜인데, 이는 창업주를 위한 항구적인 특권을 창설하는 것이 아니고, 벤처기업 창업의 촉진이라는 정책목적을 위해 창업의 동기를 부여하는 제도라는 성격에 적합한 잠정적인 권리로 설정한 것이다.

6) 의결권의 제한 복수의결권주식은 정관에 의해 주어진 수만큼의 의결권을 행사하지만, 다음의 사항을 결의할 때에는 1주마다 1개의 의결권만을 가진다(벤처 16조의13). 사안의 중요성을 감안하여 주주간의 이해가 불합리하게 편중되게 형성되는 것을 방지하기 위한 것이다.

i) 복수의결권주식의 존속기간 변경을 위한 정관의 변경에 관한 사항

ii) 이사의 보수에 관한 사항(388조)

iii) 이사의 회사에 대한 책임의 감면에 관한 사항(400조)

iv) 감사의 선임 및 해임에 관한 사항

v) 자본금 감소의 결의에 관한 사항

vi) 이익배당에 관한 사항

vii) 해산의 결의에 관한 사항

viii) 감사위원회위원의 선임 및 해임에 관한 사항

7) 보통주로의 전환 복수의결권주식은 다음 중 어느 하나에 해당하는 경우에는 각기 정한 날에 보통주식(의결권이 1개인 주식)으로 전환된다(벤처 16조의12 1항).

i) 복수의결권주식의 존속기간이 만료된 경우: 만료일의 다음 날

ii) 창업주가 복수의결권주식을 상속하거나 양도한 경우: 상속일이나 양도일

iii) 창업주가 상무이사로서의 직을 상실한 경우: 상실일

iv) 벤처기업이 증권시장에 상장된 경우: 상장일로부터 3년이 지난 날

v) 벤처기업이 공정거래법상의 공시대상기업집단 지정통지를 받거나 동집단 국내 계열회사 편입의 통지를 받은 경우(독규 31조 1항 · 32조 1항): 통지일

vi) 주식회사인 벤처기업이 공정거래법 제32조 제 1 항에 따라 공시대상기업집단의 국내 계열회사로 편입되어야 할 사유가 있음에도 불구하고 대통령령으로 정하는 경우에 해당하여 제외 통지를 받은 경우: 통지일

8) 복수의결권주식발행의 무효 복수의결권주식의 발행은 상법 제416조가 정하는 신주발행이므로 위법, 불공정하게 발행될 경우 불이익을 받을 염려가 있는 주주는 신주발행유지청구권을 행사할 수 있고(424조), 이미 발행된 후에는 訴에 의해 신주발행의 무효를 주장할 수 있다(429조). 그 소는 形成의 訴이며, 절차와 무효판결의 효력은 일반 신주발행무효의 소와 같다.

9) 不正한 발행 벤처기업법에서는 복수의결권주식이 「허위 또는 부정」한 방법으로 발행된 경우에는 그 발행일에 같은 수의 보통주식으로 발행된 것으로 본다고 규정한다(벤처 16조의12 2항). 이 규정을 상법 제429조 내지 제432조와 어떻게 연결지을지 문제이다. 제기되는 의문점은 다음과 같다.

i) 복수의결권주식의 발행도 상법 제416조가 규정하는 통상의 신주발행에 틀림없으므로 복수의결권주식의 발행이 법령 · 정관에 위반하거나 현저히 불공정한 경우에는 무효사유가 되고 이는 소만으로 다툴 수 있다(429조. 978면 참조). 「허위 또는 부정한 방법」으로 신주가 발행되었다면 이는 상법상 당연히 무효사유가 된다. 그러나 벤처기업법에서는 무효로 보지 않고, 보통주식으로서의 효력을 인정한다. 그렇다면 벤처기업법 제16조의12 제 2 항은 상법 제429조 및 제431조 제 1 항에 대한 특례로서, 허위 또는 부정한 발행의 경우에는 상법 제429조 이하의 적용을 배제한다는 뜻을 규정한 것으로 읽어야 하는가?

ii) 「허위 또는 부정한 방법으로」 발행된 것인지 여부가 당사자간에 다투어질 경우 결국 소송과 판결에 의해 해결될 것이다. 그렇다면 이 문제는 일반확인의 소에 의해 다툴 수 있는가?

iii) 벤처기업법 제16조의12 제 2 항의 복수의결권주식이 「발행일에 같은 수의 보통주식으로 발행된 것으로 본다」는 규정은 허위 또는 부정한 방법으로 발행되었다는 판결이 내려진 경우에는 발행일로 소급하여 보통주식이 발행된 것으로 본다는 뜻이다. 그러면 판결 이전에 복수의결권을 행사하여 이루어진 결의의 효력은 어떻게 되는가?

벤처기업법 제16조의12 제 2 항은 이상의 문제점을 고려하지 않고 만들어진 것으로 중대한 입법착오이다. 이는 법해석으로 해결할 수 있는 문제가 아니므로 속히 입법적으로 시정해야 한다(同旨: 정준우 105).

10) 복수의결권주식의 종류주식성 복수의결권주식이 상법상의 종류주식이냐는 점에 관해 견해가 갈린다.[1] 상법상 종류주식에 대해서는 신주의 발행 등 소정의 자본거래에 있어 특수한 정함을 할 수 있고(344조 3항), 종류주주총회가 인정되며(435조) 기타 몇 가지 특칙이 적용된다. 복수의결권주식이 종류주식인지를 논하는 실익은 이같은 상법상의 종류주식 관련 특칙을 복수의결권주식에 적용할 수 있는지의 여부이다. 벤처기업법상의 복수의결권주식이 상법상의 보통주식과는 다른 권리를 가지고 있지만, 상법에 근거하여 발행되는 주식은 아니므로 상법상의 「종류주식」으로 포섭할 수 없음은 당연하다. 굳이 보통주식과의 차별성을 표현하자면 특별법에 의해 발행되는 특수한 내용의 주식이라고 말해야 할 것이다. 그러므로 복수의결권주식이 종류주식이냐 아니냐는 의문은 복수의결권주식에 대해 상법상의 종류주식 관련 특례를 유추적용할 수 있느냐는 문제로 바꿔 제기하여야 한다. 상법상의 종류주식 관련 특례는 상법이 소정의 종류주식을 설정하면서 그 내용에 적합한 이유와 목적으로 설계한 것이므로 상법상의 종류주식과 전혀 다른 입법이유에 의해 만들어진 복수의결권주식에 대해 상법상의 특례를 적용할 이유는 없다고 본다.

복수의결권의 입법례

외국기업으로부터의 적대적인 기업매수에 대항하는 수단으로서 의결권의 변형적인 배분을 허용하는 입법례가 다수 있다. 2차대전 후의 독일주식법이 좋은 예이다. 독일에서는 1주 1의결권을 원칙으로 하면서도(98년 개정 전 § 12 Abs. 2 Satz 1 AktG), 전후 외국자본, 특히 미국자본의 진출에 의한 경영권쟁탈을 방어하기 위하여 복수의결권제도(Mehrstimmrechte)와 의결권한도제(Höchststimmrecht; Maximalstimmrecht)를 활용하여 왔다. 복수의결권제도란 국가적인 경제보호정책의 견지에서 필요할 때 주정부의 허가를 받아 특정주식에 대해 수개의 의결권을 부여하는 제도이다(98년 개정 전 § 12 Abs. 2 Satz 2 AktG). 그리고

1) 논의의 현황은 권재열, "벤처기업법상 복수의결권주식에 대한 소고 — 최근 논의에 관한 약간의 검토 —," 한국증권법학회 2023. 12. 16. 정기세미나, 12면 이하 참조.

의결권한도제란 정관에 의해 의결권의 최고한도를 정하거나, 출자액이 증가함에 따라 의결권을 체감시키는 방법이다(98년 개정 전 § 134 Abs. 1 Satz 2 AktG). 예컨대 100주 이상(또는 몇 % 이상)을 가진 주주는 그 초과부분은 의결권을 행사할 수 없다거나, 2주에 1의결권을 준다는 것과 같다. 이들은 공공성이 높은 대기업에 있어 내국출자자의 의결권을 강화하거나, 외국의 고액 출자자의 힘을 약화시키려는 취지에서 나온 것이다.[1] 그러나 이러한 제도는 자본시장의 국제화에 역행한다는 비판이 있어, 1998년에 제정된 「기업의 지배 및 투명성에 관한 법률」(Gesetz zur Kontrolle und Tranzparenz im Unternehmensbereich)에 이러한 특례를 철폐하고 복수의결권을 금지한다는 명문의 규정을 두기에 이르렀다(동법 1조 3호, § 12 Abs. 2 AktG).

거부권부 주식

1980년대 초 영국 보수당정부는 국유기업을 민영화하면서 주요 산업이 외국자본의 지배를 받는 것을 막기 위하여 정부가 단 1주만 소유하도록 하며 政府株에는 주주총회의 결의를 거부할 수 있는 권리를 부여하였다(이른바 '황금주', golden shares). 일본도 2005년에 일반 민간기업의 경영권방어를 용이하게 한다는 이유로 거부권을 부여한 주식을 발행할 수 있게 하였다(日會 108조 2항 8호). 거부권을 부여하는 방식은 정관의 규정에 의해 소정의 사항에 관한 주주총회의 결의 또는 이사회의 결의가 효력을 발생하기 위하여는 어느 종류의 주주총회의 결의를 요하도록 하는 것이다(日會 108조 1항 8호 · 2항 8호). 따라서 이 종류의 주주들은 결의를 부결시킴으로써 주주총회 또는 이사회의 결의에 대해 거부권을 행사하는 효과를 누리는 것이다.

거부권부주식은 경영권방어에는 편리한 제도이지만, 경영권의 경쟁을 어렵게 하고 국가간 자본의 흐름에 장애가 된다. 그래서 유럽법원은 2000년에 이탈리아정부의 황금주가 유럽조약을 위반한다는 판결을 비롯하여,[2] 수 건에 걸쳐 각국 정부의 황금주에 대해 같은 판결을 내린 바 있다.[3]

3. 議決權 없는 주식

상법상 주식평등의 예외로서, 의결권이 배제되거나 제한되는 주식을 종류주식으로 발행할 수 있음은 기술한 바와 같다(344조의 3 1항). 이 주식에 대한 의결권의 제한은 주식의 속성을 이루므로 누구에게 주식이 이전되든 의결권의 제한은 변하지 않는다. 기타 의결권제한 주식의 내용, 발행절차, 발행한도 등에 관해서는 기

1) Raiser/Veil, § 8 Rn. 38. Bayer, Mannesmann, Deutsche Bank, Volkswagen(민영화 당시 유한회사)과 같은 유수의 대기업들이 복수의결권제 또는 의결권한도제를 채택하였다.

2) C-58/99 Commission v Italy [2000] ECR I-3811.

3) 그러나 벨기에 정부의 황금주 사건에서는 황금주가 그 자체로서 위법의 본질을 가진 것은 아니라고 함으로써 회원국들이 적법한 형태의 황금주를 개발할 수 있는 여지를 남겼다(Commission v Belgium (C-503/99) the ECJ).

술한 바와 같다(298면 이하 참조).

4. 의결권의 일시적 제한

주식의 속성으로서가 아니라, 주주의 특성에 착안하여 또는 의안의 성격에 의하여 일시적으로 의결권 행사가 휴지 또는 제한되는 경우가 있다. 의결권은 주주의 본질적인 권리이므로 정관으로 정한 바에 따라 의결권이 없거나 제한되는 주식으로 발행된 경우 외에는 박탈·제한할 수 없음을 원칙으로 한다. 그러나 결의의 궁극적인 목적은 공정하게 다수 주주들의 보편적 의사를 창출해내어 주주집단의 자기결정권을 실현하게 하는 것인데, 상황에 따라서는 다수결의 남용이 필연적이거나 특정인의 의결권행사가 결의내용의 공정성을 해할 위험을 내포하는 경우가 있을 수 있다. 그러므로 상법은 극히 한정된 요건하에서 의결권을 제한하는 개별적인 사유를 규정하고 있으며, 특별법에서도 유사한 이유에서 의결권 행사를 제한하는 예가 있다. 의결권이 제한되는 경우는 다음과 같다.

(1) 자기주식

회사가 가진 자기주식은 의결권이 없다(369조 2항). 회사의 계산으로 타인의 명의로 소유하는 주식이나 자회사가 가진 주식도 자기주식의 범주에 속하므로 의결권이 없다.

회사가 자기주식을 가지고 타인에게 의결권을 대리행사하게 하는 것은 바로 자기주식의 의결권을 인정하는 셈이니 허용될 수 없음은 물론, 회사가 다른 주주의 의결권을 대리행사하는 것도 허용될 수 없다고 본다.

(2) 상 호 주

두 회사간에서 일방(A)이 타방(B)의 주식을 발행주식총수의 10분의 1을 초과하여 소유할 경우 타방(B)이 가진 일방(A)의 주식은 의결권이 없고, 쌍방이 서로 10분의 1을 초과하여 소유한다면 양쪽이 다 의결권이 없다(369조 3항)(444면 이하 참조).

(3) 특별이해관계 있는 주주

1) 취 지 주주총회의 결의에 관하여 특별한 이해관계가 있는 자는 의결권을 행사하지 못한다(368조 3항). 의결권 행사의 궁극적인 목적은 회사와 주주 전체의 이익을 실현함에 있는데 주주가 개인적인 이익에 치우쳐 의결권을 행사한다면 결의의 共益的 本質을 해하게 된다. 이 제도는 바로 주주의 私益을 위한 의결권의 남용을 예방함으로써 결의의 公正을 유지하기 위한 것이다.

2) 「특별한 이해관계」 어떤 경우에 특별한 이해관계가 있다고 보느냐

에 관해 견해가 갈린다. 결의에 의해 권리의무의 득실이 생기는 등 법률상 특별한 이해관계가 생길 때를 뜻한다는 설(법률상 이해관계설), 모든 주주에게 관계되지 않고 특정 주주의 이해에 관계될 때를 뜻한다는 설(특별이해 관계설), 특정한 주주가 주주로서의 지위와 관계없이 개인적으로 이해관계를 가질 때를 뜻한다는 설(개인 법설)이 주장되어 왔는데, 통설·판례는 제 3 설(개인 법설)에 따라 설명한다.[1)·2)]

통설에 의할 때 특별한 이해관계가 있다고 볼 수 있는 주주는 발기인·이사·집행임원·감사·감사위원의 책임을 면제하는 결의(324조·400조·408조의 9·415조·415조의2 7항)를 할 때의 이들 신분을 가진 주주, 영업양도·영업양수·경영위임 등의 결의(374조 1항)를 할 때의 거래상대방인 주주, 임원의 보수를 정할 때(388조·415조)의 임원인 주주 등이다.

그러나 주주인 지위에서 회사지배와 관련되는 결의, 예컨대 이사·감사의 선임 또는 해임결의에서 당해 이사·감사인 주주는 특별한 이해관계인이라 할 수 없다(통설). 그렇지 않다면 대주주일수록 경영에 참가하는 것이 어렵다는 불합리한 결과가 되기 때문이다. 또 합병에서 일방당사자인 회사가 타방 회사의 주주인 경우 또는 재무제표의 승인에서 주주인 이사가 의결권을 행사하는 경우에는 주주의 지위를 떠난 개인적인 이해관계가 발생하는 것이 아니므로 특별한 이해관계인이 아니라고 보아야 한다.

3) 적용범위 주주 자신에게 특별한 이해관계가 있으면, 특별한 이해관계가 없는 대리인을 통하여 의결권을 행사하더라도 주주의 이해관계가 대리의사에 화체되므로 역시 본조가 적용된다. 반대로 주주는 특별한 이해관계가 없으나 대리인이 특별한 이해관계를 가질 경우는 어떠한가? 상법 제368조 제 3 항이 「… 特別한 利害關係가 있는 者」라고 규정하므로 주주에 한정하는 뜻이 아니라고 볼 수 있으며, 대리인이 본인의 의사를 좇지 않더라도 의결권행사는 유효하고 의결권행사에 대리인의 이해관계가 반영될 수 있으므로 역시 본조가 적용된

---

1) 독일 주식법도 의결권이 제한되는 특별한 이해관계를 개인법적 이해관계로 규정하고 있다(§ 136 Abs. 1 Satz 1 AktG).

2) 대법원 2007. 9. 6. 선고 2007다40000 판결: 제 3 설을 취하며, 상법 제450조에 의해 재무제표 승인결의 후 2년내에 이사 또는 감사의 책임을 묻는 결의를 할 경우 그 결의의 대상이 되는 이사인 주주는 개인적인 특별한 이해관계가 있는 주주라고 판시.
부산고법 2004. 1. 16. 선고 2003나12328 판결: 제 3 설을 취하여 「주주가 주주의 입장을 떠나 개인적으로 이해관계를 갖는 경우를 말한다」고 하며, 회사가 주주에게 영업을 양도할 때에는 주주는 특별한 이해관계인에 해당하나, 공통의 대주주 밑에 있는 계열회사간에 영업양도를 할 경우 그 대주주는 양도인인 회사의 특별한 이해관계인에 해당하지 않는다고 판시.

다고 볼 것이다(강 · 임 713; 권기범 735; 이종훈 141; 정동윤 552; 정준우 299; 최기원 495).[1]·[2]

같은 이유에서 특별한 이해관계 있는 주주는 주식을 타인에게 신탁하여 의결권을 행사하게 하지 못하며, 주식을 신탁받은 자가 특별한 이해관계가 있을 경우에도 의결권을 행사할 수 없다.[3]

4) 이해관계 존재의 효과 특별한 이해관계가 있는 주주는 의결권을 행사하지 못하며, 그 의결권의 수는 발행주식총수에서 차감하여야 한다(371조 2항, 602면 참조).

특별한 이해관계 있는 자가 의결권을 행사한 때에는 결의취소사유가 된다(376조 1항). 특별한 이해관계 있는 자가 의결권을 행사하였다는 사실로 족하고, 의결권을 행사한 결과 결의가 불공정하다거나 회사에 손실을 끼쳤다는 사실은 요하지 않는다.

과거 일본상법도 우리 상법 제368조 제 3 항과 같은 규정을 두었다(1981년 개정 전 日商 239조 5항). 그러나 주주가 일반적으로 자신의 이익을 위해 주식을 취득하고 의결권을 행사하는 것이 현실임에도 불구하고 적용 범위가 모호한 동규정에 의해 예방적으로 의결권을 봉쇄한다는 것은 주식회사의 자본다수결의 원칙에 반한다[4]는 여론에 따라 1981년 개정시에 이를 삭제하고, 대신「결의에 관하여 특별한 이해관계를 가진 株主가 의결권을 행사하여 현저하게 부당한 결의가 이루어진 때」에는 결의취소의 사유가 되도록 하였다(현행은 日會 831조 1항 3호).[5] 따라서 특별한 이해관계를 가진 주주도 결의에 참가할 수 있으나, 그 의결권행사로 인해 현저하게 부당한 결의가 이루어진 때에는 결의취소의 訴에 의해 사후적으로 시정할 수 있게 하였다. 입법론적으로 참고할 만하다.

독일 주식법은 우리와 같이 이해관계 있는 자의 의결권을 제한하되, 제한사유는 그 결의가 회사에 대해 주주가 지는 채무의 면제여부, 주주에 대한 회사의 권리행사의 여부를 결정하는 것인 때로 한정하는데(§ 136 Abs. 1 Satz 1 AktG), 요건의 명확성이 돋보이므로 차선적인 입법론으로 고려할 만하다.

(4) 감사선임시의 제한

감사를 선임하는 결의에서는 의결권 없는 주식을 제외한 발행주식총수의 100분의 3을 초과하는 수의 주식을 가진 주주는 그 초과하는 수의 주식을 가지

1) 일본의 통설이다(山口, 276면).
2) § 136 Abs. 1 Satz 2 AktG. 특별한 이해관계자는 의결권을 대리행사할 수 없음을 명문으로 규정하고 있다.
3) *Schröer*, in Münchener Komm. AktG, 3. Aufl., § 136 Rn. 24.
4) 예컨대 90%의 주식을 가진 주주가 특별한 이해관계 있는 자라면 나머지 10%의 주주에 의해서 주주총회의 의사가 결정된다.
5) 竹內, 127면; 龍田節, "株主總會の正常化,"「ジュリスト」747호(1981. 8. 1~15), 107면.

고 의결권을 행사하지 못한다(409조 2항)(상세는 910면 이하 참조).

⑸ **집중투표 배제시의 제한**

이사선임에 있어 집중투표제를 배제하려는 회사는 정관에 그러한 규정을 두어야 한다. 상장회사가 이를 위해 정관을 변경할 때에는 의결권 있는 발행주식총수의 100분의 3을 초과하는 수의 주식을 가진 주주는 그 초과하는 분에 관해서는 의결권을 행사할 수 없다(542조의 7 3항).

⑹ **특별법상의 의결권 제한**

1) 채무자 회생 및 파산에 관한 법률에 의한 회생절차의 개시 당시 회사의 부채총액이 자산총액을 초과하는 때에는 주주는 의결권을 갖지 못한다(회파 146조). 경제적으로 주주의 지분가치가 소진된 것을 법적 권리에 반영한 것이다.

2) 공정거래법상 소정의 상호출자제한기업집단에 속하는 금융·보험회사는 자신이 소유하는 계열회사의 주식을 가지고 의결권을 행사하지 못한다(독규 25조). 금융·보험회사의 자금력을 이용한 기업집중을 막기 위함이다.

3) 자본시장법상 집합투자업자(자금 6조 4항~5항·8조 4항)는 집합투자재산을 운용함에 있어 일정한 투자한도의 제한을 받고(자금 81조 1항), 자기의 계열회사가 발행한 증권은 일정한 한도를 초과하여 취득하지 못한다(자금 84조 4항). 이러한 한도를 초과하여 취득한 주식을 가지고는 의결권을 행사할 수 없다(자금 87조 4항). 의결권제한을 피하기 위하여 집합투자업자가 제 3 자와의 계약에 의하여 의결권을 교차행사하는 것도 금지된다(자금 87조 5항).

그리고 집합투자재산에 편입되어 있는 주식은 실질적으로는 수익자의 재산이므로 자본시장법은 집합투자업자가 그 의결권을 사익을 위해 이용하는 것을 방지하는 제도를 두고 있다. 집합투자업자의 의결권행사가 불공정해질 가능성이 있는 소정의 사정이 있을 경우에는 집합투자업자(투자신탁과 투자익명조합에 한함)의 의결권행사는 그림자투표(shadow voting)[1]로 해야 한다(자금 87조 2항). 그러나 의안이 발행회사의 합병, 영업의 양수·도, 임원의 임면, 정관변경 기타 이에 준하는 사항으로서 집합투자재산에 손실을 초래할 것이 명백히 예상되는 경우에는 예외이다(자금 87조 3항).

4) 특별법상 주식취득을 제한하는 경우에는, 동시에 그에 위반하여 취득한 주식의 의결권도 제한하는 것이 일반적이다(454면 이하 참조).

---

1) 다른 주주의 찬반 의사에 비례하여 자기의 의결권을 분할하여 행사하는 것을 말한다. 이에 의해 집합투자업자는 투자대상회사의 결의에 대해 자신의 의사는 반영시키지 않고 회사의 결의정족수를 채워주는 역할만 한다.

의결권행사의 방해와 업무방해죄

주주의 의결권행사를 방해하는 것이 형법 제314조의 업무방해죄에 해당하는가? 동죄의 보호대상이 되는 업무란 「직업 기타 사회생활상의 지위에 기하여 계속적으로 종사하는 사무 또는 사업」을 지칭하는 것으로 이해되고 있다(대법원 1995. 10. 12. 선고 95도1589 판결). 어느 회사의 대표이사가 직원들과 공모하여 주주총회에서 위력으로 어느 주주의 의결권행사를 방해한 사건에서 대법원은 주주의 의결권행사는 위 개념의 업무에 해당하지 않는다고 판시하였다(대법원 2004. 10. 28. 선고 2004도1256 판결).

5. 의결권의 행사절차 · 방법

주주가 의결권을 행사하기 위해서는 주주총회 당일 현재 주주명부에 주주로 등재되어 있어야 하며, 기준일을 정한 경우에는 기준일 현재 주주로 등재되어 있어야 한다. 주주총회일 또는 그 직전에 주주가 변동되어 주주의 확정에 혼란이 생김을 방지하기 위함이다.

회사는 회의의 참석자가 주주명부상의 주주인지를 조사할 의무를 진다. 대부분의 상장회사에서는 편의상 총회 당일에 소집통지서(참석장을 겸함)를 휴대한 자를 주주로 보고 총회참석을 허용하고 있다.

주주가 자연인인 경우에는 본인 또는 그 대리인이 의결권을 행사하고, 법인인 경우에는 대표기관 또는 법인의 대리인이 의결권을 행사한다.

6. 의결권의 不統一行使

(1) 의 의

주주가 2개 이상의 의결권을 가지고 있는 때에는 일정한 경우 이를 통일하지 아니하고 행사할 수 있다(368조의2 1항 전). 예컨대 10주를 가진 주주가 7주는 찬성표로, 3주는 반대표로 사용하는 것이다. 의결권을 행사하는 명의상의 주주가 배후에 이해관계를 달리하는 다수의 실질주주를 두고 있는 경우 실질주주의 의사를 반영하기 위해 이같이 분리행사할 실익이 있다. 그리하여 상법은 다수 입법례를 좇아 의결권의 불통일행사를 허용하고 있다.[1)]

1인이 수인의 주주를 대리하여 의결권을 행사할 경우 본인들의 뜻이 각기 달라 불통일행사하는 경우가 있을 수 있으나 이는 수인을 대리한 결과이고, 여기서 말하는 의결권의 불통일행사가 아니므로 상법 제368조의2의 제약을 받지 않

1) Companies Act 2006, S. 322; 日會 313조 등.

는다.

(2) 요 건

의결권의 불통일행사는 주주가 주식의 신탁을 인수하였거나 기타 타인을 위하여 주식을 가지고 있는 경우에 한해 허용된다(368조의2 2항). 「他人을 위하여 株式을 가지고 있는 경우」란 위탁매매인이 위탁자의 주식을 가지고 있는 경우, 예탁기관이 주식예탁증서(DR)를 발행한 경우 등이다. 공유자 1인이 공유주식을 가지고 의결권을 행사할 경우(333조 2항)도 이에 해당한다고 본다(손주찬 717; 송옥렬 939; 정경영 484; 정동윤 559; 최기원 491; 송옥렬(주석-회사 3) 93).

(3) 불통일행사의 절차

주주가 의결권을 불통일행사하기 위하여는 총회 회일의 3일 전에 회사에 대하여 서면 또는 전자문서로 그 뜻과 이유를 통지하여야 한다(368조의2 1항 後). 3일 전에 회사에 '도달'해야 한다(대법원 2009. 4. 23. 선고 2005다22701 · 22718 판결). 불통일행사의 「이유」란 불통일행사의 필요성을 뜻하며, 위에서 말한 「주주가 주식의 신탁을 인수하였거나 기타 타인을 위하여 주식을 가지고 있다」는 사실을 기재하면 된다. 1회의 통지로 수회의 총회에 걸쳐 포괄적으로 불통일행사할 수 있다는 것이 다수설(권기범 754; 권종호 131; 김정호 345; 김홍기 480; 이·최 555; 임재연 Ⅱ 108; 정찬형 923; 최준선 378; 홍·박 363)이나, 원래 주주의 확정은 총회 때마다 하여야 하고 불통일행사의 통지는 실질주주를 확정하는 의미가 있으므로 총회 때마다 통지하여야 한다고 본다(오성근 470).

주주가 불통일행사를 통지하였더라도 총회 현장에서 통일행사하는 것은 무방하다(통설).

(4) 회사의 거부

1) 주주가 주식의 신탁을 인수하였거나 기타 타인을 위하여 주식을 가지고 있는 경우[1] 외에는 회사는 의결권의 불통일행사를 거부할 수 있다(368조의2 2항).

실질주주와 명의주주가 분리된 경우 외에는 불통일행사를 허용할 실익이 없을 뿐만 아니라 총회운영의 혼란만 야기하므로 회사가 불통일행사를 거부할 수 있게 한 것이다. 거부는 총회의 결의 前에 하여야 한다(정동윤 559). 결의 후에 거부할

1) 「기타 타인을 위하여 주식을 가지고 있는 경우」란 반드시 명의주주와 실질주주가 분리되어 있는 경우만을 가리키는 것은 아니다. 명의와 실질이 부합하더라도 주식이 타인의 권리의 대상이 되어 사실상 주주의 재산으로부터 구분관리되는 경우는 본조의 적용대상으로 보아야 한다(예컨대 교환사채를 발행한 회사가 교환대상으로 보유하는 주식의 의결권행사에 관해 교환사채권자의 지시를 따르기로 한 약정에 의해 사채권자의 지시에 따라 의결권을 불통일행사하는 경우에는 상법 제368조의2 제 2 항의 요건을 구비한 것으로 보아야 한다(서울북부지법 2007. 10. 25.자 2007카합1082 결정: '동아제약'사건).

수 있다면 회사가 결의의 결과를 번복할 수 있게 되어 부당하기 때문이다.

회사가 주주의 통지를 받고 불통일행사를 거부할 경우, 불통일행사의 요건에 해당하지 않음을 회사가 증명하여야 한다.

2) 주주가 불통일행사의 통지를 하지 않고 의결권을 불통일행사한 경우, 이를 회사가 승인할 수 있는가? 통지가 없는 경우 불통일행사의 허부문제는 결의 후에야 제기되는데, 이때 회사의 재량을 허용한다면 회사가 결의의 성부를 사후에 선택할 수 있게 되어 부당하다.[1] 따라서 회사는 불통일행사를 승인할 수 없으며, 주주가 통지 없이 의결권을 불통일행사하여 이루어진 결의는 하자 있는 결의가 된다(同旨: 권종호 131; 김정호 347; 송옥렬 939; 정준우 296; 정찬형 923; 최준선 378).

3) 불통일행사의 뜻과 이유를 총회 회일의 3일 전에 통지하여야 하는데, 이를 위반하여 3일 전 이후(단, 총회 회일 前)에 통지한 경우 회사는 이를 거부하여야 하는가? 「3일 전」에 통지하라 함은 회사에 불통일행사의 허부를 판단할 수 있는 시간적 여유를 주고 회사의 총회운영에 지장을 주지 않도록 하기 위한 배려이다. 따라서 이 시한보다 늦게 회사에 도달하였더라도 회사가 이를 받아들여 불통일행사를 허용하였다면, 이 조치가 주주평등의 원칙에 반하거나 의결권행사의 결과를 조작하기 위한 것이 아닌 한, 의결권의 불통일행사는 적법하다고 보아야 한다(대법원 2009. 4. 23. 선고 2005다22701 · 22718 판결).

⑸ 불통일행사의 효과

불통일행사된 의결권은 각기 유효한 찬성표 또는 반대표가 되어 정족수계산에 산입된다(찬성표와 반대표를 상계하고 나머지표를 유효로 하는 것이 아니다). 명의상의 주주가 실질주주와의 관계에서 불통일행사를 할 의무가 있음에도 불구하고 불통일행사를 하지 않고 실질주주의 의사에 반하는 표결을 한 경우 그 효력은 어떠한가? 불통일행사의무는 명의주주와 실질주주의 내부적인 문제에 그치므로 의결권행사의 효력에는 영향이 없다.

우리사주조합의 의결권행사

우리사주제도에 의하여 근로자들이 취득한 주식은 우리사주조합의 명의로 일정기간 수탁기관에 예탁하여야 한다. 그 동안 우리사주조합의 대표가 의결권을 행사하게 되는데, 조합대표는 우리사주조합원의 의사표시의 내용에 따라 의결권을 행사하여야 한다(근로복지기본법 46조 1항). 또한 조합원이 의결권을 직접 행사하고자 조합대표자에게 의결권의 위임을 요청한 때에는 대표자는 의결권을 위임하여야 한다(동조 2항).

---

1) 田中(上), 528면.

7. 의결권의 代理行使

(1) 취　지

의결권의 대리행사란 제 3 자가 특정 주주를 위하여 주주총회에서 의결권을 행사하고, 그것이 주주 본인의 의결권행사로 간주되는 제도이다. 주주의 의결권은 자본다수결에 의해 주식을 단위로 주어지는 비개성적 권리이며,[1] 사원의 무한책임을 기반으로 하는 인적회사의 의사결정과는 달리 권리행사로 인한 이해의 파장이 제한적이므로 반드시 주주의 일신전속적인 권리로 다루어야 할 이유가 없다. 그러므로 상법은 명문의 규정으로 의결권의 대리행사를 허용한다(368조 2항). 이는 주주의 의결권행사를 보장하기 위한 제도이므로 정관으로도 의결권의 대리행사를 금지할 수 없다(이설 없음). 한편 회사는 의결권의 대리행사제도를 통해 결의정족수를 용이하게 확보할 수 있다.

원래 의결권의 대리행사는 각 주주의 사정에 따라 개개인의 신임관계에 의해 각자 대리인을 선임하는 것을 예상한 제도이나, 오늘날의 공개회사에서는 대주주·이사 등 특정인이 대중투자자들을 상대로 집단적으로 의결권의 대리권수여를 권유하고, 그 수권을 받아 의결권을 확보하는 「의결권대리행사의 권유」가 널리 행해지고 있다.

(2) 대리인의 자격

제한능력자나 법인도 대리인이 될 수 있으며, 대리인의 자격은 특별한 제한을 받지 않는다. 다만 자기주식의 의결권이 휴지되는 것과 같은 이유에서 회사 자신은 주주의 의결권을 대리행사할 수 없다.[2]

회사가 정관에 대리인의 자격을 주주로 한정하는 예가 많다.[3] 이 같은 정관 규정의 효력에 관하여 획일적으로 유효하다고 보는 유효설(서헌제 322; 손주찬 721; 임홍근 376; 정찬형 920),[4]

---

1) *Zöllner*, in Kölner Komm. § 134 Rn. 72.

2) 독일의 통설이다(*Hirschmann*, in Hölters, § 134 Rn. 50; *Koch*, 12. Aufl., § 134 Rn. 26; *Paschke*, in Schwerdtfeger, § 134 AktG Rn. 13; *Schröer*, in Münchener Komm. AktG, 3. Aufl., § 134 Rn. 37; *Zöllner*, in Kölner Komm. AktG, 1. Aufl., § 134 Rn. 79). 다만 2001년 개정에 의해 주주가 회사에 의해 임명된 대리인에게 자신의 의결권을 대리행사하게 할 수 있게 되었는데, 경솔한 입법이라는 비판이 거세다(Raiser/Veil, § 16 Rn. 92).

3) 例: 주식회사 신세계의 정관 제23조 제 1 항 단서: 「그러나 대리인은 본 회사의 주주에 한하며 주주총회 개회 전에 본 회사 소정양식의 위임장을 제출하여야 한다」. 이같이 대리인의 자격을 주주로 제한하되, 법인인 주주의 경우에는 소속 직원을 대리인으로 선임할 수 있다는 규정을 둔 회사도 많다(예: (주)포스코DX 정관 30조 2항 단서).

4) 일본의 통설·판례이다(日最高裁 1968. 11. 11. 판결, 民集 22권 12호 2402면).

일반적으로 유효이나 공공단체나 법인인 주주가 직원을 대리인으로 선임하거나 개인주주가 질병 · 노령 등으로 가족을 대리인으로 선임하는 것은 제한되지 않는다는 제한적 유효설(권기범 746; 권종호 119; 송옥렬 944; 이종훈 147; 정동윤 556; 최기원 476; 최준선 374)(판례 [42]),[1] 획일적으로 무효라는 설(강 · 임 717; 김동훈 243; 오성근 474; 이범찬(외) 262; 장덕조 258; 정경영 478; 정준우 285)[2]로 갈린다. 前 2개설은 외부인의 개입으로 주주총회의 질서가 문란해지는 것을 막을 필요가 있음을 근거로 제시한다(판례 [42]).

그러나 前 2개설은 주주가 대리인을 선임함에 있어 심한 애로를 겪게 한다. 예컨대 서로 대립하는 2인의 주주만이 있는 회사에서 그 중에 1인이 참석하지 못할 형편이면 반대파의 주주에게 대리권을 수여하거나 아니면 의결권행사를 포기해야 한다. 그리고 상장회사의 경우 소액 주주들간에 서로 지면이 있는 것은 아니므로 직접 출석하지 못할 주주는 의결권행사를 포기해야 하는 경우가 대부분일 것이다. 한편 제한적 유효설을 취할 경우 회사나 단체가 대리인을 선임할 때와 자연인이 대리인을 선임할 때에는 현저한 차별을 받게 되는데, 이는 명백히 평등의 원칙(憲 11조 1항)에 어긋난다. 기본적으로 대리인의 선임은 주주가 의결권을 행사하기 위한 수단이므로 성질상 정관자치의 대상이 될 수 없다. 따라서 대리인을 주주로 한정하는 것은 획일적으로 무효라고 보아야 한다.[3]

제한능력자의 대리인은 법률의 규정에 의해 대리권이 주어지므로 주주가 아니라도 당연히 대리할 수 있다. 위와 같은 견해의 대립은 임의대리에 한정된 것이다.

판 례

[42] 대법원 2009. 4. 23. 선고 2005다22701 · 22718 판결

「상법 제368조 제 3 항(현행 2항: 저자 주)의 규정은 주주의 대리인의 자격을 제한할 만한 합리적인 이유가 있는 경우에는 정관의 규정에 의하여 상당하다고 인정되는 정도의 제한을 가하는 것까지 금지하는 취지는 아니라고 해석되는바, 대리인의 자격을 주주로 한정하는 취지의 주식회사의 정관 규정은 주주총회가 주주 이외의 제 3 자에 의하여

1) 日最高裁 1976. 12. 24. 판결, 民集 30권 11호 1076면; 江頭, 359면; 北澤, 268면; 坂田, 335면.

2) 또한 제한적 유효설에 따를 경우 주주 개개인의 구체적인 사정에 따라 대리인의 허부의 판단이 달라져야 하는데, 이러한 미묘한 사정은 주주총회를 진행하는 회사의 인력이 판단할 수 있는 문제가 아니라는 점도 무효설의 근거이다(高田晴仁, "議決權行使の代理人資格の制限", 「會社法判例百選」(第 2 版), 73면).

3) 독일에서도 대리인을 주주로 제한하는 것을 포함하여 대리인의 자격을 제한하는 정관의 규정은 무효라는 것이 통설이다(*Grundmann*, in Großkomm AktG 4. Aufl., § 134 Rn. 105; *Schröer*, in Münchener Komm. AktG, 3. Aufl., § 134 Rn. 42; *Spindler*, in Schmidt/Lutter, § 134 Rn. 58. 반대: *Paschke*, a.a.O.).

교란되는 것을 방지하여 회사 이익을 보호하는 취지에서 마련된 것으로서 합리적인 이유에 의한 상당한 정도의 제한이라고 볼 수 있으므로 이를 무효라고 볼 수는 없다. 그런데 위와 같은 정관규정이 있다 하더라도 주주인 국가, 지방공공단체 또는 주식회사 등이 그 소속의 공무원, 직원 또는 피용자 등에게 의결권을 대리행사하도록 하는 때에는 특별한 사정이 없는 한 그들의 의결권 행사에는 주주 내부의 의사결정에 따른 대표자의 의사가 그대로 반영된다고 할 수 있고 이에 따라 주주총회가 교란되어 회사 이익이 침해되는 위험은 없는 반면에, 이들의 대리권 행사를 거부하게 되면 사실상 국가, 지방공공단체 또는 주식회사 등의 의결권 행사의 기회를 박탈하는 것과 같은 부당한 결과를 초래할 수 있으므로, 주주인 국가, 지방공공단체 또는 주식회사 소속의 공무원, 직원 또는 피용자 등이 그 주주를 위한 대리인으로서 의결권을 대리행사하는 것은 허용〔된다.〕」

[註] 위 판례는 제 3 자에 의해 총회의 질서가 교란됨을 방지한다는 것을 「합리적 이유」라고 설명하며, 대리인자격의 제한을 「상당한 정도」의 제한이라고 표현한다. 그러나 주주가 아닌 대리인이 선임된다고 해서 필연적으로 총회질서가 교란되는 것은 아닌 데 반해 대리인 자격을 제한함으로써 주주의 재산권행사가 불가능해짐을 감안하면 「합리적인 이유」, 「상당한 정도의 제한」으로 평가하기는 어렵다.

(3) 대리권의 수여

1) 대리인의 수 증권회사와 같이 실질상 다수인의 주식을 소유하는 경우 외에는 주주가 가진 주식 전부에 관해 1인의 대리인만 선임해야 한다는 견해가 있다(권기범 747; 손주찬 721; 정동윤 556). 일반적으로 공동대리가 허용되는 한(민 119조) 의결권의 공동대리를 부정할 이유는 없다. 수인의 대리인을 선임하여 공동으로 의결권을 행사하게 함으로써 1인의 독주를 견제할 필요가 있을 수 있기 때문이다(同旨: 권종호 121; 정경영 479; 정찬형 920; 최기원 478; 최준선 375).[1)] 다만 동일주주가 총회의 질서를 문란하게 할 목적으로 다수의 대리인을 선임하는 것은 권리남용으로서, 허용될 수 없음은 물론이다. 의결권을 불통일행사할 경우에는 수인의 대리인을 선임하여 각자에게 일부씩 대리행사하게 할 수 있다. 이 경우 주주가 일부는 자신이 의결권을 행사하고, 일부는 대리인이 행사하게 할 수도 있다. 그러나 불통일행사의 요건을 구비하지 못한 상태에서 수인의 대리인을 선임하여 각자대리하게 하거나 일부는 주주가 직접 행사하고 일부는 대리인으로 하여금 행사하게 하는 것은 상법 제368조의2에 위반하므로 허용되지 아니한다(판례 [43]).

---

1) *Schröer*, in Münchener Komm. AktG, 3. Aufl., § 134 Rn. 36. 한편 일본회사법에서는 회사가 동일주주의 대리인의 수를 제한할 수 있다고 규정하는데(日會 310조 5항), 이는 복수의 대리인을 선임할 수 있음을 전제로 한 것이다.

판 례

[43] 대법원 2001. 9. 7. 선고 2001도2917 판결

「주주의 자유로운 의결권 행사를 보장하기 위하여 주주가 의결권의 행사를 대리인에게 위임하는 것이 보장되어야 한다고 하더라도 주주의 의결권 행사를 위한 대리인 선임이 무제한적으로 허용되는 것은 아니고, 그 의결권의 대리행사로 말미암아 주주총회의 개최가 부당하게 저해되거나 혹은 회사의 이익이 부당하게 침해될 염려가 있는 등의 특별한 사정이 있는 경우에는 회사는 이를 거절할 수 있다 … 주주가 위와 같은 요건〔불통일행사요건〕을 갖추지 못한 채 의결권 불통일행사를 위하여 수인의 대리인을 선임하고자 하는 경우에는 회사는 역시 이를 거절할 수 있다.」

[註] 위 판례는 회사의 소수파주주가 자신의 의결권의 일부는 직접 행사하고 일부는 아들에게 위임하였으며, 아들은 수인의 폭력배를 동행하여 주주총회에서 난동을 벌였던바, 회사가 아들을 업무방해죄(형 314조)로 고소한 사건을 다룬 것이다. 회사가 아들의 대리권 행사를 거부하였음에도 불구하고 퇴장하지 않고 주주총회장에서 난동을 벌인 것은 업무방해에 해당한다고 판단하였다.

1 종업원 1주 사건

현재의 KB국민은행은 舊국민은행과 舊주택은행이 합병하여 신설한 회사이다. 2001년 9월 29일에 舊국민은행에서 합병승인을 위한 총회가 열렸던바, 합병에 반대하는 노조가 우리사주조합의 명의로 명의개서되어 있는 주식 1만여주에 관해 종업원 9,000명에게 각 1주씩 의결권을 위임하고 참석장을 나누어 주었다. 이어 9,000명의 종업원이 주주총회의 회의장에 입장하려 하였으나, 회사의 요청으로 출동한 경찰이 저지하였다. 합병결의 후 노조측이 주주의 총회참석을 방해하였다고 하여 결의취소 소송을 제기하였다. 이에 대해 법원은 조합원 9,000명을 참석시키고자 한 것은 총회결의를 저지하려는 목적에서 비롯된 것이므로 조합원의 출석을 저지한 것은 정당하다고 판시하였다(판례 [42]).

결의에 대한 주주의 의사표시는 찬성과 불찬성 두 가지뿐이므로 우리사주조합대표가 불통일행사를 하면 족할 것이고, 굳이 주주권행사를 9,000명으로 분할할 필요는 없을 것이다. 물론 우리사주조합원은 직접 의결권을 행사할 수 있으므로(당시 근로복지기본법 31조 2항(현행 46조 2항과 같음: 저자 주)) 이들의 의결권분산은 일응 적법하다고 하겠으나, 그 목적은 총회에 물리력을 행사하려는 것이므로 법원은 이를 권리남용으로 본 것이다. 법원은 일반론으로서 「의결권의 대리행사로 말미암아 주주총회의 개최가 부당하게 저해되거나 혹은 회사의 이익이 부당하게 침해될 염려가 있는 등의 특별한 사정이 있는 경우에는 회사는 이를 거절할 수 있다」고 판시하였다.

2) 대리권의 증명 주주의 대리인은 대리권을 증명하는 서면 또는 전자

문서를 총회에 제출하여야 한다(368조 2항 후). 이는 대리권의 존재에 관한 증명방법을 정형화함으로써 다수의 주주 또는 대리인을 상대로 하는 회사의 총회 관련 사무를 명확히 처리하게 하려는 뜻이다. 그러므로 대리권의 증명방법은 다양할 수 있더라도 최소한 서면 또는 전자문서에 의해야 한다.[1] 법정대리인은 법정대리권 발생의 원인된 사실을 증명할 수 있는 서면을 제출하여야 하며, 임의대리인은 주주가 대리권을 수여하는 뜻을 담은 서면, 즉 위임장을 제출하여야 한다. 보통은 회사가 송부한 위임장 양식을 사용하지만, 다른 서면으로 증명하더라도 무방하다.

대리인이 주주총회장에 출석하였으나, 위임장을 의장 또는 회의진행자에게 제출하지 않았다면 출석한 것이 아니고 따라서 해당 주식수를 출석한 주주의 의결권 수에 산입해서는 안 된다(서울고법 2011. 5. 19. 선고 2010나117469 판결(확정)).

대리권을 증명하는 서면은 원본이어야 하고 사본이어서는 안 된다(대법원 1995. 7. 28. 선고 94다34579 판결). 추후 대리권의 존부에 관한 다툼이 생길 경우 회사가 위험을 부담하게 해서는 안 되기 때문이다. 전자문서 역시 원본이어야 하므로 주주가 위임장을 전자문서로 제출할 때에는 회사가 자신의 정보처리시스템을 통해 수신할 수 있도록 위임장을 송신하여야 하고, 이를 복사한 것을 제출해서는 안 된다.[2] 제368조 제 2 항은 의결권의 대리행사의 가능성을 강행법적으로 확인한 것으로, 정관에 의해서나 주주총회 현장의 실무에 의해서도 그 요건을 강화할 수 없다. 따라서 대리인이 원본인 서면으로 대리권을 증명한 이상 그 외에 신분증의 제시나 기타 신원확인을 요구하는 것은 위법하다(대법원 2004. 4. 27. 선고 2003다29616 판결; 판례 [44]).

판 례

[44] 대법원 2009. 5. 28. 선고 2008다85147 판결

「대리권을 증명하는 서면이라 함은 위임장을 일컫는 것으로서 회사가 위임장과 함께 인감증명서, 참석장 등을 제출하도록 요구하는 것은 대리인의 자격을 보다 확실하게 확인하기 위하여 요구하는 것일 뿐, 이러한 서류 등을 지참하지 아니하였다 하더라도 주주 또는 대리인이 다른 방법으로 위임장의 진정성 내지 위임의 사실을 증명할 수 있다면 회사는 그 대리권을 부정할 수 없다 … 한편 회사가 주주 본인에 대하

1) 수원지법 2016. 2. 29.자 2016카합10056 결정: 주주와 대리인간에 의결권위임계약이 있었음을 근거로 하여 상법 제368조 제 2 항의 서면을 갈음할 수는 없다고 한 예.

2) 전자문서에 의한 제출은 2025년 개정에 의해 허용된 것이다. 과거 팩스로 보낸 위임장을 사본이라 하여 효력을 부정한 판례가 있다(대법원 2004. 4. 27. 선고 2003다29616 판결). 팩스도 전자문서이기는 하나, 이는 문서의 사본을 전송하는 것이므로 사본의 효력을 부정한다면 이 판지는 유지되어야 할 것이다.

여 주주총회 참석장을 요구하는 것 역시 주주 본인임을 확실하게 확인하기 위한 방편에 불과하므로 다른 방법으로 주주 본인임을 확인할 수 있는 경우에는 회사는 주주 본인의 의결권행사를 거부할 수 없다 … 일부 주주들의 주주총회 참석장에 주주의 인감도장 날인 등이 없다거나 위임장에 주주총회 참석장이 첨부되어 있지 않다는 사정만으로는 그 주주들의 주주총회 참석이나 대리인의 대리권을 부정할 수 없〔다〕.」

[註] 주주 본인의 증명방법에 관해서는 법에 규정이 없으므로 위 판결문에서 보는 바와 같이 대리권의 증명보다 방법이 완화됨을 주의.

3) 白紙委任의 법률관계 회사가 주주에게 의결권대리행사를 권유할 때에는 보통 대리인란을 백지로 하여 주주의 기명날인을 받고 다시 회사가 대리할 자의 성명을 보충하고 그로 하여금 대리행사시킨다. 이 경우에는 회사가 복임권을 행사한 것으로 보거나(민 120조), 아니면 주주가 회사에게 자신의 대리인을 선임할 것을 위임하고 회사가 이를 수행한 것으로 볼 수도 있다. 어떻게 보든 회사가 지정한 대리인이 주주의 대리인이 된다는 점에서 차이가 없다.

4) 授權의 범위 대리권은 총회별로 수여되고 증명되어야 한다(오성근 478; 이범찬(외) 263; 이 · 최 551; 정준우 287. 日會 310조2항도 같은 취지). 다수설은 1회의 대리권수여로 수회의 총회에 관한 포괄적인 대리권의 수여가 가능하다고 한다(권기범 748; 권종호 120; 김정호 348; 김홍기 477; 손주찬 722; 송옥렬 944; 정경영 477; 정동윤 555; 정찬형 921; 최기원 478; 최준선 375). 그러나 수개의 총회에 걸쳐 대리할 수 있다면 우리 법상 인정될 수 없는 의결권의 신탁을 사실상 가능하게 하고, 극단적인 경우, 예컨대 「회사가 존속하는 동안 대리할 수 있다」는 식으로 대리권을 수여한다면 사실상 주주 지위로부터 분리하여 의결권만을 양도할 수 있다는 결과가 된다.[1] 특정 총회에서의 대리권을 수여하면 족하고, 개별의안별로 또는 개별의안에 대한 찬반을 명시하여 수권할 필요는 없다(판례 [45]).

판 례

[45] 대법원 1969. 7. 8. 선고 69다688 판결

「… 주주권의 행사를 위임함에는 구체적이고 개별적인 사항에 국한한다고 해석하여야 할 근거가 없고, 주주권행사를 포괄적으로 위임할 수 있다고 하여야 할 것이며, 포괄적으로 위임을 받은 자는 그 위임자나 회사재산에 불리한 영향을 미칠 사항이라고 하여 그 위임된 주주권행사를 할 수 없는 것이 아니다.」

---

1) 참고로 일본회사법에서는 대리권의 수여는 주주총회별로 수여하도록 규정하고 있다(日會 310조 2항).

[註] 이 판례가 포괄적으로 위임할 수 있다고 함은 수회의 총회에 걸쳐 위임할 수 있다고 함이 아니라, 특정총회에서의 위임이 개별적·구체적인 사항에 국한되어야 하는 것은 아니라는 뜻이다.

주식의 담보와 의결권대리행사

금융거래실무를 보면, 은행이 회사에 거액의 대출을 할 때 흔히 대주주의 보유주식을 입질하여 제공받는다. 회사의 채무불이행시 은행이 경영권을 장악하여 회사재산을 관리하면서 변제를 받기 위함이다. 이 경우 경영권을 장악하려면 회사의 경영진을 교체하여야 하므로 보통 일시나 안건을 백지로 하여 대주주로부터 일체의 의결권 행사를 포괄적으로 위임받는다. 그리하여 채무불이행시 주주총회를 소집하여 이사들을 채권자측의 인사로 교체한다(판례 [46]의 사안). 앞서 말했듯이 의결권의 위임은 총회별로 이루어져야 한다는 관점에서 이같은 위임의 유효성을 시인하기 어렵다. 그러나 지배주식의 입질과 더불어 변제자력을 확보하기 위한 목적으로 의결권을 포괄위임받은 것을 적법하다고 판시한 판례가 있다(판례 [46]). 하지만 이는 담보권을 실행하기 위한 수단이라는 특수성을 고려하여 내린 판단이고, 의결권의 포괄적 위임이 일반적으로 적법하다는 취지로 단정한 것은 아니다.

판 례

[46] 대법원 2014. 1. 23. 선고 2013다56839 판결

「이 사건 주식근질권 설정계약[은] … 원고의 피고에 대한 지배권 내지 원고가 보유하는 피고 주식을 담보로 제공하기 위한 목적으로 이루어진 것으로서, … 기한이 도래한 경우에는 피고 주식의 임의 처분 외에 위임받은 의결권에 기하여 주주총회를 개최하여 피고의 경영진을 교체할 수 있는 것을 담보권의 실행방법으로 약정한 것으로 보이고, … 상행위로 인하여 생긴 채권을 담보하기 위하여 주식에 대하여 질권이 설정된 경우에 질권자가 가지는 권리의 범위 및 그 행사 방법은 원칙적으로 질권설정계약 등의 약정에 따라 정하여질 수 있고 …, 위와 같은 질권 등의 담보권의 경우에 담보제공자의 권리를 형해화하는 등의 특별한 사정이 없는 이상 담보권자가 담보물인 주식에 대한 담보권실행을 위한 약정에 따라 그 재산적 가치 및 권리의 확보 목적으로 담보제공자인 주주로부터 의결권을 위임받아 그 약정에서 정한 범위 내에서 의결권을 행사하는 것도 허용될 것이다.」

[註] 우리은행이 피고회사에 대한 채권을 담보하기 위해 동 회사의 대주주이자 대표이사인 원고로부터 소유주식 전부에 대한 질권을 취득하면서 질권설정계약에서 우리은행을 "피고 회사의 주주총회 소집 및 참석, 주주총회 의안에 대하여 보유주식에 대한 의결권의 행사" 등의 권한을 가진 대리인으로 선임한다는 조항을 두었다. 피고회사가 채무이행을 지체하자, 우리은행은 동 위임에 근거하여 주주총회를 소집하여, 원고를 대표이사에서 해임하는 결의를 하고 자신의 직원을 대표이사로 선임하였다.

이에 원고는 이 사건에서의 위임이 포괄적이고 위임의 범위를 벗어나 무효라고 주장하였다.

5) 수권행위의 철회 임의대리의 경우 주주는 결의가 있기 전에는 언제든지 수권행위를 철회할 수 있다(민 128조 후). 주주가 의결권을 수인에게 2중으로 위임한 경우에는 주주가 먼저의 위임을 철회하고 뒤의 위임을 한 것으로 보아야 한다(서울중앙지법 2008. 4. 29. 자 2008카합1070 결정). 일정기간 경영권을 타인에게 이전하기로 합의하고 그 방법으로서 의결권을 일정기간 위임하기로 약정하는 예를 볼 수 있다. 이 경우 수권행위를 철회하면 원인관계의 채무불이행이 되겠으나, 회사법적으로는 철회의 효력에 영향이 없다(대법원 2002. 12. 24. 선고 2002다54691 판결 참조).[1)]

수권행위의 無因性

민법학에서는 수권행위가 원인관계의 무효·취소에 대해 유인성을 갖느냐 무인성을 갖느냐는 점이 다투어진다. 민법학에서의 결론과 관계없이 의결권의 대리문제에 있어서는 무인적이라고 보아야 한다(대리인의 추상성; Abstraktionsprinzip).[2)] 유인성을 갖는다고 본다면, 위 예에서 경영권양도계약이 무효인 경우 그에 근거한 수권행위 나아가 대리인의 의결권행사가 무효가 되어 단체법률관계에 혼란을 가져오기 때문이다.

6) 본인의 사망과 대리권의 소멸 주주가 의결권을 대리행사할 자를 선임하고 사망한 경우에는 일반원칙에 따라 대리권은 소멸한다(민 127조 1호). 의결권의 행사는 상행위가 아니므로 상법 제50조가 적용되지 아니한다.[3)]

(4) 代理行使

1) 대리인은 주주로부터 수권받은 대로 의결권을 행사하여야 하며, 이에 위반하여 기권하거나 주주의 명시된 의사와 달리 행사한다면 내부적으로 주주에

1) 의결권의 위임이 주식 및 경영권의 양도에 수반해 이뤄졌다면 의결권 위임만을 별도로 철회하지 않는다는 묵시적인 특약이 있었다고 보아야 하므로 주주가 위임을 일방적으로 철회한 것은 부적법하고, 따라서 주주로부터 새로이 위임받은 자가 의결권을 행사한 것을 무효라고 하며 주주총회결의의 효력을 정지하는 가처분을 내린 하급심판례가 있다(서울중앙지법 2008. 4. 29.자 2008카합1070 결정). 주주와 대리인간의 개인법적 법률관계에서는 타당한 판단일 수 있으나, 회사법적 효력으로 연결지은 것은 옳지 않고, 본문에서의 대법원판례와도 상치된다.

2) *Schröer*, in Münchener Komm. AktG, 3. Aufl., § 134 Rn. 47.

3) 참고로 미국에서는 보통법상 본인이 사망하면 대리권은 소멸하지만, 일부 州회사법에서는 대리인이 의결권을 행사하기 전에 대리권의 소멸을 통지받지 않은 한 회사는 대리인의 의결권행사를 유효하게 처리할 수 있다는 규정을 두고 있는데(MBCA § 7.22(e) 외 17개의 주 회사법이 같은 취지), 바람직한 입법이다.

대한 채무불이행이 되어 손해배상책임을 지게 될 것이다. 그러나 주주총회의 결의의 효력에는 영향이 없다(판례 [46]에서 대리인이 본인인 주주를 대표이사에서 해임하기 위해 의결권을 행사한 것을 적법하다고 보았다).

2) 주주의 찬반의사가 위임장 등 대리권을 증명하는 서면에 표시되어 있음에도 대리인이 이에 반하는 내용으로 의결권을 대리행사한 경우 그 효력은 어떠한가? 이를 무효라고 본다면, 회사에 대해 대리권의 존부만이 아니라 추가로 본인의 의사를 확인하는 부담을 주어야 하므로 집단적 사무처리에 적합하지 아니하다. 회사가 수임인이거나 기타 특별한 사정이 없는 한, 원칙적으로는 결의에 영향을 주지 않는다고 보아야 할 것이다.

3) 의결권은 반드시 대리인 자신이 행사해야 할 필요가 있는 권리는 아니라는 전제하에서,[1] 대리인이 제 3 자에게 의결권의 행사를 재차 위임하는 것은 적법하다는 것이 다수설 · 판례의 입장이다(대법원 2009. 4. 23. 선고 2005다22701 · 22718 판결; 판례 [46]; 권기범 749; 권종호 122; 김홍기 478; 임재연 II 88; 최준선 374). 이 판례는 외국인 주주의 상임대리인[2]이 복임권을 행사한 사안을 다룬 예로서, 대리관계의 특수성을 감안한 판단이고, 의결권행사의 대리인이 항상 복임권을 행사할 수 있다고 일반화하여 이해할 수 있는 판지는 아니다. 오히려 의결권의 행사가 주주 본인의 이해에 미치는 효과의 중대성을 감안하면 특별한 사정이 없는 한 복임권행사는 불가하다고 보아야 한다(同旨: 정준우 288).[3]

의결권의 대리행사권유

1) 의 의 의결권의 대리행사는 주주 개인의 능력의 보충이나 사적자치의 확장을 위하여 인정되는 제도이나, 상장회사에서는 본래의 취지와는 달리 「대리인의 목적달성」을 위해 활용되는 예를 볼 수 있다. 이사, 대주주 또는 새로이 경영권을 쟁취하고자 하는 자 등이 대리인이 되고자 주주들에게 집단적으로 의결권의 위임을 권유하는 것이다.

대리행사권유는 오늘날 상장회사의 주주총회 운영과 회사지배에 있어 매우 중요한 기능을 한다. 현재의 경영자는 자신의 지위를 이용하여 보다 쉽게 위임장을 얻을 수 있기 때문에 미국에서는 소유 없이 회사를 지배하는 경영자지배(management control)의 유용한 수단으로 활용되고 있으며, 경영권다툼의 경쟁자들간에 위임장쟁

1) 대리의 목적이 된 법률행위의 성질상 대리인 자신이 처리해야 할 필요가 있는 경우가 아니라면, 본인이 복대리 금지의 의사를 명시하지 않은 한 복대리인 선임의 묵시적인 승낙이 있다고 보는 것이 판례의 입장이다(대법원 1996. 1. 26. 선고 94다30690 판결).

2) 자본시장법 시행령 제188조 제 2 호 나목 및 금융투자업규정 제6-22조 제 1 항 참조.

3) 복임권행사의 가능여부에 관한 판례 및 본문에서의 논의는 본인-대리인 관계에서의 가부문제가 아니라, 본인의 명시된 의사없이 복대리인이 한 의결권행사가 회사에 대해 갖는 효력을 다룬 것이다.

취전(proxy contest)이 심각하게 벌어지기도 한다. 우리나라에서도 근래 기업매수가 활성화되면서 지배권의 확보를 목적으로 한 위임장쟁취전의 예가 늘어나고 있다.

의결권대리행사의 권유는 사장된 의결권을 발굴하여 총회정족수를 유지하고, 주주의사의 반영을 극대화하는 한편 경영권의 다툼과 연결되어 의결권의 효용을 높인다[1)]는 긍정적인 측면을 갖지만 오히려 주주총회의 허구화를 재촉하고, 기존의 경영자가 경영실적에 관계없이 안주하는 길을 열어 주는 역기능을 낳을 수도 있다. 그러므로 이 제도를 운영함에 있어서는 주주의 정확한 판단에 의한 능동적인 의사표시를 가능하게 하고, 이를 통하여 자신의 권리를 최대한 실효적으로 행사할 수 있도록 보장하는 것이 중요한 과제이다.

상법에서는 의결권의 대리행사권유에 관해 별도의 규정을 두지 않고, 자본시장법에서 이를 다루고 있다. 상법상의 의결권의 대리행사 제도와 자본시장법이 규율하는 의결권의 대리행사권유의 규제는 같이 의결권의 대리행사를 소재로 하지만, 규율의 초점을 달리한다. 전자는 의결권의 단체법적 관점에서 대리의 허부와 방식을 규율함을 목적으로 함에 대하여, 후자는 대리권수여의 권유행위가 집단적으로 행해진다는 특성으로 인해 생기는 불공정을 투자자보호의 관점에서 예방하기 위한 것이다.

2) 의결권대리행사권유의 법적 구성 권유자가 주주에게 위임장을 보내 의결권의 위임을 권유하고 주주가 대리권을 수여하는 뜻으로 위임장을 반송함으로써 의결권의 대리행사를 목적으로 하는 위임계약이 성립한다(민 680조). 그러면 위임장 송부에 의한 대리행사권유를 동계약의 청약으로 보고 주주의 반송을 승낙으로 보느냐, 아니면 대리행사권유를 단순한 청약의 유인으로 보고 주주의 반송을 청약으로 보느냐는 문제가 있다. 후자로 본다면 주주가 위임장을 보내더라도 새로이 권유자가 승낙을 하여야 계약이 성립되므로 권유자가 승낙을 하지 않고 의결권을 행사하지 않을 수도 있게 되어 부당하다(예컨대 권유자가 찬성을 기대하였는데 주주가 반대의 의사를 명시하여 수권한다면 권유자는 의결권을 행사하고 싶지 않을 것이다). 그러므로 주주의 의결권을 보호하기 위해서는 대리행사의 권유를 청약으로 보고, 주주의 위임장반송으로 위임계약이 성립하며, 이 때부터 권유자에게 수임인으로서의 의무가 발생한다고 보아야 한다.[2)]

민법상 위임당사자는 언제든지 계약을 해지할 수 있다(민 689조 1항). 그렇다면 권유자가 대리행사를 위임받고도 결의 이전에 언제든지 사퇴할 수 있다고 해야 할 것이나, 위임사항인 의결권대리행사는 1회적이고 자칫 실기하기 쉬우므로 수임인(권유자)은 사퇴할 수 없다고 해석한다.[3)]

3) 의결권대리행사의 권유와 주주의 보호 의결권대리행사의 권유는 다수의

---

1) Easterbrook & Fischel, p. 82. 대리행사권유에 의해 의결권이 집중됨으로 해서 주주들의 경영감시비용을 줄이고(대리인이 대신 감시해주므로), 의결권을 최적의 행사자에게 부여함으로 해서 의결권의 경제적 효용을 높인다는 것이다.

2) 涉谷光子, "[委任狀] 商法の規制と證券取引法の規制,"「證券研究」57권, 238면.

3) 前註 참조.

주주를 상대로 집단적으로 행해지는데, 대부분의 주주들은 권유자 및 권유의 목적에 관해 정보를 갖고 있지 않아 주주의 보호가 특히 요청된다. 자본시장법에서는 상장회사의 의결권대리행사의 권유와 관련하여 주주보호를 위한 여러 가지 장치를 두고 있다.

(가) 권유의 방식 　 권유자는 주주에게 주주총회의 목적사항 각 항목에 대하여 찬부를 명기할 수 있게 된 위임장용지의 송부에 의하여 권유하여야 한다(자금 152조 1항·4항). 권유자는 위임장에 나타난 피권유자의 명시된 의사에 반하여 의결권을 행사할 수 없다(자금 152조 5항). 가급적 주주의 명시된 의사를 반영시킴으로써 위임장제도가 경영자지배의 수단이 되는 것을 막기 위한 것이다.

(나) 개시의무 　 주주가 찬반의 판단을 위한 정확한 정보를 이용할 수 있어야 주주의 합리적 판단에 의한 실질적인 의결권행사가 가능해지며, 나아가 주주총회의 형해화를 방지할 수 있다.[1] 그러므로 권유자는 권유에 앞서 피권유자에게 금융위원회가 정하는 참고서류를 송부하여 필요한 사항을 開示하여야 한다(자금 152조·자금령 163조, 증권의 발행 및 공시 등에 관한 규정 3-15조).

(다) 권유 및 대리인의 하자 　 권유자가 위 두 가지의 요건에 위반하여 권유한 경우, 즉 찬반을 명기할 수 있게 하지 못했거나 부실의 기재를 한 경우에는 벌칙이 적용된다(자금 445조 21호). 그러나 자본시장법 및 동규정의 성격상 이에 위반하더라도 주주총회의 결의에는 영향이 없다고 본다(일본의 통설).

또 대리인이 주주의 명시된 의사에 반하여 의결권을 행사한 경우 대리인의 손해배상책임만 발생할 뿐 결의에는 영향이 없다고 봄이 일반적이나, 회사가 권유자인 경우에만은 무권대리이론을 적용하여 의결권행사는 무효이고(민 130조), 나아가 결의의 취소사유가 된다고 보아야 한다.[2] 의결권행사에 있어서는 회사를 의사표시의 상대방에 준하는 자로 보아야 할 것이고, 회사가 권유자인 경우에는 회사가 주주의 의사를 알 수 있기 때문이다.

8. 의결권행사에 관한 去來

(1) 의결권구속계약

1) 계약의 가능성 　 의결권구속계약(voting agreement; pooling agreement)이란 주주간에 각자의 의결권을 미리 합의한 바에 따라 행사하기로 하는 약정을 뜻한다. 주주의 의결권행사를 제약한다는 의미에서 붙여진 명칭이다. 소수의 주주간의 합작계약에서 흔히 볼 수 있으며, 내외합작회사의 경우에는 예외 없이 내외주주간에 의결권의 행사에 관한 합의가 투자계약에 포함된다.

일부 주주가 의결권구속계약을 위반하여 의결권을 행사한 경우 그 효력이

1) 神崎克郎, "委任狀規制とディスクロ-ヅヤ-," 「證券硏究」 57권, 163면.

2) 鈴木竹雄, "證券去來法と株式會社," 「株式會社法講座」(1), 360면; 涉谷光子, 前揭論文, 249면.

문제된다. 예컨대 A와 B가 60 : 40의 합작계약을 통해 C회사를 설립하면서, 이사를 선임함에 있어서는 A 주주가 추천하는 a1, a2, B 주주가 추천하는 b를 선임하기로 합의했는데, A가 약속을 어기고 a1, a2, a3를 이사로 선임한 경우 B가 이 결의의 효력을 부정하고 자신이 추천한 b의 이사자격을 주장할 수 있느냐 혹은 위반으로 인한 자신의 손해를 배상할 것을 청구할 수 있느냐는 문제가 제기된다.

2) **채권적 효력** 의결권구속계약은 계약의 일반원칙에 따라 그 내용이나 목적이 다른 주주의 권리를 해하거나 기타 불공정한 내용이 아니고, 강행규정 또는 사회질서에 반하지 않는 한 계약의 당사자 사이에서는 유효하다는 것이 통설 · 판례이다(판례 [46-1]).

그러면 의결권구속계약의 채권적 효력의 실효성은 어떻게 확보할 수 있는가? 일방이 동 계약을 위반한 경우 반대 당사자는 손해배상을 청구하는 것이 전형적이지만, 약정을 위반하여 생긴 결과가 그 위반 당사자의 의결권 행사로 시정할 수 있는 경우에는 반대 당사자는 위반자에게 시정을 위한 의결권행사를 청구할 수 있고, 이행하지 않을 경우 이행강제배상금을 청구하는 식의 간접강제(민집 261조 1항)로 계약이 효력을 확보할 수 있다(판례 [46-1]).

판 례

[46-1] 대법원 2025. 6. 12. 선고 2020다219577 판결

「…주주 사이에 체결된 이른바 의결권구속약정, 즉 주주의 주주총회 의결권 행사를 제한하는 내용의 약정은 계약의 일반원칙에 따라 그 내용이나 목적이 강행규정 또는 사회질서 등에 반하지 않는 한 계약의 당사자 사이에서는 원칙적으로 유효하다. 그러나 의결권구속약정의 효력은 주주권의 내용 등 회사의 단체법적 질서에는 영향을 미칠 수 없으므로, 의결권구속약정의 당사자가 약정을 위반하여 주주총회 의결권을 행사함에 따라 주주총회 결의가 성립된 경우 약정의 다른 당사자는 회사를 상대로 약정 위반을 주장하며 주주총회 결의의 하자를 다툴 수 없고, 다만 약정을 위반한 당사자를 상대로 계약에 근거한 권리를 행사할 수 있을 뿐이다.

…원피고 사이에서 2016. 10. 16. 체결된 …이 사건 회사…의 설립 · 운영에 관한 합작투자계약 중 "이사회의 구성은 4인으로 하고 원피고가 각각 2인을 지정한다."라는 내용의 조항…에 따라 피고는 이 사건 회사 설립 당시뿐만 아니라 그 후에도 이 사건 회사의 이사를 4인으로 유지하여야 할 의무가 있다. 그런데도 이를 위반하여 2018. 8. 6. 개최된 임시주주총회에서 3인의 이사를 추가로 선임하는 안건에 찬성하는 의결권을 행사하였고, 이로 인하여 그와 같은 내용의 주주총회 결의가 성립되어 원고가 그 효력을 다툴 수 없게 되었다. …이 사건 조항은 주주 사이의 계약으로 이

사의 총원이나 이사 선임권 등 회사 정관으로 규정되어야 할 회사 기관 구성 등에 관한 사항을 정하고 그러한 상태를 주주총회 의결권 행사를 제한하는 방법으로 달성하고자 한 의결권구속약정에 해당한다. 그러므로 원피고는 모두 상대방에 대하여 이 사건 회사의 이사회 구성이 이 사건 조항에서 정한 것과 다르게 된 경우 이 사건 조항에 부합하는 내용으로 의결권을 행사할 의무를 부담[하므로] …원고는 피고를 상대로 피고 측이 추천하여 선임된 이사 5인 중 3인의 이사를 해임하는 안건에 찬성하는 내용으로 의결권을 행사할 것을 구할 수 있다. …

원심은 판시와 같은 이유로 피고에게 부대체적 작위의무로서 주주총회에서 피고 측이 추천하여 선임된 이사 5인 중 3인을 해임하는 안건에 찬성하는 의결권을 행사할 것을 명하면서 이에 대한 간접강제로 그 의무를 이행하지 않을 경우 원고에게 이 판결 확정일 다음 날부터 이행완료일까지 1일 100만 원의 비율로 계산한 배상금을 지급할 것을 명하였다.

… 이러한 원심판단은 정당한 것으로 수긍할 수 있고, 거기에 간접강제의 요건 및 범위 등에 관한 법리를 오해하여 판결에 영향을 미친 잘못이 없다.」

[註] 위 배상금의 지급명령은 민사집행법 제261조 제 1 항에 근거한 것이다.

3) **회사에 대한 효력** 　미국법에서는 의결권에 관한 주주간의 합의를 회사법상 구속력 있는 계약, 즉 강제이행(specific performance)이 가능한 계약으로 다룬다.[1)] 그러나 우리 법하에서는 개인법적 거래로 단체법률관계에 혼란을 주어서는 안 되므로 의결권구속계약은 회사에 대해서는 구속력이 없다는 것이 통설 · 판례이다(판례 [46-1]). 즉 구속계약에 위반하여 이루어진 의결권행사도 유효하며, 따라서 앞서의 예에서 B는 A에게 손해배상을 청구하거나, 그 위반상태를 해소하기 위한 의결권행사를 청구할 수 있으나, 회사에 대해 b의 선임을 주장하거나 a1, a2, a3를 선임한 결의의 효력을 다투지 못하는 것이다.

4) **의결권구속계약의 한계** 　의결권구속계약이 다른 주주의 권리를 해치거나 내용이 불공정하거나, 사회질서에 반하는 경우 무효임은 물론이다. 후술하는 의결권의 유상계약은 사회질서에 위반하는 전형적인 예이다. 미국에서는 약정에 참여한 주주의 개인적인 이익(private benefit)을 추구하는 계약은 무효라는 것이 정설인데, 우리 법하에서도 같은 결론을 내릴 수 있을 것이다.[2)]

1) MBCA § 7.31(b); Cal. Corp. Code § 706(a); N.Y. Bus. Corp. Law § 620.

2) 대표적인 판례로서 Palmbaum v. Magulsky, 217 Mass.306, 104N.E. 746(1914): P와 D는 미국 비스켓이란 회사의 주주이고, P는 D가 발행한 어음을 소지하고 있다. P와 D는 D가 회사의 자산을 처분하려는 P의 제안에 찬성하고 대신 P는 어음을 포기한다고 약정하였다. D는 주주총회에서 약속대로 의결권을 행사했으나, P가 약속을 어기고 어음을 행사하자 D가 소송제기하였다. 법원은 양자의 계약이 각자의 개인적 이익을 추구하는 것이라서 무효라고 판시하였다.

합작계약과 의결권구속계약

일본회사법도 기본적으로는 우리와 같은 법계에 속하므로 의결권구속계약의 단체법적 효력은 부정하는 것이 자연스럽고 실제 통설이 그러하다. 그러나 주주 전원이 당사자가 되는 내외합작투자계약에 편입된 의결권구속계약에 대해서는 예외적으로 단체법적 구속을 인정하는 설도 유력하다. 그러한 효력의 예로서, i) 주주가 합작계약에 위반하는 내용으로 의안을 제출한 경우 의장이 이를 상정하지 않는 것은 적법하고, ii) 합작계약에 위반하여 의결권을 행사하여 이루어진 결의는 그 내용이 정관에 위반하는 경우로 보아 결의취소의 소의 대상으로 삼으며, iii) 합작계약에 따른 의결권의 행사를 회피하는 주주가 있는 경우(예: 주주 쌍방이 합의한 후보의 이사선임에서 일방주주가 의결권행사를 하지 않거나 다른 후보에 투표하는 것)에는 법원에 의사표시에 갈음하는 판결(민 389조 2항)을 청구할 수 있다고 한다.[1)]

⑵ 의결권의 有償去來

특정의 주주총회에서 자신의 의사를 관철하고자 하는 자가 충분한 의결권을 갖지 못한 경우 다른 주주의 의결권을 유상으로 확보하는 방법을 생각해 볼 수 있다. 우리 법하에서는 의결권의 신탁적 양도나 자격양도가 불가능하므로 의결권을 유상으로 확보하는 방법으로서는 위에서 말한 의결권구속계약을 유상으로 하는 방법과, 의결권의 대리권을 유상으로 취득하는 방법이 있을 수 있다. 실제의 거래동기는 충분히 있다. 예컨대 회사의 경영권을 장악하려는 자로서는 지배력의 확보를 위해 주식을 취득하는 것보다는 유상으로라도 다른 주주로 하여금 자기의 의도대로 의결권을 행사하게 하거나, 그로부터 의결권의 대리권을 매수하는 것이 훨씬 저렴한 비용으로 같은 목적을 달성하는 방법이 될 것이다. 그러면 이 같은 의결권의 유상거래는 유효한가? 미국법에서는 모든 주주들은 다른 주주들이 독자적으로 의결권을 행사하는 데에 이익을 가진다는 전제하에 의결권의 유상거래는 다른 주주들의 이익을 해한다고 보아 본질적으로 위법하다고 한다.[2)] 또 의결권의 유상거래를 명문으로 금지하는 주회사법도 있다(예: N.Y. Bus. Corp. Law § 609(e)). 이 같은 공익적 이유 외에도 우리 법의 해석론으로는 의결권의 유상거래는 의결권을 주주권으로부터 사실상 분리하므로 허용될 수 없다고 설명할 수 있다.[3)]

---

1) 江頭, 356면 및 동 인용문헌 참조. 학자에 따라 본문에 열거한 것 중 일부를 인정할 것을 주장하기도 한다.

2) Hamilton, p. 445; Schreiber v. Carny, 447 A. 2d 17 (Del. Ch. 1982). 한편 의결권을 매수하는 자가 상당한 지분을 갖고 있고 단지 그 지분의 이익을 실현하고자 할 때에는 의결권의 매수가 허용되어야 한다는 주장도 있다(Clark, p. 389 *et. seq.*).

3) 의결권의 유상거래를 주주권행사와 관련한 이익공여금지(467조의2)에 근거하여 무효라고 하는 견해도 있다(정경영, 475면). 그러나 이익공여금지는 회사가 주주에게 이익을 공여한 경우에 적

Ⅴ. 의사진행

1. 의사의 방법과 공정질서

상법은 의장의 선임과 권한에 관한 사항 외에는 주주총회의 의사방법에 관해 명문의 규정을 둔 바 없으므로 의사의 운영은 회의의 관행과 일반원칙에 따른다. 물론 정관의 규정이나 총회의 결의로 의사운영에 관하여 필요한 사항을 정할 수 있다.

의사진행과 결의가 공정하게 이루어져야 한다는 것은 주주총회운영의 당연한 명제이고 주주총회에 관한 상법상의 모든 규정이 이를 확보하기 위한 것이라 할 수 있다. 특히 주식이 분산되어 경영자 또는 지배주주의 전횡이 우려되는 공개회사에서는 일반주주의 보호를 위해 공정한 의사진행이 더욱 필요하다. 의사의 公正을 위해 상법은 의장에게 질서유지권을 부여하고(366조의2), 주주권행사와 관련하여 이익이 공여되는 것을 금지하고 있다(467조의2).

의사진행이 불공정한 예

다음은 의사진행이 불공정하여 상법 제376조가 정하는 「決議方法이 현저히 不公正한 때」에 해당하는 대표적인 예이다.

2000년 1월 24일 舊대우중공업(주)이 회사분할의 승인을 위해 주주총회를 소집하였는데, 회의장을 불과 300석 정도의 협소한 장소로 하고 그나마 회사측의 인원을 미리 착석시켜 당일 출석한 1,000여명 정도의 소액주주 중 일부만이 참관할 수 있었다. 이 결의에 반대하는 소액주주들이 일부 대주주의 의결권에 의문을 제기하는 등 발언이 잇달았으나, 이를 무시하고 회의를 진행하였다. 이에 소액주주들의 항의로 장내가 소란스러워지자 일시 정회했다가 다시 속개하여 65초 만에 표결에 붙이고 찬반표를 점검하지 않은 채로 찬성표의 수를 발표하고 가결을 선언하였다. 이에 소액주주들이 주주총회결의의 효력정지가처분을 구하는 소를 제기하였다. 이 사건에서 법원은 위와 같은 회사측의 조치를 나무라면서 「… 주주들로서는 주주총회에 참석하여 충분한 토론을 통하여 자신의 입장과 의견을 개진하고 표결에 참가함으로써 의사를 표시하는 것이 회사의 의사결정과정에 있어 실질적으로 유일하게 보장된 권리로서 … 소액주주들의 이러한 권리가 실질적으로 보장될 수 있도록 원만한 회의진행을 위하여 사전 또는 회의 과정중에 의견을 조정하고 끈기 있게 설득과 대화를 하며 경우에 따라서는 회의를 연기하거나 회의시간을 연장하여 발언과 의견제시 및 표결을 충분히 할 수 있도록 하는 등의 적극적인 노력 없이 위와 같은 비정상적인 방법에 의하여 안건

용되므로, 주주간의 의결권거래와는 무관하다.

처리를 선언한 … 위 주주총회의 결의는 그 결의방법이 현저하게 불공정한 때에 해당한다」고 설시하였다(인천지법 2000. 4. 28. 자 2000카합427 결정).

2. 議　　長

(1) 의장의 선임

총회에는 의사진행을 맡을 의장이 있어야 한다. 의장은 정관에서 정함이 없는 때에는 총회에서 선임한다(366조의 2 1항). 총회에서 선임할 때에는 보통결의에 의한다(368조 1항). 정관에 정한다는 것은 특정인을 의장으로 선정한다는 의미가 아니라, 회사 내의 특정한 신분을 의장으로 하는 규정을 두거나 혹은 의장을 선임하는 방법을 규정한다는 의미로 읽어야 한다. 보통 정관실무에서는 「대표이사가 의장이 된다」는 취지의 규정을 두고 있다.[1] 정관으로 의장을 정하는 것은 총회시마다 의장을 정하는 번거로움을 덜기 위한 편의적 조치 이상의 의미를 갖지 않는다. 따라서 정관의 정함에 따른 의장이 있더라도 총회에서 이를 불신임하고 새로운 의장을 선임할 수 있다고 본다.[2]

의장의 자격에는 제한이 없고, 반드시 주주이어야 하는 것도 아니다. 그러나 이사와 감사와 같이 최소한 주주총회의 결의에 법적 이해를 가진 자에 한해 의장이 될 수 있다고 보아야 한다.[3] 주주가 아닌 의장은 의사진행만 할 수 있고 의결권을 행사할 수 없음은 물론이다.

의장이 결의에 관하여 특별한 이해를 가질 수 있으나, 의장은 의사진행만을 다룰 뿐 결의 자체에 영향력을 행사하는 것은 아니므로 주주가 결의에 특별한 이해를 가질 때에 의결권이 제한되는 것과는 달리 의사진행을 할 수 있다고 본다.[4]

(2) 의장의 의사정리권

의장은 총회의 질서를 유지하고 의사를 정리한다(366조의 2 2항). 의사의 「정리」란 출석주주의 확인, 개회의 선언, 주주의 발언의 허부, 동의의 처리, 표결의 실시, 찬반표의 점검과 가결 또는 부결의 선언, 폐회선언 등 주주들의 단체의사의 수렴을 위해 필요한 일체의 절차를 관장함을 말한다. 그러나 주주 또는 대리인의 자

1) 표준정관 제21조 제 1 항 참조.
2) 일본의 통설(日注釋(5), 161면; 江頭, 371면).
3) 日注釋(5), 163면. 예컨대 총회에 입회하던 공증인이나 그 직원이 의장이 되어 의사를 진행한다면 이를 적법하다고 할 수 없다.
4) 黑木學, "議長と特別利害關係," 河本 · 橋本, 「會社法の基礎」, 104면.

격심사는 궁극적으로는 총회의 권한사항이므로 의심스러울 때에는 총회의 결의를 얻어야 한다.[1)]

의사의 정리는 일반원칙에 따라 합리적이고 공정한 방법으로 해야 하며, 찬반을 유도하거나, 주주의 발언을 봉쇄하는 등 편파적으로 진행할 경우에는 「결의방법이 현저하게 불공정한 때」에 해당되어 결의의 취소사유가 된다. 의장이 개회를 선언하기 전이나 폐회를 선언한 후에 주주들이 임의로 결의한다면 원칙적으로 취소사유로 보아야 하지만, 의장이 부당하게 개회선언을 미루거나 부당하게 폐회를 서두른 경우라면 적법한 결의로 보아야 할 것이다.

의장은 의사진행에 대한 권한만 가질 뿐 可否同數인 의안의 결정권을 행사하는 등으로 결의에 관여할 수는 없다.

(3) 의장의 질서유지권 — 발언정지 · 퇴장

주주총회의 의장은 그 총회장에서 고의로 의사진행을 방해하기 위한 언동을 하거나 현저히 질서를 문란케 하는 자에 대하여 그 발언의 정지 또는 퇴장을 명할 수 있다(366조의 2 3항). 이 제도는 국회법상의 의장의 질서유지권(국회법 145조)을 본받아 만든 제도인데, 발언의 정지는 회의의 일반원칙에 의해 허용된다 할 것으로서, 의장이 안건과 질의내용에 비추어 합리적 판단에 따라 토론을 중단시키거나, 추가적인 질문을 제한하는 것을 말한다(서울고법 2005. 12. 16. 선고 2005나6534 판결).

그러나 의장에게 퇴장명령권을 부여하는 것은 사인의 회의체에 관한 한 위헌이다. 의장의 퇴장명령이 갖는 현실적인 의미를 생각하면 위헌성이 명백하다. 퇴장을 명함은 당해 주주의 의결권을 박탈함을 뜻하고, 퇴장명령을 집행하기 위해서는 당해 주주를 총회장에서 축출하기 위해 물리력을 행사하여야 한다. 의장이 주주의 권리를 박탈할 권한이 있을리 없으며, 주주를 퇴장시키기 위한 물리력의 행사는 바로 경찰권의 행사를 뜻하는데, 私人(의장)에게 이 같은 경찰권을 인정할 근거는 없다.

요컨대 이 제도는 재산권의 침해이며(憲 23조 1항), 일반적 행동의 자유에 대한 제한(憲 10조)이다.[2)·3)]

---

1) 井上昌明, "出席株主の確認," 河本 · 橋本, 「會社法の基礎」, 87면.

2) 이 제도는 이른바 총회꾼의 극단적인 회의방해를 예상하여 만든 제도이나, 회의방해행동이 총회의 의사결정을 불가능하게 할 정도에 이른다면 총회참석을 금하는 가처분을 얻어야 할 것이며, 형법상의 범죄행위에 이른다면 고소권을 활용하거나 현장에서 공권력행사의 도움을 받을 수 있을 것이고, 이러한 행동으로 인해 총회의 의사결정이 방해되어 손해가 발생한다면 손해배상청구에 의해 해결하여야 한다.

3) 일본회사법에도 우리 상법 제366조의2 제 3 항과 같은 규정을 두고 있는데(日會 315조 2항), 이

(4) 의장의 책임

회사와 의장의 관계는 위임이므로[1] 의장은 선량한 관리자의 주의로 의사를 진행해야 하며(민 681조), 이에 위반한 경우 회사에 대해 손해배상책임을 진다.

의장의 권한행사의 예

1999년 3월 20일 현대중공업(주)의 정기총회에서 同社의 주식 10주를 가진 A주주가 참석하면서 사진기, 캠코더를 반입하려 하였으나, 회사가 이를 금하였고, A주주가 24가지 질의사항을 준비하였으나 의장이 2건만 받아주고 나머지는 발언권을 주지 않았으며, 이에 B주주가 의장이 총회꾼을 동원해서 총회를 진행한다는 이유로 의장의 불신임안을 제출하였고 다른 주주가 재청하였음에도 의장이 계속 사회를 보며 의장 불신임안을 표결에 부쳤으며(부결되었음), A주주가 일부 안건에 관해 축조심의를 제안하였으나, 의장이 이를 채택하지 않고 일괄표결방식을 취하여 가결시켰다. 이에 A가 결의취소의 소를 제기하였다.

이 사건에서 법원은 ① 위험한 물건이나 의사의 진행에 방해되는 물건의 반입을 제한하는 것은 의장의 질서유지권의 범위에 속하므로 카메라 등의 반입을 제한한 것은 적법하고, ② 제한된 시간 내에 주주총회를 마쳐야 하는 실정에서 의장은 다수 주주에게 공평한 발언기회를 부여하여야 하므로 24가지 질의사항 중 2건만 받아준 것은 불공정한 것이 아니고, ③ 의장의 불신임제청이 있다고 하더라도 그 안이 가결될 때까지는 의장이 사회를 볼 수 있으며, ④ 안건의 심의방식에 있어 축조심의안을 받아들이지 않았다고 해서 현저하게 불공정하다고 할 수 없다고 하며 청구를 기각하였다(부산고법 2000. 9. 29. 선고 2000나4722 판결).

3. 주주의 질문권과 임원의 설명의무

주주가 의결권을 합리적으로 행사하기 위하여는 회사의 업무에 대한 구체적인 정보를 필요로 하므로 총회에서 임원에 대해 일정 사항에 관한 설명을 요구할 필요가 있다. 독일주식법에서는 주주의 설명청구권을 명문으로 인정하고 이를 주주의 고유권으로 보고 있으며(Auskunftsrecht, § 131 AktG), 일본 회사법에서도 같은 취지의 규

는 일본이 우리 법을 모방한 드문 예의 하나이다. 상법 제366조의2 제 3 항은 원래 舊자본시장육성에관한법률(1968. 11. 20. 제정, 1997. 4. 1. 폐지) 제11조에 있던 규정인데, 일본이 자국의 총회꾼에 대한 대책으로 1981년에 상법을 개정하여 도입하였다.

1) 일본민법에서의 위임은 법률행위를 위탁하는 것이고, 법률행위가 아닌 사무를 위탁하는 것을 「준위임」이라는 명칭으로 따로 분류하므로(日民 656조) 회사와 의장의 관계를 준위임이라 설명하지만(日注釋(5), 164면), 우리 민법에서는 위임사무의 종류를 가리지 않으므로 단지 위임이라고 설명해야 한다.

정을 두고 있다(日會 314조).[1]

우리 상법에는 주주의 설명청구권이나 이에 대응하는 이사(또는 집행임원)·감사의 설명의무에 관한 규정이 없다. 그러나 주주권에 내재하는 권리로서 주주는 당연히 회사의 업무와 재산상태를 질문할 수 있고, 임원은 이에 대해 설명할 의무를 진다는 점에 이견이 없다.[2]

주주의 설명청구권은 주주총회에서 행사할 수 있는 권리이다.[3] 따라서 총회 이외의 시기나 장소에서 임원에게 설명을 청구하는 경우에는 임원은 설명할 의무를 지지 아니한다. 또한 의안과 무관한 사항, 설명하면 회사 또는 주주 공동의 이익을 해칠 사항 등에 대한 설명을 요구함은 주주의 권리남용으로 볼 수 있다.[4] 이러한 특별한 사정이 있으면 이사가 설명을 거부할 수 있으나 그 경우에는 합리적 이유를 소명해야 한다.

> 회사가 경쟁력을 유지하기 위하여는 어느 정도의 영업기밀을 유지하는 것이 불가피하다. 일본회사법은 이사가 설명의무를 지지 않는 사항으로서 ① 회의의 목적사항과 무관한 사항, ② 설명하면 주주공동의 이익을 현저히 해할 사항, ③ 기타 정당한 사유가 있을 경우를 들고 있다(日會 314조 단). 이는 명문의 규정이 없어도 해석에 의해 도달할 수 있는 내용이다.
>
> 주주의 질문권 및 임원의 설명의무의 범위에 관해, 「주주의 질문권은 무한정 행사할 수 있는 것이 아니라 회의목적사항을 적절하게 판단하는 데 필요한 범위라는 내재적인 한계를 가지고 있고, 회사는 이러한 범위를 넘는 질문에 대하여는 답변을 거절할 수 있으며, 의안을 판단하는 데 필요한 정도인지의 여부는 합리적인 평균적 주주를 기준으로 한다」라고 판시한 하급심판례가 있다(서울고법 2005. 12. 16. 선고 2005나6534 판결).

정당하게 행사된 주주의 설명청구를 무시한 경우 당해 주주가 관련 임원 및 회사에 대해 손해배상청구권을 가지며,[5] 의안과의 관련성에 따라서는 결의의 효

---

1) 김재범, "주주의 질문권과 회사의 설명의무," 「商硏」 21권 4호(2003), 151면 이하: 일본과 독일의 이론소개가 상세하다.

2) 일본에서도 마찬가지로 해석하며 상법에서 설명의무를 둔 의의는 주주총회를 활성화한다는 목표 아래 임원의 총회출석을 간접적으로 강제하고, 주주의 정당한 질문이 억제되어서는 안 된다는 것을 강조하기 위한 것이라고 설명한다(久留島隆, "株主總會における會社役員の説明義務," 高島正夫, 「改正會社法の基本問題」(慶應通信, 1982), 116면, 125면).

3) *Kersting*, in Kölner Komm. AktG, 3. Aufl., § 131 Rn. 480; *Kubis*, in Münchener Komm. AktG, 3. Aufl., § 131 Rn. 25 ff.

4) 並木俊守, "取締役の説明義務の範圍と判斷," 「現代商事法の重要問題」(田中誠二先生米壽記念論文)(經濟法令硏究會, 1984), 122면 이하 참조.

5) 서울중앙지법 2006. 8. 16. 선고 2004가단65211 판결: 삼성전자의 주주총회에서 질문권을 봉쇄

력에 영향을 줄 수 있다. 설명청구를 무시한 채 이루어진 결의는 현저하게 불공정한 결의(376조 1항)로 보는 것이 일반적이다.[1)]

Ⅵ. 決　　議

1. 의　　의

주주총회의 결의(HV Beschluß)는 주주들의 표결을 통해 형성된 주주총회라는 기관의 의사표시이다.[2)] 결의의 형식을 통해 주주들은 각자 자신의 의사를 표시하고, 이에 다수결의 원칙을 적용하여 주주들의 단일한 集團的 意思(collective decision; der kollektive Wille)에 도달하게 되며, 이 의사는 회사의 대내적인 규범이 되고 회사의 대외적 행동을 구속한다. 그러므로 결의는 주주 개개인의 의사와는 관계없이 주주 전원(결의에 반대하거나 불참한 주주까지도)을 구속함은 물론 회사의 각 기관 등 관계자 전원을 구속한다. 결의 이후에 주주나 기관이 된 자에게도 같은 효력이 미친다.[3)]

결의에는 可決(적극적 결의, positiver Beschluß)과 否決(소극적 결의, negativer Beschluß)이 있다. 의안에 대해 찬성하는 의결권의 수가 출석한 의결권수의 과반수(보통 결의) 또는 3분의 2(특별 결의)에 달하면 가결이고, 미달하면 부결이다. 상법에서 주주총회의 결의(368조 1항)라 함은 적극결의를 가리킨다.

2. 결의의 법적 성질

(1) 결의의 성질

주주총회의 결의의 법적 성질이 무엇이냐는 문제는 결의의 방법이나 효력 등 제반의 관련문제에 적용할 법리의 내용을 결정하는 관건이 된다. 주주총회의 결의는 주주들의 의사표시를 요소로 하고, 또 결의는 의안의 내용에 관해 적극(가결시) 또는 소극(부결시)적인 법적 효과를 발생케 하므로 법률행위이다. 그러나 법률행위 및 의사표시에 관한 일반원칙, 특히 하자에 관한 일반법리가 결의에 어떤 범위에 걸쳐 적용될 수 있느냐는 의문에 답하기 위해서는 다시 결의가 어떤 성격의 법률행위이냐를 검토해야 한다.

하였다 하여 의장과 회사에 손해배상책임을 인정한 예.

1) 日注釋(5), 157면 참조.

2) *Zöllner*, in Kölner Komm. AktG, 1. Aufl. § 133 Rn. 3.

3) *Koch*, 12. Aufl., § 133 Rn. 4; *Rieckers*, in Spindler/Stilz, § 133 Rn. 3.; Wiedemann Ⅰ, S. 176.

일부 학설은 주주총회의 결의는 合同行爲(Gesamtakt)라고 한다(강 · 임 739; 정경영 493; 정찬형 930; 최준선 394).[1] 그러나 합동행위란 수인의 당사자 사이에 구심적으로 방향을 같이하는 의사표시가 합치되어 성립하는 법률행위를 말하는데, 결의에서는 수인의 의사표시가 찬반으로 갈릴 수도 있으므로 이 개념에는 부합하지 않는다(합동행위인 설립행위에서는 수인의 의사표시가 방향을 같이하고 내용상으로 합치한다).

> 독일에서는 쿤체(Kuntze), 기르케(Gierke) 등이 계약과 구별하여 합동행위의 개념을 주장한 이래 한때 총회결의를 합동행위라고 설명하기도 하였으나, 위에 말한 문제점 때문에 오늘날에는 합동행위설을 주장하는 학자가 거의 없다.[2] 결의가 과연 법률행위이냐는 점도 한때 다투어졌으나, 현재는 법률행위라고 하는 것이 통설이다.[3] 각 주주의 의사표시(의결권 행사)를 불가결의 요소로 하기 때문이다. 그리고 어떤 유형의 법률행위에 속하느냐에 대해서는 단체적 결의(körperschaftliche Beschlüsse)로서의 특수성을 부각시켜 계약과는 다른 독자적인 유형의 다수당사자간 법률행위(ein mehrseitiges Rechtsgeschäft eigener Art)로 인식한다.[4]

주주총회의 결의는 의사형성과정과 효력의 특수성으로 볼 때, 종래의 법률행위의 3분류, 즉 단독행위 · 계약 · 합동행위 중 어느 것에도 해당하지 아니한다. 결의가 주주 이외에도 회사조직 전체에 대해 직접 구속력을 갖는다는 점에서 단독행위나 계약과 다르고, 결의에 찬반이 갈려 의사가 불합치하더라도 다수결의 원칙에 따라 성립한다는 점은 합동행위에서 볼 수 없는 명백한 차이점이다. 이러한 차이점들은 결의가 갖는 단체법적 특성에서 비롯된다. 그리하여 다른 합동행위에는 의사표시와 법률행위에 관한 일반원칙이 대체적으로 적용되지만, 주주총회의 결의의 경우 의사형성방법에 단체적 특질이 있고 그 효력에 관해서는 단체법률관계의 안정이 강하게 요구되므로 법률행위나 의사표시에 관한 일반원칙의 대부분이 결의에 적용하기에 적합하지 않다. 그러므로 결의를 전통적인 법률행위의 분류에 맞출 것이 아니라 독자적 성질의 법률행위로 파악하는 것이 옳다(同旨: 권기범 769; 김정호 375; 서헌제 304; 송옥렬 953; 이 · 최 567; 정동윤 566; 정준우 314).[5]

---

1) 민법학에서는 사단법인의 설립행위와 결의를 합동행위라고 하는 것이 다수설이지만, 합동행위라는 분류 자체를 부정하는 견해도 적지 않다(民法注解 Ⅱ, 157면(宋德洙 집필)).

2) Wiedemann Ⅰ, S. 178.

3) *Dürr*, in Wachter, § 133 Rn. 2; *Holzborn*, in Bürgers/Körber, § 133 Rn. 2; *Koch*, 12. Aufl., § 133 Rn. 3; *Rieckers*, in Spindler/Stilz, § 133 Rn. 3; *Schröer*, in Münchener Komm. AktG, 3. Aufl., § 133 Rn. 4; *Spindler*, in Schmidt/Lutter, § 133 Rn. 2.

4) Ibid.

5) 金相容, 「民法總則」, 408면; 金曾漢, 「民法總則」, 214면도 별개로 분류.

이와 같은 결의의 단체적 특성으로 인해 의사표시와 법률행위에 관한 일반원칙, 특히 하자에 관한 규정들은 적용이 배제된다. 따라서 주주총회는 결의가 비진의표시(민 107조)·허위표시(민 108조)임을 이유로 무효를 주장하거나 착오(민 109조)·사기·강박(민 110조)을 이유로 취소할 수 없다.[1] 결의는 그 형성과정이 종결됨으로써 즉시 효력이 발생하므로 의사표시의 도달주의(민 111조)나 수령능력(민 112조)에 관한 규정도 적용될 여지가 없다.[2] 결의에는 代理가 있을 수 없으므로(의결권의 대리행사와는 다른 문제임) 대리에 관한 규정(민 114조)도 배제된다. 그리고 결의에는 원칙적으로 條件을 붙일 수 없다(bedingungsfeindlich).[3] 조건을 붙인다면 결의로 인해 형성될 단체 법률관계가 불안정해지기 때문이다.

조건부결의의 예

舊현대증권(주)는 2015년 9월 11일에 같은 해 10월 12일 임시주주총회를 열고 이사 9명과 감사위원 3인을 선임하되, 동 임원선임은 최대주주인 현대상선과 새로운 기업인수자로 거론되던 버팔로 파이낸스 유한회사 간의 주식양수도계약이 종결되는 것을 조건으로 효력이 발생된다고 공시하였다. 이러한 유형의 조건부결의는 이사의 선임과 관련하여 회사에 혼란을 야기하는 바 없으므로 유효하다고 보아야 한다.

(2) 의결권행사의 성질

결의와 그 구성요소인 주주의 의결권행사는 구별해야 한다. 주주의 개별적인 의결권행사(Stimmabgabe)는 주주의 의사표시이다. 그러므로 의사표시에 관한 일반원칙이 적용됨은 물론이다(결의에 대해 의사표시와 법률행위의 일반원칙이 적용되지 않는 것과는 별개의 문제임을 주의). 다만 의사표시의 수령능력(민 112조) 및 의사표시의 철회에 관한 일반이론은 성질상 의결권행사에 적용될 수 없다.[4]

의사표시의 무효·취소에 관한 민법의 규정도 일반적으로 적용된다.[5] 그러나 상법이 법적 안정을 위하여 결의의 무효·취소를 소만으로 주장하게 하는 이

1) *Dürr*, in Wachter, § 133 Rn. 2; *Grundmann*, in Großkomm AktG 4. Aufl., § 133 Rn. 43; *Holzborn*, in Bürgers/Körber, § 133 Rn. 2; *Schröer*, in Münchener Komm. AktG, 3. Aufl., § 133 Rn. 4; *Spindler*, in Schmidt/Lutter, § 133 Rn. 2.

2) *Dürr*, in Wachter § 133 Rn. 2; *Rieckers*, in Spindler/Stilz, § 133 Rn. 4; *Zöllner*, in Kölner Komm. AktG, 1. Aufl., § 133 Rn. 21 f.

3) *Grundmann*, in Großkomm AktG 4. Aufl., § 133 Rn. 44; *Koch*, 12. Aufl., § 179 Rn. 26; *Rieckers*, in Spindler/Stilz, § 133 Rn. 4; Stein, in Münchener Komm. AktG, 3. Aufl., § 179 Rn. 50; *Wiedemann*, in Großkomm AktG 4. Aufl., § 179 Rn. 161 f.

4) Wiedemann Ⅰ, S. 179.

5) *Zöllner*, in Kölner Komm. AktG, 1. Aufl. § 133 Rn. 24 f.

상, 주주 개인의 의사표시의 무효·취소의 주장은 (소에 의하여 더라도) 결의의 효력에 직접 영향이 없다.[1] 주주의 의사표시(의결권 행사)가 무효·취소됨으로 인해 定足數 또는 결의요건이 충족되지 못하는 등 결의취소 또는 부존재의 원인에 해당될 때에 이를 이유로 한 결의취소 또는 부존재확인의 소로써 결의의 효력을 다툴 수 있을 뿐이다.

3. 결의의 요건(결의 정족수)

결의는 사단적 법률행위이므로 의사형성과정에 다수결의 원리가 지배하는데, 의안의 중요도에 따라 그 요건을 달리한다. 자본단체인 주식회사의 의사결정방법으로는 과반수의 찬성을 요하는 보통결의(368조 1항)가 원칙이나, 사안이 중요하고 소수자주주의 보호가 특히 요청되는 의안은 3분의 2의 찬성을 요하는 특별결의(434조)에 의한다. 그리고 사안의 성격상 다수결을 허용할 수 없는 매우 한계적인 상황에서는 주주전원의 찬성을 요할 경우가 있다(400조 1항· 604조 1항).

연 혁

현행의 결의요건은 1995년에 개정된 것이다. 개정 전에는 보통결의와 특별결의 공히 발행주식총수의 과반수의 출석(총회의 성립정족수)을 요구하였다. 그러나 개정법에서는 성립정족수를 별도로 요구하지 아니하고 출석의결권의 과반수(보통결의) 또는 3분의 2 이상(특별결의)을 결의요건으로 하되, 다만 그 가결에 가담한 의결권이 발행주식총수의 4분의 1 이상(보통결의) 또는 3분의 1 이상(특별결의)일 것을 요구한다. 요컨대 총회의 성립정족수가 실질적으로 과반수에서 4분의 1 또는 3분의 1로 줄어들었다고 할 수 있다.

한편 개정 전에는 이사를 선임하는 결의는 반드시 상법이 정하는 보통결의(즉 과반수출석에 과반수찬성)에 의하도록 하고 정관으로도 이사선임결의의 요건을 이와 달리 정할 수 없게 하였으나(개정 전 384조), 의결정족수가 완화됨에 따라 현행법에서는 이 조문을 삭제하였다.

현행 결의요건의 문제점

현행법이 총회의 성립요건을 폐지한 이유는 주식이 분산되는 상장회사의 경우 총회의 출석률이 낮은 점을 감안하여 총회소집을 용이하게 해 주기 위한 것이다. 이는 입법의 보편성을 해치는 외에 다음과 같은 문제점을 안고 있다.

1) 결의의 代表性의 저하　개정 전의 결의요건은 단체적 의사결정의 條理的인 방법이라 할 수 있어 대부분의 입법례가 좇고 있는 방법이며 비영리의 단체에서

1) *Zöllner*, in Kölner Komm. AktG, 1. Aufl. § 133 Rn. 20, 96.

도 보편적으로 채용하는 의사수렴방법이다. 단체의 의사결정에 있어 중요한 것은 「결의의 대표성」의 문제인데, 과반수의 출석으로 전체 구성원이 의사결정에 참가하였다는 의제를 할 수 있고, 다시 과반수의 찬성으로 참가한 구성원들의 일반의사가 추출되었다고 의제할 수 있기 때문이다.

현행법상 보통결의는 만장일치를 가정하면 발행주식총수의 4분의 1 이상의 출석으로 결의가 가능해지는데, 4분의 1만의 출석에 주주 전원의 대표성을 인정하는 것은 무리한 의제이다.

2) **지배권의 집중** 상장회사에서의 주주총회의 운영실정을 보면 주주들의 평균적인 참석률이 발행주식총수의 60% 정도이고 지배주주의 활용가능한 持株率은 평균 30~35%이므로 상장회사의 의사결정은 이사선임 등 보통결의에 관한 한 어차피 지배주주들이 주도한다. 다만 지배주주의 지분만으로는 개정 전의 총회의 성립정족수를 채울 수 없으므로 소액주주들의 협력(즉 출석)이 필요하였다. 그러나 현행 요건하에서는 지배주주의 참석만으로 총회가 성립하고 지배주주의 의사만으로 결의가 가능하므로 총회결의를 위해 소액주주의 도움을 구할 필요가 없다. 이는 대중주주의 지위를 저하시키고 총회의 허구화경향을 재촉한다.

(1) 普通決議

주주총회의 결의는 상법 또는 정관에 다른 정함이 있는 경우를 제외하고는 출석한 주주의 의결권의 과반수와 발행주식총수의 4분의 1 이상의 수로써 하여야 한다(368조 1항). 출석한 주주란 결의시점에 총회장에 재석하고 있는 주주를 말하며,[1] 결의요건은 의안별로 지켜져야 한다. 이를 보통결의라 부른다. 다만 전자투표(368조의4)를 실시하는 회사에서 감사 또는 감사위원을 선임할 경우에는 발행주식총수의 4분의 1에 미달하더라도 출석한 의결권의 과반수면 족하다(409조 3항 · 542조의12 8항). 과반수찬성에 의한 결의는 원래 모든 단체의 일반적인 의사결정방법이기도 하지만, 특히 사원의 개성이 무시되는 순수 자본단체인 주식회사에서는 원칙적인 의사형성방법이다. 따라서 상법이나 정관에서 특별결의나 총주주의 동의를 요하도록 정한 것 이외의 사항은 모두 보통결의로 한다(368조 1항). 상법 제368조 제 1 항이 「정관에 다른 정함이 있는 경우를 제외하고는」이라는 유보를 두고 있어, 보통결의의 요건을 정관으로 가중 또는 경감할 수 있느냐는 의문이 제기된다.[2]

---

1) 예컨대 어느 주주가 출석하였다가 결의가 이루어지기 직전에 퇴장하였다면 이는 출석한 주주로 보지 않는다. 이와 달리 일단 총회에 참석하면 당해 총회 내내 정족수를 구성하는 것으로 보는 입법례도 있다(MBCA § 7.25(b)).

2) 1995년 개정 전 상법하에서도 「本法 또는 定款에 다른 정함이 있는 경우를 제외하고」라는 조건을 규정하고 과반수의 출석에 과반수의 찬성이라는 결의요건을 요구하였다. 그리하여 통설은 이 조건절을 근거로 보통결의를 원칙으로 한다는 해석과 함께, 정관에 규정을 두어 보통결의의

1) 요건의 강화 결의요건이 과거에 비해 완화된 만큼 가중할 수 있다고 해석하는 데에 주저할 이유는 없다. 가중할 경우 어느 정도까지 가중할 수 있느냐는 의문이 제기된다. 과거와 같이 총회의 성립요건으로 과반수의 출석을 요구하는 것은 단체의사결정의 보편적 원칙을 따른 것으로 당연히 유효하다고 본다(대법원 2017. 1. 12. 선고 2016다217741 판결). 그 이상 가중하는 것은 과반수출석에 3분의 2 이상의 찬성을 한계로 한다고 풀이하며, 상세한 이유는 특별결의요건과 관련하여 후술한다. 그리고 이사선임을 위한 결의요건의 강화는 별도로 고려할 점이 있다(687면 참조).

2) 요건의 완화 정관의 규정으로 현행 결의요건보다 완화할 수도 있는가? 현행 결의요건은 출석의결권의 과반수 찬성과 발행주식총수의 4분의 1 이상 찬성이다. 그러므로 결의요건을 완화한다면 이 두 가지 변수를 조정하는 것이 될 것이나, 출석의결권의 과반수라는 요건은 결의의 본질상 완화가 불가능하다(예컨대 「출석한 의결권의 3분의 1 이상의 찬성으로 한다」고 규정하는 것은 생각할 수 없다). 따라서 완화한다면 발행주식총수의 4분의 1이라는 요건을 인하하는 것이 되어야 할 것이나, 이 부분은 조리상 허용될 수 있는 단체의사결정의 최소한의 요건을 규정한 것으로 보아야 하므로 그 이상의 완화는 불가능하다고 생각된다(강·임 740; 김동훈 253; 오성근 490; 이종훈 159; 임재연Ⅱ 172; 장덕조 264; 정준우 315; 정찬형 934; 최기원 434. 반대: 권기범 776; 송옥렬 955; 정경영 496; 정동윤 568; 최준선 395).

3) 可否同數 총회에서의 표결의 결과 가부동수가 된 경우에는 당연히 부결이다. 이는 「과반수」의 찬성을 요하는 법문의 취지에서도 분명하지만 단체의사결정에 일반적으로 통용되는 조리라고 할 수 있다. 간혹 정관에서 가부동수인 때에는 의장이 결정한다는 규정을 두는 예가 있다.[1] 이는 단체결의의 조리에도 반하지만 의장이 주주가 아닌 경우에는 주주 아닌 자가 결의에 참가한 것이 되어 위법이고, 의장이 주주인 경우에는 주식평등의 원칙에 반하므로 역시 무효이다(이설 없음).

가부동수의 효력

가부동수인 경우에는 상법상의 요건인 과반수에 미달하므로 부결로 보아야 함은 당연하지만 일반적으로 단체의사결정에서 가부동수인 경우 부결로 보아야 할 조리상의 이유가 있다. 상법이 과반수의 찬성을 요구하는 것도 다음에서 말하는 조리상의 원칙을 받아들인 것이다.

요건을 가중할 수도 있고 경감할 수도 있다고 해석하였다.

1) (주)신영와코루 2009년 개정 전 정관 제22조; 구 벽산건설(주) 2000년 개정 전 정관 제27조 2문.

결의란 예외 없이 구성원들이 처한 현재의 상황에 변화를 가져오는 것에 관해 구성원들의 의견을 묻는 것이다. 변화를 원하는 자와 원하지 않는 자가 동수로 대립한다면 변화로의 의사결정은 불가능하다. 의사결정이 불가능하다면 현상태가 유지될 수밖에 없고, 따라서 현재의 상황 그 자체가 한 개의 의결권을 가지는 것과 같다.[1] 그러므로 현상황의 변화를 실현하고자 한다면 최소한 반수보다 많은 자의 지지를 얻어야 하는 것이다. 이같은 조리적 성격 때문에 헌법에서도 국회의 의결에서 가부동수일 때에는 부결된 것으로 보고 있다(憲 49조).

⑵ 特別決議

특별결의란 출석한 주주의 의결권의 3분의 2 이상의 수와 발행주식총수의 3분의 1 이상의 수로써 하는 결의이다(434조). 상법에서는 회사의 법적 기초에 구조적 변화를 가져오는 사항으로서 대주주의 전횡과 그로 인한 소수자주주들의 불이익이 우려되는 사항들에 관해 예외적으로 특별결의를 요구하고 있다. 대표적인 것은 정관변경의 결의이며(434조), 그 밖에 주식의 분할(329조의2 1항), 주식의 포괄적 교환 · 이전(360조의3 · 360조의16), 영업의 전부 또는 중요한 일부의 양도(374조 1항 1호), 영업 전부의 임대 또는 경영위임, 타인과 영업의 손익 전부를 같이하는 계약 기타 이에 준하는 계약의 체결 · 변경 또는 해약(374조 1항 2호), 다른 회사의 영업 전부의 양수(374조 1항 3호), 事後設立(375조), 이사 또는 감사의 해임(385조 1항 · 415조), 액면미달의 신주발행(417조 1항), 자본금의 감소(438조 1항), 회사해산(518조), 회사계속(519조), 합병계약의 승인(522조 3항), 분할 · 분할합병(530조의3 2항), 신설합병에서의 설립위원의 선임(175조 2항)이 특별결의사항이다. 이에 관한 상세한 것은 각 해당되는 곳에서 설명한다.

특별결의의 요건은 정관으로도 완화하지 못한다는 것이 통설이다. 특별결의는 기술한 바와 같이 다수결의 남용을 방지하고 소수자주주를 보호하기 위한 제도인데, 이는 성질상 강행법적으로 관철해야 할 법익이기 때문이다. 그러면 가중할 수는 있는가? 1995년 개정 전에는 가중할 수 있다는 설과 가중할 수 없다는 설이 대립하였는데 본서에서는 후설을 취하였다. 그러나 현행법하에서는 달리 해석하여야 한다. 개정 전 상법에서와 같이 과반수출석을 요하는 것은 단체의사결정의 조리이므로 현행의 요건을 정관의 규정으로 과반수출석에 3분의 2 이상의 찬성으로 강화하는 것은 무방하다고 보아야 한다. 그러나 강화의 최대한도는 개정 전의 특별결의요건과 같이 과반수출석에 3분의 2 이상의 찬성이라고 본다(同旨: 권종호 137; 정준우 315. 후술).

1) Cary & Eisenberg, p. 35.

(3) **특수결의(총주주의 동의)**

의결권 없는 주식을 포함하여 총주주의 동의를 요하는 결의이다. 발기인의 회사설립에 관한 손해배상책임을 면제하는 것(324조 → 400조), 이사 또는 집행임원 · 감사 · 청산인이 회사에 대해 지는 손해배상책임을 면제하는 것(400조 1항 · 408조의 9 · 415조 · 542조 2항), 유한회사로 조직변경을 하는 것(604조 1항)이 총주주의 동의를 요하는 사항이다. 자본단체로서는 이례적인 요구이지만, 모든 주주의 지분적 처분권을 인정해야 할 사안이므로 적용하는 요건이다(848면 참조).

(4) **超多數決(supermajority voting)요건의 효력**

특별법에서 사안의 중요성 때문에 주주총회의 결의요건을 상법상의 특별결의요건을 초과하는 수준으로 강화해 놓은 예를 볼 수 있다. 예컨대 벤처기업법에서는 복수의결권주식의 발행을 위한 주주총회 결의요건을 의결권 있는 발행주식총수의 4분의 3 이상의 수로 규정하고 있다(벤처 16조 의11 4항). 그러면 회사가 자율적으로 정관에 규정을 두어 상법상의 특별결의사항 혹은 보통결의사항을 법상의 특별결의요건보다 더욱 엄격한 다수결(초다수결)에 의해 결정하게 할 수도 있는가? 앞서 1995년 개정 전과 같이 발행주식총수의 과반수의 출석과 그 3분의 2 이상의 찬성을 결의요건으로 하는 것은 무방하다고 하였다. 문제는 그 이상의 요건으로 강화할 수 있느냐이다. 이 점에 관해 폐쇄회사에서는 소수파주주에게 거부권을 확보해 줄 필요가 있다는 이유에서 특별결의요건을 가중할 수 있다고 해석하거나(강 · 임 741; 이종훈 161; 장덕조 270; 정경영 496; 정동윤 569; 정찬형 935), 심지어는 총주주의 동의를 요하게 하는 것도 가능하다는 견해(권기범 777; 송옥렬 956; 최기원 431; 최준선 397)가 있다. 실제 회사의 정관 중에는 특별결의요건을 상법의 규정보다 월등히 강화해 놓은 것들이 있다.

초다수결을 허용한다면 일부주주들에게 거부권(power of veto)을 주는 효과가 있어 다수 주주의 의결권을 침해하는 결과를 초래하며 주주간에 의사의 대립이 있으면 회사가 경영상의 교착(deadlock)에 빠지고 결국은 해산판결(520조 1항 1호)에 의한 기업해체로 해결할 수밖에 없는 상황에 이르게 되어 企業維持의 理念에 반한다.

뿐만 아니라 초다수결의 허용은 有限責任의 회사법적 전제에도 어긋난다. 상법상 주주가 유한책임의 이익을 누리는 것은 그들의 출자로 조직된 회사가 주주로부터 분리되어 독자적인 실체로서 스스로의 의사결정과 행동의 自由를 가질 때에 정당화될 수 있다.[1)]

---

1) Benintendi v. Kenton Hotel, Court of Appeals of New York, 294 N.Y. 112, 60 N.E. 2d 829(1945).

이러한 논리에 입각하여 의사결정방법에 관한 기본구상으로 제도화된 것이 바로 보통결의 혹은 특별결의이다. 그런데 일부 주주가 거부권을 가져 회사조직의 해체를 초래할 수 있다면, 이는 주식회사에 인적회사의 운영논리를 적용하는 것으로서 유한책임을 부여할 명분을 잃게 된다. 그러므로 상법상의 특별결의요건은 과반수출석까지의 가중만을 허용하는 강행규정으로서 그 이상의 강화는 허용되지 않는다고 보아야 한다. 참고로 미국의 캘리포니아주 회사법은 정관에 의해서도 발행주식총수의 3분의 2를 넘는 초다수결을 요구할 수 없다고 규정하고 있다(Cal. Corp. Code § 710(b)).

한편 *法經濟學者*들은 초다수결을 허용할 경우에는 기업매수(경영권의 탈취)가 불가능해지고 그 결과 현경영자에 대한 적절한 견제가 풀어져 경영을 비효율화하고 주주의 감시비용을 증가시키는 요인이 됨을 지적한다.[1)]

초다수결을 요구하는 정관의 예

1) **파미셀(주) 정관 제31조 제 6 항, 제 7 항** 이사의 해임은 이사회의 5분의 4 이상의 동의와 주주총회의 특별결의로 하거나, 발행주식총수의 4분의 3 이상의 출석과 출석주주의 5분의 4 이상의 찬성으로 한다(요지).

[문제점] 이사회의 동의를 요구하는 것은 주주총회의 권한의 침해이고, 「출석주주의 5분의 4」라는 것은 두수주의인데다, 출석요건과 더불어 초다수결이다.

2) **(주)아센디오 정관 제29조 제 4 항** 이사와 감사는 출석한 주주의 의결권 총수의 4분의 3 이상의 수와 발행주식총수의 과반수에 의한 주주총회의 결의로 해임될 수 있다. 다만, 동일한 사업연도에 정당한 사유 없이 해임될 수 있는 이사의 수는 직전 사업연도말 재적 이사의 수의 4분의 1을 초과할 수 없다.

[문제점] 출석의결권 총수의 4분의 3 이상이라는 것은 초다수결로 주주총회의 권한(385조 1항)을 침해한 것이고, 해임될 수 있는 이사의 수를 제한하는 것 역시 주주총회의 권한의 침해이다.

초다수결 관련 판례

초다수결을 요구하는 정관규정의 효력에 관해 아직 대법원판결은 없고, 하급심판례가 몇 건 있다. 「지엔코」라는 코스닥상장회사에서 이사의 해임결의의 요건을 출석주식수의 100분의 75 이상, 발행주식총수의 100분의 50 이상으로 강화하는 정관변경을 하였던바, 이 변경된 정관규정의 효력을 정지하는 결정을 내린 예가 있다(서울중앙지법 2008. 6. 2.자 2008카합1167 결정). 초다수결요건의 효력을 다룬 최초의 국내판례이다. 본안판결로서는, 「적대적 인수합병을 위한 안건의 경우 주주의 의결권의 100분의 90 이상과 발행주식

1) Easterbrook & Fischel, p. 73.

총수의 100분의 70 이상으로 한다」는 취지의 정관변경결의를 관련 상법규정의 문언과 입법 취지 등에 비추어 무효라고 판단한 판결례가 있다(전주지법 2020. 10. 29. 선고 2017가합2297 판결).

이와 달리, 주주 3인이 발행주식을 균등하게 나눠 가지고 있는 비상장회사에서 주주총회결의의 정족수 및 이사선임결의의 정족수를 발행주식총수의 4분의 3 이상으로 정한 정관규정의 효력이 다투어졌는데, 상법상 주주총회결의의 정족수의 상한을 규율하는 규정이 없다는 점, 폐쇄회사에서는 당사자자치가 보장되어야 한다는 점을 이유로 들어 유효하다고 본 예가 있다(서울고법 2011. 12. 28. 선고 2009나114686 판결). 이 정관하에서는 주주전원이 출석하지 않으면 이사선임조차 불가능해지고 업무집행도 불가능해지므로 물적회사로서의 의의는 상실되는 바인데, 이를 유효하다고 함은 의문이다.

4. 결의의 존재양식

상법이 주주총회의 소집을 결정하고 소집을 통지하도록 함(362조, 363조)은 주주총회의 결의가 주주들의 현실적인 회합에 의해 이루어져야 함을 전제로 한 것이다. 따라서 물리적인 회합없이 서면으로만 찬반을 묻는 서면결의는 후술하는 소규모회사의 예외를 제외하고는 인정되지 아니한다(600면 참조). 총회에 참석하여 질문 및 설명요구를 통해 의사결정에 필요한 정보를 획득하고 발언을 통해 적극적으로 자신의 의사를 개진할 수 있는 것은 주주의 중요한 단체법적 권리인데, 서면결의는 이러한 권리를 제한하기 때문이다.[1] 총회결의를 서면결의로 대체한 것은 의사록을 작성하였더라도 결의부존재사유에 해당한다(653면 참조).

5. 出席株主의 決議方法

(1) 결의의 定型性

주주총회에서 주주들의 찬반의사는 여러 가지 방법으로 알 수 있다. 예컨대 의안의 토의과정에서 과반수 이상의 주식을 가진 주주가 찬성 또는 반대발언을 하거나, 혹은 주주총회 이전에 확고한 찬성 혹은 반대의사를 표명하였다면 표결결과는 명약관화하다고 할 수 있다. 그렇더라도 그 자체를 가지고 결의에 대신할 수는 없고(판례 [47]), 반드시 주주총회가 소집된 회의장소에서 출석주주 전원의 의사를 「동시에」 묻는 표결과정을 거쳐야 한다. 주주총회의 결의는 다수인이 이해를 갖는 단체법률관계를 다루므로 이에 관한 의사의 형성은 명확성이 요구되고, 그러기 위해서는 그 절차가 엄격해야 하기 때문이다(단체의사결정의 明確性과 嚴格性).

---

1) 대법원 2024. 6. 27. 선고 2023다254984 판결: 비영리 사단법인에서 이루어진 서면결의를 본문에서와 같은 취지로 위법하다고 보았다.

판 례

[47] 대법원 1989. 2. 14. 선고 87다카3200 판결

「… 이 사건 정관변경안건은 … 당초의 회의에서 출석주식의 3분의 1 이상인 주식수의 주주가 반대함으로써 부결된 것인데도 다시 계속회를 개최한 것은 위법하다는 것이나, 원심이 적법하게 확정한 사실에 의하면 위 정관변경안건에 대한 가부의 의결을 하지 못한 채 계속회를 거듭하게 되었다는 것인바, 주주총회에서 토의된 안건에 관하여 가부의 의결을 하지 않은 이상 그 토의과정에서 주주들의 찬성 또는 반대의 의사표시가 있었다고 하더라도 이러한 사실만으로 가부의 결의가 있었던 것으로 볼 수 없〔다.〕」

장외 혹은 사전 투표의 효력

주주총회장 이외의 장소나 총회일 이전에 주주들이 의사표시를 받아 그 결과를 결의로 삼는 것은 적법한 결의가 아니다. 골프장을 운영하는 주식회사(창원컨트리)가 주주총회일 이전에 일정한 사전투표기간을 두어 주주들이 투표하게 하고 이를 집계하여 대표이사를 선정한 사례가 있다(대법원 2014. 7. 11.자 2013마2397 결정의 사안). 당해 사건에서 이 점은 쟁점이 되지 않았지만, 이 방식은 상법이 허용하는 서면투표(368조의3)의 요건을 구비하지 않은 한 위법한 결의로 보아야 한다.

(2) 表決方法

총회에서의 표결방법에 관해서는 상법에 규정한 바 없으므로 찬반의 의결권수만 산정할 수 있다면 거수·기립·기명투표 등 어떠한 방법을 취하더라도 무방하다. 무기명투표도 가능하다는 견해가 있으나(정동윤 567; 정찬형 930), 각 주주가 가진 주식수가 균일하지 않은 한 무기명투표는 허용될 수 없다. 찬성 또는 반대한 주주들의 의결권수를 계산하여야 하기 때문이다. 원래 무기명투표란 두수주의 결의방식에서나 채용할 수 있는 것이고, 자본다수결에 의한 결의에서는 생각할 수 없는 방식이다(同旨: 최기원 514).

총회의 표결이란 의안에 찬성하는 의결권의 수를 확인하는 것이다. 주주의 의사는 「찬성」과 「반대」로만 양단되는 것이 아니라, 未決定이라는 형태도 있을 수 있으므로 반대하지 않는다고 해서 반드시 찬성으로 의제할 수는 없다. 따라서 반대자를 거수하게 하고 나머지는 전부 찬성으로 간주하여 이루어진 결의는 주주의 의사표시를 왜곡시키는 불공정한 결의이다(판례 [48]). 하지만 구체적인 결의에 있어서는 일의적으로 말할 수 없고, 통념상 결의에 찬성하는 주식의 수가 적정히 계산되었다고 생각되는 방법이라면 적법한 것으로 보아야 할 것이다.

판 례

[48] 대법원 2001. 12. 28. 선고 2001다49111 판결

「의장인 정○○이 정관변경의안의 표결에 앞서 반대하는 주주 이외에는 모두 의안에 찬성하는 것으로 간주하겠다고 일방적으로 선언한 다음 반대하는 주주만 거수하게 하여 반대하는 주주의 주식수만을 확인한 후 의안이 가결되었다고 선언한 데에는 주주의 의사표시를 왜곡하는 표결방식상의 하자가 있다고 할 것이나, 그와 같은 결의방식의 불공정은 원칙적으로 결의취소의 사유에 해당〔한다.〕」

[註] 아래 판결을 보면 주주총회의 현장 사정에 따라서는 다른 판단이 내려질 수도 있음을 알 수 있다.

대법원 2009. 4. 23. 선고 2005다22701 · 22718 판결: 「… 이 사건 주주총회 당일 의장이 합병계약 승인의 의안을 상정하고 합병계약의 주요내용을 설명한 뒤 참석한 주주들에게 동의를 구하였는데, 참석주주 중 아무도 이의를 제기하지 않고 동의를 한 상황에서, 박수로써 합병계약의 승인의 의안을 가결한 것은 위법하다고 할 수 없다 ….」

수원지법 2004. 12. 14. 선고 2004가합2963 판결: 「총회의 결의 방식에 관하여는 … 주식의 분포비율에 따라서는 주주의 이의여부만을 확인하거나 과반수 주식을 소유한 다수 주주의 의사만을 확인하는 등 보다 간편한 방법도 가능하다 할 것인바, 따라서 총회의 토의과정을 통하여 그 최종단계에 있어서 의안에 대한 각 주주의 확정적인 찬부의 태도가 자연적으로 분명해지고, 그 의안에 대한 찬성의 의결권 수가 그 총회의 결의에 필요한 의결권 수에 달한 점이 명백해진다면 그 때에 있어서 표결이 성립한 것으로 봄이 상당하며, 이때 의장이 다시 그 의안에 대하여 찬반의 의결권 수를 산정하는 절차를 거치지 아니하였다 하여 그 총회의 결의가 성립하지 않았다고 할 것은 아니다.」

6. 서면투표와 전자투표

(1) 서면투표

상법은 주주의 의결권행사의 편의를 도모하고 다량의 사표를 방지함으로써 총회의 성립을 용이하게 하기 위하여 주주가 총회에 출석하지 않고 서면으로 의결권을 행사(이하 "서면투표")할 수 있는 제도를 두고 있다. 서면투표는 서면결의와 다르다. 「서면투표」는 주주총회가 열린 가운데, 일부의 주주가 주주총회에 참석하지 않고 서면으로 의결권을 행사하는 행위이고, 「서면결의」는 물리적인 회의를 개최함이 없이 주주총회의 결의 자체를 서면으로 대신하는 것이다.

1) 제도채택의 자유 서면투표는 정관에 규정을 둔 경우에 한해 실시할 수 있으므로(368조의3 1항), 회사는 서면투표제도의 채택여부를 자유롭게 결정할 수 있다. 그러나 일단 정관에 서면투표를 할 수 있도록 규정한 경우에는 반드시 실시

하여야 한다. 상황에 따라 탄력적으로 운영하고자 한다면, 정관에 「총회의 소집을 결정하기 위한 이사회의 결의시에 서면투표 여부를 결정할 수 있다」는 취지로 규정하면 될 것이다.

일부의 주주(예컨대 소액주주)에게만 서면투표를 허용하는 것은 주식평등의 원칙에 반하므로 정관에 규정을 두더라도 무효이다.

2) **서면투표와 총회의 소집** 정관에 서면투표가 가능하도록 규정하였더라도 총회소집은 생략할 수 없다. 그리고 의결권의 행사를 서면에 의할 것인지 출석에 의할 것인지의 선택은 주주의 자유이므로 서면투표제를 채택하였더라도 주주총회의 회의를 생략할 수는 없다.

3) **주주에 대한 서류송부** 정관에 의해 서면투표제를 채택한 경우에는 총회소집통지서에 주주가 「議決權을 행사하는 데 필요한 書面」과 「參考資料」를 첨부하여야 한다(368조의 3 2항). 상장회사의 경우 100분의 1 이하의 소수주주들에게는 소집통지 대신에 소집공고로 갈음할 수 있으나(542조의4, 상령 31조 1항), 서면투표를 채택한 경우에는 위 관련서류를 송부하여야 하므로 공고로 갈음할 수 없다.

주주에게 보내야 할 「의결권을 행사하는 데 필요한 書面」이란 주주가 출석에 갈음하여 찬반의 의사를 표현할 수 있는 서면을 말한다. 그러므로 이 서면에는 의안을 특정하고 찬성 혹은 반대의 의사를 표기할 수 있도록 양식화된 사항이 기재되어야 할 것이다. 회사가 보낸 서면이 아닌 서면으로 의결권을 행사하거나, 서면에 특정된 방법이 아닌 방법으로 의사를 표기한 것은 무효로 다루어야 한다.

「參考資料」란 주주가 의사결정을 함에 있어 고려할 만한 사항으로서 총회에서 의안을 상정할 때에 주주들에게 설명하는 정도의 정보가 기재된 서면을 말한다. 정관으로 서면투표제를 채택한 이상, 주주에게 이상의 서면을 송부하지 않는다면 법령위반으로서 결의취소사유가 된다.

4) **의결권행사서면의 제출** 서면으로 의결권을 행사할 주주는 회사가 보낸 의결권을 행사할 서면에 찬반의 의사를 표기하여 회사에 제출하여야 한다. 제출하는 방법은 묻지 않는다(우편, 직접제출, 인편의 전달 모두 가능하다). 의결권행사서면의 제출에는 회사의 총회소집통지와 달리 到達主義가 적용되므로 의결권행사서면의 부도달에 관해서는 당해 주주가 위험을 부담한다.

제출시기에 관해서는 명문의 규정이 없으나, 결의 이전에 도달되어야 함은 당연하고, 총회일 당일 결의하기 직전까지 제출할 수 있다고 하면, 표결관리를 위한 회사의 사무부담이 커진다. 전자투표의 마감은 주주총회의 전날로 정해져 있는데(상령 13조 2항 2호), 서면투표를 이와 차별할 이유는 없으므로 총회일의 전일까지 도달해야 한다고 해석한다.[1] 정관으로 제출시기를 명문화할 수 있음은 물론이다.[2]

5) **서면제출의 효과** 의결권행사를 위한 서면을 제출하면 그 주주의 의결권은 출석한 의결권으로 다루어지고 의사표시의 내용대로 찬성 혹은 반대에 가산된다. 서면에 주주의 의사표시가 없이 백지로 제출된 경우에는 결의에 찬성하지 않은 것으로 간주해야 한다. 찬반의 표시없이 보내진 서면투표는 회사가 임의로 찬성 혹은 반대로 간주할 수 있다는 뜻을 주주에게 보내는 서면에 기재하거나, 정관에 같은 취지의 규정을 두어 백지서면을 처리하는 방법을 생각해 볼 수 있다. 그러나 이같은 처리방법은 서면투표제도를 의결권행사의 대리제도와 혼동하여 운영하는 결과를 초래하므로 옳지 않다. 정관에 규정을 두더라도, 회사가 임의로 처리할 수 없다고 보아야 한다.

6) **서면투표의 철회 · 수정** 주주가 의결권행사서면을 회사에 송부한 후 의결권행사를 철회하거나 내용을 변경(예컨대 찬성을 반대로)할 수 있는가? 주주가 총회에 출석하여 철회 · 번복하는 것은 당연히 인정하여야 할 것이나,[3] 그 밖의 수단으로 철회 · 번복하는 것은 결의의 정형성에 반하므로 정관에 특별한 규정이 없는 한 허용되지 않는다고 보아야 한다.

⑵ 전자투표

1) **의 의** 서면투표 외에 주주가 주주총회에 출석하지 않고 의결권을 행사할 수 있는 또 하나의 방법으로 상법은 전자투표를 허용한다. 회사는 이사회의 결의로 주주가 총회에 출석하지 아니하고 전자적 방법으로 의결권을 행사(이하 "전자투표")할 수 있음을 정할 수 있다(368조의 4 1항). 서면투표와 전자투표는 공히 회사가 채택여부를 선택할 수 있으나, 서면투표는 정관에 규정을 두어야 시행할 수 있는 반면, 전자투표는 정관의 규정이 필요 없이 이사회 결의만으로 채택할 수 있다. 전자투표를 하더라도 주주총회를 생략할 수 없음은 서면투표에 관해 설명한 바와 같다.

2) **시행방법** 회사가 전자투표를 채택할 경우에는 주주총회의 소집통지에 전자투표의 방법으로 의결권을 행사할 수 있음을 기재해야 한다(368조의 4 2항). 또한

---

1) 일본에서는 전자투표와 마찬가지로 「總會日時의 直前의 영업시간종료시점」까지 도달해야 함을 명문으로 규정하고 있다(日會 301조 1항, 同規則 69조).

2) 서면투표를 인정하는 회사는 대체로 정관에 하루 전까지 회사에 도착하여야 한다는 규정을 두고 있다(예: (주)KB금융지주 정관 33조 3항).

3) 日注釋(5), 201면.

소집통지에는 전자투표를 할 인터넷주소, 전자투표를 할 기간, 기타 전자투표에 필요한 기술적인 사항을 기재해야 한다(상령 13조 2항).

3) **투표방법** 주주가 전자투표를 하는 경우에는 주주는 i) 전자서명법 제 8 조 제 2 항에 따른 운영기준 준수사실의 인정을 받은 전자서명인증사업자가 제공하는 본인확인의 방법 또는 ii) 정보통신망 이용촉진 및 정보보호 등에 관한 법률 제23조의3에 따른 본인확인기관에서 제공하는 본인확인의 방법에 의해 주주 본인임을 확인하고, 전자서명법 제 2 조 제 2 호에 따른 전자서명을 통하여 전자투표를 하여야 한다(368조의4 3항, 상령 13조 1항). 투표할 기간은 회사가 정하되, 주주총회 전날까지 전자투표를 종료하도록 하여야 한다(상령 13조 2항 2호).[1)]

전자투표를 한 주주는 전자투표 기간 중에는 전자투표에 의한 주주의 의결권 행사를 변경 또는 철회할 수 있다.[2)]

전자투표의 결과가 주주총회의 결의 이전에 공개될 경우에는 총회에서의 표결의 공정성을 해할 수 있으므로 회사 또는 전자투표의 운영을 담당하는 자는 주주총회에서 개표시까지 전자투표의 결과에 대한 비밀을 유지해야 한다(상령 13조 5항).

4) **전자투표의 도달시기** 주주의 전자투표는 격지자간의 의사표시이므로 회사에 도달하여야 효력이 발생한다(민 111조 1항). 그러면 언제 회사에 도달한 것으로 볼 것인가? 전자문서 및 전자거래 기본법("전자문서법") 제 6 조 제 2 항 제 1 호를 유추적용하여 주주가 회사에 의해 지정된 정보처리시스템(예: 컴퓨터)에 투표의사를 입력한 때에 회사에 도달된 것으로 추정한다. 투표의 성질상 전자문서법 제 6 조 제 2 항 제 1 호 단서와 동항 제 2 호는 유추할 수 없다고 본다.[3)]

---

1) 상법 시행령에서는 전자투표를 할 기간의 종료일은 주주총회 전날까지로 하도록 규정하고 있다(상령 13조 2항 2호). 이는 주주총회의 당일에까지 전자투표가 지속된다면 표결에 혼란이 생길 것을 우려하여 늦어도 전날까지 종료하도록 하라는 취지로 읽어야 하므로 회사가 전날 이전의 종료시한을 정하는 것은 무방하다(예컨대 "주주총회의 2일전 영업시간내"). 그런데 회사가 투표의 종료일을 너무 이른 날로 정하면 주주가 통지를 받자마자 투표를 서두르거나 아니면 투표를 포기해야 하므로 주주의 의결권행사를 제한하는 결과가 된다. 그래서 일본회사법은 회사가 투표의 종료일을 주주총회 전일보다 이른 날로 정할 경우에는 소집통지를 발송한 때로부터 2주간을 경과한 날 이후의 날로 정하도록 함으로써 소집통지일에 대한 규율과 균형을 맞추고 있다(日會 312조). 상법에는 이같은 규정이 없으나 해석론으로 같은 결론을 낼 수 있다.

2) 2020년 1월 29일 상법시행령의 개정전에는 철회할 수 없도록 하였으나(개정전 13조 3항), 동개정에서 이를 삭제하여 철회가능하도록 하였다(동개정 제안이유 참조).

3) 전자문서법 제 6 조 제 2 항 제 1 호 단서는 전자문서의 수신자가 수신할 정보처리시스템을 지정하였음에도 작성자가 다른 시스템에 입력한 경우에, 그리고 제 2 호는 시스템이 지정되어 있지 않은 경우에, 각각 전자문서의 수신시기를 추정하기 위한 조문으로서, 주주들의 의사가 획일적인 방법으로 수령되어야 할 주주총회에는 응용할 수 없는 제도이다.

5) 서면투표와 전자투표 회사가 서면투표와 전자투표를 동시에 허용하는 경우 동일한 주식에 관하여는 서면투표와 전자투표 중 하나의 방법을 선택하여야 한다(368조의 4 4항). 동일한 주주가 소유주식을 나누어 일부는 서면투표로, 나머지는 전자투표로 하는 경우, 투표의 내용이 다르다면 의결권불통일행사에 해당하므로 그 요건과 절차에 따라야 할 것이다. 투표의 내용이 같을 경우에는 무의미한 투표이긴 하나 이를 금하는 규정이 없으므로 무효는 아니다.

주주가 동일한 주식을 가지고 서면투표와 전자투표를 이중으로 한 경우 先着한 투표를 유효한 것으로 보는 것이 순리적인 해석이나, 실무적으로 그 판단이 어려울 경우 회사의 선택을 허용해야 할 것이다.[1)]

6) 기록의 보존 회사는 의결권행사에 관한 전자적 기록을 총회가 끝난 날부터 3개월간 본점에 비치하여 열람하게 하고, 총회가 끝난 날부터 5년간 보존하여야 한다(368조의 4 5항). 열람권자에 관해 규정을 두고 있지 않지만 주주와 이사, 감사에 한해 열람할 수 있음은 물론이다.

7) 전자투표관리기관 전자투표제도를 시행함에는 상당한 기술을 요하므로 명의개서대리인을 선임하여 명의개서업무를 위임하는 것처럼 회사가 전자투표관리기관을 지정하여 주주확인절차 등 의결권행사절차의 운영을 위탁할 수 있다(상령 13조 4항).

7. 소규모회사의 서면결의와 전원동의

⑴ 서면결의

1) 서면결의란 주주들이 대면하여 회의하는 것을 생략하고, 주주 전원의 의사를 서면으로 묻는 결의방식이다. 소규모회사에서는 서면에 의한 결의로써 주주총회의 결의를 갈음할 수 있다(363조 4항 전)(97면 참조). 즉 서면에 의한 결의는 주주총회의 결의와 같은 효력이 있다(363조 5항). 상법상 주주총회결의의 원칙적인 모습은 현실의 회합을 통한 의견수렴이지만, 영세한 회사의 주주총회의 운영비용을 절감시켜 주고자 서면결의를 허용한 것이다.

2) 서면결의라도 일시에 주주의 의사를 묻는 결의라는 절차를 거쳐야 하므로 주주들에게 의안과 의결권행사의 요령을 알리는 통지는 해야 한다. 상법은 주

1) 회사가 전자투표에 관한 통지에 있어 서면투표와 전자투표가 중복된 경우 회사가 처리할 방침을 예고하고 그 방법으로 처리하는 것도 무방하다고 본다. 일본회사법에서는 명문으로 이를 허용한다(日會社法規則 63조 4호).

주총회일의 10일전에 통지를 발송하거나 주주의 동의를 얻어 전자문서로 발송하도록 규정하고 있다(363조 3항).

3) 회사가 정해 주주에게 통지하는 「주주총회일」이란 어떠한 뜻을 갖는가? 이는 결의가 이루어지는 날을 뜻한다고 보아야 하므로 주주들의 찬반의사를 집계하는 날이 될 것이다. 그러므로 주주는 자신의 의결권행사서면이 회사가 정한 주주총회일까지 회사에 도달하도록 발송해야 한다(도달주의). 부도달의 위험은 주주가 부담한다.

4) 주주의 의결권행사방식에 관해 상법은 서면이라는 것 외에는 정한 바 없다. 실무적으로는 회사가 의결권행사의 양식을 주주에게 보내고, 주주는 이에 표기하여 회사에 반송하는 방법을 취할 것이다.

5) 서면결의에 대해서도 주주총회에 관한 규정을 준용한다(363조 6항). 그러나 소집지(364조), 총회의 질서유지(366조의2), 총회의 연기 · 속행(372조)에 관한 규정과 같이 현실의 회합을 전제로 한 규정은 서면결의에 준용할 여지가 없다.[1)]

(2) 전원동의

상법은 소규모회사의 주주 전원이 서면으로 동의를 한 때에는 서면에 의한 결의가 있는 것으로 본다는 규정을 두고 있다(363조 4항 후). 이는 주주총회일을 정하여 그 날의 10일전에 주주들에게 통지를 발송하는 절차를 밟지 아니하고, 언제든 주주전원의 동의로 결의할 수 있음을 뜻한다. 예컨대 김○○을 이사로 선임하자는 안건을 주주들에게 서면으로 회람하여 순차 동의를 얻어내는 방법도 가능하다.

8. 定足數와 의결권의 계산

1) 정족수의 의의 상법은 보통결의의 가결을 위해 출석한 의결권의 과반수이며 동시에 발행주식총수의 4분의 1 이상이 찬성할 것을 요하고, 특별결의의 경우에는 출석한 의결권의 3분의 2 이상이며 동시에 발행주식총수의 3분의 1 이상이 찬성할 것을 요구한다. 이때 「출석한 의결권의 과반수 또는 3분의 2 이상」, 「발행주식총수의 4분의 1 또는 3분의 1 이상」을 정족수라 부른다. 이 정족

1) 준용되는 규정: 주주총회의 소집(362조, 383조 6항), 소수주주의 총회의 소집청구(366조), 주주제안제(363조의2), 결의요건(368조 1항, 434조), 의결권의 대리행사(368조 2항), 이해관계자의 의결권행사금지(368조 3항), 의결권의 불통일행사(368조의2), 1주 1의결권(369조 1항), 자기주식 · 상호주식의 의결권행사의 제한(369조 2항, 3항), 정족수의 계산(371조), 의사록(373조), 소집절차상의 흠 외의 하자를 이유로 하여 제기하는 소송에 관한 규정(376조~381조).

수를 채웠을 때 결의가 성립하는데, 정족수의 충족여부는 두 단계에 걸쳐 문제된다. 성립정족수와 의결정족수이다.

2) **성립정족수와 의결정족수** 1995년 이전 상법하에서는 총회가 결의를 하기 위해서는 최소 발행주식총수의 과반수의 주식을 가진 주주가 출석해야 했는데(95년 개정 전 368조 1항), 이를 총회의 「성립정족수」라 불렀다. 현행법에서는 성립정족수를 요하는 규정은 없이 출석한 의결권의 「과반수」 또는 「3분의 2 이상」 찬성이라는 의결정족수만을 규정하였으나, 결의에 찬성한 의결권이 동시에 발행주식총수의 4분의 1 또는 3분의 1이라는 수를 충족하여야 하므로 보통결의시에는 발행주식총수의 4분의 1 이상이, 특별결의시에는 발행주식총수의 3분의 1 이상이 출석하지 않으면 결의 자체가 불가능하다. 따라서 현행법하에서는 보통결의에서는 발행주식총수의 4분의 1, 특별결의에서는 발행주식총수의 3분의 1 이상의 출석이 성립정족수라고 할 수 있다.

총회가 결의를 실행하기에 충분한 주식수가 출석한 후 그 주식수를 토대로 다수결로 의안의 채택여부를 결정하는데, 이때 채택을 인정하기에 충분한 수의 찬성 주식수를 「의결정족수」라 한다. 보통결의와 특별결의로 나뉘어 위에 인용한 수치가 각각 보통결의의 의결정족수, 특별결의의 의결정족수를 구성한다. 결의에 필요한 의결정족수는 각 의안별로 그 결의시마다 충족되어야 한다.

3) **정족수의 계산** 결의의 성부를 판단하기 위해서는 「찬성한 의결권의 수」, 「출석한 의결권의 수」, 「발행주식총수」를 헤아려야 하는데, 이 때 법상 의결권의 행사가 제한되는 주식을 어떻게 취급할 것이냐는 문제가 있다.

i) 발행주식총수의 계산 상법은 총회의 결의에 관하여는 제344조의3 제 1 항의 의결권 없는 주식, 자기주식(369조 2항) 그리고 의결권 없는 상호주(369조 3항)[1]는 발행주식총수에 산입하지 아니한다고 규정한다(371조 1항). 상법은 의결권이 부분적으로 제한되는 주식도 인정하므로 「제344조의3 제 1 항의 의결권 없는 주식」에는 의안에 따라 의결권이 제한되는 주식도 관련 의안의 결의를 위한 정족수계산에서 발행주식총수에서 제외시켜야 한다. 이에 더하여 특별법에 의해 의결권이 휴지되는 주식도 발행주식총수에 산입하지 않아야 한다(예: 자본시장법 제150조 제 1 항에 의해 의결권행사가 제한되는 주식). 신주발행무효와 같이 주식의 존부 자체에 관한 다툼(429조)을 본안으로 하여 특정 주식에 대해 의결권행사의 금지를 명하는 가처분이 내려진 경우에는 상법 제371

1) 제369조 제 3 항에 의해 의결권이 제한되는 상호주에는 자회사가 갖는 모회사주식(342조의2 1항)도 포함된다.

조 제 1 항을 유추적용하여 당해 주식도 발행주식총수에 산입하지 않아야 할 것이다(서울중앙지법 2019. 10. 10. 자 2019카합21290 결정).1)

ii) 출석주식수의 계산　결의에 대해 특별한 이해관계가 있는 자는 의결권을 행사하지 못하고(368조 3항), 감사를 선임할 때에는 발행주식총수의 100분의 3 이상을 가진 주주의 의결권은 100분의 3까지로 축소된다(409조 2항 · 542조의12 4항). 상법은 이에 의해 의결권을 행사할 수 없는 주식은 출석한 주주의 의결권의 수에 산입하지 아니한다고 규정한다(371조 2항).

성립정족수와 의결정족수를 별도로 요구하는 체제에서는 양자의 정족수계산을 구분할 실익이 있었지만, 현행법은 양자를 구분해서 요구하지 않으므로 제 371조 제 2 항과 같이 출석한 주주의 의결권의 수에만 산입하지 않을 실익이 없을뿐 아니라 이같이 다루면 결의가 불가능해지는 모순이 생길 수 있다. 상법 제 371조 제 2 항은 후술과 같이 입법착오에서 비롯된 조문이다. 그리하여 최근의 판례는 감사선임결의에 있어서 의결권 없는 주식은 발행주식총수에서 차감하는 해석을 내 놓았다(판례 [49]). 타당한 해석인데, 이 해석은 특별이해관계 있는 주주의 의결권에 대해서도 적용하여야 한다(同旨: 송옥렬 961; 이종훈 176; 정준우 303).

제371조 제 2 항의 입법론적 문제점

상법 제371조 제 2 항의 규정 중 특별이해관계인의 주식을 출석한 의결권에 산입하지 않는다는 부분은 1995년 개정 전부터 있었다. 동개정에 의해 성립정족수를 별도로 요구하지 않게 됨에 따라 제 1 항으로 흡수시켜야 할 조문인데, 방치해 두었다가 오히려 2011년 개정에서 감사에 관한 규정까지 추가시켜 해석을 어렵게 만들었다. 우선 발행주식총수에 산입하지 않는다는 것과 출석의결권에 산입하지 않는다는 법문의 의미를 밝히고, 이 규정의 문제점을 예시한다.

1) 불산입의 의미　제371조 제 1 항이 말하는 발행주식총수에 산입하지 않는다는 의미는 결의에 있어서만큼은 해당 주식이 발행되지 않은 것으로 간주한다는 뜻이다. 발행되지 않은 것으로 다루므로 그 주식을 가진 주주가 총회에 출석하더라도 정족수의 계산상 출석한 의결권으로 다루지 않는다. 예컨대 발행주식총수가 100주, 그 중 의결권 없는 주식이 20주인 회사가 있다 하자. 이 회사가 보통결의를 할 때에 의결권 있는 주식 30주와 의결권 없는 주식 20주 전부가 출석했다고 하자. 의결권 없는 주식의 출석은 무의미하므로 출석주식수는 30주로 계산되고, 의결권 있는 주식 20주가 찬성하면 출석한 의결권의 과반수(16주)를 충족한다. 그리고 발행주식총수는

1) 江頭, 368면; 日注釋(5), 229면. 이에 대해 주주권의 귀속에 다툼이 생겨 특정인의 의결권행사를 금하는 가처분이 내려진 경우에는 발행주식총수에서 제외할 이유가 없다.

80주로 보므로 그 4분의 1 이상도 충족한다.

그리고 제371조 제 2 항이 말하는 출석한 의결권에 산입하지 않는다는 의미는 발행된 것으로는 보지만, 출석한 의결권의 수에는 넣지 않는다는 것이다. 그리하여 다음과 같은 문제점이 생겨난다.

2) 문제점의 예시 어느 회사가 100주를 발행한 가운데 A주주가 20주를 가지고 있다. 그리고 감사를 선임하려고 한다. 총회에는 A를 포함해 50주가 출석하였다. 제371조 제 2 항을 적용하면 A의 20주 중 3주만 출석한 주식으로 취급하고 17주는 출석하지 않은 것으로 본다. 따라서 전 출석주식수는 33주이다. 이 중 20주가 찬성하여 감사를 선임하였다. 하지만 A의 주식 전부가 발행한 주식에 포함되므로 찬성한 20주는 발행주식총수의 4분의 1에 미달하여 감사선임결의는 부결된 것이다. 다른 예로서 이 회사의 A가 79주를 소유한다고 가정하면 전 주주가 출석하여 찬성하더라도 감사선임이 불가능하며, 상법은 완전자회사를 허용하는데(360조의2·360조의15) 이는 감사 선임이 불가능한 회사를 생산하는 결과가 된다.[1)]

판 례

[49] 대법원 2016. 8. 17. 선고 2016다222996 판결

「…상법 제409조 제2항의 의결권 없는 … 3% 초과 주식이 상법 제368조 제1항에서 말하는 '발행주식총수'에 산입된다[면] 어느 한 주주가 발행주식총수의 78%를 초과하여 소유하는 경우와 같이 3% 초과 주식의 수가 발행주식총수의 75%를 넘는 경우에는 상법 제368조 제 1 항에서 말하는 '발행주식총수의 4분의 1 이상의 수'라는 요건을 충족시키는 것이 원천적으로 불가능하게 되는데, … 감사의 선임에 있어서 3% 초과 주식은 위 제371조의 규정에도 불구하고 상법 제368조 제 1 항에서 말하는 '발행주식총수'에 산입되지 않는다고 보아야 한다. 그리고 이는 자본금 총액이 10억원 미만이어서 감사를 반드시 선임하지 않아도 되는 주식회사라고 하여 달리 볼 것도 아니다.

… 피고 회사가 발행한 총 1,000주를 원고가 340주(34%), 소외 1이 330주(33%), 소외 2가 330주(33%)씩 보유하고 있는 사실, 원고, 소외 1, 소외 2가 참석하여 개최된 피고 회사의 임시주주총회에서 소외 1과 소외 2의 찬성으로 소외 3을 감사로 선임하는 이 사건 결의가 이루어진 사실 … 감사 선임에 있어서 발행주식총수의 3%(30주)를 초과하는 주식에 관해서는 의결권이 없으므로 의결권이 있는 발행주식총수는 90주인데, 위 90주 중 소외 3의 감사 선임에 찬성한 주식 수는 소외 1과 소외 2의 각 30주 합계 60주로서, 결국 출석한 주주의 의결권의 과반수와 발행주식총수의 1/4 이상의 찬성이 있었으므로 이 사건 결의는 적법하다 …」

1) 송옥렬, 962면에서 같은 문제점을 지적하고 있다.

9. 多數決의 역기능과 시정

(1) 자본다수결의 본질과 한계

다수주주의 출자에 근거하여 성립·존재하는 주식회사에서는 다수결제도에 의해 주주들의 총의를 형성함으로써 공동의 선을 추구한다. 그리고 다수결의 구체적 방법으로서는 소유주식수에 비례해서 지분적으로 의사형성에 참여하는 資本多數決을 채택하고 있다. 그리하여 회사의 의사결정에 있어 대주주는 소액주주보다 항상 큰 지분을 행사한다. 그러나 다수결의 본질상 각자의 지분이 반영되는 것은 총의의 수렴과정에서뿐이고 총의 자체는 다수자의 의사대로 형성된다. 그러므로 실제 의사결정에 있어 다수자주주의 有效持分(effective interest)은 100%이고, 소수자주주의 유효지분은 0(영)이다. 주주총회의 결의가 항상 공정하게 이루어지고 표결에서 패배한 소수자를 포함한 모든 주주의 이익을 위해서 행해진다면, 이같은 불평등은 자본다수결제도의 숙명적인 한계로 수긍되고, 현존하는 최선의 의사결정방법으로 정당화될 수 있다.

그러나 실제 회사운영에 있어서는 결의가 다수자주주의 이익을 위해 행해지는 수가 많다. 그같이 되면 위와 같은 유효지분의 불평등은 주주권의 실질적인 불평등으로 현실화되므로 방치해서는 안 된다. 그러므로 상법에서는 우려되는 다수자주주의 횡포를 사전에 예방하거나, 사후에 시정하기 위한 장치를 두고 있다.

(2) 다수결의 역기능의 예방과 시정

1) **결의요건 강화** 특별결의는 특히 주주들의 이해에 중대한 영향을 주는 사항들에 관해 결의요건을 강화함으로써 대주주의 영향력을 약화시키기 위한 제도이다. 이사(집행임원)·감사의 손해배상책임을 면제할 때 총주주의 동의를 얻게 하는 것(400조·408조의9·415조)은 이사 등을 비호하는 대주주에 의해 다수결이 남용되는 것을 방지하기 위한 것이다. 그리고 감사의 선임에 있어 대주주의 의결권을 100분의 3으로 축소한 것(409조 2항)도 감사의 中立性을 위해 대주주의 유효지분을 축소한 것이다. 또 결의에 관해 특별한 이해관계가 있는 주주의 의결권을 박탈하는 제도(368조 3항)는 두루 결의의 공정을 보장하기 위한 것이지만, 특히 대주주의 개인적 이익을 위해 회사재산이 유출되는 것을 억제하는 기능을 한다.

2) **理事의 견제** 이사는 주주총회의 보통결의에 의해 선임되어 임기 동안 회사의 경영을 전담하므로 다수자주주의 100% 유효지분율은 결의 자체에 그치지 않고 회사의 일상적인 경영에서까지 실현된다. 즉 자본다수결에 의한 주주

간의 不平等은 회사의 경영 · 지배에 있어 항구적으로 존재하는 것이다. 그러므로 상법은 이사의 책임을 엄격히 함으로써(399조) 대주주의 횡포를 간접적으로 통제하는 한편, 유지청구(402조) · 대표소송(403조)에 의해 소수주주가 대주주와 이사를 견제하게 하고, 감사로 하여금 일상적으로 이사를 견제하게 함으로써 다수결의 역기능이 경영 · 지배에 반영되는 것을 막고 있다. 그리고 부정한 행위를 한 이사에 대해 소수주주가 법원에 해임청구를 할 수 있게 한 것(385조 2항)은 이미 경영에 반영된 대주주의 횡포를 중단시키기 위해 다수결의 효력을 부정하는 제도라고 할 수 있다.

3) 社團의 해체(주식매수청구) 통상적인 의사결정에 있어서 소수의 반대자는 다수의사에 승복하고, 그 법적 효과를 함께 누릴 수밖에 없다. 그러나 의사결정의 사안이 주주의 이해에 중대한 영향을 주고, 또 그것이 예측하지 못한 상황변화일 때에는 소수자주주들이 출자를 회수하여 사단을 이탈할 수 있게 하는 방법도 생각해 볼 수 있다. 주식매수청구제도(374조 의2)는 이러한 목적으로 고안된 것이다. 합병 · 영업양도 · 주식의 포괄적 교환 · 이전 등 일부 제한된 의사결정에 한해 인정된다.

4) 다수결의 남용과 결의에 관한 訴 결의취소의 소 등 결의의 효력을 부정하는 네 가지 유형의 소도 모두 직 · 간접으로 다수결의 남용을 사후적으로 是正하는 데에 기여한다. 그러나 그 중에서도 결의무효확인의 소(380조)는 위법한 내용의 결의가 다수자주주에 의해 강행된 경우, 이를 사후적으로 是正하는 유효한 수단이 된다. 외관상으로는 적법하나 대주주의 이익을 위해 행해진 불공정한 결의는 이른바 (좁은 의미의) 「다수결의 남용」이라 하여 그 효력을 부정하는데, 이 이론은 특히 다수결제도의 역기능을 바로잡는 역할을 할 수 있다(646면 이하 참조).

(3) 의결권행사의 內在的 限界

이상은 다수결의 역기능을 시정하기 위한 실정법상의 제도이나, 이와 각도를 달리하여 주주의 의결권행사에 내재적 한계(Inhaltsschranken der Stimmrechtsmacht)를 인정한다면, 이것도 다수결의 남용을 억제하는 규범적 기능을 할 것이다. 의결권의 내재적 한계는 주로 독일의 학자들에 의해 발전된 이론이다. 독일에서는 한때 다수결에 의한 결의는 원래 회사와 주주 모두의 공통된 이익을 추구하는 제도이므로, 설혹 결의내용이 소수자인 주주들에게 불리한 듯이 보이더라도 본질적으로는 주주 전원에 이익이 되므로 구속력이 있다는 논리로 의결권행사의 自由를 강조하고 그 내재적 한계를 부정하였다.[1]

1) Hibernia-Urteil, RGZ 68, 235.

그러나 지금은 의결권도 법적 의무가 수반되는 권리로서 그 행사는 사회질서와 신의성실 등에 의해 구속되며, 주주 공동의 이익이란 관점에서 소수자주주의 지위도 고려하는 것이 다수자주주의 의무라고 이해하고 있다.[1] 그리하여 의결권행사의 자유는 의결권의 남용(Stimmrechtsmißbrauch)에 이르러서는 안 된다고 한다.[2]

학자에 따라서는 의결권의 내재적 한계의 법적 의의를 보다 명확하게 하기 위하여 그 판단기준으로서, ① 강행법규와 사회질서에 의한 구속, ② 차별금지(Diskriminierungsverbot), ③ 단체의 목적(Verbandszweck)에 의한 구속, ④ 신인의무(Treupflicht)에 의한 구속 등을 제시한다.[3]

의결권의 내재적 한계론은 우리의 회사법이론으로도 같은 결론을 낼 수 있는 이론이다. 그러나 의결권의 행사가 불법행위의 일환으로 행해지는 것이 아닌 한 내재적 한계를 벗어났다 하여 그 주주에게 손해배상책임을 지운다거나 의결권을 박탈하는 일은 있을 수 없다. 다만 그와 같은 의결권행사로 이루어진 결의의 효력을 부정하는 것이나. 그리므로 의결권행사의 내재적 한계란 결국 결의의 내재적 한계를 뜻한다고 할 수 있다.

결의가 강행법규나 사회질서에 위반하여 행해졌을 때, 그 효력을 인정할 수 없음은 법문상(380조) 명백하지만, 명문의 규정이 없더라도 다수인의 이해가 교차하는 회사법률관계의 성질상, 「결의의 공정성」을 조리상 존재하는 결의의 내재적 한계로 이해해야 한다. 결의의 공정성은 흔히 다수자주주에 의해 무시되어 회사조직 내에서의 배분의 불균형을 야기하는데, 이같이 불공정한 내용으로 결의가 이루어지는 것은 결의무효사유에 해당한다고 보아야 한다.

10. 議 事 錄

1) 작성의무 주주총회의 의사에는 의사록을 작성하여야 한다(373조 1항). 의사록에는 의사의 경과요령과 그 결과를 기재하고, 의장과 출석한 이사가 기명날인 또는 서명해야 한다(373조 2항). 의사록은 본점과 지점에 비치하여야 하며(396조 1항), 주주와 채권자는 영업시간 내에 언제든지 의사록의 열람 또는 등사를 청구할 수 있다(396조 2항).

---

1) *Bungeroth*, in Münchener Komm. AktG, 4. Aufl., Vor § 53a, Rn. 26; *Fleischer*, in Schmidt/Lutter, § 53a Rn. 49 ff.
2) BGHZ 14, 25, 37.
3) Wiedemann I, S. 424 ff.

2) 인 증 주주총회에서 결의한 내용이 등기할 사항인 때(예컨대 이사·감사의 선임, 합병, 자본금감소 등)에는 등기신청서에 의사록을 제공하여야 하는데(상등규 128조 2항), 이때 의사록은 공증인의 인증을 받아야 한다(공증 66조 의2 1항). 의사록의 진실성을 확보하기 위한 제도이다. 그러므로 공증인은 의사록에 기재된 결의절차와 내용이 진실에 부합하는가의 여부를 확인하여야 한다(공증 66조 의2 2항). 이를 위해 공증인은 결의장소에 참석하여 검사하거나, 결의를 한 자 중 정족수 이상인 자 또는 그 대리인의 촉탁을 받아 그 촉탁인으로부터 의사록의 내용이 진실에 부합하는지의 여부에 관하여 진술을 듣고, 촉탁인으로 하여금 공증인의 면전에서 의사록의 서명 또는 기명날인을 확인하게 한 후 그 사실을 기재한다(공증 66조 의2 3항). 의사록에 기재할 사항을 기재하지 아니하였거나 부실한 기재를 한 때에는 벌칙이 적용된다(635조 1항 9호).

3) 효 력 의사록은 주주총회의 성립과 결의에 관해 중요한 증거자료가 되지만 그것이 유일한 증거이거나 창설적 효력이 있는 것은 아니므로, 부실하게 기재되었다면 달리 증명하여 진실을 주장할 수 있고, 심지어 의사록을 작성하지 않았더라도 주주총회의 결의의 효력에 영향이 있는 것은 아니다(통설). 이와 달리 일단 주주총회의 결의가 있은 것으로 의사록이 작성된 이상 결의의 외관을 현출한 것이므로 이를 믿고 거래한 제 3 자에 대해 주주총회의 결의가 없었음을 주장할 수 없다는 취지의 판례(대법원 1993. 9. 14. 선고 91다33926 판결)가 있으나 이는 주주총회결의의 본질을 오해한 것이다(657면 참조).

그러나 의사록은 특히 진실성을 부인할 만한 사정이 없는 한, 총회의 절차적 요건에 관해서는 증명력이 인정되어야 하고, 따라서 반대의 사실을 주장하는 자가 증명책임을 진다고 보아야 한다(판례 [50]).

의사록은 언제까지 보존해야 하는가? 명문의 규정은 없으나, 상업장부의 보존기간(33조 1항 본)을 유추적용하여 10년간 보존해야 한다고 본다.

판 례

[50] 대법원 2011. 10. 27. 선고 2010다88682 판결

「민법상 사단법인의 총회 등 결의와 관련하여 당사자 사이에 의사정족수나 의결정족수의 충족 여부가 다투어져 결의의 성립 여부나 그 절차상 흠의 유무가 문제되는 경우로서 사단법인 측에서 의사의 경과, 요령 및 결과 등을 기재한 의사록을 제출하거나 이러한 의사의 경과 등을 담은 녹음·녹화자료 또는 그 녹취서 등을 제출한 때에는, 그러한 의사록 등이 사실과 다른 내용으로 작성되었다거나 부당하게 편집, 왜곡되어 그 증명력을 인정할 수 없다고 볼 만한 특별한 사정이 없는 한 의사정족수 등

절차적 요건의 충족 여부는 그 의사록 등의 기재에 의하여 판단하여야 한다. 그리고 위와 같은 의사록 등의 증명력을 부인할 만한 특별한 사정에 관하여는 결의의 효력을 다투는 측에서 구체적으로 주장·입증하여야 한다.」

[註] 이 판결은 비영리사단법인의 총회의사록을 다룬 것이지만, 주식회사의 총회의사록에도 같은 원리가 적용된다고 보아야 한다.

11. 결의의 성립 및 효력발생시기

주주총회의 결의는 언제 성립하는가? 기술한 바와 같이 결의의 성립은 의사록의 작성과는 무관하다. 그리고 가결된 경우 의장이 가결을 선언하는 것이 통례이지만, 의장의 선언에 의해 결의가 성립하는 것은 아니다.[1] 단지 주주들의 의사를 동시에 묻는 표결에 들어가 법상의 결의요건을 충족하는 의결권의 수가 확정되는 순간 결의가 이루어진 것으로 보아야 한다.

결의의 효력도 결의의 성립과 동시에 발생하지만, 총회의 결의로 결의의 효력발생시기를 별도로 정할 수 있다(시기부 또는 종기부 결의). 결의내용이 이사의 선임과 같이 등기를 요하는 내용일 수도 있는데, 이 경우에도 결의가 이루어진 때에 효력을 발생하고, 등기에 의해 효력이 발생하는 것은 아니다. 정관변경결의도 같다(1016면 참조).

참고로 독일주식법상으로는 의사록 작성과 공증이 주주총회결의의 성립요건이다(§ 130 Abs.1 AktG). 즉 주주총회의 결의결과가 의장에 의해 선언되고 의사록에 기재되어 공증을 받음으로써 주주총회의 결의가 확정된 것으로 다루는 것이다(창설적 효력: konstitutive Wirkung).[2] 그러나 우리 상법은 이와 같은 절차를 요구하지 않으므로 단체의사결정의 일반원칙에 따라 본문에서와 같이 해석하여야 한다.

총회결의의 해석

총회에서 결의한 의안의 내용이나 범위가 불분명한 경우 해석에 의해 결의된 법률관계의 실체를 밝혀야 할 것이다. 비법인사단(주택조합)의 결의에 관한 판례는 다음과 같은 판단기준을 내 놓은 바 있는데, 주식회사의 결의에 대해서도 적용될 수 있는 기준이다.

판 례

[51] 대법원 2019. 6. 27. 선고 2017다244054 판결

「비법인사단이 총회에서 의결한 안건의 내용이나 범위가 명확하지 않은 경우 그

1) 日大審院(1933. 3. 24., 法學 2권 1356면)이 본문에서와 같은 판시를 한 이래 일본에서의 일관된 통설, 판례이다(福島洋尚, "株主總會決議における採決方法, 株主總會議長の選任とその權限," 「爭点」, 112면).

2) Windbichler, § 29 Rn. 25.

의결이 가지는 법적 의미와 그에 따른 법률관계의 실체를 밝히는 것은 법적 판단의 영역에 속한다. 그것은 총회를 개최한 목적과 경위, 총회에 상정된 안건의 구체적 내용과 그에 관한 논의 과정, 의결에 따른 후속 조치가 있다면 그 조치의 내용과 경과 등을 종합적으로 고찰하여 논리와 경험칙에 따라 합리적으로 해석해야 한다.」

Ⅶ. 주요 특별결의사항

상법은 정관변경 등 회사의 기초에 중대한 변화를 야기함으로써 주주에게 새로운 위험을 초래하는 사항에 관해서는 주주총회의 특별결의를 요구한다. 상법 제374조 제 1 항이 규정하는 영업양도는 상법 제393조 제 1 항이 이사회의 결의사항의 하나로 정하는 「중요한 자산의 처분 및 양도」에 해당하는데, 「영업」의 양도는 단순한 자산의 처분을 넘어 주주를 위한 수익의 기반을 변화시키는 뜻이 있으므로 주주총회의 특별결의사항으로 하였다. 그 밖에도 영업양도에 준하는 정도의 위험을 초래하는 거래는 주주총회결의의 요부에 관한 다툼을 해결하고자, 제374조 제 1 항 각호에서 주주총회의 결의사항으로 명문화하였다.

그리고 상법 제375조에서는 사후설립을 특별결의사항으로 하고 있는데, 이는 후술하는 바와 같이 현물출자와 재산인수에 대한 법적 규제를 회피하기 위한 방법으로 사후설립이 이용될 것을 우려하여 특별결의사항으로 한 것이다.

여기서는 상법 제374조와 제375조의 특별결의사항을 설명하고, 나머지 특별결의사항은 각기 관계되는 곳에서 설명한다.

1. 營業의 讓渡와 讓受

(1) 의 의

회사의 영업의 전부 또는 중요한 일부를 양도하거나 회사의 영업에 중대한 영향을 미치는 다른 회사의 영업 전부 또는 일부를 양수할 경우에는 주주총회의 특별결의를 요한다(374조 1항 1호 · 3호).

영업의 양도 · 양수는 상법 제41조에서 규정하는 영업의 양도와 같은 개념으로 이해하면 족하다. 즉 영업의 양도란 회사의 사업목적을 위하여 조직화되고 유기적 일체로서 기능하는 재산 전부를 총체적으로 유상으로 이전함과 아울러 영업활동의 승계가 이루어지는 계약을 뜻한다(대법원 1994. 5. 10. 선고 93다47615 판결; 동 1987. 6. 9. 선고 86다카2428 판결)(영업양도의 개념에 관한 상세는 「總則 · 商行爲」 266면 이하 참조).[1]

1) 영업양도의 주체는 회사이다. 대주주가 자신의 지분을 매각함으로써 회사의 경영권을 이전하는

⑵ 영업전부의 양도

상법 제374조 제 1 항에서 규정하는 특별결의의 대표적인 사안이다. 영업양도에 주주총회의 결의를 요하게 한 이유는 영업을 양도하면 당초 주주들의 출자의 동기가 되었던 목적사업의 수행이 어려워지고 회사의 수익의 원천이 변동함으로 인해 주주들이 새로운 위험을 부담해야 하므로 출자자들의 경영정책적 판단을 요하는 사안이기 때문이다. 그리고 목적사업의 수행이 어려워진다는 것은 정관에 기재된 목적을 변경하는 것과 실질적으로 같으므로 정관변경(434조)과 마찬가지로 특별결의를 요구한다.

⑶ 영업의 중요한 一部讓渡

영업의 일부를 양도하더라도 그것이 중요한 부분이라면 역시 주주총회의 특별결의를 요한다. 영업의 중요한 부분을 양도한다면 역시 주주의 보호가 필요하고, 또 이사회가 영업의 전부를 양도할 때에 가해지는 제약(예: 주주총회의 특별결의, 주식매수)을 피하기 위해 탈법적으로 일부양도의 형식을 빌리는 것을 차단하기 위해 중요한 일부의 양도도 주주총회의 특별결의를 요하게 한 것이다.

이 규정을 적용함에는 영업의 「중요한 일부」가 무엇을 뜻하는가라는 해석의 부담이 있다. 양도대상재산이 회사의 全 財産에서 차지하는 비중에 시각을 맞추는 양적 판단의 방법과 회사의 기본적인 사업수행에 미치는 영향의 크기에 역점을 두는 질적 판단의 방법을 생각해 볼 수 있다. 앞에서 말한 영업전부의 양도에 주주총회의 특별결의를 요하는 취지를 생각한다면 주주들의 출자동기와의 괴리도를 고려해야 할 것이고, 그러자면 양도로 인해 회사의 기본적인 사업목적을 변경시킬 정도에 이를 경우에 「중요한 일부」라고 보아야 할 것이다.

중요성의 판단기준

1) 일반적 판단기준 일부양도에서의 중요성의 판단에 관하여 대법원 판례는 「양도대상 영업의 자산, 매출액, 수익 등이 전체 영업에서 차지하는 비중, 일부 영업의 양도가 장차 회사의 영업규모, 수익성 등에 미치는 영향 등을 종합적으로 고려하여 판단한다」(대법원 2014. 10. 15. 선고 2013다38633 판결)라는 기준을 제시하고 있다. 이에 앞서 한 하급심판례가 보다 구체적으로 "영업의 중요한 일부라 함은 양적인 면에서 양도대상인 영업의 가치가 회사의 전 영업의 가치에서 차지하는 비중이 어느만큼 되느냐와 질적인 면에

것은 개인법적 거래로서의 주식의 양도이지 영업의 양도가 아니다. 따라서 주식의 양도에 수반하여 주주총회의 특별결의를 얻기로 약정하였다고 하더라도 이 약정은 구속력이 없다(대법원 1999. 4. 23. 선고 98다45546 판결).

서 당해 영업부문의 양도로 회사가 종전의 영업을 큰 축소나 변동 없이 계속 유지할 수 있느냐를 종합적으로 고려하여 판단하여야 할 것"이라는 기준을 내 놓은 바 있다(부산지법 2009. 7. 8. 선고 2009가합1682 판결).

한편 자본시장법에서는 상장회사의 영업의 전부 또는 중요한 일부를 양도·양수할 경우에는 특별한 공시를 하도록 하고, 양도가액도 규율하는데, 「중요한 일부」의 판단에 계량적인 기준을 적용하고 있다. 즉 자산총액의 100분의 10 이상, 또는 매출액의 100분의 10 이상에 해당하는 영업의 양도는 중요한 일부의 양도로 본다(자금 161조 1항 7호, 165조의4 1항 2호, 자금령 171조 2항 1호~3호). 일본회사법에도 유사한 규정이 있다. 총자산의 20분의 1을 넘지 않는 영업의 양도는 중요한 일부로 보지 않는다(日會 467조 1항 2호).

2) 중요한 양도의 예 위 대법원판례의 사안이다. 금융사업 등 수개의 사업을 겸영하는 회사에서 금융사업부문이 자산가치의 면에서 회사 전체의 34%에 달하고, 회사내부에서 유일하게 수익창출 가능성이 높아 회사로부터 분리하여 독자적인 생존 전략을 모색하기 위하여 양도하게 되었으며, 금융사업을 양도한 이후 바로 사실상 회사의 모든 영업이 중단되었고, 코스닥시장에서 상장 폐지가 된 점 등의 사정에 비추어 보면, 영업의 중요한 일부의 양도에 해당한다고 판단하였다.

3) 중요하지 않은 양도의 예 위 부산지법 2009가합1682 판결의 사안이다. 오디오부품 등을 생산하는 어느 회사가 자동차관련 스위치를 생산하는 YM이라는 사업부문을 주주총회결의 없이 자회사에 양도하였다. YM부문은 이 회사의 전체매출에서는 최대 11.5%, 고정자산으로서는 8.5%, 정규직 직원의 배치로서는 17.3% 정도로서 양적인 기준으로 볼 때 중요성이 없고, YM이 수년간 계속 적자를 내고 있어 YM의 양도 후에도 이 회사는 수익에 전혀 영향을 받지 않고 사업의 축소 없이 정상적인 영업을 유지하고 있는 점을 보아 질적으로도 중요성을 인정하기 어렵다고 판단하였다.

계약이전과 영업양도

금융산업의 구조개선에 관한 법률 제14조 제 2 항에서는 소정의 부실금융기관에 대하여는 계약이전결정을 할 수 있다고 규정한다. 계약이전결정이란 부실금융기관의 예금자를 보호하기 위해 금융위원회가 부실금융기관의 금융거래에서 발생한 계약상의 지위를 제 3 자인 인수금융기관에게 양도 및 인수하게 하되, 이전되는 부채와 자산가치와의 차액을 인수금융기관에게 지급하는 부실금융기관 정리방식 중의 하나이다. 보험업법(동법 140조), 상호저축은행법(동법 24조의8)에서도 유사한 제도를 두고 있다. 예금거래의 복합적인 지위와 자산을 포괄적으로 이전하는 것이므로 영업의 일부양도로 볼 수 있고 또 이는 중요부분이라고 할 것이나, 그 성질은 「금융위원회의 일방적인 결정에 의하여 금융거래상의 계약상의 지위가 이전되는 사법상의 법률효과를 가져오는 행정처분」이므로 주주총회의 특별결의의 대상에 해당하지 않는다는 것이 판례의 입장이다(대법원 2002. 4. 12. 선고 2001다38807 판결).

(4) 영업의 讓受

회사의 영업에 중대한 영향을 미치는 다른 회사의 영업 전부 또는 일부의 양수도 주주총회의 특별결의사항이다(374조 1항 3호).[1)]

1) 적용대상 영업의 전부양도는 중요성을 따질 필요없이 주주총회의 특별결의를 요하지만, 영업의 양수는 전부양수이든 일부양수이든 회사의 영업에 중대한 영향을 미치는 것에 한해 특별결의사항으로 삼는다. 이같이 차별하는 이유는 양자가 정관상의 목적사업에 주는 영향이 상이하기 때문이다. 영업양도는 직접적으로 목적사업을 폐지하는 결과를 초래할 수 있으므로 정관변경과 같은 결의를 요하지만, 영업양수는 자산의 새로운 유입으로서 기존의 목적사업에 직접적인 장애를 초래하는 것은 아니므로 목적사업에 중대한 영향을 주는 것만 추려 특별결의의 대상으로 삼는 것이다.

그리고 다른「회사」의 영업을 양수할 때에만 주주총회의 결의를 요하고 개인영업을 양수할 때에는 주주총회의 결의를 요하지 않는다는 점에 주의해야 한다. 다른 회사의 영업을 전부 양수하는 것은 실질적으로 회사합병과 같은 효과를 가져오므로 합병과 같은 요건으로서 주주총회의 특별결의를 요구한다는 것이 그 이유이다.[2)]

입법론으로서는 중요성을 기준으로 하여 주주총회의 특별결의의 요부를 정하는 논리라면 회사의 영업이냐 개인영업이냐를 묻지 않고 양수회사의 현황을 중심으로 하여 중요성이 인정되는 경우에는 주주총회의 특별결의를 요하게 하는 것이 옳다.

2) 중대성의 의의 회사의 영업에 중대한 영향을 미친다는 법문의 의미는 영업의 일부양도의 중요성에 관해 설명한 바와 크게 다르지 않지만, 영업의 양도로 인한 영향은 회사의 목적사업을 어느 정도 위축시키느냐를 따져야 하는 문제임에 반해, 영업의 양수로 인한 영향은 그 대가의 지급이 회사의 유동성에 얼마나 감소요인이 되며, 본래의 영업에 어떤 영향을 주느냐를 따져야 하는 문제이다.

3) 경쟁제한을 목적으로 다른 회사의 영업을 양수하는 때에는 공정거래법상의 규제를 받는다(독규 9조 1항 4호).

---

1) 2011년 개정 전에는 다른 회사의 영업전부를 양수할 때는 예외없이 주주총회의 특별결의를 얻도록 했고, 일부 양수는 회사의 영업에 중대한 영향을 미치는 경우에 한해 주주총회의 특별결의를 얻도록 하였다.

2) 日注釋(5), 277면.

2. 중요재산의 처분

(1) 의 의

상법 제374조 제 1 항 제 1 호는「영업의 양도」를 주주총회의 특별결의의 대상으로 규정하므로, 문언대로라면 영업 자체가 아닌 한, 개별적인 재산의 처분은 규모나 가액을 불문하고 주주총회의 결의를 요하지 않는다고 보아야 할 것이다. 그러나 재산의 규모나 성격에 따라서는 영업 자체만큼 중요한 것일 수도 있으므로 특별결의의 대상으로 삼아야 한다는 주장도 있을 수 있다.

본조를 순수한 영업양도의 경우에 국한하여 해석하면, 영업양도가 아닌 한 회사의 전 재산이나 다름 없는 재산도 이사회의 업무결정권 및 대표이사의 대표권에 의하여 임의로 또 유효하게 처분할 수 있게 되어 회사와 주주 및 회사채권자에게 손실을 줄 염려가 있다. 반면 중요한 재산의 처분도 본조의 적용범위에 포함시킨다면 주주총회의 결의 없이 재산을 양도하는 거래는 무효로 되어 그 재산의 양수인에게 불측의 손해를 주게 되므로 거래의 안전을 크게 해친다.

그리하여 중요재산의 처분이 주주총회의 결의를 필요로 하는 사항이냐는 것은 오래전부터 회사법학의 주요 쟁점의 하나였다.

(2) 학 설

중요재산이라도 다른 낱낱의 재산을 양도할 때와 다름없이 주주총회의 결의를 요하지 않는다는 설(불요설)(김동훈 257; 송옥렬 958; 최기원 430)과 중요재산의 처분은 영업양도와 같이 주주총회의 특별결의를 요한다는 설(필요설)(권기범 243; 이·최 572; 정동윤 540)이 대립한다. 이러한 학설의 대립은 舊상법시대부터 이어져 왔으나, 판례가 상당기간 일관된 논리를 펴 온 탓에 현재는 이에 관한 이론이 판례를 중심으로 정리된 상태이다.

불요설은 동일한 법전 중의 동일용어는 같은 뜻으로 해석하는 것이 원칙이므로 상법 제374조의 영업양도는 상법 제41조의 영업양도와 동일한 뜻으로 이해하여야 한다는 점, 재산의 중요성 유무는 회사의 내부적 사정인데, 이에 의해 거래의 효과가 좌우되는 것은 거래의 안전에 비추어 부당하다는 점 등을 들고 있다.

필요설은 불요설에 의할 때에는 회사의 존립의 기초가 되는 전재산의 처분을 대표이사의 자의에 맡기는 결과가 되어 주주의 보호나 기업유지의 요청에 어긋나고, 중요재산의 양도와 같은 예외적인 현상에서는 동적 안전보다는 정적 안전(양도회사의 보호)이 더 중요하다는 논거를 제시한다.

(3) 판 례

1) 기본입장 대법원판례는 기본적으로 불요설의 입장에 서 있다. 즉 상법 제374조 제 1 항 제 1 호에서 말하는 영업의 양도를 상법 제41조의 영업양도와 동일한 뜻으로 이해한다(대법원 1987. 6. 9. 선고 86다카2478 판결; 동 1994. 5. 10. 선고 93다47615 판결 외 다수). 그리하여 단순한 영업재산만의 양도는 설혹 회사의 「유일한 재산일지라도」 주주총회의 특별결의를 요하지 않는다고 한다(대법원 1964. 7. 23. 선고 63다820 판결).[1)]

2) 예 외 영업양도가 아니라도 회사의 모든 재산을 양도한다면 영업을 폐쇄하는 결과가 되므로 당연히 주주총회의 특별결의가 필요하고(대법원 1991. 11. 8. 선고 91다11148 판결), 일부의 재산을 양도하더라도 양도한 재산이 회사의 존속의 기초가 되는 영업용재산인 때에는 결론을 달리한다. 이러한 재산의 양도는 영업의 폐지나 중단을 초래하게 되어 영업의 양도와 다를 바 없으므로 상법 제374조 제 1 항 제 1 호가 적용되어 주주총회의 특별결의를 요한다고 한다. 판례가 이같은 입장에서 주주총회의 특결결의를 요한다고 본 예는 다음과 같다.

i) 관광호텔업을 위해 설립된 회사가 호텔신축부지를 처분한 경우(판례 [52]),

ii) 흄관의 제작판매를 업으로 하는 회사가 흄관제작에 꼭 필요한 유일한 흄관몰드(주물모형)를 처분한 경우(대법원 1987. 4. 28 선고 86다카553 판결),

iii) 광산업을 하는 회사가 광업권을 양도한 경우(대법원 1969. 11. 25. 선고 64다569 판결),

iv) 시장의 점포임대를 업으로 하는 회사가 시장건물을 양도한 경우(대법원 1977. 4. 26. 선고 75다2260 판결),

v) 특허권을 소유하며 이를 이용한 공사의 수주를 주된 사업으로 하고 그 특허권이 회사의 자산의 대부분을 차지하는데, 이 특허권을 양도한 경우(대법원 2004. 7. 8. 선고 2004다13717 판결),

vi) 의류제조·판매를 주업으로 하는 회사가 그 의류의 상당부분을 제조하여 공급해 주는 해외 완전자회사의 지분을 전부 양도한 경우(대법원 2018. 4. 26. 선고 2017다288757 판결).[2)]

---

1) 동 판결문에서는 원고회사의 재산양도가 영업전부 또는 일부를 양도하거나 폐지하는 것과 같은 결과를 가져올 것이라는 점에 대하여는 심리함이 없이 양도재산이 원고회사의 유일한 재산이라는 사실만으로 주주총회의 특별결의가 없어 무효라고 판단한 원심이 그릇되었다고 파기환송하였다. 이는 뒤에 소개하는 판례(91다11148)가 재산 전부의 양도는 영업을 폐쇄하는 결과를 초래하므로 주주총회의 결의가 필요하다고 한 것과 상충한다. 그보다 동 사건의 원고회사는 제약회사이고 양도한 재산은 부동산인데, 이 재산이 과연 회사의 유일무이한 재산이라고 할 수 있는지는 의문이다.

2) 同判旨: 「… 의류의 제조 및 판매를 주된 영업으로 하고 있는 피고에게 중국 내 의류제조 공장이 없다면 피고의 운영에 막대한 차질이 생겼을 것으로 보이는 점 등에 비추어 볼 때 이 사건 유

한편 금속제품생산업을 하는 회사가 온천개발을 준비하던 부동산을 양도한 경우(대법원 1997. 7. 25. 선고 97다15371 판결), 회사가 사무실의 전세보증금채권을 양도한 경우(대법원 1997. 6. 27. 선고 95다40977 판결)에는 영업의 존폐와 무관하므로 주주총회의 특별결의를 요하지 않는다고 하였다.

판 례

[52] 대법원 1988. 4. 12. 선고 87다카1662 판결

「상법 제374조 제 1 호[의]… 영업의 양도란 같은 법 제 1 편 제 7 장의 영업양도를 가리키는 것이므로 영업용재산의 양도에 있어서는 그 재산이 주식회사의 유일한 재산이거나 중요한 재산이라 하여 그 재산의 양도를 곧 영업의 양도라 할 수는 없겠지만 주식회사 존속의 기초가 되는 중요한 재산의 양도는 영업의 폐지 또는 중단을 초래하는 행위이므로 이는 영업의 전부 또는 일부양도의 경우와 다를 바 없다고 봄이 상당하고, 이러한 경우에는 상법 제374조 제 1 호의 규정을 유추적용하여 주주총회의 특별결의를 거쳐야 할 것이다(당원 … 1965. 12. 21. 선고 65다2099 · 2100 판결 등 참조).

한편 회사가 위와 같은 재산을 처분할 당시에 이미 사실상 영업을 중단하고 있었던 상태라면 그 처분으로 인하여 비로소 영업의 전부 또는 일부가 폐지 또는 중단됨에 이른 것이라고 할 수 없으므로, 이러한 경우에는 주주총회의 특별결의가 없었다 하여 그 처분행위가 무효로 되는 것은 아니다(당원 1985. 6. 11. 선고 84다카963 판결 참조).

… 원고회사(청수장 관광개발 주식회사)는 관광호텔사업을 목적으로 설립되었고, 이 사건 토지는 그 호텔의 신축부지였던 사실과 원고회사의 대표이사이던 소외 권태영이 그 토지를 자신의 개인채무의 담보를 위하여 한필수 앞으로 이 사건등기를 할 당시에는 원고회사는 그 전에 이미 그 회사의 사무실로 쓰던 건물이 소유주에게 명도당하여 사무실도 없어지고, 이 사건 토지가 개발제한구역으로 편입되어 그 지상에 신축하려던 관광호텔의 건축허가와 그 신축재원인 에이 아이 디(A.I.D)차관차금 사용승인도 취소됨으로써 사업목적인 관광호텔의 건축이 불가능하게 되어 영업을 더 이상 계속할 수 없게 되었고, 그래서 원고회사의 주주 및 이사들은 영업을 중단하기로 하여 흩어져 그 이후 일체의 영업활동을 한 바가 없었던 사실 … 이와 같은 사정에 비추어 볼 때 원고회사는 위 권태영이 이 사건 토지를 처분할 당시에는 이미 사실상 영업이 폐지된 상태였으므로 그 처분에 즈음하여 주주총회의 특별결의가 없었다 하여 그 처분이 무효로 되는 것이 아니〔다.〕」

한공사[중국내 공장 운영회사]의 지분 전부를 매도하는 것은 피고의 영업의 전부 또는 중요한 일부를 양도하는 것에 해당하는 것이〔다.〕」

同旨판례: 대법원 2025. 10. 16. 선고 2019다236385 판결(자전거용 신발을 제조하여 주로 해외에 수출하던 회사가 해외수출을 중계해 주던 해외 자회사의 주식을 양도함으로써 동 제품의 제조사업이 중단된 사건에서, 이 사건의 해외 자회사의 주식의 양도는 주주총회의 특별결의를 요하는 영업재산의 양도에 해당한다고 보았다).

[同旨판례] 대법원 1997. 4. 8. 선고 96다54249 · 54256 판결 외 다수.

3) 담보제공 한편 회사의 존속의 기초가 되는 중요한 재산을 담보로 제공하는 경우에, 재산을 매도담보에 의해 양도한 경우에는 「환매기간 내에 환매하지 못하면 영업의 전부 또는 중요부분을 폐업하게 되므로」 주주총회의 특별결의를 요한다(대법원 1965. 12. 21. 선고 65다2099 · 2100 판결; 동 1987. 4. 28. 선고 86다카553 판결)고 본 반면, 재산에 근저당권을 설정한 것에 대해서는 비록 중요한 재산이라도 근저당권설정행위는 상법 제374조 제 1 항 각호의 어느 것에도 해당될 수 없어 주주총회의 결의를 요하지 않는다고 하였다(대법원 1971. 4. 30. 선고 71다392 판결).

4) 예외의 적용범위 판례가 사실상 영업의 폐지나 중단을 초래하는 경우에 한해 주주총회의 결의를 요한다고 하는 이유는 영업의 폐지나 중단을 초래하는 행위(예: 영업양도 · 해산)는 주주총회의 특별결의가 필요하기 때문이다. 그러므로 이미 법적 절차를 거쳐 영업을 폐지하거나 사실상 영업을 폐지한 상태에서는 중요재산을 양도하더라도 주주총회의 결의가 필요 없다(판례 [52] 참조).

판례가 분명히 언급하고 있지는 않으나, 사업용고정자산에 한해서만 특별결의 요부가 문제되고 재고자산(상품)에 대해서는 비록 전 재산이라 하더라도 특별결의가 필요할 리 없다. 재고자산의 처분은 영업활동에 속하기 때문이다. 어느 아파트 건설회사가 분양용으로 지은 아파트 전부를 특정인에게 일시에 매각한 사건에서 법원은 특별결의를 요하지 않는다고 판시하였다(대법원 1991. 1. 15. 선고 90다10308 판결).

3. 영업의 賃貸 등(374조 1항 2호)

(1) 영업 전부의 임대

영업의 임대란 대가를 받기로 하고 영업재산과 영업조직을 타인으로 하여금 이용하게 하는 것을 말한다. 영업재산과 영업조직에 대한 권리가 이전하지 않고 다만 임차인이 이를 자신의 영업을 위해 이용할 뿐이라는 점에서 영업양도와 다르고, 임차인은 자신의 이름으로 그리고 자신의 계산으로 영업을 한다는 점에서 후술하는 경영의 위임과 다르다.

영업의 임대는 회사의 영업을 종국적으로 처분하는 것이 아니므로 영업양도와는 달리 회사의 존립에 대한 위협은 없다. 그러나 회사의 재산이 제 3 자의 점유하에 놓이게 되어 회사의 재산적 기초를 불안하게 하므로 주주총회의 특별결의를 요하게 한 것이다. 임대 자체뿐만 아니라 그 변경 · 해약도 같다.

영업을 양도할 때와는 달리 영업의 일부를 임대하는 것은 주주총회의 특별결의를 요하지 않는다.

경쟁을 제한하기 위하여 다른 회사의 영업을 임차하는 경우에는 공정거래법상의 규제를 받는다(독규 9조 1항 4호).

⑵ 영업 전부의 經營委任

경영의 위임은 회사의 경영을 타인에게 위탁하는 것이다. 이에 의해 영업재산의 관리와 영업활동이 수임인의 관장하에 놓이게 되지만, 단체법상의 효력이 생기는 사항은 위임에서 제외된다(예: 임원선임 · 신주발행 · 자본금감소 · 정관변경 · 합병 등). 영업활동의 명의와 손익계산은 모두 위임회사에 귀속되고, 통상 수임인에게 보수를 지급한다. 우리나라에서는 경영이 부실한 회사를 정상화하는 과정에서 경영위임의 사례를 간간이 볼 수 있다.[1)]

경영의 위임(및 변경 · 해약)을 특별결의사항(374조 1항 2호)으로 한 이유는 영업의 임대에서 본 바와 같다. 영업의 일부에 관한 경영위임은 주주총회의 결의를 요하지 않는다.

경쟁제한을 목적으로 타회사의 경영을 수임하는 것은 공정거래법상의 규제를 받는다(독규 9조 1항 4호).

⑶ 손익공통계약

타인과 영업의 손익 전부를 공통으로 하는 계약(374조 1항 2호)이란 수개의 기업간에 일정한 계산기간 내의 영업손익을 합산해서 투하자본의 비율이나 기타 약정된 비율에 따라 이를 분배하기로 하는 계약이다. 일종의 조합이 형성된다고 볼 수 있으며, 이에 의해 영업에 관한 한 당사회사는 경제적 일체를 이룬다. 동계약의 이행방법으로 새로운 회사를 설립하는 예도 있다. 이 같은 손익공통계약을 체결하면 회사영업의 전부에 관해 합병과 유사한 효과가 생기므로 주주총회의 특별결의를 거치게 한 것이다(374조 1항 2호). 따라서 영업상의 손익 「전부」를 공통으로 할 경우에만 본호의 적용대상이 되고, 손익의 「일부」만을 공통으로 할 경우에는 적용대상이 아니다.

⑷ 그 밖에 이에 준하는 계약

상법 제374조 제 1 항 제 2 호에서는 「… 그 밖에 이에 준하는 계약 …」이라 규정하는데, 이는 손익공통계약에 준하는 계약만을 가리키는 것이 아니고, 영업의 임대, 경영의 위임, 손익공통계약의 3자 각각에 준하는 계약 모두를 가리킨

1) 채무자회생 및 파산에 관한 법률에서는 경영위임을 회생계획의 하나로 할 수 있음을 규정하고 있다(회파 200조 1항 2호).

다.[1)] 예컨대 각종 트러스트 · 콘체른 · 판매카르텔, 회사가 자기의 영업을 타인의 계산으로 경영할 것을 인수하는 계약 내지는 이익협동관계의 형성을 위한 계약 중 회사경영의 기초에 중대한 영향을 주는 것을 의미한다고 이해된다.[2)]

4. 간이영업양도 등의 특례

이상 설명한 바와 같이 상법 제374조 제 1 항 각호의 행위는 주주총회의 특별결의를 얻어야 하지만, 간이양도 등의 경우에는 주주총회의 특별결의를 생략할 수 있다. 영업양도 등의 신속한 처리를 위한 고려이다.

1) 요건과 특칙 어느 회사가 영업의 전부 양도 등 제374조 제 1 항 각호의 행위를 함에 있어 총주주의 동의가 있거나 동 회사의 발행주식총수의 100분의 90 이상을 영업양수인 등 해당 행위의 상대방이 소유하고 있을 경우 이 회사의 주주총회의 승인은 이사회의 승인으로 갈음할 수 있다(374조의3 1항).

2) 주주에 대한 통지 주주총회의 승인이 필요하지 않더라도 회사는 영업양도 등의 계약서 작성일부터 2주 이내에 주주총회의 승인을 받지 아니하고 영업양도 등을 한다는 뜻을 공고하거나 주주에게 통지하여야 한다(374조의3 2항 본). 다만, 총주주의 동의가 있는 경우에는 통지를 생략할 수 있다(동항 단).

3) 주식매수청구 위 공고 또는 통지를 한 날부터 2주 이내에 회사에 대하여 서면으로 영업양도 등에 반대하는 의사를 통지한 주주는 그 기간이 경과한 날부터 20일 이내에 주식의 종류와 수를 기재한 서면으로 회사에 대하여 자기가 소유하고 있는 주식의 매수를 청구할 수 있다(374조의3 3항). 주식매수청구 및 매수절차는 주주총회를 거치는 경우에서의 주식매수청구절차와 같다(374조의2 2~5항).

벤처기업의 영업양도의 특례

벤처기업이 영업의 전부 또는 일부를 양도하는 경우 양수하는 회사에서 그 양수가액이 양수회사의 순자산액의 100분의 10을 초과하지 않으면 양수회사의 주주총회의 결의는 이사회의 결의로 갈음할 수 있으며, 이 경우 반대주주의 주식매수청구권은 인정되지 않는다(벤처 15조의8 1항 · 5항). 그러나 양수회사의 발행주식총수의 100분의 20 이상을 소유한 주주가 소정의 기간 내에 서면으로 영업양수에 반대하는 의사를 알린 경우에는 이 방법에 따른 영업양수를 할 수 없다(벤처 15조의8 4항). 즉 소규모합병의 법리(527조의3)를 벤처

1) 日注釋(5), 276면. 이와 달리 손익공통계약에 준하는 계약만을 뜻하는 것으로 이해하는 견해(정동윤, 537면; 서울고법 1965. 3. 24. 선고 64나1253 판결), 타인의 계산으로 회사가 자기의 영업을 하는 계약을 뜻한다고 풀이하는 견해(송옥렬(주석－회사 3), 128면)도 있다.

2) 日注釋(5), 276면.

기업의 영업양도에 원용한 것이다.

5. 事後設立

(1) 의 의

사후설립(Nachgründung)이란 회사가 성립 후 비교적 가까운 시기에 회사의 성립 전부터 존재하는 것으로서 영업을 위하여 계속 사용하여야 할 재산을 취득하는 계약을 말한다. 상법은 회사가 성립 후 2년 내에 자본금의 100분의 5 이상에 해당하는 대가로 이와 같은 계약을 체결할 때에는 주주총회의 특별결의를 얻도록 한다(375조 → 374조).

사후설립을 제한하는 이유는 현물출자와 재산인수가 변태설립사항으로서 엄중한 조사절차를 거치는 등 상법상 엄격한 규제를 받는데, 이를 회피하기 위해 사후설립이 이용될 수 있기 때문이다.[1] 이 점은 재산인수와 견주어 보면 명백해진다. 설립중에 발기인이 회사가 성립한 후 재산을 양수하기로 하는 계약을 한다면 재산인수로서 엄중한 제한을 받으므로, 설립중에는 그러한 뜻을 표출하지 않고 성립 직후 대표이사가 회사를 대표하여 재산을 양수한다면 그 경제적 효과는 동일하고, 취득가액이 과대평가될 때에는 자본충실을 해하게 한다. 그러므로 자본충실에 대한 양자의 위험도는 대동소이하다.

(2) 사후설립의 요건

1) 시 기 현물출자나 재산인수에 대한 탈법적 수단이 되는 것을 방지하기 위한 것이므로 회사성립 후 단기간(2년 내)에 이루어진 것만을 대상으로 한다.

2) 재 산 회사성립 전부터 존재하는 재산이라야 한다. 따라서 회사성립 후에 제작 · 창출되는 재산은 사후설립의 대상이 되지 않는다(정동윤 570. 반대: 손주찬 562; 최기원 224). 입법취지가 현물출자와 재산인수의 탈법방지에 있으며, 성립 전부터 존재하는 재산에 관해서만 탈법의 소지가 있다고 보기 때문이다.

재산은 회사의 영업을 위하여 계속 사용할 것이어야 한다. 영업을 위해 계속 사용되는 한 영업용 고정자산에 한하지 않고 모든 재산을 대상으로 한다. 토지 · 건물 · 기계 · 설비는 물론 각종 무체재산권, 영업권, 타인의 영업 자체 등이 다 이에 해당된다. 그러나 상품이나 원자재와 같은 영업행위의 목적인 재산은 이에 해당하지 않는다.[2]

---

1) Würdinger, S. 99.
2) 日注釋(5), 307면.

3) 취득의 대가 사후설립은 현물출자나 재산인수의 탈법수단이라는 뜻에서 규제하므로 어느 정도 고액의 대가가 치러질 때 규제할 가치가 있다. 따라서 자본금의 100분의 5 이상에 해당하는 대가로 취득할 때에만 본조가 적용된다. 「100분의 5」는 재산취득 당시의 자본금을 기준으로 계산한다.

자본금의 100분의 5 이상인지 여부는 개개의 계약을 단위로 계산해야 할 것이나, 동일한 양도인으로부터 한도 미만의 금액으로 세분하여 수차에 걸쳐 양수하는 경우에는 전체를 하나의 거래로 보아 본조를 적용해야 한다.[1)]

4) 요건의 형식성 사후설립의 제한은 자본충실을 위한 것이나, 위 요건만 갖추면 충분하고 회사에 손해를 끼쳤음을 요하지 않는다. 또 대표이사나 양도인의 過失 유무나 주관적 동기는 묻지 않는다.

(3) 주주총회의 특별결의

위 요건을 충족하여 사후설립에 해당되면 주주총회의 특별결의를 얻어야 한다. 양도인이 주주라면 그 주주는 특별한 이해관계가 있다고 보아야 할 것이므로 (368조 3항) 의결권을 행사할 수 없다. 주주총회의 특별결의 없는 사후설립은 무효이다. 상대방의 선의 · 악의는 묻지 않는다.

Ⅷ. 반대주주의 주식매수청구권

1. 의 의

反對株主의 株式買受請求權(the appraisal right of dissenters)이란 주주의 이해관계에 중대한 영향을 미치는 일정한 의안이 주주총회에서 결의되었을 때, 그 결의에 반대했던 주주가 자신의 소유주식을 회사로 하여금 매수하게 할 수 있는 권리이다. 이 제도는 정관에 주식의 양도를 제한하는 규정을 둔 회사에서 이사회가 주식의 양도를 승인하지 않을 경우 주주에게 인정되는 주식매수청구권(335조의6)과 유사하지만, 취지를 달리한다. 상법 제335조의6이 인정하는 매수청구권은 양도가 제한되는 주식의 환가방법으로서 인정되는 것이지만, 여기서의 매수청구권은 다수자 주주의 의사결정으로부터 소수자 주주의 이익을 보호하려는 제도이다. 양자 모두 미국회사법에서 유래한다.

1) 前註, 308면.

2. 이론적 근거

원래 주주총회는 다수결의 원칙이 지배하므로 결의에 반대하는 주주가 있다 하여 이로 인해 사원구성을 해체할 이유는 없다. 이를 인정한다면 주식회사의 실체를 合手的 組合(Gesamthandgesellschaft)化하는 것으로서 전통적인 주식회사의 본질관에 어긋난다. 그러므로 주식매수청구제도는 주식회사의 본질에 관해 組合觀 내지는 契約的 思想에 입각한 영미의 보통법적 사고에 의해서만 설명될 수 있다.

미국에서는 주주가 회사설립시부터 예정되고 기대되었던 회사기능의 구조적인 변화를 거부할 수 있는 기본적 권리를 가지며, 이 권리의 침해에 대한 대상(代償)으로서 인정되는 것이 주식매수청구권이라고 본다.[1] 즉 다수자가 기업의 구조적 변화를 시도할 권능을 갖는 데에 대응하여, 소수자는 그 변화에의 추종을 거부할 권리로써 주식매수를 청구할 수 있다는 것이다.[2] 따라서 주식매수청구는 새로운 상황변화에 적응하고자 하는 다수자의 권리와 이에 수동적으로 연루되기를 거부하는 소수자의 권리가 충돌될 경우 그 타협적 수단이 되는 셈이다.[3]

이러한 이론적 배경을 가지고 미국에서는 대부분의 주회사법이 회사합병과 전재산의 양도에 있어서 반대주주의 주식매수청구권을 인정하며, 몇몇 주[4]에서는 신주인수권을 배제하거나 의결권을 제한하는 것과 같이 주주의 이익에 중요한 영향을 미치는 내용으로 원시정관을 변경할 때에도 반대주주의 주식매수청구권을 인정한다.[5]

주식매수청구권제도는 소수자 주주의 이익을 보호하기 위한 것이기는 하나, 이로 인해 회사 및 다른 이해관계자의 비용 또한 크게 유발된다. 우선 주식회사에서 인정될 수 없는 퇴사 및 출자의 환급을 광범하게 허용한다. 예컨대 주주 전원이 출석하여 가결에 필요한 최소한의 주주가 찬성하고(발행주식총수의 3분의 2) 최다수의 주주가 반대한다면 회사는 발행주식총수의 3분의 1에 해당하는 자기주식을 취득하게 되어 자본충실을 해하고 채권자의 지위가 불안해질 것이다. 또한 주식매수청구가 다량으로 쇄도할 경우 불가피한 의사결정을 포기할 수밖에 없는 경우도

1) Jennings & Buxbaum, p. 1066; Farris v. Glen Alden Corp., 393 Pa. 427, 143 A. 2d 25, 1958.
2) M. A. Eisenberg, *The Structure of the Corporation*, p. 78.
3) *Ibid.*
4) N.Y. Bus. Corp. Law § 806(b)(6); MBCA § 13.02(a)(4).
5) Cary & Eisenberg, p. 1105.

있다. 반면 이러한 이유로 합병 등 중요의사결정의 공정성을 담보하는 긍정적인 효과도 발휘한다. 예컨대 합병비율이 불공정하면 주주들의 주식매수청구가 쇄도할 것이므로 경영자들이 합병비율의 결정에 신중을 기할 것이다.

반대주주의 주식매수청구제도는 주주의 의사결정방법이 변화함에 따라 생겨났다. 초기의 미국 common law 하에서는 합병과 같은 회사의 구조적 변화를 가져오는 의안은 주주의 만장일치를 요구하였으므로 단 1주를 소유한 주주라도 거부권을 행사할 수 있었다. 19세기 후반 산업혁명이 절정을 이루어 기업환경에 큰 변화가 생김에 따라 기업조직의 기민한 변신이 필요해졌는데, 거부권제도가 유지되어서는 이러한 변신이 용이할 수 없으므로 각 주에서 주주의 다수결만으로 구조적 변화를 추구할 수 있도록 하는 법개정이 잇달았다. 이같이 다수결이 도입됨으로 인해 주주가 거부권을 상실하게 되었으므로 그에 대한 대상(代償)으로 반대주주의 주식매수청구권을 인정하기에 이른 것이다.[1]

주식매수청구는 반대하는 주주의 입장에서 보면 자신이 바라지 않는 사업으로부터 투자를 회수하는 수단이 되는데, 이를 매수청구제도의 「청산기능」(liquidity function; a way out function)이라고 한다.[2] 즉 찬성하는 주주와 반대하는 주주가 사업상 결별하기 위해 행하는 청산의 의미를 가진다는 것이다.[3]

3. 요　　건

(1) 결의사항

1) 기본원칙　　회사에 구조적인 변화를 일으키는 특별결의사항에는 여러 가지가 있지만, 어떤 경우에 주식매수청구권을 인정하느냐라는 것은 입법정책의 문제이다. 상법은 제374조 제 1 항이 정하는 영업양도 등과 합병, 분할합병, 주식의 포괄적 교환 · 이전(이하 '합병 등'으로 한다)의 승인을 위한 특별결의에 있어서만 반대주주의 주식매수청구권을 인정한다(360조의5 · 360조의22 · 374조의2 1항 · 522조의3 · 530조의11 2항).

이에 해당하는 사항이라도 주주총회의 결의를 요하지 않는 경우에는 「결의에」 반대하는 주주가 있을 수 없으므로 매수청구권을 인정하지 않는다. 구체적으로 보면, 영업을 양도하는 회사에서는 전부 양도하는 경우와 중요한 일부를 양도하는 경우에 주주총회의 특별결의를 요하고 따라서 반대주주의 매수청구가 허용

---

1) Barry M. Wertheimer, "The Purpose of Shareholders' Appraisal Remedy," 65 Tenn. L. Rev. 661, 662(1998); Michael G. Schinner, "Dissenting Shareholders' Statutotry Right to Fair Cash Value: Amrstrong v. Marathon Oil. Co.," 22 Akron L. Rev. 261, 265(1989).

2) Barry Wertheimer, *Ibid.*, 663.

3) 關俊彦,「株式評價論」, 商事法務硏究會, 1983, 5면.

된다(374조 1항 1호). 양수하는 회사에서는 영업의 전부이든 일부이든 회사에 중대한 영향을 미칠 경우에 한해 주주총회의 특별결의가 필요하고 반대주주의 매수청구가 허용된다(374조 1항 3호). 따라서 쌍방의 조합에 따라서는 쌍방의 회사에서 주주총회의 특별결의 및 매수청구가 허용되기도 하고, 쌍방에서 불필요하기도 하고, 어느 일방에서만 필요하기도 하다.[1)]

합병의 경우 매수청구권은 소멸회사 및 존속회사의 주주에게 공히 인정되는데, 소규모합병(527조 의3)의 경우에는 존속회사에서 주주총회의 결의가 없으므로 매수청구는 인정되지 않는다. 그러나 간이합병(527조 의2)의 경우에는 소멸회사에 주주총회의 결의가 없지만, 주식매수청구가 인정된다. 포괄적 주식교환에도 소규모교환과 간이교환이 있는데, 합병에서와 마찬가지로 전자의 경우에는 주식매수청구권이 인정되지 않고, 후자의 경우에는 인정된다.

2) 예 외 　해산을 한 후에 영업을 양도할 때에는 주식매수청구권을 인정할 수 없다.[2)] 주주는 잔여재산을 분배받음으로써 투하자본을 회수할 수 있으므로 주식매수가 불필요하기도 하지만, 해산할 때에 주식매수청구를 허용한다면 주주가 회사채권자에 앞서 출자를 환급받는 결과가 되기 때문이다. 그리고 채무자 회생 및 파산에 관한 법률에 의한 회생절차로서 영업양도, 주식의 교환·이전, 합병, 분할을 할 때에도 반대주주의 주식매수청구권은 인정되지 않는다(회파 261조 2항·269조 3항·270조 3항·271조 5항·272조 4항). 회생계획에 의해 이들 행위를 함에는 주주총회의 결의를 요하지 않기 때문이기도 하지만, 채권자의 보호를 우선시켜야 하기 때문이다.[3)]

⑵ 주주의 반대

주식매수청구권은 결의에 반대한 주주에게 그 반대에도 불구하고 가결되었을 때에만 주어진다(360조의5·360조의22·374조의2 1항·522조의3·530조의11 2항)(간이합병의 경우에는 반대의 통지로 족하다. 522조의3 2항). 반대하는 주주는 후술과 같이 사전에 회사에 대하여 반대의 통지를 하여야 한다.

---

1) 예컨대 A회사가 B회사에 영업의 전부를 양도하고 그 양수가 B의 영업에 중대한 영향을 미치는 경우에는 쌍방에 매수청구가 인정되고, A의 중요하지 않은 일부를 B에게 양도하는데, 이는 B에게도 중대한 영향이 없는 경우에는 쌍방에 매수청구가 인정되지 않는다. 그리고 A에게 중요한 일부를 양도하지만, B에게는 중대한 영향이 없는 경우에는 A에서만 매수청구가 인정된다.
2) 일본회사법에서는 이를 명문화하고 있다(日會 제469조 1항 단).
3) 「금융산업의 구조개선에 관한 법률」에서는 부실금융기관이 정부의 출자를 받을 경우 이사회의 결의로 자본을 감소할 수 있게 하면서 반대주주의 매수청구권을 인정하는데, 그 타당성은 의문이다(동법 12조 7항·8항).

⑶ 반대주주의 자격

1) 의결권 없거나 제한되는 주주도 주식매수청구권을 갖는다(374조의2 1항).[1]

2) 상장회사는 합병 등 주요 경영사항에 관한 이사회의 결의가 있으면 시장에 공시를 한다. 이 공시가 있은 후에 주식을 취득한 주주에게 매수청구권을 인정할 필요가 없음은 물론이다. 그러므로 자본시장법에서는 원칙적으로 이사회의 결의가 있은 사실이 공시되기 이전에 취득하였음을 증명하는 주주에 한해 매수청구권을 인정한다(자금 165조의5 1항). 비상장회사의 경우에도 해석론으로서, 이사회에서 합병 등이 결의되고 그 계획이 공표된 후에 주식을 취득한 주주는 이러한 계획이 있음을 알고 주식을 취득한 바이므로 주식매수청구권을 부여해서는 안 된다는 견해가 있다. 그러나 계획의 공표라는 것이 명문에 의해 정형화된 공시방법으로 인정되지 않는 한 그에 의해 모든 투자자가 안다고 의제할 수 없으므로 이같은 예외를 인정할 것은 아니다(송옥렬 965; 최기원 437).[2]

4. 주주의 반대절차

⑴ 총회소집통지

이사회에서 합병 등의 결의가 있은 후 주주총회를 소집하는데, 공식적으로는 주주가 그 통지에 의해 비로소 합병 등이 추진되고 있음을 알게 되고 반대 여부를 결정한다. 통지에서는 주식매수청구권의 내용 및 행사방법을 명시해야 한다(374조 2항 · 360조의3 4항 · 360조의16 3항 · 530조 2항 · 530조의11 2항). 이를 게을리한 때에는 벌칙이 적용된다(635조 1항 23호). 기술한 바와 같이 의결권 없는 주주에게도 매수청구의 기회를 부여해야 하므로 그들에게도 총회개최의 사실을 통지해야 한다.

회사가 주주에게 주주총회의 소집을 통지하면서 주식매수청구권의 내용 및 행사방법을 명시하지 않은 경우에는 주주의 사전반대가 어려울 수 있으므로 주주는 사전반대의 통지 없이도 매수청구권을 행사할 수 있다고 보아야 한다(대법원 2012. 3. 30.자 2012마11 결정. 원심: 서울고법 2011. 12. 9.자 2011라1303 결정).

⑵ 事前反對의 통지

결의에 반대하는 주주는 주주총회 전에 당해 회사에 대하여 서면으로 그 결의에 반대하는 의사를 통지하여야 한다(360조의5 1항 · 360조의22 · 374조의2 1항 · 522조의3 1항 · 530조의11 2항). 반대의 통지는

---

1) 2015년 개정전에는 상법에 명문의 규정이 없었으나, 해석상 인정하였고, 상장회사에 관해서는 자본시장법에서 명문으로 인정하였다(자금 165조의5 1항).

2) 日注釋(5), 287면.

회사에 대해 반대주주의 현황을 파악하여 총회결의에 대비하고 매수의 준비를 갖추게 하는 예고적 의미를 갖는다. 그러므로 반대의 통지는 주주총회일 이전에 회사에 도달해야 하며, 통지사실은 주주가 증명해야 한다(정찬형 946).

사전반대는 주주권의 행사이므로 통지 당시에 주주권을 행사할 수 있는 자만이 할 수 있다. 따라서 주주명부 또는 실질주주명부에 등재된 자이어야 한다.

(3) 書面請求

상법은 서면에 의한 사전반대만을 매수청구의 요건으로 할 뿐이므로 사전반대한 주주가 다시 총회에 출석하여 반대할 필요는 없다. 반대주주는 단지 총회의 결의일로부터 20일 내에 회사에 대해 서면으로 매수를 청구하면 된다. 反對株主가 총회에 출석하지 않더라도 결의시에 의결권 있는 주주의 의결권은 반대표에 가산해야 할 것이다(반대: 권기범 807; 김 · 노 · 천 885; 송옥렬(주석 – 회사 3) 134). 그렇지 않으면 반대자가 더 많은데도 의안이 가결되는 모순이 생길 수 있기 때문이다(예컨대 60%의 주주가 사전반대만 하고 주주총회에 출석하지 않고, 40%의 주주가 출석하여 찬성한 경우). 반대주주가 총회에 출석하여 다시 의결권을 행사하는 것은 무방하다. 이때 반대의사를 번복하여 찬성할 수 있는가? 부정할 이유는 없으며, 찬성할 경우에는 사전반대를 철회한 것이므로 매수청구를 할 수 없음은 물론이다.

가정적 주식매수청구권

반대주주의 주식매수청구권은 실제 해당 의안에 대한 주주총회의 특별결의가 있고, 일부 주주가 이에 반대하였음에도 불구하고 가결된 경우에 발생한다. 그러나 주주총회의 특별결의가 필요한 행위(중요 영업재산의 양도)를 회사가 결의 없이 실행하였으므로 일부 주주가 추인결의를 위한 주주총회의 소집을 제안하였으나 회사가 불응하자, 동 제안 주주가 추인결의를 거쳤더라면 자신이 반대하고 주식매수청구권을 행사할 수 있었음을 전제로, 주식매수청구권을 행사하지 못해 생긴 손해의 배상을 청구한 소송에서 이 주주의 청구를 인용한 판례가 있다(대법원 2025. 10. 16. 선고 2019다236385 판결).

5. 買受請求

(1) 매수청구권자

이상의 사전반대 · 매수청구는 모두 동일한 주주에 의해 이루어져야 한다. 그 중간시점에서의 주식양수인에게 매수청구권을 인정한다면 그 주식양수는 사실상 주식매수청구권의 취득이라는 뜻을 갖는데, 이는 매수청구제도의 취지에 어긋나기 때문이다.

⑵ 청구기간 · 방법

회사에 대하여 반대의 통지를 한 주주는 그 총회의 결의일부터 20일 내에 주식의 종류와 수를 기재한 서면으로 회사에 대하여 매수를 청구할 수 있다(374조의 2 1항).

⑶ 매수청구주식수

사전반대 · (총회참석) · 매수청구의 단계에서 변동 없이 동일성이 인정되는 주주만이 매수청구할 수 있다고 보는 결과, 가령 반대주주의 소유주식수가 증감한다면 최저치에 관하여만 매수를 청구할 수 있을 것이고, 전량의 매도 · 매수가 있었다면 전혀 매수청구를 할 수 없을 것이다.

소유주식 중 일부만을 매수청구하여도 무방하다. 두 가지 경우로 나누어 볼 수 있다. 하나는 주주가 사전통지 및 의결권을 불통일행사하여 일부는 찬성, 일부는 반대한 후 반대한 주식만 매수청구하는 경우이고, 다른 하나는 전량의 주식을 가지고 반대하였으나 매수청구 자체는 일부 주식에 관해서만 하는 경우이다. 전자의 경우에는 의결권불통일행사의 요건을 충족하는 한 허용해야 할 것이고, 후자에 관해서도 주식매수청구권은 주주의 권리이고 그 일부나 전부의 포기는 주주의 자유라 할 것이므로 역시 부정할 이유가 없다.[1] 주주는 일부의 매수청구, 일부의 포기에 의해 분산투자의 효과를 거둘 수 있다.

⑷ 매수청구권의 성질

주주가 주식매수청구권을 행사할 경우 회사는 매수청구기간(해당 주주총회의 결의일로부터 20일)[2]이 종료하는 날부터 2월(상장회사의 경우에는 1월. 자금 165조의5 2항) 이내에 「그 주식을 매수하여야 한다」(374조의 2 2항). 회사가 별도로 매수의 의사표시(승낙)를 하여야만 주식의 매매가 성립하는 것처럼 오해할 소지가 있으나, 매수청구권은 형성권으로서 회사가 2월 이내에 「매수하여야 한다」라는 것은 2월 이내에 이행(매수대금의 지급)을 하여야 한다는 뜻으로 해석해야 한다(권기범 814; 서헌제 755; 손주찬 731; 송옥렬 963; 이 · 최 580; 임재연Ⅱ 227; 정동윤 574; 최기원 438)(대법원 2011. 4. 28. 선고 2009다72667 판결). 이와 달리 회사에 매수가격을 협의할 의무를 생기게 할 뿐이라는 견해도 있다(정찬형 942).

⑸ 매수청구의 철회

주주는 매수청구를 철회할 수 있다. 매수청구권은 주주의 이익을 보호하기 위한 제도이므로 매수청구권의 행사, 불행사에 관해 회사가 반대의 이해를 갖는다고 볼 수 없기 때문이다.[3]

---

1) 黑木學, "營業讓渡に反對の株主の買受請求," 河本 · 橋本, 「會社法の基礎」, 109면.

2) 종전의 「청구를 받은 날로부터」에서 2015년에 본문과 같이 개정.

3) 철회를 자유롭게 하는 데에 문제가 전혀 없는 것은 아니다. 주주가 일단 매수청구를 해 놓고, 추

⑹ 매수청구 주주의 지위

회사가 주식을 매수하는 효과는 후술과 같이 대금지급시에 생기므로 매수청구를 한 주주는 그 이전에는 주주의 지위를 잃지 않는다. 따라서 매수청구 이후에 열리는 총회에서의 의결권의 행사 등 주주권을 행사할 수 있다.

6. 매수가격의 결정

주식매수청구의 실제에 있어 매수가격의 결정이 주주의 보호를 위해 가장 핵심적인 문제이다. 매수가격이 적절치 않다면 결국 소수자를 부당히 축출(freeze out)하는 수단이 될 뿐이기 때문이다.[1]

⑴ 가격결정의 기본원칙

미국의 대부분의 주회사법은 매수가격산정의 기본원칙으로서 주식의 公正한 價値(fair value)의 결정을 들고 있다(예: MBCA § 13.24 (b)(2)(3); Del. Gen. Corp. Law § 262(h)). 공정한 가치란 바로 계속기업에 있어서의 (주식이 갖는) 비례적 이익(proportionate interest in a going concern)을 뜻하며,[2] 그것은 합병 등의 실현 또는 그 예정(계획)에 의해 영향을 받기 전의 상태에서의 가치를 기준으로 평가되어야 한다(MBCA § 13.01; Del. Gen. Corp. Law § 262(h)).[3] 상법에서 명문으로 정한 바는 없으나 같은 정신에 입각하여 가격을 결정해야 할 것이다.

⑵ 가격결정절차

1) 협 의 매수가격은 원칙적으로 주주와 회사간의 협의에 의하여 결정한다(360조의5 3항 · 374조의2 3항 · 530조 2항). 협의란 쌍방의 의사가 있을 때에 가능한 것이므로 어느 일방에 협의의 의사가 없으면 거칠 수 없는 절차이다. 즉 협의는 구속력 있는 절차가 아니므로 이를 생략하고 다음 단계의 결정절차를 거칠 수 있다. 협의는 반대주주가 집단을 이루어 회사의 상대가 되어야 함을 뜻하는 것이 아니고 회사가 개개인의 주주와 개별적인 약정에 의해 타결하는 것이다. 그러나 실제는 회

후 주식 시세가 형성되는 상황을 보아 매수 혹은 철회를 선택하는 일종의 남용을 허용할 소지가 있기 때문이다. 그래서 일본에서는 회사의 승낙이 없으면 매수청구를 철회할 수 없다는 규정을 두고 있다(日會 116조 6항). 입법론적으로는 고려해 봄직한 제도이나, 명문의 규정이 없는 이상 본문에서와 같이 해석할 수밖에 없다.

1) Cary & Eisenberg, p. 1106.

2) Tri-Continental Corp. v. Battye, 31 Del. Ch. 523, 74A. 2d 71(1950).

3) Del. Gen. Corp. Law § 262(h)에서 이 뜻을 다음과 같이 표현하고 있다. 「… fair value exclusive of any element of value arising from the accomplishment or expectation of the merger...」.

사가 매수가격을 제시하고 주주들이 개별적으로 수락 여부를 결정하는 모습을 보인다.

2) 법원의 결정 매수청구기간이 종료하는 날로부터 30일 이내에 가격 결정에 관한 협의가 이루어지지 않을 경우에는 회사 또는 매수청구를 하는 주주는 법원에 대하여 매수가격의 결정을 청구할 수 있다(360조의5 3항 · 374조의2 4항 · 530조 2항).

상법은 청구기간에 관해 명문의 규정을 두고 있지 않다(374조의2 4항). 입법의 불비이다. 상법 제374조의2 제 2 항이 정하는 회사의 매수기간은 동시에 반대주주의 권리행사기간을 의미하는 것으로 보아 이 기간 내에는 청구해야 한다고 해석한다.[1)]

법원이 매수가격을 결정할 경우에는 회사의 재산상태 그 밖의 사정을 참작하여 公正한 가격으로 이를 산정하여야 한다(374조의2 5항). 「공정한 가격」이란 앞서 말한 영업양도나 합병 등 결의사항의 예정에 의해 영향받기 전의 주식의 가치를 기준으로 산정한 가격을 말하며, 구체적인 금액은 그 주식의 시장가치(market value), 자산가치(asset value), 수익가치(earnings value), 그리고 배당가치(dividend value) 등의 제반 요소를 고려하여 결정하여야 할 것이다.[2)·3)] 법원의 매수가격 결정은 非訟事件으로 다루고 있으나(비송 72조 1항), 결정에 의해 적극 및 소극적 출연을 해야 하는 반대의 이해관계인(회사와 반대주주)이 존재하므로 입법론적으로는 소송사건으로 다루는 것이 옳다고 본다.[4)]

법원은 회사의 「재산상태 그 밖의 사정」을 참작하라고 규정하는데, 읽기에 따라서는 위에 말한 공정한 가격에서 회사의 재산상태 등을 참작하여 가감할 수 있는 듯이 해석할 수도 있다. 가령 회사의 유동자산의 현황을 고려하여 회사의

---

1) 일본회사법에서도 결의의 효력발생일로부터 30일 내에 협의가 이루어지지 않을 경우 이 기간이 종료한 때로부터 30일 내에 법원에 가격결정을 청구할 수 있다고 규정함으로써(日會 470조 2항) 결국 회사가 매수해야 할 기간(60일) 내에 이 절차가 종료하도록 하고 있다.

2) 이는 소위 「Delaware block approach」라고 하여 델라웨어州의 판례가 개발한 방법이고, 다른 주에서도 이를 추종하고 있다(예: Piemonte v. New Boston Carden Corp. Supreme Court, 377 Mass. 719. 389 N. E. 2d 1145(1979)).

3) 대법원 2006. 11. 23.자 2005마958 결정: 특별한 사정이 없는 한 주식의 가치는 영업양도 등에 의하여 영향을 받기 전의 시점을 기준으로 수익가치를 판단하여야 하는데, 이때 미래에 발생할 추정이익 등을 고려하여 수익가치를 산정하여야 한다.

4) 일본에서도 비송사건으로 다루고 있는데(日非訟事件手續法 132조), 그 위헌소송이 제기된 바 있다. 이에 대해 最高裁判所는 위헌이 아니라고 판시하였으나(日最高裁 1973. 3. 1. 결정, 民集 27권 2호 161면), 그에 대한 반론도 적지 않다(關俊彦, 前揭書, 199면 이하). 참고로 동소송에서 위헌요소로 주장된 점은 재판이 비공개로 진행된다는 점, 회사가 실질적인 반대당사자임에도 불구하고 회사에 반대신문의 기회가 보장되지 않는다는 점 등이다.

재무관리가 어려워지지 않도록 매수가격을 다소 감액하는 것과 같다. 그러나 매수가격을 이같이 결정한다면 합병 등이 이루어진 후에 회사에 잔류하는 다수자 주주들을 위해 반대하는 소수자 주주들의 이익을 희생시키는 결과가 되어 부당하다. 법원은 앞서 말한 원칙에 충실하여 합병 등에 의해 영향받지 않은 가격으로 결정하여야 한다고 해석한다.

상장법인 및 비상장법인의 매수가격 결정

1) **상장회사에서의 가격기준** 상장회사에서의 매수가격결정에는 자본시장법이 채용하는 가격결정법이 일응의 기준이 된다. 자본시장법에서는 주주와 회사간에 협의가 이루어지지 않으면 매수가격은 합병 등을 위한 이사회의 결의일 이전에 증권시장에서 거래된 당해 주식의 2월간, 1월간 및 7일간의 평균가격을 재차 평균한 가액으로 한다(자금 165조의5 3항 단, 자금령 176조의7 3항). 이사회의 결의일 이전의 평균가를 기준으로 한 이유는 이사회결의일 이후의 주가는 합병 등의 계획이 반영된 가격이라서 이로부터 공정한 가치를 이끌어 낼 수 없기 때문이다. 이 주가는 결의일 전보다 상승할 수도 있고 하락할 수도 있으나 소수자들이 반대하여 매수청구를 한다는 일은 주가가 하락할 경우에 나타난다.

이같이 결정되는 매수가격에 회사 또는 주주가 반대할 때에는 매수가격의 결정을 법원에 청구할 수 있다(자금 165조의5 3항 단).[1)]

2) **비상장회사에서의 가격기준** 비상장회사의 매수가격결정에 있어 판례는 그 주식의 객관적 교환가치가 적정하게 반영된 정상적인 거래실례가 있으면 그 거래가격을 시가로 보아 주식의 매수가액을 정하는 것을 원칙으로 한다. 그러나 이러한 거래사례가 없으면 비상장주식의 평가에 있어 보편적으로 인정되는 시장가치방식, 순자산가치방식, 수익가치방식 등 여러 가지 평가방법을 활용하되, 비상장주식의 평가방법을 규정한 관련 법규들은 그 제정 목적에 따라 서로 상이한 기준을 적용하고 있으므로, 어느 한 가지 평가방법(예컨대 자본시장법에서의 평가방법이나 상속세 및 증여세법상의 평가방법)이 항상 적용되어야 한다고 단정할 수는 없고, 당해 회사의 상황이나 업종의 특성 등을 종합적으로 고려하여 공정한 가액을 산정해야 한다는 일반원칙을 제시한다. 나아가 시장가치 · 순자산

---

1) 주식의 시가는 회사의 자산, 수익력, 전망 등 모든 정보가 반영된 가격이고 투자자 역시 시가를 전제로 투자행동을 하므로 법원 역시 원칙적으로는 시가를 참조하여 매수가격을 산정하여야 하지만, 그렇다고 법원이 자본시장법이 정한 산정방법에 따라야 하는 것은 아니고, 구체적 사정을 고려하여 가장 합리적인 방법에 따라 산정하면 족하다(대법원 2011. 10. 13.자 2008마264 결정). 예컨대 2015년에 구 제일모직(현 삼성물산)이 구 삼성물산을 흡수합병함에 있어 구 삼성물산의 일부 주주가 합병에 반대하며 주식매수청구를 하고 법원에 매수가격결정을 청구한 사건에서, 법원은 자본시장법이 정한 가격결정의 기준시점인 이사회일 이전에 상당기간 합병가능성이 주가에 반영되었다고 보고, 그보다 훨씬 앞의 시기인 제일모직의 상장일 전일을 합병의 영향을 받지 않은 시기로 보아 매수가격 결정의 기준일로 삼았다(대법원 2022. 4. 14.자 2016마5394 · 5395 · 5396 결정).

가치 · 수익가치 등 평가요소를 반영함에 있어서는 회사의 상황이나 업종의 특성 등에 비추어 구체적 타당성이 있도록 평가요소의 반영비율을 달리해야 한다는 입장을 취하고 있다(대법원 2018. 12. 17.자 2016마272 결정; 동 2006. 11. 24.자 2004마1022 결정; 동 2005. 10. 28. 선고 2003다69638 판결). 그리고 주식의 양도에 경영권의 양도가 포함되어 있는 경우에는 그 거래가격을 주식만을 양도하는 경우의 일반적인 시가로 볼 수 없다는 원칙, 그리고 비상장법인의 순자산가액에는 법인이 가지는 영업권도 포함된다는 이론을 제시하고 있다(전게 2004마1022 결정).

3) 주가상승의 기대권 일본에서는 회사가 주주로부터 강제로 취득할 수 있음을 내용으로 하는 종류주식을 발행할 수 있는데, 이 주식을 취득할 경우, 매수가격의 결정에 있어 주주가 회사에 대해 매수를 청구하는 경우와는 다른 기준을 제시하고 있다. 즉 일단 회사가 취득할 당시의 객관적인 가격을 결정한 후에 주주들이 장차의 주가상승을 기대할 수 있는 기대권을 갖는다고 보고 이 기대권의 값을 계산하여 객관적 가격에 합산한 가액을 매수가격으로 산정하고 있다.[1] 장래의 주가상승의 기대권이라는 형태로 squeeze out의 대가를 부여한 것이다.

7. 매수의 효력발생

상법은 매수의 효력발생시기에 관해 명문의 규정을 두고 있지 않다. 상법 제360조의26 제 1 항은 지배주주가 소수주주의 주식을 매수하는 경우에는 매수대금을 지급하는 시기에 주식이 이전되는 것으로 보고 있다. 반대주주의 주식매수청구제도도 원리는 동일하므로 동조항을 유추적용하여, 회사가 반대주주에게 매수대금을 지급하는 때에 주식이 회사에 이전된다고 보아야 한다.[2] 즉 반대주주는 매수대금을 지급받을 때까지 주주의 지위를 유지한다. 판례도 논거는 제시한 바 없으나, 같은 입장을 취하고 있다(대법원 2018. 2. 28. 선고 2017다270916 판결: 매수대금을 받기 전의 주주에게 회계장부열람청구를 허용한 예).

8. 매수주식의 처분

반대주주의 주식을 매수함으로 인해 회사는 예외적으로 자기주식을 취득하게 된다(341조의2 4호). 이 주식은 자기주식의 처분에 관한 일반원칙에 따라 처분할 수 있다(342조).

9. 채권자의 보호

주식매수로 인해 상당액의 회사재산이 유출되므로 회사채권자를 위한 책임

1) 日最高裁 2009. 5. 29.,「商事法務」2009. 6. 15.(2868) 47면.

2) 일본회사법은 주식매수청구에 의한 주식매수는 당해 주식의 대금지급시기에 효력을 발생한다고 규정하고 있다(日會 470조 5항).

재산이 감소된다. 합병과 같이 채권자보호절차를 거치는 경우에는 매수청구가 있더라도 별문제가 없으나, 상법 제374조의 결의사항에 관해 주식매수가 이루어질 때에는 채권자보호장치가 없으므로 채권자의 피해가 우려된다. 심지어는 대주주가 채권자에 앞서 출자를 환급해 가는 방법으로 악용하는 예도 예상할 수 있다. 입법의 불비이므로 주식매수제도와 관련하여 채권자를 보호하기 위한 입법이 보완되어야 한다.

Ⅸ. 주주총회결의의 瑕疵(하자)

1. 총 설

주주총회의 결의는 다수 출자자의 의사를 단일한 단체의사로 수렴하는 제도이므로 그 내용과 절차면에서 적법·공정하게 이루어져야 함은 물론이다. 그렇지 않고 결의의 절차나 내용에 하자가 있을 경우에는 정당한 단체의사로 인정할 수 없고 그 효력이 부정되어야 한다. 법률행위의 하자에 관한 일반원칙을 적용한다면 주주총회의 결의에 무효원인이 있으면 특별히 주장하지 않더라도 결의의 효력이 처음부터 발생하지 않고, 취소원인이 있다면 취소권자의 일방적 취소로 결의는 소급하여 효력을 상실하게 될 것이다.

그러나 주주총회의 결의는 사단적 법률행위이므로 그 성립과정에 다수인의 의사와 이해관계가 개재되며, 결의가 이루어지면 결의의 유효를 전제로 각종의 후속행위가 이루어지므로 무효·취소의 일반법리에 따라 해결한다면 단체법률관계의 불안정을 초래하여 다수인의 이익을 해하게 된다. 그러므로 상법은 결의의 효력을 부정할 원인이 되는 하자의 유형을 법정하고, 원칙적으로 訴만으로 주장할 수 있게 하는 동시에 하자의 유형에 따라 취소의 訴, 무효 또는 부존재확인의 訴, 부당결의취소·변경의 소로 소송의 종류를 법정하고, 그에 대한 판결의 효력을 별도로 정함으로써 이해관계의 조정을 꾀하고 있다(〈표 6-2〉 참조). 다만 무효확인의 소(및 부존재확인의 소)의 성질에 관해 확인의 소냐 형성의 소냐라는 다툼이 있는데, 어느 쪽을 취하느냐에 따라 주장방법과 효력이 달라진다.

주의할 점은 결의의 하자를 다투는 訴에 관한 상법규정은 積極決議(可決)에 관해서만 적용된다는 점이다. 消極決議(否決)는 소집절차·결의방법에 하자가 있다고 하여 可決로 바꿀 수 없으므로 취소소송이 불가능하고, 부결한 결의에 내용상의 위법이 있을 수 없으므로 무효확인소송이 불가능하기 때문이다.

〈표 6-2〉 각 訴의 비교

소의 종류 / 비교사항	취소소송	무효확인소송	부존재확인소송	부당결의취소 · 변경의 소
소의 원인	절차상의 하자 (소집절차 · 결의 방법이 법령 · 정관에 위반하거나 현저히 불공정), 결의내용의 정관 위반	내용상의 하자 (결의내용이 법령, 사회질서, 주식회사의 본질에 위반)	절차상의 하자 (취소원인이 지나쳐 결의가 존재한다고 볼 수 없을 때)	내용상의 하자 (특별한 이해관계 있는 주주를 배제하고 한 결의의 내용이 현저히 부당)
소의 성질	형성의 소	형성소송설 확인소송설	형성소송설 확인소송설	형성의 소
제소권자	주주·이사·감사	소익이 있는 자	소익이 있는 자	의결권을 행사하지 못한 특별한 이해관계 있는 주주
제소기간	결의일로부터 2월	없 음	없 음	결의일로부터 2월
절 차	동(피고, 전속관할, 소제기공고, 병합심리, 패소원고의 책임, 주주의 담보제공의무, 등기)			
법원의 재량기각	可	不可		
기판력의 범위	대세적 효력(인용판결)			
소 급 효	소 급			

非단체법률관계적 결의의 효력

주주총회의 결의는 단체적 의사결정이므로 그 결의내용도 단체법률관계로서의 성격을 구비한 것이라야 한다. 상법이 주주총회의 결의사항으로 정한 것은 모두 단체적 이해에 관한 것으로서 단체적 의사결정을 필요로 하는 사항들이다. 간혹 당사자의 약정으로 단체적 성격이 없는 사안에 관해 주주총회의 결의를 거칠 것을 요건으로 삼거나, 정관으로 단체법률관계와 무관한 사항을 결의사항으로 규정한 예가 있는데, 이러한 정함에 근거한 결의가 있더라도 상법상의 주주총회의 결의가 될 수 없으며, 그 무효는 상법상의 무효확인의 訴(380조)가 아니라 일반 확인의 訴로 다투어야 한다.

골프장을 운영하는 주식회사가 주주들에게 이용권을 부여하면서, 이용료를 인상할 경우에는 주주총회의 결의를 거치도록 약정한 바 있고, 이 약정에 근거해 주주총회의 결의를 거쳐 주주들의 이용료를 인상하였던바, 어느 주주가 그 결의의 무효를 주장하는 소송(380조의 무효확인소송)을 제기하였다. 법원은 골프장 이용혜택에 관한 문제는 이용자와 회사간의 개인법적 계약관계이므로 주주총회의 결의사항이 될 수 없고, 따라서 이 의안을 다룬 주주총회의 결의는 상법상의 무효확인소송의 대상이 될 수도 없음을 이유로 각하하였다. 나아가 법원은 주주총회의 결의가 이용자와 회사의 법률관계를 직접 규율하는 것이 아니므로 일반 무효확인의 소의 확인의 이익조차 갖추지 못한다고 판시하였다(판례 [53]).

판 례

[53] 대법원 2013. 2. 28. 선고 2010다58223 판결

「… 예탁금 회원제 골프클럽인 이 사건 골프장을 운영하는 피고[기흥관광개발(주)]가 1997. 2. 28. 피고의 주주회원 중 일부로 구성된 주주회원모임과의 사이에 '피고가 주주회원의 골프장 이용혜택을 변경할 경우 주주회원모임과 협의하여 결정하고 중요한 사항은 주주총회에 회부하여야 한다'는 내용의 이 사건 약정을 체결하고, 이후 경영사정 악화를 이유로 주주회원의 골프장 이용혜택을 축소하는 … '주주회원의 입장료 조정에 관한 안건'을 주주총회에 상정하여 … 이 사건 결의를 한 사실 ….

이 사건 결의는 피고와 개별 주주회원 사이의 계약상 법률관계에 해당하는 골프장 이용혜택의 조정과 관련하여 피고와 주주회원들의 이해관계를 대변하는 주주회원모임 사이에 임의로 약정한 바에 따라 그 계약 내용 조정의 절차적 요건으로서 예정한 것일 뿐, 회사인 피고 또는 그 기관과 주주들 사이의 단체법적 법률관계를 획일적으로 규율하는 의미는 전혀 없고, 그 때문에 상법이나 그 밖의 법령, 피고의 정관 중 어디에서도 위와 같은 주주총회의 결의에 관한 근거를 찾을 수 없다는 것이니, 이러한 이 사건 결의를 두고 상법 제380조에서 정한 결의무효확인의 소 또는 상법 제376조에서 정한 결의취소의 소의 대상이 되는 주주총회 결의라고 말할 수 없다. 그렇다면 … 원고들의 이 사건 소는 … 부적법하므로 이를 모두 각하하여야 〔한다.〕」

2. 決議取消의 訴

총회의 소집절차 또는 결의방법이 법령 또는 정관에 위반하거나 현저하게 불공정한 때 또는 결의의 내용이 정관에 위반한 때에는 주주, 이사 또는 감사는 결의의 날로부터 2월 내에 결의취소의 訴(Anfechtungsklage)를 제기할 수 있다(376조 1항).

(1) 취소원인

주주총회의 소집절차는 이사회의 召集決定과 株主에 대한 통지로 구성되는데, 전자는 소유와 경영의 분리원칙하에서 총회소집권을 이사회에 귀속시킴으로써 주주의 무질서한 경영간섭을 차단하는 기능을 하고, 후자는 주주에 대해 주주총회에 참석하고 의사를 개진할 기회를 부여하는 기능을 한다. 그리고 결의방법

은 총회장에서 공정한 결의를 이끌어 내기 위해 행해지는 절차와 형식을 뜻한다. 그러므로 소집절차와 결의방법의 적법·공정성은 결의내용의 여하에 관계없이 중요한 단체법적 질서라 할 것이고, 따라서 이에 위반하였을 때에는 취소사유가 된다. 그리고 결의내용이 정관에 위반한 경우에는 직접 절차에 관한 문제는 아니나, 후술하는 이유에서 결의취소사유로 삼는다. 이상 요건의 요소를 조합하면 다음과 같이 7가지의 취소사유가 생긴다.

취소사유:
i) {소집절차} → {법령위반 ∨ 정관위반 ∨ 현저히 불공정}
ii) {결의방법} → {법령위반 ∨ 정관위반 ∨ 현저히 불공정}
iii) 결의내용의 정관위반

1) 소집절차상의 하자

㈎ 이사회의 소집결의의 하자 주주총회를 소집하기로 하는 이사회의 결의가 존재하고, 그 효력에 다툼의 소지가 있는 경우에는 결의취소사유가 된다(대법원 1980. 10. 27. 선고 79다1264 판결). 이와 달리 아예 이사회결의 없이 주주총회를 소집하는 경우에는 주주총회가 성립할 수 있는 법적 기초가 결여되어 있으므로 결의부존재사유로 보는 것이 타당하다. 그러나 판례는 이 경우에도 정당한 소집권자에 의해 소집된 것이라면 취소사유에 불과한 것으로 본다(대법원 1987. 4. 28. 선고 86다카553 판결; 동 2009. 5. 28. 선고 2008다85147 판결).

㈏ 소집권한 없는 자에 의한 소집 이사회의 소집결의는 있으나 대표이사 또는 정관상의 소집권자가 아닌 자가 소집한 경우(대법원 1993. 9. 10. 선고 93도698 판결; 동 1962. 11. 11. 선고 4294民上490 판결)이다. 소수주주나 감사의 청구에 의하여 주주총회를 소집하는 경우(366조 1항·412조의3 2항)에도 역시 정당한 소집권자가 소집해야 한다(대법원 1975. 7. 8. 선고 74다1969 판결). 소집권 없는 자의 소집도 그 하자가 중대한 경우에는 후술하는 결의부존재의 원인이 될 수 있다.

㈐ 통지상의 하자 일부주주에게 소집통지를 하지 않은 경우, 통지기간(총회일 2주 전)을 준수하지 않은 경우 또는 통지방법을 그르친 경우(예: 구두로 연락) 등이다(대법원 1993. 10. 12. 선고 92다21692 판결; 동 1981. 7. 28. 선고 80다2745 판결). 그 밖에 통지사항의 일부가 미비한 경우(예: 목적의 불기재, 시간 또는 장소의 누락 등)도 소집절차가 위법한 경우이며, 주주의 참석을 어렵게 하는 장소·시간을 선택한다면 소집절차가 현저히 불공정한 것으로 역시 취소사유가 된다.

통지의 하자가 대부분의 주주에게 생겨 출석한 의결권의 수가 극소하다면 결의취소사유가 아니라 결의부존재사유로 보아야 한다. 같은 이유에서, 회사가 주식양수인의 명의개서청구를 거부하고 그에게 소집통지를 하지 않은 경우는 원칙적으로는 취소사유이지만(대법원 1996. 12. 23. 선고 96다32768 판결), 당해 양수인의 소유주식이 발행주식의 대다수를 이룬다면(예: 과반수) 이는 부존재사유로 보아야 한다. 주주의 지위가 다투어지고 있는 경우에는 누구를 주주로 보고 소집통지를 해야 하느냐는 문제가 있다. 확정판결이 있기까지는 주주명부의 자격수여적 효력에 의해 주주로 인정되는 자를 주주로 보고 소집통지를 해야 할 것이다.[1)]

취소사유와 부존재사유의 판별

통지의 하자로 인해 다수의 주주가 불출석한 경우 취소사유로 볼 것이냐, 부존재사유로 볼 것이냐는 기준으로 판례는 정족수의 출석여부를 택하고 있다. 즉 통지상의 하자가 있더라도 정족수가 넘는 주주의 출석으로 출석주주 전원의 찬성에 의해 이루어진 결의라면, 부존재가 아니라 취소사유로 보아야 한다는 것이다(대법원 2012. 6. 14. 선고 2012다20925 판결; 동 1993. 10. 12. 선고 92다21692 판결). 1995년 개정전에는 출석정족수(발행주식총수의 과반수의 출석)가 요구되었으므로 당시의 판례는 이 정족수를 의식한 것으로 짐작되고, 일응 합리적인 기준이라고 볼 수 있다. 하지만 현재 정족수라면 출석의결권의 과반수 찬성 혹은 3분의 2 찬성이라는 의결정족수가 있을 뿐이다. 보통결의의 경우 전원찬성을 가정한다면 의결정족수란 발행주식총수의 4분의 1 이상의 찬성을 말한다. 그렇다고 4분의 3에 달하는 주주에게 소집통지를 게을리하였음에도 불구하고, 4분의 1에 해당하는 주주가 출석하여 전원찬성하였다고 해서 결의취소사유로 다루는 것은 代表性의 원리에 반한다. 적어도 1995년 개정법 이전의 판례와 같이 과반수에 미달하는 의결권만이 출석했다면 결의부존재사유로 보아야 한다.

(라) 목적사항 이외의 결의 총회의 소집목적 이외의 사항(소집통지서에 기재되지 않은 사항)에 관해 결의하면 설혹 긴급한 안건이라 하더라도 취소사유가 된다(대법원 1969. 2. 4. 선고 68다2284 판결). 법원의 허가를 얻어 소집하는 총회에서 허가받은 목적 이외의 사항을 결의하는 것도 취소사유가 된다(서울고법 2008. 7. 30. 선고 2007나66271 판결).

(마) 1인회사 또는 전원출석총회에 있어 소집절차에 하자가 있는 경우에 관하여는 기술 참조(542면 이하 참조).

2) 결의방법의 하자

(가) 주주 아닌 자의 결의참가 주주(또는 代理人) 아닌 자가 주주총회에 출석하여 결의에 참가한 경우이다(대법원 1962. 1. 31. 선고 4294民上452 판결; 동 1983. 8. 23. 선고 83도748 판결). 그러나 정도가 지나쳐 주주 아닌 자가 대다수인 경우에는 결의부존재사유가 된다.

(나) 의결권이 제한되는 주주의 의결권행사 예컨대 결의에 특별한 이해관계가 있는 자가 의결권을 행사한 경우(368조 3항)(대법원 1965. 11. 16. 선고 65다1683 판결), 회사가 자기주식을 가

---

1) 日最高裁 1997. 9. 9. 판결, 「判例時報」 1618호 138면 참조.

지고 또는 자회사가 모회사주식을 가지고 의결권을 행사한 경우(341조·342조의2), 다른 회사가 의결권이 휴지되는 상호주(369조 3항)를 가지고 의결권을 행사한 경우, 감사선임결의에서 어느 주주가 100분의 3을 초과하는 의결권을 행사한 경우(409조 2항) 등이다. 의결권을 부적법하게 불통일행사한 경우(368조 의2)에도 같다.

(다) **결의요건의 위반** 정족수·의결권의 계산이 위법한 경우, 예컨대 특별결의사항을 보통결의로 가결시킨 경우, 찬성주식수가 발행주식총수의 4분의 1 혹은 3분의 1에 미달하는데 의장이 가결된 것으로 선포한 경우 등이다(대법원 1996. 12. 23. 선고 96다 32768 판결).

(라) **不公正한 의사진행** 부당하게 주주의 발언을 제한하거나 퇴장시키는 경우, 총회꾼을 동원하는 등 불안정한 분위기를 조성하여 결의하는 경우 등은 결의방법이 현저하게 不公正한 경우가 될 것이다. 결의에 반대가 예상되는 주주의 출석을 지연시키고 이를 틈타 안건을 가결시킨 경우, 표결이 주주의 의사표시를 왜곡시키는 방법으로 이루어진 경우에는 현저히 불공정한 결의라고 한 판례가 있다(판례 [54]). *採決方法*이 그릇되어 주주의 찬반의사가 왜곡되게 집계된 경우도 불공정한 결의방법에 해당하여 취소사유가 된다(판례 [48]. 596면 참조).

독일주식법에서는 주주에게 그릇된 정보를 제공하거나 정보의 제공을 거절하여 주주가 의결권행사에 필요한 판단을 그르친 경우에는 결의를 취소할 수 있도록 하고 있다(§ 243 Abs. 4 Satz 1 AktG). 우리 법하에서도 결의에 필요한 정보를 허위로 제공하거나 필요한 정보를 제공하지 않음으로써 주주의 의결권행사를 오도한 경우에는 현저히 불공정한 결의로서 취소대상이 된다고 보아야 한다.

(마) **무효인 정관에 따른 결의** 소집절차 또는 결의방법을 다룬 정관의 규정이 강행법에 위반하여 무효인 경우 그 규정에 따른 결의는 소집절차 또는 결의방법에 하자가 있는 결의이다. 예컨대 1주 1의결권의 원칙에 위반하는 방법으로 감사선임시의 의결권을 제한한 정관규정에 의해 일부 주주에게 의결권을 부여하지 않고 감사를 선임한 경우 그 선임결의는 결의방법에 하자가 있는 것이므로 결의취소사유에 해당한다(대법원 2009. 11. 26. 선고 2009다51820 판결).

(바) **이익공여에 의한 의결권의 행사** 주주가 회사로부터 이익을 공여받고(467조의 2 1항) 의결권을 행사하여 이루어진 결의는 결의방법이 위법한 경우에 해당하여 취소의 대상이다(대법원 2014. 7. 11. 자 2013마2397 결정).

주주명부 열람거부의 효력

상법 제396조는 주주명부를 비치하도록 하고 주주에게 열람청구권을 부여하고 있다. 주주총회에 즈음하여 다른 주주로부터 위임장을 받고자 하는 주주에게는 주주명부의 열람이 필요할 것이다. 회사가 이를 거부한 경우 결의취소사유가 되는가? 열람의 거부는 위법하고 결의의 결과에 영향을 미칠 수도 있으나, 이는 총회의 소집이나 결의방법과는 무관하므로 결의취소사유는 될 수 없다(서울고법 2006. 4. 12. 선고 2005나74384 판결). 주주가 회사 또는 관련 이사의 손해배상책임을 물을 수 있음은 물론이다.

판 례

[54] 대법원 1996. 12. 20. 선고 96다39998 판결

「… 피고회사(주식회사 신라명과)의 주주는 피고회사의 대표이사인 소외 홍평우, 소외 손병구, 소외 주식회사 우진설비와 원고 등 4인에 불과하고, 위 손병구와 위 회사는 위 홍평우에 대한 명의대여자에 불과하여 실제 피고회사의 주주는 실제 발행주식의 57%를 소유하는 위 홍평우와 발행주식의 43%를 소유하는 원고뿐이며, 피고회사의 1992년 정기주주총회부터 이 사건 정기주주총회 직전인 1994년 정기주주총회에 이르기까지 원고는 동서인 소외 정환상에게 의결권행사를 위임하여 위 정환상이 원고의 대리인으로서 주주총회에 참석하여 왔던 사실을 알 수 있으므로, 이 사건 주주총회 회의장이 있는 피고회사의 건물 현관에서 위 주주총회에 참석하는 주주를 맞이하던 피고회사의 총무과장인 위 이기웅으로서는 위 정환상이 원고를 대리하여 주주총회에 참석하려고 피고회사의 건물에 도착한 것임을 알고 있었다 할 것이니〔나〕…

위 건물 현관에서 피고회사의 외부방문자에 대한 관행임을 이유로 외부인 방문일지에 성명 등 인적사항, 방문일자, 방문처 등을 기재하여 줄 것을 요구하여 위 정환상으로 하여금 이를 기재하게 하고 다시 원고의 위임장 제출을 요구하여 이를 제시받은 것이니, … 위와 같은 위 이기웅의 부당한 신원확인과 이에 대한 위 정환상의 항의로 시간이 지체되어 위 정환상이 위 외부인 방문일지에 기재한 시간이 10시 5분으로 늦어졌고, 이어 그가 위 건물 3층의 회의장 입구에서 다시 위임장제시를 요구받아 이를 제시하고 회의장에 입장함으로써 주주총회 개최시각으로 통지된 10시보다 약 10분 정도 늦은 시각에 회의장에 입장하게 된 것으로 ….

이 사건 주주총회의 4건의 결의사항 중 제 1 호 안건인 대차대조표 및 손익계산서 승인의 건, 제 3 호 안건인 임원선임의 건, 제 4 호 안건인 감사인선임의 건 등은 피고회사 발행주식총수의 과반수에 상당한 주식을 가진 주주의 출석과 출석주주가 가진 의결권의 과반수의 찬성으로 의결하나, 제 2 호 안건인 정관 일부변경의 건은 발행주식총수의 과반수에 상당한 주식을 가진 주주의 출석과 출석주주가 가진 의결권의 3분의 2 이상의 찬성으로 의결하도록 되어 있으〔므로〕….

피고회사 발행주식의 43%를 소유하는 원고측의 의결권행사 여부는 위 제1, 3, 4호 안건의 의결에 영향을 미치지 아니하나 위 제 2 호 안건의 의결에는 영향을 미치고, 위 홍평우는 자신이 위 주주총회의 의장이고 원고를 대리한 위 정환상이 위 주주총회의 개최시각 무렵에 피고회사 건물에 도착하여 회의장 입장이 수분간 지체됨을 기화로 … 위 제 2 호 안건에 대한 원고의 의결권행사의 기회를 봉쇄한 채 위 안건을 표결하여 가결처리하였으니, 위와 같이 피고회사측이 위 정환상의 이 사건 주주총회 회의장 입장을 부당한 방법으로 지체시킨 점, 그 주주총회의 의사진행방식 내지 결의방식이 신의칙에 반하는 점 등을 종합하여 보면 이 사건 주주총회의 결의방법은 신의칙에 반하는 것으로 현저하게 불공정한 것이라 할 것이다.」

(사) **의장의 무자격** 정관에 기재된 의장(예: 대표이사)이 아닌 자가 의장으로서 회의를 진행한 경우에 결의의 효력은 어떠한가? 판례는, 정당한 의장을 제지하고 주주 중 1인이 스스로 의장이 되어 진행한 사건에서는 취소사유가 된다고 하였으나(대법원 1977. 9. 28. 선고 76다2386 판결), 특별한 사정이 있어 정관상의 의장이 아닌 임원이 의장이 되어 진행한 사건(서울고법 1964. 2. 7. 선고 63나480 판결) 및 의장이 부당하게 사회를 거부하여 주주끼리 임시로 의장을 선출하여 진행한 사건(대법원 1983. 8. 23. 선고 83도748 판결; 동 2001. 5. 15. 선고 2001다12973 판결)에서는 적법하다고 한다.

(아) **종류주주총회의 흠결** 종류주주총회의 결의를 요하는데도 그 결의 없이 주주총회의 결의만으로 정관변경·합병계약승인 등을 한 경우에는 주주총회 결의가 효력을 발생하기 위한 절차적 요건을 결했다고 보아야 하므로 결의취소 사유가 된다고 해야 할 것이다(678면 참조).

하자와 결의결과의 상관성요부

하자가 없었더라도 결의의 결과는 같았을 것이라는 가정이 성립하는 경우에는 하자가 있더라도 결의를 취소할 수 없는가? 이것은 후술하는 법원의 재량기각(379조)의 허용범위를 정하는 문제이기도 하다.

일본에는 하자가 결의의 결과에 전혀 영향이 없었다는 것을 증명하면 취소판결을 할 수 없다고 주장하는 설이 있고 과거 이를 추종한 판례도 있었으나, 근래의 판례는 결의취소제도는 소집절차와 결의방법을 엄격히 규제함으로써 총회의 적정한 운영을 기하고 주주와 회사의 이익을 보호하려는 것이 그 취지이므로 비록 결의에 영향이 없다 하더라도 소집절차나 결의방법에 있어 성질·정도로 보아 중대한 하자가 있을 때에는 취소해야 할 것이라고 한다.[1)]

이 문제를 정면으로 다룬 우리 판례는 아직 없으나 발행주식총수의 15%를 가진 주주에게 소집통지를 하지 아니하고 한 결의를 취소한 예(서울고법 1972. 2. 2. 선고 71나2199 판결)를 보면 결의

1) 日最高裁 1971. 3. 18. 판결, 民集 25권 2호 183면.

의 결과에 구애받지 아니하고 하자의 重大性만을 가지고 판단한다고 볼 수 있다.

3) 결의내용의 정관위반 　결의내용이 정관에 위반한 예로서는, 정관이 정하는 이사의 자격에 미달하는 자를 이사로 선임하는 결의, 정관이 정하는 정원을 초과하여 이사를 선임하는 결의, 이사에게 정관에서 정한 금액 이상의 보수를 지급하는 결의 등이다. 결의의 내용이 정관을 위반함과 동시에 법령을 위반하는 경우에는 취소가 아니고 무효사유(380조)가 된다.

결의의 하자를 형식적인 하자와 실질적인 하자로 분류하고 전자를 취소사유로, 후자를 무효사유로 배열한다면, 결의내용이 정관에 위반한 것은 실질적인 하자로서 무효사유로 분류하는 것이 논리적이므로 1995년 개정 이전에는 무효사유로 다루었다. 그러나 결의의 취소와 무효를 상법이 정하는 효력면에서 분류한다면 취소사유는 회사의 구성원들이 특히 주장하지 않는 한 시간의 경과에 의해 치유될 수 있는 하자이고(제소기간의 제한, 376조 1항), 무효사유는 구성원들의 주장유무에 불구하고 치유되지 않는 하자(제소기간의 제한이 없다, 380조)라고 설명할 수 있다. 그런데 정관이란 구성원, 즉 주주들의 합의에 의해 정해진 규범이고 주주총회의 결의 역시 주주들의 합의의 성격을 가진 것이므로 총회의 결의가 정관에 위반한다는 것은 先合意에 위반한다는 의미를 갖는 것인데, 구성원들이 이의를 제기하지 않더라도 치유될 수 없다는 것은 하자의 성격상 비경제적인 효과가 아닐 수 없다. 그러므로 현행법은 하자의 성격에 부합하는 효과를 주기 위해 정관위반을 취소사유로 바꾸었다.[1]

4) 주주의 의사표시의 하자 　결의의 성질로 보아 주주 개인의 표결을 통한 의사표시상의 무효·취소사유를 가지고 독립하여 결의의 취소를 구할 수는 없다. 다만 주주의 의사표시의 무효·취소로 인해 결의요건을 충족하지 못했음을 이유로 취소의 소를 제기할 수 있다(588면, 640면 참조).

(2) 訴의 性質

결의취소의 소는 形成의 訴(Gestaltungsklage)이다(이설없음). 따라서 결의는 판결에 의해 취소되기 전에는 유효한 것으로 다루어지고(대법원 1965. 11. 16. 선고 65다1683 판결), 소에 의하지 아니하고 다른 청구의 공격·방어방법으로 주장할 수 없다. 예컨대 취소원인이 있는 결의에 의해 이사로 선임된 자가 지급받은 보수를 반환시키고자 한다면, 우선 결의취소소송을 제기하여 이사선임결의의 취소판결을 받고 그에 기초하여 보수의 반환을 청구해야 하고, 선임결의에 취소사유가 있음을 이유로 하여 처음부터 보수의 반환을 청구할 수는 없는 것이다.

1) 일본회사법에서도 결의내용의 정관위반을 취소사유로 하고 있다(日會 831조 1항 2호).

그리고 제소권자 · 제소원인 · 절차 · 판결의 효력 등은 모두 법에 정해진 바에 따라야 하므로 반소(민소 269조)나 중간확인의 소(민소 264조)로 주장할 수 없다.[1)]

(3) 提訴權者

결의취소의 소를 제기할 수 있는 자는 주주, 이사 또는 감사에 한한다(376조 1항). 결의취소판결의 단체적 효과를 감안하여 소송과의 관계에서 이해관계가 가장 크고 또 충실한 소송수행을 기대할 수 있는 자에 한하여 원고적격을 인정한 것이다.

1) 주 주 주주는 주주총회의 의사결정의 주체로서 결의의 하자에 관해 가장 큰 다툼의 이익을 가지므로 상법은 주주를 제소권자의 하나로 열거하고 있다. 그러나 주주의 이해관계는 다양한 모습을 보이므로 주주의 제소자격에 관해 견해가 갈리는 점도 있다.

(가) 단독주주권 결의취소의 소가 주주의 의결권행사를 침해하는 소집 및 결의절차에 관한 다툼이고, 단독주주라도 동절차의 부적법한 운영으로 의결권행사를 방해받을 수 있으므로 상법은 제소권을 단독주주권으로 하고 있다.

(나) 하자와의 관련성 일부의 주주에게 소집통지를 결했다든지, 일부주주의 의결권을 인정하지 않은 것과 같이, 소집 및 결의방법의 하자가 특정의 주주에게만 국한된 경우에도 어느 주주나 소를 제기할 수 있다. 후술하는 연혁적 배경을 볼 때, 상법은 결의취소의 소를 주주총회의 意思形成의 공정성과 적법성을 회복시킴으로써 회사조직의 건전성을 유지하기 위한 제도로 다루므로 현재의 모든 주주가 이해관계를 갖는다고 보아야 하기 때문이다. 판례도 결의에 의해 주주가 개별적으로 불이익을 입었느냐를 묻지 않으며(대법원 1998. 5. 12. 선고 98다4569 판결; 동 2003. 7. 11. 선고 2001다45584 판결), 하자와 무관한 주주도 다른 주주에 대한 소집절차의 하자를 이유로 소를 제기할 수 있다고 거듭 밝힌 바 있다(대법원 2003. 7. 11. 선고 2001다45584 판결). 이 논리를 연장하면 결의에 찬성했던 주주라도 제소할 수 있다고 해야 하며, 그가 결의취소의 소를 제기하는 것이 신의성실에 반하는 것은 아니다.[2)]

입 법 례

우리와 일본의 결의취소제도의 *母法*이 되었던 독일 주식법에서는 주주의 경우, 주주총회 현장에서 하자를 다툰 자와 절차의 하자로 인해 주주총회의 참석이 불가했던 자에 한해 제소권을 인정한다(§ 245 Nr. 1, 2 AktG). 따라서 우리 법의 해석론과는 달리, 결의에

1) *Zöllner*, in Kölner Komm. AktG, 1. Aufl., § 246 Rn. 2 f.

2) 통설 및 대법원 1977. 4. 26. 선고 76다1440 · 1441 판결(결의부존재확인의 소에 관해 본문에서와 같은 판시를 한 것이지만, 이 법리는 취소의 소나 무효확인의 소에서도 적용되어야 한다).

찬성한 자 혹은 절차상의 하자와 무관하게 결의에 참여하지 않은 자는 취소의 소를 제기할 수 없다. 결의의 하자를 다툰 자에 한해 제소권을 인정하는 이유는, 선행하는 자신의 언행에 반하는 행동을 금한다는 원칙(Verbot des venire contra factum proprium)에 근거한 것이고,[1] 결의에 참여하지 않은 자에게 제소권을 주지 않는 이유는 연혁적으로 결의취소의 소는 절차의 흠으로 인해 결의에서 배제된 자를 구제하기 위한 제도였던 데에 기인한다. 현행 결의취소제도는 일본의 1938년 개정상법의 규정을 그대로 이어온 것인데, 그 이전에는 위 독일주식법과 유사한 규정으로 제소자격을 제한하였다(1938년 개정전 日商 163조). 누구에게 제소권을 인정할 것이냐는 것은 입법정책의 문제이므로 어떤 제도에 당위성이 있다고 단정하기는 어렵다. 우리 상법과 같이 재량기각을 허용하고 제소자의 담보제공을 요구할 수 있는 입법례에서는 제소권자의 폭을 넓힐 수 있을 것이고, 그렇지 않은 경우에는 제소권의 범위를 엄격히 다룰 필요가 있을 것이다. 그러나 우리나라에서도 상장회사의 경우에는 다수의 주주를 상대하고 기술적인 사유로 절차상의 하자가 발생하기 쉬운 점을 감안하면, 독일의 제도를 입법론적으로 검토할 필요가 있다.

㈐ **주주의 시기** 주주는 결의 당시의 주주임을 요하지 않으며 제소 당시의 주주이면 족하다(통설). 주주라 함은 주주명부에 등재된 주주만을 뜻하므로 명의개서를 하지 아니한 주식양수인은 제소권이 없다(대법원 1991. 5. 28. 선고 90다6774 판결).[2]

㈑ **의결권의 有無** 의결권 없는 주주도 소제기권을 가진다고 보아야 한다(통설). 기술한 바와 같이 결의에 찬성한 주주, 결의 당시에 주주가 아니었던 주주, 하자와 관련되지 아니한 주주도 총회의 적법한 운영에 적극적 이익을 가지므로 제소권을 가지듯이 의결권 없는 주주 역시 총회의 적법한 운영에 같은 이익을 갖기 때문이다.[3]

---

1) *Dörr*, in Spindler/Stilz, § 245 Rn. 30; *Hüffer/Schäffer*, in Münchener Komm. AktG, 4. Aufl., § 245 Rn. 36 f.; *K. Schmidt*, in : Großkomm AktG, 4. Aufl., § 245 Rn. 19.

2) 2005년 개정 독일주식법에서는 주주총회의 소집을 공고하기 이전에 주식을 취득한 주주에 한해 소제기를 허용한다(§ 245 Nr. 1 AktG). 주주총회의 소집이 공고된 후에 결의취소의 소를 제기할 목적에서 주식을 취득하는 것을 막고자 함이다(*Hüffer/Schäffer*, in Münchener Komm. AktG, 4. Aufl., § 245 Rn. 24). 앞서 설명한 제소권의 범위와 아울러 입법론으로서 검토해 볼 만하다.

3) 과거에는 결의취소의 소제기권은 의결권을 전제로 하는 공익권이라는 논거에서 의결권 없는 주주에게는 소제기권을 부정하는 것이 다수설이었고(현재의 부정설: 손주찬, 742면; 안택식, 331면; 임홍근, 416면), 일본에서는 현재도 부정설이 통설이다(江頭, 386면; 日注釋(5), 320면). 한편 독일주식법에서는 「의결권 없는 우선주식의 주주는 의결권을 제외하고 주식으로 인해 주어지는 모든 권리를 행사할 수 있다」라는 취지의 규정을 두고 있으므로(§ 140 Abs. 1 AktG) 이 규정에 근거해서 의결권 없는 주주에게도 소제기권을 인정하기도 하고, 소제기권은 의결권과 무관한 독립된 주주권(selbständiger Teil des Mitgliedschaftsrechts)이라는 속성론에 기해 인정하기도 한다(Hüffer, 10. Aufl., § 245 Rn. 5; Zöllner, in Kölner Komm. AktG, 1. Aufl., § 245 Rn. 8).

2) 理事·監事 제소 당시에 이사·감사임을 요한다. 임기가 만료된 이사·감사, 사임한 이사·감사는 원고적격이 없으나, 그 퇴임으로 결원이 되어 그들의 후임이사·감사가 취임할 때까지 이사·감사로서의 권리의무가 있는 경우에는 제소할 수 있다(대법원 1992. 8. 14. 선고 91다45141 판결). 청산중의 회사에서는 청산인·감사가 제소할 수 있다(542조 2항 → 376조).

하자 있는 결의에 의하여 해임당한 이사·감사는 제소 시점에서는 이사·감사가 아니지만 제소권이 있다고 보아야 한다(강·임 760; 권기범 788; 손주찬 742; 최기원 541).

3) 소송계속중의 지위변동 소를 제기한 자는 소제기 후 변론종결시까지 그 지위를 유지해야 한다(이설 없음). 그러므로 제소 후에 제소자가 사망하거나 자격을 상실한 경우 소송의 종료여부, 승계가능여부가 문제된다.

이사가 그 지위에 기하여 주주총회결의 취소의 소를 제기하였다가 소송 계속 중에 사망하면, 이사의 지위는 일신전속적인 것이어서 상속의 대상이 되지 않으므로 그 소송은 이사의 사망으로 바로 종료된다는 것이 판례의 입장이다(민소 233조의 부적용)(대법원 2019. 2. 14. 선고 2015다255258 판결).

취소소송의 계속 중 원고가 주주로서의 지위를 상실하면 원고는 당사자적격을 상실하며, 이는 원고가 자신의 의사에 반하여 주주의 지위를 상실하더라도 같다(대법원 2016. 7. 22. 선고 2015다66397 판결: 주주가 결의취소의 소를 제기하여 소송계속 중 당해 회사가 타회사와 주식의 포괄적 교환을 하여 동 주주가 자회사의 주주자격을 잃고 모회사의 주주가 된 경우 취소소송의 당사자적격을 상실하였다고 판시한 예).

提訴株主가 사망한 경우에는 상속인이 소송을 수계할 수 있지만, 주식이 양도된 경우 양수인은 승계할 수 없다는 것이 일부 학자의 설명이고,[1] 일본에서의 통설·판례이다.[2] 그러나 판례는 신주발행무효의 소를 제기한 주주가 주식을 양도한 경우 그 양수인이 승계참가(민소 81조)할 수 있다고 하므로(대법원 2003. 2. 26. 선고 2000다42786 판결),[3] 결의취소의 소에 관해서도 같은 입장일 것이라 짐작된다.

4) 다른 訴訟에의 적용 이상 제소권자에 관한 설명은 주주나 이사·감사가 결의무효확인소송이나 결의부존재확인소송의 원고가 된 경우에도 그대로 적용된다.

---

1) 임재연Ⅱ, 240면; 최기원, 541면.

2) 日最高裁 1970. 7. 15. 民集 24권 7호 804면; 江頭, 387면. 그러나 주식이 양도된 경우에도 양수인의 승계를 인정해야 한다는 설도 있다(日注釋(5), 330면).

3) 관련 판지: "신주발행무효의 소 계속중 그 원고 적격의 근거가 되는 주식이 양도된 경우에 그 양수인은 제소기간 등의 요건이 충족된다면 새로운 주주의 지위에서 신소를 제기할 수 있을 뿐만 아니라, 양도인이 이미 제기한 기존의 위 소송을 적법하게 승계할 수도 있다고 할 것이다."

(4) 피 고

상법에 명문의 규정은 없으나 회사를 피고로 한다는 데에 이설이 없다.[1] 旣判力이 회사를 중심으로 한 모든 법률관계에 미치는데, 회사 이외의 자를 피고로 한다면 타인간의 소송으로 회사법률관계가 변동되는 문제점이 생기기 때문이다.

代表理事가 회사를 대표하여 訴訟을 수행할 것이지만, 이사가 취소의 소를 제기한 경우에는 감사가 회사를 대표하여 수행하여야 한다(394조 1항). 회사를 대표하여 소송을 수행하는 대표이사가 비록 취소소송의 대상인 주주총회결의에서 선임된 자라 하더라도 회사를 대표할 권한이 있는 자임에는 변함이 없다(대법원 1983. 3. 22. 선고 82다카 1810 판결(전)).

회사만이 피고적격을 가지나 결의취소에 대해 제 3 자가 반대의 이해를 가질 수 있다. 예컨대 영업양도결의의 취소소송이 제기된 경우 양수인 같은 자이다. 이러한 이해관계인에게는 소송참가를 허용해야 할 것이다.

(5) 提訴期間

i) 결의취소의 소는 결의가 있은 날로부터 2월 내에 제기하여야 한다(376조 1항). 이와 같이 단기의 제소기간을 둔 것은 취소소송의 경우 하자가 비교적 경미한데 회사의 법률관계를 장기간 불안정한 상태(취소가능한 상태)로 방치하는 것은 바람직하지 않기 때문이다. 결의무효확인의 소나 결의부존재확인의 소를 제기하고 결의 후 2월이 경과한 때에 동일한 하자를 원인으로 하여 결의취소의 소로 변경하거나 취소의 소를 추가한 경우, 판례는 동 취소의 소가 무효 또는 부존재확인의 소가 제기된 시점에 제기된 것(즉 기간준수)으로 다루고 있다(667면 판례 [63] 참조).

ii) 제소기간의 제한과 관련하여, 제소기간이 경과한 후에 제소시와 다른 새로운 提訴理由를 주장할 수 있느냐는 문제가 있다. 예컨대 제소기간 내에 정관위반을 이유로 제소해 놓고 제소기간이 경과한 후에 소집절차의 흠을 주장하는 것과 같다. 이를 허용한다면 새로운 제소이유를 구성하는 법률관계에 관한 다툼을 제소기간을 넘어서까지 허용하는 결과가 되므로 제소기간을 제한하는 취지에 어긋난다.[2] 판례는 신주발행무효의 소와 감자무효의 소에 있어서 제소기간을 경과한 새로운 주장을 허용하지 않는데(993면, 1010면 참조), 결의의 취소의 소에 관해서도 같은 논리를 취할 것으로 생각된다.

---

1) 독일주식법에서는 회사를 피고로 한다는 명문의 규정을 두고 있다(§ 246 Abs. 2 Satz 1 AktG).
2) 日最高裁 1976. 12. 24. 판결, 民集 30권 11호 1076면.

iii) 결의취소의 소의 訴訟物의 단위는 개개의 결의이다. 따라서 동일한 총회일에 수건의 결의가 이루어졌다면 다투고자 하는 결의별로 제소기간을 준수해야 한다(대법원 2010. 3. 11. 선고 2007다51505 판결).[1)]

(6) 의사선임결의 취소소송의 특수문제

이사선임결의의 취소 혹은 무효 또는 부존재를 구하는 소송에 있어 문제된 이사가 변론종결 전 또는 소제기 전에 퇴임한 경우에는 원칙적으로 소의 이익이 없어지므로 소를 각하하여야 한다(대법원 1996. 10. 11. 선고 96다24309 판결; 동 2008. 8. 11. 선고 2008다33221 판결). 그러나 결의취소판결에는 소급효가 있으므로 퇴임한 이사에 관해서도 그 선임결의의 효력을 다툴 이익이 있을 수 있다. 예컨대 선임시부터 지급된 보수의 반환을 청구한다거나 그 理事의 대외적 거래의 효력을 부정하기 위한 경우 등이다.

3. 決議無效確認의 訴

결의의 내용이 법령에 위반하는 때에는 결의무효확인의 소를 제기할 수 있다(380조).

(1) 무효원인

1) 法令의 위반 결의의 내용이 법령에 위반한 때에 무효확인의 소를 제기할 수 있다. 결의내용이 법령에 위반한 때라 함은 결의내용이, 예컨대 ① 주주총회의 권한사항이 아닌 때(예: 다음 총회 소집의 결의), ② 주식평등의 원칙에 반하는 때(예: 주주에 따라 의결권의 수를 달리하는 결의), ③ 주주유한책임의 원칙에 반하는 때(예: 손실전보를 위한 추가출자의 결의), ④ 총회권한사항을 타인에게 일임하는 때(예: 이사선임을 이사회에 위임하는 결의), ⑤ 강행법규나 사회질서(민 103조)에 반할 때(예: 이사의 자격을 남자로 제한하는 것) 등을 말한다.

일부무효의 법리의 적용가능성

동일의안에 관한 한 결의의 효력은 전부 유효이거나 무효로 귀착되며, 부분적으로 효력을 달리할 수 없다.[2)] 이 점은 결의취소나 부존재의 경우도 같다. 이에 반해 판례 [55]는 결의내용이 유·무효를 분리하여 가릴 수 있는 것이라면 一部無效의 법리(민 137조)가 유추적용되어야 할 것이라고 한다. 그러나 다음 사안을 보면 실상은 이사와 감사의 수만큼 수개의 결의가 존재하므로 결의별로 유·무효를 따진 것이고 일부

1) 이사선임결의, 정관변경결의, 감사선임결의가 이루어진 주주총회의 종료 후 2월 내에 이사선임결의의 취소의 소를 제기하고, 2월이 경과한 후 정관변경결의와 감사선임결의의 취소를 추가적으로 병합하였던바, 後 2자는 제소기간을 준수하지 못하였다고 각하한 예.

2) *Hüffer/Schäffer*, in Münchener Komm. AktG, 4. Aufl., § 241 Rn. 91.

무효의 법리를 적용한 것은 아니다.

판 례

[55] 대법원 1962. 10. 18. 선고 62다395 판결

「… 주주총회결의의 전부무효 여부의 결정은 그 결의내용에 따라 분리할 수 있느냐의 여부로써 결정되어야 할 것인바, 본건에 있어서의 주주총회결의에서 취체역[理事]으로 선임된 소외 김인이, 현여경 및 감사역[監事]으로 선임된 현여진은 주주가 아니므로 무효라 하더라도(정관에 주주만이 임원이 될 수 있다는 규정이 있음) 취체역으로 선임된 소외 현주선과 원고 두 사람 및 감사역으로 선임된 소외 장덕기 · 현월명은 정관에 규정된 적법한 주주임을 인정할 수 있고, 위의 각 취체역 및 각 감사역에 대한 결의는 각각 분리할 수 있으므로 원심이 본건 결의의 일부무효를 인정한 것은 위법이라 할 수 없다.」

2) 不公正한 결의, 특히 다수결의 남용 명문의 규정은 없으나 결의의 내용이 內在的 限界를 초월하는 불공정한 것일 때에는 무효로 보아야 한다 함은 기술한 바와 같다(606면 이하 참조). 그 중에서 특히 현실적으로 빈번히 일어나는 것이 다수결의 남용이다.

「다수결의 남용」이란 대주주가 자기 또는 제 3 자의 개인적 이익을 추구하여 객관적으로 현저히 불공정한 내용의 결의를 다수의 힘으로 성립시키는 것을 말한다.[1] 예컨대 회사의 규모 · 영업실적, 이사의 직무내용 등에 비추어 과다한 금액으로 이사의 보수를 정하는 결의, 매우 불리한 조건으로 영업을 양도하는 결의,[2] 소수주주의 청구에 의해 해임판결을 받은 이사를 재차 이사로 선임하는 결의, 대주주가 지배하는 또 다른 회사와의 경쟁을 피하기 위해 회사의 목적사항을 변경하는 결의 등 다양한 모습으로 나타날 수 있다. 이러한 다수결의 남용에 의해 이루어진 결의는 그 내용이 불공정하다는 하자를 안고 있으므로 결의무효사유로 보아야 한다.

다수결의 남용을 주도하는 大株主는 결의에 특별한 이해관계를 가진 주주(368조 3항)로 취급하는 것이 옳다는 전제하에, 다수결의 남용에 의한 결의는 특별한 이해관계가 있는 주주가 의결권을 행사한 경우와 같이 결의의 취소사유로 보는 견해가 있다(정동윤 578). 이는 일본의 다수설이기도 하다.[3] 그러나 일본에서는 이해관계가 있는 주주라도 의결권행사는 허용하되, 이로 인해 현저히 부당한 결의가 이루어진 때에 한해

1) 日注釋(5), 388면.

2) 前註.

3) 日注釋(5), 316면.

결의취소의 소의 사유로 삼고 있으므로(日會 831조 1항 3호) 다수결의 남용을 특별한 이해관계자의 의결권행사로 다룬다면 이를 결의취소사유로 다룰 수 있는 명문의 규정이 마련되어 있는 셈이다. 그러나 우리 상법하에서는 결의취소의 소는 기본적으로 절차적 하자를 사유로 하므로 일본에서와 같은 해석론이 나올 수는 없다.[1)]

(2) 訴의 성질

상법 제380조는 결의무효확인의 소에 관하여 결의취소의 소에서와 같이 전속관할 등 소송절차에 관한 제186조 내지 제188조를 준용하고, 아울러 판결의 對世的 效力을 인정하는 제190조를 준용하면서, 제소권자와 제소기간에 관하여는 규정을 두고 있지 않아 결의무효확인의 소의 성질이 무엇이냐에 관해 학설이 대립한다.

성질론의 실익

1995년 개정 전에는 무효·부존재판결의 소급효를 제한하였으므로 무효·부존재확인소송의 성질이 무엇이냐는 논쟁의 실익이 매우 컸다. 확인소송설을 취할 경우에는 결의무효를 후속 법률관계의 효력을 다투는 소송에서 공격방어방법으로 원용함으로써 무효판결의 소급효제한을 피할 수 있었기 때문이다. 1995년 개정법이 판결의 소급효를 인정함에 따라 성질론의 실익이 크게 감퇴하였다. 그러나 무효판결은 대세적 효력이라는 일반확인소송에서는 없는 특수한 효력을 누리는데다, 어떤 성질론을 취하느냐에 따라 무효확인소송이 후속법률관계에 관한 소송의 先決訴訟이 되기도 하고(형성소송설) 그렇지 않기도 하므로(확인소송설) 성질론은 여전히 실익이 있다.

1) 確認訴訟說 상법학계의 통설은 확인의 소로 보고 주장방법에 제한을 두지 않는다. 상법이 취소소송과 달리 제소권자나 제소기간에 제한을 두지 않았으므로 확인의 소라고 봄이 타당하고, 이를 형성의 소로 보아 결의의 무효를 소송으로써만 주장할 수 있다고 하면 공익이나 자본충실을 해하는 결의 또는 주식회사의 본질에 반하는 결의를 하더라도 일단 유효하게 되어 부당하다고 주장한다. 이에 더하여 결의무효의 주장을 訴로써만 할 수 있게 한다면 결의무효를 이유로 하는 청구, 예컨대 위법배당금의 반환청구, 이사에 대한 손해배상청구 등을 함에 있어 2중의 절차를 강요하므로 불합리하다는 이유도 제시한다(최기원 554). 판례

1) 독일주식법에서도 「주주가 회사에 손해를 가하는 방법으로 자기나 제 3 자의 이익을 추구하기 위하여 의결권을 행사함으로써 그 목적에 부합하는 결의가 이루어진 때에는 그 결의는 취소할 수 있다」는 규정을 두고 있다(§ 243 Abs. 2 Satz 1). 하지만 독일주식법에서 규정하는 결의무효 및 취소의 소는 우리의 결의에 관한 소와 법구조를 달리하므로 이를 우리 상법하에서의 무효·취소와 대칭시켜 이해해서는 안 된다.

도 이 입장을 취하고 있다(판례 [56]).

판 례

[56] 대법원 1992. 9. 22. 선고 91다5365 판결

「… 주주총회의 결의의 효력이 그 회사 아닌 제 3 자 사이의 소송에 있어 선결문제로 된 경우에는 당사자는 언제든지 당해 소송에서 주주총회결의가 처음부터 무효 또는 부존재하다고 다투어 주장할 수 있는 것이고, 반드시 먼저 회사를 상대로 제소하여야만 하는 것은 아니며, 이와 같이 제 3 자간의 법률관계에 있어서는 상법 제380조 · 제190조는 적용되지 아니한〔다.〕」

[同旨판례] 대법원 1963. 5. 17. 선고 4294民上1114 판결; 동 2011. 6. 24. 선고 2009다35033 판결

2) 形成訴訟說　결의무효확인소송은 명칭에 불구하고 형성의 소로 보고, 소에 의해서만 하자를 주장할 수 있다는 설이다. 상법 제380조가 소절차에 관하여 법정하고, 판결의 효력에 대세적 효력을 부여한 점을 보더라도 형성의 소로 보아야 하며, 이렇게 보아야 단체법률관계의 획일화를 기할 수 있다고 한다(정동윤 584). 민사소송법학에서는 이 설이 다수설이다.[1)]

3) 절 충 설　한때 무효원인이 있는 결의는 당연히 무효이고 주장방법에도 제한이 없지만, 일단 소로써 주장하면 대세적 효력이 주어지므로 그 소의 성질은 형성의 소라고 하는 주장이 있었으나, 현재 이 설을 취하는 학자는 없다.

4) 各 說의 차이　상법이 무효확인의 소에 관해 제소권자나 제소기간에 관해 규정을 두지 않았으므로 어느 설에 의하든 소의 이익이 있는 자는 제소기간의 제한을 받지 아니하고 소를 제기할 수 있다는 점에서는 차이가 없다.

실제에 있어서의 중요한 차이는 결의무효의 주장을 訴만으로써 할 수 있다고 보느냐(形成訴訟說), 소 이외의 방법 예컨대 履行의 訴에서의 청구원인이나 항변으로도 주장할 수 있다고 보느냐(確認訴訟說)이다. 따라서 형성소송설에 의하면 무효판결이 있을 때까지는 결의가 유효하지만, 확인소송설에 의하면 처음부터 무효이므로 결의의 무효를 訴로 주장함이 없이 그 무효를 전제로 결의의 후속행위의 무효를 주장할 수 있다.

---

1) 송상현 · 박익환, 「민사소송법」, 박영사, 2008, 265면; 이시윤, 215면; 정동윤 · 유병현, 「민사소송법」(제 4 판), 법문사, 2014, 64면; 한충수, 195면. 확인소송설: 김홍엽, 「민사소송법」(제 6 판), 박영사, 2016, 236면.

실제적 차이의 예

무효인 주주총회결의에 의해 A가 이사로 선임되었고, 1년간 보수를 받았는데 감사인 B가 회사를 대표하여 A에게 그간의 보수를 부당이득으로 반환청구하려 한다.

확인소송설을 취한다면 결의무효는 항변이나 청구원인으로서도 주장할 수 있으므로 B는 A를 상대로 처음부터 부당이득반환을 청구하고, 그 이유로서 A를 이사로 선임한 총회결의가 무효라는 것을 주장하면 된다. 그러나 형성소송설을 취한다면 A를 이사로 선임한 결의는 일응 유효한 것으로 다루어지므로 B는 먼저 주주총회결의 무효확인소송을 제기하여 승소(즉 무효확인)판결을 받은 후 다시 이를 근거로 A에게 부당이득반환청구를 할 수 있다.

5) 私 見

㈎ 확인소송설의 강력한 근거는 상법 제380조가 제소권자와 제소기간을 규정하지 않았다는 점이다. 그러나 무효확인소송에 관해 제소권자와 제소기간을 두지 않은 이유는 소의 성질에서 비롯된 것이 아니고 하자의 속성 때문에 그러한 것이다. 즉 결의취소소송의 경우에는 원칙적으로 절차적인 하자를 이유로 하는데, 이는 회사 내부의 문제로서 제 3 자가 효력을 다툴 실익이 없기 때문에 제소권자를 주주 · 이사 · 감사로 제한하고, 아울러 상당기간 내부자들의 이의가 없으면 하자가 치유된 것으로 보아도 무방하므로 제소기간을 제한한 것이다. 그러나 결의무효소송은 실질적인 하자를 원인으로 하므로 그로 인한 피해가 내부자에 국한되지 않기 때문에 제소권자를 제한할 수 없고, 제 3 자의 실질적인 권리관계에 영향을 주는 만큼 하자의 피해가 단기간이 경과한다고 하여 소멸하는 것이 아니므로 제소기간 또한 제한할 수 없는 것이다. 요컨대 제소권자, 제소기간의 제한유무는 소의 성질과 무관한 것이다.

㈏ 확인소송설을 취하는 학자들은 결의무효확인소송을 형성의 소라고 본다면 강행법규나 사회질서에 반하는 결의 또는 주식회사의 본질에 반하는 결의(극단적으로는 불법영업 또는 주주의 추가출자의 결의)를 하더라도 무효확인판결이 있기까지는 무효를 주장할 수 없어 부당하다는 점을 논거로 제시한다. 그러나 강행법규나 사회질서 또는 주식회사의 본질에 반하는 내용의 결의는 무효확인판결이 있기 전이라도 그 결의를 전제로 한 후속행위(위 예에서 불법영업 · 추가출자요구) 자체가 무효원인을 안고 있어 효력을 발휘하지 못하고, 따라서 결의가 실효를 거둘 수 없으므로 이와 같은 이례적인 사안만으로 형성의 소임을 부정할 수는 없다. 문제는 어느 설에 의하는 것이 단체법률관계를 모순 없이 해결할 수 있느냐라는 것이다.

(다) 확인소송설에 의할 경우에는 무효의 주장방법에 제한이 없고 처음부터 당연무효가 되는데, 이는 상법이 무효확인판결에 대세적 효력을 인정하는 것과 명백히 충돌한다. 확인소송설을 취한다고 하더라도 원고가 다른 방법으로 무효를 주장하지 않고 무효확인소송을 제기하면 그 소는 상법 제380조의 적용을 받지 않을 수 없다. 그리하여 무효확인판결에는 대세적 효력이 인정되는 결과 무효확인판결의 효력은 모든 이해관계인에게 창설적으로 미친다. 이는 형성판결의 효력과 같다. 결과적으로 무효확인소송은 소송을 제기하지 않으면 확인소송이고, 제기하면 형성소송이 된다는 모순이 생긴다(즉, 확인소송설은 결과적으로 앞서의 절충설과 같다).

(라) 확인소송설을 취한다면 동일한 결의의 효력이 원고에 따라 상이해지는 모순이 생길 수 있다. 예컨대 영업양도결의의 효력이 문제되어 회사가 이행을 지체하고 있다고 하자. 회사는 양수인을 상대로 양수인의 관할법원인 甲법원에 결의무효를 이유로 채무부존재확인소송을 제기하고, 양수인은 회사를 상대로 회사의 관할법원인 乙법원에 이행소송을 제기하였다. 甲법원은 결의무효를 인정하고 채무부존재확인판결을 하지만, 乙법원은 결의유효를 전제로 이행판결을 할 수도 있다. 확인소송설을 취하면 이와 같은 모순된 판결을 막을 수가 없다.

(마) 확인소송설에 의하면 제 3 자간의 소에서도 결의무효가 주장될 수 있게 되어 부당하다.

(바) 형성의 소로 볼 때에는 결의무효를 원인으로 하는 청구에 대해 2중의 소절차를 강요하는 불경제가 있기는 하나, 보다 중요한 것은 주주총회결의에 의해 형성된 단체법률관계를 획일확정하는 것이다. 그러므로 상법이 정하는 판결의 효력에 중점을 두어 결의무효확인의 訴는 形成의 訴라고 보아야 한다.

(3) 제소권자

상법은 무효확인소송의 제소권자에 대해서는 법정하지 않았으므로 널리 소의 이익이 있는 자는 무효확인의 소를 제기할 수 있다. 주주와 이사 · 감사가 제소한 경우에 생기는 문제에 관해서는 취소의 소에서 설명한 바와 같다.

(4) 피　　고

취소의 소와 마찬가지로 회사가 피고로 된다(대법원 1982. 9. 14. 선고 80다2425 판결(전)).

(5) 제소기간

무효확인의 소에는 제소기간을 두지 않았다. 하자의 성격상 단기간의 경과로 치유를 인정하는 것은 강행법규나 사회질서에 어긋나기 때문이다. 따라서 이해관계인은 소의 이익이 있는 한 언제든지 제소할 수 있다.

4. 決議不存在確認의 訴

(1) 의 의

총회결의의 성립과정에서의 하자가 현저하게 중대하여 결의의 존재조차 인정할 수 없을 경우에는 결의부존재확인의 소를 제기할 수 있다(380조). 소집절차와 결의방법에 중대한 하자가 있는 것을 소의 원인으로 하므로 결의취소의 소와 하자의 본질을 같이하지만 상법은 제380조에서 결의부존재확인의 소를 결의무효확인의 소와 같이 다루고 있어 제소권자와 제소기간의 제한을 받지 않는다는 점에서 취소의 소와 구별된다.[1] 그리고 결의의 부존재사유가 판례가 인정하는 표현결의에 해당하면 아예 회사법상의 소의 대상이 되지 않는다는 특성도 있다.

한편 결의취소의 소와 결의무효확인의 소는 원·피고간에 결의 자체는 존재한다는 인식을 전제로 하여 전개되는 소송이지만, 결의부존재확인의 소는 회사에 결의가 존재한다는 회사의 주장과 부존재한다는 주주 등 원고의 주장이 대립하는 소송이라는 점이 특색이다. 그러므로 결의의 존부 자체에 관한 증명부터 문제되는데, 주주총회의 결의가 있었다는 사실 자체에 관해서는 회사가 증명책임을 부담하고 그 결의에 부존재로 볼만한 중대한 하자가 있었다는 점에 관해서는 주주가 증명책임을 부담한다(대법원 2010. 7. 22. 선고 2008다37193 판결).

결의부존재확인의 소는 결의의 하자를 다투는 소송 중에서 가장 빈도 높게 이용되는 소송이다. 우리나라 비상장법인의 대부분이 가족중심의 폐쇄적인 회사로서 상법상의 기관운영절차를 무시한 채 운영되고 있는 실정이므로 상당수의 회사의 주주총회결의가 결의부존재의 요건을 충족하고 있기 때문이다.

뿐만 아니라 과거의 소송실태를 보면 결의취소에 해당하는 하자를 가지고도 제소자는 가급적 결의부존재를 주장하는 경향이 있었다. 그 이유는 결의취소소송에는 제소기간 및 제소권자의 제한이 있으나 결의부존재확인소송에는 그 같은 제한이 없기 때문이다.

(2) 소의 성질

상법은 결의부존재확인소송의 절차와 결의무효확인소송의 절차에 같은 특칙을 적용하고 판결의 효력에 있어서도 대세적 효력을 인정한다(380조 참조). 따라서

1) 1984년 개정 전에는 명문의 근거가 없이 판례·통설이 결의부존재확인의 소라는 회사법상의 소를 인정하고 결의무효확인의 소에 관한 규정을 유추적용하다가(대법원 1982. 9. 14. 선고 80다2425 판결(전)), 1984년 개정법에서 현행과 같이 명문화하였다.

결의무효확인소송의 성질론, 즉 확인소송이냐 형성소송이냐 하는 논쟁은 결의부존재확인소송에도 그대로 적용되며, 성질상 같은 결론을 내어야 한다. 그리하여 다수설과 판례는 부존재확인의 소를 확인의 소로 보지만(판례 [57]), 무효확인소송의 성질에 관해 논한 바와 같이 형성의 소로 보는 것이 타당하다(이시윤 215; 한충수 195).

판례

[57] 대법원 1992. 8. 18. 선고 91다39924 판결

「… 원래 상법 제380조에 규정된 주주총회결의부존재확인의 소는 그 법적 성질이 확인의 소에 속하고 그 부존재확인판결도 확인판결이라고 보아야 할 것이어서, 설립무효의 판결 또는 설립취소의 판결과 같은 형성판결에 적용되는 상법 제190조의 규정을 주주총회결의부존재확인판결에도 준용하는 것이 타당한 것인지의 여부가 이론상 문제될 수 있으나, 그럼에도 불구하고 상법 제380조가 제190조의 규정을 준용하고 있는 것은, 제380조가 소정의 주주총회결의부존재확인의 소도 이를 회사법상의 소로 취급하여 그 판결에 대세적 효력을 부여하되, 주주나 제 3 자를 보호하기 위하여 그 판결이 확정되기까지 그 주주총회의 결의를 기초로 하여 이미 형성된 법률관계를 유효한 것으로 취급함으로써 회사에 관한 법률관계에 법적 안정성을 보장하여 주려는 법정책적인 판단의 결과〔이다.〕」

[註] 위 판결을 보면 전반부에서는 부존재확인의 소가 확인의 소라고 설시하였지만, 부존재판결의 효력에 관한 후반부의 설명에서는 형성의 소임을 시인하는 논지이다.

⑶ 부존재원인

결의부존재의 원인은 「총회의 소집절차 또는 결의방법에 총회결의가 존재한다고 볼 수 없을 정도의 중대한 하자가 있을 때」이다. 이것은 결의취소의 원인이 되는 「총회의 소집절차 또는 결의방법이 법령 또는 정관에 위반하거나 현저하게 불공정한 때」(취소사유)라는 하자의 정도가 심하여 총회결의가 존재한다고 볼 수 없을 정도에 이르렀을 때 부존재의 원인이 됨을 뜻한다. 그러므로 결의부존재의 원인은 결의취소의 원인에 포섭되어 양자의 차이는 量의 문제라 할 수 있고, 이들과 결의무효와의 차이는 質의 문제라 할 수 있다(〈그림 6-14〉 참조).

판례에 나타난 결의부존재의 예를 들어보면 다음과 같다.

㈎ 소집권한 없는 자가 이사회결의 없이 소집하는 경우(대법원 1962. 12. 27. 선고 62다473 판결; 동 1973. 6. 9. 선고 73다326 판결; 동 2010. 6. 24. 선고 2010다13541 판결; 동 2022. 11. 10. 선고 2021다271282 판결).[1] 그러나 단지 이사회결의 없이 소집한 것은

1) 2010다13541 판결 요지: 「주주총회를 소집할 권한이 없는 자가 이사회의 주주총회 소집결정도 없이 소집한 주주총회에서 이루어진 결의는, 1인 회사의 1인 주주에 의한 총회 또는 주주 전원이 참석하여 총회를 개최하는 데 동의하고 아무런 이의 없이 결의가 이루어졌다는 등의 특별한

〈그림 6-14〉 하자의 유형

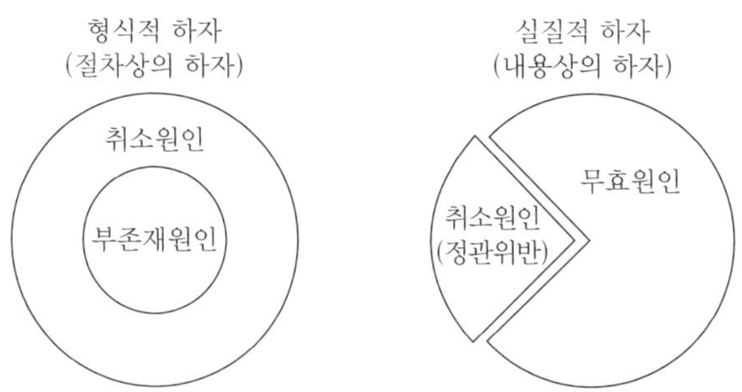

취소사유로 보는 경향이 있다(기술). 부존재인 결의에 의해 선임된 이사들로 구성된 이사회에서 소집결의를 하여 소집된 총회의 결의도 역시 부존재원인이 된다(대법원 1975. 7. 8. 선고 74다1969 판결; 동 1989. 7. 11. 선고 89다카5345 판결).

(나) 대부분의 주주에게 소집통지를 하지 않은 경우(대법원 1973. 6. 9. 선고 72다2611 판결; 동 1980. 12. 9. 선고 80다128 판결; 동 2024. 6. 13. 선고 2018다261322 판결). 그러나 발행주식총수의 41%를 소유한 주주에게 소집통지를 하지 않고 총회를 개최한 것은 취소사유가 된다고 한 예가 있다(대법원 1993. 1. 26. 선고 92다11008 판결).

(다) 불가항력적인 사유로 대표이사를 포함하여 이사 전원이 총회에 불참한 경우(대법원 1964. 5. 26. 선고 63다670 판결).

(라) 대부분 주주 아닌 자들로 이루어져 결의한 경우(대법원 1968. 1. 31. 선고 67다2011 판결).

(마) 유효하게 회의가 종료한 후에 일부의 주주들만 모여 결의한 경우(대법원 1993. 10. 12. 선고 92다28235 · 28242 판결)(서울지법 남부지원 2001. 6. 14. 자 2001카합841 결정).

(바) 전혀 주주총회를 개최한 사실 없이 허위의 의사록을 작성한 경우(대법원 1969. 9. 2. 선고 67다1705 · 1706 판결).[1]

그 밖에, 적법하게 소집되었으나 대부분의 주주가 불참한 가운데 결의가 이루어진 경우에도 결의부존재로 보아야 할 것이다.

(4) **제소권자 — 訴의 利益**

주주 · 이사 · 감사에 한하지 않고 무효확인의 소에서와 같이 소의 이익(확인의 이익)

사정이 없는 이상 … 총회 및 결의라고 볼 만한 것이 사실상 존재한다고 하더라도 그 성립과정에 중대한 하자가 있어 법률상 존재하지 않는다고 보아야 한다.」

1) 대법원 2007. 2. 22. 선고 2005다73020 판결: 주주총회의 소집절차 없이 발행주식의 98%를 소유한 지배주주의 의사에 의해 의사록을 작성한 것을 결의부존재로 본 예.

이 있는 자는 누구나 소를 제기할 수 있다. 확인의 이익의 유무는 직권조사사항이다(대법원 2024. 6. 13. 선고 2018다261322 판결).

판례에서 소의 이익을 다룬 예로 다음과 같은 것이 있다.

1) **株 主** 결의에 찬성한 주주도 부존재를 주장할 수 있고(대법원 1977. 4. 26. 선고 76다1440·1441 판결), 주권발행 전에 주식을 양도한 원시주주는 양수인들의 총회결의의 부존재를 주장할 수 있다(대법원 1970. 3. 10. 선고 69다1812 판결). 그러나 주식을 양수하였으나 명의개서를 하지 않은 주주(대법원 1991. 5. 28. 선고 90다6774 판결)는 부존재를 구할 訴益이 없다. 한편 주식의 양도인이 주권을 교부하지 않고 있다가 그 후 양수인이 중심이 되어 개최한 주주총회결의의 부존재를 주장하는 것은 의무불이행상태를 권리로 주장하는 것이어서 신의칙에 반하고 소권이 없으며(대법원 1991. 12. 13. 선고 90다카1158 판결), 주권발행전 주식의 양도에 입회하며 차후 이의를 제기하지 않겠다는 서약을 한 대표이사가 양수인이 중심이 되어 열린 주주총회의 결의의 부존재를 주장하는 것도 신의칙에 반한다(대법원 1992. 8. 14. 선고 91다45141 판결).

2) **任 員** 퇴임한 이사·감사라도 후임이사·감사의 취임시까지 이사·감사의 권리의무를 보유하는 경우에는 결의부존재를 주장할 수 있고(대법원 1992. 8. 14. 선고 91다45141 판결; 동 1985. 12. 10. 선고 84다카319 판결), 부존재인 결의에 의해 해임된 이사는 그 결의의 부존재를 주장할 수 있으며(대법원 1962. 1. 25. 선고 4294민상525 판결), 하자 있는 결의에 의하여 선임된 이사라도 재임중에 있었던 총회결의의 부존재를 주장할 수 있다(대법원 1969. 9. 27. 선고 66다980 판결). 그러나 사임한 이사는 결의부존재를 주장할 이익이 없다(대법원 1982. 9. 14. 선고 80다2425 판결(전)).

3) **債 權 者** 회사채권자도 訴의 利益이 있다면 결의부존재를 주장할 수 있으나, 회사채권자의 소의 이익은 주주총회의 결의가 채권자의 권리 또는 법적 지위를 구체적으로 침해하고 또 이에 영향을 미치는 경우에 한해 인정되므로 채권자는 이사를 선임하거나 정관에 사업목적을 추가하는 것과 같은 회사의 대내적 사항에 관한 결의에 대해서는 부존재를 주장할 수 없다(대법원 1992. 8. 14. 선고 91다45141 판결; 동 1980. 1. 29. 선고 79다1322 판결; 동 1980. 10. 27. 선고 79다2267 판결).

이상은 제소자를 중심으로 소의 이익을 다루었으나, 사안 자체의 성격에 따라 누구도 소의 이익을 갖지 못하는 경우가 있을 수 있다. 예컨대 이사의 해임결의가 부존재일지라도 그 후 적법한 절차에 의해 새로운 이사가 선임된 경우에는 당초의 해임결의의 부존재를 다투는 것은 과거의 법률관계의 확인을 구하는 것이므로 원칙적으로 확인의 이익이 없다(대법원 1991. 12. 13. 선고 90다카1158 판결; 동 2002. 9. 24. 선고 2002다8452 판결).[1] 또 다른

1) 그러나 그 후임이사의 선임에 부존재사유가 있다면 당초 부존재인 해임결의로 해임된 이사가 이사로서의 권리의무가 있으므로(386조 1항) 해임결의의 부존재의 확인을 구할 이익이 있다(대

예로, 적법한 절차로 이사를 선임하였으나, 회사가 편의상 실제 선임한 날 이후의 일자에 이사를 선임한 것처럼 의사록을 작성하여 선임등기를 마친 경우, 등기의 원인이 된 일자에는 총회결의가 부존재한다고 할 수 있지만, 원래 적법한 결의에 기초하여 이사가 선임된 이상 그 부존재를 구할 소의 이익이 없다(대법원 2006. 11. 9. 선고 2006다50949 판결).[1)]

⑸ **피고 · 제소기간**

다른 소와 같이 회사를 피고로 하여야 하며, 제소기간의 제한이 없는 점은 무효확인의 소에서와 같다.

⑹ **表見決議**

1) 개 념 판례는 상법 제380조가 규정하는 *不存在*와 구분하여 「주주총회의 의사결정 자체가 존재하지 않는 경우」라는 개념을 인정한다(판례 [58], [59]). 판례에 의하면, 상법 제380조가 규정하는 「결의의 부존재」라 함은 주주총회로서 소집 · 개최되어 결의가 이루어지는 등 회사내부의 의사결정이 일응 존재하기는 하지만 소집절차나 결의방법에 중대한 하자가 있는 경우를 말하는 것이고, 회사와 무관한 자가 의사록을 위조하거나(판례 [58]) 전혀 주주총회를 소집한 사실도 없이 의사록만 작성하거나 주주총회로 볼 수 없는 회의를 개최하여 의사록을 작성한 경우(판례 [59])에는 상법상의 결의부존재로 볼 수 없다고 한다. 그리하여 이러한 하자가 있는 경우에는 상법 제380조가 적용되지 않는다고 한다. 이 같은 결의를 「표현결의」라고 부르기로 한다.

2) 실 익 표현결의의 효력을 부정하고자 할 때에는 상법 제380조의 제약(訴의 절차, 판결의 대세적 효력 등)을 받지 않고 민사소송법상의 일반확인의 소로 자유롭게 다툴 수 있다.[2)]

법원 1991. 12. 13. 선고 90다카1158 판결; 동 1995. 2. 24. 선고 94다50427 판결).

1) 비영리법인(사단법인 아태환경엔지오한국본부)의 임원선임에 관한 사건이다. 2005. 3. 16.에 대표권이 있는 이사를 선임하고, 등기업무의 편의상 2005. 4. 20.에 선임한 것처럼 총회의사록을 꾸며 등기하였던바, 2005. 4. 20.자의 사원총회결의의 부존재확인을 구하는 소송이 제기된 데 대해 본문에서 같이 판시하였다.

2) 表見決議의 개념은 특히 1995년 개정 전, 부존재판결에 대해서도 소급효가 제한되던 시절에 유익하였다. 부존재결의에 소급효가 부정되는 결과 부존재확인판결을 받더라도 그 결의에 의해 이루어진 후속행위의 효력을 부인할 수 없었는데, 표현결의는 상법 제380조의 적용을 받지 않으므로 표현결의임을 확인하는 판결은 소급효가 제한되지 않고, 따라서 후속행위의 효력을 아울러 부인할 수 있었기 때문이다. 현행법은 결의의 하자에 관한 판결에 소급효를 인정하므로 표현결의라는 개념을 인정할 실익은 크게 줄었다.

독일의 表見決議

독일에서도 해석론으로 표현결의(또는 無決議)(Nicht- oder Scheinbeschlüsse)라는 개념을 인정한다. 표현결의란 결의의 존재에 필요한 최소한의 요건도 구비하지 못한 의사결정(특히 그 의사결정이 주주총회의 결의로 취해진 것이 아닌 때)을 뜻하며, 이에 대해서는 하자의 치유가 있을 수 없고, 결의의 무효·취소에 관한 절차가 적용됨이 없이 효력이 부인되며, 제 3 자의 보호가 고려될 수 없다고 한다.[1] 우리 판례가 인정하는 표현결의와 일치하는 개념이다.

판 례

[58] 대법원 1992. 8. 18. 선고 91다39924 판결

「… 소외 최갑성이 1987. 6. 25 원고회사(서울국제개발)의 이사회가 임시주주총회의 소집을 결의한 바 없고 당시 원고회사의 대표이사이던 소외 전병석이 주주총회를 소집하여 개최한 일이 없음에도, 마치 같은 날 주주 8명 중 3명이 출석하여 위 전병석을 퇴임시키고 자신을 대표이사에 취임하도록 하는 결의가 있었던 것처럼 주주총회의사록을 위조한 후, 그날 회사등기부상에도 같은 내용의 임원개임등기를 경료하고, 이어서 원고의 명의로 소유권이전등기가 경료되어 있던 이 사건 제 1 부동산에 관하여 1987. 9. 15 피고 학교법인 명지학원의 명의로 소유권이전등기를 … 경료한 사실, … 제380조가 규정하고 있는 주주총회의 결의부존재확인판결은, 「주주총회의 결의」라는 주식회사 내부의 의사결정이 일단 존재하기는 하지만 그와 같은 의사결정을 위한 주주총회의 소집절차 또는 결의방법에 중대한 하자가 있기 때문에 그 결의를 법률상 유효한 주주총회의 결의라고 볼 수 없음을 확인하는 판결을 의미하는 것으로 해석함이 상당하고, 이 사건처럼 주식회사와 전혀 관계가 없는 사람이 주주총회의사록을 위조한 경우와 같이 주식회사 내부의 의사결정 자체가 아예 존재하지 않는 경우에 이를 확인하는 판결도 상법 제380조 소정의 주주총회결의부존재확인판결에 해당한다고 보아 상법 제190조를 준용하여서는 안 된다고 할 것이다. 왜냐하면, … 주주총회의 결의라는 주식회사 내부의 의사결정이 일단 존재하는 경우에는, 의사결정절차상의 하자라는 주식회사 내부의 사정을 이유로 그 주주총회의 결의를 기초로 하여 발전된 사단적인 법률관계를 일거에 무너뜨리거나 그 주주총회의 결의가 유효한 것으로 믿고 거래한 제 3 자가 피해를 입도록 방치하는 결과가 되어서는 부당하다고 할 것이나, 이런 경우와는 달리 주주총회의 의사결정 자체가 전혀 존재하지 않았던 경우에는, 상법 제39조(부실의 등기)나 제395조(표현대표이사의 행위와 회사의 책임) 또는 민법에 정하여져 있는 제 3 자 보호규정 등에 의하여 선의의 제 3 자를 개별적으로 구제하는 것은 별론으로 하고, 특별한 사정이 없는 한 그와 같이 처음부터 존재하지도 않는 주주총회의 결의에 대하여 주식회사에 책임을 지울 이유가 없기 때문이〔다.〕」

---

1) *K. Schmidt*, in Großkomm AktG 4. Aufl., § 241 Rn. 13. 반대: *Zöllner*, in Kölner Komm. AktG, 1 Aufl., § 241 Rn. 51 ff.

3) 표현결의의 效力 표현결의에 해당할 경우에는 의사록에 기재된 결의의 존재가 인정될 수 없으므로 그로 인한 법률관계가 형성될 수 없으며, 회사가 이에 관한 책임을 지지도 않는다. 그리고 그 결의의 효력을 다투는 소송은 상법 제380조의 결의부존재확인소송이 아니라 일반확인의 소이다(판례 [58]). 판례 중에는 표현결의에 해당하더라도 의사록을 작성하는 등 그 외관을 창출한 자가 과반수의 주식을 보유하는 자이거나 사실상 회사의 운영을 지배하는 주주인 때에는 외관창출에 회사가 관여한 것으로 보아야 하므로 이에 기해 행해진 대외적 행위를 유효한 것으로 믿고 거래한 제 3 자에 대하여 회사가 책임을 진다고 한 예도 있다(판례 [59]). 그러나 이는 주주총회의 결의의 본질에 어긋나는 해석이다. 주주총회의 결의를 요건으로 하는 거래에 있어 결의의 존재를 인정할 수 없다면 이는 회사의 의사 자체가 없는 거래이고, 이러한 경우에는 상법이 제 3 자 보호를 고려하고 있지 않다. 판례의 이론대로라면, 취소, 무효 혹은 부존재사유가 있는 결의는 표현결의에 비해 하자가 경미한 바이니 이를 믿은 자는 더욱 보호해야 할 것이고, 결국 대외적인 거래에 관한 한 모든 결의의 하자에 관한 다툼은 아무 의미가 없다는 결론에 도달한다. 그러므로 결의부존재 혹은 표현결의에 기초하여 이루어진 내외거래가 부실등기(39조) 혹은 표현대표이사의 행위에 연결되어 제 3 자가 보호될 수 있는 경우가 아닌 한, 결의의 표현적 외관을 가지고 제 3 자의 보호를 고려할 것은 아니다(기술한 바와 같이 독일에서는 표현결의의 특성으로 거래의 안전이 고려될 수 없음을 들고 있다).

판 례

[59] 대법원 1992. 8. 18. 선고 91다14369 판결

「… 전혀 주주총회를 소집·개최함이 없이 주주총회의사록만 작성하였거나 또는 외형상 당해 회사의 주주총회로 볼 수 없는 회의를 개최하여 의사록을 작성한 경우와 같이 외형상 당해 회사의 주주총회결의의 존재를 인정하기 어려운 … 경우에도 의사록을 작성하는 등 주주총회결의의 외관을 현출시킨 자가 회사의 과반수주식을 보유하거나 또는 과반수의 주식을 보유하지 않더라도 사실상 회사의 운영을 지배하는 주주인 경우와 같이 주주총회결의의 외관 현출에 회사가 관련된 것으로 보아야 할 경우에는 전자의 경우에 준하여 회사의 책임을 인정할 여지가 있을 것이〔다.〕」

[同旨판례] 대법원 1996. 6. 11. 선고 95다13982 판결; 동 1995. 9. 15. 선고 95다13302 판결

(7) 결의외관의 부존재

상법상의 결의부존재확인의 소나 표현결의의 부존재확인을 구하는 소는 최

소한 의사록이나 결의에 따른 등기 등 결의의 외관이 존재하는 경우에 제소할 수 있다. 아예 의사록도 없으며, 결의에 따른 효과로 볼 만한 사실도 존재하지 않는 경우에는 이러한 소의 대상이 아니며, 일반확인의 소를 제기할 소익도 없다(대법원 1993. 3. 26. 선고 92다32876 판결).

5. 訴節次와 判決

(1) 소 절 차

1) 관 할 결의의 취소 · 무효확인 · 부존재확인의 소(이하 「취소 등의 소」라 한다)는 회사의 본점 소재지의 지방법원의 관할에 전속한다(376조 2항 · 380조 → 186조).

2) 소가의 산정 취소 등의 소는 재산권을 목적으로 하지 아니한 訴로 보므로 소가는 1억원이 된다(즉 합의부 관할)(민사소송 등 인지법 2조 4항, 민사소송 등 인지규칙 15조 2항, 18조의2 단).

3) 소제기의 공고 소가 제기된 때에는 회사는 지체 없이 공고하여야 한다(376조 2항 · 380조 → 187조). 현존하는 이해관계인들과 잠재적인 이해관계인들에게 회사의 법률관계의 가변성을 예고하기 위함이다.

4) 소의 병합심리 수개의 결의취소의 소가 제기된 때에는 법원은 이를 병합심리하여야 하며 수개의 무효확인의 소, 수개의 결의부존재확인의 소가 제기된 때에도 같다(376조 2항 · 380조 → 188조). 취소 · 무효 · 부존재판결의 효력은 대세적 효력이 있으므로 모든 당사자에 대하여 합일확정되어야 하기 때문이다. 그러므로 동일한 결의의 효력을 다투는 수개의 소는 민사소송법 제67조가 적용되는 필수적 공동소송이다(대법원 2021. 7. 22. 선고 2020다284977 판결).

병합의 범위와 강제성

1) 병합의 범위 동일한 주주총회의 결의에 관해 결의취소의 소, 결의무효확인 또는 부존재확인의 소가 각각 제기된 경우 이종소송간에 병합할 수 있는가? 상법이 같은 소송간에 병합을 명하는 이유는 취소 · 무효 · 부존재판결의 효력은 대세적 효력이 있으므로 모든 당사자에 대하여 합일확정되어야 하기 때문이다. 단일한 결의에 관해 수개의 이종의 소송이 제기된 경우에도 서로간에 판결이 충돌해서는 안 될 것이므로 이종소송간에도 병합이 강제된다고 보아야 한다(병합긍정설)(同旨: 임재연 Ⅱ 253; 이창열(주석 – 회사 3) 163).[1]

1) 독일주식법 제249조 제 2 항에서는 무효소송간의 병합을 강제하면서(동조항 1문), 무효소송과 취소소송도 병합할 수 있다는 명문의 규정을 두고 있는데, 후자의 병합은 법원의 재량에 맡기는 취지의 문언이지만, 이 경우에도 반드시 병합해야 한다는 해석이 통설이다(*K. Schmidt*, in Großkomm. AktG, 4. Aufl., § 249 Rn. 27; *Schwab*, in Schmidt/Lutter, § 249 Rn. 9; *Zöllner*, in Kölner Komm. AktG, 1 Aufl., § 246 Rn. 82).

한편 상법 제188조가 설립무효의 소와 설립취소의 소의 병합을 허용하고 있는 것도 병합긍정설의 간접적 논거를 제시해 준다.

2) 병합의 강제성　결의의 하자를 다투는 소송에서는 위와 같이 병합이 강제되는데도 불구하고, 법원이 병합하지 않은 경우 그 효력은 어떠한가? 일본에서는 병합에 관한 규정은 법원에 대한 훈시규정으로 보고 그에 위반하여 병합하지 않더라도 판결의 효력에는 영향이 없다고 하며,[1] 같은 설명을 하는 국내학설도 있다(최기원 545). 민사소송법학에서 훈시규정이란 그에 위반하더라도 소송행위의 효력에는 영향이 없는 규정을 뜻하므로 병합하지 않은 것 자체가 판결의 효력에 영향이 없다면 이를 훈시규정이라고 볼 수도 있을 것이다.

그러면 수개의 결의취소소송이 병합되지 않은 채 그에 대한 판결이 내려진 경우 선후 판결간의 효력관계는 어떠한가? 먼저 내려진 판결을 「제 1 판결」, 뒤에 내려진 판결을 「제 2 판결」이라 하자. 이 두 판결의 내용에 관해서는 네 가지 조합이 가능하다. i) 제 1 판결과 제 2 판결이 공히 원고패소판결인 경우(결의취소청구 기각), ii) 제 1 판결은 원고패소판결이고, 제 2 판결은 원고승소판결인 경우, iii) 제 1 판결은 원고승소판결이고 제 2 판결은 원고패소판결인 경우, iv) 두 판결 공히 원고승소판결, 즉 결의취소판결을 내린 경우이다. 원고패소판결은 대세적 효력이 없으므로 i)의 경우에는 소송이 분산되었더라도 별 문제는 생기지 아니한다. ii)의 경우에는 제 1 판결에 의해 일응 결의가 유효한 상태가 되었더라도 이 판결에는 대세적 효력이 없으므로 누구든 제2의 취소소송으로 다툴 수 있는 바이고, 이에 대해 원고승소판결(결의취소)이 내려지고 확정되었다면 결의취소의 효력은 그 소송의 원고와 회사만이 아니라 제 1 판결의 원고에게도 미치므로 역시 문제될 것이 없다. iii)의 경우에는 제 1 판결이 확정되면 결의취소판결이 대세적 효력을 발휘하였으므로 제 2 판결의 대상이 된 소송은 청구의 목적이 실현되어 소의 이익이 없어졌으므로 각하하여야 할 것이고, 이를 간과하고 내린 판결은 확정되더라도 무효로 다루어야 한다.[2] iv)의 경우에도 제 2 판결은 존재하지 않는 결의를 취소한다는 판단이므로 효력을 부정해야 하겠지만, 제 1 판결과 저촉하는 바 없으므로 현실적으로 문제될 것이 없다.[3] 이같이 병합을 하지 아니한다 해서 해결할 수 없는 상황이 발생하는 것은 아니지만, 국가의 재판권이 무의미하게 행사되어 당사자들을 혼란시키므로 법원은 필히 병합하도록 해야 할 것이다. 2005년 이전 일본상법(회사법 제정 이전의 상법)에서는 결의취소의 소가 제기된 경우 제소기간(3월) 내에는

1) 日注釋(5), 343면; 日大審院 1933. 3. 10., 民集 12권 466면.

2) 이 경우 조문상으로는 제 2 판결의 재심사유가 된다고 볼 여지도 있으나(민소 451조 1항 10호)(이시윤, 987면), 결의취소판결이 확정되었다는 것은 대세적으로 결의가 존재하지 않는다는 형성력이 이미 발생하였음을 뜻하여, 제 2 판결이 기판력을 발휘할 여지가 없으므로 무효로 보는 것이 옳다고 생각된다.

3) 1995년 개정전 상법하에서 결의취소판결이 장래효만 가질 때에는(95 개정 전 376조 2항 → 190조) 본문에서와 같은 경우 어느 판결이 우선하느냐에 따라 회사법률관계가 달라지지만, 현재는 취소판결이 소급효를 가지므로 논의가 무의미하다.

변론을 개시하지 못하도록 하였는데(동법 248조 2항. 우리의 舊상법에도 같은 위치에 같은 조문이 있었다),[1] 이는 병합이 그만큼 중요하다는 생각에서 법원에게 병합을 독려하는 의미로 둔 규정이다.

5) 담보제공 취소 등의 소를 제기한 경우 회사는 주주가 악의임을 소명하여 주주의 담보제공을 청구할 수 있으며, 법원은 이에 따라 주주에게 상당한 담보를 제공할 것을 명할 수 있다(377조 1항 본·2항, 380조·176조 4항). 주주의 남소를 억제하기 위함이다. 다만 주주가 이사·감사인 때에는 담보제공의무가 없다(377조 1항 단). 「악의」란 취소·무효·부존재사유가 없음을 알고 소를 제기한 것을 뜻한다. 담보제공명령은 소제기로 인하여 회사가 받았거나 장차 받게 될 손해의 배상을 담보하는 것이 목적이므로(376조 2항·380조 → 191조) 그 가액은 회사가 받게 될 불이익을 표준으로 법원이 재량으로 정한다(대법원 1963. 2. 28. 자 63마2 결정).

6) 화해의 가능성 결의를 취소하거나 무효·부존재를 확인하는 내용의 화해나 조정은 허용되지 않는다. 소가 단체법률관계를 대상으로 하고, 그 판결의 효력은 회사와 제 3 자에게도 미치므로 제소권자가 임의로 처분할 수 있는 이익이 아니기 때문이다.[2] 같은 이유에서 회사가 청구를 인낙하는 것도 허용되지 않는다(판례 [60]). 그러면 결의취소 등의 소를 취하하는 내용의 화해나 조정은 가능한가? 소의 취하에 의해 단체법률관계가 교란되지는 않으나, 그 취하와 다른 법률관계가 반대급부적으로 교환되므로 사회질서(민 103조)에 반하는 내용이 될 경우가 많을 것이다.

판 례

[60] 대법원 2004. 9. 24. 선고 2004다28047 판결

「주주총회결의의 부존재·무효를 확인하거나 결의를 취소하는 판결이 확정되면 당사자 이외의 제 3 자에게도 그 효력이 미쳐 제 3 자도 이를 다툴 수 없게 되므로, 주주총회결의의 하자를 다투는 소에 있어서 청구의 인낙이나 그 결의의 부존재·무효를 확인하는 내용의 화해·조정은 할 수 없고, 가사 이러한 내용의 청구인낙 또는 화해·조정이 이루어졌다 하여도 그 인낙조서나 화해·조정조서는 효력이 없[다.]」

[同旨판례] 대법원 1993. 5. 27. 선고 92누14908 판결: 회사합병무효의 소에서 합병무효청구를 인낙하고 인낙조서를 작성한 것을 무효라고 한 예

---

1) 이 제도가 재판을 지연시킨다는 비판이 있어, 2005년 회사법 제정시에 폐지되었다(日法制審議會會社法 (現代化關係)部會, 會社法制の現代化に關する要綱試案(補足說明), 第四部 第三 13(2)).

2) *Dörr*, in Spindler/Stilz, § 246 Rn. 50 f.; Hüffer, 10. Aufl., § 246 Rn. 18; *K. Schmidt*, in Großkomm. 4. Aufl., § 246 Rn. 74; *Zöllner*, in Kölner Komm. AktG, 1. Aufl., § 246 Rn. 76.

⑵ 판 결

1) 재량기각

㈎ **의 의** 결의취소의 소가 제기된 경우에 결의의 내용, 회사의 현황과 제반사정을 참작하여 그 취소가 부적당하다고 인정한 때에는 법원은 그 청구를 기각할 수 있다(379조). 결의를 취소하면 결의를 토대로 축적된 다수 법률관계에 혼란이 오므로 하자가 경미할 때에는 결의의 효력을 유지시킴으로써 기존의 이해관계를 보호하고 기업유지를 도모하는 제도이다. 상법은 회사관계소송에서 대체로 재량기각을 인정하는데(189조 등), 문제된 하자가 보완될 것을 일반적인 요건으로 하지만, 결의취소소송에서는 하자는 이미 역사적 사건화하여 보완이 불가능한 상태에서 기각하는 것임을 주의하여야 한다(112면 이하 참조).

㈏ **기각 판단의 기준** 재량기각은 회사법률관계의 안정을 유지하려는 배려에서 마련된 제도이지만, 위법 · 부당한 주주총회의 운영을 용인하는 결과를 가져오므로 일응 반가치적인 외양을 보인다. 그러므로 재량기각은 매우 엄격한 기준에 의해 행해져야 한다는 데에 이론이 없다. 법원이 원고 주장의 원인된 하자의 성질 및 정도 등, 관련된 조직법적 정의의 중요성과 회사에서 이미 형성된 단체법률관계의 공익성을 비교교량하여 기각여부를 결정하여야 할 것이다(판례 [61]). 단지 하자가 결의의 결과에 영향이 없다거나, 적다는 것이 재량기각사유가 될 수 없음은 기술한 바와 같다.1)

판 례

[61] 대법원 1987. 9. 8. 선고 86다카2971 판결

「상법 제379조는 결의의 절차에 하자가 있는 경우에 결의를 취소하여도 회사 또는 주주의 이익이 되지 않든가, 이미 결의가 집행되었기 때문에 이를 취소하여도 아무런 효과가 없는 때에 결의를 취소함으로써 오히려 회사에게 손해를 끼치거나 일반거래의 안전을 해치는 것을 막고 또 소의 제기로써 회사의 질서를 문란케 하는 것을 방지하려는 취지이므로, 원심이 그 인정의 결의내용, 피고의 현황, 다른 금융기관의 실태, 원고들의 제소목적 등 제반 사정을 참작하여 원고들의 청구를 기각하였음은 정당하다.」(요지)

[참고판례] 서울고법 1998. 8. 25. 선고 98나5267 판결: 제일은행의 주주총회에서 이사 19인을 선임하는 결의를 하였는데, 찬성하는 주식수를 정확히 계산하지 않아 결의정족수를 충족하였는지 확인할 수 없다는 이유로 일부 주주가 결의취소의 소를

1) 같은 취지의 판결: 日最高裁 1971. 3. 18. 판결, 民集 25권 2호 183면.

제기하였다. 이에 대해, 법원은 이 하자를 비교적 경미하다고 보았고, 한편 이를 이유로 결의가 취소된다면, 이사들이 소급적으로 지위를 잃고, 따라서 이 결의에 의해 선임된 이사들로 구성된 이사회의 결의에 의해 행해진 자본감소와 정부출자, 부실채권의 매각 등 은행의 정상화를 위한 후속행위가 전부 무효가 되어 은행이 지급불능이 되고, 나아가 금융위기를 초래할 가능성이 있다는 이유에서 기각하였다.

하자의 중요성과 영향력

일본의 회사법은 재량기각의 요건을 하자가 「중요하지 않고 결의에 영향을 미치지 않았으리라고 인정되는 경우」로 규정하고 있으므로 법원은 하자의 중요성과 영향력을 반드시 판단하여야 한다(日會 831조 2항). 우리 법은 단지 결의의 내용, 회사의 현황과 제반사정을 참작하여 기각여부를 결정하도록 하므로 법원의 재량의 폭이 넓다고 할 수 있다. 그러나 중요한 하자를 무시하거나, 결의에의 영향이 결정적인데도 기각할 수는 없으므로 중요성과 영향력은 우리 제도의 운영에서도 고려할 사항이라고 해석해야 한다.

(다) **직권탐지의 要否** 판례는 재량기각여부는 직권탐지사항으로 보고, 제379조 소정의 사정이 인정되는 경우에는 당사자의 주장이 없더라도 법원이 재량으로 기각할 수 있다고 하며(대법원 2003. 7. 11. 선고 2001다45584 판결; 동 2009. 1. 30. 선고 2006다31269 판결), 같은 취지의 학설도 있다.[1] 이는 일본의 매우 오래된 학설 · 판례를 따른 것인데, 현재는 일본에서도 이러한 설이 주장되고 있지 않다.[2]

결의의 효력을 다투는 것은 회사의 이해관계인들간의 법률관계의 효력에 관한 분쟁으로서 전형적인 사인간의 다툼으로서 변론주의가 적용되어야 할 대상이고, 취소여부가 공익적 이해를 초래하는 문제도 아니므로 재량기각이 직권탐지사항이라고 볼 근거는 없다.

(라) **재량기각제도의 적용범위** 재량기각은 결의취소사유가 제소기간의 경과로 자동치유될 수 있는 절차적 하자라는 특성을 가지기 때문에 인정되는 제도

---

1) 권기범, 790면; 이시윤, 351면; 임재연Ⅱ, 259면; 이창열(주석－회사 3), 175면.

2) 日大審院 1941. 4. 5. 民集 20권 7호 411면. 일본에서는 1950년 개정전 상법에 있던 재량기각제도(동법 251조)를 법원의 정책적 재량을 인정한 규정으로 파악하고 재량기각사유를 직권탐지사항으로 보았다. 그리하여 소제기의 동기가 불순한 경우, 일부주주에게 소집통지가 누락되었지만, 그 주주의 소유주식이 극소량이라서 의결권을 행사하였더라도 결의의 결과에 영향이 없었을 경우, 결의를 취소하더라도 회사 또는 주주에게 이익이 되지 않는 경우 등 재량기각의 요건을 구비한 경우에는 법원은 기각해야 한다고 풀이하였다. 그러나 이는 그릇된 해석으로 보고 1950년에 동조문을 삭제하였다가, 1981년에 법원의 재량을 크게 축소하는 방향으로 요건을 강화하여 현행과 같은 문언으로 신설하였으므로 직권탐지설은 1959년의 삭제시점에서 사라졌다(日注釋(5), 372면; 江頭, 391면).

이므로 결의내용상의 하자를 원인으로 하는 결의무효확인의 소 또는 절차상의 하자이지만 매우 중대한 하자를 원인으로 하는 부존재확인의 소에는 있을 수 없는 제도이다. 결의내용이 정관을 위반한 때에는 취소사유이지만 내용상의 하자이므로 결의무효사유와 같이 다루어야 하고, 절차상의 하자이더라도 현저하게 불공정한 때(376조 1항)에는 하자의 중대성으로 인해 재량기각이 불가하다고 풀이해야 한다.[1] 다만, 결의 당시에는 정관에 위반하였으나 추후 정관변경에 의해 결의내용이 정당화된 때에는 재량기각을 하여야 할 것이다.

2) 원고승소판결(취소 · 무효 · 부존재판결)의 효력

(가) **對世的 效力** 취소 · 무효 · 부존재 판결(이하 '취소 등 판결'로 약함)의 효력은 제소자와 회사는 물론 그 밖의 제 3 자에게도 미친다(376조 2항 · 380조 → 190조 본). 따라서 누구도 새로이 결의의 유효를 주장하지 못한다. 이는 기판력의 주관적 범위를 당사자에 국한시킨 민사소송법상의 원칙(민소 218조 1항)에 대한 예외이다. 이와 같이 대세적 효력을 인정하는 이유는 주주총회의 결의는 그에 의해 다수인이 회사와 동종의 법률관계를 맺게 되는 단체법적 특성을 가지므로 이들 모두에게 획일적 확정이 필요하다는 데에 있다. 예컨대 甲을 이사로 선임한 결의에 관해 A주주가 취소소송을 제기하여 승소한 경우, 기판력의 일반원칙을 적용한다면 甲은 A주주와의 관계에서만 이사가 아니고 기타의 주주 · 회사 · 제 3 자와의 관계에서는 계속 이사라는 기이한 현상이 생길 것이다.

(나) **遡及效** 설립무효(328조), 신주발행의 무효(429조), 합병무효(529조) 등 회사법상의 형성의 소에서는 예외없이 판결이 장래효만 가질 뿐이나, 결의취소 등의 판결은 예외이다. 취소 등 판결이 내려지면 당해 주주총회의 결의는 결의 당시로 소급하여 효력을 상실한다. 그 결과 결의의 유효를 전제로 축적된 과거의 법률관계가 일시에 무너지는 문제점이 생긴다. 예컨대 결의사항이 정관변경이라면 변경된 정관에 따라 이루어진 모든 행위가 무효가 되는 것이다.

가장 심각한 것은 이사를 선임한 결의에 대해 취소 등 판결이 내려질 경우 그 이사들이 선임한 대표이사 역시 소급하여 대표이사의 자격을 상실하고 따라서 그 대표이사가 행한 모든 대외적 거래가 전부 무효가 되는 것이다.

이같이 대외적인 거래에 생기는 문제는 부실등기의 주장을 제한한 상법 제39조와 제395조의 표현대표이사제도를 원용함으로써 해결해야 할 것이다. 즉 위

---

1) 일본회사법에서는 「소집절차 또는 결의방법이 현저히 불공정한 때」 및 「결의내용이 정관의 규정에 위반한 때」는 재량기각사유에서 제외하고 있다(日會 831조 2항).

의 예에서 대표이사의 대외거래는 표현대표이사의 거래로 보거나, 대표이사의 무자격에 관한 회사의 주장을 차단함으로써 거래 상대방을 보호하는 것이다(판례 [62]).

결의취소 등 판결의 소급효제도의 연혁

1995년 개정 전에는 제190조 단서가 주주총회결의의 취소 등 판결에 준용되었으므로(95 개정 전 376조 2항 · 380조), 판결 이전에 결의의 유효를 전제로 회사와 주주 및 제 3 자와의 사이에서 이루어진 모든 행위는 취소 등 판결의 영향을 받지 않았다. 그 결과 결의사항이 이사의 책임면제(400조), 임원의 보수결정(388조 · 415조), 이익배당(462조)과 같이 일회적이고 완결적인 효력을 갖는 것은 취소 등 판결을 얻더라도 무익하여 위법한 결의에 의해 이익을 얻은 자에게 기득권을 인정해 주는 중대한 맹점이 있었다. 그리하여 1995년 개정법에서는 판결에 소급효를 부여함으로써 위와 같은 문제점을 해소하였다. 그 결과 취소 등 판결이 내려지면 과거 결의의 유효를 전제로 행해졌던 모든 행위가 소급하여 효력을 잃는다. 예컨대 임원의 보수를 결정한 결의가 취소되면 그 결의에 의하여 임원이 지급받은 보수는 부당이득(민 741조)이 되므로 임원은 이를 회사에 반환하여야 한다.

참고로 독일주식법에는 취소판결의 대세적 효력에 관해서만 규정을 두고(§ 248 Abs. 1 AktG) 소급효에 관해서는 명문의 규정을 두지 않았으나, 소급적으로 무효가 된다는 것이 통설이다.[1)] 일본에서도 과거 소급효에 관해 명문의 규정을 두지 않아 학설의 대립이 심했으나, 2005년 회사법에서는 명문으로 취소 등 판결에 소급효를 부여하였다.[2)]

판 례

[62] 대법원 2004. 2. 27. 선고 2002다19797 판결

「이사 선임의 주주총회결의에 대한 취소판결이 확정된 경우 그 결의에 의하여 이사로 선임된 이사들에 의하여 구성된 이사회에서 선정된 대표이사는 소급하여 그 자격을 상실하고, 그 대표이사가 이사 선임의 주주총회결의에 대한 취소판결이 확정되기 전에 한 행위는 대표권이 없는 자가 한 행위로서 무효가 된다.…

그러나 그 선임 결의가 취소되는 대표이사와 거래한 상대방은 상법 제39조의 적용 내지 유추적용에 의하여 보호될 수 있으며, 주식회사의 법인등기의 경우 회사는 대표자를 통하여 등기를 신청하지만 등기신청권자는 회사 자체이므로 취소되는 주주총

1) *Hüffer/Schäffer*, in Münchner Komm. AktG, 4. Aufl, § 248 Rn. 14; *K. Schmidt*, in Großkomm. AktG, 4. Aufl., § 248 Rn. 5; *Shilling*, in Großkomm. AktG, 3. Aufl., § 248 Anm. 4; *Zöllner*, in Kölner Komm. AktG, 1. Aufl., § 248 Rn. 9 f. 다만 감사선임결의 · 이익배당결의 등에 관해서는 소급효를 제한하여 해석함이 일반적이다.

2) 일본 회사법 제839조는 회사설립무효 등 소정의 조직관련소송에 대한 판결에 장래효만 인정하는데, 그 적용대상에서 결의취소의 소 등 결의관련소송에 대한 판결은 제외하고 있다.

회결의에 의하여 이사로 선임된 대표이사가 마친 이사 선임 등기는 상법 제39조의 부실등기에 해당된다.

… 이 사건 주주총회에서 선임된 이사들에 의하여 대표이사로 선임된 최일권은 당일 법인등기부에 같은 내용의 등기를 함으로써 법인등기부상으로는 그 이후부터 주주총회 취소판결이 확정될 때까지 원고 회사의 대표이사로 등재된 사실, … 원고 회사는 상법 제39조의 법리에 따라 원고 회사와 노충량과 체결된 근저당권설정계약과 근저당권설정등기 및 이에 터잡은 모든 거래행위에 대하여 책임을 져야 할 것이〔다.〕」

(다) 등　　기　　결의사항이 등기된 경우, 취소 등 판결이 확정되면 본점소재지에서 이를 등기하여야 한다(378조, 380조).

3) 원고패소판결의 효력　　원고가 패소한 경우, 그 각하 또는 기각판결은 취소 등 판결과 달리 대세적 효력이 없다. 따라서 다른 소제기권자가 새로이 소를 제기할 수 있으나, 취소소송의 경우 실제로는 대부분 제소기간이 경과하여 소제기가 불가능할 것이다.

원고가 패소하면 악의 또는 중과실이 있는 때에는 회사에 대하여 연대하여 손해를 배상할 책임을 진나(376조 2항 · 380조 → 191조). 손해배상책임의 이행을 확보하기 위하여 원고에게 담보제공을 명할 수 있음은 기술한 바와 같다.

6. 부당결의취소 · 변경의 訴

(1) 의　　의

주주총회의 결의에 관하여 특별한 이해관계가 있음으로 인해 의결권을 행사할 수 없었던 주주(368조 3항)가 그 결의의 부당함을 이유로 결의의 취소 또는 변경을 구하는 소이다(381조 1항). 특별한 이해관계가 있는 주주의 의결권을 봉쇄하는 취지는 그 사적인 이해로 인해 결의가 불공정하게 이루어지는 것을 방지하기 위함인데, 오히려 이해관계 있는 주주가 의결권을 행사하지 못함을 잔여의 주주가 악용하여 불공정한 결의를 이끌어 낸 경우 결의의 공정을 회복하기 위한 것이다. 특히 결의의 변경까지 인정한 것은 취소판결을 하더라도 다른 주주들에 의해 같은 결의가 반복될 우려가 있기 때문이다.

이 소도 형성의 소이다.

(2) 제소요건

1) 결의에 특별한 이해관계가 있는 주주가 의결권을 행사하지 못했을 것 　상법 제368조 제 3 항의 제한으로 인해 의결권을 행사하지 못한 경우라야 한다. 그렇지 않고 어느 주주가 자신의 개인사정으로 총회에 불참하여 의결권을 행사하지 못한 경우에는 나머지 주주들로서 통상의 정족수를 이루어 결의할 것이므로 본 소송의 대상이 되어서는 안 될 것이기 때문이다.

2) 결의가 현저하게 부당할 것 　결의의 내용이 법령이나 정관에 위반하지 않더라도 사회통념상 회사나 이해관계 있는 자의 이익을 현저하게 해한다고 볼 수 있는 경우이다(손주찬 753; 임재연Ⅱ 278). 예컨대 영업을 양도하고자 하는 결의에 있어서 부당한 염가로 제 3 자에게 양도하는 경우이다.

3) 특별이해관계 있는 주주가 의결권을 행사하였더라면 결의를 저지할 수 있었을 것 　이 점은 우선 이해관계 있는 주주의 소유주식수를 회의일의 출석주주의 의결권수에 산입하고(371조 2항 참조), 결의에 찬성한 의결권의 수가 결의요건(과반수 혹은 3분의 2)에 해당하는지 여부에 의하여 판단한다.

(3) 제소권자 · 피고

특별한 이해관계가 있어 의결권을 행사할 수 없었던 자만이 제소할 수 있으며, 피고는 회사이다.

(4) 소절차 · 판결의 효력 등

관할, 제소기간, 소의 병합, 원고승소판결의 대세적 효력과 소급효, 원고패소의 경우의 배상책임, 제소주주의 담보제공의무, 결의취소의 등기 등은 모두 결의취소의 소와 같다(381조 2항).

7. 訴의 종류와 訴訟物

제소자가 청구취지를 그르친 경우, 예컨대 취소사유가 있는데 부존재확인이나 무효확인을 구하는 경우 혹은 반대의 경우, 부적법한 소로서 각하하여야 하는가, 아니면 가능한 범위에서 청구취지의 동일성을 인정할 것인지가 문제된다.

또 제소자가 예컨대 결의부존재확인을 구하며 예비적으로 결의취소를 구하는 경우와 같이 다른 종류의 청구를 예비적 청구로 한 경우 이를 어떻게 취급할 것인지도 문제된다.

신소송물이론에 의하면 주주총회결의의 효력을 다투는 각 소는 하자 있는 결의에 의해 발생한 효력을 대세적으로 해소시키려는 점에서 소송목적 나아가서는 소송물을 같이한다고 본다(이시윤 263). 소송경제를 기하고 당사자(제소자)의 권리구제를 충실히 한다는 의미에서 諸 소송의 형식적 차이를 무시하고 결의의 「효력을 부정하는 것」이라는 공통의 소송물을 가지는 것으로 파악하는 것이 타당하다.

1970년대의 판례 중에 부존재원인이 있는데 취소소송을 제기한 경우 이를 부적법한 소로 본 예가 있다(대법원 1978. 9. 26. 선고 78다1219 판결). 그러나 부존재원인은 당연히 취소원인이 되므로 구소송물론에 의하더라도 이와 같은 경우에는 취소판결을 해야 한다. 이후의 판례는 부존재원인이 있는데 무효확인소송을 제기한 사건에서 무효확인청구를 부존재확인청구로 받아들일 수 있다고 하였다(대법원 1983. 3. 22. 선고 82다카1810 판결(전)),[1] 이 판례는 분명히 부존재확인청구와 무효확인청구를 동일한 소송물로 파악할 수 있음을 시사하고 있다. 그렇다면 역으로 무효원인이 있는데 부존재확인을 구한 경우 이를 무효확인을 구하는 취지로 볼 수도 있을 것이고, 취소의 소와도 같은 관계를 인정할 수 있을 것이다.[2]

취소원인을 가지고 무효확인이나 부존재확인을 구한 경우 취소소송으로서의 제소기간 · 원고적격은 갖추어야 할 것이며,[3] 그렇지 않은 경우에는 부적법한 소로 각하하여야 할 것이다. 이러한 점은 부당결의취소 · 변경의 청구를 다른 소의 형태로 제기하는 경우에도 마찬가지이다. 판례 중 부존재확인의 소를 취소의 소의 제소기간 내에 제기한 이상, 그 기간이 경과한 후에 취소소송으로 변경하거나 새로운 취소소송을 추가한 경우에는 소급하여 기간을 준수한 것으로 보아야 한다고 판시한 예가 있다(판례 [63]).

소송물을 어떻게 보느냐에 따라 이종의 소간의 병합 가능성이 달리 판단될 것인데, 이는 기술한 바와 같다(658면 이하 참조).

판 례

[63] 대법원 2003. 7. 11. 선고 2001다45584 판결

「1. 주주총회결의 취소의 소는 상법 제376조에 따라 결의의 날로부터 2월 내에 제

1) 이 판례는 유한회사의 사원총회의 결의에 관한 것이나 주주총회의 결의에 관해서도 다를 바 없다.

2) 결의의 무효를 주위적으로, 결의의 취소를 예비적으로 청구한 사건에서 그 적법성 여부를 문제삼지 않고 본안판단을 한 하급심판례가 있다(서울고법 1998. 8. 25. 선고 98나5267 판결). 참고로 일본에서는 취소사유를 가지고 무효확인소송을 제기한 경우, 취소소송의 요건을 구비하는 한 취소소송으로 보는 것이 통설이다(轉換說)(服部, 252~54면).

3) 日最高裁 1979. 11. 16. 판결, 民集 33권 7호 709면.

기하여야 할 것이나, 동일한 결의에 관하여 부존재확인의 소가 상법 제376조 소정의 제소기간 내에 제기되어 있다면, 동일한 하자를 원인으로 하여 결의의 날로부터 2월이 경과한 후 취소소송으로 소를 변경하거나 추가한 경우에도 부존재확인의 소 제기시에 제기된 것과 동일하게 취급하여 제소기간을 준수한 것으로 봄이 상당하다.」

[同旨판례] 대법원 2007. 9. 6. 선고 2007다40000 판결

8. 다른 소송과의 관계

주주총회의 결의에 기초하여 이루어지는 후속행위에 대해 별도로 그 효력을 다투는 소가 인정되는 경우가 있다. 예컨대 신주발행무효의 소(신주발행을 주주총회가 결의하는 회사의 경우), 자본금감소무효의 소, 합병무효의 소, 분할무효의 소, 주식의 포괄적 교환 · 이전무효의 소 등과 같다. 이 경우 주주총회의 결의에 하자가 있는 경우에는 결의취소(무효, 부존재)의 사유도 되지만 동시에 신주발행, 합병 등의 무효사유도 된다. 이 경우 어느 소를 제기하여야 하느냐에 관해 견해가 대립하지만,[1] 법상 후속행위에 주어진 효력(예: 신주발행 무효의 장래효)에 의해 분쟁이 궁극적으로 해결될 수 있으므로 주주총회의 결의의 하자는 후속행위의 하자로 흡수되는 것으로 보아 후속행위의 무효를 주장하는 소만을 제기할 수 있다고 보아야 한다. 판례는 신주발행과 자본금감소 그리고 합병에 관하여 이같은 입장을 취하고 있는데(대법원 2004. 8. 16. 선고 2003다9636 판결; 동 2010. 2. 11. 선고 2009다83599 판결; 동 1993. 5. 27. 선고 92누14908 판결), 기타의 후속행위에 관해서도 같은 입장일 것으로 생각된다.[2]

9. 飜覆決議 · 追認決議

(1) 번복결의

새로운 주주총회의 결의에 의해 종전의 결의의 효력을 부정할 수는 없다. 설혹 종전의 결의에 하자가 있더라도 이를 무효로 선언하거나 소급적으로 효력을 부정하는 취소결의는 할 수 없다고 본다. 이를 인정한다면 주주총회결의의 하자를 소만으로 다투게 한 법의 취지에 반하기 때문이다.

---

1) 이는 일본에서 오래전부터 다투어 오던 문제이다. 구체적인 학설의 소개는 日注釋(7), 360면 참조.

2) 판례는 신주발행, 자본금감소, 합병의 효력이 발생한 후에는 각각 신주발행무효의 소, 감자무효의 소, 합병무효의 소에 의해서만 다툴 수 있다고 한정하므로 신주발행 등 후속행위의 효력이 발생하기 전에는 주주총회결의의 하자를 다투는 소를 제기할 수도 있다는 풀이도 가능하지만, 시간적으로 보아 후속행위의 효력이 발생하기 전에 결의의 하자를 다투는 소의 판결이 내려질 수는 없으므로 실익이 없는 해석이다.

그러나 장래 그 효과를 거두기 위한 철회의 결의는 가능하다고 볼 것이다.[1) 새로운 총회에서 철회를 결의하더라도 종전의 결의에 의해 형성된 제 3 자의 권리 · 의무에는 영향이 없다.[2)]

철회의 결의는 종전의 결의요건 이상의 결의요건을 갖추어야 한다. 예컨대 자본금감소의 결의(특별결의)를 추후에 보통결의로 철회할 수는 없다.

(2) **추인결의**

무효 또는 부존재인 결의는 추인하는 결의가 있더라도 소급적으로 유효해질 수 없고, 다만 그 추인결의가 적법한 주주총회의 결의로서의 요건을 구비한다면 새로운 결의로서 효력을 가진다(민 139조)(대법원 2011. 6. 24. 선고 2009다35033 판결). 그러나 취소사유가 있는 결의에 대해서는 소급효를 갖는 추인결의가 가능하다고 보아야 한다. 결의 후 2월이 경과하면 결의취소의 소제기가 불가능하고 확정적으로 유효한 결의가 되므로 추인결의를 한다는 것이 무의미하지만, 2월 내라든지 결의취소의 소가 진행중인 경우에는 추인의 실익이 있다.[3)] 추인결의에 의해 종전의 결의는 소급적으로 유효해지고 이에 관한 다툼이 종식된다. 즉 종전의 결의에 관한 소는 소의 이익을 잃은 부적법한 소가 되어 각하된다(대법원 2024. 7. 11. 선고 2024나222861 판결).[4)] 추인결의 자체가 유효하여야 함은 물론이다. 종전의 결의의 취소소송이 계속중 추인결의가 있고, 그 추인결의에 하자가 있다면 제소자는 추인결의의 효력을 같이 다툴 수 있고, 이 두 개의 청구는 병합하여 심리하여야 할 것이다. 그러나 당초 하자 있는 결의에 의해서 선임된 이사들로 구성된 이사회가 주주총회를 소집하고, 그 주주총회에서 당초의 결의를 추인하더라도 후자의 총회는 적법하게 소집된 총회가 아니므로 당초 결의의 하자가 치유되지 아니함은 물론, 전자의 결의가 취소된다면 후자의 결의는 부존재한 결의가 되므로 원고는 굳이 후자의 결의를 병행하여 다툴 필요가 없다(서울고법 1998. 8. 25. 선고 98나5267 판결).[5)]

1) Reinhardt/Schultz, S. 222 f.; *Zöllner*, in Kölner Komm. AktG, 1. Aufl., § 133 Rn. 109.

2) *Zöllner*, Ibid., § 133 Rn. 111.

3) 독일주식법은 취소원인 있는 결의의 추인(Bestätigung anfechtbarer HV Beschlüsse)을 명문으로 허용한다(§ 244 AktG). 즉 새로운 결의에 의해 종전의 결의를 추인하는 것이다. 추인결의가 취소되지 않는 한 종전의 결의는 완전히 유효한 결의가 되고 그 효력을 다투지 못한다.

4) 이사의 보수를 결정하는 결의에 특별이해관계인이 참여했다는 이유로 취소소송이 계속 중 새로 소집된 총회에서 종전의 결의를 추인하는 결의를 하였던바, 종전의 결의에 관한 소가 소의 이익을 잃었다고 보아 각하한 예.

5) 본문의 설명과 반대의 설시를 한 판례가 있다.

대법원 2018. 10. 25. 선고 2017다260902 판결: 일부 주주에게 소집통지를 하지 않고 E 등을 이사로 선임한 주주총회 결의를 취소소송으로 다투는 중에, 대표이사가 된 E가 소집한 주주총추인결의는 추인대상결의를 한 주주와 동일한 주주에 의해 이루어져야 하는가? 당초결의시와 추인결의시에 주주구성이 달라졌다는 이유로 추인의 효력을 부인한 판례(판례 [64])가 있으나, 의문이다. 개인법적 법률행위의 추인은 당초의 행위자와 동일인에 의해 이루어져야 함은 당연하지만, 총회는 주주구성에 의해 동일성이 달라지는 것은 아니므로 양 결의의 참가한 주주가 동일할 필요는 없다고 해야 한다.

판 례

[64] 대법원 2010. 7. 22. 선고 2008다37193 판결

[사실관계와 判旨] A회사(주식회사 이랜드)의 일부 사업을 분할하여 B회사(주식회사 이랜드월드)에 합병시키는 분할합병계약을 체결하고 양회사에서 분할합병승인을 위한 주주총회를 소집하였는데, A회사의 경우 발행주식총수의 10% 정도를 소유하는 소액주주들을 제외한 나머지 주주들에게만 소집통지를 하고 그 주주들의 전원일치로 분할합병을 승인하는 결의를 하였다(이하 "X결의"). 이에 소집통지를 받지 못한 주주 C와 그로부터 주식을 양도받은 D가 분할합병무효의 소를 제기하였다. A회사는 분할합병등기를 한 이후에 열린 A회사의 정기주주총회에서 X결의를 추인하는 결의를 하고 이로써 X결의의 하자가 치유되었다고 주장하고, 원심도 이를 지지하였다.

그러나 상고심에서는 A회사의 주주 구성이 달라진 후에 이루어진 정기주주총회에서 한 추인결의에 의해 X결의에 있는 소집통지누락의 하자가 치유되었다고 한 것은 잘못이라고 판시하였다.1)

[註] 이 판결은 회사분할에 의해 A회사의 주주구성이 변화되었다는 점에 주목하여 추인이 불가하다고 판단하였으나, 이는 주주구성이 달라지지 않는다면, 前 총회의 하자 있는 결의는 後 총회의 결의로 치유될 수 있다는 판단을 전제로 한 것으로 볼 수 있다. 이 사건은 회사분할로 주주구성에 단체법적인 변화가 있은 예인데, 주주구성에 일상적인 개인법적 변동만 있는 경우(예: 일부 주식의 양도)에는 추인가능성이 어찌되느냐는 의문이 제기된다.

10. 決議存在의 確認(소극결의의 否定)

상법은 적극결의(가결)의 효력을 다투는 소송에 관해서만 규정을 둘 뿐, 소극결의(부결)의 효력을 다투는 소송에 관해서는 규정을 두고 있지 않다. 즉 소정

회에서 前 주주총회 결의를 추인하는 결의를 하였고 이 결의의 제소기간이 경과했던 바, 추인결의가 무효로 인정되는 등의 특별한 사정이 없는 한, 前 결의의 취소를 구할 소의 이익이 없다고 판단하였다.

1) 그러나 재량기각에 관한 규정(530조의11 1항 → 240조 → 189조)에 의해 분할무효확인청구는 기각하였다.

의 결의요건을 실질적으로 충족하여 가결되었음에도 불구하고 의장이 부결을 선포하고 의사록에도 부결된 것으로 기재되는 등 부결의 외관을 갖춘 경우, 이를 가결된 것으로 주장하는 방법에 관해서는 규정을 두지 않은 것이다. 예컨대 의결권이 없는 주주가 반대를 하였는데, 그 의결권을 반대표에 산입하여 부결된 것으로 선언하였으나, 의결권 있는 주주의 표결만을 계산하면 결의요건을 충족하는 경우 어떤 방법으로 가결결의가 있었음을 주장하느냐는 문제이다.

이러한 경우 결의존재의 주장은 결의취소의 소에 의해야 한다는 입장도 생각해 볼 수 있으나, 결의에 「하자가 있었다」는 주장에 적용되는 소절차를 「결의가 있었다」는 주장에 적용할 수 있느냐는 의문이 제기되는 외에, 결의취소의 판결은 적합한 구제방법이 될 수 없다는 문제점을 안고 있다. 왜냐하면 결의의 존재를 주장하는 방법으로서 결의취소의 소를 제기하여 취소판결을 얻은 경우, 그 판결이란 부결결의를 취소하는 것에 지나지 않고, 원고가 원하는 결의의 존재를 확정해 주는 것이 아니기 때문이다. 즉 부결결의를 취소소송으로만 다툴 수 있다고 한다면, 결국 구제방법이 없다는 모순에 이르는 것이다. 그리고 결의취소의 소를 제기하여야 한다면 제소기간의 제한을 받는 문제도 있다. 그러므로 결의의 存在確認은 민사소송법상의 일반 확인의 소에 의해 주장할 수 있다고 보아야 한다.

독일에서도 결의의 존재는 민사소송법상의 일반확인의 소(독일민사소송법 256조)에 의해 주장할 수 있다고 보고 있으나, 결의취소의 소(독일주식법 243조)의 제소기간과 절차(동법 246조)를 준수하여야 한다고 해석하고 있다. 이는 관련 법률관계의 안정을 도모해 주기 위한 고려이나, 이같이 해석하는 이유는 총회결의의 성립에 관한 제도가 우리와 근본적으로 다르기 때문이다.

기술한 바와 같이 독일에서는 의사록작성과 공증이 주주총회결의의 성립요건이므로(독일주식법 130조 1항), 주주총회의 결의결과가 의장에 의해 선언되고 의사록에 기재되어 공증을 받음으로써 주주총회의 결의가 확정된 것으로 이해한다(609면 참조). 그리고 이 규정 및 해석론은 적극결의(可決)에는 물론 소극결의(否決)에도 적용되는 것으로 해석하고 있다.[1)]

그리하여 어느 안이 부결된 것으로 의사록에 기재되고 공증을 받으면 그 때에 부결결의가 성립된 것으로 이해하는 것이다. 따라서 결의의 존재를 주장하는 것은 즉 부결결의의 효력을 부정하는 것이므로 결의취소의 청구로 볼 여지가 있는 것이다.

1) *Kubis*, in Münchener Komm. AktG, 3. Aufl., § 130 Rn. 4; *Noack/Zetzsche*, in Kölner Komm. AktG, 3. Aufl., § 130 Rn. 116; *Werner*, in Großkomm. AktG, 4. Aufl., § 130 Rn. 7.

다만 주식법상의 결의취소의 소나 무효의 소는 부결결의의 다툼을 예상한 구제방법이 아니므로 일반확인의 소로 다툴 수 있되, 제소기간이나 제소절차만은 결의취소의 소에 관한 규정을 따라야 한다는 것이다.

X. 決議缺如의 效力

1. 원 칙

주주총회의 결의는 주식회사의 단체적 의사를 결정하는 방법이다. 그러므로 주주총회의 결의를 요하는 사항을 주주총회의 결의 없이 집행한 경우에는 회사의 의사 자체가 흠결된 행위이므로 절대무효이다. 예컨대 주주총회의 결의 없이 이사를 선임했다면 그 선임된 자는 이사가 아니며(382조 1항), 주주총회의 특별결의 없이 영업을 양도했다면 그 양도행위는 무효이다(374조 1항 1호). 결의가 있었지만 판결에 의해 무효·취소된 경우는 결의가 결여된 것과 마찬가지이므로 그 결의에 기한 행위의 효력도 절대무효이다.

주주총회결의의 흠결의 효과와 관련해서는 선의의 제 3 자를 보호하는 제도가 없다. 즉 선의의 제 3 자라도 주주총회의 결의가 흠결된 행위의 유효를 주장할 수 없다. 이 점 후술하는 바와 같이 이사회의 결의가 필요한 행위를 이사회의 결의 없이 집행하더라도 일반적으로 선의의 제 3 자가 보호되는 것과는 중대한 차이를 보인다. 이같이 주주총회결의의 흠결과 이사회결의의 흠결을 달리 취급하는 이유는 전자는 회사의 의사가 결여된 것으로 보는 반면, 후자는 업무집행방법의 하자로 보는 까닭이다.

주주총회의 결의의 무효는 거래상대방도 주장할 수 있는가? 예컨대 주주총회의 특별결의 없이 영업을 양도한 경우 양수인도 양도회사의 주주총회 결의가 없어 무효임을 주장할 수 있느냐는 문제이다. 이를 부정한다면 양도회사가 무효주장을 유보하고 있는 동안은 양수인의 지위가 불안정한 상태에 머물게 되므로 법률관계를 신속히 종결지을 수 있도록 양수인도 무효를 주장할 수 있다고 보아야 한다.[1)]

2. 무효주장의 제한

주주총회의 결의대상이 단체법적인 행위인 경우, 예컨대 이사선임, 합병, 자

1) 日最高裁 1986. 9. 11. 판결, 「判例時報」 1215호 125면.

본금감소 등의 경우에는 등기에 의해 효력이 발생하거나 통상 등기가 의무화되어 있으므로 주주총회의 결의가 결여된 행위는 등기절차에 의해 통제된다. 물론 이 경우에도 주주총회의 의사록을 위조하여 등기를 마칠 수 있지만, 이는 앞서 말한 결의부존재나 표현결의와 같은 결의하자의 법리로 해결된다.

그러나 결의대상이 대외적인 거래행위(예: 영업양도 등 374조 1항 각 호의 행위)인 경우에는 거래상대방도 이를 간과하고 계약을 체결할 수 있다. 이 경우에도 기술한 바와 같이 주주총회결의의 결여와 관련해서는 선의의 제 3 자를 보호하는 제도가 없으므로 거래행위는 원칙적으로 당연무효라고 보아야 한다. 그러나 거래 후 회사 혹은 그 이해관계인이나 상대방이 장기간에 걸쳐 이의를 제기한 바가 없고 그 거래에 의해 새로운 법률관계가 축적되는 등 공평의 견지에서 무효주장을 제한하는 것이 타당한 특수한 사정이 있을 수 있다. 아직 이에 관한 법리가 정착된 것은 아니나, 이런 사정이 있는 사건에서 신의칙을 거론한 판례가 있다(아래 판례 참조).

주총결의의 결여와 신의칙

1) 시장을 개실·운영하던 회사가 주주총회의 결의 없이 시장운영권을 양도한 후 5년이 경과한 후에 중요재산을 주주총회의 결의 없이 양도하였음을 이유로 양도행위의 무효를 주장한 사건에서 신의칙에 반한다는 이유로 무효주장을 배척한 하급심 판결이 있다(서울지법 남부지원 1988. 8. 31. 선고 86가합2948 판결).

2) 회사가 85%의 주주의 동의를 얻어 영업을 양도한 후 주주총회의 특별결의가 없었음을 이유로 양도의 무효를 주장한데 대해 양수인이 신의칙위반으로 항변하였으나, 법원은 상법 제374조 제 1 항 제 1 호가 주주를 보호하기 위한 강행규정임을 들어, 주주 전원이 동의하지 않은 한 무효주장은 신의칙에 반하지 않는다고 판단하였다(대법원 2018. 4. 26. 선고 2017다288757 판결).

3) 일본에서, 어느 회사가 주주총회결의 없이 다른 회사에 영업을 양도하였지만, 이후 양 회사의 이사, 주주 누구도 이의를 제기함이 없었는데, 양수회사가 양수대금을 일부 지체한 상태에서 영업을 하던 중 양도계약일로부터 20년이 경과한 시점에서 양도회사측의 주주총회결의가 없었음을 이유로 양도의 무효를 주장한 사건이 있었다.[1)]

이 사건에서는 양도회사의 주주총회결의가 없었음을 양수인이 주장할 수 있느냐는 문제가 선결적으로 다투어졌으나, 법원은 기술한 바와 같이 양수인도 다툴 수 있음을 시인하였다. 그러나 장기간에 걸쳐 양 회사의 이해관계인들이 무효를 주장한 일이 없었음에도 양수회사가 잔대금지급을 면하기 위해 주장한 것으로 보고 무효주장은 신의칙에 반한다고 판시하였다.

---

1) 前註 판례.

XI. 種類株主總會

1. 취 지

회사가 종류주식을 발행한 경우에는 사안에 따라 각 종류별로 주주들이 이해를 달리할 수 있다. 이 경우 수적으로 우세한 종류의 주주가 주주총회의 결의를 지배하여 열세인 종류의 주주가 손해를 입을 수 있다. 그러므로 상법은 주주총회의 특별결의사항 중 이런 위험이 특히 우려되는 사안에 관해서 주주총회의 결의 외에 손해를 입을 염려가 있는 종류의 주주들만의 결의를 요구하는데, 이 결의를 위하여 소집되는 회합을 종류주주총회라 한다. 종류주주총회는 그 결의가 주주총회의 결의의 효력발생을 위하여 부가적으로 요구되는 요건일 뿐이고 그 자체가 주주총회는 아니며, 회사의 기관도 아니다.

2. 종류주주총회의 결의가 필요한 경우

(1) 일반원칙

상법 제435조 제 1 항과 제436조에서 종류주주총회가 필요한 경우를 열거하고 있는데, 공통적인 요건으로서 「어느 종류주식의 주주에게 손해를 미치게 될 때」를 규정하고 있다. 종류주식의 주주에게 손해를 미친다고 함은, 「어느 종류주식의 주주의 비례적 권리가 추상적인 권리의 관점에서 변경되는 것」,[1] 구체적으로는 「특정 종류주식의 주주의 권리를 제거하거나 제한하는 것, 혹은 어느 종류주식의 주주의 권리에 대응하는 다른 종류주식의 주주의 권리를 강화하거나 신설함을 통해 종류주식의 주주간의 포괄적인 관계(Umfangsverhältnis)를 변화시키는 것」[2]을 의미한다. 특정의 종류주식의 주주에게 가해지는 구체적인 손실의 유무는 판단기준이 될 수 없다.

(2) 필요한 사안

다음 세 가지 경우에 종류주주총회의 결의를 요한다.[3]

---

1) 日注釋(12), 34면.

2) *Holzborn*, in Spindler/Stilz, § 179 Rn. 184; *Koch*, 12. Aufl., § 179 Rn. 43 ff.; *Stein*, in Münchener Komm. AktG, 4. Aufl., § 179 Rn. 186 ff.; *Wiedemann*, in Großkomm. AktG, 4. Aufl., § 179 Rn. 138 f.; *Zöllner*, in Kölner Komm. AktG, 2. Aufl., § 179 Rn. 182.

3) § 179 Abs. 3 AktG, MBCA § 10.04, Companies Act 2006 S. 630(4)도 우리와 유사한 규정을 두고 있다.

1) 정관을 변경함으로써 어느 종류주식의 주주에게 손해를 미치게 될 때(435조 1항) 예컨대 우선주에 대한 배당률을 낮춘다든지, 참가적 우선주를 비참가적 우선주로 하거나, 누적적 우선주를 비누적적 우선주로 한다는 것 등이 이에 해당된다. 이는 어느 종류의 주주 일반에게 발생한 법적 지위가 변동함을 의미하므로 특정의 주주들이 회사에 대한 법적 지위와는 무관하게 구체적으로 입는 손실은 포함되지 않는 반면(예: 정관의 변경이 악재로 작용하여 우선주의 주가가 하락하는 것), 법적 지위에 변동이 생기는 한, 형식적으로는 평등하더라도 실질적으로는 불평등한 경우는 물론, 같은 종류의 주주들에게 어느 면에서는 유리하고 어느 면에서는 불리하다면 이는 종류주주총회의 결의를 요하는 사안이다.[1)]

2) 상법 제344조 제 3 항의 규정에 의하여 주식의 종류에 따라 특수하게 정하는 경우 그 결과가 어느 종류주식의 주주에게 손해를 미치게 될 때(436조) 회사가 종류주식을 발행하는 때에는 정관에 다른 정함이 없는 경우에도 주식의 종류에 따라 신주의 인수, 주식의 병합·분할·소각 또는 회사의 합병·분할로 인한 주식의 배정에 관하여 특수하게 정할 수 있다(344조 3항). 이에 따라 신주의 인수, 주식의 병합·분할·소각 또는 회사합병·분할로 인한 신주배정 등에 관해 어느 종류주식의 주주에게 불리하게 정하는 경우 그 불리해지는 주주들의 결의를 요한다. 예컨대 우선주보다 보통주에게 보다 많은 신주를 배정한다든지, 보통주보다 우선주의 병합비율을 불리하게 하는 경우 등이 그 예이다.

그런데 이 사항 중에는 주주총회의 결의 없이 이사회의 결의만으로 할 수 있는 것도 있다(예컨대 신주발행시 그 인수에 관한 정함. 416조 3호). 이러한 사항에 관해서는 주주총회의 결의 없이 종류주주총회의 결의만을 거치게 된다.

제344조 제 3 항의 입법론적 문제점

종류주주총회의 결의는 일반주주총회의 결의의 발효를 위해 부가적으로 요구되는 제도임을 감안하면 이사회결의만으로 시행하는 사항(344조 3항에 의한 신주발행에서의 차별)에 대해 종류주주총회의 결의를 요하게 한 것은 종류주주총회의 성격에 부합하지 않는다. 이는 신상법을 제정할 때 수권자본제를 도입하는 과정에서 생긴 입법착오이다.

舊상법에도 현행 제344조 제 3 항과 같은 조문을 두고 있었다(舊商 222조 2항). 그런데 구

1) 대법원 2006. 1. 27. 선고 2004다44575·44582 판결: 삼성전자가 우선주들이 배정받는 무상주(준비금의 자본금전입에 의해 받는 주식. 461조)를 우선주로 하되 10년 뒤에는 보통주로 전환할 수 있다는 정관규정을 삭제하는 내용의 정관변경결의를 하였는데, 동 정관변경에 의해 주주들은 확정률의 고율배당을 계속받는 이익도 누리지만, 의결권이 부여되는 기회를 잃는 측면도 있으므로 우선주주들의 종류주주총회가 필요하다고 보았다.

상법에서는 신주발행이 정관변경사항으로서 주주총회의 특별결의를 요했다(舊商 348조 4호: 신주의 인수권을 줄 자 및 그 권리의 내용을 특별결의로 정하도록 했다). 그러므로 구상법하에서 제222조 제 2 항은 바로 신주발행을 위한 특별결의에서 종류주주간에 다른 정함을 할 수 있다는 것이었고, 이 결의의 발효를 위해 종류주주총회의 결의를 요구했던 것이다(舊商 346조). 신상법에서는 신주발행이 이사회의 결의로 바뀌었으니, 제344조 제 3 항에서 이사회의 결의로 족한 사항은 삭제했어야 마땅하나, 신주발행제도의 변화를 의식하지 못하고 이런 수정을 하지 못해 종류주주총회의 다수결만 확보하면 이사회 결의만으로 주주간에 차별을 둘 수 있는 제도를 만들어버린 것이다.

일본에서도 1950년에 수권자본제를 채택하면서 우리와 똑같은 실수를 하여 같은 문제점을 남겼으므로, 해석론으로 바로잡고자 종류주주총회의 결의사항은 무엇이든 주주총회의 특별결의를 거쳐야 한다고 풀이하기도 하였으나,[1] 2005년 회사법에서는 해당규정(舊商 222조 2항)을 없앴으므로 이 문제가 해소되었다.

3) 주식교환 · 주식이전 · 합병 · 분할 · 분할합병으로 인하여 어느 종류의 주주에게 손해를 미치게 될 경우(436조) 예컨대 합병시의 소멸회사, 분할시의 분할회사, 주식교환 · 이전시의 子회사에서 보통주보다 우선주의 신주배정이 불리할 때가 이에 해당한다.

종류주주총회의 자율적 적용가능성

상법이 규정하는 종류주주총회를 요하는 사유 외에 회사의 정관으로 종류주주총회를 요하는 경우를 추가할 수 있는가? 예컨대 理事를 선임하는 결의에 우선주의 종류주주총회를 요하게 하는 것과 같다. 이러한 정관규정은 주주총회의 결의에 법적 근거 없이 제약을 가하고 경우에 따라서는 일부 종류주주에게 주주총회결의에 대한 거부권을 부여하는 것과 같으므로 허용되지 않는다고 본다.

실례로 「한솔교육」이라는 회사의 舊정관에 눈길을 끄는 규정이 있다. 이 회사의 2002년 당시 정관 제 8 조의2 제 8 항은 「우선주를 발행하는 경우, 발행당시 존재하는 우선주식의 내용보다 유리하거나 우선적 효력이 있다면 기존 우선주식의 종류주주총회에서 "보통결의"에 의한 과반수 찬성을 얻어야 한다」는 규정을 두고 있었다. 이는 우선주 발행절차에 관한 자율적인 제도라 하겠는데, 상법상의 종류주주총회는 아니므로 이같은 규정에 의한 결의에 종류주주총회의 결의에 해당하는 효력을 인정할 수는 없을 것이다.

3. 결의의 요건

종류주주총회의 결의는 출석한 그 종류주식의 의결권의 3분의 2 이상의 다

1) 日注釋(12), 41면.

수로써 하되, 찬성한 의결권이 그 종류의 발행주식총수의 3분의 1 이상이어야 한다(435조 2항). 이와 다른 결의방법을 정할 수 없다(서헌제 724; 손주찬 738; 정동윤 576; 정찬형 935; 최기원 524; 최준선 403). 그리고 종류주주총회에서는 의결권 없는 주식도 의결권을 가진다(435조 3항).

종류주주총회와 의결권 없는 주식

상법 제435조 제 3 항이 규정하는 「의결권 없는 주식」은 2011년 개정 이전에는 제370조가 규정하는 의결권 없는 우선주식을 의미하였는데, 동개정에 의해 제370조가 삭제되었지만, 제435조 제 3 항에는 변화가 없다. 현재에도 모습을 달리하여 의결권이 없거나 제한되는 주식을 발행할 수 있으므로(344조 의3), 제435조 제 3 항이 말하는 의결권 없는 주식이란 제344조의3에서 규정하는 주식을 말하는 것으로 이해해야 한다. 그리고 동조에서는 의결권 없는 주식과 더불어 의결권이 제한되는 주식도 인정하는데, 이 주식의 주주 역시 종류주식의 주주로서 보호할 필요가 있으므로 제435조 제 3 항의 의결권 없는 주식이란 의결권이 제한되는 주식도 포함하는 것으로 풀이해야 한다.

4. 소집과 운영

기타 종류주주총회의 소집과 운영 등에 관한 사항에 관해서는 의결권 없는 주식에 관한 규정을 제외하고는 주주총회에 관한 규정을 준용한다(435조 3항).

5. 결의의 하자

주주총회에 관한 규정을 종류주주총회에 준용하므로 종류주주총회의 결의에 하자가 있을 때, 이를 종류주주총회결의의 취소의 소 등의 형식으로 독립하여 다툴 수 있는 것처럼 보이고, 또 이를 긍정하는 견해도 있다(권기범 802; 김·노·천 366; 김홍기 515; 손주찬 739; 송옥렬 991; 최기원 525). 그러나 종류주주총회의 결의의 하자는 별개의 소로 주장하지 못한다고 본다(同旨: 서헌제 728; 정준우 261). 동결의는 주주총회의 결의의 효력발생요건에 지나지 않으므로 주주총회결의의 하자로 다투면 되고, 또 별개의 소를 인정한다 하더라도 주주총회결의의 효력을 부정하기 위하여는 종류주주총회결의의 하자를 다투는 소에서 승소한 후에 다시 이를 원인으로 주주총회의 결의의 효력을 다투는 소를 제기하여야 할 것이므로 독립하여 다툴 실익이 없기 때문이다(639면 참조).

그리고 주주총회의 결의 없이 한 종류주주총회의 결의(제344조에 의한 특수한 정함을 위해 종류주주총회를 하는 경우)에 하자가 있는 경우에는 역시 신주발행무효의 소 등 후속행위의 효력을 다투는 소에서 주장하여야 할 것이다.

6. 종류주주총회 흠결의 효과

종류주주총회의 결의가 필요함에도 주주총회의 결의 또는 이사회의 결의만으로 결의한 경우 그 효력은 어떠한가? 다수설은 일반주주총회는 완전한 효력을 발생하지 못하고 부동적인 상태(불발효)에 있다고 설명한다(결의불발효설)(권기범 802; 손주찬 739; 장덕조 300; 정동윤 576; 정찬형 952; 최기원 525). 그러다가 종류주주총회의 결의가 있으면 확정적으로 유효해지고 종류주주총회의 결의가 없으면 확정적으로 무효가 된다고 한다.[1] 그러나 판례는 「불발효」라는 개념을 인정하지 않고, 단지 민사소송법상의 확인의 소의 형태로 일반주주총회의 결의의 무효를 구하면 족하다고 한다(판례 [65]).

불발효설은 상법이 인정하지 않는 하자의 유형을 창설하는 것이므로 판례가 타당하다고 본다. 그러나 일반주주총회의 결의의 무효를 일반 확인의 소로 주장할 수 있다고 함은 찬성하기 어렵다. 무효확인판결을 받더라도 그 효력은 상대적임에 그치는데, 일반주주총회의 결의의 효력이 당사자마다 달라서는 회사법률관계의 안정을 기할 수 없기 때문이다. 종류주주총회의 결의는 주주총회의 결의가 유효하기 위한 절차적 요건이므로 이를 결한 것은 취소사유(376조)로 보는 것이 옳다(同旨: 정준우 262).

판 례

[65] 대법원 2006. 1. 27. 선고 2004다44575 · 44582 판결

「종류주주총회의 결의는 정관변경이라는 법률효과가 발생하기 위한 하나의 특별요건이라고 할 것이므로, 그와 같은 내용의 정관변경에 관하여 종류주주총회의 결의가 아직 이루어지지 않았다면 그러한 정관변경의 효력이 아직 발생하지 않는데에 그칠 뿐이고, 그러한 정관변경을 결의한 주주총회결의 자체의 효력에는 아무런 하자가 없다고 할 것이다. … 정관의 변경결의의 내용이 어느 종류의 주주에게 손해를 미치게 될 때에 해당하는지 여부에 관하여 다툼이 있는 관계로 회사가 종류주주총회의 개최를 명시적으로 거부하고 있는 경우에, 그 종류의 주주가 회사를 상대로 일반 민사소송상의 확인의 소를 제기함에 있어서는, 정관변경에 필요한 특별요건이 구비되지 않았음을 이유로 하여 정면으로 그 정관변경이 무효라는 확인을 구하면 족한 것

1) 다수설은 독일의 학자들이 종류주주총회의 결의를 결한 정관변경결의의 효력으로 설명하는 이른바 「浮動的 無效論」(schwebende Unwirksamkeit)을 따른 것이다(*Koch*, 12. Aufl., 10. Aufl., § 179 Rn. 49; *Zöllner*, in Kölner Kommentar zum AktG, 2. Aufl., § 179 Rn. 191). 그러나 독일법에는 무효사유가 우리와 달라 절차적인 하자도 일부 무효사유로 하고 있는 점, 주주총회결의의 무효도 치유가 가능한 점(§ 242 Abs. 1 AktG), 정관변경은 등기를 하여야 효력이 발생하는 점(§ 181 Abs. 3 AktG) 등 우리의 하자이론과 크게 달라 부동적 무효론을 그대로 따르기는 어렵다.

이지, 그 정관변경을 내용으로 하는 주주총회의 결의가 '불발효 상태'에 있다는 것의 확인을 구할 필요는 없다.」[1)]

종류주주총회 배제의 가능성

상법이 정한 특정사항에 관해 종류주주총회를 생략한다는 뜻을 정관에 둘 수 있는가? 종류주주총회 제도는 소수자 주주를 보호하기 위한 것이라는 제도의 성격상 강행규정이라고 보아야 하므로 이를 생략하는 정관규정은 무효로 다루어야 한다. 다만 입법론으로서는 주주 전원이 찬성할 경우 일부 의안에 대한 종류주주총회를 생략하는 취지의 정관규정을 둘 수 있다고 본다.[2)] 이런 규정이 있더라도 일반주주총회에서 가결된 의안이 현저한 불공정으로 무효라고 보아야 하는 경우에는 별개의 문제이다.

제 4 관 理事 · 理事會 · 代表理事

Ⅰ. 서 언

현대 주식회사제도는 소유와 경영의 분리원칙에 따라 회사의 운영에 관한 권한을 이사 및 이사회에 집중시키고 있다. 이에 더하여 회사운영의 실태를 보면 주주총회의 형해화, 나아가서는 감시기능의 저하로 인해 이사 및 이사회의 경영독주가 심화되는 경향이 보인다. 특히 주식이 널리 분산된 공개회사에서는 소액주주의 경영소외 속에서 지배주주 및 그 영향력에 복종하는 이사의 전횡이 현저하다. 그러므로 현대회사의 기관구조에서는 이사의 주의의무와 책임이 강조되고, 이사를 견제하고 책임을 추궁하기 위한 제도적 장치가 중요성을 갖는다.

한편, 현대회사의 경영이 전문화되고 기능주의적 경향을 띠면서 회사경영이 대표이사를 중심으로 한 상근의 업무담당이사 및 이들의 참모적 기능에 의해 이루어지고, 이사회의 기능은 저하되는 경향이 있다. 그러므로 상법은 이사들 상호간의 감시 및 이사회에 의한 업무집행의 감독이 중요함을 인식하고 이사에 대한

1) 법원은 이에 추가하여 불발효론이 독일의 부동적무효론을 따른 것임을 주목하면서, 「특정 외국의 학설이나 판례가 그 나라의 법체계와 법규정에 근거하여 설정하거나 발전시켜온 이론을 그와 다른 법체계하에 있는 우리나라의 소송사건에 원용하거나 응용하는 것은 꼭 그렇게 하여야 할 이유가 있는 경우에 한하여 필요한 범위 안에서 신중하게 하여야 할 것이다」라고 하며 외국이론의 원용에 주의를 촉구한 바 있다.

2) 이같은 입법례로 일본회사법을 들 수 있다. 회사는 어느 종류주식의 내용으로서 종류주주총회의 결의를 요하지 않는다는 뜻을 정관에 정할 수 있는데(日會 322조 2항), 그 해당종류의 주식을 발행한 상태에서 그 종류주식에 대해 이같은 규정을 두고자 할 때에는 정관변경에 해당 종류주주 전원의 찬성을 요한다(동조 3항).

이사회의 감독권을 명문화하고 감사(또는 감사위원회)에게 광범한 감시기능을 부여하고 있다.

Ⅱ. 理 事

1. 의 의

이사(director; Vorstandsmitglied)란 회사의 수임인으로서의 지위에서 이사회의 구성원으로서 회사의 업무를 집행하는 법정의 권한을 가진 주식회사의 필요적 상설기관이다.

1) 이사는 주주총회에서 선임한다(382조 1항). 회사실무에서는 흔히 종업원 중 상위직에 있는 자를 이사회의 결의나 대표이사의 지시에 의해 「대우이사」 혹은 「이사」 등의 명칭으로 부르면서, 이들을 「비등기이사」, 주주총회가 선임한 이사를 「등기이사」라는 호칭으로 구분하지만, 주주총회에서 선임하지 않은 자는 등기여부에 불구하고 상법상의 이사가 아니다. 따라서 이들은 상법상의 이사의 권한을 행사할 수 없으며, 이사로서의 책임(399조)도 지지 아니한다(대법원 2003. 9. 26. 선고 2002다64681 판결). 다만 상법 제401조의2에 해당할 때에는 이사와 같은 책임을 진다.

회사와 이사의 관계는 委任이다(이설 없음). 상법은 「회사와 이사의 관계는 민법의 위임에 관한 규정을 "준용"한다」라고 규정하고 있으나(382조 2항), 이는 誤記이다.[1]

주주에 대한 이사의 의무

이사가 주주에 대해 직접적인 의무를 갖지 아니한다는 것은 회사법이론에 그치지 않고 형법상의 업무상배임죄(형 356조)의 성부를 논함에 있어서도 통용되는 이론이다. 대표이사가 가장납입으로 발행한 신주를 모두 친지인 제 3 자에게 배정함으로써 다른 주주들의 주식가치가 희석되는 손해가 생겼으므로 부실납입죄와 아울러 주주들에 대한 배임죄로 기소된 사건이 있었다. 이에 대해 대법원은 「신주발행에 있어서 대표이사가 일반 주주들에 대하여 그들의 신주인수권과 기존 주식의 가치를 보존하는 임무를 대행한다거나 주주의 재산보전 행위에 협력하는 자로서 타인의 사무를 처리하는 자의 지위에 있다고는 볼 수 없다」는 이유를 제시하며 위의 행위는 기존 주주에

---

1) 舊法시절에 회사와 이사의 법률관계는 무엇으로 보아야 하느냐를 놓고 학설이 대립하다가 위임계약설이 통설이 되어 조문을 「회사와 이사의 관계는 委任에 관한 규정을 따른다」라고 정리하였다(舊商 254조 3항; 日會 330조). 신상법에서는 「委任에 관한 規定을 '準用'한다」라고 수정하였지만, 위임계약설과 다른 뜻을 표현한 것은 아니라고 생각된다(상세는 李哲松, "商法上의 立法錯誤의 是正에 관한 연구(2)," 「比較」 제17권 3호(2010), 7면 이하 참조).

대한 업무상배임죄를 구성하지 않는다고 판시하였다(대법원 2004. 5. 13. 선고 2002도7340 판결).

2) 상법은 이사를 「社內理事」, 「社外理事」, 「그 밖에 상무에 종사하지 아니하는 理事」로 구분하여 등기하도록 한다(317조 2항 8호).[1] 사내이사란 상법이 정의하고 있지는 않으나, 회사의 常務에 종사하는 이사를 뜻한다. 「상무」란 회사의 일상적인 업무를 말한다. 대표이사와 그 밖의 상무이사가 사내이사에 포함된다. 판례는 흔히 「업무담당이사」라고도 표현한다. 사외이사란 상무에 종사하지 않는 이사로서 상법이 정하는 요건과 절차에 따라 「사외이사」로서 선임되는 이사를 가리킨다. 상법은 사외이사의 결격사유를 규정하고 있다(382조 3항 각 호 · 542조의8 2항).

상법은 상장회사의 사외이사를 「독립이사」로 부르며, “사내이사, 집행임원 및 업무집행지시자로부터 독립적인 기능을 수행하는 이사”라고 정의하고 있다(542조의8 1항). 상장회사에는 소정 수의 독립이사를 둘 것을 강제하고(542조의8 1항), 대규모상장회사의 독립이사에 관해서는 선임절차의 특칙을 두고 있다(542조의8 4항 · 5항).

「그 밖에 상무에 종사하지 아니하는 이사」란 상무에 종사하지 않는 이사로서 사외이사가 아닌 자를 말한다. 기업실무에서는 사외이사와 무관하게 「비상근이사」, 「평이사」 등으로 부르며 상무에 종사하지 않는 이사를 두어 왔는데, 이를 법제화한 것이다.[2] 이들에게는 사외이사에 관한 규정(특히 자격제한 규정(382조 3항 각호))이 적용되지 않는다. 이사의 권한과 의무에 있어, 이상 세 가지 이사는 차이가 없다.

3) 이사의 지위 중 가장 중요한 것은 이사회의 구성원이 되어 회사의 업무집행의 결정에 참가하는 것이지만(393조 1항), 그 밖에 단독으로 행사할 수 있는 몇 가지 권한이 주어진다(373조 2항 · 376조 1항 · 390조 1항 본 등). 주의할 점은 법문에서는 「이사」의 권한이나 의무로 표현하였으나 실은 대표이사의 대표권 또는 업무집행권에 속하는 것이 있다는 점이다(749면 참조).

4) 이사는 주식회사의 필요적 상설기관이다. 다수설은 이사의 기관성을 부정한다. 그러나 이사의 지위와 이사회구성원으로서의 지위는 동시성을 가지며, 이사에게 각종의 단독적인 권한을 부여하고 있으므로 이론적으로는 이사도 회사의 기관이라고 보는 것이 옳다(상법상 이사의 권리의무를 포함하여 그 지위가 명문화되어 있으므로 기관이라 하든 아니라 하든 실제적인 차이가 있는 것은 아니다).

---

1) 사외이사란 과거 구증권거래법상의 용어였으나, 2009년 개정에 의해 상법상의 제도로 수용되었다.

2) ㈜KB금융지주에서는 「기타비상무이사」라는 명칭의 이사를 두는데, 이는 상법 제317조 제 2 항 제 8 호의 「그 밖에 상무에 종사하지 아니하는 이사」를 뜻하는 것으로 보아야 한다.

2. 이사의 選任과 退任

(1) 이사의 정원

1) 일 반 이사는 3인 이상이어야 한다(383조 1항). 최다수에 대한 제한은 없다. 정관으로 상한을 둘 수 있음은 물론이다. 최소인원을 3인으로 한 이유는 이사회를 구성하기 위해 복수이어야 함은 당연하고, 이사회결의에서 가부동수를 피하기 위해 홀수로 한 것이다.

2) 상장회사 상장회사에서는 이사 총수의 3분의 1 이상을 독립이사로 선임해야 하고, 대규모상장회사의 경우에는 독립이사를 3인 이상 그리고 이사 총수의 과반수가 되도록 선임해야 한다(542조의8 1항, 상령 34조 2항).[1] 독립이사의 사임 · 사망 등의 사유로 인하여 독립이사의 수가 이 구성요건에 미달하게 되면 그 사유가 발생한 후 처음으로 소집되는 주주총회에서 요건에 합치되도록 독립이사를 선임하여야 한다(542조의8 3항).

3) 소규모회사 소규모회사는 이사의 수를 1인 또는 2인으로 할 수 있다(383조 1항 단)(후술).

(2) 이사의 자격

1) 자격제한 이사의 자격에 관하여 상법은 특별한 제한을 두고 있지 않다. 정관으로 이사의 자격을 제한하는 것은 그 내용이 사회질서에 반하지 않는 한 유효하다(예컨대 주주 · 한국인 · 국내거주자 등 또는 일정한 경력을 갖춘 자로 제한하는 것은 유효하다). 정관으로 이사가 가져야 할 주식(자격주)의 수를 정한 때에는 다른 규정이 없는 한, 이사는 주권을 감사에게 공탁하여야 한다(387조). 이사의 자격요건을 유지시키는 한편, 이사의 내부자거래(자금 172조 · 174조)를 차단하기 위함이다.

한편 상법은 사외이사에 관해서는 별도의 결격사유를 두어 이에 해당하는 자는 사외이사가 될 수 없도록 하고, 재임중 이에 해당하게 되면 이사의 직을 상실하는 것으로 규정하고 있다. 상법은 사외이사에게 대표이사 및 업무집행이사에 대한 감시기능을 기대하고 있으므로, 주로 지배주주나 경영자로부터 독립성을 확보하기 위한 요건이라 할 수 있다.

사외이사 · 독립이사의 결격사유

사외이사가 될 수 없는 자는, ① 회사의 상무에 종사하는 이사 · 집행임원 및 피용자 또는 최근 2년 이내에 회사의 상무에 종사한 이사 · 감사 · 집행임원 및 피용자, ②

---

1) 다만 코넥스시장에 상장한 중소기업은 독립이사를 두지 않을 수 있다(자금 165조의19).

최대주주가 자연인인 경우 본인과 그 배우자 및 직계 존·비속, ③ 최대주주가 법인인 경우 그 법인의 이사·감사·집행임원 및 피용자, ④ 이사·감사·집행임원의 배우자 및 직계 존·비속, ⑤ 회사의 모회사 또는 자회사의 이사·감사·집행임원 및 피용자, ⑥ 회사와 거래관계 등 중요한 이해관계에 있는 법인의 이사·감사·집행임원 및 피용자, ⑦ 회사의 이사 및 피용자가 이사·집행임원으로 있는 다른 회사의 이사·감사·집행임원 및 피용자이다(382조 3항).

상장회사의 독립이사에 대해서는 일반 사외이사의 결격사유 외에 추가적인 결격사유를 두고 있다. ① 미성년자, 피성년후견인 또는 피한정후견인, ② 파산선고를 받은 자로서 복권되지 아니한 자, ③ 금고 이상의 형을 선고받고 그 집행이 끝나거나 집행이 면제된 후 2년이 지나지 아니한 자, ④ 대통령령으로 별도로 정하는 법률에 위반하여 해임되거나 면직된 후 2년이 지나지 아니한 자, ⑤ 상장회사의 주주로서 의결권 없는 주식을 제외한 발행주식총수를 기준으로 본인 및 그와 대통령령으로 정하는 특수한 관계에 있는 자(특수관계인)가 소유하는 주식의 수가 가장 많은 경우 그 본인(최대주주) 및 그의 특수관계인, ⑥ 누구의 명의로 하든지 자기의 계산으로 의결권 없는 주식을 제외한 발행주식총수의 100분의 10 이상의 주식을 소유하거나 이사·집행임원·감사의 선임과 해임 등 상장회사의 주요 경영사항에 대하여 사실상의 영향력을 행사하는 주주(주요주주) 및 그의 배우자와 직계존·비속, ⑦ 그 밖에 독립이사로서의 직무를 충실하게 수행하기 곤란하거나 상장회사의 경영에 영향을 미칠 수 있는 자로서 대통령령으로 정하는 자(상령 34조 5항 1호~7호에 해당하는 자)는 상장회사의 독립이사가 될 수 없다(542조의 8 2항). ① 내지 ④는 이사로서의 최소한의 자질을 확보하기 위한 것이고, ⑤ 내지 ⑦은 일반사외이사의 결격사유와 같이 이사의 독립성을 확보하기 위한 것이다.

이사회 구성과 양성평등

대규모상장회사(자산총액 또는 자본금액이 2조원 이상인 회사)는 이사 전원이 동일한 성별이어서는 안 된다(자금 165조의20). 즉 이사 중 최소 1인은 다른 이사와 이성이어야 한다. 남녀평등의 이념에서 2020년 2월 4일 자본시장법에 신설된 제도이다.

2) 법인이사의 허부 법인은 이사가 될 수 없다고 본다(권기범 825; 권종호 182; 김·노·천 373; 김정호 458; 손주찬 759; 서헌제 797; 이범찬(외) 302; 임홍근 448; 정준우 32; 정찬형 982; 최기원 582). 왜냐하면 이사는 실제 회사의 업무집행에 관여하는 자이고, 또 자연인이어야 함에 이론이 없는 대표이사로의 피선자격을 갖추어야 하기 때문이다(만일 이사 전원이 법인이라면 대표이사를 선임할 수 없다). 이에 대해 반대설은 법인이 발기인이나 회생절차상의 관리인이 될 수 있음(회파 74조 6항)에 비추어 법인도 이사가 될 수 있다고 한다(강·임 779; 정경영 544; 정동윤 594). 그러나 발기인의 사무는 기술적이고 절차적인 데 그치므로 대리가 가능하나, 이사의 직무는 자연인의 의사와 능력을 요하는 일이 대부분이며, 타인에 의한 대리가 허용되지 않으므로 발기인과 같은 차원에 두고 생각할

수는 없다. 회생절차상의 관리인도 회사와의 신임관계에 기초하여 자기 책임하에 회사경영을 맡은 자가 아니고 회사의 이사와 병존하면서 회사재산의 보전을 주된 기능으로 하는 자이므로 역시 이사와 같이 볼 수는 없다.[1)·2)]

3) 행위능력의 요부 이사는 전문적인 판단을 요하는 각종의 법률행위를 하고 회사나 제 3 자에 대해서 책임을 지므로 제한능력자는 이사가 될 수 없다고 본다(同旨: 권종호 182. 반대: 강·임 779; 권기범 824; 김동훈 278; 손주찬 759; 임홍근 448; 정찬형 982; 최기원 583)(등기실무에서는 의사능력이 있는 한 미성년자의 이사선임등기를 수리하고 있다).

파산선고를 받은 자도 이사가 될 수 없다(민 690조 참조)(통설). 그리고 형벌의 하나로 이사의 자격을 정지시키는 형을 선고할 수 있다(형 44조 1항).

社外理事(outside director)의 효용론

사외이사란 미국의 outside director의 번역어이다. 미국회사에는 이사의 상당수를 지역유지나 변호사, 금융전문가, 회계전문가 등의 전문직으로 충원하면서 이들을 보통 비상근으로 하고 있으므로 상근의 이사(inside director)와 대칭되는 개념으로 사외이사라 부른다. 우리나라에서는 미국의 사외이사가 효율적인 경영감시기능을 하고 있다고 보아 법상의 제도로 수용한 것이나, 미국에서도 오래전부터 사외이사의 효용에 관해 논쟁이 있어 왔다. 주로 조직관리론 전공자들이 주장하는 경영자실권론(managerial hegemony theory)은 사외이사의 무용론을 주장하는 데 반해, 주로 재무관리전공자들이 주장하는 효용적 감시론(effective monitor theory)은 사외이사의 감시기능을 옹호한다.[3)]

경영자실권론자들이 제시하는 사외이사무용론의 근거는, i) 사외이사들은 실질적으로 현경영자(사장)가 선출하므로 사외이사들이 자신을 선임한 경영자를 상대로 감시한다는 것은 비현실적이며, ii) 사외이사는 보통 회사의 업무에 관해 전문성이 없는 데다가, 이사회에서 사장이 제시하는 안건과 그가 예정하는 결론에 부합하는 설명 외에는 정보를 갖지 못하므로 사장이 유도하는 결론에 추종하기 마련이고, iii) 사외이사들은 대개 다른 직업에 종사하고 있고 회사에서는 거마비 정도의 소액의 보수를 받을 뿐이므로 적극적으로 경영자를 감시할 동기가 박약하다는 것이다.

이에 대해 효용적 감시론의 논거는, i) 사외이사들은 이사라는 직업시장에서의 자

---

1) 자본시장법에 의해 설립되는 투자회사에는 법인이사 1인을 두어야 한다(자금 197조 2항). 이 법인이사도 회생절차상의 관리인에 관해서와 같은 설명을 할 수 있다.

2) 이 점에 관해 입법례가 갈린다. 독일 주식법은 이사의 자격을 행위능력 있는 자연인으로 제한하며(§ 76 Abs. 3 Satz 1 AktG), 미국의 모범사업회사법, 일본회사법도 자연인으로 제한한다(MBCA § 8.03(a); 日會 331조 1항 1호). 그러나 영국 회사법과 프랑스상법은 법인이사를 허용한다(Companies Act 2006 s. 164; C. com. Art. L. 225-20).

3) Laura Lin, "The Effectiveness of Outside Directors as a Corporate Governance Mechanism: Theory and Evidence," *Northwestern Univ. Law Review* Vol. 90 No. 3(1996), p. 902.

기의 상품가치를 높이기 위해 현재의 회사에서의 감시기능을 충실히 수행할 동기가 있으며(이를 "reputation capital theory"라 한다),[1] ii) 사외이사들에 대한 보상으로서 회사의 주식을 교부한다면, 이들은 자기의 자산의 가치를 증식시키려는 개인적인 동기에서 감시기능을 충실히 할 것이며, iii) 社外理事는 보통 회사와 이해관계가 있는 은행이나 다른 기업의 임원들이 겸하고 있는데, 이들은 자기가 속한 기업의 이익을 위해서라도 경영자에 대한 감시기능을 충실히 수행한다는 것이다.

이같은 논쟁이 있을 뿐, 미국에서 뚜렷이 사외이사의 기능을 긍정적으로 증명한 것은 없었다. 그간 우리나라에서의 사외이사의 역할을 보아도 매우 부정적이다.

기업경영에 대한 판단은 허다한 변수 가운데에서 현상황에 가장 최적의 결론을 찾는 작업인 만큼 항상 충분한 정보와 현장의식을 지닌 가운데에서 이루어지지 않으면 안 된다. 가끔 이사회에 출석하는 정도로 경영에 원격적인 입지에 있는 사외이사에게 이러한 능력을 기대하기는 어렵다. 또한 경영판단의 질은 바로 그에 소요되는 비용에 비례한다고 할 수 있는데, 소액의 거마비를 수령하는 사외이사에게 양질의 판단을 기대할 수는 없다. 그러므로 사외이사를 제도화한 근래의 입법은 검증되지 않은 몇 가지 가설을 시험해보는 의미를 가질 뿐이다.

(3) 이사의 선임

1) 선임기관 이사는 회사설립시에는 발기인이 선임하거나 창립총회에서 선임하고(296조 1항 · 312조), 설립 이후에는 주주총회에서 선임한다(382조 1항). 이사의 선임은 주주총회의 고유한 권한으로서 정관이나 주주총회의 결의에 의하여도 타에 위임할 수 없다(예외: 회파 203조).[2] 또 이사의 후보를 특정 주주가 지명 또는 추천하는 자로 제한하는 것과 같이[3] 이사선임을 특정인의 의사에 연계시키는 것도 허용될 수 없다.

2) 선임방법 이사는 후술하는 집중투표에 의하지 않는 한, 선임할 이사 1인 당 한 개씩의 보통결의로 선임한다. 따라서 1회의 결의로 수인의 이사를 선임하는 방식의 결의는 위법한 결의이다(서울중앙지법 2015. 3. 12.자 2015카합80191 결정).[4] 다만 1회의 결의에

---

1) E. Fama & M. Jensen, "Separation of Ownership and Control," 26 *Journal of Law and Economics*(1983), p. 315.

2) 예컨대 대주주, 혹은 현재의 대표이사가 회사를 대표하여 특정인을 대표이사로 임용하겠다는 약정을 하였더라도 이 약정은 회사에 대해 구속력을 가질 수 없다. 다만, 약정이 지켜지지 않을 경우 상대방은 대주주 또는 대표이사에게 임용약정을 파기한 책임을 묻는 것은 가능할 것이다(서울고법 2012. 4. 6. 선고 2011나82690 판결).

3) 舊하나로통신(주) 舊정관 제29조 제 2 항 및 舊삼성석유화학(주) 舊정관 제25조는 각 주주별로 지명 또는 추천할 수 있는 이사수를 안배하고 있다.

4) 소수주주가 6인의 후보자에게 투표하여 가장 많은 득표를 한 순서로 5인을 이사로 선임하는 방법을 (주주)제안하였던바, 이를 위법한 주주제안이라고 판시하였다.

서 주주 전원의 찬성으로 수인의 이사를 선임하였다면, 이는 이론상으로는 이사별로 선임결의가 있은 것으로 볼 수 있다.

상장회사의 독립이사는 사내이사와 자격요건을 달리하고, 선임절차도 달리하므로 주주총회에서 양자를 구분하여 선임해야 하고 소집통지에도 구분하여 기재해야 한다.[1] 그러나 사내이사와 「그 밖에 상무에 종사하지 않는 이사」(사외이사 아닌 비상근 이사)는 구분해서 등기하지만(317조 2항 8호) 상법상 신분상의 구분이 없으므로 주주총회에서는 양자를 통합해서 선임하고 이사회의 결의로 구분해도 무방하다.

상장회사의 이사선임절차의 특례

1) 사전공시의 강제 이사의 선임은 보통결의사항이므로 소집통지에는 「이사의 선임」이라는 의제만 기재하면 족하고, 그 후보까지 기재할 필요는 없다. 그러나 상장회사의 이사를 선임하는 총회를 소집하는 경우에는 소집통지·공고에 이사후보의 성명 등 소정사항을 기재하여야 한다(542조의4 2항)(530면 참조). 주주총회에서는 이에 의해 통지하거나 공고한 후보자 중에서 선임하여야 한다(542조의5).

2) 후보추천위원회 대규모상장회사(자산총액이 2조원 이상인 회사)의 독립이사 선임을 위해서는 상법 제393조의2의 위원회로서 독립이사후보추천위원회를 설치하여야 한다(위원은 독립이사가 총위원의 과반수가 되도록 구성한다)(542조의8 4항·상령 34조 2항). 후보추천위원회가 독립이사 후보를 추천할 때, 주주가 상장회사의 주주제안절차(542조의6 2항)에 의해 추천한 독립이사 후보가 있으면 이를 추천대상에 포함시켜야 한다(542조의8 5항 후). 주주총회에서는 동 위원회의 추천을 받은 자 중에서 독립이사를 선임해야 한다(542조의8 5항 전).

3) 특칙의 효력 제542조의5의 법문상으로는 상장회사의 이사는 오직 소집통지한 이사후보 중에서만 이사를 선임할 수 있고, 제542조의8 제 5 항의 법문상으로는 대규모상장회사의 독립이사는 후보추천위원회에서 추천한 자에 한해 선임할 수 있는 것으로 읽힌다. 소집통지는 이사회의 결의로 하므로 결국 이사선임에 있어 주주총회는 이사회의 결정에 구속되고, 나아가 독립이사 선임에 있어서는 후보추천위원회의 결의에 구속된다는 뜻이다.

이는 주주총회의 이사선임권을 제약하고, 나아가 주주의 의결권을 침해하므로 재산권의 침해이고 기업의 자유를 제한하는 것으로 위헌이 명백하다(憲 23조 1항·15조). 주주는 오로지 주주제안절차에 의해서만 후보를 추천할 수 있게 되는데, 이는 합리적인 근거없이 이사의 추천권을 소수주주권화하는 소치이므로 평등의 원칙(憲 11조 1항)에도 반한다.

그러므로 제542조의5와 제542조의8 제 5 항은 해석에 의해 위헌성을 제거해야 한다. 이 규정들은 대부분의 상장회사에서 경영자가 대주주와의 협의로 이사를 추천하

---

1) 비상장회사에서는 소집통지에서 선임할 이사후보를 사내이사, 사외이사 등으로 구분할 필요가 없다(서울고법 2010. 11. 15.자 2010라1065 결정).

고 있는 실정임을 감안하여 이사선임의 투명성을 높이기 위해 회사가 추천하는 후보의 추천절차를 정한 것이고, 주주총회에서 주주가 후보를 추천하는 것을 금하거나 선임할 이사의 범위를 제한하는 취지는 아니라고 해석한다.[1)]

이사선임결의의 요건

1995년 개정 전에는 「정관에 다른 정함이 있는 경우에도 발행주식총수의 과반수에 해당하는 주식을 가진 주주의 출석으로 그 의결권의 과반수로 한다」고 규정하였으므로(95 개정 전 384조) 이사선임의 결의만큼은 반드시 보통결의에 의하고 정관에 의해서도 결의요건을 가감할 수 없다는 뜻으로 해석하였다. 이 규정은 개정법에서 보통결의의 요건이 완화되면서 삭제되었지만, 현행법하에서도 보통결의보다 완화된 결의방법을 택할 수 없다고 해석된다.

이사선임의 결의요건을 현행 보통결의요건보다 강화할 수 있는가? 개정 전에 보통결의를 강제한 이유는 출석의결권의 과반수보다 높은 결의요건을 두어 이사선임이 교착상태에 빠지는 것을 방지하고자 함이었다. 이 취지는 개정법하에서도 관철되어야 한다고 해석된다. 그러므로 「출석의결권의 과반수」라는 결의요건은 정관으로도 강화할 수 없다고 본다.[2)·3)] 다만 출석정족수는 단체의사결정의 조리이므로 정관으로 발행주식총수의 과반수의 출석정족수를 요구하는 것은 무방하다고 본다.

3) 理事의 同意 이사의 선임은 이사의 권한과 의무로 구성되는 위임관계를 형성하므로 당연히 이사로 선임될 자의 동의를 요한다. 동의는 묵시적인 것이라도 무방하다. 예컨대 이사로 선출된 자가 총회에서 취임인사를 하거나, 이사회에 참석하는 것, 회사에 대해 임용계약의 체결을 요구하는 것도 묵시적 동의의

---

1) 주주총회의 소집통지에는 목적을 기재해야 하고, 특별결의사항을 다루는 총회에서는 의안의 요령을 기재해야 하며, 결의의 범위는 이 목적과 의안의 요령에 의해 제한됨은 기술한 바와 같다(534면 참조). 주주총회 소집통지에 이사후보를 기재한 경우 통지한 목적에 의한 결의범위제한이라는 문제로 접근하여 이사선임결의를 구속한다고 해석할 소지가 있고, 실제 이같이 해석한 하급심판례도 있다. 즉 이사후보를 통지하였다가 실제 주주총회에서 통지한 후보와 다른 후보를 이사로 선임한 경우 그 선임결의를 취소할 수 있는 결의라고 판시한 것이다(서울중앙지법 2004. 3. 18. 선고 2003가합56996 판결). 그러나 본문에서 설명한 바와 같이 이러한 해석은 주주의 권리를 부당히 침해하므로 올바른 해석이 아니다.

2) Hüffer, 10. Aufl., § 179 Rn. 17; *Stein*, in Münchener Komm. AktG, 4. Aufl., § 179 Rn. 90; *Zöllner*, in Kölner Komm. AktG, 1. Aufl., § 133 Rn. 87.

3) 예컨대 주식회사 대한항공의 舊정관은 이사의 선임은 특별결의(상법 434조와 동일한 요건)에 의하도록 규정하는데(동정관 29조 2항), 본문에서와 같은 이유로 유효로 볼 수 없다. 그러나 일부 특정한 요건의 이사에 한해 결의요건을 강화하는 것은 달리 보아야 한다. 예컨대 JW중외제약(주) 정관 제30조 제 2 항은 3년 미만 재직자를 이사로 선임할 때에는 특별결의에 의하도록 하고 있다. 이러한 이사를 선임하지 않는다 하여 이사회구성이 불가능해지는 것은 아니므로 유효하다고 본다.

예이다(판례 [66]).

4) 請約의 要否 이사 및 감사와 회사의 관계는 위임이므로 이사 또는 감사의 선임은 위임계약의 체결을 의미하는데, 이를 흔히 「임용계약」이라 부른다. 그러면 이사 또는 감사의 선임을 위해서는 일반 위임계약에서와 같이 청약과 승낙의 절차를 요하는가? 이사 또는 감사의 취임동의는 이사·감사의 취임승낙에 해당하는 의사표시로 볼 수 있으므로, 회사의 청약이 필요하냐는 문제로 논의되어 왔다. 필요하다고 한다면, 주주총회가 선임결의를 한 것으로는 부족하고 대표이사가 회사를 대표하여 이사, 감사의 후보자를 상대로 선임계약의 청약을 해야 한다고 보아야 할 것이다.

다수설은 주주총회에서 특정인을 이사 또는 감사로 선임하는 결의는 회사의 내부적인 의사결정에 불과하므로 대표이사가 그 피선임자에 대하여 임용계약의 청약을 하고 피선임자가 승낙을 하여야 비로소 이사 또는 감사의 임용계약이 완료된다는 법리를 펴왔다(필요설: 권기범 833; 서헌제 802; 정경영 548; 정동윤 595; 최기원 569).[1)]

이 설명대로라면 주주총회에서 특정인을 이사나 감사로 선임하더라도 대표이사가 피선임자에게 이사 또는 감사의 취임의 청약을 하지 않거나 청약에 하자가 있을 경우[2)]에는 이사·감사의 임용이 불가능해지는 문제점이 생긴다. 주주총회와 대표이사의 단체법적 위상으로 보아 수용하기 어려운 결과이다. 그러므로 소수설은 이사 또는 감사의 선임결의는 창설적 효력을 갖는 행위로서 그 자체에 청약의 효력이 있는 것으로 보아,[3)] 선임결의가 있으면 피선임자가 이에 동의함으로써 바로 이사 또는 감사의 지위를 취득한다고 설명한다(불요설: 김·노·천 378; 송옥렬 999; 정준우(大系 Ⅱ) 1441; 이완희(주석–회사 3) 202; 저자[4)]).

판례는 과거 필요설을 취하였으나(대법원 1995. 2. 28. 선고 94다31440 판결; 동 2005. 11. 8.자 2005마541 결정), 2017년에 전원합의체판결에 의해 불요설로 변경하였다. 신판례가 전개한 법리는 다음과 같다.

신판례는 주식회사에서는 소유와 경영의 분리원칙에 의해 주주는 경영에서 배제되고 유일하게 이사와 감사의 선임을 통해 경영에 관여할 기회를 가지므로

1) 일본에서의 다수설이다(日注釋(6), 13면(今井潔 집필)).

2) 대법원 2005마541 결정과 같은 예: 주주총회에서 감사를 선임하고 대표이사가 감사에게 임용의 청약을 하고 감사가 승낙을 하였으나, 대표이사가 임용에 관해 적법하지 못한 조건을 붙였으므로 청약이 무효이고 따라서 승낙을 하였더라도 임용계약이 성립하지 못했다고 판시한 사건이다.

3) 일본에서는 과거 이사의 선임행위의 성질에 관해 계약설과 단독행위설로 나뉘고, 주로 단독행위설의 입장에서 대표이사의 청약이 불필요하다는 설명을 하였으나, 현재는 계약설의 입장에서도 본문에서와 같은 이유에서 불요설을 취한다(日注釋(6), 13면(今井潔 집필)).

4) 이 책 제25판, 646면.

주주총회의 이사·감사의 선임권은 주주총회의 전속적 권한에 속한다는 중간결론에 입각하여 이사·감사의 선임에 주주총회의 결의 외에 대표이사에 의한 임용계약을 요한다고 한다면 이는 이사·감사선임권의 전속성에 반한다는 논리를 전개하였다. 아울러 대표이사의 청약이 필요하다고 볼 경우 경영자 교체에 차질이 생기는 모순도 지적하였다. 이로써 주주총회의 이사·감사선임결의의 단체법적 특성은 충분히 설명되었지만, 신판례는 이사의 지위는 단체법적 성질을 가지는데 이는 대표이사와의 계약에 기초하여 생기는 지위가 아니라는 점도 지적하였다.

신판례는 나아가 감사의 선임에 대표이사의 청약이 불필요한 이유를 두 가지 추가하였다. 첫째는 감사의 선임에 대표이사의 청약이 필요하다고 본다면 이같이 대주주의 의결권을 제한하는 취지(409조 2항)가 몰각된다는 점,[1] 둘째는 대표이사는 감사의 대상이 되는 지위이므로 그에게 감사의 취임 여부를 맡기는 것이 부당하다는 점이다.

판 례

[66] 대법원 2017. 3. 23. 선고 2016다251215 판결(전)

[사실관계] 피고회사(신일)의 주주총회에서 이사와 감사로 선임된 자가 대표이사에게 임용계약의 체결을 요구하였으나, 대표이사가 이를 미루므로 자신들의 이사 및 감사로서의 지위를 확인하는 소를 제기하였다.

[判旨] 「… 상법에 정한 주주총회의 결의사항에 대해서는 정관이나 주주총회의 결의에 의하더라도 다른 기관이나 제 3 자에게 위임하지 못한다고 보아야 한다. 또한 상법은 제382조 제 1 항, 제409조 제 1 항에서 이사·감사의 선임에 관하여 '이사·감사는 주주총회에서 선임한다'고 규정하고 있는데, 위 조항의 취지는 원칙적으로 소유와 경영이 분리되는 주식회사의 특수성을 고려하여 주주가 회사의 경영에 관여하는 유일한 통로인 주주총회에 이사·감사의 선임 권한을 전속적으로 부여하기 위한 데에 있다.

그럼에도 불구하고 이사·감사의 지위가 주주총회의 선임결의와 별도로 대표이사와 사이에 임용계약이 체결되어야만 비로소 인정된다고 보는 것은, 이사·감사의 선임을 주주총회의 전속적 권한으로 규정하여 주주들의 단체적 의사결정 사항으로 정한 상법의 취지에 배치된다. 또한 상법상 대표이사는 회사를 대표하며, 회사의 영업에 관한 재판상 또는 재판외의 모든 행위를 할 권한이 있으나(제389조 제 3 항, 제209조 제 1 항), 이사·감사의 선임이 여기에 속하지 아니함은 법문상 분명하다. 그러므로 이사·감사의 지

1) 대주주의 의결권이 제한된 상태에서 그가 원하지 않는 자가 감사로 선임될 경우 대주주를 지지하는 대표이사가 청약을 하지 않음으로써 대주주의 의사에 반하는 감사선임을 차단할 수 있다는 뜻으로 이해된다.

위는 주주총회의 선임결의가 있고 선임된 사람의 동의가 있으면 취득된다고 보는 것이 옳다.

상법상 이사는 이사회의 구성원으로서 회사의 업무집행에 관한 의사결정에 참여할 권한을 가진다(제393조 제1항). 상법은 회사와 이사의 관계에 민법의 위임에 관한 규정을 준용하고(제382조 제2항), 이사에 대하여 법령과 정관의 규정에 따라 회사를 위하여 그 직무를 충실하게 수행하여야 할 의무를 부과하는 한편(제382조의3), 이사의 보수는 정관에 그 액을 정하지 아니한 때에는 주주총회의 결의로 이를 정한다고 규정하고 있는데(제388조), 위 각 규정의 내용 및 취지에 비추어 보아도 이사의 지위는 단체법적 성질을 가지는 것으로서 이사로 선임된 사람과 대표이사 사이에 체결되는 계약에 기초한 것은 아니다. 또한 주주총회에서 새로운 이사를 선임하는 결의는 주주들이 경영진을 교체하는 의미를 가지는 경우가 종종 있는데, 이사선임결의에도 불구하고 퇴임하는 대표이사가 임용계약의 청약을 하지 아니한 이상 이사로서의 지위를 취득하지 못한다고 보게 되면 주주로서는 효과적인 구제책이 없다는 문제점이 있다.

… 특히 감사의 선임에 대하여 상법은 제409조 제 2 항에서 "의결권 없는 주식을 제외한 발행주식총수의 100분의 3을 초과하는 수의 주식을 가진 주주는 그 초과하는 주식에 관하여는 의결권을 행사하지 못한다"라고 규정하고 있다. 따라서 감사선임결의에도 불구하고 대표이사가 임용계약의 청약을 하지 아니하여 감사로서의 지위를 취득하지 못한다고 하면 위 조항에서 감사 선임에 관하여 대주주의 의결권을 제한한 취지가 몰각되어 부당하다. 이사의 직무집행에 대한 감사를 임무로 하는 감사의 취임 여부를 감사의 대상인 대표이사에게 맡기는 것이 단체법의 성격에 비추어 보아도 적절하지 아니함은 말할 것도 없다.」

(4) 集中投票制

1) 의 의 집중투표제란 선임할 이사 전원을 1회의 결의로 선임하면서, 1주에 대해 선임할 이사의 수에 상당하는 복수의 의결권을 부여하여 주주가 의결권을 특정의 이사를 위해 전부 행사하거나 혹은 수인의 이사를 위해 분할하여 행사할 수 있도록 하는 이사선임방법이다. 예컨대 이사 3인을 선임한다면 1주당 3개의 의결권을 부여하고, 주주로 하여금 자기의 의결권을 특정 이사후보에게 집중적으로 행사하거나 수인의 후보에게 분산하여 행사할 수 있게 하는 것이다. 누적투표(cumulative voting)라고도 한다.

상법상 이사의 선임을 위한 주주총회의 결의는 이사 한 사람에 대해 한번씩 이루어지므로 통상적인 방법대로라면 몇 명의 이사를 선임하든 과반수의 결의를 지배할 수 있는 대주주가 이사 전원을 자신이 추천하는 후보로 선임할 수 있다 (the winner-take-all tendency). 집중투표제는 이같이 이사의 전원이 대주주에 의해 독점되는 것을 막고, 소수자주주도 자기 지분에 상응하는 수의 이사를 선임하여 대주주에 의해 선임된 이사들을 견제하게 함으로써 다수자의 지배가 고착화되는 현상을 지양하려는 제도라고 할 수 있다.

집중투표제는 미국에서 발달한 제도로서, 우리나라에서는 지배주주의 경영독점에 대한 감시장치를 강화할 목적으로 98년 개정법에서 도입하였다(382조의2).

집중투표제하의 이사선임방법

예컨대 발행주식이 100주이고 그 중 A주주가 26주, B주주가 74주를 가지고 있는 회사에서 집중투표의 방법으로 이사 3인을 선임한다고 하자. 이 경우 A의 의결권은 78개가 되고, B의 의결권은 222개가 된다. 그리고 3인의 이사를 1회의 투표로 동시에 선출한다. 그러므로 B가 이사 3인을 전부 자기 사람 b1 · b2 · b3로 선임하려면 의결권을 b1 · b2 · b3 각 1인에 대해 74개씩 분산해서 행사하여야 한다. 그러나 A는 a만을 이사로 선임할 의사로 자기의 의결권 78개를 전부 a에게 집중행사하면 a가 이사로 선임되고, 나머지 2인만이 B의 사람으로 선임될 수 있다. 집중투표로 자기의 이사 1인을 선임할 수 있는 주식수의 공식은 아래와 같다.

이사선임결의에 출석한 주식총수를 S, 선임할 이사의 수를 D라 하였을 때, 최소한 1인의 이사를 자기 뜻대로 선임하기 위해 소유해야 할 주식수(X_1)는 $X_1 = [S/(D+1)] + 1$이 되고, N명의 이사를 자기 뜻대로 선임하기 위해 소유해야 할 주식수(X_n)는 $X_n = [S \times N/(D+1)] + 1$이 된다[1]([ ]는 Gauss기호, 즉 [ ] 속의 수를 넘지 않는 최대정수).

집중투표제의 합리성

집중투표제는 국회의원 선거에서의 비례대표제를 본받은 이사선임방식이라고 할 수 있다. 정치권력이란 구성원 모두에게 균분되어야 하는 사회적 자원이므로 정치적 집단의 의사결정은 무릇 모든 구성원들의 이해와 의사를 최대한 절충, 반영하는 방식으로 이루어져야 한다. 따라서 정치적 의사를 상시 결정하는 자들은 이른바 代議制의 이념으로 구성되고, 소수자의 이해와 의사를 상시적으로 반영하도록 제도화하는 것이 민주주의의 실천이념으로 적합하다. 비례대표제는 이러한 이유로 정치권력의 배분의 사각을 최소화하는 민주적인 제도라고 정당화할 수 있다.

그러나 주식회사와 같은 영리단체에 있어서는 구성원들의 의사란 이익의 창출에 일치되어 있으므로 그 의사결정은 오로지 영리실현에 효율적인 것을 선택하는 것이고, 다양한 구성원의 의사를 절충하여 반영한다는 것은 의사결정사안의 본질에 부합하지 아니한다. 때문에 이사의 임무 역시 정치집단에서 선출된 대표자의 임무와 성격을 달리한다. 이사의 임무는 자신을 선임한 주주의 이익을 반영하는 것이 아니라, 회사의 영리를 최대한 실현하여 모든 주주의 후생을 증진시키는 것이다. 그러므로 소수

---

1) Cary & Eisenberg, pp. 246~48; Hamilton, pp. 428~29.

자 주주의 이익과 의사를 대변하기 위해 이사의 일부를 소수자가 추천하는 자에게 배분하도록 하는 집중투표제는 이사라는 법적 지위의 성격에 부합하지 아니한다. 집중투표제는 이사들의 대의적 입장의 분열을 수용하는 전제하에서 채택되므로 결국 이사회를 당파적 대립으로 유도하는 결과를 초래할 수밖에 없다. 집중투표제는 주식회사제도의 본질적 요소인 자본다수결에도 반하는 것으로 이 점 집중투표제를 채택한 입법례가 극소한 이유이다.[1)]

2) 요　건

(가) **이사선임의 수**　선임할 이사가 1인이라면 의결권의 「집중」행사가 있을 수 없으므로 집중투표제는 2인 이상의 이사를 선임할 때에 한해 채택할 수 있다(382조의2 1항).

(나) **정관에 다른 정함이 없을 것**　집중투표제를 법으로 강제하되 회사가 집중투표제를 배제할 수 있는 여지를 인정하였다. 즉 집중투표제를 원하지 않는 회사는 정관에 집중투표제를 허용하지 않는다는 규정을 둠으로써 동제도의 적용을 배제할 수 있다(382조의2 1항)(opt-out 방식).[2)] 그러나 대규모상장회사(자산총액이 2조원 이상인 회사)는 정관으로도 집중투표를 배제할 수 없다(542조의7 2항, 상령 33조).

(다) **주주의 청구**　의결권있는 발행주식총수의 100분의 3 이상에 해당하는 주주(대규모상장회사의 경우에는 100분의 1 이상을 보유한 주주)가 집중투표에 의할 것을 청구할 수 있다(382조의2 1항 · 542조의7 2항). 집중투표는 선임할 이사 전원에 관해 청구해야 하고 일부만을 집중투표로 선임할 것을 청구할 수는 없다(예컨대 5인의 이사 중 3인은 집중투표로, 나머지는 일반결의로 선임하는 것). 이 청구는 이사선임을 위한 주주총회의 7일 전(대규모상장회사의 경우는 6주 전)까지 서면 또는 전자문서로 하여야 한다(382조의2 2항). 이 서면은 주주총회가 종결될 때까지 본점에 비치하고 주주로 하여금 열람할 수 있게 하여야 한다(382조의2 6항). 그리고 주주총회의 의장은 주주총회에서 이사선임결의를 하기 전에 집중투표의 청구가 있었음을 알려야 한다(382조의2 5항).

집중투표의 청구는 원칙적으로 의장의 공지가 있기 전에는 철회할 수 있다고 보아야 한다. 그러나, 상장회사의 경우에는 집중투표의 청구는 총회의 6주전에 이루어져야 하고, 이를 전제로 이사후보가 선정되어 소집이 통지되고, 총회일

---

1) 세계적으로 집중투표제를 채택하고 있는 나라는 극소하며, 미국에서도 대부분의 주에서는 정관으로 집중투표를 허용할 수 있도록 하고 있다(opt－in 방식. 예: MBCA § 7.28(b); Del. Gen. Corp. Law § 214). 집중투표를 강제하는 대표적인 예는 애리조나 주인데, 同주는 헌법에서 집중투표제를 의무화하고 있다(Arizona Constitution Art. 14 § 10).

2) 지배주주나 현 경영자의 입장에서는 가급적 집중투표제를 피하려 할 것이다. 그래서 2025년 4월 1일 현재 814개의 조사대상 상장법인 중 94.7%인 771개사가 정관으로 집중투표를 배제하고 있다(한국상장회사협의회, "유가증권시장 상장회사 정관 기재유형," 2025. 10.).

전에 의결권대리행사의 권유가 이루어지고, 외국인주주의 사전투표가 행해지며, 서면투표, 전자투표가 행해지는 등 다수의 이해관계가 형성되므로 소집통지 후에는 철회가 허용되지 않는다고 보아야 한다.

㈑ **소집통지의 특례** 집중투표를 원하는 주주가 총회일의 7일 전에 청구할 수 있어야 하므로 총회의 소집통지에 선임할 이사의 수를 기재하여야 하며, 총회에서는 그 기재된 이사의 수를 초과하거나 그에 미달하는 수의 이사를 선임할 수 없다.[1)]

3) **청구의 효력** 100분의 3 이상에 해당하는 주주의 청구가 있는 한, 주주총회에서 집중투표제를 배제하는 결의를 할 수 없다. 집중투표제는 다수결에서 소외되는 소수자주주들을 보호하기 위한 제도인데, 다수결로 배제할 수 있다면 집중투표제를 인정한 보람이 없기 때문이다.

선출하려는 이사의 수와 이사후보자의 수가 동일한 경우에는 집중투표제의 목적에 부합하지 않으므로 통상의 보통결의로 선임해야 한다는 견해가 있으나, 이같이 해석할 근거가 없다. 집중투표제는 법제도에 의해 선택된 구속력 있는 단체행위양식이고, 후보의 수는 주주들이 제도에 적응하여 선택한 사실관계이므로 후자에 의해 전자의 효력을 정하는 것은 본말의 전도이다.

4) **集中投票의 방법** 이상과 같은 요건이 구비되어 집중투표에 의해 이사를 선임할 때에는 주주는 1주당 선임할 이사의 수와 동일한 수의 의결권을 가진다. 상법상의 1주 1의결권 원칙에 대한 예외이다. 주주는 이같이 주어진 의결권을 가지고 1인의 이사후보에게 투표할 수도 있고, 분산하여 수인의 이사후보에게 투표할 수도 있다(382조의2 3항). 앞서 예시한 바와 같다. 그 결과 최다수의 표를 얻은 자의 순으로 예정된 수의 이사가 선임된다(382조의2 4항).

집중투표에서는 이같이 누적된 의결권수의 종다수(從多數)로 이사를 선임하므로 개별 이사의 선임에 관해 상법 제368조 제 1 항의 결의요건(출석주식의 과반수 및 발행주식 총수의 4분의 1 이상의 찬성)은 적용되지 않는다. 그러면 발행주식 총수의 4분의 1 미만의 수가 출석한 경우에도 이사 선임이 가능한가? 상법이 총회의 성립정족수에 관한 규정을 두지 않음으로 인해 생기는 문제이다. 발행주식총수의 4분의 1 이상이란 총회결의의 대표성을 인정하기 위한 최소의 요건으로 보아야 하므로 4분의 1 미만이 출석한 경우에는 이사선임이 불가능하다고 보아야 한다.

---

1) 日注釋(6), 47면.

정관상의 결의요건과 집중투표제

기술한 바와 같이 집중투표를 할 때에는 상법 제368조 제 1 항의 결의요건은 적용되지 않는다. 그러나 정관으로 총회의 성립정족수(의사정족수)를 정하는 것은 가능하므로, 정관으로 이를 정한 경우(예컨대 「발행주식총수의 과반수에 해당하는 주식을 가진 주주의 출석으로 총회가 성립한다」)에는 이를 충족해야 집중투표를 할 수 있다(판례 [67]). 정관에 보통결의와 같은 방식의 결의정족수까지 정한 경우(예컨대 "이사의 선임은 발행주식총수의 과반수에 해당하는 주식을 가진 주주의 출석과 그 출석주주의 의결권의 과반수에 의한다")에는 어떠한가? 이같은 경우에는 기술적으로 집중투표가 불가능하다. 그럼에도 불구하고 판례는 이 정관규정에 따라 집중투표를 해야 한다고 보았다(판례 [67]. 원심에서는 반대로 정관이 382조의2에 반하여 무효라고 보았다). 이 경우에는 정관에서 집중투표를 배제한 것으로 다루어야 한다(382조의2 1항의 "정관에서 달리 정하는 경우").

판 례

[67] 대법원 2017. 1. 12. 선고 2016다217741 판결

「…정관에서 이사의 선임을 발행주식총수의 과반수에 해당하는 주식을 가진 주주의 출석과 그 출석주주의 의결권의 과반수에 의한다고 규정하는 경우, 집중투표에 관한 위 상법조항이 정관에 규정된 의사정족수 규정을 배제한다고 볼 것은 아니므로, 이사의 선임을 집중투표의 방법으로 하는 경우에도 정관에 규정한 의사정족수는 충족되어야 한다.」

(5) 이사의 任期

이사의 임기는 3년을 초과하지 못한다(383조 2항). 임기를 지나치게 장기로 할 경우 이사에 대한 주주의 감시기능과 경영정책적 통제가 무력화되기 때문이다. 이 기간은 회사가 정하는 임기의 한계를 의미할 뿐이고, 회사가 임기를 정하지 아니한 경우 임기를 3년으로 본다는 뜻이 아니다(대법원 2001. 6. 15. 선고 2001다23928 판결).

기업실무에서는 보통 정관에 이사의 임기를 규정하고 있으나, 주주총회에서 이사를 선임할 때에 이보다 단기의 임기를 정할 수 있다고 본다. 이사별로 임기를 달리해도 무방하다.

이사는 원칙적으로 임기를 초과하여 재임할 수 없으나, 정관에 규정을 두어 임기중의 최종의 결산기에 관한 정기주주총회의 종결에 이르기까지 연장할 수 있다(383조 3항). 예컨대 12월 31일이 결산일이고 정기주주총회가 2월 28일에 열리는 회사에서 어느 이사의 임기가 어느 해 1월 15일에 종료되면 그 해 2월 28일까지 연장한다는 규정을 둘 수 있는 것이다.[1)] 이사로 하여금 임기중의 결산에 대한 책

1) 즉 1월 1일부터 12월 31일을 결산기로 하는 회사에서 2007년 12월 1일에 임기가 만료된 이사의 임기가 2008년 3월에 열리는 정기주주총회까지 연장되도록 할 수 있다는 뜻이 아니다(대법원 2010. 6. 24. 선고 2010다13541 판결).

임을 지도록 하고, 정기총회를 목전에 두고 이사선임을 위한 임시주주총회를 또 열어야 하는 번거로움을 덜기 위한 것이다.

이사가 결원이 되어 보궐선임을 하는 경우에는 새로 임기가 개시하지만, 후임 이사의 임기를 전임자의 잔임기간으로 하는 예가 많은데[1] 유효함은 물론이다. 이사의 임기개시는 대외적으로 명확하고 수인의 이사간에 획일적으로 정해져야 하므로 선임결의시에 임기개시일을 정한 때에는 그날부터, 정하지 않은 경우에는 선임결의를 한 날로부터 임기가 개시한다고 본다(同旨: 손주찬 760; 정준우 367). 이에 대해 본인이 승낙하지도 않은 상태에서 임기가 개시하는 것은 불합리하다는 이유로 취임한 날(동의한 날)에 개시한다는 설이 있으나(이범찬(외) 306; 이 · 최 373; 장덕조 305; 정동윤 595; 정찬형 987; 최기원 581; 최준선 459), 이와 같이 볼 때에는 같은 결의에서 선임된 수인의 이사가 각자 동의한 날에 따라 임기(임기가 기간으로 정해진 경우에는 종임도 달라진다)가 달라지는 불편이 생긴다. 그러므로 결의에서 정한 임기개시일 후에 취임의 동의가 있으면 결의상의 임기개시일로 소급하고, 결의에서 임기개시일을 정하지 아니하고 또 결의 후에 동의가 있으면, 결의일로 소급하여 개시한다고 본다.

⑹ 이사의 退任

이사는 다음과 같은 사유로 퇴임한다.

1) 임기만료　　가장 일반적인 퇴임사유이다. 그러나 후술하는 바와 같이 이사의 법정원수를 결한 경우에는 새로 선임된 이사가 취임할 때까지 임기만료된 이사에게 이사로서의 권리 · 의무가 있다(386조 1항).

2) 사　임　　이사는 위임에서의 수임인과 같이 언제든지 사임할 수 있다(민 689조 1항). 이사의 사임은 단독행위로서 회사에 대한 일방적 의사표시에 의해 효력이 발생하며, 회사 또는 주주총회의 승낙을 요하지 않고 또 변경등기를 하지 않더라도 자격을 상실한다(대법원 2013. 9. 9. 자 2013마1273 결정). 사임의 의사표시는 대표이사에게 하여야 하고, 대표이사에게 도달함으로써 효력이 발생하며, 사임의 의사표시는 철회할 수 없다(대법원 2011. 9. 8. 선고 2009다31260 판결).[2]

실무에서는 흔히 회사대표자의 재신임을 묻기 위하여 임원들이 일괄하여 대표이사에게 사표를 제출하고 그 처리를 일임하는 예를 볼 수 있다. 이 경우에는 이사들이

---

1) (주)STX 정관 제30조 제 4 항, 한화투자증권(주) 정관 제33조 제 2 항, 롯데케미칼(주) 정관 제34조 제 2 항 등 다수.

2) 그러나 정관에 이사의 사임을 위한 의사표시의 효력발생시기를 명문으로 정하고 있는 경우에는 그 시기에 이르기 전에 철회할 수 있다고 본다(대법원 2008. 9. 25. 선고 2007다17109 판결).

자신들의 사임의 의사표시의 효과발생 여부를 대표이사의 의사에 따르도록 한 것이므로 사표를 제출한 때가 아니라 대표이사가 사표를 수리한 때에 사임의 효과가 발생한다는 것이 판례의 해석이다(대법원 1998. 4. 28. 선고 98다8615 판결).

3) 解　任

(가) **해임결의** 　주주총회의 특별결의로 언제든지 이사를 해임할 수 있다(385조 1항 본). 또 주주총회의 결의에 의해서만 해임할 수 있으며, 정관으로도 이사회의 결의나 대표이사의 결정에 의한다는 식으로 달리 이사의 해임방법을 정할 수 없다.

해임결의의 대상인 이사가 주주이더라도 그 주주는 해임결의에 「특별한 이해관계가 있는 자」가 아니므로 의결권을 잃지 아니한다(개인법적 이해가 아니기 때문이다).[1]

주주총회에 일방적인 해임권을 부여한 것은 위임의 상호해지자유의 원칙(민 689조 1항)을 따른다는 뜻도 있지만, 이사는 주주의 출자로 형성된 회사재산을 관리하는 자로서 그 지위의 유지 여부는 주주가 정책적으로 결정할 문제이기 때문이다. 또 소유와 경영의 분리원칙 하에서, 이사가 부적정한 경영을 할 때 주주가 신속히 자기 재산을 방어하는 방법이기도 하다. 그러므로 해임결의의 하자 자체를 다투는 것 외에는 해임의 부당성을 다투지 못한다.

이같이 제385조 제 1 항은 소유와 경영의 분리하에서 주주의 이익을 보호하기 위한 강행적인 제도이므로 이사를 선임할 때의 특약이나 정관에 의해서도 동조항의 적용을 배제할 수 없다.[2] 정관으로 이사의 해임사유를 제한하는 것도 제385조 제 1 항에 의한 주주총회의 해임권을 제한하는 효과를 가져오므로 무효이다.[3]

이 해임제도의 취지로 보아 제386조 제 1 항의 퇴임이사는 해임결의의 대상이 될 수 없다고 보아야 한다(대법원 2021. 8. 19. 선고 2020다285406 판결). 퇴임이사는 후술하는 바와 같이 후임이사가 선임되면 즉시 지위를 상실하므로 굳이 해임결의를 거칠 필요가 없기 때문이다. 같은 이유로 제386조 제 2 항의 일시이사도 역시 해임결의의 대상

---

1) 日最高裁 1967. 3. 14. 판결, 民集 21권 2호 378면.

2) 日注釋(6), 63면.

3) 비영리법인의 이사를 해임함에 있어, 위임계약은 각 당사자가 언제든지 해지할 수 있다고 규정한 민법 제689조 제 1 항은 임의규정이므로 법인의 자치법규인 정관으로 이사의 해임사유 및 절차 등에 관하여 별도의 규정을 두는 것이 가능하고, 그 경우 이사의 중대한 의무위반 또는 정상적인 사무집행 불능 등의 특별한 사정이 없는 이상, 정관에서 정하지 아니한 사유로 이사를 해임할 수 없다는 취지의 판례가 있다(대법원 2013. 11. 28. 선고 2011다41741 판결; 동 2024. 1. 4. 선고 2023다263537 판결). 이 판지는 비영리단체에 관해 그 타당성을 시인하더라도, 본문에서와 같은 이유로 주식회사에는 적용할 수 없는 이론이다.

이 아니라고 보아야 한다.

㈏ **손해배상** 이사에게는 보수가 주어지는 것이 통례인데, 이사를 해임하면 재임기간에 걸쳐 기대되는 보수를 상실하게 되므로 이를 보전해 주어야 한다. 그러므로 임기가 정해진 이사를 「정당한 이유」 없이 그 임기만료 전에 해임한 때에는 그 이사는 회사에 대하여 해임으로 인한 손해의 배상을 청구할 수 있다(385조 1항 단). 손해배상은 주주총회의 적극적인 결의로 해임한 경우에 한하고 이사가 사임의 의사표시를 하여 이를 수리하는 뜻으로 해임한 경우에는 손해배상을 청구할 수 없다(대법원 1993. 8. 24. 선고 92다3298 판결).

손해배상의 범위는 재임기간에 받을 수 있는 보수이다(서울고법 1978. 7. 6. 선고 77나2669 판결). 이사의 해임은 적법한 행위이므로 이 손해배상은 채무불이행책임이나 불법행위책임이 아니고 법정책임이다. 따라서 해임으로 인해 이사가 받은 정신적 고통에 대한 위자료는 배상의 범위에 포함되지 않으며, 과실상계의 법리도 적용되지 않는다(서울고법 1990. 7. 6. 선고 89나46297 판결). 손익상계도 적용할 여지가 없다고 생각되지만, 이사(감사)가 해임으로 인해 잔여임기중 회사의 사무를 처리하지 않아도 되는 시간과 노력을 이용하여 다른 직장에 종사함으로써 얻은 이익(예: 다른 회사의 이사로 취업하여 받은 보수)과 해임간에 상당인과관계가 인정된다면 손해배상의 산정에서 그 이익을 공제해야 한다고 설시한 판례가 있다(대법원 2013. 9. 26. 선고 2011다42348 판결). 해임이 새로운 취업을 위한 생활상의 계기나 동기는 되었겠지만, 해임과 손해의 사이에서 인정되는 인과관계와 등가적인 법적 인과관계를 인정할 수는 없으므로 손익상계론의 적용대상은 아니다.[1]

손해배상을 하지 않아도 되는 해임사유인 「정당한 이유」란 다음에서 말하는 소수주주의 해임청구 사유인 「不正行爲, 法令·定款에 위반한 중대한 사실」에 그치지 않고, 직무의 현저한 부적임(예: 장기적인 질병, 중대한 경영실패)도 포함한다(판례 [68]).[2] 정당한 이유의 존부는 해임결의 당시 객관적으로 존재하는 사유를 참작하여 판단할 수 있고, 주주총회결의에서 해임사유로 삼거나 해임결의시 참작한 사유로 한정되는 것은 아니다(대법원 2023. 8. 31. 선고 2023다220639 판결).[3] 증명책임은 손해배상을 청구하는 이사가 부담한다는 것이 판례의 입장이다(대법원 2012. 9. 27. 선고 2010다94342 판결; 동 2006. 11. 23. 선고 2004다49570 판결).[4]

1) 이철송, "이사의 해임에 따른 손해배상과 損益相計," 「상장」 제472호(2014. 4.), 17면 이하.

2) 일본의 통설·판례이다(日注釋(6), 71면).

3) 이사가 경업금지에 위반하였으나, 주주총회가 해임결의를 하면서 이를 해임사유로 명시하지 않았음을 이유로 이사의 경업은 해임의 정당한 이유가 될 수 없다는 이사의 주장을 배척한 예.

4) 「정당한 이유」의 유무는 주주총회의 결의에 관한 기초사실인데다가, 이사가 증명해야 하는 것은 소극사실이므로 이사가 정당한 사유를 증명하는 것은 용이한 일이 아니다. 상법 제385조의

이사의 임기를 정하지 않은 경우에는 언제든 이사를 해임할 수 있고, 이 때에는 손해배상을 할 필요가 없다(대법원 2001. 6. 15. 선고 2001다23928 판결). 즉 민법 제689조 제 2 항이 적용되지 않는다.

판 례

[68] 대법원 2004. 10. 15. 선고 2004다25611 판결

「상법 제385조 제 1 항은 … 주주의 회사에 대한 지배권 확보와 경영자 지위의 안정이라는 주주와 이사의 이익을 조화시키려는 규정이라 할 것이고, 이러한 법규정의 취지에 비추어 보면, 여기에서 '정당한 이유'란 주주와 이사 사이에 불화 등 단순히 주관적인 신뢰관계가 상실된 것만으로는 부족하고, 이사가 법령이나 정관에 위배된 행위를 하였거나 정신적 · 육체적으로 경영자로서의 직무를 감당하기 현저하게 곤란한 경우, 회사의 중요한 사업계획 수립이나 그 추진에 실패함으로써 경영능력에 대한 근본적인 신뢰관계가 상실된 경우 등과 같이 당해 이사가 경영자로서 업무를 집행하는 데 장해가 될 객관적 상황이 발생한 경우에 비로소 임기 전에 해임할 수 있는 정당한 이유가 있다고 할 것이다.

… 원고는 피고 회사의 경영계획 중 1년 동안 어느 것 하나 제대로 실천된 것이 없을 정도로 투자유치능력이나 경영능력 및 자질이 부족하였다고 보여지고, 이로 인하여 대표이사인 원고가 피고 회사를 위하여 수임한 직무를 수행하기 곤란하게 되었을 뿐만 아니라 대표이사와 피고 회사간의 인적 신뢰관계가 무너져 피고 회사가 대표이사인 원고를 믿고 그에게 피고 회사의 경영을 맡길 수 없는 사정이 생겼다고 봄이 상당하[므로] 피고 회사가 원고를 해임한 것은 정당한 이유가 있다.」

[同旨판례] 대법원 2012. 1. 27. 선고 2011다69091 판결; 동 2024. 9. 12. 선고 2020다264010 판결

[참고판례] 대법원 2013. 9. 26. 선고 2011다42348 판결: 이사(감사)에게 감사정보비, 업무추진비, 출장비 일부의 부적절한 집행 등 잘못이 있더라도 이사(감사)로서의 업무를 집행하는데 장애가 될 만한 객관적 상황이 발생하였다고 볼 수 없어 정당한 해임사유가 되지 않는다고 판시한 예.

㈐ 少數株主의 해임청구 이사가 그 직무에 관하여 부정행위 또는 법령이나 정관에 위반한 중대한 사실이 있음에도 불구하고 주주총회에서 그 해임을

법문의 구조를 보면, 해임결의가 가능하다는 것이 본문이고, 이사의 손해배상청구권이 단서에 배치되어 있어 판례와 같이 해석하는 것이 증명책임의 원칙에 관한 법률요건분류설에 부합하는 듯하다. 하지만, 단서의 법문상 임기가 있는 경우에는 손해배상청구권이 발생하는 것이 원칙이고, 정당한 이유가 있는 경우 예외적으로 배상을 하지 않을 수 있다는 뜻으로도 읽을 수 있으므로 판례와는 반대로 회사가 증명책임을 지는 것이 법률요건분류설에 부합한다고 볼 수도 있다. 일본에서는 회사가 진다는 설과 이사가 진다는 설이 대립한다(日注釋(6), 72면).

부결한 때에는 소수주주가 총회결의가 있은 날부터 1월 내에 그 이사의 해임을 법원에 청구할 수 있다(385조 2항). 통상 이사는 대주주의 의사에 의해 선임되는만큼 이사의 부정행위가 있더라도 대주주의 비호를 받아 해임결의가 부결되는 일이 있을 수 있으므로 소수주주가 주도하여 시정할 수 있는 기회를 준 것이다.

i) 청구권자　　발행주식총수의 100분의 3 이상을 가진 주주(상장회사의 경우에는 10,000분의 50(자본금이 1,000억원 이상인 회사는 10,000분의 25) 이상을 6월간 계속 보유한 주주)가 해임청구를 할 수 있다(385조 2항 · 542조의6 3항).

해임청구는 의결권 행사를 전제로 하는 것이 아니므로 의결권 없는 주주도 할 수 있다.

ii) 원　인　　부정행위 또는 법령 · 정관의 위반을 요하므로 단순한 임무해태는 해임청구의 사유가 될 수 없다. 「不正行爲」란 의무에 위반하여 회사에 손해를 발생시키는 고의의 행위를 말한다(1032면 참조). 「법령 또는 정관에 위반한 행위」라 함은 주의의무와 같은 일반적인 의무위반을 가리키는 것이 아니고, 특정한 위법행위(정관위 반행위)를 말한다(예컨대 이사회의 승인없는 경업금지위반, 자기거래 등: 대법원 1990. 11. 2.자 90마745 결정). 이러한 사유는 이사의 재임중에 있으면 족하고 반드시 해임청구시에 현존할 필요는 없다.

iii) 이사의 범위　　해임청구의 대상이 되는 이사는 임기중의 이사에 한하고, 후술하는 퇴임 후 이사의 권리의무를 갖는 자(퇴임이사, 386조 1항)는 대상이 아니다. 퇴임이사가 부적합할 경우에는 상법 제386조 제 2 항에 의해 법원에 一時理事(假理事)의 선임을 청구할 수 있으므로 해임청구를 인정할 실익이 없기 때문이다(서울지법 서부지원 1998. 6. 12. 선고 97가합11348 판결).

이사의 해임청구의 소가 제기된 후 당해 이사가 사임하고 다시 주주총회에서 동일인을 이사로 선임한 경우 해임청구의 소는 訴의 利益을 잃는가(즉 부적법한 소로 각하되어야 하는가)? 해임청구의 소는 특정 이사의 선임결의의 위법을 이유로 하는 것이 아니라, 특정인의 이사로서의 부적격성을 이유로 하는 것이므로 사임하고 재차 선임되었다고 하여도 당초의 청구이유가 유지된다고 보아야 하고 따라서 적법한 소로 보아야 한다(同旨: 부산지법 2004. 4. 14. 선고 2002가합16791 판결).

iv) 관할 등　　해임청구는 회사의 본점소재지의 지방법원의 관할에 전속한다(385조 3항 → 186조). 이 소는 회사와 이사의 위임관계의 해소를 구하는 형성의 소이므로 회사와 이사를 공동피고로 해야 한다. 해임판결이 있기 전이라도 법원은 당사자의 신청에 의하여 가처분으로써 이사의 직무집행을 정지할 수 있고, 직무대행자를 선임할 수 있다(407조 1항 전).

4) 기타 퇴임사유　　정관에 정한 자격상실사유가 발생하거나 회사가 해

산하면 퇴임하며, 또 위임의 일반적인 종료사유가 생긴 때, 즉 이사가 사망, 파산 또는 성년후견개시심판을 받은 때에는 퇴임한다(민 690조).

재직중의 보증과 퇴직 후의 책임

회사가 채무를 부담할 때(특히 금융기관에서 차입할 때) 이사로 하여금 보증을 하게 하는 수가 있다. 보증책임은 특약이 없는 한 이사가 퇴임한다고 해서 보증채무가 소멸하는 것은 아니며, 사정변경을 이유로 보증을 해지할 수 있는 것도 아니다(대법원 1998. 7. 24. 선고 97다35276 판결). 하지만 이사가 교체될 때마다 보증계약을 갱신하였다면 이사의 지위를 전제로 하는 묵시적인 특약이 있다고 보아야 할 것이다(대법원 1993. 2. 12. 선고 92다45520 판결 참조). 그리고 이사라는 지위 때문에 부득이 회사의 은행에 대한 채무를 보증하였다면 퇴직으로 인해 현저한 사정변경이 있음을 이유로 해지할 수 있다는 것이 판례의 입장이다(대법원 2000. 3. 10. 선고 99다61750 판결).

퇴임제한 특약의 효력

회사가 이사를 해임하는 것을 제한하거나 이사가 사임하는 것을 제한하는 회사와 이사의 특약은 유효한가? 우선 이사의 해임에 관한 규정(385조 1항)은 강행규정이므로 이를 제한하는 특약이 무효라는 데에는 이론이 있을 것 같지 않다. 반대로 이사가 사임하는 것을 제한하는 특약은 회사가 특히 필요로 하는 인력을 안정적으로 유지하기 위해 또는 유능한 이사의 경업을 방지하기 위해서라는 등 실질적인 효용이 높아 실무에서 자주 볼 수 있는데, 그 효력에 관해서는 논란의 여지가 있다. 일본에는 회사는 언제든 이사를 해임할 수 있는 점, 이사의 책임이 매우 무거운 점, 위임의 당사자는 相互解止의 자유를 갖는 점 등을 들어 이사의 사임을 제한하는 회사와 이사의 특약을 무효로 본 하급심판례가 있다.[1] 그러나 이사의 자유를 지나치게 구속하는 바 없고, 이사의 지위로 인해 부여되는 이익에 상응하는 합리적인 부담이라 할 수 있는 정도의 제한은 유효라고 본다(예컨대 업무의 안정적인 관리를 위해 취임 후 6월간은 사임을 제한한다는 등). 이사의 사임을 제한하는 특약이 대주주와 이사 혹은 이사 상호간에 체결되는 수도 있지만, 어떤 내용이든 회사에 대해 구속력이 없음은 물론이다.[2]

(7) 이사의 결원

1) 퇴임이사 법률 또는 정관에 정한 이사의 인원수를 결한 경우에는 임기의 만료 또는 사임으로 인하여 퇴임한 이사는 새로 선임된 이사가 취임할 때까지 이사의 권리 · 의무가 있다(386조 1항). 이를 흔히 퇴임이사라 한다. 민법상으로도 위임이 종료한 경우 급박한 사정이 있는 때에는 수임인은 위임인이 위임사무를

1) 大阪地裁 1988. 11. 30. 판결, 「判例時報」 1316호 139면.
2) 彌永, 234면.

처리할 수 있을 때까지 사무처리를 계속하여야 한다(긴급처리의 무, 민 691조). 그러나 상법은 이사의 사무가 일상적임을 감안하여 급박한 사정이 없더라도 그 지위를 유지하도록 한 것이다.

이사의 수가 상법상의 정원(3인)을 결하게 된 경우에는 이사회의 개최마저 불가능하므로 이 규정이 적용되어야 한다. 그러나 정관상의 정원을 결하지만 법상의 정원은 충족한 경우에도 항상 퇴임이사가 이사의 지위를 갖는다고 보아야 하는가? 퇴임이사제도는 이사의 결원으로 회사가 정상적인 활동을 할 수 없게 되는 사태를 타개하고자 하는 취지이므로 정관상의 정원을 일부 결하더라도 회사의 운영에 장애가 없다면 이 규정을 적용할 필요가 없다(대법원 1988. 3. 22. 선고 85누884 판결).[1]·[2]

사망이나 해임에 의해 퇴임한 이사는 퇴임이사가 될 수 없지만, 임기만료나 사임으로 퇴임한 이사는 퇴임이사가 된다. 그러나 정관이나 법이 정한 이사로서의 자격을 결하게 된 경우에는 퇴임이사가 될 수 없다고 보아야 한다.[3]

퇴임이사는 후임이사가 취임하면 주주총회의 결의 등 별도의 절차 없이 바로 지위를 상실한다.

2) 일시이사 이사의 정원을 결한 경우 법원이 필요하다고 인정할 때에는 이사·감사 기타의 이해관계인의 청구에 의하여 일시 이사의 직무를 행할 자를 선임할 수 있다(386조 2항 전). 이를 일시이사 또는 가이사라고 한다(판례는 「임시이사」라는 용어를 쓰고 있다. 대법원 2001. 12. 6.자 2001그113 결정). 일시이사의 선임에 있어 법원은 청구인의 추천에 구속받지 않으므로 다른 자를 선임하더라도 불복사유는 되지 않는다(대법원 1985. 5. 28.자 85그50 결정). 일시이사를 선임한 경우에는 본점의 소재지에서 등기하여야 한다(386조 2항 후).

상법 제386조 제 2 항의 법문이 제 1 항의 퇴임이사를 대체하는 수단으로 일시이사를 선임하도록 규정함으로써 일시이사를 선임해야 할 결원의 사유가 임기만료, 사임에 국한되는 것으로 해석할 소지를 만들었지만, 이에 한정할 이유가 없다. 이사의 사망·해임 등 어떤 사유에서든 정원을 결한 모든 경우를 포함하는 뜻으로 보아야 한다(대법원 1964. 4. 28. 선고 63다518 판결). 이사가 해임되거나 사망하거나 파산 등으로 자격을 상실한 경우에는 성질상 이들이 이사의 권리·의무를 유지할 수 없으므

1) 위 판례는 민법상의 비영리법인에 관한 것이나, 주식회사에도 같은 논리가 적용되어야 한다.

2) 同旨: 권기범, 828면; 이완희(주석－회사 3), 262면. 반대: 이종훈, 213면.

3) 대법원 2022. 11. 10. 선고 2021다271282 판결: 특정경제범죄 가중처벌 등에 관한 법률이 정하는 소정의 범죄로 유죄판결을 받은 자는 일정기간 범죄행위와 관련 있는 기업에 취업할 수 없다(동법 14조 1항). 어느 회사의 퇴임이사가 이에 해당하는 처벌을 받게 되자 퇴임이사로서의 권리의무를 상실한다고 판시하였다.

로 법원이 일시이사를 선임해야 할 것이다. 그 밖에도 이사가 중병으로 사임하거나 장기간 부재중인 경우와 같이 퇴임한 이사로 하여금 이사로서의 직무를 수행하게 하는 것이 불가능하거나 부적당한 경우는 일시이사를 선임할 필요성이 인정되는 경우이다(대법원 2000. 11. 17.자 2000마5632 결정; 동 2001. 12. 6.자 2001그113 결정). 그러나 앞서의 「퇴임이사」가 다른 주주나 이사와 분쟁상태에 있다고 해서 퇴임이사에 갈음하여 일시이사를 선임해야 하는 것은 아니다(동 판례).

일시이사도 퇴임이사와 마찬가지로 이사의 결원을 보충하기 위한 제도이므로 후임이사가 취임하면 바로 지위를 상실한다.[1] 이 점 직무대행자(407조 1항)는 법원의 선임가처분이 취소되지 않는 한 여전히 이사의 권한을 가지는 것과 다름을 주의해야 한다.

3) **퇴임이사 · 일시이사의 권한** 이사의 결원에 대한 이상의 제도는 기업유지의 이념에 기초하여 업무집행의 중단을 방지하려는 취지에서 나온 것이다. 그러므로 결원에 의해 이사의 권리 · 의무가 있는 자(퇴임이사) 또는 법원이 선임한 일시이사의 직무를 행할 자(일시이사)는 가처분에 의해 선임된 직무대행자의 권한이 상무로 제한되는 것(408조 1항)과는 달리 정상적인 이사의 모든 권리 · 의무에 미친다(대법원 1968. 5. 22. 자 68마119 결정).

(8) 이사의 선임 · 퇴임의 등기

이사를 선임하거나 이사가 퇴임한 때에는 본점소재지에서 2주일 내에 등기하여야 한다(317조 2항 8호 · 4항 → 183조). 이사의 선임의 효력은 주주총회의 결의와 이사의 동의에 의해 발생하고, 퇴임의 효력은 원인된 사실이 생김으로써 발생하고 등기의 유무와는 무관하다. 그러나 법인등기부에 이사(또는 감사)로 등재되어 있는 경우에는 특단의 사정이 없는 한 정당한 절차에 의하여 선임된 적법한 이사로 추정된다(대법원 1983. 12. 27. 선고 83다카331 판결).

상법 제386조 제 1 항에 의하여 퇴임한 이사가 이사로서의 권리 · 의무가 있는 경우에는 후임이사가 취임할 때까지 종전의 등기를 유지하고, 후임이사가 취임한 때로부터 위 기간 내에 변경등기를 해야 한다. 이 경우에까지 퇴임 후 바로 등기를 한다면 오히려 사실관계와 불일치하는 내용을 공시하는 결과가 되기 때문이다(대법원 2005. 3. 8.자 2004마800 결정(전); 동 2007. 6. 19.자 2007마311 결정).

---

1) 日注釋(6), 89면.

3. 이사의 報酬

(1) 취 지

회사와 이사의 관계는 위임이므로 무상이 원칙이나(민 686조 1항), 이사의 업무집행을 통해 영리를 실현하는 주식회사에서는 이 원칙이 오히려 이례에 속하고 이사(특히 상근이사)에게 보수를 지급하는 것이 통례이다. 보수의 책정도 엄밀히는 업무집행의 일부이므로 이사회나 대표이사의 결정사항으로 볼 여지도 있으나, 이사의 보수는 경영성과에 대한 보상의 의미가 있으므로 성질상 주주가 정할 사항으로 볼 수 있고, 또 이사들이 보수를 스스로 결정하는 것은 이해상충을 야기하므로 상법은 주주들의 정책적 결정사항으로 다루어 이사의 보수는 정관에서 정하거나 주주총회가 정하도록 규정하고 있다(388조).

(2) 보수의 의의

「보수」라 함은 월급·상여금·연봉 등 명칭 여하를 불문하고 이사의 직무수행에 대한 보상으로 지급되는 일체의 대가를 뜻하며, 정기적이든 부정기적이든 불문하고, 성과급 등 경영성과에 연동하거나 성과달성의 동기부여를 위해 지급하는 금원도 같다(대법원 2020. 4. 9. 선고 2018다290436 판결). 또 금전의 급부에 한하지 않고 현물의 급여 기타 이익의 제공일 수도 있다.

흔히 이사의 퇴직시에 일시금으로 퇴직금(또는 퇴직위로금)을 지급하는데, 이 역시 재직중의 직무수행에 대한 대가이므로 이사의 보수이고, 따라서 정관 또는 주주총회의 결의에 의해서만 지급할 수 있다(대법원 1977. 11. 22. 선고 77다1742 판결; 동 1999. 2. 24. 선고 97다38930 판결). 타인에 대한 이익의 제공이라도 궁극적으로 이사의 이익으로 귀속되는 것이라면 이사의 보수이다.[1)]

이사의 주식매수선택권도 보수의 성질을 가지고 있으나, 단순히 보수의 의미를 넘어 주주들의 비례적 지위에도 영향을 미치는 조직법적 문제이므로 상법은 제388조보다 강화된 요건을 정하여 별도의 제도로 다루고 있다.

퇴직금과 퇴직금중간정산금

퇴직금은 지급시기가 퇴직시로 특정됨을 유의해야 한다. 퇴직금은 보통 근속기간에 따라 누증되므로 퇴직시에 일시적으로 지급하자면 회사의 유동성관리에 부담이

---

1) 대법원 2007. 10. 11. 선고 2007다34746 판결: 대표이사의 개인 저택에서 일하는 일꾼들에게 회사가 급여를 주는 것은 대표이사에 대한 보수이므로 이를 위해서는 주주총회의 결의를 요한다고 한 예.

된다. 그래서 실무에서는 "퇴직금중간정산금"이라 하여 재직중에 퇴직금을 분할하여 선급하는 예가 흔하다. 이 역시 퇴직을 조건으로 하는 급여이지만, 지급시기로 보아 퇴직금과는 달리 재직중의 보수로 보는 것이 옳다. 그러므로 정관 혹은 주주총회의 결의로 단지 "퇴직금"이라 정했다면 중간계산하여 지급하는 것은 제388조의 절차를 따른 것이 아니다. 퇴직금을 중간계산의 방법으로 지급하려면 그 지급시기와 금액을 정관이나 주주총회에서 별도로 정해야 한다(대법원 2019. 7. 4. 선고 2017다17436 판결).

성과보상성 주식

근래 일부 회사에서「양도제한조건부주식」이라는 이름으로 주요 임직원에게 자기주식을 무상으로 이전하는 성과보상목적의 보수지급방식이 이용되고 있다.[1] 특정의 주요 임직원을 대상으로 하여 일정기간 이상의 근무 등 소정의 조건을 충족할 경우 소정수량의 자기주식을 무상으로 교부할 것을 약속하는 형태이다. 그리고 대상 임직원이 동 조건을 충족할 경우 회사는 사전에 확보해 둔 자기주식을 상여로 교부한다. 미국에서는 기업들이 흔히 자기주식을 이용하는 성과보상을 하는데, 소정의 자기주식을 부여하되 일정기간 양도를 금하고 소정의 조건을 충족하면 확정적으로 자기주식에 대한 권리를 부여하지만 조건을 충족하지 못할 경우에는 자기주식을 회수하는 Restricted Stock Award(RSA)와 장래 일정조건을 충족하면 자기주식을 부여하기로 약정하는 Restricted Stock Unit(RSU)가 대종을 이룬다. 이 중 후자를 본받아 고안된 것으로 보인다.[2] 자기주식을 소재로 한다는 점에서 주식매수선택권과 유사하지만, 주식매수선택권을 부여받은 자는 유상으로 주식을 취득해야 하지만 양도제한조건부주식은 무상으로 주어진다는 점에서 상이하다.

양도제한조건부주식은 보수이므로 임원에게 부여할 경우에는 상법 제388조에 따라 정관 또는 주주총회의 결의로 정하여야 하며, 직무와 합리적 비례관계를 유지해야 한다.[3]

(3) 결정방법

i) 보수는 어느 정도의 기간을 단위로 결정해야 하는가? 이사의 보수도 선임계약의 내용이라고 본다면 이사의 선임결의와 동시에 임기중의 보수를 정하는 것이 원칙이지만, 기업실무에서는 통상 정기총회에서 매결산기의 보수를 정한다. 이사의 선임시에 보수에 관한 합의가 없었다면, 이사는 묵시적으로 위 방법에 의

1) 2020년 한화그룹에서 처음 시작되었다(동회사 공시자료).

2) 한국상장회사협의회, "대안적 주식연계형 보상제도 비교 및 도입 시 고려사항"(KLCA ISSUE PAPER, Vol. 90), 2023. 9., 4면(박현욱 집필).

3) 상세는 李哲松, "신종 성과급여성 양도제한조건부 자기주식양도(RSU)의 법리적 분석," 한국증권법학회 발표(2023. 12. 16.) 참조.

한 보수결정에 동의한 것으로 보아야 한다.

ii) 第388조는 이사가 스스로의 보수를 정할 경우 과도해질 것을 우려한 규정이므로 정관의 규정이나 주주총회결의의 내용은 과도한 보수의 통제가 가능하도록 구체성을 지녀야 한다.[1] 이러한 통제기능을 발휘할 수 있는 한, 정관이나 주주총회의 결의로 명시적 또는 묵시적인 지급기준을 제시하고 구체적인 집행을 이사회에 일임하는 것은 무방하다.[2] 또 이사 개인별로 구체적인 보수를 정할 필요는 없다. 정관이나 주주총회의 결의에서는 보수의 총액을 정하고, 개인별 지급금액은 이사회의 결정에 위임할 수 있고 또 기업의 실무도 그러하다(통설 및 대법원 2020. 6. 4. 선고 2016다 241515 · 241522 판결).[3] 그러나 이사의 보수와 감사의 보수를 함께 정하고 그 분배를 이사회에 위임하는 것은 위법이다(후술). 이사회의 결정에 위임하였더라도 주주총회가 스스로 결의할 수 있음은 물론이다(전게 판례).

iii) 기업실무에서는 보통 정기총회에서 독립된 안건으로서 「임원의 보수에 관한 건」을 상정하여 결의하지만, 반드시 독립적인 안건으로 결의해야 한다고 볼 필요는 없다. 예컨대 재무제표에 임원의 보수를 기재하고 재무제표의 승인을 결의하였다면, 보수에 관해 주주총회의 결의가 있은 것이다(인천지법 부천지원 2005. 5. 27. 선고 2004가합3207 판결).

iv) 상법 제388조는 회사가 이사의 보수를 지급하기 위한 단체법적 요건을 정하는 의미도 있지만, 이사의 보수청구권의 발생요건이기도 하다(대법원 2019. 7. 4. 선고 2017다 17436 판결). 그러므로 보수에 관해 정관 또는 주주총회의 결의가 있었다는 사실 및 그 내용은 보수에 관한 권리를 주장하는 자(이사 또는 감사)가 증명하여야 한다(대법원 2015. 9. 10. 선고 2015다 213308 판결).

(4) **强行規定性**

i) 이사의 보수결정에 관한 상법 제388조는 강행규정이다. 그러므로 정관규정이나 주주총회결의에 근거하지 않은 보수의 지급 또는 그 약정은 무효이다. 정관이나 총회결의에 갈음하여 이사회나 대표이사가 이를 결정할 수 없고, 지배

1) 서울중앙지법 2008. 7. 24. 선고 2006가합98304 판결: 「이사의 퇴직금의 지급은 이사회의 결의로 정하는 임원퇴직금지급규정에 의한다」라는 취지의 정관규정은 이사회가 주주로부터 아무런 통제도 받지 않고 퇴직금의 액수를 결정할 수 있도록 이사회에 무조건적으로 위임한 것이므로 무효라고 본 예.

2) 日最高裁 1974. 12. 11. 판결, 民集 18권 10호 2143면: 퇴직위로금의 지급방법을 다룬 판결로서 본문에서와 같이 판시하였다.

3) 독일주식법에서는 이사의 보수는 각 이사별로 정하도록 하고 있다(§ 87 Abs. 1 AktG. 단 독일에서는 이사의 보수를 감사회가 결정한다). 주주로 하여금 이사 개개인에 대한 평가를 할 수 있게 한다는 취지에서는 독일법의 태도가 옳다.

주주라도 다를 바 없다(대법원 2020. 6. 4. 선고 2016다241515 · 241522 판결; 동 1979. 11. 27. 선고 79다1599 판결).[1] 지배주주라 하여 회사재산의 처분권이 있는 것은 아니기 때문이다.[2] 보수에 관한 지배주주의 약속을 주주총회의 결의와 동일시한 판례가 있으나, 옳지 않음은 앞서 지적한 바와 같다(523면 참조).

ii) 한때 판례는 상법 제388조의 취지를 「定款에 理事의 보수에 관한 규정이 없는 경우에는 주주총회가 이를 결의하여야 한다」라는 취지로 해석하고, 이사회가 정한 보수지급에 관한 사규가 있다든지, 취임 후 관례적으로 보수를 받았다든지 하는 경우에는 그 수준의 보수지급에 관해 주주총회의 묵시적인 승인이 있다고 보고 이사의 보수청구권을 인정하여 왔다(대법원 1964. 3. 31. 선고 63다715 판결; 동 1965. 8. 31. 선고 62다1156 판결; 동 1969. 2. 4. 선고 68다2220 판결; 동 1969. 5. 27. 선고 69다327 판결). 그러나 이사와 회사의 관계는 위임이므로 이사가 근로기준법상의 근로자와 같이 당연히 보수청구권을 갖는 것은 아니다. 그러므로 정관 또는 주주총회의 결의가 없는 한 이사의 보수청구권은 생겨나지 않는다고 보아야 한다(대법원 1992. 12. 22. 선고 92다28228 판결).

iii) 일단 정관이나 주주총회에서 보수가 결정되면 선임행위의 내용을 이룬다고 보아야 하므로 같은 이사에 관한 한 정관변경이나 주주총회의 결의에 의하여 박탈하거나 감액하지 못한다(대법원 1977. 11. 22. 선고 77다1742 판결; 동 2017. 3. 30. 선고 2016다21643 판결).[3] 퇴직금을 정한 정관의 규정이 이사의 재임중 변경되는 경우에는 퇴직시의 정관의 규정에 의해 지급해야 한다는 판례(대법원 2006. 5. 25. 선고 2003다16092 · 16108 판결)가 있으나 타당성은 의문이다. 이전의 정관의 규정에 의해 지급이 예상되는 퇴직금이 임용계약의 내용을 이룬다고 보아야 하기 때문이다.

한편 정관이나 주주총회의 결의로 이사의 보수를 정한 이상, 이사가 명목상

---

1) 사실상 1인회사에서 주주총회의 결의 없이 1인주주의 결재, 승인을 거쳐 관행적으로 이사들에게 퇴직금을 지급해 온 경우, 그 관행 자체를 주주총회의 결의가 있은 것으로 보아 적법한 보수로 본 판례가 있다(대법원 2004. 12. 10. 선고 2004다25123 판결).

2) Heller v. Boylan, Supreme Court of New York, 29 N.Y.S. 2d 653(1941).

3) 대법원 2006. 5. 25. 선고 2003다16092 · 16108 판결: 정관에 이사의 퇴직금을 지급하는 근거를 규정하되 일정한 범위만을 정하고 이사회가 퇴직하는 이사의 공로 등을 참작하여 구체적인 금액을 정하도록 위임한 경우, 이사회가 적정한 감액은 할 수 있더라도 아예 퇴직금지급청구권을 소멸시킬 수는 없다고 한 예.

대법원 2017. 3. 30. 선고 2016다21643 판결: 유한회사에서 정관 또는 사원총회 결의로 특정 이사의 보수액을 구체적으로 정하여 임용하였으면, 그 보수액은 임용계약의 내용이 되어 회사와 이사 쌍방을 구속하므로, 직무내용의 변동에 따른 보수의 변경을 감수한다는 묵시적 동의가 있었다고 볼 만한 특별한 사정이 없는 한, 그 이사의 보수를 일방적으로 감액하거나 박탈하는 사원총회의 결의는 무효이므로 이사의 보수청구권에 영향을 미치지 못한다고 한 예(유한회사의 사건이나 주식회사에도 적용되는 법리이다).

의 이사로서 회사의 업무에 관여하지 않는다 하더라도 동 이사는 회사에 보수청구권을 가진다(대법원 2015. 7. 23. 선고 2014다236311 판결).[1]

iv) 상법 제388조에 위반하여, 즉 정관의 규정이나 주주총회의 결의 없이 이사에게 지급된 보수는 부당이득으로서 회사에 반환해야 한다(대법원 2010. 3. 11. 선고 2007다71271 판결). 대부분의 경우 대표이사는 상법 제388조의 위반사실을 인지하면서 이사에게 보수를 지급할 것이므로 비채변제가 될 것이나, 민법 제742조는 적용되지 않는다고 해석해야 한다.

(5) 사용인 겸무 이사의 보수

회사에 따라서는 이사에게 지배인이나 일부 부서의 장 등 사용인의 지위를 겸하게 하는 예가 있다. 이 경우 이사가 사용인으로서 받는 보수는 상법 제388조에 의해 정관 또는 주주총회에서 정해야 할 보수에서 제외되는가? 바꿔 말하면 이사는 정관이나 주주총회에서 정해진 보수를 넘어 별도로 사용인으로서의 보수를 받을 수 있느냐는 의문이다. 이에 관해 별도의 사용인 몫의 급여를 허용한다면 상법 제388조의 탈법을 허용하게 되므로 이사의 보수에 포함시켜야 한다는 설(포함설),[2] 사용인분 급여는 근로계약의 대가로서 이사의 보수와는 법적 성질을 달리하므로 이에 포함되지 아니한다는 설(불포함설: 손주찬 803; 송옥렬 1008; 장덕조 320; 정찬형 999; 최준선 469), 이사의 보수는 사용인분 급여를 포함하지 아니하나 보수의 결정시 사용인분 급여의 액이 주주총회에 보고되어야 한다는 설(절충설: 권기범 908; 이 · 최 391; 정동윤 598)이 있다.

이사의 보수를 정관 또는 주주총회의 결의로 정하게 함은 이사가 스스로 보수를 정할 경우 우려되는 이익추구를 막기 위함이다. 사용인 겸무이사의 경우 兩지위의 기능과 대가를 명확히 구분할 수 있는 것이 아니므로 사용인분 보수를 별도로 인정한다면, 결국 이사가 주주의 통제를 벗어나 과도한 보수를 책정할 염려가 있으므로 포함설이 타당하다(김정호 684; 정준우 375; 이범찬(외) 309).[3]

이사가 회사로부터 독립적인 지위에서 회사에 특정의 전문지식을 활용한 용역을 공급하고 대가를 받는 예가 있다(예: 회계자문, 법률자문 등). 이는 이사의 자기거래이므로 이사회의 승인 등 자기거래의 요건(398조)을 구비하여야 하지만, 그 용역의 공급대

1) 판례는 그 이유를 명목상의 이사 · 감사라도 법인(회사)의 기관으로서 회사가 사회적 실체를 가지고 성립하고 활동하는 데 필요한 기초를 제공함과 아울러 상법이 정한 권한과 의무를 가지고 그 의무 위반에 따른 책임을 부담하는 것은 일반적인 이사 · 감사와 다를 바 없기 때문이라 설명한다.

2) 日注釋(6), 402면.

3) 日最高裁 1985. 3. 26. 판결, 「判例時報」 1159호 150면: 사용인으로서 받는 급여의 체계가 명확히 확립되어 있는 경우에는 이사의 보수에 포함되지 아니한다고 한다.

가는 통상의 거래대금이므로 상법 제388조의 적용대상은 아니다. 하지만 동 이사에게 제공되는 금원이 실질적으로 용역대가이냐, 이사의 보수이냐는 구분이 문제될 수 있는데, 이는 주주총회나 이사회의 결의내용, 용역제공의 실질, 이사로서의 업무의 내용 등을 고려하여 판단하여야 한다(대법원 2012. 3. 29. 선고 2012다1993 판결).

이사의 해직보상금

이사회의 승인만을 얻어, 회사와 이사간에 이사가 해임될 경우 퇴직금과는 별도로 회사가 일정금액의 해직보상금을 지급하기로 약정한 사안에서, 판례는 이 해직보상금은 상법 제388조가 말하는 보수는 아니라고 보았다. 그러나 이 약정은 정당한 이유로 이사를 해임하는 경우에도 보상금을 지급하도록 함으로써 이사가 과다한 해직보상금의 약정을 통해 개인적인 이득을 추구하는 폐해를 야기하므로 상법 제388조를 준용 내지 유추적용하여 정관의 규정 또는 주주총회의 결의가 없는 한 해직보상금을 지급할 수 없다고 판시하였다(대법원 2006. 11. 23. 선고 2004다49570 판결).

이 해직보상금은 주주총회의 해임결의를 조건으로 지급하므로 직무수행의 대가로서의 성격을 갖는 제388조의 보수에는 해당하지 않는다고 본 것은 타당하다. 그러나 이에 제388조를 유추해야 한다는 설시에는 논리성이 결여되어 있다. 이 건의 해직보상금은 상법 제385조 제 1 항 단서에 따라 지급해야 할 손해배상액의 예정이라고 보아야 한다. 다만 동조항은 해임에 정당한 이유가 있으면 손해배상을 하지 않는다는 취지를 포함하는데(단서의 반대해석), 이 사건의 약정은 정당한 이유의 유무에 불구하고 해임을 지급사유로 하므로 동조항에 어긋난다. 그러므로 이 약정의 효력을 논함에는 제385조 제 1 항이 강행규정이냐 임의규정이냐는 성격규정의 방법으로 접근해야 한다.

이 약정의 적용결과는 크게, ㄱ) 정당한 이유로 해임한 경우에 보상금을 지급하는 경우와, ㄴ) 정당한 이유 없이 해임한 경우에 보상금을 지급하는 경우로 나누어 볼 수 있고, ㄴ)은 다시 i) 예정된 보상금이 제385조 제 1 항 단서를 적용하여 산출한 손해배상을 상회하는 경우와, ii) 보상금이 동조항에 의해 산출한 손해배상액과 일치하거나 하회하는 경우로 나누어 볼 수 있다. 정당한 이유로 해임한 경우 손해배상을 하지 않는다는 뜻을 내포한 상법 제385조 제 1 항 단서는 자본충실을 위한 강행규정으로 보아야 하므로 ㄱ)의 보상금지급은 무효라고 보아야 한다.[1] ㄴ) i)의 경우도 정당한 손해배상액을 초과하는 부분은 정당한 이유로 해임한 경우에 손해배상을 하는 것과 같으므로 역시 무효로 보아야 한다. ii)는 회사가 손해배상액을 제한하려는 취지로 볼 수 있으므로 유효로 볼 수 있다. 요컨대 이 약정은 해임결의가 이루어지고, 보상금

---

1) 손해배상의 예정을 한 경우에도 채무자가 과실이 없으면 예정된 배상액을 지급하지 않아도 된다는 것이 일반적인 견해이다(대법원 1989. 7. 25. 선고 88다카6273 판결). 물론 당사자간에 무과실책임을 약정할 수는 있겠으나, 상법 제385조 제 1 항 단서의 규정은 이같은 무과실책임의 약정을 허용하지 않는 예로 보아야 한다.

이 정당한 손해배상액과 일치하거나 하회하는 범위에서(또는 이를 조건으로) 유효한 약정이라고 풀이해야 한다.

이사의 보수에 대한 근로기준법의 적용

이사의 보수에 대해서는 근로기준법이 적용될 수 없다. 하지만 판례는 근로기준법상의 근로자에 해당하는지 여부는 근무의 실질에 따라 賃金을 목적으로 종속적 관계에서 사용자에게 근로를 제공하는지 여부에 따라 판단해야 한다는 기준을 제시한다. 그리하여 이사 또는 감사라 하더라도 그 명칭이 형식적·명목적이고 실제로는 업무집행권을 갖는 대표이사나 사용자의 지휘·감독하에 일정한 근로를 제공하면서 그 대가로 보수를 받는 관계에 있거나, 회사로부터 위임받은 사무를 처리하는 외에 대표이사 등의 지휘·감독 아래 일정한 노무를 담당하고 그 대가로 일정한 보수를 받아 왔다면 그 임원은 근로기준법상의 근로자에 해당한다고 판시하였다(대법원 1997. 12. 23. 선고 97다44393 판결; 동 2000. 9. 8. 선고 2000다22591 판결 등).

(6) 보수의 適正性

상법 제388조의 법문상으로는 이사의 보수결정에 관한 절차적 통제만을 가할 뿐, 보수의 실질(보수의 내용)에 대한 통제는 담고 있지 않다. 이는 보수의 결정은 주주총회의 자율적 판단에 맡기고 금액의 상당성에 관해서는 법원이 관여하지 않도록 하는 입법정책을 취한 것으로 볼 수 있다.[1)]

그러나 명문의 규정은 없더라도 이사의 보수란 이사의 직무수행에 대한 대가인만큼 그 직무와 合理的인 비례관계(reasonable relation-ship to service)를 유지해야 한다는 목적론적 해석은 가능하다. 나아가 직무와 재무상태에 비해 과도한 보수는 자본충실을 해하고 주주와 채권자의 손실을 초래한다는 점(후술 판례 참조)을 감안하면 회사의 재무상태에 비추어 적정해야 한다는 조리상의 기준을 설정할 수 있고,[2)] 또 이와 같은 기준을 성문화한 입법례도 있다.[3)]

이같은 해석론에 입각하여 정관의 규정이나 주주총회의 결의로 정한 보수액 자체가 과다할 때에는 그 규정 또는 그 결의 자체가 자본충실의 원칙에 반하여 무효이고, 정관의 규정이나 주주총회의 결의로 정한 기준에 따라 이사회의 결의

---

1) 會社法コン(8), 149면(田中亘).

2) Clark, p. 195.

3) 독일주식법에서는 명문으로, 「이사의 보수를 정함에 있어서는 개개인의 이사의 보수가 그의 직무와 회사의 상황에 비추어 상당하도록」(“… in einem angemessenen Verhältnis zu den Aufgaben und Leistungen des Vorstandsmitglieds sowie zur Lage der Gesellschaft stehen”) 배려하라고 규정하고 있다(§ 87 Abs. 1 AktG).

로 개별적인 보수를 결정하였는데, 그 개별적인 보수가 과도할 때에는 이사회결의가 무효라고 보아야 한다(판례 [69]).[1] 회사는 이러한 과도한 보수의 지급을 거부할 수 있으며, 이미 지급한 때에는 해당 이사에게 반환을 청구할 수 있다(대법원 2015. 9. 10. 선고 2015다213308 판결). 보수의 과다여부는 「이사가 제공하는 급부의 내용 또는 직무 수행의 정도, 지급받는 보수의 액수와 회사의 재무상태」를 기초로 판단해야 하며, 비상근 또는 명목적으로 선임한 이사에게 지급하는 보수의 경우에는 「실질적인 직무를 수행하는 이사의 보수와의 차이, 명목적인 이사를 선임한 목적과 자격 유지의 필요성 등」을 고려하여 판단해야 한다(전게 판결).

판 례

[69] 대법원 2016. 1. 28. 선고 2014다11888 판결

「… 상법이 정관 또는 주주총회의 결의로 이사의 보수를 정하도록 한 것은 이사들의 고용계약과 관련하여 사익 도모의 폐해를 방지함으로써 회사와 주주 및 회사채권자의 이익을 보호하기 위한 것이므로(대법원 2006. 11. 23. 선고 2004다49570 판결 참조), 비록 보수와 직무의 상관관계가 상법에 명시되어 있지 않더라도 이사가 회사에 대하여 제공하는 직무와 그 지급받는 보수 사이에는 합리적 비례관계가 유지되어야 하며, 회사의 채무 상황이나 영업실적에 비추어 합리적인 수준을 벗어나서 현저히 균형성을 잃을 정도로 과다하여서는 아니 된다.

따라서 회사에 대한 경영권 상실 등에 의하여 퇴직을 앞둔 이사가 회사로부터 최대한 많은 보수를 받기 위하여 그에 동조하는 다른 이사와 함께 이사의 직무내용, 회사의 재무상황이나 영업실적 등에 비추어 지나치게 과다하여 합리적 수준을 현저히 벗어나는 보수 지급 기준을 마련하고 그 지위를 이용하여 주주총회에 영향력을 행사함으로써 소수주주의 반대에 불구하고 이에 관한 주주총회결의가 성립되도록 하였다면, 이는 회사를 위하여 직무를 충실하게 수행하여야 하는 상법 제382조의3에서 정한 의무를 위반하여 회사재산의 부당한 유출을 야기함으로써 회사와 주주의 이익을 침해하는 것으로서 회사에 대한 배임행위에 해당하므로, 주주총회결의를 거쳤다 하더라도 그러한 위법행위가 유효하다 할 수는 없다 …」

이사의 보수의 통제경향

최근 일부 세계적인 대기업의 경영자들이 회사형편에 비추어 과도한 보수를 지급받고 있다는 비판이 일면서 그 영향으로 이사의 보수에 대한 법적 통제를 강화하는 입법례를 볼 수 있다.

---

1) 서울고법 2009. 6. 5. 선고 2008나78820 판결: 회사의 영업손실이 점증하고 있고, 기업구조개선을 위해 곧 지배주주가 교체될 상황에서 이사들의 퇴직금을 배증하는 지급기준을 설정한 이사회의 결의는 자본충실의 원칙에 반하여 무효라고 한 예.

독일은 금융위기 직후인 2009년 6월에 「이사의 보수의 적정화에 관한 법률」(Gesetz zur Angemessenheit der Vorstandsvergütung; VorstAG)(같은 해 8월 5일 발효)을 제정하였다. 동법은 보수가 직무 및 회사의 상황에 비추어 相當性을 지녀야 한다는 종전의 규정에 더하여, 보수는 이사의 업적(Leistungen)에 비추어 보더라도 적절해야 하고, 특별한 근거가 없는 경우 같은 업종의 통상의 보수를 초과할 수 없다는 규정을 추가하였다. 나아가 상장회사의 이사의 보수체계는 기업의 「영속적인 발전」(eine nachhaltige und Langfristige Unternehmensentwicklung)을 지향해야 한다고 규정함으로써 이사의 보수에 관한 새로운 이념을 제시하였다(§87 Abs.1 AktG). 가장 주목할 점은 이사의 보수책정 후 회사의 경영사정의 악화로 보수가 적절하지 못하게 된 경우에는 감사위원회가 보수를 감액할 수 있도록 규정한 것이다(§87 Abs.2 AktG).

경영자의 유보가치

이사 등 경영자의 보수가 직무수행의 대가(compensation to performance)로서 적정해야 한다는 것은 당위적인 명제이지만, 어느 정도가 적정한 것이냐는 판단이 매우 어렵다. 직무의 가치가 계량적으로 평가될 수 있다고 가정하더라도 경영자에 대한 보수가 반드시 이 금액에만 상관성을 가질 수 없는 사정이 있다. 경영자들은 「다른 회사에서라면 얼마의 보수를 받을 수 있다」라고 하는 이른바 유보가치(reservation value)를 갖기 때문이다.[1] 그러므로 특정인을 회사의 이사로 확보하려면 그가 경영자시장에서 갖는 유보가치를 감안하여 다른 회사와의 경쟁하에서 그 보수를 결정해야 한다. 그렇다고 해서 이 유보가치만으로 경영자의 보수가 정당화될 수 있는 것은 아니다. 예컨대 연간 매출 100억원 정도의 전자업체가 삼성전자의 A 사장을 스카웃하여 A의 유보가치대로 연 20억원의 보수를 지급했다면 적정한 보수라 할 수 있는가? 경영자의 유보가치를 부득이 고려한다 하더라도 회사의 규모나 업종에 부합하는 시장에서의 유보가치를 고려해야 하며, 회사의 현황도 고려해야 하고 무엇보다 중요한 것은 자본충실이 최우선적으로 고려되어야 하는 것이다(판례 [69] 참조).

4. 株式買受選擇權

(1) 의 의

주식매수선택권(이하 "선택권"이라 약칭)이란 미국에서 기원하여 현재 세계적으로 활용되고 있는 이른바 스톡옵션(stock option) 제도를 도입한 것이다. 이는 회사의 임원 또는 직원에게 장래 일정한 시기에 이르러 예정된 가격에 회사가 보유하고 있는 자기주식 또는 새로 발행하는 신주를 취득 또는 인수하거나 이를 포기할 수 있는 권리(주식매수선택권, option right)를 부여하는 제도이다. 예컨대 甲회사가 이사 A에게 3년 후로

1) Lucian Bebchuk/Jesse Fried, *Pay without Performance*, Harvard, 2006, p. 18.

부터 5년 이내의 기간중에 지금의 시세인 1주당 1,000원씩에 100주를 회사의 신주발행을 통해 취득할 수 있는 권리를 부여하였다고 하자. 3년 후 주가가 상승하여 1주당 1,500원이 되었다면, A는 주당 1,500원의 가치가 있는 주식 100주를 주당 1,000원만 치르고 취득할 수 있는 것이다. 그리고 주가가 하락하거나 제자리에 있다면 A는 신주발행을 청구하지 않으면 된다.

주주는 소유하는 주식에 비례하여 신주의 인수권을 가지므로(418조 1항) 임원 또는 직원의 주식매수선택권은 주주의 신주인수권을 희생시키며 부여하는 권리라 할 수 있다. 그럼에도 불구하고 이러한 제도를 둔 이유는 이 제도가 임원과 직원에게 이익이 될 뿐만 아니라 궁극적으로는 다음과 같이 주주에게도 이익을 가져오기 때문이다.

주식매수선택권을 부여받은 자의 입장에서는 장차 주가가 오르는 것이 소망스럽다. 주가가 오르자면 영업실적이 좋아야 한다. 그러므로 위 A는 자신에게 주어진 선택권을 유용하게 행사하기 위해서라도 직무에 충실할 것이다. 요컨대 선택권제도는 회사에 요긴한 임원이나 종업원에게 장차의 주식매수로 인한 이득을 유인동기로 삼아 직무에 충실하도록 유도하기 위한 제도이다.

⑵ 선택권의 유형과 정산

1) 유 형 상법은 다음과 같은 2가지 유형의 선택권을 인정한다.

㈎ **자기주식양도형** 회사가 보유하는 자기주식을 예정된 가격(주식매수선택권 행사가액. 이하 "행사가액"으로 약칭)으로 양수할 수 있는 권리를 부여하는 방법이다(340조의 2 1항 본). 예컨대 행사가액을 현재의 시가인 주당 1,000원으로 정해 놓고, 장래 株價가 얼마로 변동하든지, 선택권을 부여받은 자(이하 "선택권자"로 약칭)가 회사에게 1,000원에 소정수량의 주식을 양도할 것을 청구할 수 있게 하는 것이다.

㈏ **신주발행형** 선택권의 행사에 응하여 회사가 행사가액을 발행가액으로 하여 신주를 발행하는 방법이다(340조의 2 1항 본). 예컨대 행사가액을 1,000원으로 정해 놓고, 장래 시가가 얼마로 변동하든지, 선택권자가 신주발행을 요구할 경우 1,000원에 소정수량의 신주를 발행해 주는 것이다. 선택권을 행사하는 시점에서 주가가 행사가액보다 높다면 일응 상법 제424조의2가 규정하는 불공정한 발행가액으로 신주를 발행하는 예에 해당할 수 있다. 하지만 동조가 규정하는 요건인 이사와 인수인의 통모가 없으므로 동규정은 선택권의 행사에는 적용되지 않는다.

2) **差額精算** 이상 2가지 중 어느 유형으로 선택권을 부여하든 선택권의 행사에 응해 회사는 자기주식의 양도나 신주발행에 갈음하여 주식의 실질가

액과 행사가액의 차액을 정산하는 방법을 취할 수 있다. 즉 선택권의 행사시점에서 주식의 실질가액(시가 또는 주 당순자산가치)이 행사가액을 상회할 경우, 그 차액을 회사가 선택권자에게 금전으로 지급하거나, 차액상당액의 자기주식을 이전해 주는 것이다(340조의 2 1항 단). 예컨대 행사가액이 주당 1,000원인데 주식의 실질가치가 1,500원이라면 회사가 신주를 발행하거나 자기주식을 이전해 주는 대신, 그 차액인 500원을 금전으로 지급하거나, 500원 상당의 자기주식을 이전해 주는 것이다. 법문에서는 자기주식을 「양도」할 수 있다고 표현하나, 유상양도가 아니고 무상이전을 뜻한다. 이때 이전해 주는 자기주식은 선택권의 행사시점에서의 실질가액으로 평가하여야 한다(340조의 2 1항 後).

이 같은 정산방법을 인정하는 이유는 선택권의 행사로 인한 신주발행이나 자기주식의 이전으로 기존 주주들의 지분율이 감소되는 불이익을 입으므로 기존 주주들의 지분을 유지해 주기 위함이다.

(3) 요 건

1) 정관의 규정 선택권을 부여하기 위하여는 정관에 근거를 두어야 한다(340조의 2 1항). 정관에 규정할 사항은, ① 일정한 경우 선택권을 부여할 수 있다는 뜻, ② 선택권의 행사에 응해 발행하거나 양도할 주식의 종류와 수, ③ 선택권을 부여받을 자의 자격요건, ④ 선택권의 행사기간, ⑤ 일정한 경우 이사회결의로 선택권을 취소할 수 있다는 뜻이다(340조의 3 1항).

2) 권리자의 자격 선택권자로 선정될 수 있는 자는 원칙적으로 회사의 설립·경영과 기술혁신 등에 기여하거나 기여할 수 있는 당해 회사의 이사·집행임원·감사 또는 피용자이나(340조의 2 1항 본), 상장회사의 경우에는 관계회사(상령 30 조 1항)의 이사·집행임원·감사 또는 피용자도 대상에 포함시키고 있다(542조의 3 1항). 설립 등에 「기여하거나 기여할 수 있는」이라는 요건은 정관으로 정할 선택권자의 자격요건과 이에 의해 주주총회에서 선택권자를 선정함에 있어 합리성을 기하기 위한 지침이다. 그러나 현실적으로는 법적 구속력을 인정하기 어려운 표현이다. 단지 선택권제도의 취지를 밝힌 의미가 있을 뿐이다.

상법은 선택권제도가 대주주 등에 의해 남용되는 것을 방지하기 위하여 소정의 지배력을 가진 자에게 선택권을 부여하는 것을 금하고 있다. 이에 해당하는 자는, ① 의결권 있는 발행주식총수의 100분의 10 이상의 주식을 가진 주주, ② 이사·집행임원·감사의 선임과 해임 등 회사의 주요경영사항에 대하여 사실상 영향력을 행사하는 자, ③ ①·②에 해당하는 자의 배우자와 직계존·비속이며

(340조의 2 2항), 상장회사의 경우 추가적인 제한이 있다(542조의3 1항 단 · 542조의 8 2항 5호, 상령 30조 2항).

3) **선택권부여총량의 제한** 선택권의 행사로 발행할 신주 또는 양도할 자기주식은 발행주식총수의 100분의 10을 초과할 수 없다(340조의 2 3항)(상장회사는 100분의 20. 542조의3 2항. 단, 현재는 100분의 15. 상령 30조 3항). 주주의 이익을 보호하고 자본충실을 기하는 한편, 수량을 적정히 함으로써 주식매수선택권의 사행적 기능을 억제하기 위한 고려이다. 이 규정에 의해 정관에 규정할 「주식매수선택권의 행사로 발행하거나 양도할 주식의 수」(340조의3 1항 2호)는 정관에 규정할 당시의 발행주식총수의 100분의 10을 넘을 수 없음은 물론, 부여시점에서도 발행주식총수의 100분의 10을 초과할 수 없다고 보아야 한다.[1)]

한도의 유용가능성

정관으로 정한 선택권의 한도는 재차 활용할 수 있는가? 예컨대 정관에 보통주식 100주의 매수선택권을 부여할 수 있도록 규정되어 있는데, 이를 부여하고 행사된 후 다시 100주의 선택권을 부여할 수 있느냐는 문제이다. 주식매수선택권의 부여는 주주들에게 귀속될 이익을 임직원에게 분여하는 것이므로 정관에 정한 한도는 일회적으로 수권된 것이고, 재차 활용할 수 없다고 보아야 한다. 따라서 정관으로 정한 한도까지 선택권을 부여한 경우에는 정관변경을 하여야 재차 선택권을 부여할 수 있다. 하지만 선택권을 부여하였으나, 행사하지 않은 채 선택권이 소멸된 부분에 관해서는 다시 선택권을 부여할 수 있다고 해석한다.

(4) 부여절차

정관에 선택권을 부여하는 규정을 두더라도 이는 선택권부여의 근거를 마련하는 데 지나지 않고, 특정의 임원 또는 피용자에게 선택권을 부여하기 위하여는 주주총회의 특별결의를 거치고 계약서를 작성해야 한다.

1) **주주총회의 결의** 선택권은 주주총회의 특별결의에 의하여 부여할 수 있다(340조의2 1항). 다만 상장회사의 경우에는 정관이 정하는 바에 따라 발행주식총수의 100분의 10의 범위에서 시행령이 정하는 한도(자본금의 규모에 따라 다르다)까지 이사회의 결의로 부여하고, 이후 최초로 소집되는 주주총회에서 승인을 받는 방법이 허용된다(542조의3 2항 · 3항, 상령 30조 4항).

주주총회의 결의에서는 다음 사항을 정해야 한다(340조의3 2항).

---

1) 예컨대 정관으로 정할 당시의 발행주식총수가 1,000주이므로 100주를 부여한도로 정했는데, 이후 300주의 신주를 발행하여 발행주식총수가 1,300주로 늘었더라도 부여한도는 여전히 100주임에 틀림없고, 반대로 300주를 자본금감소하여 실제 부여하는 시점의 발행주식총수가 700주인 경우 부여한도는 70주로 줄어든다.

㈎ **주식매수선택권을 부여받을 자의 성명** 정관이 정한 자격요건을 충족하는 임원 또는 피용자 중에서 선택권자를 특정해야 한다.

㈏ **주식매수선택권의 부여방법** 선택권의 행사에 응해 신주를 발행할 것인지, 회사가 보유하는 자기주식을 양도할 것인지를 정해야 한다.

㈐ **주식매수선택권의 행사가격과 그 조정에 관한 사항**

(a) 행사가액의 뜻 「행사가액」이란 앞서 말한 바와 같이 선택권자가 선택권의 행사에 의해 신주를 인수할 때의 인수가액 또는 회사의 자기주식을 양수할 때의 대가를 말한다. 예컨대 1주당 1,000원에 신주를 인수할 수 있다거나, 1주당 1,000원을 지급하고 회사가 보유하는 자기주식을 취득할 수 있다는 것과 같다.

(b) 행사가액의 제한 행사가액을 부당히 낮춤으로써 자본충실을 해하는 동시에 제도의 취지와 무관한 이익을 임직원에게 부여할 우려가 있으므로 상법에서는 행사가액에 관해 액면주식의 경우와 무액면주식의 경우를 나누어 다음과 같은 제한을 설정하였다.

액면주식의 경우, 신주발행형으로 선택권을 부여하는 경우의 행사가액은 선택권의 부여일을 기준으로 한 주식의 실질가액과 주식의 액면가 중 높은 금액 이상이어야 하고, 자기주식양도형으로 부여하는 경우의 행사가액은 선택권의 부여일을 기준으로 한 주식의 실질가액 이상이어야 한다(340조의2 4항).

행사가액의 기준이 되는 「실질가액」이 무엇을 뜻하는지에 관해서는 명문의 규정이 없으나, 상장주식의 경우에는 주식의 時價,[1] 그리고 비상장주식의 경우에는 주식의 순자산가치와 수익력을 반영한 평가액을 뜻하는 것으로 이해해야 한다.

무액면주식을 발행한 경우에도 위 액면주식에서와 같은 제한을 두되, 무액면주식의 발행가액에서 자본금으로 계상되는 금액 중 1주에 해당하는 금액을 권면액으로 본다(340조의2 4항 1호 단). 그 결과 무액면주식의 경우에는 실질가액과 「발행가에서 자본으로 계상된 금액 중 1주에 해당하는 금액」을 비교하여 높은 금액을 행사가격으로 정하여야 한다.

---

1) 舊증권거래법에는 상장회사의 매수선택권의 행사가격을 제한하는 규정이 있었다(舊증거 189조의4 10항, 舊증거령 84조의6 4항. 대체로 주식의 시가와 액면가 중 높은 금액 이상으로). 그러나 매수선택권제도가 2009년 2월 개정상법으로 옮겨 오면서 이 규정들이 탈락되었다. 자본충실의 원칙상 행사가액이 주식의 시가나 액면가를 하회하도록 정해질 수는 없으므로 구증권거래법의 규정은 상법 제340조의2 제 1 항이 정하는 실질가액의 해석론으로서 원용할 수 있다.

(c) 행사가액의 조정　　행사가액을 「조정」한다고 함은 행사가액을 증액하거나 감액하는 것을 말한다. 유·무상으로 신주발행을 하거나 자본금감소를 하는 등의 資本去來가 있을 경우 주식의 실질가치에 변동이 생기고 그 결과로 선택권의 가치가 변동되므로 이 경우 선택권의 행사가액을 변경할 수 있게 한 것이다. 신주발행형의 경우 증액은 무방하나, 감액할 경우 액면가 이하로의 감액은 허용되지 않는다.

매수수량의 조정

상법에서는 매수가격의 조정만을 허용하고 있을 뿐 매수수량의 조정은 허용하고 있지 않다. 그러므로 유·무상의 신주발행, 주식배당 등의 자본거래에 의해 발행주식수가 늘어남으로 인해 선택권자가 매수할 수 있는 주식수의 비례적 가치가 감소하더라도 매수수량을 늘이는 결의는 할 수 없다. 매수선택권제도는 이사 등에게 주가상승으로 인한 경제적 이익을 부여하려는 제도일 뿐 주주의 신주인수권과 같이 특정인의 비례적 지분을 확보해 주려는 제도가 아니며, 자본거래로 인해 선택권자가 입는 손실은 매수가격의 조정으로 전보되기 때문이다. 이와 달리 상법 제340조의3 제 2 항의 취지를 「주식매수선택권에 있어 중요한 사항을 주주총회에서 반드시 결정하도록 강제하기 위함이지, 열거되지 아니한 사항은 주주총회의 결의에서 정할 수 없다는 취지로 볼 수 없다」라고 하며, 매수수량의 조정도 적법하다고 판시한 하급심판례가 있으나(서울지법 2003. 2. 28. 선고 2002가합68916 판결), 이는 선택권제도의 취지를 오해한 것이다.

㈑ **주식매수선택권의 행사기간**　　선택권자가 선택권을 행사할 수 있는 기간을 말한다. 예컨대 「주주총회의 결의일부터 2년 후 5년 내에 행사하여야 한다」는 것과 같다. 이 기간은 정관으로 정한 행사기간 내이어야 함은 물론이다. 상법은 선택권의 행사는 이를 부여하는 주주총회 결의일(상장법인에서 이사회결의로 부여하는 경우에는 이사회결의일)부터 2년 이상 재임 또는 재직하여야 가능하도록 규정하고 있다(340조의4 1항·542조의3 4항). 이에 의해 정관 및 주주총회의 결의로 정할 수 있는 행사기간의 시기가 제한되는 것이다. 선택권제도는 임직원에게 직무의 충실로 야기된 기업가치의 상승, 나아가서는 주식가치의 상승으로 인한 차익을 직무의 유인동기로 하는 제도인데, 조기에 선택권의 행사를 허용할 경우, 선택권자가 시가의 변동에 따른 차익만 취하고 본 제도의 취지를 몰각시킬 우려가 있기 때문이다. 선택권의 행사를 장기간 허용할 경우에도 같은 문제가 생기나, 상법은 선택권행사의 종기에 관해서는 규정을 두지 않고 회사의 자치에 맡기고 있다.

㈒ **주식매수선택권을 부여받을 자 각각에 대하여 주식매수선택권의 행사로 발행하거나**

양도할 주식의 종류와 수 특정된 선택권자 개개인에게 부여할 선택권의 내용으로서 각자가 선택권을 행사할 수 있는 주식의 종류와 수를 정하여야 한다. 예컨대 甲이사에게 「보통주 100주의 신주인수권」을 부여한다는 것과 같다. 이 주식의 종류와 수는 정관이 정한 종류에 한하고 정관이 정한 수의 범위 내이어야 함은 물론이다.

2) **계약의 체결** 주주총회에서 특정인에 대해 선택권을 부여하는 결의가 이루어지면 회사는 결의내용에 따라 선택권자와 계약을 체결하고, 상당한 기간 내에 그에 관한 계약서를 작성하여야 한다(340조의 3 3항). 선택권을 부여하는 주주총회의 결의는 선택권부여에 관한 회사의 의사결정절차에 지나지 않고, 선택권 자체는 계약에 의해 주어지는 것임을 밝힌 규정이다. 이 계약서는 선택권의 행사기간이 종료할 때까지 본점에 비치하고 주주로 하여금 영업시간 내에 이를 열람할 수 있도록 하여야 한다(340조의 3 4항). 선택권의 행사는 주식가치를 변동시키므로 주식거래에 임하는 자들에게 변동의 가능성에 관한 예측가능성을 부여하기 위함이다.

선택권내용의 3단계 구속관계

주식매수선택권의 내용은 정관의 규정, 주주총회의 결의, 회사와 선택권자와의 계약에 의해 정해진다. 주주총회의 결의내용은 정관이 정한 범위내이어야 하고, 계약의 내용은 주주총회의 결의내용의 범위내이어야 함은 3자간의 규범력의 단계로 보아 당연하다. 주식매수선택권은 주주의 이익을 침해하며 주어지는 것이므로 정관이나 주주총회결의의 내용을 넘어서 선택권자에게 과도한 이익을 부여하는 것은 주주의 이익을 해하므로 허용되지 않지만, 반대로 정관, 주주총회의 결의의 범위에서 선택권자의 권리를 축소하는 내용의 약정은 원칙적으로 유효하다. 선택권부여계약으로 정한 행사기간이 주주총회에서 정한 행사기간보다 짧으므로 계약으로 정한 기간의 제한은 무효라는 주장의 당부에 대해, 행사기간의 단축이 퇴사하는 경우에 한해 적용되며, 권리자, 주주 등의 이익 사이의 균형을 해치지 않는 내용이므로 유효하다고 설시한 판례가 있다(대법원 2018. 7. 26. 선고 2016다237714 판결).

(5) 선택권행사의 법적 성격

주주총회의 결의 및 그에 따른 계약에 의해 선택권을 취득한 자는 계약에 의해 주어진 조건에 따라 계약에 의해 정해진 기간 내에 선택권을 행사할 수 있다. 선택권은 형성권으로 보아야 하므로 선택권을 행사하면 자기주식양도형의 경우 바로 회사에 자기주식을 이전해야 할 의무를 발생시키고, 신주발행형의 경우 신주가 발행된 효과가 생기는 것으로 볼 여지가 있다. 그러나 선택권의 행사에 대해 회사는 자기주식의 양도나 신주발행에 갈음하여 차액정산을 할 수도 있으므로(340조의2 1항 단) 선택권의 행사에 의해 자기주식을 이전해야 한다거나, 바로 신주가 발행되는 효과를 인정할 수는 없다. 그러므로 선택권의 행사는 회사에 대해 자기주식의 양도 또는 신주발행 혹은 이에 갈음하여 차액정산을 선택하여 이행할 의무를 발생시키는 형성권의 행사로 이해해야 한다.

(6) **선택권의 양도제한**

i) 선택권은 양도할 수 없다(340조의4 2항 본). 양도가 제한되는 결과, 입질이나 압류도 불가능하다. 선택권은 기술한 여러 단계의 요건들을 충족함으로써 발생하는 권리로서 행사 단계에서 요건충족 여부 자체에 관해 엄격한 심사를 요하므로 행사 이전에는 불안정한 권리로서 자유로운 유통에 적합하지 않고, 또 그 양도는 회사에 관리상의 부담을 주기 때문이다. 그 예외로서, 상법은 선택권을 행사할 수 있는 자가 사망한 경우에는 그 상속인이 이를 행사할 수 있다고 규정한다(340조의4 2항 단). 선택권은 당연히 포괄승계의 대상이 되어야 하므로 이 조문이 없더라도 당연히 상속인이 행사할 수 있다. 이를 규정한 상법 제340조의4 제 2 항 단서는 「동조(340조의2) 제 2 항의 규정에 의하여 주식매수선택권을 행사할 수 있는 자가」라고 표현하고 있으나, 제340조의2 제 2 항은 선택권의 무자격자를 열거한 조문이다. 불필요한 조문인데, 그나마 입법의 착오이다.

ii) 선택권을 행사하여 취득한 주식을 타인에게 양도하는 것은 위 제한과 무관하게 당연히 허용된다.

iii) 상법 제340조의4 제 2 항은 행사기간이 도래하여 바로 행사할 수 있는 선택권의 양도를 제한하기 위한 규정이다. 아직 행사기간이 이르지 않은 상태에서의 선택권은 선택권을 부여받은 임직원의 직무충실을 유도하는 장치로서 선택권자의 일신전속적인 권리이므로 양도할 수 없음은 당연하다.

(7) **선택권의 상실**

1) 2년 내의 퇴임(퇴직) 선택권은 주주총회결의일로부터 2년 이상 재임 또는 재직해야 행사할 수 있으므로(340조의4 1항), 2년 내에 퇴임 또는 퇴직하면 당연히 선택권을 상실한다. 그러나 상장회사에 있어서는 주식매수선택권을 부여받은 자가 사망, 그 밖에 본인의 귀책사유가 아닌 사유로 퇴임 또는 퇴직한 경우에는 상실되지 않는 것으로 규정하고 있다(542조의3 4항 → 상령 30조 5항). 주식매수선택권제도의 기본취지에는 부합하지 않는 제도이다. 비상장회사에 이 특례를 적용할 수 없음은 물론, 비상장회사가 자율적으로 정관에 이러한 특례를 두거나 주주총회에서 결의

하는 것도 불가능하다는 것이 판례의 입장이다(대법원 2011. 3. 24. 선고 2010다85027 판결). 주식매수청구제도가 자본충실에는 반하는 제도임을 감안할 때, 타당한 판례이다.

제도의 不適合性

시행령 제30조 제 5 항은 임직원에 대해 매우 온정적인 배려이다. 그러나 거듭 말했듯이 선택권제도는 임직원의 직무충실을 유도하기 위한 제도로서, 당사자의 계약목적상으로는 법소정의 재임(직)기간이 경과하여야 비로소 선택권부여의 대가가 충족되었다고 할 수 있다. 선택권제도는 이같이 회사와 임직원 간에 피차의 이기적이고 합리적인 동기에 바탕을 두고 마련된 제도임에도, 위 시행령 조항은 선택권제도를 마치 임직원의 후생복리를 위한 제도인 것처럼 운영하고 있는 것이다.

2) 기타 정관의 규정　　정관에 「일정한 경우 이사회결의로 선택권을 취소할 수 있다는 뜻」을 기재할 수 있으므로(340조의 3 1항 5호) 회사가 자치적으로 선택권의 취소사유를 정할 수 있고, 그 사유가 발생하여 이사회가 선택권을 취소하면 선택권이 소멸한다.[1] 그 사유가 합리적이어야 함은 물론이다. 법문은 「取消」할 수 있다고 규정하고 있으나, 이는 선택권부여를 「철회」함을 뜻한다.

(8) 선택권의 행사절차

1) 청　구　　선택권을 행사하려는 자는 청구서 2통에 선택권을 행사할 주식의 종류와 수를 기재하고 기명날인 또는 서명을 하여 회사에 제출하여야 한다(340조의5 → 516조의9 1항). 상법 제340조의5가 신주인수권부사채권자가 신주인수권을 행사할 때에 적용되는 제516조의9 제 1 항을 선택권의 행사에 준용한 결과, 선택권을 행사하는 자는 청구와 동시에 行使價額을 납입하여야 하는 것으로 오인할 소지가 있으나, 기술한 바와 같이 회사가 자기주식의 양도나 신주발행에 갈음하여 차액을 정산할 권리를 가지므로 청구서의 제출과 동시에 납입할 필요는 없다.

2) 회사의 결정　　선택권의 내용이 자기주식의 양수인지, 신주인수인지는 선택권을 부여하는 주주총회의 결의에서 정해지나(340조의3 2항), 회사는 이에 갈음하여 차액을 정산할 수도 있다. 그러므로 선택권행사에 응하여 회사는 선택권의 내용대로 자기주식을 양도하거나 신주를 발행할 것인지, 이에 갈음하여 차액정산을 할 것인지를 결정해야 한다. 중요한 자본거래이므로 당연히 이사회의 결의를 요한다(393조). 이에 의해 선택권자의 권리내용이 자기주식을 양수하는 것인지 또는

1) 시행령 제30조 제 6 항에서는 선택권을 취소할 수 있는 사유로 선택권을 부여받은 자가 고의 또는 과실로 회사에 중대한 손해를 끼친 경우 등 4가지 취소사유를 규정하고 있다.

신주를 인수하는 것인지, 차액정산에 의한 금전채권인지 확정된다. 회사가 이에 관한 결정을 게을리하면 어떻게 되는가? 상법은 이 경우에 관한 규정을 두고 있지 않다. 입법의 불비이다. 상당한 기간 내에 회사가 결정을 하지 않을 경우에는 선택권자의 권리는 자기주식양도청구권 또는 신주인수권으로 확정되고 행사가액의 납입의무가 발생한다고 풀이해야 한다.

3) 납 입 회사의 결정에 의해 선택권의 행사가 자기주식의 양도청구권 또는 신주인수권으로 확정된 경우 선택권자는 행사가액 전액을 납입하여야 한다(340조의5 → 516조의9 1항 · 3항). 신주발행형의 경우에는 행사가액은 회사가 정한 납입금보관은행에 납입하여야 하지만(340조의5 → 516조의9 3항), 자기주식형의 경우에는 회사에 납입하면 족하다.

⑼ 선택권행사의 효과

1) 주주가 되는 시기 신주발행형의 경우에는 선택권자가 행사가액을 납입한 때에 주주가 된다(340조의5 → 516조의10 전). 그러나 자기주식양도형의 경우에는 통상의 주식양도의 법리(336조 1항)에 따라 회사로부터 주권을 이전받음으로써 주식을 취득하고, 명의개서(337조)를 해야 회사에 대항할 수 있다.

2) 주주명부 폐쇄기간중의 선택권 행사 주주명부폐쇄기간중에 선택권을 행사한 경우에는 폐쇄기간중에 의결권이 없다(340조의5 → 350조 2항). 이 역시 신주발행형의 경우에 한해 적용되는 것이다.

3) 변경등기 선택권의 행사로 신주를 발행하는 경우에는 발행주식수와 자본금이 변동된다. 선택권을 행사한 날부터 2주 내에 그 변경등기를 하여야 한다(340조의5 → 351조).

⑽ 선택권부여의 무효

선택권의 부여에 무효의 원인이 있는 경우 어떻게 해결할 것인가? 선택권의 부여를 위한 주주총회의 결의에 하자가 있는 경우에는 주주총회결의의 무효 또는 취소의 소로 다투어야 할 것이다. 그리고 주주총회 결의 이후 이사회결의 또는 계약체결단계에 하자가 있을 경우에는 일반 무효확인의 소로 다툴 수 있다.

그러나 선택권의 행사로 신주가 발행된 경우에는 주주총회결의의 흠이나 기타 절차상의 하자는 신주발행의 무효원인으로 흡수되므로 신주발행무효의 소(429조)로 다투어야 한다.

Ⅲ. 理 事 會

1. 의 의

이사회(board of directors; Vorstand)란 회사의 업무집행에 관한 의사결정을 위해 이사 전원으로 구성되는 주식회사의 필요적 상설기관이다.

1) 회사의 「업무집행에 관한」 의사결정　　인적회사에서는 사원이 직접 회사의 업무를 집행하지만(200조), 주식회사에서는 주주를 업무집행에서 배제하고 타인기관에 그 기능을 부여한다. 그리고 타인기관이 업무집행기능을 수행하게 하는 방법으로서 이사회에 업무집행에 관한 의사결정권을 부여한다.

이사회는 회의체기관이므로 구체적인 업무집행을 수행하기에는 적당치 않다. 그러므로 업무집행에 관한 의사결정에 그치고, 그 구체적인 실행은 대표이사가 행한다. 다만 업무집행의 적정을 기하기 위하여 이사회는 대표이사를 포함한 모든 이사의 직무집행을 감독한다(393조 2항).

2) 이사 전원으로 구성　　이사는 별도의 절차 없이 당연히 이사회의 구성원이 되며, 또 이사회는 이사 아닌 자로 구성할 수 없다.

3) 필요적 상설기관　　이 점은 주주총회와 같다. 의사결정을 위해 이사회를 소집하였을 때 개최되는 현실적인 회의도 흔히 이사회라고 하나, 이것은 이사회의 구체적인 권한실행방법일 뿐이다.

2. 이사회의 權限

상법 제393조 제 1 항에서는 회사의 업무집행의 결정을 포괄적으로 이사회의 권한사항으로 정하고 있고, 동조 제 2 항에서는 이사의 직무집행에 대한 감독권을 규정하고 있는데, 이 양자는 이사회의 본질적이고 중심적인 권한이다.

(1) 업무집행결정권

1) 제393조의 취지　　상법 제393조 제 1 항은 "회사의 업무집행은 이사회의 결의로 한다"라고 규정하고 있다. 「업무」라 하면 회사의 운영에 관련되는 모든 사무를 지칭한다고 볼 수 있으나, 그중에는 이해관계의 성질상 주주의 의사가 반영되어야 할 것도 있다(520면 이하 참조). 그래서 회사의 업무 중 일부는 주주총회가 결정하며, 이사회의 권한은 이에 미치지 않는다. 또 감사의 업무도 이사회를 견제하기 위한 것이므로 이사회의 권한이 미치지 아니한다.

상법이 제393조와 같은 포괄적인 규정을 둔 것은 입법기술상의 한계로 이사회의 권한을 전부 나열하지 못하고, 다만 주주총회와 이사회, 그리고 감사에게 각기 최소한의 본질적인 불가침의 권한을 배분한 뒤 「所有와 經營의 분리」라는 대전제 아래 회사의 운영에 관한 사항은 이사회에 수권하려는 취지로 이해하여야 한다. 그러나 주주는 회사의 존재의 근원이며 회사권력의 원천이라는 의식이 불식될 수는 없으므로 상법은 정관의 규정으로 주주총회의 권한을 확장할 수 있는 여지를 두었다(361조). 그러므로 이사회의 권한은 전술한 주주총회의 고유권한을 제외한 나머지를 최대한도로, 동시에 이사회의 고유권한을 최소한도로 하고, 정관의 규정을 변수로 하여 주주총회의 권한과 逆의 관계로 증감한다고 할 수 있다(〈그림 6-15〉).[1)]

〈그림 6-15〉 총회의 권한과 이사회권한의 상호관계

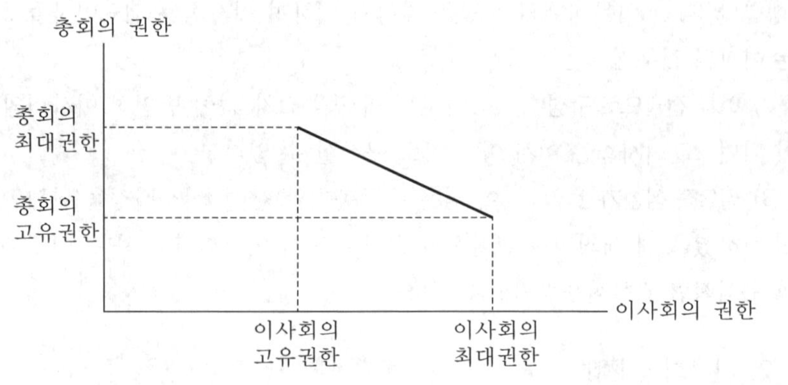

2) 이사회 권한의 예시　상법 제393조 제 1 항은 「업무집행」을 이사회가 결정한다고 규정하면서 업무집행의 예시로 重要資産의 처분, 대규모 재산의 借入, 支配人의 선임 · 해임, 支店의 설치 · 이전 · 폐지를 열거하고 있다.

「중요자산의 처분」이란 중요자산의 매각, 증여, 담보제공, 출자 등 자산을 유 · 무상으로 사용 · 소비하는 행위를 가리킨다. 권리의 포기, 채무의 면제, 자산의 대여도 처분에 포함된다.[2)] 처분하는 재산의 「중요성」은 상법 제374조 제 1 항이 규정하는 「중요성」과 동일한 의미로 풀이해서는 안 된다. 제393조의

1) 주주총회와 이사회의 권한배분에 관한 法經濟學的 사고에 관해, 김화진, 「이사회」(제 2 판), 박영사, 2007, 29면 참조.

2) 龍田, 108면; 會社法コン(8), 224면.

중요성은 대표이사가 단독으로 처분할 수 없음을 선언하기 위해 규정한 것이므로 처분행위의 日常性의 여부로 판단해야 한다. 처분하는 재산의 규모와 성질로 보아 영업에 관한 일상적인 업무로 볼 수 없는 것을 뜻한다.

「대규모 재산의 차입」이란 타인이 소유하는 대규모의 재산을 소비대차, 사용대차 등에 의해 차용하는 외에 「대규모 채무의 보증」도 포함하는 뜻이다. 「대규모」 역시 거래의 일상성 여부로 판단해야 한다.

「支配人의 선임 · 해임」은 영업의 전부 또는 일부의 수행자를 결정하는 중요한 문제이고, 「支店의 설치 · 이전 · 폐지」는 영업소의 존폐에 관한 중요한 문제로서 대표이사의 일상적인 업무집행권(389조 3항 → 209조 1항)에 포함시킬 사안이 아니라는 점을 주의적으로 규정한 것이다.

3) 예시의 의의　　제393조 제 1 항의 열거는 사안의 非日常性, 중요성 때문에 대표이사에 일임할 수 없고 이사회의 결의로 해야 할 사항을 주의적으로 규정한 것이다. 따라서 동조항에 열거되어 있지 않은 업무라도 일상업무에 속하지 아니한 중요한 업무는 이사회의 결정을 요한다(대법원 1997. 6. 13. 선고 96다48282 판결; 동 2021. 8. 26.자 2020마5520 결정(파산신청에 이사회의 결의가 필요하다고 한 예)). 무엇이 중요한 재산이고 중요한 업무이냐의 판단은 재산처분이나 업무가 회사에 미치는 효과, 일상적 업무와의 관련성 등을 기초로 이루어져야 한다(판례 [70]).

4) 제374조와의 관계　　영업에 불가결한 중요재산을 처분하는 것은 상법 제374조 제 1 항 제 1 호가 규정하는 영업의 양도에 포함시켜 주주총회의 특별결의를 요하는 것으로 해석하는데, 제393조 제 1 항이 중요한 자산의 처분을 이사회의 결의사항으로 하였다고 해서 주주총회의 특별결의가 필요 없는 것으로 해석해서는 안 된다. 기술한 바와 같이 제393조 제 1 항이 이사회의 권한으로 열거한 것은 대표이사가 專斷할 수 없음을 확인하는 뜻이고, 그 사항이 주주총회의 결의를 요하느냐는 것은 별개의 문제이다. 따라서 이사회가 처분을 결의한 중요자산이 제374조 제 1 항 제 1 호에 해당하는 자산이라면 동조에 따라 주주총회의 승인도 받아야 한다.

판 례

[70] 대법원 2005. 7. 28. 선고 2005다3649 판결

「… 상법 제393조 제 1 항은 주식회사의 중요한 자산의 처분 및 양도는 이사회의 결의로 한다고 규정하고 있는바, 여기서 말하는 중요한 자산의 처분에 해당하는가

아닌가는 당해 재산의 가액, 총자산에서 차지하는 비율, 회사의 규모, 회사의 영업 또는 재산의 상황, 경영상태, 자산의 보유목적, 회사의 일상적 업무와의 관련성, 당해 회사에서의 종래의 취급 등에 비추어 대표이사의 결정에 맡기는 것이 상당한지 여부에 따라 판단하여야 할 것이고, 중요한 자산의 처분에 해당하는 경우에는 이사회가 그에 관하여 직접 결의하지 아니한 채 대표이사에게 그 처분에 관한 사항을 일임할 수 없는 것이므로, 이사회규정상 이사회 부의사항으로 정해져 있지 아니하더라도 반드시 이사회의 결의를 거쳐야 한다 …」

[同旨판례] 대법원 2011. 4. 28. 선고 2009다47791 판결; 동 2017. 12. 22. 선고 2012다75352 판결; 동 2019. 8. 14. 선고 2019다204463 판결(회사에 회생절차가 개시되는 경우 회사의 영업 또는 재산에 상당한 변동이 발생하게 되며, 회사의 업무수행권과 관리처분권이 관리인에게 전속하게 되는 등 회사의 경영에 근본적인 변화가 발생하므로 주식회사에서의 회생절차의 신청은 이사회의 결의를 요한다고 판단한 예); 대법원 2010. 1. 14. 선고 2009다55808 판결(기존의 채무에 관해 대표이사가 단독으로 공정증서를 작성한 사안에서, 공정증서의 작성은 새로운 채무를 부담하는 행위가 아니므로 제393조 제1항의 적용대상이 아니라고 한 예)

[註] 위 판례가 제시하는 중요성의 판단기준은 i) 회사의 규모와의 관계에서 거래하는 재산의 가액이 차지하는 비중을 뜻하는 양적 중요성, ii) 양적으로 중요하지 않더라도 자산의 보유 목적 또는 차입 목적과 사용처, 회사의 일상적 업무와의 관련성, 기타 영업활동의 수행에 미치는 영향을 뜻하는 질적 중요성, iii) 종전의 업무처리에 비추어 이례적인지 여부를 뜻하는 거래의 통상성을 고려하라는 취지로 이해된다.[1)]

5) 기타 고유권한 주식의 양도를 제한할 경우 그 승인(335조 1항 단), 주주총회의 소집(362조), 이사의 경업 · 겸직의 승인(397조), 이사의 회사기회이용의 승인(397조의2), 이사의 자기거래의 승인(398조), 재무제표의 승인(447조), 사채발행(469조) 등은 단순히 「이사회가 결정한다」는 뜻으로 규정하고 있다. 이는 주주총회와의 권한배분관계상 상법이 명문으로 이사회의 고유한 권한사항으로 하는 동시에 대표이사가 단독으로 집행할 수 없음을 규정한 것으로 읽어야 한다. 따라서 정관의 규정으로도 주주총회나 대표이사의 권한으로 할 수 없다(견해의 대립이 있음. 521면 이하 참조).

6) 주주총회의 권한으로 전환할 수 있는 사항 대표이사의 선정(389조 1항), 신주발행(416조), 준비금의 자본금전입(461조 1항), 전환사채의 발행(513조 2항), 신주인수권부사채의 발행(516조의 2 2항) 등은 원칙적으로 이사회의 권한으로 규정하고, 정관에 규정을 두어 주주총회의 권한으로 전환할 수 있게 하고 있다.

---

1) 同旨: 森本滋, "商法260条二項一号の重要な財産の処分の判断基準,"「民商法雜志」第112巻 第1号(1995), 79면(日最高裁 1984. 1. 20. 民集 48권 1호 1면 이하 판례의 해설).

(2) 이사회의 監督權

1) 의　　의　　이사회는 이사의 직무의 집행을 감독한다(393조 2항). 이사회는 업무집행에 관한 모든 결정권을 가지고, 그 집행을 대표이사 또는 업무담당이사에게 맡기므로 이사회는 自己是正의 기능으로서 당연히 이사의 업무집행을 감독할 권한을 갖는다고 할 것이며, 상법 제393조 제 2 항은 이 점을 명문화한 것이다.

최근의 경제발전에 따라 기업환경이 급변하고 기업이 다양한 기회와 위험에 직면하면서 기동성 있는 의사결정과 집행이 강하게 요구되고 있다. 이로 인해 실제 업무를 집행하는 이사의 재량의 폭이 커지고 아울러 독주의 위험도 커지고 있다. 이에 비례하여 이사(특히 업무담당이사)에 대한 견제의 필요성이 커지고 이사회의 감독권이 중요성을 더해가고 있다.

2) 성　　격　　이사회와 그 감독대상인 이사는 동일한 사항에 관해 상하급기관의 관계를 갖는다. 따라서 이사회의 감독권은 이사들이 상호 대등한 지위에서 갖는 감시권, 이사 · 이사회와 수평적 · 제 3 자적 지위에 있는 감사가 이사 · 이사회에 대해 갖는 감사권과는 달리 이사와의 사이에서 상명하복의 관계로 행사되는 것임을 주의해야 한다.

3) 감독의 대상　　일상의 업무집행은 대표이사가 행하므로 결국 감독의 주된 대상은 대표이사의 행위가 될 것이다. 그러나 이사회의 결의에 의해 대내적인 업무집행을 이사들간에 분담하는 경우에는 각 이사별로 담당하는 업무집행도 감독의 대상이 된다.

4) 감독의 범위　　「감독」이란 이사에게 질문하고 보고를 청취하는 것은 물론이고, 이사의 업무집행의 방법 · 내용 등이 위법하거나 정관의 규정 · 이사회의 결의에 위배되거나 부당할 때에는 그 중단을 명하고 다른 방법 · 내용으로 할 것을 지시하는 것을 포함하는 뜻이다.[1] 필요하다면 대표이사를 해임하거나(이사회에서 선임한 경우에 한함) 이사간의 업무분장을 달리 정할 수도 있다.

그리고 이사회의 감독은 일종의 자기시정을 위한 행위이므로 감독권은 위법 · 부당한 행위의 견제와 같은 소극적인 시정목적에서뿐 아니라 合目的性 · 能率性을 이유로 한 경영정책목적에서도 행사할 수 있다(김정호 402; 손주찬 774; 송옥렬 1015; 장덕조 330; 정동윤 605; 정준우 430; 정찬형 1011; 최기원 620; 최준선 478).[2] 예컨대 영업담당이사에게 영업부진을 지적하고 영업정책의 전환을 지시하

---

1) 坂田桂三, "取締役會の監督的機能,"「現代商事法の重要問題」(田中誠二先生米壽紀念論文), 1984, 195면 이하; 元木伸, 114면.

2) 坂田桂三, 前註; 並木和平, "取締役會の監督權限," 高島正夫,「改正會社法の基本問題」, 178면

는 것과 같다. 이 점이 이사의 다른 이사에 대한 감시권, 감사의 감사권과 두드러지게 다른 점이다.

이사의 의결권은 이사회의 의사를 형성하기 위해 행사되는 것이므로 성질상 이사회의 감독이 미칠 수 없고, 상법이 이사에게 독임제적으로 부여한 권한(예: 각종 소제기권)도 감독의 대상이 아니다.

5) **감독권의 행사방법** 감독권의 행사는 이사회의 지위에서 할 수 있는 것이므로 실제 감독권을 행사하기 위하여는 이사회를 소집하여야 한다(同旨: 손주찬 774; 송옥렬 1015; 정동윤 606; 이완희(주석-회사 3) 350).[1] 그러나 이를 위해 별도의 이사회소집이 필요한 것은 아니고 다른 의안을 위해 소집된 이사회에서 감독권을 발동할 수도 있다.

이사의 보고를 청취하거나 이사에게 질문하는 것은 이사회에서 개별적인 이사의 자격으로 할 수 있으나, 일정한 행위의 중지 · 시정 등을 지시하는 능동적인 감독행위는 이사회의 결의를 요한다.

6) **감독위반행위의 효력** 대표이사가 이사회의 감독에 어긋나게 업무를 집행하면, 임무해태를 구성하여 손해배상책임을 지고(399조), 대표이사의 해임사유가 된다. 이사회가 선임한 대표이사의 경우 이사회는 언제든지 「대표」에서 해임할 수 있으므로 감독에 불응하는 대표이사를 해임할 수 있다고 해도 특별한 의미를 갖지 못하나, 주주총회에서 손해배상 없이 이사의 지위마저 해임할 수 있는 정당한 이유를 구성한다(385조 1항).

한편 이사회가 대표이사에게 현재 진행중인 특정의 행위를 중지할 것을 지시하였음에도 불구하고 관철하거나 사전에 부작위를 명한 사항을 감행하는 경우 이 대표이사의 행위는 대표권의 내부적 제한을 위반한 행위로 보아 같은 법리를 적용해야 한다(389조 3항 → 209조 2항).

(3) 이사 · 이사회의 정보접근권

이사회의 감독권이 실효적으로 행사되기 위해서는 이사들이 회사의 업무에 관해 충분한 정보를 가지고 있어야 한다. 이사회는 감독권의 일환으로 대표이사 등 이사들에게 정보를 요구할 수 있음은 물론이고 이사도 감시권의 일환으로 대표이사 등 다른 이사들에게 정보를 요구할 수 있음은 당연하다.

그러나 회사의 실정을 보면 이사회나 이사의 정보요구권이 적극적으로 행사

참조.

1) 이사회의 소집 없이 이사가 개별적으로 감독권을 행사할 수 있다는 견해가 있으나(권기범, 978면), 각자 대등한 지위를 갖는 이사들이 서로 감독권을 행사한다는 것은 상명하복을 의미하는 「감독권」의 어의에 맞지 아니한다.

되지 않고 있다. 그리하여 상근이사들이 분장업무별로 정보를 장악하고 그것이 대표이사에게 집중되고 있으며, 비상근이사들은 업무에 관한 정보에서 소외되고 있음은 물론 상근이사들도 다른 소관사무에 관해서는 정보를 갖지 못하는 경향이 있다.

상법은 이러한 현실을 깨닫고 이사회의 감독권 및 이사의 감시권의 실효성을 제고하기 위하여 이사의 정보요구권을 주의적으로 규정하였다. 즉 이사는 대표이사로 하여금 다른 이사 또는 피용자의 업무에 관해 이사회에 보고할 것을 요구할 수 있다(393조 3항). 동시에 이사회에 대한 정보제공을 강행적으로 보장하기 위하여 이사(대표이사)는 3월에 1회 이상 업무의 집행상황을 이사회에 보고하도록 하였다(393조 4항). 이는 이사회가 최소 3월에 1회 이상 소집되어야 함을 의미한다.

이사의 정보요구에 대해 대표이사는 기업비밀임을 이유로 정보제공을 거절하지 못하며, 역시 기업비밀임을 이유로 이사회에 대한 보고에서 제외할 수 없다. 이로 인해 회사의 기업비밀이 누설될 우려가 있으나, 상법은 이사의 비밀준수의무를 두어 기업비밀의 유지를 보장하고 있다(382조 의4)(상세는 786면 이하 참조).

3. 이사회의 독립성

이사회는 주주총회에서 선임한 이사들로 구성되고, 주주총회는 회사의 최고의사결정기관이므로 이사회가 주주총회의 하부기관으로 인식되기 쉽다. 그러나 기술한 바와 같이 이사회는 고유의 권한을 가진 독립기관이므로 그 권한에 속하는 사항에 관해 주주총회의 지시 · 감독을 받지 아니하고, 각 이사의 자기책임하에 임무를 수행한다. 그러므로 이사회가 결의한 사항을 주주총회의 결의로 번복하거나 무효로 할 수 없다. 주주총회는 이사의 선임 · 해임을 통해 간접적으로 이사회를 통제할 수 있을 뿐이다.

4. 이사회의 소집

(1) 소집권자

이사회의 소집은 각 이사가 한다(390조 1항 본). 그러나 이사회의 결의로 소집할 이사를 정한 때에는 그 이사가 소집한다(390조 1항 단). 보통 정관에 대표이사를 이사회의 의장으로 정하고 그가 소집하도록 하고 있다. 이사회를 소집할 이사를 정하였을 때에도 이는 주주총회의 소집권(362조)과 같은 의미는 아니고, 이사회의 소집실무를 담당할 자를 정하는 의미를 가질 뿐이다. 따라서 다른 이사도 언제든지 소집권자인 이사에게 이사회소집을 요구할 수 있으며, 소집권자인 이사가 정당한 이유 없이 이사회소집을 거절할 경우에는 다른 이사도 이사회를 소집할 수 있다(390조 2항).[1)]

(2) **소집절차**

이사회를 소집함에는 회일을 정하고 1주간 전에 각 이사에 대하여 통지를 발송해야 한다(390조 3항 본). 감사를 두는 경우 감사도 이사회에 출석할 권한이 있으므로 감사에게도 소집통지를 해야 한다(391조의2 · 390조 3항)(그러나 감사의 출석이나 기명날인이 이사회 결의의 유효요건은 아니다. 대법원 1992. 4. 14. 선고 90다카22698 판결). 통지기간은 정관으로 단축할 수 있으며(390조 3항 단), 통지방법은 서면에 국한하지 않고, 구두나 기타 개개의 이사를 상대로 한 의사전달방법(예: e-mail)이면 족하다.

소집통지에 소집일시와 장소가 들어 있어야 함은 당연하나, 「회의의 목적」은 달리 생각할 점이 있다. 주주총회를 소집할 때와 달리, 이사회를 소집할 때에는, 정관에서 회의의 목적사항을 함께 통지하도록 정하거나, 목적사항을 미리 통지하지 아니하면 이사회에서의 심의 · 의결에 현저한 지장을 초래하는 등의 특별한 사정이 없는 한, 회의의 목적사항을 함께 통지할 필요는 없다(대법원 2011. 6. 24. 선고 2009다35033 판결). 이사들은 원래 회사의 상시적인 업무수행자들로서 이사회에 참석할 의무를 가지며, 주주와 달리 목적에 따라 참석여부를 선택할 지위에 있는 자가 아니기 때문이다.

그러나 일단 회의의 목적을 통지한 경우 결의범위는 이에 의해 제한되느냐는 의문이 제기되는데, 이는 일률적으로 말할 수 없고, 결의사항의 중요성과 異例性, 결의의 배경, 이사회의 운영현황 등 구체적인 사정을 고려하여 의사결정방법의 합리성이라는 관점에서 결정할 문제이다.

이사회는 이사 및 감사 전원의 동의가 있으면 소집절차를 밟지 않고 언제든지 회의를 개최할 수 있다(390조 4항). 업무집행의 의사결정은 기동성을 요하는 경우가 많음을 고려한 것이다. 따라서 이사 및 감사 전원의 동의는 회의 때마다 함을 요하지 않고, 이사회규칙에 이사회의 일시를 정해둔다든지, 또는 이사회에서 전원 동의로 다음 이사회의 일시를 정하는 식으로 사전에 동의를 얻어놓고 소집통지 없이 회의할 수도 있다.

일부의 이사에게 통지하지 않고 소집하여 행한 결의는 무효이다. 통지를 받지 못한 이사가 출석하여 반대하였더라도 결의에 영향이 없었을 것이라는 가정이 성립하더라도 역시 무효이다.[2)] 일체 경영에 참가한 일 없이 항상 다른 이사에

---

1) 상법 제390조 제 2 항이 신설된 2001년 이전에도 본문에서와 같이 해석되었다(대법원 1975. 2. 13. 자 74마595 결정; 동 1976. 2. 10. 선고 74다2255 판결).

2) 대법원 1992. 7. 24. 선고 92다749 판결. 재단법인의 이사회에 관한 사건이나 주식회사에서도

게 결정을 위임하고 의사록에 날인만 해 주던 이사에게 소집통지를 하지 않고 개최한 이사회를 유효하다고 본 판례가 있으나(대법원 1992. 4. 14. 선고 90다카22698 판결), 이는 구체적인 특수 사정을 감안하지 않고 일반화할 수 있는 이론은 아니다.

일본의 판례는 주주총회의 절차위반과 달리 이사회의 절차위반에 대해서는 다소 관대한 입장을 보인다. 가령 일부 이사에게 소집통지를 결한 경우 결의는 원칙적으로 무효이지만, 그 이사가 출석하더라도 결의의 결과에 영향이 없다고 인정할 만한 특단의 사정이 있는 때에는 결의의 효력에 영향이 없다고 새긴다.[1] 이같이 주주총회와 이사회의 소집절차의 흠을 차별할 타당한 근거는 무엇인가? 일부 주주에게 총회소집통지를 하지 않은 것은 주주에 대한 권리침해이므로 그 법적 효과도 권리구제의 시각에서 접근해야 한다. 그러나 이사회에서의 의결권행사는 이사의 권리가 아니라 회사의 업무집행을 위한 의사결정의 수단이므로 그 절차적 하자를 평가하는 가치기준이 주주총회에서의 그것과 달라야 한다는 논리가 성립할 수 있다. 즉 이사회의 합리적인 의사형성에 실질적인 장애가 없다면 하자의 효력을 제한할 수 있다는 實用的 論理가 성립할 수 있는 것이다.

(3) 소집시기와 장소

이사회는 긴급을 요하지 않는 한 가급적 많은 이사가 출석할 수 있는 시기에 소집해야 할 것이다. 예컨대 의안에 대해 반대의견을 가진 이사들이 해외출장중인 틈을 타서 소집하여 결의하거나, 대표이사가 출장중에 대표이사의 해임을 결의하는 것 등은 경영권을 둘러싼 내분이 있는 회사에서 흔히 일어날 수 있는 상황인데, 이같이 이루어진 결의는 무효이다.[2]

주주총회와는 달리 이사회의 소집장소에 관해서는 규정을 두고 있지 않으므로 일응 소집장소는 회사내외를 불문하고 제한받지 않는다고 해석되지만,[3] 구체적인 장소의 선정에 있어서는 조리상의 제한을 두지 않을 수 없다. 예컨대 합리적인 이유 없이 혹은 이사들의 동의 없이 일부 이사의 참석이 현실적으로 어려운 장소나 회사와 무관한 장소를 선택하는 것은 위법이다.

다를 바 없다.

1) 日最高裁 1969. 12. 2. 판결, 民集 23권 12호 2396면.

2) 「재단법인 한국유도원」의 이사장이 1주일간 미국에 출장중인데, 상무이사가 「이사장의 해외출장시 상무이사가 직무를 대행한다」는 정관 규정을 이용하여 이사회를 소집하여 이사장을 포함한 일부이사를 경질한 사건에서, 법원은 당해 이사회소집이 위법하다고 판시하였는데(대법원 1988. 3. 22. 선고 85누884 판결), 주식회사의 이사회소집에 관해서도 같이 보아야 한다.

3) 대법원 2004. 8. 16. 선고 2003다9636 판결: 장소의 적법성이 다투어진 사건에서 이사회결의의 효력에 영향이 없다고 판단한 예.

5. 理事會의 결의

(1) 결의요건

이사회의 결의는 이사 과반수의 출석과 출석이사의 과반수로 해야 한다(391조 1항 본). 「이사 과반수」란 재임하는 이사 전원의 과반수를 말하며, 퇴임이사(386조 1항), 일시이사(386조 2항), 직무대행자(407조 1항)는 여기서의 이사에 포함되나, 직무집행이 정지된 이사(407조 1항)는 포함되지 아니한다.[1)]

이사회에서의 의결권은 이사 1인에 대해 1개씩 주어진다. 정관에 의해서도 이에 대한 예외를 둘 수 없다. 이사회에서는 주주총회에서와 달리 과반수의 출석을 요하므로 예컨대 6인의 이사 중 3인이 출석하여 전원 찬성하더라도 성립정족수에 미달하므로 무효이다(대법원 1995. 4. 11. 선고 94다33903 판결).

결의요건은 정관으로 그 비율을 높일 수 있다(391조 1항 단). 반대로 완화하는 것(예컨대 3분의 1 이상 출석에 과반수 찬성)은 허용될 수 없다(대법원 1995. 4. 11. 선고 94다33903 판결). 사안의 경중에 따라 결의요건을 달리하는 것은 무방하다고 본다.

1) 결의요건의 강화 결의요건을 강화함에 있어서는 다음 두 가지 점에 주의를 요한다.

첫째, 일상적인 업무집행의 결정을 과반수보다 강화된 다수의 찬성에 의하게 한다면 회사의 운영이 교착(deadlock)을 면치 못할 것이다. 일상적인 회사의 경영은 과반수의 의사에 의해 지속될 수 있어야 한다[2)]고 보는 것이 기업유지의 이념에 부합한다. 그러므로 통상의 업무집행에 관해서는 결의요건을 강화하더라도 재적이사 과반수의 찬성을 초과할 수 없다고 해야 한다.[3)] 대표이사를 선정하는 결의 자체는 통상의 업무집행이 아니지만, 통상의 업무집행의 전제가 되는 지위이므로 역시 과반수의 찬성을 초과할 수 없다고 보아야 한다.[4)]

둘째, 특히 중요한 의안에 대해서는 과반수를 초과하는 결의요건을 정할 수 있다고 보나, 그렇더라도 일부 이사에게 거부권을 주는 것과 같은 정도로 강화할 수는 없다. 예컨대 「이사 전원의 6분의 5의 동의」를 요구하거나,[5)] 「과반수 출석

1) 日注釋(6), 112면.
2) 전게 Benintendi v. Kenton Hotel 참조(592면 참조).
3) 1984년 개정 전의 결의요건이었다.
4) 대표이사의 선정요건을 예컨대 재적이사의 3분의 2 이상으로 강화한다면 대표이사의 선정이 표류되어 회사의 정상적인 업무집행이 불가능해질 수도 있다.
5) 舊삼성석유화학(주) 정관 제29조.

에 전원동의」를 요구하는 것은 무효이다.[1] 자세한 이유는 주주총회의 결의요건에 관해 설명한 바와 같다(592면 이하 참조).

2) 긴급결의 정관에 규정을 두어 천재지변 등 부득이한 사유로 출석이사가 정족수에 미달할 경우 긴급을 요하는 사항은 출석한 이사만으로써 결의하고, 다음 이사회에서 추인을 얻도록 하는 예가 있다.[2]·[3] 대표이사가 긴급한 사유로 이사회의 결의를 얻지 못하고 업무집행을 한 경우에는 대표이사의 책임을 추궁함에 있어 참작할 만한 사유는 되겠지만, 정족수 미달로 결의가 불성립한 것을 결의가 된 것으로 의제할 수는 없다. 사안의 필요성에 따라서는 당해 시점에서 대표이사의 업무집행권에 속하는 것으로 해석할 수는 있을 것이다.

3) 可否同數 정관에 규정을 두거나 이사회의 결의에 의해 이사회결의가 가부동수인 경우 특정인(예: 의장)이 결정권을 행사하도록 할 수 있는가?[4] 이사회에서는 주주총회에서와 같은 의결권의 평등을 강조할 필요가 없다는 이유로 긍정하는 견해가 있으나(서헌제 820; 임홍근 475; 정동윤 607), 법적 근거 없이 특정인에게 복수의결권을 주거나 결의요건을 완화시키는 결과가 될 뿐 아니라 다수결의 일반원칙에 반하므로 부정하는 것이 옳다(강·임 800; 권기범 982; 김정호 403; 손주찬 776; 송옥렬 1014; 이범찬(외) 349; 이·최 417; 정경영 584; 정찬형 1015; 최기원 610; 최준선 482)(591면 참조).[5]·[6]

이사회결의가 특정인의 동의(예: 특정의 대주주 또는 대형 채권자)를 얻어야 발효할 수 있게 하는 것도 회사의 권한배분의 원칙에 반하므로 무효이다(정동윤 607; 이완희(주석-회사 3) 318).

4) 결의요건의 요구시점 결의요건 중 이사회의 성립요건(과반수 이사의 출석)은 개회시뿐 아니라 토의·결의의 전과정을 통해 유지되어야 한다.[7] 예컨대 재적 9인

---

1) 日注釋(6), 113면.

2) 미국의 모범사업회사법에서도 유사한 규정을 두고 있다(MBCA § 3.03(Emergency Powers)).

3) 포스코홀딩스(주) 정관 제43조 참조: 긴급을 요하는 사항으로서 이사회를 열 여유가 없을 때에는 대표이사가 다른 이사 3분의 2 이상의 동의를 얻어 집행한 후 차기 이사회에서 승인을 받도록 함.

4) 可否同數인 경우 의장이 결정한다고 규정한 예: 엔피씨(주) 정관 제37조 제 1 항 단서, 현대제철(주) 정관 제35조 제 1 항 단서.

5) 이 점을 정면으로 다룬 판례는 없으나, 다음 판례는 가부동수인 경우 부결이 됨을 전제로 하고 있다.

대법원 1995. 4. 11. 선고 94다33903 판결: 「재적 6명의 이사 중 3인이 참석하여 참석이사의 전원의 찬성으로 이 사건 각 연대보증을 의결하였다면 위 각 이사회의 결의는 과반수에 미달하는 이사가 출석하여 상법상의 의사정족수가 충족되지 아니한 이사회에서 이루어진 것으로 무효라고 할 것이고, 정관에 이사회의 결의는 이사 전원의 과반수로 하되 가부동수인 경우에는 이사회 회장의 결정에 의하도록 규정되어 있고, 위 각 이사회결의에 참석한 이사 중에 이사회 회장이 포함되어 있다고 하여도 마찬가지라고 할 것이다.」

6) 가부동수인 경우 의장의 결정권을 인정한 입법례로 프랑스상법이 있다(C. com. Art. L. 225-37 al. 4).

7) 日最高裁 1966. 8. 26. 결정, 民集 20권 6호 1289면.

의 이사 중 5인이 출석했다가 1인이 중간에 퇴장했다면 나머지 인원으로 결의할 수 없다. 한편 결의의 집행행위가 이루어질 시점에서 이사회의 인적 구성이 결의 당시의 이사들과 달라지거나, 이사의 총수가 증원되어 결의에 필요한 이사수가 늘어났다고 하더라도 결의의 효력에는 영향이 없다(대법원 2003. 1. 24. 선고 2000다20670 판결).

출석과 결의의 의의

「출석」이란 이사회의 결의현장에 재석함으로써 채결의 대상이 될 수 있는 상태에 있음을 의미한다. 따라서 찬성 또는 반대의 의사를 표명할 것을 거부한다고 해서 결석한 것으로 간주해서는 안 된다. 후술하는 바와 같이 기권 등도 채결에 반영하여야 하기 때문이다(전게 대법원 2001. 12. 28. 선고 2001다49111 판결 참고(596면 참조)).

보건복지부가 의료보험의 요양급여에 관한 고시(제2001-77호 및 2002-18호)를 제정하기 위한 절차로서 국민건강보험법에 따라 건강보험정책심의위원회를 소집하였는데, 모두 22명의 위원이 출석하여 고시내용을 표결에 부쳤다. 이 중 3명은 표결에 불만을 품고 투표에 참가하지 않고 19명이 투표하였던바, 이 중 10명이 찬성하였다. 이에 의장은 출석인원을 투표에 참가한 19명만으로 인정하고 가결을 선언하였다. 이에 대해 불참한 위원들이 무효확인소송을 제기하였던바, 법원은 표결에 불참할 의사를 명백히 표시한 위원은 회의에 출석한 위원으로 보기 어렵다는 이유로 청구를 기각하였다(서울행정법원 2002. 11. 15. 선고 2002구합12472 판결). 회사법사건이 아니므로 여기서 다루는 것은 적절하지 않지만, 단체의사결정방법의 조리에 비추어 타당한 판결이 아니다. 이사회에서 이러한 일이 있었다면 22명이 출석하고 10명이 찬성하여 부결된 것으로 보아야 한다.

(2) 의결권행사의 獨立性

이사는 의결권의 행사에 관해서도 회사에 대해 책임을 진다(399조 2항). 이는 이사의 의결권이 자기 책임하에 독립적으로 행사되어야 함을 의미한다. 그러므로 이사 상호간 또는 이사와 주주 기타 제 3 자와의 사이에 이사의 의결권을 구속하는 계약은 무효이다.

또한 이사회는 회사가 기대하는 이사 개개인의 능력과 고도의 신뢰관계에 기초해서 구체적인 업무집행을 결정하는 기관이므로 이사는 직접 의결권을 행사해야 하고 그 대리행사는 허용되지 않는다(민 682조 부적용)(통설. 대법원 1982. 7. 13. 선고 80다2441 판결). 이사의 지위는 일신전속적인 것으로서 양도가 불가능할 뿐 아니라, 만일 대리행사를 시킨다면 이사가 임의로 복임권을 행사한 결과가 되기 때문이다.[1] 이사들 상호간에 의결권행사를 위임하더라도 같다.

1) 미국에서도 유일하게 루이지애나주 회사법에서만 대리를 허용한다(Henn & Alexander, p. 569).

(3) 의결권의 제한

이사회의 결의에 대하여 특별한 이해관계가 있는 이사는 의결권을 행사할 수 없다(391조 3항 → 368조 3항). 예컨대 자기거래(398조)를 하고자 하는 이사는 그 승인 여부를 다루는 이사회에서 특별한 이해관계 있는 자이다(대법원 1992. 4. 14. 선고 90다카22698 판결). 대표이사를 선임 또는 해임하는 결의는 회사지배에 관한 주주의 비례적 이익이 연장 · 반영되는 문제이므로 그 결의의 대상인 이사 또는 대표이사는 특별한 이해관계 있는 자에 포함되지 않는다.[1] 의결권을 행사할 수 없는 이사는 이사회의 성립정족수(과반수 출석)에는 포함되나 의결정족수의 계산에서는 출석이사 속에 산입하지 아니한다(391조 3항 → 371조 2항)(대법원 1991. 5. 28. 선고 90다20084 판결). 참고로 이사의 회사기회 이용 및 자기거래의 승인을 위해서는 출석정족수가 따로이 요구되지 않고, 이사 전원의 3분의 2라는 결의정족수가 요구되므로(397조의 2 · 398조) 기회를 이용하려는 이사 또는 자기거래에 관련된 이사를 제외한 이사들만으로서 이사 전원의 3분의 2에 해당하는 이사가 찬성해야 승인이 이루어진다.

이해관계 있는 이사는 이해관계 있는 주주와는 달리 결의에 앞서 이해관계가 있음을 開示해야 한다고 본다.

(4) 결의방법

이사회는 회사의 경영에 관한 실무적인 문제를 다루므로 여러 가지로 變換이 가능한 의안을 놓고 상호 의견을 교환함으로써 최적의 결론을 내야 하는 집단적 의사결정(collective decision -making)의 방식을 취해야 한다(이 점에서 단지 의안의 찬성여부만 묻는 주주총회 결의와 본질을 달리 한다). 따라서 이사들의 구체적 회합을 요하며, 서면결의는 인정되지 않는다(통설).

이사회에서의 결의에 대해서는 이사가 책임을 져야 하므로(399조 2항) 각자의 찬반의사가 밝혀져야 한다. 따라서 무기명투표는 허용될 수 없다.

회의의 실례를 보면 찬성과 반대 외에, 「기권」이나 「중립」과 같이 자기의 입장표명을 유보하는 예가 있다. 그러나 이사의 의결권행사방법은 의안에 대해 「적극」(찬성)이냐, 「소극」(非찬성)이냐는 두 가지뿐이고, 「기권」이나 「중립」은 「적극」이 아니므로 「소극」으로 분류되어야 한다.

1) 대표이사를 선임하는 결의에서는 이해관계를 부정하지만 해임하는 결의에서는 당해 대표이사는 특별한 이해관계인이 된다는 설도 있다(정동윤, 608면; 日最高裁 1969. 3. 28. 판결, 民集 23권 3호 645면). 논리의 일관성이 없고 이같이 해석할 근거도 마땅치 않다(山口, 309면).

서면결의의 효력

이사회결의를 서면으로 하였을 때 그 효력이 어떠냐에 관해 직접적인 판단을 내린 판례는 아직 없으나, 서면결의라 해서 부존재라고까지 볼 수는 없다고 설시한 판례가 있다(판례 [71]). 그렇다고 유효라거나 무효라는 판단까지는 나아가지 않았다. 이 판례는 이미 주식으로 전환된 전환사채의 발행을 결의한 오래 전의 이사회결의의 부존재를 다툰 사건에서 이같이 판시한 것이므로 거래의 안전을 위한 구체적 타당성을 고려한 것으로 보이고, 일반적으로 서면에 의한 이사회결의가 유효라는 입장을 취한 것은 아니라고 생각된다. 이 판례에서는 이사 전원의 동의가 있으면 소집절차 없이도 이사회 개최가 가능한 점(390조 4항)을 부존재가 아닌 이유의 하나로 들고 있으므로 이사 전원의 동의가 있으면 서면결의가 언제이든 가능한 듯이 판단할 여지를 보여 주고 있으나, 상법 제390조 제 4 항이 서면결의의 직접적인 근거가 될 수 없음도 유의해야 한다.

그러나 한편, 비영리단체의 이사회의 결의방법에 관해 정면으로 서면결의가 유효하다고 본 대법원판례가 있다. 구신용협동조합법하에서 서면결의에 의한 이사회 결의가 유효하냐가 쟁점이 된 사건에서 판례는 동법에 이를 다룬 규정이 없고, 정관에는 상법 제391조 제 1 항 본문과 같은 규정을 두고 있었으나, 이는 서면결의를 금하는 규정이라고 볼 수 없다고 하며 서면결의를 유효하다고 하였다(대법원 2005. 6. 9. 선고 2005다2554 판결). 이 이론을 연장한다면 주식회사의 이사회에서도 서면결의가 금지된다고 볼 수 없다고 해석하는 것이 논리적이나, 실제 사건이 생겼을 때 그같은 판결이 나올지는 의문이다.1)

판 례

[71] 대법원 2006. 11. 10. 선고 2005다46233 판결

「… 피고들은 1999. 5. 15.에 이사회의사록에 관한 인증을 받았는데, 그 인증서에는 … 대표이사를 포함하여 이사 총수 3명 중 2명과 감사 1인이 참석한 가운데 … 이사회를 개최하였으며, 참석이사들은 그 이사회에서 이 사건 전환사채 발행결의를 하였다고 기재되어 있으나, 그 이사회의사록은 피고들 직원들이 대표이사의 지시에 따라 작성한 것이고, 그 이사회의사록에는 참석 이사들 및 감사가 자신의 의사에 기하여 한 날인이 되어 있는 사실 … 비록 이사회를 특정장소에서 개최하지 않은 채 위와 같은 이사회의사록을 작성하였다고 하더라도 이사 전원의 동의가 있으면 이사회의 소집절차 없이도 이사회 개최를 가능하도록 하고 있는 상법 제390조 제 4 항의 규정 취지와 상사회사의 업무집행은 의사결정의 기동성을 요하는 경우가 많은 특성 등에

1) 참고로 일본회사법에서는 정관에 규정을 둘 경우, 이사 전원이 서면 또는 전자적 기록에 의해 동의한 경우에는 이사회를 생략하고 결의가 이루어진 것으로 간주할 수 있는 제도를 두고 있다(日會 370조). 이 같은 규정이 없는 우리 법하에서 해석론으로 같은 결론을 내기는 어려울 것이다.

비추어 볼 때, 1999. 5. 12.자 이사회결의가 부존재하다고 볼 수는 없다 …」

〈표 6-3〉 주주총회의 결의와 이사회의 결의

주주총회와 이사회는 공히 회의체기관이지만, 기관의 성격이 상이한 까닭에 다음과 같은 차이를 보인다.

사 항	주주총회	이사회
의결권의 배분방법	자본다수결	頭數主義: 신분(위임)과 의사의 等價値
의결권행사의 의미	재산권(지분)의 행사	위임사무의 처리
표결행위에 대한 책임	無責	有責(399조 2항)
대리의 가능성	可	不可(지위의 일신전속성)
회의 및 결의참가방법	대면을 요하지 않음(서면, 전자투표 가능)	대면 등 선관주의가 적용되는 의사수렴방법
채결의 요건	출석의 과반수 또는 2/3(368조, 434조)	과반수×과반수(391조) 예외: 397조의2, 398조
초다수결제도의 채택	不可	不可

(5) 원격통신회의

최근 회사의 규모가 커지면서 이사의 수가 많아지고, 동시에 사업장이 지역적으로 분산되어 있어 이사들이 일시에 한 장소에서 회합하기 어려운 회사가 늘고 있다. 그리하여 최근에는 화상회의(video conference) 또는 전화회의(conference call)를 허용하는 입법례가 늘고 있고, 상법도 융통적인 회의방법을 허용하고 있다. 정관에 다른 정함이 없는 한, 이사회는 이사의 전부 또는 일부가 직접 회의에 출석하지 아니하고 모든 이사가 「음성을 동시에 송·수신하는 원격통신수단」에 의하여 결의에 참가하는 것을 허용할 수 있다(391조 2항).[1] 음성을 송수신해야 하므로 인터넷을 통한 화상회의도 허용되나, 단순한 문자회의(이른바 chatting)는 허용되지 않는다. 그리고 회의에 참가하는 이사들이 음성을 「동시에」 송수신해야 하므로 일부 이사들의 발언이 송신만 되거나, 중앙에서 이사들의 발언을 중개해 주는 방식은 허용되지 않는다. 「이사회는…허용할 수 있다」고 함은, 「이사회 회의규칙」 등의 일반규정으로 화상회의를 일상화할 수 있음을 포함하여, 개별 이사회에서 특정 이사가 화상회의방식으로 회의에 참석하는 것을 허용하는 결의를 할 수 있음을

1) 2011년 개정 전에는 「동영상」 및 음성을 동시에 송수신하는 수단으로 제한했으나, 회사의 부담을 덜어주기 위해 개정법에서는 동영상을 삭제하였다.

뜻한다.

(6) 연기 · 속행

주주총회에서와 같이 연기 · 속행이 가능하다(392조→372조).

6. 이사회의 의사록과 公示

이사회의 의사에 관하여는 의사록을 작성하여야 한다(391조의3 1항). 주주총회의 의사록에 관해 설명한 바와 같이, 이사회의 결의는 적법한 결의요건을 충족하는 표결이 있음으로써 효력을 발생하고, 의사록작성은 이사회결의의 요건이 아니다. 그러나 이사회의 결의에 의해 바로 실행행위가 이어지고, 결의관여자 및 집행행위자들의 책임이 따르는데, 의사록은 결의에 관한 일응의 증거가 되므로(399조 3항) 의사록의 실제상의 의미는 매우 중요하다.

(1) 의사록의 작성방법

의사록에는 의사의 안건, 경과요령, 그 결과, 반대하는 자와 그 반대이유를 기재하고 출석한 이사 및 감사가 기명날인 또는 서명하여야 한다(391조의3 2항). 「안건」이란 이사회의 결의에 상정한 사항을 말하고 「경과요령」이란 개회, 의안의 상정과 토의 및 표결 그리고 폐회에 이르는 절차의 진행과정을 말하며, 「결과」란 결의의 결과 즉 상정한 안의 가결 여부를 말한다. 「반대하는 자」를 기재하게 하는 이유는, 이사회결의의 집행행위에 관해 이사의 책임을 추궁할 때에는 결의에 찬성한 이사도 책임을 묻는데, 반대자에게는 면책의 근거가 되고, 반사적으로 찬성한 자의 추정근거가 되기 때문이다. 아울러 사후의 문책가능성을 의식하여 안이하게 반대를 하는 자가 있을 수 있으므로 반대의사의 신뢰성을 확보하기 위하여 반대이유도 기재하게 하였다. 찬성이 아닌 것은 모두 반대이므로 여기서의 「반대」란 기권이나 중립의 표명도 포함하는 뜻이다. 따라서 이러한 의사를 표명한 이사들의 성명과 그 이유도 기재하여야 한다.

(2) 의사록의 公示와 制限

상법은 주주총회의 의사록을 회사가 비치 · 공시할 서류의 하나로 열거하고 주주와 채권자는 영업시간 내에 언제든 이 서류들의 열람 · 등사를 청구할 수 있음을 규정하고 있다(396조 1항 · 2항). 주식회사에 있어 주주란 다수성과 공개성 그리고 고도의 유동성을 가지므로 기술적으로 그들의 의사결정의 내용을 비밀로 할 수도 없으려니와, 주주총회의 결의사항은 주주와 채권자의 보호를 위해 적극적으로 공개해야 할 사항들로 법정되어 있으므로 이를 비치 · 공시하게 함은 당연하다.

그러나 이사회의 결의는 회사의 업무집행을 결정하는 의사결정이므로 그 내용 중에는 기업기밀에 속하는 사항도 다수 들어 있어, 이를 주주총회의 의사록과 동일시하여 주주와 채권자에게 항시 공개하게 함은 기업의 경쟁력에 치명적인 장애를 준다. 이 점을 고려하여 상법은 이사회의사록을 비치 · 공시대상에서 제외하고, 회사가 사안에 따라 이사회의사록의 열람 또는 등사청구를 거절할 수 있는 길을 열어 놓았다.[1)]

(3) 열람청구

1) 청구권자　　이사회의 의사록은 회사에 비치할 의무가 없으나, 주주는 영업시간 내에 이사회의사록의 열람 또는 등사를 청구할 수 있다(391조의 3 3항). 열람청구의 대상이 되는 의사록이란 의사록에 첨부되어 인용되는 서류도 포함한다(판례 [72]). 주주가 열람 · 등사를 청구함에 있어서는 理由開示를 요하지 않는다. 채권자는 열람 · 등사를 청구할 수 없다. 회사채권자도 이사에게 손해배상을 청구하기 위한 경우(401조의 책임추궁)에는 이사회의사록을 열람 · 등사할 필요가 있을 것인데, 법원에 열람 · 등사허가를 청구할 수 있는 권리마저 인정하지 않은 것은 의문이다.

2) 열람거절　　회사는 주주의 의사록 열람 · 등사청구에 대하여 이유를 붙여 이를 거절할 수 있다(391조의3 4항 전). 회사가 열람을 거절하는 이유가 정당한 이유이어야 함은 물론이다. 정당한 이유란 기업비밀의 유지 기타 회사의 이익을 위해서 필요함을 뜻한다.

3) 법원의 열람허가　　회사가 이사회의사록의 열람 · 등사를 거절할 경우 주주는 법원의 허가를 얻어 이사회의사록을 열람 또는 등사할 수 있다(391조의 3 4항 후). 이 허가사건은 비송사건절차법 제72조 제 1 항에 규정된 비송사건이므로 민사소송의 방법으로 이사회 회의록의 열람 또는 등사를 청구하는 것은 허용되지 않는다(대법원 2013. 11. 28. 선고 2013다50367 판결).

법원은 어떠한 경우에 열람 · 등사를 허가하여야 하는가? 판례는 주주의 열람 · 등사권의 행사가 회사업무의 운영 또는 주주 공동의 이익을 해치거나 주주가

---

1) 1999년 개정 전 상법 제396조 제 1 항은 이사회의 의사록도 주주총회의 의사록과 같이 비치 · 공시할 서류로 규정하고 있었다. 때문에 회사들은 기업비밀의 공개를 꺼려하여 상법이 개별적으로 이사회의 결의를 요구하는 사항만을 이사회에서 다루고, 그 밖의 업무집행사항들은 「상무회의」, 「경영회의」 등 비공식적인 경영조직에서 다룸으로써 이사회를 형식적으로 운영하는 경향이 있었다. 현행의 의사록 공시제도는 과거에 비해 개선되었으나, 이사회의사록의 대외비적 성격을 고려한다면, 주주의 열람청구권도 원칙적으로 부정하고, 주주나 채권자가 자신의 권리를 행사하기 위하여 필요한 경우, 그 이유를 소명하여 열람을 청구할 수 있게 하는 것이 바람직하다. 일본의 회사법이 그러하다(日會 371조 2항).

회사의 경쟁자로서 그 취득한 정보를 경업에 이용할 우려가 있거나, 또는 회사에 지나치게 불리한 시기를 택하여 행사하는 경우 등에는 허가하지 않을 사유로 본다. 그러나 이사에 대한 대표소송의 제기, 유지청구, 해임청구와 같이 회사의 경영을 감독하여 회사와 주주의 이익을 보호할 목적으로 주주의 권리를 행사하는 데에 필요한 경우에는 이사회의사록의 열람·등사를 허용한다(판례 [72]).

판 례

[72] 대법원 2014. 7. 21.자 2013마657 결정

「… 상법 제391조의3 제 3 항, 제466조 제 1 항에서 규정하고 있는 … 주주의 열람·등사권 행사가 부당한 것인지 여부는 그 행사에 이르게 된 경위, 행사의 목적, 악의성 유무 등 제반 사정을 종합적으로 고려하여 판단하여야 할 것이고, 특히 주주의 이와 같은 열람·등사권 행사가 회사업무의 운영 또는 주주 공동의 이익을 해치거나 주주가 회사의 경쟁자로서 그 취득한 정보를 경업에 이용할 우려가 있거나, 또는 회사에 지나치게 불리한 시기를 택하여 행사하는 경우 등에는 정당한 목적을 결하여 부당한 것이라고 보아야 한다(대법원 2004. 12. 24.자 2003마1575 결정(판례 [122], 1077면) 참조). 한편 적대적 인수·합병을 시도하는 주주의 열람·등사청구라고 하더라도 그 목적이 단순한 압박이 아니라 회사의 경영을 감독하여 회사와 주주의 이익을 보호하기 위한 것이라면 허용되어야 할 것인데, 주주가 회사의 이사에 대하여 대표소송을 통한 책임추궁이나 유지청구, 해임청구를 하는 등 주주로서의 권리를 행사하기 위하여 이사회 의사록의 열람·등사가 필요하다고 인정되는 경우에는 특별한 사정이 없는 한 그 청구는 회사의 경영을 감독하여 회사와 주주의 이익을 보호하기 위한 것이라고 할 것이므로, 이를 청구하는 주주가 적대적 인수·합병을 시도하고 있다는 사정만으로 그 청구가 정당한 목적을 결하여 부당한 것이라고 볼 수 없고, 주주가 회사의 경쟁자로서 그 취득한 정보를 경업에 이용할 우려가 있거나 또는 회사에 지나치게 불리한 시기를 택하여 행사하는 등의 경우가 아닌 한 허용되어야 한다.」(현대 엘리베이터 사건)

7. 이사회결의의 하자

(1) 결의의 효력

주주총회결의의 하자는 그 유형에 따라 결의취소·무효·부존재의 원인이 되지만, 상법은 이사회결의의 하자에 관해서는 유형을 구분하지 않고 이를 다투는 소를 별도로 인정하지도 않는다. 따라서 이사회결의에 하자가 있으면 단지 무효의 원인이 될 뿐이고 그 다툼도 일반 무효의 법리에 따라 해결하여야 한다. 즉 그 주장방법에 제한이 없으며, 訴로 다툰다면 일반 확인의 소가 되므로 판결의 효력은 기판력의 일반원칙(민소 218조)에 따라 대세적 효력이 없다(대법원 1988. 4. 25. 선고 87누399 판결). 소급

효가 제한되지 않음은 물론이다.

이사회의 결의가 내용에 흠이 있어 무효인 경우에는 추인이 있을 수 없으나, 소집절차나 결의방법에 흠이 있는 경우에는 추인이 가능하다고 보아야 한다(669면 참조). 이 경우 추인의 효력은 소급하지 아니하고 새로운 결의가 있는 것으로 보아야 한다는 것이 판례의 입장이다(대법원 2011. 6. 24. 선고 2009다35033 판결).

(2) **후속행위의 효력**

특정한 업무집행을 위해 이사회의 결의가 필요함에도 결의가 없거나 결의에 하자가 있는 경우에 후속행위는 어떤 효력을 갖는가?

1) 후속행위의 효력을 별도로 다투는 소가 인정될 경우에는 이사회결의의 하자 또는 결여는 그 후속행위의 하자로 흡수되어 그 행위 자체의 효력이 다투어지게 된다. 예컨대 하자 있는 이사회결의에 의해 소집된 주주총회의 결의는 주주총회결의 취소의 소(376조)에 의해, 하자 있는 이사회결의에 의한 신주발행은 신주발행무효의 소(429조)에 의해 그 효력이 다투어진다.

2) 그 밖의 후속행위 중 순수하게 내부적인 사안을 다투는 후속행위(예: 지배인의 선임, 감사위원의 선임)는 무효라고 함에 異論이 없다. 후속행위가 대외적인 거래(예: 중요재산의 처분, 사채발행)인 경우 그 후속행위의 효력에 관해서는 학설이 갈리고 판례에도 변화가 있다. 이 문제는 대표행위가 그에 가해진 법적 혹은 내부적 제한을 위반하여 이루어진 경우 어떠한 효력을 갖느냐는 문제의 일부로 볼 수 있으므로 대표행위의 제한위반(전단행위)의 문제로 후술한다(751면 이하 참조).

이사회의 의사질서

상법은 주주총회나 이사회의 의사질서에 관해 명문의 규정을 두고 있지 아니하나, 다수인의 의사를 합리적으로 수렴하기 위한 회의진행의 일반원칙을 준수해야 한다. 상법에서는 주주총회의 의장에 관해서는 그 선임과 권한을 규정하고 있으나, 이사회의 의장에 관해서는 규정을 두고 있지 않으므로 이사회에 반드시 의장을 두어야 하는 것은 아니나, 기업실무에서는 예외없이 의장을 두고 있다.

상법이 주주총회의 의장에게 부여하고 있는 회의의 질서유지 및 회의의 정리에 관한 권한은 회의의 일반원칙이므로 이사회에 의장이 있는 경우에는 그도 같은 권한을 갖는 것으로 보아야 한다. 「한국오리베스트」라는 한일합작회사에서 한국인측 주주와 일본인측 주주간에 대립이 생기고 이사회에서도 한국주주측 이사 2인과 일본주주측 이사 3인의 대립으로 연장되었다. 일본주주측 이사가 대표이사인 의장(한국주주측)의 회의진행에 불만을 갖고 의장의 허가 없이 대표이사를 해임하고 자신을 의장으로 선임하는 의안을 상정하여 가결시킨 사건이 있었다. 이에 대해 법원은 의장에게는 의안을 상정하고 의사를 진행할 권한이 있는 것이 회의의 일반원칙임을 전제로 하고 이 이사회의 결의는 이러한 회의의 일반원칙에 반하여 무효라고 판시하였다. 이어 방론으로서 의장의 회의진행이 불공정하다면 먼저 이사들이 다수결로 의장의 불신임결의를 하여 물러나게 한 다음 새로운 의장을 선임하여 회의를 진행해야 한다고 설명하였다(대구지법 포항지원 1999. 9. 17. 선고 99가합1197 판결).

(3) 무효의 주장

이사회의 결의를 결하거나 무효인 결의에 의해 후속행위가 이루어진 경우 상대방의 악의 또는 과실의 요건이 구비되는 한 회사가 무효를 주장할 수 있음은 물론인데, 거래상대방이나 기타 회사 아닌 제 3 자가 무효를 주장할 수 있느냐는 의문이 제기된다. 상법이 중요한 업무집행에 이사회의 결의를 요구하는 이유는 회사의 재산적 이해가 대표이사의 독단에 의해 처분되는 것을 방지함으로써 회사의 이익을 보호하려는 취지이므로 무효의 주장은 회사만이 할 수 있다고 보아야 한다.[1)]

8. 이사회내 위원회

(1) 배　　경

상법은 이사회 내에 위원회를 두어 부분적으로 이사회의 기능을 대신하게 하는 것을 허용한다. 미국의 회사법에서는 이사회가 자율적으로 그 내부에 기능이 분화된 다수의 위원회를 설치할 수 있게 한다. 예컨대 임원의 업무집행을 감사하는 감사위원회, 업무집행을 전담하는 집행위원회, 임원의 보수를 결정하는 보수위원회 등과 같다. 상법은 미국에서 운영되고 있는 위원회 중 특히 감사위원회를 감사에 대체할 수 있는 기관으로 도입하는 외에(415조의 2, 후술) 그 밖의 업무에 관해서도 하나 또는 수개의 위원회를 두어 이사회의 권한을 위임할 수 있게 하였다(393조의2)(1999년 신설).

이사회 내에 기능별 소위원회를 두고 그 기능에 적합한 이사를 배치하여 이

1) 日最高裁 2009. 4. 17. 판결, 「判例時報」 2044호 142면: A회사는 Y회사에 대해 금전채권을 가지고 있는 한편 X회사에 대해 금전채무를 부담하고 있었다. A회사의 대표이사 B는 X회사에 대한 채무를 변제하기 위하여 Y회사에 대한 채권을 X회사에게 양도하였다. 이 금전채권은 A회사의 거의 유일한 재산이었으므로 이사회결의를 얻어 양도해야 했으나, B는 이사회의 결의를 얻지 않고 양도하였고, X회사도 이러한 사실을 모두 알고 양수하였다. 그리고 X회사가 Y회사에 대해 채권을 행사하자, Y회사는 A회사에서 이사회의 결의가 없었으므로 채권양도가 무효라는 주장을 하며 이행을 거절하였던바, 법원은 본문에서와 같은 이유를 제시하며 Y회사의 주장을 배척하였다.

사회의 업무를 위임받아 결정하게 함으로써, 의사결정의 전문성과 신속성을 기할 수 있는 장점이 있다.

(2) 위원회의 설치근거

이사회는 정관이 정하는 바에 따라 위원회를 둘 수 있다(393조의 2 1항). 위원회의 기능의 중요성으로 보아, 정관의 규정은 단지 위원회를 둘 수 있다는 형식적인 근거설정에 그쳐서는 안 되고, 위원회의 권한과 구성방법 및 운영방법을 명기하여야 한다.

이와 달리 정관에는 위원회에 대한 일반근거조항만을 규정하면 족하다는 견해도 있으나(예컨대 정관에 "이사회가 필요하다고 인정하는 위원회를 둘 수 있다"라고 규정하는 것)(김 · 노 · 천, 402), 이를 허용하면 이사회 권한의 포괄적 복임행위를 허용하는 결과가 될 뿐만 아니라, 이에 근거하여 설치되는 위원회와 정관에 근거하지 않는 비법정위원회가 차별화되지 않아 부당하다.

(3) 구 성

위원회는 2인 이상의 이사로 구성한다(393조의 2 3항)(감사위원회는 3인 이상. 415조의2 2항). 특정 위원회의 위원의 선임과 해임은 이사회가 결정한다. 이사를 퇴임하면 당연히 위원에서도 퇴임한다. 위원의 퇴임으로 위원회의 인원이 2인 미만 또는 정관이 정한 위원회 정원에 미달하게 된 경우에는 퇴임한 위원은 새로운 위원이 취임할 때까지 위원으로서의 권리와 의무를 갖는다(393조의2 5항 → 386조 1항).

(4) 위원회의 권한

상법은 이사회가 위원회에 수권할 수 있는 사항을 폭넓게 인정한다. 이사회는 「① 주주총회의 승인을 요하는 사항의 제안(예: 정관변경, 재무제표의 승인, 합병 등), ② 대표이사의 선임 및 해임, ③ 위원회의 설치와 그 위원의 선임 및 해임, ④ 정관에서 정하는 사항」을 제외하고는 그 권한을 위원회에 위임할 수 있다(393조의 2 2항). ④의 「정관에서 정하는 사항」이란 정관으로 위임을 금지한 사항을 뜻한다.

이상과 같은 사항을 제외하고는 위원회에의 수권이 가능한 결과, 신주의 발행(416조)이나 사채의 발행(469조 · 513조 2항 · 516조의2 2항), 이사의 경업이나 자기거래의 승인과 같은 중요한 사항, 심지어는 지배인선임을 포함한 업무집행의 결정(393조 1항)도 포괄적으로 위임할 수 있어, 운영하기에 따라서는 이사회를 허구화시킬 위험도 있다. 주주총회의 소집권(362조)이나 이사에 대한 이사회의 감독권(393조 2항)은 성질상 위원회에 위임할 수 있는 사항이 아니므로 명문의 규정은 없으나, 위임이 불가하다고 해석해야 한다.

(5) 위원회의 소집과 결의

위원회가 위임받은 사항을 수행하기 위하여는 회의를 소집, 결의하여야 한다. 위원회의 소집과 결의에 관해서는 이사회의 소집과 결의에 관한 절차가 준용된다(393조의2 5항 → 390조 · 391조 · 391조의3 · 392조).

(6) 위원회의 결의의 효력

이사회가 위원회에 권한을 위임한다고 함은 이사회가 위임한 사항에 관한 위원회의 결의는 이사회의 결의와 같은 효력이 있음을 뜻한다. 따라서 후술하는 바와 같이 이사회가 위원회의 결의를 변경하는 결의를 하지 않는 한, 위원회의 결의는 이사회의 결의로서 효력을 발생한다.

(7) 위원회결의의 변경

위원회가 위임받은 사항에 관하여 결의한 경우, 결의된 사항을 각 이사에게 통지하여야 한다(393조의2 4항 전). 이는 위원회의 결의가 부당할 경우, 이사회를 소집하여 위원회의 결의를 번복할 수 있는 기회를 주기 위함이다. 그러므로 통지의 대상이 되는 각 이사란 위원회의 위원인 이사를 뜻하는 것이 아니고 회사의 이사 전부를 뜻한다. 이 통지를 받은 각 이사는 이사회의 소집을 요구할 수 있다. 이사회의 소집을 요구한다고 함은 이사회를 소집할 이사가 별도로 정해진 경우, 그 이사에게 이사회소집을 요구함을 뜻한다. 그러나 이사는 각자 이사회를 소집할 권한이 있으므로 그 이사가 소집을 하지 않을 경우 각자가 소집할 수 있다. 이때의 이사회 소집은 위원회의 결의를 再考하기 위한 소집이다.

소집된 이사회에서는 위원회가 결의한 사항에 대하여 다시 결의할 수 있다(393조의2 4항 後). 이사회의 다른 결의가 있으면 위원회의 결의는 효력을 잃는다. 법이 이와 같이 이사회가 다른 결의를 할 수 있는 제도를 두고 있고, 이사회의 다른 결의는 위원회의 결의를 통지받은 이사의 이사회소집요구에 의해 실현되므로, 통지받은 이사의 요구에 의해 이사회를 소집할 수 있는 상당한 기간 내에는 위원회의 결의는 효력이 정지된다고 해석해야 한다. 입법론으로는 위원회결의를 통지받은 이사가 이사회를 소집할 수 있는 기간을 제한하는 규정을 명문화하는 것이 바람직하다.

이 제도는 감사위원회의 결의에는 적용되지 않는다(415조의2 6항).

(8) 이사회의 감독책임

위원회의 결의는 원래 이사회가 결정할 사항을 위원회에 위임한 것이므로 위원회의 결의에 대하여는 각 이사가 감시의무를 지며 이사회가 감독권을 갖는다고 보아야 한다. 이사의 감시의무는 부당한 위원회결의가 있을 경우 이사가 이사회를 소집함으로써 실행되고, 이사회의 감독권은 위원회의 결의가 부당할 경우 이사회에서 이를 번복하는 결의를 하는 방법으로 표현된다. 그러므로 위원회결의를 통지받은 이사가 위원회결의가 부당함에도 불구하고 이사회의 소집을 게을리하거나, 소집된 이사회에서 이사들이 위원회결의와 다른 결의를 하는 데에 반대하는 것은 임무해태에 해당하여 회사 또는 제 3 자에 대하여 손해배상책임을 진다(399조 1항~2항 · 401조). 요컨대 위원회의 결의가 방치되면 바로 이사회의 결의로 의제되므로 이에 반대하지 않는 이사는 같은 사항을 다룬 이사회의 결의에 찬성한 것과 동일하게 다루어지는 것이다.

Ⅳ. 代表理事

1. 의 의

대표이사는 회사를 대표하고 업무를 집행하는 권한을 가진 이사로서 주식회사의 필요적 상설기관이다. 원래 회사의 업무집행결정권은 이사회가 가지나, 이는 회의체기관으로서 현실적인 집행을 담당하기에는 부적합하므로, 자연인인 누군가가 이사회의 결의를 실행해 줄 필요가 있다. 또 회사는 권리능력을 갖지만 실제 권리를 취득하고 의무를 부담하기 위하여는 역시 자연적 의사를 가진 누군가가 실제 행위를 하고, 이를 회사의 행위로 보는 의제가 필요하다. 이러한 필요에서 상법은 이사 중에서 대표이사를 선정하게 하는데, 대내적인 업무집행권과 회사의 대표권을 분리하지 않고 대표이사에게 집중시키고 있다.

회사권력의 집중

상법은 이사회 중심주의를 취하여 업무집행권을 이사회에 집중시키고 있으나, 기업현실에 있어서는 이사회는 경영에서 소외되고 대표이사와 소수의 참모에 권한이 집중되고 있는 모습을 보인다. 구체적인 현상은 다음과 같다.

현대의 법인기업은 그 사업의 기술성 · 전문성으로 인해 고도의 경영전문가들(technostructure)에 의해 운영될 수밖에 없다. 그러나 대형화된 법상의 이사회는 능력부족이고 기동성이 없으며, 기업기밀의 유지에도 어려움이 있어 자연 회사경영은 전문적 지식을 갖추고 기민하게 움직일 수 있는 소수의 엘리트 그룹을 요구하게 된다. 그리하여 대기업의 경영구조를 보면 거의 모든 회사에서 경영 및 중요한 정책결정은 이사회 외의 소규모의 위원회 또는 사장과 그의 비공식적인 참모(informal advisor)로서 기능을 하는 소수의 업무담당이사들의 협의에 의해 다루어지고 있다.[1] 그리고 이사회는 법상 요구되는 불가피한 사항에 관해 형식적인 결정만 할 따름이다. 그리하여 「이사회가 회사의 업무집행을 결정한다」라는 법상의 명제는 대표이사를 중심으로 이루어지는 업무집행에 법적 정당성을 부여하는 형식적 근거를 말함에 지나지 않는 실정이다.

2. 選定과 退任

(1) 선 정

대표이사는 이사 중에서 선정한다(389조 1항 본). 그 밖의 자격제한은 없으나 정관으로 대표이사의 자격을 정하는 것은 무방하다.

대표이사는 이사회에서 선정한다(389조 1항 본). 그러나 정관으로 주주총회에서 선정하도록 정할 수 있다(389조 1항 단). 대표이사의 지위는 이사회 또는 주주총회의 결의에 의하지 않는 한 다른 방법으로 주어질 수 없다. 어느 이사가 장기간 사실상 대표이사의 직무를 수행하더라도 그것을 대표이사의 행위로 볼 수는 없으며(대법원 1989. 10. 24. 선고 89다카14714 판결), 유상거래를 통해 회사의 경영권을 인수한 자라 하더라도 대표이사 선정의 절차를 거치지 않은 한 대표이사가 아니다(대법원 1994. 12. 2. 선고 94다7591 판결).

대표이사는 1인을 선정하는 것이 보통이지만 그 수에는 제한이 없다. 이사 전원을 대표이사로 선정해도 무방하다. 대표이사를 선정하면 그 성명 · 주민등록번호 · 주소를 등기하여야 한다(317조 2항 9호).

일단 대표이사로 선정된 이상은 선정결의의 부존재 등이 다투어지더라도 판결이 있을 때까지는 대표이사의 지위를 갖는다(대법원 1985. 12. 10. 선고 84다카319 판결).

(2) 퇴 임

1) 퇴임사유 대표이사는 대표이사로서의 임기만료, 해임 또는 사임에 의하여 퇴임한다. 대표이사는 이사임을 전제로 하므로 이사직에서 퇴임하면 당연히 대표이사의 지위도 잃는다. 비록 대표이사의 임기가 남았더라도 같다. 대표이사를 선정한 이사회 또는 주주총회는 언제든지 대표이사를 해임할 수 있다(민 689조 1항). 주주총회에서 해임할 때에 이사의 자격까지 포함하여 해임하려면 특별결의를 요할 것이나(385조 1항), 대표권만을 박탈하는 데에는 보통결의로 족하다.

2) 해임에 따른 손해배상 대표이사를 정당한 이유 없이 해임할 경우 그로 인한 손해배상에 관하여는 명문의 규정이 없다. 대표이사를 주주총회의 결의

1) Eisenberg, *The Structure of Corporation*, pp. 139~43: 미국의 대규모기업에 관해 본문에서와 같은 설명을 하고 있다.

로 이사에서 해임하면, 대표이사의 지위도 따라서 잃게 되므로 정당한 이유 없이 해임하였다면 대표이사는 제385조 제 1 항 단서에 의해 손해배상(잔여임기 중의 보수)을 청구할 수 있다고 보아야 한다(대법원 2024. 9. 13. 선고 2020다245552 판결). 그러면 이사의 지위는 유지한 채 대표이사에서만 해임하는 경우에는 어찌되는가? 이 경우에도 대표이사를 정당한 이유 없이 해임한다면 상법 제385조 제 1 항 단서를 유추적용하여 대표이사는 손해배상을 청구할 수 있다고 보아야 한다.[1]

그러나 판례는 i) 상법 제385조 제 1 항은, 지배권의 확보라는 주주의 이익과 경영자 지위의 안정이라는 이사의 이익을 조화하려는 제도이고 이사의 보수청구권을 보장하려는 취지의 제도가 아니라는 점, ii) 대표이사는 이사회가 선정 · 해임하는 것이 원칙이고 통상 임기를 정하지 않는다는 점, iii) 대표이사를 이사회에서 선임한 경우에는 이사회의 결의로, 주주총회에서 선임한 경우에는 주주총회의 보통결의로 각 기관의 경영판단에 따라 이사의 지위는 유지시킨 채 언제든지 해임할 수 있으므로 이사의 해임과는 다르다는 점을 들어 이사회와 주주총회의 어느 쪽이 선정하고 해임하느냐와 무관하게 대표이사에 대한 제385조 제 1 항 단서의 유추적용을 부정한다(대법원 2004. 12. 10. 선고 2004다25123 판결; 동 2024. 9. 13. 선고 2020다245552 판결).

대표이사에 대해 제385조의 적용을 부정하더라도, 대표이사와 회사의 관계 역시 위임이므로 위임의 해지의 일반원칙에 따라 손해배상청구는 가능하다고 보아야 하며(민 689조 2항), 그 때 손해배상산정은 대표이사로서 지급받은 보수를 기준으로 해야 할 것이다.

3) 사　　임　　대표이사도 언제든지 사임할 수 있다. 대표이사의 사임의 의사표시는 누구에게 해야 하는가? 대표이사의 지위의 특성상 신속한 후임결정을 해야 할 것이므로 이사회를 소집하고 이사회에 대해 사임의 의사표시를 하거나 이사 전원에게 사임을 통지해야 한다고 본다.[2] 판례는 권한대행자에게 표시하면 된다고 하나, 후술과 같은 의문이 있다.

대표이사가 부득이한 사유 없이 회사에 불리한 시기에 사임하면 회사에 생긴 손해를 배상해야 한다(382조 2항 → 민 689조 2항).

辭任의 효력발생시기와 철회가능성

판례는 대표이사의 사임의 의사표시가 그 사임으로 권한을 대행하게 될 자에게 도

1) 日注釋(6), 149면.
2) 日注釋(6), 81면 참조.

달한 때에 사임의 효력이 발생하고, 그 의사표시가 효력을 발생한 후에는 마음대로 이를 철회할 수 없으나, 사임서 제출 당시 그 권한 대행자에게 사표의 처리를 일임한 경우에는 권한 대행자의 수리행위가 있어야 사임의 효력이 발생하고, 그 이전에는 사임의사를 철회할 수 있다고 한다(대법원 2007. 5. 10. 선고 2007다7256 판결). 判旨는 대표이사의 사임의 의사가 확정적인 경우에는 권한대행자에게 도달함으로써 효력이 발생하고, 대표이사의 사임의사가 유동적이라서 권한대행자에게 일임한 경우에는 권한대행자의 수리여부에 따라 효력이 좌우된다는 논리인데, 대표기관의 지위를 다루는 법논리로서는 매우 불안정하다. 권한대행자에게 사표처리가 일임되었다는 것은 이미 권한대행자의 권한행사가 개시되었다는 것을 의미하고 이는 대표이사의 지위가 소멸되었음을 전제로 하는 것이므로 새삼 철회할 수 있다는 것은 모순이기도 하다.

대표권소멸의 효력발생

대표이사에서 사임하면 그 자체로 대표권이 소멸하고 등기를 요하지 않는다. 사임한 대표이사의 대외적 행위가 무효임은 물론이다. 그러나 등기를 게을리할 경우 선의의 제 3 자에게 대항하지 못하며(37조 1항), 소송절차가 진행중에는 대표권 소멸의 사실을 상대방에게 통지하지 않으면 대표권소멸의 효력을 주장하지 못한다. 즉 상대방 당사자에게 퇴임사실을 통지하지 않으면 퇴임한 대표이사가 행한 소송행위도 유효한 것이다(민소 63조 1항 · 64조). 상대방이 악의라도 같다(대법원 1998. 2. 19. 선고 95다52710 판결(전)).

대표이사 영입(스카웃) 계약

골프장을 운영하는 K주식회사의 지배주주이자 사내이사인 H가 다른 골프장을 운영하는 A회사의 대표이사인 L을 자신의 회사(K주식회사)의 대표이사로 영입하기로 제의하였다. 이에 L은 H와 보수 기타 근무조건에 합의하고 A회사의 대표이사직을 사임하였다. 이사선임 및 대표이사 취임을 위해 서류를 준비하고 있던 중 H가 마음을 바꿔 다른 사람을 대표이사로 영입함에 따라 L은 H가 K의 대리인으로서 자신과 대표이사 임용계약을 체결하였다가 파기하였다고 하며 3년치의 보수에 해당하는 손해배상을 청구하였다. 파기 전까지의 과정은 전형적인 경영자 스카웃의 방식이다. 그러나 대표이사란 이사회 또는 주주총회의 결의로 이사들 중에서 선임해야 하고, 지배주주라 하더라도 회사를 대리하여 대표이사 임용계약을 체결할 수는 없으므로(설령 대리권을 수여받았더라도 같다), H와 L의 계약은 회사에 대해서는 대항할 수 없고, 단지 L이 H에 대해 채무불이행 혹은 불법행위책임을 물을 수 있을 것이다(이상 서울고법 2012. 4. 6. 선고 2011나82690 판결의 사실관계와 판결요지).

(3) 대표이사의 결원

대표이사의 퇴임으로 대표이사가 없게 되거나 정관상의 정원을 결한 경우에는 퇴임한 대표이사는 새로운 대표이사가 취임할 때까지 대표이사로서의 권리의무가 있으며(389조 3항 → 386조 1항), 법원이 필요하다고 인정할 때에는 이해관계인의 청구로 일시 대표이사의 직무를 행할 자를 선정할 수 있다(389조 3항 → 386조 2항 전). 이에 관한 상세한 내용은 이사의 결원에 관해 설명한 바와 같다.

대표이사의 유고와 직무대행

대표이사는 회사의 일상적인 업무를 집행하므로 대표이사가 질병 · 천재지변 등 갑작스런 사고로 업무집행을 하지 못할 경우에는 경영에 공백이 생긴다. 그러므로 대부분의 회사에서는 업무의 지속을 위하여 정관에 「대표이사의 유고시에는 부사장 · 전무이사 · 상무이사의 순으로 그 직무를 대행한다」는 취지의 규정을 두고 있다.[1] 판례는 대표이사가 정당한 사유없이 주권발행을 하지 않은 경우를 대표이사의 「유고시」로 보아 직무대행이 가능하다는 여운을 남겼으며, 정관에 회장이 이사회 의장이 되고, 회장의 유고시에는 사장이 의장이 된다고 정한 회사에서 회장이 이사회의 소집통지를 받고도 출석하지 않은 경우 회장의 「유고시」에 해당되므로 사장이 의장이 되어 회의를 진행한 것은 적법하다고 본 예도 있다(대법원 1984. 2. 28. 선고 83다651 판결). 「유고시」의 여부는 회사의 경영조직에 관해 상당히 큰 분쟁의 소지를 안고 있으므로 제한적으로 인정해야 할 것이고, 직무대행자는 일상적인 관리업무만을 할 수 있다고 풀이해야 한다.

3. 대표이사의 업무집행권

대표이사는 회사를 대표하며, 영업에 관한 재판상 · 재판외의 모든 행위를 할 권한을 갖는다(389조 3항 → 209조). 이는 대표이사가 독임제기관으로서 회사의 업무집행권을 가짐을 의미한다.

(1) 이사회와의 관계

이사회는 회사의 업무집행 전반에 관해 포괄적인 결정권을 가지는데(393조 1항), 대표이사 역시 업무집행권을 가지므로 대표이사의 지위를 이사회와의 관계에서 어떻게 이해해야 하느냐는 문제가 있다. 이 점에 관해 전통적으로 다음과 같은 두 가지의 학설이 대립되어 왔다.

1) 파생기관설 대표이사의 권한은 이사회의 권한에서 유래하므로 대표이사는 이사회의 파생기관에 불과하다는 설이다(손주찬 783). 그러므로 대표이사는 이사회가 결정한 업무를 단지 집행하는 데 그칠 뿐이지만, 이사회의 법정결의사항 이외의 사항들은 대표이사에게 위임되고 일상적인 업무집행의 결정도 대표이사를 선정할 때에 당연히 위임된 것으로 추정해야 한다는 것이다.

---

1) 대표이사가 유고시에는 대표이사가 지명하는 이사가 대표이사의 직무를 대행한다고 정한 예(현대제철(주) 정관 30조), 이사회에서 정하는 바에 따라 그 직무를 대행한다고 정한 예도 있다(삼성전자(주) 정관 27조 2항).

2) 독립기관설 대표이사는 이사회와는 독립된 권한을 갖는 기관이라고 한다(강 · 임 807; 권기범 995; 김동훈 310; 김정호 398; 임홍근 485; 정경영 599; 정동윤 612; 정찬형 1023; 최기원 624). 그래서 대표권을 갖는 범위에서는 업무집행권을 갖고 법률 · 정관 또는 이사회의 결의에 의해 이사회의 결정사항으로 유보되지 않는 한 스스로 업무집행을 결정할 권한을 갖는다고 한다. 현재 다수설의 입장이다.

어느 설에 의하더라도 대표이사는 주주총회와 이사회에서 결의된 사항을 집행할 권한이 있고, 그 밖의 일상적인 사항에 관해서는 독자적으로 업무집행의 의사결정을 할 수 있기 때문에 실제적인 차이는 생기지 않는다.

일상적이 아닌 중요한 업무는 이사회의 포괄적인 업무집행결정권(393조 1항)에 의해 이사회의 결의를 요하고, 대표이사가 단독으로 결정하거나 집행할 수 없다(대법원 1997. 6. 13. 선고 96다48282 판결). 대표이사가 단독으로 할 수 있는 「일상적」인 업무란 회사의 목적사업의 수행을 위한 관리업무로서 관례적인 기준에 의해 처리할 수 있는 업무를 뜻한다고 이해된다. 따라서 고가의 고정자산을 처분하는 행위, 타인에게 거액의 자산을 증여하는 행위 등은 일상적인 업무라 할 수 없으며(전게 판결), 영업행위라 하더라도 파격적인 거래조건으로 회사에 손실을 초래할 행위는 일상적인 업무가 아니다. 그리고 일상적인 업무라 하더라도 이사회의 감독의 대상이다(393조 2항).

(2) 명시된 권한

이와 같이 대표이사는 주주총회 또는 이사회에서 결의된 사항을 집행하고 일상적인 회사의 대내적 관리업무를 집행할 권한을 갖는데, 상법이 몇 가지 구체적인 사항을 특히 대표이사의 직무사항으로 규정하고 있다. 우선 주권과 채권에의 기명날인 또는 서명(356조 · 478조 2항)은 명문으로 대표이사가 하도록 되어 있으므로 의문의 여지가 없고, 정관 · 의사록 · 주주명부 · 사채원부의 비치(396조 1항), 주식청약서와 사채청약서의 작성(420조 · 474조 2항), 현물출자시 검사인선임의 청구(422조 1항), 재무제표 등의 작성 · 제출 · 비치 · 공시 · 공고(447조~449조) 등도 법문에는 「이사는 … 한다」로 되어 있으나 대표이사가 하여야 한다는 뜻이다(이설 없음).

대표이사의 연혁

우리 舊상법에서는 현행과 같은 대표이사를 두지 않고 이사들이 각자 회사를 대표하는 것을 원칙으로 하고(舊商 261조 1항), 정관이나 주주총회의 결의로 혹은 이사들의 호선에 의해 대표할 이사를 선정할 수 있게 하였다(동조 2항). 그러므로 회사의 대표자가 집행해야 할 사항을 전부 「理事는 …」이라고 표현했던 것인데, 新상법에서 대표이사를 두면서 그 변화를 의식하지 못하고 「대표이사」로 표현해야 할 것을 구법상의 표현을

답습하여 「이사」로 표기한 것이 다수 남아 있다.[1)]

4. 대 표 권

(1) 내 용

대표이사는 회사의 영업에 관하여 재판상 · 재판외의 모든 행위를 할 권한이 있다(389조 3항 → 209조 1항). 따라서 대표이사의 대표권은 회사의 권리능력의 범위와 일치한다.

대표는 능동대표(의사표시를 하는 것)와 수동대표(의사표시를 수령하는 것) 모두에 미친다.

상법에서 간혹 「회사는 … 하여야 한다」(예: 주권발행, 355조 1항; 신주인수권자에의 통지, 419조 1항; 주금의 반환, 432조 1항 등) 또는 「회사에 대하여 … 하여야 한다〔라는 취지〕」(예: 전환청구. 349조 1항)라는 표현을 사용하거나 또는 이러한 표현이 없이 당연히 회사가 주체가 될 것을 전제로 일정한 행위를 하거나, 의사표시 또는 이행을 수령하여야 한다고 정한 예가 있다. 이러한 사항은 명백히 대표이사의 대표행위에 의해 이루어져야 하는 것으로서 대표이사에 의한 행위 또는 이행, 대표이사에 대한 행위 또는 이행으로 집행된다.

대표는 대리와 달리 사실행위나 불법행위에도 미친다

(2) 대표행위의 방식

어음 · 수표행위와 같은 서면의 요식행위는 현명주의의 요청에 따라 반드시 대표자격을 표시하고, 대표이사가 기명날인 또는 서명하여야 한다. 그 밖의 행위들은 어떠한가? 회사에 대해 상행위가 되는 행위를 대표할 경우에는 상법 제48조를 유추적용하여(민 59조 2항) 현명을 하지 않더라도 회사에 대하여 효력이 있다고 해야 한다.[2)]

회사에 대한 의사표시와 도달주의

회사에 대한 의사표시는 행위별로 대리인이 정해진 경우에는 그 대리인에게 하면 족하지만(예: 지배인, 상법 제15조의 사용인), 그 밖의 경우에는 대표이사를 상대로 해야 한다. 그러나 직접 대표이사를 상대로 할 필요는 없고, 도달주의(민 111조 1항)의 일반원칙에 따라 의사표시가 대표이사의 관리 · 지배영역에 놓여지면 대표이사에게 의사표시가 도달된 것으로 보아야 한다(예: 회사의 우편함에 서신이 투입된 경우).

---

1) 상세는 李哲松, "商法上의 立法錯誤의 是正에 관한 연구(2)," 11면 이하.

2) 일본의 통설(平出, 「商行爲法」, 靑林書院(1980), 100면). 대법원 1990. 3. 23. 선고 89다카555 판결(상호신용금고의 대표이사가 동 금고의 사장실에서 고객으로부터 사적인 목적으로 금전을 차용하였는데, 고객은 이를 동 금고에 예탁하는 것으로 오인한 사건에서 금전차용을 회사의 대표행위로 볼 수 있다고 한 예).

(3) 이사와의 訴訟에서의 대표

이사가 회사를 상대로 소를 제기하거나 반대로 회사가 이사를 상대로 訴를 제기하는 경우에는 대표이사가 회사를 대표하지 못하고 감사가 회사를 대표한다(394조 1항 전). 따라서 소수주주가 회사에 대하여 이사의 책임을 추궁할 소의 제기를 청구할 경우에도 감사를 상대로 소의 제기를 청구하여야 한다(394조 1항 후 · 403조 1항 · 406조의2 1항). 감사에 갈음하여 감사위원회를 둔 경우에는 이사와 회사의 소에서는 감사위원이 회사를 대표한다(415조의2 7항 → 394조 1항).[1] 대표이사와 이사는 동질의 이해를 공유하므로 대표이사가 회사를 대표해서는 소송의 수행이 공정하지 못할 우려가 있기 때문이다. 상법 제386조 제 2 항에 의해 법원이 선임한 一時理事가 대표이사의 직을 수행하는 경우에는 이같은 우려가 없으므로 제394조의 제한을 받지 않고 이사를 상대로 한 소송에서 회사를 대표할 수 있다(대법원 2018. 3. 15. 선고 2016다275679 판결).

감사와 회사의 소송에서는 대표이사가 정상적으로 회사를 대표한다. 그러나 감사위원이 회사의 소송상대인 경우에는 감사위원도 이사이므로 대표이사가 대표하지 못하고, 감사위원회 또는 이사가 법원에 회사를 대표할 자를 선임해 줄 것을 신청하여야 한다(394조 2항). 이미 퇴임한 이사를 상대로 소송을 수행하는 경우에는 감사가 대표하지 아니하고 당연히 대표이사가 대표한다(대법원 2002. 3. 15. 선고 2000다9086 판결; 동 2013. 9. 9.자 2013마1273 결정)(기타 상세는 919면 이하 참조).[2]

5. 대표권의 제한

회사의 대외적인 거래는 대표이사의 대표행위로 실현되지만, 대표이사의 독단으로 인한 폐해가 큰 경우 다른 기관의 의사결정을 거치도록 제한을 가하는 경우가 있다. 이러한 제한을 위반하여 대표이사가 단독의 결정으로 집행하는 대외적 행위를 보통 대표이사의 「專斷行爲」 또는 전단적 대표행위라 부르며, 그 대

---

1) 상법 제415조의2 제 7 항에서 제394조 제 1 항을 준용하므로 문언상으로는 감사위원회가 회사를 대표한다고 해석되지만, 회의체기관인 감사위원회가 실제 소송을 수행할 수는 없으므로 감사위원 전원이 공동으로 대표하느냐, 대표감사위원이 대표하느냐는 등의 의문을 제기하며 후자의 입장을 취하는 동시에, 감사위원회에 관해 감사에 관한 규정을 포괄적으로 준용한 입법태도의 문제점을 제기한 논문이 있다(김태진, "감사위원회에 준용되는 상법규정 정비를 위한 제안," 「선진상사」, 62호(2013. 4.), 171면).

2) 대법원 2013마1273 결정: 이사로 등기되어 있던 사람이 회사를 상대로 사임을 주장하면서 이사직을 사임한 취지의 변경등기를 구하는 소에서 회사를 대표할 사람은 감사가 아니라 대표이사라고 한 예. 사임은 상대방 있는 단독행위로서 그 의사표시가 회사에 도달함과 동시에 효력이 발생하여 등기여부에 불구하고 이사의 지위를 상실하기 때문이다.

외적 효력이 어떠하냐는 것이 중요한 논점이다.

(1) 대표권 제한의 법체계

대표행위의 제한은 상법 등 법률에 의해 두어지기도 하고, 정관이나 이사회 규정 등 자율적인 통제에 의해 두어지기도 한다. 강학상 전자를 「법률적 제한」, 후자를 「내부적 제한」이라 부른다.

회사의 조직법적 행위는 대부분 법률적 제한이 따르고(예: 신주발행, 주식매수선택권의 부여, 합병, 분할, 주식의 포괄적 교환·이전 등), 개인법적 거래이라도, 이해관계의 중대성 때문에 법률적 제한을 가해지는 예도 있다(예: 영업의 양도·양수, 영업의 임대, 경영위임, 사채발행 등). 상법 제393조 제 1 항 역시 개인법적 거래인 「중요한 자산의 처분 및 양도, 대규모 재산의 차입, 지배인의 선임 또는 해임」을 이사회의 결의로 결정하도록 규정하고 있다.

내부적 제한은 원래 대표이사의 전권에 속하는 일상적인 영업행위를 내부적 규율에 의해 제한하는 것을 말한다(389조 3항 →209조 2항). 회사가 자율적으로 정하므로 다양한 형태로 이루어지지만, 실무에서 가장 흔한 제한방식은 소정의 행위는 이사회의 결의를 얻도록 하는 것이다. 예컨대 1억원 이상의 채무부담행위는 이사회의 결의를 얻도록 한다든지, 직원의 채용은 이사회의 결의를 얻도록 하는 것과 같다. 또는 대표행위의 범위를 일부로 한정지을 수도 있다. 예컨대 A 대표이사는 영업을 담당하고 B 대표이사는 자금조달업무만 담당하게 하는 것과 같다. 수인의 대표이사가 공동으로만 대표하게 하는 것도 일종의 내부적 제한이지만, 상법에서는 이를 「공동대표이사」(389조 2항)라는 독립된 제도로 운영하고 있으므로 여기서는 논외로 한다.

(2) 제한의 유형에 따른 전단행위의 효력

1) 상법 기타 법률에 의해 주주총회의 결의를 거쳐 집행해야 할 대외적 행위(예: 영업양도)를 결의 없이, 또는 하자 있는 결의에 의해 대표이사가 단독으로 행한 경우, 그 대외적 효력에 관해 명문의 규정은 없으나, 이는 회사의 의사 자체가 흠결된 것으로 보아 무효라는 것이 통설·판례의 입장이다. 선의의 제 3 자도 보호받지 못한다.

2) 법률상의 제한으로서 이사회결의를 요구하는 형태는 두 가지로 나누어 볼 수 있다. 하나는 개별행위를 특정하여 이사회의 결의를 요구하는 예이다. 예컨대 이사의 자기거래(398조), 신주발행(416조), 사채발행(469조), 준비금의 자본전입(461조 1항), 지배인의 선임·해임(393조 1항)과 같다. 이러한 행위를 이사회결의 없이 전단한 대표행위의 효력은 행위의 특성별로 달리 논하는 것이 통설·판례이다. 예컨대 이사

회의 결의 없이 한 이사의 자기거래는 상대적 무효설로 설명하며, 이사회의 결의 없는 신주발행이나 사채발행은 원칙적으로 유효로 다루는 것과 같다. 이러한 유형의 전단행위의 효력은 각 행위와 관련된 곳에서 설명하기로 한다.

이사회결의를 요하는 또 다른 유형은 제393조 제 1 항에서 규정하는 「중요한 자산의 처분 및 양도」, 「대규모 재산의 차입」과 같이 「중요」, 「대규모」라는 포괄적 특성으로 지정하여 이사회의 결의를 요구하는 것이다. 이 유형에 속함에도 불구하고 이사회결의 없이 한 대표행위의 효력에 관해서는 견해가 갈리는데, 「법률적 제한에 위반한 행위의 효력」 또는 「전단행위의 효력」이라는 주제로 다투어지는 것은 바로 이 유형의 행위를 이사회결의 없이 한 경우이다.

3) 상법은 대표이사가 내부적 제한에 위반한 행위를 하더라도 그 제한으로 선의의 제 3 자에 대항하지 못한다고 규정한다(389조 3항 →209조 2항). 정관이나 이사회의 규정에 의해 이사회의 결의를 거쳐 해야 할 행위를 대표이사가 단독으로 하더라도, 거래상대방이 문제의 대표행위에 이사회의 결의가 필요함을 알지 못하였거나, 이사회결의가 필요함을 알았더라도 이사회결의가 없었음을 알지 못한 경우에는 회사는 거래의 무효를 주장하지 못한다는 것이다. 이같이 일응 명문으로 해결하고 있는 문제이지만, 다음에 보듯이 앞서의 법률적 제한위반행위와 더불어 그 효력이 다투어지고 있다.

(3) 종전의 효력론

이상과 같이 법률적 제한과 내부적 제한은 각기 법적 근거를 달리함에도 불구하고 과거의 판례는 이를 구분하지 않고, 상대방이 이사회결의가 없음을 「알거나 알 수 있었을 경우가 아니라면」 거래는 유효하고, 상대방의 악의·과실은 회사가 증명하여야 한다고 판시해 왔으며(대법원 1978. 6. 27. 선고 78다389 판결 이후 다수). 학설도 다수설은 판례와 같은 입장을 취해 왔다. 이에 대해 일부 학설은 법률적 제한의 위반행위가 상대방이 선의·무과실인 경우에 한해 유효하다는 점에는 동의하지만, 내부적 제한은 상법 제209조 제 2 항이 「善意의 제 3 자」에게 대항할 수 없다고 규정할 뿐, 무과실을 요구하지 않으므로 내부적 제한의 위반행위는 상대방이 단지 선의이면 유효로 보아야 한다고 주장하였다(권기범 1008; 저자).

(4) 新 判 例

위 판례이론은 2021년 2월에 나온 새 판례에 의해 변경되었다(판례 [73]. 이하 "신판례"). 신판례는 필요한 이사회결의 없이 이루어진 대표행위는 상대방이 선의이면 과실의 유무와 무관하게 유효하고 악의이면 무효이며, 다만 중과실이 있을 때에는 악의와 대등하게 다루어 무효로 본다는 것이다.

종전의 판례와 달라진 점은 상대방이 이사회결의가 없음에 관해 과실있는 선의인 경우 과거에는 거래가 무효라고 했으나, 신판례는 중과실에 이르지 않는 한 유효로 본다는 것이다. 그리고 내부적 제한을 위반한 경우와 법률적 제한을 위반한 경우의 법적 효과에 차별을 두지 않는 종전 판례의 입장을 고수하였다.

구판례와 신판례의 차이

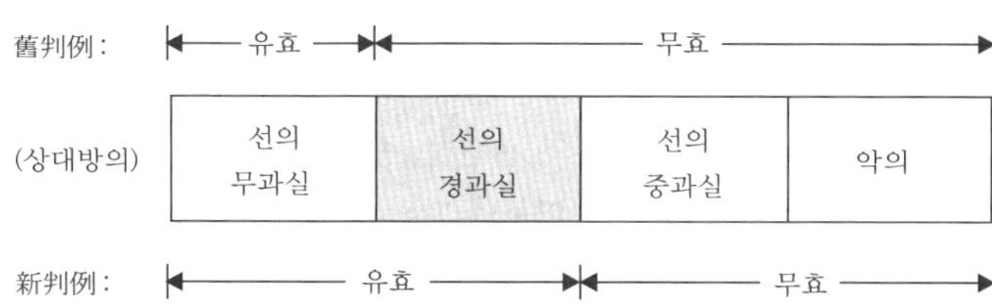

판 례

[73] 대법원 2021. 2. 18. 선고 2015다45451 판결(전)

[사실관계] H건설회사가 P회사(원고)로부터 30억을 차입하였는데, H와 공동으로 건설프로젝트를 수행하던 D건설회사(피고)의 대표이사가 이사회의 결의 없이 H를 위해 보증을 하였다. D의 자산은 약 1,700억 원, 매출은 약 1,000억원 정도이었다. H가 차입금을 변제하지 못하므로 P는 D를 상대로 연대보증인의 책임을 물었던 바, D는 이사회결의 없이 대표이사가 임의로 보증을 한 것이라는 이유로 무효임을 주장하였다. 상고심에서는 동 보증행위가 상법 제393조 제 1 항에 해당하는 이사회결의를 요하는 행위임을 인정하였으나, 다음과 같은 설시를 통해 유효한 보증이라고 판단하였다.

[判旨]「다. … 일정한 대외적 거래행위에 관하여 이사회 결의를 거치도록 대표이사의 권한을 제한한 경우에도 이사회 결의는 회사의 내부적 의사결정절차에 불과하고, 특별한 사정이 없는 한 거래 상대방으로서는 회사의 대표자가 거래에 필요한 회사의 내부절차를 마쳤을 것으로 신뢰하였다고 보는 것이 경험칙에 부합한다(…). 따라서 회사 정관이나 이사회 규정 등에서 이사회 결의를 거치도록 대표이사의 대표권을 제한한 경우에도 선의의 제 3 자는 상법 제209조 제 2 항에 따라 보호된다.

거래행위의 상대방인 제 3 자가 상법 제209조 제 2 항에 따라 보호받기 위하여 선의 이외에 무과실까지 필요하지는 않지만, 중대한 과실이 있는 경우에는 제 3 자의 신뢰를 보호할 만한 가치가 없다고 보아 거래행위가 무효라고 해석함이 타당하다. … 그러나 제 3 자가 회사 대표이사와 거래행위를 하면서 회사의 이사회 결의가 없었다고 의심할 만한 특별한 사정이 없다면, 일반적으로 이사회 결의가 있었는지를 확인하는 등의 조치를 취할 의무까지 있다고 볼 수는 없다(위 대법원 2006다47677 판결 참조).

… 대표이사의 대표권을 제한하는 상법 제393조 제 1 항은 그 규정의 존재를 모르거나 제대로 이해하지 못한 사람에게도 일률적으로 적용된다. 법률의 부지나 법적 평가에 관한 착오를 이유로 그 적용을 피할 수는 없으므로, 이 조항에 따른 제한은 내부적 제한과 달리 볼 수도 있다. 그러나 주식회사의 대표이사가 이 조항에 정한 '중요한 자산의 처분 및 양도, 대규모 재산의 차입 등의 행위'에 관하여 이사회의 결의를 거치지 않고 거래행위를 한 경우에도 거래행위의 효력에 관해서는 위 다.에서 본 내부적 제한의 경우와 마찬가지로 보아야 한다.

(1) 어떠한 거래행위가 상법 제393조 제 1 항에서 정한 '중요한 자산의 처분 및 양도, 대규모 재산의 차입 등'에 해당하는지는 재산의 가액과 총자산에서 차지하는 비중, 회사의 규모, 회사의 영업이나 재산 상황, 경영상태, 자산의 보유목적 또는 차입목적과 사용처, 회사의 일상적 업무와 관련성, 종래의 업무 처리 등에 비추어 대표이사의 결정에 맡기는 것이 적당한지 여부에 따라 판단하여야 한다(대법원 2005. 7. 28. 선고 2005다3649 판결, 대법원 2008. 5. 15. 선고 2007다23807 판결 참조). 그런데 대표이사와 거래하는 상대방의 입장에서는 회사의 구체적 상황을 알기 어려울 뿐만 아니라, 회사와 거래행위를 한다는 이유만으로 위와 같은 사정을 알아야 할 필요도 없고, 알아야만 하는 것도 아니다. 설령 상대방이 그러한 사정을 알고 있더라도, 해당 거래행위가 대표이사의 결정에 맡겨져 있다고 볼 수 있는지를 판단하기는 쉽지 않다. 구체적인 사건에서 어떠한 거래행위가 상법 제393조 제 1 항에서 정한 '중요한 자산의 처분 및 양도, 대규모 재산의 차입 등'에 해당하는지는 법률전문가조차 판단이 엇갈릴 수 있는 영역으로 결코 명백한 문제가 아니다.

(2) 이러한 점을 고려할 때 이사회 결의를 요구하는 근거가 상법 제393조 제 1 항인지 아니면 정관 등 내부 규정인지에 따라 상대방을 보호하는 기준을 달리한다면 법률관계가 불분명하게 될 수밖에 없다. 중과실과 경과실의 구별은 상대적이고 그 경계가 모호하며, 개별 사건에서 구체적 사정을 고려하여 과실의 존부와 그 경중을 판단할 수밖에 없다. 이사회 결의가 없는 거래행위의 효력을 판단할 때 상법 제393조 제 1 항에 따라 이사회 결의를 거쳐야 하는 경우에는 '선의 · 무과실'의 상대방을 보호하되 정관 등에서 이사회 결의를 거치도록 정한 경우에는 '선의 · 무중과실'의 상대방을 보호하는 식으로 구별하는 이른바 이원론은 회사를 둘러싼 거래관계에 불필요한 혼란과 거래비용을 초래한다.」

(5) 평 가

1) 무과실의 요부 내부적 제한을 위반한 전단행위의 상대방이 이사회 결의가 없었음을 과실로 알지 못한 경우 거래가 무효라고 하는 구판례의 이론은 실정법적 근거가 없는 해석이다. 대표권의 내부적 제한의 효력은 지배인의 대리권의 제한에 관한 상법 제11조 제 3 항의 해석론과 짝을 이루는 문제이다. 상법

제11조 제 3 항은 지배인이 영업주가 설정한 제한을 넘어 대리행위를 하였을 때, 영업주는 선의의 제 3 자에게 대항하지 못한다고 규정하는데, 이때 제 3 자의 선의는 과실의 유무를 묻지 않는다는 것이 통설 · 판례이다.[1] 무과실을 요하지 않는 이유는 법상 지배인은 원칙적으로 영업에 관해 포괄적 대리권을 가지므로(11조 1항) 대내적으로 설정된 대리권의 제한으로 인한 위험부담을 거래상대방에게 전가하는 것은 불공평하기 때문이다. 대표이사도 영업에 관해 포괄적인 대표권을 갖는 바이니(389조 3항 →209조 1항), 그 권한에 대한 제한을 위반한 효과는 지배인의 예와 동등하게 다루는 것이 균형 있는 해석이다. 내부적 제한은 회사의 대내적인 필요와 사정에 기하여 설정한 것인데, 상대방의 과실을 논한다면 이는 회사가 부담할 위험을 外部化하는 소치로서 민사법상의 책임론의 대원칙인 自己責任의 원리에 어긋난다. 이 점 신판례의 판지가 타당하다.

한편 신판례는 상대방의 선의가 중과실에 의한 경우에는 대표행위가 무효라고 하는데, 私法 전반에 걸쳐 학설 · 판례가 중과실을 악의와 같이 다루어 왔으므로 이 부분의 판시는 특히 새로운 이론은 아니다.

2) 법률적 제한위반의 차별성 내부적 제한과 법률적 제한에는 회사가 편의상 제한한 것이냐 법률이 요구하는 제한이냐는 규범성의 무게를 달리하는 분명한 차이가 존재함에도 불구하고, 신 · 구판례 공히 그 제한을 알지 못한 것에 대해 동일한 책임론을 적용하는 것은 타당한 해석론이 아니다. 신판례는 거래상대방의 입장에서 문제되는 거래가 상법 제393조 제 1 항이 열거한 「중요한」 자산의 처분 등에 해당하는지 여부를 판단하기 어렵다는 점, 이 판단을 거래상대방에게 요구할 이유가 없다는 점을 논거로 들지만, 법문이 「중요성」을 요건개념으로 사용하고 있다는 사실은 거래상 판단이 가능하다는 것을 전제로 한 것이므로 실무상 중요성의 판단이 어렵다는 이유로 법률적 제한을 내부적 제한과 동일시 하는 것은 명문의 규정에 반하는 해석이다. 또한 회사와 거래하는 상대방은 거래의 객관적 성상 내지는 쌍방이 이해하는 거래의 배경, 통상성의 유무에 기초하여 중요성 여부에 주의를 기울여야 한다고 보는 것이 거래의 통념에 부합한다.[2]

---

1) 대법원 1997. 8. 26. 선고 96다36753 판결. 강 · 임, 61면 외 다수. 현재 이와 다른 견해를 찾기 어렵다.

2) 신판례에 대한 상세한 비판은 李哲松, "대표이사의 專斷行爲의 효력," 「선진상사」 제94호 (2021. 4.), 1면 이하 참조.

⑹ 무효주장의 제한

법률적 제한 또는 내부적 제한을 위반한 대표행위의 무효는 회사가 주장할 수 있을 뿐, 거래상대방을 포함하여 회사 이외의 자는 주장할 수 없다.[1)]

6. 代表權의 濫用

대표이사의 대외적 행위는 바로 회사의 의무를 발생시키므로 대표행위를 할 때에는 고도의 주의를 기울여 회사의 최선의 이익을 추구해야 하며, 특히 사익을 추구해서는 안 된다. 이러한 의무내용은 법에 명문의 규정이 없더라도 이사의 선관주의의무와 대표이사라는 지위의 법적 성격에서 당연히 인정할 수 있다. 그러므로 대표이사가 사익을 위해 법률행위를 할 경우에는 이른바 「대표권의 남용」으로 보고 대표이사의 대내적 책임(해임, 손해배상청구)을 추궁할 수 있는데, 보다 중요한 것은 이에 그치지 않고 대표행위의 사법적 효력을 부인할 수 있다는 점이다.

1) 개 념 대표권의 남용이란 외관상으로는 대표이사의 권한 내의 적법한 행위이지만, 주관적으로는 자기 또는 제 3 자의 이익을 도모하는 행위로서 회사에 손실을 끼치는 행위를 말한다.

㈎ 외관상으로는 대외적으로 적법한 행위이어야 한다. 따라서 대표이사가 내부적으로 가해진 대표권의 제한을 초과하거나 법상 필요한 절차를 거치지 아니한 행위는 위법한 행위이므로 대표권의 남용에 해당하지 아니한다. 예컨대 공동대표이사 중 1인이 단독으로 대표행위를 하거나(389조 2항), 대표이사가 이사회의 승인 없이 경업 또는 자기거래를 하는 것(397조·398조)은 대표권의 남용이 아니고 바로 위법한 행위이다.

㈏ 자기 또는 제 3 자의 이익을 위한 행위이어야 한다. 예컨대 대표이사가 자기 개인의 채무를 변제하기 위하여 회사명의로 어음을 발행하거나(대법원 1990. 3. 13. 선고 89다카24360 판결), 대표이사가 자기의 친지가 발행한 어음을 회사명의로 보증하여 주는 것과 같다(대법원 1988. 8. 9. 선고 86다카1858 판결). 자기 또는 제 3 자의 이익은 대표이사가 남용행위를 하는 동기의 요소로서 대표권남용의 요건 중 가장 중요한 부분이라고 할 수 있다. 이는 주관적인 요소이므로 거래시에 외부에 표현되지 아니함이 보통이고 또 표현

1) 광주고법 1984. 5. 18. 선고 83나292 판결: 주식회사인 채권자가 이사회결의 없이 채권을 양도하여 채권양도가 무효라는 채무자의 주장을 배척한 예.

同旨: 日最高裁 2009. 4. 17. 民集 63권 4호 535면(대표이사가 이사회결의 없이 중요한 재산인 채권을 양도하였는데, 동 채권의 채무자가 양도회사의 이사회결의가 없었음을 이유로 무효를 주장하였으나, 同주장을 배척한 예).

됨을 요하지 아니한다. 그 행위로 인해 회사에 생겨나는 경제적 효과를 가지고 판단할 일이다.

(다) 대표행위의 결과 회사에 손실을 주고 자기 또는 제 3 자에게 이익이 있어야 한다. 예컨대 대표이사가 자기의 친지에게 회사의 재산을 저렴하게 양도함으로써 시가와의 차액만큼 회사에는 손실이, 제 3 자에게는 이익이 생기는 것과 같다. 회사에 손해가 없으면 대표권의 남용은 성립하지 않는다. 예컨대 위법하게 주권발행전 주식을 양도한 자에게 대표이사가 私益을 위해 승낙을 하더라도 이로써 회사에 손해가 발생하는 것은 아니므로 대표권의 남용이 아니다(대법원 2006. 9. 14. 선고 2005다45537 판결).

2) **대외적 효력** 대표권의 남용행위는 상대방이 남용행위임을 안 때에는 무효이고 알지 못한 때에는 유효하다는 것이 통설·판례의 일치된 견해이다. 문제는 그 법리를 어떻게 구성하느냐인데, 다음과 같이 견해가 대립된다.

(가) **非眞意表示說** 대표권의 남용행위를 비진의표시와 유사한 것으로 보아 원칙적으로 유효하지만 대표권을 남용하고자 하는 대표이사의 진의를 상대방이 알았거나 알 수 있었을 때에는 민법 제107조 제 1 항 단서를 유추적용하여 거래를 무효로 보는 설이다(김·노·천 410; 서헌제 832; 최기원 639).

(나) **權利濫用說** 남용행위도 객관적으로는 대표권의 범위 내의 행위이므로 상대방이 악의이더라도 그 행위 자체는 유효하지만, 악의인 상대방이 이에 의해 얻은 권리를 회사에 대해 행사하는 것은 권리남용이 되거나 신의칙에 위반하므로 허용될 수 없다는 입장이다(권기범 1005; 김홍기 550; 손주찬 786; 오성근 652; 이범찬(외) 362; 임홍근 493; 장덕조 352; 정동윤 618; 정준우 398; 정찬형 1039; 최준선 504; 홍·박 466).

(다) **기타의 설** 이 밖에 국내에서는 보기 어렵지만, 남용행위는 법상의 의무(선관주의의무)를 위반한 행위이므로 기본적으로는 무효이지만, 거래의 안전을 위해 선의의 상대방에 대해서는 무효를 주장할 수 없다고 하는 이익교량설(상대적 무효설),[1] 남용행위를 대표권에 대한 회사의 내부적 제한(389조 3항 → 209조 2항)을 위반한 행위로 보고, 상대방이 권한남용의 사실을 알았을 때에는 회사가 무효를 주장할 수 있으나, 선의인 때에는 무효를 주장하지 못한다는 내부적 권한제한설[2]도 있다.

(라) **판 례** 대표권의 남용에 관해서는 상당수의 판례가 누적되어 있으나, 일관된 입장을 보이지 못하고 있다. 1987년에 처음으로 대표권남용의 효

1) 北澤, 363면.
2) 前田, 481면.

력을 다룬 판례가 선을 보였는데, 이 판례는 권리남용설을 취였으나(대법원 1987. 10. 13. 선고 86다카 1522 판결), 이후의 판례는 비진의표시설로 바꿔 일관해 왔다(대법원 1988. 8. 9. 선고 86다카 1858; 89다카24360; 93다13391; 2003다 34045 판결).[1] 그러나 2016년에 다시 권리남용설을 취한 판례가 등장하였다가(대법원 2016. 8. 24. 선고 2016다222453 판결), 같은 해에 다시 비진의표시설을 취한 판례가 나오고(대법원 2016. 12. 15. 선고 2015다 214479 판결) 이후에도 비진의표시설을 취한 판례가 나오고 있다(판례 [74]). 이같은 입장 변경은 모두 판례변경절차 없이 이루어진 것이다. 1988년 이후에는 비진의표시설로 일관하고 권리남용설을 취한 판례는 단 한 건의 예외를 보이고 있음을 볼 때 전체적인 흐름은 비진의표시설이라고 보아야 할 것이다.

㈐ **私 見** 기본적으로 남용행위도 선의의 상대방에 대해서는 유효하고 악의의 상대방에 대해서는 무효라는 점에서 각 說이 일치하지만, 비진의표시설을 취할 때에는 과실 있는 선의의 상대방이 악의의 상대방과 같이 취급된다는 점(민 107조 1항 단)이 특색이다.

대표권의 남용행위는 그 동기에 흠이 있다 뿐이지 대표행위를 하겠다는 의사 자체, 그리고 그 내용에 상응하는 효과의사가 분명히 존재하므로 의사와 표시와의 불일치를 전제로 하는 민법 제107조를 가지고 남용행위의 효력을 풀이하는 것은 남용행위의 개념과 괴리가 있는 설명이다. 이에 대해 권리남용설은 남용행위도 일응 적법하고 유효한 행위라는 데서 출발하면서 악의의 상대방에 법적 비난가능성이 있음을 터잡아 그가 거래의 이익을 누리는 것을 차단하자는 취지이므로 남용행위의 본질에 부합하는 설명이다.[2]

전단행위와 대표권남용의 포섭관계

앞서 본 바와 같이 상법 제393조 제 1 항의 법률적 제한 또는 내부적 제한(389조 3항→209조 2항)을 위반한 대표이사의 전단행위에 의한 거래는 상대방이 선의이며 중대한 과실이 없는 한 유효하다는 것이 판례의 입장이다. 최근의 또 다른 판례에서 대표권의 남용은 전단행위와 무관한 법률사실로서, 종래의 판례와 같이 비진의표시설에 입각하여 효력을 정해야 한다고 판시하였다. 즉 대표이사가 대표권 제한을 위반하여 한 거래가

1) 권리남용설을 취한 첫 판례(86다카1522)와 비진의표시설을 취한 첫 판례(86다카1858)는 동일한 회사의 사건으로, 대표이사가 자신의 채무를 변제하기 위해 회사명의로 어음을 발행하였거나, 제 3 자의 채무를 담보하기 위해 어음에 배서 또는 보증한 예이다.

2) 다른 두 설도 논리적이지 못하다. 대표권의 남용은 행위의 객관적 내용이나 성질에 전혀 월권의 외양이 없고 행위의 동기가 不法한 것인데, 행위의 내용·성질을 가지고 적법성 여부를 객관적으로 측정할 수 있는 내부적 제한을 위반한 행위와 동일시하는 것은 정확한 설명이 아니다. 그리고 외견상 아무 흠없이 행해지는 대표행위를 본래부터 당연무효라고 설명하는 것(이익교량)도 남용행위의 본질에 부합하지 아니한다.

상대방이 경과실에 의한 선의(대표권제한의 위반을 알지 못함)이어서 유효이더라도, 그 거래가 대표권을 남용한 행위로서 상대방이 그러한 대표이사의 진의를 알았거나 알 수 있었다면 무효가 된다는 것이다(판례 [74]).

판 례

[74] 대법원 2021. 4. 15. 선고 2017다253829 판결

[사실관계와 判旨] H건설(주)의 대표이사가 M전문대학의 운영권을 얻기 위하여 H건설 소유의 부동산을 이사회의 결의없이 M전문대의 학교법인에 증여하는 계약을 체결하였다. 후에 이 증여계약이 대표이사의 전단행위로서 무효라는 주장이 제기되었으나, 법원은 상대방인 M학교법인이 이사회결의가 없음을 알았거나 중대한 과실로 알지 못했다고 보기 어려워 제393조 제 1 항에 의해 무효로 볼 수는 없다고 하였다. 하지만, 이 증여는 H건설의 대표이사와 M학교법인에게 이익이 되는 반면 H건설에는 손해를 초래하므로 H건설 대표이사의 대표권남용에 해당하고, M학교법인도 남용행위임을 알 수 있었다고 보아 증여계약이 무효라고 판시하였다.

비진의표시설의 유래

대표권의 남용에 관한 판례이론(비진의표시설)은 대리권의 남용의 효과를 비진의표시설로 설명하는 판례이론(대법원 1987. 7. 7. 선고 86다카1004 판결; 동 1996. 4. 26. 선고 94다29850 판결; 동 2001. 1. 19. 선고 2000다20694 판결)과 맥을 같이 하는 것이다. 그리고 이 두 가지의 판례이론은 대리권의 남용과 대표권의 남용에 대해 모두 비진의표시에 관한 규정을 유추적용해 온 일본판례의 영향을 받은 것이다.[1] 그러나 비진의표시설에 대해서는 일본에서도 비판이 많다. 대표적인 비판은 다음과 같다.

원래 대리의사 및 대표의사란 「본인(법인)을 위해 한다」라는 의사를 뜻하며, 이 의사에는 「본인의 이익을 위해 한다」라는 의사까지 요구하는 것은 아니다. 대리권 내지 대표권의 남용에 있어서의 대리 및 대표의사에는 자신이나 제 3 자의 이익을 도모한다는 배임적 의사가 있더라도 본인에게 대리(대표)행위의 효과를 귀속시키려는 의사는 인정되어야 한다. 이에 반해 비진의표시란 의사표시로서의 효과를 발생시키려는 의도가 결여되어 있는 표시행위로서, 대리나 대표행위를 비진의표시로 한다면 이는 본인에게 효과를 귀속시킬 의사가 없이 행한 표시행위를 뜻하므로 대리권(대표권)의 남용과는 본질을 달리한다.[2]

뿐만 아니라, 판례가 대표권남용의 효력을 설명하는 근거가 모호하다. 일본의 판례에서는 대표자의 진의(남용의사)를 상대방이 알았거나 알 수 있었을 때에는 민법

1) 日最高裁 1963. 9. 5. 판결, 民集 17권 8호 909면; 동 1976. 11. 26. 판결, 「判例時報」 839호 111면.

2) 鈴木清貴, "代理權の濫用と職務の濫用," 椿壽夫 · 伊藤進, 「代理の研究」, 日本評論社, 2011, 363면.

제107조 제 1 항 단서를 「유추」적용한다고 명언하고 있고, 대리권의 남용을 다루는 우리 판례도 같은 표현을 쓴다. 이와 달리 앞서 인용한 대표권남용에 관한 판례에서는 유추적용이라는 말을 쓰지 않고, 단순히 「대표이사의 진의를 알았거나 알 수 있었을 때에는 회사에 대해 무효가 되는 것」이라고 표현한다(전게 86다카1858; 2003다34045 판결). 마치 대표이사의 비진의에 대해서는 별도의 법리가 마련되어 있는 듯이 비춰지는 것이다. 그러나 이 판결의 표현에 부합하는 별도의 법리가 존재하지 아니하므로 판례와 같은 결론을 내고자 한다면 민법 제107조 제 1 항 단서를 「유추적용」할 수밖에 없다.

3) 증명책임 대표권남용을 이유로 대표행위의 무효를 주장할 때에는 그 무효를 주장하는 자(주로 회사)가 대표권의 남용이라는 사실, 상대방이 악의라는 사실을 증명하여야 한다.

4) 어음행위 대표이사가 자기 또는 제 3 자의 이익을 위해 회사명의로 발행·배서·보증 등의 어음행위를 한 경우에는 직접의 상대방과의 관계에서는 기본적으로 위에 설명한 효력론이 그대로 적용된다. 그러나 그 이후의 취득자와의 관계에서 대표권의 남용은 인적 항변사유가 되므로 선의의 소지인에게 대항하지 못한다(어음법 17조).

7. 대표이사의 不法行爲

대표이사가 업무집행으로 인하여 타인에게 손해를 가한 때에는 회사는 대표이사와 연대하여 배상할 책임이 있다(389조 3항 → 210조). 비영리법인의 이사 기타 대표자가 불법행위를 한 경우 법인의 손해배상책임을 인정하는 민법 제35조 제 1 항과 같은 취지이다.

대표이사가 아닌 이사의 행위로 인해서는 회사의 불법행위란 것이 있을 수 없으므로 대표이사 아닌 이사에 관하여는 이런 제도가 없고 또 이 규정이 준용될 수도 없다(그러나 사용자배상책임(민 756조)이 문제될 수 있다).

「업무집행으로 인하여」란 바로 「대표행위로 인하여」라는 뜻으로 해석한다. 따라서 대표행위가 가능한 범위에서 회사의 업무집행과 관련이 있고 행위의 외형상 객관적으로 대표이사의 직무범위 내로 보여지는 경우는 모두 회사의 불법행위가 성립할 수 있다(대법원 1990. 11. 13. 선고 89다카26878 판결). 그러므로 대표이사의 개인적 이익을 도모하기 위한 것이거나, 법령에 위반한 행위라도 외형상 대표이사의 업무집행으로 인정될 수 있다면 회사의 손해배상책임이 인정된다(대법원 2017. 9. 26. 선고 2014다27425 판결). 반면 대표행위가 있을 수 없는 경우에는 이 규정의 적용도 없다.

피해자가 대표자의 직무가 아님을 알았거나 重大한 過失로 알지 못한 때에는 회사에 손해배상책임을 물을 수 없다. 「중대한 과실」이란 「피해자가 조금만 주의를 기울였더라면 대표자의 행위가 그 직무권한 내에서 적법하게 행하여진 것이 아니라는 사정을 알 수 있었음에도 만연히 직무권한 내의 행위라고 믿음으로써 일반인에게 요구되는 주의의무에 현저히 위반하는 것으로 거의 고의에 가까운 정도의 주의를 결여하고, 공평의 관점에서 상대방을 구태여 보호할 필요가 없다고 인정되는 상태를 말한다」(대법원 2004. 3. 26. 선고 2003다34045 판결: 이 건은 비영리사단법인의 대표행위에 관한 판단이나, 영리법인에도 같은 원리가 적용될 수 있다).

8. 共同代表理事制度

(1) 의 의

공동대표이사란 2인 이상이 공동으로써만 회사를 대표할 수 있는 대표이사를 말한다. 주식회사가 수인의 대표이사를 둘 경우 이들을 공동대표이사로 정할 수 있다(389조 2항).

회사의 규모가 커지면 거래활동을 확대할 목적에서 여러 사람의 대표이사를 두는 예가 흔하다. 이 경우 내부적인 의사결정을 보다 신중하게 하고 대외적인 업무집행의 통일을 기하기 위해 공동대표이사 제도를 활용할 수 있다. 그러나 공동대표이사제는 상대방의 선의·악의를 불문하고 거래의 효과에 영향을 미치므로 동 제도의 운영에 있어서는 거래상대방의 보호를 유념해야 한다.[1)]

공동대표이사의 상호 견제기능

공동대표이사제도가 진가를 발휘하는 것은 대표이사의 위법 또는 부적정한 대표행위를 사전에 예방하고 사후에도 시정할 수 있다는 점이다. 대표이사가 회사의 이름으로 행한 행위에 관해서는 회사가 모두 책임을 져야 하므로 주주의 입장에서 대표이사란 위험부담이 큰 제도이다. 대표이사의 전횡을 방지하기 위하여 내부적으로 권한을 제한할 수 있지만, 선의의 제 3 자에게 대항할 수 없으므로(389조 3항·209조 2항) 대표이사가 스스로 제한을 준수하지 않는 한 실효성이 없다. 이와 달리 대표이사를 2인 이상으로 선정하고, 이들을 공동대표이사로 해 둔다면 이들간의 상호 견제가 가능하고, 이에 위반한 단독의 대표행위는 무효가 되므로 대표이사의 전횡으로 인한 회사의 손해를 예방할 수 있는 것이다.

대표이사의 임무해태로 회사에 손해를 입힌 경우에는 손해배상책임(399조)을 물어 사후적으로 구제받을 수 있으나, 최근에는 회사들의 규모와 거래단위가 대형화됨에 따

1) 공동대표이사제도는 본문에서와 같이 거래안전의 관점에서는 바람직하지 못하여 일본 회사법(2005년)에서는 폐지되었다(日會 309조 2항).

라 대표이사의 임무해태로 인한 회사의 손실도 거액에 달하므로 대표이사 개인의 책임을 추궁해서 회사의 손실을 전보한다는 것은 비현실적이다. 따라서 회사의 규모가 커질수록 대표권의 행사를 사전에 견제할 필요성이 더욱 커지는데, 이를 반영하듯 상장회사 중에서는 공동대표이사제도를 채용하는 회사가 꾸준히 늘고 있다. 특히 지배주주와 전문경영인 출신의 대표이사를 공동대표이사로 묶어 일상적인 업무는 전문경영인 출신의 대표이사에게 전담시키고, 중요업무에는 지배주주가 공동대표권을 행사함으로써 전문경영인의 독주를 견제하는 예를 흔히 볼 수 있다.

(2) 공동대표의 본질

공동대표의 본질을 설명하는 데에는 다음과 같이 견해가 갈린다.[1]

① 수인의 공동대표이사는 단독대표의 원칙에 따라 각자 대표기관을 구성하고, 단지 권한행사를 공동으로 하는 것이라는 설(행사방법공동설), ② 수인의 공동대표이사는 공동으로써만 1개의 대표기관을 구성하고, 1개의 대표권이 그들간에 合有的으로 귀속한다는 설(대표권합유설)이 있다.

①설에 의하면 공동대표이사의 수만큼의 대표의사 및 대표행위가 내용을 같이하면서 공동으로 행해짐으로써 유효한 대표행위가 되는 것이고, ②설에 의하면 수인의 공동대표이사의 의사가 합체되어 하나의 대표행위를 구성한다. 그리하여 공동대표이사 중 1인이 퇴임 등의 사유로 결원이 된 경우, ①설에 의하면 나머지 대표이사의 대표권이 소멸하는 것은 아니고 다만 공동행사가 불가능하게 될 뿐임에 대해, ②설에 의하면 공동대표이사 전원의 대표권이 소멸하게 된다. 수인의 대표이사를 선정한 경우 각자대표가 원칙이라는 통설의 입장에서 이해한다면 ①설이 논리적이다.

(3) 공동대표이사의 선정

1) 수인의 대표이사와 단독대표 대표이사를 수인 선정할 경우에는 이들은 각자 회사를 대표하는 것이 원칙이다. 따라서 공동대표이사로 하려면 대표이사의 선정 이외에 이들을 「공동」대표이사로 한다는 별도의 결의가 있어야 한다.

2) 선 정 공동대표이사를 정함에는 정관의 규정을 요하지 아니한다. 그리고 공동대표이사를 별도로 선임하는 것이 아니라, 이미 선정된 수인의 대표이사에 대해 권한행사방법에 관한 구속을 가하는 것이므로 대표이사를 선정하고, 다시 이를 공동대표이사로 정하는 절차를 밟아야 한다. 대표이사를 선정하는 기관이 역시 공동대표이사로 정하는 권한을 행사해야 한다. 따라서 이사회에

1) 日注釋(6), 175면.

서 대표이사를 선정하는 경우에는 이사회의 결의로 공동으로 결정하고(389조 1항 본), 정관의 규정에 의해 주주총회에서 대표이사를 선정하는 때에는 주주총회의 결의로 공동으로 정한다(389조 1항 단).

기술한 바와 같이 대표이사의 선정과 공동대표이사의 정함은 이론상 별개의 결의에 속하는 문제이나, 하나의 결의로 동시에 처리하여도 무방하다(예컨대 A와 B를 대표이사로 선정하되 공동대표이사로 한다고 결의하는 것). 또 처음에는 수인의 대표이사를 각자 단독대표이사로 선정하였다가 추후 이들을 공동대표이사로 할 것을 결의할 수도 있으며, 반대로 처음에는 공동대표로 하였다가 추후 각자대표로 전환하는 것도 가능하다.

3) 공동대표의 유형 공동대표이사를 정하는 방법으로는 대표이사 전원이 공동으로써만 대표하게 하는 것이 가장 흔한 모습이다(진정공동대표). 그러나 이를 변형시켜, 예컨대 3인의 대표이사 중 2인의 대표이사들이 공동으로써만 대표하게 하는 방법(예컨대 A · B · C 3인의 대표이사 중 2인 이상이 공동으로만 대표하게 하는 것), 3인 이상의 대표이사 중 1인은 단독대표로, 나머지 대표이사는 공동대표로 하는 방법도 가능하다(예컨대 A는 단독으로 B · C는 공동으로) (부진정공동대표).[1] · [2]

4) 등 기 공동대표이사를 정한 때에는 그 내용을 등기해야 한다(317조 2항 10호). 이를 등기하지 아니한 때에는 선의의 제 3 자에게 대항하지 못한다(37조 1항). 즉 1인의 대표이사가 단독으로 회사를 대표하여 거래하였더라도 회사는 그 무효를 주장하지 못하는 것이다. 공동대표를 정관에 규정하였더라도 같다(대법원 2014. 5. 29. 선고 2013다212295 판결).[3]

(4) 공동대표이사의 지위

1) 能動代表 회사가 제 3 자에게 하는 의사표시, 즉 능동대표는 대표이사들이 공동으로만 할 수 있다(389조 2항). 1인의 대표이사의 의사만으로는 조직법상 회사의 완성된 대표행위를 이루지 못하므로 그에 의한 거래는 무효이다. 상대방의 선의 · 악의를 불문한다. 이 점 소송행위에 있어서도 같다.[4]

「공동」으로만 해야 한다는 것은 공동대표이사들의 대표행위가 반드시 동시에 표시되어야 한다는 뜻은 아니다. 먼저 1인의 의사가 표시되고, 후에 나머지 대표이사의 의사가 보충되어도 무방하다. 이 경우에는 後의 의사표시가 있는 때에

1) 前註, 174면.
2) 독일주식법상으로는 이사 중 1인과 지배인이 공동으로 회사를 대표하게 할 수도 있는데(§ 78 Abs. 3 AktG), 이를 부진정공동대표(unechte Gesamtvertretung)라고 부른다.
3) 합자회사의 공동대표에 관한 판례이나, 주식회사의 공동대표에 관한 해석도 같다.
4) 인천지법 1997. 8. 22. 선고 97가합7505 판결: 회사에 대한 지급명령에 대하여 공동대표이사 중 1人이 이의신청을 한 것을 무효라고 보았다.

대표행위가 완성된다.[1)]

공동대표이사 각자의 의사가 거래 상대방에게 표시되어야 한다. 공동대표이사 1인이 다른 공동대표이사에게 의사표시를 위임할 수 있으나, 이 때에도 수임자는 자기의 의사와 위임인의 의사를 같이 표시해야 한다.

어음·수표의 발행과 같은 서면행위에서는 공동대표이사 전원의 기명날인(또는 서명)이 있어야 한다. 대표이사 중 1인이 다른 대표이사에게 그 권한을 위임하였다면, 그 대리관계가 서면에 표현되어야 한다.

2) 受動代表　　거래상대방이 회사에 대하여 하는 의사표시는 공동대표이사 중 1인에게만 하여도 효력이 있다(389조 3항→208조 2항). 이른바 수동대표는 공동대표이사 각자가 할 수 있는 것이다. 공동대표이사제도는 대표이사의 권한남용을 방지하기 위함인데, 의사표시의 수령에는 권한남용의 소지가 없기 때문이다.

3) 불법행위　　공동대표제도는 거래행위에만 적용되고 불법행위에는 적용되지 아니한다. 즉 공동대표이사 중의 1인의 불법행위이더라도 회사의 업무집행으로 인하여 타인에게 손해를 가한 때에는 회사가 연대하여 책임을 진다(389조 3항→210조). 공동대표이사제도란 대표권의 행사를 통제하려는 회사의 의사에 법적 효력을 부여한 것인데, 회사의 불법행위책임은 원래 회사의 통제를 무시하고 행해지는 대표이사의 행위에 대해 회사의 책임을 인정하는 제도이므로 양자는 서로 연결지어 운영될 수 있는 것이 아니기 때문이다.

(5) 공동대표권의 委任

1) 포괄적 위임의 可否　　공동대표이사 중 일부가 다른 공동대표이사에게 대표권의 행사를 포괄적으로 위임하는 것은 실질적으로 단독대표를 가능하게 하는 일이므로 공동대표의 취지에 비추어 볼 때 허용될 수 없다(판례 [75]). 같은 취지에서 부분적으로 포괄위임하는 것도 허용되지 않는다고 본다(예컨대 1억원 이하의 거래는 전부 위임한다든지, 구매업무는 전부 위임한다는 것과 같이 대표업무를 質 또는 量에 따른 구분에 의해 포괄위임하는 것).

판 례

[75] 대법원 1989. 5. 23. 선고 89다카3677 판결

「… 원고회사는 위 김근영과 위 조성준을 공동대표이사로 정하고 있었으나 위 조성준은 위 김근영에게 그 권한행사를 위임하여 위 김근영이 실제상 단독으로 회사를 경영하여 판시와 같이 이 사건 약속어음의 발행 및 공증증서의 작성이 이루어진 사

1) *Mertens*, in Kölner Komm. AktG, 2. Aufl., § 78 Rn. 47.

실 … 주식회사에 있어서 공동대표제도를 인정한 것은 대외관계에서 수인의 대표이사가 공동으로만 대표권을 행사할 수 있게 하여 업무집행의 통일성을 확보하고, 대표권행사의 신중을 기함과 아울러 대표이사 상호간의 견제에 의하여 대표권의 남용 내지는 오용을 방지하여 회사의 이익을 도모하려는 데 취지가 있다 할 것이므로 공동대표이사의 1인이 특정사항에 관하여 개별적으로 대표권의 행사를 다른 공동대표이사에게 위임함은 별론으로 하고, 일반적·포괄적으로 그 대표권의 행사를 위임함은 허용되지 아니한다.」

2) 개별적 위임의 可否　　대표행위의 사안별로 특정 거래에 관해 개별적인 위임을 할 수 있느냐는 문제가 있다. 공동대표이사간에 내부적인 의사합치만 있으면 개별적인 위임이 가능하고 거래 상대방에게 공동대표이사 전원이 의사표시를 같이 할 필요는 없으며, 어음·수표행위 같은 요식행위도 내부적 합의만 있으면 1인의 공동대표이사가 단독으로 할 수 있다는 설(적극설)(권기범 1014; 송옥렬 1031; 이범찬(외) 365; 정경영 628; 정동윤 620; 정찬형 1014; 최기원 641; 최준선 511), 공동대표제도의 취지는 대표이사간의 업무집행의 통일성을 대외적으로 확보하기 위한 것이므로 단지 공동대표이사간에 내부적인 의사의 합치만 있는 것으로는 부족하고 대외적으로도 의사표시를 공동으로 해야 한다는 설(소극설)이 있고, 적극설 중에서도 대외적인 의사표시를 하는 것을 위임할 수 있을 뿐만 아니라 거래내용까지도 위임할 수 있다는 설(백지위임설)(손주찬 788)이 있다.

백지위임설에 의하면 실제 대표행위를 하는 이사의 권능이 지나치게 확대되어 사실상 단독대표 또는 포괄위임과 차이가 없어진다. 적극설에 의하면 내부적으로는 상호 견제가 가능하여 공동대표제의 목적을 달성할 수 있겠지만, 거래의 대외적인 효과를 거래 상대방이 알기 어려운 「내부적」 합의의 유무에 의존시키게 되므로 거래가 불안정해지는 문제점이 있다.[1] 한편 소극설에 의하면 공동대표이사제도의 취지를 충실히 관철하는 장점이 있기는 하나, 공동대표이사들이 모든 대표행위에 관해 사실상 물리적으로 공동으로 참여를 해야 하므로 상거래의 신속요구에 거슬린다. 그러므로 공동대표이사 1인에게 개별적인 행위를 위임하는 것은 가능하다고 보되, 위임관계를 행위시에 현명하게 한다면(즉 실제 대표행위를 하는 대표이사 자신의 지위와 위임한 대표이사의 대리인이라는 자격을 아울러 표시하는 것) 공동대표제도의 운영을 대내외적으로 통일·명시할 수 있고, 아울러 거래의 신속과 조직운영의 효율을 기할 수 있다(표시행위위임설).

1) 적극설은 공동대표제를 사실상 대표권의 내부적 제한(389조 3항→209조 2항)과 같은 방식으로 운영하자는 것과 다를 바 없는데, 그러면서 공동대표제의 효과를 부여하는 것은 대표권의 제한을 선의의 제 3 자에 대항하지 못하게 하는 상법 제389조 제 3 항(→209조 2항)과 균형이 맞지 아니한다.

적극설을 취한 듯한 판례가 있으나, 단독대표의 가능성에 대한 상대방의 신뢰를 조건으로 하고 있어 적극설이라 보기는 어렵다.[1)]

⑹ 단독대표행위의 追認

공동대표이사 중 1인이 단독으로 대표하여 한 행위는 무효이지만, 이를 추인할 수 있다(민 59조 2항 → 민 130조). 추인은 나머지 공동대표이사가 하여야 하며, 추인의 의사표시는 거래상대방에게 할 수도 있고, 단독의 대표행위를 한 대표이사에게 할 수도 있다(대법원 1992. 10. 27. 선고 92다19033 판결). 그 추인은 묵시적으로도 이루어질 수 있다(예: 장기간 대표행위의 무효를 주장하지 않거나, 회사가 유효한 대표행위임을 전제로 한 행위를 하는 것).[2)]

⑺ 공동대표제도와 제 3 자의 보호

공동대표이사 중 1인이 단독으로 대표행위를 한 경우에는 상대방의 선의·악의를 불문하고 무효이므로 상대방에게 불측의 손해를 줄 수 있다. 물론 공동대표이사는 등기사항이긴 하지만, 등기가 완벽한 공시방법은 아니므로 제 3 자를 충분히 보호하는 수단이 되지 못한다. 여기서 공동대표라는 사실을 모른 채 공동대표이사 1인의 단독대표행위를 적법한 대표행위로 믿고 거래한 자를 보호할 필요가 있는데, 다음 몇 가지 법리가 활용가능하다.

공동대표이사 1인이 단독으로 대표권이 있는 듯한 직함을 사용하여 거래하고, 그 직함사용에 회사가 책임이 있는 경우에는 표현대표이사의 요건(395조)을 충족하므로 상대방은 회사에 대해 거래책임을 물을 수 있다(상세는 후술).

그리고 공동대표이사가 월권하여 단독대표행위를 한 경우에는 대체로 불법행위의 요건(민 750조)을 충족하게 될 것이므로 공동대표이사 1인의 행위가 표현대표이사의 요건을 충족하지 못하여 회사에 거래상의 책임을 묻지 못한다고 하더라도 상대방은 대표이사의 개인적인 불법행위책임을 물어 손해배상을 구할 수 있다. 나아가 공동대표이사 1인의 단독대표행위로 인한 손해는 「회사의 업무집행으로 인한 손해」로 보아 회사도 연대하여 손해배상책임(불법행위책임: 389조 3항 → 210조)을 진다고

1) 대법원 1996. 10. 25. 선고 95누14190 판결: 「… 회사의 공동대표이사 2명 중 1명이 단독으로 동의한 것이라면 특별한 사정이 없는 한 이를 회사의 동의라고 볼 수 없으나, 다만 나머지 1명의 대표이사가 그로 하여금 건물의 관리에 관한 대표행위를 단독으로 하도록 용인 내지 방임하였고 또한 상대방이 그에게 단독으로 회사를 대표할 권한이 있다고 믿은 선의의 제 3 자에 해당한다면 이를 회사의 동의로 볼 수 있다.」

2) 대법원 2010. 12. 23. 선고 2009다37718 판결: 2인의 공동대표이사 중 1인이 단독으로 종전의 주차장관리계약을 갱신하는 계약을 체결하였는데, 7개월이 경과한 후에 회사가 상대방에게 계약과 관련한 각서의 이행을 촉구하는 통고서를 발송하였고, 계약 후 1년 가까이 계약의 무효를 주장한 사실이 없는 것을 단독대표행위를 묵시적으로 추인한 것이라고 본 예.

해석해야 할 것이다.

또한 공동대표이사가 단독대표행위를 한 경우는 대부분 상법 제401조의 책임요건을 충족할 것이므로 거래상대방은 대표이사 개인의 책임을 물을 수 있다.

9. 表見代表理事

(1) 취 지

대표이사의 대외적 행위만이 회사의 행위가 되고 회사가 그에 관해 책임을 지므로 상법은 대표이사의 성명을 등기하도록 강제함으로써 거래 상대방이 적법한 상대자를 식별할 수 있게 하고 있다. 그러나 대표이사가 아닌 자가 회사의 승인 아래 대표이사로 오인할 만한 명칭을 사용하여 대표행위를 하는 경우에 이를 믿고 거래한 상대방에게 등기부를 조회하지 않은 책임을 물어 불이익을 주는 것은 신속을 요하는 상거래에서는 비현실적이며 신의칙에도 반한다. 그래서 상법 제395조는 이와 같은 경우 제 3 자를 보호하기 위하여 「社長, 副社長, 專務, 常務 기타 회사를 대표할 권한이 있는 것으로 인정할 만한 명칭을 사용한 理事의 行爲에 대하여는 그 이사가 회사를 대표할 권한이 없는 경우에도 회사는 善意의 제 3 자에 대하여 그 책임을 진다」라고 규정하여 회사의 거래책임을 묻는다.

상법 제395조의 요건을 충족하며 대표행위를 한 자를 「표현대표이사」라 부른다.

(2) 상법 제395조의 성격

1) 근거 법리 표현대표이사제도의 근거에 관해 영미법상 禁反言(estoppel by representation)의 법리에서 찾는 견해, 독일법의 外觀理論(Rechtsschein-theorie)에서 찾는 견해(정경영 631), 현재의 양 이론의 접근경향에 맞추어 양 이론 모두에서 찾는 견해(김정호 441; 최기원 645; 백숙종(주석－회사 3) 368)(대법원 1998. 3. 27. 선고 97다34709 판결)가 있다. 양 이론이 모두 외부에 표현된 것을 기초로 법효과를 부여하려는 것이고, 외관 또는 표시(representation)에 당사자의 유책을 요구하는 점으로 보아 어느 이론에 바탕을 둔다 하더라도 큰 차이는 없다(장덕조 351; 정찬형 1026).

2) 상업등기와의 관계 상법 제37조에 의하면 등기할 사항이 등기된 후에는(정당한 사유가 없는 한) 그 사항에 관해 제 3 자의 악의가 의제된다.[1] 그래서 제395조를 제37조에 대한 예외규정으로 보기도 한다(권기범 1017; 서헌제 838; 장덕조 363; 정찬형 1043; 최기원 645; 최준선 521). 그러나 제

1) 이 원칙을 관철하면 정상적인 대표이사가 등기되어 있는 한, 표현대표이사와 거래한 자는 정상적인 대표이사의 존재에 관해 악의가 의제되어야 한다. 그럼에도 불구하고, 상법 제395조는 등기되지 않은 대표이사(표현대표이사)에 대한 신뢰를 보호하므로 일응 제37조와 충돌된다.

37조와 기타 상업등기제도는 기업관계가 외부에 공시된 후에는 상대방의 희생 아래 공시자의 면책을 보장함으로써 당사자의 이해를 조정하려는 제도이며, 표현대표이사제도는 표현적 명칭이라는 부진정한 외관작출에 유책인 자를 희생시키고 외관대로의 법효과를 인정함으로써 상거래의 신속과 안전을 도모하려는 제도이므로 서로 법익을 달리한다. 따라서 제395조를 제37조의 예외로 볼 것은 아니다(대법원 1979. 2. 13. 선고 77다2436 판결)(同旨: 김홍기 564; 이범찬(외) 366; 이 · 최 449; 송옥렬 1038; 정경영 633; 정준우 403).

⑶ 상법 제395조의 적용요건

표현대표이사로서의 행위가 성립하기 위하여는 다음과 같은 요건이 충족되어야 한다.

1) 表見的 地位

㈎ **표현적 명칭사용** 대표이사가 아닌 이사가 「회사를 代表할 만한 권한이 있는 것으로 인정할 만한 명칭」(표현적 명칭)을 사용하였어야 한다. 표현적 명칭으로 法文이 「社長, 副社長, 專務, 常務 기타 …」라고 규정한 것은 예시적인 열거일 뿐이고, 기업계에서 자주 사용하는 회장 · 부회장 등의 명칭도 이에 해당되며, 예컨대 「영업담당상무」, 운수회사의 「사고처리담당이사」와 같이 회사의 업무 중 일부에 관해 대표권이 있다고 인정될 만한 명칭을 사용한 경우도 그 부분적인 업무에 관련되는 한 동조가 적용된다(서울고법 1972. 12. 30. 선고 72나2141 판결).

법문이 사장, 부사장, 전무, 상무를 예시하고 있으나, 이러한 명칭이 표현대표이사의 명칭에 해당하는지는 구체적인 상황과 거래통념에 따라 결정하여야 한다. 판례 중에 사회 일반인도 회사의 대표이사제도에 익숙해져 있음을 지적하며, 단지 전무나 상무라는 명칭을 사용한 자를 대표이사로 믿은 것은 중과실에 해당한다고 본 예가 있다(대법원 1999. 11. 12. 선고 99다19797 판결). 또한 회사의 「경리담당이사」라는 직함을 가진 자가 그 명칭으로 자금을 차용한 사건에서 「경리담당이사」는 회사를 대표할 권한이 있는 것으로 인정될 만한 명칭에 해당하지 않는다고 한 예도 있다(대법원 2003. 2. 11. 선고 2002다62029 판결).

㈏ **이사자격의 요부** 상법 제395조의 문언에 의하면 행위자가 최소한 이사자격만큼은 진실하게 갖추어야 동조가 적용되는 것으로 보인다. 그러나 제395조는 표현적 지위에 대한 제 3 자의 신뢰를 보호하는 제도인데 이사자격의 유무는 표현적 지위의 형성에 아무런 차이를 주지 않는다는 점을 감안하면 이사가 아닌 자가 대표행위를 한 경우에도 제395조를 유추적용하여야 한다. 판례는 부존재하는 총회결의에 의해 선임된 이사(대법원 1992. 7. 28. 선고 91다35816 판결), 전혀 이사로 선임된 사실조차 없는 자(판례 [76])의 행위에 대해서도 본조를 유추적용한다.

판 례

[76] 대법원 1985. 6. 11. 선고 84다카963 판결

「… 상법 제395조는 … 법일반에 공통되는 거래의 안전의 보호와 금반언의 원칙에서 나온 것으로서 이사의 자격이 없는 자에게 회사의 표현대표이사의 명칭을 사용케 한 경우나 이사자격 없이 표현대표이사의 명칭을 사용하는 것을 회사가 알고도 그대로 두거나 아무런 조치도 쓰지 않고 용인상태에서 놓아둔 경우에도 위 규정이 유추적용되는 것으로 해석함이 상당〔하다.〕」

[同旨판례] 대법원 1998. 3. 27. 선고 97다34709 판결

(다) **명칭사용의 의의** 어음행위와 같은 요식행위에 있어서는 표현자의 표현적 명칭과 그 이름이 표시되어야 할 것이나, 그 밖의 불요식행위에 있어서는 상대방에게 자신이 대표자라는 인식을 주는 것으로 족하다. 그리고 평소에 상대방에게 표현적 명칭의 인식을 주었다면 반드시 행위시마다 명칭을 명시하지 않더라도 표현적 명칭을 사용한 것으로 볼 것이다.

2) 회사의 歸責事由

(가) **명칭사용의 허용** 표현대표이사의 행위가 성립하려면 표현적 명칭의 사용을 회사가 명시적 또는 묵시적으로 허용하였어야 한다. 이와 같은 회사의 원인부여 없이 자의적으로 대표권이 있는 것과 같은 명칭을 사용하여 대표행위를 하였다면 회사는 책임을 지지 않는다.

회사가 발령 · 위촉 등 적극적인 의사표시로 지위를 부여하는 것은 명시적 허용의 예이다. 표현대표이사가 한 계약을 이의 없이 이행한다든지 또는 명칭사용의 사실을 알고도 제지하지 않고 방치한 경우(대법원 2005. 9. 9. 선고 2004다17702 판결), 또는 적법한 대표이사가 장기간 회사업무를 방치하고 이사 1인이 실질적인 대표이사로서 대외거래를 한 경우 등은 묵시적으로 허용한 것으로 보아야 한다(대법원 1988. 10. 11. 선고 86다카2936 판결).

또 특별한 명칭사용을 허락하지 않더라도, 지배주주 겸 대표이사가 타인에게 주식을 양도함과 동시에 경영을 위임하여 그 타인이 수개월간 사실상의 경영권을 행사하였다면 역시 회사가 표현적 지위를 부여한 것이다(대법원 1994. 12. 2. 선고 94다7591 판결; 동 1998. 3. 27. 선고 97다34709 판결).

회사가 과실에 의해 표현적 명칭의 사용을 방치한 경우에 판례는 본조의 적용을 부정한다(판례 [77]). 그러나 본조의 취지가 외관을 신뢰한 자를 보호하여 거래의 안전을 보장하고 복잡한 대표제도로 인해 피해를 보는 자가 생기지 않도록 하자는 것이라고 본다면, 「명칭의 참칭 사실을 알지 못해서 저지하지 못한 것이 묵인

과 비견되는 정도의 과실에 기한 경우」[1]에는 본조에 의한 회사의 책임을 인정하여야 한다.

판 례

[77] 대법원 1975. 5. 27. 선고 74다1366 판결

「… 표현대표자의 명칭사용을 명시적으로나 묵시적으로나 승인한 경우에만 한하는 것이고, 회사의 명칭사용 승인 없이 임의로 명칭을 참칭한 자의 행위에 대하여는 비록 그 명칭사용을 알지 못하고 제지하지 못한 점에 있어서 회사에게 과실이 있다고 할지라도 그 회사의 책임으로 돌려 선의의 제 3 자에 대하여 책임을 지게 하는 취지는 아니라 할 것이다. …」

[同旨판례] 대법원 1995. 11. 21. 선고 94다50908 판결

(나) **명칭사용의 허용기관** 회사가 허용하였다고 보기 위하여는 주주총회나 이사회에서 결의하거나 대표이사가 명의사용을 허용하여야 한다(대법원 1992. 9. 22. 선고 91다5365 판결). 표현적 명칭을 부여하는 것이 이사회 또는 대표이사의 권한 내인지는 묻지 않는다.

이사회의 결의에 필요한 이사의 수 또는 최소한 이사 정원의 과반수가 명시 또는 묵시적으로 명칭사용을 허용한 경우에는 회사가 허용한 것으로 보아야 한다(전게 판결 및 대법원 2011. 7. 28. 선고 2010다70018 판결). 단지 소수의 이사가 명칭사용을 승인하거나, 지배주주가 명칭사용을 허락한 경우에는 표현대표이사로 볼 수 없다.

3) **표현대표이사의 代表行爲** 표현대표이사가 「대표이사」의 권한 내에 속하는 대표행위를 하였어야 한다.

(가) **「대표」 행위** 상법 제395조가 적용되는 행위는 「대표」 행위에 국한되고, 대표행위가 아닌 대내적인 업무집행행위는 포함하지 않는다. 대표행위라고 하더라도 고용과 같이 당사자의 의사가 존중되어야 할 계약은 그 성질상 본조가 적용되지 않는다고 보아야 한다. 이 경우 표현대표이사의 고용계약체결은 불법행위가 될 것이고 피용자는 회사의 사용자배상책임을 물어 구제받을 수 있을 것이다.

(나) **행 위** 본조는 계약 · 단독행위 · 합동행위와 같은 법률행위는 물론이고 준법률행위에도 적용되며, 의사표시의 수령, 즉 수동적 대표행위에도 적

---

1) 서울고법 1974. 7. 9. 선고 72나1289 판결(본문 판례 [77]의 원심판결) 참조. 사실관계를 보면 표현자가 대표이사로 등기된 채 6년간 존속하였고, 또 그가 회사의 대표자격으로 제 3 자와 회사재산에 관한 민사소송을 수행한 일도 있다.

용된다.

불법행위와 소송행위에는 본조가 적용되지 않는다(김동훈 325; 정동윤 623; 정찬형 1044; 최기원 646). 불법행위의 경우에는 제 3 자가 표현대표이사의 대표권을 신뢰하고 피해자가 된다는 일이 있을 수 없으므로 특히 거래의 안전을 고려할 필요가 없기 때문이다. 소송행위와 관련하여 전무이사가 한 소취하를 표현대표이사의 행위라고 본 판례가 있으나(대법원 1970. 6. 30. 선고 70후7 판결), 외관을 신뢰한 제 3 자를 보호한다는 같은 취지를 가진 상법 제14조(표현지배인) 제 1 항 단서에서 재판상의 행위는 예외로 하고 있음에 비추어 표현대표이사제도도 소송행위에는 적용되지 않는다고 해석해야 한다.

㈐ **권한 내의 행위** 회사의 책임이 발생하려면 표현대표이사로서의 행위가 대표이사의 권한 내의 행위이어야 한다. 따라서 대표이사로서도 할 수 없는 행위(예컨대 이사의 선임)에는 적용되지 않는다. 또 주주총회 · 이사회의 결의 등 일정한 절차를 거쳐야 하는 것이 명백한 행위(예컨대 회사합병 · 영업양도)에 있어서는 표현대표이사의 행위에 해당한다는 것만으로는 상대방이 보호받지 못한다. 이사회의 결의가 필요한 행위를 이사회결의 없이 표현대표이사가 단독으로 한 경우에는 상대방이 이사회결의가 없었음을 중과실 없이 알지 못했다는 요건을 구비해야만 표현대표행위의 효력을 주장할 수 있다(대법원 1998. 3. 27. 선고 97다34709 판결). 표현대표이사가 회사의 유일무이한 재산(부동산)을 양도담보로 제공한 사안에 대해 대표이사로서도 주주총회의 특별결의 없이는 그와 같은 행위를 할 수 없음(374조 1항 1호)을 이유로 본조의 적용을 배척한 판례가 있다(대법원 1964. 5. 19. 선고 63다293 판결).

회사가 내부적으로 대표이사의 권한을 제한하더라도 이로써 선의의 제 3 자에게 대항할 수 없으므로(389조 3항 → 209조 2항) 대표권이 제한된 행위에 대해서도 표현대표이사의 행위가 성립할 수 있다고 보아야 한다.

4) 제 3 자의 신뢰 상법 제395조가 명문으로 규정하는 바와 같이 선의의 제 3 자에 대해서만 회사가 책임을 진다.

㈎ **제 3 자의 범위** 본조에 의해 보호받는 제 3 자란 표현대표이사의 행위의 직접의 상대방뿐 아니라 이 행위에 관련하여 표현적 명칭을 신뢰한 당사자를 모두 포함한다. 따라서 표현대표이사가 한 어음행위(예: 배서)를 대표이사의 행위로 믿고 이 어음을 취득한 제 3 자도 보호를 받는다(판례 [78]).

판 례

[78] 대법원 1988. 10. 25. 선고 86다카1228 판결

「… 피고회사의 경리담당 상무이사 소외 이상화가 피고회사의 자금관리업무를 담당하면서 구체적인 수권 없이 소외 세영컴퓨터주식회사가 발행한 액면 2,489만원의 약속어음 이면에 피고회사 대표이사 명의로 백지식 배서를 하여 소외 망 이종태를 통하여 소외 정낙준에게 어음할인을 요청하고 정낙준은 위 이상화가 피고회사의 경리담당 상무로서 어음배서 등의 방법으로 자금조달을 하여 오고 있는 사정을 알고 있는 터이라서 이 사건 어음도 위 이상화가 피고회사를 위하여 그 명의로 배서한 것이라는 위 이종태의 말을 믿고 그의 중개로 어음할인을 하여 주고 어음을 양도받아 1984. 9. 7에 그 어음을 원고에게 양도하여 원고가 그 어음의 최종소지인이 된 사실 … 피고는 이 사건 어음의 배서인으로서 원고에게 어음금액과 어음법 소정의 이자를 지급할 의무가 있다. … 상법 제395조가 정한 표현대표이사의 행위에 의한 회사의 책임에 관한 규정은 표현대표이사가 자기의 명칭을 사용하여 법률행위를 한 경우는 물론이고 자기의 명칭을 사용하지 아니하고 다른 대표이사의 명칭을 사용하여 행위를 한 경우에도 적용된다. …」

[同旨판례] 대법원 2003. 9. 26. 선고 2002다65073 판결

(나) **선의의 대상** 본조에서 말하는 선의란 표현대표이사가 대표권을 갖지 않음을 알지 못한다는 뜻이고, 반드시 법상 대표이사가 아니라는 것을 알지 못해야 한다는 뜻이 아니다(대법원 1998. 3. 27. 선고 97다34709 판결).

(다) **증명책임** 제 3 자의 선의 여부에 대한 증명책임은 회사가 부담하는 것에 대해 이설이 없다(대법원 1971. 6. 29. 선고 71다946 판결). 따라서 회사가 제 3 자의 악의를 증명해야 한다.

(라) **제 3 자의 무과실의 요부** 상법 제395조는 상대방의 무과실을 요건으로 하고 있지 않는 데다가, 상대방이 등기부를 열람하면 표현명칭의 사용자가 대표이사가 아님을 쉽게 알 수 있을 것임에도 단지 표현적인 명칭을 신뢰한 자를 보호하자는 것이 본조의 취지이므로 상대방의 무과실을 요하지 않는다는 것이 통설 · 판례이다(대법원 1973. 2. 28. 선고 72다1907 판결). 그러나 거래상대방의 선택에는 항상 위험이 따르는 것인데, 중대한 과실이 있는 자까지 보호하는 것은 불공평한 위험배분이다. 따라서 표현적 명칭의 신뢰에 중과실이 있는 경우에는 본조를 적용해서는 안 된다(대법원 1999. 11. 12. 선고 99다19797 판결).[1)]

1) 어느 대규모 건설회사의 직원으로부터 「전무이사/주택사업본부장」이라고 기재된 명함과 함께 10억원이 넘는 채무를 담보하기 위해 백지어음에 배서를 해 받은 자가 배서인에게 대표권이 있는지 여부를 확인해 보지 않은 것은 중대한 과실이라고 한 사례.

여기서 중과실이라 함은 상대방이 조금만 주의를 기울였더라면 표현대표이사의 행위가 대표권에 기한 것이 아니라는 사정을 알 수 있었음에도 만연히 이를 대표권에 기한 행위라고 믿음으로써 거래통념상 요구되는 주의의무에 현저히 위반하는 것으로서, 공평의 관점에서 제 3 자를 구태여 보호할 필요가 없다고 봄이 상당하다고 인정되는 상태를 말한다(대법원 2003. 7. 22. 선고 2002다40432 판결; 동 2013. 2. 14. 선고 2010다91985 판결).

(4) 적용범위

1) 공동대표와 표현대표이사 회사는 수인의 대표이사가 회사를 공동으로 대표할 것을 정할 수 있고(389조 2항), 이는 등기사항이므로(317조 2항 10호) 등기하였을 때에는 선의의 제 3 자에 대하여도 대항할 수 있다(37조). 그런데 공동대표이사 중 1인이 「사장」, 「대표이사사장」 등 단독으로 대표할 권한이 있는 듯한 명칭을 회사로부터 허락받아 사용하면서 단독으로 회사를 대표하여 행위한 때에는 이를 표현대표이사의 행위로 보고 상법 제395조를 적용하는 것이 통설 · 판례이다.[1] 그러나 회사가 단지 「대표이사」라는 명칭을 부여한 경우에는 제395조의 적용을 긍정하는 견해와 부정하는 견해로 갈린다. 회사의 대표는 단독대표가 원칙이고 공동대표는 예외적인 현상인데 「대표이사」란 명칭은 가장 뚜렷한 대표권의 외관이므로 제395조가 당연히 적용되어야 한다는 견해(확장설)(권기범 1023; 송옥렬 1044; 이종훈 328; 이 · 최 449; 정경영 639; 정동윤 624; 정찬형 1047; 최기원 654; 최준선 519; 홍 · 박 475; 백숙종(주석 – 회사 3) 385),[2] 대표이사란 명칭은 법이 인정하는 것인데 「공동」대표이사라고 명시하지 않았다 하여 회사의 귀책사유가 될 수는 없다는 이유로 적용을 부정하는 견해(한정설)[3]가 있다. 판례는 확장설을 취하고 있다(대법원 1992. 10. 27. 선고 92다19033 판결; 동 1993. 12. 28. 선고 93다47653 판결).

확장설은 거래의 안전에는 충실하지만 거래안전의 부분적인 희생을 감수하고 대표이사의 권한남용으로 인한 위험을 예방하려는 공동대표제도의 기본취지에는 반한다. 한정설이 거래의 안전과 회사이익보호의 적절한 조화점이라 생각된다.

2) 선임이 무효 · 취소된 대표이사의 행위 대표이사의 선임결의가 무효인 경우 대표이사의 선정 이후 무효판결시까지 대표이사로서 한 행위의 효력은 어떻게 되는가? 특히 주주총회의 이사선임결의가 취소 · 무효 · 부존재인 경우에는 그 이사들이 구성한 이사회가 대표이사를 선정한 것도 무효일 수밖에 없으므로

1) 일본의 통설 · 판례도 같다(日最高裁 1968. 12. 24. 판결, 民集 22권 13호 3349면).
2) 日注釋(4), 396면.
3) 安部正三, "共同代表と表見代理," 「會社と訴訟」(上), 345면.

같은 문제가 생긴다.

오래전부터 판례는 하자 있는 주주총회결의로 선임된 이사들이 구성한 이사회에 의해 선정된 대표이사를 표현대표이사로 봄으로써 제 3 자를 보호하였는데(판례 [79]), 1995년 개정에 의해 주주총회결의의 취소 등의 판결에 소급효를 인정하였으므로(376조 2항 → 190조 본) 현재는 특히 이를 표현대표이사로 볼 실익이 커졌다. 한편 판례 중에는 선임이 무효인 대표이사의 행위는 상법 제39조의 부실등기의 문제로 보아 선의의 제 3 자에게 무효임을 대항하지 못하는 것으로 다룬 예도 있다(대법원 2004. 2. 27. 선고 2002다19797 판결).

이사를 선임한 주주총회의 결의에는 아무 흠이 없으나 그 후 대표이사를 선정한 이사회의 결의에 하자가 있을 경우에도 같은 논리를 적용해야 한다.

판 례

[79] 대법원 1985. 6. 11. 선고 84다카963 판결

「… 이병덕은 피고회사의 주주가 아님에도 불구하고 1980. 7. 10 마치 … 이병덕, 임현구, 김영천을 이사로 선임한 양 주주총회 의사록을 허위로 작성한 후, 그 이사회에서 위 김영천을 대표이사로 하는 등의 등기를 마쳤던 것으로서 위 김영천을 이사 및 대표이사로 선임한 주주총회 및 이사회의 각 결의는 모두 무효라고 인정하고, … 피고나 피고회사의 주주들은 모두 위 김영천이 피고회사의 대표이사 자격이 없으면서도 그 대표이사의 명칭을 사용하여 이 사건 부동산 등을 원고에게 매도(한) 점 등을 잘 알고 있으면서도 이를 묵인하여 왔을 뿐 아니라 … 원고로서는 위 김영천이 … 피고회사의 정당한 대표이사인 줄로만 믿었던 것이라 할 것이므로 … 피고는 상법 제395조의 표현대표의 법리에 따라 그 권한이 있는 것으로 믿은 선의의 제 3 자인 원고에게 그 처분행위의 효력을 부인할 수 없다. …」

[同旨판례] 대법원 1992. 7. 28. 선고 91다35816 판결; 동 1992. 9. 22. 선고 91다5365 판결.

이 두 건의 판례는 부존재인 주주총회의 결의에 의해 선임된 이사가 다시 대표이사로 선정된 후 행한 대표행위를 표현대표이사의 행위로 본 예이다.

3) 표현대표이사가 진정한 대표이사의 이름으로 한 행위 판례는 한때 이를 표현대리 또는 무권대리의 문제로 보았으나(대법원 1968. 7. 30. 선고 68다127 판결), 그 후의 판례는 「행위자 자신이 표현대표이사인 이상 다른 대표이사의 명칭을 사용하여 행위한 경우」에도 상법 제395조가 적용된다고 보고 있다(판례 [78], 대법원 1979. 2. 13. 선고 77다2436 판결; 동 2011. 3. 10. 선고 2010다100339 판결 외 다수)(同旨: 김동훈 325; 송옥렬 1045; 정경영 634; 정동윤 621; 최준선 517; 백숙종(주석－회사 3) 387).

이같이 표현대표이사가 진정한 대표이사의 이름으로 행위한 경우에는 상대

방의 악의 또는 중과실의 유무는 표현대표이사에게 대표권이 있는지 여부가 아니라 대표이사를 대리하여 행위할 권한이 있는지 여부에 관해 판단해야 한다(대법원 2003. 7. 22. 선고 2002다40432 판결; 동 2011. 3. 10. 선고 2010다100339 판결). 그러나 이같은 경우에는 거래상대방의 신뢰는 대표행위가 아니라 대리행위를 할 권한이 있는 듯한 외관에 있었다고 할 것이므로 본조의 보호대상이 아니다. 판례가 다룬 사안은 모두 표현대리(민 125조)의 법리로도 충분히 제 3 자를 구제할 수 있는 예이다.[1)]

Ⅴ. 소규모회사의 관리구조

1. 의 의

小規模會社(자본금총액이 10억원 미만인 회사)는 이사를 1인 또는 2인으로 할 수 있고, 감사를 두지 않을 수 있다(383조 1항 단 · 409조 4항).

주식회사의 경영조직은 대규모 회사에 적합하도록 마련된 것이므로 영세한 기업이 주식회사의 형태를 취할 경우에는 사업규모에 비해 과다한 비용을 조직의 유지 · 관리에 투입해야 한다. 그러므로 소규모의 자본금이나 인적 구성으로 유한책임의 이익을 누리고자 할 때에는 유한회사를 이용하도록 하는 것이 우리나라 회사제도의 정책이나, 기업자들은 아무리 영세하더라도 주식회사를 선호하는 경향이 강하다. 2011년 개정에 의해 유한책임회사제도가 신설되었지만, 주식회사의 선호도에는 변화가 없으리라 짐작된다. 그 결과 비용면의 비경제도 생기지만, 영세한 회사가 이사의 수나 이사회의 운영 등 법적 요건을 충족시키기 위해 명목만의 이사와 이사회, 그리고 감사를 두는 등 변칙적으로 조직을 운영함으로써 사회비용을 발생시키기도 한다. 그러므로 상법은 이러한 주식회사의 선호경향을 수용하여 영세한 기업도 주식회사를 이용하며 그 규모에 맞는 조직을 운영할 수 있도록 이사의 법정인원 및 감사에 대한 특례를 둔 것이다. 우리나라의 회사실정을 보면 비상장회사의 경우 자본이 1, 2억원에 불과한 회사가 압도적인 다수이므로 이 특례가 적용될 수 있는 회사 및 실제 이용할 회사가 상당수에 이를 것으로 짐작된다. 그러나 이 제도는 주식회사의 대내외적 조직운영에 상당한 혼란을 주므로 바람직한 입법은 아니다.

이 특례에 따라 이사를 1인으로 한 때에는 이사회의 구성이 원천적으로 불가

---

1) 오래전의 판례 중에 표현대표이사가 진정한 대표이사의 이름으로 거래한 것을 표현대리 또는 무권대리의 문제로 본 것이 있다(대법원 1968. 7. 30. 선고 68다127 판결).

능하고, 이사를 2인으로 할 때에는 이사회구성이 불가능한 것은 아니지만, 상법은 이사가 2인만 있는 경우에도 이사회를 두지 않는 것으로 다루고 있다. 그러므로 소규모회사에서는 이사회의 존재를 전제로 한 제도가 대폭 수정되어야 하며, 감사를 두지 않을 경우에는 법상 감사가 행할 사무를 대신할 자를 정해야 한다.

2. 소규모회사제도의 채택절차

위에 언급한 자본금의 요건을 충족하는 한 이사를 1인으로 하는 데에는 별도의 절차가 필요 없다. 정관의 규정을 요하지도 않는다. 단지 주주총회에서 이사를 1인 또는 2인만 선임하면 다음과 같은 조직법상의 변용이 허용된다. 그리고 주주총회에서 다시 이사를 3인 이상 선임하면 본래의 조직규범의 적용대상으로 환원되어 더 이상 다음과 같은 특례가 적용되지 않는다.

3. 대표권의 귀속

이사가 1인인 경우에는 달리 회사를 대표할 자가 없으므로 이사가 당연히 대표기관이 된다(383조 6항). 그리고 이사가 2인인 때에는 원칙적으로 각 이사가 회사를 대표하지만, 정관에 규정을 두어 달리 대표이사를 선임할 수도 있다(383조 6항).

4. 이사회의 기능대체

소규모회사제를 채택함으로 인한 가장 중요한 변화는 이사회가 없다는 점이다. 그러므로 상법상의 이사회의 기능은 다른 기관으로 대체되어야 한다. 상법은 이사회를 갈음할 의사결정방법으로서 어떤 것은 이사가 단독결정할 수 있게 하고 어떤 것은 주주총회가 결정하도록 규정하고 있는데, 대체로 이사의 권한남용이 우려되는 것은 주주총회의 권한으로 하고 있다.

1) 대표이사의 단독결정사항 이사회가 없음으로 인해 이사회가 갖는 업무집행결정권은 이사가 갖는다(383조 6항 → 393조 1항). 그리고 자기주식의 소각(383조 6항 → 343조 1항 단), 전환주식의 전환의 통지(383조 6항 → 346조 3항), 주주총회의 소집결정에 관한 권한(383조 6항 → 362조 · 366조 1항), 주주제안의 수리(383조 6항 → 363조의2 3항), 전자적 방법에 의한 의결권 행사의 허용(383조 6항 → 368조의4 1항), 중간배당의 결정(462조의3 1항)도 대표이사가 단독으로 갖는 권한이다. 감사가 주주총회의 소집을 요구할 때에는 대표이사에게 해야 한다(383조 6항 → 412조의3 1항).

2) 주주총회로 대체되는 사항 주식양도에 제한을 둘 경우 주주총회가 이사회를 갈음하여 승인기관이 되며(383조 4항 → 335조 1항 단), 주식매수선택권의 부여를 취소하

는 기관도 주주총회이다(383조 4항 → 340조의3 1항 5호). 그리고 이사의 경업·회사기회의 이용·자기거래의 승인기관도 주주총회로 갈음한다(383조 4항 → 397조 1항·397조의2 1항·398조).[1] 신주의 발행결정, 사채의 발행결정도 주주총회의 권한이며(383조 4항 → 416조 본·469조·513조 2항 본·516조의2 2항 본), 무액면주식을 발행한 경우 자본금액의 계상, 준비금의 자본금전입, 중간배당도 주주총회가 결정한다(383조 4항 → 451조 2항·461조 1항 본·462조의3 1항).

주주총회의 결의는 보통결의(368조 1항)로 한다. 주주총회의 결의로 갈음하는 이사회결의 중에는 이사의 3분의 2 이상을 요하는 것도 있으나(397조의2 1항, 398조), 이 역시 주주총회의 보통결의로 한다.

3) 적용하지 않는 제도 합병에 있어 보고총회 또는 창립총회를 이사회의 공고로 갈음할 수 있는 제도는 이사회가 없는 관계로 적용하지 않으며(383조 5항·526조 3항·527조 4항), 흡수합병시에 이사회의 결의로 주주총회를 갈음할 수 있는 간이합병이나 소규모 합병에 관한 제도도 적용하지 않는다(383조 5항·527조의2·527조의3 1항·527조의5 2항).

배당가능이익을 이용한 자기주식의 취득(341조 2항), 재무제표의 승인(449조의2), 이익배당(462조 2항)은 원래 주주총회가 결정하되, 정관에 규정을 두어 이사회결의로 갈음할 수 있지만, 소규모회사에는 이 예외를 적용하지 않는다. 집행임원을 둔 경우 집행임원을 두는 것 자체를 포함해서 여러 가지 사항을 이사회의 결의로 처리하는데(408조의2 3항·4항, 408조의3 2항, 408조의4 2호, 408조의5 1항, 408조의6, 408조의7), 소규모회사에는 그 전부를 적용하지 않는다.

집행임원에 관한 입법착오

상법은 집행임원에 관한 제408조의2 내지 제408조의9의 조문 중에서 이사회가 언급된 규정들(408조의2 3항·4항 등)을 소규모회사에 적용하지 않는다고 규정하였다(383조 5항). 소규모회사에 이사회가 없으니 당연한 규정이지만, 문제는 집행임원을 둘 수 있다는 제408조의2 제 1 항은 그대로 적용하는 점이다. 상법은 이사회가 집행임원을 선임하도록 규정하고(408조의2 3항 1호), 이를 대체할 수 있는 제도를 두고 있지 않다. 그 결과 소규모회사가 집행임원을 두고자 할 경우, 이를 선임하는 기구가 존재하지 않게 된다. 소규모회사라고 해서 집행임원을 두지 못하게 할 이유가 없으니 이는 입법의 착오이다. 집행임원의 선임은 대표기구를 선정하는 중요한 사안으로서, 주주총회의 결의로 대신한다는 식의 해석으로 정할 문제가 아니므로 소규모회사에서는 집행임원을 둘 수 없다고 풀이할 수밖에 없다.

---

1) 대법원 2020. 7. 9. 선고 2019다205398 판결: 「이사가 1명 또는 2명인 회사의 이사가 자기 또는 제 3 자의 계산으로 회사와 거래를 하기 전에 주주총회에서 해당 거래에 관한 중요사실을 밝히고 주주총회의 승인을 받지 않았다면, 특별한 사정이 없는 한 그 거래는 무효〔이다.〕」

5. 감사의 기능대체

소규모회사에는 감사를 두지 않을 수 있다(409조 4항). 감사를 두지 않는 경우에는 주주총회가 이사에 대한 업무감사권(412조), 자회사에 대한 조사권(412조의5)을 행사하며(409조 6항), 회사에 현저한 손해를 미칠 염려가 생겼을 때에 이사는 감사에 갈음하여 주주총회에 즉시 보고하여야 한다(409조 6항·412조의2).

그리고 회사가 이사에 대해 혹은 이사가 회사에 대해 소를 제기한 경우에는 감사가 회사를 대표하여 소송을 수행해야 하는데, 감사를 두지 않는 회사에는 소송에서 회사를 대표할 자가 없으므로 회사, 이사 또는 이해관계인이 법원에 회사를 대표할 자를 선임해 줄 것을 신청하여야 한다(409조 5항).[1)]

Ⅵ. 理事의 義務

상법은 제399조에서 이사가 고의 또는 과실로 법령 또는 정관에 위반한 행위를 하거나 그 임무를 게을리(해태)한 때에는 회사에 대해 손해배상책임을 지도록 규정하고 있다. 이사는 회사의 기관적 지위에 있는 자로서 법령과 자치법인 정관을 준수할 의무가 있음은 당연하다. 그리고 임무를 게을리한다는 것은 이사가 법령 또는 계약에 의해 회사에 대해 지는 의무를 이행하지 않음을 뜻한다. 그러므로 상법 제399조를 적용하기 위해서는 먼저 이사가 법상 그리고 계약상 지는 의무가 무엇인지 파악해야 한다.

이사의 의무를 포괄적으로 말하자면 아래에 보는 바와 같이 선량한 관리자의 주의의무라 하겠고, 이로부터 파생하여 또는 특별한 규정에 의하여 여러 가지 부수적인 의무가 생겨난다.

1. 善管注意義務

(1) 근 거

회사와 이사의 관계는 위임에 관한 민법 제681조가 준용되므로 이사는 회사에 대해 이사선임의 본지에 따라 선량한 관리자의 주의로써 사무를 처리할 의무를 진다(382조 2항 → 민 681조). 이는 고도의 인적 신뢰(persönliches Vertrauen)를 기초로 하는 매우 높은 주의의무로서, 이사는 사용인과 달리 회사경영의 주체라는 지위에 있

1) 이 신청에 대하여 법원은 대표이사를 소송에서 대표할 자로 선임할 수는 있으나, 그렇지 않은 한 대표이사는 회사를 대표할 수 없다(대법원 2023. 6. 29. 선고 2023다210953 판결).

기 때문에 요구되는 것이다. 그리하여 이사는 자신의 직무를 수행함에 있어 법령에 위반하지 않도록 주의할 의무(소극적 의무)를 짐은 물론 항상 회사에 최선의 이익이 되는 결과를 추구해야 할 의무(적극적 의무)를 부담한다. 회사는 영리를 목적으로 하는 단체이므로(169조) 회사에 최선의 이익이 된다고 함은 회사의 이윤을 극대화함을 말한다. 그러므로 이사의 직무수행은 적법하고 규범적으로 타당해야 할 뿐 아니라, 영리실현을 위해 합목적적이고 효율적이어야 하는 것이다.

(2) 범 위

선관주의의무는 법상 이사의 의무로 규정된 직무의 수행에만 미치는 것이 아니라 의결권의 행사, 소의 제기, 기타 법상 명문화된 권한행사에도 미친다. 이사의 권한은 보수청구권 같은 채권적 권리와 달리 모두 회사조직의 운영을 위해서 주어지므로 의무의 성격도 아울러 갖는 양면성을 지니기 때문이다. 그러므로 회사의 이익을 위해 필요한 경우 권한행사를 해야 할 의무를 지는 동시에 회사에 이익되는 방향으로 행사할 의무를 진다. 대표이사나 업무담당이사의 일상적인 업무집행에 있어서 이와 같은 주의가 요구되는 것은 물론, 이사회의 감독권(393조 2항)은 각 이사의 다른 이사에 대한 감시의무도 포함하므로 이사는 다른 이사의 업무집행을 감시할 의무를 진다(후술).

선관주의의무는 상근 · 비상근을 가리지 않고 보수 유무에 관계없이 모든 이사에게 주어지는 의무이며, 이에 위반하였을 때에는 회사에 대하여 손해배상책임을 진다(399조).

2. 이사의 監視義務

(1) 의 의

이사의 선관주의의무에 따른 각종 구체적인 의무의 하나로서 이사에게는 상호 다른 이사의 업무집행을 감시할 권한과 의무가 있다. 이사의 「감시의무」는 실정법상의 개념은 아니다. 실정법상으로는 이와 비교할 수 있는 개념으로 「이사회의 監督權」(393조 2항), 「감사의 監査權」(412조 1항)에 대해서만 규정할 뿐이다. 하지만 학설 · 판례는 이사회의 감독권은 이사의 감시의무를 포함하는 개념으로 이해하여 왔다. 상법 제393조 제 3 항은 「이사는 대표이사로 하여금 다른 이사 또는 피용자의 업무에 관하여 이사회에 보고할 것을 요구할 수 있다」라고 규정하는데, 이사의 권한은 동시에 이사의 의무로 이해해야 하므로 이 규정 역시 이사의 감시의무의 근거규정으로 볼 수 있다.

이사의 감시권 또는 감시의무는 이사회의 감독권 및 감사의 감사권과 혼동해서는 안 된다. 이사회의 감독권은 궁극적인 업무집행결정기관인 이사회의 自己是正의 방법으로써 각 이사의 업무집행에 대한 지휘까지 포함하는 권한이고, 감사의 감사권은 이사 · 이사회를 포함한 집행기구 전체에 대해 제 3 자적 지위에서 업무를 조사하는 권한이다. 따라서 감독권 · 감사권은 그 대상이 되는 이사 또는 이사회에 대해 직접 행사하는 것이며, 이사들은 감독권 · 감사권의 행사에 수인 · 승복할 법적 의무를 진다.

그러나 이사의 감시권은 대등한 이사들 상호간에 있어서 서로의 위법 · 부당을 발견하여 감독 · 감사기관에 그 시정을 호소하는 수단이다. 예컨대 그 문제를 다루기 위해 이사회를 소집(혹은 소집요구)하여 감독권을 발휘하게 하거나, 감사에게 제보하여 감사권을 발동하게 하거나, 주주총회에 보고하는 것과 같다. 이같이 이사의 감시권의 행사는 그 대상이 되는 다른 이사에 대해 어떤 작위 혹은 부작위를 명하거나 제재를 가하는 것이 아니므로, 이사 상호간에는 어떤 직접적인 권한 · 의무의 관계가 생겨나지 아니한다.

(2) 대표이사와 사내이사(업무담당이사)의 감시의무

대표이사는 대내외적인 회사업무의 전체를 집행하는 기관이므로 이사 전원의 업무집행을 감시 · 감독할 의무를 지며, 공동대표이사의 경우에는 상호 감시할 의무를 진다.[1] 그리고 수인의 대표이사가 내부적인 사무분장에 따라 각자의 분야를 전담하여 처리하는 경우에는 다른 대표이사가 담당하는 업무 집행에 대해서도 전반적으로 감시할 의무를 진다(대법원 2012. 7. 12. 선고 2009다61490 판결).

대표권이 없는 사내이사(업무담당이사)의 감시의무는 平理事[2]의 감시의무와 구별하여 대체로 대표이사의 감시의무와 같은 맥락으로 이해한다.[3] 회사의 직제에 의해 업무를 담당하는 사내이사들은 다른 이사를 감시할 기회가 보다 많이 주어지기 때문이다(대법원 2008. 9. 11. 선고 2007다31518 판결).[4] 그리하여 사내이사는 자신의 관장업무에 그치지 않고 다른 사내이사의 업무집행도 전반적으로 감시할 의무를 지며, 다른 사내이사의 업무집행이 위법하다고 의심할 사유가 있음에도 불구하고 이를 방치

1) 日最高裁(大法廷) 1969. 11. 26. 판결, 民集 23권 11호 2150면.
2) 업무를 담당하지 않는 이사로서 비상근이사와 같은 뜻인데, 판례는 이사의 감시의무에 관해서는 「平理事」라는 용어를 쓰고 있다.
3) 日注釋(4), 445면.
4) 坂田桂三, "取締役會の監督的機能," 「現代商事法の重要問題」(田中誠二先生米壽紀念論文), 1984, 204면.

한 때에는 회사가 입은 손해를 배상할 책임이 있다(대법원 2004. 12. 10. 선고 2002다60467 · 60474 판결; 동 2007. 12. 13. 선고 2007다60080 판결('동아건설'사건)).

대규모회사에서는 흔히 수인의 대표이사간에 그리고 이사들간에 업무를 분장하지만, 다른 이사의 업무에 대한 감시의무가 감소되는 것은 아니다. 오히려 업무를 분장하면 상호 효율적인 감시체계를 구축하여 상시 작동하도록 해야 하고, 이를 게을리해서 다른 이사의 위법한 업무집행을 알지 못한 경우에는 감시의무를 소홀히 하였다는 비난을 면할 수 없다(판례 [80]).

판 례

[80] 대법원 2008. 9. 11. 선고 2006다68636 판결

「… 감시의무의 구체적인 내용은 회사의 규모나 조직, 업종, 법령의 규제, 영업상황 및 재무상태에 따라 크게 다를 수 있는바, 대우와 같이 고도로 분업화되고 전문화된 대규모의 회사에서 공동대표이사 및 업무담당이사들이 내부적인 사무분장에 따라 각자의 전문 분야를 전담하여 처리하는 것이 불가피한 경우라 할지라도 그러한 사정만으로 다른 이사들의 업무집행에 관한 감시의무를 면할 수는 없고, 그러한 경우 무엇보다 합리적인 정보 및 보고시스템과 내부통제시스템을 구축하고 그것이 제대로 작동하도록 배려할 의무가 이사회를 구성하는 개개의 이사들에게 주어진다는 점에 비추어 볼 때, 그러한 노력을 전혀 하지 아니하거나 위와 같은 시스템이 구축되었다 하더라도 이를 이용한 회사 운영의 감시 · 감독을 의도적으로 외면한 결과 다른 이사의 위법하거나 부적절한 업무집행 등 이사들의 주의를 요하는 위험이나 문제점을 알지 못한 경우라면, 다른 이사의 위법하거나 부적절한 업무집행을 구체적으로 알지 못하였다는 이유만으로 책임을 면할 수는 없고, 위와 같은 지속적이거나 조직적인 감시 소홀의 결과로 발생한 다른 이사나 직원의 위법한 업무집행으로 인한 손해를 배상할 책임이 있다.」

[同旨판례] 대법원 2008. 9. 11. 선고 2007다31518 판결

손해의 방지와 감시를 위한 내부통제시스템의 구축

최근 다수의 판례가 대규모 회사에서의 내부통제시스템을 다루고 있다.[1] 우선 고도로 분업화되고 전문화된 대규모 회사에서 대표이사나 일부 이사들만이 내부적인 사무분장에 따라 각자의 전문 분야를 전담하여 처리하는 것이 불가피한 경우에도, 적

1) 일본회사법에는 내부통제시스템 구축을 요구하는 규정이 있는데(日會 348조 3항 4호), 이와 관련된 참고할 만한 판례도 있다. 일본의 「더스킨」이라는 회사가 판매한 중화만두(大肉まん)에 무인가 산화방지제가 투입된 것이 문제되어 회사가 입은 손해에 관해 이사 및 감사의 책임을 묻는 대표소송에서 법원은 위법행위와 은폐행위를 방지할 내부통제시스템 구축에 이사의 임무해태가 있었다고 판시하였다(日最高裁 2008. 2. 12. 결정, 「商事法務」 1825호 56면).

어도 회사의 목적이나 규모, 영업의 성격 및 법령의 규제 등에 비추어 높은 법적 위험이 예상되는 업무와 관련해서는 제반 법규를 체계적으로 파악하여 그 준수 여부를 관리하고 위반사실을 발견한 경우 즉시 신고 또는 보고하여 시정조치를 강구할 수 있는 형태의 내부통제시스템을 구축하여 작동되도록 하는 방식으로 감시의무를 이행해야 한다는 것을 전제로 한다. 그리하여 이러한 시스템이 제대로 작동되도록 하기 위한 노력을 전혀 하지 않거나 회사 업무 전반에 대한 감시·감독의무를 이행하는 것을 의도적으로 외면한 결과 다른 이사의 위법·부적절한 업무집행 등 이사들의 주의를 요하는 위험이나 문제점을 알지 못하였다면, 이사의 감시의무를 위반한 것이라고 한다(판례 [80] 및 대법원 2021. 11. 11. 선고 2017다222368 판결[1]).

내부통제시스템은 대표이사만이 아니라 모든 이사가 이를 구축하고 제대로 작동시킬 의무가 있음을 강조하고 있다. 내부통제시스템은 주로 사내이사들에 의해 구축되고 운영될 것이나, 판례는 사외이사 등 평이사에게도 이에 관해 책임을 지운다. 다만 사외이사 등 평이사는 내부통제시스템이 전혀 구축되어 있지 않는데도 내부통제시스템 구축을 촉구하는 등의 노력을 하지 않거나 내부통제시스템이 구축되어 있더라도 제대로 운영되고 있지 않다고 의심할 만한 사유가 있는데도 이를 외면하고 방치하는 등의 경우에 한해 감시의무 위반으로 인정된다고 한다(대법원 2022. 5. 12. 선고 2021다279347 판결).[2]

내부통제시스템으로 갖추어야 할 내용으로서는 「회계의 부정을 방지하기 위한 회계관리제도에 국한되는 것이 아니라, 회사가 사업운영상 준수해야 하는 제반 법규를 체계적으로 파악하여 그 준수 여부를 관리하고, 위반사실을 발견한 경우 즉시 신고 또는 보고하여 시정조치를 강구할 수 있는 형태로 구현되어야 한다」라는 기준을 제시한다(전게 2017다222368 판결).

참고로, 금융회사지배구조에 관한 법률에서는 금융회사로 하여금 내부통제기준을 마련하고, 이를 운영할 기구로서 이사회 내에 내부통제위원회를 두도록 강제한다(금융지배구조 16조 1항 5호, 24조).

(3) 평이사의 능동적 감시의무

비상근의 평이사(사외이사 및 기타 상무에 종사하지 않는 이사)는 이사회에 참석하여 법상의 결의사항에 대해 의결권을 행사할 뿐이고 일상적인 업무집행에서는 배제되어 있으므로 평이

1) 유니온스틸이라는 철강회사의 임직원들이 다른 수개 철강회사의 임직원들과 상품의 가격을 담합하여 회사가 공정거래위원회로부터 거액의 과징금을 부과당한 사건에 관해 대표이사의 책임을 물은 사건이다. 법원은 대표이사가 담합행위에 가담하지도 않았고, 담합행위를 알지도 못했음을 인정하면서도 철강사업의 특성상 담합행위가 있기 쉬운 점을 대비하여 내부통제시스템을 구축했어야 함에도 불구하고 하지 못했음을 이유로 손해배상책임을 인정하였다.

2) 대우건설이라는 회사의 임직원이 2009년경 정부의 소위 「4대강 사업」에 응찰하면서 다른 건설사들과 입찰가액을 담합하여 회사가 공정거래위원회로부터 거액의 과징금을 부과당한 사건에 관해 대표이사, 사내이사 및 사외이사의 책임을 물은 사건이다. 법원은 前註의 사건에서와 같은 이유설시를 통해 이들의 책임을 인정하였다.

사에게 사내이사와 동등한 차원의 감시의무를 부여하는 것이 현실적으로 타당하냐는 의문이 제기될 수 있다.

평이사도 이사회에 부의된 사항에 대해 감시의무(수동적 감시의무)를 진다는 데 대해서는 이론이 없으나, 이사회에 부의되지 않은 회사의 업무 전반에 대해 일반적인 감시의무(능동적 감시의무)를 부담하느냐에 관해 과거 견해의 대립이 있었다. 현재의 통설 · 판례는 평이사도 이사회의 구성원이라는 점을 근거로, 혹은 이사의 일반적인 선관주의의무를 근거로 평이사의 일반적 · 능동적 감시의무를 긍정한다(판례 [81]).[1)]

긍정설의 입장에서는 평이사가 어느 정도까지 감시활동을 하여야 하느냐에 관해 다시 견해가 갈린다. 즉 평이사는 대표이사나 사내이사의 직무위반행위를 알게 된 경우에 한해 감시의무를 지느냐, 아니면 그에 그치지 않고 나아가서 적극적으로 회사의 업무집행의 상황을 정확히 파악하여야 할 의무까지 부담하느냐이다.

㈎ **소 극 설** 평이사도 대표이사와 사내이사의 직무위반행위를 명백히 알게 된 경우에는 이사회의 상정 여부에 관계없이 회사의 손해를 방지하기 위한 적절한 행동을 하여야 하지만, 사내이사와는 달리 회사의 경영 전반에 관해 적극적으로 부단의 주의를 기울여야 할 정도의 임무까지는 부담하지 아니한다고 풀이한다.[2)]

이 견해에 의하면 평이사가 알지 못한 대표이사나 사내이사의 직무위반행위에 대해서는 책임이 발생하지 아니하며, 「왜 알지 못했느냐」는 추궁은 따르지 않는다.

㈏ **적 극 설** 평이사가 다른 이사의 직무위반을 알게 된 경우는 물론이고, 나아가 회사의 업무집행의 상황을 파악하고 회사의 업무집행이 위법 · 부당하게 이루어질 위험이 있는 경우에는 이를 시정할 조치를 할 의무를 부담한다고 한다.[3)]

이 설에 의하면 평이사가 알지 못했던 직무위반행위에 대해서도 「알지 못했

1) 日最高裁 1973. 5. 22. 판결, 民集 27권 5호 655면; 대표이사가 법소정의 절차를 밟음이 없이 회사운영을 전횡한 결과 회사가 발행한 어음이 부도가 나자, 어음채권자가 평이사들에 대해 감시의무의 소홀을 이유로 손해배상을 청구한 사건에서 「이사회는 회사의 업무집행을 감독하는 지위에 있으므로 이사는 이사회의 구성원으로서 이사회의 상정 유무에 불구하고 대표이사의 업무집행 일반을 감시하고, 필요하다면 이사회를 스스로 소집하거나 소집을 요구하여 이사회를 통해 업무집행이 적정하게 행해지도록 할 직무를 갖는다」는 요지로 판시하였다.

2) 菅原菊志, 122면. 기타(일본의 다수설).

3) 神崎克郎, "取締役の注意義務,"「商事法務」847호, 2~6면; 坂田桂三, 前揭, 204면.

다」는 사실 자체가 비난의 근거가 되어 평이사가 손해배상책임을 지게 된다. 따라서 평이사가 부담하여야 할 감시의무는 대표이사나 사내이사의 그것과 거의 차이가 없다.

(다) **절충설**(판례) 판례는 평이사가 사내이사의 不正을 의심할 만한 사유가 있음에도 불구하고 이를 방치한 때에는 감시의무를 위반한 것이라고 하는데, 위 두 설의 절충설로 볼 수 있다. 앞서 내부통제시스템의 구축과 운영에 관한 사외이사의 책임을 다룬 판례(전게 2017다222368 판결)도 절충설을 취한 것으로 보인다.

소극설과 같이 명백히 알게 된 사항에 한해 감시의무가 미친다고 하여서는 감시기능의 실효성을 기대하기는 어렵다. 그러나 평이사와 사내이사는 업무에 대한 접촉거리에 원근의 차가 있으니 업무파악을 동일평면에서 요구하여 평이사에게 사내이사의 관장하에 진행되는 모든 업무의 미세한 점까지 파악하도록 요구할 수는 없다. 평이사는 경영 전반의 개황을 파악하면 족하며, 또 그 정도는 파악해야 한다고 본다.[1] 그 밖의 구체적인 사항에 관해서는 판례 [81]에서 말하는 「알았거나 알 수 있을 경우」가 적절한 기준이 될 것이다. 즉 경영 전반의 개황을 벗어나는 사항은 평이사가 「알았거나 알 수 있었을 경우」에 한해 감시의무가 미친다고 보는 것이다.

판 례

[81] 대법원 1985. 6. 25. 선고 84다카1954 판결

〈사 안〉

甲회사는 면사류의 수탁가공업을 하는 회사이다. 이 회사에는 4인의 상근의 업무담당이사와 E·F 등 수인의 평이사가 있었다. 상근이사들이 세무신고를 게을리하여 甲회사에 거액의 물품세 및 직물류세(당시의 稅目)가 추징과세되었다. 그래서 甲의 채권자 丙이 甲을 대위하여 甲의 이사·감사 전원에 대해 법령위반·임무해태를 이유로 손해배상을 청구하였다. 평이사 E·F는 업무집행에 관여하지 않았음을 이유로 책임 없음을 주장하였으나, 법원은 다음과 같이 감시의무를 소홀히 하였다고 인정하였다. 우리나라에서 최초로 평이사의 감시의무가 문제된 사건이다.

〈판 결〉

「주식회사의 업무집행을 담당하지 아니한 평이사는 이사회의 일원으로서 이사회를 통하여 대표이사를 비롯한 업무담당이사의 업무집행을 감시하는 것이 통상적이긴

1) 미국에서도 이사의 직무범위를 이같이 표현한다(Francis v. United Jersey Bank, 87 N.J. 15, 432 A.2d 814 (1981): "Directorial management does not require a detailed inspection of day-to-day activities, but rather a general monitoring of corporate affairs and policies.").

하나 평이사의 임무는 단지 이사회에 상정된 의안에 대하여 찬부의 의사표시를 하는 데에 그치지 않으며 대표이사를 비롯한 업무담당이사의 전반적인 업무집행을 감시할 수 있는 것이므로, 업무담당이사의 업무집행이 위법하다고 의심할 만한 사유가 있었음에도 불구하고 평이사가 감시의무를 위반하여 이를 방치할 때에는 이로 말미암아 회사가 입은 손해에 대하여 배상책임을 면할 수 없다고 할 것이다.

… 피고들 중 일부는 소외 회사의 업무집행을 담당하지 아니한 평이사들이긴 하나 … 이들은 … 업무담당이사의 위 가공위탁과 관련된 부정한 업무집행을 알 수 있었던 사실이 인정되므로, 위와 같은 이사로서의 감시의무 위반책임을 인정한 원심판단은 정당하〔다.〕」

[同旨판례] 대법원 2019. 11. 28. 선고 2017다244115 판결: 어느 코스닥 상장회사의 대표이사가 장기간에 걸쳐 이사회나 주주총회의 결의 없이 신주발행 등 안건을 결의한 것처럼 의사록을 작성하고 거래소에 공시하였는데도 사내이사 및 사외이사들이 이의제기 없이 방치하였으므로 이들이 감시의무를 게을리하였다 하여 대표이사가 횡령한 금액과 관련하여 손해배상책임을 인정한 예.

[기타 同旨판례] 대법원 2004. 3. 26. 선고 2002다29138 판결; 동 2007. 9. 20. 선고 2007다25865 판결

3. 이사회출석의무

이사는 이사회에 출석할 의무를 지는가? 상법은 업무집행의 결정권과 집행권을 각각 이사회와 대표이사에게 부여하고, 이사 개개인에 대해서는 獨任制的 權限을 인정하고 있지 않다. 상법상 이사에게 기대되는 가장 중요한 기능은 이사회에 출석하여 의결권을 행사함으로써 업무집행의 결정과 감독을 위한 집단적 의사형성에 기여하는 것이다. 그러므로 이사는 이사회에 출석하여 의결권을 행사할 의무를 진다고 보아야 한다. 그러나 이사가 이사회에 단순히 불출석했다고 해서 임무를 게을리한 것으로 볼 수는 없고,[1] 정당한 사유 없이 출석하지 아니한 경우에만 임무해태로 보아야 한다(예컨대 질병, 출장, 긴급한 용무 등은 불출석의 정당한 사유가 된다). 그리하여 장기간 정당한 사유 없이 출석하지 아니하면 우선 해임사유(385조)가 되고, 장기간이 아니더라도 정당한 사유 없이 출석하지 아니하여 이사회의 성립을 어렵게 함으로써 중요한 의사결정의 때를 놓치게 하거나, 위법 · 부당한 결의를 저지하지 못한 경우에는 임무를 게을리한 것으로 손해배상책임을 져야 한다. 특히 위법 · 부당한 결의를 방치한 때에는 감시의무를 게을리한 것으로 이해해

1) 서울고법 2003. 11. 20. 선고 2002나6595 판결: 부당한 이사회결의가 이루어진다는 사실을 알고 있었거나 알 수 있었음에도 이사회에 참석하여 시정하지 아니하고 부당한 결의를 방치하였거나 지시하지 않는 한, 단순한 불출석만으로는 손해배상책임이 발생하지 않는다는 취지의 판시를 한 예.

야 한다(판례 [82]).

판 례

[82] 대법원 2008. 12. 11. 선고 2005다51471 판결

「… 이사는 이사회의 일원으로서 이사회에 상정된 의안에 대하여 찬부의 의사표시를 하는데 그치지 않고, 담당업무는 물론 다른 업무담당 이사의 업무집행을 전반적으로 감시할 의무가 있고 이러한 의무는 비상근 이사라고 하여 면할 수 있는 것은 아니므로 주식회사의 이사가 이사회에 참석하지도 않고 사후적으로 이사회의 결의를 추인하는 등으로 실질적으로 이사의 임무를 전혀 수행하지 않은 이상 그 자체로서 임무해태가 된다고 할 것이다.」

4. 기업비밀준수의무

(1) 의　　의

기업비밀(trade secret)이란 기업조직 또는 사업에 관한 공지되지 아니한 정보로서 당해 기업이 배타적으로 관리할 수 있고, 그 기업 또는 제 3 자가 경제적 가치를 가지고 이용할 수 있는 것이라고 정의할 수 있다. 이 속에는 특허권과 같이 법으로 보호되는 것뿐만 아니라, 생산·판매 등의 사업활동, 사업계획 및 기업의 내부조직에 관한 정보도 포함되며, 때로는 경영자의 신상에 관한 것도 기업의 경쟁력과 관계될 때에는 기업비밀이 될 수 있다. 오늘날과 같은 정보화시대에는 기업비밀은 기업의 경쟁력을 구성하는 가장 중요한 경제적 자원이라고 할 수 있다. 따라서 기업비밀은 회사가 배타적으로 누리는 권리(exclusive right)의 하나로 보아야 한다.[1)]

영업비밀의 정의

부정경쟁방지 및 영업비밀보호에 관한 법률(이하 "부정경쟁방지법"이라 약칭)에서는 「영업비밀」이란 용어를 사용하고 이를 「공공연히 알려져 있지 아니하고 독립된 경제적 가치를 가지는 것으로서, 상당한 노력에 의하여 비밀로 유지된 생산방법, 판매방법 그 밖에 영업활동에 유용한 기술상 또는 경영상의 정보를 말한다」고 정의하고 있다(동법 2조 2호). 이 정의에서 알 수 있듯이 기업비밀이란 經濟性·未公知性·管理可能性을 그 요건으로 한다는 것이 일반적인 해석 및 입법례이다(美 Uniform Trade Secret Act § 1(4); 日 부정경쟁방지법 1조 3항 참조). 부정경쟁방지

1) Russell B. Stevenson, Jr., *Corporations & Information*, The Johns Hopkins Univ. Press, 1980, p. 5; William E. Knepper, *Liability of Corporate Officers and Directors*, 3rd ed., The Allen Smith Co., 1978, p. 56.

법에서는 영업비밀의 부정한 사용, 부정한 취득, 부정한 공개 등을 영업비밀의 침해 행위로서 처벌하며, 아울러 침해자에게 비밀보유자의 침해된 이익에 관한 손해배상 책임을 과하고 있다(동법 2조 3호 · 11조).

한편 판례는 부정경쟁방지법상의 「영업비밀」의 정의를 다음과 같이 풀이하고 있다.

대법원 2011. 7. 14. 선고 2009다12528 판결: 「'공연히 알려져 있지 아니하다'는 것은 그 정보가 간행물 등의 매체에 실리는 등 불특정 다수인에게 알려져 있지 않기 때문에 보유자를 통하지 아니하고는 그 정보를 통상 입수할 수 없는 것을 말하고(대법원 2004. 9. 23. 선고 2002다60610 판결), '독립된 경제적 가치를 가진다'는 것은 그 정보의 보유자가 그 정보의 사용을 통해 경쟁자에 대하여 경쟁상의 이익을 얻을 수 있거나 또는 그 정보의 취득이나 개발을 위해 상당한 비용이나 노력이 필요하다는 것을 말하며(대법원 2008. 2. 15. 선고 2005도6223 판결), '상당한 노력에 의하여 비밀로 유지된다'는 것은 그 정보가 비밀이라고 인식될 수 있는 표시를 하거나 고지를 하고, 그 정보에 접근할 수 있는 대상자나 접근 방법을 제한하거나 그 정보에 접근한 자에게 비밀준수의무를 부과하는 등 객관적으로 그 정보가 비밀로 유지 · 관리되고 있다는 사실이 인식 가능한 상태인 것을 말한다(대법원 2008. 7. 10. 선고 2008도3435 판결).」

이사들은 회사의 최고경영자들로서 항상 기업비밀에 접근할 수 있고, 때로는 기업비밀을 창출하기도 한다. 이사가 기업비밀을 침해한 경우에는 부정경쟁방지법에 의한 벌칙 및 손해배상책임의 적용을 받겠지만, 상법 제382조의4에서도 「이사는 재임중 뿐만 아니라 퇴임 후에도 직무상 알게 된 회사의 영업상 비밀을 누설하여서는 아니 된다」라고 규정함으로써 명문으로 이사의 비밀준수의무를 인정하고 있다. 이사는 회사의 재산을 관리함에 있어 선관주의의무의 일부로서 회사의 비밀을 관리할 의무를 진다고 보아야 하므로 이 규정이 이사의 새로운 의무를 규정한 것은 아니다. 그러나 퇴임 후에도 비밀준수의무가 있느냐에 관해서는 견해가 갈릴 소지가 있으므로 이 점을 명문으로 해결하였다는 데에 의의가 있다.

기업비밀과 관련하여 이사가 회사에 줄 수 있는 불이익의 유형을 예상해 볼 때, 이사의 의무는 첫째 기업비밀을 지킬 의무(수비의무), 둘째 기업비밀을 사익을 위해 이용하지 않을 의무(비밀이용금지의무)로 나누어 설명할 수 있다.

(2) 守秘義務

이사는 자신이 지득한 회사의 기업비밀을 공개하지 않아야 함은 물론 타인에 의해서도 공개되지 아니하도록 주의를 베풀어야 한다. 회사 내에서 비밀로 선언된 것은 그 내용이 명백하지만, 그 밖의 기업비밀이란 외관적인 표지를 가지고 존재하는 것이 아니므로 무엇이 공개되어서는 안 되는 기업비밀이냐는 것은 이사가 경영자로서의 성실성을 가지고 합리적으로 판단하여야 한다.

1) **기업비밀의 범위** 이미 공개된 것은 기업비밀이 될 수 없는 것은 물론이고, 법상 공시의무가 따르는 사항들, 예컨대 정관, 주주총회의 의사록, 주주명부, 재무제표 같은 것은 기업비밀이 아니다(396조 1항·448조 1항). 회계장부는 극히 제한된 경우에만 소수주주가 열람할 수 있으므로(466조 1항) 기업비밀에 속한다. 공시해야 하는 정보라도 법상 공시의무를 이행해야 하는 시점까지는 기업비밀이다. 예컨대 재무제표의 내용도 상법 제448조 제 1 항에 의해 공시하기 전까지는 기업비밀이며, 자본시장법 제161조에서는 상장법인이 투자자보호를 위해 공시해야 할 사항을 열거하고 있는데(예: 합병·증자 등), 이러한 사항도 공시되기 전까지는 기업비밀에 속하므로 이사는 수비의무를 진다.

2) **수비상대방** 일반적으로 이사 상호간 또는 이사와 감사간에는 수비의무를 지지 아니한다고 설명한다.[1] 그러나 기업비밀의 성격에 따라서는 일정 시기까지 다른 이사나 감사에게도 공개하지 않아야 할 경우가 있다. 예컨대 국가기밀과 관련된 기업비밀(예컨대 특수병기의 개발), 고도의 경쟁성을 갖는 기업비밀(예컨대 社運을 건 대형공사의 受注교섭) 같은 것은 경영진 내부에서도 제한된 인원 사이에 비밀이 지켜져야 한다. 회사와 이사간에 쟁송이 있는 경우에도 같다.[2]

주주도 회사와 무관한 제 3 자와 다름없이 이사가 수비해야 할 상대방이다. 상대가 지배주주라도 다를 바 없다. 주주총회에서는 주주가 이사에 대해 질문권을 가지므로 회사의 업무와 재산상태에 대해 질문할 수 있고 이사는 이에 설명할 의무가 있다. 하지만 이 경우에도 공개하면 회사의 이익이나 공익을 해칠 사항에 대해서는 이사가 수비의무를 지므로 설명을 거부해야 한다.

3) **적용범위** 수비의무는 회사에 존재하는 적법한 권리·사실관계에 대해서만 발생한다. 범죄행위나 기타 위법한 행위(예: 탈세)에 관해 수비하는 것은 오히려 그 자체가 위법이다. 수비의 기대가능성이 없는 경우, 예컨대 이사가 형사사건에서 자기의 이익을 방어해야 할 경우, 소송에서 기업비밀을 증언해야 할 경우에는 수비의무를 지지 아니한다.[3]

(3) 비밀이용금지

기업비밀의 내용에 따라서는 이사가 사익을 추구하는 데 이용할 만한 것도

---

1) *Mertens*, in Kölner Komm. AktG, 2. Aufl., § 93 Rn. 78.

2) *Ibid*.

3) 平民賢三郎, "株式會社の取締役員の守秘義務について," 前揭, 「現代商事法の重要問題」, 188면.

있다. 상법에서 이사의 경업(397조), 회사의 기회유용(397조의2), 자기거래(398조)를 제한하는 것은 이사가 기업비밀을 이용할 가능성이 있음을 의식한 것이다. 경업이나 자기거래 이외에도 어떤 방법으로든 이사는 기업비밀을 사익을 위해 이용할 수 없다. 설혹 회사에 금전적인 손해를 가하지 않는다 하더라도 대외적인 신뢰를 손상시키거나 주주·채권자 등의 손실을 야기할 수 있으므로 역시 금지된다.[1)]

이사가 기업비밀을 이용하여 사익을 추구하는 전형적인 예는 자본시장법상의 내부자거래이다. 이사가 공개되지 아니한 기업정보를 이용하여 증권을 매매하거나 타인으로 하여금 증권의 매매에 이용하게 한 때에는 벌칙이 적용되며(자금 443조 1항 1호), 6월 내의 단기매매로 차익을 얻은 때에는 회사에 반환하여야 한다(자금 172조)(490면 이하 참조). 이같은 특별법상의 제재와는 별도로 내부자거래는 상법상의 비밀준수의무위반 및 주의의무위반이 된다(399조 1항).

5. 충실의무

상법은 이사에게 회사의 수임인으로서의 선량한 관리자의 주의의무를 부여하면서(382조 2항 → 민 681조), 이와 별도로 제382조의3은 "이사의 충실의무 등"이라는 표제를 두고, 제 1 항에서 "이사는 법령과 정관의 규정에 따라 회사 및 주주를 위하여 그 직무를 충실하게 수행하여야 한다"라고 규정하고 있다. 이 조문은 1988년에 신설되어 당초에는 회사에 대한 의무로만 규정했으나, 2025년 개정에서 "및 주주"가 추가되어 충실의무의 대상을 회사와 주주로 넓혔다. 회사에 대한 법문에는 달라진 것이 없으므로 여기서는 종전의 해석론을 소개하고, 주주에 대한 관계는 후술한다(795면 참조).

이 규정은 일본회사법 제355조(2005년 이전 日商 254조의3)를 본받은 것인데, 그 규범적 의의에 관해 견해가 대립한다.

이 규정은 선관주의의무를 구체적으로 부연 설명한 것에 불과하다는 同質說(김동훈 326; 손주찬 795; 송옥렬 1052; 오성근 678; 이범찬(외) 317; 이종훈 237; 장덕조 362; 정찬형 1061; 최기원 660; 최준선 526; 이완희(주석－회사 3) 231)과 선관주의의무와는 다른 영미법상의 충실의무(duty of loyalty)를 수용한 것이라는 異質說(강·임 836; 권기범 866; 김홍기 586; 안택식 395; 이·최 454; 임홍근 501; 정경영 654; 정동윤 628; 홍·박 489)이 대립한다.

異質說은 회사의 규모와 활동이 확대됨에 따라 이사가 회사의 이익을 희생

1) Knepper, *op. cit.*, p. 56; Diamond v. Oreamuno, 24 N.Y. 2d 494, 301 N.Y.S. 2d 78, 248 N.E. 2d 910(1969).

시키고 자신이나 제 3 자의 이익을 추구할 기회가 많아지고 있음에도 불구하고 우리의 주의의무제도만으로는 이사의 적정한 임무수행을 보장하기 어려우므로, 영미법에서의 충실의무와 같이 이사로 하여금 회사의 이익에 전념하고 자신이나 제 3 자의 이익을 추구하지 않도록 규율할 필요가 있다는 논거를 제시한다.

그러나 영미법의 duty of loyalty가 적용되는 사안의 대부분은 상법 제397조 내지 제398조의 적용대상으로 포섭되거나, 우리의 선관주의의무의 해석론으로도 규율이 가능하므로 별개의 의무를 창설할 필요가 있는지 의문이다. 한편 duty of loyalty는 장기간에 걸쳐 영미의 판례법에 의해 형성되어 온 제도이므로 법체계적인 이유로 우리의 주의의무에는 포섭될 수 없는 내용도 담고 있다. 주의의무의 범위를 벗어나는 내용은 우리의 법제하에서는 成文의 규정이 없이는 인정할 수 없는 규범으로서, 「이사는 … 충실하게 …」라는 표현만으로 영미법의 duty of loyalty를 수용하였다고 볼 수는 없다. 그러므로 일본에서도 이 규정은 단지 주의의무를 부연설명한 것에 그치고, 이사에게 새로운 의무를 과한 것은 아니라는 것이 다수설 · 판례이다.[1] 우리의 판례 역시 제382조의3에 그 이상의 의미는 부여하고 있지 않다.[2]

영미법상의 신인의무

1) 개 설 영미법상의 信認義務(fiduciary duties)는 타인의 사무나 재산의 관리를 위탁받은 자(fiduciary)가 본인(beneficiary)에게 부담하는 의무로서, 최고의 성의를 가지고 정직하게 비밀을 준수하며 본인의 최대의 이익을 위하여 일할 의무를 말한다.[3] 원래 보통법(판례법)에 의해 생겨난 의무이나, 현재는 그 일부내용이 각 주 회사법 또는 증권법과 같은 연방법에 수용되어 규율되고 있다. 영미에서 이사는 주주 및 회사의 수탁자(trustee)와 유사한 지위를 갖는다고 이해하며, 이사의 신인의무는 신탁(trust)에 있어서의 수탁자의 의무로부터 유추되기도 한다.[4]

신인의무는 그 적용범위가 매우 넓다. 이사만이 아니라 경영에 임하는 임원

1) 江頭, 455면; 森本, 242면; 龍田, 87면; 日最高裁 1970. 6. 24. 판결, 民集 24권 6호 625면. 그러나 영미법상의 충실의무를 수용한 것으로 해석하여 기존의 성문제도인 이사의 경업금지의무, 이사의 자기거래, 이사의 보수결정, 신주발행 등을 영미법상의 충실의무를 배경으로 삼아 설명하며, 그 밖에도 旣述한 영미법상의 충실의무의 구체적 적용례를 前記 일본회사법 제355조의 해석범위 내로 끌어들이려는 소수설도 있다(田中(上), 631면 이하; 坂田, 434면).

2) 판례 중에는 이사의 행위가 제382조의3에 위반하였음을 이유로 그 해임에 정당한 이유가 있다고 판단한 예가 있으나(대법원 2011. 11. 10. 선고 2011다51069 판결), 동조에 이사의 선관주의의무와 다른 특별한 규범내용을 부여한 것은 아니었다.

3) Black's Law Dictionary, 7th ed. → fiduciary duty.

4) Henn & Alexander, p. 626.

(managing officer)에도 적용되며, 사안에 따라서는 주주(주로 지배주주)에게까지 신인의무를 요구하기도 한다.

영미법상의 신인의무는 일반적인 분류에 따르면 크게 주의의무(duty of care)와 충실의무(duty of loyalty)로 나뉜다. 주의의무는 우리 상법에 의해 이사가 지는 선관주의의무와 대체로 같은 내용이나, 충실의무는 영미법에 독특한 것이다.

2) **주의의무**(duty of care) 이사는 회사의 업무를 집행함에 있어 주의를 기울여야 한다. 어느 정도의 주의를 요하는가에 대해 판례는 「자신이 合理的으로 생각하여 회사에 최선의 이익이라고 생각되고 또한 평균인(ordinarily prudent person)이 같은 상황에서라면 취했을 것과 동일한 방법으로 성실히(in good faith)」 사무를 처리할 것을 요구한다.[1]

그러나 실제 이사의 업무수행에 있어 그 결과에 대한 정확한 예측은 기대하기 어려우므로 이사의 행위에 불성실(bad faith), 사기(fraud), 위법(illegality), 회사와의 이익충돌(conflict of interest)과 같은 사실의 증명이 없는 한 이사의 經營判斷(business judgement)은 존중되어야 하며, 비록 이사의 행위로 인해 회사에 손실이 발생했더라도 이사의 책임을 물을 수 없다는 것이 판례법의 원칙이다.[2] 이를 경영판단의 법칙(business judgement rule)이라고 한다.

3) **충실의무**(duty of loyalty) 충실의무는 매우 광범한 내용을 담고 있는데, 특히 중요한 것은 다음과 같다.

㈎ 회사와의 경쟁(competing with corporation)금지 이사는 회사에 대해 일심전념(undivided loyalty)의 의무를 지며, 회사와 부당히 경쟁하거나 회사의 인력 · 시설 · 자금을 자신의 이익을 위하여 유용해서는 아니 된다.[3] 겸직이사(interlocking director; common director)에 의한 양 회사간의 거래나 이사의 자기거래도 이 원리에 의해 규제되며,[4] 다음의 회사기회유용금지도 이로부터 파생된다. 상법상의 경업금지(397조)와 대비해 볼 수 있다.

㈏ 會社機會流用(usurpation of corporate opportunity)의 금지 회사기회의 유용금지원칙(corporate opportunity doctrine)에 의해 이사는 회사에 주어진 영업상의 기회를 가로채어 자신의 이익으로 해서는 안 된다는 의무를 진다. 이 법칙은 회사에 대한 손해를 방지한다는 소극적인 자세가 아니라 私益을 도모하고자 하는 일체의 유혹을 근절하기 위한 정책적 고려에서 이사가 신의를 저버리고 얻은 이익을

---

1) Selheimer v. Manganese Corp. of America, Sup. Ct. of Penn. 1966. 423 Pa. 563, 224 A. 2d 634; N.Y. Bus. Corp. Law § 717; Cal. Corp. Code § 309(a); MBCA § 8.30(a).

2) Kamin v. America Express Co., Sup. Ct., Special Term, N.Y. Country, 387 N.Y. S. 2d 993(1st Dept 1976); Shlenky Wrigley, 95 Ⅲ. App. 2d 173, 237 N.E. 2d 776(1968); Auerbach v. Bennet, N.Y. App. 47 N.Y. 2d 619, 419 N.Y.S. 2d 920, 393 N.E. 2d 994(1979).

3) Henn & Alexander, pp. 628~32.

4) Cary & Eisenberg, p. 556 *et. seq.*

모두 박탈하여 회사에 귀속시키는 것을 내용으로 한다.[1)] 상법상의 기회유용금지(397조의2)는 이를 본받은 것이다.

㈐ 임원의 보수(executive compensation)　미국에서는 이사 및 임원의 보수를 이사회에서 결정한다. 그러다보니 이사들의 보수가 과다하거나 불공정하게 책정될 때가 있을 수 있고, 때로는 일부주주에게 보수형식으로 이익을 부여해 주는 경우도 있다. 이러한 경우는 역시 충실의무에 반하므로 무효가 된다.[2)]

㈑ 주식거래에 따르는 의무　증권거래법에서는 이사, 주요주주 등의 내부자가 내부정보를 이용하여 증권을 매매하는 것을 금지하며, 일정한 경우에는 정보이용에 관계없이 내부자들이 주식거래를 하여 얻은 차익을 회사에 반환하도록 하는데,[3)] 이는 흔히 이사·임원·주주가 회사나 다른 주주에 대해 신인의무를 진다는 데에 바탕을 둔 제도로 이해한다.

㈒ 소수자주주에 대한 공정의무(fairness to minority shareholders)　지배주주와 이사가 지배적 지위를 이용하여 소수자주주에게 부당한 손실을 가하는 것을 방지하기 위하여 지배주주와 이사에게 부여하는 의무로서, 주로 지배주주가 지배권을 강화할 목적으로 소수자인 주주를 축출하거나 상대적으로 열세로 만들 경우, 혹은 회사의 이익분여에 있어 소수자주주를 차별하는 경우 그 효력을 부정하는 근거가 된다.[4)]

㈓ 지배주식의 매각(sale of control)과 충실의무　회사를 지배할 수 있는 수량의 주식이 한 단위가 되어 처분될 때에는 지배권의 가치가 반영되어 통상의 株價보다 높은 가액으로 거래된다. 이때 붙여지는 웃돈을 지배가격(control premium)이라고 한다. 지배주주가 지배가격을 받고 주식을 매각하는 것이 금지되는 것은 아니지만, 지배주주는 거래 상대방에 대해 상당한 주의를 기울여 회사재산을 탈취(looting)하는 등의 불법한 목적을 가진 자가 아닌지를 조사하여 거래 상대방을 선택해야 하는 의무를 진다.[5)] 회사와 소수자주주에 대한 지배주주의 충실의무이다. 이 의무를 위반한 때에는 지배가격을 회사 혹은 나머지 주주에 반환하여야 한다.

㈔ 이상은 충실의무의 대표적인 예이고, 영미에서 충실의무의 적용범위는 매우 광범하여, 이사·임원·주주가 자신의 지위를 불공정하게 이용한 경우는 모두 충실의무 위반으로 해결하고 있다고 해도 과언이 아니다.

---

1) Guth v. Loft Inc., 23 Del. Ch. 255, 266, 5A. 2d 503, 510(Sup. Ct., 1939).
2) 상세는 Solomon, p. 737 *et. seq.*
3) Securities Exchange Act of 1934 § 10(b), § 16(b).
4) 예컨대 지배주주가 소수자주주의 신주인수권을 무시하고 新株를 독점하여 인수함으로써 소수자주주의 의결권을 희석화시키거나(Zahn v. Transamerica Corp., 162 F. 2d 36(3d Cir 1947)), 지배주주의 지배권을 강화하기 위하여 우선주식을 선별적으로 강제상환하는 것(Petty v. Penntech Papers Inc., 347 A. 2d 140(Del. Ch. 1975)) 등은 이 위무에 위반하는 불공정한 행위이다.
5) Cary & Eisenberg, p. 566 *et. seq.*

6. 의무와 책임의 獨自性

이사의 임무해태에 의한 의사결정을 이사회나 주주총회가 승인하더라도 이사의 책임이 해소되는 것은 아니다. 예컨대 이사가 위법배당안을 작성하였다면, 이사회와 주주총회의 승인을 얻어 배당을 실시하였더라도 이사의 책임에는 영향이 없다.[1)]

한편, 이사의 직무수행이 주주총회나 이사회의 결의에 좇아 행해지는 경우가 많다. 특히 대표이사나 업무담당이사가 수행하는 업무집행 가운데에는 법령·정관의 규정에 의해 주주총회 또는 이사회의 결의내용을 집행하는 사항들이 많다. 이사가 주주총회 또는 이사회의 결의를 준수해야 할 의무를 지는 것은 당연하지만, 그 결의내용이 법령·정관에 위반하거나 특히 불공정·부당하여 회사 채권자 또는 주주의 이익을 해칠 경우에도 이를 준수해야 하는가? 또 이를 준수하여 직무를 수행한다면 책임을 면하는가라는 의문이 제기된다. 주로 대표이사나 업무담당이사가 주주총회나 이사회의 결의에 따라 위법·부당한 업무를 집행하였을 경우 그 책임추궁과 관련하여 문제된다.

이사는 각자가 회사와 위임관계를 갖고(382조 2항), 법상 독자적인 권한과 의무를 부여받고 있다. 이러한 권한과 의무는 회사의 이익을 위해 행사되고 이행되어야 한다. 그러므로 이사가 주주총회와 이사회의 결의에 구속되는 것은 회사의 이익을 위한 범위 내에서라고 할 수 있다. 무엇이 회사를 위해 이익되느냐에 관한 판단은 이사와 주주총회, 이사회간에 상이할 수 있다. 물론 주주총회나 이사회의 결의가 적법·공정한 범위 내에서는 조직법상 이사의 판단보다 타당한 것으로 의제되므로 이사는 당연히 이에 따라야 한다. 그러나 주주총회나 이사회의 결의가 객관적으로 違法·不公正한 때에는 이같은 의제가 깨어지므로 이사를 구속할 수 없고, 이사는 자신의 판단에 의해 회사의 이익을 추구해야 한다.[2)·3)]

---

1) 미국의 판례도 같은 판단을 한다(Smith v. Van Gorkom, 488 A.2d 858 (Del. 1985): 경솔하게 이루어진 회사합병에 관해 이사의 책임을 물은 사건에서 주주총회의 합병승인이 있더라도 이사의 책임에는 영향이 없다고 한 예).

2) 이사가 大株主의 지시를 따라야 할 의무가 있을 리 없으니 그 지시가 있었다 하여 책임의 감면사유가 될 수 없다. 그리고 업무집행의 과정에서 이사가 대표이사의 지시를 받아야 할 경우라도 위법한 지시라면 위법한 주주총회의 결의나 이사회의 결의와 마찬가지로 이를 따라서는 안 된다. 그러므로 이사가 주주총회나 이사회 혹은 대주주나 대표이사의 지시를 따랐다고 하여 회사가 이사의 손해배상책임을 묻는 것이 신의칙에 위반하는 것은 아니다(대법원 2007. 11. 30. 선고 2006다19603 판결).

3) 독일주식법 제76조 제 1 항은 「이사회는 자신의 책임하에서 회사를 경영하여야 한다」(Der Vorstand hat unter eigener Verantwortung die Gesellschaft zu leiten)라는 규정을 두고 있다.

이같은 이사의 행동기준은 단지 이사에게 판단의 재량을 부여하는 것이 아니라 이사의 행동의무를 구성하는 것이다. 즉 이사의 행위가 위법 · 불공정한 것이라면 주주총회와 이사회의 결의에 따랐다는 것으로 정당화될 수 없고, 손해배상책임(399조 · 401조) 기타 대내외적 책임을 면치 못한다(판례 [83], [84] 참조).

판 례

[83] 대법원 1989. 10. 13. 선고 89도1012 판결

「… 상고논지는 대표이사는 상법과 정관에 규정된 바에 따라 이사회나 주주총회에서 결의위임된 업무를 집행하는 집행기관에 불과하므로 피고인의 이 사건 공소사실로 적시된 행위가 이사회 또는 주주총회의 결의 또는 승인하에 이루어진 이상 이로써 피고인의 회사에 대한 성실의무를 위반하였다거나 배임의 범의가 있다고 할 수 없다는 취지이나, 대표이사는 회사를 위하여 성실하게 그 직무를 수행할 의무가 있는 것이고, 이사회 또는 주주총회의 결의가 있다고 하더라도 그 결의내용이 회사채권자를 해하는 불법한 목적이 있는 경우에는 이에 맹종할 것이 아니라 회사를 위하여 성실한 직무수행을 할 의무가 있다 할 것이다.

그러므로 회사의 대표이사가 업무에 위배하는 행위를 함으로써 주주 또는 회사채권자에게 손해가 될 행위를 하였다면 그 회사의 이사회 또는 주주총회의 결의가 있다고 하여 그 배임행위가 정당화될 수는 없다고 할 것이〔다.〕」

[同旨판례] 대법원 2000. 11. 24. 선고 99도822 판결; 동 2004. 5. 14. 선고 2001도4857 판결(임무위배에 관해 대주주의 양해를 얻었다 하여 배임죄의 죄책을 면할 수 없다고 한 예)

[註] 위 판례는 대표이사의 배임행위에 대한 죄책을 물은 것이나, 회사법상의 의무와 책임에 대해서도 같은 논리를 적용해야 한다.

[84] 서울지법 2000. 11. 21. 선고 2000가합57165 판결

「… 주식회사의 이사는 각자가 회사와 위임관계를 가지고 독자적인 권한과 의무를 수여받고 있으므로 주주총회의 결의가 있다고 하더라도 그 결의내용이 회사채권자를 해하는 등 객관적으로 위법 · 불공정할 때에는 주주총회의 결의에 따랐다는 사실만으로 회사에 대한 책임을 면하지 못한다.」

[註] 금정상호신용금고라는 회사의 대표가 상임이사에게만 보수를 지급한다는 보수규정을 어기고 甲비상임이사에게 보수를 지급하였다. 이에 이 회사의 파산관재인이 乙비상임이사에게 감시의무를 소홀히 한 책임을 물어 손해배상을 청구하였다. 동 비상임이사는 이 건 보수지급에 관해 주주총회의 결의가 있었다는 항변을 하였으나,

---

이 규정은 이사들이 주주총회나 감사회(독일에서는 감사회가 이사를 선임하며, 이사회의 감독기관이다)의 지시나 영향력에 구애되지 않고 자신의 경영판단(unternehmerisches Ermessen)에 따라 회사의 이익을 위해 경영능력(unternehmerische Funktion)을 발휘해야 함을 뜻한다(Raiser/Veil, § 14 Rn. 65 ff.; *Seibt*, in Schmidt/Lutter, § 76 Rn. 21 ff.).

법원이 이를 배척하면서 위와 같이 판시하였다.

7. 주주에 대한 의무

(1) 관련 법규정

기술한 바와 같이 상법 제382조의3은 이사는 회사에 충실히 직무를 수행하라는 취지의 규정이었으나, 2025년 7월 개정에 의해 종전의 규정을 제 1 항으로 하면서 "주주를 위하여"라는 문구가 추가되고, 제 2 항이 신설되었다. 전체 법문은 다음과 같다.

[관련규정]

제382조의3 ① 이사는 법령과 정관의 규정에 따라 회사 및 주주를 위하여 그 직무를 충실하게 수행하여야 한다.

② 이사는 그 직무를 수행함에 있어 총주주의 이익을 보호하여야 하고, 전체 주주의 이익을 공평하게 대우하여야 한다.

위 법조는 이사를 주어로 하는 4개의 명제로 구성된다.

i) 회사를 위하여 직무를 충실히 수행해야 한다.

ii) 주주를 위하여 직무를 충실히 수행해야 한다.

iii) 직무를 수행함에 있어 총주주의 이익을 보호해야 한다.

iv) 직무를 수행함에 있어 전체 주주의 이익을 공평하게 대우해야 한다.

i)의 의미는 앞서 다루었으므로 이하에서는 ii)－iv)에 관해 설명한다.

입법의 사회학적 배경

제382조의3 중 주주 관련 부분은 수년간의 논쟁 끝에 만들어진 조문이다. 2022년 3월 박주민 등 12인의 의원들이 문재인 정부의 「경제민주화」 공약에 연결 지어 이 규정과 같은 취지의 상법개정안을 최초로 제안하였다. 동 개정안의 이유는 일반주주(대주주 이외의 주주)의 주식가치를 지켜주기 위한다는 것이었다. 대체로 2010년대에 들어서 대규모 상장회사의 합병, 회사분할과 같은 조직개편이 지배주주에게 유리한 방향으로 이루어지고 일반주주의 이익이 소외되고 있다는 불만이 고조되자, 이에 답하여 일반주주의 이익을 보호하기 위한 방안으로 제안된 것이다. 핵심적인 입법의도는 이사가 대주주의 이익에 경사되게 업무집행을 하더라도 회사에는 손해가 생기지 않은 탓에 현행법으로는 이사의 책임을 물을 수 없는 경우가 많다는 점을 지적하며, 회사에 손해가 없더라도 일반주주의 이익을 해하는 경우에는 그 손해를 배상하게

할 수 있도록 이사의 새로운 책임을 발굴하자는 것이었다.[1] 이 법안과 연이어 나온 같은 류의 법안에 대해 학계에서는 반대의 논란이 격했지만, 이 법안이 제출된 후 2024년 말까지 30건 이상의 유사한 법안이 제출되었다. 하지만 그 시기에는 국회의 다수당과 행정부의 정책기조가 달라 법안으로 머물다가, 2025년 6월 이재명 정부가 들어서고, 그간의 논의를 총합하는 의미에서 2025년 7월 법제사법위원장이 代案을 내놓는 형식으로 제출되고 입법되었다.

⑵ 주주에 대한 충실의무

앞서 제382조의3 제 1 항이 회사와의 관계에서 이사에 대해 영미법상의 충실의무(duty of loyalty)를 도입한 것으로 볼 것이냐는 논란이 있음을 살펴보았는데, 개정 조문에서 회사와 주주를 같은 의무의 대상으로 나열하고 있는 이상, 주주에 대해서도 같은 의문이 제기될 것이다. 앞에서 이 조문에 의해 영미법상의 충실의무가 도입된 것으로 볼 수는 없다고 서술하였는데, 조문의 구조상 주주에 대한 관계에서도 같은 결론을 낼 수밖에 없다. 특히 이사와 주주간에는 충실의무를 논할 만한 법률관계[2]가 형성될 계기가 없다는 점에서도 이론의 여지가 없다.

⑶ 총주주의 이익보호의무

「총주주의 이익」이란 문언적으로는 특정의 개별주주가 아닌 주주 전체가 집단적으로 누리는 이익이라는 뜻인데, 이사의 업무 중에 직접적으로 주주들에게 이익을 부여하는 것은 있을 수 없으므로 결국 총주주의 이익이란 회사의 이익을 말한다. 이사는 당연히 회사의 이익을 위해 직무를 수행해야 하고 회사에 귀속된 이익이 주주들에게 지분적으로 귀속되는 것이 바로 회사라는 영리단체의 구조적 특성이므로 이 규정이 새롭게 이사의 주주에 대한 의무를 창설한 것으로 볼 것은 아니다. 단지 이사의 회사에 대한 선관주의의무를 확인한 것에 불과하다.

⑷ 공평대우의무

제 2 항 후단의 법문, "전체 주주의 이익을 공평하게 대우하여야 한다"라는 문장을 축약하면 "이익을…대우"하라는 의미불통의 명제가 되지만, 취지는 모든 주주를 공평하게 대우하라는 것이고, 이는 결국 주식평등의 원칙을 선언한 것으로 해석해야 한다. 과거 상법은 의결권(369조 1항), 이익배당(464조), 잔여재산분배(538조),

1) 동 법안의 입법이유.

2) 기본적으로 영미법상의 duty of loyalty란 이사는 회사의 업무를 집행하는 자이므로 회사와의 사이에서 이해가 충돌하는 상황을 만들지 않아야 하고, 자신의 이익이 아니라 회사의 이익을 우선하여야 한다는 행동규범인데, 이사는 주주의 업무를 집행하는 자가 아니므로 이 같은 이해충돌이 있을 수 없다.

신주인수권(418조 1항)에 관해서만 주식평등의 원칙을 명문으로 규정했던 바이지만, 주식평등의 원칙은 주식회사의 본질적 속성으로서 다른 모든 법률관계에서도 적용되어야 할 공리적 원칙으로 해석해 왔었다. 이 규정은 이 원칙을 명문으로 선언한 것이라 함은 앞서 설명하였다(323면 참조).

주주에 대한 이사의 책임

앞서 설명하였듯이 제382조의3 개정조문은 이사에게 회사에 대한 손해배상책임(399조)과 같이 주주에 대해서도 손해배상책임을 지우려는 동기에서 제안되었던 것이나, 동조의 법문은 선언적인 원칙만 규정하였을 뿐, 주주에 대한 손해배상책임을 유도할 수 있는 근거는 두지 않았다. 이는 다음과 같이 이사의 법적 위상에 기초한 순리적인 입법이라 할 수 있다.

이사는 주주총회에서 선임되지만 주주의 대리인이나 사용인이 아니고 「회사의 수임인」이다(382조 2항). 그러므로 이사는 주주에 대하여 직접 의무를 부담하는 바가 없으며, 오직 회사에 대하여 의무를 부담하고 책임을 질 뿐이다. 흔히 주주가 회사의 출자자인 점, 이사를 선임하는 힘의 원천이라는 점 때문에 이사가 주주에 대해 의무를 지는 듯이 말하지만, 이는 이사와 주주 사이의 사회학적 관계를 수사적으로 표현하는 말에 불과하고 법률적 명제는 아니다.

소유와 경영의 분리 원칙에 의해 이사는 주주와 직접적인 법률관계를 갖지 아니하므로 주주에게 직접 의무를 부담할 근거가 없으며, 오히려 주주로부터 독립된 지위에서 회사의 이익을 추구해야 하는 지위에 놓인다. 주주는 다수로 구성되어 각기 이해를 달리하는 탓에 기술적으로 이사에게 개별주주의 이익을 보호할 의무를 지울 수도 없다. 이사는 회사에 대한 의무를 수행함으로써 주주 전체의 보편적 이익을 실현하는 데에 기여할 뿐이다.[1] 이는 주식회사의 구조적 속성에 비롯된 것으로 어느 입법례를 보더라도 이사에게 주주에 대한 손해배상책임을 인정한 예는 볼 수 없다.

입 법 례

영국에서는 오래전부터 이사가 주주에게 직접 책임을 지는지 여부에 관해 논쟁이 있었으나, 일찍이 보통법에 의해 이사는 주주에 대해 직접 의무를 부담하지 않는다는 원칙을 확립하였고,[2] 이사와 주주가 직접적인 거래관계나 기타 책임관계로 연결될 경우에 한해 이사의 책임을 인정할 뿐이다(주로 기업인수, 합병의 과정에서 이사의 그릇된 정보 전달로 주주가 손해를 본 경우이다).[3] 그리고 성문법상으로도 이사의 책임은 오로지 회사에 대해 성립한다는 원칙을 선언하고

1) 상세는 이철송, “주주의 비례적 이익을 보호하기 위한 상법 개정안의 평가,” 상장협연구(2023. 7.), 한국상장회사협의회, 1면 이하 참조.
2) Percival v. Wright [1902] 2 Ch 421.
3) 예컨대, Heron International Ltd v. Lord Grade [1983] BCLC 244 CA.

있다(영국회사법(Companies Act 2006) 170조 1항).[1)·2)]

독일주식법은 제93조 제 1 항에서 이사의 의무의 근거가 되는 규정을 두고 있고 동조 제 2 항에서 우리 상법 제399조 제 1 항과 같이 의무위반에 대해 책임을 묻는 규정을 두고 있다. 이사가 그 업무집행과 관련하여 주주에 대해 책임을 진다는 규정은 두고 있지 않고, 제93조 제 2 항의 해석론으로서도 이사의 책임대상을 주주에게 확장하는 이론은 없다. 이사의 업무집행상의 과실로 회사의 재산이 감소하고 따라서 주주의 재산이 감소하는 경우 이사의 회사에 대한 손해배상책임의 이행으로 회사의 손해회복을 통해 주주의 손해가 회복될 뿐이다.[3)] 다만 이사가 업무와 관련하여 주주에 대해 불법행위를 범한 경우 주주에 대해 직접 책임을 지게 됨은 당연하다.[4)]

주주에 대한 이사의 책임론을 주장하는 학자들은 그 주장에 참고가 되는 외국의 입법례로 미국의 모범사업회사법(MBCA) § 8.31.(a)(2)v와 델라웨어주 회사법(Delaware General Corporation Law) § 102(b)(7)을 소개하는데, 이는 이사가 주주에게 책임을 진다는 내용이 아니다. 모범사업회사법의 동 규정은 회사나 주주가 이사의 책임을 추궁함에 있어 입증해야 할 사항을 열거하고 있는 규정이고, 델라웨어 회사법의 동 규정은 회사가 정관에 이사의 책임을 감면할 수 있음과 아울러 그에 필요한 사항을 다루고 있는 규정으로서, 이사가 주주에 대해 충실의무를 진다는 내용은 아니다. 이사의 책임에 관한 규정은 MBCA의 경우 § 8.30이며, 동 규정에서는 이사는 회사의 최선의 이익이라고 믿는 바에 따라 행동하도록 규정하고 있다(§ 8.30 (a)). 델라웨어주 회사법에서는 이사의 책임에 관한 규정을 두고 있지 않으나, 보통법상 역시 이사는 회사에 대해 주의의무를 지는 것으로 이해하고 있다.

미국의 판례 중에는 간혹 이사나 경영자가 주주에게 신인의무(fiduciary duty)를 진다고 판시한 예가 있고, 이를 이사의 책임확장론의 논거로 제시하기도 한다. 구체적인 예로 NACEPF v. Gheewalla 사건[5)]에서 "Directors owe their

1) 동법 제171조 내지 제177조에서 이사의 의무를 구체적으로 규정하고, 제170조 제 1 항에서 동 의무는 회사에 대해 부담한다는 규정을 두고 있다.

2) 이 원칙의 이론적 배경에 관해서는 Paul L., Davies/Sarah Worthington, *Gower's Principles of Modern Company Law*, 10th ed., Sweet & Maxwell, 2016, 16–5, 참조.

3) *Spindler*, Münchener Komm. AktG, 6. Aufl. § 93 Rn. 336; *Schmidt/Lutter*, § 93 Rn.5.

4) 전주.

5) North American Catholic Educational Programming v. Gheewalla, Del. Sup. Ct, 930 A. 2d

fiduciary obligations to the corporation and its shareholders..."라는 설시를 하였으며, 이보다 앞선 Guth v. Loft 사건[1])에도 같은 표현이 나온다. 하지만 이 사건들은 실제 이사에게 주주들의 손해를 배상하라고 명한 사건이 아니라, 주주가 회사의 손해를 회복하기 위해 이사를 상대로 제기한 대표소송이다. 이 설명은 단지 방론(傍論)으로서, 주주가 회사의 실질적인 소유자라는 상징적인 선언(a symbolic declaration that confirms the shareholders are substantial owners of enterprise)에 불과하고, 법적으로 이사는 회사에 대해서만 신인의무를 진다는 것이 정설이다.[2])

Ⅶ. 理事와 會社의 이익충돌방지

1. 제도의 의의

상법 제397조, 제397조의2, 제398조에서는 이사의 경업·겸직, 회사기회의 유용, 회사와의 자기거래 등 회사와 이해가 충돌할 수 있는 이사의 행위를 금지 또는 제한하고 있다. 이는 이사가 회사의 업무집행에 관여하는 지위를 이용하여 회사의 재산 또는 기회를 토대로 자신의 사익을 추구하는 것을 방지하려는 취지에서 둔 제도이다. 이 규정들이 없더라도 그 적용대상이 되는 행위는 이사의 선관주의의무(민 681조)에 위반하므로 그로 인해 회사에 손해가 생긴다면 이사의 책임(399조 1항)을 추궁할 수 있고, 경우에 따라서는 이사의 해임사유가 될 수도 있다(385조 1항 본·2항). 이 경우 회사 또는 이사의 책임을 묻는 주주는 회사의 손해와 이사의 과실을 증명해야 한다. 하지만 상법이 금지하고자 하는 행위를 위 규정들에 의해 정형화함으로써 이러한 증명이 없이 이사의 책임을 추궁할 수 있고, 이에 위반한 행위는 법령위반(399조 1항)이 되므로 보다 엄중한 책임추궁이 가능하고, 특히 자기거래의 경우에는 거래의 효력을 부정할 수도 있다는 효과를 누린다.

2. 競業禁止

(1) 의　　의

이사는 이사회의 승인이 없으면 자기 또는 제 3 자의 계산으로 회사의 영

---

92 (2007).

1) Guth v. Loft Inc. 23 Del. Ch. 255, 266, 5A. 2d 503, 510(Sup. Ct., 1939).

2) A. Stafford/S. Richie, *Fiduciary Duties–Direcors and Employees*, Jordan, 2015, p. 82; R. Freer, *The Law of Corporations*, 8th ed., 2020., West Publishing, p. 202.

업부류에 속하는 거래를 하거나 동종영업을 목적으로 하는 다른 회사의 무한책임사원이나 이사가 되지 못한다(397조). 이같이 경업과 겸직을 제한하는 것을 통틀어 「경업금지」(Wettbewerbsverbot)라 하며, 이사의 의무라는 측면에서는 「경업피지의무」라 한다. 이 제도는 이사가 회사를 관리하는 지위에서 얻은 기업비밀과 고객관계 등 무형의 영업재산을 자신의 사익추구에 이용함으로써 회사의 이익을 해할 추상적 위험을 예방하고, 이사는 회사의 업무에 전념해야 된다는 당위성을 규범화하기 위하여 이사에게 특별한 법적 책임을 과한 것이다.[1]·[2] 前者의 이유는 경업금지에, 後者의 이유는 겸직금지에 보다 강하게 반영되어 있다.

⑵ **이사회의 승인**

1) 이사회의 승인이 있으면 경업·겸직이 가능하다. 이사회의 승인은 주주총회의 승인으로 갈음하지 못한다(상세한 이유는 이사의 자기거래의 승인에 관해 후술. 819면 참조). 그러나 소규모회사에서는 주주총회의 결의로 승인한다(383조 4항).

2) 이사회의 승인은 事前의 승인을 뜻한다고 새긴다.[3] 事後의 승인(추인)은 책임면제(400조)와 같은 효과를 가져오는데, 이사회의 결의로 책임을 면제한다는 것은 상법 제400조에서 이사의 책임면제에 총주주의 동의를 요하는 것과 대비해 균형이 맞지 않기 때문이다. 경업을 하고자 하는 이사는 특별한 이해관계가 있는 자(391조 3항 → 368조 3항)로서 의결권을 행사하지 못한다.

3) 이 제도는 이사의 경업으로 인해 야기될 수 있는 이해충돌의 추상적인 위험성에 기초하여 둔 일반예방규정이다.[4] 따라서 이사회는 장차 경업·겸직으로 야기될 회사의 손실을 예측하여 승인여부를 판단하여야 한다.

⑶ **금지내용**

1) 경 업 자기 또는 제 3 자의 계산으로 회사의 영업부류에 속하는 거래를 하는 것이다.

㈎ **자기 또는 제 3 자의 계산** 누구의 이름으로 거래당사자가 되느냐는 문

---

1) 대법원 2018. 10. 25. 선고 2016다16191 판결: 「상법 제397조 제 1 항의 취지는, 이사가 그 지위를 이용하여 자신의 개인적 이익을 추구함으로써 회사의 이익을 침해할 우려가 큰 경업을 금지하여 이사로 하여금 선량한 관리자의 주의로써 회사를 유효적절하게 운영하여 그 직무를 충실하게 수행하여야 할 의무를 다하도록 하려는 데 있다.」

2) *Bürgers/Israel*, in Bürgers/Körber, § 88 Rn. 9; *Fleischer*, in Spindler/Stilz, § 88 Rn. 1 f.

3) 김정호, 539면; 김홍기, 597면; 송옥렬, 1065~1066면; 임재연Ⅱ, 501면; 정동윤, 630면; 최준선, 530면; 日注釋(6), 219면. 반대: 권기범, 871면; 김·노·천, 473면; 이종훈, 240면; 최기원, 669면; 백숙종(주석-회사 3), 404면.

4) 日注釋(6), 207면.

지 않는다. 제 3 자의 이름으로 거래하더라도 자기계산으로 할 경우에는 이에 해당한다. 제 3 자의 계산으로 할 경우란 이사가 제 3 자의 위탁을 받아 거래를 하거나 제 3 자의 대리인으로 거래하는 경우이다.

제도의 취지에 비춰볼 때, 이사가 별도의 회사를 설립하여 그 회사로 하여금 경업을 수행하게 한 경우,[1] 이사가 이미 경업을 하고 있는 회사의 주식을 취득하여 지배주주가 되어 그 회사의 의사결정과 업무집행에 관여할 수 있게 된 경우(대법원 2018. 10. 25. 선고 2016다16191 판결; 동 2013. 9. 12. 선고 2011다57869 판결)에도 본조의 적용대상으로 보아야 한다.

(나) 회사의 營業部類에 속하는 거래 「영업부류」에 속하는 거래란 정관상의 사업목적에 국한하지 않고 사실상 회사의 영리활동의 대상이 되어 있는 것은 모두 포함한다.[2] 補助的 商行爲는 회사의 영리활동 자체는 아니므로 경업금지의 대상이 아니다.[3]

제한되는 경업의 범위는 반드시 동종의 영업에 국한된다고 해석할 필요는 없다. 회사의 영업에 대해 代替材 내지 市場分割의 효과를 가져오는 영업도 회사의 이익실현을 방해할 염려가 있으므로 「회사의 영업부류에 속하는 거래」의 범주에 넣어야 할 것이다. 예컨대 운송업을 하는 회사의 이사가 운송수선업을 하거나, 건설장비판매회사의 이사가 건설장비임대업을 한다면 그 역시 경업으로 보아야 한다. 반면 동종의 영업이라도 회사와 이사의 영업지역이 원격하여 회사의 영업에 영향을 주는 바가 없다면 경업이라 할 수 없다. 또 동종영업이라 하더라도 이사의 영업이 회사의 영업에 종속하여 지점이나 영업부문으로 영위됨으로써 양자의 영업이 공동의 이익을 추구하는 관계에 있다면 이 역시 경업이 아니다(대법원 2013. 9. 12. 선고 2011다57869 판결; 동 2025. 6. 12. 선고 2021다256696 판결).[4]

(다) 營業性의 요부 과거 제397조의 해석론상 경업은 반드시 영업으로 해야 하느냐, 즉 일시적인 거래도 경업이 될 수 있느냐는 점에 관해 견해가 갈렸다. 2011년 개정법에는 제397조의2가 신설되어 비영업적 거래는 동조의 기회유용으로 포섭될 수 있으므로 제397조의 경업은 영업으로 하는 거래만 포함한다고 풀이해야 할 것이다.

---

1) 日東京地裁 1981. 3. 26. 판결, 「判例時報」 1015호 27면.
2) *Mertens*, in Kölner Komm. AktG, 2. Aufl., § 88 Rn. 2.
3) 坂田, 434면.
4) 2011다57869 판결: 809면의 신세계사건과 동일사건. 광주신세계가 서울신세계의 지점처럼 운영되고 있으므로 쌍방의 영업은 경업이 아니라 하였다.

경업금지약정의 효력

이사를 선임할 때에 회사와 이사간에 임용계약과 더불어 경업금지약정을 체결하는 예가 흔하다. 이같은 약정이 유효함은 물론이나, 경업금지의 내용이 과도할 경우에는 그 효력이 문제된다. 근로자가 회사와 체결한 경업금지약정에 관해서는 경업금지의 내용이 헌법상 보장된 근로자의 직업선택의 자유와 근로권 등을 과도하게 제한하거나 자유로운 경쟁을 지나치게 제한하는 경우에는 민법 제103조에 정한 선량한 풍속 기타 사회질서에 반하는 법률행위로서 무효라고 보아야 한다는 판례가 있다(대법원 2010. 3. 11. 선고 2009다82244 판결). 이사와 회사의 관계는 고용이 아니고 위임이므로 이사가 체결한 경업금지약정이 과도한지 여부는 근로자가 체결한 경업금지약정이 과도한지와 동일한 차원에서 판단할 수는 없을 것이나, 이사도 사실상 생업의 종사자이므로 위 판례의 추상적 기준은 이사에게도 적용되어야 할 것이다.

2) 겸 직 이사는 이사회의 승인이 없으면 同種營業을 목적으로 하는 다른 회사의 무한책임사원이나 이사가 되지 못한다.

「동종영업」을 목적으로 한다 함은 경업에서의 「회사의 영업부류」와 같이 해석한다. 동종영업에 한하지 않고 모든 회사에 걸쳐 무한책임사원 또는 이사가 되거나 다른 상인의 상업사용인이 되는 것을 금지하는 상업사용인의 겸직금지의무(17조 1항)보다 범위가 좁다.

「동종영업을 목적으로 하는 다른 회사」란 반드시 실제 영업을 수행하는 회사이어야 하는 것은 아니다. 개업을 준비하는 단계에 있는 회사의 이사를 겸하더라도 겸직금지에 위반한다(판례 [85]). 이 점 실제 거래를 수행하여야 요건이 충족되는 경업금지와 다르다.

판 례

[85] 대법원 1990. 11. 2.자 90마745 결정

「… 상법 제397조 제 1 항〔의〕 취지는 이사가 그 지위를 이용하여 자신의 개인적 이익을 추구함으로써 회사의 이익을 침해할 우려가 큰 경업을 금지하여, 이사로 하여금 선량한 관리자의 주의로써 회사를 유효적절하게 운영하여 그 직무를 충실하게 수행하지 않으면 안 될 의무를 다하도록 하려는 데 있는만큼(382조 2항, 민 681조 등 참조), 아직 영업을 개시하지 못한 채 공장의 부지를 매수하는 등 영업의 준비작업을 추진하고 있는 회사라고 하여, 위 규정에서 말하는 "동종영업을 목적으로 하는 다른 회사"가 아니라고 보아야 할 만한 합리적인 이유가 없다 … 피신청인이 우림콘크리트의 주주총회의 승인이 없이 우림콘크리트와 동종영업을 목적으로 하는 한국하이콘을 설립하고 그 회사의 이사 겸 대표이사가 되었다면, 설령 한국하이콘이 영업활동을 개시하기 전에

피신청인이 한국하이콘의 이사 및 대표이사직을 사임하였다고 하더라도, 이는 분명히 상법 제397조 제 1 항 소정의 경업금지의무를 위반한 행위로서, 특별한 다른 사정이 없는 한 이사의 해임에 관한 상법 제385조 제 2 항 소정의 "법령에 위반한 중대한 사실"이 있는 경우에 해당한〔다.〕」

[同旨판례] 대법원 1993. 4. 9. 선고 92다53583 판결. 이 판례는 위 판례와 동일당사자에 관한 것이다.

(4) 위반효과

이사가 이사회의 승인 없이 경업 또는 겸직을 하는 것으로 금지위반의 요건은 충족되며, 이로 인해 회사에 손해가 발생하였음을 요하지 않는다. 본 제도는 회사의 손해를 회복시켜 주는 것만을 목적으로 하는 것이 아니라 경쟁적 이익추구를 단념시킴으로써 이사로 하여금 회사의 업무에 전념케 하는 뜻도 있기 때문이다. 따라서 회사에 손해가 발생하지 않더라도 회사는 손해배상청구만 할 수 없을 뿐 다른 효과는 주장할 수 있다.

1) 손해배상책임　　금지위반으로 회사에 손해가 발생한 경우에 이사는 회사에 대해 손해를 배상하여야 한다(399조). 상업사용인의 경업금지위반에 관해서는 손해배상책임을 명문화하면서(17조 3항) 이사의 경업금지위반에 관해서 같은 규정을 두지 않은 이유는 이사의 손해배상책임에 관해서는 상법 제399조에서 일반규정을 두었기 때문이다.

2) 해　임　　이사회의 승인없이 한 경업 또는 겸직은 상법 제385조 제 2 항에서 말하는 법령 위반이므로 손해배상 없이 이사를 해임할 수 있는 정당한 이유가 되며(385조 1항)(판례 [85]), 소수주주가 법원에 해임을 청구할 수 있는 사유가 된다(385조 2항). 이사가 겸직을 사임했다 하더라도 같다(동 판례).

3) 거래의 효과　　경업금지에 위반한 거래도 그 자체는 유효하다.

4) 介 入 權

(가) 의　의　　이사가 경업을 한 경우에만 인정되는 회사의 권리이다. 회사는 경업거래가 이사 자신의 계산으로 한 것인 때에는 이를 회사의 계산으로 한 것으로 볼 수 있고, 제 3 자의 계산으로 한 것인 때에는 그 이사에 대하여 이로 인한 이득의 양도를 청구할 수 있다(397조 2항). 이를 개입권(Eintrittsrecht) 또는 탈취권이라 한다.

개입권은 요컨대 이사에 의해 행해진 경업거래의 경제적 효과를 회수하는 뜻을 갖는데, 이는 경업으로 인해 생긴 회사의 추상적 손실을 전보하는 한편, 이사에 대해서는 경업거래를 무익하게 함으로써 경업을 예방하는 취지를 담고 있다.

(나) 내 용 이사의 계산으로 한 경우, 「회사의 계산으로 한 것으로 볼 수 있다」고 함은 이사가 회사에 대해 거래의 경제적 효과를 귀속시켜야 함을 뜻하고, 회사가 직접 계산의 주체가 되는 것을 뜻하는 것은 아니다.[1] 즉 거래로 인한 비용을 회사의 부담으로 하고, 얻은 이득을 회사에 귀속시키는 것을 말한다. 따라서 회사의 개입권행사는 이사의 경업거래의 상대방에 대하여는 아무런 영향이 없다.[2] 상대방에 대한 계산의 주체는 여전히 이사인 것이다.

제 3 자의 계산으로 한 경우, 이사가 양도할 「이득」이란 이사가 계산의 주체인 제 3 자로부터 받은 보수만을 뜻하고 거래 자체로부터 발생한 이득을 뜻하는 것이 아니다.[3] 거래 자체로 인한 이득을 청구할 수 있다고 한다면 제 3 자의 권리에 영향을 미치게 되는 까닭이다.

(다) 개입권의 성질과 행사 개입권은 형성권이다(이설 없음). 따라서 이사에 대한 의사표시만으로 효력이 발생한다. 개입권의 행사는 이사회의 결의가 있어야 하나(397조 2항), 행사 자체는 대표이사가 해야 한다. 대표이사가 이를 게을리하면 주주가 대표소송을 제기할 수 있다(403조).

(라) 개입권의 행사기간 개입권은 거래가 있은 날로부터 1년을 경과하면 소멸한다(397조 3항). 이것은 제척기간이다. 상업사용인의 경우처럼 「거래가 있음을 안 날」을 기산점으로 하여 2주일 내로 하지 않은 이유는 이와 같은 주관적 기준이 회사에는 적합하지 않고, 또 개입권의 행사에 이사회의 결의라는 절차를 요하는 까닭에 단기의 제척기간을 둘 수 없기 때문이다.

(마) 개입권과 손해배상청구 독일주식법은 회사가 개입권과 손해배상청구권을 택일하도록 한다(§ 88 Abs. 2 AktG). 원래 개입권은 회사가 이사의 경업으로 인한 손해를 증명하기 어려운 데 대한 대안으로 인정된다는 생각에서이다.[4] 그러나 이와 같은 규정이 없는 우리 상법에서는 양자를 동시에 행사할 수 있다고 해석된다(17조 3항의 유추적용). 개입권은 영업상의 손실을, 손해배상은 그 밖의 손실을 회복시키는 데 적절한 수단이 될 것이다.

5) 벌 칙 경업금지의무위반은 경우에 따라 상법상의 특별배임죄

---

1) *Mertens*, in Kölner Komm. AktG, 2. Aufl., § 88 Rn. 21.

2) *Bürgers/Israel*, in Bürgers/Körber, § 88 Rn. 11; *Seibt*, in Schmidt/Lutter, § 88 Rn. 13; *Spindler*, in Münchener Komm. AktG, 4. Aufl., § 88 Rn. 34.

3) § 88 Abs. 2 Satz 2 AktG 참조.

4) *Spindler*, in Münchener Komm. AktG, 4. Aufl., § 88 Rn. 32.

(622조 1항)를 구성할 수 있다(서울고법 1982. 1. 13. 선고 82노2105 판결).

⑸ 불공정한 경업의 승인

이사회의 승인은 경업·겸직의 절차적 위법성을 조각하는 효과가 있을 뿐이고, 경업에 타당성을 부여하거나 이사의 책임을 면제해 주는 것이 아니다. 경업의 결과 회사에 손해가 발생한다면, 당해 이사는 경업을 자제해야 할 의무를 위반하였으므로 책임을 져야 함은 물론(399조 1항), 이는 이사회가 승인해서는 안 되는 행위이므로 승인에 찬성한 이사들이 책임을 진다(399조 2항).

⑹ 쌍방적용

A회사의 D이사가 B회사의 이사를 겸하면 A회사와의 관계에서는 본조가 적용되는데, B회사와의 관계에서는 어찌 되는가? 법문은 원래 A회사와의 관계를 규율하기 위한 것으로 보인다. 이같이 해석할 경우 B회사와의 관계는 이사의 선관주의의무(민 681조·399조 1항)에 의해 규율할 수 있을 것이다.

3. 會社機會의 流用禁止

⑴ 의 의

이사는 이사회의 승인 없이는 회사의 이익이 될 수 있는 소정의 사업기회를 이용할 수 없다(397조 의2). 이사는 회사의 영업과 재산을 관리하는 지위에 있으므로 회사의 이익을 가로챌 수 있는 기회를 많이 가지고 있다. 그래서 상법은 이전부터 제397조와 제398조를 두어 이사가 회사와 경업을 하거나 자기거래를 하는 바와 같이 회사와 이익충돌이 생기는 것을 방지해 왔다. 그러나 최근 경제가 발전함에 따라 회사의 규모가 커지고 영리기회가 확산되고 있어, 기존의 경업금지와 자기거래를 정면으로 위배하지 않고도 회사의 영업기회를 유용함으로써 회사가 취할 이익을 이사가 가로챌 수 있는 기회가 늘고 있다. 그리하여 상법은 경업과 자기거래에 해당하지 않는 제 3 유형의 이익충돌행위로서 「회사의 사업기회의 이용」이라는 행위를 반규범적 행위로 신설하여 규율하기에 이르렀다(2011년 신설).[1] 이 제도를 간단히 「회사기회의 유용금지」라고 부르기로 한다.

---

1) 2008 법사위 검토보고, 152면: 글로비스라는 회사와 SK C&C라는 회사를 예로 들어 입법의 배경으로 설명하고 있다. 전자는 현대그룹의 지배주주가 「글로비스」라는 물류회사를 설립하여 현대자동차 등 현대그룹 회사들의 상품운송을 대량으로 도급주어 큰 이익을 부여한 예이고, 후자는 SK그룹에서 비슷한 방법으로 지배주주가 설립한 회사의 이익을 키운 사례이다.

입 법 례

회사기회의 유용금지는 미국의 판례법이 이사의 충실의무(duty of loyalty)의 일부로서 요구하는 「회사기회유용금지」의 원칙(usurpation of corporate opportunity doctrine)을 본받아 만든 제도이다. 이사, 임원 기타 회사경영자는 회사에 속하는 영업기회를 자신의 기회로 만들어서는 안 된다는 원칙으로서, 이사가 사익을 도모하려는 일체의 유혹을 근절하기 위한 정책적 고려에서, 이사가 신의를 저버리고 얻은 이익을 전부 박탈하여 회사에 귀속시키는 것을 내용으로 한다. 판례가 이 원칙을 적용하는 상황은 이사가 이용한 기회가 회사의 「영업영역 내」(in the line of business)에 있을 때이다. 「영업영역 내」에 있다고 함은, 문제된 거래에 관해, i) 회사가 그 기회를 이용할 능력과 경험이 있고, ii) 기회의 이용이 회사에 이익이 되며, iii) 그 기회를 이용한 영업확장에 회사가 합리적인 이해와 기대를 가질 수 있는 경우를 말한다.[1)]

상법 제397조의2의 입법에 대해서는 「회사의 사업기회」라는 요건개념의 모호성을 들어 반대하는 의견이 적지 않았다고 하는데,[2)] 미국에서도 이 원칙의 법이론적 설명은 명쾌하지만, 회사의 기회와 이사 개인의 기회를 어떻게 구별해야 하느냐, 회사가 그 기회를 이용할 수 없을 때에도 이사는 그 기회를 이용할 수 없느냐는 등 허다한 문제가 있어 실제의 적용에 애로가 많다고 한다. 이사는 회사의 잠재적 역량을 확장해 나가는 것을 그 직무로 하는 동시에 회사의 비용으로 사익을 추구해서는 안 된다는 규범적 당위론의 제약하에 있다. 그러나 한편으로는 이사 자신이 사업가로서의 기회를 추구하고, 그러한 기회를 가지고 새로운 사업을 개발하는 것에 사회가 긍정적인 이해를 가진다. 일응 상충하는 듯한 이 두 가지 명제 사이의 균형점을 찾는 것이 이 제도의 합리적인 해석방법이라고 할 수 있다.[3)]

각종 이익충돌행위의 포섭관계

2011년 개정 전부터 이사와 회사간에 이익충돌의 가능성이 있어 상법이 제한해오던 경업(397조), 겸직(397조), 자기거래(398조)와 개정에 의해 추가된 기회이용(397조의2)간의 포섭관계에 유념해야 한다. 경업, 겸직, 자기거래는 서로 교차하지 않는 개념이지만, 기회유용은 이중 일부와 교차할 수 있다. 겸직과 기회유용은 교차하지 않으나(겸직∩기

1) Guth v. Loft Inc., 23 Del. Ch. 255, 266, 5A. 2d 503, 510(Sup. Ct., 1939): 델라웨어州 대법원의 판례인데, 회사기회유용금지에 관한 대표적인 판례이다. 내셔날펩시콜라(이하 "舊펩시")에 콜라원료의 일부를 납품하는 로프트라는 회사가 있었다. 舊펩시가 파산하게 되었는데, 로프트의 사장인 구스(Guth)가 舊펩시의 파산관재인의 제의를 받아 舊펩시의 제조기법을 가지고 새로운 펩시콜라(이하 "新펩시")를 설립하였다. 이에 로프트가 구스를 상대로 기회유용금지를 이유로 제소했던바, 법원은 구스에게 신인의무위반을 이유로 구스가 가진 新펩시의 주식을 로프트에게 이전하라고 명령하였다.

2) 2008 법사위 검토보고, 151면.

3) Palmiter/Partnoy, p. 667.

회유용 = ∅), 경업은 기회유용의 한 형태로 보아야 하며(경업⊂기회유용), 자기거래는 기회유용을 겸할 수 있다(자기거래∩기회유용≠∅).

(2) 이사회의 승인

이사회의 승인이 있으면 회사기회의 이용이 가능하다(397조의 2 1항 전). 이사회의 승인은 주주총회의 승인으로 갈음하지 못한다(상세한 이유는 819면 이하 참조). 그러나 소규모회사에서는 주주총회의 결의로 승인한다(383조 4항).

1) 승인방법　이사회의 승인은 이사 전원의 3분의 2 이상의 찬성으로 한다(397조의 2 1항 후). 통상의 이사회 결의가 이사의 과반수의 출석에 과반수의 찬성을 요구함에 비해(391조 1항) 크게 강화된 요건임을 주의해야 한다. 이는 상법에서 이사의 기회이용이 회사의 재산에 미치는 위험성을 크게 평가했음을 의미한다.

2011년 개정 전에 경업의 승인과 자기거래의 승인은 통상의 이사회의 결의(과반수 출석의 과반수 찬성, 391조 1항)로 하였다. 개정법에서는 자기거래의 승인요건을 이사 전원의 3분의 2 이상의 찬성으로 강화하면서(398조) 신설된 기회이용의 승인도 같은 결의요건을 적용하였으나, 경업의 승인결의는 종전과 같은 결의를 유지하였다(397조 1항). 경업이든 기회유용이든 회사의 영리기회를 탈취한다는 점에서 회사에 주는 손해의 위험성은 동질적이므로 승인결의의 요건을 차별함은 납득하기 어렵다(경업은 회사의 현재의 영업영역을 잠식하므로 오히려 기회유용에 비해 손해가 보다 현실적이라고 할 수 있다).

소규모회사는 기술한 바와 같이 주주총회의 결의로 하는데, 어떤 결의(보통결의 혹은 특별결의)를 요하느냐는 문제가 있다. 소규모회사에서 이사회의 결의를 주주총회의 결의로 갈음하도록 하는 특례규정(383조 4항)의 표현은 「…"이사회"는 각각 "주주총회"로 보며…」라고 되어 있어, 제397조의2 제 1 항 후단도 이사회를 주주총회로 치환하여 「주주」의 3분의 2 이상의 수로 결의해야 한다는 해석도 생각해 볼 수 있으나, 양자는 결의방법의 본질이 다르므로(자본다수결과 두수주의) 이같은 해석은 불가하다. 통상의 주주총회의 결의대로 보통결의로 하면 족하다고 해석한다.

2) 이사회의 승인은 사전의 승인을 뜻한다고 보아야 한다(김정호 571; 김홍기 597; 정동윤 637; 정찬형 1081. 반대: 권기범 885; 김 · 노 · 천 482; 이종훈 245; 백숙종(주석 – 회사 3) 430). 그 이유는 경업금지의 승인에 관해 설명한 바와 같다. 기회를 이용하려는 이사가 의결권을 행사하지 못하는 것도 같다(391조 3항 → 368조 3항).

3) 승인여부의 판단　이사회는 장차 회사가 기회를 이용할 경우와 이사로 하여금 이용하게 할 경우의 득실을 충분한 정보의 수집 · 분석을 통해 예측하여 승인여부를 판단하여야 함은 경업의 승인에 관해 말한 바와 같다(793면 참조)(대법원

(2017. 9. 12. 선고 2015다70044 판결).

⑶ 금지내용

이사회의 승인 없이 현재 또는 장래에 회사의 이익이 될 수 있는 소정의 회사의 사업기회를 자기 또는 제 3 자의 이익을 위하여 이용하는 것을 금한다(397조의 2 1항).

1) 자기 또는 제 3 자의 이익 경업금지에서의 「자기 또는 제 3 자의 계산」과 같은 의미이다(800면 참조).

2) 기회의 유형 상법은 이용금지의 대상이 되는 회사의 사업기회를 다음과 같이 두 가지로 특정하고 이 중 어느 것을 이용하든 규율대상으로 한다.

i) 직무를 수행하는 과정에서 알게 되거나 회사의 정보를 이용한 사업기회

사업기회에 관한 정보의 취득경위를 기준으로 회사의 사업기회를 정의한 것이다. 회사의 직무를 수행하는 과정에서 얻게 된 사업기회이거나 회사의 정보를 이용하여 얻게 된 사업기회란 회사의 비용으로(at the expense of corporation)[1] 얻은 사업기회임을 뜻한다. 회사의 영업부류에 속하느냐는 묻지 않는 취지이다. 예컨대 금융회사의 이사가 대출을 집행하면서 담보로 확보한 부동산의 소유자가 매우 저렴한 가격으로 양도할 의사가 있는 것을 알고 그 부동산을 취득한다면 이 유형에 해당하는 기회유용이다. 이 기준은 이사의 행위를 통제하는 규범으로서는 지나치게 광범하지만 후술하는 「회사의 이익가능성」에 의해 범위가 좁혀질 수 있다.

ii) 회사가 수행하고 있거나 수행할 사업과 밀접한 관계가 있는 사업기회

이는 상법 제397조의 적용대상이 되는 경업, 즉 회사의 영업부류에 속하는 거래에 준하는 것으로 생각할 수 있다. 회사가 수행하고 있거나 수행할 사업이란 정관상의 사업목적에 국한하지 않고 사실상 회사의 영리활동의 대상이 되어 있는 것은 모두 포함한다(801면 참조). 이러한 의미의 회사사업과 밀접한 관계가 있는 사업기회의 범위를 설정함에는 미국법상의 영업영역이론을 참고할 수 있다. 미국법에서도 어디까지를 회사의 영업기회로 보아야 하느냐의 판단이 어려운 문제로 다루어지고 있는데, 그 판단기준으로는 회사의 「영업영역」(in the line of business) 이론이 널리 채택되어 있다. 회사의 「영업영역」이라고 볼 수 있는 한 이사의 기회유용이 금지된다는 것이다.[2]

---

1) 미국에서는 회사의 비용으로 얻은 정보를 활용한다는 것을 기회유용행위의 가장 뚜렷한 징표로 삼는다.

2) 전게 Guth 사건의 판결.

3) 회사의 이득 가능성 상법은 이용금지대상을 현재 또는 장래에 회사의 이익이 될 수 있는 기회로 한정하고 있다. 그리하여 위 i), ii)에 속하는 사업기회라 하더라도 회사의 이익이 될 수 없는 것은 회사의 사업기회라 할 수 없고, 이사의 이용이 금지되지 않는다(397조의 2 1항 본).

회사의 기회를 이용한다는 것 자체가 불확정적인 개념인데다,「회사에 이익이 된다」는 것 역시 불명확한 개념이므로 제397조의2의 요건설정은 잘 된 입법은 아니다. 다만 위에 말한대로「직무를 수행하는 과정에서 알게 되거나 회사의 정보를 이용한 사업기회」는 매우 광범한 기준이므로 그 범위를 실용적으로 좁히는 추가적 기준으로서 이 이익개념을 활용할 수 있다.

회사에 이익이 된다는 것은 회계적으로 회사에 수익을 가져올 수 있다거나 사업성이 있다는 뜻으로 새겨서는 안 된다. 회사의 영리추구의 대상으로 삼을 수 있다는 뜻으로 풀이하면 족하다. 예컨대 문제된 사업기회가 회사에게는 진출이 금지된 업종인 경우, 수익의 전망이 없어 회사가 이용을 포기한 거래 등은 회사에 이익이 되지 않는 예로 볼 수 있다.

유망한 사업기회

서울에 소재하는 ㈜신세계백화점(이하 "서울신세계")이 1995년에 100% 출자를 하여 광주에 역시 백화점업체인 ㈜광주신세계(이하 "광주신세계")를 설립하였다. 곧 1997년 경제위기가 닥쳐 광주신세계는 심한 자금난에 시달려 신주를 발행하였는데, 서울신세계 역시 자금난이 심해 전부 실권을 하였으므로 서울신세계의 이사 A가 실권주를 인수하였다. 이후 경제위기가 해소되자 광주신세계의 영업도 호전되어 A가 소유하는 주식의 가치가 수배로 증가하였다. 이에 서울신세계의 소액주주들이 A가 충실의무에 반하여 회사의 기회를 유용했음을 이유로 손해배상을 청구하는 대표소송을 제기하였다. 당시에는 상법 제397조의2는 물론 제382조의3(이사의 충실의무)도 생기기 전이었지만, 법원은 이사의 기회유용금지가 이사의 선관주의의무에서도 도출될 수 있는 법리로 볼 수 있음을 전제로 A의 행위가 기회유용에 해당하는지를 판단하였다.

법원은 이사의 기회유용이 되기 위해서는 회사에「유망한 사업기회」가 존재하고 이를 이사가 유용하여야 한다는 것을 대전제로 하였다. 그리고 당시 금리가 크게 인상되고 소비심리가 위축되는 등 전국적인 경제여건이 악화되고, 광주신세계는 자본잠식상태에다, 자본금의 5배가 넘는 이자비용을 부담할 정도로 경영이 악화되었으며, 서울신세계 역시 자금사정이 좋지 않아 재무구조를 개선하기 위해 자산을 처분하고 다른 계열회사의 신주발행에서도 실권을 할 형편이었음을 지적하며, 광주신세계의 신주를 인수하는 것이 유망한 사업기회가 될 수 없었다고 판시하였다(서울고법 2011. 6. 16. 선고 2010나70751 판결: 전게 대법원 2011다57869 판결의 원심판결).

4) 기회의 이용방법 경업금지(397조)위반여부를 논함에 있어서는 이사가 회사와 경쟁이 되는 거래를 영업으로 해야 하느냐를 두고 논란이 있었음은 기술한 바와 같다. 그러나 본조는 단지 기회유용을 금할 뿐 기회를 이용한 영업을 금하는 것이 아니므로 1회의 비영업적 거래라 하더라도 회사의 사업기회를 유용하면 본조에 포섭된다. 예컨대 건설업을 하는 회사의 이사가 회사가 구입할 대지를 물색하던 중 매우 좋은 조건의 대지를 발견하고 자기가 구입한다면 영업으로 한 것이 아니지만 역시 본조에 위반하는 행위이다.

(4) 위반거래의 효과

이사회의 승인 없이 행한 자기거래(398조)는 무효(상대적 무효)로 봄이 통설임에 반해, 이사회의 승인 없이 한 경업행위(397조)는 유효하다는 점에 이설이 없다. 그 이유는 자기거래의 경우 회사가 당사자가 되는데 이사회의 승인없는 자기거래라면 회사의 업무집행방법에 하자가 있는 것이고 따라서 거래의 하자를 구성한다고 볼 수 있는 반면, 경업의 경우에는 거래로 인한 이득의 귀속이 불공정할 뿐, 거래당사자에게는 거래의 효력을 좌우할 어떤 흠도 없기 때문이다. 이사가 이사회의 승인 없이 한 회사기회의 유용도 경업과 같이 다루어야 한다. 흠은 회사와 이사간에 있을 뿐이고 이사와 제 3 자간의 거래에 개재하는 것이 아니기 때문이다. 따라서 이사가 이사회의 승인없이 회사의 기회를 유용하였더라도 거래의 효력에는 영향이 없다.

(5) 개입제도의 부적용

경업금지를 위반한 경우에는 회사에 개입권을 인정하여 이사로부터 이득을 반환받도록 한다(397조 2항). 또 미국에서는 기회유용금지제도가 회사에 일어난 실제의 손해(actual harm)을 구제하자는 것이 아니고, 잠재적인 손실(potential harm)을 예방하자는 제도로 이해하고 회사의 손해여부를 불문하고 기회유용으로 인해 이사에게 생긴 권리나 이익을 회사에 반환하게 한다.[1)] 이 점 경업금지위반에 대한 개입권과 흡사한 사고에 입각했다고 평가할 수 있다.

그러나 상법상의 기회유용금지제도는 위반행위에 대해 아래와 같이 손해배상책임만을 과할 뿐, 개입권이나 이익반환제도는 두고 있지 않다.

(6) 손해배상책임

1) 책임주체 이사가 이사회의 승인 없이 기회를 이용하여 회사에 손해를 가했을 때에 손해배상책임을 져야 함은 법리적으로 의문의 여지가 없다.

---

1) Palmiter/Partnoy, p. 668.

문제는 이사가 이사회의 승인을 얻어 기회를 이용하였지만 회사에 손해가 발생한 경우의 책임관계이다. 제397조의2 제 2 항의 법문은 「제 1 항을 위반하여 회사에 손해를 발생시킨 이사 및 승인한 이사는 연대하여 손해를 배상할 책임이 있으며 …」라고 기술하고 있다. 즉 책임의 주체는 「이사회의 승인 없이 기회를 이용한 이사」와 기회이용을 「승인해 준 이사」가 되는 것이다. 이사가 승인을 받아 기회를 이용했지만, 회사에 손해를 야기한 경우에는 승인해 준 이사도 책임을 묻겠다는 취지이다. 그러면 승인을 받고 기회를 이용했으나 그로 인해 회사에 손해를 가한 이사 본인은 책임이 없는가? 법문상으로는 기회이용자 본인은 빠져 있다. 매우 이해하기 어려운 규정이다.

이사회의 승인은 기회이용의 절차적 위법성을 조각하는 효과가 있을 뿐, 기회이용으로 인해 생긴 회사의 일실이익에 관해 이사의 책임을 면제해 주는 제도는 아니다.[1] 그러므로 이사회의 승인을 얻더라도 기회이용이 회사의 영리실현을 현저히 차단하는 것이라면 당초 이사회에서 승인되어서도 안 되겠지만, 승인을 얻더라도 이사는 책임을 면하지 못한다고 풀이해야 한다. 더욱이 승인을 한 이사가 책임을 지는데, 회사의 손해에 직접 원인된 행위를 한 자가 자유롭다는 것은 균형이 맞지 않는 법리이므로 승인받아 기회를 이용한 이사도 제397조의2 제 2 항에 의해 책임진다고 해석해야 한다. 물론 기회를 이용한 이사가 제397조의2 제 2 항의 책임에서 제외되더라도 제399조의 일반 규정에 기해 손해배상책임을 지겠지만, 후술과 같이 증명책임이 달라 제397조의2 제 2 항의 책임을 물어야 할 실익이 있다.

2) 손해의 산정과 증명 　승인을 얻은 경우이든, 얻지 않은 경우이든, 이사의 기회유용과 회사의 손해는 이사의 책임을 추궁하는 자(회사 또는 대표소송 수행자)가 증명해야 한다. 그런데 기회이용으로 회사에 생긴 손해라는 것은 가시적으로 회사에 실현된 계량가능한 손해가 아니고 이론적인 일실이익이므로 그 증명이 어려울 수밖에 없다. 그래서 제397조의2 제 2 항에서는 기회의 이용으로 인해 이사 또는 제 3 자가 얻은 이익을 회사의 손해로 추정한다. 이사는 이에 대해 두 가지 반증을 제시할 수 있다. 하나는 자신에게 이익이 생겼으나, 회사의 손실과는 무관함을 증명하는 것이다. 예컨대 기회를 회사가 이용할 수 없었다든지, 혹은 이용했더라도 이익이 생길 수 없었다는 것과 같다. 또 하나는 자신이나 제 3 자에게 이익이 없음을 증명하는 것이다. 이에 의해 회사의 손해를 추정할 근거가 없어지는 것이다.

1) 이 점 경업금지 및 자기거래제한제도의 해석에서도 같다(804면, 822면 참조).

기회유용으로 형성된 영업권

상법 제397조의2가 신설되기 이전의 사건으로, X회사의 D이사가 Y회사를 설립하여 X회사의 사업기회를 유용하여 영업을 하였으므로 X회사가 D이사를 상대로 손해배상을 구한 사건이 있다. 이 사건의 상고심은 다음과 같은 쟁점에 대해 판시하였다.

i) 상고심은 Y의 영업수익을 X의 손해로 산정함으로써 제397조의2 제 2 항이 정하는 손해산정방법을 따랐다.

ii) 이사가 회사의 기회를 유용하여 얻은 수익의 일부는 이사의 노력에 의해 얻은 것임을 감안하여 그 부분은 손해배상에서 제외하여야 한다고 판시하였다.

iii) Y회사는 X의 기회를 유용한 사업을 수년간 영위한 끝에 영업을 양도하였는데, 양도가액은 실자산가액을 월등히 초과하였다. 상고심은 이를 영업권의 가액으로 보았으며 영업권의 가치에는 Y회사의 노력에 의해 형성된 가치도 있지만, X의 기회를 유용하여 얻은 가치도 포함되어 있다고 보고 이를 X에 대한 손해배상액에 가산해야 한다는 취지로 판시하였다(대법원 2018. 10. 25. 선고 2016다16191 판결).

4. 理事 등의 自己去來

(1) 의 의

상법 제398조에서는 이사 기타 소정의 자가 회사의 반대당사자가 되어 거래하는 것을 회사의 이익보호 차원에서 엄격히 규율하고 있다. 이사는 회사의 재산을 관리하며 그 처분에 직·간접으로 관여하는 지위에 있다. 한편 어떤 거래에서든 쌍방당사자는 필히 반대의 이해를 가지므로 이사가 회사와 거래한다면 본인의 이익을 위하여 회사의 손실을 개의치 않는 불공정한 거래를 할 소지가 있다. 비유하자면 회사재산을 흡인(siphoning off)해 가는 수단으로 회사와의 거래를 활용할 수 있는 것이다. 이는 회사의 재산을 위태롭게 하고 나아가 다른 주주들의 배당기회와 회사채권자를 위한 책임재산을 탈취하는 소치이므로 어느 입법례에서나 다양한 내용과 방법으로 엄격히 다룬다.

2011년 개정 전 상법 제398조는 특히 이사가 회사의 반대당사자가 되어 거래하는 것을 규율대상으로 삼았고, 이를 강학상「이사의 자기거래」라 불렀다. 그러나 이사만이 아니라 주요주주도 회사와 거래함에 있어 자기의 지위를 남용하여 이익을 취할 수 있으며, 이사 및 주요주주와 이해를 같이 하는 소정의 특수관계인이 회사의 반대당사자가 되어 거래하는 것도 이사의 자기거래와 동질의 위험성을 가지므로 개정법에서는 이들도 규율대상으로 포섭하였다. 이하 편의상 주요주주 및 특수관계인들과 회사의 거래도「自己去來」라 부르기로 한다.

자기거래를 규율하기 위해서는 초기의 영미 판례법에서처럼 자기거래를 전면 금지하는 것도 하나의 방법이겠으나, 한편 이사의 자기거래가 불가피한 경우도 있고, 거래의 성질상 불공정의 우려가 없는 경우도 있다. 그러므로 상법은 이사회의 승인이라는 견제수단으로 자기거래로 인한 폐단을 예방하는 방법을 취하고 있다. 즉 자기거래는 이사회의 승인이라는 절차적 통제를 거치게 함으로써 자기거래임을 공개하고 자기거래에 대한 사전적 감시 및 사후적 책임추궁을 용이하게 하는 것이다.

입 법 례

자기거래는 회사와 이사의 이익이 충돌되는 전형적인 거래이므로 대부분의 입법례에서 이를 제한한다. 독일은 비교적 관대하여 이사에 대한 융자에 관해 감사회의 승인을 얻도록 할 뿐이고(§ 89 Abs. 1 AktG), 그 밖의 자기거래에 대하여는 제한을 두지 않지만, 프랑스는 자기거래를 매우 엄격히 통제한다. 프랑스회사법(상법)은 이사 및 그 특수관계자가 직 · 간접으로 이해를 갖는 회사와의 거래는 감사회의 사전승인을 얻도록 하고, 이사가 소유자나 임원으로 관여하고 있는 다른 기업과의 거래도 같은 방법으로 제한한다(C. com. Art. L. 225-86). 또한 회사가 이사에게 자금을 대여하거나 담보를 제공하는 것도 같은 방법으로 제한한다(C. com. Art. L. 225-91).

영국에서는 18세기부터 이사의 자기거래는 비록 공정하게 이루어졌더라도 무효라고 하였으나, 현재는 거래의 종류에 따라 주주총회의 승인이 있으면 할 수 있는 것과 승인이 없이 할 수 있는 자기거래를 열거하는 방식을 취하고 있다. 중요한 재산거래(substantial transaction: 예컨대 회사자산의 10%를 초과하거나 일정한 금액을 넘는 거래)는 주주총회의 승인을 얻지 않으면 할 수 없다(Companies Act 2006 s. 190(1)).

미국의 자기거래제한은 보통법상의 충실의무(duty of loyalty)의 하나로 발전하였다. 19세기 후반까지는 과거 영국법의 전통을 이어받아 자기거래(이사의 이해상충거래)는 거래의 공정성이나 본인의 승낙을 불문하고 무효로 다루어 오다가 20세기 초부터는 회사가 승인받지 않은 자기거래의 효력을 선택할 수 있도록 하였다.[1] 그러나 20세기 중반부터 각 州가 자기거래를 성문법으로 다루면서 자기거래가 유효하게 다루어지는 경우를 크게 넓혀 놓았다. 대체로 이사의 자기거래가 이해관계 없는 이사의 과반수의 승인을 얻거나, 이해관계 없는 주주(의결권) 과반수의 승인을 얻은 경우, 그리고 이러한 승인이 없더라도 이사가 거래의 공정성을 증명한 경우[2]에는 형평법적 구제방법[3]을 적용하

1) Harold Marsh, "Are Directors Trustees? Conflicts of Interest and Corporate Morality" 22 Bus. Law. 35, 36~43(1966).

2) MBCA Official Comment to § 8.61(b)(3).

3) 형평법적 구제방법(equitable relief): 보통법상 채무불이행이나 기타 위법행위로 인한 피해자의 구제방법은 금전배상(pecuniary damages)이 원칙이나 형평법상의 구제방법은 직접강제

지 않고, 이사에게 손해배상책임도 지울 수 없도록 한다.[1)]

일본 회사법에서는 지배구조 면에서 이사회를 두는 회사와 두지 않는 회사로 나뉘는데, 이사회를 두는 회사에서의 자기거래는 종전과 같이 이사회의 승인을 받도록 하고(日會 365조 1항), 이사회를 두지 않는 회사에서의 자기거래는 주주총회의 승인을 받도록 한다(日會 356조 1항). 그리고 후술하는 간접거래를 명문으로 자기거래에 포함시킨다(日會 356조 1항 3호).

(2) 자기거래의 개념

상법 제398조의 규율대상은 「이사, 주요주주 및 그 소정의 특수관계인이 자기 또는 제 3 자의 계산으로 회사와 거래」하는 것이다.

1) 거래주체의 범위 이사, 주요주주 및 그 특수관계인이다.

(가) 이사(398조 1호) 상근, 비상근을 가리지 않고 모든 이사가 이에 해당된다. 청산인도 같은 제한을 받는다(542조 2항 → 398조). 이사와 같은 권한을 갖는 상법 제386조 제 1 항의 퇴임이사, 제386조 제 2 항의 일시이사, 그리고 법원의 가처분에 의하여 선임된 직무대행자(407조 1항)도 상법 제398조의 이사에 해당된다. 그러나 이사의 지위에서 물러난 이사가 해당되지 않음은 물론이다(이사의 재임시에 투자한 것을 반환받는 거래도 제한대상이 아니다(대법원 1989. 9. 13. 선고 88다카9098 판결)).

(나) 주요주주(398조 1호) 주요주주란 「발행주식의 100분의 10 이상을 소유하는 자 또는 이사·집행임원·감사의 선임·해임 등 상장회사의 주요 경영사항에 대하여 사실상의 영향력을 행사하는 주주」를 뜻한다(542조의8 2항 6호).

해석상의 문제점

개정법은 주요주주를 규율대상에 편입하면서 제542조의8 제 2 항 제 6 호를 원용하여 주요주주의 개념을 정의하고 있다. 동 규정의 법문에서 보다시피 주요주주의 일부 범위에는 「상장회사」의 주요 경영에 영향력을 행사하는 주주가 들어 있다. 그러므로 「비상장회사」의 주요 경영에 영향력을 행사하는 주주는 제398조의 적용대상에서 벗어난다. 뿐만 아니라 제542조의8 제 2 항 제 6 호 전체(위 (나) 「」 부분)가 상장회사에서의 상황을 전제로 하고 있으므로 「발행주식의 100분의 10 이상을 소유하는 자」 역시 상장회사의 발행주식을 소유하는 자를 의미한다. 그리보면 「이사 및 그 특수관계인」과 「주요주주 및 그 특수관계인」으로 나뉘어 前者의 자기거래는 상장·비상장을 가리지 않고 제398조의 적용대상이 되지만, 後者의 자기거래는 상장회사에서만 제398

(specific performance)나 금지처분(injunction) 등 직접적인 구제방법을 허용한다. 승인받지 않은 자기거래의 당사자인 이사를 상대로 회사가 또는 주주가 회사를 위해 소를 제기한다면, 거래된 재산의 반환이나 정상적인 가액과의 차액의 반환 등을 청구할 수 있는 것이다.

1) MBCA § 8.61.(b); Del. Gen. Corp. Law § 144; N. Y. Bus. Corp. Law § 713; Cal. Corp. Code § 310.

조의 적용대상이 된다. 그러나 이같이 차별할 실질적 이유는 없으므로 입법의 착오임이 분명하여 주요주주는 상장여부와 관계없이 「발행주식의 100분의 10 이상을 소유하는 자 또는 이사 · 감사의 선임 · 해임 등 회사의 주요경영사항에 대하여 사실상의 영향력을 행사하는 주주」를 의미하는 것으로 해석하기로 한다(同旨: 권윤구(大系 Ⅱ) 834; 송옥렬 1069; 장덕조 384; 정준우 462. 반대: 최준선 540).

(다) **특수관계인** ① 이사 또는 주요주주의 배우자 및 직계존 · 비속, ② 이사 또는 주요주주의 배우자의 직계존 · 비속, ③ 이사 또는 주요주주와 이상의 자들이 단독 또는 공동으로 의결권 있는 발행주식 총수의 100분의 50 이상을 가진 회사 및 그 자회사, 그리고 ④ 이사, 주요주주, 위 ①, ②의 자 중 누구와 ③의 자가 회사와 합하여 의결권 있는 발행주식총수의 100분의 50 이상을 가진 회사이다(398조 2호~5호). 이상에서 말하는 배우자는 법률상의 배우자를 뜻하고, 사실상의 배우자는 포함되지 않는다고 보아야 한다.

2) **자기 또는 제 3 자의 계산** 상법은 「자기 또는 제 3 자의 계산으로」라고 규정하고 있으므로 누구의 이름으로 회사의 상대방이 되어 거래하였느냐는 묻지 않는다.

第398조 각호에서 열거한 자(이하 "이사 등"이라 한다)가 제 3 자에게 위탁하여 회사와 거래한다면 자기의 계산으로 거래한 것이고, 이사 등이 제 3 자의 대리인으로 또는 제 3 자의 위탁을 받아 회사와 거래하는 것, 이사 등이 제 3 자와 회사의 거래를 중개하는 것[1](반대: 권기범 889)은 제 3 자의 계산으로 거래하는 예가 될 것이다(대법원 2017. 9. 12. 선고 2015다70044 판결).

2개 회사의 겸임이사에 의한 거래의 경우, 예컨대 甲이 A회사와 B회사의 이사를 겸하고 있는데, A · B가 거래하면 자기거래에 해당하느냐는 문제가 있다. A와 B의 대표이사를 겸하고 있는 甲이 A · B 간의 계약을 체결할 때에는 쌍방에 대해 자기거래가 된다는 데에는 의문이 없다(대법원 1969. 11. 11. 선고 69다1374 판결; 동 1996. 5. 28. 선고 95다12101 · 12118 판결). A의 대표이사와 B의 이사를 겸하고 있는 甲이 A를 대표하여 B와 계약을 체결할 때에는 B회사에 대하여 자기거래가 될 것이다. 그러나 이 경우에는 A에 대해서도 자기거래가 되고(서울지법 1996. 8. 20. 선고 96나2858 판결), 甲이 A · B의 대표이사가 아닌 이사라 하더라도 A · B의 거래는 甲의 자기거래라고 보아야 한다. 이 경우에도 거래가 불공정해질 가능성을 배제할 수 없기 때문이다.

---

1) C. com. Art. L. 225-86 al. 2.

겸임이사만이 아니고 회사의 이사가 비영리기관이나 공익기관 또는 정부기관의 장을 겸하고 이들 기관과 회사가 거래를 하는 경우에도 제398조의 적용대상이 될 수 있다.[1)]

3) 間接去來 이사 등 또는 이와 위탁 · 대리 · 대표 등의 일정한 관계에 있는 제 3 자가 직접 회사의 상대방이 되는 경우(이른바 직접거래)뿐 아니라, 회사의 거래로 인한 결과적인 이득이 이사 등에 귀속되는 경우(이른바 간접거래)도 자기거래에 포함된다. 예컨대 회사가 이사 등의 채권자와 이사 등의 채무에 대한 보증 또는 담보설정계약을 체결하거나 그 채무를 인수하는 것은 간접거래이다(대법원 1974. 1. 15. 선고 73다955 판결; 동 1974. 10. 31. 선고 73다954 판결).[2)] 나아가서 A · B 두 회사의 대표이사를 겸하는 甲이 A회사를 대표하여 B회사의 채무를 보증한 경우에도 甲과 A회사간에는 자기거래가 성립된다(판례 [86]).

판 례

[86] 대법원 1984. 12. 11. 선고 84다카1591 판결

「… 상법 제398조에서 말하는 거래에는 이사와 회사 사이에 직접 성립하는 이해상반하는 행위뿐만 아니라 이사가 회사를 대표하여 자기를 위하여 자기 개인채무의 채권자인 제 3 자와 사이에 자기 개인채무의 연대보증을 하는 것과 같은 이사개인에게 이익이 되고 회사에 불이익을 주는 행위도 포함하는 것이라 할 것이고, 이런 의미에서 볼 때 두 회사의 대표이사를 겸하고 있던 소외 김용관이 위 회사의 채무에 관하여 피고회사를 대표하여 연대보증을 한 경우에는 역시 상법 제398조의 규정이 적용되는 것으로 보아야 할 것이〔다.〕」

4) 「회사」와의 거래 자기거래의 제한은 이사의 지위남용으로 인해 회사가 손실을 입는 것을 예방하기 위한 제도로서 이사의 선관주의의무에 기초한 제도이므로 이사 등의 거래상대방은 이사 등과 제398조의 관계로 연결되는 회사이어야 하고, 간접거래라 하더라도 일방 당사자는 문제된 이사 등과 제398조의 관계에 있는 회사이어야 한다. 그러므로 예컨대 이사가 자신이 소속한 회사의 모회사나 자회사와 거래하는 것은 자기거래에 속하지 않는다(대법원 2013. 9. 12. 선고 2011다57869 판결).[3)]

5) 거래의 뜻 상법 제398조의 「거래」는 모든 재산상의 행위를 뜻한다.

---

1) 대법원 2007. 5. 10. 선고 2005다4284 판결: 대한생명보험(주)의 대표이사 A가 자신이 이사장을 겸직하고 있는 신동아학원이라는 사립학교법인에 회사의 계산으로 매년 기부를 하였는데, 법원은 이를 A의 자기거래로 다루었다.

2) 同旨: 日最高裁 1968. 12. 25. 판결, 民集 22권 13호 3511면.

3) 子회사가 신주를 발행하는데, 母회사가 실권하고 母회사의 이사가 실권주를 인수한 사안에서, 母회사와 이사의 간접거래라는 점이 주장되었으나, 법원은 母회사는 신주발행의 당사자가 아니므로 간접거래가 되지 않는다고 판시하였다.

따라서 채권계약·물권계약뿐 아니라 회사가 이사 등을 상대로 하는 채무면제와 같은 단독행위도 포함하며, 채권양도의 승인, 채무승인, 사무관리 같은 준법률행위도 포함한다. 반대로 이사 등이 회사를 상대로 하는 단독행위는 이로 인해 회사에 손실이 생길 염려가 없으므로 제398조의 적용대상이 아니다.

본조의 거래는 손익거래를 뜻하는 것으로 보아야 하지만, 자본거래라 하더라도 회사가 발행하는 신주를 이사 등이 제 3 자배정방식으로 인수하거나 실권주를 인수하는 것 또는 사채를 인수하는 것은 이해충돌의 우려가 있으므로 자기거래에 포함된다고 보아야 한다.[1)]

(3) 자기거래의 제한범위

재산에 관한 모든 행위가 이사회의 승인을 요한다고 할 수는 없으므로 어떤 행위가 이사회의 승인을 요하고, 어떤 행위가 승인을 요하지 않는지에 관한 해석 문제가 있다.

1) 거래의 성격에 따른 범위 회사와 이사 등의 이익이 충돌할 우려가 있는 거래는 이사회의 승인을 받아야 하나, 거래의 성질상 이익충돌의 염려가 없는 거래는 이사회의 승인을 요구할 필요가 없다(통설). 통설·판례가 이사회의 승인을 요하지 않는 거래라고 하여 드는 예를 보면, 회사에 대한 부담 없는 증여, 상계, 채무의 이행, 약관에 의하여 정형적으로 체결되는 거래(예: 운수·예금·보험계약) 등이다. 약관에 의하지 않더라도 일상생활용품의 구입과 같이 통상적인 거래조건[2)]에 따라 이루어지는 거래는 마찬가지로 해석해야 할 것이다. 또 자기거래가 법령이나 주주총회의 결의를 집행하기 위한 것으로서 이사 등의 재량의 여지가 없는 거래는 이사 등에게 새로운 이득을 가져올 수 없으므로 이사회의 승인을 요하지 않는다(판례[87]).

판 례

[87] 대법원 2010. 3. 11. 선고 2007다71271 판결

「… 이사와 회사 사이의 거래라고 하더라도 양자 사이의 이해가 상반되지 않고 회사에 불이익을 초래할 우려가 없는 때에는 이사회의 승인을 얻을 필요가 없는 것이다 … 텔슨전자가 피고를 피보험자로 하여 퇴직보험계약을 체결한 것은 주주총회의 결의에 의하여 결정된 임원퇴직금지급규정상 임원의 보수를 지급하기 위한 수단에 불과하고, 이와 같은 보험가입에 따라 텔슨전자가 보험료 상당을 출연하였다고 하더

1) 전게 서울고법 2011. 6. 16. 선고 2010나70751 판결(신세계사건, 809면)의 사실관계 참조.

2) 외국의 입법례를 보면, 제한받지 않는 자기거래의 기준으로서 「통상적인 조건」(conditions normaux)에 따라 체결된 일상적 거래(C. com. Art. L. 225-39 al. 1), 「통상적인 영업방법에 따른」(in the ordinary course of its business) 거래를 들고 있다(Companies Act 2006 s. 207(3)).

라도 그 보험료의 지급은 장래에 지급할 퇴직금을 적립하여 그 퇴직금 지급시에 발생되는 커다란 규모의 자금 수요에 대비하기 위한 것으로서 비록 보험금의 수익자 및 해약환급금의 귀속주체가 피고라고 하더라도 그 퇴직금 지급사유 발생시까지는 이로 인하여 피고가 직접적인 이득을 얻는 것은 없다 … 따라서 텔슨전자의 이사인 피고가 자신을 피보험자 및 수익자로 하여 텔슨전자의 명의로 퇴직보험에 가입하였다고 하더라도, 이로 인하여 텔슨전자에게 퇴직금을 조성하기 위한 일반적인 자금운영의 범위를 넘는 실질적인 불이익을 초래할 우려가 없다고 할 것이므로, 이에 관하여 이사회의 승인을 얻을 필요가 없다고 봄이 상당하다.」

그러나 회사가 이사 등을 상대로 하는 채무의 이행 · 相計 등은 이로 인해 회사재산이 현저히 악화되는 수도 있고 채무의 존부 자체에 관한 다툼이 있거나 회사측에 항변권이 존재할 수도 있으므로 일률적으로 승인을 요하지 않는다고는 할 수 없으며, 약관에 의해 체결되는 계약이라도 금융기관에서의 거액의 대출같이 계약체결 자체가 특혜를 의미하고 회사가 위험을 부담할 때에는 역시 이사회의 승인을 요한다고 본다.

2) 회사에 불이익이 없는 거래 회사에 대한 무이자 · 무담보의 자금대여, 회사채무의 보증, 회사의 명의로 해 두었던 명의신탁의 해지[1] 등과 같이 행위의 객관적 성질로 보아 회사에 불이익이 없는 거래는 제한받는 자기거래에 포함되지 아니한다. 그러나 실질적 · 결과적으로 회사에 불이익이 없다거나 불이익이 예상되지 않는다 하여 제한을 벗어나는 것은 아니다. 자기거래의 제한은 회사의 현실적인 손해를 방지하는 뜻도 있지만, 손해의 위험을 차단하려는 뜻이 크기 때문이다.

3) 1人株主인 理事의 거래 1인주주와 회사는 이해관계가 일치하여 양자의 거래는 이익충돌의 염려가 없으므로 이사회의 승인을 요하지 않는다는 견해(송옥렬 1072; 정동윤 634; 최준선 546)가 있다.[2] 그러나 회사의 재산은 모든 회사채권자에 대한 책임재산이 되므로 1인주주라 하더라도 회사와 이해가 일치된다고 할 수 없으며, 따라서 1인주주인 이사라 하더라도 제398조의 예외가 될 수 없다.

4) 어음행위 자기거래가 어음행위일 때, 제398조에 포함되느냐에 대해 견해가 갈린다. 어음행위는 거래의 결제수단에 불과하여 성질상 이해의 충돌을 초래하는 행위가 아니므로 이사회의 승인을 요하지 않고, 회사와 이사 등 간

---

1) 서울지법 1992. 12. 22. 선고 91가합1139 판결.
2) 日最高裁 1970. 8. 20. 판결, 民集 24권 9호 1305면.

에 인적 항변의 문제가 생길 뿐이라는 견해가 있다. 그러나 어음행위는 원인관계와는 다른 새로운 채무를 발생시키고, 항변의 절단, 채무의 독립성 등으로 어음행위자에게 더욱 엄격한 책임이 따르는 거래이므로 이사회의 승인을 요한다고 본다(통설; 대법원 2004. 3. 25. 선고 2003다64688 판결; 동 1994. 10. 11. 선고 94다24626 판결).

(4) 이사회의 승인

이사 등의 자기거래는 기술한 이익충돌의 염려가 없는 거래를 제외하고 모두 이사회의 승인을 요한다. 다만 소규모회사의 경우에는 주주총회의 결의로 갈음한다(383조 4항). 자기거래에 관한 승인은 성질상 대표이사에게 위임할 수 없다.

1) 승인결의의 대체 가능성 제398조는 명문으로 이사회의 승인을 요구하고 있으나, 일부학설은 정관에 규정을 두어 자기거래를 주주총회의 승인사항으로 할 수 있으며, 나아가 정관에 규정이 없더라도 주주 전원의 동의로, 1인주주인 회사의 경우에는 1인주주의 동의로 이사회의 승인을 갈음할 수 있다고 설명한다(이하 "대체가능설")(강·임 846; 김·노·천 458; 김정호 549; 권윤구(大系Ⅱ) 851; 송옥렬 1074; 정동윤 442; 최기원 676; 최준선 546). 같은 입장을 취한 판례도 있다(대법원 2007. 5. 10. 선고 2005다4284 판결; 동 2017. 8. 18. 선고 2015다5569 판결). 이 설은 자연스레 1인주주인 이사가 하는 자기거래는 이사회의 승인이 불필요하다는 설로 이어진다.

대체가능설은 자기거래의 제한이 주주의 이익을 보호하기 위한 제도이므로 주주의 의사로 이사회 승인을 대체할 수 있다거나, 주주의 최고기관성과 더불어 상법 제361조가 정관에 의해 주주총회의 권한을 확장할 수 있도록 규정하고 있음을 근거로 제시한다.[1]

주주가 회사와 관련된 모든 이해의 궁극적인 귀착점이기는 하지만, 자기거래제한이 주주의 이익을 지키기 위한 것이라는 설명은 옳지 않다. 자기거래의 제한은 자본충실의 동기에서 나온 제도이고 자본충실의 일차적인 이유는 회사채권자를 보호하기 위함이므로 자기거래는 주주가 처분권을 가질 사안이 아니다. 대체가능설의 또 하나의 논거는 주주총회의 최고기관성이고, 상법 제361조의 해석론으로 정관에 규정을 두어 제한 없이 주주총회의 권한을 확장할 수 있다는 설명

---

1) 이 견해의 틀 속에서도 세부적으로는 입장을 달리하는 견해도 있다. 기본적으로는 정관에 의해 주주총회의 결의로 이사회승인을 갈음할 수는 있으나, 주주 전원(1인주주)의 동의로 이사회의 승인을 갈음하는 것은 허용되지 않는다는 견해(임재연Ⅱ, 539면), 개정법에서 이사회의 승인결의의 요건이 이사 전원의 3분의 2 이상 찬성임에 주목하여 주주총회의 승인결의도 발행주식총수의 3분의 2 이상으로 해야 한다는 견해(송옥렬, 1074면), 원칙적으로 주주총회의 결의로 가능하지만, 개정법에서는 주요주주도 거래당사자가 될 수 있음을 의식하며 주요주주가 거래상대방인 경우에는 이사회의 승인을 요한다는 견해도 있다(장정애, "이사의 자기거래규제 강화에 따른 실무상 개선방안에 관한 고찰," 「비교사법」 제22권 제 3 호(2015), 1348면).

도 역시 주주총회의 최고기관성에 근거하고 있지만, 최고기관성은 대체가능설의 근거가 될 수 없다(상세는 521면 참조). 보다 중요한 것은 이사회의 의사결정은 각 이사들의 책임에 의해 중립성과 합리성이 담보되지만(399조 2항) 주주총회의 결의에는 이러한 책임이 따르지 않는다는 점이다. 이사의 자기거래는 회사재산에 대한 중대한 위험을 초래하는 행위이므로 그 승인여부에는 책임이 따라야 하고 이 점이 바로 상법이 이사회의 승인을 요구하는 이유이다(同旨: 권기범 897; 김홍기 600; 오성근 712; 이종훈 252; 이·최 462; 정경영 675; 정준우 469; 정찬형 1080; 홍·박 502).[1)]

2) 결의요건 자기거래의 승인은 이사 전원의 3분의 2의 찬성을 요한다. 기회유용에 관해 말한 바와 같은 이유에서이다. 거래당사자인 이사는 특별한 이해관계가 있는 자이므로 의결권을 행사하지 못한다(391조 3항 → 368조 3항)(통설).

3) 승인시기 이사회의 승인은 거래가 있기 전에 이루어져야 한다. 즉 자기거래의 사후추인은 허용되지 않는다(판례 [88]).

추인의 가능성

2011년 개정전 법문은 단지 「이사회의 승인」을 얻도록 규정하였는데, 사안의 성질상 사전승인으로 풀이하는 것이 통설이었으나, 사후승인(추인)도 무방하다는 판례가 있어 잠시 해석상 혼란을 가져왔으므로(대법원 2007. 5. 10. 선고 2005다4284 판결), 개정법은 「미리 … 이사회의 승인을 받아야 한다」라고 규정함으로써 입법적으로 해결하였다.

이같은 명문의 규정에도 불구하고, 회사가 무효를 주장하지 않기로 하는 결정을 금지할 이유가 없다거나, 사후추인을 인정하더라도 이사에 대한 손해배상청구와 해임의 제재는 가능하다는 등의 이유로 사후추인도 가능하다는 견해가 있다.[2)]

사후추인의 허부가 가장 큰 영향을 미치는 것은 거래의 대외적인 효과이다. 후술과 같이 이사회의 승인 없는 자기거래는 거래의 당사자인 회사와 이사 간에서는 무효이나, 이사회의 승인 없음에 관해 중대한 과실 없이 선의인 제 3 자에 대해서는 유효하다는 것이 통설·판례이다(상대적 무효설). 그러므로 사후승인의 허부는 중과실 없는 선의의 제 3 자에 대해서는 영향이 없다. 그러나 사후승인이 허용된다는 전제에서 사후승인이 있게 되면, 악의·중대한 과실있는 선의의 제 3 자에 대해서는 물론, 이사와 회사와의 사이에서도 거래는 유효해진다. 바람직한 결과가 아닌 반면, 사후추인을 인정해야 할 적극적인 이유는 발견되지 않는다.

법의 해석은 법문언에 충실하게 하는 것이 원칙이며, 법문언에 따른 해석이 정의에 반하거나 위헌적인 결과를 초래하는 등 불합리한 경우 부득이 목적론적 해석이

1) 상세한 논거는 李哲松, "상법 제398조의 變形的 解釋의 타당성," 「선진상사」 제102호(2023), 167면 이하 참조.

2) 권기범, 896면; 김·노·천, 457면; 김정호, 547면; 송옥렬, 1075면; 백숙종(주석－회사 3), 469면.

가능하며 이 경우 입법목적, 연혁, 법질서 전체와 조화를 고려하여야 한다(대법원 2013. 1. 17. 선고 2011다 83431 판결(전)). 개정법이 사후추인을 허용하지 않을 목적으로 사전승인을 명문화한 것이라는 점은 공지의 사실인데,[1] 특별한 필요성이 없이 입법취지를 무시하고 법문의 분명한 語義와 달리 해석하는 것은 법해석의 한계를 떠난 법형성이라는 점에서 사후추인설은 법해석의 원칙에도 어긋난다.[2]

판 례

[88] 대법원 2023. 6. 29. 선고 2021다291712 판결

「상법 제398조의 문언 내용을 그 입법 취지와 개정 연혁 등에 비추어 보면, 이사 등이 자기 또는 제 3 자의 계산으로 회사와 유효하게 거래를 하기 위하여는 미리 상법 제398조에서 정한 이사회 승인을 받아야 하므로 사전에 상법 제398조에서 정한 이사회 승인을 받지 않았다면 특별한 사정이 없는 한 그 거래는 무효라고 보아야 하고(대법원 2020. 7. 9. 선고 2019다205398 판결 참조), 사후에 그 거래행위에 대하여 이사회 승인을 받았다고 하더라도 특별한 사정이 없는 한 무효인 거래행위가 유효로 되는 것은 아니다.

… 상법 제398조는 이사 등이 회사와의 거래에 관하여 이사회 승인을 받기 위하여는 이사회에서 해당 거래에 관한 중요사실을 밝히도록 정하고 있으므로, 만일 이러한 사항들을 밝히지 아니한 채 그 거래가 이익상반거래로서 공정한 것인지에 관한 심의가 이루어진 것이 아니라 통상의 거래로서 이를 허용하는 이사회의 결의가 이루어진 것에 불과한 경우 등에는 상법 제398조가 정하는 이사회 승인이 있다고 할 수 없다(대법원 2007. 5. 10. 선고 2005다4284 판결 참조).」

4) 승인방법 제398조는 1회적인 거래를 예상한 것이므로 이사회의 승인은 개개의 거래에 대하여 이루어져야 하고, 포괄적인 승인(예컨대 일정 금액 · 일정 종류의 거래를 승인하는 것)은 허용되지 않는다(통설). 다만 반복하여 이루어지는 동종의 거래에 관해서는 기간 · 한도 등을 합리적인 범위로 정하여 포괄적으로 승인하는 것도 무방하다고 본다(통설).

5) 자기거래의 개시 자기거래의 승인을 하는 이사회에서는 거래에 관한 중요사실을 밝혀야 한다. 이를 「開示義務」라 표현하지만, 어느 특정인의 의무라는 의미보다는 거래의 승인에 임하는 이사들이 자기거래라는 사실을 숙지하고 승인여부를 결정하도록 해야 한다는 의미이다. 그러므로 거래에 관한 중요사실

1) 정동윤 감수, 상법 회사편 해설, 법무부(2012), 233면: "… 대법원 판례는 사후승인이 허용된다고 하고 있었음. … 국회에서는 이사의 자기거래 통제의 핵심은 사전승인 원칙에 있다고 보아 개정 법률에서는 "미리" 이사회의 승인을 받아야 한다고 규정하여 기존 대법원 판례로 인정되던 사후추인을 허용하지 않는다는 점을 명시하였음."

2) 상세한 논거와 입법례는 李哲松, 전게논문 참조.

이란 거래의 내용 및「제398조에 열거된 자가 자기 또는 제 3 자의 계산으로 회사와 하는 거래라는 사실」을 포함한다. 자기거래임을 개시하지 않고 거래를 허용하는 결의만 얻은 경우에는 자기거래에 대해 이사회의 승인이 없다고 보아야 한다(대법원 2007. 5. 10. 선고 2005다4284 판결; 동 2017. 9. 12. 선고 2015다70044 판결; 판례 [88]).

자기거래의 당사자인 이사가 자기거래임을 개시하지 않은 것은 제398조의 위반으로 포섭되므로 따로이 책임질 사유가 되지는 않지만, 다른 이사가 자기거래가 이루어짐을 알고 이사회에서 침묵하였다면 감시의무를 위반한 것이므로 책임의 원인이 된다. 이사 외에 제398조 각호에 열거된 자는 회사에 대해 주의의무를 지는 자가 아니므로 자기거래의 개시와 무관함은 물론이다.

6) 이사회의 승인과 理事의 責任 이사회의 승인이 있더라도 자기거래를 한 이사의 책임이 없어지는 것은 아니다. 왜냐하면 제398조의 이사회의 승인은 자기거래의 제한을 해소하기 위한 요건일 뿐이고, 제399조의 취지로 보아 일반적으로 이사회의 승인이 이사의 행위에 대한 면책사유가 될 수는 없기 때문이다. 따라서 이사회의 승인을 얻어 거래한 결과 회사에 손해를 가했을 때에는 그 거래한 이사는 제399조 제 1 항에 따라 손해배상책임을 지며, 자기거래로 인해 손해가 날 것을 알면서, 혹은 부주의하게 예측하지 못하고 승인한 이사도 연대하여 손해배상책임을 진다(399조 2항 · 3항).

⑸ 去來의 公正性

제398조는「그 거래의 내용과 절차는 공정하여야 한다」라고 규정하고 있다. 이는 자기거래가 승인을 얻더라도 거래의 내용이 공정해야 한다는 뜻으로, 2011년 개정에 의해 추가된 법문이지만, 개정 전에도 외국의 입법례[1]를 본받아 해석으로 요구하던 요건이었다.

승인을 받았으나, 거래가 불공정한 경우 어떤 효과가 따르는가? 상법이 자기거래에 관해 이사회의 승인을 요구하는 뜻은 결국 불공정한 자기거래를 막기 위함인데, 거래가 불공정하다면 승인은 무의미하므로 승인결의가 무효라고 해야 한다. 즉 승인 없는 거래와 같이 다루어야 한다.

거래가 공정하지 못할 경우 자기거래를 한 이사는 회사에 대해 손해배상책

1) 미국법에서는 자기거래에 관해 이사회 등의 승인 외에 거래가 (회사에 대해) 공정하고 합리적(fair, just and reasonable)일 것을 별도의 유효요건으로 하며, 일본에서도 자기거래의 내용이 위법하거나 공정하지 못할 경우에는 이를 승인한 이사회의 결의는 무효이므로 승인 없는 자기거래와 같다고 해석하여 같은 결론을 내고 있다(山口, 364면).

임을 지고, 승인을 한 이사들 역시 연대책임을 진다(399조 2항). 이사 이외에 주요주주 또는 제398조 제 2 호 내지 제 5 호에 열거된 자가 회사의 거래상대방이 되어 한 거래가 불공정한 경우에는 이들의 손해배상책임을 물을 근거가 없다. 결국 제398조에서 거래의 내용과 절차의 공정이란 손해배상에 관한 한 이사가 회사의 거래상대방이 되었을 때에 의미있는 규정이라 할 것이다.

(6) 위반거래의 효력

1) **理事의 自己去來** 이사회의 승인없이 행해진 이사의 자기거래("위반거래")는 해임사유(385조 1항 본, 2항)가 되고 당해 이사는 회사에 손해배상책임을 진다. 위반거래의 사법적 효력은 어떠한가?

i) 효 력 론 거래의 안전에 중점을 두어 상법 제398조는 효력규정이 아니고 업무집행의 결정방법을 정한 명령적 규정이라고 해석하여 위반거래도 유효하고, 다만 이사의 대내적 책임문제만 생긴다고 하는 유효설, 회사의 이익보호에 중점을 두어 위반거래는 무효라고 하는 무효설(최기원 681)도 있다. 그러나 위반거래는 회사와 이사 간에서는 무효이나, 자기거래에 관련되는 선의의 제 3 자와의 사이에서는 유효라는 相對的 無效說이 통설 · 판례의 일관된 입장이다(대법원 1973. 10. 31. 선고 73다954 판결 이후 다수). 다만, 제 3 자가 선의이더라도 이사회의 결의가 필요한 사실과 이사회의 결의가 없었다는 사실을 알지 못한 데에 중대한 과실이 있는 경우에는 악의인 경우와 같이 위반거래는 제 3 자에 대하여도 무효라는 것이 판례의 입장이다(판례 [89]).

ii) 입증책임 회사가 위반거래임을 이유로 무효를 주장할 경우, 이사회의 승인이 없었다는 점과 이 점에 대한 상대방의 악의를 증명해야 한다(전게 대법원 73다954 판결 외 다수).

iii) 무효주장의 제한 상법 제398조는 이사의 자기거래로 인해 회사 및 주주가 손해를 입는 것을 방지하려는 제도이므로 이사와 회사의 거래가 동조를 위반하여 무효임을 주장할 수 있는 자는 원칙적으로 회사에 한정되고, 거래의 상대방인 당해 이사 스스로가 동조 위반을 내세워 자기거래의 무효를 주장하는 것은 허용되지 않는다(대법원 2015. 7. 23. 선고 2015다1871 판결; 동 2012. 12. 27. 선고 2011다67651 판결). 자기거래를 한 이사에게 무효주장을 허용하지 않는 또 다른 이유는, 이를 허용한다면, 거래 후의 사정변화를 보아 이사가 거래의 효과를 선택할 수 있어 재차 불공평한 기회를 얻기 때문이다.

판 례

[89] 대법원 2004. 3. 25. 선고 2003다64688 판결

「… 비록 제 3 자가 선의였다 하더라도 이를 알지 못한 데 중대한 과실이 있음을 입증한 경우에는 악의인 경우와 마찬가지라고 할 것이며, 이 경우 중대한 과실이라 함은 제 3 자가 조금만 주의를 기울였더라면 그 거래가 이사와 회사간의 거래로서 이사회의 승인이 필요하다는 점과 이사회의 승인을 얻지 못하였다는 사정을 알 수 있었음에도 불구하고, 만연히 이사회의 승인을 얻은 것으로 믿는 등 거래통념상 요구되는 주의의무에 현저히 위반하는 것으로서 공평의 관점에서 제 3 자를 구태여 보호할 필요가 없다고 봄이 상당하다고 인정되는 상태를 말한다.」

[사실관계] A회사의 대표이사 B가 이사회의 결의 없이 회사로부터 약속어음을 발행받아 C은행에 양도하였는데, C는 이사회의 결의가 있었는지 확인하지 않은 채 취득하고 만기에 A에게 지급제시한 사건이다. 법원은 어음을 전문으로 다루는 금융기관이 이사회의 승인여부를 확인하지 않은 것은 중대한 과실이라고 판단하였다.

2) 기타의 自己去來 상대적 무효론은 2011년 개정 전 이사의 자기거래에 관한 설명이었는데, 개정 후에도 이사의 자기거래에 대해서는 같은 설명을 할 수 있지만, 주요주주 또는 제398조 제 2 호 내지 제 5 호에 열거된 자(주요주주 등)가 이사회의 승인 없이 회사와 한 거래의 효과는 어떻게 볼 것이냐는 문제가 제기된다. 기술한 바와 같이 주요주주 등과 회사의 거래가 불공정하다고 해서 주요주주 등에게 손해배상책임을 물릴 근거는 없다. 그렇다면 주요주주 등이 제398조에 위반한 거래를 하는 것을 통제할 수단은 거래의 효력을 부인하는 것 외에는 없으므로 이들과 회사의 거래는 무효라고 보아야 한다. 다만 이들의 거래가 이사의 자기거래보다 더욱 반규범적일 수는 없으므로 그 무효라 함은 이사의 자기거래와 마찬가지로 상대적 무효임을 의미한다.

(7) 상장회사에 대한 특례

상장회사의 특례규정에서는 소정의 대주주, 감사 그리고 업무집행관여자(401조의2)와 회사의 거래도 제한하며, 신용공여는 이사회의 승인과 무관하게 금지한다. 이 규정들은 이사에도 적용되는데, 그 내용은 상법 제398조의 규율보다 훨씬 강화된 것이다(542조의9). 상세한 내용은 다음과 같다.

1) 제한 행위

(가) 상장회사는 주요주주(542조의8 2항 6호) 및 그의 특수관계인, 이사 및 업무집행관여자(401조의2 1항 각호의 者), 감사(및 감사위원회의 위원)에게 信用을 供與하거나, 이들을 위하여 신용공여를

하여서는 안 된다(542조의9 1항).[1] 신용공여란, i) 금전 등 경제적 가치가 있는 재산의 대여, ii) 채무이행의 보증, iii) 자금 지원적 성격의 증권 매입, iv) 그 밖에 거래상의 신용위험이 따르는 직접적·간접적 거래로서 대통령령으로 정하는 거래(상령 35조 1항 각 호의 거래)를 말한다(542조의9 1항). 신용공여는 일반적으로 다른 거래에 비해 회사의 자본충실을 해하고 재무의 건전성을 해할 위험이 크다고 보아 금지한 것이다. 그러므로 법령에 의해 허용되는 신용공여 등 회사의 경영의 건전성을 해칠 우려가 없다고 보아 대통령령이 정하는 신용공여는 예외로 허용하고 있다(542조의9 2항, 상령 35조 2항·3항).

이에 위반하여 신용공여를 한 자에게는 벌칙이 적용된다(624조의2).

(나) 자산규모 2조원 이상의 상장법인이 최대주주 또는 특수관계인과 소정규모 이상의 거래를 하거나 이들을 위해 거래하고자 할 경우에는 이사회의 승인을 받아야 하며, 이후 최초로 소집되는 정기주주총회에 거래목적, 상대방, 거래내용 등을 보고하여야 한다(542조의9 3항·4항, 상령 35조 4항 내지 8항)(예외: 542조의9 5항, 상령 35조 9항).

그러나 상장회사가 경영하는 업종에 따른 일상적인 거래로서, 약관에 따라 정형화되거나, 이사회에서 승인한 거래총액의 범위 안에서 이행하는 거래는 이사회의 승인을 받지 아니하고 할 수 있다(542조의9 5항).

(다) 특히 자산의 건전성을 관리할 필요가 있는 업종을 영위하는 회사의 경우에 대주주와의 거래를 제한하기도 한다. 예컨대 자본시장법은 금융투자업자가 대주주(자금 9조 1항)에 대해 신용을 공여하는 것을 금하며, 기타 회사의 안전을 해칠 우려가 있는 거래를 폭넓게 제한한다(자금 34조).

2) 위반행위의 효력 상법 제542조의9는 제398조와 같은 입법취지에서 둔 규정이므로 제398조와 마찬가지로 효력규정으로 보아야 한다. 따라서 상장회사가 주주 등과 상법 제542조의9 제 1 항에 위반한 거래를 하거나 제 3 항에 속하는 거래를 이사회의 승인이 없이 한 경우 그 거래는 무효로 다루어야 한다. 그리

1) 상법 제542조의9 제 1 항 본문은 「상장회사는 다음 각 호의 어느 하나에 해당하는 자를 상대방으로 하거나 그를 위하여 신용공여(…)를 하여서는 아니 된다」라고 기술하고 있는데, 밑줄 부분이 해석에 혼란을 준다. 주요주주와 거래하는 예를 들자면, 이 조문에 의해 금지되는 거래는 i) 회사가 주요주주를 「상대방으로 해서」 신용을 공여하는 행위, ii) 회사가 주요주주를 「위하여」 신용을 공여하는 행위의 두 가지임을 알 수 있다. 전자는 회사가 주요주주에게 직접 자금을 대여하는 거래 등을 뜻한다고 보는 데에는 의문의 여지가 없는데, 후자가 어떤 거래를 뜻하는 것으로 보느냐가 문제이다. 일반적으로 사법에서 「위하여」라고 함은 「대리해서」라는 뜻을 나타낸다(예: 민법 제114조 제 1 항). 그러나 위 상법규정을 그같이 읽어서는 회사가 주요주주를 대리해서 신용공여를 할 수 없다는 뜻이 되어 무의미하다. 이 규정의 취지는 회사로부터 주주 등에게 신용이 제공되어 경영의 건전성을 해하는 것을 방지하려는 것이므로 「위하여」는 주요주주 등의 계산으로 거래하는 자에게 회사가 신용을 공여해서는 안 된다는 뜻으로 읽어야 한다.

고 동조의 위반여부는 회사의 내부적 사정이므로 이를 중대한 과실 없이 알지 못한 제 3 자에 대해서는 무효를 주장하지 못한다고 해석해야 함도 제398조의 해석론과 같다(판례 [90]).

판 례

[90] 대법원 2021. 4. 29. 선고 2017다261943 판결

「상법 제542조의9 제 1 항의 입법 목적과 내용, 위반행위에 대해 형사처벌이 이루어지는 점 등을 살펴보면, 위 조항은 강행규정에 해당하므로 위 조항에 위반하여 이루어진 신용공여는 허용될 수 없는 것으로서 사법상 무효이고, 누구나 그 무효를 주장할 수 있다. 그리고 위 조항의 문언상 상법 제542조의9 제 1 항을 위반하여 이루어진 신용공여는, 상법 제398조가 규율하는 이사의 자기거래와 달리, 이사회의 승인 유무와 관계없이 금지되는 것이므로, 이사회의 사전 승인이나 사후 추인이 있어도 유효로 될 수 없다.

… 다만 앞서 보았듯이 상법 제542조의9는 제 1 항에서 신용공여를 원칙적으로 금지하면서도 제 2 항에서는 일부 신용공여를 허용하고 있는데, 회사의 외부에 있는 제 3 자로서는 구체적 사안에서 어떠한 신용공여가 금지대상인지 여부를 알거나 판단하기 어려운 경우가 생길 수 있다. 상장회사와의 상거래가 빈번한 거래현실을 감안하면 제 3 자로 하여금 상장회사와 거래를 할 때마다 일일이 상법 제542조의9 위반여부를 조사·확인할 의무를 부담시키는 것은 상거래의 신속성이나 거래의 안전을 해친다. 따라서 상법 제542조의9 제 1 항을 위반한 신용공여라고 하더라도 제 3 자가 그에 대해 알지 못하였고 알지 못한 데에 중대한 과실이 없는 경우에는 그 제 3 자에 대하여는 무효를 주장할 수 없다고 보아야 한다.」

(8) 조문의 경합관계

제398조에 열거된 이사, 주요주주 외의 자들은 대개 제542조의9 제 1 항이 정하는 주요주주의 특수관계인에 해당한다. 그 결과 이들에 대한 신용공여는 대부분 제398조의 자기거래에도 해당한다. 그리하여 상장회사의 이사, 주요주주 또는 그 특수관계인이 회사로부터 신용공여를 받을 경우에는 제542조의9 제 1 항과 제398조가 경합하는데, 제542조의9 제 1 항은 제398조와 달리 신용공여를 아예 금지하고 있으므로 동조가 배타적으로 적용된다.

Ⅷ. 理事의 責任

1. 경영구조와 이사책임의 의의

이사의 「責任」이란 넓게는 자본충실책임(428조)도 포함하나, 좁게는 이사가 직무수행상의 부주의로 인해 회사 또는 제 3 자에게 손해를 가하였을 때 지는 손해배상책임(399조·401조)만을 가리킨다. 여기에서는 후자의 책임을 다루기로 한다.

상법은 유한책임제도하에서 주주와 회사채권자를 공평하게 보호할 수 있는 합리적인 경영조직원리로서 所有와 經營의 분리를 원칙으로 하여 이사들에게 포괄적인 경영권을 부여하고 있다. 이러한 경영구조의 합목적적인 가동은 구체적인 제도적 장치에 의해 담보되어야 한다. 이사가 임무를 성실히 수행하지 못할 때에는 재선임을 하지 않거나, 그 지위에서 해임하는 것도 간접적으로 이사의 성실한 임무수행을 담보하는 것이라고 할 수 있다.

그러나 이러한 제도만으로는 이사의 적정한 임무수행을 실효적으로 유도하지 못할 뿐 아니라, 부실한 경영으로 인해 회사에 발생한 손해의 전보수단이 되지 못한다. 이사의 임무수행에 있어 적정한 주의를 촉구하고 회사의 재산을 건전하게 유지하기 위한 실효적인 법적 수단은 회사의 재산을 관리 · 경영하는 이사에게 그에 상응하는 재산적 책임을 부여하는 것이다. 그리하여 상법은 이사가 임무를 게을리한 경우 그로 인해 회사가 입은 손해, 때로는 제 3 자가 입은 손해를 배상하게 하는데, 이 책임은 이사의 부적정한 경영으로 인해 생긴 이해관계인들의 손실을 전보하는 동시에 나아가 예방적으로 이사의 주의를 긴장시킴으로써 소유와 경영의 분리하에서 이사에게 두고 있는 이해관계인들의 신뢰를 보호하는 기능을 한다.

2. 회사에 대한 손해배상책임

(1) 의 의

이사가 고의 또는 과실로 法令 또는 定款에 위반한 행위를 하거나 그 임무를 게을리(任務懈怠)한 때에는 회사에 대하여 연대하여 손해를 배상할 책임을 진다(399조 1항).

이사가 회사에 대해 손해를 가하였을 경우, 우선 민법상의 일반원칙에 따라 위임계약의 불이행으로 인한 손해배상책임을 지거나 불법행위로 인한 손해배상책임을 진다. 이와 별도로 상법이 이사의 책임(399조)을 규정한 것은 이사라는 지위의 특수성을 감안하여 민법상의 채무불이행책임이나 불법행위책임과는 다른 특수한 책임을 인정한 것으로 볼 수 있다.[1] 이에 반해 통설 · 판례(대법원 1985. 6. 25. 선고 84다카 1954 판결)는 상법 제399조가 정하는 이사의 책임은 위임계약의 불이행으로 인한 책임이라고 풀이한다. 그러나 이사의 책임을 주장하는 자가 이사의 과실에 관해 증명책임을 지는 점, 이사의 유책행위에 찬성한 이사들이 연대책임을 지는 점(399조 2항), 책임의 면제를 위해 총주주의 동의라는 특별한 절차를 요구하는 점(400조), 재무제표의 승인으로 책임해제를 의제하는 점(450조) 등은 단체법적 특성이 강하게 반영된 것으로 일반 채무불이행책임의 효과로는 설명하기 어려운 점이다.[2]

상법상의 이사의 책임은 위임계약의 불이행책임과 비교해 볼 때 후술과 같이 보다 무거운 내용이므로 상법상의 책임이 발생하는 한 따로이 위임계약의 불이행책임을 물을 실익은 없다. 그러나 불법행위책임은 이사의 지위를 전제로 하지 않은 상태에서도 발생할 수 있고, 그 손해전보의 방법에 있어 금전배상뿐 아니라 원상회복(민 764조)도 인정된다는 점에서 상법상의 책임과 競合을 인정할 실익이 있다.

(2) 책임의 원인

상법 제399조 제 1 항에서는 책임의 발생원인을 「법령 · 정관의 위반」과 「임무해태」로 나누어 규정하고 있다.

1) 法令 또는 定款의 위반 「법령」이란 이사로서 준수하여야 할 의무를 개별적으로 규정하고 있는 상법 등의 제규정과 회사가 기업활동을 함에 있어 준수하여야 할 제규정을 말한다(대법원 2005. 10. 28. 선고 2003다69638 판결). 법령 · 정관에 위반한 행위도 넓게는 임무해태에 속하나, 주의의무 위반의 정도가 현저하므로 따로 구분한 것이다. 주의의무의 일반규정(민 681조)에 위반한 것은 후술하는 임무해태에 속한다.

(가) 유 형 이사가 어떤 자격에서 한 것이냐에 따라 세 가지로 나누어 볼 수 있다.

첫째, 이사가 단독으로 법령 또는 정관에 위반한 행위를 한 경우, 예컨대 이사회의 승인 없이 경업을 하거나(397조 1항), 자기거래를 한 경우(398조 전) 등이다.

둘째, 이사들이 이사회에서 법령 또는 정관에 위반한 결의를 한 경우, 예컨대 위법한 신주발행을 결의한 경우(예: 발행예정주식총수를 초과하는 신주발행), 법이 허용하지 않는 사채발

---

1) 田中(上), 662면; 田中亘, 271면.

2) 계약불이행책임설을 취하는 학자 중 일부는 2011년 개정 전 이사의 법령위반책임을 무과실책임이라 하는데 위임계약에서 무과실책임이 생겨날 수는 없다.

행을 결의한 경우(469조) 등이다.

셋째, 대표이사가 법령 또는 정관에 위반하여 업무집행 또는 대표행위를 한 경우, 예컨대 위법하게 자기주식을 취득하거나(341조), 정관상의 제한을 위반하여 업무집행을 한 경우, 필요한 주주총회의 결의나 이사회의 결의 없이 업무집행을 하거나(예: 영업양도를 독단으로 한 경우) 공동대표이사가 단독으로 대표하는 것(389조 2항)과 같이 법률 또는 정관상의 절차를 거치지 않고 업무집행을 한 경우 등이다.

이사가 이상의 어느 자격에서 하든 법령 또는 정관에 위반하면 손해배상책임이 발생한다.

(나) 과실책임 법령 또는 정관에 위반하더라도 고의 또는 과실에 의한 경우에 한해 책임이 발생한다. 상법 제399조 제 1 항은 명문으로 이 점을 밝히고 있다.[1] 그러나 「법령 또는 정관」의 내용은 이사가 알고 있다고 보거나, 모르더라도 과실로 인한 것이라고 추정해야 할 것이므로 법령 또는 정관에 위반한 행위를 한 이사는 무과실의 증명책임을 진다고 해야 한다.

法令의 범위

상법 제399조 제 1 항이 말하는 「法令」이란 일반적인 의미에서의 법령, 즉 법률과 법규명령으로서의 대통령령, 총리령, 부령 등을 의미하는 것이고, 행정기관의 행정지도적 성격의 지침은 법령에 포함되지 않는다(대법원 2006. 11. 9. 선고 2004다41651 · 41668 판결). 이러한 지침은 국민에 대해 직접적인 구속력을 갖지 않기 때문이다. 행정청 내부에서 구속력을 가지는 행정규칙(예: 각종 세법의 기본통칙)도 국민에 대한 직접적인 구속력이 없으므로 제399조 제 1 항이 말하는 법령은 아니다. 그러나 이러한 내부적 행정규칙, 행정지도 등도 이사의 업무수행에 있이 주의를 베풀 대상은 되므로 이를 무시한 것이 임무해태에는 해당할 수 있다.

2) 任務懈怠 이사가 직무수행과 관련하여 선량한 관리자로서의 주의를 게을리함으로써 회사에 손해를 가하거나 손해를 방지하지 못한 경우를 뜻한다. 따라서 이 역시 과실책임이다.[2] 2011년 개정법에서는 「임무를 게을리」한다

---

1) 명문의 규정이 없던 2011년 개정전에도 과실책임이라는 것이 통설이었으나, 무과실책임이라는 설도 있었으므로 다툼의 소지를 없애기 위해 현행과 같은 규정을 두었다.

2) 대법원 1996. 12. 23. 선고 96다30465 · 30472 판결: 「… 단기금융업자인 증권회사가 신용대출을 함에 있어, … 대표이사의 직무수행상의 채무는 미회수금 손해 등의 결과가 전혀 발생하지 않도록 하여야 할 결과채무가 아니라, 회사의 이익을 위하여 선량한 관리자로서의 주의의무를 가지고 필요하고 적절한 조치를 다해야 할 채무이므로, 회사에게 대출금 중 미회수금 손해가 발생하였다는 결과만을 가지고 곧바로 채무불이행사실을 추정할 수는 없다.」

고 표현하지만, 이는 개정 전의 「임무해태」와 동일한 뜻이므로 편의에 따라 두 용어를 혼용하기로 한다.

(가) **원 인** 임무해태는 널리 선량한 관리자의 주의(민 681조)를 게을리하는 것이므로 법령이나 정관의 개별규정에 반하지 않더라도 흔히 있을 수 있다. 예컨대 대표이사가 주주총회의 승인 없이 영업을 양도했다면(374조 1항 1호) 「법령」에 위반한 행위가 되는데, 승인을 얻고 양도하였으나 거래가 불공정하여 회사에 손해가 생겼다면 법령이나 정관에 위반한 것은 아니지만 임무해태에는 해당한다.

이사의 주의의무는 작위의 업무집행에 대해서만 요구되는 것이 아니고 회사에 손해를 가하지 않아야 할 부작위의무 또는 손해를 방지할 의무도 포함하므로 이를 게을리하여 회사에 손해를 야기한 경우에는 임무해태를 구성한다(예컨대 손해방지시스템 구축의 소홀. 781면 참조).

임무해태는 대표이사나 업무담당이사가 회사의 업무를 집행하는 과정에서 흔히 볼 수 있지만, 이사가 다른 이사의 위법행위 또는 임무해태에 대한 감시를 게을리하여 회사의 손해를 막지 못한 것도 임무해태이다(781면 참조).

(나) **주의의 정도** 이사가 기울여야 할 주의는 영리단체의 경영관리자로서의 주의이므로 보통사람의 그것보다는 그 정도가 높다. 또한 이사의 주의의무는 회사의 업종·규모 등 제반 여건에 따라 그 정도를 달리 이해해야 한다. 이사가 베푸는 주의는 직·간접으로 회사의 비용을 유발하는데, 그 비용은 이사의 주의로 인해 회사가 얻는 보상과 적정한 비례를 유지해야 하기 때문이다. 예컨대 연간 1만弗어치의 장난감을 수출하는 회사의 이사와 연간 1억弗어치의 전자제품을 수출하는 회사의 이사가 각각 수입국의 관세제도를 잘못 알았다고 했을 때 이들을 같은 차원에서 비난할 수는 없는 것이다.

注意의 비용

이사의 주의는 대개의 경우 비용을 수반한다. 간단한 예로 도난을 철저히 방지하기 위해서는 건물의 잠금장치를 고급으로 써야 하고 경비원을 두어 지키게 하여야 한다. 위 예에서 수입국의 덤핑관세제도를 제대로 알기 위해서는 국제거래를 전문으로 하는 변호사의 자문을 받아야 한다. 또 이사 자신의 인력수준도 비용과 연결된다. 수입국의 관세제도에 대해 문제의식을 갖고 적합한 변호사를 선택하여 자문을 구하고, 그의 자문을 알아듣고 필요한 조치를 하기 위해서는 이사가 고급의 인력이어야 하고, 그러자면 회사는 상당한 보수를 부담해야 한다. 이상과 같이 이사의 주의란 회사의 비용부담을 유발하므로 회사의 현황에 비추어 지출의 타당성이 인정되는 비용으로 기대할 수 있는 정도의 주의만 요구할 수 있는 것이다.

(다) **주의의 범위** 주식회사는 영리를 위한 단체이고 이사는 그 영리성을 실현하기 위해 임용된 자이므로 그의 주의는 단지 업무의 適法性에 그치지 않고 合理性·效率性에까지 미친다.[1)] 그러므로 이사의 주의의무는 이사의 업무의 미숙이나 무능도 비난한다.[2)] 예컨대 거액의 유휴자금을 관리하면서 이율이 높은 신탁예금을 피하고 이자가 거의 없는 보통예금을 택했다면 위법한 것은 아니지만 임무해태가 될 수 있다.

권리행사의 합리성

회사가 가진 권리를 행사할 것인지 여부를 결정할 때에도 이사의 주의가 필요하다. 유상으로 행사해야 할 경우에는 물론, 무상이라도 법적인 부담이 있거나 사실상 부담이 예상되는 경우에는 권리행사로 예상되는 이익과 권리행사의 비용 및 예상되는 회사의 손실을 교량하여 행사여부를 결정하여야 한다. 즉 비교결과 회사에 正(+)의 이익이 생길 경우에만 권리를 행사해야 하는 것이다. 판례 [91]의 가) 부분이 이 점에 관해 좋은 예를 제시하고 있다. 회사가 다른 회사가 발행하는 신주에 관해 신주인수권을 가지고 있는 경우 그 행사여부는 「행사결과 예상되는 이익 및 불이익의 정도 등을 객관적 자료를 바탕으로 구체적으로 검토」해야 한다고 판시하였다. 이 판례의 사실관계는 유상증자와 무관하므로 이 부분은 단지 傍論(방론)에 불과하지만, 일반론으로서는 타당하다.

순환출자관계에서의 경영권방어의 합리성

판례 [91]은 A → B → C → D → A의 순환출자관계에 있는 기업집단에서 A회사의 제 2 대 주주가 B회사에 대한 경영권탈취를 시도하자, A가 이의 방어를 위해 B에 대한 의결권을 확보할 목적으로 B의 주식을 기초자산으로 하는 파생상품거래를 하여 손실을 본 데 대해, A의 이사들의 책임 및 A의 이사이자 A의 지배주주인 S의 손해배상책임을 물은 판결이다. 이 판결 중 나) 부분은 순환출자관계에 있는 회사에서 피지배회사에 대한 경영권방어행위를 함에 있어서는 지배주주의 지배권상실에 따른 영향을 고려하여 방어여부를 결정해야 한다는 설시이다. 요컨대 위 지배구조에서 B에 대한 A의 경영권을 방어하면 A의 지배주주 S의 그룹지배력이 유지될 것인데, A의 이사들은 이 사실이 A에게 유리한지 불리한지를 판단하여 B에 대한 경영권의 방어

1) 독일의 학자들은 회사의 자산을 낭비하여서는 안되며, 최소의 비용을 들여 최대의 성과를 얻어야 한다는 뜻에서 「경영활동의 경제성」(Wirtschftlichkeit der Geschäftsführung)을 요구하는데, 회사의 영리적 본질을 반영한 설명이다(*Schmidt/Lutter*, AktG § 93 Rn. 8).

2) Clark, p. 125.

여부를 결정하라는 취지이다. 국내에서 최초로 다룬 쟁점인데, 과연 회사의 경영권을 방어한 결과 지배주주에게 미치는 이해의 파장 또는 반사적 이익이 이사가 고려하여야 할 회사의 법적 利害에 속하는지 의문이다.[1)]

판 례

[91] 대법원 2023. 3. 30. 선고 2019다280481 판결

「가) 계열회사가 실시하는 유상증자에 참여하여 그 발행 신주를 인수하는 경우, 이사는 계열회사의 소속 회사 영업에 대한 기여도, 유상증자 참여가 소속 회사에 미치는 재정적 부담의 정도, 계열회사의 재무상태 및 경영상황, 유상증자 참여로 소속 회사가 얻을 수 있는 영업상 또는 영업 외의 이익, 유상증자에 참여하는 경우와 그렇지 않은 경우 계열회사에 미치는 영향 및 그로 인하여 소속 회사에 예상되는 이익 및 불이익의 정도 등을 객관적 자료를 바탕으로 구체적으로 검토하여야 한다.

나) 순환출자구조를 가진 기업집단에 속한 소속 회사가 자신이 이미 지배하고 있는 계열회사에 대하여 적대적 M&A가 시도되거나 시도될 우려가 있는 상황에서 이를 저지하기 위해 계열회사 주식을 추가로 취득하는 경우, 소속 회사의 계열회사에 대한 경영권이 방어되는 한편 이를 통해 기업집단이 유지되면서 지배주주의 소속 회사나 기업집단에 대한 지배권도 전과 같이 유지되게 된다. 이 경우 이사는 소속 회사와 계열회사 사이의 영업적·재무적 관련성 유무와 정도, 소속 회사의 계열회사에 대한 경영권 유지와 상실에 따른 이익과 불이익의 정도, 기업집단의 변경이나 지배주주의 지배권 상실에 따른 소속 회사의 사업지속 가능성, 소속 회사의 재무상황과 사업계획을 고려한 주식취득 비용의 적정성 등을 객관적 자료를 바탕으로 구체적으로 검토하여야 한다.」

㈑ 증명책임 임무해태의 사실, 회사의 손해, 임무해태와 손해의 인과관계는 이사의 책임을 주장하는 자가 증명하여야 한다(대법원 1996. 12. 23. 선고 96다30465·30472 판결).[2)·3)]

3) 經營判斷의 法則 업무집행의 적법성은 행위시에 판단되지만 효율성은 상당한 시간이 경과한 후에야 판단되는 경우가 많다. 예컨대 정유회사의 대표이사가 중동 산유국간에 큰 국경분쟁이 일어나자 유가인상을 걱정하여 현시세가 배럴당 60불임에도 불구하고 80불씩 주고 다량의 원유 매입권을 확보하였다 하자. 그런데 국경분쟁이 의외로 일찍 끝나 유가가 현시세에서 안정세를 보이게 되

1) 李哲松, "경영권방어비용에 관한 이사의 책임," 「法曹」 제69권 제3호(2020), 420면 이하.
2) 日注釋(6), 295면.
3) 이사의 책임을 주장하는 자에게 이사의 과실에 관한 입증책임을 부담시키는 것은 회사의 재산권을 침해하여 위헌이라는 주장의 헌법소원이 제기된 적이 있으나, 헌법재판소는 이를 기각하였다(헌재 2015. 3. 26.자 2014헌바202 결정).

었다면 앞서의 원유구입은 분명 비효율적인 행동이었다.

그러나 이 비효율성은 예측불가능한 변수에 의해 사후적으로 결정되어진 것이므로 이를 임무해태라고 한다면 이사에게 관리불가능한 책임을 과하는 것과 같다. 이러한 경우 미국에서는 이른바 「경영판단의 법칙」(business judgement rule)이라는 이론으로 이사의 책임의 한계를 설정하고 있다.[1)]

(가) **개 념** 미국법상의 경영판단의 법칙이란, 「회사의 목적범위 내이고 理事의 권한 내인 사항에 관해 이사가 내린 의사결정이 그같이 할 합리적인 근거가 있고, 회사의 이익을 위한 것이라는 믿음하에 어떤 다른 고려에 의한 영향을 받지 아니한 채 독립적인 판단을 통해 성실히 이루어진 것이라면 법원은 이에 개입하여 그 판단에 따른 거래를 무효로 하거나 그로 인한 회사의 손해에 관해 이사의 책임을 묻지 아니한다」라는 원칙이다.[2)] 요컨대 정직한 실수(honest mistake)는 事後的 안목에서(in the hindsight) 비난하지 않는다는 원칙이다.[3)] 원래는 판례법으로 발달한 책임이론인데, 현재는 대부분의 州 회사법에 명문으로 반영되어 있다.

한편 경영판단의 법칙은 중요한 訴訟法的 의의를 가지고 있으며, 이 점이 경영판단의 법칙의 실효성을 크게 하는 요인이다. 소송법적으로 정의하면 경영판단의 법칙이란 「이사가 경영에 관해 내린 의사결정은 私益을 위한 것이 아니고, 사안에 관해 숙지한 상태에서 그러한 행위가 회사에 최선의 이익을 가져온다는 정직한 믿음에 기해 성의로 이루졌다고 하는 推定」을 뜻한다.[4)] 그리하여 대표소송에서 주주가 이사의 책임을 묻고자 할 때에는 원고가 이러한 추정을 깨는 사실을 주장 · 증명하여야 하고, 이러한 주장 · 증명이 성공하면 이사측이 문제된 거래의 공정성을 증명할 책임을 지는 것이다.[5)·6)] 이 추정의 소송법적 효력을 우

1) 경영판단의 법칙이 처음으로 미국 판례에 등장한 것은 United Copper Securities Co. v. Amalgamed Copper Co.(244 U.S. 261, 37 S. Ct. 509, 61 L. Ed. 1119(1917))사건에 관한 Brandeis 판사의 판결문에서이다. 이후 많은 판례에서 이 원칙을 다루었지만, 그 개념이나 법리 내용에 관한 설명은 다양하다.

2) Henn & Alexander, p. 661; Knepper, *op. cit.*, p. 20.

3) Clark, p. 124.

4) "The presumption that in making business decisions not involving direct self-interest or self-dealing, corporate directors act on an informed basis, in good faith, and in the honest belief that their actions are in the corporation's best interest"(Black's Law Dictionary, 7th ed., → "business judgment rule").

5) Dennis Block et al., The Business Judgment Rule, 5th ed., 1998, pp. 18~19.

6) 통상의 민사소송에서는 어떤 사실에 관해 추정이 성립할 경우, 반대의 증명책임을 지는 당사자는 관련사실이 존재하기보다는 존재하지 않을 가능성이 훨씬 크다(more probable than its

리의 소송법적 개념에 비견하자면, 추정사실에 대한 반대사실의 증명이 일종의 소송요건과 같은 것이어서, 이사의 책임을 묻는 소송이 제기되면, 피고(이사측)는 본안전 항변으로 원고의 주장에 訴因(cause of action)이 결여되어 있음을 이유로 각하(dismissal)를 청구하거나, 본안전 약식판결(summary judgment)을 구하는 것이 보통이다.[1] 한편 독일에서도 2005년 주식법의 개정을 통해 "회사의 업무에 관한 이사의 결정이 적절한 정보에 근거하고 회사의 이익을 위하여 이루어진 것임이 합리적인 방법으로 인정될 때에는 임무해태로 보지 아니한다"[2]라는 규정을 신설함으로써 경영판단의 원칙을 도입하였는데, 이는 미국에서와는 달리 실체법상의 원리로 다룬 것이다.

(나) **상법상의 경영판단의 법칙** 최근 우리나라에서도 경영판단의 법칙이 이사의 책임을 합리적으로 제한하는 법적 도구로 보고 이를 도입해야 한다는 주장도 있고, 반대의 주장도 있다.[3] 미국법상의 경영판단의 법칙이란 기술한 바와 같이 이사의 정직한 실수를 나무라지 않는다는 실체법적인 이론에 그치는 것이 아니고, 소송법적 효과를 갖는 법칙이므로 같은 절차법적 뒷받침이 없는 우리나라에서 동법칙을 그대로 수용할 수는 없다. 하지만 동법칙의 實體法的 측면의 이론은 입법론 혹은 해석론의 관점에서 도입여부가 논의될 수 있다.

경영판단의 법칙의 실체법적 이론은 우리나라에서 이사의 책임의 근거가 되는 受任人의 善管注意義務(민 681조)의 해석론에 의해서도 도출될 수 있다.「이사들의 권한 내인 사항에 관해 이사들이 내린 의사결정이 그같이 할 합리적인 근거가 있고, 회사의 이익을 위한 것이라는 믿음하에, 어떤 다른 고려에 의한 영향을 받지 아니한 채 독립적인 판단을 통해 성실히 이루어지고 그 내용이 통상 이사로서

---

existence)는 사실만 증명하면 족하다. 하지만 경영판단의 법칙이 적용되는 사건에서는 이사의 행위의 정당성에 관한 추정을 깨려면 통상의 과실책임을 묻는 일반민사소송에서의 증명책임 외에 이사의 중과실(gross negligence)을 증명해야만 이사에 대한 추정을 깰 수 있다. 즉 이사의 행위에 대한 정당성의 추정은 원고에게 중과실책임에 관한 일반민사소송에서의 증명책임과 같은 증명책임을 과하는 효과가 있는 것이다(Balotti & Hanks, "Rejudging the Business Judgment Rule," 48 Bus. Law. 1339(1993)).

1) Civil Practice Law and Rules(CPLR; 미국 뉴욕주 민사소송법) 3211(a)(7), 3211(c).

2) "Eine Pflichtverletzung liegt nicht vor, wenn das Vorstandsmitglied bei einer unternehmerishen Entscheidung vernünftigerweise annehmen durfte, auf der Grundlage angemessener Information zum Wohle der Gesellschaft zu handeln"(§ 93 Abs. 1 Satz 2 AktG).

3) 權載烈, "經營判斷의 原則의 導入에 관련된 問題點,"「延世法學硏究」 제 3 집(1995), 236면 이하; 李榮鳳, "經營判斷의 法則의 受容에 관한 檢討,"「商硏」 제19권 1호(2000); 孫永和, "美國法上의 經營判斷原則과 그 導入與否에 관한 一考察,"「商硏」 제18권 2호(1999), 299면 이하.

선택할 수 있는 범위에 있는 것이라면」 이는 위임의 본지에 따라 선량한 관리자의 주의를 충분히 베푼 것으로서 그로 인한 회사의 손실은 불가항력적인 것이라 할 수 있는 것이다. 따라서 이러한 판단을 충족하는 이사의 행위는 무과실의 행위로서 그 자체가 상법 제399조 제 1 항이 규정하는 임무해태에 해당하지 않는다고 보아야 하는 것이다. 이를 판례는 「허용된 재량의 범위」라고 표현한다(판례 [92]).

최근 우리의 판례에도 경영판단이라는 용어를 자주 쓰는데, 이는 새로운 법리를 도입하려는 의도에서 비롯된 것으로 볼 수는 없고, 이사의 책임에 관한 우리 법체계의 해석론으로서 경영판단의 법칙의 이론을 원용한 것으로 보인다. 그렇다면 판례가 말하는 「경영판단」이란 미국의 고유명사적인 business judgement의 대역어로 이해할 것이 아니라, 이사가 업무집행에 임해 회사의 업무에 관해 내리는 독립적이고 합리적인 의사결정을 두루 말하는 것으로 이해해야 할 것이다.

판 례

[92] 대법원 2002. 6. 14. 선고 2001다52407 판결

「대출과 관련된 경영판단을 함에 있어서 통상의 합리적인 금융기관 임원으로서 그 상황에서 합당한 정보를 가지고 적합한 절차에 따라 회사의 최대이익을 위하여 신의성실에 따라 대출심사를 한 것이라면 그 의사결정과정에 현저한 불합리가 없는 한 그 임원의 경영판단은 허용되는 재량의 범위 내의 것으로서 회사에 대한 선량한 관리자의 주의의무 내지 충실의무를 다한 것으로 볼 것이며, 금융기관의 임원이 위와 같은 선량한 관리자의 주의의무에 위반하여 자신의 임무를 해태하였는지의 여부는 그 대출결정에 통상의 대출담당임원으로서 간과해서는 안 될 잘못이 있는지의 여부를 대출조건과 내용, 규모, 변제계획, 담보의 유무와 내용, 채무자의 재산 및 경영상황, 성장가능성 등 여러 가지 사항에 비추어 종합적으로 판정해야 한다.」(이상 要旨임)

[同旨판례] 대법원 2006. 7. 6. 선고 2004다8272 판결; 동 2007. 7. 26. 선고 2006다33609 판결

경영판단과 배임죄

이사의 임무해태가 형법 제355조 제 2 항이 정하는 임무위배 등 배임죄의 요건을 충족하면 손해배상책임과는 별도로 배임죄의 형사책임을 묻게 된다. 배임죄의 구성요건으로서의 임무위배는 상법 제399조 제 1 항의 임무해태와 어떻게 다르냐는 것을 확연하게 설명한 판례를 찾기 어려우나, 판례는 「경영자에게 개인적인 이익을 취할 의도 없이 가능한 범위 내에서 수집된 정보를 바탕으로 기업의 이익을 위한다는 생각으로 신중하게 결정을 내렸으나 예측이 빗나가 기업에 손해가 발생한 경우」에까지

배임죄를 물을 수 없다고 하므로(판례 [94] 외 다수) 상법상 경영판단에 속하는 행위로 회사에 손해가 난 경우에는 형사상의 책임도 조각될 가능성이 크다고 하겠다.

판례는 이러한 경영판단에 속하는지를 판정하기 위해서는「경영상의 판단에 이르게 된 경위와 동기, 판단대상인 사업의 내용, 기업이 처한 경제적 상황, 손실발생의 개연성과 이익획득의 개연성 등 제반 사정에 비추어 자기 또는 제 3 자가 재산상 이익을 취득한다는 인식과 본인에게 손해를 가한다는 인식하의 의도적 행위인지 여부」를 고려해야 한다는 기준을 제시하고 있다(위 판례).

(다) 경영판단의 대상 경영판단의 법칙은 이사의 행위가 주의의무를 위반하였는지를 판단하는 기준이므로 이사의 주의의무가 미치는 행위 모두를 적용대상으로 한다. 회계방법의 선택 등 회계적인 의사결정에도 경영판단의 법칙이 적용된다.[1)]

(라) 적용의 한계

i) 경영판단의 법칙은 사후적인 판단에 의해 행위당시의 이사의 행위를 비난할 수 없다는 이론이므로 성질상 임무해태 여부를 논함에 있어 적용될 수 있고, 법령에 위반한 행위에 대해서는 적용될 수 없다(대법원 2005. 10. 28. 선고 2003다69638 판결; 동 2006. 11. 9. 선고 2004다41651 · 41668 판결).[2)] 법령위반행위에 대해 경영판단의 법칙이 적용되지 않는다는 것이 법령위반행위를 한 이사는 항상 손해배상책임을 져야 한다는 것을 의미하지는 않는다. 법령위반행위로 인해 회사에 손해가 발행했다고 하더라도 그에 상응하는 이익이 발생하거나 기대된다면 손해로 인식할 수 없기 때문이다(845면의 대법원 2006. 7. 6. 선고 2004다8272 판결 참조).[3)]

1) 경영난에 빠진 다른 회사에 대한 채권을 평가함에 있어 채무자회사의 회생가능성을 믿고 채권의 가치를 긍정적으로 판단하고 그에 기해 이익배당을 하였던바, 채권의 과대계상을 통해 위법배당을 하였다는 이유로 이사의 책임이 추궁된 사건에서 채무자의 회생가능성의 판단의 당부는 경영자의 판단의 합리성의 관점에서 해야 한다고 판시한 일본의 하급심판례가 있다(大阪地裁 2012. 9. 28. 판결,「ジュリスト」1149호 3면).

2) 본문에 인용된 2003다69638 판례는 회사의 이사가 정부요인에게 뇌물을 주었으므로 이사에게 동 뇌물액 상당액의 손해배상책임을 추궁한 사건('삼성전자'사건)인데, 피고는 회사경영상 뇌물의 불가피성과 아울러 경영판단의 법칙을 주장하였지만, 법원은 본문에서와 같은 논리로 이 주장을 배척하였다. 또 다른 예로, 해외 건설공사를 수행하는 회사에서 결손이 나자, 이사가 이익이 난 것처럼 분식결산을 하여 공시하였고, 이로 인해 회사가 부당한 법인세, 배당금 등을 지급하게 되었으므로 이사의 손해배상책임을 물은 사건이 있다. 이사는 회사에 결손이 난 것이 밝혀질 경우 해외공사의 계속 수행이 불가능함을 들어 경영판단의 원칙이 적용되어야 한다고 주장하였으나, 법원은 분식결산은 주식회사의 외부감사에 관한 법률에 위반하므로 경영판단의 원칙이 적용될 여지가 없다고 판시하였다(대법원 2007. 12. 13. 선고 2007다60080 판결)('동아건설'사건).

3) 판례는 법령위반행위의 경우 그 자체가 회사에 대한 채무불이행에 해당하기 때문이라고 설명하는데(대법원 2007. 7. 26. 선고 2006다33609 판결), 이는 위법행위의 경우 행위 당시에 이미 위법성을 안고 있다는 뜻으로 이해된다. 그런데 판례는 위법행위의 경우 "특별한 사정이 없는 한

ii) 회사의 이익을 위해 대외적으로 불법행위를 한 경우에도 경영판단의 법칙은 배제되는가? 사기, 협박과 같은 범죄행위를 통해 타인에게 손해를 가하는 것이 허용될 수 없음은 물론이고, 개별적인 법령위반행위에 해당하는 불법행위는 앞서의 기준에 의해 판단되어야 한다. 그러나 반사회적이거나 반인륜적이 아닌 가해행위로서 금전적 보상으로 면책이 가능한 정도의 불법행위라면 경영판단의 대상이 될 수 있다고 보아야 한다. 예컨대 건설회사의 이사가 주변에 소음을 야기하여 손해배상청구가 예상되는 공사를 기획하는 경우 예상되는 손해배상액과 공사로 인한 이익을 교량하여 후자가 크므로 공사를 강행한 경우에는 이사의 책임을 물을 사안은 아니다.

iii) 미국의 판례에 의하면 경영판단의 법칙에 따라 책임추궁에서 제외되기 위해서는 이사의 판단 자체는 영리회사의 관리자에 부합하는 합리적인 논리에 따라 신중하고 숙지된 상태에서 이루어질 것을 요구한다. 우리 법하에서 이사가 지는 「위임의 본지에 따른 선관주의의무」 역시 문제의 해결에 필요한 정보를 충분히 확보하고 이를 기초로 하여 신중하고 합리적인 판단을 거쳐 회사에 최대의 이익이 되는 방향으로 의사결정을 해야 함을 뜻하는 것이다. 그렇지 않고 단순히 회사의 영업에 이익이 될 것이라는 일반적·추상적인 기대하에 업무를 처리하여 회사에 손해가 발생하였다면 경영판단의 재량범위를 벗어난다. 판례도 같은 기준으로 경영판단의 한계를 설정하고 있다(판례 [93]).

판 례

[93] 대법원 2007. 10. 11. 선고 2006다33333 판결[1]

「회사의 이사가 법령에 위반됨이 없이 관계회사에게 자금을 대여하거나 관계회사의 유상증자에 참여하여 그 발행 신주를 인수함에 있어서, 관계회사의 회사 영업에 대한 기여도, 관계회사의 회생에 필요한 적정 지원자금의 액수 및 관계회사의 지원이 회사에 미치는 재정적 부담의 정도, 관계회사를 지원할 경우와 지원하지 아니할 경우 관계회사의 회생가능성 내지 도산가능성과 그로 인하여 회사에 미칠 것으로 예상되는 이익 및 불이익의 정도 등에 관하여 합리적으로 이용가능한 범위 내에서 필요한 정보를 충분히 수집·조사하고 검토하는 절차를 거친 다음, 이를 근거로 회사의

손해배상책임을 면할 수 없다"고 표현함으로써(위 판결), 위법행위라 해서 항상 손해배상책임을 발생시키는 것은 아님을 시사하고 있다. 위법행위는 경영판단의 원칙의 적용대상은 아니지만, 본문에서 설명한 바와 같이 다른 여러 가지 책임조각사유는 있을 수 있으므로 이러한 뜻을 표현한 것으로 짐작된다.

1) 舊(주)대우가 해외의 계열회사를 위해 자금을 지원한 데 대해 이사의 책임을 물은 사건이다.

최대 이익에 부합한다고 합리적으로 신뢰하고 신의성실에 따라 경영상의 판단을 내렸고, 그 내용이 현저히 불합리하지 않은 것으로서 통상의 이사를 기준으로 할 때 합리적으로 선택할 수 있는 범위 안에 있는 것이라면, 비록 사후에 회사가 손해를 입게 되는 결과가 발생하였다 하더라도 그 이사의 행위는 허용되는 경영판단의 재량범위 내에 있는 것이어서 회사에 대하여 손해배상책임을 부담한다고 할 수 없다(…). 그러나 회사의 이사가 이러한 과정을 거쳐 이사회 결의를 통하여 자금지원을 의결한 것이 아니라, 단순히 회사의 경영상의 부담에도 불구하고 관계회사의 부도 등을 방지하는 것이 회사의 신인도를 유지하고 회사의 영업에 이익이 될 것이라는 일반적·추상적인 기대하에 일방적으로 관계회사에 자금을 지원하게 하여 회사에 손해를 입게 한 경우 등에는 … 허용되는 경영판단의 재량범위 내에 있는 것이라고 할 수 없다.」

[同旨판례] 판례 [92]; 대법원 2008. 7. 10. 선고 2006다39935 판결; 동 2010. 1. 14. 선고 2007다35787 판결; 동 2011. 10. 13. 선고 2009다80521 판결

계열회사의 지원과 책임

판례 [93]은 기업집단의 계열회사간에 지원하는 행위가 경영판단으로서의 타당성을 인정받아 이사의 책임을 조각할 수 있는 요건을 설시한 것이다. 동 판결은 막연하게 계열회사를 지원하는 것이 회사의 신인도 유지와 영업에 도움이 되리라는 기대만으로 지원하는 것은 허용되는 경영판단으로 볼 수 없다는 기준을 제시하고 있다. 계열회사를 지원하는 행위가 형법 제355조 제 2 항의 임무위배에 해당할 정도의 비난가능성을 띤 경우에는 배임죄를 구성할 수 있다. 아래 판례 [94]는 계열회사의 지원행위에 관해 배임죄의 성부를 판단하는 기준을 제시하고 있는데, 대체로 이사의 손해배상책임을 논하는 기준과 같은 시각에 입각해 있다.

[94] 대법원 2017. 11. 9. 선고 2015도12633 판결

「… 기업집단의 공동목표에 따른 공동이익의 추구가 사실적, 경제적으로 중요한 의미를 갖는 경우라도 그 기업집단을 구성하는 개별 계열회사는 별도의 독립된 법인격을 가지고 있는 주체로서 각자의 채권자나 주주 등 다수의 이해관계인이 관여되어 있고, 사안에 따라서는 기업집단의 공동이익과 상반되는 계열회사의 고유이익이 있을 수 있다(대법원 2013. 9. 26. 선고 2013도5214 판결 참조). 이와 같이 동일한 기업집단에 속한 계열회사 사이의 지원행위가 기업집단의 차원에서 계열회사들의 공동이익을 위한 것이라 하더라도 지원 계열회사의 재산상 손해의 위험을 수반하는 경우가 있으므로, 기업집단 내 계열회사 사이의 지원행위가 합리적인 경영판단의 재량 범위 내에서 행하여졌는지 … 여부를 판단하기 위해서는 … 지원을 주고받는 계열회사들이 자본과 영업 등 실체적인 측면에서 결합되어 공동이익과 시너지 효과를 추구하는 관계에 있는지 여부, … 기업집단에 속한 계열회사들의 공동이익을 도모하기 위한 것으로서 특정인 또는 특정 회사만의 이익을 위한 것은 아닌지 여부, 지원 계열회사의 선정 및 지원 규모 등이

당해 계열회사의 의사나 지원 능력 등을 충분히 고려하여 객관적이고 합리적으로 결정된 것인지 여부, 구체적인 지원행위가 정상적이고 합법적인 방법으로 시행된 것인지 여부, 지원을 하는 계열회사에 지원행위로 인한 부담이나 위험에 상응하는 적절한 보상을 객관적으로 기대할 수 있는 상황이었는지 여부 등까지 충분히 고려하여야 한다.」

의사결정과정의 신중 I (Trans Union Case)

미국의 판례는 과거 경영자의 주의의무위반을 논함에 있어 의사결정과 업무집행의 내용만을 문제삼았던 데 대하여, 1985년 Delaware州 대법원은 Trans Union사건[1]을 계기로 의사결정과정에서의 신중을 요구하기에 이르렀다.

델라웨어주의 Trans Union Corp.은 열차제작회사로서 1980년 Marmon Group, Inc.와 합병을 하게 되었다. 합병계약에 따라 Marmon이 Trans Union의 소액주주의 소유주식 전부를 시가보다 20弗이 높은 주당 55弗에 사들였다. 그럼에도 불구하고 Trans Union의 일부 주주는 이 가격에 불만을 갖고 Trans Union의 이사들을 상대로 합병과정에서 주의의무를 위반했다는 이유로 손해배상책임을 물었다.

형평법원에서는 경영판단의 법칙(business judgement rule)을 적용하여 주주들의 청구를 기각했으나, 州대법원은 다음과 같은 사실들에 주목하고 이사들의 책임을 인정했다.

동합병을 위한 교섭은 사장(Van Gorkom)이 거의 독단적으로 처리하고, 이사회에서는 합병안을 설명하는 자료도 제시받지 않고 또 합병의 전문금융가(investment banker)의 자문도 받음이 없이 사장의 구두설명만 듣고 2시간 만에 결의하였으며, 합병계약서에 서명할 때에도 사장이 오페라 공연장에서 계약서를 받아 대강 훑어보고 서명하였다.

대법원은 가격의 공정 여부가 문제되는 것이 아니라, 이와 같은 의사결정을 하려면 사전에 사안에 관련된 모든 정보를 숙지하고 신중한 자세로(in an informed and deliberative manner) 전문가의 자문도 구하는 등 충분한 연구검토를 거쳐야 하는데, 이를 게을리한 것은 중과실에 해당한다고 판시하였다.[2]

이 판결을 두고 많은 논란이 벌어졌는데, 이를 비난하는 측은 비즈니스의 연속적·평균적 측면을 보지 못하고 보수주의적·형식주의적 시각에서 거래의 1회적 단면과 외양만을 보고 내린 판결이라고 반박한다.[3]

---

1) Smith v. Van Gorkom, 488 A. 2d 858(Del. 1985).

2) 473 A. 2d 805(Del. 1984)도 同旨.

3) 상세는 Herzel & Katz, "Smith v. Van Gorkom: The Business of Judging Business Judgement," 41 *Bus. Law.* 1187(1986); Burgman & Cox, "Corporate Directors, Corporate Realities and Deliberative Process: An Analysis of *Trans Union Case*," 11 The Journal of Corporation Law 311(1986).

의사결정과정의 신중 Ⅱ(삼성전자 사건)

1998년 참여연대가 소수주주들을 규합하여 삼성전자의 임원들을 상대로 대표소송을 제기하였다. 많은 쟁점 가운데, 특히 삼성전자가 「이천전기」라는 회사에 투자하였다가 막대한 손실을 입고 실패하였던 점에 관해 임원들의 손해배상책임을 추궁한 부분에서 깊이 있는 법적 논쟁이 있었다.

1997년 3월 및 그 이후 삼성전자가 중전기사업에의 진출을 계획하고 이사회의 결의를 거쳐 중전기사업체이던 利川電氣라는 회사의 주식 85.3%를 매수하고, 신주를 인수하여 대주주가 되었는데 투자금액은 2천억원에 달하였다. 이천전기는 삼성이 인수할 당시부터 자본잠식상태에 있고 재무구조가 매우 열악하였다. 더욱이 1997년 IMF위기를 당해 이천전기가 도산지경에 이르러 결국 삼성전자가 가진 이천전기의 주식 전부를 제 3 자에게 95억원에 처분함으로써 1,904억원의 손실이 발생하였다. 이에 소수주주들이 이천전기를 인수하는 삼성전자 이사회의 결의에 참여한 이사들의 임무해태를 주장하였고, 피고측은 경영판단의 논리로 대항하였다.

제 1 심에서는 이 같은 투자결정을 함에 있어서는 대상 회사의 재무구조, 신규투자와의 위험의 비교, 대상회사의 경영정상화를 위한 소요비용 등에 대한 고려가 필요함에도 불구하고, 이사회에서는 「중전사업 참여방안」이라는 자료만 배포되었을 뿐, 위 고려사항의 판단에 필요한 자료는 배부된 바 없었으며 그나마도 1시간 정도의 단시간에 이천전기의 引受를 결정한 점을 꼬집어, 이사들이 「충분한 정보에 기하여 합리적인 통찰력을 다하여 적절한 판단을 하였다고 할 수 없어 경영판단으로서 보호될 수 없다」라는, 트랜스 유니온판결을 연상시키는 판단을 하였다(수원지법 2001. 12. 27. 선고 98가합22553 판결).

그러나 제 2 심은 삼성전자의 경영진이 이천전기를 인수하기 1년 전부터 실무자로 하여금 중전기사업에의 참여 필요성, 사업성, 이천전기의 재무구조개선안, 향후 손익전망, 경영방침 등에 관하여 구체적으로 검토하게 하였고, 이사회 결의에 참석한 이사들은 실무자들이 작성한 중전기사업 참여방안, 이천전기의 재무구조 개선안에 관한 자료를 검토하는 동시에, 담당이사로부터 이천전기의 인수필요성, 재무구조의 개선가능성, 흑자 전환의 가능성에 관한 설명을 들은 후 인수를 결의한 사실을 인정하였다. 나아가 이사들이 결의를 함에 있어, 통상의 기업인으로서 간과할 수 없는 과오를 저지르거나 경영판단의 재량의 범위를 넘은 바 없고, 따라서 이 결의에 관해 이사들의 개인적인 이해관계가 있거나 그 결정으로 인해 회사가 손해를 입을 것을 알고 있었다는 등의 특별한 사정이 없는 한, 손해배상책임을 부담하게 할 수 없다고 판시하였고(서울고법 2003. 11. 20. 선고 2002나6595 판결), 상고심에서도 2심판결을 지지하였다(대법원 2005. 10. 28. 선고 2003다69638 판결).

제 2 심판결이 삼성전자의 경영진이 인수하기 1년 전부터 중전기사업의 필요성과 사업성, 이천전기의 손익전망 등을 검토해 온 점을 지적한 것은 제 1 심판결이 이사회에 현출된 자료의 범위와 경과시간에만 한정하여 정보의 불충분, 통찰력의 결여를

비난한 것이 그릇된 판단이라고 탓하는 뜻으로 읽을 수 있다.[1)]

정부의 指導 및 公益에 따른 경영자의 책임

정부가 지분을 가지고 있거나 회사의 사업에 관해 인가권 혹은 감독권을 행사하는 公企業의 경우 정부가 행정지도를 통해 회사의 의사결정의 방향을 제시하거나, 회사가 정한 결정을 법적으로 거부할 수도 있고, 기업의 관리자들이 이를 수용하지 않을 경우 인사권을 발동하여 교체하는 경우도 있다. 그러므로 공기업에서 중요한 의사결정을 할 경우 사전에 정부의 뜻을 물어 이를 수용하는 의사결정을 하는 것이 보통이다. 정부의 입장은 개개 기업의 이익보다는 국가경제 전체를 고려하여 형성되므로 정부의 지도를 받아 공기업이 정한 의사결정은 기업 자체에는 불이익한 경우가 많다. 이 경우 공기업의 이사들에게 어떠한 책임을 물을 수 있는가? 이 점을 다룬 하급심판례가 있다.

한국전력공사(이하 "공사")는 약관으로 전기요금을 결정하는데, 정부가 약관의 인가권을 가지고 있다. 전력공사는 전기사업법에 정해진 요령에 따라 2008년과 2009년의 전기요금 인상률을 정부에 보고하였다. 정부는 물가에 대한 영향을 감안하여 인상률을 삭감해서 공사에 통보하였고, 공사는 그대로 시행하여 2008년과 2009년에 각각 4조원에 달하는 영업손실을 입었다. 이에 공사의 소수주주들은 대표이사가 정부의 지도대로 요금을 결정한 것을 임무해태로 보고 손해배상을 청구하는 대표소송을 제기하였다.

법원은 공기업의 경우 행정관청과의 관계를 고려하여 이사가 부담하는 선관주의의무의 범위를 결정하여야 한다는 일반론을 제시하고, 정부가 전기요금의 인가권뿐 아니라 공사에 대한 지도·감독권까지 가지고 있어 공사가 행정지도와 다르게 전기요금을 산정하여 인가신청하는 것은 현실적으로 기대하기 어렵다는 현실론을 전개하였다. 나아가 공사의 대표자는 공사의 이익뿐만 아니라 전기요금이 국가의 경제와 국민의 생활에 미치는 영향도 고려할 임무를 부담한다는 방론(傍論)과 함께 공사의 대표가 이사회로 하여금 정부가 통보한 인상률을 그대로 반영하여 전기요금을 심의·의결하게 하고, 이를 정부에 인가신청한 것을 임무해태라 할 수 없다고 판시하였다(서울중앙지법 2012. 10. 5. 선고 2011가합80239 판결).

한국전력공사는 정부 및 정부가 전액출자한 한국산업은행이 발행주식의 51.1%를

---

1) 일본의 판례도 의사결정의 과정을 경영판단원칙의 적용에 있어 중요한 요소로 파악하고 있다. 부동산임대업을 영위하는 회사가 사업재편의 목적에서 타회사를 자회사로 만들기 위해 타회사의 주식을 취득하는데, 평가액의 5배나 비싼 가격을 치루었다. 이에 대표이사의 손해배상책임을 묻는 대표소송에서, 주식의 취득여부 및 가격결정에 있어 그룹의 경영책임자들로 구성된 경영회의의 협의를 거쳤고, 변호사의 의견을 구했다는 점을 긍정적인 요소의 일부로 고려하여 손해배상책임을 부정한 판례가 있다(日最高裁 2010. 7. 15. 판결, 「金融·商事判例」 제1347호 12면, 평석은 落合誠一, "アパマンショップ株主代表訴訟 最高裁判決の意義," 「商事法務」 제1913호 (2010. 11. 5.), 4면).

가진 공기업이지만, 동시에 주식이 상장되어 있는 민간회사이다. 그러므로 공사의 대표가 국가경제와 국민생활을 위해 연간 4조에 이르는 적자를 감수한다는 것은 정당화하기 어려운 결정이다. 이 사건에서 대표자의 책임조각사유를 찾는다면, 공사의 대표자와 이사들이 법적으로 정부의 지도, 지시에 반하는 내용의 의사결정을 하더라도 이를 집행하는 것이 불가능하다는 점에서 찾아야 할 것이다.

4) 원인행위의 사법적 효력의 영향 　손해의 원인이 된 이사의 행위에 관해 그 효력 또는 적법 여부가 문제될 수 있지만, 그에 대한 사법적 판단은 손해배상책임에 영향을 미치지 않는다. 예컨대 이사가 위법한 방법으로 자본감소를 하여 회사에 손해를 끼쳤으나, 감자무효의 소 제기기간이 경과하거나 기타의 사유로 자본감소가 유효로 확정되었더라도 이사의 행위의 유책에 관한 판단은 별개이므로 그 손해배상책임에는 영향이 없다(대법원 2021. 7. 15. 선고 2018다298744 판결).

(3) 책임의 獨自性

주주총회나 이사회의 결의에 의해 행해졌다고 해서 이사의 임무해태가 정당화되거나 책임이 조각될 수 없음은 기술한 바와 같다(793면 이하 참조).

(4) 공동행위자의 책임형태

법령·정관에 위반한 행위 또는 임무해태가 수인의 이사에 의하여 이루어진 경우에는 연대책임을 지며(399조 1항), 감사도 책임질 경우에는 이사와 연대책임을 진다(414조 3항). 이 연대책임은 부진정연대책임이다. 이사 각자의 임무해태라는 별개의 원인에 의해 책임을 부담하고 이사는 회사와의 관계에서 고유의 부담부분을 갖는 것이 아니기 때문이다. 그러나 1인의 이사가 회사에 손해 전부를 배상하였을 때에는 다른 이사들도 면책함은 물론이다.

부진정연대채무라도 복수의 책임주체 내부관계에 있어서는 형평의 원칙상 일정한 부담 부분이 있을 수 있다(통설·판례). 마찬가지로 수인의 이사들이 임무를 해태하더라도 그 정도가 상이할 수 있고, 손해에의 기여가 다를 수 있으므로 이사들간에는 부담부분을 인정할 수 있으며, 어느 이사가 자기의 부담부분 이상의 손해를 배상하여 이사들이 공동으로 면책한 때에는 다른 이사에게 그 부담부분의 비율에 따라 구상권을 행사할 수 있다.

(5) 적용대상

상법 제399조 및 제401조는 적법하게 선임된 이사에 한해 적용될 수 있다. 선임행위에 흠이 있어 이사의 지위가 부정되는 자가 회사에 손해를 가한 때에는 회사에 대해 불법행위책임을 짐은 별론으로 하고 위 규정에 따른 손해배상책임을 지지 아니한다.[1)] 이들은 회사에 대해 임무를 해태한다는 일이 있을 수 없기 때문이다. 그러나 퇴임이사(386조 1항), 일시이사(386조 2항)는 임시적이기는 하나 이사의 지위를 가지므로 제399조 및 제401조의 적용대상이다.

(6) **책임의 확장**(찬성이사의 책임)

1) **책임내용** 법령·정관에 위반한 행위 또는 임무해태가 이사회의 결의에 의한 것인 때에는 그 결의에 찬성한 이사도 연대하여 책임을 진다(399조 2항). 예컨대 이사회가 위법하게 액면미달의 신주발행을 결의하였다면 그 결의에 찬성한 이사는 모두 연대하여 책임을 진다. 찬성한 이사의 책임을 감시의무에 따른 책임으로 설명하기도 하지만(판례 [95]), 의결권의 행사는 이사의 본래의 직무이므로 부당한 의안에 찬성한 이사는 스스로의 임무해태에 관해 책임지는 것으로 이해해야 한다.

결의에 찬성한 이사가 책임을 지는 것은 결의내용 자체가 법령·정관에 위반하거나 임무해태로 볼 수 있는 경우에 한한다. 결의내용 자체에는 그러한 흠이 없으나 이사가 집행과정에서 법령·정관에 위반하거나 임무해태를 한 경우에는 결의에 찬성한 이사에게 책임을 물을 수 없다.

판 례

[95] 대법원 2002. 3. 15. 선고 2000다9086 판결

〈사안과 판결〉

제일은행이 한보철강에 거액의 융자를 하여 회수가 불가능해지자, 1997년에 참여연대가 소수주주들을 규합하여 은행장 및 이사들의 손해배상책임을 묻는 대표소송을 제기한 사건이다. 은행의 심사부서에서 한보철강이 대출부적격업체에 해당한다는 심사의견을 제출하였으나, 은행장은 상근이사회의 결의가 있으면 융자가 가능하다는 내규를 이용하여 상근이사회를 소집해서 대출을 가결하고 수차에 걸쳐 융자를 하고, 또 매번 심사의견을 적격으로 작성하도록 직원들에게 지시하였다. 이에 대해 소수주주들이 행장 및 그 결의에 찬성하였던 이사들을 상대로 각기 400억원의 손해배상책임을 물었다. 행장의 책임에 관해서는 주목할 만한 법적 쟁점이 없으나, 다른 상근이사들이 책임을 져야 하는 근거에 관해 다툼이 있을 수 있다.

이에 대해 법원은 상근이사들이 심사의견서가 왜곡되게 작성된 사실을 알고 있었거나 충분히 판단할 수 있었고 또 한보철강에 대한 대출이 부당 혹은 부적절하다는

1) 대구고법 1983. 1. 12. 선고 81나891 판결: 株券을 발행하기 전에 주식을 양수한 자들이 주주총회에서 선임한 이사·감사에 대해 상법 제399조·제414조의 손해배상을 청구한 사건에서 본문에서와 같이 판시하였다. 그러나 현행법하에서는 이들도 상법 제401조의2에 의해 책임을 추궁당할 수 있다.

사정을 충분히 판단할 수 있었음에도 (상근)이사회의 결의시 아무런 이의 제기없이 찬성한 것은 이사로서의 선관주의의무를 위반하여 임무를 해태한 것이라고 판단하였다.

2) 책임근거의 개별성 이사회의 결의는 다수결로 이루어지므로, 결의에 찬성한 이사 개개인의 허물은 전체의 행동 속에 희석되는 모습을 보인다. 그리하여 특정의 이사가 찬성하지 않았더라도 가결되었을 것이라는 가정을 면책의 근거로 제시하는 주장이 있을 수 있다. 그러나 찬성이사의 책임을 묻는 제도는 이사 개개인의 임무해태를 근거로 하는 것이므로 찬성이사의 다수성은 책임에 영향을 주는 바 없다(대법원 2007. 5. 31. 선고 2005다56995 판결).

3) 적용범위 자기거래, 신주발행, 사채발행 등과 같이 법상 이사회의 결의를 요하는 사항 그리고 상법 제393조 제 1 항에 의해 이사회의 결의를 요하는 업무집행 일반에 대해 본조가 적용됨은 물론이다. 대표이사의 일상적인 업무집행에 속하여 이사회의 결의를 요하지 않는 사항을 이사회의 결의를 얻어 집행한 경우에도 일응 이사회에 부의한 이상 이사회결의사항으로 보아야 하므로 본조의 적용대상이다.[1)]

4) 추인결의에 대한 적용 회사에 손해를 가하는 행위가 이미 이사에 의해 집행되고 그 追認여부를 결정하기 위한 이사회가 열린 경우 그 추인결의에 찬성한 이사에 대해서도 이 규정이 적용되는가? 이러한 안이 상정된다면 이사회가 감독권을 행사하여 시정을 지시하도록 이사들이 제안해야 할 것인데, 반대로 승인결의에 찬성하였다면 이사의 감시의무를 게을리한 것이므로 제399조 제 1 항의 적용대상이라고 보아야 한다(대법원 2007. 5. 31. 선고 2005다56995 판결).[2)]

5) 증 명 결의에 참가한 이사로서 이의를 한 기재가 의사록에 없는 자는 그 결의에 찬성한 것으로 추정한다(399조 3항). 찬성여부에 관한 증명책임을 이사에게 전가시킨 것이다. 이사는 결의에 참가하지 아니한 사실 또는 찬성하지 않은 사실을 증명하여 책임을 면할 수 있다. 본조는 결의에 찬성한 책임을 묻는 것이므로 「이의」란 의안에 반대한 것만 가리키는 것이 아니라, 기권 등 「찬성」이 아

1) 이사회결의사항으로 보지 않더라도 부당한 업무집행을 지지한 것은 감시의무를 게을리한 것으로 보아야 한다.

2) 본문의 판례는 추인행위는 대표이사의 하자 있는 거래의 효력을 확정적으로 유효로 만들어 주는 것이므로, 이사가 추인결의에 찬성하였다면 손해발생과 인과관계가 인정된다는 식으로 논리를 구성하지만, 추인결의를 한다고 해서 위법한 거래가 유효로 되는 것은 아니므로 적절한 이유 설시가 아니다. 역시 감시의무위반으로 보는 것이 타당하다.

니라는 의사도 포함하는 개념이다(대법원 2019. 5. 16. 선고 2016다260455 판결).[1)]

(7) 책임의 범위

1) 손해의 범위 회사는 계속기업이므로 이사의 임무해태를 원인으로 다단계의 손해가 연속될 수 있으나 법률적 책임을 무한히 연장할 수는 없다. 그러므로 손해배상의 일반원칙에 따라 법령·정관위반 또는 임무해태와 상당인과 관계가 있는 손해에 한하여 책임을 진다고 할 것이다(민 393조)(통설; 대법원 2007. 7. 26. 선고 2006다33609 판결). 따라서 이사의 임무해태가 있더라도 이후 다른 이사의 행위가 관련되어 손해가 발생하거나 확장된 경우에는 그 부분에 관해 前者의 이사는 책임지지 아니한다(전게 판례). 그러나 일단 이사의 임무해태로 인해 손해가 발생한 이상, 이후 손해를 관리하는 과정에서 손해액의 변동이 있거나, 손해액이 확정되는 것은 당초의 손해배상책임에 영향이 없다. 예컨대 금융기관의 이사가 부실대출을 하여 회수할 수 없는 불량채권이 발생하였으므로 부득이 이사들이 변제시기를 연장하는 조치를 한 경우, 채무자와의 화해의 수단으로 채무를 일부 면제하여 준 경우, 채무자 회사의 회생을 위해 출자전환을 한 경우 등은 당초의 이사의 손해배상액의 산정에 영향을 주는 바 없는 것이다(대법원 2007. 5. 31. 선고 2005다56995 판결; 동 2007. 7. 26. 선고 2006다33609 판결).

2) 손해인식의 원칙 임무해태와 손해는 이론적으로는 별개의 책임요건이지만, 실무적으로는 손해가 인식되고 그 원인으로서 임무해태가 있었는지 문의되는 것이 보통이다. 여기서 「손해」라는 것을 어떤 시각으로 인식할 것이냐가 문제된다. 극히 단기적으로 본다면 모든 출연행위가 다 손해의 원인이 될 수 있겠지만, 그 출연행위와 반대급부적으로 연결되어 있는 이익이 있다면 손해라고 볼 수 없음은 물론,[2)] 예측가능하고 합리적으로 기대되는 이익이 있다면 이는 이사의 책임이 미치는 손해로 판단해서는 안될 것이다.[3)] 특히 이사는 기업의 관리

---

1) 判旨: "상법 제399조 제 3 항은 같은 조 제 2 항을 전제로 하면서, 이사의 책임을 추궁하는 자로서는 어떤 이사가 이사회 결의에 찬성하였는지 여부를 알기 어려워 그 증명이 곤란한 경우가 있음을 고려하여 그 증명책임을 이사에게 전가하는 규정이다. 그렇다면 이사가 이사회에 출석하여 결의에 기권하였다고 의사록에 기재된 경우에 그 이사는 "이의를 한 기재가 의사록에 없는 자"라고 볼 수 없으므로, 상법 제399조 제 3 항에 따라 이사회 결의에 찬성한 것으로 추정할 수 없고, 따라서 같은 조 제 2 항의 책임을 부담하지 않는다고 보아야 한다."

2) 판례는 배임죄(형 355조 2항)의 구성요건이 되는 손해가 있느냐는 판단에 있어 배임행위로 인한 급부와 반대급부가 상응하고 다른 재산상 손해(현실적인 손해 또는 재산상 실해 발생의 위험)도 없는 때에는 재산상의 손해가 있다고 할 수 없다고 하는데(대법원 2005. 4. 15. 선고 2004도7053 판결), 이는 회사법상의 이사의 책임을 물음에 있어서도 적용될 수 있는 원리이다.

3) 이러한 이론을 지지하는 판례가 있다. 고려생명이라는 보험회사가 현대건설로부터 거액에 달하는 종업원퇴직보험을 유치하여 관리하고 있었다. 소위 IMF 위기가 닥치면서 현대건설이 자금이

를 위임받아 영리를 실현해야 할 책무를 지고 있는 만큼, 경제적으로 합리성이 있고 商人的인 주의력에 부합하는 危險의 인수는 허용되어야 한다.[1)]

3) 손익상계 이사가 책임져야 할 회사의 손해액을 산정함에 있어 회사에 손해를 발생시킨 동일한 이사의 행위로 인해 회사가 이익을 얻은 것이 있다면 이는 이사가 책임져야 할 손해액에서 차감하여야 한다(손익상계). 그러나 기업의 영리활동이 위법한 수단을 통해서 이루어져서는 안 되므로 그 이익이 이사의 위법한 행위로 인해 생긴 것인 경우에는 손익상계의 대상이 될 수 없다(대법원 2025. 6. 12. 선고 2021다256696 · 256702 판결).[2)]

1원짜리 빌딩공사

1985년 1월 25일. 한국무역협회가 추정공사비가 600억원에 이르는 54층 규모의 서울 삼성동 무역센터 건설시공사 입찰을 실시하였는데, 극동건설이 1원에 응모하였다. 그 이유는 초고층빌딩 시공실적을 얻기 위해서였다고 한다. 국내에 신동아건설을 빼고는 50층 이상 초고층빌딩을 시공한 업체가 전무했을 때이었으므로 이런 공사실적은 다음의 국내 초고층 건설시장에서의 우위선점에 주효하기 때문이다.[3)] 이 공사로 인해 극동건설은 600억 상당의 손실을 입지만, 이 사실만 가지고 이사의 책임을 물을 수는 없다. 향후 기대가능한 이익을 교량하면 합리적인 기업가적 모험이라고 평가할 수도 있기 때문이다.

부족하여 고려생명에 대출을 요구하고, 대출이 어려우면 종업원퇴직보험을 해지할 수밖에 없다고 통보하였다. 고려생명의 대표이사는 이 보험이 해지될 경우 초래될 유동성의 타격을 우려하여 대출에 응하기로 하고 그에 필요한 자금조달을 위해 상업은행 등 시중은행에 대출을 요청하였다. 이에 대해 이 은행들은 대출조건으로 자기들이 취급하는 금융상품인 수익증권을 시가를 상회하는 액면가에 매입해 줄 것을 요구하였고(이른바 '꺾기'), 고려생명의 대표이사는 이에 응하여 수익증권을 매입하며 대출을 받아 현대건설에 대여하였다. 하지만 이어 액면가로 산 수익증권을 시가에 매각하느라 수십억원의 매각손실이 발생하였다. 고려생명이 위와 같이 손해를 감수하며 보험계약자에게 이익을 공여하는 것은 보험법에 위반하는 행위이므로 고려생명은 대표이사에 대해 위 손해의 배상을 청구하였다. 이 사건에서 법원은 대표이사의 행위가 법령에 위반하는 행위임을 시인하였으나, 대표이사의 행위로 인해 회사가 유동성부족으로 파산하는 것을 면할 수 있었으므로 수익증권의 매각손실 이상의 무형의 이익을 가져왔다고 볼 여지가 있다고 하며 대표이사의 책임을 부정하였다(대법원 2006. 7. 6. 선고 2004다8272 판결).

1) BGH NJW 1990, 3219; StV 04, 424(배임죄에 관한 판결에서 본문과 같은 이론을 제시하였다).
2) 대표이사가 동종업종의 회사들과 담합하여 제품의 가격을 인상하여 공정거래위원회로부터 과징금을 부과받고 형사재판에서 회사가 벌금을 선고받았으므로 주주들이 대표이사를 상대로 손해배상을 구하는 대표소송에서 피고(대표이사)가 동 담합행위로 인해 회사가 추가의 판매이익을 얻었으므로 이를 배상액에서 차감해야 한다는 주장을 하였으나, 법원이 본문에서와 같은 이유로 배척하였다.
3) 이상 「머니투데이」 2011. 8. 3. 김창익.

배상액의 산정원리(배상액의 제한)

손해배상의 일반원칙에 따른다면, 이사는 임무해태와 상당인과관계가 있는 모든 손해에 관해 배상책임을 진다고 해야 옳다(민 393조 1항·763조). 이사가 회사의 재산을 유용하는 것과 같이 私益을 위해 고의로 회사에 손해를 가한 경우에는 이 원리가 타당하다. 그러나 회사의 업무를 수행하는 과정에서 과실로 손해를 가한 경우에 일률적으로 인과관계론에만 의지하여 배상액을 산정하는 것이 타당한지 의문이다. 회사의 업무란 항상 위험을 수반하는 것이고, 이러한 위험의 선택과 관리를 이사에게 포괄적으로 맡기는 것이 이사를 선임하는 취지인데, 이로 인한 손실을 전부 이사에게 전가하는 것은 형평의 문제를 야기한다. 이사들이 무한한 배상자력을 가지고 있다고 가정하면, 이론적으로 회사는 사업의 수행에서 있을 수 있는 실수로 인한 위험을 전혀 부담하지 않는 셈이 될 것이다. 일반적으로 자연인이 자기의 사무를 처리함에 있어서는 항상 실수의 가능성이 있다. 법인은 실제 행위를 할 자연적인 능력이 없고 따라서 자신의 실수가 있을 수 없지만, 법인을 사람으로 의제하는 한, 이러한 가능성을 수용하여야 한다. 법인은 자연인을 자신의 기관(이사)으로 선임하여 그의 행위를 자신의 행위로 수용하므로 기관의 과실은 어느 정도 자신의 과실로 수용해야 하는 것이다. 이 점 개인법적인 거래에 적용하는 손해배상의 원리를 법인의 기관이 부담하는 손해배상에 관해서는 다소 수정하지 않을 수 없는 이유이다. 전게 삼성전자 사건에서 이사들이 회사의 재산을 그릇되게 평가하여 저가로 처분함으로 인해 회사에 손해가 발생하였다. 이에 이사의 배상액을 산정함에 있어 법원은 「회사는 … 신의칙상 상당하다고 인정되는 한도 내에서만 이사에 대하여 손해배상을 구하는 것이 상당하다」는 일반론을 제시하고, 이사회에 참석하여 재산처분의 결의에 찬성한 이사들의 손해배상책임을 실손해액의 20%로 감축한 바 있다(서울고법 2003. 11. 20. 선고 2002나6595 판결). 동사건의 상고심 및 이후의 거듭된 판례에 의해 판례 [96]에서 보는 바와 같은 이론이 정착되었다. 동시에 판례는 이러한 손해배상액의 제한사유에 관한 판단은 사실인정의 문제로서 사실심의 專權에 속한다고 보고 있다(대법원 2007. 10. 11. 선고 2007다34746 판결; 동 2025. 6. 12. 선고 2021다256696·256702 판결).

판 례

[96] 대법원 2007. 7. 26. 선고 2006다33609 판결

「이사가 법령 또는 정관에 위반한 행위를 하거나 그 임무를 게을리함으로서 회사에 대하여 손해를 배상할 책임이 있는 경우에 그 손해배상의 범위를 정함에 있어서는, 당해 사업의 내용과 성격, 당해 이사의 임무위반의 경위 및 임무위반행위의 태양, 회사의 손해발생 및 확대에 관여된 객관적인 사정이나 그 정도, 평소 이사의 회사에 대한 공헌도, 임무위반행위로 인한 당해 이사의 이득 유무, 회사의 조직체계의 흠결 유무나 위험관리체계의 구축여부 등 제반사정을 참작하여 손해분담의 공평이라는 손해배상제도의 이념에 비추어 그 손해배상액을 제한할 수 있다.」

[同旨판례] 대법원 2017. 3. 23. 선고 2015다248342 판결(전); 동 2019. 5. 16. 선고 2016다260455 판결

(8) 책임의 免除

1) 방 법 이사의 손해배상책임은 의결권 없는 주식을 포함하여 총주주의 동의가 없으면 면제하지 못한다(400조 1항). 일부의 면제도 후술하는 특칙을 제외하고는 같다. 따라서 이사의 책임은 대표이사가 일반 채무면제 절차(민 506조)에 의하는 방법으로 면제할 수 없다(대법원 2004. 12. 10. 선고 2002다60467 · 60474 판결). 반대로 말해서, 총주주의 동의가 있으면 이사의 책임을 면제할 수 있는데, 이때 이사의 책임이란 이미 발생한 책임을 말하고, 장래의 책임을 사전의 동의로 면제하는 것은 무효이다.[1]

총주주의 동의란 주주총회의 결의를 뜻하는 것이 아니므로 주주 각자로부터 개별적으로 동의를 얻어도 무방하다(1인회사의 경우 그 주주의 동의로 책임을 면제할 수 있음은 물론이다). 동의는 묵시적으로도 가능하다(대법원 2008. 12. 11. 선고 2005다51471 판결).[2]

다수결의 예외로 총주주의 동의를 요구하는 것은 이사에 대한 손해배상청구권은 이미 발생하여 모든 주주가 지분적 이익을 갖는 회사의 재산권이므로 성질상 다수결로 포기할 수 있는 이익이 아니기 때문이다.[3]

예외적으로 정기주주총회에서 재무제표를 승인한 때에는 이사 · 감사의 부정행위가 있는 경우를 제외하고는 2년 내에 다른 결의가 없으면 이사와 감사의 책임을 해제한 것으로 본다(450조). 따라서 이 경우에는 보통결의로 이사 · 감사의 책임을 면제하는 셈이 된다.

입 법 례

비상장회사에서는 총주주의 동의가 용이하지만, 상장회사의 경우라면 총주주의 동의는 현실적으로 불가능하므로 상장회사에 관한 한 이 제도는 유명무실하다는 문제점이 있다. 이 점에서는 舊상법상의 제도가 입법론적으로 참고할 만하다. 구법에서는 이사의 책임면제를 주주총회의 특별결의로 가능하게 하되, 면제하는 결의가 이루어졌더라도 소정의 소수주주(3월 이상 발행주식총수의 100분의 10 이상을 가진 주주)는 회사에 당해 이사를 상대로 소를

1) 日注釋(6), 292면.

2) 묵시적 동의가 있는 것으로 보기 위해서는 주주(전부)가 이사에 의해 야기된 손해에 관한 책임을 이사에게 더 이상 묻지 않기로 하는 의사표시를 하였다고 볼 만한 사정이 있어야 한다고 판시하였다.

3) 96.25%에 달하는 주주가 이사의 책임을 면제하는 의사표시를 하였으나, 총주주의 동의는 아니므로 면제의 효과가 없다고 한 예가 있다(대법원 2004. 12. 10. 선고 2002다60467 · 60474 판결).

제기할 것을 청구할 수 있도록 하였다(舊商 245조 1항 4호 · 2항).[1] 즉 이사의 책임면제도 다수결에 맡기되, 불공정한 면제를 견제하는 장치를 둔 것이다.

한편 이 제도는 회사재산의 방기를 허용하므로 회사채권자에 대해서는 매우 불리한 제도이다. 특히 1인회사의 경우 남용의 가능성이 크다. 그래서 독일주식법에서는 이사에 대한 손해배상채권을 포기하더라도 회사채권자에 대해서는 이사의 채무가 소멸하지 않는 것으로 규정하고 있다(§ 93 Abs. 5 Satz 3 AktG). 참고할 만한 입법례이다.

2) 불법행위책임과의 경합 이사의 임무해태가 동시에 불법행위의 요건을 충족할 경우에는 상법 제399조의 책임과 불법행위책임이 경합한다. 그러므로 총주주의 동의로 책임을 면제하더라도 이는 상법 제399조의 책임을 면제하는 것이고, 불법행위책임을 면제하려면 일반 채무면제(민 506조)의 절차를 밟아야 한다(대법원 1989. 1. 31. 선고 87누760 판결). 양 책임은 성질을 달리하므로 어느 하나의 책임을 묻는 訴의 제기는 다른 책임의 시효를 중단하는 효력이 없다(대법원 2002. 6. 14. 선고 2002다11441 판결).

3) 일부이사의 책임면제 유책한 이사가 수인 있는 가운데 일부의 이사에 대해서만 책임을 면제할 수도 있다. 이 경우 면제받은 이사(예컨대 A)의 부담부분은 면제받지 못한 다른 이사들(예컨대 B, C)에게 어떤 영향을 주는가? 판례는 부진정연대채무에 있어서는 채무면제에 절대적 효력을 인정하지 아니한다(민 419조 참조)(대법원 2006. 1. 27. 선고 2005다19378 판결 참조). 그러므로 일부 이사(A)의 책임을 면제하더라도 다른 이사들(B, C)의 책임액은 감소하지 않는다. 다만 다른 이사들(B, C)이 전액 배상을 한 후 자신의 부담부분을 넘어 변제한 부분에 관해서는 면제받은 이사(A)를 상대로 구상할 수는 있다.

(9) 책임의 경감(일부면제)

1) 입법의 배경 대표소송제도를 두고 있는 나라에서는 경영과실로 인한 손해배상책임이 이사에게 상존하는 직업적 위험요소이다. 또 쟁송에까지 이르는 손해배상책임은 예외없이 거액이므로 이사가 과중한 부담을 두려워하여 경영활동에 소극적인 자세를 보이는 경향이 나타나고 있다. 미국과 일본에서는 이에 대한 타개책으로 회사가 이사의 책임을 제한하는 것을 허용하는 제도를 성문화하였다. 근래 우리나라에서도 이사의 책임을 추궁하는 대표소송이 빈번해지면서 경영자들이 책임추궁을 두려워하여 공격적 · 모험적 경영을 회피하는 현상을 보이므로 2011년 개정법은 미국과 일본의 입법례를 본받아 회사가 자율적으로 이사의 책임을 경감할 수 있도록 근거규정을 마련하였다(400조 2항).

---

1) 독일의 같은 제도에 유래한다(§ 93 Abs. 4 Satz 3 AktG).

입법례

미국에서는 다수의 州회사법에서 정관에 이사의 손해배상책임을 제한하는 근거규정을 두는 것을 허용한다.[1] 일본에서도 이사의 책임은 기본적으로는 총주주의 동의로 면제할 수 있음을 원칙으로 하나(日會 424조), 지배구조의 유형에 따라 주주총회의 특별결의(日會 425조·309조 2항 8호) 혹은 이사회의 결의로 이사의 책임의 일부를 면제할 수 있도록 하며(日會 426조), 특히 사외이사의 경우 정관에 규정을 두어 책임을 한정하는 계약을 체결하는 것도 허용한다(日會 427조).[2]

2) **책임경감액의 범위** 회사는 정관으로 정하는 바에 따라 제399조에 따른 이사의 손해배상책임을 이사가 원인된 행위를 한 날 이전 최근 1년간의 보수액의 6배를 초과하는 금액에 대하여 면제할 수 있다(400조 2항 본). 즉 정관에 규정을 두어 손해배상액을 연간 보수액의 6배를 하한으로 하여 경감할 수 있는 것이다. 사외이사(및 독립이사)의 책임은 연간보수의 3배로까지 제한할 수 있다(동 규정). 사외이사(및 독립이사)는 업무집행에서는 소외되므로 책임의 원인에 있어서도 주변적이기 때문이다.

이사의 보수란 기본적으로는 상법 제388조에 따라 정관 또는 주주총회의 결의에 의해 정해지는 보수를 말하지만, 상법은 1년간의 보수에는 상여금과 주식매수선택권의 행사로 인한 이익 등도 포함된다고 규정한다(400조 2항). 상여금은 보수의 일종으로서 당연히 제388조에 따라 정해지므로 주의적으로 규정한 것이고, 주식매수선택권은 제388조의 보수는 아니지만, 성과급여의 실질을 지니므로 보수에 포함시킨 것이다.

보수는 지급청구권이 발생한 금액에 한하고, 또 발생한 이상, 미지급되었더라도 본조의 보수에 포함된다. 그리고 주식매수선택권의 행사로 인한 이익은 손해의 원인된 행위 이전 최근 1년간에 실제 행사하여 얻은 이익을 가리키고, 미행사중의 평가이익은 포함되지 않는다.

3) **적용제외**

㈎ **고의·중과실** 이사의 손해배상책임을 경감하는 것은 기업활동에 수반하는 위험을 회사가 분담하고 이사의 부담을 덜어줌으로써 경영의 위축을 막는다는 논리로 정당화될 수 있다. 그러므로 상법은 이사의 고의 또는 중대한 과

1) 예: MBCA § 2.02(b)(4), Del. Gen. Corp. Law § 102(b)(7).
2) 이사의 책임제한에 관한 입법례에 관해서는 崔文僖, "주식회사 이사의 책임제한에 관한 연구," (서울대 박사학위논문, 2004. 2.) 참조.

실로 손해를 발생시킨 경우에는 이 제도의 적용대상에서 제외한다(400조 2항 단).

(나) **사익추구행위** 상법 제400조 제 2 항 단서는 「제397조, 제397조의2 및 제398조에 해당하는 경우」에도 적용제외사유로 삼고 있다. 제397조는 이사의 경업·겸직에 대해, 제397조의2는 이사의 회사기회유용에 대해, 제398조는 이사의 자기거래에 대해 각각 이사회의 승인을 얻어야 한다는 규정이다. 제400조 제 2 항 단서가 책임의 경감을 허용하지 않는 「제397조, 제397조의2 및 제398조에 해당하는 경우」란 제397조, 제397조의2 및 제398조에 위반하여 경업 또는 자기거래를 한 경우를 가리키는 것이 아니라, 동조가 규정하는 경업, 기회이용, 자기거래 자체를 가리키는 것으로 해석해야 한다. 즉 승인의 유무에 관계없이 이사의 경업, 기회이용, 자기거래로 인해 회사가 손해를 입은 경우에는 이사의 책임을 경감할 수 없다는 것이다. 경업, 기회유용 그리고 자기거래로 인해 회사가 입은 손해란 바로 이사가 얻은 이익을 의미하므로 이사에게 이익이 현존하는 터에 배상책임을 경감할 이유가 없기 때문이다.[1)]

4) **책임경감의 근거** 이사의 책임을 경감하기 위해서는 정관에 규정을 두어야 한다. 정관에 책임의 일부를 면제할 수 있는 뜻과 함께 제400조 제 2 항이 설정한 한도 내에서 구체적인 면제의 규모 또는 면책되는 금액을 정해야 한다. 예컨대 「이사가 배상해야 할 손해액이 당해 이사의 연간 보수액의 6배(또는 "7배," "8배" 등)를 초과할 경우 배상액은 보수의 6배(또는 "7배," "8배")로 감액할 수 있다」는 것과 같다.

책임의 일부면제는 회사의 권리 일부를 포기하는 것이므로 이를 엄격히 관리하기 위해 추가적인 요건을 설치할 수도 있다. 예컨대 책임제한규정은 「10년 이상 근속한 이사에 대해서만 적용한다」는 것과 같다.

5) **책임경감의 결정** 정관에서는 책임면제를 실행할 수 있는 근거 및 범위를 정할 뿐이고, 손해배상을 추궁하는 구체적인 사안이 생겼을 때 누가 면제여부를 결정할지가 법에 의해 정해져야 할 것이나, 상법 제400조 제 2 항은 이 점에 관해 침묵하고 있다. 상법에 책임의 일부면제를 허용하는 규정을 두는 의의는 총주주의 동의보다 완화된 방법의 의사결정으로 이사의 책임을 경감할 수 있도록 하는 데에 있음을 감안하면 제도의 핵심을 놓친 입법의 불비이다.

---

1) 이러한 관점에서 보면 상법 제400조 제 2 항 단서가 경업, 자기거래의 모든 경우를 포함시킨 것은 불합리한 측면이 있다. 경업, 기회이용, 자기거래라 하더라도 이사가 제 3 자의 계산으로 한 경우에는 회사의 손해가 바로 이사의 이익은 아니기 때문이다. 그래서 일본에서는 이사가 자기 계산으로 이익상반거래를 한 경우에 국한하여 경감이 불가능한 것으로 한다(日會 428조 2항).

그리하여 구체적인 의사결정의 방법에 관해 견해가 대립한다. 이사회의 결의로 족하다는 설이 있으나(최준선 558), 이사의 책임경감은 통상의 업무집행이나 감독과는 성격을 달리하며, 이해의 동질성으로 인해 결의가 불공정해질 가능성이 잠재되어 있으므로 타당하지 않다. 주주총회의 보통결의로 경감할 수 있다는 설도 있으나(이종훈 264; 임재연Ⅱ 572), 의사결정의 이례성으로 보아 역시 합리적인 해석이 아니다. 책임경감은 회사의 권리를 포기하는 결정이므로 중요의사결정의 일반적 절차라 할 수 있는 주주총회의 특별결의에 의해 결의할 수 있다고 하는 것이 합리적인 해석이다(同旨: 정준우 489).[1)]

남용의 통제

책임경감제도는 유착관계에 있는 대주주 및 이사에 의해 남용될 소지가 크다. 일본에서는 남용을 예방하기 위해 이사가 주주총회에 경감을 위한 의안을 상정할 때에 감사(또는 감사위원회)의 동의를 얻도록 하며(日會 425조 3항·426조 2항), 이 의안을 주주에게 공고, 통지하여 1월 이상 이의를 제출할 기회를 주도록 한다(日會 426조 3항). 그리하여 의결권있는 발행주식총수의 100분의 3 이상의 주주가 이의를 제기하면 책임을 면제할 수 없다(日會 426조 5항).

⑽ 책임의 이행기

이사의 회사에 대한 손해배상채무는 이행기의 정함이 없는 채무이므로 이사는 이행청구를 받은 때부터 지체책임을 진다(민 387조 2항)(대법원 2021. 5. 7. 선고 2018다275888 판결).

⑾ 책임의 時效

1) 시효기간 이사의 책임을 법정책임으로 보든 계약책임으로 보든 채권의 일반시효(민 162조 1항)가 적용되어 10년의 소멸시효에 걸린다(대법원 1985. 6. 25. 선고 84다카1954 판결).

2) 기 산 점 소멸시효는 권리를 행사할 수 있는 때로부터 진행하므로(민 166조 1항) 이사의 책임의 소멸시효는 회사가 이사에 대해 손해배상청구를 할 수 있는 때로부터 진행한다. 이사에 대한 소는 監事가 제기해야 하지만, 대표이사도 이사에 대해 손해배상의 이행을 청구할 수는 있으므로 회사가 이사에 대해 권리행사를 할 수 있는 때란 일반적으로는 대표이사가 이사로 인해 회사에 손해가 발생한 사실을 안 때이다. 그러나 대표이사 자신이 책임을 져야 할 이사일 때에는 이러한 기준을 적용할 수 없다. 판례는 법인이 불법행위의 피해자인 경우에는 불

---

1) 2025년 4월 1일 현재 814개의 유가증권상장회사 중 478개사(58.7%)가 정관에 이사의 책임을 경감하는 규정을 두고 있는데, 그 중 420개사(87.9%)가 주주총회의 보통결의로 결정하도록 규정하며, 한 개 회사가 이사회 결의로 결정하도록 규정하고 있다(한국상장회사협의회, “유가증권시장 상장회사 정관 기재유형,” 2025. 10.).

법행위책임의 단기소멸시효의 기산점이 되는 「손해 및 가해자를 안 날」(민 766조 1항)이란 통상 법인의 대표자가 이를 안 날이지만, 대표자가 법인에 대하여 불법행위책임을 지는 경우에는 법인의 이익을 정당하게 보전할 권한을 가진 다른 대표자, 임원 또는 사원이나 직원 등이 손해배상청구권을 행사할 수 있을 정도로 이를 안 날이 기산점이 된다고 본다(대법원 2002. 6. 14. 선고 2002다11441 판결; 동 2015. 1. 15. 선고 2013다50435 판결). 이 원리는 상법 제399조 제 1 항의 책임을 추궁하는 경우에도 원용해야 할 것이다. 즉 대표이사가 책임을 지는 이사인 경우에는 그로 인한 회사의 손해를 감사 또는 이사회의 구성원이 알게 되어 대표이사의 책임을 묻는 조직법적 의사형성이 가능해진 때를 시효의 기산점이 되는 회사가 「권리를 행사할 수 있는 때」로 보아야 한다.

⑿ 특 칙

상법 제399조는 이사가 회사에 대해 지는 손해배상책임에 관한 일반원칙을 규정한 것이다. 상법은 이외에 특수한 행위로 인한 책임에 관해 특칙을 두고 있다. 자기주식의 취득에 관한 책임(341조 4항), 중간배당에 관한 책임(462조의 3 4항)은 책임의 요건과 증명책임에 관해 제399조에 대한 특칙을 둔 예이다.

3. 제 3 자에 대한 책임

(1) 개 설

이사가 고의 또는 중대한 과실로 인하여 그 임무를 게을리한 때에는 그 이사는 제 3 자에 대하여 연대하여 손해를 배상할 책임이 있다(401조 1항). 이사는 제 3 자와 직접 법률관계를 가지는 것도 아닌데, 임무해태로 인하여 제 3 자에게 책임을 진다는 것은 이례적인 일이므로 이사의 제 3 자에 대한 책임을 둘러싸고 다음과 같은 문제가 쟁점이 되어 있다.

1) 이사가 위임 등 기초적인 법률관계가 없는 제 3 자와의 관계에서 그 손해에 대하여 책임을 지게 하는 입법취지는 무엇인가?

2) 상법 제401조 제 1 항이 정하는 책임발생요건을 보면 일반불법행위와는 달리 고의·중과실을 요하고(따라서 경과실은 제외된다) 위법성을 요하지 않는다. 그렇다면 불법행위와의 관계에서 상법 제401조의 이사의 책임은 특별한 법정책임인가, 불법행위책임 또는 특수한 불법행위책임인가?

3) 이사의 고의 또는 중과실은 회사에 대한 임무에 관해 필요한 것인가, 제 3 자의 손해에 관해 필요한 것인가?

4) 이사의 행위가 상법 제401조의 책임과 불법행위책임의 요건을 충족한다

면 양자의 경합을 인정할 것인가?

5) 이사의 책임은 회사의 손해와 무관하게 제 3 자가 입은 손해, 이른바 직접손해와 회사가 손해를 입음으로써 제 3 자가 따라서 입는 손해, 이른바 간접손해 중 어느 것에 대해 인정되는가, 또는 쌍방에 대해 인정될 수 있는가?

6) 제 3 자에는 주주도 포함되는가?

3), 4), 5)의 문제점들은 책임의 본질론에서 유래한다고 할 수 있다.

(2) 입법취지

주식회사는 영리활동을 통해 다수인과 경제적인 이해관계를 맺는데, 주식회사의 활동은 이사의 직무수행에 의존하므로 회사의 업무와 관련한 이사의 활동은 회사를 넘어 제 3 자의 경제생활에까지 영향을 미친다. 상법 제401조는 업무와 관련한 이사의 활동이 제 3 자의 손실로 파급될 경우 이사로 하여금 이를 전보하게 함으로써 제 3 자를 보호하는 한편, 이사가 직무를 수행함에 있어 신중을 기하게 하려는 취지에서 이사의 제 3 자에 대한 직접적인 책임을 규정하였다(판례 [97]). 특히 주식회사가 주식 · 사채 · 기업어음의 발행을 통해 다수인과 집단적인 관계를 맺을 경우, 이사가 기업내용을 부실하게 공시하거나[1] 회사재산을 잘못 운용하면 이들에게 손해를 가하게 되므로 이사의 직접적인 책임을 인정할 실익이 크다.

판 례

[97] 대법원 1985. 11. 12. 선고 84다카2490 판결

甲회사는 폐광이 된 광구의 임야와 同 광구에 대한 광업권을 소유하던 중 鑛害를 염려하여 乙회사에 염가로 임야 및 광업권을 양도하되, 계약 이후 광구와 관련된 모든 위험부담을 乙회사가 지기로 乙과 합의하고 임야 및 광업권의 이전에 필요한 서류를 교부하였다. 그 후 乙의 대표이사 A는 임야만 乙명의로 이전하고, 甲으로부터 수차 독촉이 있었음에도 광해로 인한 위험부담을 염려하여 광업권만은 이전하지 않고 미루었다. 그러던 중 광해가 발생하였으나, 그 피해보상 및 복구시설을 乙이 이행하지 않으므로 행정관청의 명령으로 부득이 甲이 대신하게 되어 손해를 입었다. 이에 甲은 乙의 대표이사 A에게 상법 제401조에 의한 책임을 물었던바, 대법원은 다음과 같이 판시하였다.

---

1) 분식결산을 하여 금융기관으로부터 대출을 받은 회사의 이사에 대해 금융기관이 손해배상책임을 묻는 예를 흔히 볼 수 있다. 금융기관의 여신실무에서는 결손이 난 회사에 대해서는 원칙적으로 대출을 하지 않는다. 그래서 결손이 난 회사들이 이익이 난 것처럼 재무제표를 허위로 작성하여 금융기관에 제시하고 대출을 받은 후 회사가 채무를 변제하지 못해 금융기관이 손실을 입는 예가 많다. 이 경우 금융기관은 부실재무제표의 작성에 관여한 이사들을 상대로 제401조에 의한 책임을 묻고 있다(예: 대법원 2008. 1. 18. 선고 2005다65579 판결).

「… 원래 이사는 회사의 위임에 따라 회사에 대하여 수임자로서 선량한 관리자의 주의의무를 질 뿐 제 3 자와의 관계에 있어서 위 의무에 위반하여 손해를 가하였다 하더라도 당연히 손해배상의무가 생기는 것은 아니로되 경제사회에 있어서의 중요한 지위에 있는 주식회사의 활동이 그 기관인 이사의 직무집행에 의존하는 것을 고려하여 제 3 자를 보호하고자 … 그 이사가 손해배상의 책임을 진다는 것이 위 법조의 취지라 할 것이고, 따라서 고의 또는 중대한 과실로 인한 임무해태행위라 함은 이사의 직무상 충실 및 선관의무위반의 행위로서(예를 들면 회사의 경영상태로 보아 계약상 채무의 이행기에 이행이 불가능할 것을 예견할 수 있었음에도 이를 감추고, 상대방과 계약을 체결하고 일정한 급부를 미리 받았으나 그 이행불능이 된 경우와 같이) 위법한 사정이 있어야 하고, 통상의 거래행위로 인하여 부담하는 회사의 채무를 이행할 능력이 있었음에도 단순히 그 이행을 지체하고 있는 사실로 인하여 상대방에게 손해를 끼치는 사실만으로는 이를 임무를 해태한 위법한 경우라 할 수는 없다 할 것인바, 피고가 위 회사의 대표이사로 취임한 후 … 원고로부터 이 사건 광업권이전등록절차에 필요한 서류를 교부받은 후 여러 차례 그 이전절차의 이행을 독촉받았음에도 그 이전등록을 기피하였든가 … 위 특약에 따른 이 사건 매매목적물에서 발생한 광해에 대한 피해보상과 광해복구 및 방지시설 등의 이행을 촉구받고도 단지 이에 응하지 아니하였다 하더라도 이는 원고와 위 회사 사이의 이 사건 목적물의 매매계약에 따른 위 회사의 채권의 수령지체나 특약상의 채무의 이행지체에 지나지 아니한다 할 것이고 … 달리 위 채무의 이행지체가 피고의 위 회사에 대한 악의 또는 중대한 과실로 인한 임무해태라고 인정될 사정이 엿보이지 아니하는 이 사건에서 피고가 위 회사의 대표이사로서 원고의 위 손해를 배상할 책임이 있다고 할 수 없다. …」

[同旨판례] 대법원 2006. 8. 25. 선고 2004다26119 판결

⑶ 책임의 性質

과거 제401조의 이사의 책임을 불법행위책임으로 보는 견해도 있었다. 그러나 그 책임의 원인이 되는 이사의 고의·중과실이 회사에 대한 임무해태에 관해 요구된다는 점, 피해자인 제 3 자의 손해에 대해 위법성이 요구되지 않는다는 점, 경과실이 배제된다는 점 등의 특성으로 인해 불법행위책임으로는 설명이 불가능하다. 그리하여 제401조의 이사의 책임은 본질적으로 불법행위책임이지만, 그 요건상 경과실은 제외되고 위법성이 배제되는 특수한 불법행위책임이라는 설도 등장하였지만, 여전히 피해자에 대한 과실이 없이 어떻게 불법행위가 성립하느냐는 의문이 남으므로 현재 불법행위 또는 특수불법행위설을 취하는 견해는 볼 수 없다.

앞서 설명한 바와 같이 상법 제401조는 현대 주식회사가 다양한 형태로 일반 대중의 생활에 영향을 미치는 점을 감안하여 정책적으로 인정한 제도이므로

그 책임의 성질 역시 불법행위의 틀을 벗어나 법정책적으로 인정한 특수한 손해배상책임이라고 설명하는 것이 간명하다(통설·판례).

(4) 고의 · 중과실의 소재

법문에서는 「고의 또는 중대한 과실로 인하여 임무를 게을리한 때」라고 규정하는데, 이 고의 · 중과실은 회사의 임무에 관해서 요구되는 것이다(판례 [97]). 임무를 게을리한다고 함은 이사의 회사에 대한 책임(399조 1항)에서와 달리 법령 · 정관의 위반도 포함하는 개념이다.

판례는 대표이사가 제 3 자에 대해 회사가 부담하는 채무의 이행을 게을리하여 제 3 자에게 손해를 끼친 경우 이를 제401조의 요건인 임무해태로 볼 수 없다고 하나(판례 [97]), 의문이다. 판례와 같은 사안이라면 오히려 임무해태를 인정하고 고의 · 중과실의 유무를 따져야 할 것이다. 다른 한편 이사가 단순히 통상의 거래행위로 인한 회사의 채무를 이행하지 않은 것만으로는 고의 · 중과실로 임무를 해태한 것으로 볼 수 없지만, 이사의 선관주의의무를 위반한 행위로서 「위법성」이 있는 경우에는 고의 또는 중대한 과실로 인한 임무해태에 해당한다는 해석기준을 내놓은 판례가 있다(판례 [98], [99]).

제401조는 제 3 자의 손해에 직접 연결된 행위를 고의 또는 중과실로 행한 이사에 대해서만 적용되는 것이 아니다. 이러한 이사의 행위에 대한 감시의무를 중대한 과실로 소홀히 한 이사도 제401조에 의해 책임을 질 수 있다(대법원 2008. 9. 11. 선고 2006다68636 판결).

이사의 고의 · 중과실에 대한 증명책임은 피해자인 제 3 자가 진다.

판 례

[98] 대법원 2002. 3. 29. 선고 2000다47316 판결

[要旨] 어느 회사가 토지를 매수하면서, 동대표이사가 매도인에게 토지를 담보로 제공하여 융자를 받게 해 주면 융자금으로 토지대금을 치르겠다고 약속하여 매도인이 이를 허락하였던바, 동대표이사는 융자금의 일부만을 대금으로 치르고 잔액은 다른 용도에 사용하였다. 이에 법원은 대표이사가 융자금 전액을 매매잔금으로 치를 의사가 없으면서 매도인을 기망하였던 것이므로 대표이사가 악의 또는 중과실로 임무를 해태한 것에 해당한다고 판시하였다.

[99] 대법원 2003. 4. 11. 선고 2002다70044 판결

[要旨] 대표이사 A가 자신의 남편인 감사 B에게 회사업무 일체를 맡겼던바, B가 부도날 것을 예견하면서 수출환어음을 발행하여 원고에게 피해를 준 사건에서, 대표이사가 타인에게 업무를 맡겨 부정행위를 간과한 것은 임무해태에 해당한다는 이유

로 A는 어음부도로 인해 원고가 입은 손해에 대해 배상책임이 있다고 판시하였다.

[同旨판례] 대법원 2010. 2. 11. 선고 2009다95981 판결; 동 2006. 9. 8. 선고 2006다21880 판결

⑸ 불법행위와의 경합

이사의 책임은 불법행위와는 무관한 까닭에 이사의 행위가 제 3 자에 대한 불법행위의 요건까지 구비하면 불법행위책임도 성립한다.

⑹ 직접손해와 간접손해

직접손해란 이사의 임무해태로 직접 제 3 자가 입은 손해이다. 예컨대 이사가 작성한 허위의 주식청약서를 믿고 제 3 자가 주식을 인수하였다가 손해를 본 경우와 같다. 간접손해란 이사의 임무해태에 의해 회사가 손해를 입음으로 인해 다시 제 3 자가 입은 손해이다. 예컨대 이사가 임무해태로 회사재산을 감소시켜 회사채권자의 채권회수를 어렵게 한 경우와 같다.

상법 제401조의 책임을 법정책임으로 보는 한 손해의 유형에 제한을 둘 필요가 없다. 이사의 임무해태와 제 3 자의 손해 사이에 상당인과관계가 있으면 족하다.

⑺ 제 3 자의 범위

통설은 제 3 자에는 회사채권자나 기타 이해관계인뿐 아니라 주주나 주식인수인도 포함된다고 본다. 이에 대해 일부학설은 주주가 입은 간접손해를 포함시킨다면 주주가 회사채권자에 우선하여 변제를 받는 결과가 되므로 제외시켜야 한다고 주장한다(임재연Ⅱ 590; 장덕조 405; 최준선 568). 판례도 주주의 간접손해를 제외시킨다(판례 [100]).

제외설은 간접손해는 회사가 입은 손해에 근거하므로 회사가 이사에 대해 상법 제399조에 의한 손해배상청구를 할 수 있고 주주가 대표소송(403조)을 제기하여 회사의 손해를 회복함으로써 주주의 손해는 전보될 수 있다고 한다. 그러나 대표소송(403조)은 제소요건에 의한 제한이 있고[1)] 담보가 요구될 수 있으므로 용이한 구제수단이 아닌 데다, 대표소송으로 구제받을 수 없는 손해도 있을 수 있으므로,[2)] 이와 별도로 주주의 손해배상청구를 인정할 실익이 있다.

---

1) 일본에서는 주주의 간접손해를 제외해야 한다는 것이 다수설이고, 또 이 설에 설득력이 있다. 일본에서는 대표소송의 제기가 단독주주권이므로 어느 주주이든 대표소송을 제기할 수 있기 때문이다. 그리고 일본의 다수설은 엄밀히는 주주가 입은 간접손해 중 대표소송에 의해 간접적으로 전보되는 범위에서만 제401조의 대상에서 제외하자는 것이다(前田, 454면).

2) 예컨대 이사가 합리적인 이유 없이 제 3 자에게 저가로 신주를 발행한 경우, 이로 인해 주주는 분명히 소유주식이 희석화되는 손해를 입고, 이는 회사에 주금이 저가로 납입된 결과이므로 간

상법에서도 명문으로 주주의 간접손해가 제401조의 적용대상에 포함되는 것을 전제로 한 조문을 찾아 볼 수 있다. 신주의 인수인이 이사와 통모하여 불공정한 발행가액으로 신주를 인수한 경우 인수인은 공정한 발행가액과의 차액을 회사에 지급하여야 하는데(424조의 2 1항), 상법 제424조의2 제 3 항은 이 인수인의 책임이 「이사의 회사 및 주주에 대한 손해배상책임에 영향을 미치지 아니한다」라고 규정하고 있다. 이 조문에서 말하는 「주주에 대한 손해배상책임」에서의 주주의 손해란 불공정가액인수로 인해 구주식의 가치가 희석되어 주주가 입은 손해를 말하는데, 이는 간접손해에 틀림없고, 이에 대한 이사의 손해배상책임에 영향을 미치지 않는다는 것은 주주의 간접손해에 대해서도 이사가 상법 제401조의 손해배상책임을 지는 것을 전제로 한 것이다.

판 례

[100] 대법원 2012. 12. 13. 선고 2010다77743 판결

「… 주식회사의 주주가 이사의 악의 또는 중대한 과실로 인한 임무해태행위로 직접 손해를 입은 경우에는 이사에 대하여 상법 제401조에 의하여 손해배상을 청구할 수 있으나, 이사가 회사의 재산을 횡령하여 회사의 재산이 감소함으로써 회사가 손해를 입고 결과적으로 주주의 경제적 이익이 침해되는 손해와 같은 간접적인 손해는 상법 제401조 제 1 항에서 말하는 손해의 개념에 포함되지 아니하므로 이에 대하여는 위 법조항에 의한 손해배상을 청구할 수 없다.

그러나 회사의 재산을 횡령한 이사가 악의 또는 중대한 과실로 부실공시를 하여 재무구조의 악화 사실이 증권시장에 알려지지 아니함으로써 회사 발행주식의 주가가 정상주가보다 높게 형성되고, 주식매수인이 그러한 사실을 알지 못한 채 그 주식을 취득하였다가 그 후 그 사실이 증권시장에 공표되어 주가가 하락한 경우에는, 그 주주는 이사의 부실공시로 인하여 정상주가보다 높은 가격에 주식을 매수하였다가 그 주가가 하락함으로써 직접 손해를 입은 것이므로, 그 이사에 대하여 상법 제401조 제 1 항에 의하여 손해배상을 청구할 수 있다고 할 것이다.」

[同旨판례] 대법원 1993. 1. 26. 선고 91다36093 판결; 동 2003. 10. 24. 선고 2003다29661 판결.

[註] 판결문 후반에서 설시한 바와 같이, 이사가 회사의 재산을 횡령하고 이를 숨긴 채 재무상태를 부실공시한 탓에 비정상적으로 높게 형성된 시가로 주식을 산 주주가 추후 횡령사실이 알려져 주가가 하락함으로써 손해를 입은 경우에는 「이사의 횡령으로 인한 회사의 손해」와는 다른 인과관계에 의해 형성된 손해이므로 직접손해

접적인 손해라고 할 수 있지만, 이를 회사의 손해라고 볼 수 있느냐에 관해서는 견해가 대립한다. 회사의 손해로 볼 수 없다면 이사에 대한 대표소송이 불가능한데, 일본에서는 이런 경우 제401조에 의한 주주의 손해배상청구를 인정하고 있다(日最高裁 1997. 9. 9. 판결, 「判例時報」 1618호 138면).

에 해당함을 주의해야 한다.

(8) 책임의 확장

상법 제401조 제 2 항이 제399조 제 2 항과 제 3 항을 준용하므로 이사의 책임이 이사회의 결의에 의한 행위로 인한 것인 때에는 결의에 찬성한 이사도 연대하여 책임을 지며, 의사록에 이의를 한 기재가 없는 때에는 찬성한 것으로 추정된다.

(9) 책임의 시효

이사의 제 3 자에 대한 책임은 법정책임이므로 회사에 대한 책임과 마찬가지로 10년의 소멸시효에 걸린다(민 162조 1항)(대법원 2008. 1. 18. 선고 2005다65579 판결).

제401조의 부수적 기능

이사의 제 3 자에 대한 책임이 법인격부인론의 대체적 기능을 할 수 있다는 점이 강조된다(권기범 696; 김정호 610; 손진화 621; 송옥렬 1101; 이종훈 265; 정동윤 647; 장덕조 402; 정찬형 1111; 최기원 695; 최준선 560). 주로 지배주주가 이사를 겸하고 지배주주의 개인사업처럼 운영되는 소규모의 회사에서 회사재산의 부족으로 채권자가 채권회수를 하지 못할 때, 상법 제401조가 적용되는 경우라면 이사, 즉 지배주주의 개인재산에까지 책임재산을 확대하는 효과를 가져올 수 있다는 점에 착안한 것이다.

자본시장법상의 부실표시 책임

특별법에서도 상법 제401조와 같이 이사의 제 3 자에 대한 책임을 묻는 예가 있다. 대표적인 것은 자본시장법이다. 증권을 모집 · 매출할 때에는 증권신고서와 투자설명서를 작성하여 기업내용을 공시하고, 투자자는 이를 중요한 투자판단의 자료로 삼는다. 그런데 이 신고서, 설명서의 내용이 부실할 경우 작성에 관여한 이사는 그 부실로 인해 손해를 입은 투자자에 대하여 손해배상책임을 진다(자금 125조). 또 상장회사는 사업연도별로 사업보고서를 작성하여 공시하고 반기 · 분기별로도 보고서를 작성 · 공시하는데, 그 내용이 부실할 경우에도 이사는 투자자에 대해 같은 책임을 진다(자금 162조). 이러한 각종 서류의 작성이 부실한 것은 이사가 회사에 대해 임무해태를 한 것이나, 이와 인과관계 있는 제 3 자의 손해에 대해서도 배상책임을 지운다는 점에서 상법 제401조와 유사한 성격을 가지고 있다.

4. 업무집행관여자의 책임

(1) 의 의

이사를 중심으로 회사법상 일정한 업무집행에 관여한 자는 자신의 임무해태를 원인으로 하여 회사 또는 제 3 자에 대해 손해배상책임을 지는데, 이 손해배상책임은 이사·감사 등 회사조직의 구성원으로서 관여한 경우에 한하여 발생하는 것이 원칙이다. 그러나 이사와 같은 법정기구가 아니라도 이사에 대해 갖는 사실상의 영향력을 행사하여 적정하지 않은 방법으로 업무를 집행하게 하거나 이사가 아니면서 회사 내에서 갖는 사실상의 힘을 바탕으로 하여 업무를 집행하여 회사에 손해를 끼칠 수도 있다. 특히 우리나라에서는 모든 회사에 거의 예외 없이 지배주주가 존재하는데, 지배주주는 사실상의 이사선임권을 배경으로 하여 이사의 업무집행을 자신의 사익(私益)을 위한 방향으로 유도하는 예가 많다. 그리하여 상법은 특히 지배주주의 영향력 행사로 회사의 운영이 왜곡되는 것을 방지할 목적에서 이사 아닌 자로서 업무집행에 직·간접으로 관여한 자의 책임을 묻는 제도를 두고 있다.[1)]

상법 제401조의2 제 1 항은 회사에 대한 자신의 영향력을 이용하여 이사에게 업무집행을 지시하거나 이사 또는 이에 준하는 이름으로 직접 회사의 업무를 집행한 자는 그 지시하거나 집행한 업무에 관하여 제399조, 제401조, 제403조 및 제406조의2의 적용에 있어서 이사로 본다고 규정한다. 즉 이러한 자는 이사와 마찬가지로 회사 또는 제 3 자에 대해 손해배상책임을 지고(399조·401조) 대표소송의 상대방이 되는 것이다(403조·406조의2).

상법 제401조의2 제 1 항은 책임발생의 원인을 후술하는 세 가지로 유형화하고 있다.

입법의 배경

지배주주는 회사에 대한 영향력에 있어 보통의 주주와는 다른 우월성을 보인다. 이 우월성을 남용하여 지배주주는 각종 불공정한 기회를 누리는 예가 빈번한데, 이 같은 지배력의 남용이 조직법적 행위로 공식화되면 회사법적 규제가 가능하지만, 비공식적인 영향력의 행사에 그칠 경우에는 규제가 불가능하다는 점 때문에 본조의 필요성이 제기된 것이다.

1) 사익추구의 유형과 규제수단 지배주주가 사익을 추구하는 방법을 회사법적 통제수단에 연결지어 검토해 보면 다음과 같이 유형화할 수 있다.

첫째, 지배주주가 회사의 임원이 되어 임원의 지위에서 사익을 추구하는 것이다. 예컨대 회사와 경업(397조)을 하거나 자기거래(398조)를 하는 것과 같다. 이 경우에는 임원의 임무해태가 될 것이고 임원의 손해배상책임제도(399조)에 의해 규율될 수 있다.

둘째, 주주총회의 의사결정에 있어 지배주주가 다수결의 원칙을 남용하여 자신을

1) 1997년의 속칭 IMF경제위기가 상당부분 지배주주들의 그릇된 경영관에서 비롯되었다고 보고 이를 차단할 목적에서 1998년 말 개정시에 이 제도를 신설하였다.

위한 불공정한 결의를 얻어내는 것이다. 예컨대 회사의 영업을 자신에게 염가로 양도하도록 결의하는 것과 같다. 이 경우에는 다수결의 남용이라는 개념을 인정하여 불공정한 결의의 효력을 부인할 수 있다고 보면 회사법적인 시정이 가능하다.

그러나 이 결의의 집행으로 회사에 생긴 손해에 관해 지배주주에게 손해배상책임을 물을 수 있느냐는 문제가 제기되는데, 결의와 결의의 집행에 지배주주의 불법행위가 개재된다면 책임추궁이 가능하지만, 지배주주라는 지위 자체에서 책임을 묻는 것은 현행법의 해석론으로는 불가능하다.

셋째, 지배주주가 임원의 자격을 갖지 아니하고 또 주주총회의 결의에 의한 것도 아니고, 단지 지배주주의 사실상의 힘을 이용하여 사익을 추구할 수 있다. 이 경우에도 지배주주의 불법행위가 개재되어 있지 않는 한 내부자거래와 같이 특별한 규정(내부자거래에서 얻은 이익을 회사에 반환하여야 한다. 자금 172조 1항)이 마련된 경우를 제외하고는 지배주주로서의 손해배상책임을 물을 길이 없다.

넷째, 지배주주가 회사의 이사에 대한 영향력을 배경으로 자기에게 유리한 방향으로 업무집행을 하도록 지시 또는 유도하는 것이다. 예컨대 회사로 하여금 자신이 별도로 운영하는 사업에 투자 혹은 자금대여를 하게 하거나, 채무를 보증하게 하거나, 회사에 불리한 조건으로 거래하게 하는 것과 같다. 우리나라의 소위 재벌기업은 동일한 지배주주에 복속하는 수개의 회사로 기업집단을 구성하고 있는데, 지배주주의 영향력을 행사하여 이들 회사간에 상호 거래를 발생시켜 자신의 사익 혹은 기업집단 전체의 이익을 추구하는 예가 흔하다.[1)]

2) 책임추궁제도의 필요성 이상 네 가지 유형 중에서 첫째의 경우를 제외하고는 지배주주의 책임을 묻는 제도가 없는 한 회사 및 다른 주주의 권리구제가 불확실함을 알 수 있다. 이와 관련된 입법례로서, 미국의 보통법에서는 지배주주에게도 제한된 상황에서 다른 주주에 대해 신인의무(fiduciary duty)를 지는 것으로 이해하고 있으며, 독일株式法에서는 위에 예시한 경우에 지배주주의 책임을 물을 수 있는 명문의 규정을 두고 있다. 즉 독일 주식법 제117조 제 1 항은 "고의로 회사에 대한 영향력(Einfluss auf die Gesellschaft)을 이용하여 이사, 감사, 상사대리인(Handlungsbevollmächtigte), 지배인 등으로 하여금 회사 또는 주주에게 손해를 가하게 한 者는 이로 인하여 회사에 발생한 손해를 배상할 책임이 있다. 주주가 손해를 입은 경우, 그 손해가 회사가 입은 손해의 결과인 경우(이른바 '간접손해')를 제외하고 그 주주에게도 손해를 배상하여야 한다"라고 규정하고 있는데, 이 규정은 널리 지배주주의 지위남용에 대한 책임추궁의 수단으로 활용되고 있다.

상법 제401조의2는 위 네 가지 유형 중 특히 네 번째의 지위남용으로 인한 손해배상책임을 추궁하기 위해 입법된 것이다.

---

1) 재벌기업의 법적 문제에 관하여는 李哲松, "재벌과 법,"「商硏」 제15권(1996) 참조.

(2) 책임의 성질

판례가 상법 제399조에 따른 이사의 책임을 위임계약의 불이행으로 인한 손해배상책임으로 파악하고 있음은 기술한 바와 같다(827면 참조). 그러면 상법 제401조의2 제 1 항 각호의 업무집행관여자의 책임의 성질은 어떻게 보아야 하는가? 최근의 판례는 상법 제401조의2 제 1 항 본문이 각호의 업무관여자를 이사로 의제하는 결과 이들이 선관주의의무를 부담한다고 하는데, 이는 결국 업무집행관여자들이 위임계약의 불이행책임을 진다는 의미이다(판례 [101]). 제401조의2 제 1 항의 「제399조…를 적용하는 경우에는 그 자를 "이사"로 본다」라는 법문을 어떻게 해석하느냐의 문제이다. 판례는 동조항을 업무집행관여자들의 책임의 원인을 이사로서의 임무해태에서 찾겠다는 취지로 읽은 것이다. 법문을 문리해석하면 판례와 같은 해석에 도달할 수도 있다. 이같이 해석한다면 업무집행관여자의 관여행위가 있으면 이사의 책임을 물을 때와 똑같은 삼단논법의 과정으로 이들의 행위가 「임무해태」에 해당한다고 결론지을 때 비로소 손해배상책임을 물을 수 있게 되는데, 이들에게 「임무」가 있을 리 없으니 「해태」 여부의 판단이 가능할 수 없다. 그러고 보면 상법 제401조의2 제 1 항 본문은 잘된 입법이 아니다.

업무관여자들의 책임의 원인은 동조항에 열거되어 있으므로 필요한 것은 이러한 행위의 법적 효과를 규정하는 일이고, 그 역할을 동조항 본문이 한 것으로 보아야 한다. 그리하여 이 규정은 단지 "이사가 그러하듯이 이들도 손해배상책임을 진다"라는 의미 이상으로 해석해서는 안 되는 것이다. 그러므로 책임의 성질이 무엇이냐는 것은 업무관여자들의 행위의 성질이 무엇이냐로부터 논해야 하는데, 이는 후술하는 바와 같이 업무관여행위의 유형별로 따로이 검토해야 한다.

계약책임설에 근거하여 판례는 업무집행관여자의 책임에 대해서는 불법행위로 인한 손해배상책임의 시효가 적용되지 않는다(즉 민법 제162조 제 1 항의 10년의 시효가 적용된다)고 하였는데, 이 결론을 위해 계약책임설을 취했을 수도 있다. 그러나 법정책임설을 취하더라도 10년 시효설에 도달할 수 있다.

판 례

[101] 대법원 2023. 10. 26. 선고 2020다236848 판결

「… 법률 문언 내용과 입법 취지에 비추어 보면, 상법 제401조의2 제 1 항 각호에 해당하는 자는 회사의 이사는 아니지만 상법 제399조에서 정한 손해배상책임을 적용함에 있어 그가 관여한 업무에 관하여 법령준수의무를 비롯하여 이사와 같은 선관주의의무와 충실의무를 부담하고, 이를 게을리하였을 경우 회사에 대하여 그로 인한 손

해배상책임을 지게 되는 것이다. 이와 같이 상법 제401조의2 제 1 항이 정한 손해배상책임은 상법에 의하여 이사로 의제되는 데 따른 책임이므로 그에 따른 손해배상채권에는 일반 불법행위책임의 단기소멸시효를 규정한 민법 제766조 제 1 항이 적용되지 않는다.」

(3) 업무집행지시자

회사에 대한 자신의 영향력을 이용하여 이사에게 업무집행을 지시한 자는 그 지시한 업무에 관하여 이사로 본다(401조의2 1항 1호). 회사에 대한 영향력을 수단으로 하여 업무집행의 실질적인 주체가 되면서도 법상의 책임체계에서 잠복하는 자를 조직법적인 책임주체로 부상시키기 위하여 이사로 간주하는 것이다. 기술한 바와 같은 정책적 목적으로 마련된 제도이지만, 이사가 아닌 자를 이사로 간주하여 이사로서의 책임을 묻는다는 것은 매우 이례적인 제도가 아닐 수 없다. 그러므로 이 규정은 엄격하게 그리고 제한적으로 해석해야 한다.

1) 요 건

(가) 회사에 대한 영향력 회사에 대한 영향력을 이용하여 다음에 맘하는 지시 또는 업무집행을 하여야 한다.

「영향력」이란 무엇을 말하는가? 영향력이란 본조의 책임주체를 표현하는 가장 중요한 표현이나, 이는 사회학적으로 파악되는 현상을 표현한 개념이므로 법적으로 정의하기가 매우 어렵다. 영향력이란 타인이 어떠한 의사결정을 함에 있어 그 의사결정의 대상이 되는 이해관계의 본질과 무관한 동기에 입각하여 그 타인으로 하여금 자신이 의도하는 바대로 의사결정을 하게 할 수 있는 사실상의 힘을 의미한다고 정의할 수 있다. 이 정의를 회사와 연결하여 설명하면, 회사의 의사결정을 같은 요령으로 유도할 수 있는 힘을 의미한다. 통설은 이 영향력의 보유자 즉 이 규정의 적용대상의 범위를 좁게 해석하여 지배주주에 국한된다고 설명한다.[1] 이 규정의 입법동기는 지배주주를 표적으로 한 것이고 또 실제 지배주주가 영향력보유자의 전형적인 예이겠지만, 법문상 이같이 제한적으로 해석할 근거는 없다. 회사의 채권자나 지속적인 거래에서 우월한 지위를 갖는 자(예: 속칭 하청업체에 대한 도급기업)도 영향력을 가진 자가 될 수 있으며, 공법적이거나 정치적으로 우월한 힘을 가진 자도 본조의 적용대상이 될 수 있다.[2]

1) 이원석(주석－회사3), 576면 주 21 인용문헌 참조.

2) *Kort*, in Großkomm AktG, 3. Aufl., § 117 Rn. 97; *Mertens/Cahn*, in Kölner Komm. AktG, 3. Aufl., § 117 Rn. 13.; *Schall*, in Spindler/Stilz, § 117 Rn. 15; *Spindler*, in Münchener Komm. AktG, 4. Aufl., § 117 Rn. 10; *Witt*, in Schmidt/Lutter, § 117 Rn. 6.

법문에서는「회사」에 대한 영향력을 요건으로 하므로 업무를 집행하는 이사와 개인적인 이해관계에 의한 영향력행사는 본조의 적용대상이 아니다(예컨대 이사의 개인적인 채권자가 이사에게 일정한 업무집행을 강요하는 것).1)

제401조의2 해석의 위험요소

본조의 영향력을 해석하기에 따라서는 매우 위험한 법적 분쟁이 생길 수 있다. 우리나라에서는 법적 근거의 유무에 불구하고 정부가 각종 정책 목적을 달성하기 위한 수단으로 각종 규제 및 행정지도의 형태로 기업활동에 폭넓게 관여한다. 따라서 정부는 사실상 기업에 대해 가장 영향력이 큰 자라고 할 수 있다. 그러므로 기업이 정부의 행정지도를 따른 결과 손해를 입은 경우 이를 본조의 영향력을 행사한 것으로 해석한다면 본조의 책임주체는 정부가 될 것이다. 이러한 책임을 물은 소송의 실례가 있다.

앞서 소개한 한국전력공사(이하 "공사")의 요금인상 사건(841면 참조)에서 소수주주들이 공사의 대표자에게 손해배상을 구하는 대표소송을 제기한 외에 공사의 요금결정에 행정지도를 통해 관여한 정부에 대해 상법 제401조의2 제 1 항 제 1 호 및 제399조 제 1 항에 따른 책임을 물었다. 이 사건에서 법원은 정부가 요금을 통보한 것은 약관의 인가권을 행사하기에 앞서 행한 적법한 행정지도라고 하며 청구를 배척하였으나(서울중앙지법 2012. 10. 5. 선고 2012가합1011 판결), 이러한 유형의 분쟁이 잠재되어 있는 분야가 도처에 있다.

주주의 의결권행사와 영향력

주주가 회사에 손해를 가하는 방향으로 의결권을 행사하여 결의하고 이사로 하여금 이를 집행하게 한 경우에도 본조의 적용대상으로 볼 것인가? 독일주식법 제117조는 상법 제401조의2에 해당하는 조문인데, 과거에는 동조 제 7 항에 이러한 의결권의 행사에는 동조를 적용하지 않는다는 규정을 두었으나, 2005년 개정법에서 이 규정을 삭제하였으므로 주주의 의결권행사도 동조가 말하는 영향력의 행사로 볼 수 있게 되었다. 우리 법에도 주주의 의결권행사에 관한 언급이 없으므로 현행 독일주식법의 입장과 같은 해석이 나올 수도 있다. 그러나 제401조의2가 명백히 비법률적인 방법에 의한 영향력의 행사를 법적 책임의 영역으로 끌어오려는 의도에서 만들어진 조문이고, 의결권의 행사 자체는 가치중립적이므로 이를 책임의 대상으로 삼기는 어렵다. 그러나 대주주가 이사와 통모하여 위법한 결의(예컨대 배당가능이익이 없음에도 배당을 하게 하는 결의)를 하고 이사로 하여금 이를 집행하게 한 경우에는 불법행위책임을 물을 수 있을 것이다.

---

1) 독일에서는 이 점에 관해 학설이 대립한다. 적용긍정설: *Bürgers/Israel*, in Bürgers/Körber, § 117 Rn. 2; *Kort*, in Großkomm AktG, 4. Aufl., § 117 Rn. 126 f.; *Mertens/Cahn*, in Kölner Komm. AktG, 3. Aufl., § 117 Rn. 13; *Spindler*, in Münchener Komm. AktG, 4. Aufl., § 117 Rn. 20; *Witt*, in Schmidt/Lutter, § 117 Rn. 6. 적용부정설: *Meyer-Landrut*, in Großkomm. AktG, 3. Aufl., § 117 Anm. 2.

(나) **영향력보유자의 범위** 영향력을 보유하는 자는 회사의 기관이 아닌 제 3 자임이 보통이겠으나, 어느 이사가 회사에 대한 영향력을 이용하여 다른 이사에게 업무집행을 지시할 수도 있다(예: 지배주주인 이사가 이사회 결의에 참가함이 없이 지시).

영향력의 보유자는 자연인 뿐 아니라 법인일 수도 있다.[1] 예컨대 회사의 모회사 혹은 지배적 지분을 가진 회사(대법원 2006. 8. 25. 선고 2004다26119 판결), 회사에 대해 거액의 채권을 가진 은행, 회사와 거액의 공급거래를 갖는 회사도 영향력의 보유자가 될 수 있다. 영향력의 보유는 계속적이어야 하는 것은 아니고 일시적인 영향력을 이용하더라도 본조의 적용대상이다.

(다) **업무집행의 지시** 회사에 대해 영향력을 가진 자가 그 영향력을 이용하여 회사의 이사에게 업무집행을 지시하여야 한다.

i) 업무집행 지시의 대상이 되는 업무의 범위에 관해 영업양도나 합병 등과 같은 조직변경에 관한 행위는 주주총회의 특별결의 없이는 할 수 없으므로 대상이 아니라는 견해가 있다(최수정(大系 II) 1271; 정동윤 649; 정경영 703; 최준선 572). 즉 이러한 행위에 관해서는 영향력을 보유한 자가 이사에게 지시를 하더라도 제401조의2에 따른 책임을 지지 않는다는 것이다. 이 제도의 취지는 회사에 손해를 발생시키는 이사의 임무해태에 원인을 제공한 자에게 책임을 물리려는 것이다. 그러므로 상법 제399조 제 1 항의 임무해태를 구성하는 이사의 행위는 어느 것이든 제401조의2 제 1 항 제 1 호의 업무집행이 될 수 있다(권기범 952; 최기원 709).[2]

ii) 지시 법문은 이사에게 업무를 「지시」한다고 하나, 법적인 지휘, 감독관계에 있지 않는 한 「指示」란 있을 수 없다. 이는 기술한 영향력을 행사하는 것을 말한다.

본조의 요건을 충족시키는 「영향력의 행사」란 업무집행지시자가 회사에 대해 갖는 영향력을 이사가 알고 있는 상황에서, 업무집행지시자가 이사에 대해 자신의 희망을 알게 하고 그에 부합하게 업무를 집행하도록 유도하는 정도의 직접적 또는 간접적인 의사표명을 말한다. 그 과정에서 폭력, 협박, 기망과 같은 물리적 또는 심리적 위협 등 위법한 수단을 요구하는 것은 아니다.[3]

1) *Spindler*, Ibid., § 117 Rn. 10.
2) 예컨대 이사가 염가로 회사의 영업을 양도하는 의안을 만들어 주주총회의 특별결의를 거쳐 영업을 양도한 경우 당연히 이사의 책임이 발생하고, 영업양도가 업무집행지시자의 지시에 의한 것이라면 역시 지시자의 책임이 발생한다.
3) Ibid., § 117 Rn. 21: 독일주식법 제117조의 「영향력행사」의 표현이 ausnutzen에서 benutzen으로 바뀌었는데, 그 이유는 본문에서와 같은 뜻을 나타내기 위해서였다.

이사에 대한 지시는 1회성의 지시가 아니라 통상적 · 관행적 지시이어야 한다는 견해가 있다(최수정(大系Ⅱ) 1270; 정동윤 649; 최준선 572). 이 해석대로라면, 예컨대 지배주주가 이사에게 1회의 위법배당을 하게 하였다면 책임을 지지 않고, 수차에 걸쳐 위법배당을 지시하면 비로소 책임을 지게 된다. 법문에 근거 없이 부당히 적용을 제한하는 해석이고, 본조의 취지에도 반한다. 지시 즉 영향력의 행사는 빈도와 무관하다(권기범 953; 이원석(주석-회사 3) 578).

영향력을 가진 자가 영향력을 행사함에 있어 사익을 추구할 것을 요하는가? 상법 제401조의2 제 1 항은 사익추구를 명문으로 요구하고 있지 않으며, 이를 요건으로 할 경우 면책의 가능성을 부당히 넓혀줄 소지가 있으므로 사익추구를 요하지 않는다고 본다.[1)]

㈑ **이사의 업무집행과 책임발생** 이사가 위 영향력행사에 복종하여 업무를 집행하여야 한다. 이사의 업무집행이란 대내 · 대외적인 업무를 포함한다.

그리고 이사가 수행한 업무집행이 임무해태에 해당하고 회사에 손해를 미치는 등 상법 제399조 제 1 항의 책임요건을 구비하여야 한다. 이사의 업무집행이 정당한 행위라면 영향력행사자의 책임을 물을 필요가 없기 때문이다.

2) 책 임 이상의 요건을 충족할 경우에는 업무집행지시자는 상법 제399조, 제401조 및 제403조의 적용에 있어 이사로 간주한다.

㈎ **회사에 대한 책임** 제399조를 적용함에 있어 업무집행지시자를 이사로 본다고 함은, 업무집행지시자의 지시를 받은 이사의 업무집행으로 인해 회사에 생긴 손해에 대해 업무집행지시자에게도 손해배상책임을 묻는다는 것을 뜻한다. 이 규정의 적용에 있어 주의를 요하는 것은 업무집행지시자에게 제399조의 요건, 즉 임무해태를 요구하지 않는다는 점이다. 업무집행지시자는 회사의 기관이 아니므로 회사에 대한 「임무해태」가 있을 수 없다. 이사의 업무집행이 회사에 대해 임무해태가 되면 바로 업무집행지시자의 책임요건을 충족하는 것이다. 요컨대 업무집행지시자의 책임은 이사에게 임무해태를 지시하였다는 사실을 원인으로 발생하는 것이므로 상법이 특별히 인정한 책임이다.[2)] 이와 달리 다수설은

1) 참고로 전게 독일주식법 제117조의 前身이었던 1937년 주식법 제101조에서는 영향력보유자가 「회사로부터 특별한 이익을 얻거나 제 3 자로 하여금 얻게 하기 위하여」 영향력을 행사할 것을 요건으로 하였으나, 동조의 적용을 부당히 제한한다는 이유에서 현행법에서는 이 요건을 삭제하였다(*Spindler*, in Münchener Komm. AktG, 4. Aufl., § 117 Rn. 7).

2) 상세는 李哲松, "상법 제401조의2에 따른 업무집행관여자의 책임의 법적 성질 – 대법원 2020다236848 판결(2023. 10. 26.)의 평석을 겸하여 –," 「商硏」 제43권 제 1 호(2024), 1면 이하 참조.

업무집행지시자를 포함하여 업무집행관여자의 책임을 모두 이사로서의 기관책임이라고 설명하는데(서헌제 881; 손주찬 817; 송옥렬 1107; 정동윤 649; 최기원 707; 이원석(주석－회사 3) 574), 그 의미는 분명치 않다.

한편 업무집행지시자의 지시로 업무를 집행한 이사는 당연히 제399조의 책임을 지는데, 그 이사와 업무집행지시자는 연대하여 책임을 진다(401조의 2 2항).

업무집행지시자의 책임은 주주 전원의 동의로도 면제하지 못하고(400조 1항의 적용배제), 정관에 의한 책임경감(400조 2항)도 적용되지 않는다.

업무집행지시자의 책임의 면제

업무집행지시자의 책임에 대해서도 제400조 제 1 항 및 제 2 항을 적용해야 옳다는 견해도 있다. 그 근거로서는 이사의 책임을 면제 또는 경감할 수 있는데, 이사로 의제되는 자의 책임을 면제 또는 경감할 수 없다는 것은 비례에 어긋난다는 것이다(송옥렬 1105; 임재연Ⅱ 596; 장덕조 404). 그러나 이사의 책임과 업무집행지시자의 책임은 본질을 달리하는 제도이다. 이사의 책임의 면제 또는 경감은 회사에 대한 기여를 감안하고 기업생활에 내재하는 위험을 회사와 이사가 분담한다는 취지에서 둔 제도로서, 비규범적 방법으로 회사의 조직에 관여한 것에 대해 책임을 지는 업무집행지시자에게는 입법취지가 미치지 않는 제도이다. 즉 업무집행지시자는 회사에 대해 일종의 불법행위의 가해자에 해당하므로 책임감면의 계기가 없는 것이다. 뿐만 아니라, 업무집행지시자에게는 제400조 제 2 항이 예상한 보수라는 것이 없으니, 면제액의 계산 자체가 불가능하다(同旨: 권기범 957).

업무집행지시자의 책임은 상법 제400조 제 2 항에 의한 경감은 불가하지만, 동조 제 1 항의 절차에 의한 면제는 가능하다는 견해도 있다(이원석(주석－회사 3) 549). 이같이 해석할 근거가 없을 뿐 아니라, 1인회사 또는 사실상 1인회사의 경우에는 업무집행지시자의 책임추궁이 무의미해지는 문제가 있다.

업무집행지시자의 책임에 대해서는 제400조가 준용되지 아니하므로 이사회의 결의만으로 책임을 면제할 수 있다는 견해도 있다(김·노·천 522). 제400조는 민법 제506조에 의해 대표이사나 이사회의 결정에 의해 쉽게 이사의 책임이 면제되는 것을 방지하기 위해 둔 조직법적 통제장치이다. 그러므로 명문의 규정이 없다면 당연히 책임면제가 불가하다고 보는 것이 옳다.

(나) 제 3 자에 대한 책임 지시받은 이사의 업무집행에 관하여 그 이사가 제 3 자에 대해 손해배상책임을 질 경우(401조)에는 업무집행지시자도 연대하여 책임을 진다. 업무집행지시자의 임무해태를 요하지 않음은 위에 설명한 바와 같다.

(4) 無權代行者

상법 제401조의2 제 1 항 제 2 호는 「이사의 이름으로 직접 업무를 집행한 자」를 책임주체의 하나로 들고 있다. 이를 「무권대행자」로 부르기로 한다. 법문에서는 영향력의 행사를 요건으로 규정하고 있지 않으나, 이는 제 1 호의 업무집행지시자의 요건을 구비하는 자가 이사에게 지시하는 대신에 자신의 영향력을 이용하여 이사의 이름으로 직접 업무를 집행한 경우를 뜻하는 것으로 보아야 한다(대법원 2009. 11. 26. 선고 2009다39240 판결). 회사내부에서 이사가 아닌 지위에 있는 자가 이사의 이름으로 업무를 집행하였다면 그 지위에 근거한 채무불이행책임 혹은 불법행위책임이 발생하고, 회사는 그 책임을 물으면 족하기 때문이다. 위 제 2 호의 적용에서 이사의 개인적인 위임이 있었는지는 묻지 않는다.

상법은 「무권대행자」도 업무집행지시자와 마찬가지로 제399조, 제401조 및 제403조를 적용함에 있어 이사로 본다고 규정하지만, 해석상 매우 곤란한 문제를 야기한다. 제399조를 적용할 경우 업무집행지시자의 경우와는 달리 무권대행자 자신이 제399조의 요건을 충족하여야 할 것인데, 조직법상의 지위를 갖지 않는 자이므로 제399조가 규정하는 회사에 대한 「임무해태」가 있을 수 없기 때문이다. 입법의 착오이다. 그러므로 법문의 표현에 불구하고, 본규정은 단지 무권대행자가 그 행위에 관해 손해배상책임을 진다는 뜻을 표명한 것으로 보아야 한다(다수설은 기관책임설. 기술 참조). 회사에서 이사의 직위를 갖지 않는 자가 이사의 이름으로 직접 업무를 집행하였다면 본규정이 없더라도 불법행위를 구성한다. 그러므로 본조가 특별히 새로운 책임을 규정한 것으로 보기는 어렵다.

제 3 자에 대한 책임을 물음에 있어서도 같다.

(5) 表見理事

이사가 아니면서 명예회장, 회장, 사장, 부사장, 전무, 상무, 이사 기타 회사의 업무를 집행할 권한이 있는 것으로 인정될 만한 명칭을 사용하는 자가 회사의 업무를 집행한 때에는 그 집행한 업무에 관하여는 이사로 보고 책임을 묻는다(401조의2 1항 3호). 이를 표현이사라 부르기도 한다.

표현이사의 책임을 묻는 데에는 기술한 영향력행사라는 요건을 별도로 요하지 않는다(대법원 2009. 11. 26. 선고 2009다39240 판결). 예시한 명칭 자체가 영향력행사의 결과이기 때문이다. 그리고 이러한 직명을 사용하여 업무를 집행한 것에 관해 이사와 동등한 책임을 지우려는 취지이므로 실제 이사와 동등한 권한이 있었느냐는 것은 묻지 않는다(서울중앙지법 2009. 1. 9. 선고 2006가합78171 판결).

한편 표현이사들의 경우 다른 이사에 대해 감시의무가 있다고 볼 수는 없으므로 다른 이사의 위법, 임무해태에 대한 감시를 게을리 하였다고 하여 책임을 물을 수는 없다. 그러나 표현이사가 회사 내에서 일정한 범위의 조직을 관리하면서 업무를 집행하는 경우에는 그 조직 내의 종업원들의 임무해태는 일응 자신의 과실을 구성하므로 이들에 대한 감독을 소홀히 한 데 대해서는 본조에 따른 책임을 물을 수 있다(전게 판례).

표현이사도 제399조와 제401조를 적용함에 있어 이사로 본다고 규정하는데(401조의 2 1항 본), 무권대행자에 관해 말한 바와 같은 난관에 봉착한다. 이 규정 역시 단지 표현이사가 그 표현적 행위에 관해 손해배상책임을 진다는 뜻을 표명한 것으로 보아야 한다.

Ⅸ. 이사의 견제와 책임추궁

1. 개 설

이사의 직무수행이 항상 회사의 이익을 위해 최선으로 행해진다는 보장은 없으므로 이사를 감시·견제할 수단이 필요하다. 넓게 보면 주주총회가 이사의 선임권을 가지고, 업무의 사안에 따라 주주총회의 결의를 얻도록 하고, 지배주주의 영향력을 억제한 가운데 선임하는 감사와 임시로 선임하는 검사인으로 하여금 총체적인 감시·평가를 하도록 하고, 회사와의 이익충돌을 방지하기 위하여 경업·자기거래를 원칙적으로 금지하는 것 등도 모두 이사를 견제하기 위한 수단이다.

한편 이사에 대한 적극적인 견제 및 책임추궁수단으로서 이사의 해임(385조 1항), 손해배상청구(399조), 그리고 주주에 의한 대표소송(403조) 등과 같은 사후적 구제수단과 유지청구권과 같은 사전적 예방수단이 인정된다. 이 중에서 유지청구는 그 실효성은 별론하고 소수주주에게 이사의 업무집행을 중단시키는 것을 허용하는 제도이므로 소유와 경영의 분리라는 원칙의 중대한 예외를 이룬다. 그리고 대표소송은 이사에 대한 책임추궁의 실효성을 높이는 외에 소수주주가 회사의 권리를 직접 실행하는 제도이므로 역시 소유와 경영의 분리의 중대한 예외를 이루는 제도라고 말할 수 있다.

다른 제도는 각각 관계되는 곳에서 논하기로 하고, 여기서는 유지청구권과 대표소송에 대해서만 설명한다.

2. 留止請求權

(1) 의 의

이사의 법령 또는 정관에 위반한 행위로 인하여 회사에 회복할 수 없는 손해가 생길 염려가 있는 경우에는 감사(감사위원회를 두는 경우에는 감사위원회. 이하 같음)(415조의 2 7항) 또는 소수주주는 회사를 위하여 이사에 대하여 그 행위를 留止할 것을 청구할 수 있다(402조). 주주 또는 감사의 이러한 권리를 유지청구권이라 한다. 주주의 유지청구권은 회사를 위하여 행사되는 것이므로 주주의 공익권이다.

원래 영미법상의 소에서 인정되는 법원의 유지명령제도(injunction)를 본받은 것으로, 상법은 일반적인 업무에 대한 유지청구권(402조) 외에 신주발행유지청구권(424조)도 인정한다(980면 이하 참조).

injunction

영미법상 법원이 원고의 청구에 의해 피고에 대하여 일정한 행위를 금지할 것을 명령할 수 있는 제도로서, 방치한다면 회복할 수 없는 손해가 생길 경우에 한하여 인정된다. 우리의 가처분과 유사한 제도이다. 회사법 분야에서는 주로 이사가 회사의 목적범위 외의 행위를 할 때 주주가 이를 유지시키기 위해, 그리고 이사의 직무집행이 다른 이사 등에 의하여 방해받을 때 이를 제거하기 위해 이용된다.[1)]

유지청구는 일종의 보전행위라는 점에서 상법 제407조의 직무집행정지제도와 목적을 같이하나, 전자는 소에 의하지 아니하고도 행사할 수 있으며, 후자처럼 이사의 권한을 일반적으로 정지시키는 것이 아니라 개별적 행위를 저지한다는 점에서 차이가 있다.

그리고 유지청구는 감사나 소수주주가 회사를 위해서, 즉 회사의 대표기관적 지위에서 이사를 상대로 한다는 점에서 代表訴訟(403조)과 비슷하나, 대표소송은 이미 발생한 손해의 회복을 위한 사후적 구제수단인 데 반해, 유지청구는 손해의 사전적 예방수단이란 점에서 차이가 있다.

상법은 이사에게 업무집행을 위임하면서 그 권한남용을 제재할 수단도 아울러 마련하였으므로 이사로 하여금 사후적인 책임추궁의 부담하에 자신의 판단에 따라 직무를 수행하도록 하는 것이 원칙이고, 주주나 감사가 사전에 이사의 행위

---

1) Pennington, pp. 21, 508~509. 미국법에서 목적범위 외의 행위에 대해 유지명령이 인정되는 예: Ill. Bus. Corp. Act § 8; MBCA § 3.04; Del. Gen. Corp. Law § 124; Cal. Corp. Code § 208(a); N.Y. Bus. Corp. Law § 203.

에 관여하는 것은 권한과 책임의 동시부여의 취지에 어긋난다. 그러나 이사의 행위 또는 이로 인한 손해의 성질상 회복이 불가능한 것이 있을 수 있고, 법률상 회복이 가능하더라도 이사의 무자력으로 사실상 회복이 불가능할 수도 있다. 유지청구권은 이와 같이 회복이 어려운 손해를 방지하기 위한 긴급수단으로 인정되는 제도이다.

(2) 유지청구의 요건

1) 법령 · 정관에 위반한 행위 이사가 법령 또는 정관에 위반한 행위를 할 것을 요한다(402조). 유지청구의 대상이 되는 행위는 목적범위 내 · 외에 관계없고 대내적이든 대외적이든 불문한다. 불법행위는 물론 법률행위나 준법률행위, 그리고 사실행위도 유지청구의 대상이 될 수 있다.

법령 · 정관에 위반한 이사의 행위는 무효일 수도 있고 유효일 수도 있지만, 그 효력과 무관하게 유지청구를 할 수 있다. 유효한 법률행위일 경우 그 법률행위의 효력을 저지하기 위하여 유지청구를 할 필요가 있고, 무효인 경우라도 일단 이행되면 회복이 어려울 수 있으므로 역시 유지청구를 할 필요가 있기 때문이다. 그리고 원인행위와 그 이행행위가 분리되어 있을 경우(예컨대 회사재산의 매매계약을 하고 이후에 인도 또는 등기이전하는 경우)에는 원인행위의 유지를 청구할 수 있음은 물론, 원인행위가 이루어진 후에는 그 이행행위의 유지도 청구할 수 있다. 유효한 행위인 경우에는 제 3 자와의 사이에 이미 적법하게 발생한 법률관계를 해할 수 없으므로 원인행위가 일단 행해진 후에는 이행행위의 유지를 청구할 수 없다는 견해가 있다(손주찬 819; 안택식 446; 임홍근 512).[1] 그러나 유지청구가 긴급한 상황에서 회복할 수 없는 손해를 방지하려는 비상의 수단인 만큼 제 3 자와의 관계에서는 채무불이행으로 인한 손해배상을 감수하고라도 이행행위를 유지해야 할 경우가 있을 수 있다.

행위가 법령 또는 정관에 위반하면 족하고, 이사의 고의 · 과실을 묻지 아니하나, 법령 · 정관에 위반되지 않는 한 임무해태가 있더라도 유지청구의 원인이 될 수는 없다.

2) 회복할 수 없는 손해발생의 염려 이사의 행위를 유지청구하기 위하여는 법령이나 정관에 위반한 행위로 인해 회사에 회복할 수 없는 손해가 생길 염려가 있어야 한다(402조). 「회복할 수 없는」 손해인지의 여부는 사회통념에 따라 판단될 문제이다. 예컨대 대표이사가 정관상 요구되는 이사회의 승인 없이 회사재산을 처분하려 할 때, 일단 처분하면 제 3 자에 대한 대항력 제한 때문에 회수할

1) 北澤, 421면.

수 없고 대표이사도 손해배상의 자력이 없다면 회복할 수 없는 손해에 해당할 것이다.

회복이 법률적으로 불가능한 것만을 뜻하는 것은 아니다. 회복을 위한 비용이나 절차 등으로 보아 회복이 곤란하거나 상당한 시일을 요하는 경우에도 유지청구는 인정된다(통설).

(3) 유지청구의 당사자

1) 청구권자 유지청구를 할 수 있는 자는 감사 또는 발행주식총수의 100분의 1 이상에 해당하는 주식을 가진 주주(상장회사의 경우에는 10만분의 50(자본금 1,000억원 이상인 회사는 10만분의 25) 이상을 6월 이상 계속 보유한 주주), 즉 소수주주에 한한다(402조 · 542조의6 5항, 상령 32조). 유지청구가 이사에 대한 중대한 경영간섭임에 비추어 모든 주주에 대해 인정할 경우 유지청구가 남발되어 업무수행에 장애가 될 염려가 있기 때문이다. 소수주주의 소유주식수를 계산함에 있어서는 의결권 없는 주식도 포함된다(이설 없음).

주주의 경우에는 유지청구 여부가 그의 임의이지만, 감사는 직무상 요건이 충족되면 반드시 유지청구를 해야 하며 이를 게을리하면 임무해태가 된다.

2) 피청구자 유지청구의 상대방은 법령 · 정관에 위반한 행위를 하려는 이사이다. 이것은 영미법에서 injunction이 對人訴訟(actio in personam)인 데서 유래한다.

(4) 절 차

유지청구는 이사에 대한 의사표시로도 할 수 있고 소로써도 할 수 있다. 소를 제기한다면 이행의 소 또는 장래의 이행의 소(민소 251조)가 된다. 소제기와 더불어 가처분으로 이사의 행위를 중지시킬 수도 있다(민집 300조 2항).

유지청구를 위한 소는 회사를 위하여 제기하는 것이므로 판결의 효과는 당연히 회사에 미친다(통설). 유지청구의 소는 대표소송과 마찬가지로 주주가 회사의 대표기관적 지위에서 제기하는 것이므로 소의 관할 · 참가, 패소주주의 책임 등에 관하여 대표소송에 관한 규정을 유추적용해야 한다(통설). 대표소송에 있어서는 제소주주에게 담보제공을 명하는 제도가 있는데(403조 7항 → 176조 3항), 이 역시 유지청구에 준용함이 타당하나, 이를 거부한 하급심판례가 있다(서울고법 1997. 11. 4. 자 97라174 결정).

(5) 意思表示에 의한 유지청구의 효과

유지청구를 訴로써 하는 경우에는 판결에 따라 그 효과가 주어질 것이나, 소에 의하지 아니하고 이사에 대한 의사표시로 청구할 경우 어떤 효과가 주어지느냐는 문제가 있다.

감사 또는 주주가 유지청구를 한다고 하여 이사가 반드시 이에 따라서 행위를 유지하여야 한다고 단정할 수는 없다. 유지청구가 정당하지 않을 수도 있기 때문이다. 그러므로 유지청구가 있으면 이사는 자신의 행위가 법령 또는 정관에 위반한 것인지 여부를 숙고하여 유지 여부를 결정할 주의의무를 진다고 보아야 한다.

1) 유지하지 않은 경우

(가) 이사의 책임 이사가 유지청구를 받고도 법령 또는 정관에 위반한 행위를 유지하지 않은 경우에는 그 행위로 인해 회사에 생긴 손해에 대하여 상법 제399조에 따라 책임을 진다. 이는 법령 또는 정관에 위반한 행위를 하였기 때문이지 유지청구 자체의 효과는 아니다.

유지청구에 불응한 효과로서 이사의 중과실이 의제된다고 해석한다. 이 점에 대하여 상법 제399조 제 1 항의 손해배상책임이 중과실을 요하지 않으므로 실익이 없다고 하는 주장이 있다.[1] 그러나 상법 제399조 제 1 항에 의한 이사의 책임을 물음에 있어 고의 · 과실에 관한 이사의 반증을 허용하지 않는 중대한 실익이 있다.

(나) 행위의 효과 유지청구를 무시하고 한 행위의 사법적 효과는 어떻게 되는가? 이는 법령 · 정관에 위반한 이사의 행위가 유효인 경우에 제기되는 의문이고, 무효인 경우에는 유지청구에 관계없이 효력이 생기지 않으므로 문제가 되지 아니한다.

사법상의 효과를 행위의 성질에 따라 달리 풀이하는 견해가 있다. 신주발행이나 사채발행과 같은 단체법적 행위는 상대방이 유지청구의 사실을 알든 모르든 유효하고, 매매 · 대차와 같은 개인법적 거래행위는 상대방이 유지청구의 사실을 안 경우 회사가 무효를 주장할 수 있다고 한다(강 · 임 881; 손주찬 821; 최준선 578).[2]

그러나 이와 같이 해석한다면 대외적으로 감사나 주주의 유지청구는 適法性의 推定을, 이사의 행위는 違法性의 推定을 받는 결과가 되는데, 불과 100분의 1의 지분을 가진 주주의 의사에 주어지는 효과로서는 과잉된 것일 뿐 아니라 그렇게 해석할 실정법적 근거도 없다. 유지청구의 유무 및 상대방의 선의 여부는 행위의 효력에 영향을 주지 않는다고 보아야 한다(同旨: 권기범 960; 송옥렬 1114; 이범찬(외) 337; 정경영 713; 정동윤 653; 정준우 504; 이원석(주석-회사 3) 600).

1) 北澤, 425면.
2) 日注釋(6), 430면.

2) 유지한 경우 감사나 주주의 유지청구가 정당한 경우에는 행위를 유지함이 당연하지만, 유지청구가 부당함에도 그에 좇아 이사가 행위를 유지한 경우에는 사안에 따라 그 유지가 오히려 법령·정관에 위반하거나 임무를 해태한 경우에 해당되어 회사에 대한 책임이 발생할 수 있다(399조 1항).

⑹ 유지청구에 관련한 벌칙

유지청구권의 행사에 관련하여 주주와 이사간에 부정한 거래가 이루어질 수 있으므로 이를 제재하기 위한 벌칙이 있다(631조 1항 3호).

⑺ 유지청구권의 실효성

이상 본 바와 같이 유지청구는 가처분을 이용하지 않는 한 실효성이 별로 없다. 소로써 청구하더라도 차이가 없다. 왜냐하면 판결에 이르기 전에 대부분 유지청구의 대상인 행위는 이미 종료하여 소의 이익이 없어질 것이기 때문이다. 이 결점은 영미법에서의 유지청구제도가 원래 보전처분의 성격을 갖는 것임에도 불구하고 이를 실체법상의 권리로 수용한 데서 비롯한 것이다. 입법적으로 재고를 요한다.

3. 代表訴訟

⑴ 의 의

대표소송이란 회사가 이사에 대한 책임추궁을 게을리할 경우 주주가 회사를 위하여 이사의 책임을 추궁하기 위해 제기하는 소이다(403조).

주주의 대표소송은 이사 외에도 발기인·업무집행관여자·집행임원·감사·청산인 등의 책임을 추궁하기 위하여도 제기할 수 있고(324조·401조의2 1항·408조의9·415조·542조 2항), 불공정한 가액으로 신주를 인수한 자(424조의2), 주주권의 행사와 관련하여 이익을 공여받은 자(467조의2)에 대한 회사의 권리를 실현하기 위하여도 제기할 수 있으며, 자본시장법상 단기매매차익으로 인한 이득을 추궁하기 위해서도 제기할 수 있다(자금 172조 2항). 여기서는 이사의 책임을 추궁하기 위한 대표소송에 관해서만 설명하고, 나머지는 관계되는 곳에서 다루기로 한다.

이사의 책임추궁을 위한 소제기는 본래 회사의 권리로서, 회사를 대표하는 자가 수행해야 할 일이다. 그러나 동료임원간에 책임추궁이 호도될 수도 있고, 또 책임추궁이 지연될 때에는 시효완성이나 이사의 고의적인 無資力化로 회사의 권리실현이 불가능해질 수도 있으므로 주주가 회사의 권리실현을 선도할 수 있는 수단으로 마련된 것이 주주의 대표소송이다.

미국법상의 대표소송

대표소송은 미국법상의 derivative suit를 본받은 것이다. 이는 우리의 대표소송과 같이 회사의 이익이 침해되었음에도 불구하고 회사가 그 회복을 게을리할 때 주주가 회사를 대표하여 제기하는 소송이다. 이 訴는 관할에 따라 연방민사소송규칙(Federal Rules of Civil Procedures)에서도 인정되고(FRCP § 23.1), 판례법 및 州회사법에 의해서도 인정된다(예: N.Y. Bus. Corp. Law § 626). 원래는 회사가 제기하여야 할 소이므로 주주의 소제기권은 회사로부터 연원(derive)한다는 뜻에서 derivative suit라고 부른다.[1]

derivative suit는 이사의 책임추궁만이 아니라 지배주주나 기타 제 3 자의 책임추궁을 위해서도 이용될 수 있고,[2] 회사가 명목상의 피고(nominal defendant)로 된다는 점이 우리의 대표소송제도와 다르다.

(2) 성 질

주주는 원래 회사재산에 대하여 일반적·추상적인 이해를 가질 뿐이므로, 회사의 대외적 권리를 직접 또는 대위하여 소송을 제기할 지위에 있지 않다(321면 참조). 대표소송은 이에 대한 예외로서, 회사의 채무자가 이사라는 특수한 관계로 인해 회사의 권리구제가 소홀해질 염려가 있으므로 특히 인정되는 것이다.

대표소송을 제기한 주주는 회사의 대표기관으로서 회사의 권리를 주장하는 것이다. 그리하여 판결의 효과는 회사에 직접 귀속되고, 그 반사적 효과로서 다른 주주들도 대표소송을 제기한 것과 같은 효과를 누린다. 대표소송은 주주의 개별적인 이익을 위한 것이 아니고 회사와 주주 전체의 이익을 위한 것이므로 그 소제기권은 주주의 공익권의 일종이다.

(3) 기 능

제도적인 의미에서 이사의 적정한 임무수행을 직접적으로 담보하는 것은 이사의 손해배상책임제도이며(399조), 손해배상제도가 이 기능을 제대로 발휘하기 위해서는 이사의 임무해태가 있을 경우 회사가 즉각 책임을 추궁하여야 한다. 그러나 회사의 지배구조의 사정상 권리행사가 소홀해지는 예가 흔하고, 이 경우 주주의 대표소송이 회사를 대신하여 이사의 책임추궁의 실효성을 확보하는 것이다. 그러고 보면 지배주주와 그 영향하에 있는 이사들이 경영을 전단하는 현실적인 회사권력구조하에서, 대표소송은 회사운영의 건전성을 확보하는 최후의 담보가 되는 동시에, 이사들의 임무해태를 예방하며, 나아가 이사들이 업무를 집행함에

1) Cary & Eisenberg, p. 887. 회사의 권리가 아니고 다수 주주의 권리가 침해되어 이들을 대표하여 이사의 책임을 추궁할 경우에는 representative class suit(집단소송)에 의한다.

2) Cary & Eisenberg, p. 886.

있어 신중을 기하고 판단의 질을 높이도록 촉구하는 기능을 한다.

1990년대 중반까지는 대표소송의 제소자격이 엄격하여[1] 대표소송의 사례를 거의 볼 수 없었으나, 1996년 말 상장법인의 대표소송을 위한 소수주주의 요건을 크게 완화한 이래 대표소송의 이용이 활성화되었다.[2]

미국에서는 대표소송이 매우 활발하지만 실제 대표소송에 의해 회사의 권리가 회복되는 효과는 기대 이하라고 한다. 대부분 이사가 주주의 변호사비용을 물어주는 정도에서 화해로 끝나기 때문이다. 그러므로 대표소송의 존재가치는 이사의 위법·부당한 행위를 예방하는 효과에 있다고 평가된다.[3]

일본에서는 1993년에 대표소송의 소송비용을 크게 낮춘 이후 대표소송이 폭증하면서 대부분의 기업에서는 각종의 결정사안에 관해 기록을 강화하고 법률고문의 활용도를 높이고 경영판단이 신중해졌다는 분석이 있다.[4] 역시 대표소송의 예방적 기능을 증명하는 예라고 할 수 있다.[5]

(4) 소제기 요건

1) 이사의 책임

(가) 대표소송은 이사의 회사에 대한 책임을 추궁하기 위한 소송이므로 이사의 제 3 자에 대한 책임(401조)을 추궁하기 위하여서나 주주 자신의 손실회복을 위하여는 제기할 수 없다.

(나) 책임추궁의 범위에 관해, 상법 제399조에 의한 책임(법령·정관위반 또는 임무해태로 인한 책임)과 제428조에 의한 책임(신주발행시 이사의 인수담보책임) 등 이사의 지위에 기한 책임을 추궁하기 위해서만 대표소송을 제기할 수 있다는 설(강·임 881)과 널리 회사와 이사간의 거래상의 채무이행의 청구에 관해서까지 대표소송을 제기할 수 있다는 설(통설)로 나뉜다. 대표소송은 원래 이사의 행위로 인한 회사의 손실이 동료 임원의 비호 아래 방치되는 것을 막기 위한 제도로서 책임의 종류에 따라 그 필요성이 달라지는 것은 아니므

1) 1998년 상법개정 이전에는 대표소송제기권을 포함하여 소수주주권이 일반적으로 발행주식총수의 100분의 5 이상을 가진 주주에게만 주어졌다(해산청구는 100분의 10 이상).

2) 1997년 초 세칭 「한보철강(주)」의 도산으로 이 회사에 거액의 대출을 하였던 제일은행도 도산사태에 직면하였다. 이에 같은 해 6월 「참여연대」라는 시민단체가 무분별한 대출을 한 행장 등 4인의 이사의 책임을 묻는 대표소송을 제기하여 각 이사에게 400억원의 손해배상을 명하는 판결을 얻어냈다(서울지법 1998. 7. 24. 선고 97가합39907 판결). 이는 우리나라 최초의 대표소송인데, 이를 계기로 다수의 대표소송이 잇따랐다.

3) Romano, pp. 246~56.

4) 日本通商産業省, 「株主代表訴訟の現状と課題」(別冊 商事法務 173號) 18~22면.

5) 대표소송의 有用性을 적극 강조하는 견해로, 梁東錫, "代表訴訟의 活性化와 理事의 責任輕減," 「比較」 제 9 권 4호(2002), 433면 이하 참조.

로 이사의 거래상의 책임도 대표소송으로 추궁할 수 있다고 보아야 한다.[1)]

(다) 이사의 지위에 있는 동안에 발생한 모든 책임에 관해 대표소송이 가능하며(손주찬 822; 최기원 720), 일단 발생한 책임은 이사가 퇴임하더라도 추궁할 수 있다(통설). 또 이사가 취임 전에 부담한 채무에 대해서도 취임 후에 회사가 권리행사를 게을리할 수가 있으므로 대표소송의 대상이 된다고 본다(김정호 631; 이범찬(외) 341; 정동윤 655).

2) 주주의 소제기 청구 및 회사의 해태

i) 청구의 요건성 소수주주는 대표소송을 제기하기 전에 먼저 회사에 대하여 이사의 책임을 추궁할 소를 제기할 것을 청구하여야 한다(403조 1항 · 2항). 이 청구는 주주의 권리인 동시에 대표소송제기의 요건이기도 하다. 이사에 대한 책임추궁은 원래 회사의 권리이므로 회사가 그 행사를 게을리할 경우에 한하여 대표소송이 인정되어야 할 것이기 때문이다.[2)] 소제기의 사전청구는 강행규정으로서 사전청구 없이 소를 제기하였다면 그 대표소송은 상법 제403조 제 4 항의 사유가 있거나 기타 특별한 사정이 없는 한 부적법한 소이다(대법원 2021. 7. 15. 선고 2018다298744 판결). 주주가 사전청구 없이 소를 제기하였다면, 소제기 후 회사에 제소를 청구하고 회사가 30일 내에 소를 제기하지 않더라도 치유될 수 없는 부적법한 소이다(서울고법 2019. 9. 26. 선고 2016나2063874 판결). 그러나 사전청구의 요건을 구비하지 못했다 하더라도 회사가 이사의 책임을 추궁할 소를 제기하지 않을 뜻을 명시적으로 밝힌 경우에는 사전청구의 요건에 관한 하자가 치유된다고 보는 것이 판례의 입장이다(대법원 2025. 6. 12. 선고 2024다216743 판결).[3)]

ii) 이유의 기재 회사에 대한 소제기의 청구는 이유를 기재한 서면으로 하여야 한다(403조 2항). 그 「이유」에는 회사가 제소 여부를 판단할 수 있도록 책임추궁 대상인 이사와 책임발생의 원인사실이 포함되어야 한다. 다만 주주가 회사

1) 日最高裁 2009. 3. 10. 판결, 「金融商事判例」 제1315호(2009. 5. 1.), 46면: 회사가 취득한 부동산이 이사의 명의로 등기되어 있으므로 주주가 회사의 명의로 회복하기 위해 대표소송을 제기하였다. 주위적 청구로서 회사의 소유권에 기한 등기명의회복을 원인으로 하는 소유권이전등기절차를 구했고, 예비적 청구로서 회사가 이사와 명의차용계약을 체결하였음을 전제로, 그 차용계약이 종료되었음을 주장하면서 등기명의의 회복을 위한 소유권이전등기절차를 구하였다. 원심에서는 주위적 및 예비적 청구 모두 이사의 지위와 무관한 청구라고 하며 각하하였으나, 상고심에서는 대표소송은 회사와 이사의 거래상의 책임을 추궁하는 것도 대상으로 한다는 전제하에 예비적 청구에 관해 다시 판단하도록 파기환송하였다(단, 주위적 청구는 이사의 지위에 관한 것도 아니고 거래상의 책임을 구하는 것도 아니므로 각하가 타당하다고 하였다).

2) 미국법에서도 事前請求를 대표소송의 요건으로 하고 있다(FRCP § 23.1; N.Y. Bus. Corp. Law § 626(c)).

3) 주주가 회사에 대한 소제기청구 없이 이사를 상대로 대표소송을 제기한 후 회사에 대해 이사를 상대로 한 소제기를 청구하였던 바, 회사가 소제기를 거절하는 내용증명을 보낸 사안에서 법원은 본문에서와 같은 이유로 주주의 대표소송의 하자가 치유되었다고 보았다.

의 업무에 관한 정보를 얻는 데에는 제약이 있으므로 제소청구서에 책임추궁 대상인 이사의 성명이 누락되거나 책임발생 원인이 개략적으로 기재되어 있더라도, 회사가 제소청구서의 내용, 이사회의사록 등 회사가 보유한 자료로 대상 이사와 책임발생 원인사실을 특정할 수 있다면, 그 제소청구서는 상법 제403조 제 2 항에서 정한 요건을 충족한다고 보아야 한다(대법원 2021. 5. 13. 선고 2019다291399 판결 참조).

iii) 청구대상　회사가 이사를 상대로 하는 소송은 감사(감사위원회를 두는 경우에는 감사위원회. 415조의2 7항, 이하 같음)가 대표하므로 청구는 감사에게 하여야 한다(394조 1항 후 참조). 감사를 두지 않는 소규모회사의 경우(409조 4항)에는 대표이사에게 청구하여야 할 것이다.

iv) 회사의 해태　감사가 이 청구를 받은 날로부터 30일 내에 소를 제기하지 아니한 때에는 소수주주는 즉시 회사를 위하여 소를 제기할 수 있다(403조 3항). 그러나 이 기간의 경과로 인하여 회사에 회복할 수 없는 손해가 생길 염려가 있는 경우에는 회사에 대해 청구하지 아니하고, 또 청구를 했더라도 30일을 기다릴 필요 없이 즉시 소를 제기할 수 있다(403조 4항). 「회복할 수 없는 손해가 생길 염려」가 있다고 함은 곧 시효가 완성한다든지, 이사가 도피하거나 재산을 처분하려 하는 등 법률상 또는 사실상 이사에 대한 책임추궁이 불가능 또는 무익해질 염려가 있는 경우를 뜻한다.

(5) 訴의 당사자

1) 제소권자　발행주식총수의 100분의 1 이상의 주식을 가진 주주(상장회사의 경우에는 1만분의 1 이상을 6월 이상 계속 보유한 주주), 즉 소수주주에 한하여 제소할 수 있다(403조 1항 · 542조의6 6항). 100분의 1의 주식에 의결권 없는 주식도 포함됨은 유지청구의 경우와 같다. 제소주주에 관해 이와 같은 제한을 둔 이유는 유지청구에 관해 설명한 바와 같이 남소를 방지하기 위함이다. 제소주주는 당연히 주주명부상의 주주이어야 한다.

이상의 주식소유요건은 회사에 대한 제소청구 및 소제기 시점에 구비하여야 한다(변론종결시가 아니다).

제소요건의 구비시점

캘리포니아 등 극히 일부의 주를 제외하고 미국의 대부분의 주회사법에서는 대표소송의 제소자격을 소의 원인(이사의 유책행위)이 발생한 시점의 주주로 한정한다(contemporaneous ownership).[1] 이사의 유책행위에 직접 이해관계를 가진 자에 한해 소권을 부여한다는 취지에서이다. 우리법에서는 이러한 제한이 없으므로 이사의 유책행위가 있은 후에 주식을 취득한 자도 제소권을 가진다. 다만 상장회사의 경우에는 제소전

1) 예: MBCA § 7.41; Del. Gen. Corp. Law § 325; N.Y. Bus. Corp. Law § 626(b).

6월간 요건을 충족하는 수의 주식을 소유할 것을 요구함은 기술한 바와 같다(542조의 6 6항).

제소 당시에 소수주주의 요건을 구비한 이상 제소 후에는 지주수가 100분의 1 이하로 감소하여도 무방하다(403조 5항). 이 규정은 당연히 상장회사에도 적용된다. 단 상장회사의 대표소송을 위한 지주요건은 1만분의 1 이상이므로 그 이하가 되어도 무방한 것으로 풀이해야 한다(서울고법 2011. 6. 16. 선고 2010나70751 판결). 그러나 비상장회사이든 상장회사이든 원고가 주식을 전혀 보유하지 않게 된 경우에는 당사자적격이 없으므로 소를 각하해야 한다(403조 5항 괄호). 대표소송을 제기한 주주가 자신의 의사에 반하여 주주의 지위를 상실하였더라도 역시 제소자격이 없어진다(대법원 2018. 11. 29. 선고 2017다35717 판결; 동 2019. 5. 10. 선고 2017다279326 판결).1)

수인의 주주가 공동으로 제소한 후, 일부의 원고가 주식을 전혀 보유하지 않게 된 경우에는 그만이 당사자적격을 상실한다(대법원 2013. 9. 12. 선고 2011다57869 판결). 전원이 상실하더라도 다른 주주 또는 회사가 이미 공동소송참가를 한 경우에는 그 참가인에 의해 소송은 계속된다. 주주인 원고가 제소요건을 결할 경우 각하판결이 선고되기 이전에 회사가 공동소송참가를 하는 것은 가능하다(대법원 2002. 3. 15. 선고 2000다9086 판결). 대표소송제기권은 공익권이므로 원고인 주주가 주식을 양도할 경우 양수인이 소송에 참가 또는 인수(민소 81조 · 82조)하는 것은 아니다.

회사에 파산이 선고된 경우에는 파산관재인이 당사자적격을 가지므로(회파 359조) 주주는 대표소송을 제기하지 못한다(대법원 2002. 7. 12. 선고 2001다2617 판결).

2) 피 고 대표소송의 被告는 회사에 대해 책임이 있는 이사 또는 이사이었던 자이다.

(6) 소 절 차

1) 관 할 대표소송은 회사의 본점소재지의 지방법원의 관할에 전속한다(403조 7항 → 186조). 따라서 본래 회사가 직접 제기할 경우의 관할은 무시된다. 대표소송에 관해서는 제소권자가 제한되어 있고 전속관할이 있으나, 회사가 할 소송을 주주가 대신한다는 것뿐이고 이로 인해 소가 형성의 소로 변하는 것은 아니며, 소의 성질은 본래 회사가 이사에 대해 제기할 수 있는 이행의 소 그대로이다.

2) 고지와 참가 대표소송의 실질적인 당사자는 회사인데, 주주와 이사의 통모에 의해 대표소송이 부당하게 수행될 우려가 있으므로 상법은 회사의 참

1) 대법원 2018. 11. 29. 선고 2017다35717 판결: 구 외환은행의 주주가 동은행의 이사를 상대로 대표소송을 제기하였는데, 동은행이 주식교환을 통해 ㈜하나금융지주의 완전자회사가 되고 원고는 동은행의 주주가 아니게 된 사안이다.

가를 허용하고(404조 1항), 참가의 기회를 보장하기 위해 소송고지 제도를 두고 있다. 주주가 대표소송을 제기한 때에는 지체 없이 회사에 대하여 소송의 고지를 하여야 한다(404조 2항). 일반적으로 소송고지는 고지자의 자유이나 대표소송의 고지는 법상의 의무이다. 주주가 고지를 하지 아니한 경우 주주는 회사에 대하여 손해배상책임을 진다(이시윤 836). 과거 불고지의 경우 판결의 효력에는 영향이 없다는 견해도 있었으나, 회사가 실제의 당사자란 점을 생각한다면 판결의 효력이 회사에 미치지 않는다고 보아야 한다(이시윤 836; 한충수 821; 호문혁 972).[1]

회사는 고지의 유무에 불구하고 주주의 대표소송에 참가할 수 있다(404조 1항). 참가의 성격에 관해 견해의 대립이 있다. 공동소송적 보조참가로 보는 설도 있으나, 대표소송은 제 3 자 소송담당의 형태로서 회사가 기판력을 받으며 당사자적격을 가지고 또한 회사가 재심을 청구할 수 있는 점을 보면 공동소송참가(민소 83조)라고 봄이 타당하다(대법원 2002. 3. 15. 선고 2000다9086 판결).

참가 역시 이사를 상대로 한 소송행위이므로 감사가 회사를 대표한다(394조 1항 전). 회사가 참가하는 대신 별도로 소를 제기할 수 있는가? 이를 허용한다면 중복제소(민소 259조)를 허용하는 것과 같으므로 별도의 소를 제기할 수 없다고 본다.

참가의 범위

일본회사법에서는 회사만이 아니라 다른 주주의 참가도 허용하고 있으나(日會 849조 1항), 우리 상법에서는 회사의 참가만을 규정하고 있다. 그렇다고 처음으로 제소한 주주만이 소송수행을 독점한다고 해석할 수는 없고, 다른 주주의 관여를 허용하여야 할 것이다. 그 방법으로서 다른 주주가 별개의 대표소송을 제기하는 것은 중복제소로서 허용되지 않는다고 보아야 한다. 그렇다면 상법에 규정이 없는 관계로 민사소송법에 의한 일반 참가제도를 이용하여야 할 것이고, 대표소송의 기판력이 주주에게 미치는 것이 아님을 고려하면 보조참가만이 가능하다고 볼 소지가 있다. 그러나 원고인 주주도 다른 주주와 마찬가지로 기판력의 범위에 속하지 않음을 감안하면 올바른 해결이 아니다. 상법 제404조 제 1 항은 입법의 착오로 보고 다른 주주도 제404조 제 1 항에 의한 공동소송참가를 하는 것으로 해석해야 한다.

회사가 이사를 위해 보조참가를 할 수 있는가? 보조참가가 회사의 이익이 된다는 전제에서라면 긍정할 수 있을 것이나, 대표소송의 소송물에 관해서는 회사는 이사와 이익상반의 관계에 있으므로 회사가 자기의 이익을 위해 이사측에

1) 판례는 채권자대위소송에서 고지 등에 의해 채무자가 소송계속의 사실을 알게 하지 않는 한 채무자에게 판결의 효력이 미치지 않는다고 한다(대법원 1975. 5. 13. 선고 74다1664 판결(전)).

보조참가를 해야 할 필요성을 상상하기 어렵다.[1)]

보조참가에 관한 입법례

과거 일본에서도 다투어지던 문제인데, 2001년 일본 최고재판소가 「이사의 권한 일탈을 원인으로 하는 것이 아니고 이사회의 의사결정의 위법을 이유로 하여 제기한 대표소송에서 이사의 손해배상책임이 인정된다면 이사회의 의사결정을 전제로 형성된 회사의 법적 지위 내지는 법적 이익에 영향을 미치므로 회사가 이사를 위해 보조참가하는 것이 허용되어야 한다」는 취지의 결정을 내놓은 바 있고,[2)] 이후 입법에 반영되어 회사의 보조참가를 허용하게 되었다(日會 849조 1항 참조).

그러나 이사회 결의의 위법을 이유로 이사의 책임을 인정하는 판결이 내려졌다고 해서 바로 이사회의 결의를 무효로 하는 기판력이 형성되는 것은 아니므로 이사회결의의 위법을 원인으로 하더라도 대표소송에서 이사의 책임이 인정됨으로써 회사의 법적 이익에 영향을 미치는 경우란 생각하기 어렵다. 뿐만 아니라 회사의 법적 이익에 영향을 미치는지 여부를 판단하는 것도 결국은 이사들이므로 참가의 필요성에 관한 판단의 공정성도 기대하기 어렵다. 요컨대 현행법하에서는 회사가 이사를 위해 보조참가를 하는 것을 허용하기 어려움은 물론, 입법론으로도 바람직하지 않다.

3) 주주의 담보제공 이사가 대표소송을 제기하는 주주의 악의를 소명하여 청구할 때에는 법원은 주주에게 상당한 담보를 제공할 것을 명할 수 있다(403조 7항 → 176조 3항 · 4항). 주주의 악의란 피고인 이사를 해할 것을 알고 제소함을 뜻한다.

그리고 담보제공이란 원고가 패소할 경우 피고인 이사가 대표소송의 수행으로 입은 손해를 배상할 것을 담보하기 위함이다(660면 참조).[3)]

4) 訴의 취하, 청구의 포기 · 화해 등 제소주주는 법원의 허가가 없으면 취하 · 포기 · 화해 등을 할 수 없다(403조 6항).[4)] 제소주주가 피고(이사)와 공모하여 부당히 회사의 권리를 법률적으로 소멸시키는 것을 방지하기 위함이다. 법문에서는 청구의 인낙도 할 수 없다고 규정하나, 인낙은 이사가 자신의 이익을 포기하는 것이므로 법원이 관여하여 차단할 이유는 없으며, 법원의 허가를 요구하는 것

---

1) 岩原紳作, "株主代表訴訟の構造と會社の被告側への訴訟參加," 竹内昭夫 「特別講義商法 I」, 1995, 225면 이하 참조.

2) 日最高裁 2001. 1. 30. 決定, 民集 55권 1호 30면(「判例時報」 1740호(2001) 3면).

3) 피고가 소송비용의 담보제공을 신청한 경우 담보액을 산정하기 위하여는 소송물의 가격을 산정해야 하는데, 이때 소송물의 가격은 피고가 대표소송에서 전부 패소할 경우 실제로 지급할 의무가 생기는 손해배상액이 아니라, 인지규칙상의 대표소송의 소가(5천만 100원, 현재는 1억원)를 말한다(대법원 2009. 6. 25.자 2008마1930 결정).

4) 미국법에서도 같다: 연방민사소송법(FRCP) § 23.1; N.Y. Bus. Corp. Law § 626(d).

은 당사자 처분권주의(민소 203조)에 반한다.[1] 입법의 착오이다.

제소주주의 화해 등을 제한하는 이유는 제소주주가 소송물에 대한 처분권을 갖지 못하기 때문이기도 하지만, 이러한 소송종결행위를 허용할 경우 제소주주가 이사(피고)와 통모하여 이사에게 책임이 없거나 가벼운 배상책임만을 지우고 소송을 종료할 염려가 있기 때문이다. 이러한 우려는 회사가 직접 이사를 상대로 소송을 수행할 때에도 마찬가지로 발생하므로(소송수행자인 감사와 이사의 통모) 2011년 개정법은 회사 자신이 주주의 제소청구에 의해 소송을 제기한 경우에도 화해 등의 제한대상에 포함시켰다(403조 6항·1항).

제403조 제 6 항은 회사가 주주의 청구에 의하지 않고 스스로 소를 제기한 경우에도 적용되는가? 소송의 공정한 수행을 위해서는 적용해야 하겠지만, 명문의 규정이 없어 인정하기 어렵다. 제403조 제 6 항은 주주가 대표소송을 청구하여 비로소 회사가 제소한 경우에는 회사와 이사간에 유착의 우려가 크다고 보아 둔 규정으로 이해해야 할 것이다.

(7) 재　　심

대표소송에서 원고와 피고가 공모하여 소송의 목적인 회사의 권리를 사해할 목적으로서 판결을 하게 한 때에는 회사 또는 주주는 확정된 종국판결(청구의 포기, 인락, 화해 포함)에 대하여 재심의 소를 제기할 수 있다(406조, 민소 451조의 특칙).

대표소송은 타인(주주와 이사)간의 소송에 의해 회사의 권리가 확정되는 제도이므로(민소 218조 3항) 원·피고간의 결탁으로 인해 회사의 권리가 침해될 수도 있다. 재심제도는 이와 같은 경우에 회사의 권리를 회복하기 위한 제도이다.

1) 요　　건　　원·피고의 공모로 회사의 권리를 사해할 목적으로 판결하게 하였을 것이 요구된다. 예컨대 부당하게 청구의 액수를 줄인다든지, 고의적으로 원고의 패소로 이끄는 것과 같다. 원고와 피고의 공모를 요구하므로 원고의 단순한 불성실로 회사의 권리가 침해된 경우에는 재심사유가 될 수 없다. 이 점 회사의 권리구제수단으로서는 매우 불충분하다. 그러므로 대표소송이 제기되면 감사는 회사를 대표하여 참가하고(394조 1항 후) 적극적으로 권리주장을 하여야 할 것이며, 이를 게을리한 경우에는 감사의 임무해태로 보아야 한다.

2) 제소권자　　회사 또는 주주이다. 주주에는 제한이 없으므로 소수주주

1) 대표소송제도의 모법이라 할 수 있는 미국회사법에서도 청구의 취하(discontinuance, voluntary dismissal)나 화해(settlement)는 법원의 허가를 받도록 하지만, 청구의 인낙에 법원의 허가를 요구하지는 않는다(MBCA § 7.45; N.Y. Bus. Corp. Law § 626(d), FRCP § 23.1 참조).

가 아니라도 무방하며 재심청구 당시의 주주이면 족하다.

3) 재심의 허용범위 상법상 재심은 대표소송에 한하여 허용된다. 그러므로 여타의 소송, 예컨대 회사가 직접 이사를 상대로 제기한 소송에서는 비록 사해적 수단으로 회사의 권리가 침해되더라도 재심을 청구할 수 없다.

일본 회사법은 이사의 책임을 추궁하는 소에 관해서는 회사가 직접 소송을 제기하였더라도 주주가 재심청구를 할 수 있도록 하고 있다(日會 853조 1항). 회사가 직접 이사의 책임을 추궁한다고 하더라도 실제 소송수행자에 의한 공모의 가능성이 있기 때문이다. 입법론적으로는 일본회사법의 태도가 바람직하다.

(8) 제소주주의 권리의무

1) 승소주주의 비용청구권 대표소송 또는 재심의 소에서 주주가 승소한 때에는 소송비용 및 「소송으로 인하여 지출한 비용 중 상당한 금액」의 지급을 청구할 수 있다(405조 1항 전·406조 2항).

이 금액의 범위에 대해서는 해석상 다툼이 있다. 일부학설은 이 규정이 말하는 비용이란 변호사보수를 뜻하는 것으로 해석한다(강·임 885). 그런데 변호사보수는 대법원규칙(변호사보수의 소송비용 산입에 관한 규칙)이 정하는 범위 안에서 당연히 소송비용으로 취급하므로(민소 109조 1항) 위와 같이 해석한다면 상법 제405조 제 1 항은 무의미해진다. 대표소송으로 인한 주주의 비용지출은 회사의 이익을 위하여 지출한 것이므로 소송비용·변호사비용에 국한할 것이 아니고 회사가 직접 소송을 제기하였더라면 지출되었을 모든 유형의 비용을 포함하는 뜻으로 새기는 것이 옳다(同旨: 서헌제 891; 송옥렬 1123; 장덕조 423).[1)·2)]

회사가 주주에게 소송비용을 지급하면 피고였던 이사를 상대로 구상권을 갖는다(405조 1항 後).

한편 근래에는 회사의 사업 및 재산의 규모가 커졌으므로 통상의 재산권의

---

1) 舊증권거래법에서는 이같은 취지의 규정을 두고 있었으나(舊증거 191조의13 6항), 이 규정은 동법의 폐지 후 상법에 승계되지 않았다. 입법의 착오로 보인다.

2) 서울중앙지법 2008. 6. 20. 선고 2007가합43745 판결: 상법 제405조 및 구증권거래법 제191조의13 6항은 민법 제739조의 사무관리에 기한 유익비상환의무를 회사에 부담시켜 주주대표소송의 제기를 보다 용이하게 함으로써 그 제도의 실효성을 거두려는 규정으로 이해하고 있다. 그리하여 대표소송의 제기와 수행을 위한 변호사보수, 기타 비용 중 객관적으로 有益費로 인정할 수 있는 범위 내에서는 당연히 회사의 상환의무를 인정해야 한다고 보고 있다. 아울러 회사에 상환을 구할 수 있는 변호사보수의 상당성의 기준으로서, 청구액, 당사자의 수, 사안의 난이도, 절차의 복잡성(예: 변론기일의 횟수, 제출한 소송자료·증거조사의 내용 등), 소송의 결과 회사가 얻은 이익 등을 제시하고 있다. 한편 대표소송의 원고가 그 대리인인 변호사에게 보수를 지급하기 전에도 회사에 대해 변호사보수의 상환을 구할 수 있느냐는 문제가 실무상 자주 제기되는데, 이 판례는 사전청구를 인정하였다.

소와 같은 방법으로 訴價를 계산한다면 대표소송의 소가가 거액이 될 수밖에 없다. 주주가 대표소송을 제기하려면 일단 소송비용을 지출해야 하므로 이 점 대표소송을 억제하는 요인이 된다. 그래서 「민사소송 등 인지법」에서는 제소주주의 부담을 덜어 주기 위해 대표소송은 소가를 알 수 없는 소송으로 보아 청구금액에 관계없이 소가를 1억원으로 보고 인지대(45만 5천원)를 계산한다(동법 2조 4항, 동규칙 15조 1항 · 18조의2).

2) 패소주주의 책임 대표소송에서 주주가 패소하더라도 원칙적으로 회사에 대해 손해배상책임을 지지 아니한다(405조 2항). 대표소송을 제기하는 주주에게 무거운 위험부담을 주는 것은 대표소송 제기의 동기를 위축시킬 것이기 때문이다. 그러나 주주가 악의인 경우에는 회사에 대해 손해배상책임을 진다(405조 2항). 악의란 회사를 해할 것을 알고 부적당한 소송을 수행한 경우를 말한다. 따라서 승산 없는 소송임을 알고 제기한 경우는 물론이고, 불성실하게 소송을 수행하여 패소로 이끈 경우에도 손해배상책임이 있다고 보아야 한다.

3) 집행채권자 대표소송의 확정판결의 집행력은 대표소송의 원고가 된 주주에게도 미치므로, 동 주주는 집행채권자가 될 수 있다(대법원 2014. 2. 19. 자 2013마2316 결정).

(9) 벌 칙

대표소송에 관하여 부정한 청탁을 받고 재산상의 이익을 수수, 요구 또는 약속한 경우에는 벌칙이 적용된다(631조 1항 2호 · 2항).

4. 다중대표소송

(1) 의 의

1) 개 념 상법 제403조가 규정하는 대표소송을 제기할 수 있는 주주란 피고가 될 이사가 속한 당해 회사의 주주에 국한된다.[1] 그러나 2020년 개정상법은 「다중대표소송」이라는 이름으로 母회사의 주주가 子회사의 이사의 책임을 추궁하기 위한 대표소송을 제기할 수 있는 제도를 신설하였다. 후술하는 바와 같이 직접의 자회사만이 아니라 손회사의 이사를 상대로 하는 대표소송도 인정되므로 「다중」대표소송이라는 명칭을 사용하였다.

2) 입법취지 母子회사는 지배종속관계에 있지만 법인격을 달리하므로 모회사의 주주가 자회사의 권리를 행사하는 것은 통상의 법인이론에는 부합하지 않는다. 그러나 최근 기업들이 사업을 다각화하는 수단으로 다수의 자회사를 이

1) 대법원 2004. 9. 23. 선고 2003다49221 판결: 지주회사의 주주가 자회사의 이사들에게 자회사에 대한 손해배상을 구하는 대표소송을 제기하였던 바, 모회사의 주주는 원고적격이 없다고 한 예.

용하는 경향이 있는데, 자회사의 이사의 유책행위로 생긴 자회사의 손실은 실질적으로 모회사 및 그 주주에게 귀속되므로 모회사의 주주가 손해의 궁극적 당사자라 할 수 있다는 이유에서 다중대표소송제도를 도입하였다.[1)]

입 법 례

우리의 다중대표소송은 미국의 판례법에서 인정하는 2중대표소송(double derivative suit)과 일본회사법에 규정된 다중대표소송제를 본받아 도입한 것이다. 그러나 제도의 異例性으로 인해 미국과 일본에서는 제소요건이 매우 강화되어 있음에 유의해야 한다. 미국에서는 형평의 관념상 부득이 모회사의 주주에게 소권을 인정해야 할 상황에 국한하여, 주로 모회사가 자회사의 주식을 100% 소유한 경우(최근의 델라웨어주 대법원 판례의 기준)에 한해 모회사의 주주에게 자회사 임원에 대한 대표소송을 허용하는데, 그 실례는 흔하지 않다.[2)] 한편 일본에서는 모회사의 의결권 또는 발행주식총수의 100분의 1 이상을 6월간 계속 소유하는 주주가 자회사의 이사의 책임을 추궁하기 위한 대표소송을 제기할 수 있지만, 모회사는 자회사의 발행주식총수를 단독으로 혹은 다른 완전자회사와 더불어 소유하는 완전모회사라야 하고, 그 자회사의 발행주식총수의 장부가액이 완전모회사의 총자산액의 5분의 1 이상이어야 한다(日會 847조의3). 즉 이사의 유책행위로 인한 자회사의 손실이 모회사의 손실로서의 동질성과 중요성을 가지는 점이 충분히 인정되고 자회사에는 달리 대표소송을 제기할 주주가 존재하지 않을 것을 요구하는 것이다(다중대표소송의 보충성).[3)] 그럼에도 불구하고 상법이 다중대표소송을 보통의 모회사 주주도 제기할 수 있는 범용적인 제도로 만든 것은 제도의 불경제이다.

⑵ 소제기의 요건

1) 제소 전 청구 후술하는 요건을 갖춘 모회사의 주주가 자회사에 대해 서면으로 자회사의 이사의 책임을 추궁할 소의 제기를 청구할 수 있으며(406조의2 1항), 이 청구를 받고 자회사가 30일 내에 소를 제기하지 않을 때에는 그 청구를 한 모회사의 주주는 즉시 자회사를 위하여 자회사의 이사를 상대로 소(대표소송)를 제기할 수 있다(406조의2 2항). 이 기간의 경과로 인해 회사에 회복할 수 없는 손해가 생길 염려가 있는 경우에는 회사에 소제기를 청구함이 없이 바로 대표소송을 제기할 수 있다(406조의2 3항 → 403조 4항). 일반 대표소송의 제소전 절차와 같다.

---

1) 제382회 국회 법제사법위원회 회의록 제 4 호(2020. 11. 17.).

2) 미국에서의 대표소송의 운영현황에 관해서는 김병연, "상법상 다중대표소송제도 도입에 관한 연구,"「企業法硏究」제70호(2017), 217면 이하 참조.

3) 권재열, "2013년 상법상 다중대표소송 도입안에 관한 비교법적 검토,"「증권법연구」제14권 제 2 호(2013), 89면 이하에서 다중대표소송의 제소요건에 관한 입법례의 소개가 상세하다.

2) 제소주주의 요건 모회사의 발행주식총수의 100분의 1 이상에 해당하는 주식을 가진 주주(상장회사의 경우에는 1만분의 50 이상을 6월간 계속 보유한 주주)는 다중대표소송을 제기할 수 있다(406조의2 1항 · 542조의6 7항). 제소주주의 지분이 감소하더라도 소송은 유지되지만, 주식을 전혀 보유하지 않게 된 경우에는 제소자격을 상실하는 것도 일반 대표소송과 같다(406조의2 3항 → 403조 5항).

3) 母子관계의 요건 상법에서는 제342조의2가 유일하게 모회사와 자회사의 개념을 정의하고 있다. 상법 제342조의2 제 1 항은 어느 회사가 다른 회사의 발행주식총수의 100분의 50을 초과하는 주식을 소유할 때 소유하는 회사를 모회사, 소유당하는 회사를 자회사라 한다. 그리고 동조 제 3 항에서는 모회사가 자회사와 더불어 혹은 자회사가 단독으로 다른 회사의 발행주식총수의 100분의 50을 초과하여 소유할 경우 그 다른 회사도 모회사의 자회사로 다룬다. 이를 흔히 「손회사」라고 부른다. 다중대표소송에서의 모자회사의 개념은 따로 정한 바 없으므로 이 규정에 따라 이해하는 것이 순리적인 해석이다. 모자회사를 이와 같이 이해하면, 모회사의 주주가 대표소송을 제기할 수 있는 상대방은 직근의 자회사의 이사만이 아니라 손회사의 이사도 포함한다. 그 결과 모회사의 실질지분이 최대 4분의 1로 희석되는 자회사의 이사까지 모회사의 주주의 대표소송에 복종해야 하는 경우가 생기는데,[1] 앞서의 입법례에 비추어 보면 매우 파격적인 제도로서 타당성을 인정하기 어렵다.

⑶ 母子관계 해소의 효과

1) 의 의 상법 제406조의2 제 4 항은 “제 1 항의 청구를 한 후 모회사가 보유한 자회사의 주식이 자회사 발행주식총수의 100분의 50 이하로 감소한 경우(발행주식을 보유하지 아니하게 된 경우를 제외한다)에도 제 1 항 및 제 2 항에 따른 제소의 효력에는 영향이 없다”라고 규정하고 있다. 제 1 항의 청구후에는 모자관계가 해소되어도 구 모회사가 구 자회사의 주식을 1주라도 유지하는 한 다중대표소송은 유효하게 유지된다는 의미이다. 그러나 모회사의 자회사에 대한 지분이 전무(0)해지면 다중대표소송의 제소요건을 결하므로 부적법한 소가 된다.

---

1) 모회사가 자회사의 발행주식총수의 50%+1주를 소유하고 자회사가 손회사의 발행주식총수의 50%+1주를 소유하고 있다면 모회사의 지분이 손회사의 자본에 기여하는 몫은 4분의 1 정도에 불과하다.

입 법 론

상법은 모회사의 주주의 지분이 다중대표소송의 요건 이하로 감소되었을 때에도 다중대표소송이 유지된다는 제도(406조의2 3항 → 403조 5항)와 모자관계가 해소되어도 다중대표소송이 유지된다는 제도(406조의2 4항)를 병행하여 운영하고 있는데, 이 점 역시 타당성을 인정하기 어렵다. 이 두 가지 상황이 동시에 발생한다면, 극단적으로는 甲주주가 A회사의 주식을 단 1주만 소유하고 A회사는 B회사의 주식을 단 1주만 소유하는 상태에서 甲이 B회사의 이사의 책임을 묻는 소송을 수행하는 사태가 생길 수 있으며, 손회사까지 포함시킨다면 이에 더하여 甲주주는 B회사가 1주만 가진 C회사의 이사의 책임을 묻는 소송을 수행하는 결과를 허용하는데, 불합리함은 물론이다. 요건 이하로 지분이 감소된 주주에게 소송수행을 허용하는 것(403조 5항)도 타당성을 결하였지만, 이미 모자관계가 끊어진 회사간에 舊모회사 주주의 대표소송을 유지시키는 것은 더욱이나 명분없는 제도이다. 제406조의2 제 4 항은 삭제되어야 한다.

2) 해소시기의 문제 상법 제406조의2 제 4 항의 법문 중 "제 1 항의 청구를 한 후"란 「모회사의 주주가 자회사에 대해 이사에 대한 소제기를 청구한 후」를 뜻하는데, 이 문언대로라면 모회사의 주주가 자회사에 소제기를 청구할 때에만 모자관계를 요하고, 청구 후에는 모자관계가 해소되더라도 주주는 다중대표소송을 제기할 수 있다는 의미이다. 그리하여 모자관계도 없는 회사간에 일방회사의 주주가 타방회사의 이사를 상대로 대표소송을 제기하는 불합리한 결과를 용인한다. 같은 취지를 규정한 제403조 제 5 항의 법문과 비교하더라도 이는 입법착오임이 분명하므로 "제 1 항의 청구를 한 후"는 "다중대표소송을 제기한 후"로 읽어야 한다.

3) 모회사와 자회사의 특정 모회사의 주주가 직근의 자회사의 이사를 상대로 제기한 소송에서는 제406조의2 제 4 항에서 말하는 모회사와 자회사를 특정하는 데에 문제가 없다. 그러나 모회사의 주주가 손회사의 이사를 상대로 제기한 대표소송의 경우 모회사가 둘 혹은 그 이상 있을 수 있고 자회사도 둘 혹은 그 이상 있을 수 있으므로 제406조의2 제 4 항의 모회사와 자회사는 어느 회사를 가리키느냐는 의문이 제기된다. 예컨대 A, B(또는 B_1과 B_2 혹은 $\cdots B_n$), C회사가 모, 자, 손의 관계를 이루고 있고 A의 주주 甲이 C의 이사 乙을 상대로 대표소송을 제기한 상태에서 이들간에 지분의 변동이 있다고 하자. 제406조의2 제 4 항이 말하는 "자회사"가 손회사(C)를 가리킴에는 의문이 없다. C회사의 이사에 대한 대표소송이므로 주주와 C회사간의 연결소가 되는 모회사의 지분은 C에 대한 관계

에서 논해야 하기 때문이다. 그러나 모회사는 다음과 같이 여러 상황이 있을 수 있어 그 특정에 해석론이 필요하다.

i) 수직적 모자손관계의 경우　　모회사(A)가 손회사(C)의 지분을 갖지 않지만, 자회사(B)가 손회사의 모회사가 되므로 최상위의 모회사(A)가 손회사(C)의 모회사가 되는 경우를 수직적 모자손관계라 부르기로 하자. 이 경우 A는 C의 주식을 갖고 있지 않으므로 지분이 감소된다면 B가 C에 대해 가지는 지분의 감소가 있을 뿐이다. 수직적 모자손관계에서 손회사를 모회사의 자회사로 다루는 이유는 자회사가 손회사에 대해 갖는 지분은 모회사의 지배력에 복종하는 지분으로 모회사가 직접 가진 것과 기능적으로 같다고 보는 까닭이다. 그러므로 자회사가 다중대표소송의 이사가 속한 손회사에 대해 가지는 지분이 100분의 50 이하로 감소하는 것은 제406조의2 제 4 항이 말하는 모회사의 자회사에 대한 지분이 100분의 50 이하가 되는 경우에 포섭되는 것으로 해석해야 한다. 주식을 보유하지 않게 되는 경우도 같다.

ii) 복합적 모자손관계　　모회사(A)가 자회사(B) 혹은 수개의 자회사(B_1, B_2, $\cdots B_n$)와 더불어 손회사의 발행주식총수의 과반수를 소유하는 경우를 복합적 모자손관계라 부르기로 하자. 이 경우 모회사(A)와 손회사(C)간에 모자관계가 해소되는 사유는 A의 소유주식수가 감소하여 A, B등의 전체지분이 과반수에 미달하게 되는 경우와 B등의 지분이 감소하여 A, B등 전체의 지분이 과반수에 미달하게 되는 경우가 있다. 복합적 모자손관계의 경우 역시 법률상 자회사들의 지분을 모회사의 지배력으로 포섭시켜 손회사를 모회사의 자회사로 보는 근거로 삼는 바이므로 자회사의 손회사에 대한 지분의 감소는 제406조의2 제 4 항이 말하는 모회사의 소유주식이 감소하는 것에 포함된다고 보아야 한다.

iii) 기초 모자관계의 해소　　그런데 모회사(A)가 자회사(B)에 대해 가진 지분이 100분의 50 이하로 감소하는 경우에는 어떻게 되는가? 예컨대 A→B→C의 수직적 모자손관계에서 A의 주주 甲이 C의 이사 乙을 상대로 대표소송을 제기하였는데, A가 소유하는 B주식이 100분의 50 이하로 감소하거나 전무하게 되어 A와 B의 모자관계가 해소되었다면 甲의 대표소송에 어떤 영향을 미치느냐는 문제이다. 복합적 모자손관계에서 A와 B간의 모자관계가 해소되는 것도 같은 성격의 문제이다. 제406조의2 제 4 항은 이 점은 다루고 있지 않다. A와 B간의 모자관계가 해소된다면 다중대표소송의 원고와 피고간에 "모회사"의 주주와 "자회사"의 이사라는 다중대표소송의 기초적인 요건을 결하게 되므로 제406조의2 제 4 항과 같은 명문의 규정이 없는 이상 갑의 대표소송은 제소요건을 결한 부적법한 소송으로 다루어야 한다.

(4) 절 차

다중대표소송은 책임추궁의 대상이 되는 이사가 속한 자회사의 본점소재지의 지방법원의 관할에 전속한다(406조의2 5항). 자회사는 제소주주가 악의임을 소명하여 법원에게 제소주주에게 담보제공을 명하도록 청구할 수 있으며(406조의2 3항 → 176조 3항 · 4항), 자회사는 다중대표소송에 참가할 수 있고, 제소주주는 자회사에 소송을 고지해야 하고(406조의2 3항 → 404조), 제소주주가 승소할 경우 자회사에 소송비용을 청구할 수 있고(406조의2 3항 → 405조), 다중대표소송이 원고와 피고의 공모로 회사의 권리를 사해할 목적으로 제기된 것이고 그같이 판결이 이루어진 경우에 자회사 또는 모회사의 다른 주주 또는 자회사의 다른 주주가 재심의 소를 제기할 수 있는 것(406조의2 3항 → 406조)도 일반 대표소송과 같다. 다중대표소송 역시 법원의 허가없이는 소의 취하, 청구의 포기 · 인락 · 화해를 할 수 없다(406조의2 3항 → 403조 6항).

(5) 적용범위

다중대표소송은 자회사의 이사 외에도 자회사의 발기인, 업무집행관여자, 집행임원, 감사, 청산인 등의 책임을 추궁하기 위하여도 제기할 수 있다(324조 · 401조의2 1항 · 408조의9 · 415조 · 542조 2항). 일반 대표소송은 현저히 불공정한 가액으로 신주를 인수한 자의 차액반환책임, 주주의 권리행사와 관련하여 회사로부터 이익을 공여받은 자의 반환책임을 추궁하기 위해서도 제기할 수 있으나(424조의2 2항 · 467조의2 4항 → 403조), 다중대표소송은 이 같은 목적으로는 제기할 수 없다.

X. 직무집행정지 및 직무대행자

1. 의 의

특정 이사의 지위에 다툼이 있어 장차 당해 이사의 지위가 박탈될 가능성이 있음에도 불구하고 당해 이사로 하여금 직무를 계속 수행하게 한다면 회사의 업무집행이 적정을 잃을 위험이 있다. 이런 경우 일시적으로 이사의 직무수행권한을 정지시키는 것이 직무집행정지가처분이라는 제도이다. 그리고 이로 인해 이 경우 직무수행자가 부재하여 회사의 정상적인 운영이 어려워지는 일이 없도록 직무를 대신할 자로 선임되는 자가 직무대행자이다. 상법은 이사에 관하여 제

407조와 제408조를 두고 감사, 청산인 기타 지위에 있는 자에 대하여 이를 준용하고 있다(후술).

2. 직무집행정지가처분

(1) 성　　질

민사집행법 제300조 제 2 항은 쟁의 있는 권리관계에 대하여 「임시의 지위」를 정하기 위한 가처분제도를 두고 있다. 통설 · 판례는 상법 제407조의 이사의 직무집행정지가처분도 보전소송으로서 민사집행법상의 통상의 임시의 지위를 정하기 위한 가처분의 하나로 본다(대법원 1972. 1. 31. 선고 71다2351 판결). 따라서 이사의 직무집행정지가처분은 민사집행법상의 가처분에서와 같이 보전의 필요성이 있어야 하며, 그 절차는 민사집행법상의 가처분의 절차에 의한다.

(2) 가처분의 요건

1) 본안소송의 제기　　이사의 직무집행정지가처분을 신청하기 위해서는 이사의 지위를 다투는 본안소송이 제기되어 있어야 한다. 이사의 지위를 다투는 소송이어야 하므로 이사에 대한 손해배상청구와 같은 채권적 권리를 소송물로 하는 본안소송에 기해서는 직무집행정지가처분을 신청할 수 없다(대전지법 강경지원 1989. 3. 15.자 88카608 결정). 상법은 그 본안소송으로서 이사선임(주총)결의의 무효의 소(380조), 취소의 소(376조 1항), 이사해임의 소(385조 2항)를 열거하고 있다(407조 1항 본). 이사선임결의의 부존재확인의 소도 당연히 가처분의 본안소송으로 보아야 한다(대법원 1989. 5. 23. 선고 88다카9883 판결).

이 밖에도 대표이사가 직무집행정지가처분의 대상인 경우 대표이사를 선정한 이사회 결의(또는 주주총회의 결의)의 효력을 다투는 소도 가처분신청의 전제가 되는 본안소송으로 보아야 한다.[1]

본안소송의 소송물이 가처분의 피보전권리와 동일하여야 함은 보전소송의 일반원칙으로서 이사의 직무집행정지가처분에도 적용된다. 회사설립무효의 소(328조 1항)가 제기된 경우에도 회사법률관계의 진전을 막기 위해 가처분이 허용되어야 할 것이라는 주장이 있으나[2] 소송물의 동일성을 인정할 수 없으므로 찬성하기 어렵다.

2) 본안 前의 가처분　　예외적으로 「급박한 사정이 있는 때」에는 본안소

1) 康鳳洙, "理事等의 職務執行停止 · 職務代行者 選任의 假處分," 「裁判資料」 제38집, 222면; 金敎昌, "理事의 職務執行停止 등 假處分," 「會社法의 諸問題」, 331면.

2) 金敎昌, 前註.

송의 제기 전에도 가처분을 할 수 있다(407조 1항 단). 「급박한 사정」이란 본안 전임에도 가처분을 해야 할 사정을 뜻한다. 즉 이사의 직무수행의 현황에 비추어 본안소송까지 기다릴 여유가 없는 경우이다. 이 경우 판례는 보전의 필요성을 인정하는 데에 신중을 기해야 한다는 이유에서 특별히 급박한 사정이 없는 한 이사해임의 소 등 본안소송을 제기할 수 있을 정도의 절차요건을 거친 흔적이 소명되어야 본안전가처분의 필요성을 인정할 수 있다고 한다(대법원 1997. 1. 10. 자 95마837 결정).

급박한 사정이 있어 본안 전에 가처분을 신청하더라도 일반적인 보전소송의 예에 따라 채무자(피신청인)의 신청이 있을 경우 법원은 신청인에게 상당한 기간 내에 본안의 소를 제기할 것을 명하여야 할 것이며(민집 301조 → 287조 1항), 이 기간 내에 소제기가 없으면 피신청인의 신청에 의해 가처분을 취소하여야 한다(민집 301조 → 287조 3항).

3) 이사의 지위유지 가처분신청의 대상인 이사가 가처분시까지 그 지위를 유지하여야 한다. 만일 가처분 전에 이사가 사임하거나 기타 사유로 퇴임한다면 피보전권리가 없게 되므로 가처분신청을 각하하여야 한다. 이사가 사임하면 동일인이 새로운 주주총회에서 이사로 선임되었다 하더라도 본안소송과 관련된 피보전권리가 없으므로 기각해야 한다(대법원 1982. 2. 9. 선고 80다2424 판결).

가처분신청의 대상인 이사는 본안소송으로 그 지위를 다투는 것을 전제로 하므로 상법 제386조 제 1 항에 의한 퇴임이사는 가처분신청의 대상이 될 수 없다. 퇴임이사를 직무에서 배제하고자 할 경우에는 상법 제386조 제 2 항에 의해 법원에 일시 이사의 직무를 행할 자의 선임을 청구하면 족하기 때문이다(대법원 2009. 10. 29.자 2009마1311 결정).[1)·2)]

4) 보전의 필요 일반적으로 가처분은 권리보전의 필요가 있어야 한다. 민사집행법상 임시의 지위를 정하는 가처분의 경우 「保全의 必要」란 「특히 계속하는 권리관계에 현저한 손해를 피하거나 급박한 위험을 막기 위하여 또는 그 밖

---

1) 다만 상법 제386조 제 1 항의 퇴임이사가 불필요한 상황에서 퇴임한 이사가 이사의 직무를 수행할 경우(예: 이사가 퇴임할 당시 다른 이사들로 이사의 정원을 충족함에도 불구하고 퇴임한 자가 이사의 직무를 수행하는 경우) 그에 대해 이사로서의 권리의무의 부존재확인을 청구하는 권리를 피보전권리로 하여 그의 직무집행의 정지를 구하는 가처분은 허용된다(동 판결). 하지만 이 가처분은 민사집행법 제300조 제 2 항에 의한 일반 임시의 지위를 정하는 가처분이고, 상법 제407조의 직무집행정지가처분은 아니다.

2) 하급심판결 중에는 선임에 법적 하자가 있는 이사가 사임을 하고 퇴임이사가 된 경우에는 본문의 대법원판례는 적용되지 않는다고 한 예가 있다(인천지법 2014. 8. 16.자 2014카합1059 결정). 즉 직무집행정지가처분의 대상이 된다는 것이다. 반대의 결정례도 있다(수원지법 성남지원 2014. 3. 27.자 2013카합600014 결정).

의 필요한 이유」를 말한다(민집 300조 2항 단). 이사의 직무집행정지가처분도 통상의 임시의 지위를 정하는 가처분의 하나로 보므로 역시 보전의 필요가 있어야 한다.[1] 따라서 이사의 직무수행으로 인해 회사에 특히 큰 손해가 초래된다든지(현저한 손해), 직무수행의 내용으로 보아 그대로 방치하면 본안판결을 받더라도 이를 무익하게 한다든지(급박한 위험), 기타 이에 준하는 사유가 있을 때(그 밖의 필요한 이유)에 가처분을 할 수 있다. 보전의 필요성을 판단함에 있어, 일반적인 가처분에 있어서와 달리, 가처분채권자의 손해가 아니라 회사의 손해가 판단의 기준이 됨을 주의해야 한다. 이는 가처분신청이 주주 등 신청인(가처분채권자)의 회사에 대한 공익권의 행사이기 때문이라는 것이 일반적인 설명이다. 이와 달리 보전의 필요성의 판단에 있어서는 가처분채권자의 이익도 고려해야 한다는 설도 있다.[2]

보전의 필요가 없는 한 이사의 선임결의에 하자가 있더라도 가처분을 할 필요는 없다.[3]

보전의 필요성은 가처분을 신청하는 자가 소명하여야 한다(민집 301조 → 279조 2항).

⑶ **당 사 자**

본안소송 중에 가처분을 신청할 수 있는 자는 본안소송의 원고임이 법문상 명백하다(407조 1항에서 「당사자의 신청에 의하여」라고 표현하고 있다). 본안소송 전에는 본안소송의 원고가 될 자가 신청할 수 있다.

피신청인은 신청인의 주장에 의해 지위가 다투어지는 자(예컨대 해임소송에서 해임되어야 할 것으로 주장되는 이사)이며, 회사는 피신청인이 될 수 없다(대법원 1972. 1. 31. 선고 71다2351 판결; 동 1982. 2. 9. 선고 80다2424 판결). 이로 인해 본안소송의 피고와 가처분신청의 피신청인이 달라지고, 회사는 자신이 당사자가 아닌 직무집행정지결정의 기판력을 받게 되는 모순이 생겨난다.[4]

---

1) 이사의 직무집행정지가처분은 특수한 가처분으로서 보전의 필요를 요하지 않는다는 설도 있다(山口幸五郎, "商法における取締役の假處分に關す若干の問題," 服部榮三, 「會社法提要」, 215면).

2) 新谷勝, 「會社訴訟 · 假處分の理論と實務」, 2007, 205면.

3) 대법원 1991. 3. 5.자 90마818 결정: 이사의 선임결의에 하자가 있기는 하나, 발행주식의 60% 이상을 소유한 대주주에 의해 선임된 이사에 대해서는 직무집행정지가처분을 할 필요성이 없다고 본 예.

4) 상법 제407조는 2005년 이전 일본상법 제270조를 모법으로 한다. 일본에서는 피신청인을 직무정지의 대상이 되는 이사로 해야 한다는 설, 회사로 해야 한다는 설, 회사와 이사 쌍방으로 해야 한다는 설이 대립해 온 가운데, 통설은 회사와 이사 쌍방을 피신청인으로 해야 한다는 입장을 취하였다(日注釋(6), 409면). 현행 회사법에서는 동 조문이 삭제되고, 직무집행정지가처분은 민사소송법상의 일반가처분사건으로 다루지만, 여전히 회사와 이사 쌍방을 피신청인으로 하고 있다(江頭, 423면).

(4) 절 차

1) 가처분 절차 관할은 본안소송의 관할법원에 속하며(민집 303조), 기타 절차는 모두 민사집행법상의 가처분절차에 따른다.

2) 가처분의 취소 법원은 당사자의 신청에 의하여 가처분을 변경 또는 취소할 수 있다(407조 2항). 이 변경 또는 취소도 역시 민사집행법상의 같은 절차에 따른다(민집 307조 · 301조 → 286조 · 288조)(손주찬 767; 정동윤 603).

3) 등 기 가처분 또는 가처분의 변경 · 취소가 있는 때에는 본점소재지에서 등기하여야 한다(407조 3항). 가처분은 제 3 자의 이해관계에도 영향을 미치므로 이를 공시할 필요가 있기 때문이다.

(5) 직무집행정지가처분의 효력

직무집행이 정지된 이사는 일체의 직무집행을 할 수 없다. 가처분의 효력은 제 3 자에게도 미치므로 직무집행이 정지된 이사가 한 직무집행은 (절대)무효이며, 후에 가처분이 취소되더라도 소급하여 유효해질 수 없다(대법원 2008. 5. 29. 선고 2008다4537 판결). 그러나 직무집행정지가처분 및 직무대행자선임은 등기할 사항이므로(407조 3항), 이를 등기하지 않은 경우에는 선의의 제 3 자에게 대항하지 못한다(대법원 2014. 3. 27. 선고 2013다39551 판결).

직무집행이 정지된 이사가 주주총회에서 다시 이사로 선임되더라도 직무집행정지가처분이 취소되지 않는 한 이사의 권한을 행사할 수 없다(대법원 2014. 3. 27. 선고 2013다39551 판결).

직무집행정지가처분은 기간을 정한 때에는 그 기간이 만료함으로써 효력을 상실하고, 기간을 정하지 아니한 때에는 본안소송의 판결이 확정됨과 동시에 효력을 상실한다(대법원 1989. 5. 23. 선고 88다카9883 판결; 동 1989. 9. 12. 선고 87다카2691 판결).

직무집행정지가처분이 있더라도 이사 또는 대표이사는 직무집행에서만 제외될 뿐 이사 또는 대표이사의 지위를 잃는 것은 아니며, 이사의 임기도 영향을 받지 않는다. 즉 가처분으로 인해 임기가 정지되거나, 가처분이 존속하는 기간만큼 임기가 연장되는 것이 아니다(대법원 2020. 8. 20. 선고 2016다249148 판결). 물론 그 이사나 대표이사는 사임할 수 있고, 주주총회는 그를 해임할 수 있다.

3. 직무대행자

(1) 선 임

법원은 이사의 직무집행정지가처분과 함께 직무대행자를 선임할 수 있다(407조 1항 전). 이것도 가처분의 내용으로서 하는 것이다. 그러나 직무대행자는 이사의 직무집행정지로 인한 회사운영의 공백을 메우기 위해 선임하는 것이므로 그러한 필요가 있지 않은 한 반드시 선임하여야 하는 것은 아니다. 일부 이사의 직무집행이 정지되더라도 나머지 이사만으로 회사의 업무집행에 지장이 없을 때에는 굳이 선임할 필요가 없을 것이다. 한편 직무집행정지를 하지 않고 직무대행자만 선임할 수는 없다.

직무대행자의 선임에 관한 재판은 이유를 붙인 결정으로 하는데, 신청을 허가하는 재판에 대하여는 불복할 수 없다(비송 84조 → 81조 1항 · 2항). 법원은 직무대행자의 선임에 있어 신청인의 추천에 구속받지 아니한다(대법원 1985. 5. 28. 자 85그50 결정).

직무대행자의 자격에는 제한이 없으나, 직무집행정지가처분에 의하여 직무집행이 정지된 이사 또는 감사를 재차 직무대행자로 선임할 수는 없다(대법원 1990. 10. 31.자 90그44 결정).

직무대행자의 선임은 등기하여야 한다(407조 3항).

(2) **직무대행자선임의 효력**

일단 직무대행자를 선임하면 이사의 직무집행이 정지됨은 물론, 직무집행이 정지된 이사가 퇴임하고 後任理事가 선임되더라도 가처분이 취소되기까지는 직무대행자의 권한이 존속한다. 이를 소멸시키기 위해서는 가처분이 취소되어야 하며, 그 때까지는 후임자가 권한을 행사할 수 없다. 그러므로 직무집행이 정지된 이사 또는 그 후임자가 한 대외적 행위는 무효이고 상대방이 선의라도 유효를 주장하지 못한다(판례 [102]).

한편 직무대행자가 선임된 후 회사가 해산하면 同대행자가 바로 청산인의 직무대행자가 되고(531조 1항), 그 대행자의 선임이 취소되지 않는 한 새로이 청산인의 직무대행자를 선임할 수 없다(대법원 1991. 12. 24. 선고 91다4355 판결).

판 례

[102] 대법원 1992. 5. 12. 선고 92다5638 판결

「대표이사의 직무집행정지 및 직무대행자선임의 가처분이 이루어진 이상 그 후 대표이사가 해임되고 새로운 대표이사가 선임되었다 하더라도 가처분결정이 취소되지 아니하는 한 직무대행자의 권한은 유효하게 존속하는 반면 새로이 선임된 대표이사는 그 선임결의의 적법 여부에 관계 없이 대표이사로서의 권한을 가지지 못한다 할 것이고, 한편 위 가처분은 그 성질상 당사자 사이에서뿐만 아니라 제 3 자에게도 효력이 미치므로, 새로이 선임된 대표이사가 위 가처분에 반하여 회사 대표자의 자격에서 한 법률행위는 결국 제 3 자에 대한 관계에서도 무효이고(당원 1991. 12. 24. 선고 91다4355 판결 참조), 이

때 위 가처분에 위반하여 대표권 없는 대표이사와 법률행위를 한 거래상대방은 자신이 선의였음을 들어 위 법률행위의 유효를 주장할 수는 없다고 할 것이다.」

[同旨판례] 대법원 2014. 3. 27. 선고 2013다39551 판결; 동 1997. 9. 9. 선고 97다12167 판결(청산인의 직무대행자를 선임한 후 주주총회에서 회사계속의 결의가 있고 이사와 감사를 선임했다 하더라도 청산인 직무대행자의 권한이 소멸되는 것이 아니라는 취지)

(3) 권 한

직무대행자는 직무집행이 정지된 이사의 권한을 행사한다. 그러나 직무대행자는 임시의 지위이므로 가처분명령에 다른 정함이 없는 한 회사의 「常務」에 속하지 아니한 행위는 법원의 허가를 얻은 때에 한해 할 수 있다(408조 1항 단).

1) 상무의 범위 어떠한 업무가 常務에 속하는가에 관해 해석상 의문이 있다. 이는 「일상의 업무」라는 말을 줄인 것이나 그 뜻이 명확하지는 않다. 상무의 범위는 직무대행자의 지위가 직무집행이 정지된 이사의 지위를 임시관리하는 것임을 염두에 두고 정해야 한다. 우선 직무집행이 정지된 이사의 권한을 넘을 수 없음은 당연하다. 그리고 지위의 성격상 회사의 정상적인 운영에 있어 최소·불가피한 관리업무만 할 수 있다고 해석한다(대법원 1970. 4. 14. 선고 69다1613 판결은 소송대리를 위임하고 보수계약을 체결하는 행위는 회사의 상무에 속한다고 하였다. 同旨: 대법원 1989. 9. 12. 선고 87다카2691 판결). 판례는 「常務」를 「회사의 영업을 계속함에 있어 통상의 업무범위 내의 사무, 즉 회사의 경영에 중요한 영향을 미치지 않는 보통의 업무」라고 정의한다(대법원 1991. 12. 24. 선고 91다4355 판결). 주로 회사의 목적사업의 수행을 위한 기본적인 관리업무를 뜻하는 것으로 이해된다. 따라서 신주발행·사채발행·영업양도와 같은 조직법적 변경을 가져오는 행위나 중요재산의 처분, 목적사업의 변경과 같은 비일상적인 위험을 수반하는 행위는 할 수 없다고 본다.

주주총회의 소집의 常務性

주주총회의 소집은 상무에 속하는가? 일본에서는 정기총회의 소집은 상무에 속하나, 임시총회의 소집은 상무에 속하지 않는다는 것이 통설·판례이다.[1)] 정기총회는 재무제표의 승인 등 정기적인 업무를 의안으로 함에 대해 임시총회는 돌출적인 업무를 의안으로 하는 것임에 착안한 것이나, 우리 판례는 정기총회라 하더라도 그 의안이 상무에 속하지 않을 경우에는 법원의 허가를 요한다고 한다(판례 [103]). 정기총회와 임시총회에 따라 의안이 차별화되는 것이 아님을 감안하면 우리 판례가 논리적이다. 그

1) 日注釋(6), 419면. 임시총회의 소집이 소수주주권의 행사에 기한 것이라도 법원의 허가대상이라고 한다(日最高裁 1975. 6. 27. 판결, 民集 29권 6호 879면).

러나 직무대행자의 권한을 상무로 제한하는 이유가 주주의 의사에 기반을 둠이 없이 선임된 자(직무대행자)에 의해 회사의 중대한 이해가 창출되는 것을 예방하고자 함에 있음을 감안하면 임시총회이든 주주총회이든 그 소집을 직무대행자의 권한에서 제외함은 불필요한 제한이다. 의안이 어떤 것이든 주주총회의 소집 자체로서는 회사의 현실적인 이해에 변화를 주는 바 없고, 궁극적인 의사결정은 주주에 의해 통제되기 때문이다.

판 례

[103] 대법원 2007. 6. 28. 선고 2006다62362 판결

「… 직무대행자가 정기주주총회를 소집함에 있어서도 그 안건에 이사회의 구성 자체를 변경하는 행위나 상법 제374조의 특별결의사항에 해당하는 행위 등 회사의 경영 및 지배에 영향을 미칠 수 있는 것이 포함되어 있다면 그 안건의 범위에서 정기총회의 소집이 상무에 속하지 않는다고 할 것이고, 직무대행자가 정기주주총회를 소집하는 행위가 상무에 속하지 아니함에도 법원의 허가 없이 이를 소집하여 결의한 때에는 소집절차상의 하자로 결의취소사유에 해당된다고 할 것이다.」

2) 행위제한의 대상 　상법 제408조 제 1 항은 업무의 집행행위에만 적용되는 것이 아니고, 이사회에서의 의사결정에도 적용된다. 따라서 직무대행자는 상무에 속하지 아니하는 이사회의 의사결정에서는 의결권을 행사할 수 없다. 예컨대 신주발행을 위한 결의, 사채의 발행을 위한 결의, 대표이사의 선임을 위한 결의와 같다. 직무대행자가 타인(예컨대 가처분신청인)에게 직무대행자로서의 권한을 위임하는 것은 가처분명령의 취지에 위배되므로 허용될 수 없다(대법원 1984. 2. 14. 선고 83다카875 · 876 · 877 판결).

3) 위반행위의 효력 　직무대행자가 법원의 허가 없이 常務에서 벗어난 행위를 한 경우에도 회사는 선의의 제 3 자에 대하여 책임을 진다(408조 2항). 제 3 자가 자신이 선의이었음을 증명하여야 한다(대법원 1965. 10. 26. 선고 65다1677 판결). 거래의 안전을 위한 규정이다. 이로 인해 회사에 손해가 생기면 상법 제399조를 준용하여 직무대행자가 손해배상책임을 진다고 본다(손주찬 766; 정동윤 603; 최기원 596).

(4) 직무대행자의 책임

직무대행자가 그 직무의 수행에 관한 고의 · 과실로 회사 또는 제 3 자에게 손해를 가했을 경우, 명문의 규정은 없지만, 책임의 본질은 이사의 책임과 동일하므로 제399조와 제401조를 직무대행자에게 유추적용하는 것이 옳다.[1)]

1) 일본에서의 통설이다(日注釋(6), 422면).

4. 기타 지위에의 준용

감사, 청산인 및 유한회사의 이사 · 감사 · 청산인에 대하여도 상법 제407조가 준용되고, 감사를 제외하고는 제408조도 준용된다(415조 · 415조의2 7항 · 542조 2항 · 567조 · 570조 · 613조 2항).

XI. 집행임원

(1) 의　　의

집행임원이란 회사의 선택에 따라 대표이사에 갈음하는 기구로 설치되어 회사의 업무집행과 회사 대표에 관한 권한을 행사할 수 있는 기관이다(408조의2 1항 · 408조의4). 2011년 상법 개정시 주로 주식회사의 지배구조의 개선책의 하나로서 신설된 제도이다.

상법상의 집행임원은 종전의 기업실무에서 관행적으로 운영되어 오던 집행임원과는 구별해야 한다. 회사실무에서는 이사가 아닌 자에게 부사장, 전무, 상무 등의 명칭을 부여하며 회사의 경영을 맡기는 예가 흔하다. 이들을 흔히 「집행임원」이라 불러왔다. 상법상의 이사는 여러 가지 법적인 제약을 받으므로 사외이사를 포함하여 최소한의 수의 이사만 두고, 대표이사가 지휘하는 실무적인 경영조직은 이 집행임원으로 구성하여 의사결정과 업무집행의 기동성을 추구하는 것이다. 상법상의 「집행임원」은 대표이사를 갈음하여 회사와 위임관계에 있는 기관임에 대해, 실무상의 집행임원의 법적 신분은 사용인이다.[1] 기업계에서는 과거의 집행임원을 상법상의 집행임원과 구별하여 「경영임원」이라 부르는데, 이 책에서도 같은 용어를 쓰기로 한다.

입법의 배경

입법실무자들은 이 제도를 도입한 배경을 다음과 같이 설명한다.[2]

첫째, 상장회사에서는 일정비율 이상의 설치가 의무화되어 있는 독립이사의 수를 최소화하기 위해 등기이사의 수를 대폭 축소하는 대신, 정관이나 내규에 의하여 경영임원을 두고 실제는 등기이사의 직무를 수행시키고 있으면서도 그 권한과 책임과 관련하여 법률상 근거가 없어 문제가 되고 있으므로 이를 법제화할 필요가 있다.

1) 근로기준법상의 지위는 대법원 2005. 5. 27. 선고 2005두524 판결 참조.

2) 2008 법사위 검토보고, 160-163면. 상세는 김태진, "개정 상법상의 집행임원제 운용을 위한 법적 검토," 「商硏」, 제30권 2호(2011), 1면 이하; 정찬형, "한국 주식회사에서의 집행임원에 대한 연구," 「고려법학」, 제43호(2004) 참조.

둘째, 경영임원의 의무와 책임 등을 명확히 함으로써, 경영임원의 지위를 둘러싸고 회사와 경영임원 간에 야기되는 문제[1]를 해소하고, 경영활동의 안정화를 기하며, 제 3 자의 보호를 충실히 한다.

셋째, 현행 이사회에는 업무집행기능과 업무감독기능이 함께 부여되어 있으므로 업무집행기능을 분리하여 집행임원에게 맡기고, 이사회는 업무감독기능에 충실하도록 한다.[2]

집행임원 제도에 대해서는 경제계가 강하게 반대하여, 개정법시안중의 핵심적인 쟁점사항의 하나이었다.[3] 그러나 설치론이 우세하여 2011년 상법개정시 집행임원제가 설치되기는 했으나, 후술하는 바와 같이 입법취지를 관철할 수 있는 부수적인 장치들이 결여되어 있어, 입법목적을 만족시킬 수 있을지 의문시된다.

(2) 입 법 례

집행임원제도는 사외이사(outside directors), 각종 위원회(committees), 집행임원(officers)을 요소로 하는 미국기업의 지배구조에 연원한다. 그러나 상법상의 집행임원제도는 직접적으로는 이러한 미국식 제도를 기업지배구조의 한 선택지로서 수용한 일본 회사법의 관련 규정들을 본받은 것이다.[4] 일본에서의 집행임원제는 미국기업의 지배구조와 같이 사외이사 및 위원회와 결합하여 그 의의를 갖는다.[5] 이사회는 업무집행과 경영의 의사결정을 대폭적으로 집행임원에게 위임함으로써 신속하고 기동적인 경영이 이루어지도록 하고(日會 416조 4호), 스스로는 집행임원의 감독기관으로 특화하며, 이사회의 감독이 실효성을 갖도록 하기 위해 이사회 내에 지명위원회(주주총회에 제출하는 이사의 선임·해임의 안을 다룬다), 감사위원회(감사를 갈음한다), 보수위원회(집행임원의 보

---

1) 그 예로 대법원판례가 경영임원에 대하여 주주총회에서 선임되지도 않았고, 등기도 되지 않았다는 이유로 이를 근로자로 보고 회사가 실적부진 등을 이유로 경영임원을 해임한 경우 노동법상 부당해고라 판시함에 따라 회사와 경영임원간에 분쟁이 발생하고 있음을 들고 있다(대법원 2003. 9. 26. 선고 2002다64681 판결)(2008 법사위 검토보고, 161면).

2) 이 점에 관해 다음과 같이 우리나라의 기업의 지배구조의 보편적 현상을 논거로 제시한다.
「회사법상 대표이사가 업무집행권과 대표권을 가지고 이사회는 대표이사의 업무집행을 감독하는 구조이지만, 대표이사 등의 최고경영자가 이사회도 지배하고 있는 실정이고, 특히 우리나라는 지배주주나 재벌오너 등이 이사회를 지배하고 결정을 주도하므로 이사회의 경영진에 대한 감독은 형해화될 수밖에 없는 것이 현실이라는 점에서 이사회의 기능 중 업무집행기능을 분리하여 집행임원에게 전담하게 하고 이사회는 중요한 전략적 의사결정과 업무집행에 관한 감독기능만을 담당하는 효율적인 지배구조로 개선하고자 집행임원제도를 도입하려는 것이다」(2008 법사위 검토보고, 163면).

3) 前註.

4) 일본은 이 제도를 회사법 제정 이전인 2002년 개정상법에서 도입하였다.

5) 그러므로 일본회사법에서는 위원회를 설치하는 회사(위원회설치회사)가 집행임원을 둔다는 구조로 설계되어 있다(日會 402조 1항).

수를 결정한다)라는 강력한 권한을 가진 위원회를 두는 것이다(日會 404조 1항·2항·3항). 그리고 위원회의 독립성과 중립성을 위해 위원의 과반수는 사외이사로 구성한다(日會 400조 3항).

이러한 지배구조는 일반회사의 경우 회사의 업무집행을 감독하는 이사회가 동시에 업무집행을 결정한다는 자가당착적 문제점이 해소되고, 의사결정의 형식에 제한받지 않는 집행임원에 의해 기동적인 경영의사결정이 이루어지며, 위원회를 활용한 이사회의 감독이 효율을 발휘할 것이라는 기대에서 만들어진 것이다.[1)]

그러나 이같이 장점을 돌출시켜 설명하지만, 일본에서도 집행임원제도(위원회제도)를 채택한 회사는 소수에 그치며, 채택한 후에 다시 일반 회사로 돌아오는 예도 상당수 있는 것을 보면 일본에서의 시행은 성공적이지 못한 듯하다.[2)]

(3) 집행임원의 위상

입법취지의 핵심은 기존의 경영임원을 상법상의 기관으로 부상시키고, 그 권한과 책임을 조직법적으로 관리한다는 것으로 요약할 수 있다. 그러나 현실로 입법된 내용은 당초의 입법취지와는 동떨어진 것으로, 단지 종래의 대표이사의 변형을 선택지로 제시한 데 지나지 않는다. 뿐만 아니라 집행임원제도는 대표이사제도에 대해 비교우위를 인정하기 어려워 실효성을 인정하기 어렵다.[3)] 이하 상법상의 집행임원의 기관적 위상을 검토한다.

1) 설치의 任意性 회사는 집행임원을 둘 수 있는데, 집행임원을 둘 경우에는 대표이사를 두지 못한다(408조의2 1항 후). 즉 회사는 종래의 대표이사와 집행임원 중 하나를 업무집행기구로서 자유로이 선택할 수 있는 것이다.

2) 대표이사와의 차별성 집행임원제도에 관해 특히 회의적인 것은 다음에 지적하는 바와 같이 종래의 대표이사와 차별화되지 않는다는 것이다.

첫째, 집행임원은 대표이사와 마찬가지로 이사회에서 선임된다. 다만 대표이사는 이사 중에서 선임되지만, 집행임원은 이사 아닌 자로도 선임할 수 있다는 점이 대표이사제에 대한 특색이다. 둘째, 집행임원의 권한도 대표이사와 마찬가

---

1) 會社法大系(3), 337면.

2) 2011년 7월 1일 현재 일본에서 위원회설치회사를 채택한 회사는 89개사에 불과하다고 한다. 참고로 일본 동경증권거래소 1부, 2부 및 머더스 거래소 상장회사만 하더라도 2,282개사에 달하므로 채택한 비율은 매우 낮은 것이다. 한편 과거 채택했다가 다시 일반 회사로 복귀한 회사도 49개사에 달한다고 한다(김태진, 전게논문, 20면에서 인용).

3) 정준우, "2011년 개정상법상 집행임원의 법적 지위에 관한 비판적 검토," 「漢陽法學」 제35집(2011), 449면 이하: 집행임원의 권한, 의사결정방법에 있어서 법의 모순, 규정의 흠결로 인해 입법취지의 달성이 어렵다고 비판한다.

지로 회사의 업무집행을 하는 것이고, 이사회가 집행임원에 대해 감독권을 행사하는 것도 종래의 이사회와 대표이사의 관계와 같다.

이사회가 집행임원에게 업무집행에 관한 의사결정을 위임할 수 있지만, 법상 이사회의 의사결정사항이 제외된다는 점에서 대표이사에 대한 위임의 폭과 크게 다를 바 없다. 다만 집행임원에게는 이사회의 업무집행결정사항에 속하는 개별사항(393조 1항에 열거된 것. 후술)을 위임할 수 있다는 뜻으로 이해되므로 이 점에서 대표이사에 비해 위임할 수 있는 범위가 크다고 할 수 있다. 셋째, 대표집행임원에 대해서는 상법에 다른 규정이 없는 한 대표이사에 관한 규정을 준용하는데(408조의5), 이 점이 더욱이나 집행임원과 대표이사의 차별성을 축소시키는 요인이다.

그리고 상법 제408조의2 제 3 항 제 4 호가 정하는「의사결정의 위임」의 구체적인 내용은 이사회에 강행적으로 요구되는 바 없으므로 이사회가 그 범위를 자유롭게 정할 수 있다는 점에서 회사의 지배 · 소유구조에 따라 집행임원제는 다양한 모습으로 운영될 것임을 짐작케 한다.

3) 위원회 제도의 결여 일본에서의 집행임원제도는 이론적으로는 위원회설치를 전제로 하며, 위원회의 강력한 권한이 이사회의 감독에 실효성을 부여하는 근거가 되고, 다시 이 점을 바탕으로 해서 이사회는 감독기관으로 특화되면서 집행임원에게 자기의 권한을 대폭 위양할 수 있는 것이다. 우리 상법상의 집행임원제는 일본의 집행임원제와 특히 다를 바 없으므로 이 제도가 실용적 의의를 갖기 위해서는 위원회제도가 전제되어야 한다고 말할 수 있는데, 우리 상법에서는 위원회제도를 채택하지 않았으므로 제도의 기본구조에 이론적인 결함이 있을 수 있다.

4) 경영임원에 대한 영향 앞서 입법취지에서 지적된 바와 같이 특히 상장기업의 실무에서는 회사의 상위급 사용인 수인을「집행임원」혹은「비등기이사」등의 명칭으로 선발하여 회사의 경영실무에 속하는 업무집행을 맡기는 일이 흔하다. 이를 이른바 제도권의 지위로 양성화하자는 것이 집행임원제를 도입하는 동기의 하나이었음은 기술한 바와 같다.

그러나 상법상의 집행임원제도로는 경영임원의 기능을 대체할 수 없다. 우선 경영임원은 회사법적인 구속 없이 인력활용의 유연성을 기할 수 있다는 장점이 두드러지기 때문이다. 그리고 법상 경영임원을 신제도의 집행임원으로 전환시킬 강제수단도 없다. 그래서 집행임원제도를 채택하지 않는 회사에서는 물론, 채택하더라도 중간관리적인 경영업무는 같은 이름하에서이든 개량된 이름하에서이든 경영임원의 활용이 계속되리라 짐작된다.

(4) 선 임

1) 선임근거 상법은 집행임원제의 채택을 위해 정관의 근거나 주주총회의 결의를 요한다는 규정을 두지 않고, 단지 제408조의2 제 3 항에서 이사회의 권한사항의 하나로서 집행임원과 대표집행임원의 선임·해임을 규정하고 있다(동조항 1호). 이같은 규정의 현황만 보면, 회사는 정관의 근거없이 이사회결의만으로 업무집행기구를 대표이사 체제에서 집행임원 체제로 교체하거나 또는 반대로도 할 수 있다는 결론에 이른다. 집행임원의 선임 또는 해임 자체는 이사회의 결의로 할 수 있어야 하겠지만, 집행임원제의 도입이 회사의 지배구조의 변화를 가져오는 의미를 갖는다면 집행임원제의 채택 자체는 이사회의 결의가 아니라 좀 더 상위규범적인 결정에 의해야 옳다. 즉 정관에 규정을 두도록 하는 것이 가장 바람직하고, 최소한 주주총회의 결의를 거치도록 했어야 옳다.

정관에 이런 규정이 결여되어 있더라도 현재의 회사들이 집행임원제를 채택하려면 정관변경을 하지 않을 수 없다. 어느 회사에서나 어김없이 대표이사의 선임, 임기 그리고 이사회와의 관계 등을 정관에서 언급하고 있는데, 이 정관을 그대로 두고 이사회결의만으로 집행임원을 선임할 수는 없기 때문이다.

2) 원 수 집행임원은 1인 또는 수인을 선임한다(408조의 5 1항). 집행임원이 수인 있는 경우에는 이사회가 그 직무분담 등에 관해 결의하지 않는 한(408조의2 3항 5호 참조), 각자가 업무집행을 한다. 법상 집행임원의 회의체는 정해진 바 없지만 이사회의 결의로 또는 집행임원들이 자율적으로 집행임원의 업무집행방법으로서 집행임원 회의를 구성하여 운영할 수는 있다.

3) 임 기 임기는 2년을 초과할 수 없다(408조의 3 1항). 즉 2년 내의 기간으로 회사가 자유롭게 정할 수 있다. 그러나 정관에 그 임기 중의 최종 결산기에 관한 정기주주총회가 종결한 후 가장 먼저 소집하는 이사회의 종결시까지로 정할 수 있다(408조의 3 2항). 이 점 이사의 임기연장과 같다(383조 3항).

4) 자격·겸직 집행임원의 자격에 관해서는 특별한 제한이 없다. 이사가 집행임원을 겸할 수도 있다. 이 점에서도 종래의 대표이사와의 차별성이 미미하다.

(5) 권 한

1) 업무집행권 상법은 집행임원의 권한으로서, i) 집행임원 설치회사의 업무집행, ii) 정관이나 이사회의 결의에 의하여 위임받은 업무집행에 관한 의사

결정을 규정하고 있다(408조 의4).

이 중 i)의 업무집행이란 대표이사의 권한으로 인정되는 회사의 관리업무를 말하고, 이 점에서 집행임원은 대표이사와 동일한 권한을 갖는다.

ii)는 상법 제408조의2 제 3 항 제 4 호와 연결하여 읽어야 한다. 제408조의2 제 3 항은 집행임원설치회사에서 이사회가 갖는 권한을 열거하는데, 그 중의 하나로 「집행임원에게 업무집행에 관한 의사결정의 위임(이 법에서 이사회 권한사항으로 정한 경우는 제외한다)」[1]을 열거하고 있다(동조항 4호). 위 ii)는 이 규정에 근거하여 이사회로부터 수권받은 사항을 집행임원의 권한으로 열거한 것이다. 위임할 수 없는 권한으로 규정한 「이 법에서 이사회 권한사항으로 정한 경우」란 상법에서 구체적인 사항에 관해 이사회를 의사결정주체로 규정한 경우를 말한다. 예컨대 신주발행의 결정(416조 본), 경업의 승인(397조), 재무제표의 승인(447조), 사채발행의 결정(469조) 등을 말한다. 그리하여 이사회가 집행임원에게 위임할 수 있는 업무집행결정사항이란 일응 제393조 제 1 항이 규정하는 포괄적인 업무집행결정사항 중 다른 조문에서 명문으로 열거한 이사회 권한사항을 제외한 나머지를 가리킨다고 말할 수 있다. 그러나 추가로 검토할 두 가지 문제가 있다.

첫째, 제393조 제 1 항은 포괄적인 업무집행결정 외에 「중요한 자산의 처분, 대규모재산의 차입, 지배인의 선임과 해임, 지점의 설치 · 이전 또는 폐지」를 이사회의 권한으로 열거하고 있는데, 이 권한들이 제408조의2 제 3 항 제 4 호 괄호 속의 「위임할 수 없는 권한」에 포함되는지 여부가 문제된다. 제393조 제 1 항이 열거하는 개별적인 사항은 대표이사에게 위임할 수 없는 사항이라는 것이 일반적인 해석임을 감안하면, 다른 조문에서 이사회의 권한으로 정한 것과 同列에 두어 집행임원에게 위임할 수 없는 사항으로 다루어야 한다.

둘째, 제408조의4 제 2 호는 정관으로 소정의 권한을 집행임원에게 위임할 수 있음을 규정하고 있다. 그러면 위에 말한 위임할 수 없는 사항도 정관에 의해 집행임원에게 위임할 수 있느냐는 의문이 제기된다. 제408조의2 제 3 항 제 4 호 괄호는 집행임원제를 택한 회사에서의 자율적인 권한배분에 한계를 두기 위한 강행규정이라고 보아야 하므로 정관에 의한 위임은 법이 정한 위임할 수 없는 사

1) 2011년 개정법에서는 문장, 어휘의 오류가 자주 눈에 띈다. 본문에 인용한 법문 중 「집행임원에게」는 부사어이므로 이를 받는 동사가 따라야 하는데, 동사가 없다(「위임」은 명사이지 동사가 아니다). 이 부분의 옳은 표기의 예는 「업무집행에 관한 의사결정을 집행임원에게 위임하는 것」이다.

항을 제외한 사항에 관해서만 가능하다고 보아야 한다.

이같이 제408조의2 제 3 항 제 4 호 괄호에 의해, 이사회가 집행임원에게 위임할 수 있는 사항이 극히 제한되므로 권한의 면에서도 대표이사와의 차별성을 인정하기 어렵다.

2) **이사회 소집권** 　집행임원은 필요하면 이사회의 소집을 청구할 수 있다. 이 경우 집행임원은 회의의 목적사항과 소집이유를 적은 서면을 이사(소집권자가 있는 경우에는 소집권자)에게 제출하여야 한다(408조의7 1항).

집행임원의 소집청구에 대해 이사가 지체 없이 이사회의 소집절차를 밟지 아니하면 소집을 청구한 집행임원은 법원의 허가를 받아 이사회를 소집할 수 있다(408조의7 2항). 이 경우 법원은 이해관계자의 청구에 의하여 또는 직권으로 이사회 의장을 선임할 수 있다(동조 동항). 한편 상법 제412조의4에서는 감사에게 이사회의 소집을 청구할 수 있는 제도를 두고 있다(2011년 신설). 그리고 이사가 소집청구를 받고 소집하지 않을 경우 청구를 한 감사가 직접 이사회를 소집할 수 있도록 하는데(412조의4 2항), 업무감시기관인 감사에게 이사회의 직접 소집권을 부여하면서 정작 업무집행기관인 집행임원에게 직접 소집권을 부여하지 아니한 것은 균형이 맞지 않는다.[1]

3) **대 표 권** 　집행임원이 1인인 경우에는 집행임원이 대표집행임원이 되고(408조의5 1항 단), 집행임원이 수인인 경우에는 이사회의 결의로 회사를 대표할 집행임원을 선임하여야 한다(408조의5 1항 본). 수인의 대표집행임원을 선임할 수도 있고, 집행임원 전원을 대표집행임원으로 선임할 수도 있다.

대표권은 회사의 영업에 관한 재판상·재판 외의 모든 행위에 미치며, 대표권의 제한은 선의의 제 3 자에게 대항하지 못함은 대표이사의 대표권과 같다(408조의5 2항 → 389조 3항 → 209조).

수인의 대표집행임원을 선임한 경우 각자가 대표하지만, 공동으로 대표하도록 할 수 있으며, 이 경우 공동대표이사의 법리가 적용된다(408조의5 2항 → 389조 2항).

(6) 의 　무

1) **주의의무** 　집행임원 설치회사와 집행임원의 관계는 「민법」 중 위임에 관한 규정을 준용한다(408조의2 2항). 이 점 회사와 이사의 관계와 같다. 그러므로 집행임원은 집행임원제도 및 그 선임의 본지에 따라 선량한 관리자의 주의로서 회사의 사무를 처리하여야 한다(민 681조).

---

1) 일본회사법에서는 집행위원의 청구에도 불구하고 소정기간 내에 이사회를 소집하지 않을 경우에는 소집을 청구한 집행임원이 스스로 이사회를 소집할 수 있다(日會 417조 2항).

2) 파생적 의무 일반적인 주의의무로부터 파생하는 주의의무로서 상법은 이사의 특별한 의무에 관한 규정을 집행임원에 준용한다. 집행임원은 이사와 마찬가지로 회사에 대해 충실의무(382조의3)와 비밀준수의무(382조의4)를 진다(408조의9 → 382조의3 · 382조의4).

그리고 집행임원이 회사의 업무집행을 하는 관계로 회사와의 이익충돌을 방지하기 위하여 이사와 같이 경업금지, 회사기회유용금지, 자기거래금지 등의 제한을 받는다(408조의9 → 397조 · 397조의2 · 398조).

3) 감시의무 집행임원이 수인 있을 경우 상호 감시의무를 인정할 것인가? 특히 이사회가 수인의 집행임원의 업무를 횡적으로 또는 상하로 분담시켰을 경우 각 집행임원의 주의의무는 자신의 담당업무에 국한되느냐는 의문이 제기된다. 원칙적으로 집행임원은 회사 업무 전반에 걸쳐 위임받은 자이므로(408조의2 2항) 업무분담은 편의적인 것에 불과하고, 모든 집행임원은 회사의 업무에 대해 주의의무를 진다고 보아야 할 것이다. 따라서 다른 집행임원의 분장업무에 관해서는 요구되는 주의의 정도가 완화될 수는 있겠으나 원칙적으로 감시의무를 진다고 보아야 한다.

(7) 이사회의 감독권

1) 감독 일반 집행임원의 업무집행은 이사회가 감독한다(408조의2 3항 2호). 이 점 대표이사를 이사회가 감독하는 것과 차이가 없다(393조 2항). 그러나 아래 2), 3)은 집행임원제의 도입취지를 살리기 위해 특별히 설계한 감독체계로서 대표이사에 대한 감독보다 강화된 것이라 할 수 있다.

2) 수인의 집행임원의 관리 집행임원을 수인 선임한 경우 이사회는 집행임원의 직무 분담 및 지휘 · 명령관계, 그 밖의 집행임원의 상호관계에 관한 사항을 결정할 수 있다(408조의2 3항 5호).

「직무분담」이란 회사의 업무를 횡적으로 분할하여 각 집행임원에게 관장하도록 하는 것이고, 「지휘 · 명령관계」란 수인의 집행임원간에 상명하복의 계선관계를 설정하여 각 집행임원을 배치하는 것을 말한다. 기타 협의, 통지 등 업무집행에 있어서 집행임원간에 일정한 행위를 하게 하는 등의 관계를 설정할 수 있다.

대표이사를 두는 회사에서는 이사회의 감독하에 일상의 업무집행은 대표이사가 독단한다. 그리고 대표이사가 업무집행권의 일부로 해석되는 인사관리권을 가지고 다른 상근이사들 또는 舊집행임원들을 참모로 삼아 계선조직화하여 업무를 분장시키고 있다. 상법이 수인의 집행임원에 관해 위 규정(408조의2 3항 5호)을 둔 것은 이같은 회사의 계선적 경영체제를 상법상의 집행임원제하에서 운영하도록 유도하기 위한 것이라 할 수 있다. 즉 대표이사의 참모조직으로 형성되어 있는 실무집행임원들을 회사법적 기관인 집행임원으로 구성하게 함으로써 경영조직의 구성원 전원에게 회사법적 지위와 책임을 부여하고자 하는 것이다.

3) **집행임원의 보수결정** 상법은 집행임원 설치회사의 이사회의 권한의 하나로 「정관에 규정이 없거나 주주총회의 승인이 없는 경우 집행임원의 보수 결정」을 열거하고 있다(408조의2 3항 6호). 이는 이사의 보수에 관한 제388조의 규정(「이사의 보수는 정관에 그 액을 정하지 아니한 때에는 주주총회의 결의로 이를 정한다」)과 균형을 맞추어 집행임원의 보수도 정관에 정하거나 주주총회가 정하는 것을 원칙으로 하고, 이에 의해 정해지지 않았을 때 이사회가 후순위적으로 정할 수 있도록 한 것이다.

후순위적이기는 하나 이사회가 집행임원의 보수를 정할 수 있도록 한 것은 이사회에 집행임원의 실적을 평가할 수 있는 기능을 부여하고 이를 통해 집행임원을 감독·통제할 수 있도록 한 것이다.

4) **집행임원의 이사회에 대한 보고의무** 대표이사가 이사회에 대해 갖는 보고의무 및 이사의 보고요구와 같은 제도가 집행임원에 대해서도 마련되어 있다. 구체적으로는 집행임원은 3개월에 1회 이상 업무의 집행상황을 이사회에 보고하여야 하며(408조의6 1항), 이외에도 집행임원은 이사회의 요구가 있으면 언제든지 이사회에 출석하여 요구한 사항을 보고하여야 한다(408조의6 2항). 그리고 이사는 대표집행임원으로 하여금 다른 집행임원 또는 피용자의 업무에 관하여 이사회에 보고할 것을 요구할 수 있다(408조의6 3항).

⑻ **監査 및 유지청구**

1) **감 사** 상법상 監事의 監査는 이사를 상대로 하는 것으로 규정되어 있다. 집행임원을 선임하는 경우에는 집행임원이 이사 및 대표이사를 갈음하여 업무를 집행하므로 監査의 대상은 집행임원이어야 한다. 그러므로 상법은 이사를 상대로 하는 감사업무에 관한 규정(412조 및 412조의2)을 집행임원에 대해 준용한다. 즉 감사는 집행임원의 직무집행을 감사하며, 구체적으로는 집행임원에 대하여 언제든지 영업에 관한 보고를 요구하거나 회사의 업무와 재산상태를 조사할 수 있다(408조의9 → 412조). 그리고 집행임원은 회사에 현저한 손해를 미칠 염려가 있는 사실을 발견한 때에는 즉시 감사에게 보고하여야 한다(408조의9 → 412조의2).

2) **유지청구** 집행임원에 대해서는 이사에 대한 유지청구제도가 준용된다. 집행임원이 법령 또는 정관에 위반한 행위를 하여 회사에 회복할 수 없는 손

해가 생길 염려가 있는 경우에는 감사 또는 발행주식총수의 100분의 1 이상에 해당하는 주식을 가진 주주는 이사에 대하여 그 행위를 유지할 것을 청구할 수 있다(408조의9 → 402조).

(9) 집행임원의 책임

1) 책임원인 집행임원이 업무집행과 관련하여 회사 또는 제 3 자에게 손해를 가했을 경우 그 책임에 관한 법리는 이사의 책임에 관한 법리와 같다.

집행임원이 고의 또는 과실로 법령이나 정관을 위반한 행위를 하거나 그 임무를 게을리한 경우에는 그 집행임원은 회사에 손해를 배상할 책임이 있으며(제408조의8 1항), 고의 또는 중대한 과실로 그 임무를 게을리하여 제 3 자에게 손해를 가한 경우에는 제 3 자에게도 손해를 배상할 책임이 있다(408조의8 2항). 집행임원의 이러한 책임에 관해 다른 집행임원 · 이사 또는 감사도 그 책임이 있으면 다른 집행임원 · 이사 또는 감사와 연대하여 배상할 책임이 있다(408조의8 3항).

2) 업무집행관여자의 책임 회사에 대한 영향력을 이용하여 집행임원에게 업무집행을 지시하거나 집행임원의 이름으로 직접 업무를 집행하거나, 업무집행권이 있는 것으로 인정될 만한 명칭으로 업무를 집행한 자는 집행임원으로 보고 그 책임을 추궁한다(408조의9 → 401조의2).

3) 대표소송 주주는 회사 또는 자회사의 집행임원의 책임을 추궁하기 위해 회사 또는 자회사에 소제기를 청구할 수 있고 대표소송을 제기할 수 있다. 그 절차에는 이사에 대한 대표소송에 관한 규정이 준용된다(408조의9 → 403조~406조 · 406조의2).

대표소송 기타 회사와 집행임원간의 소송에서는 이사회가 회사를 대표할 자를 선임한다(408조의2 3항 3호).

4) 책임 및 감면 이사의 책임은 총주주의 동의로 면제할 수 있으며(400조 1항), 이에 더하여 2011년 개정상법은 이사의 책임을 감경할 수 있는 규정을 신설하였다(400조 2항). 이 규정들은 집행임원에도 적용되므로 총주주의 동의로 집행임원의 책임을 면제할 수 있고, 정관의 규정에 의해 책임을 감경할 수 있다(408조의9 → 400조). 기술한 바와 같이 이사의 책임감경에 있어 결정주체가 문제되는데, 집행임원의 책임감경에도 같은 문제가 생긴다(851면 참조).

(10) 표현대표집행임원

상법은 집행임원설치회사에 대하여 표현대표이사에 관한 제395조를 準用하는데(408조의5 3항), 그 준용한 결과를 어떻게 해석해야 하는가? 제395조는 어떠한 명칭이든지 대표권이 있는 것으로 오인할 만한 명칭을 사용하는 자의 행위에 대해 적용하므로 대표집행임원인 것으로 오인할 만한 명칭을 사용했다면 바로 제395조를 적용할 수 있으므로 준용이 불필요하다. 그러므로 집행임원에 대한 제395조의 준용에는 특별한 의미를 부여할 필요는 없고, 단지 집행임원도 제395조의 행위주체가 될 수 있음을 주의적으로 밝힌 것으로 이해하면 족하다.

연 혁

상법 제408조의5 제 3 항은 일본회사법 제421조에서 착상한 듯하다. 동조는「회사가 대표집행임원[1] 아닌 자에게 사장, 부사장 기타 회사를 대표할 권한을 갖는 것으로 인정될 수 있는 명칭을 부여한 경우에는 그 집행임원이 한 행위에 관하여 선의의 제 3 자에 대하여 책임을 진다」라는 규정이다. 즉 대표권 없는 집행임원이 대표자 행세를 한 경우를 규정한 것이다. 그러나 상법 제395조는 이사가 아닌 자라도 표현적 명칭을 사용했으면 적용된다고 해석하는 것이 통설 · 판례이므로 일본회사법 제421조가 규정하는 상황도 모두 상법 제395조에 포섭된다.[2]

제 5 관 감사제도

I. 개 설

회사의 監査는 업무감사와 회계감사로 대별할 수 있다.「업무감사」는 회사의 업무집행과 대표행위의 적법성과 합목적성에 대하여 감사하는 것이며,「회계감사」는 회계의 장부 · 기록이 회사의 재무상태 및 경영성적을 진실하고 적법하게 표시하였는지 여부를 감사하는 것이다.

상법은 회사내부에서 업무감사와 회계감사의 기능을 전담할 필요적 상설기관으로서 회사의 선택에 따라 감사를 두거나, 감사를 대신하여 감사위원회를 두도록 하고 있다. 그러나 실제의 감사기능은 여러 개의 기관이 중첩적으로 수행하고 있으며, 그 내용은 각 기관의 성격에 따라 상이하다.

(1) 업무감사기관

상법은 감사 또는 감사위원회를 명실상부한 업무감사기관으로 하고 있다. 한편 이사회제도의 모법이라 할 수 있는 영미회사법에서 이사회에 업무감사권을 주고 있는데, 우리 상법 아래서도 이사회는 이사 각자의 업무집행에 대해 업무감

---

1) 일본에서는「執行役」이라 부른다. 그리고 실무집행임원을「執行役員」이라 한다.
2) 이 점은 우리 상법 제395조에 해당하는 일본회사법 제354조의 해석론에서도 같으므로(日注釋(6), 191면 참조), 일본회사법 제421조도 실은 불필요한 조문이다.

사권(감독권)을 갖는다.

주주들도 업무감사기능을 갖는다고 할 수 있다. 즉 주주총회는 이사의 임면(382조·385조), 영업의 양도 등(374조), 사후설립(375조), 회사의 업무·재산상태의 검사(467조 3항) 등에 관한 결의를 통하여 업무감사를 행하며 또한 소수주주도 회사의 업무 및 재산상태의 조사를 위한 임시총회의 소집 또는 검사인선임의 청구(366조·467조 1항), 대표소송(403조) 또는 유지청구(402조) 등을 통해 주로 회사경영의 위법성 유무를 가리는 업무감사의 기능을 한다. 이 밖에 임시적 업무감사기관으로서 검사인이 있다.

(2) 회계감사기관

주식회사는 회사 내부에 있어서의 감사와 아울러 회사규모에 따라 외부로부터의 회계감사도 받아야 한다. 내부감사는 회사의 종업원인 감사 담당직원에 의한 것과 상법상의 감시기관인 감사(또는 감사위원회)에 의한 것이 있으며, 외부감사로는 후술하는 외부감사제도가 있다.

업무감사와 회계감사는 성질상 명확히 구별되는 것이 아니고, 회계감사는 그 기초가 되는 거래의 실태, 즉 업무집행과 관련시켜 검토함으로써 비로소 소기의 목적을 달성할 수 있으며, 업무감사 역시 회계적 수치의 뒷받침에 의해 충실한 기능을 발휘할 수 있다. 그런 이유에서 상법은 감사에게 업무감사권과 회계감사권을 아울러 부여하였다.

주주총회도 재무제표의 승인(449조 1항) 또는 업무와 재산상태의 조사를 위한 임시총회의 개최(366조 3항·467조 3항) 등을 통해서 적어도 형식상으로는 회계감사의 최고기관으로서의 역할이 부여되어 있다.

검사인은 업무감사와 아울러 회계감사도 담당하는 임시기관이다.

단독주주 및 소수주주도 회계상태의 조사를 위한 임시총회의 소집청구(366조 1항), 회계장부의 열람(466조), 회사재산상태의 조사를 위한 검사인선임청구(467조 1항), 각종 장부의 열람(396조 2항·448조 2항) 등을 통하여 회계감사적 기능에 참여한다.

Ⅱ. 監　　事

1. 의　　의

감사(Aufsichtsratsmitglied)란 회사의 업무감사를 주된 직무로 하는 주식회사의 필요적 상설기관이다(대법원 2019. 11. 28. 선고 2017다244115 판결). 다만 소규모회사(96면 참조)는 감사를 두지 않을 수 있다(409조 4항). 영세한 기업에 대해 상법상의 경영조직을 설치 · 유지하기 위한 비용부담을 덜어주기 위한 배려이다.

입법례에 따라서는 필요적 상설기관으로서의 감사를 두지 아니하고 이사회 내의 내부감사기구로서의 감사 또는 감사위원회(auditor; audit committee)를 두기도 하고(미국), 혹은 복수의 감사로 감사회(Aufsichtsrat)를 구성하고 이로 하여금 이사를 선임 · 감독하게 하기도 한다(독일). 이에 대해 우리 상법은 감사업무만을 전담하는 기관으로 감사를 두고 있는데, 감사는 우리나라와 일본에 독특한 제도이다. 그러나 1999년 개정 상법은 후술하는 바와 같이 감사에 대신하여 미국식의 감사위원회를 둘 수 있는 근거를 마련하였다.

기업이 대형화됨에 따라 이해관계인의 수도 많아지고 기업이 국민경제에서 차지하는 비중도 커졌으므로 공정한 監査의 요청이 더욱 강하게 되었다. 그래서 舊상법과 1962년 입법당시의 新상법에서는 감사에게 회계감사권만을 부여하였으나, 1984년 개정에 의해 업무감사권을 부여하였고, 이후 수차의 개정을 통해 감사의 지위를 강화해 왔다. 특히 상장회사의 경우 이해관계자가 다수이고 국가경제적으로도 중요하므로 경영감시를 더욱 강화하기 위한 특례규정을 다수 두고 있다. 특히 주목할 것은 감사선임시에 지배주주의 영향력을 배제하기 위한 특칙을 두고, 상근감사를 의무적으로 두도록 하고, 상근감사의 자격을 제한하는 것이다.

상근감사

과거 상장회사 중에는 비상근감사를 두는 예가 많았다. 이같이 해서는 감사가 회사의 업무에 대한 정보접근이 어려워 실효적인 감사가 불가능하다. 그러므로 자산총액 1천억원 이상인 상장법인은 1인 이상의 상근감사를 두거나, 이에 대체하여 감사위원회를 설치하도록 규정하고 있다(542조의10 1항, 상령 36조 1항)(코넥스시장에 상장한 중소기업은 예외이다. 자금 165조의19). 감사를 상근과 비상근으로 구분하고 있고 자격도 달리하고 있는 이상, 양자는 서로 다른 기관으로서의 신분을 갖는다고 보아야 한다. 그러므로 기존의 상근감사를 비상근감사로 교체하거나 비상근감사를 상근감사로 교체하는 것은 새로운 기관의 선임이므로 주주총회의 결의를 거쳐야 한다(서울고법 2007. 3. 8. 선고 2006나66885 판결).

2. 선임 및 종임

1) 자 격

상법상 감사의 자격에는 제한이 없으나, 상장회사의 상근감사에 대해서는 상장회사의 독립이사와 같은 특별한 자격제한이 있다. 행위무능력자, 파산을 선고받고 복권되지 않은 자, 소정의 형을 선고받은 자는 상근감사가 될 수 없으며, 소정의 요건에 해당하는 주요주주(의결권 있는 발행주식의 100분의 10 이상을 소유하거나 이사·감사의 선임·해임 등 회사의 경영사항에 사실상 영향력을 행사하는 주주)[1] 등은 상근감사도 될 수 없으며, 감사재임중에 이러한 사유가 생기면, 퇴임사유가 된다(542조의10 2항 → 542조의8 2항, 상령 36조 2항).

2) 감사의 원수 이사와 달리 감사의 인원수에는 제한이 없으므로 1인으로 족하지만, 회사가 임의로 2인 이상의 감사를 둘 수 있음은 물론이다. 상법은 감사에 대해서는 다수결을 전제로 하는 회의체를 요구하지 않으므로 수인의 감사가 임의로 협의하는 것은 별론으로 하고, 이사회와 달리 법상 구속력 있는 회의체를 구성하는 것은 아니다. 감사가 수인인 경우 각자가 독립해서 권한을 행사한다.

3) 선 임

i) 감사는 주주총회의 보통결의로 선임한다(409조 1항, 368조 1항). 다만, 전자투표제를 도입한 회사에서 감사를 선임할 때에는 출석한 주주의 의결권의 과반수로 족하고, 발행주식총수의 4분의 1 이상이 될 것을 요하지 않는다(409조 3항). 이사와 달리 감사는 집중투표의 대상이 아니다(382조의2). 정관에 집중투표를 허용하는 규정을 두더라도 이는 1주 1의결권의 원칙에 반하여 무효이다(대구지법 2014. 8. 19. 선고 2014가합3249 판결).

감사의 선임을 위해서는 감사의 동의를 요하지만, 대표이사의 청약을 요하지 않음은 이사의 선임에 관해 설명한 바와 같다(688면 이하 참조).

ii) 의결권 없는 주식을 제외한 발행주식총수의 100분의 3을 초과하는 수의 주식을 가진 주주는 그 초과하는 주식에 관하여는 의결권을 행사하지 못한다. 이 비율은 정관으로 더 낮출 수 있다(409조 2항). 이사는 보통결의로 선임하는 탓에 대주주의 영향력이 결정적으로 작용하므로 이를 실효적으로 견제하기 위하여는 감사가 中立性을 지녀야 하고, 그러기 위해서는 감사의 선임시에 대주주의 영향력을 억제할 필요가 있기 때문이다.

이 의결권제한은 감사를 선임하는 결의에만 적용되고, 선임할 감사의 수를 정하거나 기타 감사의 선임 자체와는 무관한 감사관련 결의에는 적용되지 않는다(대법원 2015. 7. 23. 선고 2015다213216 판결).[1] 그러나 선임시에만 의결권을 제한하고 해임에 관해 제한을 두지 않는 것은 균형이 맞지 않는 입법이다. 상장회사의 경우에는 해임의 경우에도 같은 제한을 두고 있다(542조의12 7항).

---

1) 현존하는 감사외에 추가로 감사를 선임할지 여부를 정하는 결의에서 3%를 초과하는 대주주의 의결권을 제한하지 않고 결의한 것은 적법하다고 판시한 예.

iii) 100분의 3이란 요건은 1인이 소유한 주식수를 기준으로 판단하나, 상장회사의 경우에는 최대주주에 관한 한, 주주 1인과 일정한 친족 등 특수관계인, 기타 시행령으로 정하는 자가 가진 주식수를 합산하여 1인이 소유한 것으로 보고 100분의 3 이상 여부를 판단한다(542조의12 7항 · 4항). 이 비율은 정관으로 낮출 수 있다(동조 항). 이 특례는 특수관계에 있는 주주들은 단체의사결정에 있어 단일한 이해를 가진다고 보아 이들 전체를 동일인으로 파악하려는 취지에서 둔 것이다. 특수관계인들이 단일한 이해관계에 놓인다는 명제가 참이라면 이는 모든 특수관계인들의 특성으로 보아야 할 것이므로, 이 제도를 최대주주에 대해서만 적용하는 것은 평등의 원칙(헌 11조)에 반하여 위헌이다. 그러므로 정관으로 이 특례의 적용범위를 최대주주 이외의 주주에게까지 확장한다면 이는 자율적으로 위헌성을 시정한 것으로 보아야 할 것이나, 이러한 정관규정은 1주 1의결권의 원칙에 반하여 무효라는 것이 판례의 입장이다(대법원 2009. 11. 26. 선고 2009다51820 판결).

iv) 100분의 3을 초과하는지를 판단함에 있어 주주가 타인으로부터 의결권 행사를 위임받은 주식도 그 주주가 가진 주식으로 계산하는가? 제409조 제 2 항의 해석상으로는 이를 포함시킬 근거가 없다. 그러나 상장회사의 감사(또는 사내이사인 감사위원)의 선임에서 최대주주의 의결권수를 계산할 때에는 명문의 규정으로 위임받은 주식도 포함시키고 있다(542조의12 4항, 상령 38조 1항 2호). 의결권행사를 위임받은 주식은 수임인의 영향력하에 놓여진다는 점에 착안한 것이다. 다만 이 규정은 수임인이 의결권행사의 내용을 결정할 수 있는 경우(백지위임)에 한해 타당하고, 위임인이 표결의 내용을 결정하고 표결만을 위임한 경우에는 수임인의 영향력과 무관하므로 적용되지 않는다고 해석해야 한다(서울중앙지법 2008. 4. 28. 자 2008카합1306 결정).

v) 상장회사에서 감사를 선임할 때에는 이사선임과 별도의 안건으로 상정하여 결의할 것을 요구하나(542조의 12 5항), 이는 비상장회사에도 당연히 요구되는 것이므로 주의적인 규정에 불과하다.

vi) 상장회사의 경우 상법은 이사 선임시와 마찬가지로 감사를 선임하기 위한 주주총회를 소집할 때에도 소집통지 · 공고에 감사후보의 성명 등을 기재해야 하고(542조의 4 2항), 주주총회는 이 기재한 자에 한해 감사로 선임해야 한다고 규정하고 있으나(542조 의5), 그 해석방향은 이사에 관해 설명한 것과 같다(685면 참조).

감사를 선임한 때에는 그 성명과 주민등록번호를 등기하여야 한다(317조 2항 8호).

4) 임 기 감사의 임기는 「취임 후 3년 내의 최종의 결산기에 관한 정기총회의 종결일까지」이다(410조). 3년 내에 도래하는 결산기의 말일이 기준이

되는 것이지 3년 내에 「도래하는」 정기총회일이 기준이 되는 것이 아님을 주의하여야 한다. 그 결과 경우에 따라서는 감사의 임기가 3년을 초과할 수도 있고, 3년에 미달할 수도 있다.[1)]

5) 종　　임　　임기만료와 위임의 종료사유(민 690조)로 퇴임한다(대법원 1962. 11. 29. 선고 62다524 판결). 회사가 해산하여도 이사의 경우와는 달리 그 자격을 잃지 않는다(531조·534조 비교). 특별결의에 의한 해임, 소수주주에 의한 해임청구의 소, 직무집행정지, 직무대행자 선임의 가처분, 결원의 처리 등은 모두 이사와 같은 방법에 의한다(415조 → 385조·386조·407조).

3. 겸직제한

감사는 당해 회사 및 子회사의 이사, 지배인 또는 그 밖의 사용인을 겸하지 못한다(411조).[2)] 이사는 바로 감사의 監査를 받아야 할 자이고 사용인은 이사의 지휘감독을 받는 자이므로 감사가 이사나 사용인을 겸한다면 감사업무의 객관성을 기대할 수 없기 때문이다. 그리고 子회사는 母회사의 지배를 받으므로 子회사의 이사가 母회사의 감사가 될 경우 자기가 지배하는 자를 감사하는 결과가 되어 역시 객관적인 감사가 불가능할 것이므로 겸직을 제한한다. 이러한 제한에도 불구하고 겸직을 하게 되면 어찌 되는가? 감사가 회사 또는 자회사의 이사 또는 지배인 기타의 사용인에 선임되거나, 반대로 회사 또는 자회사의 이사 또는 지배인 기타의 사용인이 회사의 감사에 선임되는 경우와 같이 양립할 수 없는 지위가 주어지는 선임행위는 선임 당시에 현직을 사임하는 것을 조건으로 하여 효력을 가진다고 보아야 하므로 피선임자가 새로이 선임된 지위에 취임할 것을 승낙한 때에는, 종전의 직을 사임하는 의사를 표시한 것으로 해석하여야 한다는 것이 판례의 입장이다(대법원 2007. 12. 13. 선고 2007다60080 판결).

4. 감사와 회사의 관계

감사와 회사의 관계는 위임이고 그 보수도 정관 또는 주주총회의 결의에 의

1) 예컨대 사업연도가 1년이고 12월 말 결산인 회사에서 2023년 1월 15일 감사가 선임되었다고 한다면, 이 감사는 취임 3년 후인 2026년 1월 15일 이전에 도래하는 결산기인 2025년도 결산기에 관한 정기총회종료일이 임기만료일이다. 정기총회가 2026년 2월 28일에 끝난다면 임기가 3년을 초과하게 된다. 같은 회사에서 2023년 4월 1일에 선임된 감사는 2026년 2월 28일이 임기만료일이므로 3년을 채우지 못하게 된다.

2) 법문상으로는 감사가 子회사의 이사와 사용인이 되는 것만을 금지할 뿐이므로 母회사의 이사나 감사 혹은 사용인이 되는 것은 무방하다는 해석이 가능하다(日注釋(6), 479면).

하는 것은 이사와 다를 바 없으나(415조 → 382조 2항 · 388조), 감사는 회사의 업무집행에 관여하지 않는 까닭에 경업금지의무가 없고 회사와의 거래도 제한받지 않는다. 그러나 상장회사의 감사는 회사와의 거래가 제한된다(542조의 9 1항 3호).

수인의 감사가 각자 권한을 행사하다 보면 서로 충돌할 수도 있다. 사실행위로 구성되는 권한행사(예: 이사회에서의 의견 진술이나 감사록의 작성)는 그에 후속하는 법효과가 발생하는 것이 아니므로 감사의 권한행사가 상호 충돌하더라도 별 문제가 없다. 그러나 의사표시로 구성되는 권한행사(예: 소 제기)는 어느 감사의 권한행사가 다른 감사의 권한행사를 무력하게 하는 경우가 있어 각자의 독자적인 행사를 제한해야 한다는 주장이 있을 수도 있다. 이를 규율하는 규정을 두지 않은 것은 입법의 불비이겠으나, 현행법의 해석으로서는 의사표시라 하더라도 각자 행사를 부정할 근거가 없고 이로 인해 회사에 손해가 생긴다면 감사의 손해배상책임으로 해결해야 할 것이다.

참고로 2인의 감사가 있는 회사에서 A감사가 어느 이사를 상대로 제기한 손해배상청구소송을 B감사가 취하하였던바, B감사의 취하행위의 효력이 다투어진 사건에서 법원은 상법 제394조는 수인의 감사가 각자 소송에서 대표권을 가짐을 전제로 한 것이고, 달리 각자 대표권을 제한할 근거가 없음을 이유로 B의 취하가 유효하다고 하였다. 그리고 이로 인해 생기는 문제점(예컨대 B감사가 이사와 통모하여 취하를 하는 등)은 감사의 손해배상책임으로 해결해야 할 것이라고 설시하였다(대법원 2003. 3. 14. 선고 2003다4112 판결).

5. 감사의 직무 · 권한

1) 업무감사권

㈎ **내 용** 監事는 이사의 직무의 집행을 監査한다(412조 1항).

i) 이사의 「업무집행」을 감사한다는 표현을 피하고 「직무의 집행」을 감사한다고 표현한 것은 감사의 범위가 일상적인 업무집행에 국한하지 아니하고 이사의 직무에 속하는 일체의 사항에 미친다는 것을 명백히 하기 위함이라고 해석된다.[1] 이사 개개인의 직무집행뿐만 아니라 이사회의 권한사항(393조 1항)도 감사대상이 된다. 회계감사권은 당연히 업무감사권에 포함된다.

후술하는 외감법에 의한 외부감사인의 업무는 감사의 업무와 중복되는 점이 있으나, 양자는 별개의 독립된 제도이므로 외부감사인의 감사가 있었다 하더라도 그 부분에 관해 감사의 감사의무가 면제되거나 경감되는 것은 아니다(대법원 2019. 11. 28. 선고 2017다244115 판결).

ii) 업무감사를 위하여 감사는 언제든지 이사에 대하여 영업에 관한 보고를

1) 田中(上), 722면.

요구하거나 회사의 재산상태를 조사할 수 있다(412조 2항). 이 보고요구 및 조사는 監査의 실천수단이므로 보고요구나 조사가 자의적이거나 권한남용이 아닌 한 이사가 회사의 기밀에 속한다는 등의 이유로도 보고나 조사를 거부할 수 없다.[1]

정기적인 결산감사를 위해 이사로부터 재무제표와 영업보고서를 제출받아 監査를 실시하는데(447조 의3), 이때에도 필요한 사항에 관해 보고를 요구하거나 조사할 수 있음은 물론이다.

iii) 2011년 개정법은 감사가 감사업무를 수행하면서 필요한 때에는 회사의 비용으로 전문가의 도움을 구할 수 있다는 규정을 신설하였다(412조 3항). 감사가 감사업무를 수행함에 있어 법률, 회계, 세무, 제조·생산기술 등의 전문가의 조력이 필요한 경우 회사의 비용을 사용할 수 있다는 취지이나, 규정이 없더라도 당연히 인정되는 업무수행비용이다. 합리적인 실비에 그쳐야 함은 물론이다.

iv) 監査의 결과에 대한 의견은 이사회에서의 의견진술·보고(391조 의2), 유지청구(402조), 주주총회에서의 의견진술(413조), 감사록(413조 의2)·감사보고서(447조 의4)의 작성·제출로 표현된다.

(나) 이사회의「監督」과 감사의「監査」 감사의 감사권이 미치는 범위가 특히 이사회의 감독권과 비교하여 문제된다. 대체로 이사회의 이사감독은 일종의 자기시정을 위한 기능으로서 적법성뿐 아니라 이사가 하는 업무집행의 합목적성·타당성·능률성에 관해서도 미치나, 監事의 監査는 원칙적으로 이사의 업무집행의 적법성에만 미친다고 이해된다(김동훈 360; 김정호 756; 손주찬 832; 이범찬(외) 382; 임홍근 557; 정경영 748; 정동윤 669; 정준우 563; 정찬형 1144; 최준선 604).[2] 이에 대해 감사권은 일반적으로 타당성감사에도 미친다는 견해(강·임 893; 권기범 1044; 이·최 614; 최기원 737; 황재호(주석-회사 3) 861)[3]가 있고, 절충설로서 원칙적으로는 적법성감사에 한하나 현저히 부당한 업무집행에 대해서는 타당성감사도 할 수 있다는 견해가 있다(서헌제 903).[4]

상법에서 명문으로 타당성감사를 인정하는 예가 있다. 제413조에서 감사는 이사가 주주총회에 제출할 의안 및 서류를 조사하여「… 현저하게 부당한」사항이 있는지 여부를 주주총회에서 의견진술하도록 하고 있고, 제447조의4 제 2 항 제 5 호에서는 감사보고서에「회계방침의 변경이 타당한지의 여부와 그 이유」를 기술하게 하고, 同 제 8 호에서는 이익잉여금처분계산서 또는 결손금처리계산서

1) 洒巻俊雄,「改正商法に理論と實務」(1974), 29면.
2) 江頭, 560면; 元木伸, 114면; 洒巻俊雄, 前掲書, 24면.
3) 大賀祥充, "監査役の職責の强化," 高鳥正夫,「改正會社法の基本問題」, 200면.
4) 加美, 302면; 田中(上), 723면; 北澤, 434면; 坂田, 499면.

가 회사의 재무상태 그 밖의 사정에 비추어 「현저하게 부당한 경우에는 그 뜻」을 기재하게 하고 있다. 이 세 가지 경우를 위한 監査에서는 감사권이 분명히 타당성감사에까지 미친다고 해야 할 것이다. 그러나 일반적으로는 감사는 경영정책에 속하는 문제에 관하여는 당부를 판단할 능력이 없다고 가정해야 하며, 이러한 문제에까지 관여한다면 監事의 경영판단이 이사회의 경영판단과 충돌하게 되어 기관분화와 권한배분의 기본취지에도 어긋난다. 또 타당성감사를 인정한다면 監事의 책임의 범위도 타당성감사에까지 확장되어야 하므로 감사의 책임이 과중해지는 문제점도 있다. 그러므로 상법이 명문으로 타당성감사를 해야 할 사항을 규정한 것은 타당성감사의 한계를 명시한 것으로 보고 그 밖의 경우에는 감사권은 일반적으로 적법성감사에 국한된다고 해석한다.

2) **子會社의 감사권** 母회사의 감사는 그 직무를 수행하기 위하여 필요한 때에는 子회사에 대하여 영업의 보고를 요구할 수 있다(412조의5 1항). 자회사는 법적으로는 독립된 회사이나 업무에 관하여 모회사의 지배에 복종하는 것이 현실이다. 그리하여 모회사는 자회사와 가격이전거래(transfer pricing)[1]를 하거나 분식결산을 함으로써 모회사의 진실한 현황을 은폐하는 수가 많다. 뿐만 아니라 이사가 모회사의 자산을 부당유출하는 도관으로 자회사를 이용하기도 한다. 그러므로 모회사의 현황을 자회사의 영업과 연결지어 파악하지 않으면 모회사의 적정한 감사가 불가능한 경우가 있으므로 감사업무의 실효성을 높이기 위하여 자회사에 관한 제한된 조사를 허용한 것이다.

주식회사 등의 외부감사에 관한 법률에서도 지배회사에게 연결재무제표 작성을 위하여 필요한 범위에서 종속회사의 회계에 관한 조사권을 인정하고 있다(외감 7조)(1024면 참조).

㈎ **자 회 사** 모자회사의 관계는 상법 제342조의2에서 정한 바에 따라 지주비율에 의해 정해진다.

㈏ **요 건** 자회사에 대한 보고요구는 자회사를 위한 감사가 아니고 모회사의 효과적인 감사를 위해 인정되는 것이다. 그러므로 자회사에 대해 보고를 요구하기 위해서는 감사의 「모회사에 대한 직무수행을 위한 필요성」이 소명되어야 한다. 감사의 직무수행이란 기본적으로는 모회사의 업무감사를 말하는 것이나, 감사는 그 밖의 직무수행을 위해서도 자회사에 보고를 요구할 수 있느냐

1) 예컨대 모회사의 자산을 자회사가 고가로 매수하게 하거나 반대의 거래를 하여 정상적인 거래보다 이익 또는 손실을 과장하거나 축소하는 것을 말한다.

는 의문이 제기된다. 주로 유지청구권(402조)을 행사할 경우와 이사를 상대로 소를 제기할 경우에 필요성이 제기될 것이다. 법문이 「감사에 필요한 때」라는 표현 대신 감사의 「직무수행」에 필요한 때라고 표현한 것은 이러한 경우에도 자회사에 대한 보고요구가 필요함을 감안한 것으로 보인다.

(다) **보고요구권** 감사는 원칙적으로 자회사에 대해 영업의 보고를 요구할 수 있을 뿐이다(412조의 5 1항). 보고요구의 범위는 기술한 바와 같이 모회사의 감사를 위해 필요한 사항이다. 따라서 모회사에 대한 감사에서와 같은 포괄적인 사항의 보고는 요구할 수 없다. 주로 모회사와의 거래관계가 될 것이고 자회사의 주식가치의 평가에 필요한 범위에서 자회사의 자산의 현황을 물을 수 있다. 법문은 자회사의 '영업'의 보고를 요구할 수 있다고 하나, 영업 외의 거래도 모회사의 손익이나 자산에 영향을 미치므로 보고의 대상은 영업에 그치지 않고 모회사와 관련된 사항은 어떠한 것이든 보고대상이 된다고 보아야 한다.

(라) **조 사 권** 자회사가 모회사 감사의 보고요구에 지체 없이 응하지 아니할 때 또는 보고의 내용을 확인할 필요가 있는 때에는 자회사의 업무와 재산상태를 조사할 수 있다(412조의 5 2항). 보고요구가 실효를 거두지 못할 경우에 대비해 감사의 직접 조사권을 인정한 것이다. 조사의 범위는 보고요구시와 같이 모회사의 직무수행상 필요한 한도이다. 법문상 감사의 조사권에 대한 표현(업무와 재산 상태의 조사)은 감사의 자기 회사에 대한 업무감사와 같다(412조 2항). 그러나 자회사의 법적 독립성이 존중되어야 하므로 이 조사의 요건과 범위는 엄격히 새겨야 한다.

(마) **자회사의 수인의무** 자회사는 정당한 이유가 없는 한 이상의 보고요구 및 조사를 거부할 수 없다(412조의 5 3항). 정당한 이유가 따르지 않는 거부에 대해서는 벌칙이 적용된다(635조 1항 25호). 거부할 수 있는 정당한 이유란 자회사의 영업비밀의 침해 등 자회사의 독립된 이익이 침해될 경우를 뜻한다고 해석된다.

3) **이사회출석 · 의견진술권** 감사는 이사회에 출석하여 의견을 진술할 수 있다(391조의 2 1항). 감사업무의 수행을 위해서는 감사가 이사회의 결의사항을 알 필요가 있고, 또 감사의견을 이사회에 표시할 필요가 있기 때문에 둔 규정이다. 따라서 이사회를 소집할 때에는 감사에게도 소집통지를 하여야 하며(390조 3항), 소집통지를 생략하고자 할 때에는 감사 전원의 동의도 얻어야 한다(390조 4항).

감사는 이사회에 출석하여 토의 · 표결과정을 참관할 수 있으며, 이사회는 의안이 기밀을 요한다는 등의 이유로 감사의 출석을 거부할 수 없다.

「의견을 진술」한다 함은 의안의 채택 여부를 위한 토의에 참여하여 찬반의 의사를 표시한다는 것이 아니라 감사의견을 표시하는 것을 뜻한다. 즉 이사회일 이전에 평소에 행한 감사 결과에 관한 의견 또는 이사회에서 다루고 있는 의안의 적법성 여부에 관한 의견을 표시하는 것이다.

이와 같이 감사의 이사회 출석은 감사권의 수행을 위한 것이고, 이사회의 의사형성을 위해 필요한 것은 아니다. 따라서 감사에게 소집통지를 하지 않았다거나, 감사가 소집통지를 받고도 출석하지 않았다 해서 이사회의 결의에 하자가 있는 것은 아니다(대법원 1992. 4. 14. 선고 90다카22698 판결; 부산고법 2004. 1. 16. 선고 2003나12328 판결)(반대: 권기범 1000; 최기원 741).

감사는 이사회에 출석할 권한이 있을 뿐이고 출석할 의무는 없다는 견해(최기원 741)와 이사회에의 출석은 동시에 감사의 의무로서 감사가 정당한 이유 없이 계속 이사회에 결석하면 임무해태가 되어 책임을 진다고 하는 견해가 있다(정동윤 671). 감사가 1회이든 수회이든 이사회에 결석한 사실 자체를 임무해태로 볼 수는 없다. 다만 감사가 이사회에 적절한 사유 없이 불출석하여 監査權의 행사가 미진한 경우(예컨대 이사회의 부적법한 결의를 알지 못하여 필요한 감사권을 행사하지 못한 경우)에는 임무해태가 된다.

4) 이사회의사록의 기명날인권 이사회에 출석한 감사도 이사회의 의사록에 기명날인(또는 서명)해야 한다(391조의 3 2항). 감사의 출석을 보장하고 의사록작성의 공정·정확을 기하기 위함이다.

5) 감사의 보고수령권 이사는 회사에 현저한 손해를 미칠 염려가 있는 사실을 발견한 때에는 즉시 감사에게 이를 보고하여야 한다(412조의2). 회사의 업무집행권은 이사회가 장악하고 있으므로 감사는 일상의 회사의 현황에 대한 정보를 갖지 못함이 보통이다. 업무에 대한 정보가 결여된다면 실효적인 감사활동이 불가능해지므로 감사에게 특히 긴급한 상황에 대한 정보를 공급하기 위해 둔 제도이다. 한편 중대한 사고가 발생하였을 때 흔히 그 사실을 은폐하여 적시의 책임소재의 규명이나 책임추궁을 어렵게 하는 사례가 많으므로 감사를 중립적인 감시기구로 보고 감사에게 사고의 발생을 개시하고 적절한 방법으로 수습하도록 유도하는 의미도 있다.

㈎ 보고사항 법문에서는 「회사에 현저한 損害를 미칠 염려가 있는 사실」이라고만 규정하므로 법적용상 어떤 사실이 보고의 대상이냐는 것이 문제된다. 회사의 규모나 사안의 日常性 여부에 의해 판단해야 할 것이다. 예컨대 통상 있을 수 있는 영업손실이라면 보고의 대상이 아니지만 결산에 결정적인 영향을 미치는 대규모의 영업손실은 보고사항이 될 것이다. 거액의 판매대금채권의 회수불능이라든지 거액의 손해배상채무의 발생과 같은 영업에 관한 사항뿐 아니라

영업 외의 중대사실, 예컨대 어음의 부도, 거액의 세금추징, 심각한 노사분규 등도 보고사항이다. 이미 발생한 사실뿐 아니라 발생이 예견되는 사실도 포함하는 뜻으로 이해된다.

(나) **보고할 이사** 보통은 대표이사가 보고할 의무를 지지만, 손해발생사실에 원인적으로 관계된 이사, 그 사실을 알게 된 이사도 역시 보고의무를 진다고 해야 한다. 이 보고의무를 게을리한 경우에 대한 벌칙은 없다. 하지만 이는 法令에 위반한 사실이므로 이로 인해 회사에 손해가 발생하면 이사가 책임을 져야 하고(399조), 이사의 해임사유가 된다고 본다(385조).

(다) **감사의 조치** 보고를 받은 감사는 당해 사실을 조사하여 진상을 파악하고 이사회와 주주총회에서 의견을 진술해야 하며, 주주총회의 소집청구(412조의3), 유지청구권행사(402조), 이사에 대한 책임추궁 등 사안에 따라 해당되는 권한을 적시에 행사하여야 한다.

6) **이사회소집청구권** 감사는 필요하면 회의의 목적사항과 소집이유를 적은 서면으로 이사회의 소집권자에게 이사회의 소집을 청구할 수 있다(412조의4 1항). 감사가 감사활동의 결과에 관해 이사회에서 적시에 의견을 진술하고자 할 경우 그 실행수단을 마련해 주기 위한 제도이다. 이 제도는 이사의 법령·정관 위반행위의 보고의무(391조의2 2항)와 관련하여 운영되어야 하므로 법문에서 「필요하면」이라고 함은 감사가 상법 제391조의2에 의해 이사회에 의견을 진술하거나 보고하기 위해 필요한 경우를 의미한다.[1)]

이사회의 소집권자가 감사의 소집청구를 받고 지체 없이 이사회를 소집하지 아니할 때에는 그 청구를 한 감사가 직접 이사회를 소집할 수 있다(412조의4 2항)(집행임원의 소집청구와 비교할 것. 408조의7 2항).

7) **주주총회소집청구권** 감사는 회의의 목적사항과 소집의 이유를 기재한 書面을 이사회에 제출하여 임시총회의 소집을 청구할 수 있다(412조의3 1항). 이 청구가 있은 후 이사회가 지체 없이 총회소집절차를 밟지 않는 경우에는 감사는 법원의 허가를 얻어 총회를 소집할 수 있다(412조의3 2항 → 366조 2항). 이는 감사업무의 실효성을 확보하기 위한 것으로, 감사는 감사업무와 관련한 긴급한 의견진술을 위해서만 주주총회의 소집을 청구할 수 있고 감사의 직접적인 소관업무가 아닌 사항을 사유로 해서는 주주총회의 소집을 청구할 수 없다고 보아야 한다.[2)]

---

1) 江頭, 563면.

2) 서울중앙지법 2016. 1. 14.자 2015비합30056 결정: 감사가 이사의 해임과 선임을 목적사항으로

8) 유지청구권 기술한 유지청구 부분 참조(본절 4관 Ⅸ. 2).

9) 감사해임에 관한 의견진술권 감사는 주주총회에서 감사의 해임에 관하여 의견을 진술할 수 있다(409조 의2). 감사의 업무를 원만히 수행하기 위하여는 그 신분이 안정되어야 한다. 감사도 이사와 같이 주주총회의 특별결의에 의해 해임될 수 있는데, 이때 그 결의가 주주에게 보다 접근의 기회가 많은 이사들에 의해 오도될 우려가 있으므로 감사에게 결의의 공정을 촉구할 기회를 준 것이다.

감사는 자신의 해임에 관해서는 물론 다른 감사의 해임에 관해서도 의견을 진술할 수 있다. 의견진술할 수 있는 감사란 해임결의 당시 재직중인 감사이어야 함은 물론이다. 그리고 공정성을 사전에 촉구하는 취지이므로 의견진술은 결의가 있기 전에 허용되어야 한다.

의견진술의 범위에 대해서는 정한 바 없다. 결의의 위법, 부당의 지적 등 결의의 공정성을 기하기 위한 범위 내에서는 어떤 의견도 진술이 가능하다.

감사가 의견을 진술한다 하여 주주총회를 구속하는 것은 아니다. 다만 결의의 공정을 위한 청문적 성격을 가질 뿐이며, 따라서 주주의 의결권행사에 사실상의 영향을 줄 수 있을 뿐이다. 그렇더라도 주주총회는 감사가 의견진술을 원할 경우 반드시 의견진술의 기회를 부여하여야 하며, 이를 간과한 경우 결의취소사유가 된다고 해야 한다.[1)]

10) 회사와 이사 간의 訴代表權 회사가 이사에 대하여 또는 이사가 회사에 대하여 소를 제기하는 경우에 감사는 그 소에 관하여 회사를 대표한다(394조 1항).

i) 원래는 대표이사가 대표할 일이나, 대표이사가 피고일 경우에는 바로 이해상충이 생기고, 다른 이사가 피고라 하더라도 이사들간의 利害의 同質性으로 인해 회사의 권리실현이 어려워질 수 있으므로 감사라는 지위의 중립성과 객관성을 신뢰하여 소송수행을 맡긴 것이다.

이 규정은 소송계속 중 소송을 수행하는 단계에서만 적용되는 것이 아니라 소의 제기 자체에 대해서도 적용되므로 회사의 소제기는 감사에 의해 이루어져야 하고 이사가 회사를 상대로 소를 제기할 때에도 감사를 대표자로 표시하여야 한다.

ii) 이사가 회사에 대해 제소한 경우 감사가 회사를 대표하여 소송을 수행함은 의문의 여지가 없다. 회사가 이사를 상대로 소를 제기할 필요가 있을 경우 감사가 자기 의사에 따라 소를 제기할 수 있는가, 아니면 이사회나 대표이사가 소

하는 주주총회의 소집허가를 위한 가처분을 신청한 데 대해 본문에서와 같은 이유로 기각하였다.

1) 鄭東潤 외,「商法改正案 解說」, 137면; 日注釋(6), 471면.

제기 여부를 결정하고 감사는 소송수행만 할 수 있을 뿐인가? 후자로 해석한다면 소제기 자체가 지연되거나 포기될 수도 있으므로 감사에게 소대표권을 준 취지에 반한다. 소제기의 결정도 감사가 단독으로 할 수 있다고 해야 한다(同旨: 정경영 753; 정동윤 671; 백숙종(주석-회사 3) 364).[1)]

iii) 소수주주가 회사에 대하여 이사의 책임추궁을 위한 소제기를 청구할 경우에도 감사가 회사를 대표한다(394조 1항 후 · 403조 1항 · 406조의2 1항). 따라서 주주는 감사에 대하여 청구하여야 하고 감사가 소를 제기하여야 한다(394조 1항 후).

iv) 이상의 감사의 소대표권에 관한 규정은 효력규정으로서, 이에 위반하여 대표이사가 회사를 대표하여 행한 소송행위는 무효이다(판례 [104]).[2)] 이 점을 간과하고 판결이 내려진 경우 상고 및 재심의 사유가 된다(민소 424조 1항 4호 · 451조 1항 3호).

한편 회사가 감사를 상대로 소송을 할 경우에는 대표이사가 회사를 대표하여 소송을 수행하여야 할 것이다.[3)]

업무집행관여자와 감사의 소제기권

상법 제401조의2 각호에 해당하는 업무집행관여자와 회사의 訴에 있어서도 감사가 회사를 대표해야 하는가? 회사가 업무집행관여자를 상대로 손해배상을 청구하거나 소수주주가 대표소송(또는 다중대표소송)을 제기할 경우에는 명문의 규정으로 업무집행관여자를 理事로 본다고 규정하므로(동조), 문리해석상 감사가 대표해야 한다고 해석해야 한다. 그러나 다른 청구를 위해 회사가 소를 제기하거나 업무집행관여자가 회사를 상대로 소를 제기할 경우에는 명문의 규정도 없을 뿐 아니라, 이러한 사건에서는 업무집행관여자의 지위가 확정될 수도 없으므로 일반원칙에 따라 대표이사가 회사를 대표해야 한다.

판 례

[104] 대법원 1990. 5. 11. 선고 89다카15199 판결

「피고회사의 이사인 원고가 피고회사에 대하여 소를 제기함에 있어서 상법 제394조에 의하여 그 소에 관하여 회사를 대표할 권한이 있는 감사를 대표자로 표시하지 아니하고 … 피고회사의 대표이사가 피고를 대표하여 한 소송행위나 피고회사의 대표이사에 대하여 원고가 한 소송행위는 모두 무효이다.

1) 日注釋(6), 474면.
2) 다만 회사를 상대로 訴를 제기한 이사가 소장에 회사를 대표할 자를 대표이사로 기재하였더라도 이를 감사로 보정할 수 있고, 보정하면 감사의 추인 여부에 관계없이 적법한 소가 된다(판례 [104]). 이 보정은 항소심에서도 가능하다(동 판례).
3) 日注釋(6), 472면.

그러나 원고가 스스로 또는 법원의 보정명령에 따라 소장에 표시된 피고회사의 대표자를 이 사건 소에 관하여 피고회사를 대표할 권한이 있는 감사로 표시하여 소장을 정정함으로써 그 흠결을 보정할 수 있고, 이 경우 법원은 원고의 보정에 따라 피고회사의 감사에게 다시 소장의 부본을 송달하여야 하고, 소장의 송달에 의하여 소송계속의 효과가 발생하게 됨에 따라 피고회사의 감사가 위와 같이 무효인 종전의 소송행위를 추인하는지의 여부와는 관계없이 법원과 원고, 피고의 3자간에 소송법률관계가 유효하게 성립한다고 보아야 할 것이다.」

[同旨판례] 대법원 2011. 7. 28. 선고 2009다86918 판결

11) 각종 소제기권 상법은 회사설립무효의 소(328조), 결의취소의 소(376조 1항), 신주발행무효의 소(429조), 감자무효의 소(445조), 합병무효의 소(529조)에 관해 감사에게도 소제기권을 인정하고 있다.

감사가 결의취소의 소, 신주발행무효의 소, 감자무효의 소를 제기한 경우에는 이사인 주주가 소를 제기한 때와 마찬가지로 담보제공의무가 면제된다(377조·430조·446조).

12) 감사의 보수 감사의 보수도 이사의 보수와 같이 정관으로 정하거나 주주총회에서 정하여야 한다(415조→388조). 흔히 주주총회에서 이사와 감사의 보수를 총액으로 정하고 각 임원별 보수액은 이사회의 결정에 위임하는데, 감사의 보수에 관한 한 이는 위법이다. 이사회에서 감사의 보수액을 정한다면 감사의 독립성에 영향을 주기 때문이다. 상장회사에 대해서는 감사의 보수를 이사의 보수와 별도로 정하도록 규정하고 있는데(542조의 12 5항), 이는 주의적 규정이고, 비상장회사에서도 같은 방법으로 정해야 한다.

6. 감사의 의무

감사도 이사와 마찬가지로 회사의 수임인으로서 선량한 관리자의 주의의무를 지며(민 681조), 회사의 영업비밀을 유지할 의무를 진다(415조→382조의4). 앞서 설명한 감사의 권한이란 동시에 그 의무이기도 하므로 권한을 행사할 시기를 놓쳐서는 안 되고, 선량한 관리자의 주의를 다하여 권한을 행사하여야 한다. 그 밖에 감사의 업무와 관련하여 상법은 다음과 같은 개별적인 의무를 과하고 있다.

1) 이사회에 대한 보고의무 감사는 이사가 법령 또는 정관에 위반한 행위를 하거나 그 행위를 할 염려가 있다고 인정한 때에는 이사회에 이를 보고하여야 한다(391조의 2 2항).

업무감사권에 수반하는 의무라 할 수 있으며, 이사회에 대해 감독권의 발동을 촉구하는 의미를 지닌다. 위법한 행위를 할 염려가 있을 때에도 사전예방을 위하여 보고하여야 하며, 회사에 손해가 발생했는지 여부에 관계없이 보고해야 한다는 점이 특색이다.

2) 주주총회에서의 의견진술 감사는 이사가 주주총회에 제출할 의안 및 서류를 조사하여 법령 또는 정관에 위반하거나 현저하게 부당한 사항이 있는지의 여부에 관하여 주주총회에 그 의견을 진술하여야 한다(413조).

이사에 대한 최종적인 견제는 주주총회에서 이루어지므로 감사의 이사에 대한 견제도 궁극적으로는 주주총회의 결의에 힘입을 수밖에 없다. 이런 의미에서 감사의 의견진술은 감사기능의 가장 실효적이자 결론적인 부분이라 할 수 있다.

3) 감사록의 작성 감사는 감사에 관한 감사록을 작성하여야 한다(413조의2 1항). 감사록에는 감사의 실시요령과 그 결과를 기재하고, 감사를 실시한 감사가 기명날인 또는 서명하여야 한다(413조의2 2항).

4) 감사보고서의 작성 · 제출 결산감사를 할 때에는 감사보고서를 작성하여 이사에게 제출하여야 한다(447조의4 1항)(1026면 이하 참조).

7. 감사의 책임

감사가 그 임무를 해태한 때에는 감사는 회사에 대하여 연대하여 손해를 배상할 책임을 진다(414조 1항). 「임무해태」란 고의 · 과실로 기술한 의무를 위반한 경우는 물론 각종의 권한행사를 게을리한 경우도 포함된다. 따라서 이사가 위법하거나 부당한 업무집행을 추진하는데, 감사가 이를 방임하는 것은 임무해태이다(대법원 2010. 7. 29. 선고 2008다7895 판결).[1)]

감사가 악의 또는 중대한 과실로 그 임무를 해태한 때에는 그 감사는 제 3 자에 대하여도 손해를 배상할 책임이 있다(414조 2항).

감사가 회사나 제 3 자에 대하여 손해를 배상할 책임이 있는 경우에 이사도 그 책임이 있는 때에는 감사와 이사는 연대하여 배상할 책임이 있다(414조 3항). 감사의 책임은 소수주주가 대표소송(또는 다중대표소송)으로 추궁할 수 있으며(415조 → 403조 · 406조의2), 총주주의 동의로 책임을 면제할 수 있고, 이사의 책임경감과 같은 요령으로 정관에 규

1) 공기업인 한국석유공사에서 이사회의 결의를 요하는 신규사업의 시행이 이사회에서 부결된 후, 사장이 단독으로 추진하기 위해 이사회결의사항이 아니라는 확인서를 첨부하여 만든 품의서에 감사가 이의 없이 서명하였던바, 이를 감사의 임무해태로 보고 책임을 인정한 판결이다.

정을 두어 책임을 경감할 수 있다(415조 → 400조 1항 · 2항). 감사의 임무해태가 동시에 불법행위를 구성하는 경우에 총주주의 동의가 있더라도 불법행위책임이 면제되는 것이 아님은 이사의 책임에 관해 설명한 바와 같다(대법원 1996. 4. 9. 선고 95다56316 판결).

기타 상세한 내용은 이사의 책임과 그 내용을 같이한다(827면 이하 참조).

비상근감사의 책임

상근감사와 비상근감사는 회사의 업무에 관한 熟知度에 있어 현저한 차이를 보인다. 그러나 감사의 손해배상책임의 근거가 되는 것은 상법상의 감사의 의무에 관한 규정들인데, 이 규정들은 상근 · 비상근을 가리지 않으므로 양자는 책임의 유무나 質에 차이를 보이지 않는다(판례 [105]). 다만, 양자는 사실상 회사의 업무에 대한 접근성에 차이를 보이므로 이 점이 책임추궁에 고려될 수 있을 것이다.

판 례

[105] 대법원 2004. 3. 25. 선고 2003다18838 판결

「… 감사로서의 지위가 비상근, 무보수의 명예직으로 전문가가 아니고 형식적이었다고 하더라도 그 사유만으로는 법령과 정관상의 앞서 본 주의의무를 면하게 할 수 없을 이치이므로, 원심으로서는 개별적인 대출건 등의 부당 · 불법의 정도, 그러한 하자의 노출 정도, 감사로서의 그 발견가능성과 감사업무의 실제 수행 여부 등에 관하여 더욱 자세히 심리한 후 그에 의하여 밝혀진 사실을 토대로 하여 피고의 전반적인 임무해태가 개별 사안마다 중대한 과실에 해당하는지에 관한 판단에 나아갔어야 옳았다.」

[同旨판례] 대법원 2006. 9. 14. 선고 2005다22879 판결; 동 2008. 7. 10. 선고 2006다39935 판결

감사지위의 소극성과 과실의 판단

감사는 그 지위의 특성상 이사가 제공하는 정보에 의존해서 감사업무를 수행한다. 그러므로 분식결산 등 손해의 원인된 행위가 다른 임직원들에 의해 조직적으로 은폐되는 경우에는 감사는 이를 밝혀내기 어려운 실정인데, 판례는 이러한 사정이 있는 경우에는 감사의 임무해태로 보지 않는다(판례 [106], [107]). 그렇더라도 감사로서는 적극적으로 감사를 할 의무가 있으므로 감사를 해야 할 상황인데 감사를 게을리하거나(판례 [108]), 아예 감사로서의 명의만 빌려주고 일체의 감사업무를 방기한 경우에는 중대한 과실에 속한다(대법원 2008. 7. 24. 선고 2008다18376 판결: 감사가 감사로서의 직무를 수행할 의사 없이 자신의 인장을 이사에게 맡기는 방법으로 명의만 빌려주고 이사의 허위재무제표 작성을 방치한 결과 타인이 손해를 입은 데 대해 감사의 책임을 인정한 사례).

판 례

[106] 대법원 2008. 2. 14. 선고 2006다82601 판결

「… 실질적으로 감사로서의 직무를 수행할 의사가 전혀 없으면서도 자신의 도장을 이사에게 맡기는 등의 방식으로 그 명의만을 빌려줌으로써 회사의 이사로 하여금 어떠한 간섭이나 감독도 받지 않고 재무제표 등에 허위의 사실을 기재한 다음 그와 같이 분식된 재무제표 등을 이용하여 거래 상대방인 제 3 자에게 손해를 입히도록 묵인하거나 방치한 경우 감사는 악의 또는 중대한 과실로 인하여 임무를 해태한 때에 해당하여 그로 말미암아 제 3 자가 입은 손해를 배상할 책임이 있다고 할 것이나, … 감사로서 결산과 관련한 업무 자체를 수행하기는 하였으나 재무제표 등에 허위의 기재가 있다는 사실을 과실로 알지 못한 경우에는 문제된 분식결산이 쉽게 발견 가능한 것이어서 조금만 주의를 기울였더라면 허위로 작성된 사실을 알아내어 이사가 허위의 재무제표 등을 주주총회에서 승인받는 것을 저지할 수 있었다는 등 중대한 과실을 추단할 만한 사정이 인정되어야 비로소 제 3 자에 대한 손해배상의 책임을 인정할 수 있을 것이고, 분식결산이 회사의 다른 임직원들에 의하여 조직적으로 교묘하게 이루어진 것이어서 감사가 쉽게 발견할 수 없었던 때에는 분식결산을 발견하지 못하였다는 사정만으로 중대한 과실이 있다고 할 수는 없고, 따라서 감사에게 분식결산으로 인하여 제 3 자가 입은 손해에 대한 배상책임을 인정할 수는 없[다.]」

[同旨판례] 대법원 2009. 7. 23. 선고 2008다80326 판결; 동 2011. 4. 14. 선고 2008다14663 판결

[107] 대법원 2003. 10. 9. 선고 2001다66727 판결

「… 부민상호신용금고의 감사이던 피고가 이 사건 각 대출을 함에 있어 담보가 제대로 확보되어 있지 않는 등 채권보전에 문제가 있고 출자자대출인지 여부도 의심스럽다는 생각을 하기는 하였으나, … 출자자 등에 대한 대출 또는 동일인에 대한 여신한도 초과대출이 대표이사 등에 의하여 조직적으로 이루어지고 또한 타인의 명의를 빌림으로써 적어도 서류상으로는 그 대출행위가 위법함을 알아내기 어려웠던 점 등에 비추어 사후에 그 대출의 적법 여부를 감사하는 것에 그치는 피고로서는 위와 같은 의심이 든다는 점만으로는 바로 관계 서류의 제출요구, 관계자의 출석 및 답변요구, 회사관계 거래처의 조사자료 징구, 위법부당행위의 시정과 관계 직원의 징계요구 및 감독기관에 보고 등의 조치를 취할 것을 기대하기는 어렵다고 판단하여, 피고에 대하여 감사의 임무를 해태함으로써 파산금고가 입은 손해의 배상을 구한다는 원고의 청구를 기각[한] 원심의 인정과 판단은 모두 정당하[다.]」

[註] 위 판례는 감사의 임무해태에 관해 매우 완화된 기준을 제시하고 있으나, 위법대출의 의심이 있음에도 불구하고 감사권을 발동하지 않은 것을 임무해태가 아니라고 본 것은 의문이다.

[108] 대법원 1988. 10. 25. 선고 87다카1370 판결

「회사의 감사가 회사의 사정에 비추어 회계감사 등의 필요성이 있음을 충분히 인식하고 있었고, 또 경리업무담당자의 부정행위의 수법이 교묘하게 저질러진 것이 아닌 것이어서 어음용지의 수량과 발행매수를 조사하거나 은행의 어음결제량을 확인하는 정도의 조사만이라도 했다면 위 경리업무담당자의 부정행위를 쉽게 발견할 수 있었을 것인데도 아무런 조사도 하지 아니하였다면 위 경리업무담당자의 부정행위로 발행된 어음을 취득함으로써 손해를 입은 어음소지인들에 대하여 위 감사는 상법 제414조 제 2 항 · 제 3 항에 의한 손해를 배상할 책임이 있다.」

[註] 이는 제 3 자가 감사의 책임을 물은 데 대한 판결이다.

Ⅲ. 감사위원회

1. 의 의

상법은 감사를 두는 것을 원칙으로 하되, 정관에 규정을 둘 경우 감사에 갈음하여 감사위원회를 둘 수 있게 한다(415조의 2 1항)(1999년 신설). 감사위원회(監査委員會)를 두는 경우 감사는 둘 수 없다(동조항). 감사위원회는 미국의 감사제도를 본받은 것이다. 미국에서는 우리나라의 감사와 같이 이사회에 병렬하는 감사기구를 두지 않고 이사회 내부에 주로 회계를 통제하는 기구로서 검사인(auditor)을 두거나 감사위원회(audit committee)를 두고 있다. 상법은 기구의 위상면에서는 미국의 감사위원회처럼 이사회 내부에 감사위원회를 둘 수 있게 하되, 권한면에서는 감사와 같은 권한을 주고 있다.

상법이 감사위원회를 도입한 것은 세칭 IMF경제위기하에서 우리나라에 외화를 원조해 주던 국제금융기구의 권고에 의한 것인데, 국제금융기구가 감사위원회의 도입을 권고한 이유는 종래의 감사제도가 법에서 기대하는 기능을 하지 못한 데 기인한다. 그러나 상법상의 감사위원회가 종래의 감사보다 나은 기능을 할 것이냐는 의문이다. 후술하는 바와 같이 그 위상이 이사회의 하부기관으로 자리매김되어 있기 때문이다.

감사위원회와 감사의 비교

감사위원회는 감사와 동일한 권한과 지위를 갖지만, 다음과 같은 법적 차이를 보인다.

1) 法的 位相　　감사는 주주총회에서 선임하나, 감사위원은 대규모상장회사를

제외하고는 원칙적으로 이사 중에서 이사회가 선정한다. 선임주체의 면에서 본다면 감사가 감사위원에 비해 법적 위상이 높다고 할 수 있다.

2) 지위의 독립성 감사는 주주총회에서 선임되는 결과 업무집행기구(이사회, 대표이사)와 대등한 지위를 가지므로 최소한 법상으로는 업무집행기구와의 관계에서 독립성을 가지고 있다고 할 수 있다. 이에 대해 감사위원은 대규모상장회사를 제외하고는 피감사자인 이사회가 선임 및 해임하고 감독권을 가지므로 이론상 이사회에 대해 완전한 독립성을 가질 수 없다.

3) 지위의 중립성 감사는 업무집행기관에 대한 관계에서는 타인기관이므로 업무집행기관의 업무수행을 객관적인 입지에서 감사할 수 있으나, 감사위원회는 기본적으로는 이사회의 구성원으로서 이사회의 업무집행결정에 관여하는바, 자기가 관여하여 결정한 업무의 집행행위를 감사하므로 감사할 사안에 관한 시각의 객관성에 한계가 있을 수밖에 없다.

감사위원회는 이상에서 보듯, 이론적으로는 감사기능 면에서 감사를 능가한다는 결론을 내기 어렵다. 감사위원회는 미국제도라고 소개되고 있으나, 미국에서도 일반적으로 강제되는 제도가 아니고, 기업이 자율적으로 채택하고 있는 제도이다. 단, 상장회사에서는 감사위원회를 둘 것을 의무화하고 있으나,[1] 이는 미국 회사의 기관구조상 우리의 감사와 같은 전문적인 감사기구가 없으므로 객관화된 감사기구의 설치가 필요하다면 당연히 감사위원회와 같은 형태의 기구를 강요할 수밖에 없다.

2. 설치근거와 구성

(1) 설치근거

감사위원회를 설치하고자 할 경우에는 정관에 규정을 두어야 하며, 정관에 규정을 두지 않은 경우에는 당연히 감사를 두어야 한다. 그러나 소정의 규모에 달하는 대규모상장회사(자산총액이 2조원 이상인 상장회사)의 경우에는 감사에 갈음하여 감사위원회를 의무적으로 두어야 한다(542조의11 1항, 상령 37조 1항).

(2) 감사위원의 자격

감사위원의 자격에 관해서는 특별한 규정을 두고 있지 않다. 다만 감사위원회의 중립성과 객관성을 확보하기 위하여 사외이사가 위원의 3분의 2 이상일 것을 요구한다(415조의 2 2항).

이 밖에 감사위원회를 의무적으로 두어야 하는 대규모상장회사(자산 2조원 이상)의 경우에는 감사위원 중 1명 이상이 회계 또는 재무전문가이어야 한다(542조의11 2항 → 415조의2 2항, 상령 37조 2항). 독립이사가 아닌 감사위원에 관해서는 상근감사와 같은 자격제한이 있다(542조의11 3항 → 542조의10 2항).

---

1) 1934년 증권거래법(1978년 개정) Rule 10A-3; Sarbanes-Oxley Act 2002 Sec. 301.

(3) 선임과 해임

감사위원회는 3인 이상의 이사로 구성되며, 사외이사가 위원의 3분의 2 이상이어야 한다(415조의2 2항). 감사위원의 선임과 해임은 회사의 규모에 따라 세 개의 군으로 나뉘어 방법을 달리한다.

1) 제1군 비상장회사와 최근 사업연도 말의 자산총액이 1천억원 미만인 상장회사가 이에 속한다. 감사 또는 감사위원회를 둘 수 있고 감사위원회를 둘 경우 감사위원은 이사회가 선임하고 해임한다(415조의2 2항). 감사위원을 해임하는 결의는 이사 총수의 3분의 2 이상의 결의로 하여야 한다(415조의2 3항).

2) 제2군 자산총액이 1천억원 이상 2조원 미만인 상장회사가 이에 속한다. 이 회사는 상근감사를 두거나 제 3 군의 회사와 같은 방법으로 선임, 해임하는 감사위원으로 구성되는 감사위원회를 두어야 한다(542조의10 1항, 상령 36조 1항).

3) 제3군 대규모상장회사(자산총액 2조원 이상인 회사)가 이에 속한다. 감사위원회를 의무적으로 두어야 하고, 감사위원은 다음과 같은 요령으로 선·해임한다.

i) 선 임 감사위원은 주주총회의 보통결의로 선임한다(542조의12 1항). 전자투표제를 도입한 회사에서 감사를 선임할 때에는 출석한 주주의 의결권의 과반수로 족하고, 발행주식총수의 4분의 1 이상이 될 것을 요하지 않는다(542조의12 8항).

먼저 이사를 선임한 후 선임된 이사 중에서 감사위원을 선임한다(542조의12 2항 본). 그러나 감사위원 중 2인(정관으로 3인 이상을 정한 경우에는 그 수)은 주주총회에서 이사를 선임할 때 다른 이사와 분리해서 감사위원이 되는 이사로 선임하여야 한다(542조의12 2항 단). 이는 후술하는 의결권제한을 적용하기 위함이다. 분리선임하는 감사위원은 독립이사인 감사위원이든 사내이사인 감사위원이든 무방하다.

분리선임의 대상이 되는 「감사위원 중 2인」이란 총 감사위원 중 2인이라는 의미이므로 감사위원 중 일부가 퇴사하여 그 일부만 새로이 선임할 때에는 전에 분리선임한 감사위원이 아직 재임하고 있다면 새로이 선임하는 감사위원은 분리선임할 필요가 없다.

ii) 해 임 감사위원은 주주총회의 특별결의로 해임할 수 있다(542조의12 3항 전). 해임에 정당한 이유를 요하지 않는다. 감사위원에서 해임되더라도 이사의 직은 유지함이 원칙이지만, 기술한 분리선임한 감사위원(542조의12 2항 단)을 해임하면 이사의 직도 상실한다(542조의12 3항 후). 분리선임하지 않는 감사위원을 이사의 직에서 해임하는 경우에는 제385조 제 1 항에 따라 특별결의로 가능하며 역시 정당한 이유를 요하지 않는다. 감사위원은 이사의 직을 겸하므로 이 경우 감사위원의 직도 상실함은 물론이다.

iii) 의결권의 제한　　감사위원을 선임하거나 해임하는 결의를 할 때에는 의결권있는 발행주식총수의 100분의 3을 초과하는 주식을 가진 주주의 의결권은 100분의 3으로 제한된다(542조의12 4항). 최대주주의 의결권제한은 더욱 강화된다. 최대주주가 가진 주식수에는 그의 특수관계인과 소정의 자가 소유하는 주식을 합산하여 그 중 100분의 3으로 제한된다(542조의12 4항, 상령 38조 1항). 최대주주와 기타 주주를 차별하는 것이 위헌이라 함은 기술한 바와 같다(911면 참조).

3. 감사위원회의 운영

감사위원회는 감사와 달리 회의체기관이므로 권한행사는 위원회의 결의를 통하여 한다. 감사위원회의 소집이나 결의방법 등 감사위원회의 운영은 제393조의2가 정하는 이사회내 위원회의 운영방법에 따라야 한다(동조 4항·5항). 다만 운영에 있어 일반 위원회와 다른 점은 대표위원을 선정하여야 하는 점이다(415조의2 4항 전). 대표위원은 수인을 선정하여 공동으로 대표하게 할 수 있다(415조의2 4항 後). 이같이 대표위원을 둔 결과, 감사위원회는 감사업무에 관한 의사결정을 하고, 그 결정의 집행은 대표위원이 하는 형식으로 운영되어야 할 것이다. 상장회사의 대표감사위원은 독립이사의 자격을 갖추어야 한다(542조의11 2항 2호).

상법은 「감사위원회는 회사의 비용으로 전문가의 조력을 구할 수 있다」는 규정을 두고 있는데(415조의2 5항), 이는 감사위원회의 감사업무의 집행을 위해 필요할 경우 회사의 비용부담하에 법률전문가나 회계전문가 기타 감사대상이 된 사안에 관한 전문가의 자문이나 감정 등을 구할 수 있다는 뜻이다. 규정이 없어도 해석상 당연히 인정되어야 할 내용이지만, 이사회나 대표이사가 이러한 비용의 지출을 거부하지 못하도록 주의를 환기시키기 위한 것이다.

4. 감사위원회의 권한과 의무

(1) 법상의 권한과 의무

상법은 감사위원회의 권한을 별도로 규정하지 않고, 감사의 권한과 의무에 관한 규정인 제412조 내지 제414조의 규정을 감사위원회에 준용하는 방식을 취하여 감사와 동등한 권한을 부여하고 있다(415조의2 7항). 이에 따라 감사위원회는 업무감사권(412조), 이사로부터 중요사항에 관해 보고를 받을 권한(412조의2), 주주총회의 소집청구권(412조의3), 자회사의 조사권(412조의5)을 가지고, 주주총회에서의 의견진술의무

(413조), 감사록작성의무(413조의2)를 진다. 이 밖에 상법이 개별규정을 통해 감사의 권한이나 직무로 규정한 사항들, 예컨대 이사의 위법행위 등을 이사회에 보고할 의무(391조의2 2항), 이사와의 소송에서 회사를 대표할 권한(394조 1항), 이사에 대한 유지청구권(402조), 재무제표의 감사권(447조의3), 감사보고서의 작성의무(447조의4) 등을 가진다.

감사위원회는 이사회 내의 위원회이고(393조의2 1항), 이사회 내의 위원회가 결의한 사항은 이사회가 번복하는 결의를 할 수 있으나(393조의2 4항), 감사위원회의 결의에 대해서는 이 제도를 적용하지 않는다(415조의2 6항). 즉 감사위원회의 결의는 이사회가 번복할 수 없다.

(2) 감사권의 범위

앞서 다룬 바와 같이 감사의 감사권은 적법성감사에 그치느냐, 타당성감사에까지 미치느냐는 문제가 있는데(914면 참조), 감사위원회에 관해서도 같은 의문이 제기될 수 있다. 상법은 감사위원회를 감사에 대체되는 기구로 설계하고 있으므로 감사위원회의 감사권의 범위도 감사와 동일하게 이해하여야 한다. 감사에 관해 저법성감사설을 취하는 바이므로 감사위원회의 감사권도 적법성감사에 그친다고 해석한다. 물론 감사위원회의 위원은 이사회의 일원인 이사로서 업무집행의 타당성을 이사회에서 다룰 수 있다.

5. 감사위원의 책임

상법은 감사의 책임에 관한 제414조를 감사위원회에 준용하고 있다(415조의2 7항). 책임은 감사위원 개개인을 상대로 물어야 하므로 정확히는 감사위원회가 아니라 감사위원에 준용하여야 할 것인데, 그에 앞서 준용의 타당성이 의문이다. 감사위원은 이사이므로 감사위원이 임무를 해태한 경우에는 이미 상법 제399조 제 1 항에 의해 책임이 발생하므로 제414조를 준용할 필요가 없기 때문이다. 오히려 제414조를 준용한다면 제399조는 적용될 수 없을 것인데, 이로 인해 발생하는 문제가 있다.

감사위원회는 회의체기구이므로 감사업무는 감사위원회의 결의에 의해 결정되고 감사위원회의 대표가 집행하는 형식을 취하게 된다. 그러므로 감사업무에 관한 대표위원의 집행행위가 임무해태에 해당한다면 그 결의에 찬성한 위원도 책임을 묻는 것이 당연한데, 그러기 위해서는 대표위원에 대하여는 제399조 제 1 항을 적용하고, 결의에 찬성한 위원에 대해서는 이사회결의에 관여한 이사의 책임을 묻는 제399조 제 2 항과 제 3 항을 해석상 유추하는 것이 바람직하다.

그러나 상법이 감사위원회에 관해 명문으로 제414조를 준용하는 터이므로, 이를 책임의 근거로 삼되, 감사사안에 대한 결의에 임무해태의 요소가 있는 경우에는 이에 찬성한 감사위원도 제414조 제 1 항 또는 제 2 항의 책임을 구성하는 것으로 해석하여야 할 것이다.

감사위원의 책임을 면제하는 데에는 총주주의 동의를 요한다(415조의2 7항 → 400조).

감사위원의 신분에 관한 소가 제기될 경우에는 감사위원으로서의 직무집행정지가처분을 신청할 수 있다(415조의2 7항 → 407조).

Ⅳ. 외부감사제도

1. 취　　지

회사의 규모나 업종에 따라서는 이해관계인의 범위가 매우 넓고 국민경제에 미치는 영향이 지대한 회사도 있다. 이러한 회사는 고도로 정확한 회계와 엄정한 감사가 요구되지만, 회사 자체의 감사에만 의존해서는 이러한 요구를 충족시킬 수 없다. 그리하여 「주식회사 등의 외부감사에 관한 법률」(1980. 12. 31. 법률 제3297호, 2017. 10. 31. 법률 제15022호로 전면개정(2018. 11. 1. 시행). 이하 "외감법")이라는 특별법에서 소정 규모 이상의 회사에 대해서는 회사의 임원 또는 직원이 아닌 외부의 회계 및 감사의 전문가에 의한 회계감사를 강제한다.[1]

2. 적용대상

외감법에 의하여 외부감사를 받아야 할 회사는 i) 상장법인 ii) 해당 사업연도 또는 다음 사업연도 중에 상장법인이 되려는 회사 iii) 직전 사업연도 말 현재 자산총액 또는 매출액이 500억원 이상인 주식회사 또는 유한회사이다(자산, 부채, 매출액, 종업원, 사원의 수 기준으로 제외사유 있음. 외감 4조, 외감령 5조).

3. 監査人의 자격

외감법에 따른 감사를 할 수 있는 감사인은 회계법인(공인회계사법 23조)과 한국공인회계사회에 등록된 감사반(공인회계사법 41조)에 한한다(외감 2조 7호). 그러나 상장회사와 대형의 비

---

1) 이 법은 당초 「주식회사의 외부감사에 관한 법률」이라는 명칭으로 제정되었으나, 2017년 개정시에 유한회사도 적용대상으로 포섭함에 따라 「주식회사 등의 외부감사에 관한 법률」로 개칭되었으며, 법의 내용도 감사인의 독립성과 책임성을 강화하고 감사업무의 품질을 개선한다는 목적에서 크게 개편되었다.

상장주식회사의 재무제표에 대한 감사는 회계법인만 할 수 있으며(외감 9조 1항), 특히 상장회사의 감사인은 금융위원회에 등록된 회계법인이어야 하며 그 밖에 금융위원회가 정한 요건을 갖추어야 한다(외감 9조의2).

4. 감사인의 선임

감사대상회사는 매 사업연도 개시일부터 45일 이내에 해당 사업연도의 감사인을 선임하여야 한다(외감 10조 1항). 그리고 상장법인, 대형비상장주식회사 또는 금융회사는 3개 사업연도를 연속하여 동일한 회계법인을 감사인으로 선임하여야 한다(동조 3항). 선임행위는 회사의 대외적 행위이므로 대표이사가 집행할 것이나, 법이 정하는 회사의 구분에 따라 감사 또는 감사위원회 또는 감사인선임위원회가 선정한 회계법인을 감사인으로 선임하여야 한다(동조 4항). 이는 감사인과 회사의 경영자와의 유착을 막기 위함이다.

감사인을 선임한 경우에는 이후에 소집되는 정기주주총회에 선임사실을 보고하여야 한다(외감 12조 1항).

회사가 법정기간 내에 감사인을 선임하지 아니하는 등 일정한 사유가 있을 때에는 증권선물위원회가 회계법인을 지명하여 그를 선임하거나 변경하도록 요구할 수 있다(외감 11조 1항).

5. 감사인의 서류열람 및 업무 · 재산상태조사권

감사인은 언제든지 회사의 회계에 관한 장부와 서류를 열람 또는 등사하거나 회계에 관한 자료의 제출도 요구할 수 있으며, 직무수행을 위하여 특히 필요한 때에는 회사의 업무와 재산상태를 조사할 수 있다(외감 21조).

감사인의 권한은 관계회사에까지 미친다. 감사인은 직무수행을 위하여 감사대상회사의 관계회사에 대하여서도 회계에 관한 보고를 요구할 수 있다(동조). 관계회사란 발행주식총수 또는 출자지분의 100분의 20 이상을 소유하거나 소유당하는 관계에 있는 회사, 同一人이 2개 이상의 회사의 각 발행주식총수 또는 출자지분의 100분의 30 이상을 소유할 경우 그 회사들, 기타 감사대상회사와 이해관계가 있다고 인정되는 회사들이다(외감령 26조, 외부감사 및 회계 등에 관한 규정 21조).

6. 감사인의 의무

1) 감사실시 · 보고의무 감사인은 일반적으로 공정 · 타당하다고 인정되

는 감사기준에 따라 감사를 실시하여야 한다(외감 16조). 그리고 한국공인회계사회가 금융위원회의 승인을 받아 정하는 감사품질관리기준을 준수하여야 한다(외감 17조).

감사인은 이해관계인의 합리적 의사결정에 유용한 정보가 담긴 감사보고서를 작성하여 정기총회일 1주일 전에 회사에 제출하고, 총회종료 후 2주일 내에 증권선물위원회 및 한국공인회계사회에 제출하여야 하며, 상장회사의 경우에는 금융위원회와 거래소에도 제출하여야 한다(외감 23조 1항, 외감령 27조 1항·3항). 이 감사보고서는 일반인의 열람에 제공된다(외감 23조 2항).

2) 부정행위보고의무 감사인이 감사과정에서 이사의 직무수행에 관하여 부정행위 또는 법령이나 정관에 위반되는 중대한 사실을 발견하면 감사 또는 감사위원회에 통보하고 주주총회에 보고하여야 한다(외감 22조).

3) 주주총회에의 출석·답변의무 감사인 또는 그에 소속된 공인회계사는 주주총회의 요구가 있으면 주주총회에 출석하여 의견을 진술하거나 주주의 질문에 답변하여야 한다(외감 24조).

4) 비밀엄수의무 감사인 및 감사인에 소속된 공인회계사 또는 이들을 보조하는 자는 그 직무상 알게 된 비밀을 누설하거나 부당한 목적을 위하여 이용해서는 아니 된다(외감 20조).

7. 감사인의 감독

감사업무의 공정성을 보장하기 위해 증권선물위원회에 감사보고서의 감리 등 외부감사인의 감독권을 부여하였으며, 감사인의 부정을 막기 위한 징계제도 및 벌칙을 두고 있다(외감 26조 이하).

8. 감사인의 손해배상책임

감사인은 그 직무의 중요성에 비추어 고도의 주의의무를 가지며, 이를 게을리하였을 때에는 계약상의 책임이 아닌 특별한 법정책임으로서의 손해배상책임이 과하여진다. 그 대상에 따라 다음과 같은 책임을 진다.

1) 회사에 대한 책임 감사인이 그 임무를 게을리하여 회사에 대하여 손해를 발생하게 한 경우에는 그 감사인은 회사에 대하여 손해를 배상할 책임을 진다(외감 31조 1항). 이 책임은 과실책임이라 보아야 하며, 법문상 이사의 회사에 대한 손해배상책임(399조 1항)에 준하여 해석할 수 있다.

2) 제3자에 대한 책임 감사인이 중요한 사항에 관하여 감사보고서에 기

재하지 아니하거나 거짓으로 기재를 함으로써 이를 믿고 이용한 제 3 자에게 손해를 발생하게 한 때에는 그 감사인은 제 3 자에 대해서도 손해를 배상할 책임이 있다(외감 31조 2항 본). 나아가 연결재무제표에 대한 감사보고서에 중요한 사항을 적지 아니하거나 거짓으로 적은 책임이 종속회사 또는 관계회사의 감사인에게 있는 경우에는 동 종속회사 또는 관계회사의 감사인이 이를 믿고 이용한 제 3 자에게 손해를 배상할 책임이 있다(동조 항 단).

제 3 자에는 상장회사의 투자자가 포함되므로 대단히 무거운 책임이다. 투자자들에게 있어 외부감사인의 감사보고서나 감사의견은 매우 중요한 투자판단의 자료가 되므로 감사인에게 투자자의 신뢰에 대한 책임을 과한 것이다. 예컨대 회사가 이익이 적거나 혹은 손해가 났는데도 재무제표에 이익을 과대하게 계상한 경우 투자자는 이를 보고 이 회사의 주식을 살 것이다. 후에 이익이 실제 그렇지 않다고 드러날 경우 주가는 폭락할 것이고 당초 주식을 취득한 금액과 현재의 시가는 투자자의 손해가 될 것이므로 투자자는 감사인에게 그 차액을 배상하라는 청구를 할 수 있는 것이다.

3) 책임의 확장 감사인이 감사반인 경우에는 회사에 대한 감사에 참여한 공인회계사가 연대하여 손해를 배상하여야 한다(외감 31조 3항). 그리고 감사인이 감사한 회사의 이사 또는 감사(또는 감사위원)도 책임이 있으면 그 감사인과 해당 회사의 이사 및 감사는 연대하여 손해배상책임을 진다(동조 4항 본).

4) 非故意 有責者의 분할책임 감사인과 회사의 이사 또는 감사가 위에 말한 연대책임을 지는 경우, 그 중 손해에 관해 고의가 없는 자는 법원이 정하는 자신의 귀책사유의 비율에 따른 분할책임만 진다(동조 항 단). 그러나 피해자가 법소정의 궁핍자인 경우에는 연대책임을 벗어나지 못한다(동조 5항). 그리고 분할책임을 지는 자가 배상능력이 없는 경우에는 다른 유책자들이 각자의 책임비율의 100분의 50의 범위에서 추가로 책임을 져야 한다(동조 6항).

그러나 이상의 제도(외감 31조 4항 단·5항·6항)는 손해책임제도의 일반원리와는 부합하지 아니한다.

5) 증명책임 외감법은 감사인 또는 감사에 참여한 공인회계사가 이상의 손해배상책임을 면하기 위하여는 그 임무를 게을리하지 아니하였음을 증명하여야 한다고 규정함으로써 감사인 측에 귀책사유에 관한 증명책임을 전가하고 있다(외감 31조 7항 본). 이는 감사인의 역무의 중요성을 고려하여 책임을 강화한 것으로 이해되지만, 납득하기 어려운 예외를 설정하고 있다. 즉 감사인을 선임한 회사, 은

행, 보험회사, 종합금융회사, 상호저축은행이 감사인 등의 책임을 추궁함에 있어서는 이들이 감사인의 임무해태를 증명해야 한다는 것이다(동조 항 단). 요컨대 감사인에게 손해배상을 청구하는 자가 투자자 등 일반 피해자인 경우에는 감사인이 증명책임을 져야 하고, 피감사회사나 금융기관이 손해배상을 청구할 때에는 이들이 증명책임을 지라는 뜻으로, 감사인을 상대로 한 쟁송능력의 우열에 따라 증명책임을 달리한 것이나, 이는 법적으로는 설득력이 인정될 수 없는 기준이다.

6) **책임이행의 보장** 감사인의 손해배상책임은 그 대상이 광범위하므로 감사인이 충분한 배상능력을 갖추지 못하는 경우도 있을 수 있다. 그러므로 감사인은 손해배상책임의 이행을 보장하기 위하여 손해배상공동기금의 적립 또는 보험가입 등 필요한 조치를 하여야 한다(외감 31조 8항).

7) **책임의 시효** 감사인 또는 이사, 감사의 책임은 청구권자가 해당 사실을 안 날부터 1년 이내 또는 감사보고서를 제출한 날부터 8년 이내에 청구권을 행사하지 아니하면 소멸한다(외감 31조 9항 본). 다만 이 기간은 외부감사인 선임계약에 의해 연장할 수 있다(동조 항 단).

V. 檢查人

(1) 의 의

검사인은 일정한 법정사항을 조사하기 위하여 선임되는 회사의 임시기관이다. 그 임무는 선임목적에 따라 다르지만, 대체로 발기인 · 이사 · 청산인의 직무수행의 적법 여부, 계산의 정확 여부를 조사하는 것이다. 따라서 그 지위는 감사 또는 감사위원회와 비슷하나 개별적인 사항에 관해 일시적으로 선임되는 점에서는 외부감사인과 유사하다.

(2) 자격과 지위

주주총회에서 선임하는 검사인과 회사와의 관계는 위임이며, 따라서 검사인은 회사에 대해 선량한 관리자의 주의의무를 진다. 법원이 선임하는 경우에는 이와 같은 계약관계가 없고, 그 권한도 법률의 규정에 의해 정해진다. 그러나 법원이 선임하는 검사인도 그 기능은 주주총회에서 선임하는 검사인과 유사하므로 역시 선량한 관리자의 주의의무를 진다고 해야 할 것이다(同旨: 이종훈 355; 최기원 763; 최준선 621. 반대: 권기범 1062).

검사인의 자격에는 제한이 없으나, 당해 회사의 이사 · 감사 · 사용인은 검사인이 될 수 없으며, 직무의 성질상 자연인이어야 한다는 것이 통설이다. 그러나 근래 검사인의 업무로 적합한 회계, 법무, 세무 등의 전문직 사무의 시장을 다수의 관련 전문법인이 점유하고 있음을 볼 때 굳이 자연인으로 제한할 필요는 없다고 본다.[1)]

⑶ 선임과 직무

검사인은 법원이 선임하는 경우와 주주총회에서 선임하는 경우가 있다.

1) 법원이 선임하는 경우

㈎ **회사설립의 경우** 변태설립사항이 있을 때(290조) 이를 조사하게 하기 위하여 이사의 청구에 의해 선임한다(298조 4항). 이 검사인은 변태설립사항 및 현물출자의 이행 여부를 조사한다(299조 1항).

㈏ **액면미달의 신주발행을 할 때** 법원이 최저발행가액을 변경인가할 경우 회사의 재산상태, 기타 필요한 사항을 조사하게 하기 위해 선임할 수 있다(417조 3항).

㈐ **신주발행시 현물출자를 하는 경우** 현물출자의 내용을 조사하게 하기 위해 이사의 청구로 선임한다(422조 1항).

㈑ **회사의 업무집행에 관하여 부정행위 또는 법령 · 정관에 위반한 중대한 사실이 있음을 의심할 만한 사유가 있을 때** 소수주주의 청구에 의해 회사의 업무와 재산상태를 조사하게 하기 위해 선임할 수 있다(467조 1항).

2) 주주총회가 선임하는 경우

㈎ 소수주주의 청구에 의해 소집된 주주총회에서 회사의 업무와 재산상태를 조사하게 하기 위하여 선임할 수 있다(366조 3항).

주주총회에서 이사가 제출한 서류와 감사의 보고서를 조사하게 하기 위하여 선임할 수 있다(367조).

㈏ 청산 중의 회사의 주주총회에서 이사가 제출한 서류와 감사의 보고서를 조사하게 하기 위하여 선임할 수 있다(542조 2항 → 367조).

⑷ 종 임

검사인의 지위는 임시적이므로 임기란 없고, 보통 직무의 종료로 그 지위가 소멸한다. 그러나 그 전이라도 주주총회에서 선임한 경우에는 주주총회의 결의로, 법원이 선임한 경우에는 법원이 해임할 수 있다.

⑸ 책 임

상법은 법원이 설립경과를 조사하게 하기 위해 선임한 검사인(298조 4항 · 310조 1항)에

1) 참고로 독일에서는 상법상의 검사인의 업무는 주로 회계법인(Wirtschaftsprüfungsgesellschaft)이 담당하고 있다.

대해서 악의 또는 중대한 과실로 인하여 그 임무를 해태한 때에는 회사 또는 제 3 자에 대하여 손해를 배상할 책임이 있다고 규정한다(325조). 회사설립시에는 다수의 이해관계인이 있어 검사인의 공정한 조사가 특히 요구되기 때문이다.

주주총회에서 선임한 검사인이 임무를 해태하였을 경우에는 회사에 대하여 채무불이행책임을 진다. 제 3 자에 대하여는 직접적인 법률관계를 갖지 아니하므로 채무불이행책임은 발생하지 아니하나, 일반불법행위의 요건이 충족되면 불법행위책임을 진다.

제 6 관 준법통제

Ⅰ. 의 의

소정의 상장회사는 법령을 준수하고 회사경영을 적정하게 하기 위하여 임직원이 그 직무를 수행할 때 따라야 할 준법통제에 관한 기준 및 절차(준법통제기준)를 마련하여야 하고(542조의13 1항), 이 준법통제기준의 준수에 관한 업무를 담당하는 사람(준법지원인)을 1명 이상 두어야 한다(542조의13 2항). 시행령에서는 최근 사업연도말의 자산총액이 5천억원 이상인 회사를 적용대상으로 규정하고 있다(상령 39조).

준법통제기준 및 준법지원인은 2011년 개정법에 의해 신설된 제도인데, 제도의 목적에서부터 그 권한에 이르기까지 불명한 점이 많지만, 주어진 규정들의 전체적인 취지로 보아 일응 상장회사의 업무집행에 있어 관련규범의 준수에 필요한 체제를 구축하는 한편 그 체제의 전문성을 높이기 위한 제도로 이해된다.

Ⅱ. 준법통제기준

준법통제기준은 이사회의 결의로 작성하며, 다음 사항이 포함되어야 한다(542조의13 1항, 상령 40조).

1. 준법통제기준의 제정 및 변경의 절차에 관한 사항
2. 준법지원인의 임면절차에 관한 사항
3. 준법지원인의 독립적 직무수행의 보장에 관한 사항
4. 임직원이 업무수행과정에서 준수해야 할 법규 및 법적 절차에 관한 사항
5. 임직원에 대한 준법통제기준 교육에 관한 사항

6. 임직원의 준법통제기준 준수 여부를 확인할 수 있는 절차 및 방법에 관한 사항

7. 준법통제기준을 위반하여 업무를 집행한 임직원의 처리에 관한 사항

8. 준법통제에 필요한 정보가 준법지원인에게 전달될 수 있도록 하는 방법에 관한 사항

9. 준법통제기준의 유효성 평가에 관한 사항

Ⅲ. 준법지원인

(1) 회사와의 관계

준법지원인의 지위가 상법에 의해 정해지며, 법이 정한 고유의 업무를 독립적으로 수행하지만, 회사의 선임에 의해 이 지위가 주어지므로 회사와의 관계는 위임으로 보아야 한다(민 680조). 준법지원인은 선량한 관리자의 주의로 그 직무를 수행하여야 한다(542조의13 7항).

(2) 선임과 퇴임

1) 자격과 선임 준법지원인은 이사회의 결의로 선임한다(542조의13 4항). 법률관련사무의 전문성을 높이기 위해 변호사 등 법률전문가와 시행령으로 열거하는 법률지식이 풍부한 사람으로 자격을 제한하고 있다(542조의13 5항, 상령 41조).[1] 준법지원인은 자신의 업무수행에 영향을 줄 수 있는 영업 관련 업무를 담당해서는 아니 된다(상령 42조).

준법지원인의 임기는 3년이다(542조의13 6항). 이사의 임기에 관한 규정(383조 2항)의 표현방식과 비교해 볼 때 준법지원인의 경우 3년보다 단기의 임기를 정할 수 없다고 본다. 그리고 다른 법률에서 준법지원인의 임기를 보다 단기로 정하고 있는 경우에도 상법에 따른다(542조의13 11항 단). 상법은 제도의 운영이 형식에 그치지 않도록 준법지원인을 상근으로 두도록 요구한다(542조의13 6항).

2) 퇴 임 준법지원인은 임기의 만료로 퇴임하는 외에 위임의 일반적 종료사유로 퇴임한다(민 690조). 위임의 상호해지의 자유(민 689조)에 따라 준법지원인은 언제든지 사임할 수 있다고 보아야 하지만, 회사가 준법지원인을 언제든지 해

1) 시행령 제41조는 준법지원인의 자격으로 「1. 상장회사에서 감사·감사위원·준법감시인 또는 이와 관련된 법무부서에서 근무한 경력이 합산하여 10년 이상인 사람, 2. 법률학 석사학위 이상의 학위를 취득한 사람으로서 상장회사에서 감사·감사위원·준법감시인 또는 이와 관련된 법무부서에서 근무한 경력이 합산하여 5년 이상인 사람」을 열거하고 있다.

임할 수 있는지 의문이다. 또 해임할 경우 회사의 의사결정을 어떤 방법으로 할 것이냐는 것도 명문의 규정이 없어 의문이다. 상법 제542조의13 제 4 항이 준법지원인의 「임면(任免)」은 이사회의 결의에 의한다고 규정한 것으로 보아 이사회 결의로 해임할 수 있음을 허용한 것으로 보아야 한다. 그러나 준법지원인의 임기가 보장되어 있으므로 정당한 이유가 없이 해임할 경우에는 제385조를 유추적용하여 회사가 손해배상을 해야 한다고 본다(同旨: 이종훈 360; 정준우 607; 홍·박 608).

(3) 직　　무

1) 직무의 범위　　상법의 규정에 근거하여 준법지원인의 직무를 말하자면 「준법통제기준의 준수여부를 점검하는 업무」라고 할 수 있다(542조의13 2항·3항). 그리고 그 점검결과를 이사회에 보고하여야 한다(542조의13 3항).

상법 제542조의13 제 1 항은 준법통제기준의 목적을 「법령을 준수하고 회사경영을 적정하게 하기 위하여」라고 표현하고 있다. 준법지원인은 준법통제기준에 관한 업무를 담당하므로 이 목적은 준법지원인에게도 적용되는 것으로 이해해야 할 것이지만, 적절한 법문이 아니다. 「회사경영을 적정하게」라는 어귀는 어의적으로는 업무집행의 합목적성과 효율성을 높이는 것을 의미할 수 있기 때문이다. 이는 이사회나 대표이사의 권한과 충돌되는 바이므로 「회사경영의 적정」이란 회사의 경영이 법령에 부합하게 이루어지도록 한다는 의미로 받아들여야 할 것이다.

2) 직무수행방법　　준법지원인의 사무는 성질상 독임제적 기관으로서 수행되어야 한다. 상법 제542조의13 제 9 항은 「상장회사는 준법지원인이 그 직무를 독립적으로 수행할 수 있도록」 하라고 규정한 것은 이러한 취지를 밝힌 것으로 보인다. 따라서 준법지원인은 이사회나 대표이사의 감독을 받지 않는다. 상장회사의 임직원은 준법지원인이 그 직무를 수행할 때 자료나 정보의 제출을 요구하는 경우 이에 성실하게 응하여야 한다(동조항).

준법지원인은 재임 중뿐만 아니라 퇴임 후에도 직무상 알게 된 회사의 영업상 비밀을 누설하여서는 아니 된다(542조의13 8항).

(4) 신분보장

상법 제542조의13 제10항은 「상장회사는 준법지원인이었던 사람에 대하여 그 직무수행과 관련된 사유로 부당한 인사상의 불이익을 주어서는 아니 된다」라고 규정한다. 이는 준법감시인에 관해 같은 규정을 두었던 구 자본시장법 제28조 제 9 항을 모방한 것인데, 준법지원인으로서의 임기가 종료된 후 일반 임직원의 신분으로 전환될 경우 부당한 대우를 받지 않도록 배려한 것으로 읽힌다. 그러나 임기만료 후의 신분은 새로운 고용 또는 위임계약에서 정해질 것이므로 이 조문은 회사에 대해 특별한 의무를 과하는 규정으로 풀이할 수는 없다. 무의미한 규정이다.

(5) 제도의 강제성

준법지원인을 도입하지 않은 경우에 대한 벌칙이나 기타 불이익이 규정되어 있지 아니하나, 준법지원인은 법정기구로서 상법이 그 선임을 강제하고 있음은 의문의 여지가 없다. 이를 두지 않을 경우 위법상태가 될 것이며, 이사들의 임무해태를 구성한다.

준법감시인

은행, 보험, 금융투자업자와 같이 일반 대중을 고객으로 하여 그 자산을 예탁받아 운용하는 금융기관의 경우 예금자 등 고객의 보호를 위해 특히 건전한 자산의 운용과 관리가 요구되고, 이를 보장하기 위해 관련업무에 임하는 자들의 준법이 요구된다. 그리하여 영미의 금융기관에서는 오래전부터 회사 내에 준법감시체제(compliance system)를 구축하고 이를 전담관리하는 자(compliance officer)를 두는 업무 관행이 형성되어 왔다. 우리나라에서도 이를 본받아 2000년도에 은행, 보험, 증권회사(현 금융투자업자)(이하 "금융기관")에 준법감시인을 법정기구로서 두도록 하였다.

금융기관은 각기 법령을 준수하고 경영을 건전하게 하며 예금자, 보험계약자, 투자자를 보호하기 위하여 그 임직원이 직무를 수행할 때에 따라야 할 기본적인 절차와 기준(내부통제기준)을 정하여야 하고, 내부통제기준의 준수 여부를 점검하는 준법감시인을 두어야 한다(금융지배구조 24조 1항 · 25조 1항).

준법감시인의 주된 업무는 내부통제기준의 준수 여부를 점검하고 내부통제기준을 위반하는 경우 이를 조사하여 감사위원회에 보고하는 것이다(금융지배구조 25조 1항).

제 5 절 資本金의 변동

제 1 관 서 설

I. 자본금변동의 법적 의의

회사 설립시에 설정된 자본금은 설립 후의 소정의 절차와 방법으로 증액 또는 감액할 수 있다. 前者를 「자본금의 증가」, 後者를 「자본금의 감소」라 할 수 있다. 그런데 액면주식을 발행하는 회사와 무액면주식을 발행하는 회사에 있어서는 자본금의 인식방법도 다르고, 이를 변동시키는 절차도 다르다.

1. 額面株式을 발행하는 회사

액면주식을 발행하는 경우 자본금은 발행주식의 액면총액이므로(451조 1항), 아래 수식과 같이 자본금의 증가를 위해, ① 액면가를 늘리는 방법, ② 발행주식수를 늘리는 방법을 생각할 수 있고, 자본금의 감소를 위해서는 ③ 액면가를 줄이는 방법, ④ 발행주식수를 줄이는 방법을 택할 수 있다.

그러나 ①의 방법은 법상 불가능하다. 액면가를 늘린다면 모든 주주가 늘어난 액면가만큼 추가로 주금을 납입해야 하는데, 이는 유한책임의 원칙과 충돌하기 때문이다. ②의 방법은 원하는 주주만 늘어난 주식을 인수하면 되므로 유한책임에 어긋나지 않고, ③·④는 아예 유한책임과 무관하다. 이같이 자본금의 감소는 액면가와 주식수 중 어느 것을 조정해서도 할 수 있으나, 자본금을 증가하는 방법은 신주를 발행하는 것이 유일하므로 상법에서도 자본금의 감소는 「자본금의 감소」라 하나, 자본금의 증가는 「신주발행」이란 말로 대신하여 부른다.

P(액면가) × S(주식수) = C(자본금)

① $(P+\varDelta P)\times S=C+\varDelta C$ …… 不可

② $P\times(S+\varDelta S)=C+\varDelta C$

③ $(P-\varDelta P)\times S=C-\varDelta C$

④ $P\times(S-\varDelta S)=C-\varDelta C$

(②–④) 可

2. 無額面株式을 발행하는 회사

무액면주식을 발행할 경우에는 액면가가 존재하지 않고, 주식의 가격으로는 발행가, 즉 회사가 주식인수인으로부터 1주당의 대가로 수령하는 금액이 있을 뿐이다. 그러므로 액면주식을 발행한 경우의 자본금의 산출방식(451조 1항)은 적용할 수 없다. 대신 상법은 발행가의 총액의 2분의 1을 최소한으로 하여 회사가 자유롭게 자본금을 계상하는 것을 허용한다(451조 2항). 예컨대 발행가 총액이 1억원이라면 5천만원 내지 1억원의 범위에서 자유롭게 자본금을 설정할 수 있는 것이다. 나아가 회사에 준비금이 존재하는 경우 준비금의 일부 또는 전부를 자본금으로 전입할 수 있다(461조 1항). 그러므로 무액면주식을 발행하는 경우, 자본금의 증가란 신주발행으로 수령한 발행가의 일부 또는 전부를 자본금의 액에 추가로 계상하거나, 준비금을 전입하여 자본금의 액을 증액하는 것이라고 정의할 수 있다.

한편 자본금을 감소하고자 할 경우 액면가가 없으므로 액면가의 감액을 이용한 자본금감소는 불가능하다. 또 주식의 발행가를 자본금에 계상한 이후에는 발행주식수와 자본금의 관계는 절연되므로 주식의 병합 또는 소각을 이용한 자본금의 감소도 불가능하다. 무액면주식을 발행한 경우에는 단지 자본금의 수치를 축소시키는 결정만으로 자본금을 감소할 수 있다. 무액면주식을 발행할 때에는 발행가액의 2분의 1 이상을 자본금으로 계상하여야 하지만, 이 제도는 자본금 감소와는 무관하다(즉 과거의 발행가액총액의 2분의 1 이하가 되도록 감소하는 것도 무방하다).

Ⅱ. 자본금의 변동과 주식·재산과의 관계

액면주식을 발행하는 경우 자본금은 발행주식의 액면총액이므로 자본금의 증감은 발행주식수나 액면가의 증감에 비례하며, 이에 의해 회사재산도 증감함이 원칙이다. 그러나 주식수가 자본금과 무관하게 변동하는 수도 있고, 자본금이 변동하더라도 순자산에 영향이 없는 경우도 있다.

무액면주식을 발행하는 경우에는 발행주식수와 자본금은 상호 무관하게 변동한다.

1. 新株發行의 경우

신주발행은 크게 「통상의 신주발행」과 「특수한 신주발행」의 두 가지로 분류된다.

(1) 통상의 신주발행

상법 제416조 이하에서 규정하는 것이 통상의 신주발행이다. 통상의 신주발행은 주주 또는 제 3 자에게 유상으로 신주를 발행하는 것으로, 액면주식의 경우에는 발행되는 신주의 수에 액면가를 곱한 만큼 자본금이 증가하고, 그에 따라 순자산도 증가한다. 그러나 순자산의 증가는 반드시 자본액의 증가와 일치하지는 않는다. 액면미달발행의 경우에는 미달액만큼, 액면초과발행의 경우에는 초과액만큼 자본금과 순자산의 증가에 차이가 생긴다. 무액면주식의 경우에는 신주의 발행가액 중 2분의 1 이상에 해당하는 금액만큼 자본금이 늘어나지만, 그 구체적인 범위는 이사회가 자유롭게 정한다.

이상 어떤 경우에도 순자산은 신주의 수에 인수가액을 곱한 것만큼 반드시 늘어나므로 신주발행은 주식회사에 있어 자기자본을 조달하는 주된 수단이다.

(2) **특수한 신주발행**

통상의 신주발행 외에도 신주를 발행하는 경우가 있는데, 이를 총칭하여 특수한 신주발행이라 한다. 발행원인은 여러 가지가 있으나 모두에 공통된 점은 신주가 발행되더라도 새로운 자산이 유입되지 않는다는 점이다. 따라서 특수한 신주발행은 자금조달과 무관한 동기에서 행해진다. 개별적인 원인을 설명한다.

1) **전환주식의 전환**(346조 이하) 전환주식을 전환하면 전환주식이 소멸하고 신주식이 발행된다. 전환조건에 따라 전환주식이 신주식보다 많을 수도 있고 적을 수도 있다. 신주식이 전환주식보다 많을 때에는 자본금이 증가하고 적을 때에는 자본금이 감소한다. 하지만 어느 경우에나 순자산은 증감하지 않는다.

2) **준비금의 자본금전입**(461조) · **주식배당**(462조의2) 준비금을 자본금에 전입하면 전입된 금액만큼 자본금이 늘고, 액면주식을 발행한 경우에는 이를 액면가로 나눈 수만큼 신주가 발행된다. 그러나 자본금의 증가분은 준비금의 감소분과 상쇄되고, 순자산에는 변동이 없다. 주식배당을 위한 신주발행도 자본금이 증가하는 만큼 잉여금이 감소하므로 같다.

3) **전환사채의 전환**(513조 이하) · **신주인수권부사채권자의 신주인수권행사**(516조의2)

사채를 주식으로 전환하거나 신주인수권부사채권자가 신주인수권을 행사하면 사채의 발행조건에 따라 그에 상응하는 신주가 발행되고, 액면주식의 경우에는 이에 액면가를 곱한 금액만큼 자본금이 늘어난다. 자본금이 늘어난다 하여 새로운 자금이 유입되는 것은 아니지만, 부채(社債)가 감소하므로 순자산이 늘어난다. 따라서 자본조달의 효과라는 면에서는 통상의 신주발행과 유사하다.

4) **합병으로 인한 신주발행**(523조 3호) 흡수합병을 하면 존속법인이 소멸법인의 주주에게 합병조건에 따라 신주를 발행한다. 액면주식의 경우에는 이때 신주의 수에 액면가를 곱한 금액만큼 자본금이 증가하나 순자산에는 변동이 없다. 존속법인이 소멸법인의 재산을 모두 승계하므로 재산이 늘어나지만, 이는 합병의 효과이지 신주발행의 효과는 아니다.

5) **주식의 포괄적 교환**(360조의2) 주식을 교환하여 母會社를 창설할 경우에는 자회사의 주주들이 소유하는 자회사의 주식이 전부 모회사에 이전되고 이를

근거로 모회사가 자회사의 주주들에게 신주를 발행한다. 이에 의해 모회사의 자본금이 늘어나고, 순자산 역시 늘어나기는 하나, 이는 주식교환의 효과이지 신주발행의 효과는 아니다.

6) 회생절차상의 신주발행 채무자 회생 및 파산에 관한 법률에 의한 회생절차의 일환으로 회생채권자, 회생담보권자 또는 주주에 대하여 신주를 발행할 경우 신주에 상응하여 자본금이 늘어나는데, 순자산은 늘어날 경우도 있고(회파 206조 2항) 늘어나지 않는 경우도 있다(회파 206조 1항).

7) 주식병합 자본금을 감소하면서도 신주를 발행할 수가 있다. 주식병합을 할 경우이다(후술).

8) 주식분할(329조의2) 주식을 분할하면 분할하는 비율의 역배수로 발행주식의 수가 늘어난다. 하지만 새로운 자금은 유입되지 않고, 액면주식의 경우에는 액면가가 분할비율만큼 감소되는 데 지나지 않으므로 발행주식의 액면총액, 즉 자본금에는 변동이 없다. 무액면주식의 경우에도 주식분할은 자본금의 변동을 수반하지 않는다.

2. 資本金減少의 경우

액면주식을 발행한 경우 자본금은 주식수를 줄이거나 액면금액을 축소함으로써 감소된다. 발행주식수를 줄이면 이에 액면가를 곱한 만큼 자본금도 줄며, 액면가를 감소시키면 감소되는 금액에 발행주식총수를 곱한 만큼 자본금이 준다. 그러나 회사재산은 자본금감소의 목적에 따라 줄 수도 있고(實質減資) 줄지 않을 수도 있다(名目減資). 무액면주식의 경우에는 발행주식수와 무관하게 자본금을 줄일 수 있다.

3. 자본금에 영향 없는 주식 · 재산의 감소

상환주식을 상환하면 주식수도 감소하고 상환가액만큼 순자산도 감소한다. 무액면주식을 발행한 경우에는 주식수의 감소는 자본금과 무관하고, 액면주식의 경우에도 상환은 이익으로써만 하므로 자본금에는 영향이 없다(345조).

제 2 관 新株發行

Ⅰ. 의 의

1. 개 념

신주발행(new issuance; Erhöhung des Grundkapitals)이란 넓게는 회사설립 이후에 이루어지는 일체의 주식발행을 뜻하나, 좁게는 자금조달을 목적으로 하는 신주발행, 즉 통상의 신주발행(416조)을 뜻한다. 여기서는 통상의 신주발행에 관해 설명한다.

2. 자본조달방법으로서의 신주발행

1) 주식회사는 원래 대중자본의 집중을 목적으로 만들어진 제도이므로 그에 알맞은 자본조달수단을 가지고 있다. 신주발행과 사채발행이 그것이다. 사채는 타인자본으로서 회사의 부채이므로 일정 기간이 지나면 상환하여야 하는 부담이 있으나, 신주발행은 상환주식이 아닌 한 영구적인 자기자본이므로 상환의 부담이 없다.

그러나 신주를 발행하면 그만큼 이익배당의 부담이 늘어나고, 또 누가 얼마를 인수하느냐에 따라 회사의 지배구조에 영향을 주므로 회사로서는 중대한 조직법적 변화이다.

2) 신주발행은 授權資本制와 관련하여 생각할 때 비로소 그 자본조달방법으로서의 의의를 정확히 파악할 수 있다.

신주발행은 원칙적으로 이사회의 권한사항이므로 정관이 정한 발행예정주식총수의 범위 내에서 신주를 발행한다면 정관을 변경할 필요가 없고, 이사회의 결정만으로 자본금을 증가시킬 수 있다(416조 본). 이는 이사회가 현재의 정관하에서 주주로부터 구속받지 않고 경영상의 필요에 따라 수시로 기동성 있게 자금을 조달할 수 있도록 제도적으로 보장함을 뜻한다(245면 참조).[1)]

1) 그러므로 신주발행은 경영상의 필요에 따른 자금조달수단이라는 의미를 가질 뿐이고, 舊상법상의 자본증가와 같이 회사의 구조변화를 초래한다는 의미는 갖지 않는다. 舊상법은 독일법의 영향으로 자본금을 정관의 기재사항으로 하였고 이를 증가하기 위해서는 주주총회의 특별결의를 거치도록 하였다(舊商 348조). 지금도 독일법은 같다(§ 23 Abs. 3 Nr. 3 AktG).

3. 신주발행의 중요문제

신주발행에 의해 우선 외형적으로 자본금이 증가한다. 이에 상응하는 재산의 증가가 따라야 하나, 때로는 그렇지 못할 위험이 있음은 회사설립의 경우와 같다. 그러므로 신주발행에 있어서도 회사설립시에 못지않게 자본충실의 고려가 필요하다.

신주를 제 3 자가 인수할 때에는 물론이고, 주주가 인수하더라도 종전의 지주비율에 따르지 않을 때에는 각 주주가 종전에 누렸던 비례적 이익(proportionate interest)이 침해된다. 즉 각 주주가 과거 가졌던 비례적 지배력이 감소하고, 주식의 경제적 가치가 유지되지 못하는 것이다. 그러므로 신주인수는 신주발행에 있어서 주주의 이해가 집중되는 문제이다.

한편 주주가 종전의 비례적 지분을 유지하기 위해서는 신주인수권을 행사할 수밖에 없다는 측면에서 보면, 신주발행은 주주에게 사실상 추가적 출자를 강요하는 셈이 되므로 자력 없는 주주를 어떻게 보호하느냐 하는 문제도 또한 중요하다.

Ⅱ. 發行事項의 결정

1. 결정기관

통상의 신주발행은 원칙적으로 이사회가 결정한다(416조 본). 이사회는 신주발행의 결정을 대표이사나 기타에 위임할 수 없으나(통설) 이사회 내의 위원회(393조의2)에는 위임할 수 있다. 한편 신주발행은 주주에게 중대한 이해가 걸린 사항이므로 定款에 규정을 두어 주주총회의 결의사항으로 할 수도 있다(416조 단).

2. 결정사항

이사회(또는 주주총회)가 신주발행을 결정할 때에는 다음 사항도 같이 결정하여야 한다.

1) 신주의 종류와 수(416조 1호) 보통주 · 우선주 등과 같은 주식의 종류와 종류별 발행주식수를 결정하여야 한다. 그 종류와 수는 정관에 정해진 범위 내이어야 한다(344조 2항). 상환주식 또는 전환주식을 발행하는 경우에는 그 상환조건, 전환조건도 정하여야 한다.

2) 신주의 발행가액과 납입기일(416조 2호) 주주가 인수하는 주식의 발행가는

당해 신주에 대해서는 균등하게 정해져야 한다. 명문의 규정은 없으나 주식평등의 원칙상 당연히 이와 같이 해석해야 한다(發行條件 均等의 원칙).[1] 제 3 자가 인수하는 주식은 이와 달리 정할 수 있다고 본다. 그리고 발행시기가 다르거나 종류가 다른 주식은 가치가 다르므로 각기 발행가를 달리할 수 있음은 물론이다. 액면초과발행은 무방하나 액면미달발행은 자본충실의 고려에서 제약이 있다(후술).

이상과 같은 제약하에서 구체적으로 발행가를 얼마로 정할 것이냐에 관해서는 명문으로 정한 바 없으나, 공정한 가격으로 결정해야 한다는 데에 이견이 없다. 하지만 공정한 발행가란 제 3 자배정의 경우에 기존 주주의 비례적 이익을 고려한 균형 있는 가격을 뜻하는 말이며, 주주배정방식으로 발행할 경우에는 액면가 이상이라는 요건을 준수하는 한, 얼마에 발행하든 이사회의 경영판단에 따라 자유롭게 결정할 수 있다고 해석된다.[2] 주주에게 지분율에 따라 배정하는 한 현 주식가치보다 低價로 발행하더라도 舊株의 희석화로 인한 손해는 동일한 주주가 저가발행으로 인해 얻는 이득과 상계되기 때문에 득실이 없고, 회사 역시 필요로 하는 특정한 금액의 正(+)의 자금이 유입되는 한 발행가에 관해 이해가 없기 때문이다.[3]

3) 자본금 계상액(416조 2호의2) 액면주식을 발행할 경우에는 액면가의 총액이 자동적으로 자본금이 되지만, 무액면주식의 경우에는 이사회가 자본금으로 삼을 금액을 정한다. 자본금을 얼마로 할 것이냐는 것은 기존의 주주 및 신주의 인수인 모두가 이해를 갖는 문제이므로 발행사항의 결정시에 이 금액을 정해야 한다.

4) 신주의 인수방법(416조 3호) 신주의 인수방법 중 가장 중요한 것은 누가 신주를 인수할 것이냐는 문제이다. 상법 제418조 제 1 항에 따라 주주배정방식으로 발행할 경우에는 신주인수권을 행사할 수 있는 주주를 정하기 위한 配定基準日(418조 3항이 규정하는 「일정한 날」)을 이사회에서 정해야 한다. 그리고 상법 제418조 제 2 항에 따라 제 3 자배정방식으로 발행할 경우에는 신주인수권을 행사할 자를 이사회결의로 정해야 한다.

어느 방식으로 발행하든 신주의 청약과 배정, 그리고 납입의 일정과 요령을 정해야 한다. 실권주 및 단주의 처리방법도 정해야 한다. 주금납입을 취급할 금

1) 일본회사법은 신주의 모집발행에 있어서는 발행조건을 균등하게 정하도록 규정하고 있다(日會 199조 5항).
2) 일본의 통설이다(日注釋(7), 29면).
3) 상세한 예증은 李哲松, "資本去來와 任員의 刑事責任," 「人權」 제359호(2006. 7.), 106면 이하 참조.

융기관과 청약증거금 등에 관한 사항도 정해야 하나, 이는 기술적인 문제에 불과하므로 대표이사에게 위임할 수도 있다고 본다.

5) 현물출자에 관한 사항(416조 4호) 현물출자를 받을 경우 출자자의 성명과 출자의 목적인 재산의 종류 · 수량 · 가격과 이에 대하여 부여할 주식의 종류와 수를 정하여야 한다(상세는 954면 참조).

6) 주주가 가지는 신주인수권을 양도할 수 있는 것에 관한 사항(416조 5호) 상법은 주주의 (구체적) 신주인수권을 양도할 수 있는 것으로 전제하고 신주발행시 발행사항의 하나로 정할 수 있게 하였다. 이는 회사가 임의로 정하는 것이므로 신주인수권이 양도되는 것을 원치 않을 경우에는 이를 정하지 않을 수 있다는 것이 통설이다. 그렇다고 해서 주주가 신주인수권을 양도하지 못한다고 볼 수는 없다(후술).

7) 주주의 청구가 있는 때에만 신주인수권증서를 발행한다는 것과 그 청구기간(416조 6호) 신주인수권을 양도할 수 있게 하는 경우 그 양도는 신주인수권증서를 교부하는 방법으로 해야 하므로(420조의 3 1항) 회사는 신주인수권증서를 발행해야 한다(420조의 2 1항). 그러나 모든 주주가 신주인수권을 양도하지는 않을 것이므로 그 발행을 청구하는 주주에게만 발행할 수 있도록 한 것이다. 따라서 이 사항은 위 6)의 사항을 정했을 때에 필요한 것이다.

Ⅲ. 발행가액

1. 액면미달발행

(1) 의 의

액면주식을 발행하는 경우 신주발행의 결과 신주의 액면총액만큼 자본금이 늘어나므로 자본충실의 요청상 액면가액 이상의 순자산이 따라서 늘어나야 한다. 그러므로 발행가액은 액면가액 이상이어야 한다.

그러나 회사의 실적부진이나 시장의 침체로 신주에 대한 투자자의 수요가 낮을 경우 액면가액을 고집한다면 청약이 발행주식수에 미달하여 자금조달에 실패할 수 있다. 특히 상장주식의 경우 주가가 액면가액을 밑돈다면 투자자는 신주를 액면가액으로 인수하는 것보다 유통시장에서 舊주식을 매수하는 쪽을 택할 것이다. 그러므로 원만한 자본조달을 위해서는 액면가액을 하회하는 발행가액으로 주식을 발행해야 할 경우도 있다. 그래서 상법은 액면미달발행을 허용하되,

자본충실의 고려에서 엄격한 요건을 정하고 있다(417조).[1)·2)]

(2) 요 건

1) 회사성립 후 2년 경과 액면미달발행으로 인해 자본금의 결손이 생기고, 이는 조만간 해소해야 할 상황인데, 해소가능 여부는 회사의 영업이 어느 정도 본궤도에 오른 다음에야 예측할 수 있으므로 그에 필요한 기간으로 2년을 정한 것이다(417조 1항).

2) 주주총회의 특별결의 액면미달발행은 주주총회의 특별결의를 요한다. 주식이 액면미달로 발행될 경우에는 과거 액면가 이상으로 주식을 인수한 주주들과 형평의 문제가 생기고, 新·舊주의 순자산가치가 혼융되어 舊주의 가치가 희석되기 때문이다.

주주총회는 액면미달발행 여부만이 아니라 최저발행가액을 정하여야 한다(417조 2항). 따라서 이사회의 발행가액결정은 이에 의해 하한의 제한을 받는다.

3) 법원의 인가 액면미달발행은 자본충실을 해하므로 법원의 인가를 받도록 하고 있다. 법원은 회사의 현황과 제반 사정을 참작하여 최저발행가액을 변경하여 인가할 수 있으며(417조 3항 전), 이 경우 법원은 회사의 재산상태 기타 필요한 사항을 조사하기 위하여 검사인을 선임할 수 있다(417조 3항 후). 그러나 상장회사가 액면미달발행을 할 때에는 법원의 인가를 요하지 않는다(자금 165 조의8 1항). 다만 최저발행가액의 제한이 있다(동조 2항).

(3) 발행시기

법원의 인가를 얻은 날로부터 1월 내에 발행하여야 한다(417조 4항 전). 법원은 이 기간을 연장하여 인가할 수 있다(417조 4항 후). 액면미달발행은 어느 시점에서의 특수한 상황을 참작하여 허용하는 것인데, 장기간의 여유를 준다면 결국 이사회에 액면미달발행의 결정권을 무제한 부여하는 것이나 다름없기 때문이다.

---

1) 실제 액면미달발행을 하는 예는 거의 없다. 액면미달발행은 회사의 신용에 부정적인 영향을 미치고 그 절차가 번거로우므로 상장회사에서는 주가가 액면가액을 밑돌더라도 액면가액으로 발행하고, 이로 인해 생기는 실권주는 대주주가 인수하는 실정이다.

2) 상법에는 규정이 없으나, 기업회계기준에서는 액면미달금액을 주식발행초과금과 상계하도록 하고, 미상계잔액은 자본조정의 주식할인발행차금으로 처리하고, 향후 발생하는 주식발행초과금과 우선적으로 상계한다(일반기업회계기준 15.3). 참고로 국제회계기준(K-IFRS)에서는 이 문제를 다루고 있지 않다.

2. 時價發行

(1) 의 의

시가발행이란 신주의 발행가액을 기 발행주식의 현재 시가에 준하는 가격으로 정하여 발행하는 것을 뜻한다. 따라서 유통시장에서 시가가 형성되어 있는 주식, 즉 상장주식에 대해서만 사용하는 개념이다. 시가가 얼마이냐에 따라 액면미달이 될 수도 있고 액면초과가 될 수도 있지만, 액면미달발행은 기술한 바와 같은 제약을 받으므로, 회사가 자율적으로 할 수 있는 시가발행이란 현실적으로는 액면초과발행에 국한된다.

시가발행은 회사의 재무구조가 건실하여 주가가 액면가액을 크게 상회할 때에 가능하고 또 필요성이 강조된다. 시가발행을 통해 액면가액을 초과하는 순자산이 유입되므로 재무구조의 건실화를 꾀할 수 있고, 또 신주를 제 3 자가 인수할 때에는 기존주주가 소유하는 주식의 가치와 균형을 이루기 위해 필요하기 때문이다.

(2) 상장회사의 시가발행

상장회사는 금융위원회가 정하는 「증권의 발행 및 공시 등에 관한 규정」에 의해 시가발행을 할 수 있다(동규정 5-18조). 물론 이 규정이 없다 하더라도 상법상 이사회에서 자율적으로 시가에 따라 발행가액을 정할 수 있다. 그러나 투자자들이 기업의 가치를 정확히 측정할 수 없어 그 가격의 적정여부를 판단하기 어려우므로 동규정에서는 기업가치에 상응하는 발행가를 산정하는 기준을 제시하고 있다(동규정 5-18조).

Ⅳ. 新株引受權

1. 의 의

신주인수권(preemptive right; Bezugsrecht)이란 회사가 신주를 발행할 경우 그 전부 또는 일부를 타인에 우선하여 引受할 수 있는 권리를 말한다. 인수에 우선하는 권리일 뿐 발행가액이나 기타 인수조건에서 우대받을 수 있는 권리는 아니다. 주주는 유한책임을 지므로 신주인수권은 주주의 권리일 뿐 의무는 아니다. 따라서 주주가 반드시 신주인수권을 행사하여야 하는 것은 아니다.

신주인수권은 주식의 果實이 아니다. 따라서 신주인수권을 행사하여 인수한 주식에는 구주에 대한 질권의 효력이 미치지 아니한다.[1)]

1) Reinhardt/Schultz, S. 236.

신주인수권은 모든 신주발행에 있어서 사용될 수 있는 개념이지만, 통상의 신주발행(416조) 이외에는 모두 引受權者가 法定되어 있으므로 신주인수권의 귀속이 문제되지 아니한다. 예컨대 주식배당이나 준비금의 자본금전입에 있어서는 현재의 주주(461조 2항)가 신주인수권을 갖는 것과 같다. 전환사채를 주식으로 전환하거나, 신주인수권부사채권자가 신주인수권을 행사하는 경우에도 신주인수권은 정해진 사채권자에게 귀속되나, 전환사채 또는 신주인수권부사채 자체의 인수권을 누가 갖느냐는 것이 신주인수권과 같은 성격의 문제로 등장한다.

통상의 신주발행에 있어 신주인수권은 주주가 가지는 경우와 제 3 자가 가지는 경우가 있다. 나누어 설명한다.

2. 주주의 신주인수권

(1) 개념과 성질

주주의 신주인수권이란 회사가 신주를 발행할 경우에 주주가 각자 가진 주식수에 비례하여 신주를 인수할 수 있는 권리를 말한다(418조 1항). 주주의 신주인수권은 추상적 신주인수권과 구체적 신주인수권으로 구분할 수 있다.

추상적 신주인수권이란 회사가 신주를 발행한다면 소정 수량의 주식을 인수할 수 있다는 의미의 권리이다. 이는 주주권의 일부로서, 주식과 분리하여 양도·포기하거나 담보에 제공할 수 없고, 時效에 걸리지도 아니한다. 이에 대해 구체적 신주인수권은 회사가 실제 신주를 발행할 때 그 신주를 청약하고 배정받을 수 있는 권리로서, 이사회에서 정한 신주배정기준일에 발생한다. 구체적인 신주인수권은 추상적 신주인수권에 근거하여 생겨나지만, 회사에 대한 독립된 채권적 권리이다. 따라서 이미 발생한 구체적인 신주인수권은 주주권이 이전되더라도 이에 수반하여 이전되는 것이 아니고(대법원 2010. 2. 25. 선고 2008다96963·96970 판결), 회사는 이사회나 주주총회의 결의 또는 정관의 규정으로도 구체적 신주인수권을 제한하거나 변경할 수 없다.

(2) 신주인수권의 중요성

주주의 신주인수권은 주주의 이익을 보호하기 위해 인정되는 것으로 다음 두 가지 점에서 주주에게 중요한 의의가 있다.[1)]

첫째, 주식은 바로 의결권을 내포하므로 신주를 타인이 인수한다면 회사의 지배에 있어 주주가 보유주식을 통해 비례적으로 가지고 있던 영향력(會社支配權; proportional control)이 약화된다.

---

1) Jennings & Buxbaum, p. 869; *Lutter*, in Kölner Komm. AktG, 2. Aufl., § 186 Rn. 7.

둘째, 신주는 실권을 방지하기 위하여 정책적으로 현재의 주가나 순자산가치보다 낮은 가격으로 발행하는 것이 보통이므로 신주발행으로 인해 신·구주식이 혼합되어 형성되는 주가나 주당 순자산가치는 종전의 가액보다 낮아지게 된다(주식의 희석화). 그러므로 제 3 자가 신주를 인수할 경우에는 종전의 주주가 보유하던 가치의 일부가 제 3 자 쪽으로 빠져 나가게 된다.

이상의 두 가지 이유로 주주의 신주인수권은 출자의 비례적 가치를 보전하기 위한 중요한 권리이다.

주식의 희석화(dilution; Verwässerung)

예컨대 액면가액 5,000원, 총발행주식 1만주, 순자산이 1억원인 회사가 있다고 하자. 현재 이 회사의 1주당 순자산가치는 1억원÷1만(주)로 10,000원이다. 이 회사가 액면가로 1만주를 새로 발행한다면 발행 후 회사의 순자산은 1억5천만원이고 발행주식은 2만주이니 주당 순자산가치는 7,500원이 된다. 따라서 신주를 인수한 자에게는 1주당 2,500원의 이익이 생기고 이로 인해 舊株主는 2,500원의 손실을 입게 되는데, 이런 현상을 가리켜 주식의 가치가 稀釋化된다고 말한다(value dilution).

한편 A라는 주주가 6,000주(60%), B라는 주주가 2,000주(20%)를 가지고 있고 나머지 2,000주는 소액주주들이 소유하는데, 신주 10,000주를 전부 B가 인수하거나, 제 3 자가 인수한다면 A의 지분은 30%로 떨어지고 이 회사에 대한 지배력을 잃게 된다. 이는 기업의 지배력이 희석화된다고 말할 수 있다(voting dilution).

(3) 신주인수권의 부여·제한

상법은 주주의 신주인수권을 보호하기 위하여 「주주는 그가 가진 주식수에 따라서 신주의 배정을 받을 권리가 있다」고 규정하고 있다(418조 1항). 그러나 주주들이 회사의 새로운 자금수요를 충족시키지 못해 자력있는 출자자를 확보해야 할 경우도 있고, 시장확보나 기타 경영전략상 다른 기업과 투자제휴를 하거나 주주기반을 다양화할 필요가 생길 수도 있다. 또 기업가치가 높은 회사는 시가발행을 통해 보다 충실한 자본조달을 꾀할 수 있다.

그리하여 상법은 「정관에 정하는 바에 따라 주주 외의 자에게 신주를 배정할 수 있다」고 규정함으로써(418조 2항 본), 주주의 신주인수권을 정관으로 제한할 수 있는 길을 열어놓았다. 이에 의해 공모증자를 위해 또는 기업간의 제휴를 위해 주주의 신주인수권을 제한하는 예가 많다.[1)]

1) 예컨대, 2019년 SK텔레콤과 카카오톡은 전략적 협력을 위해 3,000억원 규모의 지분교환을 하였다. 이를 통해 SK텔레콤의 AI음악사업에 카카오톡이 협력하고 카카오페이의 확대를 위해 SK텔레콤이 연계서비스를 한다는 것이다(한국경제 2019. 10. 28.). 2018년에는 동국제강과 일본의

입 법 례

신주발행으로 인해 야기되는 주주지분의 희석화를 방지하기 위한 필요성은 어느 입법례에서나 공통적으로 인정하는 바이므로 우리가 비교법적으로 참고하는 주요 국가들은 대부분 주주의 신주인수권을 인정한다.

독 일 독일에서는 주주의 신주인수권을 기본적인 사원권(elementares Mitgliedrecht)으로 인식하며,[1] 19세기 말에 제정된 신상법(HGB 1897)에서 이미 주주의 신주인수권을 인정하였다. 동법에서는 자본을 정관에 기재하도록 하였으므로(동법 182조 2항 3호. 지금도 같음) 신주를 발행하려면 자본의 4분의 3 이상에 해당하는 다수결로 정관을 변경하여야 하였는데(동법 274조, 275조), 이때 신주는 정관에 다른 정함이 없는 한 주주가 종전의 지주비율에 따라 인수할 수 있도록 한 것이다(동법 282조). 이 규정은 1937년의 주식법을 거쳐 현행법인 1965년 주식법(AktG 1965) 제186조로 옮겨와 같은 내용을 유지하고 있다. 현행 주식법에서는 특히 주주의 신주인수권을 배제하고 제 3 자에게 배정하는 경우에 관해 엄격한 절차와 요건을 규정하고 있다. 주주의 신주인수권을 배제하고자 할 경우에는 자본의 4분의 3 이상에 해당하는 주주총회의 결의를 요하고(동법 186조 3항), 제 3 자가 인수할 수 있는 금액은 자본의 100분의 20을 넘지 못하며, 그 발행가액은 거래소의 시가 이하로 하지 못한다는 제약을 두고 있다(동조 항). 또한, 이사회는 주주의 신주인수권을 배제하는 이유를 서면으로 주주총회에 보고하여야 하고, 열람이 가능하도록 회사에 비치하여야 한다(동조 4항).

프 랑 스 프랑스는 1935년부터 주주의 신주인수권(droit préférentiel de souscription: DPS)을 성문법상의 권리로 인정하였다(1867년 회사법의 개정법 34조). 동 개정법에서는 금전출자로 자본을 증가할 경우 주주는 자신의 지분에 비례하여 신주를 우선적으로 인수할 권리를 가지고, 타인에게 양도할 수 있다는 내용의 규정을 두었다. 이 규정은 1966년 회사법으로 이어졌고(동법 183조, 186조). 현행 상법(Code de commerce 2000)에서도 같은 내용을 유지하고 있다(C. com. Art. L. 225-132).[2]·[3] 이와 같이 프랑스가 신주인수권을 법제화한 것은 독일에 비해 수십 년 뒤졌지만, 상법전을 제정하던 1867년에 이미 신주인수권을 인정하는 판례가 등장하여 주주의 기본적인 권리로 자리 잡게 되었다고 한다.[4]

영 국 영국은 전통적으로 주주의 신주인수권을 인정하지 않았으나, EC

동경제철이 1%의 주식상호보유를 시작하였는데, 이를 통해 전기로사업관련기술을 교환하는 등 쌍방의 경쟁력 강화를 도모한다는 것이다(매일경제 2018. 2. 23.).

1) *Schmidt/Lutter*, §186 Rn. 1–3.

2) 프랑스는 2000년에 회사법을 상법전의 일부로 편입하였다.

3) Gibirila, D. (2020) Chapitre 1. L'augmentation du capital social. Droit des sociétés(p. 116–128).

4) Cass. civ.(Cour de cassation, Chambre civile), 11 mars 1869–DP(Dalloz Périodique) 1869. 1. 257; S.(Recueil Sirey) 1869. 1. 119(주주들이 회사를 설립할 때에는 회사의 손익과 지배를 공유하기로 합의하므로 설립 후 다수주주가 소수주주의 지분희석을 강행한다면 회사설립 당시의 주주들간에 있었던 회사설립계약(contrat de société)을 위반하는 것이라고 판시).

제 2 회사법지침(동지침 29조)을 받아들여 1980년 이래로 주주의 신주인수권을 인정하며, 폐쇄회사(private company)에 한해 정관에 규정을 두어 제 3 자에게 배정할 수 있도록 한다(Companies Act 2006 561조, 567조).[1] 이는 유럽공동체의 지침에 의한 것이므로 다른 EU 가맹국가들도 영국과 마찬가지로 신주인수권을 보호하는 규정을 두었을 것으로 짐작되는 바, 주주의 신주인수권은 유럽국가들의 공통적인 입법례라고 할 수 있다.

미 국 미국에서는 19세기 초부터 보통법으로 신주인수권을 인정해 왔다. 처음 주주의 신주인수권을 인정한 것은 1807년의 Gray v. Portland Bank 사건의 판결이다.[2] 당시에는 회사설립에서 허가주의를 취하였던 탓에 정관은 설립당시의 주주들간의 합의일 뿐 아니라 주정부와의 약속이기도 했으므로 주주구성을 변경하기 위해서는 주주 전원의 합의가 필요할 뿐 아니라, 주정부의 허락도 필요하다고 보았다. 또한, 주식회사는 組合의 본질을 가진 것으로 보고, 새로운 조합원을 영입하는 것(신주발행)은 기존 조합원의 권리라는 생각에서, 주주의 신주인수권을 自然的 正義(natural justice)의 소산이라고까지 표현했고,[3] 한동안 신주인수권은 회사법상의 公理(axiom in corporation law)로 받아들였으며,[4] 이러한 사고는 20세기 초까지 이어졌다.[5]

그러나 20세기 중엽에 들어서, 상장회사의 투자주주들이 크게 늘어나면서 신주인수권의 권리성에 관한 인식은 크게 쇠퇴하였다. 투자주주들은 지분소유자라기보다는 채권자라는 인식이 확산함에 따라 주주를 보호하기 위해 신주인수권을 부여한다는 의미가 희박해진데다, 다양한 종류주식이 발행됨에 따라 기술적으로도 주주에게 배타적인 신주인수권을 부여하기가 어려워진 것이 원인이다.[6] 그리하여 미국의 州法에서 신주인수권을 다루고 있는 현황을 보면, 모범사업회사법(MBCA)을 선두로 하여 다수의 州에서는 정관에 규정이 없는 한 주주의 신주인수권을 인정하지 아니한다(opt-in 방식)(§ 102(b)(2) Delaware Gen. Corp. Law; § 6.30(a) MBCA). 그러나 아직 일부 주, 예컨대 뉴욕,[7] 펜실베이니아, 매사추세츠, 워싱턴주에서는 정관에 다른 규정이 없는 한 주주가 신주인수권을

1) John Birds, Annotated Companies Legislation, 3rd. ed. Oxford, 2013, p. 587.

2) Gray v. Portland Bank, 3 Mass. 364(1807).

3) Carney, p. 317.

4) Dousman v. Wis. & Lake Superior Mining & Smelting Co., 40 Wis. 418(1876); Fuler v. Krogh, 15 Wis. 2d 412, 113 N.W. 2d 25(1962)에서의 표현이다. 해당원문: “A preemptive right of a shareholder in a corporation is recognized so universally as to have become axiomatic in corporation law.”

5) Stokes v. Continental Trust Company, Court of Appeals of New York, 78 N.E. 1090(N.Y. 1906).

6) W. Carney, op. cit., p. 322. 단순히 의결권의 유무와 배당의 우열, 참가여부 등에 관한 종류만 결합해도 무려 16개의 조합이 생겨나므로 이 상황에서 주주의 신주인수권을 보호하기는 기술적으로 불가능하다는 것이다(Alexander H. Frey, "Shareholders' Preemptive Rights," 38 Yale L. J. 563, 566−68(1929)).

7) 뉴욕주에서는 2024년 opt−in 방식으로 전환하였으나, 그 이전에 설립된 회사들에 대해서는 여전히 opt−out 방식을 적용한다(§ 622(b)(2)(3) N.Y. Bus. Corp. Law).

갖는 것으로 하며, 정관에 신주인수권의 예외를 열거하는 방식을 취하고 있다(opt-out 방식). 그리고 어느 방식을 취하는 주이든 소수주주를 축출하거나 지배권을 변경하기 위해 제 3 자배정을 하는 것, 또는 시가보다 저가로 제 3 자배정을 하는 것은 이사의 신인의무(fiduciary duty)를 위반하는 것으로 다루고 있으며,[1] 뉴욕증권거래소는 상장규칙으로 발행주식총수의 20%를 상회하는 주식을 제 3 자배정할 때에는 주주총회의 승인을 얻도록 하고 있다.[2]

일 본 일본은 독일 상법전을 계수하였으므로 1899년 신상법에서부터 주주의 신주인수권을 인정하였다(우리의 구 상법 343조). 그러나 전후 1950년 미군정의 지휘로 회사편을 미국화하는 개정을 하면서 주주의 신주인수권을 법상의 권리로 인정하지 않고 회사가 자율적으로 부여하도록 개정하였다.[3]

이상과 같은 입법의 추세를 보면, 오늘날 신주인수권을 주주의 公理的 權利라고까지는 할 수 없으나, 여전히 주주권의 본질적인 내용의 하나라고 말할 수 있다.

(4) 신주인수권과 株式平等의 원칙

주주에게 신주인수권을 부여하든 제한하든 주식평등의 원칙에 따라야 한다. 즉 신주인수권은 주주가 가진 주식수에 따라 주어지거나 또는 제한되어야 한다. 예외적으로 회사가 갖는 자기주식과 자회사가 갖는 모회사의 주식에는 신주인수권이 없다(통설). 회사가 종류주식을 발행한 때에는 정관에 다른 정함이 없는 경우에도 주식의 종류에 따라 신주의 인수에 관하여 특수하게 정할 수 있다(344조 3항). 이 부분에는 주식평등의 원칙이 배제되는 셈이다(이 제도의 실질적 의의에 관해서 291면 참조).

정관에 주식평등의 원칙에 위반하여 신주인수권을 부여하거나 제한하는 규정을 둔다면 그 규정은 무효이고, 그 규정에 따라 신주를 발행하는 경우에는 신주발행유지청구(424조)와 신주발행무효의 소(429조)의 원인이 된다.

(5) 現物出資와 신주인수권

현물출자를 받을 때에는 보통 하나의 덩어리를 이루는 재산을 받아 이를 평가하고 그 금액에 상응하는 주식을 배정하므로 신주발행시에 현물출자를 받는다면 실무적으로 각 주주의 신주인수권에 따른 주식수를 정확히 안배하기가 어렵

---

1) MBCA § 6.30. Official Comment; Katzowitz v. Sidler, Court of Appeals, 24 N.Y. 2d.512, 301. N.Y.S. 2d. 470 (N.Y. 1969).

2) NYSE, Listed Company Manual § 312.03 (c).

3) 1950년 개정 당시에는 주주에게 신주인수권을 부여할지 여부를 정관으로 규정하도록 하였으나(동 개정상법 166조 1항 5호), 재차 개정하여 이사회의 결의만으로 주주에게 부여할지 여부를 정하도록 하였다(1955년 개정법 280조의2 1항 5호, 280조의4 1항).

다. 또 흔히는 회사가 특정인으로부터 특정재산을 출자받기 위한 목적으로 신주발행을 하기 때문에 다른 주주에게는 일체 신주를 배정하지 아니하는 수도 있다(판례 [109]). 그래서 현물출자에 대해 배정하는 주식의 일부 또는 전부는 부득이 주주의 신주인수권의 예외를 이루게 된다. 그렇다면 현물출자에 대한 주식의 배정을 정당화하기 위해 어떤 법적 근거가 필요하냐는 의문이 제기된다.

회사설립시에 현물출자를 하려면 변태설립사항으로써 정관에 규정을 두어야 한다. 그러나 신주발행시의 현물출자에 관해서는 정관의 근거를 요하는 규정이 없다. 단지 상법 제416조 제 4 호에서 신주발행에 관한 이사회의 결정사항의 하나로 「現物出資者의 성명, 目的財産의 종류·수량·가액 그리고 이에 대하여 부여할 株式의 종류와 수」를 열거하고 있을 뿐이다. 이 규정을 문리적으로 해석하면, 이사회결의(정관상 신주발행을 주주총회가 결의해야 한다면 주주총회의 결의)만으로 현물출자를 받을 수 있고, 주주의 신주인수권을 무시한 채 이에 상응하는 신주발행을 할 수 있다고 풀이할 수 있다. 일부학설(권기범 1084; 임홍근 590; 정경영 768; 정동윤 692; 최기원 772)은 이같이 보고 있다.

그러나 이같이 해석하면 신주인수권은 법률이나 정관의 규정만으로 제한할 수 있다는 원칙(418조 2항)을 이사회의 결의로 무력화시키는 중대한 예외가 생긴다. 그리하여 이사회는 언제든지 현물출자의 형태를 취하여 회사의 지배구조를 바꿔놓을 수 있다는 결론에 이르는데, 이는 중대한 주주권의 침해이다. 현물출자를 포함하여 상법 제416조 제 4 호에서 열거하는 결정사항들은 주주의 신주인수권과 관련된 문제가 상위차원의 규범에 의해서 해결된 후, 그 실행을 위한 절차를 규정한 것으로 보아야 한다. 따라서 주주의 신주인수권에 변동을 가져오는 현물출자는 정관의 규정 또는 이에 갈음하는 주주총회의 특별결의를 거쳐야 하며, 상법 제418조 제 2 항의 경영상의 목적도 구비해야 한다(판례 [109])(同旨: 김·노·천 668; 김동훈 381; 서헌제 942).[1)]

판 례

[109] 서울남부지법 2010. 11. 26. 선고 2010가합3538 판결

「… 제 3 자로부터 현물출자를 받고 그에 대하여 신주배정을 하는 경우에도 기존주주가 보유한 주식의 가치하락이나 회사에 대한 지배권 상실 등의 불이익을 끼칠 우려는 여전히 존재하는데, 단지 그 방식이 … 현물출자라는 이유만으로 … 기존 주

1) 한편 원칙적으로는 문리해석에 의해 이사회결의만으로 현물출자가 가능하다고 보되, 다만 지배권에 관한 기존주주들의 비례적 이익을 현저히 훼손할 경우에는 정관의 규정 또는 주주총회의 특별결의가 필요하다는 설도 있다(이상주(주석－회사 4), 42면). 하지만 이 설을 실무적으로 적용함에 있어서는 구별기준에 관해 또 다른 분쟁을 야기하게 되므로 합리적인 해석이 아니다.

주의 신주인수권에 대한 보호가 약화된다고 볼 근거가 없고, 상법 제416조 제 4 호의 규정만으로 현물출자에 의한 신주발행에는 상법 제418조가 배제된다고 해석할 수도 없는 것이므로, 현물출자에 의한 신주발행의 경우에도 상법 제418조 제 2 항의 요건을 갖추어야 한다고 봄이 상당하다. … 대법원 1989. 3. 14. 선고 88누889 판결은 … 증여세를 과세한 처분의 적법성이 쟁점이 된 사안으로서 이 사건에 인용하기는 적절하지 않다.」

[同旨판례] 청주지법 2014. 11. 20. 선고 2014가합1994 판결

[반대판례] 서울고법 2011. 3. 30.자 2011라308 결정; 서울중앙지법 2016. 10. 24.자 2016카합81316 결정

[註] 위 판결에 인용된 대법원 1989. 3. 14. 선고 88누889 판결은 증여세과세에 대한 판결이다. A주주가 신주인수권을 포기하고 그와 특수관계에 있는 B주주가 실권주를 인수하여 이익을 얻으면, A가 B에게 동 이익을 증여한 것으로 보고 B주주에게 증여세를 과세한다(상증 39조). 어느 회사가 주주 중 1인으로부터 현물을 출자받으며 신주를 발행하였는데, 과세청은 이를 나머지 주주들이 신주인수권을 포기한 것으로 보고 상속세 및 증여세법에 따라 현물출자를 한 주주에게 증여세를 과세하였던바, 위 대법원 판결은 현물출자자에 대하여 발행하는 신주에 대하여는 일반주주의 신주인수권이 미치지 않는다고 하며 과세처분을 취소하였기에 前說을 지지하는 판례로 인용되어 왔으나, 판례 [109]는 이 대법원판례의 의의를 달리 해석하여 현물출자의 경우에도 신주인수권은 보호되어야 한다고 판시한 것이다.

현물출자에 관한 입법착오

상법 제416조 제 4 호는 상법제정 당시 일본상법 규정을 참고하면서 생긴 입법착오이다. 일본은 1950년에 수권자본제를 택하면서 우리 상법 제416조와 같은 규정을 두었는데, 동시에 과거 현물출자는 주주총회의 특별결의사항(자본증가)이었으나 이사회의 결의사항으로 바꾸었다(당시 日商 258조의2 1항 3호). 우리 상법 제416조 제 4 호는 이 규정을 본받은 것이다. 일본 상법에서는 정관에 규정을 두지 않는 한, 주주가 신주인수권을 갖지 않으므로 현물출자 역시 이사회가 정해도 무방하다. 그러나 우리 법에서는 주주가 신주인수권을 가지는 탓에 당초 이사회의 결의만으로 현물출자를 받을 수는 없는 일이다. 즉 제416조 제 4 호는 본받을 수 없는 규정을 본받아 만든 규정이다.[1)]

1) 상세는 李哲松, "商法上의 立法錯誤의 是正을 위한 연구(2) — 會社編을 중심으로 —,"「比較」제50호(2010), 1면 이하 참조.

주식의 현물출자, 교환발행의 가능성

회사가 신주발행을 함에 있어 출자자가 주식을 현물출자할 수 있음은 물론이다.[1] 다만 회사가 이미 발행한 주식을 신주의 인수인이 현물출자한다면 회사가 자기주식을 취득하게 되므로 허용될 수 없다. 그러면 A회사가 신주를 발행하는데, B회사가 신주를 발행하는 방법으로 현물출자를 할 수 있는가? A의 신주발행에 대해 B가 신주로 현물출자를 하고 B의 신주발행에 대해 A가 신주로 현물출자하는 꼴이 되는데 미국에서는 stock-for-stock시에 합병대가를 지급하는 방법으로 흔히 쓰인다.

A의 신주발행에 대해 B가 자기의 주식으로 현물출자를 하거나, 반대로 B의 신주발행에 대해 A가 자기의 주식으로 현물출자를 하는 것은 당연히 가능하다고 해야 할 것이므로 양자가 동시에 이루어지는 것도 이론적으로는 가능하다고 해야 할 것이다. 다만 주식의 청약을 하는 시점에서 쌍방의 현물출자의 목적재산이 현존하지 않는다는 법이론적인 저항이 있을 수 있고, 쌍방의 신주발행의 효력이 동시에 발생해야 한다는 기술적인 제약이 따른다. 아울러 회사에 따라서는 공정거래법상의 상호출자금지에 저촉될 수도 있다(독규 21조).

3. 제 3 자의 新株引受

(1) 의 의

신주인수권은 주주가 가짐이 원칙이나, 예외적으로 주주 아닌 자에게 신주인수권을 부여하고 신주를 발행하는 경우도 있다. 이를 흔히 제 3 자배정이라고 한다. 주주가 신주를 인수하더라도 소유주식수에 비례한 자기 몫을 초과하여 신주를 인수한다면 이 역시 제 3 자배정이다.

(2) 제 3 자 배정의 근거

1) 법 률 법률에 의하여 제 3 자에게 신주인수권이 주어지는 경우가 있다. 전환사채 또는 신주인수권부사채를 발행한 경우에는 사채권자 또는 신주인수권증권 소지인이 신주인수권을 갖는다. 또 자본시장법에 의해 상장회사가 주식을 유상발행하는 경우(416조의 발행을 뜻함)에 당해 회사의 우리社株組合에 가입한 종업원은 신주의 100분의 20을 초과하지 아니하는 범위에서 신주를 배정받을 권리가 있으며(자금 165조의7, 근로복지기본법 38조), 이에 따라 종업원의 청약이 있는 때에는 이 비율에 달할

1) 반대로 회사가 타인으로부터 주식을 취득하며 그 대가로 신주를 발행해 줄 수도 있다. 2001년 현 LG의 전신인 LGCI가 LG 화학등 계열사의 주식을 공개매수하면서 그 대가로 매도인들에게 신주를 발행해 주었다. 법형식은 LGCI의 신주발행에 대해 매도인들이 현물출자를 한 것으로 처리하였다 한다(김건식 · 노혁준, 「지주회사와 법」, 小花, 2005, 243-287면).

때까지 종업원에게 우선배정하여야 한다.[1] 제 3 자의 신주인수권을 적극적으로 규정하지 않고, 다만 주주의 신주인수권을 부정하는 예도 있다. 채무자 회생 및 파산에 관한 법률에 의한 회생절차에서는 특정 주주의 영향력행사로 인한 이사, 지배인의 행위가 회생절차의 원인이 된 경우 당해 주주의 주식을 소각 또는 병합하는 방법으로 자본을 감소하는데, 감소 후 신주를 발행할 때에는 당해 주주는 신주인수권을 갖지 아니한다(회파 205조 5항 본).

2) 정 관 제 3 자에 대한 신주인수권의 부여는 바로 주주의 신주인수권에 대한 제한을 뜻하므로, 법률에 의한 경우 이외에는 정관의 규정에 의해 부여할 수 있을 뿐이다(418조 2항). 정관에 규정이 없더라도 정관변경과 같은 요건인 주주총회의 특별결의에 의해 부여할 수 있다고 본다(同旨: 이종훈 376; 이 · 최 656; 정동윤 698; 정준우 634; 이상주(주석－회사 4) 37. 반대: 송옥렬 1150; 최기원 776; 최준선 645). 제 3 자에게 신주인수권을 부여하는 경우에는 주식청약서에도 그 사항을 기재하여야 한다(420조 5호).

주식매수선택권제도에 의해 신주발행형으로 주식매수선택권을 부여받은 자는 배타적으로 신주인수권을 갖는데, 이 역시 정관의 근거를 요한다(340조의2. 712면 이하 참조).

poison pill의 도입가능성

현행상법하에서 회사가 포이즌 필을 도입할 수 있는가? 일률적으로 말하기는 어렵지만, 일반적으로 알려진 포이즌 필은 주주의 신주인수권을 해하고, 주주평등의 원칙에 반하는 내용을 담고 있으므로 현행법하에서는 허용될 수 없다고 본다. 참고로 제빵업을 하는 서울식품공업(주)가 「회사는 이사회의 의사에 반하여 적대적 M&A 등 경영권 침해가 우려되는 경우 이사회의 결의만으로 회사의 주주들에게 회사가 발행하는 신주를 액면가 이하의 50%의 범위 내의 가격으로 인수할 수 있는 권리("신주인수선택권")를 부여할 수 있다. 회사의 이사회는 일부 주주의 신주인수선택권 행사를 제한하거나 상환조건 등을 차별적으로 정할 수 있다」는 내용의 정관규정을 신설하기 위하여(동사 정관 9조 5항) 정관변경을 위한 주주총회의 소집통지를 하였다.[2] 이에 이 회사의 어느 주주가 同정관변경안의 상정을 금지하는 가처분을 신청한 사건에서 법원은, 同정관변경의안은 상법 제340조의2, 상법 제417조 제 1 항 등을 위반하여 상법 제418조 제 1 항에 정한 주주의 신주인수권을 침해하는 내용을 담고 있다는 이유를 들어

1) 종업원에 대한 우선배정을 규정한 자본시장법 및 근로복지기본법의 규정은 전환사채나 신주인수권부사채의 인수에는 적용되지 아니한다. 명문의 규정이 없을 뿐 아니라, 전환사채 및 신주인수권부사채의 발행은 신주발행과는 취지와 기능을 달리하므로 종업원에 대한 신주우선배정의 취지가 사채에는 부합하지 않기 때문이다(대법원 2014. 8. 28. 선고 2013다18684 판결).

2) 근래 이런 유형의 정관규정을 신설하는 회사가 늘고 있다. 예컨대 「큐로컴」이라는 코스닥 상장사는 2010년 3월 25일 주주총회에서 본문의 예와 유사한 정관변경을 하였다.

의안상정금지가처분을 내렸다(수원지법 안산지원 2010. 3. 25.자 2010카합50 결정)(포이즌 필의 개념은 505면 참조).

(3) 정관규정의 구체성

정관에 제 3 자에게 신주인수권을 부여하는 근거규정을 둘 때, 부여대상 · 주식의 종류와 수 등을 확정하여 주주들에게 예측가능성을 부여해야 한다. 예컨대 단순히 「주주총회의 보통결의로 제 3 자에게 신주를 배정할 수 있다」거나 「이사회의 결의로 제 3 자에게 신주를 배정할 수 있다」라고 규정하는 것은 백지위임으로서 예측가능성과 제 3 자 배정의 구체적 합리성을 보장할 수 없으므로 무효이다.

그러나 제 3 자를 반드시 특정할 필요는 없다. 예컨대 임원 · 발기인 · 종업원 · 외국합작투자자 · 공모 등으로 그 범위가 명확하면 족하다. 또 주식의 수도 특정할 필요는 없고, 「신주의 10% 이내」 등으로 범위를 명시하면 족하다.

(4) 경영상의 목적

상법 제418조 제 2 항은 정관에 규정을 둘 경우 주주 외의 자에게 신주를 배정할 수 있으나, "이 경우에는 신기술의 도입, 재무구조의 개선 등 회사의 경영상 목적을 달성하기 위하여 필요한 경우에 한한다"라고 규정하고 있다.

1) 「경영상 목적」의 기능　　상법이 제 3 자배정의 요건으로 정관의 규정 외에 「경영상의 목적」을 추가하고 있음은 어떠한 입법목적에서 비롯된 것인가? 정관의 규정이라 함은 정관변경이 가능한 주주의 다수결을 의미하므로 제 3 자배정을 위해서는 절차적 요건으로서 절대 다수결에 의한 주주들의 동의가 있어야 함을 뜻한다. 정관의 규정만으로 제 3 자배정이 가능하다고 규정한다면, 다수주주의 전횡이 가능함을 뜻한다. 즉 신주의 제 3 자배정은 회사의 필요성에 의해서만이 아니라 지배주주나 이사들의 개인적인 이익을 위해 이용될 수도 있는 것이다. 이에 상법은 주주배제 및 제 3 자배정의 불공정 · 불합리를 실질적으로 차단하고 제 3 자배정이 합리적으로 행해질 수 있도록 유도하기 위한 가치개념으로서 경영상의 목적을 요구한 것이다.

2) 경영상 목적의 공익성(共益性)　　「경영상 목적」의 입법취지가 이와 같으므로 경영상 목적이란 반대하는 주주를 위해서도 유익한, 주주 전원의 共益的 목적을 뜻하는 것으로 풀이해야 한다. 신기술의 도입, 財務構造의 개선 등 상법에 예시된 것을 포함하여 외국자본의 도입, 전후방 연계시장의 확보 등 회사의 발전을 위해 필요하고 궁극적으로는 회사에 이익이 되고 주주 전원에게 지분적

으로 배분될 수 있는 이익을 위한 것으로, 주주배정에 의해서는 같은 목적을 달성할 수 없다고 인정되는 경우를 설명하는 개념으로 이해해야 한다.

독일의 제 3 자배정의 요건

독일 주식법상 제 3 자배정을 위해서는 우리와 같이 정관변경과 동일한 주주총회의 특별결의를 요하는데, 이사회는 총회의 결의에 앞서 주주의 신주인수권을 제한 또는 배제하는 이유를 서면으로 보고하여야 하며, 발행가 결정의 근거를 보고서에 기재하여야 한다(동법 186조 4항 2문). 그러나 이 같은 형식적 요건이 충족되더라도 실질적 요건으로서, 제 3 자배정이 회사의 이익과 주주평등의 원칙에 의해 정당화될 수 있는, 이른바 객관적 근거(sachlicher Grund)를 갖추어야 한다.[1] 결의의 시점에서 자본증가를 통해 달성하려는 목적이 통상의 주주배정의 방법에 의해서는 달성할 수 없는 등, 제 3 자배정이 불가피하다고 인정될 수 있는 객관적 이유가 있어야 한다.[2]

아울러 주주의 신주인수권을 제한하는 정도는 회사의 목적달성을 위해 필요한 최소한의 범위에 그쳐야 한다고 이해되고 있다.[3] 주주의 신주인수권의 제한이 회사의 목적을 수행하기 위해 불가피하다고 하더라도 「목적과 수단의 比例性(Verhältnismäßigkeit von Mittel und Zweck)」[4]이 고려되어야 하는 것이다. 다시 말해, 제 3 자배정에 합리적인 이유가 있더라도 주주의 비례적 지위의 침해가 최소한에 그치도록 제 3 자배정의 수량을 최소화해야 하는 것이다.[5]

독일 주식법에는 우리 상법 제418조 제 2 항이 규정하는 경영상의 목적이라는 요건을 명문으로 규정하고 있지는 않으나, 위에서 보는 바와 같이 그 해석은 앞서 말한 회사 및 주주 전체의 共益性과 같은 내용인데, 이는 주주의 신주인수권의 본질에서 비롯되는 것으로 신주인수권을 제약함에 있어서의 條理的인 한계라고 설명할 수 있다.

3) 경영권 방어 목적의 제 3 자 배정 신주를 제 3 자에게 배정하는 가장 흔한 동기는 경영권의 방어이다. 경영권의 분쟁에 임하여 또는 이에 대비하여 현 지배주주나 경영자에게 혹은 그 우호세력에게 신주(또는 전환사채나 신주인수권부사채)를 발행하는 것이다. 제418조 제 2 항이 정하는 경영상의 목적과는 무관하게, 경영권의 분쟁에서 현경영자의 지배권의 방어를 목적으로 하는 제 3 자배정은 주주의 신주인수

1) Kali & Salz－Urteil (BGHZ 71, 40＝NJW 1978, 1316)에 의해 확립된 원칙이다.

2) 불가피성은 제 3 자배정이 회사가 지향하는 목적의 달성을 위해 유일한 수단이거나 다양한 선택지 중에서 최선일 때에 인정된다고 설명한다(Geeignetheit und Erforderlichkeit: *Koch*, §186 AktG Rn. 27f).

3) *Verse*, Münch Komm. § 186 Rn. 96 ff.

4) Ibid.

5) Ibid.

권을 침해하므로 무효라는 것이 판례의 입장이다(판례 [110]).

상장회사의 일반공모증자의 특례

자본시장법 제165조의6 제 4 항은 상장회사가 정관에 규정을 두어 이사회의 결의로 일반공모증자 방식으로 신주를 발행할 수 있다고 규정하며, 이 경우에는 위 상법 제418조 제 2 항 단서의 적용을 배제한다. 즉 동 단서가 규정하는 경영상의 목적을 요하지 않고 일반공모증자 방식의 제 3 자배정으로 신주를 발행할 수 있는 것이다.

대부분의 상법학자들은 이 규정을 상법 제418조 제 2 항 단서의 적용을 배제하는 효력규정으로 다루고 있다.[1] 그러나 앞서 말했듯이 경영상의 목적이란 회사의 이익 나아가서 전 주주의 이익을 추구하는 것을 의미하므로 경영상 목적 없이 일반공모증자를 할 수 있다 함은 회사가 회사와 주주에게 이익됨이 없는 행동할 수 있다는 뜻이 되어 비이성적인 입법이 아닐 수 없다. 또 자본시장법은 시장의 질서유지를 위한 법인데(동법 1조), 이러한 법으로 단체법적 이해에 관여하는 것도 법질서의 혼란을 가져오는 소치이다. 그러므로 이 규정은 시장법에 부합하게 해석하여, 신주발행을 위해 자본시장법 제119조의 증권신고를 할 때에 경영상의 목적을 소명하지 않아도 된다는 취지의 규정으로 풀이하는 것이 타당하다.[2]·[3]

경영권방어목적의 신주발행에 관한 판례의 동향

현행 상법 제418조 제 2 항은 2001년 개정에 의해 신설된 것이고, 그 이전에는 단지 정관에 규정을 두면 제 3 자배정이 가능하도록 규정되어 있었다(2001 개정 전 418조 1항). 하지만 당시에도 경영권의 분쟁이 있는 상황에서 경영권의 방어를 목적으로 한 제 3 자발행은 무효라는 하급심판결이 있었다(서울고법 1997. 5. 13. 자 97라36 결정). 제 2 대주주가 주식을 매집하여 제 1 대주주가 되었는데, 회사가 舊 제 1 대주주에 우호적인 제 3 자에게 전환사채를 발행하여 다시 제 1 대주주가 되게 하였으므로 제 2 대주주가 제 1 대주주의 의결권행사금지 가처분을 구하는 사건이었다. 가처분신청은 다른 이유로 기각하였으나, 실질문제인 전환사채의 효력에 관해 법원은 경영권방어를 위한 제 3 자배정은 전환사채제도의 남용이고 주주의 신주인수권을 침해한 것으로서 무효라고 판시하였다.

현행 제418조 제 2 항의 시행 후 판례 [110]과 같은 취지로 판시한 수건의 하급심 판결이 있다.[4]

---

1) 자본시장법 제165조의6 제 4 항의 문제점을 지적하면서도 법문이 단정적임을 들어 다른 해석의 여지가 없다고 서술한 견해도 있다(송옥렬, 1151면).

2) 李哲松, “일반공모증자와 경영상목적의 구속성－자본시장법 제165조의6 제 4 항의 해석방향,” 「한국증권법학회 제289회 정기세미나」(2025. 12. 20.) 자료집 13면 이하 참조.

3) 자본시장법 제165조의6 제 4 항은 경영상 목적에 관한 입증책임을 제 3 자배정의 효력을 다투는 주주에게 전가하는 규정으로 해석하는 견해도 있다(김 · 노 · 천, 671면).

4) 수원지법 여주지원 2003. 12. 12.자 2003카합369 결정: 적대적 매수에 대항하기 위해 회사가 일반공모증자의 방식으로 신주를 발행하고자 하였으나, 자금조달 등 경영상의 목적이 결여되었다

일본에서도 오래전부터 경영권의 다툼이 있는 상황에서 현 지배주주의 지주율을 높이기 위해 제 3 자배정의 신주 또는 신주예약권(우리의 신주인수권)을 발행하는 것은 불공정하다는 것을 기본입장으로 하였다. 그러나 매수자가 회사재산을 유용하거나 기타 회사에 회복하기 어려운 손해를 끼칠 우려가 있는 「濫用的 매수자」인 경우와 같은 특단의 사정이 있는 경우에는 주주전체의 이익을 보호하기 위해 경영지배권의 유지·확보를 주된 목적으로 하는 신주예약권의 발행도 가능하다거나 이와 비슷한 취지로 판시한 하급심판례가 수건 있었다.[1] 나아가 최근의 최고재판소 판례는 보다 적극적인 입장을 취하고 있다. 적대적 공개매수의 표적이 된 회사가 경영권방어를 목적으로 정관변경을 거쳐 모든 주주에게 신주예약권을 부여하되, 공개매수자만은 이를 행사할 수 없도록 하였던바, 그 효력이 다투어진 사건에서 최고재판소는 「특정주주에 의한 경영지배권의 취득에 의해 회사의 존립, 발전이 저해될 우려가 있고, 회사의 기업가치가 훼손되고 회사 나아가 주주의 공동의 이익이 침해될 우려가 있는 경우에는 당해 주주를 차별적으로 취급할 수 있다」는 취지로 판시하였다.[2] 매우 의문스러운 판결인데, 이 논리의 부당성에 관해서는 기술하였다(325면 참조).

판 례

[110] 대법원 2009. 1. 30. 선고 2008다50776 판결

「… ① 원고는 피고 회사의 주식 24.25%를 보유하[고,] … 원고와 피고 회사의 현 경영진 사이에 회사 경영 등에 관한 분쟁이 발생한 점, ② 이에 피고 회사는 정관상 긴급한 자금의 조달을 위하여 국내외 금융기관에게 신주를 발행하거나 기술도입의 필요상 그 제휴회사에게 신주를 발행하는 경우에만 주주의 신주인수권을 배제하고 제 3 자에게 신주를 배정할 수 있도록 규정되어 있고, 당시 피고 회사에는 소외 1 주

하여 신주발행금지가처분을 내린 예. 서울남부지법 2004. 11. 25. 선고 2003가합16871 판결: 경영권의 다툼이 있던 중 이사회가 우호세력에게 신주를 발행하는 결의를 하여 제 1 대주주(공격자)와 제 2 대주주(현경영자)의 지위가 역전되었던바, 신주발행이 지배권의 변경을 초래하거나 이를 저지할 목적으로 한 것이므로 무효라고 판시한 예. 울산지법 2013. 2. 6. 선고 2012가합2312 판결: 회사에 시설자금이 필요하기는 하나 급박한 필요가 있는 것은 아닌 중에, 주주간에 경영권의 분쟁이 발생한 상황에서 기존 대주주의 지분을 강화하기 위하여 제 3 자 배정방식으로 기존 대주주에게 신주를 발행한 것을 무효로 본 예.

1) 日本東京高等裁判所 2005. 3. 23. 판결, 平 17(ラ), 「金融·商事判例」 1214호, 6면(이른바 '라이브도아'사건).

2) 日最高裁 2007. 8. 7. 결정, 「商事法務」 1809호(2007. 9. 5.), 16면 이하: 연전에 우리나라에서 KT & G와 이사선임을 놓고 분쟁을 벌였던 미국의 스틸파트너스라는 투자펀드가 자회사를 시켜 「불독소스」라는 일본의 조미료제조회사의 주식을 상당수 취득하고 이어 공개매수를 시작하였다. 이에 불독소스는 주주들에게 신주예약권을 부여하기 위해 정관을 변경하였다. 신주예약권은 모든 주주에게 소유주식 1주당 3개씩 부여하되, 스틸파트너스만은 비적격자라 하여 신주예약권을 행사할 수 없도록 규정하고 대신 회사가 스틸파트너스의 신주예약권을 매수하여 주었다. 이에 스틸파트너스측이 이같은 방식의 신주예약권의 부여는 주주평등의 원칙에 위반하고 불공정하여 무효라고 주장하였으나, 법원은 본문에서와 같은 이유로 이 주장을 배척하였다.

식회사(이하 '소외 회사'라 한다)로부터 기술을 도입할 필요성이 별달리 없었을 뿐 아니라 제 3 자 배정방식의 신주발행을 통하여 재무구조를 개선할 긴급한 필요성 또한 없었음에도, 2007. 4. 19. 이사회를 개최하여 기 발행 주식의 약 30%를 납입기일을 그 다음날로 정하여 발행하기로 결의하면서 그 주식 전부를 소외 회사에 배정하였으며, 소외 회사는 그 납입기일에 인수대금 전액을 납입하여 피고 회사 발행주식 총수의 23.08%를 보유한 최대주주가 되었고 이로써 원고의 지분율은 18.65%로 감소한 점, …

상법 제418조는 … 주식회사가 신주를 발행하면서 주주 아닌 제 3 자에게 신주를 배정할 경우 기존 주주에게 보유 주식의 가치 하락이나 회사에 대한 지배권 상실 등 불이익을 끼칠 우려가 있다는 점을 감안하여, … 기존 주주의 신주인수권에 대한 보호를 강화하고자 하는 데 그 취지가 있다 할 것이므로, … 회사의 경영권 분쟁이 현실화된 상황에서 경영진의 경영권이나 지배권 방어라는 목적을 달성하기 위하여 제 3 자에게 신주를 배정하는 것은 상법 제418조 제 2 항을 위반하여 주주의 신주인수권을 침해하는 것이라고 할 것이다.」

(5) 발행가의 公正性

정관의 명확한 근거에 의해, 그리고 합리적인 필요성에 의해 제 3 자에게 신주인수권을 부여하더라도 그 발행가가 현저히 저렴하면 주주의 이익을 침해하게 된다. 발행가가 불공정할 경우에는 이사의 책임추궁(401조), 신주발행유지청구(424조), 신주발행무효의 소(429조) 등의 원인이 되지만 제 3 자에게 직접 출자책임을 묻는 제도도 있다(424조의2).

(6) 제 3 자의 신주인수권의 성질과 양도가능성

통설은 정관으로 제 3 자의 신주인수권을 규정한 경우에도 정관의 효력이 당연히 제 3 자에게 미친다고 볼 수는 없으므로 제 3 자는 정관의 규정만으로 신주인수권을 취득하는 것은 아니고 회사와의 별도의 계약에 의해 취득한다고 한다. 따라서 제 3 자의 신주인수권은 계약상의 권리라고 한다. 그래서 제 3 자의 신주인수권을 무시하고 신주를 발행하더라도 회사는 단지 채무불이행에 따른 손해배상책임을 질 뿐이라고 한다. 그리고 개중에는 제 3 자의 추상적 신주인수권이 계약상의 권리인 점을 중시하여 주주의 신주인수권과는 달리 양도할 수 있다고 하는 설도 있고(김동훈 382; 정찬형 1189; 최준선 647), 제 3 자의 신주인수권은 계약상의 권리이지만 회사와의 특별한 관계에서 인정된 것이므로 양도할 수 없다는 설도 있다(강 · 임 928; 김정호 790; 이 · 최 654; 정동윤 699; 최기원 777).

통설의 이와 같은 설명은 정관에 의하여 제 3 자에게 신주인수권을 부여할 경우에 국한된 설명이고, 신주인수권부사채권자의 신주인수권이나 종업원지주제도에 의한 신주인수권과 같이 법률에 의해 주어지는 경우에는 적용될 수 없음은 물론이다.

제 3 자와 신주인수권을 부여하기로 하는 계약이 체결되고 그 이행으로 정관에 그의 신주인수권에 관한 규정을 두는 경우(예: 합작투자자)가 있고, 이러한 계약이 없이 바로 정관에 규정을 두는 경우도 있다. 그 중에는 예컨대 발기인이 받을 특별이익으로서 신주인수권을 부여하기 위하여 변태설립사항의 하나로 정관에 규정한 경우(290조 1호) 또는 회사가 이사에 대한 보수의 의미로 신주인수권을 부여한 경우(388조)와 같이 제 3 자라도 발기인 · 이사와 같이 회사조직상의 지위로 특정되어 있는 경우도 있다. 後者의 경우에 인수권 부여에 관한 계약이 없다고 해서 그 제 3 자가 신주인수권을 갖지 않는다고 할 수는 없다. 이 경우에 그 제 3 자는 정관의 규정에 의해 신주인수권을 취득한다고 보아야 한다. 前者의 경우, 즉 계약에 의해 정관에 신주인수권 부여에 관한 규정을 두게 된 경우에도 제 3 자가 우선적으로 신주를 인수할 수 있고 회사로서도 주주의 신주인수권을 배제할 수 있는 것은 명백히 단체법적인 효력이며, 이는 정관규정의 효력이지 계약의 효력이 아니다. 따라서 제 3 자의 신주인수권도 주주의 추상적 신주인수권처럼 양도할 수 없다고 해야 한다(同旨: 서헌제 952).

4. 신주인수권의 침해

주주의 신주인수권을 무시하고 신주가 발행될 경우에는 신주발행무효의 訴의 원인이 되며(429조. 후술), 신주인수권을 침해당한 주주는 신주발행유지청구권을 행사할 수 있고(424조), 이사에 대하여 손해배상을 청구하거나(401조) 회사에 대하여 손해배상을 청구할 수 있다(389조 3항 → 210조).

제 3 자의 신주인수권이 무시된 경우에는 신주발행무효의 소의 원인이 되지는 아니한다. 신주발행무효의 訴는 주주 · 이사 · 감사에 한하여 제기할 수 있기 때문이다. 그러므로 제 3 자는 이사 또는 회사에 대하여 손해배상을 청구할 수 있을 뿐이다(손주찬 865; 정경영 777 ; 정동윤 700; 최기원 777; 이상주(주석 – 회사 4) 56).

5. 구체적 신주인수권의 양도

(1) 양 도 성

추상적 신주인수권은 주주 또는 제 3 자 지위의 일부로서 양도가 불가능하지만, 구체적 신주인수권은 독립된 채권적 권리로서 이론상 양도가능하다.

신주인수권은 그 배정기준일과 청약일의 간격을 최단기로 잡는다 하더라도 현행법상 2주간의 시차가 나게 되어 있으므로(419조 2항 참조), 우선 권리의 존속기간으로 보아 양도를 허용할 실익이 있다. 또한 신주인수는 사실상 인수권자에게 출자를 강요하는 셈이 되어 인수권자에게는 경제적 부담을 준다. 물론 주주가 이를 포기할 수도 있으나, 이를 포기하면 구주식의 가치를 유지할 수 없어 손실을 입을 수 있다. 그러므로 상법은 신주인수권자가 이를 환가하여 신주의 발행가와 시가의 차액을 획득할 수 있도록 미국과 일본의 예를 본받아 신주인수권증서에 의해 신주인수권을 양도할 수 있게 하였다.[1)]

(2) 양도성의 요건

상법은 정관의 규정으로, 또는 이사회가 신주발행사항의 하나로서 「주주가 가지는 신주인수권을 양도할 수 있는 것에 관한 사항」을 정할 수 있게 하였다(416조 5호). 정관의 규정에 의해 신주발행을 주주총회가 결정할 때에는 이 사항도 주주총회가 정하게 된다.

1) 양도성 부여의 任意性 신주인수권을 양도할 수 있다는 뜻은 임의로 정할 수 있다. 따라서 이를 정하지 아니할 수도 있다. 발행사항으로 신주인수권의 양도를 정한 경우 신주인수권증서도 발행해야 하는 등 회사로서는 사무부담이 늘어나므로 양도의 허부를 회사의 자율에 맡긴 것이다.

2) 양도성의 범위 주주의 신주인수권만 양도성이 인정된다. 제 3 자에게 신주인수권을 부여한 경우에는 그 부여에 특별한 경영정책적인 이유가 있을 것인데, 회사가 알지 못하는 다른 제 3 자가 취득하여 인수권을 행사하는 것은 당초의 인수권부여의 취지에 반하기 때문이다. 또 신주인수권을 양도한다 함은 신주의 발행가와 시장가치의 차액을 환가하여 취득함을 뜻하는데, 이 差益은 주주들의 주식을 희석화시키면서 창출되는 가치이므로 제 3 자가 취할 이익이 못 된다.

그러나 예외적으로 신주인수권부사채권자는 이사회가 정한 발행조건에 따라 신주인수권만을 따로 양도할 수 있다(516조의2 2항 4호).

3) 양도방법 이사회가 신주인수권을 양도할 수 있음을 정한 경우 신주인수권의 양도는 회사가 발행한 신주인수권증서의 교부에 의하여서만 할 수 있다(420조의3 1항). 신주인수권의 양도방법을 정형화하기 위함이다.

---

1) 명문의 규정이 없는 독일에서도 신주인수권은 양도 · 상속 · 담보제공이 가능한 것으로 해석되고 있다(*Lutter*, in Kölner Komm. AktG, 2. Aufl., § 186 Rn. 11 ff.; Raiser/Veil, § 20 Rn. 14; Windbichler, S. 450).

신주인수권부사채권자의 신주인수권은 신주인수권증권의 교부에 의하여 양도한다(516조의 6 1항).

(3) 이사회의 정함이 없는 경우의 양도가능성

정관으로 또는 신주발행의 결의시에 신주인수권을 양도할 수 있음을 정하지 아니한 경우(416조 5호의 사항을 정하지 않은 경우)에는 양도할 수 없다고 하거나 양도는 가능하지만 회사에 대해 효력이 없다는 것이 다수설이다(권기범 1091; 김·노·천 674; 김동훈 380; 손주찬 862; 이·최 654; 임홍근 587; 정경영 770; (동), 695; 정찬형 1185; 최기원 791; 이상주(주석-회사 4) 80). 그러나 신주인수권을 양도할 수 있게 하는 이유는 기술한 바와 같이 주주의 비례적 이익을 보호하기 위한 것으로서 이는 성질상 이사회의 결의로 좌우할 것이 못 된다. 상법 제416조 제 5 호에서 이사회의 결의로 신주인수권을 양도할 수 있음을 정할 수 있다고 한 뜻은 이사회의 결의에 의해 신주인수권의 양도성을 창설할 수 있다는 뜻이 아니라, 회사의 편의에 따라 신주인수권의 양도를 신주인수권증서 발행에 의해 정형적으로 규율할 수도 있고, 그렇게 하지 않을 수도 있다는 뜻으로 읽어야 한다. 따라서 신주인수권의 양도에 관한 이사회의 정함이 없더라도 신주인수권을 양도할 수 있다고 해석해야 한다(판례 [111]).

이 경우 신주인수권증서가 없으므로 지명채권양도의 방법과 효력으로 신주인수권을 양도할 수 있다(판례 [111])(임재연: I 638).[1]

판 례

[111] 대법원 1995. 5. 23. 선고 94다36421 판결

「… 신주인수권의 양도성을 제한할 필요성은 주로 회사측의 신주발행사무의 편의를 위한 것에서 비롯된 것으로 볼 수 있고, 또 상법이 주권발행 전 주식의 양도는 회사에 대하여 효력이 없다고 엄격하게 규정한 것과는 달리 신주인수권의 양도에 대하여는 정관이나 이사회의 결의를 통하여 자유롭게 결정할 수 있도록 한 점에 비추어 보면, 회사가 정관이나 이사회의 결의로 신주인수권의 양도에 관한 사항을 결정하지 아니하였다 하여 신주인수권의 양도가 전혀 허용되지 아니하는 것은 아니고, 회사가 그와 같은 양도를 승낙한 경우에는 회사에 대하여도 그 효력이 있다. … 신주인수권증서가 발행되지 아니한 신주인수권의 양도 또한 주권발행 전의 주식양도에 준하여 지명채권양도의 일반원칙에 따른다고 보아야 하므로, 주권발행 전의 주식양도나 신주인수권증서가 발행되지 아니한 신주인수권의 제 3 자에 대한 대항요건으로는 지명채권의 양도와 마찬가지로 확정일자 있는 증서에 의한 양도통지 또는 회사의 승낙이라고 보는 것이 상당하〔다.〕」

[註] 이 판결문은 마치 회사가 신주인수권의 양도를 승낙한 경우에는 양도가 유효

1) *Lutter*, *Ibid.*, § 186 Rn. 14.

하고, 승낙하지 아니하면 양도할 수 없다는 취지로 읽혀질 수 있다. 이같은 취지라면 이사회가 신주발행결정사항으로 신주인수권을 양도할 수 있음을 정한 경우에는 양도할 수 있고, 정하지 않은 경우에는 양도하지 못한다는 해석과 차이가 없다. 그러나 판결문의 전체적인 취지는 양도가능성을 적극적으로 시인하는 것이므로 주주가 「회사에 통지하거나 회사가 승낙함으로써」 양도할 수 있다는 취지의 서술로 보아야 할 것이다.

6. 新株引受權證書

(1) 의　　의

신주인수권증서(stock subscription warrants)란 주주의 신주인수권을 표창한 유가증권이다. 이사회가 신주인수권을 양도할 수 있다고 정한 경우(416조 5호), 그 이전에 확실한 공시방법을 갖추게 하고 유통성을 강화해 주기 위하여 발행되는 증권이다.

1) 주주의 신주인수권에 대해서만 신주인수권증서를 발행할 수 있고, 제 3 자의 신주인수권에 대해서는 발행할 수 없다(416조 5호 · 6호). 제 3 자의 신주인수권은 그 양도성 자체가 부정되기 때문이다.

2) 신주인수권증서에 의하여 신주의 청약을 할 수 있고 신주인수권을 양도할 수 있는 등 권리의 행사와 이전에 필요하므로 신주인수권증서는 유가증권이다. 그러나 신주인수권증서의 작성에 의하여 신주인수권이 발생하는 것은 아니고(非設權證券性), 단지 이미 발생한 신주인수권을 표창할 따름이다.

3) 신주인수권증서에 인수권자를 표시할 필요가 없고, 同증서의 점유이전만으로 신주인수권이 양도되므로 신주인수권증서는 무기명증권이다.[1)]

4) 신주인수권도 전자등록이 가능한 권리이므로(전등 2조 1호 바목) 회사는 신주인수권증서에 갈음하여 신주인수권의 전자등록을 신청할 수 있다. 상장증권은 전자등록이 강제되므로 상장주식에 관한 신주인수권은 신주인수권증서를 발행할 수 없고 전자등록을 해야 한다.

(2) 발　　행

1) 발행을 요하는 경우　　신주인수권증서는 이사회가 新株의 발행사항으로 주주의 신주인수권을 양도할 수 있음을 정한 경우에 한하여 발행한다. 이사회는 발행사항의 하나로 「株主의 請求가 있는 때에만 신주인수권증서를 발행한다

1) 田中(下), 945면.

는 것과 그 청구기간」을 정할 수 있다(416조 6호)(947면 참조).

그러나 상장회사가 주주배정방식으로 신주를 발행할 때에는 반드시 신주인수권을 전자등록하고(416조 6호의 不적용), 증권시장에 상장하는 등 신주인수권이 유통되도록 해야 한다(자금 165조의6 3항).

2) 발행시기 신주인수권증서는 성질상 신주인수권자가 확정된 후에 발행할 수 있는 것이므로 신주배정기준일(418조 3항) 이후에 발행하여야 한다. 「株主의 請求가 있는 때에만 신주인수권증서를 발행한다는 것과 그 청구기간」을 정한 때에는 그 청구기간에 주주의 청구를 받아 발행하면 되나, 이를 정하지 아니한 경우에는 청약일 2주간 전에 발행하여야 한다(420조의2 1항). 「청약일 2주간 전에 발행해야 한다」는 뜻은 주주가 신주인수권을 양도할 수 있는 기회를 최소한 2주간 이상 보장하라는 뜻이다. 따라서 이사회의 결의로 주주가 발행을 청구할 수 있는 기간을 정하더라도 청약일로부터 2주간 전에 청구 및 발행이 가능하도록 기간을 정해야 한다. 즉 청구기간의 시기가 청약일 2주간 이전이어야 한다.

3) 기재사항 신주인수권증서에는 ① 신주인수권증서라는 뜻의 표시, ② 주식청약서 소정의 사항, ③ 신주인수권의 목적인 주식의 종류와 수, ④ 일정 기일까지 주식의 청약을 하지 아니할 때에는 그 권리를 잃는다는 뜻(420조의2 2항 1호~4호)을 기재하고 대표이사가 기명날인(또는 서명)하여야 한다(420조의2 2항 본). 신주인수권증서는 요식증권이므로 중요사항(예: 주식의 종류와 수)을 기재하지 않은 경우에는 무효이다. 그러나 경미한 사항을 결한 경우(예: ④의 사항)에까지 무효로 볼 것은 아니다.

4) 발행단위 신주인수권증서는 주주별로 발행하는 것이 아니고 신주인수권의 대상이 되는 주식을 기준으로 발행하는 것이다. 따라서 1주에 대해 1장의 신주인수권증서를 발행할 수도 있고, 수개의 주식을 합하여 1장의 신주인수권증서에 표창할 수도 있다. 어떻게 발행하든 주주의 청구에 따라야 한다.

(3) 신주인수권증서의 효력

1) 권리추정력 신주인수권증서의 점유자는 적법한 소지인으로 추정한다(420조의3 2항 → 336조 2항). 그 결과 신주인수권증서를 점유한 자는 실질적인 권리를 증명할 필요 없이 신주인수권을 행사할 수 있다.

이와 같은 권리추정력의 결과 신주인수권증서의 선의취득도 가능하다(420조의3 2항 → 수표법 21조). 신주인수권증서에 주권과 같은 정도의 강력한 유통성이 부여되어 있음을 알 수 있다.

2) 신주인수권의 양도방법 신주인수권을 양도할 수 있음을 정한 경우,

그 양도는 반드시 신주인수권증서의 교부에 의하여야 한다(420조의 3 1항). 마치 주식의 양도에 주권의 교부를 요하는 것과 같다(336조 1항).

신주인수권증서에는 인수권자의 성명을 기재할 필요가 없으나, 기재하더라도 지시증권이 되는 것은 아니므로 단순한 교부만으로 양도할 수 있다.

3) 신주의 청약방법 　신주인수권증서를 발행한 경우에는 신주의 청약은 신주인수권증서에 의하여 한다(420조의 5 1항). 주주의 청구에 의하여 신주인수권증서를 발행하기로 정한 경우(416조 6호), 그 발행을 청구하지 아니한 주주는 주식청약서에 의하여 청약해야 함은 물론이다.

신주인수권증서를 상실한 경우 원래는 공시최고절차를 밟아 제권판결을 얻어 신주의 청약을 하도록 할 일이나, 공시최고기간(3개월 이상)과 신주청약일까지의 기간을 비교해 볼 때 이를 강제할 수 없으므로 일단 주식청약서에 의해 청약할 수 있도록 하고 있다(420조의 5 2항 본). 그러나 후에 타인이 상실된 신주인수권증서를 가지고 신주의 청약을 하면 주식청약서에 의해서 한 신주의 청약은 효력을 잃는다(420조의 5 2항 단). 따라서 회사는 이미 주식청약서에 의한 청약이 있었음을 이유로 신주인수권증서의 점유자의 청약을 거절하지 못한다. 신주인수권증서의 점유에 권리추정력이 인정되는 이상 당연한 귀결이다.

그러나 이로 인해 신주인수권의 귀속이 종국적으로 결정되는 것은 아니다. 실체적인 권리관계는 별도로 다투어질 문제이다.

(4) 발행에 따른 책임과 벌칙

신주인수권증서를 발행하여야 할 시기에 발행하지 아니하거나 부실하게 기재한 경우, 이사는 이로 인해 손해를 입은 주주나 제 3 자에 대하여 손해배상책임(401조)을 지며 또 회사에 대해 손해배상책임을 진다(399조).

그리고 이사가 상법 제420조의2에 위반하여 신주인수권증서를 발행하지 아니한 때, 또는 기재할 사항을 기재하지 아니하거나 부실한 기재를 한 때에는 5백만원 이하의 과태료에 처한다(635조 1항 16호).

(5) 신주인수권의 전자등록

신주인수권증서의 발행에 갈음하여 정관으로 정하는 바에 따라 전자등록기관의 전자등록부에 신주인수권을 등록할 수 있으며(420조의4), 등록을 하면 주권을 전자등록한 때와 마찬가지로 신주인수권의 등록에 권리추정력이 생기고, 신주인수권의 양도는 등록에 의해 해야 한다(420조의4 · 356조의2 2항~4항).

신주의 청약은 어떤 방법으로 해야 하는가? 신주인수권증서가 없으므로 일반 신주청약과 같은 방법으로 청약을 해야 하고(420조), 제516조의9 제2항 단서를 유추적용하여 신주인수권을 증명할 수 있는 자료(예: 등록증명서)를 첨부하여 회사에 제출하여야 할 것이다.

Ⅴ. 신주발행의 절차

⑴ 配定基準日의 공고

회사는 신주인수권자를 확정하기 위해 신주의 배정기준일을 정해야 하고, 또 이를 주주나 기타 투자자들에게 공시하는 의미에서 공고해야 한다. 즉 회사는 일정한 날(신주배정기준일)을 정하여 그 날의 주주명부에 기재된 주주가 신주인수권을 가진다는 뜻을 그 날의 2주간 전에 공고하여야 한다(418조 3항 본). 신주인수권을 양도할 수 있을 경우(정관에 규정하거나 이사회가 발행사항으로 정한 경우)에는 그 뜻도 같이 공고한다. 배정일이 주주명부폐쇄 중인 때에는 폐쇄기간의 초일의 2주간 전에 공고하여야 한다(418조 3항 단·354조 1항). 주주명부를 폐쇄하면 명의개서가 불가능하므로 신주인수권의 귀속에 관한 한 사실상 폐쇄기간의 초일이 배정기준일이나 다름없기 때문이다. 법문에서는 「배정일」이라 표현하나 「배정기준일」을 뜻한다.

배정기준일의 결정·공고가 있으면 기준일 경과 당시의 주주명부상의 주주가 신주인수권을 가지며, 그 이후에 주식을 취득한 자는 신주인수권을 갖지 못한다(그러므로 증권시장에서는 배정기준일 이후에는 신주인수권에 부여하는 가치만큼 주가가 하락하는 경향이 있는데, 이 현상을 「權利落」이라고 부른다).

배정기준일은 주주의 신주인수권을 확정하기 위한 것이다. 그 대상이 기명식주주임에도 불구하고 통지 대신 공고를 하게 하는 이유는 장차 배정기준일을 전후하여 주식을 취득하고자 하는 투자자도 주식의 투자가치를 판단하기 위해서는 배정기준일을 알아야 하기 때문이다.

⑵ 신주인수권자에 대한 최고

회사는 일정한 기일(청약일)을 정하고 그 기일의 2주간 전에 신주인수권자에게 ① 그가 인수권을 가지는 주식의 종류와 수, ② 그 기일까지 주식인수의 청약을 하지 아니하면 그 권리를 잃는다는 뜻을 통지해야 하며, ③ 신주인수권을 양도할 수 있는 것에 관한 사항과 주주의 청구에 의해 신주인수권증서를 발행한다는 사항을 정한 때(416조 5호·6호)에는 그 사항도 통지를 하여야 한다(419조 1항·2항). 이상의 통지는 신주인수권자가 확정된 상태에서만 가능하므로 신주배정기준일(418조 3항) 이후에 하여야 한다.

〈그림 6-16〉 신주발행일정

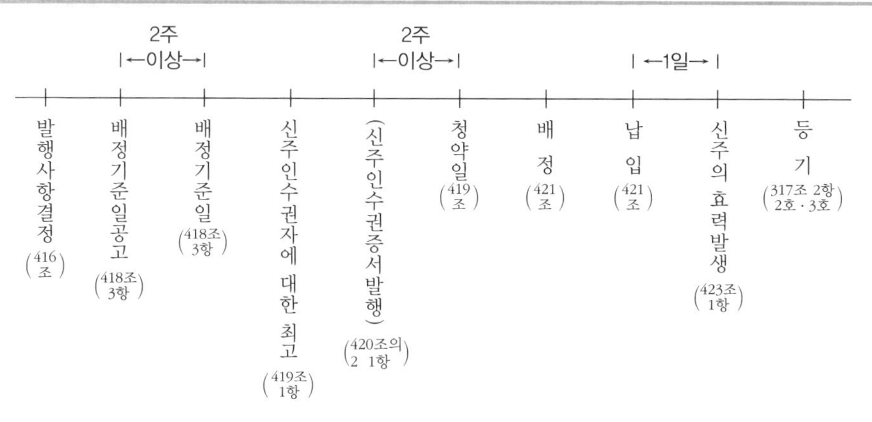

정관의 규정에 의해 발행주식 전부를 공모할 수 있는 경우에는 이와 같은 절차가 불필요하다.

위에 정하는 기일까지 인수권자가 청약을 하지 아니하면 인수권을 상실하므로(419조 3항) 이른바 실권주가 생긴다(후술).

(3) 주주에 대한 제 3 자 배정의 통지 · 공고

이상의 통지, 공고는 주주배정방식으로 신주를 발행하는 경우에 필요한 절차이므로 제 3 자 배정방식으로 발행할 경우 주주에게는 물론 제 3 자에 대해서도 이 절차를 따를 필요가 없다. 그러나 신주발행 자체 및 제 3 자배정에 관해 주주가 중대한 이해를 가지므로 신주의 발행사항을 주주들에게도 알려주어야 한다. 그러므로 회사는 신주의 종류와 수 등 제416조 제 1 호 내지 제 4 호 소정의 사항을 납입기일의 2주 전까지 주주에게 통지하거나 공고해야 한다(418조 4항)(2011년 신설).[1] 이는 제 3 자배정이 불공정할 경우 다른 주주들이 신주발행의 유지를 청구할 수 있는 기회를 주기 위함이고, 이 통지 · 공고를 게을리 한 경우에는 주주의 신주발행 유지청구권의 행사기회를 박탈한 것이므로 원칙적으로 신주발행은 무효라고 해석해야 한다.[2]

1) 상장회사가 제 3 자배정을 할 경우에는 자본시장법에 따라 소정사항의 보고서를 금융위원회에 제출하고, 그 보고서가 납입기일의 1주 이전에 금융위원회와 거래소에 공시된 경우에는 주주에 대한 통지 · 공고가 면제된다(자금 165조의9).

2) 일본에서의 통설 · 판례이다(日最高裁 1997. 1. 28. 판결, 民集 51권 71면; 동 1998. 7. 17. 판결, 「判例時報」 1653호 143면(江頭, 795면)).

⑷ 신주인수권증서의 발행

기술(967면 이하 참조).

⑸ 인 수

회사설립시와 마찬가지로 청약과 배정에 의해 주식인수가 이루어진다. 그 법적 성질은 입사계약이다(통설).

1) 청 약 이사는 주식청약서를 작성하여야 하고,[1] 주식을 인수하고자 하는 자는 이 주식청약서에 의하여 청약하여야 함은 회사설립시의 모집설립과 같다(420조 · 425조 → 302조 1항). 다만 기술한 바와 같이 신주인수권증서를 발행한 경우에는 이에 의해 청약해야 한다(420조의 5 1항).

민법 제107조 제 1 항 단서(상대방이 아는 비진의표시의 무효)의 적용이 배제됨은 모집설립의 경우와 같다(425조 → 302조 3항).

2) 배 정 이사가 배정하는데(421조), 주주이든 제 3 자이든 신주인수권을 가지는 자에 대한 배정에 있어서는 이사의 재량이란 있을 수 없다. 그러나 공모부분에 대해서는 이사의 재량으로 배정할 수 있다. 배정에 의하여 신주인수는 완결되며 배정한 주식수가 청약한 주식수에 미달한다 하여 청약자가 이의를 제기할 수 없음은 모집설립에서와 같다.

⑹ 납 입

인수인은 인수가액을 납입할 의무를 지며(425조 → 303조), 이사는 신주인수인으로 하여금 그 배정한 주식수에 따라 납입기일에 그 인수한 각 주식에 대한 인수가액의 전액을 납입시켜야 한다(421조). 납입장소, 납입금보관자의 증명과 책임, 현물출자의 이행방법은 모집설립시와 같다(425조 → 306조, 305조 2항 · 3항 → 295조 2항).

인수인이 납입기일에 납입하지 아니한 때에는 인수인으로서의 권리를 잃는다(423조 2항).[2] 따라서 회사설립의 경우(307조)와는 달리 실권절차를 밟을 필요 없이 납

---

1) 청약서에 기재할 사항은 다음과 같다.

① 상호, 발행예정주식총수, 1주의 금액, ② 납입을 맡은 금융기관과 납입장소, 명의개서대리인을 둔 때에는 그 성명 · 주소 및 영업소, ③ 신주의 종류와 수, 발행가액과 납입기일, 인수방법, 현물출자에 관한 사항, ④ 액면미달발행을 한 경우에는 발행조건과 미상각액, ⑤ 주주의 신주인수권에 대한 제한이 있을 때에는 그 내용, 특정의 제 3 자에게 신주인수권을 부여할 경우에는 그 사항, ⑥ 주식발행결의의 연월일 등을 기재해야 한다(420조). 법문에는 빠져 있으나, 주식양도의 제한이 있을 경우(335조 1항 단) 이 역시 청약서에 기재해야 한다.

2) 인수인이 인수가액의 일부만 납입하는 경우에는 일부의 이행이므로 회사는 그 인수한 주식 전부를 실권시킬 수 있지만, 납입금에 해당하는 주식수에 대해서는 납입이 있은 것으로 보고 잔여분에 대해서만 실권시키는 것도 가능하다고 보아야 한다.

입기일의 경과로 당연히 실권하며, 이 부분에 대하여는 다시 인수인을 모집할 수도 있고, 발행을 포기하고 발행예정주식총수의 미발행부분으로 남겨두어 차후에 발행할 수도 있다. 실권한 주식인수인에 대하여는 손해배상을 청구할 수 있다(423조 3항). 실무에서는 이런 번거로움을 피하기 위해 청약시에 100%의 청약증거금을 예납받아 납입기일에 이로써 납입금에 충당하고 있다.

회사가 신주인수대금을 인수인에게 대여하고 이를 가지고 주금을 납입한 경우에는 가장납입으로서 무효이다(424면 참조).

(7) 이행방법 및 相計의 제한

납입에 의해 증가되는 자본의 실체가 구비되므로 구체적인 납입방법은 자본충실의 원칙에 부합해야 한다. 예컨대 회사가 주주의 납입의무를 대신하여 이행하는 것이 허용될 수 없음은 물론이고(대법원 1963. 10. 22. 선고 63다494 판결), 대물변제나 경개가 허용되지 않음은 설립시와 같고, 어음 · 수표로 납입하는 경우에는 지급인에 의해 지급되어야만 유효한 납입이 있는 것으로 보아야 하는 것도 설립시의 납입과 같다.

신주의 인수인이 회사에 대해 이행기에 이른 금전채권을 가지고 있더라도 회사의 동의가 없이는 주금의 납입과 상계할 수 없다(421조 2항). 자본충실을 위한 고려이다. 이 규정은 반대로 회사가 상계하는 것은 허용하는 취지로 이해해야 하며, 이 경우 상대방의 동의는 요하지 않고 상계의 일반원칙(민 493조 1항)에 따라 회사의 일방적 의사표시로 족하다.

이사가 동의의 여부 또는 상계의 여부를 결정함에 있어 부주의하여 회사에 손해를 야기한 경우에는 손해배상책임(399조)을 진다.

주금상계의 연혁

2011년 개정 전 상법에서는 「주주는 납입에 관하여 상계로써 회사에 대항하지 못한다」라는 규정을 두고 있었다(334조). 등기실무에서는 이 규정을 법문의 표현처럼 단지 주식인수인이 상계한 것을 회사에 주장할 수 없다는 뜻 정도가 아니라, 주식인수인이든 회사이든 상계를 하는 것은 허용하지 않는다는 뜻으로 해석하였다. 그러나 1997년 경제위기를 겪으면서 경영파탄에 빠진 기업에 대해 금융기관이 갖는 채권의 출자전환(debt-equity swap)의 필요성이 커지면서, 등기실무에서는 금융기관의 채권을 가지고 상계하는 것만을 제한적으로 허용했는데, 2011년 개정에서 상계를 원칙적으로 허용하는 정책을 취하였다.

(8) 현물출자의 검사

1) 원 칙 현물출자가 있는 경우 이사는 이를 조사하게 하기 위하여

법원에 검사인의 선임을 청구하여야 한다(422조 1항 본). 검사인의 조사는 공인된 감정인의 감정으로 갈음할 수 있다(동조 항 단). 법원은 검사인의 보고서 또는 감정인의 감정결과를 심사하여 현물출자가 부당하다고 인정한 때에는 이를 변경하여 이사와 현물출자자에게 통고할 수 있다(422조 3항). 현물출자자는 이에 불복하여 주식의 인수를 취소할 수 있다. 통고 후 2주간 내에 취소가 없으면 통고한 내용대로 변경된 것으로 본다(422조 4항 · 5항)(상세는 257면 참조).

판례는 현물출자에 관하여 이와 같은 검사절차를 거치지 않더라도 신주발행이 무효로 되는 것은 아니라고 한다(대법원 1980. 2. 12. 선고 79다509 판결).

2) **검사의 면제** 현물출자를 하더라도 소규모에 그쳐 자본충실을 해할 위험이 크지 않거나, 시세가 존재하는 등 출자가액의 評價가 불공정해질 염려가 없는 경우에는 검사를 면제한다. 2011년 개정에 의해 신설된 제도이다. 면제되는 사유는 다음과 같다(422조 2항).

㈎ **소액출자** 현물출자의 목적 재산의 가액이 자본금의 5분의 1 이하이고 시행령으로 정하는 금액(5천만원)을 초과하지 아니하는 경우(422조 2항 1호, 상령 14조 1항).

㈏ **시세와의 균형** 현물출자의 목적 재산이 거래소의 시세 있는 유가증권인 경우에는 이사회가 정한 평가액이 시행령으로 정한 방법(상령 14조 2항)으로 산정된 시세를 초과하지 아니하는 경우(422조 2항 2호). 그러나 현물출자의 목적재산에 사용, 수익, 담보제공, 소유권 이전 등에 대한 물권적 또는 채권적 제한이나 부담이 설정된 경우에는 검사를 면제하지 아니한다(상령 14조 3항).

㈐ **출자전환** 회사에 대한 변제기에 이른 금전채권을 출자의 목적으로 하는 경우로서 그 가액이 회사의 장부가를 초과하지 아니하는 경우(422조 2항 3호)

이는 회사에 대한 채권을 상계하는 방식으로 출자하는 경우인데, 제421조 제 2 항이 규정하는 회사의 동의가 있는 경우의 출자전환(debt equity swap)이 이에 해당한다. 기타 주의할 점이 있다.

(a) 회사설립시에는 회사에 대한 채권이 있을 수 없으므로 「회사에 대한 변제기에 이른 금전채권을 출자의 목적으로 하는 경우」란 신주발행시의 현물출자에만 해당한다.

(b) 이미 변제기에 이른 채권은 가액의 평가에 특별한 문제가 따르지 않으므로 검사를 면제하는 것이다.[1] 이와 달리 이행기가 도래하지 않은 채권을 출자할 때에는 채권의 공정한 평가가 선행되어야 하므로 비록 회사가 출자에 동의하

1) 會社法大系(2), 239면. 제422조 제 2 항은 일본회사법 제207조 제 9 항을 옮겨 온 것이다.

더라도 검사를 생략할 수 없다.

(c) 「그 가액이 회사의 장부가를 초과하지 아니하는 경우」란 출자하는 채권에 의해 상계되는 신주의 발행가가 회사가 인식하는 채권의 장부가를 초과하지 않음을 의미한다. 채권의 과대평가 내지는 주식의 저가발행을 금하는 것이다.

㈑ **기 타** 기타 이에 준하는 것으로서 시행령으로 정하는 경우이다(422조 2항 4호, 시행령에 정해진 것은 없다).

(9) 失權株와 단주의 처리

실권주는 신주인수권자가 청약을 하지 아니함으로써도 생기고(419조 3항), 신주인수인이 납입기일에 납입하지 아니함으로써도 생긴다(423조 2항). 신주발행시에는 자본금의 전액확정을 요하지 않으므로 실권주와 단주는 미발행부분으로 유보하여도 관계 없으나 이사회의 결의로 제 3 자에게 배정할 수도 있다(통설).

신주인수권을 가지는 주주가 신주의 인수를 실권한 경우 이미 주주배정방식에 의한 발행은 이루어진 바이므로 이사회가 제 3 자에게 실권주를 배정함에 있어서는 제418조 제 2 항에 따른 제 3 자배정의 요건을 요하지 않고 발행조건의 변경도 요하지 않는다(대법원 2009. 5. 29. 선고 2007도4949 판결(전); 판례 [112]).

판 례

[112] 대법원 2012. 11. 15. 선고 2010다49380 판결

「…신주 등의 발행에서 주주배정방식과 제 3 자배정방식을 구별하는 기준은 회사가 신주 등을 발행함에 있어서 주주들에게 그들의 지분비율에 따라 신주 등을 우선적으로 인수할 기회를 부여하였는지 여부에 따라 객관적으로 결정되어야 하고, 신주 등의 인수권을 부여받은 주주들이 실제로 인수권을 행사함으로써 신주 등을 배정받았는지 여부에 좌우되는 것은 아니다(…). 회사가 주주배정방식에 의하여 신주를 발행하려는데 주주가 인수를 포기하거나 청약을 하지 아니함으로써 그 인수권을 잃은 때에는(상법 제419조 제 4 항[현행 419조 3항에 해당: 저자 주]) 회사는 이사회의 결의에 의하여 그 인수가 없는 부분에 대하여 자유로이 이를 제 3 자에게 처분할 수 있고, 이 경우 그 실권된 신주를 제 3 자에게 발행하는 것에 관하여 정관에 반드시 근거 규정이 있어야 하는 것은 아니다.」

자본시장법에서는 상장회사가 신주를 발행함에 있어 실권주가 발생한 경우에는 대주주의 지분을 강화하는 수단으로 남용되는 것을 방지하기 위하여 실권주 부분의 발행은 철회하는 것을 원칙으로 하고(자금 165조의6 2항), 예외적으로 발행인과 특수관계가 없는 투자매매업자가 인수하는 경우 등 실권주가 불공정하게 배정될

염려가 없는 소정의 경우에 한해 발행을 허용한다(동조항 1호~3호).

단주는 1주 미만의 주식을 말하는데, 신주발행시에는 신주인수권자의 지주수에 비례하여 배정하는 과정에서 생긴다(예컨대 10주를 가진 주주가 주당 15%의 신주인수권을 갖는다면 그의 신주는 1.5주가 되어 0.5주의 단주가 생긴다). 주식불가분의 원칙으로 인해 단주를 그대로 배정할 수 없음은 물론이다. 단주에 관하여는 자본금감소에서와 같은 규정(443조)은 없으나, 시가로 처분하여 발행가와의 차액을 단주의 주주에게 돌려주어야 공평하다(통설). 실무상으로도 같은 방법을 따르고 있다.

실권주의 발행조건의 공정성

당초 주주배정방식으로 발행가를 저렴하게 발행하였으나 실권주가 발생하여 이를 동일한 발행가로 제 3 자에게 배정하면 결과적으로는 제 3 자에게 불공정한 가격으로 신주를 발행한 것과 같다. 그래서 일본에서는 주주배정방식으로 저가로 발행된 신주에 실권이 발생한 때에 같은 가격으로 제 3 자에게 배정하기 위해서는 주주총회의 특별결의를 거쳐야 한다는 견해도 있고, 같은 취지의 하급심판례도 있다.[1] 우리 法상으로는 신주발행을 주주총회의 특별결의와 연결시킬 근거가 없으므로,[2] 국내의 견해로는 모든 주주에게 공평하게 실권주를 인수할 기회를 제공해야 한다는 견해(최기원 807), 시가가 당초 발행가액을 상회하는 경우에는 발행가를 시가로 수정하여 실권주를 배정해야 한다는 견해(정찬형 1184)가 있다. 실권주는 주주가 인수를 포기하여 생기는 것인데, 다시 주주에게 인수의 기회를 주라는 것은 무의미한 절차를 반복하는 것이고, 실권주의 배정은 그 전단계의 주주배정과 일체성을 이루는 동일한 신주발행인데, 발행조건을 변경함은 새로운 발행절차를 밟는 것과 다름없다. 실권주의 발행가가 低價라는 점에서 유래하는 이같은 배려는 결국 다른 주주의 지분가치가 희석되는 것을 막기 위한 배려인데, 주주가 포기한 이익을 명문의 근거 없이 회복시킬 이유는 없다. 앞서 인용한 대법원 2007도4949 판결은 삼성계열의 「에버랜드」라는 비상장회사에서 시가의 수분의 일로 발행한 전환사채를 대부분의 주주가 실권하고, 이를 특정의 지배주주系의 인사가 인수하였던바, 관련 이사들을 배임죄로 기소한 사건을 다룬 것이다. 소수의견은 위 학설과 같은 취지의 논지를 폈으나, 다수의견은 신주발행과 실권주배정의 일체성을 이유로 다른 절차는 불필요하다고 판시하였다.[3]

---

1) 江頭憲治郎, "株主割當增資の失權株の處理,"「ジュリスト」 1048호(1994. 7. 1.), 105면.

2) 참고로 일본에서는 불공정한 가격으로 제 3 자에게 발행하는 것은 주주총회의 특별결의가 있어야 한다.

3) 동판결에 대한 평석으로서, 송옥렬, "삼성전환사채의 저가발행과 배임죄의 성부,"「BFL」 제36호(2009. 7.), 6면 이하; 崔文僖, "경영자의 배임죄와 회사법상 이사의 의무,"「저스티스」 제112호(2009. 8.), 98면 이하 참조.

법인주주의 실권

신주의 발행가액이 주식의 시가나 평가액보다 저가인 경우에는 주주가 신주의 인수를 포기할 경우 반대의 보상 없이 구주의 가치가 희석되는 손실을 입는다. 주주가 자연인일 경우에는 그가 궁극적인 처분권자이므로 그의 실권에 대한 법적 평가는 불필요하다. 그러나 법인주주인 경우에는 실권을 할 만한 정당한 사유가 없는 한, 그 관리자의 임무해태에 해당할 수 있다. 한 예로 앞서 소개한 에버랜드의 전환사채발행에서 에버랜드의 주주의 하나였던 제일모직(주식회사)이 신주인수를 실권하였던 바, 그 결정을 유도한 이사에 대해 전환사채의 발행가액과 평가액의 차액에 상당하는 손해배상을 하도록 명한 하급심판례가 있다(대구고법 2012. 6. 11. 선고 2011나2372 판결).

실권주와 과세

주주가 친족간의 증여를 목적으로 실권을 이용하는 수가 있다. 예컨대 父와 子가 각각 발행주식총수의 50%씩 소유하는 회사가 있고 이 회사주식의 액면가는 5,000원, 주당 실자산가치는 10,000원이라고 하자. 현재의 발행주식은 10,000주인데 추가로 10,000주를 액면가로 발행한다 하자. 발행 후에는 순자산가치가 7,500원으로 떨어진다. 여기서 父가 신주인수를 포기하고 子가 전부 인수한다면 父의 자산이 1주당 2,500원꼴로 子에게로 이전되는 효과가 있다. 父가 포기한 부분을 발행하지 않는나고 하면 발행 후 1주당 순자산가치는 약 8,000원 정도가 되어 父의 자산이 1주당 2,000원꼴로 子에게 이전되는 효과가 있다. 그러므로 상속세 및 증여세법은 이러한 경우를 증여로 보고 증여세를 과세한다(상증 39조 1항 1호).

(10) 등 기

신주발행으로 인해 등기사항인 자본금의 총액과 발행주식의 총수가 늘어나므로 변경등기를 하여야 한다(317조 2항 2호·3호, 동조 4항 → 183조).

(11) 상장회사의 특례

상장회사의 신주발행에 있어서는 투자자보호를 위해 자본시장법상 특별한 절차가 요구된다.

상장주식의 발행절차

1) **외부감사** 신주발행을 하는 상장회사는 우선 외부감사인의 회계감사를 받아 그 감사증명을 증권신고서에 첨부하여야 한다(자금 169조 1항, 자금령 189조 1항 2호)(외부감사에 관하여는 930면 이하 참조).

2) **증권신고와 효력발생** 회사가 증권신고서를 금융위원회에 제출하고, 이로부터 일정 기간(현재 10일, 주주 또는 제 3 자배정방식의 경우 7일)이 경과한 후에 신고서의 효력이 발생한 후가 아니면 신주발행을 할 수 없다(자금 120조 1항·121조, 자금규칙 12조 1항 2호). 그 이전에는 인수의 청약이 있더라도 발행인은 이를 승낙하지 못한다(자금 121조 1항).

3) 기업내용의 공시 투자자에게 투자판단의 기회를 주기 위해 소정의 공시 절차를 거쳐야 한다.

우선 증권신고서에 회사의 개황 등 소정사항을 기재하여야 하고, 이 서류는 금융위원회가 공중의 열람을 위해 비치 · 공시한다(자금 119조 7항, 자금령 125조 1항). 그리고 투자설명서주의를 취하여 발행인은 인수인모집에 앞서 소정사항을 기재한 투자설명서를 작성하여 일정한 장소[1]에 비치하고 일반인에게 공람하게 하여야 하며(자금 123조 1항), 청약하고자 하는 자에게 이 투자설명서를 교부한 후가 아니면 청약을 받을 수 없다(자금 124조 1항).

신주발행 후에는 발행실적보고서를 작성하여 금융위원회에 제출하여야 하며, 이 역시 공시한다(자금 128조).

4) 허위공시로 인한 책임 증권신고서 · 투자설명서에 허위의 기재 또는 표시를 하거나 중요한 사항을 기재 또는 표시하지 아니함으로써 인수인에게 손해를 끼친 때에는 신고자, 이사, 투자설명서의 작성자 등은 손해배상책임을 진다(자금 125조 1항). 단 이들이 무과실을 증명하거나 인수인이 악의인 때에는 책임을 지지 아니한다(자금 125조 1항 단). 이 손해배상청구권은 청구자가 당해 사실을 안 날로부터 1년, 증권신고서의 효력발생일로부터 3년 내에 행사하지 아니하면 소멸한다(자금 127조). 이 손해배상책임은 증권집단소송의 대상이 된다(증권관련 집단소송법 3조 1항 1호).

포괄증자(유 · 무상증자의 결합)

舊한국전력주식회사법(1980년 한국전력공사법에 의해 폐지)에서 포괄증자를 허용한 바 있다. 신주를 발행함에 있어 발행가액 중 일부는 준비금의 자본금전입으로 처리하고, 나머지만 인수인이 납입하게 하는 방법이다. 이에 의해 주주는 유상의 신주와 무상의 신주를 동시에 취득하게 되므로 주주의 신주인수를 적극 유도하는 효과를 발휘한다(동법 17조의3).

포괄증자는 주주권을 침해하므로 명문의 규정이 없는 상법하에서는 허용되지 않는다(권기범 1101; 최준선 738). 그러나 상장회사에서는 신주를 발행하면서 동시에 신주의 납입기일 직후의 어느날을 기준일로 하여 무상증자(준비금의 자본금전입)를 결의함으로써 신주의 실권을 방지하는 예를 볼 수 있다. 신주를 인수하지 하지 않으면 신주에 대해 배정되는 무상신주를 받을 수 없으므로 주주들에게 신주의 청약을 독려하는 효과가 있는 것이다.

(12) 신주발행의 철회 · 변경

회사가 신주발행을 철회할 수 있는가? 신주청약자가 납입기일에 주금을 납입하면 그 다음날에 신주의 효력이 발생하므로 철회할 수 없음에는 이론의 여지가 없다. 그 전이라도 신주발행은 회사와 신주청약자 간의 入社契約이므로(통설) 신주의 청약이 있고 이에 대해 회사가 배정을 하면 입사계약이 체결된 바이므로

1) 발행회사의 본점, 금융위원회, 한국거래소 및 청약사무를 취급하는 장소(자금 123조 1항, 자금규칙 13조 1항).

역시 신주발행은 철회할 수 없다고 보아야 한다. 그러나 회사가 신주의 배정을 하기 전에는 신주에 관련된 계약이 체결된 바 없고, 회사는 신주의 청약의 유인을 하였을 뿐, 구속력 있는 청약(민 527조)을 한 바 없으니 언제든 신주발행을 철회할 수 있다고 보아야 한다. 발행사항을 변경하는 것도 같다(예컨대 발행가의 변경, 발행주식수의 변경).[1]

신주발행의 철회 · 변경이 가능하다 하더라도 신주발행에 관해 이해를 갖는 자(청약자)에 대하여 회사가 손해배상책임을 지는 것은 별개의 문제이다.

Ⅵ. 신주발행의 효력발생

⑴ 일부 미인수의 영향

회사설립시에는 발행주식총수가 인수 · 납입되어야 하는 자본확정의 원칙이 적용되는 데 반하여, 신주발행시에는 이사회에서 결의한 발행주식수에 미달하더라도 기일 내에 인수 · 납입된 주식만을 발행하고 미인수 · 미납입분의 발행은 포기하는 이른바 「마감발행」을 할 수 있다. 따라서 신주가 일부 인수되지 아니하거나 무효 · 취소되더라도 신주발행 자체의 효력에는 영향이 없다. 즉 잔여분에 대해서는 신주발행의 효력이 발생한다. 신주발행은 자금조달의 수단이므로 일부라도 인수 · 납입이 이루어지면, 그 부분에 한해서는 신주발행의 목적을 달성한 셈이 되기 때문이다.

⑵ 효력발생시기

인수인이 납입 또는 현물출자의 이행을 한 때에는 납입기일의 다음날로부터 주주의 권리의무가 있다(423조 1항). 즉 이 날로부터 신주의 주주가 된다. 이에 따라 신주인수인의 지위, 즉 권리주의 상태가 종식되고(425조 1항 → 319조) 주식의 양도가 가능하나, 주권을 발행하기 전에는 상법 제335조 제 3 항의 양도제한을 받는다. 회사는 지체없이 주권을 발행하여야 한다(355조 1항).

납입기일의 다음 날부터 신주의 효력이 발생하는 결과, 그 날이 속하는 영업연도의 이익배당에 신주도 참여한다. 이때 배당에 관하여 日割計算의 시비가 일 수 있는데, 2020년 개정법에서는 신구주간의 균등배당을 전제로 이 시비를 없애기 위한 조문정리를 하였다(350조 3항 삭제, 423조 1항에서 350조 3항 후단을 준용하는 규정 삭제)(33면, 314면 참조).

1) 日注釋(7), 22면 참조.

Ⅶ. 이사의 자본충실책임

1) 회사성립시에 자본구성에 결함이 생기면 발기인이 담보책임을 지듯 신주발행시에는 이사가 담보책임을 진다. 그러나 발기인이 인수되지 않거나 인수가 취소된 주식에 대해 인수담보책임을 지고 납입이 완료되지 않은 주식에 대해서는 납입담보책임을 지는 데 반해서(321조 1항·2항), 이사는 인수담보책임만을 질 뿐 납입담보책임의 문제가 생기지 아니한다. 왜냐하면 신주발행시에는 납입기일에 납입이 되지 않으면 인수 자체가 실효되므로 이 부분도 인수가 되지 않은 것으로 취급되기 때문이다(423조 2항).[1)]

2) 이사의 인수담보책임이란 신주의 발행으로 인한 변경등기(317조 2항·4항, 183조)가 있은 후에 아직 인수되지 아니한 주식이 있거나 주식인수의 청약이 취소된 때에 이사가 이를 공동으로 인수한 것으로 보는 것이다(428조 1항).

원래 자본확정의 원칙이 엄격히 적용되는 회사설립의 경우와는 달리, 신주발행에서는 인수가 일부 실효된 경우에도 나머지 부분에 대해서는 신주발행의 효력이 발생하므로 이사가 인수담보책임을 질 것은 아니다. 그러나 일단 인수가 이루어진 것같이 등기된 이상 그 공시에 부합하는 자본충실을 기하기 위하여 이사에게 담보책임을 지우는 것이다.

인수가 의제되는 까닭에 인수를 위한 이사의 의사표시를 요하지 않고 바로 납입할 의무가 발생한다는 점, 무과실책임이고 총주주의 동의로써도 면제할 수 없다는 점은 발기인의 인수담보책임과 같다. 회사에 그 밖의 손해가 발생하면 인수담보책임과는 별도로 이사에 대하여 손해배상을 청구할 수 있는 것도 같다(428조 2항). 이 손해배상책임은 제399조의 규정에 따른 책임이다.

Ⅷ. 신주발행유지청구권

(1) 의　　의

회사가 법령 또는 정관에 위반하거나 현저하게 不公正한 방법에 의하여 주식을 발행함으로써 주주가 불이익을 받을 염려가 있는 경우에는 그 주주는 회사에 대하여 그 발행을 유지할 것을 청구할 수 있다(424조). 신주발행은 현 주주의 비

---

1) 설립시에는 인수인이 납입하지 않을 경우 실권절차를 거쳐 실권시킬 수 있으나(307조 1항), 신주발행시에는 납입을 해태하면 이같은 실권절차 없이 실권함을 유의할 것.

례적 이익에 중대한 영향을 미치므로 회사의 위법·불공정한 신주발행에 대해 개별 주주의 이익을 보호하기 위하여 둔 제도이다.

(2) 일반 유지청구권과의 비교

신주발행유지청구권은 일정한 행위를 사전에 저지하기 위해 주주에게 인정된 권리라는 점에서는 상법 제402조가 정하는 일반적인 유지청구권과 같다. 그러나 그 행사요건에 있어서는 큰 차이가 있다. ① 유지청구권은 소소주주에 한하여 인정됨에 대해 신주발행유지청구권은 모든 주주에게 인정되고, ② 유지청구는 이사의 법령·정관에 위반한 행위를 대상으로 함에 대해 신주발행유지청구는 회사의 신주발행만을 대상으로 하면서 법령·정관에 위반한 경우뿐 아니라 현저하게 불공정한 경우도 포함하며, ③ 가장 큰 차이는 유지청구권은 회사에 회복할 수 없는 손해가 생길 염려가 있을 때 행사할 수 있으나, 신주발행유지청구권은 주주 자신이 불이익을 받을 염려가 있는 경우에 행사할 수 있다는 점이다. 그러므로 유지청구권은 주주의 공익권이나, 신주발행유지청구권은 자익권으로서 서로 대체행사하여 같은 효과를 거둘 수 있는 것이 못 된다.

(3) 신주발행유지청구의 요건

1) **新株發行의 위법·불공정** 회사가 법령·정관에 위반하거나 현저하게 불공정한 방법에 의하여 주식을 발행하였어야 한다(424조). 위법하거나 현저하게 불공정하다고 함은 신주발행의 일반적인 위법성·불공정성을 말하는 것이 아니라, 특정 주주의 불이익의 원인이 되는 위법·불공정을 말한다.

법령에 위반한 예로는 주주의 신주인수권을 무시하고 제 3 자에게 배정하거나 주주간에 불공평하게 주식을 배정한 경우(418조 1항), 신주인수권자에 대한 최고절차 없이 불청약을 이유로 실권시킨 경우(419조 3항) 등이다.

정관에 위반한 예로는 종류주식에 대하여 정관의 규정과 달리 신주를 배정한 경우, 정관에 신주발행은 주주총회의 결의를 얻도록 되어 있음에도 불구하고 이사회결의만으로 신주발행을 한 경우, 정관에서 정한 방법과 다른 방법으로 단주를 처리한 경우, 정관에 규정된 바와 달리 신주인수권을 부여한 경우를 들 수 있다.

현저하게 불공정한 예로는 신주청약증거금을 청약자들간에 차별을 두어 납부하게 하는 경우(예컨대 소액주주는 100% 납입하게 하고 대주주는 면제해 주는 경우), 현물출자를 과대하게 평가한 경우, 신주의 배정기준일을 청약일로부터 지나치게 멀리 잡아 주주의 투자판단을 어렵게 하는 경우 등이 이에 해당할 것이다.[1] 판례를 보면 제 3 자배정의 적법성여부

1) SK텔레콤(주)이 신주를 발행함에 있어, 6%의 지분을 가진 주주가 신주발행유지를 위한 가처분

가 자주 다투어지는데, 정관에 근거규정을 두고, 또 일응 경영상의 목적을 형식적으로 충족시켰다고 하더라도 경영상의 목적달성의 효과보다는 대주주의 경영권방어나 기타 특정인의 이익을 도모하는 것이 주된 목적이고 이로 인해 다른 주주의 손실을 수반한 경우에는 그 다른 주주에게는 현저하게 불공정한 신주발행이라고 보아야 할 것이다.

2) **株主의 불이익** 신주발행이 위법·불공정한 외에 그로 인해 특정주주가 불이익을 받을 염려가 있어야 한다(424조). 따라서 위에서 든 위법·불공정한 예에 해당한다고 해서 모든 주주에게 유지청구의 대상이 되는 것은 아니다. 예컨대 신주인수권을 불공정하게 부여한 경우에는 그로 인해 불이익을 받는 주주가 생길 것이나, 주주총회결의로 발행해야 하는데 이사회의 결의로 발행했다고 해서 반드시 특정 주주에게 불이익이 생기는 것은 아니다.

신주발행이 위법하여 회사 전체에 손해가 발생하고 주주가 간접적으로 손실을 입는다면(예: 액면미달발행), 제424조의 유지청구를 할 사유는 아니고, 상법 제402조의 유지청구 또는 신주발행무효의 소(429조)나 이사의 책임추궁(399조)에 의해 구제되어야 할 것이다.

(4) 신주발행유지청구의 절차

1) **청구권자와 상대방** 불이익을 입을 염려가 있는 주주가 회사에 대하여 청구하는 것이다(424조). 따라서 단독주주도 청구가 가능하며, 신주인수권의 유무, 의결권의 유무를 묻지 않는다. 그리고 상법 제402조의 일반 유지청구와 달리 이사가 아니라 회사를 상대로 청구하여야 한다.

2) **청구내용** 법문상으로는 「그 발행을 유지할 것」을 청구할 수 있다고 규정한다(424조). 이대로 해석한다면 유지청구를 받아들일 때에는 신주발행 전체가 무위로 돌아가는 결과가 된다. 신주발행유지청구는 단 1주만을 가진 주주도 할 수 있음을 생각해 볼 때 지나친 효과이다. 그러므로 법령·정관에 위반한 사항 또는 불공정한 방법이나 내용을 시정할 것을 청구할 수 있다는 뜻으로 받아들이고, 회사는 그 점만 시정하면 신주발행을 속행할 수 있는 것으로 해석하는 것이 합리적이다.

을 신청하였는데, 주장 중에 유상증자가 대규모이고 공시일과 배정기준일 사이의 기간이 짧아 자금조달에 애로가 있다는 것이 들어 있었다. 법원은 증자규모와 기간설정이 상법과 정관을 준수한 것인 이상 현저히 불공정한지 여부의 판단대상이 되지 않는다고 판시하였다(서울지법 1999. 7. 6.자 99카합1747 결정).

3) **청구방법** 청구방법에 관해 특별한 규정이 없으므로 상법 제402조의 유지청구에서와 마찬가지로 의사표시로도 할 수 있고 소를 제기할 수도 있으며 가처분을 구하여 실효성을 보강할 수도 있다.

4) **청구시기** 유지청구는 신주발행의 효력이 발생하기 전, 즉 납입기일까지 하여야 한다. 신주발행에 무효원인이 있을 경우에는 신주의 효력발생 후에도 주권의 발행 등을 유지청구할 수 있다는 견해가 있으나(이·최 670; 정동윤 711), 이는 「유지」의 개념에도 어긋나지만 형성의 소인 신주발행무효의 소의 원인이 되는 하자를 소 이외의 방법으로 주장하게 하는 결과가 되므로 옳지 않다.

⑸ **신주발행유지청구의 효과**

주주가 유지청구를 하더라도 발행절차에 직접 영향을 주는 바가 없다. 다만 회사가 유지청구를 받았을 때에는 신주발행의 위법·불공정 여부를 심사해야 할 주의의무를 진다. 유지 여부는 이사회에서 결정해야 한다.

그리하여 위법·불공정함에도 신주발행을 완료한 경우 대표이사 등에게 중과실이 있다고 해야 할 것이므로, 이를 이유로 주주가 회사를 상대로 손해배상을 청구하거나 이사의 제 3 자에 대한 책임(401조)을 물어 손해배상을 청구할 수 있다. 이로 인해 회사에 손해가 생겼다면 대표이사 등이 회사에 대하여 손해배상책임을 져야 함은 물론이다(399조).

그리고 신주발행에 무효원인이 있는 경우 신주발행무효의 소를 제기할 수 있을 것이나, 이것은 신주발행이 위법하기 때문이지 유지청구에 불응했기 때문이 아니다. 그러므로 유지청구에 응하지 아니하였다 하여 신주발행이 무효가 되는 것이 아님은 물론(서울고법 1977. 4. 7. 선고 76나2887 판결), 그 이유만으로 무효의 소를 제기할 수도 없다.

위법·불공정하지 않음에도 신주발행을 유지한 경우에는 역시 대표이사 등의 과실이 있다고 보아야 할 것이므로, 이로 인해 회사에 손해가 생겼다면 이사들이 회사에 대하여 손해배상책임을 진다(399조).

Ⅸ. 不公正한 가액으로 인수한 자의 책임

1. 취 지

이사와 통모하여 현저하게 불공정한 발행가액으로 주식을 인수한 자는 회사에 대하여 공정한 발행가액과의 차액에 상당한 금액을 지급할 의무가 있다(424조의 2 1항).

이사가 특정 주주 또는 제 3 자에게 불공정한 발행가로 주식을 인수시킨다면 다른 주주들이 보유하는 주식의 순자산가치를 희석시키므로, 어떤 형태로든 회사와 주주의 손실을 전보해 주어야 할 것이다. 물론 이사는 회사 또는 다른 주주들에게 손해배상책임을 지며(399조·401조) 신주인수인도 요건이 충족된다면 불법행위로 인한 손해배상책임을 지겠지만(민 750조), 이것은 이미 발생한 손실을 간접적으로 전보하는 방법에 불과하다. 그래서 상법은 회사가 직접 인수인에 대하여 출자의무에 기초한 지급책임을 물을 수 있는 길을 마련하였다.

2. 책임발생의 요건

(1) 이사와의 통모

인수인이 이사와 통모했을 것을 요한다. 따라서 통모하지 않는 한 현저하게 불공정한 가액으로 인수하였다 하더라도 인수인의 책임은 생겨나지 않는다. 단지 현저하게 불공정한 가액임을 알고 있었다는 사실만으로는 부족하다.

(2) 현저하게 불공정한 발행가액

1) 여기서 「발행가액」이란 이사회에서 발행사항으로 정하는 발행가액(416조 2호)을 뜻하는 것이 아니고, 인수인이 실제 납입한 「인수가액」(421조)을 뜻한다. 이사회에서 정하는 발행가액과 인수인이 납입하는 인수가액은 다를 수 있는데, 발행가액이 불공정하더라도 인수가액이 공정하다면 인수인의 책임은 발생하지 아니한다. 한편 이사회가 정한 발행가액은 공정한데 이보다 현저히 낮은 가액으로 인수시킨 경우에는 인수행위가 위법하므로 신주발행무효의 원인으로 보아야 한다(同旨: 최기원 833. 반대: 이종훈 390; 이·최 677; 임재연 I 694; 정동윤 715; 정찬형 1209).

2) 「현저하게 不公正」한 가액이란 時價가 있는 주식이라면 舊株의 시가를 기준으로 계산된 공정한 가액을 현저히 하회할 때를 뜻한다고 볼 것이다. 시가가 없는 주식이라면 주식의 순자산가치·수익가치 등을 참작하여 계산한 가액을 기준으로 삼아 결정해야 할 것이다.

현물출자의 평가를 과대하게 하였을 때, 단주나 실권주를 특히 염가로 특정인에게 인수시킨 때도 현저하게 불공정한 때에 해당한다.

3) 「현저히 不公正」하다는 것은 단지 발행가액이 저렴하다는 의미만으로 이해해서는 안 된다. 발행가액을 주식의 시가나 실질가치보다 저렴하게 하더라도 경영상의 합리적인 목적에 따른 것이라면 본조의 적용대상이 아니라고 보아야 한다. 일본에서의 예로, 감정가격 1만엔짜리 주식을 액면가 5백엔에 대표이사

에 배정한 후 같은 가격으로 종업원들에게 양도한 사건에서, 종업원의 경영참가의식을 높이고자 하는 목적에서 발행가를 정한 것으로, 회사의 발전에 유용하고 합리적이므로 불공정한 발행이 아니라고 한 판례가 있다.[1)]

3. 적용범위

이 제도는 제 3 자가 신주를 인수하거나 특정의 주주가 신주인수권에 기하지 않고 제 3 자적 지위에서 인수할 때(제 3 자 배정)에 적용되고, 발행주식 전부를 주주가 신주인수권에 기해 인수할 때(주주배정)에는 적용되지 않는다(同旨: 권기범 1115; 김동훈 386; 서헌제 525; 정경영 799; 정찬형 1204). 주주배정시에도 자본충실을 이유로 본조의 적용을 주장하는 견해가 있으나(이 · 최 677; 정동윤 715; 최기원 833), 주주배정은 이 제도와 무관하다. 원래 본조는 특정의 주식인수인이 불공정하게 유리한 가격으로 인수함으로써 다른 주주의 주식가치를 희석시키는 것을 막기 위한 것인데, 주주배정시에는 시가와 발행가의 차액으로 인한 이익은 구주의 희석화로 인한 손실과 상쇄되기 때문이다. 또 이 경우에는 처음부터 자본충실의 문제가 생겨나지 않는다. 자본충실은 주주와 회사채권자를 보호하기 위해 요구되는 것인데, 이 경우 주주이 이이을 해치는 바 없고 인수가가 액면가를 초과하는 한 채권자의 이익을 해칠 염려 또한 없기 때문이다.[2)]

4. 引受人의 책임

인수인은 공정한 가액과의 차액에 상당한 금액을 회사에 지급하여야 한다.

1) 책임의 성질 통설은 인수인의 책임의 성격을 자본충실을 위한 추가출자의무로 구성하며, 주주의 유한책임원칙의 예외를 이룬다고 설명한다.[3)] 이와 달리 인수인의 책임은 자본충실과 다른 주주의 보호를 위해 인정한 특수한 손해배상책임이라고 설명하는 견해도 있다.[4)]

2) 「차액」의 발생시기 인수인의 책임액, 즉 공정한 가액과 인수가액과의 차액은 인수할 때의 공정한 가액을 기준으로 계산하여야 한다. 인수인으로부

1) 日大阪地裁 1990. 2. 28. 판결, 「判例タイムズ」 737호(1990. 11. 15.), 219면.
2) 이 점을 정면으로 다룬 대법원판례는 없으나, 전게 대법원 2009. 5. 29. 선고 2007도4949 판결이 부적용설(주주배정방식의 신주발행에는 제424조의2가 적용되지 않음)의 입장을 취한 것으로 이해되고 있다(고홍석(주석－회사 4), 144면).
3) 일본에서의 통설이다(日注釋(7), 304면. 입법당시(1950년)에는 불공정한 가액으로 인수한 악의의 주식인수인이 회사에 대해 손해배상을 하도록 하였으나, 구주식의 희석효과를 막기 위한 제도이므로 차액반환으로 바꾸었다).
4) 河本, 265면; 田中(下), 965면.

터 지급받은 「차액」은 성질상 자본준비금으로 적립하여야 한다(459조 1항)(통설).

3) 주식의 양도와 책임의 귀속　　상법 제424조의2의 책임은 「이사와 통모하여 현저하게 불공정한 가액으로 인수한 자」에게 주어지는 책임이므로 주식이 양도되더라도 책임이 이전되는 것은 아니다.

4) 책임의 추궁　　인수인의 책임은 회사에 대한 책임이므로 그 추궁도 회사가 하여야 하나 회사가 이를 게을리할 경우 주주가 대표소송을 제기할 수 있다(424조의2 2항 → 403조~406조). 인수인의 책임은 이사와의 통모를 전제로 하므로 이사들에 의한 책임추궁은 사실상 기대하기 어렵기 때문에 주주가 책임추궁을 할 수 있게 한 것이다.

5) 이사의 책임과의 관계　　인수인의 책임은 이사가 임무해태로 인해 회사에 지는 손해배상책임(399조), 주주에 대한 책임(401조)에 영향을 미치지 아니한다(424조의2 3항). 즉 인수인의 책임이 추궁되거나 이행되더라도 이와 별개로 이사의 책임이 추궁될 수 있는 것이다.

통설은 이사의 손해배상책임과 인수인의 지급책임은 不眞正連帶責任의 관계에 있다고 설명한다(권기범 1117; 손주찬 876; 이·최 677; 정동윤 715; 정찬형 1203; 최기원 834). 그러나 양 책임은 서로 영향을 주지 아니하므로(424조의2 3항)[1] 그 하나의 이행으로 타방의 책임이 소멸하지 아니하며, 양 책임은 서로 성질을 달리하는 탓에 이사에게 인수인의 지급책임을 묻거나 반대로 인수인에게 이사의 손해배상책임을 묻는 것도 불가능하므로 부진정연대책임의 성질에 부합하지 아니한다. 양자는 상호 독립된 책임이다(오성근 861; 임재연 I 695; 정준우 657; 최준선 662).

X. 新株發行無效의 訴

1. 총　설

신주발행에 의해 새로운 영업자금이 회사에 유입되고, 그 자금은 회사채권자에 대한 책임재산으로 추가되며, 발행된 주식이 유통되어 새로운 주주가 생기는 등 많은 새로운 이해관계가 창출된다. 따라서 비록 신주발행의 내용이나 절차에 하자가 있다 하더라도 단체적·획일적으로 해결하여 신주에 관련된 법률관계의 안정을 기할 필요가 있다. 그래서 상법은 신주발행의 하자는 신주발행무효의

1) 일본에서도 부진정연대책임설이 통설이나, 우리 상법 제424조의2와 같이 인수인의 책임을 규정한 일본회사법 제212조에는 우리 상법 제424조의2 제 3 항에 해당하는 규정이 없다.

소에 의해서만 주장하게 하고(429조), 무효판결에 대세적 효력을 인정하는 한편 소급효를 제한하는 등 특수한 효과를 주고 있다.

신주발행무효의 소는 形成의 訴로서 상법상 신주발행의 효력을 다투는 유일한 방법이다. 신주발행의 무효는 후술하는 신주발행의 부존재, 그리고 개별 인수인의 무효·취소의 주장과 구별해야 한다.

2. 무효원인

(1) 무효판단의 일반적 기준

상법은 신주발행의 개별적인 무효사유를 열거하고 있지 않으므로 일반적으로는 신주발행이 법령·정관에 위반하거나 현저히 불공정할 경우에 무효가 된다고 할 것이다. 그러나 신주발행으로 제 3 자의 새로운 이해가 창출될 수 있으므로 모든 위법·불공정이 신주발행의 무효로 연결된다고 보기는 어렵고, 회사법상의 기본적인 법익을 침해한 경우에 한해 무효로 다루어야 한다.[1)]

신주발행에 있어서 고려되어야 할 기본적인 법익은 수권자본제와 자본충실, 그리고 주주의 신주인수권이다. 자본충실과 주주의 신주인수권의 중요성은 이미 설명하였다. 수권자본제는 주주가 회사에 대한 자신의 지분적 비례를 유지하기 위해 이사회를 통제하는 수단이므로 수권자본제 역시 신주발행에 있어 준수되어야 할 중요한 원칙이다. 신주발행이 이 세 가지 법익의 본질적인 부분을 해하였을 때에는 무효로 다루고, 그 밖의 위법·불공정이 있음에 그칠 때에는 이사 또는 회사의 손해배상책임으로 해결해야 하는 것이 합리적이다.

1) 수권자본제의 한계 일탈 발행예정주식총수를 초과한 경우, 정관에서 인정하고 있지 아니한 종류주식을 발행한 경우에는 무효원인이 된다. 발행예정주식총수를 초과한 경우에는 초과부분의 신주발행만 무효라고 설명하는 견해도 있으나, 초과부분의 주식을 특정할 수 없으므로 전체가 무효라고 해야 한다. 다만 사후에 정관변경을 하여 발행예정주식총수를 늘리거나 발행된 주식의 종류를 정하면 하자가 치유된다고 본다(정관변경에 소급효를 인정한다는 취지가 아님을 주의).[2)]

한편 이사회의 결의 없이 대표이사가 신주를 발행한 경우에 다수설은 신주

1) 서울고법 1996. 11. 29. 선고 95나45653 판결: 신주인수대금의 납입시기 및 장소에 관한 이사회 결의에 위반하여 납입을 받았다 하여 무효가 될 수 없으며, 주주들의 소유주식수에 비례하여 발행하는 한, 발행가액이 신주의 실질가치에 현저하게 미달한다고 하더라도 신주발행무효원인이 되지는 않는다(要旨).

2) 日注釋(7), 343면.

발행을 일상적인 업무집행에 준하는 것으로 보아 신주발행의 효력에는 영향이 없다고 한다(강 · 임 937; 권기범 1128; 이 · 최 673; 정경영 797; 정동윤 712; 정찬형 1207; 최준선 667). 그러나 신주발행은 중요한 조직법적 변화를 가져오는 일이므로 일상의 업무집행과 같이 취급할 수는 없다. 이사회의 결의가 없으면 회사에 신주발행의 의사가 존재하지 않는 것으로 보아야 하므로 무효라고 해야 한다(이범찬(외) 434; 임홍근 611; 정준우 666; 최기원 824). 판례는 기본적으로는 유효설을 취하고 있다(판례 [113]).[1)] 하지만, 하자 있는 결의에 의해 선임된 이사들이 신주발행을 결의한 흠에 추가하여 신주인수권을 무시하고 이루어진 신주발행의 사안에서는 이사회 결의의 흠도 중대한 하자라 하며 무효판결의 한 원인으로 삼은 것을 보아서는 유효설로 일관하고 있다고 보기는 어렵다(판례 [114]).

판 례

[113] 대법원 2007. 2. 22. 선고 2005다77060 · 77077 판결

「… 주식회사의 신주발행은 주식회사의 업무집행에 준하는 것으로서 대표이사가 그 권한에 기하여 신주를 발행한 이상 신주발행은 유효하고, 설령 신주발행에 관한 이사회의 결의가 없거나 이사회의 결의에 하자가 있더라도 이사회의 결의는 회사의 내부적 의사결정에 불과하므로 신주발행의 효력에는 영향이 없다고 할 것인바, … 피고회사가 감사 및 이사인 원고들에게 이사회 소집통지를 하지 아니하고 이사회를 개최하여 신주발행에 관한 결의를 하였다고 하더라도 피고 회사의 2001. 2. 28.자 신주발행의 효력을 부인할 수 없다 …」

[114] 대법원 2010. 4. 29. 선고 2008다65860 판결

「… 소외 2, 3이 이사로 참여한 피고의 2006. 2. 23.자 이사회에서 2차 신주발행을 결의하였으나, 소외 2, 3을 이사로 선출한 피고의 2006. 2. 3.자 주주총회 결의가 위법한 것인 이상 위 이사회결의는 신주발행사항을 이사회결의로 정하도록 한 법령과 정관에 위반한 것으로 볼 수 있을 뿐만 아니라, 위 주주총회결의의 위법사유에 주된 책임이 있는 당시 대표이사 참가인 1이 소외 2, 3을 동원하여 위 이사회결의를 하였다는 점에서 그 위반을 중대한 것으로 볼 수 있고, 위 이사회결의에 위와 같은 하자가 존재한다는 이유로 신주발행을 금지하는 가처분이 발령되고 모든 주주들에게 그 사실이 통지되었음에도 참가인 1이 2차 신주발행을 진행하는 바람에 참가인 1과 그 우호주주들만이 신주를 인수하게 되어 현저하게 불공정한 신주발행이 되었으며, 그로 인하여 경영권 다툼을 벌이던 참가인 1측이 피고의 지배권을 확고히 할 수 있도록 그 지분율이 크게 증가하는 결과가 초래되었다. 그 밖에 2차 신주발행을 무효로 하더라도 거래의 안전에 중대한 영향을 미칠 것으로 보이지도 않는바, … 결국 2차 신주

1) 일본에서도 학설이 대립하고, 판례는 유효설을 취한다(日最高裁 1961. 3. 31. 판결, 民集 15권 3호 645면).

발행은 무효로 보아야 할 것이다.」

2) **자본충실의 위반** 필요한 절차를 거치지 아니하고 액면미달발행을 한 경우 통설은 이를 무효라고 한다. 그러나 미달금액이 근소하여 이사의 손해배상 책임으로 전보가 가능한 경우에는 유효라고 보아야 할 것이다(同旨: 이 · 최 673; 정동윤 712).

현물출자가 과대하게 평가된 경우 상법 제424조의2 제 1 항의 요건을 충족하지 않는 한, 주식인수인(현물출자자)에게 추가출자를 청구하여 전보시킬 길이 없다. 따라서 무효라고 해야 한다. 그러나 그 부족액이 근소하여 이사의 손해배상 책임으로 전보가 가능할 때에는 유효라고 볼 것이다. 현물출자를 받으며 검사절차를 밟지 않은 것만으로는 자본충실을 해하지 않는 한 무효원인이 된다고 볼 것은 아니다(대법원 1980. 2. 12. 선고 79다509 판결).

회사가 자기가 발행하는 신주를 자기의 계산으로 인수하는 경우 또는 인수자에게 인수자금을 대여함으로써 실질적으로 자기 계산과 동일한 방법으로 인수하게 하는 경우에는 자본의 유입이 없으므로 그 신주발행은 무효이다(대법원 2003. 5. 16. 선고 2001다44109 판결).

손실보전약정의 효력

신주를 발행하는 데 주가의 전망이 불투명하여 인수자가 나서지 않을 경우, 장차 주가의 하락으로 주식인수인이 손실을 입는다면 이를 회사가 보전해 주기로 약속하고 신주의 인수를 권유하는 예가 있다. 이러한 약정은 다른 주주에게는 인정하지 않는 권리를 신주인수인에게 부여하는 것이므로 주식평등의 원칙에 반하고, 나아가 자본충실을 해하므로 무효이다(판례 [115]). 그러나 이러한 채권계약의 무효는 신주인수의 효력에까지 영향을 주지는 않는다(대법원 2007. 6. 28. 선고 2006다38161 판결). 신주인수는 유효하고 단지 손실보전의 이행을 청구할 수 없을 뿐이다.

판 례

[115] 대법원 2020. 8. 13. 선고 2018다236241 판결

「회사가 신주를 인수하여 주주의 지위를 갖게 되는 자와 사이에 신주인수대금으로 납입한 돈을 전액 보전해 주기로 약정하거나, 상법 제462조 등 법률의 규정에 의한 배당 외에 다른 주주들에게는 지급되지 않는 별도의 수익을 지급하기로 약정한다면, 이는 회사가 해당 주주에 대하여만 투하자본의 회수를 절대적으로 보장함으로써 다른 주주들에게 인정되지 않는 우월한 권리를 부여하는 것으로서 주주평등의 원칙에 위배되어 무효이다. 이러한 약정의 내용이 주주로서의 지위에서 발생하는 손실의 보상을 주된 내용으로 하는 이상, 그 약정이 주주의 자격을 취득하기 이전에 체결되었

다거나, 신주인수계약과 별도의 계약으로 체결되는 형태를 취하였다고 하여 달리 볼 것은 아니다.」

3) 신주인수권의 침해 주주의 신주인수권을 부당하게 무시하고 신주발행을 한 경우 무효라고 함이 일반적이나, 신주인수권의 전부 또는 대부분을 무시한 경우에는 무효이고 일부를 무시한 경우에는 유효라고 하는 견해도 있다(정동윤 712).[1)]

그러나 보다 구체적 타당성이 있는 기준이 필요하다고 생각된다. 앞서 신주인수권의 필요성은 주주가 회사지배에 관해 갖는 비례적 이익과 주식의 경제적 가치의 유지에 있다고 하였다. 그 중 후자의 침해에 대해서는 회사나 이사에 대해 손해배상을 구함으로써 전보될 수 있지만, 전자의 침해는 성질상 경제적 가치의 산정이 어렵고 따라서 손해배상으로 전보되기 어렵다. 그러므로 구체적인 경우에 회사지배에 대한 영향력에 변동을 줄 정도에 이르면 무효이고, 그렇지 않은 경우에는 유효라고 보아야 한다. 그러므로 일부 주주의 신주인수권을 무시하고 특정주주에게 집중배정함으로써 새로운 支配株主가 등장하게 되었다든지, 종전의 大株主의 순위가 바뀌었다든지 하는 경우에는 무시된 신주인수권이 개별적으로는 근소하더라도 무효사유가 된다고 보아야 할 것이다(예컨대 51%를 소유하는 A주주와 49%를 소유하는 B주주가 있는 회사에서 신주인수권을 무시하고 발행한 결과 A가 49%, B가 51%의 주주가 된 경우).

배정기준일(418조 3항)을 공고하지 않거나 신주인수권자에게 최고(419조 1항)를 하지 아니하고 청약기일에 청약이 없었다고 실권을 시킨 경우는 주주의 신주인수권을 무시한 것과 다름이 없으므로 그 결과에 따라 위와 같은 효력으로 다루어야 한다.

신주인수권의 침해가 특정주주에 국한된 경우라도 그 주주가 자기의 인수권을 확보하기 위해 회사를 상대로 개별적인 이행의 訴를 제기하는 것은 허용되지 아니한다(서울고법 1987. 4. 2. 선고 86나3345 판결). 그 주주는 신주발행무효의 訴를 제기하여 신주발행 전체의 효력을 다투어야 한다.

사회질서에 반하는 신주발행

1997년 초에 세칭 IMF경제위기의 시발을 이루는 사건으로, 한보그룹이 발행한 어음이 대량 부도가 나는 사태가 생겼다. 이 그룹에 「주식회사 이에이지씨」라는 계열회사(이하 "A회사")가 있었는데, 大株主가 경영권을 잃지 않을 목적으로 A회사가 소유한 유가증권을 해외에 매각하면서 300억원을 횡령하여 말레이시아에 페이퍼 컴퍼니 B회

---

1) 日注釋(7), 344면.

사에 이전하고, B회사는 이 자금으로 A회사에 출자하고 A회사로 하여금 B회사에 300억원 상당의 신주를 발행하게 하였다. 이 신주발행의 적법성이 문제된 사건에서 법원은 이 신주발행은 대주주의 범죄행위를 수단으로 하여 선량한 풍속 기타 사회질서에 위반하므로 무효라고 판시하였다(대법원 2003. 2. 26. 선고 2000다42786 판결).

이러한 신주발행의 효력을 부정해야 함이 마땅하나, 신주발행이 사회질서(민 103조)에 반한다고 함은 의문이다. 사회질서에 반하는 것은 대주주의 동기이고, 신주발행 자체는 중립적인 조직법적 행위이기 때문이다. 본건의 경우라면 회사의 자금을 횡령하여 회사의 株金으로 납입한 바이니 자본충실에 반한다는 이유에서도 충분히 신주발행의 무효를 선고할 수 있다.

(2) 무효판단의 엄격성

기술한 주주의 신주인수권 등의 침해가 있더라도 판례는 무효판결을 자제하는 경향이 있다.[1] 신주인수인의 보호 및 거래안전에 대한 고려 때문이다. 그리하여 판례는 「거래의 안전을 고려하더라도 도저히 묵과할 수 없는 정도로 주식회사의 본질 · 회사법의 기본원칙에 반하거나 주주들의 이익과 경영권에 중대한 영향을 미치는 경우」에 한해 무효판결을 내릴 수 있다는 입장을 취하고(판례 [116]), 전환사채나 신주인수권부사채의 발행에 관해서도 같은 논리를 펴고 있다(후술).

그러나 상법은 이미 무효판결이 거래의 안전에 미치는 영향을 고려하여 판결의 소급효를 제한하고 있으며(431조 1항), 신주의 주주에게 주금을 반환함에 있어서도 상당성을 고려하고 있는데(432조 2항), 다시 거래의 안전을 이유로 무효판결을 억제하는 것이 합리적인지는 의문이다.

판 례

[116] 대법원 2010. 4. 29. 선고 2008다65860 판결

「… 신주발행유지청구의 요건으로 상법 제424조에서 규정하는 '법령이나 정관의 위반 또는 현저하게 불공정한 방법에 의한 주식의 발행'을 신주발행의 무효원인으로 일응 고려할 수 있다고 하겠으나 다른 한편, 신주가 일단 발행되면 그 인수인의 이익을 고려할 필요가 있고 또 발행된 주식은 유가증권으로서 유통되는 것이므로 거래의 안전을 보호하여야 할 필요가 크다고 할 것인데, 신주발행유지청구권은 위법한 발행에 대한 사전 구제수단임에 반하여 신주발행 무효의 소는 사후에 이를 무효로 함으로써 거래의 안전과 법적 안정성을 해칠 위험이 큰 점을 고려할 때, 그 무효원인은 가급적 엄격하게 해석하여야 하고, 따라서 법령이나 정관의 중대한 위반 또는 현저한 불공정이 있어 그것이 주식회사의 본질이나 회사법의 기본원칙에 반하거나 기존

1) 일본의 판례에서도 같은 경향을 볼 수 있다(前田, 302면).

주주들의 이익과 회사의 경영권 내지 지배권에 중대한 영향을 미치는 경우로서 신주와 관련된 거래의 안전, 주주 기타 이해관계인의 이익 등을 고려하더라도 도저히 묵과할 수 없는 정도라고 평가되는 경우에 한하여 신주의 발행을 무효로 할 수 있을 것이다」

[註] 이상의 논리로 무효판결을 내린 예: 대법원 2009. 1. 30. 선고 2008다50776 판결.

이상의 논리로 무효판결을 거부한 예: 대법원 2004. 6. 25. 선고 2000다37326 판결(전환사채의 발행에 관한 판단임).

3. 다른 訴訟과의 관계

신주발행을 위한 이사회 또는 주주총회의 결의에 하자가 있을 경우에는 그 하자는 신주발행의 하자에 흡수되어 신주발행무효의 소만을 제기할 수 있다고 함은 기술한 바와 같다(668면 참조). 한편 신주발행의 전제요건인 발행예정주식총수 또는 종류주식 등에 관한 정관의 규정을 변경하는 주주총회의 결의에 하자가 있음에도 불구하고 이를 근거로 신주발행이 이루어진 경우, 어떤 방법으로 하자를 다툴 수 있는가? 이 경우에도 신주발행무효의 소만으로 다툴 수 있다고 한다면, 주주총회결의의 하자를 결의에 관한 소가 아닌 제 3 의 소로만 다툴 수 있다는 결과가 되어 결의의 하자에 관한 소를 형성의 소로 한 취지에 반한다.[1] 그렇다고 결의의 하자에 관한 소를 제기하여 판결을 받은 후 다시 신주발행무효의 소를 제기하여야 한다면, 대부분의 경우 상법 제429조의 제소기간을 경과하게 된다. 그러므로 이같은 경우에는 兩訴를 동시에 제기할 수 있고, 이를 병합해야 한다고 해석한다(정찬형 1209; 최준선 668).

4. 당 사 자

주주나 이사, 감사에 한하여 소를 제기할 수 있으며(429조), 회사를 被告로 하여야 한다. 주주는 주주명부에 등재된 자에 한하여 제소할 수 있다(대법원 2003. 2. 26. 선고 2000다42786 판결). 무효주장의 대상인 신주의 주주이든 구주의 주주이든 무방하며, 신주를 양수한 자도 訴를 제기할 수 있다. 이사 · 감사도 제소 당시의 이사 · 감사면 족하다.

---

1) 신주발행무효의 소만으로 다툴 수 있다고 하면, 同訴와 주주총회결의취소의 소의 제소기간이 다름으로 인해 생기는 문제점도 있다. 후자의 소의 제소기간은 2월이므로 2월이 경과하도록 소가 제기되지 않으면, 결의는 유효한 것으로 확정되는데도 불구하고 신주발행무효의 소를 제기함으로써 실질적으로는 결의취소를 주장하는 효과가 생기는 것이다.

5. 제소기간

소는 신주를 발행한 날로부터 6월 내에 제기하여야 한다(429조). 「신주를 발행한 날」이란 신주발행의 효력발생일, 즉 납입기일의 다음 날을 뜻한다(423조 1항). 그리고 6월 내에 제소해야 한다고 함은 제소기간을 제한하는 뜻만이 아니라 6월 내에 제기한 소에서 6월 이후에 새로운 무효원인을 청구원인으로 추가할 수 없다는 뜻도 포함하는 것으로 해석해야 한다(대법원 2004. 6. 25. 선고 2000다37326 판결; 동 2012. 11. 15. 선고 2010다49380 판결).[1] 소제기를 6월 내로 제한하는 취지는 개개의 무효원인을 구성하는 법률관계에 관한 다툼을 조기에 종결지으려는 뜻으로 이해해야 하기 때문이다.

6. 소 절 차

관할, 소제기의 공고, 병합심리, 하자보완시 청구의 기각, 무효판결의 등기 등에 관해서는 상법 제186조 내지 제192조가 준용되며(430조), 그 내용은 동 규정에 관해 설명한 바와 같다. 또한 제소주주에게 담보를 제공하게 할 수 있음도 주주총회결의취소의 소에서와 같다(430조 → 377조).

7. 무효판결의 효과

(1) 對世的 效力

신주발행무효의 판결은 제 3 자에게도 효력이 미친다(430조 → 190조 본). 신주발행을 토대로 한 법률관계의 획일적 확정을 위함이다(예컨대 갑회사의 신주발행이 무효라는 訴를 A주주가 제기하여 승소하였다면 그 신주가 갑회사와 A주주 사이에서만 무효이고 다른 주주들에게는 유효하다는 일이 있을 수 없다).

(2) 株式의 失效

신주발행무효의 판결이 확정된 때에는 신주는 장래에 대하여 그 효력을 잃는다(431조 1항).

1) 소급효의 제한 판결의 효력은 장래에 대해서만 미치므로 신주발행의 유효를 전제로 그 이후 판결시까지 이루어진 모든 행위는 유효하다. 신주인수인의 주금납입, 현물출자, 그간의 신주에 대한 이익배당, 신주의 주주가 의결권을 행사한 주주총회의 결의, 신주의 양도 등이 모두 유효하며, 그 신주를 가지고 그

1) 대법원 2004. 6. 25. 선고 2000다37326 판결: 전환사채발행 후 6월 내에 주주총회결의의 결여 등을 이유로 하여 전환사채발행의 무효의 소(신주발행무효의 소가 준용됨)를 제기하고, 전환사채발행 후 6월이 경과한 후에 이사회결의의 하자를 무효사유로 추가한 데 대해 법원은 본문에서와 같은 이유로 배척하였다.

이후의 신주발행시에 신주인수권을 행사한 것도 유효하다.

2) **판결확정 후의 효력** 무효판결의 확정으로 신주는 효력을 잃는 까닭에 신주의 주주는 주주권을 상실한다. 따라서 주식은 양도가 불가능하고 주권도 무효가 되며 선의취득의 대상이 될 수 없다. 그러므로 그 주권에 대하여는 공시최고가 불필요하다.

무효판결이 확정된 때에는 회사는 지체없이 그 뜻과 일정한 기간 내에 신주의 주권을 회사에 제출할 것을 공고하고 주주명부에 기재된 주주와 질권자에 대하여는 각별로 그 통지를 하여야 한다(431조 2항 본). 그 기간은 3월 이상으로 정하여야 한다(431조 2항 단).

주권을 회수하는 것은 무효인 주권이 유통되어 선의의 피해자가 생기는 것을 방지하고자 함이고, 회수절차를 밟지 않았다 하여 주권이 유효해지거나 선의취득이 가능해지는 것은 아니다. 그러나 이 절차를 게을리한 때에는 이로 인한 제 3 자의 손해에 대하여 회사 또는 이사가 배상책임을 지게 될 것이다.

(3) 주금액의 반환

무효판결의 확정으로 주식이 실효되므로 주주가 납입한 주금액은 부당이득이라 할 수 있다. 그러므로 회사는 신주의 주주에게 그 납입한 금액을 반환하여야 한다(432조 1항).

1) **반환청구권자** 「신주의 주주」란 무효판결 당시의 주주를 의미한다. 新株가 양도되었다면 최초의 인수인에게 반환하는 것이 아니라 양수인에게 반환하는 것이다. 주금의 반환은 주식의 실효에 대한 보상이기 때문이다.

2) **주 금 액** 금전출자의 경우에는 발행시의 인수가액, 그리고 현물출자의 경우에는 출자 당시의 평가액(결국 현물출자자의 인수가액이다)을 반환하는 것이다. 그러나 주주가 그간 이익배당을 받았다든지 다시 신주를 인수했다든지 하여 어느 정도 투자의 회수가 이루어졌을 수도 있고, 회사가 증가된 자본금을 토대로 상당한 이윤을 축적하였을 수도 있다. 그런데도 원래의 인수가액을 반환하는 것은 형평에 어긋난다. 그러므로 주금액의 반환이 판결확정 당시의 회사의 재산상태에 비추어 현저하게 부당한 때에는 법원은 회사 또는 주주의 청구에 의하여 그 금액의 증감을 명할 수 있다(432조 2항).

3) **질권의 물상대위** 반환된 주금액은 실효한 주식의 변형물이라 할 수 있으므로 실효된 주식에 질권을 가진 자는 반환되는 주금액에 대하여 질권을 행사하며, 등록질권자는 그 금액으로 우선변제에 충당할 수 있다(432조 3항 → 339조, 340조 1항 · 2항).

⑷ 무효판결과 자본금과의 관계

액면주식의 신주발행이 무효인 경우에는 주식이 실효됨에 따라 신주발행으로 인하여 늘어난 발행주식수와 자본금은 발행 전의 상태로 돌아간다. 따라서 발행예정주식총수의 미발행부분이 부활되고, 이 부분에 대해서는 다시 신주발행이 가능하다. 주금액의 반환으로 인해 자본금이 감소하지만, 이는 법률의 규정에 의한 당연한 의무의 이행이므로 채권자보호절차(439조 2항 · 3항)를 밟을 필요가 없다.

무액면주식의 신주발행이 무효인 경우에는 해당 주식수가 실효하여 신주발행 전의 주식수로 되돌아가지만, 자본금에는 영향이 없다. 신주발행가액의 일부를 자본액에 계상한 후에는 자본금은 신주와 괴리되어 발행주식의 수량에 영향을 받지 않기 때문이다.[1)]

⑸ 변경등기의 경정

무효판결로 인해 주식수 · 자본금 등은 신주발행에 따른 변경등기의 내용과 상위하게 되므로 변경등기를 경정해야 한다(317조 2항 2호 · 3호).

8. 원고패소판결의 효과

다른 회사관계소송에서와 같이 원고가 패소한 경우 판결의 효과는 당사자간에만 미치고, 원고가 손해배상책임을 질 수가 있다(430조 → 191조).

XI. 신주발행의 *不存在*

학설 · 판례는 신주발행의 「부존재」라는 개념을 인정한다. 신주발행의 사회학적 실체가 전혀 존재하지 아니하는데, 신주발행의 변경등기가 되어 있는 등 신주발행의 외관이 존재하는 경우 이를 신주발행의 부존재라 한다.

⑴ 원　　인

신주발행의 실체가 없이 신주가 발행된 것 같은 외관만이 존재해야 한다. 예컨대 신주발행을 위한 절차가 전혀 취해진 바가 없거나, 신주발행의 결의가 있더라도 실제 주식의 인수 · 납입과 같은 실체적 요소가 따르지 아니한 채 증자의 변경등기가 되어 있는 것과 같다.[2)] 신주발행의 결의, 이에 따른 인수 · 납입 등이

1) 일본의 會社計算規則(日 法務省令) 제48조 제 2 항 제 1 호는 신주발행의 무효판결이 내리더라도 자본금은 감소하지 않는 것으로 풀이한다고 규정하고 있다.

2) 주금의 납입이 전혀 없이 주금납입금보관증명서를 위조하여 신주발행의 변경등기가 이루어진 사건에서, 등기 후 未引受된 주식은 이사가 공동으로 인수한 것으로 보므로(428조) 신주발행 자

이루어졌더라도 이것이 회사의 적법한 기관(이사회·대표이사)에 의해 이루어진 것이 아니라서 조직법적 의미의 자본구조의 변동이 있었다고 볼 수 없는 경우에는 역시 신주발행의 부존재로 보아야 한다. 예컨대 주주 아닌 자들이 이사를 선임하여 이사회와 대표이사를 구성하고 이들이 신주발행절차를 밟은 경우(판례 [117])는 부존재하는 신주발행이다.

신주발행의 부존재를 인정하는 실익은 신주발행이 있었다는 주장을 가능하게 하는 외관이 존재할 경우, 형성소송인 신주발행무효의 소의 엄격한 요건과 효과를 따르지 않고 일반확인의 소로서 외관을 제거할 수 있도록 하는 것이다. 그러므로 「신주발행의 부존재」라고 다투기 위해서는 신주발행이 있었다고 오해할 수 있는 외관이 존재해야 한다. 예컨대 신주발행을 전제로 한 변경등기가 있거나, 주권이 발행되거나, 주주명부에 인수자가 기재되어 있는 등 권리분쟁의 소지가 있어야 한다.

(2) 효 력

신주발행의 부존재는 상법 제429조에 의한 주장자·주장방법·주장시기의 제한을 받지 아니한다. 따라서 누구라도, 어느 때, 어떤 방법으로든지 부존재를 주장할 수 있다. 소로써 주장하고자 할 때에는 일반 確認의 訴로써 부존재확인의 소를 제기할 수 있으며, 그 판결의 효력은 신주발행무효판결과 달리 대세적 효력이 없고 소급효가 제한되지 않는다(판례 [117]).

신주발행부존재의 경우에는 상법 제628조 제 1 항의 납입가장죄도 성립하지 아니한다(대법원 2006. 6. 2. 선고 2006도48 판결).

판 례

[117] 대법원 1989. 7. 25. 선고 87다카2316 판결

「… 위 1985. 8. 31.자 임시주주총회는 주주 아닌 위 여달용과 동인으로부터 주식을 양수하여 역시 주주가 될 수 없는 위 김재경·여달용 등 3인이 모여서 개최한 것이므로 같은 총회에서 이루어진 발행예정주식총수에 관한 정관변경결의나 위 여달용 등을 이사로 선임한 결의는 존재하지 않는다고 할 것인바, 그와 같이 선임된 이사들인 위 소외인들이 모여 개최한 같은 날짜의 이사회는 부존재한 주주총회에서 선임된 이사들로 구성된 부존재한 이사회에 지나지 아니하고 그 이사들에 의하여 선임된

체를 무효나 부존재라 할 수 없다고 한 하급심판례가 있다(전주지법 군산지원 2004. 5. 20. 선고 2004가합652 판결). 그러나 제428조는 일부에 한해 미인수되고 이사의 납입을 기대할 수 있는 경우를 예상한 조문이고, 이 건과 같이 전혀 납입의 의사가 없음이 객관적으로 명백한 경우에는 신주발행의 부존재로 보아야 한다.

대표이사도 역시 부존재한 이사회에서 선임된 자이어서 그 이사회의 신주발행결의에 의한 같은 해 9. 5자 신주발행은 피고회사를 대표할 권한이 없는 자에 의하여 이루어진 것으로서 그 발행에 있어 절차적·실체적 하자가 극히 중대하여 신주발행이 존재하지 아니한다고 볼 수밖에 없으므로 피고회사의 주주인 원고들은 위 신주발행에 관한 이사회결의에 대하여 그 신주발행무효의 소의 제기기간에 구애되거나 신주발행무효의 소에 의하지 아니하고 부존재확인의 소를 제기할 수 있〔다.〕」

[同旨판례] 대법원 1993. 10. 12. 선고 92다21692 판결

XII. 引受行爲의 하자와 주장

(1) 하자의 효과

신주인수는 주주와 회사간의 법률행위이므로 인수인이나 회사의 의사표시상의 하자, 무권대리 등으로 무효가 되거나 취소할 수 있음은 물론이다. 신주발행은 전액확정주의를 취하지 않는 관계로 개별적인 신주인수가 무효·취소되더라도 나머지 유효하게 인수된 부분만으로 신주발행의 효과가 생기고 또 이사가 인수담보책임을 지므로 신주발행 전체가 무효로 되지는 않는다.[1)]

(2) 하자의 주장제한

신주를 인수한 자는 신주발행으로 인한 변경등기를 한 날로부터 1년을 경과하거나, 그 이전이라도 주주권을 행사한 때에는 주식청약서 또는 신주인수권증서의 요건의 흠결을 이유로 하여 인수의 무효를 주장하거나 사기, 강박 또는 착오를 이유로 하여 인수를 취소하지 못한다(427조). 회사설립시에 인수행위의 무효·취소의 주장을 제한하는 것(320조)과 같은 취지의 제도이다.

주장제한의 기산점을 신주발행의 변경등기를 한 날로 잡은 것은 입법의 착오이다. 신주의 효력발생일(423조 1항)로 개정하는 것이 옳다.[2)]

1) 회사가 신주발행을 하면서 인수인이 신주로 인해 손실을 볼 경우 그 손실을 회사가 보전해 줄 것을 약정한 사례에서, 동약정은 주식평등의 원칙과 자본충실의 원칙에 반하므로 무효이지만, 신주발행의 효력에는 영향이 없다는 판례가 있다(대법원 2005. 6. 10. 선고 2002다63671 판결).

2) 이 제도는 舊法시대에도 있던 제도이고, 그 때에도 변경등기일을 기준으로 삼았다(舊商 370조 → 191조). 舊法하에서는 자본증가(신주발행)의 효력이 등기에 의해 발생하였으므로(舊商 358조 1항) 등기시를 기준으로 삼는 것이 당연하였지만, 현행법에서는 납입기일의 익일에 효력이 발생하므로 기산일이 납입기일의 다음날로 바뀌어야 옳다. 참고로 구법에서는 자본증가무효의 소의 제기기간의 기산일도 변경등기일로 했으나(舊商 371조), 신상법에서는 신주발행일(효력발생일)로 바꿨다.

(3) 주장방법

인수인이 신주인수를 취소하거나, 인수가 무효임에도 반대의 다툼이 있다면, 이를 소로써 주장해야 할 것이다. 그리고 그 訴는 개별적인 引受行爲의 효력을 부정하는 것이므로 일반 확인소송의 형태를 취하거나, 아니면 납입한 株金의 반환을 구하는 이행의 소에서 주장하게 될 것이다.

이와 달리 신주발행무효의 소(429조)와 별도로 일반 민사소송절차로서 특정인의 주식인수의 무효를 주장하는 것은 허용되지 않는다는 하급심판례(서울고법 1987. 4. 2. 선고 86나3345 판결: 확정)가 있으나 의문이다. 이 판례대로라면 인수인은 자신의 인수행위의 무효를 신주발행무효의 소로서만 주장할 수 있다는 결론에 이른다. 그러나 신주발행무효의 소는 신주발행 전체를 무효화하기 위한 것이므로 특정의 인수행위의 무효주장은 신주발행무효의 소의 소송물이 될 수 없다. 또 판례대로라면 인수인의 무효주장은 신주발행 후 6월 내로 제한되는데(429조 참조), 상법 제427조가 변경등기 후 1년까지는 인수인의 무효·취소주장을 허용하고 있는 점과도 충돌된다.

제 3 관 資本金의 減少

I. 의 의

자본금의 감소(reduction of capital; Kapitalherabsetzung)(이하 "減資"라고도 부른다)란 자본금의 금액을 축소시키는 것을 말한다. 자본금은 회사의 創業과 기업유지를 위한 물적 기초가 되고, 기간손익의 계산을 위한 기준이 된다. 그러므로 자본금은 단지 회사의 재무상의 지표를 나타내는 사실적인 개념에 그치는 것이 아니고, 회사의 관리자들이 자본금에 부합하는 실제의 자산을 갖추도록 노력해야 한다는 의미에서의 자본충실의 원칙의 실천을 위한 규범적 기준이 되는 것이다. 구체적으로는 이익배당이나 기타 사외유출의 가능한 범위를 정하는 공제항목이 되므로 자산의 유출을 통제하는 기능을 한다. 그러므로 자본금을 감소한다는 것은 이러한 규범적 기준을 낮추어 회사의 잠재적인 자금력과 사업능력을 축소시키는 의미를 가지므로 주주들로서는 중대한 변화이다. 한편 자본금감소는 회사의 지급능력 내지는 책임재산을 감소시키는 요인이 되므로 채권자들이 밀접한 이해를 갖는다. 후술하는 실질감자의 방법으로 자본을 감소할 때에는 사실상 주주들이 채권자에 우선하여 출자를 환급(Einklagenrückgewähr)받는 것과 같다. 자본금감소에는 이같이 주주와 채권자의 이해가 개재되므로 상법에서는 주주총회에 자본금감소의 의사결정권을 부여하고, 채권자에게는 이의제출의 기회를 주고 있다(채권자보호절차).

Ⅱ. 減資의 구분

1. 실질감자와 명목감자

자본액이 감소함에 따라 순자산도 감소하는지 여부를 기준으로 통상 실질적인 자본금감소(실질감자)와 명목적인 자본금감소(명목감자)로 분류한다. 실질적인 자본금감소란 자본금의 감소와 더불어 일정한 금액을 주주에게 되돌려 줌으로써 순자산도 같이 감소시키는 것이고(有償減資), 명목적인 자본금감소는 자본금의 수액만 줄이고 순자산은 사외에 유출시키지 않는 것이다(無償減資). 이는 액면주식을 발행한 경우에 생기는 분류이다.

실질감자는 사업규모상 현재의 자본금이 과다하므로 일부를 주주에게 되돌려 주는 방법으로서 하기도 하고, 회사해산을 예정하고 청산절차를 간편하게 할 목적으로도 한다. 또 합병을 앞두고 소멸예정회사의 재산이 거액이라서 그 주주들이 존속예정회사에서 갖게 될 지분이 지나치게 클 것이 예상될 경우, 그 주주들의 지분을 감소시키기 위하여 소멸예정회사의 자본금을 감소시키는 등 그 목적은 다양하다. 최근에는 주주가 출자금을 회수하는 수단으로 감자를 실시하는 예도 늘고 있다.

이에 대해 명목감자는 자본금의 결손이 있으나, 당분간 회복할 가망이 없는 회사에서 그대로 방치하면 이익배당도 어렵거니와 회사의 신용도 떨어지므로 자본금을 순자산에 접근시키기 위하여 한다. 또 명목감자는 신주발행과 결합하여 부실기업의 재건방법으로 활용되기도 한다. 명목적 자본금감소를 통해 주식의 실질가치를 액면가에 근접시킨 후, 액면가로 신주를 발행하여 종전의 자본규모와 그에 상응하는 순자산을 유입시키는 것이다. 채무자회생 및 파산에 관한 법률에서 기업회생의 방법으로 규정하고 있다(회파 205조).

액면주식을 발행한 회사가 자본금감소를 할 경우에는 회사의 재무상황에 따라 실질감자 또는 명목감자를 하게 되지만, 무액면주식을 발행한 회사에서는 후술하는 바와 같이 주식의 수와 연계없이 자본금만 감소시키므로 주주에게 일정 주금을 환급하는 실질감자가 있을 수 없다. 무액면주식을 발행한 회사에서 실질감자와 같은 효과를 누리는 방법으로는 자기주식을 취득하거나(341조 1항), 자본금감소 후 늘어난 배당가능이익을 재원으로 배당을 실시하는 것이다.

2. 결손보전감자와 통상의 감자

실정법상 보다 중요한 구분은 2011년 개정에 의해 신설된 「결손의 보전을 위한 자본금감소」와 그 밖의 자본금감소이다. 자본금감소를 실행함에 있어 전혀 다른 절차에 의하기 때문이다. 후자의 감자는 주주총회의 특별결의를 요하고 채권자보호절차를 밟아야 하지만, 전자의 감자는 주주총회의 보통결의로 족하고 채권자보호절차를 요하지 않는다. 전자를 「결손보전감자」, 후자를 「통상의 감자」로 부르기로 한다.

결손보전감자는 앞서 말한 명목감자와 대체로 같은 뜻으로 이해할 수 있으나, 이에는 일정한 법적 효과가 수반하므로 그 취지에 맞게 엄격한 정의를 요한다. 상법에서는 그 개념을 정의하고 있지 않으나, 보전되는 결손액과 일치하는 금액의 자본금을 무상으로 감소시키는 것이라고 이해해야 한다. 주주에게 감자의 대가를 지급하지 않음은 물론이고, 보전되는 결손액과 감소되는 자본금이 일치되어야 한다. 보전되는 결손액보다 감소되는 자본금이 더 클 경우에는 감자차익이 발생하여 회사의 재무구조는 더 좋아지지만, 이 경우에는 결손보전감자가 아니므로 결손보전감자를 위한 특칙(주주총회의 보통결의, 채권자보호절차 不要)이 적용되지 않는다고 보아야 한다.

구체적인 예

호텔영업을 목적으로 설립된 C회사의 2025년 말 대차대조표에 의하면 총자산 1,300만원, 부채 300만원, 자본 1,000만원의 상태이다. 호텔건립을 위해 구입한 대지가 너무 작아 호텔을 짓기에는 부적당하여 모텔업을 하기로 결정했다. 그리하면 500만원 정도의 자금은 불필요하므로 자본금감소를 통해 주주에게 반환하기로 하였다. 이 경우 자본금은 500만원으로 줄면서 동시에 현금 500만원이 사외유출되는데, 이는 통상의 減資이다. 역시 호텔업을 위해 같은 자본금 1,000만원으로 설립된 D회사의 경우에는 사업이 지연되면서 인건비가 계속 지출되어 현재 총자산은 900만원, 부채 500만원, 자본금 1,000만원인 상태이다. 즉 600만원의 결손이 생긴 것이다. 이같이 결손이 있는 상태에서는 은행과의 거래가 불가능하므로 무상으로 600만원의 감자를 해서 결손을 보전하기로 했다(제 1 방식이라 하자). 그 결과 총자산 900만원, 부채 500만원, 자본 400만원이 되었다. 이것이 결손보전감자이다. 그런데 D회사에서 무상으로 700만원의 감자를 했다고 하자(제 2 방식이라 하자). 그러면 결손을 전보하고도 100만원의 감자차익이 발생하는데, 이 금액은 자본준비금으로 적립해야 한다. 제 2 방식의 감자를 하면 결손의 전보는 물론 오히려 이익이 발생하므로 제 1 방식보다 재무구조가 더 우량해 보이지만, 책임재산의 보전이라는 시각에서는 준비금 100만원은 자본금 100만원에 비해 덜 견고한 자산이므로 채권자에게는 불리하고, 주주들의 입장에서는 자본구조에 실질적인 변화를 가져오므로 결손보전만을 위한 감자와 의미가 같을 수가 없다. 그래서 이 경우에는 결손보전감자를 위한 특례를 적용해서는 안 되는 것이다.

입 법 례

결손보전감자는 일본회사법상의 「결손전보목적의 감자」(日會 309조 2항)를 참고로 만든 제도인데, 일본에서는 결손전보목적의 감자를 위한 의사결정은 주주총회의 보통결의로 완화하지만, 채권자보호절차는 그대로 적용한다(日會 449조 참조). 우리 법에서 결손보전감자를 채권자보호절차의 대상에서 제외한 것은 독일주식법을 본받은 것이다. 독일에서는 자본금감소를 우리의 유상감자에 해당하는 통상의 자본금감소(ordentliche Kapitalherabsetzung, §§ 222-228 AktG)와 우리의 무상감자에 해당하는 간이자본금감소(vereinfachte Kapitalherabsetzung, §§ 229-236 AktG)로 분류한다. 통상의 자본금감소에는 채권자보호절차를 밟도록 하지만(§ 225 AktG), 간이자본금감소에는 동절차를 요구하지 않는다(§ 229 Abs.3, § 225 AktG). 간이자본금감소에서는 회사의 실제 재산이 감소하지 않으므로 채권자보호절차가 필요없다는 생각에서이다.

Ⅲ. 자본금감소의 방법

액면주식을 발행하는 경우와 무액면주식을 발행한 경우 각기 자본금감소의 구체적 방법을 달리한다.

1. 액면주식을 발행한 경우

액면주식을 발행한 경우에는 자본금은 발행주식의 액면총액이므로(451조 1항) 자본금의 감소는 발행주식수를 감소시키거나, 액면가를 감액하거나, 또는 양자를 병행하는 방법으로 할 수 있다.

(1) 액면가의 감액

발행주식수는 줄이지 않으면서 주식의 액면가액만을 낮추는 방법이다. 예컨대 액면가가 10,000원인데 자본금의 20%를 감소하려 한다면 액면가를 8,000원으로 낮추면 된다. 액면가는 균일해야 하므로 액면가를 낮추는 방법으로 자본금을 감소할 때에는 모든 주주에게 평등하게 적용된다.

감소되는 금액의 처리는 자본금감소의 목적에 따라 다르다. 실질감자를 할 때에는 주주에게 환급할 것이고, 명목감자를 할 때에는 주주의 손실로 처리(切棄)한다.

(2) 주식수의 감소

주식의 병합(Zusammenlegung von Aktien)과 주식의 소각(Einziehung von Aktien)이라는 두 가지 방법이 있다.

1) 주식의 병합 주식의 병합은 여러 주식을 합하여 그보다 적은 수의 주식을 발행하는 방법이다. 예컨대 5주를 3주로 하는 것과 같다. 이것도 모든 주주에 대해 균등하게 실시한다. 그러나 주주의 소유주식수에 따라 실질적으로 불평등한 경우가 생긴다. 예컨대 10주를 7주로 병합하기로 한다면 100주를 가진 주주의 경우 70주로 되어 지분율의 감소가 없으나, 19주를 가진 주주의 경우 10주는 7주로 병합되나 나머지 9주는 병합이 불가능하므로 종전의 지분율의 절반에 가까운 감소가 생긴다. 그러므로 독일에서는 주식병합을 하지 않으면 법정의 최저액면가를 유지할 수 없을 경우에 한해 주식병합을 허용한다(§ 222 Abs. 4 Satz 2 AktG). 상법에는 이와 같은 제한이 없으며, 오히려 자본금감소의 실제에 있어서는 주식병합을 선호하는 경향이 있다.

소액주주의 보호를 위하여는 주식의 병합에 있어서 병합방법을 비율로 계산하여 整數가 나올 때까지 병합을 하는 것으로 해석하여야 한다. 이와 같이 한다면 앞의 예에서 19주를 가진 주주의 경우, 19×7/10=13 … 0.3이 되어 13주로 병합이 되고 0.3주의 단주가 생긴다.

주식병합과 소수주주의 추출

주식병합의 결과 단주만을 가지게 된 주주는 단주의 대금만을 받고 주주지위를 잃게 된다(443조 1항 참조). 그러므로 주식병합이 실질적으로 소수주주의 축출수단으로 행해질 수도 있다. 어느 건설회사에서 10,000분의 1의 비율로 주식을 병합한 결과 97%의 주식을 소유한 2명의 주주만 남고, 10,000주 미만을 소유한 나머지 주주들은 전부 매각대금을 받고 퇴출되는 결과가 되었던바, 하급심(고법)은 주식평등의 원칙, 신의칙 등에 반해 무효라고 판단하였으나, 대법원은 병합비율이 적법하게 정해진 이상 그 비율에 미치지 못하는 주식수를 가진 소수주주가 주주의 지위를 상실하더라도 이는 상법의 규정에 따른 것으로 주식평등의 원칙에 어긋난 것으로 볼 수 없다고 판단하였다(대법원 2020. 11. 26. 선고 2018다283315 판결).

그러나 경영상의 합리적인 필요와 목적이 없이 단지 소수주주를 제거하는 결과만 초래하는 주식병합이라면 이는 사실상 자본단체에서 허용되지 않는 제명이라고 보

아야 하고, 주식평등의 원칙을 위반한 것으로 보아야 할 것이다.[1)]

병합전후의 동일성

「주식병합이 효력을 발생하면 회사는 신주권을 발행하게 되고, 주주는 병합된 만큼의 감소된 수의 신주권을 교부받게 되는바, 이에 따라 교환된 주권은 병합 전의 주식을 여전히 표창하면서 그와 동일성을 유지한다」라고 설시한 판례가 있다(대법원 2005. 6. 23. 선고 2004다 51887 판결).

동일성을 유지한다고 하여 회사와의 관계에서 구주식으로 인한 권리를 신주식을 가지고 주장할 수 있다는 의미가 될 수는 없으므로 회사법적으로는 무의미한 설명이다. 그러나 주식에 관한 개인법적 관계에서는 구주식에 대한 질권의 효력이 신주식에 미치고, 구주식에 관한 분쟁은 신주식으로 연장되므로 의미가 있다. 위 판결문은 구주식에 대한 유류분청구가 신주식에 미친다고 설시한 것이다.

2) 주식의 소각 발행주식 중 일부를 소멸시키는 방법이다. 이것은 소각에 동의한 주주의 주식에 대해서만 할 수도 있고(임의소각), 동의에 관계없이 회사가 일방적으로 할 수도 있다(강제소각). 또 주식의 소각에 따라 주주에게 株金을 지급할 수도 있고(유상소각), 하지 않을 수도 있다(무상소각). 임의·강제와 유상·무상이 서로 조합을 이루게 되나, 상식적으로 임의·무상이란 생각하기 어렵고 임의·유상, 강제·유상, 강제·무상의 세 가지 조합이 보통이다. 어느 경우에나 株式平等의 원칙이 지켜져야 한다. 강제소각의 경우에는 당연히 주주의 소유주식에 비례하여 소각해야 할 것이고, 임의소각의 경우에도 소각하여야 할 주식보다 소각을 희망하는 주식이 많을 때에는 소각을 원하는 주식수에 비례하여 소각해야 한다. 강제소각의 방법으로 흔히 추첨을 예로 들지만(손주찬 899; 임홍근 750; 정동윤 807; 정찬형 1223; 최기원 897),[2)] 주주 지위의 변동을 초래하는 중대한 법률관계를 사행적 방법에 의해 해결하는 것은 이해관계인들의 신뢰에 어긋날 뿐 아니라, 이런 방법은 주주에게 기회의 평등은 줄지 모르나 실질적 평등을 줄 수 없으므로 주식평등의 원칙에 반한다(상환주식의 상환에 있어서는 이런 문제점이 없으므로 추첨도 가능하다고 본다).

임의·무상소각

임의·무상의 소각은 상식적으로 생각할 수 없으나, 실제 흔한 예이다. 친족간의

1) 원심(서울고법 2018. 10. 12. 선고 2018나2008901 판결)에서는 이 사건에서의 주식병합을 지배주주에 의한 소수주식의 강제취득으로부터 소수주주를 보호하기 위해 둔 상법 제360조의24의 엄격한 절차를 회피하기 위한 탈법행위로 보아 무효라고 판단하였다.

2) 日注釋(12), 90면.

증여의 방법으로 이용할 수 있기 때문이다. 예컨대 甲회사의 주식을 父가 50%, 子가 50% 소유하고 있다고 하자. 부의 주식을 임의·무상으로 소각한다면 甲회사 재산의 2분의 1을 부가 자에게 증여한 것과 같은 효과가 생긴다. 그러므로 「상속세 및 증여세법」은 이러한 경우 증여로 보고 과세한다(상증 39조의2).

완전감자

발행주식 전부를 감소할 수 있는가? 등기실무에서는 발행주식 전부를 감자하는 등기와 증자하는 등기가 동시에 신청되어 양자간에 공백이 없을 경우에는 등기를 수리하고 있다.[1] 자본을 전부 잠식한 회사의 회생절차에서 구주주의 지분을 없애고 새로이 자본을 유치하고자 할 때 완전감자가 필요할 것이다.

2. 무액면주식을 발행한 경우

무액면주식을 발행한 경우에는 액면이 없으므로 액면가의 조정에 의한 감자가 있을 수 없음은 물론이고, 자본과 주식이 연결되어 자본금을 구성하는 것도 아니므로 자본금감소에 주식의 병합이나 소각도 불필요하다. 단지 회사가 자본금감소의 의사결정을 함으로써 족하다. 물론 자본금감소를 계기로 주식을 소각하거나 병합할 수도 있으나, 이는 양자의 단순한 병행에 불과하고 주식의 병합이나 소각으로 인해 자본금이 감소되는 것은 아니다.

Ⅳ. 자본금감소의 절차

(1) 주주총회의 결의

자본금감소는 회사의 자본구조의 변화를 초래하며, 주주의 중대한 이해가 걸린 사안이므로 주주총회의 특별결의에 의해서만 할 수 있다(438조 1항).[2] 자본금감소에 대해 주주가 갖는 利害의 성격은 「회사 일부의 淸算」이라 할 수 있다.[3] 즉

1) 대법원 상업등기선례 1-203(주식회사의 완전감자등기의 가부)(2001. 12. 7. 등기 3402-795 질의회답). 이 선례는 과거 최저자본제가 시행되던 시기에 최저자본 이하로 감자하거나 완전감자하더라도 최저자본 이상의 증자가 동시에 이루어지면 무방하다는 뜻으로 나온 것이다. 일본에서의 실무와 통설도 완전감자를 허용한다(日注釋(12), 79면).

2) 「금융산업의 구조개선에 관한 법률」에 의해 정부 등이 출자한 부실금융기관에 대해서는 금융위원회가 자본감소를 명령할 수 있으며, 이 경우 이사회의 결의만으로 자본감소를 할 수 있다(동법 12조 3항·4항). 이사회결의만으로 자본감소가 가능하게 한 同제도는 주주의 재산권을 본질적으로 침해하여 위헌이라는 주장이 있었으나, 판례는 이를 배척하였다(대법원 2010. 4. 29. 선고 2007다12012 판결).

3) 江頭, 728면.

감소되는 금액만큼 주주들에게 출자액을 돌려주고 또 그만큼 영업이 축소될 것이므로 마치 회사의 일부를 해산하고 청산하는 것과 같은 것이다. 따라서 자본금감소를 위해서는 해산결의(518조)에 준하여 주주총회의 특별결의를 요하는 것이라 설명할 수 있다.

주주총회를 소집함에는 의안의 주요내용도 통지하여야 한다(438조 3항). 그러나 결손을 보전하기 위한 자본금감소는 회사의 자산이 사외유출됨이 없이 다만 계정 간의 수치조정에 그치고 일부청산이라는 의미를 갖지 않으므로 굳이 주주총회의 특별결의까지 요구할 필요가 없다. 그러므로 상법은 결손보전감자는 주주총회의 보통결의사항으로 다루고 있다(438조 2항).

(2) 정관변경의 요부

자본금감소의 결의와 동시에 감소의 방법도 정하여야 한다. 액면가는 정관기재사항이므로 액면가를 감액하는 방법을 취할 때에는 정관변경을 요하지만, 그 밖의 방법에 의할 때에는 정관을 변경할 필요가 없다.

자본금감소와 정관변경은 같은 특별결의 사항이므로 액면가의 감액으로 정관변경이 필요하더라도 별도의 결의는 필요없고 자본금감소의 결의로 갈음할 수 있다고 본다.

(3) 채권자보호절차

자본금감소는 채권자에 대한 책임재산의 감소를 초래하므로 다음과 같은 채권자보호절차를 밟아야 한다. 그러나 결손을 보전하기 위한 자본금감소는 자산의 사외유출을 수반하지 아니하여 채권자의 이해와는 무관하므로 채권자보호절차를 요하지 않는다(439조 2항 단).

1) 공고와 최고 회사는 자본금감소의 결의가 있은 날부터 2주 내에, 회사채권자에 대해 자본금감소에 이의가 있으면 일정한 기간(1월 이상으로 정한다) 내에 제출할 것을 공고하고, 알고 있는 채권자에게는 따로따로 최고하여야 한다(439조 2항 → 232조 1항)(채권자의 범위는 132면 참조).

2) 이의가 없을 경우 이의제출기간 내에 이의가 없으면 자본금감소를 승인한 것으로 보고(439조 2항 → 232조 2항) 감소절차를 속행한다.

3) 이의가 있을 경우 채권자의 이의는 회사에 대하여 통지하여야 한다. 특별한 방식을 요하지 않으며, 이유를 붙일 필요도 없다. 이의는 자본금감소자체뿐 아니라, 감소액, 감소방법, 시기에 관해서도 할 수 있다.[1)]

1) 日注釋(12), 97면.

사채권자가 이의를 함에는 사채권자집회의 결의가 있어야 하며, 이 경우 법원은 이해관계인의 청구에 의하여 이의기간을 연장할 수 있다(439조 3항).

이의를 제출한 채권자에 대하여 회사는 채무를 변제하거나, 상당한 담보를 제공하거나, 또는 이를 목적으로 상당한 재산을 신탁회사에 신탁하여야 한다(439조 2항 → 232조 3항). 채권을 만족시킬 수 있는 충분한 담보가 이미 제공되어 있는 경우에는 다시 담보를 제공하거나 신탁을 할 필요가 없음은 물론이다.[1)]

(4) 액면주식의 병합 · 소각 및 액면가의 감액

액면주식을 발행하여 주식을 감소하는 방법으로 자본을 감소할 경우에는 주식을 병합 또는 소각해야 하고, 액면가를 감액하는 방법으로 자본금을 감소할 경우에는 주권을 액면가를 감액한 신주권으로 교환해야 한다.

1) **주식병합절차** 감소방법 중 주식병합이 특히 기술적으로 어려운 문제가 많고 주주의 이익을 해할 염려가 크기 때문에 상법은 이에 관해 구체적 절차를 규정하고 있다. 회사가 주권을 발행하는 경우와 전자등록제를 채택한 경우 각기 절차를 달리한다.

(가) 주권이 발행된 경우

(a) 주권제출을 위한 공고 · 통지 회사는 1월 이상의 기간을 정하여 그 기간 내에 주권을 회사에 제출할 것을 공고하고, 주주명부에 기재된 주주와 질권자에 대해서는 각별로 통지하여야 한다(440조).

(b) 병합의 효력발생시기 주권제출기간이 만료한 때에는 주식병합의 효력이 발생한다(441조 본). 그러나 채권자의 이의기간 및 이의에 따른 변제 등 후속절차가 종료하지 않은 때에는 그 기간 또는 절차가 종료한 때에 효력이 발생한다(441조 단). 이에 따라 구주식은 소멸하고 구주권 또한 실효된다. 주식병합의 효력은 주주의 주권제출 유무에 관계없이 발생한다.

주식병합의 효력이 발생한다고 함은 자본금이 감소되는 효력이 발생함을 뜻한다.

예 외

주식병합의 효력발생을 위해 주권을 제출토록 공고하게 하는 취지는 신주권의 수령권자를 파악하고 구주권의 유통을 방지하고자 함이다. 따라서 1인회사와 같이 이러한 필요가 없는 회사에서라면 공고가 없이 감자등기를 하였더라도 그 등기시에 주

1) 前註.

식병합의 효력이 발생한 것으로 보아야 한다(대법원 2005. 12. 9. 선고 2004다40306 판결).

(c) 신주권의 교부 주권을 제출한 주주에게 신주권을 교부한다. 주주 중에 (예컨대 주권의 분실 등으로) 구주권을 제출할 수 없는 자가 있는 때에는 회사는 그 자의 청구에 의하여 3월 이상의 기간을 정하고 이해관계인에 대하여 그 주권에 대한 이의가 있으면 그 기간 내에 제출할 뜻을 공고하고, 그 기간이 경과하도록 이의가 없으면 신주권을 청구자에게 교부할 수 있다(442조 1항). 이 때의 공고비용은 청구자의 부담으로 한다(442조 2항).

端株의 금액을 배분할 경우에도 주권을 제출할 수 없는 자가 있을 때에는 같은 절차에 의한다(443조 2항 → 442조).

이 절차에 의하여 주권을 교부하면 청구자가 비록 정당한 권리자가 아니더라도 회사는 면책되는 것으로 보아야 한다. 이 점만 본다면 이 공고제도는 마치 공시최고에 의한 제권판결과 비슷하지만, 이 공고에 제권판결에 갈음하는 효력이 있는 것은 아니다. 더욱이 청구자가 실체법상의 권리 유무에 불구하고 주주권을 취득한다고 볼 수는 없다(제권판결에도 이런 효력은 없다). 실체법상의 권리관계는 별도로 다투어지게 될 것이다.

(d) 단주의 처리 병합에 적당하지 아니한 주식이 있는 때에는 그 병합에 적당하지 아니한 부분에 대하여 발행한 신주를 경매하여 그 대금을 단주의 소유비율에 따라 종전의 주주에게 지급하여야 한다(443조 1항 본). 그러나 거래소의 시세 있는 주식은 거래소를 통하여 매각하고 거래소의 시세 없는 주식은 법원의 허가를 얻어 경매 이외의 방법으로 매각할 수 있다(443조 1항 단).

(e) 주권부제출의 효과 주주가 주권을 제출하지 아니하더라도 주주명부에 근거하여 병합함으로써 신주식과 단주의 금액이 계산되므로 추후 주권과 이를 교환할 수 있다.

(나) **전자등록주식의 경우** 전자등록된 주식을 병합하는 경우에는 주권제출이 있을 수 없으므로 위 절차가 적용되지 않는다. 이 경우에는 회사가 일정한 날(병합기준일)을 정하고, 그 날에 주식이 병합된다는 뜻을 그 날부터 2주 전까지 공고하고 주주명부에 기재된 주주와 질권자에게는 개별적으로 그 통지를 하여야 한다(전등 65조 1항). 병합의 효력은 병합기준일에 발생하지만, 채권자보호절차가 종료되지 아니한 경우에는 채권자보호절차가 종료된 때에 효력이 생긴다(동조 2항).

2) **주식소각절차** 주식소각의 절차에 관해서는 따로이 규정을 두지 않고 주식병합절차에 관한 규정을 준용한다(343조 2항 → 440조 · 441조).

강제소각의 경우에는 병합절차와 같이 회사가 1월 이상의 기간을 정하여 소각한다는 뜻과 주주에게 주권을 제출할 것을 공고하고 주주명부상의 주주와 질권자에게는 각별로 통지하여야 한다(343조 2항 → 440조). 이 공고기간이 종료한 때에 소각의 효력이 발생하나 채권자보호절차가 종료하지 아니한 때에는 채권자보호절차가 종료한 때에 소각의 효력이 발생한다(343조 2항 → 441조). 유상소각의 경우 소각대금은 소각의 효력이 발생한 후에야 지급할 수 있다. 주식을 소각할 때에도 단주가 생길 수 있는데, 그 처리는 병합의 경우와 같은 방법으로 하여야 할 것이다.

임의소각은 회사가 주주와의 계약에 의해 주식을 취득하는 방식을 취하나, 모든 주주에게 기회를 주어야 하므로 역시 주주에 대하여 그 뜻을 통지·공고해야 한다고 본다. 임의소각을 할 때에도 채권자보호절차를 밟아야 하므로 그 전에는 소각의 효력이 발생할 수 없다.

3) 액면가의 감액 액면가를 감액하는 경우에는 주권을 제출시켜 신주권과 교환해야 하며, 그 절차와 효력발생 등은 병합의 경우와 같다(440조·441조·442조). 액면가를 감액할 때에는 단주가 생기지 아니한다.

(5) 무액면주식의 감자의 효력발생일

무액면주식을 발행한 경우 자본금은 주식의 수와 무관하므로 자본금감소를 함에 주식을 소각하거나 병합하는 절차가 불필요하고, 주권에 관한 처리도 불필요하다. 주주총회에서 감소되는 자본금의 규모를 결정하고 채권자보호절차를 밟으면 족하다. 주식의 소각·병합 등의 처리가 불필요하므로 상법 제441조 본문(자본금감소의 효력발생일)이 적용될 일도 없다. 그러므로 무액면주식을 발행한 경우에는 자본금감소를 위한 주주총회에서 자본금감소의 효력발생일을 따로이 정하여야 한다(日會 447조 1항 3호 참조). 주주총회가 정한 효력발생일에 아직 채권자보호절차가 종료되지 않은 경우에는 상법 제441조 단서를 유추적용하여 채권자보호절차가 종료한 때에 효력이 생긴다고 풀이해야 한다(日會 449조 6항 단 참조).

(6) 감자차익의 처리

무액면주식을 발행한 회사가 자본금감소를 한 경우에는 주주에게 환급하는 금액이 없이 단지 자본금의 계수만 축소하므로 감자차익이 생기지 아니한다. 그러나 액면주식을 발행한 회사가 자본금감소를 한 경우에는 감소되는 자본금에 비해 주주에게 환급하는 금액이 적을 경우 그 차액은 결손의 전보에 충당하는데, 그리고도 잔액이 있을 경우 감자차익이 된다. 감자차익은 회계기준에 따른 자본잉여금이므로 자본준비금으로 적립하여야 한다(459조 1항).

감자차손

감자차익이 생길 수 있는 이상, 자본의 감소액보다 주주에게 환급하는 금액이 클 경우의 차액, 즉 減資差損이 있을 법하고, 회계실무에서는 감자차손이라는 개념을 사용하며 자본조정항목의 하나로 열거하고 있다(일반기업회계기준 2.31). 감자차손은 [자본금감소액(=액면가×감소되는 주식수)-주당환급액×감소되는 주식수]가 負數(-)일 때, 즉 자본금감소를 계기로 주주에게 지급하는 금액이 주식의 액면가를 초과할 경우에 생겨난다.

액면가를 초과하는 환급은 주주에 대한 이익의 분여를 의미하는데, 상법상 주주에 대한 이익의 분여는 배당절차에 의해서만 할 수 있으므로 액면을 초과하는 금액으로의 자본금감소는 위법하다. 자본금감소는 주주총회의 특별결의를 요하는 데다 채권자의 보호절차도 밟아야 하는 반면, 이익배당은 보통결의로 할 수 있으므로 감자차손이 생기는 자본금감소도 가능하다는 반론이 있을 수 있다. 그러나 이익배당은 실체적 요건을 달리하고, 자본금감소는 회사가 보유할 규범재산을 삭감하는 뜻을 가지므로 이는 자본충실의 문제로서, 단지 절차의 난이만으로 논할 것이 아니다.

그리고 기업회계에서 감자차손을 인정하는 듯이 보이지만, 기업회계에서는 회사가 자기주식을 유상으로 취득하여 소각하는 경우에 취득가액과 액면가액을 비교하여, 액면가액이 취득가액을 초과하면 감자차익, 하회하면 감자차손으로 인식하므로(일반기업회계기준 15.11, 15.13) 상법상의 소정의 절차를 밟아 실현하는 자본금감소에서 발생하는 감자차손익과는 개념을 달리한다.

(7) 등　　기

자본금감소로 인해 등기사항에 변동이 생기므로(317조 2항) 변경등기를 하여야 한다(317조 4항 → 183조). 자본금감소의 효력은 주식의 소각 또는 병합의 절차가 종료한 때(액면주식의 경우) 또는 주주총회가 정한 날(무액면주식의 경우)에 발생하며, 등기에 의해 발생하는 것이 아니다.

Ⅴ. 자본금감소의 부수적 효과

(1) 질권의 효력

액면가가 감액되더라도 주식의 동일성이 달라지는 것은 아니므로 질권에 영향이 없고 다만 신주권과 교환하면 된다.

소각 · 병합으로 인해 받는 주식이나 금액에 대해서도 질권의 효력이 미치며, 등록질권자는 그 금전으로 우선하여 변제에 충당할 수 있다(339조 · 340조).

⑵ 수권자본과의 관계

소각이나 병합에 의해 발행주식수가 줄어드는데, 그 수의 주식을 재발행할 수 있느냐는 문제가 있다. 앞서 소각된 주식의 재발행에 관해 설명한 바와 같은 이유에서 재발행이 가능하다고 해석한다(473면 이하 참조).

Ⅵ. 감자무효의 訴

자본금감소의 절차나 내용에 있어 하자가 있을 경우에도 다른 회사법상의 소에서와 마찬가지로 법률관계의 획일적 확정을 위하여 소로써만 주장할 수 있다. 자본금감소의 결의에 하자가 있을 때에는 결의취소나 결의무효확인소송을 제기할 수 없고, 감자무효의 소에 의해서만 다투어야 한다(대법원 2010. 2. 11. 선고 2009다83599 판결)(상세는 668면 참조).

⑴ 무효원인

상법은 개별적인 무효사유를 열거하고 있지 않으므로 일반원칙에 따라 자본금감소의 방법·내용이 법령 또는 정관에 위반하거나 현저하게 불공정한 경우에 무효가 된다고 할 수 있다. 무효의 예로는 자본금감소를 위한 주주총회결의에 하자가 있는 경우, 채권자보호절차를 밟지 않은 경우, 자본금감소의 방법 또는 기타 절차에 있어 주식평등의 원칙에 반하는 경우, 기타 법령·정관에 위반하거나 현저히 불공정한 경우를 들 수 있다.

⑵ 당 사 자

제소권자는 신주발행무효의 소에서보다 범위가 넓다. 주주, 이사, 감사, 청산인, 파산관재인 또는 자본금감소를 승인하지 아니한 채권자가 제기할 수 있다(445조). 회사를 피고로 한다.

⑶ 제소기간

제소기간은 자본금감소로 인한 변경등기가 된 날로부터 6월이다(445조). 신주발행무효의 소의 제소기간에 관해 설명한 바와 같이(993면 참조), 자본금감소의 제소기간의 제한은 무효사유의 주장시기도 제한하는 취지이다. 따라서 제소 후 6월이 경과한 후에 새로운 무효사유를 추가하여 주장하는 것은 허용되지 않는다(대법원 2010. 4. 29. 선고 2007다12012 판결).

⑷ 절　　차

감자무효의 소의 관할, 소제기의 공고, 병합심리, 하자의 보완과 청구의 기각,[1]

1) 감자무효의 소를 재량기각하기 위해서는 하자의 보완이 필요하나(446조→189조), 하자의 보

패소원고의 책임, 제소자의 담보제공의무 등은 신주발행무효의 소에서와 같다(446조).

⑸ 판결의 효과

신주발행무효의 판결과 같이 제 3 자에게도 판결의 효력이 미친다(446조 → 190조 본). 그러므로 소송을 제기하지 않은 자들에게도 자본금감소는 무효이다.

1) 액면주식의 경우　　자본금감소가 무효가 됨에 따라 자본금은 감소 이전의 상태로 회복하고, 액면가를 감액한 경우에는 감소 전의 액면가로 회복된다. 소각된 주식은 부활하며, 병합된 주식은 병합전 주식으로 분할된다.

자본금감소를 무상으로 한 경우에는 이와 같은 효과는 판결확정 당시의 주주가 누리면 될 것이므로 별 문제가 없다.

그러나 자본금감소를 유상으로 한 경우, 그리고 무상으로 하였더라도 단주의 대금을 지급한 경우에는 어려운 문제가 생긴다. 감소 전의 상태로 회복하기 위해서는 주주에게 지급한 금액을 회수하여야 하므로 누구로부터 회수하여야 하느냐가 문제되기 때문이다. 현재의 주주로부터 회수한다면 추가출자를 요구하는 결과가 되어 주주유한책임의 원칙에 반하므로 당연히 감소 당시의 주주로부터 회수하여야 할 것이다. 따라서 무효판결의 확정으로 인해 감소 당시의 주주는 회사에 대해 감소대가로 받은 금전을 반환할 의무가 생긴다고 보아야 한다.

그리고 소각된 주식의 부활, 병합된 주식의 분할로 인한 주식수의 증가도 감소 당시의 주주에게 생긴다고 해야 한다. 그리고 액면가를 감액한 경우에는 액면가의 회복과 동시에 현재의 주주에 대해서는 주식의 병합을 하고, 감소 당시의 주주에게는 당시의 감소율에 따른 주식을 발행해 주어야 할 것이다.

자본금감소의 무효판결 후 주주로부터 감소대가의 회수가 불가능하여 회사가 손해를 보는 경우에는 이사의 책임이 발생할 것이고(399조), 주주나 회사채권자에게 손해가 생기는 경우에는 회사 또는 이사에 대하여 손해배상을 청구할 수 있다(389조 3항 → 210조 · 401조).

2) 무액면주식의 경우　　무액면주식을 발행한 회사가 자본금을 감소할 때에는 기술한 바와 같이 자본금의 계수를 축소하는 데 그치므로 자본금감소의 무효판결이 내려지더라도 자본금의 계수가 감자 전으로 회복되는 데 그친다.

완이 없이 재량기각을 허용한 판례가 있다(대법원 2004. 4. 27. 선고 2003다29616 판결)(상세는 113면 참조).

(6) 소급효의 문제

1995년 개정 전에는 제446조에서 제190조를 준용하여 감자무효판결의 소급효를 제한하였으나, 1995년 개정법 제446조는 소급효를 제한하는 제190조 단서를 제외하고 본문만을 준용함으로써 감자무효판결에 소급효를 부여하였다. 신주발행과 자본금감소는 발행주식의 증가와 감소라는 짝을 이루는 행위이므로 전자의 무효판결에는 장래효만을 부여하면서 후자의 무효판결에 소급효를 부여하는 것은 균형이 맞지 않는 입법인데, 이는 별론하더라도 감자무효판결에 소급효를 준다면 매우 큰 혼란이 생긴다. 예컨대 자본금감소의 과정에서 한 채권자에 대한 채무변제, 그리고 병합된 주식의 양도가 무효가 되고 심지어는 자본금감소 이후 개최한 주주총회에서의 결의가 전부 취소 내지는 부존재사유를 갖는다. 제446조의 개정은 주주총회결의의 취소 등의 판결에 소급효를 부여하기 위해 준용조문을 「제190조 본문」으로 고치는(376조 2항 · 380조의 개정내용 참조) 과정에서 벌어진 실수로 보인다. 종전과 같이 감자무효판결은 소급효가 없다고 해석해야 한다(반대: 이 · 최 732; 정찬형 1230; 최기원 905).[1)]

제 6 절 定款의 變更

Ⅰ. 총 설

(1) 취 지

정관이란 사업목적, 자본금에 관한 사항 등을 담고 있어 회사설립 당시 주주들에게 회사의 존재양식을 제시하고, 아울러 영리실현의 기본적인 방법에 관해 예측가능성을 부여하는 의미가 있다. 따라서 설립 당초의 정관은 총구성원들의 합의에 의해 성립하는 것이다. 그러나 설립 당시의 총구성원의 합의가 담겨져 있다 하여 항구적인 불변성을 요구하는 것은 경직된 생각이다. 사단법인은 자기를 지배하는 독립된 의사를 가지므로 자기의사에 따라 자신의 존재규범을 변화시킬 수 있다고 함이 사단법인의 본질에 충실한 설명이고, 또 회사는 영리단체로서 기업환경의 부단한 변천에 탄력적으로 적응하는 것이 영리성을 제고하는 방법이기

1) 과거 일본 상법에서도 감자무효판결에 대해 소급효를 명문으로 규정한 바 없으나, 소급효를 제한해야 한다는 것이 다수 학자의 주장이었는데(日注釋(12), 111면), 2005년 회사법에서는 명문의 규정으로 감자무효판결의 소급효를 제한하였다(日會 839조 → 834조).

도 하다. 그러므로 상법은 명문으로 정관변경을 허용한다.

주식회사에서는 인적회사와 달리 총사원의 동의까지는 요하지 않고 절대다수라 할 수 있는 특별결의로 정관을 변경할 수 있다. 주식회사의 자본단체적 성질로 인하여 개개의 주주에 있어 정관변경이 사단적 결합의 기초변화라는 의미가 적고, 주식의 양도성으로 인하여 정관변경을 반대하는 주주에게 이에 대처할 기회가 보장되어 있음을 고려한 것이다.

(2) 정관변경의 개념

정관변경(amendment of article; Satzungsänderung)이란 정관의 기재사항을 추가하거나 삭제하거나 수정하는 것을 말한다. 따라서 간단한 자구나 구두점의 수정·가감도 정관변경이며, 절대적 기재사항이건 임의적 기재사항이건 정관에 기재된 사항의 변경은 모두 정관변경이다. 학설에 따라서는 정관변경을 실질적인 의미내용의 변화를 가져오는 實質的 變更(sachliche Änderung)과 의미내용의 변화 없는 자구정리에 불과한 形式的 變更(Fassungsänderung)으로 구분하고, 전자만이 상법 소정의 절차를 밟아야 할 정관변경이고 후자는 상법상의 정관변경이 아니라고 한다. 그러나 그 한계가 불분명하여 형식적 변경의 형식으로 실질적 변경을 초래할 수도 있으므로 찬성할 수 없다.[1]

정관은 그 규범 자체를 뜻하는 실질적 의의의 정관과 그것이 씌어진 서면을 뜻하는 형식적 의의의 정관으로 구분하는데, 정관변경은 실질적 의의의 정관을 변경함을 뜻한다(통설). 형식적 의의의 정관을 변경한다는 것은 변경된 내용에 따라 문서를 개작하는 사실행위에 불과하기 때문이다.

정관이 어떠한 사실관계나 법령에 기초하고 있는 경우, 그 기초관계가 변경되면 정관도 그에 따라 자동적으로 변경되나, 그것은 상법상의 정관변경이 아니다. 예컨대 본점의 지명·도로명주소의 변경이나 법령의 개폐에 의해 정관의 일부규정이 실효되는 경우 등이다.

(3) 정관변경의 범위와 회사의 同一性

정관변경의 범위에는 제한이 없다. 그러므로 목적·상호 등 어떤 사항이든 변경할 수 있으며 내용 전부를 변경할 수도 있다. 원시정관에 정관변경을 불허하거나 특정규정만은 변경할 수 없다는 규정을 두었더라도 그 규정은 무효이며, 이에 불구하고 변경할 수 있다.[2]

---

1) *Zöllner*, in Kölner Komm. AktG, 2. Aufl., § 179 Rn. 9.

2) *Koch*, 12. Aufl., § 179 Rn. 3; *Holzborn*, in Spindler/Stilz, § 179 Rn. 5 f.; *Körber*, in Bürgers/

그러나 사회질서나 강행법규에 위반한 내용으로 변경하여서는 안 되며, 변경된 내용이 주식회사의 본질과 주주의 고유권을 침해해서도 안 된다. 또한 주식평등의 원칙에 따라야 하며 일반규범으로서의 성질을 잃어서는 안 되므로 특정인만에 대한 적용이나 특정인만의 적용제외를 위한 변경도 허용되지 않는다.[1)]

정관변경에 의해 회사의 동일성에 변화가 오는 것은 아니다. 회사의 동일성은 법인격이 존속하는 한 유지되는 것이며, 정관의 내용변화와는 무관하다.

Ⅱ. 정관변경의 절차

(1) 주주총회의 결의

정관변경은 주주총회의 특별결의에 의하여야 한다(433조 1항·434조). 정관변경을 위해 주주총회를 소집할 경우에는 정관변경에 관한 의안의 요령도 소집통지에 기재하여야 한다(433조 2항)(예컨대 정관 몇 조를 어떠한 내용으로 변경한다는 것과 같다).

(2) 종류주주총회

회사가 종류주식을 발행한 경우에 정관을 변경함으로써 어느 종류주식의 주주에게 손해를 미치게 될 때에는 주주총회의 결의 외에 그 종류주식의 주주총회의 결의가 있어야 한다(435조)(674면 이하 참조).

(3) 등 기

정관변경 자체는 등기할 필요가 없으나, 정관변경으로 등기사항이 변동된 때에는 변경등기를 요한다(317조 4항 → 183조). 그렇다고 등기가 정관변경의 효력발생요건이 되는 것은 아니다.

Ⅲ. 정관변경의 한계

(1) 주금액의 변경

1) 주금액의 인하 정관기재사항 중 「1주의 금액」, 즉 액면가를 인하하는 경우, 그로 인해 자본금이 감소된다면 자본금감소절차를 밟아야 한다. 자본금감소없이 주금액을 인하하는 경우에는 정관변경의 결의만으로 가능하지만 액면

Körber, § 179 Rn. 3; *Stein*, in Münchener Komm. AktG, 4. Aufl., § 179 Rn. 55 ff.; *Wiedemann*, in Großkomm AktG, 4. Aufl., § 179 Rn. 3.

1) Windbichler, § 32 Rn. 2; *Zöllner*, a.a.O., § 179 Rn. 205.

가의 법정최저액(100원) 미만으로 인하할 수는 없다(329조 3항). 주금액을 인하함으로 인해 주식이 분할되는데, 실무에서는 이를 액면분할이라고 한다. 액면가를 소수가 생기지 않는 정수배로 분할하면 단주가 생기지 않으나(예컨대 액면가 3천원인 주식을 천원권 세 개로 분할하거나 1,500원권 두 개로 분할하는 것), 그 밖의 방법으로 분할하면 단주가 생길 수 있는데, 상법은 단주가 생기는 분할도 허용한다(3천원인 주식을 2천원권 1.5개로 분할하는 것)(329조의2 3항 → 443조).

2) 주금액의 인상　주금액을 인상한다면 인상한 분만큼 주주에게 추가로 주금을 납입하게 하거나 주식을 병합하여야 할 것이다. 예컨대 액면가 5,000원을 10,000원으로 한다면 주주에게 주당 5,000원씩을 추가로 납입하게 하거나 2주를 1주로 병합해야 한다. 추가로 납입하게 함은 주주의 유한책임의 원칙에 반하고, 주식의 병합은 단주를 발생시킬 수 있으므로 총주주의 동의가 없는 한 주금액의 인상은 불가능하다는 것이 종래의 통설이다. 하지만 단주를 발생시키는 자본금감소가 널리 허용되는 터에 이러한 해석을 고집할 필요는 없다고 본다. 추가출자의 방법은 불가능하지만, 주주의 지분을 현저히 감소시키지 않는 한, 주식병합에 의해 주금액을 인상하는 정관변경은 가능하다고 본다(이 경우 443조에 따른 단주처리를 요한다. 손주찬 896).[1]

그러나 준비금을 자본전입하여 신주를 발행하는 동시에 신주의 비율대로 신·구주를 병합하는 방법이라면 단주가 생기지 않으므로 허용된다(통설). 예컨대 준비금의 자본금전입으로 종전의 1주당 0.5주를 신주배정하면서 액면가를 1.5배로 인상하는 동시에 신·구주를 병합하는 것이다.

(2) 역사적 사실

설립 당시의 정관에 기재하는 설립시에 발행하는 주식의 총수(289조 1항 5호), 발기인의 성명·주민등록번호와 주소(289조 1항 8호), 변태설립사항(290조)은 역사적 사실에 속하므로 이를 변경한다는 것이 무의미할 뿐 아니라 변경이 있을 수도 없다. 그러므로 이 사항들은 변경의 대상에서 제외되고 정관에 항구적으로 남게 된다.

(3) 기한부·조건부 변경

기한부 또는 조건부로 정관을 변경할 수 있는가? 통설은 기한, 조건 모두를 붙일 수 있다고 한다. 변경된 정관규정의 효력발생을 시기부 또는 종기부로 하는 것은 회사법관계에 별다른 불안을 주는 바 없으므로 허용해도 무방하다. 그러나

---

1) 실무의 예로 ㈜웅진케미칼이라는 회사가 2013년 3월 주식의 유통물량을 적정한 수준으로 감소시키기 위하여 정관변경을 통해 액면가를 500원에서 5,000원으로 인상하면서 10주를 1주 병합하였다. 이 때 단주는 금전으로 지급하였다(www.dart.fss.or.kr(금융감독원 전자공시시스템)).

불확실한 사실의 발생을 정지조건 또는 해제조건으로 하여 정관을 변경함은 관련 법률관계의 불안정을 초래할 뿐 아니라, 정관을 자치법규로 보는 한 법규범의 효력발생을 조건부로 하는 것과 같아 입법원칙에도 어긋나므로 조건부 변경은 허용할 수 없다.

Ⅳ. 정관변경의 효력발생

(1) 효력발생시기

원시정관은 공증인의 인증에 의해 효력이 발생하지만(292조), 설립 후 정관은 주주총회의 특별결의로 바로 유효하게 변경되고, 공증인의 인증, 서면의 변경, 등기 등을 요하지 않는다(대법원 2007. 6. 28. 선고 2006다62362 판결).

(2) 소 급 효

정관변경에 소급효를 갖게 할 수 있는가? 일반적으로 주주는 소집통지가 있기 전, 그리고 회사채권자는 변경등기가 있기 전에는 정관변경을 예측할 수 없으므로, 소급효는 관계자의 이익을 해하고 회사법률관계의 불안정을 초래한다. 예컨대 대표이사의 권한을 소급적으로 제한한다거나, 신주발행을 소급적으로 주주총회의 권한으로 한다면 큰 혼란이 생길 것이다. 따라서 주주총회에서 정관변경의 소급적용을 결의한다 할지라도 소급효는 부정함이 옳다(同旨: 권기범 1192; 정동윤 804).[1)]

제 7 절 會社의 會計

제 1 관 회사회계의 논리

Ⅰ. 총　　설

(1) 「회사의 회계」의 의의

상법은 제 3 편 제 4 장 제 7 절에서 「회사의 회계」라는 표제하에 회사의 재산상태와 손익의 인식 · 처리의 절차 및 그에 관한 의사결정에 필요한 규정을 두고 있다. 이 절이 갖는 의의는 다음과 같다.

---

1) 日注釋(12), 24면.

「회사의 회계」라 함은 회사가 주체가 되어 일정한 기간(결산기)을 단위로 하여 회사의 재산상태와 손익을 인식·평가하고, 이익 또는 손실을 처리하기 위한 의사결정을 하는 일련의 행위를 말한다.

1) 회사는 대차대조표와 손익계산서를 작성하는데, 전자는 현시점에서의 회사의 재산상태를 인식·평가하기 위한 것이고, 후자는 일정 기간(특정 영업연도)의 손익을 인식·평가하기 위한 것이다. 재산상태와 손익의 인식·평가는 그 자체가 중요한 회계정보로서 독자적인 의의를 갖지만, 동시에 손익의 처리를 위한 의사결정의 기초자료가 된다.

2) 대차대조표와 손익계산서는 회사의 재산상태와 손익에 관한 객관적인 기술에 지나지 않고, 이에 의해 인식되는 이익이나 손실을 어떻게 처리할 것이냐는 것은 별도의 의사결정을 요한다. 예컨대 준비금을 적립할 것이냐, 주주에게 배당을 할 것이냐, 결손을 전보할 것이냐, 이월할 것이냐 등을 결정하는 것이다. 이 의사결정은 후술하는 바와 같이 대표이사에 의한 재무제표의 작성, 이사회의 승인, 監事의 監査를 거쳐 최종적으로 주주총회의 승인이라는 형식으로 행해진다.

회사의 회계는 재산상태와 손익을 인식하는 작업이라는 점에서는 「기업회계」와 뜻을 같이 하지만, 「회사의 회계」는 위와 같은 의사결정까지를 포함하는 작업이라는 점에서 기업회계와 상이한 개념이다.

제 7 절 제목의 적정성

2011년 개정전 상법 제 3 편 제 4 장 제 7 절의 표제는 「會社의 計算」이었는데, 이를 개정법에서 「회사의 회계」로 바꾸었다. 회사의 계산이란 舊상법시대부터 쓰던 매우 오래된 용어이므로(舊商 281조) 최근의 급변하는 기업회계관련 제도와 실무에 비해 낡은 느낌을 주는 용어이기 때문인 듯하다.

회계라 함은 기업의 이해관계인들이 기업과 관련된 경제적 의사결정을 내리는 데에 유용한 정보를 제공하는 것으로 기업의 재산상태와 손익을 객관적으로 인식하여 진실하게 정보이용자들에게 전달하는 것을 주된 목적으로 한다. 상법 제 3 편 제 4 장 제 7 절도 이러한 의미의 회계를 규율대상의 일부로 삼고 있지만, 이보다도 결산을 위한 절차, 감사보고의 내용과 형식, 이익이나 손실의 처리를 위한 의사결정방법, 이익배당의 제한을 주로 다루고, 주주와 채권자를 보호하기 위한 공시규정도 다수 포함하고 있다. 그러므로 개정법 제 7 절에 들어 있는 규정들이 유지되는 한 회사의 「회계」라는 용어는 적당하지 않다.[1] 그러나 이미 개정법에서 「회사의 회계」라는 용어를

1) 어느 나라 회사법에서나 우리 상법 제 3 편 제 4 장 제 7 절에 해당하는 절을 두고 있는데, 「회계」에 해당하는 용어를 쓰는 예는 볼 수 없고, 개정전 상법상의 「계산」에 해당하는 용어를 사용하

채택한 바이므로 이 책에서는 차선책으로 「회사의 회계」가 기업회계와는 달리 개정 전의 「會社의 計算」의 의미를 담고 있는 뜻으로 쓰기로 한다.

3) 어느 회사의 재산상태와 손익은 그 주주, 회사채권자 또는 증권투자자 등도 각자의 목적에 따라 독자적으로 평가 · 인식할 수 있다. 따라서 대차대조표나 손익계산서와 같은 내용의 회계를 제 3 자도 할 수 있다. 그러나 대차대조표나 손익계산서에는 여러 가지 법적 구속과 효과가 따르므로 회사 스스로가 작성한 것만을 대차대조표 · 손익계산서라고 하며, 또 손익의 처리에 관한 의사결정은 회사만이 할 수 있으므로 「회사의 회계」라 함은 당해 회사가 한 것만을 말한다.

4) 회사의 회계는 결산기라는 균등한 기간을 단위로 하여 정기적으로 행한다. 이같이 정기적으로 회계하는 이유는 주기적으로 회계정보를 제공함으로써 회사 자신과 이해관계인들이 회계정보를 지속적으로 이용할 수 있고, 자산의 변동상태를 효율적인 방법으로 비교 · 판단할 수 있으며, 특히 주주들이 적절한 간격으로 투자수익을 실현할 수 있기 때문이다.

(2) 제446조의2(회계의 원칙)의 의의

상법 제446조의2는 「회계의 원칙」이라는 제하에 「회사의 회계는 이 법과 대통령령으로 규정한 것을 제외하고는 일반적으로 공정하고 타당한 회계관행에 따른다」라는 규정을 두고 있다. 본조는 일반적으로 공정 · 타당한 회계관행을 회사법상의 규범으로 수용하려는 방침을 선언한 것이다. 하지만 이미 같은 취지의 규정이 총칙편 제29조 제 2 항에 규정되어 있고, 이 규정은 당연히 회사의 회계에도 적용되는 바이므로 본조는 불필요한 규정이다.[1)]

한편 제446조의2가 회계관행의 적용대상에서 제외되는 것으로 규정한 「대통령령으로 규정한 것」을 시행령에서 받아, 「1. 「주식회사 등의 외부감사에 관한 법률」 제 4 조에 따른 외부감사 대상 회사: 같은 법 제 5 조 제 1 항에 따른 회계처리기준, 2.

고 있다. 예) 일본회사법: 計算等(회사법 제 2 편 제 5 장), 미국회사법: Record and Report(기록과 보고)(MBCA Chapter 16, California Corporations Code Chapter 15), 영국회사법: Accounts and Report(결산과 보고)(Companies Act 2006 Part 15), 프랑스회사법: Des comptes sociaux(회사의 계산)(C. com. Livre Deuxième Titre Ⅲ Chapitre Ⅱ), 독일주식법: Rechnungslegung, Gewinnverwendung(계산, 이익처분)(Fünfter Teil AktG).

1) 本條는 일본會社法 제431조(주식회사의 회계는 일반적으로 공정 · 타당하다고 인정되는 기업회계의 관행을 따른다)를 답습한 듯하다. 일본 商法 제19조 제 1 항에 이미 상인의 회계는 同회계관행을 따른다는 조문이 있는데, 주식회사편에 똑같은 규정을 둔 이유는 회사법이 상법으로부터 분리되었으므로 상법규정이 당연히 회사에 적용되지는 않기 때문이다. 그러나 우리의 상법전 체계에서는 본문에서와 같이 중복된 규정이다.

「공공기관의 운영에 관한 법률」 제 2 조에 따른 공공기관: 같은 법에 따른 공기업·준정부기관의 회계 원칙, 3. 제 1 호 및 제 2 호에 해당하는 회사 외의 회사 등: 회사의 종류 및 규모 등을 고려하여 법무부장관이 중소벤처기업부장관 및 금융위원회와 협의하여 고시한 회계기준」을 열거하고 있다(상령 15조). 이들은 각기 실정법에 근거하여 제정작업을 거친 법규범이므로 시행령이 규정하지 않더라도 당연히 不文的으로 존재하는 일반 회계관행에 우선하여 적용된다. 이 역시 불필요한 규정이다.

Ⅱ.「회사의 회계」의 목적과 기능

회사의 회계는 회사와 이해관계인들에게 다각적인 의의를 갖는다.

1) 회사의 경영자는 회계를 통해 과거의 경영성과를 분석·평가함으로써 이를 토대로 하여 계속기업(going concern)으로서의 목표와 방향을 효과적으로 설정할 수 있다.

2) 주주에게 있어 회사의 회계는 이익배당을 받을 수 있는 법적 절차를 의미한다. 주주가 회사에 투자하는 궁극적인 목적은 이익배당을 받는 데에 있다. 그러나 회사채권자 등 다른 이해관계인을 보호하기 위해서는 주주의 이기심을 봉제해야 하므로 상법에서는 배당가능이익의 산출, 배당시기와 기준, 배당의 의사결정방법 등을 엄격히 규율하고 있다. 이 규율은 회사의 회계라는 절차를 통해 행해지므로 주주에게 있어 회사의 회계는 투자수익을 현실화하는 절차라는 의미를 갖는 것이다. 아울러 주주는 회사의 회계를 통해 자신의 투자성과를 분석·평가하고, 그 결과에 따라 투자의 지속 여부를 결정할 수 있는 계기를 갖는다.

한편 주주는 이사를 임면할 수 있는 법적 권능을 가진 자로서, 회사의 회계를 통해 이사들의 능력을 평가하고 그 인사에 관한 정책적 판단을 할 수 있는 계기도 갖는다.

3) 회사의 재산은 회사채권자들을 위한 책임재산을 구성하므로 채권자들은 회사의 재산·손익에 대해 비상한 관심을 가질 수밖에 없다. 회사의 회계는 채권자들의 이러한 관심을 충족시켜 주고, 채권자들은 회계를 통해 밝혀진 회사의 재산상태를 기초로 하여 채권의 회수 여부, 보존조치의 요부 등을 결정한다.

Ⅲ. 상법상 회계규정의 체계

회계의 내용이 재산·손익을 파악하고 손익을 처리하는 것이므로 자본금의 설정에 관한 상법 제451조는 회사의 재산상태와 손익을 인식하는 데에 가장 기초가 되는 규정이다. 회계의 실행을 위해서는 회계방법에 관한 규율도 필요하지만, 상법은 기술적인 이유에서 회계방법에 관해서는 상법적 규율보다는 일반회계원리에 의한 규율을 수용하는 것이 바람직하다고 보고 이에 미루었다(29조 2항·446조의2).

상법에서는 주로 회계에 필요한 조직법적 절차와 자본충실을 위한 회사재산의 보전에 초점을 두고 있다. 그리하여 i) 회사의 재산·손익의 인식의 기초가 될 서류(재무제표)의 종류를 법정하고(447조) 그 작성에서 확정에 이르기까지 여러 기관들을 관여시켜 眞實性을 추구하고 있다(447조~449조의2).

그리고 ii) 준비금의 적립을 강제하고(458조·459조), 그 사용을 제한하며(460조), 배당의 요건을 규정한 것(462조~462조의4)은 자본충실의 이념에 입각하여 회사재산의 사외유출을 억제함으로써 계속기업으로서의 재산적 기초를 유지하고 채권자를 위한 책임재산을 건실하게 지키기 위함이다.

회사의 회계규정은 이상 두 가지 기능을 큰 줄거리로 하지만, 실제 회사의 회계에 관한 절에서는 회계를 계기로 여러 가지 부수적인 목적을 추구하고 있다. 우선 재무제표의 비치·공시제도를 두어(448조·449조 3항) 적시에 이해관계인에게 회계정보를 제공하며, 재무제표의 승인을 계기로 임원의 책임문제를 매듭짓고(450조), 배당에 있어 주주들의 이기적 대립을 예방하고 공평을 기하기 위하여 배당의 기준을 제시하고(464조), 주주의 배당채권의 적시실현을 위해 배당금지급시기를 명문화하고(464조의2), 이사들의 자의적인 재산운용을 견제하기 위하여 주주들의 회계장부열람권(466조)과 업무·재산상태의 검사권(467조)을 인정하는 동시에 그 남용을 방지하기 위하여 요건을 법정하고 있다. 그리고 주주권의 행사와 관련하여 회사의 이익공여를 금지하는 규정(467조의2)과 사용인이 갖는 고용관계채권의 우선변제권을 인정하는 규정(468조)은 회사의 회계와는 무관하지만 편의상 회계에 관한 절에서 다루고 있다.

Ⅳ. 計算構造(손익계산주의)

기업회계를 어떠한 시각에서 처리할 것이냐는 원칙론의 설정을 놓고 주로 재산의 현황을 파악하는 데 역점을 두는 재산계산주의(재산법)와 주로 수익력의 측정에 비중을 두는 손익계산주의(손익법)가 있다. 주식회사가 소규모라서 변제불능·재산은닉 등의 폐해가 염려되고 회사채권자가 주로 소액·단기의 채권을 가질 때에는 재산계산주의가 타당하다고 할 수 있다. 그러나 주식회사의 규모가 거대해진 상태에서는 무수한 재산을 주기적으로 일정 시기에 평가한다는 것은 실제로 불가능하며, 자본의 조달도 널리 사회자본에 의존하기에 이르러 일반투자자의 이익보호가 특히 강조되는 시점에서는 재산계산주의를 고수하기 어렵다.

투자자의 관심은 회사재산의 담보가치보다는 기업의 손익거래의 성과를 나타내는 수익성과 이를 객관적으로 측정할 수 있는 회계정보에 있다. 또한 기업규모의 대형화, 고정자산비율의 증대는 필연적으로 장기신용의 이용을 요하는바, 장기채권자는 회사재산의 담보가치 못지않게 수익력의 유지·향상을 채권의 안정성의 기준으로 삼는다. 따라서 주식회사의 회계원칙은 이미 재산계산주의로부터 회사의 경영성적을 명확히 하고 그 수익력의 산정을 목적으로 하는 손익계산주의로 옮겨졌던바, 상법은 이를 반영하여 회계장부에 의해 유도되는 대차대조표와 손익계산서, 그리고 이를 토대로 결정되는 이익잉여금처분계산서(결손시에는 결손금 처리계산서)를 계산의 도구(재무제표)로 삼고 있다(447조, 상령 16조).[1]

제 2 관 재무제표 및 영업보고서

Ⅰ. 재무제표의 의의와 종류

상법상 재무제표(financial statements)란 주식회사의 결산을 위해 작성하고 주주총회의 승인을 받아 확정하는 회계서류를 말한다. 재무제표는 대차대조표, 손익계산서, 그 밖에 회사의 재무상태와 경영성과를 표시하는 것으로서 시행령으로 정하는 서류로 구성된다(447조 1항).

그리고 시행령으로 정하는 소정의 회사는 연결재무제표도 작성하여야 한다(447조 2항).

영업보고서도 작성하여 이사회의 승인을 얻어야 하지만(447조의 2 1항), 이는 재무제표가 아니고 주주총회에 보고할 서류이다(449조 2항).

1. 대차대조표(재무상태표)

대차대조표(balance sheet; Bilanz)란 일정 시점에서 기업의 자산과 부채 및 자

---

1) 1984년 개정 전 상법은 자산·부채의 실제 조사·평가에 의하여 작성되는 재산목록을 계산의 기초로 삼는 재산계산주의(재산법)를 취했다.

본을 일정한 구분 · 배열 · 분류에 따라서 기재하여 기업의 재무상태를 명시하는 재무제표이다.[1]

대차대조표는 회사의 재산을 표시할 뿐 아니라 손익계산서와의 유기적인 관련하에서 작성되어 기간손익의 계산을 위한 수단도 되므로, 경영자에게는 과거의 업적을 반성하고 장래의 방침을 결정하는 자료가 되며, 주주에게는 경영평가의 자료가 된다. 또 주식이나 사채의 투자자에게는 투자선택의 판단기준이 되며, 채권자에게는 회계신용의 조사자료가 되는 것이다. 이와 같은 중요성 때문에 다른 재무제표와는 달리 대차대조표만은 공고하여야 한다(449조 3항).

2. 손익계산서

손익계산서(profit or loss statement; Gewinn- und Verlustrechnung)란 기업의 1 영업연도에 있어서의 경영성적과 그 원인을 명백하게 하기 위하여 당해 사업연도에 발생한 수입과 이에 대응하는 비용을 기재하고 그 기간의 순손익을 표시하는 재무제표이다. 대차대조표가 주로 기말 현재의 경영상태를 표시하는 데 대하여(정태적), 손익계산서는 사업연도라는 일정기간의 기업성과를 나타내기 위한 결산표라고 할 수 있다(동태적).

3. 기타의 재무제표

제447조 제 1 항 제 3 호는 대차대조표와 손익계산서 외에 회사의 재무상태와 경영성과를 표시하는 것으로서 시행령으로 정하는 서류를 재무제표의 하나로 열거하고 있고, 시행령에서는 자본변동표 또는 이익잉여금 처분계산서(또는 결손금 처리계산서)를 제시하고 있다(상령 16조 1항).[2] 즉 기업의 선택에 따라 자본변동표를 제무제표의 하나로 작성하든지, 이익잉여금처분계산서(또는 결손금 처리계산서)를 제무제표의 하나로 작성할 수 있는 것이다. 그러나 이 시행령의 규정은 후술하는 바와 같이 회사의 이익배당체계에 부합하지 않는 잘못된 조문이다.

---

1) 회계기준에서는 2009년 2월 3일 이후 「대차대조표」라는 용어에 갈음하여 「재무상태표」라 부르는데(외감 2조 2호 가목), 2011년 개정법에서는 이 변화를 깨닫지 못하고 옛 용어를 계속 사용하였다.

2) 주식회사 등의 외부감사에 관한 법률의 적용을 받는 회사의 재무제표는 재무상태표, 손익계산서(또는 포괄손익계산서) 외에 자본변동표, 현금흐름표, 주석을 포함한다(외감 2조 2호, 동령 2조).

재무제표 관련 개정의 의의와 문제점

2011년 개정 전에는 이익잉여금처분계산서(또는 결손금 처리계산서)를 재무제표의 하나로 작성하도록 규정하고(개정 전 447조 1항 3호), 대차대조표, 손익계산서와 더불어 이익배당도 일괄하여 재무제표의 승인이라는 형식으로 결의하도록 하였다. 이와 더불어 준비금의 적립과 그 밖의 이익처분이나 결손의 처리도 재무제표의 승인의 내용으로 다루어졌다. 그러나 2011년 개정법에서는 이익잉여금처분계산서 또는 결손금처리계산서를 재무제표에서 제외하였다. 이는 2007년말 국제회계기준을 반영하여 만들어진 한국채택국제회계기준(2011년 시행)에서 이익잉여금처분계산서(또는 결손금 처리계산서)를 재무제표에서 삭제하고 대신 「자본변동표」를 재무제표에 추가한 것에서 영향받은 것으로 생각되는데,[1] 2011년 개정상법 자체에서도 이익잉여금처분계산서(및 결손금 처리계산서)를 재무제표에서 제외해야 할 이유가 생겼다. 개정법에서는 이익배당을 재무제표의 승인(449조 1항)과 구분하여 별도의 주주총회의 결의사항으로 정하였으므로(462조 2항) 개정법하에서는 이익잉여금처분계산서를 이익배당결의의 의안으로 제출해야 하기 때문이다.

그런데 시행령에서 자본변동표와 이익잉여금처분계산서를 선택적으로 기재함에 따라 회사가 후자를 선택할 경우에는 이익배당 또는 결손금의 처리는 개정전과 같이 재무제표의 승인결의(449조 1항)에 의해 처리될 수 있으므로 제462조 제 2 항에서 이익배당을 별도의 주주총회결의사항으로 한 의미가 상실된다.

그리고 자본변동표란 상당한 준수비용이 요구되는 서류로서 대규모회사에나 적합한 것인데, 규모의 대소를 막론하고 모든 주식회사를 대상으로 하는 상법에서 이를 재무제표로 채택하여 의무적으로 작성토록 하는 것은 타당성이 없다는 점도 개정법의 흠이다.[2]

4. 연결재무제표

연결재무제표란 지배회사와 종속회사로 이루어지는 경제적 실체(연결실체)의 재무상태, 경영성과, 자본변동 및 현금흐름에 관한 정보를 제공하기 위하여 지배회사가 작성하는 재무제표를 말한다(외감 2조 3호, 일반기업회계기준 제 4 장). 주식회사 등의 외부감사에 관한 법률(이하 "외감법")과 기업회계기준에서 지배·종속관계에 있는 회사들에게 연결재무제표의 작성을 요구하는데, 2011년 개정법에서도 이를 수용하였다(447조 2항). 지배·종속의 관계는 어느 주식회사가 경제활동에서 효용과 이익을 얻기 위하여 다른 회사(비법인기업도 포함)의 재무정책과 영업정책을 결정할 수 있는 능력을 가진 경우에 인정된다(상령 16조 2항, 외감령 3조 1항). 상법상으로는 외감법의 적용대상 회사로서 지배회사가 연

1) K-IFRS 1001호[제·개정경과].
2) 기타 재무제표 관련 개정의 문제점에 관해 李哲松, 「2011년 改正商法」, 190면 이하 참조.

결재무제표를 작성해야 한다(상령 16조 2항 → 외감 4조 · 2조 3호).

외감법상의 연결재무제표는 연결재무상태표, 연결손익계산서(또는 연결포괄손익계산서) 등으로 구성된다(외감 2조 3호).

지배회사의 조사권

주식회사 등의 외부감사에 관한 법률에서는 지배회사에게 제한된 범위에서 자회사에 대한 조사권을 부여하고 있다. 즉 지배회사는 연결재무제표 작성을 위하여 필요한 범위에서 종속회사의 회계에 관한 장부와 서류를 열람 또는 등사하거나 회계에 관한 자료의 제출을 요구할 수 있으며(외감 7조 1항), 이에 의해 연결재무제표 작성을 위하여 필요한 자료를 입수할 수 없거나, 그 자료의 내용을 확인할 필요가 있는 때에는 종속회사의 업무와 재산상태를 조사할 수 있다(외감 7조 2항).

5. 재무제표부속명세서

대표이사는 재무제표의 부속명세서도 작성하여 이사회의 승인을 얻고(447조) 본 · 지점에 비치하여야 한다(448조 1항). 부속명세서는 재무제표의 중요항목에 관한 세부사항을 기재한 것으로서 기업회계의 명료성의 원칙, 완전공개의 원칙에 따라 계산의 내용을 충분히 공시하는 한편, 재무제표의 비교가능성을 증진시키기 위한 것이다.

Ⅱ. 영업보고서

영업보고서는 당해 영업연도 내에 있어서의 영업상태 등 회사의 현황을 나타내는 보고서이다. 손익계산서와 대차대조표는 숫자로 회사의 현황을 표시함에 대해 영업보고서는 그 숫자의 의미 혹은 숫자로 표현되지 않는 현황을 설명하는 보고서라고 할 수 있다. 그 기재사항은 대통령령으로 정한다(447조의 2 2항).

영업보고서는 대표이사가 작성하여 이사회의 승인을 얻어(447조의 2 1항) 주주총회에 보고하여야 한다(449조 2항). 주주총회의 승인은 요하지 않는다.

영업보고서의 기재사항

상법 시행령 제17조는 영업보고서에 기재할 사항으로서 다음 11가지를 열거하고 있다.

1) 회사의 목적 및 중요한 사업내용, 영업소 · 공장 및 종업원의 상황과 주식 · 사채의 상황

2) 해당 영업연도의 영업의 경과 및 성과(자금조달 및 설비투자의 상황을 포함한다)

3) 모회사와의 관계, 자회사의 상황, 그 밖에 중요한 기업결합의 상황

4) 과거 3년간의 영업성적 및 재산상태의 변동상황

5) 회사가 대처할 과제

6) 해당 영업연도의 이사 · 감사의 성명, 회사에서의 지위 및 담당업무 또는 주된 직업과 회사와의 거래관계

7) 상위 5인 이상의 대주주(주주가 회사인 경우에는 그 회사의 자회사가 보유하는 주식을 합산한다), 그 보유주식수 및 회사와의 거래관계와 해당 대주주에 대한 회사의 출자상황

8) 회사, 회사와 그 자회사 또는 회사의 자회사가 다른 회사의 발행주식총수의 10분의 1을 초과하는 주식을 가지고 있는 경우에는 그 주식수, 그 다른 회사의 명칭과 그 다른 회사가 가지고 있는 회사의 주식수

9) 중요한 채권자 및 채권액, 해당 채권자가 가지고 있는 회사의 주식수

10) 결산기 후에 생긴 중요한 사실

11) 그 밖에 영업에 관한 사항으로서 중요하다고 인정되는 사항

재산평가 및 이연자산

2011년 개정 전에는 상법에서 재산의 종류별로 평가방법을 규정하고(452조), 移延資産에 관한 규정을 두었으나(453조~457조의2), 동개정에서 삭제하였다. 자산의 평가는 회사의 계산에 있어 가장 기초적이고 중요한 작업인 한편, 기술적인 요소가 많아 상법에 둔 몇 개의 조문만으로는 재산평가에 관한 법규율을 충족하지 못할 뿐 아니라 오히려 기업회계와의 충돌을 일으킬 뿐이므로 바람직한 입법이 아니었다. 그리하여 상법에서는 재산평가의 규율을 포기하고 일반적으로 공정 · 타당한 회계관행에 의해 규율하도록 하였다(446조의2). 그리고 「이연자산」이란 개념은 기업회계관행에서는 이미 오래전부터 폐기하였고 그에 해당하는 자산의 처리도 크게 변화하였으므로[1] 상법의 규정은 기업회계와 괴리가 있어 폐기하였다. 관련된 사항은 역시 기업회계관행에 의해 처리하게 되었다.

Ⅲ. 재무제표의 승인절차

1. 재무제표 등의 작성

이사는 매 결산기에 재무제표와 그 부속명세서 및 영업보고서를 작성하여 이사회의 승인을 얻어야 한다(447조 · 447조의2 1항). 법문에는 이사가 작성 · 제출한다고 하였

1) 예컨대 상법에서는 창업비, 연구개발비를 이연자산으로 계상하여 5년간 상각할 수 있게 하였으나(2011 개정 전 453조 · 457조의2), 기업회계기준에서는 同지출이 발생한 기간의 비용으로 다룬다(일반기업회계기준 제11장 실무지침 11.17).

으나, 이는 대표이사의 업무집행사항이므로 대표이사가 하여야 한다(이설 없음). 이사회의 승인은 감사와 정기총회에 제출하기 위한 재무제표, 영업보고서의 안의 내용을 확정하는 절차이다.

재무제표의 작성과 이사회의 승인의 시한에 관하여는 명문의 규정이 없으나, 최소한 정기총회 6주간 전에는 감사(또는 감사위원회)에게 제출하여야 하므로 그 이전에 작성 및 승인절차를 거쳐야 한다.

2. 監　査

(1) 監事의 監査

이사는 재무제표와 그 부속명세서 및 영업보고서를 정기총회 6주간 전에 감사(또는 감사위원회. 이하 같음)에게 제출하여야 한다(447조 의3). 그리고 감사는 재무제표 등의 서류를 받은 날로부터 4주 내에 감사보고서를 이사에게 제출하여야 한다(447조의 4 1항). 감사보고서에는 다음과 같은 10개 사항을 기재해야 하는데(447조의4 2항 1호~10호), 이는 동시에 각 해당 사항을 감사해야 함을 의미한다.

감사보고서의 기재사항

1) 감사방법의 개요(동 1호)　감사란 시비의 판단을 수반하는 작업이므로 그와 같은 판단을 위해 설정한 기준의 대강을 밝히라는 뜻으로 이해된다. 감사보고서에 기재된 감사방법의 개요에 의해 나머지 감사보고사항들의 설득력과 신뢰성이 뒷받침된다고 할 수 있다.

2) 회계장부에 기재할 사항이 기재되지 않거나 부실기재된 경우 또는 대차대조표나 손익계산서의 기재내용과 맞지 아니하는 경우에는 그 뜻(동 2호)　재무제표는 이른바 유도법에 의해 회계장부에 기초하여 만들어지므로 회계장부의 진실성과 그 내용의 정확한 반영은 재무제표의 진실성을 담보한다. 따라서 우선 회계장부의 진실성 여부, 재무제표로 유도하는 과정의 정확성 여부를 감사대상으로 한 것이다.

3) 대차대조표 및 손익계산서가 법령과 정관에 따라 회사의 재무상태와 경영성과를 정확하게 표시하고 있는 경우에는 그 뜻(동 3호)　대차대조표와 손익계산서가 회계장부를 정확히 반영하고 있더라도 그 내용이 회사의 재산·손익을 정확히 반영하고 있느냐는 별개의 문제이다. 대차대조표와 손익계산서가 상법 기타 법령과 일반적으로 공정·타당한 회계원칙에 따라 자산을 조사·평가하고 계산하였는지 여부를 감사하며 정확하게 표시한 경우에는 본호에 따라 적법하다는 의견을, 그렇지 않은 경우에는 다음 호에 의해 부적법하다는 의견을 표시해야 한다.

4) 대차대조표 또는 손익계산서가 법령 또는 정관에 위반하여 회사의 재무상태와 경

영성과를 정확하게 표시하지 아니하는 경우에는 그 뜻과 이유(동 4호) 前號 참조.

5) 대차대조표 또는 손익계산서의 작성에 관한 회계방침의 변경이 타당한지의 여부와 그 이유(동 5호) 재무제표의 상대적 진실성을 확보하고 매결산기의 타당한 비교를 위해서는 회계의 계속성이 지켜져야 한다. 그러나 특별한 사정이 있고 합리적인 이유가 있을 때에는 회계방침의 변경 또한 불가피할 수도 있다. 그러므로 재무제표가 종전과 다른 회계방침에 의해 작성된 경우(예컨대 재고자산평가를 선입선출법에서 후입선출법으로 바꾸었다든지, 감가상각법을 정액법에서 정율법으로 바꾸는 것과 같다), 감사는 그 타당성을 조사 · 판단해야 한다.

6) 영업보고서가 법령과 정관에 따라 회사의 상황을 적정하게 표시하고 있는지의 여부(동 6호) 영업보고서는 주주총회에의 보고사항에 불과하지만, 재무제표를 가지고는 알 수 없는 정보를 다루고 있어 주주 · 채권자들에게는 매우 중요한 기업정보를 제공한다. 그 정보의 정확성을 보장하기 위해 기술한 법정기재사항의 충족 여부 및 그 기재의 정확성을 감사하는 것이다.

7) 이익잉여금의 처분 또는 결손금의 처리가 법령과 정관에 맞는지의 여부(동 7호) 준비금의 적립, 이익배당, 결손의 전보 또는 이월 같은 손익처리가 법령 · 정관의 기준에 따랐는지 여부를 감사하는 것이다.

8) 이익잉여금의 처분 또는 결손금의 처리가 회사의 재무상태나 그 밖의 사정에 비추어 현저하게 부당한 경우에는 그 뜻(동 8호) 위 제7호에 의해 손익처리의 적법성은 판단될 것이나, 그 내용이 적법하다 하더라도 회사의 제반 사정에 비추어 합리적이냐는 것은 별문제이다. 예컨대 회사가 보유하는 현금 등의 유동자산이 극히 적은 상태에서 장부상 배당가능이익이 있다 하여 금전을 차입하면서까지 고율의 배당을 하는 것은 일응 불합리하다. 적법성이 보장되는 한 손익처리를 어떻게 하느냐는 것은 이사의 경영판단에 속한 문제이나, 그 재량이 지나칠 때에는 자칫 회사경영의 궁핍을 초래할 수 있으므로 현저히 부당할 경우에는 예외적으로 감사의 감사권을 인정한 것이다.

9) 제447조의 부속명세서에 기재할 사항이 기재되지 않거나 부실기재된 경우 또는 회계장부 · 대차대조표 · 손익계산서나 영업보고서의 기재내용과 맞지 아니하게 기재된 경우에는 그 뜻(동 9호) 부속명세서에 대해서도 진실성을 요구하여 감사대상으로 한 것이다.

10) 이사의 직무수행에 관하여 부정한 행위 또는 법령이나 정관의 규정에 위반하는 중대한 사실이 있는 경우에는 그 사실(동 10호) 재무제표에 반영된 것에 국한하지 아니하고 감사의 일반적인 업무감사권을 발동하여 이사의 직무수행의 적법성 여부를 감사하고 부적법한 사실을 보고하게 한 것이다.

이상의 사항에 더하여 감사를 하기 위하여 필요한 조사를 할 수 없었던 경우에는 감사보고서에 그 뜻과 이유를 적어야 한다(447조의 4 3항). 감사의 유효한 감사는 이사의 협력이 없이는 불가능하다. 그러므로 이사의 비협조 · 수감불응 등의 사유가 있어 실효적인 감사가 불가능한 경우 그 사유를 밝히라는 것이 주된 취지이나, 필요한 조사를 할 수 없었던 이유는 이에 국한하지 아니하고, 사고, 재난, 감사의 질병 등 조사가 불가능했던 모든 사유를 포함한다.

(2) 외부감사

상장회사 기타 외부감사를 받아야 할 회사는 재무제표에 관하여 외부감사인의 감사를 받아야 하므로 주주총회 6주일 전에 외부감사인에게 제출하여야 한다(자금 169조 1항, 외감 6조 2항, 외감령 8조 1항). 외부감사인에게 제출할 재무제표에는 상법 재무제표 외에 연결재무제표 또는 결합재무제표도 들어 있다(외감령 8조 1항: 제출기한이 재무제표와 다르다). 외부감사인은 정기총회일 1주일 전에 회사에 감사보고서를 제출하여야 한다(외감 23조 1항, 외감령 27조 1항). 감사보고서에서 감사의견은 적정 · 한정 · 부적정의견 및 의견거절 등으로 표시된다(금융감독원 회계감사기준 감사기준서 705 문단 A1).

3. 재무제표의 비치 · 공시

재무제표 등과 감사보고서는 정기주주총회 1주간 전부터 本 · 支店에 비치 · 공시하여야 한다(448조). 후술한다.

4. 재무제표의 승인

1) 승인기관 재무제표의 승인은 주주총회가 하는 것이 원칙이나, 소정의 요건을 갖출 경우 이사회가 할 수도 있다(2011년 신설).

i) 주주총회의 승인 대표이사는 이사회의 승인과 監事의 監査를 경유한 후 재무제표를 정기총회에 제출하여 그 승인을 요구하여야 하며(449조 1항), 영업보고서를 제출하고 그 내용을 보고하여야 한다(449조 2항). 재무제표의 승인은 정기총회에서 다룰 사항이다. 그러나 정기총회의 소집이 지연되어 임시총회의 성격을 띠더라도 그 총회에서 결의한 승인의 효력에 영향이 있는 것은 아니다. 결의요건은 보통결의이다.

ii) 이사회의 승인 정관에 규정을 두어 주주총회에 갈음하여 이사회가 재무제표를 승인하게 할 수도 있다(449조의 2 1항 본). 정관에 규정이 있더라도 이사회가 승인하기 위해서는 재무제표의 각 서류가 법령 및 정관에 따라 회사의 재무상태 및 경영성과를 적정하게 표시하고 있다는 외부감사인의 의견이 있고, 감사(또는 감사위원) 전원의 동의가 있어야 한다(449조의2 1항 1호 · 2호). 정관으로 추가의 요건을 정할 수 있음은 물론이다. 이러한 요건을 구비하여 이사회가 승인한 경우에는 이사는 재무제표의 내용을 주주총회에 보고하여야 한다(449조의 2 2항).

이사회가 재무제표를 승인할 수 있다는 것은 이익배당을 이사회가 결정하기 위한 전제가 된다는 점에서 큰 의의를 갖는다(462조 2항 단).

2) 승인방법 「승인」이라고 하여 주주총회가 단순히 이사가 제출한 재무제표를 시·부인하는 권한만을 가진 것이 아니고 수정하여 결의할 수도 있다(통설). 예컨대 취득가로 평가한 재산을 시가로 수정하여 대차대조표를 승인하는 것과 같다. 대차대조표·손익계산서 등의 재무제표는 각자 독립성이 있으므로 각별로 승인할 수 있으며, 그 중 일부만 승인할 수도 있다. 그러나 배당 등 잉여금의 처분은 대차대조표와 손익계산서의 확정을 전제로 하므로 대차대조표와 손익계산서를 승인하지 않은 상태에서 이익배당의 안만을 결의할 수는 없다.

이상의 설명은 이사회가 재무제표를 승인하는 경우에도 타당하다.

3) 승인의 효력

i) 정기총회(또는 이사회)에서 재무제표를 승인한 때에는 당해 결산기에 관한 회사의 회계는 내내외적으로 확정되고, 이사는 이에 기하여 준비금을 적립하는 등 승인내용을 실행하게 된다. 재무제표를 승인하지 않을 경우 그대로 실행할 수 없음은 물론이다.

ii) 재무제표의 승인은 부수적으로 이사와 감사(또는 감사위원회위원)의 책임을 해제하는 효과가 있다(후술).

iii) 주주총회(또는 이사회)에서 재무제표를 승인한 때에는 이사는 지체없이 대차대조표를 공고하여야 한다(449조 3항).

5. 승인에 의한 책임해제

재무제표를 승인한 후 2년 내에 다른 결의가 없으면 회사는 이사와 감사(또는 감사위원회 위원. 이하 같음)의 책임을 해제한 것으로 본다(450조 본·415조의2 7항). 다만 부정행위에 관하여는 그러하지 아니하다(450조 단).

1) 의 의 이 제도는 이사와 감사의 책임이 총주주의 동의로만 면제될 수 있도록 규정하고 있는 제400조와 제415조에 대한 중대한 예외이다. 그 입법취지는 제399조와 제414조에 의해 이사 및 감사에게 엄중한 책임을 지우고 있으므로 책임의 존부에 관한 불안정한 상태가 너무 장기화하지 않도록 신속한 책임소멸 원인을 정하는 것이 형평에 맞고, 이같이 함으로써 회사경영의 적임자가

과중한 책임 때문에 주저함이 없이 이사에 취임할 수 있도록 하기 위함이다.[1] 따라서 여기서 2년이란 제척기간으로 보아야 한다(통설).

2) 해제의 범위 책임이 해제되는 것은 어떠한 사항에 관하여서인가? 통설은 좁게 해석하여 재무제표에서 알 수 있는 사항에 한하여서만 미친다고 하며, 판례도 같은 취지이다(판례 [118]). 주주총회의 실제기능이 형식화되고 있는 실정이므로 이사와 감사가 이를 악용하여 광범위하게 책임을 면제받는 것을 방지하기 위해서는 통설·판례가 타당하다. 따라서 재무제표에 수입·지출금액이 명시되어 있다 하더라도 그 원인된 행위에 관한 책임까지 해제되는 것은 아니다(판례 [118]). 즉 주주총회에서 이사의 유책을 알고 승인한 사항에 한해 제450조의 특칙이 적용될 수 있는 것이다.

3) 증명책임 책임해제의 증명책임은 이사와 감사가 진다(판례 [118]). 즉 이사·감사는 문제된 사항이 재무제표에 기재되어 제출되었으며, 총회의 승인결의가 있었다는 사실을 증명하여야 한다.

판 례

[118] 대법원 1969. 1. 28. 선고 68다305 판결

「… 주식회사의 이사가 구상법 제284조(현행 450조)의 규정에 의하여 그 책임을 해제한 것으로 간주되려면 동법 제283조(현행 449조)의 규정에 의하여 동법 제281조(현행 447조에 해당)에 규정된 서류를 정기주주총회에 제출하여 그 승인을 받아야 하는 것이고, 그 서류에 기재되지 아니한 사항에 대하여는 그 책임이 해제되지 아니한다고 하여야 할 것인바, … 원고회사 주주총회에 제출된 영업보고서에 소외 원천상사주식회사로부터 중석매매계약금으로 금 25,000,000환과 7,261,000환이 수입(受入)되었다고 기재된 명세표가 있을 뿐이고, 본건에 있어서 피고들의 임무해태가 있다고 한 생산실적으로는 따를 수가 없는 과다한 양의 흑중석매매계약을 피고들이 위 소외회사와 체결하고, 그로 인하여 원고회사에게 손해배상을 하여야 한다는 점이나 그 배상액을 지출하였다는 점에 대하여 원고회사의 정기주주총회에 제출한 서류에 기재되어 있다고 인정할 수 있는 자료를 찾아볼 수 없으므로, 위 각 영업보고서에 기재된 수입금에 대해서는 위 총회의 승인을 얻었다고 할 것이나, 그 각 보고서에 기재되지 아니한 사유나 지출에 대하여 위 총회의 승인이 있었다고 할 수 없는 것이니, … 책임해제를 주장하는 주식회사의 이사는 그 회사의 주주총회에 제출 승인된 서류에 그 책임사유가 기재되어 있다는 것을 입증할 책임을 져야 한다고 할 것이[다.]」

[同旨판례] 대법원 2002. 2. 26. 선고 2001다76854 판결: 「상호신용금고의 대표이

---

1) 일본에서의 일반적인 설명이다(日注釋(8), 91면).

사가 충분한 담보를 확보하지 아니하고 동일인에 대한 한도를 초과하여 대출을 하여 회사에 손해를 끼쳤으므로 대표이사의 손해배상책임을 추궁한 사건에서, 대출금액 자체는 재무제표에 기재되어 있다 하더라도 담보부족이나 동일인에 대한 한도초과 등은 재무제표로 알 수 있는 사정이 아니므로 재무제표를 승인하는 주주총회의 결의가 있더라도 책임은 해제되지 아니한다.」

대법원 2007. 12. 13. 선고 2007다60080 판결은 좀 더 분명하게, 상법 제450조에 따른 이사·감사의 책임해제는 「재무제표 등에 그 책임사유가 기재되어 정기총회에서 승인을 얻은 경우에 한정되는 것」이라고 판시하였다.

대법원 2008. 12. 11. 선고 2005다51471 판결: 보험회사의 이사가 부적격업체에 대출하였다가 회수하지 못한 책임을 묻는 사건에서, 同대출이 자기의 계열회사에 대해 대출한도를 초과하여 이루어졌으므로 담당 임원이 주의적 경고를 받은 사실이 감사보고서에 기재되어 있었으나, 이로써 이사의 임무해태를 알 수 있는 것은 아니라고 하여 책임해제를 부정하였다.

[책임해제를 인정한 예] 수원지법 2001. 4. 13. 선고 99가합2689 판결: 한국통신공사가 주주총회결의 없이 이사회의 결의만으로 주식의 매각대금을 정보통신기금에 출연한 행위에 관해 이사들의 책임을 묻는 대표소송이 제기되었다. 법원은 이 행위가 정관 및 정부투자기관관리기본법 제22조 제 3 항에 위반하는 예산변경이라고 인정하였다. 그러나 재무제표의 승인을 위한 주주총회에서 일부주주가 위 기금출연에 관해 이의를 제기하였고 이에 대해 회사가 설명을 하였으며, 이어 재무제표의 승인결의가 이루어졌음을 들어 책임해제사유에 해당한다고 판시하였다.

4) 적용제외 이사·감사의 不正行爲에 대해서는 책임해제가 있을 수 없다(450조 단). 이사 또는 감사의 손해배상책임이 부정한 행위를 원인으로 발생한 경우뿐만 아니라 이사 또는 감사가 재무제표의 승인을 구함에 있어 부정한 행위를 한 경우(예컨대 외부감사인을 매수하여 적정의견을 받아내는 것)도 상법 제450조 단서의 적용대상이라고 본다(김정호 827; 김홍기 767; 안택식 438; 정경영 842; 정동윤 766; 정찬형 1245; 최기원 912; 최준선 728). 이사 또는 감사가 부정한 수단으로 승인을 얻었다면 그 승인결의에 책임해제의 의사가 있다고 볼 수 없기 때문이다.

또한 승인결의 후 2년 내에 다른 결의가 있는 경우에도 책임이 해제되지 아니한다(450조 본). 「다른 결의」란 책임해제를 부정하는 결의나 승인을 철회하는 결의뿐 아니라 이사와 감사의 책임추궁을 위한 결의 등 널리 이사·감사의 책임이 존속함을 전제로 하는 결의를 뜻한다.

입 법 례

손해배상책임의 면제는 재무제표의 승인과 별개의 의사표시인데, 결의요건이 보통결의로 족하다는 점에서 입법론적으로 문제가 있다. 참고로 독일 주식법은 주주총회가 이사 및 감사의 책임면제를 결의할 수 있되, 책임면제는 이사 및 감사가 행한 회사의 관리를 승인함을 뜻하고, 손해배상청구의 포기를 뜻하는 것이 아니라는 명문의 규정을 두고 있다(§ 120 Abs. 2 AktG). 일본도 그 영향을 받아 1981년 개정에 의해 우리 상법 제450조에 해당하는 제284조를 삭제하였다.

不正行爲

「부정행위」란 어떠한 행위를 말하는가? 부정행위란 고도의 불확정개념이므로 그 개념을 정의하고 외연을 확정하기는 매우 어려운 일이기는 하나, 일반적으로 횡령, 배임, 문서위조와 같은 범죄행위 등 이해관계인들의 신뢰를 깨는 고의적인 非規範的 行爲를 뜻하는 것으로 이해된다. 예컨대 형법 제131조 제 1 항은 「공무원 또는 중재인이 前 2 조(수뢰죄, 제 3 자 뇌물제공)의 죄를 범하여 不正한 行爲를 한 때에는 1년 이상의 유기징역에 처한다」고 규정하는데, 이 경우의 부정행위란 뇌물을 수령한 공무원이 직무에 반하여 증뢰자에게 이익되게 업무를 처리하거나 증뢰자에게 불리한 사무처리를 하지 않는 것을 말한다. 法域을 달리하므로 상법 제450조의 부정행위를 이와 동일하게 해석할 수는 없겠으나, 최소한 부정행위란 「고의에 의한 직무위반행위」를 가리키는 것으로 이해해야 하고 경과실 혹은 중과실에 의한 위반행위는 포함되지 않는 것으로 보아야 한다. 참고로 日本會社法 제854조 제 1 항(우리 상법 385조 2항에 해당)이 이사의 해임청구의 사유로서 규정하는 이사의 「不正行爲」를 일본의 통설은 「이사가 그 의무에 위반하여 회사에 손해를 발생시키는 고의의 행위로서, 예컨대 회사재산의 私用 같은 행위」라고 풀이하고 있다.[1] 우리 하급심판례 중에도 부정행위란 「의무에 위반하여 회사에 손해를 끼친 고의행위」라고 정의한 예를 볼 수 있다(부산지법 2004. 4. 14. 선고 2002가합16791 판결). 대법원판례에서는 부정행위를 정의한 적이 없지만, 이사가 고의적으로 회사의 재산을 저렴하게 평가하여 계열회사에 처분한 행위(지배주주에게 유리한 거래)를 상법 제450조 단서에 해당하는 부정한 행위라고 보았고(대법원 2005. 10. 28. 선고 2003다69638 판결), 구 상호신용금고(현 상호저축은행)의 이사가 상호신용금고법상의 투자제한규정을 위반하여 투기성이 강한 주가지수 옵션거래를 하여 회사에 손실을 끼친 행위를 부정행위라고 판단하였는데(대법원 2008. 5. 29. 선고 2006다7297 판결), 이 역시 부정행위를 고의적인 직무위반행위로 파악한 것으로 볼 수 있다.

이와 달리 부정행위를 고의 및 중과실에 의한 가해행위라는 견해(권기범 1205; 김정호 827)가 있으며, 「악의의 가해행위뿐 아니라 이사의 권한 내의 행위일지라도 당해 사정하에서 정당시될 수 없는 모든 행위를 뜻한다」라고 하며 부정행위의 범위를 넓게 본 하급심 판례도 있고(서울고법 1977. 1. 28. 선고 75나2885 판결(전게 대법원 2003다69638 판결의 원심판결)), 이 설명을 따른 견해도 있다(김홍기 767; 정경영 842; 정찬형 1245; 최준선 728). 「과실」을 부정행위의 범주에 포함시키는 것은 「부정한 행위」라는 개념의 적극성에 부합하지 않고, 부정행위를 이같이 넓게 본다면 책임이 면제되는 제

1) 1981년 개정전 일본상법 제284조는 우리 상법 제450조에 해당하는 조문인데, 동년 개정에 의해 삭제되었다.

450조 본문의 행위와 차별성이 모호해져 본문의 실질적인 적용범위가 부당히 좁혀진다.

이 설명과 유사하게, "부정행위란 횡령, 배임, 문서위조와 같은 범죄행위뿐만 아니라, 이사의 권한 내의 행위라고 할지라도 당해 사정하에서 이를 행함이 정당시될 수 없는 모든 경우를 포함한다"라고 판시한 대법원판례가 있고(대법원 2008. 1. 10. 선고 2006다12954 판결), 이 판례가 부정행위를 정의한 대표적인 판례로 인용되기도 하는데(김용철(주석－회사 4) 474), 표현의 모호성 때문에 중과실도 부정행위에 포함시키는 듯이 읽힐 수 있다. 그러나 이 판례는 대표이사가 적극적으로 회사의 회계를 부정하게 하면서 재산을 처분한 사안을 다룬 것인데다, 이 표현만으로는 중과실을 포함시킬 의도가 있은 것으로 보기도 어렵다. 더욱이 표현의 외연이 제한적이지 않아 이를 부정행위의 정의로 보기도 어렵다.

적용범위

이사 · 감사의 책임해제에 관한 제450조를 이사회가 재무제표를 승인한 경우(449조의2)에도 적용할 것인가? 제450조의 법문은 제449조의2가 입법될 것을 예상하지 않은 조문이니 주주총회가 승인한 경우를 요건으로 하고 있고, 이를 문리해석하면 당연히 이사회가 재무제표를 승인한 경우에는 제450조를 적용할 수 없다. 그러므로 적용하고자 한다면 유추적용이 될 것이나, 유추적용할 합리적 근거가 없다. 이사회의 승인결의에 제450조를 적용한다면 이사회가 스스로의 책임을 해제하는 의미가 있고, 이사회의 승인결의는 주주총회의 결의와 달리 업무집행이므로 일부 이사의 책임을 간과하고 승인하였다면 이 역시 책임추궁의 대상이 되는 임무해태라 할 것인데, 이러한 임무해태에 타인을 면책시키는 효력을 부여하는 것은 균형있는 사고가 아니기 때문이다. 이사회의 승인은 감사의 동의를 요건으로 하므로(449조의2 1항 2호) 감사의 책임을 해제하기 위한 유추적용도 옳지 않다.

제 3 관 準 備 金

Ⅰ. 개　　설

(1) 의　　의

영업연도 말에 회사가 보유하는 순자산액 중 자본금을 초과하는 금액으로서 회사가 주주에게 배당하지 않고 사내에 적립하는 금액을 준비금(reserve; Rücklage)이라 한다.

준비금은 「자본금」과 같이 대차대조표의 「부채 및 자본의 부」(대변)에 표시되어 배당가능이익의 산출에 있어 공제항목이 되므로 재산의 사외유출을 억제하는 작용을 한다. 즉 준비금을 정한 때에는 회사의 순자산이 자본금과 준비금의 합계액을 초과하지 않는 한 배당가능이익은 생겨나지 않으므로(462조 1항 2호·3호), 준비금이 증가하면 그만큼 회사에 유보되는 순자산이 증가한다. 이로써 장래 경기의 침체, 영업실적의 부진 또는 불시의 재난 등에 대비하고 또한 사업의 장기적인 계획을 꾀할 수 있는데, 이는 기업의 계속을 위한 물적 기초를 마련하고 유한책임제하에서 채권자의 보호를 위해 요청되는 자본유지의 원칙을 실천하기 위한 것이라고 할 수 있다.

(2) 성 질

위에서 본 바와 같이 준비금은 배당가능이익의 산출을 위한 공제항목이 된다는 점에서 실질적으로 자본금과 흡사한 기능을 가지고 있으며, 필요에 따라서는 자본금으로 전입되기도 하므로(461조) 보충자본 또는 부가자본이라고도 부르며, 기업회계에서는 자본금과 준비금을 합해 自己資本이라 부른다. 자본금과 마찬가지로 계산상의 수액에 지나지 않으므로, ① 준비금에 의하여 회사에 유보되는 자산이 특정되는 것이 아니고, ② 따라서 별도로 예치·보관되는 것이 아니며, ③ 준비금을 폐지하거나 사용할 때(예: 460조)에도 그 때까지의 공제항목으로서의 준비금의 금액을 감소시키는 계산상의 처리에 그치고 금전의 현실적 사용을 뜻하는 것이 아니다.

(3) 종 류

준비금 중에서 상법 또는 특별법의 규정에 의하여 의무적으로 적립하는 것을 법정준비금, 정관 또는 총회의 결의에 의하여 적립하는 것을 임의준비금이라 한다. 이 밖에 실질적으로는 준비금이면서 형식상 준비금으로 계상되어 있지 않은 비밀준비금과, 형식상으로는 준비금이나 그 실질은 대손충당금·감가상각충당금 등의 광정(匡正)항목에 불과한 의사준비금(부진정준비금)이 있다.

임의준비금

정관의 규정 또는 주주총회의 결의로 이익처분의 방법에 의하여 적립하는 준비금을 말한다. 상법상 적립이 강제되는 것이 아니므로 임의준비금이라 한다. 감채준비금·배당평균준비금·사업확장준비금 등 사용목적이 특정된 것도 있고, 별도적립금·전기이월이익금 등 어떠한 목적에나 사용할 수 있는 것도 있다. 임의준비금은 적립목적에 사용하지 않으면 결손의 보전에 사용하거나 배당의 재원으로 사용한다. 기술한 바와 같이 자본금전입은 불가능하나 주식배당의 재원으로 사용할 수는 있다.

비밀준비금

대차대조표에 나타나는 순자산보다 큰 금액의 순자산이 회사에 유보되어 있을 때, 이 초과액을 가리켜 비밀준비금이라 한다. 비밀준비금은 대차대조표상 준비금으로 계상되어 있지 않으면서 준비금의 실질을 지닌다. 그 적립방법으로는 자산의 과소평가 또는 이와 반대로 채무항목의 과대계상 등이 이용된다.

비밀준비금은 회사의 유보자산을 알차게 하므로, 자본적 기초를 강화하는 기능을 하지만 대차대조표의 진실의 원칙을 깨뜨려 손익계산을 불명확하게 하는 문제점을 안고 있어 위법하다는 설(손주찬 924; 정찬형 1248)도 있으나, 기업회계원칙은 진실성 · 공개성과 아울러 안전성의 원칙(보수주의) 또한 인정하는 터이므로, 일반의 관행에 비추어 합리적이라고 인정되는 범위에서는 비밀준비금도 적법하다고 본다(강 · 임 976; 이 · 최 743; 정경영 848; 정동윤 772; 최기원 889).

Ⅱ. 법정준비금의 적립

준비금은 손익거래(영업거래)로부터 발생하는 이익을 재원으로 하여 적립하는 이익준비금(earned surplus)과 자본거래에서 발생한 이익을 재원으로 하여 적립하는 자본준비금(capital surplus)으로 구분된다.

1. 利益準備金

주로 자본금의 결손을 전보할 목적으로 상법이 적립을 요구하는 준비금이다. 회사는 자본금의 2분의 1이 될 때까지 매결산기에 이익배당액의 10분의 1 이상의 금액을 이익준비금으로 적립하여야 한다(458조 본). 「이익배당액」이란 금전배당액 및 현물배당액(462조의4)을 포함한다. 준비금이란 잉여금의 社外流出을 억제하는 뜻을 가진 것이므로 잉여금처분의 주를 이루는 배당과 연계하여 적립할 금액을 정한 것이다. 주식배당은 주식을 추가발행하는 데 그치고 회사재산을 사외에 유출하는 것이 아니므로 주식배당액과 관련해서는 준비금을 적립할 필요가 없다(458조 단). 자본금의 2분의 1을 초과하여 적립할 때 그 초과액은 임의준비금의 성격을 갖는다.

「이익배당액의 10분의 1이상」을 적립하라는 것은 이익배당을 할 경우의 준비금의 최저한도를 정한 뜻이고, 배당을 하지 않을 경우 이익준비금을 적립할 수 없다는 뜻은 아니다. 배당 여부에 불구하고 자본금의 2분의 1에 달할 때까지는 이익준비금을 적립할 수 있으며, 배당을 하지 않는다고 하여 이것이 임의준비금

이 되는 것은 아니다.[1)]

2. 資本準備金

매결산기의 영업이익 이외의 이익을 재원으로 하여 적립하는 법정준비금이다. 그 재원이 되는 이익이 자본거래에서 생기므로 자본금에 준하는 성질을 갖는다. 자본거래로부터 발생한 이익은 손익거래상의 이익과는 달리 본질적으로 납입자본의 일부로서 주주에게 배당할 수 있는 이익이 아니므로 당연히 그리고 무제한 적립하여야 한다.[2)] 2011년 개정 전 상법에서는 자본준비금의 종류를 열거하였으나,[3)] 개정법에서는 이를 삭제하고 「자본거래에서 발생한 잉여금」이라고 포괄적으로 규정하고 구체적인 범위는 기업회계기준으로 미루었다(459조 1항, 상령 18조).[4)]

3. 합병 · 분할에 의한 자본준비금의 승계

상법은 합병 · 분할에서 발생하는 합병차익 또는 분할차익에 소멸회사 또는 분할회사의 법정준비금이 포함되어 있는 경우 존속회사 또는 신설회사가 승계할 수 있도록 규정하고 있다(459조 2항). 상세한 내용은 다음과 같다.

i) 합병차익 중 소멸회사의 이익준비금 그 밖의 법정준비금은 존속회사 또는 신설회사가 승계할 수 있다(459조 2항). 이를 허용하지 않는다면 합병차익을 전액 자본준비금으로 적립해야 하므로, 소멸회사가 적립한 이익준비금이나 다른 법에 의한 준비금을 존속회사가 다시 적립해야 하는 불편이 생긴다. 그리하여 존속회사가 소멸회사의 법정준비금을 같은 형태로 승계할 수 있게 한 것이다. 승계할 경우에는 소멸회사의 준비금을 같은 명목의 준비금으로 승계해야 하므로 자본준비금은 자본준비금으로, 이익준비금은 이익준비금으로 승계하여야 하며, 다른 법률에 의한 법정준비금(예: 재평가적립금)도 역시 같은 성격의 준비금으로 승계해야 한다.

상법은 법정준비금에 한하여 승계할 수 있게 하나, 실은 기업의 입장에서는 임의준비금을 승계할 실익도 크다. 굳이 법정준비금에 제한할 이유는 없으므로

1) 財政經濟部 有權解釋: 증권 22325-57, 1986. 2. 4.
2) 그래서 법인세법에서도 자본거래에서 생긴 이익은 익금(수익)으로 보지 아니한다(법세 17조 1항).
3) 개정전 상법에서 자본준비금으로 열거한 것은 주식의 액면초과발행액, 주식의 포괄적 교환 · 이전차익, 감자차익, 합병차익, 회사분할차익, 기타 자본거래에서 발생한 잉여금이었다(2011년 개정 전 459조 1항).
4) 일반기업회계기준 2.30 참조.

본 조항에서 말하는 「기타 법정준비금」이란 특별법에 의하여 적립이 강제되는 준비금만을 뜻한다고 볼 것이 아니라, 특별법에 의하여 널리 적립이 허용되는 준비금(예: 세법상의 각종 충당금)을 뜻한다고 보는 것이 입법취지에 부합한다.

ii) 회사분할의 신설회사 또는 분할합병에서의 존속회사 또는 신설회사에 분할차익이 생기고 이에 분할회사의 이익준비금 기타 법정준비금이 포함되어 있는 경우 신설회사나 존속회사는 그 준비금을 승계할 수 있다. 승계의 의미는 합병에서의 승계에 관해 설명한 바와 같다.

Ⅲ. 법정준비금의 사용

법정준비금은 자본금의 결손의 補塡에 충당하거나(460조) 자본금에 전입하는(461조) 외에는 이를 처분할 수 없다.[1)]

1. 결손의 보전

자본금의 「결손」이란 결산기 말의 회사의 순자산액이 자본금과 법정준비금(자본준비금+이익준비금)의 합계에 미달하는 상태이다. 영업연도 도중에 일시 이와 같은 상태가 생기더라도 기말의 손익이 未定이므로 결손으로 볼 수 없으며, 또 임의준비금으로 보전이 가능할 경우에는 결손이 아니다. 이익준비금이나 자본준비금 중 어느 것을 먼저 사용해도 무방하다(460조).[2)]

법정준비금의 사용 여부는 회사의 임의이므로 결손을 보전하지 않고 그대로 이월결손금으로 처리해도 무방하다.

2. 資本金轉入

(1) 의 의

자본금전입이란 준비금계정의 금액에서 일정액을 차감하고 같은 금액을 자

---

1) 상법 제460조는 준비금은 자본의 결손의 전보에 충당하는 외의 용도로는 처분할 수 없다고 규정하고 있는데, 이는 준비금의 자본금전입제도가 없던 舊상법시대에 있던 조문으로서(舊상법 289조), 新상법에 자본금전입제도를 도입하고도 방치해서 생긴 입법착오이다.

2) 2011년 개정 전에는 결손은 우선 이익준비금으로 충당하고, 그래도 부족한 경우에 한해 자본준비금으로 충당하도록 사용순서를 정했었으나(개정 전 460조 2항), 자본준비금과 이익준비금을 가리지 않고 배당재원으로 사용할 수 있도록 한 이상 결손보전의 순서를 매기는 것은 무의미하므로 사용순서의 제한을 폐지하였다.

본금계정에 가산하는 것이다.[1] 이익준비금은 자본금의 2분의 1까지 적립해야 하고, 자본준비금은 무제한 적립해야 하므로 때로는 준비금이 자본금에 비하여 지나치게 거액이 될 수도 있다. 당분간 결손이 예상되지 않는 상태에서 거액의 준비금을 고정시켜 놓는 것은 재무관리상 불편하므로 양자의 불균형을 시정할 겸 재무구조를 개선하는 수단으로서 회사는 준비금의 전부 또는 일부를 자본금에 전입할 필요를 느낄 수 있다(461조 1항).

액면주식을 발행했느냐 무액면주식을 발행했느냐에 따라 자본금전입의 모습과 절차가 상이할 수 있다.

(2) 액면주식을 발행한 회사의 자본금전입

1) 의 의 　액면주식을 발행한 회사에서는 자본금전입으로 자본금은 증가하고, 따라서 전입액을 액면가로 나눈 수의 신주가 발행된다. 이를 증권시장의 용어로 「무상증자」, 이로 인해 발행되는 신주를 「無償株」라고 한다. 발행주식수는 증가하지만 회사의 순자산에는 변동이 없다. 따라서 계수상의 조작에 불과하지만, 자본금의 증가로 사내유보의 규범적 기준이 상향되므로 순자산의 사외유출을 억제하는 효과가 있어 장차 회사의 규모성장과 자본충실에 도움이 된다.

2) 절 차 　전입의 의사결정은 이사회의 결의로 할 수 있다(461조 1항 본). 그러나 준비금의 자본금전입은 주주의 배당가능이익을 감소시키는 요인이 되므로 주주들이 스스로 전입여부의 의사결정권을 갖고자 할 경우 정관으로 주주총회의 결의사항으로 할 수 있다(461조 1항 단).

3) 전입가능성 　자본금전입의 재원은 법정준비금에 한하고 임의준비금은 자본에 전입할 수 없다. 원래 임의준비금은 주주에게 배당할 이익인데, 이를 자본금에 전입하여 배당할 수 없는 자본금으로 고정화한다면 주주의 이익배당청구권을 해하기 때문이다. 자본준비금과 이익준비금 모두 순서없이 전입이 가능하다.

4) 기준과 시기 　자본금에 전입할 수 있는 준비금은 직전 결산기의 대차대조표에 의해 확정된 준비금에 한한다. 그러므로 자본금전입은 어느 때라도 할 수 있으나, 영업연도 중간에 준비금이 발생하더라도 이는 자본금전입의 대상이 아니다.[2]

---

1) 회계처리는 다음과 같다.
이익준비금(차) ××× 자본금(대) ××× / 자본준비금(차) ××× 자본금(대) ×××

2) 예컨대 12월 말 결산인 어느 회사가 2025년 3월에 주주총회를 하여 준비금 5천만원을 포함하여 대차대조표를 승인하였다고 하자. 그리고 그 해 7월에 자본금감소를 하여 7천만원의 감자차익

5) 전입의 효과

㈎ **新株發行** 준비금을 자본금전입하면 자본금이 늘어나므로 이를 액면가로 나눈 수의 신주가 발행된다. 전입으로 인해 자본금은 증가하나 순자산에는 변동이 없다. 그렇더라도 발행주식수가 늘어나므로 이 역시 발행예정주식총수에 여분이 있을 때에 그 범위 내에서만 발행할 수 있다.

이 신주는 각 주주에 대하여 그가 가진 주식수에 비례하여 발행되고(461조 2항 전), 주주는 별도의 신주인수 절차 없이 신주의 주주가 되므로 제 3 자가 신주인수권을 가질 여지가 없다.[1] 단주가 생길 경우에는 이를 매각한 금액을 단주의 주주에게 분배하여야 한다(461조 2항 후). 법문에서는 “주식을 발행하여야 한다”라고 표현하지만(461조 2항), 준비금을 자본금전입하는 의사결정과 동시에 또는 기준일에 각 주주에게 신주가 발행되는 효과가 생기고 별도의 주식발행절차가 있는 것이 아니다.

신주는 액면가로 발행하며, 보통주주에게나 우선주주에게나 모두 보통주식으로 발행해야 한다. 원래 우선주란 특정시기에 자본조달을 위해 별도의 발행가와 우신배당률 등 특정의 조건에 따라 발행하는 것인데, 준비금의 자본금전입은 내부의 유보자금을 액면가로 환산하여 신주를 무상으로 발행하는 것인 만큼 우선주로 발행할 동기가 없기 때문이다. 신주발행으로 자본금과 발행주식총수가 증가하므로 변경등기를 하여야 한다(317조 4항 → 183조).

㈏ **新株의 효력발생시기** 신주의 효력발생시기는 자본금전입의 결의를 이사회에서 하는 경우와 주주총회에서 하는 경우에 따라 다르다.

(a) 이사회에서 결의하는 경우 회사는 일정한 날(배정기준일)을 정하여 그 날의 주주명부에 기재된 주주가 신주의 주주가 된다는 뜻을 배정기준일의 2주간 전에 공고하여야 한다(461조 3항 본). 따라서 신주의 주주가 되는 시기는 이사회결의일이 아니고 배정기준일이다. 배정기준일이 주주명부폐쇄기간중에 들어 있는 경우에는 폐쇄기간 초일의 2주간 전에 공고해야 한다(461조 3항 단). 이사회가 결의할 경우 이와 같이 배정기준일을 따로이 정한 이유는 자본금전입으로 인한 신주발행은 주주에게 중대한 이해관계가 있는데, 이사회의 결의는 주주가 즉시 알 수 없으므로 자본금전입을 예고해 줌으로써 명의개서의 기회를 주고 주식의 양수도거

이 발생하였다고 하자. 3월에 확정된 준비금 5천만원은 2025년 중 어느 때에나 자본금전입할 수 있으나, 감자차익 7천만원은 전입할 수 없다. 왜냐하면 감자차익이 발생할 당시의 재무상황을 확정할 수 없기 때문이다.

1) 다만 공공적 법인이 준비금을 자본금전입할 경우 정부에게 배정할 주식의 전부 또는 일부를 당해 법인의 주식을 일정기간 소유하는 자에게 배정할 수 있다(자금 165조의14 2항).

래에 유의하게 하기 위함이다.

(b) 주주총회에서 결의할 경우 주주총회의 소집통지에 의해 주주에게 자본금전입의 사실이 예고되므로 배정기준일을 별도로 정할 필요가 없다. 따라서 결의일로부터 바로 신주의 주주가 된다(461조 4항).[1)]

(다) **통 지** 신주가 효력을 발생하면 이사는 지체없이 주주 및 등록질권자에게 주주가 받은 주식의 종류와 수를 통지하여야 한다(461조 5항).

(라) **질권의 효력** 종전의 주식을 목적으로 하는 질권은 등록질이건 약식질이건 신주 및 단주의 매득금에 대해서 물상대위가 인정된다(461조 6항 → 339조).

(마) **舊株와 新株의 관계** 자본금전입으로 인해 발행되는 주식은 위의 기준일 또는 주주총회 결의일에 귀속이 확정되고 구주식의 과실이나 종물이 아니므로 구주식이 양도되더라도 그에 수반하지 않는다(대법원 1974. 6. 25. 선고 74다164 판결; 동 2010. 2. 25. 선고 2008다96963 · 96970 판결).

(3) 무액면주식을 발행한 회사의 자본금전입

무액면주식이 발행되어 그 발행가의 전부 또는 일부가 자본금을 구성한 후에는 주식의 수는 자본금과 무관하므로 준비금을 자본금전입하더라도 신주의 발행을 수반하지 않는다. 즉 준비금을 자본금에 전입한다는 이사회 또는 주주총회의 의사결정만으로 족한 것이다. 따라서 준비금의 자본금전입에 관한 상법 제461조의 조문 중에서 무액면주식을 발행한 회사에 적용할 수 있는 조문은 제 1 항뿐이다. 그러나 무액면주식을 발행한 회사에서도 준비금의 자본금전입을 계기로 주식분할(329조 의2)을 병행함으로써 액면주식하에서 자본금전입에 의해 신주를 발행한 것과 유사한 효과를 거둘 수는 있다.

(4) 자본금전입의 위법

준비금의 자본금전입이 위법하게 행해지는 경우란 이사회결의(또는 주주총회의 결의)가 없이 자본금전입이 이루어진 경우, 결의가 있더라도 하자 있는 결의에 의한 경우, 준비금이 존재하지 아니하는데 자본금전입의 결의를 한 경우, 발행예정주식총수를 초과하여 자본금전입한 경우 등을 생각해 볼 수 있다.

무액면주식을 발행한 회사의 경우 자본금전입에 위와 같은 흠이 있다면 당연무효로 보아야 할 것이나, 액면주식을 발행한 회사의 경우에는 자본금전입의 의사결정이 있으면 그와 동시에 또는 소정의 기준일에 신주가 발행되므로 신주발행무효의 소에 관한 제429조를 유추적용하여 소에 의해서만 자본금전입의 무

---

1) 그러나 주식을 새로이 취득하고자 하는 자에게는 자본금전입의 사실을 알려줄 필요가 있으므로 입법론으로서는 공고제도가 마련되어야 한다.

효를 주장할 수 있다고 보아야 한다.

Ⅳ. 법정준비금의 減少

1. 의 의

회사는 적립된 자본준비금 및 이익준비금의 총액이 자본금의 1.5배를 초과하는 경우에 주주총회의 결의에 따라 그 초과한 금액의 범위에서 자본준비금과 이익준비금을 감액할 수 있다(461조의2). 준비금은 이른바 자기자본을 구성하는 고정된 금액이므로 자본충실에는 기여하지만, 과다하게 적립될 경우 배당가능이익의 산출을 어렵게 하는 불편이 따른다. 따라서 준비금이 자본과 적절한 비례관계에서 유지되도록 하고 이익처분에 탄력성을 부여하고자 2011년 개정시에 신설한 제도이다.

기술한 바와 같이 준비금을 결손전보를 위해 사용하거나 자본금에 전입할 경우에도 준비금은 감소하므로 순비금의 감소란 넓은 의미로는 결손의 보전을 위한 준비금의 사용과 준비금의 자본금전입도 포함한다고 할 수 있다. 그러나 이 두 가지는 준비금을 적립하는 본래의 목적에 사용하는 것임에 대해, 제461조의2에서 규정하는 「준비금의 감소」란 준비금으로서의 용도를 포기하고 미처분 상태의 잉여금으로 환원하는 것을 말한다. 이에 의해 배당가능이익이 증액되고 향후 배당가능이익의 산출을 위한 공제항목이 감소하는 효과가 생긴다.[1)]

2. 요 건

1) 감소가능 준비금 자본준비금 및 이익준비금의 합계액이 자본금의 1.5배를 초과할 때 초과분을 감소할 수 있다. 감소의 순서에 제한이 없으므로 이익준비금과 자본준비금 중 어느 먼저를 감소시켜도 무방하다.

2) 결손과의 상계 기술한 바와 같이 결손이 있는 상태에서도 이를 전보

---

1) 세 가지의 회계는 다음과 같이 상이하게 처리된다.

〈결손의 보전〉
이익준비금(또는 자본준비금)(차) ××× 결손금(대) ×××
〈자본금전입〉
이익준비금(또는 자본준비금)(차) ××× 자본(대) ×××
〈준비금의 감소〉
이익준비금(또는 자본준비금)(차) ××× 미처분잉여금(대) ×××

하지 않고 준비금을 유지할 수 있으나, 준비금을 감소하기 위한 요건으로서 준비금이 자본금의 1.5배를 초과하는지를 판단할 때에는 준비금에서 결손금을 차감한 잔액이 자본금의 1.5배를 초과해야 하고 그 초과한 부분에 한해 감소할 수 있다고 해석해야 한다.

3) 준비금의 시기적 제한 감소할 수 있는 준비금은 직전결산기의 대차대조표에 의해 확정된 준비금에 한한다. 영업연도 중간에는 결손이 얼마인지 인식할 수 없으므로 자본준비금이 발생하더라도 감소가능한 금액을 계산할 수 없기 때문이다(자본금전입에 관해 설명한 것과 같은 이유이다. 1038면 참조).

감소가능한 준비금의 공제금액을 설정하면서 입법착오가 있은 듯하다. 법문은 자본준비금과 이익준비금의 합계액이 자본금의 1.5배를 초과할 때 초과한 금액의 범위에서 감소할 수 있다고 하므로, 예컨대 자본금이 100만원이면 준비금이 150만원을 초과할 때에 한해 감소할 수 있다는 것이다. 예를 들어 준비금이 170만원이면 그 중 20만원을 감소할 수 있는 것이다. 이는 준비금이 자본금의 1.5배에 달하는 것이 이상적인 재무상태임을 전제로 한 것인데, 합리적이지 않은 전제이다. 상법이 이익준비금을 자본금의 2분의 1에 달할 때까지 적립하라고 함은 준비금은 자본금의 2분의 1 정도면 충분하다고 본 것이다. 상법 제461조의2도 같은 취지에서 자본금의 2분의 1을 초과할 경우 그 초과된 범위에서 감소할 수 있다는 표현을 하려고 했던 것이 아닌가 싶다. 하지만, 법문이 분명 자본금의 1.5배라고 되어 있으므로 달리 해석할 근거는 없다.

3. 절 차

1) 준비금의 감소는 주주총회의 보통결의에 의한다(461조의2). 정기총회가 아니라도 무방하다. 자본금의 감소에는 특별결의를 요하면서 준비금의 감소는 보통결의로 족하게 한 것은 자본충실에 주는 영향이란 면에서 자본금의 감소보다 준비금의 감소가 덜하다고 본 것이다.

주주총회에서는 감소되는 준비금의 종류와 금액을 정하는 외에, 명문의 규정은 없으나, 감소의 효력발생시기를 정해야 한다.[1] 준비금감소결의에 소급효를 부여할 수는 없으므로 효력발생일은 결의일 이후로 정해야 한다. 효력발생시기를 정하지 아니한 경우에는 결의시로부터 감소되는 효과가 생긴다고 보아야 할 것이다. 이익배당을 결의하는 주주총회에서 동시에 준비금감소결의를 하여 감소된 준비금을 배당의 재원으로 사용할 수 있는가? 이같이 하면 준비금의 감소결의

1) 일본회사법에서는 주주총회의 감소결의에서 효력발생일을 정하라고 규정하고 있다(日會 448조 2항). 상법이 이 점을 간과한 것은 입법착오이다.

에 소급효를 부여하는 것과 같으므로 불가하다.[1)]

2) 준비금은 이익배당에 있어 공제항목이 되어 채권자를 위한 책임재산의 확보에 기여하므로 준비금의 감소는 채권자에게는 불리한 자본거래이다. 하지만 준비금을 감소하더라도 여전히 자본금의 1.5배에 달하는 준비금이 존재하므로 채권자에게 실질적인 불이익은 없다고 볼 수 있어 상법은 채권자보호절차를 요구하지 않는다.[2)]

4. 결손보전의 병행

준비금을 감소하는 결의에서 결손의 보전을 병행할 수도 있다. 예컨대 700만원의 결손이 있는 회사에서 1,000만원의 준비금을 감소하면서 700만원은 결손금 전액을 보전하고, 300만원은 미처분잉여금으로 환원시키는 것과 같다.

5. 준비금감소의 무효

상법은 준비금감소의 무효를 다투는 소송을 별도로 마련하고 있지 않다. 준비금의 감소가 무효일 경우(예컨대 한도를 넘어 감소하는 것)에는 종전의 준비금이 회복되어야 하며, 준비금감소 후의 이익배당도 환원되어야 할 것이므로 준비금감소의 무효는 형성의 소에 의해 다투도록 해야 할 사안이다. 입법으로 보완될 때까지는 감자무효의 소에 관한 규정(445조)을 유추적용하도록 해야 할 것이다.

제 4 관 利益配當

I. 총　　설

이익의 분배(dividend; Gewinnverteilung)는 영리법인의 존재목적이다. 그리고 자본이윤의 향유는 출자자의 궁극적인 목적이므로 주주의 이익배당청구권은 주주의 권리 중에서도 가장 본질적인 고유권이라 할 수 있다. 따라서 전혀 이익

1) 예컨대 12월 말 결산인 회사에서 2026년 3월 25일에 열린 주주총회에서 2025년 결산을 하면서 준비금을 감소하는 결의를 하고 동시에 이를 배당재원으로 삼을 수 있느냐는 문제이다. 배당은 2025년 말 현재의 재무상태를 기초로 하여 산출된 이익을 재원으로 하는 것인데, 2026년 3월 25일의 주주총회에서 결의한 준비금의 감소액을 배당재원으로 삼는다면 준비금의 감소의 효력을 2025년 말로 소급시키는 셈이 되는 것이다.

2) 일본회사법에서는 준비금의 감소에도 채권자보호절차를 요구한다(日會 449조 1항).

을 분배하지 않음은 물론, 부당히 장기간 이익배당을 중지하는 것도 위법이다. 같은 회사에 출자한 모든 주주는 평등하게 이윤배분에 참가해야 할 것인데, 자본단체인 주식회사에서는 이들의 자본기여도, 즉 소유주식수에 따라 배당함으로써 비례적 평등을 실현한다.

이익배당의 재원 즉 배당가능이익은 재무제표가 확정되어야 산출되므로 재무제표의 확정을 위한 정기주주총회(또는 이사회)에서 이익배당을 결정한다. 이를 정기배당이라 부르기로 한다. 정기배당이 이익배당의 원칙적인 모습이지만, 정기총회에서 산출된 배당가능이익을 재원으로 하여 영업연도 중간에 추가로 배당할 수 있다. 이를 중간배당이라고 한다. 나아가 상장회사의 경우 자본시장법에 의해 정기배당 외에 연 3회에 걸친 분기배당도 가능하다(3월말, 6월말, 9월말의 주주를 대상으로 한다. 자금 165조의12).

이익배당은 금전배당이 일반적이지만, 금전에 갈음하여 주식을 새로 발행하여 분배하는 주식배당도 가능하며(462조의2), 기타의 재산을 분배하는 현물배당도 허용된다(462조의4).

Ⅱ. 定期配當

1. 이익배당의 요건(배당가능이익)

이익배당은 주주의 본질적인 권리이나, 주주의 이기심에 의해 무리한 배당이 강행되면 회사의 자본충실을 해한다. 특히 주주가 유한책임을 누리는 이상 회사채권자의 권리에 우선해서는 안 되므로 이익배당은 채권자를 위한 責任財産이 확보된 상태에서만 허용해야 할 것이다. 그리하여 상법은 자본충실과 채권자보호를 위해 이익배당의 요건을 엄격히 정하고 있다.

1) 우선 이익배당은 이익이 있어야 하며, 「이익 없으면 배당 없다」는 명제는 철칙이다. 우선주라 하더라도 예외가 될 수 없다. 여기서 이익이란 「배당가능이익」을 말한다. 배당가능이익이란 대차대조표상의 순자산액으로부터, ① 자본금의 액, ② 그 결산기까지 적립된 법정준비금의 합계액, ③ 그 결산기에 적립하여야 할 이익준비금의 액, ④ 소정의 미실현이익을 공제한 금액이며, 이를 한도로 이익배당을 할 수 있다(462조 1항).

未實現利益

미실현이익이란 예컨대 재고자산의 평가익과 같이 가득(稼得)과정이 완성되지 아니하여 합리적인 측정이 불가능한 수익을 말한다. 상법 제462조 제 1 항에서 배당가능이익의 공제항목을 이루는 미실현이익은 기업회계의 원칙(446조의2)에 따라 자산 및 부채를 평가한 결과 증가한 대차대조표상의 순자산액으로서 미실현손실과 상계하지 않은 금액을 말하는데(상령 19조 1항), 이는 평가익에 불과하고 현재의 지급능력을 이루는 것이 아니므로 배당가능이익에서 차감하도록 한 것이다. 그러나 어떤 거래의 위험을 회피할 목적으로 그 거래와 연계하여 반대의 손익이 발생하는 거래를 하는 경우에는 같은 금액의 미실현소득과 미실현손실이 병행하여 발생한다. 예컨대 수출기업이나 금융기관이 환율, 금리 등에 따른 위험을 회피하기 위해 흔히 반대거래로 파생상품거래를 활용하는데, 일방에서 발생한 미실현평가손실은 순자산의 차감항목으로 반영되는 반면, 반대거래로 인한 미실현평가이익은 순자산에서 제외됨으로써 2중으로 배당가능이익을 감소시킨다. 그러므로 상법은 다음과 같은 미실현평가익과 미실현평가손은 상계를 허용한다(상령 19조 2항).

i) 파생결합증권(자금 4조 2항 5호)의 거래를 하며, 그 위험을 회피하기 위한 연계거래를 하여 각기 발생한 미실현이익과 미실현손실(상령 19조 2항 1호).

ii) 어떤 거래의 위험을 피하기 위하여 한 파생상품(자금 5조)의 거래를 함으로써 각기 발생한 미실현이익과 미실현손실(상령 19조 2항 2호).[1]

iii) 보험상품(보험업법 2조 1호)의 거래를 하고, 그 거래와 연계된 거래를 하여 각기 발생한 미실현이익과 미실현손실. 연계거래에 속하는 것으로는 ① 보험계약 관련 부채의 금리변동 위험을 회피하기 위한 채무증권 또는 파생상품의 거래(자금 4조 3항·5조), ② 보험계약 관련 위험을 이전하기 위한 재보험의 거래(661조), ③ 보험계약 중 보험금이 자산운용의 성과에 따라 변동하는 보험계약(보험업법 108조 1항 2호) 또는 변액보험계약(동조 항 3호)에서 발생하는 거래가 있다(상령 19조 2항 3호).[2]

2) 상법에서는 규정한 바 없으나 당기의 이익에 대해 법인세가 과세되므로 이 역시 공제해야 한다. 이익준비금은 주식배당외의 이익배당액의 10분의 1 이상에 해당하는 금액이 되어야 하므로 이익준비금과 이익배당액은 동시에 상관적으로 정해진다. 용도가 특정되어 있는 임의준비금을 사용하여 배당하려 할 경우에는 먼저 용도를 변경한 후에 할 수 있다고 해야 할 것이다. 예컨대 정관의 규정에 의하여 적립된 경우에는 정관변경을 하여야 할 것이고, 주주총회의 결의에 의하

1) 예컨대 C조선회사가 1년 후 대금 100만 달러를 받는 수출계약을 체결하면서 장래 환율의 하락으로 인한 손실을 회피하기 위해 1년 후 100만 달러를 현재의 환율로 매도할 수 있는 통화선도계약을 D은행과 체결한다면, 환율이 하락하여 수출대금에서 발생한 미실현손실은 통화선도계약에서 생긴 미실현이익과 상계되어 배당가능이익에 영향이 없다.

2) 예컨대 A보험회사가 보험금을 100만 달러로 한 선박보험을 부보한 후 이 보험에 관해 R보험회사와 재보험계약을 체결하면, 환율변동으로 인해 각 보험에서 생긴 미실현이익과 미실현손실은 상계할 수 있다.

〈그림 6-17〉 배당가능이익의 산출

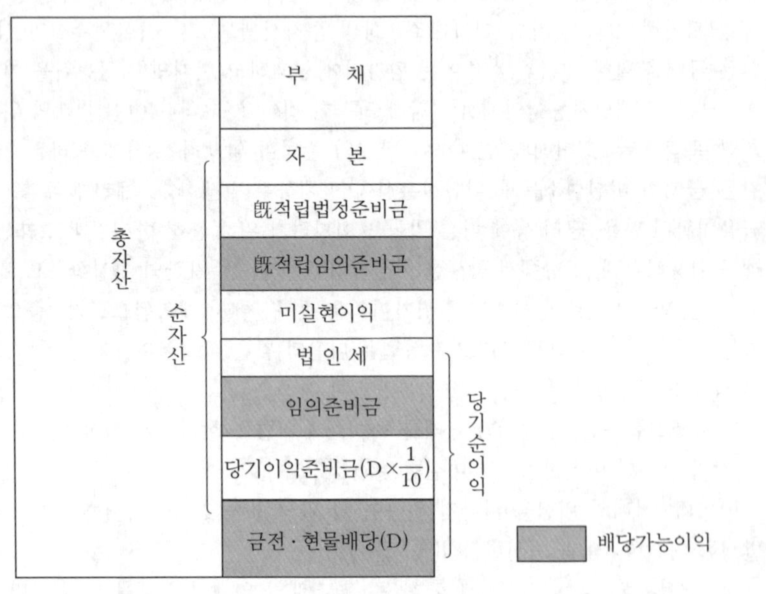

여 적립된 경우에는 주주총회의 결의에 의하여 용도를 변경하여야 한다.

3) 순자산액은 총자산에서 부채를 공제한 잔액을 뜻하는바, 이 순자산액을 배당가능이익의 기초로 삼는 것은 채권자를 위한 책임재산이 확보된 후에야 배당이 가능함을 뜻한다. 그리고 다시 자본금과 준비금을 공제하는 것은 회사가 계속기업으로서 요구되는 재산적 기초를 확보한 후 그 잉여재산으로 배당해야 함을 밝힌 것이다.

그러므로 위의 요건은 회사채권자의 보호와 회사의 존속을 위해 반드시 지켜져야 할 기준으로서 이에 위반하여 이익배당을 결의하면 그 결의는 무효이다.

2. 배당의안의 독립성

상법은 재무제표의 승인결의(449조 1항)와 이익배당의 결의(462조 2항)를 구분하며, 재무제표에 이익처분안을 필요적으로 포함시키지 않으므로 두 개의 결의는 별개의 의안이다. 하지만 이익잉여금처분계산서를 재무제표의 하나로 선택하는 회사의 경우(상령 16조 1항 2호)에는 재무제표의 승인만으로 이익배당이 가능하므로 이익배당을 별도의 의안으로 다룰 필요가 없다.

이익잉여금처분계산서를 재무제표로 선택하지 않은 회사라 하더라도 이익배당의 결정은 재무제표에 근거하여 산출되는 배당가능이익을 기초로 이루어지는 의사결정이므로 재무제표의 승인 없이 이익배당만 결의할 수는 없다.

3. 이익배당의 결정기관

1) 원칙(주주총회의 결의) 이익배당은 주주총회의 결의(보통결의)로 정한다(462조 2항 본). 배당의 여부, 배당금의 크기에 관한 의사결정은 회사의 전반적인 재산 및 영업상태를 파악한 후에 내리는 정책적 결정이므로 재무제표의 승인권을 가진 주주총회로 하여금 이익배당도 결정하도록 한 것이다.

2) 이사회의 결의 소정의 요건을 구비할 경우 이사회가 주주총회를 갈음하여 재무제표를 승인할 수 있는데(449조의 2 1항), 이 경우에는 재무제표와 이익배당의 연계성으로 인해 이익배당도 이사회가 결정한다(462조 2항 단). 다만, 이에 관한 규정(462조 2항 단)은 주식배당에까지 적용되지는 않으므로 이사회가 결정한 이익배당을 주식배당으로 하고자 할 경우에는 다시 주주총회의 결의를 요한다(462조의 2 1항).

입법배경

이사회가 이익배당을 결정할 수 있도록 한 것은 다음과 같은 배려에 기인한다. 통상 결산이 마무리되는 영업연도 말일로부터 재무제표승인과 배당결정을 위한 정기주주총회가 열리는 시점까지는 3개월 가까운 시일이 소요되는데, 그 기간에는 이익배당의 규모가 확정되지 않아 투자자들을 혼란시킨다. 2011년 개정상법은 이 문제점을 해결하기 위해, 미국에서는 주로 이사회가 이익배당안을 결정하며, 일본에서도 정관에 규정을 두고 소정의 요건을 구비하면 이사회의 결의로 이익배당을 결정하도록 하는 입법례를 본받아 상법 제449조의2와 제462조 제 2 항 단서를 신설하였다.[1]

4. 현물배당

(1) 의 의

이익배당은 현물로 할 수 있다(462조 의4).[2] 회사는 현물재산을 배당에 활용함으로써 현금자산의 유출을 막고, 재산의 매각비용을 줄일 수 있어 재무관리에 편익

---

1) MBCA § 6.40(a); Del. Gen. Corp. Law § 170(a); 日會 459조 1항.

2) 2011년 개정전에는 명문으로 정해진 주식배당을 제외하고는 금전배당만이 가능하며, 기타의 재산으로 하는 현물배당은 불가능하다고 보는 데에 별 이견이 없었다. 그러나 동 개정법은 현물배당을 허용하는 외에 상환주식의 상환, 합병교부금의 지급도 현물로 할 수 있다는 규정을 신설하였다(345조 4항 · 523조 4호).

을 누릴 수 있으며, 배당하는 현물의 가치가 주주에게 불만스러운 것이 아니라면 주주에게도 이로운 거래가 될 수 있다.[1)]

현물배당이란 회사의 결정에 의해 당초 배당의 목적이 현물로 정해지는 것을 말하고, 배당이 금전으로 확정된 후 회사와 주주간의 합의로 금전에 갈음하여 현물로 지급하는 것은 대물변제(민 466조)이고 현물배당은 아니다.

(2) 「現物」의 의의

현물은 금전이 아닌 경제적 가치 있는 재산을 말하므로 그 종류를 한정할 수는 없다. 그러나 주주별로 배당하는 재산의 종류를 달리 정할 수는 없으므로 1인주주를 대상으로 하지 않는 한, 배당으로 사용하는 현물은 가분적으로 존재하는 것이어야 하고, 평가가 용이해야 하므로 보통은 타회사(예: 모회사, 자회사, 계열회사)의 주식, 사채 등이 배당의 소재가 된다. 회사 스스로가 발행하는 주식은 신주발행제도나 주식분할제도와 중첩되므로 허용되지 않는다고 해석된다.[2)] 회사가 발행한 사채나 그전부터 보유하던 자기주식은 배당가능한 현물이다.

(3) 현물배당의 요건

1) 정관의 규정 정관에 금전 외의 재산으로 이익배당을 할 수 있음을 정해야 한다(462조의 4 1항).

2) 의사결정 정관에 근거가 있다 하더라도 특정 배당을 현물로 하는 의사결정이 필요하다. 상법은 이 점에 관해서는 규정을 두고 있지 않으므로 이익배당을 결정하는 결의에서 현물배당을 정할 수 있다고 해석할 수밖에 없다.[3)] 즉 주주총회가 배당을 결의할 경우에는 그 주주총회의 결의로(462조 2항 본), 이사회가 배당을 결의할 때에는 그 이사회의 결의로(462조 2항 단) 현물배당도 아울러 정할 수 있다고 보는 것이다.

(4) 예외적 처리

1) 배당하는 현물의 가치가 모든 주주에 대해 일치할 수는 없으므로 현물을 원치 않는 주주에게는 불이익이 될 수 있다. 따라서 상법은 현물배당을 정할 때에 주주가 배당되는 현물 대신 금전의 지급을 청구하는 것도 허용할 수 있도록

---

1) 연혁적으로는 현물배당이 이루어진 예가 드물지 않았다고 한다. 예컨대 네덜란드의 동인도회사는 배당의 일부로 향료를 분배했다고 한다. 현물배당을 인정하는 입법례로는 일본회사법 제454조 제 1 항 제 1 호, 독일주식법 제58조 제 5 항, 뉴욕회사법 제501조, 영국회사법 제263조 제 2 항 등 다수의 입법례가 있다.

2) 會社法コン(11), 128면.

3) 일본회사법에서는 주주총회의 특별결의에 의하도록 한다(日會 309조 2항 10호).

하는 동시에, 이같이 정한 경우에는 그 금액 및 청구할 수 있는 기간을 정하도록 하였다(462조의4 2항 1호). 이 결정도 누가 할 것이냐는 문제가 있는데, 개정법은 이 점에 관해 언급하고 있지 않다. 역시 배당을 결정하는 결의에 의해 정해야 한다고 해석해야 한다.

2) 어느 주주의 소유주식의 수가 영세하여 그에 대한 배당금이 배당에 사용할 현물의 최소단위에 미달할 경우 또는 배당하는 현물의 특성상 극히 세분화해서는 자산의 가치가 유지될 수 없는 등 현물배당을 관철하기 어려운 사정도 있을 수 있다. 예컨대 배당할 현물이 1주당 시가가 200,000원에 달하는 母회사 주식인데, 어느 주주가 배당받을 금액이 3,000원에 불과하다면 현물배당 자체가 불가능하다. 이 경우에는 현물배당을 실시하는 중에서도 일부 소액의 주주에게는 금전으로 배당할 수 있다(462조의4 2항 2호). 이를 위해서는 그 기준을 미리 정해야 하는데, 이 결정 역시 배당을 정하는 결의에서 정해야 할 것이다.

배당의 시기와 횟수

2011년 개정전 상법하에서는 매결산기에 1회 재무제표를 작성하여 결산의 확정을 위한 정기주주총회에서 승인하고, 배당을 위한 이익잉여금처분계산서도 재무제표에 포함시켜 동시에 승인(결산의 확정)하였으므로 이익배당은 연 1회 결산의 일환으로 하는 것이 원칙이었다(정기배당). 그리고 정관에 규정을 두어 정기주주총회에서 처분하지 않은 이익잉여금의 범위에서 이사회의 결의로 중간배당을 실시할 수 있었다(462조의3).

그러나 개정법은 배당의 시기와 횟수에 관해 큰 변화가 생긴 것으로 해석할 여지를 만들었다.

이익잉여금처분계산서가 상법이 정하는 재무제표에서는 제외되고 회사가 재무제표로 선택할 수 있게 되었고(447조 1항, 상령 16조 1항), 배당이 재무제표의 승인과는 별도의 주주총회의 의안이 되었으므로(462조 2항) 회사가 굳이 이익잉여금처분계산서를 재무제표로 선택하지 않는 한, 배당의 결의를 반드시 결산과 더불어 정기주주총회에서 해야 한다는 제약 또는 1회에 그쳐야 한다는 제약이 없어진 것이다. 또 준비금의 감소제도가 생김으로 인해 영업연도 중에도 언제든 배당가능이익이 산출될 수 있게 되었다. 참고로 일본 회사법은 이익잉여금처분계산서를 재무제표에서 없애고, 잉여금의 관리를 유연하게 하면서, 배당결의를 재무제표승인과는 별도의 결의로 하게 하였으므로(日會 453조·454조) 영업연도 중 언제이든 배당이 가능하다.[1] 개정법상의 재무제표, 준비금 및 배당에 관한 개정사항들은 日本의 제도를 본받았으므로 우리도 배당시기와 회수에 제한이 없다고 해석하는 것이 자연스럽지만, 입법자들이 이 점을 의식한 것인지는 알 수 없다.

---

1) 相澤(下), 20.

그러나 한 가지 이러한 해석과 충돌하는 점이 있다. 중간배당제도가 남아 있다는 점이다. 중간배당은 연간 1회의 결산과 배당을 전제로 하고 있기 때문이다(462조의3). 이 규정이 사문화되었다고 보지 않는 한, 상법상 아직 정기배당이 존재한다고 보아야 한다. 배당시기와 회수에 제약이 없어졌다고 단언하기에는 관련제도가 완벽하지 않은 점도 있으므로 당분간은 개정전과 같이 제462조 제 2 항의 배당은 정기배당을 의미한다고 해석하고, 입법의 보완을 건의하기로 한다.

Ⅲ. 中間配當

중간배당이란 사업연도 중간에 직전결산기의 미처분이익을 재원으로 하여 실시하는 이익분배를 말한다. 이익배당의 재원마련을 위한 회사의 부담을 평준화하고 증권시장에의 자본유입을 활성화시킨다는 목적을 가진 제도이다. 그러나 중간배당은 당해 사업연도의 손익이 확정되기 전에 회사재산을 사외유출시키는 것인데다, 이사회의 결의만으로 가능하므로 자본충실을 해할 위험이 높다. 그러므로 중간배당은 다음과 같은 엄격한 요건하에 가능하며, 중간배당에 관하여는 이사에게 무거운 책임을 지우고 있다.

1. 중간배당의 요건

1) 결 산 기 연 1회의 결산기를 정한 회사에 한하여 중간배당을 할 수 있다(462조의3 1항). 따라서 연 2회의 결산기를 정한 회사는 중간배당을 할 수 없다. 즉 6개월을 주기로 한 배당을 가능하게 하는 것이 입법의도이다.

2) 정관의 규정 중간배당은 정관에 규정이 있을 때에 한하여 할 수 있다.

3) 시 기 중간배당은 영업연도 중 1회에 한하여 할 수 있다(동조 동항). 상장회사는 정관으로 정하는 바에 따라 연 3회의 중간배당을 할 수 있으나,[1] 비상장회사 또는 상장회사라도 정관에 3회의 중간배당을 정하지 않은 회사는 연 1회에 한하여 중간배당을 할 수 있을 뿐이다.

배당기준일은 정관으로 정하여야 한다(동조 동항). 법문상으로는 이사회가 배당기준일을 정할 수 있는 것으로 오해할 소지가 있으나, 배당기준일은 사전에 예정되어 있어야 하므로 이사회가 임의로 정할 수 있는 것이 아니다. 정관으로 정한 날이 중간배당의 기준일이 된다(同旨: 권기범 1250. 반대: 김 · 노 · 천 623; 이종훈 449).

---

1) 사업연도 개시일로부터 3월, 6월, 9월 말일 당시의 주주에게 이익배당(분기배당)을 할 수 있다(자금 165조의12 1항). 배당여부는 각 말일로부터 45일 이내에 이사회가 결의한다(동조 2항).

4) 이사회의 결의　중간배당은 이사회의 결의를 요한다. 중간배당 여부는 다른 요건이 충족되는 한 이사회의 재량으로 정한다. 이사회의 결의로 확정되고, 추후 주주총회의 추인을 요하지 않는다. 이사회가 중간배당을 결의하면 주주들의 채권적 권리로서의 구체적인 배당청구권이 확정되므로 이사회는 그 결의를 변경하지 못한다(대법원 2022. 9. 7. 선고 2022다223778 판결).

5) 방　법　2011년 개정 전에는 중간배당은 금전배당으로만 할 수 있도록 하였으나. 개정법에서는 현물배당이 신설됨에 따라 중간배당도 현물배당이 가능하도록 제462조의3 제 1 항의 「금전으로 이익」이라는 표현을 단순히 「이익」으로 수정하였다. 법문상으로는 주식배당도 가능하다고 해석할 소지가 있으나, 주식배당은 주주총회의 결의를 요하는 점(462조의2 1항)에 비추어 이사회의 결의로 족한 중간배당을 주식배당으로 하는 것은 적합하지 않으므로 중간배당은 금전 또는 현물배당만 가능하다고 새겨야 한다.

6) 대　상　중간배당을 받을 자격이 있는 주주는 정관이 정한 일정한 날의 주주이다. 따라서 중간배당을 위해 주주명부의 폐쇄나 기준일의 설정은 불필요하다. 그럼에도 불구하고 상법이 기준일의 설정에 관한 제354조 제 1 항을 준용하고 있음은 의문이다(462조의3 5항).

7) 배당의 재원　상법 제462조의3 제 2 항은 중간배당이 가능한 금액의 범위를 정하고 있다. 중간배당은 직전 결산기의 대차대조표상의 순자산액에서 {직전 결산기의 자본금의 액＋직전 결산기까지 적립된 법정준비금＋직전 결산기의 정기총회에서 이익으로 배당하거나 또는 지급하기로 정한 금액＋중간배당에 따라 적립하여야 할 이익준비금}을 공제한 잔액을 한도로 한다. 요컨대 직전 결산기에 관한 정기총회에서 이익잉여금을 처분하고 남은 잔액을 한도로 하여 중간배당을 할 수 있는 것이다.[1] 그리고 이익배당을 하면 그 금액의 10분의 1을 이익준비금으로 적립하여야 하므로 이 금액의 적립을 감안한 잔액에 한해 중간배당을 할 수 있다.

2011년 개정법 제462조 제 1 항 제 4 호에는 배당가능이익의 산출을 위해 순자산에서 공제할 항목에 「대통령령으로 정하는 미실현이익」이 추가되었는데, 중간배당에는 이 점이 반영되지 않았다. 미실현이익의 공제필요성은 중간배당이라

1) 예컨대 12월 결산인 어느 회사가 2026년 3월 정기총회에서 2025년도의 재무제표를 승인하였는데, 배당가능이익이 1억원이라 하자. 그리고 주주총회에서 7천만원의 배당의안을 가결하였다. 그러면 이 회사가 2026년 중에 중간배당을 실시하려 할 때 배당가능한 금액은 미처분이익 3천만원이 되는 것이다.

고 해서 달라질 수는 없다. 입법의 착오가 분명하므로 미실현이익은 중간배당에서도 공제항목으로 새겨야 한다.

중간배당의 실질

이같은 중간배당의 재원을 본다면, 실질적으로는 중간배당은 이익배당의 「후급」이라고 볼 수 있다. 이익배당이란 원래 결산에 의한 이익을 가지고 주주총회의 이익처분결의에 의하여 이루어져야 하는 것이므로 중간배당은 법률적인 의미에서는 이익배당이 아니다.[1] 그러나 상법에서는 이익배당이라는 용어를 쓰고 있고, 주주총회의 결의를 제외한 모든 이익배당에 관한 규정을 준용하고 있다.

2. 배당의 제한

기술한 바와 같이 중간배당은 직전결산기의 대차대조표를 기준으로 하여 정기총회에서 미처분한 이익을 재원으로 하여 실시하는 것이다. 그러다보니 장차 당해 결산기의 손익계산 결과 결손이 발생한다면, 상법 제462조 제 1 항이 정하는 배당요건을 위반하여 이익 없이 배당을 한 결과가 된다. 그러므로 상법은 중간배당으로 자본충실이 저해됨을 염려하여, 당해 결산기의 대차대조표상의 순자산액이 제462조 제 1 항 각호의 금액의 합계액에 이르지 아니할 우려가 있는 때(즉 당해 결산기에 손실이 발생할 우려가 있을 때)에는 중간배당을 할 수 없다고 규정하고 있다(462조의 3 3항).

3. 이사의 책임

1) 책임의 대상 위에 말한 중간배당의 제한에 관한 규정의 실효성을 확보하기 위하여 상법은 중간배당을 한 결과 당해 결산기의 대차대조표상의 순자산액이 제462조 제 1 항 각호의 금액의 합계액에 미치지 못하게 된 경우 이사는 회사에 대하여 연대하여 그 차액을 배상할 책임을 지고, 배당액이 그 차액보다 적을 경우에는 배당액을 배상할 책임이 있다고 규정하고 있다(462조의 3 4항 본). 그러므로 중간배당은 이사가 당해 결산기에 이익이 발생하거나 최소한 손실이 발생하지 않는다는 확신하에 실시할 수 있는 것이다. 그리고 그러한 확신에 이르는 판단에 관하여 이사에게 위험을 부담시키는 것이다.

2) 증명책임 이사의 판단이 그릇되었다 하더라도 이사에게 무과실책임을 지우는 것은 가혹하므로 과실책임으로 하되, 이사에게 無過失에 관한 증명책임을 부담시키고 있다. 즉 이사가 당해 결산기에 손실이 발생할 우려가 없다고

1) 鈴木 · 竹內, 380면.

판단함에 있어 주의를 게을리하지 아니하였음을 증명한 때에는 배상책임을 면한다(동조 동항 단). 이사의 손해배상책임을 추궁함에 있어서는 원칙적으로 이사의 책임을 추궁하는 자가 이사의 임무해태에 관해 증명책임을 지는 것임(399조 1항)에 대해, 중간배당에 대해서는 이사에게 무과실의 증명을 요하므로 이사의 책임에 관한 일반원칙의 예외를 이룬다.

이사회의 중간배당결의에 찬성한 이사도 연대하여 책임을 진다(462조의3 6항 → 399조 2항). 이 역시 과실책임이므로 배당결의에 찬성한 것이 임무해태에 속할 경우에 적용된다.

3) 책임의 감면 · 해제 이사의 책임을 면제하기 위하여는 총주주의 동의를 요하지만, 정관이 정하는 바에 따라 이사의 책임을 감경할 수 있다(462조의3 6항 → 400조).

중간배당이 있은 결산기에 관한 재무제표를 주주총회에서 승인하고 2년 내에 이사의 책임을 묻는 결의가 없을 경우, 제450조 본문을 적용한다면 이사의 책임은 해제된 것으로 본다. 그러나 입법의 선후관계, 제462조의3의 취지 등으로 보아 동조는 제450조에 대한 특칙으로서, 동조의 책임에는 제450조가 적용되지 않는다고 보아야 한다.

중간배당의 요건 및 책임의 예

운수업을 하는 甲회사의 2024년도 결산에 관한 주주총회가 2025년 3월 25일에 열렸다. 당기의 대차대조표상 순자산 중 자본과 과거 적립한 법정준비금 등을 제외한 잔액은 1,000만원이었다. 이 중 주주에 대해 500만원을 금전배당하기로 한 결과 50만원의 이익준비금을 적립하고 나머지 이익 450만원이 다음 기로 이월되었다. 甲회사의 정관에는 매년 6월 1일 현재의 주주에게 중간배당을 할 수 있다고 정하고 있다. 그러므로 2025년 7월 초 회사의 영업이 순조로우므로 이사회는 300만원의 중간배당을 결의하였다. 아울러 30만원의 이익준비금을 적립하였다. 그 결과 나머지 미처분이익은 120만원이 되었다. 그런데 2025년 8월부터 갑자기 석유값이 인상되어 원가부담이 커지고 따라서 2025년도의 결산을 한 결과 당해연도에 400만원의 손실이 발생하였다. 중간배당을 한 후 남은 이익 120만원을 제하고도 손실은 280만원에 이른다. 이 손실은 중간배당을 하지 않았으면 전년도의 이월이익으로 메울 수 있었을 것이다. 그러므로 이사들은 280만원의 손실에 대해 손해배상책임을 져야 한다. 혹 2025년도의 손실이 400만원이 아니고 1,000만원이라 할 경우에는 이월된 이익 120만원을 제하면 880만원이다. 이 때에는 이사들이 880만원 전액을 배상할 필요는 없고, 이 중 중간배당한 금액 300만원만 배상하면 된다.

그런데 석유값 인상은 갑자기 중동에서 전쟁의 기미가 보였기 때문이며, 이는 누구도 예상할 수 없었다는 것을 이사들이 증명하였다. 그렇다면 이사들은 위 금액을 배상하지 않아도 된다.

4. 주주의 반환의무

상법 제462조의3 제 6 항은 동조 「제 3 항」에 위반하여 중간배당을 한 경우 제462조 제 3 항과 제 4 항을 준용한다고 규정하고 있다. 즉 중간배당을 한 결과 당해 결산기에 결손이 생기면 채권자가 주주에게 배당금의 반환을 청구할 수 있다는 것이다. 그러나 이는 입법의 착오로서, 제462조의3 「제 2 항」에 위반한 경우에 준용할 것을 「제 3 항」에 위반한 경우로 오기한 것이다(2005년 이전 日商 293조의5 7항 참조). 다시 말해 배당가능이익이 없이 중간배당을 한 경우(제 2 항)에 채권자의 반환청구가 가능하도록 규정해야 하는 것이다. 입법적 보완을 요한다.

위법중간배당에 관한 입법착오

제462조의3 제 6 항에서 준용하고자 하는 제462조 제 3 항은 회사가 배당가능이익이 없음에도 배당을 한 경우에는 회사의 채권자가 주주에게 배당받은 이익을 회사에 반환할 것을 청구할 수 있다는 규정이다. 이어 준용되는 제462조 제 4 항은 이 청구에 관한 소에 제186조 이하를 준용한다는 규정이다. 그리고 제462조의3 제 6 항에 의해 제462조 제 3 항 및 제 4 항을 준용할 대상이 되는 제462조의3 제 3 항은 회사가 당해 영업연도의 대차대조표상의 순자산액이 제462조 제 1 항 각호의 금액의 합계액에 미치지 못할 우려가 있는 때에는 중간배당을 하여서는 안 된다는 규정이다. 그러므로 제 6 항의 준용규정을 도합하여 읽으면 이사가 중간배당을 한 결과 결손이 나면 채권자의 반환청구를 인정하겠다는 것이다.

그러나 제462조의3 제 3 항에 위반한 배당이란 것은 배당을 한 시기가 속하는 사업년도의 종료 후에 사후적으로 인식되는 것이므로 이는 상법 제462조 제 3 항에 의해 채권자에 의한 반환청구의 대상이 되는 위법배당이 아니다. 상법 제462조 제 3 항은 중간배당을 하는 시점에서는 적법한 배당이지만, 계속기업의 자산을 관리하는 이사로서는 중간배당이 미래에 결손의 원인이 되지 않도록 주의하라는 규정이므로 이는 배당 자체의 적법성과 무관한 것이다. 제462조 제 3 항을 중간배당에 관해 준용한다면 배당가능이익이 없음에도 불구하고 중간배당을 실시한 경우를 준용대상으로 삼아야 옳고 따라서 제462조 제 3 항과 제 4 항은 중간배당이 제462조의3 제 3 항에 위반한 때가 아니라 제462조의3 제 2 항에 위반하여 이루어진 때에 준용하여야 한다.[1)·2)]

---

1) 중간배당이 존재했던 2005년 이전 일본상법이 그러하다. 일본상법은 제293조의5 제 7 항(우리 462조의3 6항 해당)에서 배당가능이익이 없음에도 불구하고 중간배당이 이루어진 때(즉 일본상법 293조의5 3항에 위반한 때)에는 제290조 제 2 항(우리 462조 2항 해당)을 준용하였다.

2) 李哲松, "商法上의 立法錯誤의 是正을 위한 연구(2) — 會社編을 중심으로 —," 「比較」 제50호

5. 기타의 법률관계

상법은 여러 곳에서 이익배당에 관련된 규정을 두고 있는데, 상법 제462조의3 제 5 항에서는 이들 경우에 중간배당을 이익배당으로 보도록 규정하고 있다. 구체적으로는 다음과 같다.

1) **등록질의 효과** 등록질권자는 입질된 주식에 대한 이익배당을 받아 자기 채권의 변제에 충당할 수 있는데(340조 1항) 중간배당에 대해서도 같은 권리를 행사할 수 있다(462조의3 5항 → 340조 1항).

2) **종류주식의 특례** 회사는 이익의 배당에 관해 내용이 다른 주식을 발행할 수 있는데, 이 때의 이익배당은 중간배당을 포함한다(462조의3 5항 → 344조 1항).

3) **주주명부의 폐쇄문제** 상법 제462조의3 제 5 항은 제354조 제 1 항을 중간배당에 준용함으로써 마치 중간배당을 위해 주주명부를 폐쇄하거나 기준일을 설정할 수 있는 듯한 오해를 주고 있으나, 기술한 바와 같이 중간배당의 기준일은 정관에 정하여야 하므로 주주명부의 폐쇄는 필요하지 않다.

4) **이익준비금** 중간배낭을 할 때에도 그 10분의 1에 해당하는 금액을 이익준비금으로 적립하여야 한다(462조의3 5항 → 458조).

Ⅳ. 利益配當請求權

1) 주주총회(또는 이사회)에서 배당의안이 승인되면(462조 2항), 이에 의해 주주에게 특정액의 배당금 지급청구권이 발생한다. 이것은 독립된 금전채권으로서(구체적 이익배당청구권) 주식과는 별개로 양도·압류·전부명령 등의 목적이 될 수 있고 소멸시효에 걸린다.

2) 주주는 주주권의 일부로서 이익배당청구권(추상적 이익배당청구권)을 갖지만, 이에 기해 결산기마다 확정적인 금전채권으로서의 배당청구권을 갖는 것은 아니고, 주주총회(또는 이사회)에서 배당결의를 함으로써 그 결의내용에 따라 배당청구권이 현실화된다. 그리고 배당을 할 것인지, 얼마를 할 것인지는 주주총회(또는 이사회)에서 다수결에 의해 결정되는 경영정책에 속한 문제로서 어떠한 법적 구속도 받지 아니한다. 그러므로 이익이 있다 하여 반드시 배당을 결의해야 하는 것도 아니고, 주주가 배당결의를 청구할 수 있는 것도 아니다(대법원 2010. 10. 28. 선고 2010다53792 판결).

(2010. 9.), 37면 참조.

그러나 통상의 주주총회결의 및 이사회의 결의가 그러하듯이 배당결의 역시 현실적으로는 대주주에 의해 좌우된다. 그리하여 배당결의란 실은 대주주와 그를 추종하는 경영자들의 경영정책의 소산이라 할 수 있다. 그러면 대주주의 경영정책에 따라 무한정 배당하지 않는 것도 용인할 수밖에 없는가? 대주주는 그 자신이 이사에 취임하여 보수를 받는다든지, 회사와 자기거래를 하는 등 여러 가지 방법으로 회사로부터 이익을 취할 기회가 있음에 반해 소액주주들은 이익배당만이 유일한 투자수익을 얻는 길임을 생각할 때, 장기간의 무배당결의는 심히 불공정하여 다수결의 남용이라 할 수 있다. 현행법에는 이 같은 무배당의 불공정을 직접 해결할 수 있는 제도가 없다.

입법론으로서는 이익이 충분함에도 불구하고 장기간 배당하지 아니할 경우 주주가 사법적 구제를 통해 배당을 청구할 수 있는 길을 열어 주거나, 해산을 청구하여 잔여재산분배를 통해 투자이익을 회수할 수 있게 해 주어야 할 것이다. 현행법이 이 점을 간과한 것은 커다란 흠이다.

3) 이상의 설명과 같이 이익배당청구권은 주주총회 또는 이사회(462조 2항 단서의 경우)의 배당결의가 이루어짐으로써 구체적인 채권으로 확정되는 것이나, 정관에서 배당금의 지급조건이나 배당금액을 산정하는 방식 등을 구체적으로 정하고 회사에 그에 따라 배당할 의무를 부과하는 우선주를 발행한 경우에는 주주총회 등의 배당결의의 유무에 불구하고 정관에서 정한 지급조건이 갖추어지는 때에 주주에게 구체적이고 확정적인 배당금지급청구권이 인정될 수 있다(대법원 2022. 8. 19. 선고 2020다263574 판결).[1)]

V. 이익배당의 基準

주주는 유한책임제하에서 출자액(즉 소유 주식수)에 비례하여 위험을 부담하므로 그에 대한 보상이라 할 수 있는 이익배당 역시 비례적으로 행해져야 한다. 따라서 이익의 배당은 각 주주의 소유주식수에 따라 평등하게 하여야 한다(464조 본). 이는 주식회사의 기본논리에 속하는 강행규정으로서 정관이나 주주총회의 결의에 의해서도 달리 정할 수 없다. 다만 우선주·열후주를 발행했을 경우에는(344조 1항) 정관의

1) 어느 회사의 정관에서 매년 당기순이익(배당가능이익으로 풀이됨) 중 소정률의 금액을 정기총회일로부터 7일 이내에 배당하는 우선주를 발행한다고 규정하였고, 이 규정에 따라 우선주를 발행하였는데, 배당가능이익이 생겼음에도 회사가 주주총회의 배당결의가 없었음을 이유로 배당을 하지 않자, 동 우선주의 주주가 배당금지급을 청구한 사건에서 법원은 본문과 같이 판단하였다.

규정에 따라 차등배당을 할 수 있다(464조 단). 이 경우에도 같은 종류의 주식간에는 주식평등의 원칙이 지켜져야 한다.[1)]

영업연도 중간에 신주식이 발행된 경우 당해 연도의 결산을 통한 이익배당은 구주와 차등없이 균등하게 배당한다. 예컨대 12월말 결산인 회사에서 2025년 10월 1일에 신주를 발행하였다 하자. 그리고 당해연도의 결산을 위한 정기총회에서 1주당 1,000원씩의 배당을 하기로 결정한다면 이 금액은 구주와 신주에 똑같이 지급되는 것이다.

연 혁

과거 기업의 배당실무에서는 영업연도 중간에 신주가 발행된 경우 신주는 종전의 주식(구주)에 비해 자본기여도가 짧으므로 구주보다 적은 배당을 받아야 한다는 생각이 강하게 지배했다. 예컨대 12월말 결산을 하는 회사에서 2025년 10월 1일에 신주를 발행했다고 하자. 그러면 당해연도에 구주는 1월 1일부터 회사의 자본에 기여하였지만, 신주는 10월 1일부터 12월 31일까지만 기여하였으므로 당해연도의 신주에 대한 배당금은 구주에 대한 배당금의 365분의 92[2)]로 해야 한다는 것이다(日割配當). 개정전 상법은 이러한 일할배당 관행을 원칙으로 하되, 배당실무가 번거로워지므로 회사가 정관에 규정을 두어 신주에게도 구주와 균등하게 배당할 수 있도록 하였다. 구체적으로는 영업연도 중에 전환주식을 전환하는 경우 정관에 규정을 두어 직전 영업연도 말에 전환된 것으로 볼 수 있도록 한 제350조 제 3 항 후단을 신주발행, 준비금의 자본전입, 주식배당, 신주인수권부사채의 신주인수권 행사 등에 준용하였다(423조 1항 후 · 461조 6항 · 462조의2 4항 후 → 350조 3항 후, 516조의10 → 350조 3항)(314면 참조). 원래 이익배당은 배당기준일 현재의 주식을 대상으로 하여 균등하게 실시하는 것이 원칙이므로 2020년 개정법에서는 일할배당의 사고를 불식하고, 제350조 제 3 항 및 이를 준용하는 규정을 삭제하였다. 이에 의해 언제 신주가 발행되든 신구주간에 균등배당이 이루어지게 되었다. 다만, 회사가 원할 경우 정관에 규정을 두어 과거와 같이 차등배당을 할 수 있다고 본다.

大小株主의 차등배당

상장회사에서는 대주주들의 양보를 얻어 대주주의 배당률을 소액주주의 배당률보다 낮게 하거나, 소액주주에게만 배당하고 대주주에게는 무배당하기로 결의하는 수가 있다. 주주의 차등배당률은 주주총회에서 「결의」할 성질의 것이 못 되므로 대주주에 대한 차등은 대주주 스스로의 배당포기라고 해석할 수 있는 경우에 한해 유효

---

1) 이에 대한 법상의 예외로 公共的 法人은 정부에게 지급할 배당금의 전부 또는 일부를 우리사주조합원과 소정의 영세주주에게 지급할 수 있다(자금 165조의14 1항).

2) 10월 1일부터 12월 31일까지의 일수(92일)를 일년(365일)으로 나눈 수.

하다(대법원 1980. 8. 26. 선고 80다1263 판결). 따라서 이사가 차등배당의 의안을 제출하고 주주총회에서 이를 승인한 경우에도 반대하는 대주주가 있거나 주주총회에 불참한 대주주가 있을 경우, 그에게는 소액주주와 같은 배당률로 배당해야 하며, 다수결로써 차등배당률을 강요할 수 없다. 대주주가 배당결의 후에 자신의 배당금 중 전부 또는 일부를 포기할 수 있음은 물론이다.

대주주가 자연인인 경우에는 별 문제가 없으나, 회사인 경우에는 대표이사가 배당포기의 의사표시를 할 것인데, 이는 회사의 권리를 부당하게 포기하는 행위이므로 회사, 때로는 주주들에 대해 임무해태로 인한 손해배상책임을 져야 한다(399조·401조). 설령 이사회의 결의로 포기했다 하더라도 다를 바 없으며, 찬성한 이사들도 같은 책임을 진다.

Ⅵ. 배당금지급시기와 時效

회사는 정기배당금을 주주총회(또는 이사회)의 배당결의(462조 2항)가 있은 날로부터 1월 내에, 그리고 중간배당은 이사회의 결의가 있은 날로부터 1월 내에 지급해야 한다(464조의 2 1항 본). 배당금지급의 지연을 막기 위함이다. 그러나 배당결의시 배당금의 지급시기를 따로 정할 수 있다(464조의 2 1항 단). 배당금지급이 지연되면 회사는 채무불이행책임을 지며(민 397조), 이사의 손해배상책임이 발생한다(401조).

배당금지급청구권은 5년의 소멸시효에 걸린다(464조의2 2항). 그렇다고 이익배당청구권을 상사채권(64조)으로 볼 수는 없다. 이익배당은 회사가 획득한 이익을 내부적으로 분배하는 행위로서 회사가 영업으로 또는 영업을 위하여 하는 행위가 아니기 때문이다(대법원 2021. 6. 24. 선고 2020다208621 판결).[1] 소멸시효는 배당결의시가 아니라 위 1개월이 경과한 때 또는 배당결의시에 따로 정한 기한이 경과한 때로부터 기산한다.

Ⅶ. 株式配當

1. 주식배당의 개념과 성질

주식배당(stock dividends)은 금전 대신 새로이 발행하는 주식으로 하는 이익

1) 부당이득반환채권은 상행위로 인한 채권이 아니므로 상법 제64조가 정하는 상사시효의 적용대상이 아니지만, 상행위에 기초한 급부 자체의 반환을 구하는 부당이득반환청구권으로서 상거래와 같은 정도로 신속하게 해결할 필요성이 있는 경우에는 상사시효를 적용해야 한다는 것이 판례의 입장이다. 본문의 판례는 이익배당은 상사채권이 아니므로 위법한 이익배당금의 반환을 구하는 청구권에는 상사시효가 아니라 일반시효(10년)가 적용된다고 판시하였다.

배당이다.

1)「금전 대신 주식으로」하는 이익배당이다. 따라서 먼저 배당하여야 할 이익을 금전으로 확정하고, 이를 주식으로 환산하여 배당하게 된다. 즉 기존의 주식 1주당 x원이라는 배당금이 결정되고, 그 배당금을 주식의 가액으로 환산하여 신주를 발행하게 된다.

2) 금전 대신「새로이」주식을 발행하여 그 주식으로 이익배당을 한다. 따라서 회사가 이미 보유하는 자기주식(treasury stock)으로 배당하는 것은 현물배당에 해당하고 주식배당은 아니다.

3) 주식배당은「이익배당」이다. 따라서 주식평등의 원칙에 따라 주주에게 지주비율에 따라 무상으로 신주를 분배한다. 그러나 배당할 이익이 자본금으로 전입되고 그로 인해 신주가 발행되어 분배되는 것이니, 엄밀히 말하면「무상」이라고 말하기는 어렵다. 다만 주주가 새로운 대가를 지급하지 아니하고 주식을 취득한다는 뜻에서「무상」이라고 표현할 수 있다.

4) 주식배당은 액면주식만 있던 시기에 만들었던 제도인데, 2011년 개정법에 무액면주식이 신설되었지만, 제462조의2에는 이 점을 반영하지 않았으므로 무액면주식에 동조를 적용할지 여부를 해석에 의해 밝혀야 한다.

제462조의2에 규정된 주식배당제도는 배당할 이익을 액면가로 나눈 수의 주식을 발행하는 구조이므로(동조 2항) 제462조의2를 수정없이 무액면주식에 적용할 수 없고, 그렇다고 일부규정(예: 2항)을 제외하고 나머지 규정만 적용하고자 해도 그같이 할 근거가 없다. 요컨대 제462조의2는 기본적으로 무액면주식에는 적용할 수 없는 조문이다. 그리고 각 주주가 가진 주식의 수를 늘이는 방법으로서는 주식의 분할(329조 의2)이 있으므로 이를 이용하면 족하고 주식배당이라는 절차가 특히 필요하지도 않다.

무액면주식과 주식배당의 입법례

일본에서는 일찍이 주식배당제도가 주식분할제도로 흡수되었는데(1990년), 그 이전에는 명문의 규정으로 무액면주식에도 주식배당제도를 적용하며 발행가를 정하는 방법을 규정하였다(당시 日商 293조의2 2항). 주식배당제도가 폐지된 이후에도 종류주식에 대해 차별적으로 주식을 무상교부하거나 다른 종류의 주식을 교부할 필요에서 주식의 무상교부제도가 회사법에 신설되었다(日會 185조). 우리는 이러한 명문의 규정을 갖고 있지 않으므로 무액면주식에 대해 주식배당을 허용하는 것은 물론 같은 기능을 하는 주식의 무상교부도 불가능하다.

주식분할 · 준비금의 자본전입 · 주식배당의 구별

주식분할, 준비금의 자본금전입 그리고 주식배당은 주주에게 새로운 대가 없이 주식이 발행된다는 점에서 흡사하다. 액면주식의 경우와 무액면주식의 경우 이 세 가지 제도의 異同의 관점이 상이하다.

액면주식을 발행한 회사의 경우, 주식분할은 액면분할을 의미하므로 준비금의 자본금전입 및 주식배당과는 확연히 구별되고, 준비금의 자본금전입과 주식배당도 역시 성격을 달리한다. 준비금의 자본금전입은 법정준비금을 재원으로 해서 이를 액면가로 나눈 수의 주식을 발행하는 것임에 대해, 주식배당은 배당가능이익을 재원으로 하여 이익처분을 하고 그 금액을 액면가로 나눈 수의 주식을 발행하는 것이므로 양자는 재원을 달리한다.

무액면주식을 발행한 회사의 경우, 주식분할은 회사의 재무상태에 전혀 영향을 줌이 없이 주식을 나누는 방법으로 발행주식의 수를 늘이는 것임에 대해, 준비금의 자본금전입은 준비금의 감소와 같은 금액의 자본금의 증가를 초래하는 점에서 주식분할과 다르다. 또 무액면주식을 발행한 회사에서는 준비금의 자본금전입은 주식의 수와는 무관하게 행해지는 것이 원칙이나, 자본금전입을 하면서 동시에 주식을 분할하면 액면주식발행회사가 준비금을 자본금전입하는 것과 같은 효과를 얻는다. 무액면주식에 관해서는 주식배당제도가 적용되지 않는다고 앞서 말했지만, 굳이 주식배당과 같은 효과를 거두는 방법을 구상해 보자면, 회사가 금전에 의한 이익배당을 하면서 동시에 신주발행을 하여 이익배당금을 회수하면 주식배당과 유사한 효과를 거둘 수 있지만, 이같이 할 실익을 생각하기 어렵다.

주식배당의 성질론

주식배당제도가 생긴 이래 주식배당의 성질을 이익배당의 일종으로 보는 견해와 주식분할로 보는 견해가 대립해 왔다.

1) 이익배당설 통설은 주식배당의 성질을 이익배당으로 본다(강 · 임 991; 권기범 1258; 서헌제 610; 손주찬 944; 이종훈 454; 이 · 최 757; 임재연 I 830; 정경영 857; 정준우 783; 정찬형 1262; 최기원 944; 최준선 746). 회사로서는 주식배당에 의해 배당금의 지급으로 감소될 재산이 주식의 발행가로 환수되므로 이익배당의 실질이 발견되고, 절차면에서도 주주는 이익배당결의에 의해 배당금지급청구권을 취득하고, 이것이 주식발행으로 치환되므로 역시 배당의 실질을 갖는다는 것이 주된 논거이다.

2) 주식분할설 소수설은 주식배당은 이익배당이 아니고 배당가능잉여금의 자본금전입을 수반하는 주식분할이라고 설명한다(김동훈 443; 임홍근 725; 정동윤 786).[1] 주식배당을 하더라도 회사자산은 변동하지 않고, 다만 이익 또는 임의준비금으로부터 자본의 항목으로 변경되는 것에 지나지 않고, 단지 신주가 持株數에 비례하여 분배된다는 점에서

1) 竹內昭夫, 「剰餘金の資本組入」(東京大學出版會, 1973), 30면 이하: 주식분할설의 대표적 문헌이다.

주식분할이며, 주식배당은 이익 또는 임의준비금의 자본금전입이 동시에 이루어진다는 차이가 있을 뿐이라는 논거를 제시한다.

3) 양설의 차이 주식배당의 성질을 무엇으로 보느냐에 따라 해석론에 있어 큰 차이가 생길 수 있다. 예컨대 회사가 종류주식을 발행한 경우 주식배당을 같은 종류의 주식으로 해야 하느냐, 다른 종류의 주식으로 할 수 있느냐는 의문이 제기될 수 있다. 또 주식을 약식입질한 경우, 이익배당에도 질권의 효력이 미치느냐에 대해서는 학설의 대립이 있는데(462면 이하 참조), 약식질의 효력이 이익배당에 미친다고 본다면 주식배당을 이익배당으로 보든 주식분할로 보든 차이가 없지만, 약식질의 효력이 이익배당청구권에 미치지 않는다고 본다면, 주식배당을 이익배당으로 볼 때와 주식분할로 볼 때에 질권의 효력이 달라진다. 그러나 이상 두 가지 문제는 상법이 명문으로 해결하고 있으므로(462조의2 2항 · 6항) 이 점에 관한 한 논의의 실익이 없다. 실익이 있는 쟁점은 유일하게 자기주식에 대한 주식배당의 가부라고 할 수 있다. 주식이 분할되면 자기주식 역시 분할되므로, 주식분할설을 취한다면 자기주식에 대해서도 주식배당을 해야 한다. 그러나 이익배당설을 취한다면 자기주식도 이익배당을 받을 수 있느냐는 문제로 풀어야 하는데, 현재 자기주식은 이익배당을 받을 수 없다는 것이 통설이다(441면 참조).

제도의 목적을 생각해 볼 때 주식분할은 단순히 주식단위의 세분화를 통해 발행주식수를 늘리는 데 있으며, 주식배당은 주식분할과 효과를 공통으로 하는 면이 있기는 하나, 근본목적은 배당할 이익을 사내에 유보하기 위한 것이며, 그 수단으로 자본금의 증가가 수반되는 것이다. 이같이 목적과 기능을 달리하는 바에는 주식배당의 성질은 이익배당으로 봄이 타당하다.[1)]

주식배당의 효용

주식배당의 가장 큰 효용이며 주된 목적은 배당가능이익의 사내유보이다. 이익이 생기더라도 배당하지 아니하고 준비금으로 적립한다면 같은 목적을 달성할 수 있겠지만, 「배당가능한 영업이익의 항구적인 자본화」(transfer of earned surplus to permanent capitalization)는 주식배당에 의해서만 기대할 수 있다.[2)] 그러므로 주식배당은 실제 소극적인 자금조달방법으로서 기능을 발휘한다.

주식배당을 하면 배당의 원천인 주식수가 증가하므로 주주에게도 유리하다. 또 주가가 액면가를 상회할 때에는 배당받은 주식을 처분하여 양도차익을 얻음으로 해서

1) 미국에서도 주식배당은 영업이익의 자본화를 초래함에 대해 주식분할에 의해서는 액면주식의 경우 주식수의 증가와 역비례하여 액면가가 줄어들고 발행주식의 액면총액(the aggregate par value of all outstanding shares)은 불변하는 것으로 이해함으로써 양자를 구별하며(Jennings & Buxbaum, pp. 921~22; Henn & Alexander, pp. 919, 924.), 자본증가 없이 주식을 세분하여 주식수를 늘리는 주식분할은 이익배당으로 해석하지 않는다고 하여 주식배당과 주식분할을 입법적으로 구별하기도 한다(Cal. Corp. Code § 188; N.Y. Bus. Corp. Law §§ 55, 57).

2) 前註書.

배당증가의 효과를 얻을 수 있는데, 증권시장에서는 이 점이 주식배당의 가장 큰 매력으로 인식된다.

그러나 주식배당을 하면 발행주식수가 늘어나므로 회사가 장차 더 큰 배당압박을 받게 된다는 점, 주가가 높을 때 주식배당을 하면 주주가 손실을 입을 수 있다는 점 등 주식배당의 단점도 지적된다.

2. 주식배당의 요건

(1) 주식배당의 제한

주식배당은 이익배당총액의 2분의 1에 상당하는 금액을 초과하지 못한다(462조의 2 1항 단). 환금성이 없는 주식이 과도하게 배당되지 않도록 하기 위함이다. 이 한도가 지켜지는 한 매결산기마다 계속적으로 주식배당을 해도 무방하다. 그러나 상장회사는 주식의 시가가 액면가 이상인 한 이익배당 전액을 주식배당으로 할 수 있다(자금 165조의13 1항). 상장주식은 환가가 용이하기 때문이다. 상법이 주식배당의 총액을 제한하는 취지는 주주를 보호하기 위함이므로 비상장회사에서도 총주주가 동의한다면 전액 주식배당을 할 수 있다.

(2) 배당가능이익의 존재

주식배당은 이익배당을 주식으로 하는 것이므로 금전배당과 마찬가지로 배당가능이익이 있어야 한다. 주식배당을 하는 부분에 대해서는 이익준비금을 적립할 필요가 없다(458조 단). 그러나 주식배당액은 이익배당 총액의 2분의 1을 초과할 수 없고, 그것은 금전배당 및 현물배당의 합계액을 넘을 수 없음을 뜻하므로 이익준비금의 적립은 주식배당가능이익을 제한하는 뜻을 갖는다.

(3) 미발행수권주식의 존재

주식배당을 하면 그만큼 발행주식총수가 증가한다(462조의 2 1항). 이 증가분이 발행예정주식총수의 범위 내이어야 함은 물론이다. 발행예정주식총수 중 미발행부분이 배당주식수에 부족할 때에는 먼저 정관변경을 하여 발행예정주식총수를 늘려 놓아야 한다.

3. 주식배당의 절차

(1) 배당의안의 작성

주식배당도 이익배당이므로 배당의안에 그 내용을 기재하여 이사회의 승인을 받아야 한다.

(2) 주주총회의 결의

주식배당은 주주총회의 결의에 의하여 한다(462조의2 1항 본). 결의요건은 보통결의이다.

형식상 주식배당은 이익배당의 결의(462조 2항 본)와 별도의 결의를 요하게 되어 있으나, 주식배당은 금전배당액(또는 현물배당)에 의해 규모가 정해지므로 양자는 동시에 결정함이 합리적이고, 양결의는 결의요건이 같으므로(보통결의) 동시에 이루어져도 무방하다. 동시에 할 경우 이익배당의 의안과 주식배당의 의안을 같이 묶어 찬반을 하도록 강요하게 되는 문제점이 생기나, 이익배당을 승인하는 결의는 찬반뿐 아니라 수정까지 할 수 있다고 해석되므로 주식배당도 그 결의의 유연성의 범위내로 이해할 수 있다. 따라서 주식배당은 별도의 결의에 의하지 않고 이익배당의 결의(462조 2항)에 의하여 결정될 수 있다.

재무제표를 이사회가 승인하는 경우에는 이익배당도 이사회의 승인으로 족하지만(462조 2항 단), 이 규정이 주식배당에까지 적용되지는 않으므로 이사회가 이익배당을 결정할 경우 이를 주식배당으로 하고자 할 경우에는 다시 주주총회의 결의를 요한다.

(3) 주식평등의 원칙

주식배당을 함에 있어서는 주식평등의 원칙에 유념하여야 한다. 예컨대 주주간에 차등을 두어 어떤 주주에게는 금전배당을, 어떤 주주에게는 주식배당을 함은 위법이며(설혹 주주들의 희망에 의해 했다 하더라도 위법이다), 또 주식의 종류에 따라 이와 같은 차별을 하는 것도 위법이다.

(4) 발 행 가

주식배당으로 인해 발행하는 신주의 발행가액에 대해서는 「주식의 권면액으로 한다」고 규정하였으므로(462조의2 2항) 주주총회에서 발행가를 정할 여지는 없다. 이는 자본충실의 이유에서 액면가 이하의 발행을 허용하지 않는 동시에, 주주의 이익을 위해 액면가 이상의 발행도 허용하지 않겠다는 뜻으로 받아들여야 한다.

(5) 단주의 처리

주식배당을 한 결과 단주가 생길 수가 있다. 단주는 경매하여 그 대금을 주주에게 지급하되, 거래소의 시세가 있는 주식은 거래소를 통하여 매각하고 그 대금을 지급하여야 한다(462조의2 3항 → 443조 1항).

(6) 종류주식과 주식배당

종류주식을 발행한 회사가 주식배당을 하는 경우 종류가 다른 주식간에 배당주식의 종류를 달리하여야 하는가? 이익배당설을 취한다면 당연히 종류가 다른 주식간에도 같은 종류의 주식(즉 보통주)으로 배당하여야 할 것이나, 상법은 각기 같은 종류의 주식으로 할 수 있다고 규정한다(462조의 2 2항). 그리하여 이 규정의 해석론으로서, 단일한 종류의 주식으로 배당할 수도 있고, 기존의 주식과 동종의 주식으로 배당할 수도 있다고 설명하기도 하고(권기범 1262; 손주찬 946; 임재연 I 831; 이종훈 456; 정경영 858; 정찬형 1263; 최기원 946), 기존의 주식과 동종의 주식으로만 배당하여야 한다고 설명하기도 한다(김홍기 787; 정동윤 788).

주식배당은 기본적으로 각 주식에 대해 정해진 배당금을 주식으로 환산하여 신주를 발행한다는 사고에 입각해 있으므로 주식으로 환산하는 단계에서 종류별로 차별함은 주식평등의 원칙에 반한다. 그러므로 모든 주식에 대해 보통주로 배당하는 것이 원칙이나, 법상 종류별 차별을 허용하는 바이므로 전자의 설과 같이 해석해야 할 것이다.

⑺ 자기주식에 대한 주식배당

주식배당의 본질론에 따라 회사가 보유하는 자기주식에 대해 주식배당을 할 수 있는지가 달리 설명된다 함은 기술한 바와 같은데, 이익배당설의 입장에서 자기주식은 이익배당에 참가할 수 없다고 보므로 주식배당도 받을 수 없다고 본다(440면 이하 참조)(반대: 정동윤 789).

⑻ 배당통지

이사는 주식배당의 결의가 있는 때에는 지체없이 배당을 받을 주주와 주주명부에 기재된 질권자에게 그 주주가 받을 주식의 종류와 수를 통지하여야 한다(462조의 2 5항).

⑼ 등　　기

주식배당에 의해 발행주식수와 자본금이 증가하게 되므로 주주총회의 결의가 있은 날로부터 2주일 내에 본점소재지에서 변경등기를 하여야 한다(317조 4항 → 183조, 317조 2항 2호 · 3호).

⑽ 주권의 발행

주식배당에 의하여 주주가 취득한 신주에 관해 회사는 주권을 발행하여야 한다. 그 시기에 대해서는 명문의 규정이 없으나 상법 제355조 제 1 항을 유추적용하여 지체없이 발행하여야 한다고 본다.

4. 주식배당의 효과

(1) 주식수와 자본금의 증가

주식배당을 하면 배당가능이익이 자본화되고, 이를 액면가로 나눈 수만큼 발행주식수가 증가한다. 그러나 단주는 환가하여 배당을 하고, 또 종류주식을 발행한 경우에는 종류에 따라 배당금이 달라지는 것과 같이 배당되는 주식수도 달라지게 되므로 모든 주주의 지분이 같은 비율로 늘어나는 것은 아니다.

(2) 新株의 효력발생시기

주식배당을 받은 주주는 주식배당의 결의가 있는 주주총회가 종결한 때부터 신주의 주주가 된다(462조의2 4항). 결의시에 신주발행의 효력이 생긴다면 총회개최 중에 출석주주의 지주수에 변동이 생겨 절차상 불편할 뿐 아니라, 이 주식을 가지고 당기의 배당에 재차 참가하는 모순이 있기 때문이다.

(3) 질권의 효력

등록질권자의 권리는 주주가 배당받은 주식에 미친다(462조의2 6항 전). 그리고 등록질권자는 회사에 대하여 주권의 교부를 청구할 수 있다(462조의2 6항 後 → 340조 3항). 약식질권자의 권리는 배당주식에 미치지 않는다(462조의2 6항의 반대해석). 이는 상법이 주식배당을 이익배당으로 보고 있음을 뜻한다(약식질권은 이익배당에는 미치지 않음을 주의. 463면 참조).

Ⅷ. 違法配當의 효과

1. 총 설

법령 · 정관에 위반하여 행해진 이익배당을 위법배당이라 한다. 배당가능이익이 없음에도 불구하고 배당하거나 이를 초과하여 배당한 것은 전형적인 위법배당이나, 그 밖에도 배당절차 · 기준 · 시기 · 방법 등에 하자가 있거나 주식평등의 원칙에 위반하는 등 위법의 사유는 다양하다.

위법한 배당을 하면 이사 · 감사 등의 손해배상책임이 발생하고 벌칙이 적용되지만, 보다 중요한 문제는 배당 자체의 사법적 효과가 어떻게 되느냐이다. 금전배당(또는 현물배당. 이하 같음)과 주식배당의 경우를 구분하여 설명하기로 한다.

2. 금전배당(또는 현물배당)의 위법

금전배당의 위법은 다시 배당가능이익이 없이 배당한 경우(협의의 위법배당)와 기타 위법한 경우(광의의 위법배당)에 따라 해결법리를 달리한다.

(1) 배당가능이익 없는 배당

상법 제462조가 정하는 배당가능이익이 없는 상태에서 배당을 하거나, 제462조의3 제 2 항이 정하는 이익이 없는 상태에서 중간배당을 하는 것은 배당시 지켜야 할 가장 중요한 강행법적 원칙에 위반한 것이므로 무효이다. 따라서 회사가 그 반환을 청구할 수 있음은 물론 회사채권자에게도 반환청구권이 주어진다.

대차대조표상으로 배당가능이익이 없는데 배당결의를 하는 수도 있겠지만, 자산의 과대평가, 부채의 과소계상 등을 통해 가공의 이익을 만들어 배당하는 경우가 많다(소위 「낙지배당」).[1] 어느 것이나 배당가능이익 없이 한 위법한 배당으로서 효력에 차이가 없다.

1) 회사의 반환청구 위법한 배당이라도 주주총회의 배당결의를 통해 행해진다. 따라서 회사가 반환을 청구할 경우, 먼저 주주총회결의무효확인의 소를 제기하여 무효판결을 받은 후에 반환을 청구해야 하느냐, 아니면 무효판결 없이 직접 반환을 청구할 수 있느냐는 문제가 제기된다. 이 문제를 주주총회결의무효확인의 소의 성질론과 결부시켜 무효확인의 소를 형성의 소로 보면 먼저 무효확인의 소를 제기해야 하고, 확인의 소로 보면 동소의 제기 없이 직접 반환청구가 가능한 것으로 설명하는 견해가 있다(강·임 984; 권기범 1246; 손주찬 937; 이범찬(외) 489; 정찬형 1257; 최기원 937). 앞서 형성소송설을 취한 바이지만, 위법배당의 반환문제는 결의무효확인의 소의 성질론과 결부시킬 것은 아니다(同旨: 서헌제 1060; 정동윤 784).

배당가능이익이 없이 한 이익배당은 배당결의의 효력에 의해 비로소 적법여부가 가려질 수 있는 것이 아니라, 그 자체가 이미 위법한 요소를 안고 있다. 다시 말해 이익이 없이 이익배당금을 지급하는 행위 자체가 자본충실에 어긋나고 강행규정(462조 1항)에 어긋나므로 그 위법성은 배당결의와 관계없이 독자적으로 판단되는 것이다. 그러므로 결의무효확인의 소의 성질론과 무관하게 위법배당은 부당이득반환의 법리(민 741조)에 의해 회사가 직접 반환을 청구할 수 있다고 본다. 위법배당을 받은 주주가 선의일 경우에도 회사가 반환을 청구할 수 있는가? 부정하는 설도 있으나, 주주가 선의라고 해서 반환책임이 면제된다고 볼 근거는 없다

---

1) 낙지와 문어는 배가 고프면 자기의 발을 끊어먹는 버릇이 있다. 회사가 이익이 없이 배당을 하는 것은 마치 낙지나 문어의 생태와 같다 하여 흔히 「낙지배당」·「문어배당」 또는 「제꼬리배당」이라 부른다.

(다수설).[1] 다만 주주가 선의일 경우에는 부당이득반환의 법리에서와 같이 이익이 현존하는 범위에서만 반환하면 족한가(민 748조 1항), 또는 악의의 주주와 마찬가지로 전액을 반환해야 하느냐는 의문을 제기해 볼 수 있다. 민법 제748조는 개인법적 거래당사자들간에 부당이득에 관한 有責性에 따라 상당성 있는 이해조정을 위해 둔 특칙이나, 위법배당으로 인한 회사의 손실은 다른 주주 및 채권자의 손해로 파장이 미치는 조직법적 거래이므로 이 규정의 적용대상이 아니라고 본다. 또한 배당은 출자자와 회사간의 자본거래로서 선의자의 보호법리가 적용될 법률관계가 아니다. 즉 전액을 반환해야 한다.

2) 債權者의 返還請求 배당가능이익이 없는 위법배당은 채권자를 위한 책임재산을 감소시키므로 회사채권자도 직접 주주를 상대로 배당금의 반환을 청구할 수 있다(462조 3항 · 462조의3 6항). 다만 채권자는 자기에게 반환하라고 청구하는 것이 아니라 회사에 반환하라고 청구하는 것이다. 배당 당시의 채권자뿐만 아니라 그 이후의 채권자도 반환청구가 가능하다(통설).

채권자의 반환청구권은 회사의 권리를 대위하는 것이 아니라 채권자의 보호를 위해 상법이 특히 인정한 권능이다. 그러므로 채권자대위의 요건(민 404조)의 구비에 관계없이 반환을 청구할 수 있다. 예컨대 변제기에 이르지 않은 채권의 채권자라도 법원의 허가 없이 반환을 청구할 수 있다(민 404조 2항 참조).

채권자는 회사의 청구유무에 관계없이 반환을 청구할 수 있다. 위법배당이 회사의 변제자력에 어떤 영향을 미치느냐에 관계없이 청구할 수 있다. 즉 변제자력이 부족해지는 것은 청구의 요건이 아니다. 그리고 위법한 배당 전액의 반환을 청구할 수 있으며, 자기의 채권액에 국한하여 청구할 수 있는 것이 아니다.[2]

이상은 상법의 규정에 따라 부득이하게 도출되는 해석론이지만, 채권자가 회사로부터 변제를 받을 수 있는 한, 회사의 재산처분행위에 관여할 타당근거는 있을 수 없다. 재고할 입법이다. 참고로 독일 주식법에서는 채권자가 회사로부터 만족을 얻지 못하는 범위에 한해 위법배당의 반환을 청구할 수 있도록 규정하고 있다(§ 62 Abs. 2 AktG).

채권자의 반환청구권도 배당결의의 무효확인의 소를 제기함이 없이 행사할 수 있다. 그러므로 어떠한 방법으로든지 청구할 수 있으나, 소에 의할 때에는 회

---

1) 일본에서도 선의의 주주 역시 반환의무가 있다는 것이 다수설이나(日注釋(9), 16면), 독일주식법은 주주가 악의이거나 과실 있는 선의인 경우에 한해 반환의무를 지는 것으로 규정하고 있다(§ 62 Abs 1 Satz 2 AktG).

2) 日注釋(9), 18면.

사의 본점 소재지를 관할하는 지방법원에 제기해야 한다(462조 4항 → 186조). 회사가 청구할 때와 마찬가지로 위법배당을 받은 주주의 선의·악의를 가리지 않는다.

위법배당 반환청구권은 부당이득반환청구의 법리에 기한 것이므로 상행위채권이 아니고, 따라서 10년의 민사소멸시효가 적용된다(대법원 2021. 6. 24. 선고 2020다208621 판결).

(2) 기타의 위법

배당가능이익의 범위 내에서 배당이 이루어졌더라도 결의 자체의 취소사유(예: 소집절차위반)가 있거나 기타 시기·절차·방법에 하자가 있거나 주식평등의 원칙에 어긋나는 경우(예: 정관의 근거 없이 중간배당을 한 경우, 이사회의 승인이나 監事의 監査없이 배당결의한 경우, 주주간에 차등배당을 결의한 경우 등)도 위법한 배당으로서 그 효력이 부정되어야 한다. 다만 이 경우에는 회사채권자는 반환청구권을 갖지 않는다. 배당가능이익의 범위 내에서 배당이 이루어지는 한 회사의 책임재산의 보전에는 이상이 없고, 따라서 회사채권자가 배당의 효력을 다툴 법상의 이익을 갖지 않기 때문이다.

회사가 반환을 청구할 경우 어떤 방법·절차에 의해야 하는가? 주주간의 위법한 차등배당이나 정관에 근거가 없는 중간배당과 같이 그 자체가 실체법적인 위법성을 안고 있는 경우에는 배당결의의 효력을 다툼이 없이 반환을 청구할 수 있다고 보아야 할 것이나, 배당결의의 취소사유에 불과한 흠이 있음에 불과한 경우에는 먼저 배당결의의 효력을 다투는 소를 제기하여 판결을 얻어야 할 것이다.

3. 株式配當의 위법

주식배당이 위법한 경우에는 이로 인해 발행된 신주의 효력이 아울러 판단되어야 할 것이므로 신주발행무효의 소에 관한 제429조를 유추적용하여 소에 의해서만 주식배당의 무효를 주장할 수 있다고 보아야 한다(통설). 그러나 주주가 주금을 납입한 바가 없으므로 주금을 환급(432조)해 주는 문제는 생기지 아니한다. 대신 이익배당 자체는 유효한데 이를 주식으로 환산·발행하는 절차가 무효인 경우(예: 발행예정주식총수를 초과하는 발행)에는 주식이 무효로 되는 대신 배당금을 지급해야 할 것이다. 어떠한 경우이든 신주의 무효는 소급효가 없는 까닭에(431조 1항) 판결시까지 배당된 신주가 유효함을 전제로 이루어진 행위는 모두 유효하다.

주식배당에 의해서는 회사재산이 현실로 주주에게 이전된 바 없으므로 배당가능이익이 없이 주식배당을 했다 하더라도 채권자의 반환청구(462조 3항)는 인정되지 않는다.

4. 이사 등의 책임과 벌칙

위법한 내용의 배당의안을 작성 · 집행한 이사는 회사 · 주주 · 채권자 등에 대해 손해배상책임을 지며(399조 · 401조), 이사회에서 위법한 배당안을 승인한 이사들, 그리고 監査를 게을리한 감사(또는 감사위원회 위원)도 손해배상책임을 진다(399조 · 414조 · 415조의2 7항). 아울러 관련 임원들에게는 벌칙(회사재산을 위태롭게 하는 죄, 625조 3호 · 462조의3 5항)이 적용되고 해임사유(385조)가 된다. 또 위법배당에 관련해 외부감사인의 과실이 있는 경우 외부감사인도 회사 및 제 3 자에 대해 책임을 져야 한다(외감 31조).

제 5 관 기업정보의 공시와 주주 · 채권자의 권리

I. 서 설

기업내용의 공시(disclosure)는 회사를 중심으로 한 이해관계인 모두에게 중대한 뜻을 갖는다. 주주로서는 투자의 수익성과 투자회수의 여부를 판단하고 이사의 교체 여부를 결정하는 데에 필요한 정보를 얻는 계기가 된다. 회사채권자로서는 변제가능성을 판단하고 채권회수여부를 위한 의사결정에 있어 결정적인 자료가 된다. 공시를 통해 비로소 주주 · 채권자의 감시가 가능해지므로 이사의 합리적인 직무수행을 유도하는 수단이 되기도 한다. 특히 상장회사가 발행한 유가증권의 공정한 거래질서를 유지하기 위해서도 기업공시는 필수적이다. 요컨대 공시란 결국 회사경영의 局外에 존재하는 이해관계자들의 자기방어가 가능하도록, 업무와 재산에 관한 제반 정보를 전달하는 것이라 할 수 있다. 2011년 개정상법은 경영자의 자율성과 편의성의 영역을 크게 넓혔는데, 이는 주주와 채권자들의 이해에 영향을 미치는 정보의 양이 크게 늘었음을 의미하므로 개정상법하에서 공시의 중요성은 더욱 커졌다고 할 수 있다.

주주와 채권자의 자기방어의 보장이라는 측면만 생각한다면, 회사의 정보는 전부 공시되어야 마땅하나, 완전공시란 기업비밀의 유지를 불가능하게 하고 나아가서는 경쟁의 포기를 뜻하므로 요구하기 어려운 일이다. 그러므로 자연 기업의 공시에는 한계가 있을 수밖에 없으며, 상법이 공시범위에 있어 소수주주 · 일반주주 · 회사채권자에 따라 차등을 두는 것은 이런 이유에서이다.

기업의 공시와 대리비용

기업의 공시는 이해관계자들의 대리비용을 줄인다. 즉 기업의 경영현황이 투명하게 공시될 경우 주주들은 이사들의 업무집행이 적법하고 효율적인지를 판단할 수 있고, 소액주주들은 대주주와 경영자의 집단이 자신의 이익에 부합하는 방향으로 회사를 운영하는지 판단할 수 있다. 한편 채권자들은 채권의 회수가능성을 쉽게 판단할 수 있고 이로 인해 회사와 거래할 때에 거래비용을 줄일 수 있어 채권의 이율을 낮출 수 있는 계기가 되므로 회사에도 이익이 된다.[1]

Ⅱ. 公示制度

공시는 주식이나 사채의 발행단계에서도 요구되나 그것은 신주발행과 관련하여 설명한 바 있으므로 여기서는 계속기업(going concern)으로서의 회사가 통상적으로 공시하여야 할 사항에 대해서만 설명한다.

(1) 정관 등 서류의 열람청구

회사는 정관과 주주총회의 의사록을 본점과 지점에, 주주명부와 사채원부를 본점에 비치하여야 하며(명의개서대리인을 둔 경우에는 명의개서대리인의 영업소에 비치할 수 있다), 주주와 회사채권자는 영업시간 내에 언제든지 이 서류의 열람 또는 등사를 청구할 수 있다(396조 1항 · 2항). 실질주주 역시 실질주주명부의 열람 · 등사를 청구할 수 있다(자금 315조 2항 단). 이는 회사의 조직법적 법률관계의 기초적인 사항에 관한 주주 · 채권자의 정보접근권을 인정한 것으로[2] 주주 · 채권자라는 신분으로 족하고 열람 또는 등사의 목적이 정당하다는 증명을 요하지 않는다. 그 청구의 목적이 정당하지 아니할 경우에는 회사가 이를 거부할 수 있으나, 목적이 정당하지 아니함은 회사가 주장 · 증명하여야 한다(대법원 1997. 3. 19.자 97그7 결정; 동 2017. 11. 9. 선고 2015다235841 판결).

목적의 정당성

열람청구권은 주주나 채권자의 이익을 직 · 간접적으로 보호하거나 회사의 기관을 감시하기 위해 인정되는 제도이다. 그러므로 주주가 다른 주주에게 대표소송을 권유하기 위한 목적에서 열람을 청구하는 것은 목적이 정당한 예이다(대법원 2017. 11. 9. 선고 2015다235841 판결).

---

1) Armour/Hansmann/Kraakman, in Anatomy, p. 37.

2) 판례는 특히 주주의 열람 · 등사청구권이 「주주가 주주권을 효과적으로 행사할 수 있게 하며, 소수주주들로 하여금 다른 주주들과의 주주권 공동행사나 의결권 대리행사 권유 등을 할 수 있게 하여 지배주주의 주주권 남용을 방지하는 기능도 담당한다」고 설명한다(대법원 2017. 11. 9. 선고 2015다235841 판결).

그러나 회사의 영업을 방해하기 위해서, 혹은 정치적 · 사회적 목적이나 동기에서 열람청구를 하는 것은 목적이 정당하지 못한 예이다.

서울중앙지법 2008. 4. 4.자 2008카합721 결정: 삼성생명주식 10주를 가진 경제개혁연대 직원이 그룹회장이 실명으로 주식을 보유하는지 확인하기 위해 주주명부의 열람을 청구하였으나, 법원은 "주주로서의 권리를 확보하거나 행사하는 데 필요한 목적이 아닌 다른 정치적인 목적 등으로 주주명부 열람을 신청한 경우에 해당"한다고 하며 기각하였다.

서울중앙지법 2008. 3. 31.자 2008카합641 결정: 경제개혁연대가 주주들을 모아 이사들을 상대로 대표소송을 제기하기 위해 주주명부의 열람을 청구하였으나, 이미 필요한 주식을 확보한 이상 열람의 필요성이 없다고 하여 기각하였다.

미국에 정치적 목적을 위한 열람청구를 거부한 고전적인 판례가 있다. 1960년대에 Honeywell이라는 회사가 베트남전에 사용되는 군수품을 제조하고 있었는데, 반전주의자인 Pillsbury라는 주주가 군수품생산을 중단하도록 이사회에 영향력을 행사할 주주들을 결집시키고자 주주명부의 열람을 청구한데 대해 (미네소타)법원은 정치적 목적이라 하여 불허하였다.[1]

일본에서는 판례에 의해 대체로 위에 말한 기준을 적용해 오다가 회사법의 제정을 계기로 주주명부의 열람청구의 허부에 관한 기준을 명문화하였다. 즉 주주 · 채권자가 주주명부의 열람을 청구함에는 그 이유를 밝혀야 하고(日會 125조 2항), 회사가 거부할 수 있는 사유를 명시하고 있다. 그 사유는 후술하는 회계장부열람의 제한사유와 같다(日會 125조 3항 1호~5호). 이 기준은 우리 법의 해석론으로서도 원용할 수 있을 것이다.

실질주주명부의 열람청구

예탁결제원이 보관하는 주식에 관한 주주의 현황은 실질주주명부를 통해서만 알 수 있다. 자본시장법은 실질주주가 주주명부를 열람 · 등사를 청구할 수 있다고 규정하고 있지만(자금 315조 2항 단), 주주 또는 실질주주가 실질주주명부를 열람 · 등사할 수 있는지에 관해서는 규정을 두고 있지 않다. 그리하여 최근 상장회사들의 실질주주명부에 대해 상법 제396조에 의한 주주 · 채권자 또는 실질주주의 열람청구권이 미치는지가 자주 다투어지고 있다.

판례는 실질주주명부는 상법상 주주명부와 동일한 효력이 있으므로(자금 316조 2항), 열람 · 등사청구권의 인정 여부와 필요성 판단에서 주주명부와 달리 취급해서는 안 된다는 이유에서 상법 제396조 제 2 항을 유추적용하여 주주 또는 실질주주에게 실질주주명부의 열람 또는 등사의 청구를 허용한다(대법원 2017. 11. 9. 선고 2015다235841 판결; 동 2017. 11. 14. 선고 2015다246780 판결).

열람 또는 등사청구가 허용되는 범위도 상법 제396조를 유추적용해야 하므로 실질주주명부상의 기재사항 전부가 아니라 주주명부의 기재사항에 해당하는 실질주주의 성명 및 주소, 실질주주별 주식의 종류 및 수만으로 한정된다(동 판례).

---

1) State ex rel. Pillsbury v. Honeywell, Inc. 291Minn. 322, 191N.W. 2d 406(1971).

주주명부의 열람과 개인정보 보호

상법 제396조에 열거된 서류의 열람은 주주·채권자의 권리이므로 동 서류에 기재된 주주·사채권자 등이 열람되는 것을 원치 않는다 해도, 그 열람의 목적이 부당하지 않는 한, 회사는 열람청구에 응해야 한다(청주지법 2015. 3. 19. 자 2015카합50045 결정).

개인정보 보호법에 의해 주주명부 등의 열람청구가 제한되느냐는 문제가 있다. 주주의 성명, 주소 등 주주명부에 기재된 사항은 개인정보보호법의 적용대상이기는 하나, 동법은 다른 법률의 규정에 의한 예외를 허용하고 있다(동법 6조). 그리고 회사가 주주들의 열람청구에 응하는 것은 주주명부를 작성(정보 수집)하는 목적의 일부를 이루며, 주주가 명의개서를 했다는 사실은 이미 그 목적에 따른 정보의 사용에 동의하였음을 의미하므로(동법 15조 1항 1호 참조) 개인정보보호법을 근거로 주주명부의 열람청구를 거부할 수는 없다. 다만, 실질주주명부의 경우 주주명부에는 기재되지 않는 실질주주의 전자우편주소같은 것은 개인정보법의 적용대상이다(대법원 2017. 11. 9. 선고 2015다235841 판결; 동 2017. 12. 5. 선고 2015다123584 판결).

(2) 재무제표 등의 공시

이사는 재무제표 및 그 부속명세서, 영업보고서 그리고 감사보고서를 정기총회일 1주간 전부터 본점에 5년간, 그 등본을 지점에 3년간 비치하여야 하며(448조 1항), 상장회사 등 외부감사인의 감사를 받는 회사는 외부감사인의 감사보고서도 비치·공시하여야 한다(외감 23조 5항). 주주와 회사채권자는 영업시간 내에 언제든지 재무제표 및 그 부속명세서·영업보고서·감사보고서를 열람할 수 있으며, 회사가 정한 비용을 지급하고 서류의 등본이나 초본의 교부를 청구할 수 있다(448조 2항).

상장회사는 사업년도 경과 후 90일 내에 사업보고서를 금융위원회와 거래소에 제출하여야 하며, 사업연도가 1년인 회사는 반기보고서와 분기보고서도 각각 그 기간 경과 후 45일 내에 금융위원회와 거래소에 제출하여야 한다(자금 159조·160조). 이 서류는 일반에 공시된다.

(3) 대차대조표의 공고

이사는 주주총회가 재무제표를 승인한 후 지체없이 대차대조표를 공고하여야 하며(449조 3항), 이때 외부감사를 받는 회사는 감사인의 명칭과 감사의견을 병기하여야 한다(외감 23조 6항).

적시공시(timely disclosure)

이상의 공시는 정기적인 것이므로 수시로 일어나는 회사의 상황변동을 신속하게 공시하기에는 부족하다. 특히 주식이나 사채의 유통시장에서 매매를 거듭하는 투자자는 항상 최신의 기업정보를 필요로 한다. 그러므로 자본시장법은 상장회사에 한해 특히 주가의 형성에 영향을 미칠 중요한 사항을 적시에 공시하도록 규정하고 있다(상세는 자금 161조 1항 각호 참조).

(4) 공시에 관한 책임

공시를 게을리한 경우 이로 인해 손해를 입은 주주·채권자 등 이해관계인은 이사에게 손해배상책임을 물을 수 있을 것이나(401조), 이 밖에 외부감사를 받는 회사와 상장회사의 부실공시로 인한 손해배상에 관해 특칙이 있으며(외감 31조, 자금 162조), 상장회사의 공시의무불이행에 대하여는 각종 제재가 따른다(자금 429조 3항·444조 13호 각목).

Ⅲ. 재무관련 소수주주권

1. 주주의 회계장부열람권

(1) 취 지

재무제표 등 공시서류는 회사가 공시를 의식하고 작성하는 것인만큼 분식의 가능성이 있을 뿐 아니라 역시 간접적인 정보에 불과하므로 상법은 발행주식총수의 100분의 3 이상의 소수주주(상장회사의 소수주주 요건은 317면 이하 참조)에게 직접 「회계의 장부와 서류」를 열람할 수 있는 권리를 부여하고 있다. 소수주주는 이유를 붙인 서면으로 회계의 장부와 서류의 열람 또는 등사를 청구할 수 있다(466조 1항). 이를 소수주주에 한해 허용하고 단독주주를 제외한 것은 회계장부는 법정공시서류(396조 1항·448조 1항)보다 한층 기밀도가 높기 때문이다. 소수주주는 열람·등사청구권을 피보전권리로 하여 열람·등사를 명하는 가처분도 신청할 수 있다(판례 [119]).

열람·등사에 상당한 기간이 소요되는 경우에는 전기간을 통하여 소수주주의 주식보유요건을 구비하여야 하며, 소송을 통해 청구하는 경우에는 소송이 계속되는 동안 동 요건을 구비하여야 한다.[1)]

「채무자 회생 및 파산에 관한 법률」에 의한 회생절차가 개시되면 자본감소, 신주발행 등 여러 가지 상법상의 행위가 제한되지만, 상법 제466조의 회계장부열람청구권의 행사에는 영향이 없다(대법원 2020. 10. 20. 자 2020마6195 결정).

1) 대법원 2017. 11. 9. 선고 2015다252037 판결: 「화창운수」라는 회사에서 발행주식총수의 3분의 1을 소유하는 S주주가 소송으로 회사에 대해 「회계장부 및 서류에 대한 열람 및 등사」를 청구하였는데, 제 1 심의 계속중 동 회사가 제 3 자배정의 방법으로 신주를 발행하여 S주주의 지분이 2.97%로 떨어졌으므로 청구적격을 상실하였다고 판시하였다.

(2) 청구의 正當性

회사는 주주의 열람청구가 부당함을 증명하지 아니하면 이를 거부하지 못한다(466조 2항).

열람청구의 정당성 여부는 회사의 경영상태에 대한 주주의 알 권리와 열람을 허용할 경우에 우려되는 회사의 불이익(기업비밀의 누출 등)을 비교교량하여 판단하여야 한다. 그러므로 단순히 「경영감시의 필요성」과 같이 추상적인 이유만으로는 열람을 허용할 사유가 못 되지만, 이사의 부정을 의심할 만한 사유가 발생하는 등 회사의 경영상태에 대한 감독·시정의 필요가 있다고 볼 구체적인 사유가 있는 경우에는 열람을 청구할 정당한 사유가 된다(판례 [119], 서울지법 1998. 4. 1. 선고 97가합68790 판결).

열람청구의 부당성의 판단기준

어떤 경우에 열람청구가 부당하다고 볼 것이냐에 관해 판례는 「열람청구에 이르게 된 경위, 행사의 목적, 악의성 유무 등 제반 사정을 종합적으로 고려하여 판단해야 한다」라는 일반적 기준을 제시하며, 회사업무 또는 주주 공동의 이익을 해치거나 주주가 회사의 경쟁자로서 그 취득한 정보를 경업에 이용할 우려가 있거나, 회사에 지나치게 불리한 시기를 택하여 행사하는 경우는 정당한 목적이 결여된 예로 다루었다(판례 [122]). 한편 열람청구를 허용하는 기준으로는, 「이사에 대한 대표소송의 제기, 유지청구, 해임청구와 같이 회사의 경영을 감독하여 회사와 주주의 이익을 보호할 목적으로 주주의 권리를 행사하는 데에 필요한 경우」를 제시하고 있다(대법원 2014. 7. 21.자 2013마657 결정: 이사회의 의사록 및 회계장부의 열람을 허용한 예. 738면 참조).

그리고 영업양도의 결의에 반대하고 주식매수청구를 한 주주가 회계장부열람을 청구할 수 있느냐가 다투어진 사건에서, 법원은 주식매수대금을 지급받지 못하고 있는 상황에서는 여전히 주주의 자격을 가지므로 매수가격의 산정을 위해서는 물론, 기타 주주권의 행사를 위해 필요성이 인정되는 한 주식매수청구를 한 사실만으로는 회계장부열람을 거부할 사유가 되지 못한다고 판시하였다(대법원 2018. 2. 28. 선고 2017다270916 판결).

참고로 일본회사법에서는 소수주주가 열람청구를 할 때에는 그 이유를 분명히 밝히도록 하는 동시에(日會 433조 1항), 부당한 청구의 예를 명문으로 규정하고 있다. 즉, 청구가, ① 주주의 권리의 확보나 행사를 위한 조사 이외의 목적에서 비롯된 경우, ② 회사의 업무를 방해하거나 주주의 공동의 이익을 해할 목적으로 행해지는 경우, ③ 청구자가 회사와 경업을 하거나 그에 종사하는 경우, ④ 청구자가 회계장부 또는 관계자료의 열람 또는 등사에 의해 알아낸 사실을 이익을 얻으며 제 3 자에게 알리기 위한 경우, ⑤ 청구자가 과거 2년 내에 청구자가 회계장부 또는 관계자료의 열람 또는 등사에 의해 알아낸 사실을 이익을 얻고 제 3 자에게 알린 일이 있는 경우에는 회사가 열람을 거부할 수 있도록 명문의 규정을 두고 있다(日會 433조 2항). 상법에는 이같은 규정이 없으나, 이 기준은 해석론으로서도 도출할 수 있다(판례 [122] 참조).

⑶ 이유의 구체성

주주가 열람·등사청구서에 붙일 「이유」는 회사가 열람·등사청구에 응할 의무의 존부를 판단하고 열람·등사에 제공할 회계장부와 서류의 범위를 확인할 수 있을 정도로 열람·등사청구에 이르게 된 경위와 목적 등이 구체적으로 기재되어야 한다. 그러나 그 이유가 사실일지도 모른다는 합리적 의심이 생기게 할 정도로 기재하거나 그 이유를 뒷받침하는 자료를 첨부할 필요는 없다. 이 정도의 구체적인 기재를 요구한다면 주주의 부담을 과중하게 하여 열람청구권의 행사를 제한하기 때문이다(판례 [120]).

⑷ 열람의 대상

열람청구의 대상이 되는 회계장부나 서류는 반드시 청구대상이 되는 회사가 작성한 것에 국한되는 것은 아니다. 회사가 보관하고 있고 회사의 회계상황을 파악하기 위한 근거자료로 필요한 경우에는 나회사(예컨대 사회사)가 작성한 서류도 열람청구의 대상이 될 수 있다(판례 [121]).

판 례

[119] 대법원 1999. 12. 21. 선고 99다137 판결

「2. … 회계장부열람등사청구권을 피보전권리로 하는 가처분도 허용된다고 볼 것이고, 이러한 가처분을 허용함에 있어서는 피신청인인 회사에 대하여 직접 열람·등사를 허용하라는 명령을 내리는 방법뿐만 아니라, 열람·등사의 대상 장부 등에 관하여 훼손, 폐기, 은닉, 개찬이 행하여질 위험이 있는 때에는 이를 방지하기 위하여 그 장부 등을 집행관에게 이전 보관시키는 가처분을 허용할 수도 있을 것이다.

3. … 소수주주가 상법 제466조 제 1 항의 규정에 따라 회사에 대하여 회계의 장부와 서류의 열람 또는 등사를 청구하기 위하여는 이유를 붙인 서면으로 하여야 하는바, 회계의 장부와 서류를 열람 또는 등사시키는 것은 회계운영상 중대한 일이므로 그 절차를 신중하게 함과 동시에 상대방인 회사에게 열람 및 등사에 응하여야 할 의무의 존부 또는 열람 및 등사를 허용하지 않으면 안 될 회계의 장부 및 서류의 범위 등의 판단을 손쉽게 하기 위하여 그 이유는 구체적으로 기재하여야 할 것이다.

신청인은 이 사건 가처분신청을 하면서 피신청인 회사의 대표이사인 위 서립규가 피신청인 회사에 대한 경영권을 독점한 이후 자신의 측근들만으로 임원진을 구성한 채 상법과 정관을 위반하여 7~8년간 제대로 주주총회를 개최하지 않고 있고, 1990년 이래 단 한차례도 이익배당을 실시하지 않고 있으며, 피신청인 회사의 중요 자산인 레미콘 트럭을 임의로 처분하는 등 자의적이고 방만한 운영을 하고 있어 회사의 경영실태를 파악하고 이를 조사·감독하기 위하여 이 사건 각 장부 및 서류의 열람 및 등사를 청구하였으나 피신청인 회사가 이를 거부하였으므로, 회사의 경영실태를 파악하여 정관이나 법령에 위반되는 사실이나 방만한 경영 흔적을 밝혀 이사의 책임을 추궁하는 등 주주로서의 법적 권리를 행사하기 위하여 위와 같은 장부 및 서류들의 열람 및 등사를 청구하는 것이라고 이 사건 신청서 및 준비서면 등의 서면에 의하여 그 이유를 밝히고 있음은 기록상 명백하므로 신청인의 위 장부 및 서류들에 대한 이 사건 가처분신청은 상법 제466조 제 1 항의 요건을 갖춘 것이〔다.〕 … 한편 주주의 회계장부 및 서류의 열람, 등사청구권이 인정되는 이상 그 열람, 등사청구권은 그 권리행사에 필요한 범위 내에서 허용되어야 할 것이지, 열람 및 등사의 횟수가 피신청인 회사의 주장과 같이 1회에 국한되는 등으로 사전에 제한될 성질의 것은 아니라 할 것이므로 같은 취지에서 30일간의 열람 및 등사기간을 허용한 원심판결은 정당하〔다.〕」.

[120] 대법원 2022. 5. 13. 선고 2019다270163 판결

「… 그 이유가 사실일지도 모른다는 합리적 의심이 생기게 할 정도로 기재하거나 그 이유를 뒷받침하는 자료를 첨부…해야 한다면, 회사의 업무 등에 관하여 적절한 정보를 가지고 있지 않는 주주에게 과중한 부담을 줌으로써 주주의 권리를 크게 제한하게 되고, 그에 따라 주주가 회사의 업무 등에 관한 정보를 확인할 수 있도록 열람·등사청구권을 부여한 상법의 취지에 반하는 결과가 초래되어 부당하다.

다만 이유 기재 자체로 그 내용이 허위이거나 목적이 부당함이 명백한 경우 등에는 적법하게 이유를 붙였다고 볼 수 없으므로 이러한 열람·등사청구는 허용될 수 없다. 또 이른바 모색적 증거 수집을 위한 열람·등사청구도 허용될 수 없으나, 열람·등사청구권이 기본적으로 회사의 업무 등에 관한 정보가 부족한 주주에게 필요한 정보 획득과 자료 수집을 위한 기회를 부여하는 것이라는 사정을 고려할 때 모색적 증거 수집에 해당하는지는 신중하고 엄격하게 판단해야 한다.

한편 주주로부터 열람·등사청구를 받은 회사는 상법 제466조 제 2 항에 따라 열람·등사청구의 부당성, 이를테면 열람·등사청구가 허위사실에 근거한 것이라든가 부당한 목적을 위한 것이라든가 하는 사정을 주장·증명함으로써 열람·등사의무에서 벗어날 수 있다.」

[121] 대법원 2001. 10. 26. 선고 99다58051 판결

「상법 제466조 제 1 항에서 정하고 있는 소수주주의 열람·등사청구의 대상이 되는 '회계의 장부 및 서류'에는 소수주주가 열람·등사를 구하는 이유와 실질적으로 관련이 있는 회계장부와 그 근거자료가 되는 회계서류를 가리키는 것으로서, 그것이 회계서류인 경우에는 그 작성명의인이 반드시 열람·등사제공의무를 부담하는 회사로 국한되어야 하거나 원본에 국한되는 것은 아니며, 열람·등사제공의무를 부담하는 회사의 출자 또는 투자로 성립한 자회사의 회계장부라 할지라도 그것이 모자관계

에 있는 모회사에 보관되어 있고, 또한 모회사의 회계상황을 파악하기 위한 근거자료로서 실질적으로 필요한 경우에는 모회사의 회계서류로서 모회사 소수주주의 열람·등사청구의 대상이 될 수 있다.」

[122] 대법원 2004. 12. 24.자 2003마1575 결정

「… 주주의 열람·등사권 행사가 부당한 것인지 여부는 그 행사에 이르게 된 경위, 행사의 목적, 악의성 유무 등 제반 사정을 종합적으로 고려하여 판단하여야 할 것이고, 특히 주주의 이와 같은 열람·등사권의 행사가 회사업무의 운영 또는 주주 공동의 이익을 해치거나 주주가 회사의 경쟁자로서 그 취득한 정보를 경업에 이용할 우려가 있거나, 또는 회사에 지나치게 불리한 시기를 택하여 행사하는 경우 등에는 정당한 목적을 결하여 부당한 것이라고 보아야 할 것이다.

… 재항고인[주식회사 무학]과 상대방[대선주조주식회사]은 모두 부산·경남 지역에 영업기반을 두고 오랜 기간 경쟁관계를 유지해 오고 있는 점, 재항고인은 상대방이 139억원 남짓의 자본금을 33억원 남짓으로 대폭 감자한 후 비로소 상대방의 주식을 매입하기 시작하였고, 더구나 상대방의 계속된 자본전액 잠식으로 인하여 대부분의 보통주가 상장폐지되었음에도 액면의 5배에 달하는 가격으로 그 주식을 매입하여 그 주주가 되었으므로, 재항고인의 주식 취득은 그 본래의 목적인 회사의 경영성과를 분배받고자 하는 데 있지 않음이 분명한 점, 재항고인이 상대방의 주식 취득과 때를 같이하여 공개적으로 상대방의 경영권 인수를 표방하면서 50% 이상의 주식 취득을 위한 주식 공개매수에 착수함과 아울러 이미 재항고인의 주식 취득 이전에 드러난 상대방 전 대표이사 최병석의 부정행위, 미수금 채권관계, 상장폐지건 등을 내세워 이 사건과 같은 회계장부 열람청구 외에도 임원 해임 요구, 손해배상청구 등을 통하여 상대방의 경영진을 압박하는 한편, 상대방의 주주 및 채권자들을 상대로 한 설득작업을 통하여 상대방의 경영권 인수를 시도하고 있는 점 등 두 회사의 관계, 재항고인이 상대방의 주식을 취득한 시기 및 경위, 주식 취득 이후에 취한 재항고인의 행동, 상대방의 현재 상황 등 제반 사정을 고려할 때, 재항고인이 주주로서 부실경영에 책임이 있다는 상대방의 현 경영진에 대한 해임청구 내지는 손해배상청구의 대표소송을 위한 사실관계 확인 등 상대방의 경영감독을 위하여 이 사건 서류들에 대한 열람·등사를 구하는 것이 아니라, 주주라는 지위를 내세워 상대방을 압박함으로써 궁극적으로는 자신의 목적인 경영권 인수(적대적 M&A)를 용이하게 하기 위하여 위 서류들에 대한 열람·등사권을 행사하는 것이라고 보아야 할 것이고, 나아가 두 회사가 경업관계에 있기 때문에 이 사건 열람·등사 청구를 통하여 얻은 상대방의 영업상 비밀이 재항고인의 구체적인 의도와는 무관하게 경업에 악용될 우려가 있다고 보지 않을 수 없으므로, 결국 재항고인의 이 사건 열람·등사 청구는 정당한 목적을 결한 것이〔다.〕」

[참고] 위 판례 이전에 비슷한 이론을 제시한 하급심판결이 있다. (주)강서방송이라는 회사를 상대로 소수주주가 회계장부의 열람을 청구하였는데, 그 소수주주는 강

서유선방송이라는 회사의 주식 48%를 소유한 자이고, 강서유선방송은 강서방송과 같은 지역(서울 강서구)에서 종합유선방송사업을 영위하는 회사이다. 이에 법원은 소수주주에게 강서방송의 회계장부와 서류를 열람시킬 경우 강서방송의 회계정보가 강서유선방송에 누설되어 부당하게 이용될 우려가 있다고 하며 열람청구를 허용하지 않았다(서울지법 남부지원 2001. 7. 6. 선고 2000가합18647 판결).

2. 검사인선임청구권

업무집행에 관하여 부정행위 또는 법령이나 정관을 위반한 중대한 사실이 있음을 의심할 사유가 있는 때에는 발행주식총수의 100분의 3 이상을 가진 주주(상장회사의 소수주주 요건은 317면 이하 참조)는 회사의 업무 및 재산의 상태를 조사하기 위하여 법원에 검사인의 선임을 청구하여 적극적인 조사를 꾀할 수 있다(467조). 검사인 선임청구는 이사와 이사회의 업무집행을 침해하는 이례적인 행위이므로 단순한 임무해태는 사유가 될 수 없으며, 청구사유는 구체적으로 소명하여야 한다(판례 [123]).

법원이 검사인을 선임한 경우 검사인은 업무와 재산상태를 조사하고 그 결과를 법원에 보고하여야 한다(467조 2항). 법원은 검사인의 보고에 의하여 필요하다고 인정한 때에는 대표이사에게 주주총회의 소집을 명할 수 있다(467조 3항). 검사인은 주주총회에 보고서를 제출하여야 한다(동조항). 법원의 명령으로 소집한 주주총회에서는 소집목적에 구애되지 아니하고 이사의 해임과 선임 등 필요한 결의를 할 수 있다고 보아야 한다.[1)]

판 례

[123] 대법원 1985. 7. 31.자 85마214 결정

「… 상법 제467조 제 1 항이 규정하고 있는 검사인 선임청구사유인 "업무집행에 관한 부정행위 또는 법령이나 정관에 위반한 중대한 사실"에 대하여는 그 내용을 구체적으로 명확히 적시하여야 하고 단순히 결산보고서의 내용이 실지 재산상태와 일치하는지 여부에 의심이 간다는 정도의 막연한 것으로 그 사유를 삼을 수는 없는 것이고, 또 회사가 사임한 이사에 대한 퇴임등기를 태만히 하고 후임자를 보선하지 않고 있다 하여도 그것만으로는 같은 법 제467조 제 1 항이 규정하고 있는 "중대한 사실"에 해당한다고 할 수 없고, … 한편 사건 본인회사가 재항고인에 대한 대여금 또는 외상매입대금을 변제하지 않고 있다거나 위 대여금을 회사장부에 기장하지 않았다는 사정만으로는 업무집행에 관하여 부정행위가 있다고 할 수 없[다.]」

---

1) 日注釋(9), 235면.

제 6 관 株主權의 행사와 관련한 利益供與禁止

Ⅰ. 입법취지

회사는 누구에게든지 주주의 권리행사와 관련하여 재산상의 이익을 공여할 수 없으며(467조의 2 1항), 이에 위반하여 이익을 얻은 자는 그 이익을 회사에 반환하여야 한다(동조 3항).

본조는 이른바 총회꾼과 회사의 불건전한 거래를 근절시키고자 하는 취지에서 둔 규정이다. 과거 상장회사의 주주총회의 운영실태를 보면 총회꾼들이 소량의 주식을 소지하며, 주주총회에서 장시간 발언하거나 소동을 피우는 등 물리적인 수단을 행사할 수 있음을 예고하고 이를 삼가는 대가로 회사로부터 이익을 제공받거나, 반대로 임원과 결탁하여 회사로부터 대가를 받고 다른 주주의 발언을 봉쇄하는 등의 방법으로 임원의 연임에 협력하는 등 임원들의 사사로운 이익을 위해 의사진행을 불공정하게 이끌어가는 폐단이 있었다.[1)]

총회꾼의 이러한 횡포는 회사재산 또는 이익의 부당한 일실을 초래하고, 다른 주주의 정당한 권리행사를 방해함으로써 주주총회의 형해화를 재촉하므로 법적 제재를 가해야 함은 당연하다. 벌칙으로 이를 제재하는 규정은 따로 있으나(예: 631조), 이들에게 제공된 이익을 회사에 회복시키기 위한 사법적 수단이 필요하여 이 규정이 마련된 것이다.

Ⅱ. 금지내용

회사는 누구에게든지 주주의 권리행사와 관련하여 재산상의 이익을 공여할 수 없다(467조의 2 1항).

1) **株主權行使와의 관련성** 재산상의 이익은 주주의 권리행사와 관련하여 공여되어야 한다. 이 점은 본조의 적용상 가장 중요한 요건이다. 왜냐하면 회사가 주체가 되어 이루어지는 거래 중 본조의 적용을 받는 거래와 정상적인 경제

---

1) 이익공여금지제도는 원래 1981년 일본 개정상법에서 유래한다(당시 日商 423조 내지 425조, 현행 日會 120조). 그 전에 일본에는 총회꾼이 6,000명이나 되었으며, 기업이 이들에게 부당하게 지급하는 돈이 연간 1,000억엔에 이르렀다고 한다. 더욱이 폭력단이 총회꾼으로 진출함으로써 큰 사회적 부담이 되었으므로 그 폐해방지에 부심하던 끝에 이 제도를 입법하기에 이르렀다(前田, 365면).

거래의 구분은 바로 주주권의 행사와 관련되었는지의 여부에 의해서만 이루어질 수 있기 때문이다.

㈎ 「주주의 권리」란 법률과 정관에 따라 주주로서 행사할 수 있는 모든 권리를 의미하지만, 주주가 회사에 대해 갖는 권리라 하더라도 주주지위와 무관하게 회사에 대해 갖는 계약상의 권리 기타 사법상의 권리는 포함되지 않는다(판례 [124]).

㈏ 주주권의 「행사와 관련하여」란 주주의 권리행사에 영향을 미치기 위한 것임을 의미한다(판례 [124]). 즉 주주권의 행사 · 불행사 · 행사방법 등을 합의하고, 이에 관해 이익이 공여됨을 뜻한다. 예컨대 주주총회에 참석하여 의사진행에 협조해 줄 것을 조건으로, 또는 주주권을 행사하지 않을 것을 조건으로, 또는 일정 사항을 발언해 줄 것을 조건으로 이익을 제공하는 것 등은 모두 주주권행사와 관련하여 이익이 제공되는 것이다.

본조는 주주총회에서의 주주권행사에만 적용되는 것은 아니다. 예컨대 결의취소의 소를 제기하지 않는다든지, 유지청구를 하지 않는다는 것과 같이 의결권 이외의 주주권행사와 관련하여 이익이 제공되는 것도 금지된다.

㈐ 주주권의 행사 또는 불행사가 위법함을 요하지 않는다. 본조는 주주권행사와 결부된 경제거래를 위법한 것으로 보고 규율하려는 것이므로 주주권행사 자체의 適法性 여부는 이와 무관하다.

판 례

[124] 대법원 2017. 1. 12. 선고 2015다68355 · 68362 판결

[사실관계와 判旨]

「광남자동차」라는 회사가 자금난에 빠져 Y라는 재력가로부터 일부는 주식양도를 통해, 일부는 차용의 형식으로 6억원의 자금을 지원받고, 그 대가로 Y가 임원 1인을 추천할 권리를 가지며 회사는 이를 임원으로 선임하고 보수를 지급하기로 약속하였다. 하지만 곧 Y가 임원추천을 포기하고 회사가 매월 200만원씩 Y에게 지급하는 것으로 약속을 변경하였다. 수년간 이를 이행하다가, 회사는 Y에 대한 금전의 지급이 상법 제467조의2가 금지하는 이익의 공여라고 하며 그간 지급한 금액의 반환을 청구하였다. Y주주가 갖는 임원추천권을 불행사하는 대가로 금전을 지급하였으니 주주의 권리행사와 관련한 이익공여라는 것이다. 원심은 이익공여로 보았으나 상고심은 Y의 임원추천권은 회사에 대한 자금지원의 대가로 주어진 것이므로 계약상의 권리이지 주주의 권리가 아니고 따라서 그 불행사와 교환된 금전지급은 이익공여가 아니라고 하며 파기환송하였다. Y가 갖는 임원추천권이라는 것은 단지 주주의 제안으로서 임원을 추천한다는 의미가 아니고, Y가 추천하는 자를 다른 주주들이 협력하여 선임하

고, 회사는 그에 대해 급여를 지급하는 것인데, 이는 자금지원의 대가로 이루어지는 것이므로 계약상의 권리라는 점을 강조하였다.

[환송 이후의 전개]

파기환송이후 원심은 상고심의 판지에 따라 이익공여가 아니라고 하며 원고의 반환청구를 기각하였다. 이에 원고가 재상고하였는데, 상고심은 당초의 환송판결과 같이 이익공여가 아니라는 판단은 유지하였으나, Y는 주주의 신분을 가지고 있는 한 그에 대한 금원의 지급은 주식평등의 원칙에 반한다는 이유를 들어 다시 파기환송하였다(대법원 2018. 9. 13. 선고 2018다9920 · 9937 판결). 주주의 신분에 기하여 금원을 지급하였다면 이익공여가 아닐 수가 없는데, 이같이 설시한 것은 전원합의체를 거치지 않고 파기하기 위한 이론 구성으로 보인다.

2) 이익공여의 상대방 통상은 주주가 자신의 주주권행사와 관련하여 이익을 제공받겠지만 주주권을 대리행사하는 자가 제공받을 수도 있으며, 또 주주 아닌 사가 장차 회사의 주식을 취득하지 않을 것을 조건으로 이익을 제공받을 수도 있다.[1)]

법문이 「누구에게든지」라고 표현한 것은 이와 같이 주주 이외의 사가 주주권 행사와 관련하여 이익을 제공받을 수 있음을 의식한 것이다.[2)]

3) 「회사」에 의한 이익공여 회사의 계산으로 이익이 제공되는 것을 금지할 뿐이므로 회사 이외의 자가 이익을 제공하는 것은 본조와 무관하다. 예컨대 이사가 자신의 연임을 위해 사사로이 주주에게 이익을 제공하거나, 주주 1인이 다른 주주에게 자기 의사에 따라 행동해 줄 것을 조건으로 이익을 제공하는 것은 본조의 적용 밖이다.

4) 이익의 공여 「재산상의 이익공여」란 널리 금전 · 물품 · 신용 · 용역의 제공이나, 채무의 면제, 채권의 포기, 신주인수권의 부여, 재산상의 이익이 따르는 지위의 부여를 포함한다. 무상이거나 회사가 받는 반대급부가 공여된 이익에 비해 저렴한 경우는 물론이고, 대가가 상당하더라도 그 거래 자체가 이권이 될 경우(예: 용자, 제품의 납품)에는 역시 금지된다. 그러나 주주총회에 참석한 주주에게 간단한 기념품을 나누어 주거나 음식을 접대하는 것은 사회통념상 이익공여라 할 수 없다.

공여된 이익의 의례성의 범위

주주총회에서 주주들에게 필기도구나 기념 타월 등 간단한 선물을 제공하는 예를

1) 元木伸, 306면.
2) 日注釋(9), 241면.

흔히 볼 수 있다. 이는 의례적인 선물로서 상법 제467조의2가 규정하는 이익공여로 볼 수는 없다. 주주제로 운영하는 골프장(주식회사)이 경영권의 분쟁이 있는 상황에서 임원선임을 위한 주주총회를 앞두고 사전선거를 실시하였는데, 사전선거에 응하는 주주들에게 20만원 상당의 상품권과 골프예약권을 제공한다는 약속하에 주주들에게 사전투표를 권유하였다. 68%의 주주가 이에 응해 투표하였고 그 결과대로 주주총회에서 선임결의를 하였던바, 현경영진의 인사들이 선임되었다. 반대파 주주들이 총회의 소집절차와 결의방법이 상법 제467조의2에 위반하였다는 이유로 결의취소를 본안으로 하여 이사들의 직무집행정지가처분을 신청한 사건이 있다. 회사측은 선물의 의례성을 주장하였고 원심에서도 이를 받아들였으나, 대법원은 선물의 금액이 사회통념상 의례성을 벗어났고, 이 선물이 주주들의 참석 및 투표결과에 영향을 미친 것으로 볼 수 있다는 점에서 제467조의2의 이익공여로 보았다(대법원 2014. 7. 11. 자 2013마2397 결정).

Ⅲ. 위반의 효과

본조에 위반하여 이익을 공여하였을 경우 이사의 책임(399조)이 발생함은 물론이나, 상법은 특히 공여된 이익을 반환할 것을 규정하고 있다.

1) 이익반환의무 회사가 주주의 권리행사와 관련하여 재산상의 이익을 공여한 때에는 그 이익을 공여받은 자는 이를 회사에 반환하여야 한다(467조의2 3항 전).

㈎ 의무의 성질 본조에 위반한 이익공여는 무효이고, 따라서 공여받은 이익은 부당이득(민 741조)이 될 것이다. 그러나 부당이득의 일반법리를 적용한다면 회사의 이익공여는 불법원인급여(민 746조) 또는 비채변제(민 742조)가 되어 반환을 청구할 수 없으므로 상법은 부당이득에 대한 특칙을 두어 이익을 반환토록 한 것이다.[1)]

㈏ 주주의 대표소송 이익반환의 청구는 회사가 하여야 할 것이나, 회사가 스스로 이익을 공여한 것이니만큼 청구를 게을리할 가능성도 있다. 그래서 상법은 이익반환청구에 관해 주주의 대표소송을 허용하고 있다(467조의2 4항). 그 절차는 일반적인 대표소송과 같다(403조~406조).

2) 회사의 대가반환 회사가 이익을 공여하고 그 대가를 받은 것이 있다면 그 대가를 반환하여야 한다(467조의2 3항 후). 대가의 반환과 이익의 반환은 동시이행의 관계에 있다고 할 것이다.

3) 불공정한 신주인수와의 관계 회사가 제공한 이익이 「타인으로 하여금 현저하게 불공정한 발행가액으로 신주를 인수시키는 것」을 내용으로 하여 상법

1) 北澤, 576면; 元木伸, 208면.

제424조의2 제 1 항의 요건을 충족시킬 경우에는 동 규정을 적용하여 공정한 발행가액과의 차액을 지급하게 할 것이냐, 제467조의2를 적용하여 이익(즉 주식)을 반환하게 할 것이냐, 또는 양자가 경합한다고 볼 것이냐는 문제가 생긴다. 제467조의2는 이익공여 자체를 무효로 하므로 이에 의하면 신주인수가 무효가 된다. 그러므로 이익공여가 신주인수를 내용으로 할 경우에는 불공정한 신주인수가 유효임을 전제로 한 제424조의2는 적용될 여지가 없다.

4) 벌 칙 본조에 위반하여 이익을 공여한 때에는 벌칙이 적용된다(634조의2).

Ⅳ. 증명책임의 전환

증명책임의 일반원칙상 상법 제467조의2 제 1 항의 위반을 이유로 이익반환을 청구하는 자가 회사와 특정인간에 「주주권 행사와 관련하여」 「이익이 공여되었다」는 사실을 증명하여야 한다. 그러나 「주주권의 행사와 관련하여」란 시실은 증명이 어려우므로 상법은 일정한 경우 증명책임을 전가시키고 있다.

① 이익공여의 상대방이 주주이고, ② 회사가 그 주주에 대하여 무상으로 이익을 공여하거나 또는 유상으로 공여하였더라도 회사가 얻은 이익이 공여한 이익에 비하여 현저하게 적을 때에는 주주의 권리행사와 관련하여 공여한 것으로 추정한다(467조의2 2항). 따라서 이 경우에는 이익공여를 받은 자가 「주주권의 행사와 관련 없음」을 증명하여야 한다.

이 규정은 통상 총회꾼에 대한 이익공여는 무상이거나 객관적으로 별 가치가 없는 인쇄물 주문·광고위탁 등을 대가로 하여 행해지고 있음을 감안할 때, 이와 같은 거래가 주주와 회사간에서 이루어졌을 경우에는 주주권행사와 관련될 개연성이 높다는 경험에 근거한 것이다.

제 7 관 使用人의 우선변제권

사용인이 고용관계로 회사에 대해 갖는 채권에 대하여는 근로자의 보호라는 사회정책적 배려에서 우선변제권을 인정한다.

신원보증금의 반환을 받을 채권 기타 회사와 사용인간의 고용관계로 인한 채권이 있는 자는 회사의 총재산에 대하여 우선변제를 받을 권리가 있다(468조 본).

고용관계로 인한 채권에는 주 · 월급여와 기말상여금 등 정기적으로 지급하는 보수, 비정기적인 특별상여금, 퇴직금 등이 모두 포함된다.

이 우선변제권은 일종의 법정담보권으로서 명문의 규정은 없으나 회사재산의 경매청구권도 허용하여야 할 것이다(통설). 그러나 채권발생의 선후를 불문하고 질권, 저당권이나 「동산 · 채권 등의 담보에 관한 법률」에 따른 담보권에는 우선하지 못한다(468조 단).[1]

제 8 절 社 債

I. 의 의

1. 사채의 의의

사채(bond; Obligation)란 주식회사가 불특정다수인으로부터 자금을 조달할 목적으로 집단적 · 정형적으로 부담하는, 액면가로 단위화된 채무를 뜻한다.

1) 주식회사가 부담하는 채무이다 주식회사 이외의 회사도 사채를 발행할 수 있느냐라는 문제가 있다. 상법이 다른 회사에 관하여는 명문의 규정을 두고 있지 아니하기 때문이다. 통설은 유한회사만은 그 폐쇄적 성질이 제약조건이 될 뿐 아니라, 상법 제600조 제 2 항과 제604조 제 1 항의 규정은 유한회사가 사채를 발행할 수 없음을 전제로 한 것이므로 사채발행을 할 수 없으나, 합명회사나 합자회사는 이를 금하는 규정이 없으므로 사채를 발행할 수 있다고 한다. 그러나 합명회사와 합자회사가 실제 사채를 발행한 예는 없는 것으로 알고 있다.

2) 불특정다수인을 상대로 집단적 · 정형적으로 부담한다 사채는 거액의 자금조달을 목적으로 하여, 주식을 발행할 때처럼 다중으로부터 자금을 집중시키는 방법이다. 따라서 사채를 발행하는 회사는 일반 소비대차와 달리 불특정다수인과 집단적으로 채무부담을 위한 계약을 체결하며, 발행조건이나 방법은 정형성을 띤다(부합계약).

이같이 사채에서는 일반대중이 권리자로 연결되므로 사채의 이해관계는 공

---

1) 근로자의 퇴직금에 관해서는 특례가 있다. 최종 3년간의 퇴직금은 질권, 저당권, 조세 · 공과금 및 다른 채권 모두에 우선한다(근로자퇴직급여 보장법 12조 2항).

중성을 띤다고 말한다.

3) 회사의 채무이다 사채는 위와 같은 식으로 부담하는 「회사의 債務」 자체를 뜻한다. 따라서 社債權을 표창하는 유가증권으로서의 「社債券」(또는 債券)과는 구별하여야 한다. 社債券은 사채발행 후 사채에 유통성을 부여하기 위하여 회사가 사채권자에게 발행한다.

4) 액면가로 단위화된 채무이다 사채도 액면주식처럼 액면가로 세분화되어 있다. 사채의 인수를 편리하게 하고 사채의 유통성을 증진시키기 위한 것인데, 결국 사채모집을 용이하게 하기 위함이다.

2. 경제적 의의

주식회사의 자금조달방법은 크게 2가지로 나눌 수 있다. 첫째는 소극적인 방법으로서 회사의 이익을 주주에게 분배하지 않고 준비금의 적립이나 주식배당을 통해 내부유보를 축적하는 것이고(이익의 재투자), 둘째는 적극적인 방법으로서 소비대차 · 신주발행 · 사채발행을 통해 신규의 자금을 유입시키는 것이다(외부자금의 조달). 이 중 소비대차만은 개인법상의 법리에 의해 규율되나 내부유보 및 신주발행과 사채발행은 단체법상의 법리가 지배한다.

내부유보의 축적은 이익이 있을 때에만 가능하므로 조달의 한계가 뚜렷하여 항상 가능한 자금조달방법은 아니다. 이에 반해 신주발행과 사채발행은 투자자가 호응하는 한 무제한 신규의 자금을 받아들여 회사의 총자산을 증가시킬 수 있으므로 진정한 의미에서의 자금조달방법이라 할 수 있으며, 주식회사만이 누릴 수 있는 자본집중방법이다.

자금을 조달한다는 측면과 그 규모가 거액에 이른다는 측면에서만 보면 신주발행과 사채발행은 같은 기능을 가지며, 서로 대체적 관계에 있다고 할 수 있다. 그러나 사채는 타인자본이므로 이익의 유무에 불구하고 이자를 지급해야 하며, 일정 기간 후에는 상환해야 하는 부담이 있다. 이에 반해 신주발행에 의해 조달되는 자금은 자기자본이므로 이와 같은 부담이 없으나, 이로 인해 회사가 배당압박을 받으므로 새로운 자금수요의 원인이 되며, 기존주주가 신주를 인수할 능력이 없을 때에는 새로운 주주의 등장이 불가피하므로 경영권의 안정에 위협이 된다. 그러므로 어느 방법이 더 우수하다고 단정할 수는 없고, 그때 그때의 회사의 여건과 자금의 목적에 따라 결정할 문제이다.

그렇다고 하여 회사의 일방적 선택이 항상 가능한 것은 아니다. 신주발행 혹은 사채발행의 성공 여부는 이를 인수할 투자자의 호응 여부에 달려 있는데, 투자자의 선호는 신주 또는 사채의 발행조건만이 아니라 회사의 전망이나 금리의 변동에 따라 민감하게 반응하기 때문이다. 그러므로 주식회사는 신주발행과 사채발행을 서로 대체적 수단으로 하여 자본시장의 여건변화에 적응하며 적절히 활용하면 자금의 흡인력을 최대화할 수 있다.

3. 株式과 社債의 비교

1) 차 이 점 사채는 주식과 기본적으로 법적 성질을 달리한다. 사채는 사채권자의 입장에서 보면 일종의 금전채권임에 반하여, 주식은 사단구성원으로서의 지위를 뜻하는 사원권이다. 그러므로 사채권자는 외부의 제 3 자로서 성질상 회사의 운영에 관여할 수 없는 데 반하여, 주주는 의결권 기타의 공익권을 통하여 회사의 지배 · 경영 · 감독의 권한을 갖는다. 그리고 사채권자가 회사의 이익의 유무에 불구하고 확정률의 이자를 청구할 수 있음에 대하여, 주주는 회사에 이익이 있는 경우에 한해 그리고 배당을 위한 내부의 의사결정이 있는 경우에 한해 이익배당을 받는 데 그친다. 투자자금의 회수에 있어서도 상이하다. 사채는 상환기에 회수되며, 회사가 해산한 경우에는 주식에 우선하여 변제되는 데 반하여, 주주는 모든 채무를 변제한 후 잔여재산의 분배(538조)를 받을 따름이다.

2) 유 사 점 사채와 주식은 공히 주식회사가 공중으로부터 대량의 장기자금을 조달하는 수단이다. 그로 말미암아 양자의 본질적 차이에도 불구하고 법률관계에 있어서는 매우 유사하다. 양자의 법률관계는 필연적으로 계속성 · 집단성 · 공중성을 지니고 있으며, 이에 대응하여 그 법적 규율에 있어서도 신속 · 확실한 발행절차(이사회의 발행권, 사채청약서, 주식청약서, 유가증권발행신고), 고도의 유통성을 부여하기 위한 유가증권화(사채권 · 주권), 권리자의 단체적 취급(사채권자집회 · 주주총회) 등 여러 점에서 유사한 처리를 필요로 한다.

3) 양자의 접근 주식회사의 거대화에 따라 소유와 경영이 점차 분리됨에 이르러 대중주주는 회사의 운영 자체에는 관심을 잃어가고, 회사는 배당을 위한 준비금을 적립함으로써 영업실적이 저조하더라도 지속적으로 배당을 실시하므로 배당률이 평준화되는 경향을 보이며, 주식의 양도자유로 투하자본의 회수도 용이하게 되어 사회적 · 경제적 측면에서 본다면 주주가 사채권자화되는 현상을 보이고 있다. 이에 따라 법상으로도 무의결권주식 · 상환주식 · 누적적 우선주식과 같이 주식의 사채화라고 할 수 있는 제도가 마련되어 있으며, 반대로 전환사채, 신주인수권부사채, 이익참가부사채와 같이 사채의 주식화 현상도 일어나

고 있다.

Ⅱ. 사채계약의 성질

사채를 발행할 때에 회사와 사채를 인수하는 자 사이에 계약이 성립한다. 이 사채계약의 성질에 대해서는 소비대차설(김정호 801; 김홍기 721; 오성근 937; 임재연 I 877; 정준우 675), 소비대차와 유사한 무명계약이라는 설(송옥렬 117; 정경영 880; 최기원 846), 債券매매설(김동훈 396; 장덕조 538; 정찬형 1293; 최준선 674), 매출발행의 경우에는 채권매매이나 그 밖의 경우에는 소비대차와 유사한 무명계약이라는 설(강 · 임 1011; 권기범 1239; 서헌제 982; 손주찬 960; 이범찬(외) 440; 이종훈 459; 임홍근 617; 정동윤 722)이 대립한다.

사채계약은 사채의 인수시에 성립함에 대해 債券의 발행은 사채액의 납입 후에 이루어지므로(478조) 채권매매설은 사채계약과 시기적으로 부합하지 않다. 사채의 발행과 인수에 있어 당사자의 목적은 경제적으로나 법적으로나 금전채권 · 채무를 발생시키는 데 있으므로 소비대차로 보는 것이 타당하다. 이를 비판하는 견해는 사채는 분할납입이 가능하므로 소비대차라 할 수 없다고 하나(정동윤 543; 정찬형 1293) 소비대차를 요물계약으로 하는 일본민법(日民 587조)하에서는 이런 비판이 가능하지만, 이를 낙성계약으로 하는 우리 민법(민 598조)하에서는 분할납입이라 하여 소비대차의 성질에 반하는 것은 아니다. 또 사채의 발행가액과 상환액이 다를 수 있으므로 동종 · 동량 · 동질의 반환을 요하는 소비대차의 성질에 부합하지 않는다고 비판하나(강 · 임 1011; 권기범 1239; 정동윤 722), 소비대차에도 대물대차(민 606조)와 대물변제(민 466조)와 같은 예외가 있어 동종 · 동량 · 동질의 반환이 철칙이라고 할 수는 없으므로 이를 이유로 사채의 소비대차성을 부정할 것은 못 된다.

사채발행의 제한

2011년 개정전 상법하에서는 사채의 총액(누적잔고)은 회사의 순자산액의 4배를 초과하지 못하였으며(2011 개정 전 470조), 이미 발행한 사채의 납입이 완료되지 않으면 재차 사채를 발행하지 못하였다(2011 개정 전 471조).[1] 이는 사채가 일반대중을 상대로 장기간 부담하는 채무라는 특성에서 야기되는 이해의 공중성 때문이었다.[2] 즉 사채의 대중 채권자를 보호하기 위해 회사가 변제자력을 넘어 사채를 발행하지 못하게 한다는 취지였다.

---

1) 이외에도, 사채의 금액은 1만원이상으로서 최소액으로 정제될 수 있도록 했고(2011 개정 전 472조), 사채가 집단적 법률관계임을 감안하여 균일발행조건의 원칙을 지키고 투기성을 배제하기 위해 사채권자에게 상환할 금액이 권면액을 초과할 것을 정한 때에는 그 초과액은 각 사채에 대하여 동률이 되도록 하였다(2011 개정 전 473조).

2) 日注釋(10), 14면.

이 점이 회사가 사채를 통한 자금조달에 있어 가장 부담을 느꼈던 규제이었다. 그리하여 기업은 꾸준히 발행제한을 폐지해 달라는 요구를 계속해 왔으며, 소비대차에는 없는 이같은 규제를 유달리 사채에 대해서만 가하는 것은 합리적이냐는 회의가 생기고, 사채권자의 보호를 위해서는 오히려 회사의 공시를 강화하고 기업가치의 평가를 정확히 하는 것이 보다 긴요하다는 비판이 있었다.[1] 아울러 우리 사채발행제한은 일본상법을 본받은 것이었는데, 일본에서는 이미 1993년에 이 제한을 폐지하였다는 것이 모범례로 작용하여 상법에서도 규제완화의 차원에서 이 제한을 폐지하였다.

Ⅲ. 사채발행의 방법

사채의 발행방법에 관해 상법상 유의의한 구별은 사채청약서를 작성해야 하는 방법이냐, 작성할 필요가 없는 방법이냐이다. 상법은 전자의 방법으로서 공모발행을 제시하고(474조), 후자의 예로 총액인수를 제시한다(475조). 특별법에 의해 허용되는 채권매출도 후자의 방법에 속한다.

(1) 총액인수

특정인이 회사와의 계약에 의하여 발행하는 사채의 총액을 인수하는 방법으로서, 사채청약서의 작성을 요하지 않는다(475조 전). 인수인(주로 금융투자업을 하는 회사)은 이를 일반공중에게 채권을 매출하여 인수가액과 매출가액과의 차이로 얻어지는 이득을 기대하고 인수하는 것이다.

(2) 公 募

사채를 일반공중으로부터 모집하는 방법으로서 원칙적으로 사채청약서의 사용을 요한다(474조). 공모에는 다음과 같은 방법이 있다.

1) 직접공모 발행회사(起債會社)가 직접 공중으로부터 모집하는 방법이다. 이 경우 발행회사가 스스로 모집할 수도 있고, 금융기관이나 증권회사를 대리인으로 하여 모집할 수도 있다.

2) 위탁모집 모집행위를 타인에 위탁하는 방법으로서 인수의 청약을 위해 사채청약서의 작성을 요하며, 수탁회사는 사채의 발행회사를 위하여 자기명의로 타인으로부터 청약을 받고 이에 대해 배정하고 납입을 받을 수 있다(476조 2항). 수탁회사는 이같이 사채발행의 주선을 하는 자로써, 상법 제113조의 준위탁매매인에 해당한다.

1) 上田榮治, 「平成 商法改正ハンドブック」, 三省堂, 2000, 129면.

3) **인수모집**(도급모집 · 위탁도급모집) 위탁모집에 있어 사채응모액이 총액에 달하지 않을 때에는 수탁회사가 그 잔액을 인수할 것을 약정하는 방법이다(474조 2항 14호). 인수의 청약을 위해 사채청약서의 작성을 요하나, 수탁회사가 인수하는 부분에 대하여는 사채청약서를 요하지 않는다(475조 後).

⑶ 債券賣出

일정 기간을 정하여 미리 작성된 채권을 매출하는 방법으로서 공모에 있어서와 같은 사채청약서의 작성 · 배정 · 납입 · 채권교부 등의 절차를 요하지 않는다. 특별법에 의한 특수회사에 한하여 허용된다(예: 한국산업은행법 23조 이하에 의한 산업금융채권).

⑷ 거래의 실정

채권매출은 일반회사로서는 불가능한 방법이고, 인수모집이 아닌 위탁모집이나 직접모집은 발행회사가 자본시장에 어둡거나 투자자의 호응이 없으면 실패할 우려가 있으므로 발행회사가 이를 피한다. 또 총액인수는 사채의 금액이 보통 거액이라서 인수자의 자금사정도 문제되고 위험부담이 크므로 인수자가 이를 기피한다.

그래서 통상 사채를 발행할 때에는 금융투자업자(증권회사)가 수탁회사로 되는 동시에 잔액을 인수하기로 하는 인수모집의 형태를 취하는데, 총액의 인수를 확보하기 위해 사전에 다른 금융기관과 더불어 인수단을 구성하고 인수책임량을 안배하는 방법을 이용한다. 그래서 결국은 총액인수의 효과를 거둔다.

사채의 공동발행

상법에 명문의 규정은 없으나, 2개 이상의 회사가 공동으로 사채를 발행할 수 있음은 물론이다.[1] 모자회사 혹은 계열회사간에 공동으로 발행할 실익이 클 것이다. 사채의 발행은 보조적 상행위이므로 공동으로 발행할 경우 상법 제57조 제 1 항에 따라 발행회사들이 연대하여 상환책임을 부담한다. 따라서 대외적인 신용도가 낮은 영세기업이 자신의 모기업과 사채를 공동발행함으로써 모기업의 신용을 차용하는 효과를 누릴 수 있다.

1) 일본에서는 1993년 개정상법에서 사채를 공동발행(법문에서는 "合同發行"이라 표기)할 수 있다는 명문의 규정을 두었으나(동 개정법 304조) 그 전에도 공동발행은 가능한 것으로 이해되었다(日注釋(第2補卷), 180면). 2005년 회사법에서는 동규정이 삭제되었으나, 여전히 합동발행이 가능한 것으로 해석되고 있다(江頭, 851면).

Ⅳ. 사채발행[1]의 절차

(1) 발행의 결정

1) 원 칙 사채의 발행은 이사회의 결의로 한다(469조 1항). 신주발행을 이사회의 권한으로 한 것과 균형을 맞춘 것이다(416조). 전환사채 · 신주인수권부사채의 발행도 원칙적으로 이사회의 결의로 한다(후술). 이 결의에서 사채의 종류 · 총액, 각 사채의 금액 · 이율 · 상환방법 · 발행방법 등을 정하여야 한다.

2) 발행의 위임 2011년 개정법은 정관에 규정을 두어 이사회가 대표이사에게 사채의 금액 및 종류를 정하여 1년을 초과하지 아니하는 기간 내에 사채를 발행할 것을 위임할 수 있도록 하였다(469조 4항).

사채를 발행함에 있어서는 회사의 자금수요에 따라 발행시기와 발행조건등을 정하기도 하지만, 자본시장에서 투자자의 선호자산의 변화, 이자율의 변동, 자금의 수급상황 등의 제반조건이 변화함에 따라 발행비용 및 발행의 난이도가 달라진다. 따라서 사채발행의 효율을 높이기 위해서는 사채발행여부의 결정과 실행에 기동성을 요한다. 이사회의 결의로 대표이사에게 사채발행을 위임할 수 있게 함은 이러한 사채발행의 특수성을 감안하여 사채발행의 효율을 최대화하기 위한 것이다.

그러나 사채의 금액은 통상 거액에 달하여 상법 제393조가 정하는「대규모 재산의 차입」에 해당하므로 제469조 제 1 항의 규정이 아니더라도 이사회가 정하는 것이 원칙이다. 그러므로 이사회가 대표이사에 위임을 함에는 사채의 발행사항에 관해 구체적이고 명확한 범위를 설정해야 할 것이다. 이사회가 사채의 금액과 종류 그리고 발행기간을 정하라는 것은 법에 명문으로 규정한 바이고, 이율, 사채의 상환기간, 발행방법 등에 관해서도 구체적인 범위의 설정이 필요하다.

집행임원에 대한 위임의 가부

이사회가 대표이사에게 사채발행을 위임하는 것은 본조에 의해 가능하지만, 집행임원을 둘 경우 집행임원에 대해서는 사채발행의 위임이 불가능하다. 사채의 발행과 같이 상법상 이사회의 권한으로 정한 사항은 이사회가 집행임원에게 위임할 수 없기 때문이다(408조의2 3항 4호). 집행임원은 대표이사보다도 폭넓은 업무집행권을 갖게 할 대상으

1) 2011년 개정전 상법 제469조에서는 사채의「모집」이라는 용어를 썼으나, 개정법에서는 사채의「발행」이라고 표기한다. 회사의 의사결정의 대상이 되는 것은 채무를 부담하는 방법의 하나로 사채를 발행한다는 것이므로 사채의「발행」이 적절한 용어이다.

로 구상된 것이고 보면 제469조 제4항은 모순된 규정이다. 이는 동조항을 입법할 때 집행임원제도가 도입되었음을 잊은 데서 비롯된 입법착오이다. 보완을 요한다.

(2) 증권신고와 공시

자본시장법상 사채의 모집·매출은 기술한 상장법인의 신주발행과 마찬가지로 증권신고서를 제출하고, 그 신고서의 효력이 발생하여야만 모집·매출을 할 수 있으며(자금 119조·121조), 투자설명서의 작성·공람 등 공시를 하여야 하며(자금 123조), 외부감사도 받아야 한다(자금 169조). 상세한 절차는 신주발행에 관해 설명한 바와 같다(977면 이하 참조).

(3) 인 수

사채의 인수는 총액인수(일부인수의 경우 그 인수분은 총액인수와 같다) 및 채권매출의 경우 외에는 사채청약서에 의한다. 사채모집에 응하고자 하는 자는 사채청약서 2통에 인수할 사채의 수와 주소를 기재하고 기명날인(또는 서명)해야 한다(474조 1항). 사채청약서는 이사가 작성하나, 수탁회사가 작성할 수도 있으며, 법정사항을 기재해야 한다(474조 2항·476조 2항). 청약에 대해 배정이 있으면 인수는 확정되고 사채계약이 성립한다.

사채발행에 있어서는 신주발행에 있어서와 같은 마감발행(423조)의 규정이 없음을 이유로, 그리고 사채계약의 통일적 일체성을 강조하는 입장에서 모집총액에 대한 응모가 없으면 사채는 성립하지 않는다는 견해가 있으나, 사채도 본질적으로는 회사의 차입금에 지나지 않으므로 응모를 일단 마감하고 응모분에 한하여 사채를 성립시킬 수 있다고 본다.

(4) 납 입

사채의 모집을 완료하면 대표이사는 지체없이 인수인에 대하여 각 사채의 전액 또는 제1회의 납입(분납의 경우)을 시켜야 한다(476조 1항). 위탁모집의 경우에는 수탁회사가 이를 할 수 있다(476조 2항). 주금의 납입과 달라 현금납입에 한하지 않으므로 상계·경개(예: 상환되는 舊사채로서 新사채의 납입에 충당)·대물변제도 가능하다.

(5) 등 기

사채의 발행은 등기를 요하지 않는다. 사채는 일정 기간 후에는 상환하여야 할 채무이므로 공시의 실익이 없기 때문이다. 그러나 전환사채, 신주인수권부사채, 이익참가부사채, 교환사채 등 특수사채는 등기를 요한다.

V. 사채의 유통

사채의 상환기간은 보통 장기이므로 상환기한 이전에도 사채권자로 하여금 자금을 회수할 길을 열어 주어야 한다. 그러므로 사채의 유통을 위해 주식과 마찬가지로 유가증권화하고 채권원부를 갖추도록 하는 등의 장치를 마련하고 있다.

(1) 債券의 발행 또는 전자등록

債券은 사채권자의 권리를 표창하는 요식의 유가증권이다(478조 2항). 채권은 사채총액의 납입이 완료되지 않으면 발행할 수 없다(478조 1항). 채권에는 기명식과 무기명식이 있으며, 어느 하나로 한정할 것으로 정하지 않은 이상 기명식에서 무기명식 또는 그 반대로 전환해 줄 것을 회사에 청구할 수 있다(480조).

회사는 채권을 발행하는 대신 정관으로 정하는 바에 따라 전자등록기관의 전자등록계좌부에 사채를 등록할 수 있으며, 등록하는 경우 주식의 전자등록제도에 관한 규정(356조의2 2항~4항)이 준용된다(478조 3항). 상장하는 사채는 채권의 발행에 갈음하여 의무적으로 전자등록을 하여야 한다(전등 25조 1항 1호).

(2) 사채원부

무기명사채를 발행한 때에는 사채 및 채권에 관한 사항, 그리고 기명사채를 발행한 때에는 이와 함께 사채권자에 관한 사항을 명백히 하기 위하여 회사는 사채원부를 작성(488조)·비치(396조)하여야 한다. 사채원부는 기명사채이전의 대항요건(479조), 통지 및 최고(489조 1항 → 353조), 신탁의 공시(신탁 4조 1항) 등에 관해서 법률상 의의를 갖는 것이나, 현재 기명사채를 발행하는 예가 거의 없으므로[1] 실제상의 의의는 희박하다.

(3) 양도 · 입질

1) 양도방법에 관해서는 상법에서 따로이 규정하는 바가 없으므로 유가증권의 일반원리에 따라(65조) 무기명채권과 지시식채권의 양도방식에 의해 양도할 수 있다. 즉 무기명사채의 양도는 양수인에게 채권을 교부함으로써(민 523조), 입질은 질권자에게 채권을 교부함으로써(민 351조) 그 효력이 생기며, 계속 점유함으로써 제 3 자에게 대항할 수 있다.

기명사채는 채권에 배서하여 양수인에게 교부함으로써 양도하지만(민 508조), 회사 기타 제 3 자에게 대항하기 위하여는 취득자의 성명과 주소를 사채원부에 기

---

1) 1993년 8월 금융실명제를 실시하면서 비실명의 자금을 흡수할 목적으로 기명식의 산업채권을 발행한 것이 유일한 예이다.

재하고 그 성명을 채권에 기재하여야 한다(479조 1항). 명의개서대리인이 있는 경우에는 명의개서대리인을 통해 이 절차를 밟을 수 있다(479조 2항 → 337조 2항).

2) 기명사채의 입질도 위의 양도방법에 따른다(민 346조 · 350조). 회사 및 기타 제 3 자에 대항하기 위하여는 민법 제349조에 따라 회사에 대하여 질권설정의 사실을 통지하거나 회사로부터 이의 승낙을 얻어야 한다는 주장도 있으나(손주찬 970; 임재연 I 889; 정찬형 1303; 최기원 856), 입질의 대항요건을 양도의 대항요건과 달리할 이유가 없으므로 민법 제346조의 일반원칙에 따라 상법 제479조를 유추적용해야 한다. 주식의 경우와 달리 발행회사의 자기사채의 취득 또는 질취의 제한은 없다.

3) 발행회사가 채권의 발행에 갈음하여 전자등록기관의 전자등록부에 등록한 경우에는 사채의 양도 · 입질은 전자등록부에 등록하는 방법으로 한다(478조 3항 → 356조의 2 2항 ~4항).

환매조건부채권매매(Repo)

「환매조건부채권매매」라 하여 債券의 매매형식을 취한 금융거래가 성행한다. 국공채를 대상으로 하기도 하나 역시 회사채가 주류를 이룬다. 채권을 일정 기간 후에 일정 가액으로 환매수할 것을 조건으로 매도하는 것(환매수조건 부채권양도)과 채권을 일정 기간 후에 일정 가액으로 환매도할 것을 조건으로 매수하는 것(환매도조건 부채권매수)이 있다(금융투자업 규정 5-1조 6호 · 5-18조 1항).

투자매매업자(증권회사)가 동 채권의 매매업무를 장외거래로 취급하는데(자금 166조, 자금령 181조 1항), 기업의 금융조달에 있어 담보수단으로 이루어진다. 즉 조건부매도의 경우에는 증권회사가 자금이 필요할 때 고객에게 채권을 파는 형식으로 금융을 얻고 일정 기간 후 다시 사는 형식으로 변제하는 것이고, 조건부매수의 경우에는 자금이 필요한 고객(법인에 한정됨)으로부터 증권회사가 채권을 사는 형식으로 자금을 공급하고 후에 되파는 형식으로 변제를 받는 것이다. 금융기관간에도 자주 이용되는데, 이 경우는 call money의 기능을 한다.

이러한 기능과 당사자의 의사로 미루어 볼 때 환매조건부채권매매의 실질은 금전소비대차에 준하는 담보거래이다. 세법에서도 이와 같이 보고 매매차익에 대해 이자소득세를 과한다(소세 16조 1항 8호). 그렇다고 이것을 채권의 입질로 보기도 어렵다. 왜냐하면 환매조건부매수의 경우에는 실제로 채권을 貸主인 증권회사나 기타 금융기관에 인도하지만, 환매조건부매도의 경우 借主인 증권회사나 금융기관이 계속 채권을 보유하고 貸主에게는 채권의 보관증을 교부하거나 통장에 보관물량을 표시하여 교부하기 때문이다.

Ⅵ. 사채의 원리금상환

1. 利子와 利券

1) 附利方法 사채에 반드시 이자를 붙여야 하는 것은 아니다. 이자를 붙이지 않는 사채(zero coupon)는 보통 발행시에 액면가에서 이자 상당액을 할인한 가격으로 발행한다. 이자부사채의 경우, 이자는 후급일 수도 있고 선급일 수도 있다. 이율은 확정금리로 할 필요는 없다. 예컨대「발행 후 1년간은 확정금리로, 1년 후 상환시까지는 정기예금금리의 1.3배」라는 식으로 공금리의 변동에 따라 이자율을 변동시키는 연동금리방식도 무방하다. 현재 우리나라에서 발행되는 사채는 대부분 이자를 3개월 후급으로 지급하는 확정금리부사채이다. 이율은 발행회사의 신용등급에 따라 차이가 있으나, 보통은 1년 만기 정기예금이자보다 1%, 2%포인트 상회하는 선에서 정해지고 있다.[1)]

2) 利　　券 우리나라에서는 예외 없이 무기명사채가 발행되고 있는데, 무기명사채에 대해 이자를 지급하자면 지급시마다 채권을 제시해야 하고 2중의 지급을 막기 위해 채권에 이자가 지급되었음을 기재해야 하는 번거로움이 있다. 그래서 채권에 利券(coupon)을 붙여 발행하고, 이자지급시마다 이 이권과 상환하여 이자를 지급한다. 이 이권은 기간(보통 3개월)별 이자청구권을 표창하는 독립된 무기명의 유가증권이다. 따라서 이 이권은 사채와 별개로 유통될 수 있으며, 이권의 소지인은 채권을 제시함이 없이 이자를 지급받을 수 있다. 회사는 그 소지인에게 지급하면 면책된다.

3) 利券흠결의 경우의 상환 이권부무기명사채를 상환함에 있어서 이권이 흠결된 때에는 그 이권에 상당하는 금액을 공제한 금액을 상환한다(486조 1항). 이권은 독립해서 유통될 수 있으므로 채권과 분리되는 일이 생길 수 있다. 이권소지인의 보호를 위한 규정이다. 이권소지인은 따로이 언제든지 이권과 상환하여 공제액의 지급을 청구할 수 있다(486조 2항).

이 규정의 해석에 관해 오해의 소지가 있으므로 보충설명한다.

흠결된 이권은 지급시기가 이미 도래한 것일 수도 있고, 장차 지급할 이자에 관한 것일 수도 있다. 이자의 지급시기가 이미 도래한 것이라면 회사가 그 금액을 사채원금에서 공제할 이유가 없다. 이권을 제 3 자가 취득해서 회사에 제시하면 회사는 이

1) 3년 만기 AA-무보증사채가 3.47%, 3년 만기 BBB-무보증사채가 9.31%(출처: 2025년 12월 31일 기준 금융투자협회 자본시장통계).

에 대해 이자를 지급해야 할 것이고, 이권이 흠결된 채권에 대해서는 원금만 지급하면 될 것이지 이권이 흠결되었다고 해서 특별한 조치를 할 필요는 없다. 그러나 이자지급시기가 도래하지 않은 이자에 대한 이권은 달리 생각해야 한다. 이자지급시기가 도래하지 아니한 이권이 흠결되었다는 것은 즉, 회사가 사채의 상환기간 도래 전에 조기상환함을 의미한다. 원래 조기상환한다면 향후 이자는 지급할 필요가 없다. 그러나 기술한 바와 같이 이권은 (훗날 지급될 것이라도) 분리되어 양도될 수 있으므로 사채의 조기상환시에 제 3 자가 이를 소지할 수도 있다. 이 제 3 자는 채권의 소지인에게 대가를 지급하고 이권을 취득하였을 것이므로 그 자의 권리를 보호할 필요가 있다. 그렇다고 회사가 이를 지급할 성질의 것도 아니므로 그 이권을 처분한 채권소지인으로 하여금 이자를 부담하게 하는 것이 공평하다. 위 상법규정은 이러한 취지에서 이권 상당액을 공제하게 한 것이다. 그러나 이 공제액은 이권소지인이 차지할 몫이므로 이권소지인은 언제든지 이권과 상환하여 이 공제금액을 지급받을 수 있게 한 것이다. 결론적으로 위 규정은 이자지급시기가 아직 도래하지 않은 이권에 대해서만 적용되는 조문이다. 그리고 만기에 상환하는 사채의 경우에는 아직 지급시기가 도래하지 아니한 이권이 있을 수 없으므로 위 조문은 사채를 조기상환하는 경우에만 적용된다.

2. 사채의 상환

1) 상환금액 · 시기 등 사채의 상환금액은 사채의 금액(액면가액)과 일치하는 것이 보통이지만, 이자를 붙이는 방법의 하나로 사채금액보다 초과하는 상환금액을 정할 수도 있다.[1] 사채는 1회의 특정일을 상환일로 정하여 일시에 지급하는 것이 보통이지만, 수회에 걸쳐 분할상환하는 것으로 정할 수도 있다.

2) 滿期 前 상환 할인채의 경우에는 회사만이 기한의 이익을 가지므로 발행회사는 이를 포기하고 만기 전이라도 사채를 상환할 수 있다. 그러나 현실적으로 발행회사가 금리의 손실을 보아가며 만기 전에 상환하는 일은 생각하기 어렵다.

일반적으로 기한은 채무자의 이익을 위한 것으로 추정되므로(민 153조 1항), 이자 있는 사채라도 만기 전에 상환할 수 있다고 보아야 한다. 그러나 기한의 이익의 포기는 상대방의 이익을 해하지 못하므로(민 153조 2항) 만기 전에 상환하려면 잔존기간에 대한 이자를 지급해야 할 것이다. 그러나 만기 전 상환은 이자를 부담하지 않으려는 데 그 목적이 있으므로 이자를 지급함이 없이 만기 전 상환을 하기 위해서

1) 2011년 개정전에는 사채금액을 초과하는 상환금액은 각 사채별로 동액일 것으로 요구했으나 (2011 개정 전 473조), 同개정으로 폐지되었으므로 현재는 사채별로 상환비율을 달리 정할 수도 있다.

는 미리 사채발행시에 상환조항으로 만기 전에 상환할 수 있음을 정해 두어야 한다. 이는 사채권자와 개별적으로 합의해야 하는 것은 아니고 발행시에 사채의 발행조건의 하나로서 이사회가 정하고 사채청약서와 채권에 기재하면 된다(474조 2항 8호 · 478조 2항 2호).

3) 買入消却 사채에는 자기주식의 취득, 질취 또는 주식소각에 관한 것과 같은 제한이 없으므로 자기사채를 매입하여 소각하는 것도 자유롭다. 사채의 시세가 하락했을 때, 예컨대 수익률이 시중의 금리보다 높아졌을 때에는 매입소각이 만기상환보다 회사에 유리하다.

期限의 利益의 상실

2011년 개정전에는 발행회사가 사채의 이자지급을 게을리하거나, 정기에 사채의 일부상환을 하도록 되어 있는 경우에 그 상환을 게을리한 때에는 사채권자집회의 결의에 의하여 사채총액에 관하여 기한의 이익을 빼앗을 수 있는 제도를 두었으나(2011 개정전 505조), 동개정에서 폐지하였다. 그러나 사채계약에서 이자지급의 지연 등 기한의 이익이 상실되는 사유를 정할 수 있음은 물론이다. 또 사채계약에는 정한 바 없더라도 발행회사와 수탁회사의 사채모집위탁계약에서 기한의 이익이 상실되는 사유를 정하고 사채권자를 위해 효력이 있음을 정한 경우에는 이는 제 3 자를 위한 계약이므로 사채권자가 수익의 의사표시(민 539조 2항)를 하고 이 규정을 원용할 수 있다(대법원 2005. 9. 15. 선고 2005다15550 판결).[1]

4) 不公正한 辨濟의 취소의 訴 발행회사가 어느 사채권자에 대하여 한 변제, 화해 기타의 행위가 현저하게 불공정한 때에는 사채관리회사는 그 행위의 취소를 청구할 수 있다(511조 1항). 단, 이 취소는 소에 의해서만 할 수 있다(동조항). 모든 사채권자에게 충분히 변제할 자력이 없는 발행회사가 어느 특정의 사채권자를 우대하여 우선변제하거나 기타 방법으로 이를 우대함으로써 다른 사채권자들에 대한 변제능력을 저하시키는 것을 막기 위함이다. 불공정한 변제 등으로 사채권자의 권리가 침해될 경우에는 사채권자가 직접 민법상의 채권자취소권(민 406조 1항)을 행사하는 길도 생각해 볼 수 있다. 그러나 민법상의 채권자취소권은 채권자를 해할 것을 안다고 하는 주관적 요건을 요구하므로 그 증명이 쉽지 않고(민 406조 1항), 또 사채권자가 제각기 채권자취소권을 행사하는 것은 비용면에서 불경제적이다. 그리하여 상법 제511조는 민법의 채권자취소제도에 대해 두 가지 특칙의 의미를

1) 사채를 위탁모집 또는 인수모집의 방식으로 발행할 때에는 발행회사와 수탁회사가 사채모집위탁계약서를 작성하면서, 통상 발행회사가 발행, 배서, 보증한 어음이 부도나는 경우에는 기한의 이익이 상실된다는 약정을 하고 있다.

갖는데, 하나는 채권자가 아닌 사채관리회사에 취소권을 부여함으로써 사채권자의 권리가 집단적으로 보호받을 수 있도록 한 것이고, 다른 하나는 발행회사가 「사채권자를 해할 것을 안다」라고 하는 주관적 요소를 제거하고 단지 변제 등이 불공정하다는 객관적 요건만을 요구함으로써 취소권의 행사가 용이하도록 한 것이다.[1] 이 제도에 의해 정당하게 권리행사를 한 채권자가 부당하게 불이익을 입지 않도록 민법에서와 같이 변제 등을 받은 채권자가 그 당시에 다른 사채권자를 해함을 알지 못한 경우에는 취소할 수 없도록 하고 있다(511조 3항 → 민 406조 1항 단).

요건을 완화한 대신 제소기간을 민법상의 취소권행사보다 단기로 하고 있다. 사채관리회사가 취소의 원인인 사실을 안 때부터 6월, 변제 등의 행위가 있은 때부터 1년 내에 제기하여야 한다(511조 2항).

이 취소권은 원래 사채권자의 이익을 위한 것이므로 사채권자도 취소권을 행사할 수 있다. 다만 집단적 처리를 위해 사채권자집회의 결의를 요하며, 그 대표자 또는 집행자가 제소할 수 있고, 취소의 원인된 행위가 있은 때로부터 1년 내에 행사할 수 있다(512조). 그러나 민법 제406조의 요건을 구비할 경우 각 사채권자가 단독으로 민법상의 취소권을 행사할 수 있음은 물론이다.

5) 사채상환의 보증　금융기관 등이 상환을 보증하는 사채를 보증사채라 한다. 이 경우 보증한 금융기관은 사채권자에 대하여 보증채무를 진다.[2]

3. 시　효

사채도 상행위채무로서 5년의 상사소멸시효(64조)에 걸리는 것이 원칙이지만, 상법은 사채의 공중성을 고려해서 이를 10년으로 하고, 이자와 이권소지인의 이권공제액지급청구권에 대해서만 5년으로 하고 있다(487조 1항 · 3항). 회사가 사채의 원리금상환을 게을리하면 손해배상으로서의 지연손해금이 발생하는데, 지연손해금의 시효는 원본채권과 같으므로 사채원금의 지연손해금은 10년, 이자의 지연손해금은 5년의 시효로 소멸한다(대법원 2010. 9. 9. 선고 2010다28031 판결).

---

1) 日注釋(10), 210면.

2) 1997년 외환위기 이전에는 국내에서 발행되는 사채 중 90% 이상이 보증사채였으나, 현재는 99%가 무보증사채라고 한다(홍정훈, "MTN제도의 도입을 통한 회사채시장 효율화 및 기업자금 조달시장 활성화 방안," 「KRX MARKET」(한국거래소), 2013. 5., 10면.

Ⅶ. 사채 관련 기구

1. 사채관리회사

(1) 의 의

1) 기 능 사채관리회사란 사채의 발행회사에 의해 선임되어 사채권자를 위해 사채의 상환청구, 변제수령 등 사채권의 관리에 필요한 사무를 집행하는 자이다. 사채는 통상 장기간에 걸쳐 존속하므로 그 원리금의 상환을 위해 수회에 걸쳐 권리를 행사하여야 하는데, 사채권자를 일반 대중투자자로 상정하면 자신의 권리행사에 익숙하지 못한 것이 일반적이라 가정할 수 있다. 이에 상법은 사채거래에 전문적인 기술을 가지고 사채권자 전체를 위한 일종의 법정대리인으로 사채권을 관리해 주는 사무를 관장하는 사채관리회사라는 지위를 창설하고, 이에 대해 사채에 관한 변제의 수령, 채권의 보전, 그 밖에 사채의 관리에 필요한 권한을 부여하는 동시에 사채권자의 보호를 위해 각종의 의무와 책임을 부여하였다. 한편 사채를 발행한 회사가 사채권자 전부를 일일이 상대하여 의무를 이행하는 것보다는 사채권자의 권리행사를 사채관리회사라는 단일창구로 집중시켜 사채관리사무의 효율을 기한다는 의미도 있다.

2) 연 혁 2011년 개정전에는 사채발행을 주선하는 수탁회사가 같은 사무를 담당하였다(2011 개정 전 484조). 그러나 수탁회사는 기본적으로 발행회사로부터 보수를 받고 발행회사를 위하여 사채모집을 주선하는 자인데, 동시에 사채권자를 위해 사채를 관리한다는 것은 일견 입장의 충돌을 야기한다고 할 수 있으므로 개정법에서는 사채관리의 사무를 수탁사무와 분리하여 독립적으로 수행하도록 하였다.

3) 지위의 특수성 사채관리회사는 사채의 발행회사에 의해 지정되므로 발행회사의 수임인으로써 발행회사에 대해 선량한 관리자의 주의의무를 지는 것은 당연하지만(민 681조), 후술하는 바와 같이 사채권자에 대해서도 선량한 관리자로서 사채를 관리할 의무를 지며, 직접 손해배상책임을 진다(484조 의2). 이는 계약상의 의무가 아니고 법이 사채권자의 보호를 위해 특별히 설정한 의무이다.

(2) 사채관리회사의 지정

1) 지정의 임의성 사채관리회사의 업무는 사채권자를 위한 것이지만, 그 지정은 사채의 발행회사가 한다(480조 의2). 그런데 상법은 사채관리회사의 선임을

강제하지 않으므로(동조)[1] 다음과 같이 제도의 실효성에 의문이 있다.

개정 전의 사채관리사무는 수탁회사의 지위에 수반하는 법정의 권한 · 의무이었으므로 발행회사로부터 사채모집을 위한 보수를 받고 수탁회사가 된 자가 자동적으로 사채관리사무를 인수하였다. 그러나 개정법하에서는 사채관리가 독립된 사무영역이므로 이를 위해 별도의 보수를 지급하며 사채관리회사를 지정해야 한다. 따라서 다른 유인동기가 없는 한 발행회사로서는 굳이 자신의 비용부담을 추가하면서까지 사채관리회사를 지정할 이유가 없는 것이다.[2]

2) 자　격　은행, 신탁회사 그 밖에 시행령으로 정하는 자가 아니면 사채관리회사가 될 수 없다(480조의3 1항). 사채관리업무는 다수의 사채권자를 위한 공익적 성격의 업무이므로 고도의 신용과 금융사무의 전문성을 갖춘 자로 제한한 것이다. 시행령에서는 은행법상의 금융기관, 자본시장법상의 소정의 투자매매업자 등을 적격자로 규정하고 있다(상령 26조).

개정법은 자격을 구비했더라도 부적임자가 사채관리회사로 취임하는 것을 배제하기 위해 발행회사와 특수한 이해관계가 있는 자로서 사채관리회사가 될 수 없는 자를 시행령으로 정하게 하였다(480조의3 3항). 시행령에서는 사채발행회사의 최대주주, 주요주주인 자, 사채발행회사가 대주주로 있는 자, 사채발행회사의 계열회사 등 사채발행회사와 특수한 관계에 있는 회사나 금융기관을 부적격자로 열거하고 있다(상령 27조). 시행령에서는 수탁회사를 부적격자로 열거하지 않지만, 개정 전 수탁회사의 부수적 업무이었던 것을 분리시켜 사채관리회사의 업무로 맡긴 취지상 수탁회사는 해석상 당연히 부적격자로 다루어야 한다.

상법은 사채의 인수인은 그 사채의 사채관리회사가 될 수 없다고 규정하나(480조의3 2항), 그 필요성은 의문이다. 굳이 이유를 든다면 다른 사채권자에 앞서 자신의 사채의 상환을 서두르는 것과 같이 업무수행의 공정성이 의문시될 수 있기 때문이라고 설명할 수 있을 것이다.

(3) 사채관리회사의 권한

1) 사채상환을 위한 권한　사채관리회사는 사채권자를 위하여 사채에 관한 채권을 변제받거나 채권의 실현을 보전하기 위하여 필요한 재판상 · 재판외의

---

1) 그러나 금융투자회사들의 사업자단체인 금융투자협회가 정한 「증권인수업무 등에 관한 규정」에서 금융투자회사가 무보증사채를 인수함에 있어서는 사채의 발행인과 사채관리회사 간에 사채관리계약이 체결될 것을 요건으로 규정하므로 금융투자회사의 인수를 통해 무보증사채를 발행하는 경우에는 사채관리계약이 사실상 강제된다(동규정 11조의2 2항).

2) 일본에서는 사채관리회사의 지정이 발행인의 의무이다(日會 702조 본).

모든 행위를 할 권한이 있다(484조 1항).

(가) **권한의 의의** 이에 의해 사채관리회사는 사채권자의 수권 없이 발행회사에 대해 사채의 상환을 청구할 수 있고, 사채권자의 이름으로 소를 제기할 수 있다. 일종의 법정대리권이라 할 것이다. 사채관리회사에 이 같은 대리권을 부여한 것은 사채의 상환에 있어 발행회사와 사채권자의 편의를 도모하고 사채권자를 두텁게 보호하기 위한 것이므로 사채관리회사가 대리권을 갖는다고 해서 사채권자의 개별적인 상환청구권이 소멸하는 것은 아니고, 각 사채권자는 사채관리회사와 별개로 발행회사에 상환을 청구할 수 있다는 것이 종래의 통설이다.[1]

한편 사채관리회사가 발행회사로부터 상환을 받으면 각 사채권자의 발행회사에 대한 상환청구권은 소멸하고, 사채관리회사에 대해서만 상환을 청구할 수 있을 뿐이므로[2] 사채관리회사가 발행회사로부터 상환을 받고 파산하거나 지급능력을 상실할 경우 사채권자의 보호가 소홀해지는 문제가 있다.

(나) **권한의 범위** 「채권을 변제받거나 채권의 실현을 보전하기 위하여 필요한 행위」란 구체적으로는 사채 원리금의 상환청구와 변제의 수령, 상환을 위한 소의 제기, 상환청구권과 책임재산의 보전처분, 강제집행의 신청, 발행회사의 다른 채권자에 의한 강제집행에서의 배당요구 그리고 채무자회생 및 파산절차에서의 채권신고, 관계인집회 또는 채권자집회에서의 의결권의 행사(회파 188조 1항, 373조 1항) 등을 포함한다.

(다) **상환의무의 이행** 사채관리회사가 발행회사로부터 사채의 상환을 받은 때에는 지체없이 이를 공고하고, 알고 있는 사채권자에게는 개별로 이를 통지하여야 한다(484조 2항). 사채관리회사가 사채를 상환받음으로써 발행회사의 채무는 소멸하므로 사채권자는 사채관리회사에 대하여 채권과 상환으로 사채의 지급을 청구할 수 있다(484조 3항). 사채권 또는 이와 더불어 이권이 발행된 경우에는 이와 상환하여 청구하여야 한다(동조항).

2) **사채권자집회소집권 등** 사채관리회사는 사채권자집회의 소집, 출석 및 의견진술, 결의집행 등의 권한을 갖는다(491조 1항 · 493조 1항 · 501조).

3) **조 사 권** 사채관리회사는 관리를 위탁받은 사채에 관하여 채권을 변제받거나 채권의 실현을 보전하기 위한 행위를 할 때(484조 1항) 또는 사채 전부에 대한 지급의 유예, 책임의 면제 또는 화해, 사채 전부에 관한 소송 또는 채무자회

1) 日注釋(10), 118면.

2) 일본에서의 통설, 판례이다(前註, 120면).

생 및 파산에 관한 절차에 속하는 행위(484조 4항)를 하고자 할 경우에는 법원의 허가를 받아 사채를 발행한 회사의 업무와 재산상태를 조사할 수 있다(484조 7항). 사채관리회사가 위의 행위를 함에 있어 사채권자들을 위해 최적의 판단을 내리기 위해서는 채무자(발행회사)의 지급능력을 파악해야 할 것이고, 그를 위해서는 발행회사의 업무와 재산상태에 관한 정확한 이해가 필요함을 감안한 제도이다.

2011년 개정법에서 신설된 권한인데, 과거 수탁회사가 이러한 권한을 가지고 있다고 해석되지는 않았으므로 사채관리회사의 권한을 수탁회사에 비해 크게 강화한 것이다.

4) 보수의 우선권 사채관리회사의 권한과 의무가 중대함에 대한 보상으로 사채관리회사의 보수는 사채권자에 우선하여 변제받는다(507조 2항).

5) 공동사채관리회사 사채관리회사가 2개 이상인 때에는 그 권한은 공동으로 행사하여야 하며, 발행회사로부터 사채를 상환받은 때에는 사채권자에 대하여 연대하여 지급할 책임을 진다(485조 1항·2항).

⑷ 사채관리회사의 주의의무

1) 일반적 주의의무 사채관리회사는 사채권자에 대하여 선량한 관리자의 주의로 사채를 관리하여야 한다(484조의 2 2항). 사채관리회사의 선관주의의무란 기본적으로는 민법 제681조의 주의의무와 같다. 그리고 사채관리회사가 선량한 관리자로서의 주의를 베풀어야 할 대상은 주로 상법 제484조 제 1 항이 정하는 사채에 관한 채권을 변제받거나 채권의 실현을 보전하기 위한 행위, 즉 원리금채권의 시효중단, 발행회사에 대한 적시의 이행청구, 적시의 집행 등이 되겠지만, 이에 필요한 부수적인 행위 일체에 미친다.

사채관리회사는 사채권자와 위임관계를 갖지 아니하므로 사채관리회사의 주의의무와 손해배상책임은 사채권자의 보호를 위해 상법이 특히 마련한 법정책임으로 풀이해야 한다.

2) 공평 · 성실의무 상법은 특히 사채관리회사에게 사채권자를 위해 공평하고 성실하게 사채를 관리할 것을 명하고 있다(484조의 2 1항). 예컨대 사채관리회사가 발행회사에 대해 채권을 가지고 있는 경우 사채권자에 우선하여 자신의 권리를 행사해서는 안 된다는 의미와 다수 사채권자들의 권리를 균등하게 관리하라는 의미이다.[1] 예컨대 발행회사로부터 원금의 일부만 변제받은 경우 사채권자들에게 채권액에 비례하여 배분해야 한다. 이는 기본적으로는 선관주의의무(484조의 2 2항)이

1) 前田, 655면.

지만, 사채관리회사가 다수 사채권자의 사채를 관리한다는 사무의 특성을 감안하여 주의적으로 규정한 의무이다.

⑸ 사채관리회사의 행위제한

상법 제484조 제 1 항은 사채를 변제받거나 채권의 실현을 보전하기 위해 필요한 행위에 관해 포괄적인 권한을 부여하고 있으나, 구체적인 행위에 따라서는 사채관리회사의 월권으로 사채권자의 권리가 침해될 우려가 큰 경우도 있다. 상법은 이러한 위험이 예상되는 행위로서, i) 해당 사채 전부에 대한 지급의 유예, 그 채무의 불이행으로 발생한 책임의 면제 또는 화해, ii) 사채에 관한 채권을 변제받거나 채권의 실현을 보전하기 위한 것이 아닌 해당 사채 전부에 관한 소송행위 또는 채무자회생 및 파산에 관한 절차에 속하는 행위를 열거하고, 사채관리회사가 이러한 행위를 하고자 할 때에는 사채권자집회의 결의에 의하도록 규정하고 있다(484조 4항 본).

그러나 위 행위중 ii)의 행위는 사채발행회사가 사채권자집회의 결의를 얻지 아니하고 사채관리회사가 할 수 있음을 정할 수 있다(484조 4항 단). 사채발행회사가 정한다고 함은 당초 사채관리회사의 지정행위에서 정하는 것을 뜻한다. 이에 근거하여 사채관리회사가 사채권자집회의 결의 없이 ii)의 행위를 한 때에는 지체없이 그 뜻을 공고하고 알고 있는 사채권자에게 따로 통지하여야 한다(484조 5항).

⑹ 손해배상책임

상법 제484조의2 제 3 항은 「사채관리회사가 이 법이나 사채권자집회결의를 위반한 행위를 한 때에는 사채권자에 대하여 연대하여 이로 인하여 발생한 손해를 배상할 책임이 있다」라고 규정한다. 기술한 바와 같이 사채관리회사가 사채권자에 대해 직접 수임인의 관계에 있지 아니하나, 사채권자의 보호를 위해 각종 법정의무를 과하고 그 의무를 위반했을 때 책임을 묻고자 하는 취지이다. 따라서 법문중 「이 법…위반한 행위」란 상법의 개별 규정에 위반한 경우만이 아니라 상법 제484조의2 제 2 항이 규정하는 선관주의의무를 위반한 경우 및 동조 제 1 항의 공평 · 성실의무를 위반한 경우를 포함한다.[1)]

⑺ 사채관리회사의 지위의 종료

1) 사채관리회사의 사임과 해임 사채관리회사는 발행회사에 의해 선임되어 발행회사의 수임인의 지위에 있지만, 사채관리회사는 상법의 규정에 의해 사채권자를 위한 공익적 성격의 업무를 수행하므로 사임이 자유롭지 않다(민 689조의 부적용).

1) 會社法コン(16), 167면; 前田, 656면.

사채관리회사는 사채의 발행회사와 사채권자집회의 동의를 받아 사임할 수 있다. 부득이한 사유가 있어 법원의 허가를 받은 때에도 같다(481조).

한편 사채관리회사가 그 사무를 처리하기에 적임이 아니거나 그 밖에 정당한 사유가 있을 때에는 법원은 사채의 발행회사 또는 사채권자집회의 청구에 의하여 이를 해임할 수 있다(482조). 「적임이 아니거나 그 밖의 정당한 사유가 있을 때」란 사채관리회사가 선관주의의무를 위반하거나 공평·성실의무를 위반한 때(484조의2)는 물론 사채관리회사의 자력이 악화되거나, 신용이 저하되는 등 그 직무의 효율적·합리적인 수행이 기대되기 어려운 경우도 포함한다.[1]

2) **사무승계자** 사채관리회사의 사임 또는 해임으로 인하여 사채관리회사가 없게 된 경우에는 사채의 발행회사는 그 사무를 승계할 사채관리회사를 정하여 사채권자를 위하여 사채 관리를 위탁하여야 한다. 이 경우 회사는 지체 없이 사채권자집회를 소집하여 동의를 받아야 한다(483조 1항).

부득이한 사유가 있을 경우에는 이해관계인이 사무승계자의 선임을 법원에 청구할 수 있다(483조 2항). 발행회사가 사무승계자의 선임을 게을리하는 경우가 대표적인 예가 되겠으나, 조문상 사무승계자의 선임이 지체되는 것을 요건으로 하지 않으므로 발행회사의 선임여부에 관계없이 청구할 수 있다는 뜻으로 이해해야 한다. 예컨대 발행회사의 공정한 선임을 기대할 수 없는 경우에는 발행회사의 선임에 앞서 또는 별도로 법원에 선임을 청구할 필요가 있을 것이다.

2. 사채권자집회

(1) 의 의

사채권자집회는 사채권자로 구성되며, 사채권자의 이익에 중대한 관계가 있는 사항에 관하여 같은 종류의 사채권자(509조)의 총의를 결정하기 위하여 소집되는 사채권자단체의 임시적 의결기관이다.

각 사채권자들은 원칙적으로 장기·대량의 사채 가운데 극히 부분적인 소유자에 지나지 않는 일반공중으로서 계속적으로 공통의 이해관계에 서 있는 터이므로 같은 종류의 사채권자에 대해 그 이익을 단체적·공동적으로 옹호할 수 있는 조직을 꾸며 줌과 동시에, 발행회사에 대해서도 분산된 사채권자와 개별적으로 절충하는 불편을 덜어줄 필요가 있다. 사채권자집회는 이같이 사채권자들의 이해를 집단적으로 관리할 필요에서 둔 기구이다.

1) 會社法コン(16), 201면.

(2) 사채권자집회의 존재양식

1) 개정의 의의 2011년 개정 전에는 사채권자집회는 회사가 발행한 사채 중 상환되지 않은 사채의 사채권자 전원으로 구성하는 집회이었다. 개정법에서는 종류별 사채권자집회를 명문으로 규정하고 있지 않지만, 개정된 조문들이 전체적으로 사채권자집회는 사채의 종류별로 소집 및 결의함을 전제로 하고 있다(예: 491조 2항 · 492조 · 498조 등).[1)]

2) 「사채의 종류」의 의의 「사채의 종류」는 사채권자집회의 同一性 내지는 구성원의 일체성을 결정하는 중요한 개념이다. 개정전에 사채의 종류라는 용어를 사용한 예는 사채원부에 기재해야 할 사항의 하나로서 열거한 「무기명식 채권을 발행한 때에는 그 종류」라는 규정이 유일한데(488조 7호), 그 의미는 뚜렷하지 않았지만, 그다지 중요하게 여기지도 않았으므로 사실상 2011년 개정법에서 새로이 사용한 개념이나 마찬가지이다. 그러나 개정법에는 이 개념을 정의한 바도 없고, 정의할 만한 근거도 제시한 바 없으므로 사채권자집회와 관련한 법해석에 큰 어려움을 주고 있다.

사채권자집회를 사채의 종류별로 소집한다는 것은 일본 회사법을 본받은 것이므로(日會 715조) 사채의 종류라는 개념도 일본회사법상의 정의를 참고하여 이해하는 것이 바람직하다. 일본 회사법에서는 사채의 종류를 구분하는 기준으로서, ① 사채의 이율, ② 사채의 상환방법 및 기한, ③ 이자지급의 방법과 기한, ④ 債券을 발행하는지 여부, ⑤ 기명식 · 무기명식간의 전환여부, ⑥ 사채관리회사가 사채 전부에 관해 소송행위, 파산절차, 회생절차 등에 관한 행위를 할 수 있는지 여부, 기타 회사법규칙으로 정하는 사항(日本會社法施行規則 165조)을 열거하고 있다(日會 676조). 이러한 요소들이 같으면 동일한 종류의 사채로 취급하는 것이다.

사채권자집회를 종류별로 하는 이유는 종류가 다른 사채권자간에는 사채에 관한 이해를 달리하므로 다른 종류의 사채권자를 동일한 의사결정의 단위로 취급해서는 결의가 사채권자들의 의사를 왜곡되게 전달할 소지가 있기 때문이다. 이러한 관점에서 보면 일본에서의 사채의 종류는 지나치게 세분된 감이 있다. 「사채의 종류」는 위에 말한 취지에 입각하여 사채권자들의 이해의 대체적 동질성을 구획할 만한 표준에 따라 파악하면 족하다고 생각된다. 하지만, 입법적으로 보완하는 것이 확실한 해결임은 물론이다.

---

1) 참고로 일본 회사법에서는 사채권자집회는 종류별로 조직한다고 규정하고 있다(日會 715조).

(3) 소 집

발행회사 또는 사채관리회사가 소집하나(491조 1항), 해당종류의 사채총액의 10분의 1 이상에 해당하는 사채권자도 회의의 목적사항과 소집의 이유를 기재한 서면으로 사채권자집회의 소집을 청구할 수 있다(491조 2항). 이 소집청구에 발행회사가 응하지 않을 때에는 소집을 청구하였던 사채권자는 법원의 허가를 얻어 사채권자집회를 소집할 수 있다(491조 3항 → 366조 2항).

사채권자집회를 소집할 때에는 기명사채권자에게는 회일의 2주간 전에 서면으로 통지하여야 하고, 무기명사채권자에게는 회일의 3주(소규모회사는 2주) 전에 사채권자집회를 소집하는 뜻과 회의의 목적사항을 공고하여야 한다(491조 의2).

(4) 의 결 권

1) 각 사채권자는 그가 가지는 해당 종류의 사채 금액의 합계액(상환받은 액은 제외)에 따라 의결권을 가진다(492조 1항).

2) 의결권은 대리행사할 수 있으며, 대리권은 서면으로 증명해야 한다(510조 1항 → 368조 2항).

3) 사채권자는 집회에 출석하지 아니하고 서면에 의하여 의결권을 행사할 수도 있으며(495조 3항), 이사회의 정함에 따라 전자적 방법으로도 의결권을 행사할 수 있다(495조 6항 → 368조의4).

4) 무기명식의 사채권자는 회일로부터 1주간 전에 채권을 공탁하여야만 의결권을 행사할 수 있다(492조 2항).

(5) 권 한

사채권자집회의 결의사항은 자본금감소의 이의(439조 3항), 합병의 이의(530조 2항 → 439조 3항), 사채권자집회의 대표자 및 결의집행자의 선임과 해임(500조 1항 · 501조 · 504조), 발행회사의 불공정한 행위를 취소하기 위한 소제기(512조), 사채관리회사의 사임동의(481조), 해임청구(482조), 사무승계자결정(483조) 등이다. 이 밖에도 사채권자에게 이해관계가 있는 사항에 관하여 결의할 수 있다(490조). 이상의 사채권자집회의 권한에 속하는 사항은 사채권자가 단독으로 하지 못한다.

(6) 결의방법

출석한 의결권의 3분의 2 이상의 찬성과(종류별) 총사채의결권의 3분의 1 이상으로 하나, 비교적 가벼운 몇 가지 사항은 출석한 사채권자 의결권의 과반수의 찬성만으로 할 수 있다(495조 1항 · 2항).

소액의 사채권자가 다수 존재할 경우에는 사채권자집회의 소집이 어려울 수 있으므로 2011년 개정법은 사채권자집회의 소집을 용이하게 하고, 사채권자들이 저비용으로 의사를 개진할 수 있도록, 주식에 대해 인정되고 있는 서면투표와 전자투표를 사채권자집회에도 허용하였다(495조 3항·6항).[1)]

(7) 결의의 효력발생

사채권자집회의 결의는 결의한 날로부터 1주간 내에 법원에 인가를 청구하여야 하며(496조), 인가를 받아 비로소 효력을 갖는다(498조 1항). 그러나 해당 종류의 사채권자 전원이 동의한 결의는 법원의 인가를 요하지 않고 효력이 발생한다(498조 1항 단).

법원은 다음에 해당하는 경우에는 결의를 인가할 수 없다. 즉 ① 사채권자집회의 소집절차나 결의방법이 법령이나 사채모집계획서의 기재에 위반할 때, ② 부당한 방법에 의해 결의가 성립하게 된 때, ③ 결의가 현저하게 불공정한 때, ④ 결의가 사채권자 일반의 이익에 반하는 때이다(497조 1항). 이 중 ①과 ②의 경우에는 법원은 결의내용 기타 모든 사정을 참작하여 결의를 인가할 수 있다(497조 2항).

사채권자집회의 결의는 모든 사채권자를 구속한다(498조 2항).

(8) 결의의 위임

사채권자집회는 해당 종류의 (미상환) 사채총액의 500분의 1 이상을 가진 사채권자 중에서 1인 또는 수인의 대표자를 선임하여 그 결의할 사항의 결정을 위임할 수 있다(500조 1항).

(9) 결의의 집행

사채권자집회의 결의는 사채관리회사가 집행하고, 사채관리회사가 없는 경우에는 대표자가 집행한다(501조 본). 그러나 사채권자집회의 결의로 따로 집행자를 선임할 수도 있다(501조 단). 사채권자집회는 언제든지 대표자나 집행자를 해임할 수 있고 위임한 사항을 변경할 수 있다(504조). 이 밖에 사채권자집회의 운영에 관하여는 주주총회의 여러 규정이 준용된다(510조).

---

1) 사채의 경우에는 주식과 달리 무기명식의 사채가 주류를 이루므로 서면투표와 전자투표는 이용도가 제한적이리라 짐작된다. 무기명식 사채의 경우에는 사채권자가 회일로부터 1주간전에 채권을 공탁해야 의결권을 행사할 수 있기 때문에(492조 2항) 서면투표나 전자투표를 이용하려면, 사채권자가 채권을 공탁하고 이어 회사로부터 투표할 수 있는 서면을 받거나 전자투표를 이용할 수 있는 시스템을 제공받아야 한다. 그러므로 특수한 상황이 아니라면, 사채권자가 이같은 번거로운 절차를 감수하며 서면투표나 전자투표를 이용하려 하지는 않을 것이다. 무기명사채권자를 특히 의식하며 서면투표와 전자투표의 필요성을 강조하는 견해도 있으나(법무부 해설, 393면), 이상 설명한 이유로 오히려 무기명사채권자의 이용도가 낮을 것으로 생각된다.

3. 사채관리 관련자의 보수 · 비용

(1) 지급의무

사채관리회사, 사채권자집회의 대표자 또는 사채권자집회의 결의의 집행자에게 줄 보수와 그 사무 처리에 필요한 비용은 발행회사와의 계약에 의해 약정된 경우에는 그에 따를 것이지만, 약정이 없거나 약정된 것 이상의 보수나 비용이 지급되어야 할 경우에는 법원의 허가를 받아 사채를 발행한 회사로 하여금 부담하게 할 수 있다(507조 1항). 사채관리회사, 대표자, 집행자의 직무란 모두 사채권자들의 권리를 행사하거나 보호하기 위한 것이고 이들이 지급한 비용 역시 사채권자의 권리의 행사 · 보존을 위한 것인데, 왜 발행회사에게 부담시키느냐는 의문이 제기된다. 발행회사에 부담시키는 이유는 사채관리회사 등의 직무수행은 발행회사에도 이익이 되기 때문이며, 오로지 사채권자에게만 이익이 되는 관리회사 등의 직무수행이란 발행회사의 채무불이행에 기인하는 것이므로 문책적으로 부담을 지우는 것이라고 설명하는 것이 일반적이다.[1)]

(2) 우선변제의 의의

사채관리회사, 대표자 또는 집행자는 사채에 관한 채권을 변제받은 금액에서 사채권자보다 우선하여 위 보수와 비용을 변제받을 수 있다(507조 2항). 「우선하여」 변제받는다는 것이 무엇을 뜻하는지 의문이다. 우선하여 변제받도록 하는 이유는 사채관리회사 등의 보수 · 비용은 모든 사채권자들을 위한 공익비용이기 때문이므로 舊민법에 있었던 공익비용의 先取特權(舊民 306조 1항 1호)에 해당한다는 것이 일반적인 설명이다(일본의 통설).[2)] 그러나 물권을 해석에 의해 창설할 수는 없으므로 이 권리는 발행회사의 재산에 대한 경매권이나, 발행회사의 재산이 매각대금에 대한 우선변제권을 의미하는 것은 아니고, 단지 발행회사로부터 상환받은 금액에 관해 사채권자에 우선해서 변제받을 권리를 의미하는 것으로 풀이해야 한다.[3)]

1) 日注釋(10), 198면.
2) 前註, 202면.
3) 前註.

Ⅷ. 특수한 사채

1. 轉換社債

(1) 의 의

발행회사의 주식으로 전환할 수 있는 권리가 인정된 사채를 전환사채(convertible bond; Wandelschuldverschreibung)라 한다. 투자자로서는 사채의 확실성과 주식의 투기성을 비교·교량하여 선택할 수 있고, 회사로서는 전환에 의해 사채상환의 효과를 누리는 한편 자금조달비용이 저렴하다는 장점이 있어 사채의 모집을 원활하게 한다(전환사채의 이율은 일반사채에 비해 낮다).[1] 근래에는 해외로부터의 자금조달을 위해 국내회사가 해외금융시장에서 전환사채를 발행하는 일이 활발하다.

전환사채의 발행과 관련해서는 일차적으로 사채권자의 권리보호가 중요한 과제임은 물론이다. 한편 전환사채는 사채의 성격을 갖지만 주식으로 전환될 때에는 주주의 신주인수권을 잠식하게 되므로 전환사채의 발행에는 주주의 보호가 고려되어야 한다. 상법은 원칙적으로 전환사채의 발행을 일반사채와 같이 이사회가 결정하도록 하되 주주에게 사채의 인수권을 부여함을 원칙으로 하고, 혹 주주 아닌 자에게 전환사채를 발행할 경우에는 주주총회의 특별결의를 요하게 함으로써 사채발행에 관한 이사회의 결정권(469조), 그리고 주주의 신주인수권(418조 1항)을 조화시키고 있다. 또 주식으로 전환할 때에는 별도의 납입이 없이 사채의 소멸로 신주발행의 대가를 이루므로 그 절차와 효력발생시기 등에 관해 규정을 두어 분명한 규율을 하고 있다.

(2) 전환사채의 발행결정

1) 결정기관 전환사채의 발행 및 구체적인 발행사항은 정관으로 정한 경우 외에는 이사회가 결정한다(513조 2항 본). 즉 정관에 사채발행에 관해 정한 바가 없더라도 일반 사채와 마찬가지로 이사회의 결의만으로 발행할 수 있다. 그러나 정관으로 주주총회의 결의사항으로 할 수도 있다(513조 2항 단).

전환사채를 소유주식에 비례하여 주주에게 인수시키는 방법으로 발행할 경우, 이사회의 결의만으로 발행할 수 있음은 기술한 바와 같다. 그러나 이는 신주발행을 이사회결의만으로 할 수 있게 한 상법 제416조와 균형을 맞춘 것이므로 신주발행이 정관에 의해 주주총회의 권한사항으로 되어 있는 경우(416조 단)에는 전

1) 2025년 11월말 현재 전환사채는 5개 종목이 상장되어 있다(KRX정보데이터시스템(data.krx.co.kr)/간행물/발간자료/주식/통계월보/채권/전환사채 총괄표).

환사채의 발행에 관해서는 정관에 명문의 규정이 없다고 하더라도 이사회의 결의만으로는 발행할 수 없고, 주주총회의 결의를 거쳐야 한다(대법원 1999. 6. 25. 선고 99다18435 판결).

2) **발행사항**　　정관의 규정 또는 이사회의 결의로 정할 구체적인 발행사항은 다음과 같다.

(가) **전환사채의 총액**　　일반 사채와 마찬가지로 전환사채의 발행한도에 제한이 없으나, 정관으로 전환사채의 총액을 정한 경우에는 그 한도를 지켜야 한다.

(나) **轉換의 條件**　　전환사채와 전환에 의해 발행되는 주식의 비율을 뜻한다. 예컨대 「사채 10,000원을 보통주식 1주로 전환할 수 있다」는 것과 같다. 흔히 전환가액이라고도 하는데, 전환사채의 실질적인 대가를 이루는 부분이다. 전환사채의 총발행가와 전환으로 인해 발행할 주식의 총발행가는 동액이어야 한다(516조 2항 → 348조). 그 이유는 전환주식에 관하여 설명한 바와 같다(313면 참조).

이사와 통모하여 불공정한 발행가액으로 전환사채를 인수한 자는 공정한 발행가액과의 차액에 상당한 금액을 지급할 의무가 있으며, 그 지급청구에 관해 대표소송이 인정되고, 그 발행에 관해 이사의 손해배상책임이 발생하는 것은 신주를 불공정하게 인수한 경우와 같다(516조 1항 → 424조의2).

(다) **전환으로 인하여 발행할 주식의 내용**　　예컨대 우선주 · 보통주 · 의결권의 유무 등을 정하여야 한다.

(라) **전환을 청구할 수 있는 기간**　　사채권자가 전환청구권을 행사할 수 있는 시기와 종기를 정하여야 한다. 예컨대 「발행일의 1년 후부터 2년 내」라는 것과 같다.

(마) **주주에게 전환사채의 인수권을 준다는 뜻과 인수권의 목적인 전환사채의 액**

반드시 주주에게 인수권을 주어야 하는 것은 아니다. 다만 주주의 인수권의 일부 또는 전부를 제한하기 위하여는 후술과 같은 특별한 절차를 요한다.

(바) **주주 이외의 자에게 전환사채를 발행하는 것과 이에 대하여 발행할 전환사채의 액**

주주 아닌 자에게 인수권을 부여할 경우에 필요한 사항이다.

전환사채 인수권의 귀속

상법은 주주가 신주의 인수권을 갖는다는 규정을 두고 있으나(418조 1항), 주주가 전환사채의 인수권을 갖는다는 규정은 두고 있지 않다. 제513조의2 제 1 항 본문이 「轉換社債의 引受權을 가진 株主는 그가 가진 株式의 數에 따라서 전환사채의 配定을 받을 권리가 있다」고 규정하는데, 이 규정이 원칙적으로 주주가 전환사채의 인수권을 가진다는 뜻을 표명한 것으로 볼 소지도 있다. 그러나 이 규정은 「전환사채의 인수권을 가진 주주는」이라고 규정하므로 다른 근거에 의해 주주가 이미 전환사채의 인수권을 갖게 된 경우를 전제로 하여 구체적인 전환사채의 주주간 배정방법을 규정한 것으로 보아야 하고, 주주가 전환사채의 인수권을 갖는 근거는 달리 찾아야 한다. 제513조 제 2 항이 전환사채는 원칙적으로 이사회의 결의로 발행할 수 있도록 하고, 동조 제 3 항에서 제 3 자배정을 위한 요건을 규정하고 있으므로, 제 3 항의 절차를 밟지 않는 한, 즉 이사회의 결의로 전환사채를 발행하는 한 주주가 전환사채의 인수권을 갖는다고 반대해석을 하는 방법으로 근거를 마련할 수 있다.

3) 제 3 자 인수의 요건(주주의 보호) 전환사채도 사채의 일종이지만 이는 장래에 주식으로 전환할 수 있는 것이므로, 주주 아닌 자에게 전환사채를 발행하는 것은 실질적으로 주주 이외의 자에게 신주인수권을 부여하는 것과 같다. 또한 주식의 시가가 액면가를 초과하는 상황에서 전환의 조건을 등가전환(예컨대 전환에 있어 사채의 액면 1만원에 대해서 액면 5,000원인 주식 2주를 주는 것)으로 한다면 주주 이외의 자에게 특히 유리한 가액으로 신주를 발행하는 것과 같으며, 반사적으로 기존주주의 이익을 해치게 된다.

이러한 까닭에 원칙적으로 이사회가 전환사채의 발행을 결정하되, 이 경우에는 주주가 전환사채의 인수권을 가지며, 주주 아닌 자에게 전환사채를 발행할 경우(513조 2항 6호)에는 정관에 근거를 두거나 주주총회의 특별결의를 거치게 한다. 즉 제 3 자에게 발행할 수 있는 전환사채의 액, 전환의 조건, 전환으로 인하여 발행할 주식의 내용과 전환을 청구할 수 있는 기간을 정관 또는 주주총회의 특별결의로 정하여야 한다(513조 3항). 이를 결의하기 위해 주주총회를 소집할 경우에는 소집통지에 전환사채의 발행에 관한 의안의 요령도 기재하여야 한다(513조 4항). 한편 제513조 제 2 항 단서는 정관에 규정을 두어 전환사채의 발행을 주주총회에서 결정할 수 있도록 하는데, 이 경우 주주총회의 결의는 보통결의에 의한다. 이 결의는 전환사채의 발행을 위한 이사회의 결정을 갈음할 뿐이고, 이 규정에 근거하여 주주총회의 보통결의로 전환사채를 발행하더라도 제 3 자에게 사채의 인수권을 부여할 경우에는 다시 정관의 근거가 있거나 주주총회의 특별결의를 거쳐야 한다.

정관이나 주주총회의 결의로 제 3 자의 인수권을 정할 때에는 그 내용이 구체적이고 확정적이어야 하며, 예컨대 「사채총액의 2분의 1의 범위에서 주주가 아닌 자에게 인수권을 부여한다」든지, 「전환가액(전환조건)은 주식의 액면가 이상으로 이사회가 정한다」[1]는 식의 포괄위임은 허용되지 않는다(판례 [125]).

판례는 전환조건 등에 관한 정관의 규정이 구체적이어야 함은 시인하면서

---

1) 표준정관 제14조의2 제 4 항 외 다수 회사의 정관이 같은 취지의 규정을 두고 있다.

도, 전환의 조건을 경제사정에 즉응하여 신축적으로 결정할 수 있도록 정관에 일응의 기준을 정해 놓은 다음 구체적인 전환의 조건은 발행시마다 이사회에서 결정하도록 위임하는 것도 허용된다고 보고 있다(판례 [126]). 그리하여 "전환가액은 주식의 액면금액 또는 그 이상의 가액으로 사채발행시 이사회가 정한다"라고 정한 정관 규정은 전환가액에 관해 주식의 액면금액 이상이라는 일응의 기준을 정하되, 구체적인 전환가액은 발행시마다 이사회에서 결정하도록 위임한 것으로 상법 제513조 제 3 항이 요구하는 최소한도의 요건을 충족하고 있다고 판단하였다.

시장의 사정에 맞는 전환조건을 정하기 위하여 어느 정도 이사회에 위임하는 것은 허용해야 한다. 그러나 주식의 액면가 이하로의 전환은 어차피 허용되지 않는 바이므로(417조) "액면가 이상으로 이사회가 정한다"는 식의 수권은 사실상 백지위임에 다름없다.[1)]

신주발행시의 제 3 자배정의 요건에 관한 제418조 제 2 항 단서의 규정은 전환사채의 제 3 자배정에도 적용된다(513조 3항 後). 따라서 주주 아닌 자에 대한 전환사채의 발행은 정관의 규정이나 주주총회의 특별결의 등의 절차적 요건을 갖추는 외에 합리성(경영상의 목적에 필요한 것)에 의해 뒷받침되어야 한다.

판 례

[125] 서울고법 2000. 5. 9.자 2000라77 결정

「위 정관에 상법 제516조의 2 제 4 항 소정의 '신주인수권의 내용'에 관한 규정이 있는지 여부에 관하여 보건대, 위 정관 제18조 제 2 호는 신주인수를 청구할 수 있는 금액에 관하여는 사채의 액면금액을 초과하지 않는 범위 내에서 이사회가 정하도록 규정하고, 같은 조 제 3 호는 신주인수권의 행사로 발행하는 주식의 가액에 관하여는 액면금액 또는 그 이상의 가액으로 사채 발행시 이사회가 정하도록 규정하고 있는 바, 신주인수를 청구할 수 있는 금액(행사비율)이나 신주인수권의 행사로 발행하는 주식의 가액(행사가격)은 '신주인수권의 내용'이 어떠한 것인지를 결정하는 본질적인 요소로서 주주의 이익이나 회사의 지배권의 변동에 직접적인 영향을 미치는 사항이므로 그 내용이 구체적이고 확정적으로 정관에 규정되어 있을 때에 한하여 주주총회의 특별결의를 거칠 필요가 없다고 해석하는 것이 상법 제516조의2 제 4 항의 올바른 해석이라고 할 것이므로, 신주인수권의 내용을 구체적이고 확정적으로 정하지 아

1) 전환사채의 발행사항으로서 숫자로 표현되는 것(예: 발행가)은 대부분 정관에 공란으로 표기하고 구체적인 수치는 이사회의 결의로 정하여 전환사채를 발행한 경우, 이를 무효라고 한 판례가 있다(서울고법 2008. 7. 30. 선고 2007나66271 판결).

니한 채 이사회가 결정하도록 포괄적으로 위임한 제3채무자 회사의 위 정관규정은 주주의 재산상 이익을 보호하고 지배관계 변동에 대한 주주의 의사를 묻기 위한 강행규정인 위 상법 제516조의2 제 4 항에 반한 것으로서 효력이 없다고 할 것이다.」

[註] 위 판례는 신주인수권부사채에 관한 것이나, 전환사채에 관해서도 같은 법리가 적용되어야 한다.

[126] 대법원 2004. 6. 25. 선고 2000다37326 판결

「… 전환의 조건 등이 정관에 이미 규정되어 있어 주주총회의 특별결의를 다시 거칠 필요가 없다고 하기 위해서는 전환의 조건 등이 정관에 상당한 정도로 특정되어 있을 것이 요구된다고 하겠으나, 주식회사가 필요한 자금수요에 대응한 다양한 자금조달의 방법 중에서 주주 외의 자에게 전환사채를 발행하는 방법을 선택하여 자금을 조달함에 있어서는 전환가액 등 전환의 조건을 그때그때의 필요자금의 규모와 긴급성, 발행회사의 주가, 이자율과 시장상황 등 구체적인 경제사정에 즉응하여 신축적으로 결정할 수 있도록 하는 것이 바람직하다 할 것이고, 따라서 주주총회의 특별결의에 의해서만 변경이 가능한 정관에 전환의 조건 등을 미리 획일적으로 확정하여 규정하도록 요구할 것은 아니며, 정관에 일응의 기준을 정해 놓은 다음 이에 기하여 실제로 발행할 전환사채의 구체적인 전환의 조건 등은 그 발행시마다 정관에 벗어나지 않는 범위에서 이사회에서 결정하도록 위임하는 방법을 취하는 것도 허용된다고 보아야 할 것이다.

… 피고 회사 정관 제16조는 … "전환가액은 주식의 액면금액 또는 그 이상의 가액으로 사채발행시 이사회가 정한다"라고 정하고 … 있는바(위 규정은 상장회사 표준정관에 따른 것이다), … 전환가액 등 전환의 조건의 결정방법과 관련하여 고려되어야 할 앞서 본 특수성을 감안할 때, 이러한 피고 회사 정관의 규정은 구 상법 제513조 제 3 항이 요구하는 최소한도의 요건을 충족하고 있는 것이라고 봄이 상당하고, 그 기준 또는 위임방식이 지나치게 추상적이거나 포괄적이어서 무효라고 볼 수는 없다.」

(3) 발행절차

1) 配定日公告 주주가 인수할 전환사채의 액(513조 2항 5호)이 결정됨에 따라 주주는 그가 가진 주식의 수에 따라서 전환사채를 배정받을 권리를 가진다(513조의 2 1항 본). 따라서 신주발행에서와 같이 인수권을 행사할 주주를 확정하기 위하여 배정기준일을 정하고, 그 2주간 전에 배정기준일에 주주명부에 기재된 주주가 인수권을 갖는다는 뜻을 공고하여야 한다(513조의2 2항 → 418조 3항).

배정기준일의 경과로 전환사채의 인수권을 갖는 주주 및 각 주주가 인수권을 갖는 사채총액이 확정되는데, 이때 전환사채의 최저액에 미달하는 단수에 대하여는 인수권이 미치지 아니한다(513조의 2 1항 단).

최저발행가의 제한

단수의 사채에 관한 인수권을 배제하는 상법 제513조의2 제 1 항 단서는 소액주주에게 크게 불리한 결과를 가져올 수 있다. 예컨대 전환사채의 액면가를 100만원과 500만원으로 해서 발행하는데, 주주에게 100주당 최저액의 전환사채(100만원)의 인수권을 준다고 하자. 그리고 사채의 전환조건은 사채 100만원당 100주, 즉 전환가격을 10,000원으로 한다. 이 상황에서 99주를 소유하는 甲이라는 주주에게 돌아오는 사채인수권은 최저액의 0.99(즉 99만원어치)이므로 위 규정에 의해 전환사채의 인수권을 갖지 못한다. 이는 현실적으로 99주의 신주의 인수권을 실권하는 것과 마찬가지로서 주식평등의 원칙의 중대한 위반이 아닐 수 없다.[1] 최저액을 매우 큰 금액으로 정할 경우 소액주주들을 축출(squeeze out)하는 수단으로 삼을 수도 있다. 그러므로 명문의 규정은 없으나, 전환사채의 최저액은 전환을 전제로 했을 때, 주식의 정수주(整數株)를 실권시키는 금액으로 정해서는 안 된다고 해석한다. 즉 위 예에서 전환사채의 최저금액은 10,000원을 넘어서는 안 되는 것이다.

2) **주주에 대한 최고 · 실권** 배정기준일에 의해 인수권이 확정된 주주에 대해 인수권을 가지는 전환사채의 액, 발행가액, 전환의 조건, 전환으로 인하여 발행할 주식의 내용, 전환을 청구할 수 있는 기간과 일정한 기일(청약일)까지 전환사채의 청약을 하지 아니하면 권리를 잃는다는 뜻을 청약일의 2주간 전에 통지하여야 한다(513조의3 1항 · 2항 → 419조 2항). 회사가 정한 청약기일에 청약을 하지 아니하면 실권한다(513조의3 2항 → 419조 3항). 실권한 사채는 이사회의 결의로 새로이 배정할 수 있으나, 상장회사가 발행하는 전환사채의 실권사채는 신주의 실권주에 관해 본 바와 같은 이유에서 원칙적으로 발행을 철회하여야 한다(자금 165조의10 1항 → 165조의6 2항).

상법 제418조 제 4 항에서는 신주를 제 3 자에게 발행할 경우 기존 주주들의 보호를 위해 주주들에게 소정의 사항을 통지하도록 규정하고 있다. 전환사채를 제 3 자에게 발행할 경우에도 주주보호의 필요성은 마찬가지이므로 이러한 통지제도가 있어야 하나, 이를 규정한 바 없고 제418조 제 4 항을 준용하지도 않는다. 신주인수권부사채에 관해서도 같다. 입법의 불비이다.

3) **인수 · 납입** 일반사채와 같은 절차에 의한다.

전환사채의 가장납입

전환사채는 이를 발행할 당시 그리고 주식으로 전환되기 전에는 사채로서의 성질

---

1) 日注釋(11), 63면에서도 같은 문제점을 제시하고, 실권하는 금액이 거래통념상 지나치게 클 경우에는 허용되지 않는다고 해석하는데, 매우 막연한 기준이라 찬성하기 어렵다.

을 가질 뿐이므로 전환사채의 인수대금을 가장납입하였더라도 납입가장죄(628조)를 구성하지 않는다. 그러므로 전환사채의 발행을 관장하는 자가 인수인으로 하여금 인수대금의 납입없이 전환사채를 취득하게 하여 회사에 손해를 가한 경우에는 업무상배임죄가 성립할 뿐이다. 그러나 처음부터 납입금 없이 주식을 발행할 목적으로 전환사채를 발행하며 가장납입을 하고, 실제 주식으로 전환하게 한 경우에는 납입가장죄가 성립한다(대법원 2015. 12. 10. 선고 2012도235 판결).

4) **사채청약서 등의 기재사항** 전환사채의 청약서 · 채권 · 사채원부에는 ① 사채를 주식으로 전환할 수 있다는 뜻, ② 전환의 조건, ③ 전환으로 인하여 발행하는 주식의 내용, ④ 전환을 청구할 수 있는 기간, ⑤ 주식의 양도에 관하여 이사회의 승인을 얻도록 정한 때에는 그 규정을 기재하여야 한다(514조).

5) **수권주식과의 관계** 발행예정주식총수에 미발행부분이 있어야 전환이 가능하므로 이 경우에만 전환사채를 발행할 수 있고, 이 부분은 전환청구기간 동안 발행을 유보하여야 한다(516조 1항 → 346조 4항). 장차 정관변경에 의해 발행예정주식총수를 늘릴 것을 예정하고 전환사채를 발행할 수 없다.

6) **유지청구** 회사가 법령 또는 정관에 위반하거나 현저하게 불공정한 방법으로 전환사채를 발행함으로써 주주가 불이익을 받을 염려가 있는 경우에는 신주발행에서와 같이 주주가 발행을 유지할 것을 청구할 수 있다(516조 1항 → 424조). 유지청구는 전환사채발행의 효력이 생기기 전, 즉 전환사채의 납입기일까지 해야 한다(대법원 2004. 8. 16. 선고 2003다9636 판결). 자세한 내용은 신주발행유지청구에 관해 설명한 바와 같다(980면 참조).

전환가액의 조정(사채권자의 보호)

1) **자본거래에 따른 조정** 전환사채의 수익가치는 사채발행 당시의 주식의 자산가치와 수익가치가 복합적으로 반영되는 주가에 의해 결정된다 하겠는데, 사채발행 후 주가가 하락한다면 사채권자에게 뜻하지 않은 손실을 주게 된다. 주가하락이 회사의 자본거래를 통해 비롯된 것이라면, 이는 제도적으로 사채권자의 보호방법을 강구해야 할 일이다. 예컨대 회사가 전환사채를 발행한 후에 저렴한 가격으로 신주를 발행하거나, 준비금을 자본금전입하거나 또는 주식배당을 한다면 주식의 가치가 희석되므로 사채권자가 당초의 전환조건에 따라 주식으로 전환하는 것이 무의미해지게 된다. 주가가 적어도 전환가액 이상을 유지할 경우에만 주식으로 전환할 실익이 있기 때문이다. 그래서 입법례에 따라서는 전환사채를 발행한 후에는 신주발행 등의 자본거래를 금지하는 방법을 통해 주식의 희석화를 방지하는 예도 있고, 자본거래를 금지하지는 않지만 그로 인해 주가가 하락하는 경우 전환가액을 하향조정하여 사

채권자를 보호하기도 한다. 상법에서는 어느 방법도 제시하고 있지 않으나, 사채발행 실무에서는 가격조정에 관한 사항을 사채청약서에 규정하고 있고(이를 "반희석화조항"(anti-dilution provision)이라 한다), 금융위원회 고시에서 구체적인 가격조정방법을 제시하고 있다(증권의 발행 및 공시 등에 관한 규정 5-23조). 회사가 사채발행 후 전환가액을 하회하는 발행가액으로 유상증자를 하거나 주식배당, 준비금의 자본금전입을 하는 경우에는 다음 산식에 의하여 조정(引下)된 가액을 전환가액으로 하고 있다.

$$\text{조정 후 전환가액} = \text{조정 전 전환가액} \times \frac{\text{기발행주식수} + \text{신발행주식수} \times \left(\dfrac{\text{1주당발행가액}}{\text{시가}}\right)}{\text{기발행주식수} + \text{신발행주식수}}$$

위 산식은 계산과정에서 볼 수 있듯이 신주발행으로 희석화된 주식의 가치를 새로운 전환가액으로 하기 위함이다.[1)]

2) 시세변동에 따른 조정　주가하락이 증권시장에서의 수급사정이나 회사의 영업실적의 악화 등 시장요인에 기인한 것이라면 사채권자가 감수해야 할 손실이다. 그럼에도 불구하고 증권의 발행 및 공시 등에 관한 규정에서는 주가하락의 경우에도 가격조정을 허용하는데(동규정 5-23조 2호), 이는 옳지 않다. 전환사채는 현재의 주가를 기준으로 하여 사채권자가 취득할 수 있는 주식의 취득가격을 일정기간(전환기간) 고정시킴으로써, 장차 주가가 상승할 경우 사채권자가 시가 이하의 가격으로 주식을 취득할 수 있는 기회를 보장하는 금융상품이다. 따라서 장차 주가의 상승 또는 하락은 바로 전환사채에 내포된 투기성에 속하는 가치결정요소로서 전환사채권자가 당연히 누리거나 부담하여야 할 기회 또는 위험인 것이며, 이는 전환사채의 본질적 속성이다.[2)] 이 점 신주인수권부사채에 대해서도 적용되는 설명이다.

그럼에도 불구하고 전게 금융위원회 고시에서는 시가하락시에도 전환가액을 조정할 수 있음을 전제로 조정방법을 제시하고 있으며(동규정 5-23 2호), 실무에서도 전환사채나 신주인수권부사채를 발행할 때에 발행조건으로서 주가하락시 전환가액 또는 신주인수권행사가액을 하향조정하는 약정(refixing option의 부여)을 하는 예를 흔히 볼 수 있다. 이는 실질적으로 손실보전약정에 해당하므로 무효라고 보아야 한다(989면 참조). 이러한 조정약정을 유효라고 본 판례(대법원 2014. 9. 4. 선고 2013다40858 판결)가 있으나 의문이다.[3)]

---

1) 위 산식은 유상증자를 할 경우에는 타당하나, 주식배당이나 준비금을 자본금전입할 때에는 실제 주식가치의 변동을 반영하지 못한다. 주식배당이나 준비금을 자본금전입하는 경우에는 새로 발생하는 주식수만큼 자금이 유입되는 것이 아니기 때문이다(1주당 발행가액을 '0'으로, 따라서 1주당 발행가액×신발행주식수를 '0'으로 계산해야 옳다).

2) 미국에서도 전환가격의 조정(change in the conversion price and ratio)은 주식분할, 주식배당, 전환가격 이하의 신주발행 등으로 인해 초래되는 주식의 희석화로부터 전환사채권자를 보호한다는 사고에서 설명되고 있으며, 주가하락으로 인해 전환가격을 조정하는 예는 보기 어렵다(Lawrence Mitchell/Lewis Solomon, Corporate Finance and Governance, p. 439).

3) 동판례는 주가가 하락하자 신주인수권부사채권자가 신주인수권을 행사하기 전에 미리 가격조

⑷ 전환의 절차

전환사채의 전환은 「전환을 청구할 수 있는 기간」중 언제든지 청구서에 채권을 첨부, 회사에 제출하여 전환을 청구할 수 있다(515조 1항 본). 회사가 채권을 발행하지 않고 전자등록을 한 경우에는 전환청구를 하는 자는 사채권을 증명할 수 있는 자료를 첨부하여 회사에 제출하여야 한다(515조 1항 단).

주주명부 폐쇄기간중에도 전환청구가 가능하다. 전환청구기간이 경과하도록 전환청구를 하지 않으면 전환청구권을 상실함은 물론이고, 그 기간 전에도 전환청구권을 포기할 수 있다(서울지법 1999. 2. 4. 선고 98가합69295 판결).

⑸ 전환의 효력

전환은 사채권자가 청구서를 회사에 제출함으로써 그 효력이 생기며(516조 2항 → 350조 1항), 회사의 승낙을 요하지 않는다(형성권). 즉 전환청구와 동시에 사채권자는 주주가 되는 것이다. 그러나 주주명부의 폐쇄기간중에 전환을 청구한 경우에는 그 주식으로 의결권을 행사할 수 없다(516조 2항 → 350조 2항). 의결권을 부여할 경우 주주명부 폐쇄시점에서 예측하지 못했던 지배구조의 변화가 생길 수 있기 때문이다.

전환사채의 질권자는 전환 후의 주식에 대해 질권을 행사한다(516조 2항 → 339조).

⑹ 등　　기

일반적인 사채와 달리 전환사채를 발행한 때에는 납입완료 후 본점소재지에서 2주간 내에 소정사항을 등기하여야 한다(514조의2 1항~3항). 전환사채의 전환 역시 발행사채의 감소와 자본금의 증가를 가져오므로 변경등기를 해야 한다(514조의2 3항 → 183조).

⑺ 전환사채발행의 무효

1) 무효사유　　어떠한 경우에 전환사채의 발행이 무효라고 할 것인가? 일응 전환사채가 법정절차에 반하여 위법하게 발행되거나 불공정하게 발행된 경우에는 무효라고 해야 할 것이나, 판례는 신주발행무효에 관한 이론을 전환사채에 도 동일하게 적용한다. 즉 전환사채발행무효의 訴는 전환사채발행을 사후에 무효로 함으로써 거래의 안전을 해칠 수 있음에 주목하여, 거래의 안전과 이익교량을 할 수 없을 정도로 중대한 법령 · 정관위반 또는 현저한 불공정이 있을 경우에 한해 무효로 할 수 있다는 입장을 취하고 있다(판례 [116] (991면), [127]). 그리고 구체적인 사유

정을 요구한 데 대해 발행회사가 본안전항변으로서 제소이익을 다툰 사건을 다룬 것이다. 법원은 이 조정약정이 유효함을 전제로 제소이익이 있다고 판시하였다. 조정약정이 유효하다 하더라도, 사채권자가 조정된 가격에 의해 신주인수권을 행사하고 회사가 이를 인정하지 않을 경우 주주확인을 구하거나 명의개서를 요구하는 것이 옳은 쟁송방법이라 생각되는데, 사전의 가격조정을 허용한 것도 의문이다.

의 하나로 회사가 경영상 목적 없이 대주주 등의 경영권이나 지배권 방어 목적으로 제 3 자에게 전환사채를 발행하는 것을 예시하고 있다(판례 [128]).

판 례

[127] 대법원 2004. 6. 25. 선고 2000다37326 판결(판례 [126]과 동일판례)

「… 전환사채가 일단 발행되면 그 인수인의 이익을 고려할 필요가 있고 또 전환사채나 전환권의 행사에 의하여 발행된 주식은 유가증권으로서 유통되는 것이므로 거래의 안전을 보호하여야 할 필요가 크다고 할 것인데, 전환사채발행유지청구권은 위법한 발행에 대한 사전 구제수단임에 반하여, 전환사채발행무효의 소는 사후에 이를 무효로 함으로써 거래의 안전과 법적 안정성을 해칠 위험이 큰 점을 고려할 때, 그 무효원인은 가급적 엄격하게 해석하여야 하고, 따라서 법령이나 정관의 중대한 위반 또는 현저한 불공정이 있어 그것이 주식회사의 본질이나 회사법의 기본원칙에 반하거나 기존 주주들의 이익과 회사의 경영권 내지 지배권에 중대한 영향을 미치는 경우로서 전환사채와 관련된 거래의 안전, 주주 기타 이해관계인의 이익 등을 고려하더라도 도저히 묵과할 수 없는 정도라고 평가되는 경우에 한하여 전환사채의 발행 또는 그 전환권의 행사에 의한 주식의 발행을 무효로 할 수 있을 것이며, 그 무효원인을 원심이 판시하는 바와 같이 회사의 경영권 분쟁이 현재 계속중이거나 임박해 있는 등 오직 지배권의 변경을 초래하거나 이를 저지할 목적으로 전환사채를 발행하였음이 객관적으로 명백한 경우에 한정할 것은 아니다.

그리고 전환사채발행무효의 소에 있어서의 무효원인을 위와 같이 엄격하게 해석하여야 하는 이상 단지 전환사채의 인수인이 회사의 지배주주와 특별한 관계에 있는 자라거나 그 전환가액이 발행시점의 주가 등에 비추어 다소 낮은 가격이라는 것과 같은 사유는 일반적으로 전환사채발행유지청구의 원인이 될 수 있음은 별론으로 하고, 이미 발행된 전환사채 또는 그 전환권의 행사로 발행된 주식을 무효화할 만한 원인이 되지는 못한다 …」

[同旨판례] 대법원 2004. 8. 16. 선고 2003다9636 판결; 동 2004. 8. 20. 선고 2003다20060 판결.

2) 무효의 주장방법 전환사채의 발행에 무효원인이 있는 경우 어떤 방법으로 다툴 수 있는지에 관해 상법은 명문의 규정을 두고 있지 않다. 그렇다면 민사소송법상의 일반확인의 訴에 의해 무효를 주장할 수 있다고 해야 할 것이나, 그같이 볼 경우 무효확인판결의 효력이 발행된 전환사채 전부에 미치지 못하고, 전환권의 행사에 의해 발행된 신주가 소급적으로 무효가 됨으로 인해 그 주식을 토대로 형성된 기왕의 회사법률관계가 혼란스러워지는 문제점이 생긴다. 그러므

로 판례는 전환사채의 발행이 기능적으로 사실상 신주를 발행하는 것과 같다는 점에 착안하여 전환사채발행에 무효원인이 있는 경우 신주발행무효의 소에 관한 규정(429조)을 유추적용하여 形成의 訴인 전환사채발행무효의 소로 다투도록 한다(판례 [127]).

전환사채발행에 관련된 효력의 다툼은 전환사채가 아직 전환되지 않은 상태에서 전환사채발행의 효력을 다투는 것과 전환청구권이 행사되어 발행된 신주의 효력을 다투는 것으로 구분해 볼 수 있다. 종전의 판례(판례 [127])는 이 두 가지 문제를 구분하지 않고 일괄하여 전환사채발행의 효력의 문제로 다루어 왔으나(판례 [127]은 주식으로 전환된 이후에 제기된 전환사채발행무효의 소가 적법하다고 한 예이다), 최근의 판례는 이 두 가지 문제를 구분하여 다루고 있다.

㈎ **전환사채의 무효** 위에 말한 바와 같이 판례는 전환사채발행의 효력에 관한 다툼에 신주발행무효의 소에 관한 규정(429조)을 유추적용한다.

상법 제429조를 유추적용한다고 함은 전환사채발행의 효력은 일반확인의 소로서는 다투지 못하고, 사채의 발행 후 6월 내에 제429조의 요건을 갖춘 소로써만 다툴 수 있으며, 그 무효판결은 형성판결로서 대세적 효력을 가지며 전환사채는 장래에 향해 무효가 됨을 뜻한다(430조 → 190조 본, 431조 1항). 전환사채의 발행이 무효가 된다고 함은 사채의 효력이 없으며 그 전환사채를 주식으로 전환할 수도 없음을 뜻한다. 그리고 전환사채의 발행일로부터 6월 내에 전환사채발행무효의 소가 제기되지 않거나, 6월 내에 제기된 전환사채발행무효의 소가 적극적 당사자의 패소로 확정되었다면, 이후에는 더 이상 전환사채 발행의 무효를 주장할 수 없다.[1] 제429조를 적용하는 결과, 전환사채발행의 흠이 이사회결의의 하자나 주주총회결의의 하자에서 비롯되더라도 전환사채발행의 효력을 부인하기 위해서는 이사회결의의 하자 또는 주주총회결의의 하자를 다투는 소가 아니라 전환사채발행무효의 소에 의해 다투어야 한다(대법원 2004. 8. 16. 선고 2003다9636 판결).

㈏ **전환신주의 무효** 전환사채발행무효의 소가 적법하게 제기되고 그 소에 의해 전환사채발행의 무효판결이 내려진다면 소가 계속 중에 전환권을 행사하여 발행된 신주는 권원을 결한 것이므로 무효라고 해야 한다.[2] 그러나 전환사

---

1) 패소판결이 확정된 것이 전환사채발행 후 6월 내이라면 다른 전환사채를 가지고 발행무효의 소를 제기할 수 있으나, 판결에 이르는 기간을 감안할 때 현실적으로는 불가능하다.

2) 판례는 전환으로 인해 발행한 신주의 효력을 다투는 소도 形成의 訴로 보므로 이론적으로는 전환사채발행의 무효판결이 확정되었다 하더라도 이를 원인으로 하여 신주발행무효의 소를 별도로 제기해야 한다. 그러나 이같이 해석하면 전환사채발행무효의 소가 장기간 계속되어 신주발

채발행 후 6월이 경과하도록 전환사채발행무효의 소가 제기된 바 없이 전환권의 행사로 발행된 신주 혹은 적극당사자에게 패소판결이 내려진 후에 전환권이 행사되어 발행된 신주의 효력을 다투는 경우 판례는 이에 대해서도 상법 제429조를 유추적용한다. 즉 상법 제429조의 신주발행무효의 소로 다투어야 하며, 이 역시 형성의 訴이다(판례 [128]). 이는 전환사채발행무효의 다툼과는 별개의 소이므로 제소기간은 신주발행일 즉 전환권을 행사한 날로부터 6월이 되고, 그리고 전환사채발행은 유효로 확정된 바이니 전환사채발행의 무효는 신주발행(전환권 행사)의 무효사유가 될 수 없고, 전환권행사 자체에 고유한 무효사유를 주장해야 한다(동 판례). 그러나 지배주주의 경영권을 방어할 목적으로 전환사채를 발행하였고, 지배주주가 전환권을 행사하였다면 이는 실질적으로 지배주주에게 경영상의 목적 없이 신주를 발행한 것과 같으므로 전환권행사(신주 발행)의 고유한 무효원인이 될 수 있다는 것이 판례의 입장이다(동 판례).

판 례

[128] 대법원 2022. 11. 17. 선고 2021다205650 판결

「… 전환사채의 발행은 주식회사의 물적 기초와 기존 주주들의 이해관계에 영향을 미친다는 점에서 사실상 신주를 발행하는 것과 유사하므로 전환사채 발행의 경우에도 신주발행무효의 소에 관한 상법 제429조가 유추적용된다. 전환사채 발행의 무효는 주주 등이 전환사채를 발행한 날로부터 6월 내에 소만으로 주장할 수 있고, 6월의 출소기간이 지난 뒤에는 새로운 무효 사유를 추가하여 주장할 수 없다. 따라서 전환사채 발행일로부터 6월 내에 전환사채발행무효의 소가 제기되지 않거나 6월 내에 제기된 전환사채발행무효의 소가 적극적 당사자의 패소로 확정되었다면, 이후에는 더 이상 전환사채 발행의 무효를 주장할 수 없다. 다만 전환권의 행사로 인한 신주 발행에 대해서는 상법 제429조를 적용하여 신주발행무효의 소로써 다툴 수 있겠지만, 이때에는 특별한 사정이 없는 한 전환사채 발행이 무효라거나 그를 전제로 한 주장은 제기될 수 없고 전환권 행사나 그에 따른 신주 발행에 고유한 무효 사유가 있다면 이를 주장할 수 있을 뿐이다.

한편 … 회사의 경영권 분쟁이 현실화된 상황에서 대주주나 경영진 등의 경영권이나 지배권 방어라는 목적을 달성하기 위하여 제 3 자에게 신주를 배정하는 것은 상법 제418조 제 2 항을 위반하여 주주의 신주인수권을 침해하는 것이고, 그로 인하여 회사의 지배구조에 심대한 변화가 초래되고 기존 주주들의 회사에 대한 지배권이 현저하게 약화되는 중대한 결과가 발생하는 경우에는 그러한 신주 발행은 무효이다(…).

행무효의 소의 제소기간(6월)이 경과하면 전환사채발행무효판결을 얻어내더라도 신주의 효력을 다툴 수 없는 모순이 생긴다.

이러한 법리는 전환사채를 제 3 자에게 발행하는 경우에도 마찬가지로 적용되나(상법 제513조 제 3 항 후문, 제418조 제 2 항 단서, 대법원 2004. 6. 25. 선고 2000다37326 판결 등 참조), 전환사채의 특수성에 따른 고려가 필요하다. 즉 회사가 경영상 목적 없이 대주주 등의 경영권이나 지배권 방어 목적으로 제 3 자에게 전환사채를 발행하였다면 전환사채의 발행은 무효가 될 수 있고, 전환사채 발행일로부터 6월 내에 위와 같은 사유를 들어 전환사채발행무효의 소로써 다툴 수 있다. 나아가 대주주 등이 위와 같은 경위로 발행된 전환사채를 양수한 다음 전환사채 발행일로부터 6월이 지난 후 전환권을 행사하여 신주를 취득하였다면, 이는 실질적으로 회사가 경영상 목적 없이 대주주 등에게 신주를 발행한 것과 동일하므로 전환권 행사나 그에 따른 신주 발행에 고유한 무효 사유에 준하여 신주발행무효의 소로도 신주 발행의 무효를 주장할 수 있다고 보아야 한다(신주인수권부사채에 관한 대법원 2022. 10. 27. 선고 2021다201054 판결 참조).」

[同旨판례] 대법원 2022. 10. 27. 선고 2021다201054 판결(신주인구권부사채에 기한 신주인수권의 행사로 발행된 신주의 효력을 다룬 판결로 위 판결과 동일한 내용의 판시를 하였다).

⑻ 전환사채 발행의 不存在

판례는 신주발행의 부존재라는 개념을 인정하듯이, 사채의 납입이 없는 등 전환사채발행의 실체가 없는 경우 이를 「전환사채발행의 부존재」라고 부르며, 이를 주장하는 전환사채발행부존재확인의 소에는 제429조(특히 제소기간)가 적용되지 않는다고 한다(대법원 2004. 8. 16. 선고 2003다9636 판결; 동 2006. 11. 10. 선고 2005다46233 판결).

전환권부여약정의 효력

전환사채의 내용은 상법에 의해 정형화되어 있고, 그 발행절차에 대해서도 단체법적 규율이 가해지므로, 회사가 타인으로부터 돈을 빌리면서 그 대주가 언제든지 주식으로 전환을 청구할 수 있다는 개인법적 약정을 하더라도 그에 대해 전환사채가 발행된 효력을 부여할 수 없음은 물론이다. 그러나 이러한 약정의 효력 자체에 관한 문제와 그 약정에 의해 전환사채가 발행되고 주식으로 전환이 이루어진 경우의 효력에 관한 법리는 별개의 문제임을 주의해야 한다. 판례는 이같은 약정에 기해 그 이행을 청구하거나 불이행을 이유로 회사를 상대로 손해배상을 구하는 소송에서는 이 약정이 무효이므로 구속력이 없다고 보았다(판례 [129]). 그러나 거의 같은 사실관계에서 이미 이러한 약정에 기해 전환사채가 발행되고 등기가 이루어졌으며, 전환권마저 행사된 사안에서 법원은 제429조의 유추적용에 따른 전환사채발행무효의 소에 의해서만 전환사채의 효력을 다툴 수 있다고 하였다(대법원 2004. 8. 16. 선고 2003다9636 판결).[1)]

---

1) 실제 동 사건에서는 본문에서와 같은 소비대차약정에 의해 전환사채발행을 결의하는 이사회의 결의의 무효확인을 구하였던바, 법원은 본문에서와 같은 이유로 이사회결의무효확인은 부적법한 소라고 각하하였다.

판 례

[129] 대법원 2007. 2. 22. 선고 2005다73020 판결

「… 주식회사가 타인으로부터 돈을 빌리는 소비대차계약을 체결하면서 "채권자는 만기까지 대여금액의 일부 또는 전부를 회사 주식으로 액면가에 따라 언제든지 전환할 수 있는 권한을 갖는다"는 내용의 계약조항을 둔 경우, 달리 특별한 사정이 없는 한 이는 전환의 청구를 한 때에 그 효력이 생기는 형성권으로서의 전환권을 부여하는 조항이라고 보아야 할 것이고, 신주의 발행과 관련하여 특별법에서 달리 정한 경우를 제외하고 신주의 발행은 앞서 본 상법이 정하는 방법 및 절차에 의하여만 가능하다는 점에 비추어 볼 때, 위와 같은 전환권 부여조항은 상법이 정한 방법과 절차에 의하지 아니한 신주발행 내지는 주식으로의 전환을 예정하는 것이어서 효력이 없다. …」

2. 新株引受權附社債

(1) 의　　의

신주인수권부사채(bond with warrant)란 사채의 발행조건으로서 사채권자에게 신주인수권을 부여하는 사채이다. 사채는 사채대로 존속하여 만기에 상환되므로 보통의 사채와 다름이 없고, 다만 신주인수권이 부여되어 있다는 점만이 다를 뿐이다. 이 점 사채 자체가 소멸하고 주식으로 전환되는 전환사채와 다르다. 신주인수권부사채의 사채권자는 사채의 안정성을 유지하면서 주가가 상승하면 신주인수권을 행사하여 주식의 양도차익을 얻는 이점을 누릴 수 있다. 대신 회사는 이율을 낮춤으로써 자금조달 비용을 절감할 수 있다(신주인수권부사채의 이율은 보통사채에 비해 낮다).

신주인수권부사채에는 분리형과 결합형이 있다. 결합형은 社債權과 신주인수권이 같이 하나의 社債券에 표창된 것이고, 분리형은 社債券에는 社債權만을 표창하고 신주인수권은 별도의 증권(신주인수권증권)에 표창하여 양자를 분리하여 양도할 수 있게 한 것이다.

신주인수권부사채도 전환사채와 같이 주주의 신주인수권의 보호라는 문제를 안고 있다. 후술과 같이 전환사채와 같은 요령으로 주주의 권리를 보호하고 있다.

신주인수권증권과 신주인수권증서

분리형 신주인수권부사채의 신주인수권을 표창하는 신주인수권증권과 신주인수권증서(420조의2)는 양자 모두 신주인수권을 표창하며, 무기명의 유가증권으로서 신주인수권의 행사나 양도는 증권에 의해서만 하며, 증권의 소지에 권리추정력이 있고 선의

취득이 인정된다는 점에서 흡사하다. 그러나 신주인수권증서는 통상의 신주발행절차에 의해 이미 구체화된 신주인수권을 표창하는 것임에 대해, 신주인수권증권은 엄밀히 말하면 신주발행청구권을 표창하는 것이다. 그러므로 사채권자 혹은 신주인수권증권의 소지인이 신주인수권(발행청구권)을 행사하지 않는다면 신주발행의 절차조차 개시되지 않을 수 있는 것이다. 또 양자의 경제적 의의 내지는 제도적 취지가 전혀 다르다. 신주인수권증서는 신주발행시에 주금납입의 여력이 없는 주주가 주식의 시가와 발행가와의 차액을 취득할 수 있게 함으로써 종전 지분의 비례적 이익(proportionate interest)을 누릴 수 있게 해 주기 위한 것이다. 이에 반하여, 신주인수권증권은 신주인수권부사채에 의해 결합되어 있기는 하나 별도의 측정기준에 의해 변동되는 가격을 갖는 사채와 주식이라는 이질적인 재산을 별도로 유통시켜 독자적인 시장가치를 갖도록 하기 위하여 발행하는 것이다.

(2) 발 행

1) **발행의 결정** 신주인수권부사채의 발행은 이사회가 결정하나, 정관으로 주주총회에서 결정하도록 할 수 있다(516조의 2 2항). 다음 사항 중 정관에 규정이 없는 것은 발행을 결정할 때에 같이 결정하여야 한다.

(가) 신주인수권부사채의 총액

(나) 각 신주인수권부사채에 부여된 신주인수권의 내용

(다) 신주인수권을 행사할 수 있는 기간

(라) 신주인수권만을 양도할 수 있는 것에 관한 사항

(마) 신주인수권을 행사하려는 자의 청구가 있는 때에는 신주인수권부사채의 상환에 갈음하여 그 발행가액으로 제516조의9 제 1 항의 납입이 있는 것으로 본다는 뜻

(바) 주주에게 신주인수권부사채의 인수권을 준다는 뜻과 인수권의 목적인 신주인수권부사채의 액

(사) 주주 외의 자에게 신주인수권부사채를 발행하는 것과 이에 대하여 발행한 신주인수권부사채의 액

2) **신주인수권부사채의 인수권** 신주인수권부사채의 발행은 실질적으로 그 인수인에게 신주인수권을 부여하는 것과 같으므로 통상의 신주발행이나 전환사채의 발행과 마찬가지로 주주에게는 중대한 이해가 걸린 문제이다. 그러므로 신주인수권부사채의 인수권은 원칙적으로 주주가 가지는 것으로 하고, 주주 아닌 자에게 신주인수권부사채를 발행할 경우에는 신주인수권부사채의 액, 신주인수권의 내용과 신주인수권을 행사할 수 있는 기간에 관하여 정관의 규정 또는 주

주총회의 특별결의로 정하게 하고 있다(516조의 2 4항). 이를 결의하기 위해 주주총회를 소집할 경우에는 소집통지에 신주인수권부사채의 발행에 관한 의안의 요령도 기재하여야 한다(516조의2 5항 → 513조 4항). 정관 또는 주주총회의 결의로 정할 구체적인 사항은 전환사채에 관해 설명한 바와 같다.

3) 배정일 공고 주주가 인수할 신주인수권부사채의 액(516조의 2 2항 7호)의 결정에 따라 주주는 그가 가진 주식수에 비례하여 신주인수권부사채를 배정받을 권리를 가진다(516조의11 → 513조의2 1항 본). 따라서 신주발행 및 전환사채발행에서와 같이 사채인수권을 행사할 주주를 확정하기 위하여 배정기준일을 정하고, 그 2주간 전에 배정기준일에 주주명부에 기재된 주주가 사채인수권을 갖는다는 뜻을 공고하여야 한다(516조의11 → 513조 의2 2항 → 418조 3항).

배정기준일의 경과로 신주인수권부사채의 인수권을 갖는 주주 및 각 주주가 인수할 사채액이 확정되는데, 이때 사채의 최저액에 미달하는 단수에는 인수권이 미치지 아니한다(516조의11 → 513조의2 1항 단).

4) 주주에 대한 최고 · 실권 주주가 신주인수권부사채의 인수권을 가진 경우에는 각 주주에 대해 인수권을 가지는 신주인수권부사채의 액, 발행가액, 신주인수권의 내용, 신주인수권을 행사할 수 있는 기간과 일정한 기일(청약일)까지 신주인수권부사채의 청약을 하지 아니하면 그 권리를 잃는다는 뜻을 청약일의 2주간 전에 통지하여야 한다(516조의3 1항 전 · 2항 → 419조 2항). 이 경우 신주인수권만을 양도할 수 있다는 뜻, 신주인수권자의 청구에 의해 사채의 상환에 갈음하여 그 발행가액으로 신주의 납입에 충당할 수 있다는 뜻의 정함이 있는 때에는 그 내용도 통지하여야 한다(516조의 3 1항 후). 이와 같은 통지에도 불구하고 청약기일에 청약을 하지 아니하면 실권한다(516조의3 2항 → 419조 3항). 실권사채의 처리는 전환사채의 실권에 관해 설명한 바와 같다(1113면 참조).

5) 인수 · 납입 일반사채와 같은 절차에 의한다.

6) 사채청약서 등의 기재사항 신주인수권부사채의 청약서 · 채권 · 사채원부에는 ① 신주인수권부사채라는 뜻, ② 발행결정사항 중 일부(516조의2 2항 2호~5호), ③ 신주인수권을 행사할 때의 납입을 맡을 은행 기타 금융기관과 납입장소, ④ 신주의 양도에 관하여 이사회의 승인을 얻도록 정한 때에는 그 규정을 기재하여야 한다(516조의4 1호~4호). 그러나 신주인수권증권을 발행할 경우 채권에는 이 사항들을 기재하지 아니한다(516조 의4 단).

7) 수권주식과의 관계 발행예정주식총수 중 미발행부분이 있어야 사채

권자의 신주인수권행사가 가능하므로 그 종류의 주식에 미발행여분이 있을 경우에 한하여 신주인수권부사채를 발행할 수 있고, 이 부분은 신주인수권의 행사기간 동안 발행을 유보하여야 한다(516조의11 → 516조 1항 → 346조 4항).

8) 유지청구 · 불공정한 가액으로 사채를 인수한 자의 책임 통상의 신주발행 및 전환사채의 발행에 관해 설명한 바와 같다(516조의11 → 516조 1항 → 424조 · 424조의2).

(3) 신주인수권증권

1) 발 행 신주인수권부사채의 발행을 결정하면서 신주인수권만을 양도할 수 있음을 정한 때(516조의2 2항 4호)에는 신주인수권증권을 발행하여야 한다(516조의5 1항).

신주인수권증권에는 소정사항과 번호를 기재하고 이사가 기명날인(또는 서명)하여야 한다(516조의5 2항). 기재할 사항은 ① 신주인수권증권이라는 뜻의 표시, ② 회사의 상호, ③ 각 사채에 부여된 신주인수권의 내용, 신주인수권행사기간, 사채상환에 갈음한 납입충당(516조의2 2항 2호 · 3호 · 5호), ④ 주금납입을 맡을 은행 기타 금융기관과 납입장소(516조의4 3호), ⑤ 주식의 양도에 관하여 이사회의 승인을 얻도록 정한 때에는 그 규정 등이다(516조의5 2항 1호~5호).

회사는 신주인수권증권을 발행하는 대신 정관으로 정하는 바에 따라 전자등록기관의 전자등록부에 신주인수권을 등록할 수 있다(516조의7). 이 경우 신주인수권의 양도 · 입질은 전자등록부에의 등록으로 한다(동조 후).

2) 성 질 신주인수권증권은 신주인수권을 표창한 유가증권이다. 그러므로 신주인수권의 행사나 양도는 이 증권에 의하여야 한다. 이 점 통상의 신주발행시에 발행하는 신주인수권증서(420조의2)와 같지만 신주인수권증서는 발행일 이후 청약기일까지 2주 남짓의 단기간에 유통될 뿐이므로 이를 상실했을 경우 공시최고나 제권판결(360조 참조)을 이용할 실익이 없음에 반해, 신주인수권증권은 신주인수권의 행사기간 동안 장기간에 걸쳐 유통되므로 상실한 경우 공시최고에 의해 무효로 할 수 있고, 제권판결을 얻어 재발행을 청구할 수 있다(516조의6 2항 → 360조).

신주인수권증권에는 인수권자의 성명을 기재하지 않으므로 무기명증권이다(516조의5 2항 참조)(이 점 신주인수권증서도 같다). 신주인수권증권은 유가증권인 까닭에 상법에 규정된 사항 이외에는 유가증권에 관한 일반법리가 적용된다.

3) 신주인수권증권 발행의 효력 ① 신주인수권증권을 발행하면 신주인수권부사채는 이른바 분리형이 되므로 신주인수권은 사채와 별개로 양도할 수 있고, 그 양도는 신주인수권증권의 교부에 의하여서만 할 수 있다(516조의6 1항). 신주인

수권증권을 발행하지 않을 경우에는 인수권은 사채의 양도에 의해 이전될 뿐이다. ② 신주인수권증권을 점유한 자는 적법한 소지인으로 추정하며(516조의6 2항 → 336조 2항), 선의취득이 인정된다(516조의6 2항 → 수표법 21조). 이 점 주권이나 신주인수권증서와 같으므로 상세한 설명은 생략한다. ③ 신주인수권의 행사도 신주인수권증권에 의해 하여야 한다(후술).

(4) 신주인수권의 행사

신주인수권부사채권자 혹은 신주인수권증권의 소지인은 신주인수권부사채에 부여된 내용(516조의2 2항 2호)에 따라 신주인수권의 행사기간(516조의2 2항 3호) 내에 어느 때나 신주인수권을 행사할 수 있다. 1995년 개정 전에는 주주명부 폐쇄기간중에는 신주인수권을 행사할 수 없었으나 개정법은 이 제한을 폐지하였다.

1) 행사방법 신주인수권을 행사하려는 자는 청구서 2통을 회사에 제출하고 신주발행가액 전액을 납입하여야 한다(516조의9 1항). 통상의 신주발행에서와 달리 주금의 납입이 신주인수권행사의 요소가 됨을 주의하여야 한다.

(가) 청 구 인수권사는 청구서 2통에 인수할 주식의 종류 및 수와 주소를 기재하고 기명날인하여 회사에 제출하여야 하며(516조의9 4항 → 302조 1항), 신주인수권증권이 발행된 때, 즉 분리형인 경우에는 신주인수권증권을 첨부하고, 발행되지 아니한 때, 즉 결합형인 경우에는 채권을 제시하여야 한다(516조의9 2항). 결합형인 경우 회사는 채권에 신주인수권을 행사하였다는 사실을 기재하고 사채권자에게 반환하여야 할 것이며, 이 사채는 보통의 사채권으로 유통된다.[1)]

회사가 신주인수권증권을 발행하지 않고 전자등록을 한 경우에는 신주인수권을 행사하는 자는 사채권이나 신주인수권을 증명할 수 있는 자료를 첨부하여 회사에 제출하여야 한다(516조의9 2항 단).

신주인수권은 이론상으로는 일부만 행사하는 것도 가능하다고 할 것이나, 일부행사 후의 권리관계가 불분명하여 거래의 안전을 해칠 수 있으므로 일부를 행사하면 나머지 부분은 소멸한다고 보아야 한다.

(나) 납 입 신주인수권을 행사할 때에는 신주발행가액 전액을 납입하여야 한다.

i) 납입장소 납입은 채권 또는 신주인수권부증권에 기재된 은행 기타 금융기관의 납입장소에서 하여야 한다(516조의9 3항). 납입금보관자와 납입장소의 변경, 납입금보관자의 증명과 책임은 모집설립의 경우와 같다(516조의9 4항 → 306조 · 318조).

---

1) 竹中正明, "新株引受權附社債の特異性," 高鳥正夫, 「改正會社法の基礎問題」, 93면.

ii) 代用納入 납입은 금전으로 하지만, 사채발행시에 「신주인수권을 행사하려는 자의 청구가 있는 때에는 신주인수권부사채의 상환에 갈음하여 그 발행가액으로 납입이 있은 것으로 본다는 뜻」을 정할 수 있으며(516조의2 2항 5호), 이에 따라 신주인수권부사채권자는 사채의 발행가로 대용납입할 수 있다. 사채의 상환기한이 도래하지 않아도 무방하다. 이 경우에는 사채가 소멸하므로 채권을 회사에 제출하여야 한다. 이 점 전환사채의 전환과 유사한 효과를 발휘한다.

iii) 상 계 분리식으로 발행된 신주인수권부사채의 유통중에 신주인수권증권만을 취득한 자가 회사에 대해 금전채권을 가지고 있을 경우, 그 채권으로 신주의 납입채무와 상계할 수 있는가? 상법 제421조 제 2 항은 신주발행의 경우 회사의 동의를 얻어 회사에 대한 채권을 가지고 주금의 납입채무와 상계할 수 있음을 규정하지만, 이 규정을 신주인수권부사채에 대해서는 준용하고 있지 않다. 그러나 신주발행시의 주금납입과 신주인수권행사로 인한 주금납입은 성격을 같이 하는 문제로서 자본충실에 대한 위험도 같으므로 제421조 제 2 항을 신주인수권부사채에 대한 신주발행에도 유추적용해야 한다.

2) **발행가의 제한** 각 신주인수권부사채에 부여된 신주인수권의 행사로 발행할 주식의 발행가액의 합계액은 각 신주인수권부사채의 금액을 초과할 수 없다(516조의 2 3항). 즉 사채금액을 신주발행가로 나눈 수량의 주식에 대해서만 신주인수권을 갖는 것이다. 이와 같은 제한을 둔 이유는 신주인수권부사채는 신주인수권을 투자의 유인동기로 삼아 회사가 低利의 사채자금을 쉽게 이용할 수 있도록 하기 위한 제도인데, 소액의 사채에 다량의 신주인수권을 주는 것은 실질적으로 신주인수권만을 부여하는 것과 같으므로 이를 방지하기 위한 것이다.[1] 이 제한은 사채의 발행시에 적용된다고 해석한다(발행시설).[2] 따라서 발행 후 사채가 일부 상환 · 소각되더라도 인수할 주식의 수량에는 영향이 없다고 본다.

3) **효력발생시기** 신주인수권을 행사한 자는 주금을 납입한 때에 주주가 되며(516조의 10 전), 회사의 승낙을 요하지 않는다. 그러므로 신주인수권은 형성권이다. 그러나 주주명부 폐쇄기간중에 신주인수권을 행사한 경우에는 그 기간중에 의결권을 행사할 수 없다(516조의10 후 → 350조 2항). 그 이유는 전환사채에 관해 설명한 바와 같다.

---

1) 田中(下), 1035면; 元木伸, 218면.
2) 田中(下), 1035면. 이에 대해 행사시설은 竹內, 273면.

효력발생일의 불균형

통상의 신주발행에서는 납입기일의 다음날에 신주가 효력을 발생하는데(423조 1항), 신주인수권부사채의 신주인수권을 행사한 경우에는 납입일 당일에 효력이 발생하도록 규정하고 있다. 양자 모두 유상의 신주발행인 점을 고려하면 효력발생일을 차별할 이유는 없다. 그러나 신주인수권부사채는 경제적으로는 전환사채와 기능을 같이 하므로 상법은 전환사채의 경우 전환권을 행사한 때에 신주의 효력이 발생하는 것(516조 2항 → 350조)과 균형을 맞추는 쪽을 선택한 것이다.[1)]

4) 질권의 효력 신주인수권부사채에 설정된 질권은 인수권행사로 발행된 신주에는 미치지 아니한다. 인수권을 행사하더라도 사채는 존속하기 때문이다. 그러나 사채상환에 갈음하여 대용납입한 경우(516조의 2 2항 5호)에는 사채는 소멸하므로 신주에 대해 질권을 행사할 수 있다고 보아야 한다.

⑸ 신주발행가의 조정(사채권자의 보호)

신주인수권부사채의 발행 후에 회사가 저가로 신주를 발행하거나, 준비금의 자본금전입, 주식배당 등을 하면 전환사채에 관해 본 바와 마찬가지로 신주인수권부사채의 신주인수권의 가치가 희석되는 문제가 있다. 그러므로 실무에서는 전환사채의 전환가격의 조정과 같은 산식에 의한 방법으로 신주발행가를 인하함으로써 사채권자를 보호하고 있다.

⑹ 등 기

신주인수권부사채를 발행한 때에는 사채납입이 완료된 때부터 본점소재지에서 2주 내에 소정 사항을 등기하여야 하며(516조의8 2항 → 514조의2 1항), 신주인수권의 행사가 있는 때에는 변경등기를 하여야 한다(516조의11 → 351조).

⑺ 신주인수권부사채발행의 무효

법정절차를 위반하여 신주인수권부사채를 발행하거나, 합리적인 이유 없이 제 3 자에게 신주인수권부사채를 발행함으로써 주주의 사채인수권을 침해한 경우 동사채의 발행은 무효라고 보아야 한다. 이 경우 상법 제429조를 유추적용하여 신주인수권부사채발행의 무효의 소로써 사채발행의 효력을 다툴 수 있고, 신주인수권이 행사되어 신주가 발행된 경우에는 상법 제429조의 신주발행무효의 소로써 그 효력을 다툴 수 있으며, 각 訴의 절차, 판결의 효력, 두 訴의 관계 등은 전환사채의 무효에 관한 소에 관해 설명한 것과 동일하다(대법원 2015. 12. 10. 선고 2015다202919 판결, 판례 [128]).

---

1) 日注釋(11), 203면.

3. 기타 특수사채

2011년 개정 전 상법에서는 일반사채 외에 특수한 사채로서는 전환사채와 신주인수권사채를 규정하였으나, 동개정법에서는 그외에 특수한 사채로서, i) 이익배당에 참가할 수 있는 사채, ii) 주식이나 그 밖의 다른 유가증권으로 교환 또는 상환할 수 있는 사채, iii) 유가증권이나 통화 또는 그 밖에 시행령으로 정하는 자산이나 지표 등의 변동과 연계하여 미리 정하여진 방법에 따라 상환 또는 지급금액이 결정되는 사채를 발행할 수 있다고 규정하였다(469조 2항). 이 중 i) 이익참가부사채와 ii) 교환사채는 이미 1988년부터 상장법인에 대해 발행을 허용해 오던 것인데(舊 자본시장육성에관한법률 9조), 2011년 개정에 의해 이를 상법상의 제도로 수용하였다. iii)은 사채형의 파생상품을 규정한 것인데, 법문의 표현이 유연하여 매우 다양한 사채를 수용할 수 있을 것으로 생각된다.

(1) 利益參加附社債

1) 의 의 이익참가부사채란 사채권자가 이익배당에 참가할 수 있는 사채를 말한다(469조 2항 1호).

이익참가부사채는 기술한 바와 같이 1988년에 상장회사에 한해 발행할 수 있도록 도입되었고, 2011년에는 일반 회사도 발행할 수 있도록 상법에 도입되었으나, 발행된 예가 흔치 않다.[1] 이익참가부사채가 투자자의 관심을 끌기 위해서는 장차 일반사채의 이자율을 크게 상회하는 배당을 기대할 수 있어야 하는데, 우리나라 상장회사의 경우 이익의 다과에 불구하고 매년 이익배당이 평준화되어 있기 때문에 이익참가부라 하더라도 수익면에서 사실상 일반사채와 크게 다른 점이 없을 것이라는 짐작 때문에 동사채에 대한 신선도를 느끼기 어렵다. 그러나 장차 배당액이 매년 영업실적을 반영하여 지급되는 풍토가 생기면 투자자의 호응이 높아질 가능성도 있다.

2) 발행의 결정 전환사채·신주인수권부사채와 같은 방식으로 의사결정을 한다. 정관에 규정을 두어 발행할 수도 있고, 정관으로 주주총회의 결의에 의해 발행하게 할 수도 있으며, 정관에 이같은 규정이 없으면 이사회의 결의로 발행할 수 있다(상령 21조 1항).

3) 발행사항 정관 또는 주주총회 또는 이사회에서 다음의 사항을 정해야 하며, 이는 사채청약서, 채권 및 사채원부에도 기재해야 한다(상령 21조 1항·25조).

1) 2012년 4월에 「에이엠플러스자산개발」이라는 회사가 최초로 이익참가부사채를 발행하였고, 이어 서현디엔씨라는 회사가 해외에서 이익참가부사채를 발행한 예가 있다.

㈎ **이익참가부사채의 총액**(상령 21조 1항 1호)

㈏ **이익배당참가의 조건과 내용**(상령 21조 1항 2호) 이익참가부사채의 발행에 있어서는 배당률이 가장 중요한 결정사항이 될 것인바, 보통주식과 같은 배당률을 정하거나, 이에 일정률을 가감하는 방식으로 정하거나, 우선주식과 같은 방법으로 우선배당으로 정하거나 기타 다양한 조건을 정할 수 있을 것이다. 또 주식배당을 포함시키거나 혹은 제외하는 것 등도 결정해야 할 사항이다.

㈐ **주주에게 이익참가부사채의 인수권을 준다는 뜻과 인수권의 목적인 이익참가부사채의 금액**(상령 21조 1항 3호) 주주에게 인수권을 부여할 경우에 국한된 것이다.

㈑ **주주 이외의 자에게 이익참가부사채를 발행하고자 할 경우에는 그 발행할 수 있는 이익참가부사채의 가액과 이익배당 참가의 내용**(상령 21조 2항)

㈐·㈑는 선택적으로 정하는 것이나, 주주와 제 3 자에게 일부씩 나누어 발행할 수도 있다.

4) 발행절차 기본적으로 일반사채의 경우와 다를 바 없으나, 주주에게 발행할 경우에는 주주에게 배정하는 절차, 최고·실권절차를 요하는데, 이는 전환사채의 발행과 같다(상령 21조 4항·5항).

5) 제 3 자발행의 절차 이익참가부사채는 주주에게 배당할 이익을 잠식하므로 주주에게 중대한 이해관계가 걸린 문제이다. 그러므로 전환사채와 같이 주주가 동사채의 인수권을 갖는 것을 원칙으로 하고(상령 21조 1항 3호), 주주 외의 자에게 이익참가부사채를 발행하는 경우에 그 발행할 수 있는 이익참가부사채의 가액과 이익배당참가의 내용에 관하여 정관에 규정이 없으면 주주총회의 특별결의로 정해야 한다(상령 21조 2항). 이 결의를 위한 주주총회를 소집할 때에는 이익참가부사채의 발행에 관한 의안의 요령을 소집통지에 기재해야 한다(상령 21조 3항).

6) 등　기 이익참가부사채를 발행한 때에는 납입이 완료된 날부터 2주일 내에 본점소재지에서 소정사항을 등기해야 한다. 등기할 사항은, i) 이익참가부사채의 총액, ii) 각 이익참가부사채의 금액, iii) 각 이익참가부사채의 납입금액, iv) 이익배당에 참가할 수 있다는 뜻과 이익배당 참가의 조건 및 내용이다(상령 21조 10항).

위 등기한 사항에 변경이 생긴 때에는 2주일 내에 본점소재지에서 변경등기를 하여야 한다(상령 21조 11항). 외국에서 사채를 발행하는 경우 등기할 사항이 외국에서 생긴 때에는 등기할 기간 및 변경등기의 기간은 그 사실의 통지가 도달한 날부터 기산한다(상령 21조 12항).

⑵ 交換社債

1) 교환과 상환의 개념 상법 제469조 제 2 항 제 2 호는 「주식이나 그 밖의 다른 유가증권으로 교환 또는 상환할 수 있는 사채」라고 규정하여 「교환」과 「상환」의 의미가 모호하지만, 시행령에서 교환사채와 상환사채에 각각 다른 의미를 부여함으로써 그 구분을 분명히 하였다. 시행령에서 정하는 교환사채는 사채권자의 청구에 의하여 다른 유가증권으로 교환할 수 있는 사채를 의미함에 대해(상령 22조 1항), 상환사채는 회사의 권리로서 사채상환가액에 갈음하여 다른 유가증권으로 지급할 수 있는 사채를 의미한다(상령 23조 1항). 마치 전환주식이 주주가 전환청구권을 갖는 것과 회사가 전환권을 갖는 것으로 구분되는 것과 같다(346조 참조).

교환사채는 원래 프랑스상법상의 같은 제도를 본받아 도입한 것인데, 최근 이용이 활발하다.[1)]

2) 발행의 결정 교환사채는 정관에 근거를 두거나 주주총회의 결의를 거칠 필요 없이 이사회의 결의만으로 발행할 수 있다(상령 22조 1항 본). 교환사채의 발행에 의해 장차 신주가 발행되거나, 기타 주주의 이익을 침해하는 일이 생기지는 않기 때문이다.

3) 발행사항 이사회에서 다음 사항을 결정하여야 하며, 이는 사채청약서 · 채권 · 사채원부에도 기재해야 한다(상령 22조 1항 · 25조 2호).

㈎ 교환할 주식이나 유가증권의 종류 및 내용(상령 22조 1항 1호) 프랑스상법상의 교환사채는 원래 사채의 발행과 동시에 자사의 신주를 발행하여 제 3 자에게 보관시켰다가 사채권자의 교환청구에 응하는 방법으로 발행하였는데, 나중에는 발행회사가 旣보유하는 자사주와 교환해 줄 수 있게 발전하였다.

상법상으로는 「주식이나 그 밖의 다른 유가증권」으로 교환할 수 있다고 규정하므로(469조 2항 2호) 「주식」에는 교환청구에 응해 회사가 신주를 발행하는 것도 포함한다고 볼 소지도 있다. 그러나 신주발행을 허용하려면 좀 더 명확한 근거가 필요하므로 이 규정을 교환청구에 대한 신주발행의 근거로 삼기에는 취약하다. 상법이 교환사채의 발행을 이사회의 결의만으로 가능하게 한 뜻은 신주발행이 포함되지 않음을 전제로 한 것으로 보아야 한다. 그러므로 시행령에서도 「사채권자

---

1) 1989년 5월 ㈜선경((주)SK의 前身)이 계열회사인 당시 (주)油公의 보통주식과의 교환권이 주어진 교환사채를 발행한 적이 있고, 2001년 대성그룹의 계열정리를 위해 대성산업 주식회사가 대성홀딩스(주)의 주식과의 교환권이 주어진 교환사채를 발행한 적이 있는 정도로 드물게 발행되었으나, 최근에는 사채의 발행을 용이하게 하기 위해 자주 활용되고 있다.

가 회사 '소유'의 주식이나 그 밖의 다른 유가증권」으로 교환을 청구할 수 있다고 규정함으로써(상령 22조 1항 본) 신주발행이 배제되는 뜻을 분명히 하고 있다.

그러나 자기주식은 「회사가 소유하는 주식」에 포함된다고 보아야 하고, 시행령 제22조 제 2 항도 자기주식이 포함되는 것을 전제로 한 규정이다.[1] 따라서 교환사채를 발행하는 회사는 자기가 발행하는 신주를 제외한 모든 주식 및 유가증권을 교환대상으로 할 수 있다고 보아야 한다.

국공채나 회사채와 같이 이율에 의해 수익이 기대되는 증권과 교환해 준다는 것은 이름만 바뀐 동종의 상품과의 교환을 뜻하므로 큰 의의가 없다. 그러고 보면 결국 실제 교환의 대상이 되는 것은 발행회사가 소유하는 타회사의 주식(주로 계열회사의 발행주식)이나 전환사채 · 신주인수권부사채와 같은 주식연계유가증권이 될 것이다.

(나) **교환의 조건**(동조항 2호) 교환사채에 대해 부여할 증권의 수량을 정해야 한다. 바꿔 말하면 교환시 적용할 교환대상 증권의 가격(교환가격)을 뜻한다. 가령 발행회사 A가 소유하는 B회사의 보통주식을 50,000원으로 평가해서 교환사채 100만원에 대해 20주를 교환해 주는 것과 같다. 교환사채의 기대수익의 가장 중요한 변수가 된다고 할 수 있다.

명문의 규정이 없으나, 교환대상증권이 자기주식 또는 타회사의 주식인 경우, 그 주식의 발행회사가 주식배당, 준비금의 자본금전입을 하거나 또는 교환사채 발행 당시 미리 정한 교환가격보다 낮은 가격으로 유상신주(416조의 신주발행)를 발행한 경우에는 전환사채와 마찬가지로 교환가격의 조정이 필요하다.

(다) **교환을 청구할 수 있는 기간**(동조항 3호) 사채의 상환기간에 갈음하는 것으로 시기와 종기를 정해야 할 것이다.

4) 제 3 자에 대한 발행 교환사채는 신주발행을 수반하지 않는 점에서는 주주의 지분적 이해와 무관하여 정관의 규정을 요하지 않고, 이사회결의만으로 족하다. 그러나 사채를 자기주식으로 교환할 때에는 기존 주주들의 비례적 지분을 감소시킨다. 하지만 상법은 자기주식으로 교환할 때에는 그 상대방과 처분방법을 이사회가 정하면 족하도록 규정하였고, 더 이상 주주의 지분적 이해를 보호하기 위한 규정은 두고 있지 않다. 이는 자기주식의 처분이 원칙적으로 이사회에 맡겨져 있는 것(342조)과 균형을 맞춘 것이다.

---

1) 2011년 상법개정전에 교환사채 발행의 근거가 되었던 자본시장법에서도 「이익잉여금으로 취득한 자기주식 또는 주주의 주식매수청구를 받아 취득한 자기주식」을 교환대상에 포함시켜 왔다(舊자금령 176조의13 1항).

5) 교환대상 증권의 예탁 또는 전자등록 발행회사는 사채권자의 청구에 의한 교환을 보장하기 위하여 교환에 필요한 주식 또는 유가증권을 사채권자의 교환청구가 있는 때 또는 당해 사채의 교환청구기간이 만료하는 때까지 자본시장법에 따른 한국예탁결제원에 예탁하거나 주식·사채 등의 전자등록에 관한 법률에 따른 전자등록기관에 전자등록해야 한다(상령 22조 3항 전). 한국예탁결제원 또는 전자등록기관은 그 주식 또는 유가증권을 신탁재산으로서 관리하여야 한다(상령 22조 3항 후). 결국 발행회사의 입장에서, 경제적으로는 증권을 담보로 하는 담보부사채를 발행하는 것과 같다고 할 수 있다.

6) 교환절차 사채권자가 교환을 청구할 때에는 청구서 2통에 채권을 첨부하여 회사에 제출하여야 한다(상령 22조 4항·5항).

⑶ 償還社債

1) 의 의 상환사채란 회사가 그 선택에 따라 소유하는 주식이나 그 밖의 유가증권으로 상환할 수 있는 사채를 말한다(상령 23조 1항).

2) 발행의 결정 상환사채 역시 교환사채와 마찬가지로 정관에 근거를 두거나 주주총회의 결의를 거칠 필요 없이 이사회의 결의만으로 발행할 수 있다(상령 23조 1항 본). 그 이유는 교환사채에 관해 말한 바와 같다.

3) 발행사항 이사회에서 다음 사항을 결정하여야 하며, 이는 사채청약서·채권·사채원부에도 기재해야 한다(상령 23조 1항·25조 3호).

㈎ **상환할 주식이나 유가증권의 종류 및 내용**(상령 23조 1항 1호) 교환사채 설명 참조.

㈏ **상환의 조건**(동조항 2호) 교환사채 설명 참조.

㈐ **회사의 선택 또는 일정한 조건의 성취나 기한의 도래에 따라 주식이나 그 밖의 다른 유가증권으로 상환한다는 뜻**(동조항 3호) 「회사의 선택」이란 사채를 금전으로 상환하느냐, 유가증권으로 상환하느냐를 회사가 선택할 수 있다는 뜻으로 읽어야 한다. 「일정한 조건의 성취」 역시 유가증권으로 상환하는 것을 특정의 조건에 연결시킬 수 있음을 뜻한다. 「기한의 도래」란 발행 당시부터 일정한 시기에 유가증권으로 상환함을 예정하는 경우를 뜻하는 것으로 이해된다.

4) 제 3 자에 대한 발행 교환사채 설명 참조(상령 23조 2항).

5) 상환대상 증권의 예탁 또는 전자등록 일정한 조건의 성취나 기한의 도래에 따라 상환할 수 있는 사채의 경우에는 상환을 보장하기 위해 상환에 필요한 주식 또는 유가증권을 한국예탁결제원에 예탁하거나 전자등록기관에 전자등록해야 한다(상령 23조 3항 전). 한국예탁결제원 또는 전자등록기관은 그 주식 또는 유가증권

을 신탁재산으로서 관리하여야 한다(상령 23조 3항 후). 예탁해야 할 기간은 조건의 성취 여부가 확정될 때 혹은 소정의 기한이 도래할 때까지로 새겨야 한다.

6) 상환절차 시행령에서는 상환사채의 상환에 필요한 절차에 관해서는 규정을 두고 있지 않다. 회사가 선택하여 상환하는 경우, 조건이 성취하여 상환하는 경우에는 사채권자에게 공시하는 것이 긴요하며, 상환을 위해서는 채권을 제출하도록 해야 할 것이다.

(4) 派生結合社債의 발행

상법은 파생결합사채를 「유가증권이나 통화 또는 그 밖에 대통령령으로 정하는 자산이나 지표 등의 변동과 연계하여 미리 정하여진 방법에 따라 상환 또는 지급금액이 결정되는 사채」라고 정의하는데(469조 2항 3호), 시행령에서도 이 규정을 인용할 뿐 더 상세한 정의를 하지 않으므로 현재로서는 이 법문의 의미를 벗어나지 않는 한, 발행할 수 있는 사채의 범위는 매우 넓다고 할 수 있다. 파생결합사채권자에 대해서는 신주이든 자기주식이든 지분증권이 귀속되는 바 없어, 주주의 이해와는 무관하므로 이사회의 결의만으로 발행할 수 있다. 이사회는 다음 사항을 결정하고 사채청약서에도 기재해야 한다(상령 24조·25조 4호).

1) 상환 또는 지급금액을 결정하는데 연계할 유가증권이나 통화 또는 그 밖의 자산이나 지표

2) 제1호의 자산이나 지표와 연계하여 상환 또는 지급금액을 결정하는 방법

파생결합사채의 상환 또는 지급금액(P)은 기초자산(A)인 1)의 가격변동(AV)을 변수로 하여 2)를 함수(f)로 적용한 값이라고 할 수 있다($p=f(AV)$). 여기서 기초자산의 변동성의 크기에 따라서는 사채가 매우 위험한 투기대상이 될 수도 있으며, 그 경우에는 사채권자를 충실히 보호하기 위한 규정이 필요하다. 따라서 상법상 파생결합사채가 실제 활용되기 위해서는 향후 입법적 보완이 필요하다. 보완할 규정에서는 이 사채를 발행함에 있어 기초자산의 내용을 사채권자가 충분히 알 수 있도록 공시하게 하고, 그에 적용할 함수(지급금액결정방법)를 공정하게 만들고 또 사채권자에게 충분히 공시하도록 해야 한다. 그리고 기초자산의 편입이나 운용에 발행회사의 과실이 있다면 그에 관한 책임관계 역시 분명히 해 두어야 한다.

특별법상의 특수사채

(1) 담보부사채

물적담보가 제공된 사채를 담보부사채라 한다. 무담보사채는 다른 일반채권에 우

선할 수 없는 관계로 사채의 인수·상환 등을 원활·확실하게 하기 위하여 담보부사채가 이용된다. 상법의 사채 관련 규정은 일반적으로 무담보사채를 예상한 것으로 담보부사채에 관하여는 따로이 담보부사채신탁법(1962. 1. 20. 법률 991호. 최근개정 2021. 4. 20.)이 제정되어 있다.

이 법에 따르면 담보부사채는 발행회사가 신탁회사와의 신탁계약에 의하여 후자를 수탁회사로 해서 발행하며(동법 3조), 사채에 붙일 수 있는 담보는 동산질, 증서가 있는 채권질, 주식질, 부동산저당 기타 법령이 인정하는 각종 저당, 동산·채권 등의 담보에 관한 법률에서 정하는 담보권 등에 한한다(동법 4조). 보증사채는 담보부사채가 아니다.

담보부사채는 1회 발행식 사채와 분할발행식 사채로 구별할 수 있다(동법 14조·15조·26조). 후자는 동일한 담보에 기초하여 같은 순위를 갖는 담보부사채를 여러 차례로 나누어 발행하는 것으로, 미국의 open-end mortgage(개방적 담보) 제도를 본받은 것이다.

⑵ 조건부자본증권

1) 의 의 2013년 5월 개정 자본시장법에서 도입한 개념이다. 상장회사가 발행할 수 있는 사채로서, 발행 당시 객관적이고 합리적인 기준에 따라 미리 정한 사유(조건)가 발생하는 경우에 주식으로 전환되거나(전환형 조건부자본증권), 원금의 상환과 이자지급의무가 감면되는(상각형 조건부자본증권) 것을 내용으로 하는 사채이다(자금 165조의11 1항). 미리 정한 사유가 발생할 경우 발행회사로서는 사채를 자기자본화하거나 상환부담을 경감할 수 있어 회사의 재무상황이 악화되는 것을 조건으로 삼을 경우에는 채무과다로 인한 위험을 줄일 수 있는 우량한 자금조달수단이 될 수 있다. 한편 이러한 사채의 경우 표창하는 권리가 미래의 예측불가능한 조건에 따라 변동되므로 보통 고율의 이자를 붙일 것이다. 그러므로 사채권자는 우선은 고금리의 수익을 얻고, 발행회사의 재무구조가 악화되는 경우 도산의 위기를 막고 장기적인 자금회수를 도모할 수 있는 기회를 갖게 된다. 자본시장법에서는 상법상 자본화가 가능한 다른 사채와의 차별성을 강조하여, 교환 또는 상환사채(469조 2항), 전환사채(513조) 및 신주인수권부사채(516조의2)와 다른 사채임을 법문에서 특기하고 있다(자금 165조의11 1항).

2) 발 행 상장회사에 한해 발행할 수 있으며, 정관으로 정하는 바에 따라 이사회의 결의로 발행할 수 있다. 전환형 조건부자본증권을 발행할 경우에는 정관에서, i) 전환형 조건부자본증권을 발행할 수 있다는 뜻, ii) 전환형 조건부자본증권의 총액, iii) 전환의 조건, iv) 전환으로 인하여 발행할 주식의 종류와 내용을 정해야 한다. 그리고 동증권의 인수권을 주주에게 줄 경우와 주주 외의 자에게 발행할 경우를 구분하여 그 뜻과 증권의 액을 정관에서 정해야 한다(자금령 176조의12 1항). 이 중 iii), iv)는 사채청약서와 사채원부에도 기재해야 한다(동조 4항).

그리고 상각형 조건부자본증권을 발행할 경우에는 정관에서, i) 상각형 조건부자본증권을 발행할 수 있다는 뜻, ii) 상각형 조건부자본증권의 총액, iii) 사채의 상환과 이자지급의무가 감면되는 조건(채무재조정 조건), iv) 채무재조정으로 인하여 변경될 상각형 조건부자본증권의 내용을 정해야 한다(자금령 176조의13 1항). 이 중 iii), iv)는 사채청약서와 사채원부에도 기재해야 한다(동조 2항).

전환형 조건부자본증권을 발행할 경우에는 소정사항을 등기하여야 하지만(자금령 176조의 12 6항), 상각형 조건부자본증권의 발행은 등기할 필요가 없다.

3) 전환사유 및 감면사유 조건부자본증권의 발행에 관한 제반 사항 중 핵심적인 것은 전환형 조건부자본증권의 경우에는 전환사유, 상각형 조건부자본증권의 경우에는 채무의 감면(재조정)사유이다. 발행당시의 예측불가능성과 사유발생의 우발성이 사채발행의 공정성을 담보한다고 할 것이므로 이해관계자의 자의적인 조건성취의 가능성이 배제되어야 한다. 이를 법문에서는 「사채의 발행 당시 객관적이고 합리적인 기준에 따라 미리 정하는 사유」라고 표현하며, 시행령에서는 구체적으로 「전환사유 또는 상각사유는 적정한 방법에 의하여 산출 또는 관찰이 가능한 가격·지표·단위·지수로 표시되는 것」이거나, 「금융산업의 구조개선에 관한 법률에 따른 적기시정조치(동법 10조 1항) 등의 사건으로서 발행인 등 조건부자본증권의 발행과 관련하여 이해관계를 가지는 자의 통상적인 노력으로 변동되거나 발생할 가능성이 현저히 낮은 사유로서 금융위원회가 정하여 고시하는 요건에 부합하고, 증권시장 등을 통하여 충분히 공시·공표될 수 있을 것」이어야 한다고 규정한다(자금령 176조의12 2항·176조의13 4항).

4) 효력발생 조건부자본증권의 주식전환 및 채무재조정의 효력은 해당사유가 발생한 날로부터 제 3 영업일이 되는 날에 발생한다(자금령 176조의12 5항·176조의13 3항).

(3) 신탁사채

2011년 개정 신탁법은 신탁사채라는 사채를 신설하였다. 신탁사채란 신탁의 목적을 달성하기 위한 자금조달을 위해 신탁의 수탁자가 발행하며, 신탁재산을 한도로 상환책임을 지는 사채를 말한다. 수탁자가 상법상의 주식회사이거나 기타 법률에 의해 사채를 발행할 자격이 있는 자일 경우에 한해 신탁사채를 발행할 수 있다는 점에서 통상의 사채와 다를 바 없으며(신탁 87조 1항 3호), 사채의 내용도 일반 사채와 다를 바 없다(신탁 87조 4항). 그러나 사채의 상환은 신탁재산을 한도로 하는 유한책임신탁이라는 점이 특색이다(신탁 87조 1항 2호). 사채의 상환이 신탁재산을 한도로 한다고 함은 신탁자의 기타 재산 및 수탁자의 고유재산에 사채권자의 권리가 미치지 않음을 의미하므로 사채권자에게는 위험이 높은 사채라 할 수 있다. 그리하여 신탁법은 신탁사채의 남발을 억제하기 위해 수익증권을 발행하는 신탁에 한해 발행을 허용하며(신탁 87조 1항 1호), 상환불능의 위험을 억제하기 위하여 사채총액을 신탁에 현존하는 순자산액의 4배로 제한한다(신탁령 8조). 아울러 사채권자가 신탁사채의 가치를 판단할 수 있도록 수탁자로 하여금 사채청약서, 채권 및 사채원부에, i) 해당 사채가 신탁을 위하여 발행되는 것이라는 뜻, ii) 신탁을 특정하는 데에 필요한 사항, iii) 해당 사채에 대하여는 신탁재산만으로 이행책임을 진다는 뜻을 기재하도록 한다(신탁 87조 2항).

永久社債

기업의 사채발행실무에 등장하는 사채중에는 만기가 없거나 매우 장기(주로 30년 이상)인 사채가 있다. 회사가 일정기간 내 혹은 일정기간이 경과한 후에 상환권(콜 옵

션)을 행사할 수 있는 사채도 있지만, 회사가 상환권을 행사하지 않는 한, 만기없는 사채의 경우 사채원금을 영구히 변제하지 않을 수 있다. 회사의 청산시에는 후순위채보다 후순위로 변제되는 것이 보통이다. 이상이 영구사채의 전형적인 모습이지만, 발행회사의 신용이나 시장의 상황에 따라 다양하게 변형된 내용으로 발행될 수 있다. 예컨대 다른 사채와 동순위로 변제한다든지, 회사가 상환권을 행사하지 않을 경우 이자율을 상향조정하는 것과 같다. 물론 이러한 사채가 항상 회사에 유리한 것은 아니지만, 자기자본에 준하는 양호한 조건을 지녔다하여 국제회계기준에서는 자기자본으로 취급해 주는 까닭에 재무구조를 열악하게 하지 않으면서 타인자본을 조달하는 방법이 될 수 있다.[1] 그래서 2000년도 이후 국내은행들이 자기자본비율을 높이기 위해 여러 건 발행하였고, 「두산인프라코어」라는 회사가 2012년에 5억달러 규모의 영구사채를 발행한 것을 시작으로 다수의 비금융권회사도 영구사채를 발행하고 있다.

제 9 절 解散과 淸算

Ⅰ. 解　　散

회사해산에 관해 각종의 회사에 공통된 사항은 이미 설명하였으므로(181면 이하), 여기서는 주식회사에 특유한 사항만을 설명한다.

1. 해산사유

존립기간의 만료 기타 정관으로 정한 사유의 발생, 합병, 회사의 분할·분할합병, 파산, 법원의 해산명령 또는 해산판결, 주주총회의 해산결의가 주식회사의 해산사유이다(517조). 그리고 상법은 장기간 휴면상태에 있는 회사는 일정한 절차를 밟아 해산한 것으로 의제한다(520조의 2).

회사는 위와 같은 해산사유의 발생으로 당연히 해산하고 해산등기나 기타 절차는 그 요건이 아니다(판례 [130]).

---

1) 발행조건에 따라서는 자기자본으로 다루기 어려운 경우도 있다. 본문에 예를 든 「두산인프라코어」의 영구채에는 후순위약정이 없는데다, 회사가 5년내에 상환권을 행사하지 않으면 이자가 5%포인트 상향되는 조건이므로 자기자본성의 부여여부에 관해 논란이 된 적이 있다(한국경제 2012. 11. 2. A3).

판 례

[130] 대법원 1964. 5. 5.자 63마29 결정

「… 회사해산등기의 효력에 대하여는 상법상 회사설립등기 등과 같은 특별한 규정이 없으므로, 상법총칙의 규정에 의하여 회사해산등기는 제 3 자에 대한 대항요건에 불과하다고 해석하여야 할 것이므로 해산결의가 있고 청산인의 선임결의가 있는 이상 그 해산등기가 없다 하여도 청산중인 회사라고 해석하여야 할 것〔이다.〕」

[同旨판례] 대법원 1981. 9. 8. 선고 80다2511 판결.

회사의 인격은 법에 의해 주어진 바이므로 법이 정한 해산사유에 의해서만 소멸한다. 예컨대 회사가 부채의 과다로 사실상 파산지경에 이르고 이사들이 없어 업무가 수행되지 못하고 있다 하더라도 해산에 의해 청산절차를 종료하기까지는 권리능력이 소멸하지 아니한다(대법원 1985. 6. 25. 선고 84다카1954 판결).

2. 休眠會社의 해산의제

1) 취 지 주식회사 중에는 실제로 영업활동은 종식하였음에도 불구하고 해산과 청산의 절차를 밟지 않고 상업등기부를 방치하고 있는 회사가 상당수 있다. 이러한 회사는 다른 회사의 상호선정에 제약을 주고(22조), 사실과 등기의 불일치로 등기부관리에 부담을 주며, 때로는 사기적 수법에 의한 회사매매의 대상이 되어 다수인에게 피해를 주는 등 폐단이 심하다.[1)] 상법은 이러한 휴면회사로 인한 폐해를 예방하고 주식회사제도에 대한 사회의 신뢰를 회복하고자, 해산의 의제라는 방법으로 휴면회사를 법상 제거하는 제도를 두고 있다.

2) 대 상 법원행정처장이 최후의 등기 후 5년이 경과한 회사는 본점의 소재지를 관할하는 법원에 아직 영업을 폐지하지 아니하였다는 뜻의 신고를 할 것을 관보로써 공고한 경우, 최후의 등기 후 공고한 날에 이미 5년을 경과한 회사가 대상이 된다(520조의 2 1항). 상법상 이사 · 감사의 임기는 최장 3년이므로 정상적인 운영을 하는 회사라면 최후의 등기로부터 최소한 5년 내에 1회 이상은 등기가 행해져야 할 것이므로 이 기간 동안 한번도 등기가 없었다면 휴면회사로 보아야 할 것이라는 근거에서이다. 이 공고가 있는 때에는 법원은 해당 회사에 그 공고가 있었다는 뜻의 통지를 발송하여야 한다(520조의 2 2항).

3) 해산의제 공고한 날로부터 대통령령이 정하는 바에 의하여 신고를

1) 2025년 12월 기준 우리나라에는 152만 여개의 회사가 등기되어 있는 가운데, 약 46만 여개의 회사가 국세청이 세적을 관리하고 있지 않는 휴면회사이다(94면 참조).

하지 아니하거나 등기를 하지 아니한 회사는 신고기한이 만료된 때에 해산한 것으로 본다(520조의2 1항, 상령 28조 참조). 해산등기는 등기소가 직권으로 한다(상등 73조 1항).

4) **회사계속** 해산이 의제된 회사는 3년 이내에 주주총회의 특별결의로 회사를 계속할 수 있다(520조의2 3항). 이 경우 계속등기를 하여야 함은 물론이다(521조의2 → 229조 3항).

5) **청산의제** 해산이 의제된 회사가 3년 이내에 회사를 계속하지 아니한 경우에는 3년이 경과한 때에 청산이 종결된 것으로 본다(520조의2 4항). 그러나 여전히 회사에 어떤 권리관계가 남아 있어 현실적으로 정리할 필요가 있으면 그 범위 내에서는 법인격이 소멸하지 아니한다(대법원 1991. 4. 30.자 90마672 결정; 동 2001. 7. 13. 선고 2000두5333 판결). 이 경우 정관에 다른 정함이 있거나 주주총회에서 따로이 청산인을 선임하지 않는 한 해산으로 의제하는 당시의 이사가 청산인이 되어 청산사무를 집행하는 대표기관이 된다(대법원 1994. 5. 27. 선고 94다7607 판결). 해산 당시의 이사가 청산사무를 집행할 수 없는 사정이라면 이해관계인은 법원에 청산인의 선임을 청구해야 할 것이다(동 판례).

3. 해산의 공시

파산의 경우 외에는 이사가 지체없이 주주에 대하여 해산의 통지를 하여야 한다(521조). 또한 해산사유가 있은 날로부터 2주일 내에 본점소재지에서 해산등기를 하여야 한다(521조의2 → 228조).

4. 해산의 효과

해산에 의해 회사의 권리능력은 청산의 목적범위 내로 축소된다(542조 1항 → 245조). 주식회사에 있어서는 회사의 재산이 회사채권자에 대한 유일한 담보이므로 합병 및 파산 이외의 사유에 의하여 해산한 때에는 해산등기와 아울러 채권자보호를 위하여 법정의 청산절차를 밟아야 한다. 청산중에는 청산인이 이사에 갈음하여 회사의 청산사무를 집행하고 회사를 대표하는 기관이 된다.

5. 회사의 계속

해산사유 중 존립기간의 만료, 정관의 소정사유의 발생, 총회의 결의에 의하여 해산한 경우에는 주주총회의 특별결의로써 회사를 계속할 수 있다(519조). 또 해산이 의제된 휴면회사도 같다(520조의2 3항). 회사가 이미 해산등기를 한 때에는 계속등기를 하여야 한다(521조의2 → 229조 3항).

회사설립시에 실제로 일정 기간 후 해산할 의사 없이 형식적으로 존립기간을 정해 놓고 무심코 그 기간을 도과하여 영업을 계속하는 수가 있다. 그러나 해산할 의사가 없다면 존립기간이 만료한 경우 반드시 회사계속의 결의를 하여야 하며, 그 결의가 없으면 당연히 해산하고 청산중의 회사가 된다(대법원 1968. 4. 22. 자 67마659 결정 참조).

Ⅱ. 清 算

1. 총 설

주식회사가 해산하면 합병 · 분할 · 분할합병 또는 파산의 경우를 제외하고는 청산을 하여야 한다(531조 1항).

주식회사에 있어서 청산의 의의 및 청산중의 회사의 성질에 관하여는 합명회사에서 본 바와 같으며, 그 절차에 관하여도 대체로 합명회사의 청산에 관한 규정이 준용된다(542조 1항). 다만 인적회사에 있어서와는 달리 任意淸算은 인정되지 않는다. 주주는 유한책임을 지므로 회사채권자를 보호하기 위하여는 청산절차의 공정한 이행이 특히 요구되기 때문이다.

2. 청산회사의 권리능력

청산회사의 권리능력은 청산의 목적범위로 한정된다 함은 기술한 바와 같다. 따라서 청산의 목적 외의 행위를 한 경우에는 권리능력 없는 자의 행위로 당연히 무효가 된다(대법원 1959. 5. 6.자 4292민재항8 결정). 청산중의 회사라도 해산 전부터 계속된 민사소송 및 새로운 민사소송에서의 당사자능력도 있고, 형사소송에서의 당사자능력(피고가 될 수 있는 능력)도 있다(대법원 1982. 3. 23. 선고 81도1450 판결).

3. 청 산 인

주식회사가 청산에 들어가면 업무집행과 관계 없는 주주총회 및 감사는 그대로 존속하고 검사인도 선임할 수 있으나, 이사 · 이사회 · 대표이사는 그 지위를 잃고 청산인 · 청산인회 · 대표청산인이 각각 이에 갈음하여 청산업무를 관장한다.

(1) 취 임

원칙적으로 이사가 당연히 청산인이 된다(531조 1항 본). 여기서 이사란 상법 제386조 제 2 항 또는 제389조 제 3 항에 의하여 법원이 선임한 일시 이사 또는 대표이사의 직무를 행한 자(假이사)도 포함한다(대법원 1981. 9. 8. 선고 80다2511 판결; 동 1991. 11. 22. 선고 91다22131 판결). 제407조

제 1 항에 의한 직무대행자는 바로 청산인의 직무대행자가 된다(대법원 1991. 12. 24. 선고 91다4355 판결). 정관에서 청산인을 따로이 정하거나 주주총회에서 청산인을 선임한 때에는 이에 의해 청산인이 정해진다(531조 1항 단). 청산법인의 주주총회가 이사를 선임하는 결의를 했다면 무효라고 볼 것이 아니라 청산인을 선임한 것으로 보아야 한다(대법원 1989. 9. 12. 선고 87다카2691 판결). 회사 내에서 청산인이 정하여지지 않을 때에는 이해관계인의 청구에 의하여 법원이 청산인을 선임한다(531조 2항).[1)]

해산명령 또는 해산판결에 의해 해산하는 경우에는 이사가 청산인이 되는 것이 아니고 주주 등 이해관계인이나 검사의 청구에 의하여 또는 직권으로 법원이 청산인을 선임한다(542조 1항 → 252조).

주주총회에서 청산인을 선임하거나 이사가 청산인이 된 경우에는 선임결의의 하자를 다툴 수 있다. 이 경우 청산인선임결의의 무효 · 취소의 판결이 확정되기 이전에도 그 직무집행정지 또는 직무대행자선임의 가처분신청을 할 수 있다(542조 2항 → 407조 · 408조).

감사는 청산인을 겸할 수 없다(542조 2항 → 411조).

(2) 원수 및 임기

청산인은 이사와는 달리 법률상 정원에 관한 규정이 없으므로 1인이라도 무방하고, 그 경우에는 그 1인의 청산인이 당연히 대표청산인이 된다는 것이 판례의 입장이다(대법원 1989. 9. 12. 선고 87다카2691 판결).[2)]

결원시의 퇴임청산인의 권리의무 및 청산인의 직무를 행할 자의 선임은 이사의 경우와 같다(542조 2항 → 386조).

청산인은 이사와 달리 임기가 없다.

(3) 종 임

청산인은 ① 사망 · 파산 · 성년후견개시 등의 위임관계의 종료사유(민 690조), ② 자격의 상실(비송 121조), ③ 사임(민 689조) 등으로 퇴임하며, ④ 법원이 청산인을 선임한 경우 외에는 주주총회의 보통결의로 언제든지 해임할 수 있으며(539조 1항), ⑤ 청산인(법원이 선임한 청산인을 포함)이 그 업무를 집행함에 현저히 부적임하거나 중대한 임무에 위반한 행위가 있는 때에는 소수주주(100분의 3 이상)가 법원에 그 청산인의 해임을 청구할 수

---

1) 이사가 당연히 청산인이 되거나, 정관의 규정 또는 주주총회의 결의로 청산인을 정하는 등 회사 내에서 정한 청산인이 있는 경우에는 법원이 청산인을 선임하지 못한다(대법원 2019. 10. 23. 선고 2012다46170 판결(전)).

2) 청산인은 2인 이상이어야 한다는 설도 있다(손주찬, 1088면; 안택식, 485면; 최기원, 967면; 최준선, 833면).

있다(539조 2항).

⑷ 취임 · 종임등기

청산인의 취임에는 일정 사항의 등기를 요하며(542조 1항 → 253조 1항), 종임은 변경등기를 요한다(542조 1항 → 253조 2항 → 183조).

⑸ 청산인과 회사와의 관계

이사와 회사의 관계와 같이 위임에 준한다(542조 2항 → 382조 2항). 청산인의 보수, 청산인과 회사의 소에 있어서의 대표, 청산인의 자기거래, 회사나 제 3 자에 대한 책임, 유지청구, 대표소송 등에 관해서 모두 이사에 관한 규정이 준용된다(542조 2항 → 388조~394조 · 398조부터 406조까지 · 406조의2 · 407조 · 408조). 법원이 선임한 청산인의 보수는 법원이 정하여 회사로 하여금 지급케 한다(비송 123조 → 77조).

4. 청산인회 · 대표청산인

청산인회는 청산사무의 집행에 대한 의사결정을 하며(542조 2항 → 393조), 대표청산인이 청산인회의 의사결정에 따라 청산사무에 관한 재판상 · 재판 외의 일체의 집행을 담당한다(542조 2항 → 389조 3항 → 209조). 해산 전의 회사의 이사가 청산인이 된 때에는 종전의 대표이사가 대표청산인이 되며, 법원이 청산인을 선임할 때에는 법원이 대표청산인을 정한다(542조 1항 → 255조). 그 밖의 경우에는 청산인회의 결의로 정한다(542조 2항 → 389조 1항). 이사회의 소집 · 결의방법 · 회사대표 등 이사회와 대표이사에 관한 규정이 청산인회와 대표청산인에 준용된다(542조 2항 → 389조~393조).

5. 청산인의 직무

청산인의 직무, 즉 청산사무를 기본적인 것과 부수적인 것으로 나누어 보면 다음과 같다.

⑴ 기본적 직무

청산인이 해야 할 청산사무는 현존사무의 종결, 채권의 추심과 채무의 변제, 재산의 환가처분, 잔여재산의 분배로서 합명회사의 경우와 같으나(542조 1항 → 254조 1항), 다만 채무의 변제와 잔여재산의 분배에 관하여는 다수채권자에 대한 공평한 변제와 청산의 신속한 진행을 위하여 몇 가지 특유한 규정을 두고 있다.

1) 채권자에 대한 최고 청산인은 취임한 날로부터 2월 내에 회사채권자에 대하여 일정한 기간 내에 채권을 신고할 것과 그 기간 내에 신고하지 아니하면 청산에서 제외된다는 뜻을 2회 이상의 공고로써 최고하여야 한다(535조 1항 본). 신고

기간은 2월 이상으로 하여야 한다(535조 1항 단). 해산 전에 취득한 소유권이전등기청구권 같은 것은 신고해야 할 채권에 포함되지 아니하고, 따라서 신고하지 않더라도 청산에서 제외되지 아니한다(서울고법 1981. 3. 19. 선고 80나4140 판결).

회사가 알고 있는 채권자에 대하여는 각별로 채권신고를 최고하여야 하며, 그 채권자가 신고하지 아니한 때에도 이를 청산에서 제외하지 못한다(535조 2항). 소송이 제기된 채무의 채권자는 당연히 알고 있는 채권자이므로 신고가 없더라도 청산에서 제외할 수 없다(대법원 1968. 6. 18. 선고 67다2528 판결).

2) 신고기간 내의 변제금지 회사는 채권신고기간 내에는 채권자에 대하여 변제하지 못한다(536조 1항 본). 회사재산이 모든 채무의 변제에 부족할 수도 있기 때문에 채권자들이 공평하게 변제받을 수 있게 하기 위해서이다. 예외적으로 소액이며 담보가 제공된 채권과 기타 변제하더라도 다른 채권자를 해할 염려가 없는 채권은 법원의 허가를 얻어 변제할 수 있다(536조 2항). 변제가 금지된다 하여 채권자에 대한 채무불이행책임이 면제되는 것은 아니다. 이로 인한 손해는 배상하여야 한다(536조 1항 단).

3) 변 제 채권신고기간이 경과하면 신고한 채권자, 그리고 신고하지 않았더라도 알고 있는 채권자에게 변제하여야 한다. 완제불능인 경우 외에는 어느 채권자에게 먼저 변제하더라도 무방하다.

변제기에 이르지 않은 채무도 변제할 수 있고, 이 경우 중간이자를 공제하여야 하고, 불확실한 채권은 법원이 선임한 감정인의 평가에 의해 변제해야 하는 점 등은 합명회사의 경우와 같다(542조 1항 → 259조).

회사재산이 채무를 변제하기에 부족한 때에는 청산인은 지체없이 파산선고를 신청하여야 한다(542조 1항 → 254조 4항 → 민 93조).

4) 잔여재산분배 채무를 완제하고 남는 재산은 주주에게 분배한다(542조 1항 → 260조). 이 경우 주식평등의 원칙에 따라 각 주주가 가진 주식수에 비례하여 분배한다(538조 본). 그러나 잔여재산분배에 관해 내용이 다른 주식(예: 잔여재산분배에 관한 우선주)을 발행한 경우에는 그에 따른다(538조 단 · 344조 1항).

잔여재산의 분배는 금전으로 해야 한다. 2011년 개정상법은 이익배당에 관해 현물배당제도를 신설하면서(462조의4), 잔여재산의 분배에 관해서는 규정을 두지 않았다. 잔여재산도 현물분배가 가능한 것으로 보는 견해도 있다(임재연 I 408; 최기원 973). 현물분배를 하려면 청산인의 직무권한에 기하여 결정하여야 할 것이나, 현물분배는 각 주주에게 분배할 재산의 종류, 그 평가 등의 문제를 놓고 주주간에 새로운 이해를 창출하므로 그 결정이 청산인의 직무권한에 포함된다고 해석할 수는 없다.[1)] 청산과정에서 주주들과의 합의를 통해 현물로 잔여재산을 분배하는 것이 가능함은 물론이다.

5) 제외된 채권자의 권리 채권신고기간 내에 신고하지 않았기 때문에 청산에서 제외된 채권자는 주주에게 분배되지 않은 재산의 범위에서만 변제를 청구할 수 있다(537조 1항). 따라서 잔여재산분배가 완료되면 권리를 잃게 된다. 일부의 주주에게만 분배하고, 나머지 주주에게는 분배하지 아니한 경우 그 주주들이 분배받은 주주와 같은 비율로 분배받을 수 있는 몫은 위의 「분배되지 않은 재산」에서 공제한다(537조 2항). 일단 분배가 개시되면 주주가 청산에서 제외된 채권자보다 우선하는 것이다. 따라서 채권신고기간 내에 신고하지 않으면 권리상실의 위험이 크다.

⑵ 부수적 직무

1) 청산인의 신고 청산인은 취임 후 2주간 내에 해산사유와 그 연월일, 청산인의 성명 · 주민등록번호 및 주소를 법원에 신고하여야 한다(532조).

2) 청산재산보고의무 청산인은 취임 후 지체없이 회사의 재산상태를 조사하여 재산목록과 대차대조표를 작성하고, 이를 주주총회에 제출하여 승인을 얻어야 하고, 승인을 얻은 후 지체없이 법원에 제출하여야 한다(533조).

⑶ 청산대차대조표 등의 제출

1) 청산인은 정기총회일로부터 4주간 전에 대차대조표 및 그 부속명세서와 사무보고서를 작성하여 감사에게 제출하여야 한다(534조 1항).

2) 감사는 이 서류에 관한 감사보고서를 정기총회일 1주간 전에 청산인에게 제출하여야 한다(534조 2항).

3) 청산인은 정기총회일 1주간 전부터 대차대조표 · 부속명세서 · 사무보고서 · 감사보고서를 본점에 비치하여야 한다(534조 3항). 주주와 회사채권자는 동 서류를 열람할 수 있고 등 · 초본의 교부를 청구할 수 있다(534조 4항).

4) 청산인은 대차대조표 및 사무보고서를 정기총회에 제출하여 그 승인을 요구하여야 한다(534조 5항).

⑷ 기 타

청산인 · 청산인회 · 대표청산인의 기타 직무나 권한에 관해서는 합명회사의 청산인에 관한 규정 및 해산 전의 이사 · 이사회 · 대표이사에 관한 규정이 다수

---

1) 다만 상법 제344조의2 제 2 항이 정하는 종류주식으로서 잔여재산을 현물로 분배하는 주식을 발행할 수는 있을 것이나, 당초에 정관으로 청산을 예정하고 배당할 현물을 정하기는 어려울 것이다.

준용된다(542조 2항).

6. 청산의 종결

(1) 결산보고서의 제출

청산사무가 종결한 때에는 청산인은 지체없이 결산보고서를 작성하고 이를 주주총회에 제출하여 승인을 얻어야 한다(540조 1항). 총회의 승인을 얻은 때에는 부정행위에 관련된 부분을 제외하고는 회사가 청산인의 책임을 해제한 것으로 본다(540조 2항).

(2) 청산종결의 등기

청산인은 결산보고서의 승인이 난 뒤에 청산종결의 등기를 하여야 한다(542조 1항 → 264조).

(3) 서류의 보존

회사의 장부 기타 영업과 청산에 관한 서류는 청산인 기타 이해관계인의 청구에 의하여 법원이 정하는 보존인과 보존방법에 의하여 청산종결의 등기 후 10년간 보존하여야 한다(541조). 다만 전표 기타 이와 유사한 서류는 5년간만 보존하면 된다(541조 1항 단).

(4) 청산의 종결시기

청산은 청산사무가 종료한 때에 종결되며, 청산사무, 즉 채권추심 · 채무변제 · 잔여재산분배 등과 같은 사무가 일부라도 남아 있으면 청산종결의 등기가 되었더라도 청산은 종결하지 아니한다. 따라서 남아 있는 사무의 범위에서 회사는 법인격을 가지고 소송상 당사자능력도 있으며 청산인의 의무도 존속한다(판례 [131]).

판 례

[131] 대법원 1968. 6. 18. 선고 67다2528 판결

「… 피고회사는 본건 소송제기 후에 해산결의를 하였으므로, 본건 채권은 제출이 없었다 할지라도 청산으로부터 제외될 수 없고, 청산법인이 청산종결의 등기를 하였더라도 채권 · 채무가 남아 있는 이상 청산은 종료되지 아니한 것으로 그 한도에 있어서 청산법인은 당사자능력을 가진다고 할 것이〔다.〕」

[同旨판례] 대법원 2001. 7. 13. 선고 2000두5333 판결; 동 2019. 10. 23. 선고 2012다46170 판결(전).

(5) 잔여재산분배의 착오와 주주간의 관계

일부주주에게 잔여재산을 분배하지 않고 청산종결의 등기를 한 경우 기술한

바와 같이 청산종결의 효과가 생길 수 없음은 물론이다. 분배과정에서 착오를 일으켜 원래의 주주에게 분배하지 아니하고 타인에게 분배한 금전은 부당이득으로 반환청구할 수 있다고 해석한다.[1)]

제10절 회사의 조직개편

제 1 관 총 설

1980년대 이후 미국을 중심으로 하여 서구에서는 기업조직의 대폭적인 개혁을 의미하는 말로 restructuring이라는 용어를 자주 썼으며, 이를 일본과 우리나라에서 흔히 「조직개편」 혹은 「구조조정」이라는 말로 번역한다. 조직개편이란 어의대로 이해하자면 통칙에서 다룬 조직변경이 대표적인 예가 되겠고, 무엇인가 회사에 커다란 조직법적인 변화를 주는 행위, 예컨대 정관변경이나 신주발행, 자본금감소 등을 두루 포함하는 말로 쓸 수도 있다. 하지만 restructuring은 기업계에서 쓰기 시작한 말로서, 기업의 조직에 변화를 가해 기업경영의 효율을 높이기 위한 작업을 표현하는 뜻이며, 보통 기업의 합병, 기업분할, 지주회사나 자회사의 설립 혹은 내부적인 업무배분체계의 합리적 개편이나 종업원의 대량해고를 뜻하는 용어로 쓰이고 있다. 그러므로 이 책에서도 이러한 기업용어의 의미대로 조직개편을 이해하되, 내부적인 업무체계의 정리는 회사법과 무관하므로 제외하고 여기서는 회사의 인격적 실체에 변화를 가져오는 합병(522조 이하), 분할(530조의 2 이하), 그리고 회사의 지배구조에 근본적 변화를 가져오는 주식의 포괄적 교환(360조의 2 이하), 주식의 포괄적 이전(360조의 15 이하)을 다루고 끝으로 지배주주와 소수주주간의 강제적인 주식매매를 다루기로 한다.

제 2 관 合 併

합병을 하면 신설합병의 경우에는 당사회사 전부가, 흡수합병의 경우에는 존속회사를 제외한 나머지 회사가 해산하게 된다. 해산을 하더라도 소멸회사의 재산이 신설회사 또는 존속회사에 그대로 승계되므로 청산절차를 밟지 아니한다

1) 민법 제741조. 법무부 해석: 법무법 810-2038, 1965. 12. 30, 對 재무부 장관.

는 점이 다른 해산사유에 비해 특색이라 할 수 있다.

합병에 관해 각 회사에 공통된 문제는 이미 제 2 장 제 7 절에서 다루었으므로 주식회사의 합병에 특유한 것만 살펴보기로 하고, 그에 앞서 합병과 분할의 기능적 상관성을 설명하기로 한다.

I. 합병과 분할의 기능적 상관성

합병과 분할을 기능적으로 본다면, 합병은 2개 이상의 회사의 영업과 재산이 하나의 회사로 통합되는 것이고, 분할은 하나의 회사의 영업과 재산이 2개 이상의 회사로 나뉘는 것이므로 정반대의 목적과 효용을 가지고 있다. 합병은 規模의 經濟(economies of scale)를 실현하는 것이고 분할은 규모의 非經濟(disecono-mies of scale)를 해소하기 위한 것이라고 할 수 있다.

과거 대량생산, 대량소비가 지배하였던 산업구조하에서는 규모의 경제가 작용하여 대부분의 기업이 규모의 성장을 추구하였다. 그리하여 1970년대와 1980년대에는 기업의 인수, 합병이라는 사업규모의 확장을 위한 조직개편이 유행하였다. 그러나 소비자의 수요가 다양해지고 기업환경의 변화가 빈번해지면서부터는 규모의 경제가 작용하지 않는 상황이 생겨나 규모의 축소나 사업의 분할을 통해 기업활동의 기동성을 확보할 필요성이 생겨났다. 더욱이 최근 전자통신 산업의 비상한 발달은 투자의 규모와 생산성에 관해 기본적인 인식의 변화를 가져왔다. 회사분할은 이같은 환경변화에 탄력적으로 대응하여 기업규모의 적정화와 사업활동의 부문별 효율화를 추구하기 위한 조직개편방법이라고 할 수 있다.

한편 회사분할의 방법 중에는 단순히 종전의 영업을 2개 이상으로 분할하는 방법도 있지만, 분할합병이라는 방법도 있다. 분할합병은 사업부문을 2개 이상으로 분할하여 일부는 다른 회사에 흡수합병시키거나 다른 회사의 사업과 묶어 신설합병을 하는 방법이다. 예컨대 건설업과 조선업을 영위하는 회사가 양 사업을 분할하면서 조선업은 다른 조선회사와 합병을 하는 것과 같다. 분할합병은 사업의 분할을 통해 위에 말한 분할의 이점, 즉 규모의 적정화와 사업활동의 기동성을 기하는 한편, 분할된 일부의 사업에 관해서는 기업합병을 통해 규모의 경제를 추구하는 수단이 된다.

이같이 합병과 분할 및 그 조합적인 조직개편방법을 적절히 선택하여 기업은 변화하는 기업환경에 최적의 모습으로 자신을 변용시킬 수 있다.

Ⅱ. 절 차

1. 合併契約書의 작성

주식회사의 합병에는 법정사항을 기재한 합병계약서를 작성하여야 한다(522조 1항). 합병은 다수인의 이해에 영향을 미치므로 상법은 합병계약에서 담아야 할 내용을 법정하고 있다. 그 내용은 대체로 합병조건(합병비율, 합병대가)에 관한 사항과 기타 합병의 실행을 위한 사항이다.

(1) 吸收合併의 합병계약사항(523조)

가. 합병의 대가에 관한 사항

흡수합병을 경제적 관점에서 보면 존속회사가 소멸회사의 순자산을 포함한 모든 권리의무를 포괄적으로 취득하고, 합병으로 인해 자신의 회사를 상실하는 소멸회사의 주주들에게 그 대가를 지급하는 거래라고 볼 수 있다. 그 대가를 「합병대가」, 「합병비율」 또는 「합병조건」이라 부르며, 이를 지급하는 방법에는 존속회사가 소멸회사의 주주를 자신의 주주로 수용하기 위해 신주를 발행하는 방법, 신주에 갈음하여 사기주식을 이전하는 방법, 또는 금전이나 기타 재산을 교부하는 방법이 있다.

연 혁

과거에는 신주를 발행하는 것을 원칙으로 하고 그 일부를 금전의 교부(합병교부금)로 갈음할 수 있었으나, 2011년 개정으로 합병대가의 전부 또는 일부를 합병교부금으로 갈음할 수 있게 하는 동시에, 합병교부금은 금전 외의 다른 재산으로 대신할 수 있도록 하였다. 그리고 2015년 개정법에서는 신주발행에 갈음하여 자기주식을 이전할 수 있도록 하였다.

1) 존속회사의 수권주식수(523조 1호) 존속회사가 합병의 대가로 소멸회사의 주주에게 신주를 발행하는 경우, 존속회사의 발행예정주식총수에 그러한 여분이 없으면 그 수를 늘려야 한다. 이 경우 존속회사가 증가할 발행예정주식의 총수, 종류 및 수를 합병계약서에 기재해야 한다.

2) 존속회사의 증가할 자본금과 준비금의 총액(523조 2호) 존속회사가 신주를 발행할 경우에는 존속회사의 자본금이 증가하고, 존속회사가 승계하는 소멸회사의 총자산과 관련하여 준비금이 발생할 수 있다.

(가) 액면주식과 무액면주식 존속회사가 액면주식을 발행한 회사인 경우

에는 존속회사의 증가할 자본금이란 「존속회사가 합병을 하면서 발행하는 신주의 총수(523조 3호)」에 액면가액을 곱한 금액이다. 그리고 후술하는 바와 같이 합병차익이 생기면 자본준비금으로 적립해야 하고, 또 존속회사가 소멸회사의 법정준비금을 승계할 수도 있으므로 이로 인해 증가하는 준비금을 기재해야 한다.

존속회사가 무액면주식을 발행한 회사인 경우에는 존속회사가 소멸회사로부터 승계하는 순자산가액이 소멸회사의 주주들에게 발행하는 신주의 발행가가 되므로 이 중 2분의 1 이상을 자본금으로 계상해야 하고, 잔여의 금액은 자본준비금으로 적립해야 한다(451조 2항).

㈏ 合併差益의 처리 합병차익이란 존속회사가 소멸회사로부터 승계한 자산의 가액이 존속회사가 합병을 위해 소멸회사에 지급한 합병대가를 초과하는 경우 그 초과액을 가리킨다. 존속회사의 합병차익은 자본준비금으로 적립하여야 한다(459조 1항). 그리고 존속회사는 소멸회사의 이익준비금 기타 법정준비금을 승계할 수 있다(459조 2항). 이같이 증가할 존속회사의 준비금을 합병계약서에 기재해야 한다.

무증자합병 · 채무초과회사의 합병

1) 무증자 합병 2011년 개정전에는 소멸회사의 주주에게 존속회사의 신주를 발행하는 것을 원칙으로 삼았으므로 존속회사의 자본이 증가하는 것이 원칙이었다. 그래서 소멸회사의 재무구조가 취약하여 존속회사가 신주를 발행하지 않는 합병, 증자 없는 합병이 가능하냐가 문제되었다. 등기실무상 이를 허용하였으며, 실제로도 다수의 사례가 있었다.[1] 현재는 신주발행을 전혀 하지 않는 합병도 가능하므로 무증자 합병이 허용됨은 물론이다.

2) 채무초과회사의 합병 과거 등기실무에서는 채무초과회사를 소멸회사로 하는 무증자합병은 허용하지 않았다.[2] 그러나 기업실무에서는 존속회사가 채무초과회사를 흡수하여 무증자합병을 하거나, 승계하는 순자산보다 많은 금액의 신주를 발행하는 예도 흔히 볼 수 있다. 다시 말해 소멸하는 회사를 그 소유자산에 비해 고평가하여 합병을 하는 것이다. 이는 합병으로 인한 성장효과(시너지효과)를 기대하기 때문이다. 그리고 합병으로 인한 결손을 피하기 위해 합병대가에 미달하는 자산액은

---

1) 대법원 등기선례 200201-17(흡수분할합병시 무증자합병이 가능한지 여부)(2002. 1. 2. 등기 3402-2 질의회답).

2) 대법원 상업등기선례 1-237: 「1. 채무초과회사를 해산회사로 하는 합병은 자본충실의 원칙 그리고 합병의 공정성을 유지하여 존속회사의 주주와 채권자를 보호해야 하는 점 및 합병차익을 전제로 한 상법규정(제523조 제 1 호 내지 제 3 호, 제459조 제 2 항)을 종합하여 보면 인정하기 어렵다」(2001. 10. 31. 등기 3402-736 질의회답).

영업권으로 계상하여 차손을 메우고 있다. 판례도 이러한 합병의 유효성을 인정한다(판례[132]). 채무초과회사의 합병에 대한 제약은 상법개정으로 인해 달라질 것이 없으므로 동일한 합병실무가 계속되리라 본다.

판 례

[132] 대법원 2008. 1. 10. 선고 2007다64136 판결

「… 흡수합병에 있어서 존속회사가 단순히 소멸회사의 순자산만큼의 자산을 증대시키는 것에 그치지 아니하고 소멸회사의 영업상의 기능 내지 특성으로 높은 초과수익력을 갖게 되는 등 합병으로 인한 상승작용(시너지)의 효과를 기대할 수 있다면 존속회사가 발행하는 합병신주의 액면총액이 소멸회사의 순자산가액을 초과하는 경우 그 초과 부분은 소멸회사의 위와 같은 무형적 가치에 대한 대가로 지급되는 것이라고 볼 수 있[다.]」

[同旨판례] 대법원 1986. 2. 11. 선고 85누592 판결: 「… 합병 후 높은 수익을 가져올 수 있는 소멸회사의 무형적 가치는 영업권이라고 볼 수 있다」.

3) 주식의 배정사항(523조 3호) 존속회사가 소멸회사의 주주에게 신주를 발행하거나 자기주식을 이전하는 경우 동 주식의 총수, 종류와 수를 합병계약서에 기재해야 하고, 소멸회사의 주주에 대해 신주 또는 자기주식을 배정 또는 이전하는 구체적인 내용도 합병계약서에 기재해야 한다. 소멸회사의 주주들에게는 주식평등의 원칙에 의해 각 주주가 가진 소멸회사의 주식수에 비례해서 존속회사의 신주 또는 자기주식을 교부하게 된다. 여기서 소멸회사의 주식 1주에 대해 존속회사의 주식 X주를 교부한다는 식이 도출되는데 이를 흔히 「합병비율」이라고 부르며, 존속회사 및 소멸회사의 주주들에게는 합병의 대가로서의 의미를 가진다. 합병비율은 합병당사회사의 공정한 기업평가에 입각하여 결정되어야 하며, 공정하지 못할 경우 합병무효의 원인이 된다(후술). 합병당사회사가 자기주식을 가지고 있을 경우 또는 반대당사자의 주식을 가지고 있던 중 합병을 하여 자기주식이 된 경우 아래와 같이 검토할 점이 있다.

㈎ 소멸회사가 자기주식을 가진 경우 소멸회사가 소유하는 자기주식은 합병에 의해 당연히 소멸하며, 이에 대해 신주를 배정하거나 자기주식을 이전할 수 없다.[1] 소멸회사의 주식은 합병에 의해 소멸하므로 소멸회사의 자기주식이 새로운 권리의 귀속점이 될 수 없기 때문이다.

㈏ 존속회사가 소멸회사의 주식을 가진 경우 존속회사가 소유하는 소멸회

1) 일본의 통설이다(日注釋(13), 123면).

사의 주식에 대하여 신주를 배정하면 존속회사가 자기주식을 취득한 것이 되지만, 이는 상법 제341조의2 제 1 호에 의해 허용되는 예로 보아야 한다(同旨: 송옥렬 1249. 반대: 권기범 161; 최기원 1107).[1] 그러나 존속회사가 합병대가로 자기주식을 이전하는 경우에는 자신이 가지고 있는 소멸회사의 주식에 대해 자기주식을 이전하더라도 자산에 변동이 없으므로 무의미하다.

㈐ **소멸회사가 존속회사의 주식을 소유한 경우** 소멸회사가 가지고 있는 존속회사의 주식은 존속회사가 합병에 의하여 이를 승계하여 자기주식이 된다(341조의2 1호). 존속회사가 이를 계속 보유해도 무방하나, 제342조에 따라 처분할 수도 있다.

4) **合併交付金**(523조 4호) 존속회사가 소멸회사의 주주에게 배정할 신주(또는 자기주식)의 일부 또는 전부를 금전 기타 재산으로 갈음하여 지급할 수도 있는데, 이를 합병교부금이라 한다. 합병교부금을 지급하는 동기는 주식의 배정비율을 조정하거나 단주에 갈음하기 위한 것, 소멸회사의 이익배당에 갈음하기 위한 것, 실질적 감자를 위한 것, 소멸회사주주들의 지분을 축소시키기 위한 것 등이 있다. 합병교부금을 정한 때에는 그 내용을 기재하여야 한다. 2011년 개정에 의해 합병교부금에 관해 다음과 같이 큰 변화가 생겼는데, 합병대가의 유연화를 추구한 것이다.

㈎ **교부금합병** 2011년 개정전에는 존속회사의 주식을 발행하지 않고 소멸회사의 주주에게 교부금만 지급하는 합병은 허용되지 않는다고 보는 것이 통설이었다. 그러나 개정법에서는 합병대가의 전부를 교부금으로 지급할 수 있도록 하였다(교부금합병). 이는 미국에서 원치 않는 주주를 축출하며 합병하는 방법으로 널리 이용되고 있는 현금합병(cash-out merger)을 본뜬 제도로서, 이를 통해 소멸회사의 주주들을 배제하고 합병하는 것이 가능하게 되었다.

㈏ **교부금의 형태** 2011년 개정전에는 교부금으로는 금전만 지급할 수 있었으나, 동개정법에서는 금전 외의 재산으로도 지급할 수 있게 하였다. 그 대상이 되는 재산의 종류에 관해서는 제한이 없지만, 소멸회사의 모든 주주에게 그 소유주식의 수에 비례하여 교부되어야 하므로(주식평등의 원칙) 그 교부방식에 적합한 재산만이 교부금의 소재가 될 수 있다. 예컨대 존속회사의 社債, 자회사나 모회사가 발행한 주식(523조의2), 사채 등이 이에 해당한다.

1) 상업등기선례 제2-75, 2008. 6. 23.(존속회사가 보유하는 소멸회사주식에 대해 합병신주를 배정한 경우 합병으로 인한 변경등기 可); 日注釋(13), 124면.

cash-out merger

현금합병은 소수자 주주들을 축출하는 수단이라는 의미로 squeeze out merger, freeze out merger라고도 불린다. 구체적인 예를 들면 다음과 같다.[1] A가 C라는 회사의 주식을 60% 소유하고 나머지 40%는 수십명의 소액주주들이 소유하는데(이를 통틀어 B라 하자), A가 B를 없애고 C를 자신만의 회사로 만들고 싶어 한다. 그 방법으로 A는 C2라는 회사를 설립하여 C를 흡수합병하는데, B에 대한 합병대가로는 전액 또는 일부 현금과 더불어 C2가 발행하는 회사채를 지급하기로 한다. 그 결과 A는 C의 단독주주가 되었다. 같은 결과를 C가 영업양도를 통해 그 핵심자산을 C2에게 이전함으로써 실현하기도 한다. 이 freeze out merger 에서는 B가 불공정한 가격으로 축출되는 경우도 있고, 공정한 가격으로 보상받는다 하더라도 여전히 B에게 불합리한 손해를 끼치는 거래라는 지적을 받는다. 구체적으로는 B가 원하지 않는 시기에 투자소득을 실현하게 되어 원하지 않는 시기에 과세되는 불이익을 입는다는 점,[2] B가 받은 합병대가를 다시 투자하려면 또 투자실행을 위한 비용과 위험을 부담해야 한다는 점, B가 C회사의 주주로 머물 권리를 박탈당한다는 점 등이다.[3] 달리 비유하자면, B는 자신이 알지 못하는 사이에 상환주식을 소유했던 결과가 되는 셈이다. 합병교부금에는 주주보호의 시각에서는 부정적인 효과가 크므로 대륙법계국가에서는 합병교부금의 한도를 설정하는 것이 일반적이다(예: EU Company Law Dir. Art. 3; 독일 § 54 Abs. 4 u. § 68 Abs. 3 UmwG; 프랑스 C.com. Art. L. 236-1: 합병교부금은 합병대가의 10%를 넘을 수 없다).

㈐ **모회사주식에 의한 교부금합병** 2011년 개정법 제523조 제 4 호는 현물에 의한 합병교부금지급이 가능하도록 규정하였는데, 그에 이어 신설된 제523조의2 제 1 항은 현물의 합병교부금(그 밖의 재산)에는 모회사의 주식도 포함될 수 있음을 전제로, 존속회사의 모회사주식취득을 허용하였다. 원래 모회사주식은 취득할 수 없으나(342조의2), 합병교부금의 용도로 사용할 경우에는 취득을 허용하는 것이다. 그러므로 존속하는 회사가 교부금합병을 위해 모회사주식을 취득한 후 합병에 전부 또는 일부를 사용하지 않고 보유하는 경우에는 합병의 효력이 발생한 날로부터 6월 내에 처분하여야 한다(523조의2 2항).

합병교부금으로서의 모회사주식은 합병의 효력발생과 동시에 지급되어야 할 것이므로 그 취득은 합병을 예정하고 이루어지는 사전의 취득이 된다. 그러면 어느 시점에서 가능한가, 즉 i) 합병승인결의가 있은 후에 가능한가, 혹은 ii) 합병계약이 체결되면 가능한가, 혹은 iii) 장차의 합병을 계획하고 취득할 수 있는가

1) Clark, p. 501.
2) 우리 세제하에서는 B가 C_2의 주식을 받은 경우 그 주식의 가액이 당초 C주식의 취득가액을 넘으면 일종의 배당으로 간주하여 과세한다(소세 17조 2항 4호). 우리에게는 옳지 않은 지적이다.
3) Clark, p. 504~506.

라는 해석문제가 제기된다. 장차의 합병을 계획하고 취득할 수 있다고 하면(iii), 모회사주식의 취득을 금지하는 제도의 탈법을 용이하게 하므로 모회사주식의 용도가 객관적으로 분명해지는 시기, 즉 합병계약의 체결 이후(ii)에 취득을 허용하는 것이 타당하다.

존속회사가 이미 모회사의 주식을 보유하고 있는 경우, 소멸회사의 주주에게 교부하기 위해 취득하는 모회사의 주식수에 관해 의문이 제기된다. 즉 소멸회사의 주주에게 교부할 수량 전부를 취득할 수 있는가, 또는 그 수량에서 旣보유분을 차감한 수량인가라는 문제이다. 기보유분과 신규의 취득은 각기 원인을 달리하는 취득이므로 합병용으로 취득하는 것은 소멸회사의 주주에게 교부하기 위해 필요한 수량 전부라고 해석한다. 그러나 자회사는 기보유 모회사주식을 어차피 취득 후 6월 내에 처분하여야 하므로 큰 실익이 있는 문제는 아니다.

삼각합병의 가능성

제523조의2의 신설로 인해 미국에서 흔히 활용되는 이른바 삼각합병(triangular merger)이 우리나라에서도 가능하게 되었다.[1)·2)] 삼각합병이란 다음에 보는 바와

〈그림 6-18〉 삼각합병

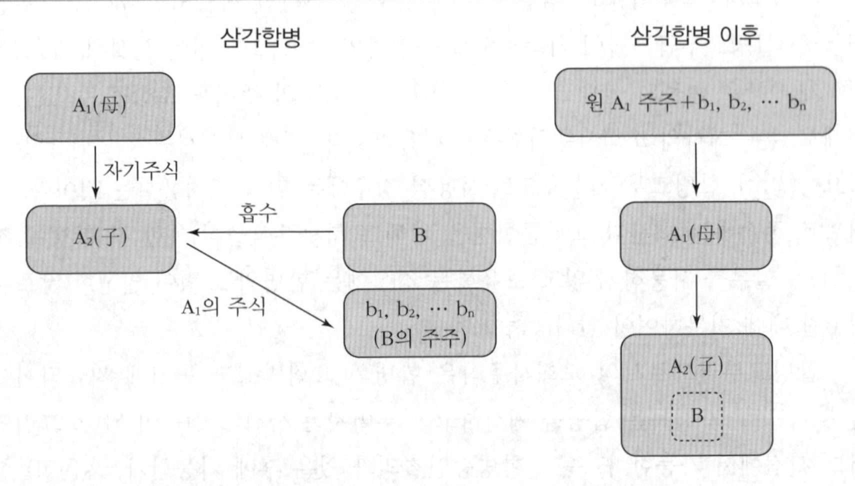

1) 일본에서는 합병대가의 유연화를 통해 삼각합병이 가능해졌음을 합병에 관한 제도개혁의 큰 성과로 말한다(相澤(下), 54면).

2) 1960년대 이후 미국에서의 합병방식은 주로 현금합병 및 삼각합병이라고 한다. 미국에서의 삼각합병에서의 합병이란 우리나라의 합병과는 달리 타회사를 자회사로 만드는 것을 말한다.

같이 타회사를 흡수하고자 하는 회사가 자회사를 합병당사회사(존속회사)로 만들어 타회사를 흡수하게 하는 방식을 말한다.

예를 들어 본다. A_1이라는 회사가 B라는 회사를 자회사로 만들려고 한다. 이를 위해 우선 A_1은 자기의 주식을 현물출자하여 자회사 A_2를 설립한다. 이어 A_2는 B회사를 흡수합병하면서 B회사의 주주들에게 A_1회사의 주식을 교부한다(〈그림 6-18〉참조). 이같이 함으로써 A_1은 B가 포섭된 A_2의 모회사가 되고, B의 주주는 A_1의 주주가 된다. 이 방법의 장점은, 첫째, A_1이 B를 흡수하되, 자회사 A_2를 매개시킴으로써 B회사의 채무에 대한 책임을 면할 수 있고, 둘째, A_1회사에서는 주주총회의 결의를 얻거나 주주들에게 주식매수청구권을 부여할 필요가 없다는 점이다.

이와 흡사하게 역삼각합병(reverse-triangular merger)이라는 방법도 많이 이용된다. 역시 A_1이 B를 자회사로 만들려 할 때, A_1의 자회사 A_2는 자기가 가진 A_1 주식을 전부 B의 주주에게 이전하고 그 대가로 B의 주주가 가진 B 주식은 A_1에게 이전한다. 그리고 A_2는 재산이 없어졌으므로 소멸한다. 그 결과는 A_1이 모회사가 되고 B가 그 자회사가 되는 것이다.[1] 우리 상법하에서는 1회적인 절차에 의한 역삼각합병은 가능하지 않고, 후술하는 삼각주식교환을 통해 2차적인 단계로 추진할 수 있다.

삼각합병이나 역삼각합병의 장점이란 영세주주들의 권리를 축소시키는 데 있으므로 이 합병방법은 주주의 보호라는 법정책적 관점에서는 문제점이 많은 기법이라고 할 수 있다.

나. 합병의 실행을 위한 기타사항

1) 승인결의총회기일(523조 5호) 합병당사회사에서 합병의 승인을 할 사원총회 또는 주주총회의 기일도 합병계약서의 기재사항이다.

2) 합병을 할 날(523조 6호) 합병의 효력은 합병등기를 한 날에 발생하므로 「합병을 할 날」이란 합병의 효력발생일을 뜻한다고 볼 수는 없다. 또 합병등기는 주주총회의 결의일로부터 일정한 날에 하게 되어 있으므로(528조) 합병등기일을 정한 것도 아니다. 그러므로 「합병을 할 날」이란 소멸회사의 재산을 존속회사에 인도하고 소멸회사의 주주에게 주권을 발행하는 등 실질적으로 양 회사를 합체하기 위한 실무적인 절차를 완료하기로 예정한 날로 보아야 한다.

3) 존속회사의 정관변경(523조 7호) 존속하는 회사가 합병으로 인하여 정관을 변경하기로 정한 때에는 그 규정을 합병계약서에 기재하여야 한다. 예컨대 소멸회사의 사업을 승계함에 따라 사업목적이나 상호를 변경할 필요가 있다든지, 소멸회사의 이사들을 존속회사의 이사로 받아들이기 위하여 존속회사의 이사의 정원을 늘릴 필요가 있는 경우 등을 생각할 수 있다. 합병계약서에 기재한다고 하

1) Hamilton(Nutshell), pp. 619~622.

여 존속회사의 정관이 변경되는 효력이 발생하는 것은 아니고 존속회사에서 정관변경절차를 거쳐야 함은 물론이다. 그러나 존속회사에서 합병계약서를 승인하면 이로써 정관변경의 결의를 겸한 것으로 보아야 한다.

4) 각 회사가 합병으로 이익배당을 할 때에는 그 한도액(523조 8호) 「합병으로 이익배당을」 한다는 것은 합병계약 후 합병등기 이전에 존속회사 또는 소멸회사가 이익배당을 하는 것을 뜻한다.[1] 합병비율은 합병계약을 체결할 당시의 회사의 재무상태를 기준으로 정하게 된다. 그런데 합병비율을 정한 후에 예정하지 않았던 이익배당을 한다면 기왕에 정한 합병비율이 불공정해질 것이다. 그러므로 합병계약 이후 이익배당을 하고자 한다면 합병비율의 결정에 감안할 수 있도록 미리 합병계약에 기재하게 한 것이다.

5) 합병으로 인하여 존속하는 회사에 취임할 이사와 감사 또는 감사위원회의 위원을 정한 때에는 그 성명 및 주민등록번호(523조 9호) 보고총회를 신문공고로 갈음할 수 있으므로 합병 후 취임이 예정된 이사와 감사를 합병계약의 승인결의에 의해 선임할 수 있도록 한 것이다.

6) 임의적 기재사항 이상의 법정사항 외에 당사회사의 선관주의의무, 합병조건의 변경, 합병계약의 해제, 재산의 인계, 임원의 퇴직금, 종업원의 인계 등을 합병계약서에 기재할 수 있으며, 그같이 하는 것이 상례이다.

소멸회사의 종업원들의 고용계약상의 지위는 존속회사에 포괄적으로 승계되므로 존속회사와 소멸회사의 종업원간에 새로운 합의가 없는 한 소멸회사에서의 근로조건은 합병 후에도 효력을 유지한다(대법원 1994. 3. 8. 선고 93다1589 판결).

합병과 자본화가능 증권의 효력

소멸회사가 발행한 전환사채 기타 자본화가능 증권의 소지인이 아직 증권상의 권리를 행사하지 않은 상태에서 합병을 할 경우 증권상의 권리는 어찌되는가? 소지인이 사채의 상환 등 금전채권을 행사할 경우에는 존속회사가 그 채무를 승계한다고 보아야 함은 물론이다. 문제는 주식으로의 전환이나 신주발행을 청구할 경우에 존속회사가 어떤 의무를 가지느냐이다.

합병은 소멸회사의 권리의무가 신설회사 또는 존속회사(이하 존속회사만 다룸)에 포괄승계되는 원인이므로(530조 2항 → 235조) 소멸회사의 권리의무는 일신전속적인 것이 아닌 한 당연히 존속

---

1) 이 규정의 표현은 2011년 개정법에서 수정된 것인데, 그 이전에는 「合併으로 인하여 이익배당」이라고 표현하였다. 어느 쪽이든 뜻이 통하지 않는 표현이다. 이 규정은 2005년 이전 일본상법 제409조 제 7 호를 옮겨 온 것으로, 동규정은 「각 회사가 합병의 日까지 이익배당…을 한 때에는」이라고 표현하였는데, 이 조문을 참고하면서 번역상의 착오가 있었던 듯하다.

회사에 승계된다. 자본화가능 증권의 권리도 일신전속적이 아니므로 소지인은 당연히 존속회사에 전환청구 등 증권상의 권리를 행사할 수 있다고 보아야 한다.

그러나 존속회사를 상대로 소멸회사의 주식을 발행해 달라는 권리를 행사할 수 없음은 물론이다. 그러므로 합병계약서에서 신주인수권을 어떻게 취급한다는 정함을 두어야 한다고 해석한다. 예컨대 소멸회사의 신주인수권에 대해 합병비율과 동일한 수의 주식의 인수권을 부여한다든지, 아니면 합병교부금과 같이 일정한 금전을 지급한다는 것과 같다.

참고로 일본 회사법에서는 소멸회사에 대한 신주예약권의 경우 합병의 효력발생과 더불어 동 권리는 소멸하는 것으로 다루고(日會 750조 4항), 대신 존속회사가 새로이 소멸회사의 신주예약권자에게 존속회사의 신주예약권을 부여해야 하는 것을 전제로 합병계약서에서 존속회사가 부여할 신주예약권의 수량의 계산방법 또는 지급할 금액의 계산방법 등을 정하도록 강제하고 있다(日會 749조 1항 4호). 회사법 제정 이전에는 이에 관한 명문의 규정이 없었으나, 전환사채의 전환권에 대응하는 의무는 존속회사가 승계한다고 보았고, 신주예약권이 생긴 이후에는 신주예약권에 대응하는 회사의 의무는 일반채권과 같은 채무로 보아 당연히 존속회사가 승계하는 것으로 다루었다.[1]

(2) 新設合併의 합병계약사항(524조)

신설합병에서는 회사를 신설한다는 점, 따라서 소멸회사의 주주들에게 신주 등 합병대가를 지급하는 것은 존속회사가 아니라 신설회사라는 점이 흡수합병에 대한 특색을 이루고 따라서 합병계약서에서 기재할 사항도 주로 이 점에 기초하여 흡수합병계약서와 차이를 보인다.

1) 설립되는 회사에 대하여 제289조 제1항 제1호부터 제4호까지에 규정된 사항과 종류주식을 발행할 때에는 그 종류, 수와 본점소재지(524조 1호) 신설회사의 정관에 기재할 상호, 목적, 발행예정주식총수, 그리고 액면주식을 발행할 경우 1주의 금액을 정해야 한다.

2) 설립되는 회사가 합병당시에 발행하는 주식의 총수와 종류, 수 및 각 회사의 주주에 대한 주식의 배정에 관한 사항(동조 2호) 설립회사의 자본을 구성하고 소멸회사의 주주들에게 주식을 발행해야 하므로 그 주식 및 주주에 대한 배정에 관한 사항을 기재해야 한다.

3) 설립되는 회사의 자본금과 준비금의 총액(동조 3호) 흡수합병계약서에 관해 설명한 바와 같다.

1) 江頭, (舊)「株式會社・有限會社法」, 686면, 713면; 會社法コン(17), 142면: 日注釋(1), 431면.

4) 각 회사의 주주에게 제 2 호에도 불구하고 금전이나 그 밖의 재산을 제공하는 경우에는 그 내용 및 배정에 관한 사항(동조 4호) 흡수합병계약서에 관한 제523조 제 4 호에 기재된 사항과 같은 취지의 규정인데, 2015년 개정에 의해 큰 변화가 생겼다. 2011년 개정전에는 흡수합병에 있어서 소멸회사에 대한 합병대가로서 존속회사가 신주를 발행하는 것을 원칙으로 하고 그 일부를 금전의 교부(합병교부금)로 갈음할 수 있었으나, 2011년 개정으로 합병대가의 전부 또는 일부를 합병교부금으로 갈음할 수 있게 하는 동시에, 합병교부금은 금전 외의 다른 재산으로도 대신할 수 있도록 하였다고 함은 기술하였다. 그러나 신설합병의 경우에는 소멸회사의 주주에게 여전히 신설회사의 주식을 배정하되, 그 일부를 교부금으로 갈음할 수 있다는 원칙을 유지해 오다가, 2015년 개정법에서 흡수합병에서와 같이 주식발행에 갈음하여 교부금만을 지급할 수도 있고, 또 금전 대신 그 밖의 재산을 제공할 수도 있게 하였다.

「그 밖의 재산」이란 신설회사가 제공하는 것인 만큼, 흡수합병에서와 같이 다양할 수 없다. 신설회사 자신이 발행하는 사채 또는 소멸회사들로부터 승계한 타회사의 주식이나 사채 등이 가능할 것이다.

조문상으로는 신설회사가 교부금이나 그 밖의 재산만을 제공하고 일체의 주식을 발행하지 않을 수도 있는 듯이 보이나, 이는 불가능하다. 주식을 일체 발행하지 않는다면 신설회사가 설립될 수 없기 때문이다. 그러나 일부의 소멸회사의 주주에 대해 교부금이나 그 밖의 재산만으로 합병대가를 치루는 것은 가능할 것이다. 예컨대 A소멸회사의 주주에게는 주식을 발행하고, B소멸회사의 주주에게는 교부금이나 그 밖의 재산만을 제공하는 방식이다.

5) 제523조 제 5 호 및 제 6 호에 규정된 사항(동조 5호) 합병승인결의를 할 소멸회사의 주주총회결의일 및 합병을 할 날이다. 흡수합병에서 설명한 바와 같다.

6) 합병으로 인하여 설립되는 회사의 이사와 감사 또는 감사위원회의 위원을 정한 때에는 그 성명 및 주민등록번호(동조 6호) 흡수합병에서 설명한 바와 같다.

2. 합병계약서 등의 공시

주주 또는 채권자가 합병승인결의(522조 1항) 또는 이의(527조의 5 1항) 여부에 관해 의사결정을 하기 위해서는 사전에 합병의 구체적 사항을 파악할 필요가 있으므로 商法은 사전에 소정 사항을 공시하게 하고 있다.

이사는 합병승인결의를 위한 주주총회의 2주 전부터 합병을 한 날 이후 6월

이 경과하는 날까지 합병계약서, 소멸회사의 주주에게 발행하는 신주의 배정 또는 자기주식의 이전에 관한 사항과 그 이유를 기재한 서면, 합병당사회사의 최종의 대차대조표와 손익계산서를 본점에 비치하여야 하며(522조의 2 1항), 주주 및 회사채권자는 영업시간 내에는 언제든지 이 서류의 열람을 청구하거나 회사가 정한 비용을 지급하고 그 등본 또는 초본의 교부를 청구할 수 있다(522조의 2 2항). 「최종의 대차대조표」란 직전 결산기의 대차대조표를 뜻한다. 따라서 공시를 위해 새로운 대차대조표를 작성할 필요는 없다.

3. 합병승인결의

각 합병 당사회사에서는 주주총회의 특별결의로 합병계약서를 승인한다(522조 1항·3항). 합병계약의 요령은 총회의 소집통지에 기재하여야 한다(522조 2항). 회사가 종류주식을 발행한 경우에는 불이익을 받게 될 종류주식의 주주의 총회(종류주주총회)의 결의도 필요하다(436조).

합병 후 존속회사 또는 신설회사가 주식회사이고, 합병당사회사의 일방 또는 쌍방이 합명회사 또는 합자회사인 때에는 합명회사 또는 합자회사에서는 총사원의 동의로 합병계약서를 작성하여야 한다(525조). 「작성」이란 승인을 뜻하는 것으로 풀이해야 한다. 그리고 합병당사회사의 일방 또는 쌍방이 유한책임회사인 경우에는 합명회사인 경우에 준하여 총사원의 동의로 합병계약서를 승인해야 할 것이다(287조의18).

4. 주식매수청구

합병에 반대하는 주주는 회사에 대해 주식의 매수를 청구할 수 있다(522조의3 1항). 매수청구권의 행사방법과 절차, 가격결정방법 등은 영업양도시의 반대주주의 주식매수청구권에 관해 설명한 것과 같다(621면 이하 참조).

5. 채권자보호절차

주주총회에서 합병계약을 승인하는 결의가 이루어지면 2주내에 합병에 이의가 있는 채권자는 1월이상의 기간내에 이의를 제출할 것을 공고하고, 알고 있는 채권자에 대하여는 각자에게 같은 뜻을 최고하여야 한다(527조의5 1항). 간이합병과 소규모합병의 경우에는 이사회의 승인결의를 주주총회의 승인결의로 보아 절차를 밟아야 한다(동조 2항).

이의제출 및 부제출의 효과 등 상세는 통칙으로 설명한 바와 같다(132면 참조).

6. 주식의 병합과 주권의 제출

흡수합병의 경우에는 소멸회사의 주주에게 존속회사의 주식이 배정되는데, 합병비율에 따라서는 배정되는 존속회사의 주식수가 소멸회사의 주주가 가지고 있던 주식수보다 감소할 수도 있다. 이 경우에 주식의 배정을 위한 준비로서 주식을 병합할 수 있으며, 이 경우 자본금감소시의 주식병합의 절차를 준용한다(530조 3항 → 440조~443조)(상세는 1006면 이하 참조).

7. 총회의 개최

1) **보고총회** 흡수합병의 경우 존속회사의 이사는 채권자보호절차의 종료 후, 주식병합을 요할 때에는 그 효력이 생긴 후, 또는 병합에 부적당한 주식이 있을 때에는 제443조에 의한 단주의 처리를 한 후 지체없이 주주총회(보고총회)를 소집하여 합병에 관한 사항을 보고하여야 한다(526조 1항). 이 보고에 관해서는 승인결의가 필요하지 않다는 것이 통설이다.

신주인수인이 된 소멸회사의 주주는 아직 존속회사의 주주는 아니지만 이 총회에서는 주주와 동일한 권리를 갖는다(526조 2항 단).

보고총회는 이사회의 공고로써 갈음할 수 있다(526조 3항).

2) **창립총회** 신설합병의 경우에는 설립위원(175조)은 흡수합병과 같은 절차를 밟은 후에 지체없이 창립총회를 소집하여야 한다(527조 1항). 창립총회에서는 설립위원의 보고를 들으며, 임원을 선임해야 한다(527조 3항 → 311조 · 312조). 창립총회에서는 소집통지서에 기재가 없더라도 정관변경을 할 수 있다(527조 3항 → 316조 2항). 그러나 합병계약의 취지에 위반하는 결의는 할 수 없다(527조 2항 단). 예컨대 설립폐지와 같은 결의는 합병계약의 취지에 반하므로 할 수 없다.

창립총회에 관하여는 주식회사 설립시의 창립총회에 관한 규정이 준용된다. 소집통지(363조 1항 · 2항) · 소집지(364조), 의결권의 대리행사(368조 2항), 특별한 이해관계인의 의결권제한(368조 3항), 의결권의 수(369조 1항), 연기 · 속행(372조), 의사록(373조), 결의의 하자에 관한 소(376조~381조), 정관변경시의 종류주주총회(435조) 등에 관하여는 회사설립시의 창립총회에 관해 준용되는 주주총회 관계규정이 합병시의 창립총회에 재차 준용되고(527조 3항 · 308조 2항), 결의방법, 설립위원의 보고사항, 임원선임에 관해서도 회사설립시의 창립총회에 관한 규정이 준용된다(527조 3항 → 309조 · 311조 · 312조).

상법은 창립총회 역시 앞에서의 보고총회와 마찬가지로 이사회의 공고로 갈음할 수 있다(527조 4항)고 규정하고 있다. 신설회사의 이사·감사를 선임해야 하므로 창립총회를 생략하고자 한다면 합병계약에서 신설회사의 이사·감사를 정하여야 한다(524조 6호). 합병계약에서 이사와 감사를 정하면 합병계약을 승인하는 주주총회의 결의에 의해 이사와 감사를 선임하는 결의를 포함하므로 이사와 감사를 선임하기 위한 창립총회는 불필요하다(대법원 2009. 4. 23. 선고 2005다22701 · 22718 판결).

8. 주식 · 유한회사 합병에 관한 특칙

유한회사가 주식회사와 합병하는 경우에 존속 또는 신설회사가 주식회사인 때에는 법원의 인가를 받지 않으면 합병의 효력이 없다(600조 1항). 이는 합병을 이용하여 주식회사의 증자에 관한 제규정을 잠탈할 우려가 있기 때문이다.

9. 등 기

합병은 등기에 의하여 그 효력이 생긴다(530조 2항 → 234조). 소정의 절차가 종료된 후 본점소재지에서 2주일 내에, 존속회사에 있어서는 변경등기, 소멸회사에 있어서는 해산등기, 신설회사에 있어서는 설립등기를 각각 하여야 한다(528조 1항). 존속 또는 신설회사가 전환사채 또는 신주인수권부사채를 승계한 때에는 합병등기와 동시에 사채의 등기도 하여야 한다(528조 2항).

10. 임원의 임기

흡수합병의 경우 존속회사의 이사나 감사로서 합병 전에 취임한 자는 합병계약에 다른 정함이 있는 경우를 제외하고는 합병 후 최초로 도래하는 결산기의 정기총회가 종료한 때에 퇴임한다(527조의 4 1항). 즉 존속회사의 이사와 감사는 잔여임기에 불구하고 퇴임하는 것이다. 합병에 의해 주주구성에 변화가 생기므로 새로운 주주들의 의사에 터잡아 경영진을 새로이 구성할 수 있도록 하기 위함이다.[1)]

11. 사후공시

합병 후 존속회사 또는 신설회사는 채권자보호절차의 경과, 합병을 한 날,

1) 이 규정은 일본의 1997년 개정상법 제414조의3을 모방한 것인데, 일본에서는 동제도의 입법취지를 본문에서와 같이 설명하지만(日注釋(第 4 補卷), 344면), 흡수합병의 본질에 맞지 않는 제도이므로 이 규정은 삭제하는 것이 바람직하다. 참고로 일본회사법에서는 이 규정이 삭제되었다.

합병으로 인해 소멸한 회사로부터 승계한 재산과 채무의 액, 기타 합병에 관한 사항을 기재한 서면을 합병을 한 날로부터 6월간 본점에 비치하여야 한다(527조의 6 1항). 주주 및 채권자는 이 서류를 열람 또는 등·초본의 교부를 청구할 수 있다(동조 2항).

12. 질권의 효력

소멸회사의 주식은 합병에 의하여 소멸하나, 그 주식상의 질권은 주식을 병합한 경우에는 병합된 주식에 미치며(339조), 병합하지 않은 경우라도 합병으로 인하여 주주가 받는 주식 또는 교부금에 미친다(530조 4항 → 339조). 명문의 규정은 없지만, 교부금을 금전에 갈음하여 그 밖의 재산으로 제공할 경우(523조 4호) 동 재산에 당연히 질권의 효력이 미친다고 해석해야 한다. 등록질권자는 회사에 대하여 주권의 교부를 직접 청구할 수 있다(530조 4항 → 340조 3항).

Ⅲ. 특수절차(간이합병과 소규모합병)

합병은 주주총회의 승인결의를 요하는데, 이는 주주의 보호를 위해 가장 중요한 절차이다. 하지만 회사로서는 승인결의를 위한 주주총회의 소집이 가장 큰 시간적 및 사무적인 부담을 주는 절차이기도 하다. 그래서 상법은 주주총회의 승인결의를 요하지 않고 이사회의 결의만으로 합병이 가능한 두 가지 예외를 두고 있다.

1. 간이합병

(1) 적용범위

흡수합병시에 소멸회사에서 합병승인결의를 생략할 수 있는 합병방법이다. i) 소멸회사의 총주주의 동의가 있을 경우, 또는 ii) 소멸회사의 발행주식총수의 100분의 90 이상을 이미 존속회사가 소유하고 있는 경우에는 소멸회사의 주주총회의 승인결의는 이사회의 결의로 갈음할 수 있다(527조의 2 1항).

이는 미국회사법에서 일반적으로 인정하고 있는 short form merger를 도입한 것으로, i)은 비상장의 폐쇄회사를 흡수합병할 경우에 합병절차를 간소화하는 방법이 될 수 있고, ii)는 합병을 예정하고 존속회사가 사전에 소멸회사의 주식을 취득함으로써 유용하게 활용할 수 있다.

⑵ 주식매수청구

소멸회사의 총주주가 동의하는 경우에는 반대주주가 없으므로 주식매수청구의 문제가 생기지 않는다(527조의 2 2항 단). 그러나 존속회사가 소멸회사의 주식(100분의 90 이상)을 소유하는 것을 사유로 하는 간이합병의 경우에는 반대주주가 있을 수 있으므로 반대주주의 주식매수청구절차는 생략할 수 없다(522조의 3 2항). 그러므로 소멸회사는 합병계약서를 작성한 날로부터 2주 내에 주주총회의 승인을 얻지 않고 합병한다는 뜻을 공고하거나 주주들에게 통지하여야 한다(527조의 2 2항 본). 명문의 규정은 없으나, 존속회사가 소멸회사의 총발행주식을 소유하는 경우에는 이러한 절차가 불필요함은 물론이다. 주주는 이 공고 또는 통지를 한 날로부터 2주간 내에 회사에 대하여 합병에 반대하는 의사를 통지할 수 있으며, 반대의 통지를 한 주주는 위 2주가 경과한 날로부터 20일 이내에 주식의 종류와 수를 기재한 서면으로 회사에 대하여 자기가 소유하는 주식의 매수를 청구할 수 있다(522조의 3 2항).

상법에 명문의 규정은 없으나, 회사가 주주총회의 승인 없이 합병한다는 통지나 공고를 할 때에는 이 날을 기준일로 하여 사전에 기준일공고를 하든지 공고 후 주주명주를 폐쇄하여야 한다. 합병사실을 알지 못하고 주식을 취득하는 자가 있을 수 있기 때문이다.

2. 소규모합병

⑴ 의 의

합병시에 쌍방회사의 주주총회의 결의를 요하게 함은 주주들에게 있어 합병은 출자 당시 예상하지 못했던 구조적인 변화이므로 그로 인한 위험을 부담하는 출자자들로 하여금 직접 의사결정을 할 기회를 주기 위함이다. 그러나 대규모의 회사가 극히 소규모의 회사를 흡수합병하며 합병대가로 소량의 신주를 발행하는 경우에는 주주들의 지주비율에 큰 영향을 주지 않고 경제적인 위험부담도 크지 아니하여 일상적인 영업활동에서의 자산취득과 다름없다고 볼 여지도 있다. 이같이 본다면 주주총회의 결의와 주식매수청구절차를 거침은 비경제적이라고 생각할 수도 있다. 상법은 이같은 효율성에 기초한 판단에서 일정한 소규모의 회사를 흡수합병하는 경우 주주총회의 승인결의를 생략하고 이사회의 결의로 대신할 수 있도록 하였다(527조 의3).[1] 그리고 소규모합병절차에서는 반대주주의 주식매수청

1) 소규모합병은 일본의 1997년 개정상법에 신설된 簡易合併制度를 본받은 것이다(日會 796조). 일본에서는 우리의 소규모합병을 簡易合併이라고 부른다.

구를 인정하지 않는다(527조의 3 5항). 회사로서는 주주총회의 결의를 생략한다는 것보다 반대주주의 주식매수청구를 허용하지 않는다는 것이 소규모합병을 선호할 요인이 될 것이다.

이 제도는 소규모회사를 흡수하고자 할 때에 신속하게 또 저비용으로 합병을 실현할 수 있게 해주는 장점이 있으나, 주주의 보호라는 측면에서는 매우 위험한 제도이다. 존속회사가 발행하는 신주의 수는 소멸회사의 규모가 아니라 순자산을 기준으로 하는 것이 보통이므로 자본잠식이 심한 대규모의 부실한 회사를 흡수합병할 때에도 이 제도가 적용되어 주주총회의 결의가 생략될 수 있기 때문이다.[1] 또한 다른 회사의 영업을 양수하는 것이 회사의 영업에 중대한 영향을 미치는 경우에는 규모에 불구하고 주주총회의 특별결의를 거쳐야 하는데(374조 1항 3호), 영업양수에 비해 훨씬 중대한 사안인 합병을 하면서 이사회의 결의로 족하게 함은 균형을 잃은 입법이다.

(2) 요　　건

「흡수합병」을 하는 경우 「존속회사」에 대해서만 인정되는 특례이다. 존속회사가 소멸회사의 주주에게 발행하는 신주 또는 이전하는 자기주식(이하 "신주 등")의 수가 존속회사의 발행주식총수의 100분의 10을 초과하지 않는 경우에 한해 본조가 적용된다(527조의 3 1항 본).[2] 합병을 할 때에는 당사회사들의 여러 가치요소를 평가하여 존속회사가 소멸회사의 주주에게 신주 등을 교부한다. 따라서 그 신주 등이 존속회사의 발행주식총수의 100분의 10을 초과하지 않는다는 것은 순자산의 규모로 보아 존속회사의 10분의 1 이하의 규모에 지나지 않는 회사를 흡수합병하는 것을 의미한다고 보아 정상적인 합병절차를 생략하도록 한 것이나, 이는 기술한

1) 예컨대 총자산이 200억원이고 순자산이 100억원인 A회사가 총자산은 200억원이지만 부채가 많아 순자산이 10억원에 불과한 B회사를 흡수합병하면서 순자산을 기준으로 신주를 발행한다면 이 제도가 적용될 수 있다. 그리하여 A회사가 거대한 부채를 떠안게 됨에도 불구하고 A회사의 주주들은 의결권행사나 주식매수청구를 할 기회를 갖지 못하는 것이다.

2) 소멸회사의 실질을 보면 통상적인 절차를 거쳐야 하는 합병이지만, 합병을 예정하고 존속회사가 소멸회사의 주식을 취득함으로써 소규모합병의 외양을 만들 수 있다. 2000년경 K사가 S사를 흡수합병하였는데, 당시 S의 규모로는 소규모합병에 해당할 수 없었다. 그러나 K측이 합병계약 이전에 유상증자를 통해 발행한 신주를 S의 대주주에게 대가로 교부하며 S의 주식을 상당수 취득함으로써 소규모합병의 요건을 충족시키고 동절차를 밟았다. 이에 소액주주들이 사전에 S 주식을 취득하기 위한 K의 유상증자는 실질적으로는 합병시의 신주발행으로 보거나, 그 발행금액을 실질적인 합병교부금으로 보아 통상적인 합병절차를 적용해야 한다고 주장하였다. 법원은 이 주장을 배척하였으나(대법원 2004. 12. 9. 선고 2003다69355 판결), 사전의 주식취득을 통해 소규모합병에 대한 제한을 회피할 수 있는 방법을 보여준 예이다.

바와 같이 합리적인 입법이 아니다.

⑶ 절　　차

합병계약서에 주주총회의 승인을 받지 않는다는 뜻을 기재하여야 한다(527조의 3 2항). 그리고 상법은 주주에 대한 공시절차로서 존속회사는 합병계약서를 작성한 날로부터 2주간 내에 「소멸회사의 상호, 본점소재지, 합병을 할 날, 주주총회의 승인결의 없이 합병을 한다는 뜻」을 공고하거나 주주에게 통지하라고 규정한다(527조의 3 3항). 소규모합병은 주주총회를 거치지 않으므로 주주는 합병의 구체적 사실에 관한 정보를 갖지 못한다. 이러한 상태에서 일체의 합병조건을 감추고 단지 소멸회사의 상호나 본점소재지 정도만 주주에게 알린다는 것은 합병의 공시로서의 의의가 없다. 매우 안이한 입법태도이다. 명문의 규정이 결여되어 있지만, 이 공고·통지에는 합병계약의 내용을 기재해야 한다고 해석한다.

⑷ 소규모합병의 제한

상법은 소규모합병절차를 적용하지 않는 예외로서 두 가지 경우를 들고 있다.

㈎ 소멸회사의 주주에게 교부금(금전이나 그 밖의 재산)을 지급하는 경우, 교부금이 존속회사의 순자산액의 100분의 5를 초과하는 경우에는 위에 말한 발행주식의 요건이 충족되더라도 주주총회의 결의를 생략할 수 없다(527조의 3 1항 단).

소규모합병을 위한 합병대가가 존속회사의 [신주 또는 자기주식] 및 [금전 또는 기타 자산]으로 구성되는 경우 전자에 대해서는 발행주식총수의 10%, 후자에 대해서는 순자산의 5%의 통제가 가해지는 셈이다. 실질적으로는 소규모의 합병이 아님에도 불구하고, 신주와 자기주식은 소량으로 교부하고 거액의 교부금을 지급함으로써 탈법적으로 소규모합병의 요건을 충족하는 것을 막기 위함이다.[1)]

㈏ 존속회사의 발행주식총수의 100분의 20 이상에 해당하는 주식을 소유한 주주가 위에 말한 주주에 대한 통지나 공고일로부터 2주간 내에 회사에 대하여 서면으로 합병에 대해 반대하는 의사를 통지한 때에는 주주총회의 결의를 생략할 수 없다(527조의 3 4항).

소규모합병을 저지할 수 있는 반대주주의 기준이 되는 발행주식의 100분의 20 이상이란 어떤 논리적인 근거에 의한 것이 아니고 단지 편의적인 수치일 뿐이다. 굳이 근거를 대자면 발행주식총수의 100분의 20 이상이 반대한다면 총회에서 합병안이 부결될 가능성이 있으므로 승인결의를 거치게 한다고 설명할 수

1) 菊池洋一, "平成九年改正商法の解說," 「會社の合併法制の解說」(商事法務硏究會), 24면.

있다.[1)]

(5) 주식매수청구의 문제

소규모합병시에는 존속회사에서 반대주주의 주식매수청구권을 인정하지 않는다(527조의3 5항). 이 점이 소규모합병을 이용할 가장 큰 실익이 됨은 기술한 바와 같다. 그러나 합병대가가 소액에 그친다 하더라도 앞서 본 바와 같이 존속회사가 거액의 채무를 승계하는 등 존속회사의 영업 및 재무구조에 중대한 영향을 줄 수 있으므로 여전히 반대주주의 보호가 필요하다. 입법론적으로 재고를 요한다.[2)]

Ⅳ. 합병의 公正性과 주주의 보호

1. 합병에 관한 주주의 이해의 본질

1) 주주별 특성 합병에 대한 주주의 입장은 대표기관에 의해 이루어진 합병계약에 만족하는 주주와 이에 만족하지 못하는 주주로 나뉜다. 합병계약의 내용은 대주주의 영향하에서 결정되는 것이 보통이므로 前者는 대체로 지배주주측이고 後者는 소액주주들이거나, 지배주주와 대립하는 대주주(이하 "소액주주"로 총칭)이다. 합병승인을 위한 주주총회의 결의는 전자가 주도할 것이므로 합병은 소액주주의 이해가 간과된 채 관철되는 예가 많다. 그러므로 법상 합병에 관해 주주의 보호가 거론된다면, 그 대상은 합병결의에 반대한 소액주주들이라고 할 수 있다.

2) 이해의 내용 합병에 의해 영향받는 주주의 이해는 크게 세 가지로 나눌 수 있다. 첫째는 출자할 당시 예측하지 못한 기업위험을 인수해야 하는 점이다. 예컨대 도매업을 하는 회사(A)와 건설업을 영위하는 회사(B)가 합병을 한다면 A의 주주는 건설업이라는 새로운 사업에 비자발적으로 투자를 하는 셈이고, B의 주주는 도매업이라는 새로운 사업에 비자발적으로 투자를 하는 셈이다. 또 합병당사회사들의 신용이 혼융됨으로 인한 위험을 인수해야 한다. A의 재무구조는 건실하지만, B의 재무구조는 열악하다면, 합병으로 인해 A의 주주들은 새로운 경영난의 가능성을 안게 된다.

둘째는 각 주주의 지배력의 희석화이다. 이론적으로는 합병으로 인해 기업

---

1) 일본 회사법에서는 발행주식총수의 6분의 1 이상의 주주가 반대하면 승인결의를 생략할 수 없는데(日會 796조 4항), 이 수치에 대해 같은 설명을 하고 있다(前註 27면).

2) 일본 회사법에서는 소규모합병의 경우에도 반대주주의 주식매수청구권을 인정한다(日會 797조 2항 2호).

의 규모가 커지는 것에 역비례하여 주주의 지분비율은 축소되고 따라서 회사에 대한 지배력도 축소된다.

셋째는 합병대가이다. 흡수합병에서 신주를 발행하는 경우를 예로 설명한다. 존속회사가 소멸회사의 주주들에게 발행하는 신주는 소멸회사의 주주들이 자신의 독립된 회사를 상실하는데 대한 대가이다. 그리고 존속회사의 주주의 입장에서는 합병을 위해 치루는 대가이다. 합병에 의해 존속회사의 주주들의 소유주식에 영향을 주는 바는 없지만, 신주발행으로 인해 이들의 지분이 희석되기 때문이다. 모든 거래에서와 마찬가지로 합병의 대가가 적정해야 함에는 이론이 있을 수 없다. A회사가 자신과 동일한 기업가치를 가지고 있고 같은 수의 주식을 발행한 B회사를 흡수합병한다면, 다른 사정이 없는 한, 1 : 1의 비율(즉 B주식 1주에 A주식 1주의 비율로 신주를 발행하는 것)로 합병하는 것이 공정하다고 할 수 있다. 이같이 합병비율이 공정하게 정해지더라도 합병은 주주에게 새로운 위험을 강요하고 지배력에 변화를 가져오지만, 이론적으로 계산되는 것보다 훨씬 큰 위험과 변화를 가져올 수 있다. 왜냐하면 현실적으로 합병당사회사들의 기업가치가 동일할 수 없고, 두 합병당사회사의 발생주식수가 똑같은 경우도 드물기 때문이다. 그러므로 합병의 실무에서는 기업가치와 규모를 달리하는 회사들을 대상으로 무엇인가의 기준을 적용하여 합병비율을 산정해야 한다. 그런데 기업가치를 구성하는 요소가 다양하고 판단하는 시각이 다양하므로 그 요소와 시각의 조합에 따라 주주들마다 利·不利를 달리하는 다양한 합병비율이 계산될 수 있다. 그러므로 그 조합방법 나아가서는 그 결론으로 산출되는 합병비율의 적정성에 관해 공정성의 시비가 생길 수 있으며, 실제 합병에 관한 대부분의 다툼은 합병비율의 불공정성에서 비롯된다.

2. 합병절차상의 주주보호제도

합병은 주주에게 중대한 이해가 걸린 문제이므로 상법은 다각도로 주주를 보호하는 방안을 마련하고 있다. 기술한 주주들의 각종 이해는 공통적으로 주주들의 「선택의 문제」라는 성격을 가지고 있다. 즉 주주들에게 있어 합병에 의해 얻어지는 상승효과(시너지효과)를 기대하고 불확실한 위험의 인수, 지배력의 약화, 대가의 불만족이라는 불이익을 감수할 것이냐는 정책적 결정을 요하는 사안인 것이다. 이 점에 관한 주주의 보호는 주로 절차적 공정성을 확보하는 방법으로 실현되어야 할 것이다. 대부분 앞서 설명하였으므로 그 개요만 언급한다.

1) 결의요건 합병의 승인결의요건을 특별결의로 한 것부터 대주주의

영향력을 약화하고 소액주주들을 보호하기 위한 것이나, 소액주주들의 출석률이 저하되어 가는 경향이 현저하여 불공정한 합병을 막는 결정적인 장치는 되지 못하는 실정이다.

2) **공시제도** 합병에 대한 주요 정보의 공시는 주주의 보호에 있어 매우 중요한 관건이다. 상법에서는 합병승인을 위한 주주총회소집시에 합병계약의 요령을 통지하고(522조 2항), 합병계약서 등을 비치 · 공시하게 한다(522조의2). 자본시장법에서는 상장회사의 합병에 관해 보다 실효적이고 신속한 공시제도를 두고 있다. 상장회사가 다른 회사와 합병할 때에는 합병조건 등 소정의 합병관련 사항을 금융위원회에 보고하게 하며(자금 161조 1항 6호), 이 보고내용의 부실에 관해 보고인에게 손해배상책임을 지운다(자금 162조).

3) **주식매수청구제도**(既述. 621면 이하 참조).

3. 합병대가(합병비율)의 不公正과 合併無效

합병의 공정성을 확보하기 위한 여러 가지 이념과 제도를 적용하여 합병의 공정성을 최후적으로 보장하는 것은 사법적 구제이다. 합병의 사법적 쟁송방법으로는 기술한 합병무효의 소(529조)가 마련되어 있다.

일본의 학설 중에는 합병대가는 사적 자치에 속한다는 점, 합병대가가 불공정하더라도 이에 반대하는 주주는 주식매수청구권을 가지고 구제받을 수 있다는 점을 들어 합병대가의 불공정은 합병무효의 원인이 될 수 없다고 하는 설도 유력하다.[1)] 그러나 기술한 바와 같이 합병대가란 주주들에게 있어 합병의 가장 중요한 요소이다. 주주들은 주주총회에서의 결의를 통해 합병대가의 선택여부를 결정할 기회를 갖지만, 주주총회에서의 의사결정은 다수결에 따르고 앞서 말했듯이 주주의 이해가 갈리는 현실을 감안할 때 주주총회에서 불공정한 합병이 저지되기는 용이하지 않다. 합병은 인적 결합관계를 포함하여 당사회사의 전 기업내용의 계속성을 유지하는 것을 그 본질로 한다. 그렇다면 주주의 지분가치 역시 합병을 전후하여 변동이 없어야 한다는 것이 자연스런 결론이다. 이렇게 본다면 합병대가의 공정(즉 주주의 지분가치의 유지)은 합병의 본질적 요청이라 할 수 있고, 따라서 합병대가의 공정성은 주주 개개인의 선택의 문제일 뿐 아니라, 조직법적인 당위성의 문제이기도 하다. 그러므로 합병대가의 결정은 순수한 사적 자치론을 적용할 문

1) 江頭, 922면; 鈴木竹雄, "合併契約の一考察,"「商法研究」Ⅲ, 241면 이하; 喜多川篤典,「株式會社の法理」, 245면 이하. 같은 취지의 判例: 東京高裁 1990. 1. 31. 판결,「商事法務」77호 193면.

제가 아니고, 보다 근본적으로 합병의 효력문제로 다루어야 한다. 요컨대 합병대가의 불공정은 합병의 법적 이념에 반하는 것으로 합병의 무효원인이라고 보아야 한다.[1] 판례도 일반론으로서 합병대가의 현저한 불공정을 합병무효의 사유로 보고 있다(판례 [133]).

합병안 검사제도

합병의 공정성을 확보하기 위해 중립성이 보장되는 검사인을 선정하여 합병대가의 공정 여부를 검사하게 하는 입법례가 상당수 있다. 예컨대 EU 회사법 지침에서는 회원국들로 하여금 법원 또는 행정관청이 검사인을 선임하거나 선임을 승인하게 할 것을 규정하고 있다(제3지침 제10조). 최근 합병의 공정성에 관한 시비가 빈번함을 감안할 때 입법론적으로 검토할 필요가 있다.

판 례

[133] 대법원 2008. 1. 10. 선고 2007다64136 판결

「… 흡수합병시 존속회사가 발행하는 합병신주를 소멸회사의 주주에게 배정·교부함에 있어서 적용할 합병비율을 정하는 것은 합병계약의 가장 중요한 내용이고, 그 [합병비율은 합병할 각 회사의 재산 상태와 그에 따른 주식의 실제적 가치에 비추어 공정하게 정함이 원칙이며, 만일 그 비율이 합병할 각 회사의 일방에게 불리하게 정해진 경우에는 그 회사의 주주가 합병 전 회사의 재산에 대하여 가지고 있던 지분비율을 합병 후에 유지할 수 없게 됨으로써 실질적으로 주식의 일부를 상실케 되는 결과를 초래할 것이므로, 현저하게 불공정한 합병비율을 정한 합병계약은 사법관계를 지배하는 신의성실의 원칙이나 공평의 원칙 등에 비추어 무효라 할 것이고,] 따라서 합병비율이 현저하게 불공정한 경우 합병할 각 회사의 주주 등은 상법 제529조에 의하여 소로써 합병의 무효를 구할 수 있다 …」(남한제지사건)

[註] 위 판지 중 [ ] 부분은 뒤에 소개하는 판례 [134]에서 설시된 이론이다.

4. 공정성의 판단기준

1) 기준의 다양성 합병대가의 공정성여부는 무엇을 기준으로 판단할 것인가? 계량적 신뢰성의 면에서 본다면 주당 순자산가치가 가장 중요한 기준이라고 할 수 있고, 순자산가치와 크게 괴리된 합병대가를 불공정하다고 보고 동합병을 무효라고 선언한 하급심판례도 있다(판례 [134]). 그러나 기업의 가치란 수익가치나 성장성과 같은 미래적 기대치로도 나타낼 수 있고 계속기업을 전제로 한다면 이

1) 中村建, 「合併の公正と株主保護」, 千倉書房, 1987, 57면 이하 참조. 同旨: 權奇範, 企業構造調整法, 三知院, 2002, 302면.

러한 지표가 더욱 실효성있는 기업가치를 표현한다고 말할 수도 있다. 그러므로 순자산가치와 상이한 합병대가라 하더라도 다양한 평가요소들이 합리적으로 고려되었다면 합병대가는 공정하다고 보아야 한다(판례 [135]).

판 례

[134] 인천지법 1986. 8. 29. 선고 85가합1526 판결

[사실관계] 한국후지카공업(주)(피고)는 액면가 1,000원, 발행주식총수 5십만주, 자본금 5억원인 회사이고, 대원전기산업(주)(대원)라는 회사는 액면가 1,000원, 발행주식총수 100만주인 회사인데, K가 피고의 주식을 57.9%, 대원의 주식을 69.9%를 소유하며 양회사를 사실상 지배하고 있다. 양회사의 1주당 자산가치는 17대 1에 달하는데도 K의 뜻에 의해 피고가 대원을 1 : 1의 비율로 흡수합병하였다. 이로 인해 피고의 다른 주주인 원고의 소유주식(발행주식총수의 11.9%)의 재산가치가 1억 8천만원 상당 감소되었으므로 원고가 피고와 대원의 합병무효의 소를 제기하였다.

[판결] 「… 합병 당시 순자산액을 기준으로 할 때 피고회사와 소멸회사의 발행주식 1주의 가치가 무려 17 : 1이나 됨에도 불구하고 합병비율은 1 : 1로 정해졌다는 것이니 그렇다면 기업 자체나 주식의 가치가 대차대조표상의 자산상태나 영업실적에 의하여 엄밀하게 측정할 수 있는 성질의 것이 못 되고 장래의 사업전망이나 경기변동 등 불확실한 요인에 의하여 영향을 받게 된다는 점을 감안한다 하더라도 달리 위와 같은 합병비율을 수긍할 만한 아무런 합리적 이유도 찾아볼 수 없는 이 사건에 있어 위 합병비율은 현저하게 불공정하다고 할 수밖에 없고, 따라서 피고회사와 소멸회사 사이에 체결된 이 사건 합병계약은 그 내용으로 된 합병비율이 현저하게 부당하여 무효라 할 것이다.」

[135] 대법원 2008. 1. 10. 선고 2007다64136 판결

「… 합병비율은 자산가치 이외에 시장가치, 수익가치, 상대가치 등의 다양한 요소를 고려하여 결정되어야 할 것인 만큼 엄밀한 객관적 정확성에 기하여 유일한 수치로 확정할 수 없는 것이고, 그 제반 요소의 고려가 합리적인 범위 내에서 이루어진 것이라면 결정된 합병비율이 현저하게 부당하다고 할 수 없을 것이므로…이 사건 합병은 풍만제지의 회생 및 계성그룹 제지 3 사의 구조조정의 일환으로서 풍만제지 대주주의 자금출연 및 채권금융기관의 출자전환 등을 통한 풍만제지의 재무구조 개선을 거친 후 시장상황 등을 고려하고 관련 법령에 근거하여 산정된 합병비율에 따라 적정하게 시행된 것이라고 봄이 상당하[다.]」

[同旨판례] 대법원 2009. 4. 23. 선고 2005다22701 · 22718 판결

[註] 위 판례 [135]에서는 일방 당사회사가 장차 대주주가 추가로 출자하는 등 재무구조개선을 거칠 것이 기대된다는 점을 반영한 합병비율을 공정하다고 본 부분이 주목된다.

2) 상장회사의 합병대가 자본시장법에서는 상장회사가 합병할 때에 적용할 합병대가를 산정하는 요령을 규정하고 있다. 상장회사와 상장회사가 합병할 때에는 주식의 시가를 기준으로 하여 대가를 정하고, 상장회사와 비상장회사가 합병할 때에는 상장회사는 시가를 기준으로, 비상장회사는 순자산가치와 수익가치를 기준으로 대가의 산정방법을 규정하고 있다(자금 165의4, 자금령 176조의5 1항).[1] 판례는 상장회사간의 합병 또는 상장회사와 비상장회사 간의 합병에 있어서는 다른 사정이 없는 한, 자본시장법이 정한 방법을 합리적인 기준으로 평가하고 있다.

판례 중에는 자본시장법상의 합병대가산정방법을 정한 규정이 마치 상법에 우선하여 적용되는 효력규정인 듯이 판단한 예가 있으나,[2] 이는 옳지 않다. 자본시장법은 성격상 *私法的 效力*을 갖는 합병대가를 제시할 수 있는 법규가 아닌데다, 합병대가의 산정 자체가 법률로 강제할 수 있는 사안이 아니다. 그러므로 이 규정을 따르지 않았다 하여 불공정하다고 할 수 없고, 따라서 합병의 효력에 영향을 주지도 않지만, 합병의 공정성에 관한 다툼이 있을 때에 일응 합리적인 판단의 기준은 될 수 있다.

비상장회사와 비상장회사의 합병에 있어 법인세법상의 주식평가기준(법세 52조, 동령 89조)을 적용하여 합병대가를 정한 것을 공정하다고 본 판례가 있는데(대법원 2015. 7. 23. 선고 2013다62278 판결), 이 역시 법인세법상의 방법이라서 구속력이 있다는 뜻이 아니라 동법상의 산정방법이 실무상 보편성있는 평가방법이라서 공정하다는 뜻이다.

5. 합병대가에 관한 이사의 주의의무

1) 합병당사회사의 주주가 주식회사인 경우 합병당사회사의 승인결의에서 의결권을 행사하는 것은 주주인 회사의 대표이사이다. 합병대가는 그 주주인 회사의 손익에 관한 문제이므로 동회사의 대표이사가 승인결의에서 찬반의 표시(의결권의 행사)를 할 때에는 합병의 공정성에 유의하여야 함은 물론이다. 불공정함에도 합병에 찬성한 경우에는 임무해태이다. 합병대가에 관한 동회사의 이해가 큰 경

1) 합병에 있어 존속회사와 소멸회사 쌍방의 주식의 평가는 양 주식의 교환비율(합병비율)을 결정하므로 동 평가는 당연히 동일한 기준에 따라야 함에도 불구하고 자본시장법이 서로 다른 기준을 적용하고 있음은 합리적이라 보기 어렵다. 동 규정이 위헌이라는 다툼이 제기된 바 있으나 법원은 이 주장을 배척하였다(대법원 2004. 12. 9. 선고 2003다69355 판결).

2) 대법원 2008. 1. 10. 선고 2007다64136 판결(전게 판례 [135]): "… 합병당사자의 전부 또는 일방이 주권상장법인인 경우 그 합병가액 및 합병비율의 산정에 있어서는 증권거래법과 그 시행령 등이 특별법으로서 일반법인 상법에 우선하여 적용된다 할 것이고, …"라는 판시부분 참조.

우에는 합병에 대한 찬반은 이사회의 결의를 거쳐야 할 것이다. 이 때의 이사들의 의사결정도 역시 합병의 공정성에 유의해서 해야 한다(판례 [136]).

2) 합병대가는 합병계약에 의해 결정되고, 합병계약은 일응 당사회사들의 대표간에 체결되지만, 합병계약의 내용은 사안의 중요성으로 보아 당연히 이사회에서 결정해야 한다. 이 때 이사들은 합병대가의 공정성 여부에 기초하여 의사결정을 해야 함은 물론이다. 이 역시 이사들의 주의의무의 대상이며, 불공정한 대가를 결정한 경우 회사에 대한 책임사유가 되고, 주주들도 이사들의 손배해상책임을 추궁할 수 있다(401조).[1)]

판 례

[136] 대법원 2015. 7. 23. 선고 2013다62278 판결

「… 흡수합병 시 존속회사가 발행하는 합병신주를 소멸회사의 주주에게 배정 · 교부함에 있어서 적용할 합병비율을 정하는 것은 합병계약의 가장 중요한 내용이고, 만일 합병비율이 합병할 각 회사의 일방에게 불리하게 정해진 경우에는 그 회사의 주주가 합병 전 회사의 재산에 대하여 가지고 있던 지분비율을 합병 후에 유지할 수 없게 됨으로써 실질적으로 주식의 일부를 상실하게 되는 결과를 초래하므로, 비상장법인 간 흡수합병의 경우 소멸회사의 주주인 회사의 이사로서는 그 합병비율이 합병할 각 회사의 재산 상태와 그에 따른 주식의 실제적 가치에 비추어 공정하게 정하여졌는지를 판단하여 회사가 그 합병에 동의할 것인지를 결정하여야 한다.」(충북방송 사건)

---

1) 예컨대 A회사가 A회사에 불리한 합병비율로 B회사를 흡수하는 합병계약안이 A, B 회사의 이사회의 결의로 만들어지고 이에 따른 합병계약이 체결되어 합병이 이루어졌다 하자. 이로 인해 A회사는 과다한 합병대가를 B회사의 주주들에게 지급해야 하는데, 이는 A회사의 이사들의 임무해태로 인한 A회사의 손해임이 명백하므로 동 이사들이 회사에 손해배상책임을 져야 한다. 그러나 합병비율이 B회사에 불리하게 정해지고 이에 의해 합병이 이루어진 경우, 이 합병비율의 결정에 관여한 B회사의 이사들의 임무해태임은 명백하지만, B회사가 소멸되었으므로 책임을 질 대상이 존재하지 않는다. 그러나 B회사의 주주들이 B회사의 이사들을 상대로 상법 제401조에 의한 책임을 묻는 것은 가능하다.

참고로 일본에 이사들이 MBO의 방법으로, 인수회사를 신설하고 그 신설회사로 하여금 실자산가치보다 저렴한 가격으로 회사의 주식을 공개매수하게 한 후 회사를 인수회사에 흡수합병시키자, 주주들이 이사들을 상대로 제 3 자에 대한 손해배상책임(日會 429조: 우리 상법 401조에 해당)을 청구한 하급심사건이 있다. 이에 동 법원은 이사들의 책임을 인정하며, 그 근거로서 「주식회사는 기업가치를 향상시켜 회사의 이익 내지는 기업의 소유자인 주주들의 공동의 이익을 도모하는 구조의 영리기업」이라고 성격규정을 한 후, 인수기업으로 하여금 구주주들의 기업가치를 취득시키는 MBO의 경우 이사들은 주주들로 하여금 공정한 가격으로 기업가치를 이전시킬 수 있도록 해야 할 의무를 진다고 판시하였다(東京高裁 2013. 4. 17. 판결, 會社法判例百選(제 3 판), 有斐閣, 2016, 113면).

V. 合併無效의 訴

합병무효의 訴에 관해서는 제 2 장 통칙에서 대강을 설명하였다(134면 이하 참조). 제소권자는 회사마다 다르므로 이곳에서는 주식회사의 제소권자에 관해서만 설명한다. 상법 제529조 제 1 항은 「합병무효는 각 회사의 주주·이사·감사·청산인·파산관재인 또는 합병을 승인하지 아니한 채권자에 한하여 소만으로 이를 주장할 수 있다」고 규정한다.

1) 「각 회사」의 의의　　합병의 당사회사 즉 존속회사나 신설회사는 물론이고 소멸회사도 포함하는 것으로 보아야 한다. 과거 교부금합병이 허용되지 않을 때에는 소멸회사의 주주에게 예외 없이 존속회사 또는 신설회사의 주식을 발행하였으므로 주주에 관한 한 「각 회사」를 존속회사로 풀이하더라도 별 문제가 없었으나, 지금은 교부금합병이 광범하게 허용되므로 존속회사의 주식을 발행받지 못한 소멸회사의 주주를 보호하기 위해서 각 회사의 뜻을 이같이 풀이해야 한다.

2) 제소자격의 기준시점　　명문의 규정은 없으니, 상법 제529조 제 1 항에 열거된 자격은 합병의 효력발생 당시의 주주 등을 뜻하는 것으로 읽어야 한다.[1] 이 자격은 제소당시에 갖추어야 함은 물론, 변론종결시까지 자격을 유지해야 한다. 그러나 교부금합병으로 존속회사의 주식을 취득하지 못한 소멸회사의 주주는 당초 존속회사의 주주자격에서 제소한 것이 아니므로 예외로 다루어야 한다.

3) 합병을 승인하지 아니한 채권자　　존속회사와 소멸회사 모두의 채권자를 포함하지만, 합병등기 전에 변제를 받은 채권자는 물론 담보를 제공받거나 신탁을 받은 채권자(232조 3항)는 제외된다. 합병의 효력발생 당시 변제를 받지 못했더라도 변론종결 전에 변제를 받은 경우에는 제소자격을 상실함은 물론이다.

채권자는 채권자보호절차의 흠결을 이유로 해서만 제소할 수 있고, 다른 사유(예컨대 합병비율의 불공정)를 이유로 해서는 제소할 수 없다.[2]

---

1) 일본회사법에서는 이를 명문으로 요구한다(日會 828조 2항 7호, 8호).

2) 日注釋(13), 249면.

제 3 관 會社分割

I. 의 의

회사분할이라 함은 하나의 회사의 영업을 둘 이상으로 분리하고 분리된 영업재산을 자본으로 하여 회사를 신설하거나 다른 회사와 합병시키는 조직법적 행위를 말한다. 이에 의해 본래의 회사(분할회사)는 소멸하거나 규모가 축소된 상태로 존속하고, 그 주주는 분할회사의 권리 · 의무를 승계한 회사의 주식을 취득한다.

회사분할에는 분할회사는 해산하고 그를 토대로 2개 이상의 회사가 생겨나는 방법이 있겠고, 분할회사는 그대로 존속하면서 그 일부의 권리의무를 신설회사가 승계하는 방법이 있을 수 있다(단순분할). 또 분할된 일부분이 기존의 다른 회사에 흡수합병되거나 기존의 회사들과 신설합병될 수도 있는데, 이를 분할합병이라고 한다.

회사분할의 입법례

회사분할제도는 프랑스가 1966년 회사법에 도입한 후 다른 佛法系의 국가에 계수된 제도로서[1] 우리 상법을 포함한 獨逸法系 국가나 英美法系의 국가에는 낯선 제도이다. 그러나 유럽연합(EU)에서 1982년 제 6 차 지침[2]을 발하여 가맹국들에게 회사분할제도를 입법화하도록 지시한 이래 다수의 EU 가맹국들이 회사분할제도를 도입하였으며,[3] 독일도 특별법(사업재편법: Umwandlungsgesetz 1995: UmwG)에서 회사분할제도를 다루고 있다. 우리나라도 이러한 입법추세와 현실적인 필요성을 감안하여 1998년 개정법에서 회사분할제도를 신설하였다.

회사분할의 경제적 효용

회사분할은 다음과 같은 몇 가지 효용 때문에 행해진다.[4]

1) 수개의 사업을 영위하거나 혹은 단계별로 기능이 복잡하게 얽혀 있는 대기업에

1) 프랑스 舊상사회사법 제371조 이하(현행 상법 236-1조 이하), 벨기에회사법 제174조, 스위스채무법 제634조 이하, 스페인회사법 제252조 이하, 아르헨티나회사법 제88조, 브라질회사법 제223조 참조.

2) The 6th Council Directive of Dec. 17, 1982(Dir. 82/891; O.J. 1982. L. 378/47), based on Article 54(3)(g) of the Treaty Concerning the Division of Public Limited Liability Companies.

3) 해당 입법례로는 영국 1987년 개정회사법(The Companies(Merger and Division) Regulations 1987, No. 1991), 룩셈부르크 상사회사법 제289조(1987년 도입), 이탈리아 민법 제2504조(1991년 도입), 덴마크 법률 제1060호(1992년 도입) 등.

4) 상세는 신찬수 · 이철송 · 정준우, "회사분할의 제도화에 관한 연구," 한국상장회사협의회, 1995, 7~17면; 권기범, "주식회사의 분할,"「상사법논문집」, 22면 이하 참조.

서 일부를 분리시켜 경영의 전문화와 효율화를 도모할 수 있다. 2) 위험도가 높은 사업부문을 모기업으로부터 분리시켜 위험부담의 범위를 한정시킬 수 있다. 3) 사업의 규모 또는 내용이 독점금지법에 저촉되어 그에 따른 행정명령으로 분할되는 수도 있으며(예: 美 AT&T의 분할), 또한 독점금지법의 저촉에 대한 사전예방으로 회사가 자발적으로 분할할 수도 있다. 4) 실정법에 의해 규제되는 사업부문을 그렇지 않은 사업부문으로 분리하는 방법이 된다. 5) 어느 회사의 주주들간에 이해가 첨예하게 대립될 때, 이를 소극적으로 해결하는 수단이 된다. 6) 법인격을 부여한 채 영업의 일부를 이전하는 수단이 될 수 있다. 7) 동일한 회사 내에 현존하는 인력의 임금과 인사관리를 차별화하는 방법이 될 수 있다.

회사분할 관련 용어

회사분할방법이 다양하므로 이 절을 읽을 때에는 분할방법의 호칭에 주의하여야 한다. 그리고 분할방법에 따라 법률관계를 달리하는 회사가 다수 등장하므로 각 회사의 호칭에도 주의하여야 한다. 여기서는 회사의 호칭을 설명하고, 분할방법의 호칭은 아래 [Ⅱ]에서 설명한다.

"분할회사": 분할되는 회사를 가리킨다. 상법 제530조의2 제 1 항 내지 제 4 항의 조문에서 주어를 이루는 「회사」가 이에 해당하고, 이후의 조문에서는 「분할회사」라고 표현하고 있다(예: 530조의4 단 · 530조의5 1항 4호).

"단순분할신설회사": 분할로 인해 신설되는 회사를 가리킨다. 단순분할을 논의하는 장소에서는 단지 「신설회사」라 부르기로 한다.

"분할합병의 상대방회사": 분할합병의 경우에는 분할회사의 분할된 일부와 합병을 하는 상대방회사가 있다. 이를 「분할합병의 상대방회사」(530조의6 1항 본)라 부르되, 분할합병을 논의하는 곳에서는 단지 「상대방회사」라고 부르기로 한다.

"분할승계회사": 분할회사의 분할된 일부가 다른 회사에 흡수되는 방식의 분할합병을 할 경우 그 상대방회사를 가리킨다(530조의6 1항 1호). 흡수분할합병을 논의하는 곳에서는 단지 「승계회사」라 부르기로 한다.

"분할합병신설회사": 분할합병을 하되 분할합병의 상대방회사도 소멸하면서 다른 회사를 신설할 경우(신설분할합병) 그 신설되는 회사를 가리킨다(530조의6 2항 2호). 신설분할합병을 논하는 곳에서는 단지 「신설회사」라고 부르기로 한다.

Ⅱ. 분할의 방법

1. 분할방법의 개관

상법의 규정체계로 볼 때에 회사분할의 방식은 크게 아래 1), 2), 3)의 세 가지로 나눌 수 있고, 분할로 인해 분할신설회사 또는 분할합병의 상대회사(또는 신설회사)가 발행하는 주식의 귀속에 관해 물적분할이라는 특수한 모습의 방식을 취할 수 있다.

1) **단순분할** 상법 제530조의2 제 1 항이 「회사는 분할에 의하여 1개 또는 수개의 회사를 설립할 수 있다」라고 규정하는데, 이는 회사의 영업을 수개로 분할하고 분할된 영업 중의 1개 또는 수개를 각각 출자하여 1개 또는 수개의 회사를 신설하는 것을 뜻한다. "단순분할"이라 부르기로 한다.

2) **분할합병** 상법 제530조의2 제 2 항이 「회사는 분할에 의하여 1개 또는 수개의 존립중의 회사와 합병(이하 '분할합병'이라 한다)할 수 있다」라고 규정하는데, 이는 회사의 영업을 수개로 분할하고 분할한 일부 영업을 존립중의 다른 회사에 흡수합병시키거나 분할한 영업을 가지고 다른 존립중의 회사와 더불어 회사를 설립하는 것을 뜻한다. 이를 법전의 용어대로 "분할합병"이라 부르기로 한다.

3) **양자의 병용** 위 두 가지를 병행하여, 분할한 영업의 일부로는 회사를 신설하고 다른 일부로는 다른 존립중의 회사와 합병시키는 방법도 가능하다. 이를 상법 제530조의2 제 3 항은 "회사는 분할에 의하여 1개 또는 수개의 회사를 설립함과 동시에 분할합병할 수 있다"라고 표현하고 있다.

4) **물적분할** 이상 어느 형태의 분할을 하든 신설회사 또는 분할합병의 상대회사(또는 분할합병신설회사)는 분할회사의 주주들에게 주식을 발행한다. 이와 달리 신주를 분할회사의 주주들에게 발행하지 않고 분할회사에 발행하는 방법을 취할 수도 있는데, 이를 물적분할이라 한다.

2. 單純分割

단순분할의 방법을 취할 경우, 분할회사의 운명이 어찌 되느냐에 따라 다시 방법을 달리한다. 분할회사가 소멸하는 경우(소멸분할)와 소멸하지 않는 경우(존속분할)가 있다.

1) **소멸분할** 이는 분할회사의 영업을 분할하고 이를 출자하여 2개 이상의 회사를 신설하면서 분할회사는 해산하는 방법이다. 즉 甲회사가 영업을 둘로 나누어 이를 각각 출자하여 A회사와 B회사를 신설하고 甲회사는 소멸하는 것이다. 가령 가전제품의 제조판매와 반도체의 제조판매를 업으로 하는 「삼성전자」라는 회사가 가전제품의 제조판매부문과 반도체의 제조판매부문을 각기 독립시켜 2개의 회사로 만드는 것과 같다(〈그림 6-19〉 참조). 소멸분할을 할 때에는 필히 2개 이상의 회사가 신설된다. 분할회사가 단지 1개의 회사를 신설하면서 자기의 모든 재산을 출자하고 소멸한다면 회사분할제도를 이용할 실익이 없기 때문이다.

〈그림 6-19〉 소멸분할 (1)

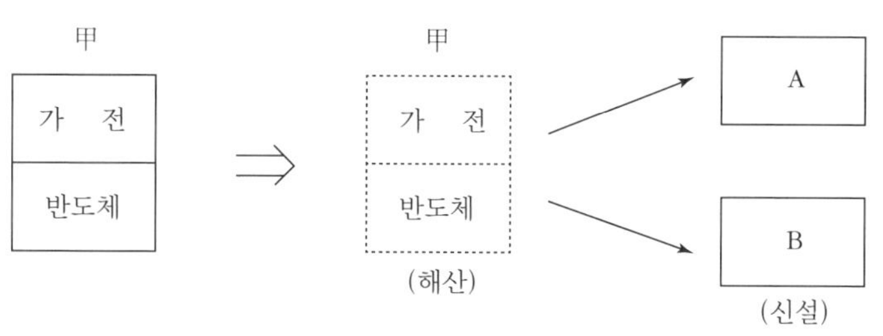

소멸분할에 의해 신설되는 회사의 자본을 소멸회사가 출자한 재산으로만 구성할 수도 있고, 제 3 자로부터의 출자를 아울러 받아 자본을 구성할 수도 있다(〈그림 6-20〉 참조). 어느 방법에 의하느냐에 따라 후술하는 바와 같이 신설회사의 설립절차가 달라진다.

〈그림 6-20〉 소멸분할 (2)

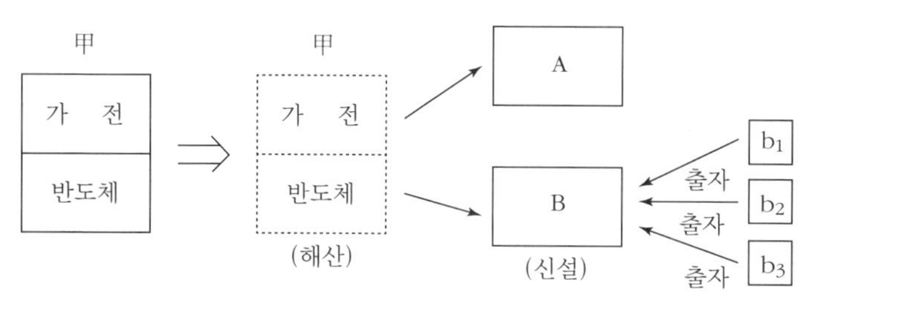

2) **존속분할** 이는 분할회사의 영업 중 일부를 신설회사에 출자하고 분할회사는 나머지 영업을 가지고 존속하는 방법이다. 甲회사가 자기 영업의 일부를 가지고 A회사를 신설하고 자기도 존속하는 것이다(〈그림 6-21〉 참조). 위의 삼성전자의 예에서 삼성전자가 가전제품부문은 떼어내 새로운 회사가 운영하도록 하고 자기는 반도체부문만 영위하는 것과 같다. 상법 제530조의2 제 1 항의 「회사는 분할에 의하여 1개 또는 수개의 회사를 설립할 수 있다」는 표현 중 「1개의 회사를 설립할 수 있다」는 말은 바로 존속분할을 예상한 것이나, 존속분할에서도 신설회사가 2개 이상 있을 수 있다. 예컨대 반도체, 가전제품, 이동통신을 업으로 하는 회사가 자신은 반도체만 영위하고 가전제품과 이동통신영업을 각기 2개의

신설회사로 하여금 영위하게 할 수 있는 것이다.

〈그림 6-21〉 존속분할

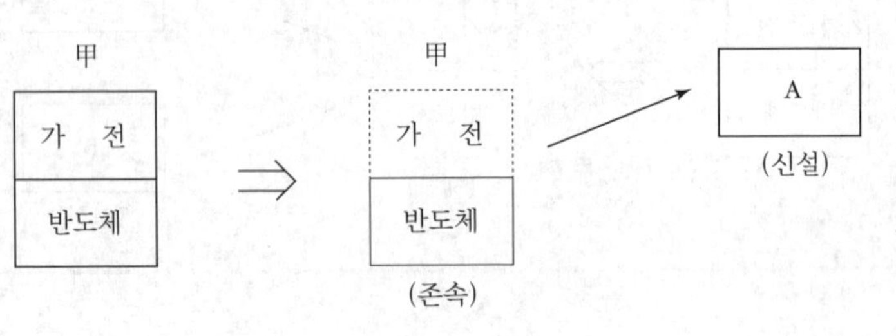

3. 分割合倂

분할합병이란 분할회사의 영업을 분할하는 동시에 분할되는 일부영업을 다른 회사와 합병시키는 방법이다(530조의 2 2항). 상법 제522조 이하의 규정에 의한 합병은 2개 이상의 회사 전체를 단일인격으로 결합하는 것을 의미하는 데 대해, 분할합병이란 분할회사의 일부와 다른 회사 전부 또는 일부가 하나의 회사로 결합하는 것을 의미한다.

(1) **소멸분할합병 · 존속분할합병**

분할합병에도 분할회사가 소멸하는 경우와 존속하는 경우가 있다.

1) **소멸분할합병** 분할회사가 자신의 영업을 분할하여 존속중인 2개 이상의 회사와 합병시키고 자기는 소멸하는 방법이다. 예컨대 반도체사업과 가전제품사업을 하는 甲이라는 회사가 가전제품 사업부문은 A라는 회사와 합병시키고, 반도체 사업부문은 B라는 회사와 합병시키면서 자기는 소멸하는 것이다(〈그림 6-22〉 참조). 소멸분할에 관해 말했듯이 자신의 전재산을 다른 1개 회사에 출자하고 소멸하는 것은 흡수합병이고 분할합병이 아니다.

〈그림 6-22〉 소멸분할합병

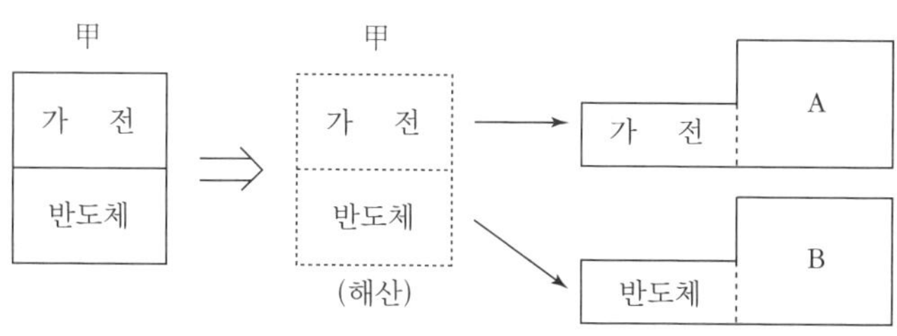

2) 존속분할합병 분할회사가 자신의 영업의 일부를 다른 회사에 출자하고 자신은 나머지 영업으로 존속하는 방법이다. 예컨대 반도체사업과 가전사업을 영위하는 甲이라는 회사가 가전사업부문을 떼어내 A라는 회사에 출자하고 자기는 반도체사업만 영위하는 것이다(〈그림 6-23〉 참조). 존속분할합병에서도 2개 이상의 회사에 출자할 수 있음은 물론이다.

상법에서는 존속분할합병이 가능함을 직접적으로 규정하고 있지 않으나, 상법 제530조의2 제 2 항에서 「회사는 분할에 의하여 1개 …의 회사와 합병할 수 있다」고 함은 존속분할합병을 예상한 것이고, 제530조의9 제 2 항 후단에서 「이 경우 분할되는 회사가 …존속하는 경우에는」이라고 표현함으로써 명문으로 존속분할을 예상하고 있다.

〈그림 6-23〉 존속분할합병

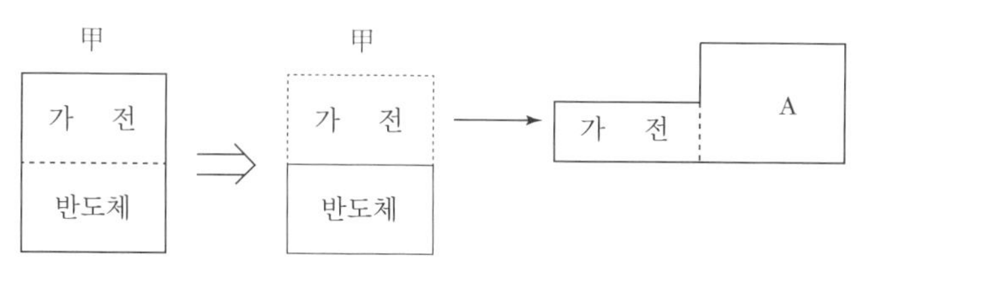

(2) 흡수분할합병 · 신설분할합병

1) 흡수분할합병 흡수분할합병은 분할회사의 영업의 일부를 다른 기존의 회사에 출자하여 그 다른 회사의 일부로 만드는 식으로 자기의 사업을 분할하는 방법이다. 위에서 소멸분할합병과 존속분할합병의 예로 든 것은 모두 흡수분

할합병의 방법이다. 상법 제530조의6 제 1 항에서 「분할회사의 일부가 다른 회사와 합병하여 그 다른 회사가 존속하는 경우에는…」이라고 표현한 것은 흡수분할합병을 할 경우를 뜻한다.

2) 신설분할합병 신설분할합병이란 분할회사의 영업의 일부와 다른 기존 회사의 영업의 전부 또는 일부를 합해 새로운 회사를 설립하는 방법이다. 상법 제530조의6 제 2 항이 「분할회사의 일부가 다른 분할회사의 일부 또는 다른 회사와 분할합병을 하여 회사를 설립하는 경우에는…」이라고 규정한 것은 신설분할합병을 할 경우를 뜻한다.

신설분할합병은 예컨대 반도체와 가전제품을 다루는 甲회사에서 가전제품부문을 분리하고(이 부문을 A라 하자), 이 A를 기존의 다른 B회사와 합해 신설합병의 방법으로 C라는 회사를 설립하는 것이다. 여기서 B회사의 전부를 A와 합해 C라는 회사로 신설합병을 할 수도 있고(〈그림 6-24〉 참조), B회사의 일부와 합해 C라는 회사로 신설합병을 할 수도 있다(〈그림 6-25〉 참조). 예컨대 B가 가전제품만을 다루는 회사라면 甲은 가전제품을 떼어내 B와 합하되, B에 흡수되는 것을 원하지 않는다면 A와 B전부를 합쳐 신설합병을 하면 될 것이다. 한편 B가 통신사업과 가전제품사업을 영위하는 회사라면 甲의 가전제품부문(A)을 떼어내고 B에게서도 가전제품부문만을 떼어내 양자를 가지고 신설합병을 할 수 있다.

앞 예에서 A 그리고 B의 전부를 합해 신설합병을 한다면 甲의 입장에서만 회사분할이고, A와 B의 가전제품부문만을 합쳐 신설합병을 한다면 甲과 B 모두에게 회사분할이 된다.

〈그림 6-24〉 신설분할합병 (1)

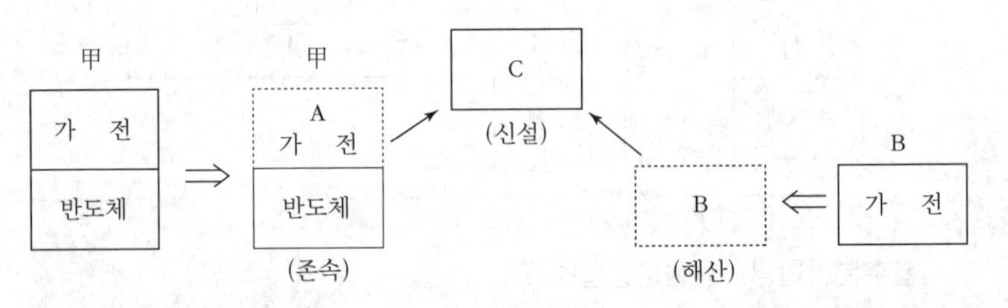

〈그림 6-25〉 신설분할합병 (2)

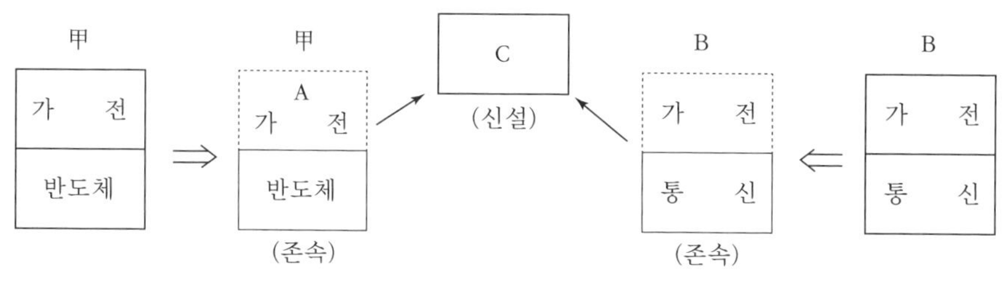

(3) 분할합병방법의 조합

위에 설명한 소멸분할합병·존속분할합병의 두 가지 방법과 흡수분할합병·신설분할합병의 두 가지 방법을 연결하여 조합을 이룰 수 있다. 즉 소멸흡수분할합병, 소멸신설분할합병, 존속흡수분할합병, 존속신설분할합병의 4가지 분할합병 방법이 있다.

4. 단순분할과 분할합병의 병용

단순분할과 분할합병을 동시에 진행하는 방법이다. 예컨대 반도체사업과 가전사업을 영위하는 甲회사가 가전부문은 A라는 기존의 회사에 합병시키고 반도체부문은 B라는 회사를 신설하면서 출자하는 것이다(〈그림 6-26〉 참조). 甲이 전재산을 나누어 신설 및 분할합병을 하였다면 甲은 소멸하겠지만, 일부재산을 남겨 소멸하지 않을 수도 있다.

〈그림 6-26〉 단순분할 및 분할합병

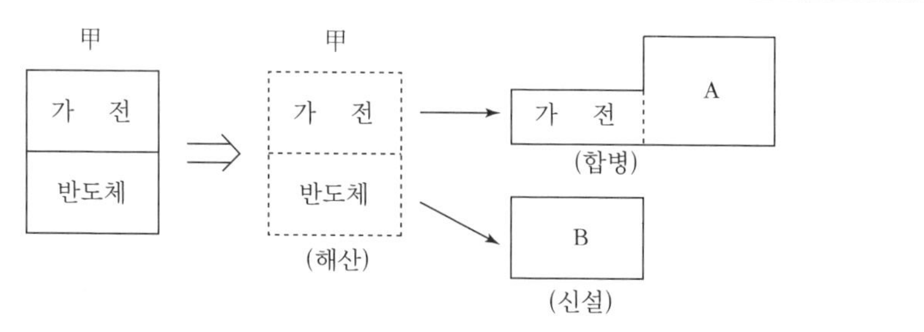

5. 物的分割

회사분할은 원래 회사의 영업을 분할하는 한편 분할의 결과 신설되는 회사 또는 합병상대방회사의 신주를 분할회사의 주주들에게 귀속시키기 위한 제도이다. 나아가 분할계획을 정하기에 따라서는 분할회사의 주주를 새로 생긴 수개 회사에 수평적으로 분리할 수도 있다.

그러나 상법은 신설회사 또는 합병상대방회사의 주식을 분할회사의 주주에게 귀속시키지 않고 분할회사가 그대로 소유하는 것을 허용한다. 상법은 이를 물적분할이라 하여 제530조의12에 규정을 두고 있다. 물적 분할을 하게 되면 분할회사의 종전의 주주는 신설회사나 합병상대방회사의 주식을 소유하지 않고, 다만 분할회사가 신설회사나 합병회사의 주식을 소유함을 통해 종전과 다름없는 지분가치를 누리게 된다.

입 법 례

물적분할은 독일 사업재편법상의 Ausgliederung(§ 123 Abs. 3 UmwG)을 본받은 제도로서, 프랑스나 EU지침 그리고 영국에는 없는 제도이다. 독일에서는 물적분할이 기업집단을 형성하거나 지주회사를 만드는 방법으로 이용될 것으로 예상하고 있다.[1] 참고로 일본은 2000년에 회사분할제도를 도입하였는데, 당초에는 일반적인 회사분할과 물적분할을 모두 인정했으나, 2005년 회사법에서는 물적분할만 두었다(日會 758조 4호 · 763조 6호).

물적분할과 인적분할

상법 제530조의12는 물적분할이라는 용어를 사용하지만, 이에 대칭하여 「人的分割」이라는 용어를 사용하지는 않는다. 그럼에도 불구하고 대부분의 학자들은 물적분할이 아닌 분할을 통칭하여 인적분할이라고 부른다. 인적분할과 물적분할의 분류는 일본의 학자들이 만든 것인데, 정확한 용어가 아니다. 제530조의12가 정하는 방식의 분할을 「물적」분할이라고 부를 수 있는 근거는 분할되는 것이 회사의 영업재산뿐이고 구성원의 분할이 없다는 것이다. 그런데 이에 대칭하는 용어로서 「人的」이라고 지칭할 만한 것이 있다면 그것은 재산의 분할과 더불어 혹은 관계없이 구성원이 분할되는 경우이어야 할 것이다. 그러나 상법상의 회사분할에서는 분할되어 신설되는 회사 또는 합병의 상대가 되는 회사가 분할회사의 주주 전원에게 지주수에 비례하여 신주를 배정하거나 자기주식을 이전하므로 주주들의 분리는 생기지 않는다. 따라서 물적분할이 아닌 분할을 「인적분할」이라고 부르는 것은 실체와 부합하지 않는 호칭이다. 다만, 우리 상법하에서도 회사분할을 할 때 주주들도 수평적으로 분리되는 방

---

1) *Schmidt/Lutter*, S. 403.

식으로 분할계획을 마련할 수는 있다. 예컨대 甲회사가 가전부문과 반도체부문을 나누어 두 개의 회사를 신설하고 일부의 주주들에게는 가전회사의 주식을 배정하고 다른 일부의 주주들에게 반도체회사의 주식을 배정하는 것과 같다. 인적분할의 용어가 타당한 예는 이 경우뿐이다.

6. 解散會社의 분할 제한

상법은 해산회사에 대해서도 일정한 제한하에 분할을 허용한다. 즉 해산 후의 회사는 존립중의 회사를 존속하는 회사로 하거나 새로 회사를 설립하는 경우에 한하여 분할 또는 분할합병을 할 수 있다(530조의2 4항).

1) 해산회사의 요건 　이 규정이 해산회사 모두에 적용될 수 있는 것은 아니다. 해산사유 중 합병, 파산, 해산명령, 해산판결에 의해 해산한 경우에는 각 관련절차가 진행되어야 하므로 분할을 할 여지가 없다. 따라서 해산한 회사가 분할을 할 수 있는 경우란 존립기간의 만료 기타 정관에 정한 사유에 의해 해산하는 경우(517조 1호·227조 1호) 및 주주총회의 결의에 의해 해산하는 경우(517조 2호)뿐이다.

2) 존속분할의 가능성 　상법 제530조의2 제 4 항이 해산회사는 존립중의 회사를 존속회사로 하거나 새로 회사를 설립하는 경우에 한해 분할할 수 있다고 함은 해산회사가 자신을 존속회사로 하여 분할 또는 분할합병을 할 수는 없다는 뜻이다. 해산한 회사는 청산을 예정하고 있으므로 해산회사가 존속하는 분할을 하거나 타회사를 흡수분할합병을 하는 것은 무의미하다는 고려에서이다. 그러나 이를 일률적으로 금지할 것은 아니다. 다음 두 가지 경우에는 해산회사를 존속회사로 하는 분할도 가능하다고 보아야 한다. i) 앞서 말한 바와 같이 해산회사의 분할이 가능한 경우, 즉 정관의 규정에 의해 해산하거나 해산결의에 의한 해산하는 경우에는 주주총회의 특별결의로 會社繼續이 가능하다(519조). 회사계속이 가능하다면 분할회사를 존속시키는 분할이 제한되어야 할 이유는 없다. 분할도 주주총회의 특별결의에 의해 가능하므로 해산한 회사가 회사계속을 결의하면서 동시에 분할을 결의한다면 이 제한을 피할 수 있기 때문이다. 그러므로 해산회사가 회사계속을 결의하는 경우에는 제530조의2 제 4 항의 적용대상이 아니라고 새겨야 한다. 참고로 프랑스상법에서는 해산한 회사도 주주들에게 잔여재산을 분배하기 전에는 분할할 수 있다고 하며, 해산회사의 분할에 특별한 제한을 두지 않는다(C. com. Art. L. 236-1 al. 3).

ii) 회사계속을 하지 않는 경우에도 청산의 목적을 위해 해산회사가 존속회사로 되면서 분할할 필요가 있다. 예컨대 甲이라는 회사가 해산을 하였는데, 바로 재산의 환가절차를 밟는다면 재산의 청산가치만 얻을 수 있을 뿐이다. 그러므로 물적분할이면서 존속분할의 방법으로 乙회사를 신설하여 영업을 이전하고 乙회사의 주식을 발행받아 환가하면 계속기업(乙회사)의 가치를 살려 甲회사의 청산가치를 높일 수 있는 것이다. 대법원의 등기실무에서도 이 방식에 의한 분할의 실제적인 필요성을 인정하여 해산한 회사도 재산의 환가처분의 방법으로서 존속분할을 할 수 있다고 보고 있다.[1)]

Ⅲ. 분할의 성질

1. 분할회사에서의 분할의 성질

회사분할은 합병의 반대현상이다. 그러므로 합병의 본질론에 관한 통설인 인격합일설에서 추론되는 바에 따라 회사분할의 성질을 정의하자면 인격의 분할이라고 규정지을 수 있겠으나(강·임 461; 정찬형 543), 이는 정확한 성질규명이 아니다. 합병의 경우에는 2개의 법인격이 포괄적으로 합일된다고 말함으로써 종전의 회사들의 대외적인 모든 법률관계를 합병 후의 회사가 승계하는 사실을 설명할 수 있지만, 분할의 경우에는 인격이 분할된다고 해서는 분할전 회사의 법률관계가 어떻게 분리되어 분할 후의 회사에 귀속되는지를 설명할 수 없기 때문이다. 그러므로 회사분할은 회사의 영업을 분리하여 그 주체인 법인격을 달리하는 동시에 분할되는 영업에 상응하여 회사의 주식소유관계를 분리하는 단체법적 법률사실이라고 설명하는 것이 분할의 법현상에 부합한다(同旨: 이범찬(외) 532; 최기원 1161).[2)]

2. 분할합병의 상대방회사에서의 분할의 성질

분할합병을 할 때, 분할회사의 입장에서는 회사분할이지만 분할회사와 상대방회사의 관계에서는 분할이라는 말로 설명할 수는 없다. 분할회사와 상대방회사간에 쌍방의 합의에 의하여 영업의 일부의 출자가 이루어지거나(흡수분할합병), 분할회사는 영업의 일부를 가지고 상대방은 전인격을 가지고 더불어 회사의 신

1) 대법원 공탁상업등기과 445, 2006. 5. 24.:「주주총회의 해산결의에 의하여 해산한 주식회사는 재산의 환가처분의 한 방법으로서 물적분할 또는 인적분할을 통하여 새로 회사를 설립할 수 있으나, 분할 후 청산절차를 계속 진행하여야 하며 회사계속의 결의 없이 해산 전의 영업을 할 수는 없습니다.」

2) 이 밖에 현물출자로 보는 설도 있다(서헌제, 1093면; 정동윤, 967면).

설에 참가한다(신설분할합병). 그러므로 분할합병은 분할회사와 상대방회사간의 계약이라 할 수 있는데, 일반 계약과는 달리 다양한 단체법적인 특성을 갖는다. 그러면 어떠한 성격의 계약인지, 특히 합병계약과 어떻게 차별화되는지 문제된다.

상법은 분할회사를 중심으로 규정하고, 이 점에 관해서는 정확한 답을 주지 않고 있다. 상법은 분할「합병」이라는 용어를 쓰고 있으며, 또 실제도 쌍방간에 흡수합병 또는 신설합병과 동일한 효과가 생긴다. 다만 합병의 대상이 되는 것이 분할회사의 전부가 아니고 일부라는 점이 일반 합병과는 차이를 보이는 점이다. 그렇다면 합병에 관한 규정을 적용함이 타당하겠으나, 상법은 합병에 관한 규정 중에서는 주식매수청구(522조의3), 채권자보호절차(527조의5), 보고총회(526조), 창립총회(527조), 합병등기(528조), 합병무효(529조)에 관한 규정만을 「준용」하고 있는데(530조의 11 1항 · 2항), 이는 분할합병이 합병이 아니라는 점을 간접적으로 언명한 것이다. 따라서 분할합병은 합병과는 다른 독립된 團體法的 法律事實로 이해할 수밖에 없으나, 후술하는 바와 같이 분할합병에 관해서는 상법이 준용하는 규정 외에도 해석상 합병에 관한 규정을 준용해야 할 경우가 많다.

3. 분할의 대상

상법의 분할 관련 규정은 단지 회사를 "분할"한다는 표현을 쓰고 있을 뿐, 무엇을 분할한다는 것인지는 밝히지 않고 있다. 그래서 회사분할은 분할회사의 영업을 분할하여 신설회사 등에 이전하는 것이라는 설과 영업이 아니더라도 회사의 재산을 분할하기 위한 회사분할도 가능하다는 설로 나뉜다. 제530조의5 제1항 제 7 호는 분할계획서에 설립되는 회사에 이전할 「재산」과 그 가액을 기재하라고 규정하고 있으므로(530조의6 1항 6호도 같음) 분할의 대상은 「재산」이라고 볼 여지도 있고 이같이 해석하는 견해가 다수이다(김 · 노 · 천 834; 김정호 909; 임재연(Ⅱ) 787. 권기범 195, 홍 · 박 109도 同旨이나, 입법론으로는 영업으로 제한할 것을 주장).

회사분할은 회사의 영리기능을 분리하여 수행하게 하기 위한 수단이므로 단지 회사의 특정재산을 타회사에 출자하는 것을 회사의 분할이라고 할 수는 없다. 회사가 보유하는 개별 재산을 신설회사 등에 이전하면서 그 대가로 출자지분을 취득하는 평이한 방법은 현물출자이다. 그런데 회사가 개별 재산만을 굳이 회사분할의 방법으로 이전할 필요가 있는가? 회사분할이 현물출자에 비해 훨씬 복잡한 조직법적 절차를 거쳐야 하고, 그 재산을 승계한 신설회사 등은 분할회사의 분할전 채무에 관해 연대책임을 져야 하는 등(530조의9)의 부담이 따르므로 개별 재산의 이전을 위해 회사분할을 택할 실익이 없으며,[1] 나아가 분할의 대상을 회사의 개별「재산」으로 해석할 실익도 없다. 따라서 분할의 대상은 분할회사의 영업이라고 이해해야 한다.

그러나 개별 재산에 관해 회사분할이 이루어졌다 하더라도(회사는 영업의 이전으로 인식하고 분할을 하였으나, 실질은 재산의 분할에 불과한 것으로 판명된 경우) 그 재산을 기초로 영업이 이루어지고 있는 한, 법익의 균형상 회사분할을 무효로 볼 것은 아니다.

立 法 例

프랑스상법에서는 회사분할에 의해 patrimoine을 이전할 수 있다고 표현하고 있다(C. com. Art. L. 236-1 al. 2). patrimoine이란 프랑스 민법에서 사용하는 개념으로서 적극 및 소극 자산 전체를 포괄하는 특정인의 자산의 총체를 가리키는 말이다.[2] 이를 우리 상법의 개념으로 이해하자면 회사의 영업목적을 위하여 조직화되고 유기적 일체로서 기능하는 재산의 전부 또는 일부, 즉 상법 제41조가 규정하는 영업(재산)이 이에 해당한다. 우리 분할제도의 해석에 있어서도 분할의 대상이 되어 이전되는 재산이란 개개의 재산이 아니라 영업을 뜻하는 것으로 이해하여야 한다.

한편 일본에서 처음 회사분할제도를 도입할 때에는 회사의「영업」의 전부 또는 일부를 가지고 회사분할을 한다고 규정하였으므로(2005년 이전 日商 373조·374조의16) 단지 영업재산만으로 회사분할을 한다고 해석할 여지가 없었다. 그러나 분할에 의해 이전된 것이 영업인지 단순한 재산인지에 관한 구분이 분명치 않을 수 있고, 혹 재산에 불과하다고 판단될 경우 회사분할이 무효가 될 우려도 있다는 비판이 따랐으므로[3] 2005년 회사법에서는 회사분할의 정의를「사업[영업]에 관한 권리·의무의 승계」라고 규정함으로써 재산만의 분할도 분할에 의할 수 있도록 하였다(日會 2조 29호·30호).

4. 존속분할·영업의 현물출자·물적분할의 구별

영업을 이전한다는 측면에서만 보면 회사분할은 영업양도에 의한 현물출자와 흡사하다. 하지만 영업을 양도하더라도 회사가 소멸하는 것은 아닌 반면, 소멸분할방법으로 영업을 이전하면 분할회사가 소멸하므로 소멸분할과 영업의 양도는 기능을 달리함이 확연하다. 그러나 존속분할을 할 때에는 회사가 존속하면서 일부의 영업이 이전되므로 영업일부의 양도에 의해서도 회사분할과 마찬가지

1) 법인세법상 분할법인이 과세상의 특례를 적용받는 적격분할을 하기 위해서는 분할이「분리하여 사업이 가능한 독립된 사업부문을 분할하는 것」이어야 한다(법세 46조 2항 1호 가목).

2) Henri Mazeaud & Jean Mazeaud, Leçon de droit civil, tome I, vol. 1, Montchreistien, 1980, p. 341 *et. seq.*

3) 江頭, 937면.

로 영업을 분할하는 효과를 얻을 수 있다. 즉 가전과 반도체를 영위하는 甲 회사가 반도체부문은 자신이 수행하고 가전부문을 분리하고자 할 때, 회사분할방법에 의하여 신설회사를 설립하면서 가전부문을 이전하거나 타회사와 합병시킬 수도 있으나, 자회사를 설립하면서 가전영업을 양도(현물출자)하거나 타회사에 가전영업을 양도(현물출자)하는 방법을 취할 수도 있는 것이다. 이같이 영업일부의 양도절차를 취한다면 회사분할에 의해 생기는 연대채무의 발생이나 주주에 대한 주식의 귀속과 같은 효과가 생기지 않음은 물론이다.

한편 물적분할을 하면 분할회사가 직접 상대방회사의 주식을 소유하게 되므로 영업의 일부양도와 보다 흡사하다. 그러나 물적분할을 하면 상대방회사가 분할회사의 채무에 관해 연대책임을 지므로 역시 영업의 일부양도와는 효과를 달리한다.

이와 같이 회사가 자신이 존속하는 것을 전제로 영업의 일부를 분할하고자 할 때, 분할기능은 같으면서 효과를 달리하는 존속분할, 물적분할, 영업양도라는 세 가지 방법을 자유로이 선택할 수 있다.

프랑스의 회사분할제도

1966년 舊회사법에서는 회사분할을 scission(단순분할)과 fusion-scission(합병분할)으로 구분하였다. scission은 회사가 해산하면서 영업을 분할하여 2개 이상의 회사를 신설하는 것이고, fusion-scission은 회사가 해산하면서 영업을 분할하여 각각 다른 회사에 흡수합병시키거나 다른 회사와 신설합병하는 것이다. 그러나 1988년 개정법에서는 scission과 fusion-scission의 구분을 없애고 두 가지 모두를 scission이라는 이름으로 부르며 같은 절차를 적용하도록 하였다. 그리고 분할에 준하는 것으로 l'apport partiel d'actif(영업일부의 출자)라는 것이 있다. l'apport partiel d'actif란 회사가 독립적으로 가동할 수 있는 영업의 일부를 다른 회사에 출자하는 것을 뜻하는데, 출자하는 회사와 출자받는 회사의 합의에 의해 회사분할(scission)제도의 적용을 선택할 수 있다(舊회사법 371-1조; C. com. Art. L. 236-22).[1] scission과 l'apport partiel d'actif의 차이점을 보면, scission은 분할회사가 소멸하는 데 반해(舊회사법 371-1조), l'apport partiel d'actif은 분할회사가 존속하면서 영업의 일부만이 떨어져 나가 다른 회사에 귀속된다는 것이다(동법 387조). 즉 l'apport partiel d'actif은 우리의 존속분할 겸 물적분할에 해당하는 것이다.

이같이 프랑스법에서는 존속분할을 회사분할에 준하는 조직개편방법으로 취급하고 있고, EC지침도 같은 태도를 갖고 있지만, 독일 사업재편법에서는 회사분할을

1) Cozian · Viandier, droit des sociétés, 9 éd., Litec, p. 593; Martial Chadefaux, les fusions de sociétés, 2 éd., 1995, La Villeguerin, pp. 268~69, 291.

소멸분할(Aufspaltung), 존속분할(Abspaltung), 물적분할(Ausgliederung)의 세 가지로 구분함으로써 존속분할을 분할의 기본 형태의 하나로 파악하고 있다(§ 123 UmwG). 우리 분할제도는 분할의 유형에 관한 한 독일제도의 영향을 보다 강하게 받았다고 할 수 있다.

spin-off; split-off; split-up

미국에는 회사법상의 회사분할제도가 없다. 그리고 spin-off, split-off, split-up이 연방세제상의 회사분할제도로 소개되기도 하나, 이것들도 聯邦內國稅法에서 규정하는 제도들은 아니다.

연방내국세법(Internal Revenue Code: IRC)에 의하면 회사가 주주에게 그 자산을 무상으로 또는 주식과 교환하여 분여하면 배당소득 또는 자본이득(capital gain)으로 과세된다(IRC § 302). 그런데 1954년 이래로 회사가 주주에게 다른 회사의 주식을 분배하거나, 채권소지인에게 채권과 교환하여 다른 회사의 주식을 교부하는 것은 과세하지 않는다(IRC § 355). spin-off, split-off, split-up이란 이 제도를 이용하여 과세되지 않고 주주에게 회사자산을 분여하는 수단으로 이용하는 기법이다.[1]

Spin-off란 (모)회사가 현물출자 등의 방법을 통해 자회사를 신설하고 취득한 주식 또는 기존 자회사의 주식을 모회사의 주주에게 분여하는 것을 말한다. split-off는 spin-off와 같으나, 주주가 가진 모회사주식의 전부 또는 일부와 교환하여 자회사주식을 분여한다. 그리고 split-up은 회사의 전재산을 출자하여 두 개 이상의 회사를 신설하거나 기존회사에 출자하여 취득한 주식을 주주에게 분여하고 해산하는 방법이다.[2] 이상에서 보듯이 프랑스법상의 회사분할과 유사한 효과를 가져오는 것은 split-up뿐이다.

Ⅳ. 분할절차

회사분할을 위해서는 분할회사 내에서의 분할을 위한 의사결정절차를 거쳐야 하며 분할합병의 경우에는 분할회사내에서의 의사결정외에 상대방회사에서의 의사결정절차도 거쳐야 하고 쌍방간의 합의도 요한다. 한편 단순분할이나 신설분할합병을 할 때에는 회사를 신설하는 절차를 요한다.

1. 분할의 의사결정(공통절차)

1) 이사회의 결의 명문의 규정은 없으나, 회사분할은 당연히 이사회의

1) Douglas Kahn & Jeffrey Lehmann, *Corporate Income Tax*, West, 1994, p. 647 *et. seq.*
2) *Ibid.*, p. 13~3; Henn & Alexander, pp. 1014~16.

결의를 요한다. 이사회의 결의에서 후술하는 분할계획서 또는 분할합병계약서의 내용을 결정하여야 한다.

2) 분할회사의 주주총회의 결의 회사가 분할하고자 할 때에는 분할계획서(신설분할의 경우) 또는 분할합병계약서(분할합병의 경우)를 작성하여 주주총회의 특별결의에 의한 승인을 얻어야 한다(530조의3 1항·2항). 이를 위한 주주총회를 소집할 때에는 분할계획 또는 분할합병계약의 요령을 소집통지에 기재하여야 한다(530조의3 4항).

단순분할의 경우에는 몇 개의 회사를 신설하든 하나의 분할계획에 의해 절차가 진행될 수 있으나 수개의 회사와 분할합병을 할 경우 또는 단순분할과 분할합병을 병행할 경우에는 수개의 분할합병계약서 혹은 분할계획서와 분할합병계약서가 동시에 작성된다. 여기서 주주총회의 결의는 분할계획서나 분할합병계약서 전부에 관해 동시에 이루어져야 하는가, 아니면 건별로 이루어져도 무방한가라는 의문이 생긴다. 후자로 새기더라도 불합리한 점은 없으며 의사결정에 탄력성을 부여할 수 있어 바람직하다. 그 결과 일부회사와 합병은 가결되고 일부회사의 합병은 부결되거나, 단순분할은 가결되고 분할합병은 부결되는 일도 있을 수 있다.

3) 의 결 권 상법은 분할의 승인결의를 위한 총회에서는 의결권이 배제되는 주식을 가진 주주(344조의3 1항)도 의결권이 있다고 규정하고 있다(530조의3 3항). 합병을 할 때에는 의결권 없는 주식은 의결권을 행사하지 못하는데, 회사분할에서는 의결권 없는 주식의 의결권을 인정해야 할 이유를 생각하기 어렵다. 합병과 분할은 기능상 어느 것이 주주들에게 보다 중요한 구조변화라 말할 수 없는 터이므로 분할에 한해 의결권 없는 주식의 의결권을 인정한 것은 균형이 맞지 않는 입법이다(同旨: 권기범 204; 이·최 825; 정준우 836; 최기원 1184).

분할시 무의결권주식의 의결권

정관에 규정을 두어 제530조의3 제 3 항과 다른 규정, 즉 의결권없는 주식을 가진 주주는 분할승인을 위한 총회에서 의결권을 행사하지 못하는 것으로 규정할 수 있느냐는 의문이 제기된다. 또 2011년 개정에 의해 의결권을 의안별로 제한할 수 있는 주식을 발행할 수 있게 되었는데, 이에 의해 회사는 회사분할에 관해 의결권이 없는 주식을 발행할 수 있는가라는 의문도 있다. 이는 제530조의3 제 3 항을 강행규정으로 보느냐 임의규정으로 보느냐는 문제가 되겠는데, 기술한 바와 같이 무의결권주식에 관해 합병과 차별화되어야 할 필연성은 없다. 임의규정으로 해석함으로써 제530조의3 제 3 항의 불합리를 완화시켜야 할 것이다.

적어도 후자의 의문에 관한 한, 위 해석을 정당화할 수 있는 규정상의 근거는 있다. 제344조의3 제 1 항은 의결권이 배제되는 주식(의결권이 전혀 없는 주식)과 의결권이 제한되는 주식을 구분하고 있는데, 제530조의3 제 3 항은 「제344조의3 제 1 항에 따라 의결권이 배제되는 주주도 의결권이 있다」라고 규정하고 있으므로, 의결권이 제한되는 주식(즉 분할에 관해 의결권이 없는 주식)은 이 규정의 적용대상이 아니라는 문리해석이 가능한 것이다.

4) 종류주주총회 　분할회사가 종류주식을 발행한 경우, 분할로 인하여 어느 종류의 주식의 주주에게 손해를 미치게 될 때에는 종류주주총회의 결의를 얻어야 한다(436조).

5) 「株主負擔加重」을 위한 특별절차 　상법 제530조의3 제 6 항에서는 「회사의 분할 또는 분할합병으로 인하여 분할에 관련되는 각 회사의 주주의 부담이 加重되는 경우에는 제 1 항(주주총회의 승인결의) 및 제436조(종류주주총회)의 결의 외에 그 주주 전원의 동의가 있어야 한다」라는 규정을 두고 있다. 여기서 주주의 「부담이 가중」된다는 것은 무엇을 뜻하는가? 「부담의 가중」이라는 말은 프랑스 舊회사법 제373조(현행 C. com. Art. L. 236-5)를 옮기며 생긴 오역인 듯하다. 동조는 합병이나 분할을 하면서 사원 또는 주주의 책임을 증대(augmenter les engagements)시킬 경우에는 해당 사원 또는 주주 전원의 동의를 얻어야 한다는 규정이다.[1] 합병이나 분할을 계기로 사원 또는 주주들에게 추가출자를 요구하거나, 사원의 책임이 유한에서 무한으로 변경되는 경우(프랑스에서는 인적회사가 물적회사를 흡수합병할 수도 있고, 물적회사가 인적회사로 분할할 수도 있다)에는 사원 또는 주주들의 동의를 얻으라는 취지이다. 우리 상법에서는 주식회사에서만 회사분할이 있으므로 주주의 책임이 변경되는 일은 없고, 추가출자가 문제될 수 있을 뿐이다. 그러므로 상법 제530조의3 제 6 항에서의 주주의 「부담의 가중」이란 바로 추가출자를 뜻하는 말로 새긴다.

2. 단순분할절차

단순분할은 한 회사의 분할과 이를 근거로 한 회사의 신설이라는 두 가지 단계로 이루어진다. 따라서 단순분할에서는 회사분할을 위한 절차와 회사설립을 위한 절차를 밟아야 한다. 분할을 위한 절차는 분할계획서를 작성하여 기술한 바와 같이 주주총회의 승인을 받는 것이다.

---

1) L'augmentation des engagements 관련 규정은 민사회사에서의 구성원의 책임변경을 제한하는 제도(프랑스민법 1836조)에서 유래한 것으로, 상법에서는 사원의 추가출자를 요구하는 경우 및 조직변경(회사의 종류변경)에 따라 사원의 책임이 변경되는 경우에 사원들의 전원동의를 얻으라는 원칙으로 발전하였다(C. com. Art. L. 225-130, 225-245, Didier, p. 294).

(1) 分割計劃書

1) 분할계획서의 내용 분할을 위해 이사회와 주주총회의 결의를 거쳐야 할 분할계획서에는 다음 사항이 기재되어야 한다(530조의 5 1항).

① 단순분할신설회사(이하 "신설회사")의 상호, 목적, 본점의 소재지 및 공고의 방법(동조항 1호)

② 신설회사가 발행할 주식의 총수 및 액면주식 · 무액면주식의 구분(동조항 2호)

③ 신설회사가 분할 당시에 발행하는 주식의 총수, 종류 및 종류주식의 수, 액면주식 · 무액면주식의 구분(동조항 3호)

이상 세 가지는 회사설립시에 정관에 기재해야 할 사항과 같다. 분할에 의해 회사를 신설하므로 당연히 신설회사의 실체를 설명할 수 있는 사항을 정하여야 할 것인데, 그 방법으로서 신설회사의 정관상에 기재할 절대적 기재사항(289조)에 해당하는 사항을 분할계획서에 기재하게 한 것이다. ②의「신설회사가 발행할 주식의 총수」란 신설회사의 발행예정주식총수(289조 1항 3호 참조), ③의「신설회사가 분할 당시에 발행하는 주식의 총수」란 신설회사의 설립자본을 이루는 주식수(289조 1항 5호)를 말한다.

④ 분할회사의 주주에 대한 신설회사의 주식의 배정에 관한 사항 및 배정에 따른 주식의 병합 또는 분할을 하는 경우에는 그에 관한 사항(동조항 4호)

분할을 통해 신설회사를 설립하면, 그 신설회사의 주식을 분할회사의 주주에게 발행하여야 한다. 그러므로 분할회사의 주주에게 어떠한 기준으로 신설회사의 주식을 배정할 것인지를 정하여야 한다. 대체로「분할회사의 보통주식 1주에 대해 신설회사의 주식 X주를 배정한다」는 식이 될 것이다. 위 법문에서「배정에 따른 주식의 병합 또는 분할을 하는 경우에는 그에 관한 사항」을 기재하라고 한 것은 신설회사의 주식을 병합하거나 분할한다는 뜻이 아니라, 존속분할을 함에 있어 분할회사의 주식을 병합하거나 분할하는 경우 이를 분할계획서에 기재하라는 것이다. 예컨대 분할후 분할회사의 자산규모가 축소될 것이므로 그에 균형을 맞춰 발행주식수를 감소하는 방법으로 주식을 병합할 필요가 있을 것이다.

⑤ 분할회사의 주주에게 제 4 호에도 불구하고 금전이나 그 밖의 재산을 제공하는 경우에는 그 내용 및 배정에 관한 사항(동조항 5호)

분할회사의 주주에게 신설회사의 주식을 교부함에 있어 주주의 소유주식 일부에 대해서는 신설회사의 주식에 갈음하여 금전으로 지급할 수도 있다. 合併交

付金에 비견할 수 있다. 이를 「분할교부금」이라 부르기로 한다. 분할제도를 도입할 때부터 분할대가의 일부를 신주발행에 갈음하여 분할교부금으로 지급할 수 있도록 하였으나, 2015년 개정에서 금전 외에 다른 재산을 교부하는 것도 가능하게 하였다. 관련회사의 주식이나 사채 등을 생각할 수 있다.

합병에서는 교부금만으로 하는 합병이 허용되고(524조 4호), 분할합병 또한 같지만, 단순분할에서는 교부금만으로 하는 분할은 허용되지 않는다. 주주가 없이 신설회사를 설립할 수는 없기 때문이다. 따라서 개정법에서 위 법문 중 「제 4 호에도 불구하고」라는 문언을 추가하였지만, 이를 교부금만으로 하는 분할이 가능하다는 뜻으로 읽어서는 안 되고, 단지 분할대가의 일부를 교부금으로 지급할 수 있다는 의미로 새겨야 한다.

교부금관련 입법론

앞서 대륙법계국가에서는 합병시에 과도한 교부금의 지급을 억제하기 위해 교부금이 합병대가의 10%를 넘지 못하게 한다고 말했지만, 분할에 관해서도 같은 제한을 두고 있다. 우리 법에는 이러한 제한이 없다. 교부금을 무제한 허용한다면 주주가 채권자에 앞서 출자를 환급받는 수단으로 회사분할을 이용할 가능성이 있으므로 입법론으로서는 교부금의 제한을 두는 것이 바람직하다.

⑥ 신설회사의 자본금과 준비금에 관한 사항(동조항 6호)

상법은 분할회사로부터 신설회사에 이전되는 자산을 전액 신설회사의 자본으로 하지 않고 그 중 일부는 신설회사의 준비금으로 적립할 수 있음을 전제로 하여 준비금을 적립할 경우에는 그 사항도 분할계획에 반영하게 하고 있다. 이 때의 준비금은 분할차익이므로 성질상 자본준비금으로 보아야 한다. 또 신설회사가 무액면주식을 발행할 경우에는 분할회사로부터 이전받는 순자산이 발행가액이 될 것이므로 그 2분의 1 이상을 자본금으로 계상하고 나머지는 자본준비금으로 적립할 수 있다. 나아가 신설회사는 분할회사의 법정준비금을 승계할 수 있는데(459조 2항), 그 경우 분할계획서에 반영하여야 한다.

⑦ 신설회사에 이전될 재산과 그 가액(동조항 7호)

i) 재산의 특정 합병의 경우에는 소멸회사의 모든 재산이 포괄적으로 존속회사 또는 신설회사에 승계되지만, 회사분할의 경우에는 분할회사의 재산을 신설회사에 인위적으로 배분하는 것이므로 어떠한 재산을 어느 신설회사에 이전할 것인가를 정하여야 한다.

상법에는 명문의 규정을 두고 있지 않으나, 신설회사가 승계할 채무가 있다면 그것도 정하여야 한다.[1] 따라서 7호가 규정하는 재산이란 소극재산(채무)을 포함하는 뜻으로 읽어야 한다.

ii) 영 업 기술한 바와 같이 회사분할의 목적은 특정재산만을 분리하는 데 있는 것이 아니라 영업을 분리하는 데에 뜻이 있다. 그러므로 회사분할의 경우에는 분리하고자 하는 영업을 특정하여야 한다. 따라서 본호에서 말하는 이전될 「재산」이라고 함은 특정재산을 말하는 것이 아니고 특정의 영업과 그 영업을 위해 조직화된 재산(즉 상법 제41조의 영업)을 뜻하는 것으로 풀이해야 한다.

⑧ 제530조의9 제 2 항의 정함이 있는 경우에는 그 내용(동조항 8호)

이에 관하여는 제530조의9의 해설에서 상술한다(1212면 이하 참조).

⑨ 분할을 할 날(동조항 8의2호)

분할합병에 관한 제530조의6 제 9 호(분할합병을 할 날)와 균형을 맞추기 위해 2015년 개정법에서 신설되었다. 분할의 효력은 등기에 의해 발생하므로 분할의 효력발생일을 정하라는 취지는 아니다. 분할회사의 재산을 신설회사에 이전하는 등 실질적으로 회사의 영업을 분할하는 실행행위를 할 날을 의미한다(합병시의 「합병을 할 날」(523조 6호)에 관해서도 같은 설명을 하였다. 1153면 참조).

⑩ 신설회사의 이사와 감사를 정한 경우에는 그 성명과 주민등록번호(동조항 9호)

신설회사의 이사와 감사는 상법이 정한 회사설립절차에 의해 정해지는 것이 원칙이나(296조 · 312조), 상법은 이를 분할계획에 의하여 사전에 선임할 수 있음을 전제로, 사전에 선임하고자 할 경우 분할계획에 반영하도록 한 것이다. 신설회사가 분할회사의 재산만으로 설립된다면 분할계획으로 이사와 감사를 선임하더라도 문제는 없으나, 신설회사가 모집설립절차를 밟아 제 3 의 주주를 모집한다면, 이사와 감사를 분할계획에 의해 선임한다는 것은 주주권의 침해이다. 그러므로 본 규정은 신설회사가 분할회사의 재산만으로 설립될 경우에 한해 적용되는 것이라고 풀이해야 한다.

⑪ 신설회사의 정관에 기재할 그 밖의 사항(동조항 10호)

이상의 사항 외에 신설회사의 정관에 기재할 임의적 기재사항이 있다면 그것도 분할계획서에 반영하여야 한다.

⑫ 설립방법의 기재

상법에는 명문의 규정을 두지 않았으나, 설립방법도 분할계획서에서 빼놓을

1) 일본회사법 제763조 제 1 항 제 5 호 참조.

수 없는 중요한 사항이다. 후술과 같이 신설회사의 자본금은 분할회사로부터 승계하는 재산만으로 구성할 수도 있고, 그 밖에 주주를 모집할 수도 있다. 그러므로 어떠한 방법으로 설립할 것인지를 분할계획서에 명기하여야 한다.

2) 존속분할에서의 추가기재사항(530조의 5 2항) 분할회사가 존속하면서 그 영업의 일부만으로 하나 또는 수 개의 회사를 신설할 경우에는 위 분할계획서에 기재하여야 할 사항에 추가하여 존속하는 분할회사에 관해 다음 사항을 기재하여야 한다.

① 감소할 자본금과 준비금의 액(동조항 1호)

② 자본금감소의 방법(동조항 2호)

분할로 인해 신설회사에 영업재산을 이전하므로 존속하는 분할회사에는 자산이 감소한다. 자산의 감소를 반영하여 분할회사가 자본금을 감소하고자 할 경우 ①, ②와 같이 자본금감소에 관한 구체적 사항을 분할계획에 반영하게 한 것이다.

분할로 자산이 감소한다고 해서 필히 분할회사가 자본금을 감소하여야 하는 것은 아니다.

③ 분할로 인하여 이전할 재산과 그 가액(동조항 3호)

제530조의5 제 1 항 제 7 호에 의해 신설할 회사에 관한 계획사항으로 반영되어야 할 사항이므로 무의미한 규정이다.

④ 분할 후의 발행주식의 총수(동조항 4호)

위 ①의 자본금감소 후의 발행주식을 기재하게 한 것이다.

⑤ 회사가 발행할 주식의 총수를 감소하는 경우에는 그 감소할 주식의 총수, 종류 및 종류별 주식의 수(동조항 5호)

분할회사가 자본금감소와 아울러 이에 균형을 맞추어 발행예정주식총수를 감소하고자 할 경우에 그에 관한 사항을 기재하게 한 것이다. 하지만 발행주식수와 연계하여 발행예정주식수가 제한을 받는 것은 아니므로,[1)] 자본을 감소한다고 해서 꼭 발행예정주식총수를 감소하여야 하는 것은 아니다.

⑥ 정관변경을 가져오게 하는 그 밖의 사항(동조항 6호)

분할로 인해 사업목적에 변경이 올 수 있다. 예컨대 가전제품부문과 반도체부문 중 가전부문을 분할해 신설회사를 설립하고, 분할회사는 정관상의 사업목적을 반도체로 국한하고자 하는 경우 또는 다른 사업을 추가할 경우 그리고 이러

1) 1995년 개정 이전에는 발행예정주식총수는 발행주식총수의 4배수를 넘을 수 없었다(개정 전 437조).

한 사업의 변동에 맞추어 상호 등을 변경하고자 한다면 이를 분할계획서에 반영하여야 한다.

3) **분할계획서의 효력** 분할계획서는 주주총회의 승인을 얻어 분할실행의 규범이 된다. 따라서 모든 분할절차는 분할계획서에 기재된 대로 하여야 하며, 분할계획서에 어긋나는 내용으로 분할한다면 후술하는 분할의 무효원인이 된다.

⑵ **회사설립**

1) **설립절차의 주관자** 통상의 회사설립절차에서는 발기인이 정관작성 등 회사설립을 주관한다. 회사분할의 경우에는 분할회사의 출자만으로 회사를 설립하는 경우와 분할회사의 출자에 추가하여 제 3 자의 출자를 받는 경우에 각각 회사설립의 주관자와 기타 절차를 달리한다. 전자를 분할회사가 단독의 자산으로 설립한다는 뜻에서 「단독분할설립」(530조의4 단서의 설립), 후자를 제 3 의 주주를 모집한다는 뜻에서 「모집분할설립」이라 부르기로 한다.

ⓐ **단독분할설립** 분할을 위해 회사를 설립할 때에도 분할계획에 의해 신설회사의 정관에 기재할 사항들이 다 정해지고 또 발기인이 주식을 인수하거나 모집주주의 청약을 받는 등의 절차가 필요 없으므로 발기인이 불필요하다. 이 점 합병에 있어서의 신설합병에 비견할 수 있다. 설립에 관한 분할계획의 집행은 대표이사가 해야 한다고 해석한다.

설립사무집행의 근거규정

신설합병에는 발기인에 갈음하여 당사회사들이 선임한 설립위원들이 정관작성 기타 설립에 관한 행위를 공동으로 주관한다는 규정을 두고 있으나(175조 1항), 분할에는 이러한 규정이 없다. 이 점 입법의 불비이다. 다만 분할에 대해서는 제527조를 준용하면서, 동규정 중의 「설립위원은 대표이사로 [대체]한다」는 규정을 두고 있음을 보면, 신설합병에서의 설립위원에 해당하는 업무를 분할회사의 대표이사에 맡길 뜻임을 짐작할 수 있다(530조의11 1항 단 → 527조). 그러나 제527조는 창립총회를 소집하는 규정이므로 설립위원을 대표이사로 대체하며 이 규정을 준용한다고 해서 당연히 대표이사가 모든 설립사무를 주관한다고 해석되는 것은 아니다. 그렇다고 해서 일반 설립절차에서처럼 발기인을 두어야 한다거나 설립위원을 선임해야 한다고 해석할 근거도 없으므로 상법 제527조를 준용하는 제530조의11 제 1 항의 법문을 단독분할설립의 전체에 관해 유추적용하여 대표이사가 정관 작성 등 설립에 관한 행위를 할 수 있다고 해석한다.

ⓑ **모집분할설립** 상법 제530조의4 본문은 분할로 인한 회사설립에

는 회사설립에 관한 규정을 준용한다고 규정한다. 이는 분할회사의 영업재산이 출자되는 외에 제 3 의 주주를 모집할 경우를 예상한 규정이다(530조의4 단서의 반대해석). 회사설립에 관한 규정을 일반적으로 준용하므로 모집분할설립시에는 발기인이 있어야 하고 이들에 의해 정관작성 등 설립사무가 진행되어야 한다. 앞서 단순분할설립에서와 같이 제530조의11 제 1 항을 유추적용하여 대표이사가 정관작성 등 설립사무를 주관한다고 해석하는 것도 생각해 볼 수 있으나, 모집주주가 있을 경우에는 인수 · 납입담보책임(321조) 및 손해배상책임을 부담할 주체가 필요하므로 명문의 규정에 의해 이러한 책임이 뒷받침되는 발기인 이외에는 다른 설립주관자를 생각하기 어렵다.

한편 상업등기규칙 제150조 제 6 호는 모집분할설립의 경우에는 발기인이 존재함을 전제로 하여 관련 정보를 제공하도록 한다(상등규 129조 참조).

2) 주식발행 주식발행 역시 단독분할설립이냐, 모집분할설립이냐에 따라 성격과 절차를 달리한다.

(a) 단독분할설립 분할회사의 재산만으로 출자를 할 경우에는 주식발행과 배정은 전부 분할계획에 의해 정해지므로 회사설립에 관한 규정이 적용될 여지가 없다.

주식배정의 성질

원래 출자와 주식취득은 대가관계를 이루므로 출자를 하는 자에게 주식을 인수시키는 것이 원칙이나, 회사분할시에는 출자를 하는 자는 분할회사인데, 주식을 취득하는 자는 분할회사의 주주라는 예외적인 현상이 생긴다.

회사설립시나 신주발행시에 행해지는 주식인수를 보통 입사계약이라고 설명한다. 그러나 분할회사의 재산을 대가로 해서 분할회사의 주주들이 주식을 취득하는 데에는 계약적인 요소가 없다. 분할회사에서의 분할계획과 법률의 규정에 의한 주식의 배정이 있을 뿐이다. 그러므로 분할회사의 주주의 주식취득에는 주식인수라는 행위가 없으며, 발기인들의 의사결정에 의한 배정도 없다. 단지 분할계획의 실행에 의한 주식의 배정이 있을 뿐이다.

(b) 모집분할설립 모집분할설립이라도 분할회사의 영업재산이 출자되는 범위에서 주식발행은 위 (a)에서 설명한 바와 같다. 나머지 모집주주가 주식을 인수하는 부분에 한해 회사설립에 관한 규정이 준용된다. 발기인은 주식청약서를 작성하여야 하는 등 주식의 청약, 배정, 납입 등 일체가 설립절차에 관한 규정에 따라야 한다. 모집주주의 주식인수의 성격도 설립시의 주식인수의 성격과

같이 입사계약이다.

3) 현물출자의 조사　신설회사에 이전되는 분할회사의 재산은 현물출자의 성격을 띠므로 어떤 조사절차가 적용될 것이냐가 문제된다.

(a) 조사를 요하지 않는 경우　상법은 단독분할설립이며 분할회사의 주주에게 그 소유하는 주식수에 비례하여 신설회사의 주식을 발행하는 경우에는 법원이 선임하는 검사인의 조사절차(299조)를 요하지 않는다고 규정한다(530조의4 단). 단독분할설립에서는 모집주주가 없으므로 현물출자의 평가에 관해 새로운 이해관계자가 생기지 않고, 또 분할회사의 주주들이 분할회사에서의 지분율에 비례해서 신설회사의 주식을 배정받는다면 현물출자의 평가에 관한 기존 주주들의 이해에도 변동이 없으므로 현물출자의 공정성은 문제되지 않는다고 본 것이다.

조사를 면제하는 상법규정(530조의4 단)은 현물출자를 의식한 제도이므로 현물출자 외의 변태설립사항이 있을 경우에는 조사를 생략할 수 없다고 본다(同旨: 최기원 1180).

(b) 조사를 요하는 경우　모집분할설립의 경우에는 물론이고 단독분할설립의 경우에도 분할회사의 주주들에게 배정하는 주식의 수가 분할회사에서의 지분율에 따르지 않는 경우에는 현물출자의 조사를 요한다(530조의4 단서의 반대해석).

4) 임원의 선임　단독분할설립시에는 임원을 분할계획에 의해 선임하지만 일반설립절차에 의할 때에는 발기인 또는 창립총회에서 선임하여야 함은 기술한 바와 같다.

5) 창립총회　단독분할설립의 경우에는 창립총회를 요하지 않는다. 그리고 모집분할설립의 경우에도 이사회의 공고로 창립총회에 갈음할 수 있다(530조의11 1항 → 527조 4항).

(3) 주권의 제출공고

분할회사의 주주들에게 신설회사의 주식을 발행해야 하는데, 분할회사의 주주들이 종전에 가지고 있던 분할회사의 주식수에 영향을 미치지 않을 때에는 단지 신설회사의 주식을 기준일 현재의 주주들에게 발행하면 족하지만, 주주들이 가지고 있는 분할회사의 주식을 병합하거나 소각하는 등 그 수에 변동이 있을 때에는 그 주권을 회수하여야 한다. 이를 위해 자본금감소에서의 주식병합을 위한 주권제출의 공고절차(440조~443조)를 준용한다(530조의11 1항). 즉 회사는 1월 이상의 기간을 정하여 회사분할의 뜻과 그 기간 내에 주권을 회사에 제출할 것을 공고하고 주주명부에 기재된 주주와 질권자에 대하여는 각별로 그 통지를 하여야 한다(440조). 그리고 신설회사의 주식을 주주들에게 배정함에 있어 단주가 생길 경우에는 자본금감소를 위한 주식병합에서 단주가 생긴 경우와 같은 요령으로 처리한다(443조). 상법 제530조의11 제 1 항은 상법 제441조도 회사분할에 준용하지만, 이는 후술하는 바와 같이 입법의 착오이다(1193면 참조).

3. 분할합병절차

분할합병은 분할회사의 분할과 이를 근거로 한 회사의 합병이라는 두 가지 절차로 이루어진다. 그러나 회사분할을 위한 절차와 회사합병을 위한 절차는 분할회사와 합병할 상대방회사의 대표기관간에 분할합병계약서를 작성하여 기술한 바와 같이 이사회와 주주총회의 승인을 받는 것으로 합체되어 행해진다.

(1) 분할합병계약서

분할합병계약서는 흡수분할합병을 하느냐 신설분할합병을 하느냐에 따라 다음과 같이 내용을 달리한다.

1) **흡수분할합병의 분할합병계약서**(530조의6 1항) 분할회사의 영업일부와 합병하는 다른 회사(분할합병의 상대방회사)가 존속하는 경우, 즉 분할회사의 영업 일부를 다른 회사가 흡수합병하는 경우에는 분할합병계약서에 다음 사항이 기재되어야 한다. 소멸분할합병이든 존속분할합병이든 같다.

① 분할합병의 상대방회사로서 존속하는 회사(분할승계회사. 이하 "승계회사")가 분할합병으로 인하여 발행할 주식의 총수가 증가하는 경우에는 증가할 주식의 총수, 종류 및 종류주식의 수, 액면주식 · 무액면주식의 구분(동조항 1호)

② 승계회사가 분할합병을 하면서 신주를 발행하거나 자기주식을 이전하는 경우에는 그 발행하는 신주 또는 이전하는 자기주식의 총수, 종류 및 종류별 주식의 수(동조항 2호)

2015년 개정에 의해 합병에서와 같이 신주발행에 갈음하여 자기주식을 교부하는 것을 허용하였다. 단순분할계획에서와 같이 액면주식 · 무액면주식의 구분도 필요하다.

③ 승계회사가 분할합병을 하면서 신주를 발행하거나 자기주식을 이전하는 경우에는 분할회사의 주주에 대한 승계회사의 신주의 배정 또는 자기주식의 이전에 관한 사항 및 주식의 병합 또는 분할을 하는 경우에는 그에 관한 사항(동조항 3호)

구체적인 법리는 흡수합병시 존속회사의 신주발행 또는 자기주식의 이전과 같다(상세는 1138면 이하 참조).

④ 승계회사가 분할회사의 주주에게 제 3 호에도 불구하고 그 대가의 전부

또는 일부로서 금전이나 그 밖의 재산을 제공하는 경우에는 그 내용 및 배정에 관한 사항(동조항 4호)

i) 교부금분할합병의 허용 분할대가의 일부를 교부금으로 갈음할 수 있으며, 교부금만의 분할합병도 가능하다. 관련 법리는 교부금합병에 관해 설명한 것과 동일하다(상세는 1150면 이하 참조).

ii) 삼각분할합병의 허용 2011년 개정에서 합병대가를 존속회사의 모회사의 주식으로 하는 소위 삼각합병을 허용하였음은 기술한 바와 같다. 2015년 개정에서는 분할의 경우에도 삼각분할합병이 가능하도록 조문을 신설하였다. 즉 위 법문에서와 같이 제530조의6 제 1 항 제 4 호에서 분할대가 전액을 금전 아닌 재산으로 지급할 수 있도록 하고, 동조 제 4 항에서 분할대가를 존속회사의 모회사주식으로 지급하고자 할 경우 존속회사가 모회사의 주식을 취득하는 것을 허용함으로써 삼각합병과 같이 삼각분할합병을 허용한다. 삼각합병에서와 같이 삼각분할합병 역시 승계회사의 모회사의 효용을 위해 행해진다. 예컨대 P회사가 S라는 회사의 일부 사업부문을 지배하에 두고자 할 때, 자신의 자회사 P2(승계회사)로 하여금 P의 주식을 취득하게 하여(또는 P가 자기주식을 출자하여 P2를 설립할 수도 있다) 분할회사 S로부터 분할된 사업을 흡수하며 S의 주주에게 P의 주식을 교부하게 하는 것이다. 이같이 함으로써 P는 S의 사업부문을 자신의 자회사의 일부로 만들게 되는데, 이를 위해 주주총회를 할 필요도 없고 반대주주의 주식매수청구도 피할 수 있는 것이다.

삼각분할합병을 위해 존속회사가 취득한 모회사주식을 분할대가로 사용하지 않은 경우에는 법상 금지되는 모회사주식취득의 상태가 유지됨을 의미하므로 상법은 이를 분할합병의 효력발생일로부터 6월 내에 처분하도록 한다(530조의6 5항).

⑤ 승계회사의 자본금 또는 준비금이 증가하는 경우에는 증가할 자본금 또는 준비금에 관한 사항(동조항 5호)

흡수합병시 존속회사의 자본금증가 및 준비금에 관해 설명한 바와 같다(1147면 참조).

⑥ 분할회사가 승계회사에 이전할 재산과 그 가액(동조항 6호)

단순분할시의 재산이전에 관해 설명한 바와 같다(분할계획서에 관한 설명 ⑦ 참조)

⑦ 제530조의9 제 3 항의 정함이 있는 경우에는 그 내용(동조항 7호)

상세는 제530조의9에 관한 설명에서 다룬다(1212면 이하 참조).

⑧ 각 회사에서 제530조의3 제 2 항의 결의를 할 주주총회의 기일(동조항 8호)

후술과 같이 분할합병계약서는 분할회사뿐 아니라 상대방회사에서도 주주총회의 결의를 얻어야 한다. 그러므로 쌍방회사에서 주주총회를 언제 소집할 것인가를 합의하고 이를 계약서에 기재하여야 한다.

⑨ 분할합병을 할 날(동조항 9호)

단순분할시의 분할을 할 날에 관해 설명한 바와 같다(분할계획서에 관한 설명 ⑨ 참조).

⑩ 승계회사의 이사와 감사를 정한 때에는 그 성명과 주민등록번호(동조항 10호)

흡수분할합병을 한다고 해서 승계회사의 조직에 변동이 생기는 것은 아니다. 이 점 흡수합병의 경우와 같다. 하지만 분할회사가 상대방회사의 경영에 참여하기 위하여 자사측의 인사를 상대방회사의 이사 혹은 감사로 할 것을 희망하는 경우를 생각할 수 있다. 이러한 사항이 합의되는 경우 그 합의에 구속을 주는 방법으로 분할합병계약서에 기재하게 한 것이다. 이 사항이 기재된 경우의 효력은 후술한다.

⑪ 승계회사의 정관변경을 가져오게 하는 그 밖의 사항(동조항 11호)

흡수분할합병의 결과 승계회사의 정관을 변경하여야 할 경우가 있다. 예를 들어 승계회사가 승계하는 영업이 정관에 기재되어 있지 않은 경우에는 정관상의 사업목적을 추가하여야 할 것이고, 승계하는 영업을 상호에 반영하고자 할 경우에는 상호를 변경하여야 할 것이다.

2) 신설분할합병의 분할합병계약서(530조의 6 2항) 분할회사의 일부가 다른 회사 또는 다른 분할회사의 일부와 합병을 하여 회사를 신설하는 경우에는 분할합병계약서에 다음 사항을 기재하여야 한다.

① 제530조의5 제 1 항 제 1 호 · 제 2 호 · 제 6 호 내지 제10호에 규정된 사항(530조의 6 2항 1호)

신설분할합병은 회사의 신설을 요하므로 앞서 동 계약서에 기재할 사항은 단순분할에 있어서 신설회사에 관해 기재할 사항과 상당부분 공통된다(분할계획서에 관한 설명 ①, ②, ⑥, ⑦,⑧, ⑨, ⑩, ⑪ 참조).

② 분할합병을 하여 설립되는 회사(분할합병신설회사. 이하 "신설회사")가 분할합병을 함에 있어서 발행하는 주식의 총수, 종류 및 종류별 주식의 수(동조항 2호)

신설회사가 설립 당시에 발행하는 주식에 관한 사항으로서, 단순분할시 신설회사의 주식발행에 관해 설명한 바와 같다(분할계획서에 관한 설명 ③ 참조).

③ 각 회사의 주주에 대한 주식의 배정에 관한 사항과 배정에 따른 주식의 병합 또는 분할을 하는 경우에는 그 규정(동조항 3호)

신설분할합병의 당사회사의 주주들에게 신설회사의 주식을 배정하는 내용에 관한 것으로서, 단순분할시의 신설회사의 주식배정에 관해 설명한 바와 같다(분할계획서에 관한 설명 ④ 참조).

④ 각 회사가 신설회사에 이전할 재산과 그 가액(동조항 4호)

단순분할시의 재산이전에 관해 설명한 바와 같다(분할계획서에 관한 설명 ⑦ 참조).

⑤ 각 회사의 주주에게 지급할 금액을 정한 때에는 그 규정(동조항 5호)

단순분할시의 분할교부금에 관해 설명한 바와 같다(분할계획서에 관한 설명 ⑤ 참조).

⑥ 각 회사에서 제530조의3 제 2 항의 결의를 할 주주총회의 기일(동조항 6호)

흡수분할합병시의 주주총회결의에 관해 설명한 바와 같다(흡수분할합병계약서에 관한 설명 ⑧ 참조).

⑦ 분할합병을 할 날(동조항 7호)

단순분할시의 분할을 할 날에 관해 설명한 바와 같다(분할계획서에 관한 설명 ⑨ 참조).

3) 분할회사의 분할계획서 상법 제530조의6 제 3 항은 「제530조의5의 규정은 제 1 항 및 제 2 항의 경우에 각 회사의 분할합병을 하지 아니하는 부분의 기재에 관하여 이를 준용한다」고 규정하고 있다. 제530조의5 제 1 항은 단순분할을 위한 분할계획서의 기재사항에 관한 규정이고 동조 제 2 항은 존속회사에 자본금감소 기타 주식에 관련한 변화가 생길 경우 이를 위해 추가로 기재할 사항에 관한 규정이다. 분할합병시 분할회사에 있어 합병의 대상이 되는 것은 영업의 일부이다. 그러므로 분할회사에는 분할합병의 대상이 되지 않는 나머지 영업재산이 있다. 분할회사는 이 재산을 가지고 존속할 수도 있고, 새로운 회사를 설립하고 해산할 수도 있다. 존속할 경우에는 제530조의6 제 1 항과 제 2 항이 정하는 분할합병계약서에 기재할 사항 외에 존속하는 분할회사에 자본의 감소 기타 주식에 관련한 변화가 생길 경우 그 변화에 관한 사항을 분할합병계약서에 추가로 규정하라는 것이 제530조의5 제 2 항을 준용하는 취지이다. 그리고 새로운 회사를 설립할 경우에는 새로운 회사를 위해 분할계획서를 작성하라는 것이 제530조의5 제 1 항을 준용하는 취지이다. 한편 분할회사는 영업을 분할하여 각각 다른 회사에 합병시키고 해산할 수도 있는데, 이 경우에는 분할계획서를 작성할 필요가 없고 분할합병의 건별로 분할합병계약서만 작성하면 된다.

4) 분할합병계약서의 효력 분할합병계약서는 주주총회의 승인을 얻어 분할 및 합병실행의 규범이 된다. 따라서 모든 분할 및 합병의 절차는 분할합병계약서에 기재된 대로 하여야 하며, 동계약서에 어긋나는 내용으로 분할합병한다면 후술하는 분할 및 합병의 무효원인이 된다. 신설분할의 분할계획서에 대해 설명한 바와 같다.

(2) 분할합병 상대방회사의 의사결정

상법 제530조의3 제 1 항은 분할회사에 있어서만 주주총회의 결의가 필요한 듯이 규정하고 상대방회사에서의 절차에 관해서는 규정을 두지 않았다.

분할합병 중에도 신설분할합병의 경우에는 상대방회사가 소멸하고 새로운 회사를 신설하므로 당연히 상대방회사에서도 주주총회의 특별결의를 얻어야 한다. 그러면 흡수분할합병의 경우에는 어떠한가? 흡수분할합병의 경우 상대방회사로서는 자본구조의 변동만을 본다면 현물출자를 받는 것과 다름없으므로 현물출자의 절차, 즉 신주발행(416조)의 절차만 밟으면 되는 듯이 해석할 소지도 있다. 그러나 흡수분할합병의 결과 상대방회사는 분할회사의 재산만을 인수하는 것이 아니라 분할회사의 채무에 관해 연대책임을 지므로 통상의 흡수합병과 차이가 없다. 그러므로 상법에 명문의 규정은 없으나 흡수합병에서와 같이 주주총회의 특별결의를 요한다고 해석한다. 상법에는 분할합병의 상대방회사에서의 절차에 관한 규정을 생략한 흠이 있지만, 상법 제530조의6 제 1 항 제 8 호에서 「각 회사에서 제530조의3 제 2 항의 결의를 할 주주총회의 기일」을 분할합병계약서에 기재하라고 규정함은 흡수합병분할의 경우에도 상대방회사의 주주총회의 특별결의가 필요함을 전제로 한 것이다.

(3) 창립총회

신설분할합병의 경우에는 채권자보호절차의 종료 후, 주식의 병합을 할 경우에는 그 효력이 생긴 후 지체없이 창립총회를 소집하여야 한다. 그러나 이사회는 공고로서 창립총회를 갈음할 수 있다(530조의11 1항 → 527조).

(4) 주권의 제출공고

분할회사의 주주들에게 합병상대방회사 또는 신설회사의 주식을 발행해야 하므로 단순분할에 관해 설명한 바와 같이 분할계획에 의해 분할회사의 주주들이 가지고 있는 주식을 병합하거나 소각하는 등 그 수에 변동이 있을 때에는 그 주권을 회수하여야 한다. 이를 위해 자본금감소에서의 주식병합을 위한 주권제출의 공고절차가 준용된다(530조의11 1항 → 440조~443조). 즉 회사는 1월 이상의 기간을 정하여 분할합병의 뜻과 그 기간내에 주권을 회사에 제출할 것을 공고하고 주주명부에 기재된 주주와 질권자에 대하여는 각별로 그 통지를 하여야 한다(440조). 그리고 단주를 처리하는 요령도 같다(443조). 상법 제530조의11 제 1 항이 제441조를 회사분할에 준용하는 것이 입법착오라는 점도 단순분할에 관해 설명한 바와 같다(1202면 참조).

(5) 간이분할합병 · 소규모분할합병

상법은 간이합병제도(527조의2)를 흡수분할합병에 응용하여 분할회사의 총주주의 동의가 있거나, 승계회사가 이미 분할회사의 주식을 100분의 90 이상 소유할 경우에는 분할회사의 주주총회를 생략할 수 있게 하였다(530조의11 2항 → 527조의2).

그리고 소규모합병제도(527조의3)도 흡수분할합병에 응용하여 승계회사가 분할합병의 대가로 발행하는 신주가 승계회사의 발행주식총수의 100분의 10을 초과하지 않는 경우에는 승계회사에서 주주총회의 승인결의를 이사회의 결의로 갈음할 수 있게 하였다(530조의11 2항 → 527조의3).

소규모합병제도가 합리적이 아님을 앞서 지적하였듯이 이를 분할합병에 준용하는 것 역시 타당하지 않다. 흡수분할합병에 의해 승계회사가 재산을 얼마를 승계하든 분할회사의 채무 「총액」에 대해 연대책임을 지므로 승계회사가 발행하는 주식이 소량이라 해서 분할합병으로 인한 위험도 소량이 되는 것은 아니기 때문이다.[1] 입법론적으로 재고를 요한다.

4. 채권지보호절차

1) 단순분할에서의 채권자보호 단순분할의 경우에는 분할회사의 재산의 일부가 분할회사에 남고 일부가 신설회사에 옮겨지거나(존속분할), 분할회사의 재산이 2개 이상의 신설회사로 나누어져 전부 옮겨지게 된다(소멸분할). 따라서 분할회사의 채권자를 위한 책임재산이 없어지거나 줄어드는 모습을 보이지만, 신설회사들이 분할회사의 채무에 관해 연대책임을 지므로 책임재산에는 변동이 없고 책임주체에도 실질적인 변동은 없다고 할 수 있다. 그러므로 단순분할의 경우에는 채권자보호를 위한 절차가 필요하지 않다고 할 수 있다.

그러나 단순분할의 경우에 항상 채권자보호가 불필요한 것은 아니다. 채권자보호를 고려해야 할 경우가 두 가지 있다. 단순분할을 하되, 신설회사의 책임이 제한되는 경우(530조의9 2항)에는 책임주체에 변동이 생기므로 채권자의 보호가 필요하고, 분할회사의 주주에게 교부금을 지급하면(530조의5 1항 5호) 회사채권자를 위한 담보재산이 감소하므로 채권자보호가 필요하다. 상법은 신설회사의 책임을 제한할

---

1) 예를 들어 설명한다. A사가 A_1과 A_2로 분할되고 B사가 A_1을 흡수합병하는데, A_1의 주주에게 B가 발행하는 신주는 B의 발행주식총수의 10%를 초과하지 않는다 하자. 이 경우 B가 승계하는 자산은 영세하지만 B는 분할 전 A의 채무전부에 관해 연대책임을 지므로 B에게 추가되는 위험은 A 전체를 흡수합병하는 것보다 더욱 크다(즉 재산은 일부만 승계하고 책임은 전부를 인수하기 때문이다).

경우에는 합병시의 채권자보호절차를 준용하지만(530조의 9 4항), 그 밖의 단순분할에 관해서는 채권자보호를 위한 규정을 두고 있지 않은데, 이는 교부금을 지급하는 경우를 고려하지 않은 까닭이다. 그렇다고 명백한 채권자의 불이익을 방치할 수는 없다. 단순분할을 계기로 교부금을 지급하는 경우에는 자본금감소에 준하는 것으로 보고 상법 제439조의 채권자보호절차를 유추적용하여야 한다.

교부금분할과 채권자보호

한편 상법 제530조의11 제 1 항에서는 신설분할 및 분할합병에 관해 제441조를 준용하고 있는데, 제441조는 자본금감소의 방법으로 주식병합을 할 경우에 주식의 병합은 채권자의 이의절차(232조)가 종료하지 않으면 효력이 발생하지 않는다는 규정이다. 이 규정에 의하면 회사분할을 하면서 주식병합을 하면 채권자의 이의절차가 종료해야 주식병합의 효력이 발생하므로 사실상 단순분할의 경우에도 채권자의 이의절차가 강요되는 셈이다. 그렇다면 단순분할을 하면서 주식병합을 하면 채권자보호절차가 필요하고, 주식병합을 하지 않으면 채권자보호절차가 필요하지 않다는 기묘한 결과가 된다. 이는 입법의 착오이다. 따라서 위와 같이 단순분할의 경우에는 일반적으로는 채권자보호절차가 필요하지 않으나, 교부금을 지급할 경우에는 필요하다고 풀이해야 한다. 등기실무에서도 마찬가지로 다루고 있다.[1]·[2]

2) 분할합병에서의 채권자보호 분할합병의 경우에는 양 합병당사회사의 채권자가 책임재산을 공유하게 되므로 채권자에 대해서는 담보재산과 책임주체에 관한 중대한 변화이다.[3] 그러므로 분할합병의 경우에는 양당사회사의 채권자보호가 필히 요구된다. 그리하여 상법은 합병의 경우에 관한 채권자보호절차(527조의5)를 분할합병에 준용하고 있다(530조의 11 2항)(상세는 132면 참조).

제530조의11 제 2 항에 의해 준용되는 제527조의5는 분할회사에만 준용되는 것으로 해석할 소지도 있으나, 위에 말한 바와 같이 분할합병의 상대방회사의

1) 대법원 공탁상업등기과 468, 2007. 5. 3.:「회사분할에 따른 등기시 채권자보호절차를 거쳤음을 증명하는 서면의 첨부요부」: "… ① 그 자본감소가 주주에 대한 출자의 환급이 없는 명목상의 것이고, ② 분할 후 분할회사의 자본과 신설회사의 자본의 합계액이 분할 전 분할회사의 자본액 이상이며, ③ 신설회사가 분할회사의 채무에 관하여 연대하여 변제할 책임을 부담한다면, 그 신청서에 채권자보호절차를 거쳤음을 증명하는 서면은 첨부할 필요가 없음 …."

2) 참고로 독일 사업재편법에서도 분할을 위해 회사가 자본금감소를 할 경우에는 무상감자만 허용하며 채권자보호절차는 요구하지 않는다(§ 145 UmwG).

3) 예컨대 재무구조가 매우 건실한 甲회사의 영업의 일부를 재무구조가 부실한 乙회사가 신설분할합병을 하면 乙회사의 채권자로서는 담보재산이 건실해지는 반면, 甲회사의 채권자로서는 담보재산이 부실해진다. 甲, 乙회사의 재무상태가 반대라면 甲, 乙의 채권자들은 반대의 이해를 갖는다. 흡수분할합병의 경우에도 결과는 같다.

채권자보호도 간과할 수 없으므로 이 규정은 양 회사에 적용되는 것으로 보아야 한다.

5. 주식매수청구권

단순분할의 경우에는 종전의 회사재산과 영업이 물리적 및 기능적으로 나누어질 뿐 주주의 권리는 신설회사에 그대로 미치므로 주주의 권리에 구조적인 변화가 생기는 것은 아니다. 그러나 분할합병의 경우에는 회사의 재산, 영업이 다른 회사와 통합되므로 주주의 관점에서는 합병과 동질의 구조변화이다. 따라서 분할합병에 반대하는 주주에게 주식매수청구권을 인정할 필요성은 합병의 경우와 다름이 없다. 때문에 상법은 단순분할의 경우에는 반대주주의 주식매수청구를 인정하지 않으나, 분할합병의 경우에는 반대주주에게 주식매수청구권을 인정하고 있다(530조의11 2항 → 522조의3). 반대절차와 매수절차는 합병에 관해 설명한 바와 같다.

6. 物的分割節次

물적분할은 분할로 인한 신설회사 또는 분할합병의 승계회사의 주식을 분할회사의 주주에게 귀속시키지 않고 분할회사가 소유하는 방법이다. 물적분할이라 해서 앞서 말한 분할방법 이외에 별도로 인정되는 분할방법은 아니다. 분할 자체는 앞서 설명한 단순분할 또는 분할합병 중 어느 하나를 선택하여 하되, 다만 분할로 인하여 취득하는 주식을 분할회사가 소유하는 방법으로 처리하는 것이다. 상법 제530조의12는 물적분할에 대해 분할에 관한 제11절의 규정을 준용한다고 규정하고 있다.

1) 물적분할의 허용범위 단순분할 중 소멸분할의 경우에는 분할회사가 해산하므로 분할회사가 주식을 소유한다는 일이 있을 수 없다. 그러므로 물적분할이 허용되는 것은 존속분할의 경우에 한한다. 한편 상법 제530조의12는 분할 또는 분할합병으로 인하여 「설립되는」 회사의 주식의 총수를 취득하는 경우에 준용한다고 규정하고 있다. 이 규정을 문언대로만 해석하면 흡수분할합병의 경우에는 설립되는 회사가 없으므로 물적분할이 허용되지 않는다고 보아야 한다. 그러나 흡수분할합병의 경우에 유독 물적분할을 금지할 이유는 없다. 입법의 착오이므로 흡수분할합병의 경우에도 물적분할이 허용된다고 풀이하여야 한다(同旨: 김·노·천 832; 송옥렬 1287; 임재연Ⅱ 792; 최준선 791; 홍·박 106. 반대: 권기범 191; 정찬형 541).[1] 참고로 독일 사업재편법에서는 흡수분할

---

1) 등기실무에서는 물적흡수분할합병의 경우에도 분할합병의 변경등기가 가능한 것으로 다루고 있

합병의 물적분할을 명문으로 인정하고 있다(§ 123 Abs. 3 Satz 1 UmwG).[1]

2) 절 차 앞서 말한 바와 같이 물적분할의 기초가 되는 분할방법 즉 단순분할 또는 분할합병의 절차가 그대로 진행된다. 따라서 분할계획서 또는 분할합병계약서의 작성, 분할회사나 상대방회사에서의 의사결정 등 모든 절차를 밟아야 한다. 다만 분할계획서나 분할합병계약서 중 분할회사의 주주에게 주식을 배정하는 것 대신에 분할회사가 그 주식을 취득한다는 뜻을 기재하여야 한다.

V. 분할의 등기(효력발생시기)

1) 등기절차 상법 제530조의11 제 1 항에서는 합병의 등기시기에 관한 제528조를 분할에 준용하고 있다. 분할방법에 따라 등기할 시기가 달라진다. 단순분할 및 신설분할합병의 경우에는 신설되는 회사의 창립총회가 종료한 날로부터 2주일 내에 본점소재지에서 등기를 하여야 하고, 흡수분할합병의 경우에는 분할합병계약에 관한 주주총회의 결의가 종료한 날로부터 기산해서 같은 기간 내에 등기하여야 한다.

등기할 사항은 신설되는 회사는 회사설립등기(317조)를, 분할회사는 존속분할의 경우에는 변경등기를, 소멸분할의 경우에는 해산의 등기를 하여야 한다. 그리고 흡수분할합병의 경우 승계회사는 변경등기를 하여야 한다(상등 70조).

2) 분할의 효력발생시기 회사분할은 위의 등기를 함으로써 효력이 발생한다(530조의11 1항 → 234조). 따라서 후술하는 분할로 인한 모든 법률관계도 등기를 함으로써 효력이 발생한다.

상법 제530조의11 제 1 항에서 자본금감소에 관한 제440조 내지 제443조를 준용하고 있는데, 제441조는 주주에게 공고한 주권제출기간이 종료하면 자본금감소의 효력이 발생하되, 채권자보호절차가 종료하지 않았으면 同절차가 종료함으로써 효력이 발생한다는 규정이다. 이 규정을 분할에 준용한 것이 잘못이라는 점은 앞서 지적하였지만, 다른 의미에서도 잘못이 돋보인다. 회사분할의 효력은 자본금감소와는 달리 주주의 주권제출기간이나 채권자보호절차와는 무관하게 등기에 의해 효력이 발생하므로 제441조를 준용한 것은 입법의 착오이다.

다(대법원 2003. 10. 8. 공탁법인 3402-239 질의회답: (주)롯데백화점의 카드사업부를 (주)롯데카드로 흡수분할합병시킨 사례).

1) 상세는 *Kallmeyer/Sickinger*, in Kallmeyer, § 123 Rn. 11 f.; *Stengel*, in Semler/Stengel, § 123 Rn. 15 ff.

Ⅵ. 분할의 공시

분할회사의 이사는 분할계획서 또는 분할합병계약서의 승인을 위한 주주총회의 회일의 2주 전부터 분할의 등기를 한 날 또는 분할합병의 등기를 한 날 이후 6월간 분할계획서 또는 분할합병계약서, 분할되는 부분의 대차대조표, 분할합병의 경우에는 상대방회사의 대차대조표, 분할회사의 주주에게 발행할 신주의 배정 또는 자기주식의 이전에 관하여 그 이유를 기재한 서면을 본점에 비치하여야 한다(530조의7 1항).

그리고 분할합병의 승계회사의 이사는 분할합병을 승인하는 주주총회의 회일의 2주 전부터 분할합병의 등기를 한 후 6월간 분할합병계약서, 분할회사의 분할되는 부분의 대차대조표, 분할회사의 주주에게 발행할 신주의 배정 또는 자기주식의 이전에 관하여 그 이유를 기재한 서면을 본점에 비치하여야 한다(동조 2항).

분할 또는 분할합병 후에는 이사는 채권자보호절차의 경과, 합병을 한 날, 합병으로 인하여 소멸하는 회사로부터 승계한 재산의 가액과 채무액 기타 합병에 관한 사항을 기재한 서면을 합병을 한 날부터 6월간 본점에 비치하여야 한다(530조의11 1항 → 527조의6 1항).

주주 및 회사채권자는 영업시간 내에는 언제든지 위 서류를 열람할 수 있고 비용을 지급하고 등·초본의 교부를 요구할 수 있다(530조의7 3항 → 522조의2 2항).

Ⅶ. 분할의 효과

1. 법인격에 관한 효과

합병의 경우에는 법인격이 합일되므로 합병 전의 회사의 법인격은 합병 후의 회사에서 그 동일성이 유지되지만 분할의 경우에는 이 같은 인격의 승계라는 현상은 생기지 않는다.

존속분할의 경우에는 분할회사가 존속하므로 분할 전 회사의 법인격은 분할 후의 존속회사에서 그 동일성을 유지한다. 그러나 분할로 인한 신설회사 또는 흡수분할합병의 승계회사는 분할회사의 법인격을 승계하지 않는다(대법원 2012. 7. 26. 선고 2010다37813 판결). 분할회사가 소멸하더라도 같다.

분할회사가 소멸하는 경우 분할회사는 청산절차를 밟지 않고 해산한다(517조 1의2호).

회사의 재산이 전부 신설회사 또는 분할합병의 승계회사에 승계되기 때문이다.

2. 권리와 의무의 이전

1) 영업재산의 이전 　분할로 인해 분할계획서 또는 분할합병계약서에서 특정된 분할회사의 권리와 의무가 신설회사 또는 흡수분할합병의 승계회사에 이전한다(530조 의10). 별도의 이전행위를 요하는가? 또 이전을 위해 공시방법을 요하는 재산(예: 동산, 부동산)의 경우 이전시기는 언제인가? 상법이 등기를 한 때에 분할의 효력이 발생한다고 규정하고 있으므로 분할로 인한 재산의 이전은 법률의 규정에 의한 이전으로 보아야 한다(민 187조 참조). 따라서 분할회사의 재산은 별도의 이전행위나 공시방법을 요하지 않고 분할로 인한 등기를 한 때에 이전되는 것으로 보아야 한다.[1)]

분할계획 또는 분할합병계약에 의해 이전된 영업재산에 관한 소송은 신설회사 또는 분할합병의 승계회사가 승계할 수 있다(대법원 2002. 11. 26. 선고 2001다44352 판결). 당해 영업재산을 승계한 회사에 한함은 물론이다.

분할계획서 또는 분할합병계약서에서 이전하기로 정해진 자산이라도 일신전속적이거나 기타 성질상 이전이 허용될 수 없는 자산은 이전할 수 없다.[2)]

분할에 의한 재산승계의 성질

분할계획 또는 분할합병계획에 의해 특정된 분할회사의 권리는 사법상의 관계나 공법상의 관계를 불문하고 그 성질상 이전을 허용하지 않는 것을 제외하고는 신설회사 또는 분할합병으로 인한 존속회사에 승계된다(대법원 2011. 8. 25. 선고 2010다44002 판결). 판례는 「포괄승계」된다는 용어를 사용하지만, 상속·합병에서와 같은 의미의 포괄승계로 이해해서는 안 되고, 분할계획 또는 계약에서 정해진 것은 개개의 재산별 이전행위를 요하지 않고 일괄하여 이전된다는 뜻을 말한 것으로 이해해야 한다. 법률상 그리고 성질상 이전이 가능해야 하므로 법이 이전을 금하는 권리나 성질상 일신전속적으로 보아야 할 권리는 분할계획 또는 계약에서 이전대상으로 특정되었더라도 이전될 수 없다. 다른 구성원의 동의를 얻어야 이전이 가능한 단체법적 지위(예: 조합원의 지위) 역시 다른 구성원의 동의가 없는 한 이전대상이 아니다(전게 판례).[3)]

---

1) 일본회사법에서는 「분할로 인하여 설립된 회사는 그 성립하는 날에 분할계획서에 기재된 바에 따라 분할회사의 권리의무를 승계한다」는 규정을 두고 있으며(日會 764조 1항)(분할합병의 경우에도 同旨: 日會 759조 1항), 이 규정에 의해 이전행위를 요하지 않는다고 해석되고 있다(江頭, 964면).
2) 대법원 2011. 8. 25. 선고 2010다44002 판결: 민법상의 조합의 성질을 가지는 공동수급체의 구성원인 지위는 원칙적으로 회사의 분할합병으로 인한 포괄승계의 대상이 되지 아니한다고 본 예.
3) A회사와 B회사가 조합의 형태로 어느 공사를 공동수주하고 그 공동체 지위는 양도하지 못하기

2) 경업금지의무　회사분할에 의해 영업이 이전된다 함은 기술하였다. 그러면 존속분할의 경우에 분할회사가 신설회사에 이전한 영업을 다시 할 수 있는가? 같은 문제가 동일한 분할회사를 모체로 한 수 개의 신설회사 사이에 그리고 동일한 분할회사에 의해 신설된 회사와 흡수분할합병의 승계회사 간에도 발생한다. 예컨대 가전부문과 반도체부문을 영위하던 甲으로부터 분리된 반도체부문의 신설회사 B가 가전업을 영위할 수 있느냐는 문제이다. 분할당사회사들의 보호를 위해서는 분할을 영업양도에 준하는 것으로 보고, 상법 제41조를 유추적용하여 상호 경업금지의무를 진다고 해석하여야 한다.[1)]

이는 상이한 업종이 분할된 경우에 관한 설명이고, 동일한 영업을 양적으로 분리하는 경우에는 경업금지의무의 문제가 생기지 않는다.

3. 주식의 귀속

회사분할을 하면 분할회사의 주주는 신설회사의 주식 또는 흡수분할합병의 승계회사의 주식을 취득한다. 그 내용은 분할계획서 또는 분할합병계약서에 정한 바에 따른다. 물적분할의 경우에는 분할회사가 주식을 취득함은 기술한 바와 같다.

소멸분할을 하여 분할회사가 해산하면 주주는 분할회사의 주주권을 상실하고, 존속분할을 하되 자본금감소를 하면 감소방법에 따라 주주권의 변동이 생긴다.

4. 이사, 감사의 선임 및 정관변경의 효과

단순분할의 경우 또는 신설분할합병의 경우 분할계획서 또는 분할합병계약서에 신설회사의 이사와 감사를 정할 수 있음은 앞서 본 바와 같다(530조의5 1항 9호 · 530조의6 2항 1호). 이에 의해 정해진 이사와 감사는 신설회사의 별다른 선임절차를 요하지 않

로 약정하였는데, A가 C를 존속회사로 하는 분할합병을 하면서 분할계약에서 이 공사수급인의 지위를 C회사에 이전하였던바, 본문에서와 같은 논리로 수급인의 지위 이전을 부인하였다.

1) 회사분할을 영업양도에 준하는 것으로 본다면, 신설회사가 분할회사의 상호를 속용할 경우 양도인의 채권자 및 채무자를 보호하기 위한 상법 제42조 및 제43조도 회사분할에 유추적용하는 것이 논리적이다(日最高裁 2008. 6. 10. 平18(受) 890호 참조). 제42조를 유추적용하면, 신설회사가 분할회사의 상호를 속용하는 경우 분할회사의 채무에 대해 신설회사가 책임져야 한다. 하지만 이는 별 실익이 없는 해석이다. 왜냐하면 어차피 신설회사는 회사분할의 법리에 의해 분할회사의 채무에 대해 연대책임을 지기 때문이다(530조의9 1항). 하지만 제43조를 유추적용할 실익은 크다. 즉 신설회사가 상호를 속용함으로 인해 분할회사의 채무자가 회사분할 사실을 모르고 신설회사에 채무를 변제한 경우 이를 유효한 변제로 보는 것이다.

고 설립등기와 더불어 신설회사의 이사 및 감사가 된다.

흡수분할합병의 경우 분할합병계약서에 승계회사의 이사와 감사를 정할 수 있다(530조의6 1항 10호). 분할합병계약서는 분할회사에서만이 아니고 승계회사에서도 주주총회의 승인결의를 얻어야 하는데 이 승인결의는 이사, 감사의 선임결의를 포함한다고 보아야 하므로 분할합병계약서상의 이사와 감사는 별도의 선임절차 없이 합병으로 인한 승계회사의 변경등기에 의해 이사와 감사가 된다.

흡수분할합병계약서에 승계회사의 정관변경사항을 기재할 수 있음은 이미 보았다(530조의6 1항 11호). 승계회사의 분할계약승인결의는 정관변경결의를 포함한다고 보아야 하므로 별도의 정관변경결의 없이 정관이 변경된다. 다만 정관변경의 효력은 승계회사가 분할로 인한 변경등기를 한 때에 발생한다.

5. 분할회사의 債務의 承繼와 責任

(1) 채무의 승계

합병의 경우에는 법인격이 합일되므로 소멸회사의 모든 채무를 신설회사 또는 존속회사가 포괄승계하나, 회사분할에는 이같은 채무의 포괄승계가 없다. 신설회사 또는 흡수분할합병의 상대방회사는 분할계획 또는 분할합병계약에 의해 특정된 채무를 인수할 뿐이다(530조의10). 이 경우 채권자의 승낙(민 454조 1항)을 요하는가? 분할합병의 경우에는 채권자이의절차를 거치므로 이의하지 않는 채권자는 채무자의 변경을 승낙한 것으로 볼 수 있다. 문제는 채권자보호절차를 거치지 않는 단순분할의 경우이다. 후술하는 바와 같이 상법은 분할 전의 회사채무에 관해 신설회사, 흡수분할합병의 승계회사에 연대책임을 지우고 있으므로(530조의9 1항) 채권자는 채무의 승계로 인해 특히 불이익을 받는 바가 없다. 또 소멸분할과 같은 경우에는 채무의 승계에 채권자가 승낙하지 않는다는 것이 무의미하다. 그러므로 분할로 인한 채무의 승계는 채권자의 승낙을 요하지 않는다고 새겨야 한다. 이 점 민법 제454조 제 1 항에 대한 특칙이다.

(2) 연대책임

상법 제530조의9 제 1 항은 「분할회사, 단순분할신설회사, 분할승계회사 또는 분할합병신설회사는 분할 또는 분할합병 전의 분할회사 채무에 관하여 연대하여 변제할 책임이 있다」라고 규정하고 있다. 분할당사회사 간의 채무승계가 여하히 이루어지든, 분할 전의 채권자가 분할 후 책임재산이 감소됨으로 인한 불이익을 입지 않게 하려는 취지이다.

1) 채무의 범위 연대책임의 대상은 「분할 또는 분할합병 前의 분할회사 채무」이다. 분할 후에 존속하는 분할회사에 발생한 채무나 분할 후 신설회사가 새로이 부담하는 채무는 그 대상이 아니다. 흡수분할합병의 경우 승계회사가 분할합병 후에 부담하는 채무는 물론 분할합병 전에 부담한 채무도 본조의 적용대상이 아니다.

분할전 채무의 판정

분할 전에 발생하였다면 이행기가 분할 후에 도래하더라도 분할 전 채무로서 연대채무의 대상이 됨은 물론이다(판례 [137]). 한편 분할 전에 채무를 발생시킬 수 있는 가능성이 있는 사실만 생겨나고, 분할 후에 비로소 법적 채무로 발생·확정되었다면 이는 분할 전의 채무가 아니고, 따라서 분할 당사회사들의 연대책임의 대상이 아니다(판례 [138]).

그러나 분할 전에 아직 발생하지는 아니하였더라도 성립의 기초가 되는 법률관계가 발생하여 있는 채무는 연대책임의 대상이므로(판례 [139]) 분할 전에 채무발생의 기초가 되는 사실관계가 생기고 실제 채무는 분할 후에 발생한 경우 연대책임의 대상이 되는 것과 되지 않는 것의 구분에 유념하여야 한다. 판례 [138] 및 그 同旨판례의 사안은 공정거래법에 의한 과징금의 부과결정이라는 형식적 처분에 의하여 비로소 과징금채무에 관한 법률관계가 생겨나는 데 비해, 판례 [139]의 경우에는 당초 신용보증약정에 의해 장래 발생할 보증채무의 구상채무가 이미 성립되었다고 보아야 한다는 점에서 양자의 차이는 분명하다.

판 례

[137] 대법원 2008. 2. 14. 선고 2007다73321 판결

「… 피고 회사는 2005. 3.경 원고 회사와 사이에 원고 회사로부터 피고 회사가 도급받아 시행중이던 제주시 노형동 731-3 지상 제주기적의 교회 및 부속 유치원 신축공사현장 … 에 필요한 고장력 철근 약 300t을 공급받기로 하는 계약을 체결하면서 공사현장에 철근이 필요한 시점을 정확히 예측할 수 없자 공급시기를 2005. 3.경부터 월·일을 따로 정하지 아니한 채 2005년까지라고만 정하였고, 그 대금은 매월 1.부터 15.까지 납품분에 대하여는 같은 달 16.에, 매월 16.부터 말일까지의 납품분에 대하여는 다음달 1.에 현금으로 결제하기로 한 사실, 피고 회사는 위 계약 체결 이후 원고 회사로부터 철근을 공급받던 중 건축공사업 및 토목공사업에 관련된 사업 부분을 별도로 신설할 신이레토건 주식회사가 담당하되 그 사업 부분과 관련된 채무액도 인수하며, 분할 전 채무는 피고 회사와 신설회사가 연대하여 책임을 지는 방식으로 회사를 분할하기로 하고, 그에 따른 분할계획서를 작성한 다음 주주총회 특별결의를 거쳐 2005. 6. 22. 분할등기를 마친 사실, 원고 회사는 이 사건 공급계약에 따라 이 사건 공사현장에 2005. 3. 25.부터 2005. 10. 3.까지 총 172,550,220원 상당의 고장력 철근

을 공급한 사실을 알 수 있는바, 위 인정 사실을 앞서 본 법리에 비추어 보면, 원고 회사가 위와 같이 취득한 물품대금채권은 비록 약정된 물품의 구체적인 공급시기가 정해지지 아니한 채로 분할 공급되는 관계로 구체적인 대금의 변제기는 다르다고 하더라도 결국 위 회사 분할 이전에 체결된 이 사건 공급계약에 의하여 발생한 것에 불과하므로, 그 변제기가 위 회사 분할 이후에 도래한 것이라고 하더라도 상법 제530조의9 제 1 항의 회사 분할 전 채무에 해당한다고 할 것인바, 피고 회사로서는 위 회사 분할 이후에도 원고 회사가 취득한 물품대금채권에 대하여 신이레토건과 연대하여 변제할 책임이 있다고 할 것이다.」

[註] 위 판례가 제시한 일반론, 즉 변제기가 도래하지 않더라도 분할전에 발생한 것은 분할전 채무로서 연대책임의 대상이라고 한 것은 타당하지만, 분할등기 이후에 공급된 철근 대금까지 2005년 3월에 체결된 계약에 근거한 채무로 보아 연대책임을 과하는 취지라면 의문이다. 매 半月을 단위로 철근 공급과 대금지급이 약정되어 있는 것이라면, 대금채무는 매 반월별로 구분하여 발생한다고 보아야 할 것이기 때문이다.

[138] 대법원 2007. 11. 29. 선고 2006두18928 판결

「신설회사 또는 존속회사가 승계하는 것은 분할하는 회사의 권리와 의무라 할 것인바, 분할하는 회사의 분할전 법 위반행위를 이유로 과징금이 부과되기 전까지는 단순한 사실행위만 존재할 뿐 그 과징금과 관련하여 분할하는 회사에게 승계의 대상이 되는 어떠한 의무가 있다고 할 수 없고, 특별한 규정이 없는 한 신설회사에 대하여 분할하는 회사의 분할전 법 위반행위를 이유로 과징금을 부과하는 것은 허용되지 않는다 할 것이다.」

[註] 90년대 말에 대우중공업이 다른 회사들과 담합하여 제품(지게차)의 가격을 인상한 일이 있다. 이후 2000년 10월 대우중공업은 존속분할을 통해 4개회사로 나누어졌는데, 공정거래위원회가 분할전 담합행위에 관해 신설회사의 하나인 대우종합기계에 과징금을 부과한 바 있다. 이에 대해 법원은 위와 같이 판시하였다.

[同旨판례] 대법원 2009. 6. 25. 선고 2008두17035 판결; 동 2011. 5. 26. 선고 2008두18335 판결(엘지화학사건).

[139] 대법원 2010. 12. 23. 선고 2010다71660 판결

「…상법 제530조의9 제 1 항에 따라 … 연대하여 변제할 책임이 있는 분할 또는 분할합병 전의 회사 채무에는 … 분할 또는 분할합병의 효력발생 전에 아직 발생하지는 아니하였으나 이미 그 성립의 기초가 되는 법률관계가 발생하여 있는 채무도 포함된다. … 이 사건 구상금 채무는 분할 전의 신용보증약정 및 이를 담보로 한 각 대출계약에 의해 그 기초가 되는 법률관계가 이미 성립되어 있었다 할 것이므로, 비록 원고가 피고의 분할 후인 2008. 3. 21. 소외 주식회사의 대출채무를 대위변제하였다 하여도 피고는 그로 인한 구상금 채무를 소외 주식회사와 연대하여 변제할 책임이

있다.

위 대위변제가 피고의 분할 후에 이루어졌다는 이유로 피고에게 그 구상금 채무에 대한 변제 책임이 없다는 상고이유의 주장은 받아들일 수 없다.」

[同旨판례] 대법원 2012. 5. 24. 선고 2012다18861 판결.

공정거래법상의 과징금의 승계

위 판례 [138] 및 同旨판례에서 보듯이, 분할 또는 분할합병 전에 있은 분할회사의 공정거래법 위반행위에 대해 분할 후 과징금을 부과할 경우 신설회사 등은 과징금에 관해 책임을 지지 않는다는 판결이 거듭되자, 정부는 2012년 공정거래법을 개정하여 분할회사의 분할 전 위반행위를 신설회사 등의 위반행위로 보아 과징금을 부과할 수 있도록 하였다(합병으로 소멸한 회사의 위반행위에 대한 과징금도 같다)(독규 102조 2항 · 3항). 따라서 현재는 판례 [138]의 판지와는 달리 분할회사의 공정거래법 위반행위 자체가 신설회사 등에 승계되어 신설회사가 과징금의 납부의무를 지게 된다. 그렇다고 판례 [138]의 판지가 무의미해진 것은 아니다. 공정거래법 제102조 제 2 항 · 제 3 항과 같은 특례가 없는 과징금에 관해서는 판례 [138]의 판지가 여전히 유효하다(대법원 2023. 6. 15. 선고 2021두55159 판결 참조).

2) 연대책임의 당사자 분할계획서나 계약서에 정한 바에 의해 분할회사가 분할 후에 계속 부담하는 채무에 대해서는 신설회사나 흡수분할합병의 승계회사가 연대책임을 지고, 신설회사나 흡수분할합병의 승계회사가 분할회사로부터 승계한 채무에 대해서는 존속하는 분할회사 및 다른 신설회사가 연대책임을 진다.

두 개의 회사가 각기 재산의 일부를 분할하여 신설합병을 할 때에는 각 분할회사는 상대분할회사의 분할 전 채무에 대해 연대책임을 지지 않는다.[1)]

3) 연대책임의 제소기간 분할무효의 소의 제소기간은 분할 후 6월 내로 제한되지만(530조의11 1항 → 529조), 이는 분할 후 당사회사들의 연대책임을 추궁하는 것과는 무관하다(부산고법 2004. 3. 31. 선고 2003나11424 판결). 연대책임은 당초 채무의 시효기간 내에 추궁할 수 있다.

4) 책임의 성질 판례는 상법 제530조의9 제 1 항의 연대책임은 채권자를 보호하기 위한 법정책임으로서 그 책임부담에 관하여 분할당사회사 사이에 주관적 공동관계가 있다고 보기 어렵다는 이유로, 분할당사회사들은 각자 부담하기로 한 채무 이외의 채무에 대하여 부진정연대의 관계에 있다고 한다(대법원 2010. 8. 26. 선고 2009

1) 예컨대 가전업과 통신업을 영위하는 甲회사와 반도체와 통신업을 영위하는 乙회사에서 각각 통신업을 분리하여 丙이라는 회사로 신설분할합병한 경우, 甲의 분할전 채무에 대해 甲과 丙이 연대책임을 지고, 乙의 분할전채무에 대해 乙과 丙이 연대채무를 지지만, 甲과 乙은 서로의 채무에 대해 책임을 지지 않는 것이다.

다95769 판결).

5) **책임의 한도(무한책임)** 분할당사회사는 분할 전의 회사채무 전부에 관해 책임을 지므로 무한책임이라고 할 수 있다. 각 회사들은 승계한 재산의 가액을 한도로 책임을 지는 것이 합리적이라 생각되는데, 이를 반영하지 않은 것은 입법의 불비이다.[1)]

(3) 책임의 제한(분할)

1) **책임의 분할 가능성** 분할당사회사들이 분할회사의 분할전채무에 관해 연대책임을 져야 함은 채권자를 보호하기 위해 불가피한 제도이기는 하나, 이는 분할의 효용을 반감시키는 요인이다. 분할의 취지는 영업부문별로 사업의 기회와 위험을 독립적으로 기동성있게 관리할 수 있도록 하기 위함인데, 連帶·無限책임으로 인해 분할당사회사들이 서로의 기업실패에 영향을 받게 되므로 분할 전의 규모의 비경제가 지속되기 때문이다. 그러므로 상법은 채권자의 보호를 전제로 분할당사회사들이 자기의 채무만을 책임지고 연대관계에서 벗어날 수 있는 방안을 제시하고 있다.

상법 제530조의9 제 2 항은 「… 단순분할신설회사는 분할회사의 채무 중에서 분할계획서에 승계하기로 정한 채무에 대한 책임만을 부담하는 것으로 정할 수 있다. 이 경우 분할회사가 분할 후에 존속하는 경우에는 단순분할신설회사가 부담하지 아니하는 채무에 대한 책임만을 부담한다」라고 규정하고, 이어 동조 제 3 항은 「분할합병의 경우에 … 분할승계회사 또는 분할합병신설회사가 분할회사의 채무 중에서 분할합병계약서에 승계하기로 정한 채무에 대한 책임만을 부담하는 것으로 정할 수 있다. 이 경우 제 2 항 후단을 준용한다」라고 규정하고 있다.

단순분할의 경우에는 분할계획서에서 신설회사가 자신이 승계하는 채무에 한해 책임을 지도록 정할 수 있고, 분할합병의 경우에는 분할합병계약서에서 분할승계회사 또는 신설회사가 자신이 승계하는 채무에 한해 책임을 지도록 정할 수 있는 것이다. 이 경우 존속하는 분할회사는 자신에 잔존하는 채무에 한해 책임을 진다.

분할계획서 또는 분할합병계약서에서 당사회사별로 채무와 책임을 분할함

---

1) 일본회사법 제759조 제 2 항 · 제 3 항: 분할합병 후의 당사회사들의 연대책임을 규정하고 있는데, 분할회사는 분할시에 잔존한 재산의 가액, 분할합병상대회사는 승계한 재산의 가액을 한도로 각각 책임지는 것으로 규정하고 있다.

에 따르는 제약은 없으므로 자유롭게 정할 수 있다. 예컨대 승계하는 적극재산에 비례하여 정하거나, 채무와 책임이 승계하는 영업과 견련되어야 하는 것도 아니다.

분할에 따른 책임분할의 의의

제530조의9 제 2 항은 2015년에 개정된 조문인데, 그 개정의 의의가 매우 크다. 개정전 제 2 항은 「… 설립되는 회사가 분할되는 회사의 채무 중에서 출자한 재산에 관한 채무만을 부담할 것을 정할 수 있다. …」라고 규정하였고, 동조 제 3 항은 「분할합병의 경우에 … 분할되는 회사의 채무 중에서 출자한 재산에 관한 채무만을 부담할 것을 정할 수 있다 …」라고 규정하였다.

이같이 개정전 법문은 분할회사의 채무 중에서 「출자한 재산에 관한 채무」만을 부담하게 할 수 있다고 규정함으로써 해석에 큰 혼란을 주었다. 출자한 재산에 「관한」 채무를 특정할 수 없을 뿐 아니라, 특정한다 하더라도 타당근거를 찾을 수 없기 때문이다. 그리하여 판례는 「출자한 재산」은 분할회사의 특정자산을 의미하는 것이 아니라, 신설회사 또는 승계회사가 승계한 「특정의 영업과 그 영업에 필요한 재산」을 의미한다고 해석하였다(대법원 2010. 2. 25. 선고 2008다74963 판결). 하지만 「승계한 영업재산」이라고 해서 채무가 특정되는 것은 아니므로 여전히 해석상의 혼란은 제거될 수 없었다.

개정법은 승계한 영업 또는 재산과 관련지움이 없이 자유롭게 채무와 책임을 특정할 수 있게 하였는데, 외국의 입법례를 보더라도 타당한 입법이다.[1]

2) **책임제한의 요건** 상법 제530조의9 제 2 항에 의해 분할당사회사들이 책임을 제한하기 위하여는 다음 두 가지 요건을 구비해야 한다.

i) 분할계획 · 계약상의 특정 분할당사자간에 배분 · 승계하는 채무의 내용이 분할계획서 또는 분할합병계약서에서 특정되고 주주총회의 승인을 얻어야 한다(대법원 2010. 8. 26. 선고 2009다95769 판결; 동 2012. 4. 26. 선고 2012다12191 판결). 이 사실은 분할채무를 주장하는 회사가 증명해야 한다(동 판례). 이러한 절차 없이 후술하는 채권자이의를 최고하는 공고에서 분할책임을 진다고 선언했다고 해서 책임분할의 효과가 생기는 것은 아니다(동 판례).

ii) 채권자보호절차 단순분할을 할 때에는 원칙적으로 채권자보호절차를 밟지 아니하나, 이같이 책임을 제한하고자 할 때에는 채권자보호절차를 밟아야 한다(530조의9 4항 → 527조의5).[2] 종전의 책임재산이 분할 후 수개회사로 분리 소유되므로

1) 제530조의9는 프랑스의 1966년 회사법 제385조와 제386조(현행 C. com. Art L. 236-20, L. 236-21)를 모델로 한 것이다. 동 제385조는 「분할의 승계회사들은 분할회사의 채무에 대하여 연대하여 채무를 부담한다」는 규정으로 우리 상법 제530조의9 제 1 항과 같은 취지이다. 그리고 동 제386조 제 1 항은 「… 승계회사들이 분할회사의 채무를 분할하여 연대책임 없이 일부의 채무를 부담할 것을 정할 수 있다」고 규정하고 있는데, 이는 우리의 2015년 개정법과 같은 취지이다.

2) 채무자회생절차에 의한 분할 또는 분할합병에서 책임을 제한할 경우에는 채권자보호절차를 밟

책임주체가 특정회사로 제한된다면 채권자를 위한 책임재산이 감소되기 때문이다. 채권자보호절차를 밟지 않은 경우에는 분할계획 또는 분할합병계약에 책임제한에 관한 규정을 두었더라도 이 규정은 무효이고, 채권자에 대해 당사회사들은 제530조의9 제 1 항에 따라 연대책임을 진다.

채권자보호절차는 분할의 승인결의가 있은 날부터 2주 내에 채권자에 대하여 분할에 이의가 있으면 1월 이상의 기간 내에 이를 제출할 것을 공고하는 것인데, 특히 회사가 알고 있는 채권자에 대하여는 따로따로 이를 최고하여야 하며, 이를 게을리한 경우에는 제 1 항에 따라 연대책임을 져야 한다(530조의9 4항 → 527조의5)(대법원 2004. 8. 30. 선고 2003다25973 판결; 판례 [140]).[1)]

회사가 알고 있는 채권자에는 회사가 관리하는 자료에 의해 인식되는 채권자는 물론, 대표이사 개인이 알고 있는 회사채권자도 포함된다(판례 [140]).

회사분할에 관한 판례 중에 회사가 알고 있는 채권자라 하더라도 연대책임을 배제하는 방식으로 분할되는 것을 알고 있고 예측하지 못한 손해를 입을 우려가 없다고 인정되는 채권자의 경우에는 개별적인 최고를 누락했다고 해서 당사회사들이 연대책임을 지는 것은 아니라고 한 예가 있다(대법원 2010. 2. 25. 선고 2008다74963 판결). 이 이론을 일반화시킬 경우 책임형태의 문제만이 아니라, 분할 · 합병 등에 대한 이의가능여부에까지 영향을 주는 판결인데, 判旨의 법리적 근거가 무엇인지 의문이다. 채권자보호절차는 채권자들에게 어떤 정보를 알린다는 뜻보다는 이의를 제기할 수 있는 절차와 기회를 제공한다는 데에 뜻이 있으므로 판지에 찬성하기 어렵다.

판 례

[140] 대법원 2011. 9. 29. 선고 2011다38516 판결

「…분할 또는 분할합병으로 인하여 회사의 책임재산에 변동이 생기게 되는 채권자를 보호하기 위하여 상법이 채권자의 이의제출권을 인정하고 그 실효성을 확보하기 위하여 알고 있는 채권자에게 개별적으로 최고하도록 한 입법 취지를 고려하면, 개별 최고가 필요한 '회사가 알고 있는 채권자'라 함은 채권자가 누구이고 그 채권이

지 아니한다(회파 272조 4항). 회생절차에서는 채권자가 관계인집회에서 회사분할에 따른 이해득실을 판단할 수 있기 때문에 별도의 채권자보호절차가 필요하지 않기 때문이다. 그러므로 이 특례는 회생계획안에 관한 결의절차에 참여할 수 없는 공익채권자에게는 적용되지 않는다(대법원 2016. 2. 18. 선고 2014다31806 판결).

1) 한국전력이 전력산업구조개편촉진에관한법률에 따라 발전사업부문을 6개사로 물적분할하면서, 분할계획에 제530조의9 제 2 항에 따른 규정을 두었으나, 채권자보호절차를 밟지 않았다(특히 알고 있는 채권자에게 통지를 하지 않았다). 이에 법원은 자회사가 부담하기로 한 채무에 관해 모회사인 한국전력이 책임을 져야 한다고 판시하였다.

어떠한 내용의 청구권인지가 대체로 회사에게 알려져 있는 채권자를 말하는 것이고, 그 회사에 알려져 있는지 여부는 개개의 경우에 제반 사정을 종합적으로 고려하여 판단하여야 할 것인바, 회사의 장부 기타 근거에 의하여 그 성명과 주소가 회사에 알려져 있는 자는 물론이고 회사 대표이사 개인이 알고 있는 채권자도 이에 포함된다고 봄이 상당하다.」

[註] A회사가 타인으로부터 받은 약속어음을 X에게 배서양도하였고, X는 Y에게 배서양도하였다가 최종소지인이 동어음의 발행인에게 제시하였으나, 지급이 거절되어 각자 자기의 전자에게 순차로 상환청구를 하여 최종적으로 X가 Y에게 상환의무를 이행하고 어음을 회수하여 소지하고 있는 상태인데, A회사가 영업의 일부를 분할하여 B에 흡수합병시키면서 B의 책임을 A로부터 승계한 영업에 관한 채무로 한정하는 내용의 분할합병계약서를 작성하였다(즉 어음채무는 제외). 그리고 A는 채권자에게 이의제출 공고만 하고 X에게 개별통지는 하지 아니하여 X가 이의제출을 하지 못한 상태에서 분할등기를 마쳤다. 이에 법원은 위 판결문과 같은 일반론을 제시하고, A는 X를 자기로부터 어음을 양수한 어음소지인으로 인식하거나 또는 그 어음을 재차 양도하고 잠재적으로 상환의무를 지고 있는 자로 인식할 것인데, 어느 쪽이든 A는 X에 대해 상환의무를 부담해야 하므로 X는 A가 알고 있는 채권자로 보아야 한다고 판시하였다.

채무불승계의 효력

상법 제530조의9 제 2 항을 문언대로 해석하여 일체의 채무를 승계하지 않기로 한 분할에는 동조가 적용되지 않으므로 동조 제 1 항에 따라 연대책임을 져야 한다는 하급심판례가 있다(판례 [141]). 甲이 乙$_1$의 도급을 받아 전기공사를 하고 대금채권을 갖고 있던 중, 乙$_1$이 전기사업부문을 분리하여 물적 분할방식으로 乙$_2$를 설립하였는데, 분할계획에서는 乙$_1$의 채무 일체를 乙$_2$가 승계하지 않는 것으로 하고 채권자보호절차를 거쳤으나, 채권자의 이의가 없었다. 이어 乙$_2$는 전기사업부문을 乙$_3$에게 흡수분할합병을 시키면서 역시 乙$_2$의 채무 일체를 乙$_3$이 승계하지 않는다는 분할합병계약을 체결하고 채권자보호절차를 거쳤으나, 역시 채권자의 이의가 없었다. 하지만 후에 甲이 乙$_3$을 상대로 乙$_1$에 대한 채권을 행사하는 소송을 제기하였는데, 법원은 乙$_2$가 乙$_1$의 전기공사채무를 승계하지 않는 것, 乙$_3$이 乙$_2$의 전기공사채무를 승계하지 않는 것은 상법 제530조의9 제 2 항이 정하는「출자받은 재산에 관한 채무를 승계하지 않는 것」이 아니어서 동조항이 정하는 연대채무의 예외에 해당하지 않으므로 동조 제 1 항에 따라 乙$_1$, 乙$_2$, 乙$_3$이 연대하여 채무를 변제해야 한다고 판시하였다. 논리성에 의문이 있다. 일체의 채무의 불승계(명제 A)와 출자받은 재산에 관한 채무의 불승계(명제 B)는 A ⊇ B의 관계에 있다. 그리고 이 사건에서 문제된 채무는 전기사업부문이고 채무도 전기공사채무이므로 바로 B에 해당한다. 그러므로 이 사건에서의 A의 계획은 당연히 B를 포함하는데, A를 계획하였다 하여 B의 효과를 누리지 못한다는 것은 논리적으로 성립하기 어려운 명제이다. 그러면서도 이러한 방식의 채무불승계는 허용되는 사적자치라고 판단하였는데, 「허용된다」는 판단의 실익이 있을 수 없어 더욱이나 수긍하기 어렵다.

판 례

[141] 대구고법 2006. 4. 14. 선고 2005나1484 판결

「… 분할을 하면서 신설회사인 [乙2]가 재산에 관한 채무조차 승계하지 않는 것으로, 이 사건 분할합병을 하면서 분할합병의 상대방 회사인 [乙3]이 출자받은 재산에 관한 채무조차 승계하지 않는 것으로 각 정하는 것도 사적자치의 원칙상 허용된다고 할 것이다.

그러나, 이 사건의 경우는 '분할 전의 회사의 채무 중에서 출자받은 재산에 관한 채무'만을 부담하기로 정한 것이 아니라, 아예 분할 전의 회사의 모든 채무를 승계하지 않기로 정한 것이어서 연대책임원칙의 예외를 규정한 상법 제530조의9 제2 · 3항이 적용되지 않는다고 보아야 하고, 따라서 상법 제527조의5에 정한 채권자보호절차를 취하였는지 여부를 불문하고 상법 제530조의9 제 1 항에 따라 연대책임을 지게 된다 할 것이므로, ① 이 사건 분할의 경우에는 [乙1]과 [乙2]가 연대하여 원고에게 [乙1]의 분할 전의 회사채무인 이 사건 공사잔대금 채무를 변제할 책임이 있고, ② 이 사건 분할합병의 경우에는 [乙2]와 [乙3]이 연대하여 원고에게 [乙2]의 분할합병 전의 회사채무인 이 사건 공사잔대금 채무를 변제할 책임이 있다.」

[註] 이 판결은 상고심에서 상고기각되어 확정되었다(대법원 2006. 10. 12. 선고 2006다26380 판결). 그런데 상고심에서는 「신설회사 또는 존립회사가 분할 또는 분할합병 전의 회사채무를 전혀 승계하지 않기로 하는 내용의 합의는 상법 제530조의9에 위반한 것이어서 … 채권자보호절차를 거쳤는지 여부를 불문하고 … 신설회사 또는 존립회사는 분할 또는 분할합병 전의 회사채무에 대하여 분할되는 회사와 연대책임을 진다」라고 판시하였다. 위 고법판결에서의 사실인정에 의하면 분할회사의 채무를 신설회사가 승계하지 않은 것인데, 상고심에서는 사실관계를 분할회사(판결문 중의 "존립회사")조차 책임을 지지 않는 것으로 전제하고 판단하였다. 실제 사실관계가 그러하다면 당연히 그러한 분할계획 또는 분할합병은 무효라고 해야 할 것이나, 원심이 인정한 사실관계와는 차이가 있어 정확한 판지가 무엇인지 의문이다.

6. 질권자의 권리

상법은 명문의 규정을 두고 있지 않으나, 분할회사의 주식에 질권을 갖는 자는 분할로 인해 그 주식의 주주가 취득하는 신설회사의 주식 또는 흡수분할합병의 상대방회사의 주식 또는 교부금(금전 또는 그 밖의 재산)에 대해 물상대위의 효력을 누린다고 보아야 한다(339조 참조).

근로계약의 승계

회사분할에서는 권리 · 의무의 승계가 분할계획에서 특정된 범위에서 이루어질 뿐, 합병에서와 같이 포괄승계되는 것이 아니므로 분할회사의 종업원의 지위가 당연히 신설회사 또는 분할합병회사에 승계된다고 볼 수는 없다. 판례는 분할계획서에 근로관계의 승계를 규정한 경우에는 상법 제530조의10의 효력에 의해 승계대상에 포함된다는 입장을 취한다(대법원 2013. 12. 13. 선고 2011두4282 판결). 그러면 종업원이 승계됨을 원치 않는 경우에는 어찌되느냐는 문제가 제기되는데, 판례는 분할에서의 근로관계의 승계는 종업원의 이해와 협력을 구하는 절차를 거치는 등의 절차적 정당성을 갖춘 경우에 한해 허용된다고 한다. 그리하여 이해와 협력을 구하는 절차를 거쳤다면 종업원의 동의를 받지 못했더라도 근로관계는 신설회사 또는 분할합병회사에 승계되는 것이 원칙이라고 한다(동 판례). 그러나 이에 대해서는 다시 예외를 두어, 회사의 분할이 해당 종업원을 해고하기 위한 방편으로 이용되는 것과 같은 특별한 사정이 있는 경우에는 종업원은 상당기간 내에 반대의 의사를 표시함으로써, 승계를 거부하고 분할회사에 잔류할 수 있다고 한다(동 판례). 「이해와 협력」은 법률적으로 정형화하기 어려운 사회학적 개념이므로 법적 효력을 결정하는 기준으로서 적절한지 의문이다.

위 판례는 승계를 원하지 않는 종업원을 승계대상으로 분할계획에 명문으로 규정한 사건을 다룬 것인데, 반대로 승계되는 영업에 종사해 오고 승계를 원하는 종업원을 분할계획상의 승계대상에서 제외한 경우에는 어떻게 해결해야 하느냐는 문제가 생긴다. 분할에 의해 영업이 이전하는 만큼, 영업양도(41조)에 준하는 현상으로 보아 영업양도에서의 근로관계의 법리를 유추적용하는 것이 합리적이라 생각된다(總則 · 商行爲, 286면 참조).

Ⅷ. 分割의 無效

회사분할에 무효의 원인이 있을 경우에는 다음과 같이 분할무효의 소를 제기할 수 있다.

1. 무효의 원인

분할계획 또는 분할합병계약서의 내용이 강행법규에 위반되거나 현저히 불공정한 경우에는 무효원인이 된다. 예컨대 신설회사의 자본금이 승계한 자산을 초과하는 경우, 신설회사의 주식을 분할회사의 주주들에게 배정함에 있어 주식평등의 원칙에 위반하는 경우 등을 들 수 있다. 그리고 분할의 절차가 위법한 경우에도 무효사유가 된다. 예컨대 주주총회의 승인을 얻지 않거나 결의에 하자가 있는 경우, 분할합병을 하면서 채권자보호절차를 밟지 않거나 주주의 주식매수청구기회를 부여하지 않은 경우, 분할당사회사들의 책임을 제한하면서 채권자보호절차를 밟지 않은 경우 등이다.

2. 소의 성질

분할의 무효는 소만으로 주장할 수 있으므로 분할무효의 소는 형성의 소이다.

3. 제소권자

분할의 무효는 주주, 이사, 감사, 청산인, 파산관재인 또는 분할을 승인하지 않은 채권자가 제기할 수 있다(530조의11 1항 → 529조 1항). 여기서 주주, 이사는 존속하는 분할회사, 신설회사 또는 분할합병에 있어서의 상대방회사의 주주, 이사를 뜻한다. 집행임원을 둔 회사의 경우 집행임원에게도 제소자격을 인정해야 한다.

4. 피 고

무효판결의 효력은 회사조직의 변동을 초래하므로 당연히 회사를 피고로 하여야 하지만, 분할로 인한 신설회사 또는 존속회사가 수 개이므로 어느 회사를 피고로 할 것이냐는 문제가 있다. 분할에 관련된 모든 회사가 판결의 효력을 받고 또 그 효력은 획일 확정되어야 하므로 분할로 인해 신설된 회사, 존속하는 회사 모두를 공동피고로 하는 필수적 공동소송이 되어야 한다.

5. 기타 절차

분할무효의 소는 분할등기 후 6월 내에 제기하여야 한다(530조의11 1항 → 529조).

소제기가 있으면 공고를 하여야 하고, 수개의 소가 제기되면 병합심리를 하여야 하며, 법원의 재량기각이 인정되고, 원고가 패소할 경우 손해배상책임을 지는 점 등은 제 2 장 제 6 절 및 합명회사의 설립무효의 소에서 설명한 바와 같다(530조의11 1항 → 240조 → 186조~191조)(107면 이하, 158면 참조). 법원은 회사의 청구에 의하여 제소자에게 상당한 담보의 제공을 명할 수 있다(530조의11 1항 → 237조 → 176조 3항·4항).

6. 무효판결의 효력

무효판결에는 대세적 효력이 있어 소를 제기하지 않은 주주 등에 대하여도 효력이 있다(530조의11 1항 → 240조 → 190조 본). 이 점 형성의 소인 다른 회사법상의 소와 같다. 그리고 분할무효판결의 실체적 효력에 관해 상법은 합명회사의 합병무효의 판결의 효력에 관한 제239조를 준용하고 있다. 그러나 이 규정은 분할무효의 효력에 관한 모든 문제의 직접적인 해결방법을 제시하지는 못한다. 부득이 합병무효판결의 효력에 관한 원리를 원용하여 해석론으로 분할무효의 효력을 풀이할 수밖에 없다.

(1) 단순분할의 무효

단순분할의 경우에 무효판결이라 함은 바로 신설회사의 설립의 무효를 뜻한다. 그러므로 신설회사는 무효가 되고 분할회사가 소멸하였다면 분할회사가 부활한다. 아울러 신설회사의 재산도 분할회사에 복귀한다. 분할 후에 발생한 채무는 당연히 분할회사의 채무가 된다.

(2) 분할합병의 무효

분할합병이 무효가 되는 경우에는 일반합병이 무효가 된 경우의 해결법리를 그대로 원용해야 할 것이다.

신설분할합병이 무효가 된 경우 신설회사의 설립이 무효가 됨은 단순분할과 같다. 그리고 신설회사가 분할회사 및 상대방회사로부터 승계한 재산과 채무는 각기 분할 전의 상태로 복귀한다. 분할 후에 신설회사가 취득한 재산은 분할회사 및 그 상대방회사의 공유로 하고(530조의11 1항 → 239조 2항), 분할 후에 부담한 채무는 쌍방회사의 연대채무로 한다(530조의11 1항 → 239조 1항). 이 공유재산에 대한 지분 또는 연대채무에 대한 부담부분은 쌍방의 협의로 정할 수 있되, 협의가 이루어지지 않는 경우에는 법원이 회사의 제반사정을 참작하여 이를 정한다(530조의11 1항 → 239조 3항).

흡수분할합병의 경우에는 상대방회사가 승계한 재산과 채무가 분할회사에 복귀하고, 분할 이후에 취득한 재산과 채무의 처리는 신설분할의 경우와 같은 요령에 의한다(동 조항).

(3) 소급효의 제한

분할무효의 판결에는 소급효가 없다(530조의11 1항 → 240조 → 190조 단). 그러므로 분할에 의하여 신설된 회사의 모든 대내외적인 행위, 분할 후의 주식의 양도 등 분할의 유효를 전제로 이루어진 행위는 모두 유효하다.

회사분할과 詐害行爲取消

채권자를 해할 목적으로 회사분할이 이루어진 경우 사해행위취소의 대상이 되는가? 회사분할은 「재산권을 목적으로 한 법률행위」(민 406조)가 아니므로 상법 제185조와 같은 특칙이 없는 한 사해행위취소의 대상이 되지 않는다고 보는 것이 온당한 해석이다. 그러나 일본의 판례·통설은 회사분할은 재산권을 목적으로 하는 법률행위의 측면도 있다고 보아, 신설분할에서 분할회사의 재산이 대부분 신설회사에 승계되고 채무는 승계되지 않음에도 분할회사의 채권자의 이의가 허용되지 않는 死角的인 상황에서는 회사분할의 사해행위취소를 허용한다.[1] 이 경우 회사분할의 효력이 부정된다면 회사분할무효의 소가 형성의 소인 것과 충돌되므로 사해행위취소의 효력을 제한적으로 해석하여 신설회사에 승계된 재산의 원상회복에 그치고 회사분할로 인한 신설회사의 설립에는 영향이 없는 것으로 다루고 있다.

우리 상법상으로는 채무가 승계되지 않는 분할은 반드시 채권자보호절차를 거쳐야 하므로(530조의9 4항) 채권자취소권을 인정할 필요가 없다고 볼 여지도 있다. 그러나 채권자 이의공고가 완전한 공시기능을 갖기 어려운데다, 기술한 바와 같이 주주들에게 분할대가로서 교부금이나 기타 재산을 제공할 경우(530조의5 1항 5호)에는 책임재산의 부족이 생길 수 있음에도 불구하고, 이 경우를 위한 채권자보호절차가 마련되어 있지 않아, 일본에서와는 다른 계기로 사해행위취소의 허부를 검토할 여지가 있다.

제 4 관 주식의 포괄적 교환과 포괄적 이전

I. 총 설

1. 입법의 배경

주식의 포괄적 교환과 포괄적 이전은 어느 회사의 발행주식총수를 소유하는 완전모회사를 만들기 위한 방법이다. 「주식의 포괄적 교환」(이하 '주식교환'이라 약칭)은 아래 〈그림 6-27〉에서 보듯이, 이미 존재하는 A회사와 B회사의 계약에 의해 B회사의 주주가 소유하는 B회사의 주식을 전부 A회사에 이전하고, 그 주식을 재원으로 하여 A회사가 B회사의 주주에게 신주를 발행하거나 자기주식을 교부하는 것을 말한다(이하 주식교환이나 이전에 의해 모회사가 되는 회사를 "A"로 예시하고 자회사가 되는 회사를 "B"로 예시한다). 이에 의해 A는 B의 주식 전부를 소유하는 완전모회사가 되고, B의 주주는 A의 주주로 수용된다. 그리고 「주식의 포괄적 이전」(이하 '주식이전'이라 약칭)은 〈그림 6-28〉에서 보듯이, B의 계획에 의해 A를 신설하되, 그 신설방법은 B의 주주가 가진 B 주식 전부를 A에게 이전하고 A는 설립시에 발행하는 주식을 B의 주주에게 배정하는 것이다. 이에 의해 A는 B의 완전

1) 日最高裁 2012. 10. 12. 판결, 民集 66권 10호 3311면(「判例時報」 2181호 144면). 그러나 2014년 개정회사법에서는 이러한 상황에서도 분할회사의 채권자가 신설회사에 대해 승계된 재산의 범위에서 채무이행을 청구할 수 있으므로 본문에서와 같은 필요성은 크게 줄었다(日會 764조 4항).

모회사가 되고 B의 주주는 A의 주주가 된다. 두 제도 모두 회사간의 계약(주식교환의 경우) 또는 회사의 일방적인 계획(주식이전의 경우)에 의해 일방회사(자회사)의 주주들이 소유하는 주식이 타회사(모회사)에 강제로 이전된다는 점에 특색이 있다. 물론 주주들은 주주총회에서 주식교환 또는 주식이전을 승인하는 결의에 참가하지만, 이 결의는 단체법적인 방법으로 주식교환이나 주식이전을 위한 회사의 의사를 결정하는 것이고, 개별 주주의 개인법적인 주식처분의사를 이끌어내는 것은 아니다.

〈그림 6-27〉 주식의 포괄적 교환

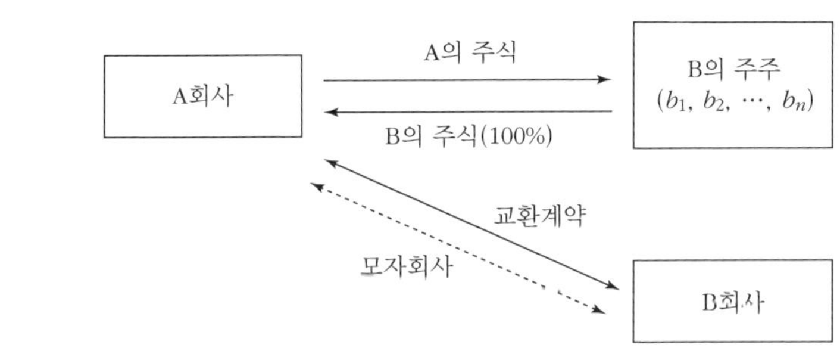

〈그림 6-28〉 주식의 포괄적 이전

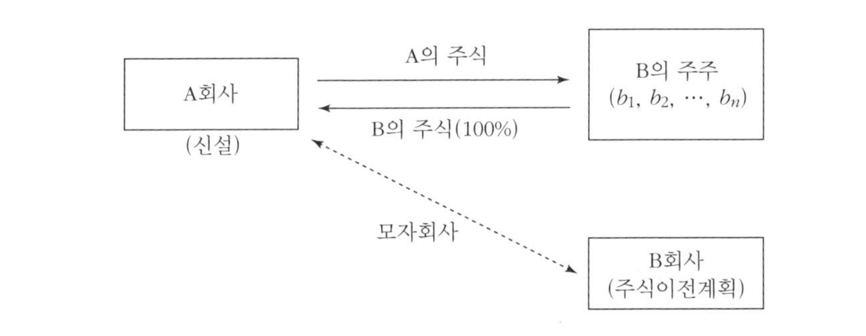

지주회사와 주식교환 · 이전

주식의 교환 · 이전은 특히 지주회사의 창설을 용이하게 한다는 점에서 큰 뜻을 갖는다. 지주회사란 일반적으로 주식의 소유를 통해 타회사의 사업내용을 지배하는 것을 주된 목적으로 하는 회사를 지칭한다.[1)] 상법상의 모자회사(342조의2)에서 모회사가 특

1) 우리나라에서는 공정거래법에서 이를 다루고 있는데, 모회사가 소유하는 자회사의 주식이 모회

히 자회사를 지배하는 것을 주된 목적으로 존재할 경우 이를 지주회사라고 할 수 있다. 과거 공정거래법에서는 지주회사가 경제력의 집중을 유발한다는 이유에서 그 설립을 금지하여 왔으나(舊독규 8조), 1997년 경제위기 이후 기업의 자구책으로 조직개편이 활발해지고, 조직개편의 유용한 수단으로서 지주회사에 대한 수요가 높아짐에 따라 1999년 개정에 의해 일정한 규제하에 허용하고 있다. 이에 2001년 개정상법은 지주회사의 창설을 위한 법적 수단을 마련해 준다는 목적을 겸하여 주식교환과 주식이전 제도를 신설하였다. 이 두 제도가 없다고 해서 지주회사를 설립하거나 기존회사를 지주회사로 바꾸는 방법이 없는 것은 아니다. 하지만 주식교환 · 이전은 후술하는 바와 같이 다른 방법에 비해 보다 저비용으로 매우 강력한 모자관계를 창설하는 수단이라는 점에서 유용성이 뛰어나다.

2. 효　　용

주식교환과 주식이전은 어떤 효용을 기대하고 하는가? 이를 납득하기 위해서는 먼저 왜 완전모자관계(모회사가 자회사의 주식 전부를 소유하는 관계)를 만들 필요가 있는지부터 이해해야 한다.

1) 완전모자관계의 효용 A와 B가 모자회사가 된다는 것은 A와 B가 경영상 지배복종관계로 결합함을 의미한다. A가 B를 지배하기 위해서는 항상 100%의 주식을 소유해야 하는 것은 아니다. A가 B의 주식 과반수를 소유하면 A는 자신의 의사로 B의 이사 전부를 선임할 수 있어 지배가 가능하고, B의 주식이 분산되어 있다면 불과 20, 30% 혹은 그 이하의 소유만으로도 지배가 가능하다. 그러나 이러한 상태에서는 A는 B의 다른 주주와 공존하여야 하는데, 다른 주주와의 이해의 갈등으로 인해 B에 대한 지배의사를 관철함에 있어 많은 비용이 소모된다. 예컨대 다른 주주들이 이사의 해임청구나 대표소송 등 소수주주권을 행사함으로써 방어비용을 유발하고, 영업양도나 합병 · 분할 등과 같은 사안에서는 주식매수청구권을 행사함으로써 조직개편의 비용을 증가시키고, 의사결정을 지연시킨다. 무엇보다도 A는 다른 주주나 제 3 자로부터 끊임없이 기업매수의 위협을 받으므로 그 방어비용의 부담이 상존한다. 그러므로 A가 B회사의 주주들의 간섭을 차단하고 B의 지배를 독점함으로써 기업지배를 위한 비용을 최소화하고 지배력의 행사에 기동성을 부여하는 방법으로서 A가 B를 완전자회사로 만들 필요가 생기는 것이다.

2) 다른 수단과의 비교 주식교환은 기존의 회사들이 완전모자관계로 결

사의 총자산의 100분의 50 이상일 때 그 모회사는 자회사를 지배하는 것을 주된 목적으로 한다고 본다(독규 2조 7호, 동령 3조 2항).

합하기 위한 방법인데, A와 B의 완전모자관계는 다른 방법으로도 형성할 수 있다. 가장 단순한 방법은 A가 B의 주주들로부터 주식을 전부 매수하는 것이나, B 주주들이 주식의 매수에 응하지 않을 경우 모자관계의 형성이 불가능해진다. 설혹 주식 전부의 매수가 가능하다고 하더라도 A는 주식취득비용을 조달해야 하는 부담이 생긴다. 그리고 현실적으로는 A가 B 주식의 전부를 취득하고자 할 때에는 수요의 급증에 의해 B의 주가가 상승하고 따라서 그 취득비용은 B 주식의 실제가치를 상회하게 된다. A가 B의 모든 주주들로부터 B의 全주식을 현물출자로 받으며 제 3 자배정방식으로 신주를 발행한다면 비용부담 없이 B의 완전모회사가 될 수 있으나, 매수방식에서와 같이 B 주주 전원이 현물출자에 응한다는 보장이 없다. 주식교환을 하면 A는 신주발행을 통해 B의 주식을 자기자본화함으로써 일체의 유동자산을 유출시킴이 없이 그리고 B 주주와의 개별적인 거래 없이 B를 완전자회사로 만들 수 있는 것이다.[1)]

주식이전은 기존의 회사가 자기의 모회사를 신설하는 방법인데, 다른 방법으로도 같은 효과를 누릴 수 있다. 예컨대 B가 A를 설립하여 A로 하여금 B 주주들로부터 주식을 매집하게 하는 것이다. 이같은 우회적인 방법은 자회사(A)가 모회사(B)의 주식을 취득하는 것이므로 상법 제342조의2에 저촉되는 문제점이 있으며, 이를 논외로 하더라도 주식교환에 관해 언급한 바와 같이 주식의 완전 매집이 여의치 않을 수 있고, 주식매집을 위한 자금조달이 부담스럽다.[2)]

주식이전은 신설되는 모회사의 주식을 주식취득비용으로 대체함으로써 자금부담 없이 완전모회사를 설립할 수 있는 장점을 갖고 있는 것이다.

3) 합병과의 비교 기업결합의 가장 완전한 방법은 합병이므로 주식교환이나 주식이전에 의해 얻어지는 완전모자관계보다 더욱 강력한 기업결합효과를 합병에 의해 얻을 수 있다.[3)] 하지만 합병을 하게 되면 조직이 비대해져 규모의

1) 原田晃治, "株式交換等係に係る平成一一年改正商法の解說(上),"「商事法務」1536호(1999. 9. 5.), 10면.

2) 기존 회사가 자기의 영업 전부를 현물출자하여 완전자회사를 만들면 주식교환 혹은 주식이전에 의해 기존주주들을 완전모회사의 주주로 변동시키는 것과 같은 효과를 누릴 수 있다. 하지만, 이를 위해서는 모회사가 자회사를 신설하면서 검사인을 선임해야 하고, 현물출자로 인해 모회사에 세부담이 생기므로 경제적인 방법이 아니다(前田, 715면).

3) 주주가 각자의 개별적인 의사와 관계없이 다른 회사(주식교환 · 이전의 경우에는 완전모회사, 합병의 경우에는 존속회사 · 신설회사)의 주주가 된다는 점에서 주식교환 · 이전과 합병의 공통점을 보인다. 또한 완전모회사가 자회사의 전 주식을 소유하는 대가로 자회사의 주주들에게 주식을 발행해 주는 것과 합병에서의 존속회사 또는 신설회사가 다른 회사의 권리의무를 포괄적으로 승계하는 대가로 상대방회사의 주주에게 주식을 발행해 주는 것도 주식교환 · 이전과 합병의 공통

불경제가 생기고, 이종의 사업이 한 회사에 뒤섞여 경영상의 비효율을 빚기도 하며, 여러 부문의 사업수행으로 인한 위험이 집중되는 문제가 있다. 주식교환과 주식이전은 당사회사의 법적 독립성을 유지함으로써 기업위험을 분산하면서, 경영지휘의 통일을 기할 수 있는 방법이 되는 것이다.

신한금융지주회사

신한금융그룹은 과거 신한은행, 신한증권, 신한캐피탈, 신한투신운용이라는 4개의 금융기관을 주축으로 하여 이루어진 것인데, 이 중 신한은행이 사실상의 모회사로서 다른 회사들의 주식을 각기 10~15%씩 소유하고 있었고 신한은행에 대해서는 재일교포자본이 같은 정도의 지분을 소유하고 있었다. 신한은행, 신한증권, 신한캐피탈은 상장회사이므로 이 정도의 주식이면 충분히 지배력을 발휘할 수 있다. 그러나 회사마다 다른 영세주주들이 존재하여 지배주주와 영세주주들의 이해가 첨예하게 대립하므로 금융그룹 전체의 통일적인 경영정책을 수행하는 것이 어려웠다. 그리하여 2001년에 신한금융지주회사를 만들어 위 네 개 회사의 주주들을 신한금융지주회사의 주주로 흡수하고 네 개 회사들은 신한금융지주회사의 완전자회사로 만들었다. 그 결과 이 네 개의 금융기관에 대한 주주권은 신한금융지주회사의 이사회 내지는 동지주회사의 경영자가 행사하므로 전그룹을 통일적인 지휘하에 놓을 수 있게 된 것이다.

이를 종전의 신한은행의 지배주주의 입장에서 보면, 네 개 회사를 지배관리하기 위해 네 개의 기업조직마다 각기 소액주주들과의 갈등을 극복하여야 하였으나, 지금은 신한금융지주회사의 지배력만 장악하면 네 개의 회사가 자동으로 그 지휘하에 놓이게 되는 편리함이 생긴 것이다.

3. 입 법 례

일본은 우리와 같은 동기에서 1999년에 주식의 포괄적 교환(2005년 이전 日商 352조, 日會 767조 이하) 및 포괄적 이전(2005년 이전 日商 364조, 日會 772조 이하)제도를 신설한 바 있는데, 우리 상법상의 주식교환 및 주식이전제도는 이 일본의 제도를 거의 그대로 모방한 것이다. 그리고 일본의 제도는 미국의 주식교환제도(share exchange)(예: MBCA § 11.02)를 개조한 것이라고 할 수 있다.

4. 법적 구성

주식교환과 주식이전을 어떤 법리로 이해할 것인가? 그 경제적 효과의 측면에서 본다면 주식교환·이전은 현물출자인 성격이 농후하다. 즉 주식교환의 경우 완전자회사가 될 회사(이하 "자회사"로 약칭)의 주주들이 완전모회사가 될 회사(이하 "모회사"로 약칭)

점이다(前田, 736면).

에 자회사 주식을 현물출자하고 그 대가로 모회사의 신주를 발행받는 것과 동일한 결과를 가져오며, 주식이전의 경우 자회사의 주주들이 자회사의 주식을 현물출자하여 모회사를 설립하고 그 주주가 되는 것과 동일한 결과를 가져오는 것이다. 그러나 결과적으로는 현물출자와 유사하더라도, 자회사의 주주들에게 현물출자를 하려는 의사가 없음에도 불구하고 현물출자와 같은 결과를 창출한다는 점에서 일반의 현물출자와 본질적인 차이를 보인다.

그리하여 상법은 주식교환·이전을 현물출자의 법리로 구성하는 것을 피하고 합병이나 분할과 같이 특수한 조직법적 행위로 구성하고 있다.[1] 가령 주식교환·이전에 주주총회의 결의를 요하게 하는 것, 현물출자에서와 같은 출자재산의 조사절차를 생략하는 것, 반대주주들의 주식도 모회사에 이전되는 것, 반대주주에게 주식매수청구권을 부여하는 것, 주식교환의 경우 모회사가 신주의 발행에 갈음하여 자기주식을 교부할 수 있는 것 등은 현물출자의 법리로는 설명할 수 없는 요소들이다.[2]·[3]

Ⅱ. 주식의 包括的 交換

1. 의 의

회사는 주식의 포괄적 교환에 의하여 다른 회사의 발행주식의 총수를 소유하는 회사(완전모회사)가 될 수 있다(360조의 2 1항). 주식의 포괄적 교환에 의하여 완전모회사의 자회사(완전자회사)가 되는 회사의 주주가 가지고 있던 자회사의 주식은 완전모회사가 되는 회사에 이전되고, 그 대가(이하 "교환대가")로서 완전자회사가 되는 자회사의 주주는 완전모회사가 발행하는 신주를 배정받거나 자기주식을 이전받음으로써 완전모회사의 주주가 된다(360조의 2 2항). 후술하는 바와 같이 교환대가로 제공되는 신주나

1) 前田庸, "商法等の一部を改正する法律案要綱(案)の解說(上)," 「商事法務」 1517호(1999. 2. 15.), 8면; 原田, 前揭, 10면.

2) 주식교환·이전이 왜 조직법적 행위인지를 설명하는 방법으로서, 회사기업은 인적조직(주주)과 물적조직(회사재산)의 유기적인 결합체라고 보고, 주식교환·이전은 인적조직을 물적조직으로부터 분리하여 다른 법주체에 이전·흡수시키는 것이므로 기업조직의 변경을 초래하는 조직법적 행위라고 이론구성을 하는 학자도 있다(吉本健一, "株式交換·株式移轉と會社分割の理論的檢討," 「商事法務」 1545호(1999. 12. 5.), 5면).

3) 완전모회사가 될 회사와 완전자회사가 될 회사간의 계약에 의해 제 3 자(완전자회사의 주주)가 모회사의 주식을 취득하게 되는 점에 착안하면 제 3 자를 위한 계약(민 539조)이라 볼 수도 있지만, 수익자에게 수익의 의사표시 없이 권리가 발생한다는 점에서 본질적인 차이가 있고 제 3 자를 위한 계약의 법리 중 주식교환에 적용할 만한 제도도 찾을 수 없으므로 의미있는 논의는 아니다.

자기주식의 전부 또는 일부를 교부금(금전이나 그 밖의 자산)으로 갈음할 수 있다. 주식의 전부를 교부금으로 대신하면 자회사의 주주들을 배제한 채 모자회사관계만 생겨난다.

법문에서 주식의 「교환」이라는 용어를 사용하지만, 이는 계약에 의한 주식의 상호이전을 뜻하는 것이 아니다. 교환계약의 당사자는 모회사와 자회사인데, 그 효과로서 자회사의 주주의 소유주식이 모회사에 이전되고 그 주주들이 모회사의 주주가 되는 현상은 계약의 효력으로는 설명할 수 없다. 그러므로 주식교환에 의한 주주권의 변동은 기술한 바와 같이 조직법적인 원인에 의한 권리변동으로 보아야 한다.

교환계약의 당사자가 되는 모자회사는 각기 한 개씩이어야 하는가? 상법은 주식이전의 경우에는 수개의 회사가 공동으로 모회사를 설립하는 것을 예상하고 있으나(360조의16 1항 8호), 주식교환에 관해서는 이 점을 언급하고 있지 않다. 주식교환의 당사자가 되는 모회사는 성질상 한 개의 회사이어야 하지만, 자회사는 수개의 회사라도 무방하다고 본다. 예컨대 A회사와 B_1, B_2, … B_n 회사가 주식교환에 의하여 모자관계를 형성할 수 있는 것이다. 이 경우 주식교환계약은 모회사와 수개의 자회사간에 각별로 맺어지는 것이므로 일부의 자회사와 모회사의 주식교환계약이 무효가 되거나 주주총회의 승인을 받지 못하더라도 나머지 자회사와의 주식교환에는 영향이 없다.[1)]

2. 절 차

1) 주식교환계약서의 작성 주식교환을 하려면 우선 모회사로 예정된 회사와 자회사로 예정된 회사 간에 주식교환계약서를 작성하여야 한다. 주식교환계약서에는 다음 사항을 기재하여야 하는데(360조의3 3항), 대체로 흡수합병의 계약서와 유사하다. 주식교환계약서는 쌍방회사의 대표이사가 체결하나, 각자 이사회의 결의를 요함은 물론이다.

① 완전모회사가 되는 회사가 주식교환으로 인하여 정관을 변경하는 경우에는 그 규정(360조의3 3항 1호)

모회사의 발행예정주식총수 중 미발행 부분이 주식교환을 위해 발행해야 할 신주의 수에 미달할 때에는 정관을 변경해서 발행예정주식총수를 늘여야 할 것이고, 상호를 변경할 필요가 있을 때에도 정관변경을 해야 할 것이다. 또 모회사에 없는 우선주를 자회사의 주주에게 발행하고자 한다면 이 역시 정관에 근거를

1) 前田, 前揭, 10면에서는 당사자의 계약에 의해 그 효력을 정할 수 있다고 하나, 찬성하기 어렵다.

두어야 한다. 모회사가 사업목적의 하나로 자회사의 주식을 소유함을 정관에 기재해야 하는가? 상법상 자회사의 주식을 소유함을 반드시 정관에 기재해야 한다고는 해석되지 않으나, 일본에서는 자회사의 사업목적과 아울러 자회사주식을 소유하는 것을 사업목적으로 기재해야 하는 것으로 해석함이 일반적이다.[1)]

② 완전모회사가 되는 회사가 주식교환을 위하여 신주를 발행하거나 자기주식을 이전하는 경우에는 발행하는 신주 또는 이전하는 자기주식의 총수 · 종류, 종류별 주식의 수 및 완전자회사가 되는 회사의 주주에 대한 신주의 배정 또는 자기주식의 이전에 관한 사항(동조항 2호)

후술과 같이 교환대가 전액을 교부금으로 지급하는 경우를 제외하고는 모회사가 자회사의 주주에게 신주를 발행하거나 자기주식을 이전한다. 신주 및 자기주식은 자회사의 주식을 모회사에 이전하는 데 대한 실질적인 대가가 되므로 자회사의 주주들에게는 결정적인 이해가 걸린 사항이고, 신주의 발행 및 자기주식의 이전으로 인해 모회사의 주주들의 지분에도 상대적인 변동이 생기는 탓에 모회사의 주주들에게도 중대한 이해가 걸린 사항이므로 교환계약사항으로 하여 쌍방의 주주총회의 결의를 얻도록 한 것이다.

2015년 개정이전의 제360조의3 제 3 항 제 2 호에서는 주식교환계약서에 기재할 사항으로 신주의 발행만을 언급하고, 자기주식으로 갈음할 수 있다는 뜻은 제360조의6에서 규정하였다. 2015년 개정에서는 제360조의6을 삭제하고 제360조의3 제 3 항 제 2 호에서 신주발행과 자기주식의 이전을 병기하는 방식으로 바꾸었다. 하지만, 개정전후 신주발행 전부를 자기주식의 이전으로 대체할 수 있음에는 차이가 없으므로 실질적으로 개정된 내용은 없다.

③ 완전모회사가 되는 회사의 자본금 또는 준비금이 증가하는 경우에는 증가할 자본금 또는 준비금에 관한 사항(동조항 3호)

모회사가 액면주식을 발행하는 회사인 경우, 모회사가 자회사의 주주에게 신주를 발행하면 그 액면총액만큼 모회사의 자본은 증가한다. 그리고 교환차익이 생길 경우 이는 자본준비금으로 적립해야 한다. 교환차익은 주식교환을 할 날에 자회사에 현존하는 순자산액에서 모회사의 자본증가액을 공제한 금액인데, 주식교환을 할 날에 자회사에 얼마의 순자산액이 현존할는지 알 수 없으므로 자본준비금을 금액으로 특정하기는 어렵다. 그러므로 교환계약서에서는 교환차익을 자본준비금으로 한다는 취지로 정하면 족하다고 본다.

모회사가 무액면주식을 발행할 경우에는 모회사가 이전받는 자회사의 주식

1) 北澤, 699면; 土岐敦司 · 邊見紀南, "企業再編のすべて," 別冊「商事法務」240호, 246면.

의 가액이 모회사가 발행하는 주식의 발행가가 될 것이므로 그 2분의 1 이상을 자본금으로 계상하고 잔액은 자본준비금으로 적립한다(451조 2항).

④ 완전자회사가 되는 회사의 주주에게 제 2 호(위 ②)에도 불구하고 그 대가의 전부 또는 일부로서 금전이나 그 밖의 재산을 제공하는 경우에는 그 내용 및 배정에 관한 사항(동조항 4호)

i) 교부금주식교환의 허용　　주식교환제도를 도입할 때부터 교환대가의 일부를 금전으로 갈음할 수 있도록 하였다. 이는 기능적으로 합병교부금에 대칭시켜 이해할 수 있다. 그런데 2011년 개정상법에서 교부금만으로 하는 합병을 허용하면서, 주식교환에는 이를 허용하는 규정을 두지 않았는데, 2015년 개정에서 교부금만의 주식교환도 허용하였다. 관련 법리는 교부금합병에 관해 설명한 것과 동일하다(상세는 1150면 이하 참조).

ii) 삼각주식교환의 허용　　합병교부금을 금전 아닌 재산으로 제공하는 것과 균형을 맞추어 2015년 개정법에서는 교환교부금도 금전 아닌 재산으로 교부하는 것을 허용하였다. 나아가 제360조의3 제 3 항 제 4 호에서 교환대가 전액을 금전이나 금전 아닌 재산으로 지급할 수 있도록 하고, 동조 제 6 항에서 교환대가 전부를 완전모회사의 모회사의 주식으로 할 수 있음을 전제로 완전모회사가 자신의 모회사의 주식을 취득하는 것을 허용하는 규정을 신설하였다. 즉 삼각합병에 대칭하여 삼각주식교환을 허용한 것이다(〈그림 6-29〉 참조). 삼각주식교환의 효용은 삼각합병의 효용과 유사하다. 즉 타회사(S)를 자신의 완전지배하에 두고자 하는 회사(P1)가 자신의 자회사(P2)로 하여금 자기(P1)의 주식을 취득하게 하고(또는 P1이 P2에게 자기주식을 현물출자할 수도 있다) 이를 교환대가로 하여 S를 완전자회사로 만들게 함으로써 P1은 반대주주의 반대 및 주식매수청구에 대한 부담을 없애면서 S를 완전한 지배하에 둘 수 있는 것이다.

삼각주식교환을 위해 완전모회사가 취득한 모회사주식을 교환대가로 사용하지 않은 경우에는 법상 금지되는 모회사주식취득의 상태가 유지됨을 의미하므로 상법은 이를 주식교환의 효력발생일로부터 6월 내에 처분하도록 한다(360조의3 7항).

2015년 개정상법의 제안설명에서는 삼각주식교환을 신설함으로써 역삼각합병이 가능해졌다고 설명하고 있다. 이는 삼각주식교환을 한 후, 주식교환에서의 완전모회사가 된 회사(그림의 A_2)가 완전자회사(그림의 B)의 주식을 자신의 모회사(그림의 A_1)에 잔여재산으로 분배하고 해산을 하거나, 완전자회사(그림의 B)에 흡수합병되는 절차를 다시 거침으로써 역삼각합병의 효과를 발휘할 수 있음을 뜻한다.

〈그림 6-29〉 삼각주식교환

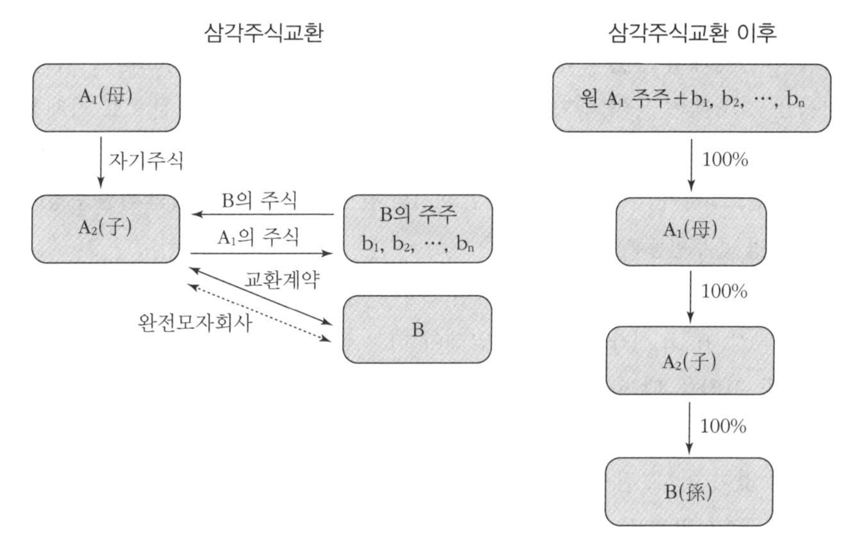

주식교환대가의 경우의 수

2015년 개정법은 신주나 자기주식 전부에 갈음하여 교부금 기타 재산으로 제공할 수 있게 하였으므로(360조의3 3항 2호·4호) 주식교환대가의 경우의 수가 많아졌다. 기본적으로 i) 신주발행만으로 하는 경우, ii) 자기주식만으로 하는 경우, iii) 교부금(금전)만으로 하는 경우, iv) 금전외의 재산만으로 하는 경우의 네 가지 선택지가 있고, 이들 중 2가지 혹은 3가지 혹은 4가지로 구성하는 조합이 가능해진다. 이 점은 흡수합병이나 흡수분할합병에서도 같다.

⑤ 각 회사가 주식교환의 승인결의를 할 주주총회의 기일(동조항 5호)

교환계약서는 모자 양 회사의 주주총회에서 승인을 받음으로써 구속력을 갖게 되므로 주주총회의 소집은 교환계약의 이행이라는 의미를 갖는다. 모자 쌍방의 주주총회의 회일은 일치할 것을 요하지 않는다.

⑥ 주식교환을 할 날(동조항 6호)

자회사의 주주의 주식이 모회사에 이전되고 자회사의 주주들이 모회사의 주식을 취득하게 되는 시점을 의미한다. 즉 주식교환의 효력이 발생하는 날이다.

⑦ 각 회사가 주식교환을 할 날까지 이익배당을 할 때에는 그 한도액(동조항 7호)

주식교환의 비율, 즉 자회사의 주식 1주에 모회사의 주식 몇 주를 발행하느냐는 것(위 ②의 사항)은 교환계약 당시의 양 회사의 기업가치를 기초로 하여 결정하는데, 순자산가치는 기업가치의 중요한 요소이다. 교환계약의 체결이후 어느 일방 회사에서 이익배당을 한다면 그 회사의 주식의 순자산가치가 감소하고 이는 교환비율의 기초에 변동이 생기는 것을 의미하므로 교환계약에 명문으로 기재하여 교환비율의 결정에 반영하게 하기 위함이다.

⑧ 완전모회사가 되는 회사에 취임할 이사와 감사 또는 감사위원회의 위원을 정한 때에는 그 성명 및 주민등록번호(동조항 9호)

주식교환으로 인해 모회사의 기업조직에 변동이 생기는 것은 아니므로 반드시 이사와 감사(또는 감사위원)가 새로이 취임해야 하는 것은 아니나, 실제에 있어서는 자회사 측의 이익을 대변할 이사나 감사를 새로이 영입하는 예가 많을 것이다. 이 경우 교환계약서에 기재하고 주주총회에서 교환계약서를 승인함으로써 별도의 선임결의 없이 이사, 감사를 선임할 수 있다.

2) **주주총회의 승인** 위 주식교환계약서는 완전모회사가 될 회사와 완전자회사가 될 회사에서 각각 주주총회의 특별결의에 의한 승인을 얻어야 한다(360조의3 1항 · 2항). 주식교환으로 인하여 어느 종류의 주주에게 손해를 미치게 될 경우에는 해당 종류주식의 주주들의 종류주주총회의 결의도 얻어야 한다(436조).

주식교환을 현물출자적인 사고로 이해한다면 자회사의 주주총회의 결의만 있으면 족하고, 모회사에서까지 주주총회의 결의를 요한다고 볼 것은 아니다. 그러나 기술한 바와 같이 상법은 주식교환을 조직법적 행위로 파악하므로 모회사의 주주총회의 결의도 요구하고 있다.[1)]

주주총회를 소집할 때에는 소집통지서에, ① 주식교환계약서의 주요내용, ② 반대주주의 주식매수청구권(360조의5 1항)의 내용 및 행사방법을 기재하여야 한다. 아울러, ③ 일방회사의 정관에 주식의 양도에 관하여 이사회의 승인을 요한다는 뜻의 규정이 있고 다른 회사의 정관에 그 규정이 없는 경우에는 그 뜻도 기재하여야 한다(360조의3 4항).[2)]

2011년 개정에 의해 제360조의3 제 5 항에 「주식교환으로 인하여 주식교환에 관련되는 각 회사의 주주의 부담이 가중되는 경우에는 제 1 항 및 제436조의

1) 참고로 미국 회사법에서는 모회사측의 주주총회는 요구하지 않는다(MBCA § 11.03(a)).

2) 모회사의 정관에 주식의 양도제한에 관한 규정이 있을 경우에는 자회사의 주주에게 이를 공시할 필요가 있을 것이나, 자회사의 정관에 양도제한에 관한 규정이 있다고 해서 이를 주주들에게 공시할 필요는 없다. 자회사의 주주들은 이미 알고 있는 사항이고, 모회사의 주주들은 직접 이에 관해 이해를 갖지 않기 때문이다. 대단한 흠은 아니나, 입법의 착오이다.

결의 외에 그 주주 전원의 동의가 있어야 한다」라는 규정이 신설되었다. 어떠한 경우를 의식한 규정인지 의문이다. 인적회사를 모회사로 하고 주식회사를 자회사로 하여 모회사의 지분과 자회사의 지분을 교환한다면 자회사의 주주의 책임이 변경될 수 있으므로 부담이 「가중」된다는 일이 가능하지만, 우리 교환제도는 주식회사만 적용대상으로 하므로 이 규정이 적용될 상황은 상상하기 어렵다.

3) 공 시 이사는 주식교환의 승인을 위한 주주총회일의 2주 전부터 주식교환의 날 이후 6월이 경과하는 날까지 주식교환에 관련된 소정의 서류를 본점에 비치하여야 한다(360조의4 1항). 공시해야 할 서류는, ① 주식교환계약서, ② 완전자회사가 되는 회사의 주주에 대한 주식의 배정에 관하여 그 이유를 기재한 서면, ③ 승인을 위한 주주총회의 회일(360조의9의 규정에 의한 간이주식교환의 경우에는 동조 2항의 규정에 의하여 공고 또는 통지를 한 날) 전 6월 이내에 작성한 각 회사의 최종 대차대조표 및 손익계산서이다. 주주는 영업시간 내에 언제든지 이 서류의 열람 또는 등본을 청구할 수 있다(360조의4 2항 → 391조의3 3항). 채권자의 열람은 허용되지 않는다(동조항의 반대해석). 주식의 교환은 회사의 재산에 관한 변동을 가져오는 것이 아니므로 채권자의 이해와는 무관하기 때문이다.

채권자보호절차의 요부

주식교환에 있어서는 어느 쪽 회사에도 채권자보호절차를 요하지 않는다. 자회사에는 전혀 자산의 변동이 없고, 모회사에서는 자회사의 주식이 이전되어 오히려 재산이 늘어나기 때문이다. 모회사가 자회사의 주주에게 교부금을 지급하는 경우에는 자산의 유출이 수반되지만, 이 경우에도 그에 상응하는 자회사의 주식이 유입되므로 자회사의 순자산에 대한 평가가 공정한 이상 교부금의 지급으로 인한 자산의 감소는 없다고 할 수 있다.

3. 주식의 이전과 신주발행

(1) 株式의 移轉

1) 이전방법 주주총회에서 주식교환계약서의 승인결의가 이루어지면, 교환계약에 정한 「주식을 교환하는 날」에 자회사의 주주가 소유하는 자회사의 주식은 모회사로 이전된다(360조의2 2항). 자회사 주주의 소유주식이 이전되는 것은 법률의 규정에 의한 것이므로 주권의 교부(336조 1항)와 같은 이전행위를 요하지 않는다.

2) 주권의 실효절차 자회사의 주식이 주권의 교부 없이 모회사에 이전되므로 자회사의 주주가 보유하는 주권은 효력을 잃는다. 그러므로 자회사의 주주총회에서 주식교환을 승인한 때에는 주권을 실효시키기 위해 소정 사항을 주

식교환의 날 1월 전에 공고하고, 주주명부에 기재된 주주와 질권자에 대하여 따로 그 통지를 하여야 한다(360조의 8 1항). 공고를 하여야 할 사항은 ① 주주총회에서 교환을 승인하였다는 뜻, ② 주식교환의 날의 전날까지 주권을 회사에 제출하여야 한다는 뜻, ③ 주식교환의 날에 주권이 무효가 된다는 뜻이다. 주권을 제출할 수 없는 자에 대한 처리는 자본금감소절차에서와 같다(360조의8 2항 → 442조).

(2) **新株의 발행**

1) **신주발행의 성질** 모회사가 교환대가로 신주를 발행하는 경우에는 교환계약서에 정해진 바에 따라 자회사의 주주에게 신주를 발행하여야 한다(360조의 2 2항). 이 신주의 발행은 상법 제416조의 규정에 따른 통상의 신주발행이 아니고, 자회사의 주주들로부터 이전된 자회사 주식을 재원으로 하여 「주식을 교환하는 날」에 자동으로 발행되는 것이다(후술). 주식교환을 위한 신주발행에는 검사인의 선임 등 현물출자의 검사(422조)를 요하지 않는다.

2) **자본금증가의 한도** 신주발행으로 인해 모회사의 자본금이 증가하는데, 상법은 자본충실의 고려에서 모회사의 자본금이 실제 유입된 재산의 가액을 넘지 않도록 규율하고 있다. 모회사에 유입되는 재산은 모회사에 이전되는 자회사의 주식이다. 그러므로 모회사의 증가된 자본금이 이전된 자회사의 주식의 가치를 넘지 않아야 할 것이다. 주식의 가치란 발행한 회사의 순자산으로 정해지므로 상법은 모회사의 자본금의 증가를 통제하는 자본충실의 기준으로 자회사의 순자산액을 사용한다. 즉 상법은 모회사의 자본금은 주식교환의 날에 자회사에 현존하는 순자산액을 초과할 수 없다(360조의 7 1항)고 규정한다. 결국 자회사에 현존하는 순자산액은 모회사에 이전되는 자회사 주식의 총가액이면서 동시에 모회사가 발행하는 신주의 총발행가액이 된다고 할 수 있다.

한편 모회사가 액면주식을 발행한 회사라면, 모회사에서 주식교환으로 인해 증가하는 자본금은 자회사의 주주에게 발행하는 신주의 액면총액을 말한다. 그러므로 모회사의 증가하는 자본이 자회사의 순자산액을 초과한다면 이는 액면미달발행을 하는 것과 같으므로 그와 같이 되지 않도록 자회사의 순자산의 범위에서 자본금을 증가하도록 한 것이다.

그리고 모회사가 무액면주식을 발행한 회사라면, 이사회가 자본으로 계상할 금액을 결정하는데, 자본으로 계상하는 금액이 자회사의 순자산액을 초과한다면 주식교환과 더불어 결손이 생기므로 결손이 되지 않도록 자회사의 순자산의 범위에서 자본을 계상하게 한 것이다.

자회사의 순자산액은 다음 경우에 따라 차감계산된다.

i) 모회사가 자회사주식을 가지고 있는 경우 모회사가 이미 자회사의 주식의 일부를 가지고 있을 경우에는 자회사의 순자산의 일부에 대해서는 이미 모회사가 지분을 가지고 있는 셈이므로 그 부분에 해당하는 순자산에 기초해서 신주를 발행해서는 안 된다. 따라서 주식교환의 날에 자회사에 현존하는 순자산액에 자회사의 발행주식총수 중에서 모회사에 이전되는 주식의 수가 차지하는 비율을 곱한 금액을 자회사의 순자산으로 보아 모회사가 증가시킬 수 있는 자본의 한도로 한다(360조 의7 2항).

ii) 교부금이 있는 경우 자회사의 주주에게 신주발행에 갈음하여 금전(교부금)을 지급할 때에는 주식교환으로 인한 모회사에서의 자산증가분은 교부금만큼 감소하므로 위 i)의 금액에서 교부금을 차감한 금액을 자본증가의 한도로 한다(360조의7 1항 1호). 금전에 갈음하여 다른 재산을 제공하는 경우에는 그 다른 재산의 (장부)가액을 차감해야 한다(동 규정).

iii) 자기주식을 교부하는 경우 모회사가 자회사의 주주에게 신주발행에 갈음하여 자기주식을 교부할 경우에는 ii)와 같은 이유에서 그 주식의 장부가액도 순자산액에서 공제하여야 한다(360조의7 1항 2호).

공식과 예시

1) 공 식 자본증가의 한도를 공식으로 표현하면 다음과 같다.

자회사의 순자산액×모회사에 이전되는 주식수/자회사의 발행주식총수−(교부금+자기주식의 장부가)≥모회사의 자본증가액

2) 예 시 자회사의 발행주식총수는 100주이고 순자산은 100만원이다. 그리고 자회사의 발행주식 중 모회사가 30주를 소유하고 있고, 기타 주주가 70주를 소유하고 있다. 교환계약에서 자회사의 주주들에게 교부금 20만원을 지급하기로 정했다. 모회사의 주식의 액면가는 1,000원이고 모회사가 자기 주식을 50주(장부가는 1주당 2,000원) 소유하고 있는데, 전부를 자회사의 주주에게 교부하기로 하였다. 그러면 모회사가 자회사의 주주에게 발행할 신주의 총액 즉 자본증가의 한도는 다음과 같다.

〔100만원×70/100−20만원−(2,000원×50)〕=40만원, 즉 모회사가 발행할 신주는 400주를 넘을 수 없다.

순자산 산출의 기준시점

상법은 자회사의 현존하는 순자산액을 산출하는 기준시점을 주식교환의 날로 잡고 있다. 그러나 모회사의 자본증가액은 교환계약서에서 특정되어야 하므로 교환계

약서를 작성할 때에 일응 교환의 날에 현존할 순자산액을 추산하고 이를 기초로 자본증가액을 결정하여야 할 것이다. 그런데 주주총회를 소집할 때에는 회의일의 2주간 전부터 6월 내에 작성한 대차대조표를 공시하여야 하므로(360조의4 1항 3호) 교환계약서상의 자회사의 순자산액은 이 대차대조표에 기하여 산출될 것이다. 교환계약서를 작성한 후 주주총회를 소집하여 결의하고 주권의 실효절차를 밟자면 최소 1월 반 이상의 시간이 소요된다. 그러므로 교환계약서에서 확정한 자회사의 순자산액과 교환의 날 현재의 자회사의 순자산액에는 괴리가 생길 것이다. 상법은 이 문제의 해결방안은 제시하고 있지 않다. 교환계약서 작성시에 추후 자회사의 재산의 변동을 예측해서 모회사의 자본증가액을 결정해야 하겠지만, 교환의 날에 자회사의 재산상태에 예상하지 못한 감소요인이 생겼다면, 교환을 위한 절차를 다시 밟아야 한다.

3) 단주의 처리 신주를 발행하거나 자기주식을 교부하는 경우 단주의 처리는 자본금감소에서와 같은 절차를 밟는다(360조의 11 1항).

4) 질권자의 권리 모회사가 자회사의 주주에게 발행하는 신주 또는 교부하는 자기주식에 관하여는 자회사의 주식에 대한 질권자의 권리가 미치며, 질권자는 모회사에 대하여 자기에게 주권을 교부할 것을 청구할 수 있다(360조의11 2항 → 339조 · 340조 3항).

5) 交換差益의 처리 모회사의 자본증가액은 자회사의 순자산액을 초과할 수 없는 까닭에 모회사의 자본증가액이 자회사의 순자산에 미달하여 모회사에 이익이 발생할 수 있다(교환차익). 이 이익은 자본준비금으로 적립하여야 한다(459조 1항).

4. 반대주주의 주식매수청구권

주식교환을 위한 이사회의 결의가 있는 때에 그 결의에 반대하는 자회사 또는 모회사의 주주는 주주총회 전에 회사에 대하여 서면으로 그 결의에 반대하는 의사를 통지하고, 주주총회에서 가결된 날로부터 20일 이내에 주식의 종류와 수를 기재한 서면으로 회사에 대하여 자기가 소유하고 있는 주식의 매수를 청구할 수 있다(360조의 5 1항). 의결권이 없거나 제한되는 주주도 주식매수청구권을 행사할 수 있다(동조 항). 후술하는 간이주식교환을 하는 경우에는 주주총회의 결의가 없으므로 반대주주는 주식교환의 공고 또는 통지(360조의 9 2항)를 한 날부터 2주 내에 교환에 반대하는 의사를 통지하여야 하고 그 기간이 경과한 날부터 20일 이내에 주식의 매수를 청구해야 한다(360조의 5 2항).

회사는 매수의 청구를 받은 후 2월 내에 매수하여야 하고, 매수가격은 영업양도로 인한 매수청구시와 같은 방법으로 하며(360조의5 3항 → 374조의2 2항~5항), 기타 매수청구에 따르는 일반적인 문제는 영업양도시의 매수청구에 관해 설명한 바와 같다(621면 이하 참조).

母會社株主의 매수청구권

교환에 반대하는 자회사의 주주의 입장에서는 자기 의사에 반하여 소유주식이 타회사의 주식으로 교체되므로 당연히 매수청구권을 가져야 한다. 하지만 모회사의 주주는 소유주식에 변동이 있는 것도 아닌데, 주식매수청구권을 갖도록 해야 하느냐는 의문이 생긴다.

미국법에서는 주식교환시에 모회사의 주주총회의 결의를 요하지 않으므로 모회사의 주주들은 주식매수청구권을 갖지 못하나(MBCA § 11.06(b)), 우리나라와 일본에서는 모회사의 주주도 주식매수청구권을 갖는다. 그 이유를 일본에서는 주식교환은 현물출자가 아니고 조직법적 행위이기 때문이라고 설명한다.[1)]

그러나 주식교환을 조직법적 행위로 구성한다고 해서 반드시 모회사의 주주에게 주식매수청구권을 부여해야 하는 것은 아니다. 이는 입법정책의 문제이다.

모회사의 주주들의 입장에서 주식교환이 갖는 실질적인 의미는 회사의 발행주식이 제 3 자에게 배정된다는 것이다(418조 2항). 그렇다면 정관에 근거가 있는 한 제 3 자 배정이 가능한 이치인 만큼, 모회사의 주주들이 정관변경과 결의요건을 같이 하는 주식교환승인결의에 참가하는 것으로서 그 보호는 충분하다고 볼 소지도 있다.

5. 특수절차(간이주식교환과 소규모주식교환)

(1) 간이주식교환

자회사가 되는 회사의 총주주의 동의가 있거나, 그 회사의 발행주식총수의 100분의 90 이상을 이미 모회사가 소유하고 있는 때에는 자회사의 주주총회의 승인은 이사회의 승인으로 갈음할 수 있다(360조의 9 1항). 간이합병과 같은 취지의 제도이다.

간이주식교환을 할 때에는 자회사는 주식교환계약서를 작성한 날부터 2주 내에, 주주총회의 승인을 얻지 아니하고 주식교환을 한다는 뜻을 공고하거나 주주에게 통지하여야 한다(동조 2항 본). 다만, 총주주의 동의가 있는 때에는 공고를 생략할 수 있다(동조항 단).

모회사가 자회사의 주식 전부를 소유하는 경우가 아닌 간이교환의 경우에는 교환에 반대하는 주주가 있을 수 있다. 이들은 기술한 절차에 따라 주식매수청구권을 행사할 수 있다.

---

1) 前田, 前揭, 13면.

(2) 소규모주식교환

1) 요　건　　모회사가 되는 회사가 주식교환을 위하여 발행하는 신주 또는 이전하는 자기주식의 총수가 그 회사의 발행주식총수의 100분의 10을 초과하지 아니하는 경우에는 그 회사에서의 주주총회의 승인은 이사회의 승인으로 갈음할 수 있다(360조의10 1항 본). 이는 소규모합병에 대해 주주총회의 승인을 요구하지 않는 것과 같은 취지이다. 그러나 자회사가 되는 회사의 주주에게 지급할 교부금(금전 또는 그 밖의 재산)이 최종 대차대조표(360조의4 1항 3호)에 의하여 모회사에 현존하는 순자산액의 100분의 5를 초과하는 때에는 주주총회의 결의를 생략할 수 없다(360조의10 1항 단).[1)]

2) 교환계약서　　소규모교환을 할 경우에는 주식교환계약서에 모회사에 관하여는 주주총회의 승인을 얻지 아니하고 주식교환을 할 수 있다는 뜻을 기재하여야 한다(360조의10 3항). 주식교환으로 인해 정관변경이 필요한 경우 교환계약서에 이를 기재하면 교환계약의 승인결의만으로 정관변경이 이루어지나(360조의3 3항 1호), 소규모교환을 할 때에는 주주총회의 결의가 없으므로 정관변경을 하지 못한다. 따라서 교환계약서에 모회사의 정관변경에 관한 사항을 기재할 수 없다(360조의10 3항).

3) 공　시　　모회사는 주식교환계약서를 작성한 날부터 2주 내에 자회사의 상호와 본점, 주식교환을 할 날 및 주주총회의 승인을 얻지 아니하고 주식교환을 한다는 뜻을 공고하거나 주주에게 통지하여야 한다(360조의10 4항). 주식교환의 공시(360조의4)에 있어 공시기간의 기산일이 되는 주주총회일은 소규모교환의 경우에는 이 공고 또는 통지일로 갈음한다(360조의10 6항).

4) 적용제외　　모회사의 발행주식총수의 100분의 20 이상에 해당하는 주식을 가지는 주주가 소규모교환에 반대하는 의사를 통지한 때에는 주주총회결의 없이 주식교환을 할 수 없다. 이 경우 주주의 반대는 소규모주식교환의 공고 또는 통지가 있은 날로부터 2주간 내에 이루어져야 한다(360조의10 5항).

5) 반대주주의 주식매수청구권　　소규모교환의 경우에는 반대주주에게 주식매수청구권이 인정되지 않는다(360조의10 7항). 소규모교환제도를 이용할 가장 큰 실익이라고 할 수 있다.

6. 주식교환의 효과

1) 효력발생시기　　합병이나 회사분할의 경우에는 등기에 의해 효력이

1) 2015년 개정전에는 신주와 자기주식의 총수는 발행주식총수의 100분의 5, 교부금은 순자산의 100분의 2를 초과하지 못하도록 하였으나, 동개정에 의해 본문에서와 같이 완화되었다.

발생하나, 주식교환의 경우에는 회사의 법인격이나 구조에는 변화가 없고 다만 주주의 이동이 있을 뿐이므로 주식교환의 등기를 요하지 않는다. 모회사의 경우 신주를 발행함으로 인해 자본과 발행주식총수의 변경등기를 하여야 하지만 이는 주식교환의 효력발생과는 무관하다.

그러면 주식교환은 언제 효력이 발생하는가? 주식교환계약서에는 「주식교환을 할 날」을 기재하여야 한다(360조의3 3항 6호). 법문에서 「'교환'을 할 날」이라고 표현하고 있으나, 동시이행의 의미로 주식을 주고 받는 절차는 없다. 「교환」이란 자회사의 주주가 보유하는 주식이 이전행위 없이 모회사로 이전되고 그에 대한 경제적 의미의 대가로서 모회사가 자회사의 주주에게 신주를 발행하는 것을 뜻한다.

상법 제360조의2 제 2 항은 「자회사의 주주가 가지는 주식은 주식을 교환하는 날에 주식교환에 의하여 모회사에 이전하고 자회사의 주주는 모회사가 주식교환을 위해 발행하는 신주를 배정받음으로써 그 회사의 주주가 된다」고 규정하고 있다. 이 조문상의 「주식을 교환하는 날」이란 주식교환계약서에 기재하는 「주식교환을 할 날」(360조의3 3항 6호)을 의미한다. 즉 자회사의 주주가 소유하는 주식은 교환계약서에서 정한 「주식교환을 할 날」에 모회사에 이전되고, 같은 날에 모회사의 신주를 자회사의 주주에게 배정함으로써 자회사의 주주가 모회사의 주주로 되는 것이다. 그런데 법문대로라면 주식교환을 할 날에 자회사의 주식은 자동적으로 모회사에 이전되나, 자회사의 주주를 모회사의 주주로 하기 위해서는 모회사에서 「신주의 배정」이라는 행위를 하여야 하는 것처럼 읽혀진다. 이같이 이해하면 자회사 주식이 이전되는 것과 자회사 주주가 모회사 주주로 되는 것의 법률적 원인이 상이해지는 문제가 생기며, 이로 인해 논리적으로 양자간에 시차가 생기는 문제도 있다. 자회사의 주주가 모회사의 주주로 되는 것은 주식교환계약과 주주총회의 결의에 부여한 법적 효과로서 이루어지는 것이므로 자회사의 주주는 교환계약에서 정한 주식교환을 할 날에 당연히 모회사의 주주가 되는 것으로 해석해야 한다. 따라서 자회사의 주주와 모회사의 관계에서 상법 제419조 제 1 항이 정하는 의미에서의 신주의 청약이나 제421조가 정하는 의미에서의 신주의 배정은 불필요하다.

2) 이사 · 감사의 임기 모회사의 이사 및 감사로서 주식교환 전에 취임한 자는 주식교환계약서에 다른 정함이 있는 경우를 제외하고는 주식교환 후 최초로 도래하는 결산기에 관한 정기총회가 종료하는 때에 퇴임한다(360조의13). 주식교환으로 인해 모회사의 주주구성에 변화가 생기므로 새로운 구성에 의한 주주총

회가 이사와 감사를 선임하도록 하기 위함이다.

3) **사후공시**　이사는 소정의 서면을 주식교환의 날부터 6월간 본점에 비치하여야 한다. 비치할 서면은 ① 주식교환의 날, ② 주식교환의 날에 완전자회사가 되는 회사에 현존하는 순자산액, ③ 주식교환으로 인하여 완전모회사에 이전한 완전자회사의 주식의 수, ④ 그 밖의 주식교환에 관한 사항이다(360조의12 1항). 주주들은 이 서면의 열람 또는 등사를 청구할 수 있다(동조 2항).

4) **이사의 책임**　주식교환은 현물출자가 아니므로 이사의 자본충실책임에 관한 상법 제428조는 적용되지 않는다. 그러나 주식교환과 관련하여 이사의 임무해태로 모회사에 손해가 발생한 경우 이사들이 제399조에 따른 손해배상책임을 지며, 자회사의 주주에게 발생한 손해에 관해 자회사 및 모회사의 이사들이 상법 제401조에 따른 책임을 진다. 모회사에 손해가 발생한 경우로서는 자회사의 순자산을 초과하여 모회사의 자본을 증가한 경우를 생각할 수 있고, 자회사의 주주에게 손해가 발생한 경우로서는 교환비율이 자회사의 주주에게 현저히 불리한 경우를 생각할 수 있다.

7. 주식교환무효의 소

(1) 무효사유

법이 정한 교환절차를 위반하거나, 법이 정한 교환의 실질적 제약에 위반한 경우 무효사유가 된다. 전자의 예로는 교환계약서의 필요적 기재사항이 결여되어 있는 경우, 주주총회의 승인결의에 하자가 있는 경우 등을 들 수 있다. 그리고 후자의 예로는 모회사의 자본이 자회사의 순자산을 초과하여 증가된 경우, 교환비율이 불공정한 경우(예: 모회사의 주주에게 불리하고 자회사의 주주에게 유리한 경우 혹은 반대의 경우)를 들 수 있다.

주식교환의 무효는 소만으로 다툴 수 있으므로 이 소는 형성의 소이다.

(2) 당 사 자

주식교환의 무효는 각 회사의 주주·이사·감사·감사위원회의 위원 또는 청산인에 한하여 주식교환의 날부터 6월 내에 소만으로 이를 주장할 수 있다(360조의14 1항).

피고에 관해서는 법에 명문의 규정이 없다. 후술하는 바와 같이 무효판결은 모회사의 법률관계를 대상으로 하므로 모회사가 피고가 되어야 한다는 해석도 가능하나, 교환계약의 효력을 부정하는 소이므로 계약의 당사자인 모회사와 자회사를 공동피고로 해야 한다고 본다(필수적 공동소송. 민소 67조).[1)]

1) 일본 회사법에서는 명문으로 교환계약의 당사회사(완전모회사, 완전자회사)를 피고로 규정하고

⑶ 절 차

주식교환무효의 소는 모회사의 본점소재지의 지방법원의 관할에 전속하며(360조의 14 2항), 소가 제기되면 공고를 하여야 하고 같은 수개의 소가 제기되면 병합심리를 하여야 한다. 그리고 하자가 보완되면 법원이 재량으로 기각할 수 있는 것 등은 다른 회사법상의 형성의 소와 같다(동조 4항 → 187조 · 188조 · 189조).

⑷ 判決의 效力

i) 對世的 效力 주식교환을 무효로 하는 판결은 대세적 효력이 있으므로 소를 제기하지 않은 자에 대해서도 효력이 미친다(360조의14 4항 → 190조 본).

ii) 子회사주식에 대한 효력 판결이 확정된 때에는 주식의 소유관계가 교환전의 상태로 회복되어야 한다. 그러므로 모회사는 주식교환을 위하여 발행한 신주 또는 이전한 자기주식을 소유하는 주주에 대하여 그가 소유하였던 자회사의 주식을 이전하여야 한다(동조 3항). 이 주식에 대해서는 질권자의 권리가 미친다(동조 4항 → 339조 · 340조 3항).[1)]

법문은 "… 주식교환을 위하여 발행한 신주 … 의 주주에 대하여 그가 소유하였던 완전자회사가 된 회사의 주식을 이전하여야 한다"라고 표현하므로 주식교환이 이루어졌던 시점의 주주에게 반환해야 하는 것처럼 읽힐 수도 있으나, 이같이 읽으면 판결의 비소급효와 모순되므로 판결확정시점의 주주로 읽어야 한다.[2)] 즉 모회사가 자회사주식을 반환하여야 할 상대방은 교환 당시의 자회사 주주가 아니고, 교환 당시 자회사 주주에게 발행한 신주 또는 이전한 자기주식을 무효판결의 확정시점에 소유하고 있는 자이다. 예컨대 교환 당시 자회사 주주 甲에게 모회사의 신주를 발행하였는데, 甲이 그 주식을 양도하여 판결확정일 현재 乙이 소유하고 있다면 모회사가 자회사 주식을 반환하여야 할 상대방은 甲이 아니라 乙인 것이다.

모회사가 교환 후 자회사주식을 처분한 경우에는 어찌 되는가? 상법은 이 경우를 예상하고 있지 않다. 반환이 불가능하므로 민법 제747조 제 1 항에 의해 자회사주식의 가액을 지급하여야 할 것이다.[3)]

있다(日會 834조 11호).

1) 제339조의 준용에 의해 자회사의 주주가 회복한 자회사 주식에 물상대위하는 것은 자회사의 주주가 주식교환에 의해 종전에 모회사로부터 받은 모회사의 신주에 설정한 질권이다. 동 신주가 무효가 됨으로 인해 질물을 상실한 신주의 질권자를 보호하는 것이다.

2) 일본회사법은 "당해 판결의 확정시에 있어서 당해 舊완전모회사의 주식에 관한 주주에 대하여" 라고 명문으로 표현하고 있다(日會 844조 1항).

3) 江頭, 996면.

iii) 母회사주식에 대한 효력　　법문에서는 모회사가 소유하는 자회사 주식의 처리만 규정하고 모회사가 자회사의 주주에게 발행하거나 교부한 신주에 대해서는 명문으로 정한 바 없으나, 주식교환이 무효가 된다 함은 주식교환으로 인한 신주발행이나 자기주식의 이전이 무효라는 의미도 포함하므로 모회사가 발행한 신주는 무효가 되고, 모회사가 자회사의 주주에게 이전한 자기주식은 다시 모회사에 반환되어야 함은 물론이다. 그러므로 모회사는 지체없이 모회사의 주식을 발행 또는 이전받은 주주들에게 주식교환이 무효라는 뜻 및 일정한 기간 내에 주권을 제출할 것을 공고해야 한다(360조의14 4항 → 431조 2항).

iv) 판결의 비소급효　　상법 제360조의14 제 4 항은 무효판결에 대해 제190조 본문만을 준용하고 판결의 소급적 효력을 제한하는 동조 단서는 준용하고 있지 않다. 대신 동조항은 상법 제431조를 준용하고 있다. 이에 의해 모회사의 신주발행의 무효는 장래에 향해서만 효력이 미치고, 따라서 종전에 이 신주로 인한 권리의 행사는 전부 유효하다(431조 1항).

모회사가 자회사의 주주에게 교부한 자기주식이나 모회사가 보유해 온 자회사의 주식에 대한 판결의 효력은 어떠한가? 상법 제360조의14 제 4 항은 어느 주식에 대해서가 아니라 주식교환무효의 「소」에 관해 제431조를 준용하고 있으므로 제431조는 무효판결의 대상이 되는 모회사가 발행한 신주나 이전한 자기주식 그리고 모회사에 이전된 자회사의 주식 전부에 대해서 준용되는 것으로(즉 소급효과 없는 것으로) 해석해야 한다. 즉 자회사의 주주가 모회사로부터 받은 자기주식을 가지고 판결 전에 권리행사한 것, 주식을 양도한 것, 그리고 모회사가 자회사 주식을 가지고 권리행사한 것, 주식을 양도한 것은 전부 유효하다.

Ⅲ. 주식의 包括的 移轉

1. 의　　의

회사는 주식의 포괄적 이전에 의하여 완전모회사를 설립하고 완전자회사가 될 수 있다(360조의15 1항). 주식이전에 의하여 완전자회사가 되는 회사의 주주가 소유하는 그 회사의 주식은 주식이전에 의하여 설립하는 완전모회사에 이전하고, 그 완전자회사가 되는 회사의 주주는 그 완전모회사가 주식이전을 위하여 발행하는 주식의 배정을 받음으로써 그 완전모회사의 주주가 된다(동조 2항).

법문에서 주식의 「이전」이라는 용어를 사용하지만, 이는 상법 제337조가 규정하는 의미에서의 개인법적 거래에 의한 주식의 이전을 뜻하는 것이 아니고, 기술한 바와 같이 합병 · 분할과 같은 조직법적인 행위이다. 따라서 상법이 정하는 소정의 절차를 이행하면 별도의 이전행위를 요하지 않고 주식의 소유주체가 변동된다.

2. 절　　차

1) 주식이전계획서　　주식교환에서는 모회사와 자회사가 될 회사들간의 계약을 요하나, 주식이전은 어느 회사가 자신의 의지에 의해 자신의 모회사를 신설하는 제도이므로 교환계약에서와 같은 계약은 존재하지 않는다. 단지 모회사를 신설하고자 하는 회사의 일방적인 계획으로 실행한다. 그리하여 주식이전을 하고자 하는 회사는 다음 각호의 사항을 기재한 주식이전계획서를 작성하여야 한다(360조의16 1항).

① 설립하는 완전모회사의 정관의 규정(동조항 1호)　　주식이전은 모회사를 설립하는 절차이므로 상법 제289조 각호의 절대적 기재사항이 완비된 정관을 작성하여야 한다.

② 설립하는 완전모회사가 주식이전에 있어서 발행하는 주식의 종류와 수 및 완전자회사가 되는 회사의 주주에 대한 주식의 배정에 관한 사항(동조항 2호. 주식교환에 관한 설명 참조)

③ 설립하는 완전모회사의 자본금 및 자본준비금에 관한 사항(동조항 3호)　　모회사의 資本은 ②에서 정하는 발행하는 주식의 액면총액이고, 자본준비금은 후술하는 移轉差益으로 구성된다(기재방법은 주식교환에 관한 설명 참조).

④ 완전자회사가 되는 회사의 주주에게 제 2 호에도 불구하고 금전이나 그 밖의 재산을 제공하는 경우에는 그 내용 및 배정에 관한 사항(동조항 4호)　　「금전」이란 주식교환에서 설명한 교환교부금과 같은 성질의 것으로, 완전모회사가 자회사주주에게 신주발행에 갈음하여 지급하는 금전이다. 「이전교부금」이라 부를 수 있다. 주식이전비율을 조정하기 위한 목적에서 지급할 수도 있겠고, 수개의 회사가 공동으로 주식이전을 하고자 할 때 각 회사별 주주의 지분을 조정하기 위한 필요에서 지급할 수도 있을 것이다. 2015년 개정전에는 신주발행의 일부만을 대신하는 교부금만을 규정하였으나, 동 개정법에서는 금전 아닌 재산을 제공하는 것도 허용하고, 나아가 신주발행 전부에 갈음하여 금전 또는 그 밖의 재산의 제공만을 할 수도 있도록 하였다.

그런데 주식이전의 경우에는 교환의 경우와 달리 모회사가 신설되므로 자회사의 주식 이외에는 다른 자산을 갖지 아니한다. 따라서 이전교부금을 지급하자면 자회사주식을 처분하여 자금을 조달하여야 할 것이나, 상법상의 주식이전제도는 이러한 경우는 예상하고 있지 않다. 결국 교부금을 지급한다면 자회사의 주주에 대한 미지급금으로 계상하여 두었다가 설립 후 자회사로부터 수취하는 배당금이나 차입을 통해 해결하여야 할 것이다. 「그 밖의 재산」도 신설회사의 성격상 완전모회사의 사채 이외에는 생각하기 어렵다. 신설회사의 설립과 동시에 이전대가로서 완전자회사의 주주에게 사채를 발행하는 것을 계획할 수 있을 것이다.

위에 인용한 360조의16 제 1 항 4호의 조문상으로는 완전모회사의 주식 전부에 갈음하여 이전교부금 또는 그 밖의 재산을 제공할 수 있도록 규정하였으나, 이는 불가능하다. 완전모회사가 일체 주식을 발행하지 않는다면 회사설립 자체가 불가능하기 때문이다. 그러나 공동의 주식이전에서는 A완전자회사의 주주에게는 주식을 발행하고, B완전자회사의 주주에게는 교부금이나 그 밖의 재산만을 제공하는 방법으로 이전계획을 세울 수는 있을 것이다. 이 점 신설합병에 관해 설명한 바와 같다.

⑤ 주식이전을 할 시기(동조항 5호) 주식교환에 있어서의 「주식을 교환할 날」에 상응하는 시기라 할 수 있으나, 그 법적 효과는 같지 않다. 주식을 교환할 날은 모회사의 신주발행이 효력을 발생하고 자회사의 주주가 소유하는 주식이 모회사에 이전되는 날을 의미하지만, 주식이전의 경우에는 이러한 효력이 설립등기에 의해 발생하고 이전계획에서 정한 날에 발생하는 것이 아니기 때문이다. 「주식을 이전할 시기」란 모회사의 설립등기가 가능한 정도로 절차가 완비된 날을 의미하는 것으로 이해해야 할 것이므로 후술하는 주권의 실효절차를 종료하는 날을 뜻하는 것으로 풀이해야 한다.

⑥ 완전자회사가 되는 회사가 주식이전의 날까지 이익배당을 할 때에는 그 한도액(동조항 6호. 주식교환에 관한 설명 참조)

⑦ 설립하는 완전모회사의 이사와 감사 또는 감사위원회의 위원의 성명 및 주민등록 번호(동조항 7호) 주식이전에 의한 모회사설립은 후술하는 바와 같이 별도의 설립절차를 밟지 않으므로 이전계획에 의해 신설하는 모회사의 임원을 선임하여야 한다.

⑧ 회사가 공동으로 주식이전에 의하여 완전모회사를 설립하는 때에는 그 뜻(동조항 8호. 후술)

2) 승인결의 주식이전계획서는 주주총회의 특별결의에 의하여 승인받아야 한다(360조의16 1항 · 2항). 주주총회 소집통지서에 기재할 사항은 주식교환의 경우와 같

다(동조 3항 → 360조의3 4항).

2011년 개정에서 주식이전으로 인하여 관련되는 각 회사의 주주의 부담이 가중되는 경우에는 그 주주 전원의 동의가 있어야 한다는 규정이 신설되었다(360조의16 4항). 이는 주식교환에 관해 신설된 조문(360조의3 5항)과 같은 취지인데, 주식교환에 관해 말한 바와 같이 입법취지가 모호하다(1230면 참조).

3) 주식이전계획서 등의 서류의 공시 이사는 주식이전승인을 위한 주주총회일의 2주 전부터 주식이전의 날 이후 6월을 경과하는 날까지 다음 각호의 서류를 본점에 비치하여야 한다(360조의17 1항). 주주는 이 서류의 열람 또는 등사를 청구할 수 있다(동조 2항 → 391조의3 3항).

① 제360조의16 제 1 항의 규정에 의한 주식이전계획서

② 완전자회사가 되는 회사의 주주에 대한 주식의 배정에 관하여 그 이유를 기재한 서면

③ 제360조의16 제 1 항의 주주총회의 회일전 6월 이내의 날에 작성한 완전자회사가 되는 회사의 최종 대차대조표 및 손익계산서

4) 주권의 실효절차 주식이전에 의하여 자회사의 주주가 보유하는 주권은 효력을 잃으므로 주권을 실효시켜야 한다. 이를 위해 회사는 주주총회에서 승인결의를 한 때에는 소정의 사항을 공고하고, 주주명부에 기재된 주주와 질권자에 대하여 따로 따로 그 통지를 하여야 한다(360조의19 1항).

공고하여야 할 사항은, ① 주주총회에서 이전을 승인하였다는 뜻, ② 1월을 초과하여 정한 기간 내에 주권을 회사에 제출하여야 한다는 뜻, ③ 주식이전의 날에 주권이 무효가 된다는 뜻이다. 주권을 제출할 수 없는 자에 대한 처리는 자본금감소에서의 절차와 같다(360조의19 2항 → 442조).

단주의 처리는 주식교환에서와 같이 자본금감소에서와 같은 절차를 밟는다(360조의22 → 360조의11 1항).

5) 사후공시 주식교환의 경우와 같다(360조의22 → 360조의12).

3. 공동의 주식이전

교환계약의 경우 명문의 규정은 없으나, 수개의 회사가 하나의 모회사와 주식교환계약을 통해 자회사가 될 수 있다고 해석하였다. 주식이전의 경우에는 상법 제360조의16 제 1 항 제 8 호에서 「회사가 공동으로 주식이전에 의하여 완전모회사를 설립하는 때에는 그 뜻」을 기재하라고 규정하는데, 이는 수개의 회사가

주식이전을 통해 공통의 모회사를 설립할 수 있음을 예상한 규정이다. 이에 의해 B_1, B_2, ⋯ B_n 회사가 주식이전에 의하여 공통의 모회사 A를 설립할 수 있는 것이다. 하나의 회사가 자기의 지주회사를 만들 실익은 크지 않으므로 오히려 수개의 회사가 공통의 지주회사를 만들기 위해 주식이전을 이용하는 것이 일반적일 것으로 예상된다. 앞서 소개한 「신한금융지주회사」도 수개의 회사가 공동으로 주식이전을 통해 세운 완전모회사이다.

이 경우 주식이전계획은 각 회사별로 정해지는데, 일부의 회사에서 주주총회의 승인을 받지 못하거나 무효가 되는 경우 나머지 회사의 주식이전의 효력은 어찌되느냐는 문제가 있다. 교환계약에서도 같은 문제가 생기는데, 다른 회사의 교환계약에는 영향을 주지 않는다고 해석하였다. 같은 취지에서 이전계획이 유효한 회사들만으로 완전모회사를 설립할 수 있다는 견해도 있다.[1] 그러나 주식이전의 경우에는 설립할 모회사의 자본, 발행할 주식수 등이 모든 자회사에서 공통으로 정해지므로(360조의16 1항 2호 · 3호) 일부 자회사의 주식이전이 무효이거나 주주총회의 승인을 받지 못하면 공동으로 설립하기로 한 회사의 자본에 결함이 생김을 의미하고, 당초의 이전계획에 따른 모회사의 설립이 불가능해진다. 따라서 일부 회사의 주식이전의 무효나 불승인은 전체 자회사의 주식이전을 무효로 한다고 해석한다.

4. 반대주주의 주식매수청구권

주식이전에 반대하는 주주에게는 주식매수청구권이 주어진다. 그 내용은 주식교환절차에서와 같다(360조의22 → 360조의5). 다만 주식이전의 경우에는 자회사의 주주만이 매수청구를 할 수 있고, 모회사는 신설하는 회사이므로 주식매수청구가 있을 수 없다.

5. 모회사설립과 주식이전

1) 모회사의 설립 주식이전의 경우 정관은 주식이전계획에 의해 정해지고, 자본금은 자회사의 주식이전에 의해 구성되므로 청약과 배정이라는 절차가 필요 없으며, 자회사의 주식은 설립등기와 동시에 별도의 이전행위 없이 모회사의 소유가 되므로 납입이라는 절차도 필요 없다. 이사와 감사도 주식이전계획

1) 노혁준, "주식의 포괄적 교환 · 이전에 관한 연구," 서울대박사학위논문(2002), 48면; 최기원, 1151면.

에 의해 선임되므로 별도의 선임절차가 필요하지 않다. 후술하는 주권실효절차만 밟으면 설립등기에 의해 모회사가 설립된다(360조의21).

다른 자본의 참가가능성

주식이전을 통해 모회사를 설립함에 있어 자회사의 주식 이외에 다른 자본을 모회사의 설립자본금으로 참여시킬 수 있는가? 예컨대 자회사의 주식이전과 더불어 자회사가 모회사에 금전출자를 한다든지, 모집주주의 출자를 받는 것과 같다. 주식이전에 의한 모회사설립의 특색은 일반회사설립절차에 의하지 않고 주식이전계획에 의해 모회사가 설립된다는 점이다. 그런데 주식이전에 관한 상법규정은 다른 자본이 참여하는 것을 예상하고 있지 않다(360조의16 1항 주식이전계획서의 기재사항). 그러므로 다른 자본을 참여시키기 위해서는 일반설립절차를 밟아야 할 것인데, 그리되면 이미 상법이 정하는 주식이전이 아니므로 상법 제360조의16 이하의 절차만으로는 자회사의 주식을 모회사로 이전할 수 없다. 따라서 다른 자본을 참여시킴과 동시에 주식이전과 같은 효과를 누리려면, 먼저 다른 자본을 가지고 일반설립절차에 의해 모회사를 설립한 후, 이 회사와 자회사가 되려 하는 회사의 주식교환에 의해 자회사의 주주들의 주식을 이전하여야 할 것이다.

2) 모회사 자본금의 한도　　모회사의 자본금은 주식이전의 날에 자회사가 되는 회사에 현존하는 순자산액에서 그 회사의 주주에게 지급할 금액이나 제공할 재산의 가액을 공제한 액을 초과하지 못한다(360조의18). 그 취지는 주식교환에 관해 설명한 바와 같다.

주식이전에서는 주식교환에서와 같이 모회사의 자기주식을 자회사의 주주에게 교부하거나, 모회사가 자회사의 주식을 이미 보유하고 있는 경우가 있을 수 없으므로 이를 자회사의 순자산에서 공제한다는 일도 있을 수 없다.

3) 질권자의 권리　　모회사가 자회사의 주주에게 발행하는 주식에 대하여는 자회사의 주식에 대한 질권자의 권리가 미치며, 질권자는 모회사에 대하여 자기에게 주권을 교부할 것을 청구할 수 있다(360조의22 → 360조의11 2항 → 339조 · 340조 3항).

4) 이전차익의 처리　　모회사의 자본금이 자회사의 순자산액에 미달할 경우 이익(이전차익)이 발생하는데, 이 이익은 자본준비금으로 적립하여야 한다(459조 1항).

6. 주식이전의 효과

주식이전을 한 때에는 설립한 모회사의 본점의 소재지에서 2주일 내에 설립등기를 하여야 한다(360조의20 · 317조 2항).

모회사가 그 본점소재지에서 설립등기를 함으로써 주식이전의 효력이 발생한다(360조 의21). 즉 등기를 한 날에 자회사의 주주가 소유하는 자회사 주식은 모회사에 귀속되고 자회사의 주주는 모회사의 주주가 된다.

7. 주식이전무효의 소

1) 무효사유 법이 정한 이전절차를 위반하거나, 법이 정한 이전의 실질적 제약에 위반한 경우 무효사유가 됨은 주식교환의 무효사유에 관해 설명한 바와 같다.

주식이전의 무효도 소만으로 다툴 수 있으므로 이 소는 형성의 소이다.

2) 당 사 자 주식이전의 무효는 각 회사의 주주 · 이사 · 감사 · 감사위원회의 위원 또는 청산인에 한하여 주식이전의 날부터 6월 내에 소만으로 이를 주장할 수 있다(360조의 23 1항).

피고에 관해서는 법에 명문의 규정이 없으나, 인용판결이 모자회사에 공히 미치므로 완전모회사 및 완전자회사를 피고로 하여야 한다(필수적 공동소송. 민소 67조).[1)]

3) 자회사주식에 대한 효력 주식이전을 무효로 하는 판결이 확정된 때에는 모회사는 주식이전을 위하여 발행한 주식의 주주에 대하여 그가 소유하였던 자회사의 주식을 이전하여야 한다(360조의 23 3항). 반환의 대상은 주식교환의 무효에서와 같이 현재의 주주이다.

소의 성질, 관할, 소송절차, 판결의 효력 등은 주식교환에 관해 설명한 바와 같다(동조 2항 · 4항 참조).

4) 모회사의 설립무효의 효과 주식이전의 무효는 모회사에 대해서는 설립이 무효임을 뜻한다. 그러므로 상법은 모회사는 해산의 경우에 준하여 청산하여야 한다고 규정하고 있다(360조의23 4항 → 193조). 이 규정은 모회사가 소유한 자회사 주식을 주주에게 반환하라고 하는 제360조의23 제 3 항과 충돌한다. 청산을 하자면 현존하는 재산을 환가하여 채무를 변제하고 잔여재산을 주주들에게 분배하여야 하는데(542조 1항 → 260조 본), 子회사의 주식을 주주에게 이전해야 한다면 이는 청산의 대상이 아니기 때문이다. 자회사의 주식을 주주에게 이전해야 한다는 규정을 우위에 두어 해석하자면, 모회사는 자회사의 주식을 주주들에게 이전하고 잔여의 재산만으로 청산절차를 밟아야 하는 것으로 풀이할 수 있겠으나, 이같이 해석해서는 채권자들의 권리가 주주보다 열후해지는 문제가 생긴다. 채권자우선의 원칙은 주

1) 日會 834조 12호 참조.

주의 유한책임에 대응하는 회사법의 기본원리로 보아야 하므로 주주의 주식이전 청구권은 채권자의 권리에 우선하지 못한다고 해석한다.

제 5 관 주식의 강제매도 · 매수 청구

I. 의 의

상법은 소정의 대주주가 영세한 주주들을 상대로 그 보유주식의 賣渡를 청구할 수 있는 제도, 그리고 반대로 영세주주들이 대주주를 상대로 자신이 보유하는 주식의 매수를 청구할 수 있는 제도를 두고 있다(2011년 신설). 매도를 청구할 수 있는 대주주를 「支配株主」, 그 상대방이 되는 동시에 반대로 매수를 청구할 수 있는 영세주주를 「少數株主」라 부른다. 지배주주 및 소수주주라는 용어는 상법 제360조의24 이하에서 규정하는 소액주식의 강제매수 · 매도제도에 국한하여 사용하는 용어이고, 회사 제도 일반에 걸쳐 사용될 수 있는 용어가 아님을 주의해야 한다.

발행주식총수의 대부분을 소유하는 지배주주라 하더라도 다른 영세주주와 공존할 경우에는 회사지배를 위해 유형 · 무형의 비용을 치러야 한다. 예컨대 주주총회 소집절차를 정식으로 밟아야 하고, 영세주주가 대표소송이나 결의취소소송 등 각종 회사소송을 제기할 경우 그에 대한 방어행위를 해야 하는 것과 같다. 지배주주의 매도청구제도는 발행주식 전부를 지배주주 1인의 소유로 함으로써 회사지배의 효율화 및 저비용화를 도모하기 위한 제도이다. 한편 소수주주의 매수청구제도는 회사의 지배 내지는 경영참가에 관한 한 무의미한 수량의 주식을 계속 보유해야 하는 부담을 덜어주는 한편, 시장성을 상실한 주식의 환가를 가능하게 해 주는 제도이다.

이러한 점은 이 제도의 순기능이라 할 수 있지만, 위헌적인 성격을 부인할 수 없다. 이 제도는 회사의 조직과는 무관하게 형성되는 주주간의 주식소유를 대상으로 한다. 그러므로 원래는 지배주주와 소수주주의 개인법적 거래를 통해 형성되어야 할 주식의 이동을 당사자 일방의 의사로 강제할 수 있는 힘을 부여하는 작용을 한다. 따라서 매도청구제도에서는 소수주주의 재산권(憲 23조 1항)에 대한 침해이고, 自己決定權(憲 10조)의 제한이며, 지배주주를 불합리하게 우대하므로 평등의 원칙(憲 11조 1항)에도 반한다.[1] 매수청구제도에 있어서는 반대로 지배주주에 대하여

1) 金和鎭, "소수주식의 강제매수제도," 「法學」(서울大) 150호(2009. 3.), 322면에서도 자세한 논증

같은 기본권의 침해를 야기한다.

입 법 례

강제매수제도는 영국 회사법상의 squeeze-out과 sell-out에서 유래한다(Companies Act 2006 ss. 979, 983). 전자는 개정법상의 지배주주의 매도청구에 해당하고, 후자는 소수주주의 매수청구에 해당한다. 그리고 발행주식 총수의 90%이상이고 동시에 의결권 있는 주식총수의 90% 이상을 1인이 소유한 경우에 이러한 제도가 적용된다.

그러나 주의할 점은 영국의 동제도는 단지 어느 주주가 이같은 수량의 주식을 보유한다고 해서 바로 매도청구 및 매수청구를 허용하는 것은 아니다. 이 제도는 전량 공개매수의 마무리로서 인정하는 것이다. 즉 발행주식 전부의 공개매수를 신청한 자가 90% 이상의 공개매수에 성공하였을 때 나머지 주식에 관해 매도청구를 할 수 있고, 소액주주는 매수청구를 할 수 있게 한 것이다. 즉 거의 성공한 전량 공개매수가 극소수의 물량 때문에 목적을 달성하지 못하는 일이 없도록 배려한 것이다. 따라서 영국법에서는 squeeze-out의 요건으로서 선행 공개매수에 관한 엄격한 조건들을 설정하고 있다.[1]

독일에도 지배주주의 강제매수제도가 있으나, 소수주주가 매도할 수 있는 제도는 두고 있지 않다. 영국의 squeeze-out과는 달리, 공개매수와 무관하게 발행주식총수의 95% 이상을 가진 주주가 잔여주식을 매수할 수 있는 제도임은 우리와 같으나, 절차에 있어서는 우리와 달리 지배주주가 소수주주에게 매도를 청구하는 것이 아니라, 지배주주가 주주총회에 매수를 신청하고 주주총회의 결의로 매도가 이루어진다는 점이 특색이다(327a Abs.1 AktG). 주식이 소수주주로부터 지배주주에게로 이전되는 시기도 우리와 달리 주주총회의 결의내용을 등기한 때이다(327e Abs.3 AktG). 법에서 대가의 공정성을 기하기 위한 규정을 두고 있으며, 대가가 불공정할 경우 법원에 대가의 조정을 구하는 절차가 마련되어 있다(327f AktG).

일본에서도 독일에서와 같이 지배주주가 소수주주의 주식을 강제매수할 수 있는 제도만을 두고 있다. 발행주식총수의 10분의 9 이상을 가진 주주(특별지배주주)는 잔여의 주주 전원에 대하여 소유주식 전부를 매도할 것을 청구할 수 있으며(日會 179조), 이 매도청구는 이사회의 승인을 얻어야 하며, 이사회가 승인사실을 매도주주에게 통지함으로써 매수가 이루어진다(日會 179조의3, 179조의4).

강제매수제도의 위헌성

이 제도는 소액주주의 반대에도 불구하고 대주주의 의사에 따라 그 소유주식을 강제로 이전시키는 것을 허용하므로 소액주주의 재산권을 침해하고 평등의 원칙에 반

은 없으나, 위헌의 시비를 우려하고 있다.

1) Gary Scalan, et al., *Companies Act 2006*, The Law Society, 2007, pp. 179-187.

한다는 주장이 제기될 수도 있다. 그리하여 독일에서 소액주주가 독일의 같은 제도에 관해 위헌심판을 신청한 바 있다.

이에 대해 연방헌법재판소는 여러 가지 이유를 들어 합헌을 선고하였는데, 그 중 회사법적으로 가장 의의가 있는 부분은 다음과 같다. 즉 주주는 기업의 구성원으로서의 권리와 재산권적 청구권을 갖는 바이지만, 소액주주와 대주주의 이해관계는 일치하지 않는다는 점에 주목하였다. 소액주주의 지분이 저하될수록 구성원적 지위의 의미는 희석되고 대주주에 의해 정해지는 회사의 정책결정에 거의 영향력을 행사하지 못한다. 따라서 소액주주의 경우에는 구성원적 지분은 의미를 잃고, 재산권적 청구권만이 의의를 가진다고 보았다. 물론 회사에 대한 영향력행사가 열등하다고 해서 항상 축출할 수 있는 것은 아니고, 기술한 바와 같이 구성원적 지위가 거의 무의미하다고 할 정도에 이른 경우에는 소액주주에게 재산권적 보상만 공정하게 해 준다면 축출이 위헌이 될 수 없다고 하였다. 그러면 지분관계가 어느 정도에 이르렀을 때 이러한 축출을 인정할 수 있느냐는 균형문제가 제기되는데, 헌법재판소는 지배주주가 95%의 지분을 소유할 것을 요건으로 한 것은 바로 합헌적인 요건설정이라고 판단하였다. 한편 헌법재판소는 1980년대 이후 주주총회의 결의취소소송이 격증하고 있는 가운데, 그 중 과반수는 아주 영세한 투자자들에 의해 제기되었으며, 대부분의 경우 대주주와의 금전적인 해결을 목적으로 하고 있다는 현실도 이 제도의 불가피한 배경으로 설명하였다.[1)]

Ⅱ. 支配株主의 매도청구

회사의 발행주식총수의 100분의 95 이상을 자기의 계산으로 보유하고 있는 주주(지배주주)는 회사의 경영상 목적을 달성하기 위하여 필요한 경우에는 회사의 다른 주주(소수주주)에게 그 보유하는 주식의 매도를 청구할 수 있다(360조의 24 1항).

1. 매도청구의 요건

(1) 매도청구권자(지배주주)

i) 회사의 발행주식총수의 100분의 95 이상을 보유하는 주주이다. 영국법에서와 달리 보유하게 된 연유는 묻지 않는다. 즉 공개매수로 취득하였거나, 시장에서의 매수로 취득하였거나, 100분의 95 이상의 수량만 확보되면 매도청구가 가능하다. 또 설립당초부터 또는 설립후의 합작계약에 의해 공동으로 주주가 된 자들간에도 매도청구는 가능하다.

1) BVerfG, 30. 5. 2007 - 1 BvR 390/04.

ii) 지배주주는 자기의 계산으로 보유하면 족하고 누구의 명의로 보유하든 무관하다. 그러나 매도청구시 자기의 계산으로 보유한다는 점은 지배주주가 증명하여야 한다.

iii) 지배주주의 소유주식의 수는, 지배주주가 회사인 경우에는 그 모회사 및 자회사가 보유한 주식을 합산하여 100분의 95 이상 여부를 계산하고, 지배주주가 자연인 주주인 경우에는 그가 발행주식총수의 100분의 50을 초과하는 주식을 가진 회사가 보유하는 주식도 그 주주가 보유하는 주식과 합산하여 100분의 95 이상여부를 계산한다(360조의 24 2항).

지배주주와 회사의 자기주식의 관계

자회사가 보유하는 주식에는 회사가 소유하는 자기주식도 포함되는가? 소수주주가 지배주주에게 매수청구를 할 때에도 같은 의문이 제기된다. 즉 A라는 주주가 B라는 회사(이하 "대상회사")의 발행주식총수의 과반수를 소유하고 있는 상태에서 B회사가 자기주식을 소유하고 있고 그 자기주식과 A의 보유주식을 합산하여 B회사의 발행주식총수의 100분의 95 이상일 경우, B회사의 자기주식을 상법 제360조의24 및 제360조의25가 정하는 자회사 또는 회사 아닌 주주가 발행주식총수의 100분의 50을 초과하여 소유하는 회사가 보유하는 주식으로 보아 A를 B의 지배주주로 인정할 것이냐는 문제이다. 이 경우 대상회사의 자기주식도 지배주주의 보유주식으로 합산해야 한다는 견해(포함설: 김홍기 444; 임재연Ⅱ 900; 홍 · 박 298; 이영선(주석 – 회사 2) 900)와 합산해서는 안 된다는 견해(불포함설: 김 · 노 · 천 895; 송옥렬 893)로 갈리나, 판례는 포함설을 취하고 있다(판례 [142]). 이 문제가 제기되는 상황은 지배주주가 대상회사의 발행주식을 최소한 100분의 50을 초과하여 소유하는 상태이다.[1] 이 경우 지배주주는 소수주주에 대해 의결권에서 10:1超의 우위를 점하므로 입법취지상 지배주주가 단독으로 100분의 95 이상을 소유하는 경우와 차별할 이유가 없다. 포함설이 타당하다.

판 례

[142] 대법원 2017. 7. 14.자 2016마230 결정

「… 자회사의 소수주주가 상법 제360조의25 제 1 항에 따라 모회사에게 주식매수청구를 한 경우에 모회사가 지배주주에 해당하는지 여부를 판단함에 있어, 상법 제360조의24 제 1 항은 회사의 발행주식총수를 기준으로 보유주식의 수의 비율을 산정하도록 규정할 뿐 발행주식총수의 범위에 제한을 두고 있지 않으므로 자회사의 자기주식은 발행주식총수에 포함되어야 한다. 또한 상법 제360조의24 제 2 항은 보유주

1) 지배주주는 대상회사 주식의 100분의 50 이상을 가지고 있고, 소수주주는 100분의 5 이하를 가지고 있으므로 의결권의 크기에서 10배 이상의 차이가 난다.

식의 수를 산정할 때에는 모회사와 자회사가 보유한 주식을 합산하도록 규정할 뿐 자회사가 보유한 자기주식을 제외하도록 규정하고 있지 않으므로 자회사가 보유하고 있는 자기주식은 모회사의 보유주식에 합산되어야 한다.」

[註] 「씨디네트웍스」라는 회사가 발행주식총수 13.14%를 자기주식으로 보유하고, 지배주주가 84.96%, 소수주주가 1.9%를 보유하고 있는 상황에서 소수주주가 지배주주에게 매수청구권을 행사한 사건이다.

(2) 주주총회의 승인

지배주주가 매도청구를 할 때에는 미리 주주총회의 승인을 받아야 한다(360조의24 3항). 주주총회의 소집을 통지할 때에는, i) 지배주주의 (당해회사의) 주식보유 현황, ii) 매도청구의 목적, iii) 매매가액의 산정 근거와 적정성에 관한 공인된 감정인의 평가, iv) 매매가액의 지급보증을 적어야 하고, 매도를 청구하는 지배주주는 주주총회에서 그 내용을 설명하여야 한다(360조의24 4항).

주주총회결의에서 매도청구를 한 지배주주는 특별이해관계인(368조 3항)에 해당하지 않는다고 보아야 한다(통설).

(3) 경영상의 목적

상법 제360조의24 제 1 항은 지배주주의 매도청구의 요건으로서, 「회사의 경영상 목적을 달성하기 위하여 필요한 경우」를 제시한다. 「경영상 목적을 달성하기 위하여 필요한 경우」는 신주, 전환사채, 신주인수권부사채를 제 3 자에게 배정하기 위한 요건과 동일한 표현이므로(418조 2항 단, 513조 3항 後, 516조의2 4항 後) 구체적인 규범적 의미도 동일하게 해석하는 것이 원칙이기는 하나, 제도의 성격상 같은 해석을 하는 것은 매우 어색하다. 지배주주의 매도청구는 지배주주가 회사지배에 소요되는 비용을 절감한다는 개인적인 동기에서 하는 것이므로 당초 회사의 경영상 목적과는 무관하기 때문이다. 이 제도의 체제상으로는 「경영상 목적달성을 위해 필요한지 여부」는 주주총회가 지배주주의 매도청구를 승인할 지를 결정함에 있어서의 정책적 판단요소가 된다고 보아야 할 것이나, 주주총회의 의사결정은 지배주주에 달려 있음을 감안하면 매도청구의 제한요소로서의 의미는 부여하기 어려운 규정이다(同旨: 권기범 261; 정경영 425).[1)·2)] 참고로 이는 다른 입법례에서는 볼 수 없는 요

1) "경영상 목적"을 유의의하게 해석하는 견해도 있다. 소수주주를 보호하기 위한 강제매수의 합리성을 담보하기 위한 제도로서, 소수주주가 회사의 경영을 방해하고 있다거나 합병의 반대당사자가 소수주주의 지분해소를 요구한다면 정당한 목적이라고 보는 견해(송옥렬, 893면), 주주관리와 주주총회운영의 비용을 줄이기 위한 것이면 경영상의 목적에 부합한다는 견해(김·노·천, 886면), 미국의 판례에서 소수주주의 축출을 합리화하는 기준으로 적용하는 사업목적 기준으로 풀이하며 소수주주의 축출이 유일한 목적이어서는 안 된다는 견해(임재연Ⅱ, 903면), 지배

건이다.

2. 매도청구의 상대방과 平等의 원칙

기술한 바와 같이 지배주주가 소수주주들로부터 주식을 취득하는 것은 개인법적 거래를 통해 이루어지는 것이 원칙이나, 상법이 매도를 강제하는 단체법적 수단으로 마련한 것이 매도청구제도이다. 그러므로 매도청구는 지배주주 이외의 주주 전원을 상대로 이루어져야 하며, 지배주주의 매수조건은 주주 전원에 대해 균등하여야 한다(주식평등의 원칙, parity).

3. 공시와 매도청구

지배주주는 매도청구의 날 1개월 전까지 i) 소수주주는 매매가액의 수령과 동시에 주권을 지배주주에게 교부하여야 한다는 뜻, ii) 교부하지 아니할 경우 매매가액을 수령하거나 지배주주가 매매가액을 공탁(供託)한 날에 주권이 무효가 된다는 뜻을 공고하고, 주주명부에 적힌 주주와 질권자에게 따로 그 통지를 하여야 한다(360조의24 5항).

상법은 매도청구를 기산점으로 삼거나 기타 법률관계의 계기로 삼는 규정을 수 개 두고 있으므로(360조의24 5항 · 6항 · 8항) 매도청구의 유무 및 그 시점이 분명히 인식되어야 할 것이나, 매도청구의 방법에 관해 언급하고 있지 않다. 매도청구는 지배주주가 다수 주주를 상대로 하여 동일한 효과를 발휘시키는 행위이므로 매도청구의 유

주주의 사적 이익이 아닌 회사의 이익을 위하여 소수주주의 축출을 허용하는 것임을 밝히고 그 남용을 방지하기 위한 규정이라는 견해(정준우, "지배주주의 주식매도청구권에 관한 입법론적 재검토," 「法과 政策硏究」 제12집 제 2 호(2012), 6면; 송종준, "소수주식 전부취득제의 입법의도와 해석방향", 「기업법연구」 제26권 제 1 호(2012), 87면) 등이 있다.

2) 서울중앙지법 2015. 6. 11. 선고 2014가합578720 판결: 「'경영상 목적'이란 소수주주들의 재산권 박탈을 정당화할 수 있는 회사이익의 실질적인 증대를 뜻한다고 보아야 할 것이고, 따라서 지배주주가 소수주주의 주식을 강제로 매수하여 사적으로 주식매수에 따른 금융이익을 도모하거나 오로지 소수주주의 퇴출만을 목적으로 하는 경우에는 경영상 목적을 달성하는 경우로 보기 어렵지만 소수주주의 경영권 방해행위 및 주주권 남용에 의하여 회사의 정상적인 경영이 곤란할 것이라는 적극적 요건까지 필요한 것은 아니다. 1인 회사의 경우 소집절차 및 결의가 없더라도 주주총회결의가 이루어진 것으로 인정할 수 있는 소위 '1인 회사의 법리'가 적용되는바, 지배주주의 매도청구권 행사는 항상 일정한 주주총회의 비용절감과 의사결정의 단축을 초래하게 된다. 따라서 오로지 소수주주의 퇴출만을 목적으로 하면서 1인 회사 법리의 적용에 의해 부수적으로 발생하는 효과인 주주총회의 비용절감과 의사결정의 단축을 형식적인 경영상 목적으로 주장하여 경영상 목적 요건을 무용지물로 만들 수 있으므로, 구체적인 사안의 검토를 통해 소수주주들의 재산권 박탈을 정당화할 수 있는 회사이익의 실질적인 증대가 존재하는지 살펴보아야 할 것이다.」

무와 시기는 획일적으로 인식되어야 한다. 그러므로 지배주주가 하는 위 공고는 매도청구의 의사표시를 겸하는 것으로 이해해야 한다. 상법 제360조의24 제 5 항은「매도청구의 날 1개월 전까지」공고를 하라고 하므로 매도청구가 있음을 전제로 공고시점을 역산하는 듯이 규정하고 있으나, 공고 후 1월이 경과한 날에 매도청구가 있다고 보아야 한다. 즉 매도청구를 위한 지배주주의 별도의 의사표시를 요하지 않는다고 보는 것이다.

공고 후 1월이 경과하여 매도청구가 의제된 후에는 그 형성력으로 인해 지배주주는 매도청구를 철회할 수 없다고 보아야 할 것이나, 그 이전에 공고를 철회할 수 있느냐는 의문이 제기된다. 공고와 매도청구는 일체를 이루는 법률행위이므로 이 역시 철회가 불가하다고 보아야 한다.

4. 소수주주의 매도의무

지배주주가 매도청구(공고)를 하면 소수주주는 매도청구를 받은 날부터 2개월 내에 지배주주에게 그 주식을 매도하여야 한다(360조의 24 6항). 법문은 지배주주의 매도청구에 대해 소수주주의 매도의무를 발생시키는 효력을 부여하므로 매도청구권은 형성권으로 보아야 한다. 그러면 2개월 내에 지배주주에게 주식을 매도하라고 함은 무슨 뜻인가? 주주총회의 중요결의사항에 대해 반대한 주주의 매수청구에 대해 회사가 2월 내에 주식을 매수할 의무를 지는데, 그 매수의 의미의 해석론과 같은 문제이다. 2월 내에 매도가격을 협의할 의무가 생길 뿐이라는 해석론도 가능하지만, 지배주주의 매도청구는 가격을 제시하며 행해지므로 원칙적으로는 가격협의의 종결을 조건으로 매도의 이행시기를 정한 것으로 보아야 할 것이다.

5. 매도가격의 결정

주식의 매매가액은 소수주주와 지배주주 간의 협의로 결정하고(360조의 24 7항), 매도청구를 받은 날부터 30일 내에 협의가 이루어지지 아니한 경우에는 매도청구를 받은 소수주주 또는 매도청구를 한 지배주주는 법원에 매매가액의 결정을 청구할 수 있다(360조의 24 8항). 이 청구를 받아 법원이 주식의 매매가액을 결정할 때에는 회사의 재산상태와 그 밖의 사정을 고려하여 공정한 가액으로 산정하여야 한다(360조의 24 9항).

앞서 지배주주가 소수주주의 주식을 매수하는 조건은 균등해야 한다고 설명하였지만, 협의에 의한 가격결정과 법원의 가격결정 청구는 당사자의 자율에 맡겨야 할 문제이므로 이 과정을 거치는 동안 주주들 간에 가격이 상이해지더라도 무방하다고 본다.[1]

Ⅲ. 少數株主의 매수청구

1) 지배주주가 있는 회사의 소수주주는 언제든지 지배주주에게 그 보유주식의 매수를 청구할 수 있다(360조의 25 1항). 지배주주의 매도청구와 달리 소수주주의 매수청구는 소수주주 각자의 이익을 위한 개별적 행동이므로 일부 주주만이 매수청구를 할 수 있음은 물론이다. 그리고 지배주주의 매도청구에서와는 달리 소수주주는 의사표시의 일반원칙에 따라 지배주주가 요지할 수 있도록 매수청구의 의사표시를 하여야 한다. 다수의 소수주주가 집단으로 매수청구를 하더라도 같다.

2) 매수청구를 받은 지배주주는 매수를 청구한 날을 기준으로 2개월 내에 매수를 청구한 주주로부터 그 주식을 매수하여야 한다(360조의 25 2항). 지배주주의 매도청구에 관해 말한 바와 마찬가지로 소수주주의 매수청구 역시 형성권으로 보아야 한다.

3) 매매가액은 매수를 청구한 주주와 매수청구를 받은 지배주주 간의 협의로 결정하고(360조의 25 3항), 매수청구를 받은 날부터 30일 내에 협의가 이루어지지 아니한 경우에는 매도청구에서와 같이 매수청구를 받은 지배주주 또는 매수청구를 한 소수주주는 법원에 대하여 매매가액의 결정을 청구할 수 있다(360조의 25 4항). 법원이 주식의 매매가액을 결정하는 경우에는 회사의 재산상태와 그 밖의 사정을 고려하여 공정한 가액으로 산정하여야 하는 것도 매도청구에서와 같다(360조의 25 5항).

Ⅳ. 주식의 이전시기

1) 지배주주의 매도청구 또는 소수주주의 매수청구에 의해 지배주주가 주식을 취득하는 경우에는 지배주주가 매매가액을 소수주주에게 지급한 때에 주식이 이전된 것으로 본다(360조의 26 1항). 그리고 매매가액을 지급할 소수주주를 알 수 없거나,

1) 예컨대 A주주는 지배주주가 제시한 가격 100원에 만족하여 매도하였는데, B주주는 불만족하여 법원에 가격결정을 청구하여 120원을 받게 되었다면 20원은 B의 개인적인 비용부담하에서 얻은 것이므로 그 수혜범위를 당초의 가격에 응한 모든 주주들에게까지 확장할 필요는 없다.

소수주주가 수령을 거부할 경우에는 지배주주는 그 가액을 공탁할 수 있고, 공탁한 날에 주식이 지배주주에게 이전된 것으로 본다(360조의 26 2항). 지배주주가 주식을 이전시키기 위하여 매매가액을 공탁할 경우 그 가격은 어떻게 산정해야 하는가? 지배주주가 일방적으로 계산하여 얻은 금액을 공탁한다고 하여 매매가액이 지급되고 주식이 이전된 것으로 볼 수 없음은 물론이다. 매매가액의 공탁은 소수주주를 축출하는 효과를 가져온다는 점을 감안하면 그 가액은 공정하게 산정되어야 할 것이므로 당사자간에 협의된 가액이거나 당사자의 청구에 의해 법원이 결정한 가액이라야 한다(대법원 2020. 6. 11. 선고 2018다224699 판결).

2) 이는 법률의 규정에 의한 이전이므로 주권의 교부를 요하지 않는다. 그러면 지배주주에게 교부되지 않은 주권이 있을 경우 그 효력은 어떻게 되는가? 상법은 이 점을 직접적으로 다루고 있지는 않다. 그러나 상법 제360조의24 제 5 항에 의해 지배주주는 「주권을 지배주주에게 교부하라는 뜻과 교부하지 않을 경우 매매가액을 수령하거나 공탁한 때에 주권이 무효가 된다는 뜻」을 공고해야 하는데, 이는 매매가액의 수령 또는 공탁에 의해 주권이 실효됨을 전제로 한 규정이므로 이 규정이 주권의 실효절차를 정한 것으로 풀이해야 할 것이다.

제 7 장
유한회사

유한회사

제1절 서　　론

유한회사는 19세기말 독일에서 창안된 회사형태이다. 독일이 회사설립에 관해 허가주의를 취해 오다가 1870년에 준칙주의로 전환하게 되면서, 많은 부실한 회사가 남설되어 사회적 피해가 심각하였다. 그리하여 1884년 회사법에서는 주주와 일반공중을 보호하고 특히 부실한 회사설립을 막고자 설립 요건 등 각종 규제를 강화하기에 이른 결과 영세한 형태의 회사들이 이 규율에 적응하기 어려워졌으므로 영세한 회사들이 주식회사처럼 유한책임의 이익을 누리면서 주식회사에 대한 규제를 피하기 위할 수 있도록 구상된 것이 유한회사이다. 그리하여 유한회사는 1892년에 「유한회사법」으로 제도화되어 독일만이 아니라 각국에 중소기업의 법형태로 보급되었다. 이같이 유한회사는 다른 회사형태가 기업의 발전단계에서 자연적으로 생겨나 법제화된 것과는 생성과정을 달리한다.

유한회사의 사원은 대외적으로 유한책임을 지는 데 그치고, 기업지배는 이 유한책임제에 대응하여 출자액에 따라 분할되고, 객관적 기구로서의 사원총회를 통하여 실현된다. 그리하여 유한회사에서는 인적회사에 내재하는 자본의 기여도와 기업지배력이 괴리되는 모순은 해소되고, 유한회사 역시 주식회사와 마찬가지로 물적회사로서의 기초를 구비하고 자본집중의 여건은 일응 구비했다고 할 수 있다.

그러나 유한회사에서는 사원이 정관의 기재사항인데다, 지분을 증권화할 수 없으므로 지분의 양도가 제약을 받을 수밖에 없어 투자의 회수가 용이하지 않다. 이러한 법적 제약 아래에서 결합되는 자본은 필연적으로 소규모이게 마련이고 회사의 운영도 폐쇄적일 수밖에 없다. 이와 같은 실질을 고려해서 유한회사에 관한 감독 및 공시는 각국의 법제에서 보듯 주식회사보다 현저히 완화되어 있으나, 이 때문에 불건전한 회사의 설립 또는 경영을 유발할 우려도 없지 않다.

독일에서는 유한회사의 출발지답게 소수의 대형회사들이 주식회사 형태이고 대부분의 중소기업은 유한회사를 이용하나,[1] 우리나라에서는 유한회사가 극소수이다(전체 회사수의 약 8% 내외. 94면 참조). 아직 주식회사에 대한 일반인의 선호도가 높음을 나타낸다. 다만, 1998년에 제정된 「자산유동화에 관한 법률」에 의해 설립되는 「유동화전문회사」는 유한회사이어야 하는 점이 특기할 만하다(동법 17조 1항).

2011년의 개정

2011년 개정법에서는 주식회사에 관해 큰 변화가 있었을 뿐 아니라, 유한회사에 관해서도 중요한 몇가지 사항에 관해 개정이 있었다.

1) 유한회사의 자본금은 최소 1,000만원이어야 한다는 최저자본제가 폐지되었다(개정 전 546조 1항). 하지만 어차피 현실적인 의미가 있었던 것은 아니므로 폐지 자체도 큰 의미가 있는 것은 아니다. 지분의 금액도 5천원 이상에서 100원 이상으로 개정되었다(546조).

2) 과거에는 사원총수가 50인을 넘을 수 없었으므로(개정 전 545조) 이 점 유한회사가 소규모일 수밖에 없는 결정적 요인이었으나, 개정법에서는 폐지되었다.

3) 과거에는 지분의 양도는 사원총회의 특별결의가 있어야 가능하였으나, 개정법에서는 양도할 수 있음을 원칙으로 하고 정관으로 제한할 수 있다고 규정하였다. 이 규정을 어떻게 해석하느냐에 따라 달라지겠지만, 지분의 양도가 용이해졌다고 할 수 있다.

1) 2022년말 현재 독일에서 부가가치세를 납부하는 회사를 기준으로 하여 주식회사는 7,149개사에 불과한데 비해 유한회사는 576,240개사에 이른다(Datensammlung zur Steuerpolitik, Bundesministerium der Finanzen, Ausgabe 2025, S. 65).

제 2 절 회사의 설립

Ⅰ. 설립절차

1. 총 설

유한회사의 폐쇄성으로 인해 주식회사와 달리 모집설립은 인정되지 않고, 설립에 있어서 사원이 되고자 하는 자는 모두 스스로 설립절차에 참가하여야 한다. 이 점에 있어 주식회사의 발기설립에 유사하다 할 수 있으나, 사원 및 출자액과 장래의 회사기관의 설치가 정관에 의해 확정되는 점에서는(543조 2항·547조) 오히려 인적회사의 설립과 유사하다. 그래서 각 사원의 설립행위상의 하자는 회사의 설립무효 또는 취소의 소의 원인이 된다(552조 2항 → 184조 → 민 140조). 다만 출자의 이행은 주식회사에서와 같이 설립과정에서 이를 완료해야 한다(548조).

2001년 개정 전에는 유한회사도 합명회사나 합자회사와 마찬가지로 2인 이상의 사원을 설립요건으로 하였으며, 사원이 1인으로 된 때를 해산사유로 하고 있었다. 개정법은 주식회사의 1인설립을 가능하게 하면서, 유한회사도 1인설립이 가능하게 하는 동시에 1인이 된 때를 해산사유에서 제거하였다. 이에 의해 유한회사도 1인의 사원만으로 설립 및 존속이 가능하게 되었다(543조 1항·609조 1항 1호).

2. 정 관

(1) 정관의 작성

유한회사의 설립에는 사원이 정관을 작성하여 기명날인(또는 서명)하고, 공증인의 인증을 받아야 한다(543조 1항·2항·3항 → 292조).

(2) 정관의 기재사항

절대적 기재사항은 다음과 같다(543조 2항).

1) 목 적

2) 상 호

3) 자본금의 총액 최고액에 대한 제한은 없다. 수권적자본제가 아니어서 자본확정의 원칙이 주식회사보다 뚜렷이 나타난다.

4) 出資 1座의 金額 출자 1좌의 금액은 100원 이상으로 균일하게 하여야 한다(546조). 지분을 공유하는 것은 무방하다(558조 → 333조).

5) 사원의 성명 · 주민등록번호 · 주소 법상으로는 사원의 자격에 관해 별다른 제약이 없으나, 사회적 타당성이 있는 한 정관으로 자격을 둘 수 있음은 물론이다. 사원의 총수에 대한 제한이 폐지되었음은 기술한 바와 같다.

6) 각 사원의 出資座數 자본의 총액, 각 사원의 성명 및 출자액이 정관의 절대적 기재사항으로 되어 있는 점에서 주식회사의 경우와 두드러지게 다르다. 각 사원의 출자좌수가 이와 같이 정관으로 확정되므로 따로 인수행위를 요하지 않는다.

7) 본점의 소재지

유한회사 정관의 상대적 기재사항은 매우 많아(예: 544조의 현물출자, 재산인수, 설립비용 외에 568조 1항 · 575조 · 580조 · 581조 2항 · 547조 1항 · 564조 1항 · 574조), 이 한도에서 유한회사에 관한 규정의 강행성이 완화된다고 할 수 있다. 변태설립사항이 상대적 기재사항으로 되어 있는 것은 주식회사의 경우와 같으나(544조. 다만 290조의 발기인의 특별이익과 보수에 해당하는 사항이 유한회사에는 없다), 유한회사에서는 변태설립사항을 정하여도 법원이 그 조사 등에 관여하지 않는다.

임의적 기재사항은 다른 종류의 회사에서와 같다.

3. 이사 · 감사의 선임

정관으로써 초대이사를 선정할 수 있는 것이 특색이다(547조 1항). 정관으로 미리 정하지 아니한 때에는 회사성립 전에 사원총회를 열어 이를 선임하여야 한다(547조 1항). 이 경우의 사원총회는 주식회사의 창립총회에 해당되므로 유한회사에서도 회사성립 후의 사원총회의 규정을 성립전 사원총회에 유추적용해야 할 것이다(308조 2항 참조). 이 사원총회는 각 사원이 소집할 수 있다(547조 2항 · 308조 2항과 비교할 것).

유한회사에서는 감사는 임의기관이지만, 정관에 감사를 두기로 한 때에는 초대감사도 위와 같은 방법으로 선임한다(568조 2항).

4. 출자의 이행

물적회사로서의 자본적 기초를 확실하게 하기 위하여 이사는 회사성립 전에 사원으로 하여금 출자금액을 이행하도록 하여야 한다(548조). 출자로는 재산출자만 인정되며, 노무 또는 신용출자는 허용되지 않는다.

5. 설립등기

출자의 이행이 있은 뒤 2주간 내에 설립등기를 하여야 하며(549조), 이로써 회사가 성립한다(172조).

Ⅱ. 설립에 관한 책임

폐쇄적이며 일반적으로 소규모인 유한회사에서는 설립관여자의 임무해태로 인한 손해 또는 회사불성립의 경우의 책임에 대한 규정이 없고, 다만 회사가 성립한 경우 일정한 사원 및 이사가 자본충실의 책임을 지는 데 그친다.

1) **현물출자 등에 대한 사원의 책임** 현물출자 또는 재산인수의 목적인 재산의 회사성립 당시의 실가가 정관에 정한 가액에 현저하게 부족한 때에는 회사성립 당시의 사원은 회사에 대하여 그 부족액을 연대하여 지급할 책임이 있다(550조 1항).

2) **출자미필액에 대한 사원 · 이사 · 감사의 책임** 회사성립 후에 출자금액의 납입 또는 현물출자의 이행이 완료되지 않았음이 발견된 때에는 회사성립 당시의 사원, 이사와 감사는 그 출자미필액을 연대하여 지급할 책임이 있다(551조 1항).

사원의 위의 두 가지 책임은 면제할 수 없으며(550조 2항 · 551조 2항), 이사와 감사의 그 밖의 책임은 총사원의 동의로 면제할 수 있다(551조 3항의 반대해석).

Ⅲ. 설립의 무효와 취소

회사설립의 무효는 사원 · 이사 · 감사에 한하여, 설립의 취소는 그 취소권 있는 자에 한하여 회사가 성립한 날로부터 2년 내에 소만으로 주장할 수 있다(552조 1항). 유한회사에서는 사원의 수가 적고, 각자가 인적 신뢰관계에 있을 뿐 아니라 모든 사원이 정관에 기명날인 또는 서명하므로 사원 중 1인의 설립에 관한 의사표시의 취소도 설립행위 전체에 영향을 주기 때문에 설립의 취소가 인정되는 점이 주식회사와 다르며, 이 점에서 인적회사에 접근한다.

유한회사의 설립무효 · 취소의 소에 관하여는 합명회사의 같은 소에 관한 규정이 준용된다(552조 2항).

제 3 절 社員 및 持分

Ⅰ. 사 원

1. 사원의 권리

주식회사에서와 같이 사원의 개별적 권리를 자익권과 공익권, 그리고 공익권을 단독사원권과 소수사원권으로 나누어 생각할 수 있다.

자익권으로는 이익배당청구권(580조), 잔여재산분배청구권(612조), 증자시의 출자인수권(588조)이 있다. 공익권 중 단독사원권으로는 의결권(575조)을 비롯하여 사원총회결의의 무효 · 취소 또는 변경의 소제기권(578조 → 376조~381조), 회사설립무효 · 취소(552조), 증자무효(595조), 감자무효(597조 · 445조), 합병무효(236조) 등 각 소의 제기권 등이 있으며, 소수사원권으로는 이사 · 감사 · 청산인에 대한 대표소송제기권(565조 · 570조 · 613조), 이사의 위법행위유지청구권(564조의2. 청산인에 대한 규정으로는 613조 2항→ 402조), 사원총회소집청구권(572조), 이사 · 청산인해임청구의 소제기권(567조 → 385조 2항 · 613조 2항 → 539조), 회계장부열람권(581조), 업무 · 재산상태감독권(582조), 해산청구권(613조 1항 → 520조) 등이 있다. 유한회사의 소수사원권은 자본금의 100분의 3 이상에 해당하는 출자좌수를 가진 사원이 행사할 수 있다. 유한회사의 소수사원권은 총회소집권과 같이 정관에 다른 정함을 두어 그 요건을 완화하거나(572조 2항) 또는 회계장부열람권과 같이 정관에서 단독사원권으로 정할 수 있게 한 점(581조 2항)이 특색이다.

2. 사원의 의무

사원의 의무는 재산출자의무를 원칙으로 하는데, 이는 출자금액을 한도로 회사에 대하여 지는 것이지 회사채권자에 대한 직접책임은 없다(553조). 다만 회사성립 또는 조직변경 당시의 사원 및 자본증가에 동의한 사원이 지는 자본전보책임(550조 · 551조 · 593조 · 607조 4항)이 유한책임의 예외라 하겠으나 추가출자는 아니다. 정관 또는 총회의 결의로도 이 이상 사원의 책임을 가중시킬 수 없다.

Ⅱ. 지 분

1. 의 의

각 사원은 자본금의 총액을 균일한 단위로 분할하여(546조) 그 출자의 좌수에 따라 지분을 갖는다. 즉 지분복수주의를 취하고 있는 점에서 인적회사의 지분과 다르며, 주식과 비슷한 성격을 갖는다. 유한회사의 사원은 유한책임을 지는 데 불과하므로 인적회사와 같이 손실분담의무를 기초로 하는 소극지분의 개념을 인정할 여지가 없다.

지분의 소각방법은 주식의 소각에 준한다(560조 → 343조 1항).

2. 지분의 양도

유한회사의 사원은 정관에 기재해야 하는데, 이는 사원의 구성을 폐쇄적으로 유지한다는 의미를 갖는다. 그래서 2011년 개정전에는 사원의 지분의 양도는 정관변경과 같은 요건인 사원총회의 특별결의에 의하도록 하였다. 개정법에서는 이를 완화하여 원칙적으로 지분의 전부 또는 일부를 양도하거나 상속할 수 있되(556조 본), 정관에서 양도를 제한할 수 있다고 규정하였다(556조 단).

하지만 여전히 유한회사의 사원은 정관의 기재사항인데, 이 점과 관련하여 제556조를 어떻게 해석할 것이냐는 문제가 제기된다. 왜냐하면 사원이 지분의 일부만을 다른 사원에게 양도하는 경우를 제외하고는 지분의 양도는 정관변경을 야기하기 때문이다. 이 점과 관련하여 개정된 제556조의 해석방법으로는 다음 세 가지를 생각해 볼 수 있다. i) 개정된 제556조 본문은 정관변경절차 없이 사원이 지분을 양도할 수 있음을 규정한 것이고, 이에 의해 정관은 자동적으로 변경된다고 해석하는 방법, ii) 개정전과 같이 제556조 본문은 정관변경절차를 거치는 것을 전제로 지분을 양도할 수 있음을 규정한 것이고, 단서는 정관으로 추가적인 양도제한을 할 수 있음을 규정한 것으로 해석하는 방법, iii) 제556조 본문은 사원이 지분의 일부를 다른 사원에게 양도하는 경우에만 적용하고, 제 3 자에게 양도할 경우에는 종전과 같이 정관변경절차가 필요하다고 보는 해석방법이 있다.

개정전 상법 제556조 제 1 항 본문은 특별결의에 의해서만 지분을 양도할 수 있다고 하면서, 동 단서에서 정관에 의해 제한을 가중할 수 있다고 규정하였으므로 당시 특별결의는 최소한의 요건이고 제한을 단서에 따라 가중할 수 있되, 완화할 수는 없다고 해석되었다. 이같은 연혁을 감안한다면 ii)나 iii)과 같은 해석론이 보다 설득력이 있을 수도 있다. 그러나 유한회사에서의 폐쇄성을 반영한 규정들은 회사조직관리에 관한 사원들의 욕구를 반영한 것이지, 강행법적으로 관철해야 할 정책적 이유가 있는 것은 아니다. 현행법 제556조 단서에서 정관에 의해 양도를 제한할 수 있다고 규정함으로써 사원들의 선택에 따라 개정 전과 같은 양도제한도 가능하게 하였으므로 동조 본문은 i)과 같이 새기는 것이 합리적이다.

합명회사의 양도제한과의 비교

합명회사의 사원도 정관의 기재사항이고 그 지분의 양도는 다른 사원 전원의 동의를 얻어야 가능하므로(197조), 유한회사에서의 지분양도의 제한과 동일한 조건을 구비하고 있다. 著者는 제197조를 강행규정으로 보아 정관으로 제한을 완화할 수 없다고 해석하지만, 다수설은 임의규정으로 보아 정관으로 완화할 수 있다고 설명한다(170면 참조). 다수설과 같이 제197조를 임의규정으로 본다면 제556조 본문은 당연히 i)설로 해석해야 하겠지만, 著者와 같이 강행규정설을 취하더라도 제197조와 제556조 본문의 해석을 차별해야 할 이유가 충분하다. 합명회사의 사원은 무한책임을 진다는 점이다. 지분의 양도는 다른 사원 전부의 책임에 영향을 주므로 어느 사원의 동의도 생략할 수 없지만, 유한회사의 사원간에는 지분양도에 이같은 이해를 갖지 않고 단지 폐쇄성을 어떻게 관리하느냐는 정책의 문제이므로 사원들이 자율적으로 선택할 수 있어야 할 문제이다.

3. 지분의 입질

지분은 질권의 목적으로 할 수 있지만(559조 1항), 지분양도에 대한 제한규정(556조) 및 그 대항요건에 대한 규정(557조)이 준용된다(559조 2항). 주식을 입질하는 경우와는 달리 회사에 대한 대항요건을 갖추지 않는 약식질은 인정되지 않는다고 본다. 회사에 대한 대항요건을 갖춘 질권자는 주식의 등록질권자와 마찬가지로 회사로부터 직접 이익의 배당, 잔여재산의 분배, 지분소각 등에 따른 금전의 지급을 받아 다른 채권자에 우선하여 자기의 채권의 변제에 충당할 권리를 갖는다(560조 → 339조 · 340조 1항 · 2항).

4. 자기지분취득의 제한

유한회사도 주식회사와 같이 자기지분을 취득하거나 질취하는 것이 원칙적으로 금지된다. 상세한 점은 자기주식취득에 관하여 설명한 것과 같다(560조 → 341조의2 · 341조의3 · 342조).

제 4 절 회사의 管理

유한회사에서는 주식회사에서와 달리 회사의 「기관」이라는 개념을 사용하지 않고, 상법 제 3 편 제 5 장 제 3 절에서 「회사의 관리」(561조~583조)라는 제목을 두고 그 안에서 이사·감사·사원총회를 다루고, 끝으로 회사의 계산에 관한 규정을 두고 있다. 이하 대체로 그 순서에 따라 살펴보기로 한다.

제 1 관 회사의 기관

I. 이 사

유한회사에서는 이사가 곧 회사의 업무집행 및 대표기관이 되며, 이사회제도는 마련되어 있지 않다.

1. 선임 · 퇴임

유한회사는 1인 또는 수인의 이사를 둔다(561조). 초대이사는 정관으로도 정할 수 있으나(547조 1항), 그 후 이사의 선임은 사원총회에서 하게 된다(567조 → 382조 1항). 이사는 사원이어야 하는 것은 아니지만, 정관으로 이사의 자격을 사원에 한정하는 것도 무방하다고 보아야 한다(주식회사에서 이사의 자격을 주주로 제한할 수 있음(387조)을 유의).

임기에 제한이 없다. 그리고 이사의 퇴임사유는 주식회사 이사의 퇴임사유와 같다. 유한회사에 있어서도 사원총회의 특별결의로 이사를 해임할 수 있다(567조 → 385조 1항). 부정행위 또는 법령, 정관에 위반한 중대사실이 있음에도 불구하고 사원총회에서 해임이 부결된 때에는 소수사원권자(총출자좌수의 3/100)가 이사의 해임을 법원에 청구할 수 있는 점(567조 → 385조 2항)도 주식회사에서와 같다.

2. 업무집행

이사는 업무집행권이 있다. 이사가 수인인 경우 정관에 다른 정함이 없으면 업무집행과 지배인의 선임 또는 해임과 지점의 설치·이전·폐지는 이사 과반수의 결의에 의하여야 한다(564조 1항). 그러나 이에 불구하고 사원총회는 지배인의 선임 또는 해임을 결의할 수 있다(564조 2항).

3. 회사의 대표

이사가 1人인 때에는 당연히 그 이사가 회사를 대표할 것이나 이사가 수인인 경우에 정관에 다른 정함이 없으면 사원총회에서 회사를 대표할 이사를 선정하여야 한다(562조 2항). 수인의 이사를 공동대표이사로 할 수 있다(562조 3항·4항). 회사와 이사간의 소에 있어서는 사원총회에서 그 소에 관하여 회사를 대표할 자를 따로 선정하여야 한다(563조).

자산유동화전문회사의 업무집행

자산유동화에 관한 법률에 의해 설립된 자산유동화전문회사는 유한회사이지만, 동법은 증권소지인을 보호하기 위해 일반유한회사와는 달리 대부분의 업무집행을 제 3 자인 자산관리자와 업무수탁자에게 위탁하도록 하며 회사의 이사나 대표자에게는 대외적인 업무집행권을 제한하고 있다(동법 10조·23조). 이 규정은 강행규정으로서 이를 위반한 대표자의 행위는 상대방의 선의·악의를 불문하고 무효라고 해석해야 한다(서울중앙지법 2008. 9. 9. 선고 2008가합3898 판결).

4. 의 무

유한회사의 이사는 주식회사에서와 마찬가지로 회사에 대하여 선관주의의무를 지는 외에(567조 → 382조 2항) 경업금지의무(567조 → 397조), 회사와의 자기거래제한(564조 3항)에 관한 규정의 적용을 받는다.

5. 책 임

(1) 손해배상책임

법령·정관의 위반 또는 임무해태로 인한 이사의 회사 및 제 3 자에 대한 책임은 주식회사의 이사의 책임에 관한 규정이 준용된다(567조 → 399조~401조). 자본금의 100분의 3 이상을 가진 사원은 회사에 대해 이사의 책임추궁을 위한 소를 제기할 것을 청구할 수 있으며(565조 1항), 회사가 소를 제기하지 않을 경우 회사를 대표하여 소를 제기할 수 있다. 소의 제기절차 및 소송고지, 재심 등에 관해 주식회사의 대표소송에 관한 규정이 적용된다(565조 2항).

(2) 자본충실책임

회사성립 후에 출자의 납입 또는 현물출자의 이행이 완료되지 아니하였음이 발견된 때에는 회사성립 당시의 이사는 역시 그 당시의 다른 사원 및 감사와 더불어 납입되지 아니한 금액 또는 이행되지 아니한 현물의 가액을 연대하여 지급할 책임이 있다(551조). 이와 마찬가지로 증자 후에도 미인수출자가 있는 때에는 이사와 감사가 공동으로 이를 인수한 것으로 보며(594조 1항), 인수되었더라도 출자의 이행이 완료되지 아니한 때에는 이사와 감사는 연대하여 납입 또는 급여미필재산의 가액을 지급할 책임을 진다(594조 2항).

6. 준용규정

유한회사의 이사에 관하여는 위에 본 것 이외에도 대표이사의 권한(209조)과 그의 손해배상책임(210조), 그리고 이사의 결원의 처리(386조), 이사의 보수(388조), 표현대표이사의 행위에 대한 회사의 책임(395조), 직무집행정지와 이 경우의 직무대행자선임(407조) 및 그의 권한(408조) 등에 관하여 합명회사 및 주식회사에 관한 규정이 각각 준용된다(567조).

유한회사의 이사는 주식회사의 이사와 달리 원칙적으로 업무집행권과 대표권이 있으므로 상근성이 인정될 것이나, 이사의 보수는 역시 정관이나 사원총회의 결의가 없으면 지급할 수 없다(대법원 1983. 3. 22. 선고 81다343 판결).

Ⅱ. 감사 및 감시제도

1. 감 사

유한회사의 감사는 주식회사에서와 달리 임의기관이나 정관으로 1인 또는 수인의 감사를 두기로 한 때에는(568조 1항) 그의 직무권한은 주식회사의 감사와 다를 바 없다. 즉 감사는 언제든지 회사의 업무와 재산상태를 조사할 수 있고 이사에게 영업보고를 요구할 수 있다(569조).

감사의 선임(382조 1항. 그리고 회사성립 전 감사선임에 관하여는 568조 2항), 회사와의 관계(382조 2항), 해임(385조 1항), 결원의 처리(386조), 보수(388조), 책임(414조), 회사에 대한 책임의 면제(400조), 직무집행정지 및 직무대행자선임(407조), 겸임금지(411조), 사원총회에 대한 의안 및 서류의 조사 · 보고 · 의견진술의무(413조), 사원의 대표소송(565조) 등에 관하여는 주식회사에 관한 각 규정이 준용된다(570조).

유한회사에 있어서는 감사도 이사와 마찬가지로 임기에 법률상의 제한을 받지 않는다.

그 밖에 유한회사의 감사에 특유한 점은 임시총회소집권(571조 1항. 그리고 법원의 결정에 따른 총회소집에 관하여는 582조 3항)이 있고, 설립 및 증자시의 자본전보책임(551조 · 594조)을 진다는 것 등이다. 설립무효의 소(552조 1항) 및 증자무효의 소(595조 1항)의 제소권이 있는 점은 주식회사와 같다.

2. 검 사 인

유한회사의 검사인은 회사의 업무 및 재산의 상황을 조사하기 위하여 선임하는 임시적 · 임의적 기관이다. 주식회사에서와는 달리 회사설립의 조사에는 검사인의 선임을 필요로 하지 않는다.

(1) 사원총회에 의한 선임

사원총회는 이사가 제출한 서류와 감사의 보고서를 조사하게 하기 위하여 검사인을 선임할 수 있다(578조 → 367조 · 572조 3항 → 366조 3항).

(2) 법원에 의한 선임

회사의 업무집행에 관하여 부정행위 또는 법령이나 정관에 위반한 중대한 사유가 있는 때에는 자본금총액의 100분의 3 이상에 해당하는 출자좌수를 가진 사원은 회사의 업무와 재산상태를 조사하게 하기 위하여 법원에 검사인의 선임을 청구할 수 있다(582조 1항). 검사인은 조사결과를 법원에 보고하여야 한다(582조 2항). 법원은 보고서에 비추어 필요하다고 인정하면 감사, 감사가 없는 때에는 이사에게 사원총회의 소집을 명할 수 있고, 이 사원총회에 검사인의 보고서를 제출하여야 한다(582조 3항).

3. 기타 감시제도

유한회사에서는 이사회 · 감사가 모두 임의기관이라는 점에서 본다면 법적으로 유한회사의 감사제도는 매우 불완전하다. 다만 이사의 경업행위(567조 → 397조) 또는 자기거래(564조 3항)에 대한 규제, 이사의 해임결의(567조 → 385조 1항), 재무제표의 승인(583조 → 449조 1항), 검사인의 선임(572조 3항 → 366조 3항, 578조 → 367조)을 통하여 사원총회도 약간의 감시기능을 가지며, 이사해임의 소(567조 → 385조 2항), 대표소송(565조), 유지청구권(564조 의2), 총회소집권(572조 1항), 회계장부열람권(581조 1항, 583조 1항 → 466조), 검사인선임청구권(582조 1항)을 통하여 소수사원도 어느 정도의 감시기능을 갖는다. 각 사원도 재무제표의 열람(579조의3 2항 → 448조 2항), 사원총회결의의 취소 및 무효확인의 소(578조 → 376조~381조), 증자무효의 소(595조 1항) 및 감자무효의 소(597조 → 445조)의 제기 등을 통해서 감시효과를 거둘 수 있다.

Ⅲ. 社員總會

1. 총　　설

사원총회는 유한회사의 의사를 결정하는 법정의 최고기관이란 점에서 주식회사의 주주총회와 같으나 결의사항에 제한이 없으며(578조가 361조를 준용하고 있지 않음에 유의), 또한 소집절차(571조 및 362조 · 363조와 비교) 및 결의방법(575조 · 577조 및 369조 · 368조와 비교)에 있어 탄력성을 갖고 있는 것이 특징이다.

2. 권　　한

사원총회는 유한회사의 의사결정기관이며 필요적 기관으로 법정되어 있는 점에서 합명회사 또는 합자회사의 사원총회와 다르며 주주총회에 유사하나, 법정의 전권사항(예: 576조 · 584조 · 598조 · 609조 1항 2호 · 610조 1항) 외에 모든 사항에 대하여 결정할 수 있는 점에서(만능성) 주주총회와 다르다. 이사가 총회의 결의에 당연히 구속됨은 물론 총회의 통상결의에 의하여 선임되고(567조 → 382조 1항), 또한 특별결의에 의하여 해임(567조 → 385조)되므로 사원총회는 당연히 유한회사의 최고기관인 지위에 있다.

3. 소　　집

(1) 소집권자

소집권자는 원칙적으로 이사이나(571조 1항 본), 임시총회는 감사도 소집할 수 있으며(571조 1항 단), 또한 자본금의 100분의 3 이상에 해당하는 출자좌수를 가진 소수사원도 회의의 목적사항과 소집의 이유를 기재한 서면을 이사에게 제출하여 총회의 소집을 청구할 수 있다(572조 1항). 소집청구가 있은 후 지체없이 소집절차를 밟지 않을 때에는 청구한 사원이 법원의 허가를 얻어 총회를 소집할 수 있다(572조 3항 → 366조 2항). 소수사원의 총회소집청구권에 대하여는 정관으로 달리 정할 수 있다(572조 2항).

(2) 소집절차

소집절차에 관해서는 유한회사의 폐쇄성과 소규모성을 고려하여 편의주의적인 규정을 두고 있다.

소집통지는 회일로부터 1주간 전에 회의의 목적사항을 기재하여(571조 3항 → 363조 2항) 각 사원에 대하여 서면으로 발송하거나, 각 사원의 동의를 받아 전자문서로 발송하여야 한다(571조 2항). 그리고 총사원의 동의가 있을 때에는 소집절차를 생략할 수 있다(573조). 소집지는 정관에 다른 정함이 없으면 본점소재지 또는 그 인접지이어야 한다(571조 3항 → 364조).

4. 의 결 권

각 사원은 출자 1좌마다 1개의 의결권을 가지나 정관으로 달리 정할 수 있다(575조). 이 점도 또한 주식회사와 다르다. 그러나 일부사원에게 전혀 의결권을 인정하지 않는 것과 같은 정함은 허용되지 않는다. 1좌 1의결권의 예외는 원시정관으로 정하여야 하며, 정관을 변경하여 예외를 두고자 할 경우에는 총사원의 동의를 얻어야 한다고 본다(손주찬 1111; 최기원 993; 최준선 902).

5. 결의방법

결의방법에는 통상결의, 특별결의 및 총사원의 일치에 의한 결의의 세 가지가 있다.

통상결의는 총사원의 의결권의 과반수를 가진 사원이 출석하고 그 의결권의 과반수로써 한다(574조). 특별결의는 총사원의 반수 이상이며 의결권의 4분의 3 이상을 가진 자의 동의로써 하는데(585조 1항), 의결권을 행사할 수 없는 사원은 이를 총사원의 수에, 행사할 수 없는 의결권은 의결권의 수에 산입하지 않는다(585조 2항). 사원의 사람수도 결의요건으로 삼고 있는 점에서 유한회사는 인적회사로서의 요소가 가미되어 있음을 볼 수 있다. 특별결의를 요하는 사항은 주식회사의 특별결의 사항과 대체로 같다(576조 1항 및 2항 · 585조 · 587조 · 588조 단 · 596조 · 598조 · 599조 · 609조 2항 · 610조 1항 등).

총사원의 일치에 의한 결의는 주식회사로 조직변경을 하고자 할 때에 요한다(607조 1항).

6. 서면결의

유한회사의 소규모성 · 간이성을 고려한 편의주의적 견지에서 법은 서면에 의한 결의도 사원총회의 결의와 동일한 효력을 갖는 것으로 하고 있다(577조 3항). 서면에 의한 결의는 다음의 두 경우에 한하여 인정된다.

1) 미리 일정한 사항에 관하여 총사원이 서면으로 결의할 것에 동의한 경우(577조 1항) 이 경우에도 그 결의사항에 따라 각각 보통결의, 특별결의, 총사원의 일치에 의한 결의를 필요로 한다(577조 4항). 또한 이 방법은 일정한 구체적 사항에 관하여 결의할 경우에 한하며, 일반적으로 이러한 결의방법에 의한다고 하는 동의는 허용될 수 없다.

2) 미리 서면결의에 의한다고 하는 동의가 없더라도 결의의 목적사항에 관하여 총사원의 서면동의가 있는 경우(577조 2항) 이 경우에는 결의사항의 내용에 관하여 총사원이 동의했을 따름이고, 미리 이러한 결의방법에 의한다고 하는 뜻의 합의가 없었던 경우이나, 법은 이 경우에도 결의가 있은 것으로 본다.

7. 준용규정

사원총회에는 주주총회에 관한 규정이 대부분 준용된다(578조). 따라서 위에 설명한 것 외에는 상법 제578조에서 준용하는 주주총회 관계규정 및 그에 관해 설명한 그대로이다.

제 2 관 회사의 회계

Ⅰ. 총 설

유한회사도 물적회사인 성격상 회사의 회계에 관하여 자본유지의 원칙 및 자본불변의 원칙에 입각한 각종의 법적 규제를 필요로 함은 주식회사에서와 다를 바 없다. 그 까닭에 주식회사의 회계에 관한 다수의 규정이 유한회사의 회계에 준용된다. 그러나 주식회사의 회계규정 중에는 유한회사의 소규모성 · 폐쇄성을 고려해서 유한회사에 준용되지 않는 것도 적지 않다.

Ⅱ. 유한회사의 재무제표

재무제표의 종류는 주식회사에서와 같이 대차대조표, 손익계산서, 기타 제447조 제 1 항 제 3 호에 따른 서류이며(579조 1항 1호~3호), 이사는 재무제표와 그 부속명세서 및 영업보고서를 작성하여 감사가 있는 때에는 정기총회일로부터 4주간 전에 감사에게 제출하여야 한다(579조 2항 · 579조의2).

감사는 재무제표를 받은 날로부터 3주간 내에 감사보고서를 이사에게 제출하여야 한다(579조 3항).

이사는 정기총회일의 1주간 전부터 5년간 재무제표 및 영업보고서를 본점에 비치하여야 하며(579조의3 1항), 사원 및 회사채권자는 이를 열람할 수 있고 등 · 초본의 교부를 청구할 수 있다(579조의3 2항 → 448조 2항).

Ⅲ. 주식회사계산규정 중 준용되는 것

정기총회에 의한 재무제표의 승인(449조 1항), 재무제표승인에 의한 이사·감사의 책임해제(450조), 법정준비금(458조~460조), 이익배당 및 위법배당의 반환(462조), 중간배당(462조의3), 사용인의 우선변제권(468조)에 관한 제규정이 각각 유한회사에 준용된다(583조 1항·2항). 그리고 소수주주의 회계장부열람권(466조)도 준용하지만(583조 1항), 소수사원의 회계장부열람권에 관하여는 따로 규정을 두고 있으므로(581조) 이는 준용되지 않는다고 해석해야 한다. 입법상의 착오인 듯하다.

Ⅳ. 주식회사계산규정 중 준용되지 않는 것

유한회사에도 법정준비금제도가 있으나 준비금의 자본금전입에 관한 규정(461조)은 준용되지 않는다. 또한 대차대조표의 공고(449조 3항)도 유한회사의 폐쇄성·비공개성에 따라 요구되지 않는다.

Ⅴ. 유한회사의 계산에 관한 특칙

회계장부열람권은 원칙적으로 소수사원권이나(581조 1항·583조 → 466조) 정관으로 단독사원권으로 할 수 있으며, 이 경우에는 재무제표부속명세서의 작성·비치를 요하지 않는다(581조 2항).

이익의 배당은 각 사원의 출자좌수에 비례하는 것이 원칙이나, 정관에 이와 다른 기준을 둘 수 있다(580조). 이 정관에 의한 배당기준의 자치가능성은 오히려 인적회사의 측면을 보여준다. 이 경우의 정관이란 원시정관 또는 총사원의 동의에 의하여 변경된 정관에 한한다고 해석한다(同旨: 임재연Ⅱ 1039; 정동윤 863; 최준선 910. 반대: 권기범 1032).

유한회사는 비록 폐쇄적이지만 이익이 있어야 배당할 수 있으며, 또 사원총회의 배당결의가 없이는 배당할 수 없음은 물론이다(대법원 1983. 3. 22. 선고 81다343 판결).

제 5 절 정관의 변경

Ⅰ. 총 설

유한회사의 정관은 사원총회의 특별결의로 변경할 수 있다(584조·585조). 유한회사에서는 자본금의 총액이 정관의 절대적 기재사항으로 되어 있는 까닭에(543조 2항 2호) 자본금의 감소는 물론 자본금의 증가도 정관변경의 절차를 요한다. 주식회사의 경우와 달리 소집통지에 정관변경에 관한 의안의 요령을 기재할 필요가 없다(433조 2항과 비교). 정관변경도 서면에 의한 결의로 할 수 있다(577조). 변경의 내용이 등기사항에 해당할 경우에는 변경등기를 하여야 한다(549조 4항 → 183조).

Ⅱ. 자본금의 증가

자본금을 증가하는 방법으로서는 출자 1좌의 금액을 증가시키는 것, 출자좌수를 증가시키는 것 또는 양자의 병용이라는 세 가지의 방법을 생각할 수 있다.

이중 1좌의 금액을 증가하는 방법으로 자본금을 증가하려면 제586조의 증자결의만으로는 안 되고 총사원의 동의가 필요하다. 1좌의 금액을 증가하면 모든 사원이 증가액을 납입해야 하는데(546조), 이는 추가출자를 강제하는 것이라서 유한책임의 원칙에 반하기 때문이다. 그래서 상법은 주로 출자좌수의 증가에 의한 자본의 증가에 관하여 규정하고 있다.

(1) 자본금증가의 결의

자본금증가는 정관변경의 한 예이므로 사원총회의 특별결의를 요한다(584조·585조). 이 결의에서 증자의 방법을 정하여야 함은 물론이고, 정관에 정함이 없더라도 현물출자, 재산인수 또는 증가할 자본금에 대한 출자인수권자를 결정할 수 있다(586조). 사후증자도 특별결의에 의하여야 한다(596조 → 576조 2항). 「사후증자」란 유한회사가 증자 후 2년 내에 증자 전부터 존재하는 재산으로서 영업을 위하여 계속하여 사용할 것을 증자후 자본금의 20분의 1 이상의 대가로 취득하는 계약을 말한다(596조 → 576조 2항의 해석).

(2) 出資引受權

기술과 같이 증자결의에서 출자인수권자를 정할 수 있으나(586조 3호), 미리 장래의 출자시 특정한 자에 대하여 출자인수권을 부여할 것을 특별결의에 의하여 약속할 수 있다(587조). 어떤 방법으로든 출자인수권자를 정하지 아니한 때에는 각 사원은 증가할 자본에 대하여 그 지분에 따라 출자를 인수할 권리를 갖는다(588조).

이상과 같이 사원총회의 결의로 사원의 출자인수권을 제한할 수 있는 점이 주주의 신주인수권과 다르다.

(3) 출자의 인수 · 이행

출자인수권자가 그 권리를 포기하여 출자를 인수하지 않을 때에는 증자결의에서 미리 다른 결정을 하지 않는 한 다시 총회의 특별결의로써 인수인을 정하여야 한다. 유한회사에서는 설립의 경우와 같이 증자의 경우에도 자본확정의 원칙이 요구되어 일정 기일까지의 인수분에 국한하여 증자하는 마감증자는 인정되지 않기 때문이다(590조 · 591조 · 428조와 비교). 그리고 유한회사에서는 광고 기타의 방법으로 인수인을 공모하지 못한다(589조 2항). 출자의 인수는 주식청약서와 같은 요식의 문서를 요하지 않지만, 인수를 증명하는 서면에 의하여야 하며 인수할 출자의 좌수와 주소를 기재하고 이에 기명날인(또는 서명)하여야 한다(589조 1항).

증자금액에 대한 출자인수가 있은 때에는 이사는 인수인으로 하여금 출자전액의 납입 또는 현물출자의 목적인 재산의 급여를 하도록 시켜야 한다. 이 경우 인수인은 회사의 동의 없이 납입채무와 회사에 대한 채권을 상계할 수 없다(596조 → 548조 · 421조 2항).

(4) 자본금증가의 등기

출자전액의 납입 또는 현물출자의 이행이 완료하면 본점소재지에서 2주 내에 자본금증가로 인한 변경등기를 하여야 하며(591조), 증자는 신주발행과는 달리 본점소재지에서 변경등기를 함으로써 그 효력이 생긴다(592조 · 423조 1항과 비교). 다만 출자인수인에 대한 이익배당에 대해서는 특칙이 있다. 출자인수인은 출자의 납입기일 또는 현물출자의 목적인 재산의 급여의 기일로부터 이익배당에 관하여 사원과 동일한 권리를 가진다(590조).

(5) 자본전보책임

자본충실의 원칙에 따른 자본금전보책임은 설립시와 같이 매우 엄중하다.

1) 현물출자 등에 대한 사원의 책임 현물출자 또는 재산인수의 목적인 재산의 실가가 증자결의에 의하여 정한 가격에 현저하게 부족할 때에는 그 결의에 동의한 사원은 회사에 대하여 그 부족액을 연대하여 지급할 책임이 있다(593조 1항). 이 사원의 책임은 설립시의 자본금전보의무와 마찬가지로 면제할 수 없다(593조 2항 → 550조 2항 · 551조 2항).

2) 미인수출자 또는 출자미필액에 대한 이사의 책임 증자 후 아직 인수되지 아니한 출자가 있는 때에는 이사와 감사가 이를 공동으로 인수한 것으로 본다(594조 1항). 그리고 증자 후 아직도 출자전액의 납입 또는 현물출자의 목적인 재산의 급여가 미필된 출자가 있는 때에는 이사와 감사는 연대하여 그 납입 또는 급여미필재산의 가액을 지급할 책임이 있다(594조 2항). 이 이사와 감사의 책임은 총사원의 동의가 없으면 면제할 수 없다(594조 3항 → 551조 3항).

Ⅲ. 자본금의 감소

자본금감소의 방법은 증자와 반대로 출자 1좌의 금액의 감소, 출자좌수의 감소 또는 양자의 병용이 모두 가능하다. 출자좌수를 감소하는 방법을 택한 때에는 지분의 소각 또는 병합에 의하게 될 것이며, 병합의 경우의 단수지분(端數持分)의 처리는 주식병합에 준한다(597조 → 443조).

자본금증가의 경우와 같이 자본금감소에도 정관의 변경을 요하고, 따라서 특별결의에 의하게 된다(584조 · 585조). 이 결의에서 감소의 방법을 정한다(597조 → 439조 1항). 한편 감자는 회사채권자에게 불이익을 가져올 수 있으므로 채권자보호절차를 밟아야 한다(597조 → 439조 2항).

자본금감소는 변경등기를 요하나(549조 4항 → 183조), 증자등기와는 달리 이에 의해 자본금감소의 효력이 발생하는 것은 아니다(592조와 비교).

Ⅳ. 증자 · 감자의 무효

자본금증가의 무효는 사원, 이사 또는 감사에 한하여 증자등기일로부터 6월 내에 소만으로 이를 주장할 수 있다(595조 1항). 그 밖에는 신주발행무효의 소에 관한 규정이 준용된다(595조 2항 → 430조~432조).

감자무효의 소에 대해서도 주식회사의 감자무효의 소에 관한 규정이 준용된다(597조 → 445조 · 446조).

제 6 절 合併과 組織變更

Ⅰ. 합 병

(1) 요 건

유한회사가 합명회사나 합자회사와 합병하는 경우에는 존속회사 또는 신설회사는 유한회사이어야 한다(174조 2항). 유한회사가 주식회사나 유한책임회사와 합병할 경우에는 존속회사 또는 신설회사는 주식회사, 유한회사, 유한책임회사 중 어느 것으로 해도 좋으나, 주식회사로 할 경우에는 법원의 인가가 효력요건이다(600조 1항). 이는 주식회사의 설립 및 신주발행에 관한 엄격한 규정의 회피를 방지하려는 것이다. 사채의 상환을 완료하지 아니한 주식회사와 합병할 때에는 존속회사 또는 신설회사는 유한회사일 수 없다(600조 2항). 유한회사는 사채를 발행할 수 없는 까닭이다.

유한회사가 다른 회사와 합병하려 할 때에는 사원총회의 특별결의를 요하며(598조), 신설합병의 경우에는 이 특별결의에서 정관의 작성 기타 설립에 관여할 설립위원의 선임도 아울러 하여야 한다(599조).

보고총회 또는 창립총회가 끝난 후에는 합병등기를 하여야 한다(602조).

(2) 질권의 효력

유한회사가 주식회사와 합병하는 경우에 존속회사 또는 신설회사가 유한회사인 때에는 종전의 주식을 목적으로 한 질권은 그 주식에 갈음하여 주주가 취득하는 유한회사의 지분과 금전에 미친다(601조 1항). 이 경우에 질권의 목적인 지분에 관하여 출자좌수와 질권자의 성명 및 주소를 사원명부에 기재하지 아니하면 그 질권으로써 회사 기타 제 3 자에 대항하지 못한다(601조 2항).

(3) 준용규정

상술한 것 이외에 유한회사의 합병의 절차 및 효력에 관하여는 주식회사의 합병의 경우에도 준용되는 합명회사의 합병에 관한 여러 규정과 주식회사의 합병에 관한 여러 규정이 준용된다(603조).

Ⅱ. 조직변경

1. 유한회사에서 주식회사로

(1) 요건 · 절차

유한회사는 주식회사로 조직을 변경할 수 있다. 합명, 합자 및 유한책임회사로의 조직변경은 인정되지 않는다.

주식회사로 조직변경함에는 총사원의 일치에 의한 사원총회의 결의가 필요하나, 정관으로 정관변경을 위한 특별결의로 가능하도록 정할 수 있다(607조 1항).

주식회사로 그 조직을 변경할 때에도 자본유지의 원칙에 의하여 조직변경시 발행하는 주식의 발행가액의 총액은 회사에 현존하는 순재산액을 초과하지 못한다(607조 2항). 이를 위반하더라도 조직변경의 효력에는 영향이 없고 후술하는 전보책임의 문제가 생길 뿐이다.

그리고 조직변경에는 법원의 인가를 요하는데(607조 3항), 이는 주식회사의 엄격한 설립절차를 회피하려는 탈법수단으로 조직변경이 이용되는 것을 방지하려는 것이다. 조직변경결의시에는 정관 기타 조직변경에 필요한 사항을 아울러 정하여야 하며(607조 5항 → 604조 3항), 결의 후 채권자보호절차를 밟아야 한다(608조 → 232조).

끝으로 조직변경의 등기를 하여야 한다. 조직변경의 등기는 유한회사의 해산등기, 주식회사의 설립등기이다(607조 5항 → 606조, 상등 66조). 이 등기에 의해 조직변경의 효력이 생긴다.

(2) 질권의 효력

조직변경이 있은 때에는 종전의 지분 위에 설정된 질권은 당해 지분에 갈음하여 발행되는 주식에 그 효력이 미친다(607조 5항 → 601조 1항). 그리고 질권자는 그 주식에 대한 주권의 교부를 회사에 대하여 청구할 수 있다(607조 5항 → 340조 3항).

(3) 순자산액의 전보책임

조직변경의 경우, 회사의 현존 순자산액이 조직변경시에 발행하는 주식의 발행가액의 총액에 부족할 때에는 조직변경을 결의할 당시의 이사, 감사와 사원은 회사에 대하여 연대하여 그 부족액을 지급할 책임이 있다(607조 4항). 이 특별책임의 면제는 사원에 대해서는 불가능하며, 이사와 감사의 경우에는 총사원의 동의로만 할 수 있다(607조 4항 → 550조 2항, 551조 2항 · 3항).

2. 주식회사에서 유한회사로

(1) 요건 · 절차

주식회사는 총주주의 일치에 의한 주주총회의 결의로 그 조직을 유한회사로 변경할 수 있다(604조 1항 본). 이 결의에서 정관 기타 조직변경에 필요한 사항을 정하여야 한다(604조 3항). 사채를 발행했을 때에는 그 상환을 완료하지 않고서는 조직변경을 할 수 없는데(604조 1항 단), 이는 유한회사는 사채를 발행할 수 없는 까닭이다. 또한 회사에 현존하는 순자산액보다 많은 금액을 자본금총액으로 할 수 없다(604조 2항). 이를 위반하더라도 조직변경의 효력에는 영향이 없고 전보책임의 문제가 생길 뿐이다.

그리고 채권자보호절차를 밟아야 한다(608조 → 232조). 끝으로 주식회사의 해산등기와 유한회사의 설립등기를 하여야 하며(606조, 상등 66조), 이 등기로써 조직변경의 효력이 생긴다.

(2) 질권의 효력

조직변경에 의하여 종전의 주식을 목적으로 하는 질권은 유한회사의 새로운 지분 또는 금전에 미친다(604조 4항).

(3) 순자산액의 전보책임

조직변경의 경우에 회사에 현존하는 순자산액이 자본총액에 부족한 때에는 조직변경결의 당시의 이사와 주주는 회사에 대하여 연대하여 그 부족액을 지급할 책임이 있다(605조 1항). 주주의 전보책임은 면제하지 못하며(605조 2항 → 550조 2항 · 551조 2항) 이사의 전보책임은 총사원의 동의로써만 면제할 수 있다(605조 2항 → 551조 3항).

제 7 절 解散과 淸算

I. 해 산

유한회사의 해산원인은 ① 존립기간의 만료 기타 정관으로 정한 사유의 발생, ② 합병, ③ 파산, ④ 법원의 해산명령 또는 해산판결, ⑤ 사원총회의 특별결의(해산결의)이다(609조).

위의 ① 또는 ⑤의 사유로 해산한 때에는 사원총회의 특별결의로 회사를 계속할 수 있다(610조 1항). 이 경우 이미 해산등기를 한 후에는 회사계속의 등기를 하여야 한다(611조 → 229조 3항).

Ⅱ. 청 산

주식회사와 마찬가지로 법정청산만이 인정된다. 따라서 청산절차도 법원에 대한 청산인의 신고, 사원총회 · 감사의 존속, 청산인의 직무, 채권의 신고 · 최고 등 모든 사항이 주식회사의 청산의 경우에 준하나(613조 1항), 청산인회제도는 이사회제도와 마찬가지로 당연히 인정되지는 않는다. 또한 청산인에 대해서는 유한회사 및 주식회사의 이사에 관한 규정이 다수 준용된다(613조 2항).

잔여재산은 각 사원의 출자좌수에 따라 분배하나, 정관에 다른 정함이 있는 경우에는 이에 따른다(612조). 이 점 이익배당에 있어 사원의 출자좌수에 따른 배당이 원칙이나 정관에 다른 기준을 정할 수 있음과 같이 유한회사의 폐쇄성을 반영한 것이다. 정관으로 다른 기준을 정할 경우 이익배당과 잔여재산분배의 기준을 같이 정해야 하는 것은 아니다.

제 8 장

외국회사

외국회사

Ⅰ. 外國會社의 의의와 본질

상법 제3편 제6장에서 외국회사에 관해 9개의 조문을 두고 있으나, 외국회사의 개념은 정의한 바가 없다. 따라서 외국회사란 무엇을 뜻하느냐에 대해 학설이 대립해 왔는데, 주소지법주의, 설립준거법주의, 설립행위지주의 등 다양한 기준이 제시된 중 설립준거법주의가 통설이다. 설립준거법주의란 법인이 설립의 근거로 삼은 법률이 속하는 나라에 의해 법인의 속인성을 정한다는 의미로, 이에 의하면 상법상 외국회사란 외국의 법에 의하여 설립된 회사를 뜻한다. 같은 문제가 국제사법학에서도 생기는데, 우리 국제사법은 원칙적으로 설립준거법주의를 취하고 있다(국사 30조 본).[1] 한편 상법은 실질적인 국내회사가 국내법의 회피를 위해 외국법에 따라 설립하는 경우도 있을 것을 예상하여 외국에서 설립된 회사라도 대한민국에 그 본점을 설치하거나 대한민국에서 영업할 것을 주된 목적으로 하는 때에는 대한민국에서 설립된 회사와 동일한 규정을 적용하도록 한다(617조).

국제사법적 문제와 外人法的 문제

회사의 속인성과 관련된 *私法*문제를 다룸에 있어서는 두 가지 구분해야 할 문제

1) 국제사법 제30조는 「법인 또는 단체는 그 설립의 준거법에 따른다. 다만, 외국에서 설립된 법인 또는 단체가 대한민국에 주된 사무소가 있거나 대한민국에서 주된 사업을 하는 경우에는 대한민국 법에 따른다」라고 규정하고 있다. 본문은 설립준거법주의를 취한 것이나, 단서는 상법 제617조와 같은 내용으로서, 본문의 설립준거법주의에 본거지법적 예외를 설치한 것이다.

가 있다. 하나는 회사에 관한 법률관계를 어느 나라의 법에 의해 규율할 것이냐는 국제사법적 문제이고, 다른 하나는 문제된 특정 회사가 외국회사라는 법적 판단이 내려진 것을 전제로 하여 이 외국회사에 국내법을 적용함에 있어 어떻게 차별화할 것인가라는 외인법의 문제이다.[1] 전자는 준거법을 정하는 문제이고 후자는 실질법의 문제이니 서로 성질을 달리한다. 외인법 중에는 자족적으로 외국회사를 정의해 둔 예도 있다. 예컨대 부동산 거래신고 등에 관한 법률은 국제사법과 다른 기준에 의해 외국법인여부를 따진다(동법 2조 4호). 상법과 같이 외국회사의 개념을 정하고 있지 않은 외인법의 경우에는 동법이 다루고 있는 법률관계의 성격에 부합하도록 외국회사의 개념을 정의하여야 할 것이다. 상법상의 외국회사 관련규정은 상법상의 회사관련규정이 외국회사에 적용되지 않는 것을 원칙으로 하고 이에 대한 예외를 설정한 것이므로 외국회사의 개념은 설립준거법주의에 의해 이해하는 것이 타당하다.

Ⅱ. 외국회사의 법률관계

외국회사의 조직이나 내부적인 법률관계는 그 준거법에 따라 해결될 것이고, 대외적인 법률관계에 관하여는 일반적으로는 국제사법이 적용될 것이며, 법률관계의 성격에 따라 관계법률이 적용될 것이다(예: 민소 5조 2항). 상법은 다음 사항에 관하여 규정을 두고 있다.

1. 외국회사의 지위

상법 제614조 내지 제620조는 외국회사에 대해 상법중 회사편을 적용함에 있어서의 특칙을 마련한 것이다. 상법은 나아가 제621조에서 「외국회사는 다른 법률의 적용에 있어서는 법률에 다른 규정이 있는 경우 외에는 대한민국에서 성립된 동종 또는 가장 유사한 회사로 본다」라고 규정하고 있다. 이는 상법 이외의 외인법적 문제에 있어 내외법인 평등주의를 선언한 것이다.[2] 그러므로 엄밀히는 헌법적인 사항이고 상법의 법역에 속하는 문제는 아니라 할 것이다.

「다른 법률의 적용」에 있어서의 다른 법률이란 상법 이외의 모든 법률 그리고 상법에서도 회사편 이외의 상법규정들을 포함한다. 그리고 법률에 다른 규정이 있는 경우란 다른 법률에서 이미 외인법적 해결을 해 두고 있는 경우를 뜻한다.

---

1) 이 문제의 성격과 이론에 관해 石光現, 「國際私法과 國際訴訟」(제 2 권), 博英社, 2001, 194면 이하가 상세하다.

2) 日注釋(13), 548면.

2. 국내영업의 요건

외국회사가 국내에서 영업을 하기 위하여는 대표자를 정하고 영업소를 설치하고 등기하여야 한다.

(1) 대표자선정

국내에서의 대표자를 정하여야 한다(614조 1항). 대표자의 권한은 내국회사의 대표기관과 같고, 그에 의한 불법행위가 있을 때 회사와 대표자가 연대하여 책임을 지는 것도 내국회사와 같다(614조 4항 → 209조 · 210조).[1)]

(2) 영업소의 설치

대표자를 선정하는 외에 영업소를 설치해야 한다. 영업소의 설치는 대표자 1인 이상이 국내에 거주하는 것으로 갈음할 수도 있다(614조 1항).

(3) 등 기

1) 등기사항 외국회사가 영업소를 설치하는 경우에는 그 설치일부터 3주일 내에 영업소의 소재지에서 다음 각 사항을 등기하여야 한다(614조 2항).

① 목적, ② 상호, ③ 회사를 대표할 자의 성명 · 주소 및 주민등록번호(외국인인 경우 외국인등록번호. 외국인등록번호가 없는 경우에는 생년월일), ④ 공동으로 회사를 대표할 것을 정한 때에는 그 규정, ⑤ 본점의 소재지, ⑥ 영업소의 소재지(다른 영업소의 소재지는 제외), ⑦ 회사의 존립기간 내지 해산사유를 정한 때에는 그 기간 또는 사유, ⑧ 대한민국에서의 같은 종류의 회사 또는 가장 비슷한 회사가 주식회사인 경우에는 본국에서의 공고방법 및 제616조의 2에 따른 대한민국에서의 공고방법.

이 등기에는 회사설립의 준거법과 대한민국에서의 대표자의 성명 · 주소 및 주민등록번호(외국인인 경우 외국인등록번호, 외국인등록번호가 없는 경우에는 생년월일)가 포함되어야 한다(614조 3항).

2) 등기사항의 변경 외국회사가 영업소를 이전한 경우에는 3주일 내에 종전 소재지에서는 새 소재지와 이전 연월일을, 새 소재지에서는 위 등기사항 전부를 등기하여야 한다(614조 의2 1항).

그리고 등기한 사항이 변경되었을 때에는 영업소의 소재지에서 3주일 내에 변경등기를 하여야 한다(동조 2항).

이 등기사항이 외국에서 생긴 때에는 등기의무기간은 그 통지가 도달한 날

1) 영국법에 의해 설립되어 영국에 사무소를 두고 있는 회사가 그 대표이사를 상대로 임무해태 등을 이유로 제기한 손해배상청구소송에서, 동회사가 국내법인의 실질을 가진 채 국내법적 경제활동과 기능적 · 실질적 관련성을 가지면서 국내법적 경제적 이해관계를 보유해 왔다는 이유에서 국내법을 준거법으로 적용한 바 있다(서울지법 동부지원 1999. 10. 8. 선고 98가합17242 판결).

로부터 기산한다(615조).

2025년 12월 말 현재 우리나라에는 6,377개의 외국회사가 등기되어 있다. 회사의 종류별로는 합명회사 11개(0.17%), 합자회사 16개(0.25%), 유한책임회사 217개(3.40%), 주식회사 4,782개(74.98%), 유한회사 1,351개(21.18%)이다.[1)]

3) 등기불이행의 효과　　상법 제614조에 따른 등기를 하기 전에는 계속하여 거래를 하지 못하며, 이에 위반하여 거래한 者는 그 거래에 대하여 회사와 연대하여 책임을 진다(616조 1항 · 2항).

3. 증권의 법률관계

외국회사가 국내에서 주권이나 채권을 발행하거나, 주식의 이전이나 입질 또는 사채의 이전이 국내에서 이루어지는 경우에는 상법 제335조, 제335조의2부터 제335조의7까지, 제336조부터 제338조까지, 제340조 제 1 항, 제355조, 제356조, 제356조의2, 제478조 제 1 항, 제479조 및 제480조가 준용된다(618조 1항).

상장회사 특례규정의 적용가능성

상법 제542조의2 내지 제542조의13 및 자본시장법 제165조의2 내지 165조의20에서 상장회사를 위한 회사법적 특례규정을 다수 두고 있다. 이들 규정은 외국회사가 우리나라에 유가증권을 상장한 경우에도 적용되는가? 자본시장법에서는 조문별로 적용여부를 명정하는 방법으로 해결하고 있지만,[2)] 상법상의 상장회사 관련 특례에서는 이러한 규정을 두고 있지 않아 해석상 의문이 제기된다.[3)]

상법에 규정된 상장회사 관련 특례가 다루는 내용은 대부분 이사의 선임방법 등 회사의 지배구조에 관한 문제들로서, 사안의 성질로 보면 이른바 속인법으로서의 설립준거법이 적용되어야 할 사안이다(국사 30조). 이 원리에 따르면 상법상의 지배구조에 관한 일반규정도 외국상장회사에 적용되지 않는다고 해석해야 할 것이므로 상법상의 상장회사 특례규정은 당연히 적용될 여지가 없다고 본다.[4)]

그러나 한국거래소의 상장규정이 상장요건으로서 외국회사의 지배구조에 관해

1) 대한민국법원 등기정보광장(https://data.iros.go.kr)/등기현황/법인등기/상법법인 현황(법인구분별).

2) 제165조의16과 제165조의18만 외국상장회사에 적용되고 나머지 조문은 적용되지 않는다(165조의2 1항).

3) 이 점에 관한 문제의 제기와 해석론으로, 석광현, “상장회사에 관한 상법 특례규정과 國際私法的 思考의 빈곤: 외국회사를 중심으로,” 「법률신문」 제3895호(2010. 12. 9.), 13면이 상세하다.

4) 前註 참조.

상법상의 지배구조 관련 일반규정 또는 특례규정과 일치된 내용을 요구하는 것은 별개의 문제이다. 이 경우에는 사실상 외국회사들이 국내상장을 위해, 혹은 이미 상장한 회사라면 상장폐지를 면하기 위해, 상법상의 특례를 따라야 하겠지만, 이는 상법상의 특례규정이 적용되는 것이 아니라, 외국회사가 상장요건을 준수함에 의해 결과적으로 상법상의 특례가 적용된 것과 동일해지는 것이다. 이 경우 한국거래소의 상장규정이 외국회사에 대해 상법의 특례를 어느 정도로 준수하도록 요구하는 것이 합리적이냐는 문제가 있지만, 이는 법원리적 문제라기보다는 상장정책에서 비롯될 문제이다.

4. 대차대조표의 공고

외국회사로서 상법에 따라 등기를 한 외국회사로서 대한민국에서의 같은 종류의 회사 또는 가장 비슷한 회사가 주식회사인 회사는 상법 제449조에 따른 재무제표의 승인과 같거나 비슷한 절차가 종결된 후 지체 없이 대차대조표 또는 이에 상당하는 것으로서 시행령으로 정하는 것[1]을 대한민국에서 공고하여야 한다(616조의 2 1항). 이 공고는 관보 또는 시사를 다루는 일간신문에 해야 하지만, 국내회사의 전자적 공고에 관한 규정(289조 3항~6항)에 따라 전자적 공고로 갈음할 수 있다(616조의 2 2항).

5. 영업소의 폐쇄

(1) 폐쇄명령

법원은 일정한 사유가 있을 때에는 이해관계인이나 검사의 청구에 의하여 외국회사의 국내영업소에 대하여 그 폐쇄를 명할 수 있다. 폐쇄사유는, ① 영업소의 설치목적이 불법인 때, ② 영업소의 설치등기 후 정당한 사유 없이 1년 내에 영업을 개시하지 않거나 1년 이상 영업을 휴지하거나 정당한 사유 없이 지급을 정지한 때, ③ 대표자 또는 업무를 집행하는 자가 법령 또는 사회질서에 위반한 행위를 한 때이다(619조 1항). 법원은 폐쇄명령 전이라도 영업소재산의 보전에 필요한 처분을 할 수 있으며(619조 2항 → 176조 2항), 외국회사가 이해관계인의 폐쇄명령청구가 악의임을 소명하여 청구한 때에는 이해관계인에게 담보의 제공을 명령할 수 있다(619조 2항 → 176조 3항·4항).

1) 복식부기의 원리에 의하여 해당 회사의 재무상태를 명확히 하기 위하여 회계연도말 현재의 모든 자산·부채 및 자본의 현황을 표시한 서류로서 대차대조표에 상당하는 형식을 갖춘 것을 말한다(상령 43조).

(2) 청 산

법원의 명령으로 또는 외국회사가 스스로 영업소를 폐쇄한 경우 법원은 이해관계인의 신청에 의하거나 직권으로 국내에 있는 그 외국회사의 재산 전부에 대해 청산의 개시를 명할 수 있으며, 이 경우 법원은 청산인을 선임하여야 한다(620조 1항 · 3항).

외국회사의 청산에 관하여는 그 성질이 허용하지 않는 경우 외에는 주식회사의 청산에 관한 규정(535조~537조 · 542조)이 준용된다(620조 2항).

제 9 장
벌 칙

벌　　칙

Ⅰ. 총　　설

회사를 둘러싼 복잡한 법률관계로 인하여 회사는 각종 재산범죄의 대상 또는 수단이 될 수 있으며, 그 자신이 주체가 될 수도 있다. 범죄와 처벌에 관하여는 일반법으로서 형법이 있고, 회사와 관련된 범죄의 상당수는 그에 의해 처벌될 수 있을 것이다.

그러나 형법은 원래 자연인의 범죄를 예상하여 제정된 것이므로 법인 중심의 범죄를 망라하기가 어렵고, 또 회사관계의 범죄는 대부분 이른바 화이트 칼라(white collar)형의 범죄이므로 비난가능성이 높은 반면 매우 기교적이어서 형법의 각칙만으로는 규율하기 어려운 점이 많다. 이러한 이유에서 상법 제 3 편 제 7 장에서 회사관계의 범죄와 그 처벌에 관해 규정을 두고 있다.

Ⅱ. 일반원칙

(1) 刑事犯과 行政犯의 구분

상법상의 벌칙 규정은 형사범에 관한 것과 행정범에 관한 것으로 대별할 수 있다. 제622조 내지 제634조의2의 죄는 형사범으로 징역 · 벌금 · 몰수의 형벌이 적용되고, 제635조와 제636조의 죄는 행정범으로서 과태료가 적용된다.

⑵ 身 分 犯

상법상의 각 범죄는 대부분 *身分犯*이다. 예외적으로 제628조 제 2 항 · 제630조 제 2 항 · 제631조 제 2 항 · 제634조의2 제 2 항의 죄만은 신분범이 아니다. 따라서 이들 범죄를 제외하고, 각 규정에서 요하는 신분을 갖지 아니한 자에게는 범죄가 성립할 수 없다.

⑶ 刑法總則의 적용

형사범에 관하여는 일반적으로 형법총칙이 적용된다. 따라서 제622조 내지 제634조의 2에는 과실범을 벌하는 규정이 없으므로 과실범에 대하여는 벌칙의 적용이 없다(형 14조 참조).

⑷ 法人에 대한 처벌

형사범의 주체가 법인인 경우에는 실제 행위를 한 이사, 집행임원, 감사 기타 업무를 집행한 사원 또는 지배인에게 벌칙을 적용한다(637조). 제624조의2의 위반행위(부당신용공여죄)에 대해서는 양벌의 특칙이 있다. 동 위반행위가 있으면 그 행위자를 벌하는 외에 그 회사에게도 해당 조문의 벌금형을 과(科)한다. 다만, 회사가 준법통제에 관한 의무(제542조 의13)를 성실히 이행하는 등 그 위반행위를 방지하기 위하여 해당 업무에 관하여 상당한 주의와 감독을 게을리하지 아니한 경우에는 그러하지 아니하다(634조 의3).

⑸ 징역과 벌금의 병과

형사범의 경우 징역과 벌금은 병과할 수 있다(632조).

⑹ 몰수 · 추징

일정한 범죄, 즉 제630조 제 1 항 또는 제631조 제 1 항의 범죄에 관해서는 범인이 수수한 이익은 몰수하고, 몰수가 불가능한 부분은 그 가액을 추징한다(633조).

⑺ 처벌절차

형사범의 처벌은 형사소송절차에 의하고, 행정범의 처벌은 비송사건절차법의 소정절차(비송 247조 이하)에 의한다.

Ⅲ. 刑 事 犯

(1) 특별배임죄(622조·623조)

1) 행위주체　　(가) 발기인, 업무집행사원, 이사, 집행임원, 감사위원회 위원, 감사 및 제386조 제 2 항 · 제407조 제 1 항 · 제415조 · 제567조의 직무대행자, 그리고 지배인 기타 회사영업에 관한 어느 종류 또는 특정한 사항의 위임을 받은 사용인, 청산인, 제542조 제 2 항의 직무대행자, 제175조의 설립위원(622조 1항 · 2항), (나) 사채권자집회의 대표자 또는 그 결의를 집행하는 자(623조)이다. 대주주는 회사의 경영에 실질적인 영향을 행사해 왔더라도 법상 회사의 사무를 포괄적으로 위임받은 자가 아니므로 본조의 행위주체가 될 수 없다. 상법 제401조의2 제 1 항 제 1 호가 규정하는 업무집행지시자에 해당하더라도 같다(대법원 2006. 6. 2. 선고 2005도3431 판결).

2) 행　　위　　본조의 배임행위는 사무의 내용, 성질 등 구체적 상황에 비추어 법률의 규정, 계약의 내용 혹은 신의칙상 당연히 할 것으로 기대되는 행위를 하지 않거나 당연히 하지 않아야 할 것으로 기대되는 행위를 함으로써 본인과 사이의 신임관계를 저버리는 행위를 말한다(대법원 1998. 2. 10. 선고 96도2287 판결). 구제석으로는, 위 (가)의 자가 임무에 위배한 행위로서 재산상의 이익을 취득하거나 제 3 자로 하여금 이를 취득하게 하여 회사에 손해를 가하는 것이고(622조 1항), 위 (나)의 자가 같은 행위로 사채권자에게 손해를 가하는 것이다(623조). 따라서 본죄가 성립하려면 임무위배, 이익의 취득 및 회사의 손해발생에 대한 범의가 있어야 한다(대법원 1981. 1. 27. 선고 79도2810 판결). 본죄에서 「회사에 손해를 가한 때」라 함은 회사에 현실로 손해가 발생한 경우뿐 아니라, 회사 재산가치의 감소라고 볼 수 있는 재산상 손해의 위험이 발생한 경우도 포함되는 것이며,[1] 일단 회사에 대하여 재산상 손해의 위험을 발생시킨 이상 사후에 피해가 회복되었다고 하더라도 특별배임죄의 성립에 영향을 주지 못한다(대법원 1998. 2. 24. 선고 97도183 판결).

3) 처　　벌　　(가)의 자에게는 10년 이하의 징역 또는 3천만원 이하의 벌금에 처하고(622조 1항), (나)의 자에게는 7년 이하의 징역 또는 2천만원 이하의 벌금에 처한다. 미수범도 처벌한다(624조).

(2) 부당신용공여죄(624조 의2)

1) 행위주체　　상법 제624조의2는 제542조의9 제 1 항에 위반하여 신용

---

1) 전환사채를 시가보다 저가로 제 3 자에게 발행한 행위를 본 배임죄에 문의한 사례가 있다(대법원 2001. 9. 28. 선고 2001도3191 판결).

공여를 한 자를 벌한다고 규정하고 그 이상 구체적인 행위주체를 규정하고 있지 않다. 회사의 계산으로 신용공여를 하는 것이므로 사법적으로는 회사 자체, 대표이사가 행위주체가 될 것이므로 이 죄의 주체도 이들로 보아야 할 것이다. 이 행위의 실행에 가담한 자가 공범으로 처벌받을 수 있음은 물론이다.

2) 행 위 상법 제542조의9 제 1 항은 회사가 주요주주 등 회사와 이해가 상충할 수 있는 자에게 신용을 공여하는 것을 금지하고 있고, 그 실효성을 확보하기 위하여 본조에서 이에 위반한 자를 벌하고 있다.

3) 처 벌 5년 이하의 징역 또는 2억원 이하의 벌금에 처한다.

(3) 회사재산을 위태롭게 하는 죄(625조)

1) 행위주체 제622조 제 1 항에 규정된 자, 검사인, 제298조 제 3 항 · 제299조의2 · 제310조 제 3 항 또는 제313조 제 2 항의 공증인(인가공증인의 공증담당변호사를 포함)이나 제299조의2 또는 제310조 제 3 항 또는 제422조 제 1 항의 감정인이다.

2) 행 위 다음 중 어느 하나의 행위를 하였을 때 처벌된다.

(가) 출자의 부실보고 주식 또는 출자의 인수나 납입, 현물출자의 이행, 제290조, 제416조 제 4 호 또는 제544조에 규정된 사항에 관하여 법원 · 총회 또는 발기인에게 부실한 보고를 하거나 사실을 은폐한 때.

(나) 자기주식취득 누구의 명의로 하거나 불문하고 회사의 계산으로 부정하게 그 주식 또는 지분을 취득하거나 질권의 목적으로 이를 받은 때.

회사가 자기주식을 취득하게 된 경위가 주주총회에서 주주 아닌 자에게 주식을 양도하지 않기로 하는 결의가 있었다거나, 다른 주주들이 회사의 자기주식 취득에 동의했다 하더라도 본죄의 성립에는 영향이 없다(대법원 1993. 2. 23. 선고 92도616 판결).

그러나 자기주식취득행위를 처벌하는 가장 중요한 이유는 자사주를 유상취득하는 것은 실질적으로는 주주에 대한 출자의 환급이라는 결과를 가져와 자본충실의 원칙에 반하고 회사재산을 위태롭게 한다는 데 있고, 私法상의 위법과 형법상의 위법은 반드시 일치하는 것은 아니므로 외형적으로는 사법상 금지되는 자기주식취득의 경우라도 회사재산에 대한 추상적 위험이 없다고 생각되는 경우 예컨대 자기주식취득의 위법상태가 바로 해소되는 것을 예정하고 취득한 때에는 형법상으로는 실질적 위법성이 없고 따라서 '부정하게' 주식을 취득한 경우에 해당하지 않아 자기주식취득금지위반죄로 처벌할 수 없다(대법원 1993. 2. 23. 선고 92도616 판결).

(다) 위법배당 법령 또는 정관의 규정에 위반하여 이익배당을 한 때.

(라) 영업외용도의 재산처분 회사의 영업범위 외에서 투기행위를 하기 위

하여 회사재산을 처분한 때.

3) 처　　벌　　5년 이하의 징역 또는 1천 500만원 이하의 벌금에 처한다.

(4) 주식취득제한의 위반죄(625조의2)

1) 행위주체　　2011년 개정전에는 제635조에 열거한 자로 제한하였으나, 동개정에서는 이러한 제한을 폐지하였으므로 이론적으로는 누구든 이 죄의 행위주체가 될 수 있다.

2) 행　　위　　2015년 개정전에는 아래 i)만 처벌하였으나, 동 개정법에서 아래와 같이 처벌범위를 넓혔다.

i) 제342조의2에 위반하여 자회사가 모회사의 주식을 취득하게 하거나, 예외적으로 취득한 주식을 6월 내에 처분하지 않는 것(625조의2 1호).

ii) 포괄적주식교환에서 삼각교환을 위해 완전모회사가 취득한 자신의 모회사 주식 중 사용하지 않은 주식을 제360조의3 제 7 항에 위반하여 주식교환 후 6월 내에 처분하지 아니하는 것(동조 2호).

iii) 삼각합병을 위해 존속회사가 모회사주식을 취득한 후 사용하지 않은 주식을 제523조의2 제 2 항에 위반하여 합병 후 6월 내에 처분하지 아니하는 것(동조 3호).

iv) 삼각분할합병을 위해 흡수분할합병의 승계회사가 모회사주식을 취득한 후 사용하지 않은 주식을 제530조의6 제 5 항에 위반하여 분할 후 6월 내에 처분하지 아니하는 것(동조 4호).

3) 처　　벌　　2천만원 이하의 벌금에 처한다.

(5) 부실보고죄(626조)

1) 행위주체　　이사, 집행임원, 감사(감사위원) 그리고 제386조 제 2 항 · 제407조 제 1 항 · 제415조 · 제567조의 직무대행자이다.

2) 행　　위　　주식회사 또는 유한회사의 조직변경에 있어 회사에 현존하는 순재산액(604조 2항 · 607조 2항)에 관하여 법원 또는 총회에 부실한 보고를 하거나 사실을 은폐하는 것이다.

3) 처　　벌　　5년 이하의 징역 또는 1천 500만원 이하의 벌금에 처한다.

(6) 부실문서행사죄(627조)

1) 행위주체　　(가) 제622조 제 1 항에 게기한 자 및 외국회사의 대표자, 주식 또는 사채의 모집의 위탁을 받는 자와, (나) 주식 또는 사채를 매출하는 자이다.

2) 행　　위　　위 (가)의 자가 주식 또는 사채를 모집함에 있어서 중요한

사항에 관하여 부실한 기재가 있는 주식청약서, 사채청약서, 사업계획서, 주식 또는 사채의 모집에 관한 광고 기타의 문서를 행사하는 것과 위 ㈏의 자가 매출에 관한 문서로서 중요한 사항에 관하여 부실한 기재가 있는 것을 행사하는 것이다.

3) 처 벌 5년 이하의 징역이나 1천 500만원 이하의 벌금에 처한다.

(7) 납입가장죄(628조)

1) 행위주체 ㈎ 제622조 제 1 항에 게기한 자, ㈏ 이들의 죄가 되는 행위에 응하거나 중개한 자이다. 그러나 이미 가장납입을 하기로 마음먹고 있는 회사의 임원 등에게 그 대금을 대여해 준 것에 불과한 경우에는, 납입가장을 하기 위해 돈을 빌린다는 것을 알고 돈을 빌려주었다는 사정만으로는 납입가장죄에 대한 공동정범으로서의 죄책을 물을 수 없다(대법원 2011. 7. 14. 선고 2011도3180 판결).

2) 행 위 ㈎의 자가 납입 또는 현물출자의 이행을 가장하는 것 및 ㈏의 자가 이에 응하거나 이를 중개하는 것이다.

납입가장죄는 회사의 자본충실을 해치는 행위를 단속하는 데 목적이 있는 것이므로, 당초부터 진실한 주금납입으로 회사의 자금을 확보할 의사 없이 형식상 또는 일시적으로 주금을 납입하고 이 돈을 은행에 예치하여 납입의 외형을 갖추고 주금납입증명서를 교부받아 설립등기나 증자등기의 절차를 마친 다음 바로 그 납입한 돈을 인출한 경우에는 그 인출금을 주식납입금 상당에 해당하는 자산을 양수하는 대금으로 사용하는 등 이를 회사를 위하여 사용하였다는 특별한 사정이 없는 한 실질적으로는 회사의 자본이 늘어난 것이 아니므로 납입가장죄가 성립한다(대법원 2001. 8. 21. 선고 2000도5418 판결). 사법상으로는 발기인 또는 대표이사와 회사와의 관계에서 그 금액 상당의 채권채무관계가 발생하겠지만 본죄의 성립에는 영향이 없다(대법원 1982. 4. 13. 선고 80도537 판결; 동 1986. 9. 9. 선고 85도2297 판결; 동 1993. 8. 24. 선고 93도1200 판결; 동 1997. 2. 14. 선고 96도2904 판결). 한편 신주발행의 절차적 또는 실체적 하자가 극히 중대하여 신주발행이 부존재한다고 보아야 할 경우에는 신주인수인의 주금납입의무도 인정할 수 없으므로 이들이 가장납입의 방법을 취했다 하더라도 납입가장죄는 성립하지 않는다(대법원 2006. 6. 2. 선고 2006도48 판결).

상법 제628조 제 1 항은 단지 「納入 또는 現物出資의 履行을 假裝」하는 것을 구성요건으로 하고 있어 「납입」의 대상에 관해서는 해석이 갈릴 소지가 있다. 예컨대 사채의 납입을 가장하는 것이 본조의 처벌대상에 포함되느냐는 문제이다. 본조의 죄는 자본충실을 보호법익으로 하므로 주금의 납입을 가장하는 행위만이 적용대상이 된다고 해석해야 한다. 전환사채는 주식으로 전환될 때 비로소

자본을 구성하게 되므로 전환사채의 납입을 가장하더라도 본조의 적용대상이 아니다(대법원 2008. 5. 29. 선고 2007도5206 판결). 그러나 처음부터 납입금 없이 주식을 발행할 목적으로 전환사채를 가장납입의 방식으로 발행하여 주식으로 전환하게 한 경우에는 납입가장죄가 성립한다(대법원 2015. 12. 10. 선고 2012도235 판결).

3) 처　　벌　　5년 이하의 징역이나 1천 500만원 이하의 벌금에 처한다.

⑻ 초과발행죄(629조)

1) 행위주체　　발기인, 이사, 집행임원 그리고 제386조 제 2 항 · 제407조 제 1 항의 직무대행자이다.

2) 행　　위　　발행예정주식총수를 초과하여 주식을 발행하는 것이다.

3) 처　　벌　　5년 이하의 징역 또는 1천 500만원 이하의 벌금에 처한다.

⑼ 독직죄(630조)

1) 행위주체　　㈎ 제622조와 제623조에 규정된 자, 검사인, 제298조 제 3 항 · 제299조의2 · 제310조 제 3 항 또는 제313조 제 2 항의 공증인이나 제299조의2 또는 제310조 제 3 항 또는 제422조 제 1 항의 감정인, ㈏ 이들에게 이익을 약속, 공여 또는 공여의 의사표시를 한 자이다.

2) 행　　위　　㈎의 자가 직무에 관하여 부정한 청탁을 받고 재산상의 이익을 수수, 요구 또는 약속하는 것과 ㈏의 자가 ㈎의 이익을 약속, 공여 또는 공여의 의사표시를 하는 것이다.

3) 처　　벌　　5년 이하의 징역 또는 1천 500만원 이하의 벌금에 처한다.

⑽ 권리행사방해 등에 관한 증수뢰죄(631조)

1) 행위주체　　㈎ 행위별로 주식인수인, 사원, 주주, 사채권자 또는 회사법상의 각종의 소제기권자, 소수주주, 소수사원, 일정액 이상의 사채권자, ㈏ ㈎의 자에게 이익을 약속, 공여 또는 공여의 의사표시를 한 자이다.

2) 행　　위　　㈎의 자가 다음 사항에 관하여 부정한 청탁을 받고 재산상의 이익의 수수, 요구 또는 약속하는 것, 및 ㈏의 자가 이익을 약속, 공여 또는 공여의 의사표시를 하는 것이다.

① 창립총회, 사원총회, 주주총회 또는 사채권자집회에서의 발언 또는 의결권의 행사

② 회사법상의 소의 제기, 발행주식총수의 100분의 1 또는 100분의 3 이상에 해당하는 주주, 사채총액의 10분의 1 이상에 해당하는 사채권자 또는 자본금의 100분의 3 이상에 해당하는 출자좌수를 가진 사원의 권리의 행사

③ 유지청구권 또는 신주발행유지청구권의 행사

3)처 벌 1년 이하의 징역 또는 300만원 이하의 벌금에 처한다.

⑾ **납입책임면탈의 죄**(634조)

1) **행위주체** 주식인수인 또는 (유한회사의) 출자인수인이다.

2) 행 위 납입책임을 면하기 위하여 타인 또는 가설인의 명의로 주식 또는 (유한회사의) 출자를 인수하는 것이다. 따라서 이것은 목적범이다.

3) 처 벌 1년 이하의 징역 또는 300만원 이하의 벌금에 처한다.

⑿ **주주의 권리행사에 관한 이익공여의 죄**(634조의2)

1) **행위주체** ㈎ 주식회사의 이사 · 집행임원 · 감사(감사위원) 또는 제386조 제 2 항, 제407조 제 1 항 또는 제415조의 직무대행자, 지배인 기타 사용인, ㈏ 이들로부터 이익을 수수하거나 제 3 자에게 이를 공여하게 한 자이다.

2) 행 위 주주의 권리의 행사와 관련하여 ㈎의 자가 회사의 계산으로 재산상의 이익을 공여하는 것, 및 ㈏의 자가 수수하거나 공여하게 하는 것이다.

주주의 권리행사와 관련된 재산상 이익의 공여라 하더라도 그것이 의례적인 것이라거나 불가피한 것이라는 등의 특별한 사정이 있는 경우에는, 사회통념에 비추어 용인될 수 있는 행위로서, 형법 제20조에 정하여진 '사회상규에 위배되지 아니하는 행위'에 해당하므로 본죄가 성립하지 아니한다(대법원 2018. 2. 8. 선고 2015도7397).

3) 처 벌 1년 이하의 징역 또는 300만원 이하의 벌금에 처한다.

Ⅳ. 행 정 범

상법은 제635조와 제636조에서 회사법의 각 규정을 위반한 경우에 과태료에 처하는 행위를 규정하고 있다. 그러나 그 행위에 관하여 형을 과할 때에는 과태료에 처할 수 없다(635조 1항 단).

과태료는 대통령령으로 정하는 바에 따라 법무부장관이 부과 · 징수하는데(637조의2 1항), 이에 불복하는 자는 그 처분의 고지를 받은 날부터 60일 이내에 법무부장관에게 이의를 제기할 수 있다(637조의2 2항). 이의가 제기된 때에는 법원이 「비송사건절차법」에 따른 과태료 재판을 한다(637조의2 3항). 법무부는 과태료부과에 있어서의 구체적 타당성을 기하기 위하여, 회사의 규모, 위반행위의 기간과 빈도, 이해관계인의 피해 유무에 따라 과태료를 차등적용하는 기준을 운영하고 있다.[1)]

---

1) 「상법상 과태료 부과 기준 지침」(2010. 10. 1. 법무부예규 제960호).

(1) 제635조 제1항의 행위

1) 행위주체 발기인, 설립위원, 업무집행사원, 업무집행자, 이사, 집행임원, 감사, 감사위원회 위원, 외국회사의 대표자, 검사인, 제298조 제3항 · 제299조의2 · 제310조 제3항 또는 제313조 제2항의 공증인, 제299조의2 · 제310조 제3항 또는 제422조 제1항의 감정인, 지배인, 청산인, 명의개서대리인, 사채모집을 위탁받은 회사와 그 사무승계자 또는 제386조 제2항 · 제407조 제1항 · 제415조 · 제542조 제2항 또는 제567조의 직무대행자이다.

2) 행 위[1]

1. 이 편에서 정한 등기를 게을리한 때

회사의 등기는 법령에 다른 규정이 있는 경우를 제외하고는 그 대표자가 신청 의무를 부담하므로(상등 23조 1항) 회사의 등기를 게을리한 때에는 등기를 해태할 당시 회사의 대표자가 과태료 부과대상자가 되는 것이고, 등기를 게을리한 상태가 지속되는 중에 대표자의 지위를 상실한 경우에는 대표자의 지위에 있으면서 등기를 게을리한 기간에 대하여만 과태료 책임을 부담한다(대법원 2009. 4. 23. 자 2009마120 결정).

2. 이 편에서 정한 공고 또는 통지를 게을리하거나 부정(不正)한 공고 또는 통지를 한 경우

3. 이 편에서 정한 검사 또는 조사를 방해한 경우

4. 이 편의 규정을 위반하여 정당한 사유 없이 서류의 열람 또는 등사, 등본 또는 초본의 발급을 거부한 경우

5. 관청, 총회, 사채권자집회 또는 발기인에게 부실한 보고를 하거나 사실을 은폐한 경우

6. 주권, 채권 또는 신주인수권증권에 적을 사항을 적지 아니하거나 부실하게 적은 경우

7. 정당한 사유 없이 주권의 명의개서를 하지 아니한 경우

8. 법률 또는 정관에서 정한 이사 또는 감사의 인원수를 궐(闕)한 경우에 그 선임절차를 게을리한 경우

이 경우 원수를 궐한 이사에 대표이사는 포함되지 아니한다(대법원 2007. 6. 19.자 2007마311 결정).[2]

---

1) 이 항목의 일련번호는 상법 제635조 제1항의 각호의 호수를 나타낸다.

2) 이 판례에서는 사임한 대표이사가 후임대표이사가 취임할 때까지 대표이사로서의 권리의무를 가지는 동안 후임대표이사의 선임절차를 해태하였다고 해서 그 퇴임대표이사에게 과태료를 과

9. 정관 · 주주명부 또는 그 복본(複本), 사원명부 · 사채원부 또는 그 복본, 의사록, 감사록, 재산목록, 대차대조표, 영업보고서, 사무보고서, 손익계산서, 그 밖에 회사의 재무상태와 경영성과를 표시하는 것으로서 제287조의33 및 제447조 제1항 제3호에 따라 대통령령으로 정하는 서류, 결산보고서, 회계장부, 제447조 · 제534조 · 제579조 제1항 또는 제613조 제1항의 부속명세서 또는 감사보고서에 적을 사항을 적지 아니하거나 부실하게 적은 경우

10. 법원이 선임한 청산인에 대한 사무의 인계(引繼)를 게을리하거나 거부한 경우

11. 청산의 종결을 늦출 목적으로 제247조 제3항, 제535조 제1항 또는 제613조 제1항의 기간을 부당하게 장기간으로 정한 경우

12. 제254조 제4항, 제542조 제1항 또는 제613조 제1항을 위반하여 파산선고 청구를 게을리한 경우

13. 제589조 제2항을 위반하여 출자의 인수인을 공모한 경우

14. 제232조, 제247조 제3항, 제439조 제2항, 제527조의5, 제530조 제2항, 제530조의9 제4항, 제530조의11 제2항, 제597조, 제603조 또는 제608조를 위반하여 회사의 합병 · 분할 · 분할합병 또는 조직변경, 회사재산의 처분 또는 자본금의 감소를 한 경우

15. 제260조, 제542조 제1항 또는 제613조 제1항을 위반하여 회사재산을 분배한 경우

16. 제302조 제2항, 제347조, 제420조, 제420조의2, 제474조 제2항 또는 제514조를 위반하여 주식청약서, 신주인수권증서 또는 사채청약서를 작성하지 아니하거나 이에 적을 사항을 적지 아니하거나 또는 부실하게 적은 경우

17. 제342조 또는 제560조 제1항을 위반하여 주식 또는 지분의 실효 절차, 주식 또는 지분의 질권 처분을 게을리한 경우

18. 제343조 제1항 또는 제560조 제1항을 위반하여 주식 또는 출자를 소각한 경우

19. 제355조 제1항 · 제2항 또는 제618조를 위반하여 주권을 발행한 경우

20. 제358조의2 제2항을 위반하여 주주명부에 기재를 하지 아니한 경우

21. 제363조의2 제1항, 제542조 제2항 또는 제542조의6 제2항을 위반하여 주주가 제안한 사항을 주주총회의 목적사항으로 하지 아니한 경우

한 것은 옳지 않다고 하며 본문과 같은 일반론을 제시하였다.

22. 제365조 제 1 항 · 제 2 항, 제578조, 제467조 제 3 항, 제582조 제 3 항에 따른 법원의 명령을 위반하여 주주총회를 소집하지 아니하거나, 정관으로 정한 곳 외의 장소에서 주주총회를 소집하거나, 제363조, 제364조, 제571조 제 2 항 · 제 3 항을 위반하여 주주총회를 소집한 경우

23. 제374조 제 2 항, 제530조 제 2 항 또는 제530조의11 제 2 항을 위반하여 주식매수청구권의 내용과 행사방법을 통지 또는 공고하지 아니하거나 부실한 통지 또는 공고를 한 경우

24. 제287조의34 제 1 항, 제396조 제 1 항, 제448조 제 1 항, 제510조 제 2 항, 제522조의2 제 1 항, 제527조의6 제 1 항, 제530조의7, 제534조 제 3 항, 제542조 제 2 항, 제566조 제 1 항, 제579조의3, 제603조 또는 제613조를 위반하여 장부 또는 서류를 갖추어 두지 아니한 경우

25. 제412조의5 제 3 항을 위반하여 정당한 이유 없이 감사 또는 감사위원회의 조사를 거부한 경우

26. 제458조부터 제460조까지 또는 제583조를 위반하여 준비금을 적립하지 아니하거나 이를 사용한 경우

27. 제464조의2 제 1 항의 기간에 배당금을 지급하지 아니한 경우

28. 제478조 제 1 항 또는 제618조를 위반하여 채권을 발행한 경우

29. 제536조 또는 제613조 제 1 항을 위반하여 채무 변제를 한 경우

30. 제542조의5를 위반하여 이사 또는 감사를 선임한 경우

31. 제555조를 위반하여 지분에 대한 지시식 또는 무기명식의 증권을 발행한 경우

32. 제619조 제 1 항에 따른 법원의 명령을 위반한 경우

3) 처　　벌　　500만원 이하의 과태료에 처한다.

⑵ 제635조 제 2 항의 행위

발기인, 이사 또는 집행임원이 주권의 인수로 인한 권리를 양도한 때에도 500만원 이하의 과태료에 처한다.

⑶ 제635조 제 3 항의 행위

1) 행위주체　　제635조 제 1 항의 행위주체와 같다.

2) 행　　위[1)]

1. 제542조의8 제 1 항을 위반하여 독립이사 선임의무를 이행하지 아니한 경우

1) 이 항목의 일련번호는 상법 제635조 제 3 항 각호의 호수를 나타낸다.

2. 제542조의8 제 4 항을 위반하여 독립이사 후보추천위원회를 설치하지 아니하거나 독립이사가 총위원의 2분의 1 이상이 되도록 독립이사 후보추천위원회를 구성하지 아니한 경우

3. 제542조의8 제 5 항에 따라 독립이사를 선임하지 아니한 경우

4. 제542조의9 제 3 항을 위반하여 이사회 승인 없이 거래한 경우

5. 제542조의11 제 1 항을 위반하여 감사위원회를 설치하지 아니한 경우

6. 제542조의11 제 2 항을 위반하여 제415조의2 제 2 항 및 제542조의11 제 2 항 각 호의 감사위원회의 구성요건에 적합한 감사위원회를 설치하지 아니한 경우

7. 제542조의11 제 4 항 제 1 호 및 제 2 호를 위반하여 감사위원회가 제415조의2 제 2 항 및 제542조의11 제 2 항 각 호의 감사위원회 구성요건에 적합하도록 하지 아니한 경우

8. 제542조의12 제 2 항을 위반하여 감사위원회 위원의 선임절차를 준수하지 아니한 경우

3) 처　벌　5천만원 이하의 과태료에 처한다.

⑷ 제635조 제 4 항의 행위

1) 행위주체　제635조 제 1 항의 행위주체와 같다.

2) 행　위[1)]

1. 제542조의4에 따른 주주총회 소집의 통지 · 공고를 게을리하거나 부정한 통지 또는 공고를 한 경우

2. 제542조의7 제 4 항 또는 제542조의12 제 5 항을 위반하여 의안을 별도로 상정하여 의결하지 아니한 경우

3) 처　벌　1천만원 이하의 과태료에 처한다.

⑸ 제636조의 행위

회사의 성립 전에 회사의 명의로 영업을 한 자는 회사설립의 등록세의 배액에 상당하는 과태료에 처하며, 외국회사가 제616조 제 1 항의 규정에 위반한 때에도 같은 과태료에 처한다.

1) 이 항목의 일련번호는 상법 제635조 제 4 항 각호의 호수를 나타낸다.

판례색인

[서울고등법원]

[광주고등법원]

[대구고등법원]

[부산고등법원]

[서울남부지방법원]

[서울민사지방법원]

[서울북부지방법원]

[서울서부지방법원]

[서울중앙지방법원]

우리말색인

외국어색인

저자약력

서울대학교 법과대학 졸업(법학박사)
한양대학교 법학전문대학원 교수
현 건국대학교 법학전문대학원 석좌교수

저 서

어음수표법(박영사)
상법총칙 · 상행위(박영사)
상법강의(박영사)
2011 개정상법 — 축조해설 — (박영사)

제34판
회사법강의

초판발행 1984년 6월 25일
제34판발행 2026년 3월 5일

지은이 이철송
펴낸이 안종만 · 안상준

편 집 김선민
기획/마케팅 조성호
표지디자인 이수빈
제 작 고철민 · 김원표

펴낸곳 (주) 박영사
서울특별시 금천구 가산디지털2로 53, 210호(가산동, 한라시그마
등록 1959. 3. 11. 제300-1959-1호(倫)
전 화 02)733-6771
f a x 02)736-4818
e-mail pys@pybook.co.kr
homepage www.pybook.co.kr
ISBN 979-11-303-9981-2 93360

정 가 64,000원